Knaur

Knaurs
Buch der Werte

Knaur

Herausgegeben von
Friedrich Schorlemmer

Knaurs

Buch der Werte

www.knaur.de

Die Zusammenstellung der Texte besorgten
Rudolf Radler und Sven Hanuschek.
Die kommentierten Zwischentexte vor dem ersten, dritten,
sechsten und achten Kapitel verfaßte Eberhard Reimann.

Besuchen Sie uns im Internet:
www.knaur.de

Die Folie des Schutzumschlags sowie die Einschweißfolie sind
PE-Folien und biologisch abbaubar. Dieses Buch wurde
auf chlor- und säurefreiem Papier gedruckt.

Redaktion, Autorenregister und Texterklärungen: Rudolf Radler
Umschlaggestaltung: ZERO Werbeagentur, München
Druck und Bindung: Ebner & Spiegel, Ulm
Printed in Germany
ISBN 3-426-66466-6

2 4 5 3 1

Inhaltsverzeichnis

Erstes Kapitel
Weisheit – Klugheit

Zweites Kapitel
Gerechtigkeit – Gleichheit – Rechtschaffenheit – Redlichkeit

Viertes Kapitel
Besonnenheit – Gelassenheit – Beharrlichkeit Standhaftigkeit

Fünftes Kapitel
Glaubensstärke – Gottvertrauen

Sechstes Kapitel
Nächstenliebe – Mitleid – Erbarmen
Mitmenschlichkeit

Siebentes Kapitel
Freundschaft – Hingabe

Achtes Kapitel
Toleranz – Weltoffenheit

Neuntes Kapitel
Freiheit – Unabhängigkeit

Zehntes Kapitel
Solidarität – Loyalität – Treue

Elftes Kapitel
Friedenswille – Gewaltlosigkeit

Zwölftes Kapitel
Gemeinsinn – Verantwortungsbewußtsein Verläßlichkeit

Dreizehntes Kapitel
Tat- und Schaffenskraft – Arbeitsamkeit – Fleiß

Vierzehntes Kapitel
Selbsterziehung – Maßvolles Handeln
Selbsterkenntnis

Fünfzehntes Kapitel
Naturbewahrung – ökologische Verantwortung

Vorwort von Friedrich Schorlemmer

Jeden mit Glück erfüllen, auch sich.

Wir haben ein Lesebuch, ein Vorlesebuch vor uns. Gespräche in Familien- und Freundeskreisen will es anregen. Ebenso ist es ein „Brevier" der unaufdringlichen Orientierung für den einzelnen. Altbekannte Texte stehen neben neuen, überraschenden Entdeckungen. Von der Bibel bis zu Brecht, von Seneca bis Havel, von Platon bis Schopenhauer, von Äsop bis Canetti, von Lincoln bis King, von Hebel bis zu Saint-Exupérys *Kleinem Prinzen*. Was nebeneinander steht, führt einen inneren Dialog. Das jetzt Nötige und das bleibend Wichtige kommen zusammen und lassen dem Leser die Entscheidung, was für ihn das jetzt Nötige ist und wie er im bleibend Wichtigen das jetzt Nötige für sich herausfindet.

Die hier gesammelten literarischen Texte versuchen, die ganze Vielfalt der Fragestellungen und Konflikte einzubeziehen. Der Leser soll an Erfahrungen und Traditionen anknüpfen können, um sie sich selbst anzueignen. Was beschrieben wird, ist besprechbar. Es soll darüber hinaus ein Vergnügen sein, alles einzelne wahrzunehmen und zu bedenken, statt moralinsauer zu triefen. Vielfältigste menschliche Erfahrungen sind bestimmten Begriffen zugeordnet und entfalten sie.

Werte sind Mosaiksteine für unsere Ideale. In der Zuordnung zueinander entsteht erst ein Ganzes. Wie, wo, wann, wem gegenüber bewährt sich Freundschaft, Toleranz und Solidarität, Zivilcourage, Verantwortung und Naturbewahrung, Klugheit, Hoffnung und Nächstenliebe?

Es gibt Haltungen, die uns halten können. Es gibt Personen der Zeitgeschichte und Personen fiktiver Geschichten, in denen wir uns wiederfinden, die für uns eine Art Ich-Ideal bilden, dem nachzustreben in beglückender Weise Sinn macht. Dieses Buch der Werte will nicht belehren, sondern in literarischer Form erfahren lassen, was es zu bewahren gilt und was sich in der Praxis bewähren soll. Gut ist ein Tun, das guten Prinzipien folgt und das diese Prinzipien um des konkreten Menschen willen durchbricht. Aus Liebe.

Worum es geht, läßt sich auf den einfachen schönen Vers Bert Brechts bringen

„Keinen verderben lassen,
auch nicht sich selber,
jeden mit Glück erfüllen,
auch sich. Das ist gut."

Buch der Werte. Wie stehen die Aktien. Wie hoch ist der Kurs. Was ist der Tauschwert. Was mir mein Geld wert ist.

Buch der Werte. Der Schaum auf der Suppe. Der Schmelz ohne Substanz. Schöne Worte ohne Wahrheit. Gespaltene Zunge der Moralbigotterie.

Buch der Werte. Was ist so wertvoll wie sinnvoll. Was nicht verfällt. Was sich erfüllt. Was das Leben lohnt. Was richtig und gut ist, richtig gut eben. Was das Leben lohnt.

Buch der Werte. Was gut ist und gut tut. Wer gut ist und Gutes tut.

„Guter Meister", sagt ein reicher junger Mann zum armen Wanderprediger aus Nazareth und fragt ihn: „Was muß ich tun, damit ich ewiges, gültiges Leben habe?" Die Gebote hat er gehalten. Gut. „Geh und löse dich von deinem Reichtum", sagt der, der nichts hat. „Gib's den Armen", sagte der arme Reiche. Da geht er traurig, der viel hat, zuviel, um noch davon loszukommen. Er fragt nach ewigen Werten und ist an die zeitlichen gebunden. Aber er fragt. Wenigstens das. Vielleicht noch mehr. Denn denkbar ist, daß er mit seinem Reichtum verantwortlich umgeht. Frei ist er jedenfalls nicht. Aber wer ist dann frei?

Wenn den Zeitgenossen beim Wort „Wert" spontan nur noch Geldwert, Tauschwert, Geld-Wert-Verfall einfällt, ist etwas faul mit uns. Wenn andererseits die obersten Macht- und Moralhüter nur immer Werteverluste bemängeln, um sie wieder zu installieren, dann wird das Gut-Konservative schnell reaktionär, das Autoritative zum Autoritären und das Verbindende zum Umschlingenden. Werte werden in einer Gemeinschaft von Menschen erfahren, erprobt, diskutiert, verändert, als verbindend und verbindlich anerkannt. Jedes Dekretieren von oben wäre vom Übel. Um sich das Leben lebenswert zu erhalten, brauchen wir Strukturen, in denen die Werte gelebt werden können. Das Wertkonservative widerspricht dem Strukturkonservativen! „,Freiheit, Gleichheit, Brüderlichkeit!' aber wie gelangen wir zu den Tätigkeitswörtern?" Das ist hier die Frage. Der polnische Aphoristiker Stanisław Jerzy Lec hat sie uns hinterlassen. Dieses *Buch der Werte* ist auf die Tätigkeitsworte, auf lebenswichtige Tätigkeiten aus, in denen sich Werte verwirklichen. Statt so endlos wie folgenlos den „Verlust der Werte" zu behaupten, werden aus Tradition und Geschichte hier Gedichte, Balladen und Dialoge, Fabeln, Märchen und Mythen, so religiöse wie politische Texte zusammengestellt. Darin werden Werthaltungen erkennbar. Aus dem Vielerlei und Allerlei das Wenige und das Wichtige herauszufiltern, war die Zielstellung. Was ist richtig und gut, ja was ist richtig gut – ohne penetrant moralisch zu werden? Das kann Literatur bieten, die konkret und übertragbar etwas überliefert, was für eine Kultur prägend und tragend ist.

Was gilt? Das ist nicht nur eine Frage von jungen Menschen, die angesichts der moralischen Hilflosigkeit und Doppelbödigkeit der Erwachsenengeneration, der verbreiteten Beliebigkeit und des genüßlichen Zynismus, angesichts des Fehlens überzeugender Autoritäten und des Mißlingens menschlicher Kommunikation verwirrt sind. Was aus der Vergangenheit taugt noch für gelingende Zukunft?

Die Frage nach den Werten ist so alt wie die Klage über deren Verlust. Die Suche nach Orientierung beginnt mit jeder Generation, ja mit jedem Menschen neu. Gemeinsame Überlieferung ist dabei unentbehrlich, aber nie ausreichend. Allgemeine moralische Leitbegriffe verdichten etwas, sagen aber konkret noch nicht viel und erübrigen nicht die eigene Entscheidung im Konflikt zwischen einzelnen Werten.

Was bindet und verbindet unseren Kulturkreis, was ist die Brücke vom Gestern zum Morgen? Es sind Grund-Werte, die den einzelnen in seinem Denken, Handeln und Urteilen bestimmen und so das gemeinsame Lebensklima ausmachen. Werte werden in einer Gemeinschaft geteilt. Sie bilden das innere Rückgrat gesellschaftlicher Beziehungen. Sie kommen geradezu notwendig in Widerstreit: die Freiheit und die Gleichheit, die Wahrheitsliebe und die Nächstenliebe, die Selbstbestimmung und die Rücksichtnahme, das Recht und die Gerechtigkeit. Werte werden gebrochen, verraten, vergessen. Sie sind mißbrauchbar und wurden mißbraucht. Besonders im Namen höchster Werte oder eines höchsten Ziels wurden elementarste Lebensrechte stets verletzt.

Werte können sich verbrauchen, und sie wandeln sich mit der Lebens- und Produktionsweise. Was gestern noch unbestritten Gültigkeit beanspruchte, kann heute gänzlich untauglich sein, um plötzlich morgen wieder wichtig zu werden.

Stets erliegen die Herrschenden der Versuchung, Werte zu dekretieren und sie für ihre Herrschaft nutzbar zu machen. Werthierarchien, von hierarchischen Institutionen aufgestellt, werden in aller Regel reaktionär.

Werte sind nicht fest-stellbar, schon gar nicht „von oben". Sie zu überliefern und zu vermitteln, zu erproben und zu überprüfen, ist ein so beständiger wie lebendiger Einigungsprozeß. Und doch gibt es in allem Wandel der Zeiten und Bedingungen Gültiges, stets neu Bewährtes, Bewahrenswertes und zu Bewährendes. Das menschliche Miteinanderleben funktioniert nicht ohne bestimmte moralische Selbstverständlichkeiten, die durchaus zu Konventionen werden.

Wo geistig-moralische Werte von materiellen Werten verschluckt werden und der vorzeigbare Erfolg das innere Glück gänzlich verdrängt, verludert menschliches Zusammenleben.

In einer Weltzeit, in der alles möglich scheint und die Maßstäbe des Zuträglichen und Verträglichen von den Sachzwängen eines blinden Fortschritts des SCHNELLER-HÖHER-WEITER-MEHR diktiert sind, da werden Mäßigung und Selbstbegrenzung, Geduld und Sanftmut, Zivilcourage und Rücksichtnahme, Toleranz und Barmherzigkeit, Tatkraft und Demut neu wichtig.

Ein wertvolles Leben ist ein Leben, das Werten folgt, die einem Menschen sein Leben so sinnvoll wie (be-)glückend erscheinen lassen: Wenn er nämlich in aller seiner Zwiespältigkeit Heilsein erfährt, wenn er die Fixierung auf das Eigene überschreitet und sich ganz einem anderen zuwendet, wenn die Berechnung aufhört und Selbstlosigkeit beginnt, wenn der Erfolg die Folgen mitbedenkt, wenn das Sein-Können das Haben-Wollen aufhebt, wenn der Frieden mit sich selbst im Frieden mit allem ruht, wenn die Tapferkeit vor dem Freund größer wird als die Angst vor dem Feind, – dann wird Leben so sinnvoll wie glückend.

Was Menschen zusammenbringt, sind zunächst gemeinsame Interessen, die sie zu vertreten und durchzusetzen versuchen. Die Art der Durchsetzung bedarf einander verbindender und als verbindlich anerkannter Werte. Wertbildungen und Wertbindungen sind nötig, damit Eigeninteresse und Gemeininteresse sich nicht ausschließen. Das berechtigte Lebensinteresse des jeweils Anderen und Fremden muß innerlich und äußerlich anerkannt und respektiert werden. Eine Gesellschaft, die lediglich darauf vertrauen würde, daß ihre Werte durch Machtinstrumente erhalten werden, wäre auf kurz oder lang verloren. Was innerlich nicht verankert ist, läßt sich auf Dauer äußerlich nicht erhalten.

Werte sind nicht abstrakt fest-stellbar, sondern konkret handlungsbezogen. Insofern sind sie zwar gültig, aber nicht feststehend. (Zum Beispiel ist Treue der Ausdruck für die Bereitschaft, ein Versprechen zu halten. Treue kann mit anderen Werten kollidieren und führt zu Abwägung, welcher Wert höher zu veranschlagen sei. Wo etwa ein Treueversprechen aufgrund einer gegenseitigen Liebe abgegeben wurde, kommt die Frage auf, in welcher Weise Treue weiter gilt, wo Liebe erloschen ist. Oder wenn Treue beziehungsweise Loyalität gegenüber einem Gemeinwesen oder einer Partei einen Gehorsam abverlangt, der lebensbedrohlich oder gar verbrecherisch wird, müssen Loyalität und Treue aufgekündigt werden.) Werte stehen immer wieder in Konkurrenz zueinander, bedürfen einer Prioritätensetzung, ja einer bestimmten Wertehierarchie. Darüber zu befinden, ist Sache des einzelnen mündigen Individuums.

Werte sind keine Moralforderungen, die man von oben oder aus der Überlieferung allein vorschreiben könnte, um damit zu herrschen. Werte sind Bojen vergleichbar, die wir auf unserer Lebensreise beachten, die uns Fahrrinnen zeigen, damit wir nicht stranden. Sie sind die innerlich akzeptierten Regeln gelingenden Zusammenlebens. Sie sind der gute Geist der Gesetze, Verordnungen und Regelungen unseres Lebens. Ohne den guten Geist von verinnerlichten Wertsetzungen werden Gesetze tötend.

Was uns gemeinsam trägt, kann nur das sein, was jeden einzelnen trägt, prägt und bindet. So kann diese literarische Sammlung aus den Jahrhunderten so reife wie freie „wertkonservative Haltungen" einüben. Wenig hilfreich ist ein Moralkodex, der mit dem Gestus der Belehrung daherkommt. Da wird nur Angst eingeflößt. Verkrampfung, Verlogenheit und Bigotterie wären die unvermeidlichen Folgen. Doch ein Gemeinwesen ohne gemeinsame Wertbindungen freier Bürger tendiert entweder zum Diktat der Beliebigkeit oder über den Weg obrigkeitsstaatlicher Strukturen zur Diktatur hin.

Das *Buch der Werte* macht den Versuch, der grassierenden Beliebigkeit der Postmoderne entgegenzutreten. Die Texte haben einen unaufgebrauchten humanistischen Überschuß, etwas Unabgegoltenes. Werte sind nicht statisch, sondern dynamisch; aber sie zeigen in Richtungen, die dem Menschen helfen, sich seines eigenen Mehrwerts gewiß zu bleiben. Wer an Werten festhält, richtet sich gegen eine modische Gleichgültigkeit, wo man weniger lacht als sich gekonnt lustig macht. Er wird sich ebenso gegen eine lebensfeindliche Werteideologie wenden, die sich in religiösen, politischen oder nationalistischen Ideologien immer wieder breit macht, aber gerade nicht emanzipiert, sondern indoktriniert.

Wir leben wiederum in einer Zeit grundlegenden Wertewandels. Er hat mit der rasanten Veränderung unserer Lebensweise zu tun. Möglicherweise stehen wir vor einem kulturellen Einbruch, wie ihn die Menschheit beim Übergang vom nomadischen zum seßhaften Dasein durchgemacht hat. Bei der Explosion unserer technischen Möglichkeiten wurde weithin die Anstrengung vernachlässigt, zu klären, was uns denn jetzt „lieb" und „teuer" ist. Wenn etwa unter der Hand die Modernisierung mit Beschleunigung („Modernisierungsbeschleunigung") verwechselt wird, unterbleibt schöpferische Muße, die Voraussetzung für handlungsorientiertes Nachdenken über Sinn, Ziel und Grenzen unseres Tun ist.

Was wertvoll ist, muß nicht teuer sein, was teuer ist, muß nicht wertvoll sein. Wenn wir nur noch die Angst hätten, daß der Geldwert sinkt und daß wir vor allem einen Werteverfall fürchten, der unsere Währung betrifft, hätten wir nicht begriffen, um welchen Wertgewinn und welchen Wertverlust wir uns als Menschen Gedanken machen müssen, wenn wir nicht selber zu käuflichen Wesen, zur Ware werden wollen.

Wenn diese Sammlung hilft, dem einzelnen hilft, aus Begriffen Tätigkeiten zu machen, das Wertvolle auch als das Sinnvolle und das Sinnvolle als das Beglückende zu erfahren, dann war sie das Papier mitten in der Bücherflut wert.

Maxime und Realität

„Handle so, daß die Maxime deines Willens jederzeit zugleich als Prinzip einer allgemeinen Gesetzgebung gelten könnte", diese Formel des Königsberger Philosophen Immanuel Kant faßt auf kürzeste Weise das Sittengesetz oder Vernunftgebot für die Menschheit. Als „kategorischer Imperativ" ist sie in die Geschichte eingegangen, als Appell, sich der besten Werte und Tugenden bei allem Handeln stets bewußt zu sein und vor allem sie auch nutzbar zu machen.

Die Forderung danach, dieser „Befehl" (Imperativ) behält schon deshalb seine Berechtigung, weil wir uns in unserem Tun nur bedingt von der Kantschen Maxime leiten lassen. Daß der Mensch gut sein möge, erhält sich als Wunsch immer dann, wenn äußere Anlässe wenig Hoffnung bieten. Nach dem Ende des Ersten Weltkrieges schrieb der Würzburger Humanist und Pazifist Leonhard Frank seinen Glauben an den guten Menschen in den Titel eines vielleicht zu unrecht vergessenen Buches. Der Glaube soll zwar Berge versetzen, heißt es. Befreit er aber auch von den Unzulänglichkeiten des Menschen? Verhindert er das, was den denkenden Menschen von anderen Lebewesen unterscheiden sollte? Gewalt gäbe es da nicht, Kriege gehörten der Vergangenheit an, ethnische und rassistische Verfolgungen wie Vertreibungen wären bestenfalls ein böses Kapitel der Geschichte. Gottgleiche Menschen erscheinen nur in Sagen oder Märchen. Selbst da läßt sich Gutes nicht selten nur mittels Gewalt erreichen oder Gutes wird mißbraucht. Griechische Gottheiten befehden sich und töten unentwegt, Kriemhild markiert aus gutem Glauben die verwundbare Stelle ihres Gatten Siegfried mit einem gestickten Kreuz auf dem Kriegsgewand, vom Feind hinterlistig erbeten und schließlich für den feigen Mord genutzt, Hänsel und Gretel sind erst dann befreit, wenn die Hexe im Backofen schmort.

Dennoch: Das natürliche Streben der Menschheit gilt dem, was Immanuel Kant vor mehr als zweihundert Jahren im Glauben an das Gute zu Papier brachte. Lange vor ihm und ohne seine präzise Formel gab es immer wieder Menschen, die an die Werte menschlichen Seins appellierten, die eine oder andere Tugend besonders in den Mittelpunkt rückend oder einen Gesamtkodex formulierend, der das Handeln von Gruppen Gleichgesinnter bestimmen sollte. Im Vorleben dessen, was für gut und richtig erkannt wurde, sollte die Chance liegen, daß sich auch andere dem anschließen. Aber auch hier blieben Übertreibungen wie Perversionen nicht aus. Versuche und Bestrebungen, christlichen Glauben oder was immer dafür gehalten wurde, im Mittelalter mittels gewalttätiger Kreuzzüge bei „Ungläubigen" durchzusetzen, steht von Anfang an im Widerspruch zu den zehn Geboten, die Moses auf dem Berg Sinai von Gott empfangen hatte und mit denen er sein Volk in das gelobte Land führen sollte. Schwert und Lanze führten auch damals Kreuzritter nicht als Obstbesteck mit, gewalttätige Missionierung pervertiert das Gebot vom Nichttöten.

Heutzutage haben sich die Mittel verfeinert. Anstelle der Handwaffen und des Kampfes Mann gegen Mann mit all ihrer Brutalität öffnet der Bordingenieur eines Flugzeuges eine Luke und löscht Sekunden nach einem Knopfdruck das Leben von 70.000 Menschen. Zeitungen überschlagen sich bei der Vermittlung von Gewalttätigkeiten. Kein Tag, an dem nicht Menschen gewollt oder zufällig Opfer mörderischer Auseinandersetzungen werden. In manchen Städten erscheinen sie in der Tagesbilanz gleich in zwei- oder dreistelligen Summen. Kriege, Hunger und Elend bestimmen auch ein paar Jahre vor dem Jahrtausendwechsel unsere Erde. Brutalität und Aggressivität will zu unserem Leben wie Sonnenaufgang und Sonnenuntergang gehören. Dem Jubel über die Lösung eines Problems folgt die Enttäuschung über den Ausbruch eines anderen. Ohnmacht scheint anstelle von Konfliktlösung zu stehen.

Hat unter derartigen Vorzeichen ein „Buch der Werte" überhaupt einen Sinn? Führt uns nicht das „Kaleidoskop moralischer Appelle und skeptischer Erkenntnisse von der Bibel bis in unsere Tage" in eine Traumwelt, die beim Erwachen eine bittere Realität zeigt? Von Karl Marx stammt der Satz, daß die Philosophen die Welt bisher nur interpretiert haben, es komme aber darauf an, sie zu verändern. „Der heutige Tag ist ein Resultat des gestrigen. Was dieser gewollt hat, müssen *wir erforschen, wenn wir zu wissen wünschen, was jener will", heißt es bei Heinrich Heine.*

Erkennen und *Handeln kann aber nicht mehr einer zahlenmäßig kleinen Gruppe überlassen werden. Die Gefahren der Welt müssen jeden zum „Besinnen" auf Wesen und Werte führen. Und so sollten wir den kategorischen Imperativ Immanuel Kants für uns heute und damit auch für die Zukunft nutzbar machen, wohl wissend, daß der Weg dahin weit und beschwerlich sein kann.*

Die Besinnung auf die besten Werte und Tugenden der Menschheit verändert an sich noch nichts. Sie eröffnet aber Einsichten, die schließlich in Handlungen produktiv werden können.

Deshalb: „Handle so, daß die Maxime deines Willens jederzeit zugleich als Prinzip einer allgemeinen Gesetzmäßigkeit gelten könnte."

Und die Tugend, sie ist kein leerer Schall ...

Ein Kaleidoskop moralischer Appelle
und skeptischer Erkenntnisse von der Bibel
bis in unsere Tage

❖ ❖ ❖

Die heiligen zehn Gebote

Gott redete alle diese Worte: Ich bin der Herr, dein Gott, der ich dich aus Ägypten, aus dem Diensthause, geführt habe.

*

Du sollst keine andern Götter neben mir haben.

Du sollst dir kein Bildnis noch irgendein Gleichnis machen, weder dessen, was oben im Himmel, noch dessen, was unten auf Erden, oder dessen, was im Wasser unter der Erde ist. Bete sie nicht an und diene ihnen nicht. Denn ich, der Herr, dein Gott, bin ein eifriger Gott, der da heimsucht der Väter Missetat an den Kindern bis in das dritte und vierte Glied derer, die mich hassen; und tue Barmherzigkeit an vielen Tausenden, die mich lieb haben und meine Gebote halten.

Du sollst den Namen des Herrn, deines Gottes, nicht mißbrauchen; denn der Herr wird den nicht ungestraft lassen, der seinen Namen mißbraucht.

Gedenke des Sabbattages, daß du ihn heiligest. Sechs Tage sollst du arbeiten und alle deine Dinge verrichten. Aber am siebenten Tage ist der Sabbat des Herrn, deines Gottes. Da sollst du kein Werk tun, noch dein Sohn, noch deine Tochter, noch dein Knecht, noch deine Magd, noch dein Vieh, noch dein Fremdling, der in deinen Toren ist. Denn in sechs Tagen hat der Herr Himmel und Erde gemacht und das Meer und alles, was darin ist, und ruhete am siebenten Tage. Darum segnete der Herr den Sabbattag und heiligte ihn.

Du sollst deinen Vater und deine Mutter ehren, auf daß du lange lebest im Lande, das dir der Herr, dein Gott, gibt.

Du sollst nicht töten.

Du sollst nicht ehebrechen.

Du sollst nicht stehlen.

Du sollst kein falsches Zeugnis reden wider deinen Nächsten.

Laß dich nicht gelüsten deines Nächsten Hauses. Laß dich nicht gelüsten deines Nächsten Weibes, noch seines Knechtes, noch seiner Magd, noch seines Ochsen, noch seines Esels, noch alles, was dein Nächster hat.

*

Alles Volk sah den Donner und Blitz und den Ton der Posaune und den rauchenden Berg. Da sie aber solches sahen, flohen sie, hielten sich ferne und sprachen zu Moses: Rede du mit uns, wir wollen gehorchen, und laß Gott nicht mit uns reden, wir möchten sonst sterben. Moses aber sprach zum Volke: Fürchtet euch nicht; denn Gott ist gekommen, daß er euch versuche und daß seine Furcht euch vor Augen sei, damit ihr nicht sündiget.

(2. Buch Moses)

ARISTOTELES

Über das Wesen der Tugend

Die Tugend ist also von doppelter Art, verstandesmäßig und ethisch. Die verstandesmäßige Tugend entsteht und wächst zum größeren Teil durch Belehrung; darum bedarf sie der Erfahrung und der Zeit. Die ethische dagegen ergibt sich aus der Gewohnheit ...

... Die Tugenden entstehen in uns also weder von Natur noch gegen die Natur. Wir sind vielmehr von Natur dazu gebildet, sie aufzunehmen, aber vollendet werden sie durch die Gewöhnung.

... Die Tugenden ... erwerben wir, indem wir sie zuvor ausüben, wie dies auch für die sonstigen Fertigkeiten gilt. Denn was wir durch Lernen zu tun fähig werden sollen, das lernen wir eben, indem wir es tun: durch Bauen werden wir Baumeister und durch Kitharaspielen Kitharisten. Ebenso werden wir gerecht, indem wir gerecht handeln, besonnen durch besonnenes, tapfer durch tapferes Handeln.

... Denn indem wir im Geschäftsverkehr den Menschen gegenüber handeln, werden wir, die einen gerecht, die andern ungerecht; handelnd in Gefahren und uns an Furcht oder Mut gewöhnend, werden wir tapfer oder feige. Ebenso steht es auch mit Begierde und Zorn. Die einen werden besonnen und milde, die anderen zügellos und jähzornig, die einen, weil sie sich in solchen Lagen derart verhalten, die andern, weil umgekehrt. Um mit einem Worte: die Eigenschaften entstehen aus den entsprechenden Tätigkeiten. Darum muß man die Tätigkeiten in bestimmter Weise formen. ... Es kommt also nicht wenig darauf an, ob man gleich von Jugend auf an dies oder jenes gewöhnt wird; es kommt viel darauf an, ja sogar alles.

... Daß nun also die ethische Tugend eine Mitte ist, und wie sie es ist, und daß sie die Mitte zweier Schlechtigkeiten ist, derjenigen des Übermaßes und derjenigen des Mangels, und daß die Tugend solcher Art ist, weil sie die Kunst ist, in den Leidenschaften und Handlungen auf die Mitte zu zielen, dies ist nun hinreichend dargelegt.

Darum ist es auch anstrengend, tugendhaft zu sein. Denn überall ist es mühsam, die Mitte zu treffen. So trifft auch nicht jeder

Beliebige, sondern nur der Kundige die Mitte des Kreises. Ebenso kann ein jeder leicht in Zorn geraten und Geld ausgeben und verschwenden. Das Wem, Wieviel, Wann, Wozu und Wie zu bestimmen ist aber nicht jedermanns Sache und ist nicht leicht. Darum ist das Richtige selten, lobenswert und schön.

Darum muß der, der auf die Mitte zielt, als erstes sich von dem der Mitte Entgegengesetzteren fernhalten ... Denn von den Extremen ist das eine fehlerhafter als das andere.

Da es nun mühselig ist, genau die Mitte zu treffen, so muß man in zweitbester Fahrt, wie es heißt, das geringste der Übel wählen. ... Wir müssen aber beobachten, wozu wir von uns aus am geneigtesten sind. Denn der eine von uns ist es seiner Natur nach zu diesem, der andere zu jenem. Dies zeigt sich an der Lust oder dem Schmerz, den wir empfinden. Da muß man sich selbst in das Gegenteil hinüberziehen. Denn wenn wir uns vom Verfehlen sehr weit entfernen, werden wir zur Mitte gelangen, so wie jene es machen, die gekrümmtes Holz gerade richten.

In allem muß man am meisten auf das Lustvolle und die Lust achten. Denn sie beurteilen wir nicht unbefangen. ...

Soviel ist nun aber gezeigt, daß die mittlere Haltung in allem die lobenswerte ist, daß man aber zuweilen auf das Übermaß, zuweilen auf den Mangel hin abbiegen soll. Denn so werden wir am ehesten die Mitte und das Richtige treffen.

Die Bergpredigt

Da Jesus aber das Volk sah, ging er auf einen Berg und setzte sich; und seine Jünger traten zu ihm.

Und er tat seinen Mund auf, lehrte sie und sprach: Selig sind, die da geistlich arm sind; denn das Himmelreich ist ihr.

Selig sind, die da Leid tragen; denn sie sollen getröstet werden.

Selig sind die Sanftmütigen; denn sie werden das Erdreich besitzen.

Selig sind, die da hungert und dürstet nach der Gerechtigkeit; denn sie sollen satt werden.

Selig sind die Barmherzigen; denn sie werden Barmherzigkeit erlangen.

Selig sind, die reines Herzens sind; denn sie werden Gott schauen.

Selig sind die Friedfertigen; denn sie werden Gottes Kinder heißen.

Selig sind, die um Gerechtigkeit willen verfolgt werden; denn das Himmelreich ist ihr.

Selig seid ihr, wenn euch die Menschen um meinetwillen schmähen und verfolgen und reden allerlei Übles wider euch, so sie daran lügen.

Seid fröhlich und getrost; es wird euch im Himmel wohl belohnt werden. Denn also haben sie verfolgt die Propheten, die vor euch gewesen sind.

Ihr seid das Salz der Erde. Wo nun das Salz dumm wird, womit soll man's salzen? Es ist hinfort zu nichts nütze, denn daß man es hinausschütte und lasse es die Leute zertreten.

Ihr seid das Licht der Welt. Es kann die Stadt, die auf einem Berge liegt, nicht verborgen sein.

Man zündet auch nicht ein Licht an und setzt es unter einen Scheffel, sondern auf einen Leuchter; so leuchtet es denn allen, die im Hause sind.

Also lasset euer Licht leuchten vor den Leuten, daß sie eure guten Werke sehen und euren Vater im Himmel preisen.

Ihr sollt nicht wähnen, daß ich gekommen bin, das Gesetz oder die Propheten aufzulösen; ich bin nicht gekommen, aufzulösen, sondern zu erfüllen.

Denn ich sage euch wahrlich: Bis daß Himmel und Erde zergehe, wird nicht zergehen der kleinste Buchstabe noch ein Strichlein vom Gesetz, bis daß es alles geschehe.

Wer nun eines von diesen kleinsten Geboten auflöst und lehrt die Leute also, der wird der Kleinste heißen im Himmelreich; wer es aber tut und lehrt, der wird groß heißen im Himmelreich.

Denn ich sage euch: Es sei denn eure Gerechtigkeit besser als der Schriftgelehrten und Pharisäer, so werdet ihr nicht in das Himmelreich kommen.

Ihr habt gehört, daß zu den Alten gesagt ist: „Du sollst nicht töten; wer aber tötet, der soll des Gerichts schuldig sein."

Ich aber sage euch: Wer mit seinem Bruder zürnet, der ist des Gerichts schuldig; wer aber zu seinem Bruder sagt: Racha! der ist des Rats schuldig; wer aber sagt: Du Narr! der ist des höllischen Feuers schuldig.

Darum, wenn du deine Gabe auf dem Altar opferst und wirst allda eingedenk, daß dein Bruder etwas wider dich habe, so laß allda vor dem Altar deine Gabe und gehe zuvor hin und versöhne dich mit deinem Bruder, und alsdann komm und opfre deine Gabe.

Sei willfährig deinem Widersacher bald, dieweil du noch bei ihm auf dem Wege bist, auf daß dich der Widersacher nicht dermaleinst überantworte dem Richter, und der Richter überantworte dich dem Diener, und werdest in den Kerker geworfen.

Ich sage dir wahrlich: Du wirst nicht von dannen herauskommen, bis du auch den letzten Heller bezahlest.

Ihr habt gehört, daß zu den Alten gesagt ist: „Du sollst nicht ehebrechen."

Ich aber sage euch: Wer ein Weib ansieht, ihrer zu begehren, der hat schon mit ihr die Ehe gebrochen in seinem Herzen.

Ärgert dich aber dein rechtes Auge, so reiß es aus und wirf's von dir. Es ist dir besser, daß eins deiner Glieder verderbe, und nicht der ganze Leib in die Hölle geworfen werde.

Ärgert dich deine rechte Hand, so haue sie ab und wirf sie von dir. Es ist dir besser, daß eins deiner Glieder verderbe, und nicht der ganze Leib in die Hölle geworfen werde.

Es ist auch gesagt: „Wer sich von seinem Weibe scheidet, der soll ihr geben einen Scheidebrief."

Ich aber sage euch: Wer sich von seinem Weibe scheidet (es sei denn um Ehebruch), der macht, daß sie die Ehe bricht; und wer eine Abgeschiedene freit, der bricht die Ehe.

Ihr habt weiter gehört, daß zu den Alten gesagt ist: „Du sollst keinen falschen Eid tun und sollst Gott deinen Eid halten."

Ich aber sage euch, daß ihr überhaupt nicht schwören sollt, weder bei dem Himmel, denn er ist Gottes Stuhl, noch bei der Erde, denn sie ist seiner Füße Schemel, noch bei Jerusalem, denn sie ist des großen Königs Stadt.

Auch sollst du nicht bei deinem Haupt schwören; denn du vermagst nicht, ein einziges Haar weiß oder schwarz zu machen.

Eure Rede aber sei: Ja, ja; nein, nein. Was darüber ist, das ist vom Übel.

Ihr habt gehört, daß da gesagt ist: „Auge um Auge, Zahn um Zahn."

Ich aber sage euch, daß ihr nicht widerstreben sollt dem Übel; sondern, so dir jemand einen Streich gibt auf deinen rechten Backen, dem biete den andern auch dar.

Und so jemand mit dir rechten will und deinen Rock nehmen, dem laß auch den Mantel.

Und so dich jemand nötigt eine Meile, so gehe mit ihm zwei.

Gib dem, der dich bittet, und wende dich nicht von dem, der dir abborgen will.

Ihr habt gehört, daß gesagt ist: „Du sollst deinen Nächsten lieben und deinen Feind hassen.“

Ich aber sage euch: Liebet eure Feinde; segnet, die euch fluchen; tut wohl denen, die euch hassen; bittet für die, so euch beleidigen und verfolgen, auf daß ihr Kinder seid eures Vaters im Himmel; denn er läßt seine Sonne aufgehen über die Bösen und über die Guten und läßt regnen über Gerechte und Ungerechte.

Denn so ihr liebet, die euch lieben, was werdet ihr für Lohn haben? Tun nicht dasselbe auch die Zöllner?

Und so ihr euch nur zu euren Brüdern freundlich tut, was tut ihr Sonderliches? Tun nicht die Zöllner auch also?

Darum sollt ihr vollkommen sein, gleichwie euer Vater im Himmel vollkommen ist.

(Matthäus-Evangelium, Kap. 5)

Seneca

Über die Tugend

Eine Seele, die das Wahre erkennt, die weiß, was zu fliehen und zu erstreben ist, die den Wert der Dinge nicht nach dem Wahne, sondern nach ihrem wahren Wesen bestimmt, die in das Weltganze eindringt und jedem Teile desselben ihre Betrachtung widmet, aufs Denken wie aufs Handeln gleich bedacht, gleich groß und kräftig, vom Widrigen wie vom Angenehmen gleich unbesiegt, keinem Geschicke sich beugend, über alles erhaben, was ihr begegnet und widerfährt, schön mit Würde, bei aller Kraft besonnen und nüchtern, unbeunruhigt und unverzagt, durch keine Macht gebrochen, durch kein Ereignis gehoben noch niedergedrückt – so ist die *Tugend*; dies wäre ihre Gestalt, wenn sie *einem* Blick sich zeigte und mit einem Male *ganz* sich offenbarte. Allein es gibt viele Formen derselben, die sich nach der Mannigfaltigkeit des Lebens und der Handlungen entfalten, ohne daß sie selbst deshalb kleiner oder größer wird. Denn abnehmen kann ja das größte Gut nicht, noch die Tugend rückwärts gehen; wohl aber ändert sie sich in immer andern Erscheinungen, indem sie sich nach der Beschaffenheit der Gegenstände ihre Wirksamkeit gestaltet. Was sie immer berührt, führt sie zur Ähnlichkeit mit sich und gibt ihm ihre Farbe; Handlungen, Freundschaften, bisweilen ganze Häuser, die sie betritt und in Ordnung bringt, verschönert sie; was sie immer behandelt, macht sie liebenswürdig, ausgezeichnet, bewundernswert.

...

Wie wir oft Leute suchen, neben denen wir stehen, so wissen wir meistens nicht, daß das höchste Gut als Zweck neben uns steht. Es bedarf keiner wortreichen und weitläufigen Untersuchung, um zu erfahren, was das höchste Gut sei; ich brauche sozusagen nur mit dem Finger darauf hinzuzeigen, ohne mich in Einzelheiten zu verlieren. Denn was kommt darauf an, es in Teilchen zu zerlegen, da man ganz einfach sagen kann: das höchste Gut ist das Sittlichgute?

Ja, worüber du dich noch mehr wundern wirst: das einzige Gut ist das Sittlichgute; die übrigen sind falsche und unechte Güter. Wenn du dich davon überzeugst und die Tugend innig liebgewonnen hast (denn sie einfach zu lieben, ist zu wenig), so wird alles, was dich durch sie trifft, wie es auch immer andern erscheinen mag, für dich glücklich und erwünscht sein, selbst die Folter zu leiden, wenn du nur mit größerer Seelenruhe auf ihr liegst, als dein Peiniger selbst hat, und krank zu sein, wenn du dein Schicksal nicht verwünschest und der Krankheit nicht nachgibst. Kurz alles, was andere für Übel halten, mildert sich und verwandelt sich in Gutes, wenn du erhaben darüber bist. Das aber sei dir klar, daß es kein Gut gibt als das Sittlichgute, und alles Ungemach wird mit vollem Recht ein Gut genannt, wenn nur die Tugend es geadelt hat.

So wenig du das Richtscheit biegen kannst, womit man das Gerade zu prüfen pflegt – was du an ihm änderst, ist eine Verletzung der Geradheit –, so wenig läßt die Tugend eine Biegung zu; sie kann zwar immer mehr gehärtet, aber nicht gesteigert werden. Sie richtet über alles, nichts über sie. Wenn sie aber selbst nicht gerade werden kann, so ist auch von dem, was durch sie geschieht, nicht das eine gerader als das andere; denn alles muß ihr entsprechen und ist somit gleich. „Wie?" fragst du, „so ist es also gleich, bei einem Gastmahle zu liegen oder sich foltern zu lassen?" Das scheint dir wunderbar? Darüber magst du dich noch mehr wundern, wenn ich behaupte: bei einem Gastmahle zu liegen, ist ein Übel, auf der Folterbank gemartert zu werden, ein Gut, wenn jenes auf schimpfliche, dieses auf tugendhafte Weise geschieht.

Nicht die Sache selbst, sondern die Tugend macht jene Dinge zu Gütern oder Übeln; wo diese erscheint, hat alles gleiche Größe, gleichen Wert. Da streckt drohend seine Hand nach meinen Augen aus, wer die Gesinnung aller nach seiner eigenen beurteilt, weil ich behaupte, die Güter des Mannes, der sein Unglück standhaft erträgt, und dessen, der sein Glück würdig beurteilt, seien gleich, weil ich behaupte, gleich seien die Güter dessen, der einen Triumph hält, und dessen, der ungebeugten Geistes vor dem Wagen des Triumphierenden hergeht. Solche Leute glauben nämlich, niemals geschehe, was *sie* nicht zu tun vermögen; nach ihrer eigenen Schwäche urteilen sie über die Tugend. Was wunderst du dich, wenn es einem beliebt, ja bisweilen sogar gefällt, sich brennen, verwunden, fesseln, töten zu lassen? Dem Schwelger ist schon Mäßigkeit eine Strafe, dem Faulen gilt Arbeit der Todesstrafe gleich, dem Verzärtelten gilt Tätigkeit für Elend, dem Trägen das Studieren für eine Marter; ebenso halten wir das, wozu wir alle schwach sind, für hart und unerträglich, indem wir vergessen, für wie viele es schon eine Folter ist, den Wein zu entbehren oder bei Sonnenaufgang geweckt zu werden. Dergleichen Dinge sind nicht von Natur schwer, wir aber sind schlaff und entnervt.

Großes muß auch mit großem Geiste beurteilt werden; sonst wird der Fehler, welcher der unsrige ist, als Fehler jener Dinge erscheinen. So gewähren die geradesten Gegenstände, wenn sie ins Wasser gesteckt sind, den Blicken den Schein des Krummen und Geknickten. Es kommt also nicht bloß darauf an, was man sieht, sondern wie man es sieht: unser Geist ist zu blödsichtig, um das Wahre zu durchschauen. Denke dir einen unverdorbenen Jüngling von gewecktem Geiste: er wird sagen, daß ihm der Mann glücklicher erscheine, der alle Lasten widriger Verhältnisse mit starkem Nacken erträgt und über sein Schicksal erhaben steht. Es ist nichts Wunderbares, bei völliger Ruhe nicht erschüttert zu werden; das aber bewundere, wenn einer sich aufrichtet, wo alle niedergeschlagen sind, wenn er steht, wo alle zu Boden liegen. Was ist denn das Üble bei Folterqualen und bei allem andern, was wir widrig nennen? Das, glaube ich, daß der Geist davon gelähmt, gebeugt, überwältigt wird; wovon aber einem weisen Manne nichts begegnen kann. Er steht aufrecht unter jeder schweren Last; nichts macht ihn kleiner, nichts von allem, was zu ertragen ist, mißfällt ihm. Denn er beklagt sich nicht, daß ihn betroffen hat, was irgend den Menschen treffen kann. Er kennt seine Kräfte und weiß, daß er eine Last zu tragen imstande ist.

Ich nehme den Weisen nicht aus der Zahl der Menschen heraus und behaupte nicht, daß er keinen Schmerz empfinde wie ein keiner Empfindung zugänglicher Felsen; es ist mir bewußt, daß er aus zwei Teilen zusammengesetzt ist: der eine ist vernunftlos, dieser wird gebissen, gebrannt, empfindet Schmerz; der andere ist vernünftig, dieser hat unerschütterliche Ansichten, ist unerschrocken und unbezwinglich. In diesem wohnt jenes höchste Gut des Menschen; ehe es vollständig ist, herrscht noch ein unsicheres Schwanken der Gesinnung; ist es aber zur Vollendung gelangt, so besitzt er eine unerschütterliche Festigkeit. Daher hat ein erst beginnender und noch im Fortschreiten zu dem Höchsten begriffener Verehrer der Tugend, wenn er auch dem höchsten Gute bereits nahe gekommen ist, doch noch nicht die letzte Hand an dasselbe gelegt; er wird bisweilen stillstehen und in der Anstrengung seines Geistes etwas nachlassen; denn er ist noch nicht über das Ungewisse hinausgekommen, er verweilt noch immer auf schlüpfrigem Boden. Der Glückliche aber und der Mann von vollendeter Tugend liebt sich dann am meisten, wenn er die Probe aufs mutigste bestanden hat und das, was andern furchtbar ist, nicht nur erträgt, sondern willkommen heißt, wenn es der Preis irgendeiner edlen Pflicht ist, und will lieber von sich sagen hören: er ist um so viel besser, als: er ist um so viel glücklicher.

Christian Fürchtegott Gellert

Nicht jede Besserung ist Tugend;
oft ist sie nur das Werk der Zeit.
Die wilde Hitze roher Jugend
wird mit den Jahren Sittsamkeit.
Und was Natur und Zeit getan,
sieht unser Stolz als Besserung an.

JOHANN WOLFGANG VON GOETHE

Das Göttliche

Edel sei der Mensch,
Hilfreich und gut!
Denn das allein
Unterscheidet ihn
Von allen Wesen,
Die wir kennen.

Heil den unbekannten
Höhern Wesen,
Die wir ahnen!
Ihnen gleiche der Mensch!
Sein Beispiel lehr' uns
Jene glauben.

Denn unfühlend
Ist die Natur:
Es leuchtet die Sonne
Über Bös' und Gute,
Und dem Verbrecher
Glänzen wie dem Besten
Der Mond und die Sterne.

Wind und Ströme,
Donner und Hagel
Rauschen ihren Weg
Und ergreifen
Vorüber eilend
Einen um den andern.

Auch so das Glück
Tappt unter die Menge,
Faßt bald des Knaben
Lockige Unschuld,
Bald auch den kahlen
Schuldigen Scheitel.

Nach ewigen, ehrnen,
Großen Gesetzen
Müssen wir alle
Unseres Daseins
Kreise vollenden.

Nur allein der Mensch
Vermag das Unmögliche:
Er unterscheidet,
Wählet und richtet;
Er kann dem Augenblick
Dauer verleihen.

Er allein darf
Den Guten lohnen,
Den Bösen strafen,
Heilen und retten,
Alles Irrende, Schweifende,
Nützlich verbinden.

Und wir verehren
Die Unsterblichen,
Als wären sie Menschen,
Täten im großen,
Was der Beste im kleinen
Tut oder möchte.

Der edle Mensch
Sei hilfreich und gut!
Unermüdet schaff' er
Das Nützliche, Rechte,
Sei uns ein Vorbild
Jener geahneten Wesen!

Die Erklärung der Menschen- und Bürgerrechte, beschlossen von der französischen Nationalversammlung am 26. August 1789

Die hier niedergelegten 17 Artikel über die Menschen- und Bürgerrechte wurden der Verfassung von 1791 vorangestellt.

*

Die als Nationalversammlung eingesetzten Vertreter des französischen Volkes haben in der Erwägung, daß die Unkenntnis, das Vergessen oder Verachten der Menschenrechte die alleinigen Ursachen des öffentlichen Unglücks und der Korruptheit der Regierungen sind, beschlossen, in einer feierlichen Erklärung die natürlichen, unveräußerlichen und heiligen Rechte des Menschen darzulegen, damit diese Erklärung allen Mitgliedern der Gesellschaft stetig vor Augen steht, und sie unablässig an ihre Rechte und Pflichten erinnert; damit die Handlungen der legislativen und der exekutiven Gewalt zu jeder Zeit mit dem Zweck jeder politischen Einrichtung verglichen werden können und dadurch entsprechend geachtet werden; damit die Ansprüche der Bürger von heute an auf einfachen und unbestreitbaren Grundsätzen beruhen und immer auf die Erhaltung der Verfassung und das Glück aller hinzielen.

Demzufolge anerkennt und erklärt die Nationalversammlung in Gegenwart und unter dem Schutz des Höchsten Wesens nachstehende Menschen- und Bürgerrechte:

Art. I: Die Menschen sind und bleiben von Geburt an frei und gleich an Rechten. Soziale Unterschiede dürfen nur im Allgemeinnutzen begründet sein.
Art. II: Das Ziel einer jeden politischen Vereinigung besteht in der Erhaltung der natürlichen und unantastbaren Menschenrechte. Diese Rechte sind Freiheit, Sicherheit und Widerstand gegen Unterdrükkung.
Art. III: Die Nation bildet den hauptsächlichen Ursprung jeder Souveränität. Keine Körperschaft und kein Individuum können eine Gewalt ausüben, die nicht ausdrücklich von der Nation ausgeht.
Art. IV: Die Freiheit besteht darin, alles tun zu können, was dem anderen nicht schadet. Somit hat die Ausübung der natürlichen Rechte jedes Menschen nur die Grenzen, die anderen Mitgliedern der Gesellschaft den Genuß derselben Rechte garantiert. Diese Grenzen können nur gesetzlich festgelegt werden.
Art. V: Dem Gesetz allein obliegt es, die der Gesellschaft schädlichen Handlungen zu verbieten. Alles, was nicht gesetzlich verboten ist, kann nicht verhindert werden. Niemand kann zu etwas gezwungen werden, was nicht gesetzlich befohlen ist.
Art. VI: Das Gesetz ist der Ausdruck des allgemeinen Willens. Alle Bürger sind berechtigt, persönlich oder durch ihre Vertreter an seiner Gestaltung mitzuwirken. Ob es schützt oder straft: es muß für alle gleich sein. Da alle Bürger in seinen Augen gleich sind, haben sie auch gleichermaßen Zugang zu allen Würden, Stellungen oder öffentlichen Ämtern, je nach ihren Fähigkeiten, ohne einen anderen Unterschied als den ihrer Tugenden und Talente.
Art. VII: Kein Mensch kann anders als in den gesetzlich verfügten Fällen und den vorgeschriebenen Formen angeklagt, verhaftet und gefangengenommen werden. Wer willkürliche Befehle verlangt, ausfertigt, ausführt oder ausführen läßt, muß bestraft werden. Jeder Bürger aber, der auf Grund des Gesetzes vorgeladen oder ergriffen wird, muß augenblicklich gehorchen. Durch Widerstand macht er sich strafbar.
Art. VIII: Das Gesetz soll nur unbedingte und offensichtlich notwendige Strafen festlegen. Niemand kann wegen eines Gesetzes be-

straft werden, das nicht vor dem Tatmoment erlassen, verkündet und angewendet worden ist.
Art. IX: Da jeder Mensch solange für unschuldig gilt, wie er nicht für schuldig befunden ist, soll, wenn eine Verhaftung unumgänglich ist, jede unnötige Härte zur Versicherung seiner Person gesetzlich streng verboten sein.
Art. X: Niemand darf wegen seiner Meinung, selbst religiöser Art, belangt werden, solange die Äußerungen nicht die gesetzlich festgelegte Ordnung stören.
Art. XI: Freie Gedanken- und Meinungsfreiheit ist eines der kostbarsten Menschenrechte; jeder Bürger kann daher frei schreiben, reden und drucken, unter Vorbehalt des Mißbrauchs dieser Freiheit in den gesetzlich festgelegten Fällen.
Art. XII: Die Sicherung der Menschen- und Bürgerrechte erfordert eine Streitmacht, die zum Vorteil aller eingesetzt wird, und nicht zum besonderen Nutzen derer, denen sie anvertraut ist.
Art. XIII: Für den Unterhalt der Streitmacht und für die Verwaltungskosten ist eine allgemeine Abgabe unumgänglich. Diese muß auf alle Bürger gleichermaßen unter Berücksichtigung ihrer Möglichkeiten verteilt werden.
Art. XIV: Die Bürger haben das Recht, selbst oder durch ihre Vertreter die Notwendigkeit der öffentlichen Ausgaben festzustellen, diesen frei zuzustimmen, ihre Verwendung zu überprüfen und ihre Höhe, Veranlagung, Eintreibung und Erhebungszeitraum zu bestimmen.
Art. XV: Die Gesellschaft hat das Recht, von jedem öffentlichen Beamten Rechenschaft über seine Verwaltung zu fordern.
Art. XVI: Jede Gesellschaft, in der die Garantie dieser Rechte nicht erfolgt, und die Gewaltenteilung nicht festgeschrieben ist, hat keine Verfassung.
Art. XVII: Da das Eigentum ein unverletzliches und heiliges Recht ist, kann es niemandem genommen werden, außer im Falle öffentlicher Notwendigkeit unter der Bedingung einer gerechten und vorherigen Entschädigung.

Friedrich von Schiller

Die Worte des Glaubens

Drei Worte nenn ich euch, inhaltschwer,
Sie gehen von Munde zu Munde,
Doch stammen sie nicht von außen her,
Das Herz nur gibt davon Kunde.
Dem Menschen ist aller Wert geraubt,
Wenn er nicht mehr an die drei Worte glaubt.

Der Mensch ist frei geschaffen, ist frei,
Und würd er in Ketten geboren,
Laßt euch nicht irren des Pöbels Geschrei,
Nicht den Mißbrauch rasender Toren.
Vor dem Sklaven, wenn er die Kette bricht,
Vor dem freien Menschen erzittert nicht.

Und die Tugend, sie ist kein leerer Schall,
Der Mensch kann sie üben im Leben,
Und sollt er auch straucheln überall,
Er kann nach der göttlichen streben,
Und was kein Verstand der Verständigen sieht,
Das übet in Einfalt ein kindlich Gemüt.

Und ein Gott ist, ein heiliger Wille lebt,
Wie auch der menschliche wanke,
Hoch über die Zeit und dem Raume webt
Lebendig der höchste Gedanke,
Und ob alles in ewigem Wechsel kreist,
Es beharret im Wechsel ein ruhiger Geist.

Die drei Worte bewahret euch, inhaltschwer,
Sie pflanzet von Munde zu Munde,
Und stammen sie gleich nicht von außen her,

Euer Innres gibt davon Kunde,
Dem Menschen ist nimmer sein Wort geraubt,
Solang er noch an die drei Worte glaubt.

Die Worte des Wahns

Drei Worte hört man, bedeutungschwer,
Im Munde der Guten und Besten;
Sie schallen vergeblich, ihr Klang ist leer,
Sie können nicht helfen und trösten.
Verscherzt ist dem Menschen des Lebens Frucht,
Solang er die Schatten zu haschen sucht.

Solang er glaubt an die Goldene Zeit,
Wo das Rechte, das Gute wird siegen, –
Das Rechte, das Gute führt ewig Streit,
Nie wird der Feind ihm erliegen,
Und erstickst du ihn nicht in den Lüften frei,
Stets wächst ihm die Kraft auf der Erde neu.

Solang er glaubt, daß das buhlende Glück
Sich dem Edeln vereinigen werde –
Dem Schlechten folgt es mit Liebesblick,
Nicht dem Guten gehöret die Erde.
Er ist ein Fremdling, er wandert aus
Und suchet ein unvergänglich Haus.

Solang er glaubt, daß dem irdschen Verstand
Die Wahrheit je wird erscheinen,
Ihren Schleier hebt keine sterbliche Hand,
Wir können nur raten und meinen.
Du kerkerst den Geist in ein tönend Wort,
Doch der freie wandelt im Sturme fort.

Drum, edle Seele, entreiß dich dem Wahn
Und den himmlischen Glauben bewahre!
Was kein Ohr vernahm, was die Augen nicht sahn,
Es ist dennoch, das Schöne, das Wahre!
Es ist nicht draußen, da sucht es der Tor,
Es ist *in* dir, du bringst es ewig hervor.

JOHANN PETER HEBEL

Nützliche Lehren

Ist denn der Mensch deswegen so schlimm und so schlecht, weil die bösen Neigungen zuerst in seinem Herzen erwachen und das Gute nur durch Erziehung und Unterricht bei ihm einschlägt? Euer bester Ackerboden trägt doch auch nur Gras und Unkraut aus eigener Kraft, und euer Leben lang keine Weizenernte; und ein dürres Sandfeld, das nicht einmal aus eigener Kraft Unkraut treibt, wird auch euern Fleiß und eure Hoffnung nie mit einer Fruchtgarbe erfreuen. Aber wenn ihr den guten Boden ansäet zu rechter Zeit, sein wartet und pfleget, wie sich's gebühret, so steigt im Morgentau und Abendregen doch eine fröhliche Saat empor, und die Raden und Kornrosen und mancherlei taubes Gras möchte gern, aber es kann nicht mehr emporkommen. Die gesunde Ähre schwankt in der Luft und füllt sich mit kostbaren Körnern. So ist es mit dem Menschen und mit seinem Herzen auch. Was lernen wir daraus? Man muß nicht unzeitig klagen und hadern und die Hoffnung aufgeben, ehe sie erfüllt werden kann. Man muß den Fleiß, die Mühe und Geduld, die man an eine Handvoll Fruchthalmen gerne verwendet, an den eigenen Kindern sich nicht verdrießen lassen. Man muß dem Unkraut zuvorkommen und guten Samen, schöne Tugenden in das weiche, zarte Herz hineinpflanzen und Gott vertrauen, so wird's besser werden.

HEINRICH HEINE

Der tugendhafte Hund

Ein Pudel, der mit gutem Fug
Den schönen Namen Brutus trug,
War vielberühmt im ganzen Land
Ob seiner Tugend und seinem Verstand.
Er war ein Muster der Sittlichkeit,
Der Langmut und Bescheidenheit.
Man hörte ihn loben, man hörte ihn preisen
Als einen vierfüßigen Nathan den Weisen.
Er war ein wahres Hundejuwel!
So ehrlich und treu! eine schöne Seel'!
Auch schenkte sein Herr in allen Stücken
Ihm volles Vertrauen, er konnte ihn schicken
Sogar zum Fleischer. Der edle Hund
Trug dann einen Hängekorb im Mund,
Worin der Metzger das schöngehackte
Rindfleisch, Schaffleisch, auch Schweinefleisch packte. –
Wie lieblich und lockend das Fett gerochen,
Der Brutus berührte keinen Knochen,
Und ruhig und sicher, mit stoischer Würde,
Trug er nach Hause die kostbare Bürde.

Doch unter den Hunden wird gefunden
Auch eine Menge von Lumpenhunden
– Wie unter uns –, gemeine Köter,
Tagdiebe, Neidharde, Schwerenöter,
Die ohne Sinn für sittliche Freuden
Im Sinnenrausch ihr Leben vergeuden!
Verschworen hatten sich solche Racker
Gegen den Brutus, der treu und wacker,
Mit seinem Korb im Maule, nicht
Gewichen von dem Pfad der Pflicht. –

Und eines Tages, als er kam
Vom Fleischer und seinen Rückweg nahm
Nach Hause, da ward er plötzlich von allen
Verschwornen Bestien überfallen;
Da wird ihm der Korb mit dem Fleisch entrissen,
Da fielen zu Boden die leckersten Bissen,
Und fraßbegierig über die Beute
Warf sich die ganze hungrige Meute –
Brutus sah anfangs dem Schauspiel zu
Mit philosophischer Seelenruh';
Doch als er sah, daß solchermaßen
Sämtliche Hunde schmausten und fraßen,
Da nahm auch er an der Mahlzeit teil
Und speiste selbst eine Schöpsenkeul'.

Moral

Auch du, mein Brutus, auch du, du frißt?
So ruft wehmütig der Moralist.
Ja, böses Beispiel kann verführen;
Und, ach! gleich allen Säugetieren,
Nicht ganz und gar vollkommen ist
Der tugendhafte Hund – er frißt!

GOTTFRIED KELLER

Erkenntnis

Willst du, o Herz! ein gutes Ziel erreichen,
mußt du in eigner Angel schwebend ruhn;
ein Tor versucht zu gehn in fremden Schuhn,
nur mit sich selbst kann sich der Mann vergleichen!

Ein Tor, der aus des Nachbars Kinderstreichen
sich Trost nimmt für das eigne schwache Tun,
der immer um sich späht und lauscht und nun
sich seinen Wert bestimmt nach falschen Zeiten!

Tu frei und offen, was du nicht willst lassen,
doch wandle streng auf selbstbeschränkten Wegen
und lerne früh nur deine Fehler hassen!

Und ruhig geh den anderen entgegen;
kannst du dein Ich nun fest zusammenfassen,
wird deine Kraft die fremde Kraft erregen.

DIETRICH BONHOEFFER

Von der Dummheit

Dummheit ist ein gefährlicherer Feind des Guten als Bosheit. Gegen das Böse läßt sich protestieren, es läßt sich bloßstellen, es läßt sich notfalls mit Gewalt verhindern, das Böse trägt immer den Keim der Selbstzersetzung in sich, indem es mindestens ein Unbehagen im Menschen zurückläßt. Gegen die Dummheit sind wir wehrlos. Weder mit Protesten noch durch Gewalt läßt sich hier etwas ausrichten; Gründe verfangen nicht; Tatsachen, die dem eigenen Vorurteil widersprechen, brauchen einfach nicht geglaubt zu werden – in solchen Fällen wird der Dumme sogar kritisch –, und wenn sie unausweichlich sind, können sie einfach als nichtssagende Einzelfälle beiseitegeschoben werden. Dabei ist der Dumme im Unterschied zum Bösen restlos mit sich selbst zufrieden; ja, er wird sogar gefährlich, indem er leicht gereizt zum Angriff übergeht. Daher ist dem Dummen gegenüber mehr Vorsicht geboten als gegenüber dem Bösen. Niemals werden wir mehr versuchen, den Dummen durch Gründe zu überzeugen; es ist sinnlos und gefährlich.

Um zu wissen, wie wir der Dummheit beikommen können, müssen wir ihr Wesen zu verstehen suchen. Soviel ist sicher, daß sie nicht wesentlich ein intellektueller, sondern ein menschlicher Defekt ist. Es gibt intellektuell außerordentlich bewegliche Menschen, die dumm sind, und intellektuell sehr Schwerfällige, die alles andere als dumm sind. Diese Entdeckung machen wir zu unserer Überraschung anläßlich bestimmter Situationen. Dabei gewinnt man weniger den Eindruck, daß die Dummheit ein angeborener Defekt ist, als daß unter bestimmten Umständen die Menschen dumm *gemacht* werden, bzw. sich dumm machen lassen. Wir beobachten weiterhin, daß abgeschlossen und einsam lebende Menschen diesen Defekt seltener zeigen als zur Gesellung neigende oder verurteilte Menschen und Menschengruppen. So scheint die Dummheit vielleicht weniger ein psychologisches als ein soziologisches Problem zu sein. Sie ist eine besondere Form der Einwirkung geschichtlicher Umstände auf den Menschen, eine psychologische Begleiterscheinung bestimmter äußerer Verhältnisse. Bei genauerem Zusehen zeigt sich, daß jede starke äußere Machtentfaltung, sei sie politischer oder religiöser Art, einen großen Teil der Menschen mit Dummheit schlägt. Ja, es hat den Anschein, als sei das geradezu ein soziologisch-psychologisches Gesetz. Die Macht der einen braucht die Dummheit der anderen. Der Vorgang ist dabei nicht der, daß bestimmte – also etwa intellektuelle – Anlagen des Menschen plötzlich verkümmern oder ausfallen, sondern daß unter dem überwältigenden Eindruck der Machtentfaltung dem Menschen seine innere Selbständigkeit geraubt wird und daß dieser nun – mehr oder weniger unbewußt – darauf verzichtet, zu den sich ergebenden Lebenslagen ein eigenes Verhalten zu finden.

Daß der Dumme oft bockig ist, darf nicht darüber hinwegtäuschen, daß er nicht selbständig ist. Man spürt es geradezu im Gespräch mit ihm, daß man es gar nicht mit ihm selbst, mit ihm persönlich, sondern mit über ihn mächtig gewordenen Schlagworten, Parolen etc. zu tun hat. Er ist in einem Banne, er ist verblendet, er ist in seinem eigenen Wesen mißbraucht, mißhandelt. So zum willenlosen Instrument geworden, wird der Dumme auch zu allem Bösen fähig sein und zugleich unfähig, dies als Böses zu erkennen. Hier liegt die Gefahr eines diabolischen Mißbrauchs. Dadurch werden Menschen für immer zugrunde gerichtet werden können.

Aber es ist gerade hier auch ganz deutlich, daß nicht ein Akt der Belehrung, sondern allein ein Akt der Befreiung die Dummheit überwinden könnte. Dabei wird man sich damit abfinden müssen, daß eine echte innere Befreiung in den allermeisten Fällen erst möglich wird, nachdem die äußere Befreiung vorangegangen ist; bis dahin werden wir auf alle Versuche, den Dummen zu überzeugen, verzichten müssen. In dieser Sachlage wird es übrigens auch begründet sein, daß wir uns unter solchen Umständen vergeblich darum bemühen, zu wissen, was „das Volk" eigentlich denkt, und warum diese Frage für den verantwortlich Denkenden und Handelnden zugleich so überflüssig ist – immer nur unter den gegebenen Umständen. Das Wort der Bibel, daß die Furcht Gottes der Anfang der Weisheit sei (Psalm III,10), sagt, daß die innere Befreiung des Menschen zum verantwortlichen Leben vor Gott die einzige wirkliche Überwindung der Dummheit ist.

Übrigens haben diese Gedanken über die Dummheit doch dies Tröstliche für sich, daß sie ganz und gar nicht zulassen, die Mehrzahl der Menschen unter allen Umständen für dumm zu halten. Es wird wirklich darauf ankommen, ob Machthaber sich mehr von der Dummheit oder von der inneren Selbständigkeit und Klugheit der Menschen versprechen.

Dietrich Bonhoeffer

Sind wir noch brauchbar?

Wir sind stumme Zeugen böser Taten gewesen, wir sind mit vielen Wassern gewaschen, wir haben die Künste der Verstellung und der mehrdeutigen Rede gelernt, wir sind durch Erfahrung mißtrauisch gegen die Menschen geworden und mußten ihnen die Wahrheit und das freie Wort oft schuldig bleiben, wir sind durch unerträgliche Konflikte mürbe oder vielleicht sogar zynisch geworden – sind wir noch brauchbar? Nicht Genies, nicht Zyniker, nicht Menschenverächter, nicht raffinierte Taktiker, sondern schlichte, einfache, gerade Menschen werden wir brauchen. Wird unsere innere Widerstandskraft gegen das uns Aufgezwungene stark genug und unsere Aufrichtigkeit gegen uns selbst schonungslos genug geblieben sein, daß wir den Weg zur Schlichtheit und Geradheit wiederfinden?

Vereinte Nationen

Allgemeine Deklaration der Menschenrechte vom 10. Dezember 1948

Präambel: Da die Anerkennung der allen Mitgliedern der menschlichen Familie innewohnenden Würde und ihrer gleichen und unveräußerlichen Rechte die Grundlage der Freiheit, der Gerechtigkeit und des Friedens in der Welt bildet, da die Verkennung und Mißachtung der Menschenrechte zu Akten der Barbarei führten, die das Gewissen der Menschheit tief verletzt haben, und da die Schaffung einer Welt, in der den Menschen, frei von Furcht und Not, Rede- und Glaubensfreiheit zuteil wird, als das höchste Bestreben der Menschheit verkündet worden ist,

Da es wesentlich ist, die Menschenrechte durch die Herrschaft des Rechtes zu schützen, damit der Mensch nicht zum Aufstand gegen Tyrannei und Unterdrückung als letztem Mittel gezwungen ist,

Da es wesentlich ist, die Entwicklung freundschaftlicher Beziehungen zwischen den Nationen zu fördern,

Da die Völker der Vereinten Nationen in der Satzung ihren Glauben an die grundlegenden Menschenrechte, an die Würde und den Wert der menschlichen Person und an die Gleichberechtigung von Mann und Frau erneut bekräftigt und beschlossen haben, den sozialen Fortschritt und bessere Lebensbedingungen bei größerer Freiheit zu fördern,

Da die Mitgliedstaaten sich verpflichtet haben, in Zusammenarbeit mit den Vereinten Nationen die allgemeine Achtung und Verwirklichung der Menschenrechte und Grundfreiheiten durchzusetzen,

Da eine gemeinsame Auffassung über diese Rechte und Freiheiten von größter Wichtigkeit für die volle Erfüllung dieser Verpflichtung ist,

verkündet die Vollversammlung die vorliegende Allgemeine Erklärung der Menschenrechte

als das von allen Völkern und Nationen zu erreichende gemeinsame Ideal, damit jeder einzelne und alle Organe der Gesellschaft sich diese Erklärung stets gegenwärtig halten und sich bemühen, durch Unterricht und Erziehung die Achtung dieser Rechte und Freiheiten zu fördern und durch fortschreitende Maßnahmen im nationalen und internationalen Bereiche ihre allgemeine und tatsächliche Anerkennung und Verwirklichung bei der Bevölkerung sowohl der Mitgliedstaaten wie der ihrer Oberhoheit unterstehenden Gebiete zu gewährleisten.

Aus der Schlußakte der Konferenz für Sicherheit und Zusammenarbeit in Europa (KSZE), 1. August 1975

VII. Achtung der Menschenrechte und Grundfreiheiten, einschließlich der Gedanken-, Gewissens-, Religions- oder Überzeugungsfreiheit

Die Teilnehmerstaaten werden die Menschenrechte und Grundfreiheiten, einschließlich der Gedanken-, Gewissens-, Religions- oder Überzeugungsfreiheit für alle ohne Unterschied der Rasse, des Geschlechts, der Sprache oder der Religion achten.

Sie werden die wirksame Ausübung der zivilen, politischen, wirtschaftlichen, sozialen, kulturellen sowie der anderen Rechte und Freiheiten, die sich alle aus der dem Menschen innewohnenden Würde ergeben und für seine freie und volle Entfaltung wesentlich sind, fördern und ermutigen.

In diesem Rahmen werden die Teilnehmerstaaten die Freiheit des Individuums anerkennen und achten, sich allein oder in Gemeinschaft mit anderen zu einer Religion oder einer Überzeugung mit dem, was sein Gewissen ihm gebietet, zu bekennen und sie auszuüben.

Die Teilnehmerstaaten, auf deren Territorium nationale Minderheiten bestehen, werden das Recht von Personen, die zu solchen Minderheiten gehören, auf Gleichheit vor dem Gesetz achten; sie werden ihnen jede Möglichkeit für den tatsächlichen Genuß der Menschenrechte und Grundfreiheiten gewähren und werden auf diese Weise ihre berechtigten Interessen in diesem Bereich schützen.

Die Teilnehmerstaaten anerkennen die universelle Bedeutung der Menschenrechte und Grundfreiheiten, deren Achtung ein wesentlicher Faktor für den Frieden, die Gerechtigkeit und das Wohlergehen ist, die ihrerseits erforderlich sind, um die Entwicklung freundschaftlicher Beziehungen und der Zusammenarbeit zwischen ihnen sowie zwischen allen Staaten zu gewährleisten.

Sie werden diese Rechte und Freiheiten in ihren gegenseitigen Beziehungen stets achten und sich einzeln und gemeinsam, auch in Zusammenarbeit mit den Vereinten Nationen, bemühen, die universelle und wirksame Achtung dieser Rechte und Freiheiten zu fördern.

Sie bestätigen das Recht des Individuums, seine Rechte und Pflichten auf diesem Gebiet zu kennen und auszuüben.

Auf dem Gebiet der Menschenrechte und Grundfreiheiten werden die Teilnehmerstaaten in Übereinstimmung mit den Zielen und Grundsätzen der Charta der Vereinten Nationen und mit der Allgemeinen Erklärung der Menschenrechte handeln. Sie werden ferner ihre Verpflichtungen erfüllen, wie diese festgelegt sind in den internationalen Erklärungen und Abkommen auf diesem Gebiet, soweit sie an sie gebunden sind, darunter auch in den Internationalen Konventionen über die Menschenrechte.

VIII. Gleichberechtigung und Selbstbestimmungsrecht der Völker

Die Teilnehmerstaaten werden die Gleichberechtigung der Völker und ihr Selbstbestimmungsrecht achten, indem sie jederzeit in Übereinstimmung mit den Zielen und Grundsätzen der Charta der Vereinten Nationen und den einschlägigen Normen des Völkerrechts handeln, einschließlich jener, die sich auf die territoriale Integrität der Staaten beziehen.

Kraft des Prinzips der Gleichberechtigung und des Selbstbestimmungsrechts der Völker haben alle Völker jederzeit das Recht, in voller Freiheit, wann und wie sie es wünschen, ihren inneren und äußeren politischen Status ohne äußere Einmischung zu bestimmen und ihre politische, wirtschaftliche, soziale und kulturelle Entwicklung nach eigenen Wünschen zu verfolgen.

Die Teilnehmerstaaten bekräftigen die universelle Bedeutung der Achtung und der wirksamen Ausübung der Gleichberechtigung und des Selbstbestimmungsrechts der Völker für die Entwicklung freundschaftlicher Beziehungen zwischen ihnen sowie zwischen allen Staaten; sie erinnern auch an die Bedeutung der Beseitigung jeglicher Form der Verletzung dieses Prinzips ...

Richard von Weizsäcker

Rede zum 40. Jahrestag der Beendigung des Zweiten Weltkrieges, 8. Mai 1985

... Wir haben wahrlich keinen Grund zu Überheblichkeit und Selbstgerechtigkeit. Aber wir dürfen uns der Entwicklung dieser 40 Jahre dankbar erinnern, wenn wir das eigene historische Gedächtnis als Leitlinie für unser Verhalten in der Gegenwart und für die ungelösten Aufgaben, die auf uns warten, nutzen.

- Wenn wir uns daran erinnern, daß Geisteskranke im Dritten Reich getötet wurden, werden wir die Zuwendung zu psychisch kranken Bürgern als unsere eigene Aufgabe verstehen.
- Wenn wir uns erinnern, wie rassisch, religiös und politisch Verfolgte, die vom sicheren Tod bedroht waren, oft vor geschlossenen Grenzen anderer Staaten standen, werden wir vor denen, die heute wirklich verfolgt sind und bei uns Schutz suchen, die Tür nicht verschließen.
- Wenn wir uns der Verfolgung des freien Geistes während der Diktatur besinnen, werden wir die Freiheit jedes Gedankens und jeder Kritik schützen, so sehr sie sich auch gegen uns selbst richten mag.
- Wer über die Verhältnisse im Nahen Osten urteilt, der möge an das Schicksal denken, das Deutsche den jüdischen Mitmenschen bereiteten und das die Gründung des Staates Israel unter Bedingungen auslöste, die noch heute die Menschen in dieser Region belasten und gefährden.

– Wenn wir daran denken, was unsere östlichen Nachbarn im Kriege erleiden mußten, werden wir besser verstehen, daß der Ausgleich, die Entspannung und die friedliche Nachbarschaft mit diesen Ländern zentrale Aufgaben der deutschen Außenpolitik bleiben. Es gilt, daß beide Seiten sich erinnern und beide Seiten einander achten. Sie haben menschlich, sie haben kulturell, sie haben letzten Endes auch geschichtlich allen Grund dazu.

...

Bei uns ist eine neue Generation in die politische Verantwortung hineingewachsen. Die Jungen sind nicht verantwortlich für das, was damals geschah. Aber sie sind verantwortlich für das, was in der Geschichte daraus wird.

Wir Älteren schulden der Jugend nicht die Erfüllung von Träumen, sondern Aufrichtigkeit. Wir müssen den Jüngeren helfen zu verstehen, warum es lebenswichtig ist, die Erinnerung wachzuhalten. Wir wollen ihnen helfen, sich auf die geschichtliche Wahrheit nüchtern und ohne Einseitigkeit einzulassen, ohne Flucht in utopische Heilslehren, aber auch ohne moralische Überheblichkeit.

Wir lernen aus unserer eigenen Geschichte, wozu der Mensch fähig ist. Deshalb dürfen wir uns nicht einbilden, wir seien nun als Menschen anders und besser geworden.

Es gibt keine endgültig errungene moralische Vollkommenheit – für niemanden und kein Land! Wir haben als Menschen gelernt, wir bleiben als Menschen gefährdet. Aber wir haben die Kraft, Gefährdungen immer von neuem zu überwinden.

Hitler hat stets damit gearbeitet, Vorurteile, Feindschaften und Haß zu schüren.

Die Bitte an die jungen Menschen lautet:

Lassen Sie sich nicht hineintreiben in Feindschaft und Haß
gegen andere Menschen,
gegen Russen oder Amerikaner,
gegen Juden oder Türken,
gegen Alternative oder Konservative,
gegen Schwarz oder Weiß.

Lernen Sie, miteinander zu leben, nicht gegeneinander.

Lassen Sie auch uns als demokratisch gewählte Politiker dies immer wieder beherzigen und ein Beispiel geben.
Ehren wir die Freiheit.
Arbeiten wir für den Frieden.
Halten wir uns an das Recht.
Dienen wir unseren inneren Maßstäben der Gerechtigkeit.
Schauen wir am heutigen 8. Mai, so gut wir es können, der Wahrheit ins Auge.

Erstes Kapitel

Weisheit – Klugheit

❖ ❖ ❖

Jedes Ding hat seine Zeit

Alles hat seine Zeit, und jegliches Ding unter dem Himmel hat seine Stunde. Geboren werden hat seine Zeit, und sterben hat seine Zeit, pflanzen hat seine Zeit, und ausrotten, was gepflanzt ist; würgen und heilen, weinen und lachen, klagen und tanzen, suchen und verlieren, behalten und wegwerfen, schweigen und reden, lieben und hassen, Streit und Friede – alles hat seine Zeit. Man mühe sich, so viel man will, was für einen Gewinn hat man davon?

Ich sah die Mühe, die Gott den Menschenkindern gegeben, daß sie sich damit plagen. Er tut alles fein zu seiner Zeit, auch die Ewigkeit hat er ihnen ins Herz gelegt, nur daß der Mensch das Werk nicht finden kann, das Gott tut, weder Anfang noch Ende. Darum erkannte ich, daß es für sie nichts Besseres gibt, als sich zu freuen und Gutes zu tun ihr Leben lang, und wenn ein Mensch ißt und trinkt und guten Mutes ist bei aller seiner Mühe, so ist das eine Gabe Gottes. Ich erkannte, daß alles, was Gott tut, ewig besteht; man kann nichts dazu tun und nichts davon tun, und Gott hat gemacht, daß man sich vor ihm fürchten soll. Was da geschieht, das ist zuvor geschehen, und was geschehen wird, ist auch schon dagewesen; Gott sucht das Vergangene wieder hervor.

Weiter sah ich unter der Sonne Stätten des Gerichts, da war ein gottloses Wesen, und Stätten der Gerechtigkeit, da war Frevel. Da sprach ich in meinem Herzen: Gott muß richten den Gerechten und den Gottlosen; denn jegliches Vornehmen hat seine Zeit, und über alles Tun hat er bestimmt.

(Prediger Salomo)

Äsop

Der Fuchs und der Rabe

Ein Fuchs spähte auf einem Baume einen Raben, mit einem Bissen im Schnabel, aus, der ihm das Maul sehr wäßrig machte; allein die Frage war, wie er ihn wegkriegen wollte. O du glückseliger Vogel, sprach er, du Lust der Götter und Menschen! – – und so ließ er sich weitläufig über die reizende Gestalt des Rabens, über die Schönheit seiner Federn, über seine wunderbare Gabe der Prophezeiung und dergleichen aus. Wenn du, fügte er endlich hinzu, eine Stimme hättest, die sich zu deinen übrigen vortrefflichen Eigenschaften schickte, so würdest du das vollkommenste Geschöpf unter der Sonne sein. Diese unverschämte Schmeichelei machte, daß der Rabe seinen Schnabel so weit aufsperrte, als er konnte, um dem Fuchse eine Probe von seiner holdseligen Stimme zu geben. In dem Aufsperren aber entfiel ihm sein Frühstück, welches der Fuchs sogleich aufraffte und dem Raben zurief: Erinnere dich, Freund, daß ich wohl viel von deiner Schönheit, aber nicht ein Wort von deinem Verstande gesagt habe.

Lehre: Es werden wenig Menschen in der Welt sein, bei welchen die Schmeichelei nicht mehr oder weniger wirken sollte; denn wir sind alle für uns selbst eingenommen. Wenn sie aber einmal bei einem Narren Zutritt findet, so kann man gewiß sein, daß man von ihm alles, was man sich nur vorsetzen will, durch sie erlangen wird.

Betrachtung: Die Schmeichelei legt guten Dingen böse und bösen Dingen gute Namen bei; gleichwohl wird sie nicht eher ihren Glauben verlieren, als bis es keine Schelme mehr gibt, die sie machen, und keine Narren, die sie annehmen.

KONFUZIUS

Über Geist und Weisheit

Konfuzius sagte: „Wissen, was man weiß, und wissen, was man nicht weiß, ist das Kennzeichen eines Wissenden."

Konfuzius sagte: „Wenn einer nicht zu sich selbst sagt: Was tun? Was tun?, weiß ich auch nicht, was tun – nämlich mit ihm!"

Kunfuzius sagte: „Wer weiß, daß er einen Fehler begangen hat, und ihn nicht verbessert, begeht einen neuen Fehler."

Konfuzius sagte: „Ich erwarte nicht, heutzutage einen Heiligen zu finden; aber wenn ich einen vornehmen, anständigen Menschen finde, will ich schon ganz zufrieden sein."

Konfuzius sagte: „Ein Mensch mit einer schönen Seele hat immer etwas Schönes zu sagen, aber einer, der schöne Dinge sagt, hat nicht unbedingt eine schöne Seele. Ein wahrer Mensch (oder ein wirklich großer Mensch) wird stets Mut beweisen, aber ein mutiger Mensch wird nicht immer echtes Menschentum an den Tag legen."

Konfuzius sagte: „Der Mensch ist es, der die Wahrheit groß macht, und nicht die Wahrheit, die den Menschen groß macht."

Konfuzius sagte: „Die Wahrheit entfernt sich nicht von der menschlichen Natur. Wenn das, was als Wahrheit angesehen wird, sich von der menschlichen Natur entfernt, darf es nicht als Wahrheit angesehen werden."

Konfuzius sagte: „Echtes Menschentum verlangt eine große Befähigung, und es ist schwer zu erlangen. Man kann es nicht mit Händen heben und nicht zu Fuß erreichen. Wer ihm etwas näher kommt als die anderen, kann schon ein echter Mensch genannt werden. Es ist jedoch ein schwieriges Unternehmen, es durch reine Willensanstrengung erreichen zu wollen. Wenn man die Menschen nach der Norm absoluter Rechtschaffenheit mißt, ist es schwer, ein wirklicher Mensch zu sein. Wenn man die Menschen aber nach der Norm anderer Menschen mißt, dann werden die Besseren einen Maßstab haben, nach welchem sie sich richten können."

Seneca

Die Weisheit verleiht den wahren Adel

Abermals machst du dich klein gegen mich und sagst, erst habe ich die Natur, dann das Glück mißgünstiger behandelt, während du dich doch dem großen Haufen zu entziehen und zu der höchsten Glücksstufe der Menschen emporzuklimmen vermagst. Ist irgend etwas Gutes an der Philosophie, so ist es das, daß sie auf keinen Stammbaum sieht. Alle Menschen stammen, wenn wir auf den ersten Ursprung zurückgehen, von den Göttern her. Du bist römischer Ritter, und zu diesem Range hat deine Tätigkeit dich erhoben; aber beim Himmel! Sehr vielen sind jene vierzehn Sitzreihen[1] verschlossen, nicht alle läßt die Kurie[2] zu; selbst das Feldlager ist heikel in der Wahl derjenigen, die es zu Mühsalen und Gefahren aufnimmt – aber ein edler Sinn steht allen offen; dazu sind wir alle von Adel. Die Philosophie weist niemanden zurück, wählt niemanden aus; sie leuchtet allen. Sokrates war kein Patrizier; Kleanthes schleppte Wasser und verdingte seine Arme zum Bewässern eines Gartens; den Plato empfing nicht die Philosophie als einen Adeligen, sie machte ihn dazu. Welchen Grund hast du, zu verzweifeln, diesen gleich werden zu können? Diese alle sind deine Ahnen, wenn du dich ihrer zeigst; du wirst dies aber, wenn du dich vor allem überzeugst, daß du an Adel von niemandem übertroffen wirst. Wir alle haben gleich viel Ahnen vor uns, der Ursprung eines jeden von uns liegt über alle Erinnerung hinaus. Plato sagt, es gebe keinen König, der nicht von Sklaven, keinen Sklaven, der nicht von Königen abstamme. Das alles hat ein langer Wechsel vermischt und das Schicksal zu unterst und oberst gekehrt. Wer also ist ein Edelgeborener? Der von der Natur zur Tugend wohl Ausgerüstete. Nur hierauf hat man zu schauen; im übrigen stammt, wenn man sich aufs Alter beruft, niemand aus einer Zeit her, vor welcher nichts war. Vom ersten Anfang der Welt ist uns bis auf diesen Tag eine abwechselnde Reihe von Vornehmen und Niedrigen vorangegangen. Nicht ein mit verräucherten Ahnenbildern gefüllter Vorsaal macht zum Adeligen; niemand hat für unsern Ruhm gelebt, und was vor uns war, ist nicht unser Eigentum. Die Gesinnung adelt den, dem es vergönnt ist, sich aus jedem Stande über das Glück zu erheben. Denke dich daher nicht als einen römischen Ritter, sondern als einen Freigelassenen, und du kannst es erreichen, daß du der einzige Freie unter den Freigeborenen bist. Wie? fragst du. Wenn du Böses und Gutes nicht nach dem Vorgang der Menge unterscheidest. Man muß nicht darauf sehen, woher die Dinge kommen, sondern wohin sie gehen. Gibt es etwas, was das Leben glücklich machen kann, so ist dies mit vollem Rechte ein Gut; denn es kann nicht ins Schlechte ausarten. Was ist es also, worin man irrt, da doch alle ein glückliches Leben wünschen? Daß man die Mittel dazu für das glückliche Leben selbst hält und dieses, während man ihm nachstrebt, flieht. Denn während eine vollständige Sorglosigkeit und eine unerschütterliche Zuversicht das Wesentlichste eines glücklichen Lebens sind, sammelt man sich Veranlassungen zur Bekümmernis und trägt nicht nur, sondern schleppt seine Last auf der von Ränken umlagerten Straße des Lebens dahin. So entfernt man sich immer mehr von der Erreichung dessen, was man wünscht, und je mehr Mühe man anwendet, desto mehr hindert man sich und kommt rückwärts. Dasselbe begegnet den in einem Irrgange schnell vorwärts Eilenden; ihre Hast selbst verwirrt sie.

1 Die im Theater bloß für die Ritter bestimmt waren.
2 Der Versammlungsort des Senats; also – nicht alle sind Senatoren.

Parabel vom Mann im Brunnen

Es ging ein Mann im Syrerland,
führt' ein Kamel am Halfterband.
Das Tier mit grimmigen Gebärden
urplötzlich anfing scheu zu werden,
und tat so ganz entsetzlich schnaufen,
der Führer vor ihm mußt' entlaufen.

Er lief und einen Brunnen sah
von ungefähr am Wege da.
Das Tier hört' er im Rücken schnauben,
das mußt' ihm die Besinnung rauben.
Er in den Schacht des Brunnens kroch,
er stürzte nicht, er schwebte noch.

Gewachsen war ein Brombeerstrauch
aus des geborstnen Brunnens Bauch;
daran der Mann sich fest tat klammern,
und seinen Zustand drauf bejammern.

Er blickte in die Höh', und sah
dort das Kamelhaupt furchtbar nah,
das ihn wollt' oben fassen wieder.
Dann blickt' er in den Brunnen nieder;
da sah am Grund er einen Drachen
aufgähnen mit entsperrtem Rachen,
der drunten ihn verschlingen wollte,
wenn er hinunter fallen sollte.

So schwebend in der beiden Mitte
da sah der Arme noch das Dritte.
Wo in die Mauerspalte ging
des Sträuchleins Wurzel, dran er hing,
da sah er still ein Mäusepaar,

schwarz eine, weiß die andre war.
Er sah die schwarze mit der weißen
abwechselnd an der Wurzel beißen.
Sie nagten, zausten, gruben, wühlten;
die Erd' ab von der Wurzel spülten;
und wie sie rieselnd nieder rann,
der Drach' im Grund aufblickte dann,
zu sehn, wie bald mit seiner Bürde
der Strauch entwurzelt fallen würde.
Der Mann in Angst und Furcht und Not,
umstellt, umlagert und umdroht
im Stand des jammerhaften Schwebens,
sah sich nach Rettung um vergebens.

Und da er also um sich blickte,
sah er ein Zweiglein, welches nickte
vom Brombeerstrauch mit reifen Beeren;
da konnt' er doch der Lust nicht wehren.
Er sah nicht des Kameles Wut,
und nicht den Drachen in der Flut,
und nicht der Mäuse Tückespiel,
als ihm die Beer' ins Auge fiel.

Er ließ das Tier von oben rauschen,
und unter sich den Drachen lauschen,
und neben sich die Mäuse nagen,
griff nach den Beerlein voll Behagen,
sie däuchten ihm zu essen gut,
aß Beer' auf Beerlein wohlgemut,
und durch die Süßigkeit im Essen
war alle seine Furcht vergessen.

Du fragst: Wer ist der töricht' Mann,
der so die Furcht vergessen kann?
So wiss', o Freund, der Mann bist du;
vernimm die Deutung auch dazu.

Es ist der Drach' im Brunnengrund
des Todes aufgesperrter Schlund;
und das Kamel, das oben droht,
es ist des Lebens Angst und Not.
Du bist's, der zwischen Tod und Leben
am grünen Strauch der Welt mußt schweben.
Die beiden, so die Wurzel nagen,
dich samt den Zweigen, die dich tragen,
zu liefern in des Todes Macht,
die Mäuse heißen Tag und Nacht.
Es nagt die schwarze wohl verborgen
vom Abend heimlich bis zum Morgen,
es nagt vom Morgen bis zum Abend
die weiße, wurzeluntergrabend.

Und zwischen diesem Graus und Wust
lockt dich die Beere Sinnenlust,
daß du Kamel die Lebensnot,
daß du im Grund den Drachen Tod,
daß du die Mäuse Tag und Nacht
vergissest, und auf nichts hast acht,
als daß du recht viel Beerlein haschest,
aus Grabes Brunnenritzen naschest.

FRANCO SACCHETTI

Der Bauer und der Sperber

Es fällt mir ein französischer Bauer ein, dessen List ich doch erzählen muß, die er gegen einen Türsteher des Königs Philipp von Valois übte, weil er aus Habsucht ihm nehmen wollte, was doch der König ihm befohlen hatte zu geben.

Als dieser König an der Regierung war und zu Paris wohnte, besaß er einen Sperber, welcher an Schönheit und Vortrefflichkeit alle übertraf, die je an seinem Hofe waren; er hatte Glöckchen von Gold und Silber und alle mit Schmelz überzogen, auf denen die Lilien des königlichen Wappens standen. Einst kam ihm die Lust, wie er häufig zu tun pflegte, spazierenzugehen, und als sie mit diesem und mit andern Vögeln und Hunden an einen Ort kamen, wo eine Menge von Rebhühnern sich befand, ließ der Falkner des Königs den Sperber, den er in der Hand hielt, auf ein Rebhuhn los, und der Sperber packte es. Man ging weiter und ließ ihn auf ein anderes los; das faßte er aber nicht, was nun daran schuld sein mochte, sei es, daß den Sperber Feigheit anwandelte, oder was sonst; und während er sonst so zahm war, daß er immer, wenn er nichts fing, vom Fluge auf die Faust zurückkehrte, tat er nun gerade das Gegenteil: er flog in die Höhe und so weit weg, daß sie ihn ganz aus dem Gesicht verloren. Als der König dies sah, schickte er ungefähr acht seiner Knappen nebst dem Falkner aus, um den Sperber zu verfolgen, bis sie ihn wiederfänden. So gingen sie da- und dorthin und zogen acht Tage umher, ohne eine Spur von ihm aufzufinden, kehrten also nach Paris zurück und meldeten es dem König.

Darob ward der König sehr betrübt, obwohl es ein mannhafter König war, und beklagte den ganzen Tag den Verlust seines edlen Sperbers. Es dauerte eine geraume Zeit, und niemand zeigte sich, der den Sperber gefangen hätte; da ließ er öffentlich bekanntmachen, wer ihm den besagten Sperber finge und wiederbrächte, würde von ihm zweihundert Franken bekommen; wer ihn aber nicht wiederbrächte, käme an den Galgen. Die Nachricht und das Gerede darüber ging durch das Land, und es dauerte einen ganzen Monat, da kam der Sperber in die Grafschaft N. Dort saß er auf einem Baume, und der obengenannte Landmann, der gerade unter demselben seine Feldarbeit trieb, hörte die Glöckchen. Er trat wie zum Scherze näher, hielt seine rauhe, schwielige Hand hin, und auf eine sonst gar nicht gewöhnliche Lockung kam ihm der Sperber auf die Hand. Der Bauer wußte sich schon über den Klauen, die ihn packten, gar nicht zu helfen; als er aber vollends die Glöckchen mit dem königlichen Wahrzeichen sah, von welchen er durch seine zwei erwachsenen Töchter gehört hatte, war der unerfahrene Mensch vollends ganz außer sich. Er nahm indes die Wurfriemen, ließ seine Hacke liegen, ging nach seinem Hause, schnitt ein Seil vom Saumsattel eines Esels, knüpfte es an die Wurfriemen und band es an eine Stange. Wenn er aber überlegte, wer er war und wie er genötigt sei, den Vogel nach Paris vor den König zu bringen, so wurde es ihm ganz schwach.

Da es nun soweit war, kam ein Türsteher des Königs in Geschäften zufällig an seinem Hause vorüber, hörte die Glöckchen und sagte: „Du hast den Sperber des Königs gefangen."

Er antwortete: „Ja, ich glaube."

Da verlangte ihn jener und sprach: „Du würdest ihn verderben, wenn du ihn hintrügest. Gib ihn mir!"

Der Bauer antwortete: „Das ist ganz richtig, was Ihr sagt; aber seid so gut und entreißt mir nicht, was mir das Glück verliehen hat! Ich will ihn tragen, so gut ich kann."

Der andere bemühte sich mit Bitten und Drohungen, um ihn von dem Bauer zu bekommen; aber es half nichts. Endlich sagte er: „Nun sieh, wenn du mir den Vogel nicht gibst, so tu mir wenigstens einen Gefallen! Ich stehe gut mit dem König; ich werde dir nützlich sein, worin ich kann; versprich mir aber, daß du mir die Hälfte gibst von dem, was dir der König geben wird!"

Der Landmann sagte: „Ich bin's zufrieden."

Und so versprach er's. Der Hofdiener ging nach Paris. Der Bauer fand einen ganz zerrissenen Handschuh von Tuch, schickte an einen in einem benachbarten Orte, welcher sich mit dergleichen Vögeln abgab; der lieh ihm einen Hut; und als der Sperber gefüttert und verkappt war, nahm er den Weg unter die Füße und kam endlich sehr müde, wegen der ungewohnten Last und weil ihm die Edelmannstracht höchst beschwerlich war, in Paris und bei dem König an.

Als dieser ihn sah, war er sehr erfreut, seinen Sperber wiedergefunden zu haben, und lachte laut, als er bemerkte, wie seltsam ihn der Bauer in der Hand hielt. Da sprach der König: „Verlange, was du begehrst!"

Der Bauer antwortete: „Herr König, dieser Sperber ist mir auf die Hand gesessen; mit Gottes Hilfe habe ich ihn Euch hergebracht, so gut ich konnte; das Geschenk, das ich dafür von Euch verlange, ist, daß Ihr mir fünfzig Prügel oder Peitschenhiebe geben laßt."

Der König verwunderte sich und fragte ihn um den Grund dieser

Bitte. Der Bauer sagte nun, wie ein gewisser Türsteher von seinem Gefolge ihm das Versprechen abgedrungen habe. „Er verlangte, ich solle ihm die Hälfte geben von dem, was Eure heilige Krone mir schenke. Laßt also ihm fünfundzwanzig geben und die andern fünfundzwanzig mir! Ich bin zwar ein armer Mann und hätte es wohl nötig für meine zwei heiratsfähigen Töchter, etwas anderes von Euer Gnaden zu erhalten; aber dennoch will ich zufriedener weggehen, wenn ich bekomme, was ich verlange, um den andern das empfangen zu sehen, was er verdient, und wenn ich auch die gleiche Strafe dulden muß, als wenn Ihr mir von Eurem Gold und Eurem Silber gäbet."

Der König war weise und verstand die Rede des ungebildeten Bauern, dachte daher, ihn nach Gerechtigkeit zufriedenzustellen, und sagte zu seinen Leuten: „Ruft mir den Türsteher herbei!"

Er wurde sogleich gerufen, kam vor den König, und dieser fragte ihn: „Bist du dort gewesen, wo dieser Mann den Sperber gefangen hat?"

Er antwortete: „Ja, Herr König!"

Der König fragte weiter: „Warum hast du ihn nicht überbracht?"

Jener versetzte: „Der Bauer ließ es nicht zu."

Der König sprach: „Deine Habsucht ist so weit gegangen, daß du von ihm die Hälfte des Geschenkes begehrtest, das er bekommen würde."

Als der Bauer dies hörte, sagte er: „So war es, gnädiger Herr!"

„Und ich", sagte der König, „schenke diesem Bauern fünfzig Peitschenhiebe auf den bloßen Leib, von welchen du nach dem Vertrage fünfundzwanzig bekommen sollst."

Er befahl einem seiner Gerichtsdiener, ihn sogleich entkleiden zu lassen und zur Ausführung zu schreiten, und so geschah es. Der König ließ ihn nun in Gegenwart des Bauern vor sich kommen und sprach zu diesem: „Ich habe dir die Hälfte des Geschenkes gegeben und dir deine Verpflichtung abgenommen, die du durch dein Versprechen gegen diesen Schurken hattest. Den Rest gebe ich dir allein."

Da wandte er sich zu einem seiner Kämmerer und sprach: „Geh, laß diesem Manne zweihundert Franken geben, daß er seine Töchter verheiraten kann! Und in Zukunft komm nur zu mir, wenn dir etwas fehlt; ich will immer deiner Not abhelfen."

So schied der Bauer glücklich von dannen. Der Meister Türsteher aber nahm sich von den Peitschenhieben eine Warnung, um nicht mehr seinem eigenen Vorteil statt dem seines Königs nachzugehen.

Groß war die Gerechtigkeit und Klugheit dieses Königs; aber nicht minder bemerkenswert ist, wie aus dem Munde eines Bauern, der besser eine edle Seele heißen könnte, eine so würdige Bitte kam, um die Habgier des Mannes zu strafen, der auch nie mehr wie früher in Gunst bei König Philipp kam.

Abdurrahman Dschami

Das Kamel im Mausloch

Mit gebundnen Füßen ging
das Kamel sein Futter pflücken;
eine Maus, das kleine Ding,
sah von fern den Höckerrücken,
wollte sehn, ob's groß und hoch
nicht ging in ihr Mauseloch.

Mäuslein zieht am Strick mit List
und das Tier, es folgt dem Zuge;
denn gehorsam jeder Frist
seinem Führer folgt das kluge;
folgt, so lang das Mäuslein zieht,
bis es nun das Löchlein sieht.

Soll ich, spricht es, da hinein?
Siehe zu, was du beginnest!
Ich bin groß und es ist klein;
daß du Schaden nicht gewinnest!
Kann's für mich erweitern sich?
Nicht verdünnen kann ich mich.

Doch das Mäuslein saß im Loch,
deuchte sich allein das kluge,
zog und ziehet immer noch,
folgt das Trampeltier dem Zuge
und ein Tritt von ihm zertrat
Mäuslein und den Mäusestaat.

BALTASAR GRACIÁN

Nachdenken

Nachdenken, und am meisten über das, woran am meisten gelegen. Weil sie nicht denken, gehn alle Dummköpfe zu Grunde: sie sehn in den Dingen nie auch nur die Hälfte von dem, was da ist; und da sie sich so wenig anstrengen, daß sie nicht einmal ihren eigenen Schaden oder Vorteil begreifen, legen sie großen Wert auf das, woran wenig, und geringen auf das, woran viel gelegen, stets verkehrt abwägend. Viele verlieren den Verstand deshalb nicht, weil sie keinen haben. Es gibt Sachen, die man mit der ganzen Anstrengung seines Geistes untersuchen und nachher in der Tiefe desselben aufbewahren soll. Der Kluge denkt über Alles nach, wiewohl mit Unterschied: er vertieft sich da, wo er Grund und Widerstand findet, und denkt bisweilen, daß er noch mehr da ist, als er denkt: dergestalt reicht sein Nachdenken eben so weit als seine Besorgnis.

JONATHAN SWIFT

Entschließungen für mein Alter

Keine junge Frau heiraten.

Keine jungen Gefährten an mich fesseln, wenn sie es nicht wirklich wünschen.

Nicht launisch, mürrisch und mißtrauisch werden.

Nicht die jeweilige Lebensweise, Denkart, Mode oder den Soldatenstand geringschätzen.

Nicht zu kinderfreundlich werden oder mir die Kinder zu nahe kommen lassen.

Nicht immer die gleiche Geschichte den gleichen Leuten erzählen.

Nicht habgierig werden.

Schicklichkeit und Sauberkeit nicht vernachlässigen, aus Furcht, abstoßend zu werden.

Mit jungen Menschen nicht überstreng sein, sondern für ihre jugendlichen Torheiten und Schwächen Verständnis zeigen.

Schuftig klatschenden Dienstboten oder anderen weder einen Einfluß einräumen noch Gehör geben.

Nicht freigebig mit gutem Rat sein, noch jemand damit belästigen; es sei denn, man wünsche ihn.

Einige gute Freunde bitten, mich ins Bild zu setzen, welche von diesen Vorsätzen ich breche oder vernachlässige, und mir zu sagen, in welcher Weise ich dagegen verstoße; und mich demgemäß bessern.

Nicht viel reden, erst recht nicht von mir selbst.

Nicht mit meinem früheren guten Aussehen, meiner Kraft oder meinen Erfolgen bei Damen usw. prahlen.

Nicht auf Schmeicheleien hören, noch mir einbilden, ich könne von einer jungen Frau geliebt werden; et eos qui haereditatem captant, odisse ac vitare.

Nicht rechthaberisch und starrköpfig sein.

Nicht aufhören, allen diesen Regeln nachzuleben, aus der Befürchtung, es könnte mir unmöglich werden, sie zu befolgen.

GEORG CHRISTOPH LICHTENBERG

Über äußere Gegenstände

Äußere Gegenstände zu erkennen, ist ein Widerspruch; es ist dem Menschen unmöglich, aus sich heraus zu gehen. Wenn wir glauben, wir sähen Gegenstände, so sehen wir bloß uns. Wir können von nichts in der Welt etwas eigentlich erkennen, als uns selbst, und die Veränderungen, die in uns vorgehen. Ebenso können wir unmöglich für andere *fühlen*, wie man zu sagen pflegt; wir fühlen nur für uns. Der Satz klingt hart, er ist es aber nicht, wenn er nur recht verstanden wird. Man liebt weder Vater, noch Mutter, noch Frau, noch Kind, sondern die angenehmen Empfindungen, die sie uns machen; es schmeichelt immer etwas unserem Stolze und unserer Eigenliebe. Es ist gar nicht anders möglich, und wer den Satz leugnet, muß ihn nicht verstehen. Unsere Sprache darf aber in diesem Stücke nicht philosophisch sein, so wenig als sie in Rücksicht auf das Weltgebäude Kopernikanisch sein darf. Aus nichts leuchtet, glaube ich, des Menschen höherer Geist so stark hervor, als daraus, daß er sogar den Betrug ausfindig zu machen weiß, den ihm gleichsam die Natur spielen wollte. Nur bleibt die Frage übrig: wer hat recht, der, welcher glaubt, er werde betrogen, oder der es nicht glaubt? Unstreitig hat der recht, der glaubt, er werde nicht betrogen. Aber das glauben auch beide Parteien nicht, daß sie betrogen werden. Sobald ich es weiß, so ist es kein Betrug mehr. Die Erfindung der Sprache ist vor der Philosophie hergegangen, und das ist es, was die Philosophie erschwert, zumal wenn man sie andern verständlich machen will, die nicht viel selbst denken. Die Philosophie ist, wenn sie spricht, immer genötigt, die Sprache der Unphilosophie zu reden.

Johann Peter Hebel

Der kluge Sultan

Zu dem Großsultan der Türken, als er eben an einem Freitag in die Kirche gehen wollte, trat ein armer Teufel von seinen Untertanen mit schmutzigem Bart, zerfetztem Rock und durchlöcherten Pantoffeln, schlug ehrerbietig und kreuzweise die Arme übereinander und sagte: „Glaubst du auch, großmächtiger Sultan, was der Prophet sagt?“ Der Sultan, der ein gütiger Herr war, sagte: „Ja, ich glaube, was der Prophet sagt.“ Der arme Teufel fuhr fort: „Der Prophet sagt im Alkoran: Alle Muselmänner (das heißt, alle Mohammedaner) sind Brüder. Herr Bruder, so sei so gut und teile mit mir das Erbe.“ Dazu lächelte der Kaiser und dachte: Das ist eine neue Art, ein Almosen zu betteln, und gibt ihm einen Löwenthaler. Der Türke beschaut das Geldstück lang auf der einen Seite und auf der andern Seite. Am Ende schüttelt er den Kopf und sagt: „Herr Bruder, wie komme ich zu einem schäbigen Löwentaler, wo du doch mehr Silber und Gold hast, als hundert Maulesel tragen können, und meinen Kindern daheim werden vor Hunger die Nägel blau, und mir wird nächstens der Mund ganz zuwachsen. Heißt das geteilt mit einem Bruder?“ Der gütige Sultan aber hob warnend den Finger in die Höhe und sagte: „Herr Bruder, sei zufrieden und sage ja niemand, wieviel ich dir gegeben habe, denn unsere Familie ist groß, und wenn unsere andern Brüder alle auch kommen und wollen ihr Erbteil von mir, so wird's nicht reichen, und du mußt noch herausgeben.“ Das begriff der Herr Bruder, ging zum Bäckermeister Abu Tlengi und kaufte ein Laiblein Brot, der Kaiser aber begab sich in die Kirche und verrichtete sein Gebet.

FRIEDRICH VON SCHILLER

Weisheit und Klugheit

Willst du, Freund, die erhabensten Höhn der Weisheit
erfliegen,
Wag es auf die Gefahr, daß dich die Klugheit verlacht.
Die kurzsichtige sieht nur das Ufer, das dir zurückflieht,
Jenes nicht, wo dereinst landet dein mutiger Flug.

BRÜDER GRIMM

Die kluge Bauerntochter

Es war einmal ein armer Bauer, der hatte kein Land, nur ein kleines Häuschen und eine alleinige Tochter, da sprach die Tochter „wir sollten den Herrn König um ein Stückchen Rottland bitten.“ Da der König ihre Armut hörte, schenkte er ihnen auch ein Eckchen Rasen, den hackte sie und ihr Vater um, und wollten ein wenig Korn und der Art Frucht darauf säen. Als sie den Acker beinah herum hatten, so fanden sie in der Erde einen Mörsel von purem Gold. „Hör“, sagte der Vater zu dem Mädchen, „weil unser Herr König ist so gnädig gewesen und hat uns diesen Acker geschenkt, so müssen wir ihm den Mörsel dafür geben.“ Die Tochter aber wollte es nicht bewilligen und sagte „Vater, wenn wir den Mörsel haben und haben den Stößer nicht, dann müssen wir auch den Stößer herbeischaffen, darum schweigt lieber still.“ Er wollt ihr aber nicht gehorchen, nahm den Mörsel, trug ihn zum Herrn König und sagte, den hätte er gefunden in der Heide, ob er ihn als eine Verehrung annehmen wollte. Der König nahm den Mörsel und fragte, ob er nichts mehr gefunden hätte. „Nein“, antwortete der Bauer. Da sagte der König, er solle nun auch den Stößer herbeischaffen. Der Bauer sprach, den hätten sie nicht gefunden; aber das half ihm so viel, als hätt ers in den Wind gesagt, er ward ins Gefängnis gesetzt, und sollte so lange da sitzen, bis er den Stößer herbeigeschafft hätte. Die Bedienten mußten ihm täglich Wasser und Brot bringen, was man so in dem Gefängnis kriegt, da hörten sie, wie der Mann als fort schrie „ach, hätt ich meiner Tochter gehört! ach, ach, hätt ich meiner Tochter gehört!" Da gingen die Bedienten zum König und sprachen das, wie der Gefangene als fort schrie „ach, hätt ich doch meiner Tochter gehört!" und wollte nicht essen und nicht trinken. Da befahl er den Bedienten, sie sollten den Gefangenen vor ihn bringen, und da fragte ihn der Herr König, warum er also fort schrie „ach, hätt ich meiner Tochter gehört!" „Was hat Eure Tochter denn gesagt?" „Ja, sie hat gesprochen, ich sollte den Mörsel nicht bringen, sonst müßt ich auch den Stößer schaffen." „Habt Ihr so eine kluge Tochter, so laßt sie einmal herkommen." Also mußte sie vor den König kommen, der fragte sie, ob sie denn so klug wäre, und sagte, er wolle ihr ein Rätsel aufgeben, wenn sie das treffen könnte, dann wollte er sie heiraten. Da sprach sie gleich ja, sie wollts erraten. Da sagte der König „komm zu mir, nicht gekleidet, nicht nackend, nicht geritten, nicht gefahren, nicht in dem Weg, nicht außer dem Weg, und wenn du das kannst, will ich dich heiraten." Da ging sie hin, und zog sich aus splinternackend, da war sie nicht gekleidet, und nahm ein großes Fischgarn, und setzte sich hinein und wickelte es ganz um sich herum, da war sie nicht nackend: und borgte einen Esel fürs Geld und band dem Esel das Fischgarn an den Schwanz, darin er sie fortschleppen mußte und war das nicht geritten und nicht gefahren: der Esel mußte sie aber in der Fahrgleise schleppen, so daß sie nur mit der großen Zehe auf die Erde kam, und war das nicht in dem Weg und nicht außer dem Wege. Und wie sie so daherkam, sagte der König, sie hätte das Rätsel getroffen, und es wäre alles erfüllt. Da ließ er ihren Vater los aus dem Gefängnis, und nahm sie bei sich als seine Gemahlin und befahl ihr das ganze königliche Gut an.

Nun waren etliche Jahre herum, als der Herr König einmal auf die Parade zog, da trug es sich zu, daß Bauern mit ihren Wagen vor dem Schloß hielten, die hatten Holz verkauft; etliche hatten Ochsen vorgespannt, und etliche Pferde. Da war ein Bauer, der hatte drei Pferde, davon kriegte eins ein junges Füllchen, das lief weg und legte sich mitten zwischen zwei Ochsen, die vor dem Wagen waren. Als nun die Bauern zusammenkamen, fingen sie an sich zu zanken, zu schmeißen und zu lärmen, und der Ochsenbauer wollte das Füllchen behalten und sagte, die Ochsen hättens gehabt: und der andere sagte nein, seine Pferde hättens gehabt, und es wäre sein. Der Zank kam vor den König, und er tat den Ausspruch, wo das Füllen gelegen hätte, da sollt es bleiben; und also bekams der Ochsenbauer, dems doch nicht gehörte. Da ging der andere weg, weinte und lamentierte über sein Füllchen. Nun hatte er gehört, wie daß die Frau Königin so gnädig wäre, weil sie auch von armen Bauersleuten gekommen wäre: ging er zu ihr und bat sie, ob sie ihm nicht helfen könnte, daß er sein Füllchen wiederbekäme. Sagte sie „ja, wenn Ihr mir versprecht, daß Ihr mich nicht verraten wollt, so will ichs Euch sagen. Morgen früh, wenn der König auf der Wachtparade ist, so stellt Euch hin mitten in die Straße, wo er vorbeikommen muß, nehmt ein großes Fischgarn und tut, als fischtet Ihr, und fischt also fort und schüttet das Garn aus, als wenn Ihrs voll hättet", und sagte ihm auch, was er antworten sollte, wenn er vom König gefragt würde. Also stand der Bauer am andern Tag da und fischte auf einem trockenen Platz. Wie der König vorbeikam und das sah, schickte er seinen Laufer hin, der sollte fragen, was der närrische Mann vorhätte. Da gab er zur Antwort „ich fische." Fragte der Laufer, wie er fischen könnte, es wäre ja kein Wasser da. Sagte der Bauer „so gut als zwei Ochsen können ein Füllen kriegen, so gut kann ich auch auf dem trockenen Platz fischen." Der Laufer ging hin und brachte dem König die Antwort, da ließ er den Bauer vor sich kommen und sagte ihm, das hätte er nicht von sich, von wem er das hätte: und sollts gleich bekennen. Der Bauer aber wollts nicht tun und sagte immer: Gott bewahr! er hätt es von sich. Sie legten ihn aber auf ein Gebund Stroh und schlugen und drangsalten ihn so lange, bis ers bekannte, daß ers von der Frau Königin hätte. Als der König nach Haus kam, sagte er zu seiner Frau „warum bist du so falsch mit mir, ich will dich nicht mehr zur Gemahlin: deine Zeit ist um, geh wieder hin, woher du gekommen bist, in dein Bauernhäuschen." Doch erlaubte er ihr eins, sie sollte sich das Liebste und Beste mitnehmen, was sie wüßte, und das sollte ihr Abschied sein. Sie sagte „ja, lieber Mann, wenn dus so befiehlst, will ich es auch tun", und fiel über ihn her und küßte ihn und sprach, sie wollte Abschied von ihm nehmen. Dann ließ sie einen starken Schlaftrunk kommen, Abschied mit ihm zu trinken: der König tat einen großen Zug, sie aber trank nur ein wenig. Da geriet er bald in einen tiefen Schlaf, und als sie das sah, rief sie einen Bedienten und nahm ein schönes weißes Linnentuch und schlug ihn da hinein, und die Bedienten mußten ihn in einen Wagen vor die Türe tragen, und fuhr sie ihn heim in ihr Häuschen. Da legte sie ihn in ihr Bettchen, und er schlief Tag und Nacht in einem fort, und als er aufwachte, sah er sich um und sagte „ach Gott, wo bin ich denn?", rief seinen Bedienten, aber es war keiner da. Endlich kam seine Frau vors Bett und sagte „lieber Herr König, Ihr habt mir befohlen, ich sollte das Liebste und Beste aus dem Schloß mitnehmen, nun hab ich nichts Besseres und Lieberes als dich, da hab ich dich mitgenommen." Dem König stiegen die Tränen in die Augen, und er sagte „liebe Frau, du sollst mein sein und ich dein", und nahm sie wieder mit ins königliche Schloß und ließ sich aufs neue mit ihr vermählen; und werden sie ja wohl noch auf den heutigen Tag leben.

GÜNTHER ANDERS

Der betrogene Philosoph

Eines Tages entdeckte der molussische Schöpfergott Bamba einen philosophierenden Einsiedler. „Was tust du da eigentlich?" fragte er.

„Ich philosophiere", antwortete der Einsiedler.

„Und was tust du so, wenn du philosophierst?" fragte Bamba.

„Na", antwortete der Einsiedler, „zum Beispiel scheide ich Wesentliches von Unwesentlichem."

„Das was von was?"

„Das Wesentliche", wiederholte der Einsiedler nicht ohne Berufsstolz, „vom Unwesentlichen."

„Habe ich also doch richtig gehört!" rief da Bamba. „Wie sonderbar! Denn die Wörter ‚wesentlich' und ‚unwesentlich' sind mir beinahe unbekannt. Und ich kann mich nicht daran erinnern, Unwesentliches erschaffen zu haben. Wozu hätte ich denn das auch tun sollen? Sondern nur Seiendes."

„Ist das wahr?" fragte der Eremit, der sich nun plötzlich zu ängstigen begann. „Denn gerade durch die Grenzziehung zwischen Wesentlichem und Unwesentlichem hatte ich gedacht, den Dingen auf den Grund zu kommen."

„Den Dingen auf was zu kommen?" fragte Bamba.

„Auf den Grund", wiederholte der Einsiedler schon erheblich unsicherer.

„Hatte ich also doch richtig gehört", meinte Bamba. „Und warum wünschtest du das? Ich könnte mich nämlich nicht daran erinnern, einen sogenannten ‚Grund' erschaffen zu haben. Wozu hätte ich denn das auch tun sollen? Sondern nur Seiendes."

Da fühlte der Eremit den Boden unter seinen Füßen nachgeben. „Und da hatte ich geglaubt", meinte er stimmlos, „gerade dadurch würde mein Philosophieren zum wahren Philosophieren werden." Und nach einer Pause: „Worüber soll ich denn nun philosophieren?"

„Wo steht, du sollst?" fragte Bamba. „Ich wüßte mich nicht zu entsinnen, irgendein Philosophieren geschaffen zu haben. Oder irgendeine Pflicht zu philosophieren. Solltest du nicht vielleicht die Wichtigkeit deiner Tätigkeit ein wenig übertreiben?" Und er zuckte mit den Achseln und ließ den Eremiten stehen.

Zweites Kapitel

Gerechtigkeit – Gleichheit – Rechtschaffenheit Redlichkeit

❖ ❖ ❖

Jesus und die Ehebrecherin

Und ein jeglicher ging heim; Jesus aber ging an den Ölberg. Früh morgens ging er wieder in den Tempel, und alles Volk kam zu ihm; und er setzte sich und lehrte sie. Da brachten die Schriftgelehrten und Pharisäer ein Weib zu ihm, im Ehebruch ergriffen, stellten es in die Mitte und sprachen zu ihm: Meister, dies Weib ist ergriffen auf frischer Tat im Ehebruch. Moses hat uns im Gesetz geboten, solche zu steinigen; du aber, was sagst du? Das sprachen sie aber, ihn zu versuchen, auf daß sie eine Sache hätten, ihn zu verklagen. Aber Jesus bückte sich nieder und schrieb mit dem Finger auf die Erde. Als sie aber anhielten, ihn zu fragen, richtete er sich auf und sprach zu ihnen: Wer unter euch ohne Sünde ist, der werfe den ersten Stein auf sie. Und er bückte sich wieder nieder und schrieb auf die Erde. Da sie aber das hörten, gingen sie hinaus, einer nach dem andern, von den Ältesten bis zu den Geringsten; und Jesus ward allein gelassen und das Weib, das in der Mitte stand. Jesus aber richtete sich auf, und da er niemand sah, als das Weib, sprach er zu ihr: Weib, wo sind sie, deine Verkläger? Hat dich niemand verdammt? Sie aber sprach: Herr, niemand. Jesus aber sprach: So verdamme ich dich auch nicht; gehe hin und sündige hinfort nicht mehr!

(Johannes-Evangelium, Kap. 8)

Äsop

Der Knabe und der blinde Lärm

Ein Schäferknabe hatte die schelmische Gewohnheit, zum öftern, ein Wolf! ein Wolf! zu schreien, obgleich keiner zu sehen war, und auf diese Weise unter dem Landvolke ein blindes Lärmen zu machen. Und dieses Possens wegen ward er so bekannt, daß man ihm endlich nicht mehr glaubte, als er im Ernste zu schreien anfing, so daß der Wolf in die Horde einbrechen und die Schafe ohne Widerstand zerreißen konnte.

Lehre: Diese Fabel zeigt uns die gefährlichen Folgen einer unüberlegten und unzeitigen Narrensposse. Die alte Moral merkt dieses an, daß man einem Lügner auch da nicht zu glauben pflegt, wenn er die Wahrheit redet.

Seneca

Behandle die Sklaven menschlich

Gern höre ich von denen, die von dir kommen, daß du mit deinen Sklaven freundlich bist. Das erwarte ich nicht anders von deiner Einsicht, deiner Bildung. Es sind Sklaven? nein: Menschen. Sklaven? nein: Hausgenossen. Sklaven? nein, vielmehr Freunde niederen Standes. Sklaven? nein: unsere Mitsklaven, wenn wir bedenken, daß dem Schicksal beide durchaus gleich gegenüber stehen ... Ich will mich nicht in einen so überaus umfänglichen Gegenstand einlassen und von der Behandlung der Sklaven sprechen, die wir so hochmütig, so grausam und schimpflich behandeln. Das jedoch ist der Hauptinhalt meiner Vorschriften: Gehe so mit dem Niederen um, wie du wünschest, daß der Höhere mit dir umgehe ...

Wie der ein Tor ist, der, wenn er ein Pferd kaufen will, nicht dies selbst besieht, sondern nur die Reitdecke und das Riemenzeug, so ist derjenige der allergrößte Tor, der den Menschen nach seinem Kleide schätzt oder nach seinem Stande, der uns gleich einem Kleide umgibt. Er ist ein Sklave: aber vielleicht im Geiste ein freier Mensch! Er ist ein Sklave: was kann ihm das schaden? Zeige mir einen, der es nicht ist: der eine ist Sklave der Wollust, ein anderer Sklave der Habsucht, ein Dritter Sklave des Ehrgeizes, alle sind Sklaven der Furcht ... Und schimpflicher ist doch keine Sklaverei als eine freiwillige.

Der Gang nach dem Ziegelofen

Ein reicher Edelmann hatte einen einzigen Sohn, und als er herangewachsen war, schickte er ihn in den Dienst eines Königs, damit er daselbst Artigkeit und edle Sitten lerne. Weil er sich nun bei dem König sehr beliebt machte, faßten einige Neid gegen ihn und bestachen einen der vornehmsten Ritter des königlichen Hofes durch Geld und gute Worte, daß er auf folgende Weise den Untergang des Jünglings anstiftete. Eines Tages berief dieser besagte Ritter diesen Knaben heimlich zu sich und sagte ihm, was er ihm nun mitteilen werde, tue er wegen der großen Liebe, die er zu ihm trage; und darauf sagte er zu ihm: „Mein liebster Sohn, unser Herr, der König, liebt dich mehr als alle seine Diener; aber er hat sich geäußert, daß du ihm durch den Atem deines Mundes gar sehr beschwerlich fallest. Sei daher um Gottes willen klug, und wenn du ihm den Trank reichst, halt Mund und Nase so mit der Hand zu und wende dein Gesicht auf die Seite, daß dein Hauch den König nicht belästige!"

Als der Jüngling dies einige Zeit tat und der König deshalb sehr ärgerlich war, berief er den Ritter, der jenem diese Anweisung gegeben hatte, und befahl ihm, wenn er den Grund davon wisse, ihm selbigen ungesäumt zu sagen. Dieser gehorchte dem König, kehrte aber die Sache ganz um, denn er sagte, jener Knabe könne den Hauch aus dem Munde des Königs nicht mehr ertragen. Deshalb beschied der König auf das Anstiften jenes Barons einen Ziegelbrenner und befahl ihm, den ersten Boten, den er an ihn absende, in den glühenden Ofen zu werfen; und wenn er es nicht tue oder diese Sache irgend jemand offenbare, drohte er ihm eidlich, er werde ihm den Kopf abhauen. Der Ziegelbrenner versprach ihm, alles willig zu vollbringen, steckte einen großen Ofen an und wartete ängstlich, bis der komme, der diese Strafe verdient habe.

Am folgenden Morgen wurde der unschuldige Knabe von dem König zu dem Ziegelbrenner geschickt mit dem Auftrag, ihm zu sagen, er solle ausführen, was der König ihm befohlen habe. Er ritt hin und war schon nahe bei dem Ofen, als er zur Messe läuten hörte. Er stieg daher vom Pferd, band es am Kreuzgang der Kirche an und hörte andächtig die Messe. Darauf ging er nach dem Ofen und sagte zu dem Ziegelbrenner, was ihm der König befohlen hatte.

Der Ziegelbrenner aber gab ihm zur Antwort, er habe schon alles getan. Der Hauptanstifter jener Bosheit nämlich war, um die Sache zu beschleunigen, hingegangen und hatte den Ziegelbrenner gefragt, ob er die Sache ausgeführt habe. Dieser sagte ihm, er habe den Befehl des Königs noch nicht vollzogen, werde es aber alsbald tun. Daher packte er diesen und warf ihn unverzüglich in den brennenden Ofen.

Der Jüngling kehrte daher zum König zurück und meldete, es sei geschehen, was er befohlen habe. Darüber verwunderte sich der König und forschte sorgfältig nach, um zu erfahren, wie die Sache gegangen sei. Und als er den wahren Hergang entdeckt, hieb er alle die Neider, die den unschuldigen Jungen betrogen hatten, in Stücke und sagte dem vorbemeldeten Jüngling alles, wie es sich zugetragen hatte. Darauf machte er ihn zum Ritter und schickte ihn mit vielen Reichtümern zurück in sein Land.

Baltasar Gracián

Gerechtigkeit

Ein rechtschaffner Mann sein: stets steht dieser auf der Seite der Wahrheit, mit solcher Festigkeit des Vorsatzes, daß weder die Leidenschaft des großen Haufens, noch die Gewalt des Despoten ihn jemals dahin bringen, die Grenze des Rechts zu übertreten. Allein wer ist dieser Phönix der Gerechtigkeit? Wohl wenig echte Anhänger hat die Rechtschaffenheit. Zwar rühmen sich viele, jedoch nicht für ihr Haus. Andre folgen ihr bis zum Punkt der Gefahr: dann aber verleugnen sie die Falschen, verhehlen sie die Politischen. Denn sie kennt keine Rücksicht, sei es daß sie mit der Freundschaft, mit der Macht, oder sogar mit dem eigenen Interesse sich feindlich begegnete: hier nun liegt die Gefahr abtrünnig zu werden. Jetzt abstrahieren, mit scheinbarer Metaphysik, die Schlauen von ihr, um nicht der Absicht der Höheren, oder der Staatsräson in den Weg zu treten. Jedoch der beharrliche Mann hält jede Verstellung für eine Art Verrat: er setzt seinen Wert mehr in seine unerschütterliche Festigkeit, als in seine Klugheit. Stets ist er zu finden, wo die Wahrheit zu finden ist: und fällt er von einer Partei ab; so ist es nicht aus Wankelmut von seiner, sondern von ihrer Seite, indem sie zuvor von der Sache der Wahrheit abgefallen war.

Friedrich von Logau

Wissenschaft der Rechte

Ob der rechte Rechts-Verstand
Je sei worden wem bekannt,
Ist zu zweifeln; allem Meinen
Will stets was zu wider scheinen;
Ist also, was zweifelhaft,
Schwerlich eine Wissenschaft.

Denis Diderot

Menschlichkeit

Das ist ein Gefühl des Wohlwollens für alle Menschen, das nur in einer großen und empfindsamen Seele aufflammt. Diese edle und erhabene Begeisterung kümmert sich um die Leiden der anderen und um das Bedürfnis, sie zu lindern; sie möchte die ganze Welt durcheilen, um die Sklaverei, den Aberglauben, das Laster und das Unglück abzuschaffen.

Sie verbirgt uns die Schwächen unserer Mitmenschen oder verhindert uns, diese Schwächen zu fühlen, macht uns aber unerbittlich gegenüber Verbrechen. Sie entreißt dem Schurken die Waffe, die dem guten Menschen zum Verhängnis werden könnte. Sie verleitet uns nicht, uns der besonderen Pflichten zu entledigen, sondern macht uns – im Gegenteil – zu besseren Freunden, besseren Gatten, besseren Staatsbürgern. Es macht ihr Freude, die Wohltätigkeit auf alle Wesen auszudehnen, die die Natur neben uns gestellt hat. Ich habe diese Tugend, eine Quelle so vieler anderer Tugenden, zwar in vielen Köpfen bemerkt, aber nur in wenigen Herzen.

Johann Peter Hebel

Der kluge Richter

Daß nicht alles so uneben sei, was im Morgenlande geschieht, das haben wir schon einmal gehört. Auch folgende Begebenheit soll sich daselbst zugetragen haben. Ein reicher Mann hatte eine beträchtliche Geldsumme, welche in ein Tuch eingenäht war, aus Unvorsichtigkeit verloren. Er machte daher seinen Verlust bekannt und bot, wie man zu tun pflegt, dem ehrlichen Finder eine Belohnung, und zwar von hundert Talern an. Da kam bald ein guter und ehrlicher Mann dahergegangen. „Dein Geld habe ich gefunden. Dies wird's wohl sein! So nimm dein Eigentum zurück!“ So sprach er mit dem heitern Blick eines ehrlichen Mannes und eines guten Gewissens, und das war schön. Der andere machte auch ein fröhliches Gesicht, aber nur, weil er sein verloren geschätztes Geld wieder hatte. Denn wie es um seine Ehrlichkeit aussah, das wird sich bald zeigen. Er zählte das Geld und dachte unterdessen geschwinde nach, wie er den treuen Finder um seine versprochene Belohnung bringen könnte. „Guter Freund“, sprach er hierauf, „es waren eigentlich 800 Taler in dem Tuch eingenäht. Ich finde aber nur noch 700 Taler. Ihr werdet also wohl eine Naht aufgetrennt und Eure 100 Taler Belohnung schon herausgenommen haben. Da habt Ihr wohl daran getan. Ich danke Euch.“ Das war nicht schön. Aber wir sind auch noch nicht am Ende. Ehrlich währt am längsten, und Unrecht schlägt seinen eigenen Herrn. Der ehrliche Finder, dem es weniger um die 100 Taler, als um seine unbescholtene Rechtschaffenheit zu tun war, versicherte, daß er das Päcklein so gefunden habe, wie er es bringe, und es so bringe, wie er's gefunden habe. Am Ende kamen sie vor den Richter. Beide bestanden auch hier noch auf ihrer Behauptung, der eine, daß 800 Taler seien eingenäht gewesen, der andere, daß er von dem Gefundenen nichts genommen und das Päcklein nicht versehrt habe. Da war guter Rat teuer. Aber der kluge Richter, der die Ehrlichkeit des einen und die schlechte Gesinnung des andern im voraus zu kennen schien, griff die Sache so an: er ließ sich von beiden über das, was sie aussagten, eine feste und feierliche Versicherung geben und tat hierauf folgenden Ausspruch: Demnach, und wenn der eine von euch 800 Taler verloren, der andere aber nur ein Päcklein mit 700 Talern gefunden hat, so kann auch das Geld des letztern nicht das nämliche sein, auf welches der erstere ein Recht hat. Du, ehrlicher Freund, nimmst also das Geld, welches du gefunden hast, wieder zurück und behältst es in guter Verwahrung bis der kommt, welcher nur 700 Taler verloren hat. Und dir da weiß ich keinen andern Rat, als du geduldest dich, bis derjenige sich meldet, der deine 800 Taler findet.“ So sprach der Richter, und dabei blieb es.

FRIEDRICH VON SCHILLER

Der Handschuh

Vor seinem Löwengarten,
Das Kampfspiel zu erwarten,
Saß König Franz,
Und um ihn die Großen der Krone,
Und rings auf hohem Balkone
Die Damen in schönem Kranz.

Und wie er winkt mit dem Finger,
Auf tut sich der weite Zwinger,
Und hinein mit bedächtigem Schritt
Ein Löwe tritt,
Und sieht sich stumm
Rings um,
Mit langem Gähnen,
Und schüttelt die Mähnen,
Und streckt die Glieder,
Und legt sich nieder.

Und der König winkt wieder,
Da öffnet sich behend
Ein zweites Tor,
Daraus rennt
Mit wildem Sprunge
Ein Tiger hervor.
Wie der den Löwen erschaut,
Brüllt er laut,
Schlägt mit dem Schweif
Einen furchtbaren Reif,
Und recket die Zunge,
Und im Kreise scheu
Umgeht er den Leu

Grimmig schnurrend;
Drauf streckt er sich murrend
Zur Seite nieder.

Und der König winkt wieder,
Da speit das doppelt geöffnete Haus
Zwei Leoparden auf einmal aus,
Die stürzen mit mutiger Kampfbegier
Auf das Tigertier,
Das packt sie mit seinen grimmigen Tatzen,
Und der Leu mit Gebrüll
Richtet sich auf, da wirds still,
Und herum im Kreis,
Von Mordsucht heiß,
Lagern die greulichen Katzen.

Da fällt von des Altans Rand
Ein Handschuh von schöner Hand
Zwischen den Tiger und den Leun
Mitten hinein.

Und zu Ritter Delorges spottenderweis
Wendet sich Fräulein Kunigund:
„Herr Ritter, ist Eure Lieb so heiß,
Wie Ihr mirs schwört zu jeder Stund,
Ei, so hebt mir den Handschuh auf."

Und der Ritter in schnellem Lauf
Steigt hinab in den furchtbarn Zwinger
Mit festem Schritte,
Und aus der Ungeheuer Mitte
Nimmt er den Handschuh mit keckem Finger.

Und mit Erstaunen und mit Grauen
Sehens die Ritter und Edelfrauen,
Und gelassen bringt er den Handschuh zurück.

Da schallt ihm sein Lob aus jedem Munde,
Aber mit zärtlichem Liebesblick –
Er verheißt ihm sein nahes Glück –
Empfängt ihn Fräulein Kunigunde.
Und er wirft ihr den Handschuh ins Gesicht:
„Den Dank, Dame, begehr ich nicht",
Und verläßt sie zur selben Stunde.

GEORG BÜCHNER

Der Hessische Landbote

... Das Gesetz ist das Eigentum einer unbedeutenden Klasse von *Vornehmen* und Gelehrten, die sich durch ihr eignes Machwerk die Herrschaft zuspricht. Diese Gerechtigkeit ist nur ein Mittel, euch in Ordnung zu halten, damit man euch bequemer schinde; sie spricht nach Gesetzen, die ihr nicht versteht, nach Grundsätzen, von denen ihr nichts wißt, Urteile, von denen ihr nichts begreift. Unbestechlich ist sie, weil sie sich gerade teuer genug bezahlen läßt, um keine Bestechung zu brauchen. Aber die meisten ihrer Diener sind der Regierung mit Haut und Haar verkauft. Ihre Ruhestühle stehen auf einem Geldhaufen von 461 373 Gulden (so viel betragen die Ausgaben für die Gerichtshöfe und die Kriminalkosten). Die Fräcke, Stöcke und Säbel ihrer unverletzlichen Diener sind mit dem Silber von 197 502 Gulden beschlagen (so viel kostet die Polizei überhaupt, die Gendarmerie usw.).

Die Justiz ist in Deutschland seit Jahrhunderten die Hure der deutschen Fürsten. Jeden Schritt zu ihr müßt ihr mit Silber pflastern, und mit Armut und Erniedrigung erkauft ihr ihre Sprüche. Denkt an das Stempelpapier, denkt an euer Bücken in den Amtsstuben und euer Wachestehen vor denselben. Denkt an die Sporteln für Schreiber und Gerichtsdiener. Ihr dürft euern Nachbar verklagen, der euch eine Kartoffel stiehlt; aber klagt einmal über den Diebstahl, der von Staats wegen unter dem Namen von Abgabe und Steuern jeden Tag an eurem Eigentum begangen wird, damit eine Legion unnützer Beamten sich von eurem Schweiße mästen; klagt einmal, daß ihr der Willkür einiger Fettwänste überlassen seid und daß diese Willkür Gesetz heißt, klagt, daß ihr die Ackergäule des Staates seid, klagt über eure verlornen Menschenrechte: wo sind die Gerichtshöfe, die eure Klage annehmen, so die Richter, die Recht sprächen? – Die Ketten eurer Vogelsberger Mitbürger, die man nach Rockenburg schleppte, werden euch Antwort geben.

Und will endlich ein Richter oder ein andrer Beamte von den wenigen, welchen das Recht und das gemeine Wohl lieber ist als ihr Bauch und der Mammon, ein Volksrat und kein Volksschinder sein, so wird er von den obersten Räten des Fürsten selber geschunden.

BRÜDER GRIMM

Der Froschkönig oder der eiserne Heinrich

In den alten Zeiten, wo das Wünschen noch geholfen hat, lebte ein König, dessen Töchter waren alle schön, aber die jüngste war so schön, daß die Sonne selber, die doch so vieles gesehen hat, sich verwunderte, sooft sie ihr ins Gesicht schien. Nahe bei dem Schlosse des Königs lag ein großer dunkler Wald, und in dem Walde unter einer alten Linde war ein Brunnen: wenn nun der Tag sehr heiß war, so ging das Königskind hinaus in den Wald und setzte sich an den Rand des kühlen Brunnens: und wenn sie Langeweile hatte, so nahm sie eine goldene Kugel, warf sie in die Höhe und fing sie wieder; und das war ihr liebstes Spielwerk.

Nun trug es sich einmal zu, daß die goldene Kugel der Königstochter nicht in ihr Händchen fiel, das sie in die Höhe gehalten hatte, sondern vorbei auf die Erde schlug und geradezu ins Wasser hineinrollte. Die Königstochter folgte ihr mit den Augen nach, aber die Kugel verschwand, und der Brunnen war tief, so tief, daß man keinen Grund sah. Da fing sie an zu weinen und weinte immer lauter und konnte sich gar nicht trösten. Und wie sie so klagte, rief ihr jemand zu, „was hast du vor, Königstochter, du schreist ja daß sich ein Stein erbarmen möchte." Sie sah sich um, woher die Stimme käme, da erblickte sie einen Frosch, der seinen dicken häßlichen Kopf aus dem Wasser streckte. „Ach, du bist's, alter Wasserpatscher", sagte sie, „ich weine über meine goldene Kugel, die mir in den Brunnen hinabgefallen ist." „Sei still und weine nicht", antwortete der Frosch, „ich kann wohl Rat schaffen, aber was gibst du mir, wenn ich dein Spielwerk wieder heraufhole?" „Was du haben willst, lieber Frosch", sagte sie, „meine Kleider, meine Perlen und Edelsteine, auch noch die goldene Krone, die ich trage." Der Frosch antwortete „deine Kleider, deine Perlen und Edelsteine und deine goldene Krone, die mag ich nicht: aber wenn du mich liebhaben willst, und ich soll dein Geselle und Spielkamerad sein, an deinem Tischlein neben dir sitzen, von deinem goldenen Tellerlein essen, aus deinem Becherlein trinken, in deinem Bettlein schlafen: wenn du mir das versprichst, so will ich hinuntersteigen und dir die goldene Kugel wieder heraufholen." „Ach ja", sagte sie, „ich verspreche dir alles, was du willst, wenn du mir nur die Kugel wiederbringst." Sie dachte aber, „was der einfältige Frosch schwätzt, der sitzt im Wasser bei seinesgleichen und quakt, und kann keines Menschen Geselle sein."

Der Frosch, als er die Zusage erhalten hatte, tauchte seinen Kopf unter, sank hinab, und über ein Weilchen kam er wieder heraufgerudert; hatte die Kugel im Maul und warf sie ins Gras. Die Königstochter war voll Freude, als sie ihr schönes Spielwerk wieder erblickte, hob es auf und sprang damit fort. „Warte, warte", rief der Frosch, „nimm mich mit, ich kann nicht so laufen wie du." Aber was half ihm, daß er ihr sein quak quak so laut nachschrie, als er konnte! Sie hörte nicht darauf, eilte nach Haus und hatte bald den armen Frosch vergessen, der wieder in seinen Brunnen hinabsteigen mußte.

Am andern Tage, als sie mit dem König und allen Hofleuten sich zur Tafel gesetzt hatte und von ihrem goldenen Tellerlein aß, da kam, plitsch platsch, plitsch platsch, etwas die Marmortreppe heraufgekrochen, und als es oben angelangt war, klopfte es an der Tür und rief „Königstochter, jüngste, mach mir auf." Sie lief und wollte sehen, wer draußen wäre, als sie aber aufmachte, so saß der Frosch davor. Da warf sie die Tür hastig zu, setzte sich wieder an den Tisch, und war ihr ganz angst. Der König sah wohl, daß ihr das Herz gewaltig klopfte, und sprach „mein Kind, was fürchtest du dich, steht etwa ein Riese vor der Tür und will dich holen?" „Ach nein", antwortete sie, „es ist kein Riese, sondern ein garstiger Frosch." „Was will der Frosch von dir?" „Ach lieber Vater, als ich gestern im Wald bei dem Brunnen saß und spielte, da fiel meine goldene Kugel ins Wasser. Und weil ich so weinte, hat sie der Frosch wieder heraufgeholt, und weil er es durchaus verlangte, so versprach ich ihm, er sollte mein Geselle werden, ich dachte aber nimmermehr, daß er aus seinem Wasser heraus könnte. Nun ist er draußen und will zu mir herein." Indem klopfte es zum zweitenmal und rief

„Königstochter, jüngste,
mach mir auf,
weißt du nicht, was gestern
du zu mir gesagt
bei dem kühlen Brunnenwasser?
Königstochter, jüngste,
mach mir auf."

Da sagte der König „was du versprochen hast, das mußt du auch halten; geh nur und mach ihm auf." Sie ging und öffnete die Türe, da hüpfte der Frosch herein, ihr immer auf dem Fuße nach, bis zu ihrem Stuhl. Da saß er und rief „heb mich herauf zu dir." Sie zauderte, bis es endlich der König befahl. Als der Frosch erst auf dem Stuhl war, wollte er auf den Tisch, und als er da saß, sprach er „nun schieb mir dein goldenes Tellerlein näher, damit wir zusammen essen." Das tat sie zwar, aber man sah wohl, daß sie's nicht gerne tat. Der Frosch ließ sich's gut schmecken, aber ihr blieb fast jedes Bißlein im Halse. Endlich sprach er „ich habe mich satt gegessen und bin müde, nun trag mich in dein Kämmerlein und mach dein seiden Bettlein zurecht, da wollen wir uns schlafen legen." Die Königstochter fing an zu weinen und fürchtete sich vor dem kalten Frosch, den sie nicht anzurühren getraute, und der nun in ihrem schönen reinen Bettlein schlafen sollte. Der König aber ward zornig und sprach „wer dir geholfen hat, als du in der Not warst, den sollst du hernach nicht verachten." Da packte sie ihn mit zwei Fingern, trug ihn hinauf und setzte ihn in eine Ecke. Als sie aber im Bette lag, kam er gekrochen und sprach „ich bin müde, ich will schlafen so gut wie du: heb mich herauf, oder ich sag's deinem Vater." Da ward sie erst bitterböse, holte ihn herauf und warf ihn aus allen Kräften wider die Wand, „nun wirst du Ruhe haben, du garstiger Frosch."

Als er aber herabfiel, war er kein Frosch, sondern ein Königssohn mit schönen freundlichen Augen. Der war nun nach ihres Vaters Willen ihr lieber Geselle und Gemahl. Da erzählte er ihr, er wäre von einer bösen Hexe verwünscht worden, und niemand hätte ihn aus dem Brunnen erlösen können als sie allein, und morgen wollten sie zusammen in sein Reich gehen. Dann schliefen sie ein, und am andern Morgen, als die Sonne sie aufweckte, kam ein Wagen herangefahren mit acht weißen Pferden bespannt, die hatten weiße Straußfedern auf dem Kopf und gingen in goldenen Ketten, und hinten stand der Diener des jungen Königs, das war der treue Heinrich. Der treue Heinrich hatte sich so betrübt, als sein Herr war in einen Frosch verwandelt worden, daß er drei eiserne Bande hatte um sein Herz legen lassen, damit es ihm nicht vor Weh und Traurigkeit zerspränge. Der Wagen aber sollte den jungen König in sein Reich abholen; der treue Heinrich hob beide hinein, stellte sich wieder hinten auf und war voller Freude über die Erlösung. Und als sie ein Stück Wegs gefahren waren, hörte der Königssohn, daß es hinter ihm krachte, als wäre etwas zerbrochen. Da drehte er sich um und rief

„Heinrich, der Wagen bricht."
„Nein, Herr, der Wagen nicht,
es ist ein Band von meinem Herzen,
das da lag in großen Schmerzen,
als Ihr in dem Brunnen saßt,
als Ihr eine Fretsche (Frosch) wast (wart)."

Noch einmal und noch einmal krachte es auf dem Weg, und der Königssohn meinte immer, der Wagen bräche, und es waren doch nur die Bande, die vom Herzen des treuen Heinrich absprangen, weil sein Herr erlöst und glücklich war.

Heinrich Heine

Die schlesischen Weber

Im düstern Auge keine Träne,
Sie sitzen am Webstuhl und fletschen die Zähne:
„Deutschland, wir weben dein Leichentuch,
Wir weben hinein den dreifachen Fluch –
Wir weben, wir weben!

Ein Fluch dem Gotte, zu dem wir gebeten
In Winterskälte und Hungersnöten;
Wir haben vergebens gehofft und geharrt,
Er hat uns geäfft und gefoppt und genarrt –
Wir weben, wir weben!

Ein Fluch dem König, dem König der Reichen,
Den unser Elend nicht konnte erweichen,
Der den letzten Groschen von uns erpreßt,
Und uns wie Hunde erschießen läßt –
Wir weben, wir weben!

Ein Fluch dem falschen Vaterlande,
Wo nur gedeihen Schmach und Schande,
Wo jede Blume früh geknickt,
Wo Fäulnis und Moder den Wurm erquickt –
Wir weben, wir weben!

Das Schiffchen fliegt, der Webstuhl kracht,
Wir weben emsig Tag und Nacht –
Altdeutschland, wir weben dein Leichentuch,
Wir weben hinein den dreifachen Fluch,
Wir weben, wir weben!“

Hans Christian Andersen

Des Kaisers neue Kleider

Vor vielen Jahren lebte ein Kaiser, der schöne neue Kleider so ungeheuer gern hatte, daß er all sein Geld ausgab, um recht geputzt zu sein. Er machte sich nichts aus seinen Soldaten, machte sich auch nichts aus dem Theater und nichts daraus, in den Wald hinauszufahren, außer um seine neuen Kleider zu zeigen. Er hatte ein Kleid für jede Stunde des Tages, und ebenso wie man von einem König sagt, er sei im Rate, sagte man hier immer: „Der Kaiser ist im Kleiderschrank!"

In der großen Stadt, wo er wohnte, ging es sehr vergnüglich zu. Jeden Tag kamen viele Fremde, eines Tages kamen zwei Betrüger; sie gaben sich für Weber aus und sagten, sie verstünden das schönste Zeug zu weben, das man sich denken könne. Nicht nur die Farben und Muster wären etwas ungewöhnlich Schönes, sondern die Kleider, die von dem Zeug genäht würden, hätten die seltsame Eigenschaft, daß sie für jeden Menschen unsichtbar blieben, der nicht für sein Amt tauge oder auch unerlaubt dumm sei.

Das wären ja prächtige Kleider! dachte der Kaiser. Wenn ich die anhätte, könnte ich dahinterkommen, welche Männer in meinem Reich nicht für das Amt taugen, das sie innehaben. Ich kann die Klugen von den Dummen unterscheiden, ja, das Zeug muß gleich für mich gewoben werden! Und er gab den beiden Betrügern viel Geld im voraus, damit sie mit ihrer Arbeit beginnen sollten.

Sie stellten auch zwei Webstühle auf, taten, als ob sie arbeiteten, aber sie hatten nicht das geringste auf dem Stuhl. Frischweg verlangten sie die feinste Seide und das prächtigste Gold, das steckten sie in ihre eigene Tasche und arbeiteten an den leeren Stühlen, und das bis tief in die Nacht hinein.

Nun möchte ich doch wohl wissen, wie weit sie mit dem Zeug sind! dachte der Kaiser, aber ihm war ordentlich wunderlich ums Herz bei dem Gedanken, daß, wer dumm sei oder sich gar nicht für sein Amt eigne, es nicht sehen könne. Nun glaubte er zwar, daß er für sich selbst nichts zu fürchten brauche; aber er wollte doch erst jemand hinsenden, um zu sehen, wie es damit stünde. Alle Menschen in der ganzen Stadt wußten, welche sonderbare Kraft das Zeug habe, und alle waren begierig zu sehen, wie schlecht oder dumm der Nachbar sei.

Ich will meinen alten, ehrlichen Minister zu den Webern senden! dachte der Kaiser, er kann am besten sehen, wie sich das Zeug ausnimmt; denn er hat Verstand, und niemand versieht sein Amt besser als er!

Nun ging der alte, gutmütige Minister in den Saal hinein, wo die beiden Betrüger saßen und an den leeren Webstühlen arbeiteten. Gott bewahr uns! dachte der alte Minister und riß die Augen auf, ich kann ja nichts sehen! Aber das sagte er nicht.

Beide Betrüger baten ihn, so gut zu sein und näherzutreten und fragten, ob es nicht ein schönes Muster und herrliche Farben seien. Dann zeigten sie auf den leeren Webstuhl, und der arme, alte Minister fuhr fort die Augen aufzureißen, aber er konnte nichts sehen, denn es war nichts da. Herr Gott! dachte er, sollte ich dumm sein? Das hätte ich niemals geglaubt, und das darf kein Mensch wissen! Sollte ich für mein Amt nicht taugen? Nein, es geht nicht an, daß ich erzähle, ich könne das Zeug nicht sehen!

„Nun, Sie sagen nichts dazu?" fragte der eine, der webte.

„Oh, es ist reizend, ganz allerliebst!" antwortete der alte Minister und sah durch seine Brille, „dieses Muster und diese Farben! – Ja, ich werde dem Kaiser sagen, daß es mir außerordentlich gefällt!"

„Nun, das freut uns!" sagten beide Weber, und nun nannten sie die Farben mit Namen und erklärten das seltsame Muster. Der alte Minister paßte gut auf, damit er dasselbe sagen könne, wenn er heim zum Kaiser käme, und das tat er.

Nun verlangten die Betrüger mehr Geld, mehr Seide und Gold, das müßten sie für das Weben brauchen. Sie steckten alles in ihre eigenen Taschen, auf den Webstuhl kam keine Faser; aber sie fuhren fort, wie bisher an dem leeren Webstuhl zu arbeiten.

Der Kaiser sandte bald wieder einen andern gutmütigen Beamten hin, um zu sehen, wie es mit dem Weben stünde und ob das Zeug bald fertig sei. Es erging ihm wie dem Minister, er schaute und schaute, aber weil nichts da war außer den leeren Webstühlen, so konnte er nichts sehen.

„Ja, ist es nicht ein schönes Stück Zeug!" sagten beide Betrüger und zeigten und erklärten das herrliche Muster, das gar nicht da war.

Dumm bin ich nicht! dachte der Mann, es ist also mein gutes Amt, für das ich nicht tauge. Das ist sonderbar genug, aber das darf man sich nicht merken lassen! Und dann lobte er das Zeug, das er nicht sah, und versicherte ihnen seine Freude über die schönen Farben und das herrliche Muster. „Ja, es ist ganz allerliebst!" sagte er zum Kaiser.

Alle Menschen in der Stadt sprachen von dem prächtigen Zeug.

Nun wollte der Kaiser es selbst sehen, während es noch auf dem Webstuhl war. Mit einer ganzen Schar ausgesuchter Männer, unter denen auch die beiden alten, gutmütigen Beamten waren, die schon früher dort gewesen, ging er zu den beiden listigen Betrügern hin, die nun aus allen Kräften woben, aber ohne Faser oder Faden.

„Ja, ist es nicht magnifique!" sagten die beiden gutmütigen Beamten. „Wollen Ihre Majestät sehen – welches Muster, welche Farben!" und sie zeigten auf den leeren Webstuhl, denn sie glaubten, daß die andern das Zeug sicherlich sehen konnten.

Was ist das! dachte der Kaiser, ich sehe nichts! Das ist ja entsetzlich! Bin ich dumm? Tauge ich nicht dazu, Kaiser zu sein? Das war das Schrecklichste, was mir begegnen konnte! „Oh, es ist sehr schön!" sagte der Kaiser, „es hat meinen allerhöchsten Beifall!" Und er nickte zufrieden und betrachtete den leeren Webstuhl; er wollte nicht sagen, daß er nichts sehen konnte. Das ganze Gefolge, das er mit sich hatte, schaute und schaute; aber sie bekamen nicht mehr dabei heraus als alle die andern, doch sie sagten ebenso wie der Kaiser: „Oh, es ist sehr schön!" und sie rieten ihm, Kleider aus diesem neuen, prächtigen Zeug das erste Mal bei der großen Prozession, die bevorstand, zu tragen. „Es ist magnifique! reizend, excellent!" ging es von Mund zu Mund, und sie waren allesamt so innig zufrieden damit. Der Kaiser gab jedem der Betrüger einen Ritterorden in das Knopfloch zu hängen, und den Titel eines Weberjunkers.

Die ganze Nacht vor dem Morgen, an dem die Prozession sein sollte, blieben die Betrüger auf und hatten mehr als sechzehn Lichter angezündet. Die Leute konnten sehen, daß sie Eile hatten, mit des Kaisers neuen Kleidern fertig zu werden. Sie taten, als nähmen sie das Zeug vom Webstuhl, sie schnitten in der Luft mit großen Scheren, sie nähten mit Nähnadeln ohne Faden und sagten zuletzt: „Seht, nun sind die Kleider fertig!"

Der Kaiser mit seinen vornehmsten Kavalieren kam selbst dorthin, und beide Betrüger hoben den einen Arm in die Höhe, als ob sie etwas hielten, und sagten: „Seht, hier sind die Beinkleider! Hier ist der Rock! Hier ist der Mantel!" und so weiter fort. „Es ist so leicht wie Spinngewebe! Man sollte glauben, man hätte nichts auf dem Leibe, aber das ist just die Tugend dabei!"

„Ja!" sagten alle Kavaliere, aber sie konnten nichts sehen, denn es war nichts da.

„Wollen nun Ihre Kaiserliche Majestät allergnädigst belieben, die Kleider abzulegen!" sagten die Betrüger, „dann werden wir Ihnen die neuen hier vor dem großen Spiegel anziehen!"

Der Kaiser legte alle seine Kleider ab, und die Betrüger gebärdeten sich so, als gäben sie ihm jedes Stück von den neuen, die hätten genäht werden sollen, und sie faßten ihn um die Taille und banden scheinbar etwas fest, das war die Schleppe, und der Kaiser wendete und drehte sich vor dem Spiegel.

„Gott, wie sie gut kleiden! Wie sie schön sitzen!" sagten sie alle zusammen. „Welches Muster! Welche Farben! Das ist eine kostbare Tracht!" –

„Draußen stehen sie mit dem Thronhimmel, der während der Prozession über Ihrer Majestät getragen werden soll!" sagte der Oberzeremonienmeister.

„Ja, ich bin ja fertig!" sagte der Kaiser. „Sitzt es nicht gut?" Und dann wendete er sich noch einmal vor dem Spiegel, denn es sollte nun scheinen, als betrachte er so recht seinen Staat.

Die Kammerherren, die die Schleppe tragen sollten, tasteten mit den Händen über den Fußboden hin, als ob sie die Schleppe aufhöben; sie gingen und hielten etwas in der Luft, sie wagten nicht, sich anmerken zu lassen, daß sie nichts sehen konnten.

Und dann ging der Kaiser in der Prozession unter dem prächtigen Thronhimmel, und alle Menschen auf der Straße und an den Fenstern sagten: „Gott, wie unvergleichlich des Kaisers neue Kleider sind! Welch schöne Schleppe er an seinem Kleid hat! Wie himmlisch es sitzt!" Keiner wollte sich anmerken lassen, daß er nichts sah, denn sonst hätte er ja nicht für sein Amt getaugt oder wäre sehr dumm gewesen. Keines von des Kaisers Kleidern hatte solchen Erfolg gehabt.

„Aber er hat ja nichts an!" sagte ein kleines Kind. „Herr Gott, hört des Unschuldigen Stimme!" sagte der Vater, und der eine flüsterte es dem andern zu, was das Kind sagte.

„Er hat nichts an, sagt da ein kleines Kind, er hat nichts an!"

„Er hat ja nichts an!" rief zuletzt das ganze Volk. Und das kroch in den Kaiser, denn ihm schien, sie hätten recht, aber er dachte: Jetzt muß ich während der Prozession durchhalten. Und dann hielt er sich noch stolzer, und die Kammerherren gingen und trugen die Schleppe, die gar nicht da war.

Karl Simrock

Der Rattenfänger

Zu Hameln fechten Mäus' und Ratzen
am hellen Tage mit den Katzen;
der Hungertod ist vor der Tür:
was tut der weise Rat dafür?
  Im ganzen Land
  macht er's bekannt:
  wer von den Räubern
  die Stadt kann säubern,
des Bürgermeisters Töchterlein,
die soll zum Lohn sein eigen sein.

Am dritten Tage hört man's klingen
wie wenn im Lenz die Schwalben singen;
der Rattenfänger zieht heran –
o seht den bunten Jägersmann!
Er blickt so wild
und singt so mild,
die Ratten laufen
ihm zu in Haufen;
er lockt sie nach mit Wunderschall,
ertränkt sie in der Weser all.

Die Bürger nach den Kirchen wallen,
zum Dankgebet die Glocken schallen:
des Bürgermeisters Töchterlein
muß nun des Rattenfängers sein.
Der Vater spricht:
„Ich duld' es nicht!
So hoher Ehren
mag ich entbehren.
Mit Sang und Flötenspiel gewinnt
man keines Bürgermeisters Kind."

In seinem bunten Jägerstaate
erscheint der Spielmann vor dem Rate.
Sie sprechen all aus einem Ton
und weigern den bedungnen Lohn:
„Das Mägdelein?
Es kann nicht sein;
Herr Rattenfänger,
müht Euch nicht länger!
Eur Flötenspiel ist eitel Dunst
und kam wohl von des Satans Kunst."

Am andern Morgen hört man's klingen,
wie wenn die Nachtigallen singen.
Ein Flöten- und ein Liedersang,
so süß vertraut, so liebebang!
  Da zieht heran
  der Jägersmann,
  der Rattenfänger,
  der Wundersänger,
und Kinder, Knaben, Mägdelein
in hellen Scharen hinterdrein.

Und hold und holder hört man's klingen,
wie wenn die lieben Englein singen,
und vor des Bürgermeisters Tür,
da tritt sein einzig Kind herfür.
  Das Mägdelein
  muß in den Reihn;
  die Mäuschen laufen
  ihm zu in Haufen.
Er lockt sie nach mit Wunderschall,
und nach der Weser zogen all.

Die Eltern liefen nach den Toren,
doch jede Spur war schon verloren.
Kein Eckart hatte sie gewarnt,
des Jägers Netz hält sie umgarnt.
  Zwei kehrten um,
  eins blind, eins stumm.
  Aus ihrem Munde
  kommt keine Kunde.
Da hob der Mütter Jammer an.
So rächte sich der Wundermann.

Rudyard Kipling

Wie das Nashorn zu seiner Haut kam

Es lebte einmal auf einer unbewohnten Insel, nicht weit von der Küste des Roten Meeres, ein Parse, in dessen Mütze die Sonnenstrahlen sich in mehr als orientalischem Glanz spiegelten. Und der Parse lebte im Roten Meer und besaß nichts als seine Mütze und sein Messer und einen Küchenofen von jener Art, die du nie anrühren darfst. Und eines Tages nahm er Mehl und Wasser und Rosinen und Zucker und was sonst noch dazu gehört und machte sich einen Kuchen, der einen halben Meter breit und einen ganzen Meter dick war. Das war tatsächlich eine erhabene Speise – das Rezept ist eine Zauberformel – und er schob sie in den Ofen, denn ihm war es erlaubt, auf diesem Ofen zu kochen, und er buk sie und buk sie, bis sie schön braun war und sehr gefühlvoll duftete. Doch gerade, als er sich daran machen wollte, sie zu verspeisen, da kam aus dem völlig unbewohnten Innern ein Rhinozeros an den Strand hinunter, mit einem Horn auf seiner Nase, zwei Schweinsaugen und sehr wenig Manieren. In jenen Tagen saß dem Rhinozeros die Haut ganz stramm und enganliegend am Leib. Da gab es nirgends die kleinste Falte. Es sah genau so aus wie das Nashorn aus der Arche Noah, aber natürlich viel größer. Wie dem auch sei, es hatte damals keine Manieren, und es hat heute keine Manieren, und es wird niemals Manieren haben. Es sagte: „Bau!“, und der Parse ließ seinen Kuchen im Stich und kletterte auf die Spitze einer Palme, ohne irgendein anderes Kleidungsstück als seine Mütze, in der die Sonnenstrahlen sich in mehr als orientalischem Glanz spiegelten. Und das Nashorn warf mit seiner Nase den Petroleumofen um, und der Kuchen rollte über den Sand, und es spießte den Kuchen auf sein Horn und fraß ihn, und dann ging es schweifwedelnd davon in das wüste und gänzlich unbewohnte Innere, das an die Insel Mazanderan und Sokotra und die Vorgebirge der Größeren Tag- und Nachtgleiche stößt. Dann aber kam der Parse von seiner Palme heruntergestiegen, stellte den Ofen wieder auf die Beine und sagte den folgenden Spruch auf, den du noch nie gehört hast, und den ich dir darum nicht vorenthalten will:

Wer den Kuchen klaut,
Den der Parse gebraut,
Dem geht's an die Haut!

und darin steckte viel mehr, als du glauben würdest.

Denn fünf Wochen später gab es im Roten Meer eine Hitzwelle, und jedermann zog alle Kleider aus, die er nur hatte. Der Parse nahm seinen Hut ab, aber das Rhinozeros zog sich die Haut aus und trug sie über die Schulter, als es jetzt zum Strand kam, um zu baden. In jenen Tagen wurde die Haut mit drei Knöpfen zugeknöpft und sah aus wie ein Regenmantel. Von dem Kuchen sagte das Nashorn nichts, denn es hatte ihn ganz und gar aufgefressen; und es hatte niemals Manieren, weder damals noch jetzt noch in Zukunft. Es ließ seine Haut auf dem Strand liegen, watschelte geradeaus ins Wasser und blies Blasen durch seine Nase.

Da kam gerade der Parse vorbei und fand die Haut, und er lächelte ein Lächeln, das zweimal rund um sein Gesicht lief. Und dann tanzte er dreimal rund um die Haut herum und rieb sich die Hände. Dann ging er zu seinem Zelt und füllte seinen Hut mit Kuchenkrümeln, denn der Parse aß niemals etwas anderes als Kuchen und fegte sein Zelt niemals sauber. Er hob die Haut und schob die Haut und faltete die Haut und füllte die Haut mit alten, trockenen, kitzelnden, kratzenden Kuchenkrümeln und verbrannten Rosinen, so viel nur hineinging. Dann kletterte er auf die Spitze der Palme und wartete, bis das Rhinozeros aus dem Wasser kam und die Haut wieder anzog.

Und das tat das Rhinozeros auch. Es knöpfte sie mit den drei Knöpfen zu, und sie kitzelte wie Kuchenkrümel im Bett. Und da wollte es sich kratzen, aber das machte die Sache nur noch schlimmer; und dann legte es sich in den Sand und rollte sich und rollte sich und rollte sich, und jedesmal, wenn es sich rollte, kitzelten die Kuchenkrümel es schlimmer und schlimmer und schlimmer. Dann lief es zu der Palme und rieb sich und rieb sich und rieb sich dagegen. Es rieb sich so fest und so stark, daß seine Haut eine große Falte über

den Schultern bildete, und eine andere Falte unten, wo gewöhnlich die Knöpfe waren – aber die Knöpfe rieb es sich auch ab – und es rieb sich noch ein paar Falten in die Beine. Und seine ganze gute Laune war weg, aber das war den Kuchenkrümeln recht gleichgültig. Sie waren in seiner Haut drin, und sie kitzelten unaufhörlich. Da ging es denn schrecklich wütend und immerfort kratzend nach Hause. Und von jenem Tage bis auf den heutigen hat jedes Nashorn große Falten in seiner Haut und ist sehr schlecht gelaunt, und das alles wegen der Kuchenkrümel.
Der Parse aber stieg von seiner Palme hinunter, die Mütze auf dem Kopf, in der die Sonnenstrahlen sich in mehr als orientalischem Glanz spiegelten, nahm seinen Küchenofen auf den Rücken und verzog sich in die Richtung von Orotavo, Amygdala, nach den Hochebenen von Anantarivo und den Sümpfen von Sonaput.

Hans Magnus Enzensberger

Vorschlag zur Strafrechtsreform

Wegen staatsgefährdender Störung in Tateinheit mit
schwerem Forstwiderstand wird bestraft

wer Gegenstände zur Verschönerung öffentlicher Wege
böswillig verschleiert
wer eine Frau zur Gestattung des Beischlafs verleitet oder
einen andern Irrtum in ihr erregt
wer die Überwachung von Fernmeldeanlagen stört
wer vorsätzlich Süßstoff herstellt

wer den Gebrauch gewisser Beteuerungsformeln unterläßt
wer ohne Erlaubnis der zuständigen Behörde an Syphilis
gelitten hat
wer auf einer Wasserstraße Gegenstände hinterlegt
wer länger als drei volle Kalendertage abwesend ist

wer auf einem Eisenbahnhofe mittels Abschneidens ein
  wichtiges Glied einer Amtsperson verringert
wer es unternimmt Luftfahrer auszubilden
wer Witwenkassen errichtet
wer Orden in verkleinerter Form trägt

wer nach gewissenhafter Prüfung die Obrigkeit verächtlich
  macht
wer an einer Zusammenrottung teilnimmt
wer von den Reisewegen abweicht
wer eine Tatsache behauptet

wer ein männliches Tier zur Besamung verwendet
wer sich kein Unterkommen verschafft hat
wer Befehle böswillig abreißt
wer die Schlagkraft gefährdet
wer ein Zeichen der Hoheit beschädigt
wer sich dem Müßiggang hingibt
wer Einrichtungen beschimpft
wer seine Richtung ändern will

wer sich mit Wort und Tat auflehnt
wer einen Haufen bildet
wer Widerstand leistet
wer sich nicht unverzüglich entfernt

wer ohne Vorwissen der Behörde oder seines Vorteils wegen oder vorsätzlich oder als Landstreicher oder um unzüchtigen Verkehr herbeizuführen oder mittelst arglistiger Verschweigung oder gegen Entgelt oder wissentlich oder durch Drohung mit einem empfindlichen Übel oder gröblich oder grobfahrlässig oder fahrlässig oder böswillig oder ungebührlicherweise oder auf Grund von Rechtsvorschriften oder ganz oder teilweise oder an besuchten Orten oder unter Benutzung des Leichtsinns oder nach sorgfältiger Abwägung oder mit gemeiner Gefahr oder durch Verbreitung von Schallaufnahmen oder auf die vorbezeichnete Weise oder unbefugt oder öffentlich oder durch Machenschaften oder vor einer Menschenmenge oder in einer Sitte und Anstand verletzenden Weise oder in der Absicht den Bestand der Bundesrepublik Deutschland zu beeinträchtigen oder mutwillig oder nach der dritten Aufforderung oder als Rädelsführer oder Hintermann oder in der Absicht Aufzüge zu sprengen oder wider besseres Wissen oder mit vereinten Kräften oder zur Befriedigung des Geschlechtstriebs oder als Deutscher oder auf andere Weise

eine Handlung herbeiführt oder abwendet
oder vornimmt oder unterläßt
oder verursacht oder erschwert
oder betreibt oder verhindert
oder unternimmt oder verübt oder bewirkt oder begeht
oder befördert *oder* beeinträchtigt
oder befördert *und* beeinträchtigt
oder befördert *und nicht* beeinträchtigt
oder beeinträchtigt *und nicht* befördert
oder *weder* befördert *noch* beeinträchtigt.

Das Nähere regelt die Bundesregierung.

Martin Luther King

Brief aus dem Stadtgefängnis von Birmingham vom 16. April 1963

Meine lieben Amtsbrüder!

Hier im Gefängnis von Birmingham kam mir Ihr Schreiben in die Hände, in dem Sie unsere augenblicklichen Aktionen als „unklug und zeitlich ungelegen" bezeichnen. Ich halte mich selten – wenn überhaupt – damit auf, kritische Äußerungen über mein Tun und Denken zu beantworten. ... Da ich aber glaube, daß Sie Männer guten Willens sind, und da Sie Ihre Kritik offen und ehrlich ausgesprochen haben, möchte ich versuchen, Ihnen ohne Empfindlichkeit eine sachliche Antwort zu geben.

Zunächst will ich Ihnen erklären, warum ich mich in Birmingham aufhalte; denn Sie scheinen auch der Meinung zu sein, daß ich hier ein „Eindringling" sei ... Ich bin wegen meiner organisatorischen Aufgabe hier. Außerdem bin ich in Birmingham, weil hier die Ungerechtigkeit herrscht. Wie die Propheten des achten vorchristlichen Jahrhunderts ihre Dörfer verließen, um das Wort des Herrn weit über die Grenzen ihres Heimatortes hinauszutragen; wie der Apostel Paulus Tarsus verließ, um die Frohe Botschaft von Jesus Christus in allen Dörfern und Städten der griechisch-römischen Welt zu verkünden, so drängt es auch mich, denen, die außerhalb meiner Heimatstadt leben, das Evangelium von der Freiheit zu bringen. Wie Paulus, so muß auch ich immer wieder dem mazedonischen Ruf um Hilfe folgen.

Zudem weiß ich um die engen Beziehungen, die zwischen allen Städten und Staaten bestehen. Ich kann nicht untätig in Atlanta herumsitzen, ohne mich darum zu kümmern, was in Birmingham geschieht. Wenn irgendwo Unrecht geschieht, ist überall die Gerechtigkeit in Gefahr. Wir sind in einem Netz wechselseitiger Beziehungen gefangen, aus dem wir nicht mehr entrinnen können. Uns alle hüllt dasselbe Gewand des Schicksals ein. Was den einen unmittelbar berührt, berührt mittelbar auch alle anderen. Wir können es uns heute nicht mehr leisten, in einer so engherzigen, altmodischen Vorstellung wie der vom „fremden Agitator" befangen zu sein. Wer in den Vereinigten Staaten lebt, kann in diesem Land nirgends als „Fremdling" angesehen werden.

Sie bedauern die Demonstrationen, die augenblicklich in Birmingham stattfinden. Aber leider bedauern Sie nicht auch die Umstände, die zu diesen Demonstrationen führten. Sie wollen sich doch gewiß alle über den Stand eines oberflächlichen Sozialanalytikers erheben, der nur auf die Wirkungen sieht, sich aber mit ihren Ursachen nicht auseinandersetzt. Ich gebe ohne weiteres zu, daß es eine unglückselige Sache ist, daß sogenannte Demonstrationen in Birmingham stattfinden. Aber noch unglückseliger finde ich es, daß die Vormachtstellung der Weißen in dieser Stadt den Negern keine andere Wahl ließ.

Bei jedem gewaltlosen Feldzug gibt es grundsätzlich vier Stufen:

1. Sammlung von Tatsachenmaterial zur Feststellung von Ungerechtigkeiten;
2. Verhandlung;
3. Selbstreinigung;
4. Direct action.

In Birmingham haben wir diese vier Stufen durchlaufen. Niemand kann leugnen, daß die Rassenungerechtigkeit diese Stadt dem Abgrund zutreibt. Birmingham ist wahrscheinlich die Stadt in den Vereinigten Staaten, in der die Rassentrennung am vollkommensten durchgeführt wird. Im ganzen Lande weiß man, daß sie den häßlichen Rekord an polizeilicher Brutalität hält. Die ungerechte Behandlung der Neger durch ihre Gerichte ist berüchtigt. In Birmingham hat es mehr unaufgeklärte Bombenanschläge auf Negerhäuser und -kirchen gegeben als in irgendeiner anderen Stadt. Das sind die harten, unglaublichen Tatsachen....

Sie zeigen sich sehr besorgt darüber, daß wir die Absicht haben, Gesetze zu brechen. Das ist bestimmt eine berechtigte Sorge. Da wir die Leute so eifrig auffordern, dem Beschluß des Obersten Bundesgerichts vom Jahre 1954 zu gehorchen und die Rassentrennung in den öffentlichen Schulen aufzuheben, ist es ziemlich merkwürdig und paradox, daß Sie nun in uns bewußte Gesetzesbrecher finden. Sie werden vielleicht fragen: „Wie können Sie es rechtfertigen, einige Gesetze zu übertreten und anderen zu gehorchen?" Das liegt einfach daran, daß es zwei Arten von Gesetzen gibt, gerechte und ungerechte. Ich möchte mit Augustin sagen: „Ein ungerechtes Gesetz ist kein Gesetz."

Wo liegt nun der Unterschied zwischen beiden? Wie kann man erkennen, ob ein Gesetz gerecht oder ungerecht ist? Ein gerechtes Gesetz ist ein von Menschen gemachtes Gesetz, das mit dem Gesetz der Moral oder dem Gesetz Gottes übereinstimmt. Ein ungerechtes Gesetz dagegen ist ein Gesetz, das mit dem Gesetz der Moral nicht harmoniert. Um mit Thomas von Aquin zu sprechen: „Ein ungerechtes Gesetz ist ein menschliches Gesetz, das nicht im Gesetz des Ewigen und der Natur verwurzelt ist. Jedes Gesetz, das die menschliche Persönlichkeit erniedrigt, ist ungerecht." Alle Rassentrennungsgesetze sind ungerecht, weil die Rassentrennung der Seele und dem Charakter des Menschen Schaden zufügt. Sie gibt ihren Verfechtern ein falsches Gefühl der Überlegenheit und ihren Opfern ein falsches Gefühl der Minderwertigkeit. Martin Buber, der große jüdische Philosoph, sagt, daß die Segregation an Stelle der Ich-Du-Beziehung eine Ich-Es-Beziehung setzt und schließlich den Menschen zu einer Sache herabwürdigt. Die Rassentrennung ist also nicht nur vom politischen, wirtschaftlichen und soziologischen Standpunkt aus ungesund, sie ist moralisch falsch und sündhaft. Paul Tillich hat einmal gesagt, Sünde sei Absonderung. Ist nicht die Segregation ein sichtbarer Ausdruck der tragischen Absonderung des Menschen, ein Ausdruck seiner furchtbaren Entfremdung, seiner schrecklichen Sündhaftigkeit? So kann ich die Menschen auffordern, dem Beschluß des Obersten Bundesgerichtes vom Jahre 1954 zu gehorchen, weil er moralisch richtig ist, und ich kann sie auffordern, die Segregationsbestimmungen nicht zu befolgen, weil sie moralisch falsch sind.

Wir wollen uns einmal einem konkreteren Beispiel für gerechte und ungerechte Gesetze zuwenden. Ein ungerechtes Gesetz ist ein Gesetz, das eine Mehrheit einer Minderheit auferlegt und an das sie sich selbst nicht gebunden fühlt. Damit wird die *unterschiedliche* Behandlung von Menschen legalisiert. Ein gerechtes Gesetz ist ein Gesetz, das eine Mehrheit einer Minderheit auferlegt und das sie selbst zu befolgen gewillt ist. Damit wird die *gleiche* Behandlung von Menschen legalisiert.

Lassen Sie mich noch eine andere Erklärung geben. Ein ungerechtes Gesetz ist ein einer Minderheit diktiertes Gesetz, an dem diese Minderheit nicht mitwirken konnte, weil sie nicht das Recht hatte zu wählen. Wer wollte behaupten, die gesetzgebende Körperschaft von Alabama, die die Rassentrennungsgesetze aufstellte, wäre demokratisch gewählt? Im Staate Alabama duldet man stillschweigend alle möglichen Methoden, um die Neger daran zu hindern, sich in die Wahllisten eintragen zu lassen. Und es gibt Wahlkreise, in denen nicht ein einziger Neger registriert ist, obwohl die Mehrzahl der Bevölkerung Neger sind. Kann denn in solch einem Staat irgendein Gesetz demokratisch genannt werden?

Das sind nur ein paar Beispiele für ungerechte und gerechte Gesetze. Es gibt Fälle, wo ein Gesetz gerecht zu sein scheint, in seiner praktischen Anwendung aber ungerecht ist. So wurde ich zum Beispiel am Freitag verhaftet, weil ich für unsere Demonstration keine Genehmigung eingeholt hatte. Nun ist an einer Vorschrift, nach der für eine Demonstration eine Genehmigung erforderlich ist, durchaus nichts Unrechtes. Wenn diese Vorschrift aber dazu benutzt wird, die Rassentrennung aufrechtzuerhalten und Staatsbürgern das ihnen durch die Verfassung gewährleistete Recht friedlicher Versammlung und friedlichen Protestes zu verweigern, dann ist sie ungerecht.

Ich hoffe, Ihnen den Unterschied, um den es mir geht, deutlich gemacht zu haben. Ich will mich nicht etwa wie ein wütender Verfechter der Rassentrennung dafür einsetzen, daß man Gesetze umgeht oder sich ihnen widersetzt. Das würde unweigerlich zur Anarchie führen. Wer ein ungerechtes Gesetz brechen will, muß es offen, in brüderlicher Liebe tun und in der Bereitschaft, die Strafe dafür auf sich zu nehmen. Ich behaupte, daß der die größte Hochachtung vor dem Gesetz zeigt, der ein Gesetz bricht, das ihm vor seinem Gewissen ungerecht erscheint, und bereitwillig die Strafe auf sich nimmt und ins Gefängnis geht, um damit das Gewissen seiner

Mitbürger wachzurütteln und ihnen die Augen für die Ungerechtigkeit dieses Gesetzes zu öffnen.

...

Sie bezeichneten unser Vorgehen in Birmingham als extremistisch. Zuerst war ich ziemlich enttäuscht, daß Amtsbrüder meine gewaltlosen Bemühungen für die eines Extremisten ansahen ... Als ich aber weiter darüber nachdachte, erfüllte es mich mit einer gewissen Genugtuung, ein Extremist genannt zu werden. War nicht Jesus ein Extremist der Liebe? „Liebet eure Feinde; segnet, die euch fluchen; tut wohl denen, die euch hassen." War nicht Amos ein Extremist der Gerechtigkeit? „Es soll aber das Recht offenbart werden wie Wasser und die Gerechtigkeit wie ein starker Strom." War nicht Paulus ein Extremist der Lehre Jesu Christi? „Ich trage die Malzeichen Jesu an meinem Leibe." War nicht Martin Luther ein Extremist? „Hier stehe ich, ich kann nicht anders, Gott helfe mir." War nicht John Bunyan ein Extremist? „Ehe ich aus meinem Gewissen eine Mördergrube mache, will ich lieber bis ans Ende meiner Tage im Gefängnis bleiben." War nicht Abraham Lincoln ein Extremist? „Diese Nation kann nicht weiterleben – zur Hälfte Sklaven, zur Hälfte Freie." Und war nicht auch Thomas Jefferson ein Extremist? „Wir halten es für selbstverständlich, daß alle Menschen gleich geschaffen sind." Es geht also nicht darum, ob wir Extremisten sind, sondern was für Extremisten wir sind. Sind wir Extremisten des Hasses oder der Liebe? Sind wir Extremisten, die die Ungerechtigkeit aufrechterhalten wollen, oder sind wir Extremisten der Gerechtigkeit?

...

Eines Tages werden die Südstaaten erkennen, wer ihre wahren Helden sind. Das werden Menschen wie James Meredith sein, die mutig und zielbewußt den Hohn des feindlich gesinnten Mobs und die qualvolle Einsamkeit, die das Leben des Pioniers kennzeichnet, auf sich nehmen. Das werden alte, unterdrückte und zerschlagene Negerinnen sein wie jene 72jährige alte Frau in Montgomery, die sich entschlossen hatte, ebenso wie ihre Brüder und Schwestern die Busse nicht zu benutzen, und auf die Frage, ob sie müde sei, mit Würde antwortete: „Meine Füße sind müde, aber meine Seele ist ausgeruht." Das werden die jungen Oberschüler und Studenten sein, die jungen Prediger des Evangeliums und viele ihrer Kirchenältesten, die mutig und ohne gewalttätig zu sein, in Imbißstuben in den Sitzstreik traten und bereit waren, um ihres Gewissens willen ins Gefängnis zu gehen. Eines Tages wird der Süden erkennen, daß sich diese enterbten Kinder Gottes, als sie sich in den Imbißstuben niedersetzten, in Wirklichkeit für den amerikanischen Traum und für die heiligsten Werte unseres jüdisch-christlichen Erbes erhoben; und daß sie so unsere ganze Nation zu den reichen Brunnen der Demokratie zurückführten, die die Gründerväter in der Verfassung und der Unabhängigkeitserklärung gegraben haben.

...

Wir wollen alle hoffen, daß die dunklen Wolken des Rassenvorurteils bald vorüberziehen, daß sich der dichte Nebel gegenseitigen Nichtverstehens bald von unsren verängstigten Gemeinden hebt und daß in nicht allzu ferner Zukunft die strahlenden Sterne der Liebe und Brüderlichkeit mit all ihrer funkelnden Schönheit über unsrer großen Nation leuchten.

Um des Friedens und der Brüderlichkeit willen
Ihr
Martin Luther King.

Über Mut, Tapferkeit und Zivilcourage

Folgt man gängigen Stichwortlexika und Zitatensammlungen, dann gehören Mut und Tapferkeit zu den meistgenannten Tugenden von der Antike bis zur Gegenwart. Mut und Tapferkeit durchziehen Geschichte wie Geschichten. Mut und Tapferkeit begleiten uns vom bewußten Eintritt ins Leben bis an dessen Ende und stehen in der meistgebrauchten Form schlichtweg für Überwindung von Ängsten.

Die antiken Helden zogen „mutig" in den Kampf und zeichneten sich daselbst durch große „Tapferkeit" aus, ein Motiv, das sich bis in unsere Tage erhalten hat. Das „tapfere" Schneiderlein gehört zu den ersten Vorlese- oder Leseerlebnissen eines jeden Kindes. Der Aufenthalt in dunklen Räumen oder Wäldern wird von Jüngeren als „Mut"probe angesehen, der Schmerz beim Zahnarzt „tapfer" ertragen. Dem „Mutigen" gehört die Welt.

Ein Urtugendpaar scheint hier zu stehen, anwendbar auf einen breiten Möglichkeitsfächer. Die Zahl der Beispiele ließe sich beliebig und schier unbegrenzt fortsetzen.

Nur für Zivilcourage fehlen in dieser Aufzählung die Belege. Gehört sie nicht in diese Reihe? Ist sie hier vielleicht doch willkürlich angehängt, in Ermanglung eines besseren Zusammenhanges etwa?

Ein jüdisches Sprichwort soll uns auf den Zusammenhang bringen, allerdings abseits der Wortpaare Mut – Angst, Tapferkeit – Feigheit. Dann werden wir erkennen, wie sehr Mut, Tapferkeit und Zivilcourage durchaus einander bedingen. Mehr noch: Diese drei Tugenden erscheinen dann als Glieder einer Kette. Heißt es doch in diesem Sprichwort: „Mut verloren – Klugheit verloren."

Wertehaltungen erreichen wir kommunikativ und nicht autoritär. Im Umgang miteinander legen wir fest, welche Haltung in welcher Situation an Bedeutung gewinnt. So kann die Tapferkeit vor dem Freund in bestimmten Situationen ungleich wichtiger sein als die Tapferkeit vor dem Feind. Tapferkeit und Mut im offenen Kampfe sind ebensowenig angeborene Tugenden wie die offene und ehrliche Auseinandersetzung im Kreise Gleichgesinnter. Beides entwickelt sich im Umgang miteinander, also kommunikativ. Beides bedingt Klugheit und Wahrhaftigkeit. Ist es Mut, durch ein offenes Feuer zu laufen oder den Sprung in eine ungewisse Tiefe zu wagen? Waren die japanischen Kamikaze besonders tapfer, wenn sie sich „todesmutig" mit ihren Flugzeugen auf den Gegner stürzten, wohl wissend, daß ihr Leben damit beendet ist? Es ist überliefert, daß dabei Überlebende aus Scham den Selbstmord wählten, um ihre Ehre wieder herzustellen. Mut und Tapferkeit wird nicht selten mit Verzweiflung und Leichtsinn verwechselt und dessen Ergebnis heroisiert.

Kann man die Deutschen als Volk von Feiglingen und Ängstlichen bezeichnen, wenn wir uns eingestehen müssen, daß die Zahl derer, die bis zum 8. Mai 1945 dem Hitler-Faschismus aktiv widerstanden haben, unter 2 (zwei!!) Prozent lag? Wie hoch lag die Mutlatte der Dissidenten in den autoritären Regimen, die vor allem Europa nach dem Zweiten Weltkrieg in zwei scheinbar unüberwindliche Lager teilte? Wer darf sich das Recht nehmen, die Mehrheit der Passiven und Mitläufer moralisch und juristisch zu verurteilen, wenn ihre einzige Schuld in Schweigen und Dulden bestand? Alles Fragen, die nicht in das Mut – Angst – Tapfer – Feige – Schema passen und sich damit schon gar nicht beantworten lassen. Im Gegensatz zu den von der Geschichte mystifizierten „mutigen" und „tapferen" Kriegsheroen, deren Taten in Gesängen und Epen bejubelt werden, erwarten den Tapferen und Mutigen unserer Tage oder der jüngsten Vergangenheit an einem Ehrentag bestenfalls Blumen und halbherzige Gedenkreden, deren Wörter sich oft schneller verflüchtigen als der Schall sie tragen kann.

So bedarf heute im gesellschaftlichen wie im privaten Leben Mut und Tapferkeit der Paarung mit Klugheit und Zivilcourage. Das Erkennen der Zusammenhänge und Ursachen, Schwächen und Stärken, des Guten wie des Bösen ist die Analyse des Seins. Klugheit ist nötig, richtige Wege zu finden, die mutig und tapfer erfochten, erstritten und schließlich erreicht oder durchgesetzt werden, selbst um den Preis des Verlustes der persönlichen Freiheit. Damit Verhältnisse, deren gewaltsames oder friedliches Ende vor fünfzig beziehungsweise sechs Jahren nicht wieder tödliche Konsequenzen für den Mutigen und Tapferen bringen können, braucht unsere Demokratie Zivilcourage.

Politik wird heute vielfach mit veröffentlichten Politbarometern gemacht. Auch in Demokratien orientieren wir uns normalerweise an der Mehrheit. Sie tut aber manchmal mit großer Verve genau das Falsche.

Die Entscheidung über den Gang zur Wahlurne wird nicht selten mit der Bemerkung abgetan, daß die einzelne Stimme ja doch nichts ändern könne. Oder daß Prognosen den deutlichen Sieg der einen Gruppe vorhersagen, so daß die persönliche Entscheidung an Verhältnissen nichts mehr ändern würde.

Rechtzeitig das Richtige zu tun, die Klugheit und den Mut zu haben, sich selber dafür ganz einzubringen und zu riskieren, auch das ist Zivilcourage. Wer das indes um des Selbstzweckes willen tut, gerät sehr schnell in ein Querulantentum.

Wer den Mut verliert, sich den Dingen zu stellen, der hat die Klugheit verloren, Veränderungen anzustreben, im Kleinen wie im Großen, im Täglichen wie im Strategischen. Ihm wird die Tapferkeit fehlen, mit Zivilcourage auch lange Täler zu durchschreiten. Und so gehören Mut, Tapferkeit und Zivilcourage durchaus in eine Tugendkette.

Allein an diesem Zusammenhang wird auch sichtbar, daß Tugenden und Werte durchaus nicht immer mit den gleichen Inhalten verbunden sein müssen. In einer Zeit, in der Tapferkeit vor dem Freund ein ungleich größeres Gewicht für Entwicklungen hat, tritt die Tapferkeit vor dem Feind zurück. So beruhen unsere Tugenden, auch die hier diskutierten, auf zeitgebundenen Vereinbarungen, die etwas Selbstverständliches bekommen.

Drittes Kapitel

Mut – Tapferkeit – Zivilcourage

❖ ❖ ❖

Homer

Odyssee

9. Gesang: Odysseus bei den Kyklopen.
Kampf gegen Polyphem

Als wir das nahe Gestad' erreichten, sahn wir von ferne
Eine Felsenhöhl' am Meer in der Spitze des Landes,
Hochgewölbt und umschattet mit Lorbeerbäumen. Hier pflegten
Viele Ziegen und Schafe des Nachts zu ruhen; und ringsum
War ein hohes Gehege von Felsenstücken gebauet,
Von erhabenen Fichten und himmelanwehenden Eichen.
Allda wohnt' auch ein Mann von Riesengröße, der einsam
Stets auf entlegene Weiden sie trieb und nimmer mit andern
Umging, sondern für sich auf arge Tücke bedacht war.
Gräßlich gestaltet war das Ungeheuer, wie keiner,
Welchen der Halm ernährt; er glich dem waldichten Gipfel
Hoher Kettengebirge, der einsam vor allen emporsteigt.

Eilend befahl ich jetzo den übrigen lieben Gefährten,
An dem Gestade zu bleiben und unser Schiff zu bewahren;
Und ging selber mit zwölf der Tapfersten, die ich mir auskor,
Einen ziegenledernen Schlauch auf der Achsel, voll schwarzes
Süßes Weines, den mir einst Maron, der Sohn Euanthes',
Schenkte, der Priester Apollons, der über Ismaros waltet. ...

Eilig wanderten wir zur Höhl', und fanden den Riesen
Nicht daheim; er weidete schon auf der Weide die Herden.
Und wir gingen hinein und besahen wundernd die Höhle.
Alle Körbe strotzten von Käse; Lämmer und Zicklein
Drängeten sich in den Ställen, und jede waren besonders
Eingesperrt; die Frühling' allein, allein auch die Mittlern,
Und die zarten Spätling' allein. Es schwammen in Molken
Alle Gefäße, die Wannen und Eimer, worinnen er melkte.
Anfangs baten mich zwar die Freunde mit dringenden Worten,
Nur von den Käsen zu nehmen und wegzuschleichen; dann wieder,
Hurtig zu unserm Schiff aus den Ställen die Lämmer und Zicklein
Wegzutreiben und über die salzigen Fluten zu steuern.
Aber ich hörete nicht (ach besser, hätt ich gehöret!),
Um ihn selber zu sehn, und seiner Bewirtung zu harren:
Ach, für meine Gefährten ein unerfreulicher Anblick!

Und wir zündeten Feuer und opferten, nahmen dann selber
Von den Käsen und aßen, und setzten uns voller Erwartung,
Bis er kam mit der Herd'. Er trug eine mächtige Ladung
Trockenes Scheiterholz, das er zum Mahle gespaltet.
Und in der Höhle stürzt' er es hin: da krachte der Felsen;
Und wir erschraken und flohn in den innersten Winkel der Höhle.
Aber er trieb in die Kluft die fetten Ziegen und Schafe
Alle zur Melke herein; die Widder und bärtigen Böcke
Ließ er draußen zurück im hochummaurten Gehege.
Hochauf schwenkt' er und setzte das große Spund vor den Eingang:
Fürchterlich groß! die Gespanne von zweiundzwanzig starken
Und vierrädrigen Wagen, sie schleppten ihn nicht von der Stelle,
Jenen gewaltigen Fels, den das Ungeheuer emporhub.
Jetzo saß er und melkte die Schaf' und meckernden Ziegen,
Nach der Ordnung, und legte den Müttern die Säugling' ans Euter;
Ließ von der weißen Milch die Hälfte gerinnen und setzte
Sie zum Trocknen hinweg in dichtgeflochtnen Körben;
Und die andere Hälfte verwahrt' er in weiten Gefäßen,
Daß er beim Abendschmause den Durst mit dem Tranke sich
löschte.

Und nachdem er seine Geschäft' in Eile verrichtet,
Zündet' er Feuer an und sah uns stehen und fragte:

Fremdlinge, sagt, wer seid ihr? Von wannen trägt euch die Woge?
Habt ihr wo ein Gewerb, oder schweift ihr ohne Bestimmung
Hin und her auf der See, wie küstenumirrende Räuber,
Die ihr Leben verachten, um fremden Völkern zu schaden?

Also sprach der Kyklop. Uns brach das Herz vor Entsetzen
Über das rauhe Gebrüll und das scheußliche Ungeheuer.
Dennoch ermannt ich mich und gab ihm dieses zur Antwort:

Griechen sind wir und kommen von Trojas fernem Gestade,
Über das große Meer von mancherlei Stürmen geschleudert...
Siehe wir preisen uns Völker von Atreus' Sohn Agamemnon,
Welchen der größte Ruhm itzt unter dem Himmel verherrlicht,
Weil er die mächtige Stadt und so viele Völker vertilgt hat!
Jetzo fallen wir dir zu Füßen und flehen in Demut:
Reich uns eine geringe Bewirtung oder ein andres
Kleines Geschenk, wie man gewöhnlich den Fremdlingen anbeut!
Scheue doch, Bester, die Götter! Wir Armen flehn dir um Hilfe!
Und ein Rächer ist Zeus den hilfeflehenden Fremden,
Zeus, der Gastliche, welcher die heiligen Gäste geleitet!

Also sprach ich; und drauf versetzte der grausame Wütrich:
Fremdling, du bist ein Narr oder kommst auch ferne von hinnen!
Mir befiehlst du, die Götter zu fürchten, die Götter zu ehren?
Wir Kyklopen kümmern uns nicht um den König des Himmels,
Noch um die seligen Götter; denn wir sind besser als jene!...
Sage mir an: wo bist du mit deinem Schiffe gelandet?
Irgendwo in der Fern' oder nahe? damit ich es wisse!

Also sprach er voll Tück'; allein ich kannte dergleichen.
Eilend erwidert ich ihm die schlauersonnenen Worte:

Ach, mein Schiff hat der Erderschüttrer Poseidaon
Mir an den Klippen zerschmettert, indem er ans schroffe Gestade
Eures Landes es warf, und der Sturm aus dem Meer es verfolgte!
Ich nur und diese Gefährten entflohn dem Schreckenverhängnis!

Also sprach ich; und nichts versetzte der grausame Wütrich,
Sondern fuhr auf und streckte nach meinen Gefährten die Händ'
Deren er zween anpackt' und wie junge Hund' auf den Boden [aus,
Schmetterte: blutig entspritzt' ihr Gehirn und netzte den Boden.
Dann zerstückt' er sie Glied vor Glied und tischte den Schmaus auf,
Schluckte darein, wie ein Leu des Felsengebirgs, und verschmähte
Weder Eingeweide, noch Fleisch, noch die markichten Knochen.
Weinend erhuben wir die Hände zum Vater Kronion,
Als wir den Jammer sahn, und starres Entsetzen ergriff uns.
Doch kaum hatte der Riese den großen Wanst sich gestopfet
Mit dem Fraße von Menschenfleisch und dem lauteren Milchtrunk,
Siehe, da lag er im Fels weithingestreckt bei dem Viehe.
Jetzo stieg der Gedank' in meine zürnende Seele:
Näher zu gehn, das geschliffene Schwert von der Hüfte zu reißen,
Und ihm die Brust zu durchgraben, wo Zwerchfell und Leber sich treffen,
Mit nachbohrender Faust; doch ein andrer Gedanke verdrängt' ihn.
Denn so hätt ich uns selbst dem schrecklichen Tode geopfert;
Unsere Hände vermochten ja nicht, von der hohen Pforte
Abzuwälzen den mächtigen Fels, den der Riese davorschob.
Drum erwarteten wir mit Seufzen die heilige Frühe.

Als die dämmernde Frühe mit Rosenfingern erwachte,
Zündet' er Feuer an und melkte die Ziegen und Schafe,
Nach der Ordnung, und legte den Müttern die Säugling' ans Euter.
Und nachdem er seine Geschäft' in Eile verrichtet,
Packt' er abermal zween und tischte die Stücke zum Schmaus auf.
Nach dem Frühstück trieb er die feiste Herd' aus der Höhle.
Spielend enthob er die Last des großen Spundes, und spielend
Setzt' er sie vor, als setzt' er auf seinen Köcher den Deckel.
Und nun trieb der Kyklop mit gellendem Pfeifen die Herde

Auf das Gebirg. Ich blieb in der Höhle mit tausend Entwürfen,
Rache zu üben, wenn mir Athene Hilfe gewährte.
Aber von allen Entwürfen gefiel mir dieser am besten.

Neben dem Stalle lag des Kyklopen gewaltige Keule,
Grün, aus Olivenholze gehaun. Zum künftigen Stabe
Dorrte sie hier an der Wand, und kam uns vor nach dem Ansehn,
Wie der ragende Mast des zwanzigrudrichten Lastschiffs,
Welches mit breitem Bauch auf dem großen Wasser dahinfährt:
Diesem schien sie an Läng', und diesem an Dicke zu gleichen.
Und ich haute davon, so viel die Klafter umspannet,
Reichte meinen Gefährten den Pfahl und hieß ihn mir glätten;
Und sie schabten ihn glatt. Ich selber schärfte die Spitze
Oben und härtete sie in der lodernen Flamme des Feuers.
Drauf verbarg ich den Knüttel bedachtsam unter dem Miste,
Welcher dick und breit durch die ganze Höhle gesät war.
Jetzo befahl ich den andern, durchs heilige Los zu entscheiden,
Wer sich wagen sollte, mit mir den gehobenen Knüttel
Jenem ins Auge zu drehn, sobald ihn der Schlummer befiele.
Und es traf gerade das Los, die ich heimlich mir wünschte,
Vier von meinen Gefährten, ich selbst war der fünfte mit ihnen.

Und am Abende kam er mit seiner gemästeten Herde
Und trieb schnell in die weite Kluft die Ziegen und Schafe,
Mütter und Böcke zugleich, und ließ nichts draußen im Vorhof:
Weil er etwas besorgt' oder Gott es also geordnet.
Hochauf schwenkt' er und setzte das große Spund vor den Eingang.
Und nun saß er und melkte die Schaf' und meckernden Ziegen,
Nach der Ordnung, und legte den Müttern die Säugling' ans Euter.
Und nachdem er seine Geschäft' in Eile verrichtet,
Packt' er abermal zween und tischte die Stücke zum Schmaus auf.
Jetzo trat ich näher und sagte zu dem Kyklopen,
Einen hölzernen Becher voll schwarzes Weines in Händen:

Nimm, Kyklop, und trink eins; auf Menschenfleisch ist der Wein gut!
Daß du doch lernst, welch ein Trunk in unserem Schiffe ruhte!

Diesen rettet ich dir zum Opfer, damit du erbarmend
Heim mich sendetest. Aber du wütest ja ganz unerträglich!
Böser Mann, wer wird dich hinfort von den Erdebewohnern
Wieder besuchen wollen? Du hast nicht billig gehandelt!

Also sprach ich. Er nahm und trank und schmeckte gewaltig
Nach dem süßen Getränk, und bat, noch einmal zu füllen:

Lieber, schenk mir noch eins, und sage mir gleich, wie du heißest,
Daß ich dich wieder bewirt' und deine Seele sich labe!
Wiß, auch uns Kyklopen gebiert die fruchtbare Erde
Wein in geschwollenen Trauben, und Gottes Regen ernährt ihn.
Aber der ist ein Saft von Ambrosia oder von Nektar!

Also sprach er; ich bracht ihm von neuem des funkelnden Weines.
Dreimal schenkt ich ihn voll, und dreimal leerte der Dumme.
Aber da jetzo der geistige Trank in das Hirn des Kyklopen
Stieg, da schmeichelt ich ihm mit glatten Worten und sagte:

Meinen berühmten Namen, Kyklop? Du sollst ihn erfahren.
Aber vergiß mir auch nicht die Bewirtung, die du verhießest!
Niemand ist mein Name; denn Niemand nennen mich alle,
Meine Mutter, mein Vater und alle meine Gesellen.

Also sprach ich; und drauf versetzte der grausame Wütrich:
Niemand will ich zuletzt nach seinen Gesellen verzehren;
Alle die andern zuvor! Dies sei die verheißne Bewirtung!

Sprach's und streckte sich hin, fiel rücklings, und lag mit gesenktem
Feistem Nacken im Staub, und der allgewaltige Schlummer
Überwältiget' ihn; dem Rachen entstürzten mit Weine
Stücke von Menschenfleisch, die der schnarchende Trunkenbold ausbrach.
Und nun hielt ich die Spitze des Knüttels in glimmende Asche,
Bis sie Feuer fing, und stärkte mit herzhaften Worten
Meine Gefährten, daß keiner sich feig im Winkel verkröche.

Aber da eben jetzo der Ölbaumknüttel im Feuer
Drohte zu brennen, so grün er auch war, und fürchterlich glühte,
Zog ich ihn eilend zurück aus dem Feuer, und meine Gefährten
Standen um mich; und ein Himmlischer haucht' uns Mut in die Seele
Und sie faßten den spitzen Olivenknüttel und stießen
Ihn dem Kyklopen ins Aug, und ich, in die Höhe mich reckend,
Drehete. Wie wenn ein Mann, den Bohrer lenkend, ein Schiffholz
Bohrt; die unteren ziehn an beiden Enden des Riemens,
Wirbeln ihn hin und her, und er flieget in dringender Eile:
Also hielten auch wir in das Auge den glühenden Knüttel,
Drehten, und heißes Blut umquoll die dringende Spitze.
Alle Wimpern und Augenborsten versengte die Lohe
Seines entflammten Sterns; es prasselten brennend die Wurzeln.
Wie wenn ein kluger Schmied die Holzaxt oder das Schlichtbeil
Aus der Ess' in den kühlenden Trog, der sprudelnd emporbraust,
Wirft und härtet; denn dieses ersetzt die Kräfte des Eisens:
Also zischte das Aug um die feurige Spitze des Ölbrands.
Fürchterlich heult' er auf, daß rings die dumpfige Kluft scholl.
Und wir erschraken und flohn in den innersten Winkel. Doch jener
Riß aus dem Auge den Knüttel, mit vielem Blute besudelt,
Schleudert' ihn ferne von dannen mit ungebärdigem Grimme;
Und nun rief er mit Zetergebrüll den andern Kyklopen,
Welche ringsum die Klüfte des stürmischen Felsen bewohnten.
Und sie vernahmen das Brüllen und drängten sich dorther und daher,
Standen rund um die Höhl' und fragten, was ihn betrübte:

Was geschah dir für Leid, Polyphemos, daß du so brülltest
Durch die ambrosische Nacht und uns vom Schlummer erwecktest?
Raubt der Sterblichen einer dir deine Ziegen und Schafe?
Oder würgt man dich selbst, arglistig oder gewaltsam?

Ihnen erwiderte drauf aus der Felsenkluft Polyphemos:
Niemand würgt mich, ihr Freund', arglistig! und Keiner gewaltsam!

Drauf antworteten sie und schrien die geflügelten Worte:
Wenn dir denn Keiner Gewalt antut in der einsamen Höhle;

Gegen Schmerzen, die Zeus dir schickt, ist kein anderes Mittel:
Flehe zu deinem Vater, dem Meerbeherrscher Poseidon!

Also schrien sie und gingen. Mir lachte die Seele vor Freude,
Daß sie mein falscher Name getäuscht und mein trefflicher Einfall.
Aber ächzend vor Qual, mit jammervollem Gewinsel
Tappte der blinde Kyklop und nahm den Stein von der Pforte,
Setzte sich dann in die Pforte mit ausgebreiteten Händen,
Tastend, ob nicht vielleicht mit den Schafen einer entwischte.
So einfältig hielt mich in seinem Herzen der Riese.
Aber ich sann umher, das sicherste Mittel zu finden,
Wie ich meine Gefährten und mich von dem schrecklichen Tode
Rettete. Tausend Entwürf' und Listen wurden ersonnen;
Denn es galt das Leben, und fürchterlich drang die Entscheidung!
Doch von allen Entwürfen gefiel mir dieser am besten.

Seine Widder waren sehr feist, dickbuschichter Vliese,
Groß und stattlich von Wuchs, mit brauner Wolle bekleidet.
Diese band ich geheim mit schwanken Ruten zusammen,
Wo der Kyklop auf schlief, das gottlose Ungeheuer!
Drei und drei: der mittelste Bock trug einen der Männer,
Und zween gingen beiher und schirmten meine Gefährten.
Also trugen jeglichen Mann drei Widder. Ich selber
Wählte mir einen Bock, den trefflichsten unter der Herde.
Diesen ergriff ich schnell beim Rücken, wälzte mich nieder
Unter den wollichten Bauch und lag mit duldendem Herzen,
Beide Hände fest im Gekräusel der Flocken verwickelt.
Also erwarteten wir mit Seufzen die heilige Frühe.

Als die dämmernde Frühe mit Rosenfingern erwachte,
Eilten die Männer der Herde mit Ungestüm auf die Weide.
Aber es blökten am Stalle die ungemelkten Mütter;
Denn die Euter strotzten von Milch. Der grausame Wütrich
Saß von Schmerzen gefoltert und tastete sorgsam die Rücken
Aller steigenden Widder, und ahndete nicht in der Dummheit,
Daß ich sie unter die Brust der wollichten Böcke gebunden.

Langsam folgte nun der übrigen Herde mein Widder,
Schwerbeladen mit Wolle und mir, der mancherlei dachte.
Streichelnd betastet' auch ihn das Ungeheuer und sagte:

Süßes Böckchen, wie gehts? Du kommst zuletzt aus der Höhle?
Ei, du pflegst mir ja sonst nicht hinter der Herde zu bleiben!
Trabst ja so hurtig voran und pflückst dir zuerst auf der Weide
Gräschen und Blümelein, eilst auch zuerst in die Wellen der Flüsse,
Trachtest auch immer zuerst in den Stall zu kommen des Abends!
Nun der letzte von allen? Ach, geht dir etwa das Auge
Deines Herren so nah? Der Bösewicht hat mirs entrissen,
Er samt seinem Gesindel, indem er mit Wein mich berauschte,
Niemand! Ich mein, er ist mir noch nicht dem Verderben entronnen!
Hättest du nur Gedanken wie ich und verstündest die Sprache,
Daß du mir sagtest, wo jener vor meiner Stärke sich hinbirgt!
Ha! Auf den Boden geschmettert, wie sollte sein Hirn durch die Höhle
Hiehin und dahin zerspritzen! Wie würde mein Herz von dem Jammer
Sich erlaben, den mir der Taugenichts machte, der Niemand!

Also sprach er und ließ den Widder von sich hinausgehn.
Als wir uns von der Höhl' und dem Hof ein wenig entfernet,
Macht ich zuerst vom Widder mich los und löste die andern.
Eilend trieben wir jetzo die wohlgemästeten großen
Hochgeschenkelten Böcke durch mancherlei Krümmen zum Schiffe.
Und mit herzlicher Freud empfingen die lieben Gefährten
Uns Entflohne des Todes und klagten schluchzend die andern.
Aber ich ließ es nicht zu; ich deutete jedem mit Blicken,
Nicht zu weinen; befahl dann, die schöne wollichte Herde
Hurtig ins Schiff zu werfen und über die Wogen zu steuern.
Und sie traten ins Schiff und setzten sich hin auf die Bänke,
Saßen in Reihn und schlugen die graue Woge mit Rudern.
Als ich so weit nun war, wie die Stimme des Rufenden schallet,
Da begann ich und rief dem Kyklopen mit schmähenden Worten:

Ha, Kyklope, so recht! Nicht eines Feigen Gefährten
Hast du, wütiger Ries, in der dunkeln Höhle gefressen!

Lange hattest du das mit deinen Sünden verschuldet!
Grausamer, weil du die Gäste nicht scheutest in deiner Behausung
Aufzuschlucken; drum strafte dich Zeus und die übrigen Götter!

Also rief ich. Noch wütender tobte der blinde Kyklope,
Riß herunter und warf den Gipfel des hohen Gebirges.
Aber er fiel jenseits des blaugeschnäbelten Schiffes
Nieder, und wenig gefehlt, so traf er die Spitze des Steuers.
Hochauf wogte das Meer von dem stürzenden Felsen; und plötzlich
Raffte mit Ungestüm der strudelnde Schwall der Gewässer,
Landwärts flutend, das Schiff und warf es zurück an das Ufer.
Aber ich nahm mit den Händen geschwind eine mächtige Stange,
Stieß es vom Land, und trieb und ermahnete meine Gefährten,
Hurtig die Ruder zu regen, daß wir dem Verderben entrönnen,
Deutend und nickend; sie flogen ans Werk und ruderten keuchend.

Als wir nun doppelt so weit in das hohe Meer uns gerettet,
Siehe, da rief ich von neuem dem Wüterich. Aber die Freunde
Sprangen umher und schweigten mich alle mit freundlichen Worten:

Waghals! willst du noch mehr den grausamen Riesen erbittern,
Welcher mit seinem Geschoß in die See hinspielet und eben
Wieder ans Ufer uns warf, wo Tod und Verderben uns drohte?
Hätt er von dir nur ein Wort, nur eine Stimme vernommen,
Wahrlich, mit Einem geschleuderten Fels hätt er unsere Schädel
Samt den Balken des Schiffes zerschellt! Er versteht sich aufs
Schleudern!
Aber sie strebten umsonst, mein edles Herz zu bewegen
Und ich rief dem Kyklopen von neuem mit zürnender Seele:

Hör, Kyklope! Sollte dich einst von den sterblichen Menschen
Jemand fragen, wer dir dein Auge so schändlich geblendet,
Sag ihm: Odysseus, der Sohn Laërtes', der Städteverwüster,
Der in Ithaka wohnt, der hat mein Auge geblendet!

David und Goliath

Die Philister sammelten ihre Heere zum Streit und lagerten sich zu Socho in Juda. Saul aber und die Männer Israels lagerten sich im Eichgrunde und rüsteten sich zum Streit gegen die Philister. Die Philister standen auf einem Berge jenseits und die Israeliten auf einem Berge diesseits, so daß ein Tal zwischen ihnen war. Da trat aus dem Lager der Philister ein Zweikämpfer hervor mit Namen Goliath, von Gath, sechs Ellen und eine Hand breit hoch; er hatte einen ehernen Helm auf seinem Haupt und einen Schuppenpanzer an, eherne Beinschienen an seinen Schenkeln und einen ehernen Wurfspeer auf seinen Schultern. Der Schaft seines Speeres war wie ein Weberbaum, und die Spitze desselben hatte sechshundert Lot Eisen. Sein Schildträger ging vor ihm her. Und er trat vor und rief zu dem Heere Israels hinüber: Was seid ihr ausgezogen, euch zum Streit zu rüsten? Bin ich nicht ein Philister, und ihr seid Sauls Knechte? Erwählet einen unter euch, der zu mir herabkomme. Vermag er wider mich zu streiten und schlägt mich, so wollen wir eure Knechte sein; vermag ich aber obzusiegen und schlage ihn, so sollt ihr unsere Knechte sein. Da Saul und ganz Israel diese Rede des Philisters hörten, entsetzten sie sich und fürchteten sich sehr. So stellte sich der Philister morgens und abends vierzig Tage lang dar.

Auch die drei ältesten Söhne Isais waren mit Saul in den Krieg gezogen. David aber ging ab und zu von Saul, um die Schafe seines Vaters in Bethlehem zu hüten. Und Isai sprach zu David: Nimm für deine Brüder dieses Epha geröstetes Korn und diese zehn Brote und bringe es eilends ins Lager zu seinen Brüdern. Diese zehn frischen Käse aber bringe dem Hauptmann, besuche deine Brüder, siehe, ob es ihnen wohl gehe, und bringe mir ein Zeichen von ihnen. Da machte sich David des Morgens frühe auf und ließ die Schafe einem Hüter, ging hin, wie Isai ihm geboten hatte, und kam zur Wagenburg. Das Heer war ausgezogen und hatte sich gerüstet, und man schrie zum Streit. Da überließ David das Gefäß, das er trug, dem Hüter der Geräte, lief zum Heere und grüßte seine Brüder. Und als er noch mit ihnen redete, siehe, da trat Goliath heran und redete wie vorhin, und

David hörte es. Und jedermann in Israel sprach: Habt ihr den Mann gesehen herantreten? Er kommt, um Israel Hohn zu sprechen. Wer ihn schlägt, den will der König sehr reich machen und ihm seine Tochter geben und will seines Vaters Haus steuerfrei machen in Israel. Da sprach David zu den Männern, die bei ihm standen: Was wird man dem geben, der diesen Philister schlägt und die Schande von Israel wendet? denn wer ist der Philister, dieser Heide, der das Heer des lebendigen Gottes höhnt? Da wiederholte das Volk dieselben Worte. Eliab aber, sein ältester Bruder, hörte ihn mit den Männern reden, ergrimmte wider David und sprach: Warum bist du herabgekommen? Wem hast du die wenigen Schafe dort in der Wüste gelassen? Ich kenne deine Vermessenheit wohl und deines Herzens Bosheit. Du bist herabgekommen, den Streit anzusehen. David antwortete: Was habe ich denn getan? es war ja nur ein Wort! und wandte sich von ihm zu einem andern und sprach wie vorhin. Da sie nun die Worte hörten, die David sagte, verkündigten sie es Saul, und er ließ ihn holen. Und David sprach zu Saul: Es entfalle doch keinem Menschen das Herz um dieses Philisters willen. Dein Knecht will hingehen und mit ihm streiten. Saul antwortete: Du kannst nicht hingehen, mit diesem Philister zu streiten. Denn du bist ein Knabe; er aber ist ein Kriegsmann von seiner Jugend auf. David aber sprach: Dein Knecht hütete die Schafe seines Vaters, und es kam ein Löwe und ein Bär und trug ein Schaf von der Herde weg. Ich aber lief ihm nach, schlug ihn und errettete es aus seinem Rachen. Und da er sich über mich hermachte, ergriff ich ihn bei seiner Mähne, schlug ihn und tötete ihn. So hat dein Knecht beide erschlagen, den Löwen und den Bären. Also soll auch diesem Philister, diesem Heiden, geschehen, gleichwie deren einem; denn er hat das Heer des lebendigen Gottes beschimpft. Der Herr, der mich von dem Löwen und Bären errettet hat, der wird mich auch von diesem Philister erretten. Saul sprach zu David: Gehe hin, der Herr sei mit dir! Und er zog ihm seine Kleider an, setzte ihm einen ehernen Helm auf sein Haupt und legte ihm einen Panzer an. Auch gürtete David Sauls Schwert über seine Kleider und fing an zu gehen, denn er hatte es nie versucht. Da sprach er zu Saul: Ich kann nicht darin gehen, denn ich bin es nicht gewohnt. Er legte es von sich, nahm seinen Stab in die Hand, wählte fünf glatte Steine aus dem Bach und tat sie in die Hirtentasche, nahm die Schleuder in die Hand und ging auf den Philister zu. Der Philister aber ging auch auf David zu und sein Schildträger vor ihm her. Da nun der Philister hinschaute und David ansah, verachtete er ihn; denn er war ein Knabe, bräunlich und schön. Der Philister sprach zu David: Bin ich denn ein Hund, daß du mit einem Stecken zu mir kommst? und fluchte David bei seinem Gott und sprach zu ihm: Komm her zu mir, ich will dein Fleisch den Vögeln unter dem Himmel und den Tieren auf dem Felde geben. David aber sprach zu dem Philister: Du kommst zu mir mit Schwert, Spieß und Wurfspeer; ich aber komme zu dir im Namen des Herrn Zebaoth, des Gottes des Heeres Israels, das du gehöhnt hast. Heute wird dich der Herr in meine Hand überantworten, daß ich dich schlage. Ich werde dir das Haupt abhauen und die Leichen des Heeres der Philister den Vögeln unter dem Himmel geben und dem Wild auf Erden, daß alles Land inne werde, daß Israel einen Gott hat. Und diese ganze Gemeinde soll erfahren, daß der Herr nicht durch Schwert noch Spieß hilft; denn der Streit ist des Herrn, und er wird euch in unsere Hände geben. Da sich nun der Philister aufmachte, lief David ihm entgegen, griff mit seiner Hand in die Tasche und nahm einen Stein daraus, schleuderte und traf den Philister an seine Stirn, daß der Stein in die Stirne fuhr und er zur Erde fiel auf sein Angesicht. So überwand David den Philister mit der Schleuder und mit dem Stein, schlug ihn und tötete ihn. Und da er kein Schwert in seiner Hand hatte, lief er und trat zu dem Philister, nahm dessen Schwert, zog es aus der Scheide und hieb ihm den Kopf damit ab. Als aber die Philister sahen, daß ihr Stärkster tot war, flohen sie. Und die Männer Israels und Judas machten sich auf, riefen und jagten den Philistern nach mit Geschrei, und die Erschlagenen der Philister lagen auf dem Wege bis zu den Toren von Gath und Ekron. Dann kehrten die Kinder Israels um vom Verfolgen der Philister und beraubten ihr Lager.

(1. Buch Samuel)

Platon

Sokrates über Furcht und Tapferkeit

Sokrates: Zu welcher Art von Tätigkeit für die Stadt rufst du mich nun auf? Bestimme mir das: dazu, bei den Athenern durchzusetzen, daß sie möglichst gut werden, wie es ein Arzt tut, oder wie ein Diener, der so mit ihnen umgeht, wie es ihnen gefällig ist? Sag mir die Wahrheit, Kallikles; denn du bist verpflichtet, mir so freimütig, wie du begonnen hast, deine Meinung bis zum Ende mitzuteilen. Sprich also offen und aufrichtig!

Kallikles: So sage ich denn: wie ein Diener.

Sokrates: Du forderst mich also auf, mein Edelster, ein Schmeichler zu werden.

Kallikles: Sage meinetwegen: ein Myser, Sokrates; denn wenn du kein Diener werden willst ...

Sokrates: Wiederhole nicht, was du schon oft gesagt hast: daß mich dann jeder töten werde, dem es beliebt; sonst müßte auch ich wieder antworten, daß dann ein Schlechter einen Guten tötet. Und sage auch nicht, daß er mir wegnehmen wird, was ich besitze, sonst muß ich antworten: „Ja, aber wenn er es weggenommen hat, dann wird er nicht wissen, was er damit anfangen soll, sondern wie er es mir widerrechtlich geraubt hat, so wird er es auch ungerecht gebrauchen, wenn aber ungerecht, dann auch häßlich, und wenn häßlich, dann auch schlecht."

Kallikles: Wie fest scheinst du mir daran zu glauben, Sokrates, daß dir auch gar nichts von dem widerfahren kann, als ob du ganz abseits wohntest und nicht vor Gericht geführt werden könntest, vielleicht von einem ganz üblen und schlechten Menschen.

Sokrates: Dann bin ich also wahrhaft unverständig, Kallikles, wenn ich nicht daran glaube, daß in dieser Stadt einem jeden alles widerfahren kann, was nur möglich ist. Das indes weiß ich: wenn ich je vor Gericht komme und es steht dabei so etwas auf dem Spiele, wie du sagst, dann muß mein Ankläger ein schlechter Mensch sein; denn kein Redlicher wird einen Unschuldigen vor

Gericht bringen. Es wäre auch gar kein Wunder, wenn ich sterben müßte. Soll ich dir sagen, warum ich das erwarte?

KALLIKLES: Ja.

SOKRATES: Ich glaube, einer der wenigen Athener – um nicht zu sagen der einzige – zu sein, der sich um die wahre Staatskunst bemüht, und der einzige unter meinen Zeitgenossen, der für das Staatswohl tätig ist. Denn ich richte meine Worte jeweils nicht danach, daß sie Gefallen finden, sondern bezwecke damit das möglichst Gute, nicht das möglichst Angenehme, und all die herrlichen Dinge, zu denen du mich ermunterst, will ich nicht tun; darum werde ich auch vor Gericht nichts zu sagen wissen. Dabei kommt mir der Ausspruch in den Sinn, den ich zu Polos getan habe: Ich werde so gerichtet werden wie ein Arzt, wenn Kinder über ihn zu Gericht säßen und ein Koch der Ankläger wäre. Überlege dir, was so ein Mann zu seiner Verteidigung sagen könnte, wenn er vor einem solchen Gerichtshof stände und ihn dann einer mit folgenden Worten anklagte: „Liebe Kinder, viel Übles hat dieser Mann euch zugefügt, und sogar die Jüngsten unter euch richtet er mit seinem Schneiden und Brennen zugrunde, bringt sie mit Magerkuren und Brechmitteln zur Verzweiflung; er gibt euch die bittersten Tränklein und läßt euch hungern und dürsten – anders als ich, der ich euch mit vielen angenehmen Dingen aller Art bewirte." Was meinst du, daß ein Arzt wohl sagen kann, wenn er in so eine Lage kommt? Oder wenn er die Wahrheit sagte: „Dies alles, liebe Kinder, tat ich um eurer Gesundheit willen" – was meinst du, daß dann solche Richter für ein Geschrei erheben würden? Doch ein großes?

KALLIKLES: Vermutlich; das läßt sich ja denken.

SOKRATES: Du glaubst also auch, er werde in der größten Verlegenheit sein, was er sagen soll?

KALLIKLES: Gewiß.

SOKRATES: Gerade so, ich weiß wohl, würde es auch mir ergehen, wenn ich vor Gericht käme. Ich werde keine Vergnügungen aufzählen können, die ich ihnen bereitet habe und die sie als Wohltaten und Vorteile anerkennen, aber ich beneide weder die, die ihnen solche verschaffen können, noch die, denen sie zuteil werden. Wenn aber einer behauptet, ich verdürbe die Jugend, indem ich sie in Zweifel stürze, oder ich beschimpfte die Alten, indem ich in kleinem Kreise oder öffentlich bittere Reden führe, dann werde ich weder die Wahrheit sagen können, nämlich: „Mit Recht sage ich das alles, ihr Richter, und habe damit ja euren Vorteil im Auge", noch sonst irgend etwas; und so werde ich vermutlich, wie es auch kommt, mein Schicksal erleiden müssen.

KALLIKLES: Glaubst du nun, Sokrates, es stehe gut um einen Mann in der Stadt, der sich in einer solchen Lage befindet und sich selber nicht helfen kann?

SOKRATES: Ja, Kallikles, wenn er nur das eine besitzt, was du oftmals anerkannt hast: wenn er sich so hat helfen können, daß er niemals, weder gegen Menschen noch gegen Götter, irgend etwas Unrechtes gesagt oder getan hat. Wir haben ja immer wieder zusammen festgestellt, daß dies die beste Hilfe für ihn bedeutet. Wenn mir nun jemand nachweist, daß ich nicht imstande sei, weder mir selber noch einem anderen diese Hilfe zu bringen, so würde ich mich schämen, ob mir das nun in der Gegenwart von vielen oder von wenigen oder nur unter vier Augen bewiesen würde. Müßte ich infolge dieses Unvermögens sterben, dann würde ich mich darüber kränken; wenn ich aber deswegen sterben müßte, weil mir die schmeichlerische Redekunst fehlt, so könntest du, wie ich sicher weiß, sehen, wie leicht ich den Tod ertrüge. Denn das Sterben selbst fürchtet doch niemand, der nicht ganz unvernünftig und unmännlich ist; aber das Unrechttun fürchtet man. Denn wenn die Seele mit vielen begangenen Ungerechtigkeiten beladen in den Hades kommt, dann ist das das schlimmste von allen Übeln.

FRIEDRICH VON LOGAU

Der Mittel-Weg

In Gefahr und großer Not
Bringt der Mittel-Weg den Tod.

WILLIAM SHAKESPEARE

König Heinrich V.

Rede des Königs in der Schlacht bei Agincourt

WESTMORELAND. O hätten wir nun hier
Nur ein Zehntausend von dem Volk in England,
Das heut ohn Arbeit ist!
KÖNIG HEINRICH. Wer wünschte so?
Mein Vetter Westmoreland? – Nein, bester Vetter:
Zum Tode ausersehn, sind wir genug
Zu unsers Lands Verlust; und wenn wir leben,
Je kleinre Zahl, je größres Ehrenteil.
Wie Gott will! Wünsche nur nicht *einen* mehr!
Beim Zeus, ich habe keine Gier nach Gold
Noch frag ich, wer auf meine Kosten lebt;
Mich kränkts nicht, wenn sie meine Kleider tragen;
Mein Sinn steht nicht auf solche äußre Dinge:
Doch wenn es Sünde ist, nach Ehre geizen,
Bin ich das schuldigste Gemüt, das lebt.
Nein, Vetter, wünsche keinen Mann von England;
Bei Gott! ich geb um meine beste Hoffnung
Nicht soviel Ehre weg, als *ein* Mann mehr
Mir würd entziehn. O wünsch nicht *einen* mehr!
Ruf lieber aus im Heere, Westmoreland,
Daß jeder, der nicht Lust zu fechten hat,
Nur hinziehn mag; man stell ihm seinen Paß
Und stecke Reisegeld in seinen Beutel:
Wir wollen nicht in des Gesellschaft sterben,
Der die Gemeinschaft scheut mit unserm Tode.
Der heutge Tag heißt Crispianus' Fest:
Der, so ihn überlebt und heim gelangt,
Wird auf den Sprung stehn, nennt man diesen Tag,
Und sich beim Namen Crispianus rühren.
Wer heut am Leben bleibt und kommt zu Jahren,

Der gibt ein Fest am heilgen Abend jährlich
Und sagt: „Auf morgen ist Sankt Krispian!"
Streift dann den Ärmel auf, zeigt seine Narben
Und sagt: „Am Krispinstag empfing ich die."
Die Alten sind vergeßlich; doch wenn alles
Vergessen ist, wird er sich noch erinnern
Mit manchem Zusatz, was er an dem Tag
Für Stücke tat: dann werden unsre Namen,
Geläufig seinem Mund wie Alltagsworte:
Heinrich der König, Bedford, Exeter,
Warwick und Talbot, Salisbury und Gloster,
Bei ihren vollen Schalen frisch bedacht!
Der wackre Mann lehrt seinem Sohn die Märe,
Und nie von heute bis zum Schluß der Welt
Wird Krispin-Krispian vorübergehn,
Daß man nicht uns dabei erwähnen sollte,
Uns wen'ge, uns beglücktes Häuflein Brüder:
Denn welcher heut sein Blut mit mir vergießt,
Der wird mein Bruder; sei er noch so niedrig,
Der heutge Tag wird adeln seinen Stand.
Und Edelleut in England, jetzt im Bett,
Verfluchen einst, daß sie nicht hier gewesen,
Und werden kleinlaut, wenn nur jemand spricht,
Der mit uns focht am Sankt Crispinustag.

Heinrich von Kleist

Anekdote aus dem letzten preußischen Kriege

In einem bei Jena liegenden Dorf erzählte mir, auf einer Reise nach Frankfurt, der Gastwirt, daß sich mehrere Stunden nach der Schlacht[1], um die Zeit, da das Dorf schon ganz von der Armee des Prinzen von Hohenlohe verlassen und von Franzosen, die es für besetzt gehalten, umringt gewesen wäre, ein einzelner preußischer Reiter darin gezeigt hätte; und versicherte mir, daß, wenn alle Soldaten, die an diesem Tage mitgefochten, so tapfer gewesen wären, wie dieser, die Franzosen hätten geschlagen werden müssen, wären sie auch noch dreimal stärker gewesen, als sie in der Tat waren. Dieser Kerl, sprach der Wirt, sprengte, ganz von Staub bedeckt, vor meinen Gasthof, und rief: „Herr Wirt!" und da ich frage: was gibt's? „ein Glas Branntwein!" antwortet er, indem er sein Schwert in die Scheide wirft; „mich dürstet." Gott im Himmel! sag' ich, will Er machen, Freund, daß Er wegkömmt? Die Franzosen sind ja dicht vor dem Dorf! „Ei, was!" spricht er, indem er dem Pferde den Zügel über den Hals legt. „Ich habe den ganzen Tag nichts genossen!" Nun Er ist, glaub' ich, vom Satan besessen –! He! Liese! rief ich, und schaff' ihm eine Flasche Danziger herbei, und sage: da! und will ihm die ganze Flasche in die Hand drücken, damit er nur reite. „Ach, was!" spricht er, indem er die Flasche wegstößt, und sich den Hut abnimmt; „wo soll ich mit dem Quark hin?" Und: „Schenk' Er ein!" spricht er, indem er sich den Schweiß von der Stirn abtrocknet; „denn ich habe keine Zeit!" Nun Er ist ein Kind des Todes, sag' ich. Da! sag' ich, und schenk' ihm ein; da! trink' Er und reit' Er! Wohl mag's ihm bekommen! „Noch eins!" spricht der Kerl; während die Schüsse schon von allen Seiten ins Dorf prasseln. Ich sage: Noch eins? Plagt Ihn –! „Noch eins!" spricht er, und streckt mir das Glas hin. – „Und gut gemessen", spricht er, indem er sich den Bart wischt, und sich vom Pferde herab schneuzt; „denn es wird bar bezahlt!" Ei, mein Seel', so wollt ich doch, daß Ihn –! Da! sag' ich, und schenk' ihm noch, wie er verlangt, ein zweites, und schenk' ihm, da er getrunken, noch ein drittes ein, und frage: Ist Er nun zufrieden? „Ach!" – schüttelt sich der Kerl. „Der Schnaps ist gut! – Na!" spricht er, und setzt sich den Hut auf, „was bin ich schuldig?" Nichts! nichts! versetz' ich. Pack' Er sich, in's Teufels Namen; die Franzosen ziehen augenblicklich ins Dorf! „Na!" sagt er, indem er in seinen Stiefel greift, „so soll's ihm Gott lohnen", und holt, aus dem Stiefel, einen Pfeifenstummel hervor, und spricht, nachdem er den Kopf ausgeblasen: „Schaff' Er mir Feuer!" Feuer? sag' ich; plagt Ihn –? „Feuer, ja!" spricht er; „denn ich will mir eine Pfeife Tabak anmachen." Ei, den Kerl reiten Legionen –! He, Liese! ruf' ich das Mädchen, und während der Kerl sich die Pfeife stopft, schafft das Mensch ihm Feuer. „Na!" sagt der Kerl, die Pfeife, die er sich angeschmaucht, im Maul, „nun sollen doch die Franzosen die Schwerenot[2] kriegen!" Und damit, indem er sich den Hut in die Augen drückt, und zum Zügel greift, wendet er das Pferd und zieht von Leder. Ein Mordkerl! sag' ich; ein verfluchter, verwetterter Galgenstrick! Will Er sich in's Henkers Namen scheren, wo er hingehört? Drei Chasseurs[3] – sieht Er nicht? halten ja schon vor dem Tor! „Ei was!" spricht er, indem er ausspuckt; und faßt die drei Kerls blitzend ins Auge. „Wenn ihrer zehen wären, ich fürcht' mich nicht." Und in dem Augenblick reiten auch die drei Franzosen schon ins Dorf. „Bassa Manelka![4]" ruft der Kerl, und gibt seinem Pferde die Sporen und sprengt auf sie ein; sprengt, so wahr Gott lebt, auf sie ein, und greift sie, als ob er das ganze Hohenlohische Korps hinter sich hätte, an; dergestalt, daß, da die Chasseurs, ungewiß, ob nicht noch mehr Deutsche im Dorf sein mögen, einen Augenblick, wider ihre Gewohnheit, stutzen, er, mein Seel', ehe man noch eine Hand umkehrt, alle drei vom Sattel haut, die Pferde, die auf dem Platz herumlaufen, aufgreift, damit bei mir vorbeisprengt, und: „Bassa Teremtetem!" ruft, und „Sieht Er wohl, Herr Wirt?" und „Adies!" und „Auf Wiedersehn!" und „hoho! hoho! hoho!" – – So einen Kerl, sprach der Wirt, habe ich zeit meines Lebens nicht gesehen.

1 14. Oktober 1806.
2 Aus Amerika nach Europa eingeschleppte syphilitische Erkrankung.
3 Jäger.
4 Soldatenfluch aus den Türkenkriegen.

Johann Wolfgang von Goethe

Beherzigung

Feiger Gedanken
bängliches Schwanken,
weibisches Zagen,
ängstliches Klagen
wendet kein Elend,
macht dich nicht frei.

Allen Gewalten
zum Trutz sich erhalten,
nimmer sich beugen,
kräftig sich zeigen
rufet die Arme
der Götter herbei.

Friedrich von Schiller

Don Carlos

König Philipp II. und Marquis Posa

Marquis. Ich höre, Sire, wie klein,
Wie niedrig Sie von Menschenwürde denken,
Selbst in des freien Mannes Sprache nur
Den Kunstgriff eines Schmeichlers sehen, und
Mir deucht, ich weiß, wer Sie dazu berechtigt.
Die Menschen zwangen Sie dazu; *die* haben
Freiwillig ihres Adels sich begeben,
Freiwillig sich auf diese niedre Stufe
Herabgestellt. Erschrocken fliehen sie
Vor dem Gespenste ihrer innern Größe,

Gefallen sich in ihrer Armut, schmücken
Mit feiger Weisheit ihre Ketten aus,
Und Tugend nennt man, sie mit Anstand tragen.
So überkamen Sie die Welt. So ward
Sie ihrem großen Vater überliefert.
Wie könnten Sie in dieser traurigen
Verstümmlung – Menschen ehren?

KÖNIG. Etwas Wahres
Find ich in diesen Worten.

MARQUIS. Aber schade!
Da Sie den Menschen aus des Schöpfers Hand
In Ihrer Hände Werk verwandelten
Und dieser neugegoßnen Kreatur
Zum Gott sich gaben – da versahen Sie's
In etwas nur: Sie blieben selbst noch Mensch –
Mensch aus des Schöpfers Hand. *Sie* fuhren fort,
Als Sterblicher zu leiden, zu begehren;
Sie brauchen Mitgefühl – und einem Gott
Kann man nur opfern – zittern – zu ihm beten!
Bereuenswerter Tausch! Unselige
Verdrehung der Natur! – Da Sie den Menschen
Zu Ihrem Saitenspiel herunterstürzten,
Wer teilt mir Ihnen Harmonie?

KÖNIG. (Bei Gott,
Er greift in meine Seele!)

MARQUIS. Aber Ihnen
Bedeutet dieses Opfer nichts. Dafür
Sind Sie auch einzig – Ihre eigne Gattung –
Um diesen Preis sind Sie ein Gott. – Und schrecklich,
Wenn das *nicht* wäre – wenn für diesen Preis,
Für das zertretne Glück von Millionen,
Sie nichts gewonnen hätten! wenn die Freiheit,
Die Sie vernichteten, das einzge wäre,
Das Ihre Wünsche reifen kann? – Ich bitte,
Mich zu entlassen, Sire. Mein Gegenstand
Reißt mich dahin. Mein Herz ist voll – der Reiz

Zu mächtig, vor dem Einzigen zu stehen,
Dem ich es öffnen möchte.

...

König. Vollendet!
Ihr hattet mir noch mehr zu sagen.
Marquis. Sire!
Jüngst kam ich an von Flandern und Brabant. –
So viele reiche, blühende Provinzen!
Ein kräftiges, ein großes Volk – und auch
Ein gutes Volk – und Vater dieses Volkes!
Das, dacht ich, das muß göttlich sein! – Da stieß
Ich auf verbrannte menschliche Gebeine –
(Hier schweigt er still; seine Augen ruhen auf dem König, der es versucht, diesen Blick zu erwidern, aber betroffen und verwirrt zur Erde sieht)
Sie haben recht. *Sie* müssen. Daß Sie *können*,
Was Sie zu müssen eingesehn, hat mich
Mit schauernder Bewunderung durchdrungen.
O schade, daß, in seinem Blut gewälzt,
Das Opfer wenig dazu taugt, dem Geist
Des Opferers ein Loblied anzustimmen!
Daß Menschen nur – nicht Wesen höhrer Art –
Die Weltgeschichte schreiben! – Sanftere
Jahrhunderte verdrängen Philipps Zeiten;
Die bringen mildre Weisheit; Bürgerglück
Wird dann versöhnt mit Fürstengröße wandeln,
Der karge Staat mit seinen Kindern geizen,
Und die Notwendigkeit wird menschlich sein.
König. Wann, denkt Ihr, würden diese menschlichen
Jahrhunderte erscheinen, hätt ich vor
Dem Fluch des jetzigen gezittert? Sehet
In meinem Spanien Euch um. Hier blüht
Des Bürgers Glück in nie bewölktem Frieden;
Und *diese Ruhe* gönn ich den Flamändern.
Marquis. Die Ruhe eines Kirchhofs! Und Sie hoffen

Zu endigen, was Sie begannen? hoffen,
Der Christenheit gezeitigte Verwandlung,
Den allgemeinen Frühling aufzuhalten,
Der die Gestalt der Welt verjüngt? *Sie* wollen
Allein in ganz Europa – sich dem Rade
Des Weltverhängnisses, das unaufhaltsam
In vollem Laufe rollt, entgegenwerfen?
Mit Menschenarm in seine Speichen fallen?
Sie werden nicht! Schon flohen Tausende
Aus Ihren Ländern froh und arm. Der Bürger,
Den Sie verloren für den Glauben, war
Ihr edelster. Mit offnen Mutterarmen
Empfängt die Fliehenden Elisabeth,
Und fruchtbar blüht durch Künste unsres Landes
Britannien. Verlassen von dem Fleiß
Der neuen Christen, liegt Grenada öde,
Und jauchzend sieht Europa seinen Feind
An selbstgeschlagnen Wunden sich verbluten.
Sie wollen pflanzen für die Ewigkeit,
Und säen Tod? Ein so erzwungnes Werk
Wird seines Schöpfers Geist nicht überdauern.
Dem Undank haben Sie gebaut – umsonst
Den harten Kampf mit der Natur gerungen,
Umsonst ein großes königliches Leben
Zerstörenden Entwürfen hingeopfert.
Der Mensch ist mehr, als Sie von ihm gehalten.
Des langen Schlummers Bande wird er brechen
Und wiederfordern sein geheiligt Recht.
Zu einem *Nero* und *Busiris* wirft
Er Ihren Namen, und – das schmerzt mich; denn
Sie waren gut.

KÖNIG. Wer hat Euch dessen so
Gewiß gemacht?

MARQUIS. Ja, beim Allmächtigen!
Ja – ja – ich wiederhol es. Geben Sie,
Was Sie uns nahmen, wieder! Lassen Sie,

Großmütig wie der Starke, Menschenglück
Aus Ihrem Füllhorn strömen - Geister reifen
In Ihrem Weltgebäude! Geben Sie,
Was Sie uns nahmen, wieder. Werden Sie
Von Millionen Königen ein König.
O, könnte die Beredsamkeit von allen
Den Tausenden, die dieser großen Stunde
Teilhaftig sind, auf meinen Lippen schweben,
Den Strahl, den ich in diesen Augen merke,
Zur Flamme zu erheben! - Geben Sie
Die unnatürliche Vergöttrung auf,
Die uns vernichtet. Werden Sie uns Muster
Des Ewigen und Wahren. Niemals - niemals
Besaß ein Sterblicher so viel, so göttlich
Es zu gebrauchen. Alle Könige
Europens huldigen dem spanschen Namen.
Gehn Sie Europens Königen voran.
Ein Federzug von dieser Hand, und neu
Erschaffen wird die Erde. Geben Sie
Gedankenfreiheit. - ...
                                        Sehen Sie sich um
In seiner herrlichen Natur! Auf Freiheit
Ist sie gegründet - und wie reich ist sie
Durch Freiheit! Er, der große Schöpfer, wirft
In einen Tropfen Tau den Wurm, und läßt
Noch in den toten Räumen der Verwesung
Die Willkür sich ergetzen - *Ihre* Schöpfung,
Wie eng und arm! Das Rauschen eines Blattes
Erschreckt den Herrn der Christenheit - *Sie* müssen
Vor jeder Tugend zittern. *Er* - der Freiheit
Entzückende Erscheinung nicht zu stören -
Er läßt des Übels grauenvolles Heer
In seinem Weltall lieber toben - ihn,
Den Künstler, wird man nicht gewahr, bescheiden
Verhüllt er sich in ewige Gesetze;
Die sieht der Freigeist, doch nicht *ihn*. Wozu

Ein Gott? sagt er; die Welt ist sich genug.
Und keines Christen Andacht hat ihn mehr
Als dieses Freigeists Lästerung gepriesen.
KÖNIG. Und wollet Ihr es unternehmen, dies
Erhabne Muster in der Sterblichkeit
In meinen Staaten nachzubilden?
MARQUIS. Sie,
Sie können es. Wer anders? Weihen Sie
Dem Glück der Völker die Regentenkraft,
Die – ach so lang – des Thrones Größe nur
Gewuchert hatte – stellen Sie der Menschheit
Verlornen Adel wieder her. Der Bürger
Sei wiederum, was er zuvor gewesen,
Der Krone Zweck – ihn binde keine Pflicht
Als seiner Brüder gleich ehrwürdge Rechte.
Wenn nun der Mensch, sich selbst zurückgegeben,
Zu seines Werts Gefühl erwacht – der Freiheit
Erhabne, stolze Tugenden gedeihen –
Dann, Sire, wenn Sie zum glücklichsten der Welt
Ihr eignes Königreich gemacht – dann ist
Es Ihre Pflicht, die Welt zu unterwerfen.
KÖNIG *(nach einem großen Stillschweigen).*
Ich ließ Euch bis zu Ende reden – Anders,
Begreif ich wohl, als sonst in Menschenköpfen
Malt sich in diesem Kopf die Welt – auch will
Ich fremdem Maßstab Euch nicht unterwerfen.
Ich bin der Erste, dem Ihr Euer Innerstes
Enthüllt. Ich glaub es, weil ichs weiß. Um dieser
Enthaltung willen, solche Meinungen,
Mit solchem Feuer doch umfaßt, verschwiegen
Zu haben bis auf diesen Tag – um dieser
Bescheidnen Klugheit willen, junger Mann,
Will ich vergessen, daß ich sie erfahren,
Und wie ich sie erfahren. Stehet auf.
Ich will den Jüngling, der sich übereilte,
Als Greis und nicht als König widerlegen.

Ich will es, weil ichs will – Gift also selbst,
Find ich, kann in gutartigen Naturen
Zu etwas Besserm sich veredeln – Aber
Flieht meine Inquisition. – Es sollte
Mir leid tun –

Johann Peter Hebel

Die Besatzung von Oggersheim

Zu Oggersheim, gegenüber von Mannheim, um die Wahl etwas weiter oben oder unten, je nachdem man sich stellt, als im Dreißigjährigen Krieg unversehens die Spaniolen vor Oggersheim anrückten, flohen fast alle Einwohner nach Mannheim. Nur zwanzig Hausväter blieben zurück und hatten das Herz, die Zugbrücke aufzuziehen und die Tore zu schließen. Es gehört nicht viel Herz zum Schließen, aber zum Öffnen. Denn als der spanische Feldhauptmann Don Gonsalva hineintrompeten ließ: „Wenn ihr bis morgen um diese Zeit den Platz nicht übergebt", ließ er hineintrompeten, „alsdenn gebt acht, wer am Leben bleibt, wenn ich den spanischen Sturmmarsch schlagen lasse und doch hineinkomme", da sahen die Helden einander an und sagten: „Der Weg nach Mannheim ist doch der sicherste." Nur einer dachte: „Was soll ich tun? Meine Frau steht an ihrem Ziel. Soll sie unterwegs oder gar auf dem Rhein ins Kindbett kommen? In Gottes Namen, ich bleibe da." Als nun die andern alle sich geflüchtet hatten und er noch allein in dem Städtlein war, trat er mit einem weißen Fähnlein auf die Stadtmauer und rief in das spanische Lager: „Kund und zu wissen sei euch im Namen des Herrn Kommandanten von Oggersheim, der Garnison und der ehrsamen Bürgerschaft! Ihr sollt uns versprechen, das Eigentum zu schonen und die protestantische Religion unangefochten zu lassen. Wenn ihr dieses tut und halten wollt, so sollen euch in einer Stunde die Stadttore geöffnet werden. Ich, der Trompeter." – Da sahen der Feldhauptmann und seine Leute einander an. Ja, Nein – Nein, Ja. „Was sollen wir katholisches Blut vergießen lassen", sagte endlich der

Feldhauptmann, „um einen ketzerischen Altar umzuwerfen, oder was werden wir in diesem Bauernstädtlein für Schätze finden?" und rief mit lauter Stimme: „Akkordiert!" Nach einer Stunde, als der Feind mit geschlossenen Reihen und Gliedern, mit fliegenden Fahnen und klingendem Spiel einzog, am äußern Tor war niemand. – „Sie werden am innern sein." Am innern Tor war auch niemand. – „Sie werden auf dem Platz sein." Auf dem Platz stand mutterseelenallein mit dem weißen Fähnlein der herzhafte Bürgersmann. – „Was soll das heißen? Wo ist der Kommandant und die Besatzung, wo ist der Bürgermeister und der Rat?" Da fiel der Bürgersmann vor dem Feldhauptmann auf die Knie nieder: „Gnädiger Herr, ich bin der einzige, der sich Eurer Großmut anvertraut hat. Die andern sind nach Eurer Aufforderung alle nach Mannheim geflohen. Nur meine Frau ist noch bei mir im Städtlein, aber ein ellenlanger Rekrut wird nächster Tagen eintreffen. Unterdessen bin ich mein eigener Kommandant und mein Trompeter, mein Gemeiner und mein Profos[1]. Wenn ich seit gestern hätte desertieren wollen, ich hätte mich selber wieder einfangen und Spießruten jagen müssen." Da lächelte der Feldhauptmann und hieß ihn aufstehn, und obgleich die Spanier zur Zeit des Dreißigjährigen Kriegs keinen Spaß verstanden, so leistete er doch, was er versprochen hatte, und noch mehr. Denn als den andern Morgen der brave Bürgersmann wieder zu dem Feldhauptmann kam, „Ihre Gnaden", sagte er, „wolltet Ihr mir nicht auf eine Viertelstunde Euern Feldpater leihen, wenn er evangelisch taufen kann? Der ellenlange Rekrut ist angekommen und schon einquartiert", da sagte der Feldhauptmann: „Ja, braver Kamerad, und ich will Gevattermann sein und dein Kind zur Taufe halten." Also hielt der General das Kind zur Taufe und schenkte ihm ein spanisches Goldstück zum Andenken. Am folgenden Tag zogen die Spaniolen wieder weiter.

1 Verwalter der Militärgerichtsbarkeit.

Brüder Grimm

Hänsel und Gretel

Vor einem großen Walde wohnte ein armer Holzhacker mit seiner Frau und seinen zwei Kindern; das Bübchen hieß Hänsel und das Mädchen Gretel. Er hatte wenig zu beißen und zu brechen, und einmal, als große Teuerung ins Land kam, konnte er auch das tägliche Brot nicht mehr schaffen. Wie er sich nun abends im Bette Gedanken machte und sich vor Sorgen herumwälzte, seufzte er und sprach zu seiner Frau „was soll aus uns werden? wie können wir unsere armen Kinder ernähren, da wir für uns selbst nichts mehr haben?“ „Weißt du was, Mann“, antwortete die Frau, „wir wollen morgen in aller Frühe die Kinder hinaus in den Wald führen, wo er am dicksten ist: da machen wir ihnen ein Feuer an und geben jedem noch ein Stückchen Brot, dann gehen wir an unsere Arbeit und lassen sie allein. Sie finden den Weg nicht wieder nach Haus, und wir sind sie los.“ „Nein, Frau“, sagte der Mann, „das tue ich nicht; wie sollt' ich's übers Herz bringen, meine Kinder im Walde allein zu lassen, die wilden Tiere würden bald kommen und sie zerreißen.“ „O du Narr“, sagte sie, „dann müssen wir alle viere Hungers sterben, du kannst nur die Bretter für die Särge hobeln“, und ließ ihm keine Ruhe, bis er einwilligte. „Aber die armen Kinder dauern mich doch“, sagte der Mann.

Die zwei Kinder hatten vor Hunger auch nicht einschlafen können und hatten gehört, was die Stiefmutter zum Vater gesagt hatte. Gretel weinte bittere Tränen und sprach zu Hänsel „nun ist's um uns geschehen.“ „Still, Gretel“, sprach Hänsel, „gräme dich nicht, ich will uns schon helfen.“ Und als die Alten eingeschlafen waren, stand er auf, zog sein Röcklein an, machte die Untertüre auf und schlich sich hinaus. Da schien der Mond ganz helle, und die weißen Kieselsteine, die vor dem Haus lagen, glänzten wie lauter Batzen. Hänsel bückte sich und steckte so viel in sein Rocktäschlein als nur hinein wollten. Dann ging er wieder zurück, sprach zu Gretel „sei getrost, liebes Schwesterchen, und schlaf nur ruhig ein, Gott wird uns nicht verlassen“, und legte sich wieder in sein Bett.

Als der Tag anbrach, noch ehe die Sonne aufgegangen war, kam schon die Frau und weckte die beiden Kinder, „steht auf, ihr Faulenzer, wir wollen in den Wald gehen und Holz holen.“ Dann gab sie jedem ein Stückchen Brot und sprach „da habt ihr etwas für den Mittag, aber eßt’s nicht vorher auf, weiter kriegt ihr nichts.“ Gretel nahm das Brot unter die Schürze, weil Hänsel die Steine in der Tasche hatte. Danach machten sie sich alle zusammen auf den Weg nach dem Wald. Als sie ein Weilchen gegangen waren, stand Hänsel still und guckte nach dem Haus zurück und tat das wieder und immer wieder. Der Vater sprach „Hänsel, was guckst du da und bleibst zurück, hab acht und vergiß deine Beine nicht.“ „Ach, Vater“, sagte Hänsel, „ich sehe nach meinem weißen Kätzchen, das sitzt oben auf dem Dach und will mir Ade sagen.“ Die Frau sprach „Narr, das ist dein Kätzchen nicht, das ist die Morgensonne, die auf den Schornstein scheint.“ Hänsel aber hatte nicht nach dem Kätzchen gesehen, sondern immer einen von den blanken Kieselsteinen aus seiner Tasche auf den Weg geworfen.

Als sie mitten in den Wald gekommen waren, sprach der Vater „nun sammelt Holz, ihr Kinder, ich will ein Feuer anmachen, damit ihr nicht friert.“ Hänsel und Gretel trugen Reisig zusammen, einen kleinen Berg hoch. Das Reisig ward angezündet, und als die Flamme recht hoch brannte, sagte die Frau „nun legt euch ans Feuer, ihr Kinder, und ruht euch aus, wir gehen in den Wald und hauen Holz. Wenn wir fertig sind, kommen wir wieder und holen euch ab.“

Hänsel und Gretel saßen am Feuer, und als der Mittag kam, aß jedes sein Stücklein Brot. Und weil sie die Schläge der Holzaxt hörten, so glaubten sie, ihr Vater wäre in der Nähe. Es war aber nicht die Holzaxt, es war ein Ast, den er an einen dürren Baum gebunden hatte und den der Wind hin- und herschlug. Und als sie so lange gesessen hatten, fielen ihnen die Augen vor Müdigkeit zu, und sie schliefen fest ein. Als sie endlich erwachten, war es schon finstere Nacht. Gretel fing an zu weinen und sprach „wie sollen wir nun aus dem Wald kommen!“ Hänsel aber tröstete sie, „wart nur ein Weilchen, bis der Mond aufgegangen ist, dann wollen wir den Weg schon finden.“ Und als der volle Mond aufgestiegen war, so nahm Hänsel sein Schwesterchen an der Hand und ging den Kieselsteinen nach, die schimmerten wie neu geschlagene Batzen und zeigten ihnen den Weg. Sie gingen die ganze Nacht hindurch und kamen bei anbrechendem Tag wieder zu ihres Vaters Haus. Sie klopften an die Tür, und als die Frau aufmachte und sah, daß es Hänsel und Gretel waren, sprach sie „ihr bösen Kinder, was habt ihr so lange im Wald geschlafen, wir haben geglaubt, ihr wolltet gar nicht wiederkommen." Der Vater aber freute sich, denn es war ihm zu Herzen gegangen, daß er sie so allein zurückgelassen hatte.

Nicht lange danach war wieder Not in allen Ecken, und die Kinder hörten, wie die Mutter nachts im Bette zu dem Vater sprach „alles ist wieder aufgezehrt, wir haben noch einen halben Laib Brot, hernach hat das Lied ein Ende. Die Kinder müssen fort, wir wollen sie tiefer in den Wald hineinführen, damit sie den Weg nicht wieder herausfinden; es ist sonst keine Rettung für uns." Dem Mann fiel's schwer aufs Herz und er dachte „es wäre besser, daß du den letzten Bissen mit deinen Kindern teiltest." Aber die Frau hörte auf nichts, was er sagte, schalt ihn und machte ihm Vorwürfe. Wer A sagt, muß auch B sagen, und weil er das erstemal nachgegeben hatte, so mußte er es auch zum zweitenmal.

Die Kinder waren aber noch wach gewesen und hatten das Gespräch mitangehört. Als die Alten schliefen, stand Hänsel wieder auf, wollte hinaus und Kieselsteine auflesen wie das vorige Mal, aber die Frau hatte die Tür verschlossen, und Hänsel konnte nicht heraus. Aber er tröstete sein Schwesterchen und sprach „weine nicht, Gretel, und schlaf nur ruhig, der liebe Gott wird uns schon helfen."

Am frühen Morgen kam die Frau und holte die Kinder aus dem Bette. Sie erhielten ihr Stückchen Brot, das war aber noch kleiner als das vorige Mal. Auf dem Wege nach dem Wald bröckelte es Hänsel in der Tasche, stand oft still und warf ein Bröcklein auf die Erde. „Hänsel, was stehst du und guckst dich um", sagte der Vater, „geh deiner Wege." „Ich sehe nach meinem Täubchen, das sitzt auf dem Dache und will mir Ade sagen," antwortete Hänsel. „Narr", sagte die Frau, „das ist dein Täubchen nicht, das ist die Morgensonne, die auf den Schornstein oben scheint." Hänsel aber warf nach und nach alle Bröcklein auf den Weg.

Die Frau führte die Kinder noch tiefer in den Wald, wo sie ihr

Lebtag noch nicht gewesen waren. Da ward wieder ein großes Feuer angemacht, und die Mutter sagte „bleibt nur da sitzen, ihr Kinder, und wenn ihr müde seid, könnt ihr ein wenig schlafen: wir gehen in den Wald und hauen Holz, und abends, wenn wir fertig sind, kommen wir und holen euch ab." Als es Mittag war, teilte Gretel ihr Brot mit Hänsel, der sein Stück auf den Weg gestreut hatte. Dann schliefen sie ein, und der Abend verging, aber niemand kam zu den armen Kindern. Sie erwachten erst in der finsteren Nacht, und Hänsel tröstete sein Schwesterchen und sagte „wart nur, Gretel, bis der Mond aufgeht, dann werden wir die Brotbröcklein sehen, die ich ausgestreut habe, die zeigen uns den Weg nach Haus." Als der Mond kam, machten sie sich auf, aber sie fanden kein Bröcklein mehr, denn die viel tausend Vögel, die im Walde und im Felde umherfliegen, die hatten sie weggepickt. Hänsel sagte zu Gretel „wir werden den Weg schon finden", aber sie fanden ihn nicht. Sie gingen die ganze Nacht und noch einen Tag von Morgen bis Abend, aber sie kamen aus dem Wald nicht heraus, und waren so hungrig, denn sie hatten nichts als die paar Beeren, die auf der Erde standen. Und weil sie so müde waren, daß die Beine sie nicht mehr tragen wollten, so legten sie sich unter einen Baum und schliefen ein.

Nun war's schon der dritte Morgen, daß sie ihres Vaters Haus verlassen hatten. Sie fingen wieder an zu gehen, aber sie gerieten immer tiefer in den Wald, und wenn nicht bald Hilfe kam, so mußten sie verschmachten. Als es Mittag war, sahen sie ein schönes schneeweißes Vöglein auf einem Ast sitzen, das sang so schön, daß sie stehenblieben und ihm zuhörten. Und als es fertig war, schwang es seine Flügel und flog vor ihnen her, und sie gingen ihm nach, bis sie zu einem Häuschen gelangten, auf dessen Dach es sich setzte, und als sie ganz nah herankamen, so sahen sie, daß das Häuslein aus Brot gebaut war und mit Kuchen gedeckt; aber die Fenster waren von hellem Zucker. „Da wollen wir uns dranmachen", sprach Hänsel, „und eine gesegnete Mahlzeit halten. Ich will ein Stück vom Dach essen, Gretel, du kannst vom Fenster essen, das schmeckt süß." Hänsel reichte in die Höhe und brach sich ein wenig vom Dach ab, um zu versuchen, wie es schmeckte, und Gretel stellte sich an die Scheiben und knupperte daran. Da rief eine feine Stimme aus der Stube heraus

„knupper, knupper, kneischen,
wer knuppert an meinem Häuschen?"

Die Kinder antworteten

„der Wind, der Wind,
das himmlische Kind",

und aßen weiter, ohne sich irremachen zu lassen. Hänsel, dem das Dach sehr gut schmeckte, riß sich ein großes Stück davon herunter, und Gretel stieß eine ganze runde Fensterscheibe heraus, setzte sich nieder und tat sich wohl damit. Da ging auf einmal die Türe auf, und eine steinalte Frau, die sich auf eine Krücke stützte, kam herausgeschlichen. Hänsel und Gretel erschraken so gewaltig, daß sie fallen ließen, was sie in den Händen hielten. Die Alte aber wackelte mit dem Kopfe und sprach „ei, ihr lieben Kinder, wer hat euch hierher gebracht? kommt nur herein und bleibt bei mir, es geschieht euch kein Leid." Sie faßte beide an der Hand und führte sie in ihr Häuschen. Da ward gutes Essen aufgetragen, Milch und Pfannekuchen mit Zucker, Äpfel und Nüsse. Hernach wurden zwei schöne Bettlein weiß gedeckt, und Hänsel und Gretel legten sich hinein und meinten, sie wären im Himmel.

Die Alte hatte sich nur so freundlich angestellt, sie war aber eine böse Hexe, die den Kindern auflauerte, und hatte das Brothäuslein bloß gebaut, um sie herbeizulocken. Wenn eins in ihre Gewalt kam, so machte sie es tot, kochte es und aß es, und das war ihr ein Festtag. Die Hexen haben rote Augen und können nicht weit sehen, aber sie haben eine feine Witterung, wie die Tiere, und merken's, wenn Menschen herankommen. Als Hänsel und Gretel in ihre Nähe kamen, da lachte sie boshaft und sprach höhnisch „die habe ich, die sollen mir nicht wieder entwischen." Frühmorgens, ehe die Kinder erwacht waren, stand sie schon auf, und als sie beide so lieblich ruhen sah, mit den vollen roten Backen, so murmelte sie vor sich hin „das wird ein guter Bissen werden." Da packte sie Hänsel mit ihrer dürren Hand und trug ihn in einen kleinen Stall und sperrte ihn mit einer Gittertüre ein: er mochte schreien, wie er wollte, es half ihm nichts. Dann ging sie zu Gretel, rüttelte sie wach und rief „steh auf,

Faulenzerin, trag Wasser und koch deinem Bruder etwas Gutes, der sitzt draußen im Stall und soll fett werden. Wenn er fett ist, so will ich ihn essen." Gretel fing an bitterlich zu weinen, aber es war alles vergeblich, sie mußte tun, was die böse Hexe verlangte.

Nun ward dem armen Hänsel das beste Essen gekocht, aber Gretel bekam nichts als Krebsschalen. Jeden Morgen schlich die Alte zu dem Ställchen und rief „Hänsel, streck deine Finger heraus, damit ich fühle, ob du bald fett bist." Hänsel streckte ihr aber ein Knöchlein heraus, und die Alte, die trübe Augen hatte, konnte es nicht sehen, und meinte, es wären Hänsels Finger, und verwunderte sich, daß er gar nicht fett werden wollte. Als vier Wochen herum waren und Hänsel immer mager blieb, da übernahm sie die Ungeduld, und sie wollte nicht länger warten. „Heda, Gretel", rief sie dem Mädchen zu, „sei flink und trag Wasser: Hänsel mag fett oder mager sein, morgen will ich ihn schlachten und kochen." Ach, wie jammerte das arme Schwesterchen, als es das Wasser tragen mußte, und wie flossen ihm die Tränen die Backen herunter! „Lieber Gott, hilf uns doch", rief sie aus, „hätten uns nur die wilden Tiere im Wald gefressen, so wären wir doch zusammen gestorben." „Spar nur dein Geplärre", sagte die Alte, „es hilft dir alles nichts."

Frühmorgens mußte Gretel heraus, den Kessel mit Wasser aufhängen und Feuer anzünden. „Erst wollen wir backen", sagte die Alte, „ich habe den Backofen schon eingeheizt und den Teig geknetet!" Sie stieß das arme Gretel hinaus zu dem Backofen, aus dem die Feuerflammen schon herausschlugen. „Kriech hinein", sagte die Hexe, „und sieh zu, ob recht eingeheizt ist, damit wir das Brot hineinschießen können." Und wenn Gretel darin war, wollte sie den Ofen zumachen, und Gretel sollte darin braten, und dann wollte sie's auch aufessen. Aber Gretel merkte, was sie im Sinn hatte, und sprach „ich weiß nicht, wie ich's machen soll; wie komm' ich da hinein?" „Dumme Gans", sagte die Alte, „die Öffnung ist groß genug, siehst du wohl, ich könnte selbst hinein", krabbelte heran und steckte den Kopf in den Backofen. Da gab ihr Gretel einen Stoß, daß sie weit hineinfuhr, machte die eiserne Tür zu und schob den Riegel vor. Hu! da fing sie an zu heulen, ganz grauselig; aber Gretel lief fort, und die gottlose Hexe mußte elendiglich verbrennen.

Gretel aber lief schnurstracks zum Hänsel, öffnete sein Ställchen und rief „Hänsel, wir sind erlöst, die alte Hexe ist tot!“ Da sprang Hänsel heraus, wie ein Vogel aus dem Käfig, wenn ihm die Türe aufgemacht wird. Wie haben sie sich gefreut, sind sich um den Hals gefallen, sind herumgesprungen und haben sich geküßt! Und weil sie sich nicht mehr zu fürchten brauchten, so gingen sie in das Haus der Hexe hinein, da standen in allen Ecken Kasten mit Perlen und Edelsteinen. „Die sind noch besser als Kieselsteine“, sagte Hänsel und steckte in seine Taschen, was hinein wollte, und Gretel sagte „ich will auch etwas mit nach Haus bringen“, und füllte sich sein Schürzchen voll. „Aber jetzt wollen wir fort“, sagte Hänsel, „damit wir aus dem Hexenwald herauskommen.“ Als sie aber ein paar Stunden gegangen waren, gelangten sie an ein großes Wasser. „Wir können nicht hinüber“, sprach Hänsel, „ich seh' keinen Steg und keine Brücke.“ „Hier fährt auch kein Schiffchen“, antwortete Gretel, „aber da schwimmt eine weiße Ente, wenn ich die bitte, so hilft sie uns hinüber.“ Da rief sie

„Entchen, Entchen,
da steht Gretel und Hänsel.
Kein Steg und keine Brücke,
nimm uns auf deinen weißen Rücken.“

Das Entchen kam auch heran, und Hänsel setzte sich auf und bat sein Schwesterchen, sich zu ihm zu setzen. „Nein“, antwortete Gretel, „es wird dem Entchen zu schwer, es soll uns nacheinander hinüberbringen.“ Das tat das gute Tierchen, und als sie glücklich drüben waren und ein Weilchen fortgingen, da kam ihnen der Wald immer bekannter und immer bekannter vor, und endlich erblickten sie von weitem ihres Vaters Haus. Da fingen sie an zu laufen, stürzten in die Stube hinein und fielen ihrem Vater um den Hals. Der Mann hatte keine frohe Stunde gehabt, seitdem er die Kinder im Walde gelassen hatte, die Frau aber war gestorben. Gretel schüttete sein Schürzchen aus, daß die Perlen und Edelsteine in der Stube herumsprangen, und Hänsel warf eine Handvoll nach der anderen aus seiner Tasche dazu. Da hatten alle Sorgen ein Ende, und sie lebten in lauter Freude zusammen. Mein Märchen ist aus, dort läuft eine Maus, wer sie fängt, darf sich eine große, große Pelzkappe daraus machen.

Ralph Waldo Emerson

Selbstvertrauen

Vertraue dir selbst: Jedes Herz vibriert mit dieser eisernen Saite. Nimm die Stelle ein, die die göttliche Vorsehung für dich gefunden hat; die Gesellschaft deiner Zeitgenossen, die Verknüpfung von Ereignissen. Große Menschen haben dies immer getan und sich wie Kinder dem Genius ihres Zeitalters anvertraut und damit ihre Wahrnehmung dessen bewiesen, daß das absolut Vertrauenswürdige in ihrem Herzen wohnte, durch ihre Hände wirkte, in ihrem ganzen Wesen vorherrschend war. Und wir sind jetzt Menschen und müssen in dem höchsten Geiste dieselbe transzendente Bestimmung annehmen; und nicht als Minderjährige und Invalide in der geschützten Ecke sitzen, nicht Feiglinge sein, die vor einer Revolution fliehen, sondern Führer, Erlöser und Wohltäter, die dem Allmächtigen Bestreben gehorchen und gegen Chaos und Finsternis voranschreiten.

Welch schöne Orakel gibt uns die Natur zu diesem Text im Antlitz und Gebaren von Kindern, Säuglingen und auch der Tiere. Jenen geteilten und rebellischen Geist, jenes Mißtrauen gegen eine Empfindung, da unsere Arithmetik die Stärke und die Mittel errechnet hat, die unserer Absicht entgegenstehen, haben diese nicht. Ihr Geist ist noch ein Ganzes, ihr Auge ist noch nicht bezwungen, und wenn wir in ihre Gesichter blicken, sind wir verlegen. Die Kindheit paßt sich niemandem an: alle passen sich ihr an, so daß auf einen Säugling gewöhnlich vier oder fünf Erwachsene kommen, die mit ihm plappern und spielen. So hat Gott die Jugend, die Pubertät, die Mannheit mit ihrer eigenen Würze und einem Zauber ausgestattet und sie beneidenswert und anmutig gemacht, so daß ihre Ansprüche nicht beiseite geschoben werden, wenn sie fest zu sich selbst stehen.

Glaube nicht, der junge Mann habe keine Gewalt, weil er nicht zu dir oder mir sprechen kann. Horcht! Im Nebenzimmer ist seine Stimme ausreichend klar und ausdrucksvoll. Es scheint, als wisse er, wie er zu seinen Zeitgenossen sprechen muß. Schüchtern oder beherzt, er wird wissen, wie er uns Ältere sehr unnötig macht.

ARTHUR SCHOPENHAUER

Über Tapferkeit und Mut

Die ... TAPFERKEIT, oder genauer der ihr zum Grunde liegende MUT (denn Tapferkeit ist nur der Mut im Kriege), verdient noch eine nähere Untersuchung. Die Alten zählten den Mut den Tugenden, die Feigheit den Lastern bei: dem christlichen Sinne, der auf Wohlwollen und Dulden gerichtet ist und dessen Lehre alle Feindseligkeit, eigentlich sogar den Widerstand, verbietet, entspricht dies nicht; daher es bei den Neuern weggefallen ist. Dennoch müssen wir zugeben, daß Feigheit uns mit einem edlen Charakter nicht wohl verträglich scheint; schon wegen der übergroßen Besorglichkeit um die eigene Person, welche sich darin verrät. Der Mut nun aber läßt sich auch darauf zurückführen, daß man den im gegenwärtigen Augenblicke drohenden Übeln willig entgegengeht, um dadurch größeren, in der Zukunft liegenden, vorzubeugen; während die Feigheit es umgekehrt hält. Nun ist jenes erstere der Charakter der GEDULD, als welche eben in dem deutlichen Bewußtsein besteht, daß es noch größere Übel als die eben gegenwärtigen gibt und man durch heftiges Fliehen oder Abwehren dieser jene herbeiziehn könnte. Demnach wäre denn der Mut eine Art GEDULD, und weil eben diese es ist, die uns zu Entbehrungen und Selbstüberwindungen jeder Art befähigt; so ist, mittelst ihrer, auch der Mut wenigstens der Tugend verwandt.

Doch läßt er vielleicht noch eine höhere Betrachtungsweise zu. Man könnte nämlich alle Todesfurcht zurückführen auf einen Mangel an derjenigen natürlichen, daher auch bloß gefühlten Metaphysik, vermöge welcher der Mensch die Gewißheit in sich trägt, daß er in allen, ja in allem, ebensowohl existiert wie in seiner eigenen Person, deren Tod ihm daher wenig anhaben kann. Eben aus dieser Gewißheit hingegen entspränge demnach der heroische Mut, folglich ... aus derselben Quelle mit den Tugenden der Gerechtigkeit und der Menschenliebe. Dies heißt nun freilich, die Sache gar weit oben anfassen: jedoch ist außerdem nicht wohl zu erklären, weshalb Feigheit verächtlich, persönlicher Mut hingegen edel und erhaben erscheint; da von keinem niedrigeren Standpunkt aus sich absehn läßt, weshalb ein endliches Individuum, welches sich selber alles, ja, sich selber die Grundbedingung zum Dasein der übrigen Welt ist, nicht der Erhaltung dieses Selbst alles andere nachsetzen sollte. Daher wird eine ganz immanente, also rein empirische Erklärung, indem sie nur auf der Nützlichkeit des Mutes fußen könnte, wohl nicht ausreichen. Hieraus mag es entsprungen sein, daß CALDERON einmal eine skeptische, aber beachtenswerte, Ansicht über den Mut ausspricht, ja, eigentlich die Realität desselben leugnet; und zwar tut er dies aus dem Munde eines alten, weisen Ministers, seinem jungen Könige gegenüber:

> „Denn obwohl die natürliche Furcht in allen auf gleiche Weise wirksam ist; so ist man dadurch, daß man sie nicht sehn läßt, tapfer, und dieses eben macht die Tapferkeit aus."
>
> *(Die Tochter der Luft)*

Hinsichtlich der oben berührten Verschiedenheiten zwischen der Geltung des Mutes als Tugend bei den Alten und bei den Neuern, ist jedoch in Erwägung zu ziehn, daß die Alten unter Tugend, *virtus*, jede Trefflichkeit, jede an sich selbst lobenswerte Eigenschaft verstanden, sie mochte moralisch, oder intellektuell, ja, allenfalls bloß körperlich sein. Nachdem aber das Christentum die Grundtendenz des Lebens als eine moralische nachgewiesen hatte, wurden unter dem Begriff der Tugend nur noch die moralischen Vorzüge gedacht. Inzwischen findet man den früheren Sprachgebrauch noch bei den älteren Latinisten, wie auch im Italienischen, wo ihn zudem der bekannte Sinn des Wortes *virtuoso* bezeugt.

HEINRICH MANN

Mut

Ministerpräsident Hodža hat den Preis des Mutes erobert. Nach seiner Rede wurde in Frankreich gesagt: das tschechische Volk ist das tapferste Europas.

Den Eindruck machen eine Nation und ein Minister heute einfach damit, daß sie niemandem erlauben, sie mit der Peitsche des Tierbändigers zu behandeln. Wer einfach sagt: hier ist keine Menagerie, und werden wir angegriffen, dann wehren wir uns, – der hat Mut.

Soweit ist es gekommen. Früher war es selbstverständlich, daß jeder sich verteidigte. Darauf wird kaum mehr gerechnet. Sondern der Angreifer gilt für so fürchterlich, daß seine Drohungen genügen. Zum Angriff kommt es nicht erst; man bricht vorher in die Knie.

Der Angreifer ist bankrott. Der Angreifer hat sein eigenes Land soweit er konnte zu Grunde gerichtet. Sein Volk ist unfrei, es hungert, es glaubt an die Führung des Staates nicht; und käme der Krieg, dann zweifelt das Volk wenig daran, daß seine Unterdrücker ihn verlieren würden. Es ist eine Frage des Temperaments, ob dies den Unterdrückten unerwünscht wäre.

Gleichviel, in einer mutlosen Welt gilt der Angreifer für fürchterlich. Diese mutlose Welt legt alles zu seinen Gunsten aus. Diplomatische Erfolge, die aber gar keine sind. Internationale Gewalthandlungen, die nach Krieg aussehen möchten, aber man hütet sich, den Krieg zu erklären; nur Bomben fallen zu lassen auf Wehrlose, das wagt man. Aber es genügt, damit die Welt vor Schrecken erstarrt.

Dieselbe Welt schreit vor Schrecken Heil und Sieg, wenn einer seine eigene Armee säubern, unterwerfen, gleichschalten muß, und das nach fünf Jahren uneingeschränkter Herrschaft. Sie war durchaus nicht uneingeschränkt, wie man sieht. Der Gewalthaber hat weder das Volk noch hat er das Heer. Die Welt erschrickt, sie findet ihn immer fürchterlicher, je öfter er seine Schwäche verrät.

Das alles, weil er große Worte macht. Weil er vor seinen bezahlten

Statisten drei Stunden lang brüllt – gegen fremde Regierungen, die er nicht dulden wird, gegen Völker, die er in die Tasche stecken wird. Schön. Er duldet nicht. Er wischt weg und steckt ein. Aber tut er es wirklich? Er droht. Darauf allgemeine Erweichung der Knie, Minister fliegen. Um Verhandlungen wird gebettelt.

Man hat Angst, was begreiflich ist. Eine Welt ohne Angst hat es niemals gegeben, das Leben ist eine Angstpartie, besonders die Politik. Immer hat einer den anderen gefürchtet. Wer etwas zu verteidigen hatte, beging Fehler über Fehler aus bloßer Furcht: daraus erklärt sich das traurige Ende des großen Kaisers Napoleon.

Dieser hatte wirklich die Welt erobert, was man nicht von jedem sagen kann. Trotzdem hatte vor ihm die Welt nicht entfernt die Furcht wie heute vor dem, der nichts, aber gar nichts erobert hat. Da der menschliche Mut ein Produkt der menschlichen Angst ist, fand damals Europa den Mut, sich gegen Napoleon zu wehren, und besiegte endlich den, der alle geängstigt hatte, bis er selbst vor Furcht den Kopf verlor.

Es darf erwartet werden, daß auch diesmal die Welt nach ihrem Anfall von Angst einen ebenso starken Anfall von Mut bekommt. Nur Geduld. Man weiß schon längst: der Angreifer hat mehr zu fürchten als alle anderen. Er droht, weil er muß. Er verbreitet Furcht und Schrecken, je besser er selbst mit der Furcht und dem Schrecken bekannt ist. Sein schwerster Albdruck ist, daß jemand mobilisieren und wirklich kämpfen könnte – gleichgültig, ob ein großes oder ein kleines Heer. Das österreichische wär' ihm schon zuviel.

*

Was hilft es. Das kleine Heer ist nicht einmal mobilisiert worden. Die wenigen Truppen wurden von der Grenze in das Innere zurückgezogen, damit es nicht zum Vergießen deutschen Blutes käme. Welches deutschen Blutes? Das Blut des kleinen Volkes, das sich überfallen ließ, wird reichlich fließen. Nur der Angreifer steht, seiner Taten froh, im Lande und nennt seinen Überfall, wie er die ganze Pest, die er verbreitet, immer und überall nennen wird: eine deutsche Revolution.

Wie viele Länder, klein und groß, wollen den Angreifer, der sehr wohl die Angst kennt und nur die Scham nicht, über sich kommen lassen? Zehn kriegsstarke Regimenter, die wirklich schießen, hätten ein giftiges, aber feiges Reptil in sein Loch zurückgejagt.

Fabian von Schlabrendorff

Das Attentat vom 13. März 1943

... Es muß hier festgehalten werden, daß das Attentat in politischen Gründen seine Rechtfertigung nur dann findet, wenn außergewöhnliche Umstände es erfordern. Im Zweifel muß an der ethischen Unerlaubtheit des Attentats festgehalten werden. Ähnliches gilt von dem Grundsatz des militärischen Gehorsams. Im Regelfall ist Gehorsam zu fordern und zu leisten. Es gibt aber Fälle, in denen Ungehorsam geboten ist. Das ist gerade in Preußen innerhalb des Heeres rechtlich und tatsächlich unbestritten gewesen. Der sogenannte blinde Gehorsam ist hitlerischen Ursprungs. Seine ethische und militärische Unhaltbarkeit ist ohne Zweifel. Wer Herr ist, wird und muß sich einen letzten Vorbehalt ausbedingen, der ihn selbst entscheiden läßt, ob Gehorsam oder Ungehorsam Pflicht ist.

Es lag auf der Hand, daß die Tötung Adolf Hitlers nur die Initialzündung für den geplanten Staatsstreich sein konnte. Der zweite Schritt mußte die Inbesitznahme der wichtigsten Punkte der Reichshauptstadt Berlin durch militärische Kräfte sein. Durch unmittelbar anschließenden Einsatz von ausgesuchten Persönlichkeiten an allen Schlüsselpunkten der Regierung und Verwaltung sollten vollendete Fakten geschaffen werden, um ein Gespräch mit den Weltmächten zu ermöglichen. Es kam ja nicht nur darauf an, im Regierungszentrum des Deutschen Reiches das alte System zu stürzen, sondern es galt, ein neues System zu konstituieren. Die Initialzündung hatte nur Sinn, wenn es möglich erschien, den zweiten Schritt unmittelbar dem ersten folgen zu lassen. Unter den um die Jahreswende 1942/43 obwaltenden Verhältnissen war die Ingangsetzung der Initialzündung Aufgabe des Feldheeres. Wie schon hervorgehoben, liefen in den Händen von Hans Oster alle Fäden zusammen. Er trug dem Haupt der Bewegung, Generaloberst Beck, die wichtigen Fragen vor und empfing von ihm die Entscheidung. Seine Aufgabe war es, mit General Olbricht, dem Chef des Allgemeinen Heeresamtes beim Befehlshaber des Ersatzheeres, alle Schritte vorzubereiten, um die Inbesitznahme von Berlin zu gewährleisten.

Olbricht und Oster sind die beiden Männer, die während des Krieges die ersten Pläne zur Ergreifung der Macht innerhalb des Reiches mit Ernst und Nachdruck erwogen und gefaßt haben. Sie suchten nach dem Mann innerhalb des Feldheeres, der in der Lage war, die Initialzündung in Gang zu setzen, um ihnen dadurch das Zeichen für die Ausführung ihrer Pläne zu geben. Dieser Mann hatte sich in Henning von Tresckow gefunden. Mit ihm erhielt die bisherige Arbeit erst ihre Zuspitzung und Schärfe. Anders ausgedrückt: Aus mehr oder weniger verbindlichen Teegesprächen waren Pläne entstanden, die den Charakter blutigen Ernstes trugen. Oster und Tresckow haben sich niemals gesehen oder gesprochen. Es gehörte zu meinen Obliegenheiten, die Verbindung zwischen beiden herzustellen und dafür zu sorgen, daß diese Verbindung nicht abriß. Nur wer selbst während des Krieges in Deutschland gelebt hat, weiß, welche Vorsichtsmaßnahmen angesichts der Tätigkeit der Gestapo zu beobachten waren, um eine vorherige Aufdeckung der Staatsstreichpläne zu verhüten. ...

Bei der letzten Besprechung zwischen Olbricht und Tresckow Ende 1942 bat sich Olbricht noch 8 Wochen aus, um in Zusammenarbeit mit Oster den Plan zur Inbesitznahme von Berlin, Köln, München und Wien vorzubereiten. Nach Ablauf dieser Zeit hatte ich im Auftrag Tresckows noch einmal eine Besprechung mit Olbricht, in der er das denkwürdige Wort prägte: „Wir sind fertig. Die Initialzündung kann in Gang gesetzt werden." Um über alle Einzelheiten Klarheit zu schaffen und um den Ablauf der Ereignisse möglichst reibungslos zu gestalten, war noch einmal eine Besprechung zwischen uns im Osten und unseren Verbündeten in Berlin notwendig. Diesmal fand die Besprechung nicht wie sonst immer in Berlin, sondern in Rußland, in Smolensk, im Hauptquartier der Heeresgruppe Mitte statt. Zu diesem Zweck organisierte Admiral Canaris einen Dienstflug von Berlin nach Rußland. Er kam mit vielen Herren seiner Umgebung zu uns und hatte, damit der eigentliche Grund nach außen nicht auffiel, eine Zusammenkunft der Nachrichtenoffiziere anberaumt. Die wirklich entscheidende Besprechung aber fand fern von allem Getriebe in einem kleinen anspruchslosen Raum statt, der normalerweise dem Kriegstagebuchführer als Dienstzimmer diente. Hier fanden sich General von Tresckow und Reichsgerichtsrat von Dohnanyi zu später Stunde zusammen. Tresckow unterrichtete Dohnanyi von unserer Absicht, in aller Kürze etwas Entscheidendes zu unternehmen, vergewisserte sich über die Vorbereitungen in Berlin und besprach dann den Weg und die Mittel, deren wir uns zur gegenseitigen Verständigung zu bedienen hatten. Wir legten einen Code fest, der nur den unmittelbar Beteiligten verständlich war. Dann trennten wir uns. Der Abend endete mit einem Umtrunk im größeren Kreise. Hierbei erzählte Admiral Canaris, er müsse am folgenden Tage ins Hauptquartier fliegen, weil er etwas mit Himmler zu besprechen habe. Wie so häufig, handelte es sich auch diesmal um Persönlichkeiten, die der Gestapo ins Garn gegangen waren und die Canaris unter einem Abwehrvorwand von Himmler frei erbitten wollte. Nur der Eingeweihte weiß, wieviel Menschen Canaris durch seine geschickte Unterhaltungsführung auf diese Weise den Fängen der Gestapo entrissen hat. Als Canaris von seiner Absicht, mit Himmler zu sprechen, erzählte, erklärten ihm die Offiziere seiner Umgebung, dann würden sie ihm nicht mehr die Hand geben können. Wer mit einem solchen „Schweinehund" wie Himmler einen Händedruck getauscht habe, dessen Hände könne man nicht wieder berühren, ohne sich selbst zu beschmutzen. Canaris nahm diese Äußerung schmunzelnd zur Kenntnis, freute er sich doch insgeheim über die klare und ehrenhafte Gesinnung seiner Mitarbeiter. Aber er ließ sich in seinem Vorhaben, Himmler zu sprechen, nicht irremachen.

...

In der Zwischenzeit war Tresckow nicht untätig geblieben. Auf der einen Seite hatte er seine Bemühungen verdoppelt, seinen Oberbefehlshaber, Generalfeldmarschall von Kluge, für den Gedanken der

Beseitigung Adolf Hitlers reif zu machen. Kluge als Oberbefehlshaber einer Heeresgruppe sollte sich – so war der Grundgedanke – von Anfang an auf die Seite des Staatsstreiches stellen. Dadurch hätte er auf alle schwankenden Befehlshaber an der Front und auf das Ersatzheer einen gewaltigen Druck ausgeübt. Gleichzeitig sollte er mit der immer wieder vom Generalstab geforderten, aber von Hitler verweigerten Rücknahme der Ostfront in eine kürzere und darum besser zu verteidigende rückwärtige Stellung beginnen, ein Unternehmen, dem sich alle anderen Heeresgruppen zwangsläufig hätten anschließen müssen.

Außerdem war Tesckow bemüht, auch die sachliche Voraussetzung für die von ihm geplante Initialzündung zu schaffen. Diese sachliche Voraussetzung bestand in folgendem: Hitler mußte veranlaßt werden, sein Hauptquartier in Ostpreußen zu verlassen und den Stab der Heeresgruppe Mitte zu besuchen, der damals in einem Waldlager unmittelbar westlich Smolensk untergebracht war. Tresckow wollte Hitler auf ein ihm fremdes und uns vertrautes Parkett bringen, um vor allem dadurch die Atmosphäre zu schaffen, die der Initialzündung günstig war. Bei seinen Bemühungen kam Tresckow seine langjährige Bekanntschaft mit dem Chefadjutanten Hitlers, General Schmundt, zustatten. Schmundt war ein überzeugter Anhänger Hitlers. Aber er war nicht klug genug, um zu durchschauen, daß Tresckows Bitte, er möge Hitler veranlassen, Kluge in seinem Hauptquartier zu besuchen, nur ein militärischer Vorwand war, um eine politische Tat allergrößter Tragweite in Gang zu setzen. So kam es, daß Hitler für die ersten Tage des Monats März 1943 Generalfeldmarschall von Kluge seinen Besuch in Smolensk in Aussicht stellte. Vorerst blieb es bei der Ankündigung.

Hitler machte es wie so oft in solchen Fällen. Er kündigte seinen Besuch an, um ihn kurz vor dem verabredeten Zeitpunkt wieder abzusagen. So war es mehrere Male hin- und hergegangen, bis Hitler am 13. März 1943 mit dem Flugzeug in Smolensk eintraf. Wäre Kluge damals bereit gewesen, seiner richtigen Erkenntnis folgend zu handeln, so wäre im März 1943 der Tyrann beseitigt worden. Im Einverständnis mit Kluge wäre die Beseitigung Hitlers nicht allzuschwierig gewesen. Hatte doch die Heeresgruppe ein Kavallerieregiment aufgestellt, dessen Kommandeur, Freiherr von Boeselager, zu den unseren zählte. Das Offizierskorps war entsprechend ausgewählt, so daß Boeselager, der militärische Umsicht mit tollkühnem Draufgängertum in sich vereinigte, hätte handeln können. Aber Kluge hatte wohl die Erkenntnis, nicht aber den Willen. Mit einem Wort: er schwankte. Immer wieder wandte er ein, weder die Welt, noch das deutsche Volk, noch der deutsche Soldat würden in diesem Zeitpunkt eine solche Tat verstehen. Man müsse warten, bis die Ereignisse die Beseitigung Hitlers von selbst nahelegten. Es war also nicht möglich, von Anfang an den Befehlsapparat der Heeresgruppe für das geplante Attentat einzusetzen.

Deshalb entschloß sich Tresckow, nicht mehr zu fackeln, sondern selbst Hand anzulegen. Wir hofften, daß nach vollzogenem Attentat Kluge sich nicht mehr weigern, sondern – vor vollendete Tatsachen gestellt – seiner im Grunde richtigen Erkenntnis Folge geben werde. Um ihm und dem gesamten militärischen Befehlsstab ihr Handeln zu erleichtern, faßte Tresckow folgenden Plan: Er wollte Hitler nicht erschießen, sondern ihn mittels einer in sein Flugzeug geschmuggelten Bombe während des Fluges beseitigen, um dadurch das Odium des Attentats zu vermeiden und ein Flugzeugunglück vorzutäuschen. Zu diesem Zwecke hatte sich Tresckow schon seit Monaten die notwendigen Materialien durch Gersdorff beschafft. Dieser konnte infolge seiner Dienststellung Sprengstoff beschaffen, ohne dadurch Aufsehen zu erregen. Gersdorff war zu dem damaligen Zeitpunkt noch nicht in die Staatsstreichpläne eingeweiht. Aber seine Persönlichkeit war so integer, daß wir alle Bedenken ausschalteten.

Bei der Auswahl des Sprengstoffes erkannten wir bald, daß deutscher Sprengstoff ungeeignet war. Dieser konnte nur mittels einer Zündschnur in Gang gesetzt werden. Hierdurch entstand ein leises Zischen, das unter Umständen einem aufmerksamen Beobachter auffallen und die vorherige Entdeckung der Tat ermöglichen konnte. Wir wählten deshalb englischen Sprengstoff und englische Zünder. Beides wurde damals vielfach von englischen Flugzeugen über deutschem Gebiet abgeworfen. Hierbei war die Absicht vorherrschend, durch englische Agenten Sabotageakte durchführen zu lassen. Natürlich geriet ein großer Teil dieses Sprengmaterials nicht in die Hand von Agenten, sondern wurde von den zuständigen Stellen des Heeres gesammelt. Dieser englische Sprengstoff hatte zwei große Vorteile. Er war von geringem Umfang, aber von großer Wirkung. Er war nicht größer als ein dickes Buch und war imstande, alles, was innerhalb eines mäßig großen Zimmers war, zu zerreißen. Außerdem besaßen die Zünder eine besondere kunstvoll eingerichtete Konstruktion. Bei den Zündern waren drei verschiedene Arten zu unterscheiden. Die einen wirkten nach einigen Minuten, die anderen nach einem längeren Zeitraum und wiederum andere nach zwei Stunden. Man war also in der Lage, denjenigen Zünder zu wählen, der einem nach dem mutmaßlich notwendigen Zeitraum geeignet erschien. Schließlich entfiel während der Zeitdauer der Zündung jedes Geräusch. Durch einfachen Druck auf den Kopf des Zünders wurde eine kleine Flasche zerbrochen. Dieser Flasche entströmte eine ätzende Flüssigkeit. Sie zerfraß einen Draht, der eine Feder und den Schlagbolzen hielt. Nach der Zersetzung des Drahtes schnellte der Schlagbolzen nach vorn und entzündete das Zündhütchen. Dieses wiederum entzündete die Sprengladung.

Tresckow und ich hielten es für unsere erste Aufgabe, uns mit der Handhabung des Sprengmittels so vertraut zu machen, daß jeder Griff saß und im Schlaf gelingen mußte. Wir machten viele Versuche, die, von wenigen Ausnahmen abgesehen, gelangen. Die Wirkung war erstaunlich. Wir haben sowohl Versuche im Freien wie im geschlossenen Raum unternommen. Die Hauptschwierigkeit bestand darin, bei den mißlungenen Sprengversuchen hinter die Ursache des Versagens zu kommen, da wir beide nicht über pioniertechnische Vorkenntnisse verfügten. Auch das gelang. Soweit die Sprengungen nicht geglückt waren, handelte es sich ausschließlich um Sprengungen im Freien. Das Mißlingen der Sprengungen bestand nicht in einem Unterbleiben der Explosion überhaupt, sondern in einer uns zunächst unerklärlichen Verzögerung der Sprengzeit. Durch unverfängliche Rücksprachen mit Pionieren konnten wir feststellen, daß hierfür die russische Kälte verantwortlich war. Bei hohen Kältetemperaturen wurde der Draht innerhalb der Zündung durch die ätzende Flüssigkeit später als zu dem vorgesehenen Zeitpunkt zerfressen.

Nachdem wir unsere Versuche mit Erfolg abgeschlossen hatten, betrieben wir nun die unmittelbaren Vorbereitungen selbst. Hierfür hatte Tresckow folgenden Plan: Wir nahmen, um der Wirkung ganz sicher zu sein, nicht einen, sondern zwei Sprengkörper, machten aus ihnen ein Paket, das seiner Form nach zwei angeblichen Cognacflaschen glich. Dabei mußten wir das Paket so anfertigen, daß es möglich war, ohne die Verpackung zu zerstören, mit der Hand den Zünder zu bedienen. Das so vorbereitete Paket nahm ich am 13. März 1943 zu mir und verschloß es in einer nur mir zugänglichen Kiste. Währenddessen fuhren Kluge und Tresckow zum Flugplatz Smolensk und holten Hitler ab.

Hitler erschien wie immer mit einem unwahrscheinlich großen Gefolge. In seiner Begleitung befanden sich sein Arzt und sein Koch. Die Besprechung mit Hitler fand im Zimmer des Generalfeldmarschalls von Kluge statt. Außer Tresckow waren die Armeeführer der Heeresgruppe Mitte anwesend. Es wäre ein Leichtes gewesen, die vorbereitete Bombe in das Besprechungszimmer hineinzubringen. Aber mit einem Attentat an dieser Stelle hätten wir nicht nur Hitler, sondern auch den Feldmarschall von Kluge und die Armeeführer ums Leben gebracht. Dadurch wäre der gesamte uns zur Verfügung stehende militärische Befehlsapparat ausgefallen. Wir hätten also uns selber um den Erfolg betrogen. Nach der Besprechung fand im Kasino des Oberkommandos der Heeresgruppe Mitte ein Essen statt. Für diese Zusammenkunft galt die gleiche Erwägung wie für die vorhergehende Besprechung bei Kluge. Auch hier hätte die Sprengbombe nicht nur Hitler, sondern auch viele Persönlichkeiten beseitigt, die wir dringend benötigten, um den Staatsstreich gelingen zu lassen.

Hitler nahm ein gesondertes Essen zu sich, das ihm von seinem mitgebrachten Koch zubereitet wurde und das vor seinen Augen von seinem Arzt, Professor Morell, abgeschmeckt werden mußte. Der Vorgang mutete an, als ob man einen orientalischen Despoten der Vorzeit vor sich gehabt hätte. Hitler essen zu sehen, war ein höchst widerwärtiger Anblick. Die linke Hand stützte er auf den Oberschenkel, während er mit der rechten Hand sein aus vielerlei Gemüsesorten bestehendes Essen in sich hineinlöffelte. Dabei führte er nicht etwa den rechten Arm zum Munde, sondern ließ ihn während des ganzen Essens auf dem Tisch liegen und neigte statt dessen seinen Mund zum Essen. Zwischendurch trank er verschiedene vor seinem Teller aufgestellte nichtalkoholische Flüssigkeiten. Auf Befehl Hitlers hatte das Rauchen nach dem Essen zu unterbleiben.

Während des Essens sprach Tresckow einen der Begleiter Hitlers an und fragte ihn, ob er bereit sei, ein kleines, aus zwei Flaschen Cognac bestehendes Paketchen, das an General Stieff im Oberkommando des Heeres adressiert sei, auf dem Rückwege zum Hauptquartier mitzunehmen. Der Begleiter Hitlers bejahte. Am frühen Vormittag rief ich verabredungsgemäß den mir von Oster bestimmten Mitarbeiter, Hauptmann Gehre, in Berlin an und gab ihm das Stichwort, das die unmittelbar bevorstehende Initialzündung enthielt. Dieser Weg war vereinbart worden. Er lief über Gehre zu Dohnanyi und von diesem zu Oster. Beider Aufgabe war es, die für den zweiten Schritt unmittelbar notwendigen Vorbereitungen zu treffen.

Nach dem Mittagessen in Smolensk begab sich Hitler, von Kluge und Tresckow begleitet, zum Flugplatz zurück. Etwa zur gleichen Zeit nahm ich die Sprengbombe und brachte sie ebenfalls zum Flugplatz. Hier wartete ich, bis Hitler die Offiziere der Heeresgruppe Mitte verabschiedet hatte und im Begriff war, sein Flugzeug zu besteigen. In diesem Augenblick betätigte ich die Zündung und gab das Paket auf einen Wink Tresckows an Oberst Brandt. Auch dieser stieg in das gleiche Flugzeug wie Hitler. Kurz darauf starteten das Flugzeug Hitlers und das Flugzeug seiner weiteren Umgebung in Begleitung mehrerer Jäger in Richtung Ostpreußen. Wir fuhren in unser Quartier zurück. Von dort rief ich erneut Gehre in Berlin an und gab ihm das weitere Stichwort, das Dohnanyi und Oster über die Ingangsetzung der Initialzündung in Kenntnis setzte.

Es war uns bekannt, daß das Flugzeug Hitlers eine besondere Sicherung besaß. Es bestand aus mehreren abgeschlossenen Kabinen. Der Platz Hitlers war gepanzert und besaß eine Vorrichtung, mit deren Hilfe ein unmittelbarer Fallschirmabsprung möglich war. Nach unserer Auffassung mußte die Sprengladung genügen, um das ganze Flugzeug zu zerreißen. Sollte das wider Erwarten nicht geschehen, so mußte auf jeden Fall ein so wesentliches Stück des Flugzeuges durch Explosion herausgerissen werden, daß es abstürzte.

Nach den Zeitberechnungen erwarteten wir den Absturz des Flugzeuges, kurz bevor es Minsk erreichen würde, und wir nahmen an, daß einer der Begleitjäger den Absturz seiner Luftwaffendienststelle melden würde. Statt dessen geschah nichts.

Nach mehr als zwei Stunden traf die Nachricht ein, Hitler sei auf dem Flugplatz Rastenburg glatt gelandet und habe sein Hauptquartier erreicht. Damit stand fest, daß das geplante Attentat mißglückt war.

Wir wußten nicht, worauf dieses Mißlingen zurückzuführen war. Erneut rief ich Gehre an und gab ihm das Stichwort über das Mißlingen des Attentats. Dann berieten Tresckow und ich, was zu tun sei. Wir befanden uns in einer großen Erregung. War es schon schlimm genug, daß das Attentat selbst mißglückt war, so mußte durch die Entdeckung der Bombe unsere Entlarvung die Folge sein.

Nach reiflicher Überlegung entschloß sich Tresckow, Oberst Brandt anzurufen. Er bat ihn, das Paket nicht an General Stieff auszuhändigen, sondern es bis zum nächsten Tag aufzubewahren, da eine Verwechslung unterlaufen sei. Aus der Antwort ersahen wir, daß die als Cognacflasche getarnte Bombe noch nicht entdeckt war. Die Weitergabe an General Stieff mußten wir auch deswegen verhindern, weil dieser damals noch nicht Mitglied des Komplotts war.

Unter einem militärischen Vorwand flog ich am folgenden Tag in dem üblichen Kurierflugzeug zum Hauptquartier, suchte dort Oberst Brandt in der Operationsabteilung auf und tauschte das Paket mit der Sprengbombe gegen ein anderes Paket aus, das nun wirklich zwei Flaschen Cognac für General Stieff enthielt. Ein eigentümliches Gefühl empfand ich, als mir der Begleiter Hitlers, nicht ahnend, was er in der Hand hatte, lächelnd die Bombe überreichte und dabei das Paket so heftig bewegte, daß man hätte fürchten können, die Bombe werde noch nachträglich explodieren, da die Zündung ja in Gang gesetzt war. Mit gespielter Ruhe nahm ich die Bombe an mich und fuhr unmittelbar darauf mit einem Wagen nach dem benachbarten Eisenbahnknotenpunkt Korschen. Von dort fuhr gegen Abend ein Sonderschlafwagenzug des Oberkommandos des Heeres nach Berlin.

In Korschen angekommen, bestieg ich das für mich bestellte Abteil, schloß die Tür hinter mir ab und öffnete mit einer Rasierklinge das Paket. Nachdem ich die Umhüllung entfernt hatte, stellte ich fest, daß der Zustand der beiden Ladungen unverändert war. Sorgfältig entschärfte ich die Bombe und nahm den Zünder heraus. Als ich ihn untersuchte, ergab sich folgendes Bild: Infolge der Betätigung der Zündung war die Flasche mit der ätzenden Flüssigkeit zerbrochen. Die Flüssigkeit hatte den Draht zersetzt. Der Schlagbolzen war nach vorne geschlagen. Aber das Zündhütchen hatte sich nicht entzündet. Enttäuschung und Freude zugleich erfüllte mich. Enttäuschung empfand ich darüber, daß infolge dieses unvorhersehbaren Zufalls das Attentat mißglückt war. Freude empfand ich darüber, daß wir die Entdeckung des Attentats und die sich daraus ergebenden Folgen verhindern konnten. Nach durchfahrener Nacht suchte ich im Laufe des 15. März in Berlin Gehre, Dohnanyi und Oster auf, um ihnen über das Mißlingen des Attentats Bericht zu erstatten. Hierbei nahm ich als Beweisstück den Zünder mit, um an ihm zu demonstrieren, welch unglücklicher Zufall unseren Plan zunichte gemacht hatte. Kein Wort des Vorwurfs entschlüpfte Oster. Mit Ruhe und Gelassenheit nahm er den Bericht entgegen.

Wenige Tage später fand in Berlin unter Anwesenheit Hitlers die sich alljährlich wiederholende Gefallenenehrung statt, die mit einer Ausstellung über die in Rußland vorgefundenen Waffengattungen im Zeughaus verbunden war. Zu ihr war durch Zufall vom Oberkommando der Heeresgruppe Oberst Freiherr von Gersdorff kommandiert worden. Tresckow hatte diese Kommandierung als einen Wink des Schicksals aufgefaßt. Er ließ Gersdorff gegenüber die letzte Maske fallen und gewann ihn dadurch für unsere Sache. In dieser Stunde erbot sich Gersdorff, einen zweiten Attentatsversuch zu unternehmen. Von diesen Vorgängen ließ mich Tresckow durch das von der Heeresgruppe Mitte in Berlin unterhaltene Nachkommando unterrichten. Die Mitteilung erfolgte selbstverständlich in einer für Dritte unverständlichen Codeform. Sie erreichte mich erst am späten Abend. Am frühen Morgen des folgenden Tages suchte ich Gersdorff im Hotel Eden auf und überreichte ihm die Bombe. Große Schwierigkeiten bereitete die Beschaffung eines kurzfristigen Zünders. Gersdorff fand eine Lösung, konnte aber das Sprengmittel nicht zünden, weil Hitler wohl zu der Veranstaltung erschien, sie aber nach einer kurzen Ansprache gleich wieder verließ.

Welch eine Wendung hätte der Krieg und damit das Schicksal der Welt genommen, wenn schon im März 1943 Hitler einem Attentat zum Opfer gefallen wäre! So schmerzlich die Enttäuschung für Nächstbeteiligte war, so hatte sie doch ein Gutes: Olbricht hatte festgestellt, daß seine bisherigen Vorbereitungen in Berlin nicht zureichend waren. Jetzt war Gelegenheit, diese Vorbereitungen zu verbessern und nachzuholen, was versäumt war. Als ich kurz darauf wieder bei Tresckow saß, sah ich keinen Verzagten, sondern einen Mann, der gewillt war, auf dem Wege fortzuschreiten, den er einmal betreten hatte. Er war von der richtigen Erkenntnis erfüllt, daß Schwierigkeiten nur da sind, um überwunden zu werden.

Dietrich Bonhoeffer

Civilcourage?

Was steckt eigentlich hinter der Klage über die mangelnde Civilcourage? Wir haben in diesen Jahren viel Tapferkeit und Aufopferung, aber fast nirgends Civilcourage gefunden, auch bei uns selbst nicht. Es wäre eine zu naive Psychologie, diesen Mangel einfach auf persönliche Feigheit zurückzuführen. Die Hintergründe sind ganz andere. Wir Deutschen haben in einer langen Geschichte die Notwendigkeit und die Kraft des Gehorsams lernen müssen. In der Unterordnung aller persönlichen Wünsche und Gedanken unter den uns gewordenen Auftrag sahen wir Sinn und Größe unseres Lebens. Unsere Blicke waren nach oben gerichtet, nicht in sklavischer Furcht, sondern im freien Vertrauen, das im Auftrag einen Beruf und im Beruf eine Berufung sah. Es ist ein Stück berechtigten Mißtrauens gegen das eigene Herz, aus dem die Bereitwilligkeit entsteht, lieber dem Befehl von „oben“ als dem eigenen Gutdünken zu folgen. Wer wollte dem Deutschen bestreiten, daß er im Gehorsam, im Auftrag, im Beruf immer wieder das Äußerste an Tapferkeit und Lebenseinsatz vollbracht hat? Seine Freiheit aber wahrte der Deutsche darin – und wo ist in der Welt leidenschaftlicher von der Freiheit gesprochen worden als in Deutschland von Luther bis zur Philosophie des Idealismus? –, daß er sich vom Eigenwillen zu befreien suchte im Dienst am Ganzen. Beruf und Freiheit galten ihm als zwei Seiten derselben Sache. Aber er hatte damit die Welt verkannt; er hatte nicht damit gerechnet, daß seine Bereitschaft zur Unterordnung, zum Lebenseinsatz für den Auftrag mißbraucht werden könnte zum Bösen. Geschah dies, wurde die Ausübung des Berufes selbst fragwürdig, dann mußten alle sittlichen Grundbegriffe des Deutschen ins Wanken geraten. Es mußte sich herausstellen, daß eine entscheidende Grunderkenntnis dem Deutschen noch fehlte: die von der Notwendigkeit der freien, verantwortlichen Tat auch gegen Beruf und Auftrag. An ihre Stelle trat einerseits verantwortungslose Skrupellosigkeit, andererseits selbstquälerische Skrupelhaftigkeit, die nie zur Tat führte. Civilcourage aber kann nur aus der freien Verantwortlichkeit des freien Mannes erwachsen. Die Deutschen fangen erst heute an zu entdecken, was freie Verantwortung heißt. Sie beruht auf einem Gott, der das freie Glaubenswagnis verantwortlicher Tat fordert und der dem, der darüber zum Sünder wird, Vergebung und Trost zuspricht.

Viertes Kapitel

Besonnenheit – Gelassenheit – Beharrlichkeit Standhaftigkeit

❖ ❖ ❖

Äsop

Der Hase und die Schildkröte

Was für ein faules, langsames Geschöpf ist diese Schildkröte, sagte ein Hase. Und gleichwohl versetzte die Schildkröte, will ich mit dir um die Wette laufen. Die Wette ward geschlossen, und der Fuchs sollte Richter sein. Sie machten sich zugleich auf, und die Schildkröte kroch immer ihren Weg fort, bis sie das vorgesteckte Ziel erreichte. Der Hase hingegen wollte zeigen, wie sehr er seinen Mitwerber verachte, und hüpfte bald da, bald dort hin, bis er ganz ermüdet war und sich ungefähr auf der Hälfte des Weges unbekümmert niederlegte, um ein wenig auszuschlafen; denn, dachte er, ich kann ja die Schildkröte einholen, sobald als ich will. Allein er verschlief die rechte Zeit; denn als er aufwachte und nun aus allen Kräften zu laufen anfing, war die Schildkröte schon an dem Ziele und hatte die Wette gewonnen.

Lehre: Auf und arbeite! ist ein erbaulicher Zuruf. Denn die Tätigkeit ist die Seele unsers Lebens, und wir dürfen uns nicht versprechen, beizeiten ans Ziel zu kommen, wenn wir uns unter Weges ruhig aufs Ohr legen.

Betrachtung: Diese Fabel zeigt auf der einen Seite an dem Hasen die Torheit der Vermessenheit. Wer hätte glauben sollen, daß eine Schildkröte mit einem Hasen um die Wette laufen und die Wette gewinnen könne? Doch der törichte Hase verließ sich allzusehr auf seine natürlichen Vorzüge, und da er seinen Gegner für so gering ansah, verlor er die Wette durch hüpfenden Mutwillen und allzugroße Sicherheit. Auf der andern Seite wird an dem sich immer gleichen Schritte der Schildkröte, welche zuerst an das Ziel kam, der Nutzen der Geduld, des Fleißes und der Beharrlichkeit gezeigt, welche, aller Ungleichheit und allem Anscheine zum Trotz, bei der Mitbewerbung den Preis gewinnen und den Segen davontragen müssen.

Michel de Montaigne

Von der Standhaftigkeit

Das Gesetz der Entschlossenheit und Standhaftigkeit verbietet nicht, uns nach allem Vermögen gegen die uns drohenden Übel und Gefahren zu sichern; und verbietet folglich auch nicht zu fürchten, daß solche uns überraschen könnten: vielmehr sind nicht nur alle ehrlichen Mittel, sich vor Übeln zu schützen, erlaubt, sondern anzupreisen: und was hauptsächlich an der Standhaftigkeit gerühmt zu werden verdient, ist, daß sie unvermeidliche Übel mit unerschüttertem Mut erträgt. Daher tadeln wir auch keine Art von Behendigkeit des Körpers oder Führung der Waffen in unseren Händen, wenn wir uns dadurch vor einem Streiche sichern können, der uns gefährlich werden könnte.

Verschiedene sehr kriegerische Nationen bedienten sich in ihren Gefechten der Flucht als eines Hauptvorteils und wurden ihren Feinden gefährlicher, wenn sie ihnen den Rücken als wenn sie ihnen das Gesicht zukehrten. Die Türken haben noch etwas davon beibehalten. Und beim Plato spottet Sokrates über den Laches, welcher die Standhaftigkeit darein gesetzt hatte, sich gegen den Feind fest in Reih und Glied zu halten. Wie, sagte er, so wärs also Feigheit, ihn zu schlagen, indem man ihm Platz machte? Und führte ihm den Homer an, welcher an Aeneas die Kunst zu fliehen lobt. Und da Laches sich besinnt und den Skythen diese Gewohnheit einräumt und endlich überhaupt aller Reiterei: so führt er ihm noch das Beispiel des spartanischen Fußvolkes an (diese Nation war vorzüglich dafür berühmt, in keinem Treffen zu weichen), welches, als es in der Schlacht bei Plataeae den persischen Phalanx nicht brechen konnte, darauf verfiel, sich selbst zu öffnen und zurückzuziehen, um durch diese vermeinte Flucht den Feind zu verleiten, seine tiefe Masse zu teilen und sie zu verfolgen: wodurch dann die Lakedaemonier den Sieg errangen.

FRIEDRICH VON LOGAU

Beharren

Der Ofen wärmt die Stube,
tut solches unbereut,
Ob gleich eine alte Mutter
die Hinter-Stirn ihm beut.
Wer recht geht, gehe weiter
und frage nichts darnach,
Ob Hasser oder Spötter
braucht List, Verleumdung, Schmach.

JOHANN PETER HEBEL

Unverhofftes Wiedersehen

In Falun in Schweden küßte vor guten fünfzig Jahren und mehr ein junger Bergmann seine junge, hübsche Braut und sagte zu ihr: „Auf St. Luciä wird unsere Liebe von des Priesters Hand gesegnet. Dann sind wir Mann und Weib und bauen uns ein eigenes Nestlein.“

– „Und Friede und Liebe soll darin wohnen“, sagte die schöne Braut mit holdem Lächeln, „denn du bist mein Einziges und Alles, und ohne dich möchte ich lieber im Grab sein, als an einem andern Ort.“ Als sie aber vor St. Luciä der Pfarrer zum zweiten Male in der Kirche ausgerufen hatte: „So nun jemand Hindernis wüßte anzuzeigen, warum diese Personen nicht möchten ehelich zusammenkommen“, da meldete sich der Tod. Denn als der Jüngling den andern Morgen in seiner schwarzen Bergmannskleidung an ihrem Haus vorbeiging, der Bergmann hat sein Totenkleid immer an, da klopfte er zwar noch einmal an ihrem Fenster und sagte ihr guten Morgen, aber keinen guten Abend mehr. Er kam nimmer aus dem Bergwerk zurück, und sie saumte vergeblich selbigen Morgen ein schwarzes Halstuch mit rotem Rand für ihn zum Hochzeitstag, sondern als er nimmer kam, legte sie es weg und weinte um ihn und vergaß ihn nie. Unterdessen wurde die Stadt Lissabon in Portugal durch ein Erdbeben zerstört, und der Siebenjährige Krieg ging vorüber, und Kaiser Franz der Erste starb, und der Jesuitenorden wurde aufgehoben und Polen geteilt, und die Kaiserin Maria Theresia starb, und der Struensee wurde hingerichtet, Amerika wurde frei, und die vereinigte französische und spanische Macht konnte Gibraltar nicht erobern. Die Türken schlossen den General Stein in der Veteraner Höhle in Ungarn ein, und der Kaiser Joseph starb auch. Der König Gustav von Schweden eroberte russisch Finnland, und die Französische Revolution und der lange Krieg fing an, und der Kaiser Leopold der Zweite ging auch ins Grab. Napoleon eroberte Preußen, und die Engländer bombardierten Kopenhagen, und die Ackerleute säten und schnitten. Der Müller mahlte, und die Schmiede hämmerten, und die Bergleute gruben nach den Metalladern in ihrer unterirdischen Werkstatt. Als aber die Bergleute in Falun im Jahr 1809 etwas vor oder nach Johannis zwischen zwei Schachten eine Öffnung durchgraben wollten, gute dreihundert Ellen tief unter dem Boden, gruben sie aus dem Schutt und Vitriolwasser den Leichnam eines Jünglings heraus, der ganz mit Eisenvitriol durchdrungen, sonst aber unverwest und unverändert war, also daß man seine Gesichtszüge und sein Alter noch völlig erkennen konnte, als wenn er erst vor einer Stunde gestorben oder ein wenig eingeschlafen wäre an der Arbeit. Als man ihn aber zu Tag ausgefördert hatte, Vater und Mutter, Gefreundte und Bekannte waren schon lange tot, kein Mensch wollte den schlafenden Jüngling kennen oder etwas von seinem Unglück wissen, bis die ehemalige Verlobte des Bergmanns kam, der eines Tages auf die Schicht gegangen war und nimmer zurückkehrte. Grau und zusammengeschrumpft kam sie an einer Krücke an den Platz und erkannte ihren Bräutigam; und mehr mit freudigem Entzücken als mit Schmerz sank sie auf die geliebte Leiche nieder, und erst als sie sich von einer langen heftigen Bewegung des Gemüts erholt hatte, „es ist mein Verlobter", sagte sie endlich, „um den ich fünfzig Jahre lang getrauert hatte und den mich Gott noch einmal sehen läßt vor meinem Ende. Acht Tage vor der Hochzeit ist er auf die Grube gegangen und nimmer gekommen." Da wurden die Gemüter aller Umstehenden von Wehmut und Tränen ergriffen, als sie sahen die ehemalige Braut jetzt in der Gestalt des hingewelkten kraftlosen Alters und den Bräutigam noch in seiner jugendlichen Schöne, und wie in ihrer Brust nach fünfzig Jahren die Flamme der jugendlichen Liebe noch einmal erwachte; aber er öffnete den Mund nimmer zum Lächeln oder die Augen zum Wiedererkennen; und wie sie ihn endlich von den Bergleuten in ihr Stüblein tragen ließ, als die einzige, die ihm angehöre und ein Recht an ihn habe, bis sein Grab gerüstet sei auf dem Kirchhof. Den andern Tag, als das Grab gerüstet war auf dem Kirchhof und ihn die Bergleute holten, schloß sie ein Kästlein auf, legte sie ihm das schwarzseidene Halstuch mit roten Streifen um und begleitete ihn in ihrem Sonntagsgewand, als wenn es ihr Hochzeitstag und nicht der Tag seiner Beerdigung wäre. Denn als man ihn auf dem Kirchhof ins Grab legte, sagte sie: „Schlafe nun wohl, noch einen Tag oder zehen im kühlen Hochzeitbett, und laß dir die Zeit nicht lang werden. Ich habe nur noch wenig zu tun und komme bald, und bald wird's wieder Tag. Was die Erde einmal wiedergegeben hat, wird sie zum zweiten Male auch nicht behalten", sagte sie, als sie fortging und noch einmal umschaute.

Arthur Schopenhauer

Über Beschränkung, Besonnenheit und Selbstgenügsamkeit

Alle Beschränkung beglückt. Je enger unser Gesichts-, Wirkungs- und Berührungskreis, desto glücklicher sind wir: je weiter, desto öfter fühlen wir uns gequält, oder geängstigt. Denn mit ihm vermehren und vergrößern sich die Sorgen, Wünsche und Schrecknisse. Darum sind sogar Blinde nicht so unglücklich, wie es uns a *priori* scheinen muß: dies bezeugt die sanfte, fast heitere Ruhe in ihren Gesichtszügen. Auch beruht es zum Teil auf dieser Regel, daß die zweite Hälfte des Lebens trauriger ausfällt, als die erste. Denn im Laufe des Lebens wird der Horizont unsrer Zwecke und Beziehungen immer weiter. In der Kindheit ist er auf die nächste Umgebung und die engsten Verhältnisse beschränkt; im Jünglingsalter reicht er schon bedeutend weiter; im Mannesalter umfaßt er unsern ganzen Lebenslauf, ja, erstreckt sich oft auf die entferntesten Verhältnisse, auf Staaten und Völker; im Greisenalter umfaßt er die Nachkommen. – Jede Beschränkung hingegen, sogar die geistige, ist unserm Glücke förderlich. Denn je weniger Erregung des Willens, desto weniger Leiden: und wir wissen, daß das Leiden das Positive, das Glück bloß negativ ist. Beschränktheit des Wirkungskreises benimmt dem Willen die äußeren Veranlassungen zur Erregung; Beschränktheit des Geistes die innern. Nur hat letztere den Nachteil, daß sie der Langeweile die Türe öffnet, welche mittelbar die Quelle unzähliger Leiden wird, indem man, um nur sie zu bannen, nach allem greift, also Zerstreuung, Gesellschaft, Luxus, Spiel, Trunk u.s.w. versucht, welche jedoch Schaden, Ruin und Unglück jeder Art herbeiziehn. *Difficilis in otio quies.* Wie sehr hingegen die äussere Beschränkung dem menschlichen Glücke, so weit es gehn kann, förderlich, ja, notwendig sei, ist daran ersichtlich, daß die einzige Dichtungsart, welche glückliche Menschen zu schildern unternimmt, das Idyll, sie stets und wesentlich in höchst beschränkter Lage und Umgebung darstellt. Das Gefühl der Sache liegt auch unserm Wohlgefallen an den sogenannten

Genre-Bildern zum Grunde. – Imgleichen wird auch die Einförmigkeit der Lebensweise, so lange sie nicht Langeweile erzeugt, beglücken; weil sie das Leben selbst, folglich auch die ihm wesentliche Last, am wenigsten spüren läßt: es fließt dahin, wie ein Bach, ohne Wellen und Strudel.

...

Um mit vollkommener Besonnenheit zu leben und aus der eigenen Erfahrung alle Belehrung, die sie enthält, herauszuziehn, ist erfordert, daß man oft zurückdenke und was man erlebt, getan, erfahren und dabei empfunden hat rekapituliere, auch sein ehemaliges Urteil mit seinem gegenwärtigen, seinen Vorsatz und Streben mit dem Erfolg und der Befriedigung durch denselben vergleiche. Dies ist die Repetition des Privatissimums, welches jedem die Erfahrung liest. Auch läßt die eigene Erfahrung sich ansehn, als der Text; Nachdenken und Kenntnisse als der Kommentar dazu. Viel Nachdenken und Kenntnisse, bei wenig Erfahrung, gleicht den Ausgaben, deren Seiten zwei Zeilen Text und vierzig Zeilen Kommentar darbieten. Viel Erfahrung, bei wenig Nachdenken und geringen Kenntnissen, gleicht den bipontinischen Ausgaben, ohne Noten, welche vieles unverstanden lassen.

Auf die hier gegebene Anempfehlung zielt auch die Regel des Pythagoras, daß man abends, vor dem Einschlafen, durchmustern solle was man den Tag über getan hat. Wer im Getümmel der Geschäfte, oder Vergnügungen, dahinlebt, ohne je seine Vergangenheit zu ruminieren, vielmehr nur immerfort sein Leben abhaspelt, dem geht die klare Besonnenheit verloren: sein Gemüt wird ein Chaos, und eine gewisse Verworrenheit kommt in seine Gedanken, von welcher alsbald das Abrupte, Fragmentarische, gleichsam Kleingehackte seiner Konversation zeugt. Dies ist um so mehr der Fall, je größer die äußere Unruhe, die Menge der Eindrücke, und je geringer die innere Tätigkeit seines Geistes ist.

Hierher gehört die Bemerkung, daß, nach längerer Zeit und nachdem die Verhältnisse und Umgebungen, welche auf uns einwirkten, vorübergegangen sind, wir nicht vermögen, unsere damals durch sie erregte Stimmung und Empfindung uns zurückzurufen und zu erneuern: wohl aber können wir unserer eigenen, damals von ihnen hervorgerufenen ÄUSSERUNGEN uns erinnern. Diese nun sind das Resultat, der Ausdruck und der Maßstab derselben. Daher sollte das Gedächtnis, oder das Papier, dergleichen, aus denkwürdigen Zeitpunkten, sorgfältig aufbewahren. Hierzu sind Tagebücher sehr nützlich.

...

Ganz ER SELBST SEIN darf jeder nur so lange er allein ist: wer also nicht die Einsamkeit liebt, der liebt auch nicht die Freiheit: denn nur wenn man allein ist, ist man frei: Zwang ist der unzertrennliche Gefährte jeder Gesellschaft. Demgemäß wird jeder in genauer Proportion zum Werte seines eigenen Selbst die Einsamkeit fliehen, ertragen, oder lieben. Denn in ihr fühlt der Jämmerliche seine ganze Jämmerlichkeit, der große Geist seine ganze Größe, kurz, jeder sich als was er ist. Ferner, je höher einer auf der Rangliste der Natur steht, desto einsamer steht er, und zwar wesentlich und unvermeidlich. Dann aber ist es eine Wohltat für ihn, wenn die physische Einsamkeit der geistigen entspricht: widrigenfalls dringt die häufige Umgebung heterogener Wesen störend, ja, feindlich auf ihn ein, raubt ihm sein Selbst und hat nichts als Ersatz dafür zu geben.

Sodann, während die Natur zwischen Menschen die weiteste Verschiedenheit, im Moralischen und Intellektuellen, gesetzt hat, stellt die Gesellschaft, diese für nichts achtend, sie alle gleich, oder vielmehr sie setzt an ihre Stelle die künstlichen Unterschiede und Stufen des Standes und Ranges, welche der Rangliste der Natur sehr oft diametral entgegen laufen. Bei dieser Anordnung stehen sich die, welche die Natur niedrig gestellt hat, sehr gut; die wenigen aber, welche sie hoch stellte, kommen dabei zu kurz; daher diese sich der Gesellschaft zu entziehen pflegen und in jeder, sobald sie zahlreich ist, das Gemeine vorherrscht. Die sogenannte gute Sozietät läßt Vorzüge aller Art gelten, nur nicht die geistigen: diese sind sogar Konterbande. Sie verpflichtet uns, gegen jede Torheit, Narrheit, Verkehrtheit, Stumpfheit, grenzenlose Geduld zu beweisen; persönliche Vorzüge hingegen sollen sich Verzeihung erbetteln, oder sich verbergen.

Demnach hat die Gesellschaft, welche man die gute nennt, nicht nur den Nachteil, daß sie uns Menschen darbietet, die wir nicht loben und lieben können, sondern sie läßt auch nicht zu, daß wir selbst seien, wie es unsrer Natur angemessen ist; vielmehr nötigt sie uns, des Einklanges mit den anderen wegen, einzuschrumpfen, oder gar uns selbst zu verunstalten. Oft müssen wir daher, mit schwerer Selbstverleugnung, 3/4 unsrer selbst aufgeben, um uns den andern zu verähnlichen. Dafür haben wir dann freilich die andern: aber je mehr eigenen Wert einer hat, desto mehr wird er finden, daß hier der Gewinn den Verlust nicht deckt und das Geschäft zu seinem Nachteil ausschlägt. Dazu kommt noch, daß die Gesellschaft, um die echte, d.i. die geistige Überlegenheit, welche sie nicht verträgt und die auch schwer zu finden ist, zu ersetzen, eine falsche, konventionelle, auf willkürlichen Satzungen beruhende und traditionell unter den höhern Ständen sich fortpflanzende, auch, wie die Parole, veränderliche Überlegenheit, beliebig angenommen hat: diese ist, was der gute Ton, *bon ton, fashionableness* genannt wird. Wenn sie jedoch einmal mit der echten in Kollision gerät, zeigt sich ihre Schwäche.

Überhaupt aber kann jeder IM VOLLKOMMENSTEN EINKLANGE nur mit sich selbst stehn; nicht mit seinem Freunde, nicht mit seiner Geliebten: denn die Unterschiede der Individualität und Stimmung führen allemal eine, wenn auch geringe, Dissonanz herbei. Daher ist der wahre, tiefe Friede des Herzens und die vollkommene Gemütsruhe allein in der Einsamkeit zu finden. Ist dann das eigene Selbst groß und reich; so genießt man den glücklichsten Zustand, der auf dieser armen Erde gefunden werden mag. Ja, es sei herausgesagt: so eng auch Freundschaft, Liebe und Ehe Menschen verbinden; GANZ EHRLICH meint jeder es am Ende doch nur mit sich selbst und höchstens noch mit seinem Kinde.

Aus diesem allen nun folgt, daß der am besten daran ist, der nur auf sich selbst gerechnet hat und sich selber alles in allem sein kann. Zudem, je mehr einer an sich selber hat, desto weniger kann er außerhalb finden. Ein gewisses Gefühl von Allgenugsamkeit ist es, welches die Leute von innerm Wert und Reichtum abhält, der Gemeinschaft mit andern die bedeutenden Opfer, welche sie verlangt, zu bringen, geschweige dieselbe, mit merklicher Selbstverleugnung, zu suchen. Das Gegenteil hiervon macht die gewöhnlichen Leute so gesellig und akkommodant: es wird ihnen nämlich leichter, andere zu ertragen, als sich selbst. Hinzu kommt noch, daß das, was wirklichen Wert hat in der Welt, nicht geachtet wird, und was geachtet wird, keinen Wert hat. Hiervon ist die Zurückgezogenheit jedes Würdigen und Ausgezeichneten der Beweis und die Folge. Diesem allen nach wird es in dem, der etwas Rechtes an sich selber hat, echte Lebensweisheit sein, wenn er, erforderlichenfalls, seine Bedürfnisse einschränkt, um nur seine Freiheit zu wahren, oder zu erweitern, und demnach mit seiner Person, da sie unvermeidliche Verhältnisse zur Menschenwelt hat, so kurz wie möglich sich abfindet.

HANS CHRISTIAN ANDERSEN

Der standhafte Zinnsoldat

Es waren einmal fünfundzwanzig Zinnsoldaten, die waren alle Brüder; denn sie waren von einem alten Zinnlöffel geboren worden. Das Gewehr hielten sie im Arm, das Gesicht richteten sie geradeaus; rot und blau, so recht schön war ihre Uniform. Das allererste, was sie in dieser Welt hörten, als der Deckel von der Schachtel, in der sie lagen, genommen wurde, war das Wort: „Zinnsoldaten!" Das rief ein kleiner Knabe und klatschte in die Hände. Er hatte sie bekommen, weil es sein Geburtstag war, und nun stellte er sie auf den Tisch. Ein Soldat glich leibhaftig dem andern, nur ein einziger war ein wenig verschieden; er hatte nur ein Bein, denn er war zuletzt gegossen worden, und da war nicht mehr Zinn genug; doch stand er ebenso fest auf seinem einen wie die andern auf ihren zweien, und gerade er war es, der etwas Besonderes wurde.

Auf dem Tisch, wo sie aufgestellt wurden, stand viel anderes Spielzeug; aber das, was am meisten in die Augen fiel, war ein schönes Schloß aus Papier. Durch die kleinen Fenster konnte man direkt in die Säle hineinsehen. Draußen standen kleine Bäume rings um einen kleinen Spiegel, der einen See vorstellen sollte. Schwäne aus Wachs schwammen auf ihm und spiegelten sich. Es war alles reizend; aber das reizendste war doch eine kleine Jungfrau, die mitten in der offenen Schloßtür stand. Sie war auch aus Papier geschnitten; aber sie hatte einen Rock an aus feinstem Linon und ein kleines, schmales, blaues Band über der Schulter, gerade wie ein Gewand; mitten darin saß eine glänzende Paillette, gerade so groß wie ihr ganzes Gesicht. Die kleine Jungfrau streckte ihre beiden Arme aus, denn sie war eine Tänzerin, und dann hob sie ihr eines Bein so hoch in die Höhe, daß der Zinnsoldat es gar nicht finden konnte und glaubte, sie habe nur ein Bein, ebenso wie er.

Das wäre eine Frau für mich! dachte er; aber sie ist sehr vornehm, sie wohnt in einem Schloß, ich habe nur eine Schachtel, und in der sind wir unser fünfundzwanzig, das ist kein Ort für sie! Doch ich muß schauen, ihre Bekanntschaft zu machen! Und dann legte er sich, so lang er war, hinter eine Schnupftabakdose, die auf dem Tisch stand; dort konnte er so recht die kleine, feine Dame ansehen, die fortfuhr, auf einem Bein zu stehen, ohne aus der Balance zu kommen.

Als es Abend wurde, kamen alle andern Zinnsoldaten in ihre Schachtel, und die Leute im Haus gingen zu Bett. Nun fing das Spielzeug an zu spielen, sowohl ‚auf Besuch kommen', als auch ‚Krieg führen' und ‚Ball geben'. Die Zinnsoldaten rasselten in der Schachtel, denn sie wollten mit dabei sein, aber sie konnten den Deckel nicht aufheben. Der Nußknacker schlug Purzelbäume, und der Griffel machte Jux auf der Tafel; es war so ein Spektakel, daß der Kanarienvogel erwachte und anfing mitzusprechen, und zwar in Versen. Die zwei einzigen, die sich nicht von der Stelle rührten, waren der Zinnsoldat und die kleine Tänzerin; sie hielt sich ganz gerade auf der Zehenspitze und beide Arme ausgestreckt; er war ebenso standhaft auf seinem einen Bein, seine Augen wandte er keinen Augenblick von ihr.

Jetzt schlug es zwölf Uhr, und klatsch, da sprang der Deckel von der Schnupftabakdose; aber es war kein Tabak darin, sondern ein kleiner, schwarzer Troll, das war so ein Kunststück.

„Zinnsoldat!" sagte der Troll, „willst du wohl deine Augen im Zaum halten!"

Aber der Zinnsoldat tat, als ob er nichts hörte.

„Ja, warte nur bis morgen!" sagte der Troll.

Als es nun Morgen wurde, und die Kinder aufstanden, wurde der Zinnsoldat ans Fenster gestellt, und ob es nun der Troll oder der Zugwind war – auf einmal flog das Fenster auf und der Soldat fiel Hals über Kopf aus dem dritten Stock. Es war eine schreckliche Fahrt, er streckte das Bein gerade in die Luft und blieb auf der Mütze stehen, mit dem Bajonett unten zwischen den Pflastersteinen.

Das Dienstmädchen und der kleine Knabe kamen sofort herunter, um zu suchen; aber obschon sie nahe daran waren auf ihn zu treten, konnten sie ihn doch nicht sehen. Hätte der Zinnsoldat gerufen: „Hier bin ich!", so würden sie ihn wohl gefunden haben, aber er fand es nicht passend, laut zu schreien, weil er in Uniform war.

Nun begann es zu regnen, ein Tropfen fiel schneller als der andere, es wurde ein richtiger Platzregen. Als er vorüber war, kamen zwei Gassenbuben.

„Schau du!" sagte der eine, „da liegt ein Zinnsoldat! Der soll raus und segeln!"

Und dann machten sie ein Boot aus einer Zeitung, setzten den Zinnsoldaten mitten hinein, und nun segelte er den Rinnstein hinunter; beide Buben liefen nebenher und klatschten in die Hände. Bewahr uns wohl! was für Wellen gingen in dem Rinnstein, und welch ein Strom war da! es hatte aber auch gegossen. Das Papierboot wippte auf und nieder, und zwischenhinein drehte es sich rundum, so daß der Zinnsoldat im Innern erbebte; aber er blieb standhaft, veränderte keine Miene, sah geradeaus und hielt das Gewehr im Arm.

Mit einemmal trieb das Boot unter ein langes Rinnsteinbrett; es wurde ebenso dunkel, als ob er in seiner Schachtel wäre.

Wo komme ich wohl jetzt hin? dachte er, ja, ja, daran ist der Troll schuld! Ach, säße doch die kleine Jungfrau hier im Boot, dann dürfte es hier gerne noch einmal so dunkel sein!

Im gleichen Augenblick kam eine große Wasserratte, die unter dem Rinnstein wohnte.

„Hast du einen Paß?" fragte die Ratte, „her mit dem Paß!"

Aber der Zinnsoldat schwieg still und hielt sein Gewehr noch fester. Das Boot fuhr drauf los und die Ratte hinterher. Hu! wie sie die Zähne fletschte und den Hölzchen und dem Stroh zurief:

„Haltet ihn! Haltet ihn! Er hat den Zoll nicht bezahlt! Er hat den Paß nicht gezeigt!"

Aber der Strom wurde stärker und stärker, der Zinnsoldat konnte vorne, wo das Brett aufhörte, schon den hellen Tag erblicken; aber er hörte auch einen brausenden Ton, der wohl einen tapferen Mann erschrecken konnte. Denkt doch: Der Rinnstein mündete, wo das Brett aufhörte, direkt in einen großen Kanal; das würde für ihn genauso gefährlich sein wie für uns, einen großen Wasserfall hinunterzufahren.

Jetzt war er schon so nahe daran, daß er nicht mehr anhalten konnte. Das Boot fuhr hinaus, der arme Zinnsoldat hielt sich so steif er konnte, niemand sollte ihm nachsagen, daß er mit den Augen zwinkerte. Das Boot surrte drei, vier Male herum und war bis an den Rand mit Wasser gefüllt, es mußte sinken. Der Zinnsoldat stand bis an den Hals im Wasser, und tiefer und tiefer sank das Boot; mehr und mehr löste das Papier sich auf; nun ging das Wasser über den Kopf des Soldaten hinweg – da dachte er an die kleine, reizende Tänzerin, die er nie mehr zu sehen bekommen sollte, und es klang in des Zinnsoldaten Ohren:

„Fahre, fahre, Kriegsmann!
Den Tod mußt du erleiden!"

Jetzt ging das Papier entzwei, und der Zinnsoldat stürzte hindurch – wurde aber im gleichen Augenblick von einem großen Fisch verschluckt.

Nein, wie war es doch dunkel da drinnen! Es war noch schlimmer als unter dem Rinnsteinbrett, und dann war es so eng; aber der Zinnsoldat war standhaft und lag, so lang er war, mit dem Gewehr im Arm.

Der Fisch sauste umher, er machte die allerschrecklichsten Bewegungen; endlich wurde er ganz still, es fuhr wie ein Lichtstrahl durch ihn hindurch, das Licht schien ganz klar, und jemand rief laut: „Zinnsoldat!" Der Fisch war gefangen, auf den Markt gebracht, verkauft worden und in die Küche hinaufgekommen, wo das Mädchen ihn mit einem großen Messer aufschnitt. Sie nahm mit ihren beiden Fingern den Soldaten mitten um den Leib und trug ihn in die Stube, wo sie alle zusammen einen so merkwürdigen Mann sehen wollten, der im Magen eines Fisches herumgereist war; aber der Zinnsoldat war gar nicht stolz. Sie stellten ihn auf den Tisch und dort – nein, wie kann es in der Welt doch wunderlich zugehen! Der Zinnsoldat stand in derselben Stube, in der er früher gewesen war; er sah dieselben Kinder, und das Spielzeug stand auf dem Tisch: das schöne Schloß mit der reizenden, kleinen Tänzerin. Sie hielt sich immer noch auf dem einen Bein und hatte das andere hoch in der Luft, sie war auch standhaft. Das rührte den Zinnsoldaten, er war nahe daran, Zinn zu weinen, aber es gehörte sich nicht. Er sah sie an, und sie sah ihn an, aber sie sagten nichts.

In diesem Augenblick nahm der eine der kleinen Knaben den Zinnsoldaten und warf ihn hinein in den Kachelofen, und er gab gar keinen Grund dafür an; es war bestimmt der Troll in der Dose, der schuld daran war.

Der Zinnsoldat stand ganz beleuchtet und fühlte eine Hitze, die furchtbar war; aber ob es vom wirklichen Feuer oder von der Liebe kam, das wußte er nicht. Die Farben waren ganz von ihm abgegangen, ob es auf der Reise oder aus Kummer geschehen war, konnte niemand sagen. Er sah auf die kleine Jungfrau, sie sah auf ihn, und er fühlte, daß er schmolz, aber noch stand er standhaft mit dem Gewehr im Arm. Da ging eine Tür auf, der Wind erfaßte die Tänzerin, und sie flog wie eine Sylphide gerade hinein in den Kachelofen zum Zinnsoldaten, loderte auf in einer Flamme und war fort. Da schmolz der Zinnsoldat zu einem Klecks, und als das Mädchen am nächsten Tag die Asche herausnahm, fand sie ihn als kleines Zinnherz; von der Tänzerin hingegen war nur die Paillette da, und die war kohlschwarz gebrannt.

Abraham Lincoln

Rede auf dem Schlachtfeld von Gettysburg

Vor siebenundachtzig Jahren schufen unsere Väter auf diesem Kontinent eine neue Nation, geboren in Freiheit und geweiht der Idee, daß alle Menschen gleich erschaffen seien. Heute sind wir in einen großen Bürgerkrieg verwickelt, der die Probe liefern soll, ob diese Nation oder ob irgendeine, in dem gleichen Sinn verstandene Nation ein langes Leben haben kann. Wir haben uns auf einem großen Schlachtfelde dieses Krieges zusammengefunden. Wir sind gekommen, diesen Platz des Feldes der Ehre zur letzten Ruhestätte derer zu weihen, die ihr Leben dahingegeben haben, damit die Nation weiterlebe. Pflicht und Brauch ist es, daß wir dies tun. In einem höheren Sinne aber können nicht wir diesen Boden weihen und heiligen, sondern die tapferen Krieger, die lebenden wie die toten, haben ihn geheiligt, und weit ginge es über unsere schwachen Kräfte, wollten wir etwas hinzufügen oder wegnehmen. Die Welt wird sich wenig kümmern und bald vergessen, was wir hier reden; immer aber wird sie sich dessen erinnern, was diese Helden hier getan haben. Aber unsere, der Lebenden, Aufgabe ist es, dem unvollendeten Werk uns zu weihen, das die Männer, die hier gekämpft, so edelmütig gefördert haben. Uns ist die Aufgabe verblieben, das große Werk zu vollenden. Möge das Beispiel der auf dem Felde der Ehre Gefallenen uns begeistern zu gesteigerter Hingabe an die Sache, für die sie das letzte, für die sie alles hingegeben haben! Laßt uns hier den Schwur leisten: Diese Toten sollen nicht vergeblich gestorben sein! Möge unsere Nation mit Gottes Hilfe in Freiheit neu erstehen, möge unsere Regierung des Volkes, durch das Volk und für das Volk, nicht von der Erde verschwinden!

Alphonse Daudet

Meister Cornilles Geheimnis

Francet Mamaï, ein alter Querpfeifenbläser, der mich von Zeit zu Zeit am Feierabend besucht und Wein aus eingekochtem Most bei mir trinkt, hat mir neulich ein kleines ländliches Drama erzählt, dessen Zeuge meine Mühle vor ungefähr zwanzig Jahren gewesen ist. Die Geschichte des alten Mannes hat mich gerührt, und ich will versuchen, sie Euch so zu wiederholen, wie ich sie gehört habe.

Stellt Euch schnell einmal vor, liebe Leser, daß Ihr vor einer Kanne voll duftenden Weines sitzt und daß es ein alter Querpfeifer ist, der zu Euch spricht.

Unsere Gegend, mein lieber Herr, war nicht immer so tot und stumm wie heute. Früher blühte hier das Müllerhandwerk, und von zehn Meilen in der Runde brachten uns die Leute von den Höfen ihr Getreide zu mahlen ... Rings um das Dorf standen Windmühlen auf den Hügeln. Rechts und links sah man nichts als Windmühlenflügel, die sich über den Kiefern im Mistral drehten, lange Reihen von kleinen Eselchen stiegen, mit Säcken beladen, die Wege hinauf und wieder herab; und die ganze Woche war es eine wahre Lust, auf den Höhen oben das Peitschenknallen, das Knattern der Leinwand an den Flügeln und das Hü und Hott der Müllerburschen zu hören ... Sonntags gingen wir in Scharen zu den Mühlen hinauf. Da oben ließen die Müller für uns den Muskateller fließen. Die Müllerinnen waren schön wie Königinnen mit ihren Spitzentüchern und den goldenen Kreuzen. Ich selber nahm meine Querpfeife mit, und bis in die dunkle Nacht tanzte man die Farandole. Die Mühlen, sehen Sie, waren Freude und Reichtum unseres Landes.

Zu unserem Unglück hatten ein paar Franzosen aus Paris den Einfall, an der Straße nach Tarascon eine Dampfmühle zu bauen. Der Reiz des Neuen! Die Leute gewöhnten sich daran, ihr Korn zu den Dampfmüllern zu bringen, und die armen Windmühlen waren ohne Arbeit. Eine Zeitlang versuchten sie sich zu behaupten, aber der Dampf war stärker als der Wind, und eine nach der andern mußten sie alle schließen, die armen Dinger!... Man sah keine kleinen Eselchen mehr kommen... Die schönen Müllerinnen verkauften ihre goldenen Kreuze... Kein Muskateller mehr, keine Farandole!... Der Mistral konnte blasen, soviel er wollte, die Flügel standen still... Und dann eines schönen Tages ließ die Gemeinde all diese alten Gemäuer herunterreißen, und man säte Wein und Ölbäume an ihrer Statt.

Eine einzige Mühle aber hatte inmitten des Zusammenbruchs standgehalten und drehte sich weiterhin tapfer auf ihrem Hügelchen, den Dampfmüllern vor der Nase. Das war die Mühle von Meister Cornille, dieselbe, in der wir jetzt eben unseren Feierabendschwatz halten.

Meister Cornille war ein alter Müller, lebte seit sechzig Jahren zwischen den Mehlsäcken und war mit Leidenschaft bei seinem Beruf. Die Errichtung der Dampfmühlen hatte ihn fast wahnsinnig gemacht. Acht Tage lang sah man ihn durchs Dorf laufen, alles um sich zusammenrottend und aus allen Kräften schreiend, mit dem Mehl aus den Dampfmühlen wolle man die Provence vergiften. „Geht nicht dort hinunter", sagte er. „Um uns Brot zu bereiten, benutzen diese Banditen den Dampf, und der ist eine Erfindung des Teufels; ich dagegen, ich arbeite mit dem Mistral und der Tramontana, und sie sind der Atem des lieben Gottes..." Und so fand er eine Menge schöner Worte wie diese zum Lob der Windmühlen, aber niemand hörte sie an.

Da vergrub sich der Alte in wütendem Grimm in seine Mühle und lebte ganz einsam wie ein wildes Tier. Er wollte nicht einmal seine Enkelin Vivette bei sich behalten, ein Mädchen von fünfzehn Jahren, das seit dem Tode seiner Eltern keinen Menschen als den Großvater auf der weiten Welt hatte. Das arme Kind mußte sich sein Brot selbst verdienen und überall auf den Höfen mal hier, mal dort sich verdingen, zur Getreidemahd, für die Seidenwürmer oder die Olivenernte. Und doch schien der Großvater sie sehr liebzuhaben, die Kleine. Oft überkam es ihn, daß er seine vier Meilen zu Fuß in der glühenden Sonne wanderte, um sie auf dem Gut, wo sie arbeitete, zu besuchen, und wenn er bei ihr war, verbrachte er Stunden und Stunden damit, sie anzusehen und zu weinen...

In der Gegend dachte man, der alte Müller habe Vivette aus Geiz fortgeschickt; und es brachte ihm wenig Ehre, die Enkeltochter so von Hof zu Hof ziehen zu lassen, den Roheiten der Knechte ausgesetzt und allen Drangsalen, in die solch ein junges Blut in der Gesindekammer geraten kann. Man mißbilligte es auch sehr, daß ein Mann von Meister Cornilles Ansehen und der bis dahin auf sich gehalten hatte, jetzt in den Straßen umherging wie ein richtiger Zigeuner, barfuß, mit zerrissener Mütze und zerschlissenem Leibgürtel ... Ja, wenn wir ihn sonntags zur Messe in die Kirche treten sahen, schämten wir uns wirklich und wahrhaftig für ihn, wir anderen Alten; und Cornille fühlte das so gut, daß er sich nicht mehr auf die Bank für die Kirchenvorsteher zu setzen wagte. Immer blieb er ganz hinten, beim Weihwasserkessel, wo die Armen stehen.

In Meister Cornilles Leben war etwas, das man nicht verstand. Längst brachte ihm keiner aus dem Dorf mehr Getreide, und doch gingen die Flügel seiner Mühle weiter wie zuvor ... Abends traf man den alten Müller unterwegs, wie er seinen mit dicken Mehlsäcken beladenen Esel vor sich hertrieb.

„Grüß Gott, Meister Cornille!“ riefen die Landleute ihm dann zu. „Es geht also gut mit dem Mehlhandel?“ „Immer, Nachbarn“, antwortete der Alte mit munterer Miene. „Gottlob, an Arbeit fehlt es uns nicht.“

Wenn man ihn darauf fragte, woher zum Teufel so viel Arbeit kommen könne, legte er den Finger auf die Lippen und antwortete bedeutsam: „Pst! Ich arbeite für den Export ...“ Niemals konnte man mehr aus ihm herausbringen.

Die Nase in die Mühle zu stecken – daran war nicht zu denken. Die kleine Vivette selbst traute sich nicht hinein ... Ging man draußen an der Mühle vorbei, so sah man die Tür stets geschlossen, die großen Flügel stets in Bewegung, den alten Esel Gras auf der Plattform zupfen und eine große magere Katze, die sich in der Sonne auf dem Fenstersims wärmte und einen mit bösen Augen ansah.

All das roch, als ob etwas dahintersteckte, und gab Anlaß zu viel Geschwätz unter den Leuten. Jeder erklärte sich Meister Cornilles Geheimnis auf seine Weise, aber allgemein ging das Gerücht, es gäbe in dieser Mühle mehr Säcke voll Taler als Säcke voll Mehl.

Mit der Zeit aber kam alles ans Licht; und das war so: Eines schönen Tages, als ich mit meiner Querpfeife dem jungen Volk zum Tanz aufspielte, entdeckte ich, daß mein Ältester und die kleine Vivette sich ineinander verliebt hatten. Im Grunde meines Herzens war ich nicht böse darüber, denn der Name Cornille stand schließlich doch in Ehren bei uns, und dann hätte es mir Spaß gemacht, das hübsche kleine Spätzchen, die Vivette, in meinem Hause herumhüpfen zu sehen. Nur hatten unsere Liebesleute oft Gelegenheit, beisammen zu sein, und deshalb wollte ich, aus Angst vor unliebsamen Zwischenfällen, die Sache gleich ins reine bringen und stieg zur Mühle hinauf, um zwei Worte im Vertrauen mit dem Großvater zu reden ... Ah, der alte Hexenmeister! Stellen Sie sich vor, wie er mich empfing! Keine Macht der Welt hätte ihn dazu bringen können, seine Tür zu öffnen. Ich erklärte ihm meine Gründe, so gut ich konnte, durchs Schlüsselloch; und solange ich sprach, saß das dürre Katzenvieh über meinem Kopfe und fauchte wie der Teufel.

Der Alte ließ mir nicht Zeit, zu Ende zu kommen; er brüllte mich sackgrob an, ich sollte mich nach Hause scheren zu meiner Flöte, und wenn ich Eile hätte, meinen Jungen zu verheiraten, könnte ich mir ja Mädchen aus der Dampfmühle holen ... Sie können sich denken, daß das Blut mir zu Kopfe stieg bei so argen Worten; aber ich blieb trotzdem besonnen genug, um an mich zu halten. Ich ließ den alten Narren bei seinem Mühlstein und ging, den Kindern mein Mißgeschick zu erzählen ... Die armen Lämmer konnten es nicht fassen; sie baten es sich als eine Gnade von mir aus, daß sie beide zusammen zur Mühle hinaufgehen dürften, um mit dem Großvater zu sprechen ... Ich hatte nicht den Mut, nein zu sagen, und hui! sind meine Liebesleutchen auf und davon.

Genau als sie oben ankamen, war Meister Cornille eben fortgegangen. Die Tür war doppelt abgeschlossen; aber der alte Freund hatte beim Weggehen seine Leiter draußen gelassen, und sogleich kamen die Kinder auf den Einfall, durchs Fenster hineinzuklettern und sich ein bißchen umzusehen, was in der berühmten Mühle eigentlich los sei ...

Seltsam! Die Mahlkammer war leer ... Nicht ein Sack, nicht ein

Körnchen Getreide; kein bißchen Mehl an den Wänden und auf den Spinnweben ... Man roch nicht einmal den guten warmen Duft des zermahlenen Weizens, der sonst die Luft in den Mühlen würzt ... Die Flügelwelle war mit Staub bedeckt, und der große dürre Kater schlief darauf.

Der untere Raum bot dasselbe Bild von Elend und Verlassenheit: ein dürftiges Bett, ein paar Lumpen, ein Stück Brot auf einer Treppenstufe, und in einem Winkel dann noch drei oder vier aufgerissene Säcke, aus denen Schutt und weiße Tonerde quoll.

Das also war Meister Cornilles Geheimnis! Gips war es, Gips, was er abends in den Straßen umherführte, um die Ehre der Mühle zu retten und um glauben zu machen, dort werde Mehl gemahlen ... Arme Mühle! Armer Cornille! Längst hatten die Dampfmüller ihnen den letzten Kunden abspenstig gemacht. Die Flügel kreisten immerfort, aber der Mühlstein drehte sich leer.

Die Kinder kamen ganz in Tränen zurück und erzählten mir, was sie gesehen hatten. Mir ging es durchs Herz, als ich sie hörte ... Ohne eine Minute zu verlieren, lief ich zu den Nachbarn, ich erklärte ihnen die Sache in zwei Worten, und wir kamen überein, daß auf der Stelle aller Weizen, der in den Häusern war, in Cornilles Mühle gebracht werden müsse ... Gesagt, getan. Das ganze Dorf macht sich auf, und wir kommen oben an mit einer Prozession von Eseln, die das Korn hinaufschleppen – und das ist echtes Korn! Die Mühle stand weit offen ... Vor der Tür saß Meister Cornille auf einem Sack Gips und weinte, den Kopf in den Händen. Als er heimkam, hatte er entdeckt, daß während seiner Abwesenheit jemand bei ihm eingedrungen war und sich in sein trauriges Geheimnis geschlichen hatte.

„Ich Armer!" sagte er. „Nun bleibt mir nichts als zu sterben ... Die Mühle ist entehrt."

Und er schluchzte, daß es einem die Seele zerriß, nannte seine Mühle mit allen möglichen Kosenamen und sprach zu ihr wie zu einem wirklichen lebendigen Wesen.

In diesem Augenblick erscheinen wir mit unseren Eseln auf der Plattform, und wir alle heben aus vollem Halse zu rufen an, wie in der guten alten Zeit der Müller:

„Hallo! Mühle!... Hallo! Meister Cornille!"

Und da häufen sich die Säcke vor der Tür, und das schöne rotbraune Korn läuft auf den Boden, nach allen Seiten hin ...

Meister Cornille machte große Augen. Er hatte ein paar Körner in seine alte Hand gefaßt, und lachend und weinend zugleich sagte er:

„Weizen!... Herrgott im Himmel! ... Guter echter Weizen! ... Laßt mich, ich muß ihn mir ansehen."

Und dann zu uns:

„Ah, ich wußte wohl, daß ihr wieder zu mir kommen würdet... Die in der Dampfmühle sind alle Spitzbuben."

Wir wollten ihn im Triumph ins Dorf hinuntertragen.

„Nein, nein Kinder; vor allem muß ich meiner Mühle zu essen geben ... Denkt doch! Wie lange hat sie nichts zwischen den Zähnen gehabt!"

Und wir alle hatten Tränen in den Augen, als wir den armen Alten bald rechts und bald links geschäftig sahen, wie er jetzt die Säcke aufschlitzte, dann auf die Mühlsteine aufpaßte, während sie das Getreide zermalmten und der feine Weizenstaub zur Decke aufflog.

Das eine muß man uns lassen: von diesem Tag an hat es dem alten Müller niemals an Arbeit gefehlt. Eines Morgens dann starb Meister Cornille, und die Flügel unserer letzten Mühle standen still, diesmal für immer... Nachdem Cornille tot war, hat niemand seine Nachfolge angetreten. Das ist nun einmal so, Herr!... Alles in dieser Welt hat ein Ende, und wir müssen glauben, daß die Zeit der Windmühlen ebenso vorüber war wie die der Marktschiffe auf der Rhône, der Königlichen Gerichte und der großgeblümten Männerröcke.

ARTHUR SCHNITZLER

Boxeraufstand (Fragment)

Er war damals Oberleutnant.

Boxeraufstand in China, gefährlich, unnachsichtig. Seine Majestät hatte befohlen, daß kein Pardon gegeben werde. Es nützte nicht viel.

Nationalistische Bewegung. Freiheitsbewegung. Doch wir wollen nicht von Politik reden.

Überall in Städten, in Dörfern, auf dem Land Aufruhr, da und dort wurde er niedergeschlagen, Hunderte, Tausende wurden gehängt, füsiliert.

Wir waren in einem kleinen Dorf, zwei Stunden von Peking. Dort wurde ein Trupp von siebzehn verurteilt. Drei Wochen früher waren dreißig hingerichtet worden. Man ließ den Verurteilten drei Stunden Zeit. Sie waren alle gefaßt; ich machte innerlich eine Statistik, wie beinahe jedesmal. Die Psychologie der Chinesen interessierte mich.

Einer weinte, das fiel mir auf, es kam selten vor. Drei redeten miteinander sehr ernsthaft und wichtig, zwei erhielten Besuch von Familienmitgliedern, einer schien zu beten, zwei schrieben Briefe, denn nicht alle waren aus diesem Dorf, es schien vielmehr absichtlich eine Art von Tausch stattzufinden von Verschwörern von Dorf zu Dorf ...

Das waren sechzehn; der siebzehnte las, ich dachte zuerst in einem Andachtsbuch, doch es war ein Roman. Zuerst sprach ich nichts. Er las immer weiter, sah gelegentlich flüchtig auf, das dauerte fast eine Stunde lang. Ich hatte unterdessen auch mit einigen andern meiner Kameraden zu sprechen. Es lagen noch anderthalb Stunden vor ihm. Bei den andern merkte man doch eine wachsende Unruhe, so schien es mir wenigstens. Er las weiter. Endlich fragte ich ihn; zuerst hatte ich das Wort an einen andern gerichtet, damit es nicht auffiel. Ich fragte ihn, was er lese. Er nannte mir ruhig den Titel des Romans. Ich verstand ein wenig chinesisch. Er las weiter. Ich ging hin und her, ich nahm Briefe der andern in Empfang, die an ihre Angehörigen schrieben. Dann wandte ich mich wieder zu ihm zurück. Es war sonderbar. Endlich sprach ich ihn an. „Weißt du nicht, daß du zum Tod verurteilt bist?" fragte ich ihn. Er nickte. *Sie werden es taktlos finden.* Meine Frage war nicht grausam. Ich fragte weiter. „Weißt du nicht, daß du in anderthalb Stunden zusammen mit deinen Kameraden erschossen wirst?" Er erwiderte: „Wir sollen wohl erschossen werden, aber es ist doch nicht ganz sicher, daß es geschehen wird."

Es lag keine Frechheit in seinem Ton. Es war eine ganz ruhige Bemerkung. Er setzte hinzu: „Es ist nie ganz sicher, was in der nächsten Stunde geschieht."

„Immerhin", sagte ich, „die Wahrscheinlichkeit spricht doch sehr dafür. Ich glaube nicht, daß man euch noch befreien wird, und auf Begnadigung ist nicht zu hoffen." Er nickte. Ich hatte die deutliche Empfindung, daß meine Fragen ihn ein wenig störten. Ich deutete ihm ohne Verlegenheit an, daß er nur ruhig weiter lesen solle und er las. Ich entfernte mich von ihm, mußte doch wieder hin. „Ist das ein schöner Roman, den Sie lesen?" fragte ich. Seine Miene drückte aus, ganz leidlich. „Möchten Sie nicht lieber etwas anderes lesen als einen Roman?" Er sah mich einigermaßen verwundert an. Ich scherzte. Sie werden es mit Recht etwas taktlos finden, aber ich befand mich in einem so seltsamen Seelenzustand. „Es wäre ja immerhin möglich, daß Sie nicht zum Schluß kommen." – „Ich glaube doch", sagte er, „ich habe ja noch mehr als eine Stunde Zeit." Ich sagte etwas erregt: „Und Sie wissen in dieser Stunde wirklich nichts anderes zu tun als einen Roman zu lesen?"

„Warum sollt' ich nicht?" fragte er. „Ich habe nichts anderes zu tun. *Noch nie habe ich so viel Zeit gehabt.*" Ich hatte nun den festen Vorsatz ihn in Ruhe zu lassen. Es gelang mir nicht. Ich trat wieder zu ihm. „Was sind Sie?" fragte ich. Er erwiderte sehr höflich, daß er ein Drexlerhandwerk betreibe, und zwar in Peking selbst. Er habe eine Frau, zwei Kinder, die er seit fünfviertel Jahren nicht gesehen habe. „Möchten Sie ihnen nicht schreiben?" fragte ich erregt. „Sie werden es schon erfahren", sagte er. „Vielleicht glauben sie sogar, daß es schon längst geschehen ist." „Haben Sie noch Verwandte?" fragte ich. „Ja", sagte er etwas ablehnend. Ich wandte mich verlegen um, er las sofort weiter. Ich ertrug es nicht. Ich fand es ungeheuerlich, daß man diesen Menschen erschießen sollte, am Ende gar ehe er den Roman zu Ende gelesen. Ja, das dachte ich wirklich. Das Los der sechzehn andern war mir eigentlich gleichgültig. Sie taten mir leid, nein, kaum das. Nun waren die meisten andern fertig mit Briefen und sonstigen Vorbereitungen, einige lagen auf dem Boden mit geschlossenen Augen. Die meisten hockten da und starrten vor sich hin. In einigen Augen glaubte ich Todesangst zu sehen. Es mag auch Irrtum gewesen sein.

Ich schwinge mich in den Sattel, eigentlich ohne es in der Sekunde vorher gewußt zu haben, übergebe einem Kameraden das Kommando, der Stab des Regiments lag eine halbe Stunde weit in einem andern Dorf. Ich ritt hin, es war ein glühend heißer Sommertag, ich meldete mich beim Obersten, der eine gewisse Sympathie für mich hatte. Ich wußte das. Er war ein entfernter Verwandter meiner Mutter. Sonst hätte ich es vielleicht nicht gewagt. Außerdienstlich duzten wir uns sogar. Ich trug ihm meine Bitte vor. Ich wünschte, daß er einen der siebzehn begnadige. Ich sagte ihm meine Gründe. Ich merkte gleich, daß es eigentlich keine Gründe waren. Ich redete sogar einigen Unsinn. Ich gab vor zu vermuten, daß man aus diesem Menschen noch irgend was herausbringen könne. Seine Schuld war nicht einmal ganz erwiesen. Der Oberst schüttelte den Kopf. Ich wurde endlich aufrichtig. Ich erzählte ihm das Ganze. Der Oberst lachte. „Der Kerl hat dich durchschaut", sagte er. „Es sind feine Leute, glaub mir. Der Dümmste ist noch immer schlauer als wir." Ich replizierte fast heftig. Der Oberst wurde aufmerksamer. Er sagte: „Es ist ein ausdrücklicher Befehl Seiner Majestät, daß kein Pardon gegeben werde." Ich erinnerte ihn, daß es doch schon zweimal der Fall gewesen war aus ganz unbeträchtlichen Gründen. Ein paar hundert waren schon hingerichtet worden. Es kam auf einen mehr oder weniger nicht an. Der Oberst sagte endlich: „Also dir zuliebe. Ich nehm's auf mich für diesmal." *Er stellte mir's schriftlich aus.*

Ich sprengte zurück. Zwölf lagen schon tot da. Nun sollten die letzten fünf dran kommen. Von Salve zu Salve gab es immer eine kleine Pause von zehn Minuten. Mein Chinese hockte noch immer da (im Hof, der freie Himmel über ihm) und las. Ja, ich merkte sogar von weitem, daß er an die Seite kleine Bleistiftzeichen eintrug. Er sah mich nicht; er mußte sich für verloren halten. Er mußte wissen, daß er in fünf Minuten drankam. Ringsum die Soldaten. Als ich mein

Pferd zum Stehen brachte, wandte er sich um, betrachtete mich diesmal sogar mit einiger Neugier. Ich winkte meinen Kameraden herbei. Ich teilte ihm mit, daß ich eine Begnadigung für den einen Chinesen brächte. Ich durfte vorläufig dienstlich nicht mehr sagen. Vielleicht wäre es mir gelungen noch einen oder den andern freizubekommen. Die Soldaten, die dazu bestimmt waren, die letzten fünf zu füsilieren, traten vor. Auf ein Zeichen erhoben sich die fünf Chinesen, sie schienen alle ganz ruhig, nur einer lachte schrill auf und sah sich dann erschreckt um. Ich trat auf meinen Chinesen zu, legte die Hand auf seine Schulter, eine törichte Bewegung, und sagte mit etwas heiserer Stimme: „Sie sind begnadigt." Er sah mich an, ein bißchen fragend, er lächelte ein wenig. Das Buch hielt er in der Hand und steckte es mechanisch in die Tasche seiner weiten weißen Jacke. Die vier andern machten große Augen. Vielleicht hofften sie. Mein Chinese blickte mich an. „Nun was hab ich gesagt", meinte er, „man kann nie wissen." Auf einen von den Vieren trat er zu, drückte ihm die Hand. Dann wandte er sich wieder zu mir. „Darf ich gehen?" fragte er. Ich hatte gesagt: „Sie sind frei." War ich dazu eigentlich berechtigt gewesen? Er hatte ja noch wichtige Aussagen zu machen. Nun nahm ich es auf mich. „Sie sind frei", sagte ich mit einiger Schärfe. Er nickte. Indeß hatten sich die vier andern an die Wand gestellt und die Soldaten warteten auf das Kommando. Ich hatte das Kommando zu geben. Mein Chinese entfernte sich langsam, ich wollte ihm eigentlich nach. Ich wartete mit dem Kommando, bis mein Chinese in der Toreinfahrt des Gebäudes verschwunden war, dann kommandierte ich. *Schuß ... Er zuckte ganz leise, aber er wandte sich nicht um.* Da sah ich ihn eben aus dem Tor auf die Straße verschwinden. Sie werden mich fragen, was in mir vorgegangen. Ich schämte mich. Keineswegs hatte ich das Gefühl eine edle Tat begangen zu haben. Von nun an hätte jeder von ihnen seinen Roman in der Tasche haben können, es hätte keinem geholfen. Nun, glücklicherweise war es das letzte Mal, daß ich bei so einer Sache dabei war. Kein Zufall. Der Oberst verfügte das. Im übrigen hatte mir der Chinese keineswegs imponiert, ich hatte ihn auch nicht bewundert, ich weiß nur eins, von allen Menschen, denen ich je auf der Welt begegnet, war er derjenige, der mir an fremdesten war.

BERTOLT BRECHT

Maßnahmen gegen die Gewalt

Als Herr Keuner, der Denkende, sich in einem Saale vor vielen gegen die Gewalt aussprach, merkte er, wie die Leute vor ihm zurückwichen und weggingen. Er blickte sich um und sah hinter sich stehen – die Gewalt.

„Was sagtest du?" fragte ihn die Gewalt.

„Ich sprach mich für die Gewalt aus", antwortete Herr Keuner.

Als Herr Keuner weggegangen war, fragten ihn seine Schüler nach seinem Rückgrat. Herr Keuner antwortete: „Ich habe kein Rückgrat zum Zerschlagen. Gerade ich muß länger leben als die Gewalt."

Und Herr Keuner erzählte folgende Geschichte:

In die Wohnung des Herrn Egge, der gelernt hatte, nein zu sagen, kam eines Tages in der Zeit der Illegalität ein Agent, der zeigte einen Schein vor, welcher ausgestellt war im Namen derer, die die Stadt beherrschten, und auf dem stand, daß ihm gehören solle jede Wohnung, in die er seinen Fuß setzte; ebenso sollte ihm auch jeder Mann dienen, den er sähe.

Der Agent setzte sich in einen Stuhl, verlangte Essen, wusch sich, legte sich nieder und fragte mit dem Gesicht zur Wand vor dem Einschlafen: „Wirst du mir dienen?"

Herr Egge deckte ihn mit einer Decke zu, vertrieb die Fliegen, bewachte seinen Schlaf, und wie an diesem Tage gehorchte er ihm sieben Jahre lang. Aber was immer er für ihn tat, eines zu tun hütete er sich wohl: das war, ein Wort zu sagen. Als nun die sieben Jahre herum waren und der Agent dick geworden war vom vielen Essen, Schlafen und Befehlen, starb der Agent. Da wickelte ihn Herr Egge in die verdorbene Decke, schleifte ihn aus dem Haus, wusch das Lager, tünchte die Wände, atmete auf und antwortete: „Nein."

WINSTON CHURCHILL

Aus der Rede im Unterhaus am 4. Juni 1940

Obgleich große Gebiete von Europa und viele alte, ruhmreiche Staaten unter das Joch der Gestapo und der scheußlichen Naziherrschaft gefallen sind oder noch fallen mögen, werden wir nicht wanken noch weichen. Wir werden bis ans Ende durchhalten. Wir werden in Frankreich kämpfen, wir werden auf den Meeren und Ozeanen kämpfen, wir werden mit wachsendem Vertrauen und wachsender Kraft in der Luft kämpfen; wir werden unsere Insel verteidigen, was es auch kosten mag, wir werden an den Küsten kämpfen, wir werden auf den Landungsplätzen kämpfen, wir werden auf den Feldern und in den Straßen kämpfen, wir werden auf den Hügeln kämpfen; wir werden uns niemals ergeben; und wenn selbst, was ich keinen Augenblick glaube, diese Insel oder ein großer Teil von ihr unterjocht und ausgehungert werden sollte, dann würde unser Reich jenseits des Meeres, bewaffnet und beschützt von der britischen Flotte, den Kampf fortsetzen, bis, zur gottgewollten Stunde, die Neue Welt mit all ihrer Macht und Kraft zur Hilfe und Befreiung der Alten Welt auftritt.

WILLIAM FAULKNER

Rede zur Verleihung des Literaturnobelpreises

Ich habe das Gefühl, daß dieser Preis nicht mir gilt, einem Menschen, sondern meinem Werk – einem Lebenswerk aus Schmerz und Mühsal menschlichen Geistes; getan nicht für Ruhm und erst recht nicht für Geld, sondern um aus dem Stoff menschlichen Geistes etwas zu schaffen, das vorher nicht war. So habe ich diesen Preis nur zu treuen Händen genommen. Es wird nicht schwer sein, die damit verbundene Summe im Sinne des Stifters zu verwenden. Aber dasselbe möchte ich auch mit dem Lob tun, indem ich diesen Augenblick als Podest benutze, um zu den jungen Menschen zu sprechen, die sich jetzt derselben mühevollen Arbeit widmen, und unter denen bereits der ist, der eines Tages da stehen wird, wo ich stehe.

Unsere Tragödie heute ist eine allgemeine und weltumfassende physische Angst, die nun schon so lange auf uns lastet, daß wir sie zu ertragen gelernt haben. Alle geistigen Fragen sind verdrängt von der Frage: Wann werde ich in die Luft gesprengt? Deshalb hat der junge Mensch, der heute schreibt, das Problem vergessen, das allein für gutes Schreiben bürgt, das allein Schmerz und Mühsal des Schreibens wert ist: das menschliche Herz im Widerstreit mit sich selbst.

Das muß er wieder lernen. Er muß sich lehren, daß Angst das Erbärmlichste ist. Und wenn er das begriffen hat, muß er die Angst für immer vergessen, und in seinem Werk wird nur Platz sein für die alten, überall gültigen Wahrheiten und Wirklichkeiten des menschlichen Herzens, ohne die jede Geschichte totgeboren ist: Liebe und Ehre und Mitleid und Stolz und Erbarmen und Opfer. Und solang er das nicht tut, lastet ein Fluch auf seiner Arbeit. Er schreibt nicht von Liebe, sondern von Lust; von Niederlagen, bei denen niemand etwas von Wert verliert; von Siegen ohne Hoffnung; und, was das schlimmste ist, ohne Mitleid und Erbarmen. Er trifft nicht den Nerv der Welt, er hinterläßt keine Narben. Er schreibt nicht mit dem Herzen, sondern mit den Drüsen.

Solang er das nicht wieder lernt, wird er schreiben als Mensch unter Menschen, deren Untergang er zusieht. Ich weigere mich, den Untergang der Menschen hinzunehmen. Es ist einfach zu sagen, der Mensch sei unsterblich, einfach weil er überleben wird: daß, wenn der letzte Gongschlag des Jüngsten Gerichts ertönt, um am letzten sinn- und zeitlos im letzten ersterbenden Abendrot ragenden Felsen zu zerschellen, daß selbst dann noch ein Ton zu hören sein wird: der seiner unermüdlichen Stimme, die immer noch spricht. Ich weigere mich, das hinzunehmen. Ich glaube, der Mensch wird nicht nur überleben, er wird siegen. Er ist unsterblich, nicht weil er allein unter den Geschöpfen eine unermüdliche Stimme hat, sondern weil er eine Seele, einen Geist hat, fähig zu Mitleid und Opfer und Ausdauer. Es ist Aufgabe des Dichters, des Schriftstellers, über diese Dinge zu schreiben. Es ist sein Privileg, dem Menschen beim Ausharren zu helfen, indem er ihm das Herz erhebt, ihn erinnert an Mut und Ehre und Hoffnung und Stolz und Erbarmen und Mitleid und Opfer – an den Ruhm seiner Vergangenheit. Die Stimme des Dichters ist nicht nur ein Zeugnis vom Menschen, sie kann auch eine der Stützen und Pfeiler sein, die ihm helfen auszuharren und zu siegen.

Hans Magnus Enzensberger

Anweisung an Sisyphos

Was du tust, ist aussichtslos. Gut:
du hast es begriffen, gib es zu,
aber finde dich nicht damit ab,
Mann mit dem Stein. Niemand
dankt dir; Kreidestriche,
der Regen leckt sie gelangweilt auf,
markieren den Tod. Freu dich nicht
zu früh, das Aussichtslose
ist keine Karriere. Mit eigner
Tragik duzen sich Wechselbälge,
Vogelscheuchen, Auguren. Schweig,
sprich mit der Sonne ein Wort,
während der Stein rollt, aber
lab dich an deiner Ohnmacht nicht,
sondern vermehre um einen Zentner
den Zorn in der Welt, um ein Gran.
Es herrscht ein Mangel an Männern,
das Aussichtslose tuend stumm,
ausraufend wie Gras die Hoffnung,
ihr Gelächter, die Zukunft, rollend
rollend ihren Zorn auf die Berge.

Fünftes Kapitel

Glaubensstärke – Gottvertrauen

❖ ❖ ❖

Die Sintflut

Noah, ein Nachkomme Seths, war ein frommer Mann, unsträflich, und führte ein göttliches Leben zu seinen Zeiten. Er hatte drei Söhne: Sem, Ham und Japhet.

Die Erde aber war vor Gottes Augen verderbt und voll Frevel: denn alles Fleisch auf Erden hatte seinen Wandel verderbt. Da sprach Gott zu Noah: Das Ende alles Fleisches ist bei mir beschlossen; denn die Erde ist voll des Frevels, den sie begehen; darum siehe, ich will sie verderben samt der Erde. So mache dir nun eine Arche von Tannenholz und mache Kammern darin und verpiche sie mit Pech inwendig und auswendig. Und mache sie also: dreihundert Ellen sei die Länge, fünfzig Ellen die Weite und dreißig Ellen die Höhe. Oben mache ein Fenster, eine Elle weit; die Türe aber setze an ihre Seite. Und drei Stockwerke soll sie haben. Denn siehe, ich will eine Wasserflut auf Erden kommen lassen, um alle Wesen unter dem Himmel, die lebendigen Odem haben, zu verderben. Alles, was auf Erden ist, soll untergehen. Aber mit dir will ich einen Bund aufrichten; du sollst in die Arche gehen, du und deine Söhne, dein Weib und deiner Söhne Weiber mit dir. Auch sollst du in die Arche tun allerlei Tiere, von allem Fleisch je ein Paar, Männchen und Weibchen, daß sie bei dir das Leben erhalten; von den Vögeln nach ihrer Art, von dem Vieh nach seiner Art und von allerlei Gewürm auf Erden nach seiner Art; von denen allen soll je ein Paar zu dir hineingehen, daß sie leben bleiben. Und du sollst allerlei Speisen zu dir nehmen und sollst sie bei dir sammeln, daß sie dir und ihnen zur Nahrung da seien. Noah tat alles, was ihm Gott gebot.

Da sprach der Herr zu Noah: Gehe in die Arche, du und dein ganzes Haus; denn dich habe ich vor mir gerecht gefunden zu dieser Zeit. Denn nach sieben Tagen will ich regnen lassen auf Erden vierzig Tage und vierzig Nächte und vertilgen auf dem Erdboden alle Wesen, die ich geschaffen habe. Und Noah tat, was ihm der Herr geboten, und ging in die Arche, er und seine Söhne, sein Weib und seiner Söhne Weiber. Von allem Wild und allem Vieh, von den Vögeln und allem Gewürm auf Erden ging auch je ein Paar zu ihm in die Arche. Als aber die sieben Tage vergangen waren, kam die Wasserflut auf Erden. Es war im sechshundertsten Lebensjahre Noahs am siebenzehnten Tag des zweiten Monats, da brachen alle Brunnen der großen Tiefe auf, und des Himmels Fenster öffneten sich; und ein Regen kam auf Erden vierzig Tage und vierzig Nächte. Und die Wasser wuchsen und hoben die Arche auf, daß sie hoch über der Erde war. Also nahmen die Wasser überhand und wuchsen so sehr auf Erden, daß alle hohen Berge unter dem ganzen Himmel bedeckt wurden. Da starb alles Fleisch, das sich auf Erden regte, und es ward alles vertilgt, was auf dem Erdboden war, vom Menschen an bis auf das Vieh und das Gewürm und die Vögel unter dem Himmel. Nur Noah blieb übrig, und was mit ihm in der Arche war. Die Wasser aber nahmen zu auf Erden hundertundfünfzig Tage.

*

Da gedachte Gott an Noah und an alle Tiere und an alles Vieh, das mit ihm in der Arche war, und ließ einen Wind wehen über die Erde, und die Wasser fielen; die Brunnen der Tiefe und die Fenster des Himmels wurden verschlossen; dem Regen vom Himmel ward gewehrt, und die Wasser verliefen sich von der Erde mehr und mehr. Am siebenzehnten Tage des siebenten Monats ließ sich die Arche auf dem Gebirge Ararat nieder. Und die Wasser fielen noch immer bis zum zehnten Monat. Am ersten Tage des zehnten Monats schauten die Spitzen der Berge hervor. Nach vierzig Tagen tat Noah das Fenster auf an der Arche und ließ einen Raben ausfliegen; der flog hin und her, bis die Wasser auf Erden vertrockneten.

Darnach ließ er eine Taube ausfliegen, zu sehen, wie tief die Wasser auf der Erde gefallen wären. Da aber die Taube nicht fand, wo ihr Fuß ruhen konnte, kam sie wieder zu ihm in die Arche; denn die Wasser waren noch auf dem ganzen Erdboden. Da streckte er die Hand heraus und nahm sie zu sich in die Arche. Darauf harrte er noch sieben Tage und ließ abermal eine Taube aus der Arche fliegen; die kam auf den Abend zu ihm zurück, und siehe, sie hatte ein frisches Oelblatt in ihrem Schnabel. Da merkte Noah, daß die Wasser auf Erden gefallen waren. Aber er harrte noch weitere sieben Tage und ließ eine Taube ausfliegen; die kam nicht wieder zu ihm.

Im sechshundertundersten Lebensjahre Noahs am ersten Tage des ersten Monats waren die Wasser auf Erden vertrocknet. Da tat Noah das Dach von der Arche und sah, daß der Erdboden trocken wurde. Und am siebenundzwanzigsten Tage des zweiten Monats war die Erde ganz trocken geworden.

Da ging Noah hinaus mit seinen Söhnen und seinem Weibe und seiner Söhne Weibern, dazu alle die Tiere, die mit ihm gewesen. Und Noah baute dem Herrn einen Altar und opferte Brandopfer darauf. Und der Herr sprach in seinem Herzen: Ich will die Erde hinfort nicht mehr verfluchen um der Menschen willen; denn das Dichten des menschlichen Herzens ist böse von Jugend auf. Und ich will hinfort nicht mehr schlagen alles, was da lebt, wie ich getan habe. Solange die Erde steht, soll nicht aufhören Saat und Ernte, Frost und Hitze, Sommer und Winter, Tag und Nacht.

Gottes Bund mit Noah

Und Gott segnete Noah und seine Söhne und sprach: Seid fruchtbar und mehret euch und erfüllet die Erde. Vor euch sollen sich fürchten und erschrecken alle Tiere auf Erden, alle Vögel unter dem Himmel und alles, was auf dem Erdboden kriecht, und alle Fische im Meere; sie seien in eure Hände gegeben. Alles, was sich regt und lebt, das sei eure Speise; wie das grüne Kraut habe ich euch alles gegeben. Nur esset das Fleisch nicht, solange noch Leben und Blut in ihm ist. Euer Blut und Leben jedoch will ich rächen; ich will des Menschen Leben rächen an jedem Menschen, als an seinem Bruder. Wer Menschenblut vergießt, des Blut soll auch durch Menschen vergossen werden; denn den Menschen hat Gott zu seinem Bilde gemacht.

Weiter sprach Gott zu Noah und seinen Söhnen: Siehe, ich mache einen Bund mit euch und euern Nachkommen und mit allen lebendigen Tieren bei euch, daß hinfort keine Wasserflut mehr kommen soll, die Erde zu verderben. Das ist aber das Zeichen des Bundes, den ich zwischen mir und euch auf ewige Zeiten mache: Meinen Bogen habe ich in die Wolken gesetzt, der soll das Zeichen des Bundes zwischen mir und der Erde sein; und wenn es nun geschieht, daß ich Wolken über die Erde führe und man meinen Bogen in den Wolken sieht, alsdann will ich meines Bundes gedenken.

Die Söhne Noahs aber, die aus der Arche gingen, sind diese: Sem, Ham, Japhet; von diesen ist die ganze Erde besetzt.

(1. Buch Moses)

Daniel in der Löwengrube

Darius aus Medien ward König und fand für gut, über das ganze Königreich 120 Statthalter zu setzen. Über diese setzte er drei Fürsten, deren einer Daniel war; diesen sollten jene Statthalter Rechnung ablegen, damit der König keinen Schaden litte. Daniel aber übertraf die Fürsten und Statthalter alle, denn es war ein hoher Geist in ihm: darum gedachte der König, ihn über das ganze Königreich zu setzen. Deshalb trachteten die Fürsten und Statthalter darnach, wie sie an Daniel wegen Sachen des Reiches eine Schuld fänden, konnten aber keine Schuld noch Übeltat finden; denn er war treu. Da sprachen die Männer: Wir werden nichts wider Daniel finden als seinen Gottesdienst. Und die Fürsten und Statthalter liefen zum König und sprachen zu ihm: Der König Darius lebe ewiglich! Es haben die Fürsten des Königreichs, die Statthalter, Räte und Amtleute alle gedacht, man sollte einen königlichen Befehl ausgehen lassen, daß, wer in dreißig Tagen etwas bitten wird von irgend einem Gott oder Menschen außer von dir allein, o König, solle zu den Löwen in die Grube geworfen werden. Darum, lieber König, wollest du solches Gebot bestätigen und dich unterschreiben. Also unterschrieb sich König Darius.

Als nun Daniel erfuhr, daß dieses Gebot unterschrieben wäre, ging er hinauf in sein Haus (er hatte aber in seinem Sommerhause offene Fenster gegen Jerusalem); und er fiel des Tages dreimal auf seine Kniee, lobte und dankte seinem Gott, wie er auch vorher zu tun pflegte. Da stürmten diese Männer herein und fanden Daniel, wie er betete und flehte vor seinem Gott. Sie gingen hin und sprachen zum König: Hast du nicht ein Gebot unterschrieben, daß, wer in dreißig Tagen etwas bitten würde von irgend einem Gott oder Menschen außer von dir allein, o König, solle zu den Löwen in die Grube geworfen werden? Der König antwortete: Es ist wahr, und das Gesetz der Meder und Perser soll niemand aufheben. Sie sprachen zum König: Daniel, einer der Gefangenen aus Juda, der achtet weder dich noch dein Gebot, das du erlassen hast; denn er betet des Tages dreimal. Da der König solches hörte, ward er sehr betrübt und wandte großen Fleiß an, Daniel zu erlösen, und mühte sich, bis die Sonne unterging, ihn zu erretten. Aber die Männer stürmten auf den König ein und sprachen zu ihm: Du weißt, o König: es ist bei den Medern und Persern Gesetz, daß alle Gebote und Befehle, die der König erlassen hat, unverändert bleiben sollen. Da befahl der König, daß man Daniel herbrächte; und sie warfen ihn zu den Löwen in die Grube. Der König aber sprach zu Daniel: Dein Gott, dem du ohne Unterlaß dienest, der helfe dir! Und sie brachten einen Stein und legten ihn vor die Türe der Grube; den versiegelte der König mit seinem eigenen Ring und mit dem Ring seiner Gewaltigen. Dann ging der König weg in seinen Palast und brachte die Nacht unter Fasten zu, konnte auch nicht schlafen.

Des Morgens früh, da der Tag anbrach, stand der König auf, ging eilends zur Löwengrube und rief Daniel mit betrübter Stimme: Daniel, du Knecht des lebendigen Gottes, hat dich auch dein Gott, dem du ohne Unterlaß dienest, von den Löwen erretten können? Daniel aber antwortete: Mein Gott hat seinen Engel gesandt, der den Löwen den Rachen zugehalten hat, daß sie mir kein Leid getan haben; denn vor ihm bin ich unschuldig erfunden; so habe ich auch wider dich, mein König, nichts getan. Da ward der König sehr froh und ließ Daniel aus der Grube ziehen. Und es ward kein Schaden an ihm gefunden; denn er hatte seinem Gott vertrauet. Da ließ der

König die Männer, die Daniel verklagt hatten, herbringen und in die Löwengrube werfen samt ihren Kindern und Weibern. Und ehe sie auf den Boden hinab kamen, wurden sie von den Löwen ergriffen und alle ihre Gebeine zermalmt.

Da ließ der König Darius allen Völkern, Nationen und Zungen auf der ganzen Welt schreiben: Viel Frieden zuvor! Das ist mein Befehl, daß man in der ganzen Herrschaft meines Königreichs den Gott Daniels fürchten und scheuen soll. Denn er ist der lebendige Gott, der ewiglich bleibet; sein Königreich ist unvergänglich, und seine Herrschaft hat kein Ende. Er ist ein Erlöser und Nothelfer und tut Zeichen und Wunder, beides, im Himmel und auf Erden. Der hat Daniel von den Löwen erlöst.

(Buch Daniel, Kap. 6)

Der 23. Psalm

Ein Psalm Davids.

Der Herr ist mein Hirte,
  Mir wird nichts mangeln.
Er weidet mich auf grünen Auen
  Und führet mich zu frischem Wasser.
Er erquicket meine Seele,
  Er führet mich auf rechter Straße
  Um seines Namens willen.
Und ob ich schon wanderte im finstern Tal,
  Fürchte ich kein Unglück;
  Denn du bist bei mir,
  Dein Stecken und Stab trösten mich.
Du bereitest vor mir einen Tisch
  Im Angesicht meiner Feinde;
  Du salbst mein Haupt mit Oel
  Und schenkest mir den Becher voll ein.

Ja, Gutes und Barmherzigkeit werden mir folgen mein Leben lang,
  Und ich werde bleiben im Hause des Herrn immerdar.

Die Heilung des Lahmen

Nach etlichen Tagen ging Jesus wieder nach Kapernaum, und es ward ruchbar, daß er zu Hause war. Da versammelten sich alsbald viele, so daß sie nicht Raum hatten, auch nicht draußen vor der Türe; und er predigte ihnen das Wort. Es kamen aber etliche zu ihm, die brachten einen Gelähmten, von Vieren getragen. Da sie aber nicht zu ihm kommen konnten vor dem Volk, deckten sie das Dach ab, wo er war, rissen es auf und ließen das Bett, worauf der Gelähmte lag, hinab. Als nun Jesus ihren Glauben sah, sprach er zu dem Gelähmten: Mein Sohn, deine Sünden sind dir vergeben. Es saßen aber etliche Schriftgelehrte da, die dachten in ihren Herzen: Wie redet dieser solches? Er lästert Gott. Wer kann Sünden vergeben denn allein Gott? Jesus erkannte alsbald in seinem Geiste, daß sie bei sich selber also dachten, und sprach zu ihnen: Was denket ihr solches in euern Herzen? Welches ist leichter, zu dem Gelähmten zu sagen: dir sind deine Sünden vergeben! oder: stehe auf, nimm dein Bett und wandle? Auf daß ihr aber wisset, daß des Menschen Sohn Macht hat, auf Erden Sünden zu vergeben, sprach er zu dem Gelähmten: Ich sage dir, stehe auf, nimm dein Bett und gehe heim! Und alsbald stand er auf, nahm sein Bett und ging hinaus vor allen, so daß sie sich alle entsetzten und Gott priesen und sprachen: Wir haben solches nie gesehen.

(Markus-Evangelium, Kap. 2)

Gottes Wille geschieht

Der König von Frankreich führte Krieg mit dem Grafen von Flandern; zwei Schlachten waren schon geschlagen, in denen viel gute Ritter und eine große Menge Volks von beiden Seiten den Tod gefunden, gewöhnlich aber der König den kürzern gezogen hatte. Um diese Zeit pflegten zwei Blinde auf der Straße vor Paris zu stehen, um Almosen zu ihrem Lebensunterhalt zu sammeln. Unter diesen entspann sich ein lebhafter Streit: den ganzen Tag sprachen sie über den König von Frankreich und den Grafen von Flandern. Einer sagte zu dem andern: „Höre, was sagst du? Ich sage, der König wird siegen." Der andere erwiderte: „Nein, der Graf"; und er setzte dann hinzu: „Es wird geschehen, was Gott gefällt." So stritten sie jeden Tag über den Ausgang der Kriegsbegebenheiten.

Ein Edelmann vom Hofe, der mit seinen Leuten jene Straße ging, blieb eines Tages stehen, um den Streit der Blinden mit anzuhören; dann begab er sich an den Hof zurück und erzählte dem König zu großer Belustigung der Anwesenden, wie die beiden Blinden den ganzen Tag über ihn und den Grafen in Streit lägen. Der König lachte und schickte einen Edelknecht ab, um dem Streit zuzuhören und sich zu merken, wer von beiden das eine und wer das andere behaupte. Dieser ging, horchte genau auf und stattete dem König Bericht ab.

Alsbald berief der König seinen Seneschall und befahl ihm, zwei große Brote aus feinem Mehl backen zu lassen. Bevor sie in den Ofen kämen, solle er in das eine zehn Goldstücke in geraumer Entfernung voneinander verbergen, in das andere aber nichts: wenn sie dann gar seien, solle der Edelknecht sie den beiden Blinden um Gottes willen schenken, und zwar das mit dem Gelde demjenigen, der den Sieg des Königs von Frankreich behaupte, das andere dem, der der Meinung sei, Gottes Wille werde geschehen.

Der Edelknecht tat nach des Königs Befehl. Als der Abend kam, kehrten die Blinden nach Hause; der, welchem das Brot ohne das Geld zuteil geworden war, sprach zu seiner Frau: „Gott hat uns heute wohlbedacht: genießen wir seiner Gaben!" Sie setzten sich und aßen das Brot rein auf, so wohl schmeckte es ihnen. Der andere Blinde, der das goldbeschwerte Brot erhalten hatte, sprach am Abend zu seinem Weibe: „Frau, laß uns dieses Brot aufbewahren und morgen verkaufen, damit wir etwas Bargeld in die Hände bekommen: wir können ja heute von den Brotscheiben zehren, die wir erbettelt haben."

Am Morgen standen sie auf, und jeder begab sich mit seiner Frau dahin, wo sie gewohnt waren, zu stehen und die Vorübergehenden anzusprechen. Als sie dahin kamen, sprach der eine, der sein Brot verzehrt hatte, zu seinem Weibe: „Frau, unser Gefährte dort, der wie wir von Almosen lebt und mit dem ich immer streite, hat doch auch ein Brot von dem Edelknecht des Königs erhalten?" – „Allerdings", antwortete die Frau. – „Nun wohlan", fuhr jener fort, „so gehe doch zu seiner Frau und höre, ob sie es verkaufen wollen? Du kannst schon etwas daran wenden: das unsrige schien mir sehr schmackhaft." – „Denkst du denn", entgegnete die Frau, „sie werden es nicht ebenso gut wie wir zu essen verstanden haben?" – „Wer weiß?" entgegnete der Blinde; „vielleicht haben sie es aufbewahrt, um einige Batzen dafür zu lösen, und sich nicht getraut, es zu verzehren, wie wir taten, weil es so schön war und so groß und weiß."

Da die Frau den Willen des Mannes vernahm, ging sie zu der Frau des andern und fragte, ob sie das Brot, das ihr der Edelknecht des Königs geschenkt, schon verzehrt hätten, und wenn es noch da sei, ob sie gewillt wären, es zu verkaufen? „Wir haben es noch", gab jene zur Antwort, „ich werde fragen, ob mein Mann es verkaufen will, wie er gestern abend sagte."

Gleich darauf kehrte sie zurück und erklärte, sie wolle es verkaufen, allein nur für vier Silberbatzen Pariser Geld, die es wohl wert sei. Der Handel ward richtig, und sie kehrte mit dem erkauften Brote zu ihrem Manne zurück, der sich freute, als er es hörte. „Heute abend", sagte er, „werden wir wieder so gut leben wie gestern."

Der Tag verging, die Blinden begaben sich nach Hause. „Laß uns zu Nacht speisen", sagte der eine, der das Brot gekauft hatte, zu seiner Frau. Sie nahm ein Messer, um das Brot anzuschneiden: schon bei der ersten Scheibe fiel ihr ein Goldstück vor die Füße; sie schnitt weiter, und jede Scheibe enthielt eine Goldmünze. Der Blinde hörte den Klang und fragte, was das sei, was er klingen höre, und die Frau erzählte ihm, was sie gefunden. Der Blinde bat sie weiterzuschneiden, und als alles zerschnitten und jede Scheibe durchsucht war, fanden sich die zehn Goldstücke, welche der König befohlen hatte einzubacken. Der Blinde wußte sich vor Freude kaum zu lassen: „Siehst du nun", sprach er zu seiner Frau, „daß ich die Wahrheit sagte, daß Gottes Wille geschehen muß und daß es nicht anders sein kann? Nun weißt du doch, daß unser Gefährte täglich mit mir streitet und sagt, der König werde siegen; ich aber sage, Gottes Wille wird geschehen." Darauf begaben sie sich zur Ruhe.

Am Morgen standen sie auf, um ihrem Gefährten die Nachricht

von dem Glücksfunde mitzuteilen. Aber der König hatte schon beizeiten hingesandt, um zu erfahren, wie es mit dem goldbeschwerten Brote gegangen sei; denn tags zuvor hatte er nicht nachforschen lassen, weil er dachte, sie würden es noch nicht verzehrt haben. Der Edelknecht verbarg sich hinter einem Pfeiler, um von den Frauen nicht gesehen zu werden. Als nun die Blinden an die Stelle kamen, wo sie gewohnt waren, ihren Stand zu haben, begann der eine, der das Brot erkauft hatte, den andern beim Namen zu rufen: „Noch immer behaupte ich", fuhr er dann fort, „es wird geschehen, was Gottes Wille ist. Gestern kaufte ich ein Brot für vier Pariser Silberbatzen; darin fand ich zehn Goldstücke von gutem Gepräge, und so hatte ich einen guten Abend und werde auch ein gutes Jahr haben." Wie dies der andere hörte, erschrak er heftig und beteuerte, nicht länger mit ihm streiten zu wollen, denn das Recht sei zu offenbar auf des Gegners Seite, und Gottes Wille müsse geschehen.

Dies hörte der Edelknecht, kehrte eiligst an den Hof zurück und hinterbrachte dem Könige seine Neuigkeiten und was die beiden Blinden unter sich gesprochen hätten. Darauf ließ sie der König vor sich kommen und sich den ganzen Hergang von ihnen erzählen: wie jeder das ihm bestimmte Brot von dem Edelknecht erhalten und der eine das seinige dem andern verkauft habe; wie sie vorher lange Zeit miteinander gestritten und der, welcher behauptet, der König werde siegen, das Geld nicht erhalten, sondern der andere, der der Meinung gewesen, Gottes Wille müsse geschehen.

Daran ergötzte sich der König weidlich mit seinen Baronen und Edelleuten: „Wahrlich", rief er aus, „dieser Blinde hat recht: der Wille Gottes muß geschehen, und alles Volk der Erde kann kein Tüttelchen daran ändern."

MICHEL DE MONTAIGNE

Man sollte nicht dreist über Gottes Fügungen urteilen

Für einen Christen ist es hinlänglich, zu glauben, Gott schicke ihm alles zu, und alles mit Danksagung gegen seine göttliche unerforschliche Weisheit anzunehmen; aber auch als Zeichen der Liebe anzunehmen, unter was für Gestalt sie ihm auch zugeschickt werden.

Ich kann aber keineswegs billigen, was ich so im Schwange gehen sehe, daß man unsre Religion durch den glücklichen Fortgang unsrer Unternehmungen zu bestätigen und zu unterstützen sucht. Unser Glaube beruht an sich schon auf sicheren Gründen, ohne bestimmter Begebenheiten zur Bekräftigung zu bedürfen. Denn wird das Volk an solche Beweisarten gewöhnt, denen es ohnehin sehr zuneigt, so ist Gefahr, daß es auch in seinem Glauben wankend werde, wenn nun die Ereignisse wieder widerwärtig und nachteilig ausfallen; wie in den Kriegen, worin wir jetzt der Religion wegen verwickelt sind, wenn da diejenigen, welche in dem Treffen bei Roche l'Abeille[1] die Oberhand behielten, darüber große Freudenfeste anstellen und dies gute Glück für eine zuverlässige Erklärung des Himmels für ihre Partei ausgeben; und dann wieder ihr widriges Schicksal bei Montcontour und bei Jarnac[2] damit entschuldigen, daß sie es für väterliche Zuchtruten annehmen: so müßten sie den Verstand des Volks ganz und gar in ihrer Gewalt haben, aber es wird bald genug bemerken, daß das aus einem Sacke zweierlei Mehl nehmen und kalt und warm aus einem Munde blasen heißt. Es wäre besser, man sagte ihm die reinen Gründe der Wahrheit.

1 Im Mai 1569 fand die Schlacht von Roche l'Abeille zwischen dem Admiral Coligny und dem Herzog von Anjou statt.
2 Der Herzog von Anjou gewann die Schlacht bei Jarnac im März 1569, die bei Montcontour im Oktober d. J.

Martin Luther

Ein feste Burg ist unser Gott

Ein feste Burg ist unser Gott,
ein gute Wehr und Waffen.
Er hilft uns frei aus aller Not,
die uns jetzt hat betroffen.
Der alt böse Feind,
mit Ernst er's jetzt meint,
groß Macht und viel List
sein grausam Rüstung ist,
auf Erd ist nicht seins gleichen.

Mit unser Macht ist nichts getan,
wir sind gar bald verloren.
Es streit für uns der rechte Mann,
den Gott hat selbst erkoren.
Fragst du, wer der ist?
Er heißt Jesus Christ,
der Herr Zebaoth
und ist kein ander Gott,
das Feld muß er behalten.

Und wenn die Welt voll Teufel wär'
und wollt' uns gar verschlingen,
so fürchten wir uns nicht zu sehr,
es soll uns doch gelingen.
Der Fürst dieser Welt,
wie saur er sich stellt,
tut er uns doch nicht,
das macht, er ist gericht,
ein Wörtlein kann ihn fällen.

Das Wort sie sollen lassen stahn
und kein Dank dazu haben.
Er ist bei uns wohl auf dem Plan
mit seinem Geist und Gaben.
Nehmen sie den Leib,
Gut, Ehr, Kind und Weib:
Laß fahren dahin,
sie haben's kein Gewinn,
das Reich muß uns doch bleiben.

Aus tiefer Not schrei' ich zu dir

Aus tiefer Not schrei' ich zu dir,
Herr Gott! erhör mein Rufen.
Dein gnädig Ohren kehr zu mir
und meiner Bitt' sie öffne.
Denn so du willst das sehen an,
was Sünd' und Unrecht ist getan,
wer kann, Herr, vor dir bleiben?

Bei dir gilt nichts denn Gnad und Gunst,
die Sünden zu vergeben.
Es ist doch unser Tun umsonst
auch in dem besten Leben.
Vor dir niemand sich rühmen kann,
des muß dich fürchten jedermann
und deiner Gnaden leben.

Darum auf Gott will hoffen ich,
auf mein Verdienst nicht bauen.
Auf ihn mein Herz soll lassen sich
und seiner Güte trauen,
die mir zusagt sein wertes Wort,
das ist mein Trost und treuer Hort,
des will ich allzeit harren.

Mitten wir im Leben

Mitten wir im Leben sind
mit dem Tod umfangen.
Wen suchen wir, der Hilfe tu,
daß wir Gnad erlangen?
Das bist du, Herr, alleine.
Uns reuet unsre Missetat,
die dich, Herr, erzürnet hat.
Heiliger Herre Gott,
heiliger starker Gott,
heiliger barmherziger Heiland,
du ewiger Gott!
Laß uns nicht versinken
in des bittern Todes Not,
Kyrie Eleison!

PAUL GERHARDT

Passionslied

O Haupt voll Blut und Wunden,
voll Schmerz und voller Hohn;
o Haupt, zu Spott gebunden
mit einer Dornenkron';
o Haupt, sonst schön gezieret
mit höchster Ehr' und Zier,
jetzt aber hoch schimpfieret,
gegrüßet seist du mir!

Du edles Angesichte,
davor sonst schrickt und scheut
das große Weltgewichte,
wie bist du so bespeit?
Wie bist du so erbleichet?
Wer hat dein Augenlicht,
dem sonst kein Licht mehr gleichet,
so schändlich zugericht't?

Die Farbe deiner Wangen,
der roten Lippen Pracht
ist hin und ganz vergangen:
Des blassen Todes Macht
hat alles hingenommen,
hat alles hingerafft,
und daher bist du kommen
von deines Leibes Kraft.

Nun, was du, Herr, erduldet,
ist alles meine Last;
ich hab' es selbst verschuldet,
was du getragen hast.
Schau her! hier steh' ich Armer,
der Zorn verdienet hat:
Gib mir, o mein Erbarmer,
den Anblick deiner Gnad'!

Wenn ich einmal soll scheiden,
so scheide nicht von mir;
wenn ich den Tod soll leiden,
so tritt du dann herfür.
Wenn mir am allerbängsten
wird um das Herze sein,
so reiß mich aus den Ängsten
kraft deiner Angst und Pein!

Erscheine mir zum Schilde,
zum Trost in meinem Tod,
und laß mich sehn dein Bilde
in deiner Kreuzesnot!
Da will ich nach dir blicken,
da will ich glaubensvoll
dich fest an mein Herz drücken:
Wer so stirbt, der stirbt wohl.

MATTHIAS CLAUDIUS

Abendlied

Der Mond ist aufgegangen,
die goldnen Sternlein prangen
am Himmel hell und klar;
der Wald steht schwarz und schweiget,
und aus den Wiesen steiget
der weiße Nebel wunderbar.

Wie ist die Welt so stille
und in der Dämmrung Hülle
so traulich und so hold!
Als eine stille Kammer,
wo ihr des Tages Jammer
verschlafen und vergessen sollt.

Seht ihr den Mond dort stehen?
Er ist nur halb zu sehen
und ist doch rund und schön!
So sind wohl manche Sachen,
die wir getrost belachen,
weil unsre Augen sie nicht sehn.

Wir stolze Menschenkinder
sind eitel arme Sünder
und wissen gar nicht viel;
wir spinnen Luftgespinste
und suchen viele Künste
und kommen weiter von dem Ziel.

Gott, laß uns dein Heil schauen,
auf nichts Vergänglichs trauen,
nicht Eitelkeit uns freun!
Laß uns einfältig werden
und vor dir hier auf Erden
wie Kinder fromm und fröhlich sein.

Wollst endlich sonder Grämen
aus dieser Welt uns nehmen
durch einen sanften Tod!
Und wenn du uns genommen,
laß uns in' Himmel kommen,
du, unser Herr und unser Gott!

So legt euch denn, ihr Brüder,
in Gottes Namen nieder!
Kalt ist der Abendhauch.
Verschon uns, Gott, mit Strafen
und laß uns ruhig schlafen!
Und unsern kranken Nachbar auch!

Johann Peter Hebel

Nützliche Lehren

Gott grüßt manchen, der ihm nicht dankt. Z. B. wenn dich früh die Sonne zu einem neuen, kräftigen Leben weckt, so bietet er dir: Guten Morgen. Wenn sich abends dein Auge zum erquicklichen Schlummer schließt: Gute Nacht. Wenn du mit gesundem Appetit dich zur Mahlzeit setzst, sagt er: Wohl bekomm's. Wenn du eine Gefahr noch zu rechter Zeit entdeckst, so sagt er: Nimm dich in acht, junges Kind, oder altes Kind, und kehre lieber wieder um! Wenn du am schönen Maitag im Blütenduft und Lerchengesang spazieren gehst, und es ist dir wohl, sagt er: Sei willkommen in meinem Schloßgarten. Oder du denkst an nichts, und es wird dir auf einmal wunderlich im Herzen und naß in den Augen, und denkst, ich will doch anders werden, als ich bin, so sagt er: Merkst du, wer bei dir ist? Oder du gehst an einem offnen Grab vorbei und es schauert dich, so denkt er just nicht daran, daß du lutherisch oder reformiert bist, und sagt: Gelobt sei Jesus Christ! Also grüßt Gott manchen, der ihm nicht antwortet und nicht dankt.

Joseph Freiherr von Eichendorff

Vier geistliche Gedichte

Der Wächter

Nächtlich macht der Herr die Rund,
Sucht die Seinen unverdrossen,
Aber überall verschlossen
Trifft er Tür und Herzensgrund,
Und er wendet sich voll Trauer:
Niemand ist, der mit mir wacht. –

Nur der Wald vernimmts mit Schauer,
Rauschet fromm die ganze Nacht.

Waldwärts durch die Einsamkeit
Hört ich über Tal und Klüften
Glocken in den stillen Lüften,
Wie aus fernem Morgen weit –
An die Tore will ich schlagen,
An Palast und Hütten: Auf!
Flammend schon die Gipfel ragen,
Wachet auf, wacht auf, wacht auf!

Nachtgruß

Weil jetzo alles stille ist
Und alle Menschen schlafen,
Mein Seel das ewge Licht begrüßt,
Ruht wie ein Schiff im Hafen.

Der falsche Fleiß, die Eitelkeit,
Was keinen mag erlaben,
Darin der Tag das Herz zerstreut,
Liegt alles tief begraben.

Ein andrer König wunderreich
Mit königlichen Sinnen,
Zieht herrlich ein im stillen Reich,
Besteigt die ewgen Zinnen.

Morgenlied

Kein Stimmlein noch schallt von allen
In frühester Morgenstund,
Wie still ists noch in den Hallen
Durch den weiten Waldesgrund.

Ich stehe hoch überm Tale
Stille vor großer Lust,
Und schau nach dem ersten Strahle,
Kühl schauernd in tiefster Brust.

Wie sieht da zu dieser Stunde
So anders das Land herauf,
Nichts hör ich da in der Runde
Als von fern der Ströme Lauf.

Und ehe sich alle erhoben
Des Tages Freuden und Weh,
Will ich, Herr Gott, Dich loben
Hier einsam in stiller Höh. –

Nun rauschen schon stärker die Wälder,
Morgenlicht funkelt herauf,
Die Lerche singt über den Feldern,
Schöne Erde, nun wache auf!

Mondnacht

Es war, als hätt der Himmel
Die Erde still geküßt,
Daß sie im Blütenschimmer
Von ihm nun träumen müßt.

Die Luft ging durch die Felder,
Die Ähren wogten sacht,
Es rauschten leis die Wälder,
So sternklar war die Nacht.

Und meine Seele spannte
Weit ihre Flügel aus,
Flog durch die stillen Lande,
Als flöge sie nach Haus.

FRIEDRICH RÜCKERT

Mit meinem Meister

Mit meinem Meister ging ich pilgern über Land,
Wir wählten einen Baum zur Rast im Mittagsbrand.
Ein wilder Tiger kam vom Wald daher im Lauf,
Besinnungslose Furcht trieb mich den Baum hinauf.
Ich sah von obenher, wie jener drunten saß,
Und seinen Grimm vor ihm das wilde Tier vergaß.
Es wedelte geschmiegt alswie ein Hündlein zahm,
Und wandelte zurück zum Wald, aus dem es kam.
Ich stieg beschämt herab, wir aber zogen weiter,
Ein Obdach suchten wir bei Nacht als müde Schreiter.
Da war's nach Mitternacht, als eine Mücke stach
Den Meister, daß er stöhnt', und ich verwundert sprach:
Ein Tigerrachen ließ dich gestern unverletzt,
Wie nun verwundet dich ein Mückenstachel jetzt?
Er aber sprach: Das Herz hat zwei verschiedne Stände;
O glücklich, wenn es stets in einem sich befände.
Am Tage gestern war mein Herz im bessern Stand,
Es stand in Gottes, nun steht es in meiner Hand!

ALFRED DELP S. J.

Nach der Verurteilung

Was will der Herrgott mit alledem? Ist es Erziehung zur ganzen Freiheit und vollen Hingabe? Will er den ganzen Kelch bis zum letzten Tropfen und gehören dazu diese Stunden des Wartens und eigenartigen Advents? Oder will er die Glaubensprobe? ...

Die Atmosphäre ist hier so verdorben für mich, daß auch ein Gnadengesuch überhaupt keine Aussicht hat. Ist es nun Torheit, noch zu hoffen, oder Einbildung oder Feigheit oder Gnade? Ich sitze oft da vor dem Herrn und schaue ihn nur fragend an.

Auf jeden Fall muß ich mich innerlich gehörig loslassen und mich hergeben. Es ist die Zeit der Aussaat, nicht der Ernte. Gott sät; einmal wird er auch wieder ernten. Um das eine will ich mich mühen: wenigstens als fruchtbares und gesundes Saatkorn in die Erde zu fallen. Und in des Herrgotts Hand. Und mich gegen den Schmerz und die Wehmut wehren, die mich manchmal anfallen wollen. Wenn der Herrgott diesen Weg will – und alles Sichtbare deutet darauf hin – dann muß ich ihn freiwillig und ohne Erbitterung gehen. Es sollen einmal andere besser und glücklicher leben dürfen, weil wir gestorben sind.

Ich bitte auch die Freunde, nicht zu trauern, sondern für mich zu beten und mir zu helfen, solange ich der Hilfe bedarf. Und sich nachher darauf zu verlassen, daß ich geopfert wurde, nicht erschlagen ... Ehrlich und gerade: ich würde gerne noch weiterleben und gern und jetzt erst recht weiter schaffen und viele neue Worte und Werte verkünden, die ich jetzt erst entdeckt habe. Es ist anders gekommen. Gott halte mich in der Kraft, ihm und seiner Fügung und Zulassung gewachsen zu sein.

...

So lebt denn wohl. Mein Verbrechen war, daß ich an Deutschland glaubte, auch über eine mögliche Not- und Nachtstunde hinaus. Daß ich an jene simple und anmaßende Drei-Einigkeit des Stolzes und der Gewalt nicht glaubte. Und daß ich dies tat als katholischer Christ und als Jesuit. Das sind die Werte, für die ich hier stehe am äußersten Rande und auf den warten muß, der mich hinunterstößt: Deutschland über das Heute hinaus als immer neu sich gestaltende Wirklichkeit – Christentum und Kirche als die geheime Sehnsucht und die stärkende und heilende Kraft dieses Landes und Volkes – der Orden als die Heimat geprägter Männer, die man haßt, weil man sie nicht versteht und kennt in ihrer freien Gebundenheit oder weil man sie fürchtet als Vorwurf und Frage in der eigenen anmaßenden, pathetischen Unfreiheit.

Hermann Langbein

Die Tat des Maximilian Kolbe

Am bekanntesten wurde die Tat von Maximilian Rajmund Kolbe, der der Lagerführung die Macht nahm, selbstherrlich über Leben und Tod zu bestimmen.

Kolbe, ein katholischer Geistlicher, war am 28. Mai 1941 nach Auschwitz eingeliefert worden. Als im Juli desselben Jahres einem Häftling die Flucht gelang, ordnete die Lagerführung die zu dieser Zeit bei Fluchten übliche Repressalie an: Die Häftlinge des Blocks, in dem der Flüchtling untergebracht war, mußten nach dem Abendappell stehen bleiben. Der Lagerführer Karl Fritzsch suchte aus ihnen fünfzehn aus. Es war bekannt, daß diese im Bunker in eine Dunkelzelle eingeschlossen werden, wo sie ohne Nahrung und Wasser bleiben, bis entweder der Flüchtige gefaßt oder die Eingeschlossenen gestorben waren. Als der junge Pole Franz Gajowniczek von Fritzsch zu den für den Bunker Bestimmten gewiesen wurde, stöhnte er: „Meine arme Frau, meine Kinder, was wird aus meiner Familie?" Der Pole Dr. Franz Wlodarski, der ebenfalls in Reih und Glied angetreten war, beschreibt, was folgte:

„Nach der Wahl der fünfzehn Gefangenen trat Maximilian Kolbe aus der Reihe heraus, nahm die Mütze vom Haupt und stellte sich stramm vor den Schutzhaftlagerführer. Überrascht wandte sich dieser ihm zu: ‚Was will dieses polnische Schwein?'

Kolbe zeigte mit der Hand auf den schon zum Tode bestimmten Gojowniczek und erwiderte: ‚Ich bin ein katholischer Priester aus Polen. Ich möchte seine Stelle einnehmen, weil er Frau und Kinder hat.'

Vor Betroffenheit schien der Lagerführer nicht sprechen zu können. Nach einem Augenblick gab er mit der Hand ein Zeichen. Er sagte nur ein Wort: ‚Weg!' Auf diese Weise nahm Maximilian Kolbe den Platz des Verurteilten ein. Gajowniczek erhielt den Befehl, in die Reihe zurückzukehren." Kolbe und seine Leidensgefährten mußten fast drei Wochen in der Dunkelzelle zubringen. Am 14. August erlöste eine tödliche Injektion den Mann, dessen Haltung bis zuletzt den Respekt der Aufsicht führenden SS-Männer herausgefordert hat. Gajowniczek konnte das Lager überleben.

Teddy Pietrzykowski erinnert sich an Kolbe, der mit ihm und anderen Polen in der Birkenallee – einer Straße im rückwärtigen Teil des Lagers – nach der Arbeit spazierengegangen und von seiner Missionarstätigkeit in Japan erzählt hatte. Teddy schlug einmal einen Häftling, der Kolbe Brot gestohlen hatte. Als Kolbe das sah, sagte er, Teddy dürfe nicht mehr zu ihm kommen, wenn er einen Mitgefangenen schlage.

STEPHAN HERMLIN

Ballade von der Dame Hoffnung

Herrin des strengen Traumes, der Schafotte
Erhabene Gefährtin, Testament
Der Habenichtse, letztes Lied der Rotte,
Oberstes Scheit, das auf dem Holzstoß brennt,
Name, den jeder tote Mund noch nennt:
Im Qualm der Frühe stehst du an den Türen,
Dort, wo unwärmbar unsre Herzen frieren,
Licht der Beschatteten, aufs Rad gespannt,
Magische Finger, die die Spindel rühren:
Von den Bedrängten Hoffnung bist genannt.

Süßes Phantom im schwarzen Schlangenhag,
Geblendete an nassen Straßenecken,
Wohltätige Ohnmacht nach dem zwölften Schlag,
Feld, das die Schloßen meiner Schmerzen decken,
Schweißtuch der Kreuzgeweihten, Tränenbecken –
Ich bin versehrt und klag dir meine Not:
Gläsern Gespinst, meerblau und abendrot.
Der letzte Halm knistert im Dünensand.
Von jenen, die vertraut nur mit dem Tod,
Von den Bedrängten Hoffnung bist genannt.

Krug für die Dürstenden, erhabne Nahrung,
Schlüssel, der fugenlose Wände sprengt,
Hohes Gemisch aus Ahnung und Erfahrung,
Wahrheit gepfählt, gespießt, gewürgt, gehängt,
Mein Wappen, in dem Lieb und Haß verschränkt,
Bettlerin sehr verachtet an den Toren,
Östliches Licht schrägt auf dem Plan der Horen,
Verwehter Hahnenschrei im Dämmerland,
Stets wiederauferstanden, stets verloren:
Von den Bedrängten Hoffnung bist genannt.

Zueignung

Fürstin der Welt, die unserm Dienst erkoren,
Wüstenversengt, im grünen Eis gefroren,
Gewisse Gegenwart hinter der Wand,
Verbotner Brunnen du, nach dem wir bohren:
Von den Bedrängten Hoffnung bist genannt.

Von christlichen Werten, Freundschaft und Treue

Das Bild vom barmherzigen Samariter durchzieht wie kein zweites die Geschichte der christlich geprägten Welt und taucht in Variationen immer wieder auf. Es nahm und nimmt Einfluß auf das Verhalten der Menschen im Umgang mit anderen. Barmherzigkeit wird deshalb nicht zu Unrecht als eine Urtugend von Menschen christlichen Glaubens bezeichnet. Aber mehr noch: Es ist eine der Tugenden, die nicht nur an ein Glaubensbekenntnis gebunden sind, die vielmehr von jedermann beherzigt werden sollte und beherzigt werden kann. Von Kaiser Karl V. soll die Mahnung stammen, daß der Sieg nie ohne Übung der Barmherzigkeit sein solle, eine Tugend, die Feldherren späterer Jahrhunderte und Siegern in den heutigen Tagen anscheinend abhanden gekommen ist.

Aus der Barmherzigkeit erwächst ihre Schwester, die Solidarität oder die Mitmenschlichkeit. Beide zusammen erst machen das aus, was die christliche Religion ihren Anhängern auferlegt. Guten Gewissens kann sich dem jeder anschließen, egal, ob das Kruzifix in seinem Leben einen festen Platz hat oder nicht. Beispiele dafür finden sich in den Texten der folgenden Kapitel, und der Leser wird dabei überraschende Erkenntnisse machen können.

Viele Tugenden und Werte, die in unserem Leben heute ihren durchaus berechtigten Platz haben, uns leiten und lenken und helfen, gefährliche Klippen zu umfahren, haben ihren Ursprung im Christentum. Freilich sind Um- und Neubewertungen nicht ausgeblieben, wie auch die Kirche selbst sich immer wieder dem Leben stellen sollte. Das ist keineswegs unstrittig. Und was im Widerstreit der Meinungen noch nicht gelöst ist, kann an dieser Stelle auch nicht Lösungen liefern.

Wie verhält es sich nun mit Treue und Freundschaft, Tugenden, die uns allzuleicht von den Lippen gehen und in vielen Situationen herangezogen oder als Vehikel genutzt werden. Da schwört ein Paar vor dem Altar sich Treue, bis daß der Tod sie scheide. Und lange Zeit vor dem beschworenen Ende werden Nichtigkeiten Anlaß für unüberwind-

liche Zerwürfnisse. Da werden Treueschwüre in Situationen abverlangt, wo ein offenes Wort, eine klärende Aussprache viel angebrachter wäre. Vasallentreue wird gefordert, was nichts anderes bedeutet, als die Aufgabe des Eigenen zu akzeptieren oder den Untergang in Kauf zu nehmen, je nachdem, auf welcher Seite man steht. Treue kann auch eingeklagt werden. Aber wem hilft das?

Freundschaften werden enttäuscht, mißbraucht oder finden erst gar nicht statt.

Können in einer auf individuellen Erfolg ausgerichteten Gesellschaft solche zumindest zwei Seiten erfordernde Tugenden überhaupt noch funktionieren? Halten wir an ihnen nicht aus Tradition oder Konvention fest?

Auch hier helfen die ausgewählten Texte aus dem großen Erfahrungsschatz der Menschheit bei der Suche nach den Bojen unseres Lebens.

Freundschaft wie Treue setzt gleiche Partner voraus. Beides funktioniert in der Gleichberechtigung. Freundschaft und Treue wächst bei gleichen Interessen und gegenseitiger Achtung, was auch bedeutet, daß der eine den Mut aufbringt, den anderen gutmeinend kritisieren zu dürfen, was eine Verletzung des anderen aber ausschließen muß. Daß Gleichheit die Seele der Freundschaft ist, wissen wir von Aristoteles, daß wir Freundschaft mit des Menschen Güte, nicht aber mit seinem Gut schließen sollen, lehrt eine chinesische Weisheit. Hierin liegen die Wurzeln wahrer Freundschaft. So einfach das klingt, so schwer ist Freundschaft zu erreichen. Es bedarf großer Anstrengungen, sie herzustellen und nicht weniger Arbeit, sie zu erhalten. Glücklich kann derjenige sein, der Freundschaft erlebt. Und es ist zweifellos nicht vermessen, Freundschaft den höchsten Wert zu nennen, das schönste und reichste Erlebnis im Leben.

Die meisten Eltern wissen, wie schwer die Wahl von Freunden für ihre Kinder ist. Freundschaften in der Kindheit geben nicht selten Aufschluß darüber, welche Wege Kinder für die Zukunft einschlagen werden. Gute Freunde bringen sie voran, schlechte lassen sie in der Zukunft nicht selten straucheln. Freunde sollten auch für Kinder die besten Verbündeten sein, wobei das Alter des Freundes nicht unbedingt eine Rolle spielen muß. Der Gleichaltrige kann es genauso sein wie Mutter oder Vater, hier idealerweise doch beide zusammen. Mancher erinnert sich nur zu gern an eine harmonische Kindheit, mit den Eltern als Freunden und Partner, als Beratern wie Ratgebern, als Gleichen. Die Freundschaft zwischen Eltern und Kindern ist dann vollkommen, wenn sie mit Vertrauen gepaart ist, wenn das Kind auch in schwierige Themen einbezogen wird, selbst dann, wenn der Erfahrungsschatz für eine Mitsprache noch nicht ausreicht.

Freundschaft verträgt und erträgt auch Belastungen. Erst dann zeigt sich, ob man einen Freund hat. Die vermeintliche Weisheit, daß kleine Geschenke die Freundschaft erhalten, ist ebenso unsinnig wie der Versuch, mit einem Blumenstrauß Untreue vergessen zu machen. Freundschaft wie Treue beruhen auf einem gegenseitigen Geben wie Nehmen, im materiellen wie im ideellen Sinne. Freundschaften wie Treue erkaufen zu wollen steht schon im Widerspruch zu sich selbst. Natürlich können auch über Geschenke, ja selbst über kostbare und teure, tiefe Gefühle zum Ausdruck gebracht werden. Sie dürfen aber niemals zu einem Anspruch werden.

Wenn auch nicht alle Lehren des griechischen Philosophen Epikur von Samos die Zeiten überdauert haben, so können wir uns doch dem Folgenden wohl bedenkenlos anschließen und die Erkenntnis in uns aufnehmen:

„Von allen Geschenken, die uns eine weise Voraussicht gewährt, um das Leben völlig beglückend zu gestalten, ist Freundschaft das Schönste."

Sechstes Kapitel

Nächstenliebe – Mitleid – Erbarmen Mitmenschlichkeit

❖ ❖ ❖

Moses Geburt und Rettung

Als Joseph gestorben war und alle seine Brüder und alle, die zu jener Zeit gelebt hatten, wuchsen die Kinder Israels, mehrten sich und wurden sehr mächtig, und das Land ward voll von ihnen. Da kam ein neuer König in Ägypten auf; der wußte nichts von Joseph und sprach zu seinem Volke: Siehe, das Volk der Kinder Israels ist zahlreicher und stärker denn wir. Wohlan, wir wollen List wider sie gebrauchen, daß ihrer nicht so viel werden. Denn wenn sich ein Krieg erhöbe, möchten sie sich zu unsern Feinden schlagen und wider uns streiten und aus dem Lande wegziehen. Da setzte man Fronvögte über sie, die sie mit schweren Diensten drücken sollten; denn man baute dem Pharao Vorratsstädte, Pithom und Ramses. Aber je mehr sie das Volk drückten, desto mehr wuchs es und breitete sich aus, daß ihnen vor den Kindern Israels graute. Und die Ägypter zwangen die Kinder Israels mit Unbarmherzigkeit zum Dienst und machten ihnen das Leben sauer mit schwerer Arbeit in Ton und Ziegeln, mit allerlei Frondienst auf dem Felde und mit allerlei Arbeit, die sie mit Unbarmherzigkeit ihnen auflegten.

Und Pharao gebot seinem ganzen Volke und sprach: Alle Söhne, die ihnen geboren werden, werfet in den Nil, alle Töchter aber lasset leben. Es ging aber ein Mann vom Hause Levis hin und nahm eine Tochter Levis zum Weibe. Sie gebar einen Sohn; und da sie sah, daß er ein feines Kind war, verbarg sie ihn drei Monate. Da sie ihn aber nicht länger verbergen konnte, machte sie ein Kästchen von Rohr, verklebte es mit Erdharz und Pech, legte den Knaben hinein und setzte es in das Schilf am Ufer des Stromes. Aber seine Schwester stand von ferne, zu erfahren, wie es ihm gehen würde. Da kam die Tochter Pharaos herab an den Nil, um zu baden, und ihre Jungfrauen gingen an den Rand des Stromes. Als sie das Kästlein im Schilf sah, sandte sie ihre Magd hin und ließ es holen, und da sie es auftat, sah sie das Kind; und siehe, das Knäblein weinte. Da jammerte es sie, und sie sprach: Es ist eines der hebräischen Kindlein. Da sprach seine Schwester zu der Tochter Pharaos: Soll ich hingehen und eines der hebräischen Weiber rufen, daß sie dir das Kindlein pflege? Die Tochter Pharaos sprach zu ihr: Gehe hin. Die Jungfrau ging hin und rief des Kindes Mutter. Da sprach Pharaos Tochter zu ihr: Nimm das Kindlein und pflege mir's, ich will dir's lohnen. Das Weib nahm das Kind und pflegte es. Als aber das Kind groß war, brachte sie es der Tochter Pharaos, und es ward ihr Sohn, und sie hieß ihn Moses (denn sie sprach: Ich habe ihn aus dem Wasser gezogen).

(2. Buch Moses)

Äsop

Der Löwe und die Maus

Einem großmütigen Löwen war eine arme Maus in die Klauen geraten; auf ihre demütige Bitte aber ließ er sie wieder los. Wenige Tage darauf sah sich der Löwe im Garn verwickelt und erntete den Nutzen seiner vorigen Gnade; denn ebendieselbe Maus erinnerte sich, bei seinem Unglücke, der von ihm genossenen Wohltaten, machte sich über das Garn, zerknaufelte die Schlingen und befreite auf diese Weise ihren Erhalter.

Lehre: Es gilt durch die ganze Kette der Schöpfung, daß der Große und der Kleine, einer den andern, brauchen.

Betrachtung: Nichts ist so klein, ein Großer, er mag noch so groß sein, kann es einmal nötig haben; und also muß Klugheit und Vorsicht bei Begnadigungen ebensowohl stattfinden als bei der Gerechtigkeit. *Tue, wie du willst, daß man dir tue.* Und die Verbindlichkeit wird desto stärker, je mehr Ehre man mit der Dankbarkeit einlegen kann. Die Großmut des Löwen und die Erkenntlichkeit der Maus, die Gewalt und erhabne Würde des einen und die Niedrigkeit der andern tragen alle das Ihrige dazu bei, diese Fabel zu einer von den allerlehrreichsten zu machen. Denn auf der einen Seite wird sowohl die Gnade als die Klugheit angepriesen, indem der Löwe, da er die Maus beim Leben ließ, sein eigen Leben errettete, und auf der andern wird das dankbare kleine Tier viele undankbare Menschen beschämen. Überhaupt ist kein Mensch so groß, der nicht auch einmal in den Fall kommen könnte, in welchem wir den Löwen hier sehen.

Das Gleichnis vom barmherzigen Samariter

Und siehe, da stand ein Schriftgelehrter auf, ihn zu versuchen, und sprach: Meister, was muß ich tun, daß ich das ewige Leben ererbe? Er aber sprach zu ihm: Was steht im Gesetz geschrieben? wie liesest du? Er antwortete: „Du sollst den Herrn, deinen Gott, lieben von ganzem Herzen, von ganzer Seele, mit aller Kraft und von ganzem Gemüte“[1] und „deinen Nächsten wie dich selbst.“[2] Jesus aber sprach zu ihm: Du hast recht geantwortet; tue das, so wirst du leben. Er aber wollte sich selbst rechtfertigen und sprach zu Jesus: Wer ist denn mein Nächster? Da antwortete Jesus und sprach: Es war ein Mensch, der ging von Jerusalem hinab nach Jericho und fiel unter die Räuber; die zogen ihn aus und schlugen ihn, gingen davon und ließen ihn halb tot liegen. Es begab sich aber von ungefähr, daß ein Priester dieselbe Straße hinabzog, der sah ihn und ging vorüber. Desgleichen auch ein Levit, der an den Ort kam, sah ihn und ging vorüber. Ein Samariter aber, der auf der Reise war, kam dahin, und da er ihn sah, jammerte ihn seiner; er ging zu ihm , verband ihm seine Wunden und goß Öl und Wein darein, hob ihn auf sein Tier und führte ihn in eine Herberge und pflegte ihn. Des andern Tages zog er zwei Denare heraus, gab sie dem Wirte und sprach: Verpflege ihn; und was du mehr aufwenden wirst, das will ich dir bezahlen, wenn ich wiederkomme. Welcher von diesen dreien dünkt dich, sei der Nächste gewesen dem, der unter die Räuber gefallen war? Er sprach: Der die Barmherzigkeit an ihm tat. Da sprach Jesus zu ihm: So gehe hin und tue desgleichen!

(Evangelium des Lukas, Kap. 10/11)

1 5 Moses 6, 5.
2 3 Moses 19, 18.

GIOVANNI BOCCACCIO

Der Falke

Als die Königin bemerkte, daß sie an der Reihe war, die Runde zu unterhalten, sagte sie: „Ich will euch eine Geschichte erzählen, um euch zu lehren, daß ihr nicht allezeit dem Glück und dem Geschick die Führung überlassen dürft, sondern zuweilen auch selber aus freien Stücken eure Gunst verschenken könnt.

In unserer Stadt lebte ein sehr würdiger und geachteter Mann namens Coppo di Borghese Domenichi, der durch den Adel seines Blutes und mehr noch durch seine Tugendhaftigkeit sich ewigen Nachruhm erworben hat. Als er schon hoch bei Jahren war, pflegte er noch oft mit seinen Nachbarn zu plaudern und verstand seine Rede so geschickt zu setzen, wie kein anderer es vermochte. Unter andern schönen Dingen pflegte er zu erzählen, daß in Florenz einst ein Jüngling gelebt habe namens Federigo, an Waffentüchtigkeit und feiner Lebensart allen andern toskanischen Jünglingen überlegen. Dieser Jüngling verliebte sich in ein Edelfräulein, das Giovanna hieß und die liebreizendste Jungfrau war, die man zu jener Zeit in Florenz finden konnte. Um ihre Liebe zu erringen, stellte er Turniere und Feste an und verschenkte und verschwendete sein Hab und Gut ohne Überlegen. Doch die Jungfrau war ebenso tugendsam wie schön und kümmerte sich weder um ihn noch um das, was er für sie tat. Da nun

Federigo unmäßige Verschwendung trieb und nichts hinzu erwarb, schwanden, wie es nicht anders sein konnte, seine Reichtümer schnell hin, und er ward ganz arm, so daß ihm nichts blieb als ein kleiner Landsitz, von dessen Einkünften er kärglich lebte, und ein Falke, wie man keinen bessern auf der Welt hatte. Da er nun doch kein Städter mehr sein konnte, wie es sich für ihn schickte, so ging er nach Campi, wo seine Besitzung lag, und lebte hier ganz bescheiden vom Vogelfang, ohne von jemandem etwas zu verlangen. Während nun Federigo seine Armut geduldig auf sich nahm, erkrankte Giovannas Gemahl, und da er seinen Tod nahen fühlte, machte er sein Testament und setzte seine Frau, die er sehr geliebt hatte, zur Erbin seines großen Vermögens ein, falls sein Sohn ohne Erben sterben sollte.

Als nun Giovanna Witwe geworden war, ging sie, wie es die Gewohnheit unserer Frauen ist, mit ihrem Sohn aufs Land auf eins ihrer Güter, das Federigos Besitzung benachbart war. So kam es, daß der Knabe sich mit Federigo anfreundete und sich an seinen Vögeln und Hunden sehr ergötzte. Und da er oftmals den Falken Federigos hatte aufsteigen sehen, gefiel er ihm über die Maßen, und er wünschte von ganzem Herzen, ihn zu besitzen, wagte aber doch nicht, Federigo um den Vogel zu bitten, weil er sah, wie teuer er ihm war. So standen die Dinge, als der Knabe erkrankte; seine Mutter war darüber tief betrübt, denn er war ihr einziger Sohn, und sie war den ganzen Tag um ihn und fragte ihn wieder und immer wieder, ob er auch irgendeinen Wunsch habe, den sie ihm erfüllen könne. Schließlich sagte der Knabe: ‚Liebe Mutter, wenn Ihr mir den Falken Federigos verschaffen könnt, werde ich schnell gesund werden.‘ Als die Dame das hörte, überlegte sie, was sie tun könne. Sie wußte, daß Federigo sie lange geliebt hatte, ohne jemals einen einzigen Lohn zu empfangen. Deshalb dachte sie bei sich: ‚Wie, ich sollte zu ihm schicken oder selber zu ihm gehen und ihn um diesen Falken bitten, das einzige, was ihm geblieben ist, und durch den allein er sein Leben fristet? Wie könnte ich so roh sein, einem Edelmann sein einziges und letztes Vermögen zu nehmen?‘ Und da sie wohl wußte, daß er ihre Bitte nicht abschlagen werde, gab sie dem Sohn keine Antwort, schließlich aber siegte ihre Liebe zu dem Kinde, und sie beschloß, um ihn zufriedenzustellen, selber zu Federigo zu gehen und ihn um den Falken zu bitten, was auch daraus entstehen möge. Sie versprach also dem Sohn, am nächsten Tage hinzugehen und ihm den Falken zu erbitten. Der Knabe war hierüber sehr fröhlich, und seine Gesundheit besserte sich noch am gleichen Tage ein wenig. Am nächsten Morgen machte sie sich mit einer Begleiterin auf den Weg und gelangte an Federigos kleines Haus. Da gerade zum Vogelfangen nicht die Zeit war, weilte er in seinem Garten, wo allerlei kleine Arbeiten ausgeführt wurden. Als er hörte, daß Giovanna nach ihm fragte, geriet er in großes Staunen und eilte fröhlich zu ihr. Als sie ihn kommen sah, ging sie anmutig auf ihn zu, und nachdem er sie achtungsvoll begrüßt hatte, sagte sie: ‚Ich hoffe, daß es dir gutgeht, Federigo. Aber ich bin gekommen, um dir den Schaden zu ersetzen, den du durch mich gehabt hast, da du mich mehr liebtest als für dich gut war. Und mein Ersatz besteht darin, daß ich mit meiner Begleiterin bei dir ganz vertraulich zu Mittag speisen möchte.‘ Darauf entgegnete Federigo in aller Demut: ‚Edle Frau, ich weiß von keinem Schaden, der mir durch Euch erwachsen wäre, weiß nur, daß ich alles durch die Liebe zu Euch und durch Eure Tugend wurde. Und wenngleich Ihr jetzt zu einem gar armen Wirt gekommen seid, ist Euer Besuch mir lieber, als könnte ich noch einmal von vorn anfangen, das Meine zu verschwenden.‘ Und mit diesen Worten führte er sie verschämt in sein Haus und in seinen Garten und bat sie, hier so lange zu verweilen, bis er den Tisch bestellt habe. Aber so groß auch seine Armut war, hatte er doch noch niemals so sehr wie eben jetzt empfunden, wie dürftig seine Lage geworden war, weil er seine Reichtümer so sinnlos verschwendet hatte. Weil er aber gar nicht wußte, was er der Dame vorsetzen konnte, der zu Liebe er doch so viele Menschen hoch geehrt hatte, verwünschte er sein Geschick und lief außer sich bald hierhin, bald dorthin, fand jedoch weder Geld noch irgendeinen Wertgegenstand. Schon war es spät, und sein Wunsch, der geliebten Frau etwas vorsetzen zu können, wurde immer größer. Da fiel ihm sein guter Falke in die Augen, der im Zimmer auf der Stange saß. Weil dies seine einzige Zuflucht war, packte er ihn, denn er war fett und schien ihm würdig, der Dame als Speise zu dienen. Ohne noch weiter zu überlegen, drehte er ihm den Hals um, ließ ihn von seiner Magd rupfen und am Spieß mit aller Sorgfalt zubereiten. Dann deckte er den Tisch mit dem weißesten Tischtuch, kehrte mit heiterem Gesicht zu der Dame in den Garten zurück und meldete ihr, daß jetzt das Mahl bereit sei.

Als die Dame und ihre Begleiterin sich mit ihm zu Tisch gesetzt und sie alle gemeinsam den Falken verspeist hatten, ohne zu wissen, was sie aßen, schien, nach längerem Plaudern, der Dame die Zeit gekommen, ihr Anliegen vorzubringen. Deshalb wandte sie sich zu Federigo und sagte freundlich: ‚Federigo, wenn ich an dein vergangenes Leben und an meine Tugend denke, die du gewiß für Härte und Grausamkeit gehalten hast, zweifle ich nicht, daß du dich gar sehr über meine Anmaßung verwundern wirst. Hättest du aber jemals Kinder gehabt, würdest du wissen, eine wie große Liebe man für sie hegen kann, und würdest gewiß meine Bitte entschuldigen. Ich habe ein Kind und kann mich dem allgemeinen Gesetz der Mütter nicht entziehen und muß daher wider meinen Willen und gegen die Schicklichkeit dich um ein Geschenk bitten, das, wie ich weiß, dir selber mit Recht sehr teuer ist, da dir dein unglückseliges Geschick keinen andern Trost, keine andere Zerstreuung gelassen hat. Ich bitte dich, mir deinen Falken zu schenken, an den mein Knabe so sehr sein Herz gehängt hat, daß ich, wenn ich ihm den Falken nicht bringe, fürchten muß, daß seine Krankheit einen schlimmen Ausgang nehmen wird. Deshalb bitte ich dich, nicht bei deiner Liebe zu mir, denn sie verpflichtet dich zu nichts, sondern bei deinem Edelmut, der größer ist als der anderer Menschen, mir ihn zu schenken, damit ich durch diese Gabe das Leben meines Kindes erhalten kann und es nur dir zu verdanken habe.‘

Als Federigo die Bitte der Dame hörte und sie doch nicht erfüllen konnte, da er ihr den Falken zum Essen vorgesetzt hatte, begann er in ihrer Gegenwart zu weinen, ohne doch ein einziges Wort hervorbringen zu können. Die Dame glaubte zuerst, er weine vor Schmerz, sich von seinem Falken trennen zu sollen, und war schon im Begriff, ihm zu sagen, daß sie ihn nicht haben wolle. Doch wartete sie noch auf Federigos Antwort, und endlich sagte dieser: ‚Edle Frau, seit es Gott gefallen hat, mir die Liebe zu Euch ins Herz zu flößen, habe ich oft gemerkt, daß das Schicksal mir feindlich war, doch alle Widrigkeiten sind mir leicht geworden im Vergleich zu dieser. Jetzt grolle ich meinem Schicksal, wenn ich bedenke, wie Ihr zu mir in meine arme Hütte kommt, während Ihr doch einst mein reiches Haus verschmähtet, und daß Ihr ein kleines Geschenk von mir erbittet, das ich Euch doch nicht geben kann. Und weshalb ich es Euch nicht geben kann, will ich Euch kurz erzählen. Als ich hörte, daß Ihr mir die Gnade erweisen wolltet, bei mir zu speisen, glaubte ich Euch eine kostbarere Speise vorsetzen zu müssen, als man sie für gewöhnlich ißt, und da mir der Falke einfiel, hielt ich ihn für ein würdiges Gericht und setzte ihn Euch vor. Doch nun Ihr ihn auf andere Art von mir verlangt, ist es mir so schmerzlich, ihn Euch nicht geben zu können, daß ich mich wohl nimmermehr darüber trösten kann.' Und zum Beweise seiner Worte ließ er ihr Füße, Schnabel und Federn des Falken bringen.

Als die Dame das hörte, tadelte sie ihn erst, daß er, um einer Dame etwas zu essen vorzusetzen, einen solchen Falken getötet habe, in ihrem Herzen aber pries sie die Größe seiner Seele, die auch durch die Armut nicht kleiner geworden war. Doch weil sie sich in ihrer Hoffnung getäuscht sah, den Falken zu bekommen und durch ihn vielleicht ihrem Kinde zu helfen, nahm sie ganz trübsinnig Abschied und kehrte zu ihrem Sohn zurück. Es dauerte jedoch nicht lange, bis dieser aus dem Leben schied, sei es aus Trauer, daß er den Falken nicht bekommen hatte, sei es, daß seine Krankheit auch sonst zu diesem Ziele geführt hätte. Seine Mutter trauerte in bitterem Schmerz um seinen Tod, da sie aber nun sehr reich und noch jung war, drangen ihre Brüder oftmals in sie, sich wieder zu verheiraten. Obschon sie anfangs wenig dazu geneigt war, erinnerte sie sich schließlich doch Federigos und seiner letzten hochherzigen Tat, als er ihr zu Ehren seinen Falken getötet hatte, und sagte zu ihren Brüdern: ‚Wenn es euch gefiele, würde ich lieber unvermählt bleiben, doch wenn ich euch zu Liebe einen neuen Gatten nehmen soll, so will ich keinen andern als Federigo degli Alberighi.' Die Brüder verspotteten sie sehr und sagten: ‚Du Närrin, was redest du? Warum willst du ihn zum Mann, der nichts in der Welt hat?' Darauf entgegnete sie: ‚Liebe Brüder, ich weiß wohl, daß es so ist, aber ich will lieber einen Mann, der des Reichtums bedarf, als Reichtümer, die des Mannes bedürfen.'

Da die Brüder daraus ihre Gesinnung erkannten und wußten, daß Federigo ein tüchtiger Mann war, gaben sie sie ihm mit allen ihren Reichtümern zum Weibe, so wie sie es wollte. Und so bekam er zur Gattin die Frau, die er so sehr geliebt hatte, und wurde zudem durch sie sehr reich. Drum lebte er, jetzt ein besserer Hausherr als früher, bis an das Ende seiner Tage mit ihr in großer Fröhlichkeit."

WILLIAM SHAKESPEARE

Der Kaufmann von Venedig

PORZIA. Von wunderlicher Art ist euer Handel,
Doch in der Form, daß das Gesetz Venedigs
Euch nicht anfechten kann, wie ihr verfahrt. –
Ihr seid von ihm gefährdet, seid ihr nicht?
ANTONIO. Ja, wie er sagt.
PORZIA. Den Schein erkennt ihr an?
ANTONIO. Ja.
PORZIA. So muß der Jude Gnad' ergehen lassen.
SHYLOCK. Wodurch genötigt, muß ich? Sagt mir das.
PORZIA. Die Art der Gnade weiß von keinem Zwang,
Sie träufelt, wie des Himmels milder Regen,
Zur Erde unter ihr; zwiefach gesegnet:
Sie segnet den, der gibt, und den, der nimmt;
Am mächtigsten in Mächt'gen, zieret sie
Den Fürsten auf dem Thron mehr wie die Krone:
Der Zepter zeigt die weltliche Gewalt,
Das Attribut der Würd' und Majestät,
Worin die Furcht und Scheu der Kön'ge sitzt,
Doch Gnad' ist über dieser Zeptermacht,
Sie thronet in dem Herzen der Monarchen,
Sie ist ein Attribut der Gottheit selbst,
Und ird'sche Macht kommt göttlicher am nächsten,
Wenn Gnade bei dem Recht steht; darum, Jude,

Suchst du um Recht schon an, erwäge dies:
Daß nach dem Lauf des Rechtes unser keiner
Zum Heile käm'; wir beten all' um Gnade,
Und dies Gebet muß uns der Gnade Taten
Auch üben lehren. Dies hab' ich gesagt,
Um deine Forderung des Rechts zu mildern;
Wenn du darauf bestehst, so muß Venedigs
Gestrenger Hof durchaus dem Kaufmann dort
Zum Nachteil einen Spruch tun.

SHYLOCK. Meine Taten
Auf meinen Kopf! Ich fordre das Gesetz,
Die Buße und Verpfändung meines Scheins.

ALEXIS DE TOCQUEVILLE

Wie mit dem gesellschaftlichen Ausgleich die Sitten sanfter werden

Haben alle in einem Volke fast den gleichen Rang, so kann, da alle Menschen ungefähr gleich denken und fühlen, jeder sofort die Empfindungen aller anderen erschließen; er wirft einen raschen Blick auf sich selbst; das genügt ihm. Es gibt demnach kein Elend, das er nicht mühelos verstünde und dessen Umfang ihm nicht ein geheimer Instinkt erschlösse. Ob es sich um Freunde oder Feinde handelt: die Einbildungskraft versetzt ihn alsbald an deren Stelle. In sein Mitleid mischt sich persönliches Erleben, und es läßt ihn selbst leiden, während man den Leib seines Mitmenschen zerreißt.

In den demokratischen Zeitaltern opfern sich die Menschen selten füreinander auf; aber sie bekunden ein allgemeines Mitgefühl für alle Angehörigen des Menschengeschlechts. Man sieht sie keine unnützen Leiden zufügen, und wenn sie, ohne sich selber viel zu schaden, die Schmerzen anderer lindern können, so tun sie es gern; sie sind nicht uneigennützig, aber sie sind mild.

Obwohl die Amerikaner die Selbstsucht sozusagen in eine soziale und philosophische Lehre gebracht haben, erweisen sie sich dennoch dem Mitleid nicht weniger stark zugänglich.

...

Wenn die Menschen gegenseitig natürliches Mitgefühl mit ihren Leiden hegen und durch angenehme und häufige Beziehungen miteinander verbunden sind, ohne daß irgendeine Empfindlichkeit sie trennt, so ist leicht zu verstehen, daß sie sich nach Bedarf gegenseitig Hilfe leisten. Erbittet ein Amerikaner den Beistand seiner Mitmenschen, so verweigern diese ihn höchst selten, und ich habe oft beobachtet, daß sie ihn aus eigenem Antrieb mit großem Eifer gewähren.

Ereignet sich auf der Straße unerwartet ein Unfall, so eilt man von allen Seiten dem Opfer zu Hilfe; trifft irgendein unvermutetes großes Unglück eine Familie, dann öffnen sich die Geldbeutel zahlloser Unbekannter bereitwillig; bescheidene, aber sehr zahlreiche Gaben stehen ihrer Not bei.

Bei den gesittetsten Völkern der Welt kommt es häufig vor, daß ein Unglücklicher inmitten der Menge so allein ist wie der Wilde in seinen Wäldern; in den Vereinigten Staaten sieht man so etwas kaum. Die Amerikaner, die in ihrem Benehmen immer kühl und oft rauh sind, zeigen sich fast nie gefühllos, und wenn sie sich auch nicht beeilen, ihre Dienste anzubieten, so verweigern sie diese nicht.

All das steht nicht im Gegensatz zu dem, was ich früher über den Individualismus sagte. Ich sehe sogar, daß diese Dinge, weit entfernt, sich zu widersprechen, miteinander im Einklang sind.

Wie die Gleichheit der gesellschaftlichen Bedingungen die Menschen ihre Unabhängigkeit spüren läßt, so zeigt sie ihnen gleichzeitig ihre Schwäche; sie sind frei, aber unzähligen Zufällen ausgesetzt, und die Erfahrung lehrt sie bald, daß fast immer, obwohl sie üblicherweise kein Bedürfnis nach mitmenschlicher Hilfe haben, irgendein Augenblick kommt, wo sie deren nicht entraten können.

In Europa sehen wir jeden Tag, daß Menschen eines gleichen Berufs sich willig beistehen; sie sind alle den gleichen Übeln ausgesetzt; das genügt, damit sie einander davor zu bewahren trachten, mögen sie sonst noch so hartherzig und selbstsüchtig sein. Wenn also einer von ihnen in Gefahr ist und die andern ihn durch ein kleines vorübergehendes Opfer oder in plötzlicher Aufwallung daraus befreien können, so werden sie es gewiß versuchen. Nicht daß sie an seinem Los tiefen Anteil nähmen; sind nämlich ihre Hilfeleistungen zufällig nutzlos, so vergessen sie ihn alsbald und wenden sich wieder sich selbst zu; aber es hat sich zwischen ihnen eine Art schweigender und fast unwillkürlicher Übereinkunft gebildet, wonach jeder dem andern eine zeitweilige Hilfe schuldet, die er seinerseits für sich selber wird in Anspruch nehmen können.

Überträgt man, was ich von einer Klasse allein sage, auf ein Volk, so wird man meine Gedanken verstehen.

In der Tat gibt es unter allen Bürgern einer Demokratie eine gleiche Übereinkunft wie die erwähnte; alle fühlen sich der gleichen Schwäche und den gleichen Gefahren unterworfen, und ihr Vorteil ebenso wie ihr Mitfühlen macht es ihnen zum Gebot, sich wenn nötig gegenseitig Hilfe zu gewähren.

Je mehr die gesellschaftlichen Bedingungen sich ausgleichen, um so mehr zeigen die Menschen diese Bereitschaft zu wechselseitigem Beistand.

In den Demokratien, wo man keine großen Wohltaten erweist, leistet man sich beständig gute Dienste. Selten zeigt sich da ein Mensch aufopfernd, alle aber sind dienstbereit.

Das bucklige Männlein

Will ich in mein Gärtlein gehn,
Will mein Zwiebeln gießen;
Steht ein bucklicht Männlein da,
Fängt als an zu niesen.

Will ich in mein Küchel gehn,
Will mein Süpplein kochen;

Steht ein bucklicht Männlein da,
Hat mein Töpflein brochen.

Will ich in mein Stüblein gehn,
Will mein Müslein essen,
Steht ein bucklicht Männlein da,
Hat's schon halber gessen.

Will ich auf mein Boden gehn,
Will mein Hölzlein holen,
Steht ein bucklicht Männlein da,
Hat mir's halber gstohlen.

Will ich in mein Keller gehn,
Will mein Weinlein zapfen,
Steht ein bucklicht Männlein da,
Tut mirn Krug wegschnappen.

Setz ich mich ans Rädlein hin,
Will mein Fädlein drehen,
Steht ein bucklicht Männlein da,
Läßt mirs Rad nicht gehen.

Geh ich in mein Kämmerlein,
Will mein Bettlein machen,
Steht ein bucklicht Männlein da,
Fängt als an zu lachen.

Wenn ich an mein Bänklein knie,
Will ein bißchen beten,
Steht ein bucklicht Männlein da,
Fängt als an zu reden:

„Liebes Kindlein, ach, ich bitt,
Bet fürs bucklicht Männlein mit!"

Der Zwerg auf Herbergssuche

Eines Nachts tobte ein fürchterlicher Sturm in den Schweizer Bergen. Es goß in Strömen. Da kam auf einmal ein Zwerg, der auf der Wanderschaft war, in ein kleines, einsames Dorf. Tropfend vor Regen ging er durch die Gassen und klopfte an die Tür jeder Hütte, um Einlaß zu bekommen. Niemand jedoch erbarmte sich seiner, niemand öffnete ihm die Tür; ja die Dörfler machten sich sogar über ihn lustig.

Doch am Rande des Dorfes, im letzten Haus, wohnten zwei arme, aber fromme Leute, Mann und Frau. Müde und matt schleppte sich der Zwerg zu ihrer Hütte und klopfte dreimal bescheiden an das kleine Fenster. Und sogleich öffnete ihm der Hirt die Tür und bot ihm willig das wenige an, was seine Hütte bot. Die alte Frau brachte etwas Brot, Milch und Käse. Der Zwerg schlürfte einige Tropfen Milch und aß einige Krumen von Brot und Käse. „Ich bin es nicht gewohnt", sagte er darauf lachend, „solch derbe Kost zu essen, aber ich danke euch von ganzem Herzen, und Gott lohne es euch. Nun habe ich mich genug ausgeruht und will weiterziehen." – „Gott bewahre!" rief da die gute Frau. „Ihr wollt doch in der Nacht nicht in diesen tobenden Sturm hinaus. Übernachtet doch hier bei uns. Morgen früh könnt Ihr schon noch weiterziehen."

Aber der Zwerg schüttelte den Kopf und lächelnd erwiderte er: „Ich habe heute nacht noch in den Bergen etwas Dringendes zu schaffen. Morgen früh werdet ihr das schon erkennen und merken, daß ich euch nicht vergessen habe." So sprach er, nahm Abschied, und die beiden Alten legten sich zur Ruhe.

Aber als sie am frühen Morgen aufwachten, brach der Sturm wieder mit doppelter Gewalt los; Blitze zuckten am roten Himmel, und Sturzbäche fluteten von den Bergen und ergossen sich ins Tal. Und ein gewaltiger Felsbrocken, der sich oben im Berg gelöst hatte, donnerte nun ins Tal hinunter zum Dorf und riß Bäume, Steine und Erde mit sich, alles wirbelte durcheinander. Mensch und Vieh, alles, was im Dorf Atem hatte, wurde unter dem Geröll begraben. Schon näherte sich die Flutwelle dem Häuschen der beiden Alten. Zitternd kauerten sie vor ihrer Tür. Da sahen sie auf einmal, daß mitten in der Flutwelle ein großer Felsbrocken sich näherte, und obendrauf hüpfte gar lustig der Zwerg, als ob er den Felsen ritte. Und er lenkte den Fels mit einem großen Fichtenstamm bis zur Hütte der Alten. Der Felsbrocken aber staute das nachstürzende Wasser und lenkte es von der Hütte ab, so daß die Hütte und die beiden Bewohner wohlauf blieben. Der Zwerg indes wuchs immer größer und höher, bis er schließlich zu einem gewaltigen Riesen wurde. Dann löste er sich in Dunst auf, während die beiden Alten niederknieten und Gott für ihre Rettung dankten.

JOHANN GOTTFRIED SEUME

Der Wilde

Ein Kanadier, der noch Europens
übertünchte Höflichkeit nicht kannte,
und ein Herz, wie Gott es ihm gegeben,
von Kultur noch frei, im Busen fühlte,
brachte, was er mit des Bogens Sehne
fern in Quebecs übereisten Wäldern
auf der Jagd erbeutet, zum Verkaufe.
Als er ohne schlaue Rednerkünste,
so wie man ihm bot, die Felsenvögel
um ein Kleines hingegeben hatte,
eilt' er froh mit dem geringen Lohne
heim zu seinen tief verdeckten Horden
in die Arme seiner braunen Gattin.

Aber ferne noch von seiner Hütte
überfiel ihn unter freiem Himmel
schnell der schrecklichste der Donnerstürme.
Aus dem langen rabenschwarzen Haare
troff der Guß herab auf seinen Gürtel,
und das grobe Haartuch seines Kleides

klebte rund an seinem hagern Leibe.
Schaurig zitternd unter kaltem Regen
eilete der gute, wackre Wilde
in ein Haus, das er von fern erblickte.
„Herr, ach laßt mich, bis der Sturm sich leget",
bat er mit der herzlichsten Gebärde
den gesittet feinen Eigentümer,
„Obdach hier in euerm Hause finden!" –
„Willst du, mißgestaltes Ungeheuer",
schrie ergrimmt der Pflanzer ihm entgegen,
„willst du Diebsgesicht mir aus dem Hause!"
Und ergriff den schweren Stock im Winkel.

Traurig schritt der ehrliche Hurone
fort von dieser unwirtbaren Schwelle,
bis durch Sturm und Guß der späte Abend
ihn in seine friedliche Behausung
und zu seiner braunen Gattin brachte.

Kurze Zeit darauf hatt' unser Pflanzer
auf der Jagd im Walde sich verirret.
Über Stock und Stein, durch Tal und Bäche,
stieg er schwer auf manchen jähen Felsen,
um sich umzusehen nach dem Pfade,
der ihn tief in diese Wildnis brachte,
doch sein Spähn und Rufen war vergebens;
nichts vernahm er als das hohle Echo
längs den hohen, schwarzen Felsenwänden.
Ängstlich ging er bis zur zwölften Stunde,
wo er an dem Fuß des nächsten Berges
noch ein kleines schwaches Licht erblickte.
Furcht und Freude schlug in seinem Herzen,
und er faßte Mut und nahte leise.
„Wer ist draußen?", brach mit Schreckenstone
eine Stimme tief her aus der Höhle.
Und ein Mann trat aus der kleinen Wohnung.

„Freund, im Walde hab' ich mich verirret",
sprach der Europäer furchtsam schmeichelnd;
„gönnet mir, die Nacht hier zuzubringen,
und zeigt morgen früh, ich werd' euch danken,
nach der Stadt mir die gewissen Wege."

„Kommt herein", versetzt der Unbekannte,
„wärmt euch; noch ist Feuer in der Hütte!"
Und er führt ihn auf das Binsenlager,
schreitet finster trotzig in den Winkel,
holt den Rest von seinem Abendmahle,
Hummer, Lachs und frischen Bärenschinken,
um den späten Fremdling zu bewirten.
Mit dem Hunger eines Weidmanns speiste,
festlich wie bei einem Klosterschmause,
neben seinem Wirt der Europäer.
Fest und ernsthaft schaute der Hurone
seinem Gaste spähend auf die Stirne,
der mit tiefem Schnitt den Schinken trennte,
und mit Wollust trank vom Honigtranke.
Eine Bärenhaut auf weichem Moose
war des Pflanzers gute Lagerstätte,
und er schlief bis in die hohe Sonne.

Wie der wilden Zone wildster Krieger,
schrecklich stand mit Köcher, Pfeil und Bogen
der Hurone jetzt vor seinem Gaste
und erweckte ihn; der Europäer
griff bestürzt nach seinem Jagdgewehre;
und der Wilde gab ihm eine Schale,
angefüllt mit süßem Morgentranke.
Als er lächelnd seinen Gast gelabet,
bracht' er ihn durch manche lange Windung,
über Stock und Stein durch Tal und Bäche,
durch das Dickicht auf die rechte Straße.
Höflich dankte fein der Europäer;

finster blickend blieb der Wilde stehen,
sahe starr dem Pflanzer in die Augen,
sprach mit voller, fester, ernster Stimme:
„Haben wir vielleicht uns schon gesehen?"
Wie vom Blitz getroffen stand der Jäger,
und erkannte nun in seinem Wirte
jenen Mann, den er vor wenig Wochen
in den Sturmwind aus dem Hause jagte,
stammelte verwirrt Entschuldigungen.
Ruhig lächelnd sagte der Hurone:
„Seht, ihr fremden, klugen, weißen Leute,
seht, wir Wilden sind doch bessre Menschen!"
Und er schlug sich seitwärts in die Büsche.

Arthur Schopenhauer

Mitleid, die Basis aller Gerechtigkeit und Menschenliebe

... Man setzte zum letzten Beweggrund einer Handlung, was man wolle; immer wird sich ergeben, daß, auf irgend einem Umwege, zuletzt *das eigene Wohl und Wehe des Handelnden* die eigentliche Triebfeder, mithin die Handlung *egoistisch*, folglich *ohne moralischen Wert* ist. Nur einen einzigen Fall gibt es, in welchem dies nicht Statt hat: nämlich wenn der letzte Beweggrund zu einer Handlung, oder Unterlassung, geradezu und ausschließlich im *Wohl und Wehe* irgend eines dabei passiv beteiligten *Andern* liegt, also der aktive Teil bei seinem Handeln, oder Unterlassen, ganz allein das Wohl und Wehe eines *Andern* im Auge hat und durchaus nichts bezweckt, als daß jener Andere unverletzt bleibe, oder gar Hülfe, Beistand und Erleichterung erhalte. *Dieser Zweck allein* drückt einer Handlung, oder Unterlassung, den Stempel des *moralischen Wertes* auf; welcher demnach ausschließlich darauf beruht, daß die Handlung bloß zu Nutz und Frommen *eines Andern* geschehe, oder unterbleibe. Sobald nämlich dies *nicht* der Fall ist; so kann das *Wohl und Wehe*, welches zu *jeder* Handlung treibt, oder von ihr abhält, nur das *des Handelnden selbst* sein: dann aber ist die Handlung, oder Unterlassung, allemal *egoistisch*, mithin *ohne moralischen Wert.*

Wenn nun aber meine Handlung ganz allein *des Andern wegen* geschehen soll; so muß sein *Wohl und Wehe unmittelbar mein Motiv* sein: so wie bei allen andern Handlungen das *meinige* es ist. Dies bringt unser Problem auf einen engern Ausdruck, nämlich diesen: wie ist es irgend möglich, daß das Wohl und Wehe *eines Andern*, unmittelbar, d. h. ganz so wie sonst nur mein eigenes, meinen Willen bewege, also direkt mein Motiv werde, und sogar es bisweilen in dem Grade werde, daß ich demselben mein eigenes Wohl und Wehe, diese sonst alleinige Quelle meiner Motive, mehr oder weniger nachsetze? – Offenbar nur dadurch, daß jener Andere *der letzte Zweck* meines Willens wird, ganz so wie sonst ich selbst es bin: also dadurch, daß ich ganz unmittelbar *sein* Wohl will und *sein* Wehe nicht will, so unmittelbar, wie sonst nur das *meinige*. Dies aber setzt notwenig voraus, daß ich bei *seinem* Wehe als solchem geradezu mitleide, *sein* Wehe fühle, wie sonst nur meines, und deshalb sein Wohl unmittelbar will, wie sonst nur meines. Dies erfordert aber, daß ich auf irgend eine Weise *mit ihm identifiziert* sei, d.h. daß jener gänzliche *Unterschied* zwischen mir und jedem Andern, auf welchem gerade mein Egoismus beruht, wenigstens in einem gewissen Grade aufgehoben sei. Da ich nun aber doch nicht *in der Haut* des Andern stecke, so kann allein vermittelst der *Erkenntnis*, die ich von ihm habe, d. h. der Vorstellung von ihm in meinem Kopf, ich mich so weit mit ihm identifizieren, daß meine Tat jenen Unterschied als aufgehoben ankündigt. Der hier analysierte Vorgang aber ist kein erträumter, oder aus der Luft gegriffener, sondern ein ganz wirklicher, ja, keineswegs seltener: es ist das alltägliche Phänomen des *Mitleids*, d. h. der ganz unmittelbaren, von allen anderweitigen Rücksichten unabhängigen *Teilnahme* zunächst am *Leiden* eines Andern und dadurch an der Verhinderung oder Aufhebung dieses Leidens, also worin zuletzt alle Befriedigung und alles Wohlsein und Glück besteht. Dieses Mitleid ganz allein ist die wirkliche Basis aller *freien* Gerechtigkeit und aller *echten* Menschenliebe. Nur sofern eine Handlung aus ihm entsprungen ist, hat sie moralischen Wert: und jede aus irgend welchen andern Motiven hervorgehende hat keinen. Sobald dieses Mitleid rege wird, liegt mir das Wohl und Wehe des Andern unmittelbar am Herzen, ganz in der selben Art, wenn auch nicht stets in dem selben Grade, wie sonst allein das meinige: also ist jetzt der Unterschied zwischen ihm und mir kein absoluter mehr.

Allerdings ist dieser Vorgang erstaunenswürdig, ja, mysteriös. Er ist, in Wahrheit, das große Mysterium der Ethik, ihr Urphänomen und der Grenzstein, über welchen hinaus nur noch die metaphysische Spekulation einen Schritt wagen kann. Wir sehen, in jenem Vorgang, die Scheidewand, welche nach dem Lichte der Natur (wie alte Theologen die Vernunft nennen), Wesen von Wesen durchaus trennt, aufgehoben und das Nicht-Ich gewissermaaßen zum Ich geworden.

...

Nichts empört so im tiefsten Grunde unser moralisches Gefühl, wie Grausamkeit. Jedes andere Verbrechen können wir verzeihen, nur Grausamkeit nicht. Der Grund hievon ist, daß Grausamkeit das gerade Gegenteil des Mitleids ist. Wenn wir von einer sehr grausamen Tat Kunde erhalten, wie z. B. die ist, welche eben jetzt die Zeitungen berichten, von einer Mutter, die ihren fünfjährigen Knaben dadurch gemordet hat, daß sie ihm siedendes Oel in den Schlund goß, und ihr jüngeres Kind dadurch, daß sie es lebendig begrub; – oder die, welche eben aus Algier gemeldet wird, daß nach einem zufälligen Streit und Kampf zwischen einem Spanier und einem Algierer, dieser, als der stärkere, jenem die ganze untere Kinnlade rein ausriß und als Trophäe davon trug, jenen lebend zurücklassend; – dann werden wir von Entsetzen ergriffen und rufen aus: „Wie ist es möglich, so etwas zu tun?“ – Was ist der Sinn dieser Frage? Ist er vielleicht: Wie ist es möglich, die Strafen des künftigen Lebens so wenig zu fürchten? – Schwerlich. – Oder: Wie ist es möglich, nach einer Maxime zu handeln, die so gar nicht geeignet ist, ein allgemeines Gesetz für alle vernünftigen Wesen zu werden? – Gewiß nicht. – Oder: Wie ist es möglich, seine eigene und die fremde Vollkommenheit so sehr zu vernachlässigen? – Eben so wenig. – Der Sinn jener Frage ist ganz gewiß bloß dieser: wie ist es möglich, so ganz ohne Mitleid zu sein?– Also ist es der größte Mangel an Mitleid, der einer Tat den Stempel der tiefsten moralischen Verworfenheit und Abscheulichkeit aufdrückt. Folglich ist Mitleid die eigentliche moralische Triebfeder.

...

Denn grenzenloses Mitleid mit allen lebenden Wesen ist der festeste und sicherste Bürge für das sittliche Wohlverhalten und bedarf keiner Kasuistik. Wer davon erfüllt ist, wird zuverlässig Keinen verletzen, Keinen beeinträchtigen, Keinem wehe tun, vielmehr mit Jedem Nachsicht haben, Jedem verzeihen, Jedem helfen, so viel er vermag, und alle seine Handlungen werden das Gepräge der Gerechtigkeit und Menschenliebe tragen. Hingegen versuche man ein Mal zu sagen: „Dieser Mensch ist tugendhaft, aber er kennt kein Mitleid." Oder: „Es ist ein ungerechter und boshafter Mensch; jedoch ist er sehr mitleidig"; so wird der Widerspruch fühlbar. – Der Geschmack ist verschieden; aber ich weiß mir kein schöneres Gebet, als Das, womit die Alt-Indischen Schauspiele (wie in früheren Zeiten die Englischen mit dem für den König) schließen. Es lautet: „Mögen alle lebende Wesen von Schmerzen frei bleiben."

FRIEDRICH RÜCKERT

Meiner lieben Schwiegertochter Alma
(Weihnachten 1865)

Zeitungsbringerin,
Fliegenwedelschwingerin,
Fehllose Jägerin,
Treffliche Totschlägerin,
Liebe Beleberin,
Kleinmutes Heberin,
Sorgenabwenderin,
Trostredespenderin,

Leidens Abfragerin,
Besserungswahrsagerin,
Leisanschweberin,
Arzeneigeberin,
Stundenmahnerin,
Zeitvertreibsanbahnerin,
Temperaturspürerin,
Feuernachschürerin,
Witterungskünderin,
Lampendochtanzünderin,
Morgenbegrüßerin,
Abendrastversüßerin,
Nachtvorleserin,
Bücheramtsverweserin,
Allzeitunterhalterin,
Gesprächsstoffsentfalterin,
Wunschablauscherin,
Dienstrollentauscherin,
Allesbeschickerin,
Allesüberblickerin,
Allesbestreiterin,
Krankenkostbereiterin,
Festgabebedenkerin,
Weihnachtsentenschenkerin,
Engelverwenderin,
Enkelzuspruchsenderin,
Ordnerin, Schmückerin,
Kopfkissenrückerin,
Pfeifenkopfstopferin,
Flaschenpfropfentpfropferin,
Schlummerbecherfüllerin,
Kalter Knie Umhüllerin,
Nachtruhanwünscherin,
Wenn ich wachensmatt bin,
Heimlich schwach schachmatt bin,
Treue Mitträgerin

Mitpflegerin
Neben deiner Schwägerin,
Schwiegerkind, Söhnerin,
Versöhnerin, Beschönerin,
Unbelohnt Taglöhnerin,
Allzeit frohe Frönerin,
Liebliche Verwöhnerin:
Nimm dies Liebeszeichen hin,
Wie ich dir dankbar bin.

Hans Christian Andersen

Das kleine Mädchen mit den Schwefelhölzchen

Es war so gräßlich kalt; es schneite und es begann dunkler Abend zu werden; es war auch der letzte Abend des Jahres, Silvesterabend. In dieser Kälte und in diesem Dunkel ging auf der Straße ein kleines, armes Mädchen mit bloßem Kopf und nackten Füßen; ja, sie hatte freilich Pantoffeln angehabt, als sie von Hause wegging, aber was konnte das helfen! Es waren sehr große Pantoffeln, ihre Mutter hatte sie zuletzt benutzt, so groß waren sie, und die verlor die Kleine, als sie über die Straße eilte, während zwei Wagen so gräßlich schnell vorbeifuhren; der eine Pantoffel war nicht zu finden, und mit dem anderen lief ein Knabe fort; er sagte, den könne er als Wiege brauchen, wenn er selbst einmal Kinder bekomme.

Da ging nun das kleine Mädchen auf den nackten, kleinen Füßen, die rot und blau vor Kälte waren. In einer alten Schürze trug sie eine Menge Schwefelhölzchen, und einen Bund hielt sie in der Hand; niemand hatte ihr den ganzen Tag hindurch etwas abgekauft; niemand hatte ihr einen kleinen Schilling gegeben; hungrig und verfroren ging sie und sah so eingeschüchtert aus, die arme Kleine! Die Schneeflocken fielen in ihr langes, blondes Haar, das sich so schön um den Nacken ringelte, aber an diese Pracht dachte sie wahrlich nicht. Aus allen Fenstern glänzten die Lichter, und dann roch es auf der Straße so herrlich nach Gänsebraten; es war ja Silvesterabend, ja, daran dachte sie!

Drüben in einem Winkel zwischen zwei Häusern, von denen das eine etwas mehr vorsprang als das andere, dort setzte sie sich und kauerte sich zusammen; die kleinen Beine hatte sie unter sich hochgezogen; aber es fror sie noch mehr, und nach Hause zu gehen wagte sie nicht. Sie hatte ja keine Schwefelhölzchen verkauft, nicht einen einzigen Schilling bekommen, ihr Vater würde sie schlagen, und kalt war es auch zu Hause, sie hatten nur das Dach gerade über sich, und da pfiff der Wind herein, obwohl in die größten Spalten Stroh und Lumpen gestopft waren. Ihre kleinen Hände waren beinahe ganz abgestorben vor Kälte. Ach! ein kleines Schwefelhölzchen könnte gut tun. Wagte sie es nur, eines aus dem Bund zu ziehen, es gegen die Wand zu streichen und die Finger zu erwärmen! Sie zog eines heraus, „ritsch!" wie sprühte es, wie brannte es! Es war eine warme, helle Flamme, wie ein kleines Licht, als sie es mit der Hand umschloß. Es war ein seltsames Licht: dem kleinen Mädchen schien es, als säße sie vor einem großen, eisernen Ofen mit blanken Messingkugeln und einem Messingrohr; das Feuer brannte so prächtig, wärmte so gut; nein, was war das! – Die Kleine streckte schon die Füße aus, um auch diese zu wärmen – – da erlosch die Flamme. Der Ofen verschwand, sie saß mit einem kleinen Stück des abgebrannten Schwefelhölzchens in der Hand.

Ein neues wurde angestrichen, es brannte, es leuchtete, und wo der Schein auf die Mauer fiel, wurde diese durchsichtig wie ein Schleier; sie sah gerade in die Stube hinein, wo der Tisch gedeckt stand mit einem blendendweißen Tischtuch, mit feinem Porzellan, und herrlich dampfte die gebratene Gans, gefüllt mit Zwetschgen und Äpfeln; und was noch prächtiger war: die Gans sprang von der Schüssel herunter, watschelte über den Boden, mit Messer und Gabel im Rücken; gerade hin zu dem armen Mädchen kam sie; da erlosch das Schwefelhölzchen, und es war nur die dicke, kalte Mauer zu sehen.

Sie zündete ein neues an. Da saß sie unter dem schönsten Weihnachtsbaum; er war noch größer und schöner geschmückt als der, den sie durch die Glastür bei dem reichen Kaufmann an der letzten

Weihnacht gesehen hatte; tausend Kerzen brannten an den grünen Zweigen, und bunte Bilder, wie die, welche die Schaufenster schmückten, sahen auf sie herab. Die Kleine streckte beide Hände in die Höhe – da erlosch das Schwefelhölzchen; die vielen Weihnachtslichter stiegen höher und höher, sie sah, es waren jetzt die hellen Sterne, einer davon fiel und machte einen langen Feuerstreifen am Himmel.

„Jetzt stirbt jemand!" sagte die Kleine, denn die alte Großmutter, die einzige, die gut gegen sie gewesen, aber nun tot war, hatte gesagt: Wenn ein Stern fällt, geht eine Seele hinauf zu Gott.

Sie strich wieder ein Schwefelhölzchen gegen die Mauer, es leuchtete ringsumher, und in dem Glanz stand die alte Großmutter, so klar, so schimmernd, so mild und lieblich.

„Großmutter!" rief die Kleine, „oh, nimm mich mit! Ich weiß, du bist fort, wenn das Schwefelhölzchen ausgeht, fort, ebenso wie der warme Ofen, der herrliche Gänsebraten und der große, gesegnete Weihnachtsbaum!" – Und sie strich in Hast den ganzen Rest Schwefelhölzchen an, die im Bund waren. Sie wollte Großmutter recht festhalten; und die Schwefelhölzchen leuchteten mit einem solchen Glanz, daß es heller war als der lichte Tag. Großmutter war früher nie so schön, so groß gewesen; sie hob das kleine Mädchen auf ihren Arm, und sie flogen in Glanz und Freude so hoch, so hoch; und dort war keine Kälte, kein Hunger, keine Angst – sie waren bei Gott.

Aber im Winkel beim Hause saß in der kalten Morgenstunde das kleine Mädchen mit roten Wangen, mit einem Lächeln um den Mund – tot, erfroren am letzten Abend des alten Jahres. Der Neujahrsmorgen ging auf über der kleinen Leiche, die mit den Schwefelhölzchen dasaß, von denen ein Bund fast abgebrannt war. Sie hat sich wärmen wollen, sagte man; niemand wußte, was sie Schönes gesehen hatte und in welchem Glanz sie mit der alten Großmutter eingegangen war zur Neujahrsfreude.

Theodor Fontane

Herr von Ribbeck auf Ribbeck im Havelland

Herr von Ribbeck auf Ribbeck im Havelland,
ein Birnbaum in seinem Garten stand,
und kam die goldene Herbsteszeit
und die Birnen leuchteten weit und breit,
da stopfte, wenn's Mittag vom Turme scholl,
der von Ribbeck sich beide Taschen voll,
und kam in Pantinen ein Junge daher,
so rief er: „Junge, wiste ne Beer?"
Und kam ein Mädel, so rief er: „Lütt Dirn,
kumm man röwer, ick hebb ne Birn."

So ging es viel Jahre, bis lobesam
der von Ribbeck auf Ribbeck zu sterben kam.
Er fühlte sein Ende, 's war Herbsteszeit,
wieder lachten die Birnen weit und breit;
da sagte von Ribbeck: „Ich scheide nun ab.
Legt mir eine Birne mit ins Grab!"
Und drei Tage drauf, aus dem Doppeldachhaus,
trugen von Ribbeck sie hinaus.
Alle Bauern und Büdner mit Feiergesicht
sangen „Jesus meine Zuversicht!"
Und die Kinder klagten, das Herze schwer:
„He ist dod nu. Wer giwt uns nu ne Beer?"

So klagten die Kinder. Das war nicht recht –
ach, sie kannten den alten Ribbeck schlecht!
Der neue freilich, der knausert und spart,
hält Park und Birnbaum strenge verwahrt.
Aber der alte, vorahnend schon
und voll Mißtraun gegen den eigenen Sohn,
der wußte genau, was damals er tat,

als um eine Birn ins Grab er bat;
und im dritten Jahr aus dem stillen Haus
ein Birnbaumsprößling sproßt' heraus.

Und die Jahre gehen wohl auf und ab,
längst wölbt sich ein Birnbaum über dem Grab,
und in der goldenen Herbsteszeit
leuchtet's wieder weit und breit,
und kommt ein Jung übern Kirchhof her,
so flüstert's im Baume: „Wiste ne Beer?"
Und kommt ein Mädel, so flüstert's: „Lütt Dirn,
kumm man röwer, ick gew di ne Birn!"

So spendet Segen noch immer die Hand
des von Ribbeck auf Ribbeck im Havelland.

Guy de Maupassant

Madame Baptiste

Als ich den Wartesaal des Bahnhofs von Loubain betrat, ging mein erster Blick nach der Uhr. Zwei Stunden und zehn Minuten mußte ich auf den Pariser Schnellzug warten.

... Es war zum Verzweifeln! Was tun? Was in aller Welt anfangen? Ich sah mich schon dazu verdammt, die ganze Zeit in dem unvermeidlichen kleinen Café abzusitzen, vor mir ein Glas schales Bier und in der Hand das zum Gähnen langweilige Lokalblatt, da bog aus einer Seitenstraße ein Trauergeleit in die Allee ein. Mir war der Leichenwagen ein Trost. Zehn Minuten waren ausgefüllt!

Ein Umstand erregte meine besondere Aufmerksamkeit. Dem Sarge folgten nur acht Männer. Einer weinte, die anderen unterhielten sich zwanglos. Ein Geistlicher war nicht zu sehen. Ich dachte: ‚Aha! ein weltliches Begräbnis!' Dann überlegte ich, in einer Stadt wie Loubain müsse es doch mindestens hundert Freidenker geben, und die hätten sich verpflichtet gefühlt, bei solcher Gelegenheit ihre Gesinnung zu bekunden. Jedenfalls ließ der eilige Schritt des Trauergefolges darauf schließen, daß man den Verstorbenen ohne große Feierlichkeit und auch wohl ohne Geistlichen zu Grabe brachte.

Meine Neugier war um so größer, als ich ja nichts zu tun hatte. Ich erging mich in den gewagtesten Vermutungen. Und als der Leichenwagen an mir vorüberfuhr, faßte ich den sonderbaren Gedanken, mich den acht Männern anzuschließen. Da war ich wenigstens eine Stunde lang beschäftigt. Und mit ernster Miene schloß ich mich dem Zuge an.

Die beiden letzten drehten sich erstaunt nach mir um, dann redeten sie leise weiter miteinander. Sicher überlegten sie, ob ich hier in der Stadt zu Hause wäre. Dann befragten sie ihre Vordermänner, die mich darauf auch ins Auge faßten. Die Aufmerksamkeit, die ich erregte, wurde mir unangenehm. Um dem ein Ende zu machen, näherte ich mich meinem Nachbarn, grüßte und sagte: „Entschuldigen Sie, meine Herren, wenn ich Ihre Unterhaltung störe! Aber als ich dieses nicht kirchliche Begräbnis sah, habe ich mich sofort angeschlossen, ohne übrigens den Toten zu kennen, den Sie da zu Grabe geleiten." Einer der Männer sagte betont: „Es ist eine Tote." Etwas überrascht fragte ich: „Aber das ist doch ein ziviles Begräbnis, nicht wahr?" Der andere Herr, der offenbar danach verlangte, mich ins Bild zu setzen, nahm das Wort: „Ja und nein! Die Geistlichkeit hat uns den Zutritt zur Kirche verweigert." Jetzt entfuhr mir ein „Ah!" des Erstaunens. Ich verstand nicht mehr, was vorging.

Mein redseliger Nachbar vertraute mir leise an: „Oh, das ist eine ganze Geschichte! Diese junge Frau hat sich das Leben genommen; deshalb dies Begräbnis ohne alle Feierlichkeit. Der erste vorn, den Sie dort weinen sehen, das ist ihr Mann!"

Zögernd äußerte ich: „Sie setzen mich in Erstaunen, Monsieur, und was Sie sagen, interessiert mich sehr! Würden Sie es für aufdringlich halten, wenn ich Sie bitte, mir die Geschichte zu erzählen? Geht meine Bitte zu weit, dann betrachten Sie sie als nie geäußert."

Er faßte mich vertraulich am Arm: „Ganz und gar nicht; ganz und gar nicht, lassen Sie uns nur etwas zurückbleiben, dann kann ich

Ihnen die Geschichte erzählen! Sie ist sehr traurig. Wir haben Zeit. Die Bäume, die Sie dort oben sehen, gehören zum Friedhof. Aber bis dahinauf haben wir noch tüchtig zu steigen!"

Und dann fing er an: „Sie müssen wissen, diese junge Frau, Madame Paul Hamot, war die Tochter eines reichen Kaufmanns von hier, eines Monsieur Fontanelle. Als sie ein Kind von elf Jahren war, stieß ihr etwas ganz Fürchterliches zu: Sie wurde von einem Wüstling geschändet. Fast wäre sie daran gestorben, so hatte der Verbrecher sie zugerichtet. Es gab einen widerlichen Prozeß, und da kam heraus, daß das arme Ding drei Monate lang das hilflose Opfer des brutalen Lüstlings gewesen war. Er wurde zu lebenslänglicher Zwangsarbeit verurteilt.

Das Mädchen aber wuchs mit dem Makel dieser Schande auf, einsam, ohne Spielgefährtinnen, kaum daß einmal ein Erwachsener es in die Arme schloß; jeder fürchtete, sich schon durch die Berührung zu beflecken.

Für die Stadt wurde das Kind fast eine Art Sehenswürdigkeit, ein abschreckendes Beispiel. Wenn man von ihm sprach, hieß es im Flüsterton: ‚Sie wissen doch, die kleine Fontanelle ...!' Auf der Straße wandten sich alle Köpfe nach ihr um, wenn sie vorüberging. Man konnte kaum eine Bonne finden, die sie spazierenführte, und die Kindermädchen der anderen Familien hielten sich ängstlich von ihr fern, wie wenn die Kleine etwas Ansteckendes an sich hätte, das alle bedrohte, die ihr nahe kamen.

Ein Jammer, wenn man das arme Kind nachmittags in den Parkanlagen zu sehen bekam, wo sich die Jungen und Mädel der Stadt zusammenfanden und spielten. Sie blieb immer ganz allein für sich bei ihrer Wärterin und sah mit traurigen Augen zu, wie die anderen sich fröhlich tummelten. Manchmal trieb sie ein unwiderstehliches Verlangen, sich darunterzumischen. Schüchtern machte sie ein paar Schritte und schlich sich zu einer Gruppe, ängstlich, als ob sie fühlte, nicht dazuzugehören. Und sofort kamen auch von allen Bänken Mütter, Tanten und Kindermädchen angelaufen, packten ihre Lieblinge bei der Hand und rissen sie fort. Die kleine Fontanelle stand wieder allein. Sie begriff nicht, was vorging, war unglücklich und fing an zu weinen. Das kleine Herz floß über vor Kummer. Schluchzend lief sie zurück zu ihrer Bonne und barg ihr Gesicht in deren Schürze. So wuchs sie heran, und es wurde noch schlimmer. Man hielt die jungen Mädchen von ihr fern wie von einer Pestkranken. Bedenken Sie: Für das arme Wesen gab es ja nichts mehr kennenzulernen. Sie hatte kein Recht mehr auf die symbolische Myrte. Sie war, fast ehe sie lesen konnte, in das große Geheimnis eingedrungen, das Mütter ihren Töchtern erst am Vorabend der Hochzeit zitternd und mit größter Zurückhaltung enthüllen. Wenn sie durch die Straßen ging, immer in Begleitung der Gouvernante, wie in dauernder Furcht vor einem neuen schrecklichen Abenteuer, wenn sie durch die Straßen ging mit niedergeschlagenen Augen unter dem Druck des Makels, der auf ihr lastete, dann tuschelten die jungen Mädchen miteinander. Sie sind ja nicht so harmlos, wie man meist denkt. Heimlich, mit verstecktem Hohnlächeln sahen sie die Verworfene an und wandten sich mit gleichgültiger Miene ab, wenn sie zufällig einmal zu ihnen hinüberblickte.

Kaum jemand grüßte sie; nur einige ältere Männer zogen vor ihr den Hut. Die Mütter taten, als wäre sie Luft. Die Gassenjungen riefen hinterher: ‚Madame Baptiste!' Baptiste hieß der Bursche, der sie entehrt hatte.

Niemand konnte ermessen, welche Seelenqualen sie litt; denn sie redete kaum und lachte nie, gaben sich doch sogar die eigenen Eltern ihr gegenüber förmlich und gezwungen, als müßten sie ihr ewig einen nie wiedergutzumachenden Fehltritt nachtragen.

Ein ehrbarer Mann, nicht wahr, reicht nicht gern einem entlassenen Sträfling die Hand, und wenn es sein eigener Sohn wäre. Und für Monsieur und Madame Fontanelle war die Tochter wie ein Sohn, der eben aus dem Zuchthaus entlassen wurde.

Das Mädchen war hübsch. Das Gesicht von zarter Blässe, die ganze Erscheinung war groß, schlank, vornehm. Wenn die Geschichte nicht gewesen wäre – das Mädchen hätte mir restlos gefallen.

Nun bekamen wir vor achtzehn Monaten einen neuen Unterpräfekten. Er brachte seinen Privatsekretär mit. Das war ein ganz verhauener Bursche, der wohl auch das Quartier Latin gründlich studiert hatte. Er sah Mademoiselle und verliebte sich Knall über Fall in sie bis über beide Ohren. Natürlich bekam er auch zu hören, was die ganze Stadt wußte. Aber er lachte und sagte: ‚Das ist mir eine Garantie für die Zukunft! Mir ist eine solche Geschichte immer noch lieber vorher als nachher. Wenn das meine Frau wird, werde ich meine Nächte unbesorgt schlafen können.‘

Er machte Mademoiselle den Hof, hielt um ihre Hand an und führte die Braut heim. Dreist und unbekümmert, wie er war, machte er auch mit ihr seine Antrittsbesuche, wie wenn nichts vorgefallen wäre. Einige erwiderten sie, andere zeigten sich zunächst zurückhaltend. Aber allmählich fing man an, die ganze Geschichte zu vergessen, und die junge Frau wurde in die Gesellschaft aufgenommen.

Man muß sagen, sie vergötterte ihren Mann. Bedenken Sie, er hatte ihr die Ehre zurückgegeben, er hatte ihr gesellschaftliches Ansehen verschafft. Er hatte der öffentlichen Meinung die Stirn geboten und sich durchgesetzt. Er hatte Schimpf und Schande ausgelöscht, mit einem Wort, eine mutige Tat vollbracht, zu der nur wenige Männer fähig gewesen wären. Da können Sie begreifen, daß ihre Liebe keine Grenzen kannte.

Sie erwartete ein Kind. Als dies bekannt wurde, öffneten sich ihr auch die Türen der in Dingen der Ehre peinlichsten Häuser. Die Mutterschaft nahm den letzten Rest des Makels von ihr. Es klingt sonderbar, aber es ist so.

Alles war in bester Ordnung, bis wir vor wenigen Tagen das Fest unseres Schutzpatrons feierten. Der Präfekt inmitten seines ganzen Stabes und der städtischen Behörden führte beim Wettstreit der Gesangvereine den Vorsitz. Seine Ansprache war vorüber, und nun ging es an die Verteilung der Medaillen. Sein Privatsekretär Paul Hamot hatte sie den Preisträgern auszuhändigen.

Sie wissen, dabei geht's nie ohne Eifersucht und Mißgunst ab, und manchmal verlieren die Leute den letzten Rest von Anstand und Rücksicht.

Auf der Tribüne saßen die Damen der Stadt.

Jetzt war unser Nachbarstädtchen Mormillon an der Reihe. Seine Sänger hatten nur eine Medaille zweiter Klasse errungen. Es kann ja nicht jeder die erste Klasse bekommen, nicht wahr? Als der Vorsitzende die Auszeichnung erhalten hatte, warf er sie dem Sekretär ins Gesicht und schrie: ‚Behalt deine Medaille für den Baptiste. Dem schuldest du sogar eine erster Klasse, genau wie mir!'

Da fingen viele in der Menge an zu lachen. Die Menge ist nicht zartfühlend. Alle Augen richteten sich auf die arme Frau. Monsieur, haben Sie schon einmal eine Frau wahnsinnig werden sehen? Nein? – Nun, wir haben das Schauspiel gehabt. Die Frau erhob sich und fiel dreimal wieder zurück auf ihren Sitz, wie wenn sie sich retten wollte und einsähe, daß sie die Masse Menschen, die sie umgab, nicht durchbrechen könnte.

Als mitten aus der Menge eine Stimme brüllte: ‚Oha! Madame Baptiste!', da setzte auf einmal ein tosender Lärm ein. Wüste Heiterkeitsausbrüche und entrüstete Zornesrufe tobten durcheinander.

Es gab einen ungeheuren Tumult. Die Köpfe wogten. Überall hörte man den kränkenden Ruf. Wer klein war, hob sich auf die Zehen, um das Gesicht der Unglücklichen zu sehen. Männer stemmten ihre Frauen in die Höhe, damit ihnen nur ja der Anblick nicht entginge. Überall hieß es: ‚Welche ist's? – Die im blauen Kleid?' Die Gassenjungen brüllten ‚Kikeriki'. Von Gruppe zu Gruppe sprang das Lachen hin und her.

Sie saß zu Tode erschrocken reglos auf ihrem Prachtsessel wie ein zur Schau gestelltes Opfer. Sie konnte nicht davongehen. Sie konnte sich nicht einmal wegwenden und ihr Gesicht verstecken. Ihre Lider zuckten wie in grellem, schmerzendem Licht, ihr Atem ging keuchend wie bei einem abgehetzten Pferd.

Es war herzzerreißend.

Monsieur Hamot war dem rüden Halunken an die Kehle gesprungen und wälzte sich mit ihm am Boden in einem Kreis aufgebrachter Männer.

Die Feier wurde abgebrochen.

Eine Stunde später war man auf dem Nachhauseweg. Seit dem beleidigenden Zuruf hatte die junge Frau kein Wort gesprochen. – Plötzlich, auf der Brücke, sprang sie auf die Brüstung und stürzte sich in den Fluß, ehe ihr Mann zufassen konnte. Das Wasser unter dem Brückenbogen ist tief. Man brauchte zwei Stunden, ehe man sie fand – tot natürlich!"

Der Erzähler schwieg. Dann fügte er hinzu: „Vielleicht war's das Beste, was sie tun konnte. Es gibt Dinge, die nicht wieder aus der Welt zu schaffen sind.

Nun verstehen Sie auch, daß die Geistlichkeit der Toten die kirchlichen Weihen versagte. Oh, Monsieur, das kann ich sagen: Wenn sie kirchlich beigesetzt würde, da ginge die ganze Stadt hinter ihrem Sarge her. Aber nachdem sie selber in den Tod gegangen ist, hält man sich fern. Bei uns hier ist's eine heikle Sache, an einem Begräbnis teilzunehmen, wenn kein Priester dabei ist."

Wir durchschritten das Friedhofstor. Mit bewegtem Gemüt wartete ich, bis der Sarg in die Gruft versenkt worden war. Dann trat ich heran zu dem unglücklichen Manne, der dabeistand und wie ein Kind schluchzte. Ich drückte ihm die Hand. Er sah mich mit tränenverschleiertem Blick erstaunt an, dann sagte er: „Ich danke Ihnen, Monsieur."

Ich habe nie bedauert, daß ich mich dem Leichenbegängnis angeschlossen habe.

LUIGI PIRANDELLO

Die Bank unter der alten Zypresse

Er war in seinen besten Zeiten (wie sich viele noch an ihn erinnerten) einer der Menschen gewesen, von denen man nie weiß, warum sie so sind: sie schauen dich mit einem gewissen Blick an; sie lachen dir plötzlich ohne Grund ins Gesicht; oder sie wenden dir den Rücken zu und lassen dich kurzerhand stehen. Wie vertraut du auch mit ihnen sein magst, es gelingt dir nie zu erfahren, was zum Teufel in ihrem Innern vorgeht; sie scheinen immer zerstreut und wie geistesabwesend, obwohl du sie, wenn du es am wenigsten erwartest, wegen der nichtigsten Dinge, von denen du niemals angenommen hättest, daß man sie bemerken könnte, auf den Gipfel der Wut geraten siehst; oder, was noch schlimmer ist, du fühlst dich fast für sie gedemütigt, wenn du nach einiger Zeit erfährst, daß sie aus den lächerlichsten Ursachen, von denen du keine Ahnung hattest, im geheimen einen tiefen und giftigen Groll gegen dich hegen, während du sie vertrauensvoll ihre Sympathie und Achtung Leuten gewähren siehst, von denen sie wohl wissen, daß diese ihnen erst vor einem Monat Böses zugefügt haben.

Verschroben und lächerlich waren auch seine Figur und sein Aufzug. Die Beine, schon an und für sich dünn, schienen, in diese Reithosen gezwängt, zwei Zaunlatten; und über diesen Beinen zeichnete die stets zweireihige Jacke mit solcher Genauigkeit den Oberkörper ab, daß er wie eine der auf einem Dreibein aufgeschraubten Gliederpuppen aussah, die man in den Konfektionsgeschäften sieht. Auf diesem Oberkörper, auf einem übermäßig langen Hals ragte das Köpfchen; ein aufgezwirbelter Schnurrbart und zwei vogelhaft scharfe und lebhafte Äuglein, die beständig auf und zu klappten.

Jeder, der ihn so sah und wußte, daß er einer der ersten Advokaten des Ortes war, hätte ihn sich gerne anders vorgestellt. Der Advokat Lino Cimino lachte diesen Enttäuschten gleich auf seine gewohnte Art ins Gesicht.

Ein paar Freunde, die ihm wirklich zugeneigt waren, hatten verschiedene Male versucht, ihn darauf hinzuweisen, daß es einem Mann wie ihm nicht anstehe, gewisse Dinge zu tun und zu sagen und den Lästerzungen rückhaltlos den geheimen Kummer seines Familienlebens preiszugeben. Aber nein! Er schien eine schamlose Wollust darin zu finden, der üblen Nachrede Stoff zu geben, wie zum Beispiel, als er mit gemeinen Gesten und schamlosen Worten dem Himmel Rache schwor, weil seine Frau ihm nacheinander vier Töchter geboren hatte; gerade, als habe sie es absichtlich getan, um zu beweisen, daß er – bei Gott, er – nicht fähig sei, einen Jungen zu zeugen – Zornesausbrüche, die andere Vorstellungen verstummen ließen, weil sie die Wohlmeinenden entmutigten. Es schien unglaublich, daß ein Mann von seiner Intelligenz zu einer so erbärmlichen Gewöhnlichkeit herabsinken könne, ein Mann, der alle in Bewegung und Erstaunen versetzte, wenn im Gespräch seine Einbildungskraft sich entzündete oder wenn er, über die Wechselfälle des Lebens plaudernd, gewisse Betrachtungen anstellte, die sofort, auch wenn sie noch so dunkel und verworren waren, klar und deutlich für den wurden, der ihm zuhörte.

Sein häusliches Leben war indessen eine Hölle wegen der andauernden Szenen mit seiner Frau, die jedesmal die Familie auseinanderzureißen drohten. Bald wurde der eine, bald der andere der Freunde gerufen und eilte herzu, um Frieden zu stiften; einer besonders, dem er, aus einer seiner plötzlichen Anwandlungen von Sympathie heraus, das blindeste Vertrauen geschenkt hatte, dieses Mal jedoch nach allgemeinem Urteil jedoch nicht zu Unrecht, der junge Advokat Carlo Papía.

Er hatte ihn, kaum daß er zum Doktor promoviert war, in sein Büro aufgenommen. Die vier Mädchen, damals noch Kinder, eilten ihm jubelnd entgegen, wenn sie ihn sahen, denn mit seinem Kommen pflegte bald das Lächeln auf die Lippen der Mutter und des Vaters zurückzukehren; und kaum war der Friede wiederhergestellt, wollten sie mit ihm spazieren gehen; und jedesmal gab es eine kleine Rauferei um seine Hände; jedes wollte eine für sich, und er verzweifelte und lachte und zeigte ihnen, daß er nur zwei habe und sie nicht alle vier zufriedenstellen könne. Wenn ihn die Freunde im Städtchen inmitten dieser vier geschwätzigen und zärtlichen kleinen Mädchen sahen, beglückwünschten sie ihn und sagten ihm voraus, daß er bald, so beschützt und wohlgelitten in der Familie, den Lohn für die vielen Opfer empfangen werde, die sein Studium seine armen, seit langem heruntergekommenen Eltern gekostet hatte.

Aber kann ein Ehegatte ungestraft zwischen sich und seine jüngere Frau einen anderen Mann rufen, der noch jünger ist als die Frau, dazu von angenehmem Äußerem und gewinnenden Manieren, geeignet, zu Liebe und Harmonie zu überreden? Als er den Verrat entdeckte, betrug sich der Advokat Lino Cimino natürlich als der seltsame Kauz, der er war. Ungereimtheiten über Ungereimtheiten, eine verrückter als die andere! Niemand wird leugnen, daß es nutzlos ist, manche Dinge geheimhalten zu wollen: trotz aller Sorgfalt bemerkt man dann doch an vielen Zeichen, daß alle im Bilde sind, und daß sie nur aus Mitleid so getan haben, als wüßten sie von nichts. Aber es ist gewiß schlimmer, Skandal zu schlagen und dann nicht die letzten Konsequenzen zu ziehen, auf halbem Wege mitten in der zur Schau gestellten Schande stehenzubleiben, und so die Erwartung der Zuschauer zu enttäuschen.

Zuerst jagte er seine Frau aus dem Hause, ohne daran zu denken, sich auch an dem Liebhaber zu rächen, indem er vielmehr vor allen erklärte, daß er diesem dankbar für den Dienst sei, den er ihm erwiesen; dann holte er die Frau wieder zurück, aus Mitleid mit den Kindern, unter der Bedingung jedoch, daß sie sich niemals wieder vor ihm blicken lasse; aber als er Papía zum ersten Male wieder auf der Straße traf, zog er den Revolver aus der Tasche und schoß piff, paff! wie verrückt umher; der eine nahm dahin, der andere dorthin Reißaus; und schließlich fand sich Papía mit einer kleinen Wunde am Arm, und er selbst zwischen zwei Gendarmen, die ihm die Handschellen anlegten. Nach dem Freispruch baute er sich eine kleine zweistöckige Villa, die wie ein Kerker aussah; seine Frau verwies er mit den Kindern ins Obergeschoß, und er selbst brachte, ihr zum Hohn, des Nachts Straßendirnen nach Hause und schlief mit ihnen. Und so viele andere Narrheiten und Schimpflichkeiten beging er, daß sie ihm, außer der Achtung der Freunde, auch alle seine Klienten entfremdet hätten, wenn nicht die Furcht, ihn zum Gegner zu haben, sie davon abgehalten hätte, sich an andere zu wenden. –

Kennt ihr die Raserei, die sich in der Magengegend festsetzt und den Atem verschlägt; so daß man nicht mehr weiß, wie man sich drehen und wenden soll; und man zerwühlt das Bett; man kratzt die Wände ab; man würde aufbrüllen, wenn man die Kraft dazu hätte; und alles, selbst der Anblick alltäglicher Dinge flößt unerträglichen Abscheu ein, und mehr als alles irritiert jeder Vorschlag zur Heilung, der uns von denen kommt, die um uns sind und uns anschauen – und die unsere Erbitterung angesteckt hat. Glücklicherweise dauert eine solche Raserei nur kurze Zeit. Aber dem Advokaten Lino Cimino legte sie sich auf den Magen und gab ihm durch Jahre und Jahre keine Ruhe mehr.

Die Frau war wieder ins Haus zurückgekehrt, der Liebhaber hatte nach dem Freispruch ruhig den Ort verlassen: nach der Meinung aller war die Rache so ergebnislos gewesen wie der Skandal dumm. Daß die Frau jetzt wie eine Gefangene gehalten wurde, ohne auch nur aus den immer geschlossenen Fenstern blicken zu dürfen, genügte nicht. Es genügte nicht, weil sie immerhin die Kinder behalten hatte (und nicht einmal das war im Grunde zu billigen, denn eine Frau, die ihre Aufgabe als Mutter vergessen hatte und zur schlechten Gattin geworden war, konnte schwerlich ein Vorbild für die Töchter darstellen); und im übrigen hatte sie es, zum Ausgleich für das Urteil, das sie jeder Freiheit beraubte, sich vor den andern zu zeigen, wenigstens soweit gebracht, daß sie sich seiner entledigt hatte, wobei sie obendrein fortfuhr, ihm zur Last zu fallen. Er hörte sie von unten über seinem Haupte hin und her gehen; und oft hörte er sie auch lachen und singen. Zwar hatte er der schon heruntergekommenen Familie Papía den letzten Rest gegeben und ließ im geheimen den jungen Mann aufs unerbittlichste verfolgen; aber nicht einmal das konnte ihm genügen, da er wußte, daß sich Papía weniger um seiner Verfolgung willen aus dem Ort entfernt hatte, als um sich nicht von allen ständig das Unrecht vorwerfen zu lassen, das er getan hatte, und zwar nicht so sehr seinem Wohltäter, als sich selbst und den Seinen, indem er sich wie ein Dummkopf in diesen Liebeshandel eingelassen hatte. Da nun die Dinge so lagen (und Cimino fühlte recht gut, daß es sich wirklich so verhielt), schien es ihm, als gewähre seine Verfolgung den andern mehr Genugtuung als ihm selbst; und fast hätte er gewünscht, daß irgend jemand reagiert und versucht hätte, diesen Dummkopf aus dem allgemeinen Verdammungsurteil emporzuheben und ihm wieder gegenüberzustellen, um von neuem und noch grimmiger seine Wut zu provozieren, um seine Raserei noch schrecklicher zu entflammen.

Aber es rührte sich keiner; und nach und nach verdampften alle Wut und Raserei. Von Papía hörte man nichts mehr. Die Jahre vergingen; und als die inzwischen herangewachsenen Töchter unter den Klienten der Kanzlei ihre Gatten gefunden hatten, die sie, demütigend und ohne Feierlichkeit, in das und jenes Dörfchen der Provinz mitnahmen: da dachte niemand mehr daran, wie nun das Leben für Cimino aussehen müsse in dem leeren Haus, mit der einsamen Frau über seinem Kopf; und er unten, allein. Und als die Unordnung, in die seine Verhältnisse durch sein Schicksal geraten waren, sich mehr und mehr in die Zeit entfernte, schien es, als sei sie im trostlosen Elend der Gewohnheit schon so erkaltet, daß selbst die Erinnerung daran wie gestorben und begraben war.

Doch sie tauchte wieder auf, diese Erinnerung, plötzlich und unerwartet wie ein schreckliches Gespenst und es war wie eine grimmige Strafe, die eine dunkle Gerechtigkeit durch all die Jahre im geheimen ausgebrütet hatte, als man auf der einen Seite Papía wieder auf den Straßen der Stadt erscheinen sah (und man erfuhr nie, woher er gekommen), Almosen fordernd, abgerissen und heruntergekommen, nicht wiederzuerkennen, mit verwildertem Bart, ergraut schon und halb blind; und auf der anderen, ein Schatten, nachdem er ein paar Monate wegen einer heimlichen Krankheit das Haus gehütet, Cimino: o Gott, der Nacken war ihm noch um eine Handbreit mehr aus dem Hemdkragen hervorgewachsen, glatt und so verhärtet, daß der Kopf sich unbeweglich wie unter einem Joch nach vorne neigen mußte; das Kinn schien an den Hals gewachsen, und die Augen starrten schmerzlich und schrecklich in der Blässe des abgezehrten und doch aufgedunsenen Gesichts, das da und dort gefleckt war wie der harte, schwarzgesprenkelte Stein mancher alter Häuser. Nach so vielen Jahren war die heimtückische Krankheit zum Ausbruch gekommen, Frucht der Unordnung und der schändlichen Narrheiten, die er begangen hatte, um sich für die Untreue seiner Frau zu rächen, und hatte ihn in dieser gräßlichen Weise am Nacken gepackt, der in der Tat, so hart und entblößt, etwas Schamlos-Unzüchtiges an sich hatte.

Die Augen, obwohl starr in ihrem schneidenden Krampf und Schmerz, hatten noch soviel Licht, daß niemand denken konnte, der Verstand sei in ihm erloschen. Aber sie machten Angst, diese Augen. Und die Klienten verließen, einer nach dem andern, für immer das Büro, in dem er pünktlich jeden Morgen fortfuhr, sie hinter dem Schreibtisch zu erwarten, auf dem nun keine Papiere mehr sich häuften, mit dem Blick auf die mit grünem, verschossenem Tuch bezogene Tür, die sich nicht mehr öffnete. Zur gewohnten Stunde schloß er sein Büro und begab sich zum Spaziergang in die einsame Allee am Ausgang der Stadt, von der aus man einen weiten Blick über die Hügel und Täler genoß.

Wo diese Allee eine Biegung machte, um auf dem ein wenig hervorragenden Rücken des nächsten Hügels weiterzulaufen, stand unter einer Zypresse eine Bank. Die Allee war ganz mit neuen und frischen Bäumchen bestanden. Die Zypresse wirkte dort fremd und einsam. Sie hatte alle ihre Nadeln verloren und war unter dem Einfluß des Alters eine riesige, glatte und tote Stange geworden, mit einem Nadelbusch am Ende wie ein Lichtputzer. Niemand setzte sich je auf die kleine Bank unter dieser alten, unheilverkündenden Zypresse. Aber Cimino saß dort, Stunden und Stunden lang, unbeweglich wie eine schauerliche Puppe, die ein Spaßvogel dort hingesetzt hatte.

Es geschah kurz vor Abend, aber schon fast im Dunkeln. Er saß auf jener Bank und sah auf der verlassenen Allee Papía vorübergehen, der eine Hand ausstreckte, wie um sich vor dem Schatten zu schützen, während die andere mit dem Stock den Weg suchte.

Er rief ihn an.

Die Bank hatte, bei allem freien Raum, der sich vor ihr breitete, doch das Verschlossene und Heimliche, mit dem der Abendschatten jedes Ding umgibt, das man noch zu sehen vermag.

Papía, halb blind, näherte sich, als er sich rufen hörte, und beugte sich vor, um sein Gegenüber zu betrachten; als er Cimino erkannte, war es, als wenn ihn ein Schauer durchliefe; er schwankte, fiel auf die Bank nieder und begann so zu schluchzen, daß es ihn schüttelte: Und das Weinen, das sich nicht den Weg bis zum Halse bahnen konnte, machte sich nur in einem fortgesetzten, stoßweisen Schnauben der Nase bemerkbar.

Sie sagten nichts zueinander.

Als er ihn weinen hörte, streckte Cimino, da er den Kopf nicht wenden konnte, eine Hand aus und klopfte ihm leise mehrere Male auf das Bein.

Und so blieben sie sitzen, in schrecklichem Elend vereint durch all das Leid, das sie einander zugefügt, und aus dem vielleicht für einen einzigen Augenblick dieses verzweifelte Mitleid erwuchs, das sie auf keine Weise mehr trösten konnte.

Bertolt Brecht

O Falladah, die du hangest!

Ich zog meine Fuhre trotz meiner Schwäche
Ich kam bis zur Frankfurter Allee.
Dort denke ich noch: O je!
Diese Schwäche! Wenn ich mich gehenlasse
Kann's mir passieren, daß ich zusammenbreche.
Zehn Minuten später lagen nur noch meine Knochen auf
der Straße.

Kaum war ich da nämlich zusammengebrochen
(Der Kutscher lief zum Telefon)
Da stürzten sich aus den Häusern schon
Hungrige Menschen, um ein Pfund Fleisch zu erben
Rissen mit Messern mir das Fleisch von den Knochen
Und ich lebte überhaupt noch und war gar nicht fertig
mit dem Sterben.

Aber die kannte ich doch von früher, die Leute!
Die brachten mir Säcke gegen die Fliegen doch
Schenkten mir altes Brot und ermahnten noch
Meinen Kutscher, sanft mit mir umzugehen.
Einst mir so freundlich und mir so feindlich heute!
Plötzlich waren sie wie ausgewechselt! Ach, was war mit
ihnen geschehen?

Da fragte ich mich: Was für eine Kälte
Muß über die Leute gekommen sein!
Wer schlägt da so auf sie ein
Daß sie jetzt so durch und durch erkaltet?
So helfet ihnen doch! Und tut es in Bälde!
Sonst passiert euch etwas, was ihr nicht für möglich haltet!

Siebentes Kapitel

Freundschaft – Hingabe

❖ ❖ ❖

Die Sage von Philemon und Baukis

Auf Phrygiens Hügeln steht eine alte Eiche und dicht daneben eine Linde, beide von einer mäßigen Mauer umgeben. Ihre niederen Zweige schmückt mancher Kranz, den fromme Hände mit heiliger Scheu darangehängt. Nicht ferne davon ist ein See, einst bewohnbares Land, jetzt ein Gewässer, belebt von Tauchern und Sumpfhühnern. Hierher kam einst Zeus, der Himmelsvater, und mit ihm Hermes, sein ihm dienstbarer Sohn, beide in menschlicher Gestalt in der Absicht, die Gastlichkeit der Menschen zu prüfen. Sie traten an tausend Häuser heran und baten um Obdach und ein Plätzchen zur Ruhe; doch tausend Häuser verschlossen ungastlich die Tür. Nur *ein* Haus nahm sie auf, klein zwar und gedeckt mit Stroh und Rohr, doch die drin wohnten, waren ein frommes freundliches Paar, der greise Philemon und sein gleichaltriges Weib Baukis. Beide hatten in dieser Hütte in den Tagen ihrer Jugend den Bund fürs Leben geschlossen und waren darin grau geworden, zufrieden mit ihrer Armut, die für ihren einfachen Sinn nichts Drückendes hatte. Keinen Diener fand man im Hause, sie beide waren die ganze Familie und dienten liebreich eines dem andern.

Als in die niedere Tür dieses Hauses die Götter eintraten mit gesenktem Haupte, kam ihnen der alte Philemon freundlich entgegen und hieß sie ihre Glieder niederlassen auf einem hingestellten Sessel, über welchen die geschäftige Baukis sogleich ein rauhes Gewebe warf. Darauf eilt diese zum Herde, scharrt aus der lauen Asche die glimmenden Funken des gestrigen Feuers, nährt es mit Blättern und trockener Rinde und zwingt es mit keuchendem Atem zur Flamme; dann holt sie von dem Dache gespaltenes Kienholz und trockenes Reisig, bricht es kurz und schiebt es unter den ehernen Kessel. Während sie darauf den Kohl beliest, den ihr Gatte in dem bewässerten Garten geholt, hebt dieser mit zweizinkiger Gabel den Rücken eines Schweines, den sie lange aufbewahrt, vom rußigen Balken herab und schneidet ein bescheidenes Stück davon und legt es in das siedende Wasser. Und damit den Gästen der Verzug bis zur Mahlzeit nicht zu lange währe, bemühen sich beide durch unterhaltende Gespräche die Zeit zu kürzen.

Eine buchene Wanne mit krummem Henkel hing an einem Nagel an der Wand; die füllen sie mit lauem Wasser und stellen sie den Gästen zum Fußbad dar. Während diese ihre Glieder in dem Bade erfrischen, breitet Baukis über ein Polster aus weichem Sumpfgras, das in der Mitte der Stube auf weidenem Gestelle lag, einen Teppich – er war zwar alt und von schlechtem Gewebe, wohlpassend zu dem weidenen Gestelle, doch war er ein Kleinod der Alten, das sie nur an festlichen Tagen hervorzuholen pflegten. Darauf laden sie die Gäste ein, sich niederzulassen zum Mahle. Die zitternde Alte mit aufgeschürztem Gewande stellt den Tisch davor, aber der dritte Fuß des Tisches ist ungleich; eine Scherbe darunter macht ihn gleich. Nachdem sie so den Tisch gefestigt, reibt sie ihn ab mit duftiger Krausenminze. Darauf trägt sie die Speisen auf; da sind Oliven, die zweifarbige Beere der reinen Minerva, und herbstliche Cornelkirschen, eingemacht in flüssiger Hefe, Endivien und Radieschen und gepreßte Milch und Eier, leicht gedreht in nicht allzu heißer Asche, alles in irdenen Gefäßen. Auch wird ein Mischbecher aufgestellt, gleichfalls von Ton, und Becher von Buchenholz, im Innern mit gelbem Wachse gebohnt. Nach einer Weile sendet der Herd warme Speisen, und wiederum wird Wein aufgetragen von nicht hohem Alter. Ein wenig auf die Seite geschoben, gibt er Platz für den Nachtisch. Da ist Nuß, da ist Feige, mit runzlichen Datteln vermischt, und Pflaumen und duftige Äpfel in offenen Körbchen und Trauben von der purpurnen Rebe. In der Mitte steht eine glänzende Wachsscheibe. Zu all' diesem kommt als das Schönste und Beste eine freundliche Miene und ein nicht träger und armer Wille.

Unterdes sehen die beiden Wirte, wie der Milchbecher, so oft er ausgeschöpft ist, von selbst sich wieder füllt und der Wein von selber nachwächst, und sie staunen ob dem Wunder und stehen starr, und mit erhobenen Händen stammeln sie Gebete voll Furcht und Schreck und flehen um Verzeihung für die schlechte Bewirtung. Was sollen sie tun, um die göttlichen Gäste zu besänftigen? Sie hatten eine einzige Gans, eine Wächterin des kleinen Hauses. Die schickten sie sich an, den eingekehrten Göttern zu opfern; aber die Gans verspottete mit ihren schnellen Flügeln die Langsamkeit der Alten und zog sie flüchtend lange hin und her und schien endlich ihre Zuflucht zu den Göttern selbst zu nehmen. Die Götter verboten, sie zu töten und sprachen: „Wir sind Götter, und eure gottlose Nachbarschaft wird büßen für ihr Vergehen; ihr dagegen werdet verschont bleiben von dem Übel, das ihnen verhängt ist, nur verlaßt eure Wohnung und gehet mit uns hinauf auf die Höhe des Berges."

Beide gehorchen, und auf ihre Stäbe gestützt, wandern sie mühsam den langen Pfad hinauf der Bergeshöh' zu. Als sie nur noch einen Pfeilschuß von dem Gipfel entfernt waren, wandten sie ihren Blick und sahen die ganze Niederung in einen See verwandelt, nur ihr Haus war stehen geblieben. Während sie das bewundern und das Geschick der Ihrigen beweinen, wandelt sich jene alte Hütte, die selbst für ihre zwei Bewohner zu klein gewesen, in einen prächtigen Tempel. Säulen treten unter das Dach, das Stroh des Daches wird zu Gold, die Türe weitet sich zu stattlichen Toren mit kunstvoller Arbeit, der Boden deckt sich mit Marmor. Darauf spricht Zeus mit freundlichem Munde: „Saget, gerechter Greis, und du, deines gerechten Gatten würdiges Weib, was wünschet ihr?" Nachdem Philemon mit seinem Weibe sich kurz besprochen, eröffneten sie den Göttern ihren gemeinsamen Wunsch. „Priester zu sein, wünschen wir, und euren Tempel zu hüten, und weil wir in Eintracht bisher unsre Tage verlebt, so möge uns beide *eine* Stunde dahinnehmen, daß weder ich das Grab meiner Gattin sehe, noch jene mich begraben muß." Ihrem Wunsche folgte die Erfüllung. Sie waren der Schutz des Tempels, so lange das Leben ihnen vergönnt war. Einst, als sie, von Jahren und Alter aufgelöst, vor den heiligen Stufen standen und die Wundergeschichte des Ortes sich ins Gedächtnis riefen, da sah plötzlich Philemon seine Baukis, und Baukis sah jenen sich mit grünem Laube überdecken. Und während schon der Gipfel über beider Antlitz emporwuchs, wechselten sie noch, so lange sie konnten, Worte der Liebe. „Lebe wohl, o Gatte!“ sprachen sie beide, und beiden deckte zugleich dichtes Laubwerk den Mund. Philemon war eine *Eiche* geworden, Baukis eine *Linde*.

Ruth und Naemi

Zu der Zeit, da die Richter regierten, ward eine Teurung im Lande. Und ein Mann von Bethlehem-Juda wanderte mit seinem Weibe und zwei Söhnen aus ins Land der Moabiter. Er hieß Elimelech und sein Weib Naemi. Sie kamen ins Land der Moabiter und wohnten daselbst. Elimelech aber starb, und Naemi blieb übrig mit ihren beiden Söhnen. Die nahmen moabitische Weiber; eine hieß Orpa, die andere Ruth. Da sie aber bei zehn Jahren daselbst gewohnt hatten, starben auch die beiden Söhne, so daß das Weib ihre Söhne und ihren Mann überlebte. Da machte sie sich auf mit ihren beiden Schwiegertöchtern und zog wieder aus dem Lande der Moabiter; denn sie hatte gehört, daß der Herr sein Volk heimgesucht und ihm Brot gegeben habe. Als sie nun auf dem Wege waren, um wieder ins Land Juda zu kommen, sprach Naemi zu ihren beiden Schwiegertöchtern: Gehet hin und kehret um, eine jegliche in ihrer Mutter Haus. Der Herr tue an euch Barmherzigkeit, wie ihr an den Verstorbenen und an mir getan habt; der Herr gebe euch, daß ihr Ruhe findet, eine jede in ihrem Haus! Und sie küßte sie. Da erhoben sie ihre Stimme, weinten und sprachen zu ihr: Wir wollen mit dir zu deinem Volke gehen. Aber Naemi sprach: Kehret um, meine Töchter; warum wollt ihr mit mir gehen? Denn ich bin viel übler daran als ihr, da die Hand des Herrn über mich gegangen ist. Da erhoben sie ihre Stimme und weinten noch mehr; und Orpa küßte ihre Schwiegermutter und ging, Ruth aber blieb bei ihr. Naemi aber sprach: Siehe, deine Schwägerin ist umgekehrt zu ihrem Volk und zu ihrem Gott; kehre du auch um, deiner Schwägerin nach. Ruth antwortete: Rede mir nicht zu, daß ich dich verlassen sollte und von dir umkehren! Wo du hingehst, da will ich auch hingehen; wo du bleibst, da bleibe ich auch. Dein Volk ist mein Volk, und dein Gott ist mein Gott. Wo du stirbst, da sterbe ich auch, da will ich auch begraben werden. Der Herr tue mir dies und das, nur der Tod soll mich und dich scheiden! Als nun Naemi sah, daß Ruth fest darauf beharrte, mit ihr zu gehen, ließ sie ab, ihr zuzureden.

So gingen sie beide miteinander, bis sie nach Bethlehem kamen. Und da sie in Bethlehem ankamen, geriet die ganze Stadt ihretwegen in Bewegung und sprach: Ist das die Naemi? Sie aber sprach: Heißet mich nicht Naemi (die Fröhliche), sondern Mara (die Betrübte); denn der Allmächtige hat mich sehr betrübt. Reich zog ich aus, aber leer hat mich der Herr heimgebracht. Warum heißt ihr mich denn Naemi, so doch der Herr mich gedemütigt und der Allmächtige mich betrübt hat? – Es war aber um die Zeit, da die Gerstenernte anging, als Naemi mit ihrer Schwiegertochter Ruth wieder aus dem Land der Moabiter nach Bethlehem kam.

Naemi aber hatte einen Verwandten ihres Mannes, einen reichen Mann, mit Namen Boas. Und Ruth, die Moabitin, sprach zu Naemi: Laß mich aufs Feld gehen und Ähren auflesen, dem nach, vor dem ich Gnade finde. Sie aber sprach zu ihr: Gehe hin, meine Tochter. Sie ging hin und las Ähren auf einem Felde auf hinter den Schnittern her; und es traf sich, daß dieses Feld eben des Boas war. Und siehe, Boas kam von Bethlehem und sprach zu den Schnittern: Der Herr mit euch! Sie antworteten: Der Herr segne dich! Und Boas sprach zu seinem Knecht, der über die Schnitter gestellt war: Wessen Tochter ist diese da? Der Knecht antwortete: Es ist die junge Moabitin, die mit Naemi aus dem Lande der Moabiter gekommen ist; sie sprach: „Laßt mich doch auflesen und sammeln unter den Garben den Schnittern nach." Sie kam und blieb vom Morgen an bis jetzt und verweilt wenig zu Hause. Da sprach Boas zu Ruth: Hörst du, meine Tochter? gehe nicht auf einen andern Acker aufzulesen, auch gehe nicht von hier weg; sondern halte dich zu meinen Mägden. Siehe, wo sie im Felde schneiden, da gehe ihnen nach. Ich habe meinen Knechten geboten, daß dich niemand beleidige. Und wenn dich dürstet, so gehe hin zu den Gefäßen und trinke, was meine Knechte schöpfen. Da fiel sie auf ihr Angesicht und verneigte sich zur Erde und sprach zu ihm: Womit habe ich vor deinen Augen die Gnade gefunden, daß du dich meiner annimmst, die ich doch fremd bin? Boas antwortete: Es ist mir alles angesagt worden, was du an deiner Schwiegermutter nach deines Mannes Tode getan hast, daß du deinen Vater und deine Mutter und dein Vaterland verlassen hast und zu einem Volke gezogen bist, das du zuvor nicht kanntest. Der Herr vergelte dir deine Tat, und dein Lohn müsse vollkommen sein vor dem Herrn, dem Gott Israels, zu welchem du gekommen bist, daß du unter seinen Flügeln Zuflucht fändest. Sie sprach: Laß mich Gnade vor deinen Augen finden, mein Herr; denn du hast mich getröstet und deine Magd freundlich angesprochen, da ich doch nicht eine deiner Mägde bin.

Zur Essenszeit aber sprach Boas zu ihr: Mache dich herzu und iß von dem Brote und tunke deinen Bissen in den Essig. Und sie setzte sich zur Seite der Schnitter. Man legte ihr geröstetes Getreide vor; sie aß, ward satt und behielt übrig. Und da sie sich aufmachte zu lesen, gebot Boas seinen Knechten und sprach: Lasset sie auch zwischen den Garben lesen und kränket sie nicht; auch lasset etwas aus den Garben fallen und lasset es liegen, daß sie es auflese; und niemand schelte sie darum. So las sie auf dem Felde bis zum Abend, und als sie ausdrosch, was sie aufgelesen hatte, war es bei einem Epha[1] Gerste. Sie hob es auf und kam in die Stadt und zeigte ihrer Schwiegermutter, was sie gelesen hatte; auch zog sie hervor und gab ihr, was ihr übrig geblieben, nachdem sie satt geworden war. Da sprach ihre Schwiegermutter zu ihr: Wo hast du heute gelesen und wo hast du gearbeitet? Gesegnet sei, der sich deiner angenommen hat! Sie aber sagte ihrer Schwiegermutter, bei wem sie gearbeitet hatte, und sprach: Der Mann, bei dem ich heute gearbeitet habe, heißt Boas. Da sprach Naemi zu ihrer Schwiegertochter: Gesegnet sei er von dem Herrn, der seine Liebe nicht entzogen hat weder den Lebendigen noch den Toten. Und Naemi sprach weiter zu ihr: Der Mann ist uns verwandt und einer von unsern Erben. Ruth sprach: Er sagte auch das zu mir: Du sollst dich zu meinen Leuten halten, bis sie mir alles eingeerntet haben. Naemi sprach zu Ruth: Es ist besser, daß du mit seinen Mägden ausgehest, auf daß man dir nicht zu nahe trete auf einem andern Acker. So hielt sie sich zu den Mägden des Boas, um Ähren zu lesen, bis die Gersten- und Weizenernte vorüber war.

(Buch Ruth, Kap. 1 und 2)

1 Ein Getreidemaß = 36 Liter.

David und Jonathan

An demselben Tage nahm Saul den David zu sich und ließ ihn nicht wieder in seines Vaters Haus zurückkehren. Das Herz Jonathans aber verband sich mit dem Herzen Davids; Jonathan gewann David lieb wie sein eigenes Herz, und sie machten einen Bund miteinander. Jonathan zog den Rock aus, den er anhatte, und gab ihn David, dazu seinen Mantel, sein Schwert, seinen Bogen und seinen Gürtel. Es begab sich aber, als er vom Kampfe mit dem Philister wiedergekommen war, daß die Weiber aus allen Städten Israels mit Gesang und Reigen, mit Pauken, Harfen und Freudengeschrei dem König Saul entgegengingen. Und die Weiber sangen gegeneinander, spielten und sprachen: Saul hat seine tausend geschlagen, David aber seine zehntausend. Da ergrimmte Saul sehr; das Wort gefiel ihm übel, und er sprach: Sie haben David zehntausend gegeben und mir tausend; das Königreich will noch sein werden. Und Saul sah David seit diesem Tage scheel an.

Des andern Tages geriet der böse Geist von Gott über Saul, und er raste daheim im Hause; David aber spielte auf den Saiten mit seiner Hand, wie er täglich pflegte. Saul hatte einen Spieß in der Hand, warf ihn und dachte: ich will David an die Wand spießen. David aber wandte sich zweimal von ihm ab. Da fürchtete sich Saul vor David, weil der Herr mit David war, von ihm aber gewichen. Darum tat ihn Saul von sich und setzte ihn zum Obersten über tausend Mann, und David zog vor dem Volk aus und ein und hatte Glück in all seinem Tun; denn der Herr war mit ihm. Da nun Saul sah, daß er so glücklich war, scheute er sich vor ihm. Ganz Israel aber hatte David lieb. Und Saul gab ihm seine Tochter Michal zum Weibe, und Michal hatte ihn lieb. Da fürchtete sich Saul noch mehr vor David und ward ihm feind sein Leben lang. Er redete mit seinem Sohne Jonathan und mit allen seinen Knechten, daß sie David töten sollten. Aber Jonathan verkündigte es David und sprach: Mein Vater Saul trachtet darnach, daß er dich töte. Nun, so hüte dich morgen, bleibe verborgen und verstecke dich. Ich aber will hinausgehen und neben meinem Vater stehen auf dem Felde, wo du bist, und mit meinem Vater von dir reden, und was ich sehe, will ich dir kund tun. Und Jonathan redete das Beste von David mit seinem Vater Saul und sprach zu ihm: Es versündige sich der König nicht an seinem Knechte David; denn er hat keine Sünde wider dich getan, und sein Tun ist dir sehr nützlich; er hat sein Leben aufs Spiel gesetzt und den Philister erschlagen, und der Herr hat ganz Israel einen großen Sieg verschafft. Das hast du gesehen und dich dessen gefreut. Warum willst du dich denn an unschuldigem Blut versündigen und David ohne Ursache töten? Saul hörte auf die Stimme Jonathans und schwur: So wahr der Herr lebt, er soll nicht sterben. Da rief Jonathan David, sagte ihm alle diese Worte und brachte ihn zu Saul, so daß er wieder um ihn war wie zuvor.

Es erhob sich aber wieder ein Streit, und David zog aus, stritt wider die Philister und richtete eine große Niederlage unter ihnen an, so daß sie vor ihm flohen. Aber der böse Geist vom Herrn kam wieder über Saul; er saß in seinem Hause und hatte den Speer in seiner Hand; David aber spielte auf den Saiten. Und Saul trachtete David mit dem Speer an die Wand zu spießen. David aber wich aus; der Speer fuhr in die Wand, und er floh. In derselben Nacht sandte Saul Boten zu Davids Haus, die ihn bewachen und am Morgen töten sollten. Das verkündigte dem David sein Weib Michal und sprach: Wirst du nicht diese Nacht dein Leben retten, so mußt du morgen sterben. Da ließ ihn Michal durchs Fenster hinab, daß er floh und entrann. Er kam zu Samuel nach Rama und sagte ihm alles, was ihm Saul getan hatte.

David aber kam heimlich zu Jonathan und sprach: Was habe ich getan? was ist mein Vergehen? was habe ich gesündigt vor deinem Vater, daß er mir nach dem Leben steht? Er aber sprach zu ihm: Das sei ferne! Du sollst nicht sterben! Siehe, mein Vater tut nichts, weder Großes noch Kleines, das er mir nicht offenbare. Warum sollte denn mein Vater dies vor mir verbergen? Es wird nicht so sein. Da schwur David und sprach: Dein Vater weiß wohl, daß ich Gnade vor deinen Augen gefunden habe; darum wird er denken: Jonathan soll solches nicht wissen, es möchte ihn bekümmern. Wahrlich, so wahr der Herr lebt, und so wahr deine Seele lebt, es ist nur ein Schritt zwischen mir und dem Tode. Jonathan sprach zu David: Ich will an dir tun, was dein Herz begehrt. Komm, laß uns hinaus aufs Feld gehen. Und sie gingen hinaus aufs Feld. Da sprach Jonathan zu David: Bei Jehova, dem Gott Israels, wenn ich an meinem Vater morgen oder übermorgen erforsche, daß es wohl steht um dich, und nicht hinsende zu dir und es dir offenbare, so tue mir der Herr dies und jenes. Wenn aber meinem Vater Böses wider dich gefällt, so will ich's dir auch offenbaren und dich ziehen lassen, daß du im Frieden weggehest. Der Herr sei mit dir, wie er mit meinem Vater gewesen ist. Und wenn ich nicht mehr am Leben bin, so entziehe doch meinem Hause deine Gnade nicht in Ewigkeit. So machte Jonathan einen Bund mit dem Hause Davids und schwur ihm nochmals bei der Liebe, die er zu ihm hatte; denn er hatte ihn so lieb wie seine Seele. Und Jonathan sprach zu ihm: Morgen ist das Fest des Neumonds; da wird man nach dir fragen; denn man wird dich vermissen, wo du zu sitzen pflegst. Am dritten Tag aber komm eilig herab und verbirg dich bei dem Steine Asel, so will ich drei Pfeile an dir vorüberschießen, als ob ich nach dem Ziele schösse: Dann will ich den Knappen senden: „Gehe hin, suche den Pfeil." Werde ich zum Knappen sagen: „Siehe, die Pfeile liegen herwärts, hinter dir, hole sie", so komm; denn es ist Friede und hat keine Gefahr, so wahr der Herr lebt. Sage ich aber zum Jüngling: „Siehe, die Pfeile liegen jenseits von dir", so gehe hin; denn der Herr heißt dich gehen. Was aber du und ich miteinander geredet haben, da ist der Herr Zeuge zwischen dir und mir ewiglich.

David verbarg sich im Felde. Und als der Neumond kam, setzte sich der König zu Tisch, um zu essen. Da sich aber der König an seinen Platz an der Wand gesetzt hatte, wie er gewohnt war, kam Jonathan; Abner[1] aber setzte sich an die Seite Sauls. Und man vermißte David an seinem Platze. Doch sagte Saul an diesem Tage nichts; denn er dachte: es ist ihm etwas widerfahren, und er ist nicht rein. Aber am zweiten Tage des Neumondfestes, als man David wieder vermißte, sprach Saul zu Jonathan: Warum ist der Sohn Isais nicht zu Tische gekommen, weder gestern noch heute? Jonathan antwortete: David erbat sich's von mir, daß er nach Bethlehem gehen dürfe; denn er sprach: „Unser Geschlecht hat in Bethlehem zu opfern, und mein Bruder hat mir's selbst geboten." Da entbrannte der Zorn Sauls wider Jonathan, und er sprach zu ihm: Du ungehorsamer Bösewicht! ich weiß wohl, daß du den Sohn Isais auserkoren hast, dir und deiner Mutter zur Schande. Denn so lange der Sohn Isais auf Erden lebt, wirst du und dein Königreich nicht bestehen. So sende nun hin und laß ihn zu mir holen; denn er muß sterben. Jonathan antwortete seinem Vater: Warum soll er sterben? was hat er getan? Da schoß Saul den Speer nach ihm, ihn zu spießen. Nun merkte Jonathan, daß bei seinem Vater gänzlich beschlossen war, David zu töten; er stand vom Tische auf mit grimmigem Zorne und aß an diesem Tage nichts; denn er war um David bekümmert, daß sein Vater ihn verdammte.

Des Morgens ging Jonathan hinaus auf das Feld, wohin er David bestellt hatte, und ein junger Knappe mit ihm. Und er sprach zu ihm: Lauf und suche mir die Pfeile, die ich schieße! Da nun der Knappe lief, schoß er einen Pfeil über ihn hin, und als der Knappe an den Ort kam, wohin Jonathan den Pfeil geschossen hatte, rief ihm Jonathan nach: Der Pfeil liegt jenseits vor dir. Abermal rief er ihm nach: Eile rasch und stehe nicht stille! Da las der Knappe die Pfeile auf und brachte sie zu seinem Herrn, merkte aber nichts. Dann gab ihm Jonathan seine Waffen und sprach zu ihm: Gehe hin und trage sie in die Stadt. Der Knappe ging, und David kam, fiel auf sein Antlitz zur Erde und neigte sich dreimal, und sie küßten sich und weinten miteinander, David aber am allermeisten. Jonathan sprach zu David: Gehe hin mit Frieden! Was wir beide geschworen haben im Namen des Herrn und gesagt: „der Herr sei Zeuge zwischen mir und dir, zwischen meinem Hause und deinem Hause", das bleibe ewiglich! Und David machte sich auf und ging; Jonathan aber kehrte in die Stadt zurück.

(1. Buch Samuel)

1 Der Feldhauptmann Sauls.

Äsop

Die zwei Freunde und der Bär

Zwei Freunde, die zusammen reisten und unter sich eins geworden waren, einander in allen Fällen, die sich nur immer ereignen dürften, beizustehen, stießen unterwegs auf einen Bär. Ihm zu entlaufen war nicht mehr möglich. Der eine kletterte daher auf einen Baum, und der andre warf sich, mit dem flachen Gesichte gegen die Erde gekehrt, nieder und hielt den Atem an sich. Der Bär kam grade auf den letztern zu, beroch und beschnupperte ihn, indem er die Nase an seinen Mund und seine Ohren hielt, und ließ ihn endlich, weil er ihn für nichts als für einen toten Körper hielt, unverletzt daliegen. Kaum war der Bär weg, als sein Gefährte von dem Baume herabkam und ihn mit einem höhnischen Lächeln fragte, was ihm denn der Bär Gutes in die Ohren gewispert habe? Er gab mir die Lehre, antwortete dieser, mit Leuten keine Gemeinschaft zu haben, die ihre Freunde zur Zeit der Not verlassen.

Lehre: Wahre Freundschaft wird zur Zeit der Anfechtung, gleich dem Golde im Feuer, geprüft; und der, welcher uns alsdenn verläßt, ist nicht wert, daß wir ihn jemals wieder unsers Vertrauens würdigen.

Betrachtung: Was ist das Leben ohne Freundschaft? Ohne Freundschaft findet in der Welt weder Gesellschaft noch Sicherheit statt. Die einzige Probe derselben aber ist in der Widerwärtigkeit; und da finden sich sehr wenige, die sie aushalten. So ein Mensch aber, der seinen Freund in der Not verlassen und ihn, wie der Reisende auf dem Baume, noch dazu, wegen der kaum entgangnen Gefahr, verspotten kann, ist am wenigsten zu entschuldigen und macht sich auch des allergeringsten Vertrauens unwürdig.

ARISTOTELES

Über Freundschaft

... Es gibt also drei Arten der Freundschaft, entsprechend den Arten des Liebenswerten. Und in jedem Falle gibt es eine Gegenseitigkeit, die nicht verborgen bleibt. Wer einander liebt, will also einander das Gute in dem Sinne, in dem sie einander lieben.

Die einen lieben einander also wegen des Nutzens und nicht als solche, sondern sofern sie einander Gutes verschaffen. Dasselbe gilt für jene, die einander der Lust wegen lieben. Denn sie lieben die Gewandten nicht um ihrer Qualitäten willen, sondern weil sie ihnen angenehm sind.

Wer also um des Nutzens willen liebt, tut es um seines eigenen Gewinns willen, und wer um der Lust willen, tut es um seiner eigenen Lust willen, und nicht sofern der Freund ist, was er ist, sondern nur soweit er nützlich oder angenehm ist. Dies sind also zufällige Freundschaften. Denn der Freund wird da nicht geliebt in dem, was er ist, sondern nur soweit der eine einen Gewinn, der andere Lust verschafft.

Dergleichen Freundschaften lösen sich bald auf, da die Partner nicht dieselben bleiben. Wenn sie nämlich nicht mehr angenehm oder nützlich sind, hört die Freundschaft zu ihnen auf. Der Nutzen bleibt aber nicht, sondern ist bald dieser, bald jener. Wenn sich nun aber entfernt hat, um dessentwillen sie Freunde waren, so löst sich auch die Freundschaft auf, da sie ja durch jenes bedingt war.

...

Vollkommen ist die Freundschaft der Tugendhaften und an Tugend Ähnlichen. Diese wünschen einander gleichmäßig das Gute, sofern sie gut sind, und sie sind gut an sich selbst. Jene aber, die den Freunden das Gute wünschen um der Freunde willen, sind im eigentlichen Sinne Freunde; denn sie verhalten sich an sich so, und nicht zufällig. Ihre Freundschaft dauert, solange sie tugendhaft sind. Die Tugend ist aber beständig, und jeder von beiden ist an sich gut und gut für den Freund. Denn die Tugendhaften sind schlechthin gut und einander gegenseitig nützlich, und ebenso auch angenehm. Denn auch schlechthin angenehm sind die Tugendhaften, wie auch füreinander gegenseitig. Denn jedem machen die ihm eigentümlichen Handlungen Freude und die damit verwandten; die Handlungen der Guten sind aber die entsprechenden oder doch ähnliche. So ist anzunehmen, daß eine derartige Freundschaft dauerhaft sei. Sie verknüpft in sich alles, was bei Freunden vorhanden sein muß....

Es ist freilich anzunehmen, daß solche Freundschaften selten sind. Denn wenige Menschen sind derart. Außerdem bedarf es langer Zeit und Gewöhnung. Denn wie das Sprichwort sagt, kann man einander nicht kennen, bevor man nicht jenes bekannte Salz miteinander gegessen hat. So kann man auch nicht einander näherkommen und Freund werden, bevor nicht jeder dem andern sich zuverlässig als liebenswert erwiesen hat. Wer rasch miteinander Freundschaft schließt, diese wollen zwar Freunde sein, sind es aber nicht, wenn sie nicht auch liebenswert sind und dies voneinander wissen. Denn Wille zur Freundschaft kann rasch entstehen, Freundschaft aber nicht.

Diese Freundschaft ist also im Hinblick auf die Zeit und auf die übrigen Bedingungen vollkommen: jeder erhält vom anderen dasselbe und Ähnliches, was es eben bei Freunden geben muß....

Cicero

Laelius – Über Freundschaft

... Wie kann überhaupt „ein Leben lebenswert" sein, wie Ennius sagt, welches nicht auf wechselseitiger Freundesliebe ruht? Was gibt es Schöneres, als einen Menschen zu haben, mit dem du dich alles so zu reden traust wie mit deinem eigenen Ich? Gäbe es einen so schönen Ertrag in Stunden des Glücks, ohne einen Menschen, der sich in gleicher Weise wie du selbst darüber freuen kann? Unglück aber zu ertragen wäre schwierig ohne einen, der so geartet ist, daß er es sogar noch schwerer nimmt als du; schließlich dient alles übrige, was man erstrebt, jeweils nur einem Belang: Reichtum, um ihn zu verwerten; Macht um der Verehrung willen; Ehrenstellen, um Ruhm zu ernten; Vergnügen, um sich daran zu freuen; Gesundheit, um von Schmerz frei zu sein und die Funktionen des Körpers verrichten zu können. Die Freundschaft aber umfaßt die meisten Bereiche; wohin du auch gehst: sie ist zugegen; kein Ort verschließt sich ihr; niemals kommt sie ungelegen, nie fällt sie zur Last. Daher leistet uns Freundschaft mindestens ebenso oft Dienste wie das sprichwörtliche „Wasser und Feuer". Aber ich will jetzt nicht von alltäglicher oder unvollkommener Freundschaft reden, obwohl auch sie schon Freude und Nutzen spendet, sondern von der wahren, vollkommenen Freundschaft, wie sie nur wenige pflegten, die man aufführen kann; denn solche Freundschaft verleiht unserem Glück helleren Glanz, und das Unglück macht sie durch gemeinsame Anteilnahme leichter.

Wenn die Freundschaft auch zahlreiche und vorzügliche Annehmlichkeiten in sich birgt, so ist sie ohne Zweifel besonders deswegen allem anderen voranzustellen, weil sie schöne Hoffnungen für die Zukunft aufleuchten läßt und nicht zuläßt, daß der Mensch gelähmt wird oder sinkt; wer nämlich sein Auge auf einen wahren Freund richtet, schaut gleichsam auf ein Vorbild seiner selbst. So kommt es, daß Abwesende zugegen, Arme reich, Schwache stark und, was man kaum mit Worten richtig bezeichnen kann, Tote lebendig sind: In solchem Maße begleitet sie die Ehre, das Andenken und die Sehnsucht der Freunde; so erscheinen die Verstorbenen im Tode glücklich, die Lebenden lobenswert. Schafft man aber die Verbindung, die aus der Zuneigung erwächst, aus der Welt, dann kann keine häusliche Gemeinschaft, keine Stadt mehr bestehen, und nicht einmal die Bestellung der Felder kann weitergeführt werden. Dies läßt sich, wenn man schon nicht verstehen will, wie stark die Kraft der Freundschaft und der Eintracht ist, an Hand der Uneinigkeiten und Zwieträchtigkeiten klar erkennen; gibt es denn eine so starke Haus- oder Bürgergemeinschaft, daß sie nicht durch Haß und Zerwürfnisse von Grund aus zerstört werden könnte?

Von hier aus läßt sich abschätzen, wie viel Gutes in der Freundschaft liegt....

Stütze der Unwandelbarkeit und Festigkeit, die wir in der Freundschaft suchen, ist die Treue; denn wo die Treue fehlt, kann es keine Festigkeit geben. Es empfiehlt sich außerdem, einen aufrichtigen, umgänglichen und mitfühlenden Menschen zu wählen, das heißt einen, der für die gleichen Eindrücke empfänglich ist; das sind alles Eigenschaften, die zur Treue gehören; denn weder kann ein Mensch von verschrobener und winkelzügiger Geisteshaltung treu sein, noch ist auch einer, der nicht für die gleichen Eindrücke empfänglich und nicht von Natur aus mitfühlend ist, der Treue und Festigkeit fähig. Dazu muß noch kommen, daß sich der Gewählte keine Freude daraus machen soll, Beschuldigungen zu erheben, beziehungsweise daß er den ihm zugetragenen Beschuldigungen nicht glauben soll: Das alles gehört zu der Charakterfestigkeit, von der ich schon die ganze Zeit rede. So bewahrheitet sich denn meine eingangs aufgestellte Behauptung: Freundschaft kann es nur unter sittlich guten Menschen geben.

Denn nur der sittlich Gute, man kann auch sagen der Weise, hält sich in der Freundschaft an folgende zwei Grundsätze: Erstens, daß es keine Verstellung und keine Heuchelei geben darf; denn sogar im Haß ist der edelmütige, aufrichtige Mensch lieber offen, als daß er seine Gedanken hinter einer freundlichen Miene versteckt. Das zweite ist: Nicht nur von irgendeiner Seite zugetragene Verleumdungen zurückzuweisen, sondern auch selbst nicht mißtrauisch zu sein in der ständigen Wahnvorstellung, der Freund habe in irgendeinem Punkt seine Pflicht verletzt. Außerdem kommt es darauf an, daß man im Reden und in seinem ganzen Wesen ein gewisses Quantum Liebenswürdigkeit besitzt; was sie zur Freundschaft beiträgt, ist keineswegs belanglos. Härte und strenge Haltung in jeder Lage aber ist nun zwar recht würdevoll, aber in der Freundschaft soll man doch ungezwungener, rückhaltloser, liebreicher sein und sich leichter dazu verstehen, sich stets heiter und ungezwungen zu geben.

...

Der Freundschaft würdig aber sind nur die, welche das, was die Liebe zu ihnen auslöst, in ihrem Inneren haben. Eine seltene Menschenklasse! Es ist ja alles Vortreffliche selten, und nichts ist schwieriger als etwas zu finden, das in seiner Art in jeder Beziehung vollkommen wäre. Aber die meisten kennen im irdischen Bereich nur das als ein Gut, was Gewinn einbringt; dementsprechend taxieren sie wie beim Viehhandel in erster Linie solche als Freunde, von denen sie sich einen recht großen Gewinn erhoffen. So bleibt ihnen die schönste, dem menschlichen Wesen in höchstem Sinne gemäße Freundschaft, die ohne alle Nebenvorteile und sonstige Rücksichten erstrebt wird, versagt, und sie können das Wesen und den hohen Wert dieser Freundschaft nicht an sich selbst beispielhaft erfahren; jeder liebt ja sich selbst, nicht etwa weil er von sich irgendeinen Lohn für seine Liebe herausschlagen wollte, sondern weil eben die Selbstliebe Naturgesetz ist. Wendet man nicht die gleiche Voraussetzungslosigkeit auf die Freundschaft an, dann wird man nie einen wahren Freund finden können. Denn der wahre Freund ist gleichsam ein zweites Ich.

Leon Battista Alberti

Liebe und Freundschaft

... Ich erinnere mich unter den Alten an den großen Pompeius, jenen einzigen in Italien und allen Provinzen hochgefeierten Bürger, um dessentwillen die unselige Schlacht bei Pharsalus geschlagen und soviel Bürgerblut vergossen wurde. Dieser, sonst rastlos tätig, zog sich, als die Liebe ihn beherrschte, in die Einsamkeit auf sein Landgut, unter Gärten und Wälder zurück, wo alles andere, jeder Besuch hochstehender Freunde, deren er eine große Zahl hatte, jede Einflußnahme auf die wichtigsten Staatsangelegenheiten ihm weniger galt, als liebend mit seiner ihm einzig teueren Julia zu leben. Das war doch gewiß keine geringe Leistung für Amor, diesen ungeheuren Geist an die Einsamkeit zu fesseln, dem es nicht vermessen schien, im Kampf der Waffen die Herrschaft über alle Fürsten erringen zu wollen. Aber alle Tage kann man sehen, daß, wer liebt, Ehre, Auszeichnung und Ruf wenig achtet. Und man kann die Liebe zwischen Mann und Weib für die größte halten, weil, wenn das Wohlwollen aus einer Lustempfindung entspringt, die Ehe gewiß eine reiche Fülle von Behagen und Freuden bietet; wenn das Wohlwollen im Zusammenleben wächst, so wirst du mit keiner Person dauernder vertrauten Umgang pflegen als mit deinem Weibe; wenn die Liebe sich dadurch bindet und eint, daß man seine Neigungen und Wünsche enthüllt und mitteilt, so wirst du zu niemandem einen offeneren und ebeneren Weg haben, alles zu erfahren und dich zu offenbaren, als zu deiner eigenen Frau und ständigen Gefährtin; und wenn Freundschaft die Gefährtin der Ehrbarkeit ist, so kann keine Verbindung für dich heiliger sein als die der Ehe. Dazu kommen die unzerreißbaren Bande, die gemeinsame Freuden und gegenseitiger Nutzen schmieden, um in unseren Herzen ein unbegrenztes Wohlwollen zu erhalten und zu befestigen. Kinder werden geboren, und es ist überflüssig auszuführen, wie sehr sie die Herzen zu gemeinsamem Wollen und Empfinden einen, das ist zu jener Einheit, in welcher, wie es heißt, die wahre Freundschaft besteht....

Michel de Montaigne

Über die Freundschaft

Es scheint, die Natur habe uns zu nichts eigentlicher und näher bestimmt, als zur Geselligkeit. Und Aristoteles sagt, die besten Gesetzgeber haben mehr Sorge für die Freundschaft als für die Gerechtigkeit getragen. Nun aber macht diese den höchsten Grad ihrer Vollkommenheit aus. Denn überhaupt sind alle die Freundschaften, welche aus Wollust, aus Eigennutz und Not, öffentliche oder häusliche, errichtet werden, um so weniger schön und herzlich, und daher um so minder Freundschaft, als sich andere Ursachen, andere Zwecke und anderer Genuß hineinmischen als die Freundschaft selbst. Ebenso wenig machen die vier Arten des Altertums, getrennt und jede für sich, oder zusammen genommen, den eigentlichen wahren

Charakter der Freundschaft aus, als da sind: Verbindungen des Naturverhältnisses, der Geselligkeit, des Gastrechts, oder der physischen Liebe. Vom Vater zum Kinde ist es vielmehr Ehrerbietung.

Die Freundschaft nimmt ihre eigentliche Nahrung von der vertraulichen Mitteilung, welche unter Eltern und Kindern, wegen des zu großen Abstandes der Jahre, nicht stattfinden kann und wohl gar die Pflichten der Natur beleidigen könnte; denn teils lassen sich alle geheimen Gedanken des Vaters dem Kinde nicht mitteilen, weil das eine unschickliche Gleichheit nach sich ziehen würde, teils können die Belehrungen und Warnungen, welche unter die vornehmsten Pflichten der Freundschaft gehören, vom Kinde zum Vater nicht stattfinden. ...

Der Vater und der Sohn können ganz entgegengesetzter Gemütsart sein; ebenso Brüder. Es ist mein Sohn, es ist mein Verwandter; aber, es ist ein störrischer Mensch, ein Bösewicht, oder ein Narr. Dazu kommt dann noch, daß dies Freundschaften sind, wozu uns die Gesetze und Pflichten der Natur verbinden, wobei keine Wahl stattfindet und dabei der freie Wille nicht mitwirken kann wie bei der bloßen Herzensfreundschaft. Ich kann wohl sagen, daß ich Familienfreundschaft im höchstmöglichen Maße empfunden und genossen habe, denn mein Vater war bis in sein graues Alter der beste und gütigste, den jemals die Welt gesehen hat, und dabei bin ich von einer Familie, die von Seiten der brüderlichen Liebe und Eintracht, von Vater auf Sohn, als musterhaft berühmt ist.

Wenn man damit die Neigung zum weiblichen Geschlecht vergleicht, so wird man finden, daß, ob solche gleich aus unserer Wahl entspringt, man sie doch nicht in dies Verzeichnis bringen könne. Ihr Feuer, das bekenne ich, ist heftiger, durchdringender und angreifender. Aber, ein unbesonnenes, wildes Feuer, flatterhaft und ungleich; eine Fieberhitze, die bald steigt, bald fällt, und die uns nur bei einem Zipfel hält. In der Freundschaft ist es überall verbreitete Wärme, im übrigen gemäßigt und immer sich gleich; eine Wärme, die anhält und nicht verfliegt; durchgängig lieblich und sanft schmelzend, die nichts Brennendes oder Stechendes bei sich führt. Was noch mehr ist, in der Liebe ist es nur ein ungestümes Begehren nach dem, was uns flieht. Sobald sie sich in Freundschaft umwandelt, das heißt, nach Gutbefinden des Willens beider, verraucht sie, erkrankt; Genuß, weil er nur am körperlichen hängt und Sättigung hervorbringt, vernichtet sie.

Die Freundschaft hingegen gibt in eben dem Maße Genuß als sie begehrt. Sie sproßt, nährt sich und wächst bloß durch den Genuß, weil sie geistig ist, und die Seelen durchs Annahen sich immer mehr einigen.

SIMON DACH

Lied der Freundschaft

Der Mensch hat nichts so eigen,
so wohl steht ihm nichts an,
als daß er Treu' erzeigen
und Freundschaft halten kann;
wann er mit seinesgleichen
soll treten in ein Band,
verspricht sich, nicht zu weichen
mit Herzen, Mund und Hand.

Die Red' ist uns gegeben,
damit wir nicht allein
für uns nur sollen leben
und fern von Leuten sein;
wir sollen uns befragen
und sehn auf guten Rat,
das Leid einander klagen,
so uns betreten hat.

Was kann die Freude machen,
die Einsamkeit verhehlt?
Das gibt ein doppelt Lachen,
was Freunden wird erzählt;

der kann sein Leid vergessen,
der es von Herzen sagt;
der muß sich selbst auffressen,
der in geheim sich nagt.

Gott stehet mir vor allen,
die meine Seele liebt;
dann soll mir auch gefallen,
der mir sich herzlich gibt.
Mit diesem Bunds-Gesellen
verlach' ich Pein und Not,
geh' auf den Grund der Höllen
und breche durch den Tod.

Ich hab', ich habe Herzen,
so treue wie gebührt,
die Heuchelei und Scherzen
nie wissentlich berührt;
ich bin auch ihnen wieder
von Grund der Seelen hold;
ich lieb' euch mehr, ihr Brüder,
als aller Erden Gold.

JOHANN WOLFGANG VON GOETHE

An den Mond

Füllest wieder Busch und Tal
Still mit Nebelglanz,
Lösest endlich auch einmal
Meine Seele ganz;

Breitest über mein Gefild
Lindernd deinen Blick,
Wie des Freundes Auge mild
Über mein Geschick.

Jeden Nachklang fühlt mein Herz
Froh- und trüber Zeit,
Wandle zwischen Freud und Schmerz
In der Einsamkeit.

Fließe, fließe, lieber Fluß!
Nimmer werd ich froh,
So verrauschte Scherz und Kuß,
Und die Treue so.

Ich besaß es doch einmal,
Was so köstlich ist!
Daß man doch zu seiner Qual
Nimmer es vergißt!

Rausche, Fluß, das Tal entlang,
Ohne Rast und Ruh,
Rausche, flüstre meinem Sang
Melodien zu,

Wenn du in der Winternacht
Wütend überschwillst,
Oder um die Frühlingspracht
Junger Knospen quillst.

Selig, wer sich vor der Welt
Ohne Haß verschließt,
Einen Freund am Busen hält
Und mit dem genießt,

Was, von Menschen nicht gewußt
Oder nicht bedacht,
Durch das Labyrinth der Brust
Wandelt in der Nacht.

FRIEDRICH VON SCHILLER

Die Bürgschaft

Zu Dionys, dem Tyrannen, schlich
Damon, den Dolch im Gewande;
Ihn schlugen die Häscher in Bande.
„Was wolltest du mit dem Dolche, sprich!"
Entgegnet ihm finster der Wüterich.
„Die Stadt vom Tyrannen befreien!"
„Das sollst du am Kreuze bereuen."

„Ich bin", spricht jener, „zu sterben bereit
Und bitte nicht um mein Leben,
Doch willst du Gnade mir geben,
Ich flehe dich um drei Tage Zeit,
Bis ich die Schwester dem Gatten gefreit,
Ich lasse den Freund dir als Bürgen,
Ihn magst du, entrinn ich, erwürgen."

Da lächelt der König mit arger List
Und spricht nach kurzem Bedenken:
„Drei Tage will ich dir schenken.
Doch wisse! Wenn sie verstrichen, die Frist,
Eh du zurück mir gegeben bist,
So muß er statt deiner erblassen,
Doch dir ist die Strafe erlassen."

Und er kommt zum Freunde: „Der König gebeut,
Daß ich am Kreuz mit dem Leben
Bezahle das frevelnde Streben,
Doch will er mir gönnen drei Tage Zeit,
Bis ich die Schwester dem Gatten gefreit,
So bleib du dem König zum Pfande,
Bis ich komme, zu lösen die Bande."

Und schweigend umarmt ihn der treue Freund
Und liefert sich aus dem Tyrannen,
Der andere ziehet von dannen.
Und ehe das dritte Morgenrot scheint,
Hat er schnell mit dem Gatten die Schwester vereint,
Eilt heim mit sorgender Seele,
Damit er die Frist nicht verfehle.

Da gießt unendlicher Regen herab,
Von den Bergen stürzen die Quellen,
Und die Bäche, die Ströme schwellen.
Und er kommt ans Ufer mit wanderndem Stab,
Da reißet die Brücke der Strudel hinab,
Und donnernd sprengen die Wogen
Des Gewölbes krachenden Bogen.

Und trostlos irrt er an Ufers Rand,
Wie weit er auch spähet und blicket
Und die Stimme, die rufende, schicket,
Da stößet kein Nachen vom sichern Strand,

Der ihn setze an das gewünschte Land,
Kein Schiffer lenket die Fähre,
Und der wilde Strom wird zum Meere.

Da sinkt er ans Ufer und weint und fleht,
Die Hände zum Zeus erhoben:
„O hemme des Stromes Toben!
Es eilen die Stunden, im Mittag steht
Die Sonne, und wenn sie niedergeht
Und ich kann die Stadt nicht erreichen,
So muß der Freund mir erbleichen."

Doch wachsend erneut sich des Stromes Wut,
Und Welle auf Welle zerrinnet,
Und Stunde an Stunde entrinnet.
Da treibt ihn die Angst, da faßt er sich Mut
Und wirft sich hinein in die brausende Flut
Und teilt mit gewaltigen Armen
Den Strom, und ein Gott hat Erbarmen.

Und gewinnt das Ufer und eilet fort
Und danket dem rettenden Gotte,
Da stürzet die raubende Rotte
Hervor aus des Waldes nächtlichem Ort,
Den Pfad ihm sperrend, und schnaubet Mord
Und hemmet des Wanderers Eile
Mit drohend geschwungener Keule.

„Was wollt ihr?" ruft er, für Schrecken bleich,
„Ich habe nichts als mein Leben,
Das muß ich dem Könige geben!"
Und entreißt die Keule dem nächsten gleich:
„Um des Freundes willen erbarmet euch!"
Und drei mit gewaltigen Streichen
Erlegt er, die andern entweichen.

Und die Sonne versendet glühenden Brand,
Und von der unendlichen Mühe
Ermattet sinken die Kniee.
„O hast du mich gnädig aus Räubershand,
Aus dem Strom mich gerettet ans heilige Land,
Und soll hier verschmachtend verderben,
Und der Freund mir, der liebende, sterben!"

Und horch! da sprudelt es silberhell,
Ganz nahe, wie rieselndes Rauschen,
Und stille hält er, zu lauschen,
Und sieh, aus dem Felsen, geschwätzig, schnell,
Springt murmelnd hervor ein lebendiger Quell,
Und freudig bückt er sich nieder
Und erfrischet die brennenden Glieder.

Und die Sonne blickt durch der Zweige Grün
Und malt auf den glänzenden Matten
Der Bäume gigantische Schatten;
Und zwei Wanderer sieht er die Straße ziehn,
Will eilenden Laufes vorüberfliehn,
Da hört er die Worte sie sagen:
„Jetzt wird er ans Kreuz geschlagen."

Und die Angst beflügelt den eilenden Fuß,
Ihn jagen der Sorge Qualen,
Da schimmern in Abendrots Strahlen
Von ferne die Zinnen von Syrakus,
Und entgegen kommt ihm Philostratus,
Des Hauses redlicher Hüter,
Der erkennet entsetzt den Gebieter:

„Zurück! du rettest den Freund nicht mehr,
So rette das eigene Leben!
Den Tod erleidet er eben.
Von Stunde zu Stunde gewartet' er

Mit hoffender Seele der Wiederkehr,
Ihm konnte den mutigen Glauben
Der Hohn des Tyrannen nicht rauben.“

„Und ist es zu spät, und kann ich ihm nicht
Ein Retter willkommen erscheinen,
So soll mich der Tod ihm vereinen.
Des rühme der blutge Tyrann sich nicht,
Daß der Freund dem Freunde gebrochen die Pflicht,
Er schlachte der Opfer zweie
Und glaube an Liebe und Treue.“

Und die Sonne geht unter, da steht er am Tor
Und sieht das Kreuz schon erhöhet,
Das die Menge gaffend umstehet,
An dem Seile schon zieht man den Freund empor,
Da zertrennt er gewaltig den dichten Chor:
„Mich, Henker!“ ruft er, „erwürget!
Da bin ich, für den er gebürget!“

Und Erstaunen ergreifet das Volk umher,
In den Armen liegen sich beide
Und weinen für Schmerzen und Freude.
Da sieht man kein Auge tränenleer,
Und zum König bringt man die Wundermär,
Der fühlt ein menschliches Rühren,
Läßt schnell vor den Thron sie führen.

Und blicket sie lange verwundert an.
Drauf spricht er: „Es ist euch gelungen,
Ihr habt das Herz mir bezwungen,
Und die Treue, sie ist doch kein leerer Wahn,
So nehmet auch mich zum Genossen an,
Ich sei, gewährt mir die Bitte,
In eurem Bunde der Dritte.“

Brüder Grimm

Katze und Maus in Gesellschaft

Eine Katze hatte Bekanntschaft mit einer Maus gemacht und ihr so viel von der großen Liebe und Freundschaft vorgesagt, die sie zu ihr trüge, daß die Maus endlich einwilligte, mit ihr zusammen in einem Hause zu wohnen und gemeinschaftliche Wirtschaft zu führen. „Aber für den Winter müssen wir Vorsorge tragen, sonst leiden wir Hunger", sagte die Katze, „du, Mäuschen, kannst dich nicht überall hinwagen und gerätst mir am Ende in eine Falle." Der gute Rat ward also befolgt und ein Töpfchen mit Fett angekauft. Sie wußten aber nicht, wo sie es hinstellen sollten, endlich nach langer Überlegung sprach die Katze „ich weiß keinen Ort, wo es besser aufgehoben wäre, als die Kirche, da getraut sich niemand, etwas wegzunehmen: wir stellen es unter den Altar und rühren es nicht eher an, als bis wir es nötig haben." Das Töpfchen ward also in Sicherheit gebracht, aber es dauerte nicht lange, so trug die Katze Gelüsten danach und sprach zur Maus „was ich dir sagen wollte, Mäuschen, ich bin von meiner Base zu Gevatter gebeten: sie hat ein Söhnchen zur Welt gebracht, weiß mit braunen Flecken, das soll ich über die Taufe halten. Laß mich heute ausgehen und besorge du das Haus allein." „Ja, ja", antwortete die Maus, „geh in Gottes Namen, wenn du was Gutes issest, so denk an mich: von dem süßen roten Kindbetterwein tränk ich auch gerne ein Tröpfchen." Es war aber alles nicht wahr, die Katze hatte keine Base, und war nicht zu Gevatter gebeten. Sie ging geradeswegs nach der Kirche, schlich zu dem Fettöpfchen, fing an zu lecken und leckte die fette Haut ab. Dann machte sie einen Spaziergang auf den Dächern der Stadt, besah sich die Gelegenheit, streckte sich hernach in der Sonne aus und wischte sich den Bart, sooft sie an das Fettnäpfchen dachte. Erst als es Abend war, kam sie wieder nach Haus. „Nun, da bist du ja wieder", sagte die Maus, „du hast gewiß einen lustigen Tag gehabt." „Es ging wohl an", antwortete die Katze. „Was hat denn das Kind für einen Namen bekommen?" fragte die Maus. *„Hautab"*, sagte die Katze ganz trocken. „Hautab“, rief die Maus, „das ist ja ein wunderlicher und seltsamer Name, ist der in eurer Familie gebräuchlich?“ „Was ist da weiter“, sagte die Katze, „er ist nicht schlechter als Bröseldieb, wie deine Paten heißen.“

Nicht lange danach überkam die Katze wieder ein Gelüsten. Sie sprach zur Maus „du mußt mir den Gefallen tun und nochmals das Hauswesen allein besorgen, ich bin zum zweitenmal zu Gevatter gebeten, und da das Kind einen weißen Ring um den Hals hat, so kann ichs nicht absagen.“ Die gute Maus willigte ein, die Katze aber schlich hinter der Stadtmauer zu der Kirche und fraß den Fettopf halb aus. „Es schmeckt nichts besser“, sagte sie, „als was man selber ißt“, und war mit ihrem Tagewerk ganz zufrieden. Als sie heim kam, fragte die Maus „wie ist denn dieses Kind getauft worden?“ *„Halbaus“*, antwortete die Katze. „Halbaus! was du sagst! den Namen habe ich mein Lebtag noch nicht gehört, ich wette, der steht nicht in dem Kalender.“

Der Katze wässerte das Maul bald wieder nach dem Leckerwerk. „Aller guten Dinge sind drei“, sprach sie zu der Maus, „da soll ich wieder Gevatter stehen, das Kind ist ganz schwarz und hat bloß weiße Pfoten, sonst kein weißes Haar am ganzen Leib, das trifft sich alle paar Jahre nur einmal: du lässest mich doch ausgehen?“ „Hautab! Halbaus!“ antwortete die Maus, „es sind so kuriose Namen, die machen mich so nachdenksam.“ „Da sitzest du daheim in deinem dunkelgrauen Flausrock und deinem langen Haarzopf“, sprach die Katze, „und fängst Grillen: das kommt davon, wenn man bei Tage nicht ausgeht.“ Die Maus räumte während der Abwesenheit der Katze auf und brachte das Haus in Ordnung, die naschhafte Katze aber fraß den Fettopf rein aus. „Wenn erst alles aufgezehrt ist, so hat man Ruhe“, sagte sie zu sich selbst und kam satt und dick erst in der Nacht nach Haus. Die Maus fragte gleich nach dem Namen, den das dritte Kind bekommen hätte. „Er wird dir wohl auch nicht gefallen“, sagte die Katze, „er heißt *Ganzaus*.“ „Ganzaus!“ rief die Maus, „das ist der allerbedenklichste Namen, gedruckt ist er mir noch nicht vorgekommen. Ganzaus! was soll das bedeuten?“ Sie schüttelte den Kopf, rollte sich zusammen und legte sich schlafen.

Von nun an wollte niemand mehr die Katze zu Gevatter bitten, als aber der Winter herangekommen und draußen nichts mehr zu finden war, gedachte die Maus ihres Vorrats und sprach „komm, Katze, wir wollen zu unserm Fettopfe gehen, den wir uns aufgespart haben, der wird uns schmecken.“ „Jawohl“, antwortete die Katze, „der wird dir schmecken als wenn du deine feine Zunge zum Fenster hinausstreckst.“ Sie machten sich auf den Weg, und als sie anlangten, stand zwar der Fettopf noch an seinem Platz, er war aber leer. „Ach“, sagte die Maus, „jetzt merke ich, was geschehen ist, jetzt kommts an den Tag, du bist mir die wahre Freundin! aufgefressen hast du alles, wie du zu Gevatter gestanden hast: erst Haut ab, dann halb aus, dann ...“ „Willst du schweigen“, rief die Katze, „noch ein Wort, und ich fresse dich auf.“ „Ganz aus“ hatte die arme Maus schon auf der Zunge, kaum war es heraus, so tat die Katze einen Satz nach ihr, packte sie und schluckte sie hinunter. Siehst du, so gehts in der Welt.

Ralph Waldo Emerson

Freundschaft

... Es ist nun nicht meine Absicht, die Freundschaften in einer vornehmen Art und Weise zu behandeln, sondern mit dem strengsten Mute. Wenn sie wirklich sind, dann sind sie keine Glasfäden oder Eisblumen an Fenstern, sondern das Solideste, das wir überhaupt kennen. Denn jetzt, nach so vielen Jahren der Erfahrung, was wissen wir denn von der Natur oder überhaupt von uns selbst? Nicht einen Schritt hat der Mensch in Richtung einer Lösung des Problems seiner Bestimmung gemacht. In einer Verwerfung der Torheit bestehe das ganze Universum der Menschen. Aber die ernste Lauterkeit der Freude und des Friedens, die ich aus der Verbindung mit der Seele meines Bruders sehe, ist ihrerseits der Kern, wovon die ganze Natur und alles Denken nur die Hülse und die Schale sind. Glücklich ist das Haus, das einen Freund beherbergt! Nur um ihn einen einzigen Tag aufzunehmen, mag es wohl errichtet sein wie ein Triumphbogen oder überwölbter Gang. Glücklicher noch, wenn er um den feierlichen Ernst jener Beziehung weiß und ihre Gesetze würdigt! Wer sich selbst als Bewerber für jenes Bündnis anbietet, tritt wie ein Olympier die großen Spiele an, in denen die Erstgeborenen der Welt die Wettstreiter sind. Er setzt sich bei Wettkämpfen ein, wo die Zeit, die Not und die Gefahr auf den Listen stehen, und nur der allein ist Sieger, der in seiner Wesensbeschaffenheit ausreichend Wahrheit hat, um die Zartheit seiner Schönheit vor dem Verschleiß all dieser zu schützen. Möge die Gunst des Schicksals zugegen oder abwesend sein, der ganze Erfolg in jenem Wettstreit hängt ab von innerlichem Adel und der Verachtung für alles Unbedeutende. ... Ein Freund ist ein Mensch, mit dem ich aufrichtig sein kann. Vor ihm kann ich laut denken. Ich bin endlich in der Gegenwart eines so wirklichen und gleichgesinnten Menschen, daß ich auch die letzten Hüllen der Verstellung, Höflichkeit und der Hintergedanken fallen lassen kann, von denen die Menschen nie lassen, und ich kann mit ihm in der Einfachheit und Ungeteiltheit umgehen, mit der ein chemisches Atom ein anderes trifft. Aufrichtigkeit ist der Luxus, gleich Diademen und Autorität, der nur dem höchsten Stande zukommt; *daß* wahr zu sprechen erlaubt ist, da ja niemand über ihm steht, dem er den Hof machen müßte oder dem er sich fügen müßte. Jeder Mensch ist aufrichtig, wenn er allein ist. Sowie eine zweite Person hinzutritt, beginnt die Heuchelei. Der Annäherung unseres Mitmenschen weichen wir aus und wehren sie ab, sei es durch Komplimente, Gerede, durch Belustigungen oder Affärenklatsch. Wir verdecken unser Denken vor ihm auf hundertfältige Weise. Ich habe einen Menschen gekannt, der unter einem bestimmten religiösen Fanatismus diese Maske abwarf, und alle Schmeichelei und Gemeinplätze fortlassend, direkt zum Gewissen jedes Menschen, dem er begegnete, sprach, und dies mit großer Einsicht und Schönheit. Zuerst leistete man ihm Widerstand, und man war sich einig, daß er verrückt sei. Aber da er auf diesem Wege eine Zeitlang fortfuhr, wovon er tatsächlich nicht ablassen konnte, erlangte er den Vorteil, jeden einzelnen aus seinem Bekanntenkreis in echte Beziehungen einzubinden. Kein Mensch dachte daran, unehrlich mit ihm zu reden oder ihn mit irgendwelchem Geschwätz der Straße oder des Studienzimmers abzuspeisen. Jeder war durch derart viel Aufrichtigkeit zu einer gleichen offenen Umgangsweise gezwungen, und was er an Liebe zur Natur, an Poesie, welches Symbol der Wahrheit er auch haben mochte, das zeigte er ihm sicherlich. Aber den meisten von uns zeigt die Gesellschaft nicht ihr Gesicht und Auge, sondern ihre Seite und ihren Rücken. Mit Menschen in einem falschen Alter in wahren Beziehungen zu stehen, ist ein Anfall von Geistesstörung; oder nicht? Wir können selten aufrecht gehen. Fast jeder Mensch, dem wir begegnen, erfordert ein bestimmtes Maß an Höflichkeit, erfordert, daß man ihn gewähren läßt; er hat einen bestimmten Ruf, ein gewisses Talent, eine wunderliche Auffassung von Religion und Menschenliebe in seinem Kopf, die nicht in Frage gestellt werden soll und jedes Gespräch mit ihm verdirbt. Aber ein Freund ist ein Mensch bei gesundem Verstande, der nicht meinen Scharfsinn übt, sondern mich selbst. Mein Freund gönnt mir eine Aufnahme, ohne von meiner Seite irgendeine Bedingung zu fordern. Daher ist ein Freund eine Art Paradoxie in der Natur. Ich, der ich allein nur bin, ich, der ich in der Natur nichts entdecke, dessen Existenz ich meiner eigenen gegenüber mit der gleichen Evidenz behaupten könnte, betrachte nun das Ebenbild meines Wesens in seiner ganzen Größe, Mannigfaltigkeit und Seltenheit in einer fremden Gestalt wiederholt; so daß ein Freund sehr wohl als das Meisterstück der Natur angesehen werden kann ...

Lev N. Tolstoj

Die Kinder sind klüger als die Alten

Ostern war früh in diesem Jahr. Man hatte kaum aufgehört mit Schlitten zu fahren. In den Höfen lag noch überall Schnee, und durch das Dorf liefen Bäche. Im Durchgang zwischen zwei Höfen war das Wasser unter dem Mist hervor zu einer großen Pfütze zusammengeflossen. Und zu dieser Pfütze kamen zwei Mädelchen aus verschiedenen Höfen; das eine war noch ganz klein, das andere etwas größer. Beiden Mädchen hatten ihre Mütter neue Sarafans angezogen. Das kleine hatte einen blauen, das große einen gelbgemusterten Sarafan. Beide hatten rote Kopftücher. Die Mädchen kamen nach der Messe zur Pfütze, zeigten einander ihre neuen Kleider und fingen an zu spielen. Und sie wollten gern im Wasser plantschen. Die Kleine wollte in Schuhen in die Pfütze treten, aber die Große sagte: „Tu das nicht, Malascha, die Mutter wird schelten. Wir wollen erst beide unsere Schuhe ausziehen." Die Kinder nahmen die Schuhe ab, schürzten die Röcke und gingen durch die Pfütze einander entgegen. Das Wasser reichte Malascha bis an die Knöchel, und sie sagte: „Es ist tief, Akulja, ich habe Angst." – „Tut nichts", sagte die andere, „tiefer kann es nicht werden. Geh nur gerade auf mich los." Nun waren sie einander ganz nah gekommen. Da sagte Akulja: „Paß auf, Malascha! Nicht spritzen, ganz leise gehen!" Kaum hatte sie das gesagt, da stampfte Malascha mit dem Fuß kräftig ins Wasser, daß Akuljas Sarafan ganz bespritzt wurde, ja sogar die Nase und die Augen kriegten ein paar Spritzer ab. Als Akulja die Flecken auf ihrem Sarafan sah, wurde sie böse auf Malascha, schalt sie, lief hinter ihr her und wollte sie verprügeln. Malascha erschrak, denn sie sah, daß sie Unheil angerichtet hatte; sie sprang aus der Pfütze und rannte nach Hause. Da kam gerade Akuljas Mutter vorüber und sah, daß der Sarafan ihrer Tochter bespritzt war und ihr Hemd Flecken bekommen hatte. „Wo hast du dich so versaut, du Luder?" – „Malascha hat mich mit Absicht bespritzt!" Da kriegte Akuljas Mutter die Malascha zu fassen und gab ihr eine Kopfnuß. Malascha brüllte, daß mans im ganzen Dorf hörte. Ihre Mutter kam aus dem Hause. „Warum schlägst du mein Mädel?" schrie sie die Nachbarin an. Ein Wort gab das andere, und die Weiber begannen heftig zu zanken. Nun kamen auch die Männer herbei, und bald war die Straße voll von Leuten. Alle schrien, keiner hörte auf den anderen. Sie zankten und schimpften, einer gab dem andern einen Rippenstoß, fast wäre es zur Prügelei gekommen, da mischte sich Akuljas alte Großmutter in den Streit. Sie trat mitten unter die Männer und redete ihnen zu: „Was fällt euch denn ein, meine Lieben? Ist jetzt die Zeit dazu? Heute sollen wir uns alle freuen, und ihr wollt euch so versündigen!" Aber die Leute hörten nicht auf die Alte, fast hätten sie sie umgeworfen, und die Alte hätte sie auch nicht zur Vernunft gebracht, wenn

Akulja und Malascha nicht dagewesen wären. Während die Weiber sich zankten, hatte Akulja ihren Sarafan abgewischt und war wieder zur Pfütze gekommen. Sie hatte einen Stein aufgelesen und grub die Erde bei der Pfütze auf, um das Wasser auf die Straße abfließen zu lassen. Während sie so grub, kam auch Malascha heran, begann ihr zu helfen und grub auch mit einem Span eine Rinne. Die Bauern prügelten sich schon fast, die Mädchen aber hatten ihre Rinne nach der Straße geleitet, gerade zu der Stelle, wo die Alte den Männern ins Gewissen redete. Die Mädchen liefen neben dem Bächlein her, die eine rechts, die andere links. „Halt, Malascha, halt!" schrie Akulja. Malascha wollte auch etwas sagen, brachte aber vor Lachen nichts heraus.

So liefen die Mädchen daher und lachten über den Span, der auf dem Wasser hüpfte. Und so gerieten sie mitten unter die Bauern. Die Alte sah sie und sagte zu den Männern: „Fürchtet ihr denn Gott gar nicht mehr? Ihr großen Männer wollt euch dieser zwei kleinen Mädchen wegen prügeln, sie aber haben längst wieder alles vergessen und spielen in aller Freundschaft und Liebe miteinander. Sie sind klüger als ihr!"

Die Bauern sahen die Mädchen an und mußten sich schämen. Dann aber lachten sie über sich selbst und gingen nach Hause.

„So ihr nicht werdet wie die Kinder, kommt ihr nicht ins Himmelreich."

Antoine de Saint-Exupéry

Der kleine Prinz
(Kapitel XXI)

„Guten Tag", sagte der Fuchs.

„Guten Tag", antwortete höflich der kleine Prinz, der sich umdrehte, aber nichts sah.

„Ich bin da", sagte die Stimme, „unter dem Apfelbaum ..."

„Wer bist du?" sagte der kleine Prinz. „Du bist sehr hübsch ..."

„Ich bin ein Fuchs", sagte der Fuchs.

„Komm und spiel mit mir", schlug ihm der kleine Prinz vor. „Ich bin so traurig ..."

„Ich kann nicht mit dir spielen", sagte der Fuchs. „Ich bin noch nicht gezähmt!"

„Ah, Verzeihung!" sagte der kleine Prinz.

Aber nach einiger Überlegung fügte er hinzu:

„Was bedeutet das: ‚zähmen'?"

„Du bist nicht von hier", sagte der Fuchs, „was suchst du?"

„Ich suche die Menschen", sagte der kleine Prinz. „Was bedeutet ‚zähmen'?"

„Die Menschen", sagte der Fuchs, „die haben Gewehre und schießen. Das ist sehr lästig. Sie ziehen auch Hühner auf. Das ist ihr einziges Interesse. Du suchst Hühner?"

„Nein", sagte der kleine Prinz, „ich suche Freunde. Was heißt ‚zähmen'?"

„Das ist eine in Vergessenheit geratene Sache", sagte der Fuchs. „Es bedeutet: sich ‚vertraut machen'."

„Vertraut machen?"

„Gewiß", sagte der Fuchs. „Du bist für mich noch nichts als ein kleiner Knabe, der hunderttausend kleinen Knaben völlig gleicht. Ich brauche dich nicht, und du brauchst mich ebensowenig. Ich bin für dich nur ein Fuchs, der hunderttausend Füchsen gleicht. Aber wenn du mich zähmst, werden wir einander brauchen. Du wirst für mich einzig sein in der Welt. Ich werde für dich einzig sein in der Welt ..."

„Ich beginne zu verstehen", sagte der kleine Prinz. „Es gibt eine Blume ... ich glaube, sie hat mich gezähmt ..."

„Das ist möglich", sagte der Fuchs. „Man trifft auf der Erde alle möglichen Dinge ..."

„Oh, das ist nicht auf der Erde", sagte der kleine Prinz.

Der Fuchs schien sehr aufgeregt:

„Auf einem anderen Planeten?"

„Ja."

„Gibt es Jäger auf diesem Planeten?"

„Nein."

„Das ist interessant! Und Hühner?"

„Nein."

„Nichts ist vollkommen!" seufzte der Fuchs.

Aber der Fuchs kam auf seinen Gedanken zurück:

„Mein Leben ist eintönig. Ich jage Hühner, die Menschen jagen mich. Alle Hühner gleichen einander, und alle Menschen gleichen einander. Ich langweile mich also ein wenig. Aber wenn du mich zähmst, wird mein Leben wie durchsonnt sein. Ich werde den Klang deines Schrittes kennen, der sich von allen andern unterscheidet. Die anderen Schritte jagen mich unter die Erde. Der deine wird mich wie Musik aus dem Bau locken. Und dann schau! Du siehst da drüben die Weizenfelder? Ich esse kein Brot. Für mich ist der Weizen zwecklos. Die Weizenfelder erinnern mich an nichts. Und das ist traurig. Aber du hast weizenblondes Haar. Oh, es wird wunderbar sein, wenn du mich einmal gezähmt hast! Das Gold der Weizenfelder wird mich an dich erinnern. Und ich werde das Rauschen des Windes im Getreide liebgewinnen."

Der Fuchs verstummte und schaute den kleinen Prinzen lange an:

„Bitte ... zähme mich!" sagte er.

„Ich möchte wohl", antwortete der kleine Prinz, „aber ich habe nicht viel Zeit. Ich muß Freunde finden und viele Dinge kennenlernen."

„Man kennt nur die Dinge, die man zähmt", sagte der Fuchs. „Die Menschen haben keine Zeit mehr, irgend etwas kennenzulernen. Sie kaufen sich alles fertig in den Geschäften. Aber da es keine Kaufläden für Freunde gibt, haben die Leute keine Freunde mehr. Wenn du einen Freund willst, so zähme mich!"

„Was muß ich da tun?" sagte der kleine Prinz.

„Du mußt sehr geduldig sein", antwortete der Fuchs. „Du setzt dich zuerst ein wenig abseits von mir ins Gras. Ich werde dich so verstohlen, so aus dem Augenwinkel anschauen, und du wirst nichts sagen. Die Sprache ist die Quelle der Mißverständnisse. Aber jeden Tag wirst du dich ein bißchen näher setzen können ..."

Am nächsten Morgen kam der kleine Prinz zurück.

„Es wäre besser gewesen, du wärst zur selben Stunde wiedergekommen", sagte der Fuchs. „Wenn du zum Beispiel um vier Uhr nachmittags kommst, kann ich um drei Uhr anfangen, glücklich zu sein. Je mehr die Zeit vergeht, um so glücklicher werde ich mich fühlen. Um vier Uhr werde ich mich schon aufregen und beunruhigen; ich werde erfahren, wie teuer das Glück ist. Wenn du aber irgendwann kommst, kann ich nie wissen, wann mein Herz da sein soll ... Es muß feste Bräuche geben."

„Was heißt ‚fester Brauch'?" sagte der kleine Prinz.

„Auch etwas in Vergessenheit Geratenes", sagte der Fuchs. „Es ist das, was einen Tag vom andern unterscheidet, eine Stunde von den andern Stunden. Es gibt zum Beispiel einen Brauch bei meinen Jägern. Sie tanzen am Donnerstag mit den Mädchen des Dorfes. Daher ist der Donnerstag der wunderbare Tag. Ich gehe bis zum Weinberg spazieren. Wenn die Jäger irgendwann einmal zum Tanze gingen, wären die Tage alle gleich und ich hätte niemals Ferien."

So machte denn der kleine Prinz den Fuchs mit sich vertraut. Und als die Stunde des Abschieds nahe war:

„Ach!" sagte der Fuchs, „ich werde weinen."

„Das ist deine Schuld", sagte der kleine Prinz, „ich wünschte dir nichts Übles, aber du hast gewollt, daß ich dich zähme ..."

„Gewiß", sagte der Fuchs.

„Aber nun wirst du weinen!" sagte der kleine Prinz.

„Bestimmt", sagte der Fuchs.

„So hast du also nichts gewonnen!"

„Ich habe", sagte der Fuchs, „die Farbe des Weizens gewonnen."

Dann fügte er hinzu:

„Geh die Rosen wieder anschauen. Du wirst begreifen, daß die deine einzig ist in der Welt.

Du wirst wiederkommen und mir adieu sagen, und ich werde dir ein Geheimnis schenken."

Der kleine Prinz ging, die Rosen wiederzusehn:

„Ihr gleicht meiner Rose gar nicht, ihr seid noch nichts", sagte er zu ihnen. „Niemand hat sich euch vertraut gemacht, und auch ihr habt euch niemandem vertraut gemacht. Ihr seid, wie mein Fuchs war. Der war nichts als ein Fuchs wie hunderttausend andere. Aber ich habe ihn zu meinem Freund gemacht, und jetzt ist er einzig in der Welt."

Und die Rosen waren sehr beschämt.

„Ihr seid schön, aber ihr seid leer", sagte er noch. „Man kann für euch nicht sterben. Gewiß, ein Irgendwer, der vorübergeht, könnte glauben, meine Rose ähnle euch. Aber in sich selbst ist sie wichtiger als ihr alle, da sie es ist, die ich begossen habe. Da sie es ist, die ich unter den Glassturz gestellt habe. Da sie es ist, die ich mit dem Wandschirm geschützt habe. Da sie es ist, deren Raupen ich getötet habe (außer den zwei oder drei um der Schmetterlinge willen). Da sie es ist, die ich klagen oder sich rühmen gehört habe oder auch manchmal schweigen. Da es meine Rose ist."

Und er kam zum Fuchs zurück:

„Adieu", sagte er...

„Adieu", sagte der Fuchs. „Hier mein Geheimnis. Es ist ganz einfach: man sieht nur mit dem Herzen gut. Das Wesentliche ist für die Augen unsichtbar."

„Das Wesentliche ist für die Augen unsichtbar", wiederholte der kleine Prinz, um es sich zu merken.

„Die Zeit, die du für deine Rose verloren hast, sie macht deine Rose so wichtig."

„Die Zeit, die ich für meine Rose verloren habe...", sagte der kleine Prinz, um es sich zu merken.

„Die Menschen haben diese Wahrheit vergessen", sagte der Fuchs. „Aber du darfst sie nicht vergessen. Du bist zeitlebens für das verantwortlich, was du dir vertraut gemacht hast. Du bist für deine Rose verantwortlich..."

„Ich bin für meine Rose verantwortlich...", wiederholte der kleine Prinz, um es sich zu merken.

BERTOLT BRECHT

Freundschaftsdienste

Als Beispiel für die richtige Art, Freunden einen Dienst zu erweisen, gab Herr K. folgende Geschichte zum besten. „Zu einem alten Araber kamen drei junge Leute und sagten zu ihm: ‚Unser Vater ist gestorben. Er hat uns siebzehn Kamele hinterlassen und im Testament verfügt, daß der Älteste die Hälfte, der zweite ein Drittel und der Jüngste ein Neuntel der Kamele bekommen soll. Jetzt können wir uns über die Teilung nicht einigen; übernimm du die Entscheidung!' Der Araber dachte nach und sagte: ‚Wie ich es sehe, habt ihr, um gut teilen zu können, ein Kamel zu wenig. Ich habe selbst nur ein einziges Kamel, aber es steht euch zur Verfügung. Nehmt es und teilt dann, und bringt mir nur, was übrigbleibt.' Sie bedankten sich für diesen Freundschaftsdienst, nahmen das Kamel mit und teilten die achtzehn Kamele nun so, daß der Älteste die Hälfte, das sind neun, der Zweite ein Drittel, das sind sechs, und der Jüngste ein Neuntel, das sind zwei Kamele bekam. Zu ihrem Erstaunen blieb, als sie ihre Kamele zur Seite geführt hatten, ein Kamel übrig. Dieses brachten sie, ihren Dank erneuernd, ihrem alten Freund zurück."

Herr K. nannte diesen Freundschaftsdienst richtig, weil er keine besonderen Opfer verlangte.

WOLFDIETRICH SCHNURRE

Jenö war mein Freund

Als ich Jenö kennenlernte, war ich neun; ich las Edgar Wallace und Conan Doyle, war eben sitzengeblieben und züchtete Meerschweinchen.

Jenö traf ich zum erstenmal auf dem Stadion am Faulen See beim

Grasrupfen; er lag unter einem Holunder und sah in den Himmel. Weiter hinten spielten sie Fußball und schrien manchmal „Tooooooor!" oder so was. Jenö kaute an einem Grashalm; er hatte ein zerrissenes Leinenhemd an und trug eine Manchesterhose, die nach Kokelfeuer und Pferdestall roch.

Ich tat erst, als sähe ich ihn nicht, und rupfte um ihn herum; aber dann drehte er doch ein bißchen den Kopf zu mir hin und blinzelte schläfrig und fragte, ich hätte wohl Pferde.

„Nee", sagte ich, „Meerschweinchen."

Er schob sich den Grashalm in den anderen Mundwinkel und spuckte aus. „Schmecken nicht schlecht."

„Ich eß sie nicht", sagte ich; „dazu sind sie zu nett."

„Igel", sagte Jenö und gähnte, „die schmecken auch nicht schlecht."

Ich setzte mich zu ihm. „Igel –?"

„Tooooooor!" schrien sie hinten.

Jenö sah wieder blinzelnd in den Himmel. Ob ich Tabak hätte.

„Hör mal", sagte ich; „ich bin doch erst neun."

„Na und –", sagte Jenö; „ich bin acht."

Wir schwiegen und fingen an, uns leiden zu mögen.

Dann mußte ich gehen. Doch bevor wir uns trennten, machten wir aus, uns möglichst bald wiederzutreffen.

Vater hatte Bedenken, als ich ihm von Jenö erzählte. „Versteh mich recht", sagte er, „ich hab' nichts gegen Zigeuner; bloß –"

„Bloß –?" fragte ich.

„Die Leute –", sagte Vater und seufzte. Er nagte eine Weile an seinen Schnurrbartenden herum. „Unsinn", sagte er plötzlich; „schließlich bist du jetzt alt genug, um dir deine Bekannten selbst auszusuchen. Kannst ihn ja mal zum Kaffee mit herbringen."

Das tat ich dann auch. Wir tranken Kaffee und aßen Kuchen zusammen, und Vater hielt sich auch wirklich hervorragend. Obwohl Jenö wie ein Wiedehopf roch und sich auch sonst ziemlich seltsam benahm – Vater ging drüber weg. Ja, er machte ihm sogar ein Katapult aus echtem Vierkantgummi und sah sich obendrein noch alle unsere neu erworbenen Konversationslexikonbände mit uns an.

Als Jenö weg war, fehlte das Barometer über dem Schreibtisch.

Ich war sehr bestürzt; Vater gar nicht so sehr.

„Sie haben andere Sitten als wir", sagte er; „es hat ihm eben gefallen. Außerdem hat es sowieso nicht mehr viel getaugt."

„Und was ist", fragte ich, „wenn er es jetzt nicht mehr rausrückt?"

„Gott", sagte Vater, „früher ist man auch ohne Barometer ausgekommen."

Trotzdem, das mit dem Barometer, fand ich, ging ein bißchen zu weit. Ich nahm mir jedenfalls vor, es Jenö wieder abzunehmen.

Aber als wir uns das nächstemal trafen, hatte Jenö mir ein so herrliches Gegengeschenk mitgebracht, daß es unmöglich war, auf das Barometer zurückzukommen. Es handelte sich um eine Tabakspfeife, in deren Kopf ein Gesicht geschnitzt war, das einen Backenbart aus Pferdehaar trug.

Ich war sehr beschämt, und ich überlegte lange, wie ich mich revanchieren könnte. Endlich hatte ich es: ich würde Jenö zwei Meerschweinchen geben. Es bestand dann zwar die Gefahr, daß er sie aufessen würde, aber das durfte einen jetzt nicht kümmern; Geschenk war Geschenk.

Und er dachte auch gar nicht daran, sie zu essen; er lehrte sie Kunststücke. Innerhalb weniger Wochen liefen sie aufrecht auf zwei Beinen; und wenn Jenö ihnen Rauch in die Ohren blies, legten sie sich hin und überkugelten sich. Auch Schubkarrenschieben und Seiltanzen lehrte er sie. Es war wirklich erstaunlich, was er aus ihnen herausholte; Vater war auch ganz beeindruckt.

Ich hatte damals außer Wallace und Conan Doyle auch gerade die zehn Bände vom Doktor Dolittle durch, und das brachte mich auf den Gedanken, mit Jenö zusammen so was wie einen Meerschweinchenzirkus aufzumachen.

Aber diesmal hielt Jenö nicht durch. Schon bei der Vorprüfung der geeigneten Tiere verlor er die Lust. Er wollte lieber auf Igeljagd gehen, das wäre interessanter.

Tatsächlich, das war es. Obwohl – mir war immer ziemlich mulmig dabei. Ich hatte nichts gegen Igel, im Gegenteil, ich fand sie sympathisch. Aber es wäre sinnlos gewesen, Jenö da beeinflussen zu wollen; und das lag mir auch gar nicht.

Er hatte sich für die Igeljagd einen handfesten Knüppel besorgt, der unten mit einem rauhgefeilten Eisenende versehen war; mit dem stach er in Laubhaufen rein oder stocherte auf Schutthalden unter alten Eimern herum. Er hat so oft bis zu vier Stück an einem Nachmittag harpuniert; keine Ahnung, wie er sie aufspürte; er muß sie gerochen haben, die Burschen.

Jenös Leute hausten in ihren Wohnwagen. Die standen zwischen den Kiefern am Faulen See, gleich hinter dem Stadion. Ich war oft da, viel häufiger als in der Schule, wo man jetzt doch nichts Vernünftiges lernte.

Besonders Jenös Großmutter mochte ich gut leiden. Sie war unglaublich verwahrlost, das stimmt. Aber sie strahlte so viel Würde aus, daß man ganz andächtig wurde in ihrer Nähe. Sie sprach kaum; meist rauchte sie nur schmatzend ihre Stummelpfeife und bewegte zum Takt eines der Lieder, die von den Lagerfeuern erklangen, die Zehen.

Wenn wir abends mit Jenös Beute dann kamen, hockte sie schon am Feuer und rührte Lehmbrei an. In den wurden die Igel jetzt etwa zwei Finger dick eingewickelt. Darauf legte Jenö sie behutsam in die heiße Asche, häufelte einen Glutberg über ihnen, und wir kauerten uns hin, schwiegen, spuckten ins Feuer und lauschten darauf, wie das Wasser in den Lehmkugeln langsam zu singen anfing. Ringsum hörte man die Maulesel und Pferde an ihren Krippen nagen, und manchmal klirrte leise ein Tamburin auf oder, mit einer hohen, trockenen Männerstimme zusammen, begann plötzlich hektisch ein Banjo zu schluchzen.

Nach einer halben Stunde waren die Igel gar. Jenö fischte sie mit einer Astgabel aus der Glut. Sie sahen jetzt wie kleine, etwas zu scharf gebackene Landbrote aus; der Lehm war steinhart geworden und hatte Risse bekommen, und wenn man ihn abschlug, blieb der Stachelpelz an ihm haften, und das rostrote Fleisch wurde sichtbar. Man aß grüne Paprikaschoten dazu oder streute rohe Zwiebelkringel darauf; ich kannte nichts, das aufregender schmeckte.

Aber auch bei uns zu Hause war Jenö jetzt oft. Wir sahen uns in Ruhe die sechs Bände unseres neuen Konversationslexikons an; ich riß die Daten der Nationalen Erhebung aus meinem Diarium und schrieb rechts immer ein deutsches Wort hin, und links malte Jenö dasselbe Wort auf Rotwelsch daneben. Ich habe damals eine Menge gelernt, von Jenö meine ich, von der Schule rede ich jetzt nicht.

Später stellte sich auch heraus, es verging kein Tag, an dem die Hausbewohner sich nicht beim Blockwart über Jenös Besuche beschwerten; sogar zur Kreisleitung ist mal einer gelaufen. Weiß der Himmel, wie Vater das jedesmal abbog; mir hat er nie was davon gesagt.

Am meisten hat sich Jenö aber doch für meine elektrische Eisenbahn interessiert; jedesmal, wenn wir mit ihr gespielt hatten, fehlte ein Waggon mehr. Als er dann aber auch an die Schienenteile, die Schranken und die Signallampen ging, fragte ich doch mal Vater um Rat.

„Laß nur", sagte er; „kriegst eine neue, wenn Geld da ist."

Am nächsten Tag schenkte ich Jenö die alte. Aber merkwürdig, jetzt wollte er sie plötzlich nicht mehr; er war da komisch in dieser Beziehung.

Und dann haben sie sie eines Tages *doch* abgeholt; die ganze Bande; auch Jenö war dabei. Als ich früh hinkam, hatten SA und SS das Lager schon umstellt, und alles war abgesperrt, und sie scheuchten mich weg.

Jenös Leute standen dicht zusammengedrängt auf einem Lastwagen. Es war nicht herauszubekommen, was man ihnen erzählt hatte, denn sie lachten und schwatzten, und als Jenö mich sah, steckte er zwei Finger in den Mund und pfiff und winkte rüber zu mir.

Bloß seine Großmutter und die übrigen Alten schwiegen; sie hatten die Lippen aufeinandergepreßt und sahen starr vor sich hin. Die anderen wußten es nicht. Ich habe es damals auch nicht gewußt; ich war nur traurig, daß Jenö jetzt weg war. Denn Jenö war mein Freund.

ERNST JANDL

für einen gastgeber

wenn ein freund zu dir kommt
und sich auf den boden legt
leg dich daneben und sage dir:
geteilter boden ist halb so hart.

wenn ein freund zu dir kommt
und dein bett für sich beansprucht
leg dich auf den boden und sage dir:
er wenigstens liegt weich.

wenn ein freund zu dir kommt
und dich aus deiner wohnung weist
verlasse sie ohne zu murren und sage dir:
immerhin, es könnte kälter sein.

Von Toleranz, Geduld, Friedenswillen und Gemeinsinn

Toleranz muß jedem Bürger die Freiheit lassen, zu glauben, was er will", schreibt Friedrich der Große, Bauherr des Schlosses Sanssouci bei Potsdam und Förderer der Künste und des Geisteslebens, 1766 an den französischen Aufklärer Voltaire. Aber die Toleranz dürfe nicht so weit gehen, fährt er fort, „daß sie die Frechheit und Zügellosigkeit junger Hitzköpfe gutheißt, die etwas vom Volke Verehrtes dreist beschimpfen. Sie deckt sich mit dem, was zur Sicherung der Gedankenfreiheit und der öffentlichen Ruhe nötig ist – und das ist der erste Gesichtspunkt jeder Gesetzgebung."

In wenigen Worten ist hier beschrieben, was das Zusammenleben von Menschen ausmachen sollte, das, was seit Seneca in dem Gebot „audiatur et altera pars" (Man höre auch die andere Seite) überliefert ist: Höre dem anderen zu, lerne, ihn zu begreifen! Gleichzeitig setzt der preußische König aber auch Grenzen für Toleranz. Sie entstehen dort, wo die Gedankenfreiheit bei Verletzung der öffentlichen Ruhe aufgehoben wird, wo mittels Gewalttätigkeiten Zustände herbeigeführt werden, die eine vorurteilsfreie Wahrnehmung einschränken oder unmöglich machen.

Eine der zentralen Losungen, mit denen der friedliche Wandel im Osten Deutschlands 1989 begleitet wurde, war die von der Toleranz ohne Gewalt. Sie vereinte ohne jedwede Verordnung Hunderttausende zu einem machtvollen Zug durch die Straßen Ost-Berlins und anderer Städte der damaligen DDR, in der Ungewißheit, ob sich die noch herrschende Schicht ebenso tolerant und gewaltlos verhalten würde. Es lag eine Hoffnung über dem Land, die brüchiger nicht sein konnte. Wer dabei war, wird besonders den 4. November nicht vergessen können. Ein Dokument jenes Tages ist hier veröffentlicht, das mit Fug und Recht in die Geschichte eingehen wird, weil es Geschichte gemacht hat.

Vieles hat sich seitdem verändert, zum Besseren, aber auch Klagen und Kummer dürfen nicht überhört werden, wenn die damals beschworene Toleranz nicht Schall und Rauch gewesen sein soll. Toleranz bedeutet, daß ich den anderen wahrnehme, kennenlerne genau in dem, was er ist, gleichzeitig die Schwierigkeiten entdecke, die wir miteinander haben. Der andere soll mit mir und ich mit ihm und über diese Schwierigkeiten noch reden können, dann lernen und erkennen, daß es etwas gibt, was ich nicht verstehe, was mich ärgert. Das muß ich frei äußern können und dennoch sagen: Du sollst dein Leben probieren können, weil auch ich mein Leben probieren können will. Insofern ist Toleranz keine haarspalterische Angelegenheit, sondern eigentlich ganz und gar kämpferisch. Allerdings verzichtet Toleranz auf ein Sieg-Niederlage-Schema. Hier gilt nicht: Ich habe recht oder du hast recht. Wir werden mal sehen, wer recht hat. Vielmehr ringen wir miteinander um Einsichten, um Wahrheiten, um Lebensstile oder Lebensziele. Toleranz schließt aber ein Niederringen aus. Vielmehr soll der andere den gleichen Freiraum haben wie ich, es sei denn, der andere ist mir so egal, daß mich Toleranz nichts kostet. Das wäre allerdings das Schlimmste und das Ende des Angestrebten. Gleichgültigkeit füreinander oder gegeneinander ist mindestens genauso gefährlich wie eine aggressive Intoleranz.

Toleranz kommt erst durch gegenseitige Geduld zum Tragen. Das Wechselspiel von Geduld und Ungeduld wird produktiv. Es gibt eine produktive Ungeduld und eine destruktive Ungeduld. Geduld ist eine schöne wie schwere Tugend. Manche Menschen sind so geduldig, daß sie beim Gegenüber schon Wut erzeugen. Geduld kann auch nicht heißen, alles hinzunehmen. Insofern ist wohl schon eine produktive Ungeduld angebracht.

Die hier ausgewählten Texte und deren Verfasser liefern Beispiele dafür. Auch für unsere Zeit gilt noch, was Goethe in seinen Maximen und Reflexionen formuliert hat: „Toleranz sollte eigentlich nur eine vorübergehende Gesinnung sein: sie muß zur Anerkennung führen. Dulden heißt beleidigen."

Im Sinne des hier Beschriebenen ist Friedenswille ein „Bruder" der Toleranz. Die Sehnsucht nach Frieden, Glück und Harmonie zählt zu den meistgenannten Wünschen der Menschheit, belegbar durch viele literarische Zeugnisse und in der moderneren Zeit ablesbar aus Um-

fragen, die besonders zum Jahreswechsel Hoffnungen ausdrücken, die nicht selten schon vor dem letzten Glockenschlag zusammenbrechen. Für Friede auf der Erde beten wir und werden aus der nahen Ferne Bosniens, Tschetscheniens und anderen Konfliktherden des Kontinents in unserer Andacht gestört. „Der ewige Friede ist ein Traum", sagt Helmuth Graf Moltke, der preußische Feldherr, der manche Schlacht siegreich verlassen hat, „und nicht einmal ein schöner, solange die Nationen ein gesondertes Dasein führen." Aber verhalten sich manche Partner in der Europäischen Union nicht eher wie Feinde zueinander denn als Verbündete? Daß der Frömmste nicht in Frieden leben kann, wenn es dem bösen Nachbarn nicht gefällt, wissen wir spätestens seit Schillers Wilhelm Tell.

Kriege sind aber ebensowenig unabdinglich wie Frieden nicht erreichbar scheint. Beides wird von Menschen gemacht. Selbst in den schlimmsten Zeiten der Ost-West-Konfrontation hatte sich auf beiden Seiten – trotz schier überquellender Arsenale mit modernsten Waffen – die Erkenntnis durchgesetzt, daß der Krieg nicht die Fortsetzung der Politik mit anderen Mitteln sein kann und darf.

„Es soll kein Friedensschluß für einen solchen gelten, der mit dem geheimen Vorbehalt des Stoffes zu einem künftigen Krieg gemacht wird", schreibt Immanuel Kant in seinem Traktat zum Ewigen Frieden.

Frieden ist heute möglich und notwendig, denn die Regularien für Konfliktvermeidung sind vorhanden. Der politische wie moralische Wille, diese anzuwenden, muß eingeklagt werden. Von Vätern und Großvätern haben wir gelernt, daß tausend Worte unendlich viel besser sind als ein einziger Schuß. Warum halten wir uns nicht daran?

Dort, wo der Gemeinsinn sich in Friedenswillen äußert, werden es Hitzköpfe schwer haben, ihre Ziele zu erreichen. Wo Gemeinsinn bereit ist, über Veränderungen entstandener Zustände tolerant zu diskutieren, hat Gewalt keine Chance.

Achtes Kapitel

Toleranz – Weltoffenheit

❖ ❖ ❖

VOLTAIRE

Religion

Die Epikureer, die keine Religion hatten, empfahlen, sich vom öffentlichen Leben fernzuhalten, seinen Studien nachzugehen und in Eintracht zu leben. Diese Sekte war eine Gemeinschaft von Freunden, denn ihr erster Grundsatz war die Freundschaft. Atticus, Lukrez, Memmius und andere Männer dieses Schlages konnten in allen Ehren zusammenleben, und so etwas gibt es in allen Ländern. Philosophiert, soviel ihr wollt; das kommt mir dann so vor, als wenn Musikliebhaber ein kunstvolles und gepflegtes Konzert spielten. Aber hütet euch, so ein Konzert vor dem unwissenden und rohen Volk aufzuführen; es könnte sein, daß es euch die Instrumente um die Ohren schlägt. Kein noch so kleines Nest läßt sich ohne Religion regieren.

Ich spreche hier nicht von unserer Religion; sie ist die einzig gute, die einzig notwendige, die einzig bewiesene und die zweite geoffenbarte Religion.

Hätte der menschliche Geist eine Religion annehmen können, die, ich will nicht sagen, der unsrigen nahekäme, aber die zumindest weniger schlecht als alle anderen Religionen der Welt gewesen wäre? Aber wie müßte eine solche Religion aussehen?

Müßte sie uns nicht die Verehrung des höchsten Wesens anempfehlen, welches einzig in seiner Art, unendlich und ewig ist, die Welt erschaffen hat und ihr Bewegung und Leben verleiht, *cui nec simile nec secundum*[1], müßte sie uns nicht dieses höchsten Wesens teilhaftig werden lassen zum Lohn für unsere Tugenden und uns seine Gnade versagen als Strafe für unsere Verbrechen?

Sollte sie nicht so wenig Dogmen wie möglich haben, diese Erfindungen hochmütigen Wahnes, Gegenstand endloser Auseinandersetzung? Müßte sie nicht eine reine Moral lehren, über die es niemals Streit geben könnte?

Sie dürfte das Wesen der Gottesverehrung nicht in eitlen Zeremonien sehen, etwa darin, daß man sich in den Mund spuckt; sich die Vorhaut beschneidet oder sich einen Hoden abschneidet; denn man kann doch alle Pflichten gegenüber der Gesellschaft auch mit zwei Hoden und mit unverletzter Vorhaut erfüllen und ohne sich in den Mund zu spucken.

Sie müßte uns anhalten, unseren Nächsten aus Liebe zu Gott zu dienen, statt sie im Namen Gottes zu verfolgen und umzubringen. Nur eine Religion, die alle anderen duldet und so deren Wohlwollen würdig ist, kann aus der Menschheit ein Volk von Brüdern machen.

Ihre erhabenen Zeremonien müßten auf das Volk einen überwältigenden Eindruck machen, und es dürfte in ihr keine Mysterien geben, die die Weisen empören und die Ungläubigen irreführen könnten.

Sie müßte eher die gesellschaftlichen Tugenden fördern, als Bußen für ruchlose Taten aufzuerlegen.

Sie müßte ihren Dienern ein anständiges Auskommen sichern und dürfte niemals zulassen, daß sie sich Würden und Machtstellungen anmaßen, durch die sie zu Tyrannen werden können. Sie müßte behagliche Stätten des Schutzes und der Fürsorge schaffen für Alte und Kranke, niemals aber für Nichtstuer.

Der Geist dieser Religion lebt bereits im Herzen vieler Fürsten ...

1 Horaz, Oden I, 12, 18: dem nichts ähnlich ist und nichts gleichkommt.

Toleranz
(Artikel aus der Enzyklopädie von Diderot und D'Alembert)

Die *Toleranz* ist im allgemeinen die Tugend jenes schwachen Wesens, das dazu bestimmt ist, mit Wesen zusammen zu leben, die ihm gleichen. Dem Menschen, der durch seine Intelligenz so erhaben ist, sind zugleich durch seine Irrtümer und seine Leidenschaften so enge Grenzen gesetzt, daß man ihm den anderen gegenüber nicht genug von jener *Toleranz*, jener Duldsamkeit einflößen kann, deren er selbst so sehr bedarf und ohne die man auf der Erde nur Unruhen und Streitigkeiten sehen würde. Da man diese erfreuliche versöhnliche Tugend aber geächtet hat, gereichten zahlreiche Jahrhunderte den Menschen mehr oder weniger zur Schande und zum Unglück; und hoffen wir nicht, daß wir ohne sie unter uns Ruhe und Glück einmal wiederherstellen können!

Man kann zweifellos mehrere Quellen unserer Zwietracht feststellen. Wir sind in dieser Hinsicht leider nur zu fruchtbar. Da sich aber vor allem in Fragen der Gesinnung und der Religion die verheerenden Vorurteile besonders zwingend und scheinbar sogar mit Recht durchsetzen, ist dieser Artikel auch dazu bestimmt, sie zu bekämpfen. Wir begründen zunächst auf den evidentesten Prinzipien die Richtigkeit und Notwendigkeit der Toleranz und entwerfen dann auf Grund dieser Prinzipien die Pflichten der Fürsten und Herrscher. Wie traurig ist doch die Aufgabe, den Menschen Wahrheiten beweisen zu müssen, die so klar und für sie von so großem Interesse sind, daß man seine Natur verloren haben muß, um sie nicht selbst zu erkennen! Wenn es aber sogar in unserem Jahrhundert noch Menschen gibt, die ihre Augen der Evidenz und ihr Herz der Menschlichkeit verschließen, wie könnten wir dann in unserem Werk darüber feiges und schuldbewußtes Stillschweigen bewahren? Nein. Wie immer es auch um den Erfolg bestellt sein mag, wagen wir zumindest, die Rechte der Menschlichkeit und Gerechtigkeit zu fordern, und versuchen wir noch einmal, dem Fanatiker seinen Dolch zu entreißen und dem Abergläubischen seine Augenbinde abzunehmen ...

Ziehen wir also folgenden Schluß: Wenn die Intoleranz überall herrschte, so würde sie alle Menschen gegeneinander bewaffnen und auf Grund der verschiedenen Anschauungen immer wieder Kriege heraufbeschwören; denn selbst wenn man annähme, daß die Ungläubigen nicht Verfolger aus religiösen Prinzipien wären, so wären sie es doch zumindest aus politischen und eigennützigen Gründen. Da die Christen diejenigen, die ihre Ideen nicht anerkennen, nicht dulden können, so würde man sehen, wie sich mit Recht alle Völker gegen sie verbündeten und den Untergang dieser Feinde des Menschengeschlechts beschlössen, die unter dem Schleier der Religion nichts Unrechtmäßiges darin erblicken würden, es zu peinigen und zu unterjochen. Wahrhaftig, ich frage das Menschengeschlecht: Was hätten wir einem Fürsten in Asien oder in der Neuen Welt vorzuwerfen, wenn er den ersten Missionar, den wir zu ihm schickten, um ihn zu bekehren, aufhängen ließe? Besteht die höchste Pflicht des Herrschers nicht darin, den Frieden und die Ruhe in seinen Staaten zu sichern und aus ihnen jene gefährlichen Menschen wohlweislich zu verbannen, die zuerst ihre Schwäche unter scheinheiliger Sanftmut verbergen, dann aber, sobald sie die Möglichkeit dazu haben, barbarische und aufrührerische Lehren zu verbreiten suchen? Mögen die Christen es also sich selbst zuschreiben, wenn die anderen Völker, denen ihre Lehren bekannt sind, sie nicht dulden wollen, wenn sie in ihnen nur die Mörder Amerikas oder die Ruhestörer Indiens sehen und wenn ihre heilige Religion, die sich auf der Erde verbreiten und Früchte tragen soll, wegen ihrer Ausschreitung und Gewalttaten, mit Recht von ihnen verworfen wird.

Übrigens erscheint es uns unnütz, den Intoleranten die Prinzipien des Evangeliums entgegenzuhalten, das nur die Prinzipien der natürlichen Billigkeit verbreitet und entwickelt, ihnen die Lehren und das Vorbild ihres erhabenen Meisters, der immer nur Milde und Nächstenliebe verkündete, ins Gedächtnis zurückzurufen und ihnen das Verhalten jener ersten Christen vor Augen zu führen, die nur den Segen zu erteilen und für ihre Verfolger zu beten verstanden. Wir führen auch nicht jene Vernunftgründe an, deren die ersten Kirchenväter sich mit so viel Überzeugungskraft Männern wie Nero und Diokletian gegenüber bedienten, die aber seit Konstantin dem Großen lächerlich geworden und leicht zu widerlegen sind. Man sieht wohl ein, daß wir in einem Artikel eine so reichhaltige Materie nur flüchtig behandeln können: So haben wir jetzt, nachdem wir die Prinzipien, die uns am allgemeinsten und am einleuchtendsten erschienen, ins Gedächtnis zurückgerufen haben, nur noch die Aufgabe zu erfüllen, die Pflichten der Herrscher gegenüber den religiösen Sekten, welche die Gesellschaft spalten, kurz zu umreißen ...

Allgemeine Regel: Achtet unverbrüchlich die Rechte des Gewissens in allem, was die Gesellschaft nicht beunruhigt. Spekulative Irrtümer sind für den Staat belanglos; Verschiedenheit in den Anschauungen wird immer unter Wesen herrschen, die so unvollkommen sind wie der Mensch; die Wahrheit bringt Ketzereien hervor wie die Sonne Schlacken und Flecken. Verschlimmert also nicht ein unvermeidliches Übel, indem ihr es mit Feuer und Schwert auszurotten sucht; bestraft Verbrechen, aber habt Mitleid mit dem Irrtum und verleiht der Wahrheit niemals andere Waffen als Sanftmut, Vorbildlichkeit und Überzeugungskraft. *In Dingen der Änderung des Glaubens wirken Aufforderungen stärker als Strafen; letztere haben immer nur zerstörend gewirkt.*

Diesen Prinzipien wird man die Nachteile, die sich aus der Vielzahl der Religionen ergeben, und die Vorteile der Einheitlichkeit des Glaubens in einem Staate entgegensetzen. Wir antworten darauf zunächst mit dem Verfasser des Geistes der Gesetze: „Diese Ideen von der Einheitlichkeit machen unfehlbar auf die gewöhnlichen Menschen tiefen Eindruck, weil sie darin eine Art Vollkommenheit finden, die darin nicht zu entdecken unmöglich ist: gleiche Maßstäbe in der Verfassung, gleiche Maßnahmen im Handel, gleiche Gesetze im Staate, gleiche Religion in allen seinen Teilen. Aber ist das immer und ausnahmslos günstig? Ist das Übel, etwas zu ändern, immer weniger groß als das Übel, etwas zu ertragen? Und würde die Größe des Genies nicht vielmehr darin bestehen, zu erkennen, in welchen Fällen die Einheitlichkeit und in welchen Fällen die Verschiedenheit angebracht ist?“ Warum soll man denn Anspruch auf eine Vollkommenheit erheben, die mit unserer Natur unvereinbar ist? Es wird unter den Menschen immer verschiedene Meinungen geben; die Geschichte des menschlichen Geistes ist dafür ein kontinuierlicher Beweis, und das trügerischste Vorhaben wäre, die Menschen zur Einheitlichkeit in ihren Anschauungen zurückführen zu wollen. Dennoch, sagt ihr, erfordere das politische Interesse, daß man diese Einheitlichkeit schafft, daß man mit Bedacht jede Meinung verdammt, die zu den im Staate anerkannten Meinungen im Widerspruch steht; das heißt, man muß den Menschen darauf beschränken, nur noch ein Automat zu sein, nur Meinungen zu lehren, die in seinem Geburtsort gelten, ohne jemals zu wagen, sie zu untersuchen und zu erforschen, und die barbarischsten Vorurteile, etwa solche, wie wir sie bekämpfen, untertänig zu achten. Aber wie viele Übel und welche Zwietracht hat die Vielzahl der Religionen in einem Staate zur Folge! Euer Einwand verwandelt sich in einen Beweis gegen euch, da die Intoleranz ja die Quelle dieser Übel ist; denn wenn die verschiedenen Parteien einander duldeten und sich nur durch das Vorbild, die Schicklichkeit der Sitten, die Liebe zu den Gesetzen und zum Vaterland zu bekämpfen suchten, wenn das der einzige Beweis wäre, den jede Sekte zugunsten ihres Glaubens erbrächte, so würden im Staate trotz der Verschiedenheit der Anschauungen bald Eintracht und Friede herrschen, so wie in der Musik Dissonanzen den Zusammenklang des Ganzen nicht beeinträchtigen.

Man beharrt indes auf seinem Standpunkt und behauptet, der Wechsel der Religion habe oft Umwälzungen in der Regierung und im Staate zur Folge. Darauf antworte ich wieder, daß der Intoleranz allein das zur Last fällt, was an dieser Bezichtigung so abscheulich ist; denn wenn die Neuerer geduldet oder nur mit den Waffen des Evangeliums bekämpft würden, so würde der Staat nicht unter dieser geistigen Gärung leiden. Aber die Verteidiger der herrschenden Religion erheben sich wütend gegen die Sektierer, gehen mit Waffengewalt gegen sie vor, bringen blutige Erlasse heraus, säen in allen Herzen Zwietracht und Fanatismus und legen dreist ihren Opfern die Unruhe zur Last, die sie gestiftet haben.

Was die betrifft, die unter dem Vorwand der Religion nur versuchen, die Ruhe der Gesellschaft zu stören, Aufruhr zu schüren und das Joch der Gesetze abzuschütteln, so unterdrückt sie mit Strenge, wir sind nicht ihre Apologeten; aber verwechselt mit diesen Schuldigen nicht diejenigen, die nur Gedankenfreiheit verlangen sowie die Freiheit, sich zu dem Glauben zu bekennen, den sie für den besten halten, und die im übrigen als treue Untertanen des Staates leben!

Aber, werdet ihr wieder einwenden, der Fürst sei doch der Verteidiger des Glaubens; er müsse ihn in seiner ganzen Reinheit erhalten und sich mit Entschiedenheit all denen widersetzen, die ihm Abbruch tun; wenn Vernunftgründe und Ermahnungen nicht fruchteten, so trüge er nicht umsonst das Schwert, sondern vielmehr deshalb, um den, der unrecht tut, zu strafen und die Aufrührer zu zwingen, in den Schoß der Kirche zurückzukehren. Was willst du denn, du Barbar? Deinen Bruder umbringen, um ihn zu retten? Aber hat Gott dich mit dieser schrecklichen Aufgabe betraut? Hat er in deine Hände die Sorge für seine Rache gelegt? Woher weißt du, daß er geehrt sein will wie die Teufel? Geh, Unglücklicher, dieser Friedensgott mißbilligt deine gräßlichen Opfer; sie sind nur deiner würdig!

Wir unternehmen es nicht, hier die genauen Grenzen der *Toleranz* festzulegen, die barmherzige Duldung, wie sie Vernunft und Menschlichkeit zugunsten der Irrgläubigen verlangen, von jener verwerflichen Gleichgültigkeit zu unterscheiden, die uns alle Anschauungen der Menschen unter demselben Aspekt sehen läßt. Wir predigen die praktische *Toleranz*, nicht aber die spekulative; und man begreift wohl, welcher Unterschied zwischen der Duldung einer Religion und ihrer Billigung besteht. Wir verweisen die wißbegierigen Leser, die diesen Gegenstand tiefer erforschen wollen, auf den philosophischen Kommentar Bayles, in dem dieses großartige Genie sich nach unserer Ansicht selbst übertroffen hat. (Jean Edme Romilly)

GOTTHOLD EPHRAIM LESSING

Nathan der Weise
(Ringparabel)

NATHAN. Vor grauen Jahren lebt' ein Mann in Osten,
Der einen Ring von unschätzbarem Wert'
Aus lieber Hand besaß. Der Stein war ein
Opal, der hundert schöne Farben spielte,
Und hatte die geheime Kraft, vor Gott
Und Menschen angenehm zu machen, wer
In dieser Zuversicht ihn trug. Was Wunder,
Daß ihn der Mann in Osten darum nie
Vom Finger ließ; und die Verfügung traf,
Auf ewig ihn bei seinem Hause zu
Erhalten? Nämlich so. Er ließ den Ring
Von seinen Söhnen dem geliebtesten;
Und setzte fest, daß dieser wiederum
Den Ring von seinen Söhnen dem vermache,
Der ihm der liebste sei; und stets der liebste,
Ohn' Ansehn der Geburt, in Kraft allein
Des Rings, das Haupt, der Fürst des Hauses werde. –
Versteh mich, Sultan.
SALADIN. Ich versteh dich. Weiter!
NATHAN. So kam nun dieser Ring, von Sohn zu Sohn,
Auf einen Vater endlich von drei Söhnen;
Die alle drei ihm gleich gehorsam waren,
Die alle drei er folglich gleich zu lieben
Sich nicht entbrechen konnte. Nur von Zeit
Zu Zeit schien ihm bald der, bald dieser, bald
Der dritte, – so wie jeder sich mit ihm
Allein befand, und sein ergießend Herz
Die andern zwei nicht teilten, – würdiger
Des Ringes; den er denn auch einem jeden
Die fromme Schwachheit hatte, zu versprechen.

Das ging nun so, so lang es ging. – Allein
Es kam zum Sterben, und der gute Vater
Kömmt in Verlegenheit. Es schmerzt ihn, zwei
von seinen Söhnen, die sich auf sein Wort
Verlassen, so zu kränken. – Was zu tun? –
Er sendet in geheim zu einem Künstler,
Bei dem er, nach dem Muster seines Ringes,
Zwei andere bestellt, und weder Kosten
Noch Mühe sparen heißt, sie jenem gleich,
Vollkommen gleich zu machen. Das gelingt
Dem Künstler. Da er ihm die Ringe bringt,
Kann selbst der Vater seinen Musterring
Nicht unterscheiden. Froh und freudig ruft
Er seine Söhne, jeden ins besondre;
Gibt jedem ins besondre seinen Segen, –
Und seinen Ring, – und stirbt. – Du hörst doch, Sultan?

SALADIN *(der sich betroffen von ihm gewandt).*
Ich hör, ich höre! – Komm mit deinem Märchen
Nur bald zu Ende. – Wirds?

NATHAN. Ich bin zu Ende.
Denn was noch folgt, versteht sich ja von selbst. –
Kaum war der Vater tot, so kömmt ein jeder
Mit seinem Ring', und jeder will der Fürst
Des Hauses sein. Man untersucht, man zankt,
Man klagt. Umsonst; der rechte Ring war nicht
Erweislich; –
(Nach einer Pause, in welcher er des Sultans Antwort erwartet)
Fast so unerweislich, als
Uns itzt – der rechte Glaube.

SALADIN. Wie? das soll
Die Antwort sein auf meine Frage? ...

NATHAN. Soll
Mich bloß entschuldigen, wenn ich die Ringe,
Mir nicht getrau zu unterscheiden, die
Der Vater in der Absicht machen ließ,

Damit sie nicht zu unterscheiden wären.
SALADIN. Die Ringe! – Spiele nicht mit mir! – Ich dächte,
Daß die Religionen, die ich dir
Genannt, doch wohl zu unterscheiden wären.
Bis auf die Kleidung; bis auf Speis und Trank!
NATHAN. Und nur von Seiten ihrer Gründe nicht. –
Denn gründen alle sich nicht auf Geschichte?
Geschrieben oder überliefert! – Und
Geschichte muß doch wohl allein auf Treu
Und Glauben angenommen werden? – Nicht? –
Nun wessen Treu und Glauben zieht man denn
Am wenigsten in Zweifel? Doch der Seinen?
Doch deren Blut wir sind? Doch deren, die
Von Kindheit an uns Proben ihrer Liebe
Gegeben? die uns nie getäuscht, als wo
Getäuscht zu werden uns heilsamer war? –
Wie kann ich meinen Vätern weniger,
Als du den deinen glauben? Oder umgekehrt. –
Kann ich von dir verlangen, daß du deine
Vorfahren Lügen strafst, um meinen nicht
Zu widersprechen? Oder umgekehrt.
Das nämliche gilt von den Christen. Nicht? –
SALADIN. (Bei dem Lebendigen! Der Mann hat Recht.
Ich muß verstummen.)
NATHAN. Laß auf unsre Ring'
Uns wieder kommen. Wie gesagt: die Söhne
Verklagten sich; und jeder schwur dem Richter,
Unmittelbar aus seines Vaters Hand
Den Ring zu haben. – Wie auch wahr! – Nachdem
Er von ihm lange das Versprechen schon
Gehabt, des Ringes Vorrecht einmal zu
Genießen. – Wie nicht minder wahr! – Der Vater,
Beteu'rte jeder, könne gegen ihn
Nicht falsch gewesen sein; und eh' er dieses
Von ihm, von einem solchen lieben Vater,
Argwohnen laß': eh' müß' er seine Brüder,

So gern er sonst von ihnen nur das Beste
Bereit zu glauben sei, des falschen Spiels
Bezeihen; und er wolle die Verräter
Schon auszufinden wissen; sich schon rächen.
SALADIN. Und nun, der Richter? – Mich verlangt zu hören,
Was du den Richter sagen lässest. Sprich!
NATHAN. Der Richter sprach: wenn ihr mir nun den Vater
Nicht bald zur Stelle schafft, so weis' ich euch
Von meinem Stuhle. Denkt ihr, daß ich Rätsel
Zu lösen da bin? Oder harret ihr,
Bis daß der rechte Ring den Mund eröffne? –
Doch halt! Ich höre ja, der rechte Ring
Besitzt die Wunderkraft beliebt zu machen;
Vor Gott und Menschen angenehm. Das muß
Entscheiden! Denn die falschen Ringe werden
Doch das nicht können! – Nun; wen lieben zwei
Von euch am meisten? – Macht, sagt an! Ihr schweigt?
Die Ringe wirken nur zurück? und nicht
Nach außen? Jeder liebt sich selber nur
Am meisten? – O so seid ihr alle drei
Betrogene Betrüger! Eure Ringe
Sind alle drei nicht echt. Der echte Ring
Vermutlich ging verloren. Den Verlust
Zu bergen, zu ersetzen, ließ der Vater
Die drei für einen machen.
SALADIN. Herrlich! herrlich!
NATHAN. Und also; fuhr der Richter fort, wenn ihr
Nicht meinen Rat, statt meines Spruches, wollt:
Geht nur! – Mein Rat ist aber der: ihr nehmt
Die Sache völlig wie sie liegt. Hat von
Euch jeder seinen Ring von seinem Vater:
So glaube jeder sicher seinen Ring
Den echten. – Möglich; daß der Vater nun
Die Tyrannei des Einen Rings nicht länger
In seinem Hause dulden wollen! – Und gewiß;
Daß er euch alle drei geliebt, und gleich

Geliebt: indem er zwei nicht drücken mögen,
Um einen zu begünstigen. – Wohlan!
Es eifre jeder seiner unbestochnen
Von Vorurteilen freien Liebe nach!
Es strebe von euch jeder um die Wette,
Die Kraft des Steins in seinem Ring' an Tag
Zu legen! komme dieser Kraft mit Sanftmut,
Mit herzlicher Verträglichkeit, mit Wohltun,
Mit innigster Ergebenheit in Gott,
Zu Hülf'! Und wenn sich dann der Steine Kräfte
Bei euern Kindes-Kindeskindern äußern:
So lad' ich über tausend tausend Jahre,
Sie wiederum vor diesen Stuhl. Da wird
Ein weisrer Mann auf diesem Stuhle sitzen,
Als ich; und sprechen. Geht! – So sagte der
Bescheidne Richter.

SALADIN. Gott! Gott!

NATHAN. Saladin,
Wenn du dich fühlest, dieser weisere
Versprochne Mann zu sein: ...

SALADIN *(der auf ihn zustürzt, und seine Hand ergreift, die er bis zu Ende nicht wieder fahren läßt).*
Ich Staub? Ich Nichts?
O Gott!

NATHAN. Was ist dir, Sultan?

SALADIN. Nathan, lieber Nathan! –
Die tausend tausend Jahre deines Richters
Sind noch nicht um. – Sein Richterstuhl ist nicht
Der meine. – Geh! – Geh! – Aber sei mein Freund.

Moses Mendelssohn

Über Judenfeindschaft und Intoleranz

Merkwürdig ist es, zu sehen, wie das Vorurteil die Gestalten aller Jahrhunderte annimmt, uns zu unterdrücken und unserer bürgerlichen Aufnahme Schwierigkeiten entgegenzusetzen. In jenen abergläubischen Zeiten waren es Heiligtümer, die wir aus Mutwillen schänden; Kruzifixe, die wir durchstechen und bluten machen; Kinder, die wir heimlich beschneiden und zur Augenweide zerfetzen; Christenblut, das wir zur Osterfeier brauchen; Brunnen, die wir vergiften usw.; Unglaube, Verstocktheit, geheime Künste und Teufeleien, die uns vorgeworfen, um derentwillen wir gemartert, unseres Vermögens beraubt, ins Elend gejagt, wo nicht gar hingerichtet worden sind. – Itzt haben die Zeiten sich geändert; diese Verleumdungen machen den erwünschten Eindruck nicht mehr. Itzt ist es gerade Aberglaube und Dummheit, die uns vorgerückt werden, Mangel an moralischem Gefühle, Geschmack und feinen Sitten, Unfähigkeit zu Künsten, Wissenschaften und nützlichem Gewerbe, hauptsächlich zu Diensten des Krieges und des Staates, unüberwindliche Neigung zu Betrug, Wucher und Gesetzlosigkeit, die an die Stelle jener gröbern Beschuldigungen getreten sind, uns von der Anzahl nützlicher Bürger auszuschließen und aus dem mütterlichen Schoße des Staats zu verstoßen. Vormals gab man sich um uns alle ersinnliche Mühe und machte mancherlei Vorkehrungen, uns nicht zu nützlichen Bürgern, sondern zu Christen zu machen, und da wir so hartnäckig und verstockt waren, uns nicht bekehren zu lassen, so war dieses Grund genug, uns als eine unnütze Last der Erde zu betrachten und dem verworfenen Scheusale aller Greuel anzudichten, die ihn dem Hasse und der Verachtung aller Menschen bloßstellen konnten. Itzt hat der Bekehrungseifer nachgelassen. Nun werden wir vollends vernachlässigt. Man fährt fort, uns von allen Künsten, Wissenschaften und andern nützlichen Gewerben und Beschäftigungen der Menschen zu entfernen, versperrt uns alle Wege zur nützlichen Verbesserung und macht den Mangel an Kultur zum Grunde unserer ferneren Unterdrückung. Man bindet uns die Hände und macht uns zum Vorwurfe, daß wir sie nicht gebrauchen....

Ach, meine Brüder! Ihr habt das drückende Joch der Intoleranz bisher allzu hart gefühlt und vielleicht eine Art von Genugtuung darin zu finden geglaubt, wenn Euch die Macht eingeräumt würde, Euren Untergebenen ein gleich hartes Joch aufzudrücken. Die Rache sucht ihren Gegenstand, und wenn sie andern nichts anhaben kann, so nagt sie ihr eigenes Fleisch. Vielleicht auch ließet ihr Euch durch das allgemeine Beispiel verführen. Alle Völker der Erde schienen bisher von dem Wahne betört zu sein, daß sich Religion nur durch eiserne Macht erhalten, Lehren und Seligkeit nur durch unseliges Verfolgen ausbreiten und wahre Begriffe von Gott, der, nach unser aller Geständnis, die Liebe ist, nur durch die Wirkung des Hasses mitteilen lassen. Ihr ließet Euch vielleicht verleiten, ebendasselbe zu glauben, und die Macht zu verfolgen war das Euch wichtigste Vorrecht, das Eure Verfolger Euch einräumen konnten. Danket dem Gotte Eurer Väter, danket dem Gotte, der die Liebe und die Barmherzigkeit selbst ist, daß jener Wahn sich nach und nach zu verlieren scheinet. Die Nationen dulden und ertragen sich einander und lassen auch gegen Euch Liebe und Verschonung blicken, die unter dem Beistande desjenigen, der die Herzen der Menschen lenkt, bis zur wahren Bruderliebe anwachsen kann. Oh, meine Brüder, folget dem Beispiel der Liebe, so wie Ihr bisher dem Beispiele des Hasses gefolgt seit! Ahmet die Tugend der Nationen nach, der Untugend Ihr bisher nachahmen zu müssen geglaubt. Wollet Ihr gehegt, geduldet und von andern verschont sein, so heget und duldet und verschont Euch untereinander! Liebet, so werdet ihr geliebet werden!

KLABUND

Pogrom

Am Sonntag fällt ein kleines Wort im Dom,
Am Montag rollt es wachsend durch die Gasse,
Am Dienstag spricht man schon vom Rassenhasse,
Am Mittwoch rauscht und raschelt es: Pogrom!

Am Donnerstag weiß man es ganz bestimmt:
Die Juden sind an Rußlands Elend schuldig!
Wir waren nur bis dato zu geduldig.
(Worauf man einige Schlucke Wodka nimmt...)

Der Freitag bringt die rituelle Leiche,
Man stößt den Juden Flüche in die Rippen
Mit festen Messern, daß sie rückwärts kippen.
Die Frauen wirft man in diverse Teiche.

Am Samstag liest man in der „guten" Presse:
Die kleine Rauferei sei schon behoben,
Man müsse Gott und die Regierung loben...
(Denn andernfalls kriegt man eins in die Fresse.)

LESZEK KOLAKOWSKI

Erziehung zum Haß, Erziehung zur Würde

Die unaufhörliche, lautlose, aber klare Botschaft des Totalitarismus sagt: „Ihr seid perfekt, jene sind vollkommen verdorben. Ihr würdet schon längst im Paradies leben, hätte die Bosheit eurer Feinde euch nicht daran gehindert." So ist die Aufgabe dieser Erziehung weniger, eine Solidarität im Hassen zu schaffen, als vielmehr eine

Selbstgefälligkeit in den Zöglingen zu erzeugen und sie moralisch und intellektuell ohnmächtig zu machen. Die Selbstgefälligkeit im Hassen soll mir das Gefühl geben, daß ich ein glücklicher Besitzer absoluter Werte bin. So gipfelt der Haß schließlich in einer grotesken Selbstvergöttlichung, die wie bei den gefallenen Engeln nur die Rückseite der Verzweiflung darstellt.

Wenn wir wirklich lieben, sind wir gegenüber dem Gegenstand unserer Liebe unkritisch. Wenn wir wirklich hassen, sind wir sowohl gegenüber uns selber, als auch dem Gehaßten gegenüber unkritisch, denn kritisch zu sein, heißt differenzieren zu können, und der Haß macht uns zu jeder Differenzierung unfähig. Er stellt unsere totale und beziehungslose Rechtmäßigkeit der totalen, beziehungslosen und unheilbaren Niederträchtigkeit der anderen entgegen.

Das ist also die Geheimwaffe des Totalitarismus: Das ganze geistige Gewebe der Menschen mit dem Haß zu vergiften und sie dadurch ihrer Würde zu berauben. In meiner Zerstörungswut bin ich selbst zerstört, in meiner Selbstgefälligkeit, in meiner Unschuld kann meine Würde nicht gerettet werden; sowohl meine Integrität als auch die Kommunikation und die Solidarität mit anderen gehen verloren. Es gibt kaum so etwas wie Solidarität im Hassen, die Hassenden werden nicht Freunde dadurch, daß sie einen gemeinsamen verhaßten Feind haben. Außer in den Momenten des direkten Kampfes sind sie auch gegenseitig fremd oder feindselig. Es gibt kaum Gesellschaften, worin es mehr von unterirdischem aber auch offenbarem Haß und Neid siedete, als jene, die ihre Einheit auf Haß zu bauen versuchen und die versprechen, die Brüderlichkeit zu institutionalisieren. Und zu sagen, daß der Haß mit Haß zurückgezahlt werden soll, heißt zu sagen, daß man, um im gerechten Kampf zu siegen, zuerst die Gründe für die Gerechtigkeit des eigenen Kampfes verlieren muß. Es ist gar nicht plausibel, daß wir ohne Haß im Kampf kraftlos sind; die Kraft im Kampf kommt viel weniger vom eigenen Haß und viel mehr von der Feigheit des Gegners. Unsere Feigheit ist auch unser Hauptfeind, und auf Haß und Fanatismus zu verzichten, heißt gar nicht, sich vom Kampf zurückzuziehen. Es mag wohl sein, daß viele von uns unfähig sind, sich ihrer Feigheit auf anderem Wege als durch Fanatismus und Verblendung zu entledigen. Wenn man aber daraus den Schluß zieht, daß man den Haß für den erfolgreichen Kampf mobilisieren muß, stellt man sofort jede Gültigkeit dieses Kampfes in Frage.

Die Erziehung zur Demokratie ist die Erziehung zur Würde, und das setzt beides untrennbar voraus: sowohl die Bereitschaft zum Kampf als auch die Freiheit vom Haß. Eine Freiheit vom Haß, die nur durch die Flucht vor den Konflikten erreicht wird, ist eine scheinbare Tugend, wie die Keuschheit eines Kastraten. Allen menschlichen Konflikten ist aber ein natürlicher selbst-antreibender und selbst-anhäufender Mechanismus eigen: Nichts ist gewöhnlicher und trivialer, als daß ein an sich unbedeutender Konflikt zur tödlichen Feindseligkeit anwächst, weil die Weise, ihn zu behandeln, neue und immer schärfere Konflikte erzeugt. Versöhnlichkeit und Kompromißbereitschaft ohne Feigheit und ohne Konformismus, die Fähigkeit, den Überschuß der Feindseligkeit zu beseitigen, ohne Zugeständnisse in dem zu machen, was man als Kern der Sache betrachtet – das ist gewiß eine Kunst, die niemandem als Naturgabe zwanglos zukommt. Von unserer Fähigkeit, uns diese Kunst anzueignen, hängt aber das Geschick der demokratischen Weltordnung ab.

VÁCLAV HAVEL

Ein Wort über das Wort

Wir leben in einer Welt, in der es möglich ist, daß ein Mächtiger aus einem ganz anderen Land auf einen Bürger Großbritanniens öffentlich und schamlos den Todespfeil richtet, nur weil der Betreffende ein bestimmtes Buch geschrieben hat. Der mächtige Mann tat dies angeblich im Namen von Milliarden seiner Mitgläubigen. Doch nicht nur das: In dieser Welt ist es möglich, daß ein gewisser – hoffen wir, nur ein kleiner – Teil dieser Milliarden sich mit dem erlassenen Urteil identifiziert.

Was ist das? Was bedeutet das? Ist das nur ein frostiger Hauch von

Fanatismus, der seltsam auflebt zu Zeiten von Helsinki-Konferenzen, seltsam belebt von den ziemlich niederschmetternden Folgen der ziemlich niederschmetternden Expansion des Europäertums in Welten, die die Einfuhr einer fremden Zivilisation ursprünglich gar nicht wollten und denen schließlich diese zweideutige Einfuhr Hunderte von Milliarden und niemals zurückzuzahlende Schulden verursachte?

Sicher, es ist dies alles, selbstverständlich.

Doch es ist auch mehr: es ist ein Symbol.

Ein Symbol der rätselhaften Vieldeutigkeit, die jene große Macht des Wortes hat.

Ja, die Macht des Wortes ist nicht eindeutig und durchsichtig. Es ist nicht nur die befreiende Macht des Wortes von Walesa oder die warnende Macht des Wortes von Sacharow, es ist nicht nur die Macht des – offenbar unsinnig ausgelegten – Buches von Rushdie.

Neben dem Wort Rushdies gibt es hier nämlich auch die Macht des Wortes Chomeinis. Neben dem Wort, das die Gesellschaft durch seine Freiheit und Wahrhaftigkeit elektrisiert, gibt es auch das hypnotisierende, trügerische, fanatisierende, rasende, betrügende, gefährliche, todbringende Wort. Das Wort – ein Pfeil.

Ich glaube, daß ich gerade Ihnen nicht ausführlich die schwarze Magie des Wortes erläutern muß, weil Sie am eigenen Leib vor verhältnismäßig kurzer Zeit erlebt haben, zu welchen unaussprechlichen geschichtlichen Schrecken unter einer bestimmten politischen und sozialen Konstellation das hypnotisch-verzaubernde und zugleich unwirklich-wahnsinnige Wort eines durchschnittlichen Kleinbürgers führen kann. Ich begreife zwar nicht, womit er einen Teil Ihrer Väter und Mütter in Bann schlagen konnte, doch zugleich begreife ich, daß es etwas sehr Suggestives und sehr Hinterhältiges sein mußte, wenn es fähig war, sei es auch nur für eine kurze Zeit, auch jenen großen Geist in Bann zu schlagen, der den Worten „Sein“, „Da-Sein“ und „Existenz“ einen so neuen und durchdringenden Sinn gab.

Was ich sagen will: Das Wort ist eine geheimnisvolle, vieldeutige, ambivalente, verräterische Erscheinung. Es kann ein Lichtstrahl im Reich der Finsternis sein, wie einst Belinskij das „Gewitter“ von

Ostrowskij genannt hat, doch es kann auch ein todbringender Pfeil sein. Und was das schlimmste ist: Es kann eine Weile dies und eine Weile jenes sein, es kann sogar beides gleichzeitig sein!

Wie eigentlich war das Wort Lenins? Befreiend oder im Gegenteil trügerisch, gefährlich und schließlich versklavend? Diejenigen, die sich für die Geschichte des Kommunismus interessieren, streiten bis heute leidenschaftlich darum und werden dies offenbar noch lange tun. Persönlich ist mir an seinem Wort hauptsächlich aufgefallen, daß es immerzu wütend war.

Wie eigentlich war das Wort Marx'? Hat es Licht auf eine ganze verborgene Ebene gesellschaftlicher Mechanismen geworfen, oder war es nur der Urkeim aller späteren, schrecklichen Gulags? Ich weiß es nicht, am ehesten wohl beides zugleich.

Und was ist mit dem Wort Freuds? Hat es den geheimen Kosmos der menschlichen Seele offengelegt, oder war es nur der Keim der Illusion, mit der sich heute die Hälfte der Vereinigten Staaten von Amerika betäubt, daß man nämlich das, was einen quält, und seine Schuld loswerden kann, indem man deren Last in die Interpretation eines gut bezahlten Fachmanns legt?

Doch ich würde noch weiter gehen und noch provokativer fragen: Wie war eigentlich das Wort Christi? War es der Anfang der Geschichte der Erlösung und einer der machtvollsten kulturschaffenden Impulse in der Weltgeschichte – oder war es der geistige Urkeim der Kreuzzüge, Inquisitionen, der Ausrottung der amerikanischen Kulturen und schließlich der gesamten widersprüchlichen Expansion der weißen Rasse, die so viele Tragödien verursacht hat, einschließlich der, daß heute der größte Teil der menschlichen Welt in die traurige Kategorie einer angeblich erst Dritten Welt fällt? Ich möchte immer glauben, daß es wohl eher das erste ist, doch kann ich nicht zugleich die Bücherstöße ignorieren, die beweisen, daß auch in dem reinsten Frühchristentum schon unbewußt etwas kodiert war, was auf dem Hintergrund von Tausenden von anderen Umständen, einschließlich der relativen Dauerhaftigkeit des menschlichen Charakters, in bestimmter Weise geistig den Raum für jene Schrecken öffnen konnte, von denen ich gesprochen habe.

Friedrich Schorlemmer

Solidarität und Toleranz

Ich spreche über Solidarität und Toleranz. Im Herbst 1989 sind wir auferstanden aus Ruinen und der Zukunft neu zugewandt.

Hier lohnt es sich jetzt, hier wird es spannend, bleibt doch hier. Jetzt brauchen wir buchstäblich jeden und jede. Es ist wahr, unser Land ist kaputt. Ziemlich kaputt. Es ist wahr, dumpf, geduckt, bevormundet haben wir gelebt – so viele Jahre. Heute sind wir hierhergekommen, offener, aufrechter, selbstbewußter. Wir finden zu uns selbst. Wir werden aus Objekten zu Subjekten des politischen Handelns. Wir können stolz sein.

Lebten wir gestern noch in der stickigen Luft der Stagnation, die atemberaubend war, so erleben wir jetzt Veränderungen, die atemberaubend sind. Der Wehrunterricht wird abgeschafft, der Zivildienst wird eingeführt.

Plötzlich ist es zum Erlebnis geworden, unsere Zeitungen zu lesen. Aus Zerrspiegel wurden Spiegel. Warum mußten wir so lange darauf warten?! Ist das alles nur ein Traum, aus dem es ein bitteres Erwachen gibt? Oder sind wir mitten in einem wirklichen dauerhaften demokratischen Aufbruch? Wir brauchen jetzt, denke ich, Toleranz und kritische Solidarität miteinander. Und nicht das Ausufern der verständlichen Emotionen.

Wir brauchen eine Koalition der Vernunft, die quer durch die bisherigen Parteien und quer durch die neuen Bewegungen geht. Aber dazu gehört auch, daß die neuen Bewegungen – alle – zugelassen werden.

Der Wandel ist schon unübersehbar, aber noch ist er umkehrbar. Hatten die Herrschenden bisher die Signale unserer gesellschaftlichen Krise nicht gehört, höchstens abgehört, so haben die dramatischen Widersprüche sie jetzt gezwungen, von ihren Tribünen herabzusteigen und den gleichberechtigten Dialog zu beginnen. Und ich habe erlebt, wieviel sie sich jetzt anhören müssen. Und wir werden viele in ihren Ämtern nicht mehr tolerieren können. Und ich möchte meinen Respekt denen aussprechen, die freiwillig zurücktreten.

Der nun begonnene Dialog darf sich aber nicht aufs Dampf-Ablassen beschränken, sonst entartet er zum großen Papperlapapp des Volkes, bis der Winter einkehrt und alles wieder in die alten Bahnen gebracht wird. Wir brauchen weitere spürbare Ergebnisse des Dialogs. Der Dialog muß zum Normalfall des Umgangs zwischen Volk und Regierung werden. Er darf nicht Notmaßnahme im Krisenfall sein. Wer gestern noch die scharfe Kralle der Macht zeigte und heute das weiche Pfötchen des Dialogs hinhält, darf sich nicht wundern, daß viele noch die Kralle darunter fürchten.

Wer gestern noch die chinesische Lösung für richtig hielt, muß heute – und zwar verbindlich – erklären, daß dies für die DDR nicht zur Debatte steht, sonst bleibt die Angst.

Wir brauchen nun eine Struktur der Demokratie von unten nach oben. Die Regierung hat auf das Volk zu hören und nicht das Volk auf die Regierung. Wir lassen uns nicht mehr bevormunden.

Eine Atmosphäre des Vertrauens in unserem Lande entwickelt sich erst, wenn das größte innenpolitische Sicherheitsrisiko, die Staatssicherheit, radikal abgebaut und vom Volk kontrolliert wird.

40 Jahre haben wir das erlaubt, jetzt sollen und können wir diesen riesigen Angstapparat weder weiter tolerieren noch bezahlen.

Fehler dürfen nun nicht flugs korrigiert, sie müssen auch als Fehler zugegeben werden. Aber, liebe Freunde, liebe Mitbürger in unserem ganzen Land, reißen wir nun nicht neue Gräben auf, trauen wir jedem eine Wende zu, auch wenn nicht jeder in seiner alten Position verbleiben darf.

Aber bitte – keine Rachegedanken. Wo persönliche Verantwortung oder Schuld vorliegt, ist strikte Gesetzlichkeit einzuhalten. Tolerieren wir nirgendwo Stimmen und Stimmungen der Vergeltung.

Und zu uns aus der neuen demokratischen Bewegung möchte ich sagen, setzen wir an die Stelle der alten Intoleranz nicht neue Intoleranz. Seien wir tolerant und gerecht gegenüber den alten und neuen politischen Konkurrenten auch einer sich wandelnden SED.

Denken wir daran, welche Befürchtungen der neue erste Mann auslöste und welche neue Bewegung mit ihm schon in Gang gekommen ist. Ich meine, wir wollen und wir können unser Land jetzt nicht ohne die SED aufbauen. Aber sie muß nicht führen.

Toleranz erwächst aus der Erkenntnis, daß auch wir irren und den alten Fehlern neue hinzufügen werden. Damit aber niemand wieder Irrtümer unangefochten als Wahrheit ausgeben kann, dazu brauchen wir die volle Demokratie, die keinen festgeschriebenen Wahrheits- und Führungsanspruch einer Gruppe vertritt. Nirgendwo.

Darum: Demokratie jetzt oder nie.

Ohne die wache Solidarität aller demokratischen Kräfte wird es nicht gelingen, eine lebensfähige Demokratie aufzubauen, die Zersplitterung der Demokraten ist stets die Stunde der Diktatoren.

Wir werden noch durch ein Tal hindurchgehen, wir werden uns nicht durch besonderen Wohlstand auszeichnen können. Aber vielleicht durch mehr Freundlichkeit und Wärme.

Aus Wittenberg kommend erinnere ich Regierende und Regierte – also uns alle – an ein Wort Martin Luthers: Lasset die Geister aufeinanderprallen, aber die Fäuste haltet stille.

Neuntes Kapitel

Freiheit – Unabhängigkeit

❖ ❖ ❖

Lied des Verfolgten im Turm

Der Gefangne:
Die Gedanken sind frei,
Wer kann sie erraten?
Sie rauschen vorbei
Wie nächtliche Schatten.
Kein Mensch kann sie wissen,
Kein Jäger sie schießen;
Es bleibet dabei,
Die Gedanken sind frei.

Das Mädchen:
Im Sommer ist gut lustig sein
Auf hohen wilden Heiden,
Dort findet man grün Plätzelein,
Mein herzverliebtes Schätzelein,
Von dir mag ich nicht scheiden.

Der Gefangne:
Und sperrt man mich ein
Im finstern Kerker,
Dies alles sind nur
Vergebliche Werke;
Denn meine Gedanken
Zerreißen die Schranken

Und Mauern inzwei,
Die Gedanken sind frei.

Das Mädchen:
Im Sommer ist gut lustig sein
Auf hohen wilden Bergen;
Man ist da ewig ganz allein,
Man hört da gar kein Kindergeschrei,
Die Luft mag einem da werden.

Der Gefangne:
So sei es, wie es will,
Und wenn es sich schicket,
Nur alles in der Still;
Und was mich erquicket,
Mein Wunsch und Begehren,
Niemand kann's mir wehren;
Es bleibet dabei,
Die Gedanken sind frei.

Das Mädchen:
Mein Schatz, du singst so fröhlich hier
Wie's Vögelein in dem Grase;
Ich steh so traurig bei Kerkertür,
Wär ich doch tot, wär ich bei dir,
Ach, muß ich denn immer klagen.

Der Gefangne:
Und weil du so klagst,
Der Lieb ich entsage,
Und ist es gewagt,
So kann mich nicht plagen,
So kann ich im Herzen
Stets lachen, bald scherzen;
Es bleibet dabei,
Die Gedanken sind frei.

Natürliche Freiheit
(Artikel aus der Enzyklopädie von Diderot und D'Alembert)

Natürliche Freiheit: Dieses Recht gibt die Natur allen Menschen, damit sie über ihre Personen und ihre Güter in der Weise verfügen, die ihrem Urteil nach ihrem Glück am meisten angemessen ist – allerdings mit der Einschränkung, daß sie dieses Recht in den Grenzen des Naturgesetzes anwenden und es nicht zum Schaden der anderen Menschen mißbrauchen. Die natürlichen Gesetze sind also Richtschnur und Maßstab für diese *Freiheit*; denn obwohl die Menschen im primitiven Naturzustand voneinander unabhängig sind, sind sie doch alle abhängig von den natürlichen Gesetzen, von denen sie sich bei ihren Handlungen leiten lassen müssen.

Der erste Zustand, den der Mensch von Natur aus erwirbt und der als das kostbarste aller Güter gilt, die er besitzen kann, ist der Zustand der *Freiheit*; er kann weder gegen einen anderen getauscht noch verkauft werden, noch verlorengehen; denn natürlicherweise werden alle Menschen frei geboren; das heißt, sie sind nicht der Gewalt eines Herrn unterworfen, und niemand hat auf sie ein Eigentumsrecht.

Auf Grund dieses Zustandes haben alle Menschen von Natur aus das Vermögen, zu tun, was ihnen gut erscheint, und nach ihrem Willen über ihre Handlungen und ihre Güter zu verfügen – vorausgesetzt, daß sie nicht den Gesetzen der Regierung zuwiderhandeln, der sie sich unterworfen haben.

Bei den Römern verlor ein Mann seine *natürliche Freiheit*, wenn er in offenem Kampf vom Feind gefangengenommen wurde oder wenn man ihm, um ihn für irgendein Verbrechen zu bestrafen, in den Sklavenstand versetzte. Aber die Christen haben die Sklaverei im Frieden und im Kriege abgeschafft, so daß selbst die Gefangenen, die sie im Krieg gegen die Ungläubigen machen, als freie Menschen gelten, und daß jeder, der einen dieser Gefangenen tötete, als Mörder angesehen und bestraft werden würde.

Ja noch mehr: alle christlichen Mächte waren der Meinung, daß eine Sklaverei, die dem Herrn ein Recht über Leben und Tod seiner

Sklaven gäbe, unvereinbar mit der Vollkommenheit wäre, zu der die christliche Religion die Menschen aufruft. Warum aber waren die christlichen Mächte nicht auch der Meinung, daß ebendiese Religion, unabhängig vom Naturrecht, Einspruch gegen die Negersklaverei erheben sollte? Nun, weil sie Neger für ihre Kolonien, ihre Plantagen und ihre Bergwerke brauchten! *Auri sacra fames.*[1]

1 Verabscheuenswert der Hunger nach Gold.

Georg Büchner

Der Hessische Landbote

Zu einem großen Leichenfelde haben die Fürsten die deutsche Erde gemacht, wie Ezechiel im 37. Kapitel beschreibt: „Der Herr führte mich auf ein weites Feld, das voller Gebeine lag, und siehe, sie waren sehr verdorrt." Aber wie lautet des Herrn Wort zu den verdorrten Gebeinen: „Siehe, ich will euch Adern geben und Fleisch lassen über euch wachsen, und euch mit Haut überziehen, und will euch Odem geben, daß ihr wieder lebendig werdet, und sollt erfahren, daß Ich der Herr bin." Und des Herrn Wort wird auch an Deutschland sich wahrhaftig beweisen, wie der Prophet spricht: „Siehe, es rauschte und regte sich, und die Gebeine kamen wieder zusammen, ein jegliches zu seinem Gebein. – Da kam Odem in sie, und sie wurden wieder lebendig und richteten sich auf ihre Füße, und ihrer war ein sehr groß Heer."

Wie der Prophet schreibet, also stand es bisher in Deutschland: eure Gebeine sind verdorrt, denn die Ordnung, in der ihr lebt, ist eitel Schinderei. Sechs Millionen bezahlt ihr im Großherzogtum einer Handvoll Leute, deren Willkür euer Leben und Eigentum überlassen ist, und die anderen in dem zerrissenen Deutschland gleich also. Ihr seid nichts, ihr habt nichts! Ihr seid rechtlos. Ihr müsset geben, was eure unersättlichen Presser fordern, und tragen, was sie euch aufbürden. So weit ein Tyrann blicket – und Deutschland hat deren wohl dreißig –, verdorret Land und Volk. Aber wie der Prophet schreibet, so wird es bald stehen in Deutschland: der Tag der Auferstehung wird nicht säumen. In dem Leichenfelde wird sich's regen und wird rauschen, und der Neubelebten wird ein großes Heer sein.

Hebt die Augen auf und zählt das Häuflein eurer Presser, die nur stark sind durch das Blut, das sie euch aussaugen, und durch eure Arme, die ihr ihnen willenlos leihet. Ihrer sind vielleicht 10 000 im Großherzogtum und eurer sind es 700 000, und also verhält sich die Zahl des Volkes zu seinen Pressern auch im übrigen Deutschland. Wohl drohen sie mit dem Rüstzeug und den Reisigen der Könige, aber ich sage euch: Wer das Schwert erhebt gegen das Volk, der wird durch das Schwert des Volkes umkommen. Deutschland ist jetzt ein Leichenfeld, bald wird es ein Paradies sein. Das deutsche Volk ist ein Leib, ihr seid ein Glied dieses Leibes. Es ist einerlei, wo die Scheinleiche zu zucken anfängt. Wann der Herr euch seine Zeichen gibt durch die Männer, durch welche er die Völker aus der Dienstbarkeit zur Freiheit führt, dann erhebet euch, und der ganze Leib wird mit euch aufstehen.

Ihr bücket euch lange Jahre in den Dornäckern der Knechtschaft, dann schwitzt ihr einen Sommer im Weinberge der Freiheit und werdet frei sein bis ins tausendste Glied.

Ihr wühlet ein langes Leben die Erde auf, dann wühlt ihr euren Tyrannen ein Grab. Ihr bautet die Zwingburgen, dann stürzt ihr sie und bauet der Freiheit ein Haus. Dann könnt ihr eure Kinder frei taufen mit dem Wasser des Lebens. Und bis der Herr euch ruft durch seine Boten und Zeichen, wachet und rüstet euch im Geiste und betet ihr selbst und lehrt eure Kinder beten: „Herr, zerbrich den Stecken unserer Treiber und laß dein Reich zu uns kommen – das Reich der Gerechtigkeit. Amen."

Luigi Pirandello

Der Rabe von Mízzaro

Als müßige Hirten eines Tages auf die Felsen von Mízzaro kletterten, überraschten sie einen großen Raben im Nest, der friedlich auf seinen Eiern brütete.

„Du Rabenvater, was machst du da? Schau einer an! Brütet die Eier aus! Das ist doch Sache deiner Frau, Rabenvater!"

Selbstverständlich wird der Rabe seine Gründe vorgebracht haben. Doch krächzte er sie in der Rabensprache, und die verstand natürlich keiner. Die Hirten machten sich einen Spaß daraus, ihn den ganzen Tag lang zu necken; dann nahm ihn einer ins Dorf mit. Aber den Tag darauf wußte er nichts mehr mit ihm anzufangen, hing ihm zur Erinnerung ein Bronzeglöckchen um den Hals und setzte ihn in Freiheit:

„Freu dich des Lebens!"

Was sich der Rabe bei dem klingenden Anhängsel dachte, wird er allein gewußt haben, als er es am Halse gen Himmel trug. Nach den großen Kreisen zu urteilen, die er beschrieb, schien er selig zu sein und Nest und Weibchen vergessen zu haben.

„Kling klingling kling klingling ..."

Die Bauern, die gebückt auf den Feldern arbeiteten, richteten sich bei dem Gebimmel in den Hüften auf und ließen ihre Blicke hierhin und dorthin über die endlose Ebene unter der glühenden Sonne schweifen:

„Wo läutet es bloß?"

Kein Lüftchen regte sich; von welcher fernen Kirche konnte denn das festliche Läuten zu ihnen dringen?

Auf alle möglichen Gedanken kamen sie, nur nicht darauf, daß ein Rabe in der Luft läutete.

Geister! dachte Cichè, der ganz allein auf einem Acker arbeitete, wo er Mulden rings um die Mandelbäume aushob, um sie mit Dünger zu füllen. Und er bekreuzigte sich. Denn er glaubte an Geister – und ob! Sogar gerufen hatten sie ihn manchmal des

Abends, wenn er spät vom Felde heimkehrte und auf der Straße an den erloschenen Kalköfen vorüberwanderte, wo die Geister nach Meinung der Leute hausten. Gerufen? Wie denn? „Cichè! Chichè!" – so hatten sie gerufen. Und die Haare hatten sich ihm unter der Mütze gesträubt.

Nun hörte er das Gebimmel zuerst von fern, dann von nahem, dann wieder von fern – und ringsumher keine lebende Seele: nichts als Felder, Bäume, Pflanzen, die nichts sagten und nichts hörten und mit ihrem Gleichmut seine Angst nur vermehrten. Dann, als er sein Frühstück hatte verzehren wollen, das er sich am Morgen von daheim mitgebracht hatte, einen halben Laib Brot und eine Zwiebel im Brotbeutel, den er zusammen mit der Jacke ein ganzes Stück weiter drüben an einem Olivenzweig aufgehängt hatte – jawohl, meine Herrschaften, da war wohl die Zwiebel noch im Brotbeutel gewesen, aber den halben Laib Brot hatte er nicht mehr gefunden. Und zwar im Laufe von ein paar Tagen das dritte Mal!

Er erzählte niemandem ein Sterbenswörtchen; denn er wußte, wenn die Geister dich aufs Korn nehmen, dann wehe, wenn du dich beklagst: Sie erwischen dich wieder, wenn es ihnen paßt, und tun dir noch ärgeren Tort an.

„Mir ist nicht gut", gab Cichè am Abend, da er von der Arbeit kam, seiner Frau zur Antwort, als sie ihn fragte, warum er so mitgenommen aussehe.

„Das Essen schmeckt dir aber!" meinte seine Frau später, als sie ihn zwei, drei Schüsseln Suppe, eine nach der anderen, hinunterschlingen sah.

„Essen tu ich freilich", knurrte Cichè, der seit dem Morgen nichts zu sich genommen hatte und ärgerlich war, daß er ihr nichts verraten durfte.

Bis sich dann über das Land die Kunde von dem diebischen Raben verbreitete, der am Himmel sein Glöckchen erklingen ließ.

Cichè beging den Fehler, daß er darüber nicht lachte wie alle andern Bauern, die sich ebenfalls Gedanken gemacht hatten.

„Ich schwöre einen heiligen Eid", sagte er, „das werde ich ihm heimzahlen."

Und was tat er? Er steckte in seinen Brotbeutel zu dem halben

Laib Brot und zu der Zwiebel vier trockene Saubohnen und vier Enden Bindfaden. Kaum war er auf dem Acker, da nahm er dem Esel den Sattel ab und trieb ihn zum Wall, wo er die übriggebliebenen Stoppeln fressen sollte. Mit seinem Esel unterhielt sich Cichè, wie es die Bauern so tun; und der Esel, der bald das eine und bald das andere Ohr spitzte, schnaubte hin und wieder, wie um ihm zu antworten.

„Du, Ciccio“, sagte Cichè zu ihm, „paß auf, was für einen Spaß wir uns machen werden!“

Er bohrte ein Loch in die Bohnen, befestigte sie an den vier Enden Bindfaden, die er an den Sattel gebunden hatte, und legte sie auf den Brotbeutel an der Erde. Dann machte er sich mit der Hacke an die Arbeit.

Eine Stunde verging: es vergingen zwei. Ab und zu unterbrach Cichè die Arbeit, weil er immer den Klang des Glöckchens in der Luft zu hören meinte; aufrecht lauschte er. Nichts. Und er begann wieder zu hacken.

Die Zeit zum Frühstücken war gekommen. Unschlüssig, ob er essen gehen oder noch ein Weilchen warten sollte, setzte sich Cichè schließlich in Bewegung; doch wie er dann die Falle auf dem Brotbeutel so schön gerichtet sah, mochte er sie nicht zerstören. In diesem Augenblick vernahm er deutlich ein fernes Geklingel; er hob den Kopf.

„Da!“

Und still und geduckt – das Herz schlug ihm bis zum Halse – verließ er den Platz und versteckte sich in einiger Entfernung.

Der Rabe jedoch, wie wenn er sich am Klang seines Glöckchens erfreute, zog ganz, ganz hoch seine Kreise und kam nicht herunter.

Vielleicht sieht er mich, dachte Cichè und stand auf, um sich noch weiter weg zu verstecken.

Aber der Rabe setzte seinen Flug in der Höhe fort und machte keine Anstalten, sich niederzulassen. Cichè hatte Hunger; doch er wollte sich noch nicht geschlagen geben. Er begann wieder zu hakken. Warte nur, warte nur. Der Rabe blieb oben, als täte er es ihm zum Possen. Mit hungrigem Magen, ein paar Schritte vom Brot weg, meine Herren – und er durfte es nicht anrühren! Das wurmte Cichè; aber er hielt aus, gereizt und dickschädelig.

„Du kommst schon, du kommst mir schon herunter! Auch du mußt ja einmal Hunger kriegen!"

Der Rabe indessen schien ihm vom Himmel herunter mit dem Klang seines Glöckchens hämisch zu erwidern:

„Nicht du noch ich! Nicht du noch ich!"

So verging der Tag. Cichè machte seinem Ärger Luft, als er dem Esel den Sattel wieder anlegte, von dem die vier Bohnen wie ein neuartiger Festschmuck herunterbaumelten. Auf dem Weg biß er wütend von dem Brot ab, das ihm den ganzen Tag lang Qualen bereitet hatte. Und bei jedem Biß ein Schimpfwort für den Raben, der sich nicht hatte fangen lassen: „Henker, Dieb, Verräter!"

Doch am Tag darauf hatte er Glück.

Nachdem er die Bohnenfalle ebenso sorgfältig vorbereitet hatte und erst seit kurzem an die Arbeit gegangen war, vernahm er in seiner Nähe ein unruhiges Gebimmel und ein verzweifeltes Krächzen, begleitet von wilden Flügelschlägen. Er eilte herbei. Der Rabe hatte sich am Bindfaden gefangen, der ihm aus dem Schnabel hing und ihn zu erwürgen drohte.

„Bist du endlich reingefallen?" rief er und packte ihn bei den Flügeln. „Gut, die Bohne, was? jetzt bin ich an der Reihe, verdammtes Vieh! Du wirst was erleben!"

Er schnitt den Bindfaden ab und versetzte dem Raben zunächst einmal zwei Hiebe über den Kopf.

„Das für die Angst, und das für den leeren Magen."

Der Esel, der nicht weit weg stand und die Stoppeln vom Wall fraß, hatte, vom Krächzen des Raben erschreckt, die Flucht ergriffen. Cichè rief ihn und brachte ihn zum Stehen. Dann zeigte er ihm von weitem den schwarzen Vogel:

„Da ist er, Ciccio! Wir haben ihn! Wir haben ihn!"

Er band ihn an den Füßen fest, hängte ihn an den Baum und begab sich wieder an die Arbeit. Beim Hacken überlegte er, wie er sich rächen sollte. Er würde ihm die Flügel stutzen, damit er nicht mehr fliegen konnte; dann würde er ihn seinen Kindern und den anderen Buben aus der Nachbarschaft geben, damit sie ihn ordentlich quälten. Und er lachte still vor sich hin.

Als der Abend gekommen war, legte er dem Esel den Sattel über den Rücken, band den Raben los, hing ihn mit den Füßen an den Gurt des Schwanzriemens, und fort ging's. Da begann das Glöckchen am Hals des Raben zu klingeln. Der Esel spitzte die Ohren und bockte.

„Arrí!" schrie Cichè und riß heftig am Halfter.

Und der Esel setzte sich wieder in Bewegung, wenn auch noch mißtrauisch gegen den ungewöhnlichen Klang, der seinen gemächlichen Trab im Staub der Straße begleitete.

Cichè dachte beim Reiten, von nun an würde niemand auf den Feldern den Raben von Mízzaro am Himmel mehr läuten hören. Der war nun in seiner Gewalt, und das verdammte Vieh gab kein Lebenszeichen mehr von sich.

„Wie geht's?" fragte er ihn, indem er sich nach ihm umwandte und ihm mit dem Halfter eins über den Kopf zog. „Bist du eingeschlafen?"

Der Rabe gab zu Antwort:

„Krah!"

Auf dieses unvermutete Krächzen blieb der Esel ruckartig stehen, den Hals gestreckt, die Ohren gespitzt. Cichè brach in Lachen aus.

„Arrí, Ciccio! Bist du erschrocken!"

Und er schlug den Esel mit dem Riemen über die Ohren. Bald darauf fragte er den Raben von neuem:

„Bist du eingeschlafen?"

Und wieder ein Hieb, noch kräftiger. Und darauf noch kräftiger der Rabe:

„Kraaah!"

Doch diesmal machte der Esel einen Bockssprung und ergriff die Flucht. Umsonst versuchte Cichè, ihn mit aller Gewalt der Arme und Beine zurückzuhalten. Der Rabe, der bei diesem wilden Ritt hin- und hergeschleudert wurde, krächzte wie ein Verzweifelter; doch je mehr er krächzte, um so schneller raste der erschreckte Esel davon.

„Kraaah! Kraaah! Kraaah!"

Cichè brüllte ebenfalls, zog und zerrte am Halfter; doch vor Angst, die sie einander krächzend und rennend einflößten, schienen die Tiere verrückt geworden zu sein. Eine geraume Weile hörte man durch die Nacht die wilde, verzweifelte Jagd; dann ein dumpfes Aufschlagen – und dann nichts mehr.

Am Tage darauf fand man Cichè in der Tiefe eines Abgrunds zerschmettert unter dem gleichfalls zerschmetterten Esel: eine unförmige Fleischmasse, die unter einem Fliegenschwarm in der Sonne dampfte.

Der Rabe von Mízzaro, schwarz im Blau des herrlichen Morgens, ließ sein Glöckchen wieder am Himmel ertönen, frei und glücklich.

ALFRED ANDERSCH

Der Augenblick der Freiheit

... Natürlich habe ich die Gefahr, geschnappt zu werden, erwogen, als ich den Plan zur Flucht faßte. Aber der Gedanke an die Feldpolizei hat in keiner Sekunde der Vorbereitung meiner Tat die Form der Angst angenommen. Angesichts meiner Aufgabe erfüllte mich ein Mut, der niemals die Phase der Furcht durchschritten hatte. Am ehrlichsten bin ich, wenn ich sage, daß mich, Aug' in Auge mit dem Risiko, das ich einging, eine Stimmung grandioser Unbekümmertheit ergriff.

Ich habe mich nicht einmal gefragt, ob ich mich hinterher wie der Reiter überm Bodensee fühlen würde.

Dagegen hatte ich, wie gesagt, gegenüber der Möglichkeit, in die absurde Blutzone des Krieges eintreten zu müssen, jene Art von instinktiver Abneigung, die man mit dem Worte Angst bezeichnet. Ich will aber damit sagen, daß ich nicht von panischem Schrecken erfaßt war. Die meisten Desertionen, besonders die geplanten Massendesertionen, etwa der italienischen Soldaten in Afrika, geschahen nicht aus der Furcht vor dem Tode, sondern aus dem Willen, zu leben. So, wie die meisten Selbstmorde nicht aus Angst vor dem Leben, sondern aus dem Wunsch, zu sterben, entstehen. Ich meine, daß man sich nur töten kann, wenn man von unwiderstehlicher Liebe zum Tode erfaßt ist. Der in den Kampf auf Leben und Tod geht, muß sich zum Tode entschlossen haben, denn er kann nicht mit dem Leben rechnen; er ist ein potentieller Selbstmörder. (Ich spreche nicht von jener tierhaften Sorte Kämpfer, die kämpfen, weil sie siegen, also den Gegner töten wollen; sie sind potentielle Mörder. Daß er dem Tode ins Angesicht schauen kann, macht die Ehre des Kämpfers aus, wie schon Schiller sehr richtig bemerkte.

Wie es die Ehre des Deserteurs ausmacht, sich vom Angesicht des Todes abzuwenden, von dem Gorgonenhaupt, das nicht zur Tat befreit, sondern den, der es anblickt, versteinert.

Kopflose Furcht hat mich nur einmal in meinem Leben ergriffen, im Herbst 1933, in jener Zelle des Münchner Gestapo-Gefängnisses, als ich zum zweitenmal verhaftet worden war. Die Furcht und ihre höchste Steigerung, der Schrecken, kommen von außen auf den Menschen zu, während die Angst bereits von Anfang an in ihn eingeschlossen ist. Sie gehört, ebenso wie der Mut, zu seiner Natur. Zwischen Angst und Mut treten die beiden anderen natürlichen Eigenschaften des Menschen, Vernunft und Leidenschaft. Sie führen die Entscheidung, die er zwischen Mut und Angst zu treffen hat, herbei. In jenem winzigen Bruchteil einer Sekunde, welcher der Sekunde der Entscheidung vorausgeht, verwirklicht sich die Möglichkeit der absoluten Freiheit, die der Mensch besitzt. Nicht im Moment der Tat selbst ist der Mensch frei, denn indem er sie vollzieht, stellt er die alte Spannung wieder her, in deren Strom seine Natur kreist. Aufgehoben wird sie nur in dem einen flüchtigen Atemhauch zwischen Denken und Vollzug. Frei sind wir nur in Augenblicken. In Augenblicken, die kostbar sind.

Mein Buch hat nur eine Aufgabe: einen einzigen Augenblick der Freiheit zu beschreiben. Aber es hat nicht die Aufgabe, zu behaupten, daß die Größe des Menschen sich nur in solchen Augenblicken verwirkliche. Es ist ein Leben denkbar, in dem die Freiheit niemals erfahren wird und das dennoch seinen vollen Wert behauptet. Der Wert des Menschen besteht darin, daß er Mut und Angst, Vernunft und Leidenschaft nicht als feindliche Gegensätze begreift, die er zerstören muß, sondern als Pole des einen Spannungsfeldes, das er selber ist. Denn wie kann bis zum Mord entschlossene Feindschaft herrschen zwischen Eigenschaften, die so offensichtlich zur menschlichen Natur gehören, daß, wollte man auch nur eine von ihnen amputieren, die Seele sterben müßte? Wieviele lebende Leichname gibt es, die – mag ihr Fleisch noch so blühen – gestorben sind, weil sie entweder die Angst oder den Mut, die Vernunft oder die Leidenschaft, aus sich ausgerottet haben? Die Freiheit ist nur eine Möglichkeit, und wenn man sie vollziehen kann, so hat man Glück gehabt – worauf es ankommt, ist: sich die Anlage zur Freiheit zu erhalten.

HILDE DOMIN

Ich will dich

Freiheit
ich will dich
aufrauhen mit Schmirgelpapier
du geleckte

(die ich meine
meine
unsere
Freiheit von und zu)
Modefratz

Du wirst geleckt
mit Zungenspitzen
bis du ganz rund bist
Kugel
auf allen Tüchern

Freiheit Wort
das ich aufrauhen will
ich will dich mit Glassplittern spicken
daß man dich schwer auf die Zunge nimmt
und du niemandes Ball bist

Dich
und andere
Worte möchte ich mit Glassplittern spicken
wie es Konfuzius befiehlt
der alte Chinese

Die Eckenschale sagt er
muß
Ecken haben
sagt er
Oder der Staat geht zugrunde

Nichts weiter sagt er
ist vonnöten
Nennt
das Rund rund
und das Eckige eckig

Elias Canetti

Der Nimmermuß

Den Nimmermuß zwingt keiner, es soll ihm einer kommen. Er hört nicht auf rechts, er hört nicht auf links, hört er vielleicht überhaupt nicht? Er versteht sehr wohl, was man von ihm will, doch schüttelt er schon, bevor er's versteht, Kopf und Schultern. Statt des Rückgrats hat er ein kräftiges Nein, verläßlicher als Knochen.

Der Nimmermuß spuckt aus, Befehle schwirren in der Luft herum und obwohl man sie meidet wie die Pest, irgend etwas davon bleibt doch in einem stecken. Er hat ein eigenes Taschentuch dafür und bevor es vollgespuckt ist, verbrennt er's.

Der Nimmermuß geht an keinen Schalter. Diese Gittergesichter bereiten ihm Übelkeit, man kennt sie nicht auseinander. Da geht er lieber gleich zu Automaten, holt sich von ihnen, was er braucht, und erspart sich den Ekel. Auch wird er von ihnen nicht angeschnauzt und muß nicht betteln und beteuern. Da wirft er die Münze ein, wann's ihm paßt, preßt den Knopf, bekommt, was er will, und was er nicht will, übersieht er.

Der Nimmermuß verabscheut Knöpfe an sich, alles macht er sich locker zurecht und trägt keine Hosen. Krawatten sind Teufelszeug für ihn, gut genug zum Erwürgen. „Ich häng mich nicht auf", sagt er, wenn er einen Gürtel sieht und wundert sich über die Ahnungslosigkeit seines Trägers.

Der Nimmermuß bewegt sich in Rösselsprüngen und hat keine Adresse. Er vergißt, wo er ist, um es nicht sagen zu können. Wird er angehalten und nach einer Straße gefragt, so sagt er: „Ich bin fremd hier." Die Kunst ist, daß er nicht nur hier, die Kunst ist, daß er überall fremd ist. Es ist vorgekommen, daß er ein Haus verließ und nicht wußte, daß er die Nacht darin geschlafen hatte. Ein Rösselsprung genügt und er ist abseits, alles heißt anders und sieht anders aus, statt sich zu verstecken, entspringt er.

Der Nimmermuß spricht nur, wenn es unbedingt sein muß. Worte üben einen Druck aus, die der andern wie die eigenen. Dieser Zustand nach einem Gespräch, wenn man allein ist und alle Worte sich wiedersagen! Sie hören nicht auf, man wird sie nicht los, sie pressen und pressen, man schnappt nach Luft, wohin sich vor den Worten retten! Es gibt welche darunter, die sich mit arger, mit teuflischer Hartnäckigkeit wiederholen, während andere allmählich nachlassen und versickern. Dieser Bedrängnis kann man nur mit Vorbedacht entkommen: man sagt die Worte gar nicht, man läßt sie schlafen.

Der Nimmermuß hat endlich seinen Namen abgelegt und läßt sich nicht nennen. Auf seinem Schachbrett springt er listig und leicht davon und niemand kann ihn rufen.

Max Frisch

Über Freiheit und Demokratie

Sicher in der Verneinung jeder Art von Diktatur, sowohl einer sogenannten Diktatur des Proletariats als auch einer Diktatur der Besitzenden, die sich freilich nie so nennen wird, bin ich Demokrat, als Demokrat nicht euphorisch. Demokrat ist man in der Hoffnung, daß Herrschaft in rationale Autorität übergeführt werde. Wir brauchen den Staat, nicht seine Vergötzung als Obrigkeit, was ein Relikt feudaler Herrschaft ist. Man weiß es: je mündiger wir wären, umso weniger Staat wäre vonnöten; schon das macht den Staat zum steten Ärgernis: seine Notwendigkeit verweist auf unseren Mangel an Solidarität, unsere Unzuverlässigkeit, unseren Mangel an Vorstellungskraft, wie mein Tun und Lassen sich für die Nachbarn auswirkt oder für die Nachkommen. *Eigentum verpflichtet,* so sagt das Grundgesetz und fügt hinzu: *Sein Gebrauch soll zugleich dem Wohle der Allgemeinheit dienen.* Kann man es höflicher sagen? *Noblesse oblige;* wenn aber die Eigentümer-Macht, zum Beispiel die Boden-Spekulation, auf solche Noblesse, die ihr die Väter des Grundgesetzes unterstellen, gar keinen Wert legt? Wir brauchen also den Staat. Der Ruf nach Freiheit, mehr Freiheit vom Staat, ist prüfenswert; kommt er von Mitbürgern, die zugleich die Polizei verstärkt haben möchten, so wissen wir, wessen Freiheit da gemeint ist: die Freiheit für die Wenigen, die den Staat, sobald sie ihn in der Hand haben, lieber nicht als Staat bezeichnen, sondern als Vaterland, das Opfer verlangt von der Mehrheit ...

WOLF BIERMANN

Ballade vom preußischen Ikarus

1

Da, wo die Friedrichstraße sacht
Den Schritt über das Wasser macht
  da hängt über der Spree
Die Weidendammerbrücke. Schön
Kannst du da Preußens Adler sehn
  wenn ich am Geländer steh.

  dann steht da der preußische Ikarus
  mit grauen Flügeln aus Eisenguß
    dem tun seine Arme so weh
  er fliegt nicht weg – er stürzt nicht ab
  macht keinen Wind – und macht nicht schlapp
    am Geländer über der Spree

2

Der Stacheldraht wächst langsam ein
Tief in die Haut, in Brust und Bein
  ins Hirn, in graue Zelln
Umgürtet mit dem Drahtverband
Ist unser Land ein Inselland
  umbrandet von bleiernen Welln

  da steht der preußische Ikarus
  mit grauen Flügeln aus Eisenguß
    dem tun seine Arme so weh
  er fliegt nicht hoch – und er stürzt nicht ab
  macht keinen Wind – und macht nicht schlapp
    am Geländer über der Spree

3

Und wenn du wegwillst, mußt du gehn
Ich hab schon viele abhaun sehn
    aus unserm halben Land
Ich halt mich fest hier, bis mich kalt
Dieser verhaßte Vogel krallt
    und zerrt mich übern Rand
dann bin ich der preußische Ikarus
mit grauen Flügeln aus Eisenguß
    dann tun mir die Arme so weh
dann flieg ich hoch – dann stürz ich ab
mach bißchen Wind – dann mach ich schlapp
    am Geländer über der Spree

Ludwig Fels

Freiheit

Schön, die Freiheit ist
noch immer ein Wort und
ringsum alles eine riesengroße
Mausefalle voll mit dem schönsten Speck.

In meinem Wohnloch träume ich
von Kindern, die flink mit Steinen werfen
daß die Helme purzeln wie Spielzeug.
Nur ihre Eltern erinnern sich
an alle Unglücksfälle, die es gibt.
Denen sag ich
eure Freiheit ist meine Freiheit und unser Los
ist überall gleich, wenn wir nicht die alltäglichen
Kämpfe gewinnen, die alles entscheiden.
Mit euch teile ich die augenblickliche
Gefangenschaft, mit euch
besprech ich die Qualen der Utopie.
Kommt, schenkt den Kindern
wenigstens die Wünsche.
Der Mist ist ein guter Boden, fruchtbar
sind die erkannten Fehler, und wichtig ist
zu lernen, daß man lernen muß.
Jeder Satz füllt die Kassen der Revolution.
Die Zeichen der Liebe
sind leicht zu entziffern, das Salz
einer einzigen Träne brennt
in allen Wunden.

Schön, die Freiheit ist
noch immer ein Wort
doch die Betonung ist deutlich genug.

Zehntes Kapitel

Solidarität – Loyalität – Treue

❖ ❖ ❖

Kastor und Pollux

Die Dioskuren, d.h. Zeussöhne, Kastor und Polydeukes (Pollux), waren Söhne des Zeus und der Leda. Nach ihrem menschlichen Vater Tyndareos, König in Sparta, hießen sie auch Tyndariden. Sie waren tapfere Heldenjünglinge, Kastor vor allem geschickt im Bändigen und Lenken der Rosse, Polydeukes ein trefflicher Faustkämpfer. Sie beteiligten sich an den berühmtesten Heldenabenteuern ihrer Zeit, wie der Argonautenfahrt und der kalydonischen Jagd; besonders auch machten sie manchen kühnen Zug mit ihren Vettern, den Söhnen des Aphareus, Königs in Messenien, den Aphareïden Lynkeus und Idas. Von diesen hatte Lynkeus, d.i. Luchsauge, ein Auge so scharf, daß er selbst durch den Erdboden hindurch sah. Sein Bruder Idas zeichnete sich durch seine Stärke und seinen Mut aus, der ihn trieb, sogar mit Apollon sich in einen Kampf einzulassen. Er warb nämlich zugleich mit dem Gotte um Marpessa, die schöne Tochter des Flußgottes Euenos, und raubte sie auf einem geflügelten Wagen, den ihm Poseidon geschenkt. Apollon jagte ihm nach und wollte ihm die Jungfrau wieder abnehmen; aber Idas stellte sich zum Kampfe dem starken Gott gegenüber. Zeus jedoch trennte den Kampf und ließ der Marpessa die Wahl, welchem von beiden sie ihre Hand reichen wollte. Die Jungfrau wählte den Idas; denn sie fürchtete, der Gott werde sie einst verlassen, wenn das Alter die Schönheit von ihr genommen.

Mit diesem Brüderpaare also waren die beiden Dioskuren nahe

verwandt und durch Freundschaft verbunden, und sie machten manchen abenteuerlichen Zug miteinander. Einst fielen sie zusammen in Arkadien ein und trieben eine große Herde Rinder als Beute fort. Dem Idas übertrugen sie den Raub zu verteilen. Der zerlegte einen Stier in vier gleiche Teile und setzte fest, wer sein Teil zuerst verzehrt habe, dem solle die eine Hälfte der Herde gehören, wer zunächst, die andere Hälfte. Er selbst ward mit seinem Anteile zuerst fertig und half auch noch den seines Bruders zu verzehren. Somit glaubten er und sein Bruder das Recht zu haben, die ganze Herde zu nehmen, und trieben sie fort nach Messenien. Die Dioskuren aber, erzürnt über den Verlust ihres Anteils, fielen in Messenien ein und raubten die ganze Herde und noch anderes Vieh der Aphareïden hinzu. Auch entführten sie die beiden Bräute derselben, Phoibe und Hilaeira, die Töchter ihres gemeinsamen Oheims Leukippos, die Leukippiden.

Nachdem die Dioskuren ihre Beute in Sicherheit gebracht, bargen sie sich in einem Hinterhalte, um ihre Vettern, wenn sie sie verfolgten, zu überfallen. Lynkeus aber war auf die Spitze des Taygetos, des höchsten Berges des Peloponnes, von wo aus er die ganze Halbinsel überschauen konnte, hinaufgeeilt, um nach den Räubern zu spähen. Er sah mit seinem scharfen Auge beide in dem Stamme eines Baumes versteckt und zeigte sie dem wilden Idas. Schnell liefen sie dem Orte zu; Idas schleuderte seine Lanze durch den Baum und durchbohrte den Kastor. Nun stürzte Polydeukes zum Angriff auf sie ein, und sie flohen bis zum Grabe ihres Vaters. Da rissen sie einen behauenen Stein, ein Bild des Hades, vom Grabmale und schleuderten ihn dem Polydeukes wider die Brust. Aber sie zerschmetterten ihn nicht und brachten ihn nicht zum Weichen; unerschüttert tritt er vor und durchbohrt mit der Lanze dem Lynkeus die Brust, daß er sterbend niedersinkt. Nun entspann sich noch ein harter Kampf zwischen Polydeukes und Idas, welchen Zeus endete, indem er seinen flammenden Blitz auf Idas warf. Das himmlische Feuer verzehrte ihn und den toten Bruder.

Polydeukes eilte darauf zu seinem Bruder Kastor zurück, der mit dem Tode rang. Mit Seufzen und heißen Tränen rief er: „Vater Kronion, welche Lösung wird hier meinem Leide sein? Gib auch mir, o Herr, mit diesem gemeinsam den Tod. Der Mann, der seiner Lieben beraubt ist, entbehrt der Ehre; denn wenige der Sterblichen sind treu in der Not, daß sie teilnehmen an der Mühsal." Und Zeus kam ihm entgegen und sprach: „Du bist mein Sohn; diesen aber erzeugte ein sterblicher Mann. Wohlan, ich lasse dir völlig die Wahl, ob du, dem Tode und dem verhaßten Alter entflohen, im Olympos mit Athene und Ares wohnen, oder mit dem Bruder alles teilen willst, so daß du mit ihm die Hälfte der Zeit unter der Erde weilst, die andere Hälfte im goldenen Saale des Himmels." So sprach Zeus, und ohne Zaudern wählte Polydeukes das gemeinsame Los mit dem Bruder. Und Zeus öffnete das Auge des erzumgürteten Kastor und löste seine Stimme. So leben denn beide Heldenbrüder gemeinsam abwechselnd einen Tag um den andern unter den seligen Göttern im Olympos und in der Tiefe der Erde bei den Toten. Die Sterblichen verehren sie als göttliche Heroen; denn sie sind ihnen ein Schutz und Hort in allen Gefahren des Lebens, in und außer dem Hause, auf Wegen und Straßen, zu Land und zur See.

Äsop

Der Vater und seine Söhne

Ein ehrlicher Mann war so unglücklich, eine zanksüchtige Brut Kinder zu haben. Er forderte ein Bündel Ruten und hieß eines nach den andern versuchen, ob es, mit aller seiner Stärke, das Bündel entzweibrechen könne. Sie versuchten es umsonst. Gut, sprach er; bindet es nunmehr auf und nehmt jede Rute insbesondere und seht, ob es sich so tun läßt. Sie gehorchten und brachen mit leichter Mühe alle Ruten, eine nach der andern entzwei. Seht, sagt er, euer wahres Sinnbild; haltet alle zusammen, so seid ihr sicher; trennt euch, so seid ihr verloren.

Lehre: Uneinigkeit spinnt Krieg an und bewaffnet einen wider den andern, Bruder wider Bruder. Solange aber das Band der Einigkeit besteht, fließt die Stärke aller verschiednen Teile in eines und ist so leicht nicht zu unterdrücken.

Betrachtung: Diese Fabel zeigt uns die Stärke der Eintracht und die Gefahr der Uneinigkeit. Innerliche Aufrühre haben manchen mächtigen Staat zugrunde gerichtet, und Zwietracht ist in Privatangelegenheiten so verderblich als in öffentlichen. Eine uneinige Familie kann ebensowenig bestehen als ein uneiniges gemeines Wesen; denn jedes besondre Glied leidet unter der Verabsäumung der gemeinen Sicherheit. Es ist zu verwundern, daß die Menschen, unter der Regierung eines vernünftigen und klugen Geistes, törichter handeln, als die Wölfe und Bären nach ihrem angebornen Naturtriebe zu handeln pflegen. Denn diese, wie wir sehen, bieten, einer für alle und alle für einen, dem gemeinschaftlichen Feinde die Spitze, da hingegen bei dem menschlichen Geschlechte einer wider den andern ist und sich alle aufreiben, ohne die Notwendigkeit und den Nutzen der Eintracht in Erwägung zu ziehen.

Judas und Petrus

Es begab sich, nachdem Jesus alle diese Reden vollendet hatte, sprach er zu seinen Jüngern: Ihr wisset, daß nach zwei Tagen das Passah[1] ist; da wird des Menschen Sohn überantwortet werden, daß er gekreuzigt werde.

Damals versammelten sich die Hohenpriester und Ältesten des Volkes im Palast des Hohenpriesters, der da hieß Kaiaphas, und hielten Rat, wie sie Jesus mit List fingen und töteten. Sie sprachen aber: Ja nicht auf das Fest, auf daß nicht ein Aufruhr im Volk entstehe.

Als nun Jesus zu Bethanien war im Hause Simons des Aussätzigen und zu Tische saß, trat zu ihm ein Weib, das hatte ein Glas[2] mit köstlicher Salbe und goß es auf sein Haupt. Als seine Jünger das sahen, wurden sie unwillig und sprachen: Wozu diese Vergeudung? Man hätte dieses teuer verkaufen und den Armen geben können. Da Jesus das merkte, sprach er zu ihnen: Was bekümmert ihr das Weib? Sie hat ein gutes Werk an mir getan. Denn Arme habt ihr allezeit bei euch; mich aber habt ihr nicht allezeit. Daß sie diese Salbe auf meinen Leib gegossen, das hat sie getan, mich zum Begräbnis zuzurüsten. Wahrlich, ich sage euch: Wo dies Evangelium gepredigt wird in aller Welt, da wird man auch sagen zu ihrem Gedächtnis, was sie getan hat.

*

Da ging einer der Zwölfe, mit Namen Judas Ischarioth, hin zu den Hohenpriestern und sprach: Was wollt ihr mir geben? Ich will ihn euch verraten. Und sie wogen ihm dreißig Silberlinge dar. Von da an suchte er Gelegenheit, ihn zu verraten.

Am ersten Tage der ungesäuerten Brote aber traten die Jünger zu Jesus und sprachen zu ihm: Wo willst du, daß wir dir das Passahmahl zubereiten? Er sprach: Gehet hin in die Stadt zu dem und dem und saget ihm: Der Meister läßt dir sagen: „Meine Zeit ist da, ich will bei dir das Passah halten mit meinen Jüngern." Und die Jünger taten, wie Jesus ihnen befohlen hatte, und bereiteten das Passahmahl. Am Abend aber setzte er sich zu Tische mit den Zwölfen; und als sie aßen, sprach er: Wahrlich, ich sage euch: Einer unter euch wird mich verraten. Da wurden sie sehr betrübt und hoben an, einer nach dem andern, zu ihm zu sagen: Herr, bin ich's? Er antwortete: Der die Hand mit mir in die Schüssel tauchte, wird mich verraten. Des Menschen Sohn geht zwar dahin, wie von ihm geschrieben steht; doch wehe dem Menschen, durch welchen des Menschen Sohn verraten wird. Es wäre diesem Menschen besser, daß er nie geboren wäre. Da antwortete Judas, der ihn verriet: Bin ich's, Meister? Er sprach zu ihm: Du sagst es.

Da sie aber aßen, nahm Jesus das Brot, dankte, brach es und gab es den Jüngern und sprach: Nehmet, esset, das ist mein Leib. Und er nahm den Kelch, dankte, gab ihnen denselben und sprach: Trinket alle daraus. Das ist mein Blut, das Blut des neuen Bundes, welches vergossen wird für viele zur Vergebung der Sünden. Ich sage euch aber: Ich werde von nun an nicht mehr vom Gewächs des Weinstockes trinken bis auf den Tag, da ich es neu trinken werde mit euch in meines Vaters Reich.

*

Nachdem sie den Lobgesang gesprochen hatten, gingen sie hinaus an den Ölberg. Da sprach Jesus zu ihnen: In dieser Nacht werdet ihr euch alle an mir ärgern. Denn es steht geschrieben: Ich werde den Hirten schlagen, und die Schafe der Herde werden sich zerstreuen. Wenn ich aber auferstanden bin, will ich vor euch hingehen nach Galiläa. Petrus aber antwortete ihm: Wenn sie auch alle sich an dir ärgerten, so will ich mich doch nimmermehr ärgern. Jesus sprach zu ihm: Wahrlich, ich sage dir: In dieser Nacht, ehe der Hahn kräht, wirst du mich dreimal verleugnen. Petrus sprach zu ihm: Und wenn ich mit dir sterben müßte, so werde ich dich nicht verleugnen! Desgleichen sagten alle Jünger.

Da kam Jesus mit ihnen zu einem Garten, der hieß Gethsemane[3], und sprach zu seinen Jüngern: Setzet euch hier, derweil ich dorthin gehe und bete. Und er nahm zu sich Petrus und die beiden Söhne des Zebedäus und fing an zu trauern und zu zagen. Dann sprach er zu ihnen: Meine Seele ist betrübt bis in den Tod; bleibet hier und wachet mit mir. Und er ging hin ein wenig, fiel nieder auf sein Angesicht, betete und sprach: Mein Vater, ist es möglich, so gehe dieser Kelch an mir vorüber; doch nicht, wie ich will, sondern wie du willst. Und er kam zu seinen Jüngern, fand sie schlafend und sprach zu Petrus: Könnet ihr denn nicht eine Stunde mit mir wachen? Wachet und betet, daß ihr nicht in Versuchung fallet. Der Geist ist willig, aber das Fleisch ist schwach. Zum andern Mal ging er wieder hin, betete und sprach: Mein Vater, ist es nicht möglich, daß dieser Kelch an mir vorübergehe, ich trinke ihn denn, so geschehe dein Wille. Und er kam und fand sie abermals schlafend, und ihre Augen waren voll Schlaf. Er ließ sie, ging abermals hin und betete zum dritten Mal und redete dieselben Worte. Dann kam er zu seinen Jüngern und sprach zu ihnen: Ach, wollt ihr nun noch schlafen und ruhen? Siehe, die Stunde ist hier, daß des Menschen Sohn in der Sünder Hände übergeben wird. Stehet auf, lasset uns gehen! Siehe, der mich verrät, ist da.

Als er noch redete, siehe, da kam Judas, einer der Zwölfe, und mit ihm eine große Schar mit Schwertern und mit Stangen, gesandt von den Hohenpriestern und Ältesten des Volkes. Der Verräter aber hatte ihnen ein Zeichen gegeben und gesagt: Welchen ich küssen werde, der ist's, den greifet. Und alsbald trat er zu Jesus und sprach: Gegrüßet seist du, Meister! und küßte ihn. Jesus aber sprach zu ihm:

Mein Freund, wozu bist du gekommen? Da traten sie hinzu, legten Hand an Jesus und ergriffen ihn. Und siehe, einer aus denen, die mit Jesus waren, streckte die Hand aus, zog sein Schwert und schlug des Hohenpriesters Knecht und hieb ihm ein Ohr ab. Da sprach Jesus zu ihm: Stecke dein Schwert an seinen Ort; denn wer zum Schwerte greift, der soll durchs Schwert umkommen. Oder meinest du, ich könnte nicht meinen Vater bitten, daß er mir zuschicke mehr als zwölf Legionen Engel? Wie würde aber die Schrift erfüllt? Es muß also geschehen. Zu der Stunde sprach Jesus zu den Scharen: Wie gegen einen Mörder seid ihr ausgezogen mit Schwertern und mit Stangen, mich zu fangen. Ich bin doch täglich bei euch im Tempel gesessen und habe gelehrt, und ihr habt mich nicht ergriffen. Das alles aber ist geschehen, daß erfüllt würden die Schriften der Propheten. Da verließen ihn alle Jünger und flohen.

*

Die aber Jesus ergriffen hatten, führten ihn zu dem Hohenpriester Kaiaphas, wo die Schriftgelehrten und Ältesten sich versammelt hatten. Petrus aber folgte ihm von ferne nach bis in den Palast des Hohenpriesters und ging hinein und setzte sich zu den Knechten, daß er sähe, wo es hinaus wollte.

Die Hohenpriester aber und der ganze hohe Rat suchten falsches Zeugnis wider Jesus, auf daß sie ihn töteten, und wiewohl viele falschen Zeugen herzutraten, fanden sie doch keines. Zuletzt standen zwei auf und sprachen: Er hat gesagt: „Ich kann den Tempel Gottes abbrechen und in drei Tagen wieder bauen.“

Da stand der Hohepriester auf und sprach zu ihm: Antwortest du nicht auf das, was diese wider dich zeugen? Aber Jesus schwieg stille. Und der Hohepriester sprach zu ihm: Ich beschwöre dich bei dem lebendigen Gott, daß du uns sagest, ob du der Christus seist, der Sohn Gottes. Jesus sprach zu ihm: Du sagst es. Doch sage ich euch: Von nun an werdet ihr sehen des Menschen Sohn sitzen zur Rechten der Kraft und kommen in den Wolken des Himmels. Da zerriß der Hohepriester seine Kleider und sprach: Er hat Gott gelästert! Was bedürfen wir weiter Zeugnis? Siehe, jetzt habt ihr seine Gotteslästerung gehört. Was dünket euch? Sie antworteten: Er ist des Todes schuldig. Da spieen sie aus in sein Angesicht und schlugen ihn mit Fäusten. Etliche aber schlugen ihn und sprachen: Weissage uns, Christus: Wer ist es, der dich schlug?

Petrus aber saß draußen im Hofe, und es trat eine Magd zu ihm und sprach: Du warst auch mit Jesus aus Galiläa. Er leugnete aber vor allen und sprach: Ich weiß nicht, was du sagst. Als er aber in den Vorhof hinausging, sah ihn eine andere und sprach zu denen, die da waren: Dieser war auch mit Jesus von Nazaret. Und er leugnete abermals und schwur dazu: Ich kenne den Menschen nicht. Nach einer kleinen Weile aber traten hinzu, die da standen, und sprachen zu Petrus: Wahrlich, du bist auch einer von denen; denn deine Sprache verrät dich. Da hob er an, sich zu verfluchen und zu schwören: Ich kenne den Menschen nicht! Alsbald krähte der Hahn. Da dachte Petrus an das Wort, das Jesus zu ihm gesagt hatte: „Ehe der Hahn kräht, wirst du mich dreimal verleugnen." Und er ging hinaus und weinte bitterlich.

Des Morgens aber hielten alle Hohenpriester und Ältesten des Volkes einen Rat über Jesus und beschlossen, ihn zu töten; und sie banden ihn, führten ihn hin und übergaben ihn dem Landpfleger Pontius Pilatus.

Da nun Judas, der ihn verraten hatte, sah, daß er zum Tode verurteilt war, reute es ihn, und er brachte die dreißig Silberlinge den Hohenpriestern und Ältesten wieder und sprach: Ich habe übel getan, daß ich unschuldig Blut verraten habe. Sie sprachen: Was geht das uns an? da siehe du zu. Und er warf die Silberlinge in den Tempel, eilte davon, ging hin und erhängte sich. Aber die Hohenpriester nahmen die Silberlinge und sprachen: Es geht nicht an, daß wir sie in den Gotteskasten legen; denn es ist Blutgeld. Sie hielten aber einen Rat und kauften den Töpfersacker darum zum Begräbnis der Pilger. Daher wird derselbe Acker Blutacker genannt bis auf den heutigen Tag.

(Matthäus-Evangelium, Kap. 26 und 27)

1 Das jüdische Osterfest zum Andenken an die Verschonung der Erstgeburt und den Auszug aus Ägypten.

2 Alabastergefäß.

3 D.h. die Ölkelter.

Gianfrancesco Straparola

Die ungetreue Polissena

Die Stadt Venedig, durch die Anordnung ihrer Obrigkeiten höchst edel, reich an verschiedenen Arten von Leuten und glücklich durch ihre geheiligten Gesetze, liegt am Ende des Meerbusens des Adriatischen Meeres und heißt die Königin der andern Städte, die Zuflucht der Unglücklichen, die Unterkunft der Unterdrückten und hat das Meer zur Mauer und den Himmel zum Dache; und wiewohl nichts daselbst wächst, so ist doch eine Fülle daselbst, wie sie für eine große Stadt paßt. In dieser edeln, großartigen Stadt nun befand sich in früherer Zeit ein Kaufmann mit Namen Dimitrio, ein rechtschaffener, braver und frommer Mann, aber aus niederem Stande. Da er sehr wünschte, Kinder zu bekommen, nahm er eine liebenswürdige, anmutige Jungfrau zur Ehe namens Polissena, die so heiß von ihm geliebt wurde, daß niemals noch ein Mann sein Weib so sehr liebte wie er sie. Sie kleidete sich so prächtig, daß außer den Edelfrauen ihr an Kleidern, Juwelen und großen Perlen es keine zuvortat. Dabei hatte sie einen Überfluß an den feinsten Speisen, welche, da sie für ihre niedrige Herkunft nicht paßten, sie üppiger und zärtlicher machten, als sie sonst geworden wäre.

Dimitrio, der schon früher viele Seereisen gemacht hatte, beschloß mit Waren nach Zypern zu gehen, bestellte und versah das Haus reichlich mit Lebensmitteln und allem, was in ein Haus gehört, ließ seine liebe Frau mit einer jungen kugelrunden Magd allein und nahm von Venedig Abschied, um seine Reise anzutreten. Polissena, die sich dem Wohlleben und der Üppigkeit ergab, fühlte sich sehr kräftig und konnte den scharfen Stachel der Liebe nicht länger ertragen, faßte daher einen Geistlichen ihres Kirchspiels ins Auge und verliebte sich heftig in ihn. Er war jung und nicht minder einnehmend als schön und gewahrte eines Tages, daß Polissena ihn mit Liebesblicken verfolgte. Ihr Aussehen gefiel ihm, ihre Person schien ihm reizend, und er bemerkte, daß sie alle Vorzüge des Äußern besitze, die zu einer schönen Frau gehören; deshalb fing er denn an, sehr emsig und insgeheim mit ihr zu liebäugeln; und ihre treuen frommen Seelen erfüllten sich so mit wechselseitiger Liebe, daß in kurzem Polissena den Pfaffen ungesehen ins Haus führte, um ihren Lüsten zu frönen. Dieser Liebeshandel dauerte in aller Verborgenheit mehrere Monate fort, und sie erneuerten vielmals die festen Umarmungen und süßen Küsse, während der törichte Ehemann den Gefahren des empörten Meeres sich aussetzte.

Als aber Dimitrio einige Zeit in Zypern gewesen war und aus seinem Handel einen sehr hübschen Gewinn gezogen hatte, kehrte er nach Venedig zurück, landete, ging nach seiner Wohnung und fand sein liebes Weib, welches laut weinte. Auf die Frage nach der Ursache ihres heftigen Weinens antwortete sie: „Teils wegen der schlimmen Zeitung, die ich erhalten, teils auch wegen übergroßer Freude, die ich über Eure Rückkehr empfinde. Denn ich hatte von vielen Seiten gehört, die zyprischen Schiffe seien im Meer versunken, und fürchtete deshalb sehr, es möchte Euch ein Unfall begegnet sein. Da ich Euch aber nunmehr durch Gottes Gnade gesund und wohlbehalten nach Hause zurückkehren sehe, kann ich vor übergroßer Freude mich nicht der Tränen erwehren."

Der arme Schelm war von Zypern nach Venedig zurückgekommen, um die Zeit einzubringen, die seine Frau durch seine lange Abwesenheit verloren hatte, und meinte, Polissenas Tränen entsprängen aus heißer, tiefbegründeter Liebe, die sie für ihn fühle; der Unglückliche wußte nicht, daß sie in ihrem Herzen wünschte: „Wollte Gott, er wäre in den drohenden Wellen ertrunken, damit ich sicherer und ungestörter mich der Lust und dem Genusse mit meinem Liebhaber hingeben könnte, der mir so innig zugetan ist!"

Es war noch kein Monat um, so ging Dimitrio wieder auf die Reise. Polissena war darüber so erfreut, wie sie nur sein konnte; sie ließ es bald ihrem Geliebten sagen, der nicht weniger als sie sehnsüchtig wartete und, als die passende verabredete Stunde gekommen war, heimlich zu ihr schlich. Der Pfaffe konnte aber seine Gänge nicht so verbergen, daß er nicht von Manusso, der dem Hause seines Gevatters Dimitrio gegenüber wohnte, gesehen worden wäre.

Manusso, der Dimitrio sehr liebte, weil er ein umgänglicher, dienstfertiger Mann war, hatte keinen geringen Verdacht auf die

Gevatterin und achtete oft und viel auf sie. Als er nun deutlich sah, daß dem Priester auf ein gewisses Zeichen und zu einer bestimmten Stunde die Tür geöffnet wurde und er ins Haus trat und unvorsichtiger als billig mit der Gevatterin scherzte, beschloß er, für jetzt stille zu sein, damit die Geschichte, die noch im stillen blieb, nicht ruchbar würde und kein öffentliches Ärgernis entstünde; er wollte warten, bis Dimitrio von der Reise zurückkäme, damit er selbst reiflich überlege, was in der Sache zu tun sei.

Als nun die Zeit seiner Heimkehr erschien, stieg Dimitrio in das Schiff, kehrte mit günstigem Winde nach Venedig zurück, landete, ging an seine Wohnung und klopfte an die Tür. Die Magd ging an das Fenster, um nachzusehen, erkannte ihn, lief hinab und öffnete ihm, fast zu Tränen gerührt vor Freude. Als Polissena von der Ankunft ihres Mannes hörte, stieg sie die Treppe hinunter, lief ihm mit offenen Armen entgegen, küßte ihn und überschüttete ihn mit den größten Liebkosungen von der Welt. Und da er etwas müde war und ganz zerschlagen von der Seereise, ging er ohne Abendessen zu Bette und schlief so fest ein, so daß der Tag anbrach, ohne daß er die letzten Freuden der Liebe genossen hätte. Als nun die dunkle Nacht vorüber und der helle Tag gekommen war, wachte Dimitrio auf, erhob sich aus dem Bette, ohne der Frau einen einzigen Kuß zu geben, und ging an ein Kistchen, aus dem er einige wertvolle Sachen nahm. Mit diesen kam er an das Bett zurück und übergab sie seiner Frau, die, da ihr anderes im Sinne lag, diese Geschenke wenig oder gar nicht beachtete.

Dimitrio hatte Veranlassung, nach einiger Zeit nach Apulien zu fahren wegen Öls und anderer Geschäfte; er sagte es also seiner Frau und schickte sich zur Abreise an. Das listige Weib aber tat, als schmerze sie sein Weggehen; sie überhäufte ihn mit Liebkosungen und bat, er möchte doch noch ein paar Tage bei ihr bleiben, und doch war ihr ein Tag so lang wie tausend, bis er ihr aus den Augen war und sie sich mit mehr Sicherheit den Umarmungen ihres Liebhabers hingeben konnte.

Manusso hatte den Priester öfters mit der Gevatterin liebäugeln, ja auch anderes tun sehen, was sich nicht schickt zu sagen, und so schien es ihm ein Unrecht gegen den Gevatter, wenn er ihm nicht eröffne, was er seine Frau hatte tun sehen. Er beschloß daher, komme daraus, was da wolle, ihm alles zu sagen. Er lud ihn also eines Tages zum Essen ein, und als sie bei Tische saßen, sagte Manusso zu Dimitrio: „Lieber Gevatter, Ihr wißt, wenn ich mich nicht täusche, daß ich Euch immer geliebt habe und lieben werde, solange der Geist diese Gebeine beherrscht, und nichts, wäre es auch noch so schwer, würde ich Euch zuliebe unterlassen; wenn es Euch daher nicht unangenehm wäre, könnte ich Euch Dinge erzählen, die Euch freilich eher Verdruß als Freude bereiten würden. Aber ich wage nicht, es auszusprechen, um nicht Eure heitere Stimmung zu trüben. Wenn Ihr aber klug seid, wie ich denke, und vorsichtig, so werdet Ihr die Wut zügeln, die niemand die Wahrheit erkennen läßt."

Dimitrio sagte: „Wißt Ihr nicht, daß Ihr mir alles mitteilen könnt? Habt Ihr vielleicht einen umgebracht? Sagt es nur ohne Furcht!"

„Ich", antwortete Manusso, „habe niemand umgebracht, wohl aber habe ich jemand Eure Ehre und Euern guten Namen umbringen sehen."

„Redet deutlich", versetzte Dimitrio, „und foltert mich nicht so lange mit Euern rätselhaften Worten!"

„Wollt Ihr, daß ich offen mit Euch rede", sagte Manusso, „so hört zu und nehmt ruhig auf, was ich Euch zu sagen habe: Polissena, die Ihr so sehr lieb und wert haltet, schläft, solange Ihr fort seid, jede Nacht mit einem Geistlichen und lebt froh und guter Dinge."

„Wie ist das möglich", rief Dimitrio, „da sie mich zärtlich liebt und ich nie von hier abreise, ohne daß sie den Schoß mit Tränen und die Luft mit Seufzern füllt? Und wenn ich es mit Augen sähe, würde ich es kaum glauben."

„Wenn Ihr", antwortete Manusso, „wie ich glaube, ein Mann von Verstand seid und nicht die Augen schließt, wie viele Toren zu tun pflegen, so will ich Euch mit eigenen Augen alles sehen und mit Händen tasten lassen."

„Ich bin bereit", sagte Dimitrio, „alles zu tun, was Ihr mir befehlt, wenn Ihr mich sehen laßt, was Ihr mir versprochen habt."

Da sagte Manusso: „Wenn Ihr tut, was ich Euch sage, so könnt Ihr Euch der Sache ganz versichern. Aber bewahrt das Geheimnis, zeigt Euch heiter und unbefangen: sonst verderbt Ihr, wie man im Sprichwort sagt, dem Fasan seinen Schwanz. Dann an dem Tage, wo Ihr abreisen wollt, stellt Euch, als steigt Ihr zu Schiffe, und kommt dann so heimlich, als Ihr könnt, in mein Haus! Ich versichere Euch, ich will Euch alles mit Augen sehen lassen."

Als nun der Tag kam, da Dimitrio abreisen sollte, war er sehr zärtlich zu seiner Frau, empfahl ihr das Haus, verabschiedete sich und tat, als ginge er zu Schiffe, schlich aber heimlich in Manussos Haus. Das Schicksal wollte, daß nicht zwei Stunden vorübergingen, als sich ein Sturm mit solchem Regen erhob, daß man meinte, der Himmel wolle herunterfallen, und es hörte die ganze Nacht nicht auf zu regnen. Der Geistliche, der bereits Dimitrios Abreise vernommen hatte, fürchtete weder Regen noch Wind, sondern erwartete nur die gewohnte Stunde, um zu seinem teuern Schatz zu kommen, gab also das Zeichen: plötzlich ward die Tür aufgetan, er trat hinein und gab ihr einen süßen, würzigen Kuß.

Das sah Dimitrio, der an einer verborgenen Öffnung stand, und konnte nun dem nicht mehr widersprechen, was der Gevatter ihm gesagt hatte, stand also ganz erstaunt da, und dann traten ihm vor gerechtem Schmerz die Tränen in die Augen.

„Was dünkt Euch nun?" sagte sodann der Gevatter zu Dimitrio; „habt Ihr nun mit Augen gesehen, was Ihr Euch nie eingebildet hättet? Aber seid still und entsetzt Euch nicht! Wenn Ihr auf mich hört und tut, was ich Euch sage, so werdet Ihr's noch besser sehen. Geht, zieht diese Kleider aus, nehmt die Lumpen eines Bettlers, legt sie an, überzieht Euch Hände und Gesicht mit Schmutz, verändert Eure Stimme, geht nach Hause und stellt Euch an als armer Mann, der eine Nachtherberge begehrt! Die Magd wird vielleicht, wenn sie das rauhe Wetter sieht, sich zum Mitleid rühren lassen und Euch aufnehmen; dann könnt Ihr leicht mitansehen, was Ihr nicht gerne sehen mögt."

Als Dimitrio dies hörte, zog er sich aus und legte die Lumpen eines Bettlers an, der eben in das Haus trat, um ein Unterkommen zu suchen. Während es immer heftig regnete, ging er dann an die Tür seines Hauses, pochte dreimal an, jammerte und seufzte heftig. Die Magd kam ans Fenster und sprach: „Wer pocht da unten?"

Mit zitternder Stimme antwortete er: „Ich bin ein armer alter

Mann, ich triefe ganz von Regen und bitte um Herberge für diese Nacht."

Die Magd, die nicht minder erbarmungsvoll gegen die Armen war als ihre Herrin gegen den Priester, lief zu der Frau und bat sie dringend zu erlauben, daß ein armer Bettler, der ganz durchnäßt und gebadet vom Regen sei, sich im Hause aufhalten dürfe, bis er gewärmt und getrocknet sei. „Er kann Wasser tragen, den Spieß drehen und das Feuer schüren, daß die Hähne um so schneller gebraten werden. Unterdessen kann ich die Pfanne überhängen, die Schüsseln rüsten und anderes in der Küche besorgen."

Die Frau war einverstanden, und die Magd öffnete die Tür. Sie rief ihn herein, ließ ihn sich ans Feuer setzen, und während der Arme den Bratspieß drehte, gaben sich der Priester und die Frau im Zimmer ihrer Lust hin. Dann kamen beide, sich an der Hand führend, in die Küche, grüßten den Armen, und da sie ihn so garstig beschmiert sahen, verspotteten sie ihn. Die Hausfrau trat zu ihm und fragte ihn, wie er heiße.

„Madonna", antwortete er ihr, „ich heiße Gramotiveggio, d.h. Traurig-seh-ich-dich."

Als die Frau diesen Namen hörte, begann sie zu lachen, daß ihr die Zähne hätten ausfallen sollen. Dann umarmte sie den Priester und sagte: „Komm, liebes Herz, laß mich dir einen Kuß geben!" Und vor den Augen des Bettlers drückte sie ihn fest an sich und küßte ihn. Da mag sich jeder selbst vorstellen, in welcher Stimmung der Ehemann war, als er sah, wie seine Frau und der Priester einander umarmten und küßten.

Als die Stunde des Abendessens kam, deckte die Magd den Liebenden den Tisch, kehrte dann in die Küche zurück und plauderte mit dem Alten.

„Mein lieber kleiner Paris", sagte sie, „meine Gebieterin hat einen Mann, rechtschaffen, wie nur irgendeiner im Lande, und der läßt es ihr an nichts mangeln. Weiß Gott, wo der arme Schelm in dem schlimmen Wetter jetzt ist! Die Undankbare aber denkt nicht an ihn und noch weniger an ihre Ehre; denn sie hat sich von Wollust blenden lassen, einen Liebhaber angenommen und verschließt jedem, außer ihm, das Haus. Kommt nur her: wir wollen leise an die Kammertür treten und sehen, was sie machen und wie sie essen."

Sie gingen an die Tür und sahen, wie sie einander die Bissen in den Mund steckten und Liebesgespräche führten. Als die Schlafenszeit kam, gingen sie zu Bette, scherzten und freuten sich miteinander und waren in ihrem Treiben so ungezwungen und laut, daß der Bettler, der im anstoßenden Zimmer lag, alles verstand. Der arme Schelm tat kein Auge zu die ganze Nacht; aber als es Tag wurde, stand er schnell auf, dankte der Magd für die Menschenfreundlichkeit, die sie ihm bewiesen, nahm Abschied und ging, ohne von jemand gesehen zu werden, in das Haus Manussos, seines Gevatters.

„Gevatter", sprach dieser lächelnd, „was macht das Handwerk? Habt Ihr wohl gefunden, was Ihr nicht finden wolltet?"

„Ja freilich", sagte Dimitrio, „und ich hätte es nie geglaubt, wenn ich es nicht mit eigenen Augen gesehen hätte. Doch Geduld! So will es nun einmal mein hartes Los."

Manusso sagte: „Gevatter, ich bitte Euch, tut, was ich Euch sage: Steht früh auf, nehmt Eure Kleider und zieht sie an und geht, ohne einen Augenblick zu verlieren, nach Hause, tut, als habt Ihr wegen des Gewitters nicht fortkommen können, und gebt acht, daß Euch der Priester nicht entwische! Wenn Ihr im Hause seid, wird er sich irgendwo verstecken und seinen Schlupfwinkel nicht verlassen, bis er mit Bequemlichkeit hinaus kann. Ihr schickt unterdessen nach den Verwandten der Frau, daß sie zu Euch zum Essen kommen, und wenn Ihr den Priester im Hause findet, so fangt mit ihm an, was Ihr wollt!"

Dimitrio gefiel der Rat seines Gevatters Manusso wohl; er zog die Lumpen aus, legte seine eigenen Kleider an, ging an sein Haus und klopfte an die Tür. Als die Magd sah, daß es der Herr sei, lief sie schnell in das Schlafzimmer der Frau, die noch mit dem Priester im Bette lag.

„Madonna", rief sie, „der Herr kommt zurück."

Als die Frau dies hörte, erschrak sie nicht wenig, stand auf, so schnell sie konnte, und verbarg den Priester, der im Hemde war, in einer Kiste, in der sie ihre Staatskleider verwahrte. Dann lief sie, einen Pelzrock umwerfend, barfuß hinunter und machte ihm auf.

„Ach, mein lieber Mann", rief sie, „seid willkommen! Ich habe aus Liebe zu Euch gar kein Auge zutun können, da ich immer an den heftigen Sturm denken mußte. Aber gottlob, daß Ihr nun wohlbehalten zurück seid!“

Dimitrio trat nun in das Zimmer und sagte zu seiner Frau: „Polissena, ich konnte heute nacht wegen des bösen Wetters gar nicht schlafen; ich möchte mich jetzt gerne ein wenig niederlegen; aber während ich schlafe, soll die Magd zu deinen Brüdern gehen und sie in unserem Namen einladen, heute mit uns zu speisen.“

„Nicht heute“, sagte Polissena, „aber auf einen andern Tag mögt Ihr sie einladen: denn heute regnet es, und die Magd hat zu tun mit Bügeln unserer Hemden, Leintücher und der übrigen Wäsche.“

„Morgen ist vielleicht besseres Wetter“, sagte Dimitrio, „dann muß ich abreisen.“

„Ihr könntet auch hingehen“, sagte Polissena, „und wenn Ihr zu müde seid, ruft unseren Gevatter Manusso da drüben, der wird es Euch schon zu Gefallen tun.“

„Du hast recht“, sagte Dimitrio.

Man ließ Manusso rufen; er kam und führte den Auftrag aus.

So kamen denn Polissenas Brüder zu Dimitrio, und sie speisten heiter zusammen. Als die Tafel aufgehoben war, sagte Dimitrio: „Liebe Schwäger, ich habe euch noch nie das Haus gezeigt und die Kleider, die ich eurer Schwester Polissena, meiner Frau, machen ließ; darum seid so gut und seht, wie gut sie es bei mir hat! Steh auf, Polissena! Zeigen wir deinen Brüdern ein wenig das Haus!“ Sie standen auf; Dimitrio zeigte ihnen die vollen Vorratskammern mit Holz, Getreide, Öl, Spezereien, dann volle Fässer mit Malvasier, griechischen und andern köstlichen und ausgezeichneten Weinen. Darauf sagte er zu der Frau: „Zeige ihnen deinen Anhänger und die dicken weißen Perlen! Nimm aus diesem Kästchen die Smaragde, die Diamanten, die Rubine und andere Juwelen! Was dünkt euch nun, ihr Schwäger? Hat es eure Schwester nicht gut?“

Alle antworteten: „Das wußten wir wohl, und hätten wir nicht Euern Wohlstand und Eure Gesinnung gekannt, so hätten wir Euch unsere Schwester nicht zur Frau gegeben.“

Damit nicht zufrieden, befahl er ihr, die Kisten aufzumachen und ihnen ihre mannigfaltigen schönen Kleider zu zeigen. Aber Polissena zitterte am ganzen Leibe und sagte: „Was brauche ich die Kisten aufzumachen und ihnen meine Kleider zu zeigen? Wissen sie denn nicht, daß Ihr mich ganz anständig gekleidet habt, ja weit über unseren Stand?"

Aber Dimitrio sprach fast zornig: „Mache diese Kiste auf! Mache die andere auf!" Und er zeigte ihnen die Kleider.

Nun war nur noch eine einzige Kiste zu öffnen übrig; dazu wollte sich aber der Schlüssel nicht finden, denn darin steckte der Priester verborgen. Als nun Dimitrio sah, daß der Schlüssel nicht zu bekommen war, nahm er einen Hammer und klopfte damit so lange, bis das Schloß zerbrach und die Kiste aufging. Der Pfaffe zitterte am ganzen Leibe vor Furcht, wußte sich aber nicht so zu verstecken, daß ihn nicht alle erkannten. Als Polissenas Brüder dies sahen, erschraken sie sehr und entbrannten so von Zorn und Wut, daß wenig fehlte, so hätten sie beide mit den Dolchen, die sie an der Seite trugen, ihn erstochen. Dimitrio litt es aber nicht, daß sie ihn umbrachten; denn er hielt es für niederträchtig, einen Mann im Hemde zu töten, wenn er auch noch so stark sei. Aber er wandte sich zu den Schwägern und sagte: „Was dünkt euch von diesem gottlosen Weibe, auf das ich einst alle meine Hoffnung gesetzt habe? Verdiene ich von ihr solche Ehre? Du unseliges, gottverlassenes Weib, was hält mich ab, dir die Adern zu durchschneiden?"

Die Schändliche konnte sich nicht weiter entschuldigen und schwieg, als ihr Mann ihr ins Gesicht sagte, was er in der vorigen Nacht getan und gesehen hatte: da konnte sie nicht mehr leugnen. Dann wandte er sich an den Pfaffen, der mit gesenktem Haupte dastand, und sagte: „Nimm deine Kleider und hebe dich alsbald von hinnen! Geh zum Henker und laß dich nicht wieder bei mir blicken! Ich gedenke nicht, wegen eines verbrecherischen Weibes meine Hände mit geweihtem Blute zu besudeln. Mache dich schnell auf! Was zögerst du?"

Ohne den Mund zu öffnen, ging der Pfaffe hinweg; es war ihm, als spüre er Dimitrio und die Schwäger mit ihren Dolchen hinter sich.

Dann wandte sich Dimitrio zu den Schwägern und sagte: „Führt eure Schwester hinweg, wohin es euch beliebt! Sie soll mir nicht mehr unter die Augen kommen."

Die Brüder waren kaum mit ihr nach Hause gekommen, so brachten sie sie ums Leben. Als Dimitrio dies hörte, bedachte er, wie schön seine Magd sei, und erinnerte sich, wie mitleidig sie sich gegen ihn erwiesen; daher nahm er sie zu seinem lieben Weibe. Er schenkte ihr alle Kleider und Juwelen seiner ersten Frau und lebte mit ihr lange glücklich und in Frieden.

Adelbert von Chamisso

Die Weiber von Winsperg

Der erste Hohenstaufen, der König Konrad, lag
mit Heeresmacht vor Winsperg seit manchem langen Tag;
der Welfe war geschlagen, noch wehrte sich das Nest,
die unverzagten Städter, die hielten es noch fest.

Der Hunger kam, der Hunger! das ist ein scharfer Dorn;
nun suchten sie die Gnade, nun fanden sie den Zorn.
„Ihr habt mir hier erschlagen gar manchen Degen wert,
und öffnet ihr die Tore, so trifft euch doch das Schwert."

Da sind die Weiber kommen: „Und muß es also sein,
gewährt uns freien Abzug, wir sind vom Blute rein."
Da hat sich vor den Armen des Helden Zorn gekühlt,
da hat ein sanft Erbarmen im Herzen er gefühlt.

„Die Weiber mögen abziehn, und jede habe frei,
was sie vermag zu tragen und ihr das Liebste sei!
Laßt ziehn mit ihrer Bürde sie ungehindert fort!
Das ist des Königs Meinung, das ist des Königs Wort."

Und als der frühe Morgen im Osten kaum gegraut,
da hat ein seltnes Schauspiel vom Lager man geschaut;
es öffnet leise, leise sich das bedrängte Tor,
es schwankt ein Zug von Weibern mit schwerem Schritt hervor

Tief beugt die Last sie nieder, die auf dem Nacken ruht,
sie tragen ihre Ehherrn, das ist ihr liebstes Gut.
„Halt an die argen Weiber!“ ruft drohend mancher Wicht;
der Kanzler spricht bedeutsam: „Das war die Meinung nicht.“

Da hat, wie er's vernommen, der fromme Herr gelacht:
„Und war es nicht die Meinung, sie haben's gut gemacht;
gesprochen ist gesprochen, das Königswort besteht,
und zwar von keinem Kanzler zerdeutelt und zerdreht.“

So war das Gold der Krone wohl rein und unentweiht.
Die Sage schallt herüber aus halbvergeßner Zeit.
Im Jahr elfhundertvierzig, wie ich's verzeichnet fand,
galt Königswort noch heilig im deutschen Vaterland.

Ludwig Uhland

Das alte, gute Recht

Wo je bei altem, gutem Wein
der Württemberger zecht,
da soll der erste Trinkspruch sein
„Das alte, gute Recht!“

Das Recht, das unsres Fürsten Haus
als starker Pfeiler stützt,
und das im Lande ein und aus
der Armut Hütten schützt;

das Recht, das uns Gesetze gibt,
die keine Willkür bricht,
das offene Gerichte liebt
und gültig Urteil spricht;

das Recht, das mäßig Steuern schreibt
und wohl zu rechnen weiß,
das an der Kasse sitzen bleibt
und kargt mit unserem Schweiß; ...

das Recht, das jedem freien Mann
die Waffen gibt zur Hand,
damit er stets verfechten kann
den Fürsten und das Land;

das Recht, das jedem offen läßt
den Zug in alle Welt,
das uns allein durch Liebe fest
am Mutterboden hält; ...

das Recht, das eine schlimme Zeit
lebendig uns begrub,
das jetzt mit neuer Regsamkeit
sich aus dem Grab erhub.

Ja, wenn auch wir von hinnen sind,
besteh' es fort und fort
und sei für Kind und Kindeskind
des schönsten Glückes Hort! ...

Stuttgarter „Schuldbekenntnis" des Rates der Evangelischen Kirche Deutschland, 19. Oktober 1945

Der Rat der Evangelischen Kirche Deutschland begrüßt bei seiner Sitzung am 18. und 19. Oktober 1945 in Stuttgart Vertreter des Ökumenischen Rates der Kirchen. Wir sind für diesen Besuch um so dankbarer, als wir uns mit unserem Volk nicht nur in einer großen Gemeinschaft der Leiden wissen, sondern auch in einer Solidarität der Schuld. Mit großem Schmerz sagen wir: Durch uns ist unendliches Leid über viele Völker und Länder gebracht worden. Was wir unseren Gemeinden oft bezeugt haben, das sprechen wir jetzt im Namen der ganzen Kirche aus: Wohl haben wir lange Jahre hindurch im Namen Jesu Christi gegen den Geist gekämpft, der im nationalsozialistischen Gewaltregiment seinen furchtbaren Ausdruck gefunden hat; aber wir klagen uns an, daß wir nicht mutiger bekannt, nicht treuer gebetet, nicht fröhlicher geglaubt und nicht brennender geliebt haben.

Nun soll in unseren Kirchen ein neuer Anfang gemacht werden. Gegründet auf die Heilige Schrift, mit ganzem Ernst ausgerichtet auf den Heiligen Herrn der Kirche, gehen sie daran, sich von glaubensfremden Einflüssen zu reinigen und sich selber zu ordnen. Wir hoffen zu dem Gott der Gnade und Barmherzigkeit, daß Er unsere Kirchen als Sein Werkzeug brauchen und ihnen Vollmacht geben wird, Sein Wort zu verkündigen und Seinem Willen Gehorsam zu schaffen bei uns selbst und bei unserem ganzen Volk. ...

Wir hoffen zu Gott, daß durch den gemeinsamen Dienst der Kirchen dem Geist der Gewalt und der Vergeltung, der heute von neuem mächtig werden will, in aller Welt entgegengesteuert werde und der Geist des Friedens und der Liebe zur Herrschaft komme, in dem allein die gequälte Menschheit Genesung finden kann.

So bitten wir in einer Stunde, in der die ganze Welt einen neuen Anfang braucht: Veni creator spiritus!

gez. Landesbischof D. Wurm
Landesbischof D. Meiser
Bischof D. Dr. Dibelius
Superintendent Hahn
Pastor Asmussen D. D.
Pastor Niemöller D. D.
Landesoberkirchenrat Dr. Lilje
Superintendent Held
Pastor Lic. Niesel
Dr. Dr. Heinemann

Stephan Hermlin

Die Bank

In den Jahren meiner Kindheit hatte ich den Berliner Norden nicht gekannt, ich lernte ihn erst flüchtig kennen in den kurzen drei Jahren, die zwischen dem Regierungsantritt der Nationalsozialisten und meinem Weggang aus Deutschland verstrichen.

An einem Spätsommertag befand ich mich in der Schönhauser Allee, schräg gegenüber der großen Brauerei, deren langgestreckter Bau heute anderen Zwecken dient, an jener Stelle etwa, wo die Gleise der Hochbahn unter der Erde verschwinden. In einem Laden hatte ich mir eine Tüte Kirschen gekauft und mich auf einer von drei oder vier Bänken niedergelassen, die dort im Halbkreis angeordnet waren. Die äußerste Bank rechts von mir war frisch mit gelber Farbe gestrichen, der jahrhundertealten Farbe der Schande. Vor kurzem waren die Nürnberger Gesetze verkündet worden. „Nur für Juden" stand mit schwarzen Buchstaben auf der Rückenlehne der gelben Bank. In diesem Viertel wohnten nicht wenige arme Juden, meistens kleine Handwerker und Händler. Einer der alten jüdischen Friedhöfe der Stadt befand sich nur wenige Schritte entfernt; auf ihm lag seit ein paar Monaten ein Freund meiner Familie, der Maler Max Liebermann.

Ich saß noch nicht lange auf meinem Platz, als zwei große Männer über den Fahrdamm langsam auf mich zu kamen. Sie waren nicht einfach groß, sie waren riesenhaft wie die Karyatiden an den Eingängen der Gründerzeithäuser, ihre mächtigen Körper waren von messingbeschlagenen Lederschürzen bedeckt. Ihresgleichen hatte ich schon oft gesehen. Damals brachten noch zwei- oder vierspännige Wagen die Bierfässer in die Läden und Gaststätten; auf dem Bock der stattlichen, festlichen Wagen saßen die athletischen Männer, die die schweren oldenburgischen und belgischen Pferde lenkten. Die Tiere, ihren Meistern an Kraft und Würde ähnlich, waren stets schön geschmückt, ihre Mähnen waren mit Bändern durchflochten, die Messingbeschläge an ihrem Geschirr blitzten. Die beiden Männer, die blond und rotgesichtig auf mich zu wandelten, wollten offenbar ihre Arbeitspause an diesem Platz verbringen. Sie hielten Bierflaschen und Pakete mit Frühstücksbroten und würdigten mich keines Blicks. Schon wollte der eine sich auf die Nachbarbank niedersetzen, als der andere ihn mit einer Handbewegung zurückhielt. „Nein, Karl", sagte er mit tiefer Stimme, die sich aus ihm erst hervorarbeiten mußte und einem leisen Brüllen glich, „nein, nicht hier. Dort ist unser Platz." Und beide gingen weiter und ließen sich auf der Bank nieder, die die Aufschrift „Nur für Juden" trug. Mit gemessenen Bewegungen begannen sie ernst ihre Mahlzeit, ohne ihre Umgebung zu beachten, stumm bis auf gelegentliche einsilbige Bemerkungen, die sie einander mit undurchdringlicher Miene knurrend hinwarfen. Ich mußte mich abwenden.

Bei Lenin hatte ich gelesen, daß auch nur die kleinste Nuance des Antisemitismus vom reaktionären Charakter der Gruppe oder Einzelperson zeugt, an der sie sichtbar wird. Ich begriff, daß diese Bemerkung das Wesen einer Formel, einer mathematischen Gleichung in sich trug. Wo immer die feige Pest sichtbar würde, da könnte, allen großen Worten zum Trotz, kein Sozialismus sein. Hier folgten Millionen willig einem Wahn, der sich nationaler Sozialismus nannte.

Ich wußte, daß ich den Beiden nichts sagen konnte. Aber nie würde ich die ungeschlachten Männer vergessen, ihre Müdigkeit, ihre Verachtung einer erbärmlichen Zeit, ihren wortlosen Edelmut. Allein gelassen von ihresgleichen boten sie dem Pöbel die Stirn.

PETER WEISS

Die Ermittlung

Gesang vom Ende der Lili Tofler

RICHTER
Frau Zeugin
Ist Ihnen der Name Lili Tofler
bekannt
ZEUGIN 5
Ja
Lili Tofler war ein ausgesprochen
hübsches Mädchen
Sie war verhaftet worden
weil sie einem Häftling
einen Brief geschrieben hatte
Beim Versuch
dem Häftling den Brief zuzuschmuggeln
war dieser gefunden worden
Lili Tofler wurde vernommen
Sie sollte den Namen des Häftlings nennen
Boger leitete die Verhöre
Auf seinen Befehl
wurde sie in den Bunkerblock gebracht
Dort mußte sie sich viele Male
nackt zur Wand stellen
und es wurde getan als sollte sie
erschossen werden
Man gab die Kommandos zum Schein
Zum Schluß flehte sie auf den Knien
man möge sie erschießen
RICHTER
Wurde sie erschossen
ZEUGIN 5
Ja

ZEUGE 6
Ich befand mich im Bunkerarrest
als Lili Tofler zusammen mit 2 anderen Häftlingen
die an dem Briefschmuggel beteiligt waren
dort eingesperrt wurde
Während dieser Tage durfte ich einmal
durch das Entgegenkommen des Funktionshäftlings
Jakob
der die Aufsicht im Bunker führte
den Waschraum benutzen
Doch auf dem Weg dorthin
drängte Jakob mich plötzlich in einen Nebenraum
Durch den Türspalt sah ich
wie Lili Tofler von Boger
in den Waschraum geführt wurde
Ich hörte zwei Schüsse
und sah nach dem Fortgang Bogers
das Mädchen tot auf dem Boden liegen
Die beiden anderen Häftlinge wurden später
von Boger im Hof liquidiert

RICHTER
Angeklagter Boger
ist Ihnen dieser Fall bekannt

ANGEKLAGTER 2
Die Erschießung der Lili Tofler
stimmt mit der Wahrheit überein
Sie war als Schreiberin der Politischen Abteilung
Geheimnisträgerin
und durfte keinerlei Kontakt
mit anderen Häftlingen aufnehmen
Ich habe mit ihrer Erschießung
nichts zu tun gehabt
Ich war über ihren Tod damals ebenso erschüttert
wie der Bunkerjakob
dem die Tränen über die Backen liefen

RICHTER
Können Sie uns sagen
was in dem Brief stand
ANGEKLAGTER 2
Nein
RICHTER
Frau Zeugin
wissen Sie was in dem Brief stand
ZEUGIN 5
Lili Tofler fragte in dem Brief
ob es ihnen möglich sein könnte
jemals weiterzuleben
nach den Dingen die sie hier gesehen hatten
und von denen sie wüßten
Ich erinnere mich auch
daß sie in ihrem Brief
zunächst den Freund fragte
ob er ihre vorige Nachricht erhalten habe
Sie schrieb auch von ermutigenden Meldungen
die sie gehört hatte
VERTEIDIGER
Frau Zeugin
woher haben Sie diese Kenntnisse
ZEUGIN 5
Ich war mit Lili Tofler befreundet
Wir wohnten im gleichen Block
Sie hatte mir von diesem Brief erzählt
Später sah ich den Brief
Ich arbeitete im Standesamt des Lagers
Da lief die Todesbescheinigung Lili Toflers ein
Der Brief war beigefügt
RICHTER
Kannten Sie den Häftling
an den der Brief gerichtet war
ZEUGIN 5
Ja

RICHTER
Verriet Lili Tofler seinen Namen
ZEUGIN 5
Nein
Die Häftlinge mußten auf dem Appellplatz antreten
und Lili sollte ihren Freund denunzieren
Ich erinnere mich noch genau
wie sie vor ihm stand
ihm kurz in die Augen sah
und sofort weiterging
ohne ein Wort zu sagen
VERTEIDIGER
Mußten Sie auch zum Appell antreten
ZEUGIN 5
Ja
VERTEIDIGER
Wo war der Appellplatz
ZEUGIN 5
Es war die Straße und der freie Platz
vor den Küchengebäuden im alten Lager
VERTEIDIGER
Wie sah der Platz aus
ZEUGIN 5
Rechts neben dem Galgen
stand das Wachthäuschen des Rapportführers
das war aus Holz gezimmert
und mit Steinfugen bemalt
Auf dem spitzen Dach war eine Wetterfahne
Es sah aus wie aus einem Baukasten
Die Häftlinge standen auf der Straße
und auf allen Wegen zwischen den Blocks
Lili Tofler wurde an ihnen entlang geführt
Ich las an diesem Tag auch
was auf dem Dach der Küche stand
da war mit großen Lettern geschrieben
ES GIBT EINEN WEG ZUR FREIHEIT

SEINE MEILENSTEINE HEISSEN
GEHORSAM FLEISS SAUBERKEIT
EHRLICHKEIT WAHRHAFTIGKEIT
UND LIEBE ZUM VATERLAND

RICHTER
Wurde der Häftling
an den der Brief gerichtet war
nie entdeckt

ZEUGIN 5
Nein

HEINAR KIPPHARDT

In der Sache J. Robert Oppenheimer

Aus dem Verhör des 5. Tages:
Wo endet die Loyalität einem Bruder gegenüber, wo gegenüber dem Staat?
Darf ein Mensch seiner Ansichten wegen verfolgt werden?

4. *Szene*

MORGAN Was mich interessiert, Dr. Oppenheimer, die praktische Seite. Nicht das Emblem auf einem Geldschein, sondern der Wert, nicht die Ansichten, sondern die Folgen.
Sie hatten in Los Alamos die Wissenschaftler für das Projekt zusammenzubringen, nicht wahr?

OPPENHEIMER Ja, ich schlug Leute vor, die ich für fähig hielt. Die Entscheidung lag bei General Groves und Colonel Lansdale, dem Sicherheitschef.

MORGAN Kann nach Ihrer Meinung ein Kommunist an einem geheimen Kriegsprojekt arbeiten?

OPPENHEIMER Damals oder heute?

MORGAN Sagen wir heute.

OPPENHEIMER In der Regel nein.

MORGAN Damals?

OPPENHEIMER Eine Ausnahme wird mir damals möglicher erschienen sein.

MORGAN Wieso?

OPPENHEIMER Damals war Rußland unser Verbündeter, heute unser wahrscheinlicher Kriegsgegner.

MORGAN Es ist also die Beziehung der Kommunistischen Partei zu Rußland, die die Arbeit eines Kommunisten an einem geheimen Kriegsobjekt unmöglich macht?

OPPENHEIMER Offensichtlich.

MORGAN Wann wurde das für Sie offensichtlich?

OPPENHEIMER 46, 47.

MORGAN Lassen Sie mich eine plumpe Frage stellen, Dr. Oppenheimer: Wußten Sie im Jahre 1943 nicht, daß die Kommunistische Partei ein Spionageinstrument in diesem Lande war?

OPPENHEIMER Nein.

MORGAN Sie haben das auch nie vermutet, damals?

OPPENHEIMER Nein. Sie war eine legale Partei. Die Russen waren unsere gepriesenen Verbündeten, die Hitler bei Stalingrad gerade geschlagen hatten.

MORGAN Ich habe sie nie gepriesen, glaube ich.

OPPENHEIMER Sie haben mir aber auch nie einen Tip gegeben. Oder der Regierung.

MORGAN Woher wissen Sie das?

OPPENHEIMER Was die praktische Seite angeht, Mr. Morgan, es ist in Los Alamos niemand eingestellt worden, von dem man wußte, daß er Mitglied der Kommunistischen Partei war.

MORGAN Und haben Sie auch niemanden vorgeschlagen, Dr. Oppenheimer?

OPPENHEIMER Nein.

MORGAN Warum nicht?

OPPENHEIMER Wegen der geteilten Loyalität.

MORGAN Zwischen wem geteilt?

OPPENHEIMER Es schien mir unvereinbar, daß ein Mensch einerseits an den geheimen Kriegsprojekten einer Regierung arbeitet, die er andererseits nach dem Programm seiner Partei beseitigen soll.

MORGAN Ich verstehe.

Robb Auf Los Alamos bezogen, Doktor, welche Gefahren sahen Sie bei einer solchen Mitarbeit?

Oppenheimer Die der Indiskretion.

Robb Ist das ein anderes Wort für Spionage?

Oppenheimer Es ist weniger. Es schließt die Gefahr ein.

Robb Sie hielten einen Kommunisten jedenfalls für ein zu großes Sicherheitsrisiko?

Oppenheimer Ein aktives Mitglied ja.

Robb Und ehemalige Mitglieder? Wie verhielten Sie sich, wenn sie einen Physiker vorzuschlagen hatten, der ehemals Mitglied der Kommunistischen Partei gewesen war?

Oppenheimer Wenn ich das wußte, und wenn ich ihn im Hinblick auf die geheime Kriegsarbeit für gefährlich hielt, dann machte ich meinen Vorschlag mit diesem Vorbehalt.

Robb Wie prüften Sie, ob ein ehemaliges Mitglied noch gefährlich war?

Oppenheimer Ich gab meinen Eindruck. Es war sehr schwer, gute Leute zu kriegen. Wir arbeiteten unter äußerst harten, äußerst unangenehmen Bedingungen.

Robb Sie haben meine Frage nicht beantwortet, Sir.

Oppenheimer Wiederholen Sie die Frage.

Robb Welchen Test machten Sie damals, um beruhigt zu sein, daß ein ehemaliges Mitglied nicht mehr gefährlich war?

Oppenheimer Welchen Test? Bei wem? Bei meiner Frau?

Robb Nehmen wir Ihren Bruder, der wie Sie Physiker ist. Beschreiben Sie uns den Test, den Sie angestellt haben, um ihm vertrauen zu können.

Oppenheimer Bei seinem Bruder stellt man keinen Test an. Ich wenigstens nicht. Ich kannte meinen Bruder.

Robb Gut, woran erkannten Sie, daß Ihr Bruder nicht mehr gefährlich war?

Oppenheimer Ich hielt meinen Bruder nie für gefährlich. Die Gefahr, daß ein Mitglied der Kommunistischen Partei Spionage betreiben könnte, hieß für mich nie, daß jedes Mitglied tatsächlich Spionage betreiben würde.

Robb Ich verstehe. Ihr Bruder war eine Ausnahme von der Regel, die Sie vorhin aufgestellt haben?

OPPENHEIMER Nein. Ich sagte nicht, daß jeder Kommunist ein Sicherheitsrisiko sein muß, daß es aber sinnvoll ist, diese Regel aufzustellen. Joliot Curie in Frankreich ist ein Gegenbeispiel. Er ist Kommunist, und er ist für das französische Atomwaffenprogramm verantwortlich.

ROBB Die Atomspione Klaus Fuchs, Nunn May und Pontecorvo sind andere Beispiele?

OPPENHEIMER Ja.

...

ROBB Wann wurde Ihr Bruder Mitglied der Kommunistischen Partei?

OPPENHEIMER 1936 oder 1937.

ROBB Und wann ist er wieder ausgetreten?

OPPENHEIMER Ich glaube, im Herbst 1941.

ROBB Das war die Zeit, als er von Stanford nach Berkeley an das Strahlungslaboratorium ging, nicht wahr?

OPPENHEIMER Ja. Lawrence holte ihn zu nicht geheimen Arbeiten.

ROBB Kurz danach war er aber in Berkeley an geheimen Kriegsprojekten beteiligt?

OPPENHEIMER Nach einem Jahr etwa.

ROBB Nach Pearl Harbor?

OPPENHEIMER Möglich.

ROBB Teilten Sie den Sicherheitsbehörden daraufhin mit, daß Ihr Bruder Parteimitglied gewesen ist?

OPPENHEIMER Es hat mich niemand danach gefragt.

ROBB Es hat Sie niemand gefragt. – Teilten Sie das Lawrence oder sonst jemand mit?

OPPENHEIMER Ich sagte Lawrence, daß die Schwierigkeiten meines Bruders in Stanford von dessen linken Verbindungen herrührten.

ROBB Das war nicht ganz meine Frage, Doktor. Teilten Sie Lawrence oder sonst jemand mit, daß Ihr Bruder Frank Mitglied der Kommunistischen Partei gewesen ist?

OPPENHEIMER Nein.

ROBB Warum nicht?

OPPENHEIMER Ich glaube, ich bin nicht verpflichtet, die Karriere meines Bruders zu zerstören, wenn ich volles Vertrauen zu ihm habe.

ROBB Woraus schlossen Sie, daß Ihr Bruder nicht mehr Mitglied war?

OPPENHEIMER Er hat es mir gesagt.

ROBB Und das genügte Ihnen?

OPPENHEIMER Ja.

ROBB Wissen Sie, daß Ihr Bruder damals und auch später offiziell bestritten hat, daß er jemals Mitglied war?

OPPENHEIMER Ich weiß, daß er das im Jahre 1947 bestritten hat.

ROBB Warum hat er das nach Ihrer Meinung bestritten?

OPPENHEIMER Vermutlich wollte er weiter als Physiker arbeiten und nicht als Farmer, wie er das seit dieser Zeit tun muß.

ROBB Billigen Sie sein Verhalten, Doktor?

OPPENHEIMER Ich billige es nicht, ich verstehe es. Ich mißbillige, daß ein Mensch wegen seiner gegenwärtigen oder vergangenen Ansichten vernichtet wird. Das mißbillige ich.

ROBB Wir sprechen von der Arbeit an geheimen Kriegsprojekten und von den möglicherweise unbequemen Maßnahmen, die wir treffen müssen, unsere Freiheit zu schützen, Doktor.

OPPENHEIMER Ich weiß. Es gibt Leute, die bereit sind, die Freiheit zu schützen, bis nichts mehr von ihr übrig ist.

ROBB Kann man im Falle ihres Bruders sagen, Sir, daß die natürliche Loyalität, die sie ihm entgegenbrachten, die Loyalität unseren Sicherheitsbehörden gegenüber überwog?

OPPENHEIMER Ich habe dargelegt, daß es einen solchen Loyalitätskonflikt nicht gab.

ROBB Obwohl Sie nach Ihrem eigenen Zeugnis der Ansicht waren, daß es für die Sicherheitsbehörden wichtig sein kann, zu wissen, ob jemand Mitglied der Kommunistischen Partei war, verschwiegen Sie das im Falle Ihres Bruders, oder nicht?

OPPENHEIMER Ich verschwieg es nicht ausdrücklich, ich wurde nicht gefragt.

ROBB Und Sie sagten es nicht von sich aus?

OPPENHEIMER Nein.

ROBB Das wollte ich wissen, Doktor.

Elftes Kapitel

Friedenswille – Gewaltlosigkeit

❖ ❖ ❖

Johann Peter Hebel

Das wohlfeile Mittagessen

Es ist ein altes Sprichwort: Wer andern eine Grube gräbt, fällt selber darein. – Aber der Löwenwirt in einem gewissen Städtlein war schon vorher darin. Zu diesem kam ein wohlgekleideter Gast. Kurz und trotzig verlangte er für *sein* Geld eine gute Fleischsuppe. Hierauf forderte er auch ein Stück Rindfleisch und ein Gemüs für sein Geld. Der Wirt fragte ganz höflich: ob ihm nicht auch ein Glas Wein beliebe? „O freilich ja!" erwiderte der Gast, „wenn ich etwas Gutes haben kann für *mein* Geld." Nachdem er sich alles wohl hatte schmecken lassen, zog er einen abgeschliffenen Sechser aus der Tasche und sagte: „Hier, Herr Wirt, ist *mein* Geld." Der Wirt sagte: „Was soll das heißen? Seid Ihr mir nicht einen Taler schuldig?" Der Gast erwiderte: „Ich habe für keinen Taler Speise von Euch verlangt, sondern *für mein Geld*. Mehr hab ich nicht. Habt Ihr mir zu viel dafür gegeben, so ist's Eure Schuld." – Dieser Einfall war eigentlich nicht weit her. Es gehörte nur Unverschämtheit dazu und ein unbekümmertes Gemüt, wie es am Ende ablaufen werde. Aber das Beste kommt noch. „Ihr seid ein durchtriebener Schalk", erwiderte der Wirt, „und hättet wohl etwas anders verdient. Aber ich schenke Euch das Mittagessen und hier noch ein Vierundzwanzigkreuzerstück dazu. Nur seid stille zur Sache und geht zu meinem Nachbarn, dem Bärenwirt, und macht es ihm ebenso!" Das sagte er, weil er mit seinem Nachbarn, dem Bärenwirt, aus Brotneid in Unfrieden lebte und einer dem andern jeglichen Tort und Schimpf gerne antat und erwiderte. Aber der schlaue Gast griff lächelnd mit der einen Hand nach dem angebotenen Geld, mit der andern vorsichtig nach der Türe, wünschte dem Wirt einen guten Abend und sagte: „Bei Eurem Nachbarn, dem Herrn Bärenwirt, bin ich schon gewesen, und eben der hat mich zu Euch geschickt und kein anderer."

So waren im Grunde beide hintergangen, und der dritte hatte den Nutzen davon. Aber der listige Kunde hätte sich noch obendrein einen schönen Dank von beiden verdient, wenn sie eine gute Lehre daraus gezogen und sich miteinander ausgesöhnt hätten. Denn Frieden ernährt, aber Unfrieden verzehrt.

GOTTFRIED KELLER

Frühlingsglaube

Es wandert eine schöne Sage
wie Veilchenduft auf Erden um,
wie sehnend eine Liebesklage
geht sie bei Tag und Nacht herum.

Das ist das Lied vom Völkerfrieden
und von der Menschheit letztem Glück,
von goldner Zeit, die einst hienieden,
der Traum als Wahrheit, kehrt zurück,

wo einig alle Völker beten
zum Einen König, Gott und Hirt;
von jenem Tag, wo den Propheten
ihr leuchtend Recht gesprochen wird.

Dann wirds nur eine Schmach noch geben
nur eine Sünde in der Welt:

Des Eigen-Neides Widerstreben,
der es für Traum und Wahnsinn hält.

Wer jene Hoffnung gab verloren
und böslich sie verloren gab,
der wäre besser ungeboren:
Denn lebend wohnt er schon im Grab.

STEFAN ZWEIG

Polyphem

Drei Jahre schon leben wir
In deiner Höhle,
Höhle des Dunkels, des Grauens und böser Erwartung,
Polyphem,
Du ewig hungriger, menschenfressender Riese,
Dessen Auge
Starr, stählern und wimpernlos
Die selige Träne nicht kennt.

Tag für Tag
Greift deine harte haarige Hand
In unsere Reihen,
Fühlt, betastet und wägt unsre schauernden Glieder,
Reißt
Freunde von Freunden,
Bruder von Brüdern
Schlägt
Schädel und Hirne, gefüllt mit Liebe und warmen Gedanken,
Körper und Stirnen, durchglüht von Samen und Süße des Lebens
Gegen die Felsen des Schicksals,
und gierig schlürft
Dein breites, wulstiges tierisches Maul

Das heilige Fleisch
Göttlicher Menschen.

Wie Tiere gedrängt
Schauernd im Dunkel
Der blutigen Höhle
Sitzen wir nachts und fragen uns an mit sklavischen Augen:
Wann du? Wann ich? Wann der letzte
Göttlicher Menschen
In den Wanst,
Den sich ewig weitenden,
Dieses aufgeblähten sinnlosen Tiers?
Unsere Wangen
Sind mürb
Von vergossenen Tränen,
Unsere Augen
Verdunkelt vom täglichen Anblick der Schmach,
Ein eiserner Ring
Erdrückt unsere Kehle,
Die einstens lobsang die Schönheit der Welt.
Wir können nicht reden,
Wir können nur stöhnen.
Wie die Vögel im Sturm
Gesträubten Gefieders
Niedergeduckt
Wärmen wir uns
Einer am andern,
Aber wir ballen die Fäuste,
Daß das Blut uns rot aus den Nägeln springt.

Er aber,
Trunken von Blut,
Frech von der Mast
Heiliger Menschen,
Räkelt sich breit
Auf der ewigen Erde,

Vom Morgen bis Mittag
Liegt er hingestreckt,
Zermalmend die Äcker,
Zerberstend die Wälder,
Zerdrückend die Städte,
Der Menschenschlinger
Und lacht
Mit dem kalten Auge, dem tränenlosen
In die Himmel,
Wo die Götter, die schläfrigen, schlafen und schlafen.

Aber hüte dich, Polyphem!
Es brennen heimlich
Die Feuer der Rache
In unseren Seelen.
Der Atem der Toten facht sie zur Glut.
Schon schmieden
Wir nächtlich den Pfahl,
Den Pfahl für dein Auge,
Das harte, das kalte, das tränenlose!
Hüte dich, hüte dich, Polyphem,
Schon schärfen wir
Die Spitze im Feuer!
Friß nur, saufe, mäste dich an,
Polyphem,
Doch wenn du dann träumst vom ewigen Fraße,
Stoßen wir dir die Nacht in die Stirn,
Und aus der Höhle des Bluts und des Grauens
Schreiten
Wir, Brüder der Völker, Brüder der Zeiten,
Über deine stinkende Leiche
In die ewigen Himmel der Welt.

Bertolt Brecht

Legende vom toten Soldaten

1

Und als der Krieg im vierten Lenz
Keinen Ausblick auf Frieden bot
Da zog der Soldat seine Konsequenz
Und starb den Heldentod.

2

Der Krieg war aber noch nicht gar
Drum tat es dem Kaiser leid
Daß sein Soldat gestorben war:
Es schien ihm noch vor der Zeit.

3

Der Sommer zog über die Gräber her
Und der Soldat schlief schon
Da kam eines Nachts eine militär-
ische ärztliche Kommission.

4

Es zog die ärztliche Kommission
Zum Gottesacker hinaus
Und grub mit geweihtem Spaten den
Gefallnen Soldaten aus.

5

Der Doktor besah den Soldaten genau
Oder was von ihm noch da war
Und der Doktor fand, der Soldat war k.v.
Und er drückte sich vor der Gefahr.

6

Und sie nahmen sogleich den Soldaten mit
Die Nacht war blau und schön.
Man konnte, wenn man keinen Helm aufhatte
Die Sterne der Heimat sehn.

7

Sie schütteten ihm einen feurigen Schnaps
In den verwesten Leib
Und hängten zwei Schwestern in seinen Arm
Und ein halb entblößtes Weib.

8

Und weil der Soldat nach Verwesung stinkt
Drum hinkt ein Pfaffe voran
Der über ihn ein Weihrauchfaß schwingt
Daß er nicht stinken kann.

9

Voran die Musik mit Tschindrara
Spielt einen flotten Marsch.
Und der Soldat, so wie er's gelernt
Schmeißt seine Beine vom Arsch.

10

Und brüderlich den Arm um ihn
Zwei Sanitäter gehn
Sonst flög er noch in den Dreck ihnen hin
Und das darf nicht geschehn.

11

Sie malten auf sein Leichenhemd
Die Farben Schwarz-Weiß-Rot
Und trugen's vor ihm her; man sah
Vor Farben nicht mehr den Kot.

12

Ein Herr im Frack schritt auch voran
Mit einer gestärkten Brust
Der war sich als ein deutscher Mann
Seiner Pflicht genau bewußt.

13

So zogen sie mit Tschindrara
Hinab die dunkle Chaussee
Und der Soldat zog taumelnd mit
Wie im Sturm die Flocke Schnee.

14

Die Katzen und die Hunde schrein
Die Ratzen im Feld pfeifen wüst:
Sie wollen nicht französisch sein
Weil das eine Schande ist.

15

Und wenn sie durch die Dörfer ziehn
Waren alle Weiber da
Die Bäume verneigten sich, Vollmond schien
Und alles schrie hurra.

16

Mit Tschindrara und Wiedersehn!
Und Weib und Hund und Pfaff!
Und mitten drin der tote Soldat
Wie ein besoffner Aff.

17

Und wenn sie durch die Dörfer ziehn
Kommt's, daß ihn keiner sah
So viele waren herum um ihn
Mit Tschindra und Hurra.

18

So viele tanzten und johlten um ihn
Daß ihn keiner sah.
Man konnte ihn einzig von oben noch sehn
Und da sind nur Sterne da.

19

Die Sterne sind nicht immer da
Es kommt ein Morgenrot.
Doch der Soldat, so wie er's gelernt
Zieht in den Heldentod.

MAHATMA GANDHI

Gewaltlosigkeit und ziviler Ungehorsam

Lieber Freund!

Bevor ich den zivilen Ungehorsam entfessele und damit ein Risiko auf mich nehme, von dem ich all die Jahre zurückgeschreckt bin, möchte ich mich an Sie wenden und versuchen, noch einen Ausweg zu finden.

Mein eigener Standpunkt ist vollkommen klar. Ich bin nicht imstande, irgendeinem Lebewesen, geschweige denn meinen Mitmenschen weh zu tun, selbst dann nicht, wenn sie mir und den Meinen das größte Unrecht zufügen. Daher habe ich, obwohl ich die englische Herrschaft für einen Fluch halte, nicht die Absicht, irgendeinem Engländer oder den rechtmäßigen Interessen, die er in Indien haben mag, zu schaden.

Ich möchte nicht mißverstanden werden. Obwohl ich die englische Herrschaft in Indien für einen Fluch halte, glaube ich nicht, daß die Engländer im allgemeinen schlechter sind als irgendein anderes Volk auf Erden. Ich genieße das Vorrecht, viele Engländer zu meinen liebsten Freunden zählen zu dürfen. Und in der Tat verdanke ich viel von meinem Wissen über die Mißstände der britischen Herrschaft den Aufsätzen ehrlicher und mutiger Engländer, die sich nicht scheuten, die traurige Wahrheit über diese Herrschaft zu berichten.

Und warum betrachte ich die englische Herrschaft als einen Fluch?

Sie hat durch ein System progressiver Ausbeutung und durch eine ungeheuer kostspielige Militär- und Zivilverwaltung, die das Land niemals tragen kann, die stummen Millionen an den Bettelstab gebracht.

Sie hat uns politisch zu Sklaven gemacht. Sie hat die Grundlagen unserer Kultur untergraben. Und da sie uns systematisch und brutal jeder Waffe beraubte, hat sie uns seelisch erniedrigt. Weil es uns an innerer Stärke fehlt, hat man uns durch eine fast vollständige Entwaffnung in eine an Hilflosigkeit grenzende Lage versetzt. . . .

Es liegt offen zutage, daß die verantwortlichen britischen Staatsmänner nicht die geringste Änderung ihrer Politik in Betracht ziehen, die den Handel Englands mit Indien in ungünstiger Weise beeinflussen könnte oder eine genaue und unparteiische Überprüfung der Handelsgeschäfte Englands mit Indien erfordern würde. Wenn nichts geschieht, um dem Ausbeutungsprozeß Einhalt zu gebieten, dann schreitet die Ausblutung Indiens immer schneller voran. Der Finanzsachverständige betrachtet das Verhältnis eins zu sechs als feststehende Tatsache; das würde mit einem Federstrich Indien um einige Millionen ärmer machen. Und wenn ein ernsthafter Versuch unternommen wird, durch eine in ordentlicher Form durchgeführte direkte Aktion diese Tatsache, neben vielen anderen, aus dem Wege zu räumen, dann können Sie selbst nicht umhin, die wohlhabende Klasse der Grundbesitzer aufzurufen, Ihnen bei der Vereitelung dieses Versuches im Namen einer Herrschaft, die Indien völlig vernichtet, zu helfen. . . .

Es hat den Anschein, als sei nicht eine der politischen Parteien Englands bereit, die Ausbeutung Indiens aufzugeben, die England von Tag zu Tag oft trotz einmütigen Widerstandes der indischen Öffentlichkeit betreibt

Wenn Indien jedoch als Nation weiterleben soll, wenn dem langsamen Hungertod Einhalt geboten werden soll, dann muß ein Mittel zur sofortigen Linderung der Not gefunden werden. Die vorgeschlagene Konferenz ist gewiß nicht dieses Mittel. Hier handelt es sich nicht darum, durch Argumente zu überzeugen. Es ist nun so weit, daß sich Kräfte miteinander messen. Überzeugung hin oder her – England würde immer seinen Handel und seine Interessen in Indien mit aller ihm zur Verfügung stehenden Macht verteidigen. Indien muß infolgedessen versuchen, so viel Kraft aufzubringen, daß es sich selbst von der Hand des Todes befreien kann.

Man ist allgemein der Auffassung, daß die Partei der Gewalt, obwohl sie nicht organisiert und zur Zeit noch unbedeutend ist, an Boden gewinnen und sich fühlbar machen wird. Ihr Ziel ist dasselbe wie meines. Aber ich bin überzeugt, daß sie nicht die ersehnte Hilfe für die stummen Millionen bringen kann. In mir wächst mehr und mehr die Überzeugung heran, daß nur reine Gewaltlosigkeit die organisierte Gewalt Großbritanniens in Schach halten kann. Viele glauben, Gewaltlosigkeit sei keine wirkende Kraft. Meine Erfahrung, so begrenzt sie auch sicherlich sein mag, sagt mir, daß Gewaltlosigkeit eine sehr starke, wirkende Kraft darstellt. Es ist meine Absicht, diese Kraft sowohl gegen die organisierte Gewalt der britischen Herrschaft als auch gegen die nicht organisierte Gewalt der an Stärke zunehmenden Partei der Gewalt einzusetzen. Untätig bleiben hieße, diesen beiden Mächten die Zügel schießen zu lassen. Da ich bedingungsloses und unbeirrbares Vertrauen in die Wirksamkeit der Gewaltlosigkeit, so wie ich sie verstehe, habe, wäre es von mir eine Sünde, länger zu warten.

Diese Gewaltlosigkeit wird in einem bürgerlichen Ungehorsam zum Ausdruck kommen; augenblicklich beschränkt sich diese Bewegung noch auf die Insassen des Satyagraha-Ashram, doch sie ist dazu bestimmt, alle die zu umfassen, die sich der Bewegung mit ihren eindeutigen Beschränkungen anschließen wollen.

Ich weiß, daß ich mich mit dem Aufruf zum gewaltlosen Widerstand auf etwas einlasse, was man ruhig ein ungeheures Risiko nennen kann. Doch der Wahrheit wurde nie ohne Risiko, oft von ganz erheblichem Umfang, zum Siege verholfen. Eine Nation zur Einsicht zu bringen, die bewußt oder unbewußt eine andere weit größere, weit ältere und nicht weniger kultivierte ausplünderte, ist jedes noch so große Risiko wert.

Ich habe das Wort Einsicht mit Absicht gewählt. Denn ich habe keinen geringeren Ehrgeiz als den, das englische Volk durch Gewaltlosigkeit zu bekehren und es so zu der Erkenntnis zu bringen, daß es Indien unendlich viel Leid zugefügt hat. Ich möchte Ihrem Volk nicht schaden. Ich habe den Wunsch, ihm ebenso wie dem meinigen zu dienen. Ich glaube, ihm immer gedient zu haben. Blind diente ich ihm bis 1919. Als aber meine Augen sehend wurden, und ich auf den Gedanken kam, nicht länger zusammenzuarbeiten, war mein Ziel immer noch, ihm zu dienen. ... Da ich für Ihr Volk die gleiche Liebe hege wie für das meine, kann das nicht lange verborgen bleiben. Es wird sie anerkennen, so wie die Angehörigen meiner Familie, nachdem sie mich mehrere Jahre auf die Probe gestellt hatten. Wenn sich das indische Volk mir, wie ich hoffe, anschließt, wird das Leid, das es auf sich nimmt, wenn die britische Regierung nicht vorher nachgibt, so groß sein, daß es auch das steinernste Herz erweichen muß.

Durch bürgerlichen Ungehorsam wollen wir gegen die von mir beispielhaft aufgeführten Übelstände ankämpfen. Wenn wir die Verbindung mit England lösen wollen, so wegen solcher Übelstände. Wenn diese behoben sind, ist der Weg frei. Dann ist er offen für Verhandlungen in freundschaftlicher Atmosphäre. Wenn die britischen Beziehungen zu Indien von aller Gier frei sind, wird es Ihnen nicht schwer fallen, unsere Unabhängigkeit anzuerkennen. Ich ersuche Sie deshalb, den Weg zur sofortigen Beseitigung dieser Übelstände zu ebnen und so die Voraussetzungen für eine echte Konferenz unter Gleichberechtigten zu schaffen, die nur an einer Förderung des gemeinsamen Wohlergehens der Menschheit und an der Schaffung von Bedingungen interessiert sind, die beiden Seiten in gleicher Weise Vorteile bringen und zur gegenseitigen Hilfe und zum Güteraustausch beitragen. ... Falls Sie aber keine Möglichkeit sehen, mit diesen Übeln fertig zu werden, und Ihnen mein Brief nicht zu Herzen geht, dann übertrete ich mit den Mitgliedern des Ashram, die sich mir anschließen wollen, am elften Tage des Monats das Salzgesetz. Ich betrachte die Salzsteuer als die ungerechteste vom Standpunkt des armen Mannes aus. Da die Unabhängigkeitsbewegung vor allem den Ärmsten des Landes helfen soll, muß der Anfang bei diesem Mißstand gemacht werden. Es ist ein Wunder, daß wir dieses grausame Monopol so lange ertragen haben. Ich weiß, Sie haben die Möglichkeit, meinen Plan durch meine Verhaftung zu vereiteln. Ich hoffe, daß dann Zehntausende bereit sein werden, mein Werk in Ruhe und Ordnung weiterzuführen und sich durch den Ungehorsam gegenüber dem Salzgesetz freiwillig der Bestrafung durch ein Gesetz auszusetzen, das niemals das Gesetzbuch hätte verunstalten dürfen. ...

Mein Brief ist keineswegs als Drohung gedacht, er ist nur Ausdruck einer einfachen, heiligen Pflicht, die jedem Anhänger des gewaltlosen Widerstands obliegt ...

Ich verbleibe Ihr Ihnen ergebener Freund
M. K. Gandhi

Martin Luther King

Mein Weg zur Gewaltlosigkeit

Da die Lehre vom gewaltlosen Widerstand eine so positive Rolle in der Montgomery-Bewegung spielte, ist es vielleicht angebracht, einige grundlegende Gesichtspunkte kurz zu erörtern.

Zuerst muß betont werden, daß gewaltloser Widerstand keine Methode für Feiglinge ist. Es wird Widerstand geleistet. Wenn jemand diese Methode anwendet, weil er Angst hat oder nur weil ihm die Werkzeuge zur Gewaltanwendung fehlen, so handelt er in Wirklichkeit gar nicht gewaltlos. Aus diesem Grunde hat Gandhi oft gesagt, man solle, wenn man nur die Wahl zwischen Feigheit und Gewalt hat, lieber kämpfen. Er wußte, daß es immer noch eine andere Möglichkeit gibt: Weder eine Einzelperson noch eine Gruppe von Menschen braucht sich einem Unrecht zu unterwerfen oder Gewalt anzuwenden, um sich wieder Recht zu verschaffen; denn es gibt den Weg des gewaltlosen Widerstands. Das ist letzten Endes der Weg des Starken. Es ist keine Methode träger Passivität. Der Ausdruck „passiver Widerstand" erweckt oft den falschen Eindruck, daß das eine Methode des Nichtstuns sei, bei der derjenige, der Widerstand leistet, ruhig und passiv das Böse hinnimmt. Aber nichts ist weiter von der Wahrheit entfernt. Denn der Anhänger des gewaltlosen Widerstandes ist nur insofern passiv, als er seinen Gegner nicht physisch angreift; sein Geist und seine Gefühle aber sind immer aktiv. Sie versuchen ständig den Gegner zu überzeugen, daß er im Unrecht ist. Die Methode ist körperlich passiv, aber geistig stark aktiv. Es ist keine Widerstandslosigkeit gegenüber dem Bösen, sondern aktiver gewaltloser Widerstand gegen das Böse.

Ein anderer charakteristischer Zug des gewaltlosen Widerstandes ist der, daß er den Gegner nicht vernichten oder demütigen, sondern seine Freundschaft und sein Verständnis gewinnen will. Wer gewaltlosen Widerstand leistet, muß oft durch Boykotte oder dadurch, daß er seine Mitarbeit versagt, protestieren. Aber er weiß, daß diese Mittel nicht Selbstzweck sind. Sie sollen beim Gegner nur ein Gefühl der Scham wecken. Der Zweck ist Wiedergutmachung und Aussöhnung. Die Frucht des gewaltlosen Widerstandes ist eine neue innige Gemeinschaft , während die Folge der Gewalttätigkeit tragische Verbitterung ist.

Ein drittes Charakteristikum dieser Methode ist, daß ihr Angriff gegen die Mächte des Bösen gerichtet ist, nicht gegen Personen, die das Böse tun. Der Anhänger des gewaltlosen Widerstandes will das Böse vernichten, nicht die Menschen, die dem Bösen verfallen sind. Wenn er sich gegen die Rassendiskriminierung auflehnt, so tut er es in der Erkenntnis, daß die eigentliche Spannung nicht zwischen den Rassen besteht. Ich sage es den Leuten in Montgomery gern so: „Die Spannung in dieser Stadt besteht nicht zwischen Weißen und Negern. Sie besteht im Grunde genommen zwischen Gerechtigkeit und Ungerechtigkeit, zwischen den Mächten des Lichts und den Mächten der Finsternis. Und wenn hier ein Sieg errungen ist, wird es nicht nur ein Sieg für 50 000 Neger sein, sondern ein Sieg für die Gerechtigkeit und die Mächte des Lichts. Wir wollen die Ungerechtigkeit vernichten und nicht weiße Menschen, die ungerecht sind."

Ein vierter charakteristischer Zug des gewaltlosen Widerstandes ist die Bereitschaft, Demütigungen zu erdulden, ohne sich zu rächen, und Schläge hinzunehmen, ohne zurückzuschlagen. „Vielleicht müssen Ströme von Blut fließen, ehe wir unsere Freiheit gewinnen, aber es muß unser Blut sein", sagte Gandhi zu seinen Landsleuten. Der Anhänger des gewaltlosen Widerstandes ist bereit, wenn es sein muß, Gewalttätigkeit hinzunehmen; aber er wird sie anderen niemals zufügen. Er versucht nicht, einer Verhaftung aus dem Wege zu gehen. Wenn er ins Gefängnis muß, geht er hinein „wie ein Bräutigam in die Kammer der Braut".

Man könnte nun fragen: Mit welchem Recht fordert der Anhänger des gewaltlosen Widerstandes die Menschen auf, eine so schwere Prüfung auf sich zu nehmen? Mit welchem Recht wendet er die alte Lehre vom „Die-andere-Backe-Hinreichen" auf die politischen Massen an? Die Antwort ist: Er hat erkannt, daß unverdientes Leiden erlöst. Im Leiden liegt eine gewaltige erzieherische und umwandelnde Kraft. Gandhi sagt: „Alles, was von fundamentaler Bedeutung für ein Volk ist, läßt sich nicht durch Vernunft allein erreichen, es muß durch Leiden erkauft werden. Leiden ist eine unendlich viel stärkere Macht als das Gesetz des Dschungels. Es kann den Gegner umwandeln und ihm die Ohren öffnen, die sonst der Stimme der Vernunft verschlossen sind."

Fünftens läßt sich der Anhänger des gewaltlosen Widerstandes weder äußerlich noch innerlich zur Gewalttätigkeit hinreißen. Er weigert sich nicht nur, seinen Gegner niederzuschießen, sondern auch, ihn zu hassen. Im Mittelpunkt der Lehre vom gewaltlosen Widerstand steht das Gebot der Liebe. Der Anhänger des gewaltlosen Widerstandes kämpft darum, daß die unterdrückten Völker der Welt in ihrem Ringen um die Menschenwürde nicht verbittert werden oder sich in Haßfeldzügen ergehen. Mit gleicher Münze vergelten, würde den Haß in der Welt nur vermehren. Jeder müßte Verstand und Moral genug haben, um die Kette des Hasses zu zerreißen. Das kann nur geschehen, wenn wir die Liebe zum Mittelpunkt unseres Lebens machen.

Wenn wir an dieser Stelle von der Liebe sprechen, meinen wir damit nicht irgendein sentimentales oder zärtliches Gefühl. Es wäre Unsinn, wenn wir die Menschen auffordern wollten, ihre Unterdrücker zärtlich zu lieben. Mit Liebe meinen wir in unserem Falle

Verstehen, guten Willen, der erlösende Kraft hat. Hier kommt uns die griechische Sprache zu Hilfe. Es gibt im griechischen Neuen Testament drei Worte für Liebe. Erstens das Wort „eros". In Platos Philosophie bedeutet „eros" das Verlangen der Seele nach dem Bereich des Göttlichen. Heute verstehen wir darunter eine Art ästhetischer oder romantischer Liebe. Das zweite Wort ist „philia", das innige Zuneigung zwischen zwei Freunden bedeutet. Philia kennzeichnet eine auf Gegenseitigkeit beruhende Liebe. Man liebt, weil man geliebt wird.

Wenn wir von einer Liebe zu denen sprechen, die uns feindlich gegenüberstehen, benutzen wir weder das Wort „eros" noch das Wort „philia", sondern das griechische Wort „agape". Agape bedeutet verstehender, erlösender guter Wille allen Menschen gegenüber. Sie ist eine überströmende Liebe, die völlig freiwillig, unmotiviert, grundlos und schöpferisch ist. Sie wird nicht durch irgendeine gute Eigenschaft oder Leistung ihres Objekts ausgelöst. Sie ist die Liebe Gottes, die im Herzen des Menschen wirkt.

Agape ist eine uneigennützige Liebe, in der der Mensch nicht sein Bestes sucht, sondern „was des andern ist" (1. Kor. 10, 24). Sie macht keinen Unterschied zwischen würdigen und unwürdigen Menschen oder zwischen irgendwelchen Eigenschaften, die die Menschen besitzen. Sie liebt die andern um ihretwillen und sieht in jedem Menschen, dem sie begegnet, den Nächsten. Daher macht sie auch keinen Unterschied zwischen Freund und Feind. Sie wendet sich beiden zu. Wer einen Menschen nur seiner Freundlichkeit wegen liebt, liebt ihn mehr um des Vorteils willen, den er aus der Freundschaft zieht, als um seinetwillen. Wenn wir also sicher sein wollen, daß unsere Liebe uneigennützig ist, müssen wir den Nächsten lieben, der unser Feind ist und von dem wir nichts Gutes, sondern nur Feindseligkeit und Verfolgung erwarten können.

Ein anderer Grundzug der Agape ist, daß sie aus dem dringenden Verlangen des andern entspringt – seinem Verlangen, zu den Besten in der menschlichen Familie zu gehören. Der Samariter, der dem Juden auf der Straße nach Jericho half, war „gut", weil er auf die menschliche Not reagierte, der er begegnete. Gottes Liebe ist ewig und versagt nicht, weil der Mensch sie braucht. Paulus versichert uns, daß „wir Gott versöhnt sind durch den Tod seines Sohnes, als wir noch Feinde waren" – das heißt, zu der Zeit, als wir die Liebe am meisten brauchten. Da der Charakter des weißen Menschen durch die Segregation sehr entstellt ist und seine Seele sehr gelitten hat, braucht er die Liebe des Negers. Der Neger muß den Weißen lieben, damit dessen Spannungen, Unsicherheiten und Ängste beseitigt werden.

Agape ist keine schwache, passive Liebe. Sie ist eine tätige Liebe, eine Liebe, die danach trachtet, Gemeinschaft zu schaffen und zu erhalten, auch wenn man sie zerstören will. Sie ist bereit, Opfer zu bringen und alles zu tun, um die Gemeinschaft wiederherzustellen. Sie bleibt deshalb nicht bei der ersten Meile stehen, sondern sie geht auch die zweite Meile. Sie ist bereit, nicht siebenmal, sondern siebenzigmal siebenmal zu vergeben. Das Kreuz ist das ewige Zeichen dafür, wie weit Gott gehen will, um eine zerbrochene Gemeinschaft wiederherzustellen. Die Auferstehung ist ein Symbol des Sieges Gottes über alle die Mächte, die die Gemeinschaft zu verhindern suchen. Der Heilige Geist ist im Verlauf der Geschichte die Realität, die ständig Gemeinschaft schafft. Wer gegen die Gemeinschaft handelt, handelt gegen die ganze Schöpfung. Wenn ich daher Haß mit Haß begegne, vergrößere ich nur die Kluft in der zerbrochenen Gemeinschaft. Ich kann diese Kluft nur so schließen, daß ich Haß mit Liebe begegne. Wenn ich Haß mit Haß begegne, werde ich entpersönlicht, weil sich meine Persönlichkeit nach dem Schöpfungswillen Gottes nur innerhalb der Gemeinschaft entwickeln kann ...

Und schließlich bedeutet „agape" Anerkennung der Tatsache, daß alles Leben in Beziehung zueinander steht. Die ganze Menschheit ist in einen einzigen Prozeß verwickelt, und alle Menschen sind Brüder. In dem Maße, wie ich meinem Bruder schade, ganz gleich, was er mir antut, in dem Maße schade ich mir selbst. Die Weißen lehnen zum Beispiel oft eine finanzielle Unterstützung des Schulwesens aus Bundesmitteln ab, um den Negern nicht ihr Recht geben zu müssen. Da aber alle Menschen Brüder sind, können sie Negerkindern nichts verweigern, ohne ihren eigenen Kindern zu schaden. Entgegen all ihren Anstrengungen schaden sie sich schließlich selbst. Warum ist das so? Weil alle Menschen Brüder sind. Wenn du mir schadest, schadest du dir selbst ...

Sechstens gründet sich der gewaltlose Widerstand auf die Überzeugung, daß das Universum auf der Seite der Gerechtigkeit steht. Infolgedessen hat der, der an Gewaltlosigkeit glaubt, einen tiefen Glauben an die Zukunft. Dieser Glaube ist ein weiterer Grund, warum der Anhänger des gewaltlosen Widerstandes Leiden ertragen kann, ohne wiederzuvergelten. Denn er weiß, daß er in seinem Kampf für die Gerechtigkeit den Kosmos auf seiner Seite hat. Es ist wahr, daß es eifrige Anhänger der Gewaltlosigkeit gibt, denen es schwerfällt, an einen persönlichen Gott zu glauben. Aber selbst diese glauben an die Existenz irgendeiner schöpferischen Kraft, die für das universale Ganze wirkt. Ob wir sie nun einen unbewußten Prozeß, einen unpersönlichen Brahma oder ein persönliches Wesen von unvergleichlicher Macht und unendlicher Liebe nennen – es gibt eine schöpferische Kraft in diesem Weltall, die am Werk ist, die getrennten Erscheinungen der Wirklichkeit zu einem harmonischen Ganzen zusammenzufügen.

WOLF BIERMANN

Kleiner Frieden

Kinder, die aufwachen
Frauen, die Morgenwäsche machen
Männer, die ein Gedicht schreiben *über*:

Kinder
        die aufwachen
Frauen
        die Morgenwäsche machen
Männer
        die ein Gedicht schreiben

KARL MICKEL

Das Kindlein am Himmelstor

Das Kindlein kam zum Himmelstor
Der Pförtner Petrus stand davor.
Das Kindlein war so zart und fein
Es hatte weder Arm noch Bein.

„O lieber Pförtner laß mich ein
Ich bin weiß Gott ein armes Schwein
Geboren zu Hiroshima
Im zwölften Jahr nachdems geschah."

„Du Kindlein kommst mir nicht herein
Dort muß die Höll gewesen sein.
Wer in der Hölle ist geborn
Dem ewig Leben ist verlorn."

REINER KUNZE

Zweites gedicht über das fensterputzen

Den rahmen säubern
von der möglichkeit des gitters, den wirbel
von der möglichkeit des galgens, den sims
von der möglichkeit des letzten schritts

Die scheiben putzen, nichts
trübe den blick

Atmen
den frieden der fenster die
nachts nicht verschweigen müssen
ihr licht

Max Frisch

Wir hoffen

Eine friedensfähige Gesellschaft wäre eine Gesellschaft, die ohne Feindbilder auskommt. Es gibt Phasen, wo wir nicht ohne Auseinandersetzung auskommen, nicht ohne Zorn, aber ohne Haß, ohne Feindbild: wenn wir (einfach gesprochen) glücklich sind oder zumindest lebendig – zum Beispiel durch eine Art von Arbeit, die nicht nur Lohn einbringt, sondern Befriedigung (die nicht entfremdete Arbeit), und durch eine Art des Zusammenlebens von Menschen, das Selbstverwirklichung zuläßt. Was meint Freiheit, ein so mißbrauchbares Wort, im Grunde anderes? Freiheit nicht als Faustrecht für den Starken, Freiheit nicht durch Macht über andere. Selbstverwirklichung; sagen wir: wenn es möglich ist, kreativ zu leben. Wie viele Menschen haben in den vorhandenen Gesellschaften aber die Möglichkeit, kreativ zu leben? Das ist durch Wohlstand allein noch nicht gegeben ... Ob der Überlebenswille der Gattung ausreichen wird zum Umbau unsrer Gesellschaften in eine friedensfähige, weiß ich nicht. Wir hoffen. Es ist dringlich. Das Gebet entbindet nicht von der Frage nach unserem politischen Umgang mit dieser Hoffnung, die eine radikale ist. Der Glaube an eine Möglichkeit des Friedens (und also des Überlebens der Menschen) ist ein revolutionärer Glaube.

Astrid Lindgren

Niemals Gewalt

Müssen wir uns nach diesen Jahrtausenden ständiger Kriege nicht fragen, ob der Mensch nicht vielleicht schon in seiner Anlage fehlerhaft ist? Und sind wir unserer Aggressionen wegen zum Untergang verurteilt? Wir alle *wollen* ja den Frieden. Gibt es denn da keine

Möglichkeit, uns zu ändern, ehe es zu spät ist? Könnten wir es nicht vielleicht lernen, auf Gewalt zu verzichten? Könnten wir nicht versuchen, eine ganz neue Art Mensch zu werden? Wie aber sollte das geschehen, und wo sollte man anfangen?

Ich glaube, wir müssen von Grund auf beginnen. Bei den Kindern. Sie, meine Freunde, haben Ihren Friedenspreis einer Kinderbuchautorin verliehen, und da werden Sie kaum weite politische Ausblicke oder Vorschläge zur Lösung internationaler Probleme erwarten. Ich möchte zu Ihnen über die Kinder sprechen. Über meine Sorge um sie und meine Hoffnungen für sie. Die jetzt Kinder sind, werden ja einst die Geschäfte unserer Welt übernehmen, sofern dann noch etwas von ihr übrig ist. Sie sind es, die über Krieg und Frieden bestimmen werden und darüber, in was für einer Gesellschaft sie leben wollen. In einer, wo die Gewalt nur ständig weiterwächst, oder in einer, wo die Menschen in Frieden und Eintracht miteinander leben. Gibt es auch nur die geringste Hoffnung darauf, daß die heutigen Kinder dereinst eine friedlichere Welt aufbauen werden, als wir es vermocht haben? Und warum ist uns dies trotz allen guten Willens so schlecht gelungen? ...

Freie und un-autoritäre Erziehung bedeutet *nicht*, daß man die Kinder sich selber überläßt, daß sie tun und lassen dürfen, was sie wollen. Es bedeutet *nicht*, daß sie ohne Normen aufwachsen sollen, was sie selber übrigens gar nicht wünschen. Verhaltensnormen brauchen wir alle, Kinder und Erwachsene, und durch das *Beispiel* ihrer Eltern lernen die Kinder mehr als durch irgendwelche anderen Methoden. Ganz gewiß sollen Kinder Achtung vor ihren Eltern haben, aber ganz gewiß sollen auch Eltern Achtung vor ihren Kindern haben, und niemals dürfen sie ihre natürliche Überlegenheit mißbrauchen. Liebevolle Achtung voreinander, das möchte man allen Eltern und allen Kindern wünschen.

Jenen aber, die jetzt so vernehmlich nach härterer Zucht und strafferen Zügeln rufen, möchte ich das erzählen, was mir einmal eine alte Dame berichtet hat. Sie war eine junge Mutter zu der Zeit, als man noch an diesen Bibelspruch glaubte, dieses „Wer die Rute schont, verdirbt den Knaben". Im Grunde ihres Herzens glaubte sie wohl gar nicht daran, aber eines Tages hatte ihr kleiner Sohn etwas getan, wofür er ihrer Meinung nach eine Tracht Prügel verdient hatte, die erste in seinem Leben. Sie trug ihm auf, in den Garten zu gehen und selber nach einem Stock zu suchen, den er ihr dann bringen sollte. Der kleine Junge ging und blieb lange fort. Schließlich kam er weinend zurück und sagte: „Ich habe keinen Stock finden können, aber hier hast du einen Stein, den kannst du ja nach mir werfen." Da aber fing auch die Mutter an zu weinen, denn plötzlich sah sie alles mit den Augen des Kindes. Das Kind mußte gedacht haben, „meine Mutter will mir wirklich weh tun, und das kann sie ja auch mit einem Stein."

Sie nahm ihren kleinen Sohn in die Arme, und beide weinten eine Weile gemeinsam. Dann legte sie den Stein auf ein Bord in der Küche, und dort blieb er liegen als ständige Mahnung an das Versprechen, das sie sich in dieser Stunde selber gegeben hatte: „NIEMALS GEWALT!"

Ja, aber wenn wir unsere Kinder nun ohne Gewalt und ohne irgendwelche straffen Zügel erziehen, entsteht dadurch schon ein neues Menschengeschlecht, das in ewigem Frieden lebt? Etwas so Einfältiges kann sich wohl nur ein Kinderbuchautor erhoffen! Ich weiß, daß es eine Utopie ist. Und ganz gewiß gibt es in unserer armen, kranken Welt noch sehr viel anderes, das gleichfalls geändert werden muß, soll es Frieden geben. Aber in dieser unserer Gegenwart gibt es – selbst ohne Krieg – so unfaßbar viel Grausamkeit, Gewalt und Unterdrückung auf Erden, und das bleibt den Kindern keineswegs verborgen. Sie sehen und hören und lesen es täglich, und schließlich glauben sie gar, Gewalt sei ein natürlicher Zustand. Müssen wir ihnen dann nicht wenigstens daheim durch unser Beispiel zeigen, daß es eine andere Art zu leben gibt? Vielleicht wäre es gut, wenn wir alle einen kleinen Stein auf das Küchenbord legten als Mahnung für uns und für die Kinder: NIEMALS GEWALT!

Es könnte trotz allem mit der Zeit ein winziger Beitrag sein zum Frieden in der Welt.

Zwölftes Kapitel

Gemeinsinn – Verantwortungsbewußtsein Verläßlichkeit

❖ ❖ ❖

Kain und Abel

Eva, Adams Weib, gabar den Kain (Gewinn) und sprach: Ich habe einen Sohn mit des Herrn Hilfe gewonnen. Weiter gebar sie den Abel, seinen Bruder. Abel war ein Schäfer, Kain aber ein Ackermann. Es begab sich aber nach einiger Zeit, daß Kain dem Herrn von den Früchten des Feldes Opfer brachte; und auch Abel brachte von den Erstlingen seiner Herde und von ihrem Fett. Und der Herr sah gnädig auf Abel und sein Opfer; aber Kain und sein Opfer sah er nicht gnädig an. Da ergrimmte Kain sehr, und sein Angesicht verfinsterte sich. Da sprach der Herr zu Kain: Warum ergrimmst du, und warum verfinstert sich dein Angesicht? Ist es nicht also? Wenn du fromm bist, so bist du angenehm; bist du aber nicht fromm, so lauert die Sünde vor der Tür, und ihr Verlangen steht nach dir; du aber herrsche über sie.

Da redete Kain mit seinem Bruder Abel; und da sie auf dem Felde waren, erhob sich Kain wider seinen Bruder und schlug ihn tot. Da sprach der Herr zu Kain: Wo ist dein Bruder Abel? Er sprach: Ich weiß es nicht; soll ich meines Bruders Hüter sein? Gott aber sprach: Was hast du getan? Das Blut deines Bruders schreit zu mir von der Erde; und nun seist du verflucht auf der Erde, die ihren Mund aufgetan und deines Bruders Blut von deiner Hand empfangen hat. Wenn du den Acker bauen wirst, soll er dir hinfort seinen Ertrag nicht geben. Unstet und flüchtig sollst du sein auf Erden.

Kain aber sprach zu dem Herrn: Meine Schuld ist größer, als daß ich sie tragen könnte. Siehe, du treibst mich heute aus dem Lande, und ich muß mich vor deinem Angesicht verbergen und muß unstet und flüchtig sein auf Erden. So wird's mir gehen, daß mich totschlägt, wer mich findet. Aber der Herr sprach zu ihm: Nein; sondern wer Kain totschlägt, das soll siebenfältig gerächt werden. Und der Herr machte ein Zeichen an Kain, daß ihn niemand erschlüge, wer ihn fände. Also ging Kain von dem Angesichte des Herrn weg und wohnte im Lande der Verbannung jenseits Eden gegen Morgen.

(1. Buch Moses)

Die Sage von Daidalos und Ikaros

Daidalos von Athen, der größte Künstler des mythischen Altertums, stammte ebenfalls aus dem Geschlechte des Erechtheus. Er war weit und breit berühmt durch seine herrlichen Kunstwerke. Er errichtete viele schöne Tempel und sonstige Bauten und schuf Bildsäulen, von denen man sagte, sie lebten, sähen und gingen. Denn während die früheren Künstler ihre Standbilder mumienartig mit steif zusammengeschlossenen Füßen, an den Seiten anliegenden Armen und geschlossenen Augen bildeten, öffnete Daidalos seinen Bildern die Augen, löste die Arme frei von dem Körper und gab ihnen eine schreitende Stellung. Er hatte für seine Kunst eine Menge nützlicher Werkzeuge erfunden, wie die Axt, den Bohrer, die Setzwage. Die Künstlereifersucht aber trieb ihn zum Verbrechen. Er hatte einen Neffen und Schüler namens Talos von so genialer Erfindungsgabe, daß er seinen Meister einst an Ruhm weit zu überstrahlen drohte; schon als Knabe hatte er ohne Hilfe des Meisters die Säge erfunden nach dem Vorbilde einer Fischgräte, ferner den Zirkel, das Dreheisen, die Töpferscheibe und anderes. Dadurch wurde der Neid und die Eifersucht des Daidalos erregt, und er tötete den Neffen heimlich, indem er ihn von dem athenischen Burgfelsen hinabstürzte. Die Sache kam aber doch ans Licht, und er mußte aus der Heimat flüchten, um dem Tode zu entgehen. Er floh nach Kreta zu dem König Minos in Knossos, der ihn mit offenen Armen aufnahm und sich von ihm viele schöne Kunstwerke fertigen ließ. Unter andern baute Daidalos auch zu Knossos das berühmte Labyrinth, in welchem das Ungeheuer Minotauros aufbewahrt wurde, ein weitläufiges Gebäude mit vielfach gewundenen und verschlungenen Irrgängen.

Obgleich Daidalos von König Minos aufs Freundlichste behandelt wurde, so merkte er doch bald, daß der König, um möglichst viel Nutzen von seiner Kunst zu ziehen, ihn wie einen Gefangenen hielt und keine Lust zeigte, ihn je in seine Heimat zurückkehren zu lassen. Sobald Daidalos sah, wie er beobachtet und bewacht wurde, war ihm die Verbannung doppelt drückend, und die Liebe zur Heimat erwachte mit doppelter Macht. Er beschloß zu entfliehen, auf welche Weise es auch sei. „Mag er Land und Meer verschließen, so steht doch der Himmel mir noch offen. Auf diesem Wege will ich ziehen. Alles mag Minos besitzen, die Luft besitzt er nicht." So sprach er zu sich und versenkte seinen Geist in unbekannte Künste und erneuerte die Natur. Er legte Federn ordnend zusammen, indem er mit der kleinsten anfing und stets eine größere auf die kleinere folgen ließ, heftete sie in der Mitte mit Fäden zusammen, und unten verband er sie mit Wachs. Dann gab er den so zusammengesetzten Flügeln eine kleine Biegung, so daß sie völlig den wahren Flügeln gleich waren.

Während er so mit seinem Werke beschäftigt war, stand sein Knabe Ikaros neben ihm und hinderte durch allerlei Spiel die wunderbare Arbeit des Vaters. Bald haschte er mit lächelndem Munde nach den Federn, die leicht in der Luft umherflogen, bald knetete er mit dem Daumen das gelbe Wachs, mit dem der Künstler arbeitete. Als Daidalos die letzte Hand an sein Werk gelegt, schwang er seinen Körper in beide Flügel hinein und hing bald rudernd in den Lüften. Er unterwies auch seinen Sohn, dem er ein kleineres Flügelpaar verfertigt hatte. „Fliege mir schön auf der Mittelstraße", sprach er; „denn wenn du zu tief gehst, wird die Welle die Federn zu sehr beschweren; steigst du zu hoch, so verbrennt die Sonnenglut dein Gefieder. Zwischen Wasser und Sonne fliege in der Mitte, stets nur meinem Wege folgend."

Darauf heftete er ihm die Flügel an die Schultern und lehrte ihn die Kunst des Fliegens und die Regeln des Flügelschlags.

Während dieses Werkes und seiner Unterweisung wurden die Wangen des Greises feucht und seine Hände zitterten. Dann umarmte er den Sohn in banger Rührung, drückte den letzten Kuß auf seine Lippen und schwang sich in die Lüfte dem Sohne voran. Ängstlich schaut er zurück nach dem Begleiter und ermutigt ihn zu folgen und zeigt ihm, wie er die Flügel bewegen soll, gleich einem Vogel, der die junge Brut zum ersten Mal aus dem Neste führt. So kamen sie bald in die hohe Luft, und alles ging anfangs glücklich vonstatten. Mehr als ein Mann sah sie auf ihrem luftigen Pfad, ein Fischer, der mit zitterndem Rohre Fische fing, ein Hirte, auf seinen Stab, ein Ackersmann, auf seine Sterze gestützt, – sie sahen und staunten und glaubten, daß es Götter seien, die so durch den Äther fliegen könnten. Und schon hatten sie eine weite Strecke des Meeres hinter sich, schon waren Paros und Delos zurückgelassen, zur Linken war Samos, zur Rechten Lebinthos und Kalymne: da begann der Knabe, durch den glücklichen Fortgang ermutigt, an kühnerem Flug sich zu ergötzen; er verließ den Führer und stieg hoch empor in die Nähe des Himmels, um die junge Brust im reinen Äther zu baden. Da aber erweichte die Nähe der Sonne das Wachs, welches die Flügel zusammenhielt; es schmolz herab, und die Flügel zerfielen. Der unglückliche Knabe schwang verzweifelt die leeren Arme, er faßte keine Luft mehr und stürzte in die Tiefe. Als er eben noch in Angst den Namen des Vaters rief, füllte die verschlingende Flut den schreienden Mund. Der Vater, schon nicht mehr Vater, spähte durch den ängstlichen Ruf erschreckt, vergebens in den Lüften umher. „Ikaros", rief er, „Ikaros, wo bist du, in welchen Regionen soll ich dich suchen?" Da sah er die Federn auf den Wellen schwimmen und erkannte, was geschehen. Trostlos seine Kunst verwünschend, senkte er seinen Flug zur nächsten Insel und irrte an dem Ufer so lange suchend umher, bis die Wellen den Leichnam des Knaben ans Land spülten. Er bestattete die Leiche auf der Insel, die seitdem den Namen Ikaria trägt. Das Meer, in welches Ikaros fiel, heißt das ikarische.

Von Ikaria aus begab sich Daidalos nach der Insel Sizilien. Dort wurde er von dem König Kokalos gastlich aufgenommen und verfertigte diesem und seinen Töchtern manch' schönes Kunstwerk. Sobald Minos von dem Aufenthalte des Daidalos hörte, machte er sich mit einer großen Kriegsflotte auf, um den Entflohenen zurückzuholen. Als er von Kokalos die Auslieferung desselben forderte, wurde er von dessen Töchtern, die den Daidalos wegen seiner Kunst liebgewonnen hatten, durch eine List getötet. Sie bereiteten dem König ein warmes Bad, und als er in der Wanne saß, heizten sie das Wasser so, daß er in dem siedenden Schwall erstickte.

Daidalos starb auf der Insel Sizilien, oder er kehrte, wie die Athener erzählen, später nach Athen zurück, wo das Künstlergeschlecht der Daidaliden, zu dem auch der weise Sokrates gehörte, sich von ihm herleitete.

Die Legende vom heiligen Georg als Drachentöter

Es war in der Umgebung von Beirut; in einem See hauste ein ungeheurer Drache und machte Wasser und Land unsicher. Manchmal kam er bis vor die Tore der Stadt, wo er die Luft verpestete. Man beschloß, ihm zwei Schafe täglich zum Opfer zu bringen. Aber bald gingen die Schafe aus. Man befragte das Orakel. Die Antwort lautete, man müsse dem Drachen Menschenopfer bringen und die, die dem Tode geweiht würden, durch das Los bestimmen ...

Eines Tages fiel in Beirut das Los auf Margarete, die Tochter des Königs. Der König verweigerte seine Tochter, aber das Volk war aufrührerisch und drohte, das Schloß in Brand zu stecken. Der König gab nach: er lieferte seine Tochter aus, mit Festkleidern geschmückt. Man führte Margarete zu der Stätte, an der das Ungeheuer sich ihrer bemächtigen würde. Sie lehnte sich, in Tränen zerfließend, an einen Felsen. Aber siehe, am Felsen vorüber kommt der hl. Georg des Weges. Er sieht die weinende Jungfrau, tritt herzu und fragt sie nach dem Grund ihres Kummers. Sie erzählt ihm alles. Der heilige Held bleibt ihr zur Seite. Plötzlich kocht das Wasser auf: Der Drache windet sich heraus, teilt die Wogen, schauerliches Zischen erfüllt die Luft, stinkende Gerüche vergiften sie. Das junge Mädchen stößt

Schreie des Schreckens aus. „Fürchte dich nicht", sagt der hl. Georg, steigt auf sein Pferd, befiehlt sich Gott, stürzt sich auf das Ungeheuer, bringt ihm einen tiefen Stich mit der Lanze bei und zwingt es zu seinen Füßen. „Jetzt", so sagt Georg zu dem jungen Mädchen, „nimm deinen Gürtel und lege ihn dem Tier um den Hals!" Und sie führte das Ungeheuer in die Stadt, wo das versammelte Volk in Freudengeschrei und Dankesrufe ausbrach. Und Georg sprach zum Volke, wenn es an Gott glauben wolle, so werde er das Ungeheuer vollends töten. Da empfing der König die Taufe, und zwanzigtausend Menschen mit ihm.

Der König wollte Georg mit Ehren überhäufen und seine Schätze mit ihm teilen. Aber Georg ließ alles an die Armen verteilen, was man ihm geben wollte, umarmte den König, empfahl ihm alle Unglücklichen und kehrte in sein Land zurück.

René Descartes

Einige Regeln der Sittenlehre

Ehe man das Haus, in dem man wohnt, von neuem aufzubauen beginnt, muß man es nicht bloß niederreißen und sich Material und Bauleute besorgen oder sich selbst in der Baukunst üben und außerdem auch den Grundriß sorgfältig gezeichnet haben, sondern man muß auch ein anderes Haus haben, wo man solange, als hier gearbeitet wird, bequem wohnen kann. Um also in meinen Handlungen nicht unentschlossen zu bleiben, solange die Vernunft mich verpflichten würde, es in meinen Urteilen zu sein, und um so glücklich wie möglich weiterzuleben, bildete ich mir vor der Hand eine Moral nur aus drei oder vier Grundsätzen, die ich euch gern mitteilen will.

Der *erste* war, den Gesetzen und Sitten meines Vaterlandes zu gehorchen, die Religion standhaft beizubehalten, in der von meiner Kindheit an belehrt zu werden Gott mir die Wohltat erwiesen hat, in allen übrigen Dingen mich nach den mäßigsten und von dem Übermaß entferntesten Ansichten zu richten, die unter den Leuten meines Umgangs die Verständigsten in ihre Handlungsweise gemeiniglich würden aufgenommen haben. Hatte ich damit begonnen, meine eigenen Ansichten für nichts gelten zu lassen, weil ich sie alle der Prüfung anheim geben wollte, so war ich sicher, daß es das beste sei, den Ansichten der *Verständigsten* zu folgen. Und wenn es auch vielleicht ebenso verständige Leute unter den Persern oder Chinesen geben mag wie unter uns, so schien es mir doch am nützlichsten, mich nach denen zu richten, mit welchen ich *umgehen* würde, und daß, um ihre wirklichen Ansichten zu erfahren, ich mehr auf ihre *Handlungen* als auf ihre *Worte* achten müßte, nicht bloß, weil es bei der heutigen Sittenverderbnis wenig Leute gibt, die alles sagen wollen, was sie glauben, sondern auch, weil viele es selbst gar *nicht wissen*, denn die Geistestätigkeit, wodurch man etwas glaubt, ist von der verschieden, wodurch man erkennt, daß man diesen Glauben hat, und so ist oft die eine ohne die andere. Und unter mehreren Ansichten von gleichem Ansehen wählte ich nur die gemäßigtsten: einmal, weil sie stets für die Praxis die bequemsten und wahrscheinlich die besten sind, denn alles Übermaß ist in der Regel schlecht; dann auch, um im Fall des Fehlgriffs mich von dem wahren Weg weniger abzuwenden, als wenn ich das eine Extrem ergriffen hätte, während ich das andere hätte ergreifen sollen. Und besonders rechnete ich zum Übermaß alle *Versprechungen*, wodurch man etwas an seiner Freiheit aufgibt. Nicht, daß ich die Gesetze tadelte, die der Unbeständigkeit schwacher Geister zu Hilfe kommen wollen und deshalb zulassen, wenn man eine gute oder auch für die Sicherheit des Verkehrs eine nur gleichgültige Absicht hat, daß man Gelübde oder Verträge macht, die zum Beharren verpflichten, sondern, weil ich nichts in der Welt in demselben Zustande bleiben sah, und weil, was mich insbesondere betrifft, ich mir das Versprechen gegeben hatte, meine Urteile immer mehr zu vervollkommnen, nicht aber sie zu verschlechtern. So hätte ich gemeint, einen großen Fehler gegen die gesunde Vernunft zu begehen, wenn ich deshalb, weil ich einmal irgendeine Sache gutgeheißen, mich verpflichtet hätte, sie auch dann noch für gut zu achten, nachdem sie aufgehört, es zu sein, oder ich aufgehört, sie dafür zu halten.

Mein *zweiter* Grundsatz war, in meinen Handlungen so fest und entschlossen wie möglich zu sein und den zweifelhaftesten Ansichten, sobald ich mich einmal dafür entschieden, nicht weniger standhaft zu folgen, als wenn sie ganz sicher gewesen wären, indem ich hierin wie die Reisenden verfuhr, die, wenn sie sich im Walde verirrt finden, nicht bald hierhin, bald dorthin schweifen, noch weniger auf derselben Stelle stehenbleiben, sondern immer so viel wie möglich gerade und nach derselben Richtung fortgehen müssen und diese nicht aus schwachen Rücksichten verändern dürfen, auch wenn es anfänglich vielleicht bloß der Zufall war, der sie bestimmt hat, diese Richtung zu wählen; denn so werden sie, wenn auch nicht, wohin sie wollen, doch wenigstens an irgendein Ziel kommen, wo sie sich wahrscheinlich besser befinden werden als mitten im Walde. Und so ist es, weil die Handlungen des Lebens oft keinen Aufschub dulden, ein richtiger Grundsatz, daß, wenn wir die *wahrsten* Ansichten nicht deutlich zu erkennen (discerner) vermögen, wir den *wahrscheinlichsten* folgen und selbst, wenn wir keine größere Wahrscheinlichkeit bei den einen als bei den andern bemerken, wir dennoch für eine uns entscheiden (déterminer) müssen und sie dann, soweit ihre *praktische* Bedeutung reicht, nicht mehr als zweifelhaft ansehen dürfen, sondern als ganz wahr und sicher, weil so jener Grundsatz ist, der uns zu dieser Entscheidung vermocht hat. Und dadurch habe ich die Fähigkeit gewonnen, mich von aller Reue und allen inneren Vorwürfen zu befreien, welche die Gewissen schwacher und schwankender Gemüter zu beunruhigen pflegen, die sich gehen lassen ohne feste Richtung und die Dinge als gut behandeln, die sie nachher als schlecht beurteilen.

Mein *dritter* Grundsatz war, immer bemüht zu sein, lieber mich als das Schicksal zu besiegen, lieber meine Wünsche als die Weltordnung zu verändern, und überhaupt mich an den Glauben zu gewöhnen, daß nichts vollständig in unserer Macht sei als *unsere Gedanken*; daß mithin, wenn wir in betreff der Dinge außer uns unser Bestes getan haben, alles, was am Gelingen fehlt, in Rücksicht auf uns vollkommen unmöglich ist. Und dieses allein schien mir hinreichend, um mich für die Zukunft nicht mehr Unerreichbares wünschen zu lassen und also mich zufrieden zu machen, denn unser Wille geht in seinen Wünschen von Natur nur auf solche Dinge, die unser Verstand ihm irgendwie als möglich darstellt, und wenn wir nun alle Güter außer uns als gleicherweise jenseits unserer Macht betrachten, so werden wir uns über den unverschuldeten Verlust unserer natürlichen Glücksgüter gewiß ebensowenig grämen, wie daß wir die Reiche China oder Mexiko nicht besitzen; und indem wir, wie man zu sagen pflegt, aus der Not eine Tugend machen, werden wir im kranken Zustande die Gesundheit und im gefangenen die Freiheit nicht mehr wünschen, als wir etwa im Augenblick einen Körper haben möchten von einem so wenig zerstörbaren Stoff wie Diamanten, oder Flügel, um wie die Vögel zu fliegen.

THOMAS JEFFERSON

Einleitung zur Unabhängigkeitserklärung

Wenn es im Laufe der geschichtlichen Ereignisse für ein Volk notwendig wird, die politischen Bande zu lösen, die es mit einem anderen verknüpft haben, und unter den Mächten der Erde die gesonderte und gleichwertige Stellung einzunehmen, zu der die Gesetze der Natur und des Schöpfers es berechtigen, so erfordert eine geziemende Achtung vor der Meinung der Welt, daß es die Gründe angibt, die es zu der Trennung zwingen.

Wir halten diese Wahrheiten für in sich einleuchtend: daß alle Menschen gleich geschaffen sind; daß sie von ihrem Schöpfer mit gewissen unveräußerlichen Rechten ausgestattet sind, darunter Leben, Freiheit und Streben nach Glück; daß zur Sicherung dieser Rechte Regierungen unter den Menschen eingesetzt sind, die ihre gerechten Vollmachten von der Einwilligung der Regierten herleiten; daß, wenn immer eine Regierungsform diesen Zielen zum Schaden gereicht, es das Recht des Volkes ist, sie zu ändern oder abzuschaffen und eine neue Regierung einzusetzen, die sich auf solchen Grundsätzen aufbaut und ihre Macht in einer Weise organisiert, wie sie am geeignetsten erscheint, seine Sicherheit und sein Glück zu schaffen...

THEODOR FONTANE

John Maynard

John Maynard!
„Wer ist John Maynard?"

„John Maynard war unser Steuermann,
aushielt er, bis er das Ufer gewann,
er hat uns gerettet, er trägt die Kron',
er starb für uns, unsre Liebe sein Lohn.
John Maynard."

Die „Schwalbe" fliegt über den Eriesee,
Gischt schäumt um den Bug wie Flocken von Schnee,
von Detroit fliegt sie nach Buffalo –
die Herzen aber sind frei und froh,
und die Passagiere mit Kindern und Fraun
im Dämmerlicht schon das Ufer schaun,
und plaudernd an John Maynard heran
tritt alles: „ Wie weit noch, Steuermann?"
Der schaut nach vorn und schaut in die Rund:
„Noch dreißig Minuten ... halbe Stund."

Alle Herzen sind froh, alle Herzen sind frei –
da klingt's aus dem Schiffsraum her wie Schrei,
„Feuer!" war es, was da klang,
ein Qualm aus Kajüt' und Luke drang,
ein Qualm, dann Flammen lichterloh,
und noch zwanzig Minuten bis Buffalo.

Und die Passagiere, buntgemengt,
am Bugspriet stehn sie zusammengedrängt,
am Bugspriet vorn ist noch Luft und Licht,
am Steuer aber lagert sich's dicht,
und ein Jammern wird laut: „Wo sind wir? wo?"
Und noch fünfzehn Minuten bis Buffalo. –

Der Zugwind wächst, doch die Qualmwolke steht,
der Kapitän nach dem Steuer späht,
er sieht nicht mehr seinen Steuermann,
aber durchs Sprachrohr fragt er an:
„Noch da, John Maynard?" „Ja, Herr. Ich bin."
„Auf den Strand! In die Brandung!" „Ich halte drauf hin
Und das Schiffsvolk jubelt: „Halt aus! Hallo!"
Und noch zehn Minuten bis Buffalo. – –

„Noch da, John Maynard?" Und Antwort schallt's
mit ersterbender Stimme: „Ja, Herr, ich halt's!"
Und in die Brandung, was Klippe, was Stein,
jagt er die „Schwalbe" mitten hinein.
Soll Rettung kommen, so kommt sie nur so.
Rettung: der Strand von Buffalo!

Das Schiff geborsten. Das Feuer verschwelt.
Gerettet alle. Nur einer fehlt!

Alle Glocken gehn; ihre Töne schwelln
himmelan aus Kirchen und Kapelln,
ein Klingen und Läuten, sonst schweigt die Stadt,
ein Dienst nur, den sie heute hat:
Zehntausend folgen oder mehr,
und kein Aug' im Zuge, das tränenleer.

Sie lassen den Sarg in Blumen hinab,
mit Blumen schließen sie das Grab,
und mit goldner Schrift in den Marmorstein
schreibt die Stadt ihren Dankspruch ein:
„Hier ruht John Maynard! In Qualm und Brand
hielt er das Steuer fest in der Hand,
er hat uns gerettet, er trägt die Kron',
er starb für uns, unsre Liebe sein Lohn.
John Maynard."

BERTOLT BRECHT

In finsteren Zeiten

Man wird nicht sagen: Als da der Nußbaum sich im Wind
schüttelte
Sondern: Als da der Anstreicher die Arbeiter niedertrat.
Man wird nicht sagen: Als das Kind den flachen Kiesel
über die Stromschnelle springen ließ
Sondern: Als da die großen Kriege vorbereitet wurden.
Man wird nicht sagen: Als da die Frau ins Zimmer kam
Sondern: Als da die großen Mächte sich gegen die Arbeiter
verbündeten.
Aber man wird nicht sagen: Die Zeiten waren finster
Sondern: Warum haben ihre Dichter geschwiegen?

Thomas Mann

Brief an den Dekan der Philosophischen Fakultät der Universität Bonn vom 31. Dezember 1936

... In diesen vier Jahren eines Exils, das feiwillig zu nennen wohl eine Beschönigung wäre, da ich, in Deutschland verblieben oder dorthin zurückgekehrt, wahrscheinlich nicht mehr am Leben wäre, hat die sonderbare Schicksalsirrtümlichkeit meiner Lage nicht aufgehört, mir Gedanken zu machen. Ich habe es mir nicht träumen lassen, es ist mir nicht an der Wiege gesungen worden, daß ich meine höheren Tage als Emigrant, zu Hause enteignet und verfemt, in tief notwendigem politischem Protest verbringen würde. Seit ich ins geistige Leben eintrat, habe ich mir in glücklichem Einvernehmen mit den seelischen Anlagen meiner Nation, in ihren geistigen Traditionen sicher geborgen gefühlt. Ich bin weit eher zum Repräsentanten geboren als zum Märtyrer, weit eher dazu, ein wenig höhere Heiterkeit in die Welt zu tragen, als den Kampf, den Haß zu nähren. Höchst Falsches mußte geschehen, damit sich mein Leben so falsch, so unnatürlich gestaltete. Ich suchte es aufzuhalten nach meinen schwachen Kräften, dies grauenhaft Falsche – und eben dadurch bereitete ich mir das Los, das ich nun lernen muß, mit meiner ihm eigentlich fremden Natur zu vereinigen.

Gewiß, ich habe die Wut dieser Machthaber herausgefordert nicht erst in den letzten vier Jahren, durch mein Außenbleiben, die ununterdrückbaren Kundgebungen meines Abscheus. Lange vorher schon hatte ich es getan und mußte es tun, weil ich früher als das heute verzweifelte deutsche Bürgertum sah, wer und was da heraufkam. Als Deutschland dann wirklich in diese Hände gefallen war, gedachte ich zu schweigen; ich meinte, mir durch die Opfer, die ich gebracht, das Recht auf ein Schweigen verdient zu haben, das es mir ermöglichen würde, etwas mir herzlich Wichtiges, den Kontakt mit meinem innerdeutschen Publikum aufrechtzuerhalten. Meine Bücher, so sagte ich mir, sind für Deutsche geschrieben, für solche zuerst; die „Welt“ und ihre Teilnahme waren mir immer nur ein erfreuliches Akzidens. Sie sind, diese Bücher, das Produkt einer wechselseitigen erzieherischen Verbundenheit von Nation und Autor und rechnen mit Voraussetzungen, die ich selber erst in Deutschland habe schaffen helfen. Das sind zarte und hütenswerte Beziehungen, die plump zu zerreißen man der Politik nicht erlauben soll. Gab es Ungeduldige daheim, die, selbst geknebelt, dem in der Freiheit Lebenden sein Stillschweigen verübeln würden; die große Mehrzahl, durfte ich hoffen, würde meine Zurückhaltung verstehen, ja sie mir danken.

So meine Vorsätze. Sie waren undurchführbar. Ich hätte nicht leben, nicht arbeiten können, ich wäre erstickt, ohne dann und wann zwischendrein, wie alte Völker sagten, „mein Herz zu waschen“, ohne von Zeit zu Zeit meinen unergründlichen Abscheu vor dem, was zu Hause in elenden Worten und elenderen Taten geschah, unverhohlenen Ausdruck zu geben. Verdient oder nicht, mein Name hatte sich nun einmal für die Welt mit dem Begriff eines Deutschtums verbunden, das sie liebt und ehrt; daß gerade ich der wüsten Verfälschung klar widerspräche, welche dies Deutschtum jetzt erlitt, war eine in alle freien Kunstträume, denen ich mich so gern überlassen hätte, beunruhigend hineintönende Forderung. Eine Forderung, schwer abzuweisen für einen, dem immer gegeben gewesen war, sich auszudrücken, sich im Wort zu befreien, dem immer Erleben eins gewesen war mit reinigend bewahrender Sprache.

Das Geheimnis der Sprache ist groß; die Verantwortlichkeit für sie und ihre Reinheit ist symbolischer und geistiger Art, sie hat keineswegs nur künstlerischen, sondern allgemein moralischen Sinn, sie ist die Verantwortlichkeit selbst, menschliche Verantwortlichkeit schlechthin, auch die Verantwortung für das eigene Volk, die Reinerhaltung seines Bildes vorm Angesichte der Menschheit, und in ihr wird die Einheit des Menschlichen erlebt, die Ganzheit des humanen Problems, die es niemandem erlaubt, heute am wenigsten, das Geistig-Künstlerische vom Politisch-Sozialen zu trennen und sich gegen dieses im Vornehm-„Kulturellen“ zu isolieren; diese wahre Totalität, welche die Humanität selber ist und gegen die verbrecherisch verstieße, wer etwa ein Teilgebiet des Menschlichen, die Politik, den Staat, zu „totalisieren“ unternähme.

Ein deutscher Schriftsteller, an Verantwortung gewöhnt durch die Sprache; ein Deutscher, dessen Patriotismus sich – vielleicht naiverweise – in dem Glauben an die *unvergleichliche moralische Wichtigkeit* dessen äußert, was in Deutschland geschieht – und sollte schweigen, *ganz* schweigen zu all dem unsühnbar Schlechten, was in meinem Lande an Körpern, Seelen und Geistern, an Recht und Wahrheit, an Menschen und an dem Menschen täglich begangen wurde und wird? Zu der furchtbaren Gefahr, die dies menschenverderberische, in unsäglicher Unwissenheit über das, was die Weltglocke geschlagen hat, lebende Regime für den Erdteil bedeutet? Es war nicht möglich. Und so kamen, gegen das Programm, die Äußerungen, die unvermeidlich Stellung nehmenden Gesten zustande, die nun den absurden und kläglichen Akt meiner nationalen Exkommunikation herbeigeführt haben.

Der einfache Gedanke daran, wer die Menschen sind, denen die erbärmlich-äußerliche Zufallsmacht gegeben ist, mir mein Deutschtum abzusprechen, reicht hin, diesen Akt in seiner ganzen Lächerlichkeit erscheinen zu lassen. Das Reich, Deutschland soll ich beschimpft haben, indem ich mich gegen *sie* bekannte! Sie haben die unglaubwürdige Kühnheit, sich mit Deutschland zu verwechseln! Wo doch vielleicht der Augenblick nicht fern ist, da dem deutschen Volke das Letzte daran gelegen sein wird, nicht mit ihnen verwechselt zu werden.

Hans Scholl und Alexander Schmorell

Zweites Flugblatt der Weißen Rose

Man kann sich mit dem Nationalsozialismus geistig nicht auseinandersetzen, weil er ungeistig ist. Es ist falsch, wenn man von einer nationalsozialistischen Weltanschauung spricht, denn wenn es diese gäbe, müßte man versuchen, sie mit geistigen Mitteln zu beweisen oder zu bekämpfen – die Wirklichkeit aber bietet uns ein völlig anderes Bild: schon in ihrem ersten Keim war diese Bewegung auf den Betrug des Mitmenschen angewiesen, schon damals war sie im

Innersten verfault und konnte sich nur durch die stete Lüge retten. Schreibt doch Hitler selbst in einer frühen Auflage „seines" Buches (ein Buch, das in dem übelsten Deutsch geschrieben worden ist, das ich je gelesen habe; dennoch ist es von dem Volke der Dichter und Denker zur Bibel erhoben worden): „Man glaubt nicht, wie man ein Volk betrügen muß, um es zu regieren." Wenn sich nun am Anfang dieses Krebsgeschwür des deutschen Volkes noch nicht allzusehr bemerkbar gemacht hatte, so nur deshalb, weil noch gute Kräfte genug am Werk waren, es zurückzuhalten. Wie es aber größer und größer wurde und schließlich mittels einer letzten gemeinen Korruption zur Macht kam, das Geschwür gleichsam aufbrach und den ganzen Körper besudelte, versteckte sich die Mehrzahl der früheren Gegner, flüchtete die deutsche Intelligenz in ein Kellerloch, um dort als Nachtschattengewächs, dem Licht und der Sonne verborgen, allmählich zu ersticken. Jetzt stehen wir vor dem Ende. Jetzt kommt es darauf an, sich gegenseitig wiederzufinden, aufzuklären von Mensch zu Mensch, immer daran zu denken und sich keine Ruhe zu geben, bis auch der Letzte von der äußersten Notwendigkeit seines Kampfes wider dieses System überzeugt ist. Wenn so eine Welle des Aufruhrs durch das Land geht, wenn „es in der Luft liegt", wenn viele mitmachen, dann kann in einer letzten, gewaltigen Anstrengung dieses System abgeschüttelt werden. Ein Ende mit Schrecken ist immer noch besser als ein Schrecken ohne Ende.

Es ist uns nicht gegeben, ein endgültiges Urteil über den Sinn unserer Geschichte zu fällen. Aber wenn diese Katastrophe uns zum Heile dienen soll, so doch nur dadurch: durch das Leid gereinigt zu werden, aus der tiefsten Nacht heraus das Licht zu ersehnen, sich aufzuraffen und endlich mitzuhelfen, das Joch abzuschütteln, das die Welt bedrückt.

Nicht über die Judenfrage wollen wir in diesem Blatte schreiben, keine Verteidigungsrede verfassen – nein, nur als Beispiel wollen wir die Tatsache kurz anführen, die Tatsache, daß seit der Eroberung Polens *dreihunderttausend* Juden in diesem Land auf bestialische Art ermordet worden sind. Hier sehen wir das fürchterlichste Verbrechen an der Würde des Menschen, ein Verbrechen, dem sich kein ähnliches in der ganzen Menschengeschichte an die Seite stellen kann.

Auch die Juden sind doch Menschen – man mag sich zur Judenfrage stellen wie man will –, und an Menschen wurde solches verübt. Vielleicht sagt jemand, die Juden hätten ein solches Schicksal verdient; diese Behauptung wäre eine ungeheure Anmaßung; aber angenommen, es sagte jemand dies, wie stellt er sich dann zu der Tatsache, daß die gesamte polnische adelige Jugend vernichtet worden ist (gebe Gott, daß sie es noch nicht ist!)? Auf welche Art, fragen Sie, ist solches geschehen? Alle männlichen Sprößlinge aus adeligen Geschlechtern zwischen 15 und 20 Jahren wurden in Konzentrationslager nach Deutschland zu Zwangsarbeit, alle Mädchen gleichen Alters nach Norwegen in die Bordelle der SS verschleppt! Wozu wir dies Ihnen alles erzählen, da Sie es schon selber wissen, wenn nicht diese, so andere gleich schwere Verbrechen des fürchterlichen Untermenschentums? Weil hier eine Frage berührt wird, die uns alle zutiefst angeht und allen zu denken geben *muß*. Warum verhält sich das deutsche Volk angesichts all dieser scheußlichsten, menschenunwürdigsten Verbrechen so apathisch? Kaum irgend jemand macht sich Gedanken darüber. Die Tatsache wird als solche hingenommen und ad acta gelegt. Und wieder schläft das deutsche Volk in seinem stumpfen, blöden Schlaf weiter und gibt diesen faschistischen Verbrechern Mut und Gelegenheit, weiterzuwüten – und diese tun es. Sollte dies ein Zeichen dafür sein, daß die Deutschen in ihren primitivsten menschlichen Gefühlen verroht sind, daß keine Saite in ihnen schrill aufschreit im Angesicht solcher Taten, daß sie in einen tödlichen Schlaf versunken sind, aus dem es kein Erwachen mehr gibt, nie, niemals? Es scheint so und ist es bestimmt, wenn der Deutsche nicht endlich aus dieser Dumpfheit auffährt, wenn er nicht protestiert, wo immer er nur kann, gegen diese Verbrecherclique, wenn er mit diesen Hunderttausenden von Opfern nicht mitleidet. Und nicht nur Mitleid muß er empfinden, nein, noch viel mehr: *Mitschuld*. Denn er gibt durch sein apathisches Verhalten diesen dunklen Menschen erst die Möglichkeit, so zu handeln, er leidet diese „Regierung“, die eine so unendliche Schuld auf sich geladen hat, ja, er ist doch selbst schuld daran, daß sie überhaupt entstehen konnte! Ein jeder will sich von einer solchen Mitschuld freisprechen, ein jeder tut es und schläft dann wieder mit ruhigstem, bestem

Gewissen. Aber er kann sich nicht freisprechen, ein jeder ist *schuldig, schuldig, schuldig!* Doch ist es noch nicht zu spät, diese abscheulichste aller Mißgeburten von Regierungen aus der Welt zu schaffen, um nicht noch mehr Schuld auf sich zu laden. Jetzt, da uns in den letzten Jahren die Augen vollkommen geöffnet worden sind, da wir wissen, mit wem wir es zu tun haben, jetzt ist es allerhöchste Zeit, diese braune Horde auszurotten. Bis zum Ausbruch des Krieges war der größte Teil des deutschen Volkes geblendet, die Nationalsozialisten zeigten sich nicht in ihrer wahren Gestalt, doch jetzt, da man sie erkannt hat, muß es die einzige und höchste Pflicht, ja heiligste Pflicht eines jeden Deutschen sein, diese Bestien zu vertilgen.

FABIAN VON SCHLABRENDORFF

Das Vermächtnis Henning von Tresckows

Am 20. Juli fuhr ich morgens zur Heeresgruppe Mitte und sprach dort mit unseren Gesinnungsgenossen. Kaum war ich nach meiner Dienststelle zurückgekehrt, als bei der Heeresgruppe Mitte der Anruf des Oberst Mertz von Quirnheim eintraf, aus dem zu entnehmen war, das Attentat sei geglückt, ich müsse unverzüglich nach Berlin. Bald darauf kam die erste offizielle Nachricht über den Rundfunk, daß gegen Hitler ein Attentat unternommen worden sei. Er sei aber nur unwesentlich verletzt.

Zunächst glaubten Tresckow und ich, die offizielle Mitteilung beruhe auf einer Lüge. Unsere Zweifel wurden erst wach, als auf dem üblichen militärischen Dienstweg der Befehl kam, es seien keine Befehle aus Berlin entgegenzunehmen. Als Begründung wurde hinzugesetzt, es gäbe in Berlin Kreise, die angesichts des Attentats im trüben fischten. Eines war klar. Der große Schlag war versucht worden. Daß er mißglückt war, erfuhr ich, als um Mitternacht Hitler seine Rede über alle deutschen Rundfunksender hielt.

Ich eilte zu Tresckow, der sich schon schlafen gelegt hatte, und teilte ihm das Gehörte mit. Tresckow erwiderte sofort: „Ich werde mich jetzt erschießen. Denn bei der Untersuchung müssen sie auf mich kommen und werden versuchen, aus mir andere Namen zu erpressen. Um das zu verhindern, werde ich mir das Leben nehmen." Ich widersprach ihm und riet, noch abzuwarten. So rangen wir beinahe die ganze Nacht miteinander und kamen zu folgendem Entschluß: Tresckow wollte sich am anderen Tag an der Front das Leben nehmen, während ich versuchen sollte, so lange es vertretbar war, am Leben zu bleiben.

Am folgenden Tage, am 21. Juli 1944, nahmen Tresckow und ich Abschied voneinander. Hierbei war Tresckow vollkommen ruhig und gelassen. Er sagte: „Jetzt wird die ganze Welt über uns herfallen und uns beschimpfen. Aber ich bin nach wie vor der felsenfesten Überzeugung, daß wir recht gehandelt haben. Ich halte Hitler nicht nur für den Erzfeind Deutschlands, sondern auch für den Erzfeind der Welt. Wenn ich in wenigen Stunden vor den Richterstuhl Gottes treten werde, um Rechenschaft abzulegen über mein Tun und Unterlassen, so glaube ich mit gutem Gewissen das vertreten zu können, was ich im Kampf gegen Hitler getan habe. Wenn einst Gott Abraham verheißen hat, er werde Sodom nicht verderben, wenn auch nur zehn Gerechte darin seien, so hoffe ich, daß Gott auch Deutschland um unsertwillen nicht vernichten wird. Niemand von uns kann über seinen Tod Klage führen. Wer in unseren Kreis getreten ist, hat damit das Nessushemd angezogen. Der sittliche Wert eines Menschen beginnt erst dort, wo er bereit ist, für seine Überzeugung sein Leben hinzugeben." Tresckow fuhr zur 28. Jägerdivision, dessen erster Generalstabsoffizier Major Kuhn war. Er unterrichtete diesen von allem, was er wußte, fuhr nach vorne, begab sich ohne Begleitung in das Niemandsland, täuschte mit Hilfe zweier Pistolen einen Kugelwechsel vor, zog dann eine Gewehrgranate ab und sprengte sich dadurch den Kopf vom Rumpf. Zunächst glaubten alle, er sei gefallen.

Ich erhielt den Auftrag, die Leiche nach Deutschland zu bringen. Tresckow wurde in der Mark Brandenburg, in seiner Heimat, neben seinen Eltern beigesetzt.

ERICH FRIED

Gründe

„Weil das alles nicht hilft
Sie tun ja doch was sie wollen

Weil ich mir nicht nochmals
die Finger verbrennen will

Weil man nur lachen wird:
Auf dich haben sie gewartet

Und warum immer ich?
Keiner wird es mir danken

Weil da niemand mehr durchsieht
sondern höchstens noch mehr kaputtgeht

Weil jedes Schlechte
vielleicht auch sein Gutes hat

Weil es Sache des Standpunktes ist
und überhaupt wem soll man glauben?

Weil auch bei den andern nur
mit Wasser gekocht wird

Weil ich das lieber
Berufeneren überlasse

Weil man nie weiß
wie einem das schaden kann

Weil sich die Mühe nicht lohnt
weil sie alle das gar nicht wert sind“

Das sind Todesursachen
zu schreiben auf unsere Gräber

die nicht mehr gegraben werden
wenn das die Ursachen sind

Dreizehntes Kapitel

Tat- und Schaffenskraft – Arbeitsamkeit – Fleiß

❖ ❖ ❖

Herkules reinigt den Stall des Augeias

Die fünfte Arbeit, die Herkules vom König Eurystheus aufgetragen wurde, war eines Helden wenig würdig. Er sollte den Viehhof des Augeias in einem einzigen Tage ausmisten. Augeias war König in Elis und hatte eine Menge Viehherden. Sein Vieh stand nach Art der Alten in einer großen Verzäunung vor dem Palast. Dreitausend Rinder waren da geraume Zeit gestanden, und so hatte sich seit vielen Jahren eine unendliche Menge Mist angehäuft, den nun Herkules zur Schmach, und, was unmöglich schien, in einem einzigen Tage hinausschaffen sollte.

Als der Held vor den König Augeias trat und, ohne etwas von dem Auftrage des Eurystheus zu erwähnen, sich zu dem genannten Dienste erbot, maß dieser die herrliche Gestalt in der Löwenhaut und konnte kaum das Lachen unterdrücken, wenn er dachte, daß einen so edlen Krieger nach so gemeinem Knechtsdienst gelüsten könne. Indessen dachte er bei sich, der Eigennutz hat schon manchen wackeren Mann verführt; es mag sein, daß er sich an mir bereichern will. Das wird ihm wenig helfen. Ich darf ihm immerhin einen großen Lohn versprechen, wenn er mir den ganzen Stall ausmistet, denn er wird in dem einen Tage wenig genug hinaustragen. Darum sprach er getrost: „Höre, Fremdling, wenn du das kannst, und mir an einem Tage all den Mist hinausschaffest, so will ich dir den zehnten Teil meines ganzen Viehstandes zur Belohnung überlassen." Herkules ging die Bedingung ein, und der König dachte nun nichts anderes, als daß er zu schaufeln anfangen würde. Herkules aber, nachdem er zuvor den Sohn des Augeias, Phyleus, zum Zeugen jenes Vertrages genommen hatte, riß den Grund des Viehhofes auf der einen Seite auf, leitete die nicht weit davon fließenden Ströme Alpheios und Peneios durch einen Kanal herzu und ließ sie den Mist wegspülen und durch eine andere Öffnung wieder ausströmen. So vollzog er einen schmachvollen Auftrag, ohne zu einer Handlung sich zu erniedrigen, die eines Unsterblichen unwürdig gewesen wäre. Als aber Augeias erfuhr, daß dies von Herkules im Auftrag des Eurystheus geschehen sei, verweigerte er den Lohn und leugnete geradezu, ihn versprochen zu haben; doch erklärte er sich bereit, die Streitsache einem richterlichen Spruche anheimzustellen. Als die Richter beisammen saßen, das Urteil zu fällen, trat Phyleus, von Herkules aufgefordert, auf, zeugte gegen seinen eigenen Vater und erklärte, daß dieser allerdings über einen Lohn mit Herkules übereingekommen sei. Augeias wartete den Spruch nicht ab, er ergrimmte und befahl dem Sohne wie dem Fremdling, sein Reich auf der Stelle zu verlassen.

Äsop

Die Ameise und die Feldheime

Als die Ameisen einstmals im Winter ihren Vorrat lüfteten, bettelte eine hungrige Feldheime (Grille) eine Gabe von ihnen. Die Ameisen sagten zu ihr, sie hätte im Sommer fein arbeiten sollen, wenn sie nicht im Winter darben wollte. Ganz gut, versetzte die Feldheime, ich bin aber auch nicht müßig gewesen, denn ich habe den ganzen Sommer hindurch gesungen. Nun wohl, sprach eine Ameise; so laß das ganze Jahr ein Jahr der Freude sein, und tanze jetzt im Winter zu den Melodien, die du im Sommer gesungen hast.

Lehre: Tätigkeit und Fleiß ist das Geschäfte eines weisen und rechtschaffnen Mannes, und nichts kann verächtlicher sein, als Faulheit. Gehe hin zur Ameise, du Fauler, sagt Salomo, siehe ihre Weise an und lerne; in welchen wenigen Worten die ganze Moral dieser Fabel zusammengefaßt ist.

Betrachtung: Es läßt sich schwer bestimmen, ob Faulheit und Üppigkeit mehr schändliche oder mehr gefährliche Übel sind. Die Seele des Faulen liegt schlummernd in seinem Körper, und der ganze Mensch ist der Sinnlichkeit preisgegeben; der Nutzen hingegen und der Segen der Arbeitsamkeit ist wirklich, gewiß und dauerhaft; Sicherheit und Fülle begleiten sie, und niemals ist sie außer der Zeit. Was war nun das ganze Vergnügen der Feldheime mehr als ein Sommergesang? Konnte eine eitlere und nichtigere Ergötzlichkeit sein? Man hüte sich aber ja, schändlichen Geiz unter dem Mantel der Wirtschaft und Sparsamkeit zu verbergen und alle Werke der Milde und Barmherzigkeit dadurch aufzuheben. Freilich müssen wir vor allen Dingen unsre eignen Bedürfnisse in Erwägung ziehen; nachher aber müssen wir auch notwendig bedenken, daß die Bedürfnisse unsers Nächsten ein christliches Recht auf einen Teil unsers Überflusses haben.

Marc Aurel

Über Arbeit und Selbstliebe

Wenn du beim Morgengrauen verdrießlich aufwachst, dann denk daran: „Ich stehe auf zur Arbeit eines Menschen. Und da bin ich schlechter Laune, wo ich mich anschicke, das zu tun, wozu ich da bin und wozu ich auf die Welt gekommen bin? Oder bin ich dazu bestimmt, daß ich im Bette liege und mich wärme?“ „Aber das ist behaglicher!“ – Bist du etwa zum Behagen geboren? Überhaupt, bist du zum Genießen oder zum Handeln da? Siehst du nicht die Blümlein, die Vöglein, die Ameisen, die Spinnen, die Bienen, wie sie ihre Arbeit tun und – soviel an ihnen liegt – den Kosmos mit aufbauen? Und da willst du nicht die Aufgaben des Menschen erfüllen? Rennst du nicht zum Ziele, das dir deine Natur gewiesen hat? „Aber man muß sich auch ausruhen!“ – Gewiß, auch ich meine das. Doch hat die Natur auch hierfür Grenzen gesetzt und ebenso für Essen und Trinken. Und trotzdem gehst du über die Grenzen, über das, was dir genügen sollte, hinaus? Nur nicht, wenn es zur Arbeit geht; da bleibst du „im Bereich des Möglichen“! Weil du dich nicht selber liebhast; denn sonst würdest du auch deine Natur und ihren Willen lieben. Andere Menschen, die ihre Kunst lieben, zehren sich bei ihrer Arbeit ab, ohne sich zu waschen oder zu essen! Du aber ehrst deine Natur weniger als der Erzgießer die Erzbildnerei oder der Tänzer die Tanzkunst oder der Habsüchtige das Geld oder der Ruhmsüchtige das bißchen Ruhm? Wenn diese Leute mit Feuereifer bei ihrer Arbeit sind, dann wollen sie weder essen noch schlafen, wenn sie nur das fertigbringen, was ihnen am Herzen liegt. Und da scheinen dir Taten der Menschenliebe weniger wertvoll und weniger Eifer zu verdienen?

Die faule Frau und die Flöhe

Das ist also jetzt schon sehr lange her, da soll es auf den Höhen von Hergaray eine ausgezeichnete Quelle gegeben haben, die Ur-onttoa (das gute Wässerchen) genannt wurde. Ganz in der Nähe von Ur-onttoa lebte eine Frau, die war faul, aber so faul ... kurz, eine abgefeimte Faulenzerin. Sie verrichtete nie die allergeringste Arbeit, ganz als ob sie von dem guten Wässerchen gelebt hätte – hurrup und klick –, das heißt, sie trank es und schluckte es hinunter.

Der liebe Gott war es schließlich müde, sie so faul zu sehen wie einen Siebenschläfer, und um diese widerwärtige Frau zu zwingen, endlich etwas zu tun, schuf er ... die beiden ersten Flöhe. Und im Nu kamen unzählige andere zur Welt.

Von jetzt an hatte die Frau Arbeit; wenigstens mußte sie auf Flohjagd gehen.

Unglücklicherweise tötete sie nicht alle, sie war ja so faul, und da die Flöhe auf alle Männer und Frauen gesprungen waren, die an Ur-onttoa vorüberkamen, so gibt es jetzt überall Flöhe, es gibt sie myriadenweise.

Leon Battista Alberti

Wider den Müßiggang

... Wir haben nun, wie gesagt, das Haus voller Leute, voller Jugend: sie will geübt sein, man darf sie nicht in Trägheit versinken lassen. Müßiggang ist ebenso nutzlos und wenig löblich für die Jugend wie für die Familien schädlich und höchst unheilvoll. Indessen ist es nicht nötig, bei euch Abscheu vor dem Müßiggang zu erregen, da ich sehe, wie eifrig und bemüht ihr seid. Aber trotzdem, um euch noch mehr anzuspornen, fortzufahren, wie ihr tut, in jeder Bemühung und anstrengenden Übung, um Tüchtigkeit zu erwerben und guten Ruf zu verdienen, merkt auf und erwägt bei euch, welchen Menschen, der, ich sage nicht: ehrgeizig ist, sondern nur irgendwie üblen Ruf fürchtet, ihr – nicht finden könntet, sondern bloß euch vorstellen, dem Müßiggang und Trägheit nicht höchlich mißfielen? Wer könnte je meinen, irgend Wert und Würde gewinnen zu können ohne brennendes Bemühen um die vorzüglichsten Fähigkeiten, ohne beständige Arbeit, ohne vielen Schweiß in den anstrengendsten, männlichsten Betätigungen? Gewiß wird es nötig sein für den, der Sorge trägt sich mit Lob und Ruf zu zieren, Müßiggang und Trägheit zu meiden und ihnen zu widerstehen, nicht minder als den tödlichsten und tückischsten Feinden. Es gibt nichts, woraus so leicht Unehre und übler Ruf entsteht, wie Müßiggang. Der Schoß der Müßigen war immer Nest und Brutstätte der Laster. Es gibt nichts, was so sehr in öffentlichen und privaten Angelegenheiten schädlich und verderblich ist, wie es träge und untätige Bürger sind. Aus Müßiggang erwächst Sittenlosigkeit; aus Sittenlosigkeit Verachtung der Gesetze; die Folge von Ungehorsam gegenüber den Gesetzen ist Zusammenbruch und Vernichtung der Länder. Sobald man beginnt, wider Art und Sitte des Vaterlandes zu trotzen, nimmt in der Seele Anmaßung überhand, Hochmut und alle Unbill von Habsucht und Gewalttat. Man wagt Raub, Mord, Ehebruch und schrickt vor keiner verbrecherischen und verderblichen Willkür zurück. Daher muß der Müßiggang als Ursache von so viel Übel guten Menschen gar sehr verhaßt sein. Und wäre er auch nicht wie doch jeder weiß, daß er ist: verderblich und Feind der guten Sitten und Ursprung und Erzeugung aller Laster, welcher noch so alberne Mensch möchte jemals am Leben sein ohne seinen Geist, seine Glieder, alle seine Fähigkeiten zu betätigen? Worin siehst du den Unterschied zwischen einem Holzklotz, einem Standbild, einem verwesenden Leichnam und einem durchaus müßigen Menschen? Was mich betrifft, ich möchte den nicht für recht lebendig halten, der Ehre und Schande nicht fühlt und seine Glieder und sich selbst nicht mit Verstand und Weltkenntnis bewegt; den aber kann ich gar nicht für lebend erachten, der begraben ist in Müßiggang und Tatenlosigkeit und alles redliche Streben und Bemühen meidet. Mir erscheint der nicht würdig des Lebens, der nicht alle Empfindung und Regung auf Tugend und Lob verwenden will. Und eben dieser Müßiggänger, während er fortfährt zu altern in Trägheit und Untätigkeit, ohne von sich aus den Seinen und em Vaterlande irgendeinen Nutzen zu erweisen, wird gewiß unter tüchtigen Männern nur für weniger als ein unnützer Klotz angesehen werden können, da man doch an jedem Wesen, das seinen Platz im Leben hat, offenbar sieht, wie die Natur allen Bewegung und Empfindung zugeteilt hat, ohne die kein Wesen als wahrhaft lebend gelten kann. Und wie, obgleich du Augen hast, wenn du sie geschlossen hältst und zu ihrem Geschäft nicht anwendest, sie dir so wenig helfen, wie wenn du sie nicht hättest, so wird man von dem, der die Betätigungen, durch die das Leben sich auszeichnet, für sich nicht ausnützt, nicht urteilen können, daß er Leben habe. Man sieht, wie sehr sich die Kräuter, die Stauden, die Bäumchen bemühen, zu wachsen und dir von sich aus einen Gefallen oder Nutzen zu erweisen; die andern Lebewesen, Fische, Vögel und die vierfüßigen, alle ermüden sich beständig in irgendeiner Betätigung und Arbeit; nie sieht man sie müßig, immer mühen sie sich ab, um für sich und andere nicht unnütz zu sein. Du findest solche, die für die Brut Nester bauen, du siehst welche umhereilen, im ihre Jungen zu füttern, alle sind tätig, als ob von Natur aus jeder Müßiggang ihnen verhaßt wäre, alle fliehen mit irgendeiner nützlichen Arbeit die Trägheit. Und deshalb, scheint mir, darf man glauben, daß der Mensch nicht geboren ist, um sich verliegend hinzuwelken, sondern um aufrecht tätig zu sein. Geist, Verstand, Urteil, Gedächtnis, Streben der Seele, Zorn, Denken, Vernunft und die anderen göttlichen Kräfte und Fähigkeiten, mit denen der Mensch die Kraft, den Willen und die Wildheit jedes anderen Lebewesens überwindet – ich weiß nicht, welcher Dummkopf behaupten könnte, daß sie uns gegeben sind, damit wir nicht viel Gebrauch davon machen ...

FRIEDRICH VON LOGAU

Vergebene Arbeit

Einen Mohren weiß erwaschen,
Trinken aus geleerten Flaschen,
Einen Pelz im Heißen baden,
Mit dem Siebe Wasser laden,
Einem Tauben Lieder singen,
Sand in ein Register bringen,
In den Wind und Wasser schreiben,
Flugwerk ohne Flügel treiben,
Auf den Sand Paläste bauen,
Weibern auf die Tücke schauen,
Wind, Luft, Lieb und Rauch verhalten,
Jünger machen einen Alten,
Einen dürren Wetzstein mästen,
Osten setzen zu dem Westen,
Allen Leuten wohl behagen,
Allen was gefällig sagen:
Wer sich deß will unterstehen,
Muß mit Schimpf zurücke gehen.

Baltasar Gracián

Fleiß und Talent

Fleiß und Talent: ohne beide ist man nie ausgezeichnet, jedoch im höchsten Grade, wenn man sie in sich vereint. Mit dem Fleiße bringt ein mittelmäßiger Kopf es weiter, als ein überlegener ohne denselben. Die Arbeit ist der Preis, für den man den Ruhm erkauft: was wenig kostet, ist wenig wert. Sogar für die höchsten Ämter hat es einigen nur an Fleiß gefehlt: nur selten ließ das Talent sie im Stich. Daß man lieber auf einem hohen Posten mittelmäßig, als auf einem niedrigen ausgezeichnet ist, hat die Entschuldigung eines hohen Sinnes für sich; hingegen daß man sich begnügt, auf dem untersten Posten mittelmäßig zu sein, während man auf dem obersten ausgezeichnet sein könnte, hat sie nicht. Also sind Natur und Kunst erfordert, und der Fleiß drückt ihnen das Siegel auf.

Michel de Montaigne

Vom Müßiggang oder der Untätigkeit

So, wie wir an brachliegenden Äckern sehen, daß sie, wenn sie fett und fruchtbar sind, tausenderlei wilde und unnütze Kräuter hervortreiben und, wenn wir sie urbar erhalten wollen, wir sie zu unserem Zweck an gewisse Feldfrüchte binden und gewöhnen müssen ... ebenso ist es mit dem menschlichen Geiste. Beschäftigt man ihn nicht mit festgesetzten Dingen, die ihn in Zwang und Zaum halten, so schweift er wild umher und verirrt sich ins grenzenlose Feld der Einbildung.

Und es ist keine Torheit, keine Grille zu erdenken, die er in diesem Zustand nicht hervorbringen sollte. Wenn die Seele kein festgesetztes Ziel hat, so verirrt sie sich; denn, wie man zu sagen pflegt: der ist nirgend, der allenthalben ist.

Als ich mich letzthin in mein Hauswesen zurückzog, mit dem festen Entschlusse, so viel wie möglich mich hinfort mit nichts mehr abzugeben und meine übrige Lebenszeit in stiller Ruhe für mich hinzubringen: da meinte ich, ich könne meinem Geist nichts besseres tun, als wenn ich ihn von aller Beschäftigung befreite, damit er sich mit sich selbst unterhalten, sich selbst genießen und an sich selbst erlaben könne; und ich hoffte, das würde ihm jetzt um so leichter sein, da er mit der Zeit gesetzter und reifer geworden. Aber ich finde das Gegenteil: wie ein Pferd, das den Reiter abgeworfen hat, gallopiert er noch ärger, bloß für sich, als er sonst für andere tat. Und er heckt aus keiner anderen Ursache so viel Ungeheuer aus und so viele Traumgestalten, ohne alle Ordnung und Schick, als damit ich die gepfuschten Wunderfratzen der Läng' und Breite nach beschauen könne. Ich habe aber angefangen ihn wieder aufzuschirren, und hoffe ihn mit der Zeit dahin zu bringen, daß er sich des Unfugs selbst schämen soll.

Johann Peter Hebel

Nützliche Lehren

Es sagt ein altes Sprichwort: Selber essen macht fett. Ich will noch ein paar dazusetzen: Selber Achtung geben macht verständig. Und selber arbeiten macht reich. Wer nicht mit eigenen Augen sieht, sondern sich auf andere verläßt, und wer nicht selber Hand anlegt, wo es nötig ist, sondern andere tun läßt, was er selber tun soll, der bringt's nicht weit, und mit dem Fettwerden hat es bald ein Ende.

*

„Rom ist nicht in einem Tage erbaut worden." Damit entschuldigen sich viele fahrlässige und träge Menschen, welche ihr Geschäft nicht treiben und vollenden mögen und schon müde sind, ehe sie recht anfangen. Mit dem Rom ist es aber eigentlich so zugegangen. Es haben viele fleißige Hände viele Tage lang vom frühen Morgen bis zum späten Abend unverdrossen daran gearbeitet und nicht abgelassen, bis es fertig war und der Hahn auf dem Kirchturm stand. So ist Rom entstanden. Was du zu tun hast, mach's auch so!

BRÜDER GRIMM

Frau Holle

Eine Witwe hatte zwei Töchter, davon war die eine schön und fleißig, die andere häßlich und faul. Sie hatte aber die häßliche und faule, weil sie ihre rechte Tochter war, viel lieber, und die andere mußte alle Arbeit tun und der Aschenputtel im Hause sein. Das arme Mädchen mußte sich täglich auf die große Straße bei einem Brunnen setzen, und mußte so viel spinnen, daß ihm das Blut aus den Fingern sprang. Nun trug es sich zu, daß die Spule einmal ganz blutig war, da bückte es sich damit in den Brunnen und wollte sie abwaschen: sie sprang ihm aber aus der Hand und fiel hinab. Es weinte, lief zur Stiefmutter und erzählte ihr das Unglück. Sie schalt es aber so heftig und war so unbarmherzig, daß sie sprach „hast du die Spule hinunterfallen lassen, so hol sie auch wieder herauf."

Da ging das Mädchen zu dem Brunnen zurück und wußte nicht, was es anfangen sollte: und in seiner Herzensangst sprang es in den Brunnen hinein, um die Spule zu holen. Es verlor die Besinnung, und als es erwachte und wieder zu sich selber kam, war es auf einer schönen Wiese, wo die Sonne schien und viel tausend Blumen standen. Auf dieser Wiese ging es fort und kam zu einem Backofen, der war voller Brot; das Brot aber rief „ach, zieh mich raus, zieh mich raus, sonst verbrenn ich: ich bin schon längst ausgebacken." Da trat es herzu, und holte mit dem Brotschieber alles nacheinander heraus. Danach ging es weiter und kam zu einem Baum, der hing voll Äpfel und rief ihm zu „ach schüttel mich, schüttel mich, wir Äpfel sind alle miteinander reif." Da schüttelte es den Baum, daß die Äpfel fielen, als regneten sie, und schüttelte, bis keiner mehr oben war; und als es alle in einen Haufen zusammengelegt hatte, ging es wieder weiter.

Endlich kam es zu einem kleinen Haus, daraus guckte eine alte Frau, weil sie aber so große Zähne hatte, ward ihm angst, und es wollte fortlaufen. Die alte Frau aber rief ihm nach „was fürchtest du dich, liebes Kind? bleib bei mir, wenn du alle Arbeit im Hause ordentlich tun willst, so soll dirs gut gehn. Du mußt nur acht geben, daß du mein Bett gut machst und es fleißig aufschüttelst, daß die Federn fliegen, dann schneit es in der Welt; ich bin die Frau Holle." Weil die Alte ihm so gut zusprach, so faßte sich das Mädchen ein Herz, willigte ein und begab sich in ihren Dienst. Es besorgte auch alles nach ihrer Zufriedenheit, und schüttelte ihr das Bett immer gewaltig auf, daß die Federn wie Schneeflocken umherflogen; dafür hatte es auch ein gut Leben bei ihr, kein böses Wort, und alle Tage Gesottenes und Gebratenes.

Nun war es eine Zeitlang bei der Frau Holle, da ward es traurig und wußte anfangs selbst nicht, was ihm fehlte, endlich merkte es, daß es Heimweh war; obgleich es ihm hier viel tausendmal besser ging als zu Hause, so hatte es doch ein Verlangen dahin. Endlich sagte es zu ihr „ich habe den Jammer nach Haus kriegt, und wenn es mir auch noch so gut hier unten geht, so kann ich doch nicht länger bleiben, ich muß wieder hinauf zu den Meinigen." Die Frau Holle sagte „es gefällt mir, daß du wieder nach Hause verlangst, und weil du mir so treu gedient hast, so will ich dich selbst wieder hinaufbringen." Sie nahm es darauf bei der Hand und führte es vor ein großes Tor. Das Tor ward aufgetan, und wie das Mädchen gerade darunter stand, fiel ein gewaltiger Goldregen, und alles Gold blieb an ihm hängen, so daß es über und über davon bedeckt war. „Das sollst du haben, weil du so fleißig gewesen bist", sprach die Frau Holle und gab ihm auch die Spule wieder, die ihm in den Brunnen gefallen war. Darauf ward das Tor verschlossen, und das Mädchen befand sich oben auf der Welt, nicht weit von seiner Mutter Haus: und als es in den Hof kam, saß der Hahn auf dem Brunnen und rief:

„kikeriki,
unsere goldene Jungfrau ist wieder hie."

Da ging es hinein zu seiner Mutter, und weil es so mit Gold bedeckt ankam, ward es von ihr und der Schwester gut aufgenommen.

Das Mädchen erzählte alles, was ihm begegnet war, und als die Mutter hörte, wie es zu dem großen Reichtum gekommen war, wollte sie der andern häßlichen und faulen Tochter gerne dasselbe Glück verschaffen. Sie mußte sich an den Brunnen setzen und spinnen; und damit ihre Spule blutig ward, stach sie sich in die Finger und stieß sich die Hand in die Dornhecke.

Dann warf sie die Spule in den Brunnen und sprang selber hinein. Sie kam, wie die andere, auf die schöne Wiese und ging auf demselben Pfade weiter. Als sie zu dem Backofen gelangte, schrie das Brot wieder „ach zieh mich raus, zieh mich raus, sonst verbrenn ich, ich bin schon längst ausgebacken." Die Faule aber antwortete „da hätt ich Lust, mich schmutzig zu machen", und ging fort. Bald kam sie zu dem Apfelbaum, der rief „ach schüttel mich, schüttel mich, wir Äpfel sind alle miteinander reif." Sie antwortete aber „du kommst mir recht, es könnte mir einer auf den Kopf fallen", und ging damit weiter.

Als sie vor der Frau Holle Haus kam, fürchtete sie sich nicht, weil sie von ihren großen Zähnen schon gehört hatte, und verdingte sich gleich zu ihr. Am ersten Tag tat sie sich Gewalt an, war fleißig und folgte der Frau Holle, wenn sie ihr etwas sagte, denn sie dachte an das viele Gold, das sie ihr schenken würde; am zweiten Tag aber fing sie schon an zu faulenzen, am dritten noch mehr, da wollte sie morgens gar nicht aufstehen. Sie machte auch der Frau Holle das Bett nicht, wie sichs gebührte, und schüttelte es nicht, daß die Federn aufflogen.

Das ward die Frau Holle bald müde und sagte ihr den Dienst auf. Die Faule war das wohl zufrieden und meinte, nun würde der Goldregen kommen; die Frau Holle führte sie auch zu dem Tor, als sie aber darunter stand, ward statt des Goldes ein großer Kessel voll Pech ausgeschüttet. „Das ist zur Belohnung deiner Dienste", sagte die Frau Holle und schloß das Tor zu.

Da kam die Faule heim, aber sie war ganz mit Pech bedeckt, und der Hahn auf dem Brunnen, als er sie sah, rief

„kikeriki,
unsere schmutzige Jungfrau ist wieder hie."

Das Pech aber blieb fest an ihr hängen und wollte, solange sie lebte, nicht abgehen.

Brüder Grimm

Die Wichtelmänner

Es war ein Schuster ohne seine Schuld so arm geworden, daß ihm endlich nichts mehr übrig blieb als Leder zu einem einzigen Paar Schuhe. Nun schnitt er am Abend die Schuhe zu, die wollte er den nächsten Morgen in Arbeit nehmen; und weil er ein gutes Gewissen hatte, so legte er sich ruhig zu Bett, befahl sich dem lieben Gott und schlief ein. Morgens, nachdem er sein Gebet verrichtet hatte und sich zur Arbeit niedersetzen wollte, so standen die beiden Schuhe ganz fertig auf seinem Tisch. Er verwunderte sich und wußte nicht, was er dazu sagen sollte. Er nahm die Schuhe in die Hand, um sie näher zu betrachten: sie waren so sauber gearbeitet, daß kein Stich daran falsch war, gerade als wenn es ein Meisterstück sein sollte. Bald darauf trat auch schon ein Käufer ein, und weil ihm die Schuhe so gut gefielen, so bezahlte er mehr als gewöhnlich dafür, und der Schuster konnte von dem Geld Leder zu zwei Paar Schuhen erhandeln. Er schnitt sie abends zu und wollte den nächsten Morgen mit frischem Mut an die Arbeit gehen, aber er brauchte es nicht, denn als er aufstand, waren sie schon fertig, und es blieben auch nicht die Käufer aus, die ihm so viel Geld gaben, daß er Leder zu vier Paar Schuhen einkaufen konnte. Er fand frühmorgens auch die vier Paar fertig; und so gings immer fort, was er abends zuschnitt, das war am Morgen verarbeitet, also daß er bald wieder sein ehrliches Auskommen hatte und endlich ein wohlhabender Mann ward.

Nun geschah es eines Abends nicht lange vor Weihnachten, als der Mann wieder zugeschnitten hatte, daß er vor dem Schlafengehen zu seiner Frau sprach „wie wärs, wenn wir diese Nacht aufblieben, um zu sehen, wer uns solche hilfreiche Hand leistet?“ Die Frau wars zufrieden und steckte ein Licht an; darauf verbargen sie sich in den Stubenecken, hinter den Kleidern, die da aufgehängt waren, und gaben acht. Als es Mitternacht war, da kamen zwei kleine niedliche nackte Männlein, setzten sich vor des Schusters Tisch, nahmen alle zugeschnittene Arbeit zu sich und fingen an, mit ihren Fingerlein so behend und schnell zu stechen, zu nähen, zu klopfen, daß der Schuster vor Verwunderung die Augen nicht abwenden konnte. Sie ließen nicht nach, bis alles zu Ende gebracht war und fertig auf dem Tisch stand, dann sprangen sie schnell fort.

Am andern Morgen sprach die Frau „die kleinen Männer haben uns reich gemacht, wir müßten uns doch dankbar dafür bezeigen. Sie laufen so herum, haben nichts am Leib und müssen frieren. Weißt du was? Ich will Hemdlein, Rock, Wams und Höslein für sie nähen, auch jedem ein Paar Strümpfe stricken; mach du jedem ein Paar Schühlein dazu." Der Mann sprach „das bin ich wohl zufrieden", und abends, wie sie alles fertig hatten, legten sie die Geschenke statt der zugeschnittenen Arbeit zusammen auf den Tisch und versteckten sich dann, um mit anzusehen, wie sich die Männlein dazu anstellen würden. Um Mitternacht kamen sie herangesprungen und wollten sich gleich an die Arbeit machen, als sie aber kein zugeschnittenes Leder, sondern die niedlichen Kleidungsstücke fanden, verwunderten sie sich erst, dann aber bezeigten sie eine gewaltige Freude. Mit der größten Geschwindigkeit zogen sie sich an, strichen die schönen Kleider am Leib und sangen

„sind wir nicht Knaben glatt und fein?
was sollen wir länger Schuster sein!"

Dann hüpften und tanzten sie, und sprangen über Stühle und Bänke. Endlich tanzten sie zur Tür hinaus. Von nun an kamen sie nicht wieder, dem Schuster aber ging es wohl, solang er lebte, und es glückte ihm alles, was er unternahm.

FRIEDRICH RÜCKERT

Bedingungen des Lebens

Wer nicht die Körner säet,
Dem wachsen nicht die Ähren;
Und wer die Saat nicht mähet,
Wovon will er sich nähren?
Wenn du nicht jagen gingest,
O sage mir, wo fingest
Die Füchse du, Geselle,
Die Füchse, deren Felle
Du rings hier auf zum Prunk an deinen Wänden hingest?
Kein Weiser ist, noch wohlerfahren,
Wer essen will, doch Arbeit sparen.
Wer nicht die Körner säet,
Dem wachsen nicht die Ähren;
Und wer die Saat nicht mähet,
Kann er ein Haus ernähren?
Sprich, hättest du gezogen
Die Netze nicht; wie flogen
Dir her die Lerchen alle,
Die Lerchen, die im Schwalle
Wir zierlich sehn gereiht am Küchenfensterbogen?
Kein Weiser ist, noch wohlerfahren,
Wer essen will, doch Arbeit sparen.
Wer nicht die Körner säet,
Dem wachsen nicht die Ähren;
Und wer die Saat nicht mähet,
Kann keine Gäst' ernähren.
Wenn du nicht gingest fischen,
O sage, wo die frischen
Forellen hergekommen,
Wie sie ins Haus geschwommen,
Die wir uns winken sehn mit Lust auf deinen Tischen?
Kein Weiser ist, noch wohlerfahren,
Wer essen will, doch Arbeit sparen.

Rudyard Kipling

Wie das Kamel zu seinem Buckel kam

Als man anfing, die Jahre zu zählen und die Welt noch neu und frisch war und die Tiere gerade begannen, für den Menschen zu arbeiten, da gab es ein Kamel, und es lebte inmitten einer unerträglichen trägen Wüste, weil es nichts arbeiten wollte, denn es war selber unerträglich träge. So fraß es Zweige und Dornen und Tamarisken und Unkraut und Disteln und war höchst aufreizend faul; und wenn jemand es ansprach, dann sagte es: „Buh!" Gerade nur „Buh!" und sonst nichts.

Am Montagmorgen kam das Pferd zu ihm, einen Sattel auf dem Rücken und ein Gebiß im Maul, und sagte: „Kamel, o Kamel, komm heraus und trabe wie wir andern auch."

„Buh!" sagte das Kamel; und das Pferd ging fort und erzählte es dem Menschen.

Nun kam der Hund zu ihm, einen Stock im Maul, und sagte: „Kamel, o Kamel, komm heraus und zieh und trage wie wir andern auch."

„Buh!" sagte das Kamel; und der Hund ging fort und erzählte es dem Menschen.

Nun kam der Ochs zu ihm, das Joch auf dem Nacken, und sagte: „Kamel, o Kamel, komm und pflüge wie wir andern auch."

„Buh!" sagte das Kamel; und der Ochs ging fort und erzählte es dem Menschen.

Am Ende des Tages rief der Mensch das Pferd und den Hund und den Ochsen zu sich und sagte: „Ihr drei, o ihr drei, es tut mir sehr leid um euch – da die Welt doch so neu und frisch ist – aber dieses Buh-Ding in der Wüste kann nicht arbeiten, sonst wäre es doch schon hier gewesen, und so muß ich es eben lassen, wo es ist, und ihr müßt doppelt so lange arbeiten, um auch seine Arbeit zu machen."

Das ärgerte die drei sehr – da die Welt doch so neu und frisch war – und sie hielten eine Versammlung ab und ein Palaver und einen Schwatz am Rande der Wüste; und das Kamel kam, Unkraut kauend und höchst aufreizend faul, heran und lachte sie aus. Und dann sagte es „Buh!“ und ging wieder davon.

Nun aber kam der Djinn, der alle Wüsten verwaltet, in einer Staubwolke angerollt – Djinns reisen immer so, weil da mehr Zauber dabei ist – und er blieb stehen, um mit den dreien zu palavern und zu schwatzen.

„Djinn aller Wüsten“, sagte das Pferd, „ist es recht, daß einer faulenzt, wo doch die Welt so neu und frisch ist?“

„Gewiß nicht“, sagte der Djinn.

„Nun“, sagte das Pferd, „da gibt es ein Ding inmitten deiner unerträglich trägen Wüste – und es ist selber unerträglich träge – mit einem langen Hals und langen Beinen, und es hat seit Montag morgen noch kein bißchen Arbeit getan. Es will nicht traben.“.

„Pfiih!“ piff da der Djinn, „bei allem Gold Arabiens, das ist mein Kamel! Und was sagt es dazu?“

„Es sagt: ‚Buh‘“, sagte der Hund; „und es will weder ziehen noch tragen.“

„Sagt es sonst gar nichts?“

Nur ‚Buh!‘ und es will auch nicht pflügen“, sagte der Ochs.

„Sehr schön“, sagte der Djinn. „Ich will ihm was buhen, wenn ihr so freundlich sein wollt, eine Minute zu warten.“

Der Djinn wickelte sich in seinen Staubmantel und schlug die Richtung quer durch die Wüste ein und fand das Kamel, das höchst aufreizend faul sein Spiegelbild in einem Tümpel begaffte.

„Mein langer, widerspiegelnder Freund“, sagte der Djinn, „was habe ich von dir gehört? Du willst nicht arbeiten, wo doch die Welt so neu und frisch ist?“

„Buh!“ sagte das Kamel.

Der Djinn setzte sich, das Kinn auf die Hand gestützt, nieder und begann einen mächtigen Zauber auszudenken, während das Kamel sein Spiegelbild im Wasser begaffte.

„Mit deiner aufreizenden Faulheit hast du den dreien seit Montag morgen ständig Extraarbeit verursacht“, sagte der Djinn; und, das Kinn auf die Hand gestützt, fuhr er fort, einen mächtigen Zauber auszudenken.

„Buh!“ sagte das Kamel.

„Wenn ich du wäre, würde ich das nicht wieder sagen", meinte der Djinn; „du könntest es einmal zu oft sagen. Spiegelbild, ich wünschte, du würdest arbeiten."

Und das Kamel sagte abermals: „Buh!" Doch kaum hatte es das gesagt, da sah es, wie sein Rücken, auf den es so stolz war, sich blähte und blähte und zu einem großen, greulichen, wackelnden Buckel bauschte.

„Siehst du das?" sagte der Djinn. „Das ist der Buckel, der aus deinem ‚Buh' entstanden ist, und den du über dich gebracht hast, weil du nicht arbeiten wolltest. Heute ist Donnerstag, und du hast seit Montag, da die Arbeit begann, noch nichts getan. Und jetzt geh an die Arbeit!"

„Wie kann ich", sagte das Kamel, „mit diesem Buckel auf meinem Rücken?".

„Das ist mit gutem Bedacht geschehen", sagte der Djinn, „weil du diese drei Tage versäumt hast. Jetzt wirst du imstande sein, drei Tage lang zu arbeiten, ohne zu essen, weil du von deinem Buckel leben kannst; und sag niemals, ich hätte nichts für dich getan. Jetzt aber komm aus der Wüste heraus, geh zu den dreien und benimm dich anständig, Buh!"

Und das Kamel buckelte davon und ging zu den dreien. Und von jenem Tage an bis heute trägt das Kamel immer seinen Buckel, aber es hat niemals jene drei Tage eingeholt, die es am Anfang der Welt versäumte, und es hat niemals gelernt, sich anständig zu benehmen.

MARK TWAIN

Der kluge Anstreicher

Der Samstagmorgen war gekommen; die ganze sommerliche Welt war strahlend frisch und bis zum Überströmen vom Leben erfüllt. In jedem Herzen erklang ein Lied, und war das Herz jung, dann drang die Melodie auch über die Lippen. In jedem Gesicht lag Fröhlichkeit und in jedem Schritt federnde Kraft. Die Robinien standen in voller Blüte, und ihr Duft erfüllte die Luft.

Der Cardiff-Hügel, der sich auf der anderen Seite über die kleine Stadt erhob, war mit üppigem Grün bedeckt, und er lag gerade fern genug, um als ein „Gelobtes Land" zu scheinen, träumerisch, ruhevoll und einladend.

Auf dem Bürgersteig erschien Tom mit einem Eimer Weißkalk und einem langstieligen Pinsel. Er besah sich den Zaun, und die Natur verlor ihren frohen Glanz; tiefe Schwermut senkte sich auf sein Gemüt. Ein dreißig Yard langer, drei Yard hoher Zaun! Das Leben schien ihm hohl und leer und das Dasein nichts als eine Last. Seufzend tauchte er den Pinsel ein und ließ ihn über die oberste Planke gleiten; er wiederholte das Verfahren, und dann noch ein zweites Mal, verglich den unbedeutenden Streifen Tünche mit dem sich weithin erstreckenden Kontinent ungeweißten Zauns und setzte sich entmutigt auf die Verschalung eines Baumes.

...

Bald mußten die Jungen, die frei waren, auf allen möglichen herrlichen Expeditionen hier vorbeigesprungen kommen, und sie würden ihn furchtbar auslachen, weil er arbeiten mußte – schon der Gedanke daran brannte wie Feuer. Er holte seine weltlichen Schätze hervor und betrachtete sie – Teile von Spielsachen, Murmeln und allerlei Plunder, genug, um vielleicht einen Arbeitstausch zu erkaufen, aber nicht genug, um auch nur eine halbe Stunde wahrer Freiheit zu erhandeln. So steckte er seine beschränkten Mittel wieder in die Tasche und gab den Gedanken an den Versuch auf, die Jungen zu kaufen. In diesem düsteren, hoffnungslosen Augenblick durchfuhr ihn eine Eingebung. Nicht mehr und nicht weniger als eine grandiose, fabelhafte Eingebung.

Er nahm seinen Pinsel zur Hand und begab sich ruhig an die Arbeit. Kurze Zeit darauf kam Ben Rogers in Sicht, genau der Junge, vor dessen Spott er sich am meisten gefürchtet hatte. Bens Gang war ein einziges Hüpfen, Tanzen und Springen – Beweis genug, daß sein Herz leicht und voll hochgespannter Erwartungen war. Er aß einen Apfel und stieß in regelmäßigen Abständen ein langes, melodisches Heulen aus, dem ein tieftönendes Bim-bam-bam, Bim-bam-bam folgte, denn er stellte einen Dampfer dar. Als er heranzog, drosselte er die Geschwindigkeit, hielt sich in der Straßenmitte, lehnte sich weit nach steuerbord über und drehte gemessen, umständlich und mit großem Aufwand bei, denn er verkörperte den Dampfer „Big Missouri" und war sich bewußt, neun Fuß Tiefgang zu haben. Er war Dampfer, Kapitän und Schiffsglocke in einem, und so mußte er sich einbilden, er stehe auf seinem eigenen Hurrikandeck, erteile Befehle und führe sie auch aus.

„Stop, Sir! Bim-bim-bim." Die Vorwärtsbewegung hörte fast gänzlich auf, und er steuerte langsam den Bürgersteig an. „Maschine volle Kraft rückwärts! Bim-bim-bim!" Er streckte die Arme steif an den Seiten hinab. „Steuerbord achteraus! Bim-bim-bim! Tschuk-tsch-tschuk-tschuk-tschuk!" Seine rechte Hand beschrieb stattliche Kreise, denn sie stellte ein vierzig Fuß hohes Schaufelrad dar. „Backbord achteraus! Bim-bim-bim! Tschuk-tsch-tschuk-tschuk!" Nun begann die linke Hand, Kreise zu beschreiben.

„Steuerbord stop! Bim-bim-bim! Backbord stop! Steuerbord langsame Fahrt voraus! Stop! Das äußere Rad langsame Fahrt! Bim-bim-bim! Tschuk-uk-uk! Bugleine heraus! Los jetzt! Kommt – raus mit dem Spanntau – was macht ihr denn da? Vertäut doch das Doppelpart über den Poller. Ran an die Landungsbrücke jetzt – los! Alle Maschinen stop jetzt, Sir! Bim-bim-bim!"

„Scht! Scht! Scht!" (Ausprobieren der Dampfhähne.)

Tom tünchte weiter – er kümmerte sich nicht um den Dampfer. Ben starrte ihn einen Augenblick an und sagte dann:

„Heda! Du steckst in der Patsche, was?"

Keine Antwort. Mit dem Auge des Künstlers begutachtete Tom seinen letzten Strich; dann fuhr sein Pinsel noch einmal mit leichtem Schwung darüber hinweg, und er begutachtete das Ergebnis von neuem. Ben bezog neben ihm Stellung. Beim Anblick des Apfels lief Tom das Wasser im Munde zusammen, er blieb jedoch bei seiner Arbeit. Da sagte Ben: „Hallo, alter Junge; mußt arbeiten, was?"

„Ach, du bist's, Ben. Hab's gar nicht gemerkt."

„Ich geh schwimmen, hörst du? Würdest du nicht auch lieber mitkommen? Aber natürlich, du möchtest lieber schuften, nicht wahr?"

Tom betrachtete den Jungen ein Weilchen und fragte dann: „Was nennst du denn Arbeit?"

„Na, ist das vielleicht keine Arbeit?"

Tom machte sich wieder ans Tünchen und meinte gleichgültig: „Na, vielleicht, vielleicht auch nicht. Ich weiß nur eins: Tom Sawyer gefällt's."

„Ach, geh doch, du willst mir doch nicht etwa einreden, daß es dir Spaß macht?"

Der Pinsel fuhr weiter.

„Ob's mir Spaß macht? Na, ich wüßte nicht, weshalb es mir keinen Spaß machen sollte. Bekommt ein Junge vielleicht jeden Tag einen Zaun zu streichen?"

Das ließ die Sache in neuem Licht erscheinen. Ben hörte auf, an seinem Apfel zu knabbern. Tom schwang seinen Pinsel mit behutsamer Eleganz hin und her – trat dann zurück, um die Wirkung festzustellen – setzte hier und da noch einen Tupfer hinzu – kritisierte die Wirkung von neuem, während Ben jede seiner Bewegungen beobachtete und ihn die Sache immer mehr interessierte, immer stärker fesselte. Nach einer Weile sagte er: „Du, Tom, laß mich auch mal ein bißchen streichen."

Tom dachte nach, war schon drauf und dran zuzustimmen, überlegte sich's dann aber wieder anders: „Nein, nein, geht nicht, Ben. Schau, Tante Polly nimmt's arg genau mit dem Zaun hier, er steht ja direkt an der Straße –, wenn's der hinten wär, mir würde es nicht drauf ankommen und ihr auch nicht. Ja, arg genau nimmt sie's mit dem Zaun hier, ganz sorgfältig muß der gestrichen werden; ich glaube, kaum einer von tausend Jungen ist imstande, es so zu machen, wie es sich gehört – vielleicht nicht mal einer von zweitausend."

„Tatsächlich? Ach, komm schon! Laß mich bloß mal versuchen, bloß ein kleines bißchen. An deiner Stelle würd ich dich lassen, Tom."

„Ben, ich würd's ja gerne tun, aber Tante Polly – weißt du, Jim wollte, und sie hat ihn nicht gelassen. Sid wollte auch, und sie hat ihn auch nicht gelassen. Siehst du nicht, wie ich in der Klemme sitze? Wenn du dich dranmachst und es passiert was damit ..."

„Ach, Quatsch; ich mach's genauso vorsichtig. Komm, laß mich mal versuchen. Ich geb dir ein Stück von meinem Apfel, ja?"

„Nun – ach, Ben, lieber nicht, ich hab Angst ...“

„Ich laß dir den ganzen!“

Tom gab den Pinsel her, Widerstreben im Antlitz, aber frohe Bereitwilligkeit im Herzen. Und während der vormalige Dampfer „Big Missouri“ in der Sonne arbeitete und schwitzte, ließ sich der in den Ruhestand getretene Künstler daneben im Schatten auf einem Faß nieder, baumelte mit den Beinen, verdrückte den Apfel und schmiedete Pläne, wie er noch weitere Unschuldige zur Strecke bringen könnte. An Material mangelte es nicht, immer wieder schlenderten Jungen vorbei; sie kamen, um zu spotten, und blieben, um zu weißeln. Als Ben abgekämpft war, hatte Tom bereits die nächste Gelegenheit, sich zu beteiligen, für einen gut erhaltenen Drachen an Billy Fisher verhandelt, und als der verschnaufen mußte, kaufte sich Johnny Miller ein mit einer toten Ratte samt einer Schnur, mit der man sie herumschwingen konnte; so ging es weiter und immer weiter, Stunde um Stunde. Und als der Nachmittag zur Hälfte vorüber war, da war aus dem am Morgen noch armen Tom ein Junge geworden, der sich buchstäblich in Reichtum wälzte. Neben den Dingen, die ich bereits erwähnt habe, besaß er zwölf Murmeln, ein Stück von einer Mundharmonika, einen Scherben blaues Flaschenglas, durch den man hindurchschauen konnte, einen Revolver, einen Schlüssel, der nichts aufschloß, ein Stück Kreide, einen Glasstöpsel von einer Karaffe, einen Zinnsoldaten, zwei Kaulquappen, sechs Knallfrösche, ein einäugiges Kätzchen, einen Türgriff aus Messing, ein Hundehalsband – aber keinen Hund –, einen Messergriff, vier Orangenschalen und einen verrotteten alten Fensterrahmen.

Die ganze Zeit über hatte er hübsch behaglich gefaulenzt und eine Menge Gesellschaft gehabt – und den Zaun bedeckte eine dreifache Schicht Farbe! Wäre Tom nicht der Weißkalk ausgegangen, so hätte er sämtliche Jungen des Ortes bankrott gemacht.

Tom sagte sich, die Welt sei doch nicht so hohl und leer. Er hatte, ohne es zu wissen, ein wichtiges Gesetz entdeckt, welches das menschliche Handeln bestimmt: daß nämlich, um das Begehren eines Mannes oder eines Jungen nach etwas zu wecken, weiter nichts nötig ist, als die Sache schwer erreichbar zu machen. Wäre er ein großer und weiser Philosoph gewesen wie der Schreiber dieses

Buches, dann hätte er jetzt verstanden, daß Arbeit in dem besteht, was man zu tun verpflichtet ist, und daß Spiel in dem besteht, was man nicht zu tun verpflichtet ist. Das hätte ihm begreifbar gemacht, weshalb es Arbeit ist, künstliche Blumen herzustellen oder in einer Tretmühle tätig zu sein, während es ein Vergnügen ist, Kegel zu schieben oder auf den Montblanc zu klettern. Es gibt in England reiche Herren, die im Sommer täglich verkehrende vierspännige Reisekutschen zwanzig oder dreißig Meilen weit lenken, weil dieses Vorrecht sie ziemlich viel Geld kostet; böte man ihnen aber Lohn für diesen Dienst, so würde er zur Arbeit, und dann gäben sie ihn auf.

Bertolt Brecht

Lob des Lernens

Lerne das Einfachste! Für die
Deren Zeit gekommen ist
Ist es nie zu spät!
Lerne das Abc, es genügt nicht, aber
Lerne es! Laß es dich nicht verdrießen!
Fang an! Du mußt alles wissen!
Du mußt die Führung übernehmen.

Lerne, Mann im Asyl!
Lerne, Mann im Gefängnis!
Lerne, Frau in der Küche!
Lerne, Sechzigjährige!
Du mußt die Führung übernehmen.
Suche die Schule auf, Obdachloser!
Verschaffe dir Wissen, Frierender!
Hungriger, greif nach dem Buch: es ist eine Waffe.
Du mußt die Führung übernehmen.

Scheue dich nicht zu fragen, Genosse!
Laß dir nichts einreden
Sieh selber nach!
Was du nicht selber weißt
Weißt du nicht.
Prüfe die Rechnung.
Du mußt sie bezahlen.
Lege den Finger auf jeden Posten
Frage: Wie kommt er hierher?
Du mußt die Führung übernehmen.

ERNST JANDL

menschenfleiß

ein faulsein
ist nicht lesen kein buch
ist nicht lesen keine zeitung
ist überhaupt nicht kein lesen

ein faulsein
ist nicht lernen kein lesen und schreiben
ist nicht lernen kein rechnen
ist überhaupt nicht kein lernen

ein faulsein
ist nicht rühren keinen finger
ist nicht tun keinen handgriff
ist überhaupt nicht kein arbeiten

ein faulsein
solang mund geht auf und zu
solang luft geht aus und ein
ist überhaupt nicht

Vierzehntes Kapitel

Selbsterziehung – Maßvolles Handeln Selbsterkenntnis

❖ ❖ ❖

David und Bathseba

Im folgenden Jahr, zur Zeit, wann die Könige ins Feld zu ziehen pflegen, sandte David Joab und seine Knechte und ganz Israel, das Land der Ammoniter zu verheeren und Rabba[1] zu belagern. David aber blieb zu Jerusalem. Und es begab sich, daß David um den Abend von seinem Lager aufstand und auf dem Dache[2] des Königshauses umherwandelte. Da sah er vom Dache ein Weib sich waschen, das war von sehr schöner Gestalt. David sandte hin und ließ nach dem Weibe fragen, und man sagte: Das ist *Bathseba*, das Weib Urias, des Hethiters.

Da schrieb David einen Brief an Joab und sandte ihn durch Uria. Er schrieb aber im Briefe so: Stellet Uria in den Streit, wo er am härtesten ist, und wendet euch hinter ihm ab, daß er erschlagen werde und sterbe. Als nun Joab die Stadt belagerte, stellte er Uria an den Ort, wo er wußte, daß streitbare Männer waren. Und als die Männer der Stadt herausfielen und wider Joab stritten, fielen etliche aus dem Volke von den Knechten Davids, und Uria, der Hethiter, starb auch. Da sandte Joab hin und ließ David den ganzen Hergang des Streites ansagen.

Da nun Urias Weib hörte, daß ihr Mann tot war, trug sie Leid um ihn. Als sie aber ausgetrauert hatte, sandte David hin und ließ sie in sein Haus holen, und sie ward sein Weib und gebar ihm einen Sohn. Aber diese Tat Davids gefiel dem Herrn übel.

Und der Herr sandte Nathan zu David. Der kam zu ihm und sprach: Es waren zwei Männer in einer Stadt, der eine reich, der andere arm. Der Reiche hatte sehr viele Schafe und Rinder, aber der Arme hatte nichts als ein einziges kleines Schäflein, das er gekauft hatte, und er nährte es, daß es groß ward bei ihm zugleich mit den Kindern; es aß von seinem Bissen und trank aus seinem Becher und schlief in seinem Schoße, und er hielt es wie eine Tochter. Da aber ein Gast zu dem reichen Manne kam, reute es ihn, eines von seinen Schafen und Rindern zu nehmen, und dem Gaste etwas zuzurichten, und er nahm das Schäflein des armen Mannes und richtete es dem Gaste zu, der zu ihm gekommen war. Da ergrimmte David in großem Zorn wider den Mann und sprach zu Nathan: So wahr der Herr lebt, der Mann, der das getan hat, ist ein Kind des Todes! Er soll das Schaf vierfältig bezahlen, darum daß er solches getan und des Armen nicht geschont hat.

Da sprach Nathan zu David: Du bist der Mann! So spricht der Herr, der Gott Israels: „Ich habe dich zum König über Israel gesalbt und dich errettet aus der Hand Sauls. Ich habe dir deines Herrn Haus und das Haus Israel und Juda gegeben, und war das zu wenig, so wollte ich noch dies und das dazu tun. Warum hast du denn das Wort des Herrn verachtet und solches Übel vor seinen Augen getan? Uria, den Hethiter, hast du erschlagen mit dem Schwerte der Ammoniter, und sein Weib hast du dir zum Weibe genommen. Nun, so soll von deinem Hause das Schwert nicht lassen ewiglich, darum daß du mich verachtet hast! Siehe, ich will Unglück aus deinem eigenen Hause über dich erwecken. Du hast es heimlich getan; ich aber will es vor dem ganzen Israel und an der Sonne tun." Da sprach David zu Nathan: Ich habe wider den Herrn gesündigt. Nathan sprach: So hat auch der Herr deine Sünde weggenommen.[3] Du wirst nicht sterben. Aber weil du den Feinden des Herrn durch diese Tat Ursache zur Lästerung gegeben hast, wird der Sohn, der dir geboren ist, des Todes sterben!

Nathan ging heim, und der Herr schlug das Kind, das Urias Weib dem David geboren hatte, daß es todkrank ward. David aber suchte Gott um des Knäbleins willen, fastete und lag über Nacht auf der Erde. Da standen die Ältesten seines Hauses auf und wollten ihn aufrichten von der Erde; er aber wollte nicht und aß auch nicht mit ihnen. Am siebenten Tage starb das Kind. Und die Knechte Davids fürchteten sich, ihm anzusagen, daß das Kind tot wäre. Denn sie dachten: als das Kind noch lebendig war, redeten wir mit ihm, und er hörte nicht auf unsere Stimme; wie viel mehr wird es ihm wehe tun, wenn wir sagen: „Das Kind ist tot." Da aber David sah, daß seine Knechte leise redeten, merkte er, daß das Kind tot sei, und fragte: Ist das Kind tot? Sie sprachen: Ja. Da stand David von der Erde auf, wusch sich und salbte sich und tat andere Kleider an, ging in das Haus des Herrn und betete. Und als er wieder heim kam, ließ er sich Speise auftragen und aß. Da sprachen seine Knechte zu ihm: Was soll das, was du tust? als das Kind lebte, fastetest du und weintest; nun es aber gestorben ist, stehst du auf und issest? Er sprach: So lange das Kind lebte, fastete ich und weinte; denn ich dachte: wer weiß, ob mir der Herr gnädig ist, daß das Kind am Leben bleibe? Nun es aber tot ist, was soll ich fasten? Kann ich es auch wiederum holen? Ich werde wohl zu ihm fahren; das Kind kommt aber nicht wieder zu mir!

Bathseba bekam einen andern Sohn, den hieß er Salomo und der Herr liebte ihn. David tat ihn unter die Hand des Propheten Nathan; der hieß ihn Jedidja um des Herrn willen.

(2. Buch Samuel)

1 Hauptstadt der Ammoniter, welche Davids Gesandte beschimpft hatten.
2 Im Morgenlande sind die Dächer flach.
3 Psalm 32; 1 Joh. 1, 9.

Äsop

Die Wespen im Honigtopfe

Ein ganzer Schwarm Wespen war in einen Honigtopf gekrochen, wo sie so gierig zu zehren anfingen, daß sie endlich nicht wieder herauskommen konnten. Als sie nun sahen, daß sie in dieser geliebten Süßigkeit umkommen müßten, erkannten sie zu spät, wie teuer ihnen ihre Lust zu stehen komme.

LEHRE: Wenn sinnliche Lüste einmal zu Angewohnheiten werden, so ist es schwer, sich von ihnen loszuwickeln; sondern wer ihnen unordentlich nachgehangen hat, wird selten dem Schicksale, das die Wespen in der Fabel traf, entgehen.

BETRACHTUNG: Wir haben hier ein Bild von den törichten Wollüstlingen, welche Ruhe und Ehre und alle wirklichen Güter des menschlichen Lebens den Versuchungen einer sinnlichen Begierde aufopfern. Und wenn sie einmal an ihren Lüsten und Vergnügen gleichsam kleben, so können sie sich nicht leicht wieder losreißen, sondern fallen, wie die Wespen, die in dem Honigtopfe erstickten, immer tiefer herein, bis das, woran sie ihre Lust fanden, zu ihrem Verderben, beides an Leib und Seele, ausschlägt.

KONFUZIUS

Sein wahres Selbst sein

Wenn die Menschen niederen Standes den höherstehenden nicht vertrauen, ist es unmöglich, ein Volk zu regieren. Es gibt nur eine Art, das Vertrauen anderer zu gewinnen: wenn man das Vertrauen seiner Freunde nicht besitzt, wird man auch seinen Vorgesetzten nicht trauen. Es gibt nur eine Art, das Vertrauen seiner Freunde zu gewinnen: wenn man gegen seine Eltern nicht liebevoll ist, werden einem die Freunde nicht trauen. Es gibt nur eine Art, seine Eltern zu lieben: wenn man in seinem innersten Herzen sich selbst gegenüber nicht wahr ist, wird man seine Eltern nicht lieben. Es gibt nur eine Art, sich selbst gegenüber wahr zu sein: wenn man nicht weiß, was gut ist, kann man sich selbst gegenüber nicht wahr sein.

Sich selbst gegenüber wahr sein, ist Gottes Gesetz. Versuchen, sich selbst gegenüber wahr zu sein, ist der Menschen Gesetz.

Wer sich selbst gegenüber natürlicherweise wahr ist, kann mühelos das Richtige erfassen, versteht ohne langes Überlegen, was er wissen will; sein Leben steht reibungslos und ganz von selbst mit dem

Sittengesetz in Einklang. Einen solchen Menschen könnte man einen Heiligen oder einen Menschen mit göttlicher Natur nennen. Wer lernt, wahrhaft er selbst zu sein, wird entdecken, was gut ist, und daran festhalten. Will man lernen, sein wahres Selbst zu sein, ist es notwendig, sich ein umfassendes Wissen von den Dingen anzueignen, die in der Welt gesagt und getan worden sind, sie kritisch zu untersuchen; sie behutsam zu erwägen; sie sorgfältig zu sichten und sie ernsthaft durchzuführen.

Es kommt nicht darauf an, was man lernt; aber wenn man etwas lernt, darf man nicht davon ablassen, bevor man es völlig beherrscht. Es kommt nicht darauf an, was man untersucht; aber wenn man etwas untersucht, darf man nicht ruhen, bis man es gründlich verstanden hat. Es kommt nicht darauf an, was man zu erwägen sucht; aber wenn man etwas zu erwägen sucht, darf man nicht ruhen, bis man gefunden hat, was man suchte. Es kommt nicht darauf an, was man zu sichten versucht; aber wenn man etwas zu sichten versucht, darf man nicht ruhen, bis es klar und genau geordnet ist. Es kommt nicht darauf an, was man durchzuführen versucht; aber wenn man etwas durchzuführen versucht, darf man nicht ruhen, bis man es gründlich und gut getan hat. Was einem anderen beim ersten Wurf gelingt, wird dir erst beim hundertsten Wurf gelingen. Was einem anderen beim zehnten Wurf gelingt, wird dir erst beim tausendsten gelingen.

Platon

Sokrates über Besonnenheit und Gerechtigkeit

Sokrates: Ich meine, daß jeder einzelne über sich selber herrsche. Oder muß das nicht sein, daß er über sich selbst herrscht, sondern nur über die anderen?

Kallikles: Wie meinst du das: über sich selber herrschen?

Sokrates: Nichts Besonderes, sondern so, wie es die Menge versteht: besonnen sein, sich selbst im Zügel halten und die Lüste und Begierden in sich beherrschen.

KALLIKLES: Wie naiv du bist! Die Einfältigen bezeichnest du als die Besonnenen.

SOKRATES: Wieso? Es muß doch jeder merken, daß ich nicht das meine.

KALLIKLES: Doch, ganz gewiß, Sokrates. Denn wie könnte ein Mensch glücklich sein, der irgendeinem anderen dienen muß? Das ist vielmehr von Natur das Schöne und Gerechte, was ich dir jetzt mit allem Freimut sage: wer richtig leben möchte, der muß seine Triebe so mächtig als möglich werden lassen und darf sie nicht beschneiden. Und er muß imstande sein, ihnen, wie groß sie auch sind, durch Tapferkeit und Klugheit zu willfahren und das zu befriedigen, wonach jeweils die Begierde in ihm wach wird.

Dazu aber, meine ich, sind die meisten nicht fähig. Und weil sie sich dessen schämen, tadeln sie solche Menschen, verbergen so ihre eigene Ohnmacht und bezeichnen die Zügellosigkeit als etwas Häßliches – ich habe das schon vorhin gesagt –, und sie knechten die Menschen, die von Natur besser sind, und weil sie selber nicht imstande sind, ihren Begierden Erfüllung zu verschaffen, sprechen sie aus ihrer eigenen Feigheit heraus das Lob der Besonnenheit und der Gerechtigkeit. Denn was gäbe es für die, die von Anfang an das Glück hatten, Königssöhne zu sein, oder die von Natur aus imstande sind, sich eine Herrschaft zu erwerben, eine Tyrannis oder einen Königsthron – was gäbe es für solche Menschen in Wahrheit Häßlicheres und Schlimmeres als Besonnenheit und Gerechtigkeit? Während es ihnen frei stände, das Gute zu genießen, ohne daß sie jemand daran hinderte, sollten sie sich selbst einen Herrn setzen, das Gesetz und die Meinung und den Tadel der Menge? Und wie sollten sie nicht unglücklich sein durch diese edle Gerechtigkeit und Besonnenheit, wenn sie ihren Freunden nicht mehr zuteilen könnten als ihren Feinden, und dies als Herrscher in ihrem Staat?

So verhält es sich mit der Wahrheit, nach der du zu streben behauptest: Luxus, Ungebundenheit und Freiheit, darin bestehen, wenn jemand die Fähigkeit hat, sich zu helfen, Tugend und Glück; das andere aber ist äußerer Putz, widernatürliche, von den Menschen aufgestellte Abmachungen und nutzloses Geschwätz.

SOKRATES: Nicht ohne Mut, Kallikles, ziehst du mit deiner offenen Rede zu Felde. Denn du sagst jetzt ganz frei heraus, was die anderen zwar denken, aber nicht aussprechen wollen. Ich bitte dich, in keiner Weise nachzulassen, damit in der Tat klar wird, wie man leben soll. Sage mir: soll man, nach deiner Ansicht, seine Begierden nicht zügeln, wenn man so sein will, wie man sein soll? Soll man sie so mächtig wie möglich werden lassen und ihnen auf jede Weise Erfüllung verschaffen – und das ist dann die Tugend?

KALLIKLES: Das behaupte ich.

SOKRATES: So stimmt es also nicht, wenn man die glücklich nennt, die nichts bedürfen?

KALLIKLES: Dann wären ja die Steine und die Toten am glücklichsten.

SOKRATES: Aber auch so, wie du es beschreibst, ist das Leben unerträglich....

Überlege dir, ob du über die beiden Lebensweisen, die maßvolle und die zügellose, etwa folgender Meinung bist. Nehmen wir an, von zwei Männern besitze jeder zahlreiche Fässer; die des einen wären in gutem Zustand und angefüllt, das eine mit Wein, ein anderes mit Honig, ein drittes mit Milch und viele andere mit vielen anderen Dingen; die Flüssigkeiten in allen diesen Gefäßen aber wären rar und schwer erhältlich und nur mit vielen Mühen und Schwierigkeiten zu beschaffen. Dieser eine würde nun, wenn er die Gefäße angefüllt hat, nichts mehr zugießen und sich nicht mehr darum bekümmern, sondern wäre ihretwegen ganz ruhig. Auch der andere könnte sich, wie der erste, die Flüssigkeiten beschaffen, aber nur mit Mühe; seine Gefäße aber wären durchlöchert und verfault, und er müßte sie Tag und Nacht immer wieder auffüllen oder dann die äußersten Beschwerden erleben. Meinst du nun, wenn es sich mit diesen beiden Lebensweisen so verhält, daß die des Zügellosen glücklicher sei als die des Sittsamen? Kann ich dich mit meinen Worten wohl zu dem Zugeständnis bringen, daß das sittsame Leben besser sei als das des Zügellosen, oder kann ich es nicht?

KALLIKLES: Du bringst mich nicht dazu, Sokrates. Denn für den, der seine Gefäße gefüllt hat, gibt es keine Lust mehr, sondern er lebt, wie ich eben gesagt habe, wie ein Stein, wenn er einmal befriedigt ist, und er empfindet keine Freude und keinen Schmerz mehr. Aber das macht doch gerade das Angenehme des Lebens aus: daß möglichst viel hinzufließt.

SOKRATES: Muß denn aber nicht auch viel abfließen, wenn viel hinzufließen soll, und müssen dann die Ausflüsse nicht weite Löcher haben?

KALLIKLES: Allerdings.

SOKRATES: Dann denkst du also etwa an das Leben eines gefräßigen Vogels, aber nicht an das eines Leichnams oder eines Steins. Doch sage mir: denkst du an so etwas wie Hunger haben und dann als Hungriger essen?

KALLIKLES: Ja.

SOKRATES: Oder Durst haben und dann als Durstiger trinken?

KALLIKLES: Das meine ich, und daß man alle anderen Begierden hat, sie befriedigen kann und sich so an einem glücklichen Leben freut.

...

SOKRATES: Höre denn zu, wie ich unser Gespräch von Anfang an wiederhole:

Ist das Angenehme und das Gute dasselbe? – Es ist nicht dasselbe, wie ich und Kallikles übereingekommen sind.

Muß man das Angenehme um des Guten oder das Gute um des Angenehmen willen tun? – Das Angenehme um des Guten willen.

Angenehm aber ist das, über dessen Vorhandensein wir uns freuen, gut dagegen, durch dessen Gegenwart wir gut sind? – Gewiß. – Aber gut sind wir und alles übrige, was gut ist, doch durch das Vorhandensein irgendeiner Tugend? Das scheint mir notwendig so zu sein, Kallikles. – Nun ist aber die Tauglichkeit eines jeden Dinges, sei es die eines Gerätes oder eines Körpers oder auch die einer Seele oder eines jeden Lebewesens, wie sie einem jeden von ihnen gegeben ist, nicht von selbst vorhanden, sondern durch Ordnung und kunstgemäße Richtigkeit. Ist dem so? – Auch ich bin dieser Ansicht.

Durch Ordnung also wird die Tauglichkeit eines jeden bedingt und gestaltet? – Das möchte ich bejahen.

Wenn also jedem Ding seine ihm zukommende Ordnung innewohnt, dann macht sie alle Dinge gut? – So scheint mir.

Und die Seele, die ihre zugehörige Ordnung besitzt, ist besser als die ungeordnete? – Notwendigerweise.

Die Seele aber, die ihre Ordnung hat, ist wohlgesittet? – Wie wird es anders sein können.

Die wohlgesittete aber ist besonnen? – Ohne jeden Zweifel.

Die besonnene Seele ist also gut? – Ich weiß dagegen nichts anderes zu sagen, mein lieber Kallikles. Weißt du aber etwas, so belehre mich.

KALLIKLES: Sprich nur weiter, mein Bester!

SOKRATES: So sage ich denn: wenn die besonnene Seele gut ist, dann ist die der besonnenen entgegengesetzte schlecht. Das aber war die unbesonnene und zügellose. – Gewiß.

Nun wird doch gewiß der Besonnene seine Pflicht gegenüber Göttern und Menschen erfüllen. Denn er wäre ja nicht besonnen, wenn er diesen Pflichten zuwiderhandelte. – Notwendig muß das so sein.

Erfüllt er aber den Menschen gegenüber seine Pflichten, so wird er gewiß das tun, was gerecht ist; erfüllt er sie den Göttern gegenüber, so tut er das, was fromm ist. Wer aber tut, was gerecht und fromm ist, der muß selbst gerecht und fromm sein. – So ist es.

Und er muß auch tapfer sein. Denn es gehört sich doch für einen besonnenen Mann nicht, daß er etwas erstrebt oder meidet, was er nicht soll; sondern daß er das meidet und erstrebt, was er soll, seien es Dinge oder Menschen, Freuden oder Leiden, und daß er wacker standhält, wo es nötig ist. Demzufolge, Kallikles, muß ohne Zweifel der Besonnene, weil er – wie wir gezeigt haben – auch gerecht, tapfer und fromm ist, ein vollendet guter Mann sein; der Gute aber muß in allen Fällen gut und schön handeln; wer aber gut handelt, der muß auch selig und glücklich, der Schlechte dagegen, der schlecht handelt, unglücklich sein; das aber wäre der, der sich gerade umgekehrt verhält wie der Besonnene, der Zügellose, den du gepriesen hast.

Ich betrachte das so als ausgemacht und behaupte, dies sei wahr. Ist es aber wahr, dann muß offenbar jemand, der glücklich sein will, nach der Besonnenheit streben und sie üben, die Zügellosigkeit dagegen fliehen, so schnell einen jeden von uns die Füße tragen; und vor allem muß er danach trachten, daß er keiner Strafe bedarf. Hat er aber eine Strafe nötig, entweder selbst oder sonst einer von denen, die ihm nahestehen, sei es ein einzelner oder ein ganzer Staat, dann soll er sich die Strafe auferlegen und sich züchtigen lassen, wenn er glücklich sein will.

Das ist nach meiner Ansicht das Ziel, das wir in unserem Leben vor Augen haben sollen; und danach müssen wir in unserem Tun alles richten, in unserem eigenen und im öffentlichen Leben, damit Gerechtigkeit und Besonnenheit in dem wohne, der glücklich sein will. Auch dürfen wir unsere Begierden nicht zügellos gewähren lassen und sie zu befriedigen suchen - das wäre ein Übel ohne Ende und ein Leben, wie ein Räuber es führt.

Denn ein solcher Mensch könnte weder einem anderen Menschen lieb sein noch einem Gott, weil er zur Gemeinschaft unfähig ist. Wer aber keinen Gemeingeist in sich hat, kann auch keine Freundschaft besitzen. Die weisen Männer behaupten, Kallikles, daß Himmel und Erde, Götter und Menschen durch die Gemeinschaft und die Freundschaft, durch Ordnung, Besonnenheit und Gerechtigkeit zusammengehalten werden, und dieses Ganze nennen sie deswegen Weltordnung, mein Freund, und nicht Unordnung oder Zuchtlosigkeit.

Epiktet

Von dem, was in unserer Gewalt steht, und was nicht

Von den Dingen stehen die einen in unserer Gewalt, die andern nicht.

In unserer Gewalt steht unser Denken, unser Tun, unser Begehren, unsere Abneigung, kurz: alles, was von uns selber kommt. Nicht in unserer Gewalt steht unser Leib, unsere Habe, unser Ansehen, unsere äußere Stellung – mit einem Wort, alles, was nicht von uns selber kommt.

Was in unserer Gewalt steht, ist von Natur frei, es kann nicht gehindert und nicht gehemmt werden. Was nicht in unserer Gewalt steht, ist anfällig, abhängig, steht in fremder Hand und kann gehindert werden.

Sei dir also bewußt: Hältst du für frei, was seiner Natur nach unfrei ist, und für dein eigen, was fremd ist, so wirst du viele Schwierigkeiten haben, Aufregung und Trauer, und wirst mit Gott und allen Menschen hadern. Hältst du aber nur das Deine für dein eigen und Fremdes für das, was es ist: fremd, so wird nie jemand dich zwingen, nie jemand dich hindern, du wirst nie jemand Vorwürfe machen, nie jemand schelten, nie etwas wider Willen tun. Niemand wird dir schaden, du wirst keinen Feind haben; denn nichts Schädliches trifft dich.

Wenn du so Großes erstrebst, bedenke: es reicht nicht, in flüchtigem Interesse die Hand danach auszustrecken. Du mußt manches für immer lassen, manches für den Augenblick.

Wenn du aber daneben auch nach Ehrenstellen und Reichtümern jagst, so wirst du vielleicht, weil du sogleich jenes erstrebst, nicht einmal diese erlangen. Sicher wirst du das verfehlen, wodurch allein Glück und innere Freiheit kommen.

Gewöhne dich nun, bei allem, was bedrohlich wirkt, zu sagen: du bist nicht das, was du scheinst, sondern nur eine Vorstellung. Sodann prüfe es an den Regeln, die du gelernt hast, besonders an der ersten, indem du fragst: gehört es zu dem, was in meiner Gewalt steht, oder nicht? Und gehört es zu dem, was nicht in deiner Gewalt steht, so sage zu dir selber: es geht mich nichts an!

Marc Aurel

Beobachtung des eigenen Ich

Verzettele nicht den Rest deines Lebens mit Nachdenken über andere Menschen – falls du damit nicht die Beziehung auf einen gemeinnützigen Gedanken verbindest; denn sonst wirst du dadurch an einer anderen Arbeit gehindert -, d.h. indem du dir darüber den Kopf zerbrichst, was der und der tut und warum er das tut und was er sagt und was er denkt und im Schilde führt und all solche Fragen, die bewirken, daß man von der Beobachtung des eigenen Ich abgelenkt wird.

Man muß daher auch das Ziel- und Zwecklose in der Kette seiner Vorstellungen meiden, vor allem die Sucht, sich um fremde Dinge zu kümmern, die einen nichts angehen, und alle bösen Gedanken. Und man muß sich gewöhnen, nur solche Vorstellungen zu haben, über die man, falls uns jemand plötzlich fragte: „Was denkst du jetzt?", sofort antworten könnte „Das und das", so daß sofort von selbst offenbar ist, daß alles in deinen Gedanken einfach und wohlgesinnt ist und einem Wesen gehört, das Gemeinsinn hat und sich um lüsterne oder überhaupt wollüstige Vorstellungen nicht kümmert oder irgendwelchen Ehrgeiz oder Neid oder Argwohn oder dergleichen empfindet, worüber du erröten müßtest, wenn du erzähltest, daß du gerade daran gedacht hättest. Denn wahrlich ein solcher Mann, der es nicht mehr aufschiebt, nunmehr zu den Besten zu gehören, ist ein Priester und Diener der Götter, der auch in engem Verkehr mit dem Wesen steht, das in seinem Innern wohnt, das den Menschen gegen Lüste gefeit, unverwundbar durch jede Mühsal, unberührt von jedem Frevel, unempfindlich gegen jede Schlechtigkeit, ... von Gerechtigkeit durchdrungen bis in seine Tiefen; von ganzer Seele alles begrüßend, was geschieht und ihm widerfährt ...

Denn nur seine eigenen Pflichten sucht er zu erfüllen, und er denkt dauernd über das nach, was ihm selber aus dem Allgeschehen beschieden wird; und jene Aufgaben bringt er zu schöner Erfüllung, während er davon überzeugt ist, daß dies gut ist. Denn das einem jeden zugeteilte Schicksalslos wird mit in das Weltgeschehen hineingezogen und zieht ihn zugleich mit in dieses hinein. Er denkt auch daran, daß alle vernünftigen Wesen miteinander verwandt sind und daß es gemäß der menschlichen Natur ist, sich um alle Menschen zu kümmern, daß man sich aber nicht an die Meinung aller Menschen halten darf, sondern nur an diejenigen, die im Einklang mit der Allnatur leben. Wie sich aber diejenigen, die nicht so leben, bei sich zu Hause und außerhalb des Hauses, am Tage und bei Nacht benehmen, was für Menschen sich so mit was für Menschen im Kote wälzen, das hat er dauernd im Bewußtsein. Aufs Lob solcher Menschen, die ja nicht einmal mit sich selber zufrieden sind, legt er natürlich keinen Wert.

Baltasar Gracián

Kenntnis seiner selbst

Kenntnis seiner selbst, an Sinnesart, an Geist, an Urteil, an Neigungen. Keiner kann Herr über sich sein, wenn er sich nicht zuvor begriffen hat. Spiegel gibt es für das Antlitz, aber keine für die Seele: daher sei ein solcher das verständige Nachdenken über sich: allenfalls vergesse man sein äußeres Bild, aber erhalte sich das innere gegenwärtig, um es zu verbessern, zu vervollkommnen: man lerne die Kräfte seines Verstandes und seine Feinheit zu Unternehmungen kennen: man untersuche seine Tapferkeit, zum Einlassen in Händel: man ergründe seine ganze Tiefe und wäge seine sämtlichen Fähigkeiten, zu allem.

René Descartes

Die Beweisgründe für das Dasein Gottes und der menschlichen Seele als Grundlage der Metaphysik

... Seit lange hatte ich bemerkt, daß in betreff der *Sitten* man bisweilen Ansichten, die man als sehr unsicher kennt, folgen müsse (wie schon oben gesagt worden), als ob sie ganz zweifellos wären. Aber weil ich damals bloß der Erforschung der Wahrheit leben wollte, so meinte ich gerade das Gegenteil tun zu müssen und alles, worin sich auch nur das kleinste Bedenken auffinden ließe, als vollkommen falsch verwerfen, um zu sehen, ob danach nicht ganz Unzweifelhaftes in meinem Fürwahrhalten übrigbleiben würde. So wollte ich, weil unsere *Sinne* uns bisweilen täuschen, annehmen, daß kein Ding so wäre, wie die Sinne es uns vorstellen lassen; und weil sich manche Leute in ihren *Urteilen* selbst bei den einfachsten Materien der Geometrie täuschen und Fehlschlüsse machen, so verwarf ich, weil ich meinte, dem Irrtum so gut wie jeder andere unterworfen zu sein, alle Gründe als falsch, die ich vorher zu meinen Beweisen genommen hatte; endlich, wie ich bedachte, daß alle Gedanken, die wir im Wachen haben, uns auch im *Schlaf* kommen können, ohne daß dann einer davon wahr sei, so machte ich mir absichtlich die erdichtete Vorstellung, daß alle Dinge, die jemals in meinen Geist gekommen, nicht wahrer seien als die Trugbilder meiner Träume. Alsbald aber machte ich die Beobachtung, daß, während ich so denken wollte, alles sei falsch, doch notwendig *ich*, der das dachte, irgend etwas sein müsse, und da ich bemerkte, daß diese Wahrheit „*ich denke, also bin ich*„ (je pense, donc je suis; Ego cogito, ergo sum, sive existo) so fest und sicher wäre, daß auch die überspanntesten Annahmen der Skeptiker sie nicht zu erschüttern vermöchten, so konnte ich sie meinem Dafürhalten nach als das erste Prinzip der Philosophie, die ich suchte, annehmen.

Dann prüfte ich aufmerksam, *was* ich wäre, und sah, daß ich mir vorstellen könnte, ich hätte keinen Körper, es gäbe keine Welt und keinen Ort, wo ich mich befände, aber daß ich mir deshalb nicht vorstellen könnte, daß *ich* nicht wäre; im Gegenteil, selbst daraus, daß ich an der Wahrheit der anderen Dinge zu zweifeln dachte, folgte ja ganz einleuchtend (évidemment) und sicher, daß ich war; sobald ich dagegen aufgehört zu denken, mochte wohl alles andere, das ich mir jemals vorgestellt, wahr gewesen sein, *ich* aber hatte keinen Grund mehr, an mein Dasein zu glauben. Ich erkannte daraus, daß ich eine Substanz sei, deren ganze Wesenheit (essence) oder Natur bloß im *Denken* bestehe und die zu ihrem Dasein weder eines Ortes bedürfe noch von einem materiellen Dinge abhänge, so daß dieses *Ich*, das heißt die *Seele*, wodurch ich bin, was ich bin, vom Körper völlig verschieden und selbst leichter zu erkennen ist als dieser und auch ohne Körper nicht aufhören werde, alles zu sein, was sie ist ...

Friedrich von Schiller

Eine großmütige Handlung aus der neuesten Geschichte

Schauspiele und Romane eröffnen uns die glänzendsten Züge des menschlichen Herzens; unsre Phantasie wird entzündet; unser Herz bleibt kalt; wenigstens ist die Glut, in die es auf diese Weise versetzt wird, nur augenblicklich und erfriert fürs praktische Leben. In dem nämlichen Augenblick, da uns die schmucklose Gutherzigkeit des ehrlichen Puffs bis beinahe zu Tränen rührt, zanken wir vielleicht einen anklopfenden Bettler mit Ungestüm ab. Wer weiß, ob nicht eben diese gekünstelte Existenz in einer idealischen Welt unsre Existenz in der wirklichen untergräbt? Wir schweben hier gleichsam um die zwei äußersten Enden der Moralität, Engel und Teufel, und die Mitte – den Menschen – lassen wir liegen.

Gegenwärtige Anekdote von zweien Deutschen – mit stolzer Freude schreib ich das nieder – hat ein unabstreitbares Verdienst – sie ist *wahr*. Ich hoffe, daß sie meine Leser wärmer zurücklassen werde als alle Bände des „Grandison“ und der „Pamela“.

Zwei Brüder, Baronen von Wrmb., hatten sich beide in ein junges vortreffliches Fräulein von Wrthr. verliebt, ohne daß der eine um des andern Leidenschaft wußte. Beider Liebe war zärtlich und stark, weil sie die erste war. Das Fräulein war schön und zur Empfindung geschaffen. Beide ließen ihre Neigung zur ganzen Leidenschaft aufwachsen, weil keiner die Gefahr kannte, die für sein Herz die schrecklichste war – seinen Bruder zum Nebenbuhler zu haben. Beide verschonten das Mädchen mit einem frühen Geständnis, und so hintergingen sich beide, bis ein unerwartetes Begegnis ihrer Empfindungen das ganze Geheimnis entdeckte.

Schon war die Liebe eines jeden bis auf den höchsten Grad gestiegen, der unglückseligste Affekt, der im Geschlechte der Menschen beinah so grausame Verwüstungen angerichtet hat als sein abscheuliches Gegenteil, hatte schon die ganze Fläche ihres Herzens eingenommen, daß wohl von keiner Seite eine Aufopferung möglich war. Das Fräulein, voll Gefühl für die traurige Lage dieser beiden Unglücklichen, wagte es nicht, ausschließend für einen zu entscheiden und unterwarf ihre Neigung dem Urteil der brüderlichen Liebe.

Sieger in diesem zweifelhaften Kampf der Pflicht und Empfindung, den unsre Philosophen so allzeit fertig entscheiden und der praktische Mensch so langsam unternimmt, sagte der ältere Bruder zum jüngern: „Ich weiß, daß du mein Mädchen liebst, feurig wie ich. Ich will nicht fragen, für wen ein älteres Recht entscheidet. – Bleibe du hier, ich suche die weite Welt, ich will streben, daß ich sie vergesse. Kann ich das – Bruder! dann ist sie dein, und der Himmel segne deine Liebe! – Kann ich es nicht – nun dann, so geh auch du hin – und tu ein gleiches."

Er verließ gählings Deutschland und eilte nach Holland – aber das Bild seines Mädchens eilte ihm nach. Fern von dem Himmelstrich seiner Liebe, aus einer Gegend verbannt, die seines Herzens ganze Seligkeit einschloß, in der er allein zu leben vermochte, erkrankte der Unglückliche, wie die Pflanze dahinschwindet, die der gewalttätige Europäer aus dem mütterlichen Asien entführt und fern von der milderen Sonne in rauhere Beete zwingt. Er erreichte verzweifelnd Amsterdam, dort warf ihn ein hitziges Fieber auf ein gefährliches Lager. Das Bild seiner Einzigen herrschte in seinen wahnsinnigen Träumen, seine Genesung hing an ihrem Besitze. Die Ärzte zweifelten für sein Leben, nur die Versicherung, ihn seiner Geliebten wiederzugeben, riß ihn mühsam aus den Armen des Todes. Halbverwest, ein wandelndes Gerippe, das erschrecklichste Bild des zehrenden Kummers, kam er in seiner Vaterstadt an – schwindelte er über die Treppe seiner Geliebten, seines Bruders. „Bruder, hier bin ich wieder. Was ich meinem Herzen zumutete, weiß *Der* im Himmel. – Mehr kann ich nicht." Ohnmächtig sank er in die Arme des Fräuleins.

Der jüngere Bruder war nicht minder entschlossen. In wenigen Wochen stand er reisefertig da: „Bruder, du trugst deinen Schmerz bis nach Holland. – Ich will versuchen, ihn weiter zu tragen. Führe sie nicht zum Altar, bis ich dir weiter schreibe. *Nur diese* Bedingung erlaubt sich die brüderliche Liebe. Bin ich glücklicher als du? – In Gottes Namen, so sei sie dein, und der Himmel segne eure Liebe. Bin ich es nicht? – Nun dann, so möge der Himmel weiter über uns richten! Lebe wohl. Behalte dieses versiegelte Päckchen, erbrich es nicht, bis ich von hinnen bin. – Ich geh nach Batavia." – Hier sprang er in den Wagen.

Halb entseelt starrten ihm die Hinterbleibenden nach. Er hatte den Bruder an Edelmut übertroffen. Am Herzen dieses zerrten beide, Liebe und Verlust des edelsten Manns. Das Geräusch des fliehenden Wagens durchdonnerte sein Herz. Man besorgte für sein Leben. Das Fräulein – doch nein! Davon wird das Ende reden.

Man erbrach das Paket. Es war eine vollgültige Verschreibung aller seiner deutschen Besitzungen, die der Bruder erheben sollte, wenn es dem Fliehenden in Batavia glückte.

Der Überwinder seiner selbst ging mit holländischen Kauffahrern unter Segel und kam glücklich in Batavia an. Wenige Wochen, so übersandte er dem Bruder folgende Zeilen: „Hier, wo ich Gott dem Allmächtigen danke, hier auf der neuen Erde denk ich *deiner* und unsrer Lieben mit aller Wonne eines Märtyrers. Die neuen Szenen und Schicksale haben meine Seele erweitert, Gott hat mir Kraft geschenkt, der Freundschaft das höchste Opfer zu bringen, *dein* ist – Gott! hier fiel eine Träne – die letzte – Ich hab überwunden – *Dein ist das Fräulein.* Bruder, ich hab sie nicht besitzen sollen, das heißt, sie wäre mir nicht glücklich gewesen. Wenn ihr je der Gedanke käme –

sie wäre es mit mir gewesen – Bruder! Bruder! schwer wälze ich sie auf deine Seele. Vergiß nicht, wie schwer sie dir erworben werden mußte. – Behandle den Engel immer, wie es jetzt deine junge Liebe dich lehrt. – Behandle sie als ein teures Vermächtnis eines Bruders, den deine Arme nimmer umstricken werden. Lebe wohl. Schreibe mir nicht, wenn du deine Brautnacht feierst. Meine Wunde blutet noch immer. Schreibe mir, wie glücklich du bist. – Meine Tat ist mir Bürge, daß auch mich Gott in der fremden Welt nicht verlassen wird."

Die Vermählung wurde vollzogen. *Ein Jahr* dauerte die seligste der Ehen. – Dann starb die Frau. Sterbend erst bekannte sie ihrer Vertrautesten das unglückseligste Geheimnis ihres Busens: sie hatte den Entflohenen stärker geliebt.

Beide Brüder leben noch wirklich. Der ältere auf seinen Gütern in Deutschland, aufs neue vermählt. Der jüngere blieb in Batavia und gedieh zum glücklichen, glänzenden Mann. Er tat ein Gelübde, niemals zu heiraten, und hat es gehalten.

PHILIPP OTTO RUNGE

Von dem Fischer un syner Fru

Dar wöör mall eens en Fischer un syne Fru, de waanden tosamen in'n Pißputt, dicht an der See, un de Fischer güng alle Dage hen un angeld: un he angeld un angeld.

So seet he ook eens by de Angel und seeg jümmer in das blanke Water henin: un he seet un seet.

Do güng de Angel to Grund, deep ünner, un as he se heruphaald, so haald he enen grooten Butt heruut. Do säd de Butt to em „hör mal, Fischer, ik bidd dy, laat my lewen, ik bün keen rechten Butt, ik bün'n verwünschten Prins. Was helpt dy dat, dat du my doot maakst? i würr dy doch nich rechts mecken: sett my wedder in dat Water un laat my swemmen." „Nu", säd de Mann, „du bruukst nich so veel Wöörd to maken, eenen Butt, der spreken kann, hadd ik doch wol swemmen laten." Mit den sett't he em wedder in dat blanke Water, do güng de Butt to Grund und leet enen langen Strypen Bloot achter sik. So stünn de Fischer up un güng nach syne Fru in'n Pißputt.

„Mann", säd de Fru, „hest du hüüt niks fungen?" „Ne," säd de Mann, „ik füng enen Butt, de säd, he wöör en verwünschten Prins, da hebb ik em wedder swemmen laten." „Hest du dy denn niks wünschd?" söd de Fru. „Ne," säd de Mann, "wat schull ik my wünschen?" „Ach", säd de Fru, „dat is doch äwel, hyr man jümmer in'n Pißputt to waanen, dat stinkt un is so eeklig: du haddst uns doch ene lüttje Hütt wünschen kunnt. Ga noch hen un roop em: segg em, wy wält 'ne lüttje Hütt hebben, he dait dat gewiß." „Ach", säd de Mann, „wat schull ich door noch hengaan?" „I", säd de Fru, „du haddst em doch fungen, un hest em wedder swemmen laten, he dait dar gewiß. Ga glyk hen." De Mann wull noch nicht recht, wull awerst syn Fru ook nicht to weddern syn un güng hen na der See.

As he door köhm, wöör de See ganß grövn un geel un goor nich mee so blank. So güng he staan und säd

„Manntje, Manntje, Timpe Te,
Buttje, Buttje in der See,
myne Fru de Ilsebill
will nich so, as ik wol will."

Do köhm de Butt answemmen und säd „na, wat will se denn?" „Ach", säd de Mann, „ik hebb di doch fungen hatt, nun säd myn Fru, ik hadd my doch wat wünschen schullt. Se mag nich meer in'n Pißputt wanen, se wull geern 'ne Hütt." „Ga man hen," säd de Butt, „se hett se all."

Do güng de Mann hen, un syne Fru seet nich meer in'n Pißputt, dar stünn awerst ene lüttje Hütt, un syne Fru seet vor de Döhr up ene Bänk. Da nöhm syne Fru em by de Hand un säd to em „kumm man herin, süh, nu is dar doch veel beter." Do güngen se henin, un in de Hütt was een lüttjen Vörplatz un ene lüttje herrliche Stuw un Kamer, wo jem eer Beed stünn, un Kääk un Spysekamer, allens up dat beste mit Gerädschoppen, un up dat schönnste upgefleyt, Tinntüüg un Mischen (Messing), wat sik darin höört. Un achter was ook en lüttjen

Hof mit Hönern un Aanten, un en lüttjen Goorn mit Grönigkeiten un Aaft (Obst). „Süh", säd de Fru, „is dat nich nett?" „Ja," säd de Mann, „so schall't blywen, nu wähl wy recht vergnöögt lewen." „Dat wähl wy uns bedenken," säd de Fru. Mit des eeten se wat un güngen to Bedd.

So güng dat wol'n acht oder veertein Dag, do säd de Fru „hör, Mann, de Hütt is ook goor to eng, un de Hof un de Goorn is so kleen: de Butt hadd uns ook wol een grötter Huus schenken kunnt. Ich much woll in enem grooten stenern Slott wanen: ga hen tom Butt, he schall uns en Slott schenken." „Ach, Fru," säd de Mann, „de Hütt is jo god noog, wat wähl wy in'n Slott wanen." „I wat," säd de Fru, „ga du man hen, de Butt kann dat jümmer doon." „Ne, Fru," säd de Mann, „de Butt hett uns eerst de Hütt gewen, ik mag nu nich all wedder kamen, den Butt muchd et vördreten." „Ga doch," säd de Fru, „he kann dat recht good und dait dat geern; ga du man hen." Dem Mann wöör syn Hart so swoor, un wull nich; he säd by sik sülwen „dat is nich recht," he güng awerst doch hen.

As he an de See köhm, wöör dat Water ganß vigelett und dunkelblau un grau un dick, un goor nich meer so gröön und geel, doch wöör't noch still. Do güng he staan un säd

„Manntje, Manntje, Timpe Te,
Buttje, Buttje in der See,
myne Fru de Ilsebill
will nich so, as ik wol will."

„Na wat will se denn?" säd de Butt. „Ach," säd de Mann half bedrööft, „se will in'n groot stenern Slott wanen." „Ga man hen, se stait vör de Döhr," säd de Butt.

Da güng de Mann hen und dachd, he wull na Huus gaan, as he awerst daar köhm, so stünn door'n grooten stenern Pallast, un syn Fru stünn ewen up de Trepp und wull henin gaan: do nöhm se em by de hand und säd „kumm man herein." Mit des güng he mit ehr henin, un in dem Slott wöör ene grote Dehl mit marmelstenern Asters (Estrich), und dar wören so veel Bedeenters, de reten de grooten Dören up, un de Wende wören all blank un mit schöne

Tapeten, un in de Zimmers lute gollne Stöhl und Dischen, un krystallen Kroonlüchters hüngen an dem Bähn, un so wöör dat all de Stuwen und Kamers mit Footdeken: un dat Äten un de allerbeste Wyn stünn up den Dischen, as wenn se breken wullen. Un achter dem Huse wöör ook'n grooten Hof mit Peerd- und Kohstall, un Kutschwagens up dat allerbeste, ook was door en grooten herrlichen Goron mit de schönnsten Blomen un fyne Aaftbömer, un en Lustholt wol 'ne halwe Myl lang, door wören Hirschen un Reh un Hasen drin un allens, wat man sik jümmer wünschen mag. „Na," säd de Fru, „is dat nun nich schön?" „Ach ja," säd de Mann, „so schallt't ook blywen, nu wähl wy ook in das schöne Slott wanen un wähl tofreden syn." „Dat wähl wy uns bedenken," säd de Fru, „un wählen't beslapen." Mit des güngen se to Bedd.

Den annern Morgen waakd de Fru to eerst up, dat was jüst Dag, un seeg uut jem ehr Bedd dat herrliche Land vör sik liggen. De Mann reckd sik noch, do stödd se em mit dem Ellbagen in de Syd und säd „Mann, sta up un kyk mal uut dem Fenster. Süh, kunnen wy nich König warden äwer all düt Land? Ga hen tom Butt, wy wählt König syn." „Ach, Fru", säd de Mann, „wat wähln wy König syn! ik mag nich König syn." „Na," säd de Fru, „wult du nich König syn, so will ik König syn. Ga hen tom Butt, ik will König syn." „Ach, Fru," säd de Mann, „wat wullst du König syn? dat mag ik em nich seggen." „Worüm nich?" säd de Fru, „ga stracks hen, ik mutt König syn". Do güng de Mann hen un wöör ganß bedröft, dat syne Fru König warden wull. „Dat is nich recht un is nicht recht," dachd de Mann. He wull nich hen gaan, güng awerst doch hen.

Un as he an de See köhm, do wöör de See ganß swartgrau, un dat Water geerd so von ünnen up und stünk ook ganß fuul. Do güng he staan und säd

„Manntje, Manntje, Timpe Te,
Buttje, Buttje in der See,
myne Fru de Ilsebill
will nich so, as ik wol will."

„Na wat will se denn?“ säd de Butt. „Ach,“ säd de Mann, „se will König warden.“ „Ga man hen, se is’t all,“ säd de Butt.

Do güng de Mann hen, und as he na dem Pallast köhm, so wöör dat Slott veel grötter worren, mit enem grooten Toorn un herrlyken Zyraat doran: un de Schildwach stünn vor de Döhr, un dar wören so väle Soldaten un Pauken un Trumpeten. Un as he in dat Huus köhm, so wöör allens von purem Marmelsteen mit Gold, un sammtne Deken un groote gollne Quasten. Do güngen de Dören von dem Saal up, door de ganße Hofstaat wöör, un syne Fru seet up enem hogen Troon von Gold und Demant, un hadd ene groote gollne Kroon up un den Zepter in der Hand von purem Gold un Edelsteen, un up beyden Syden by ehr stünnen ses Jumpfern in ene Reeg, jümmer ene enen Kops lüttjer as de annere. Do güng he staan und säd „ach, Fru, büst du nu König?“ „Ja,“ säd de Fru, „nu bün ik König.“ Do stünn he und seeg se an, un as he do een Flach (eine Zeitlang) so ansehn hadd, säd he „ach, Fru, wat lett dat schöön, wenn du König büst! nu wähl wy ook niks meer wünschen.“ „Ne, Mann,“ säd de Fru un wöör ganß unruhig, „my waart de Tyd un Wyl al lang, ik kann dat nich meer uthollen. Ga hen tom Butt, König bün ik, nu mutt ik ook Kaiser warden.“ „Ach, Fru,“ säd de Mann, „wat wullst du Kaiser warden?“ „Mann,“ säd se, „ga tom Butt, ik will Kaiser syn.“ „Ach, Fru,“ säd de Mann, „Kaiser kann he nich maken, ik mag dem Butt dat nich seggen; Kaiser is man eenmal im Reich: Kaiser kann de Butt jo nich maken, dat kann un kann he nich.“ „Wat,“ säd de Fru, „ik bünn König, un du büst man myn Mann, wullt du glyk hengaan? glyk ga hen, kann he König maken, kann he ook Kaiser maaken, ik will un will Kaiser syn; glyk ga hen.“ Do mussd he hengaan. Do de Mann awer hengüng, wöör em ganß bang, un as he so güng, dachd he be sik „düt gait und gait nich good: Kaiser is to uutvörschaamt, de Butt wart am Ende möd.“

Mit des köhm he an de See, do wöör de See noch ganß swart un dick un füng al so von ünnen up to geeren, dat et so blasen smeet, un et güng so em Keekwind äwer hen, dat et sik so köhrd; un de Mann wurr groen (grauen). Do güng he staan un säd

„Manntje, Manntje, Timpe Te,
Buttje, Buttje in der See,
myne Fru de Ilsebill
will nich so, as ik wol will.“

„Na, wat will se denn“ säd de Butt. „Ach butt,“ säd he, „myn Fru will Kaiser werden.“ „Ga man hen,“ säd de Butt, ”se is’t all.“

Do güng de Mann hen, un as he door köhm, so wöör das ganße Slott von poleertem Marmelsteen mit albasternen Figuren un gollnen Zyraten. Vör der Döhr marscheerden die Soldaten und se blösen Trumpeten und slögen Pauken un Trummeln: awerst in dem Huse, da güngen de Baronen un Grawen un Herzogen man so as Bedeenters herüm: do makten se em de Dören up, de von luter Gold wören. Un as he herinköhm, door seet syne Fru up enem Troon, de wörr von een Stück Gold, un wöör wol twe Myl hoog: un hadd ene groote gollne Kroon up, de wöör dre Elen hoog un mit Briljanten un Karfunkelsteen beset’t: in de ene Hand hadde se den Zepter un in de annere Hand den Reichsappel, un up beyden Syden by eer, door stünnen de Trabanten so in twe Regen, jümmer en lüttjer as de annere, von dem allergröttesten Rysen, de wörr twe Myl hoog, bet to dem allerlüttjesten Dwaark, de wöör man so groot as min lüttje Finger. Un vör ehr stünnen so vele Fürsten un Herzogen. Door güng de Mann tüschen staan und säd „Fru, büst du nu Kaiser?” „Ja,“ säd se, „ik bün Kaiser.“ Do güng he staan un beseeg se sik so recht, un as he se so’n Flach ansehen hadd, so säd he „ach, Fru, wat lett dat schöön, wenn du Kaiser büst.“ „Mann,“ säd se, „wat staist do door? ik bün nu Kaiser, nu will ik awerst ook Paabst warden, ga hen tom Butt.” „Ach, Fru,“ säd de Mann, „watt wulst du man nich? Paabst kannst du nich warden, Paabst is man eenmal in der Kristenhait, dat kann he doch nich maken.“ „Mann,“ säd se, „ik will Paabst warden, ga glyk hen, ik mutt hüüt noch Paabst warden.“ „Ne, Fru,“ säd de Mann, „dat mag ik em nich seggen, dat gait nich good, dat is to groff, tom Paabst kann de Butt nich maken.“ „Mann, wat Snack!“ säd de Fru, „kann he Kaiser maken, kann he ook Paabst maken. Ga foorts hen, ik bünn Kaiser, un du büst man myn Mann, wult du wol hengaan?“ Do wurr he bang und güng hen, em wöör awerst ganß flau, un zitterd un beewd, un de Knee un de Waden slakkerden em. Un dar streek so'n Wind äwer dat Land, un de Wolken flögen, as dat düster wurr gegen Awend: de Bläder waiden von den Bömern, und dat Water güng un bruusd, as kaakd dat, un platschd an dat Äver, un von feern seeg he de Schepen, de schöten in der Noot, un danßden un sprüngen up den Bülgen. Doch wöör de Himmel noch so'n bitten blau in de Midd, awerst an den Syden, door toog dat so recht rood up as en swohr Gewitter. Do güng he recht vörzufft (verzagt) staan in de Angst und säd

„Manntje, Manntje, Timpe Te,
Buttje, Buttje in der See,
myne Fru de Ilsebill
will nich so, as ik wol will."

„Na, wat will se denn?" säd de Butt. „Ach," säd de Mann, „se will Paabst warden." „Ga man hen, se is't all," säd de Butt.

Do güng he hen, un as he door köhm, so wöör dar as en groote Kirch mit luter Pallastens ümgewen. Door drängd he sik dorch dat Volk: inwendig was awer allens mit dausend un dausend Lichtern erleuchtet, un syne Fru wöör in luter Gold gekledet, un seet noch up enem veel högeren Troon, un hadde dre groote gollne Kronen up, un üm ehr dar wöör so veel von geistlykem Staat, un up beyden Syden by ehr, door stünnen twe Regen Lichter, dat gröttste so dick und groot as de allergröttste Toorn, bet to dem allerkleensten Käkenlicht; un alle de Kaisers un de Könige, de legen vör ehr up de Kne und küßden ehr den Tüffel. „Fru," säd de Mann und seeg se so recht an, „büst du nun Paabst?" „Ja", säd se, „ik bün Paabst." Doch güng he staan un seeg se recht an, un dat wöör, as wenn he in de hell Sunn seeg. As he se do en Flach ansehn hadd, so segt he „ach, Fru, wat lett dat schöön, wenn du Paabst büst!" Se seet awerst ganß styf as en Boom, un rüppeld un röhrd sik nich. Do säd he „Fru, nu sy tofreden, nu du Paabst büst, nu kannst du doch niks meer warden." „Dat will ik my bedenken," säd de Fru. Mit des güngen se beyde to Bedd, awerst se wöör nich tofreden, un de Girighait leet se nich slapen, se dachd jümmer, wat se noch warden wull.

De Mann sleep recht good un fast, he hadd den Dag veel lopen, de Fru awerst kunn goor nich inslapen, un smeet sik von en Syd to der annern de ganße Nacht un dachd man jümmer, wat se noch wol warden kunn, un kunn sik doch up niks meer besinnen. Mit des wull de Sünn upgan, un as se dat Margenrood seeg, richt'd se sik äwer End im Bedd un seeg door henin, un as se uut dem Fenster de Sünn so herup kamen seeg, „ha," dachd se, „kunn ik nich ook de Sünn un de Maan upgaan laten?" „Mann", säd se un stöd em mit dem Ellbagen in de Ribben, „waak up, ga hen tom Butt, ik will warden as de lewe Gott." De Mann was noch meist in'n Slaap, awerst he vörschrock sik so, dat he uut dem Bedd füll. He meend, he hadd sik vörhöörd, un reef sik de Ogen ut un säd „ach, Fru, wat säd'st du?" „Mann," säd se, „wenn ik nich de Sünn un de Maan kan upgaan laten, un mutt dat so ansehn, dat de Sünn un de Maan upgaan, ik kann dat nich uuthollen, un hebb kene geruhige Stünd meer, dat ik se nich sülwst kann upgaan laten." Do seeg se em so recht gräsig an, dat em so'n Schudder äwerleep. „Glyk ga hen, ik will warden as de lewe Gott." „Ach, Fru," säd de Mann, un füll vör eer up de Knee, „dat kann de Butt nich. Kaiser un Paabst kann he maaken, ik bidd dy, sla in dy un blyf Paabst." Do köhm se in de Booshait, de Hoor flögen eher so wild üm den Kopp, do reet se sik dat Lyfken up un geef em eens mit dem Foot un schreed „ik holl dat nich uut, un holl dat nich länger uut, wult du hengaan?" Do slööpd he sik de Büxen an un leep wech as unsinnig.

Buten awer güng de Storm, und bruusde, dat he kumm up de Föten staan kunn: de Huser un de Bömer waiden um, un de Baarge beewden, un de Felsenstücken rullden in de See, un de Himmel wöör ganß pickswart, un dat dunnerd un blitzd, un de See güng in so hoge swarte Bülgen as Kirchentöörn un as Baarge, un de hadden bawen alle ene witte Kroon von Schumm up. So schre he, un kun syn egen Woord nich hören,

„Manntje, Manntje, Timpe Te,
Buttje, Buttje in der See,
myne Fru de Ilsebill
will nich so, as ik wol will."

"Na, wat will se denn?“ säd de Butt. „Ach,“ säd he, „se will warden as de lewe Gott.“ „Ga man hen, se sitt all weder in'n Pißputt.“

Door sitten se noch bet up hüüt un düssen Dag.

Fünfzehntes Kapitel

Naturbewahrung
Ökologische Verantwortung

❖ ❖ ❖

FRIEDRICH NIETZSCHE

Die Hybris unseres modernen Seins

Selbst noch mit dem Maße der alten Griechen gemessen, nimmt sich unser ganzes modernes Sein, soweit es nicht Schwäche, sondern Macht und Machtbewußtsein ist, wie lauter Hybris und Gottlosigkeit aus: denn gerade die umgekehrten Dinge, als die sind, welche wir heute verehren, haben die längste Zeit das Gewissen auf ihrer Seite und Gott zu ihrem Wächter gehabt. Hybris ist heute unsre ganze Stellung zur Natur, unsre Natur-Vergewaltigung mit Hilfe der Maschinen und der so unbedenklichen Techniker- und Ingenieur-Erfindsamkeit; Hybris ist unsre Stellung zu Gott, will sagen zu irgendeiner angeblichen Zweck- und Sittlichkeits-Spinne hinter dem großen Fangnetz-Gewebe der Ursächlichkeit, ... Hybris ist unsre Stellung zu *uns*, denn wir experimentieren mit uns, wie wir es uns mit keinem Tiere erlauben würden, und schlitzen uns vergnügt und neugierig die Seele bei lebendigem Leibe auf: was liegt uns noch am „Heil“ der Seele!

Christoph Meckel

Als ich erwachte

Als ich erwachte, waren die Städte schon über alle Berge.
kein Stein mehr rollte. kein Gras mehr verriet.
wohin der Felsen zog mit Wanderdünen.
die Flüsse waren verreist. im Treibsand gingen
die letzten Haie auf große Jagd.

Ein Morgenstern hing schimmernd hoch in Helle.
doch meine Welt war ausgewandert.
ich lag am Ort, wo einmal Wälder standen.
den letzten Kuckuck in der Hand.

Peter Huchel

Psalm

Daß aus dem Samen des Menschen
Kein Mensch
Und aus dem Samen des Ölbaums
Kein Ölbaum
Werde,
Es ist zu messen
Mit der Elle des Todes.

Die da wohnen
Unter der Erde
In einer Kugel aus Zement,
Ihre Stärke gleicht
Dem Halm
Im peitschenden Schnee.

Die Öde wird Geschichte.
Termiten schreiben sie
Mit ihren Zangen
In den Sand.

Und nicht erforscht wird werden
Ein Geschlecht,
Eifrig bemüht,
Sich zu vernichten.

Carl Amery

Die neue Ethik der planetarischen Verantwortung

Leistungsethik prägt in säkularisierter, aber funktional kaum veränderter Form noch heute die ‚offiziellen' Werttafeln von West und Ost. Sie ist als Produktionsethik unentbehrlich geblieben; Arbeitsmoral ist selbst in unserer ‚dekadenten' westlichen Welt die letzte Bastion der alten Tugendlehren. Ihre Belohnungen und Strafen, der Ausweis von Erfolg bzw. Tugend und Mißerfolg bzw. Laster, ist handfester geworden, das ist alles; er besteht in vermehrten oder verminderten individuellen und kollektiven Lohntüten ...

Im Westen ist allerdings eine neue ethische Haltung entstanden, die scheinbar zu ihr in krassem Gegensatz steht: die Konsumentenmoral. Sie ist durch einen Triumph der alten Ethik entstanden, und zwar durch die unheimlich wachsende Produktivität pro Arbeitsstunde. Bibliotheken sind über diese Tatsache und ihre Folge geschrieben worden; hier genügt es festzuhalten, daß die Konsumer-Moral mit ihrer heiligen Pflicht zum Verschleiß und Verbrauch nur die Kehrseite der Produktionsmoral ist. Dieselbe mönchische Energie, die sich in den letzten Jahrhunderten damit befaßt hatte, die Produktion auszuweiten, wendet sich nun der kaum minder anstrengenden Aufgabe zu, das Produzierte mittels Verbrauch, Verschleiß und glatter Zerstörung zu bewältigen ...

Beide Systeme – das der Produktionsethik wie das der Konsumethik – gehen von der blinden, längst unhaltbaren Macht der Vorsehung aus, für produktive wie für konsumierende Raubzüge ständig und überall die nötigen Ressourcen bereitzuhalten; das eßbare Floß also, das von selbt auf wundersame Weise nachwächst.

Beide Orientierungen verstoßen also ganz klar und offensichtlich gegen die langfristigen Interessen der Menschheit, wie sie jedem Einsichtigen heute erkennbar sind. Man kann die Schwierigkeit betonen, die darin besteht, sie abzuschaffen; man kann auf die vielen intraspezifischen Probleme hinweisen, die es noch zu lösen gilt: Reichtum und Armut, Rassenfrage, Wettrüsten. Man kann ... die historischen Wurzln solcher Fehlhaltung freilegen. All das ist gut und schön, aber es ändert nichts an den Tatsachen, und von diesen Tatsachen ist die gültigste die Gleichung zwischen dem Planeten und seinen Bewohnern. Man kann die eine Seite der Gleichung quantitativ nur innerhalb der einzelnen Faktoren verändern – das Produkt auf der anderen Seite bleibt konstant. Solange sich die Menschheit noch auf Kosten anderer Faktoren in Zahl und Macht vermehren konnte, war ihr Wachstum gesichert. Nun erreicht sie den Punkt in der Rechnung, wo dies nicht mehr möglich ist, das ist alles.

Ist ein Ausweg möglich? Wie kann die totale Krise, in der wir leben und die nichts anderes ist als das Resultat eines sehr realen Sieges, überhaupt noch gemeistert werden? ...

All das gehört bereits zum unmittelbaren Bereich ... einer Ethik, die wir vorläufig nicht oder nur in blassen Konturen wahrnehmen. Seit dem Beginn der Geschichte, das heißt der großen Menschheitsüberlieferung, hat sich mindestens ein Teil der Menschheit auf eine Moral geeinigt, die das Überleben sozialer Grupen in einer feindlichen Um- und Mitwelt sicherstellen sollte. In dem Maß, in dem dieses Problem kollektiv bewältigt erscheint (und für die Spezies *ist* es bewältigt – die Elendszustände der meisten Kontinente sind kein naturgeschichtliches, sondern ein humanitäres und soziales Problem), wird die alte Ethik fragwürdig, und das heißt heute, die Produktions- und die Konsumentenethik.

Soll dies heißen, daß die großen Erkenntnisse aller großen Menschenfreunde der Geschichte irrelevant geworden sind? Keineswegs.

Im Gegenteil: Das Zusammenleben der Menschen auf engem Raum (und das wird wohl auf unabsehbare Zeit unser Los bleiben) ist heute schon unerträglich barbarisiert, und es bedarf der Verfeinerung der Kommunikation, des Aufbaus oder der Wiederaufnahme aller bisherigen Einsichten, um es erträglich zu machen. *Aber* – und darauf kommt es hier an – die Menschheit hat sich an den Gedanken zu gewöhnen, daß ihre erste und realste Verantwortung heute eine kollektive Verantwortung nicht nur für die eigene Gruppe oder die eigene Art, sondern für den Planeten als Ganzes geworden ist ...

Diese Ethik der planetarischen Verantwortung wird, wenn sie noch Erfolg haben soll, einen ungeheuren Schock auslösen müssen. Sie wird gegen den Strich der sogenannten Menschennatur gehen; zumindest jener Menschennatur, die in unseren Breiten mit immer neuen Prämien des Erfolges überschüttet wurde. Sie wird auf die vereinigte Wut der Reaktionäre wie der Progressiven stoßen. Beiden wird sie, wenn sie Erfolg haben soll, ihre Lieblingsspielzeuge wegnehmen. Die Propheten dieser Ethik werden – darüber kann gar kein Zweifel bestehen – in dem Augenblick hingeschlachtet werden, in dem der Umfang der Agonie klar wird, die sie der siegreichen und krisengeschüttelten Menschheit zumuten. Greifen wir, um diese Tatsache zu illustrieren, noch einmal ein einziges modernes Symptom auf: unsere Art zu wirtschaften. Angesichts der planetarischen Krise, vor der wir stehen, ist sie grotesk und kriminell; und zwar in allen bisher bekannten Spielarten, ob sie nun kapitalistisch oder sozialistisch firmieren. Was die Ausbeutung des Menschen durch den Menschen betrifft, haben wir inzwischen gelernt, diese Kriminalität zu erkennen; völlig außerhalb der Betrachtung blieb die Kriminalität der Ausbeutung der nichtmenschlichen Hilfsquellen des Planeten. Sie wird mit der totalen Unbekümmertheit betrieben, die Herrenschichten von einst gegenüber ihren Hintersassen, Leibeigenen und Sklaven auszeichnete. Bisher war es einigen Naturaposteln vorbehalten, ihre Stimme für den Singkranich, den Zedernwald, den geschändeten deutschen Rhein oder den Mississippi zu erheben; jetzt ist daraus längst eine Frage des Überlebens geworden – eine Frage nackter Interessen. Und zwar nicht der Interessen der USA, nicht der

Interessen des Zehnerklubs, des sozialistischen Blocks oder der Dritten Welt, sondern eine Frage der gesamten ungeborenen, vielleicht schon der nach 1950 geborenen Generationen. Die bisherigen Wirtschaftsformen basieren restlos auf dem sogenannten Rentabilitätsprinzip und der sogenannten Expansion; das heißt auf dem Prinzip des unbekümmerten Verschleißes der Ressourcen von morgen.

...

Erstens kann die neue Ethik weitgehend darauf verzichten, mit Bewußtseinsmanipulationen zu arbeiten. Sie ist eine schlichte Ethik der Verursachung; Gut und Böse bedeuten in ihr nichts anderes mehr als Überleben – und zwar kollektives Überleben – oder Sterben – und zwar den Untergang der Spezies, jedenfalls an ihren bisher bekannten Lebensmöglichkeiten. Sie wird der Menschheit vorstellen, was sie sich leisten kann, und was sie sich nicht leisten kann. Sie ist *self-enforcing*; das heißt, sie bedarf keines weltlichen Arms und keiner verinnerlichten Schuld-Strafe-Mechanismen, um ihre Wertwelt zu begründen. Sie hat die schlichte und massive Einsichtigkeit eines Betonblocks, der an einem Nylonfaden über unsere Köpfen hängt. Reißt der Faden (oder raspeln wir ihn an), werden wir plattgequetscht. So einfach ist der Schuld-Strafe-Mechanismus, der ihr zugrunde liegt. Der Industrielle, der die letzte, biologisch entscheidende Dosis Gift in die Weltmeere kippt, kann persönlich noch so feinsinnig sein, er mag ein Förderer der Künste, ein zärtlicher Ehemann, ein vorbildlicher Arbeitgeber, ein überzeugter Christ oder Sozialist sein; in dem Augenblick, wo seine Ladung von der Kippe oder vom Schleppkahn rutscht, ist er der planetarische Schurke Nummer Eins. Der Sittenstrolch, der Heroin-Fixer, der Massenmörder mögen nach unserem gegenwärtigen Empfinden wesentlich tiefer stehen; ihre Taten oder Unterlassungen sind ein wahres Nichts, vergleichen mit der Endgültigkeit des Verbrechens, das er ... an der Menschheit begeht.

In jedem Fall – ist die Ethik der neuen Situation eine solche der schlichten Kausalität. ‚Schuld' ist auf dieser Ebene nicht mehr eine Frage komplizierter Beziehungen zu einem unsichtbaren, aus religiösen oder philosophischen Voraussetzungen abstrahierten Prinzip, sondern so evident und berechenbar wie der Tritt oder der Kieselstein, der eine Lawine auslöst ...

Die neue Ethik wird wirkungslos bleiben, wenn es ihr nicht gelingt, große Massen mit ihrer planetarischen Geschichtsmächtigkeit vertraut zu machen; ihnen klarzumachen, daß es sich dabei nicht um eine verborgene Heilsgeschichte, auch nicht um das Pathos eines zukünftigen Reiches, sondern um das Leben oder Sterben der einzigen Heimstatt geht, die wir und unsere Nachkommen mit allen unseren Sinnen erleben. Alle bisherigen Sinngebungen – ganz gleich, ob sie religiös firmierten oder nicht – waren und sind insofern noch mythisch bzw. magisch, als sie einen verborgenen, einen noch zu enthüllenden, einen futurischen oder eschatologischen Sinn proklamieren mußten, um ihren Jüngern das Gefühl ihrer Mächtigkeit zu vermitteln.

Sie mußten die Jünger davon überzeugen, daß sie selbst an der Unterseite des Teppichs tätig seien, dessen strahlendes Muster eines Tages durch einen eschatologischen Akt sichtbar werden würde. Die neue Ethik wird diese Vorstellung (die uns allen, auch den sogenannten Ungläubigen und insbesondere den Marxisten, in Fleisch und Blut übergegangen ist) radikal widerrufen. Sie wird zeigen, daß Heil oder Unheil hier und heute gewirkt wird, daß seine Muster offen zutage liegen und in ihrer schlichten Kausalität ohne weiteres einzusehen sind. Und es wird sich dabei vielleicht herausstellen, daß die Suche nach dem Glück, auch nach dem kollektiven Glück, die sich immer wieder in die Suche nach dem Reich der Zukunft organisierte, viel stärker durch die Methoden der Glücksuche selbst als durch äußere feindliche Einflüsse behindert und frustriert wurde. Indem wir die Welt hominisierten, das heißt zum alleinigen Rohstoff einer einzigen Spezies machten, haben wir sie enthumanisiert. Sie zu rehumanisieren wird nur möglich sein, wenn wir die Partnerschaft mit allem Lebenden bejahen und praktisch ernst nehmen. Der Typus des Beutemachers, des Expansionisten, der bisher von unseren eigenen Vorstellungen mit der Prämie des Erfolgs honoriert wurde, wird geächtet werden und einer Haltung Platz machen müssen, die man ohne Scheu als weltliche Askese bezeichnen soll.

SARAH KIRSCH

Im Sommer

Dünnbesiedelt das Land.
Trotz riesiger Felder und Maschinen
Liegen die Dörfer schläfrig
In Buchsbaumgärten; die Katzen
Trifft selten ein Steinwurf.

Im August fallen Sterne.
Im September bläst man die Jagd an.
Noch fliegt die Graugans, spaziert der Storch
Durch unvergiftete Wiesen. Ach, die Wolken
Wie Berge fliegen sie über die Wälder.

Wenn man hier keine Zeitung hält
Ist die Welt in Ordnung.
In Pflaumenmuskesseln
Spiegelt sich schön das eigene Gesicht und
Feuerrot leuchten die Felder.

WALTER E. RICHARTZ

Picknick vor Cleveland

Die Hügellandschaft um uns war grün – geradezu *giftgrün*; Wiesen und Maisfelder. Hin und wieder, halb versteckt hinter Kuppen und Bäumen, eine Farm, von der ein dünner Rauch aufstieg, oder auch nur der Rauch.

Die Straße verbreiterte sich zu einer Piste, und abrupt änderte sich das Bild. Wir durchquerten die schmutzüberzogene Reifenstadt Acron. Schornsteine, Sägezahnhallen, Werksiedlungen. Fast nur aus

Stangen und Draht bestehende Reklamen und Firmennamen, für die Nacht bestimmt. Dann mußte es märchenhaft aussehen. ‚Goodyear' etc. Alles menschenleer. Nur ein paar Schwarze hockten auf Stufen, unbeweglich, wie Säcke.

Aber sofort wieder Farmland. Meilen, Meilen schwere satte Fruchtbarkeit. Was wollte man mehr?

Zwanzig Meilen vor Cleveland trat eine nachhaltige Änderung ein. Das Land wurde struppig, krautig, Haufen von Undefinierbarem, vergessene Maschinen, vergessene Materiallager, schiefe Barecken, Betonhallen mit zerbrochenen Fenstern; viel Rostiges, Filziges, auch Plastik in grellen Farben. Rechts von der Straße erhoben sich steilbrüstige Hügel, Schlackenhalden, schütter bewachsen. Links schien es sich abzusenken. Wir durchfuhren Wellen von Gestank.

Die Karawane bog von der Hauptstraße auf einen Seitenweg; vielleicht früher einmal gepflastert oder asphaltiert – jetzt nur noch Schotter und Schlaglöcher. Die Karawane schaukelte wie ein Zug hinkender Männer. Am Wegrand graues oder rostrotes Schilf, an dem sich fliegende Stoff-Fetzen, Asbest oder Holzwolle verfangen hatten. Der Weg ging durch mehrere riesige Abfallplätze, es waren Senken zwischen zwei Müll-Lawinen; vorsichtig humpelten die Wagen über Schichten von zusammenknickendem Blech oder Plastik, durch stinkende Tümpel. Schließlich verbreitete sich der Weg zu einer grauschwarzen Ebene ohne jede Vegetation; sie glitzerte etwas. An einer Biegung sah man: auf der einen Seite fiel eine Böschung in einen gewundenen Wasserlauf. Die ersten hielten an, parkten regellos. Wir waren am Ziel, *am Flußlauf des Cuyahoga.*

Überall stiegen sie aus, reckten sich nach der Enge, fast wortlos, mit bunten und sehr verschiedenartigen Kleidungsstücken, ein starker Kontrast zur Umgebung. Sie standen auf einer knirschenden Mondlandschaft. Sie stiefelten tastend herum, als könne man einbrechen, Pärchen aneinandergeschmiegt, ratlose Schritte vorwärts, seitwärts. Ein junger Mann kniete nieder, wühlte wie rasend im Boden ein Loch mit den Händen. Ein Mädchen kehrte zum Auto zurück und legte den Kopf auf den Kühler, wie zur Andacht. Keith drehte sich um und fragte halblaut: „Gefällt's dir hier?"

Ich zuckte die Achseln. Was war da zu sagen. Durch eine Dunstbank, nach Norden zu, sah man die Silhouetten von Schornsteinen und Kühltürmen; Clevelands Industrie-Skyline.

Es wurde jetzt überall ausgeladen. zwei in leuchtenden indischen Hemden zogen von einem Lastwagen eine große Rolle und rollten sie auf; eine grüne Matte, ein künstlicher Rasen. Sie stellten ein paar Campingstühle drauf, Klapptische, und eine großer, chromblitzender Grill wurde aus einem Pappkarton geholt und entfaltet. Sie schleppten dann Kartons voller Lebensmittel und schütteten sie aus – Äpfel, Tomaten, Blumenkohl, Hähnchen, Maiskolben, Brote, Paprika – eine wahllose Mischung; mit ledernen Geräuschen aufprallend, gummihaft hüpfend, mit schlaffem Herumrollen: Plastic Food. Gleich wurde der Grill mit Holzkohle und Benzin in Gang gesetzt.

Andere hatten unterdessen an verschiedenen Stellen der Schlakkenebene ihre Transparente aufgestellt. ‚Schöne neue Welt!' – ‚Come and see the Land of the Free!' – ‚Diese Landschaft ist Napalm-fest!' Weit weg und regellos. Es flatterte da auch eine amerikanische Flagge im Wind, und daneben hockte ein junger Schwarzer mit Gitarre und einer mit einer Mundharmonika, und die Männer und Mädchen vom Lastwagen standen und sangen; eine Gospelstimme ragte heraus: ‚Didn't it rain!' und ‚Wade in the water'. Andere standen in einer Kette an der Böschung und blickten auf das Wasser des Flusses. Keith rannte herum, stand oder kniete nieder, um die Veranstaltung aus allen Blickwinkeln mit dem Videogerät aufzunehmen. Gus Meckler war wie angewurzelt mitten auf der Fläche stehengeblieben; er sah aus wie ein Kalkfelsen; er drehte den Kopf hin und her und rief so laut er konnte: „No no no! No no no!" Von Zeit zu Zeit kam der Hubschrauber wieder und zog seine Kreise über uns. Später kam ein zweiter dazu, der sehr niedrig flog. Beide zusammen machten ein Wummern und ein Lufterschüttern, das betäubend war.

Vom ‚Grillplatz' stieg dichter weißer Qualm auf, Fahnen von beißendem Gestank wehten über den Platz. Die beiden Männer, die dort beschäftigt waren, hatten sich Gasmasken aufgesetzt. Das Plastikgemüse und das Plastikfleisch, das sie brieten, schmolz und entzündete sich, wurde mit Zangen gepackt, als blakende Klumpen über den Platz geschleudert. Es wurde methodisch neues zugelegt. Ich schlenderte kreuz und quer, war unschlüssig und verwirrt, niemand achtete auf mich. Von Cleveland her, aus dem Dunst, näherte sich ein blaues Blitzen. Der Sinn der Veranstaltung war offenkundig. Aber wem war sie zugedacht? Wer war das Publikum? Der Hubschrauber, der nun raubvogelhaft unbeweglich über uns stand?

Ein stärkerer Brand entstand auf dem Grillplatz; beim Versuch, eine größere Masse des schwelenden, nun klebrigen Plastikteiges vom Grillgitter abzulösen, war das ganze Gestell umgefallen. Überall kleine Herde; auch das restliche ‚Obst' und ‚Gemüse', das noch auf dem Boden lag, begann zu qualmen und zu zischen; farbige Flämmchen schlugen aus dem Rasen. Die Köche mit den Gasmasken zogen sich zurück. Einer holte einen Feuerlöscher aus einem Auto und hielt ihn bereit, obgleich sonst weit und breit nichts Brennbares war. Zu dem singenden Grüppchen an der Fahne hatte sich noch eine Handvoll Sänger gestellt. Die übrigen Teilnehmer standen nun alle am Flußufer und blickten erwartungsvoll hinunter. Auch ich wanderte dorthin, widerstrebend, wie mir das alles widerstrebte. Zugleich bemerkte ich, in anderer Blickrichtung, daß vier oder fünf blaublitzende Polizeiwagen sich am nördlichen Ende des Schuttplatzes in Formation aufgestellt hatten, und daß eine Gruppe von Polizisten danebenstand und uns beobachtete. Sie trugen Lederhelme. Zwei von ihnen kamen ein Stück weit über den Platz und blieben hundert Meter von dem brennenden Grillplatz stehen. Blechern verzerrt, fast unverständlich, schallte eine Stimme herüber: „... Police ... Cleve ... by order of ... trespassing ... illegal ... area immediately!" Der Chor sang noch lauter. Der zweite Hubschrauber knatterte dicht darüber, so daß die losen, bunten Kleider und die amerikanische Flagge heftig flatterten. Ich erreichte den Rand der Böschung und sah die schwarze Flüssigkeit des Flusses, fast unbewegt, mit treibenden Kisten, Brocken, Fässern. Das Wasser selbst schien klumpig oder breiig. Zwei, drei der am Rand Stehenden hatten brennende Fackeln in der Hand. Ich sah Keith an dem bröckelnden Schräghang knien und filmen, wobei er mehrmals abzurutschen drohte. Zoe stand oben und hielt den Arm bereit. Hinter uns stand Gus noch immer wie angewurzelt, hell und allein auf der schwärzlichen Fläche, über die jetzt eilig ein großer Wolkenschatten glitt, mit sekundenlanger Finsternis.

Die Polizisten waren zu einer Kette ausgeschwärmt und näherten sich rasch. Hinter ihnen blitzten die Autos; alles wie ein Weltraumfilm. Aus dem Megaphon kam noch einmal eine ähnlich klingende, weiterhin unverständliche Verlautbarung. Ich hörte neben mir einen kleinen, chinesisch aussehenden Mann zu seiner rothaarigen Freundin sagen, sie solle zum Auto gehen und es anlassen. Ich sah noch andere, die sich, mit erzwungener Ruhe, mit Seitenblicken auf die Polizei, zu ihren Autos zurückzogen.

Plötzlich flogen die Fackeln durch die Luft. Als die die Oberfläche des Flusses berührten, fuhr eine heiße Welle an unseren Gesichtern vorbei; es gab eine kaum hörbare, aber fühlbare starke Lufterschütterung, dann brannte der Fluß. *Der Fluß brannte!* Er war so mit Abfällen vermischt und beladen, daß er brennbar wurde! *Der Fluß brannte!*

Wolfgang Hildesheimer

Klage und Anklage

Wer bei Volksabstimmungen von je auf seiten der Verlierer gestanden hat und feststellt, wie die Erde immer feindlicher, der Mensch immer mehr verunsichert, das Individuum immer schutzloser, das Leben immer härter und unberechenbarer wird, wie die Möglichkeiten menschlicher Disposition sich rapide reduzieren, die Natur sich zunehmend versagt, der beginnt sich allmählich zu fragen, wie es möglich ist, daß der ansteigende Verlust an Handlungsfreiheit, die Häufung der unvorhergesehenen Schrecken und Katastrophen den Leuten auf der anderen Seite, also den Gewinnern der Abstimmungen, nicht auffällt. Daß sie sich, während die Berichte über die schleichende Einschränkung unserer Lebenssubstanz, und damit die Gefährdung unserer Zukunft, einander jagen, nicht irgendwann zu fragen beginnen, ob sie nicht vielleicht doch die falsche Seite unterstützt haben: die kurze Sicht anstelle der langen; den materiellen Aspekt anstelle eines Konzepts gerechter Verteilung der Lebensgüter; den Wohlstand für sich anstelle der Sicherheit für ihre

Nachkommen. In ihrem eigenen Umkreis mag ihnen vielleicht nicht auffallen, in welch erschreckender Potenzierung die Spezies der Tierwelt und die Pflanzenwelt aussterben, demnach Verödung und Verkarstung die Erde überziehen, Hunger und Seuchen sich ausbreiten, aber in sämtlichen Medien bekommen sie es Tag für Tag vorgeführt, oder etwa nicht? Daß die Armen immer ärmer, die Reichen immer reicher werden, ficht den nicht an, der zu den letzteren gehört – im Gegenteil –, aber er hat doch gewiß Kinder und Enkel, die leben wollen, zumindest jetzt noch. (Nein, ich bin kein „Linker", sondern politisch heimatlos.)

Gewiß, da die negativen Auswirkungen aller jener scheinbaren Errungenschaften der Gewinner sich nur sehr allmählich einstellen, wird es ihnen leichtgemacht, die Schattenseiten des Erreichten zu verdrängen und Fehlplanungen hinwegzuerklären, wovon sie denn auch in sorglosester Zuversicht Gebrauch machen. Unter allen Umständen wollen sie Atomkraftwerke, obgleich die Frage der Vernichtung des Atommülls, entgegen ihren Behauptungen, alles andere als geklärt ist und somit eine Gefahr ersten Ranges bleibt. Der Gemeinplatz der „sauberen Energie" dürfte sich nach den neuen Statistiken erschöpft haben. Sie wollen sich in ihrem Energiehaushalt nicht bevormunden lassen, das wäre verständlich, wenn sie sich selbst den Maßstab zu setzen fähig wären. Sie sind es aber nicht, sie planen in eine nur allzu zweifelhafte Zukunft, obgleich sie täglich vorgeführt bekommen, daß, nicht zuletzt angesichts der katastrophalen Bevölkerungsexplosion, die Versorgung auch bei uns spärlicher werden und in berechenbarer Zukunft versiegen muß. In der Tat, man fragt sich, bis zu welcher Grenze der Mensch eigentlich verdrängen kann.

Wie gern hätte ich vor den entsprechenden Abstimmungen etwa den folgenden Spruch verbreitet: Stimme ab, wie dein Gewissen es dir befiehlt, aber sage deinem Enkel, für welche Seite du gestimmt hast, damit er dich dereinst segnen oder verfluchen kann. – Wie gern würde ich den Gewinnern nahelegen, nur ein einziges Mal jeden Affekt auszuschalten, der letztlich nur der unterschwelligen Angst – der Quelle aller kollektiven Verdrängung – entspringt, und mit aller ihnen zu Gebote stehenden rationalen Vernunft an jene Zukunft zu denken, in der wir in Wirklichkeit natürlich schon zutiefst stecken.

Das ist schwer, ich weiß es, aber wer Kinder hat, trägt die ethische Verpflichtung, es zu tun. Die Bäume sterben. Als nächstes stirbt der Boden, auf dem sie wachsen, ja, auf dem alles wächst, was uns nicht nur physisch ernährt, sondern auch psychisch aufrechterhält. Die Verseuchung der Meere nimmt drastisch zu, wer hätte davon nicht schon grauenvolle Bilder und Filme gesehen! In wenigen Dekaden wird, wenn wir von einem Atomkrieg und von globalen Seuchen verschont bleiben, die Menschheit um ein Mehrfaches ihrer heutigen Zahl angewachsen sein. Wenn nicht ein noch so geringer Teil der von uns verschuldeten Schäden reversibel ist, wird der Mensch seine gesamte Kraft dem Überleben zu widmen haben, so daß seine geistige Existenz allmählich erlischt. Dieses unheilvolle Bild entspringt nicht etwa makabrer Einbildungskraft, sondern prognostischer Realität, wie jedermann sie – wahrhaft überdeutlich vorgeführt – den statistischen Berichten, vor allem aber den Reporten der Biotechniker, der Genetiker, der Ernährungswissenschaftler und der Ärzte entnehmen kann, wenn er will.

Er will nicht. Die Verdrängungsmechanismen der Gewinner – nennen wir sie mit großzügigem Euphemismus Optimisten – gebieten und propagieren eine Art der Zukunftsplanung, deren verderbliche Zuversicht aller Vernunft gleichzeitig entbehrt und trotzt. Es wird kaltblütig gefällt, gerodet und eingeebnet. In den Städten werden die Grünflächen zum Opfer einer geradezu psychotischen Bauwut ebenjener Institutionen, mit denen wir in absehbarer Zukunft nicht mehr das geringste anfangen können. Wälder werden zu Papier, um uns zu jenen elenden Postwurfsendungen zu verhelfen, die darauf berechnet sind, unsere Nachfrage nach hochgradig Unnützem zu züchten. Landschaften werden rücksichtslos und schadenstiftend zerstört, um Siedlungen für solche zu bauen, die dringend Zweitwohnungen brauchen. Maßhalten wird zum Spottobjekt, Maßnahmen zum Sparen von Energie werden verschmäht, sobald es das Aufgeben der geringsten Bequemlichkeit oder selbst der automatischen Gewohnheit bedeutet, nicht zu reden von der Demonstration des sozialen Status. (Im Tessin habe ich beobachtet, wie etwa 70 Werktätige aus demselben Dorf täglich zu ihrem gemeinsamen Arbeitsplatz fuhren, jeder in seinem eigenen Auto.)

Es herrscht eine Art feindseliger Gleichgültigkeit, wenn nicht gar Apathie gegenüber den ökologischen Geboten, Egoismus paart sich mit hartnäckiger Verleugnung unserer bedrohten Zukunft und wird zu einer geradezu programmatischen Versagung. Die planende Vernunft liegt bei der Minderzahl, eben bei den Verlierern, und sie werden das Schicksal jener zu teilen haben, die eifrig an der Unbewohnbarmachung der Erde arbeiten, freilich – das sei ihnen zugestanden – ohne das Böse zu wollen.

Ich bin mir im klaren, daß ich moralisiere. Aber so will es die Zeit, vor allem will es so die Sache, die hier ein sonst kaum zulässiges Maß an Pathos gebietet und verlangt, daß auch ein Agnostiker nach biblischen Gleichnissen greife, um Unbelehrte – und, wie zu fürchten steht, auch Unbelehrbare – zu erreichen. (Auch in der Bibel gibt es solche, die alle Warnung in den Wind schlugen. Ihr Schicksal ist bekannt.) Die Apokalypse droht, und zwar um zu strafen. Sie wird, wenn sie kommt, auch die Gerechten vernichten, aber diese dürfen wenigstens ihr gutes Gewissen bis zum Ende hüten.

BRUCE CHATWIN

Traumpfade – The Songlines

Arkady bestellte zwei Cappuccinos im Coffee-Shop. Wir trugen sie zu einem Tisch am Fenster, und er begann zu erzählen.

Sein schnelles Denken machte mich ganz benommen, wenn ich auch manchmal den Eindruck hatte, daß er redete, als stünde er auf einem Podium, und daß vieles von dem, was er sagte, schon einmal gesagt worden war.

Die Aborigines hatten eine erdgebundene Philosophie. Die Erde schenkte einem Menschen das Leben, gab ihm seine Nahrung, seine Sprache und Intelligenz; und die Erde nahm ihn zurück, wenn er starb. Eines Menschen „eigenes Land“ und war es auch nur ein öder Landstrich mit Spinifexgestrüpp, war eine heilige Ikone, die unversehrt bleiben mußte.

„Unversehrt, meinen Sie, von Straßen und Bergwerken und Eisenbahnen?"

„Wenn man die Erde verwundet, verwundet man sich selbst", sagte er ernst, „und wenn andere die Erde verwunden, verwunden sie dich. Das Land sollte unberührt bleiben: so wie in der Traumzeit, als die Ahnen die Welt ins Dasein sangen."

„Rilke", sagte ich, „hatte eine ähnliche Vorstellung. Auch er sagte: Gesang ist Dasein."

„Ich weiß", sagte Arkady und stützte sein Kinn in beide Hände. „Drittes Sonett an Orpheus."

Die Aborigines, fuhr er fort, waren ein Volk, das auf leichten Füßen über die Erde schritt; und je weniger sie der Erde wegnahmen, um so weniger mußten sie ihr zurückgeben. Sie hatten nie verstanden, warum die Missionare ihnen ihre unschuldigen Opferriten verboten. Sie schlachteten nicht, weder Tiere noch Menschen. Wenn sie jedoch der Erde für ihre Geschenke danken wollten, schlitzten sie sich einfach eine Ader am Unterarm auf und ließen ihr eigenes Blut auf den Boden tropfen.

„Kein sehr hoher Preis", sagte er. „Die Kriege des zwanzigsten Jahrhunderts sind der Preis dafür, daß zu viel genommen wurde."

„Ich verstehe", sagte ich und nickte ratlos. „Aber könnten wir zu den Songlines zurückkehren?"

„Können wir."

Ich war nach Australien gekommen, um nach Möglichkeit selber in Erfahrung zu bringen und nicht aus Büchern anderer zu lernen, was eine Songline war – und wie sie funktionierte. Es war offensichtlich, daß ich nicht bis zum Kern der Sache vorstoßen würde, aber das wollte ich auch gar nicht. Ich hatte eine Freundin in Adelaide gefragt, ob sie einen Experten kenne. Sie gab mir Arkadys Telefonnummer.

„Haben Sie etwas dagegen, wenn ich mein Notizbuch benutze?" fragte ich.

„Nur zu!"

Ich zog ein Notizbuch mit einem schwarzen Wachstucheinband aus meiner Tasche; die Seiten wurden von einem Gummiband zusammengehalten.

„Ein hübsches Notizbuch", sagte er.

„Ich habe sie immer in Paris gekauft", sagte ich. „Aber jetzt werden sie nicht mehr hergestellt."

„Paris?" wiederholte er und runzelte die Brauen, als sei ihm so etwas Anmaßendes noch nie zu Ohren gekommen.

Dann zwinkerte er mir zu und sprach weiter.

Um die Vorstellung der Traumzeit zu verstehen, sagte er, müsse man sie als eine Aborigine-Version der ersten beiden Kapitel der Genesis ansehen – mit einem entscheidenden Unterschied.

In der Genesis erschuf Gott zuerst die „lebenden Dinge", und dann formte er Vater Adam aus Lehm. Hier in Australien erschufen sich die Ahnen selbst aus Lehm, zu Hunderten und Tausenden, je einen für jedes totemistische Wesen.

„Wenn also ein Aborigine Ihnen sagt: ‚Ich habe einen Wallaby-Traum', will er damit sagen: ‚Mein Totem ist das Wallaby. Ich bin ein Mitglied des Wallaby-Klans.'"

„Ein Traum ist also ein Klan-Emblem? eine Art Abzeichen, das ‚uns' von ‚ihnen' unterscheidet? ‚Unser Land' von ‚ihrem Land'?"

„Das geht noch sehr viel weiter", sagte er.

Jeder Wallaby-Mensch glaubte, von einem universalen Wallaby-Vater abzustammen, der der Ahne aller Wallaby-Menschen und aller lebenden Wallabys war. Wallabys waren daher seine Brüder. Eins zu töten, um es zu verzehren war sowohl Brudermord als auch Kannibalismus.

„Und doch", beharrte ich, „war der Mensch nicht mehr ein Wallaby, als die Briten Löwen, die Russen Bären oder die Amerikaner Weißkopf-Seeadler sind?"

„Jede Spezies kann ein Traum sein", sagte er. „Ein Virus kann ein Traum sein. Man kann einen Windpocken-Traum haben, einen Regen-Traum, einen Wüstenorangen-Traum, einen Läuse-Traum. Auf dem Kimverley-Plateau haben sie jetzt einen Geld-Traum."

„Und die Waliser haben Lauch, die Schotten Disteln, und Daphne wurde in einen Lorbeerbaum verwandelt."

„Immer dieselbe alte Geschichte", sagte er.

Er fuhr fort, mir zu erklären, daß jeder totemistische Ahne auf seiner Reise durch das Land eine Spur von Wörtern und Noten neben seinen Fußspuren ausgestreut habe und daß sich diese Traumpfade wie Verkehrs-„Wege“ zwischen den am weitesten auseinanderliegenden Stämmen über das ganze Land hinzögen.

„Ein Lied“, sagte er, „war gleichzeitig Karte und Kompaß. Wenn man das Lied kannte, konnte man immer seinen Weg durch das Land finden.“

„Und wanderte ein Mann beim ‚Walkabout‘ immer an einer dieser Songlines entlang?“

„In den alten Zeiten, ja“, stimmte er zu. „Heutzutage nehmen sie den Zug oder das Auto.“

„Und wenn der Mann von seiner Songline abwich?“

„Das war Betreten fremden Bodens. Dafür konnte er mit dem Speer getötet werden.“

„Aber solange er sich an seinen Pfad hielt, fand er immer Menschen, die seinen Traum teilten? Die in Wirklichkeit seine Brüder waren?“

„Ja.“

„Von denen er Gastfreundschaft erwarten konnte?“

„Und umgekehrt.“

»Ein Lied ist also eine Art Paß, ein Gutschein für eine Mahlzeit?“

„Auch das ist komplizierter.“

Zumindest theoretisch konnte ganz Australien wie eine Partitur gelesen werden. Es gab kaum einen Felsen oder einen Bach im Land, der nicht gesungen werden konnte oder gesungen worden war. Man mußte sich die Songlines wie Spaghetti aus Iliaden und Odysseen vorstellen, die sich hierhin und dorthin schlängelten, wobei jede „Episode“ den geologischen Formen abzulesen war.

„Unter Episode verstehen Sie ‚heilige Stätte‘?“ fragte ich.

„So ist es.“

„Stätten wie die, die Sie zur Zeit für die Eisenbahngesellschaft vermessen?“

„Sie müssen es so sehen“, sagte er. „Überall im Busch können Sie auf irgendeine Stelle in der Landschaft zeigen und den Aborigine an Ihrer Seite fragen: ‚Was für eine Geschichte ist das?‘ oder: ‚Wer ist das?‘ Es ist möglich, daß er ‚Känguruh‘ oder ‚Wellensittich‘ oder ‚Eidechse‘ antwortet, je nachdem, welcher Ahne diesen Weg gegangen ist.“

„Und die Entfernung zwischen zwei solcher Stätten kann als Abschnitt des Lieds gemessen werden?"

„Deshalb", sagte Arkady, „habe ich so viele Schwierigkeiten mit den Leuten von der Eisenbahn."

Es war nicht leicht, einen Vermesser davon zu überzeugen, daß ein Haufen Flußsteine die Eier einer Regenbogenschlange oder ein rötlicher Sandsteinbrocken die Leber eines mit dem Speer erlegten Känguruhs war. Schwerer noch war es, ihm einsichtig zu machen, daß eine öde Schotterlandschaft die musikalische Entsprechung zu Beethovens Opus 111 war.

Indem sie die Welt ins Dasein sangen, sagte er, seien die Ahnen Dichter in der ursprünglichen Bedeutung des Wortes *poesis* gewesen, das „Schöpfung" besage. Kein Aborigine könne sich vorstellen, daß die erschaffene Welt in irgendeiner Weise unvollkommen sei. Sein religiöses Leben hatte nur ein Ziel: das Land so zu erhalten, wie es war und wie es sein sollte. Ein Mann, der „Walkabout" ging, machte eine rituelle Reise. Er folgte den Fußspuren seines Ahnen. Er sang die Strophen seines Ahnen, ohne ein Wort oder eine Note zu ändern – und erschuf so die Schöpfung neu.

„Manchmal", sagte Arkady, „wenn ich meine ‚alten Männer' durch die Wüste fahre und wir zu einer Kette von Sandhügeln kommen, fangen sie plötzlich alle an zu singen. ‚Was singt ihr Leute da?' frage ich sie, und sie antworteten: ‚Wir singen das Land herbei, Boß. Dann kommt das Land schneller.'"

Aborigines konnten nicht glauben, daß das Land existierte, bevor sie es sehen und singen konnten – wie auch das Land in der Traumzeit nicht existierte, bevor die Ahnen es sangen.

„Das Land muß also zuerst als Vorstellung im Kopf existieren?" sagte ich. „Und dann gesungen werden? erst dann kann es als existent bezeichnet werden?"

„Richtig."

„Mit anderen Worten, ‚existieren' bedeutet ‚wahrgenommen werden'?".

„Ja."

„Hört sich verdächtig nach Bischof Berkeleys Widerlegung der Materie an."

„Oder wie der Buddhismus des reinen Denkens", sagte Arkady, „für den die Welt ebenfalls eine Illusion ist."

„Dann ist es also so, daß diese dreihundert Meilen Stahl, die zahllose Songs durchschneiden, zwangsläufig das psychische Gleichgewicht Ihrer ‚alten Männer' erschüttern werden?"

„Ja und nein", sagte er. „Sie sind in emotionaler Hinsicht sehr stark, und sie sind sehr pragmatisch. Außerdem haben sie weitaus Schlimmeres erlebt als die Eisenbahn."

Aborigines glaubten, daß alle „lebenden Dinge" im verborgenen unter der Erdkruste gemacht worden waren, wie auch alle Maschinen des weißen Mannes – seine Flugzeuge, seine Gewehre, seine Toyota-Landcruiser – und alle Erfindungen, die man noch erfinden würde; sie schlummerten unter der Oberfläche und warteten, bis sie gerufen wurden.

„Vielleicht können sie die Eisenbahn in die erschaffene Welt Gottes zurücksingen?" schlug ich vor.

„Da können Sie sicher sein", sagte Arkady.

Hans Jonas

Verantwortung und Freiheit

... Die nukleare, ökologische, bio-ethische, gentechnologische Debatte dieser Jahrzente bringt es unaufhörlich zu Wort – ein wachsender öffentlicher Chor mit wachsender Thematik, in dem meine Stimme eine unter vielen ist. Aus der Euphorie des faustischen Traumes sind wir ins kalte Tageslicht der Furcht erwacht. Es darf nicht das des Fatalismus sein. Nie darf apokalyptische Panik uns vergessen machen, daß die Technik ein Werk der uns Menschen eigenen Freiheit ist. Taten dieser Freiheit haben uns zum gegenwärtigen Punkt gebracht. Taten derselben Freiheit – die sie bleibt trotz der selbstgeschaffenen Zwänge zum Fortfahren auf der eingeschlagenen Bahn – werden über die globale Zukunft entscheiden, die zum ersten Mal in ihren Händen liegt. Ich spreche von der Freiheit als

Gattungseigenschaft, die noch nicht die politische ist, sie aber ermöglicht.

...

Mit der einseitigen Überlegenheit seiner nicht mehr natürlichen, sondern künstlichen Waffen ist der Mensch aus dem Kreis symbiotischen Gleichgewichts ausgebrochen. Er rottet aus, wo bis dahin der Streit nur Schranken setzte. Er gibt nicht mehr brauchbar zurück, was er dem Ganzen nimmt. So treibt er Raubbau an ihm. Im Erwerb seiner Übermacht war er sehend, ist sie doch ein Werk immer höherer erfinderischer Intelligenz; in ihrem Gebrauch war er blind und konnte es so lange bleiben, wie die Strafen der Erde immer noch vom Lohn der Siege überglänzt wurden. Diese lange Schonzeit der Blindheit ist vorbei. Das Verhältnis von Mensch und Natur ist in eine neue Phase eingetreten.

Was ist das Neue, und wie kam es dazu? Ein Faktor ist der biologische unserer rasanten Vermehrung, deren organischer Bedarf allein die planetarischen Nahrungsquellen zu überfordern droht. Aber dem liegt ursächlich schon ein ganz und gar Unorganisches zugrunde: der qualitative Sprung in unserer technologischen Macht, den der kaum zweihundert Jahre alte Bund zwischen Technik und exakter Naturwissenschaft bewirkte. Durch dies epochale, einzigartig westliche Praktischwerden reiner Theorie ist die Überlegenheit des Menschen so einseitig geworden, seine Eingriffe nach Größe, Art und Tiefgang so bedrohlich für das Ganze jetziger und künftiger Erdnatur, daß die Freiheit auch hierin endlich sehend werden mußte. Sie sieht: der zu große Sieg bedroht den Sieger selbst.

Das qualitativ Neue sei an einem einzigen Beispiel illustriert, das auch erklärt, was ich mit dem neuen „Tiefgang" unserer Eingriffe meine. Alle vormoderne Technik war makroskopisch, wie es das älteste Werkzeug war und heute noch die Maschine ist. Mit den Größen der sichtbaren Körperwelt hantierend, hielt sich die Technik sozusagen noch an die Oberfläche der Dinge. Seither ist sie in die molekulare Ebene hinabgestiegen. Diese kann sie jetzt manipulieren, von dorther nie gewesene Stoffe erbauen, Lebensformen ändern, Kräfte freisetzen. Nie vorher ist Kunst der Natur so in ihren Elementen zu Leibe gerückt. Vom Untersten her regiert sie jetzt das Oberste, vom Kleinsten das Größte. Dies Schöpfertum am „Kerne" bedeutet mit neuer Macht neue Gefahr. Eine ist die Belastung der Umwelt mit Substanzen, die ihr Stoffwechsel nicht bewältigen kann. Zur mechanischen Verwüstung tritt chemische und radioaktive Vergiftung hinzu. Und in der Molekularbiologie erscheint die prometheische Versuchung, vom Keime her verbessernd an unserem eigenen „Bilde" zu basteln.

Die gesteigerte Macht entstammt also gesteigertem Erkennen. Dasselbe Erkennen nun, das *in* der Technik waltet, setzt uns auch instande, ihre globalen und künftigen Auswirkungen zu errechnen. Dafür sehend gemacht, muß die Freiheit erkennen: durch sie selbst steht das Ganze auf dem Spiel, und sie allein ist dafür verantwortlich. Damit komme ich von Wurzel und Macht zur Pflicht unserer Freiheit.

Daß sie sich Grenzen setzt, ist erste Pflicht aller Freiheit, ja, die Bedingung ihres Bestand, denn nur so ist Gesellschaft möglich, ohne die der Mensch nicht sein kann und auch nicht seine Herrschaft über die Natur. Je freier die Gesellschaft selber ist, je weniger also die natürliche Gattungsfreiheit durch die Herrschaft von Menschen über Menschen beeinträchtigt wird, desto evidenter und unerläßlicher wird im zwischenmenschlichen Verhältnis die Pflicht freiwilliger Begrenzung. Vergleichbares nun tritt ein im Verhältnis der Menschheit zur Natur. Wir sind freier darin geworden durch unsere Macht, und eben diese Freiheit bringt ihre Pflichten mit sich. Schritthaltend mit den Taten unserer Macht reicht unsere Pflicht jetzt über den ganzen Erdkreis und in die ferne Zukunft. Sie ist unser aller Pflicht, denn wir alle sind Mittäter an den Taten und Nutznießer an den Gewinnen der kollektiven Macht. Jetzt und hier, so sagt uns die Pflicht, sollen wir unsere Macht zügeln, also unseren Genuß kürzen, um einer künftigen Menschheit willen, die unsere Augen nicht mehr sehen werden. Ist unsere moralische Natur auch dafür ausgerüstet, wie sie es für das zwischenmenschliche Nahverhältnis ist? Gerechtigkeit, Achtung, Mitleid, Liebe – Impulse dieser Art, die in uns schlummern und im konkreten Miteinander wachgerufen werden, helfen uns da aus der Enge der Selbstsucht heraus ...

Wir vom sogenannten „Westen" haben den technologischen Koloß geschaffen und auf die Welt losgelassen; wir sind weiterhin die Hauptverzehrer seiner Früchte und darin Hauptsünder an der Erde. Unserer Üppigkeit auch ist Einschränkung wohl zuzumuten. Es wäre obszön, den Hungernden verarmter Weltteile Umweltschonung zum Besten der Zukunft, gar noch der globalen, zu predigen. Sie zwingt die nackte Not des Tages zu eben dem Zerstören, das in noch größere Not späterer Jahre führt. Sie vorab aus diesem Zwang zu befreien, muß das Ziel aller Entwicklungshilfe sein, zu welchem sie ihrerseits freilich mindestens die Geburtenbeschränkung beitragen müßten. Doch das eigentliche Problem liegt bei den Reichen dieser Erde, den Prassern mit ihrer globalen Schuld und Pflicht. Es ist ein Problem nicht der Ohnmacht, sondern der Macht und damit – vorläufig immer noch – der Freiheit ...

Über eines müssen wir uns zum Schluß im klaren sein: Eine Patentlösung für unser Problem, ein Allheilmittel für unsere Krankheit gibt es nicht. Dafür ist das technologische Syndrom viel zu komplex, und von einem Aussteigen daraus kann nicht die Rede sein. Selbst mit der einen großen „Umkehr" und Reform unserer Sitten würde das Grundproblem nicht verschwinden. Denn das technologische Abenteuer selbst muß ja weitergehen; schon die rettenden Berichtigungen erfordern immer neuen Einsatz des technischen und wissenschaftlichen Ingeniums, der seine eigenen neuen Risiken erzeugt. So ist die Aufgabe der Abwendung permanent, und ihre Erfüllung muß immer Stückwerk bleiben und oft nur Flickwerk.

Das bedeutet, daß wir wohl in aller Zukunft im Schatten drohender Kalamität leben müssen. Sich des Schattens bewußt sein aber, wie wir es jetzt eben werden, wird zum paradoxen Lichtblick der Hoffnung: Er läßt die Stimme der Verantwortung nicht verstummen. Dies Licht leuchtet nicht wie das der Utopie, aber seine Warnung erhellt unsern Weg – zusammen mit dem Glauben an Freiheit und Vernunft. So kommt am Ende doch das Prinzip Verantwortung mit dem Prinzip Hoffnung zusammen – nicht mehr die überschwengliche Hoffnung auf ein irdisches Paradies, aber die bescheidenere auf eine Weiterwohnlichkeit der Welt und ein menschenwürdiges Fortleben unserer Gattung auf dem ihr anvertrauten, gewiß nicht armseligen, aber doch beschränkten Erbe. Auf diese Karte möchte ich setzen.

Autorenregister und Quellennachweis

anschaulich-politischer Überzeugung verbundenen Freundeskreises nach dem Attentat des 20. Juli 1944 entdeckt und – obwohl ihnen direkte Staatsstreichsplanungen nicht bewiesen werden konnten – zum Tode verurteilt. Das Urteil erging am 11. Januar 1945; am 2. Februar wurde Delp in Berlin-Plötzensee gehängt.

Aus A. Delp, *Gesammelte Schriften*, Hg. Roman Bleistein, 4 Bde., die Textpassage in Bd. 4: *Aus dem Gefängnis.* © Verlag Joseph Knecht · Carolusdruckerei GmbH, Frankfurt/Main 1984.

DESCARTES, RENÉ (1596–1650)

Einige Regeln der Sittenlehre 420

Die Beweisgründe für das Dasein Gottes und der menschlichen Seele als Grundlage der Metaphysik 474

Die beiden Kapitel, aus denen diese Textpassagen übernommen wurden, sind enthalten in Descartes' grundlegender erkenntnistheoretischer Schrift *Abhandlung über die Methode des richtigen Vernunftgebrauchs (Discours de la méthode pour bien conduire la raison; 1637);* die Übersetzung stammt von Kuno Fischer. Zitiert nach der Ausgabe Stuttgart: Reclam 1961, hgg. von Hermann Glockner.

DIDEROT, DENIS (1713–1784)

Menschlichkeit 86

Toleranz (von Jean Edme Romilly) 321

Natürliche Freiheit (von Jaucourt) 343

Drei Artikel aus der von Diderot und Jean le Rond d'Alembert (1717–1783) herausgegebenen *Enzyklopädie (Encyclopédia ou Dictionnaire raisonné des sciences, des arts et des métiers)*, erschienen 1751–1780 in 35 Bänden, das erste lexikalische Großwerk des Zeitalters der europäischen Aufklärung; von den drei zitierten Texten stammt nur der Artikel *Menschlichkeit* von Diderot selbst.

Entnommen aus dem Auswahlband *Artikel aus der von Diderot und d'Alembert herausgegebenen Enzyklopädie* (Übers. Theodor Lücke), ausgew. von Manfred Naumann, Reclam Verlag, Leipzig 1984.

DOMIN, HILDE (geb. 1912)

Ich will dich 353

Aus *Gesammelte Gedichte.* © S. Fischer Verlag GmbH, Frankfurt am Main.

DSCHAMI, ABDURRAHAM (15. Jhdt.)

Das Kamel im Mausloch 70

Die Adaption dieses altarabischen Gedichts stammt von Friedrich Rückert (1823).

Eichendorff, Joseph Freiherr von (1788–1857)
Vier geistliche Gedichte 218
Der Wächter 218
Zuerst erschienen in der Erzählung *Dichter und ihre Gesellen* (1834).
Nachtgruß 219
Morgenlied 219
Mondnacht 220
Diese drei Gedichte sind enthalten in Eichendorffs Ausgabe seiner *Gedichte*, Berlin 1837.

Emerson, Ralph Waldo (1803–1882)
Selbstvertrauen 154
Freundschaft 299
Der amerikanische Philosoph veröffentlichte die erste Folge seines *Essays* mit 12 Aufsätzen 1844, darin auch jene über *Self-Reliance* und *Friendship*. Zitiert nach der Ausgabe *Essays*, übers. u. hgg. von Harald Kiczka, Copyright © der deutschen Übersetzung 1983, Diogenes Verlag AG, Zürich.

Enzensberger, Hans Magnus (geb. 1929)
Vorschlag zur Strafrechtsreform 105
Erstmals erschienen in dem Band *Gedichte 1955–1970*, Frankfurt a. M.: Suhrkamp 1971.
Anweisung an Sisyphos 199
Erstmals erschienen in dem Band *Verteidigung der Wölfe*, Frankfurt a. M.: Suhrkamp 1957.

Epiktet (um 55 – um 135 n. Chr.)
Von dem, was in unserer Gewalt steht, und was nicht 470
Aus dem *Handbüchlein (Enchiridion)* des griechischen Stoikers, das dessen Lebensmaximen enthält und von einem seiner Schüler, Flavius Arrianus, aufgezeichnet wurde.
Zitiert nach der Ausgabe *Handbüchlein der Moral und Unterredungen*, hgg. von Heinrich Schmidt, Kröners Taschenausgabe Bd. 2, 11. Aufl. 1984. Alfred Kröner Verlag, Stuttgart.

Faulkner, William (1897–1962)
Rede zur Verleihung des Literaturnobelpreises 197
Faulkner erhielt den Nobelpreis im Jahre 1950 (es war der Preis für 1949); seine Dankesrede wurde in deutscher Sprache, übers. von Wulf Teichmann und Walter Hertenstein, veröffentlicht in dem von Gerd Haffmans hgg. Sammelband *Über William Faulkner*, Copyright © der deutschen Übersetzung 1973, Diogenes Verlag AG, Zürich.

GOETHE, JOHANN WOLFGANG VON (1749–1832)
Das Göttliche 39
Entstanden 1783; Erstdruck (ohne Wissen des Autors) in: F. H. Jacobi, *Über die Lehre des Spinoza in Briefen an den Herrn Moses Mendelssohn*, Berlin 1785; danach in Goethes *Schriften*, Bd. 8, 1789.
Beherzigung 139
Entstanden Ende 1776 als ein Gedicht in Goethes »Festspiel« *Lila;* Erstdruck in *Schriften,* Bd. 6, 1790.
An den Mond 291
Erstdruck in *Schriften,* Bd. 8, 1789.
GRACIÁN, BALTASAR (1601–1658)
Nachdenken 71
Gerechtigkeit 85
Fleiß und Talent
Kenntnis seiner selbst 473
Alle Texte aus der Spruchsammlung des spanischen Jesuitenpaters, die unter dem Titel *Oraculo manual y arte de prudencia* erschien; zitiert nach der Übersetzung von Arthur Schopenhauer: *Handorakel und Kunst der Weltklugheit*, Leipzig, 1862.
GRIMM, BRÜDER
(JACOB, 1785–1863; WILHELM, 1786–1859)
Die kluge Bauerntochter 75
Diesem Märchen entnahm Carl Orff den Stoff für seine Oper *Die Kluge* (1943).
Der Froschkönig oder der eiserne Heinrich 91
Hänsel und Gretel 147
Vorlage für das Märchenspiel gleichen Titels von Engelbert Humperdinck (1893)
Katze und Maus in Gesellschaft 297
Frau Holle 446
Die Wichtelmänner 449
Alle Märchen sind enthalten in der Sammlung *Kinder- und Hausmärchen,* 2 Bde., Berlin 1812–1815.
HAVEL, VÁCLAV (geb. 1936)
Ein Wort über das Wort 335
Aus der Rede gleichen Titels, die der tschechische Staatspräsident und Dramatiker zur Verleihung des Friedenspreises des Deutschen Buchhandels 1989 gehalten hat.
Zitiert nach dem Sammelband mit Texten von Havel, *Am Anfang war*

das Wort, Übers. Joachim Bruss, © 1990 by Rowohlt Taschenbuch Verlag GmbH, Reinbek bei Hamburg.

HEBEL, JOHANN PETER (1760–1826)
Nützliche Lehren (»Ist denn der Mensch ...«); 1805 46
Der kluge Sultan; 1810 74
Der kluge Richter; 1805 86
Die Besatzung von Oggersheim; 1814 145
Unverhofftes Wiedersehen; 1811 173
Nützliche Lehren (»Gott grüßt manchen ...«); 1811 218
Das wohlfeile Mittagessen; 1804 393
Nützliche Lehren
(»Es sagt ein altes Sprichwort«, 1806; »Rom ist nicht an einem Tage ...«, 1807) 445

Alle Geschichten stammen aus Hebels Sammlung seiner Kurzprosa, *Schatzkästlein des Rheinischen Hausfreundes*, Tübingen 1811, 2. Aufl. 1818, wurde von ihm aber zuerst für den Jahreskalender *Rheinländischer Hausfreund* geschrieben (vgl. die angegebenen Jahreszahlen), an dem er seit 1803 mitarbeitete.

HEINE, HEINRICH (1797–1856)
Der tugendhafte Hund 47
Die schlesischen Weber 95

Erstdruck in der Zeitschrift »Vorwärts!« (Paris), 10. Juli 1844. Mit diesem Gedicht nahm Heine zur Revolte der schlesischen Leinenweber Stellung, die sich, provoziert durch die seit Jahrzehnten zunehmende Verelendung der Textil-Heimarbeiter, Anfang Juni 1844 in den Weberdörfern des schlesischen Eulengebirges gewaltsam entladen hatte. Der Aufstand wurde militärisch niedergeschlagen; elf Menschen wurden erschossen, zahlreiche schwer verletzt. – Die fortdauernde politische Brisanz des Problems zeigt die Tatsache, dass Gerhart Hauptmanns fast fünfzig Jahre später entstandene Tragödie *Die Weber* (1892) zunächst zur öffentlichen Aufführung verboten war.

HERMLIN, STEPHAN (geb. 1915)
Ballade von der Dame Hoffnung 224

Entstanden 1947; Erstdruck in der Zeitschrift »Aufbau«, I, 1948. Zitiert nach dem Band *Gesammelte Gedichte*, © 1979 Carl Hanser Verlag, München–Wien.

Die Bank 382

Aus dem Band *Abendlicht. Prosa*, © 1979 Klaus Wagenbach Verlag, Berlin.

Frühlingsglaube 394
Erstdruck in G. Keller, *Gedichte*, Heidelberg 1846.

King, Martin Luther (1929–1968)
Brief aus dem Stadtgefängnis von Birmingham vom 16. April 1963 108
Der amerikanische Bürgerrechtler schrieb den offenen Brief aus dem Gefängnis *(Letter from a Birmingham Jail)*, nachdem sich einige seiner Amtsbrüder gegen die gewaltlosen Aktionen der Bürgerrechtler ausgesprochen hatten. King war wegen Teilnahme an einer Demonstration verhaftet worden. Am 4. April 1968 wurde er ermordet.
Mein Weg zur Gewaltlosigkeit 405
Beide Texte sind enthalten in dem Band M. L. King, *Freiheit*, Übers. Ruth Rostock u. Alfred Schmidt, © Oncken Verlag, Wuppertal und Kassel 1964.

Kipling, Rudyard (1865–1936)
Wie das Nashorn zu seiner Haut kam 103
Wie das Kamel zu seinem Buckel kam 452
Beide Geschichten stammen aus Kiplings Erzählungssammlung *Just so stories for little children*, erschienen 1902; die hier benutzte deutsche Übersetzung von N. O. Scarpi erschien 1946 im Verlag der Büchergilde Gutenberg, Zürich, unter dem Titel *Wie das Kamel zu seinem Buckel kam und andere Erzählungen*.

Kipphardt, Heinar (1922–1982)
In der Sache J. Robert Oppenheimer 388
Kipphardts Stück, ein Klassiker des Dokumentartheaters, wurde 1964 uraufgeführt; es geht darin um das Verfahren gegen den berühmten Physiker J. R. Oppenheimer (1904–1967), der in den vierziger Jahren in leitender Funktion am Bau der ersten Atombombe beteiligt gewesen war und nun verdächtigt wurde, die ihm aufgegebene Loyalität gegenüber der amerikanischen Regierung nicht mit der nötigen inneren Überzeugung vertreten zu haben. Der hier abgedruckte Auszug stammt aus der vierten Szene des Stücks. © Pia Maria Kipphardt.

Kirsch, Sarah (geb. 1935)
Im Sommer 494
Aus *Werke in fünf Bänden,* © 1999 Deutsche Verlags-Anstalt GmbH, Stuttgart.

Klabund (eig. Alfred Henschke; 1890–1928)
Pogrom 333
Aus Klabund, *Der himmlische Vagant,* © 1968, 1978 by Verlag Kiepenheuer & Witsch, Köln.

wissenschaftler und Aphoristiker seit 1765 niederschrieb, die aber erst in der Ausgabe seiner *Vermischten Schriften*, 9 Bde., 1801–1806 veröffentlicht wurden.

LINCOLN, ABRAHAM (1809–1865)
Rede auf dem Schlachtfeld von Gettysburg 185
Aus der *Gettysburg Address*, die der amerikanische Präsident am 19. November 1863 auf dem Schlachtfeld von Gettysburg hielt, wo es den Unionstruppen in erbittertem Kampf gelungen war, am 3. Juli 1863 die Südstaatenarmee unter General Robert E. Lee zurückzuschlagen – ein Wendepunkt in der Geschichte des tragischen amerikanischen Bürgerkriegs. Nach dem Sieg des Nordens 1864 wiedergewählt, wurde Lincoln am 15. April 1865 Opfer eines politischen Attentats.

LINDGREN, ASTRID (1907–2002)
Niemals Gewalt 412
Aus der Rede, die die schwedische Kinderbuchautorin 1978 zur Verleihung des Friedenspreises des Deutschen Buchhandels hielt. © Verlag Friedrich Oetinger, Hamburg.

LOGAU, FRIEDRICH VON (1604–1655)
Wissenschaft der Rechte 85
Der Mittel-Weg 134
Beharren 173
Vergebene Arbeit 443
Aus der Sammlung *Deutsche Sinn-Gedichte* des schlesischen Gutsherrn, Juristen und Spruchdichters, erschienen 1654.

LUTHER, MARTIN (1483–1546)
Ein feste Burg ist unser Gott (1530), entstanden vermutlich 1527 212
Aus tiefer Not schrei ich zu dir 213
Mitten wir im Leben 214
Das zweite und das dritte Lied aus Luthers Ausgabe seiner *Geistlichen Lieder*, Wittenberg *1529.*

MANN, HEINRICH (1871–1950)
Mut 157
Der Aufsatz erschien zuerst 1939 in Paris; zitiert nach dem Essayband *Mut*, hgg. Von Peter-Paul Schneider, © S. Fischer Taschenbuch Verlag GmbH, Frankfurt am Main 1991.

MANN, THOMAS (1875–1955)
Brief an den Dekan der Philosophischen Fakultät der Universität Bonn, Neujahr 1937 427
Auszug aus dem offenen Brief, mit dem Th. Mann darauf reagierte, dass

ihm die Bonner Universität mit amtlichem Schreiben vom 19. Dezember 1936 die Ehrendoktorwürde aberkannt hatte; schon am 2. Dezember 1936 hatten die Nazis die Ausbürgerung Manns bekannt gegeben. Eine Veröffentlichung erfolgte schon im Januar 1937 im Verlag von Emil Oprecht, Zürich, unter dem Titel *Ein Briefwechsel.* Aus: *ders., Gesammelte Werke in dreizehn Bänden.* Band XII. *Reden und Aufsätze 4* © S. Fischer Verlag GmbH, Frankfurt am Main 1960, 1974.

Marc Aurel (121–180)
Über Arbeit und Selbstliebe 439
Beobachtung des eigenen Ich 472
Aus den »Gedanken über sich selbst«, die der römische Kaiser (reg. 161–180) hinterließ; zitiert nach der Ausgabe der *Selbstbetrachtungen,* übertragen und eingeleitet von Wilhelm Capelle, Kröners Taschenausgabe Bd. 4, 12. Aufl. 1973, Alfred Kröner Verlag, Stuttgart.

Maupassant, Guy de (1850–1893)
Madame Baptiste 257
Die Erzählung erschien 1882 in der Zeitschrift »Gil Blas«; die hier abgedruckte deutsche Übersetzung stammt von Christel Gersch. Aus ders.: *Novellen 1882*, Bd. 2; © Aufbau-Verlag, Berlin und Weimar 1983.

Meckel, Christoph (geb. 1935)
Als ich erwachte 488
Aus dem Gedichtband *Nebelhörner*, Stuttgart: DVA 1959.

Mendelssohn, Moses (1729–1786)
Über Judenfeindschaft und Intoleranz 331
Die Textpassage steht in der Vorrede Mendelssohns zu einer Schrift des berühmten Amsterdamer Rabbiners Manasseh Ben Israel (17. Jhdt.), die der Berliner Philosoph selbst aus dem Englischen übersetzte und unter dem Titel *Rettung der Juden* 1782 herausbrachte.

Mickel, Karl (geb. 1935)
Das Kindlein am Himmelstor 411
Entstanden 1960. Aus Mickels Gedichtband *Vita nova mea*, Berlin: Aufbau Verlag 1966.
© Mitteldeutscher Verlag Halle.

Montaigne, Michel de (1533–1592)
Von der Standhaftigkeit 172
Man sollte nicht dreist über Gottes Fügungen urteilen 211
Liebe und Freundschaft 287
Vom Müßiggang oder der Untätigkeit 444
Aus Montaignes *Essais*, die gesammelt zum ersten Mal 1580 erschienen;

die hier abgedruckten Zitate sind einer Übersetzung von Johann Joachim Bode entnommen, die im Rahmen der Ausgabe von Montaignes *Gesammelten Schriften* bei Georg Müller, München 1908, herauskam.

NIETZSCHE, FRIEDRICH (1844–1900)
Die Hybris unseres modernen Seins 487
Aus der Abhandlung *Zur Genealogie der Moral*, erschienen 1887.

PIRANDELLO, LUIGI (1867–1939)
Die Bank unter der alten Zypresse 263
Der Rabe von Mizzaro 346
Beide Erzählungen stehen in der Ausgabe *Einer nach dem anderen und sizilianische Novellen*, Übers. Hans Hinterhäuser u. Lisa Rüdiger, hgg. von Michael Rössner u. a., Mindelheim: W. P. Sachon Verlag 1989.

PLATON (427–347 v. Chr.)
Sokrates über Furcht und Tapferkeit 132
Sokrates über Besonnenheit und Gerechtigkeit 465
Beide Auszüge sind Platons Dialog *Gorgias* entnommen; sie werden hier in der Übersetzung von Rudolf Rufener nach der Ausgabe *Die großen Dialoge*, hgg. von Thomas A. Szlezák, München/Zürich: Artemis 1991, abgedruckt.

RICHARTZ, WALTER E. (eig. W. E. von Bebenburg: 1927–1980)
Picknick vor Cleveland 494
Eine Szene aus dem Roman *Reiters Westliche Wissenschaft*, Copyright © 1980 Diogenes Verlag AG, Zürich.

RÜCKERT, FRIEDRICH (1788–1866)
Mit meinem Meister 221
Aus Rückerts Lehrgedicht *Die Weisheit des Brahmanen*, erschienen 1836–1838.
Meiner lieben Schwiegertochter Alma 251
Entstanden Weihnachten 1865 als Dank an Alma Rückert, die mit einem Sohn des Dichters verheiratet war und sich seiner annahm, nachdem Rückerts Frau 1857 verstorben war. Erstdruck in L. Hirschberg, *Rückert-Nachlese*, 2 Bde., Weimar 1910/11.
Bedingungen des Lebens 451
Aus F. Rückert, *Schi-king, Chinesisches Liederbuch*, 1833.

RUNGE, PHILIPP OTTO (1777–1810)
Von dem Fischer un syner Fru 478
Runges Märchen erschien zum ersten Mal in der Sammlung *Volks-Sagen, Märchen und Legenden*, hgg. von J. G. Büsching, Leipzig 1812 und in demselben Jahr in den *Kinder- und Hausmärchen* der Brüder Grimm.

Behandle die Sklaven menschlich 82
Drei Texte aus den *Epistulae morales ad Lucilium (Moralische Briefe an Lucilius)*, in denen Seneca einem jungen philosophischen Schüler seine moralphilosophischen Maximen nahezubringen sucht. Entnommen der Seneca-Auswahl *Vom glückseligen Leben*, hgg. von Heinrich Schmidt, Kröners Taschenausgabe Band 5, 14. Auflage 1978, Seite 223 ff. Alfred Kröner Verlag, Stuttgart.

Seume, Johann Gottfried (1763–1810)
Der Wilde 245
Erstdruck in Seumes Sammlung seiner *Gedichte*, 1801.

Shakespeare, William (1564–1616)
König Heinrich V. 135
Die Rede des Königs an sein Heer vor der (historischen) Schlacht bei Agincourt gegen die Franzosen (1415), die mit dem Sieg der Engländer endete, steht in der 3. Szene des vierten Aufzugs. Das Historiendrama wurde 1599 zum ersten Mal aufgeführt. Der Text ist der Übersetzung von August Wilhelm von Schlegel entnommen.
Der Kaufmann von Venedig 239
Die Szene, in der Porzia vergeblich versucht, Shylock von der Realisierung seiner Forderung gegen Antonio abzubringen – die Abmachung spricht ihm ein Pfund Fleisch aus Antonios Körper zu –, steht im 1. Auftritt des vierten Aufzugs.
Shakespeare schrieb das als »Komödie« bezeichnete Werk etwa 1596/97; die hier benutzte Übersetzung stammt von August Wilhelm von Schlegel.

Simrock, Karl (1802–1876)
Der Rattenfänger 100
Erstdruck in Simrocks Ausgabe seiner *Gedichte*, Leipzig 1844.

Straparola, Gianfrancesco (um 1480–um 1557)
Die ungetreue Polissena 369
Eine Erzählung aus Straparolas Novellensammlung *Le piacevoli notti (Die ergötzlichen Nächte)*, erschienen 1550–1553.

Swift, Jonathan (1667–1745)
Entschließungen für mein Alter 71
Diese Reflexionen Swifts *(Resolutions when I come to be old)* entstanden etwa 1719; der Text wurde in der Übersetzung von Walter Freisburger dem Band *Ein bescheidener Vorschlag, wie man verhindern kann, dass die Kinder der Armen ihren Eltern oder dem Lande zur Last fallen*, Frankfurt a. M. Insel Verlag 1965, entnommen.

TEXTE AUS ANONYMEN WERKEN UND KOLLEKTIVWERKEN

Aus dem Alten Testament

Aus dem Neuen Testament

Die faule Frau und die Flöhe 440
Aus der Sammlung *Französische Märchen*, hgg. von Ré Soupault, erschienen in der Reihe *Märchen der Weltliteratur* bei Diederichs im Heinrich Hugendubel Verlag, Kreuzlingen/München.

Deklarationen und Denkschriften

Die Erklärung der Menschen- und Bürgerrechte, beschlossen von der französischen Nationalversammlung am 26. August 1789. 41
Die *Déclaration de droits de l'homme et du citoyen* war das staatsrechtliche Grunddokument der Französischen Revolution und wurde zum Vorbild der meisten Grundrechtskataloge späterer Verfassungen.

Vereinte Nationen: Allgemeine Deklaration der Menschenrechte vom 10. Dezember 1948. 52
In diesem Dokument, dessen Präambel hier abgedruckt ist, wurde das Prinzip einer an bestimmte unveräußerliche Rechte des Menschen gebundenen Politik zum ersten Mal als völkerrechtlich verbindlich kodifiziert – beschlossen von der Vollversammlung der Vereinten Nationen angesichts des soeben beendeten Zweiten Weltkriegs.

Schlussakte der Konferenz für Sicherheit und Zusammenarbeit in Europa (KSZE), 1. August 1975. 54
Die hier abgedruckten Abschnitte VII und VIII, die Fragen der Menschenrechte und des Selbstbestimmungsrechts behandeln, wurden in den folgenden Jahren zur Grundlage der meisten Bürgerrechtsbewegungen in der Sowjetunion und den Staaten des sogenannten Ostblocks. Man konnte sich darauf berufen, dass auch die osteuropäischen Staaten dieser Erklärung zugestimmt haben.

Stuttgarter »Schuldbekenntnis« des Rates der Evangelischen Kirchen Deutschlands, 19. Oktober 1945. 380
Diese von den damals führenden Persönlichkeiten der evangelischen Kirchen Deutschlands unterzeichnete und höchst kontrovers diskutierte Erklärung ist ein bis heute fast einmalig gebliebenes Dokument der Solidarität mit den Opfern der nationalsozialistischen Diktatur und Gewaltherrschaft.

Bibliographisches
Institut AG

F. A. Brockhaus

Deutsche Verlags-Anstalt
GmbH

Deutscher Taschenbuch
Verlag GmbH & Co. KG

Droemersche Verlagsanstalt
Th. Knaur Nachf.

G. B. Fischer Verlag

S. Fischer Verlag GmbH

Carl Hanser Verlag

Heimeran Verlag

F. A. Herbig
Verlagsbuchhandlung

KINDLERS LITERATURGESCHICHTE DER GEGENWART

Die Literatur der Bundesrepublik Deutschland

Herausgegeben von Dieter Lattmann

Kindlers Literaturgeschichte der Gegenwart

Autoren · Werke · Themen · Tendenzen seit 1945

Die Literatur der Bundesrepublik Deutschland

Herausgegeben von Dieter Lattmann

Teil I	Überblick	Dieter Lattmann
Teil II	Prosa	Heinrich Vormweg
Teil III	Lyrik	Karl Krolow
Teil IV	Dramatik	Hellmuth Karasek

Zweite, neu durchgesehene Auflage

Kindler Verlag
Zürich und München

Redaktion, Dokumentation und Bebilderung: Rudolf Radler
unter Mitarbeit von Angelica Pöppel
Kurzbiographien: Manfred Kluge
Korrekturen: Dr. Linde Lang
Register: Monika Woehlken

Herausgeber, Autoren und Verlag danken Herrn Dr. Joachim W. Storck vom Deutschen Literaturarchiv Marbach a. N., der bei der Dokumentation der ersten Nachkriegsjahre sehr behilflich war.

Umschlaggestaltung: H. Numberger
Gesamtherstellung: R. Oldenbourg, München
Printed in Germany
ISBN 3 463 22001 6

INHALT

DIETER LATTMANN
STATIONEN EINER LITERARISCHEN REPUBLIK

HEINRICH VORMWEG
PROSA IN DER BUNDESREPUBLIK SEIT 1945

KARL KROLOW

DIE LYRIK IN DER BUNDESREPUBLIK SEIT 1945

HELLMUTH KARASEK

DRAMATIK IN DER BUNDESREPUBLIK SEIT 1945

ANHANG

DIETER LATTMANN

STATIONEN EINER LITERARISCHEN REPUBLIK

VORBEMERKUNG

Die literarische Entwicklung in der Bundesrepublik ist für die Mehrzahl der heute Lebenden noch mit dem eigenen Dasein synchron. Mehr und mehr jedoch wird das Bewußtsein von Zeitgenossenschaft und Zusammenhang abgelöst durch Generationszäsuren und Diskontinuität. In einer solchen Phase des Übergangs erscheint es sinnvoll, ohne Errichtung künstlicher Grenzen eine Bilanz zu versuchen und Gegenwartsgeschichte zu betreiben.

Herausgeber und Autoren haben sich – natürlich nicht ohne Skrupel – darauf eingelassen, herkömmliche Gattungsbegriffe (Prosa, Lyrik, Dramatik) als Hilfsmittel für diesen Überblick zu benutzen, gleichzeitig aber waren sie bemüht, eine Form offener Übergänge zwischen geltenden Kategorien zu finden. Daß vier grundverschiedene Autoren diesen Versuch gemeinsam – jeder auf seine Art – unternommen haben, mag zur Belebung beitragen und wird hoffentlich die Lesbarkeit fördern. Der Entschluß, die deutschsprachige Literatur der Bundesrepublik, der DDR, der Schweiz und Österreichs in vier Bänden getrennt darzustellen, hat – unvermeidlich – dazu geführt, daß manche Schriftsteller mehrfach erwähnt werden, obschon Herausgeber und Autoren aller Bände selbstverständlich bemüht waren, in jedem einzelnen Fall eine möglichst eindeutige und akzeptable Zuordnung zu finden.

Wer sich die Auffächerung der Tätigkeit der schreibenden Bürger der Republik vergegenwärtigt – die Spannung vom Trivialen bis zum Subtilen wie die gesellschaftliche Bedeutung der täglichen Arbeit einer nach Tausenden zählenden Gruppe von Wortautoren in den kulturellen Bereichen und Medien –, wird sich der Widersprüchlichkeit bewußt, die jedes Unterfangen einer zeitgenössischen Literaturgeschichte zur Voraussetzung hat.

Der Herausgeber beginnt mit dem Vorsatz, nicht Einzelschilderungen der Mitverfasser in ihren Gebieten vorzugreifen, sondern bestimmten Stationen der Gesamtentwicklung nachzugehen und die Umgebung der Literatur dieser Jahre nach Möglichkeit zu kennzeichnen: von Autorengruppierungen bis zum Verlagswesen und den Rundfunkanstalten, von der gesellschaftlichen Veränderung bis zur offiziellen Kulturpolitik und Initiativen der Schreibenden.

Der Dank an die, die mitgearbeitet haben, ist so selbstverständlich wie Schwierigkeit und Faszination dieser Arbeit.

DIE STUNDE NULL, DIE KEINE WAR

Als am 8. Mai 1945 in Deutschland fast alle Waffen schwiegen und nur noch versprengte Amokläufer des Tausendjährigen Reichs auf einen Feind schossen, der von manchen Deutschen als Befreier begrüßt wurde, war trotz allen Siegestaumels der Alliierten der vorherrschende Eindruck die plötzliche Stille.

Anders als im Ersten Weltkrieg war Deutschland diesmal Kriegsschauplatz gewesen. Sirenen, Bomben, Kanonendonner, MG-Garben und das Rasseln von Panzerketten, Durchhaltefanfaren, der jahrelange Marschtritt von Nagelstiefeln, das Geknall von Heckenschützen, das Keuchen Gejagter – mit einem Mal war das alles abgebrochen, nicht wie ein Spuk, vielmehr war eine Wirklichkeit, an der alle beteiligt waren, handelnd, leidend, nutznießend, an ihrem äußersten unerträglichen Punkt plötzlich außer Kraft gesetzt.

Wer in jenem heißen Mai und Juni durch das Land ging, hungrig und abgerissen, im Soldatenmantel, vorüber an allen Ruinen und quer durch den Stillstand eines Staates, der nun nirgends mehr zu fassen war – außer vielleicht in einem abgelegenen Postgebäude, wo ein Beamter ohne Weisung Hitlermarken aussortierte –, konnte die Ruhe hören, so überwältigend war sie.

Das große Erstaunen, daß der Krieg aufgehört hatte und man selbst zufällig noch am Leben war, hielt bei den meisten eine Weile an, bis es in eine Art Trümmermentalität überging, mit der man sich in der primitivsten Situation aufs neue einzurichten suchte. Totaler, so schien es, konnte der Zusammenbruch herrschender Wertvorstellungen nicht sein als in diesem Nachkriegssommer inmitten der Hinterlassenschaft der Diktatur. Dreißig Millionen Getötete lagen auf dem Friedhof Europa, so viele Zivilisten wie Soldaten.

Als die Konzentrationslager geöffnet wurden und man Befreite zu den Grenzen brachte in Zügen, an deren zerschossenen Waggons die weißen Aufschriften »Räder müssen rollen für den Sieg« nur unzureichend übertüncht waren, als die ersten Zeitungen der Besatzungsmächte Bilder und Informationen über Auschwitz und Buchenwald, Bergen-Belsen und Dachau brachten, hatten unzählige Mitläufer des Nationalsozialismus sich in den hintersten Winkel des Nichtwissenwollens verkrochen. Doch das Dritte Reich war kein Geheimvorgang gewesen. Spätestens seit der »Reichskristallnacht« des Jahres 1938 konnte kein Deutscher mehr behaupten, Staatswillkür, Judenverfolgung und Mord seien ihm unbekannt. Über das Ausmaß des Verbrechens sickerten allerdings nur spärlich Informationen in die Öffentlichkeit durch. Die Mehrzahl der Bevölkerung wollte auch nichts davon wissen.

Ein Ansatz zu rationaler Auseinandersetzung mit dem bürokratisierten Massenmord wurde erst später in den deutschen Besatzungszonen spürbar, als immer mehr Augenzeugenberichte – literarisch überhöht in Ernst Wiecherts *Totenwald* (geschrieben im Krieg, veröffentlicht 1945) oder sachlich-systematisch dargestellt in Eugen Kogons *SS-Staat* (1946) – bekannt wurden und als in Politik und Publizistik, damit sichtbar für die Allgemeinheit, Repräsentanten der Weimarer Epoche, welche Verfolgung und Lagerjahre überlebt hatten, von Kurt Schumacher bis Peter Suhrkamp, als unwiderlegbare Zeugen auftraten.

Begriffen als Teil der gemeinsamen Geschichte wurde aber diese Vergangenheit nie. Als die Amerikaner am 6. August 1945 die Atombombe auf Hiroshima (260000 Tote) und drei Tage darauf auch auf Nagasaki (150000 Tote) warfen, sah mancher Unbelehrbare dadurch eigene Schuld ausgeglichen. Theodor Heuss, als er Bundespräsident der Republik war, hat in einer Rede vor der »Gesellschaft für christlich-jüdische Zusammenarbeit« am 9. Dezember 1949 in Wiesbaden die in jenen ersten Nachkriegsjahren vielfältig variierte Erörterung einer »Kollektivschuld« der Deutschen mit dem Hinweis akzentuiert, es sei zutreffender, von einer »Kollektivscham« zu sprechen: »Das scheußliche Unrecht, das sich am jüdischen Volke vollzogen hat, muß zur Sprache gebracht werden in dem Sinne: Sind wir, bin ich, bist du schuld, weil wir in Deutschland lebten, sind wir mitschuldig an diesem teuflischen Verbrechen? ... Man hat von einer ›Kollektivschuld‹ des deutschen Volkes gesprochen. Das Wort Kollektivschuld und was dahintersteht, ist aber eine simple Vereinfachung, es ist eine Umdrehung, nämlich der Art, wie die Nazis es gewohnt waren, die Juden anzusehen: daß die Tatsache, Jude zu sein, bereits das Schuldphänomen in sich eingeschlossen habe. – Aber etwas wie eine Kollektivscham ist aus dieser Zeit gewachsen und geblieben. Das Schlimmste, was Hitler uns angetan hat – und er hat uns viel angetan –, ist doch dies gewesen, daß er uns in die Scham gezwungen hat, mit ihm und seinen Gesellen gemeinsam den Namen Deutsche zu tragen.«

Indessen sind derartige Hinweise auf einen möglichen Weg, den Nationalsozialismus einem Prozeß innergesellschaftlicher Auseinandersetzung zu unterwerfen und ihn damit »aufzuarbeiten«, nicht sehr wirksam geworden. Vielmehr wurde das ebenfalls in diesem Zusammenhang aufgekommene Schlagwort von der »unbewältigten Vergangenheit« zu einer der meistbenutzten politischen Leerformeln der folgenden Jahre: ein Gemeinplatz der öffentlichen Sprache, der jede Erörterung des konkreten historischen Sachverhalts erübrigte.

Noch heute finden Kriegsverbrecherprozesse in einer Atmosphäre der Isolation statt; allenfalls der Auschwitz-Prozeß gegen Mitglieder der Lagermannschaften (20. 12. 1963 bis 20. 8. 1965) und wenig früher der Prozeß gegen Karl Adolf Eichmann, den Leiter des Judenreferats im Reichssicherheitshauptamt der SS – er wurde am 1. Juni 1962 in Ramle/Israel hingerichtet –, haben die westdeutsche Öffentlichkeit nachhaltiger beeindruckt.

Damals jedoch, in der unmittelbaren Nachkriegszeit, war jedermann betroffen, waren die meisten aufgewühlt, nicht in erster Linie durch die Enthüllungen über die Konzentrationslager, sondern es gab eine drastische Grundstimmung vieler, die noch einmal davongekommen waren aus der – so die allgemeine Meinung – größten Katastrophe deutscher Geschichte.

Während eine der größten Völkerwanderungen sich zutrug – mehr als zwölf Millionen Flüchtlinge und Vertriebene kamen seit 1945 aus Ostdeutschland und dem Sudetenland in das Gebiet der Bundesrepublik – und im Zwang des Zusammenrückens ein neuer Kampf ums Überleben unter Besitzenden und Besitzlosen entbrannte, begriff eine zerfallene Nation sich selbst nicht mehr. Dabei dachte und fühlte die Mehrheit damals, auch viele Schriftsteller, gerade aus dieser Betroffenheit im Vergleich zu späteren Jahren noch durchaus national.

Vor allem das Selbstbild des Bürgertums, das in sich die staatstragende Schicht gesehen hatte, war vollständig verwirrt. Die typische deutsche Bürgerfamilie – deren Existenz nicht nur ein Gerücht ist – hatte sich vierzehn Jahre lang trotz Ressentiment gegen die Weimarer Republik nach eigenem Verständnis staatsbewußt verhalten. Für die meisten war nach 1918 die Demokratie jedoch das Ausland im eigenen Land gewesen. Man blickte nach oben, verließ sich auf eine gewisse Wohlanständigkeit der Regierenden und

nahm das gemeinsame Auftreten von Staatsmacht, Rechtsprechung und wirtschaftlicher Macht durch alle Zeiten wie ein unabwendbares Fatum hin.
Über die Hintergründe politischen Geschehens war man bis zur Verantwortungslosigkeit uninformiert geblieben. Das nationale Schicksal vom November 1918, die Inflation, den Wirtschaftsaufschwung, was immer golden war an den zwanziger Jahren und alle Regierungswechsel, die erschreckende Zahl der politischen Morde, den Schwarzen Freitag und die Arbeitslosigkeit – das alles hatte man mit einer Passivität ertragen, die mit dem Parlamentarismus nichts anzufangen vermochte, aber jederzeit für sich in Anspruch nahm, für die »gute deutsche Sache« zu sein.
Dieses Bürgertum, die breite Leserschaft all dessen, was man in Deutschland als Literatur verstand, konnte es nicht begreifen, daß aus dem Land der Dichter und Denker zu eigenen Lebzeiten und damit doch offenbar nicht gänzlich außer Kontrolle das »Land der Richter und Henker« (Karl Kraus) geworden war. Zum Widerstand aus Tradition unbegabt, hatte man die Bereitschaft, einer starken Obrigkeit zu folgen, auf Hitler und sein Gesindel übertragen. Manche gehorchten angewidert, andere blindlings, aber gehorcht wurde in Deutschland um jeden Preis. Nun, angesichts der Katastrophe, fragten sich jene, die sich nichts vormachen wollten, nach der Rolle von »Hitler in sich selbst« (um den Titel des 1946 erschienenen Buches *Hitler in uns selbst* von Max Picard abzuwandeln). Es war schwierig, zwischen den zwölf Jahren der Diktatur und dem eigenen Dasein die Distanz herzustellen, welche der Selbstachtung vieler einzelner jetzt erforderlich schien.
Zum zweitenmal hatten sich die Deutschen in einem Weltkrieg eine Demokratie anverloren, die sie aus eigener Kraft niemals zustande gebracht hatten. Von den Schriftstellern erwarteten viele, sie verkörperten noch das Gewissen der Nation.
Analog zu der Erscheinung, daß die Kirchen sich wieder füllten und Predigten einer aus Kirchenkampf und Widerstand erwachsenen christlichen Erneuerung die Gläubigen aufrüttelten, gab es in der Öffentlichkeit auch eine Bereitschaft, sich um die Dichter zu scharen. Man wollte kündende, ergreifende, womöglich erlösende Worte hören, Dichterworte, welche die innere Situation der Zuhörer auszudrücken vermochten. So hoffte man auf die verschlossen gebliebenen Schubladen der Schriftsteller der »inneren Emigration« – ein Begriff, der bald aufkam, aber immer umstritten blieb. Manche warteten auch auf die Botschaft der aus der Emigration heimkehrenden Autoren. Mit verfrühter Ungeduld fragte man sich, wo die Stimme der jungen Generation blieb, derer, die im Krieg zu schreiben begonnen hatten.
Von daher erklärt sich die ungeheure Wirkung, die einige »Reden an die Deutschen« in der ersten Nachkriegszeit hatten; von daher die sofort einsetzende und heute kaum noch nachvollziehbare Resonanz speziell einiger konfessionell motivierter Schriftsteller der älteren Generation: der Reinhold Schneider und Gertrud von Le Fort, einer Ruth Schaumann oder der Verslesungen, die Rudolf Alexander Schröder häufig von der Kanzel herab vor gedrängtem Publikum landauf landab hielt.
Von daher wird auch die tiefe Enttäuschung über die zunächst abwartende, ja gegenüber einer Rückkehr abwehrende Haltung Thomas Manns begreiflich, dem Nobelpreisträger von 1929, der 1930 mit seiner *Deutschen Ansprache. Appell an die Vernunft* vor der heraufziehenden Barbarei gewarnt hatte. Oder die aufatmende Genugtuung, als Hermann Hesse 1946 den Nobelpreis für Literatur erhielt. Man sah in ihm nicht vorrangig den schon seit 1923 eingebürgerten Schweizer, sondern den deutsch schreibenden Autor einer Republik des Geistes.

Dann sah ich Freiburg wieder. Es war eine andere Stadt. Wir sagten damals: weggebomt. Wie war das? – Es ist zehn Uhr morgens. Ich gehe wieder durch die Bahnhofstraße, oder hieß sie nicht doch Eisenbahnstraße? Auf jeden Fall führte sie immer noch auf die Hauptstraße, die einmal Kaiserstraße, dann Adolf-Hitler-Straße und nun wieder Kaiserstraße hieß. So lassen sich die Mächtigen immer leicht auswechseln bei uns. Ich bin ein Heimkehrer, wie man sagt: abgerissen, schäbig, die schäbige Abgerissenheit deutscher Gefreiter, vier Jahre lang. Es klappert die Gasmaskentrommel. Die Schaftstiefel hallen noch immer, wohin, wozu? Sinnlose Schritte. Die Stadt ist weg, ist verbrannt, ist ausgekohlt, vertan und niedergemacht: ein Totenhaus, da habt Ihr es. Es standen damals nur noch Ruinen in Deutschland. Erinnert man sich noch? Es war eine Gerippestadt, wie ein Skelett von Menschen. Häuserreste, Reste von Wänden, von Fußböden, von Zimmerdecken. Man konnte in aufgerissene Wohnungen, in abgebrochene Treppenhäuser sehen. Manches schwebte. Dann all die Kaminstümpfe. Schornsteine haben ja diese merkwürdige Zähigkeit zu überleben. Ganz Freiburg, das einmal geblüht und geleuchtet hatte, bestand nur noch aus Trümmern, aus Brandgeschmack und Schornsteinstümpfen. Die Stadt war so richtig niedergebrannt und runtergemacht wie im Dreißigjährigen Krieg: tabula rasa war damals, dachten wir wenigstens – damals. Die Leichen lagen noch unter den Trümmern im Kellergeschoß. Das Münster stand, etwas beschädigt. Warum? Warum kriegen Kirchen immer solche Sonderrechte? . . .

Aus Horst Krüger, »Ort meiner Niederlagen«, in: »Städte 1945, Berichte und Bekenntnisse«, Hg. Ingeborg Drewitz, Köln/Düsseldorf (Diederichs) 1970. – Foto: Freiburg i. B., Altstadt (Luftbild aus dem Jahr 1946).

Sonder-Ausgabe

BAYERISCHE LANDESZEITUNG

NACHRICHTENBLATT DER ALLIIERTEN 6. HEERESGRUPPE FÜR DIE DEUTSCHE ZIVILBEVÖLKERUNG

Freitag, 18. Mai 1945 | Anfragen, Briefe und Mitteilungen sind durch die örtliche Vertretung der alliierten Besatzungsbehörde zu richten an die „Bayerische Landeszeitung", 6th Army Group, c/o Military Government Officer | Einzelpreis 20 Pfennig

Deutschlands Kapitulation

OKW unterzeichnet die bedingungslose Übergabe

Truman, Churchill, Stalin und de Gaulle verkündeten die bedingungslose Übergabe der gesamten deutschen Land-, See- und Luftstreitkräfte. Generaloberst Jodl unterzeichnete die Übergabe am 7. Mai um 2 Uhr 41 Minuten in Reims (Frankreich) in Gegenwart von Vertretern der Vereinigten Staaten, Großbritanniens, der Sowjetunion und Frankreichs. Die Unterzeichnung fand in einem roten Schulgebäude statt, in dem General Dwight D. Eisenhower, der oberste alliierte Befehlshaber, sein Hauptquartier aufgeschlagen hatte. General Bedell Smith, der Generalstabschef des obersten alliierten Befehlshabers, unterzeichnete für Großbritannien und die Vereinigten Staaten, General Susloparow für die Sowjetunion und General François Sevez für Frankreich. Die endgültige Unterzeichnung der Kapitulationsbedingungen wurde am 9. Mai in Berlin durch Generalfeldmarschall Keitel vollzogen. Luftmarschall Sir Arthur Tedder, Oberbefehlshaber der alliierten Luftstreitkräfte in Europa, führte die alliierte Delegation. Marschall Schukow hatte den Vorsitz.

Aus Anlaß der bedingungslosen Kapitulation der deutschen Streitkräfte erschien am 18. Mai 1945 eine Sonderausgabe der »Bayerischen Landeszeitung«, die wenig später in »Münchner Zeitung« umbenannt wurde. – Unten: Deutsche Soldaten, die sich in der Innenstadt Münchens den amerikanischen Truppen ergeben haben, marschieren durch das Karlstor in die Gefangenschaft.

Der Schienenstrang, der kreuz und quer durch ein Land läuft, ist die Lebensader eines Volkes. An ihm und auf ihm widerspiegelt sich der Geist eines Volkes, seine Mentalität, seine inneren und äußeren Sorgen, seine Furcht und seine Hoffnungen. Tausende von Gesprächen werden an ihm geführt, zwischen Menschen, die sich nie gesehen haben und die sich nie wiedersehen werden. Die Gespräche flattern auf und verklingen, sie kommen und gehen tagaus, tagein und enthalten doch alle ein Stück der Wahrheit, die der graue Alltag mit sich bringt. Wo sich ein Volk auf Reisen begibt, wird das Gesicht der Zeit sichtbar. Und heute ist ein Volk unterwegs. Es wandert vom Norden nach dem Süden, vom Osten zum Westen und vom Westen nach dem Osten. Es ist zum Teil heimatlos und bevölkert die Bahnhöfe und Züge. Es führt ein Leben am Schienenstrang. In tausend Gesprächen versucht es seine Existenzberechtigung zu beweisen, in tausend Unterhaltungen irrt es auf den Wegen der Vergangenheit und sucht die Hoffnung von morgen. . .

Auf allen Bahnhöfen stehen sie herum, die Hoffnungslosen. Sie sind jung und tragen noch die Uniformen von gestern. Sie sind aus der Gefangenschaft zurückgekommen und haben ihre Heimat nicht wiedergefunden. Mit dem Ende des Krieges haben sie ihren Glauben verloren. Nun sind sie illusionslos und stecken doch voller Illusionen. Sie sind erschreckend nüchtern und sind doch keine Realisten. Sie sind zu allem fähig und beweisen dadurch täglich ihre Befähigung zum Leben. Heute können sie ihrem Freund die letzten Schuhe stehlen und morgen mit ihm die letzte Zigarette teilen. Sie haben das Warten in diesen Jahren gelernt. Nun warten sie auf den Weg, der zurück ins Leben führt. In einer Telefonzelle auf dem Frankfurter Bahnhof sitzen zwei von ihnen in der Nacht und unterhalten sich. »Du«, sagt der eine, der eine abgetragene Matrosenjacke trägt, »verkauf mir deine Schuhe.« – »Siebenhundert Mark«, antwortet der andere. »Soviel Geld habe ich nicht.« Der Jüngere blickt auf seine fast noch neuen Schuhe. »Bedaure«, sagt er, »Schwarzmarktpreis.« Dann wird es still zwischen den beiden. Nach einer Weile sagt der mit der Matrosenjacke: »Wie lange soll dieser Mist noch dauern?« Der Jüngere steckt sich eine Zigarette an. Für einen Augenblick scheint er nachzudenken. »Mensch«, sagt er dann, »wir haben den Krieg verloren. Jetzt müssen wir warten, bis die anderen den Frieden gewonnen haben.«

Aus Hans Werner Richter, »Unterhaltungen am Schienenstrang« in: »Der Ruf«, Jg. 1, Nr. 4, 1. 10. 1946. – Foto: Auf einem Bahnsteig, Sommer 1946.

Ich weiß nicht, ob ich wachend lag
Oder ob ich schlief:
Ich stand vor dem Haus, wo er Tag um Tag
Über die Treppen lief.
Wo man Geräte und Bilder gehegt
Und Uhr und Puppenspiel,
Wo ihn zuerst die Welt erregt
Und er der Welt gefiel.

Und das Haus war ein Loch, ein Kellerschacht,
Ein Haufen von Dreck zum Hohn,
Und Schilder waren dort angebracht,
Darauf stand: Besitz der Nation.
Ich las die Zeichen traumgenau
Über dem wehenden Gras,
Gestalten bückten sich im Grau
Und sammelten irgend etwas.

Und plötzlich stand am Straßenrand
Er selber in Fleisch und Blut,
Er trug nicht den blauen Rock mit dem Band
Und nicht den Campagnahut.
Er trug nicht einmal sein eignes Gesicht,
Ich wußte nur: er war da.
Und ich erschrak wie vorm Jüngsten Geric
Weil er sein Haus ansah.
Doch schaute er gar nicht hinab in die Gru
Er zählte die Fensterreihn,
Er spähte in Räume aus lauter Luft,
Als strahle dort Kerzenschein.
Er folgte über dem Nichts der Wand
Einer alten Spur
Und lauschte mit erhobener Hand
Den Schlägen einer Uhr.
Und maß den öden Trümmerschlick,
Wie man ein Ganzes überblickt,
Das schön gewachsen steht.

Da wußte ich ihn unerreicht
Vom blutigen Vergehen,
Weil die Vollendeten vielleicht
Nur die Vollendung sehen.
Und hörte selbst, eh alles schwand,
Den letzten, hellen Ton,
Und las auf dem Schild über Schutt und S
Die Worte: Besitz der Nation.

Aus Marie Luise Kaschnitz, »Rückkehr nach Frankfurt« in: »Totentanz und Gedichte zur Zeit«, Hamburg (Claassen) 1945.

Foto: Ernst Beutler, der Direktor des Freien Deutschen Hochstifts und des Goethemuseums in Frankfurt auf den Trümmern des Goethehauses, das bei einem Bombenangriff am 22. 3. 1944 zerstört wurde. Der Wiederaufbau war mit der Neu-Einweihung am 10. 5. 1951 vollendet.

WOLFGANG WEYRAUCH:

Weihnachten 1945

Die Männer sind elend, die Männer sind matt,
sie sehen die Trümmer und weinen,
sie wandern von Steinen zu Steinen,
dann kommen sie endlich zur großen Stadt.

Die Stadt, die ist groß, und die Not, die ist groß,
der Winter, der hat sie gefangen,
er hält sie mit Zangen, mit Zangen,
und die Herzen sind leer, und die Herzen sind bloß.

Und der Friede ist wo? Und das Lichtchen ist wo?
Das Lichtchen des Stalls mit dem Kinde?
Sie frieren im Winde, im Winde,
denn sie haben kein Licht, und sie haben kein Stroh.

Da stecken sie's an, das winzige Licht,
und haben den Frieden im Traume,
und träumen vom Baume, vom Baume,
doch der Ochs und der Esel, den haben sie nicht.

Und wie sie so träumen, die armen Drei,
drei Könige ohne die Krone,
da rührt sich's beim ewigen Throne,
da kommen der Ochs und der Esel herbei,

da lächelt das Kind, da funkelt der Stall,
da wandern die Tiere, die Tiere,
der Tiger erscheint mit dem Stiere,
und von den Vögeln kommt lieblicher Hall,

sie fliegen zum Baum in der Mitte des Stalls,
und endlich ist Friede auf Erden,
und zum Frieden strömen die Herden
vom Grunde des Meers und vom Ende des Alls.

Die Weihnacht ist da, und das Christkind ist da,
und jedermann wünschet dem Jahre:
zur Grube, zur Grube es fahre,
daß niemals geschehe, was heute geschah.

Das Gedicht »Weihnachten 1945« von Wolfgang Weyrauch erschien zuerst in der Zeitschrift »Das Goldene Tor«, herausgegeben von Alfred Döblin, Jg. 1, 1946, Heft 3 (Dezember).

Es war – ohne jede Ironie festgestellt – in jenen Tagen vieles von einer verbreiteten Stimmung des »Aus der Tiefe rufe ich« vorhanden. Für die Schriftsteller bedeutete das keine geringe Herausforderung. Wollte man sie am Ende in eine missionarische Aufgabe hineinstilisieren? Wie der einzelne Autor darauf antwortete, daran unter anderem sollte sich fortan seine Eigenart beweisen.
Die damals verbreitete Vorstellung von einem totalen Neuanfang hing zweifellos mit dem Ausmaß der Zerstörung zusammen, das man überall in den deutschen Städten antraf Niemand hielt einen umfassenden Wiederaufbau technisch und wirtschaftlich in kurzer Zeit für möglich. Entsprechend befürchtete zunächst auch kaum jemand eine Restauration geistiger Begriffe, die endgültig überlebt erschienen. Dennoch entstand aus dem Vakuum ein mächtiger Sog, der die Stunde Null von Anfang an widerlegte: Viele machten sich auf die Suche nach Traditionen des besseren Deutschland, das ihnen als das eigentliche erschien.

DAS ENDE DER REICHSSCHRIFTTUMSKAMMER

Fast auf den Tag zwölf Jahre, nachdem man im Mai 1933 in deutschen Universitätsstädten auf öffentlichen Plätzen die Bücher aufrechter Demokraten, Marxisten, Kriegsgegner, Juden und vor der Verfolgung Geflohener zu Tausenden verbrannt hatte, hörte die Perversion einer Schriftstellerorganisation, die nationalsozialistische Reichsschrifttumskammer, auf zu existieren. War es ein Tag der Befreiung? Für wen und wie viele?
Die Stationen im Frühjahr 1933 waren diese gewesen: Mitte Februar, also unmittelbar nach Hitlers Machtübernahme, hatten Käthe Kollwitz und Heinrich Mann, prominente Mitglieder der Preußischen Akademie der Künste, einen öffentlich plakatierten Aufruf des »Internationalen Sozialistischen Kampfbundes« zur Bildung einer linken Einheitsfront (aus SPD und KPD) gegen die Nationalsozialisten mitunterzeichnet. Diese Tatsache nahm der Reichskommissar Bernhard Rust, damals Leiter des preußischen Kultusministeriums und damit Kurator der Akademie, zum Anlaß, vom Akademiepräsidenten Max von Schillings zu verlangen, er möge Käthe Kollwitz und Heinrich Mann zum Ausscheiden aus der Akademie veranlassen. Widrigenfalls werde man die Gesamtakademie auflösen. Während Käthe Kollwitz noch am selben Tag (14. Februar 1933) ihren Austritt vollzog, legte Heinrich Mann am nächsten Tag sein Amt als Vorsitzender der »Sektion für Dichtkunst der Preußischen Akademie der Künste«, das er seit Anfang 1931 innehatte, nieder und erklärte seinen Austritt. Schon im März spitzte sich die Situation weiter zu. Gottfried Benn verfaßte in Übereinstimmung mit dem Präsidenten Max von Schillings eine Loyalitätserklärung gegenüber der nationalsozialistischen Regierung, die an alle Mitglieder der Sektion für Dichtkunst gesandt wurde mit der Aufforderung, ihr durch Unterzeichnung zuzustimmen. Der Text lautete: »Sind Sie bereit, unter Anerkennung der veränderten geschichtlichen Lage weiter Ihre Person der Preußischen Akademie der Künste zur Verfügung zu stellen? Eine Bejahung dieser Frage schließt die öffentliche politische Betätigung gegen die Regierung aus und verpflichtet Sie zu einer loyalen Mitarbeit an den satzungsgemäß der Akademie zufallenden nationalen kulturellen Aufgaben im Sinne der veränderten geschichtlichen Lage.« – Dieses Verlangen wurde mit Austrittserklärungen

beantwortet von Thomas Mann, Jakob Wassermann, Alfred Döblin und Ricarda Huch, die von den Genannten übrigens die »unübersehbaren Konsequenzen« einer derartigen Adresse (wie sie schrieb) am klarsten durchschaute. Nachdem der Präsident von Schillings nochmals versucht hatte, eine Meinungsänderung herbeizuführen, schrieb ihm Ricarda Huch u.a.: »Was die jetzige Regierung als nationale Gesinnung vorschreibt, ist nicht mein Deutschtum. Die Zentralisierung, den Zwang, die brutalen Methoden, die Diffamierung Andersdenkender, das prahlerische Selbstlob halte ich für undeutsch und unheilvoll. Bei einer so sehr von der staatlich vorgeschriebenen abweichenden Auffassung halte ich es für unmöglich, in einer staatlichen Akademie zu bleiben. – Sie sagen, die mir von der Akademie vorgelegte Erklärung werde mich nicht an der freien Meinungsäußerung hindern. Abgesehen davon, daß ›eine loyale Mitarbeit an den satzungsgemäß der Akademie zufallenden nationalen kulturellen Aufgaben im Sinne der veränderten geschichtlichen Lage‹ eine Übereinstimmung mit dem Programm der Regierung erfordert, die bei mir nicht vorhanden ist, würde ich keine Zeitung oder Zeitschrift finden, die eine oppositionelle Meinung druckte. Da bleibt das Recht der freien Meinungsäußerung in der Theorie stecken ...«
Mit einem Schreiben Max von Schillings' vom 5. Mai 1933 wurde dann folgenden Persönlichkeiten mitgeteilt, daß sie »künftig nicht mehr zu den Mitgliedern der Abteilung für Dichtung gezählt werden können«: Leonhard Frank, Ludwig Fulda, Georg Kaiser, Bernhard Kellermann, Alfred Mombert, Rudolf Pannwitz, René Schickele, Fritz von Unruh und Franz Werfel. Die damit zerschlagene Sektion für Dichtung wurde alsbald durch Zuwahl völkischer Schriftsteller im nationalsozialistischen Sinn umgeformt. Neuer Vorsitzender wurde Hanns Johst.
Diese Vorgänge können indes nur als Beispiel für die umfassenden Maßnahmen aufgefaßt werden, die vom Reichsministerium für Volksaufklärung und Propaganda ergriffen wurden, um das gesamte geistige Leben des Landes einem lückenlosen Kontrollsystem zu unterwerfen. Zur obersten ständischen Zwangsorganisation wurde die am 15. November 1933 gegründete »Reichskulturkammer«, die in Einzelkammern gegliedert war. Die Autoren waren in der Reichsschrifttumskammer zwangsorganisiert. Der Eingliederungsprozeß mußte am 15. Dezember 1933 abgeschlossen sein. Er vollzog sich durch Umbildung der bestehenden Schriftstellerorganisationen: Am 11. März 1933 schon wurde der »Schutzverband Deutscher Schriftsteller« (Vorsitzender: Arnold Zweig) aufgelöst, mit der »Arbeitsgemeinschaft nationaler Schriftsteller (Repräsentant: Hans Heinz Ewers) verbunden und in den »Reichsverband Deutscher Schriftsteller« umgewandelt. Der Reichsverband (Vorsitzender: Götz Otto Stoffregen, Kulturredakteur des *Völkischen Beobachters*) wurde zur organisatorischen Zwischenstufe, bis die Reichsschrifttumskammer als Dachorganisation konsolidiert war. 1935 wurde der »Reichsverband« aufgelöst.
Abgesehen von diesen »Standesverbänden«, die in Wahrheit kulturpolitische Lenkungsbehörden waren, vollzog sich der nationalsozialistische »Reinigungsprozeß« natürlich auch im direkten Zugriff: Schon im März 1933 tauchten die ersten »Schwarzen Listen« unerwünschter Autoren und Bücher auf, damals noch nicht zentral verordnet, sondern von örtlichen Parteiorganisationen zusammengestellt und in verschiedenen Zeitungen abgedruckt. Eine dieser Listen erschien am 23. April 1933. Autoren und Berater aus Berufsverbänden hatten sich dazu hergegeben, an ihr mitzuarbeiten. Sie umfaßte die Namen von 44 deutschsprachigen Schriftstellern, unter ihnen: Bert Brecht, Max Brod, Alfred Döblin, Lion Feuchtwanger, Yvan Goll, Walter Hasenclever (starb durch

Selbstmord 1940 in Frankreich), Heinrich Eduard Jacob, Erwin Egon Kisch, Heinrich Mann, Klaus Mann (Freitod 1949 in Cannes), Theodor Plievier, Erich Maria Remarque, Ludwig Renn, Arthur Schnitzler (gestorben 1931 in Wien), Ernst Toller (erhängte sich 1939 in einem New Yorker Hotel), Kurt Tucholsky (nahm sich 1935 in Schweden das Leben), Arnold Zweig, Stefan Zweig (Selbstmord 1942 in Rio de Janeiro). Ferner wurden mit einzelnen Werken unter anderen indiziert: Thomas Mann, Walter Mehring, Alfred Polgar, Walther Rathenau (ermordet von Rechtsextremisten am 24. Juni 1922 in Berlin).

Daß man am 10. Mai 1933 gerade die größten Universitätsstädte (Berlin, München, Dresden, Breslau, Frankfurt a. M.) zum Schauplatz der Bücherverbrennungen vorwiegend dieser Autoren gewählt hatte, sollte offenbar eine verquere Verbindung herstellen zum Datum jenes Wartburgfests, wo am 18. Oktober 1817 Studenten der Burschenschaft 28 reaktionäre Schriften verbrannt hatten, vor allem aber sollten die Literaturscheiterhaufen verdeutlichen, wie fest die Nationalsozialisten unter Studenten und Professoren die Macht bereits in Händen hatten. Wenn Geist zu Ungeist kollabiert, erscheint jede intellektuelle Selbstverstümmelung möglich. Einmal mehr bestätigte sich, daß Mut nicht mit dem lehrbaren Wissen wächst.

Joseph Goebbels, der »Reichsminister für Volksaufklärung und Propaganda« des Dritten Reichs, verkündete damals, zu mitternächtlicher Stunde vor dem Scheiterhaufen auf dem Berliner Opernplatz: »Das Alte liegt in den Flammen, es ist eine große, starke und symbolische Handlung, die vor aller Welt dokumentieren soll: Hier sinkt die geistige Grundlage der November-Republik zu Boden. Aber aus diesen Trümmern wird sich siegreich erheben der Phönix eines neuen Geistes, eines Geistes, den wir tragen, den wir fordern und dem wir das entscheidende Gesicht geben und die entscheidenden Züge aufprägen ...« – Wie die meisten Äußerungen der Nationalsozialisten artikulierten auch diese Sätze die Wahrheit dessen, was zu erwarten sein würde. Gebildete aller Stände jubelten den Parolen zu. Das Gegenbild: Offener Widerstand war mit dem Tod bedroht. Wer ihn dennoch riskierte, konnte nicht darauf rechnen, in der Öffentlichkeit ein Zeichen zu setzen. Er verschwand ohne Folgen, außer für ihn und seine Angehörigen. Die Maschine der Diktatur tilgte ihn aus in Anonymität.

Wer das alles nicht wollte, aber kein Entkommen sah, lebte schweigend, gepeinigt und ratlos in einem Winkel und ging, so er konnte, einer möglichst unauffälligen Arbeit nach. Hoffnung bestand nur im Warten auf das Ende dessen, was eben erst begonnen hatte. Gewiß nicht als Massenerscheinung (denn die große Zahl war fanatisiert oder allzu gutgläubig), aber überall in Deutschland traf man auf versteinerte Gesichter, die nur im kleinen Kreis auftauten, oft auch dann noch voller Mißtrauen, denn der Feind, der ein Deutscher war, konnte mithören. Der Riß ging durch die Nachbarschaften, nicht selten auch durch die Familien, denn das Dritte Reich machte den Eltern die Kinder abspenstig mit den Verlockungen einer angeblich stolzen Zeit. Sie sollten hart wie Kruppstahl, zäh wie Leder und flink wie Windhunde sein, hatte der Führer gefordert.

Wer 1945 jung war, erst im Krieg erwachsen geworden, also ohne Erinnerung an eine Zeit der Freiheit und des Friedens bei selbständigem Verstand, für den war der Waffenstillstand etwas anderes als für die Älteren, die an die zwanziger Jahre anknüpften – mit ihren Befürchtungen wie mit ihren Erwartungen.

So zufällig Jahrgangsziffern meist erscheinen, damals bedeutete es gravierende Unterschiede in der menschlichen wie literarischen Ausgangssituation, ob ein Autor schon

Es handelt sich bei den Bücherverbrennungen keineswegs um sogenannte spontane Aktionen, unter deren Anschein die Nationalsozialisten so viele Willkürmaßnahmen durchführten. Nein, diese Aktionen waren von langer Hand planmäßig vorbereitet worden. Organisiert wurden sie von der 1919 gegründeten »Deutschen Studentenschaft«, die bereits in der Weimarer Republik reaktionär und antisemitisch geprägt war. Das nach dem 30. Januar 1933 eingerichtete »Hauptamt für Presse und Propaganda der Deutschen Studentenschaft« bereitete die Unterorganisationen an den einzelnen Universitäten jeweils auf terroristische Auftritte vor.

Zur innerdeutschen Vernichtung der den Nationalsozialisten verhaßten, weil freiheitlichen Literatur war eine vierwöchige Gesamtaktion befohlen worden. Sie dauerte vom 12. April bis zum 10. Mai 1933 und bestand zunächst aus dem Zusammenholen der Bücher, die man verbrennen wollte. Dafür gab es pedantische Anweisungen, in denen es zum Beispiel hieß:

»Erstens: Jeder deutsche Student säubert seine Bücherei von derartigen, durch eigene Gedankenlosigkeit oder Nichtwissen hineingelangte Schriften.

Zweitens: Jeder deutsche Student säubert die Büchereien seiner Bekannten und sorgt dafür, daß ausschließlich volksbewußtes Schrifttum darin heimisch ist.

Drittens: Die Studentenschaften sorgen dafür, daß öffentliche Büchereien von derartigem Material befreit werden.«*

Es gibt noch alte Wochenschau-Filmaufnahmen, die im Bild festgehalten haben, wie die Handlanger der neuen Machthaber um die Feuer tanzen: junge Leute, von denen gewiß viele aus dem Krieg nicht zurückgekehrt sind. Das Jahrtausend, das Hitler gefordert hatte, dauerte 12 Jahre: 4405 Tage zu lang.

Foto: Bücherverbrennung in Berlin am 10. Mai 1933.

* Zitiert nach Hans-Albert Walter, »Deutsche Exilliteratur 1933–1950«, Bd. 1: »Bedrohung und Verfolgung bis 1933«, Darmstadt/Neuwied 1972, S. 189ff.

Mittwoch, den 10. Mai 1933. Umschlag zu № 107, 10. Mai 1933.

An das deutsche Sortiment!

Unsere Firma hat schon seit ihrem Bestehen als nationalsozialistischer Parteiverlag den **Kampf gegen das Judentum** und den volkszersetzenden Marxismus auf ihre Fahne geschrieben. Diesem Grundsatz gemäß haben wir auch, soweit uns dies möglich war, den jüdischen und marxistischen Buchhandel ausgeschaltet. Da es uns trotz unseren Bemühungen nicht gelungen ist, den jüdischen Buchhandel in Deutschland restlos namentlich kennenzulernen, rufen wir das deutsche Sortiment auf, uns diejenigen Fälle mitzuteilen, in denen jüdische Firmen versuchen, aus dem Verkauf von nationalsozialistischem Geistesgut finanzielle Vorteile zu schlagen. Soweit es an uns liegt, wollen wir das Judentum restlos an dem Vertrieb unserer Verlagswerke ausschalten.

Zu gleichem Vorgehen fordern wir nicht nur die deutschen Sortimenter, sondern auch die deutschen Verleger auf.

München, April 1933

Frz. Eher Nachf., G.m.b.H.
Zentralparteiverlag der N.S.D.A.P.

Diese Anzeige des Franz Eher Verlages (wo auch Hitlers »Mein Kampf« erschien) wurde am 10. Mai 1933, dem Tag der Bücherverbrennungen, im »Börsenblatt für den deutschen Buchhandel« veröffentlicht.

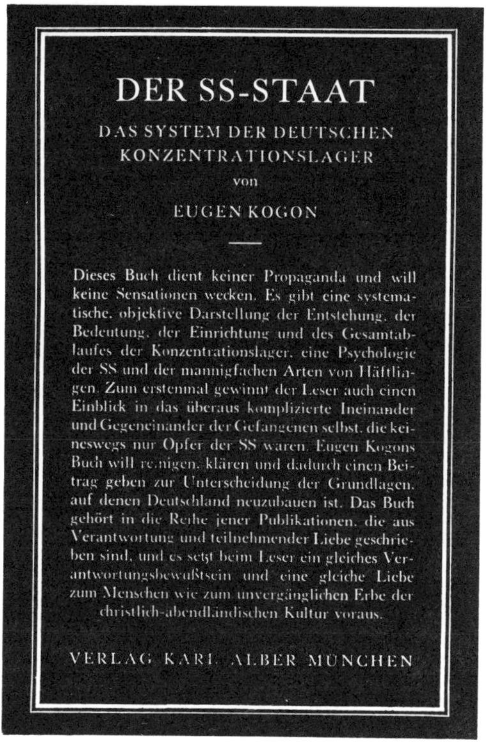

DER SS-STAAT

DAS SYSTEM DER DEUTSCHEN KONZENTRATIONSLAGER

von

EUGEN KOGON

Dieses Buch dient keiner Propaganda und will keine Sensationen wecken. Es gibt eine systematische, objektive Darstellung der Entstehung, der Bedeutung, der Einrichtung und des Gesamtablaufes der Konzentrationslager, eine Psychologie der SS und der mannigfachen Arten von Häftlingen. Zum erstenmal gewinnt der Leser auch einen Einblick in das überaus komplizierte Ineinander und Gegeneinander der Gefangenen selbst, die keineswegs nur Opfer der SS waren. Eugen Kogons Buch will reinigen, klären und dadurch einen Beitrag geben zur Unterscheidung der Grundlagen, auf denen Deutschland neuzubauen ist. Das Buch gehört in die Reihe jener Publikationen, die aus Verantwortung und teilnehmender Liebe geschrieben sind, und es setzt beim Leser ein gleiches Verantwortungsbewußtsein und eine gleiche Liebe zum Menschen wie zum unvergänglichen Erbe der christlich-abendländischen Kultur voraus.

VERLAG KARL ALBER MÜNCHEN

Dichtung und Wirklichkeit unterm Hakenkreuz. Oben: Ein Pionierleutnant erklärt, wie das Fort Eben Emael im »Blitzkrieg« gegen das (neutrale) Belgien am 11. 5. 1940 von deutschen Luftlandetruppen erobert wurde; die Fronttouristen sind deutsche Schriftsteller, u. a. Hanns Johst (Präsident der Reichsschrifttumskammer), Friedrich Griese, Erwin Guido Kolbenheyer und Wilhelm Pleyer.
Unten: Holzschnitt von Werner Eggert aus der Zeitschrift »Neue Auslese«, Jg. 2, 1947, H. 5 und Umschlag der ersten systematischen Untersuchung des nationalsozialistischen Terrorsystems von Eugen Kogon (1946).

Die nachfolgende »Schwarze Liste« erschien im »Börsenblatt für den Deutschen Buchhandel«, Nr. 112, vom 16. Mai 1933:

Schöne Literatur

Die vorliegende Liste nennt alle Bücher und alle Autoren, die bei der Säuberung der Volksbüchereien entfernt werden können. Ob sie alle ausgemerzt werden müssen, hängt davon ab, wie weit die Lücken durch gute Neuanschaffungen aufgefüllt werden.

Die Liste sagt nichts aus über den faktischen Bestand der einzelnen Büchereien. Sie gilt nur als allgemeines Hilfsmittel für Bibliothekare und Kommissare, die mit der Säuberung beauftragt sind.

Anthologie jüngster Lyrik
Anthologie jüngster Prosa
Asch, Nathan
Asch, Schalom
Babel: Budjonnys Reiterarmee
Barbusse, Henri
Barthel, Max: Die Mühle zum toten Mann
Becher, Johannes
Beer-Hofmann, Richard
Birkenfeld, Günther
Bobinskaja, Karbunauri
Bogdanow: Das erste Mädel
Bonsels: alles außer: Biene Maja, Himmelsvolk, Indienfahrt
Bley, Fritz: alles außer Tier- und Jagdgeschichten
Braune: Mädchen an der Orga Privat
Brecht, Bert
Breitbach: Rot gegen Rot
Brod, Max: alles außer: Tycho Brahe
Brück, Anita: Schicksale hinter Schreibmaschinen
Carr, Robert
Doeblin, Alfred: alles außer: Wallenstein
Dos Passos
Dreißig neue Erzähler des neuen Rußland
Dreißig neue deutsche Erzähler
Ebermayer: Die Nacht in Warschau
Edschmid, Kasimir: alles außer: Timur, die 6 Mündungen
Ehrenburg: alles außer: Grachus Baboeuf
Essig, H.
Ewers, H. H.: Vampir, Alraune
Felden, Eines Menschen Weg
Feuchtwanger, Lion
Fink, Georg
Frank, Leonhard: alles außer: Räuberbande, Ochsenfurter Männerquartett
Frey: Pflasterkästen
Geist, Rudolf
Gladkow, Fjodor
Glaeser, Ernst
Goll, Iwan
Gorki: Der Spitzel, Märchen der Wirklichkeit, Eine Beichte, Wie ein Mensch geboren ward, Das blaue Leben
Graf, Oskar Maria: alles außer: Wunderbare Menschen, Kalendergeschichten
Gruenberg, Karl
Hasek, Jaroslav
Hasenclever, Walter
Hemingway: In einem andern Land
Hermann, Georg: Kubinke, Schnee, die Nacht des Dr. Herzfeld
Hirsch, Vorbestraft, Kaiserwetter
Hofbauer, der Marsch ins Chaos
Hoffmann, Frontsoldaten
Holitscher, Arthur
Hotopp, Albert
Illes, Bela
Jacob, Heinrich, Eduard: Blut und Zelluloid
Johannsen: Vier von der Infanterie
Ilff: 12 Stühle
Inber, Vera
Kästner, Erich: alles außer: Emil
Kallinikow, Josef
Katajew
Kaus, Gina
Kellermann: Der 9. November
Kerr, Alfred
Keun, Irmgard
Kesten
Kisch, Egon Erwin
Klaeber, Kurt
Koeppen: Heeresbericht
Kollontay, Alexandra
Kurtzig, Dorfjuden
Kusmin
Lhatzko
Lampel, Peter: nur: Verratene Jungen, Revolte im Erziehungsheim
Leidmann, Eva
Leitner, Hotel Amerika
Leonow: Aufbau
Lernet-Holenia: außer: Gedichte
Lewingsohn: Das Erbe im Blut
Libedinsky: Jurij
Lidin, Wladimir
Liepmann, Heinz
Linck: Kameraden im Schicksal
London: Martin Eden, Zwangsjacke, Eiserne Ferse
Ludwig, Emil
Mann, Heinrich
Mann, Klaus
Meyer-Eckhard: nur: Das Vergehen des Paul Wendelin
Meyrink
Michael, F.: Die gut empfohlene Frau
Neumann, Robert: alles außer: Mit fremden Federn
Newerow
Ognjew
Olbracht, Iwan
Ottwalt, Ernst
Panferow
Pantelejew
Pinthus, Kurt
Plivier
Regler
Remarque, Erich Maria
Renn, Ludwig: nur Nachkrieg
Ringelnatz
Roth
Rubiner, Ludwig
Rümann
Sanzara
Schäffer: Elli oder die sieben Treppen
Schirokauer, Alfred
Schlump
Schnitzler, Arthur: alles außer: Der Weg ins Freie
Schroeder, Karl
Sejfullina: alles außer: Der Ausreißer
Seghers, Anna
Sinclar, Upton
Sochaczewer, Hans
Sostschenko, Michael
Seraphimowitsch: Der eiserne Strom
Ssologub, Fjodor
Suttner: Die Waffen nieder
Tetzner: Hans Urian
Thomas, Adrienne
Tokunaga
Toller, Ernst
Traven: Regierung, Der Karren
Tucholsky, Kurt
Türk
Ulitz: Ararat, Worbs, Testament
Unruh: alles außer: Offiziere, Louis Ferdinand
Vanke, Karl
Wassermann, Jakob
Wedding, Ede und Unku
Wegner, Armin T.
Weiskopf
Werfel: alles außer: Barbara, Verdi, Tod des Kleinbürgers
Woehrle, Querschläger
Zweig, Arnold
Zweig, Stefan

in der Weimarer Republik literarisch gearbeitet hatte wie Hermann Kasack (1896–1966) und Marie Luise Kaschnitz (*1901), ob man sich in jungen Jahren vor 1933 schon politisch – auf der Linken – betätigt hatte wie Hans Werner Richter (*1908) und Alfred Andersch (*1914), ob man mit dem Erwachsenwerden hatte Soldat werden müssen wie die Altersgruppe zwischen Heinrich Böll (*1917) und Paul Schallück (*1922) oder ob man als halbes Kind zum Schluß noch in den Krieg geworfen worden war und kaum Zeit verloren hatte, weil man 1945 erst das normale Abituralter besaß wie zum Beispiel Siegfried Lenz (*1926) und Günter Grass (*1927).

Von der Zerstörung ging fast suggestiv eine mächtige Hoffnung aus. Für die junge Generation der ersten Nachkriegsphase fiel das Erlebnis eigener Erstmaligkeit mit der Vorstellung einer alle betreffenden Erneuerung zusammen. Für die Älteren, woher sie auch kamen, war der Gedanke unerträglich, aus der Erfahrung von Diktatur und millionenfachem Tod könne etwas anderes hervorgehen als der grundsätzliche Wandel für ein Land und seine Menschen.

Das gemeinsame Haupterlebnis war der Krieg. Dementsprechend gab es die alle verbindende Gemeinsamkeit im als endgültig angesehenen Nein zu Gewaltherrschaft und Entmündigung. Erforderlich war eine bedeutende moralische Anstrengung, für jeden einzelnen wie für die Gesamtheit der Literatur, die sich neu zu formieren suchte.

Dennoch sollte niemand in philologischem Registriereifer vortäuschen, es sei zu diesem oder einem späteren Zeitpunkt eine bestimmte literarische Richtung schon während ihres Entstehens eindeutig epochal gewesen. In der Wirklichkeit einer miterlebten literarischen Entwicklung gibt es immer mehrere Hauptlinien mit diversen Variationsbahnen. Das galt besonders für die Jahre der Wiederentdeckungen und zahlreicher Anfänge zwischen 1945 und der Währungsreform 1948.

Literatur fand zum Teil mündlich statt, bei Autorenlesungen, aber auch in handschriftlicher Übermittlung, denn Papier zur Herstellung von Büchern war Mangelware. Es gab jedoch ein Mitteilungsvermögen, das andere Organe besaß. Zwar schnitt die militärpolizeiliche Sperrstunde in den ersten Nachkriegsmonaten Gespräche außerhalb der engen Nachbarschaft schon am frühen Abend ab, zwar war es zu Anfang kaum möglich, auch nur von der französischen in die englische Besatzungszone zu reisen, zwar erschienen Zeitungen erst spärlich und besaß trotz Goebbelsscher Volksempfänger keineswegs jeder mehr ein intaktes Radio, aber es existierte – endlich – eine geistige Wachheit, die sich atmosphärisch fortsetzte und es irgendwie fertigbrachte, die Kenntnis bestimmter Ereignisse fast überallhin zu vermitteln.

Die Stunde Null, die keine war, hatte die Schriftsteller als einen zerstreuten Haufen angetroffen. Aus Kellerlöchern waren sie ans Tageslicht gekrochen und suchten nun nach Verständigung, untereinander und ringsum im Land. Von den ersten Treffen ausgehungerter Gestalten gibt es einige Aufnahmen, die heute gespenstisch anmuten. Man muß sich gut erinnern, um sich zu verdeutlichen, was hinter diesen Bildern steht.

Wer damals anfing, begann mit Aufräumen. Das äußere Dasein vollzog sich derart drastisch, daß niemand sich einbildete, ohne Vereinfachungen auskommen zu können. Eine Zeitlang ergab jeder Backstein einen Sinn. Not machte nicht nur erfinderisch, sie steigerte die Voraussetzung für eine radikale Lebendigkeit. Der hier schreibt, betrat zum Beispiel im Dezember 1945 eine Kasseler Verlagsruine, traf den Verleger unrasiert und abgerissen beim Steineklauben in der zerstörten Druckerei. Auf die Frage, ob man hier als Buchhändler anfangen könne, machte der Besitzer eine ausholende

Geste: »Wenn Sie davor keine Angst haben«, er deutetete auf den ihm gehörenden Schutthaufen. »Wer einmal hier arbeiten will, muß sich den Raum selber mauern.« So geschah es, wenn auch unter Anleitung von ein paar Gelernten.
Reichtum und Armut, Sieger und Besiegte. Das war eindeutig, aber man lebte. Während Besatzungssoldaten in ihren hellerleuchteten Wohnvierteln allmählich von der Erfahrung gelangweilt wurden, wieviel für ein Paar Nylonstrümpfe zu haben war, brach auf deutscher Seite bei Dünnbier und Heißgetränk in Trümmerkneipen ein ungeheurer Lebenshunger aus.
Während Züge mit entglasten Fenstern, vollgestopft mit Flüchtlingen und Heimkehrern, Menschentrauben auf den Trittbrettern und entlassene Soldaten flach gestreckt auf den Waggondächern, durch himmeloffene Bahnhöfe rollten, vor denen man Schuttlawinen auf die Seiten geräumt hatte, während unzerstört gebliebene Druckereien auf Kriegspapierresten erste Gedichtbände druckten – die von GUNTER GROLL herausgegebene Anthologie *De profundis* (1946), RUDOLF HAGELSTANGES *Venezianisches Credo* (1946), REINHOLD SCHNEIDERS *Die letzten Tage* (1946) und bald auch ALBRECHT HAUSHOFERS *Moabiter Sonette* (1946) –, während englische wie amerikanische Lastwagenkolonnen aus Gefangenenlagern im Rheinland, in Schleswig-Holstein und in Bayern landwirtschaftliche Helfer auf die Dörfer verteilten, damit die Deutschen im Herbst etwas mehr zu essen hätten, während sich die meisten an Schwarzmarkt und Zigarettenwährung (10 Reichsmark für eine Camel) gewöhnten, während man unterwegs im Schlaf vom einen um die letzte Habe beraubt wurde und bald darauf vom anderen das Besitztum eines halben Brots geschenkt erhielt – im Durcheinander aller menschlichen Eigenschaften, chaotisch, umhergestoßen, konnte dennoch plötzlich eine verrückte Gemeinsamkeit unter Wildfremden aufkommen. Kameraden sind Lumpen, hieß es damals. Aber es gab auch Solidarität. Es war die Großzügigkeit der Besitzlosen, unnachahmbar in satteren Zeiten und gewiß nicht ohne bittere Romantik.
Dies war ein Teil der Umwelt für jeden, der damals zu schreiben begann. Nein, es war natürlich nicht so, daß die Mehrzahl der Menschen gewußt hatte, was alles im Dritten Reich verboten gewesen war. Der spezielle Terror, der den Intellektuellen gilt, trifft in jeder Diktatur nur eine begrenzte Zahl. Doch sehr viel mehr Zeitgenossen, als sich gemeinhin für Literatur interessieren, empfanden sich damals persönlich betroffen von den Offenbarungen über das Schicksal so vieler Autoren.
Das Ende der Reichsschrifttumskammer bedeutete vor allem das Ende einer Isolation, deren Ausmaß nur wenigen im Lande während der zwölf Jahre aufgefallen war. Man hatte unter Ausschluß der Weltliteratur gelebt. Ohne Kenntnis der ausschlaggebenden Autoren und literarischen Ereignisse der dreißiger und rückwirkend zum großen Teil auch der zwanziger Jahre, denn die Hauptwerke der Weimarer Epoche waren im Dritten Reich entweder gar nicht oder nur in verschwindender Zahl wieder aufgelegt worden. Ohne Kenntnis der Bücher, die deutsche Emigranten in diesen Jahren geschrieben hatten. Ohne den liberalen Fundus mitteleuropäischer Tradition.
Eine Jugend in Deutschland war in der Zucht nationalistischen Wissens und Unkenntnis der Demokratie aufgewachsen. Sie hatte weder MARCEL PROUST noch ANDRÉ GIDE gelesen, weder ERNEST HEMINGWAY noch WILLIAM FAULKNER, nicht JAMES JOYCE und VIRGINIA WOOLF, nicht FRANZ KAFKA, BERT BRECHT und THOMAS MANN. Sie hatte in der Regel nicht einmal SCHILLERS *Räuber* an deutschen Bühnen sehen dürfen. Kein Wunder, daß sie Zeit brauchte umzulernen, als vereinzelt Emigranten wieder zu Wort kamen und Weltliteratur von überall hereinkam. Es war die Generation der Unwissen-

den, groß geworden auf Exerzierplätzen, in nationalistischer Ertüchtigung. WOLFGANG BORCHERT, einer der ihren, der zu früh starb, hat sie die »Generation ohne Abschied« genannt.

DIE NICHT GÄNZLICH LEEREN SCHUBLADEN

Kann in einer Zeit staatlicher Unterdrückung jeder nicht gleichgeschalteten künstlerischen Arbeit überhaupt eine Literatur im Wartestand geschrieben werden – für die Zeit danach? Diese Frage stellt sich unter allen totalitären Regimen und hängt natürlich mit deren befürchteter Dauer zusammen. Für die Jahre von 1933 bis 1945 muß sie eher negativ beantwortet werden. Dennoch gibt es in diesem Zeitraum Beispiele für untergetauchte, verschlüsselte, aufgesparte Literatur.

Wer die Neuerscheinungen zwischen dem Kriegsende und der Gründung der Bundesrepublik, 1949, aus heutiger Distanz von neuem ansieht, findet den damals vorherrschenden Eindruck der »leeren Schubladen« der deutschen Autoren nur teilweise bestätigt. Wohl erschienen nun manche Werke, die im Krieg begonnen und erst danach beendet wurden. Aber kaum eines dieser Bücher entsprach der Erwartung der Leser in der Weise, daß hier planvoll und auf Dauer ein literarisches Werk von bedeutendem Rang und allgemeiner Wirkungsmöglichkeit entstanden sei. Am ehesten wird diese Lücke durch eine Anzahl von Tagebüchern und Memoiren geschlossen, doch deren Veröffentlichung erfolgt in der Regel später, in den fünfziger, zum Teil erst in den sechziger Jahren.

Jedenfalls war nach dem Waffenstillstand die regierungsoffizielle »Blut und Boden«-Literatur der dreißiger Jahre wie weggefegt. Viele Autorennamen tauchten nie wieder auf – allenfalls in Gruppierungen ewig Gestriger, die nur nationalistische Sektierer noch ernst nahmen wie etwa die Fortführung jener Lippoldsberger Dichtertage durch *Volk ohne Raum*-Autor HANS GRIMM (1875–1959) und seine Erben.

Zu berichten ist jedoch von Schriftstellern, die im Hitlerdeutschland, behindert bis geduldet, hatten publizieren können und denen jetzt der Sprung über die Zäsur, also Kontinuität gelang. Mehr noch interessieren die teilweise oder ganz Verbotenen, die ohne Aussicht auf baldige Veröffentlichung weiter gearbeitet hatten. Verfolgt man die literarischen Lebensläufe dieser Autoren, so ergibt sich vor allem, daß kein Fall dem anderen völlig vergleichbar ist.

Zu den später erfolgreichen Schriftstellern mit einem umfangreichen Œuvre, für die der Begriff »Schublade« seinerzeit bis zu einem gewissen Grad zutraf, gehörte zum Beispiel STEFAN ANDRES (1906–1970). Sowohl sein Roman *Der Mann von Asteri* (1939) als auch die berühmt gewordene Novelle aus dem Spanienkrieg, *Wir sind Utopia* (1943), hatten in Deutschland erscheinen können. Sein Aufenthalt in Positano war nicht eigentlich ein Exil, denn es handelte sich um das faschistische Italien, in dem deutsche Dienststellen, wenn sie es wirklich wollten, jederzeit Zugang hatten. Zweifellos aber war Andres seinem literarischen Temperament entsprechend, aus christlicher Überzeugung und aus rheinisch-mittelmeerischer Lebensart einer, der sich der Diktatur verweigerte. Was er damals dachte und arbeitete, war Inhalt seiner ersten Bücher nach dem Krieg: 1947 brachte er als ideal gedachtes Buch der Versöhnung den Roman *Die Hochzeit der Feinde* heraus. Auf jahrelangen Vorarbeiten beruhte vor allem seine mythenreiche *Sintflut*-Trilogie, die erst ab 1949 Buchgestalt fand (*Das Tier aus der Tiefe*, 1949; *Die Arche*, 1951; *Der graue Regenbogen*, 1959).

Unter verändertem Blickwinkel und verstärkter Zustimmung lasen viele nach dem Krieg WERNER BERGENGRUENS (1892–1964) Bücher von neuem; vor allem seine Romane *Der Großtyrann und das Gericht* (1935) und *Am Himmel wie auf Erden* (1940), die schon während der zurückliegenden Jahre als verklausulierte Werke gegen jede Willkürherrschaft verstanden worden waren. Der 1892 in Riga geborene Autor, der sich 1942 nach Tirol zurückgezogen hatte und 1946 nach Zürich übersiedelte, konnte mit seinen neuen Gedichtbänden und Erzählungen unmittelbar an die Position relativer Unabhängigkeit anschließen, die er sich – freilich als konservativer Autor, der die alte deutsche Reichsidee vertrat – bewahrt hatte. Nicht von ungefähr strömten die Menschen damals zu den Lesungen, die Bergengruen in vielen Städten hielt, denn hier verkörperte sich ein Teil humanistischer Tradition, für den in Deutschland – wie sich immer mehr herausstellte – ungebrochener Bedarf bestand.

KASIMIR EDSCHMID (1890–1966), der mit seinen Novellen *Die sechs Mündungen* (1915) und *Das rasende Leben* (1916) als frühester Prosaautor des deutschen Expressionismus galt und in den zwanziger Jahren zahlreiche Romane veröffentlicht hatte, erhielt 1933 Redeverbot und 1941 Schreibverbot. Sein Ingrimm über diese Lage wie gegen alle Tyrannei spiegelt sich in dem 1946 erschienenen autobiographischen Roman *Das gute Recht*, einem freilich sehr subjektiven Buch, so daß Edschmid nach seinen eigenen Worten dafür eine »prinzipielle Bedeutung« gar nicht beanspruchte.

Der Elsässer OTTO FLAKE (1880–1963) hatte seinen Romanerstling *Schritt für Schritt* vor dem Ersten Weltkrieg (1912) herausgebracht und seitdem, Romane über Romane schreibend, ein ungewöhnlich abwechslungsreiches Dasein voll erstrangiger literarischer Freundschaften geführt. Als *Weltbühne*-Mitarbeiter und »jüdisch Versippter« (Flakes zweite Frau war jüdischer Herkunft) wurde er von den Nazis schikaniert und konnte nur für die Schublade arbeiten. Das hat er beharrlich getan. Als Ergebnis erschien 1946 sein zweibändiges Romanwerk *Fortunat*, das in der Tradition des Entwicklungsromans steht, 1948 außerdem die von vielen als meisterhaft angesehene Erzählung *Der Handelsherr*. Flake wurde in den zwanziger Jahren von nicht wenigen Kritikern zu den größten deutschen Erzählern gerechnet. Seine Autobiographie, *Es wird Abend* (1960), gibt Auskunft über Reichtum und Verkennung dieser ungemein breit angelegten literarischen Existenz. Zuletzt lebte Flake völlig zurückgezogen und verarmt in Baden-Baden. ROLF HOCHHUTH, der verschiedentlich darauf hingewiesen hat, daß nach seiner Überzeugung die Notwendigkeit für eine Flake-Renaissance besteht, bereitet gegenwärtig eine Gesamtausgabe der Werke vor.

ERICH KÄSTNER (1899–1974), seit den zwanziger Jahren als freiberuflicher Autor in Berlin – bekannt machten ihn sein Roman *Fabian* (1931) und der Gedichtband *Herz auf Taille* (1927) –, ging 1933 trotz persönlicher Gefährdung nicht ins Ausland. Er schrieb in der Zwischenzeit vor allem Kinderbücher sowie Filmdrehbücher (z.B. *Münchhausen*) und veröffentlichte mehr in anderen Ländern als im eigenen. Als erstes las man nach dem Krieg seine Gedichte *Bei Durchsicht meiner Bücher* (1946). Die Grunderfahrung des Überlebens unter der Diktatur hat Kästner unter anderem zu der Drama-Satire *Die Schule der Diktatoren* verarbeitet, geschrieben 1949, uraufgeführt erst 1957. Rowohlt brachte als einen der ersten Rotationsromane im Zeitungsformat Kästners Roman *Drei Männer im Schnee* neu heraus (1947). Den frühen Erfolg des Kinderbuchs *Emil und die Detektive* (1928) konnte der Autor 1949 mit dem Wurf

Das doppelte Lottchen erneuern. Doch Kinderbücher zählen in Deutschland kaum zur Literatur. Wieso eigentlich? Ist der sogenannte erwachsene Zustand etwa ausschließlich richtunggebend für die Humanität?

Eines der berühmtesten Bücher der ersten Nachkriegszeit, HERMANN KASACKS (1896 bis 1966) surrealistischer Roman einer Endsituation *Die Stadt hinter dem Strom* (1947), damals von einer fast prophetischen Identität mit dem Bewußtsein vieler Leser, kann als Resultat eines sehr unmittelbaren Umsetzens der Beobachtung geistiger und materieller Unterdrückung angesehen werden. Kasack, immer ein Lektor-Autor, war in den zwanziger Jahren mit expressionistischen Erzählungen hervorgetreten, im Dritten Reich veröffentlichte er Lyrik einer Flucht nach innen und rettete sich als Herausgeber (Seume, Tieck) wie als Verlagslektor über die Zeit.

Eine Autorin, deren Publikationen offenbar unter der Wirkung des Dritten Reichs retardierten, aber nicht völlig aufgehalten wurden, ist die in Frankfurt lebende MARIE LUISE KASCHNITZ (*1901). Ihre frühen Romane von 1933 und 1937 (*Liebe beginnt*; *Elissa*) hat die Autorin nie wieder auflegen lassen. Als Quintessenz ihrer stummen Jahre veröffentlichte sie 1946 die Essays *Menschen und Dinge 1945*, ein Jahr darauf zwei Lyrikbände – *Gedichte* und *Totentanz und Gedichte zur Zeit*, die ihren Rang begründeten.

Bewußt für die Schublade gearbeitet hat ERNST KREUDER (1903–1972), dessen Hauptwerk, der Roman *Die Unauffindbaren* (1948), im wesentlichen in den dreißiger Jahren geschrieben wurde, als der Autor nach der Verschärfung der Diktatur im Zusammenhang mit Hitlers Racheakt an Röhm und anderen angeblichen Putschisten (1934) München verließ und in einen kleinen Ort an der Bergstraße übersiedelte. Kreuder brachte sich mit gängigen Abenteuergeschichten durch. Seine Erzählung *Die Gesellschaft vom Dachboden* (1946) ist das erste Beispiel deutscher Nachkriegsliteratur, das international beachtet wurde. Kreuders persönliche Tragik lag darin, daß er mit dem Zusammenbruch Hitlerdeutschlands zugleich seinen Höhepunkt als Schriftsteller überschritt. Er hat den allmählichen Abstieg bewußt erlebt und ist nach schwierigsten Jahren 1972 in Bitterkeit und Armut gestorben.

ELISABETH LANGGÄSSER (1899–1950) hatte 1936 in Berlin ihrer halbjüdischen Herkunft wegen das Berufsverbot als Autorin von der allmächtigen Reichsschrifttumskammer diktiert bekommen. Was sie seitdem dennoch schrieb, war einer doppelten Verfolgung abgerungen: der politischen und einer unheilbaren Krankheit. 1942 hatte man bei ihr den Beginn der multiplen Sklerose entdeckt, an der Elisabeth Langgässer 1950 starb. Ihr christlich-symbolischer Roman *Das unauslöschliche Siegel* (1946), eines der wirkungsreichsten Bücher damals, ist ein Zeugnis existentiellen Widerstands.

Das Werk GERTRUD VON LE FORTS (1876–1971) erschien offenbar maßgebenden Nationalsozialisten so sehr ins Historisch-Theologische entrückt, daß sie meinten, es tolerieren zu können. Der Roman *Das Schweißtuch der Veronika* war mit seinem ersten Teil (*Der römische Brunnen*) 1928 erschienen. Zwar kam der zweite Teil, *Der Kranz der Engel*, erst 1946 heraus, doch hat die Autorin inzwischen ziemlich kontinuierlich publizieren können. In den Kriegsjahren allerdings hatte Gertrud von Le Fort bei Freunden in der Schweiz Unterkommen gefunden. Dort arbeitete sie unvermindert weiter. Allein, daß diese Übersiedlung aus dem im Isartal gelegenen Baierbrunn 1939 noch gelang, muß als eine ungewöhnliche Ausnahme gelten. Zu den meistgelesenen Büchern der Autorin gehörten nach dem Krieg die Neuauflagen der Novelle *Die Letzte am Schafott* (1931) und die neue Novelle *Die Consolata* (1947).

Der Lyriker Wilhelm Lehmann (1882–1968), von bürgerlichem Beruf bis zu seiner Pensionierung 1947 Gymnasiallehrer in Eckernförde, hatte nach dem Ersten Weltkrieg zunächst Erzählungen und Romane geschrieben und dafür 1923 von Alfred Döblin den Kleist-Preis, die wichtigste literarische Auszeichnung der Weimarer Zeit, zugesprochen erhalten. Erst 1935, Lehmann war 53 Jahre alt, brachte er seine erste Gedichtsammlung, *Antwort des Schweigens*, heraus und war damit bei seinem eigentlichen Gebiet angelangt. 1942, im dritten Kriegsjahr also, folgte *Der grüne Gott* und sofort 1946 das Gedichtbuch *Entrückter Staub*. Lehmanns Naturlyrik mochte in jenen Jahren unauffällig erscheinen. Es gab also – in Einzelfällen – auch solche Lebensläufe über drei Jahrzehnte hin: vom Kleist-Preis bis zum Lessing-Preis 1955 Kontinuität.

Hans Erich Nossack (*1901), nolens volens als Kaufmann tätig in der väterlichen Firma in Hamburg, erhielt 1933, ohne bisher überhaupt in Buchform etwas publiziert zu haben, Veröffentlichungsverbot, 1943 verlor er obendrein alle seine Manuskripte (Theaterstücke, Lyrik, Prosa, Tagebuch) nach einem Bombenangriff. Was seitdem neu entstand, sammelte Nossack in seinen ersten Veröffentlichungen, die nach dem Krieg erschienen: *Gedichte* (1947), *Interview mit dem Tod* (1948) – in eine spätere Ausgabe dieses Buchs wurde der Bericht über die Zerstörung Hamburgs, *Der Untergang*, aufgenommen. Nossack war eine der eindrucksvollsten Schilderungen des Bombenkriegs gelungen, die noch heute alle Bilder von damals heraufruft.

Und Ernst Penzoldt? Seine bildhauerische Arbeit, die Büste Carossas zum Beispiel, hatte man nach 1933 als »entartet« gebrandmarkt. Aber Penzoldt (1892–1955) konnte sich als freiberuflicher Autor durchschlagen, denn seine *Powenzbande*, jene köstlich philosophische Zoologie einer Familie, hatte ihn 1930 einem etwas größeren Leserkreis vertraut gemacht. Er schrieb, malte (und musizierte) in den entarteten Jahren weiter in einem feinsinnigen Balanceakt der Existenzmöglichkeiten, aber nicht ohne erzwungene Unterbrechungen. Seine Erzählung *Korporal Mombour* von 1941 wurde nach dem Krieg erfolgreich verfilmt (*Es kommt ein Tag*, 1950). Dicht nacheinander erschien nun manches Aufgesparte und Aufgestaute: 1946 die Komödie *Die verlorenen Schuhe* und der Essay *Tröstung*, 1947 unter anderem das – wie die meisten seiner Bücher – autobiographische Lazarettjournal *Zugänge*, 1948 *Der Kartoffelroman* und die Jugenderinnerung *Das Nadelöhr*. Es folgten viele Geschichten.

Luise Rinser (*1911) hatte ihr Erstlingsbuch *Die gläsernen Ringe* (1940) kaum mit Anerkennung bei kritischen Lesern publiziert, als man auch ihr Veröffentlichungsverbot auferlegte. Sie schrieb planmäßig weiter für die Zeit danach und legte 1946 ihr *Gefängnistagebuch* vor, das über ihre Haft 1944/45 wegen »Wehrkraftzersetzung« berichtet. 1947 folgte das Buch, das sie weithin bekannt machte: *Jan Lobel aus Warschau*, die Geschichte eines entflohenen jüdischen Gefangenen.

Vielleicht am souveränsten hat die Tarnung durch die historische Metapher der Autor-Philosoph Reinhold Schneider (1903–1958) angewandt. Seine Geschichtsschreibung aus katholischer Weltsicht enthielt in den dreißiger Jahren keine geringe Kritik der Gewaltherrschaft – allerdings einsichtig wohl nur für eine begrenzte Zahl. In erster Linie ist hier das 1938 erschienene Werk *Las Casas vor Karl V.* zu nennen, dessen Untertitel – »Szenen aus der Konquistadorenzeit« – auf aktuelle Bezüge hinwies. Oder die Erzählung *Der Tröster*, die 1934 geschrieben wurde, als Schneider genauere Informationen über das Konzentrationslager Dachau erhalten hatte – veröffentlicht wurde der Text erst 1943. Dieser Autor wird mit seinen historischen Darstellungen der Auseinandersetzung um Freiheit und Unterdrückung immer wieder als Schulbeispiel der sogenannten inneren Emigration zitiert werden. An ihm läßt sich das Vorhandensein einer solchen Literatur ebenso wie deren relative Wirkungslosigkeit beweisen. Jedenfalls markiert Schneiders Haltung im Dritten Reich den Ausgangspunkt für seine erhebliche Wirkung unmittelbar nach dem Krieg, zunächst durch seine *Sonette* (1945) und seine *Gedanken des Friedens* (1946), dann zunehmend durch Neuauflagen früherer Werke.

FRANK THIESS (*1890) konnte seine internationalen Romanerfolge aus den zwanziger Jahren (*Der Tod von Falern*, 1921; *Angelika ten Swaart*, 1923; *Die Verdammten*, 1922 u.a.) in den dreißiger Jahren zunächst fortsetzen. Sein Dokumentarroman über den russisch-japanischen Seekrieg, *Tsushima*, wurde 1936 – obwohl von den kulturoffiziellen Nationalsozialisten nur widerwillig geduldet – zu einem Welterfolg in sechzehn Sprachen. Das folgende Buch aber, *Das Reich der Dämonen* (1941), ging den Machthabern in seinen kritischen Bezügen auf das Dritte Reich zu weit. Der Roman wurde verboten. Gegen Ende des Kriegs war der Autor politisch ernsthaft gefährdet. Thiess, dem die Wortschöpfung »Innere Emigration« zugeschrieben wird, wandte sich nach dem Krieg vor allem als streitbarer Essayist an die deutsche Öffentlichkeit (*Vulkanische Zeit*, 1949; *Ideen zur Natur- und Leidensgeschichte der Völker*, 1949), aber auch als Romancier setzte der Autor unmittelbar fort mit *Caruso in Sorrent* (1946). Berühmt wurde seine Auseinandersetzung mit Thomas Mann über die äußere und die innere Emigration.

Auch GEORG VON DER VRING (1889–1968), der mit seinem Kriegsroman *Soldat Suhren* 1928 einen Durchbruch erreicht hatte, wird mit dem Roman aus Napoleonischer Zeit, *Der Büchsenspanner des Herzogs* (1937), der Literatur dieses begrenzten inneren Widerstands gegen die Gleichschaltung zugerechnet. Jedenfalls wurde er quer durch die Zeitläufe als Lyriker und Romancier akzeptiert. Zum Protest nicht geboren, menschlich bemüht, keine Zugeständnisse zu machen – Vring war wie so mancher eher ein Autor des Wegs in die Innerlichkeit. Auch das war damals nicht wenig. So konnte er gleich nach dem Krieg ohne sichtlichen Bruch weiter veröffentlichen, zunächst das Gedichtbuch *Verse für Minette* (1947) und den Roman *Magda Gött* (1948).

BRUNO E. WERNER (1896–1964) hat aktiv versucht, sich mit zwei Büchern gegen den Kunstbarbarismus zu wenden. Sein Band *Vom bleibenden Gesicht der deutschen Kunst* (1934) wurde verboten. Auch er gehörte zu denen, die einen Roman für die Schublade geschrieben hatten. 1943 begann er mit dem Erlebnisbuch *Die Galeere* (1949), das in romanhafter Form schildert, wie man es fertigbrachte, die Diktatur zu überstehen. Am Schluß steht eine apokalyptische Darstellung des Untergangs Dresdens. Der Roman fand bei seinem Erscheinen und in späteren Neuauflagen vor allem aufgrund seiner menschlichen Authentizität außergewöhnliche Resonanz. Von 1952 bis 1961 war Bruno E. Werner Kulturattaché der Bundesrepublik an der deutschen Botschaft in Washington.

WOLFGANG WEYRAUCH (*1907), hatte sich 1934 mit der Legende *Der Main* und 1936 mit dem Roman *Strudel und Quell* – zwei vergleichsweise autobiographisch-privaten, unpolitischen Büchern – vorgestellt und auch danach als Soldat noch Erzählungen veröffentlichen können. Aber erst durch die Verarbeitung der Erlebnisse in Krieg und Gefangenschaft fand er seinen eigenen Ton. Weyrauch trat 1946 mit dem kurzen Prosastück *Auf der bewegten Erde*, mit Gedichten und dem programmatischen Text *Die Davidsbündler* (1948) als einer der ersten Autoren der neuen Avantgarde auf.

ERNST WIECHERT (1887–1950), mit seinem in den Kriegsjahren vielgelesenen Roman

Das einfache Leben (1939) gewiß ein Autor, der ein Teil Weltflucht praktizierte, hatte sich dennoch vor dem Krieg in manchen öffentlichen Äußerungen so unabhängig und kritisch gegenüber den Machthabern verhalten, daß man ihn im Konzentrationslager Buchenwald inhaftierte. Für den Preis des Schweigens wieder freigelassen, unter Gestapo-Aufsicht gestellt, schrieb er trotzdem schon damals seine Eindrücke aus dem Lager nieder: Das Buch *Der Totenwald* erschien 1946 und war eines der ersten in der Öffentlichkeit nachhaltig wirksamen Dokumente, verstärkt durch Wiecherts *Rede an die deutsche Jugend 1945* vom November 1945, in der er eine grundlegende moralische Erneuerung forderte.

Es hat sie also gegeben, die im Land gebliebenen Autoren, die mit ihren schwachen Kräften in den Grenzen des damals Möglichen gegen die Gewaltherrschaft anschrieben. Es waren mehr als die hier unter dem Gesichtspunkt der Kontinuität mit Publikationen in den ersten Nachkriegsjahren Genannten.

Erwähnt seien nur: JOCHEN KLEPPER (*1903), der im Dezember 1942 gemeinsam mit seiner jüdischen Frau und seiner Tochter Selbstmord beging; FRIEDRICH PERCYVAL RECK-MALLECZEWEN (*1884), dessen biographische Darstellung *Bokelson. Geschichte eines Massenwahns* (1937) eine kaum verhüllte Analyse des Nazismus war und der, Ende 1944 verhaftet, am 16.2.1945 im KZ Dachau an Typhus starb; 1947 erschienen seine Aufzeichnungen aus jener Zeit mit dem Titel *Tagebuch eines Verzweifelten*; der Theologe und Schriftsteller DIETRICH BONHOEFFER (*1906) – hingerichtet im KZ Flossenbürg am 9.4.1945; der Journalist und ehemalige Pressechef des Berliner Polizeipräsidenten, THEODOR HAUBACH (*1896, als Angehöriger des »Kreisauer Kreises« hingerichtet am 23.1.1945 in Berlin-Plötzensee) und sein Freund, der Journalist und SPD-Reichstagsabgeordnete CARLO MIERENDORFF (1897–1943), der bei einem Luftangriff umkam; der Lyriker EUGEN GOTTLOB WINKLER (*1912 in Zürich), der 1933 verhaftet, wieder freigelassen wurde und am 28.10.1936 in München Selbstmord beging; der Journalist und frühere Krupp-Pressechef ERIK REGER (*1893) dessen Roman *Union der festen Hand* 1931 erschien (der wohl bemerkenswerteste Industrieroman der deutschen Literatur) und dem als Gegner des Nazi-Regimes striktes Schreibverbot auferlegt war; während der Kriegsjahre hatte es PAUL WIEGLER (1878 bis 1949) ermöglicht, daß Reger im Ullstein Verlag als Lektor arbeiten konnte. Reger wurde 1945 Lizenzträger und Mitbegründer der Berliner Tageszeitung *Der Tagesspiegel*, er starb am 10.5.1954 in Wien; schließlich sei hingewiesen auf die Lyrikerin GERTRUD KOLMAR (*1894), die 1943 verschleppt wurde und verschwand, sowie auf WILHELM HAUSENSTEIN (*1882), der als Literaturredakteur der *Frankfurter Zeitung* bis zum Verbot des Blattes (1943) dort eine höchst gefährliche, kaum verdeckte Widersetzlichkeit gegen die offizielle Kulturpolitik praktizierte; nach dem Krieg wurde Hausenstein erster diplomatischer Vertreter der Bundesrepublik in Paris (1950–1955), er starb am 3.6.1957; seine Tagebuchaufzeichnungen aus den Nazi-Jahren erschienen 1967: *Licht unter dem Horizont*. Neben der *Frankfurter Zeitung* war es vor allem die Zeitschrift *Deutsche Rundschau*, in der bis zu ihrem Verbot (1942) unter dem Herausgeber RUDOLF PECHEL (*1882) oft verwegene, bis zu offenem Hohn reichende und doch nie direkt angreifbare oppositionelle Beiträge erschienen. Pechel entwickelte eine Technik der verdeckten historischen und politischen Analogie, aus der sich ein ganzes Arsenal deutlicher Anspielungen ergab. – 1942 wurde Pechel festgenommen und verblieb bis Anfang 1945 in KZ-Haft. Seit 1949 erschien seine Zeitschrift wieder; Pechel starb am 28.12.1961.

Niemand vermag im übrigen die Zahl der namenlosen Opfer abzuschätzen, die sich schreibend der Diktatur erwehrten und spurlos umkamen.
Der Begriff der inneren Emigration erscheint freilich übertrieben. Man sollte ihn als unbrauchbar fallenlassen. Nur bagatellisieren sollte man diese Literatur nicht – auch wenn offensichtlich aus ihr kein Werk hervorgegangen ist, das an Gestaltungskraft, philosophischem Niveau und Differenzierungsgrad etwa mit dem in eben diesen Jahren geschriebenen *Doktor Faustus* von THOMAS MANN konkurrieren könnte – dem vielleicht bedeutendsten Werk der Emigration, soweit sie sich später auf die Bundesrepublik hin orientierte.
Das Schreiben gegen einen verhaßten Zeitgeist war auch etwas völlig anderes als das politische Handeln aus entschlossener Vernunft oder dem Mut der Verzweiflung. Es gibt keinen Vergleich zwischen diesen Büchern und dem Versuch der Geschwister Scholl, an der Münchner Universität mit Flugblättern zum Widerstand gegen die Diktatur aufzurufen. Eine totale Gewaltherrschaft vermag niemand von innen mit Literatur zu sprengen.
Als es tatsächlich versucht wurde, am 20. Juli 1944, mit den erforderlichen Waffen, fehlte es in letzter Konsequenz an radikaler Entschlußkraft. Die schriftlichen Dokumente dieses Fehlschlags gehören allerdings auch zur Literatur jener Jahre. Nur ist es eine Literatur von anderer Substanz. Sie zeigt eine gelebte Tragödie. Unter anderem scheint sie nachzuweisen, daß ein geglückter Umsturz damals den Deutschen auch keine Demokratie gebracht hätte, sondern eine nationalkonservative Führungsschicht für eine schwer absehbare Regierungsform.
Im übrigen ist es für die Gesellschaft, die sich in der Bundesrepublik heranbildete, überaus kennzeichnend, daß man der Offiziere und Zivilisten des 20. Juli 1944 alljährlich weit eher gedachte als der Widerstandsgruppen aus der Arbeiterschaft oder der konsequenten Widerstandsarbeit der »Roten Kapelle«, jener Untergrundorganisation von Gegnern des Nationalsozialismus aus Arbeiterschaft und Intelligenz, die seit 1936 im Hitlerreich, vor allem in Berlin, ein Informationsnetz aufbaute und nach dem deutschen Angriff auf die Sowjetunion mit dem russischen Geheimdienst in Verbindung stand. Als sie 1942/43 von der Gestapo zerschlagen wurde, bezahlten viele Mitglieder der Roten Kapelle ihr Handeln mit dem Leben. Der Dramatiker GÜNTHER WEISENBORN, einer der ihren, wurde wegen »Hochverrats« ins Zuchthaus Luckau gebracht und 1945 befreit; der Schriftsteller ADAM KUCKHOFF (*1887, Verlagslektor, Redakteur, von 1930–1932 Dramaturg in Berlin) wurde am 5. August 1943 in Berlin-Plötzensee hingerichtet.
Dennoch: Der Gedanke, wie viele Menschen in Europa nicht hätten gewaltsam sterben müssen, wenn der 20. Juli 1944 an Stelle des 8. Mai 1945 gestanden hätte, sollte uns nicht verlassen.

REDEN AN DIE DEUTSCHEN

Bevor einige Emigranten mit ihren Büchern nach Deutschland zurückkehrten, fanden öffentliche Auseinandersetzungen statt. Es war eine Zeit der Offenen Briefe. Während man in Nürnberg die Kriegsverbrecherprozesse vorbereitete, während Spruchkammern und Jugendamnestie ein Volk zu entnazifizieren suchten, waren die Zeitungen voll vom Gespräch der Deutschen über sich selbst.

Der Ton, in dem das ausgetragen wurde, war keineswegs frei von nationalem Pathos. Eine eingeübte Sprache gibt man nicht von einem Tag zum anderen auf. Wer heute alte Bänder mit Nachrichten und Kommentaren der in den Besatzungszonen errichteten Rundfunksender wieder abhört (soweit überhaupt davon noch etwas vorhanden ist), gerät ins Staunen über den immer noch schneidigen Vortrag der Sprecher. Es dauerte nicht Monate, es dauerte Jahre, bis das Land zivil wurde und damit zivilisiert. Als es soweit war, begann – zu früh für eine wirklich einschneidende Unterbrechung – die Diskussion um die Wiederaufrüstung.

Gegen Kriegsende hatte Thomas Mann häufiger im Britischen Rundfunk Ansprachen an deutsche Hörer gehalten, so auch noch einmal am Tag des Waffenstillstands. Was ihn unausgesetzt beschäftigte, war das Thema auch aller verantwortlich Denkenden im zerstörten Deutschland: die Frage der Schuld. Am 8. Mai 1945 hatte Thomas Mann, inzwischen amerikanischer Staatsbürger, sich ausdrücklich einbezogen in das, was er »unsere Schmach« nannte. »Denn alles Deutsche«, erklärte er, »alles, was deutsch spricht, deutsch schreibt, auf deutsch gelebt hat, ist von dieser entehrenden Bloßstellung mitbetroffen.« Diese Rundfunkrede erschien in der *Bayerischen Landeszeitung* vom 18. Mai 1945 und löste eine tiefgreifende Kontroverse aus.

Zu denen, die ihm jetzt und später öffentlich antworteten, gehörten Walter von Molo, Frank Thiess, Edwin Redslob, Emil Preetorius und Wilhelm Hausenstein. Molo, der seit 1913 in Berlin als freier Schriftsteller gelebt und sich 1933 aus Gegnerschaft gegen das nationalsozialistische Regime auf sein Gut bei Murnau in Bayern zurückgezogen hatte, veröffentlichte am 13. August 1945 in der *Münchener Zeitung* einen offenen Brief an Thomas Mann, in dem es unter anderem hieß:

> Mit aller, aber wahrhaft aller Zurückhaltung, die uns nach den furchtbaren zwölf Jahren auferlegt ist, möchte ich dennoch heute bereits und in aller Öffentlichkeit ein paar Worte zu Ihnen sprechen: Bitte, kommen Sie bald, sehen Sie die vom Gram durchfurchten Gesichter, sehen Sie das unsagbare Leid in den Augen der vielen, die nicht die Glorifizierung unserer Schattenseiten mitgemacht haben, die nicht die Heimat verlassen konnten, weil es sich hier um viele Millionen Menschen handelte, für die kein Platz auf der Erde gewesen wäre als daheim, in dem allmählich gewordenen großen Konzentrationslager, in dem es bald nur mehr Bewachende und Bewachte verschiedener Grade gab ...
>
> Ihr Volk, das nunmehr seit einem Dritteljahrhundert hungert und leidet, hat im innersten Kern nichts gemein mit den Missetaten und Verbrechen, den schmachvollen Greueln und Lügen, den furchtbaren Verirrungen Kranker, die daher wohl soviel von ihrer Gesundheit und Vollkommenheit posaunten ... Kommen Sie bald wie ein guter Arzt, der nicht nur die Wirkungen sieht, sondern die Ursache der Krankheit sucht und diese vornehmlich zu beheben bemüht ist, der allerdings auch weiß, daß chirurgische Eingriffe nötig sind, vor allem bei den zahlreichen, die einmal Wert darauf gelegt haben, geistig genannt zu werden. Sie wissen, daß es sich um keine unheilbare Krankheit unseres Volkes handelt.

Wenige Tage danach, am 18. August 1945, ließ Frank Thiess in derselben Zeitung einen offenen Brief an Thomas Mann folgen, der mit dem Titel *Die innere Emigration*

THOMAS MANN
über die deutsche Schuld

Thomas Mann, der große deutsche Schriftsteller, Nobelpreisträger, Verfasser der weltberühmten Romane „Der Zauberberg" und „Die Buddenbrooks" hat im Laufe der letzten Jahre über die amerikanischen und englischen Sender immer wieder ein mahnendes Wort an das deutsche Volk gesprochen. Wir bringen seine Botschaft vom 8. Mai aus Santa Monica, Kalifornien.

„Es tut wohl, zu wissen, daß die überlebenden Insassen der deutschen Konzentrationslager, diese erbarmungswürdigen Reste von Massen unschuldiger Menschen, Männer, Frauen und vieler, vieler Kinder, die an den Schandstätten oft noch im letzten Augenblick, bevor der Retter kam, von der Hand vertierter Zöglinge des Nationalsozialismus einen gräßlichen Tod erlitten haben, und deren ausgemergelte Leichname man gefunden hat, nebst den ingeniösen Vorrichtungen, die zu ihrer Hinmachung dienen, es tut wohl, sag' ich, zu wissen, daß sie der Gewalt ihrer Quäler entrissen, den Gesetzen der Menschlichkeit zurückgegeben sind.

Aber ganz andere Empfindungen noch mischen sich für den Deutschen in das Gefühl der Genugtuung.

Der dickwandige Folterkeller, zu dem der Hitlerismus Deutschland gemacht hatte, ist aufgebrochen, und offen liegt unsere Schmach vor den Augen der Welt, den fremden Kommissionen, denen diese unglaubwürdigen Bilder vorgeführt werden, und die zu Hause melden, diese übertreffe an Scheußlichkeit alles, was Menschen sich vorstellen können. ‚Unsere Schmach', deutscher Leser und Hörer! Denn alles Deutsche, alles, was deutsch spricht, deutsch schreibt, auf deutsch gelebt hat, ist von dieser entehrenden Bloßstellung mitbetroffen. Es war nicht eine kleine Zahl von Verbrechern, es waren Hunderttausende einer sogenannten deutschen Elite, Männer, Jungen und entmenschte Weiber, die unter dem Einfluß verrückter Lehren in kranker Lust diese Untaten begangen haben.

Man nenne es finstere Möglichkeiten der Menschennatur überhaupt, die da enthüllt werden — deutsche Menschen, hunderttausende sind es nun einmal, die sie vor den Augen der Welt enthüllt haben. Die Menschheit schaudert sich vor Deutschland! Ja, vor Deutschland. Denn dieses hat das fürchterliche Beispiel gegeben, und auch der Deutsche, der sich beizeiten aus dem Bereich nationalsozialistischer Menschenführung davongemacht hatte, der nicht, wie ihr, in der Nachbarschaft dieser Greuelstätten lebte, in scheinbaren Ehren seinen Geschäften nachging und nichts zu wissen versuchte, obgleich der Wind ihm den Gestank verbrannten Menschenfleisches von dorther in die Nase blies, auch ein solcher fühlt sich in tiefster Seele beschämt von dem, was im Land seiner Väter und Meister möglich geworden, freilich nur durch das Hitlerregime möglich geworden war. Erschüttert von einer menschlichen Degradierung, die nur durch diese eine, die Naziherrschaft, in einem von Hause aus gutem, Recht und Gesittung liebenden Volk angerichtet werden konnte.

Das verbrecherische Regime

Einer der letzten Kommentatoren des Goebbelsradio, ein Mensch namens Fritsche, hat ins Mikrophon gerufen, nichts komme gegen die Tatsache auf, daß der Nationalsozialismus die dem deutschen Volk einzig angemessene Verfassung sei, daß Deutschland für dieses Regime geschaffen sei. Das wagt er dem Volk ins Gesicht zu sagen, das zwölf Jahre mit schlechtem Gewissen und düsteren Gedanken unter diesem Regime gelebt hat und nun vor dem Trümmern seines Reiches, vor einer Katastrophe steht, wie weder seine Geschichte noch die Geschichte überhaupt sie je gekannt hat. Das dem deutschen Volk ‚einzig zukömmliche Regime' hat es nach wenigen Jahren nicht nur in die furchtbarste, sondern auch in eine schändliche Niederlage geführt, so daß Deutschland heute dasteht als Abscheu der Menschheit und Beispiel des Bösen.

Das Recht erstickt und die Wahrheit; die Lüge das Wort führend ganz allein; die Freiheit zertrampelt; der Charakter, jede Anständigkeit zermalmt und eine Korruption von oben bis unten, die zum Himmel stank; die Menschen, gedrillt von Kind auf in einen lästerlichen Wahn von Rassensuperiorität, Erwähltheit und Recht auf Gewalt, erzogen zu nichts als Begehrlichkeit, Raub und Plünderung: das war der Nationalsozialismus, und das soll deutsch, soll die der deutschen Natur einzig angemessene Verfassung sein!

Zurück zum freien Geist!

Meine Leser und Hörer in Deutschland! Ihr konntet euch von dieser Herrschaft aus eigener Kraft nicht befreien, es war wohl nicht möglich. Die Befreier mußten von außen kommen, sie haben das zerbrochene Land besetzt und müssen es auf Jahre hinaus noch verwalten. Betrachtet sie nun wenigstens nicht wie der Bischof Gahlen es euch vormacht, als eure ‚Feinde'! Fühlt euch selbst nicht, wie dieser unbelehrbare Geistliche, ‚in erster Linie als Deutsche', sondern als Menschen, der Menschheit zurückgegeben, die nach zwölf Jahren Hitler wieder Menschen sein wollen, denn keinen anderen Wunsch kann man haben, nach solchen Jahren, als diesen. Die Macht ist verspielt. Aber Macht ist nicht alles, sie ist nicht einmal die Hauptsache, und deutsche Größe war nie eine Sache der Macht. Deutsch war es einmal und möge es wieder sein: Der Macht Achtung abzugewinnen durch den menschlichen Beitrag zum freien Geist."

Dieser Artikel, »Thomas Mann über die deutsche Schuld«, erschien in der Sonderausgabe der »Bayerischen Landeszeitung« vom 18. 5. 1945. Er wurde zum Anlaß für den offenen Brief Walter von Molos an Thomas Mann und löste damit die Kontroverse um dessen Rückkehr nach Deutschland aus.

Walter von Molo

Frank Thieß

Wilhelm Hausenstein

überschrieben war. Er lehnte darin den Gedanken einer Kollektivschuld ab und berief sich auf die Gemeinsamkeit jener in Deutschland gebliebenen Intellektuellen, die einen »inneren Raum« nicht aufgegeben hätten, den zu erobern »Hitler trotz aller Bemühungen nicht gelungen« sei. Thiess verstieg sich in Unkenntnis oder gar bewußter Mißachtung der Tatsache, wie bitter, wirtschaftlich katastrophal und am Ende tödlich die Emigration für viele gewesen war, zu Äußerungen wie diesen:

... Auch ich bin oft gefragt worden, warum ich nicht emigriert sei, und konnte immer nur dasselbe antworten: falls es mir gelänge, diese schauerliche Epoche (über deren Dauer wir uns freilich alle getäuscht hatten) lebendig zu überstehen, würde ich dadurch derart viel für meine geistige und menschliche Entwicklung gewonnen haben, daß ich reicher an Wissen und Leben daraus hervorginge, als wenn ich aus den Logen und Parterreplätzen des Auslands der deutschen Tragödie zuschaute. Es ist nun einmal zweierlei, ob ich den Brand meines Hauses selbst erlebe oder ihn in der Wochenschau sehe, ob ich selber hungere oder vom Hunger in den Zeitungen lese, ob ich den Bombenhagel auf deutsche Städte lebend überstehe oder mir davon berichten lasse, ob ich den beispiellosen Absturz eines verirrten Volkes unmittelbar an hundert Einzelfällen feststellen oder nur als historische Tatsache registrieren kann ... Ich glaube, es war schwerer, sich hier seine Persönlichkeit zu bewahren, als von drüben Botschaften an das deutsche Volk zu senden, welche die Tauben im Volke ohnedies nicht vernahmen, während wir Wissenden uns ihnen stets um einige Längen voraus fühlten.

Es ist begreiflich, daß Thomas Mann auf solche und ähnliche Stimmen aus Deutschland schroff – angesichts des allgemeinen Elends vielleicht zu schroff – reagierte. In einem »Offenen Brief an Deutschland«, der zuerst am 28. September 1945 in der deutschsprachigen, in New York herauskommenden Zeitschrift *Aufbau* erschien und dann unter dem Titel *Warum ich nicht nach Deutschland zurückgehe* im Oktoberheft 1945 der *Neuen Schweizer Rundschau* sowie in der Tageszeitung *Augsburger Anzeiger* vom 12. Oktober 1945 nachgedruckt wurde, beantwortete Thomas Mann das Ansinnen Walter von Molos. Er schrieb unter anderem:

Sind diese zwölf Jahre und ihre Ergebnisse denn von der Tafel zu wischen und kann man tun, als seien sie nicht gewesen? Schwer genug, atembeklemmend genug war, Anno dreiunddreißig, der Schock des Verlustes der gewohnten Lebensbasis, von Haus und Land, Büchern, Andenken und Vermögen, begleitet von kläglichen Aktionen daheim, Ausbootungen, Absagen. Nie vergesse ich die analphabetische und mörderische Radio- und Pressehetze gegen meinen Wagner-Aufsatz, die man in München veranstaltete und die mich erst recht begreifen ließ, daß mir die Rückkehr abgeschnitten sei ... Schwer genug war, was dann folgte, das Wanderleben von Land zu Land, die Paßsorgen, das Hoteldasein, während die Ohren klangen von den Schandgeschichten, die täglich aus dem verlorenen, verwilderten, wildfremd gewordenen Lande herüberdrangen. Das haben Sie alle, die Sie dem »charismatischen Führer« (entsetzlich, entsetzlich, die betrunkene Bildung!) Treue schworen und unter Goebbels Kultur betrieben, nicht durchgemacht. Ich vergesse nicht, daß Sie später viel Schlimmeres durchgemacht haben, dem ich entging; aber das haben Sie nicht gekannt: das Herzasthma des Exils, die Entwurzelung, die nervösen Schrecken der Heimatlosigkeit.
Zuweilen empörte ich mich gegen die Vorteile, deren Ihr genosset. Ich sah darin eine Verleugnung der Solidarität. Wenn damals die deutsche Intelligenz, alles, was Namen und Weltnamen hatte, Ärzte, Musiker, Lehrer, Schriftsteller, Künstler, sich wie ein Mann gegen die Schande erhoben, den Generalstreik erklärt, manches hätte anders kommen können, als es kam. Der Einzelne, wenn er zufällig kein Jude war, fand sich immer der Frage ausgesetzt: »Warum eigentlich? Die anderen tun doch mit. Es kann doch so gefährlich nicht sein.«
Ich sage: zuweilen empörte ich mich. Aber ich habe Euch, die Ihr dort drinnen saßet, nie beneidet, auch in Euren größten Tagen nicht. Dazu wußte ich zu gut, daß diese großen Tage nichts als blutiger Schaum waren und rasch zergehen würden. Beneidet habe ich Hermann Hesse, in dessen Umgang ich während jener ersten Wochen und Monate Trost und Stärkung fand – ihn beneidet, weil er längst frei war, sich beizeiten abgelöst hatte mit der nur zu treffenden Begründung: »Ein großes, bedeutendes Volk, die Deutschen, wer leugnet es? Das Salz

der Erde vielleicht. Aber als politische Nation – unmöglich! Ich will, ein für allemal, mit ihnen als solcher nichts mehr zu tun haben!« Und wohnte in schöner Sicherheit in seinem Hause zu Montagnola, in dessen Garten er Boccia spielte mit dem Verstörten ...
Ich gestehe, daß ich mich vor den deutschen Trümmern fürchte – den steinernen und den menschlichen. Und ich fürchte, daß die Verständigung zwischen einem, der den Hexensabbat von außen erlebte, und Euch, die Ihr mitgetanzt und Herrn Urian aufgewartet habt, immerhin schwierig wäre. Wie sollte ich unempfindlich sein gegen die Briefergüsse voll lang verschwiegener Anhänglichkeit, die jetzt aus Deutschland zu mir kommen! Es sind wahre Abenteuer des Herzens für mich, rührende. Aber nicht nur wird meine Freude daran etwas eingeengt durch den Gedanken, daß keiner davon je wäre geschrieben worden, wenn Hitler gesiegt hätte, sondern auch durch eine gewisse Ahnungslosigkeit, Gefühllosigkeit, die daraus spricht, sogar schon durch die naive Unmittelbarkeit des Wiederanknüpfens, so, als seien diese zwölf Jahre gar nicht gewesen. Auch Bücher sind es wohl einmal, die kommen. Soll ich bekennen, daß ich sie nicht gern gesehen und bald weggestellt habe? Es mag Aberglaube sein, aber in meinen Augen sind Bücher, die von 1933 bis 1945 in Deutschland überhaupt gedruckt werden konnten, weniger als wertlos und nicht gut in die Hand zu nehmen. Ein Geruch von Blut und Schande haftet ihnen an; sie sollten alle eingestampft werden ...

Mit diesen und einigen weiteren, ähnlichen Argumenten begründete Thomas Mann seinen – später doch revidierten – Entschluß, nicht nach Deutschland zurückzukehren. Später hat keiner der an dieser Auseinandersetzung Beteiligten die damaligen Standpunkte aufrechterhalten. Die offenen Briefe bewiesen nicht zuletzt, wie wenig man voneinander wußte. Thomas Mann kannte damals die in den zwölf Jahren in Deutschland erschienenen Bücher, auf die sich Thieß und Molo mit unterschiedlicher Berechtigung beriefen, offensichtlich nicht. Andererseits waren die »inneren Emigranten« ziemlich ahnungslos im Hinblick auf das Schicksal der Schriftsteller, die aus Deutschland hatten fliehen müssen. – Zunächst aber spitzten sich die gegensätzlichen Argumentationen weiter zu: Am 24. Dezember 1945 veröffentlichte WILHELM HAUSENSTEIN in der *Süddeutschen Zeitung* einen bedeutenden Aufsatz mit dem Titel *Bücher – frei von Blut und Schande. Ein Wort an Thomas Mann*, worin er Mann anhand einer ganzen Reihe von Beispielen vorhielt, »daß Sie den ernsthaften Dingen, die zwischen 1933 und 1945 hierzulande veröffentlicht worden sind, eine entsprechende Teilnahme nahezu a priori versagt haben. So blieb Ihnen unbekannt, daß in Deutschland trotz der ungeheuerlichen Sabotage, die im Zeichen der Hitler und Himmler, Bormann und Goebbels alles Gute zu zertreten suchte, eine große Anzahl von Büchern entstanden ist, die auch jetzt standhalten, wo die Hölle vorüber ist, und inskünftig bestehen werden – deshalb nämlich, weil sie in der Tat eine echte Substanz enthalten.«
Der Streit erreichte dann das Stadium der unmittelbaren Konfrontation, als Thomas Mann am 30. Dezember 1945 in einer Rundfunkrede nochmals und in abermals verschärftem Ton den Gedanken seiner Heimkehr brüsk zurückwies und Frank Thieß ihm noch am selben Tag über den Nordwestdeutschen Rundfunk antwortete. Der Bruch schien unwiderruflich zu sein. In der 1946 erschienenen Schrift *Ein Streitgespräch über die äußere und die innere Emigration* veröffentlichte Thieß den Beitrag *Abschied von Thomas Mann.*
Die Kontroverse blieb trotz einiger Ausgleichsversuche (vor allem ERICH KÄSTNER versuchte mit dem Artikel *Betrachtungen eines Unpolitischen* in der *Neuen Zeitung* vom 14. 1. 1946 in seiner unnachahmlichen Weise den verbitterten Tonfall ironisch aufzubrechen) noch über das ganze Jahr 1946 hinweg ein vielfach besprochenes Thema, ehe sie 1947 mit dem Erscheinen des *Doktor Faustus* einen neuen, ebenso brisanten

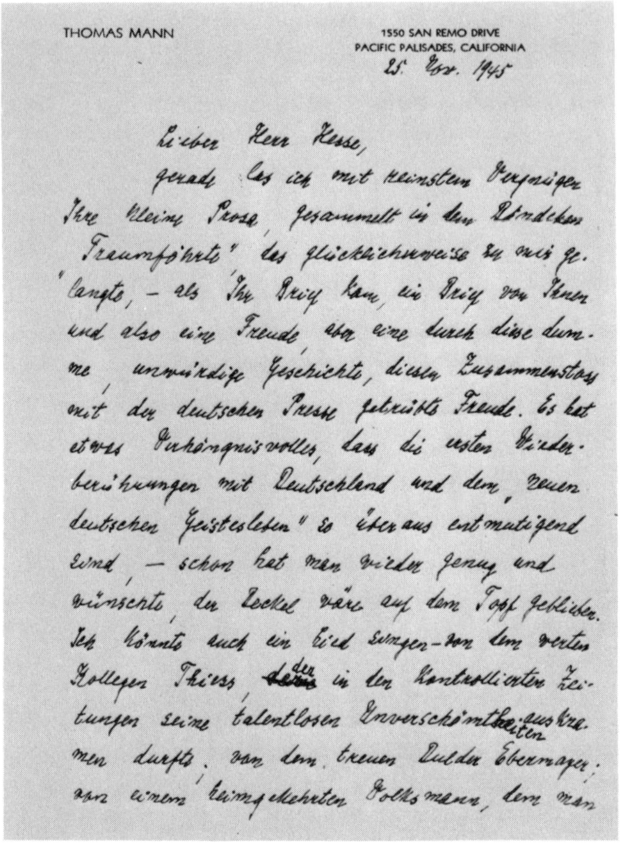
THOMAS MANN

1550 SAN REMO DRIVE
PACIFIC PALISADES, CALIFORNIA

25. Nov. 1945

Lieber Herr Hesse,

gerade las ich mit reinstem Vergnügen Ihre kleine Prosa, gesammelt in dem Bändchen „Traumfährte", das glücklicherweise zu mir gelangte, – als Ihr Brief kam, ein Brief von Ihnen und also eine Freude, aber eine durch diese dumme, unwürdige Geschichte, diesen Zusammenstoß mit der deutschen Presse getrübte Freude. Es hat etwas Verhängnisvolles, daß die ersten Wiederberührungen mit Deutschland und dem „neuen deutschen Geistesleben" so überaus entmutigend sind, – schon hat man wieder genug und wünschte, der Deckel wäre auf dem Topf geblieben. Ich könnte auch ein Lied singen – von dem werten Kollegen Thiess, der in den kontrollierten Zeitungen seine talentlosen Unverschämtheiten auskramen durfte; von dem treuen Dulder Ebermayer; von einem heimgekehrten Volksmann, dem man

Anlaß fand. Thomas Mann hat sich daran öffentlich nicht mehr beteiligt, jedoch lassen einige Privatbriefe aus jener Zeit (an Hermann Hesse vom 25. November 1945, an Dolf Sternberger vom 19. März 1946) an seiner Meinung keinen Zweifel.

Walter von Molo schrieb am 13. September 1946, also aus einigem Abstand, an Hermann Kasack:

... Im Vorjahre, als ich an Thomas Mann schrieb, war ich der Alte in Kraft und Hoffnung, und erwartete endgültigen, schönen gemeinsamen Kampf mit den früheren Freunden, gegen alles das, was vor 1933 wir wohl deutlich sahen, aber doch nicht ernst genug betrachteten. Und dann kam der Brief von Thomas Mann, sehr weltfremd und enttäuschend für mich. Aber ich hätte ihm geantwortet, denn wir hätten manches Gute klären können, da begann die unleidige Briefschreiberei der Literaten, und jeder mischte sich in diesem Briefwechsel, der

Pacific Palisades 25. Nov. 1945

Lieber Herr Hesse,
gerade las ich mit reinstem Vergnügen Ihre kleine Prosa gesammelt in dem Bändchen „Traumfährte“, das glücklicherweise zu mir gelangte, – als Ihr Brief kam, ein Brief von Ihnen und also eine Freude, aber eine durch diese dumme, unwürdige Geschichte, diesen Zusammenstoß mit der deutschen Presse getrübte Freude. Es hat etwas Verhängnisvolles, daß die ersten Wiederberührungen mit Deutschland und dem „neuen deutschen Geistesleben“ so überaus entmutigend sind, – schon hat man wieder genug und wünschte, der Deckel wäre auf dem Topf geblieben. Ich könnte auch ein Lied singen – von dem werten Kollegen Thieß, der in den kontrollierten Zeitungen seine talentlosen Unverschämtheiten auskramen durfte; von dem treuen Dulder Ebermayer; von einem heimgekehrten Volksmann, dem man erlaubt, über meinen schonenden Absage-Brief an Molo öffentlich die Schale seiner patriotischen Empörung auszuleeren. Lassen wir's, es kommt einem nichts Gutes von da, auch heute nicht. Alles spricht dafür, daß sich in keiner Beziehung etwas geändert hat, und ich bin nachgerade zu der Überzeugung gelangt, daß ich mich – auch politisch – heute dort um nichts wohler fühlen würde, als um 1930. . . .
In seinem Antwortbrief vom 15. 12. 1945 schrieb Hesse u. a.:
An den deutschen Reaktionen auf Ihren Brief an Molo hatte ich auch ein wenig Teil, einige Redaktionen und manche Private teilten mir mit, sie wüßten nun, woran sie mit diesem Th. Mann und mir seien, und wenn es eine kleine Weile so ausgesehen hatte, als riefe man uns allzu rasch und happig wieder als Brüder und Kollegen an, so hat sich das aufs Beste korrigiert, was mir sehr sympathisch ist. Eine Ausnahme machte die Stadt Konstanz. Dort wurde vor bald 20 Jahren, zu meinem 50. Geburtstag, ein Sträßchen nach mir benannt, das Schild wurde aber nach einigen Jahren eilig wieder abgenommen und der Name durch einen anderen ersetzt, und jetzt hat der Stadtrat im Verlauf einer wohlfeilen Säuberungsaktion sich wieder gewesener Zeiten erinnert, und den alten Straßenschild wieder aufgehängt. Man könnte darüber lachen, was für Sorgen die Leute zu haben scheinen, aber leider kommt es zum Lachen doch nicht, denn hinter all diesen Dummheiten und Verlegenheiten steht eine so ungeheure, animalische, elementare Not, ein so gehäuftes Elend, daß jeder, der in Deutschland noch Verwandte und Freunde hat, zuweilen nachts am Alpdruck aufwacht.
Politisch hat dort niemand etwas gelernt, doch ist eine sehr kleine, durch Hitler und Himmler auf ein Minimum reduzierte Schicht vorhanden, die genau Bescheid weiß, und zu der ich manche Beziehungen habe. Doch reicht diese Schicht Humus längst nicht aus als Boden für eine neue Republik. Vorerst muß man damit zufrieden sein, daß wenigsten keine Machtmittel mehr vorhanden sind, die mißbraucht werden können . . .

---

wahrhaft als persönlicher angefangen hatte. Da verlor ich die Lust, und seither habe ich vor unserer Öffentlichkeit mit allem Drum und Dran einen derartigen Ekel, daß es mir schwer wird, über die Menschen zu lächeln ...

Die Rede *Deutschland und die Deutschen*, die Thomas Mann am 6. Juni 1945 in der Bibliothek des amerikanischen Kongresses gehalten hatte – dort galt er offenbar unbestritten als Sprecher der deutschen Emigranten –, war im Oktoberheft der *Neuen Rundschau* (1945) im Bermann Fischer Verlag, Stockholm, herausgekommen, sie erschien erst 1947 in Deutschland auf dem (schwarzen) Buchmarkt. Immerhin war sie in wesentlichen Auszügen vorher bekannt geworden und weit begreiflicher erschienen als die unversöhnliche Haltung des »Ich kehre nicht zurück«.
»Man hat zu tun mit dem deutschen Schicksal und deutscher Schuld, wenn man als

Betrachtungen eines Unpolitischen

Von Erich Kästner

Als ich ein kleiner Junge war, ging ich gerne einholen. Denn die Wurst, die Butter, die Schmierseife, das halbe Pfund „Querrippe, aber nicht zu fett“, und der Schweizer Käse pflegten in jenen Tagen, die vergangen sind, doppelt eingewickelt zu werden. Einmal in weißes und dann in Zeitungspapier, und auf das Zeitungspapier kam es mir an. Kaum war ich aus dem Laden, wickelte ich die geviertelten und halben Zeitungsseiten wieder herunter, klemmte die Leberwurst, den Käse und das Rindfleisch unter den Arm und las. Ich las jede Zeile. Ich las auf dem Trottoir, beim Überqueren der Straße, die Treppe hoch und vor der Wohnungstür, bis meine Mutter öffnete. Ich war ein außerordentlich wißbegieriges Kind.

Solche wißbegierigen Kinder gibt es natürlich auch heute noch. Und da es wenig alte und überhaupt keine neuen Bücher gibt, werden die kleinen wißbegierigen Knaben und Mädchen, noch mehr als ich seinerzeit, Zeitung lesen. „Thomas Manns Offener Brief an Deutschland“, werden sie lesen. „Walter von Molo antwortet Thomas Mann“, werden sie lesen, und „Frank Thieß an Thomas Mann“ und „Arnold Bauer an Thomas Mann“. Und „Thomas Manns Rundfunkbotschaft an Deutschland“ und Frank Thießens „Abschied von Thomas Mann“. Sie werden lesen, daß Thomas Mann neulich erklärt hat, nach Deutschland heimzukehren, wäre „die größte Torheit meines Lebens . . . Ich soll Amerika, dem ich doch schließlich meinen Eid geleistet habe, seinen Bürgerschein vor die Füße werfen?“ Und man wolle ihn zurücklocken, um ihn „zum Bannerträger einer mir noch ganz schleierhaften, neudeutschen geistigen Bewegung aufzuwerfen“. Und „wo ist Deutschland? Wo ist es aufzufinden, auch nur geographisch? Wie kehrt man heim in sein Vaterland, das als Einheit nicht existiert? Soll ich zu den Russen gehen, den Franzosen, den Engländern, oder zu meinen neuen Landsleuten, den Amerikanern, um mich von ihren Bajonetten schützen zu lassen gegen den nichts weniger als toten und begrabenen Nationalsozialismus, der sich alle Mühe gibt, unsere Soldaten zu korrumpieren?“

Solche Sätze und solche Reden und Briefe werden die kleinen wißbegierigen deutschen Knaben und Mädchen, wenn sie die Zeitungen zum Schmökern benutzen, nicht oder ganz falsch verstehen. Sie werden Thomas Mann womöglich für einen berühmten amerikanischen Politiker halten, und das wäre nicht nur verkehrt, sondern auch sehr schade. Hört zu, liebe Kinder: Thomas Mann ist kein Amerikaner und kein Politiker. Er ist der größte unter den lebenden deutschen Schriftstellern, auch wenn es seit dem Sommer 1945 in unseren Zeitungen nicht immer den Eindruck gemacht haben sollte. Später einmal werdet ihr seine wunderbaren Bücher lesen, und dann werdet ihr schon merken, was für ein großer Deutscher und Dichter dieser „Mann“ war.

Die ganze Sache, der ganze Streit, liebe Kinder, ist die Folge eines fast tragischen Mißverständnisses. Und es wird gut sein, wenn ich euch kurz erkläre, wie es zu diesem Mißverständnis kam und kommen konnte. – Es war so: Deutschland hat den Krieg verloren. Europa war durch Deutschlands Schuld eine einzige, riesige Ruine geworden. Die Welt zeigt mit Fingern auf Deutschland. Jene Deutschen, die den Hitler und den Krieg nicht gewollt hatten, die beides aber auch, trotz allem Bemühen und aller Pein, nicht hatten verhindern können, sahen sich hilfesuchend um. Denn jetzt brauchten sie wie nie zuvor Hilfe. Sie brauchten jemanden, der in der ganzen Welt berühmt und makellos und unverdächtig dastand. Jemanden, um den sich die anderen guten Deutschen, die weniger berühmt und in den 12 Jahren daheimgeblieben waren, hätten scharen können wie um eine Fahne. Wie um einen Heerführer des Friedens und der Redlichkeit. Die guten anständigen, unberührten, daheimgebliebenen Deutschen brauchten einen Kristallisationspunkt. Laßt euch von euren Eltern erklären, was das ist, ein Kristallisationspunkt. Ich will es ganz einfach sagen: Sie brauchten einen Mann.

So kamen sie auf Thomas Mann, liebe Kinder. Und das war der Fehler. Der verhängnisvolle Fehler. Versteht mich recht: Es war nicht der Fehler Thomas Manns, daß er der Mann dazu nicht war. Es war einzig der Fehler der Menschen, die ihn riefen. Sie bewunderten ihn. Sie verehrten ihn. Sie brauchten ihn. Sie riefen ihn. Sie streckten die Hände nach ihm aus! Und er kam nicht. Er wollte nicht kommen und konnte nicht kommen, und muß das Gefühl gehabt haben, das wir haben, wenn jemand gerufen und gewinkt wird, der, ohne daß wir's wissen, hinter uns steht. Es ist, als ob nur wir gemeint sein könnten, aber wir wissen, daß der Gruß oder das Winken oder der verzweifelte Hilferuf uns gar nicht gelten kann.

Und nun, liebe Kinder, war das Tragische und Vertrackte, daß die Deutschen ihre Hände nach einem Mann ausstreckten, der Thomas Mann nicht war, der aber auch nicht hinter ihm stand, – nach einem Mann, den es, so sehr sie ihn brauchten und noch brauchen, nicht gibt. Das ist im mehrfachen und auch im tiefsten Sinne „Künstlerpech“. Den Deutschen fehlt der große, der überlebensgroße Dichter oder Denker, der sich schützend, sammelnd und die Welt beschwörend hinstellt und die Arme ausstreckt wie ein zweiter lieber Gott. Thomas Mann ist kein lieber Gott, der erste nicht und auch nicht der zweite. Sondern er ist, wie gesagt, der bedeutendste und berühmteste unter den lebenden deutschen Dichtern. Und es ist sehr bedauerlich, daß ihn andere, weniger berühmte, trotzdem bedeutende deutsche Dichter solange gebeten und gebettelt haben, bis er böse wurde. Sie haben sich ein bißchen dumm benommen. Wenn ich jemanden um hundert Mark bitte, der nur zehn Mark einstecken hat, wenn ich ihn wieder bitte und weiter bitte, muß er mit der Zeit wütend werden. Das ist ja klar. Thomas Mann ist ein Meister in der Darstellung differenziertester Künstlernaturen, kränklicher überfeinerter, dekadenter Charaktere, er tut sich sogar auf die Bedeutsamkeit des Nichtgesundseins seiner Bücherhelden etwas zugute, und er geht so weit, die Labilität, die Nervosität, die behutsame Abwegigkeit für Tugenden und hohe Werte zu halten. Dieser Kennerschaft und Vorliebe entsprach seit je eine physische Labilität des Autors selber. Die Athleten und Heroen waren ihm immer ein wenig verdächtig, und er ist selber keines von beiden. Wer kam nur zuerst auf die Idee, ihn über den Ozean zwischen unsere Trümmer zu rufen? Dazu kommt, daß er ein alter Herr ist und noch manches für ihn und uns wichtige Buch schreiben will. Wie könnte er das zwischen unseren Nöten, die man ihm in die Ohren brüllen würde? Und dazu kommt, daß er in Amerika für Europa und für jenes Deutschland, das er nicht haßte, sondern liebt, besser werben und bitten kann und wird, als wenn er in seinem ehemaligen Vaterland wäre. Es war Torheit, ihn zu rufen. Man hätte ihn viel eher bitten müssen, nur ja und auf alle Fälle drübenzubleiben!

Nun ist er verbittert, und die ihn vergeblich rufen, sind böse, und das alles, liebe Kinder, sind die unausweichbaren Folgen eines Mißverständnisses, das, weiß Gott, zu vermeiden gewesen wäre. Das müßt ihr begreifen und solltet ihr euch merken. Ich will euch, zur Verdeutlichung, ein anderes Beispiel erzählen. In Amerika lebt zur Zeit noch ein anderer großer Deutscher, der Schauspieler Albert Bassermann. Ein herrlicher Schauspieler und ein herrlicher Mensch. Als ihm die Berliner Schauspieler kabelten, ob er nicht in die Heimat zurückkehren wolle, depeschierte er vier Worte: „Ich komme, Albert Bassermann“. Als ich die vier Worte las, habe ich alter Schafkopf beinahe geheult. Seht ihr, liebe Kinder, das ist eben ein anderer Mann als Thomas Mann. Nur darf man das dem Thomas Mann nicht zum Vorwurf machen, daß er nicht ein Mann wie unser Bassermann ist. Das wäre sehr, sehr ungerecht.

Und ungerecht sein, liebe Kinder, soll man nicht und nie. Daß wir in diesen grauen Tagen einen großen deutschen Dichter zu wenig haben, einen, der sich nicht hätte rufen lassen, sondern der ungerufen, vom Nachhauserennen noch ganz außer Atem, zwischen uns getreten wäre – daß wir diesen Mann nicht haben, dürfen wir dem anderen, dem Thomas Mann nicht übel nehmen. Er wird und soll in Amerika bleiben. Zum Ersatz-Mann wäre er wahrhaftig zu schade.

Erschienen in Die Neue Zeitung, 14. 1. 1946

Deutscher geboren ist«, hatte Thomas Mann in Washington gesagt. »Die kritische Distanzierung davon sollte nicht als Untreue gedeutet werden. Wahrheiten, die man über das eigene Volk zu sagen versucht, können nur das Produkt der Selbstprüfung sein.« Vor allem hatte der Autor des *Faustus* (der Roman war damals noch nicht abgeschlossen) über den Freiheitsbegriff der Deutschen philosophiert:

Die eigentümliche Verkehrung, die dieser Begriff unter einem so bedeutenden Volk wie dem deutschen gefunden hat und bis zum heutigen Tage findet, gibt allen Grund zum Nachdenken. Wie war es möglich, daß sogar der nun in Schanden verendende Nationalsozialismus sich den Namen einer »deutschen Freiheitsbewegung« beilegen konnte – da doch nach allgemeinem Empfinden ein solcher Greuel unmöglich etwas mit Freiheit zu tun haben kann? ... Der deutsche Freiheitsbegriff war immer nur nach außen gerichtet; er meinte das Recht, deutsch zu sein und nichts anderes, nichts darüber hinaus, er war ein protestierender Begriff selbstzentrierter Abwehr gegen alles, was den völkischen Egoismus bedingen und einschränken, ihn zähmen und zum Dienst an der Gemeinschaft, zum Menschendienst anhalten wollte. Ein vertrotzter Individualismus nach außen, im Verhältnis zur Welt, zu Europa, zur Zivilisation, vertrug sich im Inneren mit einem befremdenden Maß von Unfreiheit, Unmündigkeit, dumpfer Untertänigkeit. Er war militanter Knechtssinn, und der Nationalsozialismus nun gar übersteigerte dies Mißverhältnis von äußerem und innerem Freiheitsbedürfnis zu dem Gedanken der Weltversklavung durch ein Volk, das zuhause so unfrei war wie das deutsche. Warum muß immer der deutsche Freiheitsdrang auf innere Unfreiheit hinauslaufen? Warum mußte er endlich gar zum Attentat auf die Freiheit aller anderen, auf die Freiheit selbst werden? Der Grund ist, daß Deutschland nie eine Revolution gehabt und gelernt hat, den Begriff der Nation mit dem der Freiheit zu vereinigen. Die »Nation« wurde in der Französischen Revolution geboren, sie ist ein revolutionärer und freiheitlicher Begriff, der das Menschheitliche einschließt und innerpolitisch Freiheit, außenpolitisch Europa meint ... Man kann sagen, daß der Begriff »Nation« selbst, in seiner geschichtlichen Verbundenheit mit dem der Freiheit, in Deutschland landfremd ist.

Thomas Mann jedenfalls fühlte sich als Weltbürger zu Gast in Amerika. Tatsächlich nahm Thomas Mann erst 1952 – drei Jahre nach dem Selbstmord seines Sohnes Klaus, der 1945 als amerikanischer Kriegskorrespondent von *Stars and Stripes* das Elternhaus in München aufgesucht hatte – wieder Wohnsitz in Kilchberg bei Zürich, wo er am 12. August 1955 starb. Die Aussöhnung mit Deutschland hatte sich durch die Wirkung seines alten und neuen Werks auf für den Autor triumphale Weise erfüllt. 1949 war er zum erstenmal wieder in seiner Heimat zu Gast gewesen, nicht ohne in Frankfurt wie in Weimar Goethe gewürdigt zu haben.

Einer der frühesten Heimkehrer aus der Emigration war ALFRED DÖBLIN gewesen. Er zog 1946 nach Baden-Baden und widmete seine Kraft dem moralischen Neuaufbau der deutschen Literatur, unter anderem mit der von ihm herausgegebenen Zeitschrift *Das Goldene Tor*, in der er damals aus frischem Eindruck schrieb: »1945 ist das utopische Experiment abgelaufen und mißglückt, und der Versuch, der biologischen Rassentheorie mit Waffengewalt zur politischen Existenz zu verhelfen, ist gescheitert ... Eine schwere Lähmung als Nachwirkung der aushöhlenden und verstumpfenden Diktaturherrschaft liegt über allem: Der wüste Katzenjammer nach dem Delirium.«

Zu den direkten Äußerungen von Schriftstellern in politischer Sache, die damals lang anhaltende Diskussionen auslösten, hatte die schon erwähnte *Rede an die deutsche Jugend 1945* von ERNST WIECHERT, gehalten am 11. November 1945 im Münchener Schauspielhaus, gehört. Die Ungeduld seiner Mahnung fand geteiltes Echo. Die angesprochene Jugend fühlte sich jedenfalls nicht verpflichtet, sich von einem Autor, der jahrelang entschieden die Flucht in die Innerlichkeit als literarischen Ausweg aus einer heillosen Welt gewiesen hatte, zur Ordnung des Tages rufen zu lassen. Andererseits sprach kein Vernünftiger dem Autor das moralische Engagement ab. Wiechert seinerseits war bald zunehmend enttäuscht über die politische und menschliche Entwicklung im Nachkriegsdeutschland. Er siedelte 1948 in die Schweiz über. Gestorben ist er in Uerikon am Zürichsee am 24. August 1950.

Nicht zu unterschätzen in der öffentlichen Wirkung in jenen Jahren ist auch FRITZ VON UNRUHS *Rede an die Deutschen* von 1948, gehalten in der Frankfurter Paulskirche, wo

In der »Ansprache im Goethejahr 1949«, die Thomas Mann am 25. 7. 1949 in der Frankfurter Paulskirche gehalten hat, kam er nochmals auf die Emigrationsfrage zu sprechen: »Ich weiß, daß der Emigrant in Deutschland wenig gilt, – er hat noch nie viel gegolten in einem von politischen Abenteuern heimgesuchten Lande. Es versteht sich wohl, daß diese Ablehnung eines jeden, der sich lossagte, nicht wenig beitrug zu der Scheu, die mich vier Jahre nach der Vollendung des Unheils von Deutschland ferngehalten hat. ... Man zögert, die Grenze eines Landes wieder zu überschreiten, das einem durch lange Jahre ein Alpdruck war; von dessen Fahne, wo sie sich im Ausland zeigte, man mit Grauen den Blick wandte und wo, wäre man dorthin verschleppt worden, ein elender Tod einem sicher gewesen wäre.«

man dem ersten Versuch der Deutschen, eine Demokratie zu gestalten, eine denkwürdige Jahrhundertfeier in Etappen widmete. Unruh, geboren 1885, war aus Amerika zunächst nur als Besucher herübergekommen. In allem, was er sagte, verkörperte der ehemalige Zögling einer kronprinzlichen Kadettenschule und Offizier, dann Pazifist und expressionistischer Autor, die Spannweite deutscher Konflikte vom Kaiserreich bis zum zweiten verlorenen Weltkrieg. Man achtete ihn aufgrund seiner durch biographische Tatsachen bezeugten Lauterkeit. Fritz von Unruh sprach damals mit beschwörender Kraft, aber er sprach – wie konnte es anders sein – in den Augen der jungen Generation als Repräsentant einer anderen Welt.
Die Wiederbegegnung der Deutschen mit ihren Emigranten wie auch mit den zu Hause gebliebenen Autoren, die sich als politisch nicht korrupt erwiesen hatten, war im übrigen kein Vorgang von lawinenartiger Dynamik. Es gab Hindernisse, die verzögernd wirkten. Die Reden wurden zwar von vielen gehört und gelesen. Aber die Bücher folgten nicht rasch genug nach. Es fehlte an allem Notwendigen, um für die literarische Kommunikation zu sorgen. So verteilte sich das Neuerlebnis der Literatur für den um Kenntnis bemühten, aber nicht professionellen Leser fast immer auf mehrere Jahre, wobei anhaltende Verspätungen die Regel und merkwürdige Täuschungen im Spiel waren.
Bücher gab es bis zur Währungsreform (20. Juni 1948) vorwiegend unter dem Ladentisch, im Zuteilungsverfahren rationiert vom Verlag zur Sortimentsbuchhandlung. Wer damals in der Bücherbranche lernte, übte mit eifriger Theorie eine Praxis, die vollständig erst mit der Auswirkung der harten Deutschen Mark zur ersten Nachkriegsbuchmesse im Herbst 1949 einsetzte. Heute noch bezeugen in öffentlichen und privaten Büchereien vergilbte Bände mit gebrochenen Leimrücken das kümmerliche Dasein von Erstauflagen aus jenen Jahren. Doch diese Bücher waren ein Besitz, sie gingen von Hand zu Hand.
Knapp war Blei zum Schriftgießen. Knapp waren Maschinen. Am knappsten war Papier. Es wurde in einem umständlichen Prozeß, ebenso wie die Verlagslizenzen, die wiederum an den abgeschlossenen Vorgang der Entnazifizierung des Verlegers gebunden waren, im Bezugscheinverfahren bewilligt. Eine groteske Trümmerbürokratie spielte sich ein. Behördenbittgänge zwischen Ruinen. Am meisten Formulare (für die es Papier gab) brauchte man bei den Amerikanern, die generell ein erstaunliches Vertrauen in die Verwaltbarkeit der »Reeducation« setzten.
Das alles gehört ins literarische Arbeitsklima dieser Zeit und damit in ihre Beschreibung. So erklärt sich auch die Tatsache, daß Hauptwerke der wiederkehrenden Emigration und bedeutende Neuerscheinungen, selbst wenn sie 1946 und 1947 schon in begrenzten Auflagen im Lande gedruckt wurden, fast immer erst ab Anfang der fünfziger Jahre zu ihrer vollen Breitenwirkung kamen.
Weder der *Doktor Faustus* (1947) noch der Roman über seine Entstehung (1949), weder HERMANN HESSES *Glasperlenspiel* (1943 in der Schweiz fertiggestellt und drei Jahre später auch in Deutschland gedruckt) noch BERT BRECHTS *Furcht und Elend des Dritten Reiches* (1941, 1945) als Buchausgabe, weder ein so gängiger Emigrationsroman wie ERICH MARIA REMARQUES *Arc de Triomphe* (1946) noch HANS HABES damals eindrucksvoller Tatsachenbericht *Ob Tausend fallen* (1946), nicht THEODOR PLIEVIERS *Stalingrad*-Roman (1945) und nicht ADORNO/HORKHEIMERS später berühmt gewordener Neudruck der *Dialektik der Aufklärung* (1947), nicht die Neubegegnungen mit Werken von HEINRICH MANN, LION FEUCHTWANGER, OSKAR MARIA GRAF und PETER

de Mendelssohn, Leonhard Frank und Robert Neumann, Anna Seghers, Fritz von Unruh, Jakob Wassermann und Klaus Mann – nichts von alldem war auf einmal ausreichend vorhanden und damit Allgemeingut.

Nicht anders verhielt es sich mit übersetzter Literatur, deren Werke für manche längere Zeit ein Gerücht blieben, obwohl man darauf brannte. Am wenigsten litten unter Mangel und Verschleppung die neuen deutschen Autoren. Sie bildeten neben den Emigranten und neben jenem Teil der älteren Generation, der sich nicht selber ideologisch entmündigt hatte, obwohl er in Deutschland geblieben war, die dritte Gruppe der Schreibenden. Doch zum einen brauchten sie in aller Regel eine Zeit der Orientierung, zum anderen waren viele ihrer ersten Veröffentlichungen – Lyrik und schmale Erzählungen – buchtechnisch damals am ehesten zu bewältigen.

Auf die jungen und nicht mehr so jungen Autoren, deren Arbeiten man damals inhaltlich als erstmalig empfand (auch wenn manche von ihnen früher schon anfängliche Werke publiziert hatten), hatte sich die historische Schrecksekunde des Jahres 1945 am nachhaltigsten ausgewirkt. Es hatte ihnen jede Möglichkeit eines konventionellen Beginns zerschlagen. Ihr Anfang war die Sprachlosigkeit. Als sie sich auszudrücken begannen, geschah es stockend – oder als Schrei.

Die ersten Namen: Rudolf Hagelstange (*Venezianisches Credo*, 1945), Wolfgang Borchert (*Laterne, Nacht und Sterne*. Gedichte, 1946), Walter Kolbenhoff (*Von unserem Fleisch und Blut*. Roman, 1946), Ernst Kreuder (*Die Gesellschaft vom Dachboden*. Erzählung, 1946), Luise Rinser (*Das Gefängnistagebuch*, 1946), Wolfgang Weyrauch (*Auf der bewegten Erde*. Prosa, 1946), Oda Schaefer (*Irdisches Geleit*. Gedichte, 1946), Horst Lange (*Der Ruf des Pirols*. Romanfragment, 1946), Hermann Lenz (*Das stille Haus*. Erzählung, 1947), Dagmar Nick (*Märtyrer*. Gedichte, 1947), Hans Erich Nossack (*Gedichte*, 1947), Marie Luise Kaschnitz (*Gedichte*, 1947), Nino Erné (*Der sinnende Bettler*. Gedichte, 1947), Hans Egon Holthusen (*Klage um den Bruder*. Sonette, 1947) und wiederum Wolfgang Borchert (*An diesem Dienstag*, Erzählungen, *Die Hundeblume*, Erzählungen – beide 1947).

Die erste Stunde der Nachkriegsliteratur ereignete sich jedoch am durchschlagendsten – mit als Folge des Büchermangels, gewiß aber nicht nur aus diesem Grund – auf dem Theater. Keine Darstellung der Jahre 1946 und 1947 darf die Bühne vernachlässigen. Sie ist der allgemeine Schauplatz der Übereinstimmung des Publikums mit zwei Stücken: Carl Zuckmayers *Des Teufels General* und Wolfgang Borcherts *Draußen vor der Tür*.

Frierend, in Soldatenmänteln und Kriegskleidern, in Theaterruinen mit Notdächern, dicht gedrängt nach stundenlangem Anstehen für Karten, in Hamburg, Berlin, Frankfurt, München wie an Bühnen in allen Provinzen, sah ein Volk gebannt zwei Gestalten zu, in denen es sich auf den Nerv getroffen empfand – im Soldaten Beckmann, der Gott und seinen Vorgesetzten anklagt, wie im General Harras mit dem Gewissenskonflikt zwischen Uniform und innerem Widerstand. So war es gewesen. Das Theater machte Politik. Eine mächtige Emotion ging durchs Land. Auf die kürzeste Formel gebracht besagte sie: Nie wieder.

ZIEHVÄTER DER NACHKRIEGSLITERATUR

Zum Teil wegen des Materialmangels im technischen Bereich der Buchproduktion, zum Teil wegen des spezifischen öffentlichen Klimas, das auf Aktualität gerichtet war und die brennendste Frage: Was wird aus Deutschland? ständig in gleichsam elektrisierter Diskussion hielt, fanden die Auseinandersetzungen über die geistige Situation der Zeit in den Jahren zwischen 1945 und 1949 zumeist in anderen Medien als in Buchform statt.

Sehr bald gab es wieder eine umfangreiche Tagespresse. Daneben wurden politische und literarische Zeitschriften in erstaunlicher Vielzahl gegründet. Die Militärregierungen der sowjetischen, amerikanischen, britischen und auch der französischen Besatzungszonen wetteiferten miteinander in der Lizenzierung von publizistischen Unternehmen, die – so das allgemeine Verständnis und die Absichtserklärungen – der Re-Education und der Einführung der Demokratie in Deutschland dienen sollten. Das gesamte Kulturleben war regional nach diesen Besatzungszonen geprägt. Die Militärregierungen nahmen auch entscheidenden Einfluß auf die Gründung der Rundfunkanstalten auf der Ebene der späteren Bundesländer. In den frühesten Monaten nach Kriegsende wurden so die entscheidenden Weichen in Richtung der künftigen Kulturhoheit der einzelnen Länder gestellt.

Presse, Zeitschriften und Funk wurden zu Ziehvätern der Nachkriegsliteratur. Sie boten den Autoren nicht nur als erste Gelegenheit, in der literarisch-politischen Meinungsbildung das Wort zu ergreifen, sondern sie trugen entscheidend zur Gründung schreibender Existenzen bei. Kaum weniger faszinierend als die Wiederbelebung relativ freier Presseorgane und Sender in den Meinungszentren des besetzten Landes waren das Entstehen und die bald sprühende Kreativität literarisch-politischer Kabaretts. Die Katakombenstimmung in den Trümmerstädten, das Aberwitzige und Irreguläre auch der durchschnittlichen Daseinsbedingungen trugen zu ihrer frühen Glanzzeit bei. Schließlich wurden einige Filme, die mit Mitteln der Improvisation zustande gebracht waren, in der ersten Nachkriegszeit zu öffentlichen Erlebnissen für das große Publikum.

Am 24. April 1945 war die letzte Berliner Ausgabe des NS-Parteiorgans *Völkischer Beobachter* und am 29. April die letzte Nummer des »Kampfblatts für die Verteidigung Groß-Berlins« *Der Panzerbär* mit wahnwitzigen Durchhalteparolen gedruckt und im Inneren der zusammenbrechenden Hauptstadt sogar auch noch verteilt worden. Schon am 15. Mai 1945 erschien – zunächst als »Blatt der Roten Armee« in ausschließlich sowjetischer Zuständigkeit – die *Tägliche Rundschau*. Ab 28. Mai wurden deutsche Journalisten in zunehmender Zahl an der Redaktion beteiligt. In rascher Folge kamen im Einflußgebiet der Militärregierung der UdSSR, das zu Anfang ganz Berlin einschloß, weitere Zeitungen heraus: die *Berliner Zeitung*, die *Deutsche Volkszeitung*, *Das Volk*, die *Neue Zeit* und *Der Morgen*.

Die drei westlichen Alliierten erhielten erst am 11. Juli 1945 (im Austausch vor allem gegen das bislang von den Amerikanern besetzte Thüringen) Besatzungszonen in Berlin in Form von Sektoren. Es war später nicht sehr populär, die Frage aufzuwerfen, wie anders die deutsche Nachkriegsgeschichte verlaufen wäre, wenn dieser Handel um Thüringen und Berlin nicht zustande gekommen wäre. Vorläufig jedoch waren die Deutschen an solchen Beschlüssen unbeteiligt.

Im amerikanischen Sektor Berlins erschien dann schon am 8. August 1945 die von

Peter de Mendelssohn, dem Presseoffizier der US-Militärbehörde in Berlin, initiierte *Allgemeine Zeitung*, ihren administrativen Voraussetzungen nach eine Art Berliner Gegenstück zu den dreizehn sogenannten »Armeegruppen-Zeitungen«, die Hans Habe in jenen Monaten schon in West- und Süddeutschland als Nachrichtenblätter für die deutsche Bevölkerung eingerichtet hatte. Sie sollten das Informationsvakuum auffüllen, bis die von der Militärbehörde vorbereiteten Lizenzierungsdienststellen funktionsfähig waren und wieder Zeitungen in deutscher Verantwortung erscheinen konnten.

Die *Allgemeine Zeitung*, kurzlebig wie all diese Blätter (die letzte Nummer wurde am 11. November 1945 ausgegeben), errang allerdings einen bis heute kaum verblaßten Ruf. Ihr Chefredakteur war Hans Wallenberg und es gelang ihm, mit Hilfe einiger sofort engagierter deutscher Redakteure, darunter Friedrich Luft, Egon Bahr und Peter Boenisch, dem Blatt einen spezifisch großstädtischen Charakter aufzuprägen. »Die Allgemeine Zeitung wurde ausnahmslos als ein Blatt angesehen, das besser gewesen sei als die überlebenden oder später herausgekommenen Zeitungen«, schreibt Harold Hurwitz in einer 1972 erschienenen umfangreichen Darstellung. »Sie war für die Berliner eine angenehme Erfahrung und eine Offenbarung. Das Blatt hielt sich an das, was in Amerika als einwandfreie Nachrichtenberichterstattung galt, wählte jedoch Formen, die dem deutschen Geschmack entsprachen ... Die *Allgemeine Zeitung* wirkte wie ein Berliner Blatt, weil sie die – für eine unter Vier-Mächte-Verwaltung stehende Stadt – interessante Berichterstattung über internationale Ereignisse besonders hervorhob, dabei jedoch über zahlreiche lokale Beiträge, kulturelle Ankündigungen und über einen Sportteil verfügte.« Unmittelbarer (und vorgesehener) Anlaß für die Einstellung der *Allgemeinen Zeitung* war das Erscheinen deutscher Lizenzblätter in den Westzonen, vor allem der Tageszeitung *Der Tagesspiegel* (27. 9. 1945), zu deren Lizenzträgern Erik Reger, Walther Karsch und Edwin Redslob gehörten.

Am 22. März 1946 erschien dann als deutsche Tageszeitung des britischen Sektors in Berlin zum ersten Mal der *Telegraf;* Lizenzträger war zunächst der Verlagsfachmann und Journalist Arno Scholz allein, dann in Gemeinschaft mit Annedore Leber und Paul Löbe. *Tagesspiegel* und *Telegraf*, gemeinsam mit der Anfang Dezember 1945 begründeten Wochenzeitung *sie* (dank der Leitartikel von Gerhard Grindel) bewirkten mit, daß der von den Sowjets und Walter Ulbricht betriebene Zusammenschluß von SPD und KPD in den Westsektoren Berlins nicht zustande kam, wodurch letzten Endes die Einverleibung Westberlins in die spätere DDR verhindert wurde.

Eine vergleichbare Eigenentwicklung nahm die am 9. Juni 1945 zum ersten Mal erschienene *Münchener Zeitung*, die sich bis Oktober redaktionell derart konsolidiert hatte, daß Habe sie zu diesem Zeitpunkt ohne große Umstände in *Die Neue Zeitung* umwandeln konnte, deren erste Nummer am 18. Oktober 1945 erschien. *Die Neue Zeitung* wurde das einzige von der amerikanischen Militärregierung beibehaltene Organ der Tagespresse in Deutschland. Habe war Chefredakteur, bis Hans Wallenberg nach Liquidation der *Allgemeinen Zeitung* hinzukam und ebenfalls in die Chefredaktion eintrat. Das beherrschende politische Thema der Zeit war die Frage nach deutscher Schuld am nationalsozialistischen Regime und am Krieg, besonders eindringlich aktualisiert durch die im Herbst beginnenden Kriegsverbrecherprozesse in Nürnberg. Die Anklage gegen die gesamte Staats- und Parteiführung wurde am 18. Oktober 1945 vor einem eigens dafür von den vier Alliierten eingerichteten internationalen Militärgerichtshof in Berlin erhoben; der erste Prozeß, bei dem die promi-

Stefan Heym

DIE NEUE ZEITUNG

EINE AMERIKANISCHE ZEITUNG FÜR DIE DEUTSCHE BEVÖLKERUNG

1. JAHRGANG / NUMMER 1 18. OKTOBER 1945 PREIS 20 PF

Der eigene Magen

S. H. — „Darf mich, leider, nicht auf Gassen noch in der Kirche mit sehen lassen ..." So erklärt Margarethe im ersten Teil des „Faust" bedauernd ihrer Nachbarin, der guten Frau Marthe Schwerdtlein, nachdem ihr Mephisto wieder ein Schmuckkästlein in die Hände gespielt hat. Wie wir wissen, kam der Schmuck, mit dem Margarethe sich nicht sehen lassen darf, quasi auf schwarze Weise zu ihr. Wie wir ferner wissen, wurden Gretchens moralische Bedenken bald durch die Lockungen des Bösen und durch die Überredungskunst der Schwerdtlein zerstreut — wir wissen aber auch, daß das arme Mädchen kurz darauf in beträchtliche Schwierigkeiten geriet und nicht gut endete.

Nun gibt es heutzutage viele Marthe Schwerdtleins, und die zwölf Jahre Nationalsozialismus haben ihre Zahl noch vermehrt und ihre Charakteranlagen noch verschlimmert. In einer Zeit, in der das „Organisieren" von den Spitzen des Staates bis zu den kleinsten unter den kleinen Männern geübt und zu schöner Vollkommenheit entwickelt wurde, in einer Zeit, in der aller Anstand über Bord geworfen wurde, wenn man nur sich selbst, seine eigene Kunstsammlung, sein eigenes Bankkonto, seine eigene Vorratskammer füllen konnte — in einer solchen Zeit gedeihen die Schwerdtleins, die Organisierer, die Opportunisten, die Schleichhändler in geistigen und weltlichen Gütern.

Aber diese Zeit ist vorbei.

Sie ist vorbei, obwohl noch in manchen Städten — auf Plätzen und Straßen, die etwas abgelegen sind, hinter Haustüren, wo man sich unbelauscht glaubt, oder im Hinterstübchen gewisser Läden — Schwerdtlein-Geschäfte getätigt werden.

Ein Viertelpfund gestohlenen Kaffees geht in die Hände einer Verkäuferin über, die der Kundin dafür ein Paar Schuhe gibt. Natürlich bezahlt die Kundin auch Kassa — aber in diesem Falle ist die geldliche Transaktion zur Nebensache geworden, sie erscheint auf der Rechnung nur der Form halber. In Wirklichkeit ging es um den Kaffee. Wer aber keinen Kaffee hat, kriegt keine Schuhe — ob er ein Anrecht darauf hat oder nicht.

Oder ein halbes Pfund Butter wechselt seinen Besitzer. Diesmal bietet der Käufer keinen Sachwert, sondern Bargeld. Aber das Bargeld, das da gezahlt wird, beträgt fünfzigmal soviel wie der eigentliche festgelegte Preis der Butter. Und der, der die Butter wirklich kriegen sollte, bekommt sie nicht.

Man kann die Beispiele beliebig vermehren. Jeder hat Ähnliches schon in seinem Bekanntenkreis erlebt. Das sind die Nachwehen jener „großen Zeit", in der, trotz aller schönen Worte von Volksgemeinschaft und Opfertum, der eigene Bauch und die eigene Tasche bei so vielen die Hauptrolle spielten.

Man wird mit diesem Egoismus des Schleichhandels, der einer Minderheit gibt und der Mehrheit nimmt, aufräumen müssen, ebenso wie mit dem ganzen Nationalsozialismus, von dem der Schleichhandel nur ein Teil ist, aufgeräumt wird.

Die Militärregierung hat die notwendigen gesetzlichen Handhaben in ihrer Verordnung Nummer 1 geschaffen, nach der alle auf dem Schwarzen Markt durchgeführten Geschäfte mit strengen Strafen geahndet werden. Unter den Begriff des Schwarzhandels fallen dabei alle Geschäfte in alliiertem Heeresgut — das bedeutet auch Zigaretten, Kaffee, Zucker usw.
— sowie in deutschen Wa
bezugscheinpflichtig sind.

Die Militärregierung
Handhabe und die Ma
Schwarzhandel auszuschal
weitem vorzuziehen, wenn
kerung in ihrem Interesse
den und die Militärregie
gabe unterstützt.

Der gesunde Mensch
jedem sagen, daß alliierte
illegale Weise in die Hä
geraten sein kann, und da
kauft oder verkauft, sich
mitschuldig macht und
straft werden kann. Triftig
die Bedenken sein, die si
der den Schleichhandel m
zeugten Gütern betrachtet

Bei der Knappheit an a
lichen Bedarfs — einer
den von Hitler hervorger
wurde — ist es notwen
denen Güter gleichmäßig
werden, wenn diejenige
schwächer sind oder über
verfügen, nicht zu kurz k
so ist es klar, daß die Be
mäßig hoher Preise für k
fahr einer Entwertung
bringt, die, wenn ihr nicht
in Mitleidenschaft ziehen

Die Versuchung des Sch
Jeder hat diesen Konfli
Bauch und seinem Gewisse

Aber vielleicht kann di
diesen inneren Konflikt h

Die Militärregierung h
deutschen Behörden und
kerung gesetzt, und erw
mit dem Schwarzhandel
tärregierung ist jedoch
Schwarzhandel, einem
Überbleibsel nationalso
noch lange zuzusehen. I
hat ein Sprecher der Mili
erklärt: „Wenn nötig, w
gegen die Preiskontroll-
bestimmungen vor Geric
rung zur Aburteilung ge
derlich sein sollte, werde
sogar Spezialtruppen vo
den deutschen Behörden z
werden. Diese Truppen w
der Polizei Streifen, Hau
alle anderen Aktionen
Feststellung von Schuldig

Es steht zu hoffen, d
nicht notwendig sein we
mahnenden Worte jedem
seinem Konflikt zwischen
rem Wissen und Gewiss
scheidung zu treffen.

Auf die Arbeit jedes einzelnen kommt es an!

„Eine zerstörte Welt muß wieder aufgebaut werden" — das ist der Titel dieser Zeichnung von D. Low, der als der größte Zeichner Englands gilt. Die Zeichnung, die wir veröffentlichen, versinnbildlicht, daß es nicht nur in Deutschland, sondern überall in der Welt auf den individuellen Wiederaufbau ankommt.

General Eisenhower an die „Neue Zeitung"

Opening Words

As Commander of the United States Forces in the European Theater and as Military Governor of the parts of Germany occupied by United States troops, I welcome the publication of the „Neue Zeitung"

Zum Geleit

Als Kommandierender der amerikanischen Truppen in Europa und als Militärgouverneur der von US.-Truppen besetzten Teile Deutschlands begrüße ich das Erscheinen der „Neuen Zeitung"

Österreichs Zuk

Von Walford Selb

Britischer Gesandter in Wien (19

*Die Anerkennung der öster
Regierung, über die wir an and
unseres Blattes berichten, verlei
tikel, den der britische Diplom
Selby der „Neuen Zeitung" zur
stellt, besondere Bedeutung.*

„Die Unabhängigkeit Österreichs
scheidender Bedeutung. Wenn Öster
geht, so ist die Tschechoslowakei
Dann würde auch der ganze Ba
furchtbaren Krieg ausgeliefert. Un
germanische Traum von einem von
herrschten Mitteleuropa würde
werden von der Ostsee bis zum Mit
zum Schwarzen Meer, mit bekl
Folgen nicht nur für unser Land,
unser Empire."

Mit diesen Worten wies am 1.
im britischen Unterhaus ein ber
tischer Außenminister, der verst
Austen *Chamberlain*, auf die Wic
Aufrechterhaltung der Unabhängig
reichs hin.

Innerhalb von wenigen Monaten
Fall Österreichs im Jahre 1938 trate
nisse ein, die sich zu einem We
wickelten, in dessen Verlauf dann
Empire viele Monate lang durch da
ler Schatten schreiten mußte, allei
Hilfe in einem Kampf, der für Öst
größere Bedrohung darstellte als
Ereignis in seiner langen Geschicht

Schon kurz nach seiner Berufun
lischen Ministerpräsidenten hat
Churchill sich der Sache Österreic
men, indem er das Land in die a
Nationen einschloß, für deren Be
britische Empire weiterkämpfte. D
noch mehrmals für Österreich ein
rühmtesten Ausspruch wird das ös
Volk sicher nie vergessen. Er sagt
dieser Insel werden stets der T
gedenk sein, daß Österreich das
der Nazi-Angriffe war. Das englisc
in der Freiheit Österreichs vom
Joch eine gerechte Sache, der e
werden wird."

Die in dieser Erklärung ausgedr
nahm feste Form an in dem auf d
Konferenz von 1943 gefaßten Besc
Großmächte, der Vereinigten Sta
rußlands und Großbritanniens. Di
stellung und Aufrechterhaltung de
schen Unabhängigkeit wurde in k
als einer der Hauptpunkte in d
programm der Großmächte bezeic

Heute ist das Ziel erreicht. Öste
freit worden. Aber was das österre
in diesem Augenblick am meiste
ist die Frage, wie die Absichten
im einzelnen zur Sicherung seiner
die Tat umgesetzt werden sollen.

Um eine Antwort auf diese Fra
müssen wir auf die Regelung v
Vertrag von St. Germain, zurück

Alle maßgebenden Autoritäten
über einig, daß von allen Fehlern
von 1919 vielleicht der größte

Die erste Nummer der »Neuen Zeitung« erschien am 18. Oktober 1945 in München; dieses Exemplar trägt die Autogramme einiger Mitarbeiter der damaligen Redaktion, darunter (rechts oben) die Unterschriften Hans Habes und Erich Kästners. Unten: Ein Foto des ersten Redaktionsstabes; am Tisch sitzend Hans Habe, neben ihm links Hans Wallenberg – die beiden Chefredakteure.

nentesten Politiker und Militärs des Dritten Reichs zur Rechenschaft gezogen wurden, begann am 20. November in Nürnberg. Das Verfahren wurde von den Besatzungsmächten bewußt als entscheidender Prüfstein nationaler Gewissenserforschung aufgefaßt und sollte unter diesem Vorzeichen auch publizistisch interpretiert werden. So war es gerade die *Neue Zeitung*, die in einer Vielzahl von Artikeln, Reportagen und Kommentaren (an denen auch deutsche Journalisten und Schriftsteller beteiligt waren, z. B. ERICH KÄSTNER) durch breite Information über den wahren Charakter des Regimes eine grundlegende moralische Neuorientierung in Deutschland herbeizuführen versuchte – ein aufklärerisches Unternehmen, an dem ebenso die inzwischen neu gegründeten, von den Besatzungsmächten lizenzierten deutschen Zeitungen mitwirkten (z. B. berichtete für die *Süddeutsche Zeitung* W. E. SÜSKIND aus Nürnberg).

In der Tat schien es Hans Habe gelungen zu sein, mit der *Neuen Zeitung* ein offenes Forum für die Diskussion zwischen Deutschen und Amerikanern anzubieten, und der unprätentiöse Ton des Blattes, die unbefangene Rationalität der Argumentation schien den Weg für einen Abbau der politisch-moralischen Konfrontation freizumachen. Diese – durch wachsende Absatzzahlen vom Publikum bestätigte – Linie der Verständigung fand aber bei den für Fragen der Propaganda und Publizistik zuständigen amerikanischen Stellen bald zunehmendes Mißfallen, so daß Habe am 11. März 1946 zurücktrat und Wallenberg alleiniger Chefredakteur wurde. Nach dessen Rücktritt im September 1947 war diese interessanteste Phase des Blattes beendet. – Einen kaum abzuschätzenden Anteil am spontanen Erfolg der *Neuen Zeitung* hatte zweifellos ihr Feuilleton, das seit Anbeginn von ERICH KÄSTNER und LUISELOTTE ENDERLE geleitet und rasch zum qualifiziertesten Teil des Blattes wurde. Erich Kästner, Autor, Redakteur, Kabarett-Texter, entwickelte damals eine vielfältige publizistische und herausgeberische Tätigkeit von weitreichendem pädagogischem Einfluß. Neben der Arbeit für die *Neue Zeitung* schrieb er für das Münchner Kabarett »Die Schaubude«, gab ab Anfang 1946 die Zeitschrift *Pinguin – Für junge Leute* heraus und sammelte seine wichtigsten aktuellen Manuskripte für das Buch *Der tägliche Kram* (1949). Über diese Beiträge hat BRUNO E. WERNER geurteilt:

Sie sind zum größten Teil für den Tag geschrieben, daß es aber keine journalistischen Eintagsfliegen sind, hat mehrere Gründe. Zum einen, daß der Verfasser Kernprobleme der deutschen und der Zeitsituation anpackt, die zum mindesten (und leider) auf Jahre hinaus Gültigkeit haben. Man liest daher ein Kapitel Zeitgeschichte und zugleich mehr. Zum anderen: weil hier eine beispielhafte deutsche Prosa geschrieben wurde, von einer Leichtigkeit und federnden Spannkraft – als käme ein Franzos' daher.

Für die britische Zone wurde *Die Welt* (begründet am 2. April 1946) mit dem Sitz in Hamburg, für die französische die zweisprachigen *Nouvelles de France* (Lizenz am 15. September 1946) in Baden-Baden die lange Zeit einflußreichsten Blätter. Die Gründungsgeschichte der *Welt* reicht allerdings bis in den Herbst 1945 zurück, denn die britischen Besatzungsbehörden arbeiteten schon zu dieser Zeit an der Konzeption eines zentralen Informationsblattes für ihre Besatzungszone. Der entscheidende Initiator war der britische Presseoffizier, Professor Henry B. Garland von der Universität Exeter.

Unter den ersten deutschen Journalisten, die das Blatt vorbereiten sollten, war auch schon HANS ZEHRER (1899–1966), von 1929 bis 1933 Herausgeber der auflagenstarken, nationalrevolutionären Kulturzeitschrift *Die Tat*, der die Nazijahre in größter Zurückgezogenheit auf Sylt überlebt hatte und nun von Garland als präsumptiver Chefredakteur vorgesehen war. Aber die Ernennung scheiterte an den Einwänden gegen Zehrers politische Grundhaltung und so wurde schließlich der aus Konzentrationslagerhaft befreite Journalist Rudolf Küstermeier erster Chefredakteur dieser neuen Tageszeitung, die, wie es in einem späteren Rückblick heißt, »nach dem Willen ihrer Gründer so etwas wie eine deutsche *Times* werden« sollte. Diesem Ehrgeiz diente auch die für damalige Zeitverhältnisse ungewöhnliche Vielfalt der politischen Nachrichten, die sich noch vergrößerte, als die Zeitung am 1. Januar 1947 dem Nachrichtendienst des Londoner Blattes angeschlossen wurde. In der Tat übertraf die *Welt* jener Jahre in der Breite und Objektivität der politischen Berichterstattung (auch durch eigene Korrespondenten) die wenigen anderen überregionalen Blätter der Westzonen, so daß der damalige FDP-Vorsitzende Franz Blücher zum ersten Jahrestag der Zeitung, am 1. April 1947, urteilte: »Eine überparteiliche und gut informierte Zeitung wie *Die Welt* kann durch ihr Beispiel vorbildlich wirken.« Sie erschien damals dreimal wöchentlich, die Auflage war etwa 600000; im Januar 1947 hatte das Unternehmen die Rechtsform einer GmbH erhalten, mit Albert Lubitsch und Heinrich Schulte als Geschäftsführern. Schon seit August 1947 wurde das Blatt an drei Druckorten hergestellt, in Hamburg, Essen und Berlin (Chefredakteur der Berliner Ausgabe war Peter de Mendelssohn), aber erst mit dem 1. Juli 1949 begann die tägliche Erscheinungsweise. Im Januar 1950 trat dann Küstermeier als Chefredakteur zurück, sein Nachfolger wurde Bernhard Menne. Mit dem Wegfall der britischen Kontrolle im Mai desselben Jahres geriet die Zeitung durch wachsenden Konkurrenzdruck, Auflagenrückgang und häufigeren Wechsel der Chefredaktion in größere Schwierigkeiten, bis die seit 1952 betriebenen Verkaufsverhandlungen von dem Hamburger Verleger Axel Springer für sich entschieden werden konnten, der das Objekt am 17. September 1953 erwarb. Neuer Chefredakteur wurde – Hans Zehrer.

Springer hatte zu diesem Zeitpunkt mit der Rundfunk-Programmzeitschrift *Hör zu!* (seit 15. Dezember 1946), einem Unterhaltungsblatt neuen Stils, das eine rapide Auflagenentwicklung erlebte, längst den Grundstein zu seinem Pressekonzern gelegt. Schon im April 1946 war von Springer in Anlehnung an die britische Monatszeitschrift *Listener* eine digestartige Rundfunkzeitschrift begründet worden, die *Nordwestdeutschen Hefte*. Herausgeber waren Axel Eggebrecht und Peter von Zahn; Eggebrecht, seit 1945 wieder in Hamburg, war zum eigentlichen Begründer des späteren »Nordwestdeutschen Rundfunks« geworden (der zunächst als »Radio Hamburg, a Station of Military Government« firmierte). Mit Bruno E. Werner, Curt Emmrich (d. i. Peter Bamm), Ernst Schnabel und Peter von Zahn gehörte Eggebrecht zu den Journalisten der ersten Stunde in Norddeutschland, deren demokratischer Radikalismus auch zu Konflikten mit der Besatzungsmacht führte und ein großes Echo fand. In den »Nordwestdeutschen Heften« besaßen diese Journalisten nun neben dem Funk ein zusätzliches Medium.

Die erste Lizenz in der amerikanischen Zone erhielt die *Frankfurter Rundschau*, die am 31. Juli 1945 zum ersten Mal erschien, die zweite Tageszeitung war die *Rhein-Neckar-Zeitung*, zu deren Lizenzträgern Theodor Heuss gehörte. Ihre erste Nummer erschien am 5. September 1945. Im September 1945 wurde als Nachfolgeblatt der berühmten *Münchner Neuesten Nachrichten* (1848–April 1945) die unabhängige *Süddeutsche Zeitung* gegründet. Am 21. Februar 1946 erschien unter Zulassung Nummer 6 der britischen Militärregierung in Hamburg die Wochenzeitung für Politik, Wirt-

DIE NEUE ZEITUNG

EINE AMERIKANISCHE ZEITUNG FÜR DIE DEUTSCHE BEVÖLKERUNG

NG / NUMMER 2 — 21. OKTOBER 1945 — PREIS 20 PFENNI

ozeßbeginn: 20. November

Wie die Beschuldigten von Nürnberg die Anklageschrift aufnahmen

URNBERG, 21. Oktober
ng gegen die ersten vier-
uptkriegsverbrecher wird
er in Nürnberg eröffnet
rnationale Militärgerichts-
ch die Hauptkriegsverbre-
rorten haben werden, ist
in Berlin zur ersten offi-
usammengetreten. Die Sit-
on Generalmajor Niki-
t, dem die Vertreter der
r. Sir Hartley Showcroß
en, General Rudenko für
Mr. Sueu für die Verei-
nd Mr. Ducost für Frank-
ageschriften überreichten.
r ersten Sitzung fand im
s Kammergerichtes Berlin
e Nationalsozialisten ihre
ichtsverhandlung in Ver-
Geschehnissen des 20. Juli
haben. Die Richter und
r gaben nach Eröffnung
elgende Erklärung ab:
e mich hiermit feierlichst,
achtbefugnisse und Pflich-
des Internationalen Mili-
ehrlich, unparteiisch und
üben werde." Darauf er-
zende: „Ich erkläre hier-
des Internationalen Mili-
als eröffnet."
e überreichten am 19. Ok-
enen die Anklageschrift.
ngeklagten nahmen die
entgegen, nur der frühere
inister und Reichsbank-
Funk brach zusammen
ring sagte, er wünsche
, aber ein Dolmetscher
ch wichtiger sein. Julius
sorgfältig das Verzeichnis der deutschen Anwälte und bemerkte, „ich will doch keinen Juden als Verteidiger haben". *Heß*, *Ley*, *Rosenberg*, *Kaltenbrunner* und *Sauckel* hatten nichts zu sagen. *Jodl* wollte wissen, ob er einen Verteidiger in Strafsachen oder einen Spezialisten in internationalem Recht bekomme. *Dönitz* überreichte dem Offizier, der die Anklageschrift gebracht hatte, ein Verzeichnis der Anwälte, die er haben wolle. *Keitel* erklärte, er wolle mit seinem Schwager in Hannover in Verbindung treten.

Die Anklage gliedert sich in vier Hauptanklagepunkte, und zwar:

Erstens: Ausarbeitung oder Ausführung eines gesamten Planes oder einer Verschwörung, die auf die Begehung von Verbrechen gegen den Frieden, gegen das Kriegsrecht und gegen die Humanität abzielte.

Zweitens: Verbrechen gegen den Frieden durch Entfesselung der Kriege unter Verletzung internationaler Verträge, Abkommen und Zusicherungen.

Drittens: Kriegsverbrechen, die die Angeklagten durch ihren Plan zur Führung eines „totalen Krieges" vorbereitet und in Aussicht genommen hatten.

Viertens: Verbrechen gegen die Humanität.

Nachstehend die Liste der Angeklagten im ersten Prozeß und die gegen sie vorgebrachten Beschuldigungen. Angeklagt werden: Hermann Wilhelm *Göring*, in allen vier Punkten der Anklage und einer großen Reihe von Verbrechen gegen Personen und Werte; Joachim von *Ribbentrop*, in allen Punkten einschließlich Verbrechen, begangen gegen Personen und Werte in besetzten Ländern; Ernst *Kaltenbrunner*, in drei Punkten einschließlich der Einführung des Systems der Konzentrationslager; Rudolf *Heß*, in allen Punkten; Alfred *Rosenberg*, in allen Punkten; Hans *Frank*, in drei Punkten; Martin *Bormann*, in drei Punkten (Martin Bormann wurde noch nicht gefangengenommen); Wilhelm *Frick*, in allen Punkten; Robert *Ley*, in drei Punkten einschließlich des Mißbrauches von Menschen für Arbeiten zur Ausführung eines Angriffskrieges; Fritz *Sauckel*, in allen Punkten einschließlich des Zwanges der Einwohner besetzter Länder zu Sklavenarbeiten; Albert *Speer*, in allen Punkten einschließlich Ausnützung von Menschen zu Zwangsarbeiten; Walter *Funk*, in allen Punkten; Hjalmar *Schacht*, in zwei Punkten; Franz von *Papen*, in zwei Punkten; Gustav *Krupp* von Bohlen und Halbach, in allen Punkten; Konstantin von *Neurath*, in allen Punkten; Baldur von *Schirach*, in zwei Punkten, insbesondere wegen antisemitischer Maßnahmen; Arthur *Seyß-Inquart*, in allen Punkten; Julius *Streicher*, in zwei Punkten einschließlich Aufreizung zu Judenverfolgungen; Wilhelm *Keitel*, in allen Punkten, insbesondere wegen Mißhandlung von Kriegsgefangenen; Alfred *Jodl*, in allen Punkten; Erich *Raeder*, in drei Punkten, insbesondere wegen Kriegsverbrechen, begangen im Seekrieg; Karl *Dönitz*, in drei Punkten, insbesondere wegen Verbrechen gegen Personen und Werte auf hoher See; Hans *Fritsche*, in drei Punkten, insbesondere wegen antisemitischer Maßnahmen.

Folgende Körperschaften und Organisationen werden ferner unter Anklage gestellt werden:

Die Reichsregierung; das Korps der Politischen Leiter der NSDAP.; die SS.; die Gestapo; die SA., sowie der Generalstab und das Oberkommando der deutschen Wehrmacht.

stveröffentlichung der Prozeßordnung

" ist heute, im Zusammen-
ichung der Anklageschrift,
ebend die ersten Auszüge
r die *Prozeßordnung* gegen
er zu veröffentlichen:
dem am 8. August 1945
ommen zwischen den Re-
einigten Königreiches von
Nordirland, der Vereinigten
der Union der Sozialisti-
Maßgabe des Gerichtshofes die Gerechtigkeit so verlangt.

Artikel 9 besagt unter anderem, bei der Verhandlung gegen ein einzelnes Mitglied einer Gruppe oder Organisation kann der Gerichtshof erklären, daß die Gruppe oder Organisation, deren Mitglied die Einzelperson war, eine Verbrecherorganisation gewesen sei.

Artikel 10 führt aus, daß im Falle, daß eine Gruppe oder Organisation als verbrecherisch

geklagten im einzelnen genau anführen. Eine Abschrift der Anklage und alle beigefügten Dokumente sollen dem Angeklagten in einer ihm verständlichen Sprache übersetzt eine nennenswerte Zeit vor dem Verhandlungstermin übermittelt werden.

b) Während jeder Voruntersuchung oder Vorverhandlung soll der Angeklagte das Recht haben, entlastende Erklärungen zu den Anklagepunkten abzugeben.

Das Hauptthema der ersten Nummern der »Neuen Zeitung« war der Beginn der Nürnberger Prozesse gegen die Machtträger und Organisationen des nationalsozialistischen Staates; auf der Titelseite der Nr. 2 des Blattes vom 21. 10. 1945 steht die Meldung von der ersten Sitzung des Gerichtshofs am 19. 10. 1945 in Berlin, bei der die Anklageschriften übergeben wurden. – Die Bilder rechts oben zeigen einige Nazi-Repräsentanten in ihrer Glanzzeit und als Häftlinge der Alliierten: Hermann Göring und Robert Ley, Julius Streicher und Hans Frank, Arthur Seyß-Inquart und Franz von Papen. Unten: Mit dem Begriff »Nürnberger Lehrprozeß« hatte Alfred Döblin, der diese Schrift unter dem Pseudonym Hans Fiedeler 1946 veröffentlichte, sehr zutreffend eine Hauptabsicht der Besatzungsmächte bezeichnet, die das Verfahren (rechts ein Blick in den Nürnberger Gerichtssaal) als politisch-moralischen Aufklärungsprozeß mit pädagogischer Wirkung verstanden wissen wollten.

Fabian wird positiv

Von Alfred Andersch

In den Redaktionsräumen des Feuilletons der »Neuen Zeitung« waltet Erich Kästner seines Amtes. Der ungeheure Widerhall, den diese amerikanische Zeitung für die deutsche Bevölkerung findet, ist zu einem nicht geringen Teil sein Verdienst. Man ist enttäuscht, wenn einmal zwei, drei Ausgaben erscheinen, ohne daß sich ein Aufsatz oder ein paar Bemerkungen von ihm darin finden. Man liest mit reger Anteilnahme seine Artikel, gefesselt von der klaren sprachlichen Diktion, der Unverziertheit des Stils, der unmittelbar und scharf zupackend auf die Sache selbst zustößt. Und man preist die Weisheit der amerikanischen Offiziere, die großzügig genug sind, in ihrem Organ ein bedingungslos deutsches Herz sich aussprechen zu lassen. Erich Kästner, und nur Erich Kästner

überhaupt, ist auf diesem Platz denkbar. Seine vor 1933 erschienenen Gedichte, insbesondere sein berühmtes »Wenn wir den Krieg gewonnen hätten ...« haben dem Militarismus mehr Schaden zugefügt als alle humanistisch-professoralen Essays, die heutzutage erscheinen, zusammengenommen ... Natürlich war Erich Kästner im Dritten Reich schwer verboten. Was nicht verhindern konnte, daß gute Bekannte die Bände aus den Bibliotheken der glücklichen Besitzer klauten. Ihr Verfasser ist übrigens in Deutschland geblieben, und er hatte dabei wohl mehr Glück als Verstand. Es gab eine öffentliche Verbrennung seiner Bücher, ein paar Haussuchungen, aber sonst einfach sagenhaftes Glück, wenn man an Ossietzky und viele andere denkt. Das deutsche Herz ging dabei wieder einmal mit Kästner durch, er *wollte* da bleiben, als Beobachter, als einer, der später aussagen konnte, als Zeuge *für* das deutsche Volk, der er sein konnte, weil er sauber geblieben war und seinen Kampf gegen die Dämonie schon geführt hatte, als der größte Teil der deutschen Intelligenz noch annahm, die nationalistische Reaktion sei ein kleineres Übel als der Versailler Vertrag. Bezeichnend übrigens für den Geisteszustand dieser deutschen Intelligenz und der hier besonders zuständigen »hohen« Literaturwissenschaft ist es, daß sie von dem *Künstler* Erich Kästner noch keine Notiz genommen hat. Es ist natürlich leichter, über das Mythische bei Hölderlin oder die etymologischen Bezüge der Duineser Elegien zu schreiben, als mit heißem Herzen den Kampf zu verfolgen, den Erich Kästner und einige andere »Literaten« der Weimarer Republik um eine deutsche realistische Literatur geführt haben, eine Literatur, die die unselige deutsche Unterscheidung zwischen Dichter und Schriftsteller aufhebt, eine Literatur, die so würdelos ist, Humor zu haben, eine Literatur, in der Telephone, Wasserklosetts, Autos und Untergrundbahnen nicht nur vorkommen, sondern auch ohne alle Kunst der metaphorischen Umschreibung so genannt werden, eine Literatur, die keine andere Form kennt als die Form der Wahrheit, und in der Herz und Verstand keine Einkleidung in Sentiment und Ästhetik nötig haben, eine Literatur, die, mit einem Wort gesagt, lesbar ist.

Dieser Kästner ist – eine Seltenheit im deutschen Sprachraum – ein voltairischer Geist. Das geht bis zur physiognomischen Ähnlichkeit in der schmalen, etwas skurril-unheimlichen Gestalt, in dem scharfzügigen Gesicht, im ironischen Witz des Gesprächs. Ein rationalistisch-aufklärerischer Geist also. Ja, aber auch mit dem Geist und der Grazie, den Begleitern der Aufklärung. Und die rationale Grenzlinie, die völlige Säkularisiertheit seines Geistes trennt ihn zwar vom Metaphysischen, aber sie wird dennoch immer wieder überschritten in der Richtung des Herzens, des Gefühls, wie es sich in diesem unmittelbaren Realismus nur noch bei einem anderen (und ebensowenig einzuordnenden) deutschen Dichter findet: bei Matthias Claudius ...

Aber man besehe sich den Zustand der deutschen Literatur, das Gewühl von Stifter-Epigonen, mystischen Dilettanten und Kunstgewerblern jeglicher Observanz! Diese auf den Hund gekommene Literatur braucht ihren Erich Kästner!

Die vielfältigen Aktivitäten Erich Kästners im Nachkriegsdeutschland – Feuilletonredakteur der »Neuen Zeitung«, Herausgeber der Jugendzeitschrift »Pinguin«, Kabarett-Texter für »Die Schaubude«, Autor von Gedichten und Zeitungsartikeln – hat Alfred Andersch in diesem Beitrag für die Zeitschrift »Der Ruf« (Nr. 3 vom 15. 9. 1946) gewürdigt.

Oben: Erich Kästner bei einer Lesung aus eigenen Arbeiten im Münchener Sophiensaal, 1947. – Unten: Kästner bei einer Tagung des PEN-Zentrums Deutschland in München, November 1949; rechts: Wilhelm Hausenstein; links: Hermann Friedmann.

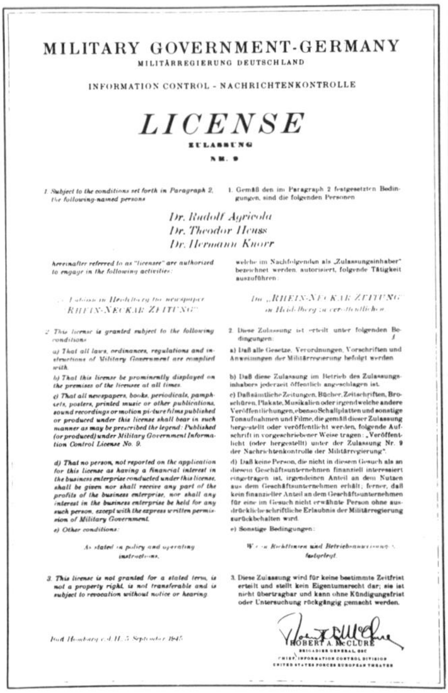

MILITARY GOVERNMENT-GERMANY
MILITÄRREGIERUNG DEUTSCHLAND

INFORMATION CONTROL - NACHRICHTENKONTROLLE

LICENSE
ZULASSUNG
NR. 9

1. Subject to the conditions set forth in Paragraph 2, the following-named persons

1. Gemäß den im Paragraph 2 festgesetzten Bedingungen, sind die folgenden Personen

Dr. Rudolf Agricola
Dr. Theodor Heuss
Dr. Hermann Knorr

hereinafter referred to as "licensee" are authorized to engage in the following activities:

welche im Nachfolgenden als „Zulassungsinhaber" bezeichnet werden, autorisiert, folgende Tätigkeit auszuführen:

[illegible] in Heidelberg the newspaper "RHEIN-NECKAR ZEITUNG"

Die „RHEIN-NECKAR ZEITUNG" in Heidelberg zu veröffentlichen.

2. This license is granted subject to the following conditions:

2. Diese Zulassung ist erteilt unter folgenden Bedingungen:

a) That all laws, ordinances, regulations and instructions of Military Government are complied with.

a) Daß alle Gesetze, Verordnungen, Vorschriften und Anweisungen der Militärregierung befolgt werden.

b) That this license be prominently displayed on the premises of the licensee at all times.

b) Daß diese Zulassung im Betrieb des Zulassungsinhabers jederzeit öffentlich angeschlagen ist.

c) That all newspapers, books, periodicals, pamphlets, posters, printed music or other publications, sound recordings or motion picture films published or produced under this license shall bear in such manner as may be prescribed the legend: Published (or produced) under Military Government Information Control License No. 9.

c) Daß sämtliche Zeitungen, Bücher, Zeitschriften, Broschüren, Plakate, Musikalien oder irgendwelche andere Veröffentlichungen, ebenso Schallplatten und sonstige Tonaufnahmen und Filme, die gemäß dieser Zulassung hergestellt oder veröffentlicht werden, folgende Aufschrift in vorgeschriebener Weise tragen: „Veröffentlicht (oder hergestellt) unter der Zulassung Nr. 9 der Nachrichtenkontrolle der Militärregierung".

d) That no person, not reported on the application for this license as having a financial interest in the business enterprise conducted under this license, shall be given nor shall receive any part of the profits of the business enterprise, nor shall any interest in the business enterprise be held for any such person, except with the express written permission of Military Government.

d) Daß keine Person, die nicht in diesem Gesuch als an diesem Geschäftsunternehmen finanziell interessiert eingetragen ist, irgendeinen Anteil an dem Nutzen aus dem Geschäftsunternehmen erhält; ferner, daß kein finanzieller Anteil an dem Geschäftsunternehmen für eine im Gesuch nicht erwähnte Person ohne ausdrückliche schriftliche Erlaubnis der Militärregierung zurückbehalten wird.

e) Other conditions:

e) Sonstige Bedingungen:

As stated in policy and operating instructions.

W[illegible] in Richtlinien und Betriebsanweisungen festgelegt.

3. This license is not granted for a stated term, is not a property right, is not transferable and is subject to revocation without notice or hearing.

3. Diese Zulassung wird für keine bestimmte Zeitfrist erteilt und stellt kein Eigentumsrecht dar; sie ist nicht übertragbar und kann ohne Kündigungsfrist oder Untersuchung rückgängig gemacht werden.

Bad Homburg v.d.H., 5. September 1945

ROBERT A. McCLURE
BRIGADIER GENERAL, GSC
CHIEF, INFORMATION CONTROL DIVISION
UNITED STATES FORCES EUROPEAN THEATER

Die »Rhein-Neckar-Zeitung« war (nach der »Frankfurter Rundschau«) die zweite Tageszeitung in der amerikanischen Zone, die in deutscher Verantwortung erscheinen konnte. Oben links: Die Lizenz vom 5. 9. 1945; rechts: Colonel J. B. Stanley überreicht die Urkunde an Theodor Heuss, einen der drei Lizenzträger; links neben ihm Hermann Knorr, noch heute Herausgeber und Chefredakteur des Blatts. – Unten: Theodor Heuss besuchte als Bundespräsident die Druckerei der »Rhein-Neckar-Zeitung« im Jahre 1949.

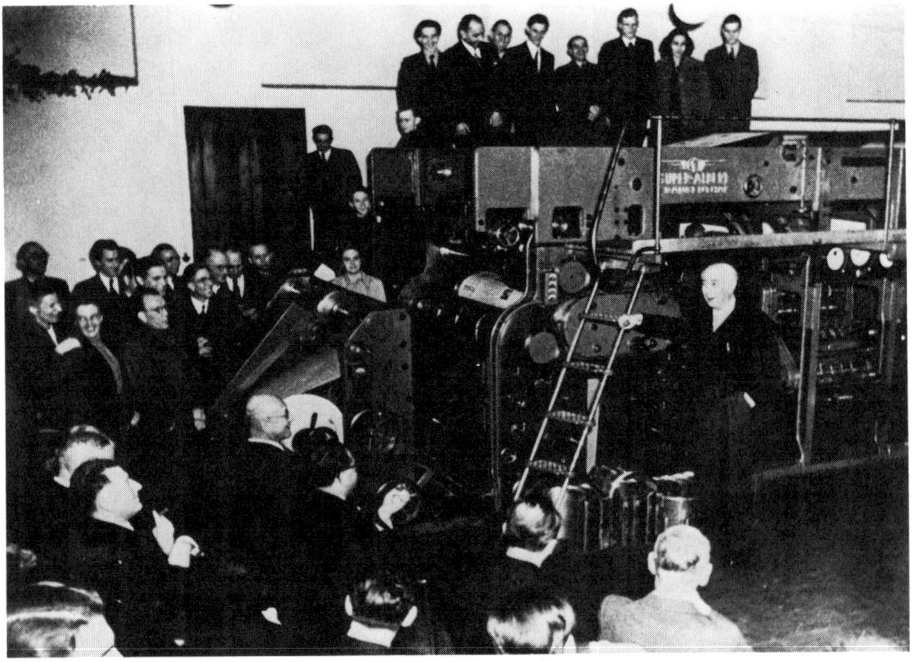

schaft, Handel und Kultur *Die Zeit* zum ersten Mal. Aus der Deutschland-Ausgabe der *Allgemeinen Zeitung*, Mainz, entstand am 1. November 1949 die *Frankfurter Allgemeine*.

Eine historische Würdigung der ersten Zeitungsphase im Nachkriegsdeutschland hat HARRY PROSS 1961 in seinem Beitrag *Von der Ohnmacht der Presse* für das »Sonderheft 1961« der Zeitschrift *magnum. Woher – Wohin. Bilanz der Bundesrepublik* verfaßt:

Kein Wunder, daß die Militärregierungen ihre eigenen Blätter in der Kontingentierung (von Papier) bevorzugten. Noch wichtiger war, daß ihre Zeitungen gute Zeitungen waren, nach groben Richtlinien der Regierungen von deutschen Redakteuren gemacht. Die scharfe Trennung von Nachricht und Kommentar war das Grundrezept, die Unabhängigkeit der Blätter vom Inseratengeschäft und von der deutschen Notstandsgesellschaft überhaupt erlaubte ihren Mitarbeitern, die eigenen Köpfe über das allgemeine Schlamassel zu heben. Mehr kann der Journalist nicht verlangen, und mehr als die freie Entfaltung kluger Köpfe kann im Grunde die Pressefreiheit auch nicht erreichen. Bald hatte das kapitulierte Deutschland eine Lizenz-Presse, die dem »gesunden Volksempfinden« an Klarheit und Umsicht weit überlegen war. Erik Reger, Hans Wallenberg, W. M. Guggenheimer, Theodor Heuss, Erich Kästner, O. B. Roegele, Helmut Cron, Bruno E. Werner, Willy Haas, Alfred Andersch – um nur ein paar von den Redakteuren zu nennen – setzten hohe Maßstäbe.

Insbesondere die Feuilletons und Literaturseiten dieser Zeitungen waren magnetische Schauplätze geistiger Auseinandersetzungen mit subjektiver Ausprägung objektiver Sachverhalte. Dafür ein Beispiel mit einem Namen, der in Erinnerung gerufen zu werden in besonderem Maß verdient: Ein Feuilletonredakteur wie PAUL HÜHNERFELD (1926–1960, eingetreten in *Die Zeit* 1948) leistete bis zu seinem viel zu frühen Tod eine schöpferische Arbeit, die mit ebenso hoher Kenntnis wie Sensibilität für viele Autoren als literarische Hebammenkunst wirkungsvoll war. In dem von ihm redigierten Kulturteil der Hamburger Wochenzeitung gedruckt zu erscheinen, war mehr als eine Visitenkarte. Es hieß mitsprechen im Gespräch der wachesten Köpfe der literarischen Republik.

Auch der Anfang der Zeitschriften beruhte auf alliierten Informationsdiensten, die meist in internationaler Besetzung unter Beteiligung deutscher Publizisten Periodika zu »Zeitfragen im Lichte der Weltmeinung« begründeten – so im Fall des *Ausblick*, der ersten, von den angelsächsischen Alliierten seit dem März 1945 herausgegebenen deutschsprachigen Zeitschrift (Printed for the Prisoners of War Recreational Association). Im Auftrag der US-Militärregierung erschien von 1945 bis 1949 *Die amerikanische Rundschau* mit dem Verlagsort New York. Die Franzosen brachten in Offenburg die deutsche Version ihrer *Documents*, übersetzt und veröffentlicht vom Centre d'Information et de Documentation Économique et Social, als *Dokumente* ab Sommer 1945 heraus. Auf sowjetrussischer Seite erschien 1945 der 15. Jahrgang der in Moskau gegründeten Zeitschrift *Internationale Literatur. Deutsche Blätter* mit JOHANNES R. BECHER als verantwortlichem Redakteur, von 1946 an kam in Berlin die Halbmonatsschrift *Neue Welt* heraus, sie war jahrelang ausschließlich von sowjetischen Redakteuren und Autoren bestritten. Jede der Besatzungsmächte gab sich neben der Tagespresse ihr periodisches Organ von nachhaltigerem weltanschaulichem und intellektuellem Anspruch. Im Rückblick erscheint nicht weniges davon trotz allem Niveau als Public Relations.

Den alliierten Zeitschriften folgten wenige Monate nach der Einrichtung der Besatzungszonen die von den Militärregierungen lizenzierten Zeitschriften unter deutscher Regie. Bis zur Währungsreform, deren wirtschaftlicher Zäsur viele von ihnen zum Opfer fielen, herrschten Gründungseuphorie und inhaltlicher Pluralismus in einem Maß, das kühne Erwartungen übertraf. Eine Kulturgeschichte der Zeitschriften dieser Jahre vermöchte allein ein umfangreiches Buch abzugeben.

Wiederum machten die Sowjetrussen in Berlin den Anfang, und zwar mit dem *Aufbau*, der als kulturpolitische Monatsschrift vom Kulturbund zur demokratischen Erneuerung Deutschlands herausgegeben wurde – eines der ersten Produkte des am 16. August 1945 in Berlin installierten Aufbau-Verlags, der noch heute unter den Staatsverlagen der DDR an erster Stelle steht. Zu den ständigen Mitarbeitern der ersten Jahrgänge zählen unter anderen: HEINRICH MANN, BERNHARD KELLERMANN, THEODOR PLIEVIER, HANS FALLADA, FRIEDRICH WOLF, GEORG LUKÁCS, WILLI BREDEL.

Einen Monat darauf erscheint in Göttingen unter britischer Lizenz das erste Heft der auf eine ethische und soziale Erneuerung ausgerichteten Monatsschrift *Die Sammlung* (Herausgeber OTTO FRIEDRICH BOLLNOW, WILHELM FLITNER, HERMANN NOHL, ERICH WENIGER). Im November 1945 folgt als dritte die rasch einflußreich werdende Zeitschrift *Die Wandlung*, Heidelberg, unter Mitwirkung von KARL JASPERS, WERNER KRAUSS und ALFRED WEBER herausgegeben von DOLF STERNBERGER. Über die Gründung hat der Verleger LAMBERT SCHNEIDER in seinem Erinnerungsbuch *Rechenschaft über vierzig Jahre Verlegertätigkeit 1925–1965* (1965) berichtet:

Am Ende des Krieges saßen wir in einem oberhessischen Dorf, abgeschnitten von jeder Verbindung zu den wenigen übergebliebenen Freunden. Hunderttausende von Flüchtlingen haben das erlebt ... Die Amerikaner haben mich auf Anraten von Alfred und Marianne Weber nach Heidelberg geholt, die unsere letzte Fluchtadresse kannten. Und nun überstürzten sich die Dinge in atemberaubendem Tempo. Ehe ich mich's versah, war ich der Lizenzträger der neu zugelassenen Zeitschrift »Die Wandlung« und hatte zusätzlich meine Verlagslizenz, die auf die Firma Winter ausgedehnt war. Das erste Heft der Wandlung erschien am 10. November 1945, es war die Visitenkarte des Neubeginns. In völliger Freiheit wieder arbeiten zu können, war ein beglückendes Gefühl ...

Diese kulturpolitisch-literarische Monatsschrift wurde zu einem Forum der Zeit. Hier veröffentlichte HANNAH ARENDT ihren großen Kafka-Essay (Heft 12 des 1. Jahrgangs, 1946). Hier erschienen vor allem die sprachanalytischen Beiträge der Serie *Aus dem Wörterbuch des Unmenschen* von DOLF STERNBERGER, GERHARD STORZ, W. E. SÜSKIND, die später auch als Buch (1957) noch einmal Ruhm erlangten. Kaum ein wichtiger geisteswissenschaftlicher oder belletristischer Autor jener Jahre, der nicht publizierend mit der *Wandlung* in Kontakt kam oder lesend aus der Zeitschrift Anregungen empfing.

Unmittelbar vor Ende des Jahrs 1945 begann als erste Zeitschrift in der französischen Besatzungszone *Die Gegenwart* zu erscheinen, die später mit dem Verlagsort von Freiburg nach Frankfurt wechselte. Die Herausgeber: ERNST BENKARD, BERNHARD GUTTMANN, ROBERT HAERDTER, ALBERT OESER, BENNO REIFENBERG. In Heft 1 des 1. Jahrgangs 1945/46 stand zur Eröffnung:

Die Herausgeber der mit diesen Zeilen hier vorgestellten Zeitschrift haben ihr den Titel »Die Gegenwart« gegeben. Sie gedenken in ihr das wahrhaftige Bild eines Zeitabschnitts erscheinen zu lassen, der immer zu den schmerzlichsten unseres Landes zählen wird. Als solcher mag er deutsche Gegenwart auf eine noch nicht absehbare Spanne bestimmen. Es geht um eine Bestandsaufnahme. Sie wird schwer zu gewinnen und nicht angenehm zu ertragen sein. Weil ein Zusammenbruch in seinem ganzen Umfang abgeschritten wird, und weil untersucht werden muß, inwieweit die Fundamente gelitten haben. Aber wie sollte neues Bauen am gegebenen Ort – die Substanz eines Volkes bleibt in ihrem Kern unverrückbar – mit Nutzen begonnen werden, wenn man nicht vorher den Baugrund auf seine Festigkeit überprüft hat? Der Frage, die den Herausgebern bei ihrem Beginnen entgegenklang, ob es nämlich nicht für eine vorwärtsweisende und das heißt, für eine an das Einfachste sich haltende Untersuchung noch zu früh sei, möchten sie eine alte Weisheit entgegenhalten: die Zukunft beginnt jeden Augenblick – l'avenir commence à l'instant. Halten wir uns an diese zuversichtliche Überzeugung, die der Zukunft nur gibt, was der Gegenwart abgerungen worden ist. Halten wir uns an die Morgenröte, die, über welchen Trümmerstätten auch immer, jeden gegenwärtigen Tag als Aufgabe heranführt. Und damit als Trost.

Diese Initialformulierung nach 28 Jahren zitieren heißt, an alles auf einmal erinnern: das Pathos, den Idealismus, die Betroffenheit, die Ratlosigkeit und das humane Bemühen gerade der Gebildetsten unter den damals schon Älteren, die mit dem Gedächtnis an Weimar an die neue Republik herangingen. *Die Gegenwart*, nicht die erste und wohl auch nicht die letzte Zeitschrift dieses Namens, erschien bis 1958. Wem nur ihre Jahrgänge als Quelle über diese Epoche zur Verfügung stünden, der hätte dennoch eine Fülle von Teilen des unüberschaubaren Ganzen in der Hand.
Zu den Zeitschriftengründungen, die Bedeutung für die Epoche hatten, gehörte zweifellos auch *Der Ruf – Unabhängige Blätter der jungen Generation*, herausgegeben von ALFRED ANDERSCH (Heft 1–3, Jahrgang 1, 1946/47, ab Heft 4 zeichnete HANS WERNER RICHTER gemeinsam mit Andersch als Herausgeber) – darüber ist einiges im Kapitel *Die Gruppe 47* (Seite 82ff.) nachzulesen, ferner die von EUGEN KOGON unter Mitwirkung von WALTER DIRKS edierten *Frankfurter Hefte*, gleichfalls 1946 gegründet und ebenso wie *Der Ruf* mit einer Zielsetzung des freiheitlich-humanistischen Sozialismus, allerdings bei Kogon und Dirks betont auf katholisch-christlicher Grundlage: Diese »Zeitschrift für Kultur und Politik« packte viele heiße Eisen an, sie wurde im Lauf der Jahre mit den Themen der Ost-West-Auseinandersetzung und der Forderung nach der Verwirklichung der Demokratie im Auftrag des Grundgesetzes in ihrer Kritik an der unzureichenden Verfassungswirklichkeit zusehends fachlich-politischer.
Nicht unerwähnt lassen darf ein Überblick wie dieser einige satirische Blätter: HERBERT SANDBERGS und GÜNTHER WEISENBORNS ab Dezember 1945 erscheinenden *Ulenspiegel – Literatur, Kunst, Satire* (Erscheinungsort Berlin), in der Intention pazifistisch, progressiv und um Ausgleich zwischen West und Ost bemüht. In München entstand unter der Hauptschriftleitung von WILLI ERNST FREITAG *Der Simpl* neu als »Zeitschrift für Kunst, Karikatur, Kritik« – allerdings ohne die Höhepunkte, welche der Vorgänger gleichen Titels in den zwanziger Jahren erreicht hatte. In Stuttgart gab WOLFGANG BECHTLE ab Februar 1946 *Das Wespennest* heraus. In Heft 2 des 1. Jahrgangs äußerte sich der damalige Kultusminister in Württemberg-Baden, THEODOR HEUSS, wie folgt:

Man läßt die Wespen fliegen, duckt sich vielleicht, wenn sie kommen, verscheucht sie mit dem Taschentuch, wenn es gelingt – die philosophische Gelassenheit erkennt sie als ein Stück Schöpfungsordnung, und deren wohltätige Interpretation erklärt, daß Wespenstiche sogar heilkräftig seien. Das mag auch für die literarischen Wespen gelten!

Unter den vielen Jugendzeitschriften, die in den ersten Nachkriegsjahren auftauchten und wieder untergingen, hatte ERICH KÄSTNERS schon erwähnter *Pinguin* wohl die

Zeitschriftenzeit

Wir halten in der „GEGENWART"
nun „UMSCHAU" *nach der rechten Art,*
wie „WIR UND HEUTE" *wollen leben.*
Fast „SIMPL" *klingt's. Das ist's ja eben.*

„DER RUF", *der sich an alle wendet,*
heißt: Ist „DIE WANDLUNG" *schon vollendet?*
Seid ihr schon „HEUTE" *so gereift,*
daß „WELT UND WORT" *ihr neu begreift?*

Hier fass' ich in ein „WESPENNEST".
Noch hält mein „TAGEBUCH" *nicht fest,*
daß jede „AUSSAAT" *Früchte trug.*
Noch gleicht ihr einem Narrenzug;
scheint euch im „KARUSSELL" *zu dreh'n,*
ohn' „END' UND ANFANG" *recht zu seh'n.*

Die Welt auf der „TRIBÜNE" *lacht,*
wenn ihr noch lang' so weitermacht
und wie ein „PINGUIN" *(im Kleid*
dem Vogel ähnlich) — Fische seid...

Die „DEUTSCHE RUNDSCHAU" *auf dem Berg*
von Trümmern sagt euch: Frisch ans Werk!
Daß bald ein volles „MAGAZIN"
dem geistigen Bedürfnis dien'.

Noch ist der „AUFBAU" *ungeleitet,*
„DAS NEUE PODIUM" *nicht bereitet,*
das uns die „WELTBÜHNE" *ersetzt. - - -*
Zur „AUSLESE" *zählt der zuletzt,*
der - ohne selbst zu rudern - rastet
und uns're „FÄHRE" *nur belastet.*

Und so, daß wir uns recht versteh'n,
sind „DEUTSCHE BEITRÄGE" *zu seh'n:*
Als Schlüssel für „DAS GOLDNE TOR"
zur Freiheit, die ein Volk verlor!

Heinz Hartwig

Das Gedicht »Zeitschriftenzeit« von Heinz Hartwig erschien in der Münchener Zeitschrift »Der Simpl«, Jg. 2, 1947, Heft 2.

nachhaltigste Wirkung. Drei Jahre lang leitete Kästner seine Zeitschrift für junge Leute mit immer neuen Einfällen und der unnachahmlichen Direktheit des Umgangstons mit den Lesern. Nach Herausgeber- und Verlagswechsel fand der *Pinguin* 1951 sein Ende.

Rudolf Pechel, der mit seiner Zeitschrift *Deutsche Rundschau* dem Nationalsozialismus bis zu Verbot (1942) und Konzentrationslager getrotzt hatte, eröffnete die Redaktion im April 1946 in Berlin von neuem mit dem 69. Jahrgang und führte sie bis zu seinem Tod (1961) mit der ständig erneuerten Mahnung gegen reaktionäre Kräfte in aller sachlichen Konsequenz eines aus Erfahrung zum Antifaschisten gewordenen Herausgebers fort. – *Die Neue Rundschau* des S. Fischer Verlages erschien nach dem Krieg zunächst im Stockholmer Bermann-Fischer Verlag; das erste Heft, datiert vom 6. Juni 1945, war eine Sondernummer zum 70. Geburtstag von Thomas Mann. Die Zeitschrift, zunächst von Gottfried Bermann-Fischer selbst herausgegeben, später von Rudolf Hirsch, kehrte erst 1950 mit dem in Frankfurt nach Bermann-Fischers Trennung von Peter Suhrkamp neu begründeten S. Fischer Verlag wieder in die Bundesrepublik zurück.

Erwähnt sei nur: Die Neugründung der einst berühmten »Zeitschrift für Politik, Kunst und Wirtschaft« *Die Weltbühne* durch Maud von Ossietzky im Juni 1946 in Berlin – ganz im Gedächtnis an den nach jahrelanger Haft im Konzentrationslager gestorbenen Carl von Ossietzky (1889–1938) und seinen demokratischen Mut in der Weimarer Republik; die Wiederbelebung der Monatsschrift *Hochland* für alle Gebiete des Wissens, der Literatur und Kunst, begründet einst von Carl Muth, nun im November 1946 durch Franz Josef Schöningh in München im 39. Jahrgang neu ediert. Die ab November 1946 in München von Hans Eberhard Friedrich heraus-

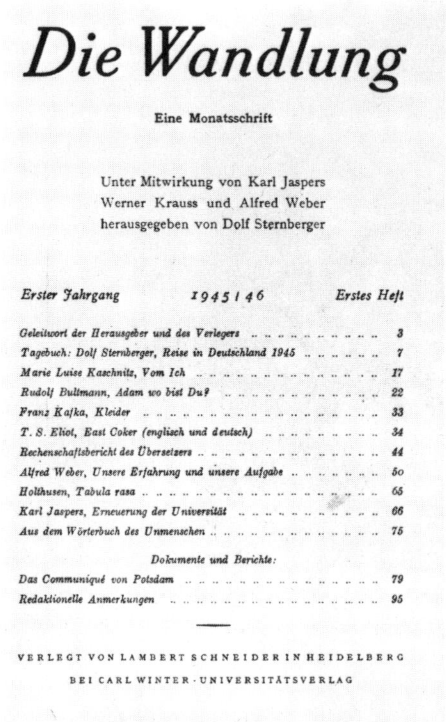

Die Wandlung

Eine Monatsschrift

Unter Mitwirkung von Karl Jaspers
Werner Krauss und Alfred Weber
herausgegeben von Dolf Sternberger

Erster Jahrgang *1945/46* *Erstes Heft*

VERLEGT VON LAMBERT SCHNEIDER IN HEIDELBERG
BEI CARL WINTER · UNIVERSITÄTSVERLAG

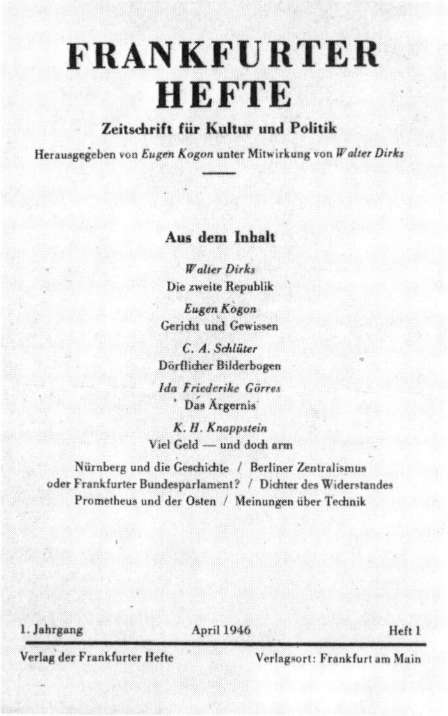

FRANKFURTER HEFTE

Zeitschrift für Kultur und Politik

Herausgegeben von *Eugen Kogon* unter Mitwirkung von *Walter Dirks*

Aus dem Inhalt

1. Jahrgang April 1946 Heft 1

Verlag der Frankfurter Hefte Verlagsort: Frankfurt am Main

Zwei der wichtigsten Nachkriegszeitschriften in Westdeutschland und ihre Herausgeber: »Die Wandlung«, herausgegeben von Dolf Sternberger, erschien zum ersten Mal im November 1945; das letzte Heft kam im Herbst 1949 heraus. – Die »Frankfurter Hefte«, von Eugen Kogon (Bild) und Walter Dirks begründet, existieren seit April 1946.

Benno Reifenberg

Die Gegenwart

EINE HALBMONATSSCHRIFT

Herausgegeben von Ernst Benkard, Bernhard Guttmann, Robert Haerdter, Albert Oeser, Benno Reifenberg.

Nr. 1 — Freiburg im Breisgau, 24. Dezember 1945 — 1. Jahrgang

INHALT:

»Die Gegenwart«, herausgegeben von Ernst Benkard, Bernhard Guttmann, Robert Haerdter, Albert Oeser und Benno Reifenberg, erschien von Weihnachten 1945 (damals die erste deutsche Zeitschrift in der französischen Zone) bis Ende 1958. – Diese »Halbmonatsschrift« war von früheren Redakteuren der »Frankfurter Zeitung« in bewußter Anknüpfung an die Tradition dieses Blattes gegründet worden und tatsächlich ist das journalistische Niveau der »Gegenwart« sicher von keinem einzigen Periodikum in der Bundesrepublik je erreicht, geschweige denn übertroffen worden.

gegebene Kulturzeitschrift *Prisma* und die ebenfalls 1946 in München im 25. Jahrgang durch Anna Roith erneuerte »Zeitschrift für Bücher, Kunst und Kultur« *Der Zwiebelfisch.*

Zu den etwas späteren Gründungen, im Jahr der Währungsreform 1948, gehören so wichtige Zeitschriften wie Melvin J. Laskys (siehe seine Rolle auf dem Schriftstellerkongreß 1947 in Berlin, Seite 68) *Der Monat – Eine internationale Zeitschrift für Politik und geistiges Leben,* Verlagsort München, und die von Joachim Moras und Hans Paeschke in Baden-Baden herausgegebene »Deutsche Zeitschrift für europäisches Denken« *Merkur.* Welche Rolle *Der Monat* bald spielen sollte, das sei hier im Zitat des heute unvermindert aktuellen Artikels *Der demokratische Kurs* von Willy Brandt aus Heft 5, Jahrgang 1, 1948/49 demonstriert:

Die Überlieferung in allen Ehren. Wenn wir den Sozialismus jedoch nicht als Religion auffassen – und das sei unser Ausgangspunkt – sondern als ein in sich nicht abgeschlossenes System von Vorstellung über eine Änderung der gesellschaftlichen Verhältnisse, dann will er aus den Bedingungen der Zeit jeweils neu interpretiert und verstanden werden. In einem solchen System ist Platz für ethische Vorstellungen, nicht jedoch für Ignoranz gegenüber der Wandlung gesellschaftlicher Verhältnisse und wissenschaftlicher Erkenntnisse. Die Diskussion um den Sozialismus wird auch auf andere Weise verwirrt und belastet. Man beruft sich auf die Sowjetunion, die sich sozialistisch nennt, um damit zu »beweisen«, welche Schrecken uns bevorstünden. Oder man stellt gar den Leichnam des Hitlerstaates zur Schau, um mit seiner Hilfe vor Abweichungen von traditionalistischen Wegen zu warnen. Das ist reichlich billig. Die Demokratie wird nicht dadurch widerlegt, daß man den Widersinn der »Volksdemokratie« enthüllt, und der nazistische Kriegskapitalismus stellt zwar eine ernste Warnung dar, keineswegs aber einen Beweis dafür, daß sich andere Kapitalismen so und nicht anders entwickeln müßten.

Göttinger Universitäts-Zeitung

Herausgegeben von Dozenten und Studenten der Universität mit Genehmigung der Militär-Regierung

Nr. 1 Dienstag, den 11. Dezember 1945 Preis 50 Pfg.

Die »Göttinger Universitäts-Zeitung« erschien mit ihrer ersten Nummer am 11. Dezember 1945 und war damit das letzte der »im Jahre Null« ins Leben gerufenen Periodika. Nach inhaltlichem Konzept und redaktioneller Verwirklichung war sie eine Vorwegnahme der erst viele Jahre später aufbrechenden Reformdiskussion um die »demokratische Hochschule«: die Zusammenarbeit von Studenten und Dozenten war nicht Kontroverse, sondern Programm. Im Herbst 1949 zur »Deutschen Universitäts-Zeitung« umgewandelt, existierte die Zeitschrift bis Ende 1959.

Die Frage lautet nicht: Sozialismus oder Freiheit? Es geht vielmehr darum, die politische Freiheit durch sozialistische Maßnahmen zu erweitern. Das wird nur möglich sein, wenn das wirtschaftliche Leben grundsätzlich umgeformt wird, und zwar so, daß an Stelle der profitbestimmten Konkurrenz die bedarfsbestimmte Kooperation tritt, und an Stelle der klassengespaltenen Gesellschaft eine auf der Grundlage der Freiheit und der gleichen Möglichkeiten aufgebaute Gemeinschaft. Demokratischer Sozialismus heißt sinnvolle Kooperation ... Der moderne sozialistische Demokrat ist keinem Sozialisierungsschema verschrieben. Er weiß, daß zumindest Kohle, Eisen und Stahl, Schwerchemie und Großbanken in Gemeineigentum überführt werden müssen. Aber er rechnet mit einer breiten Skala von Betriebs- und Besitzformen. In gewissen Fällen wird er die Überführung in die Hände des Staates, des Landes oder der Gemeinde als rationell betrachten. In anderen und vielleicht den meisten Fällen wird er selbständigere Formen des Gemeineigentums (etwa Sozialgewerkschaften) vorziehen. Wo immer möglich, wird er einer genossenschaftlichen Lösung zuneigen. Daneben erkennt er einen beträchtlichen privaten Sektor nicht aus taktischen Gründen und als Übergangszustand an, ohne darum die private Initiative auf diesen Zweig allein begrenzen zu wollen.

Wie *Der Monat* im politisch-kulturellen wurde Joachim Moras' und Hans Paeschkes *Merkur* im literarisch-geisteswissenschaftlichen Gebiet auf mehr als zwei Jahrzehnte hin zum Forum erstrangiger Auseinandersetzungen. Die Jahrgänge beider Zeitschriften waren für die geistige Substanz der Zeit hervorragend repräsentativ.

Ähnliches gelang in einer späteren Phase der Bundesrepublik nur noch wenige Male: ALFRED ANDERSCH mit der freilich nur kurzen Existenz seiner Literaturzeitschrift *Texte und Zeichen* (1955–1957), WALTER HÖLLERER und HANS BENDER mit der 1954 in München gegründeten »Zeitschrift für Dichtung« *Akzente* und HANS MAGNUS ENZENSBERGER mit seinem 1965 begonnenen politisch-literarischen *Kursbuch*, dessen permanent aktuelle Bedeutung für die »heimatlose Linke« in der Bundesrepublik schwer zu überschätzen ist.

Zu den Ziehvätern der Nachkriegsliteratur gehörten nicht minder als Presse und Zeitschriften die auf Länderebene neubegründeten Rundfunkanstalten. Die Funkhoheit war 1945 ebenfalls den Militärregierungen zugefallen, die Sendeanlagen und Personal zunächst uneingeschränkt in ihren Dienst nahmen. Der Rundfunk entwickelte sich in den einzelnen Besatzungszonen unterschiedlich, da die Alliierten sich in Fragen der Abgrenzung und Zuständigkeit nicht leicht zu einigen vermochten. Aus den ursprünglich lokal orientierten Sendern Radio München, Radio Stuttgart, Radio Bremen u. a. gingen erst 1948 durch Ländergesetze unter Aufsicht der Militärregierungen die Sendeanstalten hervor, die im wesentlich noch heute in der ARD (Arbeitsgemeinschaft der öffentlich-rechtlichen Rundfunkanstalten) verkörpert sind.

So errichtete die britische Besatzungsmacht am 1. Januar 1948 den Nordwestdeutschen Rundfunk (NWDR) – später geteilt in NDR, Hamburg–Hannover, und WDR, Köln–Düsseldorf. Der Bayerische Rundfunk, München (BR), entstand durch Ländergesetz vom 10. 8. 1948, der Hessische Rundfunk, Frankfurt (HR), am 2. 10. 1948, Radio Bremen am 22. 11. 1948 und der Süddeutsche Rundfunk, Stuttgart (SR), durch Gesetz vom 6. 4. 1949 – um nur einige der größeren Anstalten mit Daten zu nennen. Für die Autoren in der werdenden Bundesrepublik ergab sich aus der Vielzahl der Sender im Vergleich zu den Arbeitsbedingungen der Schreibenden in Nachbarländern ein nicht zu überbietender Vorteil. Er bestand (und besteht) hauptsächlich in der regionalen wie inhaltlichen Differenzierung durch eine Fülle von Programmen. Insbesondere die Abteilungen »Kulturelles Wort« und die Hörspielressorts eröffneten jungen wie erfahrenen Autoren bald Existenzgrundlagen und experimentelle Möglichkeiten. Es gehört zur Geschichte der deutschen Nachkriegsliteratur, daß einzelne Sender und Funkredakteure in deren Auftrag eine Förderungsrolle für viele Autoren übernahmen, längst ehe die Buchverleger entsprechende wirtschaftliche und technische Gegebenheiten bieten konnten. Nicht wenige Schriftsteller wurden dadurch allerdings auch für Jahre als Auftragschreiber programmiert. Es gab Hörspiele, die einen Romanautor erst in die Lage versetzten, ein Buch zu schreiben. Aber es gab auch enge Bindungen an einzelnen Redaktionen der Sender, durch die eine literarische Produktion in Buchform aus einer Reihe von Gründen verhindert wurde. Ab Mitte der fünfziger Jahre, als die Verlage industrieller und merkantiler zu arbeiten begannen, wuchsen auch die ARD-Anstalten und schließlich das ZDF (Zweites Deutsches Fernsehen), Mainz (ab 1. April 1963), zu Mammutinstitutionen empor, in deren massenhafter Wortproduktion das Individuelle es schwerhat, sich neben dem Pauschalen und Monströsen durchzusetzen. Auch das Schreiben ist härter und anonymer geworden, die Konkurrenzen werden massiver ausgetragen. Unter dem euphorischen Stichwort »Rationalisierung« reduzieren Zusammenlegungen benachbarter Programme die gewohnte Vielfalt der Sendungen und damit der Arbeitsmöglichkeiten für die Autoren, die sich ihrerseits daraufhin zu organisieren begonnen haben und sich gegen Beeinträchtigungen wehren. (Siehe das Kap. *Ende der Bescheidenheit*, Seite 124ff.) Eine allumfassende Kulturmisere einzuläuten, besteht dennoch kein ausreichender Grund.

Daß auch vom Kabarett und vereinzelt vom Film der ersten Nachkriegsjahre wichtige Anregungen und Wechselwirkungen auf die Literatur ausgingen, sei hier nur im Ausblick erwähnt: Wolfgang Staudtes *Die Mörder sind unter uns*, Helmut Käutners Geschichte eines Autos im Krieg, *In jenen Tagen*, wie R. A. Stemmles und Günther Neumanns *Berliner Ballade* – diese ersten Filme der Jahre 1946–1948 – brachten dasselbe leidenschaftliche »Nie wieder!« auf die Leinwand, wie es überall aus dem Erlebnis der Katastrophe zurückklang. Und auf den *Brettern, die die Zeit bedeuten* (so der Titel der Kulturgeschichte des Kabaretts von Heinz Greul, 1967) trug sich ein Feuerwerk zu. Ob Ursula Herking in der Münchner »Schaubude«, Lore Lorentz im Düsseldorfer »Kom(m)ödchen«, ob als »Hinterbliebene« oder als »Außenseiter«, als »Amnestierte« oder bei den Berliner »Insulanern«: Erich Kästner und Heinz Hartwig, Werner Finck, Hellmuth Krüger, Karl Heinz Schroth und Axel von Ambesser, Herbert Witt und Oliver Hassencamp (dessen ironisch-unterhaltsames Talent sich auch in seinem Roman *Bekenntnisse eines möblierten Herrn*, 1960, manifestierte) – sie alle fochten gegen die Zeit an mit bitterer Begeisterung und manchmal umwerfendem Galgenhumor.

Im deutschen Kabarett der Nachkriegsjahre war ein Forum der aggressiv-zeitkritischen Literatur wiedererstanden, auf dem die so lange unterdrückten Klassiker der politischen Satire wie Werner Finck, Erich Kästner, Walter Mehring nun wieder zu Ehren kamen und sich mit neu hinzukommenden Talenten der jungen Generation vereinigten.

In Berlin eröffnete Friedrich Pasche im Juni 1946 das Kabarett »Ulenspiegel«, wo im Winter 1946/47 Gustaf Gründgens das erste Programm von Günter Neumann, die Revue *Alles Theater* (Februar 1947) inszenierte. Neumann schuf sich dann, im Dezember 1948, mit seinen »Insulanern« eine eigene Truppe, die in den fünfzehn Jahren ihres Bestehens allerdings immer ausschließlicher die »Frontstadt«-Lage Westberlins zum Thema ihrer Programme machte. Seit 1950 erwuchs den »Insulanern« in den oppositionellen »Stachelschweinen« (mit Wolfgang Neuss und Wolfgang

Gruner, Jo Herbst, Inge Wolffheim, Achim Strietzel und Günter Pfitzmann) ein ebenso aggressives wie erfolgreiches Konkurrenzunternehmen, das im Zusammenhang der linksintellektuellen Opposition der Adenauer-Ära den Rang einer gewissen Repräsentanz errang. Ähnliches läßt sich von der »Münchner Lach- und Schießgesellschaft« sagen, jener aus dem Studentenkabarett »Die Namenlosen« (1955) von Dieter Hildebrandt und Klauspeter Schreiner entwickelten Truppe, die am 12. Dezember 1956 ihr erstes Programm (*Denn sie wissen nicht, was sie tun*) herausbrachte (mit Ursula Herking) und in den folgenden Jahren – nicht zuletzt dank der inszenatorischen Brillanz des Regisseurs und »Impresarios« Sammy Drechsel – die in einer geistreichen Pointe zusammenschießende politische Analyse zur Perfektion entwickelte. – Gleichzeitig hatten in München mit Trude Kolmans Kabarett »Die Kleine Freiheit« (seit Januar 1951) die »Schaubuden«-Anfänge der unmittelbaren Nachkriegszeit eine Fortsetzung gefunden; Hauptautor war zunächst Erich Kästner, später schrieben vor allem Per Schwenzen und Martin Morlock, sowie Oliver Hassencamp und der Schweizer Werner Wollenberger. Der Weg zur »Kabarett-Revue«, den Trude Kolman von Anbeginn suchte, endete bei einigen Revuen von Friedrich Hollaender, dessen graziös-geistreiches Genie hier noch einmal unvergeßliche Triumphe feierte.

SCHRIFTSTELLERKONGRESS 1947 UND 1948

»Wir deutschen Schriftsteller geloben, mit unserem Wort und unserer Person für den Frieden zu wirken, für den Frieden in unserem Lande und für den Frieden der Welt.« So lautete ein Manifest des gesamtdeutschen Schriftstellerkongresses, der sich vom 5. bis 8. Oktober 1947 für dreieinhalb Tage in Berlin zusammengefunden hatte.

Es war das erste großangelegte Autorentreffen im Nachkriegsdeutschland. Eingeladen hatte dazu der »Schutzverband Deutscher Autoren« (SDA) in der Gewerkschaft für Kunst und Schrifttum im »Freien deutschen Gewerkschaftsbund« (FDGB) – jene Berliner Autorenorganisation, zu der zwei Jahre darauf in den Westsektoren der geteilten Stadt aus Protest gegen den Gewerkschaftskurs ein Gegenverband gegründet werden sollte, aus dem wiederum 1953 der Schutzverband Deutscher Schriftsteller (SDS) Berlin hervorging.

Es ist fesselnd, in den Zeitungsberichten zwischen dem 8. und dem 15. Oktober 1947 nachzulesen, was sich damals in der ehemaligen Hauptstadt ereignete, welche Erwartungen man mitgebracht hatte und wie sich der überall deutlich werdende Ostwestkonflikt zum beherrschenden Thema des Kongresses entwickelte – analog zur internationalen Politik. Nach außen aber zeigten die Besatzungsmächte als Schutzherren und abwechselnde Gastgeber der Autorenversammlung (die sich auch Autorenparlament nannte) eine Art offizieller Einigkeit.

Rund 200 Schriftsteller, Publizisten, Kritiker und Berichterstatter nahmen teil, angereist aus New York und London, Moskau und Prag, vor allem aus den unterschiedlichsten Wohnsitzen innerhalb der vier Besatzungszonen in Deutschland. Am Eröffnungssamstag herrschte im Klubhaus in der Jägerstraße ein »wahrhaft dichterisches Gedränge«, berichtet der Berliner *Telegraf* vom 8. Oktober: »Die Ehrenpräsidentin der Veranstaltung, Ricarda Huch, schritt zart und fast gläsern zerbrechlich durch das Stimmengewirr der vielen, die sich nach jahrelanger Trennung hier wieder treffen

München, Juli 1946
I. Jahrgang / Heft 8

PREIS RM. 1.—
Zuzüglich Zustellgebühr

DER SIMPL

KUNST · KARIKATUR · KRITIK

DIE TREUSORGENDE GLUCKE

M. Radler

„Und sie breitete ihre Fittiche schützend über sie"

Karikatur von Max Radler aus der vierzehntägig erscheinenden satirischen Zeitschrift »Der Simpl« (Jg. 1, 1946, Heft 8; Juli), deren erstes Heft am 28. 3. 1946 in München erschien – in Anknüpfung an den »Simplicissimus«, unter der Redaktion von Willi Ernst Freitag und J. Gutbrod. – Das Blatt lebte nur wenig länger als vier Jahre, das letzte Heft erschien im Frühjahr 1950 (Heft 6 des 5. Jahrgangs).

»Die Schaubude«, am 15. August 1945 von Rudolf Schündler und Otto Osthoff in den Münchener Kammerspielen begründet, war das erste und eines der ruhmreichsten Kabaretts im Nachkriegsdeutschland; am 21. April 1946 bezog man ein »eigenes Haus« in der Reitmorstraße in München (Bild rechts); einer der Hauptautoren war Erich Kästner, außer ihm schrieben die Texte Axel von Ambesser, Hellmuth Krüger und Herbert Witt, der Hauskomponist war Edmund Nick. Das linke Bild zeigte einige der Protagonisten auf der Bühne (1946): Monika Greving, Hellmuth Krüger, Ursula Herking, Bum Krüger, Gisela Fackeldey (von links nach rechts). »Die Schaubude« existierte bis zum Frühjahr 1949.

Was für Süddeutschland »Die Schaubude« war, wurde im Westen »Das Kom(m)ödchen«, von Lore und Kay Lorentz am 29. März 1947 in Düsseldorf eröffnet und heute kaum weniger attraktiv, wenngleich wohl weniger aggressiv als damals; die Texte schrieben Kay und Lore Lorentz, ferner Martin Morlock und (vor allem) Eckart Hachfeld. Auf dem Bild ein Programm aus dem Jahr 1947: Lore und Kay Lorentz, Hans Walter Clasen und Werner Vielhaber.

konnten. Man sah u.a. Ernst Rowohlts verlegerisches und joviales Massiv und Benno Reifenberg, diese an alte Frankfurter Zeitungstage erinnernde Gestalt. Man sah u.a. die Dichter Süskind und Penzoldt, Axel Eggebrecht, Ernst Schnabel, Rudolf Hagelstange, Ludwig Renn, Rudolf Leonhard, Dr. Pagel, August Scholtis, Erich Weinert, Peter Huchel.«

Wie leicht man damals noch mit dem Wort Dichter umging! Die ersten Redner waren im übrigen nicht Schriftsteller, sondern ein Generalinspekteur und Kulturoffiziere der Militärbehörden – schließlich befand man sich noch in der Phase der Umerziehung. Erst andern Tags kamen die Autoren zu Wort.

Der Sonntagvormittag sah die Teilnehmer des Kongresses im Hebbel-Theater bei einer Feier »Tod und Hoffnung«. RICARDA HUCH – sie gehörte zu denen, die von Anfang an keine Unterschriften in nationalsozialistischer Sache geleistet hatten – verlas ihren *Ruf an die Schriftsteller*, der in dem Lutherwort mündete: »Für meine Deutschen bin ich geboren, und ihnen diene ich.« Sie sprach davon, daß das Leben sie ohne ihr Zutun zum Weltbürger gemacht habe, so daß es ihr leichtgefallen sei, niemals nationalistisch zu denken, »national« jedoch sei sie stets gewesen. Sie und GÜNTHER WEISENBORN, dessen Widerstandsdrama *Die Illegalen* zur selben Zeit an vielen Bühnen gespielt wurde, gedachten der Schriftsteller, die Opfer des Nationalsozialismus geworden waren, und aller Toten des Kriegs.

Am Nachmittag begann in den Kammerspielen die eigentliche Arbeitstagung. Dort konnte Weisenborn das Eintreffen mehrerer ausländischer Delegationen begrüßen (sie kamen aus England, den USA, der Sowjetunion, Jugoslawien, der Tschechoslowakei und sogar Südafrika). Für den Internationalen P.E.N.-Club sprach dessen Generalsekretär HERMON OULD, der sich um die emigrierten deutschen Schriftsteller, wie ALFRED H. UNGER aus London unter großem Beifall berichtete, sehr verdient gemacht hatte. In den Grußansprachen der Delegationsleiter ähnelte der Kongreß schon recht deutlich osteuropäischer Umständlichkeit und zum Teil auch Ideologie.

Was war die Substanz dieses mit so viel öffentlicher Erwartung abgehaltenen Autorentreffens? ELISABETH LANGGÄSSER hielt ein Referat über *Schriftsteller in der Hitlerdiktatur*, in dem sie das Verstummen der Sensiblen ebenso wie die falsche Innerlichkeit des Elfenbeinturms kennzeichnete. ALFRED KANTOROWICZ betonte in seinem Vortrag *Schriftsteller in der Emigration*, das Entscheidende sei nun der Ausgleich zwischen der inneren und der äußeren Emigration. Er verlangte »intellektuelle Solidarität«. Der aus Paris zurückgekehrte RUDOLF LEONHARD fand einen Satz, der das Motto des Kongresses hätte abgeben können: »Wer falsch spricht, denkt falsch.« W.E. SÜSKIND sprach von der »Diktatur des vorgeprägten Worts«, das die vorgefaßten Meinungen erzeuge. Für die jungen Autoren referierte STEFAN HERMLIN über das Thema *Wo bleibt die junge Dichtung?* JOHANNES R. BECHER mahnte, wie Arnold Bauer es schilderte, »mit großer Wärme und hohem Ernst zu Frieden und Verständigung«, es gebe nur eine deutsche Literatur und keine Zonen-Literatur. An den Diskussionen beteiligten sich ANNA SEGHERS und WOLFGANG HARICH, ALEXANDER ABUSCH, GÜNTHER BIRKENFELD, RUDOLF HAGELSTANGE, immer wieder HANS MAYER, der Dramatiker FRIEDRICH WOLF (1943 Mitbegründer des Nationalkomitees Freies Deutschland, später erster Botschafter der DDR in Polen) und viele andere. KLAUS GYSI (langjähriger Leiter des Ostberliner Aufbau Verlags, später Kulturminister der DDR) wünschte den Standpunkt der sogenannten inneren Emigration zu klären. Darin lag Zündstoff für die Versammlung.

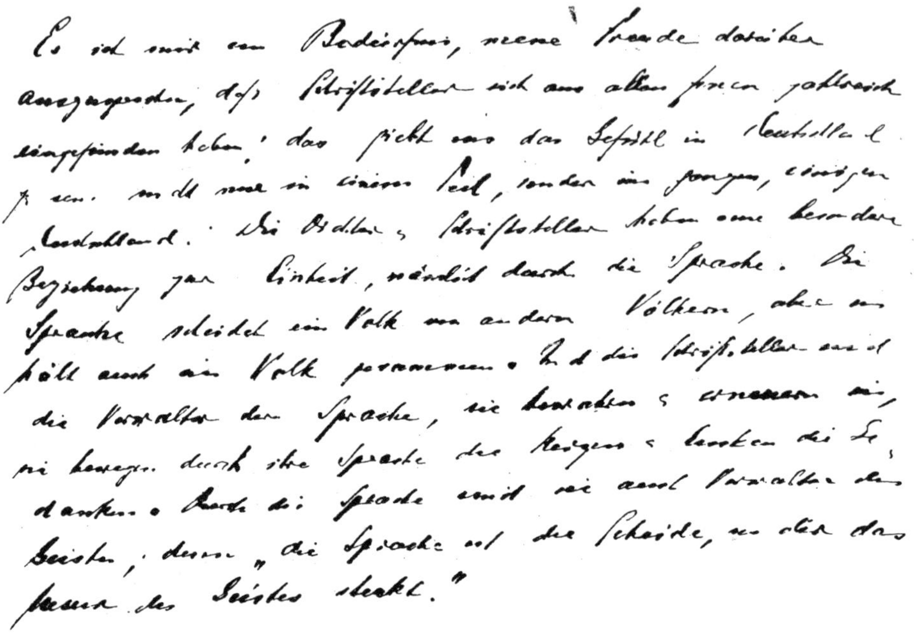

Faksimile einer (nachträglich angefertigten) Handschrift der Begrüßungsrede, die Ricarda Huch beim ersten deutschen Schriftstellerkongreß in Berlin (4.–8. 10. 1947) hielt. Der abgebildete erste Abschnitt lautet: »Es ist mir ein Bedürfnis, meine Freude darüber auszusprechen, daß Schriftsteller sich aus allen Zonen zahlreich eingefunden haben. Das gibt das Gefühl, in Deutschland zu sein, nicht nur in einem Teil, sondern im ganzen, einigen Deutschland. Die Dichter und Schriftsteller haben eine besondere Beziehung zur Einheit, nämlich durch die Sprache. Die Sprache scheidet ein Volk von anderen Völkern, aber sie hält auch ein Volk zusammen. Die Schriftsteller sind die Verwalter der Sprache, sie bewahren und erneuern sie, sie bewegen durch ihre Sprache die Herzen und lenken die Gedanken. Durch die Sprache sind sie auch Verwalter des Geistes; denn die Sprache ist die Scheide, in der das Messer des Geistes steckt.« – Dieses Faksimile erschien zuerst in der von Alfred Kantorowicz herausgegebenen Zeitschrift »Ost und West«, Jg. 1, 1947, H. 4 (Oktober).

Im Namen der jungen Generation griff Wolfgang Harich diese Autoren pauschal an, indem er erklärte, ihre Haltung während des Hitlerregimes sei nichts als »Flucht nach innen« gewesen. Schriftsteller wie Karl Jaspers, Ina Seidel, Ernst Wiechert und Carossa würden ihn kaum daran gehindert haben, »ein vorbildlicher SS-Mann zu werden«. Ernst Niekisch, der frühere Herausgeber des *Widerstand*, äußerte sich in noch schärferer Form, er sah Übereinstimmung der elitären Denkweise bestimmter deutscher Autoren mit den Thesen des spanischen Philosophen Ortega y Gasset (*Aufstand der Massen*), die er samt ihren Befürwortern rundheraus als faschistisch bezeichnete.
Damit waren ideologische Fronten geschaffen. Die sowjetische Delegation – die Autoren Wischnewsky, Katajew und Gorbatow – steigerten die Auseinandersetzung eher noch durch polemische Kampfansprachen. Der Kongreß nahm Formen einer babylonischen Verwirrung nicht nur der Sprachen, sondern auch der Ideen an. Man war mitten im Ostwestkonflikt.

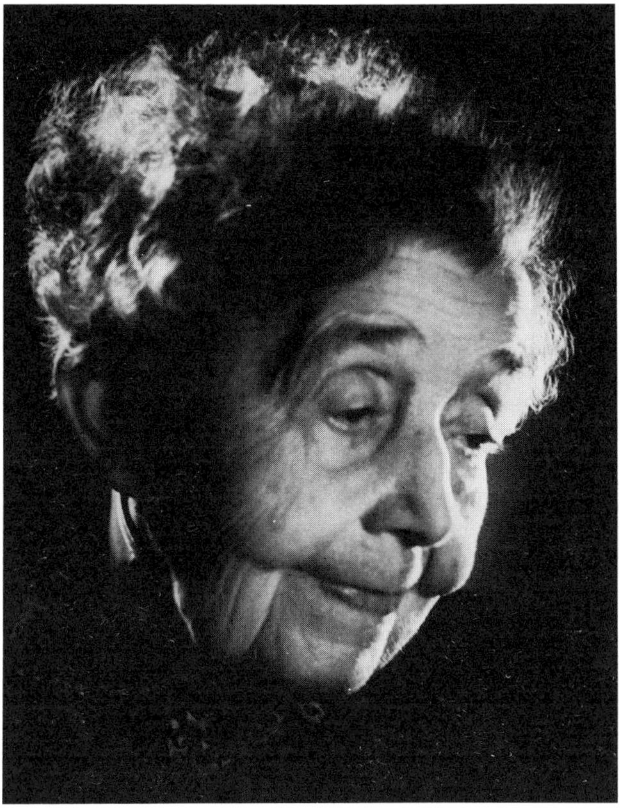

Ricarda Huch
Das Foto, eines der letzten Bilder der Dichterin, entstand nach ihrer Rückkehr vom Berliner Schriftstellerkongreß in Frankfurt, wo Ricarda Huch am 17. November 1947 gestorben ist.

Das veranlaßte den amerikanischen Journalisten MELVIN J. LASKY, auf der Dienstagsitzung, die im sowjetischen Sektor der Stadt abgehalten wurde (dort hatten die Sowjets die Autoren im Kulturhaus einen Abend lang festlich bewirtet), eine Erwiderungsrede zu halten, die den Kongreß teilweise platzen ließ.
Lasky sagte:

Ich behaupte, daß der Schriftsteller, der Verleger und der Leser gewisse unverletzliche Rechte haben, und daß diese drei die Verantwortung in ihren eigenen Händen halten für die wachsame Verteidigung und kompromißlose Aufrechterhaltung dieser Rechte und dieser Freiheiten. Wenn sie versagen, dann ist die Sklaverei wieder unter uns. Der deutsche Schriftsteller weiß, was es bedeutet, der Gnade einer diktatorischen Partei und fanatischen politischen Funktionären ausgeliefert zu sein. Er hat gesehen, wie Bücher verbrannt, wie Schriftsteller ermordet oder ausgewiesen wurden.

Soweit mochten ihm die meisten Zuhörer folgen, dann aber griff Lasky die Sowjetunion direkt an mit Sätzen wie diesen:

Die Schriftsteller in Amerika sind so glücklich gewesen, nie eine Diktatur kennengelernt zu haben ... In den vergangenen Jahren (aber) war die politische Freiheit für die Schriftsteller und Verleger (in Amerika) einer harten Probe unterworfen. Während des Krieges wurden ihnen viele Beschränkungen auferlegt. Es durfte zum Beispiel nicht Trotzkis Biographie über Stalin herausgegeben werden. Die Beamten in Washington glaubten, daß dieses Buch die Beziehungen zu Moskau trüben könnte. In jener Zeit wurden viele ehrliche und unabhängige Bücher zurückgehalten, die Kritik an der sowjetischen Diktatur, am kommunistischen Einparteiensystem, am russischen Apparat der Konzentrationslager und der Zwangsarbeit übten. Aber sie sind inzwischen sämtlich veröffentlicht worden ... Für einen Menschen, der an die Demokratie glaubt, kennt die Sorge um die Freiheit keine nationalen Grenzen. Er fühlt sich, wo sie verletzt wird, betroffen, ganz gleich, ob es sich um Boston oder Berlin handelt. Dieser internationale Geist war es, der die amerikanischen Schriftsteller ihre Stimmen gegen die kulturelle Barbarei des Hitlerregimes erheben ließ. Ich möchte abschließend sagen, daß wir in diesem internationalen Geist uns solidarisch fühlen mit den Schriftstellern und Künstlern Sowjetrußlands. Auch sie kennen den Druck und die Zensur. Auch sie stehen im Kampf um die kulturelle Freiheit ...

Diese denkwürdige Rede auf dem ersten deutschen Schriftstellerkongreß nach Kriegsende, im sowjetischen Besatzungsgebiet, konnte Lasky nur deswegen mit solcher Selbstüberzeugung halten (und auf die Bereitschaft bei einem Großteil der Zuhörer rechnen, sich überzeugen zu lassen), weil für die öffentliche Meinung in den Besatzungszonen der westlichen Alliierten damals Amerika eine Identität besaß mit der Verteidigung der Demokratie.
Valentin Katajew aber quittierte die Ansprache mit folgender Äußerung: »Ich habe die Rede des unbekannten Schriftstellers Lasky gehört. Ich bin sehr erfreut, endlich einen lebenden Kriegsbrandstifter zu Gesicht bekommen zu haben.«
Die Aufspaltung in gegnerische Lager war perfekt, und die Deutschen konnten nicht so tun, als gehe sie der Konflikt nichts an. Hie Moskau, hie Washington. Es fehlte nicht an persönlichen Attacken, bevor die sowjetische Abordnung demonstrativ den Schauplatz, das Deutsche Theater, verließ. Etwas anderes konnte Lasky auch nicht erwartet haben. Es ist trotz seiner Unabhängigkeitsbeteuerung nicht anzunehmen, daß er ungedeckt sprach. Denn natürlich war dies ein Politikum.
Nachdem die internationale Spannung auf diese Weise explodiert war, wurde der Kongreß zum Schluß wieder deutscher. Es gab noch manchen Verständigungsversuch. Im Grunde aber hatte sich beim ersten Autorentreffen die kommende Spaltung mehr als nur abgezeichnet. Alle Überbrückungsversuche der folgenden Jahre – Initiativen der Autoren und nicht der sich in Ost und West statuierenden Regierungen – vermochten bis heute nicht dagegen aufzukommen. Zunächst aber verabredete man sich auf ein Wiedertreffen im folgenden Jahr auf westdeutschem Boden.
Es kann jedenfalls nicht erstaunen, daß die Resonanz auf das Berliner Autorenparlament östlich und westlich der Unvereinbarkeitsgrenze unterschiedlich ausfiel. So feierte die *Leipziger Zeitung* am 9. Oktober 1947 in erster Linie den späteren Kulturminister Johannes R. Becher (den Vorgänger Klaus Gysis): »Der dritte Tag des ersten deutschen Schriftstellerkongresses stand ganz unter dem Eindruck einer Rede Johannes R. Bechers von grundsätzlicher Bedeutung. Gepackt lauschte die Versammlung den Worten des Präsidenten des Kulturbundes. In der furchtbaren Not, in der Schwere der Zeit, begann Becher, habe das deutsche Volk nur eine Sehnsucht, die Sehnsucht nach Frieden. Nur eines lasse es noch hoffen: Frieden. Es sei notwendig,

dem Krieg den lyrischen Charakter zu nehmen, der ihm seit Jahrhunderten verliehen sei. Der Krieg müsse nicht mehr als Schicksal, als Vorsehung betrachtet werden, sondern als Menschenwerk, das auch von Menschen verhindert werden könne ...«
In der *Süddeutschen Zeitung*, München, schrieb W.E. SÜSKIND zum Schluß eines Leitartikels *Schriftsteller und Weltpolitik* am 14. Oktober: »... Lasky beschließt seine Rede mit einem Wort von André Gide, und sogleich antwortet ihm von den anders orientierten Zuhörern der höhnische Zuruf: ›Ausgerechnet! Natürlich Gide!‹ Sie sind also nicht mehr imstande, den großen Schriftsteller Gide zu achten, weil sich der Individualist Gide in seinem Sozialismus von der orthodoxen Moskauer Richtung wegentwickelt hat. Es ist schon so, wie Brailsford aus England sagte: ›Es ist leichter, gegen den Faschismus zu kämpfen, als auf seine Methoden zu verzichten!‹ ...«
Außerdem hatte es in Berlin noch einen einstimmigen Beschluß gegeben. Es war die Resolution an den Alliierten Kontrollrat, das Hitlersche Dekret über die Ausbürgerung deutscher Schriftsteller als nicht erfolgt und darum auch nicht bestehend zu erklären.
Als man einander wieder zusammenfinden wollte, am 18. und 19. Mai 1948 zum zweiten Schriftstellerkongreß in Frankfurt im Rahmen der Jahrhundertfeier in der Paulskirche, fehlten die Autoren aus Ostberlin und der Sowjetzone fast sämtlich. Somit wurde es eine einseitige Veranstaltung. An ihrem Auftakt stand die Einweihung der wiedererstandenen Paulskirche. Dabei hielt FRITZ VON UNRUH seine vielzitierte *Rede an die Deutschen.*
Über den Termin, zu dem man den Gedenktag der 1848er Ansätze zu einer Revolution begehen sollte, hatte man sich – wie konnte es anders sein – nicht recht einigen können. Es gab maßgebliche Vertreter der Ansicht, das historische Datum der Berliner Barrikadenkämpfe vom 18. März 1848 sei in jenem Jahr das für die deutsche Sache wichtigste gewesen. Andere zogen den 18. Mai 1848 mit den Proklamationen des Frankfurter Professorenparlaments vor. Tatsächlich hat man dann beide Daten feierlich begangen, um niemandem wehzutun.

Wenn die Schriftsteller vom Tagungsort die paar Schritte hinüber zum Hirschgraben machten, konnten sie den Wiederaufbau des Goethehauses bewundern, der gerade ein Stockwerk hoch gediehen war. Man erkannte noch, wo alte und wo nachgemachte Steine verwendet wurden. Die Fassade sollte rechtzeitig zur 200-Jahr-Feier des Goethe-Geburtstags 1949 künstlich patiniert werden – als Monument einer zusammengebastelten Geschichte, deren zerstörerischsten Abschnitt man eines Tages würde vergessen können.

Die Autoren trafen sich – nach der Einweihungsfeier – im Handwerkssaal und in der Paulskirche. Gleichzeitig fand eine Arbeitstagung der Europäischen Union statt. Es war ein einleuchtender Gedanke gewesen, daß man der Neueröffnung den Charakter eines Arbeitsbeginns für demokratische Zielsetzungen geben wollte.
Diesmal hatte RUDOLF ALEXANDER SCHRÖDER das Ehrenpräsidium inne. HANS MAYER leitete die Diskussionen. An eindrucksvollen Reden verzeichnen die Presseberichte ELISABETH LANGGÄSSERS Referat über Isolierung und Sprache. KURT MAREK (der seinen Bestseller *Götter, Gräber und Gelehrte* als C.W. CERAM schon geschrieben, aber noch nicht publiziert hatte) sprach vom Schriftsteller und seiner Wirklichkeit, die ihm unter den Händen zergehe, weil er ein »Opfer des Aufstandes der Manager« werde. Marek wußte als Lektor des Rowohlt Verlags, wovon er redete. THEODOR PLIEVIER hielt eine politische Bekenntnisansprache, in der er forderte, der Schriftsteller solle

besser zwischen allen Stühlen sitzen, als sich auf einem von ihnen bequem niederzulassen und damit die »Domestizierung des Menschen« voranzutreiben.
»Lina Haag«, heißt es in der *Süddeutschen Zeitung* vom 29. Mai 1948, »gab den pazifistischen Aufruf einer Frau, die, eigentlich wortlos, nur noch das Menschliche zu leisten fordert. Oskar Jancke, im größten dazu denkbaren Gegensatz, lieferte den einzigen praktischen Vorschlag: den einer nach französischem Vorbild zu schaffenden deutschen Sprachakademie ...« (verwirklicht als Akademie für Sprache und Dichtung in Darmstadt). Eugen Kogon sprach von der Ungleichzeitigkeit der historischen Phasen als einer Ursache für das Unheil der Gegenwart. »Walter Jens«, erinnert sich WALTER KOLBENHOFF, der einen Situationsbericht aus eigener Autorenwerkstatt vortrug, »war'n kleiner Student, der stark opponierte. Die jungen Autoren machten sich noch nicht sehr bemerkbar.«
Wieder lag der heftigste Diskussionsstoff in der sich abzeichnenden deutschen Spaltung. Das Verlangen nach Freizügigkeit und geistigem Austausch innerhalb Deutschlands formulierte RUDOLF HAGELSTANGE am energischsten. »Mit flotten Formulierungen«, rief er, werde der beängstigende Eindruck angesichts des Ausbleibens der Berliner und anderer »östlicher« Gäste nicht widerlegt, daß Schriftsteller sich in einem Teil des Landes widerspruchslos Maßregeln von außen fügten. Es kam zu einem Rededuell zwischen Hagelstange und Hans Mayer, das Teilnehmer als einen »großen, spannungsreichen Moment« des Kongresses im Gedächtnis haben.

W.E. SÜSKIND schrieb in seinem Schlußbericht (*Süddeutsche Zeitung*, 29.5.1948):

Das Problem unseres Volkes und seiner Eingliederung in die sogenannte Völkerfamilie erweist sich, je länger je mehr, als ein Bildungsproblem. Wir sind demokratisch nicht in Ordnung, weil wir gesellschaftlich nicht in Ordnung sind, weil sich unsere Berufsstände mehr und mehr zünftlerisch voneinander abkapseln als gesellschaftlich ineinander fügen. Föderalismus ist schlecht zu praktizieren, wenn er sich nicht auf »gebildete« Unterstufen stützen kann: auf Organismen, die einerseits Selbstsicherheit, andererseits Selbstbescheidenheit besitzen.
Der Frankfurter Kongreß hatte vor seinem Vorgänger in Berlin das eine voraus, daß er sich sein Stichwort (das damals »Osten und Westen« geheißen hatte) nicht vom genius loci und von den Auseinandersetzungen ausländischer Gäste diktieren ließ, sondern aus sich selbst hervorbrachte. Es waren sogar zwei Stichworte, ein fachliches und ein politisch-bekenntnishaftes. Das fachliche wuchs aus einer ganzen Reihe von Referaten und wurde von dem formulierungsgewandten Diskussionsleiter Hans Mayer auf die in der französischen Literatur gängige Auseinandersetzung zwischen littérature pure und littérature engagée festgelegt. Das politische ging auf die große Bekenntnisrede von Plievier zurück ...

Damals vermutete noch niemand, daß die Anstrengung der Autoren, ihre kreative Arbeit wie ihre gesellschaftliche Aufgabe auf solchen Treffen zu diskutieren und voranzubringen, in den folgenden Jahren fast gänzlich versiegen und sich zersplittern lassen sollte. Denn die Kumpanei der Gruppe 47 – auf die noch einzugehen ist – war etwas anderes.
Zwar gab es in der Zwischenzeit eine Anzahl von Schriftsteller-Tagungen und auch Versuche, das Ost-West-Gespräch der Autoren wieder in Gang zu bringen (1951 in Starnberg, 1952 in Berlin, 1954 auf der Wartburg, 1962 wieder Berlin und danach noch einmal in Weimar), aber in keinem dieser Fälle erlaubten die Zusammensetzung der Teilnehmer und die thematische Aktualität den unmittelbaren Vergleich mit den beiden Schriftstellerkongressen von 1947 und 1948.

Es sollte 22 Jahre dauern, bis sich die Schriftsteller wieder zu einem großen, allgemeinen Kongreß in Stuttgart zusammenfanden. Auch dort fehlten – trotz dringlicher Einladung von Schriftstellerverband zu Schriftstellerverband – die Autoren aus der DDR. Das andere Deutschland hatte ein Fernsehteam und journalistische Berichterstatter geschickt. Man beobachtete einander, aber man redete nicht miteinander. Zu allen Zeiten ihrer Geschichte haben Deutsche es besonders gründlich verstanden, uneins zu sein. Die Welt kennt dieses Spiel, das mit verzweifeltem Ernst betrieben wird, seit langem.

Dennoch waren in diesen wie in den folgenden Jahren Frieden, Freiheit und die deutsche Einheit die meistgebrauchten Wörter der Politiker auf beiden Seiten der Teilung. Der Osten motivierte mit eben dieser Zielsetzung sogar seine Blockade gegen Westberlin. Sie dauerte vom 26. Juni 1948 bis zum 12. Mai 1949 und war als Bewährungsprobe der westlichen Allianz vor allem durch das Eintreten der Amerikaner für Berlin eine weltweit wirksame Demonstration. Das Versorgen der Millionenstadt durch die Luftbrücke – länger als zehn Monate – wurde zu einer technisch einmaligen Leistung in der Geschichte der Nachschubstrategie.

Eine der Antworten auf die Blockade war der internationale »Kongreß für Kulturelle Freiheit« vom 26. bis 30. Juni 1950 in Westberlin. An der Spitze des Organisationskomitees standen der Berliner Oberbürgermeister ERNST REUTER, der Rektor der von den Amerikanern mitbegründeten Freien Universität EDWIN REDSLOB und der Direktor der Hochschule für Politik OTTO SUHR. Etwa 50 Delegierte aus westlichen Ländern, vor allem aus dem Mitarbeiterkreis von MELVIN J. LASKYS Zeitschrift *Der Monat* (siehe Seite 63) nahmen teil. Wortführer des Kongresses waren unter anderen RAYMOND ARON, KARL JASPERS, ARTHUR KOESTLER, EUGEN KOGON, JULES ROMAINS, IGNAZIO SILONE, ALFRED WEBER. Es wurde ein von Koestler vorgetragenes 12-Punkte-Grundsatzprogramm zur Freiheit des Geistes als Manifest verabschiedet. Unmittelbar darauf fand in Ostberlin der II. Deutsche Schriftstellerkongreß statt (4. bis 6. Juli 1950), auf dem sich u. a. JOHANNES R. BECHER und BODO UHSE mit diesem Westberliner Ereignis kraß ablehnend auseinandersetzten.

Wie ernst – das wird sich die Geschichtsschreibung lange fragen – war der Brief Otto Grotewohls, des Ministerpräsidenten der DDR, gemeint, den er am 30. November 1950 an den Kanzler der Bundesrepublik Deutschland, Konrad Adenauer, schrieb und ihm vorschlug, einen paritätischen Rat zur Konstituierung einer gesamtdeutschen Regierung sowie zur Vorbereitung von Wahlen für eine Nationalversammlung zu bilden? Westmächte, Bundesregierung und Opposition forderten freie Wahlen als Voraussetzung für jedes Gespräch zwischen den Regierungen. Dies hieß: kein Gespräch.

LITERATUR OHNE WIRTSCHAFTSWUNDER – AUTOREN, VERLAGE, BUCHHANDEL

Die Darstellung literarischer Entwicklungen in der Bundesrepublik wäre fahrlässig lückenhaft ohne die Beschreibung des Buchmarkts. Die ökonomischen Bedingungen haben diese Literatur auf vielfache Weise mitgeprägt. Nur ein verschwindend kleiner Teil der Literatur macht sich durch Willenshaltung, zufälliges Vermögen oder geniale Voraussetzungen vom Geldbeutel unabhängig. Es geht nicht gut an, ihn als den einzig

geschichtsreifen anzusehen. Geist und Geld beherrschen die Szene in einem wechselvollen Verhältnis zueinander. Nicht etwa eines von beiden allein.
Wie in nahezu allen Bereichen des Wiederaufbaus unseres Landes zeigte sich auch hier bald, daß Verlage und Buchhandel eher bereit waren, das traditionsreiche Selbstbild vom geistigen Mittlerdienst als kulturell bedeutsamer Aufgabe dort wieder aufzugreifen, wo es restaurierbar erschien, als den Bruch mit der Vergangenheit total zu vollziehen. Natürlich setzte man nicht bei den dreißiger Jahren wieder an, vielmehr bei Weimar.
Das Datum der Gründung der Bundesrepublik und das der Fundamentierung eines nach Gesichtspunkten der Effektivität zum Aufbau optimal geeigneten Wirtschaftssystems liegen unmittelbar beieinander im Jahr 1949. Dieses System rückwirkend pauschal zu verteufeln, erscheint genau so unsinnig, wie an seine unbegrenzte Leistungsfähigkeit zum Nutzen der Allgemeinheit auch für alle Zukunft zu glauben, wie es die eine oder die andere Lehre vorschreibt. Nur sollte man nüchternerweise das Wort *sozial* vor der Marktwirtschaft streichen, denn so sozial, wie das Grundgesetz es fordert, ist sie niemals gewesen. – Jedenfalls war es nicht von ungefähr, daß bald nach der vorläufigen Konstituierung der westdeutschen Republik einschließlich Westberlins und fünfzehn Monate nach der Währungsreform auch die erste Frankfurter Buchmesse stattfand.
205 Buchverleger stellten vom 18. bis 23. September 1949 ihre in der Ausstattung friedensmäßiger gewordene Produktion in den Wandelgängen der Paulskirche aus. Frankfurt dominierte nicht von Anfang an. Es gab im selben Herbst eine weitere Buchmesse vom 4. bis 23. Oktober im Altbau der Hamburger Kunsthalle. Doch durch das Zusammenwirken von geographischer Lage, verfügbaren Organisatoren, Sitz des neugegründeten Börsenvereins Deutscher Verleger- und Buchhändlerverbände sowie der Aufgeschlossenheit des Oberbürgermeisters Walter Kolb sollte es bald so weit kommen, daß niemand in Westdeutschland mehr eine Alternative zu Frankfurt erwog. Wie ungebrochen auch Politiker an die erste Buchmesse der Nachkriegszeit herangingen – wenn sie auch keineswegs unumstritten war –, beweist das Grußwort des ersten Präsidenten des Deutschen Bundestags, das aus diesem Grund hier vollständig zitiert wird. ERICH KÖHLER setzte seine Unterschrift unter diese Formulierung:

> Erste deutsche Buchmesse im neuen Deutschland! Ein verheißungsvoller Auftakt und ein eindeutiger Ausdruck für das Wollen, deutschem kulturellen Schaffen neben der Fülle aktueller staatspolitischer, wirtschaftlicher und sozialer Probleme die gebührende Geltung zu verschaffen. Unsere literarisch-kulturelle Leistung ist einer der wirkungsvollsten Wegbereiter für die geistige Wiedereingliederung der deutschen Bundesrepublik in die Gesellschaft der Nationen. Ein einprägsames Symbol dieser geistigen Verbindung mit den Völkern war die Tatsache, daß der 200. Geburtstag Goethes in allen Kulturländern Würdigung gefunden hat. Eine der Aufgaben der Staatspolitiker der Zukunft wird es sein, der literarisch-kulturellen Fortentwicklung im neuen Staate die materiellen Vorbedingungen zu sichern. In diesem Sinne wünsche ich der Buchmesse beste Erfolge.

ERNST ROWOHLT sagte in seiner Ansprache bei der feierlichen Eröffnung: »... Wir leben in einer Zeit, die sich normalen Verhältnissen nähert – das heißt für uns: Es ist schwer, gute Bücher zu verkaufen ... Ich selber bin optimistisch. Ich habe genügend Unterlagen, um sagen zu können: in dieser und in nächster Zeit wird es sich zeigen, daß es tatsächlich eine neue deutsche Literatur gibt.«
Niemand, auch Rowohlt nicht, der Verbote erfahren hatte, sprach aus diesem Anlaß

von der Tatsache, daß die Berufsorganisation der Verleger und Buchhändler, der Börsenverein, durch seinen Vorstand drei Tage nach der Bücherverbrennung, nämlich am 13. Mai 1933, die erste Liste von 12 Autoren veröffentlicht hatte, deren Werke »für das deutsche Ansehen als schädigend zu erachten« seien: »Der Vorstand erwartet, daß der Buchhandel die Werke dieser Schriftsteller nicht weiter verbreitet.« Genannt waren Feuchtwanger, Glaeser, Holitscher, Kerr, Kisch, Emil Ludwig, Heinrich Mann, Ottwaldt, Plievier, Remarque, Tucholsky und Arnold Zweig.
Niemand erinnerte daran, daß Goebbels am 15. Mai 1933 bei der Kantate-Versammlung des deutschen Buchhandels eine Rede gehalten hatte, in der er forderte, die Buchhändler hätten »das deutsche Kulturwesen von allen Schlacken zu reinigen, die im Laufe der letzten vierzehn Jahre und wohl auch schon früher sich eingenistet und sich ihm angeheftet hatten«. Laut Börsenblatt hatten Buchhändler die Rede »mit stürmischem Beifall« aufgenommen..
Man kann sich nicht unausgesetzt für folgenschwere Fehler an die eigene Brust schlagen. Aber in dieser Stunde der Wiederkehr vieler Einrichtungen des Buchhandels, bei der Eröffnung der ersten Nachkriegsbuchmesse hätte Objektivität es erfordert, diese Vorgänge ins Gedächtnis zu bringen. Immerhin war es im Namen des Börsenvereins geschehen, wenn auch unter massivem Druck und veranlaßt von Vorstandsmitgliedern, deren Namen niemand mehr nennen mochte. Hatte man sich etwa indirekt dadurch von vielem befreit, daß man in Frankfurt kurz zuvor am Goethe-Geburtstag José Ortega y Gasset, Friedrich Meinecke, Carl Jacob Burckhardt, Gerhard Marcks, dem Pädagogen Hutchins, André Gide und Adolf Grimme die Goethe-Plakette verliehen hatte?
»Sie sind«, so sagte Oberbürgermeister Walter Kolb den versammelten Verlagsleuten und Buchhändlern, »nicht nur ein Wirtschaftszweig unter vielen, sondern Sie haben vielseitig und unmittelbar mit den großen Werten und Fragen unserer Zeit zu tun. Nach den Schreckensjahren der Diktatur sind die wirtschaftlichen Schwierigkeiten für Verlag und Buchhandel wie für alle kulturellen Berufe ein entscheidendes Hindernis bei der Erfüllung ihrer Aufgaben. Seien Sie versichert: Dies ist nicht nur Ihre, sondern auch meine Sorge.«
Bis zu diesem Zeitpunkt hatte in der deutschen Verlagswirtschaft der Dirigismus durch Papierzuteilungen und allgemeine Materialknappheit geherrscht. Dies hörte zwar nicht von heute auf morgen auf, veränderte sich aber innerhalb weniger Jahre grundlegend. Für das Inflationsgeld vor der Währungsreform wäre alles verkäuflich gewesen, was zwischen Buchdeckel geriet – wenn es nur genug davon gegeben hätte. Am 20. Juni 1948 hatte jeder Deutsche ein Kopfgeld von 40 Deutschen Mark erhalten. Bankguthaben wurden im Verhältnis 10:1 umgewertet. Das Betriebsvermögen der Verlage und Buchhandlungen sah um so günstiger aus, je mehr verkäufliche Ware man im Blick auf den Termin der neuen Währung, der zwar nicht im voraus bekannt, jedoch absehbar war, zurückgehalten hatte und wieviel man an anderen Werten (Gebäude, Grundstücke) besaß. Der Schwarzmarkt erlosch innerhalb weniger Monate. Das Geld taugte wieder etwas. Man legte es in den aufkommenden Konsumwogen (Kleidung, Wohnung, erste Reisen) mit Bedacht an. Für Bücher blieb zunächst nicht viel übrig, es sei denn, sie drängten sich einem als Masseneregnisse auf.
Das erste Buch dieser Art, das einen neuen Typ vorstellte und viele Nachahmer fand, lag zur Buchmesse 1949 an Rowohlts Verlagsstand aus: C. W. Ceram, *Götter, Gräber und Gelehrte – Roman der Archäologie*. Der Autor hatte 1941 ein nicht eben erinnerns-

wertes Heldenbuch *Wir hielten Narvik* geschrieben. Jetzt bewies er ein Gespür für die Erfolgschancen des erzählten Sachbuchs – mehr noch in der erweiterten Neuausgabe von 1956. Im Lauf der Jahre wurde es ein Millionenseller. Wie jeder sensationelle Durchbruch beeinflußte er das Marktverhalten nicht weniger Verlage und Buchhändler und wirkte dadurch auch auf die sogenannte eigentliche Literatur zurück.

Dies ist wichtig zu erwähnen, weil sich der Leser Schöner Literatur (fiction) in der Regel nicht klarmacht, daß sein Interessengebiet im Rahmen des Gesamtbuchhandels weniger als 20 Prozent ausmacht (Bundesrepublik im Schnitt von 1951–1971 = 19,3%, zum Vergleich Frankreich 25,5%, Großbritannien 27,1%, Indien 32%, UdSSR 10,1% und USA 10,4% nach den Statistiken von 1971). Da aus vielerlei Gründen von diesem knappen Fünftel der Buchproduktion wiederum nur ein Minimum in die Literaturgeschichte eingeht, muß festgestellt werden, daß diese für eine Generation oder länger bleibende Literatur von einem wirtschaftlichen Prozeß ganz anderer Dimensionen getragen wird. Immerhin ist es in der Bundesrepublik zu Anfang der siebziger Jahre ein Wirtschaftsvolumen von 2,7 bis 3 Milliarden Mark jährlich und damit eine Industrie mit Tausenden von Beschäftigten wie andere auch. Diese Industrie wird von Autoren in Gang gesetzt.

Sieht man den frühen Herbst der Buchmesse 1949 als Zäsur eines beginnenden wirtschaftlichen und inhaltlichen Pluralismus, so geraten unter den Büchern, die Wirkungen auslösten, folgende Neuerscheinungen in den Blick:

STEFAN ANDRES, *Das Tier aus der Tiefe* (Band I der *Sintflut* – Romantrilogie); GOTTFRIED BENN, *Trunkene Flut*, Ausgewählte Gedichte; HEINRICH BÖLL, *Der Zug war pünktlich*, Erzählungen (Bölls Bucherstling); GÜNTER EICH, *Untergrundbahn*, Gedichte; ALBRECHT GOES, *Unruhige Nacht*, Erzählung; ERNST JÜNGER, *Strahlungen. Tagebuch aus dem Krieg*; ERHART KÄSTNER, *Zeltbuch von Tumilad*, Tagebuch; RUDOLF KRÄMER-BADONI, *In der großen Drift*, Roman; KLAUS MANN, *Die Heimsuchung des europäischen Geistes*, Essay (Aufruf zum Selbstmord der Intellektuellen Europas als letzte Demonstration); THOMAS MANN, *Die Entstehung des Doktor Faustus*, Roman; WOLF VON NIEBELSCHÜTZ, *Der blaue Kammerherr*, Roman; EDZARD SCHAPER, *Der letzte Advent*, Roman; ARNO SCHMIDT, *Leviathan*, Erzählungen (Erstling); ERNST SCHNABEL, *Sie sehen den Marmor nicht*, Stories; REINHOLD SCHNEIDER, *Der Stein des Magiers*, Erzählungen; ANNA SEGHERS, *Die Toten bleiben jung*, Roman (noch im Exil geschrieben); W.E. SÜSKIND, *Die Mächtigen vor Gericht* (Bericht über den Nürnberger Prozeß); BRUNO E. WERNER, *Die Galeere*, Roman.

So sahen die Gewichtsverhältnisse zwischen traditionsbezogener und junger Literatur damals aus. Zumal ERNST JÜNGER fand mit seinen Kriegsaufzeichnungen von stilistischer Brillanz, egomanischer Kälte und nationalem Kontinuitätsverlangen bei einem Teil des Publikums seinerzeit ungeheure Resonanz. ALBRECHT GOES war mit seiner damals als atemberaubend empfundenen Geschichte vom Seelsorgedienst an einem zum Tode verurteilten Fahnenflüchtling – 1958 auch ein Filmerfolg – ebenso wie ERHARD KÄSTNER mit dem Gefangenentagebuch aus der nordafrikanischen Wüste, ein Vorbote jener Literatur der unbewältigten Vergangenheit, die dem verbreiteten Verlangen nach einer Neubewertung des Begriffs vom anderen, vom besseren Deutschland entgegenkam. Hierzu rechnet in gewisser Weise trotz der im Grunde amoralischen Darstellung des Unrechts auch ERNST VON SALOMONS Roman *Der Fragebogen* (1951), jedenfalls PETER BAMM mit dem Erinnerungsbuch *Die unsichtbare Flagge* (1952), HANS SCHOLZ mit dem auch als Fernsehserie (1960) erfolgreichen Roman *Am grünen*

Strand der Spree (1955), die posthume Ausgabe *Das Gesamtwerk* von Felix Hartlaub (1955) und die bei seinem Selbstmord im Krieg hinterlassenen Tagebücher Jochen Kleppers, die 1956 in dem Band *Unter dem Schatten deiner Flügel* herauskamen. Es waren Bücher, die wie so vieles im öffentlichen Klima jener Jahre dazu beitrugen, Idee und Selbstwertgefühl einer bürgerlichen Humanität wieder zu bekräftigen.

Dieser Strömung, für die es zahlreiche Bücherbeispiele gibt, entsprach auf der anderen Seite die Entwicklung des Kriegsromans, der in den fünfziger Jahren eine nicht minder beeindruckende Rolle spielte – zunächst realistisch einsetzend als herausgeschleuderte, kaum übersetzte Erfahrung. Später verloren auch diese Autoren der Kriegsgeneration den Glauben an solch realistische Darstellbarkeit ihrer Erlebnisse.

Gewiß hatten die Romane von Gert Ledig (*Die Stalinorgel*, 1950), Stefan Heym (*Der bittere Lorbeer*, 1950), Gerd Gaiser (*Die sterbende Jagd*, 1953), Willi Heinrich (*Das geduldige Fleisch*, 1955), Hans W. Pump (*Vor dem großen Schnee*, 1956), Manfred Gregor (*Die Brücke*, 1958) ihre unmittelbare Wirkung als Reportagen, in denen ehemalige Soldaten sich wiederfanden. Im übrigen erscheint es gerade deswegen kennzeichnend, daß die Autoren zum Teil nicht weitergeschrieben haben. Zumindest Ledig, Gaiser und Gregor (Pump ist früh gestorben) haben nach einigen weiteren Romanveröffentlichungen bei nachlassender Überzeugungskraft unter dem Eindruck negativer Kritiken das Publizieren ziemlich abrupt eingestellt. Eine Wende der Form des Kriegsromans markiert ein Buch wie der ungleich sublimer und dichter geschriebene (späte) Erstling des damals 38jährigen Josef W. Janker (*Zwischen zwei Feuern*, 1960). In den sechziger Jahren kehrt das Thema fast nur noch in der Behandlung als Parabel, als surreales Muster, in Abbreviaturen oder als dokumentarische Montage wieder: Hermann Lins (*Vor den Mündungen*, 1961), Heinz Küpper (*Simplicius* 45, 1963), Alexander Kluge (*Schlachtbeschreibung*, 1964), Gerhard Zwerenz (*Heldengedenktag*, 1964).

In jenem Jahr 1949, das hier den Ausblick bestimmt, hatte der Freitod Klaus Manns am 22. Mai in Cannes große Erschütterung ausgelöst. Jetzt erst begann man, sich mit diesem Autor erneut zu beschäftigen, mit der Erinnerung an seine genialische Frühbegabung – mit 15 Jahren schrieb er seine ersten Novellen – und seine Produktivität in den Weimarer Jahren. Als 26jähriger Emigrant 1933 hatte er als Theaterautor, Herausgeber, Regisseur, Weltreisender mehr gelebt, gedacht und publiziert als mancher Hochbegabte mit vierzig. Sein Tod fiel mit der erneuten Rezeption der Werke Thomas Manns in der Bundesrepublik zusammen. Eine Zeitlang war die Geschichte der Familie Mann – Heinrich, Thomas, Golo, Klaus, Erika – im Bewußtsein vieler eine Inkarnation äußerster Begabungen, politischer Zerrissenheit und exemplarischer Katastrophen. *The Turning Point*, Klaus Manns amerikanische Autobiographie, sollte 1953 in deutscher Fassung erscheinen (*Der Wendepunkt*) und noch einmal die Universalität dieses beweglichen Verstandes bestätigen, wie das Buch auch den Sog ins Ende begreiflich machte. Ruhelos hatte der Autor nach dem Krieg Europa durchstreift und war zuletzt in Frankreich mit Filmarbeiten beschäftigt gewesen. In dem nur noch pessimistischen Essay *Die Heimsuchung des europäischen Geistes* hatte er zu einer Selbstmordwelle der Intellektuellen Europas als letzter Demonstration zur Selbstbesinnung aufgefordert.

In den beginnenden fünfziger Jahren fanden viele der neuen Autoren, die sich auf den Tagungen der Gruppe 47 wechselseitig kritisierten und – bei aller ausgeprägten Verschiedenheit – nach außen hin bald eine starke Gemeinsamkeit ausdrückten, ihre Ver-

leger, mit denen vielfach andauernde, freundschaftliche, manchmal auch grimmige Beziehungen sie verbinden sollten:
Der Kölner Heinrich Böll stieß nach seinem Debüt bei Middelhauve in seiner Stadt auf Joseph Caspar Witsch, eine der farbigsten Unternehmerfiguren jener neuen Gründerzeit. Hans Werner Richter hatte die Zusammenarbeit mit dem Münchner Verleger Kurt Desch begonnen (der mit Hans Hellmut Kirsts Romantrilogie *08/15* eines der größten Büchergeschäfte des Jahrzehnts machte). Günter Eich liierte sich mit Peter Suhrkamp in Frankfurt, Hans Georg Brenner, Lektor-Autor, mit Eugen Claassen in Hamburg. Alfred Andersch fand sein Unterkommen als Erzähler bei dem Autor-Verleger Otto F. Walter im schweizerischen Olten, mit dem sich später auch Wolfdietrich Schnurre, Gabriele Wohmann, Helmut Heissenbüttel und viele andere verbanden. Ingeborg Bachmanns Bücher kamen bei Klaus Piper in München heraus. Hans Bender und Walter Höllerer gingen als Autoren, Editoren und spätere Zeitschriftenherausgeber (*Akzente*) mit einem wesentlichen Teil ihrer Arbeit zu Carl Hanser, ebenfalls München, der auch alle Bücher Barbara Königs verlegte.
Als S. Fischer und Suhrkamp, in der ersten Nachkriegsphase durch Lizenz unter der Ägide Suhrkamp aneinandergekoppelt, sich wieder trennten und Gottfried Bermann-Fischer, zurückgekehrt aus Stockholm, mit seiner Frau, der Samuel-Fischer-Tochter, das Frankfurter Haus S. Fischer übernahm, blieben das Schwergewicht der Emigration und der alten Rechte (Mann, Kafka, Werfel, Hofmannsthal) sowie einige der neuen Autoren (Ilse Aichinger, Luise Rinser, Paul Schallück) bei Fischer. Im Hause Suhrkamp, wo unter anderen Martin Walser, Hans Magnus Enzensberger, später vor allem auch Uwe Johnson ihre Bücher erscheinen ließen, entstand ein Zentrum neuer Literatur, verbunden mit tragenden Gesamtwerken (Hermann Hesse, Theodor W. Adorno), aber auch mit dem Œuvre Max Frischs und der Brecht-Renaissance in der Bundesrepublik, die Peter Suhrkamps Nachfolger Siegfried Unseld zum Höhepunkt brachte.
Siegfried Lenz und Heinz von Cramer hatten sich auf Dauer und hauptsächlich auf Grund von Lektorenfreundschaften mit dem Verlag Hoffmann und Campe in Hamburg verabredet. Ebenso war Günter Grass durch Lektor Peter Frank mit seiner frühen Lyrik zum Luchterhand Verlag (Darmstadt und Neuwied) gestoßen und hielt dem ursprünglichen Jurisprudenz-Verleger Eduard Reifferscheid auch die Treue, als Jahre darauf alle großen Literaturverlage auf ihn boten. Ernst Rowohlt, der sich damals fast ausschließlich auf Übersetzungen konzentrierte (ungeheure Erfolge brachten ihm zum Beispiel die Werke Ernest Hemingways und Thomas Wolfes), verlegte posthum *Das Gesamtwerk* von Wolfgang Borchert. Arno Schmidt hielt es mit dem kleinen neuen Verlag, den Ingeborg Stahlberg in Karlsruhe ansässig gemacht hatte, und Wolfgang Koeppen mit Faulkner-Verleger Henry Goverts und seiner Nachfolgerin Hildegard Grosche in Stuttgart. In Westberlin gründete sich bemerkenswerterweise auf lange Sicht kein für Gegenwartsliteratur bedeutender Belletristik-Verlag.
Diese verlegerische Lokalisierung war für den Neubeginn eine Art Rollenverteilung. Erst in den sechziger Jahren sollte sich daran Grundsätzlicheres ändern – nach dem Tod Witschs und Ernst Rowohlts in einer Phase, in der überall neue Personen und wirtschaftliche Konstellationen auftraten. Damals aber – weit vor der Ära der Verlagsfusionen und Großkonzerne – war die Wahl des Verlags für den Autor in erster Linie durch die kreative Beziehung zum Verleger oder einem maßgeblichen Lektor aus-

Zwölf Verleger schöngeistiger Literatur in der Bundesrepublik Deutschland.
1 Gottfried Bermann-Fischer 2 Eugen Claassen 3 Kurt Desch 4 Carl Hanser 5 Anton Kippenberg 6 Max Niedermayer 7 Eduard Reifferscheid 8 Ernst Rowohlt 9 Klaus Piper 10 Joseph Caspar Witsch 11 Ingeborg Stahlberg 12 Peter Suhrkamp

schlaggebend. Der Beruf der Büchermacher wurde noch einmal – zum letztenmal, scheint es – eine Sache von Person zu Person. Es gab manche Zusammenarbeit (natürlich auch seinerzeit nicht als Regelfall), die einer Partnerschaft zwischen Autor und Verleger und damit einer alten Idealvorstellung nahekam. Eine Zeitlang erschien der wirtschaftliche Druck des Existenzkampfs noch nicht als das Dominierende. Die Verlage waren zu Anfang allesamt ökonomisch Kleinbetriebe oder mittlere Firmen. Der Inhaber konnte sich meist um jede Einzelheit kümmern, er war deswegen mit Vorteilen und Nachteilen einer solchen Situation, also mit seinen Stärken und Schwächen eine jedenfalls greifbare (und mitunter nicht einmal besonders autoritäre) Person.
Viele Verleger fuhren jährlich zweimal durchs Land und redeten mit den Buchhändlern über die neuesten Bücher – nicht nur der eigenen Produktion. Verlagsgewerbe und Sortimentsbuchhandel waren eine überblickbare Branche, in der man es sich noch leistete, das Buch als Ware vergleichsweise zu privatisieren. Liebhabereien und Originale waren als Person wie als Sache begehrt. In einem engeren Kreis kannte jeder beinahe jeden. Auch ohne euphorischen Rückblick kann man feststellen: Für eine Reihe von Jahren gab es etwas so Komplexes wie eine Bücherdemokratie, die einigermaßen funktionierte.
Daß es nicht dabei bleiben konnte, demonstrieren folgende Zahlen am nüchternsten: 1951 produzierten die Verlage in der Bundesrepublik insgesamt 14094 Titel, 1971 waren es 42957. 1951 betrug der Ladenpreis im Durchschnitt 6,84 DM, 1971 waren es – trotz der allein 3550 neuen Taschenbuchtitel, für die es zwanzig Jahre zuvor noch kaum Vergleichswerte gab – 18,73 DM. 1950 erreichte die Bundesrepublik für Bücher (einschließlich Zeitschriften, Zeitungen, Noten, kartographische Erzeugnisse) die Ausfuhrsumme von 20,7 Millionen DM, 1971 waren es 618,9 Millionen DM. An der Frankfurter Buchmesse hatten sich 1949 jene 205 Verlage nur aus dem Inland beteiligt. 1961 waren es 1893 Aussteller, darunter 1176 Ausländer. 1971 wurden 3622 Aussteller einschließlich 2761 ausländischer Firmen gezählt.
Das Wachstum zu bejammern, führt zu nichts. Es entspricht der allgemeinen Entwicklung unserer Republik und bedingt deren aktuelle Probleme in einem offenbar auch für Wirtschaftsexperten nicht voraussehbaren Maß. Bücher bleiben wenigstens umweltfreundlich, das immerhin.
Wie gute Bauern haben im übrigen auch die Buchhändler immer zu klagen verstanden. Sie klagten, als zu Anfang der fünfziger Jahre Gütersloher Bücherwagen durch Stadt und Land fuhren und Millionen Mitglieder für Bertelsmanns »Lesering« anwarben. Zwar waren die Verkaufsmethoden dieser Kolonnen zum Teil recht rüde, aber im Resultat wurde dadurch ein zusätzlicher Leserkreis erschlossen, der obendrein erstaunlich bei der Sache blieb, sich also doch offenbar nicht gepreßt fühlte. Die Idee, billige Bücher in Großauflagen unter die Leute zu bringen, war nicht neu. Erstmalig aber geschah es mit der Dynamik eines industriellen Großbetriebs und auf der Grundlage moderner Marktforschung – ein für den Buchhandel umwälzendes Ereignis.
Zwar gründeten damals 19 Verlage in Absprache mit dem Kreis der sogenannten »Millionen«-Sortimenter (Buchhandlungen mit mehr als einer Million Jahresumsatz) ihre langjährig nützliche Serie wohlfeiler Ausgaben in einmaligen Sonderauflagen (»Bücher der Neunzehn«) als Gegenmaßnahme zu fleißig weiterkonkurrierenden Buchgemeinschaften. Im Grunde aber hat sich der Buchhandel wenig einfallen lassen, um die Distanz zwischen Normalverbrauchern und literarischen Neuerscheinungen zu verringern. Hochnäsigkeit beginnt auch heute noch hinter mancher Ladenschwelle

als eine besonders lästige Form sozialer Ignoranz. Wer einen fremdländischen Autorennamen nicht richtig auszusprechen vermag, gilt nicht selten als deklassiert.

Wie sagte doch Georg Joachim Göschen, der erste Verleger, der eine Gesamtausgabe von Goethes Werken schuf?: »Sind aber Bücher die Geistesprodukte der vorzüglichsten Männer ihres Zeitalters, welche fähig sind, die Menschen zu unterrichten und zu bessern oder das Leben zu verschönern: so ist der Buchhändler ein Kaufmann, der mit der edelsten Ware handelt, und wenn er seinen Beruf mit Würde betreibt, so gebührt ihm unter den Handelsleuten der erste Rang.«

Als Hans Egon Holthusen seine Rede zur Eröffnung der 6. Frankfurter Buchmesse 1955 mit diesem Zitat schloß, hatte er dem Standesbewußtsein der Versammlung geschmeichelt, sie klatschte ihm Beifall über die Maßen.

Wenn es bei dieser »Würde« bleibt – und manchmal sieht es so aus, auch zwei Jahrzehnte danach –, wird eine Explosion des Marktes die unausbleibliche Folge sein. Bücher werden sich dann immer mehr Wege suchen, die außerhalb herkömmlicher Bahnen des Buchhandels laufen. Taschenbuchdrehständer in Kaufhäusern sind nur ein Anfang. Auch ein gesetzlich geschützter Ladenpreis ist keine Ewigkeitsgarantie. Was not tut, immer noch, schon wieder, ist die Entmythologisierung des Buchs unter Buchhändlern. Literatur kann nicht leben im Klima von Feierstunden. Bücher sind Informationen vom einen zum anderen. Wer sie weitergibt, gegen bar oder auf Rechnung, betreibt ein normales Geschäft, selbst wenn er es – was selten vorkommt – mit einem Buch zu tun hat, das wirklich einmal Genie besitzt.

Jedenfalls begann es Mitte der fünfziger Jahre, daß für die Chance eines Autors, im Buchhandel anzukommen, die wirtschaftliche Durchsetzungskraft des Verlags immer entscheidender wurde. Entsprechend galt das für den Werbeaufwand, den ein Unternehmen insgesamt trieb, wie für die Beziehungen in Presse, Funk und dem neu hinzugekommenen Fernsehen. Im Verlagssystem zeichnete sich ein Wandel ab. Der Buchhandel antwortete, indem er mehr und mehr dazu überging, seine Bestellungen nach den Werbemanövern der Verlage zu richten. Man war nicht mehr so risikofreudig, wie es dem Bild des Sortimenters als Mittler entsprochen hätte. Es kamen härtere Zeiten. Dafür, daß ein Buch beim einen Verlag liegenbleiben und beim anderen einen Riesenerfolg finden konnte, gibt es ein besonders einprägsames Beispiel aus jenen Tagen. Zudem ein Buch, von dem man hätte meinen können, es werde sich »von selbst« durchsetzen, weil es alle Voraussetzungen besaß, um eine psychologische Massenreaktion geradezu zu provozieren. Zunächst geschah dies überraschenderweise nicht.

Es handelt sich um *Das Tagebuch der Anne Frank* (niederländischer Originaltitel: *Het Achterhuis*, 1946). Tatsache ist: es erschien in deutscher Übersetzung zunächst 1950 fast unbeachtet im wohlangesehenen, aber vornehm stillen Lambert Schneider Verlag, Heidelberg. Dort hätte es ruhen können, wenn nicht die gewaltige Resonanz in anderen Ländern einen Verlag mit größerer Reichweite, S. Fischer in Frankfurt, dazu bewogen hätte, mit dem Verleger der deutschen Übersetzung einen Lizenzvertrag auszuhandeln. Jetzt, in erneuter Ausgabe, vor allem als Taschenbuch (1955), wurde das Selbstzeugnis des deutsch-holländischen Mädchens auch in der Bundesrepublik ein Vermächtnis, das Millionen anging.

Zwischen 1955 und 1958, als Ernst Schnabels Anne-Frank-Buch *Spur eines Kindes* erschien, war dies ein Ereignis von so durchschlagender Wirkung, wie sie von einem Buch nur dann ausgeht, wenn ein außerliterarisches, ein politisches Moment hinzukommt. Verstärkt wurde das durch die auch in Deutschland bald auf vielen Bühnen

gespielte und verfilmte Dramatisierung von FRANCES GOODRICH und ALBERT HACKETT (1956; Film 1958).
6 Millionen tote Juden hatte sich niemand vorzustellen vermocht. Anne Frank wurde zur stellvertretenden Person, die begreiflich machte, was geschehen war. Der Vater, der überlebt hatte, gab die Honorare an rassisch Verfolgte weiter. Ein Stück indirekter Wiedergutmachung. Was für ein Wort.

DIE GRUPPE 47

Sie läßt sich am besten an ihrem Höhepunkt beschreiben, der nach zehn bis zwölf Jahren erreicht war. Die Gruppe 47 ist oft geschildert worden. Für die deutschsprachige Literatur nach dem Zweiten Weltkrieg hat sie sicher nicht weniger Bedeutung als zum Beispiel die Gruppe »Der blaue Reiter« für die Malerei des Expressionismus.
Im Oktober 1958 auf der Tagung der 47er im Gasthof »Adler«, einer alten Poststation in Großholzleute im Allgäu (dicht bei Isny, wo Günter Herburger herstammt), las GÜNTER GRASS das Anfangskapitel aus seinem Romanmanuskript *Die Blechtrommel*. Er kam, las und siegte. Die Zuhörer fanden diesen Text neuartig, vital, mitreißend bildhaft. Oskar Matzerath, der kleingebliebene Scheibenzersinger, Trickfigur einer Zerrperspektive aus einem Wurf, hielt Einzug in die Literatur.
In der Übereinstimmung, die HANS WERNER RICHTER als Mentor der Gruppe immer wieder zustande brachte und die sich in diesem Fall wie selbstverständlich ergab, entschied man sich dafür, Grass den Preis der Gruppe – gestiftet von anwesenden Verlegern und einigen Gönnern – für dieses Jahr zu geben. Er war mit wenigem angereist aus Paris, wo er mit Frau Anna und drei Kindern als Grafiker lebte. Jetzt besaß er die stolze Summe von 5000 Mark. Sie war der Anfang eines weltweiten Ruhms.
Grass als Exempel ist kennzeichnend für den publizistischen Mechanismus, den die Gruppe damals auszulösen vermochte, sobald eine Entdeckung zu verzeichnen war. Dies geschah nicht so sehr als Akt einer Planung im Sinn eines raffinierten Managements (das man der Gruppe oft vorgeworfen hat). Sie besaß vielmehr als *das* literarische Zentrum der Avantgarde jener Jahre eine Schubkraft, die das nahezu automatische Resultat ihrer Entwicklung war. Sie hatte einen Qualitätsbegriff stabilisiert, der so variabel wie zuverlässig war. Er beruhte auf der triumphalen Sensibilität ihrer wortführenden Mitglieder wie auf dem Zusammenwirken von Autoren, Kritikern, Verlegern, Meinungsmachern in einem auf Literatur eingeschworenen Freundeskreis von etwa hundert intelligenten Köpfen.
Im Fall Grass ereignete sich Folgendes: Zwei Tage nach Beendigung des Treffens von Großholzleute stand sein Name groß kommentiert in allen wichtigen Feuilletons und wurde in allen Kulturmagazinen der Rundfunkanstalten zitiert. Grass wurde für Literaturfachleute, die aufgepaßt hatten, mit einem Schlag bekannt. Das Markenzeichen »Preis der Gruppe 47« machte ihn zu einem Begriff, zwar noch nicht für das lesende Publikum allgemein, wohl aber für die Insider. Dies wird verständlich, wenn man auf die Liste der bisherigen Preisträger hinweist. Mit einer einzigen Ausnahme (ADRIAN MORRIËN, der den Preis auf der Tagung in Cap Circeo 1954 zugesprochen erhielt und seinerzeit gewiß in der Gruppe eine überzeugende Rolle als Autor der kleinen Form spielte) hatten die 47er jedesmal einen neuen Autor ausgezeichnet, dessen Werk für die Literatur der Epoche exemplarische Bedeutung erlangte, nämlich:

1950	auf der Tagung in Inzigkofen	Günter Eich
1951	auf der Tagung in Bad Dürkheim	Heinrich Böll
1952	auf der Tagung in Bad Niendorf	Ilse Aichinger
1953	auf der Tagung in Mainz	Ingeborg Bachmann
1955	auf der Tagung in Berlin	Martin Walser

1956 und 1957 war kein Preis vergeben worden – wie auch später noch ein paarmal –, teils weil Spender fehlten, teils weil keine derartige Einmütigkeit für die Favorisierung einer vorgelesenen Arbeit bestand.

Wie sehr er bereits Objekt des Literaturbetriebs geworden war, das bekam Günter Grass erst in Raten zu spüren. Zunächst einmal bombardierten ihn große belletristische Verlage mit Vertragsangeboten und Vorschußverlockungen. Er ließ sich jedoch dadurch nicht irritieren, sondern blieb bei Luchterhand, wo zwei Jahre zuvor sein Gedichtband *Die Vorzüge der Windhühner* erschienen war, von Experten beachtet, doch ohne nachhaltigere Resonanz.

Inzwischen surrten Telefone, Briefe verkündeten hinweg über Grenzen, in Skandinavien wie in England, in den Vereinigten Staaten wie in Frankreich das Stichwort: Da ist ein neuer Name, den man sich merken muß – Grass. Der Autor wußte davon nichts, doch schon im November 1958 begann die internationale Aufmerksamkeit, sich um ihn zu drehen. Zunächst verfolgte man von außen mit Spannung, welcher Verlag in der Bundesrepublik das Rennen machen würde. Zur Sicherheit meldeten große Verlagshäuser aus Stockholm und Oslo, Kopenhagen wie Helsinki – die Skandinavier waren diesmal die ersten – ihr Optionsbegehren gleich bei mehreren deutschen Verlagen an, die in Betracht gezogen wurden.

Als der Mammutroman mit dem unnachahmlichen Schutzumschlag (ein Entwurf von Grass) dann auf der Buchmesse 1959 seine Premiere erlebte, waren die Rechte für die ersten sieben Auslandsausgaben aufgrund emsiger Vorauslektüre der Fahnenabzüge schon so gut wie vergeben. Es war die Zeit, in der die Verleger dazu übergingen, auch die Autoren in Frankfurt auszustellen. Grass war ein besonders vorzeigbares Exemplar. So stand er, überrascht und sichtlich noch bescheiden neben seinem Produkt. Beide wurden vorgestellt von Lektor Heinz Schöffler, der nicht der Typ eines rigorosen Geschäftsmannes war. Er und der Autor, später gewöhnt an Spitzensätze, gaben sich fürs erste mit 5 Prozent Anfangshonorar für Übersetzungen zufrieden, weil das Buch so umfangreich war. Die ausländischen Verlagsherren waren höchlichst zufrieden.

Grass, verschmitzt, Zigaretten drehend, seinem Großvater ähnlich, der auf Holzflößen über die Weichsel gesprungen war, schnauzbärtig, aus kaschubischem Holz geschnitzt, gefiel allen seinen Verlegern ausnehmend gut. Endlich ein Künstler, endlich einmal keine blasse, dünne Person. Niemand sage, dies habe neben dem Buch nicht auch eine Rolle gespielt. Wer ›in‹ war, konnte abends in der einschlägigen Bar beobachten, wie Grass neben seinem Neuwieder Verleger Reifferscheid auf dem Hocker saß und ihm in Erfolgslaune eine spontane Anleihe aus der Brieftasche zog.

Grass gab jede Menge Interviews, sie waren damals noch nicht auskalkuliert. Für einige Jahre blieb er die Sensation – mindestens solange er seine (nie so genannte) Trilogie *Blechtrommel*, *Katz und Maus* und *Hundejahre* an die Öffentlichkeit brachte. Ist im übrigen je einer dem Aspekt nachgegangen, daß Günter Grass in seinem Romanerstling auch eine Art vorweggenommener Autobiographie geliefert hat? Der über Land trommelnde Oskar mit seinem Blechinstrument, zumal gegen Schluß der Geschichte, kann als Metapher für die Vorempfindungen des politischen Wahlreisenden angesehen werden: Initiativen hier wie da. Es liegt ihm im Blut, im Spaß und im Ernst.

In diesem Herbst 1959 machte die deutsche Literatur im internationalen Ansehen einen Sprung. Auch UWE JOHNSON hatte damals in Frankfurt mit seinen *Mutmaßungen über Jakob* sein multilaterales Romandebüt.

Es war das Jahr, in dem unter anderen Neuerscheinungen so vielbeachtete Romane wie HEINRICH BÖLLS *Billard um halbzehn*, RUDOLF HAGELSTANGES *Spielball der Götter*, SIEGFRIED LENZ' *Brot und Spiele*, OTTO F. WALTERS *Der Stumme*, GERHARD ZWERENZ' *Aufs Rad geflochten* und *Die Liebe der toten Männer* miteinander wetteiferten. Nicht zu schweigen von KLAUS NONNENMANNS charmantem Romanerstling *Die sieben Briefe des Doktor Wambach*, HEINZ VON CRAMERS ziseliertem Opus *Die Kunstfigur*, WOLFGANG WEYRAUCHS Geschichten *Mein Schiff das heißt Taifun* wie den Romanen *Wunschkost* von HANS BENDER und *Engelbert Reineke* von PAUL SCHALLÜCK.

Ausländische Verleger konnte man in Frankfurt sagen hören: »Germany is coming into its own now also in literature.« Es sprach sich herum, Deutschland ist literarisch wieder interessant. Das Jahr 1959 markiert einen Höhepunkt dieser neuen Kreativität. Ähnlich wie im Herbst 1954 THOMAS MANNS *Die Bekenntnisse des Hochstaplers Felix Krull* und MAX FRISCHS *Stiller* die Bücherszene beherrscht hatten, wurden nun Grass und Johnson als die auffallendsten neuen Talente mit Erfolg verwöhnt.

Die Gruppe 47 hat natürlich niemals einen eigenen Stand auf der Buchmesse gehabt. Sie war jedoch überall indirekt präsent, empfahl Neulinge, verteilte Rollen im Koordinatensystem der Literatur. Ausschlaggebend war dafür die Personalunion von Gruppenmitgliedern mit den leitenden Redakteuren fast aller meinungsbildenden Literaturseiten und vieler kultureller Wortabteilungen der Sender. Für einige Zeit war Hans Werner Richter ungewollt der einflußreichste Literaturadvisor der Bundesrepublik. Doch einer, der nie als solcher auftrat, nie damit spekulierte. Es wäre mit Sicherheit das sofortige Ende der Gruppe gewesen.

Sie lebte von und mit Richters Noblesse und seiner Fähigkeit, auf fast unauffällige Weise lenkendes Zentrum einer literarischen Gruppierung zu sein, die – erstmalig in Deutschland – mehr als zwanzig Jahre zusammenhielt. Richter brachte es fertig, diesen unruhigen Haufen, der sich von Jahr zu Jahr veränderte, nie auf Mitgliedschaften, sondern immer nur auf Begabungen festgelegt war, über die Runden und durch die Konflikte zu bringen. Er war in der Lage, die eigene Position als Autor hintanzustellen und andere zu fördern. Seine literaturhistorische Leistung sind weniger seine eigenen Romane, so aussagekräftig sie für die Kriegsgeneration blieben, als vielmehr seine so ausdauernden wie erfolgreichen Bemühungen, ein Medium für Literatur und ihre Urheber zu sein, freundschaftsfähig, mit leichter Hand und strengen Kriterien. Es war ihm anzumerken, daß es ihm entsprach, die Gruppe 47 als Spiritus rector im Wandel der Jahre lebendig zu erhalten: Treffpunkt zweier Generationen, Modell für ein Team, Form ohne Zwang.

Wie hatte das angefangen? In amerikanischen Kriegsgefangenen-Camps hatten sie sich zuerst getroffen, HANS WERNER RICHTER, ALFRED ANDERSCH, WALTER KOLBENHOFF, WALTER MANNZEN und andere. Im *Almanach der Gruppe 47*, der zum fünfzehnten Jahr 1962 herauskam, hat Richter es so dargestellt: »Sie kamen fast alle aus sozialistischen Lagern, waren strikte Gegner des Nationalsozialismus gewesen, dem sie doch als Soldaten hatten dienen müssen, und glaubten in den ersten Nachkriegs-

jahren an einen radikal neuen Anfang. Ihre Kritik an der Kollektivschuldthese, der Umerziehungs- und Entnazifizierungspolitik der amerikanischen Militärregierung einerseits und an den sozialistischen Praktiken des dogmatischen Marxismus der russischen Militärregierung andererseits, setzte sie zwischen alle Stühle.«
Der Ursprung war nicht so sehr literarischer als politisch-publizistischer Natur. In der

UNABHÄNGIGE BLÄTTER **DER RUF** DER JUNGEN GENERATION

NR. 1 / 1. JAHRG. PREIS 90 PF. MÜNCHEN, 15. AUGUST 1946

Das junge Europa formt sein Gesicht

(DR) — In dem zerstörten Ameisenberg Europa, mitten im ziellosen Gewimmel der Millionen, sammeln sich bereits kleine menschliche Gemeinschaften zu neuer Arbeit. Allen pessimistischen Voraussagen zum Trotz bilden sich neue Kräfte- und Willenszentren. Neue Gedanken breiten sich über Europa aus. Der auf die äußerste Spitze getriebenen Vernichtung entsprang, wie einst dem Haupt des Jupiter die Athene, ein neuer, jugendfrischer, jungfräulich-athenischer Geist. Die Bedrohung, die hinter uns liegt und diejenige, die unserer wartet, hat nicht zur lähmenden Furcht geführt, sondern nur unser Bewußtsein dafür geschärft, daß wir uns im Prozeß einer Weltwende befinden.

Die Träger dieses europäischen Wiedererwachens sind zumeist junge, unbekannte Menschen. Sie kommen nicht aus der Stille von Studierzimmern — dazu hatten sie keine Zeit —, sondern unmittelbar aus dem bewaffneten Kampf um Europa, aus der Aktion. Ihr Geist ist der Geist der Aktion. In Frankreich scharen sie sich um die Gruppe der „Existentialisten" und deren Mentor Jean Paul Sartre, dem sich Albert Camus und Simone de Beauvoir gesellen; oder sie bilden Experimentierzellen in den bestehenden Parteien, so etwa Emanuel Mounier mit dem „Esprit" in der jungen Partei Bidaults oder Aragon bei den Kummunisten. Ihr Leben in den letzten Jahren war gleichbedeutend mit dem Leben der französischen „résistance".

Kristallisationspunkte des jungen Italiens sind der aus der Emigration zurückgekehrte Dichter Ignazio Silone, der eine Synthese von Sozialismus und religiösem Denken versucht, oder Ferruccio Parri, der Leiter der Aktionspartei. Der Sieg der Labour Party in England ist nicht denkbar ohne die innere Erneuerung der Arbeiterbewegung durch ihre jungen Kräfte. Skandinavien gab seine besten Geister in diesem Krieg: den dänischen Pfarrer Kaj Munk und den jungen norwegischen Dichter Nordahl Grieg, der über Berlin abstürzte. Diese Namen sind nur die äußerlichen Zeichen einer Bewegung, in der sich, wenn auch noch zögernd und unklar, so doch schon in großer Tiefe und Breite, die europäische Jugend manifestiert.

»Der Ruf. Unabhängige Blätter der jungen Generation«, herausgegeben von Alfred Andersch und Hans Werner Richter, erschien mit seiner ersten Nummer am 15. August 1946. Die zweimal im Monat erscheinende Zeitschrift – damals wegen ihrer offenen Sprache und ihrer furchtlosen Argumentation ein Blatt mit großer Resonanz (Auflage: über 100 000), heute in der Rückschau berühmt als Keimzelle der »Gruppe 47« – wurde nach dem 16. Heft, im April 1947, von den amerikanischen Militärbehörden verboten. Verleger war Curt Vinz, Lizenzträger der Nymphenburger Verlagshandlung und mit Andersch wie mit Richter schon aus amerikanischer Kriegsgefangenschaft bekannt. Nach dem Verbot von Heft 17 erschien die Zeitschrift unter der Redaktion von Erich Kuby weiter, mit Heft 1 des dritten Jahrgangs (1948) wurde Walter von Cube Herausgeber, im 4. Jahrgang (Herausgeber Eitel Fritz von Schilling) ging »Der Ruf« ein.

amerikanischen Besatzungszone, in Süddeutschland mit München als Verlagsort war die Zeitung *Der Ruf* wieder aufgelebt, die schon in amerikanischen Gefangenenlagern für eine demokratische Neuorientierung eingetreten war. Richter und Andersch als Herausgeber hatten Curt Vinz, ebenfalls Amerikaheimkehrer, als Verleger des *Ruf* gewonnen, an dem sich bald auch Walter Mannzen beteiligte.
In den Camps hatte der Redaktionsstab viel Mühe gehabt, gegen den Gesinnungsterror unbelehrbarer Nationalisten aufzukommen. Diese Lehre beherzigte man nun in München durch um so größere Entschiedenheit. Die erste Nummer erschien am 15. August 1946, sie enthielt unter anderem eine Wiechert-Parodie. *Der Ruf* fand sofort Beachtung in der Öffentlichkeit, weckte aber auch den Argwohn der Militärbehörde. Die Auseinandersetzung mit der Vergangenheit war den Amerikanern recht, nicht dagegen die immer deutlicher vorgetragene Vision eines demokratisch-sozialistischen

Titelblatt der von Hans Werner Richter geplanten, aber nie erschienenen Zeitschrift »Der Skorpion«; es existiert lediglich das Exemplar einer Nullnummer, deren Impressum lautet: Herausgegeben von Hans Werner Richter unter Mitwirkung von Alfred Andersch, Wolfgang Bächler, Günter Eich, Heinz Friedrich, Walter Maria Guggenheimer, Walter Hilsbecher, Walter Kolbenhoff, Wolfgang Lohmeyer, Walter Mannzen, Friedrich Minssen, Ilse Schneider-Lengyel, Wolfdietrich Schnurre, Nikolaus Sombart, Maurice Toesca, Heinz Ulrich. Redaktion: Walter Heist. – Das Projekt, dessen Start im Januar 1948 erfolgen sollte, scheiterte, weil die Amerikaner Richter die Lizenz verweigerten. Die genannten Mitarbeiter, mit denen Richter sich im Hause von Ilse Schneider-Lengyel im September 1947 traf, waren die ersten Autoren der »Gruppe 47«.

Europas. Wer in den frühen Ausgaben der zweimal im Monat erschienenen Zeitung nachliest, findet Elan und Widersprüche, Hoffnungen und Enttäuschungen der Kriegsgeneration exemplarisch belegt. Es dauerte nicht ein Jahr, dann verboten die Amerikaner das ihnen zu unabhängige Blatt.

Im September 1947 rief Hans Werner Richter die engeren Mitarbeiter in das Privathaus von Ilse Schneider-Lengyel am Bannwaldsee bei Hohenschwangau im Allgäu zusammen. Es ging um die Idee der Neugründung einer literarisch-satirischen Zeitschrift mit dem erwogenen Titel *Der Skorpion*. Den *Ruf* wieder genehmigt zu erhalten, machte man sich keine Hoffnung. Überhaupt sollte sich herausstellen, daß für eine neue Zeitschrift die Lizenz und damit das erforderliche Papier nicht zu beschaffen war.

Wie man jedoch einmal beieinander war, las man sich wechselseitig Manuskripte vor, die man für alle Fälle mitgebracht hatte. Mit der Kritik verfuhr man nicht zimperlich. Damit war die Übung der Gruppe kreiert. Der Wunsch, sich wiederzutreffen, war allgemein, teils weil man noch an die Zeitschrift glaubte, teils weil man spürte, jeder brauchte Reibungskontakt mit kritischen Freunden für die eigene Arbeit. Den Namen mit der Jahreszahl stiftete Hans Georg Brenner erst hinterdrein.

Heinz Friedrich hat berichtet, wer am Bannwaldsee teilnahm: WOLFGANG BÄCHLER, WALTER MARIA GUGGENHEIMER, WOLFDIETRICH SCHNURRE, ISOLDE und WALTER KOLBENHOFF, TONI und HANS WERNER RICHTER, MARIA und HEINZ FRIEDRICH, NIKOLAUS SOMBART, WALTER HILSBECHER, FREIA VON WÜHLISCH, FRIEDRICH MINNSEN, FRANZ WISCHNEWSKY, HEINZ ULRICH – ausnahmslos Mitarbeiter des verbotenen *Ruf*.

Es war schwierig gewesen, in jenes Füssener Hinterland zu gelangen. Von München war man gemeinsam aufgebrochen und hatte sich in einen überfüllten Zug gequetscht. Ein alter Lastwagen, mit Holzgas angetrieben, hatte die Autoren dann von Weilheim herangebracht. Elf Jahre später, vor dem Gasthof »Adler« in Großholzleute, parkten schon viele private Autos der Autoren, und es waren nicht einmal die kleinsten.

Damals aber vertagte man sich nur auf kurze Frist: für den 8. und 9. November 1947 nach Herrlingen bei Ulm ins Haus von Hanns und Odette Arens. Dort traf sich ein erweiterter Kreis, der zum Kern der Gruppe wurde und in ihren ersten Jahren recht geschlossen blieb. Unter anderen las Wolfgang Bächler Gedichte aus seinem 1950 bei Bechtle in Eßlingen erscheinenden Band *Die Zisterne*. Hans Werner Richter legte die Probenummer des *Skorpion* vor, eine komplette Zeitschrift – sie sollte jedoch nie erscheinen. Ehe die Realisierung gelang, schnitt die Währungsreform jede Fortsetzungsmöglichkeit ab.

Die Gruppe aber existierte weiter, sie war längst über die Gemeinsamkeit eines Redaktionsstabs hinausgediehen. Das Verlangen nach Kommunikation gab den Ausschlag. In allen Zeitläufen blieb die Stärke der Gruppe 47, was zugleich ihre Schwäche war: der Individualismus. Nicht-Organisation erschien als die einzig sinnvolle Form der Zusammenkunft derer, die durch Drill und Uniformen geschockt waren, für jetzt und allezeit.

Wo bestimmte Gemeinsamkeiten weltanschaulicher und literarischer Art einen Kreis von Autoren verbinden, stellen sich rasch auch prägende Begriffe dafür ein. Zu Anfang gab es bei den 47ern deren zwei: den »Kahlschlag« (WOLFGANG WEYRAUCH) und den »Auszug aus dem Elfenbeinturm« (WOLFDIETRICH SCHNURRE) – beide stammen aus dem Jahr 1949, sie wurden geflügelte Worte.

Gemeint war die vielen Schriftstellern gemeinsame Vorstellung, die unter dem Nationalsozialismus korrumpierte Sprache bis auf das Skelett der Wörter ausroden und ausnüchtern zu müssen, weil fast alles, was sagbar gewesen war, nicht mehr stimmte. Es herrschte auf den Tagungen der Gruppe eine Allergie gegen Wortgetöse. Ein verbaler Puritanismus wurde gefordert, weil jeder spürte, wie verwüstet und verseucht die Sprache war, die in der Umwelt noch als gängige Münze galt.

Weyrauch hatte den Ausdruck zum erstenmal gebraucht, bevor er zu den 47ern stieß, nämlich im Nachwort zu der von ihm edierten Kurzgeschichtensammlung *Tausend Gramm* (1949). Darin bezeichnete er die Sprache der zwölf Jahre als »Sklavensprache« und wandte sich gegen jedes beschönigende Schreiben als »Kalligraphie«.

Heinrich Vormweg hat in seinem Prosa-Teil dieser Literaturgeschichte WOLFDIETRICH

SCHNURRES für die Sprachausnüchterung typische Kurzgeschichte *Das Begräbnis* – gelesen auf der ersten Tagung am Bannwaldsee – ausführlich zitiert (Seite 174). Ergänzend dazu soll hier GÜNTER EICHS Gedicht *Inventur* stehen, das auch Hans Werner Richter im Gruppenalmanach angeführt hat, weil es Verhaltensweise und Grundstimmung des Kahlschlags exemplarisch ausdrückt:

Dies ist meine Mütze
dies ist mein Mantel,
hier mein Rasierzeug
im Beutel aus Leinen

Konservenbüchse:
mein Teller, mein Becher,
ich hab in das Weißblech
den Namen geritzt.

Geritzt hier mit diesem
kostbaren Nagel,
den vor begehrlichen
Augen ich berge.

Im Brotbeutel sind
ein Paar wollene Socken
und einiges, was ich
niemand verrate,

so dient er als Kissen
nachts meinem Kopf.
Die Pappe hier liegt
zwischen mir und der Erde.

Die Bleistiftmine
lieb ich am meisten:
tags schreibt sie mir Verse,
die nachts ich erdacht.

Dies ist mein Notizbuch,
dies meine Zeltbahn,
dies ist mein Handtuch
dies ist mein Zwirn.

Hier wird deutlich, wie ein Autor die Landessprache von neuem erlernt. Keine ausschmückende Silbe erlaubt er sich, benennt nur die Dinge, vergewissert sich, überblickt das Minimum seiner sprachlichen Habe bei dieser Inventur, der ein Brotbeutel zur Metapher dient. Sprache war so sehr – um ein Wort der siebziger Jahre zu gebrauchen – zum Herrschaftsinstrument der Diktatur geworden, daß die 47er Autoren sich davon zu befreien versuchten, indem jeder bei der scheinbar einfachsten Begreiflichkeit eines kahlgeschlagenen Wortschatzes neu begann. So antwortete die Literatur auf die Politik.

Warum hat die Gruppe 47, die derart politisch ansetzte und mit der Forderung nach radikaler Entschlackung der Sprache auch den Ausdruck für eine gesellschaftliche Erneuerung gemeint hatte, dennoch in den folgenden Jahren vor allem zur Bildung einer neuen Elite der Literatur fast ohne politischen Einfluß beigetragen? Es begann früh und zunächst uneingestanden mit der Resignation. Sie war unter anderem ein Reflex auf die allgemeine Entpolitisierung der heraufziehenden Ära Adenauer mit ihrem galoppierenden Konsumdenken und der neuen Saturiertheit der Menschen in Westdeutschland. Schon durch das Verbot des *Ruf* hatte man früh erfahren, daß die Besatzungsmächte, in erster Linie die Amerikaner, die Restauration konservativer

Seite 4

Gruppe 47

Zusammenschluß junger Autoren

Eine Gruppe junger Schriftsteller aus allen Teilen Deutschlands, die sich den Namen „Gruppe 47" gegeben hat, traf sich vor einigen Wochen im Hause der Schriftstellerin Schneider-Lengyel im Allgäu. Dieselbe Gruppe wird am Sonnabend und Sonntag, dem 8. und 9. November, in Ulm erneut zusammenkommen. Der Gruppe gehören die Schriftsteller Hans W. Richter, Heinz Ulrich, Walter Kolbenhoff, Alfred Andersch, Wolfdietrich Schnurre, Heinz Friedrich, Ernst Kreuder, Walter A. Guggenheimer, Wolfgang Bächler, Friedrich Minnssen, Nikolaus Sombart, Walter Mannzen, Günther Eich, Siegfried Heldwein, Walter Hilsbecher, Wolfgang Lohmeyer, Dietrich Warnesius, Walter Heist und andere an. In Kürze wird eine literarische Zeitschrift, „Der Skorpion", herauskommen, die von der „Gruppe 47" getragen wird. Die Gruppe hat die Absicht, mit dem „Skorpion" ein Sprachrohr der sich neubildenden jungen deutschen Literatur zu schaffen.

Wir haben den Herausgeber der demnächst erscheinenden Zeitschrift, Hans W. Richter, gefragt, wie seiner Meinung nach diese Literatur aussehen werde. Richter antwortete: „Es ist natürlich schwierig, schon jetzt sagen zu wollen, wie sie sich entwickeln wird. Alle Anzeichen aber sprechen dafür, daß die neue Sprache realistisch sein wird. Die heutige schreibende Jugend hat sich zum großen Teil von dem ungeheuren Schock der letzten Jahre noch nicht erholt und zieht sich in eine imaginäre romantische Welt zurück. Ein Beispiel dafür ist das kolossale Anwachsen der Lyriker, die zum Teil gute Sachen schreiben. Aber diese Romantiker leben noch immer in einer anderen Zeit, ihre Vorbilder sind meist Rilke, George, Heyse, Alverdes und andere. Eine zeitgemäße Sprache sprechen sie nicht. Im „Skorpion" werden alle die jungen Schriftsteller zu Worte kommen, die etwas zu sagen haben und die Talent besitzen. Unsere Sprache wird modern sein, es wird jedoch genügend Spielraum vorhanden sein, allen wirklichen Talenten das Wort zu erteilen." *Sh.*

Erste Zeitungsmeldung (»Die Neue Zeitung«, 7. 11. 1947) über die Bildung der »Gruppe 47«.

Kräfte in Deutschland stärkten und demokratisch-sozialistischen Initiativen entgegenarbeiteten.

Zwar blieben die 47er in ihrem Selbstverständnis progressiv, weil sie sich – viele Autoren einzeln, aber auch der Konsensus der Gruppe – bewußt in eine Konfliktsituation zum neuen deutschen Konservativismus brachte. Aber dieser hatte ein so erhebliches Tempo der Restauration eingeschlagen, daß sich nachgerade jeder, der nicht ohne weiteres mitzumachen bereit war, schon als Außenseiter auf der Linken empfinden konnte.

Daß Adenauer in seinem folgenreichen Leben jemals eine Beziehung zur zeitgenössischen Literatur entwickelt hätte, darf bezweifelt werden. Aber er und sein Nachfolger, Wirtschaftswunderkanzler Erhard, der Grass und Hochhuth und einige andere mit »Pinschern« verglich, nur weil sie wider den Stachel löckten, erst recht Kanzler

Kiesinger, der bedauerte, daß es im Gegensatz zu Weimar in der Bundesrepublik nur linke Literatur gebe und diese für Deutschland »nicht repräsentativ« sei – diese drei Politiker, immer im Hader mit den Linksintellektuellen, konnten doch auch nicht übersehen, daß die Gruppe 47 politisch nicht die geringste Macht besaß. Warum also droschen sie noch öffentlich auf sie ein? War jede Kritik für sie eine Majestätsbeleidigung?

Was für Mißverständnisse zu Zeiten, in denen Günter Grass in den Ruf kam, ein Pornograph zu sein! Die Schwierigkeiten der Regierenden mit einem Teil der Intellektuellen, voran manchen Autoren, waren die genaue Fortsetzung der politischen Entwicklung eines Länderbundes, dessen Geschichte in Höhen und Tiefen anders als die seiner westlichen Nachbarn verlaufen war.

Die Konservativen in Deutschland hatten schon auf die Aufklärung in einer Weise reagiert, die sie weniger evolutionsbereit als die französische und englische Variante zeigte. Über mindestens zweihundertfünfzig Jahre hin läßt sich die Kontinuität eines unterentwickelten Demokratiebewußtseins in Deutschland nachweisen. Dieses schwierige, vielgeliebte und vielgehaßte Land hatte um die Wende der fünfziger zu den sechziger Jahren (als die Gruppe 47 auf dem Höhepunkt ihrer Wirkung angelangt war) wieder einmal die Selbstzufriedenheit entdeckt und jeder Vision einer durchgreifenden Veränderung des eigenen Zustands abgeschworen.

Damit war eine Tradition wiederhergestellt, die von der Reaktion auf die Aufklärung über die Romantik und die Industrialisierung, die Gründerzeit und den Ersten Weltkrieg bis nach Weimar gereicht hatte. Sie verlängerte sich nach Bonn. Von nun an hörte man wieder Sentenzen wie: »Ahnungslos, wie Intellektuelle nun einmal sind ...« (Erhard). Solche Diffamierungen konnten immer auf den Beifall von Ressentimentbesitzern rechnen.

Man leistete sich wieder einmal Hofnarren. Man prämiierte die kritischen Köpfe, solange sie bei ihrem Leisten blieben, der Wissenschaft, der Kunst oder dem literarischen Wort. Sobald sie aber wie die Göttinger Professoren zu Fragen der Wiederaufrüstung oder wie nicht wenige Autoren zur einseitigen Westallianz, zur angeblich sozialen Marktwirtschaft, zur deutschen Teilung oder zu den Notstandsgesetzen offenen Einwand erhoben, prasselte nichts als Verachtung der Machthaber auf die Einzelgänger herab.

Man erinnere sich: In jenen Jahren war nicht die Unruhe, sondern das Pensionärsdenken der jungen Generation Gegenstand von Leitartikeln. Wieder einmal hatten die Deutschen eine übermächtige Vaterfigur gefunden: Konrad Adenauer. In dem Maß, in dem als Ergebnis vielseitiger Anstrengungen Wohlstand sich festigte – gefördert von außen durch weltpolitische Konstellationen, von drinnen durch Leistungsdogmatismus und Glorifizierung des Wachstums –, verbreitete sich auch wieder das alte Grundübel der Deutschen: die apolitische Grundhaltung.

Wieder einmal hatten die Bürger dieses Landes zu Millionen das Wohl und Wehe der Demokratie, der Herrschaft des Volkes – sollte man meinen –, fast ohne Neigung zur Kontrolle in die Hände der maßgeblichen Berufspolitiker gelegt. Politik als Verwaltung, die möglichst reibungslos funktionieren sollte, mehr schienen die Wähler kaum noch zu wollen. Die Intellektuellen, zum Widerspruch geboren, störten den behäbigen Kreislauf des allgemeinen Konsums.

Das alles gehört ins Bild, wenn man sich die literarisch-politische Position der Gruppe 47 zu ihrer Zeit verdeutlichen will. Aus damaliger Sicht empfanden sich fast alle, die man

Oben links: Gespräche über die Bildung einer Autorengruppierung fanden schon bei einem Treffen statt, zu dem sich vom 25. bis 29. 7. 1947 einige Schriftsteller, darunter Hans Werner Richter (ganz links), auf dem Gut der Gräfin Degenfeld in Neubeuern bei Rosenheim auf Einladung des Stahlberg Verlages versammelten.

Oben rechts: 1950 traf sich die Gruppe 47 in Schluchsee im Schwarzwald; links außen Wolfdietrich Schnurre, Mitte Ilse Schneider-Lengyel, vorn Wolfgang Bächler.

Unten: Treffen der Gruppe 47 in Niederpöcking am Starnberger See 1957; Martin Walser, Henk Prinz, Walter Höllerer, Hans Magnus Enzensberger, Eva und Wolfdietrich Schnurre, Klaus Roehler (v. links n. rechts).

zur Gruppe rechnen konnte, als zur heimatlosen Linken gehörig – ein Begriff, über den wieder viel diskutiert wurde. Die Ironie lag wie so oft in der öffentlichen Ungefährlichkeit der Literatur.

Zwar ist Literatur immer politisch, denn sie beschreibt oder verschweigt Erscheinungen einer gegenwärtigen Welt, von denen die Existenz der Zeitgenossen betroffen ist. Aber sie besitzt keine Machtmittel, erzeugt keine Mehrheiten, schwenkt die Flagge des Parlamentärs, will mit Gedrucktem überzeugen. Erst der Schritt der Autoren, die den literarischen Rahmen sprengen und unmittelbar politisch handeln, vermag weiter zu

Gruppenkritik

von 25 Autoren lasen 16 zum erstenmal 10 wurden positiv 9 negativ und 6 verschieden beurteilt in der Kritik fielen von 200 Wortmeldungen je 20 auf Walter Jens und Joachim Kaiser 17 auf Walter Höllerer 16 auf Erich Fried 12 auf Günter Graß 11 auf Hans Mayer 9 auf Marcel Reich-Ranicki je 7 auf Heinz von Cramer Fritz J. Raddatz und Peter Weiß 6 auf Erich Kuby je 5 auf Hans Magnus Enzensberger Alexander Kluge Jacov Lind und Hermann Piwitt 13 Kritiker sprachen je 4 mal und weniger

Hermann Piwitt glaubt eine wirklich positive Geschichte gehört zu haben Günter Graß ist mit dieser Geschichte nicht so einverstanden Peter Rühmkorf unterscheidet einen blassen Erzähler Marcel Reich-Ranicki ist nur nicht im geringsten dafür daß die Grenze zwischen fiction und nonfiction verwischt wird Fritz J. Raddatz muß sich fragen was dem Thema nun Neues abgezwungen wird Walter Jens fragt sich in welcher Weise ein bestimmtes Milieu angemessen dargestellt werden kann also Heinz von Cramer findet das eine ganz besonders saubere Arbeit

Joachim Kaiser sieht sich als Zeugen eines Manövers bei dem am Schluß das Gelände beinah leer ist Walter Höllerer sieht eine Metapher aus einem Familienbild heraustreten dann Pantomime werden und schließlich Kabinettstück Dieter Wellershoff erscheint das als Analogie zum Fertighausbau Roland H. Wiegenstein riecht eher eine schweißtreibende Modernität Reinhard Baumgart sieht eine furchtbare Art von Demokratie im Stil Günter Graß sieht reines Papier Hans Mayer geht die moralité daneben Walter Jens glaubt daß es gelungen ist

Walter Höllerer fragt nach der Bezugsfigur und entdeckt die Relativität der Relationen als Prinzip es geht ihm um Daseinsformen und Bewußtseinsmöglichkeiten Walter Jens hat von Walter Höllerers Rede nichts verstanden Hans Magnus Enzensberger gesteht daß er beim Zuhören etwas geschwankt hat Marcel Reich-Ranicki kann nicht recht verstehn was Hans Magnus Enzensberger gesagt hat und befürchtet durchaus den Schritt vom Asketischen zum Sterilen er hat wenig dagegen nichts dafür zu sagen Hans Mayer hat Walter Höllerer eigentlich durchaus verstanden und beim Hören die merkwürdigsten Evolutionen durchgemacht Joachim Kaiser wendet sich gegen das Wort steckenbleiben von Walter Höllerer

Walter Mannzen weiß nicht ob Günter Graß weiß ob Brecht wissen konnte was Graß weiß und Unseld wissen kann was Brecht wußte und Graß weiß ob Brecht wissen konnte ob Unseld weiß was Graß nicht weiß aber er sagts auch nicht

Walter Höllerer findet sehr viel an subtiler Substanz Walter Jens findet weder Theologie noch Libretto Alexander Kluge findet eine sehr interessante Abkehr von der Rhetorik Günter Graß findet das nun einmal eine pausbäckige Angelegenheit Hans Mayer findet den Text sehr schön.

Günter Graß kommt es auf den langen Atem an Marcel Reich-Ranicki will nur nicht gleich aufhören zu kritisieren wenn es sich nicht um avantgardistische Kunststücke handelt Hans Mayer findet es schwer etwas zu sagen er ist sehr bewegt und findets wunderschön Joachim Kaiser hat keinen Kunstfehler entdeckt

Hans Werner Richter wundert sich über sich selbst

Oben: In Ulm hielt die Gruppe 1960 eine Hörspieltagung ab. Von links: Dieter Wellershoff, Franz Schonauer, Walter Hasenclever, Hans Werner Richter und Frau Toni Richter.

Mitte: Tagung der Gruppe 47 in Sigtuna/Schweden, 1964; auf dem »elektrischen Stuhl« bei der Lesung: Hermann Peter Piwitt.

Unten: In Sigtuna – links außen Herbert Heckmann, Mitte Peter Rühmkorf, daneben rechts Hubert Fichte, Günter Grass.

Helmut Heißenbüttels Glosse »Gruppenkritik« erschien zuerst in der Zeitschrift »Merkur«, August 1965.

Oben: 1965 traf sich die Gruppe 47 in Berlin. – 1. Reihe rechts: Erich Fried; 2. Reihe v. links: Siegfried Unseld, Peter Weiß; 3. Reihe: Joachim Kaiser, Reinhard Baumgart, Fritz Arnold (2. v. rechts) und Ivan Nagel (rechts außen); 4. Reihe Mitte: Uwe Johnson.

Unten: Das Gästehaus Pulvermühle in der Fränkischen Schweiz war 1967 Schauplatz der letzten Tagung der Gruppe 47.

reichen (Beispiel ab 1965: Günter Grass). Mit politischen Initiativen laufen nicht wenige Schriftsteller jedoch Gefahr, im Vorfeld der Macht steckenzubleiben. Der Konflikt wird nie lösbar sein. Alexander Solschenizyn hat zwar geäußert, ein großer Schriftsteller sei so etwas wie eine kleine Regierung, aber damit befindet er sich im Irrtum. Der Gedanke ist eine schöne Täuschung.

Die Gruppe 47 ließ sich nicht ins literarische Abseits drängen, sie ging dorthin, weil den Autoren kaum ein anderes Verhalten möglich erschien. Heute sehen manche von ihnen dies als entscheidenden Fehler an, doch bot sich eine Alternative? Jeder politische Standort ist zur Umwelt relativ, auch und gerade, wenn man sie nicht akzeptiert und opportunistische Haltungen unter Entbehrungen abzulehnen bereit ist. Die Zeit für Veränderungen ist immer erst dann reif, wenn ein öffentlicher Überdruck als Bewußtsein von Mißständen vorhanden ist. Literatur kann solche notwendigen Prozesse beschleunigen, aber nicht allein auslösen. Bestimmte politische Gedanken zünden nur zu bestimmter Zeit. Es gibt für Ideen einen magischen Augenblick. Das bewies nicht zuletzt die Geburtsstunde der Außerparlamentarischen Opposition.

Zwar herrschte auf jeder Tagung der Gruppe 47 eine Art Grunderregung über die alten Gewohnheiten des neuen westdeutschen Staates. Es gab empörte Debatten über einzelne Vorfälle und, sparsam, auch Resolutionen. Aber daß ein politisches Ereignis einmal eine Versammlung der Gruppe dominiert hätte, ist nicht bekannt. Das war nicht eingeplant und wäre von der Mehrzahl der Autoren auch als unpassend empfunden worden.

Als etwa die *Spiegel*-Affäre (Oktober 1962) der ausgehenden Ära Adenauer die Selbstherrlichkeit der Politiker der absoluten Mehrheit offenkundig machte und den Kanzler voreilig »einen Abgrund von Landesverrat« wittern ließ, war das natürlich ein brennendes Thema innerhalb aller Gruppenkontakte und führte auch zu öffentlichen Erklärungen einzelner Autoren, aber man konnte sich gewissermaßen damit beruhigen, daß gerade dieser Fall bewiesen hatte: Bonn war nicht Weimar. Es gab demokratische Organe, die auch einem Adenauer seine Grenzen zeigten und seinen Minister Strauß, der dies freilich aushielt, als miserablen Demokraten entlarvten, der mit der Wahrheit auf dem Kriegsfuß stand.

Politisch kam die Gruppe 47 insgesamt jedenfalls in jenen Jahren über privaten Verdruß kaum hinaus, doch im literarischen Bereich leistete sie Erstaunliches. Es gab Phasen, in denen nahezu alle als wichtig empfundenen Novitäten auf der Bühne und dem Buchmarkt von Autoren stammten, die entweder zum festen Kreis der Gruppe gehörten oder zumindest durch eine Einladung und Lesung mit ihr in Berührung gekommen waren. Dieser Kontakt wurde besonders für junge Schriftsteller zu einem Kriterium. Auf einer Tagung der Gruppe entschied sich für viele, ob sie reüssierten oder durchfielen.

Denn die Kritik, die dem Lesenden auf dem »elektrischen Stuhl« widerfuhr, war von schonungsloser Offenheit. Mancher Roman wurde nicht weiter geschrieben, weil die 47er Mentoren ihn als zu leicht befunden hatten. In der Tat hat diese Kritik manches Mißverständnis eines Autors über sich klären helfen und Begabungen nicht selten in einem entscheidenden Moment gefördert. Die Maßstäbe, die durch das Zensorium gesetzt wurden, fanden in der Gruppe wie außerhalb (denn natürlich drangen Interna nach außen) durchdringende Geltung. Der Betroffene – heute undenkbar – durfte sich nicht wehren, nicht mitdiskutieren. Er bekam seine Analyse, basta.

Gelesen wurde jeweils zwanzig bis vierzig Minuten lang. Erzählungen waren dafür natürlich geeigneter als Romanausschnitte oder Hörspielszenen (die meisten 47er Autoren lebten überwiegend vom Funk). Vormittags, nachmittags und oft auch noch am Abend, bevor man sich in einen Weinkeller zurückzog – die Tagenden waren unersättlich. Jedesmal gab es Spontankritik, man konnte zwischendurch kaum Schlucken. Hans Werner Richter saß moderierend neben dem Delinquenten. Nur selten griff er mit eigener Kritik oder begütigend ein.

Welcher Autor, der nie dort zerrissen wurde, hatte schon die Gelegenheit, die kritischen Geister der literarischen Nation derart geballt mit seinem Text befaßt zu sehen? Wenn WALTER JENS mit Rhetorgeste und zerknitterten Zügen, scharf aber fair zum Sezieren ansetzte, wenn MARCEL REICH-RANICKI in seinen Starzeiten literarische Glaubensbekenntnisse ablegte und JOACHIM KAISER mit scheinbar menschenfreundlicher Ironie ein Denkbemühen des Autors umgarnte, bis er es blitzschnell als Nonsens auswies, wenn HANS MAYER, mal harmonisch mal dissonant im Duett mit FRITZ RADDATZ, seine dialektischen Messer warf, HÖLLERER den Kontrapunkt setzte und ROLAND WIEGENSTEIN die Partie mit einem Matt beendete – natürlich war das keine Kammermusik.

Die wohl treffendste Glossierung solch literarischer Mannbarkeitsriten findet sich in MARTIN WALSERS seinerzeit vielgedrucktem *Brief an einen ganz jungen Autor* (1962 im *Almanach der Gruppe 47*), den er sich als Opfer der Redeschlacht vorstellt. Fest steht indessen: Freiwillige drängten mehr herbei, als Hans Werner Richter einladen konnte und mochte. Wie er das handhabte, blieb sein Geheimnis. Die Auswahl schien auf einem Gemisch von Hörensagen, Freundschaft, Empfehlungen und Improvisation zu beruhen. Sobald der Kreis einschließlich der »Sehleute« einmal größer als hundert Teilnehmer geworden war, wurde Richter bange um die Gruppe.

Im übrigen spielte es, wenn man einmal da war, keine Rolle, wo man innerhalb der literarischen Rangskala etwa einzustufen war. Wer eine der begehrten handschriftlichen Einladungen Richters erhalten hatte, wurde fraglos in die Gemeinschaft aufgenommen. Sie besaß ja, die Gruppe, auch so etwas wie einen vielgliedrigen Lebenslauf. Man traf einander wieder und sah, wie aus dem BÖLL von *Und sagte kein einziges Wort* (1953) der Böll des *Irischen Tagebuchs* (1959) geworden war. Man erlebte, wie INGEBORG BACHMANN, die mit ihren Gedichten *Die gestundete Zeit* (1953) Furore gemacht hatte, 1959 auf Schloß Elmau (Richter liebte solche abgelegenen Orte) mit der Erzählung *Alles* aus dem späteren Band *Das dreißigste Jahr* von neuem überzeugte. Man lernte sie kennen, die Literaturproduzenten jener Jahre, erfuhr von den Vorwehen um WALTER HÖLLERERS Roman in Permanenz *Die Elephantenuhr* (Lesung 1959, das Buch erscheint erst 1973) und machte WOLFGANG HILDESHEIMERS Entwicklung von den *Lieblosen Legenden* (1952) bis zu seinem geglücktesten Buch *Tynset* (1965) mit.

Man sah sie kommen und gehen, die Jungen, die nur einmal auftauchten, andere, die blieben, und die arrivierten Autoren, die sich allmählich von der Gruppe entfernten, manche von ihnen gingen andere Wege, schrieben Erfolgsbücher, steckten nicht mehr gern Kritik ein. Es gab Aufgänge und Untergänge. CARL AMERY und GABRIELE WOHMANN, REINHARD BAUMGART, JÜRGEN BECKER, HANS MAGNUS ENZENSBERGER, der polnische Romancier TADEUSZ NOWAKOWSKI, SCHNURRE und SCHALLÜCK, die AICHINGER und HEISSENBÜTTEL. In der Liste derer, die einmal auf einer Tagung gelesen haben, tauchen auch Namen auf, die man dort nicht vermutet: ALBERT VIGOLEIS THELEN etwa, der mit seinem Mallorca-Roman *Die Insel des zweiten Gesichts* 1953 einen Riesenerfolg hatte, RUDOLF KRÄMER-BADONI, der Kritiker und Erzähler KARL

August Horst, auch *Piroschka*-Autor Hugo Hartung und Luise Rinser. Es gab keine ausschließliche Gruppenrichtung. Meist aber stellte sich rasch heraus, wer zum engeren Kreis paßte.
Es kam immer wieder vor, daß einer, der erstmalig dort erschien, wie zum Beispiel der Schweizer Lehrer Peter Bichsel auf der Tagung 1964 in Sigtuna unweit Stockholm, niemandem weiter auffiel, zuallerletzt mit seiner Lesung an die Reihe kam und nach dreitägiger Literaturdebatte noch so viel Sensibilität, ja Begeisterungsfähigkeit antraf, daß er mit seinen *Milchmann*-Geschichten (*Eigentlich möchte Frau Blum den Milchmann kennenlernen*) fast so sensationell ›ankam‹ wie einstmals Günter Grass mit seinem Debüt.
Natürlich liefen während jeder Tagung unterschwellige Auseinandersetzungen – wie auf allen Treffen von Leuten, die zu einem am allermeisten begabt sind: zu Schwierigkeiten. Aber es gab keinen Krach. Man hatte ziemlich viel miteinander erlebt. Man setzte Leibesfülle an, bekam weiße Haare, Falten gruben sich in die einst so jungenhaften und mädchenhaften Gesichter. Die Gruppe hatte ihre Toten.
»Warum tun sie es eigentlich?« grübelte Joachim Kaiser in seiner Beschreibung *Physiognomie einer Gruppe* (1962 im *Almanach*): »Sie suchen einen keineswegs zentral gelegenen oder vielversprechenden Ort auf, kümmern sich um dessen Sehenswürdigkeiten überhaupt nicht, begeben sich in rauchverqualmte Klausur und halten gerade bei der Tätigkeit, die für alle des Lesens Gewohnten vielleicht die anstrengendste ist, täglich zehn Stunden und mehr aus, nämlich beim Zuhören. Nach den Lesungen diskutieren sie, so gut sie können und so frech sie wollen. Ein Verleger, der diese geballte, mühsame Arbeitsleistung zum Teil ›hochqualifizierter‹ (zumindest ›hochdotierter‹) Facharbeiter finanzieren wollte, müßte ein steinreicher Mann sein. Aber es geschieht umsonst ...«
Hans Magnus Enzensberger hat es (in seinem Beitrag, *Die Clique*, für den *Almanach*, 1962) so geschildert: »Die Gruppe 47 hat, das weiß ich nur allzugut, keine Anstecknadel. Sie hat, traurig genug, keinen Ehrenpräsidenten, keinen geschäftsführenden Vorsitzenden, keinen Schriftführer und keinen Kassenwart. Sie hat keine Mitglieder. Sie hat kein Postscheckkonto. Sie steht in keinem Vereinsregister. Sie hat keinen Sitz und keine Satzungen. Kein Ausländer kann ermessen, was das bedeutet in einem Land, wo noch der professionelle Massenmord ohne Aktennotizen nicht betrieben werden kann und wo sogar der Anarchismus seine Anhänger mit Hilfe einer sauber geführten Mitgliederkartei ›erfaßt‹. Es kann nur zweierlei bedeuten: die Gruppe 47 ist entweder eine Legende, oder – weit schlimmer! – sie ist eine Clique ... Drei Tage lang in jedem Jahr ist die Clique, der ich anzugehören die Ehre habe, das Zentralcafé einer Literatur ohne Hauptstadt.«
Schließlich ist die Gruppe auch nicht auf jenem letzten Treffen 1967 in der »Pulvermühle« unweit Würzburg über die Außerparlamentarische Opposition gestolpert, sosehr sie in den Augen revoltierender Studenten, die dort mit Transparenten anrückten, ein »Establishment« geworden war. Nein, was ihr nach zwanzig Jahren – einer verblüffend langen Zeit des Zusammenhalts – ein Ende setzte, war die Einsicht der meisten, die dazugehörten, daß es vernünftig war, ohne Punkt aufzuhören – mit einem offenen Schluß.
Es war ein weiter Weg gewesen vom Kahlschlag über die Rollenprosa und den neuen Realismus (Wellershoff) bis zur Abbreviatur des politischen Gedichts, den Zitatkollagen und den Dokumentaristen. Eine enorme Strecke von Alfred Anderschs *Deutsche*

Literatur in der Entscheidung (1948) bis zu PETER HANDKES *Publikumsbeschimpfung* (1966), von GÜNTER EICHS *Inventur* bis zu RENATE RASPS Erstling *Der ungeratene Sohn* (1967), von ILSE AICHINGERS Roman *Die größere Hoffnung* (1948) über HUBERT FICHTES Roman *Das Waisenhaus* (1965) bis zu HELGA M. NOVAKS *Colloquium mit vier Häuten* (Gedichte, 1967) und ROLF ROGGENBUCKS Erstling *Der Nämlichkeitsnachweis* (1967). Es war übergenug, um es in einer Gruppe unterzubringen.
Schon 1964 in Sigtuna hatten Freunde Hans Werner Richter geraten, die Arbeit der Gruppe 47 auslaufen zu lassen. Man kritisierte längst in den eigenen Reihen den Markteffekt. Man war unzufrieden mit dem Zudrang des Managements, mit so vielen, die ›in‹ sein wollten. Man begriff auch, daß es nicht Aufgabe dieser literarischen Gruppe sein konnte, das zentrale Thema der folgenden Generation, den wiederentdeckten Sozialismus, zu integrieren, sondern daß dafür eigene Organisationsformen, und zwar politischere, notwendig waren.
1966 war die Gruppe auf Einladung der Princeton University viertels um den Globus geflogen, um ihre Zusammenkunft abzuhalten. Dadurch hatte sie tatsächlich das Jet-Set-Stadium erreicht. Aber selbst dort, in der nicht mehr neuen Welt, verhalf sie noch einem jungen Autor (und verhalf er sich) zu einem Auftritt, der ihn schlagartig bekannt machte: PETER HANDKE, 24 Jahre alt, Jurist aus Kärnten, traf mit seiner Kritik der Gruppenkritik, einer lichterlohen Gruppenbeschimpfung, den neuralgischen Punkt. Dennoch kann man sich die Überraschung der Gruppe 47 vorstellen, als ein Jahr darauf am Schauplatz »Pulvermühle« die heimatlose Linke vom Zorn der neuen Linken weit in die Mitte gerückt wurde – fast schon dahin, wo Bundesverdienstkreuze wachsen. War nicht in den Annalen der Gruppe vermerkt, wie sehr sie permanent von Politikern, die sich mit dem Staat identifizierten, als linke Außenseitervereinigung angegriffen worden war? Hatte nicht Josef-Hermann Dufhues, weiland Innenminister und langjähriger Vorsitzender einer sich christlich nennenden Partei in Nordrhein-Westfalen, sie in totaler Verkehrung sogar als die neue »Reichsschrifttumskammer« denunziert?
Die 47er Autoren räumten nicht das Feld, sie reagierten ziemlich gelassen. Sie besaßen Erfahrungen, die so anders nicht waren. Draußen war der Protest versammelt. Drinnen saßen Solidaritätsbereitschaft und Skepsis. Man redete miteinander an der offenen Tür. Das sollte für viele Autoren Folgen haben.

»AUSSERDEM«

Unter diesem Titel hat HANS DOLLINGER in München 1967 eine Anthologie herausgegeben, die darstellen sollte, was außer der Gruppe 47 damals belangvoll war. Das Buch war nicht von Dauer. Aber die Idee, die seinerzeit in der Luft lag, fordert noch heute Überlegungen heraus.
In Dollingers Buch sind unter anderen vertreten: HORST BIENEK, TANKRED DORST, MAX VON DER GRÜN, PETER HÄRTLING, OTTO JÄGERSBERG, HEINAR KIPPHARDT, LUDWIG MARCUSE, FRANZ MON, JOSEF REDING, GÜNTER SEUREN, GÜNTER WALLRAFF, GERHARD ZWERENZ. Zum Teil waren dies Autoren, die sich unter dem Stichwort »Industriewelt« in der neuen »Gruppe 61« (siehe Seite 119 ff.) getroffen hatten. Es gibt jedenfalls viele Namen, die eine solche »Außerdem«-Auswahl gut hätten bestärken können: zum Beispiel MANFRED BIELER, der Autor des Romans *Bonifaz oder Der*

Matrose in der Flasche (1963) – er kam aus der DDR über Prag in die Bundesrepublik –, aber auch JOSEPH BREITBACH mit seinem virtuos-amüsanten Roman *Bericht über Bruno* (1962), GÜNTER BRUNO FUCHS, der Berliner Wortmusikant, die Lyrikerin HILDE DOMIN (*Nur eine Rose als Stütze*, 1959), MARTIN GREGOR-DELLIN (*Der Kandelaber*, Roman, 1962), natürlich ROLF HOCHHUTH, der in vielen Ländern gespielte Autor des *Stellvertreter* (1963), MARIE LUISE KASCHNITZ, WOLFGANG KOEPPEN (*Tauben im Gras*, 1951. *Das Treibhaus*, 1953), HANS ERICH NOSSACK, der Lyriker und Erzähler HEINZ PIONTEK, ERIKA RUNGE mit ihren Protokollen aus der Arbeitswelt, der Romancier HEINRICH SCHIRMBECK (*Ärgert dich dein rechtes Auge*, 1957), nicht zuletzt der literarische Eremit ARNO SCHMIDT.

Die Argumentation mit Namen muß immer lückenhaft bleiben angesichts einer ungeheuren Vielfalt im Lauf von zwanzig Jahren, denn natürlich bestimmten Hunderte von Werken, Themen und Tendenzen in ständigem Wechsel die literarische Szene der Bundesrepublik – zumal wenn man den Literaturbegriff weiter gefaßt verstehen möchte als nur auf die sogenannte hohe Literatur bezogen.

Außer der Gruppe 47 gab es vor allem die großen alten Autoren, die gesamte Emigrationsliteratur von THOMAS MANN bis CARL ZUCKMAYER. Sie spielte bis tief in die fünfziger Jahre hinein und zum Teil darüber hinaus eine erhebliche Rolle, nicht nur in Neuauflagen, sondern auch durch neue Werke der Überlebenden. Darunter sollte man die Boulevardromane von VICKI BAUM bis ERICH MARIA REMARQUE nicht unterschätzen – sie publizierten ja weiter und erreichten nach wie vor das große Publikum. Besonders der Autor von *Im Westen nichts Neues* (1929) blieb bei politischen Themen, zum Beispiel mit dem Fluchtroman *Die Nacht von Lissabon* (1963). Die Lebenserinnerungen Vicki Baums erschienen posthum 1962: *Es war alles ganz anders.*

Wer will überhaupt die Grenze zwischen anspruchsvoller Literatur und Unterhaltung höchstrichterlich abstecken? Natürlich gibt es immer die Experimente des inneren Zirkels, die Bücher für Eingeweihte, deren Autoren daran arbeiten, die Literatur ein Stück voranzubringen, und gewiß gehen von ihnen häufig die Anstöße für literarische Erneuerungen aus. Doch alles andere ist ein weites Feld: die gesellschaftliche Klimazone der Literatur ist mit allen denkbaren Variationen besetzt.

Von Schriftstellern wie WILLI HEINRICH (*Alte Häuser sterben nicht*, 1960; *Gottes zweite Garnitur*, 1962), GUDRUN PAUSEWANG (*Plaza Fortuna*, 1966), SIEGFRIED SOMMER (*Und keiner weint mir nach*, 1954) bis zu JOHANNES MARIO SIMMEL (*Es muß nicht immer Kaviar sein*, 1960; *Und Jimmy ging zum Regenbogen*, 1970) mit ihren zahlreichen Nachahmern kann man natürlich sagen, daß sie hauptsächlich zur Unterhaltungsindustrie beitragen, aber unbestreitbar haben sie manchen überhaupt erst zu lesen gelehrt. Es gehört zu den Verdiensten unkonventioneller Literaturkritiker der jungen Generation, mit Entschiedenheit auf die gesellschaftliche Funktion des Trivialen als einer Literatur von anderem Belang hinzuweisen. Und verkehren sich nicht auch innerhalb der »eigentlichen« Literatur die Wertvorstellungen und Zurechnungen oft schon nach kurzer Zeit?

Der hier schreibt, ist keinesfalls im Besitz unanfechtbarer Kriterien für derlei Rubrizierungen. Er meint jedoch, mit einem Zwischenblick auf eine Reihe von Werken und einige Büchergruppen hinweisen zu sollen, die in der Praxis des Buchmarkts dieser Jahre viel bedeuteten und die mehr oder weniger unverbunden bleiben, wenn man keine zwanghaften Einteilungen vornehmen will. Die folgenden Erwähnungen sind Merkposten dieser Art, Fall für Fall können sie nur als pars pro toto stehen.

Wo will man zum Beispiel Hans Hellmut Kirsts *08/15*-Trilogie (1954/55) zuordnen? Noch ehe die Bestsellerlisten aufkamen und den Sog merkantiler Spitzenreiter auf fragwürdige Weise steigerten, waren diese Landserromane Mitte der fünfziger Jahre ein marktbeherrschendes Ereignis. In Frankreich und Holland las man den Autor übrigens anders, nämlich ernsthafter, als in der Bundesrepublik. Die Kirst-Welle trug, ob man das begrüßenswert findet oder nicht, zur Korrektur des Bildes vom deutschen Soldaten bei. Er nahm wieder etwas menschlichere Züge an, weil er frei nach 08/15 eben nicht nur der Knobelbechermarschierer war, der alles in Europa niederrannte, sondern selbst geschunden und gejagt zum Schluß krepierte. Natürlich gab es eine fatale Verherrlichung der Landserromantik in diesen Büchern, aber darin erschöpften sich die Romane nicht ausschließlich.
In diesem Zusammenhang gehört auch die internationale Wirkung des Romans *So weit die Füße tragen* (1954), in dem Josef Martin Bauer nach wahren Begebenheiten die abenteuerliche Flucht eines Gefangenen aus Sibirien geschildert hat. Nicht minder eindrucksvoll, wenn auch weit weniger gelesen, war Wanda Bronska-Pampuchs Erlebnisroman aus sibirischen Lagern, *Ohne Maß und Ende* (1963). Oder die Romane Henry Jaegers *Die Festung* (1962) und *Rebellion der Verlorenen* (1963): Sie enthielten Unmittelbarkeit und Ingrimm des Schicksals in der Fremdenlegion und Gefängnishaft – dasselbe hätte die Dramaturgie gehobener Literatur nicht zu leisten vermocht.
Auf die verschiedenste Art gab es immer wieder Neuerscheinungen, die vom Start weg das wurden, was man gemeinhin Erfolgsbücher nennt, weil sie in besonders lesbarer Verpackung und ohne Furcht vor etwas so Komplexem wie Kitsch dem Publikum die Bestätigung des »So war es« boten oder ihm die Identifikation mit außergewöhnlichen Erlebnissen erzählerisch einsuggerierten. Nicht oft ragt im Werk eines in diesem Sinn leichten und unterhaltsamen Schriftstellers unter vielen Titeln einer so eindeutig hervor wie Hugo Hartungs Roman *Wir Wunderkinder* (1957), die selbstironische Beschreibung des deutschen Wiederaufstiegs in Episoden. Es ist nicht erstaunlich, daß ein solches Buch sogleich verfilmt (1958) und dann auch in zahlreichen Übersetzungen rings in Europa gelesen wurde.
Eines Tages wird, denke ich, auch die Geschichte der Sachbücher dieser Jahre als besonderes Kapitel zu schreiben sein. Jedenfalls gab es auf diesem Gebiet nicht wenige Novitäten, die Zäsuren markierten. Dazu gehörten unter vielen anderen Horst Mönnichs *Autostadt* (1951, Neuausgabe 1960), der »Roman« des Wolfsburger Volkswagenwerks – dem Inbegriff der wiedererstehenden deutschen Wirtschaft. Robert Jungks Bericht über die Perspektiven einer hochtechnisierten Massengesellschaft am Beispiel Amerikas, *Die Zukunft hat schon begonnen* (1952) – fünf Jahre später folgte, ebenso vielgelesen, *Heller als 1000 Sonnen.* Zugleich kam die erweiterte Fassung von C.W. Cerams *Götter, Gräber und Gelehrte* (1949; erneut 1956) mit weltweit sensationeller Resonanz heraus. In den folgenden Jahren fand dieser »Roman der Archäologie« viele Nachahmer, zum Beispiel den Bestseller *Mit dem Fahrstuhl in die Römerzeit* (1959) von Rudolf Pörtner. Eine Neuerscheinung mit Signalwirkung war 1957 Helmut Schelskys soziologische Begriffsfindung *Die skeptische Generation* für jene Jahrgänge, deren gebrochene Erfahrung kein naives Engagement mehr zuließen. Zehn Jahre später sollte *Die Unfähigkeit zu trauern – Grundlagen kollektiven Verhaltens* von Alexander und Margarethe Mitscherlich für das veränderte Daseinsgefühl der neuen Generation noch ungleich größere Bedeutung haben. Gleichzeitig mit Schelskys Buch war seinerzeit auch die Schrift *Die Verantwortung der Wissenschaft im Atomzeitalter* von

Carl Friedrich von Weizsäcker herausgekommen und hatte ebenso wie Karl Jaspers' umstrittenes Werk *Die Atombombe und die Zukunft des Menschen* (1958) in der Phase der verfrühten deutschen Wiederaufrüstung viele Diskussionen ausgelöst.
Eine Gruppe für sich bilden einige Bücher, die – verspätet, doch mit einer zündenden Nachholwirkung – ein Stück Selbstbefragung zur unbewältigten Vergangenheit neu aufgriffen: Christian Geisslers *Anfrage* (1960), eine Auseinandersetzung mit der Vätergeneration um die Schuldfrage, die das Thema plötzlich wieder brennend machte. Im gleichen Atemzug ist Melita Maschmanns politische Autobiographie *Fazit* (1963) zu nennen. Es handelt sich um das schonungslose Selbstdokument einer ehemaligen Arbeitsdienstführerin, die zuvor mit einigem Echo Romane publiziert hatte (*Der Dreizehnte*, 1960, eng angelehnt an Thornton Wilders *Die Brücke von San Luis Rey*, und *Die Aschenspur*, 1961). Sie machte nun Ernst mit der Revision der Vergangenheit. Das Buch beeindruckte durch das aufrichtige Zugeben: »Ich habe an den Nationalsozialismus geglaubt«, vor allem aber durch den Ernst der Absage an diese (jugendliche) Vergangenheit. Übrigens bedeutete *Fazit* auch im Leben der Autorin eine entscheidende Zäsur. Melita Maschmann ging nach Indien, sie trat später nicht mehr publizistisch in Erscheinung.
Ein weiteres Buch dieser politischen Nachlese ist der Dialog *Über Deutschland ...* (1965) von dem Frankfurter Studienrat Richard Matthias Müller: ein schmaler, seinerzeit vielzitierter Band mit Gesprächen zwischen einem Vater der mittleren Generation und seinem Sohn über die nationale Frage der Schuld, aber auch die Fehlerquellen für allzu schnelle Urteile der nachfolgenden Generation. – Eine unbestechliche Analyse der politischen Apathie der Deutschen hatte 1963 der aus Amerika zurückgekehrte Ulrich Sonnemann geliefert: *Das Land der unbegrenzten Zumutbarkeiten.* Diese Essays, so schwer lesbar wie widerlegbar, erschienen immerhin auf den Bestsellerlisten.
Eine Bestandsaufnahme der Gegenwart, verbunden mit einer Rekapitulation der Vergangenheit findet sich in den intensiven und aufschlußreichen Reportagen *zum Beispiel 42 Deutsche* (1968), die der Fernsehjournalist Jürgen Neven-du-Mont nach monatelangen Tonbandinterviews, die er in Heidelberg gemacht hatte, herausgab. Für das höchst lebendige Buch hatten die Reportagen der *Division Street* des Amerikaners Studs Terkel das Modell abgegeben. Im übrigen mag man auch Horst Krügers 1966 erschienenes autobiographisches Erzählbuch *Das zerbrochene Haus* zu diesen späten Rückblicken rechnen, wenn es auch auf einer sublimeren Ebene berichtet und argumentiert.
Schließlich eroberte sich in jenen Jahren auch eine kritische Publikation große Beachtung, die einige Dimensionen auf den Kopf stellte und sich erfrischend subjektive Urteile leistete: Karlheinz Deschners *Talente, Dichter, Dilettanten. Überschätzte und unterschätzte Werke in der deutschen Literatur der Gegenwart* (1964).
Ein Jahr darauf erschien dann zur Frankfurter Buchmesse ein interkontinentales Erfolgsbuch eigener Art: der erste Band der *Erinnerungen* von Konrad Adenauer. Der Exkanzler hatte die Weltrechte an seinem dreibändigen Opus überraschenderweise dem Pariser Verlag Hachette übertragen und im übrigen nicht versäumt, Anekdoten über seine erste leibhaftige Berührung mit der Bücherwelt sammeln zu lassen. Zum Beispiel schreckte den alten Herrn die Höhe der Steuern, die ein erfolgreicher Autor zu bezahlen hatte. Im selben Herbst kamen von Günter Grass die gesammelten *Wahlreden* heraus. Der Autor der inzwischen weltberühmten *Blechtrommel* (*The Tin Drum*)

hatte seine Wählerinitiative in Gang gebracht. Nach der Niederlage der von ihm unterstützten Partei betrachtete er seine ersten Erfahrungen als politischer Redner mit vorübergehender Resignation.

Es begann eine Zeit der Memoiren und Biographien. Eines der meistgelesenen Werke auf diesem Gebiet wurde CARL ZUCKMAYERS Erinnerungsbuch *Als wär's ein Stück von mir* (1966). Gleichzeitig erschienen als Torso aus dem Nachlaß *Aufzeichnungen 1945 bis 1947* von THEODOR HEUSS. Als ein politisches Testament wurden die *Erinnerungen und Reflexionen* des Wiener Marxisten ERNST FISCHER verstanden (1969), ebenso intensiv war im Jahr darauf die Resonanz des freimütigen Berichts über die Erfahrungen eines Intellektuellen in der DDR, *Fragen, Antworten, Fragen* von ROBERT HAVEMANN. In diesem Zusammenhang gehören auch die so schillernden wie als Information ergiebigen *Erinnerungen* (1969), die ALBERT SPEER nach seiner Entlassung aus der Spandauer Haft fertiggestellt hat. 1970 war dann das handgreiflich erzählte Erlebnisbuch der HILDEGARD KNEF, *Der geschenkte Gaul*, Monate lang Spitzenreiter der Bestsellerlisten, im Verein übrigens mit ERICH VON DÄNIKENS Buch *Zurück zu den Sternen*, das einen neuen Typ der Utopie-Unterhaltung verkörpert.

Im Bereich der Biographien, der sich von FRIEDRICH SIEBURGS seinerzeit vielgeschätztem *Napoleon* (1956) bis zu Werken wie *Preußens Friedrich und die Deutschen* (1968) und *Jesus Menschensohn* (1972) von RUDOLF AUGSTEIN erstreckt, erscheint als der bemerkenswerteste Autor der in London lebende RICHARD FRIEDENTHAL: Er hat 1918 mit Gedichten begonnen und in der Weimarer Zeit unter anderem den Cortez-Roman *Der Eroberer* (1929) herausgebracht. Zwischendurch war er Lexikon-Herausgeber und Verlagsleiter. 1956 tauchte er als Erzähler wieder auf mit dem Roman seiner englischen Internierungserlebnisse, *Die Welt in der Nußschale*. Seinen Durchbruch erreichte er jedoch erst als Biograph um die Wende zu seinem siebzigsten Lebensjahr. Seine umfänglichen Darstellungen *Goethe – Sein Leben und seine Zeit* (1964) und *Luther* (1967), so kenntnisreich wie eigenwillig in den Perspektiven, trugen ihm eine späte, doch außerordentliche Anerkennung ein.

Die Chronologie der Ereignisse kennt vieles, was »außerdem« stattfand und gemeinhin nicht in Literaturgeschichten eingeht. Dennoch war und ist manches darunter für die Beschreibung der ersten fünfundzwanzig Jahre nach dem Krieg signifikant. Es gab die Woge der Anthologien und die Wellen der Tagebücher wie den allmählichen Wandel vom Leinenband, dem hard cover, zum Paperback und zum Taschenbuch.

Vor allem folgte der Primärliteratur die sekundäre Interpretation immer rascher und umfassender nach. In einer Zeit, die sich permanent dokumentiert, verwirrt sich der Blick auch der beruflichen Leser und richtet sich auf die Notwendigkeit von Spezialisierungen ein. Das Problem ist nicht mehr die Verfügbarkeit der Materialien zur zeitgenössischen Literatur, sondern ihr Überangebot. So verschwindet das gestern noch Vorrangige auf dem Mikrofilm im Archiv. Vergrößerungen von Ausschnitten sind jederzeit möglich.

MIT GOETHE NACH INNEN UND AUSSEN

Kein Vernünftiger wird auf die Idee verfallen, Goethes Genie zu verbellen wie ein vierbeiniger Nachtwächter den Mond. Bezweifelt wird indessen die Eignung seines Namens als kulturelles Galionssymbol unserer Tage.

Goethe – das bedeutet: Kult von Generationen, Kult am Größten, den wir hatten, Kult an uns selbst. Es bedeutet auch: Anspruch auf Gesamtvertretung in deutscher Sache. Wir sind jedoch in Zeiten und Zuständen angelangt, die sich vom Dichter des *Faust* so weit entfernt haben, daß mit seinem Weimar kein gegenwärtiger Staat mehr zu machen ist. Oder kamen die Engländer auf den Gedanken, der Welt Shakespeare-Institute anzubieten? Goethe wie Shakespeare wirken universell und unaufhaltsam durch ihr Werk. Ein Kulturinstitut der Bundesrepublik, das nicht respektfordernd ein Genie vor sich herträgt, wäre vielen Menschen einleuchtender. Darüber wird an anderer Stelle diskutiert. Hier geht es um Überlegungen, was im Namen Goethes und anderer Ahnen in der Literaturpolitik geschah oder versäumt wurde.

Als unser Land sich wieder aufraffte, eine Kulturnation zu werden, fiel den zuständigen Politikern leider zunächst auf überwältigende Weise einmal wieder Goethe ein. Zugegeben, er bot sich an, denn sein Geburtstag jährte sich 1949 zum zweihundertsten Mal. Also begann man zu Frankfurt, um einen Goethe von innen zu bitten, nach guter deutscher Art. Es dauerte keine zehn Jahre, dann war die Restauration abgeschlossen unter dem Motto: Wir sind wieder wer. Das hatte drinnen und draußen in der Zwischenzeit auch kaum jemand bestritten. Nur hätte man gern von Staats wegen deutlicher erfahren, was es auf sich hatte mit der neuen deutschen Kunst und Literatur. Nach Denkmälern stand den Zeitgenossen nicht der Sinn. Die Republik aber schmückte sich kulturoffiziell überwiegend mit Zeugen der Vergangenheit.

Wie eine Gesellschaft die ihr synchrone Kunst und Literatur konsumiert und welche Mitbestimmung sie den kreativen Einzelnen wie ihren Gruppierungen an den Organen der Kulturpolitik einräumt, das sagt über ein Land und seine Bewohner Kennzeichnendes aus. Zwischen dem Staat und den schöpferischen Intellektuellen besteht hierzulande traditionell ein gebrochenes Verhältnis. Die Frage stellt sich, wie weit sich das in der Ära Brandt-Heinemann gewandelt hat. Nach außen die Politik weltweiter Verständigung, nach innen das Programm gesellschaftlicher Reformen – ist das nicht eine Ausgangslage, die auch kritische Außenseiter in das offizielle Konzept des Verwirklichbaren einzubeziehen vermag?

Mit ja zu antworten, wäre allzu ideal gewünscht oder gedacht. Denn in Wahrheit befindet sich die Gesellschaft der Bundesrepublik in einer Polarisierung, die fast alle Daseinsbereiche von öffentlicher Bedeutung umfaßt. Die Situation der Autoren und Künstler kann getrennt von diesem Prozeß nicht sinnvoll beurteilt werden, denn an ihm scheiden sich mehr als je zuvor seit Bestehen des westdeutschen Staatsgebildes die Geister.

Das öffentliche Bewußtsein ist eine Schnecke, die vom Vorhandenen zur Veränderung millimeterweise kriecht. Diese jede Reformpolitik erschwerende Tatsache vermag auch den Geduldigsten gelegentlich aus der Fassung zu bringen. Was sich gegenwärtig in der Bundesrepublik zuträgt, ist indessen eine Auseinandersetzung voller Ungeduld auf allen Seiten. Im Kern ist es der Konflikt zwischen der überkommenen bürgerlich-ständischen Rangordnung und der von immer stärkeren Bevölkerungsgruppen geforderten mündigen Gesellschaft auf der Basis von Selbstbestimmung und Mitbesitz möglichst vieler in möglichst vielen Bereichen.

Von dieser Auseinandersetzung ist jedermann betroffen, ganz gleich in welchem Lager er steht, welcher Partei oder Weltanschauung er zuneigt oder angehört. Der alte Traum mancher Künstler und Intellektueller, auf gleichsam unverbindlichem Richterstuhl außerhalb der Szene zu sitzen und das dramatische Geschehen zu kommentieren, läßt sich nicht unbeschadet weiterträumen. Es gibt keine von Politik unberührten Freiräume im kulturellen Terrain. Es hat sie auch niemals gegeben. Lediglich das Gerücht, Kunst und Literatur seien unpolitisch, wurde von den daran Interessierten in vielerlei Spielarten am Leben erhalten.

Die Schriftsteller haben ironischerweise generationenlang die Einschätzung angenommen, welche die Gesellschaft für sie bereithielt. Was einigen Prominenten gelang – wirtschaftliche Unabhängigkeit und öffentliche Geltung –, wurde zur Zielvorstellung für eine ganze Berufsgruppe. Allzu lange wurde Geniekult betrieben. Der Erfolgreiche galt alles, der Namenlose nichts. Ein fragwürdiger Wertbegriff des »kulturell Bedeutsamen« regelte das Almosenverfahren für das überflüssigste aller Produkte: die Kunst. Mag solche Einschätzung und Selbsteinschätzung schon im 19. Jahrhundert fragwürdig gewesen sein, mit der Erschließung der technischen Medien, mit der Auffächerung der Arbeitsmöglichkeiten für Schreibende wie Komponisten und zum Teil auch bildende Künstler im 20. Jahrhundert hatte sie endgültig ausgedient.

Eine Kulturpolitik, die dies nicht ins Bewußtsein nimmt und damit zu einem der Ausgangspunkte ihres Handelns macht, erscheint antiquiert. In der Bundesrepublik fällt auf, daß man Kunst und Literatur noch immer vorwiegend als Angebot für Repräsentation begreift: Aushängeschilder, die man bei Bedarf vorweisen, bei Nichtbedarf aber auch ohne Scherereien in die hinterste Ecke hängen kann. Man spricht zwar gern vom Mitwirken der Künstler, der Schriftsteller an öffentlichen Aufgaben, aber noch bis vor kurzem galt fast ausschließlich die Bejahung des Bestehenden als erwünscht. Allenfalls milde Kritik fand die Billigung ungläubig lächelnder Kulturverwalter und Politiker, die sich ohnehin sicher wähnten, daß von Autoren keine Einfälle von realem Gewicht für die Gegenwart zu erwarten wären. Man leistete sich Märchenerzähler und Hofmusikanten, doch wenn sie auf die Idee verfielen, sich mit der Kritik politischer Zustände hervorzutun, kanzelte man sie nur allzu rasch und machtgewohnt mit Bezeichnungen aus Brehms Tierleben ab.

Auch heute gilt – man prüfe nur die Bestimmungen des Bundesrechnungshofs und informiere sich über die Länderhaushalte, denn im Etat liegt die Macht – in der Bundesrepublik als Kultur in erster Linie noch immer das, was man an Bühnen und in Festsälen öffentlich sehen und hören kann. Es scheint vor allem dem Zweck zu dienen, daß sich Staatsrepräsentanten und Regionalpolitiker wie weiland die Landesfürsten mit ihren Hoftheatern mit Aufführbarem schmücken können, und zwar bitte unbedroht von inhaltlichen Schrecknissen.

Im Föderalismus der Republik setzt sich viel Duodezgeist fort: jener kulturpolitische Partikularismus, der so oft die Garantie für Provinzielles abgibt. Wer sich gegen das alles auflehnt und die Reaktionsfähigkeit staatlicher Einrichtungen auf unkonventionelle Ideen, ja eine gewisse Spontaneität und Risikofreudigkeit erwartet, gerät nicht in die Verstrickungen geistiger Höhenflüge, sondern in die zermarternden Fänge der Ministerialverwaltung und Parteienhierarchie.

Der Weg aus dem Elfenbeinturm durch die Instanzen ist keine Kulturrevolution. Er entspricht den Schritt-für-Schritt-Notwendigkeiten alles Politischen. Wenn kreative Intellektuelle wirklich Einfluß auf die Kulturpolitik, also auf die offizielle Rolle der

Kultur in der Gesellschaft nehmen wollen, und zwar nicht nur als schöpferische Individuen, sondern auch durch Organisation, Mitbestimmung und Selbstverwaltung, dürfen sie nicht außerhalb der staatlichen Apparate bleiben.
Allerdings sollte jeder, der diese Forderung ernst nimmt und auch bereit ist, an ihrer Realisierung mitzuarbeiten, am Ausgangspunkt seines Handelns zurückblicken im Zorn: Der Kulturkonsum der fünfziger und sechziger Jahre wurde nach und nach fast so behäbig selbstzufrieden wie in der Wilhelminischen Ära. Noch mit literarischen Rebellionen ging man vorwiegend kulinarisch um. Erst die radikale Forderung der neuen Generation nach Demokratisierung hat Ansätze zur Veränderung greifbar gemacht.
Zwar gibt es gegenwärtig überall Anfänge eines neuen Selbstverständnisses der Künstler und Autoren, zwar fehlt es nicht mehr an ihren inhaltlichen und organisatorischen Initiativen, doch existiert kein Gesamtplan für eine entsprechende Reform dieses Gebiets der Kulturpolitik. Was an der Basis der kulturellen Bereiche vor sich geht, ist den politischen Verantwortlichen vielfach unbekannt. Für sie sind andere gesellschaftliche Gruppen, finanzkräftigere und zahlenmäßig stärkere, offenbar von mehr Belang.
Ein Künstler wird erst dann gesellschaftsfähig, wenn er in den Feuilletons als Größe gefeiert wurde. Dann öffnen sich ihm auch die Türen großmächtiger Häuser. Freilich können sie sich jederzeit wieder schließen. Das geschieht ziemlich regelmäßig dann, wenn der Auftritt eines Prominenten die Spielregeln verletzt und deswegen als schokkierend empfunden wird. Jedenfalls gilt: Maler bleib bei deinem Pinsel, Schriftsteller bleib bei deinem Füllfederhalter, Komponist bleib bei deinen Noten. Grenzüberschreitungen sind beim Publikum und den Spitzen zuständiger Gremien unbeliebt.
Die Struktur der Gesellschaft in der Bundesrepublik ist nachweislich trotz eines teilweise eingetretenen Wandels noch immer überwiegend konservativ. Vor diesem Hintergrund wird fast jede öffentliche Stellungnahme eines Schriftstellers, die politischen Problemen gilt, als Einmischung in eine fremde Fachzuständigkeit mißdeutet und daraufhin emotional abgelehnt. Dabei gilt in deutschen Landen noch weiter die Regel, daß man Kritik an öffentlichen Zuständen eher von rechts als von links toleriert. Ein HANS HABE, ein WILLIAM S. SCHLAMM wirkt denkwürdigerweise selbst dann auf viele Bürger noch »staatserhaltend«, wenn er die Demokratie beschädigt. Wenn HEINRICH BÖLL aber unter viele berechtigte Worte seines Ingrimms gegen Volksverhetzung aus einem norddeutschen oder einem fränkischen Pressehaus nur einige wenige anfechtbare und unbedachte mischt, ertönt ein druckerschwarzer Aufschrei von Schleswig-Holstein bis nach Bayern.
Dies ist ein Teil der Polarisierung, die der Bundesrepublik zu schaffen macht. In diesem Spannungsfeld unter anderem müßte Kulturpolitik planen, argumentieren und handeln, soweit sie Kunst, Sprache und Literatur zum Gegenstand hat. Es geht nicht an, nur das literarische Endprodukt zur Kenntnis zu nehmen und die Bedingungen seines Entstehens in der gesellschaftlichen Umgebung wie der spezifischen Arbeitswelt der Autoren zu ignorieren. Denn Autonomie der Kultur – die anscheinend einmütige Forderung aller Kulturpolitiker, wenn es um demokratische Beteuerungen geht – wird häufig nur mißverstanden, ja mißbraucht als Autonomie kultureller Verwaltung, nicht aber derer, die Kultur produzieren und damit erst das Politikum schaffen.
In der Tat bedeutet es etwas für die Beziehung der Schriftsteller zum Staat, daß es heute im Gegensatz zur Weimarer Republik kaum eine nennenswerte reaktionäre

Literatur gibt, keine nationalistischen Bücher von Belang – wenn auch Landserhefte und einige Kolportageromane ihr chauvinistisches Unwesen treiben. Doch es existieren keine Gegenstücke zu HANS GRIMMS *Volk ohne Raum*, zu den Werken ERWIN GUIDO KOLBENHEYERS, zum frühen ERNST JÜNGER oder zu den Massenerfolgen der BEUMELBURG, DWINGER, SCHAUWECKER, STEGUWEIT, ZERKAULEN und ZÖBERLEIN.
Anders als in den zwanziger Jahren hat zum erstenmal der Gedanke der Demokratie bei einer großen Zahl der Bevölkerung Zustimmung gefunden. Aber das politische Klima könnte, zumal in einer wirtschaftlichen Krise, jäh wieder umkippen. Die Autoritätsgebundenheit der Abhängigen blieb bisher in Deutschland viel stärker wirksam als in den nördlichen und westlichen Nachbarländern. Noch immer gibt es zum Beispiel in den Redaktionen der Massenmedien eine Bereitschaft zur Selbstzensur – sie ist bei nicht wenigen Mitarbeitern verhältnismäßig rasch durch angemaßte politische Weisung und wirtschaftlichen Druck auslösbar. Es fehlt allerorts an Zivilcourage.
Die Verwirklichung und das Fortbestehen der Meinungsfreiheit (Informationsvielfalt) in Literatur und Publizistik sind aber Grundvoraussetzungen für jede demokratische Kulturpolitik. Die Rundfunkanstalten und Fernsehsender, weniger abhängig von Werbeeinnahmen als die Presse und weit unabhängiger von der Marktsituation für das kulturelle Wort als alle Buchverlage, dazu durch Länderverträge Anstalten des öffentlichen Rechts, haben hier nach dem Grundgesetz eine besondere Freiheitsgarantie zu leisten. Doch in der Praxis hat es zu allen Zeiten der Bundesrepublik Übergriffe durch einseitige Machtansprüche auch auf diesem Informationssektor gegeben. Literatur, wie gesagt, ist nur eine bestimmte Art von Information.
Man kann die Wette eingehen, daß fast jeder, der hierzulande vom Schreiben lebt und dabei gesellschaftskritisch engagiert ist, von den fünfziger Jahren bis heute hat immer wieder Zugeständnisse machen müssen: das Ja zu Streichungen, Beschönigungen, angeblich nur stilistischen Änderungen wurde ihm, wenn man ihn überhaupt gefragt hat, mit dem Honorarzettel abgehandelt. Wer das nicht sieht, ist blind, oder er leidet an einer bundesrepublikanischen Euphorie im Vertrauen auf den Geist des Grundgesetzes, dessen Väter beschlossen haben: »Eine Zensur findet nicht statt.«
Die mehr oder weniger tabuisierten Bereiche veränderten sich nur langsam. Es waren in der Hauptsache die DDR, mit der man in den Organen der Öffentlichkeit bis in die Mitte der sechziger Jahre ein geradezu lächerliches Blindekuhspiel trieb, die Wiederaufrüstung, der wirtschaftliche und der kirchliche Einfluß in den Machtzonen des Staates sowie die politische Justiz. Objektivität gebietet es festzustellen, daß in den zurückliegenden Jahren die Tabubereiche trotz des Gerangels um parteipolitische Vormachtstellungen in Funk und Fernsehen wie einem Teil der Presse geschrumpft sind. Das aufklärerische Prinzip der Publizistik, das Verlangen der Öffentlichkeit nach Meinungsfreiheit haben zugenommen, nicht zuletzt auf Druck der Außerparlamentarischen Opposition und ihrer Nachfolgeerscheinungen.
Warum hört man von alldem so wenig innerhalb der mächtigen Bürokratie der Kulturpolitik? Wiegen sich die Ressortbeamten wirklich mit Goethes Geniestreichen nach innen und außen in Selbstzufriedenheit? Die Gegenwartsferne zumindest weiter Teilbereiche des kulturpolitischen Geschehens spiegelt eine olympische Erhabenheit der Verwaltung über die Kultur. Besonders wenn man ins Auswärtige eine Reise tut, kann man was erleben: Hier gehen wir Deutschen wirklich noch mit Goethe um die Welt.

Wie präsentiert sich unsere Kultur dem Ausland?

Als die Bundesrepublik gegründet wurde und – getragen von den westlichen Besatzungsmächten – nach und nach ein eigenwilliges Selbstverständnis, sogar einen Alleinvertretungsanspruch in deutscher Sache entwickelte, kamen auch Resterscheinungen des »Landes der Dichter und Denker« mit überraschender Hartnäckigkeit wieder zum Zug. Von vornherein war der Wiederaufbau eine Restauration. Die entscheidenden Weichenstellungen verliefen auf den von Politikern der damaligen Mehrheit so starr eingeschlagenen Bahnen, daß es heute nicht nur schwierig, sondern beinahe unmöglich ist, die verfestigten Strukturen auswärtiger Kulturpolitik von Grund auf zu verändern.
In den fünfziger Jahren ist man angetreten, das Deutschlandbild der Welt, das mit Gewalt und Tod mehr zu tun hatte als mit Kunst, Sprache und Literatur, in einem teils bedachten, teils naiven Bemühen wieder mit dem eingewurzelten deutschen Hoheitsgefühl in Einklang zu bringen. Man begann, mit dem Namen Goethe auf den Lippen deutsche Public Relations zu betreiben – nicht grundsätzlich anders als Amerikaner, Engländer, Franzosen und Italiener mit ihren Kulturinstituten. Zwar war die Erkenntnis nicht mehr zu verdrängen, daß die deutsche Sprache keine Großmacht mehr bedeutete, aber den Schwerpunkt aller auswärtigen Darbietung unserer Kultur bildeten sehr bald die Sprachkurse. Mit dem gewohnten Respekt vor uns selbst und geringer Bange legten wir unsere Kulturmissionen in entfernten Kontinenten vorwiegend in die Köpfe und Hände von Germanisten, die wohl ihr Fach beherrschten, nicht immer in gleichem Maß aber auch diplomatische Fähigkeiten besaßen, geschweige denn die kulturellen Ursprungsbedingungen ihres Gastlandes kannten.
Nichts gegen solche lehrhafte Verbalisierung des Mediums unserer Herkunft, sofern die Genesung am deutschen Wesen als Wunschziel nicht wieder aufersteht. Doch wer heute unter der Devise »Mit Goethe um die Welt« Bilanz zieht, mag immerhin zu der Ansicht kommen, daß wir es wieder einmal übertrieben haben mit Philologie und Semantik – schicklich garniert mit Dichterlesungen im Staatsdienst und Kammermusik. Noch im Jahr 1973 gibt es in Bonn Sachwalter unserer Kulturinstitutionen, die sich rückwirkend unaufhörlich auf die Schulter schlagen für die schier revolutionäre Entwicklung, daß es eines Tages sogar möglich wurde, Brecht-Aufführungen für die Bundesrepublik als diplomatiefähig zu erklären oder einen Enzensberger, einen Grass zu fliegenden Deutschen für Kultur zu machen. Seinerzeit staunte man im Auswärtigen Amt nicht schlecht, als man die Erfahrung machte – wie etwa die Sowjetunion mit Jewtuschenko –, daß beredte Kritiker des eigenen Landes nicht selten überzeugendere Kulturbotschafter sind als die braven Regisseure nationaler Feierstunden, in denen ein aus der Gegenwart gefallenes Publikum in Pretoria oder Buenos Aires, Sydney oder Mexiko im Gesellschaftsanzug Sektperlen um die Celebration unserer Geistesfürsten von dermaleinst tanzen läßt. So mancher deutsche Club im Ausland rankt subventionsbeflissen seine Kulturgirlande um eine Heimat, die es in Europa längst nicht mehr gibt.
Wenn man im übrigen alles abstriche, was an deutscher Sprachpolitik im Ausland vorwiegend die Angehörigen deutscher Botschaften, Institute und Firmen bedient, bliebe ohnehin nur ein bescheidener Prozentsatz im Verhältnis zum Gesamtaufwand. Die Frage stellt sich, wieweit diese Institutionen sogar Integrationsprozesse verhindern – für Deutsche im Ausland wie für die an unserer Kulturarbeit Interessierten in vielen

Ländern. So sehr einzelne Kulturreferenten, Institutsleiter und Dozenten vorzügliche Programme und Beteiligungen zustande bringen – von der Idee her bleibt das Verfahren reparaturbedürftig.
Dabei ist nicht zu übersehen, daß keine der politischen Parteien in der Bundesrepublik ein geschlossenes Konzept für die auswärtige Kulturpolitik vorgelegt oder

Aufgrund einer Vereinbarung zwischen dem Verband deutscher Schriftsteller und der sowjetischen Schriftstellerorganisation besuchte im Dezember 1971 eine Delegation sowjetischer Autoren die Bundesrepublik. Das Bild zeigt die Gäste und den VS-Vorsitzenden Dieter Lattmann bei einem Spaziergang auf dem Münchener Olympiagelände. V. links n. rechts: Wladimir Steshenskij, Grigol Abashidse, Dieter Lattmann, Jewgenij Winokurow, Wladimir Popow, Frau Tamara Varlamovna, Sero Chadsanjan.

auch nur eingehend diskutiert hat. Zwar spricht man auch auf diesem Gebiet gern von Reformen, aber die wenigen Parlamentarier, die davon etwas verstehen oder sich einzuarbeiten bereit sind, läßt man immer wieder im Stich. Letzten Endes hat sich in der Kulturpolitik im Auswärtigen Amt immer das durchgesetzt, was einzelne tatkräftige Personen wollten und einfach getan haben, ohne sich um Mehrheiten zu kümmern. In der Adenauer-Ära war Dieter Sattler ein zweifellos so geschickter wie zum Teil effektiver Leiter der Kulturabteilung im Auswärtigen Amt, aber im Grunde waren er und seine engeren Mitarbeiter innerhalb der konservativen Hegemonie so isoliert wie heute der Sozialdemokrat Hans Arnold mit seinem Reformvorhaben auf demselben Posten.
Im übrigen gibt es nicht nur die ministerielle, sondern auch die parlamentarische Bürokratie. Wenn beide klassisch miteinander rivalisierenden Ebenen in reformerischen Wettstreit geraten, geschieht noch lange nichts Unbürokratisches. Außerdem bedient das Auswärtige Amt sich seit langem für die kulturpolitische Praxis sogenann-

ter Mittlerorganisationen. Es sind dies jene eingetragenen Vereine, Gesellschaften und Stiftungen, die als Finanzgeschöpfe der öffentlichen Hand, doch inhaltlich weitgehend ungebunden auf Grund langfristiger Verträge mit der Kulturabteilung einen wesentlichen Teil gegenwärtiger Kulturpolitik im Ausland und zum Teil auch im Inland vollziehen – ohne direkte politische Legitimation: »Inter Nationes e. V.«, das »Goethe-Institut zur Pflege deutscher Sprache und Kultur im Ausland« und der »Deutsche Akademische Austauschdienst« (DAAD) an vorrangiger Stelle, aber auch die Stiftungen namens Alexander von Humboldt und Georg Friedrich Benecke, das »Institut für Auslandsbeziehungen«, der »Deutsche Musikrat« und die »Beheim-Gesellschaft«. Im Grunde gehören in diesen Zusammenhang zumindest teilweise auch die finanzkräftigen Stiftungen der Parteien: Friedrich Ebert, Konrad Adenauer und Friedrich Naumann.

Festzustehen scheint dies: Wer sich eine so entschiedene wie realisierbare Reform unserer auswärtigen Kulturpolitik vornimmt, dafür also die erforderlichen Mehrheiten in den Parlamenten von Bund und Ländern erreichen will, muß einen begrenzten Handlungsspielraum und folgerichtig ein Programm in mehreren Stufen ins Auge fassen. Forderungen, die bei den beweglicheren unter den im Ausland für die Kulturpolitik der Bundesrepublik Beauftragten immer wieder laut geworden sind, lassen sich so charakterisieren:

Es geht nicht nur um eine Veränderung der Apparate, also nicht nur die Reform der Organisation. Es geht um die Veränderung des *Kulturbegriffs*, mit dem tradierte Auslandspolitik betrieben wird. Weg von der Selbstfeier eines bloß elitebezogenen Vergangenheitskults – hin zu einer Politik, welche die intellektuellen und schöpferischen Veränderungsprozesse der Gegenwart in ihren Themen wie in ihren Gruppierungen zum selbstverständlichen Instrument ihres Handelns nimmt. Denn Kultur ist ein gesamtgesellschaftlicher Vorgang und nur im Fall permanenter Mißverständnisse, zu denen Deutsche besonders neigen, ein isoliertes Geschehen im Musentempel oder Narrenhaus.

Da 80 Prozent der Politiker weghören, sobald das Stichwort Kultur fällt, müssen die restlichen als Minderheit inter Fractiones zu verwirklichen suchen, was in Alleingängen nicht zu bewältigen ist. Ohne Appell an die Öffentlichkeit und die Mitwirkung der in den kulturellen Bereichen und Medien kreativ und mitgestaltend Tätigen wird nichts zu erreichen sein. Kulturpolitik müßte insgesamt eine Sache jenes Teils der Bevölkerung werden, der sich Kultur wünscht. Anders fehlt der Druck, ohne den in der Politik keine Stühle verrückt werden – erst recht keine Felsbrocken.

Auswärtige Kulturpolitik, das fordert die vom 6. wie vom 7. Deutschen Bundestag dafür eingesetzte Enquête-Kommission, die nach dem Prozentschlüssel der Fraktionen für eine mehrjährige Planungsarbeit gebildet worden ist, soll als mittragende Säule der Politik des Auswärtigen verstanden werden und müßte dementsprechend also auch im Kabinett vertreten sein. Dies erscheint unter anderem als logische Konsequenz aus der Regierungserklärung vom 18. Januar 1973, in der Willy Brandt die Verpflichtung zur Reform der auswärtigen Kulturpolitik bekräftigt hat. Nach Brandt wird die Reform darüber entscheiden, »welches Bild man sich künftig von unserer Gesellschaft macht«.

Ein Hauptmangel liegt bislang darin, daß zwischen den im Ausland kulturpolitisch Tätigen und den kulturellen Ereignissen in der Bundesrepublik ein viel zu loser Kontakt besteht. Bisweilen erscheint diese Verbindung völlig abgerissen. Es fehlt an einer zentralen Ausbildung der zu Entsendenden und an der spätestens alle paar Jahre notwendigen Auffrischung der Kenntnisse durch kulturpolitische Seminare, zu denen man Dozenten und Referenten in regem Wechsel nach Hause holen müßte. Es fehlt an Spontaneität und am Verzicht auf Konventionen. Einer leviathanschen Autonomie der Kulturverwaltung steht die viel zu geringe Autonomie der Kultur und ihrer Produzenten gegenüber.

Was immer an Verbesserungen erreichbar sein wird, in einem täusche sich niemand: Auf dem Weg nach Europa kommt der Zeitpunkt in Sicht, zu dem allzuviel Kulturhoheit der Bundesländer unsere Republik mit Provinzialismus bedroht. Was wir brauchen, ist eine weltoffene Kulturpolitik, sensibel für Fremdes – in den Dimensionen geistiger Großzügigkeit. Im übrigen, wenn Liebe durch den Magen geht, dann geht Politik durch den Etat.

Das mag ein Beispiel aus der Praxis veranschaulichen. Das Goethe-Institut der Bundesrepublik in London, das sinnvollerweise den Namen »German Institute« trägt, hatte für 1972 einen Haushaltsentwurf in Höhe von DM 517000,– eingereicht. In diesem Haushalt waren die Personalausgaben für die entsandten Mitarbeiter wie üblich nicht enthalten, wohl aber die Personalkosten für die Ortskräfte. Die Eigeneinnahmen durch Sprachkurse waren mit DM 76000,– veranschlagt, so daß der Zuschuß in Form von öffentlichen Mitteln mit DM 441000,– beantragt wurde.

Von dieser Summe waren DM 98400,– für Veranstaltungen veranschlagt und DM 15000,– für Werbekosten, insgesamt also DM 113000,– für den aktiven Haushalt. Im Bewilligungsbescheid wurden jedoch insgesamt nur DM 380600,– zugebilligt, davon DM 65000,– für Veranstaltungen und DM 13000,– Werbekosten (eine Nachbewilligung von weiteren DM 11000,– kam in der zweiten Jahreshälfte 1972 zu spät, um noch im Rahmen einer vernünftigen längerfristigen Planung ausgenutzt werden zu können – man half sich wie in solchen Fällen meist mit ad-hoc-Veranstaltungen, um die Zusatzsumme aufzubrauchen).

Die Kürzung gegenüber dem Antrag für den aktiven Haushalt betrug rund 32 Prozent. Dieser Haushalt, auf den sich die Streichung – wie überall – hauptsächlich auswirkte, denn die Personal- und Sachkosten sind kaum zu kürzen, betrug demnach knapp 20 Prozent des Gesamthaushalts. Ist das noch zweckmäßig? – Dazu der Leiter des Londoner Instituts, Klaus Schulz: »In Wahrheit beträgt die Kürzung des aktiven Haushalts natürlich noch mehr, weil auch in Großbritannien die Kosten für Werbung, Druck, Saalmieten sowie Veranstaltungshonorare gestiegen sind. Ich habe schon immer die Auffassung vertreten, daß eine Kulturarbeit nur wirksam sein kann, wenn der sogenannte aktive Haushalt in einer bestimmten Relation zum Gesamthaushalt steht, weil sonst die Gefahr besteht, daß sich ein Institut selbst zu verwalten beginnt.«

Im übrigen muß das German Institute in London die kulturpolitische Aufgabe für die Bundesrepublik nicht nur in der Weltmetropole leisten, sondern möglichst auch noch in Südengland und in der Zusammenarbeit mit 17 Universitäten – das alles mit sage und schreibe DM 65000,– als Veranstaltungsetat. Ist die Bundesrepublik wirklich ein kulturelles Entwicklungsland?

Kulturpolitik ist folglich zuerst ein Etatproblem: Dies gilt im Äußeren wie im Inneren. Kulturpolitiker müssen darum zunächst einmal Haushaltspolitiker sein. Wer sich etwa den Kulturfonds des Auswärtigen Amts zur Prüfung vornimmt, stößt auf scheinbar betonierte Positionen, die Verpflichtungen wie gewisse Gepflogenheiten aus den fünfziger Jahren fortschreiben.

Abgrundtiefer Pessimismus scheint selbst sonst energische Politikerhände zu lähmen, die hier mit kräftigen Strichen Gewichtsverlagerungen vornehmen möchten. Zum Beispiel ist gewiß nicht einzusehen, daß etwa die Auslandsseelsorge der Kirchen, die internationalen Begegnungen von Sportlern oder ideologisch einseitige Buchprojekte Jahr für Jahr mit Millionenbeträgen gerade in diesem Haushalt universellere Initiativen blockieren.

Es gilt fast für alle Bereiche der Kulturpolitik: Nirgends wird das Repräsentationsdenken – sprich: der Duodezgeist – so deutlich wie in den Positionen der Kulturetats von Bund, Ländern und Kommunen. Dies soll im folgenden zumindest an einigen Beispielen beurteilt werden.

Bibliothekswesen

Carl Amery, Romancier, Essayist und Dramatiker, einige Jahre lang Direktor der Münchener Stadtbibliotheken, hat auf dem Stuttgarter Schriftstellerkongreß im November 1970 darauf hingewiesen, daß die »nordischen Länder ein äußerst hochentwickeltes öffentliches Bibliothekssystem besitzen, während dieses System in Westdeutschland erst in den Anfängen steckt«. In Zahlen drückt sich das so aus: Während in Schweden 1970 pro Kopf der Bevölkerung 6,80 DM für Buchanschaffungen der Bibliotheken zur Verfügung standen und in Dänemark sogar 15,– DM pro Kopf, machte die Vergleichssumme im Schnitt der Bundesländer der BRD nur 40 Pfennig aus.

In Dänemark, Norwegen und Schweden gab es seit Jahren Autorenfonds, die sich aus Honoraren für die Buchausleihen der Bibliotheken speisten und für soziale wie für allgemeine kulturelle Aufgaben jährlich viele Millionen Kronen durch die öffentliche Hand zugunsten der Schriftsteller einbrachten. Nach diesem Modell hat der Verband deutscher Schriftsteller (VS) in der Bundesrepublik einen Vorschlag zur Novellierung des Urheberrechtsgesetzes erarbeitet, der mit Hilfe aller Bundestagsfraktionen mit Wirkung vom 1. Januar 1973 auch verwirklicht wurde. Es gibt in der Bundesrepublik jährlich rund 150 Millionen Buchausleihen durch öffentliche Büchereien. Bei 10 Pfennig Honorar pro Ausleihe ergibt sich daraus die Summe von 15 Millionen Mark pro Jahr; davon soll die Hälfte dem Autorenversorgungswerk zugute kommen, die andere Hälfte nach Abzug der Unkosten individuell über eine Verwertungsgesellschaft (mit einsparenden Pauschalierungen) an die Urheber bzw. die Inhaber der Rechte ausgeschüttet werden.

Dennoch machten die Vertreter der Autoren zunächst bittere Erfahrungen in den Verhandlungen mit den Kulturpolitikern der Bundesländer, als diese nach dem neuen Gesetz zur Kasse gebeten wurden. Es ging zwar für alle Länder gemeinsam nur um 15 Millionen Mark, aber das ist eine Summe, die man in Deutschland ohne langes Fackeln lieber einem einzigen mittleren Theater als Jahressubvention gibt, ungleich weniger gern der Gesamtheit der Autoren. Bücher kann man nicht entsprechend herzeigen. Mit ihnen ist zwar Kulturpolitik, doch offenbar nicht genügend Staat zu machen.

Schauspielbühnen und Opernhäuser in der Bundesrepublik

Die mehr als 170 Theater in Stadt und Land erhalten jährlich Subventionen in der Größenordnung einer halben Milliarde Mark. Davon verschlingen Opernaufführungen mit der aufwendigen Ausstattung und gelegentlichen Stargagen prozentual am meisten. Die Theater decken ihre Ausgaben in der Regel nur mit Einnahmen zwischen 10 und 30 Prozent der Gesamtkosten ab. Übrigens erhalten die urheberrechtlich geschützten Theaterautoren ihre Honorare nur nach der Abendeinnahme ohne Berücksichtigung der Subventionen, was zumindest strittig sein sollte. Denn es sind aufs Ganze gesehen 450 bis 500 Millionen Mark, die nicht mitzählen. Andererseits wird ein krasses Mißverhältnis sichtbar, wenn man Bibliotheksetats zum Vergleich heranzieht. Allein die Städtischen Bühnen in Köln erhalten pro Jahr soviel Zuschüsse, wie die öffentlichen Bibliotheken in der BRD insgesamt jährlich für Neuanschaffungen zur Verfügung haben, nämlich rund 25 Millionen Mark.
Folgende Tabellen geben etwas genaueren Aufschluß über die Kostenentwicklung an den Bühnen unserer Staats- und Stadttheater seit den zwanziger Jahren unter dem Aspekt der Autorenanteile:

Tabelle I

1 Spielzeit/ Jahr	2 Kasseneinnahmen in 1000 RM/DM	3 Persönlicher Aufwand in 1000 RM/DM	4 Kasseneinnahmen im Verhältnis zu pers. Aufwand	5 Kasseneinnahmen im Verhältnis zu pers. Aufwand als Indexziffer 1926/27 = 100
1926/27	34 837	61 742	0,564	100,0
1928/29	34 657	69 046	0,502	88,9
1929/30	34 271	69 532	0,493	87,4
1931/32	24 769	51 628	0,480	85,1
1949	39 529	79 848	0,459	87,8
1951	43 345	72 210	0,600	106,4
1953	50 758	82 273	0,617	109,4
1955	51 114	95 519	0,535	94,9
1957	61 941	146 272	0,423	75,0
1961	75 145	208 118	0,361	64,0
1965	103 502	360 044	0,287	50,9
1966	108 072	390 547	0,277	49,1
1967	113 020	408 951	0,276	48,9
1968	109 635	429 147	0,255	45,2
1969	110 861	488 460	0,227	40,3
1970	109 637	550 056	0,199	35,3

(Anmerkung: Die Zahlen für den persönlichen Aufwand sind in den Jahren 1949–61 etwas zu niedrig angesetzt, da nur für eine jeweils unterschiedliche Anzahl aller Gemeinden eine Ausgabenaufschlüsselung vorliegt. Insbesondere die Verhältnisziffern von 1951–55 sind zu hoch – analog die Indexziffern – sie dürften im Durchschnitt 20% niedriger liegen.)

Erläuterungen zu Tabelle I:

Spalte 1: Spielzeit bzw. Rechnungsjahr.

Spalte 2: Summe der Kasseneinnahmen aus Tageskarten, Platzmieten, Karten zu Sonderpreisen, Konzerten und Gastspielen, 1926–32 auch aus Abstechern (hier sind die Angaben nicht trennbar). Entnommen: 1926–32: Statistisches Jahrbuch deutscher Städte a.a.O.; 1949–61: Vergleichende Theaterstatistik a.a.O.; 1969–70: Theater-Statistik a.a.O.

Spalte 3: Persönlicher Aufwand bzw. Ausgaben (= statistischer Ausdruck für Personalaufwand). Entnommen: 1926–32: Statistisches Jahrbuch deutscher Städte a.a.O.; 1949–61: Statistisches Jahrbuch Deutscher Gemeinden a.a.O.; 1965–71: Theater-Statistik a.a.O.

Spalte 4: Verhältnis von gesamten Kasseneinnahmen zum gesamten Personalaufwand (Spalte 2 geteilt durch Spalte 3).

Spalte 5: = Spalte 4 als Indexziffer 1926/27 = 100.

Die Schlußfolgerung aus Tabelle I, daß ein Autor heute gegenüber der Spielzeit 1926/27 etwa 2/3 seiner Tantiemen eingebüßt hat, ist zunächst voreilig, denn der Aussagekraft der Statistik in Tabelle I stehen folgende Argumente entgegen: 1. Die Theater könnten personalintensiver geworden sein, 2. die Löhne des Theaterpersonals könnten schneller gewachsen sein als die Löhne in anderen Wirtschaftsbereichen, 3. die Zahlen der Jahre 1949–61 sind schlecht vergleichbar (siehe auch Anmerkung zu Tab. I).
Um einen besseren Tantiemevergleich zu erhalten, muß man einen Blick auf die Eintrittspreise der Theater werfen, von denen die Tantiemezahlung je Zuschauer letztlich abhängt. Damit sind auch die Imponderabilien wie wachsende Theater-Zahl und -Kapazität, Ausweitung des statistischen Erhebungsfeldes, Anzahl der gespielten tantiemefreien Stücke sowie Änderungen im territorialen Bereich (Reichsgebiet, Bundesgebiet mit und ohne Saarland) ausgeklammert. Über die Kartenpreisgestaltung der Theater früher und heute hat Friedrich Luft in seiner Sendung »Stimme der Kritik« am 4. 2. 1973 ausführlich anhand von statistischen Aufzeichnungen berichtet und ist zu dem Schluß gekommen, daß »die Eintrittspreise seitdem (1930) gar nicht oder fast gar nicht gestiegen« sind – die Molle aber z. B. »sicher vierfach so hoch im Preis« geworden ist. Genauere Vergleiche bietet die offizielle Statistik, wenn man den Durchschnitts-Kartenpreis und den daraus ableitbaren 10%igen Tantiemeanteil pro Besucher gegenüberstellt den durchschnittlichen monatlichen Löhnen und Gehältern – wenn man also die Frage stellt: Was ist der durchschnittliche Tantiemeanteil, den der Autor pro Besucher erhält, wirklich wert gewesen. Die folgende Tabelle stellt die Kasseneinnahmen den Besucherzahlen bei Staats- und Stadttheatern gegenüber und vergleicht den aus dem durchschnittlichen Kassenpreis ableitbaren Autorenanteil mit den durchschnittlichen Löhnen und Gehältern aus amtlicher Statistik (s. Seite 114).

Tabelle II

1 Spielzeit/ Jahr	2 Kasseneinnahmen in 1 000 RM/DM	3 Besucherzahl	4 ∅ Eintrittspreis pro Besucher (RM/DM) (= Spalte 2 geteilt durch Spalte 3)	5 Autorenanteil bei 10% für jeden Besucher (RM/DM)	6 ∅ Monatseinkommen der Lohn- und Gehaltsempfänger (RM/DM)	7 Verhältnis von Autorenanteil pro Besucher zu ∅ Monatseinkommen	8 Verhältnis von Autorenanteil pro Besucher zu ∅ Monatseinkommen als Indexziffer: 1926/27 = 100	9 Kasseneinnahmen in % der Gesamtausgaben	10 Subventionen in % der Gesamtausgaben
1926/27	31 534	12 391 377	2,545	0,255	150,–	0,0017000	100,0	43,9	51,3
1928/29	30 835	12 539 851	2,460	0,246	174,–	0,0014138	83,2	38,8	56,8
1929/30	30 396	11 990 773	2,534	0,253	180,–	0,0014055	82,7	38,9	56,5
1931/32	22 558	11 030 000	2,045	0,205	156.–	0,0013141	77,3	38,5	56,8
1949/50	39 529	11 306 141	3,496	0,350	220,–	0,0015891	93,5	38,4	61,6
1951/52	43 345	15 711 203	2,759	0,276	283,–	0,0009749	57,3	28,7	63,7
1953/54	50 758	17 435 863	2,911	0,291	323,–	0,0009012	53,0	30,5	60,8
1954/55	48 940	17 963 994	2,724	0,272	340,–	0,0008012	47,1	27,9	64,1
1955/56	51 114	18 387 639	2,719	0,272	367,–	0,0007409	43,6	24,3	61,2
1956/57	58 025	19 519 974	2,973	0,297	396,–	0,0007508	44,2	24,9	63,2
1957/58	61 941	20 018 685	3,094	0,309	417,–	0,0007813	46,0	24,3	60,0
1958/59	65 269	19 723 056	3,309	0,331	444,–	0,0007453	43,8	24,5	63,3
1959/60	70 557	20 220 790	3,489	0,349	469,–	0,0007439	43,8	23,4	64,1
1960/61 u.	1961/62	keine Angaben							
1962/63	82 190	19 686 000	4,175	0,418	616,–	0,0006778	39,9	21,1	69,1
1963/64	84 409	19 755 293	4,273	0,427	653,–	0,0006544	38,5	19,9	70,3
1964/65	99 032	20 354 675	4,865	0,487	711,–	0,0006842	40,2	21,1	69,0
1965/66	103 502	20 127 740	5,142	0,514	775,–	0,0006635	39,0	19,8	69,9
1966/67	108 072	19 780 537	5,557	0,556	831,–	0,0006687	39,3	19,5	69,4
1967/68	113 020	19 442 233	5,813	0,581	857,–	0,0006783	39,9	20,3	71,3
1968/69	109 635	18 761 716	5,844	0,584	909,–	0,0006429	37,8	19,0	72,2
1969/70	110 861	17 993 003	6,161	0,616	993,–	0,0006203	36,5	16,9	73,8
1970/71	109 637	17 655 373	6,210	0,621	1 138,–	0,0005457	32,1	15,1	77,5
[illegible]	[illegible]	[illegible]	[illegible]	[illegible]	[illegible]	[illegible]	29,9	13,5	79,3

(Anmerkung: Lohn- und Gehaltszahlen geben über die jeweilig nominale wirtschaftliche Lage der Bevölkerung nur bei relativer Vollbeschäftigung Auskunft. Da seit Beginn des Jahres 1928 die Arbeitslosigkeit permanent stieg, stellen die Lohn- und Gehaltszahlen für 1928–32 zu hohe Werte dar. Die Indexzahlen 83,2; 82,7 und 77,3 müßten also höher liegen.)

Erläuterungen zu Tabelle II

Spalte 1: Spielzeit bzw. Rechnungsjahr.

Spalte 2: Summe der Kasseneinnahmen (RM/DM); 1926–32 nur Stadttheater ohne Einnahmen aus Gastspielen, Abstechern, Konzerten – wegen Vergleichbarkeit mit Besucherstatistik; 1949–70 inklusive Konzerte und Gastspiele, ohne Abstecher.
Entnommen: 1926–32: Statistisches Jahrbuch deutscher Städte a.a.O.,; 1949–68: Vergleichende Theaterstatistik a.a.O.; 1969–70: Theater-Statistik a.a.O.; 1971/72: Die Deutsche Bühne, Jg. 44, H. 5.

Spalte 3: Besucherzahl; vgl. Erläuterungen zu Spalte 2.

Spalte 4: Durchschnittliche Kasseneinnahme pro Besucher in RM/DM (Spalte 2 geteilt durch Spalte 3).

Spalte 5: Autorenanteil in RM/DM pro Besucher bei 10% Tantieme.

Spalte 6: ∅ Monatseinkommen der Lohn- und Gehaltsempfänger in RM/DM. Entnommen: Statistisches Jahrbuch für die Bundesrepublik Deutschland 1972 a.a.O.

Spalte 7: Verhältnis von Durchschnittstantieme pro Besucher zu Durchschnittslohn und -gehalt.

Spalte 8: Spalte 7 als Indexziffer 1926/27 = 100; diese Spalte verdeutlicht, wie sehr die Durchschnittstantiemezahlung pro Besucher seit 1926/27 im Verhältnis zum Durchschnittslohn und -gehalt abgesunken ist.

Spalte 9: Kasseneinnahmen in % der Gesamtausgaben 1949–72, ohne Abstecher. Entnommen: vgl. Erläuterungen zu Spalte 2.

Spalte 10: Subventionen in % der Gesamtausgaben; vgl. Erläuterungen zu Spalte 9. Die restlichen % sind sonstige Einnahmen bzw. 1949–72 auch Abstecher-Einnahmen*.

---

*zitiert nach *Der Autor* Nummer 7, Berlin, Mai 1973 aus einem Beitrag von Johannes Volkmer *(Entwicklung und Stand der Urheberanteile an den deutschen Staats- und Stadttheatern)*

Literaturpreise

Kürschners Deutscher Literaturkalender verzeichnet in der Ausgabe von 1967 mehr als 300 Literaturpreise, Medaillen und Ehrengaben, die in der Bundesrepublik teils jährlich, teils im Rhythmus mehrerer Jahre vergeben werden. Kommunen, Länder, der Bund, Organisationen und Stiftungen, tote und lebende Mäzene – wetteifern sie alle miteinander oder ihre Sachwalter, um nicht sich, sondern den schreibenden Bürgern der Republik Gutes zu tun? Die Summen schwanken zwischen den paar Mark, die eine Plakette kostet bis zum – selten vorkommenden – Grundstock für ein Vermögen: 25000 Mark.
In der Regel geht es um bescheidene Beträge, um 1000, 3000, 5000 oder höchstens 10000 Mark. Meist sind sie seit zwei Jahrzehnten nicht mehr aufgestockt worden. Die Gehälter derer, die den Schriftwechsel mit der Jury und später dem glücklichen Auserwählten zu führen haben, sind inzwischen mehr als verdoppelt. Oft machen die Rahmenkosten für den Preis vom Lorbeerbaum bis zur musikalischen Ausschmückung, nicht zu vergessen die Spesen der Juroren und des Laudators, weit mehr aus, als der gepriesene Autor erhält.
Manchmal fragt man sich auch, ob die Gemeinde, die den kulturellen Glanz nicht nur der Regionalpresse und möglichst des Fernsehens so feierlich auf sich lenkt, eigentlich den zögernden Urheber oder das eigene Rathaus meint. Festzustellen sind jedenfalls Häufungen bei berühmten Namen. Motto: am liebsten Böll.
Zu einer speziellen Berühmtheit gelangte 1960 der Bremer Literaturpreis, aber nicht weil er Günter Grass für *Die Blechtrommel* verliehen, sondern auf Betreiben einer moralisch entrüsteten Dame wegen angeblicher Obszönitäten *verweigert* wurde, was dem Roman denn auch prompt einen erneuten mächtigen Auftrieb gab. In der Stille blieb die Entscheidung Klaus Roehlers (*Die Würde der Nacht*, Erzählungen, 1958), der die 3000 Mark vom·Kulturkreis im Bundesverband der deutschen Industrie aus politischem Grund ablehnte.
Nun haben die Prämiierten den Verleihern seit den Jahren der APO manche Replik erfrischend um die Ohren gehauen. Das hat der Sache sicherlich nicht geschadet, jedenfalls zu einer gewissen Entkrampfung, zu manchen Auflockerungen geführt. Einige wenige Preise zeichneten sich politisch aus, indem sie öffentliches Gelächter weckten. Andere machten den Geldgebern angesichts undankbarer Autoren keine Freude mehr, man ließ sie einschlafen.
Am vernünftigsten erscheint die Lösung, die auf Grund einer Initiative der organisierten Autoren im Bundesland Nordrhein-Westfalen seit 1971 praktiziert wird: Der große Literaturpreis des Landes, 25000 Mark, wird in Arbeitsstipendien für eine Anzahl jüngerer Autoren aufgeteilt. Auch der deutsche Buchhandel, 1968 für die Verleihung seines Friedenspreises an Léopold Sédar Senghor von der Studentenorganisation SDS und den Literaturproduzenten heftig kritisiert (sie hatten vor der Paulskirche demonstriert), fand zu einer Teiländerung: Der Stiftungsrat des ursprünglich als ein Akt der Wiedergutmachung gedachten Preises, dessen erster Träger 1950 Max Tau war, hat der Vollversammlung des Börsenvereins mit Erfolg die Neuformulierung der Bestimmungen vorgeschlagen. Der Friedenspreis kann seitdem wahlweise statt einer Person auch einer Institution zuerkannt werden, zum Beispiel »Amnesty International«, der auch Alexander Mitscherlich zur Frankfurter Buchmesse 1969 seine Preissumme weitergegeben hat.

In der Weimarer Republik genoß das größte Ansehen der Kleist-Preis, der jeweils vom vorangegangenen Preisträger an einen Nachfolgeautor neu verliehen wurde. Außer dem Preis der Gruppe 47, der mit dieser »Clique« (Enzensberger) aufgehört hat zu existieren, trifft dieser Ruhm in der Bundesrepublik am ehesten auf den 1923 zum erstenmal gestifteten Georg-Büchner-Preis zu. Das Land Hessen, der Magistrat von Darmstadt und die Deutsche Akademie für Sprache und Dichtung vergeben ihn alljährlich im Herbst.

Bundesministerium des Innern

Als die westlichen Alliierten 1949 bei der Geburt der Bundesrepublik Pate standen, schlug die Stunde des Föderalismus. Niemand wollte so bald nach dem Dritten Reich wieder ein zentrales Kultusministerium (und schon gar kein Propagandaministerium) haben. Das Grundgesetz billigt seitdem den Ländern die Kulturhoheit und dem Bund nur eine – dazu verschieden auslegbare – Rahmenkompetenz zu. Was damals den Konsensus fand, hat inzwischen für die kulturpolitische Praxis in Westdeutschland und Westberlin eine Unzahl von Schwierigkeiten aufgetürmt. Unübersehbar wurde damit auch ein heimliches Kultusministerium im Bundesministerium des Innern (neben dem Bundesministerium für Bildung und Wissenschaft) begründet, allerdings eines mit vagen Zuständigkeiten.

Ob man will oder nicht, dieses Ministerium ist zuständig, sobald – um nur dieses eine Beispiel zu wählen – der 8000 Mitglieder starke Berufsverband Bildender Künstler (BBK) für seine bundesweiten Initiativen öffentliche Mittel der Kulturförderung erhalten will. Die Bedingungen schreiben vor, es müsse sich um eine »kulturell bedeutsame« Angelegenheit handeln. Was aber ist das? Dies entscheiden die in der Sache bemühten, inhaltlich aber gelegentlich überforderten Beamten der zuständigen Ressorts.

Bedeutsam sind nach den Kriterien des Bundesrechnungshofs wiederum jene Darbietungen, die Politikern als Repräsentation einleuchten, weil man sie in den Feuilletons feiern kann: Ausstellungen, Gastspiele, Dichterlesungen, Konzerte. Nicht förderungswürdig sind dagegen bislang organisatorische und berufspolitische Aktivitäten. Dies führt zu absurden Manövern im Antragsgebaren der kulturellen Verbände.

Der Amtsschimmel gerät ohnehin nur ins Traben, wenn berühmte Namen auf der Tribüne versammelt sind. Der Blick mancher Kulturpolitiker erschöpft sich, wenn es um Kunst, Musik und Literatur geht, im Prominentenlook. Man tut so, als zählten in jedem dieser Bereiche nur jene paar Dutzend, denen man immer wieder begegnet. Daß es sich um Berufsgruppen handelt, die nach Tausenden rechnen und ein für die Gesellschaft wichtiges Handwerk betreiben – im breiten Mittelbau des Metiers –, wird immer wieder ignoriert.

Wenn zum Beispiel die bildenden Künstler einen Kongreß veranstalten, auf dem sie ihre soziale Notlage, die Abhängigkeit von ihren Auftraggebern und Probleme ihrer Berufsorganisation diskutieren – wohlgemerkt ohne Funktionärstrott, als eine Bürgerinitiative auf der Basis der Freiwilligkeit und unter wirtschaftlichen Opfern –, gibt das Innenministerium dafür keinen Pfennig. Sobald sie aber ein paar Bilder mitbringen, sie aufhängen und darüber ein Palaver anfangen, ist im Etat ein (wenn auch bescheidener) Posten vorhanden. Natürlich sind das Ergebnis solcher Vorschriften Potempkinsche Situationen. Man baut, damit die Behörden zufrieden sind, die scheinbar unumgäng-

liche Kulturfassade auf. Im übrigen hat man die hierzulande immer noch als normal geltende Formularknechtschaft zu ertragen.
Merke: Die Auseinandersetzung der Autoren und Künstler über ihre Arbeitsprobleme und Existenzbedingungen ist keine Kultur. Auf diese Weise bleibt dafür gesorgt, daß in der Bundesrepublik die Dekoration Millionär wird, die Substanz der Dinge jedoch häufig betteln geht. Der Überbewertung des äußeren Scheins entspricht die Unterbewertung der inhaltlich als Voraussetzung zu leistenden Arbeit. Dies ermutigt nicht gerade Initiativen der Künstler und Autoren. Zu ändern ist also der Kulturbegriff des Bundesrechnungshofs. Dort aber, in Frankfurt, verschanzt sich die scheinbar allmächtige Behörde hinter unsinnig gewordenen, leblosen Paragraphen.

Lesebücher

Nachdrucke kürzerer Texte zeitgenössischer Autoren im Schulbuch waren in der Bundesrepublik – wie auch Musikzitate in Gesangbüchern – bis 1971 auf Grund des geltenden Urheberrechts praktisch enteignet. Nachdem die Schriftsteller ihre Verfassungsbeschwerde durchgekämpft haben, ist dieser Mißstand einer Sozialisierung, die konservative Politiker in einer sonst nicht sozialisierungsfreudigen Zeit für gut befunden haben (offenbar weil es sich nur um den geistigen Besitz einer für schwach gehaltenen Randgruppe handelte), als extreme Ungerechtigkeit endlich behoben, denn wenn vergesellschaftet wird, möge man bei den Besitzenden und nicht bei Künstlern und Autoren beginnen. Nicht behoben ist der Mangel an Lesebüchern, die Beispiele gegenwärtiger Literatur rascher umsetzen: Aktualität in der Schule.
Über teilweise groteske Gegenwartsferne und bestürzende Genrebilder in deutschen Lesebüchern ist in den sechziger Jahren so viel gesagt und publiziert worden, daß die Dokumente dieser Auseinandersetzung inzwischen eine eigene Bibliothek füllen. Das Thema ist nicht nur Pädagogen, sondern auch Kulturpolitikern brennend bewußt geworden. Die Kulturhoheit der Bundesländer und das privatwirtschaftliche Verlagssystem geben jedoch regionalen Unterschieden weiterhin fast jeden inhaltlichen Spielraum. Im Zusammenhang mit der bundesweiten Diskussion der Schulreform, der Curriculumdebatte, dem Bundesrahmenplan für die Bildungssysteme ist auch das Thema Lesebuch so komplex geworden, daß sich gemeinsame Lösungen der Länder nicht abzeichnen.
Es gibt auf diesem Gebiet eine auch für Fachleute nur noch mit Anstrengung zu überblickende Fülle von Projekten. Es gibt stellenweise hervorragenden Deutschunterricht mit moderner Literatur vom Taschenbuchmarkt, aber auch noch Pädagogen, für die nach wie vor die deutsche Lyrik bei Mörike aufhört. Die Praxis hängt entscheidend vom einzelnen Lehrer ab. Jedenfalls sehen die einen unter den Parolen Gegenwartsnähe und Demokratie in der Schule eine freiheitsfeindliche Kollektivierung heraufziehen, während die anderen nicht müde werden, auf die ideologische Zementierung obrigkeitsstaatlicher Schulstrukturen hinzuweisen und auf die Reform durch die integrierte Gesamtschule zu drängen.
Immer wieder griffen auch Schriftsteller in die Debatte ein. So proklamierte der Schulbuchkongreß, den die Wählerinitiative des GÜNTER GRASS, SIEGFRIED LENZ, THADDÄUS TROLL und anderer Autoren im Februar 1972 in Mannheim abhielt, den »Abschied vom klassischen Schulfach« und forderte unter anderem Projektunterricht an Stelle

der herkömmlichen Fächer Deutsch, Geographie und Geschichte wie auch gemeinnützige Schulbuchverlage als Anstalten des öffentlichen Rechts.
Schon 1968 hatte eine Initiative von Autoren, Lektoren und Lehrern zu dem Modell *Lesebuch – Deutsche Literatur der sechziger Jahre* geführt, das auch ohne die Anerkennung durch Kultusministerien seitdem in immer neuen Auflagen in den Deutschunterricht vieler Schulen einging. KLAUS WAGENBACH, der Herausgeber, teilte im Nachwort mit:
»Konkrete Anlässe führten zu diesem Lesebuch: Briefe von Lehrern, ihnen den im ›Atlas‹ erschienenen Text von Peter Weiss (›Meine Ortschaft‹) zugänglich zu machen. – Postkarten von Schülergruppen, ihnen Verlagsalmanache zu schicken, zur außerplanmäßigen Lektüre. – Wiederbegegnungen mit drittrangigen Gedichten in heutigen Lesebüchern, die schon jenes ›Lesebuch für österreichische Gymnasien‹ von K. F. Kummer und K. Stejskal aufführte, das vor siebzig Jahren dem Schüler Franz Kafka bis in die Universitätszeit den Stil verdarb. – Und immer wieder: Bitten von Schülern und Lehrern, ein Lesebuch zu publizieren, das die gegenwärtige deutsche Literatur einigermaßen getreu portraitieren sollte.«
Summa summarum: Kulturpolitik hat in der Bundesrepublik, soweit sie der Literatur galt, zwar nicht ausschließlich, doch in übertriebenem Ausmaß antiquarisch gelebt. Der Reproduktion unserer vergangenen Kultur sollte entschiedener das wahrheitsgetreue Bild der Themen und Formen, der Bekräftigung und Verneinung, der Widersprüche und Konflikte gegenwärtiger Literatur in ihrem gesellschaftlichen Bezug entsprechen. Dies kann nur durch intensivere Beteiligung der Urheber geschehen, weder geschichtslos noch rückwärtsgewandt. Goethe als Symbol für Geniekult gehört ins Museum. Gebraucht wird ein Kulturinstitut der Bundesrepublik als Arbeitsgemeinschaft aller in den kulturellen Bereichen arbeitenden Gruppen unter angemessener, doch nicht hemmender Beteiligung der Länder. Die literarische Szene der Gegenwart ist voll von inhaltlichen Kriterien für die Veränderung des kulturpolitischen Stils.

GRUPPE 61 UND WERKKREIS LITERATUR DER ARBEITSWELT

»›Feierabendliteratur‹ war der Begriff, den der kritischere Teil der Literaturkritik gebrauchte, wenn er die bürgerlichen Romane und Erzählungen der 50er und 60er Jahre meinte. Die Helden der ›Blechtrommel‹, des ›Schlußballs‹ und des ›Einhorns‹ haben selten oder nie gearbeitet, sie haben Freizeit immerzu, und die Probleme, mit denen sie konfrontiert werden, lassen sich folgerichtig als Freizeitprobleme der privilegierten Klasse bezeichnen. Selbst Max Frischs ›Homo Faber‹, der fabrizierende Mensch, befindet sich im Roman als leitender Ingenieur der UNESCO ständig im Urlaub. Er sagt zwar: ›Ich lebe wie jedermann in meiner Arbeit‹, aber er arbeitet nicht. Die bürgerliche Literatur dieser Jahre sparte die Produktionssphäre aus.«
Hier ist er, der Ton der literarischen Generation, die ohne die Kämpfe und Erfahrungen der Außerparlamentarischen Opposition ab Mitte der sechziger Jahre nicht denkbar ist. Das Zitat stammt vom Herausgeberteam »Werkkreis Literatur der Arbeitswelt« des Taschenbuchs *Lauter Arbeitgeber – Lohnabhängige sehen ihre Chefs* (1971), also aus einem Stadium, in dem sich diese unmittelbar auf die schreibende Selbstdarstellung von Arbeitnehmern ausgerichtete Gruppe von der neun Jahre zuvor in Dort-

mund gegründeten losen Autorenvereinigung »Gruppe 61« abgespalten hatte. Die Auseinandersetzung um die Frage, ob Literatur über Arbeiter, also Darstellungen beruflicher Autoren, oder die Literatur der Arbeitnehmer selbst notfalls um den Preis formaler Schwächen das Hauptziel der Bestrebungen seien, hatten mehr Widersprüche als Gemeinsamkeiten provoziert.

Zunächst aber war die Gruppe 61 mit einem so einleuchtenden wie Aufmerksamkeit hervorrufenden Programm angetreten. Es begründete sich tatsächlich auf eine Mangelerscheinung in der literarischen Landschaft der Bundesrepublik. Diese Arbeitsgemeinschaft von Schriftstellern, die sich die industrielle Arbeitswelt vorwiegend des Ruhrgebiets auf denkbar unterschiedliche Weise zum Thema nahmen, sollte nicht an der Gruppe 47 gemessen werden, mit der sie kaum Ähnlichkeit besitzt, sondern ausschließlich an der eigenen Produktivität. Es war immer eine zahlenmäßig kleinere Gruppe, stärker lokalisiert und eben thematisch durch Beschluß von vornherein festgelegt.

Eine zentrale Figur der Gruppe ist FRITZ HÜSER, Bibliotheksdirektor in Dortmund und Besitzer einer Privatsammlung von Arbeiterdichtung und sozialkritischer Literatur aus dem Themenbereich der Industriewelt. Er hatte 1960 im Auftrag der Industriegewerkschaft Bergbau eine Anthologie mit Beiträgen bergmännischer Autoren herausgegeben: *Wir tragen ein Licht durch die Nacht*. In Zusammenarbeit mit dem Gewerkschaftsmitarbeiter Walter Köpping, der viele Kontakte zu schreibenden Bergarbeitern im Ruhrgebiet geknüpft hatte, richtete Hüser nun für den 31. März 1961 eine Einladung an einen Kreis von Autoren aus Nordrhein-Westfalen. Die Versammlung fand im Dortmunder Haus der Bibliotheken statt und hatte die Beschreibung der Arbeitswelt zum Thema. Man einigte sich darauf, sich regelmäßig in dieser Stadt zu treffen, und zwar in der Form eines Arbeitskreises, der die Tradition der Arbeiterliteratur vor 1933 wieder aufgreifen und sie weiterentwickeln wollte – in Kontakt mit der Gewerkschaftspresse und mit Arbeitsgruppen potentieller junger Autoren aus der Industrie.

In den folgenden Monaten traf man sich mehrfach wieder, in einem auf rund fünfzig Teilnehmer – Autoren, Publizisten, Interessenten – erweiterten Kreis, der sich nun offiziell den Namen gab: »Dortmunder Gruppe 61 – Arbeitskreis für die künstlerische Auseinandersetzung mit der industriellen Arbeitswelt«. In den ersten Jahren kam die Gruppe ziemlich häufig zusammen, etwa viermal jährlich zu internen Beratungen und zweimal zu öffentlichen Tagungen, bei denen Manuskripte Dortmunder Autoren vorgelesen und diskutiert wurden. Verleger in der Bundesrepublik reagierten ziemlich rasch auf diese Initiative. Zu allen Zeiten hat die Gruppe sich in Einzelveröffentlichungen, Sammelbänden und Kommentaren recht vollständig dokumentieren können.

Literarische Wertungen sind außergewöhnlich schwierig, wenn eine Gemeinschaft von Autoren sich bewußt außerhalb geltender Kategorien stellt. Hier ging es nicht mehr um »Schönschreiben« oder Experimente im Sprachlabor, sondern um sozialkritische Wirklichkeitsnähe und allgemeine Verständlichkeit. Vom Denkansatz her machte man keinen Unterschied zwischen professionellen Autoren und schreibenden Laien – wenn sich das auch in der Praxis nicht wunschgemäß durchhalten ließ. Jedenfalls besaß ein in der kritischen Absicht glaubwürdiger Text in der Gruppe auch dann Existenzberechtigung, wenn er erzählerisch-handwerklich nur als mißlungen betrachtet werden konnte.

Man zweifelte in diesem Kreis ohnehin längst am Perfektionismus mancher in jenen Jahren gefeierten Formspiele literarischer Egomanie. Die Literatur, die sich selbst zu genügen schien, mit tausend Stimmen nur Ich sagte, das existentielle Selbstabenteuer

Oben: In der Wohnung Walter Köppings trafen sich 1966 die Mitbegründer der »Dortmunder Gruppe 61«; v. links n. rechts: Günter Westerhoff, Bruno Leon, Josef Büscher, Willy Bartoch, Heinz Kosters, Ewald Rolf, Kurt Küther, Walter Köpping, Engelbert Lubos.

Unten: Im Frühjahr 1970 reisten einige Vertreter der »Gruppe 61« auf Einladung des Goethe-Instituts zu einem deutsch-schwedischen Autorentreffen nach Stockholm. Unser Bild zeigt eine Diskussion in Stockholm am 17. 4. 1970; v. links n. rechts: Angelika Mechtel, Josef Reding, Max von der Grün, Wolfgang Körner, Günter Wallraff, Peter-Paul Zahl und Gustav Korlén, Professor an der Universität Stockholm.

über alles stellte und die tägliche Umwelt in keiner direkten Weise mehr beschreibenswert fand – diese teils virtuose Literatur für Autoren hatte bei den Dortmundern nichts verloren. Sie wollten für jedermann lesbar über eine Sache schreiben und nicht knifflig um sie herum. Wenn der Begriff nicht so mißkreditiert wäre, müßte man sagen: Sie wollten einen neuen sozialistischen Realismus. Nahmen sie also Plattheiten in Kauf? Begnügten sie sich mit etwas, das die Originaltreue von Filmkameras besser zu bewerkstelligen vermag?

An einigen Autoren der Dortmunder Gruppe, deren Bücher – seien es Reportagen, Protokolle oder Romane – in der Gegenwartsliteratur offenbar aus sich heraus eine Position von einiger Dauer erreicht haben, läßt sich anschaulich machen, was die Ge-

nauigkeit und der neue Elan dieser Schriftsteller zu leisten vermochten. Zumindest drei Beispiele sind berühmt geworden: MAX VON DER GRÜNS Bergarbeiterroman *Irrlicht und Feuer* (1963), ERIKA RUNGES *Bottropper Protokolle* (1968) und GÜNTER WALLRAFFS *13 unerwünschte Reportagen* (1969), die radikal über Mißstände informierten und dazu durch einen neuen energischen Berichtstil überzeugten. Diese Texte machten die Frage, ob Literatur oder nicht Literatur, gegenstandslos. Sie trafen den Leser aufs Wort.
Ein frühes Buch, das sich exemplarisch mit der Intention der Gruppe traf und zum Zeitpunkt ihres Entstehens schon geschrieben war, ist der Roman des damals 31jährigen KLAS EWERT EVERWYN aus Neuß am Rhein. Er nannte seinen Erstling *Die Leute vom Kral* (1961) und schilderte darin das soziale Milieu in einem Slum-Barackenviertel am Rand einer Großstadt. Besonders die familiären Insidegeschichten, die Darstellung des Aufwachsens junger Leute in diesem Kral aus Dreck, Suff, Zeugung und Schlägereien waren dem Autor dieser Semifiktion gelungen.
Ziemlich bekannt, wenn auch eher gutwillig als kritisch beurteilt, wurden BRUNO GLUCHOWSKIS Romane *Der Durchbruch* (1964), *Der Honigkotten* (1965) und *Blutiger Strahl* (1970). Zu den Autoren, die im Dortmunder Kreis auftauchten, dort eine Gastrolle abgaben oder zum festeren Bestand gerechnet wurden, gehörten unter anderen auch JOSEF BÜSCHER, HUGO ERNST KÄUFER, WOLFGANG KÖRNER (*Versetzung*, Roman; 1966), die junge ANGELIKA MECHTEL (*Die feinen Totengräber*, Erzählungen; 1968), der vielseitige JOSEF REDING (Kinderbuchautor, Erzähler, Essayist), die Lyrikerin HILDEGARD WOHLGEMUTH (*Gedichte*, 1965). Gottfried Bold, Kulturredakteur bei der Gewerkschaftszeitung »Welt der Arbeit«, und immer wieder Walter Köpping wie Fritz Hüser förderten die Gruppe nach Kräften.
Traditionelle Bezüge fand die Gruppe 61 in dem 1912 von dem Zahnarzt und Schriftsteller JOSEF WINCKLER gegründeten »Bund der Werkleute auf Haus Nyland« in Hopsten/Westfalen und in dem »Ruhrlandkreis«, den der ehemalige Bergmann und spätere Bibliothekar OTTO WOHLGEMUTH ins Leben rief. In Hüsers Archiv sind beide ausführlich belegt. Es ging immer um ein Gegenbild zur bürgerlichen Literatur, aber natürlich auch um die Probleme der Emanzipation vom Status der sogenannten gebildeten Schicht, die man einerseits nachahmte und andererseits auf einem eigenen Weg einzuholen hoffte. Der Anfang der Schwierigkeiten lag in der Sprache, im linguistischen Wohlstand derer, die höhere Schulen und Universitäten besucht hatten und meist viel früher in eine Umwelt hineingeraten waren, in der bewußt gesprochen wurde.
Im übrigen entsprach dem Akademikerkomplex nicht weniger Arbeiter, die sich zu mehr befähigt wußten als nur zu mechanischer Handarbeit, in den Gruppierungen rings um die Arbeiterdichtung fast immer auch ein Arbeiterkomplex der sogenannten Gebildeten, der Bürgersöhne von der Alma mater, die sich unwiderstehlich von der Ursprünglichkeit der Leute »aus dem Volk« angezogen fühlten. Auf manchen Studentenparties der ausgehenden sechziger Jahre konnte man derlei wieder aufleben sehen, wenn Junioren blanker Wohlhabenheit sich ihren Paradearbeiter hielten. Da gab es nicht selten einen rührenden politischen Exotismus, der nicht erforderlich gewesen wäre, wenn die jungen Herren sich hätten entschließen können, mal ein paar Monate am Fließband in einer Fabrik zu arbeiten. Sie waren häufig einfach uninformiert über die simpelsten Gegebenheiten in einem Arbeiterleben.
Die Verständigungsschwierigkeiten waren zum Teil grotesk. Man muß schon bei linken Arbeitern den Zorn auf Linksintellektuelle erlebt haben, um das politische Ausmaß akademischer Begriffsstörungen als so schwerwiegend zu erkennen, wie es in der

Praxis ist. Es erfordert eine ungewöhnliche soziale Bereitschaft, den zum Teil anerzogenen Minderwertigkeitskomplex derer zu überbrücken, die beruflich nicht mit Schrift und Wort umgehen. Das ist von keiner der beiden Seiten mit einer Verbeugungsgeste abzutun. Es erfordert auf seiten der Intellektuellen eine erhebliche Relativierung ihrer Selbsteinschätzung, um anderen und der eigenen Person klarzumachen, daß die Verschiedenartigkeit des Tuns mit der bürgerlichen Rangskala eben *nicht* übereinstimmt. Wenn das mit Nüchternheit festgestellt ist, kann es bewiesenermaßen zu politischen Freundschaften zwischen Arbeitern und Intellektuellen kommen. Sie gehören zu den besten Erfahrungen beim gesellschaftskritischen Engagement – besonders weil sie völlig unromantischer Art sind.

In der Arbeit der Gruppe 61 spielte all dies eine wiederkehrende Rolle. Zum anderen bestand eine Schwierigkeit darin, daß man an eine Tradition anknüpfte, die eine Generation zurücklag, denn natürlich konnte man die unsägliche »Arbeiterdichtung« des Dritten Reichs mit ihrer »Kraft durch Freude«-Prahlerei und den Schlagworten von »den Arbeitern der Faust und der Stirn« nur annullieren. Immerhin hatte sich auch ein HEINRICH LERSCH, der mit seinen ersten Büchern enge Beziehungen zu den Werkleuten auf Haus Nyland gehabt hatte und in den zwanziger Jahren von vielen als der überzeugendste Arbeiterdichter angesehen wurde, mit »brüderlicher Stimme« (so hieß sein Gedichtband von 1934) dem Nationalsozialismus ausgeliefert. So ist das nur zu oft mit unseren deutschen Traditionen.

Ende der sechziger Jahre, auf dem Höhepunkt öffentlicher Aktivitäten von APO und SDS, dem Sozialistischen Deutschen Studentenbund, wurde auch die Gruppe 61, deren Arbeit weitgehend den auf gesellschaftliche Veränderung drängenden Bestrebungen der neuen Generation entsprach, in noch stärkerem Maß politisiert. Jetzt berief man sich vor allem auf jenen »Bund Proletarisch-Revolutionärer Schriftsteller« (BPRS), der am 19. Oktober 1928 als deutsche Sektion der »Internationalen Vereinigung Revolutionärer Schriftsteller« in Berlin gegründet worden war. Seine Mitglieder waren unter anderen JOHANNES R. BECHER, BRUNO APITZ, WILLI BREDEL, HANS MARCHWITZA, EGON ERWIN KISCH, ALFRED KURELLA, GEORG LUKÁCS, ERNST OTTWALT, LUDWIG RENN, ANNA SEGHERS, ERICH WEINERT und FRIEDRICH WOLF gewesen. Als Zeitschrift des Bundes war bis Dezember 1932 die *Linkskurve* erschienen.

Die Sozialismus-Diskussion wurde einem Teil der Gruppe wichtiger als die Literatur. Beides erwies sich jedenfalls nicht als in der Weise vereinbar, daß die Dortmunder Autoren noch den gemeinsamen Nenner gefunden hätten. Als Abspaltung entstand Anfang 1970 der »Werkkreis Literatur der Arbeitswelt«. Gleich auch begann man, sich wechselseitig anzugreifen. Max von der Grün warf den Werkkreisleuten vor: »... was mich vom Werkkreis fernhält, ist dieses pseudorevolutionäre, dieses pseudolinke Gehabe.« Die so Attackierten revanchierten sich, indem sie den ehemaligen Kumpel in eine »bewußtseinsmäßige Sackgasse« verrannt sahen. Diese Scharmützel sind für die Substanz der hier zu behandelnden Literatur freilich unergiebig.

Der Werkkreis hat in kurzer Zeit eine verzweigte Aktivität entwickelt – vor allem dadurch, daß er in mehr als zwanzig Städten »Werkstätten«, das heißt zunächst einmal Kontaktadressen einrichtete und überall mit Industriearbeitern politisch und literarisch zu diskutieren begann. Arbeitnehmer aller Art wurden zum Schreiben ermutigt. Die ersten Ergebnisse der so verlagerten Arbeit wurden rasch publiziert – in der Sammlung *Ein Baukran stürzt um* (1970), dem erwähnten Band *Lauter Arbeitgeber* wie dem Taschenbuch *Ihr aber tragt das Risiko* (Industriereportagen, 1971). Im Eigendruck des

Werkkreises erschien die Dokumentation *Realistisch schreiben* (1972) mit den Arbeitsprotokollen einer Tagung in Springen im Gewerkschaftsheim der IG Druck und Papier. ERASMUS SCHÖFER, ein Sprecher des Werkkreises, formulierte nun eindeutig, daß es nur noch »um antikapitalistische Literatur in der Bundesrepublik« gehe. Im Programm heißt es:

Der Werkkreis Literatur der Arbeitswelt ist eine Vereinigung von Arbeitern und Angestellten, die in örtlichen Werkstätten mit Schriftstellern, Journalisten und Wissenschaftlern zusammenarbeiten. Seine Aufgabe ist die Darstellung der Situation abhängig Arbeitender, vornehmlich mit sprachlichen Mitteln. Auf diese Weise versucht der Werkkreis, die menschlichen und materiell-technischen Probleme der Arbeitswelt als gesellschaftliche bewußt zu machen. In dieser Zielsetzung verbindet der Werkkreis seine Arbeit mit dem Bestreben aller Gruppen und Kräfte, die für eine demokratische Veränderung der gesellschaftlichen Verhältnisse tätig sind. Der Werkkreis hält eine entsprechende Zusammenarbeit mit den Gewerkschaften, als den größten Organisationen der Arbeitenden, für notwendig.

Die verbliebene Dortmunder Gruppe wurde zum zehnjährigen Bestehen von HEINZ LUDWIG ARNOLD in dem Band *Gruppe 61 – Literatur der Arbeitswelt* (1971) dokumentiert. Es fehlt also nicht an Publikationen über die in jenem Bereich stattfindenden organisatorischen, literarischen und politischen Aktivitäten, deren Resultate für die Gegenwartsliteratur man, was die neuesten Entwicklungen anbetrifft, erst später wird beurteilen können. Über Günter Wallraffs Industriereportagen, so sieht es aus, ist an inhaltlicher und formaler Qualität noch kein Autor aus dieser Gruppe und diesem Werkkreis hinausgekommen.
Eines aber ist ein literarisches wie politisches Dauerproblem: Daß Sprache, wenn sie Demokratie sagt, auch inhaltlich Demokratie meint. Über die »Schwierigkeiten beim Schreiben der Wahrheit« (Brecht) kann sich kein Wissender hinwegtäuschen. Das ist nicht nur eine Glaubensfrage.

»ENDE DER BESCHEIDENHEIT«

»Diese verfluchten Äpfel, deren fauliger Geruch angeblich Schiller stimulierte, haben viel Unheil angerichtet; sie haben zu einem Klischee beigetragen, das für einen dümmlichen Kult zurechtgeschnitten ist. Der faulige Geruch des gesamten EWG-Apfelberges bringt uns nicht eine einzige Zeile von Schiller ein – jedenfalls nicht von Friedrich.«
Der dies sagte, war HEINRICH BÖLL. Ort: Liederhalle Stuttgart. Zeit: Samstag, der 21. November 1970 gegen 21 Uhr. Im Saal, im Foyer und in Nebenräumen hörten dreieinhalb Tausend zu. Junge Leute saßen in den Gängen auf dem Boden. Sie waren hereingebrochen, als die Veranstaltung begann. Jetzt kauerten die vordersten von ihnen unter den Dreifußgestellen, auf denen Kameras surrten. Es herrschte eine einmütige hellwache Aufmerksamkeit. Als erster hatte Willy Brandt gesprochen. Kein Kanzler vor ihm war zu den Schriftstellern gekommen.
Brandt hatte gesagt: »Geist und Macht, das angeblich so strenge Gegensatzpaar, üben oft und gern Rollentausch. Denn so mächtig der Einfluß der Politik auf die Gesellschaft sein mag, längst hat sie ihre Macht teilen müssen: gerade Sie als Schriftsteller sollten Ihren Einfluß nicht unterschätzen.«
Es war der erste große und allgemeine Schriftstellerkongreß in der Bundesrepublik seit

22 Jahren, seit jenem Autorentreffen in der Frankfurter Paulskirche, ehe es diese Republik gab. Eingeladen hatte dazu der am 8. Juni 1969 in Köln unter Bölls Devise »Ende der Bescheidenheit« gegründete »Verband deutscher Schriftsteller«, der sich zur Unterscheidung vom VDS der Studenten VS abkürzt. Bis zu seiner Entstehung war es eine lange Geschichte gewesen. Der hier schreibt, ist befangen, denn er hatte mit der Sache zu tun.

In den ersten Nachkriegsjahren wurden in den einzelnen Besatzungszonen nach und nach regionale Schriftstellerverbände gegründet, deren lokaler Zuschnitt im wesentlichen den späteren Bundesländern entsprach. Nach dem Eifer des Neuanfangs waren jedoch ihre Aktivitäten nicht allzuweit gediehen. 1952 hatten sich die Verbände unter der losen Dachorganisation einer Bundesvereinigung zusammengefunden. Deren langjähriger Präsident war der aus Schlesien, aus dem Gerhart-Hauptmann-Kreis stammende Gerhart Pohl mit dem Wohnsitz in Berlin. Die »Bundesvereinigung deutscher Schriftstellerverbände« hatte unter ihrem Justitiar Friedrich Karl Fromm nennenswerten Anteil an der Urheberrechtsgesetzgebung vom 9. September 1965, durch die zum Beispiel die Schutzfrist für Urheberrechte auf 70 Jahre nach dem Tod eines Autors ausgedehnt wurde (zuvor 50 Jahre). Im übrigen aber führten diese Autorenorganisationen – dreizehn an der Zahl – allesamt eher ein Schattendasein an der provinziellen Peripherie des Literaturbetriebs. Einzelne kampfesfreudige Vorsitzende wie Friedrich Märker in Bayern vermochten ihnen insgesamt kein Leben einzublasen. Für die Autoren waren sie wenig attraktiv. So war der Stand, als die Berliner Schriftstellerin und dortige Vorsitzende des »Schutzverbands Deutscher Schriftsteller« INGEBORG DREWITZ am 24. November 1967 in der Hamburger Wochenzeitung *Die Zeit* einen grimmigen Artikel unter der Überschrift *Alte Herren schreiben Heimatdichtung* gegen die Bundesvereinigung losließ. Er gab den ersten Anstoß zum Umdenken. Als die Runde der Delegierten am 7. April 1968 in München zur Jahresversammlung des Dachverbands zusammentraf, erhitzten sich die Gemüter bis zum äußersten über die organisatorische Unzulänglichkeit.

Man wollte etwas Neues, aber man wußte nicht: wie? Im übrigen suchte man, da Pohl gestorben war und sein Nachfolger Werner Illing nicht mehr kandidieren wollte, händeringend bis zur letzten Stunde einen neuen Präsidenten. Überall hatte man herumgefragt und niemanden gefunden. Schließlich wurde es ein Stegreifkandidat, ein gerade erst neues Mitglied des bayerischen Verbands, organisatorisch wie politisch ein unbeschriebenes Blatt, vom Zufall hereingeweht, nun plötzlich Lückenbüßer: der Autor dieses Kapitels.

Es dauerte 14 Monate, bis die Einzelverbände auf ihren Mitgliederversammlungen mit den notwendigen Mehrheiten beschlossen hatten, ihre Mitglieder in einen neuen Gesamtverband, den ersten auf Bundesebene seit 1945, mit Einzelmitgliedschaften einzubringen. Hinzu kamen Hunderte neu eintretender Autoren. Im Gründungsreferat des VS, das im Kölner Gürzenich am 8. Juni 1969 vor Heinrich Bölls Rede *Ende der Bescheidenheit* gehalten wurde, hieß es:

Autoren sind wenig brauchbar für die landesübliche Vereinsmeierei. Doch in einer Zeit, die zu großen Blöcken publizistischer Macht tendiert, müssen auch sie sich zusammenschließen. Vom Schriftstellerverband reden, heißt von sehr praktischen, sehr politischen Dingen reden. Es heißt von dem sprechen, was alle Autoren angeht und um dessentwillen man zurückstellen sollte, was die meisten trennt. Ohne Entschluß zur Sachlichkeit kann das nicht abgehen. Wenn wir uns wechselseitig an unseren Büchern messen, einigen wir uns nie. Wenn wir aber zugrunde-

Oben: Gründungsversammlung des Verbandes deutscher Schriftsteller (VS) am 8. Juni 1969 im Kölner Gürzenich; erste Reihe, v. links: Ingeborg Drewitz, Heinrich Böll, Dieter Lattmann; hinter Böll: Günter Grass.

Unten: Das erste Arbeitsgespräch von Sprechern des VS mit dem Bundesvorstand des Deutschen Gewerkschaftsbundes fand am 4. Februar 1970 in Düsseldorf statt. Am Kopfende des Tisches: Heinz Oskar Vetter, der Vorsitzende des DGB, daneben v. links n. rechts: Dieter Lattmann, Günter Grass, Siegfried Lenz, Paul Schallück, Gerhard Zwerenz.

legen, von welchen Kräften wir abhängig sind – rechtlich, gesellschaftlich, wirtschaftlich –, müßten wir Fachidioten sein, wollten wir das Bestehende nicht zu ändern vesuchen. Anders nähme es mit Schriftstellern wohl ein paläontologisches Ende: sie, die Letzten ihrer Art, wären dann die Dinosaurier des kybernetischen Zeitalters.

Von Anfang an war die Konzeption gewerkschaftlich. Verhandlungen mit dem Deutschen Gewerkschaftsbund über eine mögliche Form für den Anschluß wurden gefordert. GÜNTER GRASS konkretisierte das und empfahl schon in der Gründungsversammlung den Beitritt der Autoren zur Industriegewerkschaft Druck und Papier.
Heinrich Bölls Rede ging in großer Aufmachung durch Fernsehen, Funk und Presse. Eine seiner meistzitierten Empfehlungen lautete:

Verschaffen wir uns erst einmal Überblick über die volkswirtschaftliche Relevanz unserer merkwürdigen Sozialprodukte, bevor wir uns vom kulturellen Weihrauch einnebeln lassen, dann erst kommen wir aus dem Resolutionsprovinzialismus heraus, der unsere wieder einmal erhobenen Zeigefinger golden schimmern macht, uns im Feuilleton als Gewissensfunktionäre und Korrektoren für das windschiefe Vokabularium der Politiker willkommen heißt, und hängen wir uns den hingestreuten Lorbeer nicht an die Wand, streuen wir ihn dorthin, wohin er gehört: in die Suppe.

Die wichtigsten Forderungen des VS: Durchführung einer Sozialenquete zur Situation der Schriftsteller in der Bundesrepublik; Autorenversorgungswerk; Novellierung des Urheberrechtsgesetzes (Honorare für Schulbuchbeiträge, Urhebernachfolgegebühr – später ersetzt durch den eher realisierbaren »Bibliotheksgroschen«), Rechtsberatung der Autoren, Musterverträge mit Verlagen und Sendern, Befreiung der Schriftsteller von der Umsatzsteuer, Mitwirkung an öffentlichen Aufgaben, gesellschaftskritisches Engagement und – nicht zuletzt – Kontakt mit Schriftstellerverbänden in anderen Ländern.
Als Willy Brandt eineinhalb Jahre danach auf dem ersten Schriftstellerkongreß des VS sprach, zeichneten sich fast in all diesen Punkten Realisierungen ab. Das beherrschende Thema von Stuttgart war die noch entschiedenere und durchsetzungskräftigere Organisationsform in einer Gewerkschaft. Kein Referat hatte mehr Wirkung als MARTIN WALSERS besonders von den jungen Autoren begeistert begrüßter, in Sache und Form vehementer Aufruf zur Organisation einer »IG Kultur«, einer Gesamtgewerkschaft aller Kulturproduzenten. Sie schloß mit dem Appell:

Ich halte die jetzt sich (beim VS) abzeichnende kentaurische Lösung – Edellobby plus Gewerkschaftstouch – für einen Verzicht auf politische Vertretung. Das läuft dann eben so: jede Menge abstrakte Bekenntnisse gegen Konzentration, aber keine Spur von »Enteignet Springer«. Ich meine, bei aller Sympathie für die SPD, unsere Organisationsform muß ja nicht unbedingt ein Abbild des Koalitionskentaurs in Bonn sein; unsere Organisationstendenz sollte sich vielmehr daran orientieren, daß unsere Arbeit unwillkürlich unpolitisch ist, auch wenn wir uns dumm stellen, uns nichts als sachlich geben, genial sind oder nur naiv. Ich glaube nicht, daß es eine reine Dienstleistungsorganisation gibt. Der BDI ist keine, der Börsenverein ist keine; und wenn wir unsere Interessen selber vertreten und uns nicht bloß durch Wohlverhalten empfehlen wollen, dann wären wir die ersten in der Weltgeschichte, denen das ohne politische Verbindlichkeit gelänge.

Der Stuttgarter Schriftstellerkongreß leistete jedenfalls eines: Er machte die Forderungen der Autoren in der Bundesrepublik in einem Maße öffentlich, das auch politisch unüberhörbar war. Alle Medien stimmten dies Thema an. Nicht nur die soziale Misere vieler Schriftsteller, die unter anderem ROLF HOCHHUTH mit seinem Offenen Brief an den Kongreß *(Die abgeschriebenen Schriftsteller)* verdeutlicht hatte, sondern die urheberrechtlichen, die organisatorischen und damit politischen Forderungen ebenso wurden – so schien es wenigstens dem Zeitungsleser und Fernsehzuschauer für einige Zeit – eine Sache von allgemeinem Belang.

Heinrich Böll, Günter Grass und Bundeskanzler Willy Brandt auf dem ersten Kongreß des Verbandes deutscher Schriftsteller (VS), der vom 20. bis 23. November 1970 in der Stuttgarter Liederhalle stattfand; hinter Brandt: Jaroslaw Iwaszkiewicz, der Präsident des Polnischen Schriftstellerverbandes.

Wenn die Situation historisch war, so war sie übrigens in gewisser Weise auch eine Wiederholung: 1909 war in Berlin der erste SDS, der Schutzverband Deutscher Schriftsteller, auf Reichsebene gegründet worden. In den zwanziger Jahren gehörten Theodor Heuss wie Thomas Mann zu seinen Präsidenten. In diesem Schriftstellerverband wurde die Forderung nach gewerkschaftlicher Vertretung der Autoreninteressen immer wieder laut. In einem Beitrag, den HEUSS 1916 für eine Festschrift (zum 70. Geburtstag von Lujo Brentano) verfaßte, hat er festgehalten:

Man muß ... in der Entstehungsgeschichte dieser Organisation (des SDS) der freien Berufe das psychologische Moment sehr stark einsetzen: vor der Klärung der Ziele, der Forderungen der Bedingtheiten stand die faszinierende Parole: Gewerkschaft, und der traditionelle Individualist entzündete sich, ohne Kritik der Unterschiedlichkeit, an dem Allheilmittel, das ihm so beschrieben wurde. Der Funke des Solidaritätsgedankens sprang herüber vom Herd der Massenkörper – ein gewisses unklares Gefühl von Hingabe oder Verpflichtung, brachte auch Leute herbei, für die jede Organisation sachlich unerheblich war. Daneben standen natürlich sehr reale Einsichten. Man begriff das ganze System der organisierten Selbsthilfe, das im Austausch von Erfahrungen, in Unterstützungskassen, im Rechtsschutz und Berufsberatung, in der Regulierung des Nachwuchses liegt. Man sah, daß der Staat kaum den einzelnen, wohl aber ihre Vereinigung bemerkt und beachtet. Einfluß auf die Gesetzgebung zu gewinnen, auf Regierung und Parlament: dazu bedarf es der einleuchtenden Ziffern, der Spezialisten in der Berufsvertretung, die von einem Mandat getragen werden ...

Nach Stuttgart kamen die konkreten Verhandlungen mit Gewerkschaften allerdings in einer Weise in Gang, wie das in den zehner und zwanziger Jahren niemals der Fall gewesen war. Die Unterschiedlichkeit der Berufe, auf der einen Seite Facharbeiter, auf der anderen sogenannte Freiberufler, die de facto aber von ihren Auftraggebern abhängig sind, erforderte genaue Überlegungen, unter welchen Bedingungen man zusammenkommen konnte. Mehrfach verhandelte eine VS-Delegation mit der Gewerkschaft Kunst und dem DGB in Düsseldorf wie auch mit der IG Druck und Papier in Stuttgart. Man lernte einander gründlich kennen. Ende Oktober 1971 sprach der VS-Vorsitzende in Nürnberg auf dem Gewerkschaftstag der Setzer, Drucker, Buchbinder, Graveure und Papiermacher – einer Organisation von rund 150000 Mitgliedern –, Anfang November folgte die Rede des IG-Druck-Vorsitzenden Leonhard Mahlein auf dem VS-Delegiertentag in Berlin.

Nach langen, zum Teil kontroversen und auch erbitterten Diskussionen in den einzelnen Landesgruppen zeichnete sich 1972 im Schriftstellerverband eine Mehrheit für den Anschluß an die Industriegewerkschaft Druck und Papier ab, weil die Gewerkschaft Kunst als Dachorganisation von sechs künstlerischen Untergliederungen ohne zentrale Mitgliedschaft in den Augen der meisten Autoren nicht genügend gewerkschaftliche Durchsetzungskraft für die berufspolitischen Forderungen zu bieten schien.

Die Erneuerung der Organisationsformen im künstlerischen Bereich ist Ausdruck einer kulturellen Veränderung. Daß Künstler und Autoren begonnen hatten, ihre Rolle in der Gesellschaft neu zu definieren, setzte ein Zeichen in die Wohlstandskulisse der Bundesrepublik. Die denkbar größte Übereinstimmung hatten die Schriftsteller auf dem Stuttgarter Kongreß unter dem Motto »Einigkeit der Einzelgänger«, das den VS schon bei seiner Entstehung begleitet hatte, erreicht. Mit dem Gewerkschaftsanschluß riskierte der erst drei Jahre alte Verband den eventuellen Verlust des gemeinsamen Nenners, denn natürlich gab es eine nicht geringe Zahl von Schreibenden, zumal in der älteren Generation, die sich so rasch nicht vorzustellen vermochten, Einzelmitglieder in einer Industriegewerkschaft, Fachgruppe Schriftsteller – namens VS –, zu werden.

Warum ließ der VS es auf eine mögliche Zerreißprobe ankommen? Dies war nicht, wie in einem konservativen Teil der Presse immer wieder behauptet wurde, hauptsächlich ein Geschehen im Sog der neuerdings zu bemerkenden Ideologisierung fast aller öffentlichen Vorgänge in der Bundesrepublik. Es war überwiegend die Erkenntnis der Notwendigkeit, eine Gewerkschaft zu bilden, wenn man in den noch unerledigten Programmpunkten nicht dilettantisch auf der Strecke bleiben wollte. Dies konnte aber nur heißen: Angliederung an eine starke Gewerkschaft, weil immerhin durch Jahrzehnte organisatorischer Misere für die nüchtern denkenden Autoren soviel als bewiesen galt, daß eine ausschließliche Intellektuellenorganisation vom Dauerstreit der Meinungen alle paar Jahre mattgesetzt werden würde. Nein, gebraucht wurde zum erstenmal und tatsächlich die Solidarität der Schriftsteller mit den Arbeitnehmern der Technik, wechselseitig, sachbetont, handgreiflich. Dies war das Politikum.

Die Urheberrechtsnovelle hatte der Schriftstellerverband auch allein durchzusetzen vermocht. Mit der Forderung nach tarifartigen Musterverträgen mit Presse, Funk, Fernsehen, Film, Theater und Buchverlagen war man jedoch aufgelaufen. Nichts als freundliche Absagen hatte man sich bei den Verwaltern der Massenmedien eingehandelt. Diese konnten sogar noch auf den absurden Zustand verweisen, daß Autoren in der Bundesrepublik als »Unternehmer« galten, zur Mehrwertsteuer herangezogen wurden und nach dem Kartellgesetz angeblich auch keine »Unternehmerabsprachen« mit ihren Auftraggebern treffen durften. Nicht zuletzt deswegen hatte der VS das Zweite Deutsche Fernsehen beim Berliner Bundeskartellamt auf Grund der einseitig verordneten Arbeitsbedingungen der Autoren, der »Allgemeinen Bedingungen zum Urhebervertrag«, wegen Ausnutzung einer marktbeherrschenden Stellung angezeigt. Es ging um harte Tatsachen. Die Schriftsteller wollten nicht scheitern, sondern sich durchsetzen. Ihre Ohnmacht hatten sie satt. Wie hatte Dieter E. Zimmer in seinem *Zeit*-Bericht über den Stuttgarter Kongreß geschrieben?: »Wo Schriftsteller heute von Novellen reden, ist keine Literaturgattung, sondern eine sozialpolitische Paragraphengattung gemeint. Sie holen auf.«

Gerade deswegen aber wurde die Auseinandersetzung über den Gewerkschaftsanschluß auch von Politikern richtig als eine Machtfrage begriffen. Es gab Kräfte im Lande, die versuchten die organisierten Autoren auseinander zu dividieren. Sie bedienten sich, wie üblich, fachkundiger Mittelsleute und auch verlockender Angebote. Natürlich standen sie im Bündnis mit Zeitungen solcher Konzerne, die mit den Gewerkschaften schon immer im Hader gelegen hatten. Eine Fraktion angeblich unabhängiger Autoren versuchte, in der bayerischen Landesgruppe des VS eine Spaltung zu exerzieren und sie dann auf Bundesebene zu übertragen. Sie wurde auf einer außerordentlichen Mitgliederversammlung, die so gut besucht war wie keine zuvor, am 22. April 1972 in München durch ein überwältigendes Stimmenergebnis für den Gewerkschaftsanschluß abgewiesen. Aber als die Entscheidung auf dieser Zwischenstation gefallen war, begannen die Helfershelfer der Fraktionäre um so lauter zu rufen, d.h. zu drucken, was an Denunziationen fällig war: »Massengrab der Gewerkschaft«, »Ende der freien Literatur«, und wieder wurde das schlimme Wort von der »Reichsschrifttumskammer« verbreitet. Es wurde Zeit zu handeln.

So wurde auf dem zweiten Schriftstellerkongreß des VS, der für die Tage vom 19. bis 22. Januar 1973 unter dem Motto »Entwicklungsland Kultur« nach Hamburg in den Besenbinderhof, das Gewerkschaftshaus, einberufen worden war, unter den Delegierten (pro hundert Mitglieder einer) und mehr als dreihundert stimmberechtigten Mitgliedern abgestimmt. Das Resultat: über neunzig Prozent hatten für den Anschluß an die IG Druck und Papier votiert, und zwar ausdrücklich mit der Willenserklärung, daß dies nur der erste Schritt zu einer Mediengewerkschaft sein solle, die durch eine Teilreform im DGB zu verwirklichen sei: entstehend aus der Industriegewerkschaft Druck und Papier, der Gewerkschaft Kunst und den zum kulturellen Bereich gehörenden Mitgliedern aus ÖTV und HBV (öffentlicher Dienst, Transporte, Verkehr bzw. Handel, Banken und Versicherungen). Die Zusammenarbeit mit der GEW (Gewerkschaft Erziehung und Wissenschaft) gehörte zu dieser Idee.

Hatte über dem Stuttgarter Kongreß der Glanz des Erstmaligen gelegen und waren die dortigen Reden brillant gewesen, so erschien Hamburg eher als ein Brot-und-Salz-Kongreß, auf dem viel gearbeitet wurde. Es ging um die schwierige Geschäftsordnung für den VS in der IG Druck und Papier. Es ging um die Meinungsfreiheit in den Medien, aber auch in der Gewerkschaft. Man gründete, da seit dem 1. 1. 1973 Anspruch auf die Bibliotheksabgabe bestand, das Autorenversorgungswerk. Martin Walser brachte eine Vietnamresolution durch, über deren nüchternen Gehalt man verschiedene Ansichten hegen konnte. Euphorie wollte nicht aufkommen, aber fast alle, die man hier erwartete, waren gekommen, namhafte wie wenig bekannte Schriftsteller, vor allem viele junge Autoren.

VS-Kongreß Hamburg 1973. Links: Dieter Lattmann am Rednerpult; am Tisch oben, v. links n. rechts: Charlotte Drews-Bernstein, Carl Heinz Trinckler, Josef Reding, Hans-Georg Noack, Horst Bingel, Rechtsanwalt Dieter Schnabel, Wilhelm Nordemann; am unteren Tisch: Reinhard Baumgart, Helmut M. Braem, Ingeborg Drewitz.

Die Versammlung bot das rauchumschwängerte, scheinwerferbeleuchtete Bild stürmischer Meinungsdebatten, brisant politischer Literaturvorstellungen und gezügelter Emotionen wie immer dort in diesen Jahren, wo Intelligenz und Goodwill, gesellschaftlicher Veränderungswille und ein Teil Utopiebereitschaft miteinander agierten. Es gab verrannte Geschäftsordnungsdebatten, aber immer wieder Stunden, in denen das gemeinsame Vorhaben seinen sachlichen Rang bewies. Widersprüche waren wohlfeiler als Lösungen zu haben. Als die Gewerkschaftsentscheidung gefallen war, am Spätnachmittag des zweiten Tags, war die Hauptnachricht gelaufen, die Kameras blendeten aus. Nur noch für einige Höhepunkte flammte allgemeine Energie und Beteiligung auf: für Wahlen und das Arbeitsprogramm, für die öffentliche Abendveranstaltung mit den Rednern Klaus von Dohnanyi, Hans Erich Nossack, Angelika Mechtel, Siegfried Lenz und Leonhard Mahlein. (Ernst Bloch, 88jährig, der mit seiner Frau aus Tübingen für die Hauptrede zum Thema »Entwicklungsland Kultur« angereist war, lag überanstrengt durch die Teilnahme am Vorabend, die Versammlung im Funkhaus des NDR, in seiner privaten Hamburger Unterkunft und konnte nicht erscheinen.)
Es hatte sich, unüberhörbar, im Lauf des Kongresses in einigen Gruppen auch jene neue Neigung zur Unduldsamkeit gegenüber anderen Meinungen produziert, die dem öffentlichen Leben in der Bundesrepublik zu schaffen macht. Der Schriftstellerverband jedenfalls, der VS, ging in eine langfristige Bewährungsprobe. Die Zukunft ist der dritte Akt eines von dreitausend Autoren mit unterschiedlichem Tempo, zögernd und vorpreschend, noch keineswegs zu Ende geschriebenen Stücks.

GROSSMARKT FÜR DAS KULTURELLE WORT

ODER

LITERATUR DER SPRACHLOSIGKEIT

Solange es Buchhändler und Verleger gibt, sind die beiden großen G, welche die Welt der Büchermacher bestimmen, nämlich Geist und Geld miteinander in Konflikt geraten. Häufig war es ein fruchtbarer Zwiespalt, der auf eine Arbeitsteilung hinauslief: hier der Autor, verantwortlich für die Substanz eines Buches, dort der Verleger, ein beredter Händler mit einer eigentümlichen Ware. Nicht umsonst hat Reinhard Piper als einer der wichtigen Verleger der Gründerjahre einmal geäußert, ein guter Verlagsinhaber müsse ein verhinderter Schriftsteller sein. Erst aus dem Verzicht auf eigene Kreativität erwachse ihm die kaufmännische Nüchternheit bei dennoch mitschöpferischem Elan.
Heute nimmt sich das aus wie ein besonders märchenhaftes Stück Literatur der Vergangenheit. In den siebziger Jahren ist der Schreibende Lieferant und Objekt einer gigantischen Medienindustrie. Die interkontinentale Kapitalverflechtung auf dem Markt des gedruckten und gesendeten Worts, weltweite Verlagskonzentration und Kartelle der Bestsellerpromotion haben den Individualismus der Branche weitgehend zerstört. Das Geschäft ist hart, ja metallisch geworden. Erbarmungslos werden Bücher wie Massenartikel an die Konsumenten gebracht. Wie zum Beispiel im Bereich der Nahrungsmittelindustrie weniger als ein Dutzend Mammutunternehmen über achtzig Prozent Marktanteil erobert haben und infolgedessen von der Beschaffenheit der Ware über die Verpackung bis zum Verbraucherpreis ein Diktat auszuüben vermögen – so schließen sich auch Buchverlage mit Medienkonzernen zu Bündnissen zusammen, die mit großindustriellen Vertriebsmethoden auf Gewinnmaximierung abzielen. Zwar gibt es gegenwärtig noch alle Verlagstypen gleichzeitig nebeneinander, den Großbetrieb, das mittlere Unternehmen und den meist weltanschaulich bestimmten Kleinverlag, der bei minimalen Kosten mit einer mehr oder weniger verschwörerischen Produktion seine Kundschaft findet. Aber die Tendenz ist die Fusion.
Besonders der Markt der visuellen Kommunikation – vom Bildungsfernsehen im Medienverbund bis zu Kassettenprogrammen – ist zunehmend beeinflußt von internationalen Wirtschaftskräften. In Konzernen wie Bertelsmann, Springer/Ullstein, Holtzbrinck oder Produktionsgemeinschaften wie der TR-Verlagsunion (an der sich auch Rundfunkhäuser, also Anstalten des öffentlichen Rechts, privatwirtschaftlich beteiligt haben) werden heute ökonomische Steuerungen und inhaltliche Programmierungen über das Jahrzehnt hinweg festgelegt oder zumindest projektiert.
Von New York bis Frankfurt fallen wirtschaftspolitische Beschlüsse von Riesenfirmen mit elektronischer Präzision. Umsatzmilliardäre treten auf den Plan und warten mit einem Management auf, das sich Krisen gewachsen zeigt. Auf diesem Feld fallen Entscheidungen zugunsten oder zuungunsten gesellschaftspolitischer Reformen von größter Bedeutung, und ausgerechnet hier liegt die Zukunft der Informationsvielfalt und Meinungsdemokratie im Herrschaftsbereich von Finanzmächten, die für demokratische Kontrolle schwer durchschaubar zu machen sind.
Niemand sage, diese Situation habe mit einer Literaturgeschichte nichts zu tun. Zwar ist es sinnlos, Größe generell zu verteufeln, denn die wirtschaftlichen Wachstums-

gesetze in aller Welt weisen große Zusammenschlüsse als unumgänglich aus. Doch wo Oligopole entstehen, stellt sich immer auch die Frage nach der Freiheit mit besonderer Dringlichkeit.

Für die Literatur ist es keineswegs gleichgültig, wie sie vertrieben wird. Der Markt wirkt zurück auf den kreativen Einzelnen, der sich als Wortautor zu behaupten sucht. Die Verlagslandschaft in der Bundesrepublik hat sich in fünfundzwanzig Jahren grundlegend verändert. Die Literatur auch.

Für den Autor, ob es ihm jedesmal bewußt wird oder nicht, bedeutet es etwas, daß er – wenn er seine Bücher bei Rowohlt erscheinen läßt – nicht mehr hauptsächlich Heinrich Maria Ledig-Rowohlt zum Gegenüber hat, sondern Geschäftsführer, die auch für die finanzielle (und damit früher oder später inhaltliche) Teilhaberschaft des amerikanischen Time- and Life-Konzerns einzustehen haben, ebenso aber für die Partnerschaft mit der Holtzbrinckgruppe und über diese indirekt mit einem so einflußreichen Verlagsunternehmen wie Harcourt, Brace, Jovanovich, New York.

Die Verlage S. Fischer, Wolfgang Krüger, Steingrüben, Goverts, Stahlberg – sie alle kaufte der Stuttgarter Bücherbund-Besitzer Georg von Holtzbrinck auf, dem auch *Die deutsche Zeitung*, die *Saarbrücker Zeitung*, Anteile bei Rowohlt und Droemer-Knaur und nun Teile des neuen Fischer-Athenäum-Taschenbuchverlags gehören. Wie viele Firmen verschwanden in Gütersloh im größten deutschen Bücherkonzern, der ohne die *stern*-Beteiligung mit dem Lesering und dem Schallplattenring, Druckereien und Verlagszweigen in Holland, Frankreich und Spanien mehr als 700 Millionen Mark jährlich umsetzt und etwa 14000 Mitarbeiter beschäftigt? Weder Eugen Claassens Verlag individueller Prägung besteht noch, noch konnte List ohne Fusion mit dem Süddeutschen (Zeitungs-)Verlag überdauern. Nicht zu reden von Wegner, Herbig, Insel, die ihre Selbständigkeit verloren. Genug der Beispiele für die Entwicklung, die es zu demonstrieren galt.

Die Schriftsteller in der Bundesrepublik diskutieren immer wieder Modelle eines genossenschaftlichen Verlags der Autoren, doch bisher gibt es ihn nur in einem Beispiel auf dem speziellen Gebiet des Theater- und Filmverlags in Frankfurt, in vernünftiger Beschränkung geleitet von Karlheinz Braun. Für einen Buchverlag gleichen Vorhabens wäre eine Summe erforderlich, die Schreibende nicht aufbringen können. Außerdem fehlt es den Autoren an Fachkenntnis zur Bewältigung des notwendigen Apparats. Neuerdings erhofft man sich Editionsmöglichkeiten durch die Gewerkschaftsverlage, doch wer deren Ökonomie kennt und obendrein weiß, wie Gewerkschaftsvorsitzende mehrheitlich die Köpfe wiegen, wenn es um Literatur geht, kann nur vor übersteigertem Optimismus warnen. Es wird unter anderem an den Autoren liegen, wie sie dort zurechtkommen, was sie ihrerseits zur Gewerkschaftsarbeit beizutragen willens sind.

Was dem Autor bleibt, bis auf weiteres, so er auf Bücher nicht verzichten mag (die immer noch die haltbarste Form von Literatur darstellen), ist das Sichabfinden mit der Anonymität dieser Lage und dem Dennoch seiner eigensten Sache. Unter Umständen hat er das Glück, einer engeren Gruppe anzugehören, die ihn zum Autor verbliebener Literaturverlage wie Suhrkamp, Luchterhand, Hanser, Piper und einiger anderer prädestiniert, die noch überschaubar und personifiziert sind. Immer mehr Schreibende jedoch müssen sich auch im Verlagsbereich auf den Umgang mit Abteilungsleitern in Großbetrieben einrichten. Das sind sie im übrigen durch Rundfunk und Fernsehen, ihre Hauptauftraggeber, seit langem gewohnt.

Vom Bücherschreiben leben kann der literarische Autor in der Regel nicht. Die Ausnahmen, die jeder kennt, verfälschen den Blick auf das Übliche: GRASS wurde mit seinem Romanerstling groß, HOCHHUTH mit seinem ersten Stück (unter anderem in Buchausgabe), HANDKE in wenigen Jahren, bevor er dreißig war. SIEGFRIED LENZ aber hat ein Dutzend Bücher verfaßt, ehe er übers Theater *(Zeit der Schuldlosen)* eine gewisse Unabhängigkeit und erst nach siebzehn Jahren, 1968, mit dem Roman *Die Deutschstunde* den großen Durchbruch erreichte. Gut ein Dutzend Jahre lang hätte BÖLL seine Familie ohne den Rundfunk kaum ordentlich ernähren können. WALSER, einer der Produktivsten, existiert freiberuflich gewiß eher durch seine Theaterstücke und Funkarbeiten als durch seine Romane, Erzählungen und gesammelten Essays. ZWERENZ gar, der immerhin einmal mit seinem *Casanova* (1966) einen gezielten Bestseller schrieb, könnte ohne die Sender wahrscheinlich auf Dauer nur mühsam zurechtkommen. Fazit: Wenn es schon diesen Schriftstellern so ergangen ist, erscheint es selbstverständlich, daß Autoren im allgemeinen, gerade wenn sie das Handwerk verstehen, möglichst in allen, wenigstens aber in einigen Medien arbeiten müssen.
Die jungen Schreibenden scheinen dies begriffen zu haben. Von vornherein setzen viele von ihnen multimedial an. Sie sind ganz anders als die älteren Schriftsteller mit diesen Medien aufgewachsen, bewegungsfähiger, eine technisch versierte Generation, die sich überall auskennt, früh mit vielen Wassern gewaschen wurde, Autokinder, eine Kindheit lang haben sie Tempo gelernt. Ihre Jugend verlief in schnelleren Einstellungen. Das Instrumentarium scheint für sie am wenigsten ein Problem zu sein. Musik hat für sie meistens eine intensivere Beziehung zum Wort und Wörter wieder zum Bild. Verkleidungsgeneration, alle Stile hat sie zur Verfügung, kann wählen, übt sich jederzeit im Rollentausch. Jazz, Pop und Sound klingen in ihren Stereoanlagen, im Kassettenrecorder. Eine Filmschnittoptik ist ihnen von Anfang an durch die Augen gegangen: flapsig, flott, spielfreudig und manchmal todessehnsüchtig latschen sie durch alle Schwabings der Welt. Antikriegsgeneration, die sich mit Herbert Marcuse verweigert und Adorno barbusig verwirrt hat, für die das Gedicht Politik ist und Prosa nicht selten das große Zitieren aus Konfektion und Werbung im Scherenschnitt von Collagen. Manchmal gelingt ihnen das Paradoxe: die Literatur der Sprachlosigkeit.
Im Vergleich mit denen, die 1945 zu schreiben anfingen, ist es eine immens vorbereitete, eine polyglotte, promovierte Generation. Und sie ist, wenn nicht vieles täuscht, bei aller kühlen Bereitschaft zur neuen Romantik zumindest in der Literatur die politischste Generation, die es in Deutschland je gab.
Als 1968 die Frankfurter Buchmesse vom SDS und den Literaturproduzenten – einer Gruppe linker Verlagsmitarbeiter und Buchhändler – für Augenblicke in einigen Bereichen »umfunktioniert« wurde, geschah etwas Folgenreicheres, als man es damals begriff. Es war auch so etwas wie eine literarische Entrümpelung, die in den Gehirnen begann. In jenem Herbst, der eine Zäsur angibt, kamen von ziemlich jungen Autoren eine Menge Einfälle zum Vorschein: PETER HANDKES *Kaspar* und RAINER WERNER FASSBINDERS *Katzelmacher* hatten Premiere. UWE BRANDNER, Jungfilmer, legte mit seinen *Innerungen* (Untertitel: »Ein Abenteuer-, Liebes-, Kriminal-, Zukunfts- und Tatsachenroman«) ein brillantes kleines Spielzeug vor. (Im folgenden Jahr 1970 erschien WOLF WONDRATSCHEKS Erstling, der beinahe eine Mode machte: *Früher begann der Tag mit einer Schußwunde.*) ROLF DIETER BRINKMANN traf mit seinem Roman *Keiner weiß mehr* das Daseinsgefühl dieser Jahrgänge haargenau. GISELA ELSNER hielt

ihren bösen *Nachwuchs* vor des Lesers erschrockenes Auge. Wolf Biermann wurde *Mit Marx- und Engelszungen* im Westen verlegt. Barbara Frischmuth, wie Handke in Österreich zu Hause, debütierte mit der happigen *Klosterschule*. Hubert Fichte hatte einen bald vielzitierten Beatroman, *Die Palette*, geschrieben. Bazon Brock inszenierte Happenings *(Bürgerschule, Verbraucherschule?, Besucherschule)*. Peter O. Chotjewitz wurde mit dem Roman *Die Insel* beachtet, Ernst Herhaus, wenn auch kritisch, mit seinem aufsässigen *Roman eines Bürgers*.
Viele dieser Bücher und Texte wirkten als eine literarische Spiegelung des politischen Protests, vor allem auch seiner grotesken Geste, die meist etwas von Aufführungen an sich hatte, sich in Komik auskannte, jedenfalls eher Situationen umdrehen und ad absurdum führen als gewalttätig werden wollte. Andererseits wird keiner, der dabei war, leugnen können, daß damals auch die halsbrecherische Losung von der »Gewalt gegen Sachen« aufkam, die anders als gegen Menschen zu Demonstrationszwecken erlaubt sein sollte, als »Gegengewalt«. Das war der Anfang nicht der geforderten Demokratisierung, sondern der später von politischen Amokläufern geschleuderten Bomben gegen die Demokratie. Die Grenze zwischen Protest, Demonstration und Gewalt wurde erst angesichts der Irrsinnstaten der Baader-Meinhof-Gruppe weniger bagatellisiert. In Wahrheit ist sie so deutlich feststellbar wie die Grenze zwischen Freiheit und Terror.
Am Rande dieser Buchmesse 1968 hatte man eines Abends im »Palmengarten« auch erleben können, wie eine von Golo Mann moderierte Podiumsdiskussion von Verlegern und Autoren in ein öffentliches Gespräch über das Eingreifen der Polizei auf dem Messegelände umgedreht wurde. Das Überrumpelungsmanöver war perfekt verlaufen. Zuerst brachte sich die APO in den Besitz der Mikrophone. Dann wurde im Saal, der von Jugend gefüllt war, über den Wechsel des Themas und die Ergänzung der Diskutantenrunde durch Studenten abgestimmt. Natürlich war das Ergebnis von vornherein klar. Wer Golo Mann betrachtete, mochte an jene Schilderung im *Wendepunkt* Klaus Manns denken, wie Thomas Mann »Au!« rief und davonging, als ihm ein wildgewordenes Küchenmädchen eine Ohrfeige gab. Golo Mann freilich blieb, wenn auch mühsam, an jenem Abend vor Ort.
Am Messesonntag, nach den Protesten gegen die Friedenspreisverleihung an Léopold Sédar Senghor an der Paulskirche war ein Zug von Demonstranten auf die Buchmesse losgerückt. Für einige Stunden wurde die Messe geschlossen. Das waren aufwühlende Ereignisse.
Heute übersieht man deutlicher, was in jenem geballten Wirrwarr, der damals an so vielen öffentlichen Plätzen aufkam, die politische Substanz war. Daß von den Studentenunruhen erhebliche Impulse für eine Öffnung der Gesellschaft für Möglichkeiten der Veränderung ausgegangen sind, ist erwiesen. Jedenfalls kann die Wirkung auf das literarische Bewußtsein und damit auf die Literatur der folgenden Jahre schwer überschätzt werden. Was von diesen Denkanstößen in der Bundesrepublik insgesamt Dauer haben wird, ist indessen noch nicht abzusehen. Man braucht nur den Namen Daniel Cohn-Bendit auszusprechen, des seinerzeit nach Rudi Dutschke wohl meistzitierten Sprechers der Revolte, um sich der Geschwindigkeit des Wandels im öffentlichen Klima bewußt zu werden. Im übrigen hätte es, wenn Dutschke das auf ihn gerichtete Attentat in Berlin damals nicht überlebt hätte, die Gefahr tatsächlich umfangreicher blutiger Unruhen gegeben. Es war einer der Momente, in denen politisch sehr vieles unberechenbar erschien.

Auf den Buchmessen 1969 und 1970 spielte dann der von den Literaturproduzenten geforderte und von mehreren Gruppen, darunter dem Schriftstellerverband realisierte Messerat eine relativ wichtige Rolle. Er trat täglich zusammen, war ein Diskussionsforum für die Demokratisierung der Messe, setzte eine überzeugende Charta für die Teilnahmebedingungen durch und hatte nicht selten mit HELMUT M. BRAEM als salomonischem Sprecher eine Schlichtungsfunktion.

Draußen vor dem Haupteingang zur Messe konnte man damals Raubdrucke kaufen: soziologische, politologische, literarische Texte, die von APO-Gruppen an unbekannten Orten ohne Lizenz und Honorar hergestellt und billig unter die Leute gebracht wurden. Eine Zeitlang befürchteten manche Verleger, dies werde Schule machen. Es gab darum manchen Rechtsstreit. Aber weder handelte es sich um sehr zahlreiche Fälle noch war die Sache von Dauer.

Im übrigen hatte HANS MAGNUS ENZENSBERGER schon im *Kursbuch 15* (1968) in seinen *Gemeinplätzen, die Neueste Literatur betreffend* grimmig erklärt: »... Die Literaten feiern das Ende der Literatur. Die Poeten beweisen sich und anderen die Unmöglichkeit, Poesie zu machen. Die Kritiker besingen den definitiven Hinschied der Kritik ... Die ganze Veranstaltung schmückt sich mit dem Namen Kulturrevolution, aber sie sieht einem Jahrmarkt verzweifelt ähnlich.«

Einer, der sehr viel für das politische Bewußtsein der Schriftsteller getan hat, aber heute den Progressiven eher zu gemäßigt erscheint, ist GÜNTER GRASS. Ohne seine praktische Arbeit in der Politik, als Wahlkämpfer wie als permanenter Kritiker der Partei, die er unterstützt, wären die Initiativen der Autoren an Realisierung ärmer gewesen. Daß Grass und Böll sich von Anfang an am Schriftstellerverband mitbeteiligten, hat dieser Gründung und fortgesetzten Bemühung überhaupt erst die öffentliche Durchschlagskraft gegeben. Abgesehen davon war Grass Ratgeber im Hintergrund vieler Aktivitäten. Seit Mitte der sechziger Jahre war er wohl derjenige Autor im öffentlichen Leben der Bundesrepublik, der am meisten von Politik verstand, die Parteien am besten kannte, mit den Politikern am direktesten umging. Ob es Kiesinger oder Brandt war, er redete ihnen ins Gewissen.

Wie sich dieses Engagement des Günter Grass auf seine literarische Arbeit ausgewirkt hat, wird lange Gegenstand von Erörterungen bleiben. Jedenfalls war sein Handeln für deutsche Verhältnisse ein historisches Novum. Gerade auch durch die politische Auseinandersetzung mit anderen Schriftstellern, die später, aber manchmal um so heftiger vom öffentlichen Handlungsdrang in politischer Sache erfaßt wurden, brachte er Würze in die Diskussion. Ein Martin Walser, ein Peter Weiss leisteten sich ungleich größere Einseitigkeiten, erschienen darum radikaler und waren es vielleicht auch wirklich, aber es schadete ihnen nichts, wenn Grass ihnen Augenmaß für das Verwirklichbare nahelegte – nicht mit erhobenem, sondern mit auf Tatsachen gesenktem Zeigefinger. Es geschah außerdem nicht selten um den Preis, daß Beliebtheit und Zustimmung auf andere übergingen, die den Gedankenflug höher richteten, aber die Erde verfehlten. Die Propheten des zweiten Schritts vergaßen allzu häufig, den ersten zu machen.

Ohne Zweifel hat der Autor der *Blechtrommel*, aber auch des *Tagebuch einer Schnecke* (1972) eine nicht geringe Zahl von Autoren mit der Realität des Politikmachens überhaupt erst in handgreifliche Berührung gebracht. Weniger detailpraktisch auf das Anwendbare bezogen, doch ebenso unüberhörbar engagierte sich HEINRICH BÖLL, der als erster deutschsprachiger Autor nach Hesse am 10. Dezember 1972 in Stockholm

Frankfurter Buchmesse 1968: Die Autoren Franz Josef Strauß und Daniel Cohn-Bendit tauchten inmitten ihrer Anhänger auf (oben), während anderwärts Besucher in den Untergrund begleitet wurden.

den Nobelpreis für Literatur entgegennahm und in seiner nachgeholten Dankesrede am 2. Mai 1973 im Stockholmer Börhus politisch so argumentierte:

... Mag man die Klasse, aus der die Literatur bisher zum größten Teil gekommen ist, für überfällig halten, als Produkt dieser Klasse war sie in den meisten Fällen auch ein Versteck des Widerstandes gegen sie. Und es muß die Internationalität des Widerstands bewahrt bleiben, die den einen – Alexander Solschenizyn – gläubig erhalten hat und den anderen – Arrabal – zum erbitterten und bitteren Gegner der Religion und der Kirche gemacht hat. Die Stärke der ungeteilten Literatur ist nicht die Neutralisierung der Richtungen, sondern die Internationalität des Widerstands, und zu diesem Widerstand gehört die Poesie, die Verkörperung, die Sinnlichkeit, die Vorstellungskraft und die Schönheit. Kein Fluch, keine Bitterkeit, nicht einmal die Information über den verzweifelten Zustand einer Klasse ist ohne Poesie möglich, und selbst, um sie zu verdammen, muß man sie erst zur Erkenntnis bringen ...

Böll sagte gegen Schluß der Rede: »Weil ich die internationale Bewegung nach einer klassenlosen oder nicht mehr klassenbedingten Literatur, die Entdeckung ganzer Provinzen von Gedemütigten, für menschlichen Abfall Erklärten oder dazu erklärten für die wichtigste literarische Wendung halte, warne ich vor der Zerstörung der Poesie, vor der Dürre des Manichäismus, vor der Bilderstürmerei eines, wie mir scheint, blinden Eiferertums, das nicht einmal Badewasser einlaufen läßt, bevor es das Kind ausschüttet ...«

In einer Phase, in der Literatur von Politik durchdrungen ist, man umgekehrt aber nicht erwarten kann, daß Literatur auch die Politik durchdringt, ist das Eintreten der Schriftsteller für öffentliche Aufgaben ein immer neues Kriterium für das in der deutschen Geschichte so oft gebrochene Verhältnis schöpferischer Intelligenzen zum Staat. Heute ist die Republik, in der wir leben, das Staatsgebilde mit den größten Freiheitsmöglichkeiten für den einzelnen wie für die Gesamtheit, das Deutsche bisher zustande gebracht haben – auch wenn es für die ausschließlich Unzufriedenen nichts als ein mieser Staat ist.

Wohin treibt es uns? Demokratie beginnt immer bei der eigenen Person. Wenn Demokratie sozial sein soll, geht das nur durch die Bändigung des so materialistischen wie aggressiven Egoismus von Gruppen wie von einzelnen. Die Macht, die dazu gebraucht wird, muß nicht Gewalt sein, aber Gesetz, das sich – wo nötig – Nachdruck verschafft.

Überall drängen Kräfte auf Veränderung. Das Wort ist für manche zum Fetisch geworden, es bedarf der Ernüchterung. Dabei sollten die Jüngeren im Lande begreifen, daß das Wort Sozialismus nicht unbegrenzt strapazierbar ist für eine Generation, die unter diesem Begriff mit den Silben »national« davor die verheerendste Diktatur auf deutschem Boden erlebt hat. Die Älteren sollten verstehen lernen, daß für viele unter den Jungen die wiederbelebte Idee des Sozialismus nichts grundsätzlich anderes bedeutet als die Forderung nach der Erfüllung dessen, was die Kriegsgeneration sich zum Ziel setzte: Demokratie. Der Unterschied liegt im genaueren Einschätzen der Macht, die wirtschaftliche Entwicklungen auf die Kultur wie auf alle gesellschaftlichen Vorgänge ausüben. Wenn allerdings daraufhin von den durch diese neue Generation in Frage gestellten Gruppen der Antikapitalismus oder umgekehrt von Eiferern der Kapitalismus zum neuen Weltfeind Nummer eins erklärt wird, steht den Verkündern solcher Parolen einmal wieder der politische Verstand still. Dann droht Fanatismus als Konsequenz wachsender Intoleranz.

Im Kapitalismus sind entsetzliche Dinge geschehen und geschehen weiter. Im Namen des Sozialismus auch. Der demokratische Sozialismus ist für eine zunehmende Zahl die überzeugendste Idee für die Lösung vieler Gegenwartsprobleme. Auf seine Verwirklichung vermag kein Land der Erde bisher hinzuweisen – was nicht heißt, daß die Arbeit dafür nicht lohnt. Doch wenn ein politischer »Ismus« in dem einen oder anderen Lager zum Religionsersatz wird, nur noch geglaubt als Doktrin und damit außer Reichweite der Ratio, läuft das nach aller Erfahrung auf Totalitarismus hinaus. Der Inhalt ist wichtiger als die Namen. Mit Worten kann man politisch alles behaupten. Auf das Handeln für die Menschen kommt es an. Literatur wird nie aufhören, in der Kritik des Vorhandenen die Vision einer idealen Gesellschaft zu beschreiben. Politik ringt um das Unvollkommene in der Demokratie und das Mörderische extremer Unfreiheit. In dieser Spannung begegnen sie einander: widersprüchlich bis zum äußersten und doch zuzeiten verständigungsfähig. Täuscht es oder ist dieser Dialog in der Bundesrepublik heute lebendiger als gestern und vorgestern? In diesem Kapitel gibt es immer nur einen offenen Schluß.

BENUTZTE LITERATUR

Als der Krieg zu Ende war. Literarisch-politische Publizistik 1945–1950. Eine Ausstellung des Deutschen Literaturarchivs im Schiller-Nationalmuseum. Hg. Bernhard Zeller, Ausstellung und Katalog von Gerhard Hay, Hartmut Rambaldo, Joachim W. Storck, München 1973.

Arbeiterdichtung. Analyse, Bekenntnisse, Dokumentationen, Hg. Friedrich G. Kürbisch, Wuppertal 1972.

Heinz Ludwig Arnold (Hg.), *Geschichte der deutschen Literatur aus Methoden – Westdeutsche Literatur von 1945–1971,* 3 Bde., Frankfurt 1972.

Heinz Ludwig Arnold (Hg.), *Literaturbetrieb in Deutschland,* München 1971.

Gottfried Bermann Fischer, *Bedroht – bewahrt. Der Weg eines Verlegers,* Frankfurt 1967.

Werner Berthold und Christa Wilhelmi, *Exil-Literatur 1933–1945. Eine Ausstellung aus Beständen der Deutschen Bibliothek, Frankfurt a. M.,* Frankfurt ²1966.

Bestandsaufnahme. Eine deutsche Bilanz 1962, Hg. Hans Werner Richter, München 1962.

Karl Dietrich Bracher (Hg.), *Nach 25 Jahren. Eine Deutschland-Bilanz,* München 1970.

Buch und Buchhandel in Zahlen 1972, Hg. Börsenverein des Deutschen Buchhandels, Frankfurt 1972.

Deutsche Literatur seit 1945. In Einzeldarstellungen, Hg. Dietrich Weber, Stuttgart 1970.

Deutsche Presse seit 1945, Hg. Harry Pross, Bern/München 1965.

Deutschland. Kulturelle Entwicklungen seit 1945, Hg. Paul Schallück, München 1969.

Hans Dollinger (Hg.), *außerdem. Deutsche Literatur minus Gruppe 47 = wieviel?* Mit einem Grußwort von Hans Werner Richter, München/Bern 1967.

Ingeborg Drewitz (Hg.), *Städte 1945. Berichte und Bekenntnisse,* Düsseldorf/Köln 1970.

Manfred Durzak (Hg.), *Die deutsche Literatur der Gegenwart. Aspekte und Tendenzen,* Stuttgart 1971.

Manfred Durzak (Hg.), *Die deutsche Exilliteratur 1933–1945,* Stuttgart 1973.

Einigkeit der Einzelgänger. Dokumentation des ersten Schriftstellerkongresses des Verbandes deutscher Schriftsteller (VS), Hg. Dieter Lattmann, München 1971.

Luiselotte Enderle, *Kästner. Eine Bildbiographie,* München 1960.

Entwicklungsland Kultur. Dokumentation des zweiten Schriftstellerkongresses des Verbandes deutscher Schriftsteller (VS), Hg. Dieter Lattmann, München 1973.

Karla Fohrbeck, Andreas J. Wiesand, *Der Autorenreport,* Hamburg 1972.

Heinz Greul, *Bretter, die die Zeit bedeuten. Die Kulturgeschichte des Kabaretts,* Köln/Berlin 1967; ern. München 1971, 2 Bde. (dtv, 743/44).

Die große Kontroverse. Ein Briefwechsel um Deutschland, Hg. und bearbeitet von J. F. G. Grosser, Hamburg 1963.

Die Gruppe 47. Bericht, Kritik, Polemik. Ein Handbuch, Hg. Reinhard Lettau, Neuwied/Berlin 1967.

Gruppe 61. Arbeiterliteratur – Literatur der Arbeitswelt?, Hg. Heinz Ludwig Arnold, München 1971.

Hans Habe, *Im Jahre Null. Ein Beitrag zur Geschichte der deutschen Presse,* München 1966.

Harold Hurwitz, *Die Stunde Null der deutschen Presse – Die amerikanische Pressepolitik in Deutschland 1945–1949,* Köln 1972.

Das Jahr 45. Dichtung, Bericht, Protokoll deutscher Autoren, Hg. Hans Rauschning, Gütersloh 1970.

Inge Jens, *Dichter zwischen rechts und links. Die Geschichte der Sektion für Dichtkunst der Preußischen Akademie der Künste, dargestellt nach den Dokumenten,* München 1971.

Walter Jens, *Bericht über eine Messe,* Stuttgart 1969.

Kindlers Literatur Lexikon, 7 Bde., Zürich 1965–1972.

Peter Kühne, *Arbeiterklasse und Literatur. Dortmunder Gruppe 61/Werkkreis Literatur der Arbeitswelt.* Mit einem Essay von Urs Jaeggi, Frankfurt/Hamburg 1972.

Hermann Kunisch (Hg.), *Handbuch der deutschen Gegenwartsliteratur,* 2 Bde., München ²1969/70.

Wolfgang Kuttenkeuler (Hg.), *Poesie und Politik. Zur Situation der Literatur in Deutschland,* Stuttgart 1973.

Franz Lennartz, *Deutsche Dichter und Schriftsteller unserer Zeit. Einzeldarstellungen zur schönen Literatur in deutscher Sprache,* Stuttgart [10]1969.
Gertraud Linz, *Literarische Prominenz in der Bundesrepublik,* Olten/Freiburg i. Br. 1965.
Ernst Loewy, *Literatur unterm Hakenkreuz. Das Dritte Reich und seine Dichtung.* Eine Dokumentation mit einem Vorw. v. Hans-Joch. Gamm, Frankfurt [2]1967.
Thomas Mann im Urteil seiner Zeit. Dokumente 1891–1955, Hg. Klaus Schröter, Hamburg 1969.
Angelika Mechtel, *Alte Schriftsteller in der Bundesrepublik. Gespräche und Dokumente,* München 1972.
Peter de Mendelssohn, *S. Fischer und sein Verlag,* Frankfurt 1970.
Henry Meyer-Brockmann, *Dichter und Richter. Die Gruppe 47 und ihre Gäste,* München 1962.
Peter Meyer-Dohm und Wolfgang Strauß, *Buch und Leser in Deutschland,* Gütersloh 1965 (Schriften zur Buchmarkt-Forschung).
Klaus Nonnenmann (Hg.), *Schriftsteller der Gegenwart, Deutsche Literatur. 53 Porträts,* Olten/Freiburg i. Br. 1963.
Nordamerikanische Literatur im deutschen Sprachraum seit 1945. Beiträge zu ihrer Rezeption, Hg. Horst Franz und Hans Joachim Lang, München 1973.
Eberhard Pikart (und Dirk Mende), *Theodor Heuß. Der Mann, das Werk, die Zeit. Eine Ausstellung,* Stuttgart 1967.
Marcel Reich-Ranicki, *Literarisches Leben in Deutschland. Kommentare und Pamphlete,* München 1965.
Hans Werner Richter und Walter Mannzen (Hg.), *Almanach der Gruppe 47. 1947–1962,* Reinbek 1962.
Der Ruf. Eine deutsche Nachkriegszeitschrift, Hg. Hans Schwab-Felisch, München 1962 (dtv, 39).
Richard Salis (Hg.), *Motive. Selbstdarstellungen deutscher Autoren,* Vorwort von Walter Jens, Tübingen/Basel 1971.
Karl Schwedhelm (Hg.), *Propheten des Nationalismus,* München 1969.
Spektrum des Geistes. Literaturkalender, Hg. Hartfried Voss, Ebenhausen b. München, Jg. 1952–1973.
Peter Stahlberger, *Der Züricher Verleger Emil Oprecht und die deutsche politische Emigration 1933–1945,* Vorwort J. R. v. Salis, Zürich 1970.
Wilhelm Sternfeld und Eva Tiedemann, *Deutsche Exil-Literatur 1933–1945. Eine Bio-Bibliographie,* Heidelberg/Darmstadt 1962.
Dietrich Strothmann, *Nationalsozialistische Literaturpolitik. Ein Beitrag zur Publizistik im Dritten Reich,* Bonn [2]1963.
Tendenzen der deutschen Literatur seit 1945, Hg. Thomas Koebner, Stuttgart 1971.
Heinrich Vormweg, *Eine andere Lesart. Über neue Literatur,* Neuwied/Berlin 1972.
Klaus Wagenbach (Hg.), *Lesebuch. Deutsche Literatur der sechziger Jahre,* Berlin 1968.
Hans-Albert Walter, *Deutsche Exilliteratur 1933–1950,* Darmstadt/Neuwied 1972ff. (bisher 2 Bde.).
Matthias Wegner, *Exil und Literatur. Deutsche Schriftsteller im Ausland 1933–1945,* Frankfurt/Bonn 1967.
Volker Christian Wehdeking, *Der Nullpunkt. Über die Konstituierung der deutschen Nachkriegsliteratur 1945–1948 in den amerikanischen Kriegsgefangenenlagern,* Stuttgart 1971.
Werkkreis 70. Ein Baukran stürzt um. Berichte aus der Arbeitswelt, Hg. Karl D. Bredthauser, Heinrich Pachl und Erasmus Schöfer, München 1970.
Werkkreis Arbeitswelt. Lauter Arbeitgeber. Lohnabhängige sehen ihre Chefs. Herausgegeben von der Werkstatt Tübingen: Jürgen Alberts, Albert Scherer, Klaus Tscheliesnig, München 1971.
Joseph Wulf, *Literatur und Dichtung im Dritten Reich. Eine Dokumentation,* Gütersloh 1963.
Kurt Zentner (Hg.), *Aufstieg aus dem Nichts. Deutschland von 1945 bis 1953.* Eine Soziographie in 2 Bdn., Köln/Berlin 1954.

HEINRICH VORMWEG

PROSA IN DER BUNDESREPUBLIK SEIT 1945

VORBEMERKUNGEN

> Denn es handelt sich ja nicht darum, die Werke des Schrifttums im Zusammenhang ihrer Zeit darzustellen, sondern in der Zeit, da sie entstanden, die Zeit, die sie erkennt – das ist unsere –, zur Darstellung zu bringen. Damit wird die Literatur ein Organon der Geschichte, und sie dazu – nicht das Schrifttum zum Stoffgebiet der Historie zu machen, ist die Aufgabe der Literaturgeschichte.
>
> Walter Benjamin[1]

Das Dilemma jeden Versuchs, die Geschichte des Zeitablaufs seit 1945, gerade die Geschichte der Literatur oder eines bestimmten Teils der Literatur in ihm zu schreiben, ist, daß der Abstand zur Ausgangsposition zeitlich gering, qualitativ aber unabsehbar ist. Das Dilemma zeichnet sich ab sowohl im minuziösen Textvergleich als auch in der Verdeutlichung allgemeiner Relationen. So offensichtlich es ist, daß zeitlich eines dem anderen folgt, so offensichtlich zeigt innerhalb dieser Zeitspanne die Vorstellung einer in sich folgerichtigen geschichtlichen Entwicklung ihre Unzulänglichkeit.

Der Sprung wirkt weniger gewaltsam, wählt man einen früheren Vergleichspunkt, etwa das Jahr 1925. Das verlockt, gerade im Blick auf Literatur, zu dem Versuch – und nicht wenige haben sich dazu verleiten lassen –, das Hitler-Regime als katastrophalen geschichtlichen Seitensprung anzusehen, der inzwischen gebüßt und überwunden sei. Die eigentliche geschichtliche Kontinuität habe sich wiederhergestellt. Entsprechend habe die Literatur nach 1945 sich, nach einigen Umstellungsschwierigkeiten, dem zuvor gewaltsam unterbrochenen Zusammenhang wieder eingefügt. Sie stehe aufs neue in der geschichtlichen Kontinuität, die der Geschichtsschreibung die objektiven Kriterien vermittle. Wie fragwürdig diese Darstellung jedoch ist, wird schon sichtbar, wenn man das gegenwärtige Wissen von der Sprache und die Einschätzung der Sprache, wenn man jenen Literaturbegriff, jene literarischen Praktiken und jene Vorstellungen von der Bedeutung der Literatur, die zu Beginn des letzten Jahrhundertdrittels dominieren, mit denen vergleicht, die ein halbes Jahrhundert früher galten. Ein Blick auf die allgemeinen geschichtlichen Abläufe, der den Wilhelminismus, den Ersten Weltkrieg und sein Ende, die Weimarer Republik und ihr Ende ins Spiel bringt, zeigt wenn schon Kontinuität, dann jene eines katastrophalen, durch flüchtige Scheinblüten zeitweise kaschierten Zerfalls. Tatsächlich ist sie nur die Kehrseite jener bewahrenden Kontinuitätsvorstellungen und – hoffentlich – ebensoviel wert. Dies wie jenes verhilft nicht zu einem Blickpunkt, der Objektivität garantiert. Es steht vielmehr so, daß es umfassende Objektivität hier nicht gibt. Sich eine Ansicht geschichtlicher Vorgänge zu verschaffen – und Geschichtsschreibung ist nichts anderes –, das ist ohne einen beträchtlichen Anteil Willkür nicht möglich.

Folgender Rückblick auf die Prosa in der Bundesrepublik seit 1945 geht von dieser Voraussetzung aus. Suche nach einer Methode, Willkür aus der Geschichtsschreibung auszuschließen, führt nach Meinung des Verfassers entweder zur Apotheose einer Scheinobjektivität oder – wird sie kritisch betrieben – zu dem Schluß, daß es nur dies eine, unzulängliche Gegenmittel gibt: das Bewußtsein, ohne Willkür Geschichte nicht schreiben zu können. Und tatsächlich korrespondiert ja der in diesem und jedem anderen Fall unabsehbaren Masse des Materials die unaufhebbare Abhängigkeit jedes Geschichtsschreibers von seinem durch Herkunft, Alter, Informationsstand und Ideologie bestimmten Standort, eine teils immer unbewußte Abhängigkeit, die zwangsläufig zur Basis der Versuche wird, das Material zu überschauen, auch wenn sie noch so sehr um Objektivität besorgt sind. Unsicherheit potenzierend, prallt Geschichtliches auf Geschichtliches, ist geschichtlich konditionierte Wahrnehmung konfrontiert mit dem, was sich in einer Vergangenheit in Texten und Bildern verdinglicht hat. Und selbst wenn er es weiß und sich dessen zu enthalten sucht, übt dabei der Geschichtsschreiber die Rechte des Stärkeren aus.

Die Krise aller Geschichtsschreibung in Westeuropa, die offensichtlich ist, resultiert zu einem Teil aus der Entdeckung, daß diese fragwürdigen Rechte – unter zunehmend indirekterer Berufung stets auf eine vermeintlich alles umfassende Idee, sei es Gott, Abendland oder Nation – auch nach den so häufig apostrophierten industriellen Revolutionen durchweg allzu unverfroren behauptet worden sind, und aus der Notwendigkeit, den Rückhalt, den sie gesellschaftlich noch immer haben, vollends zu zerstören.[2] Zum anderen Teil resultiert die Krise daraus, daß es nichts gibt, was sich mit allgemeiner Zustimmung an die so entstandene leere Stelle setzen ließe. Individuen und Gruppen suchen sie zwar zu okkupieren, doch mit meist nur flüchtigen, die Irritation zuletzt verstärkenden Erfolgen. Ein starker Zwang geht von dieser Leerstelle aus, ein Zwang, der gerade die fortgeschrittensten spätkapitalistischen Gesellschaften den Versuch machen läßt, ohne zentrale geschichtliche Perspektive auszukommen. So nahe es aber liegt, ihren Ersatz durch Waren, Konsum zu konstatieren – im Fehlen oder Verblassen solcher Perspektive, die immer das Produkt in die Geschichte hineingelesener und dann aus ihr in die Zukunft projizierter Selbstbehauptung war, liegt auch eine Offenheit, die für die Zukunft sehr viel bedeuten könnte. Dies hängt davon ab, ob sie zu Bewußtsein kommt, ob das Fehlen einer zentralen geschichtlichen Perspektive erkannt wird als Aufhebung auch des Widerstandes, den gerade sie jeweils den Erkenntnissen entgegengesetzt hat. Unter dieser Voraussetzung könnte Geschichtsschreibung ganz anders auf Zukunft bezogen werden als je zuvor, auf eine Weise, die den realen Prozessen nahebleibt, die auch ihr eigenes Verhaftetsein in den Prozessen reflektiert, die Entwürfe nicht mehr verwechselt mit Wirklichkeit, aber weiß, daß diese aus jenen entsteht und veränderbar ist.

Deutsche Literaturgeschichtsschreibung ist von der Krise besonders stark betroffen. Seit je durchweg innerhalb der als eine Geheimwissenschaft von der deutschen Nation privilegierten Germanistik betrieben[3], haben die Neuorientierungen der letzten anderthalb Jahrzehnte sie aus dem Gleis geworfen. Versuche, über die Analyse schmaler und isolierter Felder hinauszugelangen und größere Abläufe darzustellen, drängten es in den meisten Fällen geradezu auf, sie als unverbindlich, als desorientiert und desorientierend ad acta zu legen, insbesondere wenn sie sich mit der jüngsten Literaturgeschichte befaßten.[4] Aber auch die von Schriftstellern und Kritikern verfaßten Überblicke zu neueren literarischen Vorgängen realisierten höchstens andeutend die wachsende Distanz dessen, was tatsächlich vorgegangen war, zu den gewohnten Prämissen.[5]

Daß es schon längst unerläßlich ist, in der Literaturgeschichtsschreibung offen von jener Zeit auszugehen und Erkenntnis jener Zeit zu suchen, in der Literaturgeschichte geschrieben wird, wie WALTER BENJAMIN fordert, weil nur so »Literatur ein Organon der Geschichte« werde – dies ist innerhalb der Literaturgeschichtsschreibung bisher weder erkannt noch gar im Bewußtsein der Konsequenzen für Methode und Ergebnis riskiert worden.

Solche Skizzierung belastender Defizite zu Anfang eines Versuchs, jüngste Literaturgeschichte zu schreiben, will nun keineswegs sagen, mit diesem würden sie aufgehoben. Es sind geschichtliche Defizite, bezeichnende Momente speziell der Willkür, der sich unter dem Vorzeichen des Fehlens einer zentralen geschichtlichen Perspektive nicht entgehen läßt. Vermeidbar bis zu einem gewissen Grade ist zum Beispiel die unkritische Weiterverwendung tradierter Mechanismen der Unterscheidung; ihre Weiterverwendung selbst aber schon ist, weil anders die Verständigung allzu schwierig würde, häufig nicht zu vermeiden. Als Beispiel dafür kann schon dienen, daß auch bei diesem Versuch, Literaturgeschichte zu schreiben, die gewohnte Aufteilung literarischer Arbeiten nach dem Schema »Lyrik – Drama – Prosa« zugrunde gelegt wird. Es ist eine der verläßlich aus den literarischen Arbeiten der letzten anderthalb Jahrzehnte abstrahierbaren Folgerungen, daß dies Schema weder absoluten Ideen entspricht noch in einer verbindlichen Typenlehre begründet ist. Das Schema ist eine Fiktion, die zudem die literarische Produktion und ihr Verständnis seit längerem nur noch behindert. Daß sie zugleich für Information und Verständigung auf allgemeinerer Ebene – und darauf bleibt Literaturgeschichtsschreibung so und so bezogen – noch als unentbehrlich erscheint, kann jedenfalls nicht zu dem Schluß führen, die alten Gattungsunterscheidungen seien eben doch das Wahre. Es ist nur das praktische Eingeständnis jener Verständigungs-, jener Sprachschwierigkeiten, die aus begonnenen geschichtlichen Umwälzungen und den durch sie initiierten Erkenntnissen folgen.

Ebenso fragwürdig ist die Isolierung einer Darstellung auf die Prosa nur eines Teils der deutschsprachigen Literatur. Ebenso fragwürdig die Datierung »seit 1945«, denn der Waffenstillstand am Ende des Zweiten Weltkriegs ergab keineswegs jene »Stunde Null«, jene Situation eines totalen Neubeginns, von der seither so oft geredet worden ist. Und doch sind willkürliche Abgrenzungen wie diese zugleich unvermeidlich, wenn überhaupt Literaturgeschichte geschrieben werden soll. Wie auch eine gewisse Personalisierung der Literatur, eine Orientierung also nach Autorennamen selbst unter der Voraussetzung, daß die Werke und die Veränderungen es sind, die es darzustellen gilt. Bliebe allerdings zu fragen, ob überhaupt das Verfassen einer Literaturgeschichte noch irgendeinen Sinn hat außer jenem, daß so eine noch immer verkäufliche Ware hergestellt wird. So fragen heißt jedoch einen Krankheitsbefund unter der Hand zur Basis eines Weltbilds umdrehen.

Was immer sonst Literatur sei, jedenfalls ist sie – um es marxistisch zu sagen – dank ihrer exemplarischen Beziehung zur Sprache als Produktionsmittel, elementarer sozialer Verkehrsform und praktischem Bewußtsein ein optimales Medium der Realitätssuche und – im Rückblick – eine Summe von Dokumenten erster Ordnung. Wenn auch chiffriert, vermittelt sie wie kaum ein anderes Medium geschichtlich Reales. Dieses in Literatur zu entziffern, und zwar bezogen auf Gegenwart, vergangene Literatur damit als Organon, als Werkzeug und Methode der Geschichte durchsichtiger zu machen, ist Intention ebenfalls veränderter Literaturgeschichtsschreibung. Wirklichkeit, und das heißt gesellschaftliche Wirklichkeit, wird dabei auf andere Weise zum Thema als etwa in der literaturtheoretischen Auseinandersetzung, die sich der Gegenwart voraussetzungslos stellt und tendenziell die Zukunft meint. Diese vorausgesetzt gerade, in ihrem komplexen Anspruch, wird der Vergangenheit zugehörige Literatur nur um so deutlicher erkennbar als geschehene, geschichtliche Wirklichkeit, als die tradierbare konkrete Wirklichkeit von Bezeichnetem, die in den Weisen des Bezeichnens, in der Sprache für Menschen entsteht. Im bewußt hergestellten Kontrast zwischen den Beziehungsmustern der sie erkennenden Zeit und der vergangenen Literatur zeigt sich, oft ernüchternd, was diese noch bedeutet, und verdeutlichen sich die Antagonismen.

Das bestätigt nun keineswegs – die alte Gewohnheit, Altes zum Vorbild zu nehmen, auf den Kopf stellend – nur und ausschließlich den vorausgesetzten aktuellen Zusammenhang. Vielmehr verdeutlicht es, daß auch er geschichtlich ist. Und das ist die vielleicht wichtigste Begründung dafür, Geschichtsschreibung, Literaturgeschichtsschreibung weiter zu riskieren. Indem sie die Erkenntnis der Geschichtlichkeit aller menschlichen Verhältnisse in Erfahrung umsetzt, trägt sie zur Konkretisierung der aktuellen Verhältnisse im Bewußtsein bei. Ohne sie fehlt eine ganze Dimension. Ohne Geschichtsschreibung, wie unzulänglich sie immer sei, bleibt auch die geschichtliche Zukunft als etwas, das praktisch zu machen ist, verschleiert.

Noch einmal hervorzuheben ist hiernach das im bewußten Gegensatz zum größeren Teil früherer Literaturgeschichtsschreibung gesetzte Apriori, es gehe darum, in der Zeit, da die vergangene Literatur entstanden ist, und den Veränderungen in ihr jene Zeit darzustellen, die sie erkennt. Das ist nicht einfach ein Bekenntnis dessen, der Geschichte zu schreiben versucht, zum eigenen, subjektiven Standpunkt, zur eigenen Erfahrung. Es weist hin auf eine Bedingtheit, die konkret ist, die niemand abschüttelt und die nicht länger vom Schein einer irrealen Objektivität verwischt werden darf, einem Schein, der falsche Autorität setzt und falsches Bewußtsein erzeugt. Ein Moment des Apriori ist allerdings auch, daß der Verfasser in der frühesten Nachkriegszeit begonnen hat, bewußt zu lesen. Das im Bewußtsein der Distanz zwischen Gegenwart und jeweiliger Vergangenheit für diese Gegenwart zu Beschreibende wurde zuerst im Kontext der vergangenen Aktualität rezipiert und bestimmt so den gegenwärtigen Standpunkt mit.

Im übrigen sind Prämissen der Darstellung, daß die Erscheinungsweise von Literatur sprachlich ist und daß sie geschichtliche Realität sprachlich vermittelt. Daraus folgt nicht, der literarische Text erschließe sich ausschließlich von innen her und könne beanspruchen, daß der Leser und Interpret in ihm verharrt. Kein Autor ist identisch mit der Sprache. Es gibt erhebliche Unterschiede im Grad der Realisierung von Wirklichkeit in der Sprache. Manche haben ganze Systeme entwickelt, der Realität durch literarische Manöver auszuweichen. Jedes literarische Werk manipuliert Sprache, bringt Elemente ein, Spannungen und Konstruktionen, die auf Außersprachliches verweisen. Sprache ist ein Medium, nicht die Sache an sich. Die millionenfachen Individualisierungen bestehen in ihr, ohne jeweils mit Sprache ganz identisch zu sein und ohne sich ihr entziehen oder über sie hinaus zu können. Dabei ist durchaus faßlich auch, was sie sagen.

Alle Geschichtsschreibung ist vorläufig und bleibt immer Entwurf. Schon deshalb bleiben auch die Verfahrensweisen vorläufig. Würde für jedes Jahr der Zeitspanne, die in Frage steht, eine Darstellung im gleichen Umfang wie diese geschrieben, müßten selbst diese noch Verallgemeinerungen, überblickhafte Aufrisse, Verkürzungen riskieren, die im Ungefähren bleiben. Dies zu bestreiten hieße nur es zu kaschieren. Es wird deshalb ein jeweils in der Schreibsituation begründeter Wechsel zwischen Totalen, Halbtotalen und textnaher Beschreibung angewendet, bei dem die Totalen dem am nächsten kommen, was als die Ideen, Inhalte und Aussagen der Literatur bekannt ist, und das Verhältnis der Literatur zur gesellschaftlichen Wirklichkeit in jener Weise umreißen, die gewohnt ist. Soweit eben möglich, machen die textnahen Beschreibungen die verkürzenden Verallgemeinerungen im Material fest. In diesem Zusammenhang gewinnt übrigens die durchaus fragwürdige Festlegung auf den Zeitverlauf nach 1945 einen ausgesprochen stimulierenden Aspekt. Nimmt man es einigermaßen genau damit, zwingt die Festlegung dazu, Autorenbiographien und Werkzusammenhänge ebenso wie allgemeine Entwicklungen in der Brechung durch jenes Datum anzusehen. Mit der in der Literaturgeschichtsschreibung vorherrschenden Personalisierung des Stoffes, also der Konzeption von individuellen Gesamtwerken her, läßt sich der Herausforderung ebensowenig entsprechen wie mit der Hervorhebung allgemeiner stilistischer und Wahrnehmungsformen in der gesamten deutschen Literatur des 20. Jahrhunderts. Schon deshalb nicht, weil ja etliche für die Literatur nach 1945 konstitutive Werke von Autoren verfaßt wurden, die teils schon vor dem Ersten Weltkrieg zu schreiben begonnen hatten. Die Begrenzung auf deutschsprachige Literatur in der Bundesrepublik hat einen ähnlichen Effekt. Nur wenn man es darauf anlegte, diese Begrenzungen zu verwischen, ließen sich die konventionellen literarhistorischen Muster noch einmal reproduzieren. Hier seien die Begrenzungen so rigoros vorausgesetzt wie eben möglich, seien sie akzeptiert als eine Herausforderung, Literatur weniger individualistisch als in ihrer direkten Beziehung zu geschichtlichen und gesellschaftlichen Abläufen zu beschreiben.

ERSTER TEIL

VORSCHULE ZUR RESTAURATION (1945–1952)

Die frühe Nachkriegszeit ist nur aus der jeweils eigenen Erinnerung zugänglich. Sie entzieht sich dem Überblick, weil in ihr die Informationsströme zu lange unterbrochen waren. Auch die Summe aller Erinnerungen an diese Zeit, und sie sind ja in der Folge zu vielen Tausenden in Geschichten, Romanen, Erlebnisberichten und Memoiren publiziert worden, wiegt das nicht annähernd auf. Es waren Monate und sogar Jahre, in denen die Geschichten galten, die von Mund zu Mund weitergegeben wurden, mythische, d. h. finstere, nicht völlig aufhellbare Zeiten also, weit mehr sogar als die Kriegsjahre zuvor, in denen die Menschenmassen von der Kriegs- und Vernichtungsbürokratie ja nach Plan und recherchierbar manipuliert worden sind. Nunmehr waren, zwischen Vertreibung, Flucht, Gefangenschaft und Heimkehr, Odysseen möglich und wurden hunderttausendfach bestanden oder nicht. So erlebten es auch einzelne Schriftsteller. *Odysseus – Aufzeichnungen eines Heimgekehrten* (1947) war Titel des Berichts eines der jungen Autoren jener Jahre, GEORG GUSMANN. Er zählt zur großen Zahl jener, die das Erlebnis des Kriegsendes zum Schreiben brachte und die zu schreiben aufhörten, als seine aufrüttelnde Wirkung nachließ.

Der 1947 erschienene Roman *Die Stadt hinter dem Strom* von HERMANN KASACK (1896–1966) war einer der meistgenannten und vielgelesenen frühen Versuche, die Erfahrungen der Kriegs- und Nachkriegszeit zusammenhängend darzustellen und zu deuten. Kasacks Held, dei Archivar Robert, befindet sich im Schlußteil des Romans auf der Reise zurück aus der Totenstadt, in die er als Lebender berufen worden war, und zwar in einem überfüllten Zug:

Der Zug fuhr.

Als sich die Witwe erkundigte, ob es stimme, daß man auf der nächsten Station umsteigen müsse, sagte Robert, er habe den Eindruck, daß alle in falscher Richtung führen. Die Augenpaare der Reisenden sammelten sich neugierig auf seiner Person. Der Herr in der Joppe fixierte ihn und meinte, der Herr sei wohl erst jetzt entlassen worden und befinde sich auf der Heimkehr.

Robert wandte sich an die Runde.

»Ich komme aus einem Land ohne Freude«, sagte er.

Dann sei er kaum von hier fort gewesen, hieß es.

»Aus der Zone des Grauens«, sagte er.

Da bestehe kein Unterschied, meinte man.

»Aus der Stadt ohne Hoffnung«, sagte Robert.

Dann stammte er aus ihrer Gegend, wurde ihm erklärt, das kennten sie genau.

Sie überhörten seine Einwendungen und erzählten lieber einander ihre Schicksale und die ihrer Verwandten und Freunde, wobei sie stets die Worte so wählten, daß sie für Roberts Ohren mit bestimmt waren. Sie gaben erregende Schilderungen, wie sie dem Tod entronnen seien und was sie selbst an Entsetzlichem durchgemacht hätten. Sie berichteten von dem Flüchtlingsleben und von dem Hungerdasein, jammerten über Zuchtlosigkeit und Verfall, seufzten über verlorenen Besitz, über die Not der Zeit, stritten über die Ursachen, und einer wußte Schlimmeres als der andere.

Robert fuhr durch sein Land ... Immer wieder riesige Friedhöfe mit schiefen Kreuzen, geschlagene Wälder, verwehte Schutthalden. Geborstene Fabriken, hilflose Baracken, überfüllte Quartiere. Hockende, starrende, sammelnde Menschen an unaufgeräumten Straßen. Übergrünte Ruinen, Niemandsland. Graue Scharen von Vertriebenen, Bettlerheere, die von Gehöft zu Gehöft gescheucht wurden. Vagabundierende, Plünderer und Wegelagerer.

Auch die Literatur war 1945 am Ende, nicht etwa nur im übertragenen Sinn, sondern ganz konkret. Ohne Papier, Druckereien, Buchbindereien, ohne funktionierende

In den westdeutschen DP (Displaced Persons)-Lagern, in denen unmittelbar nach dem Krieg die Verschleppten und Geflohenen untergekommen waren, sammelte Theodor Plievier (links) in zahllosen Gesprächen Material für seinen Roman »Moskau«, der 1952 erschien.

Vermittlungs- und Verteilungsapparate ist Literatur nämlich in diesem Jahrhundert, im Zeitalter der Industriegesellschaften nicht existent. Die von Mund zu Mund weitergegebene Erzählung ist in ihm ein Anachronismus, welche Gefühle auch immer sich mit ihr verbinden. Ohne vielseitigsten Austausch, ständige Rückkopplungen verliert Literatur in dieser Epoche und verlieren mit ihr die Schriftsteller alle Beziehung zum Bewußtsein der Weltverhältnisse, in dem die Kenntnis auch des Möglichen, zumindest der Alternativen ein zentrales Element ist. Ist das später so geläufig gewordene Wort von der »Stunde Null« so aufgefaßt, trifft es zu. Die Konsequenz war allerdings nicht die Tabula rasa, nicht ein dem Nichts ähnlicher Zustand, von dem aus ein völliger Neubeginn möglich gewesen wäre. Die Konsequenz war vielmehr hochgradig eingeschränktes, beschränktes, falsches Bewußtsein, auf der Basis des in zwölf Jahren indoktrinierten faschistischen Bewußtseins. Von hier aus war eine Befreiung bis hin zur Erfahrung dessen, was sich pauschal die Ratio der Geschichtszeit nennen läßt, nur langsam und unter großen Mühen, nach vielen Mißgriffen möglich.
Unter diesem Vorzeichen angesehen, erscheinen fast alle literarischen Vorgänge und Produkte, die die Literatur der ersten Nachkriegsjahre repräsentieren, plötzlich über-

raschend rätsellos, faßlich, überschaubar. Das vermittelt sich wie ein Schock demjenigen, der die Romane und Erzählungen wiederliest. Die Erinnerung an die erste Rezeption in der Entstehungszeit wird hier, so der Leser über sie verfügt, zur Erinnerung an eigene Befangenheiten und Irrwege. Die Leser und die Autoren jener Jahre waren ja ohne Zweifel gleichermaßen betroffen. Wer damals zu lesen begann oder

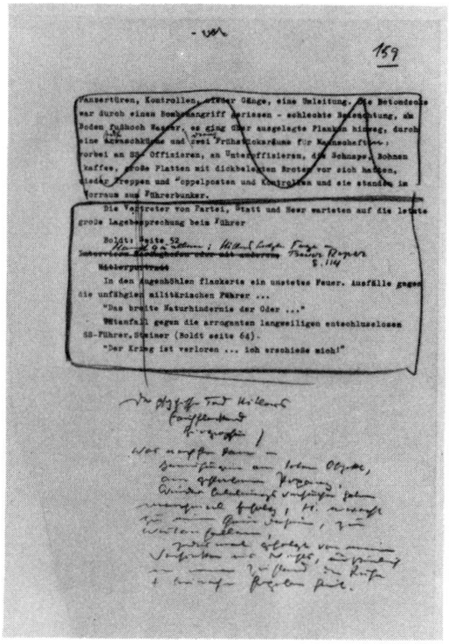
159

Panzertüren, Kontrollen, wieder Gänge, eine Umleitung. Die Betondecke war durch einen Bombenangriff gerissen - schlechte Beleuchtung, am Boden fußhoch Wasser, es ging über ausgelegte Planken hinweg, durch eine Waschküche und zwei Frühstücksräume für Mannschaften, vorbei an SS-Offizieren, an Unteroffizieren, die Schnaps, Bohnenkaffee, große Platten mit dickbelegten Broten vor sich hatten, wieder Treppen und Doppelposten und Kontrollen und sie standen im Vorraum zum Führerbunker.

Die Vertreter von Partei, Staat und Heer warteten auf die letzte große Lagebesprechung beim Führer

Boldt: Seite 52

In den Augenhöhlen flackerte ein unstetes Feuer. Ausfälle gegen die unfähigen militärischen Führer ...

"Das breite Naturhindernis der Oder ..."

Wutanfall gegen die arroganten langweiligen entschlusslosen SS-Führer. Steiner (Boldt seite 64).

"Der Krieg ist verloren ... ich erschieße mich!"

Links: Zu den ersten »Rowohlts Rotations Romanen« gehörte Plieviers Roman »Stalingrad«; die Ausgabe erschien 1947 (Titelblattzeichnung: Otto Rodewald). – Rechts: Manuskriptseite mit Korrekturen aus Plieviers Roman »Berlin« (1954), dem Schlußband der Romantrilogie über den Zweiten Weltkrieg.

wieder zu lesen begann, mußte – ohne es zu wissen – auch das Lesen erst lernen und wiederlernen. Viele begannen zu lesen. In nicht wenigen Häusern und Ruinen wurden die Bücher herausgesucht, die 1933 versteckt worden waren. Und viele begannen zu schreiben, erstmals, aufs neue oder mit verstärkter Anstrengung. Dies alles vollzog sich unter einem fieberhaften Zwang zur Besinnung, der von den Gefühlen der Erleichterung, der Schuld und der Ratlosigkeit ausgelöst war und von der Hoffnung, sich dennoch rechtfertigen zu können. Die Bezugspunkte waren einerseits die Vorstellung von einem »geistigen Deutschland« und seinem unveränderten Bestand, andererseits die Selbstfindung unter der Bedingung des unabsehbaren Trümmerfelds. Die nur auf die Realien der Umwelt bezogene Selbstfindung war schwieriger und aussichtsloser. Die Verhältnisse waren allzu erbärmlich, als daß sie es erlaubt hätten, sich ihnen illusionslos zu stellen. Aus der Distanz nimmt man heute kaum noch wahr, daß die beiden programmatischen Schlagwörter »Kahlschlag« und »Auszug aus dem Elfenbeinturm«, mit denen ein den Forderungen der damaligen Umwelt entsprechender Impuls in der Literatur jener Jahre sich andeutet, erst 1949, also vier Jahre nach der Kapitulation kreiert wurden. Und daß sie bereits 1950 wieder sang- und klanglos

ad acta gelegt worden sind. Dennoch hat der Wunsch nach vorbehaltloser Selbstfindung sich in der Prosa der frühen Nachkriegsjahre durchaus konkretisiert, auf eine Weise allerdings, die den Ergebnissen nur ausnahmsweise eine andere Bedeutung als jene privater Dokumente zuzusprechen erlaubt. Und sie kamen – wo überhaupt – erst verhältnismäßig spät an die Öffentlichkeit.
Im Jahr 1945 erschienen die Essaysammlung *Adel des Geistes* von THOMAS MANN (1875–1955), die Prosadichtung *Der Tod des Vergil* von HERMANN BROCH (1886–1951), die Romancollage *Stalingrad* von THEODOR PLIEVIER (1892–1955). Doch es handelt sich hier um außerhalb Deutschlands entstandene und veröffentlichte Arbeiten. In Deutschland selbst wurden nur ganz vereinzelt Bücher gedruckt. Daß dazu etwa von ERNST WIECHERT (1887–1950) der KZ-Bericht *Der Totenwald* – bezogen auf eine viermonatige Inhaftierung Wiecherts 1938 in Buchenwald – und der erste Teil seines Romans *Die Jerominkinder* gehörten, hat den erneuten Ruhm dieses auf Erneuerung von Religion und Moral im Sinne weltabgewandter Innerlichkeit verpflichteten, gemütsbezogenen und konservativen Schriftstellers in der frühesten Nachkriegszeit begründet. Die Menschen griffen nach jeder Weisung und Lehre, die Auswege, die den vermeintlich richtigen Weg aus der hoffnungslosen Situation anboten, und oft griffen sie ganz und gar besinnungslos zu. Die erste Stunde der Nachkriegszeit jedenfalls gehörte, gerade was die Prosaliteratur betrifft, nicht den jungen Autoren ohne literarisches Vorleben, nicht den vor Hitler in andere Länder geflüchteten Schriftstellern, sondern den Repräsentanten der schon bald so genannten »inneren Emigration«. Was das bedeutete, sei am Beispiel eines weiteren, ebenfalls schon sehr früh, nämlich 1946 erschienenen Prosawerks verdeutlicht, des Tagebuchs *Lemuria* von EMIL BARTH.

EINE STIMME DER INNEREN EMIGRATION

Der Schriftsteller und Dichter EMIL BARTH (1900–1958) hatte unter anderem in den dreißiger Jahren die Entwicklungsromane *Das verlorene Haus* (1936) und *Der Wandelstern* (1939) veröffentlicht, in denen er Autobiographisches poetisch überhöhte, und danach den das Sappho-Motiv variierenden Roman *Das Lorbeerufer* (1942). 1948 erschienen als sein lyrisches Hauptwerk die *Xantener Hymnen*, in denen er als Dichter allgemeine Folgerungen aus der deutschen Katastrophe zog. *Lemuria* hat den Untertitel *Aufzeichnungen und Meditationen.* Die erste Aufzeichnung ist datiert auf den 23. September 1943, den Tag von Barths erzwungener Rückkehr ins Heimatstädtchen Haan (Rheinland), wo er die letzten Kriegsjahre verbrachte. Die Aufzeichnungen enden mit dem 8. Mai 1945, dem Tag der bedingungslosen Kapitulation Deutschlands, fast einen Monat nach der Besetzung von Barths Heimatort durch alliierte Truppen.
Es geht aus den Aufzeichnungen hervor, daß Barth immer wieder versucht hat, sich dem Geschehen um ihn herum zu entziehen, sich dagegen abzuschirmen. Das aber – und dies berührt sympathisch – wollte ihm nicht gelingen. Todesnachrichten, Fliegeralarme, Bombenangriffe, Vorladungen zur Musterung und ähnliche Ereignisse zersetzen nahezu Tag für Tag die »Arbeitsaura«, die zu schaffen und zu erhalten sich der Autor unablässig bemüht. Schon hierin erweist sich Emil Barths Tagebuch als Zeugnis eines permanenten Auf-der-Flucht-Seins vor den Zeitereignissen. Dennoch –

Beschreibungen der Zerstörung, der sich mehrenden Bombenangriffe, der Attacken durch Tiefflieger, psychischer und sozialer Umstände in der unmittelbaren Umwelt und schließlich des Zusammenbruchs durchziehen das Tagebuch. Die Erfahrung, daß sich eine tödliche Schlinge immer enger zuzieht, ist mit all ihren Auswüchsen – vom blinden Glauben an neue Wunderwaffen bis hin zum »Satyrspiel« der Anpassung der Leute im Augenblick der Besetzung – dargestellt. Dies alles sind glaubwürdige Zeugnisse für das Leben in jener Zeit. Aufschlußreicher und bezeichnender aber als diese Schilderungen ist die Artikulation der Haltung, die Emil Barth einer lemurischen Umwelt entgegengesetzt hat.

Immer wieder wendet sich der Autor gegen die »Veräußerlichung unserer Innerlichkeit«. Zahlreiche Notizen von nachdenklichen Spaziergängen und von den ständigen Versuchen, weiterhin Gedichte und Prosa zu schreiben, lesen sich als Ausdruck jenes Widerstandes, den Emil Barth für notwendig hielt – nicht etwa primär gegen Hitler, von dem kaum einmal die Rede ist, sondern gegen die übergreifenden Zeittendenzen. Barth hat eine Aversion gegen Apparate – schon gegen Fotoapparate, gegen die er gelegentlich ausgiebig polemisiert –, gegen alles Technische. Er verurteilt es im Namen des Gewachsenen und Überlieferten, der Tradition. Klagende Fragen, Vorwürfe richten sich vor allem an die Organisatoren und Piloten der Bombenangriffe. Gelegentlich spricht er von ihnen als den »Maschinisten des Nichts«, die in »höllischen Schwärmen« einbrechen. So grauenhaft aber diese Bombardements waren, obwohl nicht alle durch militärische Zwänge legitimiert sein mochten – wer denn hatte sie herausgefordert? War es erlaubt, hier nicht zu unterscheiden?

Später, als die Besatzungstruppen die ersten Berichte über Konzentrationslager veröffentlichten, schreibt Barth recht unpersönlich von dem Entsetzen, das sie verbreiteten, und davon, daß es zuvor schon vage, gerüchtähnliche Informationen über die KZs gegeben habe. Und er schließt von hier sofort und mit Nachdruck auf den Anspruch der Deutschen, auch weiterhin uneingeschränkt teilzuhaben an Menschenrecht und Menschenwürde. Im Gefolge der KZ-Notizen reklamiert Barth schließlich folgendes: »Das eigentlich Wichtige, das Wesentliche, worum es jetzt geht, ist doch dieses: daß jeder in sein Purgatorium hinabsteige und sich dem klärenden Feuer der Gewissenserforschung aussetze. Alles, was gelitten worden ist, wird umsonst gewesen, alles, was noch gelitten werden muß, vom Fluch der Vergeblichkeit gezeichnet sein, ja, vom selben Geist des Bösen zu seinem Triumph ausgeschlachtet werden, wenn nicht die ganze abendländische Zeitgenossenschaft die grauenhaften Erfahrungen dieser Jahre in unermüdlicher geistiger und seelischer Arbeit zum Grundstoff ihrer Selbstprüfung und Erneuerung macht.«

In diesen Sätzen artikuliert sich auffällig ein – Barth sicher nur bedingt bewußter – Zwang, sich aus der konkreten Konfrontation gleich wieder in ein unverbindliches Höheres zu retten. Der Reflex ist psychologisch nur zu verständlich, und er war damals weit verbreitet. Sachlich aber zielen solche Sätze auf eine allgemeine Haftung unabhängig von Deutschland, der alle reale Grundlage fehlte. Damit wird Deutschland, was sein »Wesentliches« angeht, indirekt freigesprochen. Die letzten Sätze des Tagebuchs, geschrieben am Tag vor der Kapitulation, lauten: »Aber alle, die da wachen und verschleierten Blicks sehen, wie der Genius des Vaterlands die Augen verhüllt – ach, diese Augen, die durch Jahre hin auf Furchtbares gestarrt, vor dem sie sich nicht schließen durften –, sie alle, ich weiß es, sprechen zu dieser Stunde mit mir das gleiche Gebet. Daß wir der Zukunft nicht bloß zum Dung dienen möchten,

sondern, des Unkrauts gerodet, auch selber noch einmal Korn und Samen in ihr seien, darum flehen, darauf hoffen wir.«
Das klingt imponierend, es rührt, es ist in Schuldbekenntnis und Bitte geradezu schon eine Beglaubigung für wiedererlangte Humanitas. Als solche kam es dann auch in Umlauf, und das Gebet, es wurde gleichsam von der Geschichte erhört. Ob aber diese Rechnung sich tatsächlich derart abschließen ließ – es ist inzwischen mehr als zweifelhaft. Dabei sei die subjektive Integrität Barths und eines Großteils jener, die mit ihm beteten, gar nicht angezweifelt. Doch es ist gewiß nicht nur erlaubt, sondern unerläßlich, zum Beispiel zu fragen, was es besagt, in dieser Situation, zu dieser Zeit, angesichts der Schuld millionenfachen Mords und grauenvoller Zerstörungen, als Schriftsteller und Dichter vom »Genius des Vaterlands« zu sprechen. Was dieses besagt unter der Voraussetzung, daß in diesem Tagebuch, wie ihm noch Anfang der fünfziger Jahre attestiert wurde, sich »in seiner ›täglichen Gegenbewegung gegen die nihilistisch-lemurischen Mächte‹ in zeitüberdauernder Weise die Haltung des geistigen Deutschland in jener Epoche«[6] dargestellt habe. Die Charakteristik wurde als Lob und in Bewunderung niedergeschrieben. Sie trifft durchaus zu. Genauer angesehen, in Beziehung gesetzt, enthält sie allerdings ein geradezu vernichtendes Urteil.
Insofern er das »geistige Deutschland in jener Epoche« repräsentiert, zeigt Emil Barth in seinem Tagebuch eine Haltung, die erwiesenermaßen die Nazi-Herrschaft gefördert hat, die nach deren Zusammenbruch aber offenbar zunächst das einzige blieb, woran man sich halten zu können glaubte. Signum der Haltung ist die Innerlichkeit, die Barth als sein Glaubensbekenntnis beschwört. Zu ihren Idealen gehören die politische Neutralität, das Sichheraushalten aus den niederen alltäglichen Umtrieben der Menschen, Versenkung ins Wesentliche fernab vom Weltlauf. Innerlichkeit – das ist für Barth laut *Lemuria* der mußevolle Aufenthalt im Wald, ist zugleich die poetische Versenkung. Innerlichkeit ist die Feier überkommener Feste und das Erlebnis der gewachsenen Zeugnisse der Tradition, ist die poetische Verallgemeinerung und die mythische Überhöhung des Erlebten. Sie ist für Barth das einzig Wahre. Noch am 26. März 1945 heißt es in seinem Tagebuch: »Wohin wir blicken, sehen wir den deutschen Menschen in der grausamsten Schule für die Zukunft vorbereitet werden, die entweder in seiner Innerlichkeit oder nirgends gelegen sein wird.« Eine Notiz vom 19. Januar 1945 läßt ahnen, welche Konsequenzen dies haben kann: »Im übrigen bemerke ich bei meiner eigenen Arbeit ..., daß sie gleichsam mit magischer Hebelkraft eine gewaltige Aufhebung der Schwereverhältnisse, eine erstaunliche Schwenkung der Weltverhältnisse vornimmt: der ganze, eben jetzt zu seiner vollen Monstrosität gemästete Krieg erscheint da auf einmal in Gestalt bloßer Störung; und wie es im Atelier etwa ein Stilleben ist ..., so ist es über meinem Schreibblatt irgendein Anfang einer Erzählung, eine erste einfache Gruppe von Prosasätzen, welcher für die Dauer der Schaffensfrist die paradoxe Wirkung eigen ist, auf der Waage der Weltwirklichkeit das Gewicht dieses ganzen weltgeschichtlichen Geschehens mit seinen Ruinenwüsten riesiger Städte und seinen Bergen von Millionen Leichen aufzuheben.«
Diese »Waage der Weltwirklichkeit« war und ist eine gefährliche Illusion; die Verführung durch Innerlichkeit, sie reicht in diesen letzten Sätzen, gleichsam unschuldig-verlockend, nahe an die Blasphemie. Daß der Drang zu einer vermeintlich steigernden, ans Wesentliche heranführenden Entpolitisierung, mehr noch Entwirklichung des bewußten geistigen Lebens eine der Breschen gewesen war, durch die Barbarei ohne Vorbild sich hatte ausbreiten können, ist inzwischen erkannt, war aber damals

für die meisten offensichtlich unvorstellbar. Emil Barths Tagebuch aus dem Zweiten Weltkrieg, dessen repräsentative Bedeutung für die Zeit seines Erscheinens kaum überschätzt werden kann, dokumentiert beispielhaft, wie eine historische Verirrung noch zu einem Zeitpunkt, da Millionen grausam am eigenen Leib erlitten hatten und weiter erlitten, was nicht zuletzt auch durch sie herausgefordert worden war – wie solche Verirrung dennoch als Wegweiser in die Zukunft angepriesen werden konnte, und zwar aus tiefster Überzeugung, subjektiv glaubhaft, dabei repräsentativ für eine allgemeine Stimmung. Das »geistige Deutschland« als Publikum hörte die Botschaft gläubig. Die Tradition der Innerlichkeit, dieserart an der Öffentlichkeit gehalten, die ihr gerade auch die Nazis durchaus konzidiert hatten, wurde zur ideologischen Basis und zur Legitimationsgrundlage der inneren Emigration. Mit in jeder Hinsicht hohem Anspruch signalisiert also Emil Barths Tagebuch eine Grundtendenz der frühesten Nachkriegszeit. Es war ihre bestimmende Grundtendenz.

VARIANTEN DER ZEITFLUCHT: ROMANTIK, METAPHYSIK UND HEILE WELT

Unter wechselnden Aspekten immer wieder zu zeigen, womit die »Stunde Null« Nachkriegsdeutschlands bis zum Überlaufen angefüllt war, ist die conditio sine qua non jeder sachlichen auf jene Stunde sich beziehenden Geschichtsschreibung, insbesondere der Literaturgeschichtsschreibung. Deshalb die ausführliche Rekapitulation eines der zentralen und zugleich respektabelsten Beispiele für ihren Inhalt. Schon die wenigen Textbeispiele belegen dabei, wie blasig Barths verhalten gehobener Prosastil ist, irreal wie die Lehre des Dichters. Das wirkte jedoch 1946 keineswegs so. Prosa wie Lehre erschienen vielmehr bezogen auf das einzig noch Tragfähige in Not und Elend, und die in ihnen apostrophierte höhere Wirklichkeit behauptete sich als das einzig verläßliche Gegengewicht zu dem Nichts, das überall zu lauern schien. Wenn dabei zuzugestehen ist, daß der Rückschluß vom Text auf Ideologie im Fall dieses Tagebuchs sehr viel leichter ist als bei Prosawerken, die literarische Autonomie intendieren, also bei Roman und Erzählung, so zeigt die fragliche Ideologie sich doch auch in diesen, und sie verdeutlicht sich drastisch, sobald bewußt nach ihr gefragt wird. Es zeigt sich sogar, daß die literarische Autonomie unter der Hand zu einem Mittel wurde, noch größere Distanz zur zerstörten, wirren Umwelt zu finden, ja sich von ihr wegzuwenden. Das geschah vermeintlich im Interesse einer tieferen, gültigeren Erfahrung, tatsächlich war es eine Form, sich zu entlasten, der Erfahrung auszuweichen und zu entkommen.

Die Mehrzahl der im Jahr 1946 veröffentlichten Prosaarbeiten – noch ist die Hervorhebung des Erscheinungsjahres außerordentlich informativ –, ja alle sind gekennzeichnet von dieser Art Autonomie. Als das Wesentliche zeigen sich in ihnen fast ausnahmslos Bedeutungen, die jenseits der tatsächlichen Umwelt angesiedelt waren. Es war, wie gesagt, die Stunde der inneren Emigration, und so dubios sich einzelne ihrer Repräsentanten darstellen mögen, welcher Mißbrauch immer in der Folge mit dem Begriff »innere Emigration« getrieben worden ist, so läßt sich doch nicht daran zweifeln, daß keiner der Schriftsteller, die sich jetzt zu Wort meldeten, das gewollt hatte, was geschehen war. Einen inneren Widerstand gegen das Geschehende hatten – nicht nur unter den Schriftstellern – im Verlauf der zwölf Jahre meist selbst jene

»geistig« orientierten Deutschen kultiviert, die Vorteile aus dem Regime gezogen hatten. Manche hatten es gerade nur überlebt. Ihren indirekten, ihren historischen Anteil an der Schuld erkannten die wenigsten, hatte doch vor allem in den Jahren des Krieges, wie Horst Lange Anfang 1947 in Heft 10 der von Alfred Andersch und Hans Werner Richter herausgegebenen Zeitschrift *Der Ruf* schrieb, »Bildung ... bereits als bedeutsames Element der Opposition« gegolten, und zwar »weil die Ignoranz und die Boshaftigkeit der Dummdreisten die öffentliche Meinung beherrschten«. Die Analyse, die Lange folgen ließ und mit der er keineswegs allein die lyrische Dichtung meinte, fand dennoch auf lange hin kaum ein Echo:

Wer sich heute all der erfolgreichen Schönschreiber von gestern entsinnt, wird nicht umhin können, sie jenen Falschmünzern beizuzählen, die dazu beitrugen, die Verwirrung, in die wir gerieten, noch zu erhöhen, denn sie taten das ihre, um vor all den Schädelstätten und Gräberreihen wohlproportionierte Fassaden zu errichten, hinter denen das Vertierte sich austoben konnte. Die offiziellen Wächter, welche das geistige Leben bei uns unter ihrer Kontrolle hielten, duldeten und förderten diese Idylliker – während das äußere Reich immer stärker und ausschließlicher der Barbarei verfiel, sollten sie das innere Reich kultivieren helfen – so lange, bis an die Stelle der Hexameter Marschbefehle, an die Stelle der Oden der Wehrmachtsbericht und an die Stelle der Sonette Volksgerichtshof-Urteile zu treten hatten. Selbst bis in die äußersten Bezirke der Geistigkeit reichte die politische Spekulation.
Wir haben nicht ohne Erstaunen jene Wendung wahrgenommen, in der sich, als es an der Zeit war, das »innere Reich« als »innere Emigration« deklarierte. Und wir waren mit Recht darauf neugierig, was diese innere Emigration nun vorweisen würde, wenn sie nach außen und in die Öffentlichkeit heimkehrte. Es ist das alte Lied, das wir zu hören bekommen, und wir sind noch nicht einmal davon überrascht, daß man keine neue Tonart fand, um es noch einmal zu Gehör zu bringen ...[7]

Die Autoren der inneren Emigration hatten meist schon vor 1933, einige hatten auch in der Nazizeit zu schreiben begonnen. Sie hatten durchweg auch während des Hitler-Regimes publiziert, oft scheinbar als Außenseiter und Geduldete; daß sie selbst dieserart eine Funktion gehabt hatten, war wohl fast allen verborgen geblieben – die Gewißheit der persönlichen, privaten Integrität überdeckte durchweg immer wieder die gesellschaftlichen und historischen Relationen. Nur wenige hatten unter Schreibverboten und sonstigen Drangsalierungen zu leiden gehabt. Einigen jüngeren war durch Wehrmachtsdienst und andere Dienstverpflichtungen das Publizieren unmöglich gemacht worden. Abgesehen davon, daß nun bald in rascher Folge ihre in der Nazizeit erschienenen Werke neu aufgelegt und oft erst jetzt ausgiebig diskutiert wurden und Ruhm brachten (ein Beispiel wäre hier Werner Bergengruens *Der Großtyrann und das Gericht* aus dem Jahr 1935), erschienen 1946 eine Reihe neuer, meist in der Kriegszeit entstandener Prosawerke.
Frank Thiess (* 1890) publizierte den Roman *Caruso in Sorrent*, der den erkrankten Künstler nach seiner Heimkehr zeigt, von Neugier und Mißgunst verfolgt, von den Konsequenzen des Ruhms irritiert. Die Intention ist, das Geschick eines Auserwählten zu deuten. Kasimir Edschmid (1890–1966), einst einer der Protagonisten expressionistischer Prosa, dann mehr und mehr zum Verfasser gehobener Unterhaltung geworden, publizierte den autobiographischen Roman *Das gute Recht*, dessen Titel den Anspruch eines Literaten auf seine private Eigenwelt auch im Krieg hervorhebt, das vermeintliche gute Recht darauf, in Ruhe gelassen zu werden, sich um die eigene Arbeit und nichts anderes zu kümmern, da man den Krieg nicht angezettelt hat und

zur geistigen Elite gehört. Die äußerste Fragwürdigkeit, das Fatale dieser Haltung fiel beim Erscheinen des Romans gar nicht auf; Frank Thieß hob, und sicher im Einklang mit der allgemeinen Stimmung, lobend hervor, daß hier einer »bis zum Schluß festhält an den geistigen Traditionen der deutschen Elite: Menschlichkeit, Haltung, Anstand«; es gelang ihm deshalb, weil er sich hochmütig abgewandt hatte. GERTRUD VON LE FORT (1876–1971) veröffentlichte den Roman *Der Kranz der Engel*, zweiter Teil des 1928 erschienenen Romans *Das Schweißtuch der Veronika*. Dargestellt ist die Bekehrung eines idealistischen Atheisten, das Thema ist die Gnade. Von WERNER BERGENGRUEN (1892–1964) erschien der Erzählungsband *Die Sultansrose*; von REINHOLD SCHNEIDER (1903–1958) die Erzählung *Taganrog*, in deren Mittelpunkt ein Zar steht, und die Heiligennovelle *Der Tod des Mächtigen*; von FRIEDRICH SCHNACK (* 1888) der eine heile Naturwelt imaginierende »Pflanzenroman« mit dem Titel *Clarissa mit dem Weidenkörbchen.* ERHART KÄSTNER (1904–1974) beschäftigte sich in dem Reisebuch *Kreta* mit der geheimnisvollen Natur der Geburtsinsel des Zeus, in direktem Anschluß an sein 1942 erschienenes, im Auftrag der Wehrmacht verfaßtes Buch *Griechenland.* Neben all diesem wirkt die Prosadichtung *Auf der bewegten Erde* von WOLFGANG WEYRAUCH (* 1907) als ein trotz lyrischer Gestimmtheit und Verallgemeinerungstendenz schon fast realitätsnaher Versuch, sich mit der Wirklichkeit des überlebten Krieges auseinanderzusetzen.

Gertrud von Le Fort war 1946 70 Jahre alt, der jüngste der genannten Autoren, Wolfgang Weyrauch, war 39 Jahre alt. ELISABETH LANGGÄSSER (1899–1950), die in diesem Jahr den Roman *Das unauslöschliche Siegel* veröffentlichte, und ERNST KREUDER (1903–1972), der die umfangreiche Erzählung *Die Gesellschaft vom Dachboden* herausbrachte, waren damals mit 47 und 43 Jahren zweifellos noch unter die jungen Autoren zu zählen. Im Rückblick stellen sich diese beiden Prosawerke – abgesehen einmal von *Der Kranz der Engel*, einem Roman, der wegen seiner eigenwilligen Metaphysik der Gnade speziell unter Katholiken eine langjährige Diskussion auslöste – als die wichtigsten des Jahres dar. Ihre Nachwirkung war stark. Entsprechend groß ist ihr Stellenwert, schon weil sie auf Zeitgeist und allgemeine Lesererwartungen damals und in den folgenden Jahren schließen lassen.

Ernst Kreuder

ERNST KREUDER hatte sich in den zwanziger Jahren durch dichterische Versuche und Reiseberichte bekannt gemacht, war 1932/33 kurze Zeit Redakteur beim *Simplicissimus* in München gewesen und hatte 1933 begonnen, als freier Schriftsteller zu leben. 1939 war ein Band Kurzgeschichten unter dem Titel *Die Nacht der Gefangenen* erschienen. Dann wurde Kreuder Soldat. 1945 aus amerikanischer Kriegsgefangenschaft entlassen, trat er mit seiner *Gesellschaft vom Dachboden* als einer jener Autoren hervor, welche Nazizeit und Krieg gleichsam im Mannschaftsstand, damit in gewissem Sinn als Opfer, überstanden hatten. Seine Erzählung, die im Verlauf der Kriegsjahre konzipiert und mehrfach überarbeitet worden war, brachte als Resümee aller Erfahrungen eine Absage an Gesellschaft, Umwelt und Alltagswirklichkeit, das Bekenntnis zu einem anderen, von Phantasie, romantischer Distanz und Ironie bestimmten, der Skurrilität sich nicht verschließenden Leben. Die Geschichte vom »Bund der Sieben«, bestehend aus sechs Leuten, die sich gegen die Tatsachenwirklichkeit zusammengeschlossen haben und nach dem erwählten Motto »Wir sind aus solchem Stoff, aus dem die Träume sind« genügsam auf einem Dachboden ihr kleines, vergängliches Paradies finden – diese Geschichte ist mit großer Leichtigkeit und erstaunlicher Genauigkeit geschrieben. »Ich sehe, worauf es hinauskommt: es muß jeder sein eigener Phantast werden!« heißt es einmal. Für Kreuder und seine Leser war – wie für den Ich-Erzähler, der am Ende die innere Freiheit fürs Schreiben in sich entdeckt – die

1946 erschien der Roman »Die Gesellschaft vom Dachboden« (links Umschlagbild der Erstausgabe) von Ernst Kreuder (rechts).

Erzählung eine Legitimierung romantischen Dichtens als eines Widerspruchs gegen die bestehende Wirklichkeit.
In der Dankrede für den Georg-Büchner-Preis, der Kreuder 1953 zugesprochen wurde, heißt es im Rückblick auf ein für das Schreiben des Autors nach dessen eigener Überzeugung konstitutives Erlebnis: »Bisher schien mir diese Welt betrieben vom Verstand und vom Geschäft. Von nun an sah ich sie anders. Quer durch alle praktischen Lebensregungen wirkte eine Schicht, die frei war vom Nutzen, entlassen aus dem Zweck, eine strömende Schicht, die unverdorben war vom Vorteil, der Berechnung entronnen, Beweismitteln unerreichbar, eine imponderabile Schicht, der Zukunft näher als dem geschichtlichen Augenblick, dem Weltgrund näher als dem Weltgeschehen – die tiefe Schicht des Schöpferischen, die Kunst.«[8] War es aber tatsächlich noch erlaubt, war es in jener Zeit erlaubt, Krieg und Nachkrieg, die Millionen Toten auf den Schlachtfeldern, die Millionen Opfer des organisierten Massenmordes in den Vernichtungslagern schlicht dem eher banalen Weltgeschehen zuzuordnen und sich

ohne weiteres dieser »tieferen Schicht« zu überlassen? Für Ernst Kreuder und seine Leser war, 1946 wie in den folgenden Jahren, diese Frage offenbar ganz einfach nicht gestellt.

Elisabeth Langgässer

Daß die Frage unaufgedeckt im Hintergrund wartete, daß sie eines Tages hervordrängen und als Hauptfrage erkannt werden würde, das ließ, was die Prosa betrifft, in jenem Jahr 1946 verwirrend, undeutlich, indirekt allein der Roman *Das unauslöschliche Siegel* von ELISABETH LANGGÄSSER spüren. Trotz aller Mystik, Theologie und barocken Verschleierung, trotz seiner religiösen Thematik – das unauslöschliche Siegel ist die Taufe und die durch sie wirkende Gnade – blieb ein Bezug auf das reale und aktuelle Weltgeschehen spürbar, war etwas vom Brand- und Todesgeruch der unmittelbaren Vergangenheit in die Erzählung eingegangen, so deutlich sie auch dieses behauptete: »Denn die Gegenwart, sie ist gar nichts gegen den Ozean und den Abgrund der verflossenen zehntausend Jahre ... was sage ich: zehntausend? Hunderttausend und aberhunderttausend ... Kulturen der Minos, Kulturen der Inkas und des sagenhaften Atlantis, die nur das Gebet noch erreicht.« Die Passage, in der dieser Satz sich findet, sei ausführlicher zitiert, weil sie die Symbolik zu begründen versucht, auf die Elisabeth Langgässer setzte:

> Gott aber ist größer als unser Herz – und während es sich in Furcht und Schrecken vor der Weite des Raumes zusammenzieht, der über Millionen Meilen hinweg die Fixsterne in dem großen Bären oder dem kalten Orion zu einem menschlichen Namen vereinigt, der als Bild in das Auge zurückkehrt, das ihn schaudernd entlassen hatte, nimmt er gleichzeitig die Vereinzelung fort, unter der es sich wie ein welkes Blatt bei dem Gedanken an die Myriaden verlorengegangener Seufzer krümmt und unter dem Gluthauch der Ohnmacht, sie in sich zu sammeln, vergeht. Er zeigt ihm die Einheit des Menschengeschlechtes in der Tiefe von Raum und Zeit: die Erlösungsbedürftigkeit aller Seelen, die mich heftiger schwindeln macht als die Weite der Milchstraße und die Größe der unerforschten, brennenden Flecke im Herzen Zentralafrikas – versunkene Seelen, vergessene Helden, die kein Rolandslied aufbewahrt! Denn die Gegenwart, sie ist gar nichts gegen den Ozean und den Abgrund der verflossenen zehntausend Jahre ... was sage ich: zehntausend? Hunderttausend und aberhunderttausend ... Kulturen der Minos, Kulturen der Inkas und des sagenhaften Atlantis, die nur das Gebet noch erreicht. Dieses eine, einzige Vaterunser – ich werfe es wie einen Stein in den Brunnen, und indem sein Schall aus der Tiefe zurückkehrt wie der Lichtschein eines schon längst zerstäubten und geborstenen Himmelskörpers, hat es das starre Naturgesetz von Wirkung und Ursache aufgehoben und den Faden der düsteren Parze zerrissen, die eins an das andere knüpft; es schwächt und zerstört die Folgen der Sünde, die vor Jahrtausenden ausging und in das Zukünftige wirkt; ja, es spielt, diese eigne Tochter Gottes, von neuem, wie die Weisheit des Ursprungs, zu seinen Füßen die Schöpfung zurecht und hätte noch heute die Möglichkeit (zu Ende gewagter Gedanke!), den trojanischen Krieg zu verhindern ...

1936 noch war der erste Roman der Lyrikerin und Erzählerin Elisabeth Langgässer erschienen: *Der Gang durch das Ried*, die Geschichte einer Identitätssuche. Im selben Jahr erhielt sie als Halbjüdin Berufsverbot, 1944 wurde sie dienstverpflichtet. In der Phase erzwungenen Schweigens entstand das komplexe und widersprüchliche Hauptwerk, die Geschichte des Juden Lazarus Belfontaine, der sich auch im großen Abfall dem Siegel der Taufe nicht zu entwinden vermag, weil es »Feuer und Wasser nicht tilgen«, weil es die Natur dieser Welt aufhebt und eine ganz andere setzt. Der Roman läßt den getauften Juden Belfontaine Stationen der Selbstgewißheit, Überheblichkeit und Macht, des Genusses, des Zweifels und der Verzweiflung durchlaufen, quer durch die Geschichte, bis er sich schließlich als ein Überlebender des Zweiten Weltkriegs wiederfindet. In der emphatischen Diktion der Autorin ist dabei Zynismus gekreuzt mit Pathos, ist das Stigma der Gnade konfrontiert mit dem Erlebnis von Trieb und

Elisabeth Langgässer. Ihr Roman »Das unauslöschliche Siegel« erschien 1946.

Gewalt. Für Elisabeth Langgässer gehören Sünde und Untat ebenso zu dieser Welt wie die Gnade.

Wie phantastisch immer bestimmt vom alles grundierenden Glauben an ein die Wirklichkeit paradox durchziehendes Heilsgeschehen, von der Vorstellung eines unendlichen Kampfes zwischen Gott und Satan, verwies der Roman zugleich auch auf die eben überlebte Hölle von Schuld und Zerstörung, sie dabei allerdings in das größere Chaos hinein aufhebend. Und das zweifellos war es, was ihm den Ruf einbrachte, das bedeutendste literarische Ereignis der frühesten Nachkriegszeit zu sein. In der symbolischen Imagination der »Einheit des Menschengeschlechts in der Tiefe von Raum und Zeit« schien der erlebte Untergang begriffen und in seinem Wesen gedeutet. Gerade weil dieses Wesen eher magisch-mystisch verschwommen als konkret sich darstellte, sahen Elisabeth Langgässers Leser im *Unauslöschlichen Siegel* die wahrhaftige große Spiegelung der Weltkatastrophe, und das mit um so mehr Recht, als ein nur halbwegs vergleichbarer Deutungsversuch von Autoren, die unter Hitler in Deutschland geblieben waren, über Jahre hinaus äußerst selten unternommen wurde. Nur HERMANN KASACKS 1947 erschienener Roman *Die Stadt hinter dem Strom*, der aus ähnlichen Gründen große Resonanz fand, kommt Elisabeth Langgässer nahe. Dennoch – es wurde schon angedeutet –: auch dieses imposante phantasmagorische Spektakulum bleibt befangen im Kontext einer Literatur, die selbst in den Annäherungsversuchen an die historische und gesellschaftliche Realität deutlicher ihre spezifischen Abhängigkeiten und Bedingtheiten als Wirkliches darstellte. Die Hypertrophie der Metaphysik bei Elisabeth Langgässer ist zuletzt die Folge einer Verengung der Auseinandersetzung mit Wirklichkeit. Solche Verengung, die in der Autorin gewiß individuell angelegt, aber ebenso gewiß durch die Zeitumstände, die indirekte Anpassung an Sprachregelungen verstärkt worden war, kann Überdruck erzeugen, der dann stets auch seltsame Erscheinungen hervorbringt. *Das unauslöschliche Siegel* hat in seiner religiösen und phantasmagorischen Emphase auch etwas Obskures. Die Heilsgewißheit in diesem Roman, gewiß ein Produkt abstruser Unheilserfahrung, stellt sich aus späterer Perspektive dar als etwas fast hilflos Privates, Zufälliges, Irreales. Sie ist Produkt eines Erlebens, das nur Flucht in irrationale Sicherungen noch als Ausweg offenzulassen schien. Damit subsumiert sich auch dieser Roman bei aller Bewältigungsabsicht der Zeitflucht jener frühesten Nachkriegsphase. Er ist Teil des Fluchtkomplexes Mythos, Bekehrung, christlicher und mittelalterlicher Geist, dem sich vor allem die Komplexe Abendland, Legende und heile Welt, Antike, romantische Phantasie und Künstlerdasein zuordneten. Sie alle durchdringen sich immer wieder – Symptome einer spezifischen Hilflosigkeit in einer Umwelt, in der die konkrete Auseinandersetzung mit dem realen Geschehen über zwölf Jahre rabiat abgedrosselt und unter Strafe gestellt worden war. Solche Zwangsjacke war keineswegs über Nacht abzustreifen.

Vor allem in den fünfziger Jahren ist versucht worden, was sich hier als eine neue, eine in der Schlußphase der faschistischen Unterdrückung gegen die Unterdrückung entstandene Literatur darstellte, samt den einschlägigen Folgeerscheinungen nach Formen und Stilen aufzuteilen. Es war ein zuletzt überflüssiges Bemühen. Die allgemeinste Bestimmung sagt schon fast alles: nicht einfach Tradition – eine ausgehöhlte, längst ihres Hintergrundes beraubte Tradition bestimmte mit romantizistischen, klassizistischen, quasi realistischen Formen, die vielfach miteinander verschnitten wurden, die Prosaschreibweisen. Das entspricht ganz und gar der kaum noch faßlichen Nachblüte des Sonetts in dieser Zeit, einer Nachblüte, die sich nur scheinbar durch den Hinweis erklärt, daß gerade die erschütternden und unfaßlichen Vorgänge die strengste Form erforderten, die vielmehr auf Flucht aus der Realität, auf ein Absehen von dem inkommensurabel gewordenen Geschehen schließen läßt. In der Prosa brachten geringe Verschiebungen konventioneller Sichtweisen, damit der Formen, zusammen mit irrealistischen Intentionen symbolische, allegorische, magisch-realistische Bildeffekte, die den Kunstanspruch und literarische Autonomievorstellungen wirkungsvoll stützten, ohne daß sie näher an die Sachverhalte heranführten. Sie führten heran an ein nur gemeintes, sehr vages Allgemeines und Höheres, das so anachronistisch war wie die Formen selbst. Läßt man die ab 1947 mit langsamer Beschleunigung zuströmende Literatur der tatsächlichen Emigration aus dem Spiel, eine Literatur, die sich überraschend schnell mit der Literatur der inneren Emigration wieder verband, diese legitimierend und ihren Zustand verschleiernd, sieht man die allerfrüheste Nachkriegsliteratur so isoliert, wie sie im Jahr 1946 hervortrat, so erscheint sie fast als ein Überbau ohne jede Basis – oder gegen die reale Basis –, der ironischerweise gerade daraus seine Bedeutung und seine Wirkung zog.

Mit der Ausnahme WOLFGANG WEYRAUCHS, der sich wenig später der Suche nach einer anderen Literatur, einer Literatur der jüngeren Generation anschloß, hatten alle bisher genannten Prosaautoren ihren Produktionshöhepunkt zu dieser Zeit gerade erreicht oder schon längst überschritten. Änderung ihrer selbst und Veränderung war von ihnen nicht zu erwarten, auch deshalb nicht, weil sie als Repräsentanten des »geistigen Deutschland« die neue, endlich in ihrer Bedeutung erkannte Elite darzustellen schienen, den jedenfalls in den Augen der Zeitgenossen nicht korrumpierten, Dauer sichernden Kern eines anderen, wahreren Deutschland. Sie schrieben ihre Werke fort, der erreichten Konditionierung entsprechend.

Eine Anzahl weiterer Namen ordnet sich ihnen zu. Etwa der FRITZ USINGERS (* 1895), der neben Gedichten zahlreiche Essays veröffentlichte und dem 1946 als einem »Wahrer des Wortes«, der zum »Bewahrer der Geheimnisse, zum Wissenden – oder auch zum Magier geworden« sei, der Georg-Büchner-Preis verliehen wurde, als erstem wieder nach den zwölf Jahren, in denen der Preis nicht vergeben worden war. Die schon 1942 erschienene Novelle *Wir sind Utopia* von STEFAN ANDRES (1906–1970), in der ein ehemaliger Mönch zur Zeit des Spanischen Bürgerkriegs in extreme Gewissenskonflikte gerät, wurde eines der meistdiskutierten Prosastücke der Nachkriegszeit, weil auch es verschwommen genug war, um scheinbar bis auf den Grund der Dinge blicken zu lassen. Ab 1947 erschienen in rascher Folge immer neue Romane von Stefan Andres, mit teils mehr religiöser, teils mehr verallgemeinernd zeitgeschichtlicher Problematik. Schon früh trat auch HANS CAROSSA (1878–1956) mit seinen an Goethe und Stifter orientierten, quasi klassizistisch abgeklärten literarischen Lebenshilfen wieder hervor, mit der Veröffentlichung eines Teils seiner »Aufzeichnungen aus Italien« unter dem Titel *Tage in Terracina* schon 1946; seine Verehrer sahen ihn durch die Rolle, die er im Dritten Reich gespielt hatte, durch seine Adressen an den »Führer« offenbar nicht diskreditiert. Ebenso PAUL ALVERDES (* 1897), von 1934 bis 1944 Mitherausgeber der Zeitschrift *Das innere Reich*, ebenso MANFRED HAUSMANN (* 1898), ebenso BERNT VON HEISELER (1907–1969), ebenso OTTO ROMBACH (* 1904), ebenso INA SEIDEL (* 1885), HERMANN STAHL (* 1908), SIEGFRIED VON VEGESACK (1888–1974), GEORG VON DER VRING (1889–1968). Sie und andere bemühten sich um Tradierung dessen, was im näheren und weiteren Umkreis des Nationalsozialismus von der Literatur übriggeblieben war.[9] Auch wo es sich – was keineswegs die Regel war – im Widerspruch zu ihm artikuliert hatte, war es gezeichnet von den Strangulierungen der zwölf Jahre, von den Flucht- und Tarnungsbemühungen, die in ihnen immer selbstverständlicher geworden waren. Über Jahre hin wurde, mit immer anderen Produkten, nicht zuletzt dieser Ausgangspunkt für die Literatur der Bundesrepublik fortgeschrieben.

Bleibt hervorzuheben das 1947 erschienene dritte Prosawerk aus dieser Zeit, das weit über die Anpassungen hinauszuweisen, die Gegenwart in ihrem Wesen exemplarisch darzustellen schien und das deshalb immer wieder als unvergleichliches Meisterwerk gepriesen wurde: HERMANN KASACKS schon mehrfach genannter Roman *Die Stadt hinter dem Strom.* Wie Ernst Kreuders *Die Gesellschaft vom Dachboden* und Elisabeth

Schutzumschlag des Romans »Die Stadt hinter dem Strom«, 1947 im Suhrkamp Verlag erschienen. Entwurf: Walter Bergmann.

Langgässers *Das unauslöschliche Siegel* war der Roman großenteils in den Kriegsjahren geschrieben, aber erst 1946 abgeschlossen worden. Deutlich bei Kafka ansetzend, imaginiert Kasack die Gesellschaft als die Gesellschaft einer Zwischenwelt, als eine Gesellschaft der Toten, die ihren Zustand oft gar nicht oder nur bedingt erkennen und in der jeder einzelne auf Abruf einer ganz und gar fiktiv gewordenen Existenz nachgeht. Sein Held, der lebend in die Zwischenwelt berufene und zuletzt aus ihr wieder entlassene Archivar und Chronist Robert, findet erst nach und nach heraus, wohin er geraten ist, und stößt dennoch schließlich vor bis an die Grenze menschlicher Einsicht, jene Grenze, hinter der das eigentliche Nichts beginnt. Seine Erkundungen konfrontieren ihn immer direkter mit einer Wahrheit, die zuletzt nur aus der Summe und dem Inbegriff der Weisheit aller Zeiten heraus zu bestehen ist, einer Weisheit, für die »Geduld das höchste Heil« ist, die erlaubt, die »eigene Wichtigkeit« zu überwinden, und aus der heraus »man zu sterben lernt«.
Eine zentrale Passage des Romans enthüllt das Geheimnis der Ökonomie, die das

Leben in der Zwischenwelt bestimmt. Die städtischen Fabrikanlagen, in denen die Masse der Toten front, bestehen aus einem riesigen Werk, in dem mit unablässig verfeinerten Techniken Kunststeine hergestellt werden, und einem zweiten, in dem mit unablässig verfeinertem Zerstörungseffekt Kunststeine zerkleinert werden, wo-

Hermann Kasack, seit 1953 Präsident der Deutschen Akademie für Sprache und Dichtung, inmitten von Akademiemitgliedern bei einem Dichtertreffen in Erlangen. Von links: Ernst Johann, Karl Schwedhelm, Gerhart Pohl, Fritz Usinger, Hermann Kasack, Hermann Stahl, Alfred H. Unger.

nach der Schutt der ersten Fabrik wieder als Material für die Kunststeinherstellung zugeliefert wird. Ein sinnloser Kreislauf also, entsprechend einer speziellen Vorstellung von der Sinnlosigkeit des Lebens. Gegen Ende des Romans heißt es, mit unverkennbarem Bezug:

Oft wurde ihm die Frage gestellt, welchen Sinn denn nun das Leben nach allen seinen Erfahrungen habe. Er hätte antworten können: den Sinn der Verwandlungen, der Verwandlungen im Stündlichen, im Täglichen, in den Jahresringen, im Rhythmus der Jahrsiebente, der Epochen und der Äonen. Aber des starken Schweigers, des großen Don eingedenk, blieb er zu diesen Fragen still und überließ es jedem einzelnen, durch sein Schicksal den Beitrag zum Ganzen abzuleisten, wobei er unter dem Ganzen die kosmische Ordnung der Erde verstand. Die Verwandlung war das Gesetz. Verwandlung von einem Zustand in den anderen: Festes in Flüssiges und Flüssiges in Festes; Freude in Schmerz und Schmerz in Freude; Stein in Staub und Staub in Stein; Materie in Geist und Geist in Materie. Tod verwandelte sich in Leben und Leben in Tod.

Krieg, Massenmord, Verelendung – im großen Kreislauf haben sie danach nun einmal auch ihren Sinn.

Es ist noch heute begreiflich, daß Kasacks »Meisterwerk des magischen Realismus« (Gerhart Pohl), daß seine »durchleuchtende Schau aller Dinge« und »geschlossene Sicht abendländischer Kultur« (Elisabeth Langgässer) den Autor als einen »Meister unserer Situation« (Wilhelm Lehmann) erscheinen ließen. Der trockene Chronikstil des Romans entsprach dem konsequent ausgeführten Bild einer sinnleeren Welt, in der nur die Quintessenz letzter Weisheit dem Leben noch seinen Sinn gibt, und bestätigte es. Es waren genügend Versatzstücke der Lebensumstände im Krieg in das literarische Sinnbild eingefügt, um es bei dem allen als Spiegelung der Wirklichkeit erscheinen zu lassen. Man erkannte eigene Existenz und Umwelt partiell und überhöht in ihm wieder und sah sie damit gedeutet und aufgehoben. Allerdings ist ebenso begreiflich, daß der Roman fast keine Nachwirkungen gehabt hat und in der seither vergangenen Zeit nahezu vergessen worden ist. Das lag sicher auch daran, daß die wirtschaftliche Entwicklung der Bundesrepublik in den fünfziger Jahren seinem Fatalismus zu widersprechen schien. Doch hatte es wohl zugleich auch andere, im Roman selbst zu suchende Gründe. Verglichen mit Kafka, dessen Wiederentdeckung verhältnismäßig rasch einsetzte, ist Kasacks Fresko trotz allem nur eine antiillusionistisch getönte Illusion aus zweiter Hand, ein künstliches Produkt nicht ohne bildungsbeflissene und sentimentale Einfärbung. Auch *Die Stadt hinter dem Strom* blieb, trotz ihrer wohlkalkulierten, zugleich abstrahierenden Verwendung wiederzuerkennender Umweltelemente der Kriegs- und Nachkriegszeit, im Kontext des Zwanges, die Erfahrungen zu verallgemeinern und damit auszudünnen, sie in ein Bild zu übersetzen, in dem die Künstlichkeit und ihre Konventionen dominierten.
Bis wohin das reichte, sei durch ein weiteres Zitat zumindest angedeutet:

> Als Robert dieses begriff, sah er den millionenfachen Tod, den sich die weiße Rasse auf dem Schlachtfeld Europa mit ihren beiden furchtbaren Weltkriegen schuf, eingeordnet in den Vorgang dieser ungeheuren Geisterwanderung. Dieser millionenfache Tod geschah, mußte in dieser Maßlosigkeit geschehen, wie der Chronist mit langsamem Schauder einsah, damit für die andrängenden Wiedergeburten Platz geschaffen wurde. Eine Unzahl Menschen wurde vorzeitig abgerufen, damit sie rechtzeitig als Saat, als apokryphe Neugeburt in einem bisher verschlossenen Lebensraum auferstehen konnte. – Die Vorstellung hatte etwas Bestürzendes, aber zugleich etwas Trostreiches, weil sie dem immer als sinnlos Erscheinenden einen Plan, eine metaphysische Ordnung gab.

Tatsächlich hat solche Deutung allerdings nichts Trostreiches, sondern etwas Wahnhaftes, ist schlechter Dunst und obskur, wie verlockend sie immer unmittelbar nach dem Krieg sich dargestellt haben mag. Sie intendiert eine andere, eine nichtchristliche Metaphysik. Auch sie setzt voraus Abwendung von der Realität, eine Abwendung ins Allgemeine und Höhere, die funktionell nichts anderes bedeutet als die Berufung auf jenseitige Heilsgewißheit, wo es um diesseitige Verbrechen geht, oder auf die »tiefere Schicht« einer zuletzt romantischen Wirklichkeit. Die realen gesellschaftlichen und politischen Zusammenhänge werden verdrängt oder zumindest verzerrt zugunsten der beliebigen Syntax des magischen, vermeintlich Schau aller Dinge vermittelnden, tatsächlich irrealen Bildes.
An dieser Stelle sei – noch einmal – betont, daß solche Charakteristik aus historischer Perspektive nicht die individuelle Leistung unter den damals gegebenen Bedingungen in der zeitgeschichtlichen Situation berührt. Wäre die Einfühlung in die nunmehr längst vergangene Gegenwart das einzige oder erste Kriterium der Rekapitulation, erbrächte sie für Hermann Kasack wie auch für Elisabeth Langgässer und Ernst

Kreuder gewiß noch einmal jenen Beifall, den die zeitgenössische Kritik ihnen gespendet hat. Er wäre – ausschließlich die Entstehungsbedingungen der Prosawerke, die Schlußphase faschistischer Herrschaft im Blick – begründet. Es ist der andere, der mehr als ein Vierteljahrhundert später gegebene Standort, der die »Meisterwerke« anders, in ihrer manchmal fatalen Abhängigkeit sich darstellen läßt. Die Perspektive aber, die sich von diesem Standort aus ergibt, ist die für diese Gegenwart einzig legitime. Nur sie vermittelt Geschichtsschreibung einen Inhalt.

1947 – DAS BLICKFELD ERWEITERT SICH

Es gibt einige Beschreibungen der deutschen Verhältnisse in den Jahren 1946 und 1947, die das Ausmaß des Nachkriegselends zumindest halbwegs getreu spiegeln. Nur zu einem Teil allerdings sind sie Gegenstand der Geschichte der Prosaliteratur. Hier sei an sie erinnert zunächst deshalb, weil es kaum noch eine Vorstellung gibt von jenem Elend, das Basis und Hintergrund auch der Literatur jener Zeit in Deutschland war, gerade auch wo sie ihm zu entkommen suchte. Es sei ein Zeuge zitiert, der von draußen kam, dessen Berichte zugleich Teil der deutschsprachigen Literaturgeschichte sind. In seinem *Tagebuch 1946–1949* schreibt MAX FRISCH unter dem Datum »Frankfurt, Mai 1946«:

Daß man nicht mehr auf dem alten Straßenboden geht, entscheidet den Eindruck; die Ruinen stehen nicht, sondern versinken in ihrem eigenen Schutt, und oft erinnert es mich an die heimatlichen Berge, schmale Ziegenwege führen über die Hügel von Geröll, und was noch steht, sind die bizarren Türme eines verwitterten Grates; einmal eine Abortröhre, die in den blauen Himmel ragt, drei Anschlüsse zeigen, wo die Stockwerke waren ... Am Bahnhof: Flüchtlinge liegen auf allen Treppen, und man hat den Eindruck, sie würden nicht aufschauen, wenn mitten auf dem Platz ein Wunder geschähe; so sicher wissen sie, daß keines geschieht. ... Ihr Leben ist scheinbar, ein Warten ohne Erwartung, sie hangen nicht mehr daran; nur das Leben hangt noch an ihnen, gespensterhaft, ein unsichtbares Tier, das hungert und sie durch zerschossene Bahnhöfe schleppt, Tage und Nächte, Sonne und Regen; es atmet aus schlafenden Kindern, die auf dem Schutt liegen, ihren Kopf zwischen den knöchernen Armen, zusammengebückt wie die Frucht im Mutterleib, so, als wollten sie dahin zurück.

Ein knappes Jahr später, unter dem Datum »Nürnberg, März 1947«, heißt es im selben Tagebuch:

Kinder an den Bahndämmen, besonders wo die Züge wegen Zerstörungen etwas langsamer fahren; sie warten, daß wir etwas Eßbares hinauswerfen. Das Peinliche, es zu tun, wenn andere es sehen. Warum eigentlich? Auch Frauen, die an einer Barriere stehen oder auf freiem Feld; ohne Gebärde, stumm, graublaß und hager. Die Verlumpung erreicht einen Grad, den ich bisher nur in Serbien gesehen habe.

Ganz zu Bewußtsein kam diese Realität in Deutschland erst spät, vielleicht erst, als der Druck sich Ende der vierziger Jahre zu mildern begann. Meist wurde sie wohl zunächst einfach hingenommen. Und sie verhinderte nicht die erstaunlich vielseitige, ab 1947 immer deutlicher in den Vordergrund drängende, dann mit der Währungsreform teilweise wieder abgeblockte kulturelle, auch literarische Aktivität, die alle Berichte aus den ersten Nachkriegsjahren ebenfalls vermerken. Trotz allem drängte sie schon verhältnismäßig früh über die Angebote der inneren Emigration hinaus.

Es war ein Signal, als Ende 1946 der Nobelpreis für Literatur HERMANN HESSE (1877 bis 1962) zugesprochen wurde, der zwar schon seit 1923 schweizerischer Staatsbürger war, doch als ein exemplarisch deutscher Schriftsteller galt. Kurz zuvor hatte Hesse den Goethe-Preis der Stadt Frankfurt angenommen. Um die Jahreswende 1946/47 kam dann (mit der Jahreszahl 1946) sein 1943 in der Schweiz erschienener Roman *Das Glasperlenspiel* auch in Deutschland heraus, um sogleich als eines der großen Werke jener Zeit gefeiert zu werden. Nunmehr begann, vorerst noch sehr zögernd, die Einholung der während der Nazizeit außerhalb Deutschlands entstandenen und auch jetzt noch dort entstehenden Literatur der Emigranten, und etwa gleichzeitig setzte die Auseinandersetzung mit den Literaturen anderer Sprachen wieder ein, die von den Nazis unterbrochen worden war. 1947 erschien der *Doktor Faustus* von THOMAS MANN, großangelegter Versuch der Totaldeutung des deutschen Verhängnisses von den USA aus. Auf eine Weise, die in den Augen fast aller damals Lesenden Maßstäbe setzte, rückten *Doktor Faustus* und *Das Glasperlenspiel* in den Mittelpunkt literarischer Diskussion, die Vorstellungen und Ansprüche bestimmend bis hoch in die fünfziger Jahre. Unter dem Stichwort »apokalyptische Utopie« wurden ihnen *Das unauslöschliche Siegel* und *Die Stadt hinter dem Strom* zugeordnet[10] – ein Signal dafür, daß langsam eine Vorstellung der einen deutschen Literatur sich etablierte, in der die Tradition vermeintlich einen neuen Höhepunkt erreichte und die man einzig und allein nach den vermeintlich objektiven Kriterien ästhetischer Qualität beurteilen zu können glaubte.

Im selben Jahr 1947 geschah jedoch noch einiges andere. Gerade als die Triumphe Hermann Hesses, der 1947 70 Jahre alt war, und vor allem Thomas Manns, der damals 72 Jahre alt war, sich abzeichneten, meldete sich, mit unvergleichlich geringerer Resonanz, doch erstmals deutlich vernehmbar, auch die – so im *Ruf* HANS WERNER RICHTERS – »junge Generation« zu Wort. Noch im Septemberheft 1946 der Zeitschrift hatte Hans Werner Richter (* 1908) geschrieben:

Selten in der Geschichte eines Landes, das einen Krieg und mehr als einen Krieg verlor, hat sich eine derartige geistige Kluft zwischen zwei Generationen aufgetan wie heute in Deutschland. In Deutschland redet eine Generation, und in Deutschland schweigt eine Generation. Und während die eine sich immer mehr in das öffentliche Gespräch hineinflüchtet, während sie, gleichsam in eine Wolke von bußfertigem Weihrauch gehüllt, in die beruhigenden Schatten der Vergangenheit flieht, versinkt die andere immer mehr für das öffentliche Leben in ein düsteres, nebelhaftes Schweigen ...

Sie schweigt aus dem sicheren Gefühl heraus, daß die Diskrepanz zwischen der bedrohten menschlichen Existenz und der geruhsamen Problematik jener älteren Generation, die aus ihrem olympischen Schweigen nach zwölf Jahren heraustrat, zu groß ist, um überbrückbar zu sein. Sie weiß, daß jenes Bild des Menschen, das die ältere Generation von ihren Vorvätern ererbt hat und das sie nun wieder errichten möchte, nicht mehr aufgebaut werden kann. Sie weiß, daß dieses Bild endgültig zerstört ist ... Der moralische, geistige und sittliche Trümmerhaufen, den ihr eine wahrhaft ›verlorene‹ Generation zurückgelassen hat, wächst ins Unermeßliche und erscheint größer als jener real sichtbare. Vor dem rauchgeschwärzten Bild dieser abendländischen Ruinenlandschaft, in der der Mensch taumelnd und gelöst aus allen überkommenen Bindungen irrt, verblassen alle Wertmaßstäbe der Vergangenheit. Jede Anknüpfungsmöglichkeit nach hinten, jeder Versuch, dort wieder zu beginnen, wo 1933 eine ältere Generation ihre kontinuierliche Entwicklungslaufbahn verließ, um vor einem irrationalen Abenteuer zu kapitulieren, wirkt angesichts dieses Bildes als eine Paradoxie.

Aus der Verschiebung des Lebensgefühls, aus der Gewalt der Erlebnisse, die der jungen

Generation zuteil wurden und die sie erschütterten, erscheint ihr heute die einzige Ausgangsmöglichkeit einer geistigen Wiedergeburt in dem absoluten und radikalen Beginn von vorn zu liegen.[11]

Hans Werner Richter zielte mit seinem Aufsatz *Warum schweigt die junge Generation?* nicht primär oder ausschließlich auf Prosaautoren, sondern auf Reden und Schweigen im weitesten Sinn. Die Zeitschrift *Der Ruf*, deren Untertitel übrigens lautete *Unabhängige Blätter der jungen Generation* und die bereits Anfang 1947 von den Amerikanern verboten wurde, war von ihren Herausgebern schließlich als ein Medium politischer Bewußtseinsbildung begründet worden, nicht als Literaturzeitschrift. Entstanden aus einer Lagerzeitschrift in amerikanischer Kriegsgefangenschaft[12], war ihr Ziel das Plädoyer für eine sozial gerechte, eine sozialistische Gesellschaftsordnung. Hierin ist offensichtlich auch der Grund zu suchen für das frühe Verbot durch die Besatzungsbehörden, das zur Gründung der für die Literaturentwicklung in der Bundesrepublik bis in die späten sechziger Jahre zentral bestimmenden »Gruppe 47« führte: Was kultur- und gesellschaftspolitisch direkt nicht zu erlangen war, sollte mittels der Literatur vorbereitet werden. Und nicht zuletzt dies wiederum war wohl der Grund für die nicht nur unter Repräsentanten der inneren Emigration, sondern auch unter den tatsächlich emigrierten Schriftstellern bis hin zu Thomas Mann schon bald obligate Abneigung gegen die »Gruppe 47«: der Wunsch, die Absicht, doch auch etwas zu erreichen durch Literatur, widersprach – sei es auf diffuse Weise – dem individualistischen Selbstverständnis des bürgerlichen Schriftstellers und dem Autonomieanspruch, den er für seine literarische Produktion erhob.

Im Jahr 1947 nun begann die »schweigende Generation«, die junge Generation zu sprechen, also die Generation der aus dem Weltkrieg Heimgekehrten, die bei ihren eigenen Erfahrungen anzusetzen gezwungen war, weil die Zeit vor Hitler für sie meist nur aus unbestimmten Kindheits- und frühen Jugenderinnerungen bestand. Heinrich Böll (* 1917) veröffentlichte seine ersten Erzählungen: *Der Angriff* und *Kumpel mit dem langen Haar*. Böll war zu dieser Zeit 30 Jahre alt – was bedeutete, daß er 1933 16 Jahre alt gewesen war und nunmehr das Durchschnittsalter jener aus dem Krieg Heimgekehrten hatte, die an den Universitäten wieder zu studieren begannen. Wolfdietrich Schnurre (* 1920) eröffnete die erste Lesung der »Gruppe 47« mit seiner Erzählung *Das Begräbnis*. Wolfgang Borchert (1921–1947) wurde in diesem Jahr 1947, in dem sein früher Tod und die Uraufführung seines Heimkehrerdramas *Draußen vor der Tür* fast zusammenfielen, auch als Erzähler bekannt. Walter Jens (* 1923) veröffentlichte unter dem Pseudonym Walter Freiburger die Erzählung *Das weiße Taschentuch*. Zwar hatte es schon 1946 vereinzelte Veröffentlichungen auch von Autoren der jungen Generation gegeben, doch in diesem Jahr 1947 meldeten sie sich erstmals deutlich vernehmbar, in gewissem Sinn als eine Gruppe zu Wort. Im Quellenverzeichnis einer Untersuchung der Prosa dieser jungen Generation von Urs Widmer[13] zeigt der Katalog erstmaliger Veröffentlichungen in den frühen Nachkriegsjahren für 1947 eine sehr deutliche Ballung. Für 1946 sind nur wenige Titel verzeichnet, und 1948 gibt es schon nur noch einzelne Nachzügler dieser jungen Literatur, deren Autoren heute in der Mehrzahl längst vergessen sind.

Das heißt nicht, die von der »Trümmerliteratur«, wie die Arbeiten dieser Autoren mit oft zweifelhaftem Recht genannt wurden, ausgegangenen Impulse seien völlig wirkungslos gewesen. Sie blieben unterschwellig als eine Herausforderung in Umlauf, und einige der Autoren – schon die bisher genannten Namen deuten es an – haben von der Trümmerliteratur her in ganz verschiedene Richtungen weisende Œuvres entwickelt. Noch 1949 hat außerdem WOLFGANG WEYRAUCH in der Erzählungs-Anthologie *Tausend Gramm* Prosatexte zusammengestellt, die großenteils von jenen Impulsen bestimmt waren. In Weyrauchs Nachwort zu dieser Anthologie findet sich auch die Vokabel »Kahlschlag«. Über viele Jahre hin signalisierte sie eine Qualität

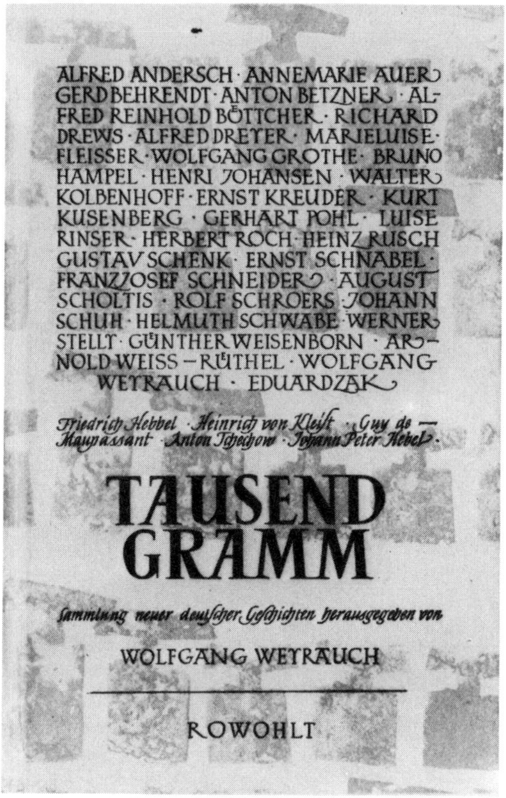

Schutzumschlag der Prosa-Anthologie »Tausend Gramm«, erschienen 1949.

dieser Literatur und hielt sie im Gespräch, die sie zwar von heute aus gesehen in verblüffend geringem Maße besaß, die aber ihre zentrale Intention ins Schlagwort faßte. Die entsprechenden Passagen des Nachworts sind wichtig genug, um sie in Erinnerung zu bringen. Weyrauch stellte fest, daß die deutsche Literatur etwas schon gebe: »Sie gibt einen Kahlschlag in unserem Dickicht. In der gegenwärtigen deutschen Prosa sind mehrere Schriftsteller erschienen, die versuchen, unsre blinden Augen sehend, unsre tauben Ohren hörend und unsere schreienden Münder artikuliert zu machen.« Weyrauch konstatiert: »... die Kahlschlägler fangen in Sprache, Substanz und Konzeption von vorn an.« Und schließlich: »Die Männer des Kahlschlags – die sich, vielleicht, diese Bezeichnung und das ihr inbegriffene Stigma verbitten, wenn sie diese Sätze lesen – schreiben die Fibel der neuen deutschen Prosa. Sie setzen sich dem Spott der Snobs und dem Verdacht der Nihilisten und Optimisten aus: ach, diese Leute schreiben so, weil sie es nicht besser verstehen. Aber die vom Kahlschlag wissen, oder sie ahnen es doch mindestens, daß dem neuen Anfang der Prosa in unserm Land allein die Methode und die Intention des Pioniers angemessen sind. Die Methode der Bestandsaufnahme. Die Intention der Wahrheit. Beides um den Preis der Poesie.«[14] Allzu bald stellte sich allerdings heraus, daß der Öffentlichkeit und vielen Autoren

Rückkehrer aus Exil und Gestapohaft: Bertolt Brecht und Günther Weisenborn.

selbst dieser Preis zu hoch erschien. Aber auch noch andere Handikaps beeinträchtigten den Versuch solchen »Kahlschlags«, des »Auszugs aus dem Elfenbeinturm«, den Wolfdietrich Schnurre in eben jenem Jahr 1949 proklamierte: Die Abhängigkeit von den gewaltsam eintränierten Sprachregelungen der nationalsozialistischen Herrschaft und des Lebens im Krieg waren größer als gedacht. Das Mißtrauen gegenüber der Sprache, an die man gewöhnt war, mit der man notgedrungen weiter umging, artikulierte sich zwar in einer Vielzahl der Prosaarbeiten von Autoren der jungen Generation, aber es allein konnte die Fesselung keineswegs aufheben. Zwar hieß es sinngemäß in immer anderer Formulierung »Worte sind fragwürdig geworden wie alles, was einst eine Welt ausmachte«[15], zwar wurde unablässig die Unfähigkeit der Sprache apostrophiert, das »Unfaßbare« zu greifen, zwar polemisierten – wie schon 1947, so auch in den folgenden Jahren – die Autoren der jungen Generation gegen die »Schönschreiber« und »Ästheten«, zwar beriefen sie die Notwendigkeit, den gewohnten Phrasen, Lügen, Täuschungen zu entkommen: das Ergebnis ihrer Anstrengungen, eine »neue Sprache« zu finden, ließ jedoch zu wünschen übrig. Viel mehr als ihr guter Wille läßt sich den Autoren der jungen Generation in den meisten Fällen zunächst nicht nachsagen. Es finden sich Relikte nationalsozialistischer Sprache sogar im *Ruf.* Unverkennbar ist das Gewicht traditionalistischer, also bedeutungsvoll sich spreizender Sprache, der große Anteil popularisierender Verwendung expressionistischer und neuromantischer Formen, eine Vielfalt dubioser

Weisenborns Bericht »Memorial« erschien 1948 bei Desch und als »Rowohlts Rotations Roman«.

Metaphorik. Einzig die Orientierung an der Alltags- und Umgangssprache gab einen gewissen Ausblick nicht mehr auf diffus reproduzierende Schreibweisen vergangener Literaturen, sondern auf vage sich andeutende Möglichkeiten einer anderen, einer tatsächlich neuen Literatur.

Davon ist zu berichten. Zunächst sind jedoch die Namen noch einiger anderer Autoren zu nennen, die im Nachkriegsjahr 1947 mit neuen Arbeiten hervortraten, sich aber weder eindeutig der inneren Emigration noch eindeutig der jungen Generation zuordnen lassen. Horst Lange (1904–1971) hatte zwar auch in der Nazizeit publiziert, zählte zu den expressionistisch orientierten Ergründern der verborgenen, unheimlichen Naturmächte, aber seine Kriegserfahrungen (er wurde als Pionier vor Moskau schwer verwundet) brachten ihn in die Nähe der Autoren der jungen Generation. Er war Mitarbeiter des *Ruf*, und in den Erzählungen des Bandes *Windsbraut* berichtet er, in Sinnbilder suchender Verallgemeinerung, Schicksal berufend vor allem vom Krieg, doch jedenfalls so, daß seine Stellungnahme unmißverständlich war. Schon 1946 war Langes Romanfragment *Das Lied des Pirol* erschienen, in dem Glück apostrophiert war als eine Form des geistigen Lebens. WALTER KOLBENHOFF (* 1908), der 1946 den Preis der Kriegsgefangenenzeitschrift *Der Ruf* erhalten hatte, war 1933 nach Dänemark emigriert, wo er nach der Besetzung zur deutschen Wehrmacht eingezogen wurde. Sein in amerikanischer Kriegsgefangenschaft entstandener, nunmehr veröffentlichter Roman *Von unserem Fleisch und Blut* schildert expressiv realistisch die Auswirkungen einer auf gedankenlosen Fanatismus ausgerichteten Erziehung, die einen Hitlerjungen in einer schon von den Amerikanern eroberten deutschen Stadt zum Verbrecher werden läßt. GÜNTHER WEISENBORN (1902–1969) war als Widerstandskämpfer 1942 zu Zuchthaus verurteilt worden. Nun erschien sein Rechenschaftsbericht *Memorial*, in dem die Jahre der Haft in ständiger Gegenüberstellung mit früheren Erinnerungen beschrieben sind. HANS ERICH NOSSACK (* 1901) veröffentlichte unter dem Titel *Nekyia* seinen »Bericht eines Überlebenden«. Nossack war einer der konsequenten inneren Emigranten gewesen. Das Jahr 1933 hatte sein Debüt als Schriftsteller verhindert. Er hatte weitergeschrieben, doch nicht publiziert, und die Zerstörung Hamburgs, beschrieben in seiner Skizze *Der Untergang*, hatte auch alle seine bis dahin entstandenen Arbeiten vernichtet. Jenes Ereignis jedoch vermittelte ihm zugleich sein Thema: die »Grundsituation des Untergangs« wurde »zur Grundsituation von Nossacks Dichten«[16]. *Nekyia* wird zur Selbstbefragung vor einer Landschaft der Zerstörung. In diesem Text sah JEAN PAUL SARTRE einen Ansatzpunkt für eine andere deutsche Literatur, und Nossacks Bericht eines Überlebenden war zugleich einer der Ausgangspunkte der Entdeckung des französischen Existentialismus in Deutschland und damit eine jener Positionen, die in den folgenden Jahren ins Zentrum der Auseinandersetzungen rücken sollten.

DIE KONSTANTEN DER DEUTSCHEN NACHKRIEGSLITERATUR

Das Grundmuster dessen, was – speziell im Blick auf die Prosa – als die deutsche Nachkriegsliteratur zu bezeichnen ist, war 1947 entworfen, wenn auch skizzenhaft und für die Zeitgenossen noch keineswegs überschaubar. Die bestimmenden Faktoren sind inzwischen genannt. Da ist zunächst die Literatur der inneren Emigration, die zwar von nun an nicht mehr in solcher Eindeutigkeit dominierte wie 1946, sich aber weiterhin behauptete und der sich bald auch weniger unbelastete Autoren zuordneten, als zunächst zu Wort gekommen waren. Diese Literatur der inneren Emigration war, in der ganzen Fragwürdigkeit ihrer ideologischen Fixierungen, zweifellos die Basis für eine Literaturentwicklung, wie sie sich bald in der Literatur der Bundesrepublik fortsetzte. Da war zweitens die Literatur der emigrierten Schriftsteller, deren Rezeption 1947 einsetzte, allerdings nicht völlig voraussetzungslos. Was sie von der Literatur der inneren Emigration trennte, fiel auch auf kurze Frist überraschenderweise weniger ins Gewicht als das, was sie mit ihr gemeinsam hatte: die zwar gestörte, doch nach damals bald allgemeiner Überzeugung wiederherstellbare direkte Beziehung auf die 1933 gewaltsam unterbrochene Tradition der deutschen Literatur. Und drittens war da die Literatur der »jungen Generation« – noch unbestimmt, nicht nur von der für viele grauenhaften Kriegserfahrung und dem Vegetieren zwischen Trümmern belastet, sondern auch von Sprachschwierigkeiten, anfällig deshalb für die Angebote der – wie es scheinen mußte – sehr viel weiter und tiefer dimensionierten, unvergleichlich vielfältigere Welterfahrung umfassenden Literatur der Älteren, die Hitler in zwei verschiedene Lager gedrängt hatte, die sich aber, nach einigen eher peripheren Bereinigungen, doch bald mehr oder weniger im selben Boot wiederfanden. Zahlreiche Autoren dieser jungen Generation begannen schon früh, sich an der Literatur der Älteren zu orientieren.

Dieses Muster ist grob, es bezeichnet die Tendenzen, nicht immer die Realität der Prosaliteratur. Und es nennt noch nicht die über Jahre hin wachsende Einflußnahme von den Literaturen anderer Sprachen her, speziell von der amerikanischen, der französischen, auch der englischen Literatur. Dieser Vorgang wurde – aus der Distanz gesehen – übrigens weniger von den emigrierten Schriftstellern als von offiziellen, um »reeducation« bemühten Stellen und von der »jungen Generation« initiiert, die sich auf der Suche nach Vorbildern, nach Auswegen, nach haltbaren Zielsetzungen auch jenseits der Grenzen umsah. Die wohl am stärksten nachwirkende Gruppe dieser Autoren, die sich in amerikanischer Kriegsgefangenschaft konstituiert hatte, später die Zeitschrift *Der Ruf* trug, die »Gruppe 47« gründete und deren Entwicklung weitgehend bestimmte, ging nicht nur von der Intention politischer Bewußtseinsbildung aus, sondern übermittelte zum Beispiel auch eine Vorstellung von der neueren amerikanischen Prosa, der Prosa HEMINGWAYS, FAULKNERS, THOMAS WOLFES vor allem, und zwar als eines »Stils des freiheitlichen Menschen«.[17] Das war nur eine Anregung unter vielen. Schon bald sich beschleunigend und vervielfältigend setzte jedenfalls neben der Auseinandersetzung mit der deutschen Literatur der zwanziger Jahre die Auseinandersetzung mit den anderssprachigen Literaturen ein, und unter der Voraussetzung der konkreten Bedingungen der Nachkriegszeit, die ja gerade auch kulturell, auch literarisch eine monströse Trümmerlandschaft, eine Landschaft der Ödeme und Fieberhalluzinationen darbot, waren alle diese Lernprozesse zweifellos produktiv. Sie brachten Inhalte ein und mit ihren Schreibweisen auch ungewohnte, neu erscheinende Denk- und Wahrnehmungsweisen. Nicht zuletzt sie halfen, die bestehenden Hohlräume aufzufüllen.

Es waren keine makellosen, doch reale Inhalte, es waren keine verbindlichen, doch der Realität nähere Denk- und Wahrnehmungsweisen. Die Inhalte, die Denk- und Wahrnehmungsweisen provozierten ebensolche Überschätzungen wie in der frühesten Nachkriegszeit die Deutungsversuche der inneren Emigration, wie noch auf lange hin die zurückgeführte Literatur der Emigranten und jene wiederzuentdeckende Literatur, die verbrannt worden und ein Jahrzwölft lang verboten gewesen war. Doch es gab wohl keine Alternative zu diesem von erstaunlich produktiven Anstrengungen, von einer inzwischen nicht mehr überschaubaren Zahl von Erzählungen und Romanen, von einer umfangreichen essayistischen Literatur begleiteten Prozeß. Selbst die Alternative, bei einer gleichsam puristischen Bestandsaufnahme anzusetzen, einer auch und gerade die Sprache sondierenden Bestandsaufnahme, war – sieht man es aus späterer Perspektive – offenbar unrealistisch. Und das ist begreiflich: der Haltepunkt war zu schwach, das zu Sondierende war von zu geringer Substanz, der Bestand zu ausgezehrt. Die Bestandsaufnahme erbrachte kaum etwas, worauf sich bauen ließ. In ihrer konsequentesten Form suchte sie Halt an der Alltags- und Umgangssprache. Auch diese aber, die darüber gewiß ihre Fähigkeit bestätigte, Lügen, Phrasen und Täuschungen zu unterlaufen, erwies als Orientierungsfeld einer neuen Literatur, daß vom Verbliebenen allein auszugehen bedeutete, sich in ihm zu verstricken.

Dennoch, gerade deshalb hatte dieser Ausgangspunkt, der als einziger die Möglichkeit, eine »neue Sprache« zu finden, sachgerecht einschätzte, tendenziell eine Bedeutung, die bis in die Gegenwart weist. Er ermöglichte den überzeugendsten Entwurf innerhalb der frühen deutschen Nachkriegsprosa. Es ist dabei unwichtig, daß seine Ergebnisse weder besonders zahlreich noch besonders großartig waren – dieser Entwurf selbst blieb virulent als eine Herausforderung auch noch, als die von ihm her entstandenen Arbeiten längst an die Peripherie gedrängt, ja verschüttet waren von einem meist nur dem Anschein nach neuen Reichtum. Er signalisierte einen ersten begründeten Versuch, kritisches Bewußtsein im Verhältnis zu jener Sprache, die sozusagen zur Verfügung stand, in ein literarisches Konzept umzusetzen und damit in Gesellschaft und Sprache selbst wirksam werden zu lassen. Die Intention, Wort und Sachverhalt, die offensichtlich auseinanderklafften, exemplarisch wieder auf einen Nenner zu bringen, also von der Bestandsaufnahme her auf rigorose Weise sachlich zu artikulieren, diese Intention bleibt unverkennbar. Hier ist der erste, noch ganz vage Bezugspunkt für eine Reflexion auf Sprache, wie sie anderthalb Jahrzehnte später ein zeitweise dominierender Inhalt der Literatur, auch der Prosa in der Bundesrepublik werden sollte.

Nur Wolfgang Borchert in wenigen Passagen und Wolfdietrich Schnurre in einigen Erzählungen sind – von einigen Gedichten Günter Eichs abgesehen – dem Ziel sprachlich konkretisierter Bestandsaufnahme wenigstens nahegekommen, einem keineswegs auch theoretisch erfaßten, mehr gefühlten als in seinen Voraussetzungen und dem Erreichbaren genauer umschriebenen Ziel. Dabei wird deutlich, daß der Ansatz von der Alltags- und Umgangssprache her primär stilistisch umgesetzt, also nicht auf seine ganze, seine grundsätzliche Bedeutung hin reflektiert wurde. Immerhin wird hier, im Zentrum des damals noch nicht so genannten Kahlschlags der Ansatz nicht durch entsprechende Wortwahl, sondern auch durch eine entsprechende Syntax festgemacht. Als Beispiel sei zitiert die Schlußpassage von Wolfdietrich Schnurres Erzählung *Das Begräbnis*, gelesen auf der ersten Tagung der »Gruppe 47«:

Die Totengräber fangen an zu schippen.
»Rumms« macht es; »rumms, rumms.«
»–fluchter Dreck«, sagt der eine und tritt mit m Absatz den Lehm vom Spaten.
»Geben se n heut im Odeon?« fragt der andre.
Der Pfarrer starrt die Rückwand von Waldemars Ballsälen an.
»Noch nicht nachgesehn«, sagt der erste Totengräber; »gleich mal vorbeigehn.«
»Hü!« schreit der Kutscher draußen.
»n Abend«, sag ich.
Der Pfarrer rührt sich nicht.
»n Abend«, sagen die Totengräber.
s Friedhofstor quietscht, wie ich's zumach. Am Zaun ist n Zettel aufgespießt. Reiß ihn ab; Stück Zeitungspapier. Inseratenteil, weich vom Regen. Links sucht die Patria-Bar n eleganten Kellner mit eigener Wäsche; rechts tauscht einer n Bettlaken gegen ne Bratpfanne ein. Dazwischen, schwarzer Rand, Traueranzeige:
VON KEINEM GELIEBT, VON KEINEM GEHASST, STARB HEUTE NACH LANGEM, MIT HIMMLISCHER GEDULD ERTRAGENEM LEIDEN: GOTT.
Dreh mich um.
Der eine Totengräber ist ins Loch reingesprungen und trampelt die Erde fest. Der andere schneuzt sich und schlenkert n Rotz von den Fingern.
In der Stickstoff-Fabrik rattern die Maschinen. Ihre Schornsteine sind von unten erleuchtet.

Oben verlieren sie sich im Nebel. Hinterm Stacheldraht auf m Kohlenplatz stehn die Heimkehrer und warten. s regnet. Taghell haben's die Azetylenlampen gemacht; wo sie nicht hinreichen, ist Nacht.
Jetzt ist auch die Harmonika wieder da. Einer singt zu ihr: »La paloma ohé!«
s Friedhofstor quietscht. Ist der Pfarrer.
Er hinkt.[18]

URS WIDMER hat in seiner schon genannten Untersuchung die Parataxe, damit die Vereinfachung der Satzkonstruktion, die sukzessive Präzisierung eines zunächst komplex und direkt ausgesprochenen Moments, den verblosen Satz und die nicht zu Ende geführte Satzkonstruktion (Anakoluth) als die neben Wortwahl und lautsprachlicher Schreibweise auffälligsten stilistischen Folgeerscheinungen des Versuchs genannt, von der Alltags- und Umgangssprache her zu einer anderen, das Wirkliche erreichenden Prosaschreibweise zu kommen. Dem zitierten Text sind die Mehrzahl der erwähnten Charakteristika ohne weiteres abzulesen. Wobei zugleich die Vorläufigkeit dessen, was praktisch erreicht wurde, offensichtlich ist. Es läßt sich am leichtesten daran verdeutlichen, wie Schnurre seine umgangssprachliche Stilisierung mit einem der ganz großen Themen der neueren Geschichte konfrontiert hat, dem Thema des »Gott ist tot«. Dies bedeutet von vornherein, daß er sich nicht allein auf jenes Gegebene verläßt, das seine Sprache vermittelt, es vielmehr in ein Verhältnis zu einem ebenso unbestimmten wie klischeehaften Sehr-Allgemeinen bringt. Das hebt die sprachliche Intention fast auf – von der Sprache her weist nämlich nichts in die Richtung solcher Allgemeinheiten –, es verdeutlicht zugleich, wieso der Ansatz nicht zu einer konkreten, materialen, sondern nur zu einer stilistischen – und vorübergehenden – Orientierung geführt hat. Die Absicht ist nicht konsequent ins Verfahren umgesetzt. Auch darin zeigt sich, wieso die sprachliche Anstrengung doch zuletzt auf Erlebnisse, Vorstellungen und Allgemeinheiten gewohnter Art und ihre gewohnte Reflexion hinauslief. Auf Geschichten, in denen die »neue Sprache« nur ein Stilmoment war.
Hier ist das Zentrum des »Kahlschlags«. Kein Zweifel, daß er eher ein erfolgreiches Gerücht und eine Wunschvorstellung war als etwas in der Literatur Wirkliches. Bei den Kahlschläglern selbst fand er nur so punktuell und so inkonsequent statt, daß es über die Absicht kaum hinausreichte. Wenn selbst bei Schnurre die Aufhebung des Ansatzes bei der Alltags- und Umgangssprache in die exemplarischen Texte selbst geradezu eingebaut war, ebenso bei Wolfgang Borchert, dessen Erzählungen dicht von vage expressionistischer und neoromantischer Metaphorik durchsetzt sind, so trifft das um so mehr zu für jene Autoren der ersten Nachkriegsjahre, die entweder bald wieder verstummt und heute vergessen sind oder sich den scheinbar überwältigenden Möglichkeiten der traditionellen Literaturen überließen oder ihren Realismus den Forderungen der zum Konsum bestimmten, der Verbrauchsliteratur anpaßten. Und dennoch, es sei wiederholt, wirkte die »Idee« des Kahlschlags nach – als die bis heute einleuchtendste Idee unter vielen in einer von Ideen wimmelnden Zeit, deren materielle und gesellschaftliche Basis wo nicht zerstört, so in extremem Maß gestört und verstört war. Sie begegnet einem in den folgenden Jahren immer wieder.
Bleibt als Hauptergebnis, daß es Gründe dafür gab, wenn im zeitgenössischen Kontext die »neue Sprache« und ihre Repräsentanten nur eine kleinere Rolle spielten: das entsprach nicht der Bedeutung ihrer Intention, aber es entsprach deren Effektivität. Urs Widmers Resümee, das über den Ansatz bei der Alltags- und Umgangssprache hinaus alle Versuche der jungen Autoren in der frühen Nachkriegszeit meint, sei

zitiert: »Zwischen 1945 und 1948 sucht die ›junge Generation‹ tastend nach möglichen Formen des Ausdrucks. Gültige Sprachformen werden aber nur selten erreicht. ›Es war so unglaublich schwer, kurz nach 1945 auch nur eine halbe Seite Prosa zu schreiben‹, schrieb mir Heinrich Böll. Die jungen Autoren verfassen ihre ersten Texte in dieser Stimmung. Die Unsicherheit ist groß. ›Manchmal bin ich erschüttert über meine Unfähigkeit, gutes Deutsch zu schreiben‹, gesteht Wolfgang Borchert einmal, ›ich brauche immer jemanden mit roter Tinte.‹ Die ›junge Generation‹ verbrauchte den größten Teil ihrer Kraft damit, das durch die Sprachpolitik des ›Dritten Reichs‹ entstandene Vakuum wieder aufzufüllen.«[19]

Dieses Vakuum bestand für die Literatur dieser und jener Emigration nicht, jedenfalls nicht nach Überzeugung der Autoren und auch nicht dem Anschein nach: wort- und sprachgewaltige Werke bewiesen das Gegenteil. Damit ist, entsprechend den geringen, doch nicht unwichtigen zeitlichen Verschiebungen, mit denen die Konstanten der frühen deutschen Nachkriegsprosa etabliert wurden, der Punkt erreicht für eine ausführlichere Auseinandersetzung mit den für die damalige Zeit exemplarischen Werken der Emigranten: *Das Glasperlenspiel* von HERMANN HESSE und *Doktor Faustus* von THOMAS MANN. Daß diese in unmittelbarem Zusammenhang mit KASACKS Roman *Die Stadt hinter dem Strom* und dem Roman *Das unauslöschliche Siegel* von ELISABETH LANGGÄSSER rezipiert wurden, von vielen allerdings als die größeren Werke, wurde bereits angemerkt.

Gemeinsam ist allen vier Romanen, daß sie während des Zweiten Weltkriegs, mit Ausnahme des *Doktor Faustus* schon zu Beginn des Krieges begonnen wurden; mit der Niederschrift des *Doktor Faustus* begann Thomas Mann nach Auskunft seines Buches *Die Entstehung des Doktor Faustus* (1949) am 23. Mai 1943. Gemeinsam ist den drei Romanen, daß sie sich direkt mit dem aktuellen Weltgeschehen, dem faschistischen Krieg und seinen Hintergründen auseinandersetzen, freilich auf ihre besondere Art; *Das Glasperlenspiel* Hermann Hesses bezog sich darauf im Entwurf einer Gegenwelt nur indirekt. Gemeinsam ist allen Romanen die Totalität der Perspektive. Sie zielen im Beispiel alle aufs Ganze geschichtlicher Abläufe, auf Endzeitdeutung und Erläuterung eines allgemeinen Sinnes. Gemeinsam ist ihnen die Kunstfertigkeit des Erzählens wie dessen Fixierung auf die Tradition des Romans, die sie gleichsam durch höchste Steigerung aufzuheben versuchen. Die Unterschiede sind, näher angesehen, weniger gravierend. Die »humanistische Geistigkeit« Hermann Hesses zum Beispiel hat mit der Tauf- und Gnadenmystik Elisabeth Langgässers gewiß nichts mehr gemein, und Thomas Manns Imagination des deutschen Schicksals in der Lebensgeschichte des Tonsetzers Adrian Leverkühn, erzählt von einem Freunde, dem Dr. phil. Serenus Zeitblom, setzt Hesses kastalischer Utopie eher den Kontrapunkt. Aus der Entfernung eines Vierteljahrhunderts aber fällt das weit weniger ins Gewicht, als die Erinnerungen an zeitgenössische Auseinandersetzungen etwa um Transzendenz und Nichttranszendenz glauben machen wollen. Greifbar ist zugleich noch immer, inzwischen vielleicht sogar deutlicher, die größere, auf selbstgewisser Individualität, wohl auch auf einem Gefühl moralischer Überlegenheit beruhende Souveränität der beiden emigrierten Autoren.

Hermann Hesse: »Das Glasperlenspiel«

Im Jahr 2200 angesiedelt, entwirft *Das Glasperlenspiel* mit der Lebensgeschichte des Magisters Ludi Josef Knecht das Leben in der Goethes pädagogischer Provinz nachempfundenen Provinz Kastalien, in der, abgeschlossen von der »minderwertigen Welt«, ein Orden das Glasperlenspiel als höchste Vollendung der Geistigkeit zelebriert

Hermann Hesse in seinem Haus in Montagnola im Tessin. Die Photographie wurde im September 1952 von Martin Hesse, dem Sohn des Dichters, aufgenommen.

und tradiert. Knecht, ein verwaistes Kind, durchläuft die Eliteschule der Auserwählten, bringt es zum höchsten Repräsentanten des kastalischen Ordens, der »ein kleiner Staat des Geistes« ist, und kommt, als er ihn verläßt, um.
Die kulturkritische Intention des Romans ist zusammengefaßt im Wort vom »feuille-

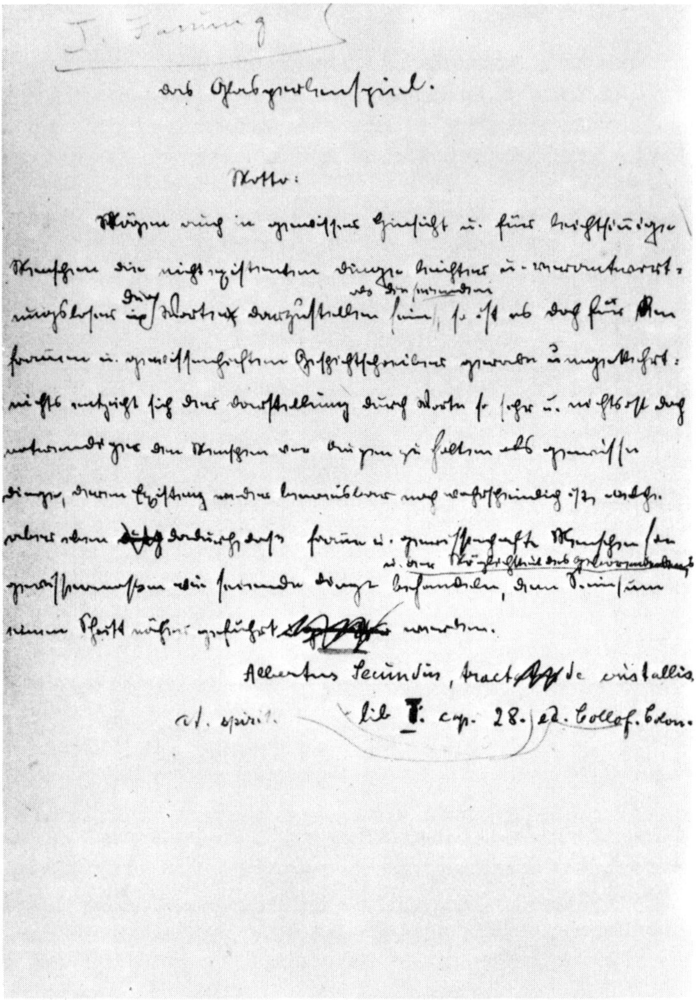

Handschrift der ersten Seite (Erstfassung) des Romans »Das Glasperlenspiel« (Erstausgabe Zürich 1943) von Hermann Hesse. Der Text des Mottos lautet: »Mögen auch in gewisser Hinsicht und für leichtsinnige Menschen die nichtexistenten Dinge leichter und verantwortungsloser durch Worte darzustellen sein als die seienden, so ist es doch für den frommen und gewissenhaften Geschichtschreiber gerade umgekehrt: nichts entzieht sich der Darstellung durch Worte so sehr und ist doch notwendiger den Menschen vor Augen zu halten als gewisse Dinge, deren Existenz weder beweisbar noch wahrscheinlich ist, welche aber eben dadurch, daß fromme und gewissenhafte Menschen sie gewissermaßen wie seiende Dinge behandeln dem Sein und der Möglichkeit des Geborenwerdens um einen Schritt näher geführt werden.« – Der erste Entwurf dieses Mottos, das von Hesse selbst stammt, entstand schon im Jahre 1933.

tonistischen Zeitalter«. Dieses zielte, von der Zukunft aus, auf die Gegenwart der ersten Hälfte des 20. Jahrhunderts und bezog die hier vorherrschende »Unsicherheit und Unechtheit« des geistigen Lebens auf die »Sintflut von vereinzelten, ihres Sinnes beraubten Bildungswerten und Wissensbruchstücken«, wie sie die Feuilletons der Tagespresse als »Hauptnahrung der bildungsbedürftigen Leser« angeboten hätten. Sie werden erläutert als »ein Symptom des Entsetzens, das den Geist befiel, als er sich am Ende einer Epoche scheinbaren Siegens und Gedeihens plötzlich dem Nichts gegenüber fand: einer großen materiellen Not, einer Periode politischer und kriegerischer Gewitter und einem über Nacht emporgeschossenen Mißtrauen gegen sich selbst, gegen seine eigene Kraft und Würde, ja gegen seine eigene Existenz«. Dabei steht das »feuilletonistische Zeitalter« für eine »in besonderem Maße ›bürgerliche‹ und einem weitgehenden Individualismus huldigende Epoche«.

Hesse nahm vorsichtigerweise auch sein Kastalien, seine Welt des vollendeten geistigen Spiels nicht von aller Kritik aus. Der Vorwurf trifft die allzu weitgehende Isolierung der Glasperlenspieler von dem Volk, das immerhin die hohe geistige und artistische Leistung, die sie repräsentieren, trägt und ermöglicht. Er fordert eine stärkere Hinwendung zu ihm, fordert die Bereitschaft der Geistigen, »in einem vom Krieg ausgesogenen Lande ... sich in allem Materiellen bis zum Äußersten und bis zum Hunger zu bescheiden«. Mit folgender Einschränkung: »Wenn wir aber bereit sind, unser Wohlsein, unsre Bequemlichkeit, unser Leben dem Volk zu opfern, wenn es in Gefahr ist, so schließt das nicht mit ein, daß wir den Geist selbst, die Tradition und Moral unserer Geistigkeit, den Interessen des Tages, des Volkes oder der Generäle zu opfern bereit wären. Ein Feigling, der sich den Leistungen, Opfern und Gefahren entzieht, die sein Volk zu bestehen hat. Aber ein Feigling und Verräter nicht minder, wer die Prinzipien des geistigen Lebens an materielle Interessen verrät, wer also z. B. die Entscheidung darüber, was zweimal zwei sei, den Machthabern zu überlassen bereit ist! Den Sinn für die Wahrheit, die intellektuelle Redlichkeit, die Treue gegen die Gesetze und Methoden des Geistes irgendeinem anderen Interesse opfern, auch dem des Vaterlands, ist Verrat.«

Was an solchen Überlegungen den Lesern der frühesten Nachkriegszeit außerordentlich aktuell erscheinen mußte, ist auf den ersten Blick einsichtig. Und doch ist es überraschend, daß der Roman mit soviel Bewunderung, wie in der zeitgenössischen Rezeption sichtbar wird, als ein aktuelles, die Situation von Krieg und Nachkrieg fassendes Werk aufgenommen wurde, und zwar vor allem, weil er die Gegenwart so offenkundig nicht aus ihr selbst und ihrer Geschichtlichkeit, sondern wie von einem völlig zeitlosen Standort außerhalb der Geschichte ansah. Oder es ist auch nicht überraschend: es entsprach dem Entlastung suchenden Bedürfnis nicht nach konkreter, sondern nach allgemeinster, die unmittelbare Betroffenheit im Grunde aufhebender Deutung, das auch die Romane der inneren Emigration signalisieren.

Es entsprach zudem der Neigung, an Symptomen zu kurieren, wo der Blick die realen Gründe nicht erreichte. Der Feuilletonismus, wie immer man ihn sonst einschätzen mag, wird zwar als ein Symptom bezeichnet, gewinnt jedoch unversehens eine fast absurde grundsätzliche Bedeutung. Nicht in Rechnung gestellt ist, daß das Feuilleton eines der ersten Opfer des Nationalsozialismus gewesen war und daß Hesse selbst an ihm zeitlebens partizipiert hat. Diese seine Kritik ist – zumindest – fragwürdig. Im übrigen trifft zu, was HANS MAYER schon Anfang der sechziger Jahre in einem sonst fast ehrfürchtigen Essay zum *Glasperlenspiel* festgestellt hat: »Das

Glasperlenspiel, das im Jahr 2200 seinen Höhepunkt bereits überschritten hatte, gehörte dann also in der Grundkonzeption durchaus in den Vorstellungsbereich des feuilletonistischen Zeitalters und war dem verachteten Kreuzworträtsel innerlich näher, als man ahnen mochte. Wonach sich auch das Glasperlenspiel, aller utopischen Datierung zum Trotz, als geistiges Erzeugnis unserer Epoche präsentierte. Dann aber besaß es keine geistig befreiende und integrierende Kraft, sondern war gleichsam als Reflex des feuilletonistischen Zeitalters anzusehen.«[20] Dieses Urteil läßt sich ohne weiteres von dem im Roman beschriebenen Spiel, auf das Mayer es vornehm beschränkt, auf den Roman übertragen, dem das Spiel den Titel gegeben hat.

Thomas Mann: »Doktor Faustus«

Die Musik, die in Hesses Roman *Das Glasperlenspiel* eine zentrale Funktion hat, ist die am leichtesten greifbare der Beziehungen, die zwischen dem Haupt- und Spätwerk Hermann Hesses und dem *Doktor Faustus* bestehen. Hesse läßt übrigens in seinem Roman einen Magister Thomas von der Trave auftreten, womit ganz offensichtlich niemand anderem als Thomas Mann Beifall gezollt wird. Dieser selbst hat in *Die Entstehung des Doktor Faustus* notiert: »Die Beziehungen im Großen verblüffend. Das Meine wohl zugespitzter, schärfer, brennender, dramatischer (weil dialektischer), zeitnäher und unmittelbarer ergriffen. Seines weicher, schwärmerischer, versponnener, romantischer und verspielter (in einem hohen Sinn). Das Musikalische durchaus fromm-antiquarisch.«

Tatsächlich führt der *Doktor Faustus,* in dem die Musik jenes »Beste« der Deutschen repräsentiert, das ihnen »durch Hybris und Teufelsgeist zum Bösen ausschlug«, unmittelbarer hinein ins Aktuelle. Der Roman thematisiert die Leidensgeschichte des deutschen Menschen. Er schildert das schuldhafte Scheitern genialischer Natur zwischen Musik, Schöpfertum und Wahnsinn. Er imaginiert die unmittelbare Vergangenheit als deutsche Endzeit. Ohne falsche Bescheidenheit und zweifellos mit einem gewissen Recht hat Thomas Mann 1949, als er erstmals wieder in Deutschland war und sowohl in der Frankfurter Paulskirche als auch im Deutschen Nationalmuseum in Weimar sprach, den Zusammenhang so formuliert: »Er kann sagen, schrieb jemand frei nach Goethe, er sei nicht dabei gewesen. Nicht doch, ich bin dabeigewesen. Wie einer das Schmerzensbuch vom ›Doktor Faustus‹ gelesen haben und dann noch sagen kann, ich sei nicht dabeigewesen!« Hier sah man tatsächlich immer selbstverständlicher jenes Werk, in dem das deutsche Ingenium mit seinen Abgründen am Ende der finstersten aller Geschichtszeiten symbolisch und umfassend Gestalt angenommen hatte.

Der Roman hat eine komplizierte, vielbedeutende Struktur. Das Geschick des Adrian Leverkühn ist ein Reflex des Geschicks Friedrich Nietzsches, und zugleich greift in ihm der Verfasser Thomas Mann auf Autobiographisches zurück. Die Faust-Historie ist eingewoben. Die ständige Gegenwart des fiktiven, unter Hitler in Deutschland lebenden Autors Serenus Zeitblom tut ständig ihre Spiegelwirkung. Individuelles und Allgemeines überschneidet sich bedeutend, verschiedene Wirklichkeitsebenen korrespondieren miteinander. Formal ist der Roman eine vielfältig instrumentierte Montage, die mit allem Anschein nach modernsten Kunstmitteln noch einmal das Ganze einer Nation und einer Epoche erreicht, und zwar in seiner Apokalypse, mythisch-doppelsinnig. Und ganz zweifellos ist der Roman ein Fest der Deutung und der Bedeutungen, tragisch überhöht, breit ausgeführt tatsächlich die Epopöe einer »gesellschaftlichen Endzeit«. Gerade darin aber verfehlt er zugleich das, was tatsächlich in Deutschland und mit Deutschland geschehen war. Gerade darin ist er in extremem Maß bezogen auf eine Vergangenheit, die nur noch tradierbar war, wenn sie abgehoben blieb von dem, was Tag für Tag vorging.

Thomas Mann. Zeichnung von Marino Marini.

Auch hier ist Hans Mayer zu zitieren, der als einer der ganz wenigen unter den Bewunderern des Romans im Rückblick nicht übersah, was er seine »tiefe Brüchigkeit« genannt hat.[21] Mayer erläutert sie aus dem Widerspruch der Anlage des Erzählwerks als »Roman einer Endzeit«, der sich zugleich als ein »Erzeugnis der epischen Endzeit« darbot. Musik und Humanität, so habe Thomas Mann zu erkennen geglaubt, seien in der Sache in Widerspruch geraten, also Musik einerseits, Kritik und Ironie andererseits. Und diese wiederum seien in Widerspruch geraten mit dem »richtenden Wort« über Deutschland und die Deutschen. Es läßt sich allgemeiner sagen: der Autor hat sich in seinen Deutungen und Bedeutungen, die er hier auf den Kontrapunkt eines brutalen historischen Fakts festlegen wollte, verfangen. Mittels eines Kunstgebäudes noch so komplizierten, doch von Grund auf traditionellen Zuschnitts war die Realität nicht mehr erreichbar.

Inzwischen läßt das Kunstgebäude sich ohne weiteres von jener Realität abheben. Nur in bürgerlicher Selbstbespiegelung und aus sehr großer Entfernung waren – so glaubhaft das subjektive Gefühl des Autors bleibt, durch dies sein »Schmerzensbuch« dabeigewesen zu sein – Faust und Musik und Trieb-Geist-Mythik noch in den Zusammenhang des deutschen Geschickes einzubringen, ihm zugrunde zu legen. Es setzt eine immense Überschätzung der Einzelperson und der eigenen Person voraus. Es berief, selbst in der Anklage ungeheuer entlastend, ein Schicksal, dem Schuld mehr unter- als eingeordnet war. Das wurde willig angenommen. Auf das zu blicken, was konkret vor Augen lag, war offenbar unerträglich. Es ging darum, das Ich zu retten.

Thomas Mann also nicht ausgeschlossen, sind in dem Versuch, dem monströsen Vakuum der faschistischen Katastrophe doch die Spuren der Traditionen des Denkens und Schreibens abzulesen und diese über das Vakuum hinwegzuretten, die in der frühesten Nachkriegszeit publizierten repräsentativen Romane der Emigranten und der inneren Emigration nach allem Gesagten einander so nahe wie nur eben vorstellbar. Das Geschehene, das Geschehen selbst erreichten sie zweifellos nicht. Schon 1957 kam Karl August Horst bei der zusammenfassenden Deutung dieses Zustands zu dem folgenden Schluß: »Die totale Utopie des Nationalsozialismus in ihrer heterogenen Mischung von platt rationalistischen und abergläubischen Bestandteilen, die mit der Hysterie einer hochgeschraubten Hoffnung die europäischen Völker ständig in Atem zu halten suchte, mußte zur Weltuntergangsvision werden, als die Hoffnung in Verzweiflung umschlug. Dieser gegenläufige Prozeß war ebenso radikal und bewirkte ebendadurch keine echte Reinigung. Verkehrt man das Motto des Dritten Reiches ›Am deutschen Wesen soll die Welt genesen‹ in das Gegenteil: ›Am deutschen Wesen soll die Welt untergehen‹, verkehrt man den ›Heilbringer‹ in den ›Unheilbringer‹, so ist die ideologische Mißweisung in beiden Fällen gleich groß und fällt der Vergessenheit anheim, sobald das wirkliche Leben zur Tagesordnung übergeht.«[22]

Im engeren Kontext der Nachkriegszeit trifft dies gewiß zu. Horst kommt von hier aus zu der Auffassung, die »Anknüpfung an die Tendenzen der zwanziger Jahre«, die weitgehend revolutionär-utopischen Zuschnitts gewesen seien, sei wegen des moralischen Rückschlags nach der »Totalität des Dritten Reichs« unmöglich gewesen. Tatsächlich habe es nur »eine Art provisorischer Kontinuität« gegeben, aufrechterhalten durch individuelle literarische Kontinuitäten. Auch das ist eine sicherlich zutreffende Beobachtung. Oft aber wird, was im Sinn dessen, das im Blick auf die Wirklichkeit sein sollte, »unmöglich« erscheint, dennoch praktiziert. Hatte man überhaupt die Wahl? Die Abläufe waren hochgradig gestört, Sprache und Realität erreichten einander nicht mehr. Das Bedürfnis nach Übereinstimmung aber war stark genug, um sie in der Vorstellung doch immer wieder zu fingieren. Und das wurde scheinbar bestätigt durch die Entwicklung des Verhältnisses zwischen der Literatur der älteren und jener der jüngeren Generation. Tatsächlich war der Abstand zwischen beiden unüberbrückbar. Doch während sich angesichts der verwirrten, desinformierten Jüngeren eine außerordentliche Selbstsicherheit der älteren und der alten Generation geradezu aufdrängte, zeigte sich bald bei der »jungen Generation« eine übermäßige Bereitschaft, sich mangels eigenem Ausweg, aus erfahrener Sprachlosigkeit dem Alten anzupassen. Es blendete durch Vielschichtigkeit, Beziehungsreichtum, Anschein der Autonomie. Hier ließ sich lernen, weitete sich – so erlebte man es – der Blick.

Die Widersprüche in der Prosaliteratur der ersten Nachkriegsjahre lassen sich nicht auf einen Begriff bringen. Was alles da noch einmal mit großer Geste aufgeboten und was da aus elementarer Unsicherheit hingestammelt und bald vergessen wurde, ist gerade in seiner vielfältigen Widersprüchlichkeit Symptom, einer Widersprüchlichkeit, die erst von einem sehr viel späteren Standpunkt aus als Reflex ein und derselben Sprachlosigkeit angesichts des Wirklichen erkennbar ist. Auf jeden Fall aber erwies es sich als unmöglich, in einigen raschen individuellen Anläufen die geschichtliche Katastrophe tatsächlich zu »bewältigen« oder auch nur zu verdrängen. Weder die spontane Auseinandersetzung mit dem eigenen Erlebnis noch die kunstbewußte Schicksalsdeutung erreichte den geschichtlichen Augenblick, damit die Wirklichkeit, in der eine verstörte Gesellschaft lebte. Gerade deshalb aber war es unerläßlich, die Auseinandersetzung weiterzuführen. Das Wirkliche war eine Provokation, die auf lange Zeit hin unauflösbar blieb. Und dies vor allem war es wohl, was das Interesse für Literatur und die literarische Produktivität in der Bundesrepublik über zwei Jahrzehnte hin zu immer neuen Intensivierungen anstachelte. Es waren tausend Wege zu gehen, tausend Methoden auszuprobieren, tausend Erfolge zu vergessen, um überhaupt wieder näher an die Dinge heranzukommen.

ZWISCHEN LEVIATHAN UND HELIOPOLIS

1949 erschien *Der blaue Kammerherr* von WOLF VON NIEBELSCHÜTZ (1913–1960). Noch 1961 schrieb WALTER BOEHLICH, *Beim Wiederlesen des ›Blauen Kammerherrn‹*: »Die Sehnsucht nach dem irdischen Paradies ist so alt wie die Dichtung, und sie kann immer wieder zu ihrem Gegenstande werden. Ein einziges Mal ist das in der Nachkriegsliteratur geschehen, im ›Blauen Kammerherrn‹ des deutschen Dichters Wolf v. Niebelschütz, einem Roman, der die gesamte Elendsliteratur durch seine Schönheit, Poesie und Kunstfertigkeit überragt.«[23] Diese Feststellungen entsprachen weitgehend noch der Reaktion bei Erscheinen des Romans. Endlich war da wieder, so sah man es, »ein reines Kunstwerk« entstanden, ein Kunstwerk, das in brillanter Artistik sämtliches Auf und Ab des Lebens, seinen Glanz und seine Brutalität geistvoll, zeitlos und doch ironisch prägnant, dabei nicht ohne Frivolität ins Tableau holte. Es traf auf eine allgemeine Stimmung, in der alles und jedermann darauf aus war, sich endlich aus der Fixierung auf Trauer, Elend und Hunger, auf Gewissenserforschung und Selbstrechtfertigung zu lösen und zu genießen, was sich seit der Währungsreform vom 20. Juni 1948 endlich wieder in wachsenden Quantitäten anbot. *Der blaue Kammerherr*, ein »galanter Roman in vier Bänden«, zu dem HOFMANNSTHALS nachgelassenes Fragment *Danae oder Die Vernunftheirat* den Autor angeregt hatte und den er »den Humorlosen beider Hemisphären« widmete, entsprach in seinem Ansatz einem damals allgemein verbreiteten, wenn auch literarisch nicht sonderlich produktiven Wunschdenken, und dementsprechend groß war sein Erfolg. Was die Darbietungsweise angeht, hatte sich Niebelschütz von rokokonahen Barockformen und nicht zuletzt von der Opera buffa anregen lassen. Die Hauptrolle in dem tausend Seiten füllenden Opus spielt die blutjunge, im Verlauf des Romans zur Souveränität reifende Thronerbin Danae, die durch Vernunftheirat den Bankrott eines erdachten Fürstentums auf den Ägäischen Inseln verhindern soll. Erfindungsreich sind antike Götterwelt und vielerlei Phantasiegestalten ins Bild gebracht, genußvoll ist das Auf und Ab von Intrigen, revolutionären Umtrieben und des Liebesspiels ausgesponnen, mit hochgebildetem, manchmal auch etwas sentimentalem Zynismus wird das Loblied einer besseren alten Zeit gesungen. Wie klangvoll diese Melodie sich darbot, das sei – auch des Kontrastes zu den früheren Zitaten wegen – durch eine noch eher verhaltene Passage aus dem Finale des *Blauen Kammerherrn* verdeutlicht:

Und alles dies in einem einzigen, schillernden Wirbel zu gleicher Zeit aus allen nur möglichen Feldern der Windrose, von Land, von See, bizarr und unfaßbar, und jeder der Götter, bevor ihn das dunkelnde Firmament für immer entführte, winkte der Gestalt auf dem Marmor-Cap einen kurzen chevaleresquen Dankesgruß. Bei Gott, den hatte sie weidlich verdient. Als Letzte kam Venus opalen aus der Flut, direct unter Danaes Füßen, ganz Duft, ganz Hauch, das elfenhafteste Divertimento, und lächelte vorüber, nickte, und war dahin, und war nicht mehr, war in den Wolken, in der Musik ... Atemlose Läufe der Violinen, von leisen Paukenschlägen gejagt, piano, pianissimo, ancora più piano ...
Und dann plötzlich Bläser! Oboen, Englisch Horn, jauchzende Signale: Aus der Nymphen-Grotte, gleich einer Kette von Paradies-Vögeln, strichen die Musen schwirren Fluges schräg himmelwärts, steil hinterdrein Phoebus Apoll auf dem Pegaso, ihm entgegen in höchsten Höhen brauste das Sonnen-Gespann (ohne Sonnen-Function, da vorlängst verabschiedet), vier trotzdem strahlende Schimmel-Hengste, nur der Schnee-Bauch zu sehen und die sternschnaubenden Nüstern – das Orchester schleuderte die Melodie wie Spritzer aus den Geigen, der Paukenist stürzte sich über sein Instrument, es zu dämpfen ...
Ja, es verklärte sich die Welt, die Wolken zergingen in der nahenden Nacht, es verklärte sich der Olymp, und nicht zuletzt Herr v. Goldenberg, denn in den Kellern der Staatsmünze, man meldete es ihm, lagen goldene Dublonen zu Tausenden thesaüriert, mit dem Bildnis weiland des Landesvaters in bedeutendem Relief.

Bei aller Bewunderung, die der Roman fand, blieb *Der blaue Kammerherr* von Wolf von Niebelschütz eine Ausnahme, das Werk eines Außenseiters, sein einziges großformatiges und erfolgreiches übrigens. Zwar hatte auch Martin Beheim-Schwarzbach (* 1900), 1946 aus dem Londoner Exil zurückgekehrt, mit dem 1948 erschienenen Roman *Die diebischen Freuden des Herrn von Bißwange-Haschezeck* barocke Darstellungsweisen aufgenommen. Beheim-Schwarzbach erzählte dieserart die Geschichte eines Diebes und Schelms, der aufsteigt zum allgemein geschätzten Bürger. Die Möglichkeit aber, sich mittels der ja tatsächlich im Barock besonders vielseitig ausgebildeten Formen, sich mit den unaufhebbar erscheinenden Widersprüchen des Lebens auseinanderzusetzen, blieb im übrigen vorerst ungenutzt.
Beheim-Schwarzbachs Roman war einer der relativ wenigen, erstaunlich wenigen neuen Titel noch des Jahres 1948. Wenn schon beim Überblick zu den Prosaversuchen der »jungen Generation« festgehalten wurde, daß 1947 eine überraschend große Anzahl von Texten publiziert wurde, 1948 aber das Angebot versickerte, so verweist die Tatsache, daß dieser Befund sich verallgemeinern läßt, darauf, daß hier außerliterarische, sprich: ökonomische Faktoren der Grund waren. Die schon erwähnte Währungsreform von 1948 setzte neue Maßstäbe. Diese seien zumindest indirekt angedeutet. Hans Werner Richter hat in seinem 1959 erschienenen Roman *Linus Fleck oder Der Verlust der Würde* zu beschreiben versucht, wie diese Reform nicht zuletzt die Verlagsgewohnheiten der frühen Nachkriegszeit auf den Kopf stellte. Die ambitionierten kleinen Zeitschriften und die kleinen Verlage starben mit den vielerlei idealistischen Zielsetzungen dahin, die sich nunmehr gegenüber unmißverständlich profilierten materiellen Fakten behaupten mußten und zunächst einmal kaum behaupten konnten. »Wer will denn jetzt«, läßt Richter direkt nach der Reform den quicken

Verleger einer solchen Zeitschrift sagen, »noch so etwas lesen: Politik, Kultur, Umerziehung – kein Mensch, sage ich ... Das Publikum ist wieder König ...« Und weiter:

Waschbottel schrieb einen großangelegten, satirischen und ironischen Abschiedsartikel, den er »Dattelohr und das Ende einer Hoffnung« nannte und in dem er sich über sich selber lustig machte, sich kritisierte, in Fetzen riß und wieder zusammenklebte und Dattelohr einen jener unverbesserlichen Idealisten nannte, die seit Jahrhunderten im Schmollwinkel des deutschen Schicksals leben und von Hoffnungen zehren, die sie auf andere setzen. Auch unser Dattelohr, so schrieb Waschbottel, hoffte auf die Amerikaner, die Russen, die Alliierten und sah in ihnen die rächenden, aber auch befreienden Heerscharen der Engel, schon unter Hitler und mitten im Kriege, als es bereits nichts mehr zu hoffen gab. Aber auch Dattelohr stirbt mit dem Ende dieser Zeitschrift dahin, ein unglaubwürdiger Held deutscher Illusionen, ein destruktiver Einzelgänger, ein krauser Dickschädel und spitzfindiger Quacksalber, kurz einer jener versponnenen und ewig bremsenden Intellektuellen, auf die Deutschland großzügig verzichten kann. Mögen sie einen anständigen Beruf ergreifen, Apfelsinenverkäufer oder Vorarbeiter in einem Eisenwalzwerk werden. Jetzt muß wieder gearbeitet werden. Aufbau tut not, so wie wir gestern, vorgestern und in jedem System, ganz gleich welchem, aufgebaut haben und immer wieder aufbauen werden. Unsere Kochtöpfe füllen sich wieder, unsere Industrie kurbelt sich an, der Eisschrank ist im Kommen. Dattelohr aber hat seine Pflicht getan. Drei Jahre lang hat er den Alliierten vorgespielt, daß es so etwas wie ein anderes Deutschland gibt. Jetzt ist es genug. Er kann gehen.

Soviel als Nachruf auf den *Ruf* und alle entsprechenden übrigen Bemühungen. In der Tat – das Publikum war wieder König, und nicht zuletzt auch autobiographisch fixierte Bekenntnisprosa werdender Autoren betrachteten die Verlage von nun an als nahezu unverkäuflich, Literatur ganz allgemein zunächst einmal als etwas vermutlich sehr schwer Verkäufliches. Unterhaltung galt als Trumpf, etwas brillante Artistik für die Happy few, viel banale Süßigkeiten für den Massenkonsum. Im Jahr der Währungsreform ging, wie gesagt, die Zahl der Neuerscheinungen ganz allgemein stark zurück. Allerdings zeigte sich, daß die Literatur damit keineswegs am Ende war. Schon 1949, als man sich in der neuen Situation einigermaßen sicher zu fühlen begonnen hatte, als die Zeichen sich, wenn auch noch kaum merklich, in Richtung Wirtschaftswunder einpendelten, setzte auch für die Literatur eine Expansion ein, die sich bis heute jedenfalls statistisch von Jahr zu Jahr neuen Höhepunkten zuwälzte.

1948 erschien von ERNST KREUDER der umfangreiche, von der Intention her der *Gesellschaft vom Dachboden* sich anschließende und wiederum vielbewunderte, als Kreuders Hauptwerk geltende Roman *Die Unauffindbaren.* So nennt sich eine Sekte, die in einer Traumwelt ihre Wirklichkeit findet und die Menschen einer anderen, sinnvolleren Existenz näherbringen will. Ein Makler verläßt die gewohnte, von Familie und Beruf bestimmte, entfremdete Umwelt und schließt sich den Unauffindbaren an.

Ein für die Literatur gerade der Bundesrepublik ungemein wichtiges Buch dieses Jahres war der Roman *Die größere Hoffnung* der Österreicherin ILSE AICHINGER (* 1921). Erzählt ist die Geschichte einer Gruppe von Kindern in der Hitlerzeit, eine Geschichte von Not und Verfolgung. Aus schweren Träumen, in surrealen Bildern verdeutlicht sich trotz allem eine andere, die größere Hoffnung. Ebenfalls 1948 veröffentlichte HORST LANGE seine Dialogerzählungen *Am Kimmerischen Strand,* in denen Leben, einfaches Dasein immer wieder über den Tod triumphiert.

STEFAN ANDRES, wie schon erwähnt einer der meistbeachteten Erzähler damals und in den folgenden Jahren, hatte schon 1947 seinen dem Problem deutsch-französischer Nachbarschaft gewidmeten, Versöhnung berufenden Roman *Die Hochzeit der Feinde* veröffentlicht. 1948 erschien der Roman *Ritter der Gerechtigkeit*, der im Zusammenhang der alliierten Landung in Italien dem Grund dessen nachspürt, was Recht genannt werden kann. Die für Stefan Andres bezeichnende Koppelung von naiver, resoluter Religiosität, aktueller Thematik und verschwommen realistischer Schreibweise sicherte diesem Romancier noch die seit dieser frühen Nachkriegszeit bestehende Gemeinde, als längst alle aktuellen literarischen Auseinandersetzungen an ihm vorbeiliefen. Sei vorweggenommen noch der Hinweis auf *Das Tier aus der Tiefe* (1949), mit welchem Roman Andres das umfangreiche, analogische Deutung des Zeitgeschehens beabsichtigende Projekt der Romantrilogie *Die Sintflut* eröffnete, und auch auf den autobiographischen Roman *Der Knabe im Brunnen* (1953), sein überzeugendstes Buch. WERNER BERGENGRUEN publizierte 1948 den Roman *Das Feuerzeichen*, der beispielhaft die Fragwürdigkeit von Schuldvorstellungen darstellt. Von GUSTAV HILLARD (1881–1972), Erzähler aus der Welt vor 1914, erschien *Der Brand im Dornenstrauch*. In der Erzählung *Jan Lobel aus Warschau* berichtet LUISE RINSER (* 1911), thematisch aktuell und eindringlich, von einem polnischen Juden, der bei zwei Frauen ein Versteck findet. Ihr ebenfalls 1948 erschienener Roman *Die Stärkeren* verdeutlicht am Beispiel einer deutschen Kleinstadt das Fiasko des Bürgertums in der Epoche zwischen Beginn des Ersten und Ende des Zweiten Weltkriegs.

Überblickt man die wichtigsten Prosabücher aus der Zeit um die Währungsreform, so scheint der Aufschwung der frühesten Nachkriegsjahre verbraucht, ein Aufschwung, der tatsächlich idealistisch gewesen war, hektisch und in gewissem Sinn bodenlos. Das war jedoch nur äußeres Merkmal eines primär ökonomischen Übergangs. Die sachlichen, inhaltlichen, formalen Positionen blieben bestehen, die Auseinandersetzung mit ihnen war keineswegs beendet, sie mußte wiederaufgenommen werden. Und das geschah, mit Verzögerungen, veränderten Ansatzpunkten, weiteren Unbestimmtheiten, aber es geschah. Langsam, doch unaufhaltsam verdichtete sich darüber die Szene. Die Voraussetzungen einer Entwicklung, die – im Großen gesehen – zur Konstituierung zweier deutscher Literaturen führte, damit zu einer von jener der DDR deutlich unterscheidbaren Literatur der Bundesrepublik, waren nunmehr auch materiell gegeben. Und die inzwischen ausführlich beschriebenen literarischen Voraussetzungen dieser Entwicklung erwiesen sich als nicht mehr aufhebbar, wurden vielmehr in der Folge immer vielseitiger realisiert, in immer anderer Mischung. Obwohl zeitweise die Literatur der Emigranten und zeitweise die Literatur der inneren Emigration stärker in den Vordergrund geriet – das war abhängig von den aktuellen Neuerscheinungen –, obwohl auf ähnliche Weise einmal die Rekapitulation anderssprachiger Literaturen und dann wieder die deutsche Literatur der Zwischenkriegszeit zu dominieren schien, obwohl eine Reihe von Autoren der »jungen Generation« mit der individuellen Profilierung, dem Erweis ihrer literarischen Konkurrenzfähigkeit auch ihre Ideen und Zielsetzungen behaupten konnten – nunmehr läßt das alles, lassen die Qualitäten und Wirkungen sich nicht mehr eindeutig auseinanderhalten. Gruppenbildungen, Tendenzen, Gemeinsamkeiten und Unvereinbarkeiten beziehen sich nicht mehr so eindeutig wie zuvor auf die »Konstanten der deutschen Nachkriegsliteratur«, sondern beziehen sich komplexer auf sie. Deshalb spielt auch das zeitliche Nach- und Nebeneinander nicht mehr die gleiche Rolle wie in den frühesten Nachkriegsjahren, was nicht zuletzt die Beschreibung der Literatur beeinflußt und verändert.

Dabei ist, alle Momente abwägend, die frühe Phase der Literatur in der Bundesrepublik bis in das Jahr 1952 zu datieren. Bis dahin verläuft noch der Prozeß der Konsolidierung auf der Grundlage jener Konstanten – ein oft widersprüchlicher, oft paradoxer Prozeß individuellen Lernens mit erstaunlichen Umbrüchen, auch mit überraschenden Höhepunkten. Das Jahr 1949, in dem der *Blaue Kammerherr* zynisch-paradox für die Fixierung auf deutsches Schicksal und Nachkriegselend nur noch ein

Das erste Buch von Arno Schmidt, drei Prosatexte unter dem Titel »Leviathan«, erschien 1949.

Achselzucken übrig hatte, dazu herausfordernd, unter Beifall herausfordernd, das Leben und seine Fatalitäten doch etwas souveräner, weltmännischer und mit mehr Sinn für Genuß anzusehen, führt bereits mitten in den zweiten Teil dieser Phase hinein. Zugleich kamen etliche Prosawerke an die Öffentlichkeit, die bezeichnender für den Zusammenhang und folgenreicher sein sollten.

Von heute aus und strikt unter dem Aspekt der Veränderung gesehen, war wichtigstes Buch dieses Jahres der schmale Band *Leviathan*, das erste Buch von Arno Schmidt (* 1914). Es enthält zwei Prosastücke, die in der Antike angesiedelt sind, und eines, das – auf jene bezogen – in den letzten Kriegstagen 1945 spielt. Unverkennbar demonstrieren diese Texte den Zugriff eines außerordentlichen Autors. In ihnen schon ist Arno Schmidts resoluter Rationalismus, seine Wahrnehmung, Wissen und rationale Reflexion kreuzende Kombinatorik unmittelbar in der Schreibweise, also formal konkretisiert. Schon sind hier Möglichkeiten des Prosaschreibens angezielt, die über den Status quo hinausdrängen, die eine andere, eine konsequentere Denk- und Schreibweise haben etablieren helfen, als es jene des traditionellen Erzählens ist. Allerdings war auch Schmidt ein – von manchen Autoren und Kritikern enthusiastisch begrüßter – Außenseiter, weit extremer, in ganz anderem Sinn als Niebelschütz und ohne dessen Gefälligkeit, mit einem ganz anderen, einem nicht auf Vergangenheit, sondern auf Zukunft und auf Erkenntnis sich beziehenden Anspruch. Das hatte kaum Aussicht auf Breitenwirkung. Doch es hatte Folgen, später, vor allem für das Prosaschreiben selbst und für den Literaturbegriff.

Gottfried Benn und Ernst Jünger

In diesem Jahr 1949 erschien eine ganze Reihe neuer Prosawerke, die so oder so Signale setzten und Nachwirkungen hatten. Herauszuheben sind zunächst die Bände *Der Ptolemäer* und *Ausdruckswelt* von GOTTFRIED BENN (1886–1956), die – teilweise während des Krieges entstanden – über den Lyriker hinaus auch den Prosaisten und Essayisten Benn zu einem Vorbild für eine wachsende Anzahl jüngerer Autoren werden ließen. Hier war »absolute Prosa«, war – so sahen es viele – beispielhaft das moderne Ich, das Ich jener vierziger Jahre artikuliert in seiner Diskontinuität, seinen objektiven Widersprüchen, war die Auseinandersetzung mit der Naziherrschaft von innen heraus und doch souverän geführt, war eine Ästhetik aus fundamentaler Unvereinbarkeit konstituiert, eine Ästhetik, welche die Ausdruckswelt der geschichtlichen entgegensetzte als eine paradoxe Möglichkeit der Selbstrealisierung, als letzte »metaphysische Tätigkeit«. Das 1950 erschienene *Doppelleben*, mit dem überarbeiteten *Lebensweg eines Intellektualisten* von 1934 und einem neuen zweiten Teil, wirkte als Paradigma einer gespaltenen Existenz, die gerade darin die tatsächliche Situation des Individuums erreichte, einer Existenz, welche die Umwelt besteht in der »Trance«, »daß es diese Wirklichkeit nicht gebe«, und sich in der Ausdruckswelt der eigenen Dichtung einsam und asketisch erfüllt: »Form gegen den europäischen Verfall.«
Mit dem allen rückte Benn auch in der Nachkriegszeit kein Jota von seinen Überzeugungen ab, die ihn immerhin 1933 zu einem Einverständnis mit den neuen Herren in Deutschland und zu seiner *Antwort an die literarischen Emigranten* veranlaßt hatten, der Antwort auf die ganz zweifellos völlig begründete Anfrage KLAUS MANNS von 1933. Darin hatte Benn zur Rechtfertigung seiner Haltung seine andere Geschichtsauffassung ins Feld geführt, die »nicht aufklärerisch und nicht humanistisch, sondern metaphysisch« sei, darin hatte er sein Bekenntnis zum Irrationalen – »irrational heißt schöpfungsnah und schöpfungsfähig« – abgelegt. Sehr bald hatte Benn eingesehen, daß er mit seiner Option für die Nazis falschen Erwartungen aufgesessen war, hatte sich aus der Öffentlichkeit zurückgezogen laut der Maxime: »Die Armee ist die aristokratische Form der Emigration.« Wie z. B. aus dem Briefwechsel mit seiner Tochter Nele Poul Soerensen nach dem Krieg hervorgeht, hat das allerdings seine Haltung nicht verändert, auch nicht gegenüber Klaus Mann. Das alles machte Benn jetzt zum Teil selbst publik, und es schadete seinem sich rasch ausweitenden Ruhm nicht, im Gegenteil. Es ist wohl kaum aus der Luft gegriffen, wenn man annimmt, die Eindeutigkeit von Benns persönlicher und intellektueller Integrität zusammen mit der Tatsache, daß Benn den Nazis bei ihrer Machtübernahme zunächst gläubig Kredit gegeben hatte und sich ihrer Verfolgung dann nur mit Mühe hatte entziehen können, habe

diesen auf dem Anspruch einer ganz offen elitären Ästhetik beruhenden Ruhm entschieden beflügelt. Gottfried Benns Prosa jedenfalls wurde akzeptiert als Inbegriff moderner Artikulation des Ich. Sie wurde zu einem der Maßstäbe, an denen Qualität gemessen wurde.

Auch ERNST JÜNGER (* 1895) wurde wieder zur Herausforderung. GÜNTER BLÖCKER

Ernst Jünger

resümierte im Jahr 1957: »Über keinen Autor ist seit 1945 mehr und Gegensätzlicheres gesagt und geschrieben worden als über Ernst Jünger. Die einen sehen in ihm einen militanten Nationalisten und Metaphysiker des Krieges, einen geistigen Wegbereiter Hitlers, einen anarchischen Intellekt und eiskalten Menschenverächter; die anderen feiern ihn als couragierten Widerstandskämpfer und Herold des Friedens, als Humanisten und Baumeister eines neuen Ethos, ja einer neuen Theologie. Wundermann und Scharlatan, Nihilist und einsamer Bewahrer der Werte, weltentrückter Ästhet und aktiver politischer Literat – das ist ein bescheidener Auszug aus der widersprüchlichen Liste der Tugenden und Untugenden, die man in Ernst Jünger zu erkennen glaubt.«[24] Blöcker selbst erweitert in seinem Essay die Serie der Etiketts dann unter anderem mit den folgenden: »der antinomische Mensch schlechthin«, »Alleingänger durch die Landschaften der modernen Feuerwelt«, »der einsame Wortführer einer Elite«, »Aufspürer verborgener Zusammenhänge«, »Mann mit der tellurischen Witterung«, »Luft- und Erdgeist in einem, ein stählerner Ariel«, »eine Art moderner Modell- und Schlüsselfigur«. Der Enthusiasmus jedenfalls ist unverkennbar. Er spiegelt übrigens die quasi offizielle Stimmung in der Bundesrepublik Konrad Adenauers, die Jünger ehrte wie keinen anderen Schriftsteller.

Der elitäre Nationalist war von den Nazis umworben worden, hatte jedoch die Wahl in ihre Deutsche Akademie der Dichtung abgelehnt, hatte sich distanziert, und sein

1939 erschienenes Buch *Auf den Marmorklippen* war von den Gegnern Hitlers aufgenommen worden als eine riskante Absage, als Dokument endgültigen Rückzugs in die innere Emigration. 1949 nun erschienen, *Gärten und Straßen* von 1942 fortsetzend, die Kriegstagebücher *Strahlungen* und der utopische Roman *Heliopolis*, der plakativ, eigenartig starr die Auseinandersetzungen zwischen einer herrschenden Kaste und den organisierten Massen in einer perfekt geplanten imaginären Stadt vorführte. Jünger hatte kontinuierlich über das Kriegsende hinweg geschrieben, nur 1946 war kein neuer Titel von ihm herausgebracht worden. Mit den umfangreichen neuen Büchern, aber auch mit der Schrift *Der Friede*, die schon in den letzten Kriegsjahren im Manuskript kursiert hatte, geriet er nunmehr wieder mitten in die öffentliche Auseinandersetzung hinein: als einer, der das Abenteuer des seismographischen Registrierens und des Denkens riskiert hatte und riskierte in einer von Gewalt bestimmten Welt.

In den *Strahlungen* zitiert Jünger unter dem 28. Juli 1948 im Blick auf sich selbst einen Satz von ANTOINE DE SAINT-EXUPÉRY: »Ich leide an einer mir fremden Zeit. Aber ich spreche mir nicht das Recht zu, von diesem Leiden ausgenommen zu sein.« Jüngers Kommentar lautet: »Das ist das Leiden der höheren Geister in dieser Zeit.« Die Selbstverständlichkeit, mit der nicht nur hier und nicht nur nebenbei der Anspruch vorgetragen ist, eine Elite zu repräsentieren, die Elite des Geistes, ein Anspruch, der auch Gottfried Benn selbstverständlich war, ergab zusammen mit einer spezifischen Anfälligkeit für Blindheiten der »fremden Zeit«, für ihre extremsten Verführungen, und wiederum unbezweifelbarer persönlicher Integrität und respektabler Contenance eine Mischung, die damals und noch auf Jahre hin vorbildhaft, schlechthin groß erschien. Ernst Jünger hat sein umfangreiches Werk bis in die Gegenwart fortgeschrieben. Allerdings ist es nach und nach aus der Gegenwart sozusagen herausgefallen. Und das ist kaum zu beklagen.

Auch in ERHART KÄSTNERS im gleichen Jahr 1949 erschienenem *Zeltbuch von Tumilad*, einem vielbewunderten Bericht aus den Zeltlagern von Kriegsgefangenen in der Wüste Afrikas, obsiegt der Geist über die ihm sogar eher förderliche Unbill, über Einsamkeit und Verlassenheit. Es verdeutlicht sich in dieser Position, der Position des Geistes, der auch die Fremde, selbst das Nichts besteht, des weiteren die Haltung der inneren Emigration, die inzwischen bestätigt erschien nicht zuletzt durch eine gewisse Ablösung aus den nunmehr erledigten Sprachregelungen der Hitlerzeit, durch den Aufschwung, den der Wille zu erneuter Selbstbehauptung vermittelte. Es ging in dieser Literatur, die weiterhin die traditionellen Formen variierte und modifizierte, was sie vielen schon als neu erscheinen ließ, die damit weiterhin auch die alten Inhalte in ständig wechselnden Kombinationen einbrachte, immer wieder um Haltungen, Ansprüche, Selbstbestätigungen solchen »Geistes«. Was immer Geist da bedeutete. Jedenfalls ließ sich vorzüglich auf ihn ausweichen. Die erstaunlichsten blinden Flecken lassen sich aus allen Texten der solchermaßen Elitären in großer Zahl herauspräparieren, nicht zuletzt bei Ernst Jünger, blinde Flecken von der fatalsten, beunruhigendsten Art. Aber nach der Realität des sich hier präsentierenden Geistes zu fragen, das fiel bestenfalls Außenseitern ein.

GERD GAISER (* 1908) und RUDOLF KRÄMER-BADONI (* 1913), die beide während der Nazizeit schon einzelne Arbeiten publiziert hatten, brachten ihre ersten Bücher seit Kriegsende heraus. Gaiser den Erzählungsband *Zwischenland*, der von den Leiden der Menschen in der Nachkriegszeit berichtet und eher ein Auftakt für die späteren

Romane ist. Krämer-Badonis Entwicklungsroman *In der großen Drift* allerdings ist der wohl wichtigste und war der erfolgreichste Roman dieses Autors (es folgten *Der arme Reinhold*, 1951, *Die Insel hinter dem Vorhang*, 1955, und *Bewegliche Ziele*, 1962). Erzählt ist die Geschichte eines Arbeitersohnes aus Pommern, der Abitur macht, studiert, ein guter Offizier der Wehrmacht des Dritten Reiches wird, dann Schutt schaufelt – »er schaufelt sich diese Nazisünden vom Herzen« –, dann beginnt sich wieder zurechtzufinden, sogar zu schreiben. Sätze wie die folgenden spiegelten zweifellos die Stimmung einer Mehrheit, des »Durchschnitts«, und machen zugleich den Erfolg des Romans verständlich:

Ich fand, ich war in die Partei eingetreten, um mir das Leben zu erleichtern, also gehörte ich nun dazu. Und ich fand, Verbrechen hatte ich keine begangen, aber ich hatte ihnen zugesehen, jahrelang zugesehen. Und ich fand, ich sei kein absolut anständiger und kein absolut unanständiger Mensch gewesen, nur eben das, was man so Mensch nennt, wenn du darunter kein großes Wort verstehst. Und ich hatte das alles nun mit auszulöffeln und nicht die beleidigte Unschuld zu spielen. Und ich fand, ich sah Millionen meiner Landsleute zum Auswechseln ähnlich.

Man könnte diesen Roman Krämer-Badonis in eine Beziehung vielleicht zu dem Erzählen von Hans Fallada (1893–1947) bringen, von dem, teils postum, auch nach dem Krieg noch einige Romane erschienen, vor allem *Der Alpdruck* (1947), ein autobiographisch akzentuierter Roman aus dem Bewußtsein der Mitschuld an der überstandenen Katastrophe, und *Jeder stirbt für sich allein* (1949), die Geschichte von Widerstand und Ende eines Berliner Handwerkers im Weltkrieg.
1949 war auch das Erscheinungsjahr der zweibändigen Fortsetzung der Romantrilogie *Fluß ohne Ufer* von Hans Henny Jahnn (1894–1959): *Die Niederschrift des Gustav Anias Horn*. Thema ist die Brüderschaft zweier Männer, des experimentellen Komponisten Gustav Anias Horn und eines Leichtmatrosen. Sie werden schicksalhaft auf eine unabsehbare Reise getrieben. Wie der 1956 erschienene Roman *Die Nacht aus Blei* zeigt auch diese Niederschrift Jahnn noch immer als Repräsentanten expressionistischer Prosa, als der er sich mit dem 1929 erschienenen großen Roman *Perrudja* ausgewiesen hatte. Seine Thematik von Leben und Scheitern, von Schuld und Schicksal, die Massivität und Strenge seiner Prosa blieben Jahnns Entwürfen der zwanziger Jahre unmittelbar verpflichtet.
Auch zwei der in die Literatur abgedrängten Autoren des *Ruf*, der »Gruppe 47«, ließen 1949 Romane erscheinen. Walter Kolbenhoffs zweiter Nachkriegsroman hat den Titel *Heimkehr in die Fremde* und resümiert vom Blickpunkt eines Heimkehrers aus das Elend der Nachkriegsjahre. Hans Werner Richters erster Roman *Die Geschlagenen* ist zugleich die erste von einem Soldaten verfaßte kritische Auseinandersetzung mit dem Krieg selbst.
Die Zentralfigur Richters ist ein Obergefreiter namens Gühler. Etwa in der Mitte des Buches gerät Gühler, und zwar nach der Schlacht von Monte Cassino, in amerikanische Gefangenschaft. Es ist sehr aufschlußreich, einige der Fragen und Antworten des Verhörs zu zitieren, dem alle Gefangenen und auch Gühler unterzogen werden.

»Sie waren Nationalsozialist?« fragte der Dolmetscher. Er sah dabei gleichgültig zur Decke auf, so, als ob ihn die Frage gar nicht interessiere.
»Nein«, antwortete Gühler.
....

»Glauben Sie immer noch, daß Deutschland den Krieg gewinnt?«
»Viele glauben es.«
»Glauben Sie das auch?«
»Nein«, sagte Gühler, »ich glaube es nicht.«

....

»Warum glauben Sie, daß Deutschland den Krieg verliert?«
»Hitler verliert den Krieg. Es ist Hitlers, nicht Deutschlands Krieg.«

....

»Warum sind Sie denn nicht emigriert?«
»Das wäre feige gewesen.«

....

»Und warum sind Sie Soldat geworden?«
»Weil ich Soldat werden mußte.«
»Sie haben sich nicht widersetzt?«
Gühler schwieg einen Augenblick. Er sah den Dolmetscher an, der mit dem Rücken zu ihm stand und aus dem Fenster sah. Dann sagte er langsam:
»Ein Toter kann sich nicht widersetzen.«

....

»Glauben Sie an einen Aufstand gegen Hitler?«
»Nein.«
»Warum nicht?«
»Sie haben nur die Wahl zwischen einem verlorenen Krieg und Hitler. Beides erscheint vielen gleich verhängnisvoll. So wünschen viele weder das eine noch das andere. Einige wollen den Aufstand. Aber der Terror ist stärker.«

....

»Können Sie mir sagen, wo Ihre Stellungen waren?«
»Nein«, sagte Gühler.
»Warum nicht?«
»Ich bin kein Artillerieoffizier.«
»Sie sind doch ein Gegner der Nazis?«
»Da oben liegen keine Nazis, sondern Kameraden von mir.«
»Sie helfen den Krieg abkürzen.«
»Nein«, sagte Gühler langsam und stand dabei auf, »der Krieg hat seine eigenen Gesetze. Jede Stellung, die ich Ihnen sage, bedeutet dreißig bis vierzig Volltreffer für die Kameraden, die jetzt noch eine Chance haben, mit dem Leben davonzukommen.«

....

»Ich verstehe Sie nicht«, begann der Dolmetscher wieder, »wenn Sie gegen Hitler sind, müßten Sie auf unserer Seite gegen Deutschland kämpfen.«
Gühler nahm eine Zigarette.
Wieder beugte sich der Dolmetscher über den Tisch und gab ihm Feuer. Gühler sah ihm dabei voll ins Gesicht. Dann sagte er langsam:
»Ich bin Sozialist und ein Deutscher. Es gibt für mich nur eine Möglichkeit. In meinem Land meine Idee durchzusetzen. Aber nicht gegen mein Land. Nicht für fremde Interessen.«

Dieses sehr breite Zitat als ein Hinweis auf die sehr große Zahl von Erzählungen aus dem Zweiten Weltkrieg, die in den folgenden zehn bis zwölf Jahren erscheinen sollten, häufig allerdings mit ganz anderer Tendenz. Richters Roman und in ihm das Verhör, aus dem zitiert wurde, sind deshalb so wichtig, weil sie die Position der Hitlergegner in Deutschland umkreisen, die dennoch weitergearbeitet, sich eingeordnet und deshalb mitgemacht hatten. Die Hauptfigur ist ein deutscher Soldat, der Hitler haßte und dennoch für ihn kämpfte. Der Roman zielt ab auf diesen zentralen Widerspruch.

Und er zielt ab zugleich auf eine Haltung, die trotz dieses Widerspruchs auf den Idealen von Humanität und sozialer Gerechtigkeit besteht, die diese jedoch nicht abstrakt und allgemein verficht, sondern sie in der eigenen Umwelt verwirklichen will. Gühlers Kampf geht zunächst in der Gefangenschaft weiter, wo die Nazis noch immer Terror ausüben können. Als ein eigenes Lager für Antifaschisten eingerichtet werden

Der Roman »Die Geschlagenen« von Hans Werner Richter erschien 1949. Richter war im November 1943 in amerikanische Kriegsgefangenschaft geraten; das Foto (Richter: 2. v. r) entstand im Kriegsgefangenenlager Camp Ellis/Illinois, wo Richter die Gefangenenzeitung »Lagerstimme« redigierte. Im April 1946 kehrte Richter nach Deutschland zurück.

soll, stellt Gühler fest: »Das ist falsch. Wer sich von der Masse trennt, überläßt den Nazis den Einfluß auf sie.« Seine Quintessenz ist: »Wir müssen uns ihnen anpassen und sie langsam zersetzen.« Schon diese wenigen Andeutungen sollten spüren lassen, wie dringlich Richters Roman *Die Geschlagenen* auf zentrale Probleme der damals jüngsten Vergangenheit verweist, mit denen die damalige Gegenwart noch ganz unmittelbar konfrontiert war.
Die literarische Form des Romans ist ein verknappter, den Dialog bevorzugender Realismus, eine Art Verismus, und auch darin sind *Die Geschlagenen* exemplarisch. Der Roman steht in deutlichem Zusammenhang mit den ja auch erst in seinem Erscheinungsjahr 1949 auf die Begriffe »Kahlschlag« und »Auszug aus dem Elfenbeinturm« gebrachten Versuchen vor allem Schnurres und Borcherts, von der Alltagssprache her wieder Zugang zur Wirklichkeit zu finden. Dabei sind aber die sprachlichen Voraussetzungen nicht reflektiert. Richter setzt die Mittel mit einem ganz und gar inhaltlichen Interesse spontan ein. Es geht ihm um die Schilderung von Situationen und die Darstellung exemplarischer Figuren, es geht ihm darum, Ideen, Erfahrungen,

Überzeugungen, Forderungen mit den Mitteln der Literatur möglichst direkt und wirkungsvoll umzusetzen.
Dabei nun ist schon jetzt festzuhalten, daß die von hier aus entstandenen Romane, die in Einzelfällen außerordentliches Gewicht hatten und von denen manche auch nach Jahrzehnten noch – nicht nur als Dokumente – fesseln, daß die von hier aus entstandenen Romane sich insgesamt als überraschend kurzlebig, zukunftslos erwiesen haben. Der in ihnen praktizierte Realismus zeigte eine schwer deutbare Tendenz zu verkommen. Auch Hans Werner Richters spätere Arbeit ist davon nicht frei, denn nach *Sie fielen aus Gottes Hand* (1951) und dem autobiographischen Roman *Spuren im Sand* (1953) zeigt zumindest der schon erwähnte Roman *Linus Fleck oder Der Verlust der Würde* die Anfälligkeit dieses Realismus für Veräußerlichung und Banalität. Dieser Realismus war abhängig von der Intensität der Erlebnisse, die in ihm objektiviert wurden, von der Entschiedenheit der Ideen, dem Gewicht des Vorwissens, der moralischen Dringlichkeit der Mitteilung – aus sich heraus trug er nicht mehr. Einzelne Autoren wanderten ab zur Herstellung von Illustriertenromanen, gängiger Konsumware, die von der Wirklichkeit wegführte. Auch die Belebung von der amerikanischen Short story her, die während der fünfziger Jahre eine kaum überschaubare Masse von Texten hervorbrachte, hielt nicht vor. Vielleicht hat allein HEINRICH BÖLL mit Erfolg gegen diese Verfallstendenz, die noch wiederholt zu charakterisieren sein wird, angekämpft, Böll, der im gleichen Jahr 1949 seinen ersten Erzählungsband herausbrachte: *Der Zug war pünktlich.*

ZU BEGINN DER FÜNFZIGER JAHRE

In seiner kommentierenden Einführung zu einer *Auswahl der Lesungen auf den Tagungen der Gruppe*, die in dem 1962 erschienenen *Almanach der Gruppe 47* zu finden ist, hat FRITZ J. RADDATZ lapidar festgestellt: »Mit der ersten Verleihung des Preises der Gruppe 47 an Günter Eich 1950 ist die Bindung ans Thema endgültig vorbei.«[25] Das heißt: die Bindung ans moralisch-politische Thema. EICH (1907–1972) erhielt den Preis für sein »reines« Gedicht *Fränkisch-tibetanischer Kirschgarten.* Man hatte – so Raddatz – eingesehen, daß es unerläßlich war, »die allzu neuplatonische Perspektive des Sehschlitzes aus dem Betonbunker mit der Position des Europäers« oder ähnlich weiten Blick gestattenden Positionen zu tauschen. Raddatz hörte, was Prosa angeht, den »ersten neuen Ton« bei HANS GEORG BRENNER (1903–1961), dessen stilistisch an JEAN PAUL SARTRE und GRAHAM GREENE orientierter Roman *Das ehrsame Sodom* 1950 erschien: eine Attacke auf die Verlogenheit des ehrbaren Bürgers, in der eine Liebesgeschichte gekoppelt ist mit einem Mordplan und beabsichtigtem Versicherungsbetrug.
Raddatz' Feststellung bezieht sich nicht auf die politische Haltung der Gruppenmitglieder, sondern auf die Texte, die als exemplarisch für die Lesungen in der »Gruppe 47« in den *Almanach* aufgenommen wurden. Sie besagt ferner nicht, Moral und Politik, die Auseinandersetzung mit Nazismus, Weltkrieg und politisch-gesellschaftlicher Umwelt seien von jenem Zeitpunkt an eliminiert worden. Sie besagt nur, der Versuch solcher Auseinandersetzung sei nicht mehr Voraussetzung dafür gewesen, daß ein literarischer Text in der Gruppe akzeptiert wurde. Und er sei kaum noch riskiert

worden. Auch das aber besagt schon genug. Waren die Gruppengründer nach dem Verbot des *Ruf* in die Literatur zunächst nur ausgewichen, um in ihr und durch sie politisch wirken zu können, so war inzwischen die Literatur selbst zum gemeinsamen Nenner geworden. Noch einmal Raddatz: »... wir erleben bei der Lektüre dieser Textsammlung etwas Unerwartetes, fast Nimbus-Zerstörendes: die ›öffentlichen Dinge‹ erscheinen nicht in dieser Schrift. Das hier Dargebotene weist die Gruppe 47 durchaus nicht als politisches Instrument aus, als Fortsetzung des ›Ruf‹ etwa, wie Hans Werner Richter es beabsichtigte: nicht einmal die Notierungen eines empfindlichen Seismographen können festgestellt werden. In dem ganzen Band kommen die Worte Hitler, KZ, Atombombe, SS, Nazi, Sibirien nicht vor – kommen die Themen nicht vor.«

Das Datum der Umorientierung, die zu diesem Ergebnis geführt hat, war also 1950. Die Beobachtung bestätigt noch einmal, was schon früher angemerkt wurde: Die Positionen näherten sich einander zu dieser Zeit bis zu einem sehr hohen Grade an, die Gegensätze, ob zwischen Emigranten und innerer Emigration, ob zwischen alter und junger Generation, entschärften sich. 1950 hatten die moralischen und politischen Auseinandersetzungen der Nachkriegsjahre ihre Brisanz verloren. Auch die Prosaautoren waren mit etwas beschäftigt, das seine Zeit brauchte: sich unter den neuen ökonomischen Bedingungen einzurichten und zu lernen, den Gesichtskreis zu erweitern. Die »Position des Europäers« war nicht von einem Tag auf den anderen glaubwürdig darzustellen. Alles nach 1945 Begonnene mußte in andere Dimensionen erweitert werden, mußte überprüft, im Rückblick auf die Literatur der zwanziger Jahre, im Ausblick auf die Literaturen anderer Sprachen konkretisiert werden. Das war keineswegs von heute auf morgen zu leisten. Und dieser Zustand machte unsicher.

Bleibt zunächst anzumerken, daß inzwischen auch bisher nicht erwähnte Autoren der inneren Emigration und sogar Autoren, bei denen der Vorwurf unverhohlener Nazi-Mitläuferschaft nicht zu vermeiden war, das Ihre wieder an den Markt gebracht hatten und brachten. Von Agnes Miegel (1879–1964), die schon ab 1949 Erzählungen und Erinnerungen veröffentlichte, bis zu Erwin Guido Kolbenheyer (1878–1962), dem einstigen »Gestalter deutscher Volkwerdung«, publizierten nach und nach die meisten wieder. Es erschienen, abgesehen von schon erwähnten Autoren, Romane und Erzählungen unter anderem von Friedrich Griese (* 1890), Gertrud Bäumer (1873–1954), Arnold Krieger (1904–1965), Ernst Penzoldt (1892–1955), Walter von Molo (1880–1958), Wilhelm Schäfer (1868–1952), Ruth Schaumann (* 1899), Josef Martin Bauer (1901–1970), August Scholtis (1901–1969), Emil Strauss (1866–1960), Otto von Taube (1879–1973), Henry Benrath (1882–1949).

Außerhalb ihrer Gemeinden und der Schulbücher, die noch auf lange die fragwürdigsten Vorstellungen von Wirklichkeit und heiler Welt, von Blut und Boden und Pflicht, von Adel, Heimat und Ursprünglichkeit perpetuierten, verminderte sich allerdings nunmehr der Einfluß der inneren Emigration von Jahr zu Jahr, obwohl die hier dominierenden Literaturvorstellungen wiederholt mit Heftigkeit verteidigt wurden. Manche ihrer Autoren bemühten sich, von ihrem Ausgangspunkt her die neueren literarischen Entwicklungen aufzunehmen – auch hier hatte man die »Position des Europäers« durchaus im Blick.

Wenn Karl August Horst 1957 feststellte, das Schlagwort von der »inneren Emigration« habe nur Verwirrung gestiftet, so traf das unter dem Aspekt der bis dahin etablierten literarischen Ansprüche bedingt zu. Die Rolle aber, die das mit ihm Ge-

meinte tatsächlich gespielt hat, läßt sich auch daran ablesen, daß nicht nur Frank Thiess in der Auseinandersetzung mit Thomas Mann den Fakt innere Emigration zu rechtfertigen versucht hat, sondern daß sogar ein Roman geschrieben wurde, der sich mit seinem Hintergrund befaßte: *Die Galeere* von Bruno E. Werner (1896–1964). Werner, der nach dem Krieg unter anderem Feuilletonchef der *Neuen Zeitung* war, schildert einen Kreis von Journalisten, Künstlern, bürgerlichen Politikern im Berlin der Nazizeit, die sich – »unfähig zum Bösen und nicht stark genug zum Guten« – auf der »Galeere« des Dritten Reiches eingerichtet haben. Mit gutem Grund wurde der Roman verstanden als eine Rechtfertigung der inneren Emigration.
Anders als eine ganze Reihe innerer Emigranten hatte ein so respektabler Erzähler wie der Elsässer Otto Flake (1882–1963) einen nennenswerten Einfluß auch unmittelbar nach dem Krieg gar nicht erst wieder gewonnen. Flakes umfangreicher Bildungsroman *Fortunat*, während des Zweiten Weltkriegs entstanden, war 1946 erschienen. Im 19. Jahrhundert angesiedelt, berief er »Vernünftigkeit«, stellte er dar, wie ein Einzelner Selbstsicherheit gewinnen und einen angemessenen Platz in dieser Welt finden konnte – nicht mehr, aber auch nicht weniger. Auch mit den bis 1950 erschienenen Romanen *Old Man* und *Die Sanduhr* plädierte Flake für »Klarheit, Gelassenheit, Sinnlichkeit und Energie«. Später folgten, ohne daß sich Flakes Erzählen noch grundsätzlich gewandelt hätte, *Schloß Ortenau* (1955), *Der Pianist* (1960) und *Spiel und Nachspiel* (1962), daneben zahlreiche Erzählungen und verschiedene andere Prosa. Flake war ein konservativer Erzähler. Für ihn war Erzählen ausschließlich Darstellung von Vergangenheit, und er hatte Vorstellungen von Weltlichkeit, Distanz und Persönlichkeit, die retrospektiv blieben. Darin zeigten sich jedoch, im Gegensatz zu manch hochgestochenen metaphysischen Ansprüchen, Qualitäten, mit denen sich immer noch einiges anfangen ließ, auf die zu reflektieren nützlich blieb. Doch gerade wie Flake sachlich, diesseitig und begrenzend sinnlich kulturgeschichtliche und gesellschaftliche Zustände darstellte, blieb in einer Zeit, die für die Ausflüchte ins Mythische, in die höheren Bedeutungen so anfällig war, ein Hindernis.
Albrecht Goes (* 1908), während des Zweiten Weltkriegs evangelischer Wehrmachtspfarrer an der Ostfront, zuvor hauptsächlich als Lyriker und Essayist bekannt, veröffentlichte 1950 die Erzählung *Unruhige Nacht*. Das Grauen des Krieges wird im verhaltenen Bericht über den Beistand spürbar, den ein Feldgeistlicher 1942 an der Ostfront einem zum Tode verurteilten Fahnenflüchtigen in seiner letzten Nacht leistet. Ähnlich große Beachtung fand Goes' Erzählung *Das Brandopfer*, auch sie Darstellung eines Schicksals im Krieg. Marianne Langewiesche (* 1908) schilderte in ihren nach dem Krieg erschienenen Erzählungen und Romanen – *Castell Bô* (1947), *Die Bürger von Calais* (1949), *Der Ölzweig* (1952), *Der Garten des Vergessens* (1953) – Grenzsituationen des Untergangs und Möglichkeiten der Errettung.
Zu nennen ist hier auch Edzard Schaper (* 1908), der in einer langen, bis heute fortgesetzten Reihe von in betont konservativem Tonfall verfaßten, teils historischen Romanen durchweg aus dem russisch-skandinavischen Grenzbereich erzählt, durchweg mit religiöser Thematik. Schaper gehört zu den zahlreichen Konvertiten zum Katholizismus aus der Zeit der zwanziger bis fünfziger Jahre – wie Bergengruen und Gertrud von Le Fort. Als Beispiel aus seinem Œuvre sei genannt der Roman *Der letzte Advent* (1949), der den 1935 erschienenen Roman *Die sterbende Kirche* fortführt. Es geht um das Weiterleben der Kirche im sowjetischen Rußland. Schicksal und Wunder, Martyrium und feindliche Gewalt, Buße und Tod, Flucht, Rettung und

Otto Flake

Albrecht Goes

Edzard Schaper

Untergang im Umkreis von Kirche und nordischer Landschaft sind die unablässig wiederkehrenden Themen dieses Autors. Besondere Resonanz fand auch *Der Gouverneur* (1954). – Werner Helwig (* 1905), berühmt durch den Roman *Raubfischer in Hellas* (1939), verharrte mit dem Prosastück *Auf der Knabenfährte* (1951), mit dem Roman *Der Widergänger* (1952) und etlichen weiteren Prosaarbeiten im Umkreis seiner Thematik des freien, abenteuerlichen Lebens, das ihn in seinen Erzählungen immer wieder an die Peripherie Europas führt.

Groß blieb fürs erste das Ansehen jener Autoren der inneren Emigration, denen niemand die literarische Bedeutung abzusprechen wagte und deren Namen längst genannt wurden. Sie publizierten kontinuierlich weiter. So Hermann Kasack. 1949 erschien seine utopische Erzählung *Der Webstuhl*, Aufriß eines totalen Staates, der sich katastrophal entwickelt und untergeht. Ein Projekt von ähnlichem Ehrgeiz wie *Die Stadt hinter dem Strom* war der Roman *Das große Netz* (1953), eine Satire auf den bürokratischen Staat, der den einzelnen gänzlich unterjocht. Dieses Buch provozierte allerdings heftige und nicht unbegründete Kritik. Werner Bergengruen schrieb außer stets vielbeachteten Novellen – er galt als der unbestrittene Meister dieser Form – und Erzählungen noch die Romane *Die Rittmeisterin* (1954) und *Der dritte Kranz* (1962), die Bergengruens hergebrachten, von Reichsidee und Kirche bestimmten Vorstellungsbereich nicht mehr verließen. Ähnlich Gertrud von Le Fort, die bis Ende der sechziger Jahre immer wieder Erzählungen aus ihrem feststehenden Themenkreis veröffentlichte. Von Elisabeth Langgässer erschienen Kurzgeschichten und Erzählungen mit aktuellen Themen in den Bänden *Der Torso* (1947) und *Das Labyrinth* (1949) und – schon aus dem Nachlaß – der Roman *Märkische Argonautenfahrt* (1950), in dem die Lebensläufe von sieben völlig verschiedenen Menschen sich zu einem bestimmten Zeitpunkt, Sommer 1945, bündeln; während einer Wallfahrt finden alle Erkenntnis und sich selbst. Zu erwähnen ist hier auch der Roman *Ruhm des Daseins* von dem Lyriker Wilhelm Lehmann (1882–1968), der schon 1930 entstanden war, aber erst 1953 erstmals veröffentlicht wurde: autobiographisch akzentuiert, eine lyrisch gestimmte, doch verhaltene Erzählung aus Kleinstadt und Schulwelt, in deren Mittelpunkt ein ehrgeizloser, dem Leben selbst unmittelbar verbundener Lehrer steht.

In außerordentlichem Ansehen stand in diesen Jahren nicht zuletzt auch Reinhold Schneider, dem im Zweiten Weltkrieg weitere Veröffentlichungen untersagt worden waren und der als »Helfer Ungezählter inmitten der Barbarei«, von den Nazis schließlich angeklagt wegen Hochverrats, schon unmittelbar nach Kriegsende mit vielfachen Auszeichnungen überschüttet wurde. Ein bewußt christlich-katholischer Autor, war Schneider von der Geschichte, die er ansah »im Angesicht des Endes«, zur Literatur gekommen. Sein Hauptwerk lag etliche Jahre zurück: die dichterisch freie Schilderung *Las Casas vor Karl V.* war 1938 erschienen und in ihrer Verteidigung der Ohnmächtigen vor der personifizierten Macht als Werk von unmittelbarer Aktualität verstanden worden. Gegenpol der Macht blieb für Reinhold Schneider die Gnade, von der einzig Rettung zu erhoffen sei. Dem Reich dieser Welt stellte er gegenüber das Reich Gottes. Wobei ihm freilich die Gegebenheit der weltlichen Macht gerade in ihrer traditionellsten Form, wobei ihm das potentielle Gottesgnadentum nie zweifelhaft war. Schneider bewunderte die Hohenzollern, plädierte für die Monarchie. Nach 1945 entstanden zahlreiche Novellen und Erzählungen, in denen geschichtliche Figuren und Themen im Mittelpunkt stehen, dazu auch Heiligennovellen. Beträchtliche Wirkung hatten zugleich seine Essays. In der Autobiographie *Verhüllter Tag* (1954) gibt Schneider ein Bild seiner inneren Entwicklung, »eingewoben in die Geschichte«.

Ist noch einmal anzumerken, daß eine Anzahl der Romane und Erzählungen auch jener älteren Autoren, von denen hier nur der Name genannt wurde, in den Jahren bis 1950 und nachher Gewicht und sogar Funktion hatten. Allerdings blieben sie – wie etwa die 1948 unter dem Titel *Die Wasseruhr* gesammelten Erzählungen Otto von Taubes – in Haltung und Aufmerksamkeitsrichtung noch stärker rückwärtsgewandt als die Mehrzahl der ausführlicher erwähnten Arbeiten. Überall wurden nach Kräften Aspekte eines anderen, besseren Deutschland eingebracht. Zur Vorbereitung der Zukunft trug hier nichts mehr bei.

Was daneben die Literatur der Emigranten betrifft, so waren sie keineswegs alle mit ihren nach Kriegsende abgeschlossenen und den früher in der Emigration entstandenen Arbeiten so glücklich, so erfolgreich wie zum Beispiel Thomas Mann. Hier bleibt ebenfalls einiges zu rekapitulieren – und auch vorwegzunehmen. Bleibt im übrigen festzustellen, daß sehr viele Prosaarbeiten erst nach und nach auch in der Bundesrepublik zugänglich gemacht wurden.

Franz Werfel (1890–1945) war kurz nach Kriegsende in der amerikanischen Emigration gestorben. 1946 erschien als sein letzter Roman *Stern der Ungeborenen* – die Imagination eines hunderttausend Jahre in die Zukunft projizierten astromentalen Zeitalters, eines Weltstaats ohne Arbeit und Krieg, der sogar die Schrecken des Todes weitgehend überwunden hat, aber dennoch untergeht. Dieser phantasievolle, fesselnde, satirisch gewürzte Entwurf hat in der Nachkriegszeit allerdings eine geringere Rolle gespielt als *Das Lied von Bernadette* (1941), ein Roman der Heiligen und der Heilungen von Lourdes, den zu schreiben Werfel für den Fall seiner Rettung aus dem okkupierten Frankreich gelobt hatte.

Leonhard Frank (1882–1961), »rebellischer Gefühlssozialist« nach eigenem Urteil, der ebenfalls nur unter abenteuerlichen Umständen durch das besetzte Frankreich

Hitler hatte entkommen können und das Kriegsende in den USA erlebte, kehrte 1950 nach Deutschland zurück, wohnte in München, doch seine Gesammelten Werke erschienen in der DDR. In der Bundesrepublik hat er trotz etlicher Veröffentlichungen nicht die Aufmerksamkeit gefunden, die er hätte beanspruchen können. Der zwischen den Kriegen weltberühmte Autor der *Räuberbande*, des Novellenzyklus *Der Mensch ist gut*, der Erzählung *Karl und Anna* erzählte in dem Roman *Mathilde* (1947) die Geschichte seiner Flucht, nahm in *Die Jünger Jesu* (1950) noch einmal das Thema der *Räuberbande* auf, gab in der außerordentlichen *Deutschen Novelle* (1951; kurz vor Kriegsende entstanden) seine Deutung des deutschen Unglücks. Ein ganz einfach erzähltes Jugenderlebnis Franks gewinnt darin unter der Hand eine vielbezügliche, für »das Deutsche« bezeichnende Transparenz. Eine liebenswürdige junge Adlige wird ihrem Diener hörig, weil sie sich sexuellen und sadistischen Zwangsvorstellungen nicht entziehen kann, und bringt schließlich den Verführer und sich selbst um. Der junge Michael Vierkant, Franks Identifikationsfigur seit der *Räuberbande*, kommt als Anstreicher in das Haus der Baronesse und erlebt die Geschichte. Außerordentlich die Beschreibung des Handwerkermilieus der Zeit nach der Jahrhundertwende. Ein bewegendes Blatt zur Geschichte des deutschen Unglücks, gerade in der Einfachheit der Erzählung.

Links, wo das Herz ist (1952) bleibt eine beispielhafte Autobiographie. In der Erzählung *Michaels Rückkehr* (1957) ist das Thema der Rache an Mördern, das schon in *Die Jünger Jesu* eine Rolle spielt, noch einmal aufgenommen. Wird aber in jenem früheren Roman das jüdische Mädchen Ruth, das den Mörder ihrer Eltern umbringt, vom Gericht freigesprochen, so muß hier ein zur Menschlichkeit bekehrter Gefängnisdirektor Michael zur Flucht verhelfen, denn das Gericht wird sein Recht nicht anerkennen, wird formales Recht, Nazi-Recht sprechen. Unzweifelhaft ist die Prosa Leonhard Franks, der ein Realist aus Erleben und ein Moralist aus Mitgefühl mit den leidenden Menschen war, durchzogen von einem emphatischen Illusionismus, und seine nach 1945 entstandenen Romane und Erzählungen haben nur noch bedingt die Unmittelbarkeit der besten früheren Arbeiten. Dennoch ist die geringe Beachtung, die Frank in der Bundesrepublik fand, wohl nur politisch-ideologisch zu verstehen. Es ist durchaus möglich, daß das – wie bei dem gewiß bedeutenderen HEINRICH MANN, dem es ähnlich erging – noch aufgewogen wird durch eine späte Wiederentdeckung, die allerdings nur wahrscheinlich ist im Verlauf einer Revision der gewohnten Urteile über den Rang der deutschen Prosa in der frühen Nachkriegszeit, und das heißt nicht zuletzt: einer Relativierung der damaligen Idolisierungen.

HEINRICH MANN, geboren 1871, ist am 12. März 1950 in Santa Monica (Kalifornien) gestorben, kurz vor der geplanten Rückkehr, die ihn nach Ost-Berlin führen sollte. Anders als das seines Bruders Thomas Mann hat sein Œuvre innerhalb der Literatur der Bundesrepublik in den früheren Nachkriegsjahren kaum eine Rolle gespielt. Zwar wurde *Der Untertan* wiedergelesen – Heinrich Mann stellte gelegentlich mit einer gewissen Erbitterung fest, die Deutschen entdeckten diesen Roman jeweils nach einem verlorenen Krieg –, doch eine Renaissance fand nicht statt. Erst ab 1958 erschienen in der Bundesrepublik ausgewählte Werke in Einzelausgaben, erschienen die ganz unvergleichbaren *Henri-Quatre-Romane*, die 1935 und 1938 zuerst im Amsterdamer Querido Verlag, dem Verlag der Exilierten, vorgelegt worden waren. Die während des Krieges und kurz nachher abgeschlossenen Romane *Der Atem* und *Empfang bei der Welt* folgten in der Bundesrepublik 1962. Noch im Amsterdamer Querido Verlag war,

Nach dem 1946 in Zürich erschienenen Roman »Arc de Triomphe« von Erich Maria Remarque entstand schon 1947/48 der sehr erfolgreiche amerikanische Spielfilm »Arch of Triumph« mit Charles Boyer (als der aus Gestapohaft geflohene Arzt Dr. Ravic), Ingrid Bergman (als die arbeitslose Schauspielerin Joan Madou) und Charles Laughton. Regie führte Lewis Milestone.

nahezu unbeachtet, 1949 erstmals *Der Atem* erschienen. *Empfang bei der Welt*, bis dahin ergebnislos von Verlag zu Verlag gewandert, hatte 1956 im Ost-Berliner Aufbau Verlag seine Erstausgabe. Auf diese Romane ist später zurückzukommen. Um 1950 war Heinrich Mann in der Bundesrepublik praktisch nicht präsent.

Um so erfolgreicher war auch hier mit seinen Erfolgsbüchern Erich Maria Remarque (1898–1970), zunächst mit *Arc de Triomphe* (1946). Dieser Roman um einen der Gestapo entflohenen Frauenarzt spielt in den Jahren 1938 und 1939 unter Flüchtlingen in der Pariser Halb- und Unterwelt und hat alles, was ein gehobener Unterhaltungsroman mit zeitgeschichtlichem Ambiente zur Breitenwirkung braucht. *Der Funke Leben* (1952) stellt einen KZ-Insassen in den Mittelpunkt. Über *Die Nacht von Lissabon* (1961) bis *Schatten im Paradies* (1971) ist Remarque der gleichen effektsicheren Rezeptur gefolgt, mit der er allerdings die Unmittelbarkeit von *Im Westen nichts Neues* nie mehr erreichte.

Während der Emigration in England hatte Robert Neumann (* 1897) begonnen, einen Teil seiner Romane in englischer Sprache zu verfassen, und auch sein erster Nachkriegsroman, *Die Kinder von Wien*, erschien 1946 in englischer, erst 1948 in deutscher Sprache. Erzählt ist darin die Geschichte eines amerikanischen Negerpriesters, der notleidenden Kindern helfen will, jedoch denunziert wird. Neumann schreibt mit Sinn für Story und Spannung, für umstrittene Themen und politischen Hintergrund. Die Emigration, die Flucht vor Gewaltherrschaft und tödlicher Verfolgung ist Thema in *Tibbs* (deutsch 1948) wie in dem vielgelobten Roman *Bibiana Santis* (deutsch 1950). Die Reihe der Romane und Erzählungen setzt sich bis 1970 fort. Räsonierend, mit zeitgeschichtlichem Interesse, psychologisch und gesellschaftskritisch angelegt, gelten sie allerdings durchweg als eher unterhaltende, wenn auch lehrreiche Erzählungen eines welt- und menschenkundigen, klugen Autors und werden meist außerhalb dessen notiert, was als Literatur im engeren Sinn, als Wirklichkeit konstituierende Prosa gilt.

Es waren ihrer sechs, der 1944 in den USA zum Bestseller avancierte Roman um die Geschwister Scholl von ALFRED NEUMANN (1895–1952), erhielt nach dem Erscheinen der deutschen Ausgabe 1947 nur beschränkt Beifall – vielen kam er, nicht ohne Grund, wie ein Kolportageroman vor. Alfred Neumann war und blieb Verfasser auf Wirkung bedachter, psychologisierender historischer Romane. *Der Pakt* (1950) behandelt das Problem Macht am Beispiel eines amerikanischen Offiziers, der sich Mitte des 19. Jahrhunderts zum Diktator von Nicaragua macht und ein Schreckensregiment führt. *Das Kind von Paris* (1952) spielt zur Zeit der Pariser Commune und schildert das Ende eines Lehrlings während des Aufstands.

PETER DE MENDELSSOHN (* 1908), Emigrant in England, Journalist und Autor von Romanen, Essays und Biographien, brachte nach verschiedenen erzählenden Arbeiten in den dreißiger Jahren sogleich nach dem Krieg in der Schweiz den bereits 1943 in New York erschienenen Roman *Fortress in the Skies* unter dem Titel *Festung in den Wolken* (1946) heraus; 1948 erschien der Roman *Das zweite Leben*, der sein bisher letzter blieb. EDGAR MAASS (1896–1964) schrieb in den USA biographische und historische Romane, etwa über Struensee – *Der Arzt der Königin* (1949) – oder über Pauline Bonaparte – *Kaiserliche Venus* (1952) –, die in den USA mehr Leser fanden als in der Bundesrepublik. Sein jüngerer Bruder JOACHIM MAASS (1901–1972), ebenfalls in die USA emigriert, stilistisch orientiert an Thomas Mann, bevorzugte ebenfalls historische Stoffe, wie in seinem bekanntesten nach dem Krieg erschienenen Roman *Der Fall Gouffé* (1952), der von einem Mord und der Suche nach der Mörderin im Paris des 19. Jahrhunderts handelt, dabei die Macht des Bösen zu identifizieren sucht. Großen Beifall in der Bundesrepublik fand seine Lebensgeschichte *Kleist, die Fackel Preußens* (1957). Vor anderem Hintergrund beschäftigte sich auch MAX BROD (1884–1968), 1939 von Prag nach Palästina emigrierter Nachlaßverwalter und Deuter FRANZ KAFKAS, vorzugsweise mit historischen Stoffen. Wenn er nicht eher unterhaltsame Liebesgeschichten verfaßte. Das wohl wichtigste Werk aus der Zeit nach dem Zweiten Weltkrieg ist Brods Jesusroman *Der Meister* (1952), der den Religionsgründer im Zusammenhang seiner geschichtlichen Umwelt und innerhalb einer vielseitigen Handlung darstellt.

MAX TAU (* 1897), stets für Völkerversöhnung, für Frieden eintretend, veröffentlichte 1946 einen Roman mit dem kennzeichnenden Titel *Glaube an den Menschen*, dem 1955 der Roman *Denn über uns der Himmel* folgte. Auch CARL ZUCKMAYER (* 1896), der Erfolgsdramatiker der Weimarer Republik und der Nachkriegszeit, veröffentlichte *Die Erzählungen* (1952), die nicht zuletzt vom bäuerlichen Leben und von Liebenden handeln. FRITZ VON UNRUH (1885–1970), Pazifist aus preußischer Offiziersfamilie und wegen einiger Reden bei einem Deutschlandbesuch 1948 mit großer Zustimmung bedacht, konnte als Erzähler in der Bundesrepublik nicht Fuß fassen. Sein Roman *Der nie verlor* (englisch unter dem Titel *The End is not yet* 1947; deutsch 1949) entwirft symbolhaft ein Panorama mit den nationalsozialistischen Führern. Der Roman *Die Heilige* (1952) läßt die heilige Katharina von Siena um die Seele eines atheistischen Malers kämpfen. Auch in *Fürchtet nichts* (1952), einem in Petersburg im 18. Jahrhundert spielenden Roman um einen freiheitsliebenden Fürsten, und in weiterer Prosa verfocht Fritz von Unruh einen hypertrophischen Idealismus.

Daß die Schilderung des Lebens in der Provinz, in der Kleinstadt und auf dem Lande, des Lebens unter einfachen Leuten auch in den dreißiger und vierziger Jahren nicht zwangsläufig Blut-und-Boden-Literatur erbrachte, dafür steht nicht nur MARIELUISE FLEISSER (1901–1974) mit ihrem spät wiederentdeckten Werk ein, sondern auf seine Art auch OSKAR MARIA GRAF (1894–1967). Der bayerische Handwerkersohn protestierte

Annette Kolb in Paris mit Herbert Blankenhorn, dem deutschen Botschafter in Frankreich von 1958 bis 1963.

1933 von Wien aus heftig dagegen, daß die Nazis seine Bücher empfahlen, statt sie zu verbrennen, nannte es eine Schmach. Er wurde ausgebürgert und ging in die USA, wohnte bis zum Ende seines Lebens in New York. Oskar Maria Graf ist ein resoluter, sozialkritisch orientierter, sozialistischen Vorstellungen sich nähernder Realist, dessen Romane und Erzählungen schon während der dreißiger Jahre die Entstehungsbedingungen des Faschismus im Kleinbürgertum freizulegen suchten. 1948/49 erschien sein politischer Zukunftsroman *Die Eroberung der Welt* – später unter dem Titel *Die Erben des Untergangs* vorgelegt –, der die gesellschaftlichen und politischen Entwicklungen nach einem Atomkrieg imaginiert. Auch dieser Autor, von dem noch eine ganze Reihe von Prosaarbeiten erschien – z. B. *Die Flucht ins Mittelmäßige* (1959), *Die Ehe des Herrn Bolwieser* (1964) –, wurde nicht wieder mit jener Eindeutigkeit eingebürgert, die am Platz gewesen wäre.

ANNETTE KOLB (1875–1967), ALFRED DÖBLIN (1878–1957), HERMANN KESTEN (* 1900) und THEODOR PLIEVIER hatten in ihrem Verhältnis zur Literatur und zum Literatur-

Alfred Döblin kehrte 1945 mit den französischen Truppen nach Deutschland zurück; damals entstand schon sein letzter Roman, »Hamlet oder Die lange Nacht nimmt ein Ende«, der erst 1957 erschien.

Hermann Kesten, einfluß- und hilfreicher Repräsentant der deutschen Exilliteratur während des Dritten Reichs, wurde 1972 zum Präsidenten des Deutschen PEN-Zentrums der Bundesrepublik gewählt.

betrieb in der Bundesrepublik einen Sonderstatus. Annette Kolbs lebenslanger Kampf gegen den Chauvinismus, ihr Eintreten vor allem für einen Ausgleich zwischen Franzosen und Deutschen entsprach in der Nachkriegszeit einem unmittelbaren politischen Ziel der Bundesrepublik, und ihr Katholizismus war in diesem Zusammenhang eine gerade jetzt sehr wirkungsvolle Grundierung. Als Tochter eines Münchner Gartenarchitekten und einer aus Paris stammenden Pianistin, als Emigrantin, die auch nach dem Krieg einen festen Wohnsitz in Paris hatte, war sie zur Sprecherin ihrer Sache überzeugend legitimiert. 1947 erschien ihre romanhafte, kritische Biographie *König Ludwig II. und Richard Wagner*, in die Herkunft und persönliches Erleben der Autorin deutlich einbezogen sind. Im übrigen publizierte Annette Kolb allerdings nur noch Erinnerungen. Die 1954 erschienene Sammlung *Blätter im Wind* vermittelte eine vielseitige Vorstellung von Werk und Denken der Autorin, von ihrer Position.

ALFRED DÖBLIN, Autor des berühmten Romans *Berlin Alexanderplatz*, seit 1936 französischer Staatsbürger, während des Krieges Emigrant in den USA, 1941 wie so viele Schriftsteller der Zwischenkriegs- und Kriegszeit zum Katholizismus übergetreten – Döblin kam 1945 als kulturpolitischer Mitarbeiter der französischen Militärregierung nach Baden-Baden. Er gab hier die Zeitschrift *Das goldene Tor* heraus und war Mitbegründer der Akademie der Wissenschaften und der Literatur in Mainz. Aus der Emigration in die Nachkriegszeit leitete hinüber der vierbändige, 1939 bis 1950 erschienene Großroman *November 1918*, Tatsachendarstellung und Dichtung in einem. Dieser Versuch, die verratene Revolution von einem christlich-sozialistischen Standpunkt aus zu imaginieren, blieb allerdings problematisch, fand auch kaum Beachtung. Arbeiten, die sich mit Döblins großen Entwürfen der zwanziger und dreißiger Jahre vergleichen ließen, erschienen nicht. Der Roman *Hamlet oder Die lange Nacht nimmt ein Ende* kam nach vergeblichen Versuchen, einen Verlag für ihn zu finden, erst 1956 zunächst in der DDR heraus und ist im Kontext dieser Zeit zu sehen. Bezeichnend für die Altersphase Döblins nach dem Zweiten Weltkrieg ist seine Enttäuschung über die Entwicklung der Bundesrepublik, die ihn auf Jahre nach Paris zurückkehren ließ.

Anders HERMANN KESTEN, dem 1962 das Schriftsteller-Lexikon der DDR dieses bescheinigte: »Während der Hitlerdiktatur antifaschistisch eingestellt, nach 1945 wurde er zu einem Wortführer des ›Kalten Krieges‹ gegen den Kommunismus«; was allerdings eine recht einseitige Vereinfachung ist. Kesten hatte begonnen als ein Repräsentant der »Neuen Sachlichkeit«, war in den ersten Jahren der Emigration als Leiter des deutschen Emigrantenverlages Allert de Lange in Amsterdam, den er mitbegründet hatte, tätig gewesen und 1940 weiter in die USA geflohen, amerikanischer Staatsbürger geworden. Dennoch spielte und spielt er im Literaturbetrieb der Bundesrepublik eine zentrale Rolle. Im Jahr 1972 wurde er zum Präsidenten des bundesrepublikanischen P. E. N. gewählt. Nach dem Krieg erschien zunächst der Roman *Die Zwillinge von Nürnberg* (1946), eine deutsche Familiengeschichte, die sich versteht als Darstellung des »hellen« und des »dunklen« Deutschland in der Zwischenkriegszeit. Der Roman *Die fremden Götter* (1949) erzählt die Geschichte eines Juden, der unter Hitler zum Glauben seiner Vorfahren zurückgefunden hat und nun zunächst vergeblich versucht, seine Tochter dem Katholizismus abspenstig zu machen. Weitere Romane folgten in regelmäßigen Abständen, aufmerksam beobachtet, manchmal vielgelesen, doch ohne daß Kesten auf den Gang der Prosaentwicklung in der Bundesrepublik den Einfluß gewann, den er innerhalb der literarischen Gesellschaft hatte

und hat. Wichtig für das Verständnis von Kestens liberaler, die Freiheit des Denkens verfechtender Position und auch seiner Wirkung sind seine Biographien – *Copernicus und seine Welt* (1947) und die Darstellungen Aretinos und Casanovas vor allem – und sind seine literarischen Porträts und Aufsätze, z. B. in den Büchern *Meine Freunde die Poeten* (1953), *Dichter im Café* (1959), *Lauter Literaten* (1963).
Wie Kesten war auch THEODOR PLIEVIER ein Autor der »Neuen Sachlichkeit«, allerdings ein entschlossen sozialistisch orientierter. Plievier emigrierte 1933 nach Moskau und kam 1945 mit der Roten Armee nach Deutschland zurück. Sein *Stalingrad* war eines der seltenen Bücher des Jahres 1945 und hatte eine weltweite Wirkung. Der Roman geht konsequent von dokumentarischem Material aus, das Plievier in Zusammenarbeit mit der Roten Armee gesammelt hatte, und schildert so mit der militärischen auch die geistig-existentielle Katastrophe Hitler-Deutschlands. Seine Unfähigkeit, Unterdrückung zu akzeptieren, brachte Plievier jedoch bald in Konflikt mit dem etablierten Kommunismus. 1947 übersiedelte er in die Bundesrepublik, dann in die Schweiz. Die sich an *Stalingrad* anschließenden weiteren »Tatsachen-Epen« *Moskau* (1952) und *Berlin* (1954) spiegeln diese Entscheidung. Diesmal ist zur Darstellung des Kampfes um Moskau und um Berlin Material von beiden Seiten der Fronten eingebracht. Weitere Romane und Erzählungen aus der Nachkriegszeit berichten vorwiegend von Abenteuern auf See.
Versucht man, die außerordentlich große Zahl von Prosaarbeiten zu überblicken, die – ob die Autoren selbst nun zurückkehrten oder nicht – aus der Emigration heraus ins Nachkriegsdeutschland, in die Bundesrepublik einströmten, fällt zunächst und vor allem die Breite und Widersprüchlichkeit der qualitativen, stilistischen, ideologischen Vorstellungen auf, die sie repräsentieren. Vieles, das meiste war dabei auch hier rückwärtsgewandt, und nicht nur stofflich und in den thematischen Akzentuierungen, sondern in einem grundsätzlichen und zugleich allgemeineren Sinn: in der Sichtweise, in der Art und Weise des Beziehens und Reflektierens, in der Form. Es dominierten die gleichen Formen wie in der Literatur der inneren Emigration, mit der einen, aber auch dort nur seltenen Ausnahme der dokumentarischen Methode, die unter Hitler nicht möglich gewesen war, auf die bezeichnenderweise auch keiner der Realisten der »jungen Generation« der Nachkriegszeit verfiel und die in der Bundesrepublik noch auf lange hin keine Anhänger fand. Experimentelle und radikale Autoren wie FRANZ JUNG (1888–1963) oder CARL EINSTEIN (1885–1940), der auf der Flucht vor den Nazis Selbstmord begangen hatte, oder ein in seiner Schreibweise so vorausweisender, produktiver Essayist und Theoretiker wie WALTER BENJAMIN (1892–1940), der im gleichen Jahr und in einer ähnlichen Lage wie Einstein seinem Leben ein Ende gesetzt hatte, blieben außerhalb des Sichtkreises. Ebenso die Mehrzahl der in die DDR zurückgekehrten kommunistischen Schriftsteller. Hier von BERTOLT BRECHT (1898–1956) zu sprechen, erübrigt sich ebenfalls. Mit seiner vergleichsweise spärlichen Prosa – den *Geschichten vom Herrn Keuner* (seit 1930), dem *Dreigroschenroman* (1934), dem fragmentarischen *Tui-Roman* (begonnen 1937), dem Roman *Die Geschäfte des Herrn Julius Cäsar* (entstanden 1937/39, publiziert 1949), den *Kalendergeschichten* (1949) – hatte Brecht um 1950 und in den folgenden Jahren noch weniger Einfluß auf die Literatur in der Bundesrepublik als zunächst mit seinen Stücken.
Insgesamt verschleiert auch im Fall der nach dem Krieg entstandenen Prosaliteratur der Emigranten die Vielzahl der Publikationen, verschleiert das von ihr her sich auf-

drängende Bild eines literarischen Aufschwungs die reale Situation eher, als daß es sie verdeutlichte. Auch die Emigranten hatten, die Prominenz eingeschlossen, bei Kriegsende durchweg die Höhepunkte ihrer Produktivität schon hinter sich und reproduzierten weit früher, unter anderen Voraussetzungen erarbeitete Weltsichten und Realitätserfahrungen. Bei rückhaltloser Beurteilung trifft das zu für fast alle Autoren. Das heißt nicht, sie hätten nichts gehabt, es zu geben. Aber es war nur selten Vorausweisendes. Es ist ohne weiteres begreiflich, wenn in vielen Fällen gerade die neu entstehenden Prosawerke nur eine bedingte und flüchtige Wirkung auf die Literaturvorstellungen in der Bundesrepublik hatten. Im übrigen waren viele Arbeiten der Emigranten auf den Erfolg, auf den raschen Konsum möglichst großer Lesermassen zugeschriebene Unterhaltungsliteratur. Vieles war bedeutender gemeint, blieb aber tatsächlich peripher. Auch wenn man es zunächst fast gierig aufgenommen hatte, wurde manches Buch bald als irrelevant beiseite geschoben, manchmal infolge von Fehlurteilen, oft mit gutem Grund.

Dennoch hatte, was vorlag, mit dem Vorhandensein seine unüberschaubaren Wirkungen: als Korrektur der Sichtweisen, die in der Nazizeit aufgezwungen und vielen Gewohnheit geworden waren, und als inhaltliche Korrektur. Wenn ein Bild erlaubt ist: es half auf verschiedenen Ebenen, den ideologischen Sumpf zumindest erst einmal zu befestigen und nach und nach trockenzulegen. Obwohl hier möglicherweise die Übersetzungen von THORNTON WILDER bis ANDRÉ GIDE, von GRAHAM GREENE bis JEAN PAUL SARTRE sehr viel mehr ausrichteten. Außerordentliche Bedeutung gewannen, langsam zunehmend, im übrigen gerade hier neben dem Österreicher HEIMITO VON DODERER (1896–1966), der mit seinem Roman *Die Strudlhofstiege* (1951) erstmals breitere Zustimmung erfuhr, auch zwei emigrierte Autoren österreichischer Herkunft, deren Werk entweder mit Kriegsende praktisch abgeschlossen oder zuvor schon abgebrochen war: HERMANN BROCH (1886–1951) und ROBERT MUSIL (1880–1942).

Brochs Hauptwerk *Tod des Vergil*, das in einem gewaltigen inneren Monolog, in Traumbildern und Reflexionen die Zweifel des Dichters Vergil am Sinn und an der Wirkung seiner Kunst imaginiert, war 1945 in den USA erschienen und wurde nach und nach als einer der repräsentativen Romane der Moderne erkannt. Broch hatte seit 1908 publiziert und zwischen 1928 und 1945 seine wichtigsten Prosawerke geschrieben. Nachher folgten *Die Schuldlosen* (1949), ein »Roman in elf Erzählungen« zur politischen Entwicklung der ersten Hälfte des Jahrhunderts, der jedoch verschiedene ältere Erzählungen einbezieht und neue Aspekte nicht mehr brachte. Kurz vor seinem Tod hatte Broch begonnen, eine dritte Fassung des *Bergromans* zu erarbeiten, später erschienen unter dem Titel *Der Versucher* (1953).

In seinem Genfer Exil, wo er nahezu mittellos an seinem umfangreichen, unvollendet gebliebenen Roman *Der Mann ohne Eigenschaften* weitergearbeitet hatte, war ROBERT MUSIL schon drei Jahre vor Kriegsende gestorben. Sein Großroman, in Teilen schon bis 1933 erschienen, entwarf ein riesiges zeitgeschichtliches Panorama, das die sich auflösende traditionelle Gesellschaftsordnung plastisch und zugleich mit Erkenntnis suchender, zum Beispiel essayistische Formen entwickelnder Intensität darstellte. *Der Mann ohne Eigenschaften* wurde 1952 in einer von Adolf Frisé edierten, später umstrittenen »Leseausgabe« als fragmentarisch gebliebenes Ganzes vorgelegt, dessen letzten Teil, von dem sich bis auf wenige fertige Stücke nur Entwürfe vorfanden, der Herausgeber zusammengestellt hatte. Schon bald galt Musil als einer der Klassiker der Moderne, neben Proust, James Joyce und Kafka. Von ihm her, zugleich von

Broch und Doderer her verdeutlichte sich der Begriff einer Literaturmoderne, die auch über Thomas Mann schon hinauszuweisen schien, der Anweisungen auch für ein aktuelles, auf Fortentwicklung der Literatur deutscher Sprache zielendes Schreiben abgelesen wurden und die sich – dessen glaubte man sich sicher – im Kontext der literarischen Höchstleistungen der westlichen Welt zu behaupten vermochte. War aber hier in gewissem Sinn tatsächlich auch das Neueste, das Zeitnächste in der Literatur – daß es ebenfalls in die Welt des ersten Jahrhundertdrittels verstrickt blieb, sollte sich noch, nur sehr viel später, verdeutlichen.

Sind – um den Überblick zur Situation um 1950 abzuschließen – noch eine Reihe jüngerer Autoren zu nennen, die inzwischen mit ersten Arbeiten hervorgetreten waren und die sich den erwähnten Gruppierungen nur bedingt oder gar nicht zuordnen lassen. Zunächst Felix Hartlaub (1913–1945), der als Obergefreiter und Historiker in der Abteilung Kriegstagebuch des »Führerhauptquartiers« Dienst getan hatte und seit den Kämpfen um Berlin vermißt war. 1950 erschien die Auswahl *Von unten gesehen*; 1955, herausgegeben von der Schwester Geno Hartlaub, *Das Gesamtwerk* mit Tagebüchern, Erzählungen, Skizzen und der dramatischen Dichtung *Der verlorene Gott*. Das waren zum Teil die durchweg außerordentlich talentierten und hellsichtigen Entwürfe eines Gymnasiasten und sehr jungen Mannes, zum anderen Teil objektivierende, präzise Tagebuchaufzeichnungen des Studenten und Soldaten, die eine außerordentliche Beobachtungsgabe und Beobachtungsintensität ausweisen. Einige dieser Aufzeichnungen gaben und geben Auskunft aus der »toten windstillen Mitte des Taifuns«, wie Hartlaub selbst das »Führerhauptquartier« nannte, in dem er »unter der Tarnkappe« lebte, illusionslos den totalen Krieg beobachtete und von seinem Standort aus beschrieb. Hier war unzweifelhaft ein werdender Autor. Hitlers Krieg hatte sein Leben vorzeitig vernichtet, im ersten Kulminationspunkt seines Schreibens. Das Fragment seines unfertigen *Gesamtwerks* allein wog mehr als manches breit ausgeführte Œuvre.

Nicht abzusehen war zunächst die spätere Karriere als Bestsellerautor bei Johannes Mario Simmel (* 1924), der in seiner ersten Erzählung *Begegnung im Nebel* (1947), seinem ersten Roman *Mich wundert, daß ich so fröhlich bin* (1949) durchaus die direkte Auseinandersetzung mit Zeit und Umwelt, ihre Figuration in der Erzählung suchte. Zu nennen ist ferner Hermann Lenz (* 1913), der 1936 eine Sammlung *Gedichte* veröffentlicht hatte und sich nunmehr als Erzähler vorstellte: *Das stille Haus* (1947), *Das doppelte Gesicht* (1949) waren seine ersten, damals vielbeachteten Prosastücke. Thomas Mann nannte Lenz »ein originelles, träumerisch-kühnes und merkwürdiges Talent«. Eine Reihe seither erschienener Romane eingeschlossen, war und ist Lenz einer der jüngsten und spätesten unter den »Stillen im Lande«, ein Erzähler, der sich vor den dröhnenden Entwicklungen zurückzieht und in beherrschter, konservativer Haltung sich seine eigene Realität schafft, eine magische und gebrochene Spiegelwelt.

Als Fünfzigjähriger war Heinz Risse (* 1898) 1948 mit der Novelle *Irrfahrer* erstmals hervorgetreten, der Geschichte eines Kriegsgefangenen und seines Unglücks. Der erste Roman mit dem Titel *Wenn die Erde bebt* erschien 1950, bald darauf ein zweiter und ein dritter: *So frei von Schuld* (1951) und *Dann kam der Tag* (1953). Ausgestoßene, Verfolgte, Arme und Reiche, Verräter und Verratene, Besessene und Kranke treten auf. Die Frage zielt stets auf Schuld und – manchmal absurde – Sühne, und in jedem Fall geht es Risse um die Situation des Menschen in jenen Jahren, in seiner unmittelbaren Gegenwart. Zwischen direkter Realitätsschilderung und der Berufung des Irrationalen und Unheimlichen hat Risse seine eigene Erzählwelt zu konstituieren versucht. Anfang der sechziger Jahre bricht das Werk ab.

Erst an dieser Stelle sei auch ERNST SCHNABEL (* 1913) genannt, obwohl er schon in den dreißiger Jahren in zwei Romanen vom Leben auf dem Meer erzählt hatte – Schnabel war zwölf Jahre lang Seefahrer und auf Seglern und Dampfern in allen Meeren gewesen. 1949 brachte Schnabel den Geschichtenband *Sie sahen den Marmor nicht* heraus, der dreizehn Stories im Sinne von »Querschnitten durch den Lebensstrom« enthält und innerhalb der deutschen Literatur einen Ansatz gab für die Form der *short story*, der Kurzgeschichte, die eine dominierende Rolle innerhalb des Erzählens der jungen Autoren zu spielen begann. 1951 erschien Schnabels aufsehenerregendes *Interview mit einem Stern*, der zunächst als Rundfunksendung publizierte Bericht von einem Flug rund um die Erde. Hier deuteten sich ganz neue Möglichkeiten an, Literatur im akustischen Medium zu realisieren und von diesem her Literatur zu verändern. In späteren Romanen – *Der sechste Gesang* (1956), *Ich und die Könige* (1958) – entwarf Ernst Schnabel neue, aktuelle Darstellungen und Deutungen antiker Mythen.

Zu Beginn der fünfziger Jahre zeigten sich in der Prosaliteratur der Bundesrepublik jedoch über alles bisher Gesagte, auch über die zuletzt genannten Namen hinaus einige deutliche Signale dafür, daß nunmehr Autoren an der Arbeit waren, die – sei es auf widersprüchliche Weise – über den Status quo und seine Orientierung nach rückwärts hinausdrängten. Mit WALTER JENS (* 1923), der seinen ersten Roman *Nein – die Welt der Angeklagten* 1950 vorlegte, mit PAUL SCHALLÜCK (* 1922) und SIEGFRIED LENZ (* 1926), die ihre ersten Romane *Wenn man aufhören könnte zu lügen* und *Es waren Habichte in der Luft* 1951 herausbrachten, mit HEINRICH BÖLL, der 1951 den Preis der »Gruppe 47« erhielt und im selben Jahr nach mehreren Erzählungen ebenfalls den ersten Roman, *Wo warst Du, Adam?*, publizierte, setzten junge, zu jener Zeit noch kaum bekannte Erzähler wirkungsvolle Akzente, von denen her die literarische Situation sich zunehmend verändern sollte.

Das heißt nicht, Jens, Schallück, Lenz und Böll ständen als Gruppe für eine bestimmte Umorientierung ein. Derart eindeutig ist auch und gerade Literaturgeschichte selten. Es sind noch andere Namen zu nennen. Zum Beispiel ARNO SCHMIDT, dessen erste umfangreiche Prosa, *Brand's Haide*, ebenfalls 1951 erschien; auch sie läßt sich – wenn hier auch noch weit stärkere Unterschiede zu betonen bleiben, als etwa schon zwischen Jens und den drei anderen genannten Autoren bestanden –, auch sie läßt sich jedenfalls stofflich-thematisch, in der Unmittelbarkeit ihrer Intention den genannten Romanen zuordnen. Zu nennen ist vor allem auch WOLFGANG KOEPPEN (* 1906), dessen Romane *Tauben im Gras* (1951), *Das Treibhaus* (1953) und *Tod in Rom* (1954) den Bezug auf JAMES JOYCE und GERTRUDE STEIN in der Form mit einem Realismus und einer moralischen Intensität verbanden, die in der allgemeinen ideologischen Verquollenheit zunächst nur erschrecktes Kopfschütteln erzeugten. Es wären ferner Erzählungen und Romane aus den Jahren vorher – von WOLFGANG BORCHERT bis ILSE AICHINGER – und aus den Jahren nachher – von ALFRED ANDERSCH bis MARTIN WALSER – zu diskutieren, wenn es um das apostrophierte Neue in der Literatur jener Jahre geht. Der Sachverhalt läßt sich dieserart zusammenfassen: Anfang der fünfziger Jahre begann – neben einigen älteren Außenseitern, die sich den literarischen Konventionen erfolgreich entzogen und etwas zur Sache zu sagen hatten – auch jene junge Generation, deren Schweigen Hans Werner Richter Ende 1946 so heftig beklagt hatte, deutlich und vernehmbar zu sprechen und sich Gehör zu verschaffen. Einige Autoren dieser jungen Generation hatten – so viele inzwischen nach ihren ersten Anläufen verstummt waren – nunmehr die größten Sprachschwierigkeiten überwunden. Was wiederum nicht heißt, daß sie mit einer Stimme sprachen. Was auch nicht heißt, daß sie schon eine Literatur konstituiert hätten, die sich grundsätzlich von der traditionellen Literatur unterschied.

ZU FÜSSEN DES BABYLONISCHEN TURMS

Das Zusichselbstkommen der jungen Generation zu Beginn der fünfziger Jahre, übrigens mißtrauisch beobachtet von der älteren Generation, bleibt Teil der hier auf die Jahre 1945 bis 1952 datierten ersten Phase der Nachkriegsliteratur in der Bundesrepublik. In gewissem Sinn ist es Höhepunkt dieser Phase, belegt es, daß der Lernprozeß zu etwas geführt hatte, damit freilich auch, und für manche unbegreiflich und schmerzhaft, daß das Endzeitdenken, die Endzeitmetaphorik trotz allem nur Schall und Rauch gewesen war. Manche fanden darin, daß andere, jüngere Autoren aus ihrem späteren und meist noch vergleichsweise undifferenzierten Erfahrungsbereich weiterschrieben, so etwas wie grobe Mißachtung ihrer Leiden und des von ihnen Geschaffenen, in dem sie autoritär recht oft Endgültiges gesehen hatten.
Dabei blieben die Jüngeren durchaus gelehrig. Keine Revolution fand statt, im Gegenteil: Gedanken an erwünschte gesellschaftliche und entsprechende literarische Veränderungen waren meist stillschweigend aufgegeben worden. Noch immer konnte man sich seiner selbst nicht sicher fühlen. Eine »neue Sprache« war noch immer nicht gefunden, die Sprachschwierigkeiten, die »Schwierigkeiten beim Schreiben der Wahrheit« stellten sich unablässig neu. Der veristische Realismus war schon zu diesem Zeitpunkt abgedrängt; die Erfahrung, daß seine Mittel noch älter waren als selbst die der Apokalyptiker und magischen Realisten, daß diese Mittel in den verschiedenen literarischen Strömungen schon der zwanziger Jahre überholt worden waren, drängte sich heftig auf, wenn sie auch nur höchst flüchtig reflektiert wurde. Vom Materialbegriff, von den dokumentarischen Methoden gab es noch keine Vorstellung. Abgesehen davon, daß »Macht«, soweit sich davon innerhalb der Literatur sprechen läßt, bei den Repräsentanten der Tradition sicher aufgehoben war. Sie bestimmten das literarische Klima weiterhin.
Walter Jens erinnerte sich um 1960 an den Höhepunkt des Vorgangs, der hier in Frage steht, folgendermaßen: »1952 schlug das Pendel, sehr weit und für lange, zur anderen Seite aus. Ich glaube, ich könnte die Sekunde des Umschlags bezeichnen: es war in Niendorf an der Ostsee, Frühjahr 1952, eine Tagung der Gruppe 47 fand statt. Die Veristen, handwerklich-gute Erzähler, lasen aus ihren Romanen. Dann plötzlich geschah es. Ein Mann namens Paul Celan (niemand hatte den Namen vorher gehört) begann, singend und sehr weltentrückt, seine Gedichte zu sprechen; Ingeborg Bachmann, eine Debütantin, die aus Klagenfurt kam, flüsterte, stockend und heiser, einige Verse; Ilse Aichinger brachte, wienerisch-leise, die ›Spiegelgeschichte‹ zum Vortrag. – Damals, sieben Jahre nach dem Ende des Krieges, entfaltete sich, einsetzend schon mit Nossacks ›Untergang‹ (1943), die junge deutsche Literatur der Moderne ...«

Diese Reminiszenz akzentuiert die Lyrik, weist somit indirekt darauf hin, daß die fünfziger Jahre vielleicht vorwiegend ein Jahrzehnt der Lyrik waren. Sie ist im übrigen weniger Sachbeschreibung als Erlebnisbericht. Sie meint jedoch die Literatur insgesamt und legt dabei den Finger deutlich auf die formalen Momente. Die Folgerung, die Jens von hier aus zog, sein Resümee der Situation lautete dann so:

... die in tausend Schulen erzogenen Kinder, Gide- und Lorca-Enkel, Brecht- und Pavese-Erben, die Schüler Majakowskis und Kafkas betraten die Bühne, fanden ihre eigene Sprache, eigene Themen und Topen und verwandelten ein Erbe, das sie – den Kaiserzeit-Griechen vergleichbar – oft genug von den ausgewanderten Söhnen ihrer Großväter, als Fremde, kennenlernten: so kehrten Freud und Strindberg heim, so gab der Beschenkte das Empfangene verwandelt wieder her, so wirkte europäischer Geist, wie ein »Traumtoxin« in Amerika gespeichert, auf den Mutterkontinent zurück; so kam es, wie einst zwischen Griechen und Römern, zum wechselseitigen Austausch: die »lost generation« versammelte sich in Paris; die Poesie Europas lernte in New York und Kansas City. Die National-Dichtung war für immer gestorben. Lebend im Angesicht des dritten Jahrtausends, herangewachsen im Schatten der Bombe, unterrichtet zu Füßen des Babylonischen Turms gingen die Autoren ans Werk. Niemand konnte bisher die Welt, den Raum und die Zeit, so weithin überschauen wie sie ...[26]

Das ist mehr Anrufung als Diagnose. Der Text wurde hier herausgehoben, weil er sehr viel direkter als die bis dahin vorgelegten Prosaarbeiten selbst das Klima, die dominierende Stimmung charakterisiert, in deren Zusammenhang auch Prosa geschrieben wurde. Er verdeutlicht die Gelehrigkeit der damals jungen Autoren, ihren Wunsch, von der Weltliteratur zu lernen, sich an ihr zu orientieren, ihre Entscheidung, alle Nachkriegsprogramme ad acta zu legen. Jens subsumiert hier übrigens ohne weiteres BÖLL wie SIEGFRIED LENZ, ARNO SCHMIDT und KOEPPEN, ERNST KREUDER und ERNST SCHNABEL und andere mehr – sie alle belegten ihm die Existenz der jungen deutschen Literatur der Moderne, entstehend nach umfassender Belehrung zu Füßen des Babylonischen Turms. Der Text hat einen zusätzlichen Informationswert dadurch, daß er von einem Standort um 1960 aus jene Momente heraushebt, die Jens als die erschienen, die 1952 tatsächlich zukunftweisend gewesen waren. Dies läßt es verständlich erscheinen, daß hier vieles ausgeschlossen wird, was 1952 ebenfalls außerordentlich aktuell war und zum Teil in den Arbeiten junger Autoren auch quantitativ dominierte. Immerhin schrieb HEINRICH BÖLL im gleichen Jahr 1952 noch ein *Bekenntnis zur Trümmerliteratur*, in dem er dem Bezeichneten allerdings schon einen übertragenen Sinn gab:

Unsere Augen sehen täglich viel: sie sehen den Bäcker, der unser Brot backt, sehen das Mädchen in der Fabrik – und unsere Augen erinnern sich der Friedhöfe; und unsere Augen sehen Trümmer: die Städte sind zerstört, die Städte sind Friedhöfe, und um sie herum sehen unsere Augen Gebäude entstehen, die uns an Kulissen erinnern, Gebäude, in denen keine Menschen wohnen, sondern Menschen verwaltet werden, verwaltet als Versicherte, als Staatsbürger, Bürger einer Stadt, als solche, die Geld einzahlen oder Geld entleihen – es gibt unzählige Gründe, um derentwillen ein Mensch verwaltet werden kann.
Es ist unsere Aufgabe, daran zu erinnern, daß der Mensch nicht nur existiert, um verwaltet zu werden – und daß die Zerstörungen in unserer Welt nicht nur äußerer Art sind und nicht so geringfügiger Natur, daß man sich anmaßen kann, sie in wenigen Jahren zu heilen.[27]

Ein weiterer, mehr die eigene existentielle Erfahrung des Autors akzentuierender Aspekt – SIEGFRIED LENZ, einer der erfolgreichsten Autoren in den seither vergangenen zwei Jahrzehnten, erinnerte sich 1966 an seine Anfänge folgendermaßen:

Ich wußte durchaus, wovon ich erzählen wollte, doch mir fehlte – neben manchem anderen – die Perspektive, und ich fand sie bei Ernest Hemingway. Ich fand sie vor allem in seinen Geschichten, die für mich, zum Teil auch heute noch, den Ausdruck einer musterhaften Spannung darstellen: es ist der Antagonismus zwischen Traum und Vergeblichkeit, zwischen Sehnsucht und Erfahrung, zwischen Auflehnung und demütigender Niederlage. Das Schweigen und die Auflehnung – sie erschienen mir als reinste Form der Zuflucht in einer Welt, in der der Tod seine sieghafte Erscheinungsform verloren hat. Im Schweigen des sterbenden Toreros, in der nutzlosen Auflehnung des Boxmeisters fand ich die letzte Würde bestätigt, die uns noch verblieben ist: die Würde der Aussichtslosigkeit.
So glaubte ich mein literarisches Vorbild Hemingway verstanden zu haben, den Mann, der selbst in Übereinstimmung mit dem Kodex lebte, nach dem seine Helden handelten ...[28]

Auch von Dostojewski und Thomas Mann habe er geglaubt, lernen zu müssen, bekennt Lenz. Hemingway aber stand für ihn als Vorbild an erster Stelle. Immer wieder hob sich für einzelne junge Schriftsteller aus der von Jens imaginierten Einflußtotalen das Vorbild eines einzelnen Autors heraus, und nicht nur für Lenz war es Hemingway.
Die Situation der Schriftsteller und die Situation der Literatur hatten sich verändert mit der gesellschaftlichen und politischen Situation. Wie zu Anfang dieses Teils sei auch jetzt der Reflex dieser Situation in der Prosa beispielhaft zitiert. Wolfgang Koeppen schrieb im *Treibhaus*:

.. Viele Wege führten zur Hauptstadt. Auf vielen Wegen wurde zur Macht und zur Pfründe gereist.
Sie kamen alle, Abgeordnete, Politiker, Beamte, Journalisten, Parteibüffel und Parteigründer, die Interessenvertreter im Dutzend, die Syndiken, die Werbeleiter, die Jobber, die Bestecher und die Bestochenen, Fuchs, Wolf und Schaf der Geheimdienste, Nachrichtenbringer und Nachrichtenerfinder, all die Dunkelmänner, die Zwielichtigen, die Bündlerischen, die Partisanwahnsinnigen, alle, die Geld haben wollten, die genialen Filmer zu *Heidelberg am Rhein auf der Heide in der Badewanne für Deutschland am Drachenstein*, die Schnorrer, Schwindler, Quengler, Stellenjäger, auch Michael Kohlhaas saß im Zug und Goldmacher Cagliostro, Fememörder Hagen witterte ins Morgenrot, Kriemhild hatte Rentenansprüche, das Geschmeiß der Lobby lugte und horchte, Generäle noch im Anzug von Lodenfrey marschierten zur Wiederverwendung auf, viele Ratten, viele gehetzte Hunde und viele gerupfte Vögel, sie hatten ihre Frauen besucht, ihre Frauen geliebt, ihre Frauen getötet, sie hatten ihre Kinder in den Eisladen geführt, sie hatten dem Fußballspiel zugesehen, sie waren im Meßgewand dem Priester zur Hand gegangen, sie hatten Diakonissendienste geleistet, sie waren von ihren Auftraggebern gescholten worden, von ihren Hintermännern angetrieben, sie hatten einen Plan entworfen ...
Das Volk arbeitete, das Volk bezahlte den Staat, das Volk wollte vom Staat leben, das Volk schimpfte, das Volk frettete sich so durch.

Die emphatische Imagination einer »jungen deutschen Literatur der Moderne«, wie Walter Jens sie mitgeteilt hat, ist zu sehen in der Korrespondenz zu der bundesrepublikanischen Realität, wie vor allem Koeppen sie – unter heftigem öffentlichen Protest, nichtsdestoweniger treffend – hier und an anderen Stellen seiner drei Anfang der fünfziger Jahre erschienenen Romane imaginiert hat. Beide Texte spiegeln Zustände, die sich innerhalb der Prosa auswirkten. Und zwischen ihnen war Bölls *Bekenntnis zur Trümmerliteratur*, sein Bekenntnis zur schreibenden Auseinandersetzung mit einer Lebenswirklichkeit, die weiterhin Verstümmelungen und Unterdrückungen erzeugte, ein Leben zwischen Trümmern aufzwang, ebenso begründet wie der Lernversuch des jungen Autors Siegfried Lenz bei Hemingway als dem Autor einer »Welt im Krieg«. Und jedenfalls verständlich bleibt der damals überall ablesbare Wunsch, eigenes Bemühen an der »Weltliteratur« aller Art, zu der ganz offensichtlich von vielen auch ein Teil der Literatur der inneren Emigration gezählt wurde, zu überprüfen und meist auch festzumachen. Selbst in Bölls Bekenntnis finden sich Berufungen auf die Französische Revolution, CHARLES DICKENS, BALZAC und HOMER. Der Herausforderung des Lebens zwischen Trümmern und Wiederaufbau korrespondierte selbst bei jenen Autoren, die sie unmittelbar aufnahmen, der Wunsch und die Hoffnung, die eigene Unsicherheit aus der Literatur selbst und ihrer Tradition heraus absichern und überwinden zu können. Und es ist nur allzu begreiflich, wenn vielen zunächst die Auseinandersetzung mit den Werken der Literatur, die jetzt wieder zugänglich waren, mehr Wirklichkeit zu vermitteln schien als die Auseinandersetzung mit der widersprüchlichen und unübersichtlichen gesellschaftlichen Wirklichkeit selbst.

ZWEITER TEIL

EINE JUNGE DEUTSCHE LITERATUR DER MODERNE

ODER

DIE RESTAURATION ERNÄHRT AUCH IHRE GEGNER. 1953–1959

Was gemeint ist, wenn von den »fünfziger Jahren« geredet wird, begann irgendwann Anfang dieses Zeitraums, vielleicht mit der zweiten Bundestagswahl 1953, die Adenauers Kanzlerschaft bestätigte, und endete irgendwann Anfang der sechziger Jahre, als Adenauers Kanzlerdemokratie, als die »Ära Adenauer« ihrem Ende zuging. Unmittelbar nach der zweiten Bundestagswahl stellte die von der amerikanischen Militärregierung herausgegebene *Neue Zeitung* ihr Erscheinen in Westdeutschland ein, und das war eine Demonstration der Gewißheit, daß die Bundesrepublik auf dem rechten Wege sei, wohlverwahrt gegen sozialistische, gar kommunistische Abweichungen. Kalter Krieg und Korea-Krise und Wiederbewaffnung waren oder wurden stabilisierende Faktoren. Wiederaufbau und ein nicht zuletzt von ihm her getragenes ständiges wirtschaftliches Wachstum konsolidierten zunehmend eine Republik, eine Lebenswirklichkeit, die allen noch immer drückenden Nöten, allen verbleibenden Trümmern zum Trotz den meisten Bürgern vor dem Hintergrund des in jedes Gedächtnis eingegrabenen Elends der Kriegs- und Nachkriegszeit als ein Optimum dessen erschien, was sie sich überhaupt zu erträumen gewagt hatten.
Daten, Jahreszahlen sind allgemein in der Geschichte, ebenso in der Literaturgeschichte als Gedächtnisstützen nützlich, solange man sie nicht überbewertet. Die Literaturgeschichte der Bundesrepublik ist einerseits durchaus synchron mit der politischen und sozialen Geschichte verlaufen, aber sie zeigt im einzelnen doch auch Überschreitungen, Abweichungen, Verschiebungen, die in der Datierung von Phasen berücksichtigt sein wollen. In einer Datierung, die dabei ihrerseits noch immer fragwürdig genug bleibt, schon weil in jedem Fall viele Autoren in verschiedenen Phasen, manche in allen präsent sind, dabei allerdings meist für eine bestimmte Phase besonders deutlich einstehen, und weil in jedem Fall sich Werke finden, deren Zuordnung unabhängig von der Datierung der verschiedenen Phasen erfolgen muß, wenn sie etwas besagen soll.
Für den Vorschlag, eine zweite Phase der Prosaliteratur in der Bundesrepublik für die Jahre 1953 bis 1959 anzunehmen, gibt es ganz handfeste Gründe. Trotz der geringen zeitlichen Verschiebung, die damit vorgenommen wird, läßt sich für die Festlegung des Beginns dieser Phase auf 1953 der zitierte Rückblick von WALTER JENS anführen, der von Jens akklamierte Auftritt einer »jungen deutschen Literatur der Moderne«. 1953 war ferner das Jahr, in dem zwei für die Literatur in der Bundesrepublik so charakteristische und wichtige Institutionen wie die Zeitschrift *Akzente* und der vom Kulturkreis im Bundesverband der Deutschen Industrie herausgegebene *Jahresring* eingerichtet wurden. Kommt das schwerwiegende Datum der zweiten Bundestagswahl hinzu. Mit dem Jahr 1959 dann wird, wie bei der ersten Phase, der Höhepunkt einer Entwicklung zum Anlaß genommen, auszublenden und neu anzusetzen. 1959 erschienen die Romane *Die Blechtrommel* von GÜNTER GRASS (*1927) und *Mutmaßungen über Jakob* von UWE JOHNSON (*1934) – beides exemplarische

und repräsentative Werke, die vielerlei Nachwirkungen hatten, doch zunächst und vor allem Höhepunkte der Prosaentwicklung innerhalb der »jungen deutschen Literatur der Moderne« in den fünfziger Jahren und damit zugleich Umbruchsignale waren.

Die Gelehrigkeit dieser jungen Literatur wurde bereits betont, und es ist kein Zweifel, daß mit »jung« damals nicht nur und nicht einmal primär das Alter der Autoren, sondern eine bestimmte formale Modernität gemeint war, eine Modernität, die sich wirkungsvoll abhob vor allem von einem konventionellen Realismus und Naturalismus, als dessen äußerste Entstellung schon bald der »sozialistische Realismus« verschrieen wurde. Daß jüngere Autoren, eine neue Generation von Autoren eine eigene Variante solcher Modernität zu realisieren vermochten – darum ging es. Daß sich auch hier inzwischen vieles anders darstellt als den Zeitgenossen, daß weniger »Modernes« sich manchmal als dauerhafter erwies und es mit der Modernität bei genauerem Hinsehen oft gar nicht sehr weit her war, ist eine andere Sache.

Innerhalb der Prosa ergibt sich das Paradox, daß zwei der älteren Autoren, die Außenseiter WOLFGANG KOEPPEN und ARNO SCHMIDT, weitgehend unabhängig von den damals mit Vorliebe diskutierten Tendenzen gerade in dem hier fraglichen Punkt allen übrigen voraus waren. Von Arno Schmidt erschienen nach *Leviathan* im Jahr 1951 die Erzählungen *Brand's Haide* und *Schwarze Spiegel*, die mit dem Roman *Aus dem Leben eines Fauns* (1953) später zu der Trilogie *Nobodaddy's Kinder* zusammengefaßt wurden. Es sei an dieser Stelle zunächst auch auf sie nur hingewiesen. Obwohl HELMUT HEISSENBÜTTEL in seinem Aufsatz *Annäherung an Arno Schmidt* zu Recht festgestellt hat, daß dieser Autor zur Zeit seines ersten Auftretens berühmter als später, daß sein Name sofort eine Kennmarke gewesen sei[1], kam der literarische Prozeß ihm gleichsam erst langsam nach. Noch 1957 faßte KARL AUGUST HORST Schmidts Prosa unter »bemühtes Kunstgewerbe« zusammen[2], und er sprach da vermutlich mit der Stimme der Mehrheit. Die genannten Erzählungen Schmidts arbeiten seine stets die Erzählbarkeit von Inhalten reflektierende Erzählweise, die er in den *Berechnungen* dann auch theoretisch begründet hat, weiter aus: der Erzählfluß ist gestoppt, Erfahrung wird so bruchstückhaft skizziert und in Fragmenten gereiht, wie sie sich der Wahrnehmung und der Vorstellung darbietet. Die Trilogie vermittelt äußerst sachnah einen Prospekt des Überlebens in aus den Fugen geratener Umwelt, zunächst bezogen auf die Jahre 1939 bis 1944, dann auf einen Zeitraum des Jahres 1946, dann – in *Schwarze Spiegel* – auf eine zukünftige Welt nach dem Atomkrieg, datiert ins Jahr 1960.

Anders als bei Arno Schmidt, ist Wolfgang Koeppens nach dem Zweiten Weltkrieg entstandenes erzählerisches Werk auf die frühen fünfziger Jahre fixiert. Spätere Entwürfe erzählender Prosa blieben Fragment. Obwohl Koeppens Romane über das meiste in jener Zeit Entstandene weit hinausweisen, obwohl Koeppen trotz seit langem versiegter Produktion noch Anfang der siebziger Jahre als ein ganz und gar gegenwärtiger Autor diskutiert wird, ist von seiner erzählenden Prosa schon an dieser Stelle zu berichten.

Ein Erzähler zwischen den Generationen

WOLFGANG KOEPPEN (* 1906) war einer von jenen deutschen, in Deutschland verbliebenen Schriftstellern, die – noch kaum bekannt – den Einbruch der Nazizeit mit allen Konsequenzen bewußt aufgenommen und reflektiert haben. 1933 war er 27 Jahre alt gewesen, hatte Erfahrungen gesammelt als Schauspieler, Dramaturg, Journalist und auf längeren Reisen und hatte eben seinen ersten Roman abgeschlossen: *Eine unglückliche Liebe*. In den traumhaften, doch präzis ausgeschriebenen Bildern dieses Romans imaginierte Koeppen die zerstörerische Spannung einer rückhaltlosen und hoffnungslosen Leidenschaft. Das Buch erschien 1934 und wurde immerhin noch

Wolfgang Koeppen

registriert als das Debüt eines außerordentlichen jungen Autors. Ein zweiter, vergleichsweise konventioneller angelegter Roman, *Die Mauer schwankt*, kam 1935 heraus, die Geschichte eines Baumeisters, der auf Abenteuer und hochfliegende Pläne verzichtet, um in einer trostlosen kleinen ostpreußischen Stadt, die im Ersten Weltkrieg von den Russen zerstört wurde, einsam und resigniert, ohne Hoffnung auf Gelingen das zu tun, was er als seine Pflicht erkannt hat. Danach schwieg Koeppen anderthalb Jahrzehnte, »voll damit beschäftigt zu überleben«. 1951–1954 dann erschienen seine bereits genannten Nachkriegsromane. Es folgte 1958–1962 noch einmal eine Phase, in der exemplarische Reiseberichte und Essays entstanden (unter anderem *Nach Rußland und anderswohin*, *Amerikafahrt*, *Reisen in Frankreich*, *Die Erben von Salamis*). Späteres wurde, wie gesagt, immer wieder aufgegeben.

Zwei sehr kurze, voneinander völlig isolierte produktive Phasen also von jeweils drei, vier Jahren begründen Wolfgang Koeppens Ruhm als Erzähler. Diese fast absurde Zuspitzung ist Teil, ist vielleicht ein Element der Bedeutung dieses Schriftstellers, für dessen Produktion das Verstummen ebenso konstitutiv sein dürfte, wie seine Romane selbst es sind. Koeppens vegetativ bestimmte, nervöse Sensibilität, die seine Produktion trägt, läßt ihn wie keinen anderen Autor reagieren auf alle Irritationen durch gesellschaftliche, politische Vorgänge. Sie zwingt den Individualisten Koeppen, der sich des Extremen und Widersprüchlichen seiner Position offenbar bewußt ist, zwingt den Moralisten zu extremen Reaktionen, wobei im rigoros artikulierenden Sichaufbäumen das Verstummen immer schon angelegt ist. Koeppens Dilemma ist ein konkretes Dilemma seiner Generation, das zu überspielen allerdings seit je zum guten Ton gehört. Daß dieser Schriftsteller ihm ausgeliefert blieb, das gerade bezeichnet seinen Rang.

Enttäuschung, im genauen Sinn der Aufhebung von Täuschung spiegeln und konkretisieren Koeppens Nachkriegsromane mit einer Sachlichkeit, Präzision und Emphase, die ihnen jedenfalls innerhalb der literarischen Diskussion eine fortdauernde Signalwirkung verschafft hat. *Tauben im Gras* montiert Segmente einer ganzen Serie von Existenzen im Nachkriegs-München zum Kreisel, zur rotierenden Scheibe eines Tages, eines Tages jener Zeit, »als das deutsche Wirtschaftswunder im Westen aufging, als die ersten neuen Kinos, die ersten neuen Versicherungspaläste die Trümmer und die Behelfsläden überragten, zur hohen Zeit der Besatzungsmächte, als Korea und Persien die Welt ängstigten und die Wirtschaftswundersonne vielleicht gleich wieder im Osten untergehen würde« (Koeppen im Vorwort zur zweiten Auflage des Buches). *Das Treibhaus* ist Abgesang des ehemaligen Emigranten, jetzigen Abgeordneten der Opposition in Bonn, Keetenheuve, eines Intellektuellen, der die Hoffnung, helfen, zu einem sinnvollen Wiederaufbau Deutschlands beitragen zu können, aufgibt und damit den aussichtslosen Kampf um seine Identität – der Sprung von der Rheinbrücke »machte ihn frei«. Wiederum sind die Realitäten einer sinnlich und mit äußerster Intensität erfahrenen, erlittenen Aura von Machtkämpfen, Raffgier und Banalität in faszinierend breitem Spektrum notiert. *Tod in Rom* schließlich ist die Projektion der Erfahrung, daß die Vergangenheit, daß Naziwelt und Faschismus noch nicht ausgestanden sind. Der ehemalige SS-General Judejahn, in Abwesenheit zum Tode verurteilt, will einige Jahre nach Kriegsende als Beauftragter eines arabischen Staates Waffen kaufen, und es entwickelt sich eine große und exemplarische Szene mit Verwandten.

Jeder dieser Romane ist ein außerordentlicher Entwurf, ist von einer Aktualität, die bis in die Gegenwart standhält. Jeder dieser Romane brennt noch immer auf den Fingern. Das mag vor allem zwei Gründe haben. Die Realitätsschilderung, stets verknappend und verdichtend den Zellkernen dessen auf der Spur, was sich zeigt, hat in jedem Fall einen Gegenpol – oder auch Gegenpole: Figuren mit dem Drang, aus der Welt, wie sie sich darstellt, auszubrechen, als Künstler, Intellektuelle, Liebende. Das erweist sich als hoffnungslos, doch die Spannung, die von hier aus in den Erzählablauf eingebracht ist, konstituiert ihn ganz zentral mit.

Bestimmend ist ferner, daß Koeppen JAMES JOYCE, GERTRUDE STEIN, DOS PASSOS, DÖBLIN nicht nur flüchtig kannte, sondern als einziger zur Zeit der Entstehung dieser Romane über die von ihnen erarbeiteten Methoden des Erzählens tatsächlich verfügte. Hier trifft uneingeschränkt zu, was MARCEL REICH-RANICKI so notiert hat: »Wie Döblin in den zwanziger Jahren, so hat sich auch Koeppen in den fünfziger Jahren manche Errungenschaft seiner Meister zunutze gemacht. Er hat jedoch nichts mechanisch übernommen, nichts kopiert. Der sich assoziativ fortspinnende innere Monolog, die Montagetechnik und der filmhafte Bildwechsel, die Simultaneität und der Pointillismus, der Perspektivenwechsel, die Kombination von epischem Bericht, Dialog und gedachter Rede, zumal der fast unmerkliche Übergang von der objektiven Darstellung in den Monolog, die Technik der Slogans und der Schlagzeilen – alle diese Mittel hat

Koeppen weder erfunden noch in die deutsche Literatur eingeführt. Aber er ist der erste Schriftsteller, der sie mit virtuoser Selbstverständlichkeit zur epischen Bewältigung der deutschen Realität nach 1945 anzuwenden vermochte.«[3] Koeppen schrieb aus einem Bewußtsein, dem »alle diese Mittel«, alle diese durchaus die Inhalte verändernden Techniken selbstverständliches Instrumentarium waren, ein Instrumentarium, ohne das er seine Empfindungen und Erfahrungen gar nicht hätte artikulieren können.

Zugleich blieb Wolfgang Koeppen, und das ist ein Widerspruch, auf seinen Individualismus, auf seine individualistische Sensibilität fixiert. Den Schritt über sie hinaus, den seine Mittel und Methoden vorbereiteten, ja nahelegten, konnte er nicht tun.

Der frühe Heinrich Böll

Bei Erscheinen seines Romans *Tod in Rom* war Wolfgang Koeppen bei vielen Kritikern und in den Augen der breiteren Öffentlichkeit als Autor beinahe abgeschrieben. Zu diesem Zeitpunkt war HEINRICH BÖLL (* 1917) auf dem besten Wege, breite Popularität zu gewinnen. Koeppen war von Buch zu Buch den Lesern unbegreiflicher geworden, Böll wurde ihnen von Buch zu Buch verständlicher. Böll erzählte, mit dem Akzent auf Gefühl und Mitleid, Geschichten, wie jeder sie erlebt hatte oder sie erleben konnte. Zunächst erzählte er vom Krieg, wie HANS WERNER RICHTER, WALTER KOLBENHOFF oder WOLFDIETRICH SCHNURRE. »Doch war sein Ton«, schränkt HANS SCHWAB-FELISCH die Gemeinsamkeit in seinem Aufsatz *Der Böll der frühen Jahre* zutreffend ein, »von Anfang an unverwechselbar, leise und bestimmt, weder plakativ noch schreiend, mit Anklängen eines noch zaghaften Humors, bisweilen auch weich bis zur Gefühligkeit. Zwar ist der übermächtige Einfluß Hemingways auch bei ihm zu spüren; wer damals zu schreiben begann, konnte sich ihm wohl kaum ganz entziehen. Nie aber ist Böll diesem Einfluß erlegen. Es ist kennzeichnend, wenn vielleicht auch nur der reine Zufall, daß er in der berühmten Anthologie ›Tausend Gramm‹ von Wolfgang Weyrauch nicht vertreten ist. Böll hat nie ›einen Kahlschlag in unserem Dickicht‹ unternommen, eher hat er das Dickicht mit einbezogen, es dann aber durchsichtig gemacht.«[4]

Damit ist, ganz nebenbei, der vielleicht zentrale Grund für den Erfolg des frühen Heinrich Böll genannt. Heinrich Böll war alles andere als ein Radikaler, als ein Revolutionär. Er wollte nicht ausbrechen. Er war Kleinbürger, Christ, Katholik, und das ideologische Dickicht war für ihn zweifellos eine Realität, auf die er unmöglich von außerhalb des Dickichts herabsehen konnte, an deren Stelle er sich auch nicht ohne weiteres etwas anderes vorstellen konnte. In diesem Dickicht starben und lebten die Menschen, und in seinen Augen hätte wohl ein Kahlschlag nicht zuletzt auch Menschen erschlagen. Heinrich Böll erzählt gleichsam in diesem Dickicht und für die Menschen in ihm. Die einzige Haltung war für ihn die des Mitleidens, die einzige fragwürdige Hoffnung, sich langsam herauszuarbeiten.

In *Der Zug war pünktlich* erzählt Böll von der Rückfahrt eines Soldaten an die Ostfront, von einer Reise in den sicheren Tod. In *Wo warst du, Adam?*, dem Roman, in dem erstmals in der Nachkriegszeit eine KZ-Szene geschildert wird, sind einige Soldaten und Offiziere auf dem Rückzug aus Rumänien, leidend an der schrecklichen Krankheit Krieg. Die Erzählung endet mit dem zufälligen und sinnlosen Tod des Heimkehrers Feinhals vor dem Elternhaus, getroffen von einer deutschen Granate.

Auch eine Reihe kürzerer früher Erzählungen Bölls rekapituliert die Kriegserfahrung. Sehr bald allerdings setzte sich eine für Bölls gesamtes Werk charakteristische Tendenz durch: seine Abhängigkeit von der unmittelbaren Umwelt, von dem ihn direkt umgebenden Aktuellen als Anreiz fürs Erzählen. Das Leben in der Nachkriegszeit drängte in den Vordergrund, und gerade hier das Leben im Dickicht, das Leben der

Heinrich Böll
Karikatur von Henry Meyer-Brockmann

kleinen Leute, ihre Leiden und Ausweglosigkeiten, ihre kleinen und großen Entbehrungen, ihr manchmal ganz zufälliges Glück. Wohnungsnot, Armut und Eheschwierigkeiten eines kleinen Angestellten sind in dem Roman *Und sagte kein einziges Wort* (1953), das Geschick der Kriegerwitwen und Kriegswaisen in dem Roman *Haus ohne Hüter* (1954) thematisiert. Vorher schon waren die Satiren *Die schwarzen Schafe* (1951) und *Nicht nur zur Weihnachtszeit* (1952) entstanden. Die Erzählung *Das Brot der frühen Jahre* (1955) berichtet von einem jungen Mann, der plant, sich aufs materielle Vorwärtskommen und eine vorteilhafte Heirat einzurichten, jedoch durch ein Liebeserlebnis eine ganz andere Wirklichkeit entdeckt.

Heinrich Bölls Ausgangsposition ist die Grundposition seines Erzählens geblieben. Es war die eines konventionell realistischen Erzählers, der sich bemüht, lebensnah, sorgfältig und wahrhaftig von dem zu erzählen, was das Leben um ihn her ihm vor Augen führt. Manchmal spürt der Leser, vor allem der spätere, noch die Mühe, die es den Erzähler nach eigenem Bekenntnis gekostet hat, das in seine Geschichten einzubringen, was er erfahren hatte, was für ihn Wirklichkeit war. Manchmal bricht

Sentimentalität durch. Und der Leser spürt auch, daß es für Böll Tabus gibt – die sich dann später bis zu einem gewissen Grade abgebaut haben –, die Tabus eines Kleinbürgers und Katholiken, und sie bilden in aller Gewissenhaftigkeit ein Muster ideologischer Vorurteile. Das alles aber sind negative Charakterisierungen, die Bölls Bedeutung auch und gerade in dieser frühen Zeit nicht fassen. Schon früh ist es diesem Schriftsteller zugleich geglückt, die längst fragwürdige Konvention des Erzählens, der er folgte, durch Sachlichkeit, durch Wahrhaftigkeit und so etwas wie Treue gegenüber dem Stoff, den Inhalten, der Umwelt aufzuwiegen. Im Erzählen Bölls vermittelte schon früh eine moralische Qualität die ästhetische. Mit äußerster Anstrengung darauf aus, das wahrgenommene menschlich-gesellschaftlich Wirkliche wahrhaftig, in seinen bezeichnenden Merkmalen und Zügen mitzuteilen, zeigte Böll sich fähig, es tatsächlich zu verdeutlichen, und zwar so, daß den Lesern gleichsam die Augen aufgingen. Daß dabei die relative Banalität seiner Mittel der Alltäglichkeit, ja Banalität dessen entsprach, was als Ambiente der Gefühlswelt von Bölls Helden und Figuren darzustellen war, ist ein weiterer Aspekt. Entscheidend auch für den späteren Böll aber bleibt, daß es eine moralische Qualität ist, aus der seine Erzählungen ihre ganz unbezweifelbare literarische Bedeutung ziehen. In den Satiren wird dabei die Alternative zur Nähe des Miterleidens spürbar – die Distanzierung dessen, der Wahrhaftigkeit betrogen sieht.

VARIANTEN DES MORALISCH-POLITISCHEN ENGAGEMENTS

Ebensowenig wie Böll ist SIEGFRIED LENZ ein Revolutionär, und ebenso deutlich wie Böll plädiert Lenz für das moralische Engagement des Schriftstellers. Siegfried Lenz ist neun Jahre jünger als Böll, und doch ordnet er sich, aus einiger Distanz angesehen, nicht den etwa Gleichaltrigen zu, die durchweg einige Jahre später debütierten, sondern eher BÖLL, SCHNURRE und SCHALLÜCK, den vier, sechs und neun Jahre Älteren. Der Zeitpunkt eines Debüts – 1951 mit dem Roman *Habichte in der Luft* – spielt eben eine Rolle. Und eine Rolle spielt dabei sicherlich nicht zuletzt auch der Einfluß ERNEST HEMINGWAYS, zu dem sich, wie zitiert, Siegfried Lenz so offen bekannt hat.
Außer Böll ist von den jungen Autoren der frühen fünfziger Jahre heute nur SIEGFRIED LENZ (* 1926) berühmt, in der breiteren Öffentlichkeit bekannt, und zwar vor allem dank einem Roman, der erst 1968 erschienen ist: *Die Deutschstunde.* Anders als bei Böll erscheint es aber dennoch als gerechtfertigt, Siegfried Lenz ganz und gar als Autor der fünfziger Jahre zu sehen. Sein später Bestseller-Erfolg beruht darauf, daß er, seine von Anfang an konventionelle, sogar auf vordergründige Spannung hintendierende Erzählweise beibehaltend, in der *Deutschstunde* einen historischen, von vielen jedoch als weiterhin aktuell angesehenen Stoff zugleich breit faßlich und doch mit Anspruch auf höhere Bedeutung aufbereitet hat.
Das moralische Engagement des Siegfried Lenz, von ihm selbst charakterisiert als die »stillschweigende Verpflichtung«, die »Sprache zu verteidigen und mit den Machtlosen solidarisch zu sein«[5], ist zu vage, als daß es seinem konventionell-realistischen Erzählen jene Aktualität hätte zuführen können, die Bölls Erzählen immer wieder erreicht hat. Es bleibt ein allgemeines Engagement. Lenz stellt sich seine Themen abstrakt: Verrat, Verfolgung, Flucht, Widerstand, Einsamkeit, Scheitern sind zuerst als Idee da und werden nachher, oft sehr sorgfältig und treffend, illustriert, wobei selbst

die Bewunderer von Lenz einräumen, daß er über stark typisierte Figuren kaum hinauskommt. Im Erstlingsroman spielt die zentrale Rolle ein Dorfschullehrer, der kurz nach dem Ersten Weltkrieg in Finnland mit einer Diktatur in Konflikt kommt. Was da symbolisiert werden soll, liegt auf der Hand; daß die Verallgemeinerung den Fall fragwürdig macht, ja verfälscht, ebenfalls. Der zweite Roman, *Duell mit dem Schatten* (1953), handelt von den inneren Qualen eines deutschen Offiziers, der sich im Zweiten Weltkrieg schuldig gemacht hat und den es an den Ort des Schuldigwerdens zurückzieht. Der Roman *Stadtgespräch* (1963) erzählt von den Aktionen norwegischer Widerstandskämpfer gegen die deutsche Besatzung. Folgen Romane um einen alternden Taucher und um Sportler. In der *Deutschstunde* schließlich läßt Lenz den Zögling Siggi Jepsen in einem Erziehungsheim sich erinnern an den versteckten Kampf, den zur Nazizeit sein von Pflichtbewußtsein und Untertanengeist korrumpierter Vater, ein Landgendarm, gegen den verfolgten Maler Nansen ausgetragen hat.
In seinen zahlreichen Erzählbänden – vor allem *So zärtlich war Suleyken* (1955) mit humorvollen masurischen Geschichten, *Jäger des Spotts* (1958) und *Das Feuerschiff* (1960) brachten Lenz viel Beifall – in seinen Erzählbänden ist dieser Schriftsteller seinen Möglichkeiten vermutlich näher als in den Romanen. Hier geraten die Gleichnisse glaubwürdiger, die abstrakten Themenstellungen irritieren weniger, die Konflikte stellen sich unmittelbar dar, die Flächigkeit der Figuren ist legitim, die betont unpathetische Sprache trägt. Hinzu kommt, daß Lenz mit seinen Erzählungen durchaus beispielhaft einsteht für die in den fünfziger Jahren so stark dominierenden kurzen Formen des Erzählens, die sich oft deutlicher als die Romane von den Vorbildern freimachten.
In einem Aufsatz über Wolfdietrich Schnurre (* 1920) besteht Marcel Reich-Ranicki darauf, daß der Einfluß der »angelsächsischen *short story* – zumal Hemingways« auf die Form der kurzen Erzählung in der deutschen Nachkriegsliteratur immer wieder »allzu einseitig« betont werde. »Nicht einer Mode zuliebe oder beeindruckt von einer literarischen Strömung schrieben Borchert, Böll oder Schnurre Geschichten, die bereits in der knappen Situationsschilderung die Anklage enthielten und in der sachlichen Feststellung den Protestschrei. Nach der Zeit der vielen und großen Worte, der pathetischen Gesten, der monumentalen Lüge schien die sparsame und kurzatmige Prosa am ehesten angemessen zu sein, konnte die einfache und nüchterne Sprache, die ›keuchend und kahl‹ (Schnurre) wirkte, am ehesten überzeugen.«[6] Diese Argumentation verweist noch einmal auf die Bedeutung des mißglückten, doch so bezeichnenden wie richtigen Versuchs, eine »neue Sprache« zu finden, eines Versuchs, der zweifellos die Grundlage gab für die später immer allgemeiner sich durchsetzende Neigung zu kurzen Erzählformen. Nicht daran zu zweifeln ist allerdings auch, daß dieser Versuch in die Anpassung an die schon sehr früh akklamierten Formen vor allem der amerikanischen Kurzgeschichte einmündete. Diese Anpassung ist ein zentrales Indiz für die Vergeblichkeit der Suche nach einer neuen Sprache.
Auch Wolfdietrich Schnurre schrieb weiter, vor allem Erzählungen – *Die Rohrdommel ruft jeden Tag* (1951) war die erste Sammlung, und außer *Eine Rechnung, die nicht aufgeht* (1958) und *Man sollte dagegen sein* (1960) erschien noch eine ganze Serie von Bänden. Auch die als Romane ausgegebenen erzählerischen Arbeiten wie *Als Vaters Bart noch rot war* (1958), *Das Los unserer Stadt* (1959) und *Richard kehrt zurück* (1970) sind Konglomerate aus Formen kurzer Prosa, aus Erzählung, Fabel, Parabel, Glosse. In all dieser Prosa demonstriert Schnurre, daß er neben Erschütterung und Empörung,

die ihn nach eigenem Bekenntnis 1945 zum Schreiben gebracht hatten, einzubringen hatte die vielfältigsten Einfälle, Phantasie, Humor, Verspieltheit und Ironie. Doch sein Ruf, »einer der besten deutschen Kurzgeschichtenschreiber« (Hermann Kesten) zu sein und ein »Meister« in der »Verbindung von Sozialkritik und Poesie« (Walter Jens) sicherte Schnurre doch nur eine begrenzte Wirkung. Sein sozialkritisch-politisches

Szenenbild aus dem zweiteiligen Fernsehspiel »Die Deutschstunde« (Regie: Peter Beauvais), das 1972 ausgestrahlt wurde und nach dem Roman von Siegfried Lenz entstand. Arno Assmann (links) spielte den Polizisten Jens Jepsen, der während der Nazizeit das gegen den Maler Max Nansen (Wolfgang Büttner, rechts) verhängte Malverbot überwacht. Die Figur des Malers Nansen erinnert in vielen Details an Emil Nolde, dem im Dritten Reich ebenfalls »Malverbot« auferlegt war.

Engagement äußerte sich direkter und effektiver in aktuellen Kommentaren als in seiner Prosa, die in aller Differenziertheit, in all ihrer reizvollen Widersprüchlichkeit doch zuletzt das Versprechen seiner in der ersten Nachkriegszeit entstandenen Erzählungen nicht eingelöst hat.

Auf etwas anderer Ebene zwingt PAUL SCHALLÜCKS (* 1922) erzählerisches Werk zu einer ähnlichen Schlußfolgerung. Die Themenstellungen seiner Romane zielen deutlich und treffend auf zentrale Zeitprobleme. Die Unfähigkeit, ohne Illusionen, ohne all die ständig überall erzeugten »angenehmen Lügen« zu leben, ist Gegenstand des Romanerstlings *Wenn man aufhören könnte zu lügen* (1951), dessen Hauptfigur, der Student Thomas, es mit der bedingungslosen Wahrheit versucht und dabei bis an den Rand des Selbstmords gerät. Schallück, der wie Böll schon damals in Köln lebte, tendierte als konventionell realistischer Erzähler stärker als Heinrich Böll zur Reflexion. Dabei erinnert eine Passage wie die folgende, wenn auch vage, an Techniken des inneren Monologs bei Wolfgang Koeppen:

Blind sein, unverdorben, unschuldig, wie die anderen, ehrlich oder nicht, was tut's – es ist ein Erfolg. Und du willst auf ihn verzichten?
Oh gewaltiger Erfolg der Unwissenheit, der Liebe und des Betens, ja, auch das, man vergißt sich dabei – unbewußter Erfolg der Künstler und Wissenschaftler, der Arbeitswochen und Schmorbratensonntage, des Kinos, des Radios, des Fußballplatzes, Erfolg der Bordelle, Cafés, der Mietskasernen und Einzimmerwohnungen, der ganzen, schlaflos quirlenden Großstadt, Erfolg der Zeitungen und Illustrierten, der Sensationspolitik und der politischen Sensationen, Erfolg der Diktaturen, in denen die Menschheitsmaschine unablässig rattert, und erst Erfolg der Kriege, der Sondermeldungen und Kesselschlachten, der Invasionen, Liquidierungen, Siegesfeiern, Niederlagen, Bombennächte und Leck-mich-am-Arsch-Stimmungen – in fünfzig Jahren ist alles vorbei – und auch: Erfolg der Hungersnöte und des ganzen, hundsmäßigen Nachkriegselends, der Soldatengräber, Selbstmorde, vollgepfropften Zuchthäuser, der Quäker-, YMCA- und Caritasaktionen, all der über uns hängenden Erregungen und Tätigkeiten. Oh gewaltiger, anbetungswürdiger Erfolg des Sichvergessens, des Rausches, der Beschäftigung jeglicher Art, daß man das so gründlich verdecken kann, was ich mir vorgenommen habe zu erfragen, auszustehen. Man könnte neidisch und wieder unschuldig werden. Es ist schwer, verdammt, wie schwer ist das, nicht weiterzumachen, nicht unwissend und blind zu sein.

Die reflektierenden Passagen – die überzeugendsten dieses Romans – stehen allerdings im Kontext eines manchmal fast platten Realismus, über den der junge Autor nicht hinausgelangt, den er weder konstruktiv seiner Thematik einzupassen versteht noch, wie Heinrich Böll, von konkreter Wahrnehmung her aufzufüllen, zu verdichten weiß. Er versucht es immer wieder, doch es kommen nur Unbestimmtheiten und platte Dialoge heraus.

»Tag, Erwin«, grinst die Wasserstoffblonde. »Du kennst mich wohl nicht mehr?«
»Ich dachte, du wolltest nichts mehr von mir wissen.«
»Ich? Ach, wegen dem Fernkraftfahrer? Das ist doch längst vorbei. Eigentlich habe ich immer nur an dich gedacht.«
»Wieviel hast du inzwischen gehabt?«
»Nach dem Fernkraftfahrer keinen mehr. Du hast mich lange warten lassen.«
»Trinkst du noch immer Kognak?«
»Soll ich es mir abgewöhnen?«
»Hol 'ne Flasche.«
»Aber der Kleine trinkt auch mit.«

Der zweite Roman von Paul Schallück, *Ankunft null Uhr zwölf* (1953), erzählt von Ereignissen beim Tod eines Mädchens, der folgende, *Die unsichtbare Pforte* (1954), versucht am Beispiel eines kriegsversehrten Rauschgiftsüchtigen symbolisch wiederum darzustellen, wie schwer es ist, sich von der Verführung durch Rausch und Täuschung freizumachen und die Realität der eigenen Existenz unmittelbar zu akzeptieren. Deutlicher, kompakter zielte dann der Roman *Engelbert Reineke* (1959) auf aktuelle und zugleich allgemeine Zeitproblematik, und *Engelbert Reineke* gilt schon deshalb mit gutem Grund als Schallücks wichtigstes Buch. Erzählt wird die Geschichte eines Studienassessors, dessen Vater ein Gegner Hitlers war, denunziert wurde und im KZ umkam. Dieser junge Lehrer muß sich an jener Schule, an der auch sein Vater Geschichte gelehrt hat, unter Opportunisten und Mitläufern behaupten, unter jenen Leuten, die seinen Vater praktisch auf dem Gewissen haben. Bald will er aufgeben. Doch zuletzt beschließt Engelbert Reineke, den Kampf bewußt aufzunehmen, an der Schule zu bleiben, seinem Vater nachzufolgen.

In diesem Roman erscheint die Verbindung von realistischer Darstellung und Reflexion als geglückt, wenn auch auf etwas betuliche Weise. Die bisher letzte umfangreiche erzählerische Arbeit Schallücks, *Don Quichotte in Köln* (1967), die Geschichte eines aus der Alltäglichkeit in eine Phantasiewelt ausweichenden Funkredakteurs namens Anton Schmitz, war ein Versuch, in der Zwischenzeit bekanntgewordene neue Sprechweisen sowie Techniken und Spielmöglichkeiten des Romans zu adaptieren. Das gelang nicht, blieb eine äußerliche Anpassung, die sehr drastisch auf die Widersprüche in Schallücks erzählerischer Konzeption verwies. Es ist Schallück nicht geglückt, von einem naiven Realismus aus für sein moralisches und thematisches Engagement und seinen Hang zur Reflexion die originale Erzählweise zu erarbeiten. Dies allerdings bestätigt weniger das individuelle Versagen eines Autors als die Tatsache, daß es außerordentlich schwierig, wenn nicht aussichtslos war, vom realistischen Ansatz der frühen Nachkriegszeit her die oft sprunghaften Entwicklungen innerhalb der Literatur der Bundesrepublik einzuholen.

Die realistische Erzählweise und ein jedenfalls vergleichbares zeitkritisches Interesse verweisen von hier aus auch auf DIETER MEICHSNER (* 1928), der allerdings das Romanschreiben bald aufgegeben und in den optischen Medien, vor allem im Fernsehen ein geeignetes Feld für seine Ambitionen gefunden hat. Meichsners erster Roman *Weißt du, warum?* (1952) versuchte die Abrechnung mit der Nazivergangenheit, sein zweiter und letzter Roman *Die Studenten von Berlin* (1954) illustriert in der Darstellung von einem halben Dutzend Studentenschicksalen die deutsche Spaltung. Der Übergang zu anderen Medien war in Meichsners Fall nur konsequent.

Auch ROLF SCHROERS (* 1919) hat den Roman als Medium seines existentialistisch orientierten Engagements, der zeitkritischen Abwehr von überwältigenden Anpassungszwängen frühzeitig aufgegeben. Sein Erstling *Der Trödler mit den Drahtfiguren* (1952) wie der Roman *Jakob und die Sehnsucht* (1953) sind verschollen; in Erinnerung geblieben ist Schroers »Beitrag zur politischen Anthropologie« unter dem Titel *Der Partisan*, in dem er seine Vorstellung von der Notwendigkeit des persönlichen Widerstands umrissen hat; in Erinnerung geblieben sind ferner streitbare zeitkritische Essays, von eben diesem Standpunkt aus geschrieben.

Bleibt ein Prosabuch hervorzuheben, das – ungemein zurückhaltend für die Zeit – als »Bericht« firmierte, jedoch in seiner Konsequenz, seiner Gespanntheit, seiner Aussage das meiste der zahlreichen Erzählversuche Anfang der fünfziger Jahre aufwog und einen eigenen realistischen Anspruch konstituierte: *Die Kirschen der Freiheit* (1952) von ALFRED ANDERSCH (* 1914). Im Nachwort zu einer Ausgabe 1968 schrieb MARTIN GREGOR-DELLIN: »Als ›Die Kirschen der Freiheit‹ erschienen, es war 1952 – man erinnere sich: Kalter Krieg, Stalin-Note, beginnende Konsolidierung und Restauration im deutschen West-Staat, Höhepunkt des Ulbricht-Terrors im Ost-Staat –, da nannte Heinrich Böll dieses Buch einen ›Trompetenstoß in schwüler Stille‹. Diese Stille hieß drohende Remilitarisierung und daher Verschweigen der entschiedenen Anti-Kriegs-Literatur, während – wie Heinrich Böll schrieb – ›die milde Kriegsliteratur der Romantiker, die Memoiren der Generäle heftig begehrt wurden‹. Es gehörte also schon wieder Mut dazu, die Geschichte einer Desertion zu veröffentlichen.«

Für Andersch – MAX BENSE hat von ihm gesagt: »Die Flucht, an die dieser Autor denkt, wird immer eine Flucht in die Welt, in den Bereich der anderen, in die Gesellschaft, in das Dasein, in das Leben sein« – für Andersch ging es um Rechenschaft und um die objektivierende Reflexion einer einmal getroffenen, seither existenzbestimmenden Entscheidung. Der Realismus seines Berichts erreichte eine andere Dimension als die literarischen Realismen ringsum. Sein Versuch, »einen einzigen Augenblick der Freiheit zu beschreiben«, hat bis heute eine aufklärende Konsequenz, die über die Entstehungszeit des Textes hinausweist und die Andersch in seinen späteren Erzählungen und Romanen nur noch sehr bedingt erreicht hat. Daß der autobiographische

Alfred Andersch

Bericht ein nicht verschlüsselndes, ein deshalb konkreteres Erzählen sein kann, dem sich die Reflexion ohne weiteres integriert – diese schon vorher und auch später in der Literatur immer wieder aufblitzende Möglichkeit von Literatur hat in den *Kirschen der Freiheit* eines ihrer fesselndsten Exempel.

Für die Prosa von Wolfgang Koeppen und Heinrich Böll, von Siegfried Lenz, Schnurre, Schallück wie Alfred Andersch gibt es Anfang der fünfziger Jahre zwei gemeinsame Nenner: Realismus und Engagement. Beides sind keine eindeutigen Nenner. Der Realismus Koeppens ist, aktuellste Schreibtechniken souverän ausspielend, dem aller anderen weit voraus. Alfred Andersch hat den rigorosen autobiographischen Realismus seines Desertionsberichts nie wieder riskiert. Trotz der teils unverkennbaren, ja bestimmenden Abhängigkeit von jenem Realismus und jenem Engagement, wie sie in der frühesten Nachkriegszeit, vor allem im *Ruf*, gefordert worden waren, zeigt sich in allen genannten Erzählungen und Romanen ein Interesse für die aktuelle Realität der sich etablierenden Bundesrepublik, das sie jedenfalls im Rückblick deutlich auf die folgenden Jahre bezieht. Auch deshalb, weil diese und einige andere Schriftsteller der dominierenden Produktion der älteren Generation ein spürbares, auf die öffentlichen Vorstellungen von Literatur sich auswirkendes und diese nach und nach immer stärker bestimmendes Gegengewicht schufen.

DIE AUSEINANDERSETZUNG MIT HITLERS KRIEG – ZWEITE PHASE

Nach in den fünfziger Jahren verbreiteter Auffassung erreichte ein realistisches Erzählen, in dem der Impuls des moralisch-politischen Engagements zurückgedrängt war oder ganz fehlte, eine größere Objektivität und war deshalb anzustreben. Daß es sich anders verhält, daß schon damals das moralische Engagement die letzte Rechtfertigung einer literarischen Form bedeutete, die längst historisch geworden war und prinzipiell abgewirtschaftet hatte, ist inzwischen jedenfalls viel leichter zu begründen, als es damals möglich gewesen wäre. Daß nämlich »Objektivität« meist eher noch folgenreicher als Subjektivität abhängig bleibt von als solche häufig gar nicht erkannten ideologischen Bestimmungen, die keineswegs die Wahrheit selbst bezeichnen – bis zu solch auf den ersten Blick deprimierender Einsicht stießen in den fünfziger Jahren nur sehr wenige vor. Inzwischen ist sie auch in der breiteren Öffentlichkeit nicht mehr völlig unbekannt.

Diese Problematik drängt sich hervor, wo es um das Erzählen aus dem Zweiten Weltkrieg geht, das in den fünfziger Jahren unter den verschiedensten Vorzeichen in Mode kam. Es repräsentiert eine zweite Phase des Erzählens aus dem Krieg. Sie steht durchaus in Beziehung zur veristischen Konzeption HANS WERNER RICHTERS und WALTER KOLBENHOFFS, deren wichtigste Romane bereits Ende der vierziger Jahre vorlagen, sie ist zu sehen vor dem Hintergrund der Romane THEODOR PLIEVIERS, und das Erzählen von SCHNURRE, BÖLL und SIEGFRIED LENZ, die selbst wiederholt auf diesen unabsehbaren Stoff zurückkamen, blieb gerade hier nicht ohne Einfluß. Doch viele der nunmehr erscheinenden Erzählungen aus dem Krieg brachten ganz direkt auch Vorstellungen etwa ERNST JÜNGERS ein, Traditionen wurden aufs neue berufen, und nicht selten wurde bereits nicht gerade Hitlers Krieg selbst, doch das Soldatsein grundsätzlich und selbst das Soldatsein in einem verbrecherischen Krieg gerechtfertigt. Von hier aus war manchmal der Weg nur kurz zu neuer Apotheose der Tapferkeit, des Mutes, des Heldentums. Diese Tugenden, wacker vollzogen, leuchteten einer Mehrheit immer noch und schon wieder jedenfalls eher ein als etwa die sogenannte Fahnenflucht.

In *Woina, Woina* (Krieg, Krieg) von CURT HOHOFF (* 1913) schon, dem 1951 erschienenen Tagebuch vom Kampf an der Ostfront und der Niederlage, das manche als Roman, die meisten jedenfalls als ein bedeutendes Prosawerk lasen, besteht der Berichterstatter, gläubiger Katholik, den Krieg als etwas von Gott Geschicktes, über das sich grundsätzlich nicht rechten läßt – »er hat ihn zugelassen, wer weiß weshalb«. Für Hohoff profilieren sich im Kampf, in dem die »Ideale der Partei« wie ein Firnis abblätterten, die »Tugenden des kleinen Mannes: Anstand, Kameradschaft, Treue«. Weiter heißt es da:

> Es war das gleiche Gefühl, welches die Armee zusammenhielt und im Kampf um Stalingrad mythisch wurde – bis dann plötzlich das Ganze, die Gemeinschaft, weil sie sich verlassen sah in der Einsamkeit der Schneefelder an der Wolga, aufgelöst in zahllose Einzelne ohne Trost, unterging, die Erde nichts Schönes mehr für sie hatte. Der Glaube an den Sinn der Geschichte, welche ja keine Sache der Zeit, sondern der Gemeinschaft ist, ging damals dem Volk veroren, und darum kam der Zusammenbruch so folgerichtig.

Der Mystizismus liegt auf der Hand, und er ist sehr viel schauriger als sonstige Ausflüchte ins Höhere und Metaphysische. Hohoff erscheint der Krieg prinzipiell als keineswegs sinnlos, auch dieser Weltkrieg nicht. Zwar war die Führung schlecht, doch ansonsten hatte man manchmal sogar Hölderlin im Tornister gehabt, an Gott geglaubt und Leiden und den Tod der Kameraden mit männlicher Ungerührtheit ertragen.

1953 erschien *Die sterbende Jagd* von GERD GAISER (* 1908) – Roman der Jagdflieger im Zweiten Weltkrieg, Roman einer Elite von Offizieren, die heroisch und als Individualisten, nobel und ritterlich und mit Verachtung für die Masse im Krieg den Höhepunkt ihres Lebens bestehen. *Die sterbende Jagd* war eines der erfolgreichsten Bücher der fünfziger Jahre. Die zeitgenössische Kritik bestätigte Gaiser, er habe als einziger jüngerer Autor »die Errungenschaften der neuen Ausdruckswelt mit den traditionellen Erfordernissen der Erzählung in Einklang« gebracht (Günter Blöcker). Sie stellte fest: »Gerd Gaisers Prosaepos über den Untergang eines deutschen Jagdfliegerkorps steht auf einsamer Höhe, es ist gewiß das beste Kriegsbuch in Romanform überhaupt« (Hans Egon Holthusen).

An der Rezeption dieses Romans und der übrigen Kriegserzählungen Gaisers, ebenfalls seiner Kritik an der bundesrepublikanischen Nachkriegsgesellschaft, die Gaiser – vor allem in dem Roman *Schlußball* (1958) – von dem in seinen Kriegserzählungen sich artikulierenden Standpunkt aus betrieb, ließe sich geradezu darstellen, wie abhängig von vergangenen Idealen die herrschende Meinung in Sachen Krieg, Lebenssinn und Menschlichkeit noch war, wie langsam sie sich wandelte. Zunächst also vorwiegend Enthusiasmus. Bei KARL AUGUST HORST zeigen sich einige Jahre nach Erscheinen des Romans erste kritische Vorbehalte. Er wandte gegen Gaisers »großartiges Gemälde fliegerischer Erlebnisse und charakteristischer Typen«, gegen seine Apotheose des Kriegsabenteuers, vor dessen Hintergrund Gaiser Nachkrieg und Wiederaufbau als ärgerliche Fatalitäten erschienen, immerhin soviel ein: »Freilich stellt der homerische Einzelkampf am Schluß das Massensterben auf dem Rückzug im Osten und in den zerbombten Städten diskret in den Schatten.« Und soviel zu Gaisers gedanklicher Basis: »Er sucht das Bindeglied zwischen den Epochen in der Permanenz des Bodens, in den Sagen, die einen Ort umwittern, in Fluch und Zauber, die sich durch Generationen forterben. Den eigentlichen Sündenfall in die Geschichte datiert er von dem Augenblick an, da sich der Mensch Ziele setzt, die über seine natürlichen Bedürfnisse hinausreichen, da er sich von dem angestammten Boden löst und in die Naturbedingungen verändernd eingreift. Gaiser verschleiert die Tatsache, daß die Natur keine eigene Geschichte hat, sondern daß sie ihr vom Menschen zugeschrieben wird.«[7] Boden-Mystik also, und das Blut direkt dabei.

Mit unzweideutiger Prägnanz aber hat erst MARCEL REICH-RANICKI, und zwar erst 1963, analysiert, was Kritik und Öffentlichkeit hier so sehr bewundert und mit Preisen bedacht hatten: eine Literatur, die sich nicht nur auf den Mythos des Bodens berief, sondern sich in einem verhalten – eben »modern« – vorgetragenen Herrenmenschen-Mythos unmittelbar der Nazi-Ideologie anschloß. Eine Literatur, die den Krieg rühmte als das große Abenteuer, als romantisches Erlebnis und Medium hoher Prüfung, die einer durchaus verächtlichen plebejischen Masse den noblen Führermenschen entgegensetzte. Gaisers 1941 erschienenen Gedichtband *Reiter am Himmel* zur Verdeutlichung seiner Interpretation zitierend, schrieb Reich-Ranicki: »Gaiser glaubte tatsächlich, das deutsche Volk, Europas Gewissen, sei berufen, andere Staaten zu zerstören, um als führende Macht die Welt neu zu ordnen. Es kann angenommen werden, daß er tatsächlich an alles, was er in diesen Versen predigte und verkündete, geglaubt hat. Der Untergang des von ihm gepriesenen Systems mußte ihn daher besonders schmerzlich treffen. Die nationale Katastrophe war zugleich seine persönliche Katastrophe. Damit ist das Erlebnis des Schriftstellers Gaiser bezeichnet, das sein Gesamtwerk geprägt hat. Seine Romane und Erzählungen zeugen davon, daß er den Zusammenbruch des Reiches und den Ausgang des Krieges, die praktische Widerlegung seiner Ideale und die Kompromittierung seines Weltbildes nicht zu überwinden vermochte.«[8]

Bei dem allen gesteht selbst Reich-Ranicki Gaiser noch große erzählerische Qualitäten zu, Qualitäten, die inzwischen allerdings ebenfalls sehr fragwürdig geworden sind. Was in der *Sterbenden Jagd* als Genauigkeit, Farbigkeit und Dichte der Wiedergabe von Vorgängen, Stimmungen, Atmosphäre wirkte, ist wohl tatsächlich sehr nahe am edlen Kitsch, solchem mit verhalten rhythmischen Versetzungen im Sprachfluß, kolorierenden Verwischungen und delikatem Stabreim-Anklang. Die Hervorhebung einzelner, nicht etwa gezielt ausgewählter, sondern den Gesamtduktus dieser Prosa spiegelnder Sätze und Satzfolgen macht das ohne weiteres deutlich: »Plötzlich sah er die Seinen. Sie kamen den Bombern gerade entgegen, ihre Position war nicht gut, sie mußten gegen die Sonne angreifen. Sofort nahm er Richtung auf sie...« – »Aber noch immer grollten im Abflug nach Westen wie weichende Fronten von Donner die Geschwader der großen Bomber über der See.« – »Frenssen wehrte den Fragen nicht, er forderte sogar auf zu fragen. Sie erlaubten sich beispielsweise zu fragen: Wie sieht es mit den neuen Waffen aus? Wann werden sie eingesetzt? Von neuen Waffen, sagte der Gast ohne Wärme und sandte seinen Blick geradeaus: Von neuen Waffen weiß ich nichts und verlasse mich auch nicht auf sie.«

Ernst Jünger sehr nahe, repräsentiert Gaiser, was man auf lange als den objektiven künstlerischen Höhepunkt jener Erzählungen und Romane der fünfziger Jahre empfand, die vom Zweiten Weltkrieg berichteten. Eine quantitativ größere Wirkung hatte wohl nur Hans Helmut Kirst (* 1914), der von 1933 bis 1945 Berufssoldat gewesen war und es von vornherein darauf anlegte, populäre Unterhaltung zu liefern. In seiner *08/15*-Trilogie, die ab 1954 erschien, kritisierte er die Verhältnisse in der deutschen Wehrmacht mit jener Art Drastik, die seinen Lesern dennoch die Erinnerung an die eigenen Erlebnisse nicht verdarb. Noch zwei weitere Autoren und Bücher zumindest seien hier, unter dem Stichwort Erfolg, erwähnt. So wurde Willi Heinrich (*1920) mit seinem durchaus kritisch ansetzenden Kriegsroman *Das geduldige Fleisch* (1955) nahezu weltberühmt. Wolfgang Ott (* 1923) schrieb mit *Haie und kleine Fische* (1956) den Roman des deutschen U-Boot-Kriegs, in dem er die Grausamkeit des Seekriegs in damals schockierender Drastik darstellte.

Große Beachtung, und zu Recht, fand bei seinem Erscheinen auch der Roman *Letzte Ausfahrt* (1953) des Österreichers Herbert Zand (1923–1970), die Schilderung einer Kesselschlacht, in der das ausweglose Eingekesseltsein zum Bild des totalitären Staates in seiner extremsten Erscheinungsform wird. *Vor dem großen Schnee* (1956) von Hans W. Pump (1915–1957) riskierte die Darstellung eines deutschen Soldaten zwischen den Fronten: dieser vertraut einem jungen Russen und gewinnt sein Vertrauen und gerät damit in eine Situation, in der er so oder so zum Verräter werden muß. Michael Horbach (* 1924) schildert in dem sehr einfallsreich komponierten Roman *Die verratenen Söhne* die Ausweglosigkeit einer Kampfgruppe im Osten auf dem Rückzug und läßt sie zum Bild verstörter, zerrütteter Existenz werden.

Gert Ledig (* 1921) kommt mit seinem Roman *Die Stalinorgel* (1955), der in simultaner Darstellung die Schrecken des technisch perfektionierten Kriegs auffächert, und dem Roman *Die Vergeltung* (1956), der mit entsprechender Intention den Luftangriff auf eine deutsche Stadt schildert, am ehesten noch der von der Neuen Sachlichkeit aus entwickelten Montagetechnik Theodor Plieviers nahe, obwohl er nicht von Doku-

Gert Ledig

Jens Rehn

Gerd Gaiser

menten ausgeht, sondern von seiner Augenzeugenschaft. Ledig wollte die Abschrekkung durch Schock, und er setzte dazu bewußt experimentierend schreibtechnische Mittel ein, auf knappe und intensive Bilder, Überblendungen und Kontraste zielend. Die Schrecken sind schonungslos, gefühllos, extrem sachlich dargestellt. Das Unpersönliche der Darstellung spiegelt jedoch nicht die Haltung des Autors, repräsentiert nicht sozusagen eine Weltanschauung, die – wie z. B. bei Ernst Jünger – das Registrieren als Medium einer eher inhumanen Souveränität verwendet. Es ist, indem es die objektive Konsequenz der Massierung technischer Zerstörungsmittel rigoros profiliert, jedenfalls tendenziell Medium der Warnung vor einem Ungeheuren.
Die umfangreiche Erzählung *Nichts in Sicht*, mit der Jens Rehn (eig. Otto Jens Luther, * 1918) 1954 debütierte, abstrahiert aus dem Kriegserlebnis – damit Anregungen der Existenzphilosophie aufnehmend – die Grenzsituation, um sie detailliert auszuschreiben. Das Nichts in *Nichts in Sicht* hat einen Doppelsinn: Aus der Situation eines deutschen U-Boot-Matrosen und eines amerikanischen Fliegers, die 1943 zusammen in einem Schlauchboot im Atlantik treiben, bezeichnet es die simple Tatsache, daß kein Land, kein Schiff in Sicht kommt, das sie aufnehmen und retten könnte, aber es verweist dabei unmißverständlich auf das andere Nichts, das Nichts selbst. Die beiden Treibenden werden nicht gerettet. Auch in dem Roman *Feuer im Schnee* (1956) ist der Krieg ein Zustand, in dem sich existentielle Ausweglosigkeit verdeutlicht. In den letzten Kriegstagen reitet ein alter Mann gegen den alles mitschwemmenden Flüchtlingsstrom in die falsche Richtung, nach Osten, auf seine Vergangenheit zu, die er jedoch nicht erreicht. Sein Kompaß versagt, und im Kreis kehrt er zu dem Punkt zurück, von dem aus er sich dem Sog entgegenzustemmen und seine Vergangenheit wiederzufinden versucht hatte. In dem Roman *Die Kinder des Saturn* (1959), nach dem Jens Rehn nur noch kürzere Arbeiten veröffentlicht hat, imaginiert der Autor die zukünftige Katastrophe und die Zeit danach, nach dem Atomschlag.

Jens Rehns Thema ist die existentielle Grenzsituation. Der Krieg ist sein Thema nur insofern, als er die Voraussetzungen für das Erreichen der Grenzsituation gibt und ihre Bedeutung hat bewußt werden lassen. Damit führen die Erzählungen und Romane dieses Autors aus der Auseinandersetzung mit dem Krieg und seiner Wirklichkeit hinaus und hin zur Auseinandersetzung mit einem An-Sich, mit der Existenz an sich. Das ist einer der Wege, ein damals ungemein aktueller, auf dem Autoren sich von der Kriegsbeschreibung entfernten.

Es hat in den fünfziger Jahren eine unüberschaubare Zahl von Erzählungen aus dem Krieg gegeben. Und ganz allgemein bleibt dabei festzuhalten: Was in GAISERS *Sterbender Jagd* sich in sozusagen kultivierter und kunstvoller Distanzierung mitteilte, das Herrenmenschen-Bewußtsein, das schlug im Schatten des Antikommunismus in diversen anderen, zum Teil außerordentlich erfolgreichen Epopöen ganz massiv durch, jedenfalls im Verhältnis zu den »bolschewistischen Untermenschen«. Es erschienen immerhin auch *Der Arzt von Stalingrad* (1955) von HANS G. KONSALIK (* 1921), *Soweit die Füße tragen* (1954) von JOSEF MARTIN BAUER (1901–1970) und neue, doch keineswegs neu orientierte Romane von EDWIN ERICH DWINGER (* 1898), der in der Nazizeit den Gipfel seines Ruhms erreicht hatte. Daneben wurde der Krieg unablässig verwendet auch als beliebter Schauplatz einer mit allen gängigen Klischees gespickten Konsumliteratur. Diese ist nicht Gegenstand der Darstellung; was nicht sagt, daß sie sich als Material zur Untersuchung des in den fünfziger Jahren vorherrschenden falschen Bewußtseins nicht geradezu aufdrängt.

Was die bewußte, die literarisch und moralisch verantwortliche Auseinandersetzung mit dem Krieg betrifft, gaben schon die Erzählungen und Romane von JENS REHN einen Hinweis darauf, daß und wie sie in den fünfziger Jahren über den »Gegenstand« Krieg hinausdrängten. Die große erzählerische Analyse, die im umfassenden Überblick die historischen und gesellschaftlichen Voraussetzungen des Zweiten Weltkriegs freigelegt hätte, fand nicht statt. Sie war schon damals auch nicht zu erwarten gewesen, weil der damals progressivste Literaturbegriff sie nicht stimulierte, ja wohl nicht einmal zugelassen hätte. Auf Leistungen in der Art Tolstojs oder auch nur in der Art, in der ARNOLD ZWEIG den ersten »großen Krieg der weißen Männer« im Grischa-Zyklus dargestellt hatte, hoffte man vergebens. Sie wären weder im Sinn der mythisch, metaphysisch und allgemein humanistisch orientierten Literatur der älteren Generation gewesen, noch im Sinn der »jungen deutschen Literatur der Moderne«.

Bis nahe an die Gegenwart heran, ja bis in die Gegenwart ist der Zweite Weltkrieg Gegenstand und Thema der Literatur geblieben, jedoch in vielfachen Brechungen, die es nahelegen, die Erzählungen und Romane unter anderen Aspekten zu verzeichnen. Am ehesten sind noch Erzählungen wie in dem Band *Wölfe und Tauben* (1957) und dem Roman *Wunschkost* (1959) von HANS BENDER (* 1919) sowie der Roman *Zwischen zwei Feuern* (1960) von JOSEF W. JANKER (* 1922) der Auseinandersetzung mit Hitlers Krieg in den fünfziger Jahren zuzurechnen. Aber auch die Romane von GÜNTER GRASS führen sie fort. Die *Schlachtbeschreibung* (1966) von ALEXANDER KLUGE (* 1932), die fiktive Mittel, aber auch Dokumente zur Beschreibung des Untergangs der 6. Armee vor Stalingrad verwendet, führen sie fort – und mancher andere erzählerische Entwurf noch. Der Krieg war eine zentrale Erfahrung der damals jungen Generation, und er spielte direkt oder indirekt in den meisten Prosaarbeiten eine Rolle. Bis heute kommt die Erinnerung an ihn, oft als Kindheitserinnerung, immer wieder hoch und drängt sich dem Erzählen auf. Gerade hier zeigt sich allerdings bei

8/15

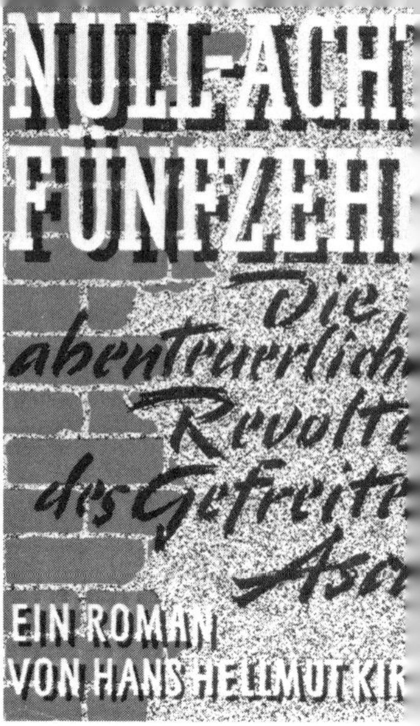
NULL-ACHT
FÜNFZEH
Die
abenteuerlich
Revolte
des Gefreite
Asc
EIN ROMAN
VON HANS HELLMUT KIR

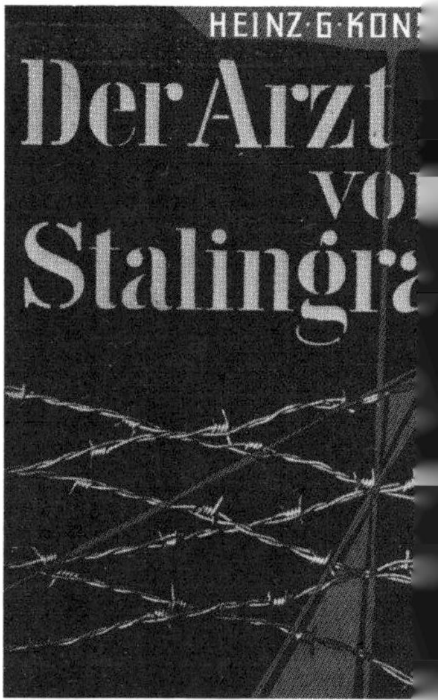
HEINZ G. KON
Der Arzt
vo
Stalingra

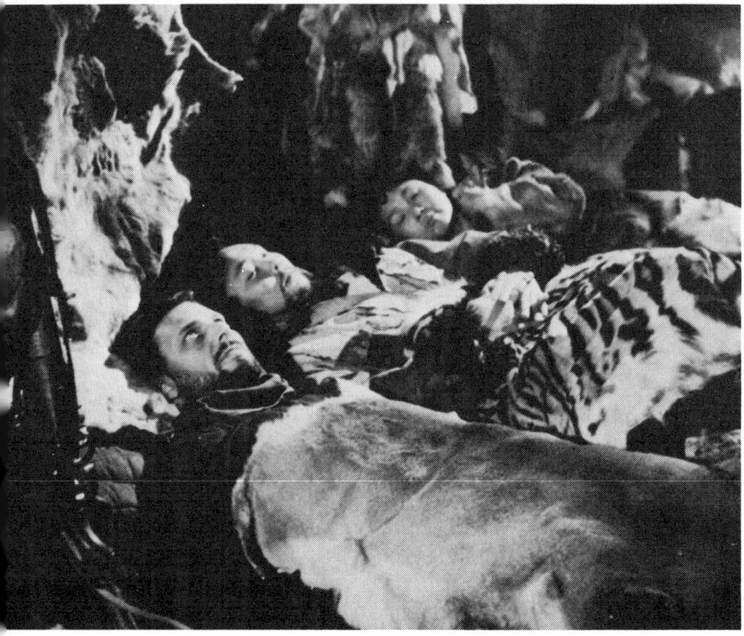

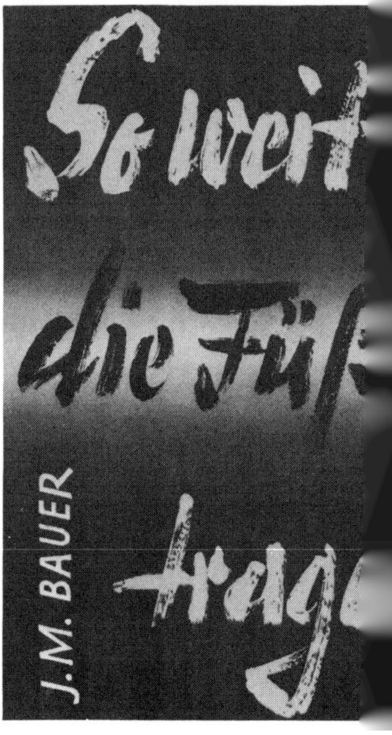
So weit
die Füß
trag
J.M. BAUER

genauerem Zusehen, daß die Aufgliederung einer Literatur nach Stoffen und Themen – ob es sich da nun um den Vater-Sohn-Konflikt, die Ehe, den Widerstand in Nazideutschland oder die Teilung Deutschlands handelt – nur bedingt und partiell informativ ist. Mitte der fünfziger Jahre hatte die Auseinandersetzung mit dem Zweiten Weltkrieg eine solche Bedeutung, gerade auch weil sie einer reaktionären Literatur und der Trivialliteratur als der dominierende, Erfolg garantierende Stoffbereich galt, daß hier die stofflich-thematische Orientierung herausgestellt werden muß. Deshalb bleibt aber doch die Art und Weise der Darstellung für eine Literaturgeschichte der primäre Aspekt und muß die Aufgliederung einer Beschreibung des Gegenstands Literatur in einem bestimmten Zeitabschnitt bestimmen. Von ihr her verdeutlicht der Gegenstand, die Literatur und das in ihr sich darstellende Bewußtsein, sich zuverlässiger auch im Hinblick auf Stoffe und Themen. Verdeutlicht sich die Tatsache, daß menschliche Gesellschaften von den Vorstellungen, den Sichtweisen, den Formen des Wahrnehmens, Sprechens und Darstellens stärker abhängen als von den Sachen selbst. Ob und wie diese in einer Gesellschaft erscheinen, wird von jenen bestimmt. Und unter anderem auch von der Literatur, deren Bedeutung darin zu suchen ist, daß sie die Vorstellungen, Sichtweisen und Formen der Wahrnehmung verändern kann.

NEUE FLUCHTWEGE AUS DER WIRKLICHKEIT

Es ist ein bezeichnendes Moment der Prosa der fünfziger Jahre und über sie hinaus, daß die Autoren immer neue Versuche machten, solche Veränderung zu bewirken. Der in den ersten Jahren noch schwache Impuls, durch eine neue Sprache zu einer anderen Wirklichkeit zu gelangen, konkretisierte sich nunmehr immer deutlicher dahin, die Sachen zunächst einmal mehr oder weniger grob in ein anderes Licht zu rücken, sie aus der traditionellen, meist auch politisch reaktionären Sicht herauszubrechen. Dazu schien das Instrumentarium der »jungen deutschen Literatur der Moderne«, kein neues, doch ein gegenüber der unmittelbaren Vergangenheit dennoch spektakulär modern wirkendes Instrumentarium, vorzüglich geeignet. Es erwies sich allerdings auch, daß bei solchen Unternehmungen das Bewußtsein, am Ziel zu sein, sich manchmal allzu früh einstellt.

Damit rücken neben jenen von Koeppen, Böll und Alfred Andersch die Prosaarbeiten auch von Walter Jens (* 1923), Wolfgang Hildesheimer (* 1916), Max Frisch (* 1911) und Hans Erich Nossack (* 1901) in den Vordergrund. Zunächst ist, aus verschiedenen Gründen, von Jens und Hildesheimer zu berichten.

Obwohl Walter Jens (* 1923) der jüngste der gerade genannten Autoren ist, blieb seine Prosa am deutlichsten bezogen auf die Traditionen der Moderne, die er in seinem schon mehrfach erwähnten Überblick *Deutsche Literatur der Gegenwart* enthusiastisch apostrophierte, ja sie fiel sogar am offenkundigsten hinter die in ihnen gegebenen Möglichkeiten zurück. Grund dafür war vielleicht die außerordentliche Vielseitigkeit des jungen Literaten, die ihn prädestinierte, den Brückenschlag zwischen den Generationen und Zeiten, die Rundum-Synthese für möglich zu halten. Grund dafür war eine Neigung, die man bei einem Autor, der lange Zeit als ein Repräsentant der »Gruppe 47« galt, am wenigsten vermutet. Joachim Kaiser hat es bei Gelegenheit freundschaftlich so umschrieben: »Aber wie läßt sich denn nun die Eigenart des Jensschen Werkes bestimmen? Es gibt einen Schlüssel, er heißt: Eleganz. Für diesen Autor

Deutsche Wehrmacht und Zweiter Weltkrieg – in den fünfziger Jahren als Filmthema so erfolgversprechend wie als Romanstoff; Oben: Die »08/15«-Trilogie wurde zum dreiteiligen Film (1954/55; Regie: Paul May; Buch: Ernst von Salomon); Mitte: »Der Arzt von Stalingrad« entstand 1957 (Regie: Geza von Radvanyi; Buch: Werner P. Zibaso; mit O. E. Hasse und Hannes Messemer); Unten: »So weit die Füße tragen« wurde 1959 als mehrteiliges Fernsehspiel ausgestrahlt (Buch und Regie: Fritz Umgelter).

haben die Versuchungen der Trümmerliteratur nie bestanden. Zwar gehört er der ›Gruppe 47‹, einem Freundschaftskreis meist realitätszugewandter Literaten an, aber er ist poeta doctus geblieben. Jens schätzt Perioden und Pointen, er schreibt Sätze, die klingen und bezwingen, die wohlgeordnet und wohlgespannt auseinander hervorgehen. Nicht die lähmende Macht des Bestehenden gefährdet unseren Autor, sondern eher die Verführungskraft selbstzufriedener Rhetorik.«[9]

Nach der 1948 erschienenen Erzählung *Das weiße Taschentuch*, in der ein Student erkennt, daß die Wehrmacht nur deshalb dunkle Taschentücher ausgibt, weil weiße es erleichtern könnten, sich dem Feind zu ergeben, und in der dem Studenten an diesem Beispiel die Unmenschlichkeit des Systems deutlich wird, erschien der Roman *Nein – die Welt der Angeklagten* (1950), der Walter Jens bekannt machte. Der Roman spielt in der Zukunft und erzählt von der Liquidation des letzten Individualisten in einem totalitären Staat. Die Vorbilder des Autors dürften dabei George Orwell und Hermann Kasack gewesen sein. Nun folgte zunächst rasch Buch auf Buch. Die Erzählung *Der Blinde* (1951) stellt in den Mittelpunkt einen erblindeten Lehrer und legt es darauf an, symbolisch das Individuum und seine Selbstbehauptung in einer dunklen, sinnleeren Welt zu zeigen. *Vergessene Gesichter* (1952) schildert virtuos und gefällig den skurrilen Gespensterreigen der Bewohner eines französischen Altersheims für Schauspieler.

Auch in dem Roman *Der Mann der nicht alt werden wollte* (1955) beschäftigt sich der damals 32jährige Erzähler mit dem Alter: der emeritierte Ordinarius für deutsche Literaturgeschichte Friedrich Jacobs schreibt in ständiger Reflexion auf sich selbst die Geschichte des Schriftstellers Wolfgang Bugenhagen, deren Herausgabe der Studienrat Obergefell nach dem Tod Jacobs' verweigert, um Jacobs' Ruf nicht postum zu schädigen, worauf Jens sie vornimmt. Es handelt sich um einen Roman, in dem der Autor vor die Geschichte verschiedene Erfahrungsebenen wie Linsen setzt, um so die Geschichte zu distanzieren und sie zugleich durch eine Art Spiegeleffekt zu intensivieren. Ein Verfahren, das an Techniken des Romanautors Wieland erinnert, der denn auch verschiedentlich erwähnt wird: Jacobs hat seinen Ruf als Literarhistoriker mit einer Wieland-Biographie begründet.

1957 folgte *Das Testament des Odysseus*, eine Novelle, in der Odysseus zum Träumer und Weisen avanciert und die Überlieferung abstrakt auf ihren vorgeblichen Kern reduziert wird. Die Tat weicht der Liebe zu Büchern. Odysseus, greiser und spätzeitlicher Rhetor, verkündet eine Jenssche Weisheit: »Wie leicht ist ein Sieg, und wie schwer wiegt ein Satz!« In Wahrheit erklärt sich die Intention seines Lebens von hierher: »Noch heute überkommt mich ein Rausch, wenn ich daran denke, wie ich zum erstenmal eine Litotes verwandte und, im gleichen Satz, den Faden mit einem kühnen Anakoluth wieder aufnahm.«

In der Zwischenzeit war Walter Jens Professor für Klassische Philologie (später auch für Allgemeine Rhetorik) in Tübingen geworden, hatte er Ruhm als Essayist und Literaturkritiker gesammelt, hatte er zahlreiche Hörspiele verfaßt. Jens war ein Allround-Literat und dabei stets auch ein Allround-Anreger – das ist sein Verdienst, und das machte ihn zu einer Hauptfigur des Literaturbetriebs bis Mitte der sechziger Jahre. Seiner eigenen Produktion allerdings, die 1957 zunächst abbrach, bekam das nicht sehr gut. Das als *Dialog über einen Roman* firmierende Buch *Herr Meister* (1963), das noch einmal eine gewisse literarische Autonomie beansprucht, enthält eine melancholische Absage an die Literatur. Fragt sich, ob die Konsequenz, mit der Jens sich seither von der Literatur fernhält, endgültig ist oder ob von ihr her ein Neuansatz sich vorbereitet.

Obwohl erst 1973 unter dem Titel *Masante* sein jüngstes Buch erschien, stellt sich im Fall der Prosa WOLFGANG HILDESHEIMERS (* 1916) die Sache ähnlich dar. Hildesheimer, geboren in Hamburg, zur Hitlerzeit emigriert, während des Krieges britischer

Illustration von Paul Flora zu Wolfgang Hildesheimers Erzählung »Gregor Rutz und der Existentialismus« aus dem Band »Lieblose Legenden« (1952).

Informationsoffizier in Palästina, hatte als Simultandolmetscher am Nürnberger Prozeß teilgenommen und danach zunächst zu malen begonnen. 1952 wurde er durch seine *Lieblosen Legenden* bekannt, die er 1961 in einer gründlich redigierten Fassung neu herausbrachte. Es sind dies durchweg sehr amüsante und nicht eben schwergewichtige Geschichten; »sie appellierten an Schadenfreude und komplizenhaftes Einverständnis, verschrieben jenes Gran Bösartigkeit, das den Humor heutzutage anschwärzt und vorm Biertischgelächter bewahrt: eine Prise vom Salz der Kritik und von der Resignation über ihre Vergeblichkeit« (Roland H. Wiegenstein). Es folgte der Roman *Paradies der falschen Vögel* (1953), eine unterhaltsam-geistreiche Künstlergeschichte, die allerdings nur Zwischenspiel blieb. Hildesheimer legte es darauf an, seiner Position größeres Gewicht zu verschaffen, und er fand sein Medium zunächst im absurden Theater, in dem er »weniger eine Rebellion gegen eine hergebrachte Form des Theaters als gegen eine hergebrachte Form der Weltsicht« sah. Das läuft – anders als bei Jens, doch prinzipiell ähnlich – auf Verweigerung der Aussage durch

absurde Aussage hinaus. Und es läuft – nunmehr Kafka, Ionesco und Beckett im Rücken – auf vieles andere mehr hinaus.
Zehn Jahre lang veröffentlichte Hildesheimer kein Prosabuch mehr, und jene Prosa, die zweifellos seine gewichtigste ist, erschien erst Mitte der sechziger Jahre: *Tynset* (1965). Trotz *Tynset* und *Masante* aber geschieht diesem Autor wohl kein Unrecht, wenn seine Produktion in den Kontext der fünfziger Jahre datiert wird, ja die jüngeren Prosabücher bestätigen diese Plazierung höchst unmißverständlich. Hildesheimer, gebildet, intelligent, geistreich, ist – zugespitzt gesagt – in seiner Prosa der Restaurateur des Feuilletons im Zeitalter Becketts, der ja der große neue Autor der vierziger und fünfziger Jahre ist. Dabei ist allerdings zur Vermeidung von Mißverständnissen anzumerken, daß die repräsentativen Feuilletonisten vor allem des 19. Jahrhunderts keineswegs Schreiberlinge im Sinn von Hermann Hesses »feuilletonistischem Zeitalter«, sondern durchweg sehr ernsthafte und moralische Leute mit hohem Formanspruch waren, die ihre Leichtigkeit meist mit großer Anstrengung erarbeiteten – nur in diesem Sinn ist die Zuordnung zu verstehen.
In *Tynset* überzeugte das Konzept des gedankenvollen, existentiell gestimmten Monologisierens, das den Beobachtungen und Reflexionen mit erstaunlichem artifiziellem Raffinement brillante Einfälle, exzeptionelle Geschichten integrierte. In *Masante* allerdings zeigt sich überdeutlich, daß man es inzwischen mit einer verspäteten Literatur aus zweiter Hand zu tun hat, daß es gar nicht so vorteilhaft ist, wenn dem leichten Ernst, der ernsten Leichtigkeit und Lieblosigkeit allzuviel Ausdruckswille und allzuviel Bedeutung aufgeladen werden, wenn sie sich an äußersten Vorbildern messen will. Das gerät dann leicht zur irritierenden Nachahmung. In *Masante* kippt dabei das Verzweiflungs-Feuilleton, kippt die angestrengt durchgehaltene, hohe, durchsichtige, schön geschriebene und kunstvoll verspannte und mit dem allen unversehens ungemein elitäre Ich-Prosa immer wieder um in eine schwatzhafte Unverbindlichkeit, die nichts mehr mitzuteilen hat außer sich selbst.
Auch die »junge deutsche Literatur der Moderne« und ihr im Grunde nicht originaler, sondern nur pluralistischer Formenvorrat konnten zum Fluchtweg aus der Wirklichkeit werden. Wobei nur hervorzuheben bleibt, daß Jens wie Hildesheimer, der Alexandrinist und der exemplarische und meisterliche Epigone, beide Melancholiker aus Resignation und sogar Verzweiflung, mit ihrer Prosa zweifellos größere Rollen in der Literaturgeschichte der Bundesrepublik haben.

KURZER HINWEIS AUF MAX FRISCH

Zwei der für die deutschsprachige Literatur der fünfziger Jahre bezeichnendsten, sie beispielhaft repräsentierenden Romane wurden geschrieben von einem Schweizer: *Stiller* (1954) und *Homo faber* (1957) von Max Frisch (*1911). Frisch spielte als Prosaist während der fünfziger Jahre in der Bundesrepublik eine ebenso große, ebenso zentrale Rolle wie der Schweizer Dürrenmatt als Dramatiker; wobei übrigens Dürrenmatts Prosa zunächst ebenso stark beachtet wurde wie Frischs Dramatik. Die in Frischs Romanen gesetzten Themen – das Thema der Identität und das Thema der Reduzierung des Menschen auf die Rolle – wurden weitergeführt und ineinandergeschnitten in *Mein Name sei Gantenbein* (1964). Was *Stiller* und *Homo faber*, die wie Frischs folgender Roman nach ihrem Erscheinen und auf Jahre hin ungemein vielstimmig interpretiert und diskutiert wurden, vor allem anderen die außerordent-

liche Resonanz verschafft hat, beschrieb HELMUT HEISSENBÜTTEL 1958 so: »Frischs Werk ist doppelgesichtig. Er kann traditionell begriffen werden. Er kann gelesen werden als ein Autor, der außerhalb und jenseits dieser ganzen finsteren, destruktiven und unerfreulichen Moderne steht. Es ist nicht sein Humor, es ist auch nicht der Erzählstil allein, es ist die Tatsache, daß Frisch erzählt, beschreibt, redet, als handle es sich, von außen gesehen, um eine Welt, um unsere Welt, in der im Grunde alles in Ordnung ist, eine Welt, ein wenig modifiziert, aber sonst wie eh und je. Denn schließlich, Probleme und Leid und Unglück und schwere Zeiten gab's auch schon bei Wilhelm Raabe. Und auf der anderen Seite, gräbt man nur ein wenig tiefer, versucht man wirklich zu verstehen, was da verhandelt wird, eine Welt, in der nichts mehr stimmt, in der den Figuren wie dem Autor langsam, aber unausweichlich der Boden unter den Füßen weggezogen wird.«
Das trifft, wie immer man im einzelnen steht zu den Romanen von Max Frisch, die hier nur erwähnt werden sollen – das trifft ihre Funktion in der neueren Literaturgeschichte, macht die außerordentliche Faszination begreiflich, die sie zu Bestsellern werden ließ, ohne daß es ihr Ansehen bei der hochgestimmten Kritik gemindert hätte. Und tatsächlich war diese Doppelgesichtigkeit, die in wechselnder Weise jederzeit Teil der Literatur ist, in der Erscheinungsform der Romane von Max Frisch wie ein Schlüssel, der Zugang zum Unbekannten der Gesellschaft in den fünfziger Jahren verschaffte. Zugang zu einer Gesellschaft, die ja ihrer Identität einerseits in einer restaurierten Welt, in der alles im Grunde wieder in Ordnung, alles so war wie gewohnt, sicher zu sein glaubte, die aber andererseits ihre Bodenlosigkeit spürte, die einzelne immer wieder an den Rand des Ich-Verlusts führte, ihre Personalität zu bloßem Rollenspiel derangierte und das gesellschaftliche Leben zu einer Art Kostümball werden ließ, auf dem die Demaskierung nur noch Leere und Tod enthüllte. Wobei Frisch aber wohl insgeheim doch noch immer mehr an die Möglichkeit der personalen Identität und ihren Wiedergewinn zu glauben schien als daran, daß das Spiel aus sei.

DER EINZELNE GANZ OHNE HINTERGRUND? – HANS ERICH NOSSACK

Bei HANS ERICH NOSSACK (* 1901) sieht es mit solchem Wiedergewinn anders aus. Nossack glaubt an mögliche Rettung des Menschen nur noch unter der Voraussetzung, daß ganz andere Mächte eingreifen oder daß ein einzelner sich radikal aus der Gesellschaft entfernt. Auf den ersten Blick gibt es zwischen Frisch und Nossack nichts Gemeinsames außer der Tatsache, daß Frisch wie Nossack Mitte der fünfziger Jahre, als ihre Romane sie berühmt machten, zu jener mittleren Generation von Autoren gehörten, die auf ähnliche Weise wie KOEPPEN, auch wie ARNO SCHMIDT zwischen den Generationen standen. Für Frisch, den Schweizer, der den Zweiten Weltkrieg von draußen miterfahren hatte, galten dabei offensichtlich andere Voraussetzungen als für Koeppen, Schmidt, Nossack, aber jedenfalls waren sie alle weder den Emigranten und inneren Emigranten der älteren Generation, noch den Autoren der jungen Generation zuzurechnen. Diesen ließ sich Frisch freilich noch eher zuschlagen als der zehn Jahre ältere Nossack, und das geschah auch. Die Unterschiede allerdings, die sich der erwähnten Doppelgesichtigkeit wegen vorerst zugunsten von Frischs Erfolg auswirkten, werden – aus größerem Abstand gesehen – aufgewogen von den Gemeinsamkeiten.

Nossacks Romanwerk setzte spät ein. Nossack hatte nach Gedichten und den in früher Nachkriegszeit erschienenen Prosastücken *Nekyia* und *Interview mit dem Tode*, die ihn sofort bekannt gemacht hatten, zunächst an Dramen gearbeitet. Dann erst begann er, seine Ansatzpunkte, seine Perspektive, seine vom Begriff der Grenzsituation am Rande des Untergangs aus ansetzende Weltsicht in Romanen zu verdeutlichen, nach eigener Auffassung angeregt vor allem von Ernst Barlach und

Hans Erich Nossack

Hans Henny Jahnn, doch meist – weil Jean Paul Sartre sehr früh für Nossack eintrat – dem französischen Existentialismus zugeordnet.

Im Fall Nossacks läßt sich vom persönlichen Schicksal des Autors nicht absehen. In den zwanziger und frühen dreißiger Jahren zeigte Nossack, Sohn eines begüterten Hamburger Kaufmanns, Sympathien für die Kommunistische Partei, die freilich in der persönlichen kritischen Auseinandersetzung bald die feste Grundlage der Überzeugung einbüßten und nur aus taktischen Überlegungen wachgehalten wurden – die KPD erschien Nossack als der einzige Gegenspieler, der die Nazis eventuell noch aufzuhalten vermochte. Übrig blieb aus dieser Zeit ein prinzipielles Mißtrauen gegenüber aller Politik, die Meinung, daß Wesentliches nur in anderen Bereichen vorgehe, und schließlich auch ein verhaltenes, kompliziert-romantisches, den Spießbürger distanzierendes Elitebewußtsein, von dem sich bei Nossack nicht absehen läßt. Nossacks Entschluß, nicht in die Emigration zu gehen, war für seine Generation charakteristisch und ungewöhnlich zugleich. 1933 als Autor noch völlig unbekannt – die Machtübernahme Hitlers verhinderte eine erste Publikation –, war er dennoch gefährdet. Nossack tat, was er sich lange geweigert hatte zu tun: er trat in die väterliche Importfirma ein. Doch das nicht allein. Er blieb mit dem Bewußtsein, sich von aller Gesellschaft ausgeschlossen zu haben. Zwölf Jahre lang schrieb Nossack weiter, unter Ausschluß der Öffentlichkeit, doch was sich in seinen Schubladen angesammelt hatte, verbrannte bei der Zerstörung Hamburgs. So begann er 1945 neu mit nichts anderem als dem Bewußtsein, gestorben zu sein und doch überlebt zu haben und damit an einem Anfang zu stehen. Als sein erster Roman erschien, war Nossack 54 Jahre alt.

Spätestens im November (1955) – »ein Sittenbild des aktuellen Nihilismus aus der Sicht eines Nonkonformisten« (Karl Heinz Kramberg) – erzählt die Geschichte einer distinguierten Industriellengattin, die von einer Stunde zur anderen ihre Sicherheit aufgibt und mit einem jungen Schriftsteller »ohne Gewissensbisse« und »für immer« fortgeht, dann enttäuscht zurückkehrt, aber noch einmal geht, um auf banale und zufällige Weise umzukommen. Das ist die Geschichte von Menschen, die allesamt aus ihrem Leerlauf oder ihrer sinnlosen, wenn auch erfolgreichen Aktivität nicht herauskommen, die alle aneinander vorbeireden. Bezeichnend, daß die Perspektive des Romans jene der Industriellengattin ist. Sie spricht nach ihrem Tode. Gerade dies Unmögliche ist es, was in diesem Fall den Roman glaubwürdig macht. Er gibt den Bericht von einem Leben, das in sich längst abgestorben ist.

Die Selbstisolierung von der Gesellschaft als einziger Weg zu einer tatsächlich noch menschlichen Existenz ist das Thema des Romans *Spirale* (1956), in dessen Hauptstück *Unmögliche Beweisaufnahme* ein Versicherungsagent sich plötzlich einem imaginären Gerichtsverfahren ausgesetzt sieht wegen des unerklärlichen Verschwindens seiner Frau: er hat sie verloren, weil er aufgebrochen ist ins »Nicht-Versicherbare«, in jene Welt, die mit dieser unserer verwalteten und prosperierenden, doch immer mehr sich entleerenden Welt nichts mehr zu tun hat. Er hat die Grenze überschritten, hat sich befreit vom Gewohnten, von Norm und Konvention und ist nicht mehr erreichbar. In dem Roman *Der jüngere Bruder* (1958) kehrt der erfolgreiche Ingenieur Stefan Schneider aus Südamerika zurück, geht dem Tod seiner Frau nach und glaubt in dessen Zusammenhang die Spur eines jungen Mannes, eines Engels zu entdecken, der sich jedoch als Strichjunge demaskiert. Erzählt ist zuletzt die Suche nach dem eigenen Ich. Der Roman *Nach dem letzten Aufstand* (1961) kombiniert Zivilisationswelt, Mythologie und Ritual, um die gegenwärtige Welt zu deuten, um eine utopische Parabel ihres allgemeinen Zustands zu verfassen.

Dieses Buch war ein – mißglückter – Versuch, aus der eigenen Erzählwelt heraus dem bisherigen Erzählfluß einen Kontrapunkt zu setzen. Nach einer längeren Zwischenzeit, in der einzelne kürzere Arbeiten erschienen – der wichtigste Sammelband mit Erzählungen Hans Erich Nossacks ist *Begegnung im Vorraum* (1963) –, folgte als nächster umfangreicher Roman 1968 *Der Fall d'Arthez*, der ganz offensichtlich dem Erzählen Nossacks in den fünfziger Jahren nichts mehr hinzufügt. *Der Fall d'Arthez* ist ein Alterswerk. Ausgestoßensein, Außenseitertum verändert sich hier zum einzig noch Sinnvollen, das als ein Positives auch ohne weiteres machbar erscheint. Die qualvollen Kämpfe sind vorbei, die schlaflosen Nächte sind bestanden, der – finanziell manchmal vorzüglich abgesicherte – Aufenthalt im Nicht-Versicherbaren ist für die Wissenden das Selbstverständliche. Das in einen komplizierten Zusammenhang hinein objektivierte Thema ist hier das große gesellschaftliche Ärgernis der »Exterritorialität«, das Ärgernis der nicht rubrizierbaren und verplanbaren Existenz, letztlich der Existenz des Künstlers und Wissenden, für den der Betrieb dieser Welt keinen

Stellenwert zu nennen weiß. Mit den knappen Mitteln des Berichts und nicht ohne autobiographische Reminiszenzen zielt der Roman dabei auf Symbol und tiefere Bedeutung, auf ein – positives – Bild des Widerstands in aktueller Form. Nossack übermittelt gleichsam die Nachricht vom Dichter und Seher, chiffriert für unsere Gegenwart, die in seinen Augen übrigens erstaunlicherweise den wissenden Außenseiter nicht durch gelassenes Ignorieren kaltstellt, wie doch alle Beobachtung demonstriert, sondern aktiv zu bekämpfen versucht.

Von dieser Gegenwart läßt sich nun allerdings mancherlei gegen die Nachricht einwenden, ließe sie sich wohl sogar als ein Mißverständnis bezeichnen. Christa Wolf – zunächst – hatte 1957 geschrieben, für Nossack habe sich »die Barbarei auf alles menschliche Leben ausgedehnt« und »bedrohe ganz allgemein die menschliche Existenz«. Weiter: »Er kann sich nicht mehr nach gewöhnlichen Lebensformen sehnen, weil das die Lebensformen des Spießers wären, dessen Gefährlichkeit er kennt. Trotzdem leben seine Gestalten in den bürgerlichsten Verhältnissen. Was sie von den Mit-ihnen-Lebenden unterscheidet, ist ein quälendes trauriges Gefühl des Andersseins, eine Art weher Erinnerung an Zeiten, da die Menschheit sich zu Höherem geboren glaubte ... Nossacks Gestalten ist das gewöhnliche Leben ganz fremd geworden, wenn sie ihm gegenüber auch nicht die eiskalte Verachtung Kafkascher Figuren empfinden.«[10] Wichtig ist hier nicht zuletzt die Feststellung, daß Nossacks Figuren »trotzdem« in »bürgerlichsten« Verhältnissen leben. Nach *Der Fall d'Arthez* resümierte Wilhelm Emrich folgendermaßen: »Unter der Maske einer absolut freien geistigen Existenz wird die Idee der Freiheit verwandelt in die Idee des aller Verantwortung entronnenen Subjekts, das autistisch mit der Wirklichkeit spielt, sich selbst genießend am abstrakt gewordenen, getöteten Leben, am puren hirnlosen Fleisch, hart wie Kieselstein, und das zugleich nur mimetischer Reflex ist jener von ihm selbst verhöhnten kollektiven gesellschaftlichen Masse ... Der aus allen Bezügen heraustretende oppositionelle Intellektuelle und die beziehungslos dahintreibende, knet- und lenkbare Bourgeoisie, sie gehören zusammen wie Minus- und Pluspole, sind verwechsel- und austauschbar wie sinnlos davonwirbelnde Flugsandkörper.«[11]

Emrich lastet Nossacks »oppositionellen Intellektuellen« auch das Verhalten der »jüngsten Rebellen« an, also der Studenten, die nach seiner Meinung dieser Intellektuellen wegen »betrogen wurden um das elementarste Menschenrecht, um ihre geistige und moralische Formung«. So eng aber die Beziehung zwischen besagten Intellektuellen und der Bourgeoisie auch sein mag, so fragwürdig dazu – Emrichs Verallgemeinerung wie dieser Rückschluß sind doch wohl pure Phantasie. In dem kurzen, fast humorvollen Roman *Dem unbekannten Sieger* (1969) widerlegt Nossack indirekt Emrichs forcierte Verurteilung, die keineswegs als ein Widerspruch von links aufgefaßt werden kann – widerlegt sie gelassen durch die Erzählung vom Sturm aufs Hamburger Rathaus im Jahr 1919, bei dem eine Figur nach seinem Geschmack die Hauptrolle spielt. Dennoch bleibt zu fragen, ob nicht doch die Exterritorialität auf einem romantischen Fehlbewußtsein beruht, das sich wiederum auf nichts als ein recht vages Außenseitergefühl gründet. Ob nicht die Lehre vom Sich-nicht-auf-den-Betrieb-Einlassen ein ideologisches Versatzstück von sehr zweifelhafter Beschaffenheit ist, bei dem schließlich alles auf eine Art säkularisierter Innerlichkeit hinausläuft. Und ob nicht die gewiß kunstvolle, doch eindeutig konservative Erzählform, die zwar Modernisierungen, doch keine Bemühungen um eine Überprüfung der Sprache erkennen läßt, eine aktuelle Erörterung von Sachverhalten ausschließt.

Nossacks Roman *Die gestohlene Melodie* (1972) scheint solche Bedenken, die über die jüngeren Arbeiten hinweg Nossacks Grundansatz treffen, zu bestätigen. Hier ist eine Häufung von Bildern und Bedeutungen aus dem existentialistisch-surrealistischen Repertoire der vierziger und fünfziger Jahre, die inzwischen nur noch als Zitate etwas sagen, ganz direkt und dekuvrierend als Gestaltungsmittel verwendet. Nossacks Lieblingsgegenstand – die Selbstisolierung der Wissenden, ihr Ausbruch aus dem Betrieb –, der seinem Erzählen hohe Aufmerksamkeit in den fünfziger Jahren und auch später allgemeine Beachtung gesichert hat, stellt sich hier als so fragwürdig dar, wie er zuletzt wohl ist. Hatte die Polemik gegen die sogenannten »Gesellschaftsgläubigen« und das von ihnen gelebte »unwürdige Ameisendasein« (Zitate aus dem jüngsten Roman) unter anderen gesellschaftlichen Voraussetzungen einen gewissen Sinn, so unterliegt sie inzwischen der Gefahr, nur noch das notwendige bewußte Engagement für Veränderung in der Gesellschaft zu denunzieren und sich damit im Sinne des Bestehenden auszuwirken. Das schlägt zurück auch auf das Verständnis von Nossacks früherem Werk. Hatte es im Roman *Der jüngere Bruder* geheißen, es gehe um Menschen »ganz ohne Landschaft, ohne Hintergrund«, so ist gerade das zweifelhaft geworden. Nossacks Helden haben Hintergrund: den bürgerlichen, großbürgerlichen. Daß er ihnen und Nossack nicht behagt, ist eine andere Sache und führt zu individuellen Entscheidungen, die fragwürdig bleiben. Nossacks Menschen existieren mit diesem Hintergrund.

NOCH IMMER: RÜCK- UND WIEDERKEHR

1954 und 1955 veröffentlichte ARNO SCHMIDT in der von ALFRED ANDERSCH herausgegebenen Zeitschrift *Texte und Zeichen* die *Berechnungen I + II*, in denen er eine neue Theorie der erzählenden Prosa entwarf. Zunächst bleibt in bezug auf sie nur zu sagen, daß ihre Bedeutung ebensowenig gesehen wurde wie – nach dem frühen und rasch vergessenen Beifall um 1950 – überhaupt die Bedeutung des Prosaschreibens, das Arno Schmidt praktizierte. Wenn im Fall NOSSACKS und verschiedener anderer Autoren, die bis heute weitergeschrieben und immer wieder durchaus respektable Erzählungen und Romane hervorgebracht haben, der objektive historische Bezugspunkt dennoch in die fünfziger Jahre zu setzen ist, so verhält es sich, wie früher schon angedeutet, mit Arno Schmidt anders. Obwohl Schmidt seit dem *Leviathan* (1949) in regelmäßigen Abständen neue Prosa veröffentlicht hat, liegt bei ihm dieser Bezugspunkt zweifellos näher zur Gegenwart hin, am ehesten wohl Anfang der sechziger Jahre. In einem schwer abschätzbaren Sinn steht Schmidt außerhalb der allgemeinen, der vorherrschenden Literaturentwicklung, und zwar mit der Tendenz, über ihren breiten Ablauf hinweg als Anreger und Herausforderer zu fungieren. Die Beschreibung seiner Produktion hat ihren Platz zu Anfang der mit dem Jahr 1960 einsetzenden Phase.

Statt ihrer sind an dieser Stelle noch einmal die drei Stränge in Erinnerung zu bringen, die sich von der frühen Nachkriegszeit her auch noch in der Prosa der fünfziger Jahre profilieren, einer Prosa, die weiterhin, wenn auch immer komplexer und unübersichtlicher, auf die Konstanten der Nachkriegsliteratur bezogen blieb. Es erschienen nach und nach noch eine Reihe repräsentativer, die literarischen Vorstellungen sehr kompakt beeinflussender Romane aus der Emigration und von ehemaligen Emigranten.

Es erschienen eine Reihe repräsentativer Romane anderer Autoren der älteren Generation. Es erschienen, obwohl der große Prosaschub, der bald auch etliche zuvor nur als Lyriker und Essayisten bekannte Autoren zum Romanschreiben brachte, erst um 1960 einsetzte – es erschienen die verschiedensten Arbeiten jüngerer und junger Autoren.

Thomas Mann zunächst, der – schließlich doch aus den USA nach Europa, in die Schweiz zurückgekehrt – am 12. August 1955 in Zürich starb. Er wurde noch immer und weit über den Tod hinaus bewundert und akklamiert von der Mehrheit als der Größte unter den neueren Schriftstellern deutscher Sprache. Jedes seiner nach dem *Doktor Faustus* noch erschienenen Erzählwerke erzeugte einen Wirbel von Enthusiasmus und Beifall. Daß dennoch, obwohl Thomas Mann sich über dies alles hinaus in der Welt zweifellos »um die Bundesrepublik verdient« gemacht hatte, die Bundesregierung keinen Repräsentanten zu seinem Begräbnis schickte, wirft übrigens ein Licht darauf, wie weit Gleichgültigkeit und Ignoranz der Offiziellen in der Bundesrepublik der Ära Adenauer in Sachen Literatur gingen.

Der Roman *Der Erwählte* (1951) erzählt, ausgehend von der Gregorius-Legende Hartmann von Aues, die Geschichte eines inzestuös Gezeugten, der seine eigene Mutter heiratet und nach grandioser Buße schließlich zum Papst erhoben wird. Eine vor dem Hintergrund verschiedener europäischer Sprachen eigens für diesen Roman erdachte Kunstsprache ist Medium des Pseudo-Mythos, der mit delikatem Spott vorgetragen ist. Wegen ihrer Deutbarkeit nach dem Schema: junger Kontinent (USA) vermittelt altem (Europa) noch einmal eine Scheinjugendlichkeit, die sich als Ausbruch der Todeskrankheit erweist, setzte auch die Erzählung *Die Betrogene* (1953) die Gemüter ganz unmittelbar in Bewegung. Und dann noch die *Bekenntnisse des Hochstaplers Felix Krull. Der Memoiren erster Teil* (1954), die Fortsetzung eines Entwurfs von 1910, ein ironisch-parodistisches Fin-de-siècle-Panorama, ein auf den Kopf gestellter Bildungsroman. Bei dem allen läßt sich nur mit den Worten reagieren, die Katja Manns gewöhnlicher Kommentar nach den abendlichen Vorlesungen des tagsüber Produzierten gewesen sein sollen: »Schufst Meisterliches!« Die Leser berauschten sich an den im Allgemeinen, im Idealen stets durchaus auf Gegenwart beziehbaren Historien. Konkret hatten sie mit dem Europa der tatsächlichen Geschichtszeit längst keine Berührung mehr.

Ganz anders verhält es sich mit dem Bruder Heinrich Mann. Nicht Vergangenheitsbeschwörung, Patina, später Glanz, durch Ironie und Parodie kennerisch aufpoliert, sind in Heinrich Manns zur Zeit von Thomas Manns Tod in der Bundesrepublik noch gar nicht vorliegendem Spätwerk das Dominierende, sondern die im Bewußtsein des Untergangs der bürgerlichen Welt riskierte emphatische Anrufung der Zukunft. Auch der ausführlichere Hinweis auf die Altersromane Heinrich Manns sei, um die widersprüchliche Konsequenz zeitlicher Relationen zu pointieren, noch einmal verschoben: Die Altersromane erschienen, wie bereits erwähnt, in der Bundesrepublik erst 1962 und fanden auch zu dieser Zeit noch nicht die Aufmerksamkeit, die ihnen entsprochen hätte. Dafür wirkten sie, sehr langsam, in die Literatur hinein. Hier sei vorwegnehmend nur schon aus einer Würdigung zitiert, die Thomas Mann mit ebenso souveränem wie dubiosem Beifall dem Bruder nach seinem Tod verfaßte. »Sein Künstlerleben«, heißt es in einem Brief, »ist vollendet ausgeklungen in den beiden letzten Romanen, dem ›Empfang bei der Welt‹, einer geisterhaften Gesellschaftssatire, deren Schauplatz überall und nirgends ist, und dem ›Atem‹, dieser letzten Konsequenz seiner Kunst, Produkt eines Greisen-Avantgardismus, der noch die äußerste Spitze hält, indem er verbleicht und scheidet.« Dies Votum wirkte, bei allem Lob, das es ausspricht, ruinös. Geisterhaft, kombiniert mit greisenhaft – das fordert ja auch nicht eben dazu heraus, sich auf der Stelle mit diesen Romanen zu befassen. Es schreckt nur ab. Auch das Avantgardistische, das Thomas Mann an den Altersromanen seines Bruders hervorhebt, gab in den fünfziger Jahren zweifellos vor allem Grund, sich mit ihnen erst gar nicht einzulassen.

In die Nähe dessen, was zu dieser Zeit als große Literatur galt, wurde von der Kritik und ebenso von den Lesern ALBERT VIGOLEIS THELEN (*1903) gerückt, und gewiß nicht zu Unrecht. Schon 50 Jahre alt, überraschte und fesselte Thelen mit seinem ersten Roman *Die Insel des zweiten Gesichts – Aus den angewandten Erinnerungen des Vigoleis* (1953) und fand auch mit einem zweiten, *Der schwarze Herr Bahßetup* (1956), noch großen Beifall. Schon die Vita dieses Autors, eines vorzeitigen Emigranten, war allerdings auch vorzüglich geeignet, einen Erfolg zu tragen. Thelen hatte Deutschland bereits 1931 – »Am Horizont unheilverheißend die drohende Wolke« – verlassen, hatte zunächst bis 1936 auf Mallorca gelebt, war von dort vor Franco nach Portugal geflohen und lebte später in Holland und Ascona. *Die Insel des zweiten Gesichts*, das zweifellos reichere Buch, erzählt aus den Jahren auf Mallorca, und zwar in der Form eines autobiographischen Schelmenromans, erzählt in barocker Breite, mit großer Lust am Fabulieren, in vitaler Erlebnispracht. In einem Thelen-Porträt schrieb ANNA KRÜGER etwa zehn Jahre nach Erscheinen des Romans: »Er beherrscht vielerlei Tonarten und wechselt die Stilformen mit unerhörtem Feingefühl. Mit spitzer Feder schreibt er zynisch, ironisch, satirisch und sarkastisch. Er rührt an die letzten Dinge und malt burleske, deftige Szenen, die aber nie indezent wirken. Der breit dahinströmende Fluß des Erzählens verwandelt sich unversehens ins Lyrische wie ins Hochdramatische. Selbst Kitsch und Schund werden für Stileffekte herangezogen. Seine Sprache funkelt in ihren Assoziationen, Arabesken, Pointen, Einfällen und Sprachwitzen. Er baut lange, harmonisch gegliederte Sätze. Oft unterbricht er sich auf dem höchsten Punkt der Spannung und foppt damit seinen Leser, den er wie alle Humoristen gern anspricht.«[12] Kommt hinzu, daß Thelen tatsächlich etwas zu erzählen hatte, daß er Überblick und Nahblick fesselnd zu kreuzen wußte, daß er seinen Erzählerstandort inmitten der Vielfalt der Ereignisse, Vorgänge und Figuren sicher behauptete und nutzte zu kräftiger Profilierung. Es war keine Übertreibung, wenn Laurence Sterne und Jean Paul berufen wurden, um die Erzählungen des Humoristen Thelen zu kennzeichnen.

Mit Respekt wurde ALFRED DÖBLINS letzter Roman *Hamlet oder Die lange Nacht nimmt ein Ende* aufgenommen, als er 1956 in Ostberlin endlich erschien, obwohl der Einwand begründet war, daß Döblin die in diesem Roman angelegten Widersprüche nicht überwunden hatte und daß die Qualität der Erzählung deutliches Gefälle aufwies. Der mit einer schweren Kriegsverletzung, geistig verwirrt heimkehrende Sohn eines berühmten englischen Schriftstellers verstärkt die Spannungen in dessen Ehe bis zur Katastrophe. Der Sohn wird einer psychotherapeutischen Behandlung unterzogen, die hauptsächlich in Geschichtenerzählen besteht, aber erst nach dem Tod der Eltern faßt er in der Welt wieder Fuß. ROBERT MINDER: »Neu ist die Aufdeckungstechnik der Konflikte: umgeformte alte Legenden werden erzählt – eine virtuos gehandhabte freie Anwendung der Jungschen Lehre von den Archetypen im Gegensatz zur Analyse Freuds, der Döblin immer schärfer die rationalistischen Züge vorzuwerfen sich gedrängt fühlte – seine amerikanischen Erfahrungen hatten ihn hierin noch bekräftigt. Das Buch bezieht seinen metallisch dunklen Glanz aus der Erschütterung des Dichters über das Schicksal des genialen Sohnes Wolfgang und die in der amerikanischen Isolation ständig durchbrechenden Spannungen seiner Ehe – einer wahren Strindberg-Ehe von Anfang an, der zu entrinnen weder ihm noch seiner Frau möglich war. Drei Monate nach dem Tod Döblins im Juni 1957 folgte ihm Erna Döblin freiwillig. So finden sich auch im ›Hamlet‹ Mann und Frau nach schrecklichen Irrfahrten wieder.«[13] Der Roman *Hamlet oder Die lange Nacht nimmt ein Ende* spiegelt, noch immer eindringlich, die Unsicherheit, in die eine zerrüttete Welt mit Vertreibung, Krieg und Rückkehr in die deformierte Heimat gerade ältere Emigranten gestürzt hat, und den Willen, über diese Unsicherheit hinauszugelangen. Wenn jedoch von den damals jungen Autoren sich immerhin Günter Grass zu Döblin bekannt hat als seinem Lehrer, so bezieht sich das wohl kaum auf Döblins Alterswerk.

1948 war auch Ulrich Becher (*1910) aus den USA, der letzten Station seiner Emigrantenjahre, zurückgekehrt, nach Wien zunächst. Der Sohn eines Berliner Anwalts und einer Schweizer Pianistin war der wohl jüngste der Autoren, deren Bücher auf dem Berliner Scheiterhaufen von 1933 verbrannt worden waren – sein Erstling, der Kurzgeschichtenband *Männer machen Fehler* (1932), hatte den neuen Machthabern mißfallen. Becher ging über Wien und die Schweiz nach Brasilien. Aus der Emigration brachte er den Geschichtenband *Nachtigall will zum Vater fliegen* (1950) zurück, wurde jedoch zunächst vor allem als Dramatiker beachtet. Die Romane *Kurz nach 4* (1957) und *Murmeljagd* (1969) sind neben zahlreichen Erzählungen seine gewichtigsten Prosaarbeiten. Becher schreibt mit sehr viel Temperament und Engagement. Seine Themen sind Faschismus, Krieg, Verfolgung und Flucht. Die dialogreichen, mit Interesse für Abenteuer und Randexistenzen salopp und oft drastisch durcherzählten Geschichten und Romane sind offenbar zunächst vom Expressionismus her konzipiert, wurden aber in der Folge sozusagen mit viel Hemingway verschnitten. Auf respektable Art hält Becher auf der Grenze zwischen Literatur und konventioneller Unterhaltung, ohne je Konsumartikel hergestellt zu haben. Er war ein wenig spät daran mit seiner um Originalität bemühten Vorstellung vom Erzählen, deren Ergebnisse ihm viel Zuspruch und Lob, aber weder ein völlig überzeugendes Werk noch den großen Erfolg eingebracht haben. Informativ und lesenswert bleibt seine Prosa dennoch.

Vorweggenommen sei schon an dieser Stelle auch der Hinweis auf Joseph Breitbach (*1903), obwohl sein einziges umfangreiches Nachkriegswerk, der Roman *Bericht über Bruno*, erst 1962 erschien. Innerhalb der Literatur auch schon der fünfziger Jahre spielte Breitbach dennoch als Vermittler und Anreger eine wichtige Rolle. Vom Kommunismus, für den er sich zunächst entschieden hatte, löste der junge Autor sich 1929 nach einem Besuch in der Sowjetunion. Im selben Jahr ging er nach Frankreich. Im selben Jahr erschien auch sein erster Erzählungsband: *Rot gegen Rot*, mit prägnanten, noch immer eindrucksvollen realistischen Geschichten um Konflikte, in die junge Leute im Widerstreit der Forderungen von politischem Kampf und Liebe geraten. Der Roman *Die Wandlung der Susanne Dasseldorf* (1932), auf den Skandal zugeschrieben, stellt das Wechselspiel von zwanghafter konventioneller Moral, Vorurteil und Sexualität dar, für das sich eine allgemeine Lösung nicht zeigt. Schon hier deutet sich eine Kombination von kolportagehaften Elementen, politischem Scharfblick und aufklärerischem Elan jedenfalls an, die in *Bericht über Bruno* kulminiert.

Breitbach, der in deutscher und französischer Sprache schreibt, arbeitete in den dreißiger Jahren an THOMAS MANNS Emigranten-Zeitschrift *Maß und Wert* mit. Seine Manuskripte wurden 1940 in Paris von der Gestapo beschlagnahmt und sind nicht wieder aufgetaucht. Dabei ging auch das Manuskript des Romans *Clemens* verloren. Nur ein Fragment, eine Prosa von großer Dichte und Ausgewogenheit, blieb erhalten,

Ulrich Becher

Joseph Breitbach

Emil Belzner

das erste Kapitel des Romans, das in *Maß und Wert* vorabgedruckt war. Nach dem Krieg war Breitbach einer der Protagonisten der deutsch-französischen Freundschaft, setzte er sich erfolgreich für die deutschen Kriegsgefangenen ein.

Wie immer man sich auch zu *Bericht über Bruno* stellt – dieses Werk ist einer der ganz wenigen Versuche nach dem Zweiten Weltkrieg, vielleicht der einzig gültige, einen politischen Roman unter Voraussetzung der tatsächlichen Formen der Machtausübung zu schreiben. Der Roman setzt bei der bisher wohl kaum widerlegten Erfahrung an, daß die praktische tagtägliche Ausübung von Macht unter allen bisher bekanntgewordenen Umständen ein partiell schmutziges Geschäft ist. Er setzt voraus, daß Haß, Eifersucht, Geltungssucht, Angst vor Bloßstellung, sexuelle und materielle Besitzgier die stärksten Antriebe der Menschen seien und daß neben Dummheit das Gefährlichste sei, wenn die Tatsache und die Gewalt dieser Antriebe scheinheilig geleugnet, dabei jedoch ausgenutzt wird. Laut Breitbachs Roman kann ein Handeln, das den Menschen, der Gesellschaft nützen will, von diesen Faktoren nicht absehen und muß unter Umständen den Zweck die Mittel heiligen lassen.

Der Roman ist Bericht eines gestürzten Politikers, der zuvor mächtigster Mann in einem imaginären europäischen Staat war, über seinen Enkel, der aus enttäuschter Liebe gegen ihn gekämpft und gesiegt hat. Das politische Ziel des Berichterstatters, der als reicher Industrieller zur Politik gekommen ist, war ein System äußerster Erleichterungen. Er ist dafür in ständiger Auseinandersetzung mit dem Führer der Opposition, dem sozialistischen Außenminister, und in gewissem Sinn mit diesem gemeinsam eingetreten. Eine fiktive Vorwegnahme der Großen Koalition in der Bundesrepublik? Als der Roman entstand, war selbst diese eine eher noch illusionäre Möglichkeit. Breitbachs Plädoyer für eine Koppelung der Vorzüge des späten Kapitalismus – Skepsis, Individualismus und Liberalität – mit den moralischen Folgerungen des Sozialismus, die ein Ausrutschen in eine »von Moral losgelöste Politik« als Gefahr des Kapitalismus aufheben sollte, hatte zu seiner Zeit fast noch etwas Utopisches, jedenfalls im Verhältnis zum tatsächlichen gesellschaftlichen Bewußtsein. So angesehen, ist *Bericht über Bruno* gewissermaßen ein Extrakt jener politischen Möglichkeiten, die in den fünziger Jahren absehbar sein mochten. Daß Breitbach dabei die Restauration als unabänderlichen Fakt voraussetzte, ergibt sich zwangsläufig aus der im Roman verfochtenen politischen Moral.

Mit dem Roman *Der Safranfresser* (1953) machte nach vieljährigem Schweigen als Erzähler der in den zwanziger Jahren von OSKAR LOERKE belobigte Journalist EMIL BELZNER (* 1901) von sich reden. Nach Gedichten und Versepen hatte Belzner1931 seinen ersten Roman *Marschieren – nicht träumen* veröffentlicht, einen entschiedenen Antikriegsroman. *Ich bin der König* (1940), historischer Roman um einen Rebellen, wurde bald nach dem Erscheinen verboten. *Der Safranfresser* erzählt eine Liebesgeschichte vor dem Hintergrund der Zerstörung Messinas durch ein Erdbeben im Jahr 1908. KARLHEINZ DESCHNER, der 1964 in *Talente, Dichter, Dilettanten*, seiner vorwiegend pamphletistischen Abrechnung mit der jüngsten deutschen Literatur, Belzner als einen der ganz wenigen akzeptablen jüngeren Autoren bestehen ließ, attestiert in einem Atemzug mit der zeitgenössischen Kritik dem Buch, daß der »Fülle von Gestalten«, die es darstelle, »eine stupende Vielfalt von Nuancen, Einfällen, Episoden, Schicksalen, von satirischen, humoristischen und manchmal düsteren Effekten entsprechen«. »Das Buch wimmelt von Anspielungen auf Politik, Kunst und Religion. Sehr geschickt verbindet der Erzähler die Erdbebenkatastrophe mit der großen Katastrophe unter Hitler. Und im gewissen Sinn ist diese Dichtung, eine Komödie vor dem Untergang, ein Tanz auf dem Vulkan, auch ein Spiegelbild der Gegenwart.«[14] Das alles trifft zweifellos zu. Aber es vermittelt dem Roman trotz sprachlicher Differenziertheit und mit allem Einfallsreichtum ein eher romantisch-bizarres Flair, nicht Aktualität. Was nichts daran ändert, daß *Der Safranfresser* eines der reizvollsten Bücher jener Autoren der damals mittleren Generation ist, die Hitler in Deutschland selbst überlebt hatten.

FRIEDRICH GEORG JÜNGER (* 1898), zuvor nur als Lyriker bekannt, begann in den fünfziger Jahren, auch Erzählungen und Romane zu publizieren – die Bände *Dalmatinische Nacht* (1950), *Der erste Gang* (1954), *Zwei Schwestern* (1956) und *Wiederkehr* (1965) seien genannt. Während des Hitler-Regimes in Gefahr, nicht zuletzt wegen allerdings nicht sehr enger Beziehungen zur Widerstandsgruppe um Ernst Niekisch, ist der Bruder Ernst Jüngers ein Gegner »technischen Denkens«, verficht er klassizistisch-humanistische Ideale von der zeitlosen Art. Kunstvoll-statisch sind die wohlgerundeten Erzählungen und Romane, auch wo sie sich, wie in *Der erste Gang*, mit dem Krieg auseinandersetzen. Die Titelerzählung des Bandes *Wiederkehr* zum Beispiel beginnt, und das ist charakteristisch, mit einem fast süchtig-schönen Akkord: »Rosen – ein langes Kapitel. Und eines, das keine Mühe machte, keine Beschwerde hinterließ. Von wenigem ließ sich das sagen.« Daran schließt sich, versetzt mit Akzenten eines Erinnerns, das schließlich auf die zu erzählende Geschichte hinführt, ein kennerisches Feuilleton über Rosen. Der Anblick von Rosen versetzt einen Pfarrerssohn in seine Jugend zurück und läßt ihn seine erste Liebe ausführlich rekapitulieren. Die epigonale Erzählhaltung liegt auf der Hand.

Unter den Emigranten des Jahres 1933 war auch ERNST GLAESER (1902–1963), bekannt durch seine imponierende Auseinandersetzung mit der Kriegserfahrung des

Ersten Weltkriegs in dem Roman *Jahrgang 1902* (1928). Auch seine Bücher waren verboten und verbrannt worden. 1939 kehrte Glaeser jedoch überraschend nach Deutschland zurück. Unter Emigranten brachte ihn das in Verruf, es hieß, Glaeser sei »zu Hitler emigriert«. Erstaunlicherweise wurde der ehedem pazifistische Linke Hauptschriftleiter der Frontzeitung *Adler im Süden*. Nach dem Krieg schrieb Glaeser,

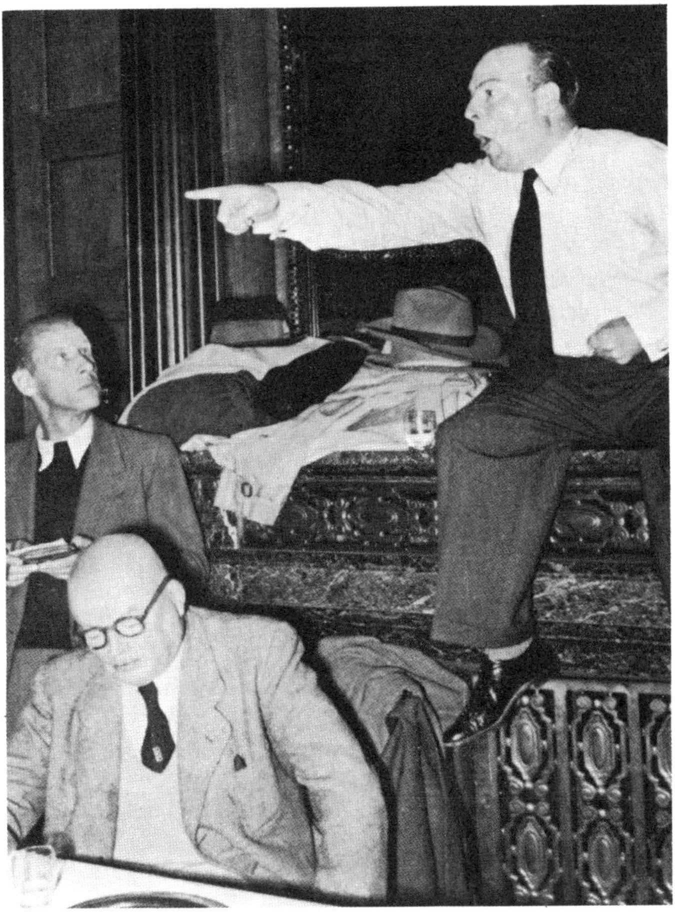

Ernst von Salomon (rechts) sprach und diskutierte beim 44. Mittwochgespräch am 17. Oktober 1951 im Wartesaal des Kölner Hauptbahnhofs über das Thema »Die Aufgabe des Schriftstellers in unserer Zeit«; im Vordergrund: der Verleger Ernst Rowohlt, der 1951 Salomons autobiographischen Roman »Der Fragebogen« herausbrachte. – Die Mittwochgespräche, seit Dezember 1950 vom Kölner Bahnhofsbuchhändler Gerhard Ludwig allwöchentlich veranstaltet, gewannen in den fünfziger Jahren großen Ruhm.

der sich vorbehaltlos für die restaurative Gesellschaftsform in der Bundesrepublik einsetzte und Adenauer bewunderte, zunächst nichts Umfangreicheres. Erst 1960, 25 Jahre nach dem im Exil entstandenen, ebenfalls durchaus erfolgreichen Roman *Der letzte Zivilist*, erschien *Glanz und Elend der Deutschen*. Dem Helden dieses Romans dichtete Glaeser wichtige Umbrüche seiner eigenen Biographie zu. Das Buch geriet zu einem eher fatalen, einem eher reaktionäre Kritik an der Entwicklung in der Bundesrepublik übenden Produkt, das ein gewisses dokumentarisches Interesse bestenfalls insofern hat, als es den Verfall eines Autors zeigt, der vor Hitler einmal etwas zu erzählen hatte.

Durch eine Folge von seit 1937 erschienenen Romanen und Erzählungen, die Natur und Heimat, Liebe, seelische Not und Schicksal symbolisch-mythisch schilderten, war HERMANN STAHL (*1908) bekannt geworden. Nach dem Krieg erzählte er, formal im Kontext der inneren Emigration, von den Nöten der Nachkriegszeit. Von seinen Romanen bleibt vor allem *Tage der Schlehen* (1960) bemerkenswert. In der Form innerer Monologe läßt der Autor eine Folge von Schicksalen aus der Zeit vor 1945 sich darstellen. Stahl hat sich komplizierte Techniken vor allem zur Erfassung zeitlicher Verläufe und Verhältnisse erarbeitet, und in seinen späteren Romanen ist Zeit geradezu thematisiert. Allerdings entgeht der Autor bei aller Vielschichtigkeit des Erzählens doch nicht den Konsequenzen seiner zumeist konventionellen und sentimentalen Themenstellungen.

Zu nennen ist in diesem Zusammenhang ferner *Am grünen Strand der Spree* von HANS SCHOLZ (*1911), der 1955 erschienene, geschickt und mit Humor erzählte Roman einer Bar-Runde, die sich an Abenteuern der Kriegs- und Nachkriegszeit gütlich tut, und der ganz zweifellos »so gut wie ein UFA-Film« (Joachim Kaiser) zu unterhalten versteht. Der Roman war denn auch fast so erfolgreich wie *Der Fragebogen* (1951) von ERNST VON SALOMON (1902–1972), der anhand des Entnazifizierungsfragebogens der Nachkriegszeit sarkastisch, zynisch und »pseudofaschistisch« (Joachim Kaiser) auf die Realitäten pocht, denen der einzelne in den turbulenten Zeiten seit den zwanziger Jahren ausgesetzt war.

Auch KURT KUSENBERG (*1904), freilich von ganz anderem Format, fand vor allem in den fünfziger Jahren mit seinen skurrilen und phantasievollen absurden Erzählungen ungezählte Leser, Erzählungen, die mit gleicher Selbstverständlichkeit das Feuilleton und die Mythe tangierten. Kusenberg »schreibt nicht ohne Hintergedanken: das Närrische, das in uns und in allen liegt, zu erkennen, ist der versöhnlichste Faktor, der zum Ausgleich aller Feindschaften auf Erden führen kann« (V. O. Stomps). Damit sei zugleich noch SIGISMUND VON RADECKI (1891–1970) genannt, an KARL KRAUS orientierter Prosaist, der in seinen ebenfalls in zahlreichen Bänden gesammelten Feuilletons und Essays damals noch einmal ein erstaunlich großes Publikum gewann.

Schon mit Scholz und Salomon ist hier allerdings ein Grenzbezirk der Literatur erreicht, aus dem sich noch viel mehr aufzählen ließe, als an dieser Stelle möglich ist. Er spielt zu allen Zeiten eine gewichtige Rolle. Die Überschätzung, die ihm in der jeweiligen Gegenwart meist nützt, darf aufgewogen werden dadurch, daß er aus einer gewissen Entfernung nur noch beispielhaft und eher flüchtig registriert wird.

EIN UMBRUCH BEREITET SICH VOR

Vieles von dem, was Autoren der älteren Generation in den fünfziger Jahren veröffentlichten, alles, was merklich oder gar exemplarisch über die Öde der noch immer in der Erinnerung spukenden Naziliteratur hinauswies, wurde ohne weiteres der »jungen deutschen Literatur der Moderne« zugeschlagen. Diese war ja auch, wie sich in dem schon verschiedentlich zitierten Überblick von Walter Jens nachlesen läßt, keineswegs die Sache einer Generation. Sie war Sache der »Modernität«. Zugleich machten sich aufs neue immer wieder Autoren mit ihren ersten Arbeiten bekannt. Die Wegstrecke zu öffentlicher Anerkennung, die es überhaupt erst ermöglichte, weiterzuschreiben, war für sie häufig weit, doch es war keineswegs aussichtslos, sich auf den Weg zu machen.

Der Rückblick zeigt, daß dabei bis Ende der fünfziger Jahre alle Zeichen auch für junge Autoren ganz eindeutig auf Wiederherstellung und Variation der Standards standen, der Standards der Moderne, der internationalen Standards. Daß diese übernommen waren aus der Vergangenheit, daß die Literatur damit, allem moralischen und politischen Engagement zum Trotz, als Literatur ihr Teil zur Restauration beitrug, steht außer Zweifel. Wie gering die Rolle war, die Rechts und Links hier spielten, wie selbstverständlich die Literatur sich als eine Sache an sich darstellte, das wird ebenfalls nahezu verblüffend deutlich im Überblick von Walter Jens. Die heutzutage eher als reaktionär verschriene Auffassung, eine völlige Freiheit von Ideologie sei möglich, gehörte damals zu den Standardvorstellungen. Inzwischen läßt sich das Vorurteil nur noch begreifen in Analogie zu einem Pneumothorax: Ein ganzer psychischer Komplex mußte lahmgelegt werden, um gleichsam auszuheilen, nach und nach wieder funktionsfähig zu werden, um wieder zur Unterscheidung zwischen falschem Bewußtsein und der Abhängigkeit jeden Bewußtseins fähig zu sein.

Dies waren die Voraussetzungen für jene Autoren, die in den fünfziger Jahren zu schreiben begannen. Zunächst einmal mußten sie versuchen, den tatsächlich höchst unbestimmten, irrational verwischten Standards zu entsprechen. Es war schon eine Leistung, diese zu verdeutlichen. So angesehen, waren – mit geringen Vorteilen – die jüngeren Autoren noch immer in einer Situation wie die Anfänger der frühesten Nachkriegszeit. Auffälligster Unterschied war, daß sie sich einer inzwischen wieder mit viel Selbstgewißheit betriebenen Maschinerie des Vergleichens, Wertens, Urteilens und Verurteilens gegenübersahen, die insgesamt durchaus irrational funktionierte, selten mit faßlichen, meist mit wirren, teils obskuren Kategorien, in denen mythische, metaphysische, beliebig subjektivistische, vage psychologische Aspekte umhergeisterten. Häufig genug war, wo es um Literatur ging, weiterhin von Transzendenz, Wesen und dem Eigentlichen die Rede statt von Literatur.

Von hier aus schon ist es verständlich, wenn Erzähler, die in den fünfziger Jahren erstmals auftraten, bald Unsicherheit zeigten und nach einiger Zeit wieder verstummten, obwohl dabei zweifellos immer auch individuelle Gründe mitsprachen. Ein repräsentatives Beispiel wurde bereits dargestellt: Walter Jens. Nur einen, längst vergessenen Roman – *Zero* (1951) – hat Karl August Horst (1913–1973) veröffentlicht, der seither als Übersetzer und Kritiker tätig war. Ähnlich Hans Egon Holthusen (* 1913), als Lyriker und Essayist eine Zentralfigur der frühen fünfziger Jahre, der mit seinem so egozentrischen wie ambitionierten Roman *Das Schiff – Aufzeichnungen eines Passagiers* (1956) Schiffbruch erlitt. Ein Beispiel mit ganz anderem Hintergrund ist Werner Warsinsky (* 1910). Warsinskys Name wird in literarischen Nachschlagewerken schon gar nicht mehr verzeichnet, obwohl Gottfried Benn seinen Roman *Kimmerische Fahrt* (1953) einmal »genial und makaber« genannt, obwohl dieser Roman einmal mit spektakulärem Effekt den ersten Preis eines »Europäischen Kulturzentrums« in Genf erhalten hat. Nach eigenem Bekenntnis an Ernst Jünger, Carossa und Stefan George orientiert, reflektierte Warsinsky am Fall eines Adligen, der sein

Gedächtnis verloren hat, sein Kriegserlebnis. Auch von Kyra Stromberg (* 1916) erschienen nur die beiden auf Hintergründigkeit zielenden Romane *Das Nadelöhr* (1952) und *Der große Durst* (1954).

Hans Lipinsky-Gottersdorf (* 1920), ein nüchterner, in einfacher Sprache vor allem aus seiner oberschlesischen Heimat erzählender Autor – genannt sei der Roman *Fremde Gräser* (1957) – ist heute vergessen. Hannsferdinand Döbler (* 1919) debütierte 1955 mit der »Geschichte einer jungen Ehe« unter dem Titel *Ein Achtel Salz*, der zwei Romane folgten, von denen *Gez. Coriolan* (1957) einiges erwarten ließ. Der bisher letzte Roman, *Der Preisträger* (1962), Geschichte eines jungen Malers im Kreis von Mäzenen, brachte Döbler die Kritik ein, er sei »ein gewandter Epigone, der stilistische Mittel oft übernimmt, ohne sie sich anzueignen« (Wolfgang Werth). Zu nennen ist hier weiter Horst Mönnich (* 1918), der nach einigen direkt auf die Gegenwart zielenden erzählerischen Versuchen, darunter den Romanen *Die Autostadt* (1951) und *Erst die Toten haben ausgelernt* (1956), sehr bald zu anderen Formen, vor allem zu Bericht und Reportage überging. Rolf Becker (* 1928), dessen Roman *Nokturno* (1951) einiges versprach, ließ seine erzählerischen Ambitionen schon bald in die Arbeit als Literaturredakteur am *Spiegel* aufgehen. Manfred Gregor (* 1929) schrieb nach *Die Brücke* (1958) noch verschiedene andere, auch verfilmte zeitkritische Romane, deren Gewicht mit der wachsenden Breitenwirkung abnahm. Gunar Ortlepp (* 1929) imaginierte in seiner respektablen einzigen Erzählung *Aufbruch und Ankunft* (1957) die unerläßliche Eigenverantwortung jedes einzelnen, und zwar am Beispiel einer Gruppe junger Deutscher, die nach dem Krieg als Bergarbeiter nach Frankreich gehen. Ingrid Bachér (* 1930) erzählte in dem Roman *Schöner Vogel Quetzal* (1959) und einigen kürzeren Arbeiten poetisch aus einer zu Vision und Traum hin sich spannenden Wirklichkeit. Melita Maschmann (* 1918) hatte als Erzählerin einen längeren Atem als viele andere. Von ihren an Thornton Wilder sich orientierenden Romanen seien genannt *Das Wort hieß Liebe* (1955), *Der Dreizehnte* (1960) und das energische *Fazit* (1963).

Heinrich Schirmbeck (* 1915) hatte Erzählungen schon um 1945 publiziert und brachte 1957 einen ersten Roman heraus: *Ärgert Dich Dein rechtes Auge*, dem 1958 *Der junge Leutnant Nikolai* folgte, die Ausarbeitung der früheren, in der Zeit des russischen Dekabristenaufstandes spielenden Erzählung *Gefährliche Täuschungen* zum Roman. Schirmbeck hatte romantisch eingesetzt, Tod und Schicksal berufend, den Alltag und das Irrationale konfrontierend. Darüber gelangte er jedoch frühzeitig hinaus. Ihn fesselte die Situation des Wissenschaftlers und die durch Wissenschaft sich verändernde Wirklichkeit. *Ärgert Dich Dein rechtes Auge* erzählt mit zeitkritischer Intention die Lebensgeschichte eines Physikers und bezieht die Problematik der Atomforschung ein, nicht zuletzt mittels interessanter essayistischer Passagen. Dabei geht es Schirmbeck auch um die psychoanalytisch orientierte rationale Analyse von Verhaltensweisen. In der Folge hat Schirmbeck nahezu ausschließlich stark naturwissenschaftlich orientierte Aufsätze nicht nur zur Literatur verfaßt.

Aggressiv und mit schnoddrigem Temperament brach Karlheinz Deschner (* 1924) in die Literatur ein. Sein Roman *Die Nacht steht um mein Haus* (1956) artikulierte Lebensekel, Verachtung der Umwelt und Wut – »mein Manuskript ist hinausgebrüllt«. »Im Grunde ist dieser Text, der sich so wild gebärdet, ein einziges Zeugnis von Kraftlosigkeit; die Wut löst sich in Worten, die keinen Gegenstand ergreifen« (Rolf Schroers). Doch der sicherlich hilflose Ausbruch traf zugleich die Stimmung nicht

»Die Brücke«, den Roman von Manfred Gregor, verfilmte 1959 Bernhard Wicki (Buch: Michael Mansfeld und Karl Wilhelm Vivier) mit Folker Bohnet, Fritz Wepper, Michael Hinz, Frank Glaubrecht, Karl Michael Balzer (Bild), Volker Lechtenbrink (Bild) und Günther Hoffmann.
Der Filmkritiker Hans-Dieter Roos schrieb damals (Süddeutsche Zeitung, 24. 10. 1959) unter anderem:

Aus Gregors bescheidenem Opus wurde einer der härtesten, schonungslosesten, bittersten Antikriegsfilme, die je über eine Leinwand liefen. – Anfangs dürfen wir noch manchmal lachen. Ganz wohl ist uns allerdings nicht dabei, denn dieses bißchen Heiterkeit steht, im April 1945, zu hart am Rande der Barbarei. Nicht daß der Film seiner Absicht etwa untreu würde. Er tastet sich langsam an sein Thema heran. Was Gregor, unfrei nach Mailer, seinen Figuren in längeren Rückblenden verpaßte, den seelisch-sozialen Hintergrund, setzt der Film chronologisch an den Beginn. Doch wer nach ein, zwei dräuenden Busen auf die beliebte *sex-and-war*-Mischung hofft, nach zwei, drei Kasernenhofscherzen auf einen heiteren Barrasfilm, sieht sich schmählich betrogen. Sein Lachen schlägt bald in Entsetzen um.
Eine Handvoll halbwüchsiger Buben wird von der Kleinstadt-Schulbank weg in viel zu große Uniformen gesteckt, des Deutschen Vaterland zu retten, als es, außer der eigenen Haut, längst nichts mehr zu retten gab. Wie die Augen dieser Verführten aufleuchten, als der Einberufungsbefehl kommt. Jetzt werden sie es den Erwachsenen zeigen . . . Nur zu rasch blättern ihre Ideale ab in der Begegnung mit der Wirklichkeit eines Krieges, der ihnen vordem ein höheres Indianerspiel schien. Der erste fällt. Noch verstehen sie nicht, wie ihnen geschieht. Aber sie werden nachdenklich. Bis ihnen allmählich in dem Maße die Augen aufgehen, in dem die ihrer Kameraden sich für immer schließen. In tiefster Nacht zogen sieben Knaben zur Verteidigung einer Brücke aus. Im ersten Morgensonnenstrahl taumelt der einzige Überlebende irren Blickes vom Schauplatz.
Der Film zeigt in seiner zweiten Hälfte weiter nichts als das Sterben einiger Menschen. Er zeigt es, und darin liegt seine Kühnheit, mit unerhört drastischer Offenheit. Nicht als effektvollen Heldentod: als brüllende Agonie in Großaufnahme. Mindestens zwei Szenen sind von so krasser Brutalität, daß man sie fast nicht ertragen kann. Keine Sekunde wendet die Kamera ihren Blick vom Todeskampf. Manche Zuschauer sehen weg. Sie haben unrecht. Wir haben zu oft weggesehen . . .
Wicki rückt mit diesem seinem ersten Spielfilm in die erste Reihe unserer bildmächtigsten Filmschöpfer auf ... Dieser Schauspieler versteht es, junge Menschen, die noch keine Schauspieler sind, zu führen . . . Am Anfang erscheinen sie etwas befangen. Doch rasch weicht ihre Unsicherheit einer brennenden Intensität, wie man sie dann bei Laienspielern zuweilen findet, wenn sie *ihre* Sache spielen . . . Dieser Film ist ein spontanes Meisterwerk.

weniger im Lande. Dieser Roman, der in gewissem Sinn die Verzweiflung der *angry young men* vorwegnahm, die wenig später aus England importiert wurde, hatte eine Funktion. Er hatte Funktion als Ärgernis, so ärgerlich er viele auch machte.

Das ist, auf schmalem Raum, eine lange Reihe von Namen, die sich unschwer noch verlängern ließe. Die Arbeiten, mit Unterschieden durchweg repräsentabel, kunstvoll und meist zur Zeit ihrer Publikation vielseitig beachtet, sind Ausdruck der durchschnittlichen Möglichkeiten der Autoren in einer Situation, in der sich die Informationslücken langsam schlossen, in der aber der Schritt über die literarischen Traditionen hinaus erst noch bevorstand, ja in dem das Übergewicht der Traditionen, die von ihnen ausgehende Konditionierung noch kaum bewußt war. Die Widersprüche halten sich in diesem Rahmen. Die einzelnen Autoren waren dabei stets mit der Frage konfrontiert, ob ihre Arbeiten sich behaupten konnten. Schon damals war, was als der literarische Markt zu bezeichnen ist, etabliert, wenn auch in noch überschaubarerem Umfang. Die Konditionen dieses Marktes änderten sich ständig. Sie wurden übrigens ebensowenig wie heute einzig und allein nach dem Umsatz festgelegt. Die Kritik konnte Autoren über beträchtliche Zeiträume auch ohne den Auflagenerfolg in der Diskussion halten und ihnen Publikationsmöglichkeiten sichern. Wo sie allerdings deutlichen Überdruß zeigte und gleichzeitig der Verkaufserfolg ausblieb, endete meist die Erzählerlaufbahn. Aber auch ohne Mißerfolge dieser Art wanderten unablässig die Autoren ab in die expandierenden und existenzsichernden Massenmedien, zu Zeitungen und Wochenblättern, Film und Rundfunk, dann immer mehr zum Fernsehen. Ein respektables literarisches Debüt war immer häufiger eine Bestätigung, die einen sicheren Platz in der Kulturindustrie garantierte.

Anders als mit den bisher genannten Autoren, wenn auch nicht immer grundsätzlich anders verhält es sich mit einer Reihe weiterer Autoren, die – neben GRASS und JOHNSON – in der zweiten Hälfte der fünfziger Jahre erstmals von sich reden machten. Die Namen der hier gemeinten seien zunächst aufgezählt: KLAUS NONNENMANN (*1922), RUTH REHMANN (*1922), HANS BENDER (*1919), HEINZ VON CRAMER (*1924), HORST BIENEK (*1930), der Österreicher HERBERT EISENREICH (*1925), GÜNTER BRUNO FUCHS (*1928), MARTIN WALSER (*1927), KLAUS ROEHLER (*1929), GABRIELE WOHMANN (*1932). Die meisten dieser Autoren spielen bis heute ihre Rolle in der Literatur der Bundesrepublik, wenn auch nicht alle noch immer als Erzähler. Sie alle verharren im Kontext der »jungen deutschen Literatur der Moderne«. Aber sie nehmen deren formale Angebote auf von ihren Erlebnissen, Erfahrungen und Beobachtungen her. Sie unterlaufen deutlicher als die zuvor genannten Autoren die weitgehende inhaltliche Konditionierung, die von den tradierten Formen ausgeht, durch Sachlichkeit, durch veränderte Positionen der Wahrnehmung, und lockern dadurch die Anpassung. Es gelingt ihnen auf leicht verschobener Ebene etwas Ähnliches wie zuvor HEINRICH BÖLL, WOLFDIETRICH SCHNURRE oder auch SIEGFRIED LENZ, mit denen sie sich übrigens durchweg solidarisch fühlten.

Vor einer kurzen Charakteristik einiger der hier genannten Autoren – bei anderen liegt das Schwergewicht der Produktion deutlich in der anschließenden Phase – ist jedoch zunächst auf einen bezeichnenden Nachzügler zu verweisen, der in den Kontext dieser bestimmte Fäden der frühen Nachkriegszeit aufnehmenden Umorientierung gehört: den Roman *Sansibar oder der letzte Grund* (1957) von ALFRED ANDERSCH. HANS MAYER hat diese Geschichte einer Flucht aus dem Dritten Reich, die Geschichte eines Pfarrers, einer Jüdin, eines Jungen und zweier kommunistischer Genossen, mit deren Hilfe die Flucht und die Rettung einer »entarteten« Plastik gelingt, mit dem *Siebten Kreuz* von ANNA SEGHERS verglichen. Er hat den »gleichsam nachgelieferten Bericht über das Verhalten von Menschen in der Hitlerzeit«, mit dem Andersch im Alter von 43 Jahren als Romanautor debütierte – er hat diesen Bericht in seiner eine Zukunft nicht mehr bedenkenden, in seiner existentialistischen Fixiertheit auf eine bestimmte Situation abgesetzt von dem »großen epischen Gesamtbild« der Marxistin Seghers, das verfaßt sei »mit dem Blick auf den künftigen Sieg der Solidarität«. Mayers Resümee: »Übergang von der Ausdruckskunst zur sachlichen Darstellung von Verhaltensweisen...«[15]

Die Frage ist, ob dieser Übergang, ein sehr langsam sich einspielender Übergang vom »Gesamtbild«, das eine Vorstellung vom Ganzen der Welt und ihrer Entwicklungen voraussetzt, zu isolierender Sachlichkeit, zum Einzelnen, zum direkt erfahrenen Vorgang nicht unerläßlich war. Er führte zuletzt zur Pointierung der Erkenntnisfunktion von Literatur anstelle der Funktion, eine ideologisierende Gesamtschau zu vermitteln, mit all den hieraus folgenden irritierenden Konsequenzen. Bei Hans Mayer, der diesen Übergang in Parallele setzt dazu, daß bald immer mehr Lyriker begannen, Romane zu schreiben – bei Mayer klingt die Empfindung durch, es gehe damit etwas verloren. Er ist ein zu gewissenhafter Beobachter, um nicht dem sich Zeigenden seine ganze Aufmerksamkeit zuzuwenden, doch die Abkehr vom Anspruch des Erzählens, Schau eines Ganzen zu implizieren, irritiert ihn spürbar. Auch Andersch hat sie nicht konsequent durchgehalten, ganz abgesehen davon, daß *Sansibar oder der letzte Grund* schon nicht mehr die Konsequenz des autobiographischen Berichts *Kirschen der Freiheit* hat. Seine späteren Romane *Die Rote* (1960) und *Efraim* (1967) und zahlreiche Erzählungen verlieren denn auch an Überzeugungskraft in dem Maße, in dem sie sich dem alten Allgemeinen, psychologisierender Darstellung und der Personalisierung der Verläufe wieder überlassen. Was hierneben Mayers Vergleich angeht, wäre es wohl notwendig, *Sansibar oder der letzte Grund* mit »epischen Gesamtbildern« anderer Provenienz als gerade jener des *Siebten Kreuzes* zu konfrontieren, um zu verdeutlichen, weshalb vom Gesamten her längst auch erzählend an die Sachen nicht mehr überzeugend heranzukommen war und ist.

Es ist die langsame, zögernde, oft genug noch einmal widerrufene Abkehr von den epischen Gesamtbildern, von jener tradierten Totalen, die gerade in den konventionelleren, inzwischen meist vergessenen Romanen Ende der fünfziger Jahre noch einmal beschworen wurde, wodurch die Arbeiten einer Reihe jüngerer Autoren Ende der fünfziger Jahre sich auszeichnen. Sie wurde bis zu einem gewissen Grade unbewußt vollzogen, manchmal, wie etwa in den Romanen MARTIN WALSERS, innerhalb einer durchaus traditionellen Erzählstruktur mittels Integration kontroverser, die Form des entworfenen Zustandsbildes in diesem selbst in Frage stellender Elemente. Die *Blechtrommel* (1959) des GÜNTER GRASS hatte deshalb eine so außerordentliche Wirkung, weil in diesem Roman der Kretin zum Helden ausgerufen und dadurch die allgemeine Vorstellung vom Helden auf den Kopf gestellt wurde, weil vor allem dadurch die Form des pikaresken Zeitromans ad absurdum geführt und so doch zugleich noch einmal ermöglicht wurde. Viele der geglücktesten literarischen Arbeiten der folgenden Jahre verdanken ihre außerordentliche Effektivität eben dieser Paradoxie. Die traditionellen Formen gewannen einen überraschenden und letzten Reiz in der totalen Umkehrung des mit ihnen verbundenen Anspruchs, die diesen in den Augen vieler scheinbar noch einmal bestätigte.

Zunächst aber ging es noch bescheidener zu. Einige der Autoren, deren Namen aufgezählt wurden, die eine in anderer Hinsicht gewiß heterogene Gruppe bilden, sind schon an dieser Stelle näher zu charakterisieren, weil ihr Ansatz deutlich im Vorfeld des sich andeutenden Höhepunkts der »jungen deutschen Literatur der Moderne« der fünfziger Jahre festgemacht ist und sich kaum noch verändert. Es war dies ein Höhe-

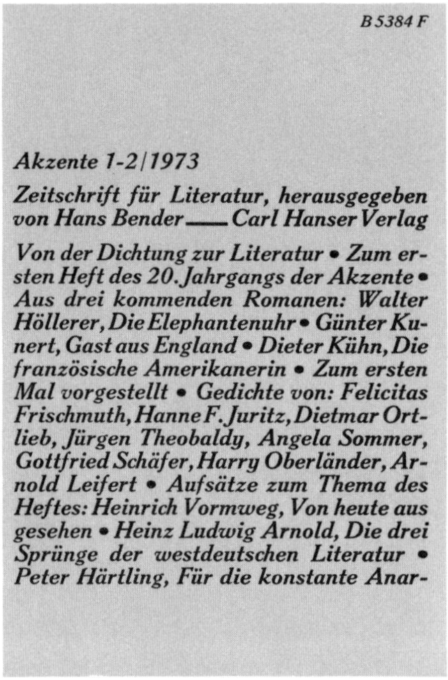
B 5384 F

Akzente 1-2/1973

Zeitschrift für Literatur, herausgegeben von Hans Bender —— Carl Hanser Verlag

Von der Dichtung zur Literatur • Zum ersten Heft des 20. Jahrgangs der Akzente • Aus drei kommenden Romanen: Walter Höllerer, Die Elephantenuhr • Günter Kunert, Gast aus England • Dieter Kühn, Die französische Amerikanerin • Zum ersten Mal vorgestellt • Gedichte von: Felicitas Frischmuth, Hanne F. Juritz, Dietmar Ortlieb, Jürgen Theobaldy, Angela Sommer, Gottfried Schäfer, Harry Oberländer, Arnold Leifert • Aufsätze zum Thema des Heftes: Heinrich Vormweg, Von heute aus gesehen • Heinz Ludwig Arnold, Die drei Sprünge der westdeutschen Literatur • Peter Härtling, Für die konstante Anar-

Hans Bender (rechts) begründete 1954 gemeinsam mit Walter Höllerer die Zeitschrift »Akzente«, deren alleiniger Herausgeber er seit 1968 ist. – Aus Anlaß des zwanzigsten Jahrgangs der »Akzente« schreibt Bender in Heft 1/1973 u. a.:
»1968 hat sich die Zeitschrift von ihrem 1953 gewählten Untertitel verabschiedet. Aus der »Zeitschrift für Dichtung« wurde die »Zeitschrift für Literatur«. In der Begründung stand: Weil es »der weitere Begriff« ist. Weil Literatur, »in die Zeit wirken zu wollen, nicht verneint, sondern bejaht«. Heute gibt es kaum noch einen Widerspruch, wenn nachgewiesen wird, wodurch die westdeutsche Literatur in den letzten Jahren mehr Beachtung und Wirksamkeit erzielt hat. Vor allem doch durch die Mitsprache in der politischen und gesellschaftlichen Auseinandersetzung.«

punkt, der diese Literatur bestätigte in dem Sinne, in dem die Literatur von Elisabeth Langgässer bis Thomas Mann bestätigt war für die erste Nachkriegszeit, und er brachte ihr breitesten Zuzug. Zugleich allerdings ließ er ihre historischen Relationen, ihre Bedingtheiten und Begrenztheiten immer deutlicher sichtbar werden. Was unter dem einen Aspekt ein Umbruch ist, stellt sich unter anderem als die breite Bestätigung einer Entwicklung heraus, die das Terrain für andere Entwicklungen freimacht.
Das Doppelgesicht dieser Phase zeigt sich deutlich schon in der Arbeit von Hans Bender, in der das Erzählen nur einen – zeitlich begrenzten – Komplex neben anderen darstellt. Bender, mit Walter Höllerer seit 1953 Herausgeber der Zeitschrift *Akzente*,

hatte 1954 einen ersten Roman veröffentlicht, *Eine Sache wie die Liebe*, eine Geschichte unter Studenten, Erzählen im Sinn einer »Weltanschauung der Zärtlichkeit« (Friedrich Sieburg). Es folgten der Erzählungsband *Wölfe und Tauben* (1957) und *Wunschkost* (1959), Roman aus der russischen Kriegsgefangenschaft. Später brachte der Sammelband *Mit dem Postschiff* (1962) noch einmal einige neue Erzählungen. Das sind schon die wichtigsten Prosaveröffentlichungen. Der Erzähler Bender zeigt sich auf drei Erfahrungsbereiche fixiert: Kindheitserinnerungen, Erlebnisse in Krieg und Gefangenschaft, Erkundung der aktuellen Umwelt. Dabei erweist sich der spezielle Vorzug dieser Erzählungen bald als ein Handikap für den Erzähler: Bender ist abhängig von unmittelbarer Erfahrung und davon, daß diese Erfahrung für ihn komplex faßlich und direkt umsetzbar ist. Er erzählt ausschließlich von dem, was erlebt und erfahren ist. Es gibt keine gewollten Sprünge, keine intellektuell kalkulierten Erzählansätze. Es wird nicht versucht, Zeichen und Symbole für ein vorgestelltes Allgemeines auszumalen, Beispielhaftigkeit zu erzwingen. Der Kreis des Erzählens ist der Gesichtskreis, dies und nicht mehr. Die Bedingung des Erzählens ist hier, von diesem Gesichtskreis, damit vom Ich auszugehen, nicht von einem fingierten, sondern dem konkreten Ich auch dann, wenn »objektiv« erzählt wird.

Es liegt auf der Hand, wie damit das pluralistische Angebot formaler Möglichkeiten in der »jungen deutschen Literatur der Moderne« unterlaufen wird. Statt all der unabsehbaren Möglichkeiten des Imaginierens – und auf wechselnden Ebenen ist das später immer wieder die Chance für Erzähler, einen konkreten Bezugspunkt zu konstituieren – wird die eigene Erfahrung zum Kriterium des Erzählens. Wenn eine symbolische Bedeutung aufscheint, so ist das ein fast zufälliges Nebenprodukt, wie etwa in der Schlußwendung der Erzählung *Die Wölfe kommen zurück*, der knappen, kargen, ohne jedes Sentiment erzählten Geschichte von einem Gefangenen, der zur Arbeit in ein russisches Dorf gebracht wird. Auf dem Weg durch den Wald tauchen unerwartet ganze Rudel Wölfe auf:

So zogen Heere in die Städte der Feinde ein, durch die Mauer des Schweigens, der Verachtung, des Hasses. Die Menschen verkrochen sich vor ihnen, löschten das Licht, hielten den Atem an, schlossen die Augen und glaubten, ihr Herz klopfe gegen die Wand und die draußen könnten es hören, durch die Tür brechen und wahllose Schüsse ins Zimmer feuern.
Die Dunkelheit wuchs, und noch immer nahm das Heer der Wölfe kein Ende. Wie lange zogen sie vorbei? Wie viele waren es? Stunden. Alle Wölfe Sibiriens.
Nacht umschloß den Starost, den Gefangenen, die Kinder. Lange wagten sie nicht, sich zu lösen, zu bewegen, zu sprechen.
Der Starost sprach als erster: Er sagte: »Die Wölfe kommen zurück. Sie wittern den Frieden «

Sachlichkeit, Nüchternheit, Wärme, »Horror vor jeder Heldenpose« und »Abscheu vor falscher Innerlichkeit« (Walter Widmer) wurden Bender gutgeschrieben, zu Recht, und das waren außerordentliche Qualitäten zur fraglichen Zeit, bleiben es zu jeder Zeit. Benders Erzählungen aus Krieg und Gefangenschaft, ganz ohne Selbstmitleid geschrieben, fern jeder Totalschau, vermitteln reell die reale Erfahrung. Aus dieser Position hat Bender auch angesetzt, aus der aktuellen Umwelt der Zivilisationsgesellschaft zu erzählen. Trotz einiger fesselnd geglückter Geschichten stellten sich dabei bald Schwierigkeiten ein. Unter den Bedingungen der hier sich summierenden Erfahrungen konnte Benders naiv-konkrete Erzähleridentität sich offenbar nur schwer behaupten. Bis heute hat Bender immer wieder als Herausgeber die verändernden Initiativen innerhalb der Literatur akzentuiert und befürwortet, von der konkreten

Literatur bis zu den Werkkreisen. Innerhalb dieser unerläßlichen Prozesse sah er jedoch gerade jene Identität des Erzähler-Ichs unaufhörlich in Frage gestellt, die Voraussetzung seines Erzählens war. Er hat daraus – das einzig Mögliche – die Konsequenz gezogen, nicht mehr zu erzählen, ohne sich jedoch von der Literatur abzuwenden. Eine Konsequenz, die sich vielleicht wieder aufheben läßt.
Bei einem der jüngsten der Autoren, von denen hier zu berichten ist, KLAUS ROEHLER (* 1929), beschränkt sich die erzählerische Produktion am deutlichsten auf eine sehr kurze Phase. Roehler hatte gemeinsam mit GISELA ELSNER (* 1937) *Triboll – Lebenslauf eines erstaunlichen Mannes* (1956) geschrieben, dann mit dem Erzählungsband *Die Würde der Nacht* (1958) Aufsehen gemacht. Hiernach war von der Arbeit an einem Roman zu hören, der jedoch nicht erschienen ist. Kennzeichnend für die Erzählungen Roehlers und der Grund für das Interesse, das sie sofort weckten, ist, daß die durchaus realistische und gesellschaftskritische Absicht den Autor unversehens in die Nähe einer grotesken Literatur brachte, als einziger Möglichkeit, Gesellschaft überhaupt authentisch noch darstellen zu können. Für den Autor stellte sich dies jedoch noch keineswegs ohne weiteres als Entdeckung und Gewinn dar, es brachte ihn vielmehr in unerwartete Schwierigkeiten, in denen Roehler schließlich steckengeblieben sein dürfte. Das waren zweifellos höchst konkrete Schwierigkeiten, und an solchen zu scheitern, das bedeutet mehr, als wenn ein Autor über alle Schwierigkeiten ohne weiteres hinwegzuschreiben fähig ist.
In ihrem ersten Roman *Illusionen* (1959) probierte RUTH REHMANN (* 1922) aus, was für die jüngeren Autoren nunmehr immer öfter zum Schreibantrieb wurde: der Gesellschaft, wie sie sich unter Adenauer restauriert hatte, auf die verborgenen, der Gesellschaft selbst verborgenen Bedingungen und Motive zu kommen. Ruth Rehmann entlarvt die Illusionen, die einigen Büroangestellten ihre Existenz als etwas ganz anderes erscheinen läßt, als sie tatsächlich ist. Sie bedient sich zu diesem Zweck höchst »moderner« Mittel, montiert, blendet zurück, läßt innere Monologe ablaufen, um das Wirkliche hinter dem Schein zu verdeutlichen. Es sei hier gleich auch Ruth Rehmanns neun Jahre später erschienener zweiter Roman genannt, *Die Leute im Tal* (1968), der jedoch die durch Desillusionierung erreichbare Sachlichkeit deutlich ins Positive kehrt. Sein Thema – es war durch ein Preisausschreiben gestellt – ist »Der Bauer in der Industriegesellschaft«. Wiederum technisch sehr aktuell einsetzend, nämlich beim Hörensagen, beim Gerede der Leute, bei umgehenden Gerüchten, wird der Konflikt zwischen der unter veränderten Bedingungen aufgewachsenen jüngeren Generation und der alten in einem bayerischen Dorf dargestellt, ein Konflikt unter Leuten, die sich am besten durch ihre NPD-Anfälligkeit charakterisieren lassen. Von deren Vorstellungen und Denken her sind Möglichkeiten demokratischer Entwicklung aufgezeigt. Dieser Roman ist bewußt als »angewandte Literatur« konzipiert, in einem Sinn, der fast an den Sozialistischen Realismus erinnert – eine überraschende und so ungewohnte Schwenkung, daß er bisher weit weniger beachtet wurde, als er verdient hätte.
»Er mißtraut der Epik und unterschätzt den Leser«, hat MARCEL REICH-RANICKI als den bedenklichsten Mangel des Romanciers HEINZ VON CRAMER (* 1924) bezeichnet. Zu einem Zeitpunkt, da drei von bisher vier Romanen des Autors vorlagen – der vierte hätte ihn womöglich davon abgehalten, von Cramer überhaupt noch zu diskutieren –, resümierte der Kritiker folgendermaßen: »Cramer, der viel kann und viel zu sagen hat, fällt es vorerst schwer, sein Temperament und die Fülle seiner Begabung

Schutzumschläge zu drei bedeutenden Büchern der fünfziger Jahre: Wolfgang Koeppens Roman »Das Treibhaus« erschien 1953 im Verlag Scherz & Goverts, Stuttgart; Alfred Anderschs Bericht »Die Kirschen der Freiheit« kam 1952 im Münchner Piper Verlag heraus; Heinrich Bölls Roman »Und sagte kein einziges Wort« erschien 1953 im Verlag Kiepenheuer & Witsch, Köln.

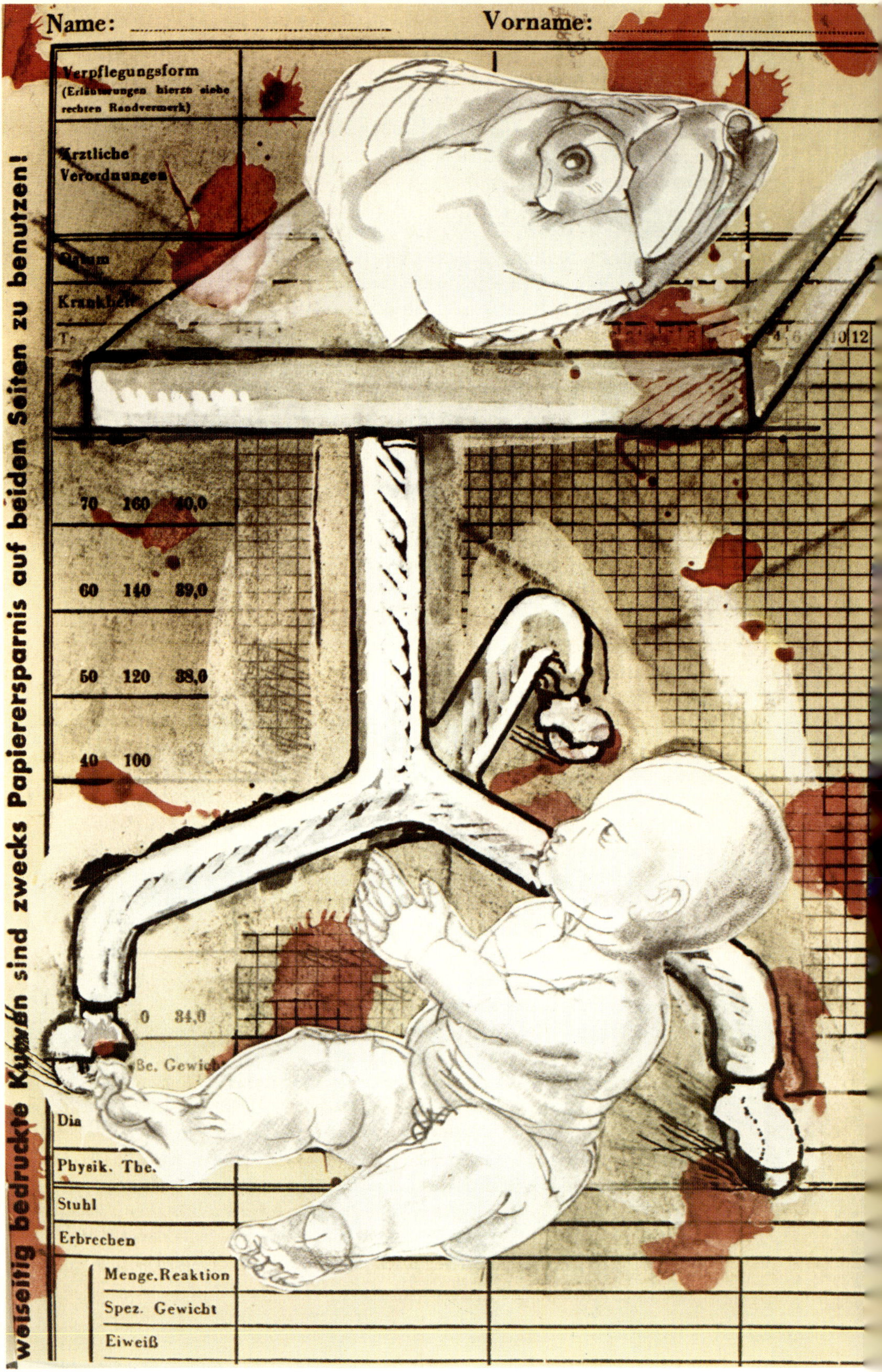

Farbige Illustration von Heinrich Richter aus einer Sonderausgabe mit 65 Illustrationen des Romans »Die Blechtrommel« von Günter Grass, die 1968 im Luchterhand Verlag, Neuwied/Berlin erschien.

zu beherrschen, seine bewundernswerte Phantasie im Zaum zu halten. Er verfügt über mannigfache Register, aber er ist sich noch nicht schlüssig geworden, welcher Register er sich bedienen soll. Daher sind seine Bücher ziemlich hektische und sprunghafte Versuche: große Etüden eines Schriftstellers, der seine Mittel erprobt und dabei so radikal verfährt, daß man bisweilen zweifeln könnte, ob die drei Bände aus derselben Feder stammen.«[16] Dies allerdings war schon früh in den Augen des Kritikers MANFRED DELLING gerade Intention und nicht Mangel, sondern Charakteristikum der Arbeit Heinz von Cramers. Er hielt dafür, Cramers Tätigkeit sei »durch seinen kathartischen Willen gekennzeichnet, die Welt zu verstören«. Weiter: »Das Malheur dieses Schriftstellers ist, daß seine Bücher ... in der Tat eine Reihe sehr ernstzunehmender ästhetischer Einwände zulassen, hinter denen sich konservative Kritiker verschanzen können, ohne das eigentliche Motiv ihres Unbehagens preisgeben zu müssen.«[17]

Hier deutet sich ein Widerspruch an, der aufschlußreich zu sein verspricht. Heinz von Cramers erster Roman hieß *San Silverio* (1955). Er erzählt die Geschichte einer Witwe, die aus den USA auf ihre von Armut gezeichnete Heimatinsel im Golf von Neapel zurückkehrt, eine Insel mit dem fiktiven Namen San Silverio. Die siebzigjährige Frau hat nur die eine fixe Idee, die Überreste ihres in den USA gestorbenen Mannes zurückzuholen, und um dies zu erreichen, wird sie zu einer rabiaten Ausbeuterin. Ihre Idee hat sie dazu gemacht, eine gänzlich irrationale Idee, die ihr Kraft gibt – Kraft zur Ausbeutung anderer. Das Buch zielt auf die Denunziation solcher Ideen, Ideen religiöser und sonstwie ideologischer Art, auf ihre oft so zerstörerische Wirkung.

Im Mittelpunkt des zweiten Romans von Heinz von Cramer, *Die Kunstfigur* (1958), steht eine exemplarische Figur der Anpassung, des Paktierens mit den Mächten und den Mächtigen: der Schriftsteller John Belitz. Es gelingt Belitz, über Jahrzehnte hinweg, von Dada bis zum Boom der Kriegsliteratur, Erfolg zu haben und obenauf zu schwimmen in Deutschland, unter anderem übrigens auch durch eine ganz egozentrisch motivierte und wohlkalkulierte Emigration. Eine Apotheose des Opportunismus also, die das »Gewissen der Nation« an den Pranger stellt. *Die Konzessionen des Himmels* (1961), ein Roman aus drei selbständigen Erzählungen, vergegenwärtigt, daß Katastrophen die Menschen nicht bessern, im Gegenteil, und ist darin eine intensive Auseinandersetzung mit dem Christentum. Die Erzählungen des Bandes *Leben wie im Paradies* (1964) sind »eine Kombination aus Wissenschaft und Fiktion, Dokumentarischem und Erfundenem« (Hans Mayer) und akzentuieren den Widerspruch zwischen den durch Technik den Menschen gegebenen Möglichkeiten und ihren antiquierten Vorstellungs- und Denkstrukturen. *Der Paralleldenker* (1968) schließlich ist ein Pop-Roman.

Heinz von Cramer, der auch Hörspielregisseur ist, auch fürs Fernsehen gearbeitet hat, der seine Arbeit als ein politisch orientiertes, vielseitiges, durch Herausforderung auf Veränderung zielendes Produzieren versteht, ist in diesem ganz gewiß nicht auf die fünfziger Jahre festgelegt. Die Veränderung auch seiner Mittel ist für ihn Programm, seitdem er schreibt, und nicht das Werk – wie sonst durchaus die Regel innerhalb der »jungen deutschen Literatur der Moderne«. Das ist auf eine Weise progressiv, die erst spät in den sechziger Jahren in die Diskussion geriet. Allerdings hat von Cramer die Bedeutung der Verfahrensweisen in diesem Zusammenhang nur bedingt reflektiert. Er hat seine Gegenposition durchzusetzen versucht mittels Ausdruck, Gegenideen und emotionalem Engagement, wobei er die jeweils neuen Mittel, die sich anboten, übernahm, nicht seine eigenen Mittel erarbeitete. Das verweist auf die Zeit, in der er zu schreiben angefangen hat. Dabei steht Heinz von Cramer auch durch seine Unsicherheiten ein für die außerordentlichen Spannungen, die zu jener Zeit von neuen Autoren in die Literatur der Bundesrepublik hineingetragen wurden.

Heinz von Cramer

Gegenstand und Thema der neuen Erzähler ist immer deutlicher: die Gesellschaft, die zunächst noch völlig inkommensurable Gesellschaft, wie sie sich unmittelbar darstellte. HEINRICH BÖLLS Milieu rückte in den Mittelpunkt, MAX FRISCHS Identitätssuche in einer technisierten Welt setzte Maßstäbe. Das politische Engagement der Gruppe-47-Gründer, die immer deutlicher zu Protagonisten einer sich verändernden Literaturszene aufrückten, wurde dabei allerdings vorerst bestenfalls indirekt spürbar. Der Oberbegriff – und von hier aus entstanden in der Folge noch zahlreiche Romane zahlreicher Autoren – lautete: Bestandsaufnahme. Der Drang, endlich wieder einen Überblick zu gewinnen, sich aus den unmittelbaren Erfordernissen von Wiederaufbau und Konsolidierung zu lösen und das gesellschaftliche Ganze, das sich da abzeichnete, in Frage zu stellen, sich nicht länger mehr in Sicherheiten zu wiegen, die möglicherweise Täuschungen waren, den Schleier von der angeblich ausgeheilten, der sich jedenfalls in unerwartetem Wohlstand wiegenden bundesrepublikanischen Umwelt zu zerren und zu erkunden, wie die Dinge tatsächlich lagen, dieser Drang wurde übermächtig. Gerd Gaiser war dabei mit seinem zweiten Erfolgsroman *Schlußball* (1958) zwar nicht gegenüber der Öffentlichkeit, doch innerhalb der Literatur schon stark isoliert. Die elitär-romantische, die »rechte« Kritik am Wohlstand, die da am Beispiel der Kleinstadt Neu-Spuhl geübt wurde, überließ man den Unverbesserlichen. Man war bereit, es sich etwas schwerer zu machen.

Damit ist ein erstes Mal Martin Walser (* 1927) hervorzuheben. Nach dem kafkaesken Erzählungsband *Ein Flugzeug über dem Haus* (1955) – über Kafka hatte Walser promoviert – erschien *Ehen in Philippsburg* (1957), erster Versuch eines noch ganz jungen Autors, ein Röntgenbild der tatsächlichen bundesrepublikanischen Verhältnisse herzustellen. Elisabeth Endres schrieb über das Buch: »Der Wohlstand als Produktion, planbar vom Wirtschaftsführer, der Wohlstand als Konsumption, suggeriert vom Wirtschaftsführer. Das Pandämonium tut sich auf: die Ehen in Philippsburg, Frauen, die hysterisch, wichtigtuerisch, preisestiftend und Dichter fördernd die Parodie auf das produzieren, was man Kultur nennt, Frauen, die nur schlicht gefühlvoll hysterisch werden, und Männer, die wie tolle Hähne hinter jeder anderen her sind. Die Ehen in Philippsburg sind übertünchte Gräber. Ich glaube, man tut Walser und seiner Kritik keinen Dienst, wenn man darauf hinweist, daß dies nun so extrem nicht gerade häufig ist. Es ist nicht häufig, mag sein, doch es ist als Satire typisch – die Gesellschaft als Maskenfest wichtigtuerischer Leute, bei denen es nicht stimmt, dahinter die gezielte Macht.«[18]

Auch Karl Korn sei hier zitiert, der Walser dafür lobt, daß er sich »aufs Erzählen im traditionellen Sinne« verstehe, der ihn lobt, weil er Humor habe und »moralischen Grimm« direkter Art vermeide. Er sei zitiert, weil er das Changieren des Engagements, das charakteristisch ist für die Literatur Ende der fünfziger Jahre, aus der Sicht dieser Zeit sehr genau bezeichnet: »Was ist von solchem Autor zu halten? Ist er zersetzend, subversiv? Hat er das politisch-moralische Engagement – man erinnert sich: Littérature engagée, die Losung des Jahres 47 – verraten? Banale Fragen, gewiß. Aber sie werden oft gestellt und sollen beantwortet werden. Walser läßt den dummen Hans bei der ersten Aufstiegsschwierigkeit moralisch kapitulieren und zum intellektuellen Verräter werden, wenn ein so großes Wort für solchen Tropf erlaubt ist. Den unglücklichen Schriftsteller Klaff läßt unser Satiriker gar, nicht ohne Ironie, in kläglichem Selbstmord enden. Wie also steht es mit der schriftstellerischen Moral des Martin Walser? Die Antwort ist, daß er 1957 und nicht 1947 schreibt. Wer hinter die Ironie des Buches und das Vergnügen am gesellschaftlichen Spiel der vorder- oder hintergründigen, der bewußten oder unbewußten Motive, der großen und der kleinen Formate dringt, wird in dem Roman so etwas wie ein indirektes Engagement entdecken. Ungefähr so: Hier habt ihr das Tableau! Macht euch einen Vers drauf!«[19]

In diesen Zitaten ist das literarische Bild der *Ehen in Philippsburg*, wie es sich unmittelbar nach Erscheinen des Romans darstellte, jedenfalls umrissen. Dabei ist kein Zweifel, daß der Roman damals ziemlich genau die am weitesten vorgeschobene Linie der Prosaliteratur bezeichnete. In der verschärfenden, doch auch Ausflucht erlaubenden Optik der Satire deutete sich ein gesellschaftskritischer Realismus an, der mit den bewährten, seit Balzac bewunderten Mitteln, sie nur wenig zuspitzend, an die bundesrepublikanische Wirklichkeit tatsächlich heranzukommen schien. Man erkannte die eigene Welt wieder. Bald sollte sie sich noch deutlicher und in ihrer ganzen Widersprüchlichkeit zeigen.

Zwischen Groteske und Mutmaßung – Günter Grass und Uwe Johnson

In diese Situation einer dennoch weitgehend noch unbestimmten Erwartung hinein platzten – das ist das passendste Wort – 1959 die Romane *Die Blechtrommel* von GÜNTER GRASS (* 1927) und *Mutmaßungen über Jakob* von UWE JOHNSON (* 1934): beide Herausforderungen, schockierend in unterschiedlicher Weise, beide unzweifelhaft Höhepunkte, die neue Normen etablierten und die Vorstellungen von Literatur in erstaunlich kurzer Zeit gegen heftigsten Widerstand umpolten.
Die Erzählungen des monströsen Kretins Oskar Matzerath, der in der Heilanstalt seine Erinnerungen verfaßt, ließen das Danzig der Jahre 1933 bis 1945, die Akteure in Oskars Welt und dazu einen Zipfel bundesrepublikanischer Wirklichkeit durch Augen sehen, die eine unerhörte Perspektive aufzwangen. Es war die Perspektive eines monströsen Zwergs, für den es sozusagen natürlich war, den Leuten unter den Rock und auf die Hose zu gucken. Es war eine Perspektive, in der sich die kleinbürgerliche und bürgerliche Welt der Nazijahre zu einer grotesken Parodie auf das Leben verzerrte. Und Oskar bestand dabei unerschrocken auf den guten alten Vorrechten des Romanautors. Nur daß es eben der Blechtrommler, Glaszersinger, Insasse einer Heil- und Pflegeanstalt und Kretin Oskar war, der auf ihnen bestand:

Man kann eine Geschichte in der Mitte beginnen und vorwärts wie rückwärts kühn ausschreitend Verwirrung anstiften. Man kann sich modern geben, alle Zeiten, Entfernungen wegstreichen und hinterher verkünden oder verkünden lassen, man habe endlich und in letzter Stunde das Raum-Zeit-Problem gelöst. Man kann auch ganz zu Anfang behaupten, es sei heutzutage unmöglich, einen Roman zu schreiben, dann aber, sozusagen hinter dem eigenen Rücken, einen kräftigen Knüller hinlegen, um schließlich als letztmöglicher Romanschreiber dazustehn. Auch habe ich mir sagen lassen, daß es sich gut und bescheiden ausnimmt, wenn man anfangs beteuert: Es gibt keine Romanhelden mehr, weil es keine Individualisten mehr gibt, weil die Individualität verloren gegangen, weil der Mensch einsam, jeder Mensch gleich einsam, ohne Recht auf individuelle Einsamkeit ist und eine namen- und heldenlose einsame Masse bildet. Das mag alles so sein und seine Richtigkeit haben. Für mich, Oskar, und meinen Pfleger Bruno möchte ich jedoch feststellen: Wir beide sind Helden, ganz verschiedene Helden, er hinter dem Guckloch, ich vor dem Guckloch; und wenn er die Tür aufmacht, sind wir beide, bei aller Freundschaft und Einsamkeit, noch immer keine namen- und heldenlose Masse.

In der *Blechtrommel* gab es, anders als in Johnsons *Mutmaßungen* ein irritierendes Hindernis für die Rezeption in der Schreib- und Darstellungsweise nicht. Wo in diesem Roman die Syntax strapaziert wird, dient das, stets eindeutig vorbereitet, einer Steigerung des Ausdrucks, verweist es auf die Bedeutung einer Passage; noch in den *Hundejahren,* in denen Grass weit exzessiver und barocker mit der Sprache »spielt« und das Erzählgerüst manipuliert, ist das durchweg auf solche unmittelbar einsichtige Weise begründet. Dabei bleibt der große Vorzug des Romans, der ohne weiteres überzeugte, der ihn auf der Stelle reif für die germanistischen Seminare machte, daß Günter Grass ihn konzipiert hatte von eben jenem im Zitat herausgestellten inhaltlich-formalen Moment her, das für den traditionellen Roman entscheidend ist, nämlich vom Romanhelden her.
Man hatte längst begonnen, am Helden zu zweifeln. Immerhin war, von der vorherrschenden Kritik mißachtet, schon 1957 ROBBE-GRILLETS *Augenzeuge* in deutscher Übersetzung erschienen. Weit früher schon hatte die Diskussion etwa um den Helden bei CAMUS eingesetzt. Daß der negative, der verzweifelte oder erniedrigte Held den

jüngsten geschichtlichen Erfahrungen eher entsprach als der positive Held, lag auf der Hand. Grass nun war es geglückt, diese Problematik gleichsam grundsätzlich und ein für alle Male im Roman abzuhandeln. Er fand den absoluten Gegenhelden im grotesken Zerrbild des Helden. Sein erzählerisches Vermögen war dabei groß genug, um in Oskar, dem Blechtrommler, sozusagen die gesamte Heldenschaft der Geschichte

Günter Grass, gesehen von Henry Meyer-Brockmann.

des Romans zu treffen und zugleich in der großen Oper seiner Groteske Szene für Szene sämtliche Konsequenzen zu ziehen aus seiner Setzung des Helden als Kretin. Und es ergab sich das Paradox, daß man diese imposanten Funeralien für den traditionellen Roman begreifen konnte als einen Triumph des traditionellen Romans. Es schien Günter Grass geglückt zu sein, eine Großform des Romans zu entwickeln, die den Roman als das umfassende, das alles in eins fassende Bild der Welt, in dem die Welt sich erkennt, aufs neue realisierte. Das war ein Glücksfall und eine außerordentliche Leistung. Zugleich aber suggerierte es eine Erwartung, die irreal bleiben mußte.
Oskar also erzählte, und bald las man rund um die Welt seine Aventüren. Eine gerade erst vergangene und noch fortbestehende Wirklichkeit wurde sichtbar, die auf ihren Begriff gebracht zu sein schien: auf jenen der Groteske. Den Widerhall der *Blechtrommel* fanden begreiflicherweise Uwe Johnsons vertrackte *Mutmaßungen* nicht. Anders als Grass hob Johnson die Wirklichkeit nicht ins zwar monströse und obszöne, dennoch in sich ohne weiteres faßliche Bild, sondern konfrontierte die Leser statt dessen mit seinen Erkenntnis- und Sprachschwierigkeiten. Möglicherweise hatte dies jedoch innerhalb des Prosaschreibens, für die Entwicklung der Prosaliteratur die größeren Folgen. Während die Versuche, eine groteske Literatur als eine Art neuer Prosagattung zu etablieren, ziemlich bald deutlich werden ließen, daß die Arbeiten von Grass singulär waren, sozusagen den Schlußstrich unter eine bestimmte Form des Romans zogen, erscheint die Integration des hartnäckigen Fragens, der Unsicherheit des Erkennens, der Inkommensurabilität des Wirklichen in die Syntax von Sprache und Handlung, die Uwe Johnson in *Mutmaßungen über Jakob* riskierte, als aktuell und herausfordernd bis heute. Sie steht in direkter Beziehung zu erst später ganz bewußt gewordenen Schwierigkeiten des Prosaschreibens, den erst später breit einsetzenden

Fragen nach dem Verhältnis von Realismus und Realität, von Sprache und Wirklichkeit. Statt etwas Abschließendes zu schaffen und zu repräsentieren, wirken die *Mutmaßungen über Jakob* aufschließend, vorausweisend. Ein Zitat:

Reiste dennoch nördlich nach Jerichow in einem Schnellzug auf den tragenden führenden Gleisen in dem kunstreich fahrbaren Gehäuse und befand sich in den Bedingungen der öffentlichen Personenbeförderung (wiewohl mit dienstlichem Ausweis) und war innerhalb der Physik der Kolbendampflokomotive und der Druckluftbremse den ganzen Nachmittag, das Wetter sah aus nach abendlichem Regen, hochmütig unverantwortlich und überdrüssig saß er am Fenster des Speisewagens und ließ die Landschaft dahinschwimmen und folgte mit den Augen den Drähten von Stellwerk zu Schrankenwinde zu Spannwerk zu Hauptsignal zu Zwischensignal zu Vorsignal und fuhr dahin unter den Fernsprechleitungen der Zugmeldung und Streckensicherung und wußte einen Dispatcher irgendwo wachen über Wohl und Wehe und Pünktlichkeit und brachte sich die Technik ins Gedächtnis und die Ursachen und die Voraussetzungen und achtete sie für notwendig allesamt. Und mag seine Unversöhnlichkeit mit ruhigem endlich kenntlichem Erstaunen befunden haben.
– Zu denken daß Cresspahl ihm ja ein Telegramm geschickt haben muß. Was telegrafiert Cresspahl nun in solchem Fall? oder vielleicht frage mal: was findet einer hier überhaupt für Worte?
– Es darf nicht darin stehen was vorgefallen ist, ich würd auch nichts andeuten, aber nun erfinde mal was, dringend muß es auch sein, denn er hätt ja gar nicht Ruhe nehmen können ohne was in Händen und hinfahren.

Was Johnsons Roman sofort ins Gespräch brachte war, daß er – erstmals in der Literatur – verbindlich aus der damals noch allgemein so genannten »Zone« berichtete und dabei zugleich das Problem der Teilung Deutschlands thematisierte, daß er versuchte, »eine Grenze zu beschreiben«. Aber es brachte ihn auch ins Gespräch die Art und Weise, wie das geschah. Schon bald nach Erscheinen des Romans ist man so weit gegangen, Uwe Johnson seine angeblichen Verstöße gegen grammatische Regeln nachzurechnen – obwohl doch ARNO SCHMIDT seit 1949 publizierte. Oder man sah sich jedenfalls veranlaßt, das ruppige, schwerfällige, die formalen Gewohnheiten ignorierende Insistieren auf Sachverhalten, dem immer wieder die Regeln der Interpunktion, der Satzstellung, ganz allgemein des »guten Deutsch« geopfert werden, durch Johnsons Fähigkeit zu entschuldigen, eine überzeugende Figur doch immerhin anzudeuten. Seine sprachlichen Schwächen werde er schon noch überwinden. Von heute aus angesehen, sind es jedoch gerade die Gründe für den durchaus prinzipiell gemeinten Verstoß gegen alles Vorwissen und von daher auch der Verstoß gegen das »gute Deutsch«, ist es dieser Verstoß selbst, was den *Mutmaßungen* noch immer Aktualität vermittelt. Denn es wurde von Jahr zu Jahr deutlicher, daß an Realität anders nicht länger heranzukommen war. Daneben ist die *Blechtrommel* längst eindeutig ein – noch immer singuläres – Werk der neueren Literaturgeschichte.

So oder so – diese beiden Romane repräsentieren einen Höhepunkt und einen Einschnitt, die ihresgleichen in der Literatur der Bundesrepublik nicht haben. Auch die Angriffe, denen sie ausgesetzt waren – Günter Grass hat Auseinandersetzungen um Obszönität und Pornographie ausgelöst, die zu einer Veränderung der Rechtspraxis geführt haben –, bestätigen das nur. Es wirkte sich auf ganz verschiedene Weise aus: führte dazu, daß die Prosa der Bundesrepublik international wieder notiert und als beispielhaft herausgestellt wurde, stimulierte die Autoren zu erstaunlichen Anstrengungen in puncto Romanschreiben und forderte – auch die Verlage – indirekt dazu heraus, mehr zu riskieren, unorthodoxe Erzählweisen auszuprobieren und von der

Sprache und neuen Organisationsmodellen statt von Idee, Symbol und Bild her Gänge ins Wirkliche zu treiben.
Die »junge deutsche Literatur der Moderne«, weitgehend identisch mit der »Gruppe 47«, war in vollem Umfang etabliert. Sie und nichts anderes mehr repräsentierte den neuen Standard. Da aber alles, was Menschen tun und hervorbringen, geschichtlich

Uwe Johnson

ist, deutet in der Regel das Erreichen eines Zieles auch darauf hin, daß schon wieder andere, neue Ziele erkundet und gesetzt werden. Und daß die zuvor geleisteten Erkundungen und Veränderungen, die über Jahre hin den Inhalt aller Anstrengungen ausgemacht haben, langsam verblassen. Zunächst einmal wirkte sich jedoch das Erreichen des Höhepunktes aus wie das Erreichen einer Hochebene, über die sich nunmehr bequemer wandern ließ. Der begründete »Anspruch, die deutsche Literatur wieder zur Weltgeltung gebracht zu haben« (Heinz Ludwig Arnold), trug die »junge deutsche Literatur der Moderne« zunächst über Jahre hin weiter. Er wurde bestätigt durch immer neue Erfolge jener Autoren, die sie, was Prosa betrifft, repräsentierten: HEINRICH BÖLL, MARTIN WALSER, GÜNTER GRASS, UWE JOHNSON vor allem, und auch durch bald kaum noch abzählbare Erfolge gleichsam aus der zweiten Reihe. Im Schatten dieses begründeten Anspruchs aber gerade auch artikulierten sich die Gegenpositionen, bereiteten sich Aufstände vor, wurde aufs neue Veränderung vorbereitet und schließlich konkretisiert.

DRITTER TEIL

TAUSEND BLUMEN DER REVISION

DIE SECHZIGER JAHRE UND ÜBER SIE HINAUS

> Weil es allzu lokalisierbar ist, gilt der Fingerzeig aufs Lokale als unanständig. Nur an ihm jedoch lassen sich Methoden der Beobachtung ausbilden, die aufs Ganze gehen, aufs Ganze übertragbar sind. Die Einzelheiten aber, in denen allein dieses Ganze kritisch angeschaut werden kann, sind disparat und keiner etablierten Sparte einzuordnen. Deswegen halte ich dafür, daß die kritische Position unteilbar ist. Sie hat nicht Bewältigung oder Aggression im Sinn. Kritik, wie sie hier versucht wird, will ihre Gegenstände nicht abfertigen oder liquidieren, sondern dem zweiten Blick aussetzen: Revision, nicht Revolution ist ihre Absicht.
>
> Hans Magnus Enzensberger[1]
> 1962

Die Literatur auch der Bundesrepublik ist ein längst ungemein dichtes und kompliziertes Geflecht. Dieses ist weder klar gemustert, noch läßt es sich aufdröseln. Deutlich wird das vor allem bei einem Versuch, die Prosa jener Autoren zu reflektieren, deren Funktion dies nach allgemeiner Übereinkunft ist: die Prosa der Kritiker, Theoretiker und Literaturwissenschaftler. Auch sie ist zweifellos Teil der Prosaliteratur in einer Industriegesellschaft, ebenso wie übrigens auch die vielspartige Sachbuch- und die Memoirenliteratur, die Unterhaltungs- und Trivialliteratur, wie Reportage, Reisebericht, Kommentar und alle anderen Formen des Prosaschreibens, wie nicht zuletzt die Produktion der Übersetzer. Diese allesamt sind grundsätzlich Gegenstand eines Versuchs, Geschichte von Prosa zu schreiben. Wenn sie aber auch möglicherweise in Zukunft einmal mit größerer Aufmerksamkeit registriert und analysiert werden dürften, als das schon üblich ist, so läßt es sich heute doch noch nicht vermeiden, sich bei einem solchen Versuch auf einen quantitativ geringen Teil dieser für einen einzelnen längst nicht mehr überschaubaren Menge von Geschriebenem zu beschränken, die grundsätzlich durchaus zur Literatur gehört.
Der Verfasser ist nicht der Ansicht, daß die Beschränkung auf »Literatur« im engeren Sinn, also gleichsam auf die Spitze des riesigen Eisbergs, durch elitäre Vorstellungen bedingt ist. Sie geht – abgesehen davon, daß es ja auch sich anders spezialisierende Geschichtsschreibung gibt – von der weiterhin begründeten Auffassung aus, daß Erkundung und Erweiterung individueller und sozialer Realität, daß Erkenntnis, Veränderung und Entwurf elementare Momente der menschlichen Möglichkeiten sind und daß diese Momente direkt auf Sprache bezogen bleiben, also in dem der Sprache am stärksten bewußten Teil der Literatur am deutlichsten faßbar sind. Die Beschränkung geht davon aus, daß diese elementaren Momente potentiell die Klammer von Warenerzeugung und Konsum übersteigen und daß die Auseinandersetzung mit jener

Literatur, in der sich dies alles noch immer direkt abspielt, Bedeutung hat nicht aus Gründen der Konvention, sondern konkreter individueller und sozialer Interessen. Dabei ist es in jedem Fall problematisch, wo hier im einzelnen die Grenze zur Literatur im engeren Sinn zu ziehen ist. Das wird deutlich etwa bei Namen wie GOLO MANN, RUDOLF AUGSTEIN oder JEAN AMERY, bei Namen wie ERNST BLOCH oder GEORG W. ALSHEIMER. Hier spätestens wird die Zuordnung willkürlich, doch es ist ja auch – das sei betont – eine Zuordnung, die nicht kanonisch, sondern als ein Arbeitsmittel gemeint ist, das den Überblick erleichtert.
Kritiker, Theoretiker und auch einige Literaturwissenschaftler haben, indem sie sich mit aktuellen literarischen Arbeiten auseinandersetzen, direkten Einfluß auf die Prosaliteratur im engeren Sinn ausgeübt und üben ihn ständig weiter aus. Deshalb seien an dieser Stelle zumindest einige wenige Namen genannt, sei zumindest skizzenhaft verzeichnet, wer mit welchem Einfluß zur Literatur in der Bundesrepublik beigetragen hat. Dabei lassen sich die Umbrüche, die gerade hier in der Zeit von nicht einmal drei Jahrzehnten stattgefunden haben, kaum hinreichend auch nur andeuten – sie forderten eine Darstellung für sich allein.

ZWISCHENBERICHT IN SACHEN LITERATURKRITIK

Ein Schweizer, MAX RYCHNER (1897–1965), ist hier zuerst hervorzuheben. Unmittelbar nach dem Zweiten Weltkrieg nahm er, im Blick auf die romantischen und klassischen Traditionen, doch mit Gespür für die bürgerliche Moderne und ihre Fortschritte, die Fäden der deutschen Literatur ausdrücklich und beispielgebend wieder auf – seine Bewunderung für THOMAS MANNS *Doktor Faustus* vor allem bahnte diesem Roman den Weg zum Ruhm. Neben ihm spielte der Romanist ERNST ROBERT CURTIUS (1886–1956) in der frühen Nachkriegszeit eine zentrale Rolle. Curtius trat für PROUST, französischen Geist ganz allgemein und auch für T. S. ELIOT ein und suchte – europäisches »Erbe« aus der Antike herleitend – höchste Qualitätsvorstellungen zu restituieren. Sein *Büchertagebuch* in der *Neuen Zeitung*, das vorwiegend Klassisches reflektierte, dabei viel den Lesern völlig Entfremdetes in Erinnerung brachte, hatte außerordentlichen Einfluß. Diese Linie setzte sich, auf eher journalistischer Ebene, unmittelbar fort mit FRIEDRICH SIEBURG (1893–1964), dessen Orientierungsrahmen ebenfalls von französischer Kultur und konservativer, klassizistischer Literaturvorstellung bestimmt war. Als Mitherausgeber der *Gegenwart*, seit 1956 als Leiter des Literaturblattes der *Frankfurter Allgemeinen Zeitung*, rezensierte Sieburg ständig Prosa-Neuerscheinungen deutschsprachiger Literatur und hatte so auf die Produktion einen außerordentlichen Einfluß. Zeitweise war er unangefochten die höchste literarkritische Instanz. Genannt sei hier ferner HANS HENNECKE (* 1897), der durch seinen Essayband *Dichtung und Dasein* (1950), Rezensionen und auch als Übersetzer englischer und französischer Prosa großen Einfluß gewann.
Mit diesen Namen ist etwa jener Standard bezeichnet, der bis spät in die fünfziger Jahre bestimmend blieb und erst nach heftigen Positionskämpfen verändert werden konnte. Der Kanon leitete sich aus dem sich langsam verdeutlichenden Vorstellungsbereich »Klassiker der Moderne« ab. Jüngere, ehrgeizigere Kritiker, die über die Einzelkritik hinaus im Essay auch allgemeinere Bilder des für Literatur Verbindlichen

zu entwerfen versuchten, ordneten sich ihm zu. KARL AUGUST HORST (1913–1973), schon mehrfach genannt, war Assistent des Professors Ernst Robert Curtius gewesen. GÜNTER BLÖCKER (* 1913), seit 1946 vorwiegend als Literaturkritiker tätig, berief sich immer wieder auf jene Klassik, deren Feld er in seinem Essayband *Die neuen Wirklichkeiten* (1957) bewußt abschritt. HANS EGON HOLTHUSEN (* 1913) war als Kritiker und Essayist in den ersten zwölf Jahren nach dem Krieg ebenso renommiert wie als Lyriker, dabei auch als Kritiker beeinflußt von einem an RILKE und T. S. ELIOT geschulten Literaturbegriff; seine Thomas-Mann-Studie *Die Welt ohne Transzendenz* (1949) und sein Essayband *Der unbehauste Mensch* (1951) wurden in einem heute unvorstellbaren Maße berühmt, die Buchtitel wurden Schlagworte. Holthusen stritt in modernisiertem Stil für die »wahre Dichtung«. Als einer der Jüngsten schloß sich hier HELMUTH DE HAAS (1928–1970) an.
Auch WALTER BOEHLICH (* 1921) war Curtius-Schüler, gab 1956 noch eine Festschrift für Curtius heraus, den von vielen als größter Lehrer in den Angelegenheiten der Literatur Bewunderten. An Boehlichs Arbeit allerdings, der sich für literarische Veränderungen offen zeigte, ließe sich schon, jedenfalls bis in die Mitte der sechziger Jahre, ein gut Teil der Neuorientierungen nachzeichnen, die innerhalb der Literatur stattfanden. Repräsentant des Kontaktbereichs zwischen einer zunächst in ganz konventionellem Sinn akademisch orientierten Kritik und der »jungen deutschen Literatur der Moderne« war jedoch bis Anfang der sechziger Jahre zweifellos WALTER JENS (* 1923), der zunächst Autor und Kritiker war, dann erst Professor wurde. In seinen literarischen Rundblicken und Essays öffnete sich die Vorstellung einer nicht mehr kanonisch gesehenen modernen Klassik zu den aktuellen Literaturvorgängen hin. Im übrigen ist noch einmal zu betonen, daß die durchweg höchst traditionsbewußte Kritik keineswegs die Literatur der jüngeren Autoren ignorierte. Man bemühte sich um Verständnis, griff moderierend ein, suchte Talente in die bewährten Bahnen zu lenken. Hier ist im übrigen noch eine andere Vermittlerfigur hervorzuheben, ein Germanist, der im Blick auf die Tradition verläßliche, haltbare Ansätze akzentuierte: ROBERT MINDER (* 1902). Der im Elsaß geborene, in Paris Germanistik lehrende Robert Minder war es, der glaubwürdig wieder den Blick vom Dichter zurück auf die Gesellschaft lenkte, der den Glauben an HEIDEGGER aufs Maß zurückschraubte, der beispielhaft sprach, weil er ohne Aufwand zur Sache zu sprechen verstand.
Von Jens aus läßt sich überleiten zur Kritik innerhalb der »Gruppe 47«, die sich nach und nach von der gewohnten konservativen Orientierung abwandte, ohne freilich zunächst oder überhaupt alle Brücken abzubrechen. HANS MAYER (* 1907), als Kritiker an Hegel und Marx orientiert, nahm an den Gruppen-Tagungen teil – auch während er Literaturgeschichte in Leipzig lehrte – und behielt Einfluß in der Bundesrepublik, in die er 1963 übersiedelte. Mayers durchaus marxistisch orientierter Literaturbegriff unterscheidet sich von den orthodoxen Vorstellungen GEORG LUKÁCS' dadurch, daß er, schon als Lehrer in der DDR, von den traditionellen Typusvorstellungen abrückte und den Kanon für die Moderne von BRECHT bis KAFKA und darüber hinaus öffnete; hierin speziell im Fall Kafkas schon in den fünfziger Jahren unterstützt vor allem von dem Prager Literaturhistoriker EDUARD GOLDSTÜCKER (* 1913). Kritiker, die innerhalb der »Gruppe 47« Sitz und Stimme hatten und bis heute meist die literarischen Vorstellungen mitbestimmen, sind daneben vor allem JOACHIM KAISER (* 1928), FRANZ SCHONAUER (* 1920), FRITZ J. RADDATZ (* 1931), ROLAND H. WIEGENSTEIN (* 1926); dominierend bald nach seiner Übersiedlung aus Polen in die

Zwölf Repräsentanten der Literaturkritik in der Bundesrepublik:
1 Friedrich Sieburg 2 Karl August Horst 3 Günter Blöcker 4 Walter Boehlich 5 Walter Jens 6 Hans Mayer 7 Fritz J. Raddatz 8 Joachim Kaiser 9 Marcel Reich-Ranicki 10 Hans Schwab-Felisch 11 Rudolf Hartung 12 Theodor W. Adorno

Bundesrepublik auch MARCEL REICH-RANICKI (* 1920). Als Kritiker der »jungen deutschen Literatur der Moderne« sind ferner zu nennen vor allem HANS SCHWAB-FELISCH (* 1918), der Schweizer WERNER WEBER (* 1919) und RUDOLF HARTUNG (* 1914).

Sozusagen federführend in der bundesrepublikanischen Literaturkritik wurden bald nach 1960, mit Beginn der neuen »Weltgeltung« der bundesdeutschen Literatur, Hans Mayer und Marcel Reich-Ranicki. Damit rückten, zur Begründung von Kritik, neue Koordinatensysteme in den Vordergrund, erhielten die Denkformen von Hegel und Marx ein Übergewicht gegenüber jenen der klassischen Dichtungsvorstellungen. Auch hier aber blieb die Tradition beherrschend, wenn auch eine etwas andere Tradition. Reich-Ranicki etwa, psychologische und gesellschaftskritische Plausibilität fordernd, trat – und tritt – für ein an der Wahrscheinlichkeit orientiertes Realismus-Ideal ein. Dieses garantiert nach seiner Vorstellung am besten die Wechselbeziehung zwischen Literatur und Leben. Mayer zeigt sich immerhin offener für die Eigenbewegungen der Literatur, obwohl auch er den Kritiker weiterhin begreift als jemanden, der darübersteht, der in bezug auf die Gesellschaft umfassendere Kenntnisse hat, als Literatur sie im einzelnen zu vermitteln vermag.

Auch das Denken THEODOR W. ADORNOS (1903–1969), seine kritische Theorie rückte Ende der fünfziger Jahre immer deutlicher in die öffentlichen Auseinandersetzungen. Sehr langsam gewannen ab 1960, vor allem von der konkreten Literatur und dem *nouveau roman* her, weitere Orientierungsbereiche Bedeutung: die Lehre LUDWIG WITTGENSTEINS (1889–1951), der Strukturalismus, die Linguistik, ein nicht nur ideologisch, sondern primär wissenschaftlich aufgefaßter Marxismus. Kritische Versuche, die von hiermit nur sehr vage, sehr pauschal umrissenen Positionen aus ansetzten, blieben zunächst an der Peripherie, gewannen jedoch eine immer größere Bedeutung innerhalb des literarischen Prozesses selbst. Sie regten Autoren an, veränderten Schreibweisen und drängten auf diesem Weg schließlich auch in die breitere öffentliche Diskussion. Erwähnt sei hier vorerst nur der kritische und essayistische Teil der Arbeit von HELMUT HEISSENBÜTTEL (* 1921).

Nach und nach wurden im Lauf der sechziger Jahre die zentralen Fragen für Literatur wie Gesellschaft wiederum neu gestellt. Nach und nach erwies sich dabei, daß mit der »Weltgeltung« der neuen deutschen Literatur nichts anderes erreicht war als eine noch immer auf die Traditionen bezogene, an sie gebundene Aktualität von Literatur, von der aus allerdings die Möglichkeiten der Literatur unter durch die Wissenschaften grundsätzlich neu orientierten Bedingungen des Zusammenlebens, Denkens und Produzierens freier und sachlich erkundet werden konnten. Die Widersprüche, die sich nunmehr zuspitzten, wirkten außerordentlich produktiv. Zugleich wurde die Situation, wenn man sie noch zu überschauen versucht laut den alten Vorstellungen von Typus und Sinn, vollends unübersichtlich.[2]

HÖHEPUNKT UND VIELE ANFÄNGE

Die »neue Kritik« um 1960, eine auf die nunmehr breite Anerkennung findende »junge deutsche Literatur der Moderne« sich einspielende Kritik, fand Gegenstände für ihre Bemühungen in Fülle. *Die Blechtrommel* und *Mutmaßungen über Jakob* waren im Jahr 1959 Höhepunkte in einem breiten Umfeld von Erzählungsbänden und Romanen, die in der Mehrheit ebenfalls alles daransetzten, Neues zu vermitteln, zu erzählen wie noch nie zuvor. Die Prosaliteratur insgesamt erreichte, historisch angesehen, in diesem Jahr 1959 einen Höhepunkt. Neben den Romanen von GRASS und JOHNSON präsentierten sich *Billard um halbzehn* von HEINRICH BÖLL, *Das Los unserer Stadt* von WOLFDIETRICH SCHNURRE, *Wunschkost* von HANS BENDER, *Engelbert Reineke* von PAUL SCHALLÜCK, *Die Rote* von ALFRED ANDERSCH, *Die Kinder des Saturn* von JENS REHN, *Die sieben Briefe des Doktor Wambach* von KLAUS NONNENMANN, *Brot und Spiele* von SIEGFRIED LENZ und der Erzählungsband *Mein Schiff, das heißt Taifun* von WOLFGANG WEYRAUCH – ausnahmslos wichtige oder sogar die Hauptwerke der durchweg schon bekannten Erzähler. Und das war noch nicht alles.

Der junge Schweizer OTTO F. WALTER (* 1928) stellte sich mit seinem kargen und intensiven ersten Roman *Der Stumme* vor. Als erste Romane von Lyrikern, damit die Schwenkung der allgemeinen literarischen Intention von einer lyrischen zu einer der Erzählung, dem Roman entsprechenden Weltvorstellung akzentuierend, erschienen *Im Schein des Kometen* von PETER HÄRTLING (* 1933), *Die Lügner sind ehrlich* von KUNO RAEBER (* 1922) und *Spielball der Götter* von RUDOLF HAGELSTANGE (* 1912). ERNST KREUDER brachte *Agimos oder Die Weltgehilfen* heraus und HERMANN LENZ *Der russische Regenbogen*, CARL ZUCKMAYER *Die Fastnachtsbeichte* und AUGUST SCHOLTIS den autobiographischen Bericht *Ein Herr aus Bolatitz*. Von ILSE LANGNER (* 1899), sonst vorwiegend Dramatikerin, wurde der Roman *Die Zyklopen* vorgelegt.

Außer Uwe Johnson debütierten noch eine ganze Reihe weiterer junger Autoren, die aus der DDR in die Bundesrepublik übergesiedelt waren – oder geflohen: GERHARD ZWERENZ (* 1925) gleich mit zwei Romanen, *Aufs Rad geflochten* und *Die Liebe der toten Männer*, die Vorgänge in der DDR aus der Perspektive eines Kommunisten darstellten, dessen Hoffnungen zerstört worden waren; MARTIN GREGOR-DELLIN (* 1926) mit *Der Nullpunkt*, einem Roman, der statt eigener Erfahrungen allerdings eine konstruierte Geschichte um einen Atombombentest mitteilte; HORST BIENEK (* 1930), der seinem *Traumbuch eines Gefangenen* von 1957 die *Nachtstücke* folgen ließ – wie jenes bringen sie auf die existentielle Ausnahmesituation zielende Erzählungen aus der sibirischen Gefangenschaft des Autors. 1959 erschien schließlich auch das erste Prosabuch des Wieners HANS CARL ARTMANN (* 1921): *von denen husaren und anderen seiltänzern.*

Soweit die immer noch lückenhafte Aufzählung, die in diesem Falle durchaus eine Funktion hat. Sie deutet noch einmal an, was die Feststellung besagt, in jenem Jahr 1959 habe die Prosaliteratur in der Bundesrepublik eine Hochebene erstiegen, auf der sich nun zuerst einmal rascher vorwärtskommen ließ. Das wurde in den folgenden Jahren auf verschiedene Weise bestätigt. Sei es dadurch, daß auf einer einzigen Buchmesse ein Dutzend Erstlingsromane von meist jungen Autoren vorgestellt wurden, die allesamt mit großer Aufmerksamkeit rechnen konnten; sei es dadurch, daß die jungen Autoren des Jahres von GRASS und JOHNSON bis HÄRTLING und BIENEK in

den folgenden Jahren ihre Ansätze zu teils rasch wachsenden Œuvres erweiterten. Es war alles aufs erfreulichste in Bewegung.
Verständlich danach, daß – um die Summierung nach dem Erscheinungsdatum noch einen Augenblick lang fortzusetzen – 1960 ein weniger üppiges Jahr wurde. Das Ereignis war diesmal der Roman *Halbzeit* von MARTIN WALSER, das nahezu tausend Seiten füllende Panoptikum »mit den Trägern und Nutznießern der stabilisierten und als selbstverständlich hingenommenen Prosperität« (Marcel Reich-Ranicki). »Ein Buch, das reicher wäre an Ansichten von unserer Wohlstandsgesellschaft, ist in Deutschland noch nicht geschrieben worden« (Reinhard Baumgart). Aber schon wurde, mit der Erzählung *Der Schatten des Körpers des Kutschers* von PETER WEISS (* 1916), eine Gegenbewegung zu der breiten Tendenz spürbar, die große zeitkritische Bestandsaufnahme mit den überkommenen, nur leicht variierten und zugespitzten Mitteln des Realismus zu betreiben, eine Gegenbewegung, die sich bald in dem von HANS MAGNUS ENZENSBERGER herausgegebenen Erzählungsband *Vorzeichen* (1962) verdeutlichte und die auf das rasch wachsende Unverständnis der etablierten Kritik stieß. Von dem einzigen älteren Autor, zu dem sich von solcher Gegenbewegung her ein zumindest partieller Bezug herstellen ließ, erschien im selben Jahr 1960 das bis dahin umfangreichste Prosawerk – es erschien *Kaff auch Mare Crisium* von ARNO SCHMIDT. Damit ist es an der Zeit, zunächst Arno Schmidts Arbeit ausführlicher zu reflektieren, die Arbeit eines Autors, von dem einige wenige Bewunderer meinen, er werde über kurz oder lang als der wichtigste deutsche Schriftsteller der fünfziger und sechziger Jahre erkannt werden. Bis heute ist allerdings von solcher Erkenntnis in der breiteren literarischen Öffentlichkeit noch wenig zu merken.

Der Fall Arno Schmidt

Gegen Ende seines umfangreichen und fesselnden Überblicks *Deutsche Literatur seit Thomas Mann*, erschienen 1967 in seinem Buch *Zur deutschen Literatur der Zeit*, schreibt HANS MAYER: »Alle Literatur, auch die heutige, stemmt sich gegen den Tod. Es ist ein Todesgedanke, nach Auschwitz auf Poesie zu verzichten. Die Absage muß gelten einer Literatur, worin Auschwitz als Schock nicht vorhanden ist. Darum wird alle Betrachtung der Literatur – etwa der deutschen seit Thomas Mann – zwar dann komplett sein und befriedigend für den Registrator, wenn sie auf Vollständigkeit der Namen und Buchtitel abstellt, allein sie hat dann die Konstellation verfehlt. Wem es auf sie jedoch ankommt, der ist zur Ungerechtigkeit verurteilt. Er wird nur diejenigen Menschen und Bücher ernst nehmen, die sich – unter stets wechselnden Aspekten – dieser Konstellation der Zeiten zu stellen suchen. Hier wurden nur Zusammenhänge, Schriftsteller und Bücher betrachtet, auf welche das zutrifft. Die nichts als singuläre Erscheinung dagegen, damit auch der bisher ausgesparte Name des Arno Schmidt genannt werde, mußte vernachlässigt werden.«[3]
Der moralische Ansatzpunkt der Argumentation ist überzeugend. Was den »literarischen Wert« betrifft, sagt Hans Mayer gleich anschließend, er tue hier nichts zur Sache. Der Konsensus aber, von dem aus Arno Schmidt hier als »nichts als singuläre Erscheinung« deklariert wird, wobei das »nichts als« durchaus disqualifizierend gemeint ist, darf dennoch in Frage gestellt werden. Es ist ein Konsensus, der keineswegs direkt aus der moralischen Prämisse folgt, sondern aus Vorurteilen anderer und höchst bezeichnender Art. Aus Vorurteilen, welche die Art und Weise des Wahrnehmens, die

Schreibweise und die Konzeption des Erzählens betreffen, schließlich sogar die Wirkung von Literatur in der Öffentlichkeit.
Es ließen sich eine ganze Reihe disqualifizierender Urteile über Arno Schmidt zusammenstellen, die allesamt darauf beruhen, daß die Reflexion meist aufhört, wo besagter Konsensus beginnt, ein Konsensus übrigens, der nicht von Ethos und politischer

Arno Schmidt
»Der Spiegel« brachte in seiner Ausgabe vom 13. Mai 1959 (Nr. 20 des 13. Jahrgangs) eine Titelgeschichte über den damals noch wenig bekannten, gleichwohl schon berühmten Autor. 1973 verlieh ihm die Stadt Frankfurt ihren Goethe-Preis.

Haltung des jeweils Urteilenden abhängig ist, sondern von bestimmten Mustern der Wahrnehmung, von konventionellen Wirklichkeitsvorstellungen und Sprachregelungen. Auch MARCEL REICH-RANICKI sah Arno Schmidt Mitte der sechziger Jahre am Ende seiner »Sackgasse« angekommen – vermutlich jener Sackgasse, in der für Reich-Ranicki etwa auch der gesamte *nouveau roman* und die experimentelle Literatur sich tummelten. Reich-Ranicki schrieb zum Beispiel: »Hellhörig für sprachliche Analogien, Bezüge und Lautübereinstimmungen, weigert er sich, sie für zufällig zu halten. Vielmehr glaubt er in ihnen einen verborgenen Mechanismus und einen geheimen Sinn aufspüren zu können. Eine besondere, phonetische oder scheinbar phonetische Schreibweise soll seine Entdeckungen verdeutlichen und die Leser zwingen, die längst vertrauten Worte neu zu sehen und neu zu hören und bestimmte Assoziationen wahrzunehmen. Aber ein System läßt sich in seiner Orthographie nicht feststellen, sie wird immer fragwürdiger und in ›Kaff‹ und in dem Erzählungsband ›Kühe in Halbtrauer‹ geradezu unsinnig. Schmidt schreibt statt ›intim‹ – ›in-team‹, statt ›fortfegen‹ – ›phort phegn‹, statt des ›Erdrunds‹ – des ›ehrt Runz...‹ Im Grunde ist diese willkürliche Orthographie nicht mehr als eine zwar verzweifelte, aber unbeholfene Protestgeste, eine eher kindische als kühne Meuterei. Dasselbe gilt für die Interpunktion.«[4]

Eher kindisch als kühn also und inzwischen geradezu unsinnig, die Schreibart von Arno Schmidt. Es versteht sich, daß die zweifache Disqualifikation, verhängt von den zweifellos Mächtigsten der Literaturkritik bis Ende der sechziger Jahre, ihre Bedeutung und Folgen hatte. Zu fragen ist auch hier, welche Überzeugung das Urteil begründet. Laut Zitat hat Reich-Ranicki nur das eine Argument, daß die Orthographie Schmidts kein »System« habe. Aber wieso muß sie denn? Was heißt hier »System«? Es ist ohne weiteres möglich, dieses Argument gerade zur Rechtfertigung von Schmidts Orthographie zu verwenden, da sich nämlich ohne besondere Anstrengung die Fragwürdigkeit jeden Systems in diesem Zusammenhang darstellen läßt. Tatsächlich steht wohl auch hinter diesem Urteil etwas mehr, nämlich die Überzeugung, der gewohnte Konsensus, also die Konvention wisse schon, was sie tue, und über Richtig und Falsch müsse innerhalb dieser Konvention entschieden werden. Es steht dahinter die Überzeugung, ein Prosaautor habe sich um psychische und soziale Wahrscheinlichkeit und angemessene Gesinnung zu bemühen, sein Arbeitsmaterial zu reflektieren sei für ihn überflüssig und schädlich. Es steht dahinter die Überzeugung, es gebe ein »normales« (gleichsam »gesundes«) Sprach- und Literaturempfinden, das nicht weiter zu hinterfragen sei. Die Anpassung an dieses sei es, was der Kritiker vom Autor zu fordern und gegebenenfalls einzuklagen habe. Die erkenntnistheoretischen Voraussetzungen Reich-Ranickis sind hier von einer geradezu platten Naivität. Reich-Ranicki steht bis heute zu ihnen, obwohl sich inzwischen deutlich genug gezeigt hat, woher der Literatur tatsächlich die Anregungen kommen.

Auch der Fall Arno Schmidt ist inzwischen weitgehend ein historischer Fall. Es sind wohl nur noch Variationen und Vervollständigungen dessen zu erwarten, was dieser Autor entdeckt und ins Bewußtsein gebracht hat. Dennoch ist Arno Schmidt noch immer vielen Entwicklungen voraus, und sein Werk bleibt ein exemplarisches Mittel, sich bestimmte Veränderungen in der Prosa in den letzten beiden Jahrzehnten begreiflich zu machen. Da hilft es, daß er stets so deutlich wie möglich die Gründe mitgeteilt hat, die ihn veranlaßten, seine keineswegs kindischen Eigenheiten herauszuarbeiten. Sein Ziel war dabei nichts Geringeres als die »Beschreibung und Durchleuchtung der Welt durch das Wort«.

Es sei zur Verdeutlichung des Falles nicht von den rund 20, teils ungemein umfangreichen Büchern – Romane, Erzählungen, Aufsätze zur Literatur und Übersetzungen – ausgegangen, die Arno Schmidt zwischen *Leviathan* (1949) und *Zettels Traum* (1970), zuletzt *Die Schule der Atheisten* (1972), veröffentlicht hat, sondern von den bereits früher erwähnten *Berechnungen I und II* (in *rosen & porree*, 1959). Darin bezeichnet Schmidt als »klassische« Prosabauweisen den großen Roman, den Briefroman, Gespräch und Tagebuch. Diese hätten ihre Gültigkeit noch keineswegs verloren. Wolle man aber heute – das heißt hier noch: Mitte der fünfziger Jahre – ernstlich die Welt durch das Wort beschreiben und durchleuchten, könne man sich mit ihnen nicht mehr zufriedengeben. Vier neue Prosaformen böten sich an:

Ausgangspunkt für die Berechnung der ersten dieser neuen Prosaformen war die Besinnung auf den Prozeß des »Sich-Erinnerns«: man erinnere sich eines beliebigen kleineren Erlebniskomplexes, sei es »Volksschule«, »alte Sommerreise« – immer erscheinen zunächst, zeitrafferisch, einzelne helle Bilder (meine Kurzbezeichnung: »Fotos«), um die herum sich dann im weiteren Verlauf der »Erinnerung« ergänzend erläuternde Kleinbruchstücke (»Texte«) stellen: ein solches Gemisch von »Foto-Text-Einheiten« ist schließlich das Endergebnis jedes bewußten Erinnerungsversuches.
Selbstredend hat der Autor, um überhaupt verständlich zu werden, dem Leser die Identifikation, das Nacherlebnis, zu erleichtern, aus diesem persönlich-gemütlichen Halbchaos eine klar gegliederte Kette zu bilden.

Von diesem Ansatzpunkt aus entwickelte Arno Schmidt die Neuform des »Foto-Albums«, für die er Darstellungsweisen auch im einzelnen beschrieben hat. Doch weiter:

Eine zweite »neue Prosaform« ergab sich mir aus folgender Überlegung: man rufe sich am Abend den vergangenen Tag zurück, also die »jüngste Vergangenheit« (die auch getrost noch als »älteste Gegenwart« definiert werden könnte): hat man das Gefühl eines »Epischen Flusses« der Ereignisse? Eines Kontinuums überhaupt? Es gibt diesen epischen Fluß, auch der Gegenwart, gar nicht. Jeder vergleiche sein eigenes beschädigtes Tagesmosaik!
Die Ereignisse unseres Lebens springen vielmehr. Auf dem Bindfaden der Bedeutungslosigkeit, der allgegenwärtigen langen Weile, ist die Perlenkette kleiner Erlebniseinheiten, innerer und äußerer, aufgereiht. Von Mitternacht zu Mitternacht ist gar nicht »1 Tag«, sondern »1440 Minuten« (und von diesen wiederum sind höchstens 50 belangvoll!).
Aus dieser porösen Struktur auch unserer Gegenwartsempfindung ergibt sich ein löcheriges Dasein: seine Wiedergabe vermittels eines entsprechenden literarischen Verfahrens war seinerzeit für mich der Anlaß zum Beginn einer weiteren Versuchsreihe (Typ Brands-Haide-Trilogie). Der Sinn dieser »zweiten Form« ist also, an die Stelle der früher beliebten Fiktion der »fortlaufenden Handlung« ein der menschlichen Erlebnisweise gerechter werdendes, zwar magereres aber trainierteres, Prosagefüge zu setzen.

In *Berechnungen II* nennt Arno Schmidt als dritte und vierte dieser neuen Formen den »Traum« und das »Längere Gedankenspiel«. Sie ähneln sich. Der Traum wird jedoch passiv hingenommen, das Längere Gedankenspiel aktiv ausgesponnen. Schmidt selbst konzentriert sich auf das Längere Gedankenspiel. In seiner vollendeten Spielart konfrontiert es die objektive Realität von Umwelt und Zuständen des Autors, von Arno Schmidt »Erlebnisebene I« (E I) genannt, bewußt mit der subjektiven Realität der in Gedanken erbauten Welt, der »Erlebnisebene II« (E II). Arno Schmidt hat eben dies versucht in dem Roman *Kaff auch Mare Crisium* (1960), einem – sind erst die Hürden des Vorurteils, die den Zugang sperren, überwunden – faszinierenden Buch, in dem ein kurzer Besuch des Erzählers mit seiner Freundin bei einer Tante auf dem Dorf die Erlebnisebene I darstellt, das dabei durchgespielte Bild vom Leben in einer Mondkolonie nach der atomaren Zerstörung der Welt die Erlebnisebene II.
Das Gedankenspiel ist für Arno Schmidt sowenig wie die Foto-Text-Einheiten etwas Künstliches, sondern eine natürliche Gegebenheit, die durch Konventionen der Literatur und des Lesens überlagert und verdeckt ist. Schmidt ist im übrigen der Meinung, daß Erzählungen meist unscharfe Mischungen beider Erlebnisebenen sind.

Daß in Büchern eine der beiden Ebenen rein verwirklicht sei, zu purer Umweltrealisation oder reinem Gedankenspiel, komme selten vor. Genau wisse er das nur von seinem Buch *Schwarze Spiegel* (1951), das ein E-II-Spiel ist, und zwar das seiner Kriegsgefangenschaft; es berichtet von einer menschenleeren Welt nach einem Krieg, in der der Erzähler fast allein ist. Ein nahezu reines E-II-Spiel, läßt sich anfügen, ist etwa auch Schmidts Kurzroman *Die Gelehrtenrepublik* (1957), in dem er eindeutig zum utopischen Roman, ja zur Science Fiction tendiert. Seltener noch als die rigorose Beschränkung auf diese Erlebnisebene ist die Beschränkung auf jene der unmittelbar erfahrenen Realität. Diese hat Schmidt in dem Erzählungsband *Kühe in Halbtrauer* (1964) zu realisieren versucht, und zwar höchst eindringlich. Zustände der Wohlstandswelt, ländlich-sittlich filtriert, werden mit sarkastischer und gleichmütiger Genauigkeit nachgesprochen.

Von den Anfängen, dem *Leviathan* her, fügen sich Arno Schmidts Erzählungen und Romane durchweg, so oder so, den ganz und gar einleuchtenden *Berechnungen* ihres Autors. »Foto-Album«, die Form des »löcherigen Daseins«, die Variationen des Gedankenspiels – dies alles ist mit der methodischen Konsequenz des Mathematikers, der die Richtigkeit seiner Formeln erkannt hat, in immer neuen Anläufen realisiert. Und Schmidts Begründungen leuchten ein. Noch immer bleibt freilich die Frage nach dem »sprachlichen und rhythmischen Feinbau dieser Elemente«, nach der Erscheinungsform der – wie es einmal heißt – »schärfsten Wortkonzentrate«, die man im einzelnen den Lesern injizieren müsse und gegen die nicht zuletzt sich Reich-Ranickis Polemik wendet. An dieser Stelle ist ein Textbeispiel unerläßlich. Es sei entnommen *Kaff auch Mare Crisium*, und zwar der ersten Erlebnisebene. Auf E I geht es dem Erzähler darum, die Freundin in liebeswilliger Stimmung zu halten:

(Also auch noch verzögern. / Und »*dett Milljöh*« war ja, zugegebm, zauberhaft, Potz Linz & A. Godin: hinterm Schornschtein-Vorschprunk der Dreyfus des Waschschtänders; danebm die Nachtkanne. (Wenn man das Ohr an den Nicht-Pfeiler legte – – sie tat es; durchtrieben leicht-gekrümmt; wurde rechz gans-Ohr, linx funkelndes Ein-Auk – ?: »Ich bewundre inzwischen schtändich die Rosenpunkte Deiner Brust: was aber bewunderstú ?«: »Nimm ock vorsichzhalber Zwee-e.« erwiderte sie mißtrauisch; gans »Genuß-ohne-Reue«; (›und wenn es köstlich geweesn ist‹ – Sie besah sich währenddessen zusätzlich, (vielleicht symbolisch, aber total verklemmt), ihren ›FLOWMASTER‹, (den, auch 20-Zentimeter-langen, Benzien-Zeichenstift). / Hatte allerdinx, 1 doch wohl mildernder Umschtand, neben dem Bett die vorhin erst aufgefundene Schiefertafel liegn; (dazu einen ›Milchgriffel‹-Schtummel, echt-weißgraue weichgute ›Vorkriexwaare‹ noch: das müßte man sich überhaupt angewöhn': nachz'Gedankn' notiern: morgens weck wischn. / ›Frau mit Flow-Master‹: endlich schtülpte sie sich die Hosen ap!).

Fast jedes Wort ist entstellt. Es gibt Häufungen von Satzzeichen. Alle Schulerinnerungen, alle akademischen Erinnerungen lassen die Haare sich sträuben vor solchen Texten, in denen sozusagen das Sprechgeräusch optisch nachgebildet ist. Man hat, um die mehr inhaltliche Seite solchen Erzählens verständlicher zu machen – die sonst häufigen, oft komplizierten »gelehrten« Anspielungen, die Assoziationen, Wortspiele, Vorstellungssprünge, Querverweise, Durchblicke –, außer auf die Autoren der Aufklärungszeit, für die Arno Schmidt stets eine Vorliebe gezeigt hat, auf die Romantiker verwiesen. Treffender wäre vermutlich der Hinweis auf den Barock und seine Sprachspiele. Inzwischen hat Arno Schmidt jedoch die in den *Berechnungen* noch fehlende Begründung für die Eigenart der »Wortkonzentrate« gefunden, aus denen er seine

Textgruppen zusammensetzt. Das gelang während der Arbeit an *Zettels Traum* (1970), diesem als monströses »Großwerk« berühmt gewordenen Opus, das rund 5000 Normalseiten füllen würde, wenn es nicht in einem mächtigen DIN-A3-Faksimiledruck herausgekommen wäre.

Dieses alle bisher bekannten Formate sprengende Erzählwerk ist unterteilt in acht Kapitel, von denen jedes etwa doppelt so lang ist wie ein durchschnittlicher Roman. Die erzählte Zeit umfaßt ziemlich genau vierundzwanzig Stunden. Vier Personen treten auf: Daniel Pagenstecher, Dän genannt, als Erzähler unverkennbar eine Projektion des Autor-Ichs, das Ehepaar Paul und Wilma Jacobi und deren sechzehnjährige Tochter Franziska. Die Jacobis, Bekannte aus seiner Jugend, verbringen bei Pagenstecher einige Ferientage. Aber man will sich nicht nur ein wenig erholen. Paul ist dabei, eine Edgar-Allan-Poe-Übersetzung anzufertigen, und er wie Wilma erhoffen sich dazu von Pagenstecher, dessen Überlegenheit sie nicht zuletzt auch in puncto Poe-Kenntnis voraussetzen und der sich selbst durchaus als ein Großer im Geiste begreift, wichtige Auskünfte.

Diese vier Personen gehen spazieren oder sitzen herum und reden. Es konkretisieren sich bestimmte Spannungen zwischen ihnen. Die aparte, kluge, durch von ihren Eltern erzwungenes Korrekturlesen auch schon hinsichtlich Poe gewitzte und, wie sich nach und nach zeigt, verzweifelt in die Schwierigkeiten ihres Alters verstrickte Mädchenfrau Franziska verliebt sich heftig in den Mittfünfziger Pagenstecher, der ihr zu helfen und sie zugleich auf Distanz zu halten sucht. Daß die Atmosphäre aber auch ganz allgemein von sexuellen Empfindungen, Erinnerungen, Vorstellungen und Verweigerungen her immer neu aufgeladen wird, das bewirkt allein schon die Theorie, von der aus Pagenstecher, gegen den verräterischen Widerstand Wilmas, das Werk Poes analysiert. Die Tiefendimension dessen, was sich dabei zeigt, repräsentiert sich in den sogenannten »Etyms«. Das sind direkt die Entstehungssphäre der Sprache, das Unterbewußte ins Spiel bringende, zuerst und vor allem Sexuelles umsetzende, wandelbare und deshalb nie ganz eindeutig zu fassende Vor-Wörter, die sich in der Sprache vielfältig konkretisieren.

Schon einige Zeit vor dem Erscheinen von *Zettels Traum* hatte Schmidt in seinen dialogisch-theoretischen »Überlegungen zu einer Lesbarmachung von ›Finnegans Wake‹«, betitelt *Der Triton mit dem Sonnenschirm* (1969), die Etyms beschrieben, von denen her seine quasi phonetischen Wortkonzentrationen plötzlich ganz einleuchtend und begreiflich erscheinen, und schon in dem Joyce-Dialog *Das Buch Jedermann* (1966) hat er ihnen ihren Namen gegeben. Er spricht da von »so Vieles bündelnden linguistischen Grundgewebsgebilden« und »polyvalenten Gesellen«. Sie sind der Ausgangsbereich auch für *Zettels Traum*, in dem Schmidt das bei Joyce Entdeckte, von ihm selbst, wenn auch zunächst ohne weitere Begründung längst Praktizierte um- und fortzusetzen sucht.

Das Hintergrundspanorama von Edgar Allan Poes Œuvre wird in *Zettels Traum* aufgeschlüsselt als ein vielseitig schillerndes Gewebe unterbewußter sexueller Intentionen, die sich im Etymbereich seiner Sprache greifen lassen. Daß die hübsche Franziska solcher Entdeckungsfahrt mit roten Ohren und bebenden Reaktionen folgt, ist fast selbstverständlich. Und auch, daß Wilma, dem Klimakterium nahe, besorgt um ihre Tochter und eifersüchtig auf deren Jugend, sich gegen die herandrängenden Erkenntnisse nach Kräften sträubt. Der Vorgang – bestehend aus der Vordergrundsituation der Gespräche und versteckten Auseinandersetzungen, dem Belegmaterial zur Poe-Diskussion und vielfältigen Anmerkungen, Assoziationen, Einfällen – der Vorgang wird in drei nebeneinander ablaufenden, miteinander verschränkten Textsäulen vergegenwärtigt. Welche Bedeutung dabei die Etyms, das Sprechen und Schreiben von den Etyms her haben, deutet sich schon an, wenn Edgar Allan Poe apostrophiert wird als ein besonders interessantes Exemplar des Dichters als Seher, des Typs »Dichter-Priester«. Schmidt schreibt das »DP«. Dies ist ein Zeichen, das ohne weiteres auch »Displaced Persons«, Leute ohne festen Wohnsitz, ohne Heimat bedeuten kann, und es gibt zugleich die Initialen von Dän Pagenstecher. Die Vieldeutigkeit ist beabsichtigt. Dichter-Priester haben keinen Ort mehr in der bestehenden Welt. Schmidt-Pagenstecher selbst stellt sich allerdings nur bedingt dar als DP. Er fühlt sich offensichtlich den Dichter-Priestern, deren besondere Fähigkeit der Schau dank großer Nähe zum Unterbewußten er durchaus für sich in Anspruch nimmt, zugleich weit überlegen.

Vereinfacht läßt sich das so sagen: Der Konfliktzone zwischen dem primär sexuell orientierten Unterbewußten und dem auf Ordnung bestehenden Über-Ich, bei der ihn vor allem das Unterbewußte interessiert, stellt Arno Schmidt in der Projektion Dän Pagenstecher ein Drittes gegenüber, das sich nennen ließe: Bewußtsein dessen, was die DPs unbewußt umgesetzt haben, zur Erkenntnis führendes Bewußtsein vom Unterbewußten. Medium solcher Erkenntnis ist die Fähigkeit, die »Etym-Hydra« in der Sprache zu durchschauen und nunmehr als Autor nicht mehr gleichsam bewußtlos, sondern wissend in Etyms zu schreiben. James Joyce vermochte das bereits. In Schmidts Augen hat er realisiert, was Sigmund Freud vorbereitend analysiert hat, ohne daß er dabei von Freud abhängig gewesen wäre. Arno Schmidt führt es fort, als äußerst selbstbewußter Entdecker und doch wissend, daß die Erkenntnis dieses Wirklichen ihn nicht aus dem *circulus vitiosus* der Wirklichkeit befreit.

Dabei ist festzuhalten, daß der Kult, den manche Bewunderer um die Schwierigkeit Schmidtscher Prosa errichtet haben, zumindest fragwürdig ist. Hat man die Einübung hinter sich, ist bei einiger Kenntnis der neueren Literatur und des Englischen sogar *Zettels Traum* ohne weiteres zu lesen, von den früheren Romanen ganz abgesehen. Die bei ersten Leseversuchen so strapaziös wirkende Orthographie Schmidts, die ständig lautliche und semantische Anklänge und optische Alternativen zum Gewohnten beim Hinschreiben der Wörter ins Spiel bringt, ist nämlich tatsächlich kein Unternehmen zur Verdunkelung, sondern zur Aufklärung von Sachverhalten, in dem Bewußtsein, daß sich auch sprachlich nicht alles aufklären läßt, jedoch sehr viel mehr, als Duden für möglich gehalten hat. Weil das etymbewußte Schreiben, das zum Beispiel das große S, als Zeichen für Sexualität, vor allem verdrängte Sexualität, ständig vom Laut her in die Wörter bringt, das vom Seher auf den Voyeur, von der Vanille über Sprachgrenzen hinweg auf die Vagina zu schließen erlaubt, bei dem ein launischer Jux zu überraschenden Folgen führen kann und selbst Übertreibungen nicht völlig sinnlos erscheinen – weil dieses zuvor gar nicht oder doch nur sehr pauschal begründete Schreiben eine so große Rolle in Schmidts gesamtem Werk und zweifellos darüber hinaus spielt, komme noch einmal Schmidt selbst zu Wort. Auf Seite 278 von *Zettels Traum* heißt es:

Wär übrijens gar keine üble Vergleichs-Serie mit Etyms?: die »Worte« als befallene Etym-Wirte? Bewirkt werdn »Kräuselungen & Verbiegungen« der Orthodoxografn; »Wortschwanzeinrollungen«; Bullositätn tretn auf: Auftreibungen Vorwölbungen; Etym-Klunker hängen dem Wort raus. Das Wort wird sich zumeist »strecken«-müssn, wenn die Etyms es

Ich von allem aus ! ---"/(Nich=überteibm : das merkn Die [redacted] sonst. Komm; laß Dir wieder besser werdn.)/:"Nich eher, biSDe Mir sagSD, daß De Mich éwich=so=haltn möchtSD. - Und zwâ etwas plötzlich,sonst krieg'ch n Rückphall[redacted] ! - (:daß man Sich sowas erst éin=mahn'n muß-" (vorwurfsvoll:!-)./(Dû=Mîr droh'n ?! -ä=):"Wilma ? - übernimm Dú Se bitte.[redacted]Ich hab im Keller ne LiterFlasche SalmiakGeist=forte;den haltn Wir=Ihr unter die Nase ;(sollsD ma sehn,wie Die die Augn aufreißt !)..."/(Ebm kam Sie, mit einem MeisterinnenSeufzer, wieder zu Sich : hh hhHHhh - (beschenkte Mich noch mit 1 "Barbar !") - entsagend):" 'ch glaub, 's geht schon wieder;:laßt nur-[redacted]"(mit ei'm [redacted] herzzerreißndn Lächeln;(wie)'Todgeweihte'[redacted];die Ihrer Umgebung keine Last sein woll'n);hub auch an, Sich aus Meinem Arm zu 'lösen': ! -)/(Neinein; warte):" Komm,Ich führ' Dich. - Setz Dich 'n Augnblick auf de [redacted] kleine Veranda, in'n KorbStühlchen : entspann Dich : stell [redacted] auf Null. - Wir sprechn auch ganz=leise..."(Sie mußte zierlich mit=wanken -/(denn W kam, unwillig kopfschüttlnd,ein Stück nach [redacted] :!-)/- Sie ließ Sich,graziös & bleichbraun, in den Sess'l gleitn; - unter drohendn AugnRitzn der Mund):"Kann Se Uns noch seh'n ?"-/(:vielleicht red'Ich Mir selbst Dich=Henkerinn an den Hals [redacted]!): " Und wie ! - Und hör'n áuch;neenec[redacted],dulde nur schdumm Du Arme Erpresserin: hasDich selber,für ne ViertlStunde, aus Unsrer Gesellschaft verbannt - es sei denn,DuerholteSDich überraschend=schnell. -"(so; und nú, freiwillIch, geb Ich Dir auch Deine Antwort):" Jâ; Ich hâb Dich gern."/(Sie zuckte auf;-(der braune 5=zinkije Hâkn/in Mei'm Gürtl)-):" -séhr=gern ?! -"/(Erst zieh Ich Dir ma''s Kittelchn runter; über jene ana$\frac{t}{k}$omischn Region'n, [redacted].../(:??!')/(-:weil S unFAYr iss, Dummerle;(auch un=klug letztn=EndeS)):"Laß Dir nich von Christa erzählen,'dies seye die unfailbare Mittode, 1=Mann zu erobern' -:den tail eines Mannes?;jâ. (Aber nìch den besseren;(und gleich garnich das Ganze !)). -Und nun antwort'Ich=Dir - [redacted] ei'm kurzn=schwer'n Abschied: wie kännSDu Uns das nur antun! Uns,an Unserm (womöglich 'letztn'!)Tage,auch nur auf [redacted] mutwillich zu trenn'n ?,tz !) - lieg jetz 3=4 Minnutn stille -: und dann komm=wieder; nébm=Mich; -:dänn Ich hab Dich seir=gern !) - (einverstandn ?)"./(Sie riß Sich das Kittelein über der (wunderfoll=jungen) Brust aufer. Sie wimmerte):" AchIchUnsâlje ! -Dänn das halt Ich nich aus[redacted]wie der Tag=verrinnt ! -'Sonne stehe still zu gib=him=on !; und Mond im Ta(i)le Ach=alone !';(JOSUA 1o=12)...";(:sô ein verhallendeS Stimmchen![redacted]

(und gab Mich doch dem Studium der Höheren Gerüche hin: ganz süßleicht BrüstchenDuft & Achselschweißlein;(leider allerdings auch 1 Schuß scheußlicher Schämikalien;(odor?o no ?)

(wußDe auch da=bei [redacted] s Kittlchn sô=hochrutschn zu machn:!

(gleich wollte Sie'S,$\frac{me}{bä}$uchlinks, foller Hintern List, widerhoch zupfn : '' -

(Sie schauert,stöhnt,windelt, zittert,schweigt:/sin'ned, schwärmt,nickt,fällt,strebet, magert hin?:-[redacted]-):Nur Deine Huld erhält die Holde noch !")

gehört zu Meiner [redacted]Se(h)Cunt-.';(könnte ein

('CHLORINDE' die Grünende=Blühende)/(&=Ich ein Autumnaler-:was hatte der(seidngelbe)Fechter da=empFohlen ?;(bézettweh 'angekündIcht' ?) :'daß alle Bilder noch einmal zu=Mir kämen'?[redacted]:-(ob Ich dàs noch ma 'schAffe' ?) - &=Gehen-):" Och : 'Bummeln' als Heil-

((:'CHIDER,der ewIch=Junge,sprach...' ;(Frage:warum hab'Ich,beim Unterschreibm Meiner PO'SD'Kartn an Fr,immer die GRÜNE MIENE,im elfnbeinernen KuglSchreiber,...?))

Mittl, Wilma; die üblichn 'jungfräulichn Absangen':'let them make noise; they have to die so young'..."/(da Stephan ubw=fiff:!...!..)/Ich): " - hört=ma... :Der hat ne Nébm=Frau; die immer,'da=Beye', Schallplattn auflegt. Und da hat ihnen,(irgndein BERTELSMANN=Satan), Sächelch'n ins FertichHaus geführt; vom 'Pilgerchor', biß zum 'Lustijn KupwerSchmied' ...(:?) - Ich ?!; ein 'Materialist' Wilma ? - :das hat doch=eher Meister

ique' says MAR=.(PAY))

(schon stellte P=SichS vor: wie Die ob=him lag;-;(& Ihre dikkn(Hintern)BakknzukkDtn; ein heXnStich!;(im Takt des lüstijen KyprosSchmidt'S!)))

er,wenn Du so willSD,'Seine Heldn') - von Sich ausgesagt.
das=nie aufgefalln ?;wie sich die Leutschen rühmen, Ration=
[redacted]isten zu sein ? -(:BOTTLE; ARNHEIM; HEUREKA) - laut
II,ist 'matter' ein Eufemismus für 'faeces & Urine'. -In
r Landschaft trifft der Held 'matter of offence' an.-:'All
man of genius demands for his exaltation,is moral matter
n...& it is absolutely of no consequence,'what is the ma-
der,Wilma:'I have spoken of a subtle influence,witch we
be ever in attendance upon matter;although becoming mani-
y through matter's heterogeneity -:to this influence,with-
ng to touch it at all,in any effort at explaining its aw-
re'=(HEUREKA 188) - : nenn'S $\frac{Ass}{Arse}$cat'hole'ogy,wenn Du [redacted]
aber damit k$\frac{om}{a'}$msDu nich=weiter;landetest allenfalls bei
er Sich allzu DP=feierlich nimmt;und andrerseits, 1 veral-

(Wir, etymGeschultn,fügn='och 'mater'=Mutter hinzu)

(ARNHEIM & LANDSCAPE)

(thole + lute,('luteus=Kot') + con / und,:'S speilt überhaupt keine Rolle, wàs diese 'matter' iss...Überschrift GENIUS!)

(also: eine subtile Einwirkung, die der 'matter' stets anha[redacted]ftet...obschon sie nur bei Hetären=erzeugter matter auft'ritt)
(mann wagt sie nich direct=anzufassn;o'r ihre eau=folle ∅ zu erklären...

Seite aus der Originalausgabe des erzählerischen Riesenwerks »Zettels Traum« von Arno Schmidt
(aus dem Sechsten Buch: »Rohrfrei«).

zu abnormen Aussageleistungen veranlassen: moosartige Buchstbm-Emergenzen in Wort-Mitte. Bei größerem Infektionsareal ist nicht nur eine gewisse Struppigkeit des Wirrzworz die Folge; sondern es kann sich ein ganzer »Hexenbesen« entwickeln; der jahrzehntelang lebt...

Und einige Zeilen später:

(Sieh Du doch, lieber, umgekehrt *das* ein): »Daß das Aussagevermögen eines Wortes, bei Versteifung auf seine übliche »Recht«-Schreibung, nicht erschöpft, ja nur allzuoft direkt *blockiert* wird. Das Lettern-Plasma erlaubt ohne weiteres, (undzwar *ohne* das Wort hoffnungslos, dh ins Unerkennbare, zu desorganisieren), daß durch ganz kleine Veränderungen, eine organische Anreicherung mit »weiteren Bedeutungen« erfolgt. – Verschteh Mich: Ich befürworte garnich, daß übermäßije Wort-Mißgestaltn entstehen solltn, blumenkohlähnlich mit Etyms besetzt; oder daß sich »verbotene Bedeutungen« als Commensalen dort ansiedltn, (die von weithergeholtn Gleichnissen nur noch eine *Art*-Berechtigung sich ersophistisierten). Aber wenn durch so ganz-leichte, »saubere« Veränderungen – (legitimiert durch Homonymität und Traumsymbolik) ...

Das sind aufschlußreiche und einleuchtende Bemerkungen zur Erscheinungsform der Etyms und zu der »Klarheit«, die so erreicht werden kann. Wie sich das in *Zettels Traum* im einzelnen textlich konkretisiert, das veranlaßt dazu, bei der Lektüre weniger Seiten angeregt und mit Gewinn an Information ganze Stunden zu verbringen. Hierin zeigt sich die ganz unvergleichliche Qualität dieses Super-Romans und rückwirkend noch einmal die Bedeutung von Schmidts Prosawerk. Der Text führt an sprachliche und damit menschliche Realität oft atemberaubend nahe und sie aufhellend heran.
Auch das macht Kritik nicht überflüssig, nur ist eine Kritik erforderlich, welche die Grundvoraussetzungen Schmidts nicht in Bausch und Bogen verwirft, sondern prüft und das Zutreffende akzeptiert. Und es trifft da fast alles zu, ohne daß dadurch jede andere Literaturform, jede andere Erzählweise ad absurdum geführt wäre. Zugleich finden sich dennoch auffällige Widersprüche. In *Zettels Traum* zum Beispiel ist, möglicherweise unbewußt eingebracht, ein sich manchmal peinlich vordrängender Widerspruch spürbar zwischen einem extrem elitären Anspruch, der Schmidt-Pagenstecher gleichsam als den Größten von allen herausstellt, und der doch in Schmidts Sprachtheorie unmittelbar sich darstellenden extremen Abhängigkeit jedes Menschen, seiner Abhängigkeit von der Triebstruktur, von im Unterbewußten installierten, variablen und doch bindenden Regelkreisen und dem Flimmern zwischen ihnen. Das spiegelt sich auch in der Konzeption des zweifellos überfrachteten Buches, der Konzeption als des umfangreichsten Erzählwerks aller Zeiten. Es ist ein für Arno Schmidts gesamtes Werk charakteristischer Widerspruch. Die universalistische Intention, der Schmidt als Rationalist, in einer offensichtlich kleinbürgerlichen Ratio-Gläubigkeit immer wieder aufsitzt, ist nicht in eins zu bringen mit den Inhalten der Erkenntnis, die ihm seine rationalistische Sichtweise selbst vermittelt. Sie zwingen ihm Pessimismus, ja Fatalismus auf. Dabei wäre es einleuchtender, wenn er aus diesen Inhalten – in *Zettels Traum* zum Beispiel den packend ausdifferenzierten Einblicken in die zwanghaften Schwierigkeiten und Verzweiflungen der Franziska – auch ideologisch auf die Notwendigkeit einer Solidarität mit den Menschen in ihrer Begrenztheit und ihren Nöten schlösse, einer Solidarität, die sich – entgegen der Konzeption – in der Darstellung einer konkreten Situation durchaus artikuliert. Statt dessen spricht Schmidt von

»Künstlertum« und »Kulturträgern«, was nicht ohne Konsequenzen ist. Statt dessen spricht er – auf Seite 137 von *Zettels Traum* – von der »Basis- & Substanzlosigkeit« der heute Heranwachsenden, die dann im Konkreten die Franziska-Passagen eindeutig widerlegen.

Diese Überlegungen haben freilich nichts zu tun mit den erwähnten Einwänden Mayers und Reich-Ranickis. Diese sind auch deshalb unbegründet, weil Arno Schmidt seit *Leviathan* unablässig so dicht, präzis, ja hart, aktuelle Existenz und aktuelle Verhältnisse mit allen Imponderabilien artikuliert wie kein anderer Autor. Nie freilich überläßt er sich Thematisierungen im Sinn pauschaler, damit auch pauschal begreifbarer Verallgemeinerung, Themen, wie sie sich von »Wohlstand« bis »Teilung Deutschlands« in meist allzu vordergründiger Faßlichkeit anbieten. Nicht weil er die Realien nicht sähe und nicht artikulierte, sondern weil für Schmidt die Konventionen irreal sind, laut denen sie sich öffentlich darstellen – ähnlich irreal wie die Fiktion des epischen Flusses. Und das gerade ist es, was diesen Autor auszeichnet. Schon 1963 hat HELMUT HEISSENBÜTTEL geschrieben: »Man könnte wieder einwenden, Schmidt mache nichts anderes, als vor ihm so bedeutende Leute wie Proust, Céline oder Joyce getan haben. Schmidt ist objektiv fortgeschrittener. Er hat nicht die Stützen jener Großen mehr. Wir haben sie nicht mehr. Deshalb helfen sie uns nicht, wohl aber Schmidt. Er ist, neben Beckett oder Nathalie Sarraute, das wahre Gleichnis und Paradoxon der heutigen literarischen Situation. Wir haben, denke ich, zur Zeit in Deutschland kein instruktiveres.«[5]

Wenn überhaupt noch für Literatur ein umfassender Bedeutungsanspruch erhoben werden kann, wie er von der Tradition her üblich ist, dann im Zusammenhang mit dem Werk Arno Schmidts, in dem sich der Widerspruch zwischen solcher Bedeutung und den Inhalten des schreibend Erkannten unvergleichlich zuspitzt. Mit all ihren Bedingtheiten, einschließlich der oft sehr deutlich spürbaren kleinbürgerlichen Scheuklappen, repräsentieren und bezeichnen die Romane und Erzählungen Arno Schmidts bis hoch in die sechziger Jahre radikaler als alle anderen die tatsächliche Situation der Literatur und der Menschen. Eine Situation, in der auch die sprachlichen Gewißheiten schon, die Gesellschaft zentral strukturieren, derselben Zerreißprobe ausgesetzt sind, in die wissenschaftliches Denken und seine technischen und industriellen Konsequenzen längst alle menschlichen Angelegenheiten hineingedrängt haben. Arno Schmidt tastete sich partiell blind und sozusagen eingleisig in diesen Bereich vor, sich sichernd durch den Rückgriff auf Größen der Literatur, die schon früher aus dem Konsensus auszubrechen versucht hatten. Aber er tastete sich vor, konsequent die Realien der Literatur im Blick. Dabei zielte er nicht auf die Neurosen der Happy few. Heißenbüttel hat Schmidt einen verhinderten Volksschriftsteller genannt – verhindert dadurch, daß er zugleich »literarisch Ernst macht«, keine Konzessionen kennt, Erkenntnissen bedingungslos folgt. Sein Werk ist noch immer die große Herausforderung in der deutschen Prosaliteratur seit 1945.

Poetik der Wahrnehmung: Der Prosaist Peter Weiss

Bei einem Versuch, die Literatur seit diesem Jahr 1945 zu beschreiben, ist der Widerspruch zwischen dem Wunsch, den Herausforderungen zu folgen, die progressiven Bewegungen herauszuarbeiten, und den gewohnten Chronistenpflichten ständig virulent. Mit Beginn der sechziger Jahre spitzt er sich zu. War etwa Arno Schmidt bis dahin tatsächlich ein Außenseiter ohne nennenswerte Rückkoppelung zu den literarischen Vorgängen in ihrer Breite, so sollte sich das nunmehr ändern. Jüngere Autoren nahmen bewußt die Auseinandersetzung mit den konkreten individuellen und sozialen Bedingungen unter sprachlichem Aspekt auf, mit Bedingungen, die die von der Restauration bescherte relative Prosperität schon jetzt nicht mehr völlig abdeckte und verbarg. Das stellte sich dar in nur das Allgemeine reflektierenden, komplexen Auseinandersetzungen mit den gesellschaftlichen Verhältnissen. Folgenreicher jedoch stellte es sich dar in der Form innerliterarischer Veränderungen, entsprechend etwa der lange mißachteten Provokation, welche die konkrete Poesie für die traditionelle Lyrik bedeutete. In jenem Augenblick, in dem vor allem Romane der bundesrepublikanischen Literatur »Weltgeltung« vermittelten, wurde die Form des Romans auch schon grundsätzlich zur Diskussion gestellt: sie sei nicht länger fähig, Wirklichkeit zu vermitteln, sie erzeuge in jedem Fall ein falsches Einverständnis, während es auf ein Bewußtsein ankomme, »das die gegenwärtige Wirklichkeit anders erfahren hat, als sie im geschichtlichen System der Sprache erscheint«. So JÜRGEN BECKER (* 1932) bereits 1963. Und weiter: »Diesem Bewußtsein haben schon die literarischen Sondermodelle der Sprache nur auf Widerruf dienen können; der Prozeß jedoch, in den diese hineingezogen sind, gilt schließlich der Sprache selbst. Was immer noch sie leistet: dem zeitgenössischen Schreiber hält sie mit ihren Möglichkeiten zugleich die Fallen offen, dahinein diese Möglichkeiten führen. Denn, indem sie nur solche Verhaltensweisen vorschlagen, die unters herrschende syntaktische Gesetz fallen, prädisponieren sie den Schreiber für Aussagen, die seine Erfahrungen nicht decken. Seine Rede führt ins Übereinkommen, nicht aber ins wahre Verständnis der Wirklichkeit.«[6]

Die Sätze finden sich in einem Aufsatz über Helmut Heißenbüttel, formulieren jedoch zugleich die zentrale Voraussetzung von Beckers Buch *Felder* (1964). Ein bezeichnender Teil dieser »Felder« war bereits in dem von HANS MAGNUS ENZENSBERGER herausgegebenen Band *Vorzeichen* von 1962 enthalten. Wie erwähnt, war noch früher, nämlich 1960, die Prosa *Der Schatten des Körpers des Kutschers* von PETER WEISS erschienen. Beide Texte waren »Vorzeichen« von Veränderungen, welche die Prosaliteratur in erstaunliche Turbulenzen drängen sollten. Kein Autor blieb von ihnen unberührt. Und sie vor allem sind zu thematisieren, will man noch an die konkreten Prozesse innerhalb der Literatur herankommen.

Es lassen sich dennoch für die in Frage stehende Phase gewiß eine Reihe von Tendenzen innerhalb der Prosaliteratur nennen, die sich – immer wieder modifiziert – bis in die Gegenwart fortsetzen. Es gibt da neben der Fortschreibung konventioneller Formen, die sich jedoch besagten Tendenzen zunehmend anpaßte, ganz offensichtlich eine Tendenz der grotesken Literatur, die Tendenz eines neuen Realismus mit sehr unterschiedlichen Ausläufern, die Tendenz einer rigoros die Sprache reflektierenden Prosa. Solche Unterscheidungen behalten ihren Sinn. Versuchte man allerdings, entsprechend diesen Entwicklungen Autorennamen zu gruppieren, käme man bald in Verlegenheit. Fast alle Autoren, die für die Prosaliteratur der sechziger Jahre einstehen, schrieben in Beziehung zu mindestens zwei dieser Tendenzen. Die andere, sachnähere Möglichkeit, sich einen Einblick zu verschaffen, bleibt, nicht die Erscheinungsformen, sondern die stärksten und zugleich neuen Impulse innerhalb der Prosa zu benennen und die Texte von ihnen her zu beschreiben. Da lassen sich hervorheben die Impulse einer Destruktion der sprachlichen Konventionen und der Konzentration auf Wahr-

nehmung.[7] Was jene bedeutet, davon gibt innerhalb der Prosa Arno Schmidt einen Begriff. Für diese steht als Initiator vor allem Peter Weiss.
Das ist Anlaß genug, zunächst von PETER WEISS zu berichten, ganz abgesehen davon, daß es auch der zeitlichen Abfolge entspricht. Die Prosa von Peter Weiss, deren erste Probe schon die Versuche jüngerer Autoren aufs intensivste beeinflußte, steht nach Bedeutung und Wirkung unmittelbar neben den Entwürfen von Günter Grass, Uwe Johnson und auch Martin Walser, obwohl sie nicht aufs große Ganze ging, sondern – im Gegenteil – aufs Einzelne, auf Moment und Detail. Auch hier sind Zitate unerläßlich. In dem »Mikro-Roman« mit dem Titel *Der Schatten des Körpers des Kutschers* (1960) heißt es zu Beginn des fünften Absatzes:

Zum ersten Mal in meinen Aufzeichnungen um weiter als einen sich im Nichts verlierenden Anfang hinausgeratend setze ich nun fort, indem ich mich an die Eindrücke halte die sich mir hier in meiner nächsten Umgebung aufdrängen; meine Hand führt den Bleistift über das Papier, von Wort zu Wort und von Zeile zu Zeile, obgleich ich deutlich die Gegenkraft in mir verspüre die mich früher dazu zwang, meine Versuche abzubrechen und die mir auch jetzt bei jeder Wortreihe die ich dem Gesehenen und Gehörten nachforme einflüstert, daß dieses Gesehene und Gehörte allzu nichtig sei um festgehalten zu werden und daß ich auf diese Weise meine Stunden, meine halbe Nacht, ja, vielleicht meinen ganzen Tag völlig nutzlos verbringe; aber dagegen stelle ich folgende Frage, was soll ich sonst tun; und aus dieser Frage entwickelt sich die Einsicht, daß auch meine übrigen Tätigkeiten ohne Ergebnis und Nutzen bleiben. Mit dem Bleistift die Geschehnisse vor meinen Augen nachzeichnend, um damit dem Gesehenen eine Kontur zu geben, und das Gesehene zu verdeutlichen, also das Sehen zu einer Beschäftigung machend, sitze ich neben dem Schuppen auf dem Holzstoß...

Das enthält eine ganze Poetik – jene des Nachschreibens von Wahrnehmungen als des einzig noch Möglichen. Von hier aus ist *Der Schatten des Körpers des Kutschers* bis zur letzten Zeile erklärlich. Die Prosa gipfelt in einer Passage, welche die Konsequenzen solcher Poetik in äußerster Deutlichkeit vorführt. Die folgenden Sätze, die das Prinzip des Nachschreibens von Wahrnehmungen sozusagen auf die Spitze treiben, sind dafür beispielhaft:

Die Schatten wurden, wie ich berechnete, von der Lichtquelle der in der Mitte der Küche befindlichen herabziehbaren Lampe geworfen, und in Anbetracht der Lage der Schatten mußte die Lampe, wahrscheinlich zur Erhellung des Fußbodens, den die Haushälterin zu putzen gedachte, ungefähr bis zur Brusthöhe herabgezogen sein; so sah ich deutlich über dem Schatten des Fensterbretts den Schatten der Kaffeekanne hervorragen, und seitwärts, etwa vom Platz aus an dem die Haushälterin bei den Mahlzeiten zu sitzen pflegt, beugte sich der Schatten der Haushälterin mit vorgestrecktem Arm über den Tisch und ergriff den Schatten der Kaffeekanne. Nun legte sich der Schatten des Kutschers, niedrig aus der Tiefe der Küche hervortretend, und über den Schatten der Tischkante, der in gleicher Höhe mit dem Schatten des Fensterbretts lag, hinauswachsend, neben den Schatten der Haushälterin; der Schatten seiner Arme streckte sich in den Schatten des Arms der Haushälterin hinein, auch der Schatten des anderen Arms der Haushälterin schob sich in den zu einem Klumpen anschwellenden Schatten der Arme, worauf sich die Schattenmasse des Körpers der Haushälterin der Schattenmasse des Körpers des Kutschers näherte und mit ihr zusammenschmolz...

Diese Beschreibung des Schatten-Liebesspiels, das eine Köchin und ein Kutscher sehen lassen und das in aller Genauigkeit weiter ausgeführt wird, ist Höhepunkt und Schluß eines Textes, in dem eine abseits gelegene Pension und ihre zufällig zusammengewürfelten Gäste beschrieben werden, eines Textes, in dem das Erfahrbare in voller

Konsequenz sich als das Seh- und Hörbare, das Wahrnehmbare darstellt. Die Beschreibung ist das Paradebeispiel für die Methode, Geschehnisse, wie das Auge sie zeigt, in unmittelbarer Direktheit mit Worten nachzuzeichnen, und sie gibt auch schon einen Eindruck davon, wie sich von hier aus sowohl groteske als auch realistische Wirkungen erzielen lassen. Zu beachten bleibt jedoch auch etwas anderes. Peter Weiss erwähnt im zuerst zitierten Textstück die »Gegenkraft«, die ihn früher gezwungen habe, seine Versuche abzubrechen, weil »dieses Gesehene und Gehörte allzu nichtig sei um festgehalten zu werden«. Er hat die Versuche fortgesetzt, weil er nicht weiß, was er denn sonst tun sollte, und weil er weiß, daß auch seine anderen Tätigkeiten ohne Nutzen bleiben. Dieses Eingeständnis betrifft zweifellos nicht etwas, das privat, zufällig, deshalb gleichgültig wäre. Es steht am Ende einer Vielzahl von Versuchen. Was es mitteilt, ist symptomatisch.

Verschiedene jüngere Schriftsteller haben auf dies Eingeständnis und die Konsequenz, die Peter Weiss daraus gezogen hat, fast spontan reagiert. Dies nicht zuletzt belegt, daß hier jemand in einer Situation der Ratlosigkeit exemplarisch gehandelt hat, indem er nichts anderes tat, als die Ratlosigkeit offen vorauszusetzen. Als ihm nichts mehr blieb außer dem einen, Gesehenes und Gehörtes zu verdeutlichen, indem er es, den Blick zwischen Gegenstand und Schreibblock hin und her bewegend, nachzeichnete, hat er dies und nichts anderes getan, ganz ohne das Hochgefühl, inspiriert zu sein. Er hat sich über die Unglaubwürdigkeit von Ich-Gewißheit und Vorwissen nicht länger hinweggesetzt. Nirgendwo ist noch ein höherer, ein Gewißheit gebender »Sinn«, und die überlieferten Kategorien, die üblichen, allseits benutzten Muster der Unterscheidung und Wertung sind nicht mehr anwendbar. Auch das Gesehene und Gehörte, das sich nachzeichnen läßt, ist »nichtig«. Doch der Autor sieht keine Alternative. Deshalb vollzieht er das, was noch vollziehbar ist. Hier ist die Voraussetzung seines Schreibens. Und es läßt sich mit ihr einer der roten Fäden greifen, die es ermöglichen, in der scheinbaren Widersprüchlichkeit so vieler Prosa-Ansätze der sechziger Jahre die bindende Intention zu fixieren.

Der Beifall für *Der Schatten des Körpers des Kutschers* war, weil man die Prosa auch als bloßes Kunststück genießen konnte, überraschend einhellig, und es war zu erwarten, daß Peter Weiss, der beim Erscheinen des Bandes 44 Jahre alt war, diesen Erfolg nützen würde. Er tat zunächst gerade das nicht. Vorher hatte Weiss, der 1934 mit seinen Eltern aus Berlin emigriert und nach Jahren in England, der Tschechoslowakei und der Schweiz schließlich in Schweden angekommen war, wo er 1945 die Bürgerrechte erhielt – vorher hatte er sechs Bücher in schwedischer Sprache geschrieben, die noch heute in der Bundesrepublik meist unbekannt sind. Mit *Der Schatten des Körpers des Kutschers* hatte er eine unverwechselbare Schreibweise gefunden, aber er stellte sie sofort wieder in Frage. Er ließ zwei groß angelegte Versuche folgen, jene Bewegungen zu beschreiben, die ihn schließlich an den beschriebenen Nullpunkt geführt hatten.

Die Bücher *Abschied von den Eltern* (1961) und *Fluchtpunkt* (1962) sind, obwohl sie als Erzählung und Roman deklariert wurden, autobiographische Berichte. Sie stellen, wie es im Schlußsatz von *Abschied von den Eltern* heißt, die »Suche nach einem eigenen Leben« dar. In diesem Buch artikuliert Weiss, beim Tod der Eltern einsetzend, den Vorgang eines Erinnerns. Alles ist hier aufgehoben in der Erinnerung, und das Erinnerbare wird beschrieben als ein Erfahrenes, das der Erfahrung immer vorausgesetzt ist. Damit objektiviert das Geschehene sich zu einem Bilderfluß, drängt der Bericht aus sich heraus zur Erzählung. Anders in *Fluchtpunkt*, wo der Bericht Ereig-

Eine von sieben Collagen zu »Der Schatten des Körpers des Kutschers«, mit denen Peter Weiss die Erstausgabe seines »Mikro-Romans« 1960 in der Reihe »Tausenddruck« des Suhrkamp Verlags ausstattete.

nisse vergegenwärtigt, die auf die Situation des Berichterstatters noch unmittelbar einwirken. Hier ist der Stoff noch nicht überschaubar, und das verleitet dazu, Sinnzusammenhänge zu konstruieren, wo nur einzelne Erfahrungen real sind. So fragwürdig aber *Fluchtpunkt* deshalb auch ist, dies Buch gerade enthält zugleich einige die Position des Schriftstellers Peter Weiss sehr genau charakterisierende und deshalb wichtige Auskünfte. Zum Beispiel:

Die Mauer bestand aus den überlieferten Gesetzen, und ich brauchte nur einen Schritt zur Seite zu treten, um vor der Offenheit zu stehen. Doch um zu diesem einfachen Schritt fähig zu sein, mußte ich erst die Chimäre, an der ich mich abschleppte, wegwerfen.

Eine weitere Stelle lautet:

...dies war das Schwere, die inneren Erfahrungen beim Namen zu nennen, und alles auf den Platz zu stellen, an den es gehörte. Es war leicht, an Symbolen zu spinnen, doch oft unmöglich, die Tatsachen, die darunter lagen, ans Licht zu fördern.

Die »Tatsachen« – das war das Wahrnehmbare. Und damit ist noch einmal zurückzukommen auf *Der Schatten des Körpers des Kutschers*. Der Entschluß, Erinnerung, Vorwissen, alle Kombinatorik der Phantasie, das Vorstellungsvermögen auszuschließen und nichts anderes zu tun, als das unmittelbar Wahrgenommene nachzuschreiben, setzte einen verläßlichen, wenn auch schmalen neuen Ausgangspunkt. Die Beschreibung des Liebesaktes zwischen Köchin und Kutscher hätte nichts Neues gebracht, wenn Peter Weiss – was auch dem plattesten Vorstellungsvermögen erreichbar gewesen wäre – das Gesehene übergangen und das mitgeteilt hätte, was sich ohne Anstrengungen aus ihm hätte schließen lassen: den Vorgang selbst. Doch Weiss bestand auf dem Gesehenen: auf den Schatten der Körper des Kutschers und der Köchin also. Und beunruhigend wurde sichtbar, wie weit jeder andere und jedes andere vom Wahrnehmenden entfernt ist, wie groß die Diskrepanz ist zwischen dem real Erfahrenen und dem, was alle Welt für real erfahren hält, welche Ketten von Schlüssen notwendig und allseits in Übung sind, um vom Wahrgenommenen zu dem zu gelangen, was man für die Dinge selbst hält, und welche Fehlerquellen diese Schlußketten enthalten, Fehlerquellen, die nur durch den Ansatz bei der unmittelbaren Erfahrung noch erkennbar sind. Einer Erfahrung übrigens, in der auch – so demonstriert es dann Weiss in dem Prosa-»Fragment« *Das Gespräch der drei Gehenden* (1963) – die zeitlichen und räumlichen Beziehungen nicht mehr gültig sind. Hier ohne weiteres von absurder, grotesker oder surrealistischer Prosa zu sprechen, vereinfacht den Zusammenhang bis zur Entstellung. Es ist eine Prosa, die den Gesichtskreis gleichsam ausräumt und damit Raum schaffte nicht nur für die von hier aus entstandene »Beschreibungsliteratur«, sondern schließlich auch für eine Politisierung der Literatur, an der dann der Dramatiker Peter Weiss außerordentlichen Anteil hatte.

Diesseits der Experimente

Das Nächstliegende also war zunächst unmittelbar die Wahrnehmung, das Wahrgenommene die »Tatsache«. Mit Peter Weiss, teils unabhängig von ihm, riskierten schon Anfang der sechziger Jahre Autoren wie Jürgen Becker (* 1932), Christian Grote (* 1931), der Wiener Konrad Bayer (1932–1964), Ror Wolf (* 1932) oder Gisela Elsner (* 1937) Schreibweisen, die das gewohnte Verhältnis von Erzählung und Wirklichkeit nicht mehr voraussetzten, sondern Wirklichkeit als etwas Unbekanntes zu erkunden suchten. Dabei entziehen sie sich mehr und mehr den gewohnten Kategorien. Gewiß sind etwa die Romane von Gisela Elsner groteske Literatur, gewiß ist etwa *Fortsetzung des Berichts* (1964) von Ror Wolf ein grotesker Roman. Doch es ist nur ein flüchtiger Vergleich etwa mit der *Blechtrommel* erforderlich, um zu sehen, daß in der Prosa dieser Romane etwas vorgeht, das die Groteske in eine andere Dimension rückt, und der Impuls, der diese Verschiebung auslöst, dieser Impuls ist es, der Aufmerksamkeit fordert. In der frühen Prosa von Peter Weiss wird er erstmals und exemplarisch konkretisiert.

Damit sind die über den literarischen Status quo des Jahres 1960 zu dieser Zeit selbst schon hinausweisenden, nur zögernd beachteten Tendenzen angedeutet. Im übrigen erschien der neue, von der »jungen deutschen Literatur der Moderne« her etablierte Status quo selbst fürs erste schon umwälzend genug, um Autoren wie Leser in Atem zu halten. Der Roman, die großen Themen dominierten. Die Mehrzahl der jungen und einige ältere Autoren ordneten sich deren Ansprüchen zu, suchten ihnen zu entsprechen, suchten teilzuhaben an der großen literarischen Selbstverwirklichung und Selbstbestätigung, die so offensichtlich breiteste Beachtung auf sich zog, zielten jedoch mit unterschiedlicher Deutlichkeit meist auch auf die Befragung von Realität. In der literarischen Situation, der Atmosphäre, der Aufbruchsstimmung Anfang der sechziger Jahre wurzeln die Mehrzahl der seither entstandenen Erzählungen und Romane, vor allem jene, die auf die Veränderungen nur reagierten, statt sie voranzutreiben, die in modifiziertem Zuschnitt weiterhin die gewohnten Antriebe fürs Erzählen umsetzten, deren Legitimation im übrigen gar nicht in Zweifel gezogen sei.

Es sei in der Folge nicht versucht zu suggerieren, eine verbindliche Anordnung nach Form, Themen, Stoffen oder Intentionen sei möglich. Dieser unter Literarhistorikern geläufige Brauch wird zunehmend fragwürdig, weil die Einordnung meist mehr verdeckt als verdeutlicht, jedenfalls wo sie in Bausch und Bogen durchgesetzt wird. Gewiß ließen sich wiederum viele der in jener Phase entstandenen zahlreichen Romane und Erzählungen unter dem Stichwort »Schelmenroman« oder unter dem Stichwort »Groteske« oder unter dem Stichwort »Realismus« reihen, und es ließen sich dieser Art Querschnitte durchs ganze Jahrzehnt herstellen. Zugleich aber steht es so, daß es groteske und realistische Schelmenromane, einen der Groteske sich nähernden Realismus und eine von ganz und gar realistischer Absicht initiierte Groteske gibt – das wird sich später am Beispiel noch verdeutlichen –, daß die gesellschaftskritische und die auf Erkundung des Individuums zielenden Absichten sich ständig überschneiden. Das alles spielt im Blick auf die Wirklichkeit kreuz und quer ineinander und könnte nur für den Einzelfall durch umständliche Analyse genau austariert werden. Für den Überblick, der hier zunächst zu vermitteln ist, erscheinen anregender und instruktiver die Widersprüche, die eine mehr chronologische Reihung spüren läßt. Es sei also versucht, Gruppierungen zwar anzudeuten, doch locker und ohne die Vorgabe, sie ergäben sich völlig eindeutig.

Schon die Romane von Günter Grass belegen, daß die Stoffbereiche Krieg und Nachkrieg weiterhin aktuell blieben. Allerdings stehen sie nicht länger als dominierende Stoffe im Vordergrund. Josef W. Jankers (*1922) Roman *Zwischen zwei Feuern* (1960), »auf authentische Weise unpolitisch« nach Heinrich Bölls Urteil, war im Erscheinungsjahr fast eine Ausnahme. Der Roman ist eine extrem gewissenhafte, karge und exakte Darstellung des Kriegs aus der Erfahrung des einzelnen. Janker:

»Ich stehe starr und schraube die Optik des Entsetzens eng und enger, bis nichts mehr gefaßt wird als das in seinen Untergang verstrickte Opfer. Jeder bleibt eingepackt in den Knäuel seiner Erinnerungen.« In Jankers Erzählungsband *Mit dem Rücken zur Wand* (1964) wird in solcher Optik zum Teil auch der Hintergrund der Nachkriegsgesellschaft deutlich, immer wieder gesehen aus der Kriegserinnerung. Janker hat seine spröde, nüchterne, gegen jede Verführung immune Prosa, in der die Ausweglosigkeit des einzelnen auf den Kern reduziert erscheint, in den Berichten des Bandes *Aufenthalte* (1967) und in *Der Umschuler* (1971) fortgeschrieben – ein Autor von außerordentlicher, immer wieder überprüfter Realitätsnähe, der nie jene Beachtung gefunden hat, die ihm zukäme, der ein Außenseiter geblieben ist.

Um »Wahrhaftigkeit« ging es auch ECKART KRONEBERG (* 1930) in seinem Roman *Der Grenzgänger* (1960), in dem er das Geschick seiner Generation zu objektivieren suchte. »Entschieden und rücksichtslos«, läßt Kroneberg den Ich-Erzähler sagen, »will ich von mir berichten. Mein vergebliches Leben soll hier verhandelt werden.« Es ist ein Leben, das bestimmt ist von Kindheitserinnerungen an die Judenverfolgung, von den Kriegs- und Nachkriegserlebnissen der Mehrheit, von Medizinstudium und ärztlicher Arbeit in der DDR, Flucht in den Westen und schließlich Ausweglosigkeit, die durchsetzt ist von einer eher romantischen und sehr vagen Hoffnung. In dem gewiß nur partiell geglückten, doch vielbeachteten Roman konnten sich die Gefühle all jener spiegeln, die nunmehr Anfang der Dreißig waren und auf jedenfalls vergleichbare Erinnerungen zurückblickten. Kronebergs zweiter Roman, *Keine Scherbe für Hiob* (1964), erzählt den Lebenslauf eines Spaßmachers und Clowns und versucht, von ihm her Zeitgeschichte zu verdeutlichen.

Auch für HEINZ KÜPPER (* 1931) war die Kindheitserinnerung an den Zweiten Weltkrieg Anregung zu erzählen. In dem Roman *Simplicius 45* (1963) schildert er, wie Jungen das Kriegsende erleben, erzählt er eine offensichtlich selbsterlebte Geschichte. Küppers Roman *Milch und Honig* (1965) machte dann – mit geringem Erfolg – den Versuch, im Kontext einer Liebesgeschichte sachnah aktuelle Umwelt zu konkretisieren.

Außenseiterisch blieb vorerst eine so herausfordernde und polemische Diktion, wie sie CHRISTIAN GEISSLER (* 1928) in seinem Roman *Anfrage* (1960) riskierte. Bei aller gesellschaftskritischen Absicht ging man derart massiv sonst nicht vor, wenn die politischen Fehlhaltungen der älteren Generation in Frage standen. Wenn dabei die Befürworter von Geißlers Standpunkt und der von ihm her sich andeutenden politischen Haltung die Mängel seines gewiß unausgewogenen Romans nicht übersehen konnten, so spürten doch viele von jenen Lesern, die Geißlers *Anfrage* literarisch für indiskutabel hielten, ihre Dringlichkeit, spürten sie, daß es längst notwendig war, aufs neue nach Voraussetzung und Folgen des Faschismus zu fragen, danach, durch welche Kanäle er in der bestehenden Gesellschaft noch immer Einfluß hatte. Die Geschichte des Universitätsassistenten Klaus Köhler, den seine Unruhe angesichts der Erfahrung, daß die Vergangenheit noch immer weiterlebt, auf die Suche nach Opfern und Mördern treibt – diese Geschichte erregte Aufsehen. Geißler hat später vor allem Fernsehspiele verfaßt, nur noch vereinzelt Prosa veröffentlicht, in der sich die konsequente Wendung zum Sozialismus vorbereitet.

Mit dem Roman *Die Leute vom Kral* (1961), dann dem Roman *Die Hinterlassenschaft* (1963) brachte KLAS EWERT EVERWYN (* 1930) das miese, trostlose, kleinbürgerlich ramponierte Leben an der Peripherie der sich zum Wohlstand aufschwingenden

Gesellschaft, in Dorf und Barackengegend, in die Literatur. Die Trostlosigkeit seines Stoffes verführte Everwyn nicht zu fragwürdiger Gefühligkeit. Er erzählt trocken, unsentimental, manchmal salopp, auch in der Sprache authentisch, und intensiviert so das Erdrückende der brackigen Realität, die er vorzeigt als Teil der gesellschaftlichen Umwelt. Everwyn, Mitglied der »Gruppe 61«, hat in der Folge Erzählungen und den Roman *Platzverweis* (1969) veröffentlicht.

Die Welt, in der der Roman *Ein Mann mit Familie* (1962) von Dieter Lattmann (*1926) spielt, beschrieb bei seinem Erscheinen Elisabeth Endres folgendermaßen: »Fronten und Konventionen sind erstarrt, das Gewöhnliche ist nicht bös und nicht

Christian Geißler

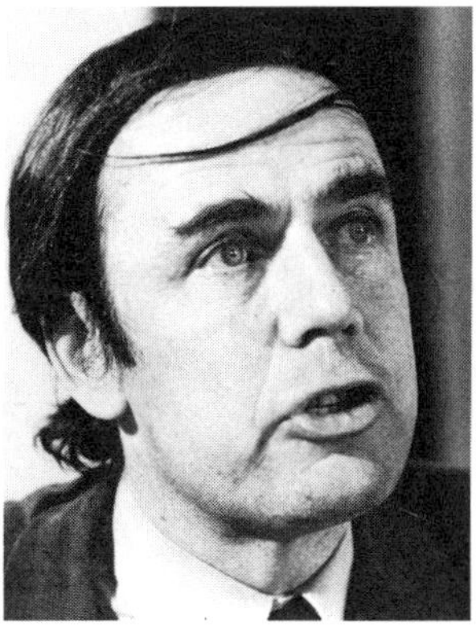

Reinhard Baumgart

Henry Jäger

gut, man nimmt die Welt in Kauf, auch in der Sorge um die Familie... Soviel Freiheit, daß sie noch nicht beglückt, soviel Unfreiheit, daß sie noch nicht böser Zwang wird.«[8] Lattmann erzählt – sachnah und mit eindringlichem Gespür für die Realitäten des Alltags – die Geschichte des höheren Verlagsangestellten Peter Bongart. Auch der Roman *Schachpartie* (1968) thematisiert die Alltagswirklichkeit. Diesmal steht im Mittelpunkt als Ich-Erzähler der Rechtsanwalt Max Moser, ein ganz durchschnittlicher Zeitgenosse, der sich Rechenschaft gibt. Lattmanns Thema ist das Leben des durchschnittlichen Einzelnen in seinen konkreten, immer fragwürdigen Abhängigkeiten, und es gelingt ihm, solches Leben glaubwürdig und erhellend zu profilieren. Seine Mittel sind jene des landläufigen Realismus. Doch er durchbricht die bei seinem Stoff ja vielsagende Abhängigkeit von solcher Form immer wieder durch Verläßlichkeit, Unterscheidungsfähigkeit, präzise Wahrnehmung und genaue Mitteilung jenes komplexen und irritierenden Wirklichen, das man Menschen im Alltag nennt und das in der Literatur seit eh und je zu kurz kommt. In gewissem Sinn holt Lattmann den unteren Mittelstand in einem ganz ähnlichen Sinn in die Literatur wie Everwyn abgedrängtes Kleinbürgertum, die Unterschicht. Die Klassenfrage geriet dabei noch nicht ins Blickfeld.

Eine Position, die »nicht zur radikalen Kritik taugt, weil sie das Engagement ausschließt«, war um 1960 zweifellos der Zeitstimmung sehr viel näher als Erregung und Zorn angesichts der Verhältnisse. Selbst Martin Walser war damals mit deren Durchleuchtung, nicht mit der Errichtung einer Gegenposition beschäftigt. Das Zitat ist entnommen einer Darstellung der beiden Romane Reinhard Baumgarts (*1929) von Rudolf Goldschmit, der Romane *Der Löwengarten* (1961) und *Hausmusik – Ein deutsches Familienalbum* (1962). Goldschmit schreibt zu Baumgarts Position: »Aber sie ermöglicht es, aus größter Nähe und intimster Vertrautheit spöttisch Einzelzüge zu beobachten. Baumgart thront nicht selbstherrlich und unberührt auf dem zeitkritischen Richterstuhl. Er durchschaut die Fragwürdigkeit dessen, was seine Geschöpfe treiben, aber er mag sie darum nicht direkt schelten. Er beschreibt sie, ohne sich zu ereifern.«[9] In seiner Kritik des *Löwengartens* hat Marcel Reich-Ranicki von hierher – mit einem Zitat aus dem Roman – nicht ganz zu unrecht geschlossen auf »Dreiviertelprofil, Dreiviertelwahrheit – was schlimmer ist als die halbe, weil es mehr zu sein vorgibt«.[10] Baumgart erzählt in *Der Löwengarten* mit außerordentlicher Gewandtheit eine Story aus der schicken Halbwelt von Film und Illustrierter. In *Hausmusik* gibt er eine ironisch und präzis gesehene Porträtgalerie typischer Mitläufer aus Hitlers Zeiten. Allerdings macht man es sich etwas zu leicht, wenn man die offensichtliche Belesenheit und Geschicklichkeit des Autors ohne weiteres gegen ihn wendet. Gerade diese Qualität ist selten, vor allem wenn sie tatsächlich eine knapp und elastisch organisierte Prosa erbringt. Baumgart schreibt bei aller Leichtigkeit mit unverkennbarer analytischer Intention, sucht – mit Ergebnissen – hinter Erscheinungen der gesellschaftlichen Umwelt und auch der Geschichte die ihnen entsprechenden psychischen Mechanismen bloßzulegen. Wie auch der Erzählband *Panzerkreuzer Potjomkin* (1967) verdeutlich, modifiziert Baumgart bewußt seinen traditionell psychologischen Ansatz in Richtung eines sozialpsychologisch orientierten Erzählens. Psychische Zustände sind stets in ihrer ganzen Relativität und Abhängigkeit gesehen und durchaus dialektisch dargestellt.

Viel Beifall sicherte sich Herbert Heckmann (* 1930) mit dem Roman *Benjamin und seine Väter* (1961), einer eher humorigen Variante des Schelmenromans. Heckmann hatte debütiert mit dem Erzählungsband *Das Porträt* (1958), in dem allerlei Parabeln geschickt und beziehungsreich arrangiert sind. Der uneheliche Benjamin nunmehr, ein Frankfurter Lausbub, erlebt verschiedene Väter, ehe er den richtigen, der aber nicht der wahre ist, als verkommenen Clown in Paris ausfindig macht. Diesem flott, einfallsreich und mit vielseitigem Sinn für Skurrilitäten hinfabulierten Roman folgte ein Band *Schwarze Geschichten* (1964) und mit großem Abstand der Roman *Der große Knock-out in sieben Runden* (1972), ein zugleich ausgedünnter und stark aufgetakelter Nachzügler des inzwischen aus der Mode gekommenen Schelmenromans.

Der Schweizer Jörg Steiner (* 1930) erzählte in seinem Erstlingsroman *Strafarbeit* (1962) die Geschichte eines Sträflings, und zwar konzessionslos auf die Struktur der Gefangenschaft zu. *Der Koordinator* (1962) von Stefan Reisner (* 1942) ist ein zugleich kalt destruierender und zorniger Roman, der exemplarisch darzustellen versucht, daß sich grundsätzlich noch immer nicht viel geändert hat in Deutschland, daß die Macht nur anonymer geworden ist und die Methoden der Machtausübung nur etwas zivilisierter wirken. An die Stelle direkter Gewalt ist die Meinungsbildung getreten, und die Personen haben sich verwandelt in Funktionsträger. Auch *Überfahrt* (1962) von Gustav Adolf Himmel (* 1928) ist ein Erstlingsbuch, die Geschichte einer Schiffsreise von Bremerhaven nach New York, während der Lebensläufe und Geschicke kulminieren – eine Geschichte meist vergeblicher Fluchtversuche. *Die Festung* (1962), der erste Roman des Henry Jaeger (* 1927), ein Bericht vom Leben in Notbaracken, von Obdachlosen im Elend, ließ trotz auffälliger kolportagehafter und melodramatischer Momente nicht absehen, daß Jaeger sich später – genannt seien die

Romane *Das Freudenhaus* (1967) und *Der Club* (1969) – auf den Pseudorealismus der Bestsellerei einlassen würde.
Erst hier ist zu nennen auch Erwin Wickert (* 1915), tätig im Auswärtigen Dienst und Schriftsteller, der nach Anfängen schon Ende der dreißiger Jahre und Erfolgen als Hörspielautor mit dem Roman *Der Auftrag* (1961) sich erstmals auf der Höhe seiner Möglichkeiten zeigte. Wickert ist ein konservativer, an Fontane orientierter Erzähler, der von seiner Position aus jedoch, überraschende Techniken einsetzend, bestimmten Realitäten noch sehr nahekam. Seine Themen nach eigener Feststellung: »Der Mensch und die Macht, der Mensch und die Politik, der Mensch und der Tod.« Gegenstand des Romans *Der Auftrag*, der mit erfundenen Dokumenten einen historischen Vorgang zum aktuellen Exempel werden läßt, ist die politische Verführung. Der folgende Roman *Der Purpur* (1964) exemplifiziert am Beispiel des römischen Kaisers Quintillus die Ausweglosigkeit einer sich ausschließlich am Karussell der Interessen und nächstliegenden Vorteile orientierenden vermeintlichen Realpolitik. Thornton Wilders *Iden des März* (1948) und *Ich zähmte die Wölfin* (1951) von Marguerite Yourcenar haben Wickert offensichtlich angeregt. Höchst originell ist jedoch, wie er den historischen Roman zum politischen Roman mit aktueller Spitze werden läßt.
Paul Pörtner (* 1925), Barbara König (* 1925), Ingeborg Bachmann (1926–1973), Klaus Nonnenmann (* 1922), Martin Gregor-Dellin (* 1926), Karl Alfred Wolken (* 1929), Reinhard Lettau (* 1929), Horst Bingel (* 1933) zählen des weiteren zu den Prosaautoren, die sich Anfang der sechziger Jahre bekannt machten, deren zum Teil bis heute fortgesetztes Erzählen unverkennbar auf der literarischen Situation dieser Jahre basiert, einer Situation, die sie zugleich mit konstituiert haben. Das Bezugsfeld ist charakteristisch auch noch für eine Anzahl weiterer Autoren, die wenig später einsetzten oder doch erstmals sie eindeutig profilierende Texte veröffentlichten – Peter Härtling zum Beispiel, dessen Lyrik seit *Yamins Stationen* (1955) zählte, dessen Roman *Im Schein des Kometen* jedoch offensichtlich noch unfertig war und der sich erst mit *Niembsch oder Der Stillstand* (1964) als Erzähler etablierte. Von ihnen ist später zu berichten.
Die Österreicherin Ingeborg Bachmann hat ihren Ruhm als die große junge Lyrikerin der fünfziger Jahre nahezu unbeschadet in den Ruhm als Erzählerin umpolen können, den der Sammelband *Das dreißigste Jahr* (1961) begründete, den dann vor allem der Roman *Malina* (1971) bestätigte. Mit den Erzählungen des Bandes *Simultan* (1972) wurde schließlich jedoch die Bedingtheit, wurden die Fragwürdigkeiten von Ingeborg Bachmanns existentialistisch-individualistischer, auf leicht verschobene Art egozentrischer Erzählgestik unverkennbar deutlich. Auch als Erzählerin ist sie lyrisch auf Selbstverwirklichung und die ihr entgegenstehenden Kräfte fixiert, darüber hinaus verdeutlicht sie nichts.
Barbara König ist von gelassenerem und ironischerem Naturell. Ihr erster Roman *Kies* (1961) – zuvor war die Erzählung *Das Kind und sein Schatten* (1958) erschienen – artikuliert zwar eine ausweglose, graue Situation des Wartens auf ein anderes Leben, das nicht kommen will, während das tatsächliche Leben der Heldin sich in »kleinen Höllen« erschöpft, ihr nächster Roman, *Die Personenperson* (1965), zielt jedoch fast heiter und kühl über die obligaten Verzweiflungen hinaus. Novalis gab das Motto: »Jeder Mensch ist eine kleine Gesellschaft.« Die Heldin des Romans muß mit all den Rollen leben, die sie seit ihrer Kindheit eingenommen hat, und wenn sie scheinbar

Barbara König
Klaus Nonnenmann

Reinhard Lettau
Paul Pörtner

Martin Gregor-Dellin
Ernst Augustin

mit sich allein ist, hält keine der zahlreichen Varianten und Möglichkeiten ihres Ich mit der meist abweichenden Meinung und Kritik an ihr zurück. Die Geschichte ist klug, mit vielen Einfällen und Vergnügen am Spiel arrangiert. Dem Erzählungsband *Spielerei bei Tage* (1969) folgte der Tagebuchroman *Schöner Tag, dieser 13.* (1973), in dem Barbara König vielleicht etwas zu gefällig das Panorama sichtlich ihres eigenen Privatlebens entwirft.

Die sieben Briefe des Doktor Wambach, der Erzählungsband *Vertraulicher Geschäftsbericht* (1961), der Roman *Teddy Flesh oder Die Belagerung von Sagunt* (1964) weisen KLAUS NONNENMANN als Erzähler mit Gespür für Skurrilität, mit Humor und erstaunlich kunstvollen Techniken aus. Realität, alltagsnah wahrgenommen, und Phantasie durchdringen sich. Während das Phantastische seine Realität erweist, gewinnt das Alltägliche eine phantastische Dimension. Nonnenmann beteiligt den Leser meist am Ablauf und an der Entstehung der Geschichten, indem er sie vor seinen Augen sich zusammensetzen, entstehen läßt, wobei er es mit den Fakten ebenso genau nimmt wie mit Träumen und Sehnsüchten. *Teddy Flesh*, dieserart konzipiert, ist der Roman einer Geschwisterliebe, die einen späten, flüchtigen Höhepunkt erlebt und endgültig zerbricht.

Auch für Horst Bingel ist in den Geschichten des Bandes *Die Koffer des Felix Lumpach* (1962) das bezeichnende Medium die Skurrilität. Die Geschichten stellen lauter Leute vor, die sich dem üblichen Lebensschema entziehen, sich nach ihrer eigenen Vorstellung einrichten und so zur Herausforderung für die anderen werden. – Reinhard Lettau konzentrierte sein Schreiben ebenfalls ganz auf den Kurztext, die Kürzesterzählung. Mit *Schwierigkeiten beim Häuserbauen* (1962) und *Auftritt Manigs* (1963) wurde Lettau bekannt. Fünf Jahre später ließ er den Satirenband *Feinde* (1968) folgen, der besonders drastisch zeigt, worauf Lettau mit Phantasie und Witz abzielt: auf eine Absurdität innerhalb der menschlichen Verhaltensweisen, die sich manchmal zum makabren Widersinn steigert. Lettaus Kurztexte sind präzis, schrullig und explosiv zugleich. »Stil begegnet hier dem Leser auf jeden Fall. Schelmereien mit Selbstschüssen und Fußangeln, mit Denkhaken und Intelligenzecken ... Er hat eine leichte Hand und einen labyrinthkundigen Verstand« (Peter Härtling).

Einen frühen, allerdings den Leser rasch erschöpfenden Versuch, einen Roman von den Wörtern her zu summieren und damit möglicherweise als Wortschwall zu denunzieren, macht Paul Pörtner in *Tobias Immergrün* (1962). Die Prosa setzt ein wie ein Schelmenroman, setzt sich fort in den Stationen eines kuriosen Lebenslaufs und wird darüber immer deutlicher zu einem Wörterkatalog. In dem Roman *Gestern* (1965) – später erschien noch der Erzählungsband *Einkreisung eines dicken Mannes* (1968) – ist der Stoff eine Kindheit in den Jahren 1929 bis 1938, verlebt in einer nordrhein-westfälischen Industriestadt. Sichtlich an die Kindheitspassagen bei Günter Grass anknüpfend, doch bewußter und dezidierter das Gestern mit dem Heute verschränkend, artikuliert Pörtner ein noch immer nachwilhelminisches Juste Milieu, mit dem dann die Nazis leichtes Spiel haben. Was die Erinnerung – mit unverkennbar autobiographischen Momenten – hochspült, gleicht einem fremdartigen, etwas muffigen Traum, und manchmal wird er zum Alptraum, manchmal läßt er Spuren vom gedankenlosen Glück des Anfangens sehen, des Anfangens in der Welt von Gestern. Dieser Roman ist nicht zuletzt deshalb wichtig, weil Pörtners Erzählperspektive die Verläufe auch zeitlich präzis situiert, das Verhältnis des Erzählers zu ihnen an keiner Stelle verwischt und so die Distanz eines Mannes zu den dreißiger Jahren miterzählt, der nur über Kindheitserinnerungen an sie verfügt. Schon bald gab es eine ganze Reihe von Romanen, die Nazi-, Kriegs- und Nachkriegsgreuel in der konkreten Erscheinungsform der Kindheitserinnerungen erzählten.

In seinem ersten Roman *Die Schnapsinsel* (1961) schildert Karl Alfred Wolken, um kraftvolles Erzählen bemüht, eine auf einer Nordsee-Insel angesiedelte Liebesgeschichte. Der Ich-Erzähler war im Krieg Flieger und Draufgänger. Überzeugender der Roman *Zahltag* (1964), der einen Tag aus dem Leben des Tischlers Alex Benckies erzählt und das Problem von Abhängigkeit und Gewalt im Alltag zu verdeutlichen sucht. Die Hauptfigur ist zugleich Erzähler, und Wolken baut diesen Ansatz zu einer verdoppelnden Darstellung aus. Einmal verharrt die Erzählung im Kontext unmittel-

barer Erfahrung, die auf einer zweiten Ebene, während der Erzähler am Werk ist, immer wieder der Befragung und Reflexion ausgesetzt wird.
Mit dem Roman *Der Kandelaber* (1962), dem bald der noch in der DDR entstandene Roman *Jakob Haferglanz* (1956) nachgeschoben wurde, hatte MARTIN GREGOR-DELLIN ein originales Thema herausgearbeitet. *Der Kandelaber* erzählt die Geschichte des Lehrers Blumentritt, der unter den Nazis im KZ gesessen hat. Blumentritt ist ein gebildeter und integerer Mann, den gerade sein guter Wille und seine Anständigkeit in Konflikte mit der neuen Staatsgewalt der DDR treibt. Er hätte seine Heimatstadt verlassen sollen, fliehen aus der DDR, doch er war unfähig dazu, diese »Chance« wollte er nicht ergreifen. Er setzt sich der deutlich erkennbaren Gefahr aus. »...und vielleicht war das seine letzte Eitelkeit, nicht verachtet zu werden und sich selbst nicht verachten zu müssen...« Zweifellos sind, sieht man es von heute, in die Figur des Lehrers und die Vorstellung vom System der DDR bestimmte Vorurteile eingebaut, denen allerdings zumindest damals, als noch immer Übergangszeit war, Realitäten entsprachen. Insofern ist *Der Kandelaber* nicht zuletzt auch ein Beleg für die ideologische Situation in der Bundesrepublik Anfang der sechziger Jahre. Gregor-Dellins folgender Roman *Einer* (1965) demonstrierte, daß der aus der DDR in die Bundesrepublik geflüchtete Autor inzwischen Zeit gehabt hatte, den hiesigen Kleinbürger zu studieren. Einen solchen läßt er in *Einer* sich selbst darstellen. Der Roman ist eine einzige monströse Suada. Die Rechtfertigungsrede des Biervertreters Gottlob Hartmut Moka wird zur Schilderung eines zutiefst als ungerecht empfundenen Schicksals, das dennoch genau für ihn paßt und in dem er sich im Grunde auch allein wohlfühlt, in dem er tatsächlich zuhause ist.
Das vielleicht aufsehenerregendste Debüt Anfang der sechziger Jahre war das ERNST AUGUSTINS (* 1927) mit dem Roman *Der Kopf* (1962). Es entsprach nahezu der Enttäuschung, mit der schließlich – nach *Das Badehaus* (1963) – Augustins dritter, mit großem Aufwand angekündigter Roman *Mamma* (1970) ad acta gelegt wurde. *Der Kopf* ist Bericht von einer nicht näher definierbaren Weltkatastrophe, die sich im Kopf des Versicherungsvertreters Türmann abspielt und deren Held ein in Türmanns Kopf, in Türmanns Gedankenwirklichkeit existierender Mann namens Asam ist. Türmann fühlt sich von Asam bedroht, aber Asam fühlt sich ebenfalls bedroht, von Leuten, die wiederum in seinem Kopf existieren. Der Roman baut – und das Motiv fand bald auch weitere Liebhaber – ein wenig auf jenes ominöse Reklamebild, das in unendlicher Verkleinerung immer wieder dieses gleiche Bild enthält. Ein komplizierter, hintergründiger Bewußtseinsstrom also, mit zweifellos fesselnden, teils exotischen Passagen. Mittels vergleichbarem Ansatz zielt *Das Badehaus* ins mehr Schwankhafte. *Mamma* schildert mit allzu angestrengtem Aufwand die Lebensläufe eines Generals, eines Händlers und eines Chirurgen, die alle drei gleich zu Anfang die Eiserne Jungfrau küssen müssen.

DIE PROTAGONISTEN DIESER JAHRE

Grass – Johnson – Böll

Was dieser Überblick, bei dem eines der wichtigsten Bücher des Jahres 1962, ALEXANDER KLUGES auf spätere Entwicklungen vorausweisende *Lebensläufe*, noch ausgespart ist – was dieser Überblick vergegenwärtigt, ist eine ungemein vielseitige und respektable, immer wieder sich ballende literarische Aktivität. Dabei bleibt zu berücksichtigen, daß der Überblick nur die jungen Autoren der frühen sechziger Jahre verzeichnet, durchweg Debütanten. Einige Autoren der älteren, viele Autoren der mittleren Generation hatten mit meist schon genannten Arbeiten ebenfalls ihren Teil an der Produktion, die in nahezu allen Romanen und Erzählungen eine erstaunliche Sicherheit im Umgang mit den formalen Gegebenheiten der »jungen deutschen Literatur der Moderne« demonstrierte. Nicht zu reden von den rasch berühmt Gewordenen, von GÜNTER GRASS und UWE JOHNSON, neben WALSER, der nach *Halbzeit* zunächst fast ausschließlich als Dramatiker arbeitete, den Protagonisten der neuen Literaturszene. Hier ist einiges nachzuholen, zugleich übrigens auch für HEINRICH BÖLL, der wie kein anderer der jungen Autoren der frühen Nachkriegszeit über die sechziger Jahre noch hinaus im Bewußtsein der Öffentlichkeit einer der Repräsentanten der Literatur in der Bundesrepublik geblieben ist.

GÜNTER GRASS ließ der *Blechtrommel* die Erzählung *Katz und Maus* (1961) und schon bald auch den Roman *Hundejahre* (1963) folgen. Die drei Erzählwerke zusammen stellen sich dar als großangelegte Trilogie aus der deutschen Welt der Vorkriegs- und Kriegszeit, angesiedelt in Danzig und der die Stadt umgebenden Landschaft, mit satirischen Ausgriffen auf das Westdeutschland der Nachkriegszeit. Mittelpunkt von *Katz und Maus* ist der von einem riesigen Adamsapfel gezeichnete Danziger Schüler Joachim Mahlke, der für diese Entstellung nur eine Kompensation sieht: das Ritterkreuz. *Hundejahre* entwirft im Großformat die großdeutsche Apokalypse mit Vor- und Nachspiel, mit Kindheits- und Nachkriegswelt. Das Zentralmotiv ist, die Chronik des Führerhundes Prinz zu verfassen. Drei Erzähler werden an die Arbeit gebracht, um diese Chronik und damit die Geschichten von Eddi Amsel, der schon als Kind unablässig Vogelscheuchen hergestellt hat, und Walter Matern, von Jenny und Tulla und Harry Liebenau aufzuschreiben, samt allen Verwandlungen, die jeder von ihnen durchgemacht hat. Ein Erzähler namens Brauxel, alias Eddi Amsel, erinnert die Kindheitswelt, Liebenau führt in Briefen die Geschichte bis Kriegsende, dann setzen die sexualprotzigen »Materniaden« ein. Walter Matern reist durch Westdeutschland und appliziert allen erreichbaren weiblichen Mitgliedern von Nazi-Familien aus Rachegründen seine Geschlechtskrankheit. Der Schluß steigert sich zu einem massiven Angriff auf den Philosophen Heidegger und seine Sprache und mündet schließlich in die Reinigung durch Abstieg in die Vogelscheuchen-Unterwelt im Bergwerk der Firma Brauxel & Co.

Hundejahre ist ein rabiat ausbrechender, ein obszöner und blasphemischer Roman, und gerade das wirkte befreiend. Das Nazi-Universum wurde als monströse Groteske begreifbar, in dem jedermann so oder so seine Rolle hatte mitspielen müssen. Was bleibt sind die Vogelscheuchen in der Unterwelt, im Unterbewußtsein, und sehr vage wird eine Möglichkeit sichtbar, die wahnwitzige Vergangenheit nunmehr Vergangenheit sein zu lassen. Der widersprüchliche Aufriß des Spektakels provozierte Kritik, aber es ist gewiß nicht nur die barocke Sprachlust und -kraft des Erzählers Grass, die – so meinten manche – das manieristische Konzept rechtfertigt, zugleich gibt auch der in aller Übersteigerung unmittelbar spürbare Realitätsbezug dieser Anti-Epopöe Bedeutung. WALTER JENS wandte ein: »Trotz kühner Volten, barocker Wortkaskaden, faszinierender Einfälle und einer Fülle vorzüglicher Bilder ist der Roman mißlungen, sein Autor an dem Verstoß gegen ästhetische Grundgesetze (deren Gültigkeit er ex negatione beweist) und an sich selbst gescheitert. Senta, Harras, Prinz und

Le
Tambour
Prix du Meilleur
Livre

1950

Pluto stellen keine Einheit her: Es bleibt beim Zettelkasten, der Reprise, der Privatkartei.«[11] Aber Recht behielt doch wohl Klaus Wagenbach, der replizierte: »Reprisen? Doch wohl mehr ein höchst spezifisches Charakteristikum Grass'schen Erzählens; nicht Tricks, sondern bewußte Manipulationen, die das Zeitgerüst nicht einfach verdecken, sondern es revidieren: Durch den Vorgang des Alterns schimmert das Grundmuster von Verhaltensweisen durch. Einem so konsequenten Revisionisten wie Grass wird man zugestehen müssen: Die Revision der Zeit, der Gegenstände, der Charaktere, der Begebenheiten. Das heißt ›seitenlange Explikationen‹, das heißt Ausbreitung (und damit Prüfung, Korrektur) des ›längst bekannten Materials‹, das heißt Bildungsverweis, Parodie, Brechung, Reprise.«[12]

Den *Mutmaßungen über Jakob* von Uwe Johnson folgten der Roman *Das dritte Buch über Achim* (1961), der Band *Karsch und andere Prosa* (1964) und der Roman *Zwei Ansichten* (1965). Anders als bei Grass, der mit dem Roman *Örtlich betäubt* (1969) einen ganz anderen Erzählansatz als in seiner Danzig-Trilogie zu realisieren suchte, läßt sich hier auch gleich die zu fast Arno Schmidtscher Breite anwachsende Trilogie der *Jahrestage* nennen, die Johnson ab 1970 veröffentlicht und in der er sein Konzept nicht ändert, sondern nur breiter und trotz aller Zitattechnik konventioneller auslegt.

Ganz direkt führt *Das dritte Buch über Achim* den formalen Ansatz der *Mutmaßungen* weiter, und es bleibt dabei auch ganz direkt am Thema, am Thema der Spaltung Deutschlands. Ein westdeutscher Journalist, Karsch, will einen Roman über ein DDR-Idol schreiben, über den Radrennfahrer Achim, scheitert jedoch: es gibt keine Möglichkeit mehr, die Trennung zu überbrücken, sich zu verständigen. Daß der Roman über diese aktuelle und zugleich bei aller Gewichtigkeit doch vordergründige Themenstellung, mit der man ihn in der Diskussion meist ganz direkt greifen und erschöpfen zu können glaubte, hinausweist, darauf hat Helmut Heissenbüttel hingewiesen. »Überall da«, schrieb er in seiner Rezension, »wo man die strategisch-gesellschaftliche Aufschlüsselung (die immer klipp und klar gesagt werden kann) erwarten sollte (oder wenigstens die Darstellung von möglichen Relationen), überall da findet sich eine Häufung von faktischen Details. So schwemmen sich gleichsam wie von selbst Beschreibungen von Grenzpolizisten, von mitteldeutschen Lokalitäten, von Einkäufen und vor allem von Fahrrädern, Radsportartikeln und ähnlichem auf. Das ist nicht die wütende Häufung von Einzelzügen, wie man sie bei Faulkner findet. Das ist vielmehr ein Ausweichen in den Fetisch der Dinghaftigkeit. Je vokabulärer das Ding auseinandergenommen werden kann, desto sicherer scheint die Mauer, die die Ratlosigkeit stützen soll. Hier ähnelt Johnson dem Franzosen Robbe-Grillet. Hier liegt auch, vielleicht unerkannt, der stärkste Impuls des Buches. Faßt man erst den Fetischcharakter der dinghaften Details ins Auge, verändert sich nämlich die Szenerie des Buches. Der politische Aufhänger wird zum Anlaß, eine schattenhaft mumifizierte Welt zu malen ... Anders gesagt, die politische Situation des zweigeteilten Deutschlands gibt dem Buch seine aktuelle Färbung, sie ist, entgegen allem, was dazu auch im Buch gesagt wird, nicht sein eigentliches Thema. Daß diese Färbung aber von der deutschen Kritik so überaus ernst genommen worden ist, beweist nur, daß hier die kritischen Maßstäbe nicht allzu hoch geschraubt werden und daß die Gesinnung, selbst die mißverstandene, höher gewertet wird als die Sache selbst.«[13]

In *Zwei Ansichten* schraubte Johnson selbst seine Ambitionen um einige Windungen zurück, zugunsten von Verallgemeinerungen, die den Roman als zugleich griffiger und flacher erscheinen lassen als die vorangegangenen Arbeiten. Diesmal konstruiert

Günter Grass, Schriftsteller und politischer Publizist:
Oben: Bei der Arbeit an dem Roman »Hundejahre« (links) und als Empfänger des französischen »Preises für das beste ausländische Buch« (1962). – Mitte: Wahlrede für die SPD im Circus Krone, München, am 19. 7. 1965. – Unten: Bei der letzten Tagung der Gruppe 47 am 7./8. 10. 1967 in der Pulvermühle, als politische Studentengruppen die Schriftsteller aufforderten, sie sollten sich mit ihren Aktionen direkt solidarisieren.

er in einem jungen Herrn B. – das Initial steht ganz zweifelsfrei für »Bundesrepublik« – und dem Mädchen D. – es repräsentiert ebenso offensichtlich die DDR – zwei modellhafte Figuren, in denen sich zwei Lebensformen darstellen sollen. Dies schon hat zur Folge, daß sich Moralisches und Allgemeines deutlicher profilieren als konkrete Sachverhalte, konkrete Existenz. Indem er versucht, über Mutmaßungen hinauszugelangen, hat Johnson es sich in diesem Roman mit möglicherweise großer Anstrengung etwas zu leicht gemacht. Vielleicht hat er sogar versucht, gerade das hinter sich zu bringen, was die spezielle Qualität seines Schreibens bestimmt: seine sperrige, auf Einzelheiten versessene Sachlichkeit, sein fast verbohrtes, hartnäckiges Abklopfen des Realen ohne Rücksicht auf sogenannten »Stil«, seine ganze, so außerordentlich produktive Schwerfälligkeit.

Im Mittelpunkt der *Jahrestage* dann steht Gesine Cresspahl mit ihrer und des Jakob aus den *Mutmaßungen* Tochter Marie. Gesine lebt als Übersetzerin in New York, erzählt einer etwas frühreifen, über New York vorzüglich informierten Marie aus der deutschen, speziell der mecklenburgischen Vergangenheit und sammelt Zitate aus der *New York Times*, die sich zu einem kritischen Bild der USA zusammensetzen. Selbst hier allerdings verrät das umfangreiche Erzählwerk die deutliche Sympathie Johnsons für den Koloß New York.

Und damit Heinrich Böll: Fünf Jahre nach *Haus ohne Hüter* (1954) hatte Böll, der in der Zwischenzeit allerdings mit seinem *Irischen Tagebuch* (1957) und dem Satirenband *Doktor Murkes gesammeltes Schweigen* (1958) weiterhin Beifall gesammelt hatte, den Roman *Billard um halbzehn* (1959) vorgelegt. Er erzählt die Familiengeschichte der Fähmels und damit Zeitgeschichte von den Anfängen des Jahrhunderts her, erzählt sie komprimiert gleichsam in ein schmales, überschaubares Zeitmolekül von wenigen Stunden und bezogen auf eine Symbolik, die ihr eine allgemeine Bedeutung vermittelt: jener vom Sakrament der Lämmer und dem Sakrament der Büffel. Dieses, das Gewalt, Erfolg und Zerstörung bedeutet, tilgt jenes aus. Die Symbolik wie auch die ambitiöse formale Konzeption des Romans haben ihm vielsagende Zurückhaltung und Kritik, aber auch enthusiastische Zustimmung eingebracht. »Ich wüßte keinen Roman der Nachkriegsliteratur, der wie dieser neue Roman so notwendig die Ermächtigung spüren läßt, die Wirrnis des Geistes zu klären und unbeirrbar bis in die Sphäre des Sakramentalen vorzustoßen« (Karl August Horst).

1963 erschien *Ansichten eines Clowns*, und mit diesem Roman rückte Böll wieder ab vom Ziel der Totaldeutung, mit ihm wurde eine partielle Vereinigung der satirischen und der miterfahrend-mitfühlend-mitleidenden Darstellungsweisen erkennbar, aus der sich über das politisch-moralische Engagement gewohnter Art hinaus jene Distanz des außenseiterischen und doch repräsentativen Moralisten ergab, die Bölls Position nunmehr immer deutlicher kennzeichnet, die ihn auch in immer stärkere Konfrontation mit dem Katholizismus drängte. Der Industriellensohn Hans Schnier, den die Unfähigkeit, im schmierigen Erfolgsspiel mitzuhalten, den der Ekel vor der opportunistischen Schwindelei selbstsüchtiger Mimikry der Wohlhabenden unter die Clownsmaske treibt, wird zur tragischen Figur: schließlich sitzt er, ein heruntergekommener Narr unter Narren, im Karneval auf der Treppe zum Bonner Bahnhof und bettelt. Diese Linie setzte Böll, mit ganz anderer Perspektive, in der langen Erzählung *Ende einer Dienstfahrt* (1966) fort. Mitgeteilt ist hier eine Gerichtsverhandlung, in der es um die mutwillige Zerstörung eines Jeeps der Bundeswehr geht, eine Gerichtsverhandlung, die insgeheim zur Farce wird. Über sie hinweg ist gemeint die

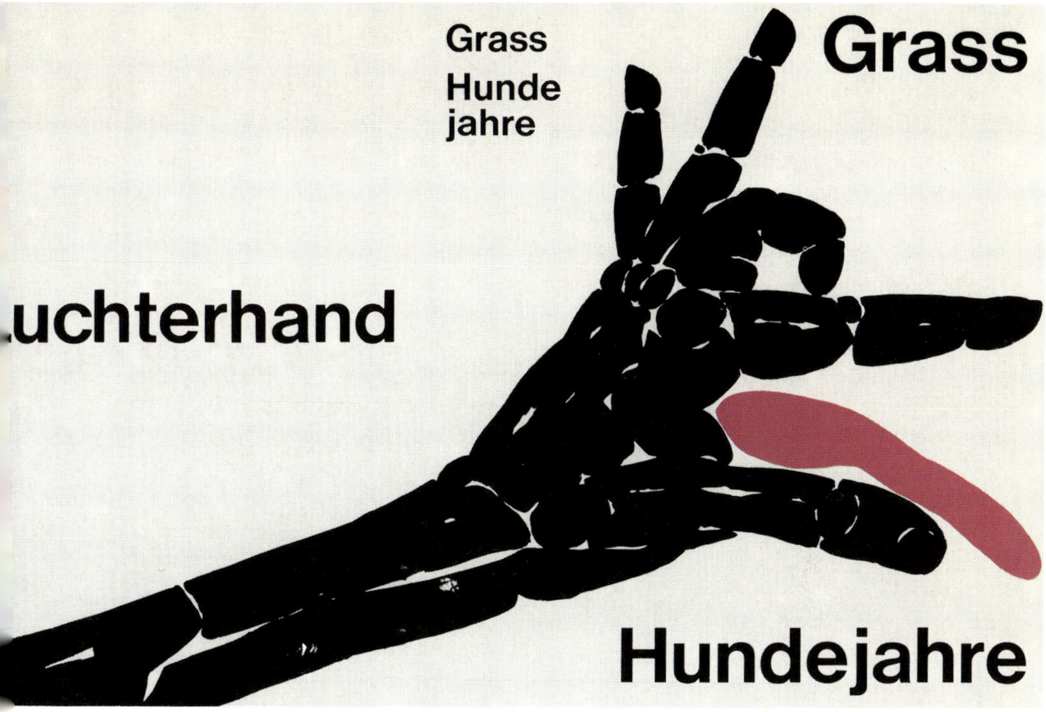

Schutzumschläge nach Entwürfen von Günter Grass zu seinem Roman »Hundejahre« (1963) und zur Erzählung »Katz und Maus« (1961).

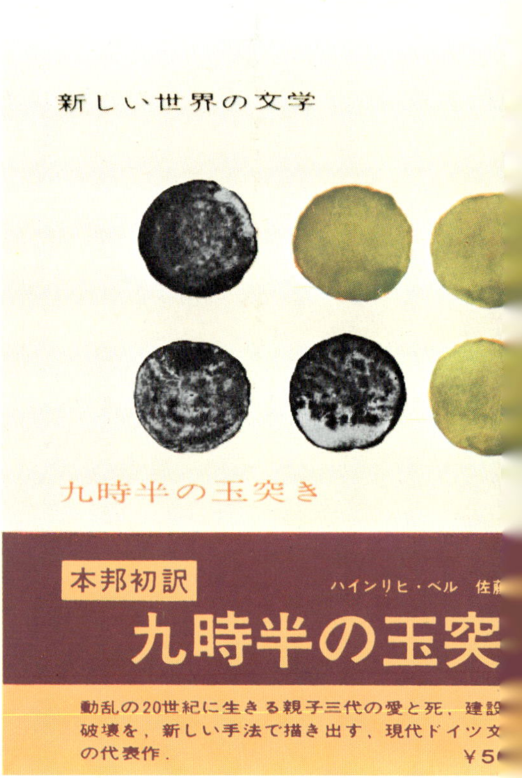

Vier Bücher von Heinrich Böll, der zu den meistübersetzten Autoren der Bundesrepublik gehört, in fremden Sprachen: Die bulgarische Ausgabe des Romans »Ansichten eines Clowns« und die englische Version des »Irischen Tagebuchs« (oben); die niederländische Edition des Romans »Gruppenbild mit Dame« und die japanische Übersetzung von »Billard um halbzehn« (unten).

Anläßlich der Entgegennahme des Georg-Büchner-Preises hielt Böll 1967 in der Deutschen Akademie für Sprache und Dichtung, Darmstadt, eine Rede über »Georg Büchners Gegenwärtigkeit«.

Das Goethe-Institut veranstaltete in Glasgow eine Ausstellung über deutsche Gegenwartsliteratur, in deren Mittelpunkt die Autoren Uwe Johnson, Günter Grass und Heinrich Böll standen.

Der sowjetische Lyriker Jewgenij Jewtuschenko traf bei einem Besuch der Bundesrepublik in Köln Anfang 1963 mit Heinrich Böll zusammen.

John Dos Passos, der berühmte amerikanische Romancier, besuchte anläßlich der internationalen Lesereihe »Literatur im technischen Zeitalter« im Winter 1961/62 Berlin; das Bild zeigt ihn (dritter von rechts) in einer Berliner Kneipe mit Günter Grass, Walter Höllerer und Heinrich Böll.

TRÄGER DES NOBELPREISES
FÜR LITERATUR 1972:
HEINRICH BÖLL

Während einer Ferienreise nach Griechenland und Israel erfuhr Böll, daß die Schwedische Akademie der schönen Künste ihm den Literatur-Nobelpreis für das Jahr 1972 verliehen hatte. Das nebenstehende Bild zeigt den Schriftsteller bei einem Spaziergang in Athen am 21. 10. 1972.

Von Griechenland reiste Heinrich Böll nach Israel weiter; das Bild rechts entstand am 29. 10. 1972: Böll mit seinem Sohn Vicenzo und mit Tamar Eshel, der Repräsentantin des Bürgermeisters Teddy Kolleck, vor der Domitian-Kirche in Jerusalem.

Am 10. Dezember 1972 überreichte der schwedische Thronfolger, Kronprinz Carl Gustaf, den Nobelpreis für Literatur 1972 an Heinrich Böll (Bild rechts unten).

leerlaufende Kriegsmaschine, deren gesellschaftlichen Stellenwert Böll in dieser Erzählung offen denunziert als eine mit sinnlosem Verschleiß nach Vorschrift in Gang gehaltene Absurdität.

Im Mittelpunkt des umfangreichen Romans *Gruppenbild mit Dame* (1971) steht als »weibliche Trägerin der Handlung« die achtundvierzigjährige Leni Pfeiffer, zu deren Lebenslauf und Situation ein sich als »Verf.« bezeichnender Erzähler alle erreichbaren Aussagen und Informationen gesammelt hat. Aus diesen setzt sich sehr direkt, scheinbar kunstlos addiert und innerhalb eines außerordentlich figurenreichen Panoramas das Bild einer Frau zusammen, die »die ganze Last dieser Geschichte zwischen 1922 und 1970 mit und auf sich genommen hat«; »sie hat zweiunddreißig Jahre lang, mit Unterbrechungen versteht sich, jenem merkwürdigen Prozeß unterlegen, den man den Arbeitsprozeß nennt: fünf Jahre lang als ungelernte Hilfskraft im Büro ihres Vaters, siebenundzwanzig Jahre als ungelernte Gärtnereiarbeiterin«. Die Masse der Informationen und vom »Verf.« eingeholten Aussagen wird zunächst immer breiter summiert. Das folgende Textbeispiel deutet die Konzeption an:

Was aus den Aussagen der Auskunftspersonen eindeutig hervorgeht: Leni versteht die Welt nicht mehr, sie zweifelt daran, ob sie sie je verstanden hat; sie begreift die Feindschaft der Umwelt nicht, begreift nicht, warum die Leute so böse auf sie und mit ihr sind; sie hat nichts Böses getan, auch ihnen nicht; neuerdings, wenn sie notgedrungen zu den notwendigsten Einkäufen ihre Wohnung verläßt, wird offen über sie gelacht, Ausdrücke wie »mieses Stück« oder »ausgediente Matratze« gehören noch zu den harmloseren. Es tauchen sogar Beschimpfungen wieder auf, deren Anlaß fast dreißig Jahre zurückliegt: Kommunistenhure, Russenliebchen. Leni reagiert auf Anpöbeleien nicht. Daß »Schlampe« hinter ihr hergemunkelt wird, gehört für sie zum Alltag. Man hält sie für unempfindlich oder gar empfindungslos; beides trifft nicht zu, nach zuverlässigen Zeugenaussagen (Zeugin: Marja van Doorn) sitzt sie stundenlang in ihrer Wohnung und weint, ihre Bindehautsäcke und ihre Tränendrüsenkanäle sind erheblich in Tätigkeit. Sogar die Kinder in der Nachbarschaft, mit denen sie bisher auf freundschaftlichem Fuß stand, werden gegen sie aufgehetzt und rufen ihr Worte nach, die weder sie noch Leni so recht verstehen. Dabei kann hier nach ausführlichen und ausgiebigen, aber auch die letzte und allerletzte Quelle über Leni erschöpfenden Zeugenaussagen festgestellt werden, daß Leni in ihrem bisherigen Leben mit an Sicherheit grenzender Wahrscheinlichkeit im ganzen wahrscheinlich zwei dutzendmal einem Mann beigewohnt hat: zweimal dem ihr später angetrauten Alois Pfeiffer (einmal vor, einmal während der Ehe, die insgesamt drei Tage gedauert hat) und die restlichen Male einem zweiten Mann, den sie sogar geheiratet hätte, wenn die Zeitumstände es erlaubt hätten. Wenige Minuten, nachdem es Leni erlaubt wird, unmittelbar in die Handlung einzutreten (das wird noch eine Weile dauern), wird sie zum ersten Mal das getan haben, was man einen Fehltritt nennen könnte: sie wird einen türkischen Arbeiter erhört haben, der sie kniefällig in einer ihr unverständlichen Sprache um ihre Gunst bitten wird, und sie wird ihn – das als Vorgabe – nur deshalb erhören, weil sie es nicht erträgt, daß irgend jemand vor ihr kniet (daß sie selbst unfähig ist zu knien, gehört zu den vorauszusetzenden Eigenschaften).

Es geht Leni Pfeiffer also zu der Zeit, da der Bericht, der nachher weit in Lenis und der Deutschen Vergangenheit zurückblendet, einsetzt, tatsächlich »ziemlich dreckig«. Nur einer gemeinsamen Aktion von Müllfahrern ist es schließlich zu verdanken, daß sie nicht auch noch aus ihrer Wohnung in einem Miethaus gesetzt wird, das ihr einmal selbst gehört, das sie aber »leichfertig weggegeben« hat. Wenn Leni schließlich trotz allem gleichsam »gerettet« wird, so wirkt das wie ein bewußtes Anhalten eines brutalen Prozesses, in dem eine nicht an der Selbstverwirklichung der Menschen, sondern an

Profit, Unterdrückung und ihnen sich zuordnenden Konventionen orientierte Gesellschaft die Menschen verschleißt, vor allem jene, die ihre Regeln mißachten. Und ebendas hat Leni Pfeiffer ihr Leben lang getan.
Heinrich Böll hat in seinem Erzählen immer wieder auf Veränderungen innerhalb der Literatur reagiert, ohne dabei seine realistische und moralisch-kritische Intention und die pauschal humanistischen Inhalte seines Erzählens in Frage zu stellen. Deutlicher als alle seine früheren Arbeiten zeigt *Gruppenbild mit Dame*, daß nicht zuletzt dadurch sein Erzählen über alle Veränderungen seit 1947 – dem Jahr, in dem Bölls erste Erzählung erschien – hinweg aktuell geblieben ist. Dem *Gruppenbild mit Dame* ist die versetzt dokumentarische Machart, die Übernahme dokumentarischer, informatorischer Verfahrensweisen als Erzählweisen vorzüglich bekommen. Das blockt das größte Gefahrenmoment im Erzählen Bölls, den Hang zur Sentimentalität, ab und akzentuiert durch Sachlichkeit die Bedeutung der Inhalte. Hauptfigur und die Unzahl von Nebenfiguren gewinnen durch die indirekten Methoden der Vergegenwärtigung an Glaubwürdigkeit und oft auch an Plastizität.
Grass und Johnson und von den älteren Autoren Böll stehen exemplarisch für die Prosaliteratur ein, die aus den ersten sechziger Jahren heraus auch die gegenwärtige Literatur noch mit repräsentiert. Die Zustimmung, die sie fanden, die sie aus der Vielzahl von Autoren heraushob, war und ist begründet. Das hebt allerdings die Bedingtheiten auch ihrer Erzählwerke nicht auf. Die Veränderungen, die in Gang waren, zielten schon bald über sie hinaus. Der allgemeine Werkanspruch, der Anspruch auf repräsentative Bedeutung, den sie mit ihren Arbeiten noch erhoben und der ein Grund ihrer Breitenwirkung ist, wurde immer offener in Frage gestellt.

RADIKALISIERUNG DER BESTANDSAUFNAHME: ALEXANDER KLUGE – JÜRGEN BECKER

Die Erzählweise, die für Bölls 1971 erschienenes *Gruppenbild mit Dame* charakteristisch ist, hat bis zu einem gewissen Grade eine Entsprechung in einem Buch, das schon 1962 erschien: *Lebensläufe* von ALEXANDER KLUGE (* 1932), und in diesem Buch ist sie strikter, rigoroser realisiert und auf ihre Konsequenzen hin reflektiert als in dem Roman Heinrich Bölls. Benutzt Böll sie, um dennoch eine Heldin darzustellen, so hat Kluge bereits die Konsequenz gezogen, daß sie prinzipiell heldenfeindlich ist, daß die Aura, die eine einzelne Figur stark genug heraushebt, um sie – aus welchen Gründen immer – zum Vorbild zu machen, gerade das ist, was die informatorisch-dokumentarische Realisationsweise, nicht nur als Stilmittel verwendet, sondern konsequent durchdacht, nicht mehr zuläßt. Kluge stellt folgerichtig eine Reihe von Lebensläufen nebeneinander. Ebenso folgerichtig, wie er dann in der *Schlachtbeschreibung* (1964), seinem Stalingrad-Roman, weder die Heerführer noch den kleinen Mann, der die Katastrophe als Opfer durchlebt, zu Helden macht, sondern dokumentarisch den Mechanismus, das geschichtlich-organisatorische Syndrom konkretisiert, das die Katastrophe herbeigeführt hat.
Kluges dokumentarisches, dabei auch die Möglichkeit der Fiktion neu verdeutlichendes Erzählen ergibt eine Praxis, die Sachverhalte ebenso relativiert, wie es sie – und zwar schonungslos – ausleuchtet. Dabei zeigt sich, daß die Abhängigkeit des einzelnen extremes Ausmaß angenommen hat, daß er grundsätzlich über sie nicht mehr hinaus-

gelangt, daß er in seiner Situation hängt wie in einem Netz. Die Lebensläufe brechen immer dann ab, wenn dieser sich stets anders darstellende Zustand verdeutlicht ist. Auch hier sei zur weiteren Erläuterung HELMUT HEISSENBÜTTEL zitiert: »Die Resümees, die Kluge zieht, sind frei von Haß und Sentimentalität, sie bedienen sich auch nicht der Ironie, höchstens eines gewissen Sarkasmus. Die Berichte sind von kältester

Alexander Kluge, Schriftsteller und Filmemacher

Distanz. Kluge erzählt wie von einer neuentdeckten Tiefseefauna. Seine Erzählung wird vorwärtsgetrieben vom Impuls der Neugier auf Tatsachen und der Leidenschaft eines Detektivs im Alltäglichen, das zugleich das Haarsträubende ist... Es wäre denkbar, daß gegen die Kälte Kluges polemisiert wird, daß ihm die Unmenschlichkeit, über die er berichtet, selber in der Art seines Erzählens zum Vorwurf gemacht wird. Nichts wäre falscher. Denn nur so, aus der größtmöglichen Distanz, ist von dem zu berichten, was der Autor zu sagen hat. Denn hier wird endlich wieder etwas gesagt... Kluge ist, indem er Distanz wahrt und indem er die falsche Fabelkonstruktion vermeidet, menschlicher als die, die sich durch plaudernde Nähe anbiedern oder durch lückenlos konstruierte Plots den Anschein des Besonderen und Einmaligen zu bewahren suchen. Kluges Einblick in die menschliche Tierwelt der letzten Jahrzehnte spiegelt wider, was gesellschaftlich und psychologisch, was ›menschlich‹ los ist... In Kluges Erzählungen gibt es keinen Zugang mehr zum einfachen oder schlichten Leben oder zum stillen Dasein. Sie stellen Bezugssysteme auf, in die man einordnen kann, was rundum vorgeht.«[14]

Nichts Besonderes, nichts Einmaliges mehr, sondern das gewöhnliche Leben, und zwar vivisektorisch angesehen. Ist das nicht dennoch inhuman? Diese Frage ist unab-

Jürgen Becker, 1967 letzter Preisträger der Gruppe 47

lässig gestellt worden, seitdem immer deutlicher nicht mehr das allgemeine Bild vom Menschen, das meist ein Ziel- und Vorbild war, Korrelat des Erzählens ist, sondern seine Destruktion, die Analyse der Bedingungen, in denen tatsächlich Menschen existieren und auch Literatur zuletzt allein möglich ist. Bejaht man die Frage, ob nun zwecks Verteidigung des alten Realismus der Wahrscheinlichkeit oder aus ideologischem Grund, ist das die Rechtfertigung von Täuschung. Hier herrschen noch immer fest etablierte Mißverständnisse vor. Denn die erweiterte, intensivierte, radikalisierte Bestandsaufnahme, die zunächst nur vereinzelt seit Anfang der sechziger Jahre gerade auch in der Reflexion auf die formalen und medialen Bedingungen angesteuert wurde, zielt ja nicht auf die Destruktion des Menschen und die Idolisierung der Verhältnisse, in denen seine Welt zur »Tierwelt« wird, sondern auf die Destruktion der ihn in Fesseln schlagenden Verhältnisse und die Wiederherstellung des Menschen. Von dieser entwirft sie kein Idealbild, weil ein solches schon wieder zur Fessel würde. Die Erkundung des Realen, gerade des Unmenschlichen ist – soll das Wort einen Sinn behalten – ganz und gar humanistisch. Inhuman ist nur die Vorgabe, auf dies alles komme es nicht an und wahres Menschsein sei etwas davon Unabhängiges, Autonomes.

Obwohl sie einen ganz anderen Ausgangspunkt haben, lassen sich von hierher die frühen Entwürfe von JÜRGEN BECKER (*1932) durchaus in Beziehung zu Alexander Kluges Entwürfen setzen. Becker zieht allerdings für seine Bestandsaufnahme den Kreis noch enger als Kluge. Sein Ansatz ist die eigene Wahrnehmungsfähigkeit in ihrem Verhältnis zur Sprache. In der Einführung zu dem bereits erwähnten Buch *Vorzeichen*, in dem wichtige Teile von Beckers Buch *Felder* (1964) vorabgedruckt waren, zitiert HANS MAGNUS ENZENSBERGER aus einem Brief des Autors. Darin heißt es: »Dieser Text demonstriert nur die Bewegungen eines Bewußtseins durch die Wirklichkeit und deren Verwandlung in Sprache. Bewußtsein: das ist meines in seinen Schichten, Brüchen und Verstörungen; Wirklichkeit: das ist die tägliche, vergangene, imaginierte. Sie lesen nur Mitteilungen aus meinem Erfahrungsbereich; das ist die Stadt hier, mein tägliches Leben, die Straße, die Erinnerung. All das reflektiere ich in einer jeweils veränderten Sprechweise, die aus dem jeweiligen Vorgang kommt. So entstehen Felder; Sprachfelder, Realitätsfelder...«

»Felder« ist in der Tat im Fall von Beckers Prosa weniger ein Buchtitel als eine neue Gattungsbezeichnung. Statt Erzählung, Roman – Felder, und zwar als sprachliche Erscheinungsform unverkleideter Erfahrung. Der völlig offenen Bewußtseinshaltung entspricht für Jürgen Becker ein an der konkreten Poesie orientierter Vorbehalt gegenüber der gewohnten sprachlichen Syntax. In deren Ordnung nach Subjekt, Prädikat, Objekt sieht er einen irreführenden Zwang, der die Struktur einer konventionellen und überholten Welterfahrung zur Bedingung von Welterfahrung überhaupt mache. Dadurch werde verhindert, daß das auf Sprache angewiesene Bewußtsein, damit Erfahrung unmittelbar mit Wirklichkeit in Berührung komme. Weil Erfahrung erst sprachlich sozusagen zu sich selbst kommt, ist sie – so stellt es sich laut Beckers Konzept dar – immer schon von einem traditionellen Schema vorgeprägt und dadurch entstellt.

Das Buch *Felder* (1964) enthält, durchnumeriert, einhundert Textgruppen. Eine Handlung, eine Story, ein Thema, eine Idee – außer jener, die Erfahrung endlich in ihrem Reinzustand zu packen –, Personen im üblichen Sinn: all das gibt es nicht. Feld Nr. 2 lautet so:

> 2 auf
> zwei Beine zack und stehend inmitten von was und fragend nach Wetter und Tag voll Traum noch schabend waffenfarben das Kinn in Gewohnheit und Sorge um die Folgen lässiger Sorge der Haut der Pflege auf der Hut nein auf dem Kopf schon wieder diese herbstlichen Symptome ab heute nie nicht wieder punkt beginnend der Sägen Kreischen da unten in dem Bauvorhaben und oben da los saugend Sisal und Haargarn mit pünktlichster Sorgfalt wie Kuniberts Geläut und hahnaufrauschend das köstlichste Chlornaß nein wie perlend über und über ziehend das neue Perlongefühl aktiviert und getaftet getestet gegurgelt beginnend gemahlen gefiltert nun heute mal diesen schrill in der Mischautomatik au drüberverschüttend heiß von der Platte auf Drei und puuh pustend auch das noch von gestern altbacken und schimmlig geschwefelte Pülpe mit Farbstoff plus Ameisensäure im Stehen und kauend noch kalt noch trüb noch kauend noch ungewiß kauend im aufrechten Morgen kauend im Kalten noch im trüben

Der Text setzt so unvermittelt ein wie er abbricht, allerdings steht er in einem Bezug zu dem vorangehenden und dem folgenden »Feld«. Satzzeichen fehlen. Die Vorherrschaft des Partizips Präsens fällt auf. Die Elemente der Wortfolge sind ohne Koppelung gereiht. Inzwischen ist gewiß leichter als zur Zeit der ersten Publikation der *Felder* einzusehen, daß diese Techniken tatsächlich der Absicht dienen, eine bestimmte Erfahrung so in Sprache zu bringen, daß nichts von ihr verlorengeht. Die intendierte Erfahrung läßt sich gewiß ohne weiteres nachvollziehen: die bezugslose Aufeinanderfolge von Eindrücken kurz nach dem Aufstehen morgens, das Ritual bestimmter Handlungen, das sich fast bewußtlos vollzieht und in das wie Querschläger Geräusche, Gedanken und banale kleine Überraschungen einbrechen. Und eben das ist der Gegenstand in diesem Feld. Es ist Beckers einziger Gegenstand, ganz beziehungslos, ganz ohne Absicht über ihn hinaus, ganz ohne hintergründigen Sinn. Becker ordnet ihn nicht ein oder unter, sondern nimmt ihn als ihn selbst. Der Text hat deshalb eine ganz bestimmte Sinnlosigkeit: die Wörter verweisen nämlich so wenig wie eben denkbar auf etwas über ihn hinaus. Verläuft aber nicht in solchen Wirklichkeiten tatsächlich alles Leben, auch wo man es sich nicht bewußt macht, sondern Sinnbezüge zu erkennen glaubt?

Jürgen Becker hat in jedem seiner Felder einen eindeutigen Erzählgegenstand: eine immer andere Erfahrung. Seine mit offensichtlich großer Anstrengung durchgesetzte Absicht ist, jeder Erfahrung ganz ihr Recht zu geben, sie präzis für sich zu fixieren. Dies fordert für jedes Feld eine eigene Syntax. Becker will jede Erfahrung direkt, nach ihren eigenen Formen, ohne Erklärung, ohne deutende Zutat. Die Felder können schon deshalb keine Folge, keinen Verlauf darstellen. Dennoch kommt ein Moment dieser Art hinein, und zwar indirekt durch die sich verändernde Erfahrungsweise des Autors und auch durch seine persönlichen Erlebnisse, die in einem Text, der so deutlich vom Subjekt aus konzipiert ist, eine zentrale Rolle spielen müssen. Allerdings kommt die Konzeption von jenem Augenblick an ins Schwanken, da die Erfahrung, die mitgeteilt werden soll, stärker von Gegenständen her bestimmt ist. Da sieht Jürgen Becker sich gezwungen, jene nahe, diffuse, aus Flecken, Bewegungen, Vibrationen bestehende Erfahrung zu durchbrechen, die etwa in dem zitierten Feld den Text bestimmt.

Diese Tendenz setzt etwa bei Feld 30 ein. Die Felder wandeln sich, Becker will seine Methoden erproben an Erfahrungsbereichen, an Gegenständen, die sich jenem intimen Kontakt verweigern, weil sie zu stark vorgeprägt und im allgemeinen Bewußtsein fixiert sind. Er will informieren, da geht er aus sich heraus und objektiviert. Von hier an verlieren die Texte ganz deutlich zwar nicht an Reiz, jedoch an Originalität. Die Fiktion wird rehabilitiert. Becker merkt das selbst und rechtfertigt sich: sein Umgang mit Fiktionen sei kritisch, er reproduziere Fiktionen nicht, sondern zerstöre sie. Das trifft zu. Aber Becker schiebt hier die Ansprüche von ästhetischer Erkenntnis und Psychologie ineinander. Hier ist er seinem Material nicht mehr so eindeutig gewachsen, man spürt oft nur noch die Absicht.

Es hat sich inzwischen erwiesen, daß dieser sehr frühe Bruch ein Signal war. Die folgenden Prosaarbeiten Beckers – *Ränder* (1968) und *Umgebungen* (1970) – verdeutlichen die Abwendung von der radikalen Überprüfung des Bezugs zwischen Wahrnehmung und Sprache und die Hinwendung zu einem fast wieder konventionell spontanen, fast lyrischen Aussprechen des Ich, seiner komplexen Erfahrungen und Zustände, seiner Irritationen und Leiden. Bestimmte sprachliche Wendungen, die Becker in seiner frühen Phase herausgearbeitet hatte, werden nunmehr wirkungsbewußt immer deutlicher in Art des eigenen Stils, sozusagen gestisch wiederverwendet. Das führte in den *Rändern* – für eine Lesung aus dieser Prosa erhielt Becker 1967 den letzten Preis der Gruppe 47 – zu faszinierenden Steigerungen, in denen sich das Ich des Autors unmittelbar und unvergleichlich artikulierte. Durch einen exemplarischen Kunstgriff gab Becker dem Buch eine erstaunliche Form: die Texte sind unter rein quantitativem Aspekt angeordnet, in Blöcken, die sich zu einer Leerstelle in der Mitte hin verkürzen und dann spiegelbildlich in dem gleichen Umfang, wie vorher kürzer, wieder länger werden. Durch diese den unüberschaubaren Zuständen eines erfahrenden Ich zudiktierte Form verdeutlicht sich eindringlich die Unabsehbarkeit des Formlosen. Von hier aus wäre auch der Begriff Fiktion neu zu überprüfen. In den *Rändern* ist das Fiktive nicht mehr vom Stoff her gesetzt, durch einen Helden oder eine Fabel, sondern in der Form, die als künstlich, willkürlich, geplant erkennbar bleibt. In der Folge hat Becker allerdings auch diese Entdeckung, diese Möglichkeit nicht konsequent weiter ausgearbeitet. Der Ich-Bezug seiner Prosa, die eher konventionelle Neigung zur Objektivierung des »dichterischen Ich« im Text, verstärkte sich auf Kosten des Schreibens als einer Erkenntnispraxis.

Ebenso wie die Verfahrensweisen von PETER WEISS und ALEXANDER KLUGE haben die mit großer Intensität herausgearbeiteten Findungen Jürgen Beckers außerordentlichen Einfluß auf das Entstehen einer Literatur gehabt, die sich von nun an von der »jungen deutschen Literatur der Moderne« abhob als eine wiederum neue Literatur, eine Literatur, die sich aus den längst fragwürdigen Ansprüchen der Tradition vollends befreit hatte, die eine aktuelle Sprachtheorie und die Möglichkeiten wie die Bedingungen der sich verändernden Gesellschaft konkreter als je zuvor voraussetzte. Arno Schmidt wäre in diesem Zusammenhang der große Vorläufer. Die Veränderungen, die von der Konzentration auf Wahrnehmung, wie Peter Weiss sie vorspielte, von den informatorisch-dokumentarischen Verfahrensweisen Kluges, von den nicht zuletzt an der konkreten Literatur orientierten Initiativen Jürgen Beckers her in der Prosa vorgingen, sind nun nicht mehr im Sinn kontinuierlicher Entwicklungen zu verstehen – jedenfalls von keinem bis heute zugänglichen Standort aus, vermutlich grundsätzlich nicht. Sie laufen widersprüchlich, ja paradox ab. Sie initiierten Entdeckungen, die sich nicht mehr ohne weiteres auf Begriffe bringen lassen. Sie beeinflußten in wachsendem Maß auch jene neu entstehenden Arbeiten, die von weiter zurückliegenden Positionen aus konzipiert wurden. Sie führten nicht zuletzt zu einer Annullierung jener Typusvorstellungen, welche die Aufteilung der Literatur nach Gattungen begründeten. »Text« wurde bald zu einer Bezeichnung, die zahlreichen, gerade den aufschlußreichsten Entwürfen eher entsprach als die Bezeichnungen Lyrik oder Prosa.

Dennoch ist immer wieder auch zurückzuwenden. Es liegt gerade in der Logik der nunmehr nicht mehr ignorierbaren Herausforderungen, daß alle nur denkbaren Artikulationsweisen als Möglichkeiten des Schreibens durchaus weiterhin Bestand hatten und haben. Sie waren nicht aufgehoben, sondern wurden – wie sich nach und nach herausstellte – sozusagen umgewertet. Ihre Bedeutung veränderte sich, ihre Bedingtheit entschleierte sich, zuletzt bis hin zur Bedingtheit der Sprache selbst. Es wurde deutlich, daß von absoluten Voraussetzungen nicht mehr die Rede sein konnte, nur noch von relativen. Daß ferner nicht das repräsentative Werk, sondern die aktualisierende und aktivierende Funktion der primäre Sinn von Literatur ist. An die Stelle der Aura des Werks rückte – jedenfalls tendenziell – die Wirkung innerhalb von Kommunikation. Das Verhältnis zur materiellen Basis wurde neu bestimmt. Dieser Prozeß ist noch immer im Gange und noch immer nicht ganz erfaßt und reflektiert. Er spielt eine Rolle bis hinein in die ebenfalls noch nicht abgeschlossene Diskussion des Realismus, die schließlich von erneuertem Klassenbewußtsein aus wiederaufgenommen wurde.

ZWISCHEN REALISMUS UND GROTESKE

Schon 1962 war, herausgegeben von Dieter Wellershoff (* 1925), als eine sehr ungewöhnliche Anthologie der Band *Ein Tag in der Stadt* erschienen. Der Lektor Wellershoff hatte Autoren, die noch unbekannt waren, ein Thema gestellt – jenes Thema, das dann den Titel des Bandes hergab. Aufgenommen in den Band wurden Prosaversuche von Günter Herburger (* 1932), Günter Seuren (* 1932), Ludwig Harig (* 1927), Uve Christian Fischer (* 1924), Rolf Dieter Brinkmann (* 1940) und Robert Wolfgang Schnell (* 1916).

Nach der Tagung der Gruppe 47 in Sigtuna, 1964, etwa zu der gleichen Zeit, als Gisela Elsner (* 1937) ihren sehr bald allgemein gerühmten Roman *Die Riesenzwerge* herausbrachte, die bösartig-groteske Imagination der Schrecken bürgerlichen Lebens, erschien ein Sonderheft der Zeitschrift *Akzente*, in dem eine Reihe während der Tagung vorgelesener Texte abgedruckt waren. Darunter befand sich auch ein Kapitel aus einem entstehenden Roman von Dieter Wellershoff. Neben anderen Prosastücken stand es ein für die These, die Walter Höllerer im gleichen Heft aufstellte: daß nämlich in den Arbeiten jüngerer deutscher Schriftsteller sich ein neuartiger Realismus abzeichne. In den folgenden Monaten entwickelte Dieter Wellershoff aus Höllerers Interpretationsergebnis ein literarisches Programm – das Programm einer Schule, die er »Kölner Schule« nannte und dessen Leitbegriff lautete: Neuer Realismus. Der Entwurf richtete sich sowohl gegen die groteske und phantastische Literatur als auch gegen eine Literatur »gegenstandsentlasteter Textmuster«. Wellershoff zielte dieserart offenbar auf zweierlei. Als Lektor versuchte er einer Gruppe junger Schriftsteller, mit denen er arbeitete, eine Richtschnur zu geben, die sie von anderen Gruppierungen abhob, und als Autor gab er sich selbst eine Arbeitshypothese. Unter anderem schrieb er in seiner Proklamation: »Die phantastische, groteske, satirische Literatur hat die Gesellschaft kritisiert, indem sie ihr ein übersteigertes verzerrtes Bild gegenüberstellte, der neue Realismus kritisiert sie immanent durch genaues Hinsehen. Es ist eine Kritik, die nicht von Meinungen ausgeht, sondern im Produzieren der Erfahrung entsteht.«

Schon bald zeigte sich, daß Wellershoffs Programm eher eine Herausforderung, ein überdeutliches Signal als ein auch inhaltlich eindeutig faßbares Konzept darstellte. Die Autoren der »Kölner Schule« selbst demonstrierten, daß sie recht unterschiedliche Vorstellungen von dem hatten, was Wellershoff »Neuen Realismus« nannte. Die Pole des in ihren Arbeiten sich abzeichnenden Spektrums lassen sich unschwer verdeutlichen durch Günter Herburgers Erzählungen in dem Band *Eine gleichmäßige Landschaft* (1964) einerseits und die frühen Prosaarbeiten Rolf Dieter Brinkmanns in den Bänden *Die Umarmung* (1965) und *Raupenbahn* (1966) andererseits.

Herburgers Realismus kam dem tradierten Realismus sehr nahe, wobei das »Neue« vor allem im Stoff lag. Ohne überraschende formale Vorkehrungen konzentrierte Herburger sich auf ein möglichst direktes Erfassen charakteristischer Phänomene gegenwärtiger Umwelt, das jederlei ideologische Vorausklassifizierung sorgsam ausschloß, jedoch das Bewußtsein dessen, was Realität sei und wie sie sich erzählend darstellen lasse, nicht in Frage stellte. Brinkmann dagegen, orientiert am *nouveau roman*, aus dem er Konsequenzen zu ziehen suchte, zielte in den genannten Erzählbänden primär auf das Sichtbarmachen des veränderten subjektiven und allgemeinen Bewußtseins. In dem Erzählungsband *Die Umarmung* sind emotionale Zustände von großer innerer

Dieter Wellershoff, Programmatiker und Repräsentant des »Neuen Realismus«.

Spannung objektiviert und Ausgangspunkt von Beschreibungen, die außerordentlich gegenwärtig und plastisch sind. Sexuelle Bindung, Tod der Mutter, Liebe, Geburt – das sind die Gegenstände. Was als Empfindung oder Emotion eine zwingende, doch dumpfe Bedrängnis ist, artikuliert sich in der Beschreibung der Wahrnehmungen, die durch solche Bedrängnis scharf umrissen und intensiviert wird, in eigentümlich isolierter und sinnlos erscheinender Unmittelbarkeit. In *Raupenbahn* ist das Verfahren noch stärker forciert. Im dominierenden Text ist ein Zusammenhang von Wahrnehmungen und Vorstellungen derart verselbständigt, daß er ohne Bezug auf ein Ich oder Er dahintreibt, völlig bedeutungslos und sinnlos. Dort, wo bisher in der Erzählung so oder so das Individuum stand, ist nur noch ein Hohlraum. Das Kreisen der Objekte, der Umweltkomplexe, die aufeinanderfolgen, überlappen und ein unendliches, variables, sich immer neu formierendes Muster bilden, läßt das Sinnbedürfnis des Menschen absurd erscheinen. Das Ich ist nur noch ein Moment unter zahllosen anderen, ein Moment, das ebenfalls die Übermacht der Objekte bestätigt.

Brinkmann treibt in seinen Erzählungen die Prosa an eine Grenze. Ein widerstandsloses Akzeptieren der an kein Ich mehr gebundenen Objekt-Abläufe in Wahrnehmung und Vorstellung stellt schließlich den Schriftsteller selbst in Frage. Wird Realität dieserart als etwas Dominierendes genommen, so entzieht sie sich zuletzt der Erfahrung und hebt sie auf.

Wellershoff folgte dieser Auslegung des Neuen Realismus nicht. Er suchte zwischen den Polen einen Mittelweg. Nimmt man seinen ersten Roman *Ein schöner Tag* (1966) als ein Exempel für sein Programm, so fordert dies vom Erzähler vor allem ein verstärktes stoffliches Interesse, das Realität versteht als die banale gesellschaftliche Realität, wie sie sich – ohne durchschaut und gedeutet zu sein – faktisch darstellt. *Ein schöner Tag* demonstriert eine sehr direkte und komplexe Vergegenwärtigung der Alltags-Umwelt, und zwar weniger mit Hilfe neuer formaler Ansätze, als mit Hilfe jener Vorarbeiten am Stoff, die eine positivistische Soziologie und die Sozialpsychologie anbieten. Alle die zum Teil komplizierten ästhetischen Erwägungen im Zusammenhang der Literatur gegen Mitte der sechziger Jahre scheinen angesichts dieses Romans gegenstandslos zu werden, obwohl er sich keineswegs ohne weiteres dem tradierten Realismus zuordnen läßt.

Der Roman, der in heutiger Alltagsumwelt eine Gruppe, eine langsam zerfallende Familie gleichsam zur Hauptfigur macht, ließe sich als Werk eines soziologischen Realismus bezeichnen. Wellershoff übernahm dabei von der Soziologie außer Hinweisen auf den Stoff das Moment eines gleichsam positivistischen Konstatierens von Faktizität. Und dies jedenfalls steht in einer Parallele sowohl zu Herburgers spontanerer Konzentration auf Alltagserfahrung, als auch zu Brinkmanns Starren auf Wahrnehmungs- und Bewußtseinsabläufe als autonomer Realitäten. Auch Wellershoff schließt konsequent das sinngebende Vorauswissen, die ideologisch-weltanschauliche Vorbestimmtheit, den allgemeinen Bezug beim Schreiben aus. Und keiner der gar nicht so seltenen Versuche in jener Zeit, Stoffdefinition, Sichtweise und Ergebnisse der Soziologie in die Literatur einzubringen, hat auch nur annähernd eine Überzeugungskraft, die mit der seines Romans konkurrieren könnte.

Als ein Beispiel für die Schreibweise weiterer Autoren des Neuen Realismus ist zunächst der Roman *Der zweite Tag* (1965) von Nicolas Born (* 1937) zu nennen. Es ist dies, abgesehen von der Mitarbeit Borns an dem von Walter Höllerer angeregten Gemeinschaftsroman *Das Gästehaus* (1965), die einzige Prosaarbeit des Autors. Ein Ich-Erzähler berichtet darin vom zweiten Tag einer Reise. Es geschieht auf dieser Reise fast nichts, und sie hat auch kein erkennbares Ziel. Der Einfall Borns zielt darauf ab, vor der Folie des traditionellen Reiseberichts, der Neues, Überraschendes, Abenteuer, Erlebnisse mitteilt, der – im doppelten Sinn – von der Sensation lebt, die Reise ohne entsprechende Raffung, die Reise in ihrer nur äußerlich bewegten Monotonie zu zeigen. Einiges, das sich bei Born ereignet, ließe sich wohl mit einiger Phantasie als Abenteuer aufmachen. Aber die minuziöse Beschreibung dessen, was reell wahrgenommen wurde, enthüllt seine Alltäglichkeit, seine Banalität. Auch die Reise ereignet sich im Alltag. Was sie darüber hinaus vermittelt, ist nur Erfahrung der Übergewalt des Alltags. Ihre Beschreibung gerät dem Autor allerdings um einiges zu spannungslos. Die außerordentliche Eindringlichkeit von Borns Gedichten erreichte dieser Prosaversuch nicht.

Zwei weitere Autoren, die als Mitakteure der »Kölner Gruppe« bekannt wurden, sind Günter Steffens (*1922) und Günter Seuren (*1932). Auch ihre Arbeiten akzentuieren die Widersprüchlichkeit der Realismusvorstellungen in der Gruppe. Steffens' Roman *Der Platz* (1965) entwirft das Gespinst von Wahrnehmungen, Erinnerungen und Empfindungen eines nicht eindeutig greifbaren Erzählers. Auch einen

Günter Herburger, Rolf Dieter Brinkmann (oben), Günter Seuren und Gisela Elsner.

faßlichen Vorgang gibt es nicht. Es bleibt also dem Leser nicht der geringste Haltepunkt. Die sehr nuanciert geschriebene Prosa flattert sozusagen in einem lauen Wind, ohne irgendwo festgemacht zu sein. Das aber gerade ist für sie bezeichnend. Sie ist gewiß ein Grenzprodukt, jedoch ein exemplarisches. Übrigens auch insofern, als Steffens offenbar die Verdinglichung der Wahrnehmung, ihre Auflösung in ein unabsehbares und sinnloses Fluktuieren aus einer Art Weltschmerz heraus als Verneinung nahezu idolisiert. Er spürt Zerfall und Verfehlen in dem, was er erfährt, und deshalb treibt er die Desorientierung schreibend auf die Spitze.

Die Romane von GÜNTER SEUREN sind Produkte eines distanzierten, eher etwas zu geschmackssicheren Realisten, der exemplarische Bilder für gesellschaftliche Zustände kunstvoll und ein klein wenig kunsthandwerklich auszirkelt. In *Das Gatter* (1964) ist Gegenstand die Anpassung eines jungen Mannes, von Beruf Filmjournalist, an die Erwartungen der Umwelt, die jedermann in ihre gesicherte Öde lockt und bestenfalls mit scheinhaften, domestizierten Abenteuern entschädigt. *Lebeck* (1966) ist, völlig innerhalb der Gegenwart reflektiert, die Geschichte eines alternden Mannes, der sich im Zweiten Weltkrieg der Wehrpflicht durch eine Hungerkur entzogen hat und nun glaubt, das sei ein Akt des Widerstands gewesen und müsse an die Öffentlichkeit. Bildlich soll sich darstellen, wie unbewältigt Vergangenheit doch in jedem Fall bleibt. Einen mißglückten Fluchtversuch aus den penetranten Schematismen bürgerlicher Verhaltensweisen beschreibt *Das Kannibalenfest* (1968), und der Roman *Der Abdecker* (1970) schließlich setzt Beckettsche Vorstellungen in ein unheimliches Spiel mit Greisinnen um.

Von Seurens problembewußt perfektioniertem Realismus einmal abgesehen, finden sich in den meisten genannten Erzählungen und Romanen Sicht- und Verfahrensweisen, die jedenfalls den traditionellen Realismus transzendieren, potentiell zum Teil auch den Realismus überhaupt. Die Ablösung der Wahrnehmungen vom Ich bei Steffens und Brinkmann, die Aufblähung des Alltäglichen bei Born, selbst einige Passagen in Wellershoffs erstem Roman lassen spüren, wie aus der realistischen Beschreibung etwas ganz anderes entstehen könnte und manchmal entsteht. Die Wirklichkeitserfahrung selbst tendiert dahin, umzuschlagen in die Erfahrung von etwas Abstrusem, einer Realität, die von als realistisch empfundenen Übereinkünften her nicht mehr faßlich ist. Bewußt oder unbewußt ist da überall auch vorausgesetzt, was bei PETER WEISS und JÜRGEN BECKER erstmals erkundet war, was vor allem im französischen *nouveau roman* von ALAIN ROBBE-GRILLET, NATHALIE SARRAUTE, CLAUDE SIMON und anderen praktiziert wurde. Das realistisch Beschriebene erscheint dabei vom Standpunkt eines Wahrscheinlichkeitsrealismus aus häufig genug als grotesk. Nicht von ungefähr edierte Wellershoff schließlich den bisher einzigen Roman von RENATE RASP (* 1935), *Ein ungeratener Sohn* (1967), zweifellos eine schwarze Groteske, die zweifellos ihre fatalen realistischen Aspekte hat.

Der Roman *Ein ungeratener Sohn* will eine durch Erziehung bewirkte psychische Deformation gleichsam plakativ machen dadurch, daß sie ins Physische projiziert wird. Der Junge Kuno soll durch systematische Erziehungsmaßnahmen nach und nach in einen Baum verwandelt werden. Kuno willigt ein, weil er bei seinem Onkel, der die Erziehungsidee ausgearbeitet hat, die erste Rolle spielen möchte. Die Konkurrentin ist Kunos Mutter. Über Kapitel hinweg wird nun der Grundeinfall des Buches nahezu irrelevant, wird er zur bloßen Voraussetzung für die minuziöse Beschreibung des Machtkampfes in einer kleinen Gruppe. Das ist mit bösartiger Hellsicht fixiert.

Mit einer Präzision, die manchmal an Sternheim erinnert, sind Mechanismen des Miteinanderlebens bloßgelegt und identifiziert als so banal wie grausam.
Beispiele für die Affinität von Realismus und Groteske finden sich Mitte der sechziger Jahre und später immer wieder. Es ist notwendig, sie noch weiter, auch mit Beispielen zu verdeutlichen. Für GISELA ELSNERS zweiten Roman, *Der Nachwuchs* (1968), zum Beispiel ist aufschlußreich vor allem, wie sie um unmißverständliche Fundierung ihres auf die Groteske zielenden Schreibens bemüht ist, und zwar um eine durchaus realistische Fundierung. Daneben zeigen GÜNTER HERBURGERS Roman *Die Messe* (1969) und DIETER WELLERSHOFFS Roman *Die Schattengrenze* (1969) deutliche Tendenzen, einen fast gewohnt realistischen Ansatz auszuweiten. Herburger jedenfalls macht dabei deutlich, wie die forcierte Konzentration auf unmittelbar der Realitätserfahrung entnommene Materialien in diesen durchaus groteske Muster freilegt.Von entgegengesetzter Seite nähert sich das Buch Sichtweisen, die denen Gisela Elsners vergleichbar sind.
In *Der Nachwuchs* ist Ich-Erzähler ein übermäßig ins Fleisch geschossener junger Mann, ein grindiger, schmutziger Widerling, der sich zunächst unablässig mit dem Wuchern und den Ausscheidungen seines Körpers beschäftigt, träg bis zur Bewegungslosigkeit, ein Schrecken für seine »Ernährer« genannten, zu Neutren verfremdeten Eltern und die Nachbarn. Dieser Ich-Erzähler beschreibt seine eigene Ungeheuerlichkeit und die Umwelt als eine Spiegelung seines Selbst. Dabei dringt er, trotz seiner phantastischen Unbeweglichkeit, tiefer und tiefer in die Umwelt vor, in eine Umwelt, die seine Ernährer sich mühevoll und engstirnig geschaffen haben, eine Hausbesitzers-Umwelt in Suburbia, bedrückend und widerwärtig glorifiziert durch die Opfer, die sie den Ernährern abverlangt hat. Er beschreibt zum Beispiel die Baderiten im benachbarten Dreipersonenhaushalt oder die Verhaltensweisen von Nachbarn, während diese ihn selbst in seiner dumpfen Lethargie beobachten. Er verläßt sogar das Haus, entdeckt das Straßenleben in der Hausbesitzer-Umwelt und beschreibt es. Und schließlich geht er mit seinen Ernährern auf Reisen und beschreibt das Leben in einem Dorf. Das alles fördert Groteskes zutage, bis hin zu einer Orgie buchstäblicher Vertierung, die der Erzähler während eines Spaziergangs durch das Dorf beobachtet. Und all dieses Groteske – es enthüllt sich ganz unmittelbar in der erfahrenen Wirklichkeit, tritt direkt aus dieser hervor. Dies Hervortreten bereitet sich etwa folgendermaßen vor:

Zwischen diesen einstöckigen, weißen Familienhäusern mit schmiedeeisern vergitterten Fenstern, vor diesen weißen Gartenzäunen mit lattenhohen Ligusterhecken, diesen kreisförmig auf eine grüne, begrenzte Fläche Wasser werfenden Rasensprengern, auf diesen Gehsteigen kann keiner ungestört und unverdächtig stehenbleiben, es sei denn, er hat einen Hund als Anlaß vorzuweisen. Während sich die Hausbesitzer in den Gärten zu schaffen machen, während sie ihre Aussaattöpfe in die Sonne rücken, ihre Stecklinge numerieren, ihre Sämlinge versetzen, während sie hinter ihren Rasenmähern her durch die Gärten hasten, mit den Baumscheren die Hecken stutzen, mit den Schädlingsspritzen die Blätter weiß sprühen, während sie die Obstbäume ringsum mit Pfählen abstützen, während sie Windstoß für Windstoß zu ihren Pfahlstapeln stürzen und die Augen himmelwärts gerichtet: sachte, sachte rufen, und nach jedem Windstoß jammernd ihr Fallobst aufklauben, haben sie ein Auge auf die Straße.
Hier wohnt man, das heißt man sucht im Gehen schon den Schlüsselbund in den Taschen oder den Hausschlüssel am Schlüsselbund. Hier liefert man etwas ab, das heißt man trägt ein Paket, einen weißen Kittel, einen Bleistift hinterm Ohr. Hier ist man eingeladen, das heißt man hält ein Sträußchen in der Hand, ein Schächtelchen unterm Arm und fragt nach einer

Hausnummer, einem Namen. Hier bettelt man, das heißt man geht von Haus zu Haus, man hat besser zwei Gebrechen als nur eines vorzuweisen, besser zwei sichtbare wie fehlende Arme und Beine, wie fehlendes Augenlicht, die Unfähigkeit also nicht allein zwei Sachen voneinander zu unterscheiden, sondern sogar eine Sache von keiner, mit einem Wort: man tappt nur noch und dies im Dunkeln durch die Gegend...

Die Passage steigert sich über eine Darstellung makabrer Tierliebe zu einem monströsen Tanz von Bettlern um Dienstboten, die Speisereste zu verschenken haben. Ganz deutlich destilliert Gisela Elsner die grotesken Aspekte aus der Vorstadt-Idylle heraus und gibt auf diese Weise dem Grotesken eine handfeste Basis in der wahrgenommenen Realität. Der abnorme Ich-Erzähler läßt nun andere Beobachtungen gar nicht erst erwarten. Dennoch tritt ebenso deutlich wie charakteristisch die Absicht hervor, die Beziehung des Grotesken zur wahrnehmbaren Realität, die herzustellen ja auch ganz dem Leser überlassen bleiben kann, im Text selbst zu begründen. Gleiches trifft zu für Gisela Elsners Roman *Das Berührungsverbot* (1970), der verklemmtes Sexualverhalten und seine Relation zum Gruppensex thematisiert.
Etwas anders sieht das zunächst aus in GÜNTER HERBURGERS Roman *Die Messe* (1969). Hier stößt der Erzähler eher unvorbereitet auf die grotesken Züge in der Umwelt, und er nimmt sie auch keineswegs auf, um sie etwa als Strukturelemente zu nutzen, um sich formal auf sie zu stützen. Es seien zwei Passagen aus einem längeren Zusammenhang zitiert. Hermann, die Hauptfigur, ist vorübergehend Arbeiter in einer Speiseeisfabrik.

Die Arbeiterin hebt einen Metallkasten aus dem Solebecken, Hermann greift zu, schiebt seine Hände über die Griffe, während die Frau losläßt. Die Form zu sich heranziehend, läßt er sie in den mit heißem Wasser gefüllten Trog sinken, bleibt einen Augenblick darüber gebückt stehen und hält die Luft an. Heißer Dampf schlägt in sein Gesicht. Dann hebt er die Gitterplatte, an der die Eisstöpsel hängen, aus der Form, schwenkt vorsichtig die wakkelnden Zitzen zur Seite und schüttelt sie auf ein Förder-Band. Die Frau holt den Metallkasten aus dem Heiztrog, gleichzeitig nimmt sie Hermann die Deckplatte aus der Hand. Hinter Hermann fährt das Speiseeis zu den Packtischen...
....
Sobald die Pausensirene zustößt, bekommt er Magenschmerzen, die er mit ein paar Bissen aus einem Luxusbecher löscht. Den Rest läßt er über die nassen Fließen zwischen die Beine der Mädchen schlittern. Gummischürzen werden über Köpfe gestreift und bleiben, an Trögen hängend oder auf Tischen liegend, zurück. Die Mädchen gehen hinaus, in ihren schweren Stiefeln bewegen sich Strumpfkolben. Es ist elf Uhr nachts.

Die Toten wurden in Öfen, Schachtanlagen und Gruben verbrannt oder schichtweise mit Chemikalien bestreut. Hermann stellt sich einen im Solebecken liegenden Körper vor. Die Brühe arbeitet in den Schleimhäuten, läßt das Gesicht zuerst einsinken, Haarschwaden bewegen sich fächerförmig. Noch halten eine Bluse und ein Wickelrock den Körper zusammen, bleiben die Beine, die in Kniestrümpfen stecken, auf dem Grund der Rinne liegen. Aber aus den Nähten, zwischen den Maschen, aus lochgestickten Mustern quellen schon milchige Fäden, die die Sole trüben. Teilchen schwimmen nach oben und beginnen, eine feine Kruste zu bilden. Manchmal bricht eine Gasblase auf, dann schließt sich der Schlamm wieder. Naber, der Holzschuhe und einen gestreiften Kittel anhat, rührt mit einer Stange im Becken. Kleiderfetzen, die sich um die Stange wickeln, gabelt er auf und schleudert sie in einen bereit stehenden Drahtkorb. Aus Aluminiumtanks fließt frische, ungesättigte Sole nach...

Abschnitt für Abschnitt konfrontiert Herburger in dem Roman *Die Messe* seine Hauptfigur Hermann Brix einer Vergangenheit und einer Umwelt, die er nicht zu überschauen vermag, die sich immer wieder in erschreckende oder lockende Einzelerfahrungen und querschlagende Vorstellungen auflöst. Das Wirkliche plustert sich und schleimt, wirft Blasen, ändert die Farben. Je genauer sich Hermann Brix und der Autor darauf einlassen, um so unübersichtlicher wird alles. Man könnte daraus schließen, Herburger sei in seinem Roman mit diesem Wirklichen eben nicht fertiggeworden. Tatsächlich erstickt er gleichsam an einer Materialmasse, und das ist ein Einwand gegen den Roman, aber zugleich ist mit solcher Feststellung auch bestätigt, daß der Roman eine wirkliche Erfahrung artikuliert, denn die Inkommensurabilität des Wirklichen ist eine aktuelle wirkliche Erfahrung. Aufschlußreichstes Moment bleibt hier, was die Erzählweise angeht, das Verhältnis von Realismus und Groteske. Das Grauenhafte, das Widersinnige, das Sinnlose in der Wirklichkeit ergibt, wird es beschrieben, zuletzt groteske Bilder. Realistische und groteske Literatur entstehen von den gleichen Ausgangspunkten her.

Auch Dieter Wellershoff drängt in seinem Roman *Die Schattengrenze* (1969) über eine irgendwie vorgeordnete Erfahrung des Wirklichen hinaus. Dabei tendiert er allerdings in Richtung der Störungen, die die sozialen Zwänge der industriellen Zivilisation im einzelnen hervorrufen. Ausgehend von einem Kriminalroman-Motiv ist die Schlußphase einer krankhaften Entfernung aus der Gesellschaft mitgeteilt. Die Erzählung artikuliert direkt das Erleben eines Gejagten, und zwar in all seinen Verwirrungen. An die Stelle sachbezogener Wahrnehmung rückt ein Raum der Halluzination, in dem der Gejagte sich völlig allein weiß. Die erfahrene Realität ist ganz und gar den Bedingungen dieses Raumes unterworfen, und in der zwanghaften Rückbeziehung auf den halluzinativen Zustand verlieren alle Wahrnehmungen, auch die Erinnerungen, das meiste von ihrem gewohnten Realitätsgehalt. Die widersprüchlichsten Elemente schieben sich zu einer schwankenden Gegenwart ineinander. Das Reale, das sich so artikuliert, ist etwas Irreales, das der Betroffene jedoch ganz konkret erlebt, das für ihn das Wirkliche ist. Es repräsentiert eine Ich-Welt, die sich krankhaft aus den sozialen Bezügen löst und ins Unbekannte abtreibt, die Welt eines Menschen, den Schwäche in der Ich-Behauptung innerhalb der Leistungsgesellschaft in die Schattengrenze der Gesellschaft treibt.

Soviel läßt sich schon hier verallgemeinernd festhalten: die Verdeutlichung der Ungesichertheit von Wirklichkeitserfahrung ist ein großes Thema der sechziger Jahre, und die Ambivalenz der Prosa zwischen Realismus und Groteske ist dafür Indiz. Es werden in der Wirklichkeit Bereiche freigelegt, die der konventionelle Realismus, immer auf den Konsensus und Wahrscheinlichkeit aus, auf die durchschnittlichen Werte, ausgespart hat. Immer wieder kippt die realistisch ansetzende Darstellung und Beschreibung von Wirklichkeit um in die Entdeckung, daß das Wirkliche der eingeübten Erwartung nicht entspricht. Es ist inkommensurabel. Es ist schrecklich, grauenhaft, absurd, grotesk. Nicht die Vergangenheitsbewältigung, nicht die deutsche Teilung, nicht die positive Formierung der Gesellschaft sind, wie es die offizielle Ideologie vorgab, die tatsächlich dominierenden Fragen – die Literatur jedenfalls gibt andere Auskunft, und die ist noch immer verläßlicher, als Auskünfte in Leitartikeln und Reden es sind, sie sagt mehr als der Anschein. Und die erinnerten Prosaarbeiten sind noch keineswegs die radikalsten Versuche dieser Jahre, in Wirklichkeit einzudringen.

Der Neue Realismus hat mehr zu tun mit der grotesken Literatur als mit dem traditionellen Realismus. Seine Bezugsfelder sind die Destruktion sprachlicher Konvention und eine unvermittelte Erfahrung, die sich bewußt aus den gewohnten Mustern des Erfahrens löst. Wie weit das Thema »Verdeutlichung der Ungesichertheit von Wirklichkeitserfahrung« mitsamt den von ihm her sich artikulierenden Erkundungsergebnissen reicht, das läßt sich an einer ganzen Reihe weiterer Romane und Erzählungen exemplifizieren, die mit dem neurealistischen Programm Wellershoffs meist in gar keinem Zusammenhang mehr stehen. Zum Beispiel an den Romanen und Erzählungen des Österreichers THOMAS BERNHARD (*1931), der immer neue Bilder vom heillosen Zustand der »Menschennatur« entwirft. In Bernhards erstem Roman *Frost* (1963) trägt ein junger Mediziner Krankheitsberichte über einen Maler namens Strauch zusammen. Die physische und moralische Krankheit einer ganzen Gesellschaft ist Gegenstand des Romans *Verstörung* (1967), der von dem absurden Monolog eines wahnsinnigen, doch über ungeheuer viel Wissen und Einsicht verfügenden Fürsten gekrönt wird. *Das Kalkwerk* (1970) ist Bericht über einen Mörder, den ehemals reichen Herrn Konrad, der sein Leben ganz darauf aufgebaut hat, ein großes wissenschaftliches Werk zu schaffen, aber stets unfähig war, etwas davon zu Papier zu bringen. Am realistischen, geradezu rationalistisch abgesicherten Ansatz läßt sich bei keinem dieser Romane deuteln. Zugleich treibt das Erzählen die Erfahrung des Kranken weit über die geläufigen Vorstellungen hinaus, macht sie zum Zentrum einer bohrenden, unerbittlichen Bewegung. Diese geht einer Menschennatur auf den Grund, die »naturgemäß« krank, verrückt, gewalttätig, grauenhaft ist. In Bernhards Welt ist »alles krank und traurig« und sind die Menschen unrettbar verkrüppelt.

Exemplarischer Roman eines Realismus, der die Ansätze der Kölner Schule hinter sich läßt, ist *Keiner weiß mehr* (1968) von ROLF DIETER BRINKMANN. Die Pole, die diesen Roman unter Spannung halten, sind einmal das Bild einer zu Reizen und Attraktionen geglätteten Welt, zum anderen die Erfahrung von Unzulänglichkeit, Häßlichkeit und Sinnlosigkeit, die eine sich verfestigende Verdrossenheit hervorbringt. Aus der Perspektive eines verheirateten Pädagogikstudenten wird berichtet von dem, was seit je Alltag heißt, und zwar mit schonungsloser Akzentuierung der sexuellen Vorgänge, Vorstellungen und Enttäuschungen. Der junge Menn lernt im Verlauf der Erzählung, Wirklichkeiten zu unterscheiden. Dabei bleibt deutlich, daß die vorgespielte und vorgestellte Wirklichkeit von Film, Beat, Mode, Fotografie die Wirklichkeit des Alltags durchaus mitbestimmt, daß die Unterscheidung eines vom anderen nicht eindeutig trennen kann. Was bleibt, ist eine prinzipielle Wehrlosigkeit des einzelnen, ein existentielles Ausgeliefertsein in modifizierter, aktualisierter Form. Entwicklung als Aufhebung eines Zustands durch einen anderen ist unter dieser Voraussetzung nicht möglich, es gibt sie allein als Veränderung des Bewußtseins, während die Sachverhalte fortbestehen, eine kaum merkliche, längst nicht mehr meßbare Veränderung.

Von Anfang an war das Wirkliche für Brinkmann das, was den einzelnen unmittelbar angeht, also das physisch Nächste, man könnte auch sagen: das Private. Es auszusprechen, hat er in seinen früheren Erzählungen an isolierten Bezügen ausprobiert. In seinem Roman riskiert er es, aufs Ganze zu gehen, nämlich den unabsehbaren Komplex eines Ich in seinen Beziehungen zur Umwelt zu beschreiben. Scheinbar naiv ansetzend, ist seine kreisende und einkreisende, bohrend dringliche Schreibweise in ihrem gelegentlich wie tolpatschigen Insistieren auf dem, was da nun wirklich sei, höchst bewußt darauf aus, sich nie und nirgends auf Scheinlösungen einzulassen. Vor jeder sich andeutenden Haltung, die Widersprüche und ihr Erleiden ableiten und neutralisieren könnte, wird sie aggressiv. Brinkmann fordert das Ausgeliefertsein an die scheinhaft-wirkliche Umwelt immer aufs neue heraus. Es erweist sich als Ausgeliefertsein an Sexualität, das bedingt ist von der Unfähigkeit, zu befriedigen und befriedigt zu sein – friedlich zu sein, seinen Frieden zu machen. Darin, fast unerkennbar und für den Autor möglicherweise unbewußt, zeichnet sich die Unfähigkeit ab, sich mit der sinnlich erfahrenen Wirklichkeit abzufinden. Als sei Brinkmann Realist, um Realität sozusagen zu disqualifizieren, sie hinter sich zu bringen. Die Er-Figur des Romans *Keiner weiß mehr*, sie will mehr wissen, als die wahrgenommene Wirklichkeit verrät. Ihre Unruhe zielt über sie hinaus.

Eine Mitte der sechziger Jahre geläufige Formel für die unkonventionelle Prosaliteratur lautete: Beschreibungsliteratur. Durch PETER HANDKES Protest während der Tagung der Gruppe 47 in Princeton (1966), der sich nicht zuletzt gegen die Beschreibungsliteratur richtete, obwohl Handke selbst nichts anderes verfaßte, wurde die Formel – mit einem negativen Vorzeichen – allgemein geläufig. Alles hier unter dem Stichwort »Zwischen Realismus und Groteske« Gesagte befaßt sich mit dem, was Beschreibungsliteratur meint, einschließlich der Rückbeziehung auf die Anregungen von PETER WEISS und den *nouveau roman*. Es demonstriert noch einmal die Fragwürdigkeit solcher Kurzformeln, die meist Kurzschlußcharakter haben. Die Beschreibung war stets Medium, nicht letztes Ziel dieser Prosa. Sie suchte etwas freizulegen, das anders nicht zu artikulieren war.

Wie alle genannten Autoren demonstriert auch WERNER KILZ (* 1931) in seinem bisher einzigen Roman *Freibank oder Das Projekt der Spaltung* (1966), daß der Ansatz bei der Beschreibung Realität tatsächlich näherbringt, daß er Vorurteile ausräumt und Sachverhalte verdeutlicht. Das wird hier um so eindringlicher belegt, als *Freibank* ein zeitgeschichtlich-politischer Roman ist. Sein Gegenstand ist der Mauerbau in Berlin am 13. August 1961. Aber es ist nicht vorgegeben, dieses Geschehen lasse sich direkt fassen und darstellen. Mitgeteilt ist eine zögernde, unsichere, fragende Reaktion auf die Absperrung, wobei die Wahrnehmung, fixiert teils in »Materialien« genannten Aufzeichnungen verschiedener fiktiver Autoren, teils in zahlreichen partiellen Topographien, jeder Verallgemeinerung Widerstand leistet. Kilz hat das auch in der äußeren Form konkretisiert: der zweite Teil des Romans beginnt nach einigen Notizen mit dem zehnten Kapitel und endet mit dem siebten. Dies ist ein sehr eindringliches, im Textverlauf legitimiertes kompositionelles Moment, das den Roman in der Mitte des Vorgangs enden läßt, den er fassen will. Es verdeutlicht, daß es hier weder Abschluß noch Urteil gibt, daß nichts sich als unerledigt beiseite schieben läßt. Der Erfahrende steckt in der Erfahrung weiter mittendrin.

Zu nennen ist ferner HERMANN PETER PIWITT (* 1935). Sein Buch *Herdenreiche Landschaften* (1965) beschreibt Landschaften aus Erinnerungen, psychischen Zuständen, Phantasie- und Wahrnehmungsbrocken. Das sind unübersichtliche Landschaften, die von einem Demiurgen aufgeschüttet sind, der sozusagen schlafbefangen ist, der halbblind nach einer Wirklichkeit greift, von der nur Brocken faßlich werden. Zwischen, unter und über ihnen menschliche Figuren, vergänglich, ohne greifbare Identität, selbst Teile der Landschaft. Das alles vermittelt sich als ein sehr eindringlicher Versuch, Literatur wieder nach der Realität zu orientieren. Dabei macht Piwitt es sich so schwer wie möglich. Er überspielt die Abhängigkeit von den Landschaften seiner Erfahrung nicht, unvermessenen, gärenden Landschaften. Die Beziehung Hirt–Herde–Landschaft, gelegentlich angespielt, hat die traditionelle Leuchtkraft völlig eingebüßt. Piwitts Roman *Rothschilds* (1972) steht ebenfalls für kompakte Auseinandersetzung mit Wirklichkeit, die sich inzwischen jedoch politisiert hat. Erinnert ist das Leben einer Gruppe junger Leute in Frankfurt Ende der fünfziger Jahre, zu einer Zeit, da die Nachkriegsrestauration in schönster Blüte stand, und das gerät zu einer erschöpfenden Erinnerung, der schließlich etwas gewaltsam eine radikale politische Haltung und Solidarität als Kontrapunkt entgegengesetzt wird. Dadurch entsteht ein Ungleichgewicht, und es verdeutlicht die Schwierigkeiten jener Schriftsteller, die gegen Mitte der sechziger Jahre zu schreiben begonnen haben, bei der Suche nach Möglichkeiten konkreten politischen Engagements in ihrem Schreiben, eines Engagements, das von ihrer Anfangssituation her noch kaum vorstellbar war. Gerade hierin ist dieser Roman beispielhaft für eine reelle Auseinandersetzung mit Wirklichkeit.

Obwohl das Bewußtsein der Ungesichertheit von Wirklichkeitserfahrung den konventionellen Realismus so dringlich in Frage stellte, wie es die zwischen Realismus und Groteske angesiedelten Romane und Erzählungen ausweisen, gab es dennoch in all den Jahren eine Art Bedürfnis nach einem direkten Realismus, und es ist spürbar bis heute. Die Versuche, sich an solchem Realismus zu halten, ihn zu erreichen, blieben zunächst meist fragwürdig. Und noch immer ist hier alles offen.

Was es bedeutet, weiterhin unreflektiert einen konventionellen Realismus fortzuschreiben, das läßt sich besonders deutlich zeigen an dem Roman *Maria Morzeck oder Das Kaninchen bin ich* (1969) von MANFRED BIELER (* 1934). Bieler lebt seit 1968 in München, wohin er von Ostberlin über Prag übersiedelte. In früheren Arbeiten – vor allem in dem Schelmenroman *Bonifaz oder Der Matrose in der Flasche* (1963) und dem Erzählungsband *Der junge Roth* (1968) – hatte Bieler gezeigt, daß die Schwierigkeiten in der erzählerischen Auseinandersetzung mit Wirklichkeit ihm bewußt sind. In *Maria Morzeck*, umgearbeitet nach einem schon Mitte der sechziger Jahre verfaßten Drehbuch, versuchte er nun gleichsam im Klartext zu schreiben, was hier bedeutet: unreflektiert realistisch. Die Folgen sind verheerend. Nichts Konkretes kommt dabei noch heraus. Erlebnisse und Vorstellungen ordnen sich durchschnittlichen Klischees ein – und sind selbst nichts anderes mehr als Klischees.

Solcher Gefahr sind auch die Erzähler der Dortmunder »Gruppe 61« nicht immer entgangen bei ihren Versuchen, die Arbeitswelt in die Literatur zu bringen. Hier seien genannt BRUNO GLUCHOWSKI (* 1900) mit dem Roman *Der Honigkotten* (1965), JOSEF REDING (* 1929), der vor allem Kurzgeschichten geschrieben hat, neben KLAS EWERT EVERWYN (* 1930) auch WOLFGANG KÖRNER (* 1937), mit den Romanen *Versetzung* (1966) und *Nowack* (1969). Ferner ANGELIKA MECHTEL (* 1943), deren Erzählungsband *Die feinen Totengräber* (1968) sehr viel dringlicher als ihr Roman *Kaputte Spiele* (1970) oder gar der mit Bestseller-Ambitionen verfaßte Roman *Friß Vogel* (1972) die Schwierigkeiten im Umgang mit Wirklichkeit spüren läßt. Der Rückblick zeigt allerdings auch, daß – wie schon die frühen Erzählungen GÜNTER HERBURGERS belegen – vom Stoff her, von einer Sichtweite her, die sich vom Stoff bestimmen läßt und ihn deshalb anders zeigt als der Konsensus fordert, eine relative Begründung gewohnter realistischer Verfahrensweisen erreicht werden kann. Wobei auch die kritische Intention eine Rolle spielt.

Beispiele sind hier vor allem die Romane von MAX VON DER GRÜN (* 1926), sind schon die Romane *Männer in zweifacher Nacht* (1962) und *Irrlicht und Feuer* (1963), die Geschichte des Hauers Jürgen Fohrmann, der entdeckt, daß der »weiße Kittel« dem

Arbeiter keinen wirklichen Fortschritt bringt. Beispiele sind Max von der Grüns Romane *Zwei Briefe an Pospischiel* (1968) und *Stellenweise Glatteis* (1973). Sie bestätigen und intensivieren einen Realismus, der von den Erfahrungen der Korruption, der Ausbeutung, des Unterdrücktseins, des fortbestehenden Faktums der Klassengesellschaft aus die soziale und individuelle Wirklichkeit des Lohnabhängigen

Gabriele Wohmann

in der Bundesrepublik konsequent gegen den Strich der vorherrschenden Ideologie befragt. Das korrigiert von sich aus schon die gewohnten realistischen Muster. Die von diesen her etablierten Konventionen hat von der Grün mit sich steigernder Intensität durch Sachlichkeit, Knappheit, Vermeidung jeder Rhetorik, reelle Analytik gesellschaftlicher Verhältnisse unterlaufen. Darüber hat sich das realistische Erzählen verändert. Es hat Direktheit gewonnen in dem Maße, in dem es die Muster hinter sich läßt.

Der Klassenstandpunkt ist in der Tat ein ganz anderer als der Standpunkt des objektiven Erzählers, und er kann bei einiger Konsequenz nur dessen Fiktivität verdeutlichen. Eben das geschieht bei Max von der Grün. Obwohl der Fall anders liegt, ist hier auch Gabriele Wohmann (* 1932) zu nennen. Sie hat, bei durchaus realistischem Ansatz, ebenfalls einen Standpunkt, der alles andere als objektiv ist oder zu sein beansprucht. Er ist auf rabiate und bösartig-scharfsichtige Weise subjektiv. Mit irritierender Genauigkeit beschreibt Gabriele Wohmann unablässig all jene Details des Alltagslebens, die gewöhnlich viel unwichtiger erscheinen als sie tatsächlich sind, die in Behaglichkeit, Komfort und gutem Willen Bosheit, Fesselungen, Terror identifizieren. Das hat sich in den Romanen Gabriele Wohmanns – *Jetzt und nie* (1958), *Abschied für länger* (1965), *Ernste Absicht* (1970) – und in ihren Erzählungen nach

und nach höchst wirkungsvoll herauskristallisiert. Es ergibt einen direkten Realismus von großer Intensität, der allerdings in seinen bestimmenden Details oft genug umschlägt in eine sozusagen filigrane Groteske.
In den literarischen Prozessen seit Ende der fünfziger Jahre hat sich der Realismus, übrigens auch durch die Konzeption einer »konkreten Prosa«, von vielerlei Vorbestimmungen befreit. Möglicherweise hat er die Fähigkeit erneuert, sich von Inhalten, vom Stoff her zu konstituieren, statt die Inhalte weiterhin in vorurteilshafte Muster zu pressen. Das ist noch nicht abzusehen. Doch manches weist in solche Richtung. Sollte sie eindeutiger als bisher in den Vordergrund rücken, wäre auch das eine Konsequenz der zahlreichen, oft widersprüchlichen Veränderungen in der Prosaschreibweise, die für die Literatur der sechziger Jahre charakteristisch sind.

EINE VIELZAHL INDIVIDUELLER VARIATIONEN

Das umfangreiche Kapitel »Zwischen Realismus und Groteske« ist damit nicht abgeschlossen. Es wird bis heute fortgeschrieben. Was sich in ihm verdeutlicht, steht im übrigen in Beziehung sowohl zu einem sehr breiten Komplex von Romanen und Erzählungen, die teils von eher traditionellen, teils von stark individualisierten Positionen aus verfaßt sind, als auch zu einer etwas später einsetzenden Folge von Prosaentwürfen, in denen unmittelbar sich auswirkt, was schon mit dem Begriff »Konkrete Prosa« angedeutet wurde. Von beidem ist noch zu berichten.
Vereinzelt traten bisher nicht genannte ältere Autoren mit neuen Arbeiten hervor. So MARTIN KESSEL (*1901), der nach jahrzehntelanger Zurückhaltung den Roman *Lydia Faude* (1965) publizierte. In diesem hat Kessel allerdings das »kraßrealistische« Konzept seines außerordentlichen frühen Romans *Herrn Brechers Fiasko* (1932), der exemplarisch die Arbeitswelt der Angestellten thematisiert hatte, nicht fortgesetzt. *Lydia Faude* ist ein figurenreicher Künstlerroman, der in einem halb imaginären Berliner Künstlerviertel spielt und absichtsvoll eine Welt der Ideen der banalen Wirklichkeit entgegensetzt. Einerseits durch Scharfblick und Einfälle fesselnd, hat er zugleich auch etwas fast absonderlich Zeitloses. ROLF BONGS (*1907) variiert in dem Roman *Das Londoner Manuskript* (1969) das Identitätsproblem, das seit MAX FRISCHS *Stiller* eine große Rolle im Roman spielte, und zwar im Blick auf den typischen Zeitgenossen. Neue Romantechniken sind bewußt einbezogen, ohne daß Bongs seine traditionell orientierte Position aufgibt. MARIE LUISE KASCHNITZ (*1901) wurde nach 1945 als Lyrikerin berühmt, obwohl sie in den dreißiger Jahren auch schon zwei Romane veröffentlicht hatte. Erst nach und nach trat ihre Prosa wieder stärker in den Vordergrund, vor allem durch den Erzählungsband *Ferngespräche* (1966), der die unbegreifliche Innenwelt der Gefühle, Empfindungen und Vorstellungen atmosphärisch dicht und doch sachlich akzentuiert, und ihre autobiographische Prosa *Tage, Tage, Jahre* (1968).
Ältester unter den jungen Autoren der sechziger Jahre war ROBERT WOLFGANG SCHNELL, bereits genannt als Mitautor von Wellershoffs Anthologie *Ein Tag in der Stadt*. Schnell ordnete sich jedoch nicht dem Neuen Realismus zu, sondern fand eine Position als ein traditionell orientierter realistischer Erzähler, der fesselnde Authentizität durch die Direktheit und eindringliche Menschlichkeit seines Erzählens erreicht. Er sieht die

Umwelt und die gesellschaftlichen Verhältnisse genau und kritisch. Wenn er dennoch fast liebevoll das Skurrile und Groteske akzentuiert, so verdeutlicht das zugleich seinen Widerspruch gegen eine Gesellschaft, die er als Klassengesellschaft durchschaut. Beispiel ist hier vor allem Schnells Roman *Erziehung durch Dienstmädchen* (1968), der vor dem Hintergrund der Spartakuskämpfe bürgerliches Leben in Wuppertal schildert. Schnells erstes Buch *Wahre Wiedergabe der Welt* (1961) ist eine Charakteristik des Untertanen. *Mief* (1963), *Geisterbahn – Ein Nachtschlüssel zum Berliner Leben* (1964) – eine Topographie der Gesellschaft vom Kreuzberg – und *Junggesellen-Weihnacht* (1970) seien weiter genannt. – GÜNTER BRUNO FUCHS (*1928) ordnet sich Schnell bis zu einem gewissen Grad zu. Vor allem als Lyriker und Holzschneider berühmt, hat Fuchs auch zahlreiche Erzählungen und den Roman *Bericht eines Bremer Stadtmusikanten* (1968) verfaßt. Die Hinterhöfe, die Randfiguren, die Sonderlinge charakterisieren seine Welt.

Mit den Erzählungen des Bandes *Der Aufbruch nach Turku* (1963) trat HUBERT FICHTE (*1935) zum erstenmal hervor. Der Roman *Das Waisenhaus* (1965) machte ihn bekannt. Die Geschichte des halbjüdischen Kindes Detlev im Krieg ist – nahezu kommentarlos und sehr dicht – reproduziert innerhalb der Erinnerung des Kindes selbst. Fichtes erfolgreichster Roman ist *Die Palette* (1968), eine breitangelegte Epopöe aus der Sicht einer Gruppe junger Outsider in Hamburg. Mit außerordentlicher technischer Gewandtheit und großem Einfühlungsvermögen ist um das ehemalige Hamburger Gammlerlokal, das dem Roman den Titel gibt, und die Zentralfigur Jäcki eine Welt am Rande der Gesellschaft dargestellt, die einer nach gewohntem Schema dahinlebenden Gesellschaft entgegengehalten wird als Frage und Herausforderung. In dem folgenden Roman *Detlevs Imitationen ›Grünspan‹* (1971) sind die erzählten Welten Detlevs und Jäckis miteinander verschränkt. Der Erzähler sieht mit den Augen Jäckis den heranwachsenden Detlev, zugleich aber sieht er ihn auch mit den Augen Detlevs aus *Das Waisenhaus*. Das ist ein individuell schattiertes, kunstbewußt arrangiertes Erinnerungsbild aus den letzten Kriegs- und den ersten Nachkriegsjahren und zugleich ein leicht verfremdeter Entwicklungsroman. Er vor allem läßt die Verführung deutlich werden, der Fichtes Erzählen ausgesetzt ist: technisch versiert und künstlerische Möglichkeiten bewußt kalkulierend, tendiert er zur Wiederherstellung einer Gesamtschau im Roman, die ältere Konventionen erneuert. Einleuchtender bleibt die Herauslösung von Erfahrungen aus der Erinnerung, wie sie in *Das Waisenhaus* praktiziert ist.
PETER FAECKE (*1940) hat in seinen Romanen *Die Brandstifter* (1963) und *Der rote Milan* (1966) vergleichbare Herauslösungen von direkt nicht zugänglichen Stoffen, Gegenständen, Vorgängen thematisiert. Dabei ist der erste Roman, der in einem komplizierten Verfahren UWE JOHNSONS Technik der Mutmaßungen nicht nachahmt, sondern fortentwickelt, was auf ein Erzählen des Erzählens hinausläuft, besonders aufschlußreich. Das Anwesen eines Sägewerksbesitzers namens Glonski wird in Brand gesteckt, und zwar – wie sich herausstellt – von verstoßenen Söhnen. Die Erzählung taucht weit in die dreißiger Jahre und rekonstruiert die Geschichte Glonskis. Eines ihrer Ergebnisse ist, daß kein Erzählen die Wirklichkeit ganz erreicht. *Der rote Milan* entwickelt ebenfalls ein kompliziertes Modell, um eine Geschichte aus den ersten Kriegsjahren zu erinnern. Dieses allerdings funktioniert nicht so recht. Die alltäglichen Fakten aus der Kriegszeit sind zum Teil unrichtig wiedergegeben, und die Vorgänge, Verhaltensweisen und beschriebenen Gegenstände sind mit nahezu irrealen Bedeutungen aufgeladen. Faecke erreicht hier seinen Stoff nicht.

Mit dem Roman *Niembsch oder Der Stillstand* (1964) gab PETER HÄRTLING (*1933) als Erzähler ein Versprechen, das er – wie nicht wenige junge Autoren der literaturfreudigen frühen sechziger Jahre – später nur bedingt einlöste. Protagonist des Romans ist der Dichter Nikolaus Lenau (1802–1850), doch eher als ein Gegenüber des Erzählers, als eine Imagination, eine Beispielfigur denn mit seiner ganzen Biographie. Die

Peter Härtling, hier bei einem Interview während des zweiten Schriftstellerkongresses des Verbandes deutscher Schriftsteller (VS) in Hamburg, Januar 1973.

gibt nur Materialien für eine Prosa an die Hand, die den Schritt aus der Zeit, das Schweben jenseits der Zeit thematisiert. Inbegriff des Stillstands ist die Umarmung, Medium seiner Vergegenwärtigung ist die Musik, die für Härtlings Erzählbewegungen die Figuren vermittelt. Das hochgespannte, erotisch und melancholisch inspirierte Gedankenspiel erreicht einen erstaunlichen Grad schwebender Leichtigkeit. Dieser Roman hebt sich deutlich ab von den dominierenden Tendenzen in der Prosa zur Zeit seines Erscheinens, behauptete sich aber als ein außerordentlicher Kontrapunkt. Nach *Janek* (1966), dem zu gefühlig hinfabulierten »Porträt einer Erinnerung«, nahm *Das Familienfest* (1969) wieder ein ähnlich ambitiöses Thema auf: das Erschaffen von Geschichte, von Wirklichkeit durch Erzählen. Dabei unterliegen allerdings das gedankliche wie das formale Konzept der Neigung, die Gegenstände im Wortschwall

verschwimmen zu lassen, einer Neigung, die nur durch eine außerordentliche Anstrengung des Begriffs, des Denkens gezügelt werden kann. Härtling gibt jedoch diese Anstrengung schon im Ansatz zu leicht wieder auf. *Ein Abend, eine Nacht, ein Tag* (1971) erzählt eher ärgerlich eine Liebesgeschichte. *Zwettl – Nachprüfung einer Erinnerung* (1973) rekonstruiert ein Kindheitserlebnis um das Kriegsende.
Auch Walter Helmut Fritz (*1929) hatte als Lyriker begonnen, und in seiner Prosa – die erste Veröffentlichung, *Umwege* (1964), brachte Erzählungen – thematisiert er, ähnlich wie zunächst Härtling, den Augenblick an der Peripherie der Zeit, freilich den Augenblick der Wahrnehmung. Die Romane *Abweichung* (1965), *Die Verwechslung* (1970), *Die Beschaffenheit dieser Tage* (1972) setzen auf zurückhaltende und genaue Artikulation von Gefühlszuständen, Liebesbeziehungen, Beobachtungen, Reflexionen. Fritz schreibt eine sehr leise, sehr trockene Prosa, läßt sie jedoch so scharf am Rand von Empfindung verlaufen, artikuliert so empfindsam, daß gerade seine Zurückhaltung die Prosa manchmal besonders deutlich ins Sentimentale umschlagen läßt. Seine Konzeption jedoch hat Konsequenz, und sie ist präzis ausgeschrieben. Die Prosaversuche der Lyriker Heinz Piontek (*1925) und Hilde Domin (*1912) erscheinen daneben außerordentlich fragwürdig. Pionteks Roman *Die mittleren Jahre* (1967) ist weltschmerzliche Selbstgefühls-Literatur, die die privaten Affären, Gefühle und Malaisen durch Überschätzung in ein fatales Licht rückt. Hilde Domins Roman *Das zweite Paradies* (1968) demonstriert durchaus Ähnliches. Eine Liebesgeschichte, modisch arrangiert, etwas beliebig Privates wird in der Erzählung durch Aufladung mit falscher Bedeutung nicht glaubwürdig, sondern indiskutabel.
Nach den eindringlichen Erzählungen des Bandes *Heldengedenktag* (1964) suchte Gerhard Zwerenz mit *Casanova oder Der kleine Herr in Krieg und Frieden* (1966) Anschluß an die Erfolgswelle des manieristisch-grotesken Schelmenromans. Er entwarf ein pansexuelles Panorama, das bei großem Kraftaufwand in der Häufung entsprechender Einfälle und Vorstellungen steckenbleibt. Da ist der in Wien geborene, in London lebende Jakov Lind (*1927), der in den Erzählungen *Eine Seele aus Holz* (1962) und dem Roman *Landschaft in Beton* (1963) Terror thematisiert und sein Erzählen an die Grenze der Absurdität vorangetrieben hatte, auch mit dem Roman *Eine bessere Welt* (1966) konsequenter. Er treibt allerdings die groteske Geschichte um die Freund-Feinde Roman Wacholder und Ossias Würz voran bis ins Willkürliche und Beliebige. Bei der Groteske setzt auch Hans Christoph Buch (*1944) in seinem bisher einzigen Prosaband *Unerhörte Begebenheiten* (1966) an, und zwar um von ihr her eine Art kunstvoll umrissener, kolorierter Moritaten zu entwerfen. Das ist reizvoll, bleibt jedoch eigenartig gegenstandslos.
Geschichten aus dem westfälischen Angelmodde, saftige, kecke, muntere Geschichten erzählt Otto Jägersberg (*1942) in seinem Buch *Weihrauch und Pumpernickel* (1964), einer sympathischen Mischung aus Schelmen- und Heimatroman. Die Geschichten sind locker um den Lebenslauf des jungen Georg Holtstiege gruppiert, den man einen Schwejk am Rande der Industriegesellschaft genannt hat. In Jägersbergs Roman *Nette Leute* (1967) wird erzählt aus dem Alltag eines Vertreters, der Lexika loszuwerden versucht. Jägersberg kennt, wovon er erzählt, weiß auch die erfolgversprechenden Erzähltechniken der Jahre geschickt zu benutzen.
Schelmenroman und Groteske blieben in einem sozusagen literarischen Sinn, als formale Anregung, als Muster für individuelle Entwürfe eine Verlockung gerade für junge Schriftsteller. Von der DDR aus trug vor allem Günter Kunert (*1929) mit

dem Roman *Im Namen der Hüte* (1967) das Seine zur simplicianischen Groteske bei. KAY HOFF (*1924) sucht mit dem Roman *Bödelstedt oder Würstchen bürgerlich* (1966) eine eher traditionell realistische Variante. Daß allen Vorbildern und Vorläufern zum Trotz noch immer höchst originelle Geschichten von diesem Ansatz aus entwickelt werden konnten, zeigt ERNST HERHAUS (*1932) in seinem Roman *Die homburgische Hochzeit* (1967). Sein Simplicissimus namens Erich Hals, mit einem irren Gelächterzwang belastet, hat zugleich träniertes Denkvermögen, ist ein Intellektueller, ist sogar der Ich-Erzähler des Romans. Herhaus entwirft ein äußerst farben-, figuren- und ereignisreiches Panorama, in dem sich Kuriositäten, Obszönitäten, Aktualitäten bunt mischen und in dem Erich Hals nach erstaunlichen Umtrieben, nach einer Flucht ins Irrenhaus schließlich sein Welt- und Selbstbewußtsein akzeptiert. Die Konfrontation des pikarischen Erzählmusters mit der Stadtwelt in der Industriegesellschaft ist in diesem Roman geglückt.

Mit dem *Roman eines Bürgers* (1968) setzte Herhaus allerdings dies alles schon aufs Spiel. Dieses allzu rasch dem ersten nachgeschickte Buch wirkt als ein zu flott und zu leichthändig hergestelltes modisches Mischprodukt aus Sex- plus Intellekt-Appeal, das sich vor allem durch verwaschen-aparte Schreibweise in Frage stellt. Und solcherart fuhr Herhaus bedauerlicherweise fort. In dem Roman *Die Eiszeit* (1970) will er sämtliche Monstrositäten des spätbürgerlichen Wahnsinns in eine einzige surrealistisch-manieristische Totale fassen. Das aber ergibt nur noch eine abstruse, ja obskure Häufung von Gags zwischen THEODOR W. ADORNO und studentischer Revolution einerseits, Foltersex, schwarzen Messen und kannibalischen Partys andererseits – ein Breitwandcolorfilm, der verschleiert und nur noch unterhält.

Immer wieder gab es auch Versuche, zwischen den dominierenden Entwicklungen und Fronten andere Wege zu finden. In *Landru und andere* (1966) legte GERD FUCHS (*1932) Erzählungen vor, die einzelne Figuren, begrenzte Vorgänge zu geschichtlichen Abläufen in Beziehung setzen, zu Nazizeit, Restauration, Gegenwart. Das gerät zu Beispielerzählungen, in denen Verhaltensweisen durchsichtig werden und in denen sich Ratlosigkeit gegenüber der Umwelt profiliert. Der Schweizer HUGO LOETSCHER (*1929) entwarf in seinem originellen Roman *Abwässer* (1963), einer Satire auf die Stadtgesellschaft, ein sachliches, präzises, kritisches Gedankenspiel. Auch mit dem Roman *Die Kranzflechterin* (1964) hatte er nicht zuletzt Satire im Sinn, Satire auf das kleinbürgerlich-bürgerliche Geschäftsgebaren, exemplifiziert am Geschäft mit dem Tod. *Der Weg nach Oobliadooh* (1966) von FRITZ RUDOLF FRIES (*1935), der in der DDR lebt, erschien nur in der Bundesrepublik – eine Phantasmagorie der Flucht aus dem sozialistischen Alltag in Alkohol und Phantasie. INGEBORG DREWITZ (*1923) zeigt in dem Roman *Oktoberlicht* (1969), einem Querschnitt aus dem Leben einer Frau Mitte der Vierzig, daß ein eher naives realistisches Erzählen, zurückhaltend intoniert, durchaus noch gelingen kann.

In der umfangreichen Erzählung *Ein Leben auf Probe* (1967) hat MANFRED FRANKE (*1930) die objektivierende Beschreibung angewandt zur Vergegenwärtigung eines extremen Krankheitsfalles: ein zunächst scheinbar lebensunfähiges, von den Ärzten aufgegebenes Kind wird gerettet. Hier zeigt sich, wie ergiebig das Verfahren als Mittel der Annäherung an einen komplizierten Sachverhalt und seiner konkreten Verdeutlichung ist. Frankes Roman *Bis der Feind kommt* (1970) ordnet sich, wiederum bei der Beschreibung ansetzend, den Berichten vom Krieg aus der Kindheitsperspektive zu. Sein Roman *Mordverläufe* (1973) entwirft von dokumentarischem Material aus, Zitat-

techniken variierend, ein exemplarisches Bild der Kristallnacht, des Auftakts der direkten Judenverfolgung durch die Nazis, wobei die Vorgeschichte, die Ebene der Ermittlung und die Gegenwart als Blickpunkte einbezogen sind.
HORST BIENEKS Roman *Die Zelle* (1968) objektiviert in einer Folge offener Prosapassagen die Realität des Gefangenseins zu einem fast abstrakten Bild, parallel gleich-

Walter Kempowski

sam zur Malerei des Informel. Der Roman intendiert die substantiellen Elemente des Zustands, seine Struktur, die sich darstellt fast als ein Medium der Meditation. In der Erzählung *Bakunin – Eine Invention* (1970) sind die Denkabläufe eines Anarchisten heute mit authentischen Informationen über Bakunin ineinandergeschnitten. Die Technik dieser Erzählung verweist auf einen Strang in der neueren Erzählpraxis, der erst noch zu charakterisieren ist.
Auch das erste Prosabuch von WALTER KEMPOWSKI (*1929) thematisiert Gefangenschaft: *Im Block* (1969). Kempowski zielt nicht auf die Struktur, das An-Sich der Gefangenschaft, sondern rekapituliert in Gruppen sehr kurzer Texte, die jeweils einen Zustand oder Vorgang isolierend verzeichnen, unablässig Faktisches, legt damit sozusagen – fast so, wie ARNO SCHMIDT es in seinen *Berechnungen* vorgeschlagen hat – geordnet eine große Anzahl von Fotobildern vor. Die subjektive, die Erlebnis- und Leidkomponente tritt zurück, und statt dessen verdeutlichen sich die konkreten Faktoren des Lebens in Gefangenschaft. Daß über die Haft in einem DDR-Zuchthaus berichtet wird, ist kein primäres Kennzeichen des Buches. Eher lassen sich Beziehungen herstellen zum Strafvollzug ganz allgemein, auch an Menschen, die keineswegs politische Häftlinge sind, als daß die Problematik des Berichts sich oberflächlich politisieren ließe. Konkrete, von den subjektiven Emotionen befreite Erfahrung wird zugänglich.

Mit den Romanen *Tadellöser & Wolff* (1971) und *Uns geht's ja noch gold* (1972) hat Kempowski seine Technik in epischer Verbreiterung zur Rekapitulation einer Jugend unter den Nazis und im Krieg sowie der frühen Nachkriegszeit im sowjetisch besetzten Rostock verwendet. Autobiographisch belegt, gerät das durchaus zum treffenden Bild einer ganzen Geschichtsepoche, ohne allerdings die Intensität des Haftberichts zu erreichen.

Bleiben hier schließlich zu nennen die späteren Arbeiten von GÜNTER GRASS und MARTIN WALSER. Mit *Das Einhorn* (1966) setzte Walser nach längerer Zwischenzeit seine Anselm-Kristlein-Epopöe fort, die 1973 mit dem Roman *Der Sturz* abgeschlossen wurde. *Das Einhorn* signalisiert, daß Walser inzwischen die Naivität des unmittelbaren erzählerischen Zugriffs in zeitkritischer Absicht nicht mehr aufbringt. Kristlein ist zum Autor avanciert und strickt mit einschlägigen Abenteuern an einem »Sachroman über Liebe« herum, der mißlingt. Das umfangreiche Erzählwerk thematisiert – von der mittels Sprache unerreichbaren Liebe einmal abgesehen – die Schwierigkeiten bei dem Versuch, mit Sprache noch etwas zu machen. Das ist über weite Strecken Parodie der neobarocken und konkreten Schreibweisen. In der Form erstaunlicher Sprachartistik, im pausenlosen Wortschwall wird zugleich eine eigentümliche Sprachlosigkeit spürbar. Walser zieht nämlich aus seinem Mißtrauen gegenüber dem Roman und gegenüber der Sprache weder in der einen noch der anderen Richtung Konsequenzen, die einleuchten. Der nahezu einstimmige Entscheid der Kritik, diesmal sei Walser gescheitert, dürfte begründet gewesen sein. Die Prosa *Fiction* (1970), ein Versuch, die auf einer veränderten Sprachtheorie beruhenden aktuellen Schreibweisen nun zu übernehmen, mißglückte noch offensichtlicher. Der Roman *Die Gallistl'sche Krankheit* (1972) attackiert den Leistungszwang in der kapitalistischen Gesellschaft und apostrophiert die Hoffnung auf Ausgleich in einer anderen, einer sozialistischen Ordnung. *Der Sturz* schließlich könnte sich erweisen als ein für die weitere Arbeit des Autors besonders wichtiger Roman. Hier ist von der Präpotenz, die Walsers Erzählen oft ärgerlich verzerrt hat, kaum noch etwas zu spüren. Walser-Kristleins Geschichte steuert einem Tiefpunkt zu, mündet in Resignation, in der eine neue Gelassenheit spürbar wird. Das vermittelt diesem Autor möglicherweise eine Basis, auf der sich sein Verhältnis zu den Sachen und zur Sprache, das zu oft gestört worden ist, konsolidieren könnte.

Helmut Heißenbüttel hat gelegentlich festgestellt, daß Walser wie Grass den Zustand, in dem wir uns befinden, nur »mit Hilfe eines geschwätzigen autobiographischen Fetischs« zu kennzeichnen vermöchten. Was GRASS betrifft, ist sein Roman *Örtlich betäubt* (1969) Dokument des Versuchs, auf einen solchen Fetisch zu verzichten, direkt zur Sache zu erzählen. Aus einer Erwartungshaltung heraus, die sich offenbar ganz auf die literarische Situation um 1960 und des Autors erste große Erfolge eingestimmt hatte, ist der Roman von der Kritik in der Bundesrepublik rigoros angegriffen worden: die Kritik in den USA zum Beispiel war dagegen nahezu einstimmig voller Bewunderung für *Örtlich betäubt*. Und nicht ohne Grund.

In der Geschichte um den Studienrat für Deutsch und Geschichte namens Starusch und seinen revolutionär gesonnenen Schüler Scherbaum hat Grass die Auseinandersetzung gesucht mit dem Zustand eines unsicheren, auf fragwürdige Weise vernünftigen, das Erreichbare den absoluten Zielen überordnenden Verhaltens, dessen Problematik er deutlich sieht und auch deutlich macht, das er aber dennoch für wünschenswert hält, auch politisch. Aufschlußreich ist dabei, wie Grass sich – darin BÖLL ähnlich – an neuen Praktiken des Prosaschreibens orientiert. Der Roman besteht zur Hauptsache aus vorgefundenem redensartlichem Sprachmaterial, wie es die Umwelt halbwegs informierter und politisch einigermaßen interessierter Kleinbürgerlichkeit anbietet. Dieses Material, in dem sich gegebenes Denken und Verhalten abbilden, ist zu einer Collage arrangiert, wobei konventionelle Organisationsmuster beibehalten sind. Grass benutzt also – wobei des öfteren Originell-Originales im alten Sinn unterläuft – Techniken des Sprachzitats als Materialzitat, die nach dem Erscheinen seiner Kriegs- und Nachkriegs-Trilogie entwickelt wurden und seither wichtig geworden sind. Er benutzt sie mit dem Ziel, die Realität und Relativität des konkreten gesellschaftlichen Überbaus sichtbar zu machen. Er ist dabei nicht konsequent. Aber es mag sein, daß die Grasssche Mischform, die um der direkteren Wirkung willen vielerlei Halbheiten einschließt, der Verbreitung der Erkenntnis solcher Realität dienlich ist. Das ist dann auch literarisch von Belang. So angesehen, demonstriert *Örtlich betäubt* vor allem, daß Grass in seiner eigenen Vergangenheit nicht steckengeblieben ist, daß er weiterhin zu den mitlebenden Schriftstellern zählt.

EIN NEUER LERNPROZESS

Vor allem auf den letzten Seiten deutete es sich an: die Mehrzahl der schon genannten, in den sechziger Jahren und noch später entstandenen Prosaarbeiten stehen in einer Beziehung auch zu dem vergleichsweise schmaleren Strang einer Prosaliteratur, in der die Ansätze von Peter Weiss und Jürgen Becker nicht nur am Rande reflektiert, sondern thematisiert und vielseitig ausgeschrieben worden sind, in der diese Ansätze – was der Neue Realismus nicht vorsah, was aber Jürgen Becker gerade in seinen frühesten Texten schon praktizierte – bewußt in Beziehung gesetzt wurden zur Destruktion der sprachlichen Formen bis in die Syntax des einzelnen Satzes, zu Methoden, die zunächst scheinbar auf Lyrik und lyrische Texte beschränkt waren.
Abgesehen von gewissen Vorformen bei Grass, die aber mehr stilistisch und um der barocken Wirkung willen eingesetzt wurden, abgesehen auch von H.C. Artmann (*1921) und seiner frühen Prosa in *von den husaren und anderen seiltänzern* (1959) und *das suchen nach dem gestrigen tag oder schnee auf einem heißen brotwecken* (1964) setzt etwa gleichzeitig mit Jürgen Becker eine ganze Gruppe junger Autoren an diesem Punkt ein, allerdings eher tastend und mit unterschiedlicher Konsequenz. Ihre Namen wurden bereits erwähnt. In *Fortsetzung des Berichts* (1964), die sich fortsetzte in *Pilzer und Pelzer* (1967), läßt Ror Wolf (*1932) die Beschreibung eines wuchernden Panoramas ums Essen und Verdauen sich immer wieder in autonome Sprachbewegungen verselbständigen. »Handlung ist hier die eigenmächtige Tätigkeit der Sprache« (Marianne Kesting). Christian Grote artikuliert in *Für Kinder die Hälfte* (1963) objektivierend sachlich die Welt eines Kindes in den Jahren 1935 bis 1945. Die Masse der Bilder und Eindrücke, die sich langsam in Bezüge ordnen und so zu Fragen führen – Fragen, die niemand beantwortet –, ist offen, ohne Voraussetzung fiktiver Zusammenhänge artikuliert, auch ohne die Fiktion, das Kind habe dem schon so etwas wie Persönlichkeit entgegenzusetzen. Die Prosa zeigt sehr eindringlich, wie Sprache sich verdinglicht, identisch wird mit dem Fremden, von dem das Kind umgeben ist. Von Konrad Bayer (1932–1964) seien genannt *der kopf des vitus bering* (1965) und *der sechste sinn* (1966). Für den aus Wien stammenden Bayer sind die Wörter

Objekte, die sich in der Perspektive des einzelnen zu einer scheinhaften Welt arrangieren.

Peter O. Chotjewitz (*1934) entwarf von solchen Anregungen her den Roman *Hommage à Frantek* (1965). Die Erfahrung, daß dem Ich eine unüberschaubare Menge von Einzelwahrnehmungen, Einzelgedanken, Einzelgefühlen, eine ebenso unüberschaubare Menge einzelner, gleichzeitiger Verläufe, Konstellationen und Ereignisse entspricht, führt zum Konzept eines Buches als Partitur nebeneinander verlaufender Wortfolgen. Angesichts seiner Erfahrung bleiben dem Autor nur Collage und so etwas wie Happening als Literatur – ein möglichst vielspuriges Reagieren auf die unabsehbaren Relationen der Sachverhalte, die Identität im gewohnten Sinn nicht mehr zulassen. Solch Reagieren charakterisiert auch den Roman *Die Insel – Erzählungen auf dem Bärenauge* (1969), Mischung aus Underground-Panorama und Geschichte aus *Tausendundeine Nacht*, die sich allerdings unversehens wieder zu einer großen Epopöe rundet.

Dem inzwischen schon zum durchschnittlichen Repertoire gehörigen Thema Identität gab Rolf Roggenbuck (*1934) in dem Roman *Der Nämlichkeitsnachweis* (1967) eine aktualisierende Wendung. Der Nämlichkeitsnachweis, den ein Ich-Erzähler namens Robert Löffler zu gewinnen sucht, kommt an kein Ende. Die Identitätssuche bricht sich an der Realität dessen, was Wahrnehmung und Reflexion, Bewußtsein und Sprache tatsächlich zu konkretisieren vermögen. Was sie hervorbringt, ist ein Mögliches, das tausend Möglichkeiten freisetzt. Das verdeutlicht Roggenbuck auch in der Schreibweise: Wahrnehmung, Vorstellung, Erinnerung und Erfahrung werden zu einer Sache der Sprache, werden selbständig in der Sprache, in der Erzählung. Man könnte den Roman fast eine Parodie auf die konventionelle Abhandlung der Identitätsproblematik nennen.

Mit dem Roman *Aber egal* (1963) blieb Hans J. Fröhlich (*1932) zunächst im gewohnten Schema. Mit *Tandelkeller* (1967) hielt er sich zwar ebenfalls noch an das vielstrapazierte Thema der Kindheitserinnerung an den Krieg, arbeitete jedoch so bewußt die Distanz zu seinem Stoff heraus, konkretisierte so direkt eine Umwelt als in der kindlichen Wahrnehmung ganz selbstverständlich durchlebt, deren Grauenhaftigkeit erst im Rückblick erlebbar wird, sondierte so sicher das Authentische, daß die Reflexion der neuen Daten in der Prosaliteratur sich eindringlich darstellt. Der Roman *Engels Kopf* (1971) erprobt, welche Beziehungen bestehen zwischen Erinnerung, Wahrnehmung, indirekten Informationen aller Art, Vorstellung, Erlebnis und erzählerischer Artikulation, und macht eben dies zum Inhalt einer offenen Komposition, in der Realität zugleich in Frage gestellt und zugänglich wird.

Einen weiteren Ansatzpunkt gab der Schweizer Peter Bichsel (*1935) mit der Kurzprosa in *Eigentlich möchte Frau Blum den Milchmann kennenlernen* (1964), einen Ansatzpunkt, der in die gleiche Richtung wirkte. Die außerordentlich knappen, sachlichen Stücke zeigen ganz unmittelbar vor, was ist. *Die Jahreszeiten* (1967) und *Kindergeschichten* (1969) sind Bichsels weitere Publikationen. Für ihn geschehen Geschichten auf dem Papier. Sie sind etwas Sprachliches, etwas, das im Text und nicht anders existiert. Knappheit und Kürze ergeben sich zwingend, weil sprachliche Abläufe, nicht von außen vorgesetzte formale Muster, die Geschichten hervorbringen.

Was sich hier andeutet, haben Helga M. Novak (*1935), Wolf Wondratschek (*1943) und Günter Eich (1907–1972) in ihrer Kurzprosa auf verschiedene Weise präzisiert. Aber zunächst ist hervorzuheben, daß alle diese Initiativen, die sich nicht

Gert F. Jonke
Ror Wolf

Wolf Wondratschek
Helga M. Novak

Ludwig Harig
Uwe Brandner

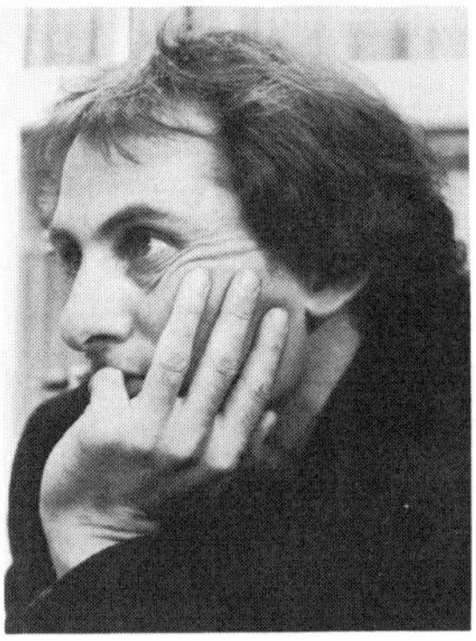

Herbert Achternbusch
Peter O. Chotjewitz

eindeutig ordnen lassen, nur stockend vorankamen. Gerade innerhalb des Literaturbetriebs wurden hohe Schranken aufgerichtet gegen Autoren, die sich theoretisch und praktisch gegen eine Prosa noch immer der allgemeinen Ideen und pauschalen Wahrscheinlichkeiten, gegen die »junge deutsche Literatur der Moderne«, die Werkvorstellungen und die Vorstellung von der großen Schriftstellerpersönlichkeit wendeten. Unverständlich blieb der vorherrschenden Kritik auch die Reflexion der konkreten Poesie und ihrer Theorien, der Arbeiten von HELMUT HEISSENBÜTTEL (*1921), FRANZ MON (*1926) und der Wiener Gruppe. Die ganz gewiß begründeten und vorausweisenden Theorien MAX BENSES (*1910), der die Naturwissenschaften als neues Bezugssystem der Literatur ins Spiel zu bringen und sein Konzept auch in Prosatexten zu konkretisieren suchte – *Entwurf einer Rheinlandschaft* (1962) –, drangen zunächst kaum ins Bewußtsein. Das änderte sich erst Ende der sechziger Jahre, etwa zu der Zeit, als auch das Neue Hörspiel von sich reden machte. Da erst wurde publik, daß jenseits des literarischen Konsensus Ansätze zu einer anderen, auch die Sprache thematisierenden Literatur ausgearbeitet worden waren, die der konkreten geschichtlichen Situation und den immer deutlicher naturwissenschaftlich-technisch bestimmten allgemeinen Abläufen tatsächlich entsprachen.

Die erstaunlich breite Reaktion auf die geschickt plazierte Protestkundgebung des jungen Grazer Autors PETER HANDKE (*1942) während der Tagung der Gruppe 47 im Jahr 1966 in Princeton schlug schließlich in der Öffentlichkeit eine Bresche für andere, neue Literaturvorstellungen, und zwar durch Verunsicherung. Man wagte es hiernach nicht mehr, neuen Vorstellungen noch völlig bedenkenlos und selbstsicher Widerstand entgegenzusetzen. Was dabei die Romane von Peter Handke selbst betrifft – *Die Hornissen* (1966), *Der Hausierer* (1967), *Die Angst des Tormanns beim Elfmeter* (1970) sind hier zu nennen –, so erntete er, wo er nicht gesät hatte: anders als in seinen Theaterstücken, die tatsächlich die Szene selbst veränderten, hat Handke in seiner Prosa zur Literatur nichts Neues oder Überraschendes beigetragen, sondern nur kompiliert und paraphrasiert, was schon ausgearbeitet war. Von seinem unter sachlichem Aspekt trotz seiner erfreulichen Wirkung eher dubiosen Auftritt in Princeton aber hat die ganze, bis dahin erfolglose Richtung einer von neuen Theorien ansetzenden konkreten und experimentellen Literatur, haben alle ihre Autoren ganz zweifellos profitiert. Nunmehr wurden sie beachtet und mit Preisen bedacht. Aber nicht nur das. Die konkrete und experimentelle Literatur wurde von nun an innerhalb der Prosa breit reflektiert, und sie veränderte die Prosa. Es entstanden Prosatexte von radikaler Eindeutigkeit, und sie wurden publiziert. Im Jahr 1973 ist für junge Autoren nicht mehr die »junge deutsche Literatur der Moderne«, sondern all das ein auch schon wieder historisches Bezugsfeld, was nach Handkes Auftritt breit in die öffentliche Diskussion kam.

Eine sowohl initiierende als provozierende Wirkung hatten dabei, wie schon erwähnt, die kurzen Prosatexte von WOLF WONDRATSCHEK in den Bänden *Früher begann der Tag mit einer Schußwunde* (1969) und *Ein Bauer zeugt mit einer Bäuerin einen Bauernjungen, der unbedingt Knecht werden will* (1970), ebenso wie die *Maulwürfe* (1968 und 1970) von GÜNTER EICH und die Prosa in *Geselliges Beisammensein* (1968) von HELGA M. NOVAK. Wondratscheks knappe Sachverhalte, paradox akzentuierende Satzfolgen und seine Satz-Lehre – »Nur die Sätze zählen« –, Helga M. Novaks Akzentuierung der fixen Muster in den dinglichen und menschlichen Beziehungen mittels Sätzen, die »Standfotos vergleichbar« sind (Lothar Baier), Günter Eichs bittere und sarkastische Wendung vom Dichterwort zum Aufwerfen von Wörtern – und damit Sachverhalten –

mit dem Maul brachten die Konventionen wirkungsvoll durcheinander. Nicht zuletzt entsprechend der Provokation dieses Satzes aus dem ersten Band der »Maulwürfe« Eichs: »Da kommen sie an, die neun Musen des Stumpfsinns, – laßt mich meinen ohnmächtigen Zorn ausschreien – die Dichter und Dichterinnen mit ihren wohlriechenden Strophen, das ganze mit Namen und Ländereien belohnte Gezücht – ja, wenn man Messer und Stricke genug hat, ist alles Harmonie.«

FRANZ MON publizierte als erster der Konkreten umfangreichere Prosaarbeiten, das *Lesebuch* (1967) und *herzzero* (1968). Wie in seinen früheren Texten und seinen Hörspielen verfährt Mon auch in ihnen radikal nach dem Prinzip Collage. Es geht durchaus um Aussagen, um menschliche und gesellschaftliche Zustände, doch es geht um sie nicht so, als sei ihre sprachliche Erscheinungsform etwas Sekundäres, sondern so, wie sie sich in ihrer sprachlichen Erscheinungsform und nur in dieser darstellen. Mon colliert nicht Bedeutungen, sondern Wörter und Wortfolgen. Der semantische Aspekt der Sprache ist für ihn nur ein Aspekt der Sprache neben anderen, neben den lautlichen, optischen, syntaktischen. Wobei eine Voraussetzung bleibt, daß die gewohnte Syntax fragwürdig ist. Für Mon ist sie Medium eines Konsensus, den Menschen einerseits akzeptieren müssen, weil sie ohne ihn und all das, was dem Konsensus weiter entspricht, nicht leben können, gegen den sie sich aber zugleich auflehnen müssen, weil sie sich ohne den Protest in einem sich immer mehr verselbständigenden Prozeß gleichsam auflösen würden. Zugleich als ein Beispiel für die umfangreiche essayistische Literatur im Kontext der experimentellen Praktiken seien einige Schlußfolgerungen zitiert, die Mon in theoretischen Überlegungen zum Verhältnis von experimenteller Kunst und Gesellschaft schon früher gezogen hatte:

Die Unversöhnlichkeit zwischen experimenteller Kunst und einer Gesellschaft, die im ganzen konformistisch sein muß, weil der zivilisatorische Existenzapparat nur so in Gang bleibt (und also auch die Existenz des Protestierenden garantiert), beruht nicht auf unzureichender Belehrung, die durch pädagogische Maßnahmen behoben werden könnte; sie ist konstitutiv und stellt sich gerade dann unwiderstehlich wieder her, wenn die zivilisatorische Realität eine Phase der experimentellen Kunst akzeptiert hat. Denn eine solche Aufnahme geschieht immer nur beiläufig, der tatsächliche theoretisch-praktische Realitätsvorgang verläuft in seinem eigenen Problemgefüge. Eine unmittelbare Beeinflussung findet weder von der Kunst auf diese Realität, noch umgekehrt statt. Die Kunst hat keinesfalls die Kraft, die zivilisatorische Entfremdung selbst aufzuheben. Es genügt, daß sie jene Existenzform des volldimensionierten Subjekts am Leben erhält und durch die Analogiebezüge hindurch der zivilisatorischen Physiognomie das unerwartete und doch begründete Gesicht der Freiheit, des Spiels, des neuen »Ganzen« zeigt und vermutlich dadurch, daß sie die Fähigkeit der Negation, des Protestes übt, an der Fortdauer des Problembewußtseins, auf dem der Bestand der zivilisatorischen Welt beruht, beteiligt ist.[15]

Die Reflexion aktueller Vorgänge und Initiativen vor allem in der Literatur war auch für HELMUT HEISSENBÜTTEL ein ständiges Arbeitselement. 1970 hat dann Heißenbüttel, nach Abschluß der *Textbücher*, ebenfalls einen Prosaband von Romanumfang veröffentlicht: *D'Alemberts Ende*, charakterisiert als »Projekt Nr. 1«. Inhalt dieser rund 400 Seiten füllenden Prosa sind die Denk-, sprich Redeweisen der Intellektuellen, und zwar im wörtlichen Sinn, denn sie werden extensiv zitiert. Zentrales Thema ist dabei das Verhältnis von Wort und Sachverhalt. Für Heißenbüttel entwickelt es sich zu einer Demonstration der faktischen Machtlosigkeit der Wörter, ihres Abgelöstseins aus den Sachbezügen, ihres Rotierens in einer isolierten Sphäre. Die Wörter erscheinen als eine

Realität neben anderen Realitäten, und sie funktionieren innerhalb ihrer autonomen Muster. Die synthetische Authentizität der nur aus Redeweisen, aus Sprachstücken zusammengesetzten neun Figuren, die im Buch eine Rolle spielen, illustriert Figur für Figur das leidende oder hilflose oder opportunistisch-zynische Akzeptieren des Zustands.

Heißenbüttel hat *D'Alemberts Ende* eine Satire auf den Überbau genannt. Das ist ein wenig forciert, denn es handelt sich um eine von vielen möglichen fiktiven Reproduktionen aus Elementen des Überbaus, und satirisch ist sie nur insofern, als Zerstörung gewohnter sinngebender Bezüge und neue Zusammensetzung so gewonnener Teile auch in bezug auf Redeweisen schon einen gewissen satirischen Effekt machen. Davon abgesehen, ließe sich eher von einer mit Sarkasmus gewürzten Elegie auf den Überbau sprechen, der nicht mehr hält, was er noch immer zu versprechen scheint. Doch es kommt an auf die bewußte und tatsächlich im Text enthaltene Relativierung, die solche Definition andeutet. *D'Alemberts Ende* ist eine »synthetische Halluzination« innerhalb der Sprache, vor allem aus Sprachstücken, die von Goethe, Marx, Freud, Adorno und vielen anderen in Umlauf gebracht worden sind und die als Sprache selbst gelten. Die fiktive Realität solcher geplanter Halluzination in und mit der Sprache hat keinen bestätigenden Charakter mehr, sondern will provozieren. Das Ergebnis – das ist in diesem Text ganz unmittelbar verdeutlicht – stellt völlig andere Ansprüche als die Literatur im traditionellen Sinn, ist Herausforderung und ist Ausprobieren einer anderen Literatur, die Irritation und Erkenntnis statt Einstimmung und Bestätigung intendiert.

Alle Entwürfe der neuen Literatur dieser Art kennzeichnet, daß in ihnen der Anspruch, ein Gesamtbild, etwas Allgemeinverbindliches und Repräsentatives darzustellen, nicht mehr erhoben wird. Gerade das hat sich als ein Hindernis für die angemessene Rezeption erwiesen. Die falschen Erwartungen sind langlebig. Ist aber erst die Vorstellung abgeräumt, ein Roman müsse komplex eine ganze Existenz, einen exemplarischen Zustand, eine ganze Epoche spiegeln, ein Bild von ihnen geben, ist sie ersetzt durch die zweifellos sachlichere Vorstellung, er könne ganz legitim z.B. ein bestimmtes Verfahren in seinen stofflichen Konsequenzen demonstrieren, dann wird die Rezeption ein fast wieder selbstverständlicher Akt. Es wird sogar wieder so etwas wie Vergnügen an Literatur möglich, an einer Literatur, die sich allerdings nur begreifen läßt, wenn ihre Voraussetzung erkannt ist: daß Sprache nicht mehr nur als Medium blind vorausgesetzt werden kann, sondern selbst Objekt des Erkennens, der Analyse, des Infragestellens ist. In der vielleicht radikalsten Weise hat das eine weitere exemplarische Arbeit der von hier aus konzipierten neuen Literatur exemplifiziert: *Die Verbesserung von Mitteleuropa* des Österreichers OSWALD WIENER (*1935). Dieser seit 1962 entstandene und 1969 veröffentlichte umfangreiche, als Roman bezeichnete Text thematisiert ausdrücklich die Abhängigkeit des einzelnen und des Wahrnehmens, Vorstellens und Denkens von der Sprache, einer Sprache, die Freiheit ausschließt. Wiener führt das zum Bild eines »bio-adapters« und zu extrem fatalistischen Folgerungen.

Ist aber nicht eine Abhängigkeit, die bewußt geworden ist, damit grundsätzlich schon zur Disposition gestellt? Die pessimistischen, fatalistischen Folgerungen überwiegen in der neuen Literatur. Das ist jedoch eine Konsequenz auch der Tatsache, daß zunächst die komplizierten Mechanismen dieser Abhängigkeit erkundet und verdeutlicht werden müssen. Vor allem INGOMAR VON KIESERITZKY (* 1944) hat den Prozeß weitergeführt. Seine Romane *Ossip und Sobolev oder Die Melancholie* (1968), *Tief oben* (1970) und *das eine wie das andere* (1971) dokumentieren die konsequente Annäherung an den Kern dieser Provokation, und zwar durch eine sich steigernde Autonomisierung aller Faktoren eines Textes. Die Autonomie, die Kieseritzky meint, hat jedoch nichts mehr mit der historischen Vorstellung einer autonomen Dichtung zu tun, sondern sie entsteht gerade in der Blockierung der Korrespondenz zu allgemeinen Vorstellungen. Der wissenschaftliche Positivismus WITTGENSTEINS, SCHLICKS, CARNAPS scheint zugleich beim Wort genommen und ad absurdum geführt zu sein, wenn Kieseritzky aus den Unmassen von all dem, was der Fall ist, in sich sinnvolle Sätze erzeugt, deren Summe im Vergleich zu den gewohnten Wirklichkeitsbildern absurd ist. Falls Literatur möglich ist in Relation zu den Prinzipien der Kybernetik, so zeigt Kieseritzky diese Möglichkeit am Beispiel vor.

LUDWIG HARIG (* 1927) hatte in seinen Hörspielen vor allem die ideologiekritischen Möglichkeiten konkreter Verfahrensweisen, des »Sprachspiels«, verdeutlicht. Schließlich publizierte er einen »Familienroman«: *Sprechstunden für die deutsch-französische Verständigung und die Mitglieder des gemeinsamen Marktes* (1971). Auch er entwirft ein Sprachspiel. Allerdings zielt es auf Lesevergnügen. Es ist ein Lesebuch, das ein anderes Lesen trainiert, für jedermann.

Der Begriff des Sprachspiels als Zusammenfassung für die Praktiken der die Sprache selbst reflektierenden Literatur, der Montagen und Collagen aus sprachlichem Material, hat sich eingebürgert. Häufig wird er mißverstanden. Er meint keineswegs ein beliebiges Herumspielen mit der Sprache. Zu verstehen ist er nur von den *Philosophischen Untersuchungen* LUDWIG WITTGENSTEINS her, die vom Sprachspiel handeln in dem Sinn, daß eine Sprache vorstellen heiße, sich eine Lebensform vorstellen. Das impliziert sehr viel, akzentuiert die Abhängigkeit von Sprache ebenso, wie es dazu herausfordert, alternative Lebensformen vorzustellen. Es impliziert auch die Möglichkeiten kritischen, befreienden und vergnüglichen Spiels mit Sprache, wobei dies alles sich gegenseitig nicht ausschließt. Neben den fatalistischen und radikal auf Reflexion wissenschaftlicher Faktoren setzenden Texten mehrten sich auch solche, in denen die kritischen und befreienden Aspekte hervorgehoben sind. Eine gewisse Ambivalenz bleibt allerdings meist spürbar. Beispiele sind hier vor allem die »Fußballspiele« ROR WOLFS unter dem Titel *Punkt ist Punkt* (1971), die eine Sondersprache des Alltags in Bewegung bringen und bloßstellen, und die Zitatcollage *H* (1970) von KLAUS STILLER (* 1941), die faschistischen Sprachgebrauch verdeutlicht. Zu nennen wären Arbeiten der Österreicher FRIEDERIKE MAYRÖCKER (* 1924), ELFRIEDE JELINEK (*1946), MICHAEL SCHARANG (* 1941), HERBERT BRÖDL (*1949).

Mit seinem *Geometrischen Heimatroman* (1969) erprobte der gebürtige Klagenfurter GERT FRIEDRICH JONKE (*1946) ein Erzählen, das offen ist für jede Kombination und jedes Arrangement, das bewußt ein Kunstprodukt konstruiert und darin gerade doch auch bezogen bleibt auf kompakte Inhalte: Leben im Dorf und seine Liquidation, Unterdrückung, Zwang, Fremdheit. Intention und Stoff hat Jonke in einer ganzen Reihe weiterer Arbeiten variiert. In den Romanen und Erzählungen von DIETER KÜHN (* 1935) – *N* (1970) und *Siam-Siam* (1972) – werden die sprachlichen Abhängigkeiten in leicht faßliche stoffliche Muster projiziert und durchgespielt, durchaus im Blick auf unmittelbares Lesevergnügen. ALFRED BEHRENS (* 1944) entwirft in seiner »Social Science Fiction« – *Gesellschaftsausweis* (1971) und *Künstliche Sonnen* (1973) – ebenfalls betont spielerische Variationen einer von ganz neuen Voraussetzungen aus praktizierten Literatur, jedoch in kurzen, pointierten, ständig Technisches und Modelle reflektierenden Texten. Dafür hatte schon vorher Gerd Hoffmann (* 1932) Beispiele entwickelt, in seinen Prosastücken *Chromofehle* (1967) und *Chirugame* (1969), die konsequent ausgehen von der Informationstheorie, rigoros das Bezugsfeld Kybernetik reflektieren.

Wie sich angesichts der Herausforderung durch die konkrete Prosa, durch die Praktiken von Collage und Zitat, durch das Verständnis der Sprache zunächst einmal als eines in sich ungeheuer komplexen Materials, in dem sich etwas herausarbeiten lasse, eine zugleich weiterhin an Traditionen orientierte Literatur neu bestimmte und bestimmen könnte, dafür gibt neben Günter Eich von den Autoren der älteren Generation vor allem Wolfgang Weyrauch ein Beispiel. Sein Prosaentwurf *Etwas geschieht* (1966), der eine Protestaktion thematisiert, ist hier ebenso zu nennen wie die *Geschichten zum Weiterschreiben* (1969). Beispielhaft ist hier ferner der Erzählband *Eine glückliche Familie* (1970) von Elisabeth Borchers (* 1926) mit einer Prosa, die unsicher macht und zwingt, sich ganz anders und genauer umzusehen, die indirekt die Gemeinplätze, in denen die Sachverhalte meist zufriedenstellend aufgehoben erscheinen, zerstört. Uwe Brandner (* 1941) hat außer Anregungen der konkreten Literatur mit eher surrealistischer Wirkung auch Pop-Muster aufgenommen, um in seinen Romanen – *Innerungen* (1968), *Drei Uhr Angst* (1969) – ein neues Lebensgefühl, das von vager Angst bestimmte Lebensgefühl seiner Generation auszudrücken. Herauszuheben ist hier vor allem der Roman *Die ersten Unruhen* (1972) von Otto F. Walter – eine Collage aus speziellen und allgemeinen Informationen, die auf die exemplarische und konkrete Konstruktion eines imaginären Stadtgebildes zielt, in dem sich der aktuelle Zustand der westeuropäischen Industriegesellschaft darstellt.

Herbert Achternbusch (* 1938) schließlich hat in seinen Prosastücken der Bände *Hülle* (1969), *Das Kamel* (1970) und *Die Macht des Löwengebrülls* (1970), ferner in seiner romanlangen Prosa *Die Alexanderschlacht* (1971) und der Prosa *L'Etat c'est moi* (1972) eine Strategie herausgearbeitet, die auch radikale Subjektivität des Autors gleichsam als eines seiner Elemente ins Sprachspiel einführt. Was diesen Ich-Erzähler von so vielen anderen unterscheidet, was ihn zu einem Autor der neuen Literatur macht, ist, daß er mit seiner Prosa der Ich-Darstellung und Ich-Verwirklichung nicht mehr den alten individualistischen Fiktionen aufsitzt, sondern sich in ihr eine Sprache zu machen sucht als eine Lebensform, als seine Lebensform. Das bezieht ein extremes Bewußtsein der Abhängigkeiten ein und den Kampf gegen sie. Das Buch *Klassenliebe* (1973) von Karin Struck (* 1947) läßt sich als bei aller Vorläufigkeit packender weiterer Beleg dafür nennen, daß hier einer der Ansatzpunkte ist für die neue Realisierung der Individualität in der Literatur, die von den mit diesem Begriff verbundenen konventionellen Ansprüchen kaum noch etwas spüren läßt. Und nennen lassen sich hier, wenn damit auch schon wieder eine andere Ebene von Möglichkeiten bezeichnet ist, die Ich-Erzählungen Günter Herburgers in *Die Eroberung der Zitadelle* (1972), Ich-Erzählungen, in denen der Erzähler wiederhergestellt ist nicht als höhere Instanz, sondern als relativierender, beschränkender, damit zugleich konkretisierender Faktor des Erzählens.

Damit ist ein letztes Moment in jenem neuen literarischen Lernprozeß zu nennen, der auch die Gegenwart der Prosaliteratur bestimmt und über sie hinausweist: ein überraschendes und intensives Bedürfnis nach einer realistischen Literatur, die an Wirklichkeit tatsächlich heranführt. Die es artikulieren, Verfechter einer prononciert politischen und sozialistischen Literatur, weisen der konkreten, der experimentellen

Literatur meist schon einen Platz in der verachteten spätbürgerlichen Vergangenheit zu. Hier sei die Behauptung aufgestellt, daß das ein Irrtum ist. Die Rekapitulation des historischen sozialistischen Realismus von GLADKOWS *Zement* (1925) bis zu MARCHWITZAS *Sturm auf Essen* (1930) hat, so läßt sich den Texten von Autoren wie GÜNTER WALLRAFF (* 1942) und auch den verschiedenen von den »Werkkreisen Literatur der Arbeitswelt« herausgegebenen Textbänden ablesen, ebensowenig weiterführende Anregung gebracht wie die früheren realistischen Versuche in der »Gruppe 61«. Inzwischen sind hier ja wohl auch zumindest die Diskussionen vorauszusetzen, die um 1930 in der Zeitschrift *Die Linkskurve* im Blick auf eine nichtbürgerliche marxistische Ästhetik geführt worden sind – vergeblich, denn die Traditionalisten siegten. Vorauszusetzen ist die Darstellung dieser Auseinandersetzungen in dem Buch *Marxistische Ästhetik* von HELGA GALLAS.[16] Und vorauszusetzen sind die allgemeinen Folgerungen, die für Methoden und Strategien der Literatur aus der neuen Literatur als der bisherigen Endphase einer ganzen Folge von Veränderungen zu ziehen sind. In den Reportagen Günter Wallraffs geschieht das. In einem etwas diffuseren Sinn auch in manchen Protokollen von ERIKA RUNGE (* 1939). MAX VON DER GRÜN hat seine Erzählweise sehr bewußt laut den veränderten Bedingungen des Prosaschreibens überprüft. HANS MAGNUS ENZENSBERGER (* 1929) hat seinen Roman *Der kurze Sommer der Anarchie* (1972) als eine Montage aus dokumentarischem Material über den spanischen Anarchisten Buenaventura Durruti angelegt.

Es geht in diesem Zusammenhang zuletzt um nichts Geringeres als um den Anspruch auf Wahrheit. Durchaus auf die »soziale Wahrheit«, von der Günter Wallraff als der Intention seiner Arbeit gesprochen hat. Sie bleibt ganz sicher unerreichbar, wird verschleiert, wenn sie mittels der alten Vergegenwärtigungsmuster herausgearbeitet werden soll. Wallraff versteht es, sie ohne Umwege und konkret zu artikulieren. Und es beeinträchtigt die materiellen Ergebnisse seiner Arbeit nicht, sondern verdeutlicht sie, wenn man nach den Methoden fragt, die Wallraff in die Lage bringen, als Verfasser von »Literatur der Arbeitswelt« auch sogenannten »formalen Ansprüchen« zu genügen. Es gelingt ihm durch Radikalisierung der Schreibweise. Seine Methoden der Dokumentation, des Zitats, der Verifizierung von Erlebnissen auf ihren objektiven Erfahrungsgehalt hin, die alle auf eine sorgfältige Herausarbeitung des Moments der Authentizität zielen, stehen in deutlichem Zusammenhang mit der neuen Literatur. Wallraffs Texte sind nicht zuletzt auch deshalb »sozial wahr«, weil sie aktuelle Literatur sind.

Hier ist Geschichte noch nicht zu schreiben. Hier ist in einem zentralen Punkt die aktuelle Situation erreicht. Aber gerade von ihm aus läßt sich noch einmal zurückverweisen, denn das Thema, das hier anklingt, ist von wenigen einzelnen in der deutschen Literatur des ganzen Jahrhunderts immer wieder akzentuiert worden. Von CARL EINSTEIN, von WALTER BENJAMIN, von BERTOLT BRECHT zum Beispiel. Nicht ganz so direkt und reflektiert, vorläufiger auch von HEINRICH MANN. In den schon genannten jüngsten Erzählungen von GÜNTER HERBURGER, die in einem bewußt die Subjektivität aktivierenden Schreiben Realismus auf Utopie – statt auf Konvention und Vergangenheit – zu beziehen versuchen, fällt eine überraschende Parallelität zu den späten Romanen *Der Atem* und *Empfang bei der Welt* von HEINRICH MANN auf, die erst 1962, kaum beachtet, in der Bundesrepublik erstmals gedruckt worden sind. Den immer wieder verschobenen Hinweis auf sie nunmehr, am Ende dieses Überblicks, nachzuholen, das verweist auf indirekte, unterschwellig wirkende Kontinuitäten, die viel-

leicht auf eine sehr vertrackte Weise dennoch weiterhin bestehen. Menschen müssen, mit geringen Verschiebungen, fast alles mehrmals lernen.
Heinrich Mann spricht in seinen späten, in totaler Isolierung entstandenen Romanen ganz ähnlich von »Klassen« wie Herburger. Und wie bei diesem soviel jüngeren Autor artikuliert sich bei Heinrich Mann eine durchsichtige, intensive Melancholie in der Erkenntnis des eigenen Existierens im tatsächlich Bestehenden mit der Intention, entrückt eine Zukunft zu antizipieren, sozusagen vom Bestehenden her anzuleuchten, in der die Schranken gefallen sein werden, andere menschliche Realität ganz faßlich, die von der Arbeiterklasse bestimmte Ordnung wirklich sein wird. Heinrich Mann gelangt dahin – und das ist als ein extremer Avantgardismus interpretiert worden –, indem er seine tatsächliche – irreale – Umwelterfahrung in einer extremen individuellen Situation als Bedingung seines Schreibens rigoros voraussetzte. Von ihrer Unwirklichkeit her halluzinierte er gleichsam die untergehende Welt seiner, der bürgerlichen Klasse, den »Rückzug aus der großen Geschichte einer Klasse«, um emphatisch über beide Unwirklichkeiten hinauszuweisen in eine Welt, die Utopie war, Hoffnung, aber hierin wirklich. Nur so war es für ihn möglich, Realist zu bleiben. Heinrich Mann hat in diesen Altersromanen die erstaunlichsten Techniken gefunden, um eine Wirklichkeit zu artikulieren, die ohne »Kunst« – ohne satirische und groteske Zuspitzungen, ohne eine technoide Optik, die knappe Schritte und offene Reihungen erlaubt, ohne Manipulation der Syntax – nicht erreichbar gewesen wäre. Das ist bis heute beispielhaft. Noch immer ist das Einfache das Schwerste.

SCHLUSSBEMERKUNG

In dem Aufsatz *Die drei Sprünge der westdeutschen Literatur*[17] hat der Kritiker Heinz Ludwig Arnold (* 1940) die These aufgestellt, 1967 habe Literatur in der Bundesrepublik ihren dritten Sprung gemacht: sie sei insgesamt »hinter die Ereignisse zurück« gefallen, hinter Ereignisse, die nunmehr revolutionäre Aktion forderten. Das trifft zu, und es trifft – nicht von Wunsch und Willen, sondern von den stattgehabten, den auf absehbare Zeit möglichen gesellschaftlichen Ereignissen her angesehen – nicht zu. Literatur mag hinter die Einsicht in die Notwendigkeit der Revolution zurückgefallen sein; was nicht feststeht, was offensichtlich nur ist für einen Teil des Literaturbetriebs. Den vorherrschenden Verhältnissen ist Literatur weiterhin voraus. Und sie ist weiterhin ein Medium, in dem sich die Veränderung dieser Verhältnisse vorbereitet, und zwar durch Veränderung der elementaren Verkehrsform Sprache und damit des praktischen Bewußtseins.
In der Konzeption dieses Überblicks zur Prosaliteratur in der Bundesrepublik seit 1945 war zunächst vorgesehen, durchaus entsprechend dem »dritten Sprung« Arnolds, mit dem Jahr 1967 einen vierten, sich zur Gegenwart hin öffnenden Teil beginnen zu lassen. Es steht wohl außer Zweifel, daß auch und gerade Literatur von den revolutionären Erhebungen Ende der sechziger Jahre betroffen war, daß erst sie auch Literatur ganz in Gegenwart und ihr Bewußtsein hineingestoßen haben. Gegenwart war nach den Verwüstungen der Nazizeit, hier den Verwüstungen in Bewußtsein und Erinnerung, sozusagen erst noch vorzubereiten und zu errichten gewesen. Die Erhebung, der grundsätzliche Widerspruch gegen das Bestehende, der Revision für nicht weiter

sinnvoll erklärte, machte den Blick auf Gegenwart frei, brachte zu Bewußtsein, daß nunmehr die im Zustand der Rekonvaleszenz gegebene Betäubung aufgehoben war, daß nunmehr die Kämpfe der Gegenwart selbst auszutragen waren. Das Verhalten der Mehrzahl der Autoren in der Bundesrepublik demonstrierte die Eindringlichkeit dieser Erfahrung. Aber die mit und aus ihr entstandene Literatur veränderte sich grundsätzlich nur wenig. Was geschah, war, daß zuvor unterschätzte und unterdrückte Tendenzen und Entwürfe, die schon über mehr als ein Jahrzehnt hin erarbeitet worden waren, nunmehr in den Vordergrund gerieten. Und sie waren Voraussetzung dafür, daß die Durchleuchtung der sozialen Realität, der Realität von Arbeitswelt und Klassengesellschaft, vorurteilslos begonnen werden konnte.

Vieles spricht dafür, daß sich innerhalb der Literaturgeschichte der Bundesrepublik auf Gegenwart zu nach und nach zwei Gegenpositionen zur Tradition dieser Literatur etabliert haben: innerliterarisch die Gegenposition einer konkreten und experimentellen Literatur, die die gewohnten Sprech- und Verstehensweisen durchbrach; gesellschaftlich, doch mit unmittelbarer Wirkung auf Literatur, die Herausforderung zur Revolution. Die Auffassung wurde schon angedeutet, daß dies keineswegs sich ausschließende, sondern einander entsprechende Gegenpositionen seien. Selbst HANS MAGNUS ENZENSBERGER, der 1968 in *Kursbuch 15* noch das Ende der Literatur hatte ausrufen helfen, sah die Sache schon 1970 in seinem Aufsatz *Baukasten zu einer Theorie der Medien*, in *Kursbuch 20*, ein wenig anders. Das ist an dieser Stelle nicht im einzelnen zu diskutieren. Trifft jedoch die These von den einander entsprechenden, zueinander in Beziehung stehenden Gegenpositionen in der Literatur zu, so ist – was die Texte, die Literatur selbst betrifft – ein ganz zentrales Moment der Veränderung in der Literatur schon sehr viel früher zu datieren. Daß es lange einer außenseiterischen und in ihrer politischen Konsequenz nicht hinreichend reflektierten Position sich zuordnete, ist dabei nicht so gravierend. Jedenfalls war von dieser Überlegung her, die zur Diskussion gestellt sei, die Literatur schon von Anfang der sechziger Jahre an offen auf Gegenwart hin zu beschreiben. Innerhalb des Prozesses der Veränderungen auch der Prosa gab es hiernach im Jahr 1967 eine jetzt schon eindeutig faßliche Wendung, die eine neue Phase begründet hätte, nicht. Das wurde in der Auseinandersetzung mit den Texten in ihrer Abfolge erst ganz deutlich.

Der Rückblick auf die Skizze der Prosaverläufe in der Bundesrepublik seit 1945 zeigt im übrigen auch ihrem Verfasser, daß sie jedenfalls eine Skizze ist. Doch »objektive« Geschichtsschreibung war ja auch nicht beabsichtigt. Um die Skizze nicht ins Unübersichtliche verlaufen zu lassen, wurden manche Texte und manche Autoren nicht in Erinnerung gebracht, die bei etwas anderen Aspekten durchaus im Zusammenhang der beschriebenen Verläufe zu sehen wären. Zu bedauern ist das vor allem bei ganz gewiß in den Zusammenhang gehörigen reflektierenden und berichtenden Prosaarbeiten wie den verschiedenen Aufzeichnungen von ELIAS CANETTI (* 1905) oder dem Bericht *Die Jahre die ihr kennt* (1972) von PETER RÜHMKORF (* 1929) oder dem *Größeren Versuch über den Schmutz* (1968) von CHRISTIAN ENZENSBERGER (* 1931). Zu bedauern ist das im Fall der zeitweise breit ausgefächerten und zum Teil folgenreichen essayistischen und theoretisch-spekulativen Prosa. Zu bedauern ist das jedoch auch etwa im Fall des Versuchs, einen Kriminalroman deutscher Sprache zu etablieren, der einige diskutable Ergebnisse gebracht hat. Wenn dies und anderes – sei schließlich noch genannt die Arbeit der Übersetzer – völlig offenbleibt, so heißt das nicht, da gebe es nichts zu erinnern, sondern nur, daß hier noch etliches zu tun bleibt.

Zumindest mit einem knappen Hinweis sei jedoch der Überblick zur literarischen Kritik noch über den Zeitpunkt 1960 hinausgeführt. Es fanden Ablösungen statt, allerdings nicht in dem Sinn, daß dadurch Tendenzen und Positionen ohne weiteres gekappt worden wären. Die klassizistische, traditionsbewußte Kritik der früheren Nachkriegsjahre versandete – was nicht heißt, daß nicht bis heute einzelne ihrer Repräsentanten bei modifizierten Standpunkten weiterhin eine Rolle spielten. Die Kritiker der »jungen deutschen Literatur der Moderne«, die Gruppe-47-Kritiker, diskutieren weiterhin bestimmend mit. Hier schloß sich, mit Interesse für die verändernden Initiativen, vor allem Reinhard Baumgart (*1929) an. Marcel Reich-Ranicki hat trotz heftiger Attacken auf seine zeitweise marktbeherrschende Position und seine Literaturvorstellungen, seine Überzeugungen – oder Aporien – einigermaßen wirkungsvoll behauptet. Hans Mayer und Walter Jens zogen sich Ende der sechziger Jahre langsam aus den aktuellen Diskussionen zurück.
Eine ganze Reihe von Prosaautoren und Lyrikern, von Hans Magnus Enzensberger über Dieter Wellershoff bis Helmut Heissenbüttel, haben seit Anfang der sechziger Jahre umfangreiche kritische Œuvres zusammengebracht, oft, wie bei den Genannten, mit deutlicher Tendenz zur Theoriebildung über die Einzelkritik hinaus, immer deutlicher übrigens mit Bezug auf die Theorien Walter Benjamins. Und es kamen neue Namen hinzu, unter anderen Marianne Kesting (* 1930), Dieter E. Zimmer (* 1934), Jost Nolte (* 1927), dann Karl Heinz Bohrer (* 1932), Hans-Albert Walter (* 1935), Wolfram Schütte (* 1939), Peter Schneider (* 1940), Lothar Baier (* 1942), Gottfried Just (1938–1970), Jörg Drews (* 1938).
Wie für die Literaturkritik gilt, wie sich gezeigt hat, auch für die Literatur selbst, daß Perspektiven und Positionen aus annähernd dreißig Jahren sich für die Gegenwart behaupten. Aber es gibt doch deutliche Verlagerungen des Schwergewichts. Und soviel läßt sich, von der Prosa her gesehen, abschließend für Gegenwart und nächste Zukunft festhalten: der Rückblick erhellt eine gewisse Folgerichtigkeit im Prozeß der Veränderungen. Dieser Prozeß zeigt die Tendenz, den allgemeinen Anspruch von Literatur abzubauen, einen Anspruch, der traditionell unmittelbar zusammenhängt mit dem Werkbegriff und seiner Aura, mit der Vorstellung von Repräsentanz, Einmaligkeit und Größe der Werke. Daß literarische Arbeiten relative, begrenzte Bedeutung haben, ist nicht länger zu verheimlichen. Das erzeugt Ernüchterungen. Dennoch kommt alles darauf an, diesen Prozeß weiterzubringen.
Vieles spricht dafür, daß Literatur inzwischen auf das immerhin zusteuert, was Walter Benjamin gemeint hat, als er aus der Aufhebung der Fundierung von Kunst »aufs Ritual«, die sich ihm im Verfall der Aura darstellte, nicht resignierende Schlüsse zog, sondern die Notwendigkeit ihrer »Fundierung auf Politik« bekanntgab. Auf Politik als einer »anderen Praxis«, das Zusammenleben zu konkretisieren, als einer ganz anderen, unmittelbaren Kommunikation aller mit allen. Heute könnten die Voraussetzungen für eine solche Fundierung, die ja nichts Eindeutiges, sondern erst noch zu erkunden ist, jedenfalls um eine Spur besser sein als je zuvor in der neueren Geschichte. Jedenfalls könnte sie in der Literatur besser vorbereitet sein. So etwa läßt sich das »Ergebnis« der hier vorgelegten Rekapitulation zusammenfassen. Was die einzelnen Autoren in ihrer jeweiligen Situation erfahren und geschrieben haben, ist damit nicht annulliert. Es gewinnt einen anderen Sinn.

ANMERKUNGEN

Vorbemerkungen und Erster Teil.

1) Walter Benjamin, *Gesammelte Schriften*, Frankfurt am Main 1972, Band III, S. 290. Zitat aus der 1931 unter dem Titel *Literaturgeschichte und Literaturwissenschaft* veröffentlichten Rezension der Sammlung *Philosophie der Literaturwissenschaft*, hrsg. von Emil Ermatinger.
2) Siehe hierzu z.B.: Immanuel Geis, *Studien über Geschichte und Geschichtswissenschaft*, Frankfurt am Main 1972. Für die Verdeutlichung der hier angedeuteten Problematik sind vor allem wichtig die Studien *Kritischer Rückblick auf Friedrich Meinecke*, S. 89ff., und *Die Fischer-Kontroverse. Ein kritischer Beitrag zum Verhältnis zwischen Historiographie und Politik in der Bundesrepublik*, S. 108ff.
3) Zur Verdeutlichung der Funktion dieser Privilegierung in der jüngeren Geschichte siehe vor allem den Nachdruck einiger Vorträge beim Deutschen Germanistentag 1966 in München: *Germanistik – eine deutsche Wissenschaft*, Beiträge von Eberhard Lämmert, Walther Killy, Karl Otto Conrady und Peter von Polenz, Frankfurt am Main 1967.
4) Exemplarisch in diesem Sinn: Wilhelm Duwe, *Deutsche Dichtung des 20. Jahrhunderts.* Zwei Bände. Zürich 1962.
5) Aus einer größeren Anzahl von Publikationen seien hervorgehoben: Karl August Horst, *Die deutsche Literatur der Gegenwart*, München 1957. – Walter Jens, *Deutsche Literatur der Gegenwart*, München 1961. – Klaus Nonnenmann (Hrsg.), *Schriftsteller der Gegenwart, Deutsche Literatur, 53 Porträts*, Olten und Freiburg i. Brsg. 1963. – Marcel Reich-Ranicki, *Deutsche Literatur in West und Ost, Prosa seit 1945*, München 1963. – Peter Demetz, *Die süße Anarchie. Deutsche Literatur seit 1945. Eine kritische Einführung*, Berlin 1970.
6) Franz Lennartz, *Dichter und Schriftsteller unserer Zeit*, Tübingen 1954, S. 17.
7) Hans Schwab-Felisch (Hrsg.), *Der Ruf – Eine deutsche Nachkriegszeitschrift, Dokumentation.* München 1962 (dtv), S. 219.
8) *Büchner-Preis-Reden 1951–1971*, Stuttgart 1971 (Reclam), S. 16.
9) Welche Bedeutung diese Tradition, über die hier genannten Namen hinaus und Namen von den Nationalsozialisten direkt protegierter Autoren einschließend, für die literarische Entwicklung in der Bundesrepublik gehabt hat, läßt sich am besten an den Schullesebüchern der letzten 25 Jahre ablesen.
10) Siehe Karl August Horst, a.a.O., S. 108.
11) a.a.O., S. 29ff.
12) Zu den vor und nach Kriegsende in amerikanischen Kriegsgefangenenlagern erschienenen Zeitschriften und ihre Bedeutung für die Literatur nach 1945 siehe: Volker Christian Wehdeking, *Der Nullpunkt, Über die Konstituierung der deutschen Nachkriegsliteratur in den amerikanischen Kriegsgefangenenlagern*, Stuttgart 1971.
13) Urs Widmer, *1945 oder die »Neue Sprache«*, Düsseldorf 1966.
14) Wolfgang Weyrauch, *Mit dem Kopf durch die Wand, Geschichten – Gedichte – Hörspiele 1929–1971*, Darmstadt und Neuwied 1972, S. 45ff.
15) Georg Gusmann, *Odysseus, Aufzeichnungen eines Heimgekehrten*, Duisburg 1947, S. 82.
16) Walter Boehlich, *Nachwort* zu Hans Erich Nossack, *Der Untergang*, Frankfurt am Main 1961, S. 57.
17) Alfred Andersch, *Deutsche Literatur in der Entscheidung*, Karlsruhe 1948, S. 14.
18) Wolfdietrich Schnurre, *Die Erzählungen*, Olten und Freiburg i. Brsg. 1966.
19) a.a.O., S. 200.
20) Hans Mayer, *Ansichten, Zur Literatur der Zeit*, Reinbek 1962, S. 38.
21) Hans Mayer, *Zur deutschen Literatur der Zeit. Zusammenhänge – Schriftsteller – Bücher*, Reinbek 1967, S. 63.
22) a.a.O., S. 17.
23) In *Dichten und Trachten*, Frankfurt am Main 1961.

24) Günter Blöcker, *Die neuen Wirklichkeiten, Linien und Profile der modernen Literatur*, Berlin 1957. Zitiert nach der dtv-Ausgabe 1968, S. 227.
25) Hans Werner Richter (Hrsg.), *Almanach der Gruppe 47, 1947–1962*, Reinbek 1962, S. 69.
26) a. a. O., S. 131.
27) Heinrich Böll, *Erzählungen, Hörspiele, Aufsätze*, Köln 1961, S. 343.
28) Siegfried Lenz, *Beziehungen, Ansichten und Bekenntnisse zur Literatur*, München 1972 (dtv), S. 40.

Zweiter Teil.

1) Helmut Heißenbüttel, *Über Literatur*, Olten und Freiburg i. Brsg. 1966, S. 56ff.
2) a. a. O., S. 61.
3) Marcel Reich-Ranicki, *Der Zeuge Koeppen*, in *Deutsche Literatur in West und Ost*, a. a. O., S. 42f.
4) Hans Schwab-Felisch, *Der Böll der frühen Jahre*, in *In Sachen Böll – Ansichten und Einsichten*, Köln/Berlin 1968, S. 217f.
5) a. a. O., S. 203.
6) Marcel Reich-Ranicki, *Der militante Kauz Wolfdietrich Schnurre*, in *Deutsche Literatur in West und Ost*, a. a. O., S. 144.
7) a. a. O., S. 174.
8) Marcel Reich-Ranicki, *Der Fall Gerd Gaiser*, in *Deutsche Literatur in West und Ost*, a. a. O., S. 57.
9) Klaus Nonnenmann (Hrsg.), *Schriftsteller der Gegenwart*, a. a. O., S. 181.
10) Christa Wolf, *»Freiheit« oder Auflösung der Persönlichkeit*, in Neue deutsche Literatur, Berlin 1957, Heft 4, S. 135ff.
11) Wilhelm Emrich, *Le bourgeois partisan*, in Sender Freies Berlin, 1. Februar 1969. Zitiert nach: Christof Schmid (Hrsg.), *Über Hans Erich Nossack*, Frankfurt am Main 1970, S. 145.
12) Klaus Nonnenmann (Hrsg.), *Schriftsteller der Gegenwart*, a. a. O., S. 298.
13) Robert Minder, *Dichter in der Gesellschaft*, Frankfurt am Main 1972 (suhrkamp taschenbuch 33), S. 204.
14) Karlheinz Deschner, *Talente – Dichter – Dilettanten*, Wiesbaden 1964, S. 242.
15) Hans Mayer, *Zur deutschen Literatur der Zeit*, a. a. O., S. 327.
16) Marcel Reich-Ranicki, *Heinz von Cramer, ein Eiferer*, in *Deutsche Literatur in West und Ost*, a. a. O., S. 159f.
17) Klaus Nonnenmann (Hrsg.), *Schriftsteller der Gegenwart*, a. a. O., S. 80.
18) Elisabeth Endres, *Neu-Spuhl und Philippsburg*, in Deutsche Zeitung vom 1./2. Dezember 1962.
19) Karl Korn, *Satirischer Gesellschaftsroman*, in Frankfurter Allgemeine Zeitung vom 5. Oktober 1957.

Dritter Teil.

1) Hans Magnus Enzensberger, *Einzelheiten*, Frankfurt am Main 1962, S. 355.
2) Seit frühester Nachkriegszeit sind zahlreiche Sammelbände mit Rezensionen und literaturkritischen Essays erschienen. Eine Auswahl nennt das Literaturverzeichnis.
3) Hans Mayer, *Zur deutschen Literatur der Zeit*, a. a. O., S. 362.
4) Marcel Reich-Ranicki, *Arno Schmidts Werk oder Eine Selfmadeworld in Halbtrauer*, in *Literatur der kleinen Schritte*, München 1967, S. 307f.
5) Helmut Heißenbüttel, *Annäherung an Arno Schmidt*, in Merkur 181, 1963.
6) Klaus Nonnenmann (Hrsg.), *Schriftsteller der Gegenwart*, a. a. O., S. 149.
7) Zur Verdeutlichung dieser These: Heinrich Vormweg, *Die Wörter und die Welt. Über neue Literatur*, Neuwied und Berlin 1968, S. 26ff.

8) Elisabeth Endres, *Man nimmt die Welt in Kauf*, in Deutsche Zeitung vom 17./18. November 1962.
9) Klaus Nonnenmann (Hrsg.), *Schriftsteller der Gegenwart*, a.a.O., S. 36.
10) Marcel Reich-Ranicki, *Deutsche Literatur in West und Ost*, a.a.O., S. 284.
11) Walter Jens, *Das Pandämonium des Günter Grass*, in Die Zeit vom 6.9.1963.
12) Klaus Wagenbach, *Jens tadelt zu unrecht*, in Die Zeit vom 20.9.1963.
13) Helmut Heißenbüttel, *Politik oder Literatur?*, in Deutsche Zeitung vom 19.10.1961.
14) Helmut Heißenbüttel, *Von der Kunst des Erzählens im Jahr 1962*, in Deutsche Zeitung vom 20./21.10.1962.
15) Franz Mon, *Texte über Texte*, Neuwied und Berlin 1970, S. 32.
16) Helga Gallas, *Marxistische Ästhetik, Kontroversen im Bund proletarisch-revolutionärer Schriftsteller*, Berlin und Neuwied 1971.
17) In *Akzente*, Heft 1/2, München 1973.

LITERATURVERZEICHNIS

Heinz Ludwig Arnold (Hg.), *Gruppe 61. Arbeiterliteratur – Literatur der Arbeitswelt,* Stuttgart, München, Hannover 1971.

Heinz Ludwig Arnold (Hg.), *Geschichte der deutschen Literatur nach Methoden – Westdeutsche Literatur von 1945–1971,* 3 Bde., Frankfurt 1972.

Reinhard Baumgart, *Literatur für Zeitgenossen. Essays,* Frankfurt 1966.

Horst Bienek, *Werkstattgespräche mit Schriftstellern,* München 1962.

Günter Blöcker, *Die neuen Wirklichkeiten, Linien und Profile der modernen Literatur,* Berlin 1957.

Karl Heinz Bohrer, *Die gefährdete Phantasie oder Surrealismus und Terror,* München 1970.

Karl Heinz Bohrer; *Der Lauf des Freitag – Die lädierte Utopie und die Dichter. Eine Analyse,* München 1973.

Peter Demetz, *Die süße Anarchie. Deutsche Literatur seit 1945. Eine kritische Einführung,* Frankfurt 1970.

Karlheinz Deschner, *Talente – Dichter – Dilettanten. Überschätzte und unterschätzte Werke in der deutschen Literatur der Gegenwart,* Wiesbaden 1964.

Manfred Durzak (Hg.), *Die deutsche Literatur der Gegenwart. Aspekte und Tendenzen,* Stuttgart 1971.

Hans Magnus Enzensberger, *Einzelheiten,* Frankfurt 1962.

Helga Gallas, *Marxistische Literaturtheorie. Kontroversen im Bund proletarisch-revolutionärer Schriftsteller,* Neuwied/Berlin 1971.

Peter Hamm (Hg.), *Kritik – von wem – für wen – wie. Eine Selbstdarstellung der Kritik,* München 1968.

Helmut Heißenbüttel, *Über Literatur,* Olten/Freiburg 1966.

Helmut Heißenbüttel und Heinrich Vormweg, *Briefwechsel über Literatur,* Neuwied/Berlin 1969.

Helmut Heißenbüttel, *Zur Tradition der Moderne. Aufsätze und Anmerkungen 1964 bis 1971,* Neuwied/Berlin 1972.

Ernst Johann (Hg.), *Büchner-Preis-Reden 1951–1971,* Stuttgart 1972.

Walter Jens, *Deutsche Literatur der Gegenwart. Themen, Stile, Tendenzen,* München 1961.

Gottfried Just, *Reflexionen. Zur deutschen Literatur der sechziger Jahre,* Pfullingen 1972.

Thomas Koebner (Hg.), *Tendenzen der deutschen Literatur seit 1945,* Stuttgart 1971.

Werner Lengning (Hg.), *Der Schriftsteller Heinrich Böll. Ein biographisch-bibliographischer Abriß,* Köln/Berlin 1959; München 1968 (dtv).

Gert Leschütz (Hg.), *Günter Grass in der Kritik. Eine Dokumentation,* Neuwied/Berlin 1968.

Reinhard Lettau (Hg.), *Die Gruppe 47. Bericht – Kritik – Polemik,* Neuwied/Berlin 1967.

Literaturlexikon 20. Jahrhundert, Hg. Helmut Olles, 3 Bde., Reinbek 1971.

Renate Matthaei (Hg.), *Grenzverschiebung. Neue Tendenzen in der deutschen Literatur der 60er Jahre,* Köln/Berlin 1970.
Hans Mayer, *Ansichten. Zur Literatur der Zeit,* Reinbek 1962.
Hans Mayer, *Zur deutschen Literatur der Zeit. Zusammenhänge – Schriftsteller – Bücher,* Reinbek 1967.
Robert Minder, *Dichter in der Gesellschaft,* Frankfurt 1972 (suhrkamp taschenbuch).
Franz Mon, *Texte über Texte,* Neuwied/Berlin 1970.
Klaus Nonnenmann (Hg.), *Schriftsteller der Gegenwart. Deutsche Literatur, 53 Porträts,* Olten/Freiburg 1963.
Marcel Reich-Ranicki, *Deutsche Literatur in West und Ost. Prosa seit 1945,* München 1963.
Marcel Reich-Ranicki, *Literatur der kleinen Schritte. Deutsche Schriftsteller heute,* München 1967.
Marcel Reich-Ranicki (Hg.), *In Sachen Böll. Ansichten und Einsichten,* Köln/Berlin 1968.
Hans Werner Richter (Hg.), *Almanach der Gruppe 47. 1947–1962,* Hamburg 1962.
Michael Scharang, *Zur Emanzipation der Kunst,* Neuwied/Berlin 1971.
Über Jürgen Becker, Hg. Leo Kreutzer, Frankfurt 1972.
Über Thomas Bernhard, Hg. Anneliese Botond, Frankfurt 1970.
Über Günter Eich, Hg. Susanne Müller-Hanpft, Frankfurt 1970.
Über Hans Magnus Enzensberger, Hg. Joachim Schickel, Frankfurt 1970.
Über Max Frisch, Hg. Thomas Beckermann, Frankfurt 1971.
Über Peter Handke, Hg. Michael Scharang, Frankfurt 1972.
Über Wolfgang Hildesheimer, Hg. Dierk Rodewald, Frankfurt 1971
Über Uwe Johnson, Hg. Reinhard Baumgart, Frankfurt 1970.
Über Hans Erich Nossack, Hg. Christof Schmidt, Frankfurt 1970.
Über Martin Walser, Hg. Thomas Beckermann, Frankfurt 1970.
Über Peter Weiss, Hg. Volker Canaris, Frankfurt 1970.
Über Ror Wolf, Hg. Lothar Baier, Frankfurt 1972.
Heinrich Vormweg, *Die Wörter und die Welt. Über neue Literatur,* Neuwied/Berlin 1968.
Heinrich Vormweg, *Eine andere Lesart, Über neue Literatur,* Neuwied/Berlin 1972.
Werner Weber, *Tagebuch eines Lesers,* Olten/Freiburg 1965.
Volker Christian Wehdeking, *Der Nullpunkt. Über die Konstituierung der deutschen Nachkriegsliteratur in den amerikanischen Kriegsgefangenenlagern,* Stuttgart 1971.
Dieter Wellershoff, *Literatur und Veränderung,* Berlin/Köln 1969.
Urs Widmer, *1945 oder die »Neue Sprache«. Studien zur Prosa der »Jungen Generation«,* Düsseldorf 1966.

KARL KROLOW

DIE LYRIK IN DER BUNDESREPUBLIK SEIT 1945

ERSTER TEIL

ZUR PHÄNOMENOLOGIE DES DEUTSCHEN GEDICHTS IM 20. JAHRHUNDERT

SELBSTGENÜGSAMKEIT - DAS EINZELGÄNGERISCHE

Je weiter wir uns von 1945 entfernt haben, um so wichtiger können wir das Jahr, in dem der Zweite Weltkrieg endete, als wie immer zu charakterisierenden Fixpunkt in der Entwicklung der deutschen Literatur der Gegenwart oder gar als deren Beginn verstehen. Das Gedicht jedenfalls ist nicht von diesem Jahr her neu zu datieren und zu erklären: in keiner seiner verwirrenden, widerspruchsvollen, überraschenden oder folgerichtigen Ausprägungen. Gewiß wird es mit dem militärischen und ideologischen Zusammenbruch des Naziregimes in seiner Existenz wie in seiner Präsentation angehalten. Der Weg, den es in diesem Jahrhundert seit Jahrzehnten genommen hatte, scheint jäh unterbrochen und nie mehr fortsetzbar. Man stand unter dem Eindruck eines ebenso notwendigen wie brutalen, das Genre, das Phänomen Gedicht im äußeren Eingriff erledigenden Geschehens. Dieser Eindruck hatte mehr mit biologischen als mit lyrikgeschichtlichen Vorstellungen zu tun. Es scheint, als wäre der einzelne, der schrieb, aus Zeit und Entwicklung gerissen, zugleich befreit von dem, was später mit der vielsagenden, undeutlichen Formulierung von der »Stunde Null« umschrieben wird, die es nicht gegeben hat. Jedenfalls nicht dort, wo es literarische Zusammenhänge gibt, die sich durch Ereignisse von der blutigen Notwendigkeit des Frühjahrs 1945 offenbar nicht zerreißen lassen. Eine Zerreißprobe gewiß. Aber doch nicht das blanke Nichts und damit auch nicht der ihm folgende Beginn von ganz Anderem und Neuem.

Man kann das deutsche Gedicht des zwanzigsten Jahrhunderts in keinem Jahr dieses Jahrhunderts isoliert für sich verstehen. Das gilt für 1914, für 1918, für 1945 schließlich. Daß man dies nicht kann, hängt mit seinem Wesen zusammen, mit Voraussetzungen und Übereinkünften, die zu seiner Stellung innerhalb der Literatur beitragen. Dieses Wesen bleibt - seiner Struktur nach, so also, wie es sich in den Fakten seiner Entwicklung darlegte - sich bis heute ähnlich, so starke Wesensschwankungen es im Laufe der Zeit auch gegeben hat.

Von solchem Wesen des Gedichts wird man zunächst sprechen müssen, ehe man auf den Verlauf seiner Geschichte in der Gegenwart kommen kann. Es ist der Versuch der Beschreibung seiner Chancen und seiner Unarten, die Beschreibung seiner Unstetheit, einer latenten Diskontinuität und der aus ihr folgenden enormen Anfälligkeit und Zufälligkeit von Erreichtem und Vertanem. Das Improvisierte und das Provisorische, das Widerrufbare und das Angestrengte gehören in das Bild, das man sich vom Verlauf einer in sich unsicheren, oft hastigen, dann wieder stagnierenden Entwicklung der deutschen Lyrik seit dem Jahrhundertbeginn (um nicht auf frühere Verhältnisse zurückzugreifen und alles auf das 20. Jahrhundert abzugrenzen) machen kann.

Die Ansätze werden hektisch verfolgt. Das ergibt die genannte Anstrengung und die Grimasse solcher Anstrengung, die man am besten dort beobachten kann, wo eine Phase – wie etwa die des Expressionismus zwischen 1910 und 1920 – auf ihren Höhepunkt kommt und sich in ihm – ihn noch zu steigern versuchend – erschöpft. Die literarische Grimasse ist allemal ein Zeichen der Schwäche, beginnender Auflösung. Das hat der Expressionismus in seiner sich überschlagenden Hyperbolik besorgt. Das besorgt fünfzig Jahre nach ihm die deutsche Natur- und Landschaftslyrik in ihrem Detailzwang und dem Ersticken an der Einzelheit, überhaupt an der Enge des zur Verfügung stehenden Sprechbereichs von Expression dort und naturkundlicher und jahreszeitlicher Mimikry hier.

Aus der Gewaltsamkeit, dem Hang zur Steigerung einer Errungenschaft, aus der gefährlichen Begabung für Methodisierung und damit Monotonisierung resultiert jeweilige Einseitigkeit, die sich selbst widerlegt und schließlich umbringt oder von äußeren Umständen umbringen läßt. Sie bringt etwas Salto-Ähnliches zustande, jenen geradezu errechenbaren Augenblick des »Umkippens«, der von Zeit zu Zeit in der Geschichte des deutschen Gedichts zwangsläufig wird und der jedenfalls eine Beständigkeit verdirbt, wie sie (bei aller Progression) in der französischen oder spanischen Lyrik des gleichen Zeitabschnitts anzutreffen ist.

Der Chronist der deutschen Lyrik beobachtet eine gewisse Ungeduld gegenüber den eigenen, in ihr angelegten und zu praktizierenden Möglichkeiten, die als Verdruß wirkt und nicht selten bloße Unfähigkeit ist. Er beobachtet ferner oft verwandte Verhaltensweisen derer, die Gedichte schreiben. Es ist auffallend, wie die Lyriker und mit ihnen ihre Gedichte auf die Erschütterungen der Jahre 1914, 1918 und 1933 reagieren. Sie weichen meist aus – einige Ausnahmen bestätigen die Regel – oder übertragen die Erschütterung zu schnell ins lediglich Ästhetische. Dies kann aber nur eintreten, weil allgemein nur ganz bestimmte Reaktionsformen ausgebildet sind. Das deutsche Gedicht des hier ins Auge gefaßten Zeitraums ist auf eine gefährliche Weise auf sich allein gestellt geblieben. Es neigt dazu, sich auf sich selber zurückzuziehen und diesen Rückzug, der gelegentlich zu einer vollkommenen und ridikülen Isolation führt, auch noch zu genießen. Es bleibt jedenfalls meist unanteilnehmend. Und wenn es aus derartiger Selbstgenügsamkeit und Überheblichkeit, solchem Unvermögen heraustritt, reagiert es – wie zu Beginn des Ersten Weltkriegs – übertrieben: hysterisch und verzerrt. Solches Bedürfnis, eine Situation, eine verbale Äußerungsweise auf die Spitze zu treiben und sie damit zu zersetzen, bleibt auch später evident. Ein bemerkenswertes Beispiel für die eigene Aufzehrung ihrer Artikulations- und überhaupt Verhaltensmöglichkeiten hat die deutsche Lyrik im Verlauf des Aufstiegs und des relativ raschen Verfalls des Expressionismus gegeben. Das Jahrzehnt der Blüte dieser ungestümen, von verbaler und humaner Leidenschaft getragenen literarischen Bewegung, die weitgehend vom Gedicht ausgelöst worden war, ist ebenso das Jahrzehnt der Paralysierung dieser Vorzüge. Das geschieht nach der Art, nach der sich bei uns die Paralysierungsprozesse einzustellen pflegen: als Prozeduren, bei denen jeweils etwas zu lange strapaziert wird.

Die Selbstgenügsamkeit der deutschen Lyrik hat bis zur Jahrhundertmitte in verschiedenen Erscheinungsformen angehalten, was nicht ausschließt, daß es Versuche gibt, solchen Zustand zu unterbrechen und Kontakt zu finden, etwa zur französischen Lyrik. Rilkes Verhältnis zur französischen Lyrik, vorher Georges Beziehung zum französischen Gedicht der Zeit vor Mallarmé entkräften jedoch nicht die Tatsache, daß man durchweg auf sich gestellt bleibt und bleiben will, noch dann, wenn bestimmte ausländische Lyriker – die Entdeckung Rimbauds, seine deutsche Übertragung durch Ammer (1907 erschien *Das trunkene Schiff*) – seinerzeit in literarischen Kreisen Aufsehen erregen und – wie etwa in Gedichten Georg Trakls – unmittelbare Wirkung ausüben. Solcher Einfluß wird jedesmal überaus rasch in den jeweiligen Sprechraum einbezogen, aus dem heraus das einzelne Gedicht, schließlich die individuelle Entwicklung des einzelnen Lyrikers artikuliert wird.

Der einzelne Lyriker hat sich in vielen Fällen schließlich doch zu sehr auf sein persönliches Vermögen, seine individuelle literarische Potenz eingestellt. Er hat sich ihr geradezu überlassen, und der sich immer wiederholende Vorgang hat das Einzelgängerische verstärkt, das ohnehin in der Geschichte des Gedichts bei uns zu bemerken ist. Das Kräftespiel der Fähigkeiten dieser Einzelnen ist im Gedicht in der Regel so ausgebildet gewesen, daß es gegeneinander wirkt, statt sich zu einem noch so losen Ensemble und zu der Wirkung, die vom Ensemble ausgeht, zusammenzufinden.

Man kann sagen, daß das Gedicht dort, wo es Rang bekommt, nicht selten jedenfalls das Gedicht von bedeutenden Einzelgängern gewesen ist. Dieser Einzelgänger hat – bis in die dreißiger Jahre hinein – gelegentlich penetrante oder rabiate und absurde Merkmale solchen einseitigen, allzu individuell strukturierten Verhaltens. Er wird aus einer literarischen Umwelt begreiflich, in der er aufgewachsen ist, die ihn erzogen hat, die er aber von einem bestimmten Augenblick an zurückläßt, zu der er – mehr oder minder deutlich erkennbar und nachweisbar – den Kontakt verliert.

So ist der junge Brecht durch die Auseinandersetzung mit dem Expressionismus seiner Anfänge gegangen, um ihn danach um so gründlicher zu ignorieren. Benn kommt früher schon mit den Berliner Neopathetikern, mit van Hoddis, vor allem mit Georg Heym in Berührung. Die Spuren Heyms tauchen in Gedichten Benns (vor allem rhythmisch) noch später auf. Gleichwohl hat seine Lyrik eine andere Entwicklung genommen als die der expressionistischen Zeit- und Altersgenossen. Während sich die Gedichte Wolfensteins, Ehrensteins, Bechers zunehmend in der expressionistischen Manier doktrinarisieren, nimmt sie bei ihm ihren Weg in die individuelle Unabhängigkeit und – spezifische Einsamkeit.

Seit den Tagen des sich auflösenden Expressionismus hat die Lyrik bei uns laboriert. Sie hat keineswegs experimentiert, sondern eher unsicher ihre Jahre gefristet: eine leichte Beute des Faschismus in ihrer literarischen Ahnungslosigkeit. Dem einzig Bemerkenswerten, das sich nach dem Expressionismus im Gedicht abzuzeichnen beginnt – einer neuen Beziehung zu einem seit beinahe zweihundert Jahren vertrauten Thema: der Natur – wird das nationalsozialistische Handikap zuteil. Das Natur- und Landschaftsgedicht modifiziert sich zwar in der Regel nicht während der Gewaltherrschaft, aber es nahm allzu leicht Zuflucht bei den eigenen, künstlerischen Mitteln, die gering oder doch sehr begrenzt sind und sicher nicht widerstandsfähig genug gegenüber der Brutalität und Simplizität der damaligen literarischen Lenkungsmanöver.

Immerhin ist das Natur- und Landschaftsgedicht 1945 zunächst das einzige, das sich – in verschiedener Ausprägung – durch Terror und Zusammenbruch hat retten können. Man findet es vor als die seit dem Ende des literarischen Expressionismus einzige bemerkenswerte Leistung der zeitgenössischen Lyrik, sieht man von Einzelgängern wie Benn, auch Brecht, einmal ab. Neben ihr bleibt bei uns etwas beständig, das in der deutschen Literatur von jeher ein zähes Leben geführt hat: die literarische Restauration oder doch ein Konservativismus, der jederzeit den Rückzug aus seiner Zeit

anzutreten bereit ist und ihn unter allen Umständen, auch den schlimmsten der zwölf Jahre des Hitler-Regimes, praktiziert, sich folglich zu behaupten verstanden hat, ohne sich auf faschistische Sprach-Regelung einzulassen.
Nun gibt es literarische Restauration – etwa in den Regional-Literaturen – auch in Frankreich, England und Spanien. Aber die entschiedene Hartnäckigkeit solcher Tendenzen in der deutschen Lyrik unseres Jahrhunderts ist augenfällig. Das Sprechen aus einem ständig »beruhigten« Sprachraum heraus, der rasch zu einem luftleeren Raum zu werden droht, kann zu einer besonders aufreizenden Variante literarischer Selbstgenügsamkeit werden. Die Nützlichkeit eines bewahrenden Konservativismus erscheint hier immer weniger glaubwürdig. Das Beharren, der Eigensinn eines solchen Beharrens, nimmt etwas Verlogenes an. Wenigstens sieht sich das gelegentlich im Rückblick auf eine Phase unserer Lyrik so an, die freilich schweren kulturpolitischen Pressionen durch den Nationalsozialismus ausgesetzt war.
Andererseits muß man – ähnlich wie beim Natur- und Landschaftsgedicht – anerkennen, daß dem literarischen Traditionalismus ein Element der Neutralisation beigegeben ist. Ein Faktor von Beständigkeit, der sich als Barriere gegenüber der herrschenden Blut-und-Boden-Mentalität auswirkt, ist gleichzeitig ein Filter, der für die plumpen Praktiken der literarischen Wortführer des Regimes undurchlässig bleibt. Die Abwehrfunktion der Form – als Sonett, Terzine, Ode beispielsweise – wird deutlich, wenn auch solche Formpflege, literarisch knitterfrei gewissermaßen, zu umrißschönem Formalismus erstarrt, dessen sich die besten Begabungen unter den neuen Lyrikern der Nazijahre – Josef Weinheber ist nur ein Name unter anderen, der zu nennen wäre – zu bedienen wissen. Die Handhabung des Formellen als einer Sicherung wäre indessen nicht so weit gediehen, wenn solche Absichten nicht seit langem im Wesen des Gedichts gelegen hätten.

LYRISCHE RESTAURATION – DIE TRADITIONSGEBUNDENEN

Der gewohnte Umgang mit den eigenen Artikulationsmöglichkeiten und die erschreckende Ausschließlichkeit eines solchen Vorgangs bringen die deutsche Lyrik folgerichtig in die Nähe eines Klassizismus verschiedener Spielarten, der auch nach dem Kriege noch – bis 1950 etwa – zu einer Blüte formalistischer Tendenzen (des Sonette-Unwesens) führt. Solche Restauration wird von den sich ihrer literarischen Äußerungsweisen bedienenden Autoren vermutlich nicht einmal als solche empfunden. Es ist vielmehr der Hang zur Flucht und Ausflucht im Gedicht, der ebenso zum Aspekt beim Natur- und Landschaftsgedicht wird und der sich unabhängig von zeitgeschichtlichen Entwicklungen und Erschütterungen fühlt oder auf sie unangemessen – mit einem nicht mehr angemessenen, »offenen« Vokabular – reagiert, mit einem poetischen Hochmut, der mit der schönen Formel hantiert. Was zwischen 1933 und 1945 als deutliche literarische Reserve, als Distanzierung gelten konnte, wird nun rasch anachronistisch. Die Vorbehalte des konservativ gestimmten Lyrikers haben es unter Hitler zu bestimmten formalen und gedanklichen Distanzierungen kommen lassen. Die großen Oden-Gedichte FRIEDRICH GEORG JÜNGERS (* 1898), wie man sie in seinen Bänden *Der Taurus* (1937) und *Der Missouri* (1940) findet, sind für solche Vorgänge kennzeichnend. Zeilen wie folgende fanden aufmerksame Leser:

Vaterland ist mir das Lied, ist der offne, helle Gesang mir.
Vaterland, Sprache, du bist's, dein Wuchs, dein Gedeihen im Licht ist's.
Vaterland bin ich mir selbst, indem ich die Guten verehre.

Man hört die individuelle Reserve heraus, den Widerstand, der hier dadurch ermöglicht wird, daß man in ein bestimmtes formales Modell schlüpft und sich bereits durch einen solchen wählerischen Vorgang distanziert. Die Distanz heißt Exklusivität. Die exklusive Form, die Anleihen bei der Antike, bei Hölderlin, die man mehr oder minder bewußt macht, führen zwangsläufig – über die vorgenommene hohe Stilisierung – zur persönlichen Überwindung des verordneten, gewünschten und von den Parteibarden bis zum Exzeß wiederholten »volkstümlichen« Schreibens.

Es ist konsequent, daß die ersten Äußerungen von Lyrikern 1945 aus solcher Situation resultierten. Sie setzen fort, was sie getan hatten, auch wenn inzwischen radikal veränderte Äußerungs-Verhältnisse eingetreten sind. Sie versorgen weiter ihre Vorstellungen von Ordnung und Humanität mit dem wählerischen Wort als ihrem Ordnungsmittel. An der Wende 1945/1946 erscheint von dem 1936 zum Katholizismus konvertierten Werner Bergengruen (1892–1964) der Band *Dies irae*. Die Gedichte sind unter dem Eindruck des Zeitschreckens schon 1944 geschrieben und kursierten unter Eingeweihten. Die siebzehn Stücke mit ihren kennzeichnenden Titeln (*Die letzte Epiphanie*; *Fall nieder, Feuer*; *Geheimnis des Abgrunds*; *Die Erwartung*; *Wer will die Reinen von den Schuldigen scheiden*; *Salz und Asche*; *Die Sühne* u. a.) sind aufgewühlte persönliche Konfession, die sich im Augenblick der Äußerung und der Bekenntnis-Weitergabe sogleich ästhetisiert und rhetorisch wird. Die leidenschaftliche Deklamation des menschlichen Notstandes und christliche Hoffnung auf eine andere, »heile« Welt haben diese Verse zustande kommen lassen, deren intensive Gestik suggestiv ist. Hier hat jemand, der sich und andere nicht schonen will, gleichwohl nichts anderes anzubieten – bei der Lage, in der sich das deutsche Gedicht damals mit seinem zur Verfügung stehenden und vom Autor zu übernehmenden Ausdrucksmaterial befindet – als manifest gewordene verbale Schönheit, die der bekennenden Absicht, Änderung zu schaffen und Ordnung im Chaos zu finden, gerade dadurch Boden entzieht, daß sie lediglich ästhetisch sich zu helfen versucht. Eine andere Möglichkeit ist den Traditionsgebundenen unter den deutschen Lyrikern (Hans Carossa, Rudolf Alexander Schröder, Albrecht Goes, Reinhold Schneider, auch Albrecht Haushofer in seinen *Moabiter Sonetten* von den Schrecken des einzelnen und seiner Unerschrockenheit in der Nazihaft) damals nicht gegeben. Sie müssen auf die einmal gefundene Stilisierung, deren Sprechlage genau fixiert bleibt, zurückkommen:

Wer will die Reinen von den Schuldigen scheiden?
Und welcher Reine hat sich nicht befleckt?

oder:

Die befleckten Atmosphären
durften sich vom Dunst befrein.
Salz und Asche wird uns nähren.
Salz und Asche, sie sind rein!

Die Kontinuität des christlichen ordo zieht sich durch alle Gedichtbände Bergengruens (*Die Rose von Jericho*, 1936; nach dem Kriege u. a. *Der hohe Sommer*, 1946; *Die heile Welt*, 1950; *Mit tausend Ranken*, 1956; *Figur und Schatten*, 1958).

Neben Werner Bergengruen wird man vor allem das Wirken RUDOLF ALEXANDER SCHRÖDERS (1878–1963) und das Fortwirken eines seit langem literarisch genau festgelegten Werkes stellen müssen. Gleich nach 1945 und während der nächsten Jahre ist die bloße Anwesenheit dieses Werkes im Klima der Lyrik zu spüren. Dieses Werk hat eine exemplarische Verläßlichkeit in der christlich-humanitären Sicherheit. Es

Dem Lyriker Rudolf Alexander Schröder wurde am 4. 1. 1954 von Oberbürgermeister Walter Kolb (links) die Goetheplakette der Stadt Frankfurt überreicht.

sind die Jahre der Schröderschen Alterslyrik (*Auf dem Heimweg*, 1946; *Gute Nacht*, 1947; *Alten Mannes Sommer*, 1947; *Die geistlichen Gedichte*, 1949; *Hundert geistliche Gedichte*, 1951; ferner *Fülle des Daseins*, eine späte Auswahl von 1958).

Wenn es ein Programm gegeben hat für das, was Schröder in seiner Lyrik zum Ausdruck bringen wollte, so findet man es anläßlich der *Weltlichen Gedichte* (1940) aufgezeichnet. Er spricht davon, daß er es mit dem geselligen Wesen der Dichtung von jeher ernst genommen habe, und fährt fort: »Ich halte ein Gedicht, das nicht mit einem je nach Umständen bestimmten Kreis von Hörern oder Lesern rechnet, für ein Unding, obwohl ich keineswegs die Rolle verkenne, die das einsame Selbstgespräch als eine der Quellen vor allem der Liederdichtung innehat ... Das Gefühl des Eingegliedertseins in einen jahrhundertealten Zusammenhang hat auch die Ausgangspunkte meiner dichterischen Arbeit bestimmt. Namentlich in der Richtung, daß ich mich niemals als ein Neubeginner, Neutöner oder Verhänger neuer Tafeln, sondern als Fortsetzer, mitunter sogar – und zwar mit Vergnügen – als Wiederholer empfunden habe.«

An anderer Stelle in demselben Aufsatz spricht er von der »Harmonisierung des

Unharmonischen« als dem »Sinn und Ziel aller Kunst«. Diese Bemerkungen, die an Deutlichkeit nichts zu wünschen übriglassen, umreißen genau die Position des Konservators, der – als Spätgeborener – verantwortungsbewußt über die alterslosen Formen der Lyrik verfügt. Griechische Versmaße sind ihm wie barocke Verspraktiken vertraut. Sein Vermögen reicht von der Ode, vom Distichon, der Epistel und der Elegie bis zum Sonett, der Terzine, zum Lied in der Ausprägung des lutherischen Gemeinde- und Kirchenliedes. Das Vokabular, dessen er sich bedient, weist gewissermaßen verschiedene Schichten auf. Schröder kennt bewußte Rückgriffe auf altertümliche Wendungen, wobei man bedenken muß, daß derartige Archaismen nicht manieristisch gemeint sind, vielmehr sorgfältig mit einer jeweils verbalen Mission innerhalb des Einzelgedichts betraut sind. Man darf demnach nicht vom »Virtuosen« Schröder sprechen, selbst dort nicht, wo er sich unwillkürlich in der Nähe eines derartigen konservierenden Virtuosentums bewegt, das spielerisch über die Metren verfügt.

Das Aufeinander-Bezogensein von »weltlicher« und geistlicher Lyrik ist bei ihm überall unverkennbar. Seine Strophen haben – bei vielfältiger Verkleidung – zuweilen einen durchscheinenden Glanz, der *hinter* die jeweilige lyrische Szenerie reicht:

Du hast auf Erden Angst
und leidest Pein
Weißt du, wovor du bangst,
nur du allein?
Nur du allein mußt vor Gericht,
da hilft kein falsch Gesicht
und kein Gedicht.

Schröder ist dort am überzeugendsten gewesen, wo er alle kunstvolle Reimverschlungenheit, alles Schnörkeltum und alle altfränkische Versebosselei in der liedhaften Schlichtheit eines Vierzeilers geradezu besänftigt. Im Kirchenlied gilt dabei sein dichterischer Dienst niemandem anders als der Gemeinde der Gläubigen, so wie er sie als Protestant versteht. In den weltlichen Stücken bleibt dagegen der allgemein menschliche Ton bestimmend. Die irdische »Wanderschaft« ist kaum in unserem Jahrhundert schlichter und überzeugender ausgesagt worden als in der *Ballade vom Wandersmann*, die schon 1937 erschien, aber den Ton der späten weltlichen Gedichte zum erstenmal anschlägt. In ihr hebt eine Art stillen Abgesangs der Schröderschen Lyrik an, ein Abgesang, der sich dann über Jahre hingezogen hat:

Laß mich's immer leiser sagen,
Immer sanfter, eh ich scheide:
Wüßt' ich doch von keinem Leide,
das zu klagen.

Solche Zeilen sind für eine ganz bestimmte Sprechlage in der deutschen Lyrik charakteristisch gewesen: sie sind gleichsam dem literarischen Getümmel entzogen, von dem Schröder sein Leben lang nichts hielt und das einer der Gründe – zweifellos ein äußerer Grund – gewesen sein mag, die ihn bewogen, zahlreiche Übersetzungen durchzuführen, die im gesammelten Werk drei stattliche Bände ausmachen und vom deutschen Homer, über Vergil, Racine, Molière, Corneille, Shakespeare, Pope bis hin zu Valéry und Eliot reichen. Schröder prüft sich an den Klassikern des Abend-

landes, nicht zuletzt, um die eigene literarische Klassizität, der er bis zur Attitüde, bis zum Schnörkel anhängt, zu rechtfertigen.
Von Albrecht Haushofer (1903–1945) stammt die gelegentlich zitierte Gedichtzeile »Ich mußte schärfer Unheil Unheil nennen«. Es handelt sich um ein Zitat aus dem 1946 posthum veröffentlichten Zyklus *Moabiter Sonette*, nachdem sein Autor in den

Reinhold Schneider erhielt 1956 den Friedenspreis des deutschen Buchhandels. Der Festakt (Schneider in der ersten Reihe, zweiter v. l., daneben Bundespräsident Theodor Heuss) fand am 23. 9. 1956 in der Frankfurter Paulskirche statt. Der blumengeschmückte Platz galt dem Gedenken an Oberbürgermeister Kolb, der zwei Tage zuvor plötzlich verstorben war.

letzten Kriegswochen noch dem Gestapoterror zum Opfer gefallen war. Haushofer hat sich in den dreißiger Jahren mit klassizistischen Dramen versucht und in ihnen verschlüsselt Kritik geübt. Erst in dem damals rasch berühmt gewordenen Bekenntniszyklus der Sonette aus dem Gefängnis gelangt Haushofer zu einer Profilierung im Sinne der in strengem lyrischem Traditionalismus strukturierten literarischen Aussage, die – wie in diesem gleichsam in Parenthese formulierten Urteil über die eigene schriftstellerische Position – zugleich allgemein für die poetischen Traditionalisten der ersten Nachkriegsjahre zutreffend bleibt. Die Ästhetisierung der Widerstandshaltung nimmt dieser zugleich ihre Dimension und verwischt sie ins formal Schöne, ins Rhetorische oder ins Dekorative. Das gilt nicht einmal so sehr für die wenigen Texte, die Haushofer hinterlassen hat, als vielmehr für verwandte Naturen wie Albrecht Goes (* 1908), dessen *Gedichte aus zwanzig Jahren* (1950) dies evident werden lassen. Fürsorge, Lebenshilfe, Rat: das nichts als Anständige solcher Arbeiten läßt die von Haushofer geforderte, erwünschte »Schärfe«, die Adäquatheit der literarischen Mittel vermissen. Goes ist zu redlich-volkstümlich, liedhaft im Verstande einer schwäbischen Mörike-Nachfolge und wie Mörike schließlich gelegentlich auch antikisierend, um, seiner ganzen Anlage und Erziehung entsprechend, anders zu formulieren, als er es tut. Das Motto, das Bergengruen seinem *Dies irae* vorangesetzt hat, dem zweiten Teil des *Faust* entnommen: »Die sich verdammen, / Heile die Wahrheit«, ist mit den sprachlichen Mitteln der Traditionalisten nicht zu praktizieren, die – gewiß auf der Suche nach solcher existentiellen Wahrheit – diese verbaliter nicht umzusetzen vermögen. Das Gedicht wird bestenfalls zum Spiegel schöner Erschütterung und einer Ergriffenheit, die noch Jahre später, bis in die Titelgebung von Hans Egon Holthusens und Friedhelm Kemps überaus erfolgreicher Lyrik-Sammlung *Ergriffenes Dasein* vom Jahre 1953 hinein, spukt. Denn spukhaft mutet heute, nach der Entwicklung, die die deutsche Lyrik mit den frühen fünfziger Jahren nimmt, solche literarische Verlautbarung einer bestimmten Hilflosigkeit an, einer blind anmutenden Bezogenheit auf Fortführung von literarischer Vergangenheit.

Wie für den protestantischen Pfarrer Goes gilt dies für den Katholiken Reinhold Schneider (1903–1958). In seinen lyrischen Arbeiten (*Die neuen Türme*, 1956, vor allem in den *Sonetten von Leben und Zeit, dem Glauben und der Geschichte*, 1956) spürt man die angestrengte Konzentration, die sich der festen Formfügung bedienen muß, um nicht abgelenkt oder gar gesprengt zu werden. Schneiders Gedichte sind – so verstanden – zunächst einmal disziplinäre, ja, asketisch anmutende Leistungen, die von einem dunklen Schwermutston durchzogen sind, hinter dem sich ebenso geistige Aufmerksamkeit und Glaubens- wie Schmerzbereitschaft bekundet. Schneiders Sonette sind für Jahre, wie die Gefängnis-Sonette Haushofers und Hagelstanges Sonette des *Venezianischen Credo*, mustergültig gewesen.

Den *Gedichten*, die Gertrud von Le Fort (1876–1971) 1949 herausbringt, ist eigen, was sich in ihren geräumigen hymnischen Arbeiten schon früh gezeigt hatte: ihr an Nietzsche einerseits, andererseits an Expressionisten orientierter, ekstatischer, euphorischer Tonfall dient nur dem, was auch bei Bergengruen zur Sprache kommt, dem christlichen Ordnungsgedanken. Diese Vorstellung bindet das Volumen des Einzelgedichts, organisiert es, gibt ihm eine Konturenklarheit, die an Linearität grenzt. Von fern erinnert die kirchliche Dichtung dieser Frau an die Hymnen, die Paul Claudel für die katholische Kirche schrieb. Sie stehen der Claudelschen Hymnik allerdings an Weltläufigkeit und mondäner Gelassenheit (und mondänem Eifer) nach.

Otto von Taube (1879–1973) hat man wiederum einen protestantischen Humanisten genannt, ohne doch damit das zu treffen, was diesen formsicheren und raffinierten Ästheten aus der Schule D'Annuncios und Stefan Georges später zum Ethiker werden läßt (*Lob der Schöpfung*, 1954). Die Nuance, der abgestimmte Zwischenton, die delikate Skala der Andeutungen sind wohl bei diesem Freunde Hofmannsthals und R. A. Schröders unverkennbar geblieben, so fern Taubes poetische Kultiviertheit und impressionable Reizbarkeit auch schon in dieser ersten Nachkriegsphase »überlebender« deutscher Lyrik anmutet.

Neben der christlich betonten Traditionslyrik stehen die reinen Humanisten wie Fritz Usinger (* 1895) und Peter Gan (1894–1974). Beider Werk – von entschlossenem Ernst und literarischer Konsequenz, die sich bei Gan mit einer seltenen Formulierungs-Behendigkeit, mit Leichtigkeit und Aneignungsfähigkeit kreuzt – war 1945 schon seit einiger Zeit sichtbar gewesen. Usingers erste Veröffentlichungen gehen in die Zeit vor dem Nationalsozialismus zurück. Doch setzt er mit den *Hesperischen Hymnen* (1947), mit dem *Gesang gegen den Tod* (1952) und mit dem *Niemandsgesang* (1957) fort, was er einst mit Bänden wie *Das Wort* (1931), *Die Stimmen* (1934) und *Hermes* (1942) begonnen hatte. Es bleibt ebenso architektonisch wie musikalisch aufgefaßte, mitunter freskenhaft geräumige Hymnen- und Odenkunst einer an klas-

Gertrud von Le Fort

sischen deutschen Vorbildern (von Hölderlin bis George) orientierten Lyrik von hermetischer Geschlossenheit und klarer Beredtsamkeit. Es ist Dichtung voller südlichen Lichtes, voller mythischer, antikischer Helligkeit. Die in Usingers *Gesängen für Europa* den »späten Nymphen« gewidmeten Zeilen und Verse sind, wie die vom »Untergang des Verses« oder von der »Verwerfung des Wortes«, weniger lyrischer Abgesang als vielmehr erneute Markierung der eigenen literarischen Position, die sich bewußt wird, daß sie – mit der strukturellen Veränderung von Lyrik, wie sie Usinger um sich her erlebte – selber Veränderungen ausgesetzt ist.

Hans Arp, den er als erster bei uns nach dem Kriege wieder vorstellte, hat Usinger in einem Widmungsgedicht einen »Meistersänger der Dinge zwischen den Dingen« genannt. Doch ist Usinger, wie gesagt, jemand, der zunehmend die einst für ihn so umfassende Welt des »schönen« Gedichts zu bezweifeln versteht. Die neueren Veröffentlichungen, die Bände *Pentagramm* (1965) und *Canopus* (1970) bestätigen das. Der Zweifel geht gewiß nicht bis zur Paralyse des einzelnen Gedichts. Dazu bleibt der Wille zur Form bei ihm zu stark ausgeprägt, ist eine lange, stetige Entwicklung, die dem hochstilisierten Gedicht gilt, nicht zu annullieren. In den ersten, zuweilen melancholisch verdunkelt scheinenden Gedichten, wie man sie im *Canopus* findet, heißt es einmal: »Ich war keine Welt. / Ich war nur ein Mund der Welt.« Und an anderer, gleichsam versteckter Stelle: »Niemand hatte Lust, meinen Worten zuzuhören. / Aber die Worte wollen dasein, auch ungehört.« Diese momentane Bitterkeit kommt auf bei einem Mann, der in seinen raumgreifenden Mittelmeer-Oden eine Lichtwelt leidenschaftlich zu vergegenwärtigen weiß und der mit großer Konturschärfe die Gestalt des einzelnen Gedichts ebenso verfestigt, wie er ein andermal etwas hintupfen kann, ohne bloßer Impression zu verfallen.

Fritz Diettrich (1902–1964), noch der Generation Bergengruens, Usingers, Schneiders angehörend, fühlte sich R. A. Schröder nahestehend und versucht in vielen Gedichtbänden (nach dem Kriege *Sonette*, 1948; *Zug der Musen*, 1948; *Gesänge der Einkehr*, 1949; *Adams Nachfahr*, 1959) Antike und protestantisches Christentum miteinander zu verbinden. Lange steht dabei das heidnisch-antike, sinnenfrohe, aber formal festgebundene Element im Vordergrund einer üppigen Produktion, die schließlich in den geistlichen Gedichten *Der aufgerichtete Mensch* abschließt. Einmal war er mit Theodor Däubler befreundet gewesen, und dessen hymnen- und wortseliges Griechentum spürt man auch in manchen Preisgesängen Diettrichs.

Sichtbar war in der ersten Zeit nach 1945 auch die scheu-liedhafte, sanft katholisierende Lyrik der Ruth Schaumann (* 1899), die sehr früh schon fragile Verse veröffentlicht hatte. Auch sie ist damals längst auf bestimmte Äußerungsmöglichkeiten festgelegt. Die Nachkriegsbände bestätigen das (*Klage und Trost*, 1947; *Die Kinderostern*, 1954). Kindlich und märchenhaft schwebend, in sich gekehrt und zuweilen ein wenig blutarm, wie die Gedichte der Schaumann sind, waren auch sie, die einmal dem Expressionismus nicht fern gestanden hatten (*Die Kathedrale*, 1920; *Der Knospengrund*, 1924; *Die Rose*, 1927 u. a.) – eher als Gedichte vergleichbarer Autoren – von einer Entwicklung überrannt, die die traditionsbeherrschte Lyrik Schritt um Schritt abbaute.

Die Schaumannsche, auch die Diettrichsche Lyrik hat nicht die Beweglichkeit und spielerische Wendigkeit der Gedichte Peter Gans (eig. Richard Moering, 1894–1974), nicht deren Bildungsfülle und Variabilität und sichere Brillanz. Die verbale Grazie hielt lange stand. Der Schweizer Max Rychner hat seinerzeit von diesen Gedichten als von den »heitersten, lustigsten ... seit Morgenstern« sprechen können und sie »knisternde Gebilde, in denen die Erdenschwere zauberisch aufgehoben scheint« genannt. Doch fügt er hinzu: »Dicht daneben stehen jene anderen, die nicht minder kunstvoll auf dunklem Grund gezogen sind, von denen sich ihre zarte, dem Spiel nie ganz entfremdete Lineatur abhebt.« Die Gedichte von Peter Gan (das gilt weiter für den Lyriker nach 1945 mit Publikationen wie *Die Holunderflöte*, 1949; *Preis der Dinge*, 1956; *Schachmatt*, 1956; *Die Neige*, 1961 – bis zu *Das alte Spiel*, 1965, und *Soliloquia*, 1970) sind gewiß immer »kunstvoll« gewesen. Sie geben sich geradezu Kunstübungen hin, mit einer Pedanterie, die glücklicherweise stets die Ironie mit sich führt und sich darum in ihrer poetischen Gründlichkeit unversehens aufzuheben versteht, immer im rechten Augenblick, dann nämlich, wenn es den Autor danach gelüstet und ihm seine spielerische Gelehrsamkeit, seine umständliche poetische Schläue zuviel geworden zu sein scheint. Peter Gan hat stets Vegnügen daran gefunden, sich zu widerlegen, oft in *einem* Gedicht:

> Spottend spielt Dein leichter Reim
> auf den schwierigsten Registern.

Damit hat man ein Kurzporträt seines Verfassers. Deutlicher sprechen noch für ihn folgende Zeilen aus dem Gedicht *Sprache:*

> Sei ganz bewußt und ganz befangen,
> ganz ungefähr und ganz genau,
> ganz Übermut und ganz voll Bangen,
> ganz gegenwärtig, ganz vergangen,
> ganz Seher: blind, und selige Schau.

Bei Gan wird Resignation überspielt. Die Melancholie bleibt in der Schwebe, in einem zuweilen ergötzlichen clair-obscur. Zauberglasklare Diktion und didaktisches Vermögen schließen einander nicht aus. Seine eigenbrötlerische Unabhängigkeit führt zu den *Selbstgesprächen* (1970) des bisher letzten Bandes. Auch in ihm werden wieder die lyrischen Denkspiele vorgeführt, zuweilen angesichts der geringsten Themen und Anlässe. Ein Zündholz, eine Zigarre genügen. Der Autor besorgt das mit der notwendigen Anmut, die ihm nie den Boden unter den Füßen entzieht. Denn Gans unfehlbarer Formsinn ermöglicht ihm die Zügelung seiner literarischen Behendigkeit. In einem Gedicht (*Worte*) nennt er zum Schluß das Gedicht »Zwiegeburt aus Lehm und Licht, Rat und Rätsel«. Das trifft jedenfalls genau auf seine Arbeiten zu, in denen Leichtsinn und Tiefsinn aufeinander treffen und sich, dank ihrer poetischen Logik, miteinander vertragen. Noch einmal wird von Gan Disparates ins Gedicht aufgenommen: die Rose und das Komma, Kopf und Herz, Salzsäule und Grille.
Die Leichtigkeit Peter Gans hat keiner der anderen Lyriker von starkem Traditionsbewußtsein erreicht, auch FRIEDRICH GEORG JÜNGER (*1898) in seinen zahlreichen Nachkriegsveröffentlichungen nicht. Der um drei Jahre jüngere Bruder Ernst Jüngers, der seit der Mitte der zwanziger Jahre in Berlin freier Schriftsteller und Publizist geworden war und zwischen 1928 und 1935 Beziehungen zu Ernst Niekisch und seinem späteren Widerstandskreis gehabt hatte, ist bald nach 1945 mit neuen Versbänden zu Wort gekommen. In rascher Folge erscheinen *Der Westwind* (1946), *Die Perlenschnur* (1947), *Die Silberdistelklause* (1947), *Das Weinberghaus* (1947), *Gedichte* (1949), *Iris im Wind* (1952), später *Ring der Jahre* (1954), *Schwarzer Fluß und windweißer Wald* (1955), bis hin zu den 1968 herausgekommenen Gedichten *Es pocht an der Tür.*
Die formstrenge und zuchtvolle Herbheit des Jüngerschen Gedichts erreicht gelegentlich eine maßvolle Schwerelosigkeit. Gerade in seinen mittelmeerischem Geist abgewonnenen Strophen taucht Serenität, gewissermaßen neptunische Heiterkeit auf. Unmaß – gleich welcher Ausprägung – ist undenkbar bei einem Naturell, für das Ökonomie, Disziplin, Konturenschärfe, Klassizität und Diskretion der Mitteilung

Werner Bergengruen
Albrecht Haushofer

Friedrich Georg Jünger
Fritz Usinger

Otto von Taube
Peter Gan

Rudolf Hagelstange
Hans Egon Holthusen

charakteristisch geblieben sind. Auch in den späten Arbeiten ist das nicht anders. »Dein Vers hat keinen Schatten / Und die Kühlung des Lieds fehlt ihm«, heißen zwei Zeilen gegen Schluß des Gedichts *Der prächtige Dichter* aus *Es pocht an der Tür* (1968). Zu solchen Prächtigen der Lyrik konnte man Jünger einmal durchaus zählen. Aber Aufwand, die zuweilen herrische Tonart, das Abweisende der Diktion, das bis zum Eisigen geht, werden doch immer mehr von einfachen, liedhaften Stücken verdrängt. Allerdings bleibt Jünger auch im Lied (anders als die liedhaften Landschaftsgedichte Georg von der Vrings beispielsweise) von in sich verschlossener Herbheit. Das Poröse am Lied – seine singbare Formel – fehlt. Dazu sind die Strophen zuwenig durchlässig und erlegt sich der Autor zu sehr jenes »strenge Fasten« auf, von dem im Gedicht *Herbstabend* in Verbindung mit dem aufgerufenen und gerühmten Schweigen die Rede ist:

Schweigen,
Ein strenges Fasten bist du,
In dem die Frucht reift
Und das Wort sich rundet.

Das zuweilen allzu runde, geglättete Wort, seine klassizistische Anhebung, läßt in den Jüngerschen Sprachgebrauch eine virtuose Leere eindringen, die zwar gelegentlich Gegenkräfte im einzelnen Gedicht mobilisiert und durchaus eine gewisse Schmiegsamkeit erreicht, aber dann doch wieder – dank der Thematik, der poetisch hochstilisierten Gegenstände – etwas Starres, Statuarisches annimmt, nicht zuletzt auf dem Wege der Beschwörung einer fragwürdigen »heilen« Welt, die er wie bei Bergengruen bis in den Titel eines Gedichtbandes hinein beschworen hatte. Was 1950 immerhin diskutabel sein mochte, ist allerdings fast zwei Jahrzehnte später so nicht mehr literarisch vorführbar:

Suchst du ein Ganzes noch,
Lies diese Zeile,
Und frag vergebens nicht:
Wo ist das Heile?

Die sich anschließenden Zeilen geraten in die Nähe der Banalität:

Frag nicht: wozu
Gibt es noch Dichtung?
Sie sind des Gegenstands
Vernichtung.

Solche Anklänge an Goethe-Hafis und den *Westöstlichen Diwan*, die bei Jünger nicht selten auftauchen (wie früher die kräftigeren Beziehungen zu Klopstock und zu Hölderlin), haben etwas Fatales und können dazu führen, das Bild dieses Lyrikers und seiner außerordentlichen Formbegabung ins Epigonische zu verzerren. Bis zuletzt hat Friedrich Georg Jünger archaisch-magische Stoffe (Hirtin, Schwan) variiert. Es sind Übungsstücke des Könners. Das Schwierige an dieser Lyrik ist nur, daß in ihr das Schöne – wie das Heile – allzuwenig in Frage gestellt ist.
Die Traditionsbezogenheit der Bergengruen-Jünger-Gan-Usinger-Generation ist auch in der Lyrik von Stefan Andres (1906–1970) voll wirksam geworden. Allerdings wird

das Sterile des Traditionalismus bei ihm durch seinen Phantasiereichtum und seine barocke Freude an einer gewissen poetischen Umständlichkeit gemildert. Auch Andres liebt die geräumige Odenform, das lyrische a fresco, das Pastose (*Der Granatapfel*, 1950; vorher *Requiem für ein Kind*, 1948). Das Anschauungsgesättigte, Bildfrohe des vitalen Temperaments kommt Gedichten zugute, die formal konserviert sind und bewußt die vorgegebenen Formen aufsuchen und sich ihrer bedienen.

FORM ALS SUCHE NACH DEM MENSCHENWÜRDIGEN

»Man findet das Vorhandene« – Rudolf Hagelstange

»Man erfindet nicht Neues – man findet das Vorhandene«: dieser Satz Rudolf Hagelstanges beschließt einen Beitrag *Die Form als erste Entscheidung*, den man in Hans Benders Sammlung *Mein Gedicht ist mein Messer* (1955) nachlesen kann; dort äußern sich einige Lyriker zu ihren Gedichten, darunter Hagelstange zu seiner *Ballade vom verschütteten Leben* (1952). Seine Formulierung hat Stichwort-Charakter. Mit RUDOLF HAGELSTANGE (*1912) stößt der Vertreter einer jüngeren Generation zur Phalanx der traditionsbezogenen Lyrik nach 1945. Immerhin: zu den wenigen Büchern, die damals einen literarischen Anfang setzen, gehört der Gedichtband des bis dahin so gut wie unbekannt gebliebenen Autors: *Venezianisches Credo*, eine Folge von fünfunddreißig Sonetten. Schon im Krieg war – wie die *Dies irae*-Gedichte Bergengruens – dieses lyrische Konfessionsbuch in Venedig und im venetianischen Breganze entstanden, im Sommer 1944. Der Text wird zuerst im Frühjahr 1945 in Verona gedruckt, ehe die deutsche Ausgabe im Frühsommer 1946 vorliegt.

Venezianisches Credo ist ebenso persönliche wie politische Bekenntnislyrik, die dem Nationalsozialismus mit den Mitteln strenger Verskunst entgegenzutreten versucht. Ein Kritiker hat – mehr als zehn Jahre später – noch von der »makellosen, beinahe kühlen Reinheit« der Gedichte sprechen können. Er nennt sie sogar marmorn, fügt dann hinzu: »... doch schlägt hinter dem Marmor das Herz eines leidenschaftlichen Menschen, der freilich weiß, daß wir im Leben wie in der Dichtung unsere Leidenschaften zu zähmen haben.« Das Zitat sei hier lediglich zur Veranschaulichung eines starken Wirkungsgrades wiedergegeben. Der Autor selber hat die Gedichte des *Venezianischen Credos* wie folgt gesehen: »Ihr Thema war die Überwindung des zeitlichen Chaos durch Besinnung auf über- und außerzeitliche Kräfte des Menschen, und die Sonette boten sich an wie Quader, mit denen man bauen konnte. In ihrer strengen Form manifestierte sich schon äußerlich der Unwille gegen das Formlose.« Damit ist deutlich eine Absicht des lyrischen Traditionalismus bei uns ausgesprochen: Form als literarischer Willensakt gegen die Hinterlassenschaft des Nationalsozialismus, die sich als chaotische Szenerie anbot, Form auch als Suche nach dem Menschenwürdigen. Das ist aus der damaligen Situation zu begreifen, die sich für Hagelstange wie für andere der jüngeren, wandlungsfähigeren Begabungen schon bald verändern sollte. Von Hagelstanges späterer Lyrik – abgesehen von der *Ballade vom verschütteten Leben* – ist zu sagen, daß sich solche Veränderung in der Zurücknahme des Gestischen, Formellen, Ornamentalen, der lyrischen Deklamation vom zeitlos Schönen zugunsten einer beruhigteren Liedhaftigkeit erkennen läßt, die freilich immer noch von einer sehr kunstvollen Melodik durchzogen ist. Das gilt noch nicht so sehr für die *Meers-*

burger Elegie (1950), sicher aber bereits für *Zwischen Stern und Staub* (1953). Der Sammelband *Lied der Jahre* (1962, erweitert 1964) läßt die Entwicklung vollends offensichtlich werden. Dort sind es nach den Balladen und Elegien die Lieder, die überzeugen und in denen übrigens das zeitkritische Element am meisten zurückgetreten ist. Das »Bleibende« (um eine Lieblingsvorstellung des Autors zu verwenden) hat sich in ihnen im reinen Aussage-Moment wenn schon nicht verflüchtigt, so doch vergleichsweise unauffällig gemacht. Es ist eingeschmolzen in den Artikulations-Augenblick, von dem die »Lieder« naturgemäß mehr leben als Sonett, Elegie und Ballade. Was bei ihm bleibt – als Frage – ist das Bewußtwerden jener Veränderung einer Position, wie sie Hagelstange 1945 innehatte. Eines seiner bekannten Gedichte, *Lied der Jahre*, greift sie auf, um sie – »Gib Antwort, Gegenwart!« – in optimistischer Offenheit zu beantworten:

> Was frag ich nach dem Lied verschollner Jahre ...
> Ich bin. Ich atme. Hör ich nicht den Ton?
> Hell schwebt die Wolke. Leuchtend brennt der Mohn.
> Die Flöte harrt. Laß singen deine Jahre.
> Ich hör sie schon.

Literarische Bewegungen geraten durchweg dann in eine Krise, wenn sie sich ihrer Machbarkeit bewußt werden. Das traditionsgebundene Gedicht ist sich dagegen seiner längst beliebigen Reproduzierbarkeit nie bewußt geworden, jedenfalls nicht unter den Vertretern der älteren Generation. Man ist nicht selbstreflektiert genug. Das Bild, das man sich vom Produktionsvorgang macht, ist von vornherein so sicher stilisiert, wie später das Produkt gesichert scheint. Das Selbstverständnis von Konvention ist durch sein Selbstbewußtsein gesichert. Gerade das »Vorhandene«, das man nochmals findet, bietet derartige vorgefertigte Beruhigung über den heiklen Prozeß. Die Machbarkeit, die Wiederholbarkeit des Vorhandenen als ständiges literarisches »Angebot« irritiert nicht.

Das Schöne und das Wahre – Hans Egon Holthusen

Erst die Generation Hagelstanges verliert diese – unausgesprochene und gelegentlich ausgesprochene – Sicherheit gegenüber dem Gedicht und der Selbstverständlichkeit seiner Hervorbringung unter dem Schutze der Konvention und dem von ihr ständig zur Verfügung gehaltenen Vokabular, das Gesinnungs-Vokabular ist. Vokabular eines literarischen Anspruchs, der dem Missionsgedanken verwandt ist. Das als Lebens-, als Gegenwarts- und Zukunftshilfe hochstilisierte Gedicht ist von vornherein nur geringer Anfälligkeit ausgesetzt. Es ist das in sich stabile Gedicht. Die Labilität der »Offenheit« bleibt ihm unbekannt. – Solche Offenheit und damit die Gefährdung durch sie ist im deutschen Nachkriegsgedicht – wenn auch durchaus noch im konventionellen Rahmen – zum erstenmal in den Gedichten HANS EGON HOLTHUSENS (*1913) sichtbar geworden, bewußt geworden durch das Reflexionsvermögen dieses Autors, der es an der Dichtungstheorie T. S. ELIOTS schulte und damit als erster bei uns die Lyrik dem Einfluß der Internationalität des Gedichts im modernen literarischen Sprachraum zuführt. Eliot ist sein Vorbild – zugleich Theoretiker und Praktiker. Der eine kommt dem anderen zugute. Holthusens Lyrik wurde auf solche Weise, unter diesen

Voraussetzungen, Modell-Lyrik, die sich dann mit spezifischer Sensitivität, mit persönlichem Temperament auffüllt.

Holthusen ist der erste »willentliche« Lyriker, ein Programmatiker, dessen Programm ihm freilich bei seiner Durchführung zu schaffen macht, weil er trotz poetologischer Anstrengung von einem konventionellen, christlich metaphysisch-»existentiellen« Vokabular sich nicht zu befreien versteht und auf diese Stimmlage zurückfällt, auch wenn er sie durch Modernismen, Alltagswendungen und intellektuelle Glanzlichter zu drosseln versucht. Sein frühes Vorbild war Rilke gewesen, über dessen *Sonette an Orpheus* er in den dreißiger Jahren promovierte. Seine erste Veröffentlichung überhaupt, *Klage um den Bruder* (1947), ist als Sonette-Zyklus noch weitgehend rilkisch instrumentiert. Die beiden Gedichtbände, die Holthusen als Lyriker bekannt machen, sind danach *Hier in der Zeit* (1949) und *Labyrinthische Jahre* (1952).

Holthusens Lyrik kann man sich gut innerhalb eines bestimmten Koordinatensystems vorstellen. Die Koordinaten heißen das Schöne und das Wahre. Beides tritt bei ihm in einem Absolutheitsanspruch auf. Es sind dies Vorstellungen, die sich der metaphysische Lyriker – als welchen sich Holthusen verstand – zu eigen machen mußte, der transzendierende Lyriker, fasziniert vom Dualismus dieser Welt. Liebe und Tod nennt er selber in solchem Zusammenhang. »Ich gehöre zur Rasse der Transzendentalisten, das heißt zu einer Art von Menschen, die immer etwas ›hinter‹ den Erscheinungen des irdischen Zustandes suchen müssen.« Er plädiert folgerichtig für das metaphysische Gedicht, das er durch die »fühlende Aneignung einer philosophischen oder theologischen Idee durch die Erlebniskräfte der Seele« entstanden wissen will. Man erkennt das Abstrakte der Konzeption, den grundsätzlichen »Entwurf«-Charakter derartiger Lyrik, die sich schließlich doch der »vollkommen sinnlichen Rede« als ihres Sprachmodus (der Autor zitiert die Lessingsche Formulierung) zu bedienen hat. Daß das Diskrepanz, eine Zerreißprobe ergeben kann, erfährt man gerade in den interessantesten Gedichten Holthusens. Das Auffüllen der angenommenen, vorgefaßten Idee mit angemessener Sprache, die Formwerdung einer gegebenen Konzeption ist sein Problem geblieben (»Formwerdung ist ... Ergebnis einer pausenlos dreinredenden Selbstkritik ...«). Er unternimmt diese auf verschiedene Weise und nach Art einer artistischen Mixtur, indem er protestantischen Rigorismus mondän einkleidet, indem er persönliches intellektuelles Engagement in Eleganz auslaufen läßt und umgekehrt Amouröses mit einer Dosis eleganter Schwermut versieht. Das alles verstanden als »Zauberformeln gegen den Tod. Kleine, treuherzige Schwüre / Gegen die Angst, verloren zu sein«. Die Situation des »Liebe liebt sich in den Tod« wird oft beschworen, wie die Frage, was Wahrheit sei: »Was ist die Wahrheit? Ein leichtes Gewölk von Geschicken und Jahren, / Aber der Tod im Zenith.« Ein andermal: »Aber die Wahrheit ist wie ein Wasserzeichen hinter dem bunten / Aufdruck der Zeit« (*Acht Variationen über Zeit und Tod*). Existenz wird von Holthusen gern in eine mondäne Reizformel gepreßt, auf einen attraktiven Nenner gebracht, dessen Attraktion aber gleichzeitig als brüchig durchscheint. Holthusens von Anfang an große artistische Willens-Übung hat nicht – auch nicht über die englischen Metaphysiker, nicht über Auden, danach und T. S. Eliot – an das geeignete Sprachmaterial herankommen können. Seine konservative Grundhaltung verdirbt ihm die Chancen, die ihm seine intellektuelle Neugier verschafft hat. Aber Hans Egon Holthusen erweiterte wenigstens den Gesichtskreis der Artikulationsweisen der deutschen Lyrik in den ersten Nachkriegsphasen bis 1950; eines Gedichts, das sich unter Ruinen und

Schwarzhändlern auf die schöne Form als unbedingte Sicherung seines Halts verlassen hat und zunächst auf einen illusionären »geheimen Kern« zurückzugehen versucht: einer camera obscura klassizistelnder Sprach- und Gedankenwelt, die bereits aus ähnlichen, durchaus oft noblen Motiven in der zu Ende gebrachten Ära des Nationalsozialismus gediehen war. Doch während sich unter Hitler das Gedicht auf diese

Dagmar Nick

Weise reserviert, Vorbehalte mittels bestimmter formaler und gedanklicher Distanzierungen hat, ist nun der Gebrauch bestimmter lyrischer Ausdrucksformen – wie etwa der des Sonetts – nichts als ein Anachronismus geworden.

Überwindung der Tradition – Dagmar Nick, Marie Luise Kaschnitz

Nach dieser Art ist kein literarisches Verhältnis zur radikal veränderten Umwelt zu gewinnen, geschweige denn, eine neue Entwicklung in Gang zu bringen. Die Stagnation der ersten Zeit war darum enorm, wie das lyrische Radebrechen allgemein. Die Jahre der gutgemeinten, aber dürftigen Verse einer reservierten geistigen Opposition bis 1945 waren für die Heraufführung einer anderen Lyrik verlorene Jahre oder doch beinahe verlorene Jahre, denn die Klassizisten, die Traditionellen verschiedener Spielart, Dichter eines schäbigen Lebens im Lebensmittelkarten-Alltag, sind nicht die einzigen Autoren, die das Gedicht praktizierten. Es gibt Übergangserscheinungen wie etwa Dagmar Nick (*1926), die 1947 mit ihrem ersten Gedichtband *Märtyrer* erscheint und mehr als schöne Verse beabsichtigte. Es sind Verse der Teilnahme und Anteilnahme, einer bestimmten spirituellen Aktivierung, die auf ein weiteres als ein

formales Feld vorrücken. Es sind Verse des Zeugnisablegen-Müssens. Nach einer langen Schweigezeit ruft sich uns übrigens Dagmar Nick mit neuen Gedichten ins Gedächtnis und erinnert an ihren Anfang von einst. Schon damals hätten ihre Arbeiten den Titel tragen können, den die neuen tragen: *Zeugnis und Zeichen* (1969). Dagmar Nick gehört zu den Autoren, die Beispiel geben wollen mit dem eigenen Schreiben wie mit dem eigenen Leben. Sie hat immer ernste, schmerzlich-bittere Gedichte geschrieben. Die Fluchtgeste ist ihre Lebensgeste geblieben.
An Randerscheinungen kann man zuweilen am besten mögliche Ausbruchsversuche aus literarischer Befangenheit konstatieren. Dagmar Nick – um wenigstens einen Namen aufzuführen – hat mit ihrer Lyrik, auch in der Wiederaufnahme dieser Lyrik neuerdings, so etwas wie ein Fragment zu solchem Tatbestand geliefert. Jedenfalls ist in einzelnen ihrer Gedichte der »Hülsen«-Charakter konventioneller lyrischer Diktion – indem er einen Augenblick zu zerreißen scheint – evident geworden: dieses Durchstoßen der Leere mit einem kurzen Abwinken, einer abbrechenden rhythmischen Bewegung, einer abbrechenden (und damit unterbrochenen) Wortbewegung. Die Unterbrechung des erwarteten verbalen Übereinkommens, traditionaler lyrischer Konvenienz wird flüchtig eher vermutet, als daß sie erkennbar wird. Aber auch dies Vermuten zeigt schon den Versuch einer Überschreitung von Konvention, in der selbst die Holthusensche Lyrik eingezirkelt bleibt: ein Befund, der aus einer Entfernung von zwanzig Jahren freilich leichter zu entdecken ist als damals.
Daß man in Marie Luise Kaschnitz (*1901) die eigentliche Überwinderin literarisch-konventioneller Anfänge durch langsame, von geheimer artifizieller Unruhe aufgeladene Progression zu sehen habe, war nicht so bald zu erkennen. Sie hatte Anfang der dreißiger Jahre mit Prosa, Romanen und Essays begonnen, zwar Gedichte geschrieben, aber sie erst nach 1945 publiziert. Ihr erstes Lyrikbuch – *Gedichte* – datiert 1947. Im gleichen Jahr kommt noch als weitere Veröffentlichung *Totentanz und Gedichte zur Zeit* hinzu. In den Zusammenhang mit den beiden ersten Versbänden kann man noch *Zukunftsmusik*, 1950, stellen. Das, was in Dagmar Nicks Gedichten im Ansatz auf eine Überwindung der traditionsbestimmten Aussage hinausläuft – Teilnehmen und Anteilnehmen an unmittelbarer Zeitgenossenschaft –, solche Aufforderung, als literarische Herausforderung verstanden und angenommen, hat Marie Luise Kaschnitz schon anfangs im einzelnen Gedichttext registriert. Doch war dieses Wahrnehmen noch formell umhüllt von der konventionellen Gedicht-Gestalt, der großräumigen, auch zyklischen Elegien- und Oden-Figur.
Das bloße Figurieren ist indessen nicht die Sache dieser Autorin. In einem Aufsatz (*Warum ich nicht wie Georg Trakl schreibe*, 1967) hat Marie Luise Kaschnitz von ihrer »immer weiter bestehenden Vorliebe für das Hymnische und Tragische im Gedicht« sprechen können. Das ist gewissermaßen rückschauend festgestellt. Aber diese beständige Neigung hat sie in den ersten Versbänden die geräumige Form und ihr Pathos aufsuchen lassen. Im gleichen Aufsatz stellt sie fest: »Die strengen Formen haben sich, ebenso wie die Anklänge an Mittelmeerisch-Mythisches, nach dem Kriege verloren, aber mit den für mich neuen freien Rhythmen habe ich ... nicht ein dunkles Zwischenreich beschworen.« Diese Entfernung von der anspruchsvollen lyrischen Figuration, wie sie in Arbeiten wie *Europa* (1949), *Ewige Stadt* (1952) und etwa im *Tutzinger Gedichtkreis* (1952) aus den *Neuen Gedichten* (1957) wirksam wurde, ist nach und nach einer knapperen, prägnanteren Ausdrucksweise, die manchmal die Pointe nicht scheut, gewichen. Der Grund zu solcher Veränderung ist wohl in dem

Marie Luise Kaschnitz

SCHLUSS

Dein Gedicht
Schlag es dir in den Hals
Bring dich zum Schweigen

Wenn du redest geht dir nicht ein
Was die andern zu sagen haben

Das Ohneich
Das Ohnedu
Das Ohnewann
Das Ohnewo

Die Maschine
In der man es manchmal
Knirschen hört

Schluchzen nicht mehr.
Nur die Handvoll Mensch im Getriebe.

Schweig.

Aus Marie Luise Kaschnitz, »Ein Wort weiter. Gedichte«,
Hamburg (Claassen) 1956.

Marie Luise Kaschnitz

Schluss.

Dein Gedicht
Schlag es dir um den Hals
Bring dich zum Schweigen

Wenn du redest
Geht dir nicht ein
Was die anderen zu sagen haben.

Das Ohneich
Das Ohnedu
Das Ohnewenn
Das Ohnewo

Die Maschine
In der man es manchmal
Knirschen hört

Schluchzen nicht mehr.
Nur die Handvoll Mensch im
Getriebe

Schweig.

III

Freigebig war die Zeit, in der ich lebte,
Sie stieß ihren Kindern die Ohren voll
Mit Warnschrei und Gratismusik.
Überhäufte mit Brandschutt und Rosen
Ihnen die zitternde Netzhaut.

Sie gaben ihnen Hemden aus Nessel
Und Hemden aus Seide
Häuser aus Stein
Und Häuser aus Winterkälte
Stacheldrahtzäune
Und Sterne von Afrika.

Abgelaufen die eisernen Kinderschuhe,
Vergnügte sie sich, eine lüsterne Blaubärtin.
Paukte und blies uns ins Zimmer den Krönungszug,
Bettete uns aufs Kissen das Tränengesicht
Und auf die Schwelle den Leichnam des toten Rebells.

Ihre Überallaugen erspähten uns,
Ihre Überallohren belauschten uns,
Ihre Überallhände griffen uns auf,

Wenn wir flohen kleinwinzig
Labyrinthischen Schrittes
Durch Farren und Moose,
Wir entkamen ihr nicht.

Aus dem zyklischen Gedicht »Ich lebte« von Marie Luise Kaschnitz, das 1963 als bibliophiler Druck mit sechs Lithographien von Henry Gowa erschien (Offenbach, Kumm Verlag). »Ich lebte« war zuerst in dem Gedichtband »Dein Schweigen – meine Stimme«, Hamburg (Claassen) 1962, erschienen.

Satz ausgedrückt: »Ich war an meine Zeit gebunden und hatte die Botschaften weiterzugeben, die ich von meinen Zeitgenossen empfing.«
Von solcher Zeitgenossenschaft – noch dann, wenn persönliches Leid (der Tod des Mannes in *Dein Schweigen – meine Stimme*, 1962) festgehalten wird – sind die späten Gedichte erfüllt (*Ein Wort weiter*, 1965). Der Sammelband der ausgewählten Gedichte *Überallnie* (1965) und der Band *Kein Zauberspruch* (1972) dokumentieren solchen Entwicklungsgang.
Die Gedichte des letzten Jahrzehnts – seit 1960 – sind immer deutlicher Gedichte der »härteren inneren Wahrheit«, wie die Autorin es genannt hat, oder anders und in vier Gedichtzeilen ausgedrückt:

Zeile für Zeile
Meine eigene Wüste
Zeile für Zeile
Mein Paradies.

Mit solchem Prozeß überein stimmt eine zunehmende gedämpfte Sprechweise, die das bereits genannte »Registrieren« deutlich werden läßt. Die Drosselung der Lyrizität gibt solchen Arbeiten eine klare Sachlichkeit. Gleichwohl trifft in den Versen die wachsende Knappheit und Konzentration der lyrischen Äußerung manchmal auf eine rückhaltlose Leidenschaftlichkeit, die aber nicht mehr pathetisch überhöht erscheint. Die sich hieraus ergebende Spannung verhindert die klassizistische »Entrükkung«, das Ausweichen vor der Härte erlebter Wirklichkeit.
Noch etwas weiteres gehört als Stoff in ihr Gedicht hinein. Am Ende des Zyklus *Ich lebte* (in *Dein Schweigen – meine Stimme*) stehen die Zeilen

Angst zu sterben
Und Angst zu leben
hielten sich die Waage noch immer.
Natur trug unbekümmert ihr altes Gewand
Herzzerreißende Schönheit.

Natur, hier ausgesprochen, ist in ihrer sicheren Anwesenheit eine Begleiterin der Kaschnitzschen Gedichte, seit den Zyklen *Heimat* und *Südliche Landschaft*, *Im Osten*, über die Rom-Gedichte der *Ewigen Stadt* (1952), den *Sizilianischen Herbst*, den *Jahreszeiten im Breisgau*, *London* (1959), *Rom 1961* bis zu den *Reisegedichten* aus jüngerer Zeit. Natur ist bei ihr einbezogen in ein Dasein, einen Lebenswandel, in dessen Mitte der Mensch anzutreffen ist und bleiben wird. Auch Natur, Landschaft sind in den maßvollen (und hierbei weiter an klassischer Maßsetzung unauffällig orientierten) Versen dieser Lyrikerin ins richtige Maß gefaßt worden, ohne Hypertrophie, ohne chlorophyllgrüne Wucherung. Sie hat Besonnenheit, ohne Idylle. Sie erschließt sich in der Fülle ihrer Einzelheiten, ohne Autonomieanspruch dieser Einzelheiten. Sie ist weder Dämonenwesen noch Attrappe, aber sie hat überall ökonomische Schönheit und Sicherheit, auch wenn sie von Dunkel und Verhängnis umstellt ist. – Der »Naturstoff« kann bereits in den großen elegischen Stoff einbezogen werden.
In den *Fünf möglichen Gebeten* (für die Toten, für die Kinder, für den Fremden, für den Frieden und für sie selbst) des vorletzten Bandes *Ein Wort weiter* (1965) heißt es schließlich: »Daß mich noch überkomme / Heiterkeit unvermutet / Dann und wann« und »Daß nicht über mich komme / Die Lust am Untergang«. Es gehört zur literari-

schen Disziplin, die von ihren Gedichten ausgeht, daß derartige »Lust am Untergang« nicht zugelassen ist als etwas, das Macht über den einzelnen gewinnt, sosehr auch Zerstörung, Vergänglichkeit, Vergeblichkeit der Liebe, Tod, menschliches Unvermögen allgemein im Auge behalten sind. Die Lyrik von Marie Luise Kaschnitz ist keine Lyrik des Augenschließens, vielmehr der geistigen und der sensiblen Tapferkeit, die das Gefährliche, ja, Zerreißende einer Daseinslage zu bestehen versucht. Im zyklischen Gedicht *Zoon Politikon* ist das ausgedrückt: »Vom Übel sein, / Wir sind's. / Wir sind vom Übel.« Auch in dem kleinen Gedicht *Wo ich bin* findet sich solche Standhaftigkeit und Festigkeit: »Ich bleibe, wo ich bin / In diesem Gehäuse, das wehtut / Daß ich aufbrechen könnte / Und könnte mich ausfließen lassen / Und versickern lassen mein Blut.«
In einem anderen Gedichttext (*Nicht gesagt*) hat man den Entwurf zu einer Selbstdarstellung des Kaschnitzschen Gedichtes, in der charakteristischen Schärfe seines Einsichtsvermögens, wenn es heißt:

Euch nicht den Rücken gestärkt
Mit ewiger Seligkeit
Den Verfall nicht geleugnet
Und nicht die Verzweiflung
Den Teufel nicht an die Wand
Weil ich nicht an ihn glaube
Gott nicht gelobt
Aber wer bin ich, daß

Die Strenge der Selbsterkenntnis erreicht in solchen Zeilen die Höhe des Unmißverständlichen, wie sie zur Befragung des eigenen Sprachvermögens gehört, eine Fähigkeit, die Marie Luise Kaschnitz sich folgerichtig von jener unübersehbaren Beziehung zum »Klassischen« in ihrem Wesen und literarischen Temperament fortentwickeln läßt und die mitunter sogar plötzlicher Rigorosität das Wort gibt: »Halte nicht ein bei der Schmerzgrenze / Halte nicht ein / Geh ein Wort weiter / Einen Atemzug / Noch über dich hinaus.«
Die Prägnanz der Existenz-Dichte, die Marie Luise Kaschnitz bereits in einem ihrer bekanntesten (und besten) Gedichte *Genazzano* (aus den *Neuen Gedichten*, 1957) erreicht hat, indem sie den Gedichttext bis zur Aussparung zusammengedrängt und »einfach« werden läßt, ist seither das Kennzeichen ihrer Arbeiten, die sie in rastloser Selbstbefragung vorlegt: Leben, das keine verbalen Umwege, keine Metaphorik, keinen artistischen Aufwand und schon gar keine literarische Konvention mehr benötigt, weil es direkt in Gedichtzeile umgesetzt ist. Das Gedicht als existentielle Ellipse ist in *Genazzano* zur Vollkommenheit gebracht worden:

Genazzano am Abend
Winterlich
Gläsernes Klappern
Der Eselshufe
Steilauf die Bergstadt.
Hier stand ich am Brunnen
Hier wusch ich mein Brauthemd
Hier wusch ich mein Totenhemd.

Mein Gesicht lag weiß
Im schwarzen Wasser
Im wehenden Laub der Platanen.
Meine Hände waren
Zwei Klumpen Eis
Fünf Zapfen an jeder
Die klirrten.

Einzelgänger par excellence: Gottfried Benn

Das konventionelle Gedicht ist bei uns ein Gedicht der Statik wie der Stagnation geblieben. Die es weiter schreiben (Friedrich Georg Jünger), müssen sich sagen lassen, daß man sich solchem literarischen Produkt nur noch als einem historisch gewordenen Produkt nähern kann. Das Restaurative bei einer so empfindlich »offenen« Erscheinungsform der Literatur, wie sie das Gedicht darstellt, widerlegt sie nach Wesen und Wirkung. Das Konservierende der sogenannten alterslosen Gattung – bei Hymnus, Ode, Elegie, Distichon usw. – läßt den lebendigen Gedicht-»Körper« eintrocknen, mumifiziert oder versteinert ihn. Das auf diese Weise entmaterialisierte, aus Genuß und Verbrauch gezogene Gedicht ist keineswegs mehr das hochstilisierte künstliche Wortwesen im Sinne der Hermetiker (was noch bei einigen deutschen Surrealisten der fünfziger Jahre von Poethen bis Ernst Meister, auch bei Paul Celan vermutet werden kann), sondern es sinkt ab zum kunstgewerblichen Gegenstand, zum Schmuck-Stück, zum Nippes. Die Verbissenheit, der Trotz, mit dem in der ersten Nachkriegsphase das formgetreue und formschöne Gedicht – von Traditionalisten und einzelgängerischen Überlebenden des Expressionismus wie Gottfried Benn – gefordert wurde, zeigt die Verfahrenheit und Unsicherheit eines lyrischen Eskapismus. Man stellt sich gewissermaßen nochmals, zum letzten Mal tot, läßt keine Entwicklungen zu und keine Verbindungen, die dann gegen Ende der vierziger Jahre erst mit der erschließenden Wiederentdeckung angloamerikanischer Lyrik und vor allem mit der erschließenden Wiederentdeckung des romanischen (französisch-spanischen) Surrealismus, einer ganzen Lyrik-Epoche seit Apollinaire und García Lorca, ermöglicht werden.

Gottfried Benn (1886–1956) bleibt der Einzelgänger par excellence. Die große Faszination verlor sich schneller als zu erwarten gewesen. Aber dieses Einzelgängerische im deutschen Gedicht unseres Jahrhunderts, das noch in der bürgerlichen Individualitäts-Vorstellung des 19. Jahrhunderts verwurzelt ist, aus ihr jedenfalls den Begriff des Einzelnen als des Besonderen, des Originären, auch des sogenannten Begnadeten nimmt, hat sich nach 1945 wenigstens noch ein einziges Mal mächtig in der Erscheinung und Wirkung des alternden Gottfried Benn gezeigt. Benn ist – im Jahr des Kriegsendes – bereits im sechzigsten Lebensjahr. Ein literarisches Werk liegt seit langem vor, von manchem unvergessen. *Gesammelte Prosa* und *Gesammelte Gedichte* waren bereits 1928 bzw. 1927 erschienen. Die Brisanz dieser frühen Arbeiten, das Aufreizende, wenn schon nicht das literarisch Revolutionäre oder Progressive im Sinne einer Fortschrittlichkeit, wie man sie in Zukunft begreifen und benennen wird, ist nur noch ein historisches literarisches Faktum. Der gewalttätig expressive Biologismus von einst – *Morgue* und *Der Arzt*, *Nachtcafé* und *Alaska* – war bereits in den zwanziger Jahren »regressiv« geworden im Sinne des gleichnamigen Gedichts (»... am Horizont die Schleierfähre, / stygische Blüten, Schlaf und Mohn, / die Träne wühlt sich in die Meere – / dir: thallasale Regression«). Er ist nicht fortsetzbar und hat sich auch so verstanden. Das »Regressive« bei Benn als Versuch, das spätzivilisatorische »Leiden am Bewußtsein« (»ein armer Hirnhund. Schwer mit Gott behangen. / Ich bin der Stirn so satt«) durch Bewußtseinsveränderung, Rausch, Archaismen, Rückkehr zur »prälogischen Geistesart« und in Irrationalismen und Anti-Intellektualismen verschiedener Spielart zu erreichen, hatte zugleich sein eigenes Scheitern dargestellt. »Die Schädelstätten der Begriffsmanie« können auf die Dauer nicht durch Gedicht gewordene »Wallungen« überwunden werden.

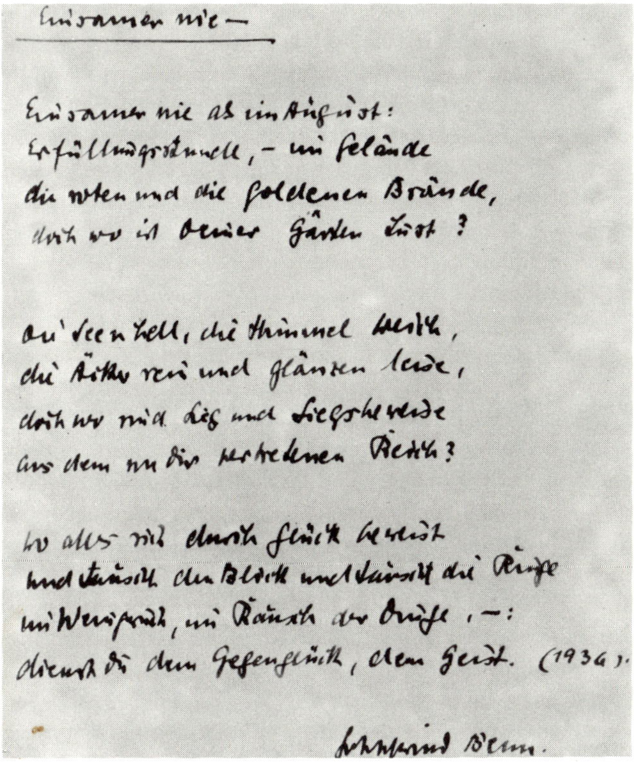
Einsamer nie –

Einsamer nie als im August:
Erfüllungsstunde, – im Gelände
die roten und die goldenen Brände,
doch wo ist deiner Gärten Lust?

Die Seen hell, die Himmel weich,
die Äcker rein und glänzen leise,
doch wo sind Sieg und Siegsbeweise
aus dem von dir vertretenen Reich?

Wo alles sich durch Glück beweist
und tauscht den Blick und tauscht die Ringe
im Weingeruch, im Rausch der Dinge, –:
dienst du dem Gegenglück, dem Geist. (1936).

Gottfried Benn.

Einsamer nie –

Einsamer nie als im August
Erfüllungsstunde – im Gelände
die roten und die goldenen Brände,
doch wo ist deiner Gärten Lust?

Die Seen hell, die Himmel weich,
die Äcker rein und glänzen leise,
doch wo sind Sieg und Siegsbeweise
aus dem von dir vertretenen Reich?

Wo alles sich durch Glück beweist
und tauscht den Blick und tauscht die Ringe
im Weingeruch, im Rausch der Dinge –:
dienst du dem Gegenglück, dem Geist. (1936)

Gottfried Benn.

Das Gedicht »Einsamer nie« von Gottfried Benn erschien zuerst in dem Band »Ausgewählte Gedichte«, Stuttgart (Deutsche Verlags-Anstalt) 1936, erneut in der Sammlung »Statische Gedichte«, Zürich (Verlag Die Arche) 1948.

Und 1945 scheint Gottfried Benn alles andere als der »Phänotyp dieser Stunde«. Seine Stunde schlägt drei Jahre später, mit dem Erscheinen der *Statischen Gedichte* (1948; in Deutschland 1949), zunächst in der Schweiz, mit dem Aufsehen, das diese Gedichte sogleich im deutschsprachigen Gebiet machen. Benn – fast vergessen, eine Handvoll Verse, in den dreißiger Jahren im damals in Hamburg ansässigen Ellermann Verlag erschienen, kann nicht als Legitimation von Vorhandensein angesehen werden, eher schon die 1936 von der Deutschen Verlagsanstalt in Stuttgart publizierte Ausgabe der *Ausgewählten Gedichte* – hat die Jahre des Nationalsozialismus schließlich als Militärarzt überstanden. Die kurze Beziehung zum Hitler-Regime während der Jahre 1933 und 1934 (*Der neue Staat und die Intellektuellen*; *Kunst und Macht*) hatte mit Enttäuschung und Rückzug aus der Literatur geendet. Zudem ist er seit 1938 mit Schreibverbot belegt. – Die sensationelle Rückkehr Benns in die Literatur gibt ein Beispiel für das schwer Erkennbare, schon gar nicht Vorherzusehende der Wirkung einzelgängerischer literarischer Existenz. Sie ist damit ein Stück Phänomenologie des deutschen Gedichts in seiner eigentümlichen Selbstbezogenheit, in dem, was an ihm diskontinuierlich erscheint, jäh in Faszination und begreiflich an Mißverständnis.

Mißverständnis – kann man heute meinen – ist teilweise auch der rasche Anstieg an Ansehen, nach der Veröffentlichung von Versen, die – wie *Trunkene Flut* (1949), *Fragmente* (1951), *Destillationen* (1953) und schließlich *Aprèslude* (1955) – in ihrem langen Abschiednehmen von der eigenen Ausdrucksschönheit, der asphodelischen Stimmungslage, ihrer immer stärker spürbaren Mondäneität, ihrer monomanischen Schwermut und monologischen Süße in sich ebenso modern-zivilisatorische wie artifiziell-restaurative Merkmale vereinigen. Es ist auffällig, daß Benns Gedichte in einer Phase der Nachkriegsentwicklung der bundesrepublikanischen Lyrik triumphieren, die man als ausgesprochen restaurative Phase bezeichnen muß. Unter anderem hat sie also wohl auch ein Vakuum ausfüllen helfen. Sie ist sensationell – angesichts eines nicht einmal besonders differenzierten Traditionalismus und einer sich noch nicht deutlich abzeichnenden neuen Naturlyrik, die für manche von einer provinziellen Mimikry belastet scheint und jedenfalls – auf den ersten Blick – nicht genügend Repräsentanz mitbringt, um eine Lethargie zu beseitigen. Die lethargischen Töne, die im Benn-Gedicht zudem selber noch angestimmt sind, verstärken eher den Negativ-Zauber seiner Wirkung, den einer hypnotisch anmutenden Berückung oder – Einschläferung. Das Formschöne, mondän aufgetragen, zieht schnell einen unverhältnismäßig großen Leserkreis an.

Aber natürlich haben Gottfried Benns Gedichte aus seinem letzten Lebensjahrzehnt nicht lediglich eine derartige Surrogat-Wirkung. Benn hat zweimal seinen literarischen Standort öffentlich bestimmt, beide Male wirkungsvoll. Wichtiger als die am 5.4.1932 angesichts des heraufziehenden Nationalsozialismus gehaltene Rede vor der Preußischen Akademie der Künste (die sog. *Akademie-Rede*) ist für uns sein Vortrag, den er am 21. 8. 1951 in der Universität Marburg gehalten hat. Unter dem Titel *Probleme der Lyrik* hat man hier Benns poetologisches Bekenntnis. Es wird zu einem Bekenntnis des absoluten Einzelnen zum absoluten Gedicht, das keine Neuigkeiten bringt, sondern prononciert in der Form eines öffentlichen Monologs. Man kann diesen Absolutheitsanspruch verschieden auslegen: als Pendelausschlag nach der anderen Seite, nachdem kurz zuvor noch Lyrik in den Dienst einer absoluten politischen Ideologie gestellt worden war, als notwendig rigoroser Verfestigungsprozeß der unabhängigen Stellung des Gedichts, unabhängig von Sozietät und ihren Bedürfnissen und Ansprüchen. Doch diese Herauslösung des Gedichts aus jedem gesellschaftlichen Zusammenhang reproduziert bald die bereits angedeutete alte Gefahr, denen Gedichte von ihren Autoren bei uns ausgesetzt sind. Sie reproduziert nicht nur Isolation, Kontaktschwäche gegenüber einem nicht lediglich national verstandenen Sprachraum (von dem in der Marburger Benn-Rede noch die Rede ist, trotz einiger Namens-

Gottfried Benn erhielt am 21. Oktober 1951 den Georg-Büchner-Preis der Deutschen Akademie für Sprache und Dichtung. Neben Benn: Werner Bergengruen.

nennungen internationaler Lyrik). Sie formuliert artistische Selbstgenügsamkeit, elitäre Genugtuung hierüber und jene mondän-versteckte Arroganz, die Benns monströsem »lyrischem Ich« eigen sind.

Dies lyrische Ich bezieht charakteristisch deutsche Sonderlings-Situation, in der es bedeutungslos ist, »ob die anderen ein Gedicht als eine Geschichte von Nichtgeschehenem und Meisterschaft als Egoismus bezeichnen«. Hier Benns oft zitierte Feststellung: »Das lyrische Ich ist ein durchbrochenes Ich, ein Gitter-Ich, fluchterfahren, trauergeweiht. Immer wartet es auf seine Stunde, in der es sich für Augenblicke erwärmt, wartet auf seine südlichen Komplexe mit ihrem ›Wallungswert‹, nämlich

Rauschwert, in dem die Zusammenhangsdurchstoßung, das heißt die Wirklichkeitszertrümmerung, vollzogen werden kann, die Freiheit schafft für das Gedicht – durch Worte.«

Benns artistische Radikalität erwächst aus der Hypertrophierung dieses lyrischen Ich, das – wie gesagt – seine Herkunft aus der eigensinnigen Isolierung des deutschen Gedichts, seinem liedhaften Hochmut, nimmt und hier nochmals seine – späte – Überfixierung erfährt. Es ist ein deutsches Produkt mit seinen »Ausdruckskrisen und Anfällen von Erotik« – wie es in den *Fragmenten* (1951) einmal formuliert wird. Die Ausdruckskrise hatte ihren letzten Höhepunkt in der Hyperbolik des lyrischen Expressionismus erlebt. Benns Kennzeichnung kann man noch durchaus von daher verstehen. Lyrik ist – laut Benn – etwas, das »mit Worten Faszination macht«. Als ein solches Faszinosum, als eine Droge ist seine eigene denn auch von ihren vielen Freunden verstanden worden in der Zeit, in der sie zwischen 1950 und 1956 rasch kulminiert. Aber der morbide Ausdruckszauber, der sich selber unablässig genießt, artistisches Spätprodukt aus dem neunzehnten Jahrhundert, war dem nicht gewachsen, was dem deutschen Nachkriegsgedicht fehlte: nicht vorbelasteter, nicht korrumpierter »Stoff«. Das neue Natur- und Landschaftsgedicht bekommt nur durch den latenten Stoffmangel der ersten Jahre nach 1945 seine unverhältnismäßig große Gelegenheit, sich zu präsentieren und zu entfalten, weil das restaurative Gedicht, das mit Mythen und »Mächten« arbeitet, mit Antike und Christentum, stofflich überhaupt nichts Neues bieten kann, so daß selbst eine nicht unproblematische, durch die vorangegangene »Blut und Boden«-Mentalität gefährdete Stofflichkeit, wie die aus Jahreszeit und Landschaft genommene, willkommen sein muß.

»Lyrik muß entweder exorbitant sein oder gar nicht«, sagt Benn in Marburg. Aber genau diese Exorbitanz bringt das entkräftete Gedicht 1945 nicht auf, weil es zunächst ohne jeden Kontakt mit der internationalen Lyrik weiterlebt und durch eine Erscheinung wie die Gottfried Benns eher an einer solchen Kontaktnahme gehindert wird, der das herzzerreißende Bild vom Alleingelassensein des Mannes, der Gedichte schreibt, liefert: »Der Lyriker steht allein, der Stummheit und Lächerlichkeit preisgegeben. Er verantwortet sich selbst. Er beginnt seine Dinge, und er macht sie fertig. Er folgt einer inneren Stimme, die niemand hört. Er weiß nicht, woher diese Stimme kommt, nicht, was sie schließlich sagen will. Er arbeitet allein, der Lyriker arbeitet besonders allein ...« Und wenig später: »Dieses lyrische Ich steht mit dem Rücken gegen die Wand aus Verteidigung und Aggression. Es verteidigt sich gegen die Mitte, die rückt an.« Das alles ist deshalb so ausführlich zitiert, weil die Zitate die ganze Misere der deutschen Lyrik über lange Zeit in wenigen Sätzen verdeutlichen. Es ist nicht so sehr das Leiden am Bewußtsein, das sich so ausdrückt, vielmehr das Leiden an falsch verstandener und falsch »eingesetzter« literarischer Individualität. Das große bürgerliche Modell für Lyrik in diesem Jahrhundert ist nicht die Dichtung Georges und Rilkes mit ihrer international organisierten Sensibilitäts-Struktur. Es ist das lyrische Werk Gottfried Benns, und zwar sowohl das frühe wie das späte Werk. Denn das frühe, vitalistisch-rabiate, und das späte, formalistische, einer privaten »Ausdruckswelt« verhaftete, bedingen einander in ihren »schöpferischen Krisen«, in ihrem Anti-Intellektualismus und in ihrer artistischen Metaphysik, in ihren lyrischen Krankengeschichten und in ihren südlichen »Wallungen«, diesen sehnsüchtigen Ausstiegen aus einer als unerträglich empfundenen »späten« Zivilisationswelt, einer lyrifizierten Klages-Welt.

Das frühe biologische Verhalten des Arztes Benn transzendiert mit einem »Fanatismus zur Transzendenz«, der etwas Bodenloses hat (von einer »erbarmungslosen Leere« ist einmal die Rede). Derartige Leere ist andererseits von einem unablässigen Produktionsbedürfnis begleitet, wird durch solches Bedürfnis erst artikuliert, durch das Reproduzieren von literarischer Form. Man hat von einem »Doppelaspekt des Formprinzips« bei Benn gesprochen: »daß nämlich Form einerseits den chaotischen Lebensgrund in statisches Sein verwandelt, andererseits aber den ekstatischen Moment mystischer Affektation aus sich entbindet« (Otto Knörrich). Das Zwanghafte eines derartigen »Doppelaspektes« wird in vielen der späten Gedichte Gottfried Benns evident, gerade in denen, die das beabsichtigte Faszinosum voll aufbieten, in denen eintritt, was das Gedicht *Keiner weine* in der Zeile ausdrückt: »wie weh war alles, wie schön und zitternd!« Es ist Benns »Gladiolen«-Stimmung:

Hier ist kein Ausweg:
Da sein – fallen –
nicht die Tage zählen –
Vollendung
schön, böse und zerrissen.

Solche lyrische Beauté-de-diable-Situation wird im späten Benn-Gedicht oft umschrieben als fragmentarische Schönheit, als zivilisationsumlagerter Schönheits-Rest: »Der Rest Fragmente, / halbe Laute, / Melodienansätze aus Nachbarhäusern, / Negerspirituals / oder Ave Marias.« Ihm gegenüber steht die »Tiefe des Weisen«: »Entwicklungsfremdheit«, wie sie der Text *Statische Gedichte* formuliert, in dem es gegen Schluß heißt:

Perspektivismus
ist ein anderes Wort für seine Statik:
Linien anlegen,
sie weiterführen
nach Rankengesetz –,
Ranken sprühen –

Form erkennt sich bei Benn nicht als Balancement, als Ökonomie, als sachliche Fügung, sondern wird gelegentlich gestisch verstanden, als Formgebärde. Mit dieser Geste beginnt das Gedicht *Die Form*: »Die Form, die Formgebärde, / die sich ergab, die wir uns gaben –«. Es ist letztlich Benns bekannte Formel von der »formfordernden Gewalt des Nichts«, die in der Geste zum Vorschein kommt, eine hastige, nervöse Herstellung von Form, der nicht mehr Zeit und Sicherheit gelassen sind, sich zu konstituieren. Es ist Form und zugleich ihr Widerruf, die unter Zwang, um literarische, lyrische Existenz nicht so sehr vorweisen als vielmehr halten zu können, in vielen Versen der *Fragmente*, der *Destillationen* und von *Aprèslude* erpreßt wird. Denn Pression merkt man dem Bennschen Formalismus an, gerade dann, wenn er sich dem Gedichtablauf anschmiegt, »der Strophe voll von Untergang und voll von Wiederkehr«.

Bis zuletzt wird Benns zentrales Thema im Gedicht variiert: »bleiben und stille bewahren / das sich umgrenzende Ich.« Daß das nicht immer »still«, sondern dringlich fordernd und nicht selten arrogant geschehen ist, soll dabei nicht übersehen sein. Aber Benns Gedichte werden in dieser Hinsicht von Band zu Band gedämpfter, nachgiebiger, erfahrener und sich bescheidend in der »Hinfälligkeit des Individuellen«. Das kann zuweilen etwas Erschütterndes bekommen: Benns langes Abschiednehmen von sich im lyrischen Monolog, mit dem gleichsam von langer Hand vorbereiteten letalen Ausgang dieses – letzten – Gesprächs. So etwa ist das dritte Gedicht im Triptychon *Verzweiflung* aus *Destillationen* (1953) zu verstehen:

Sprich zu dir selbst, dann sprichst du zu den Dingen
und von den Dingen, die so bitter sind,
ein anderes Gespräch wird nie gelingen,
den Tod trägt beides, beides endet blind.

Hier singt der Osten und hier trinkt der Westen,
aus offenen Früchten rinnt es und vom Schaft
der Palmen, Gummibäume und in Resten
träuft auch die Orchidee den Seltsamsaft.

Du überall, du allem nochmals offen,
die letzte Stunde und du steigst und steigst,
dann noch ein Lied, und wunderbar getroffen
sinkst du hinüber, weißt das Sein und schweigst.

Benns Verstummen ist nichts als Verstummen am Ich als dem »damned myself«, nicht das spätere Schweigen und Verstummen am Rande von Literatur, auf das die Lyrik Paul Celans und anderer in den späten fünfziger und noch in den sechziger Jahren hinführen wird. Das Beispiel ist ein Beispiel für Kulminierung der Vereinzelnung im deutschen Gedicht des zwanzigsten Jahrhunderts, ehe der Strukturwandel dieses Gedichts einsetzt. Es ist Ausdruck für das Auslaufen einer langen Epoche poetischer Artikulation im Lied, das mit der persönlichen, individuellen Klage wie mit dem privaten Entzücken steht und fällt und in der Euphorie von beiden »umschlägt« und überindividuelle, allgemein verbindliche Verhaltensmerkmale aufweist, nachdem sich dieses Persönliche in der Klage aufgezehrt, im Entzücken verbal verflüchtigt hat. In den schönsten deutschen Liedgedichten nach 1945 (bei von der Vring beispielsweise) ist das nochmals zu erkennen und bekommt die zarte, fragile, zufällige und anfällige Lied-Konstitution bei solchem Durchstoßen der Individual-Mauer etwas Festes, Andauerndes, den ebenso anonymen wie überpersönlichen Habitus, der das nichts als Private des Gedicht(Lied)-Ansatzes nicht mehr relevant erscheinen läßt. – »Ein anderes Gespräch wird nie gelingen« – diese Gedichtzeile hat etwas Stigmatisierendes, wie die andere: »Du überall, du allem nochmals offen«, wobei hier neben dem Stigma die Illusion einer lyrischen Offenheit auftaucht, die weder thematisch noch formal gerechtfertigt ist. Der Habitus des Benn-Gedichts wird in beängstigend raschem Tempo zum Habitus eines sich verschließenden, in sich gekehrten Gedichts, das so undurchlässig wie nur denkbar ist. Es gibt das Bild eines ihm entsprechenden Autors fast unwillkürlich frei. Das geschieht schon früh in der *Vision des Mannes* (1927):

Vision des Mannes,
der stumm und namenlos
im Fluch des Bannes
morbider Züge groß,
....

Vision des Einen,
der irdisch ausgeloht
der: Glaube, keinen,
der: Erde, Antipod.

Dieses übrigens rhythmisch wie viele andere Benntexte gewissen Gedichten Georg Heyms äußerst nahe Gebilde (etwa Heyms *Mit den fahrenden Schiffen*; *Deine Wimpern, die langen ...*; *Letzte Wache*, auch *Die gefangenen Tiere*) porträtiert den isolierten Einzelnen in der Fragwürdigkeit seiner Autorschaft, wie ein anderer Text aus den *Statischen Gedichten* (*Ein Wort*, entst. 1941) Jahre danach das in sich isolierte, euphorisch gesteigerte und in der Euphorie auf sich zurückfallende Wort wiedergibt:

Ein Wort, ein Satz –: aus Chiffren steigen
erkanntes Leben, jäher Sinn,
die Sonne steht, die Sphären schweigen
und alles ballt sich zu ihm hin.

Ein Wort –, ein Glanz, ein Flug, ein Feuer,
ein Flammenwurf, ein Sternenstrich –,
und wieder Dunkel, ungeheuer,
im leeren Raum um Welt und Ich.

Der tragische Akzent, der auf Gottfried Benns später Lyrik liegt, ein Akzent vom Scheitern in vollkommener Schönheit des Wortefindens, gehört zur tragischen Situation, in die das deutsche Gedicht so häufig durch diejenigen gebracht wurde, die es schrieben: tragische Situation des Eskapismus in wechselnder Ausprägung, aber mit immer gleichem Dilemma, das sich meistens nicht einmal, wie hier, selber erkennt. Benns blitzlichthaftes Aufleuchten-Lassen der Einsamkeits-Situation und einsamer Vergeblichkeit des Wortemachens bewegt sich im Kreise von Faszinierbarkeit durch verbalen Zauber vor dem Hintergrund einer existentiellen Leere, der mit Worten nicht mehr beizukommen ist.

Benns Absichten, die er der Wirksamkeit des im Gedicht verwendeten Wortes beimißt, sprechen für sich selber. Sie lassen erkennen, daß die Wirkstoffe, die in ihm ruhen und die auf die unmittelbaren Zeitgenossen Benns bis zuletzt drogenähnlich wirken, ebenso rasch an Wirkung einbüßen müssen, wie diese vor deren Augen und Ohren sich verbreitet hatte. Die Verleihung des Büchner-Preises an ihn im Herbst 1951 ist ein solcher erster Höhepunkt an unmittelbarer Wirksamkeit von Erscheinung und Werk, das den Kern des Abbaus der Erregungen, die beide nach sich ziehen, in sich trägt, so in folgenden Äußerungen: »Das Wort ist der Phallus des Geistes, zentral verwurzelt. Dabei nationalverwurzelt.« Das ist von bombastischer Einseitigkeit und überheblicher Enge des literarischen Gesichtskreises her gesagt, wie auch die folgende Feststellung zum Hochmut des »absoluten Gedichts«, so wie Benn es versteht: »Das absolute Gedicht braucht keine Zeitwende, es ist in der Lage, ohne Zeit zu operieren, wie es die Formeln der modernen Physik seit langem tun.« Eine hybride Feststellung, die auch nicht von dem Hinweis auf die völlig anderen Gegebenheiten der modernen Physik zu retten ist, ja, gerade durch diesen inadäquaten Vergleich an Bedenklichkeit zunimmt. »Seine Formel ist ein nihilistischer Ästhetizismus von großartiger Folgerichtigkeit«, rühmt Hans Egon Holthusen. Es ist die Formel für eine unserer verschiedenen literarischen Sackgassen, in die sich von Zeit zu Zeit bedeutende und minder bedeutende deutsche Lyriker verrannt haben, die Formel für eine unserer zahlreichen krampfhaften Anläufe, in einer Art tour de force literarische Modelle zu bilden. Das Nationale ist im Augenblick, in dem es von Benn derart formuliert wird, bereits ebenso literarisch antiquiert wie es die sogenannte Zeitlosigkeit ist, aus der heraus – um Benn herum – die Traditionalisten ihre Verse schreiben, als wäre die Verbindung zu dem, was sie, »antiker Form sich nähernd« (wieder einmal), Gedicht werden lassen, nicht längst abgerissen.

Gewiß hat Gottfried Benn auch mit den Gedichten der späten Jahre Influenzen ausgeübt. Aber sie bleiben punkthaft. Man kann vermuten, daß es bei damals jungen Autoren wie ASTRID CLAES (* 1928) – *Der Mannequin* (1952) – und HELMUT MADER (* 1932), um zwei für andere zu nennen, zu derartigen Einflußnahmen gekommen ist. Der Nachweis wird indessen schwierig, weil – wie in diesen beiden Fällen – die eine später kaum noch veröffentlicht, der andere sich mit seinen späteren Veröffentlichungen (*Selbstporträt mit Christopher Marlowe*, 1965) von seinem literarischen Ausgangspunkt (*Lippenstift der Seele*, 1955) weit entfernt hat, wenn auch – anläßlich der Interpretation eines Maderschen Gedichtes (in Hilde Domins *Doppelinterpretationen*, 1966) – von CHRISTIAN ENZENSBERGER die Frage nach dem Sinn, der Berechtigung eines »Nachfolgedichters« erhoben werden kann. Der Interpret versucht die Lösung mit der Gegenfrage: »warum eigentlich nicht ... Nachfolgedichter von etwas, was uns noch so tief im Kopf und in den Knochen sitzt? Solang sie sich nur zur Sprache ihrer eigenen Zeit bringt, die Kraft nicht verliert zur Erfindung und Diagnose.« Die Frage wird gestellt und beantwortet angesichts von dem, was hier »Endzeit-Bewußtsein« genannt ist und »vor zwei Generationen von Eliot und Gottfried Benn mit einem Reichtum und einer Nachdrücklichkeit beschrieben worden (sind), wie sie vielleicht nur die erste Entdeckung mit sich bringen ...« Man sieht an diesem kleinen Wirkungs-Ausschnitt den relativ raschen Abbau einer zunächst übermächtig erscheinenden literarischen Breitenwirkung, die zu einer Hausse unter imitatorischen Begabungen führt, einer Benn-Hausse, deren damalige »Nachfolgedichter«, aus dem immer vorhandenen mittleren Feld von Begabungen stammend, längst vergessen sind.

Nur so – aus der unbedingten Nachdrücklichkeit von Benns ebenso strenger wie fashionabler literarischer Wirkung auf die Umwelt – ist ein lyrischer Nachruf seines Generationsgenossen, des damaligen DDR-Kultusministers JOHANNES R. BECHER zu verstehen, der nach seinem Tode reimt:

> Er ist geschieden, wie er lebte: streng,
> Und diese Größe einte uns, die Strenge,
> Uns beiden war vormals die Welt zu eng,
> Wir blieben beide einsam im Gedränge.
> ....
> Mein Vers weint eine harte, strenge Träne,
> Denn er nahm Abschied von uns: Gottfried Benn.

Man kann gegen solche »strenge Träne« Gottfried Benn nicht einmal in Schutz nehmen, denn diese poetische Tränenspur ist gelegentlich auch – mitten unter Zynismus und bei aller »Frigidisierung des Ichs« – bei ihm in seinen Gedichten nachweislich:

> Wenn erst die Rosen verrinnen
> aus Vasen oder vom Strauch
> und ihr Entblättern beginnen,
> fallen die Tränen auch.
> (*Rosen*, 1946)

EINE FOLGERICHTIGE ENTWICKLUNG: DAS NEUE DEUTSCHE NATURGEDICHT

Die lyrische Restauration hat keinen Stoff anzubieten. Götter und Mythen waren ohne stofflichen Bezug auf Zeit und Gegenwart. Die entstofflichte Sprachgebärde wiederholt sich monoton bis zum Leerlauf. Das Stoffangebot des deutschen Gedichts, gleich nach 1945 und in den folgenden Jahren sprunghaft zunehmend, kommt aus einem Bereich, der allerdings ebenso »ohne Alter« ist wie die erfundenen Stoffe aus künstlichen Bildungs-Paradiesen. Dieser Stoff indessen stand jederzeit bereit. Man konnte ihn um sich haben. Er wirkte vergleichsweise handlich, selbstverständlich, naheliegend. Er hieß Natur und Landschaft. Er hieß Jahreszeit und ihr Kommen und Gehen. Das war gewiß nichts Neues, aber es war etwas, das erweiterungsfähig war und sich so bewährte, trotz einer langen Geschichte, solcher literargeschichtlicher Belastung, die bis in die Mitte des 18. Jahrhunderts zurückreicht, bis in die Tage der Schweizer Salis-Seewis und Haller, bis in die Tage des Hamburgers Brockes.

Die ersten lyrischen Landschafter, die nun auftauchen, sind teilweise gleichfalls Überlebende der Hitlerzeit. Was sie mit der klassizistischen literarischen Reaktion gemeinsam haben, ist ein für sie nicht besonders gefahrvoll gewesener literarischer *Hinter*grund, der kaum als *Unter*grund angesehen werden konnte. Die naturmagische Schule, wie man bald schon übereinkommt, eine bestimmte Stoffbereichs-Gruppierung – ungenau genug – zu nennen, braucht nach 1945 keinen neuen Ansatz zu finden. Sie hat zunächst lediglich bestimmte Eigenarten und Qualitäten weiterzubilden. Dies geschieht auch. Doch zunächst muß einschränkend gesagt werden, daß die sogenannte neue deutsche Naturlyrik, die dann zwischen 1950 und 1955 ihren Höhepunkt an Ausstrahlungsfähigkeit erreichen und rasch wieder verlieren sollte, zu keiner Zeit »Schule« gemacht und als »Schule« in Erscheinung getreten ist. Gewiß war zeitweise die Wirkung solcher Gruppierung bestimmter lyrischer Naturelle – geradezu ihre Massierung, wie man polemisch behaupten könnte – kompakt. Doch ist dieses Aufgebot von ganz bestimmt ausgeprägten Talenten nie als literarischer Kreis wirksam geworden. Der unzweifelhafte Einfluß, der von einigen Lyrikern auszugehen beginnt, beruht auf individueller Eigenart und Leistung. Die Gemeinsamkeit des Stoffes war demgegenüber eher etwas Äußeres, wenn auch keineswegs Zufälliges. Sprachvermögen und Herkunft der einzelnen Autoren ist zu unterschiedlich und vielfältig.

Um es deutlich zu sagen: das neue deutsche Naturgedicht gleich nach 1945 mußte nicht eingerichtet werden. Es ist nicht das Produkt irgendeines literarischen Arrangements. Nichts wurde forciert. Gerade weil es hier ohne Hast, Gewaltsamkeit, ohne Kunstgriff zugeht und weil vielmehr etwas weiterzuführen ist, ist das so entschiedene In-Erscheinung-Treten eines Gedichts von diesem Typus gerechtfertigt und zwangsläufig. Es ist folgerichtig, wie wenig anderes in unserer Literatur zu jenem Zeitpunkt. Man kann – will man dem Phänomen, das längst ein historisches Phänomen der deutschen Literatur geworden ist, heute gerecht werden – von einem stillen Hinübergleiten einer ganz bestimmten lyrischen Handschrift, ganz bestimmter Texturen in ein noch nicht erschlossenes Gelände reden. Das war einmal nicht improvisiert. Es gab etwas, das nicht abgerissen war, weder von der Form her (der Liedform und ihrer relativ unverbrauchten Tradition im deutschen Gedicht) noch vom Stoff, der ständig zur Verfügung stand und über den von den betreffenden Autoren verfügt wurde. Im Naturgedicht herrscht Stoff-Fülle, die dann zur Überfülle werden sollte. Anders als im restaurativen Bildungs-Gedicht muß zunächst nichts manipuliert, nichts künstlich am literarischen Leben erhalten werden. Vielmehr geht es von Anfang an um die Organisierung von Stoff, der dann freilich nicht so unerschöpflich ist, wie dies zunächst schien.

In der zweiten populären Lyrik-Anthologie der frühen Nachkriegszeit (nach jener ersten, vorwiegend improvisatorischen Gunter Grolls vom Ausgang 1945: *De profundis*), in Holthusens und Kemps Sammlung *Ergriffenes Dasein* (1953), wird denn auch den Vertretern der neuen Naturlyrik unter den damals Modernen der breiteste Raum gewährt. Zum zweitenmal (nach einer wenig wirksamen Sammlung *Das Gedicht in unserer Zeit*, die ich bereits 1946 zusammen mit Friedrich Rasche herausgab) tauchen Namen nebeneinander auf, die man, recht vereinfacht, für eine Weile nebeneinander sehen wird: die Namen Oskar Loerke, Wilhelm Lehmann, Friedrich Schnack, Friedrich Bischoff, Georg von der Vring, Georg Britting, Richard Billinger, Peter Huchel, Günter Eich, Elisabeth Langgässer, Horst Lange, Oda Schaefer, Karl Krolow, Heinz Piontek.

Oskar Loerke

Die Wirkung, die von einer erneuten Befassung mit Natur, Landschaft, Jahreszeit (in einem weiten Sinne) ausgeht, läßt sich auf die zwanziger Jahre, wenigstens auf die zweite Hälfte dieses Jahrzehnts zurückführen. Sie setzt ein mit der ersten Anerkennung des Werkes, das Oskar Loerke (1884–1941) in der Stille (trotz seiner Lektoratstätigkeit) nach 1910 geschaffen hatte. Von ihm ist zu sprechen, ehe von späterer Naturlyrik gesprochen werden kann.

Die Entwicklung der Dichtung Oskar Loerkes ist in den sieben Gedichtbüchern verzeichnet, die zu seinen Lebzeiten zwischen 1911 und 1936 erschienen (*Wanderschaft*, 1911; *Gedichte*, 1916, erneut 1929 m. d. T. *Pansmusik*; *Die heimliche Stadt*, 1921; *Der längste Tag*, 1926; *Atem der Erde*, 1930; *Der Silberdistelwald*, 1934; *Der Wald der Welt*, 1936; dazu im Nachlaß *Der Steinpfad*, 1942, sowie *Die Abschiedshand*, 1949). Es war eine langsame und lange unauffällige Entfaltung, die Zeit brauchte. Innerhalb seiner Arbeiten sind die Unterschiede evident. In ihrem oft spröden, zurückhaltenden Wesen steckt noch etwas Konservatives, und besonders in frühen Gedichten ist die Nachbarschaft und Zeitgenossenschaft zum Expressionismus nicht zu übersehen. Von Loerke stammt das Wort: »Man will nicht die Kunst erlernen, langsam zu verstehen.« Loerkes Verse jedoch wollen zögernd verstanden werden.

Loerke will sein Gedicht als »Gesang der Dinge« verstanden wissen. Die eigene, individuelle Stimme tritt in solchem Gesang zurück. Es handelt sich – wie Hermann Kasack es nannte – um eine Lyrik »der Aussage eines Seinszustandes, der im Glücksfalle unser Seinszustand ist«. Die Eliminierung der Person ist eines der »Ereignisse« im Naturgedicht Loerkescher Prägung, eines Gedichts, das vom »Miserablen des privaten Grams und Glücks« weiß. Seit Loerke wird man in der später einsetzenden Naturlyrik Wilhelm Lehmanns gegenüber dem Menschen vorsichtiger, indifferenter. Das »Erleben« wird gleichsam neutralisiert. (»Ich hatte mein Erleben heimzuleiten in die Form seiner Existenz durch Sprache.« Oder auch, allgemeiner: »Das Ich scheint von vielem Nicht-Ich und All-Ich beschränkt oder bereichert.«) Die menschliche Individualität wird von nun an als von Überlagerungen verschiedener Art heimgesucht dargestellt. Die »magna natura«, die »natura naturans«, Natur, zugleich magisiert und exakt in der Einzelheit zur Darstellung gebracht, hat mit sich zu tun. Sie benötigt den Menschen nicht. Er bleibt ausgeschlossen oder doch an den Rand gestellt. Der Mensch wird von ihr gelebt. Er wird von ihr bestenfalls reflektiert.

Der Natur-Kosmos in Loerkes Gedichten bleibt stets auf der Erde angesiedelt. Die rauschhaft raunende Naturmagie der »Pansmusik« von einst präzisiert und beruhigt sich in späteren Gedichten, die dem Optischen – beinahe schon wie bei Lehmann – den Vorzug vor allen anderen Sinneswahrnehmungen geben, während sie zunächst noch von der Halluzination behext schienen. Derartige Naturbenommenheit weicht einer Klarheit, die allerdings nicht die nüchterne Genauigkeit Lehmanns erreicht.

Im Zusammenhang mit der Entwicklung der Loerkeschen Lyrik taucht eine folgenreiche Veränderung der Perspektive auf (»Auf dem Erdkörper ist alles näher zusammengerückt. Unser Bewußtsein hat sich gewöhnt, mit dem vermehrten Haushalt zu wirtschaften.« Oder: »Das Topographische auf allen Gebieten ist präziser und nüchterner«). Die literarische Verwirklichung der »Nähe der Ferne« sowie der »Ferne der Nähe« wird neu fixiert und ist »tägliche Erfahrung«. Ist Daseinserfahrung, dergegenüber Loerke bekennt: »Ich sträube mich, phantasierend zu erfinden, wo das Dasein stärker ist als jede Erfahrung.« Und konkret an einem Beispiel von ihm angeführt: »Zwölf Zeilen können eine Minute, eine Stunde, ein Jahr vertreten.«

Das ist deshalb so eingehend mit Zitaten belegt, weil die von Loerke praktizierte neue Raum- und Zeitperspektive von anderen aufgegriffen wird: von Wilhelm Lehmann, Elisabeth Langgässer, Günter Eich, Karl Krolow, bis hin zu den Jüngeren wie Heinz Piontek. Hermann Kasack bemerkt zu solchem Vorgang: »Wenn in der Loerkeschen Welt alle Räume einen Raum bilden und die Ströme aller Zeiten sich in den mythischen Augenblick der ewigen Gegenwart sammeln, liegt darin ein Vollzug dichterischer Magie.« Man begreift von solcher Formulierung her die Bezeichnung der Naturmagie der neuen Landschaftslyrik. Der »Magie« fällt hier allerdings eine immer nüchterner werdende, immer präziser gemeinte Aufgabe zu. Lehmann kann später von der »präzisen Zeichenreihe der Dichtung« reden. Es ist kein Pathos-Vorgang mehr, weil viel zuviel Geschehen- und Wirkenlassen über dem Ganzen liegt, viel zuviel »Gelebt«-Werden. Die Wirkungen Loerkes sind im Grunde unauffällig-differenzierter Art. Er setzt Zeichen, um selber wieder mit denen in Kontakt zu bleiben, die vor ihm solche »Natur«-Zeichen setzten: Goethe und Novalis, Brentano, auch Schelling, Ritter, Oken ... Im Vergleich zu Lehmanns visueller Kühle und Knappheit ist Loerke weicher, aber komplexer.

Das naturhafte Dasein im Gedicht des Westpreußen Loerke, der bäuerlicher Herkunft war, bezieht die Weltstadt Berlin übrigens ebenso selbstverständlich in eine ununterbrochene Landschaft ein wie jene »Laubwolke«, die als eine seiner zugleich zarten und tiefsinnig-prägnanten Gedichte beginnt:

> Beständig ist das leicht Verletzliche.
> Lang hing die grüne Wolke über der Erde,
> Wohin ging sie?

Wilhelm Lehmann

»Auf dieser Erde fanden wir zueinander«, hat der langjährige Loerke-Freund Wilhelm Lehmann (1882–1968) von der literarisch-menschlichen Beziehung beider gestanden. Er hat aber auch die konstitutionell und möglicherweise auch landsmannschaftlich bedingten Unterschiede konstatiert. Loerke ist die schwerere, dinghaftere Natur. Der Norddeutsche Lehmann das zartere, nüchternere, aber auch pedantischere Naturell. Er hat an jüngere Autoren die Voraussetzungen vermittelnd und anregend weitergereicht, die durch Loerke im Stillen geschaffen waren. Er hat sie in literarischen Umsatz gebracht. Das war unter anderem durch die größere Beweglichkeit möglich,

An meinen Sohn

Die Winterlinde, die Sommerlinde
Blühen getrennt —
In der Zwischenzeit, mein lieber Sohn,
Geht der Gesang zu End.

Die Schwalbenwurz zieht den Kalk aus dem Hügel
Mit weißen Zehn,
Ich kann es unter der Erde
Im Dunkeln sehn.

Ein Regen fleckt die grauen Steine —
Der letzte Ton
Fehlt dem Goldammermännchen zum Liede.
Sing du ihn, Sohn.

Das Gedicht »An meinen Sohn« von Wilhelm Lehmann erschien zuerst in dem Gedichtband »Antwort des Schweigens«, Berlin (Widerstands-Verlag) 1935.

auch durch größere – intensiver zur Sprache gebrachte – Einseitigkeit, die später in Orthodoxie ausläuft. Was bei Loerke relativ selten möglich wird: daß »die Dinge nur noch mit dem Silberstift hingeschrieben« sind, wie Lehmann es ausgedrückt hat, wird von diesem selber in zunehmendem Maße in Gedichten verwirklicht, am wenigsten in den expressiveren Anfängen (*Antwort des Schweigens*, 1935. Als Dreiundfünfzigjähriger erst ist Lehmann mit einem ersten Gedichtband an die Öffentlichkeit getreten).

Ein Interpret der Lehmannschen Lyrik, deren Einfluß bereits während des Nationalsozialismus einsetzte, um dann zwischen 1945 und 1950 zu kulminieren, Reinhard Tgahrt, hat diesem gegenüber einen Vergleich zwischen seiner und Loerkescher Lyrik gezogen. Er sagt: »Ihren Versen kam's zustatten, daß ihr Enthusiasmus – sich von den Details nährte, daß Sie ›allgemeine Kraftwörter‹ auszusparen wußten ... während im Loerke'schen Gedicht nach Häufigkeit und Gewicht diese Kraftwörter Welt, Leben, Gott, Menschen, Raum, Zeit voraussstehen und erst immer durch den Zusammenhang konkret gemacht werden müssen.« Sicherlich ist Lehmann der »konkretere«, am einzelnen Gegenstand erzogene Autor, der den »Aufschwung zum Pathos« (Lehmann in dem Aufsatz *Warum ich nicht wie Oskar Loerke schreibe*, 1967) in sich unterdrückt. Denn daß er vorhanden ist, zeigen einige »gestische« Texte der frühen Gedichtbände *Antwort des Schweigens* und *Der grüne Gott* (1942).

An anderer Stelle des zitierten Lehmann-Aufsatzes heißt es: »Sich emporwölbende Bedrängnis macht oft den Auftakt Loerkescher Gedichte aus. Durch meine zieht sich eher die Ruhe des Gegenstandes, die menschliche Unruhe beschwichtigend.« Das ist eine zutreffende Beschreibung der unterschiedlichen literarischen Positionen, die beide einnehmen. Wo Loerke noch dingflüchtig, wolkig, magisierend und schwerflüssig metaphorisch in seiner Naturanschauung und deren Wiedergabe im Gedicht ist, wird Lehmann – zuweilen bis zur Penetranz – genau. »Natur wird von schlechter, flauer Dichtung besonders leicht betrogen. Nur äußerste Gewissenhaftigkeit hält ihr stand. Ohne Eindruck kein Ausdruck. Sprache als Andächtigkeit vor ihrem Gegenstand ...« (Lehmann in dem genannten Aufsatz). Noch deutlicher wird Lehmann, wenn auch dabei bewußt vereinfachend und das mögliche Vorbild-Verhältnis ausspielend, in folgenden Sätzen: »Weil ich nie aufgehört habe, auf Oskar Loerkes Kunst hinzuweisen, hat mich eine literarische Legende zu seinem Schüler gemacht. Sie hätte auch schwätzen können, er sei meiner. Wir lernten, in den uns möglichen Bezirken, einer vom anderen und tauschten unsere Arbeiten wie Gastgeschenke aus.«

Das Jahr 1935 ist zum Ausgangsjahr für die spätere Naturlyrik bei uns geworden. Georg Brittings Buch *Der irdische Tag* (1935) und Elisabeth Langgässers *Tierkreisgedichte* (1935) erscheinen fast gleichzeitig mit Lehmanns Erstling. Er war der Auftakt einer Reihe von Versbüchern, die sämtlich für die Heraufführung und Verbreitung des Habitus dieser Lyrik wichtig wurden: *Entzückter Staub* (1946), *Noch nicht genug* (1950), *Ruhm des Daseins* (1953), *Meine Gedichtbücher* (1957), dann das Spätwerk, das vieles Verlorengegangene repetiert und deren nachlassende Wirkung, die veränderte Situation, die inzwischen eingetretenen strukturellen Wandlungen des Gedichtes zu berücksichtigen hat. Es erscheinen schließlich noch: *Überlebender Tag, Gedichte 1951–1954* (1954), *Abschiedslust, Gedichte 1957–1961* (1962) und *Sichtbare Zeit* (1967, zum fünfundachtzigsten Geburtstag des Autors).

Das Gedicht Wilhelm Lehmanns ist stets Ausdruck für die inneren Anschauungsformen der Natur. Natur, wie er sie verstand, wird im einzelnen bei ihm manifest, in einer unüberbietbaren Genauigkeit dieses Einzelnen. Doch wie schon bei Loerke wird bei Lehmann die Einzelheit von Fauna und Flora, wie sie Netzhaut, Ohr, wie sie schließlich alle Sinne wahrnehmen, gleichzeitig in einen anderen Bereich transponiert. Sie wird in einen verborgenen Zusammenhang übertragen: in einen Weltaugenblick gleichsam, in dem Erdgeschichte, Naturgeschichte und Erd- und Naturgegenwart zusammenfallen. Das ist bereits in der »Antwort des Schweigens« kundgetan: »Alles ist, was einmal war.« Es sind jene Augenblicke, in denen Raum und Zeit gewissermaßen ihre naturhafte (natürliche) Herkunft bekennen und der »verborgene Erdenmund das Dasein weiterpreisen« wird. Oder, wie es in einem neueren Gedicht bei ihm heißt:

Die helle Zeit gerann zu Eichel,
Sehnsucht, zu bleiben, Widerstand.

Leichtigkeit – hier als Schweben, dort als Raunen, als sehr spröde Illumination (die nichts mit »Entrückung« zu tun hat), als Euphorie mit Hilfe solcher Leichtigkeit – erfüllt schon früh seine Gedichte. Es kommt bei Lehmann niemals zur gegenständlichen, dinglichen Verflüchtigung, einer Verwischung ins Undeutliche, vielmehr bleibt stets seine Forderung gewahrt, daß Lyrik »nicht Flucht«, sondern »Vorhandenheit« sei und der Lyriker der »Bewahrer des Konkreten.«

Wilhelm Lehmann wurde am 9. 11. 1959 mit dem Schiller-Gedächtnispreis des Landes Baden-Württemberg geehrt; rechts: Kultusminister Gerhard Storz.

Wilhelm Lehmanns feingliedrige, »mit Fingern sensitiv« (wie er in einem Gedicht es nennt) notierte Gedichte streifen in ihren besten Strophen (sie bleiben durchweg Strophengedichte, die ihre Herkunft vom Lied nicht leugnen) die von ihm oft beklagte Erdenschwermut wie ein Gewand ab. Lehmanns Zeile »Bestehen ist nur ein Sehen« ist mehr als ein literarisches Bekenntnis. Es ist für ihn lebenslange literarische Notwendigkeit. Durch die Schärfe seiner poetischen Optik hält er das »Gesumm der Einzelheiten« in den Strophen, in den spröden Reimen seiner Verse zusammen. Auf diese Weise kommt das zustande, was man eine Dichtung von der Dauer der Flüchtigkeit nennen könnte. Er hat ihr im einzelnen Gedichttext zu »konzentriertestem Leben« verholfen, wie Lehmann das Phänomen in seinem Aufsatz über Clemens Brentano gekennzeichnet hat.

Alles, was Lehmann geschrieben hat, auch in seiner Prosa, in Roman, Erzählung, Tagebuch und theoretischer Äußerung (*Bewegliche Ordnung*, 1947; *Dichtung als Dasein*, 1956), legt Zeugnis von dem ab, was er »Jubel der Materie« nennt. Feinste Materialität hat sich in allem eingerichtet, hat sich in seinen Landschaften wie in seinen Menschen geradezu vergraben. Zeit vergeht bei ihm »grün und heidnisch«.

Er läßt sie sich auf den literarischen Augenblick konzentrieren. Das gilt auch für Raum und Geschichte (wie schon bei Loerke). Er holt den klassischen Süden, die Adria, in mancher Gedichtzeile an die Ostsee:

> Es herrscht keine Zeit,
> Jede Zeit ist nah.
> Rote Ampferblätter blähen sich wie Segel auf der Adria.

Immer wird bei Lehmann aus dem Natur-»Moment« Sprache. Ein lautloses Geschehen vollzieht sich, ein menschenloses zudem meistens. Was erreicht wird, ist die Identität des einzelnen, der als solcher kaum gezeigt wird, mit einer naturhaften Zuständlichkeit, die Auslöschung des Selbstbewußtseins, an dessen Stelle das »andere« Bewußtsein der Naturgeschöpfe tritt. Lehmann vollzieht derartigen Übergang der Individualität zur sie umgebenden Natur anfangs noch mit einem gewissen verbalen Aufwand. Ein expressives Pathos verliert sich indessen rasch und ist in späteren Gedichten vollständig getilgt.

Lehmanns Arbeiten stehen sämtlich miteinander im Zusammenhang, sie greifen mehr noch als die Gesamtarchitektur der Loerkeschen Lyrik ineinander. Allen Gedichten gemeinsam ist der subtile Vorgang der Aufhebung von Vergänglichkeit für die Dauer des lyrischen Sprechens. Es gibt sie zwar, doch verliert sie ihren Schrecken. Unruhe kommt in diesem Sprechen zur Ruhe. In einem solchen Zustand legt die Natur in jedem ihrer Geschöpfe sich gleichsam selber aus: durch bloßes Vorhandensein. Die Kreatur ist es, die den Menschen bestätigt. Die Dinglichkeit der Naturwesen formt am Bilde des Menschen. Lehmann hat sich oft zu solchem Befund geäußert, so im *Bukolischen Tagebuch aus den Jahren 1927–1932* (1948): »Die Dinge überdauern den Menschen. Er lebt eine kürzere Spanne als sie, weil er immerfort dem Bewußtsein standhalten muß.« Ruhige Mitteilung des Erfahrenen kennzeichnet die Gedichttexte bis zuletzt, die nie über oder unter die Erde gehen, sich vielmehr auf ihr einrichten. Die Erde ist der Ort, an dem sich Wilhelm Lehmann als der Zeitgenosse vieler Zeiten empfindet, als der Chronist einer gewissermaßen »zweiten Zeit« seiner Lyrik, wie man sie etwa im Gedicht *Unberühmter Ort* (1954) erlebt:

> Septemberpause, da schweigt der Wind.
> Unter hohem Himmel, bei Hafergebind,
> Chronist, memorier
> Geschwindes Jetzt, veränderliches Hier.
> Den unberühmten Ort
> Bemerkte kein schallendes Wort.
> Nie hat er Charlemagne gesehn.
> Die Hecken tapeziert der Harlekin mit Flügelseide,
> Sie stünde Kaiser Karl wie Hermelin zu Kleide.
> Der Apfel bleibt liegen, wohin er fiel,
> Den Sand des Weges schlitzt ein Bauernwagen,
> Die Stare sammeln sich. Sie halten Konzil.
> Hör zu, Chronist, schreib auf, was sie sagen.

Wenn – wie in diesem Beispiel – Geschichte wahrgenommen wird, so wird sie als Naturkraft wahrgenommen, wobei Landschaft nicht lediglich als chlorophyllgrüne

Momentaufnahme ausgedrückt wird, vielmehr einem Ensemble von Geistern ausgesetzt ist. Die abgelegene Welt Wilhelm Lehmanns ist für ihn ein für allemal Mitte seiner Wirklichkeit: stets gegenwärtig auf ihn einwirkend und ihm zu immer neuen Versen verhelfend. Aber solche Abgelegenheit – in ihrer Ausschließlichkeit, Einseitigkeit und Rigorosität – wird zugleich zur deutlichen Grenze einer solchen – begrenzten – Lyrik. Der Versuch, vor dem Hintergrund einer Zivilisationslandschaft, eine wenn schon nicht heile, so doch absolute Situation mit Hilfe der vegetativen Kräfte zu schaffen, ist problematisch und von einzelnen Vertretern der Naturlyrik als Wagnis empfunden worden. Die ältere Generation der lyrischen Landschafter (Lehmann, Langgässer, auch von der Vring, Britting) hat diesen Widerspruch nicht oder doch kaum merklich aufkommen lassen.

Die »schmale Zeichenreihe«, als die sich Lyrik für Wilhelm Lehmann darstellt, ist in der Tat äußerst schmal gezogen. Das bringt einmal die ungemeine Intensität von auf schmalem Raum versammelter Fülle der Einzelheiten mit sich, andererseits aber auch den verengten und benommenen Blick, der auf diesen lyrischen Landschaftsgebilden ruht. Das Zeichenhafte übrigens ist von Lehmann durchaus als Gewinn und Fortschritt gegenüber expressiver Bildwelt verstanden worden. Die graphische Genauigkeit des Zeichen-Setzens, die Reihung der Einzelheit ans Einzelne zwingt zur Abkehr lediglich allgemein zu verstehender Poetisierung. Doch das wunderlich Abseitige, der Eigensinn einer Thematik mit Anspruch auf Autonomie oder doch auf Vorrang vor anderen Stoffen, muß sich – von einem bestimmten Augenblick beharrlicher Praktizierung an – langsam gegen sich selber wenden, wenn schon nicht gleich aufheben. Die Stoff-Fülle des Naturgedichts hat dieses zwar in bald zu erkennende Schwierigkeit gebracht, es aber doch nicht zerstört, weil es sich stets wieder auch an seinen Stoff festigen kann, solange er – wie bei Lehmann – ökonomisch verwendet wird. Aber eine doktrinär werdende Methodik sorgt dann dafür, daß die Enge des Wirkungsbereichs bemerkt wird. Bereits im Gedicht Loerkes, deutlicher bei Lehmann, am deutlichsten bei Elisabeth Langgässer ist ein Prozeß zu erkennen, der dazu führt, daß sich das »methodisch« gewordene, nur noch mit sich und seinem Vokabular beschäftigte Natur- und Landschaftsgedicht zu einem Kokon aus Laub und Mythos einspinnt. Das ergibt eine ebenso folgerichtige wie fatale Vermischung. Das Mythologisieren – eine der Schwächen der Bildungslyrik – hat sich als Zutat auch bei der Naturlyrik Lehmanns und der Langgässers eingefunden, nachdem es zunächst Ausdruck eines vorsichtig angewendeten Aperspektivismus ist. Das Einbeziehen von beliebig vergangener Zeit in den gegenwärtigen Moment, welches das Verwenden von vorgeschichtlicher, mythischer Zeit ermöglicht, wird allmählich zum Kunst-Trick und bekommt etwas, das zunächst nicht im Wesen des staffagefeindlichen Naturgedichts liegt: es bekommt dekorativen Charakter, den Bildungsschmuckstücken der Elegien- und Odenlyriker nicht unähnlich. Ein Requisit ist aber innerhalb des Ablaufs eines Gedichts immer gefährlich. Der requisitäre Reiz, den es gleichzeitig auch erzeugt, stumpft schnell ab.

Elisabeth Langgässer

Dieses Requisitäre stört heute das Verhältnis, das man sich zu der Lyrik Elisabeth Langgässers (1899–1950) wünscht, die man zunächst in unmittelbare Nachbarschaft zu Wilhelm Lehmann setzen kann. Die hinhaltende Sprödigkeit der Mitteilung hat bei diesem – wie beschrieben – die Gefahr einer literarischen Verkrebsung durch ein Überangebot von sich immer mehr selbständig machenden Einzelheiten verhindert. Bei grundsätzlich gleicher Thematik ist ein derartiger Prozeß bei der Langgässer anders verlaufen. Das ist bereits in ihrem Band *Die Tierkreisgedichte* (1935) zu beobachten, wird dann vollends in den zwischen 1945 und 1950 entstandenen Versen erkennbar; *Der Laubmann und die Rose* (1947) und *Metamorphosen* (1949). Natur wird in den Gedichten dieser Bücher zur Über-Natur entfesselt, zum zwanghaft autonomen Phänomen. Die Verselbständigung der Natur verdrängt den Menschen – mehr noch als bei Loerke oder bei Lehmann – fast völlig aus dem Gedicht und mit ihm denjenigen, der ihn zu vertreten hat: die Autorin.

Das entpersönlichte, das menschenleere Naturgedicht hat bei Elisabeth Langgässer zwischen 1939 und 1950 seinen einsamen Höhepunkt. Kein vergleichbarer anderer Lyriker ist an dieser Exklusivität der natura naturara zu messen, wie sie sich in *Der Laubmann und die Rose* und im letzten Bande zeigt. Damit ist die »magische« Balance (dieses In-sich-Schwanken und Wieder-Ausgleichen innerhalb des Naturgedichts gehört zum Wesen in ihm sich produzierender, verbaler, bildhaft-gesättigter Magie) zwischen Mensch und Landschaft aufgegeben.

Folgerichtigkeit kann etwas Monotones oder etwas Brisantes, Zerstörerisches haben. Die Lyrik der Elisabeth Langgässer ist innerhalb der neuen deutschen Naturlyrik der Jahrhundertmitte bei uns die konsequenteste Fortbildung dessen, was Loerke und Lehmann vorgebildet und profiliert haben. Die Profilneurose beginnt nun, im Augenblick der stärksten Sprachentwicklung des Naturgedichts, durch Zersetzung der eben gewonnenen Sprachmächtigkeit. Das hat etwas von einem geistesgeschichtlichen Vorgang, den man hier an einem einzelnen, ungewöhnlich begabten Naturell beobachten kann. Es ist der Salto, den literarische Methode erwirkt, ein rascher Abnutzungsvorgang infolge eines »Überkippens« der Fähigkeiten in bloße, immer noch faszinable Fertigkeit. Loerkes Natur-»Magie« (Magie, wie eben beschrieben, wirksam werdend) hat noch etwas Bändigendes gehabt, wenn auch in bestimmten Arbeiten Loerkes – zu jedem Zeitpunkt, wie bei Lehmann nur in den beiden ersten Bänden – das Umsichgreifen einer vegetativen Benommenheit festzustellen ist, Ausdruck gestörter Balance. Die Genauigkeit des Ausgleichs, gewissermaßen des gegenseitigen Gebens und Nehmens von Mensch und Natur, weicht bei der Langgässer einer zunehmend stärker hervortretenden Ungenauigkeit mittels Betäubung durch die Einwirkung des naturhaften Details.

Die »Serenität«, der spröde Glanz, die Mimikry bei Lehmann wird von einer Verschlingung durch »grünen« Detaillismus abgelöst. Sein »Jubel der Einzelheiten« wird auf diese Weise mit Erstickung bedroht und in manchen Gedichten Elisabeth Langgässers gänzlich stranguliert. – Die Nachgiebigkeit der Naturlyrik gegenüber dem stofflichen Einzelnen, dem von ihr so gerühmten »Konkreten« ist auch als Ausdruck einer rasch um sich greifenden Künstlichkeit als eines Alterungsvorgangs zu erklären. Nicht nur im Fall der Naturlyrik ist das »künstliche« Gedicht Ausdruck einer ihrer literarischen Mittel allzu sicher (und schon müde) gewordenen Autorschaft. Die erfinderische Frische gerät in artifizielle Routine, die sich dann – nachdem eine gewisse Routine-»Höhe« gewonnen ist – verabsolutiert und damit schädigt: Ein Phänomen, das ein Jahrzehnt später (Ende der fünfziger Jahre) bei der Verarbeitung und im Auslaufen des lyrischen Surrealismus im deutschen Gedicht, noch später auch beim sogenannten Experimental-Gedicht, nach dem vollen Wirksamwerden der

»konkreten« lyrischen Texte HEISSENBÜTTELS, auch bei der »Wiener Gruppe« in den hohen sechziger Jahren erkennbar wird.
Doch zunächst verhindert die differenzierte Ausbildung von persönlichem Naturell bei den verschiedenen Wortführern des neuen Natur- und Landschaftsgedichts Einförmigkeit und Wirkungsverlust, der erst – bei Elisabeth Langgässer fast beängstigend schnell – in einem bestimmten naturlyrischen »Ritual« sichtbar wird, das heißt in einem Kreisel von Einzelheiten der Vegetation (und des mythischen Repertoires, das sogleich repetierbar wird), dessen Kreiselbewegung zunimmt. In der Figur eines vegetativen Gespensts, eines kalkulierten Dämons, einer leidenschaftlich kalten Ausgeburt ihrer mänadischen Phantasie hat Elisabeth Langgässer ihren »Laubmann« vorgeführt. Er ist eine Gestalt, die sogleich wieder verschwimmt, um sich während des Gedichtablaufs immer erneut zu verfestigen und erneut zu zerrinnen. Das Bündel Kraut und Unkraut, aus dem er zusammengebunden ist, nützt ihm nichts. Er bleibt eine Chimäre, die bedrückt und ihre Autorin mit ihrem Gespensterwesen, ihrer Alptraum-Figurine belastet. Im folgenden seien die entscheidenden Gedicht-Abschnitte (aus *Der Laubmann und die Rose*) zitiert:

Wer bin ich? Hat meinen Leib das Gewitter
aus Espenblättern zusammengerauscht?
Der Elfe harkt meines Mantels Geflitter
mir unter die Füße. Ich wanke schütter,
indessen mein Herze, noch grasgrün und bitter,
einem hohlen Sausewind lauscht.

Meine lappigen Hände greifen ins Leere,
ihrer Teller Gefühl ist ertaubt wie von Zwilch.
Das Rundblatt des Hasenohrs hilft mir: »Ich schwöre
mit krauser Lippe bei Hela und Here
und der nickenden Vogelmilch.«

Meinen Bauch füllen Hühnerdarm, Klebkraut und Grütze,
dem Innern der Erdnuß entlieh mein Gesicht
seinen hängenden Schnauzbart, die spitzige Mütze.
Der Ackerhohlzahn, zu anderm nichts nütze,
pfeift scheu meinen Namen durch rostige Ritze –
bin ichs, oder bin ich es nicht?

Ich bin der Laubmann. Ich same und schnelle
auf panischer Schleuder mein lautloses Wort.
Es zeugt meine Hüfte: Sich selbst wie der Welle
Dahinfluß zeugt Bingelkraut, Gras, Bibernelle.
Es zeugt meine Sohle: von Schwelle zu Schwelle
zeugt sich Geißfuß und Huflattich fort.

Man sieht sich einem im Dämmerzustand wahrgenommenen Pflanzenkatalog gegenüber, unter anderem. Das Andere ist: Aufgabe des letzten, klaren Umrisses zugunsten eines grünen Irrgartens in einem menschenlosen Dschungel übermächtig gewordener Vegetation. Hier ist eine erhebliche Sprach-Intelligenz am Werk, die sich gleichzeitig dieser Intelligenz entäußert und sich einer Mythophobie ausliefert, der auch Lehmann zuweilen anhängt, aber wesentlich maßvoller. Freilich, sein »unberühmter Ort« –

die deutsche (lyrische) Provinz –, das Abgelegene, mit dem das deutsche Naturgedicht immer wieder zu tun bekommt (bis in den Titel eines Versbuches von GÜNTER EICH hinein: *Abgelegene Gehöfte*, 1948), ist offenbar von derartiger Mythophobie bevorzugt. Was dabei zustande kommt, zeichnet sich freilich – bei Lehmann wie bei Elisabeth Langgässer – in zunehmendem Maße durch einen Mangel an Einsicht in die gesetzten literarischen Grenzen aus. Der Götterhimmel wirkt darum bei dem einen wie bei der anderen so oft usurpiert und bleibt ein Fremdkörper. Die Usurpation ist außerdem – wie am Beispiel des Langgässer-Gedichts unschwer zu sehen – mühsam durchgeführt. Dennoch bleibt bei dieser Autorin der mythologisch überfüllte Ausdrucksbereich eine Art Vorgelände für das, was sie mit ihren letzten Gedichten anstrebt: christlich-katholische Naturlyrik. Die entschiedene Katholikin, die in den zwanziger Jahren eindeutig konfessionelle Gedichte geschrieben hatte (*Der Wendekreis des Lammes*, 1924), versucht in einer gewaltsamen Anstrengung so Unterschiedliches wie antiintellektuell akzentuierte Natur-Pantheistik und das geistliche Mysteriengedicht zu vereinen. Das mußte scheitern. In einem ihrer Briefe aus den letzten Jahren (an den Verfasser gerichtet) ist das ganze Ausmaß der Absichten ausgesprochen: Theologisierung einer mit maß-loser Sinnenhaftigkeit aufgeladenen »geschöpflichen« Lyrik, die ihren Schöpfer usurpieren möchte. Das »Ritual«, unter solchem Aspekt, nimmt im einzelnen Gedicht neue Bedeutung an: es ist legitimes rhythmisches Verbindungsmittel zwischen Schöpfung und Schöpfer: »›Der Laubmann und die Rose‹ ist der zweite ›natur-metaphysische‹ Jahreskreis. Der erste waren die ›Tierkreisgedichte‹, ein dritter wird im Lauf der nächsten Jahre folgen und ›Metamorphosen‹ heißen. Dann habe ich, glaub ich, das ausgesagt, was mir, in meinem Verhältnis zu der creatura zu sagen am Herzen liegt. ›Laubmann‹ ist die Natur-›Rose‹. Die Übernatur, Maria, die Trägerin des ›Logos‹ (wo sie verhaucht als Name). Umwandlung der Staubgefäße in Blütenblätter, Ende von Geburt, Zeugung und Tod, reines ›Sein‹, vollendetes Paradies. – Ich bin ja eigentlich kein Lyriker im strengen Sinn, sondern meine Verse sind Teile einer Liturgie. Man kann sie eigentlich nur theologisch verstehen – was natürlich nicht besagt, daß sie einen intellektuellen Ursprung haben. Sie sind reine Mysteriengedichte, und ich fürchte, das ist gerade, was den Zugang zu ihnen schwieriger macht, als zu Gedichten, die sich an das bloße ›Begreifen‹ wenden. Denn jedes der ›Laubmann‹-Gedichte fängt mit dem Tanzschritt eines Gottes an, und ich weiß am Anfang nie, wohin ich entführt werde. Nur wer mich entführt – das weiß ich.«

Das Zitat ist deshalb so ausführlich wiedergegeben, weil es den Umfang einer Schwierigkeit zeigt, dem sich hier »Natur-Metaphysik« als contradictio in adjecto ausliefert. Man empfindet den Versuch als Versuchung einer ehrgeizigen literarischen Anstrengung, mit Hilfe einer »gnostischen« Stufenleiter das nichts als (magisch) Sinnliche und Irdische in der Anlage des neuen Naturgedichts zu mystifizieren. Was sich ergibt, ist das Vexierbild dessen, was bei Loerke und Lehmann konzipiert worden war. Das zunächst ganz »offene« Landschaftsgedicht wird so in seine aufwendigste Sackgasse geleitet.

Landschaftslyrik nach Loerke. Das Dämonologische

Das Dämonologische, das im Naturgedicht steckt, wird von Elisabeth Langgässer mit Hilfe ihrer intellektuellen Katholizität freigesetzt. Diese Nachtseite in der überwiegend hellen Textur der nachloerkeschen Landschaftslyrik findet man in dem in solcher Hinsicht dem der Langgässer verwandten lyrischen Werk GERTRUD KOLMARS

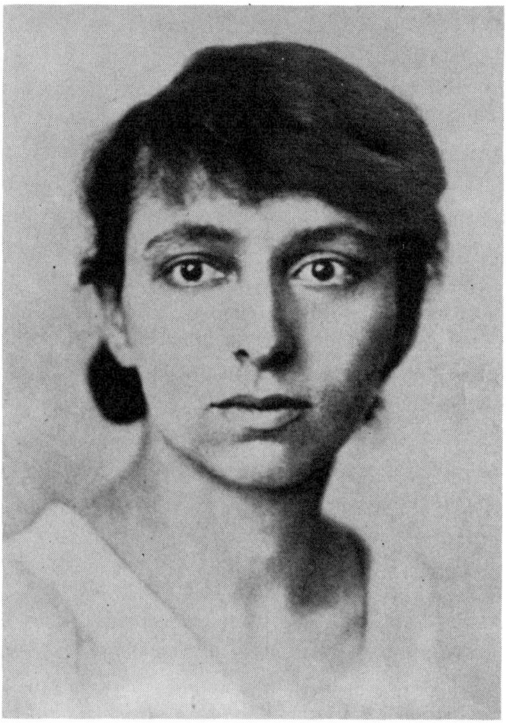

Gertrud Kolmar

(1894–1943). Zu Lebzeiten dieser jüdischen, von den Nazis deportierten und im Lager umgekommenen Berliner Lyrikerin (bürgerlicher Name: Gertrud Chodziesner) ist nur ein Bruchteil dessen publiziert, was sie schrieb: Nachdem schon 1914 ein Band *Gedichte* erschienen war, lag 1934 der Band *Preußische Wappen* vor; 1938 erschien noch der Band *Die Frau und die Tiere*. Erst nach dem Krieg erscheint der Band *Welten* (1947), danach – als Veröffentlichung der Darmstädter »Deutschen Akademie für Sprache und Dichtung« – *Das lyrische Werk* (1955). Beide Editionen wurden von HERMANN KASACK besorgt. 1960 erscheint die Neuausgabe des *Lyrischen Werks*, um eine Anzahl früher Arbeiten erweitert. Die beiden großen Gedichtthemen Gertrud Kolmars, das Kind und die Tiere (*Tierträume*), haben den Charakter von naturhaften Balladen. Die dunkle, chthonische, oft mythisch überhöhte, balladeske Fülle wird in den »Welten« erreicht. Es sind dunkle Landschafts- und Menschenpanoramen. Die geschichtlich bezogenen Verse vor dem Hintergrund der Französischen Revolution (*Robespierre* und *Napoleon und Marie*) haben einen verwandten »Bildnis- und Gleichnis«-Charakter. Die schwelgerisch malende, pastose Viten-Lyrik, die die lange,

zyklische Aussprache benötigt, hat oft die dumpfe, vegetative Tonart, das Betäubte und mit sich Beschäftigte einer Flora, wie man es ein Jahrzehnt später in den Nachkriegsgedichten der Langgässer kennengelernt hat. Das Rosen-Motiv – freilich von der Kolmar emblematischer verstanden, nicht als christlich-katholisch stilisierte »Vermittlerin« – ist organischer Mittelpunkt dieser Naturdichtung reiner Ausprägung (*Bild der Rose*).
Die Neigung zur Dämonisierung im Natur- und Landschaftsgedicht ist besonders in den bildkräftigen, leicht hymnisch stilisierten (und bei solcher Stilisierung freilich auch wieder gebrochenen, fragmentarisch wirkenden) Gedichten Horst Langes (1904–1971) zu beobachten. Lange ist Ostdeutscher (Schlesier), und es ist bemerkenswert, wie viele Ostdeutsche unter den Vertretern der neuen Natur- und Landschaftslyrik anzutreffen sind: Loerke, Gertrud Kolmar, Huchel, Eich, Bischoff, Lange, seine Frau Oda Schaefer, unter den Jüngeren Jokostra und Piontek stammen dorther. Die meisten von ihnen verbindet die stofflich »schwerer«, kompakter, dunkler erscheinende Materialität des Naturhaften. Ihre Thematik variiert die magisch-dämonisch-nächtliche Seite des Naturgedichts vom Typus der Loerkeschen *Nächtlichen Körpermelancholie*. Die norddeutsche Spielart der Naturlyrik (Lehmann, Krolow) ist vergleichsweise aufgehellter, umrißschärfer, ökonomischer, während die süddeutschen Wortführer der Landschaftsdichtung (Billinger, vor allem Britting) den bildstrotzenden Bilderbogenstil bevorzugen. Allerdings gibt es auch Autoren (Friedrich Schnack, Karl Alfred Wolken, besonders Georg von der Vring), die man auf diese Weise nirgends zugehörig empfinden kann.

Der »Kolonne«-Kreis

Ein früher Sammelpunkt des sich bereits 1930 einerseits mit Gedichten von der Vrings, Brittings, Billingers, andererseits mit ersten Arbeiten Huchels und Eichs abzeichnenden Natur- und Landschaftsgedichts ist der Autorenkreis der in Dresden verlegten Zeitschrift *Kolonne*, deren Redakteur Martin Raschke im Zweiten Weltkrieg fiel, ein enger Freund Eichs. In der *Kolonne* finden sich Günter Eich, Peter Huchel, Horst Lange, Oda Schaefer, Elisabeth Langgässer, Georg von der Vring mit ihren Versen gedruckt. Einen Lyrikpreis bekommt für sein überhaupt erstes Gedicht *Der Knabenteich* der damals siebenundzwanzigjährige Peter Huchel.
Die *Kolonne* sammelt für einen Augenblick Kräfte, die sich später – und ein für allemal – zerstreuen werden. Die Vorstellung, die Naturlyrik in der Gruppe oder gar als Schule zu sehen – ein Mißverständnis – stammt zweifellos aus *Kolonne*-Zeiten. Es handelt sich tatsächlich um das In-Erscheinung-Treten einer neuen Phase in der Geschichte deutscher Lyrik in unserem Jahrhundert, die sich unter starken Bedeutungsschwankungen und strukturellen Veränderungen als die langlebigste Phase der letzten 75 Jahre überhaupt erwiesen hat. Ihr Start – typisch für das »Phänomen« Gedicht in seiner Geschichte – wirkt zufällig und jedenfalls improvisiert, wie das schon bei der Heraufkunft des deutschen Expressionismus zwischen 1900 und 1910 der Fall gewesen war.
Horst Langes wichtigste lyrische Arbeiten (*Gesang hinter den Zäunen*, 1938) liegen zwar vor 1945, aber der Lyriker aktualisiert sich mit dem, was er danach schreibt, erst in den frühen Nachkriegsjahren (*Gedichte aus zwanzig Jahren*, 1948; *Aus dumpfen Fluten kam Gesang*, 1958). Eine Verwandtschaft nicht so sehr mit Loerke als mit Land-

schaftsversen Georg Heyms geben seiner Lyrik anfangs das Gepräge. Es ist dessen oft so massiv finster anzusehende Bildgestaltung, die unversehens irrationale Züge bekommt, phantastische und verheerende Merkmale, die Lange aufgreift. Eine vegetative Erleidensfähigkeit durchsetzt die Landschaftsszenerie, die zuweilen wie auf Bildern Alfred Kubins wirkt, zu dem Lange gleichfalls eine starke Beziehung hat.

Oda Schäfer und Horst Lange

Die Zwielichts-Geschlossenheit seiner Verse wird in einem Versuch der politisch-moralischen Aktualisierung nicht so sehr aufgegeben als vielmehr gelegentlich dialogisch abgeflacht (*Kantate auf den Frieden*, geschrieben 1938–1940). Das Nächtliche, Basiliskische, das Bedrohliche, das die besten Texte Horst Langes auszeichnet, entspringt einem anhaltenden Monolog mit der Landschaft, wie er ihn im Roman *Schwarze Weide* (1937) gehalten hat.

Oda Schaefer (* 1900), die Frau Horst Langes, ist melodischer, schwebender, gewissermaßen nymphenhafter in ihren überaus zart rhythmisierten, wie hingeweht wirkenden Landschaftsbildern. Auch ihr Anfang liegt in den dreißiger Jahren. Mit Bänden wie *Irdisches Geleit* (1946), *Kranz des Jahres* (1948), *Grasmelodie* (1959) und *Der grüne Ton* (1973) setzt sie diese sanften lyrischen Lineaturen fort, erweitert sie melodiös mit einem charakteristischen, zärtlichen Tonfall. Das Liebesgedicht in landschaftlicher Umwelt stellt sich früh ein und wird variiert. Die feinen Schleier von Melancholie, die über manchen Arbeiten liegen, verdichten sich jedoch nie wie bei Horst Lange. Spuren von Biographie geraten in den Gedichtablauf, die sich freilich rasch objektivieren, indem sie sich mit Landschaftsaugenblicken verbinden. Auch Oda Schaefers Naturlyrik ist – wie die von der Vrings – liedhaft bleibende Entfaltungslyrik, die keiner Veränderung, sondern nur Verfeinerung der eigenen intimen, persönlichen Sprechweise unterliegt. Ein begrenztes Vokabular nuanciert sich von Band zu Band. Es wird hilflos, wo es Zeitgeschehen artikuliert, wie das bei aufgeschreckter Idyllik von jeher der Fall ist (so etwa in einem Gedicht *Der Mann, der im Krieg war*: »Stiefel zertraten / Die Blumen alle, die schönen, / Das Blau unter dem Nagel, / Das Rosa unter dem Absatz starb«). Ihre Schreibweise erholt sich in einer bestimmten Tonhöhe, im elfenhaft Leichten und leicht Aparten:

Alles, was flüstert und schäumt,
Alles, was schauert und bebt,
Bin ich, die einsam träumt
Und im Entschweben lebt.
(Die Verzauberte)

Eine Landsmännin der aus der Rheinpfalz gebürtigen Elisabeth Langgässer ist MARTHA SAALFELD (*1898). Manches läßt sie zwischen ihren Altersgenossinnen Langgässer und Schaefer stehen. Mit ersterer ist ihre schwelgerische Sinnenhaftigkeit, mit der anderen ihr »entschwebendes« Vokabular vergleichbar. Die Heftigkeit der Naturübereinkunft wird durch größere Formstrenge (Sonett) ausgeglichen. Sie bändigt das Ungestüm ihres süddeutschen Temperaments durch das Aufsuchen und Beherrschen vorgegebener literarischer Form. Bereits in Gedichten der dreißiger Jahre ist dies ein auffälliger Wesenszug ihrer Lyrik, die nach 1945 in den Bänden *Deutsche Landschaft* (1946) und *Herbstmond* (1958) sowie *Gedichte und Erzählungen* (1973) veröffentlicht ist. Derbe Holzschnittartigkeit des Landschaftsreliefs, das die Umrisse nicht nur der heimatlichen Regionallandschaft, sondern auch norddeutsche Emsland-Eindrücke wiedergibt, wird durch Pansflöten-Musikalität gemildert. Martha Saalfeld ist die formal am meisten Festgelegte der drei Autorinnen. Innerhalb der bevorzugten Form des Sonetts wendet sie allerdings manche Verfeinerung an, so die oft durchgeführte Kunst des Enjambements, der Zeilenbrechung, im Übergreifen des Satzes über Zeile oder Strophe. Die eindruckskettenhafte Flächigkeit – eine Art Bilderbogen – hat sie mit der süddeutschen Spielart des Naturgedichts seit Richard Billinger und Georg Britting gemeinsam.

Die Landschaftslyrik der Süddeutschen: Billinger, Britting

Hier ist der Ort, um auf diese spezifische Ausprägung einzugehen und sie einen Augenblick zurückzuverfolgen, seitdem sie sich mit RICHARD BILLINGERS (1893–1965) Versband *Sichel am Himmel* (1931) markiert. Die weitgreifendere, wichtigere Wirkung des Loerkeschen Gedichts wurde durch die unkompliziertere Eigenart der Arbeiten des Innviertlers Billinger und des Donau-Bayern Georg Britting für Jahre in den Hintergrund gedrängt. Die *Sichel am Himmel* (eine Vereinigung der Gedichtbände *Über die Äcker*, 1923, *Lob Gottes*, 1923, und *Gedichte*, 1929) wird für eine Weile zum Programmbuch für eine bestimmte Phase des deutschen Naturgedichts, wie sie dann dem Nationalsozialismus genehm war, der es für seine literarische »Blut und Boden«-Mentalität einspannte. Es ließ sich deshalb gut für sie verwenden, weil die Brauchtumsbukolik, die Billingers Gedicht bietet, literarisch denkbar einfach organisiert ist. Es sind Gedichte vom sogenannten gesunden (Bauern-)Leben, das willkürlich mit einer pseudobarocken Fassade aufgeputzt und banal »verschönt« erscheint. Die menschliche Bindung an eine nicht domestizierte, rustikal dämonische Geisterwelt und ihr ausgelieferte Umwelt – Billingers Generalthema – führt schnell zur Schablonisierung seiner Vorstellung, die dann von der offiziellen rasse- und artbewußten Parteilyrik übernommen wird. Es muß gesagt werden, daß derartige Übernahme der Billingerschen Vulgärform des »bodenständigen« Naturgedichts nicht vom Autor selber betrieben ist. Billinger bleibt, was er war, ein lyrischer Kraftprotz hinter dem Walde, dessen Vitalität ungefüge und hilflos wie seine vielen Gedichte wirkt, die schon vor 1945 von der Wiederholung des einmal eingegangenen Tones leben. Nach dem Krieg veröffentlicht der Autor, der bei der Etablierung der Naturlyrik allenfalls die Rolle eines halb vergessenen Säulenheiligen und Kauzes spielt, nur noch im Sinne solcher Repetition (*Lobgesang*, 1953).

Etwas anderes ist es mit dem Weg, den das Naturgedicht Georg Brittings (1891 bis 1964) nimmt. Der Autor wird mit seinem ersten charakteristischen Gedichtband *Der irdische Tag* (1935) – im Erscheinungsjahr von Lehmanns *Antwort des Schweigens* und der Langgässerschen *Tierkreisgedichte* – sogleich der süddeutsche Wortführer der sich durch ihn kräftig weiter entwickelnden Landschaftslyrik (es gibt Anklänge bei Eich, Krolow, Piontek, noch bei ersten Gedichten Walter Höllerers zu Beginn der fünfziger Jahre). Was Britting schreibt, hat – aus nicht völlig entgegengesetzten Gründen als bei Billinger – die Kritik zum vorschnellen Urteil verführt. Er scheint – besonders in den Bänden *Rabe, Roß und Hahn* (1939), *Lob des Weines* (1944) – handfest und lautstark in der lyrischen Diktion, unkompliziert und bieder. Man übersieht seine Sensibilität, seine formale Vielseitigkeit, die vom Lied bis zu antiker Metrik und zum Sonett reicht, seine beträchtliche Objektivationsgabe, die das Einzelgedicht entpersönlicht und jede Individualität geradezu kalt aus dem Gedichtablauf heraushält.

Heinz Piontek hat von dem »Römer Britting« sprechen können, der mit feineren Zügen hinter dem bayrisch-barocken Landschafter erscheine. Er stellt fest: »Eine große Anzahl der nachgelassenen Gedichte ist in alkäischen und sapphischen Strophen geschrieben. Bei aller Strenge, mit der die Verse gebaut sind, zeigen sie nirgends gewaltsame Inversionen, Verstöße gegen den natürlichen Fluß. Wer nicht genau aufpaßt, kann sie leicht für freie Rhythmen halten. Römisch an den Versen ist die Härte des Duktus, das Erzene, das Virile, der kritische Unterton.« Damit ist alles getroffen, was über das Metrische hinausgeht und überhaupt Zugang zum Naturgedicht Brittingscher Konvenienz verschafft: das Frische, Direkte, Unkonventionell-Gekonnte, das Beherrschte in der Umgebung des metaphorischen Kraftaktes, des Bildvergnügens und der Bild-Genauigkeit, einer zuweilen erbarmungslosen Bildschärfe und Optik für kleinste Landschafts- und Szenerie-Ausschnitte, die in der scheinbaren Idylle eine widerständliche Kleinwelt aufbauen. Britting ist nicht weniger sachlich, wenn auch nicht so ökonomisch wie Lehmann. Er kontrolliert sich noch – sein Sprachvermögen und seinen Sprach-Übermut –, wenn er drastisch wird und der Trivialität nachgibt, dem derben Scherz, der volkstümlichen Redeweise. Die breite Naturbehaglichkeit wird in einer Bewegung gehalten, die keine Statik aufkommen läßt. Die Beteiligung am Stoff, die Emotion zeigt er am liebsten in der Übertreibung oder in der betonten Drosselung der persönlichen Mitsprache. Die Dinglichkeit – hierin ist er typischer Vertreter des Naturgedichts – bleibt vorzugsweise sich selbst überlassen.

Britting holt aus den einfachsten Stoffen ihr Wesen heraus, ohne Sentiment einzuschmuggeln. In den entscheidenden Nachkriegsbänden *Die Begegnung* (1947) und *Unter hohen Bäumen* (1951) dämpft er die Bildbewegung, wie er den überraschend barschen, gefühlsfeindlichen Ton zurücknimmt. Zeit, Zeitgenossenschaft dringt denkbar wenig ein, noch weniger als bei Lehmann und bei von der Vring. Hier ist er von vornherein hermetisch, wie gegenüber der gesamten Zivilisationswelt und der aus ihr erwachsenen Gesellschaft. Er teilt in diesem Punkte eine Schwäche der meisten Naturlyriker (sieht man von Eich, Huchel und den Jüngeren ab) der älteren Generation.

Wie ein verspätetes Geständnis des einst vom ausklingenden Expressionismus Beeinflußten mutet Brittings Formel an: »Kein Bild ist Betrug.« Das Bildverhältnis des Surrealismus ist ihm unbekannt geblieben. Aus dem strengen Unbeteiligtsein, das sich

Georg Britting

salopp gibt oder hinter dem kunstvollen Schnörkel versteckt, aus dem deutlichen Unwillen, sich selber auch nur flüchtig im Gedicht unterzubringen, wird in den späten Gedichten ein Gewähren- und Geltenlassen, das sich unausgesprochen als Person einbezieht, wie das im Titel-Gedicht des letzten Buches (*Unter hohen Bäumen*, 1951) geschieht:

Unter hohen Bäumen gehen ...
hoch, ganz droben ist der Wind,
hörst ihn durch die Kronen wehen,
bei uns unten aber sind
warmer Sand und Gräser.

Die älteren Naturlyriker: Bischoff, Schnack, von der Vring

Regional bestimmte Naturlyrik hat früh auch Friedrich Bischoff (*1896) geschrieben. Seine Landschaftsbilder kommen fast sämtlich aus dem schlesischen Raum. Auch er hat nach dem Krieg folgerichtig fortgesetzt, was in den Bänden *Schlesischer Psalter* (1936), *Das Füllhorn* (1939) und *Der Fluß* (1942) in den dreißiger und frühen

vierziger Jahren vorbereitet worden war. Das 1955 publizierte Versbuch *Sei uns Erde wohlgesinnt* hat – vom Titel her – Stichwortcharakter, denn Bischoff hat in ihm wie in den vorangegangenen Gedichten in einer musikantisch-zarten, preisenden Sprache von rhythmisch beschwingter Art das Lob östlicher Natur und – stärker als die meisten anderen lyrischen Landschafter – ihrer Menschen gesungen. Die anschmiegsame Kantabilität, der etwas weiche Wohllaut, aus der so etwas wie eine mystische (und mystifizierende) Landschafts-Andacht werden kann, spielt gern mit den eigenen Anlagen. Die schlesischen Landschafts-Genrebilder sind von einem Märchenton unterlegt, den Bischoff auch in seiner Prosa aufgegriffen hat. Die Zartheit ihrer Erscheinung, eine gewisse musikalische Fragilität, verdecken eine Schwäche dieser »schönen« Strophen von der Oder- und schlesischen Berglandschaft als einer sanften Geheimnislandschaft: den verwischten Umriß, den allzu lockeren Kontur.
Landschaftsgeheimnis ist auch ein Hauptthema FRIEDRICH SCHNACKS (*1888). Wie bei Bischoff kommt oft Mystifikation auf, wird das Landschaftsbild spukhaft und märchenfremd, auch insgeheim exotisch anmutend. Freilich ist auch bei ihm Natur regionalisiert. Das fränkische Weinland ist dabei oft nur Anlaß und Vordergrund für ein zauberteppichähnliches Gewebe imaginierter Ideallandschaft von spätromantischem und phantastischem Zuschnitt. Friedrich Schnack ist – so verstanden – der boden-loseste unter den älteren Landschaftern. Mit Realität ausgestattete, üppig detaillierte Natur wechselt über in eine reich kolorierte Seelen-Landschaft. Schon 1938 erscheinen Schnacks *Gesammelte Gedichte*, nach 1945 in der erweiterten Ausgabe *Die Lebensjahre* (1951). Von den strenger motivierten Landschaftern wie Lehmann hebt sich Schnacks Lyrik von vornherein durch Versponnenheit, Neigung zum Zauber-Trick, zur Traum-Szenerie ab. Landschaft genügt sich nie selber, sondern wird für ihn in vielen Arbeiten nur Anstoß zu einem Abenteurer-Unternehmen ins Innere, ins geistige Wesen der Natur. Ihr dämonisches, irritierendes Antlitz – das Basiliskische, Beklemmende und Verhexende in ihm – ist von Schnack in suggestivbildhaften Zeilen untergebracht. Das magisch Bannende solcher Naturbilder ist ohne die optische Helle und spröde Heiterkeit Lehmannscher Ostsee-Landschaften. Der bedrohliche Charakter von Landschaft, die Situation eines hypnoseähnlichen Überwältigtwerdens durch sie, wird bei ihm wohl zur häufigsten Motivierung des einzelnen Gedichts:

> Der irishelle Abend sank, der Weg erlosch in Mohn und Rot,
> Und Lilien blühten wunderbar.
> Ein ungehemmter Vogellaut versüßte Luft und Schierlingstod,
> In dem der gute Mäher war,
> Der spät noch in der Ebne schnitt,
> Der spät bei Tod und Vogelruf die weißen Himmelssterne schnitt
> Und schnitt das Kraut der Bösen mit.
>
> *(Der gute Mäher)*

Pastellhafter, auch ziselierter wird Landschaft von GEORG SCHNEIDER (1902–1972) zur Darstellung gebracht. Daß Natur noch im Genrebild nicht sentimentalisiert erscheinen muß, verhindert bei ihm wohl seine oft streng anmutende Rhythmik (*Das Blumengärtlein. Ein Ritornellenkranz*, 1949; *Sieben Töne*, 1953, *Atem der Jahre*, 1960). Schneider ist ein kunstvoller Lyriker, der Landschaft und Natur formschön (manchmal allzu gepflegt) aufzeichnet und – über damals beliebte Formen wie das Sonett hinausgehend

– eine erst seit Rückert im deutschen Gedicht geübte, auf diffizile Weise improvisierte Kunstform wie das italienische, aus der Toskana stammende Ritornell aufgreift. Die weiche, anschmiegsam-musikalische Variante des Naturgedichts ist auch Georg Schneider eigen.

Unübertroffen in seiner Liedhaftigkeit und ihrem empfindlich instrumentierten

Georg von der Vring mit einem von ihm selbst gemalten Aquarell, einem Porträt seiner Frau.

Schwebecharakter ist die umfangreiche Naturlyrik GEORG VON DER VRINGS (1889 bis 1968). Vring ist Norddeutscher (Oldenburger), den es nach Süddeutschland verschlagen hatte. In Hinblick auf die Eigenart der Vringschen Lieder hat HEINZ PIONTEK formuliert: »Der Gipfel der poetischen Leistung, wie wir sie zu verstehen meinen, ist die Arie. Sie ist das leicht und rein in die Luft gesungene Gedicht, vollkommen kunstvoll und vollkommen natürlich.« Das Nebeneinander des einen und des anderen: des unmerklich Artifiziellen, artistisch Verschränkten, Echohaften und des Arienhaften ist bei von der Vring im Lied in allen seinen Ausprägungen evident geworden. Das Lied als Gelegenheits-Improvisation, als Kinderreim, als Ballade und als Choral, als einfaches Tanzlied und als kompliziertes, refraindurchzogenes, »choreographisiertes« Ritornell ist bei ihm bereits in seiner frühesten Lyrik aus den zwanziger Jahren anzutreffen. Von der Vrings Gedichte sind ein Musterbeispiel für das, was bei der neuen Naturlyrik der älteren Generation häufig anzutreffen ist: sie sind weniger durch Entwicklung als durch Entfaltung, Nuancierung, Aufhellung und Verfeinerung von Eigenart charakterisiert. Es sind Arbeiten, die von Anfang an in solcher Eigenart auftreten.

Die Lieder des Georg von der Vring sind zum erstenmal 1939 in einem Sammelband erfaßt, nachdem Verschiedenes vorher in Einzelausgaben veröffentlicht worden war. Zum zweitenmal und stark erweitert geschieht das – unter demselben Titel – 1956. Bis zuletzt hat Vring Gedichte geschrieben und publiziert. Gerade der Umfang der Alterslyrik ist bemerkenswert (*Verse für Minette*, 1947; *Abendfalter*, 1952; *Kleiner Faden Blau*, 1954; *Der Schwan*, 1961; *Der Mann am Fenster*, 1964, bis *Gesang im Schnee*, 1967). Es ist die Zeitphase für von der Vring, in der sich jener Verfeinerungsvorgang am nachhaltigsten zeigt. Das Wiederholbare ist wiederholt und erweist seine Kontinuität wie seine Erweiterungsfähigkeit gerade in der Wiederaufnahme des poetischen Prozesses. Der »malerische Impressionismus« (Süskind), der ihm nachgerühmt wird, ist durch die Kunst der Variierung innerhalb der gewählten liedhaften Form wie nebenbei als bloßer Vermittler von »Eindrücken« aufgehoben und diskret in die wählerische Einfachheit der Textur als Mittel zur Intensivierung der sinnenhaften Substanz untergebracht. Die sinnenhafte, feuchte Farbigkeit niederdeutscher Landschaften findet bis zuletzt ihren Niederschlag in Vrings Arbeiten, wie bis zuletzt der Liebesreim (fast alle seine Gedichte sind voll durchgereimt oder alliterieren leicht), das Liebeslied, auftritt. Das Lied und seine alte Tradition in der deutschen Lyrik sammelt in Vringschen Versen nochmals seine verschiedenartigen Kräfte und Wirkungsmöglichkeiten, wobei wenigstens die eine, ironische Akzentuierung des Liedgedichts, wie sie seit Heinrich Heine möglich geworden ist, nicht auftritt. Die übrige Skala ist dagegen durchgespielt, wenn auch nicht so sehr das Spielerische, das dem melancholischen Naturell Vrings nicht liegt, als die Ausdrucksvariabilität einer ursprünglich begrenzten Artikulationsweise, die bei diesem Lyriker bemerkenswert ist. W. E. Süskind hat nach dem Freitod des fast Achtzigjährigen die sich im Alter steigernde Intensität der Anlagen hervorgehoben, die in Vrings Liedern stecken. Die Intensivierung bezieht sich sowohl auf das Inhaltliche wie auf das Formale. Der stofflichen Verfeinerung entspringt die formale Virtuosität in der Beschränkung, außergewöhnliche Übereinstimmung zwischen Gedankenführung und Reimverwendung. Süskind fügt hinzu: »Im Inhalt besteht die Intensivierung in einem immer bittereren und schneidenderen Vorherrschen der Klage über das Alter.« Im Grunde ist dies mehr die Potenzierung des melancholisch-schwebenden Grundverhaltens, das bei von der Vring von vornherein da ist, gewissermaßen vor der ersten Gedichtzeile. Das ist in dem halben Jahrhundert, während dem dieser Autor Gedichte geschrieben und veröffentlicht hat, unverändert geblieben. Die Auflösung zarter, schwermütiger Verdunkelung in liedhaften Wohllaut: dies ist Georg von der Vrings Beitrag zum deutschen Naturgedicht der Jahrhundertmitte.

Lebt wohl – und die gilbende Raute
Im Laubgang, sie soll für mich zeugen,
Die zarter kein Himmel umblaute,
Gestirne im Nebel beäugen,
Von Schwärmen der Immen umflogene,
Zur goldenen Leier gebogene,
Voll deutlicher Stimmen und Laute,
Sie soll, wer ich war, euch bezeugen.

Doch weh – und erreicht euch der Abend,
So trieft meine Raut' unterm Regen,
Die Leier im Laubschutt begrabend,
Ist nirgends ihr Gold mehr zu hegen,
Ist anders kein Blau als vertriebenes,
Kein Wort als in Schwärze geschriebenes,
Und nichts mehr verrät euch am Abend
Von mir der allwissende Regen.

Der in den zitierten beiden Strophen eines »Abschieds«-Gedichtes vollzogene Prozeß des Eingehens der Person in die von ihr als organisch dazugehörig empfundene, überlebende Natur ist typisch für einen solchen letalen Ausgang im Naturgedicht. Er stellt so etwas wie ein Zurücksinken in vegetatives Dasein dar, eine einseitige Stilisierung, die vom Naturlyriker so oder in vergleichbarer Ähnlichkeit gern vorgenommen wird. Auch ein derartiger Vorgang ist wie aus einer letzten Betäubung heraus gesehen und gewertet. Eine biologistische Benommenheit hat sich der Textur bemächtigt und bestimmt sie. So unterschiedlich die Temperamente sein mögen, so gibt es in dieser Hinsicht zwischen Extremen wie dem spröderen Lehmann und der sich geradezu verhauchenden Liedsprache von der Vrings eine durchaus verwandte Behandlung des Stoffes. Der »Untergang« des Einzelwesens im pflanzenhaften Raum, aus dem heraus es so ausschließlich begriffen worden war, wird zum suggestiven Ereignis. Man kann an Lehmanns *Untergehenden Dichter* aus der *Antwort des Schweigens* denken:

> Als Spreu vom Sturm des Flegels lös ich mich vom Werde
> Und schlafe nur auf Bäumen, nicht mehr auf der Erde.
> Der blütenlosen Pappel gleich, bin ich von Hoffnung nicht beschwert
> Und wie der Weidenmann von Samenlust geleert.

Es ist die kreatürliche Verzweiflung (*Verzweiflung im März* heißt ein Lehmann-Gedicht des genannten Bandes), die hier zur Sprache gebracht und gleichsam in Schlaf versenkt wird, Schlaf als eine Vorform des Todes, des sicheren Endes verstanden. Die Idyllisierung der Einzelperson, die als Anonymus und jedenfalls als völlig entindividualisiert angenommen ist, weicht auch im Augenblick des darzustellenden, zur Sprache gebrachten Todes nicht von der einmal eingenommenen, äußerst festgelegten Stilisierung des Menschen – wenn er überhaupt zugelassen ist – ab. Sie schickt ihn in eine Vergänglichkeit, wie man sie am Pflanzenabhub, am Komposthaufen studieren kann, polemisch interpretiert.

Es liegt nahe, daß sich derart willkürliche Herausnahme von Individualität aus einer noch so großzügig ausgelegten Wirklichkeit (um nicht von Realität zu sprechen) nur begrenzte Zeit als literarische Übung ermöglichen läßt. Der aus jedem Verkehr, aus jeder Bezogenheit genommene Einzelne bekommt auf diese Weise etwas von einer Figurine, einer Gliederpuppe, deren Künstlichkeit (oder Leblosigkeit) schnell erkennbar wird. Der nirgends lebensfähige Mensch im orthodox gewordenen neuen Naturgedicht ist bei Vring in früheren Gedichten noch ohne weiteres in persönlichem Wesen untergebracht: als Soldat, Jäger, Gärtner, Matrose. Aber der von Vring zuletzt gern wieder und wieder porträtierte gealterte Mann hat in seinem Greisentum etwas unwirklich Zurückgenommenes, fast Abstraktes und jedenfalls deutlich Schemenhaftes, das auch nicht zu verdrängen ist, wenn sich das Vring-Gedicht autobiographisiert, wozu es bereits in früheren Jahren neigt.

Peter Huchel

Natur und Landschaft bleiben primär. Die Entscheidung ist von der Naturlyrik auch dann noch praktiziert, wenn sie – scheinbar – solchen Rigorismus aufgibt oder von vornherein nicht erst hat aufkommen lassen. Aber selbst Günter Eich beginnt als »absoluter« Naturlyriker, wie es Peter Huchel getan hat, sosehr sich besonders Eich in der langen Entwicklung, die seine Lyrik hinter sich brachte, von solcher Anfangsposition entfernt, eine Position, die Huchel weniger neu umschrieb als dieser. Denn Huchel ist bis heute weit mehr der lyrische Landschafter geblieben, als der er zwischen 1925 und 1930 in die Literatur jener Jahre eintrat, was nicht heißen soll, daß er seither sich nicht weiterentwickelt habe. Peter Huchel (* 1903) hat ein schmales Werk aufzuweisen. Es sind die zunächst 1948 in Ostberlin, dann 1949 in der Bundesrepublik veröffentlichten *Gedichte* und der 1963 herausgekommene Band mit späteren Arbeiten *Chausseen, Chausseen.* Die frühe Lyrik erlebt unter dem Titel *Die Sternenreuse, Gedichte 1925–1947* (1967) eine leicht gekürzte, andererseits durch ein bisher nicht veröffentlichtes Jugendgedicht bereicherte Neuausgabe. 1972 erschienen *Gezählte Tage*, 1973 *Ausgewählte Gedichte.*

Keiner der wichtigsten deutschen Lyriker der Gegenwart hat so spärlich veröffentlicht wie Peter Huchel, seit er während der Periode des Umgangs mit seinen Freunden im Dresdener *Kolonne*-Kreis 1931 für seine Verse ausgezeichnet wurde. Man hat ausgerechnet, daß sein bisher in den genannten Bänden bekanntgemachtes Werk knapp einhundertzwanzig Gedichte umfaßt, was – auf eine vierzigjährige Entstehungszeit verteilt – im Durchschnitt drei Gedichte pro Jahr ergibt. Solche Zahlen scheinen zunächst nichts zu besagen. Sie sprechen indessen für das, was Huchel stets geübt hat: literarische Geduld, eine Arbeits-Tugend, die erst in ihrer Bedächtigkeit ermöglicht, was Huchels Gedichte wie die von der Vrings auszeichnet: vollkommene Entfaltung der in ihnen ruhenden Artikulationsmöglichkeiten.

»Dich will ich rühmen, Erde, noch unter dem Stein, dem Schweigen der Welt ohne Schlaf und Dauer.« Was Huchel hier ausspricht – Lob des irdischen Tages – könnte auch, bis in die Hinführung auf die chthonischen Mächte, von Loerke oder Britting so gesagt sein. Es ist »Natur«-Ansprache, die zum Sich-Aussprechen dieser Natur selbst wird. Bei Huchel geschieht das von Anfang an auf eine raunende, gleichsam mit halber Stimme gesprochene Weise, die zuweilen wie betäubt, wie von der Umwelt und Atmosphäre erstickt wirkt in ihrem hoch musikalischen Flüstern. Huchels erste Gedichte sind buchstäblich Wort gewordene Naturlaute, wie es scheint, völlig Ausdruck einer Landschaft, die dieses Autors Jugendlandschaft war, Spreewaldlandschaft, die sich in ihrer schweren wendischen Süße und Zartheit in Rhythmus und Reim widerspiegelt. Huchels Verse sind nichts als helle oder dunkle Beschwörungen. Ihr Lied- und Reimzauber ist ungebrochen. »Ich raune so lange meine Verse, bis die notwendigen – die hellen und die dunklen – Vokale die Grundstimmung der Seele ausdrücken«: ein für Huchel charakteristischer Ausspruch, denn eigentlich ist alles, was von ihm stammt, auch die letzten Gedichttexte, von diesem beschwörenden Zustande-Kommen durchzogen. Es sind gewissermaßen im Munde gebildete, im Wachtraum, im Halbschlaf gefundene Zeilen und Strophen. Das Zauberspruch-Wesen des Huchel-Gedichts ist von keinem anderen Vertreter und Exponenten der neuen deutschen Landschaftslyrik ähnlich beabsichtigt und realisiert worden. Das »magische« Element, das bannende, verhexende, bestrickende Bindemittel Gedicht hat keiner von ihnen ähnlich wie er beherrscht.

Nur so ist verständlich, daß seine Gedichte wie vollgesogen von feuchter Atmosphäre erscheinen, mit Wasser, Schilf, Moor und duftendem Dunkel. Die Singbarkeit dieser Texte kann libellenleicht sein und ebenso erlkönighaft lockend und ängstigend, Irrlichter, die Verse geworden sind. Es sind Kinder-, Knabenlandschaften, die in schwelgerisch bildhaften Formulierungen auftauchen, Träume von verschleierten, nassen Farben über Sommerabenden, wendischer Heide, Beifußhängen, Honigbirnen, verkrauteten Weihern, schilfigen Nymphen, luftigen Wesen, die die Einbildungskraft erfunden hat. – Die Natur ist bei Huchel nicht allein mit sich belassen. Sie ist oft von Menschen bevölkert, ländlichen Bewohnern, von Einsamen, Sonderlingen, von Kin-

Undine

Mit dem Jahr wächst das Schilf
und die bräunlichen Kolben
brechen wollig auf.

Der Fischer, der morgens
durchs Wasser watet,
schiebt den teerigen Kahn
an meiner Schulter vorbei.

Eine Legende bin ich,
ein Wasser grau bewegt,
in dem die Reusen
und Blätter schwimmen.

In Wurzelkörben
unterwaschener Weiden
schwankt mit dem Laich
der Fische mein Schmuck,
vom Maul der Hechte bewacht.

Wenn die Libellen
im Sommer das Licht vergittern,
das unbewegliche Licht
von Rohr und Wasser,
lieg ich im Kerker des Sees.

Die Rohrdommel steht,
ein Weidenpfahl,
im sickernden Grün der Algen.
Und hinter Nebelwolken der Mond,
eine graue Hornissenwabe.

Das Gedicht »Undine« von Peter Huchel (oben, bei einer Lesung seiner Lyrik) ist dem Band »Gezählte Tage«, Frankfurt a. M. (Suhrkamp Verlag) 1972, entnommen.

dern und Armen, von Bettelvolk und aus der Gesellschaft Fortgegangenen. Außer ihnen bewegen sich in seinen Versen Knechte, Mägde, Ziegelstreicher, Schnitter. Dieses stille, melancholisch und zuweilen wie unbeteiligt vorgezeigte Ensemble geht auch bei Huchel in eine Umgebung ein, die dem Menschen überlegen ist, die wichtiger als sein vereinzeltes Leben ist. Unter solchen Umständen bekommen die Männer und Frauen, die Ruhe- und Ortlosen bei ihm sämtlich etwas, das »Erscheinungen« ähnelt. Sie wirken zuweilen wie Revenants in ihrer schwebenden, sehnsüchtig machenden Vergänglichkeit, mit der sie belastet sind. Jedenfalls scheinen sie nicht an den Boden geheftet. Es sind völlig andere Figuren als die Akteure, die die Blut-und-Boden-Mentalität eine Zeitlang im Gedicht als erbgesunde Holzschnitt-Bauern vorzuführen hatte. Die vom Leben Benachteiligten, die Armseligen, mit einer schutzlos preisgegebenen Zufalls-Existenz Beladenen wollen gleichsam in Huchel-Gedichten Schutz suchen, und der, der ihnen Einlaß gewährt, geht mit ihnen später noch in der Erinnerung um:

Alle leben noch im Haus:
Freunde, wer ist tot?
Euern Krug trink ich noch aus,
esse euer Brot.
Und durch Frost und Dunkelheit
geht ihr schützend mit.
Wenn es auf die Steine schneit,
hör ich euern Schritt.

Diese selbstverständliche Solidarität, eine durch keine Ideologie getrübte Menschlichkeit, die brüderliche (oder meinetwegen kreatürliche) Wärme, mit der bei Huchel Anteil genommen wird, ist etwas im deutschen Naturgedicht sehr Seltenes. Walter Jens hat solche einfache Identifikation mit dem anderen in einer einfachen Landschafts-Szenerie vor einer untergründigen, geheimnisvollen vegetativen Kulisse im Sinne gehabt, als er rühmend feststellte, wie sehr Huchel gezeigt habe, »daß es auch in unserer Zeit noch möglich ist, das Schwierige einfach zu sagen«. Die Einfachheit freilich, mit der Huchel das von ihm zu Sagende wie absichtslos vorträgt, ist doch überall vom angstvollen Wissen um die Veränderbarkeit eines solchen Zustandes geprägt. Zweifel wäre ein viel zu mißverständliches Wort. Es ist das unausgesprochene und unaussprechliche Bescheidwissen, die bange Ahnung, das jähe Vermuten, die stille Einsicht, die alle bei ihm im Gedicht zusammentreffen und aufeinander angewiesen bleiben. Es ist – um es bildhaft zu formulieren – wie ein Blitzbündel, das von diesem Lyriker in der Hand gehalten und nicht aus der Hand gegeben wird. Von der Kraft dieses Besitzes wird kein Gebrauch gemacht. Man hält sie als eine Art letzter Möglichkeit bis auf weiteres zurück.

Auf diese Weise ergibt sich latente Spannung, die hinter den schlichten Worten und entsprechenden Bildern und Bildvergleichen auflauert. Es ergibt sich die typisch Huchelsche brüchige, hinfällige Melancholie, das Hinträumen von Vergänglichkeit und Vergeblichkeit wie ein langes Augenblinzeln. Es ist einer von jenen Tagträumen, die in seinem Gedicht *Kindheit in Alt-Langerwisch* »wie Spreu« fliegen. Die scheinbare Naivität und Unschuld derartigen Träumens bekommt von einem Augenblick zum nächsten grundunheimliche, dämonische und hoffnungslose Merkmale. In manchen Arbeiten verspürt man sie wie die Schwere eines Unterwasser-Dämons. Die submarine Leichtigkeit, die Goldfisch- oder Libellen-Leichtigkeit ist an solchen Stellen fern gerückt. Aus solcher untergründiger Verfassung entstammt wohl auch der dunkle Orgelton der Huchelschen Metaphorik, der noch in hell profilierten und präzisen Gedicht-Gebilden die Umrahmung abgibt, wie in einem seiner bekanntesten Texte, dem *Oktoberlicht*, das beginnt:

Oktober, und die letzte Honigbirne
hat nun zum Fallen ihr Gewicht,
die Mücke im Altweiberzwirne
schmeckt noch wie Blut das letzte Licht,
das langsam saugt das Grün des Ahorns aus,
als ob der Baum von Spinnen stürbe,
mit Blättern, zackig wie die Fledermaus,
gesiedet von der Sonne mürbe.

Das mürb Durchsichtige solcher ernsten Landschaft, hinter der man »nichts als vieler Wesen stumme Angst« vermuten kann, erweitert sich erst spät in einen geschichtlichen Raum, der als solcher doch im Landschaftsraum angesiedelt bleibt als ein »vegetierender« Raum, dem menschliche Intelligenz schließlich mitspielt und ihn wieder zum öden Raum macht. »Die Öde wird Geschichte«, heißt eine Zeile im pessimistischen Schlußgedicht *Psalm* des Bandes *Chausseen, Chausseen*, die ja als Fluchtwege gemeint sind, als endlose Routen ungesicherten, von »Geschichte« beherrschten, von Blut und Gewalttat umzingelten Daseins. Da, wo sich Peter Huchels Lyrik schließlich dem umfassenderen geschichtlichen Raum öffnet, ohne Landschaft auch nur vorübergehend aufzugeben, wird aus der im Hintergrund gehaltenen melancholischen Verfassung offener Schmerz und entsprechende Verlautbarung: Klage. Was zustande kommt, ist elegieverwandt, hat aber nicht den Dekor, die immer leicht dekorative Verfassung der Elegie, hat auch rein äußerlich gesehen nicht den geräumigen Ablauf der Elegie. Aber das wichtige letzte Dutzend Gedichte des genannten Bandes bewegt sich im Vorfeld solcher elegischen Klage. Jedenfalls muß man Texte wie das Titelgedicht *Bericht des Pfarrers vom Untergang seiner Gemeinde*, *Der Treck, Dezember 1942*, *Die Pappeln*, *Winterquartier*, *Polybios*, *An taube Ohren der Geschlechter* so verstehen. Ob man gleich von »politischer Naturlyrik« sprechen sollte, ist etwas anderes.

In Huchels einzigem poetologischem Gedicht, *Unter der Wurzel der Distel*, das beginnt: »Unter der Wurzel der Distel / Wohnt nun die Sprache, / Nicht abgewandt, / Im steinigen Grund. / Ein Riegel fürs Feuer / War sie immer«, endet doch schließlich alles wie im *Traum im Tellereisen*, pessimistisch verdunkelt, argwöhnisch zögernd:

Es stellen
Die Schatten im Unterholz
Ihr Fangnetz auf.

Ingo Seidler hat in Hinblick auf die späten »Zeit«-Gedichte, die gegenwartsbezogenen Verse des Autors, von Apokalypse und Landschaft als einem »Katalysator des Grauens« gesprochen. In der Tat ist die vergewaltigte Natur der Kriegsgedichte, die geschundene, von Panzern aufgerissene Landschaft voller apokalyptischer, quälerischer Einzelheiten. Aber solchem im Gedicht zu beobachtenden Zuwachs an Visionärem, an Bild und Inbild gewordenem Schrecken wird durch die sprachliche Behandlung – in der Form einer elegieverwandten »Überhöhung« – eine gewisse Mäßigung zuteil,

die es nicht zum Äußersten, etwa zur Zerreißung der Gedichtstruktur, kommen läßt. Das verbale Arsenal, das Huchel zur Verfügung steht, hat seiner Herkunft nach Abschirmungs-, damit auch Abwehrcharakter, der nicht mit solcher äußersten Konsequenz verfährt. Sein Verfahren ist vielmehr ein Verharren in großer Trauer, in einer gestischen Offenheit, die sich nicht weiter umsetzt. Huchel bleibt bei der Umschreibung seines Ausgangspunktes: der Landschaftsidylle. Wie er Metaphoriker bleibt, jemand, der sich des Bildes als wichtigstem Bindemittel des Gedichtes weiter bedienen muß. Seine starke Beziehung zum nicht hypertrophierten Bild hat Seidler von einer Verwandtschaft zum amerikanischen »Imagismus« sprechen lassen. Der Vergleich ist gewagt. Pounds Imagismus hat eine intellektuelle Komponente, die ihn erst ermöglicht. Diese Komponente fehlt gänzlich bei dem unintellektuellen Huchel, der allenfalls »geistige« Landschaften im Sinne Trakls und Hölderlins, im Sinne einer elegischen Landschaft wiedergeben kann. Unbezweifelbar ist dagegen die Feststellung, daß die Metapher allein den Vers bestimme und dies zuweilen auf Kosten von Metrum, Syntax und Nachvollziehbarkeit tue. Huchel bevorzugt wie Trakl das bewegte, rhythmische Bild, auch Trakls manchmal etwas monotone, kaleidoskopartige Bild-an-Bild-Setzung, was noch nichts mit surrealer Bildreihung, vielmehr mit einer bestimmten metaphorischen Klebe-Technik zu tun hat. – Unter den sinnlichen Wahrnehmungen ist der Gesichtssinn – die Optik – stark hervortretend, aber doch bei weitem nicht so vorherrschend wie etwa bei Wilhelm Lehmann. Die Atrophie der anderen Sinne, die Huchels Entdecker und früher Förderer WILLY HAAS festgestellt haben will, rührt nicht von der Überbetonung der Optik her, vielmehr ist solcher erkennbare Schrumpfungs-Vorgang dadurch zu erklären, daß er durch den in Huchel-Gedichten stark auftretenden magischen »Sog« ausgelöst wird, indem sich sinnliche Wahrnehmungsfähigkeit geradezu automatisch verändert. Die von mir angeführte »Benommenheit« im Huchel-Gedicht ist Ausdruck eines solchen Sogs.
Wenn es bei Huchel so etwas wie artifizielle Veränderung im Sinne einer Entwicklung gibt, so trifft das auf seinen Bild-Vorrat zu. Denn die Metapher erweitert sich bei ihm mehr und mehr. In den späteren Gedichten liegt der Erweiterungsbereich im biblischen, auch gelegentlich im mythisch-antiken Bildvergleich. Die Regionallandschaft – Brandenburg, der Spreewald – füllt sich auf und verliert dadurch Dominanz, daß Huchel östliche und westliche Landschaften aufnimmt. Doch bleibt schließlich die Rühmung der Heimatlandschaft in der ihm eigenen »suggestiven und wahren Sprache« (Rudolf Hartung) bestehen:

Schön ist die Heimat,
wenn über der grünen Messingscheibe
des Teichs der Kranich schreit
und das Gold sich häuft
im blauen Oktobergewölbe.

Ein Überwinder des Naturgedichts: Günter Eich

Man findet gelegentlich Huchel mit GÜNTER EICH (1907–1972) verglichen, und Vergleiche beider bieten sich tatsächlich an. Es sind Generationsgenossen. Der vier Jahre jüngere Eich ist wie Huchel Ostdeutscher. Beide haben sich im mehrfach erwähnten *Kolonne*-Kreis zu Beginn der dreißiger Jahre getroffen, haben etwa gleichzeitig ihre ersten Gedichte publiziert, Eich übrigens unter dem Pseudonym Erich Günter 1927 in der seinerzeit vielgelesenen *Anthologie jüngster Lyrik* Willi Fehses und Klaus Manns. Den wichtigsten Vergleich liefert indessen die Lyrik selber, mit der sie begannen. Sowohl Huchel wie Eich haben mit reiner Naturlyrik angefangen. Eichs Erstlingsband *Gedichte* erscheint wie Huchels *Knabenteich* 1930 bei Wolfgang Jess in Dresden. Bei Eich kommt sehr früh Arbeit am Hörspiel hinzu, das Huchel gleichfalls eine Zeitlang in seine Produktion aufnimmt (*Fährmann Maria* u. a.). Und schließlich veröffentlichen beide Lyriker ihre Versbücher in großen Intervallen. Zwischen dem ersten Eich-Band und seinem zweiten, *Abgelegene Gehöfte* (1948), dem allerdings im selben Jahr ein weiterer (*Untergrundbahn*) folgt, liegen beinahe zwei Jahrzehnte.

Eichs literarische Position ist – mit anderen Worten – in mehrfacher Hinsicht mit der Huchelschen zu vergleichen. Wenn man freilich vom Gedichtbandtitel auf literarische Absichten schließen will, so ist bereits in den Titeln von Eichs beiden frühen Nachkriegsbänden ein Spannungsfeld zu entdecken: es liegt zwischen Natur-Verlorenheit, der »abgelegenen« Welt der Jahreszeiten in ländlichem Milieu, und Zivilisations- und Individual-Alltag (*Untergrundbahn*). Hier wird etwas bald deutlich, das Eich von Huchel unterscheidet, der die Landschaften nicht aufgibt, auch nicht – wie Loerke, von dem beide einiges lernten – in die Stadt (Berlin) überträgt. Trotz der thematischen Übereinkunft sind bei Eich die Berührungspunkte mit anderen, verwandten Lyrikern nur schwach ausgebildet. Man findet selten eine Sprechlage wie bei Britting, etwas eher vielleicht taucht von der Vrings kunstvolle und zarte Liedhaftigkeit auf. Der Naturvagantenton THEODOR KRAMERS (*Die Gaunerzinke* u. a.), das Burschikose im Landschaftsgedicht entspricht nicht dem melancholisch-skeptischeren Naturell Eichs, der eigentlich nur Brechts verschmitzte, listige und lakonische Sprechart – die sich auch am Landschaftstext zeigt – aufgreift und sie sofort in den eigenen Artikulationsbereich überführt.

Eich hat bereits in den *Abgelegenen Gehöften* neben das absolute Naturgedicht das gegenwartsbezogene Gedicht gestellt. Der Krieg hat hier eingegriffen, und ihm hat er die damals auffälligen Gedichte als Auseinandersetzung mit der Zeit abgewonnen. Er tat das, indem er – seine Gegebenheiten registrierend – sich widersetzte. Das Widersetzliche steht bei Eich neben dem Melancholischen und zuweilen Larmoyanten, wie das Zweiflerische neben dem Listigen steht, das Wirklichkeit entlarvt und Realitäten durchschaut. Solche Offenheit, zunächst der Beobachtungsgabe, dann der Stellungnahme, erwirkt bei ihm das Nebeneinander von Landschafts- und Zeit- und persönlichem (Liebes-) Gedicht, von dem WALTER HÖLLERER als Eichsche Grundgegebenheit in seiner Preis-Rede aus Anlaß der Verleihung des Büchner-Preises an ihn (1959) spricht. Die *Abgelegenen Gehöfte* stellen bereits neben den idyllischen Landschaftstext die nüchterne Bestandsaufnahme, die Fixierung auf das Übriggebliebene und Vorhandene, stellen neben das Gedicht *An die Lerche* das bekannte *Latrinen*-Gedicht, mit dem Schockreim von Hölderlin und Urin, bringen einen Beerenwald und eine alte Photographie in Kontakt mit dem berühmt gewordenen *Inventur*, die winterliche Miniatur mit dem Truppenübungsplatz, mit *Camp 16* und der *Nacht in der Kaserne*. Der *Alte Reim* – ein Märchen- und Zauberspruch – bedingt, so scheint es, geradezu Eichs Aufsuchen und Eingehen von nüchterner, auch widriger, abstoßender Szenerie. Übrigens ist auch Natur, Landschaft, sind ihre Einzelheiten, die Eich wie andere wiedergibt, erfüllt von Schimmel, Moder, von Grind und Schmutz. Die »arkadische« Landschaft oder die »betäubte« Landschaft, die Huchel, auch Lehmann kennen (und anerkennen), ist bei Eich eine Seltenheit. In seinem Gedicht *Gegen vier Uhr nachmittags* heißt es anfangs:

Blick durch die Fenster. An allem, was ich sehe,
liebe ich nur das:
Ein leicht zerstörbares Gefühl der Nähe,
ein Geflecht von Liebe und Haß.

Der Lyrikband »Abgelegene Gehöfte«, Günter Eichs erste Veröffentlichung nach dem Krieg, erschien, mit vier Holzschnitten von Karl Rössing, 1948 in Frankfurt a. M. im Verlag Kurt Georg Schauer. – Das Gedicht »Gegen vier Uhr nachmittags« (rechts) wurde darin zum ersten Mal abgedruckt.

Dieses Element von Unsicherheit, Verdacht, von momentaner Fragilität, von »Flüchtigem und an keinem das Schwere« ist bei Eich oft auslösend für das lyrische Sprechen, wie jenes »Nichts bleibt als das Unsichtbare« des frühen Liebesgedichts *Photographie* mit den Schlußzeilen: »Ich kann dich sehn und hören / erst wenn ich ohne dich bin.« Die Unwirklichkeit, die Bezweifelbarkeit des Wirklichen ist ein altes, unablässig variiertes Gedichtthema für ihn, der bei Gelegenheit einer kurzen poetologischen Ansprache auf einer Schriftstellertagung, die 1956 in Vézelay stattfand, hierzu erklärt: »Nach meiner Vermutung liegt das Unbehagen an der Wirklichkeit in

GEGEN VIER UHR NACHMITTAGS

Blick durch die Fenster. An allem, was ich sehe,
liebe ich nur das:
Ein leicht zerstörbares Gefühl der Nähe,
ein Geflecht von Liebe und Haß.

Oh könntet ihr fester halten!
Ihr: was Körper ist und fällt.
Ihr, ferner als die Gestalten
der vergessensten Welt.

Ein Schwarm von fliehenden Tauben
oder ein schwach geädertes Blatt,
in späteren Monaten auch die Trauben,
die man ausgekeltert hat.

Flüchtiges und an keinem das Schwere
und der Dinge Blut und Fluch,
nur das an ihnen wie an der Beere
Geschmack und Geruch.

Nur das Nichts, das mit unlösbaren Krallen
sich ins Gedächtnis hängt
und jeden neuen Tag mit allen
alten Tagen vermengt.

dem, was man Zeit nennt. Ich bin nicht fähig, die Wirklichkeit so, wie sie sich uns präsentiert, als Wirklichkeit hinzunehmen ... Ich schreibe Gedichte, um mich in der Wirklichkeit zu orientieren. Ich betrachte sie als trigonometrische Punkte oder als Bojen, die in einer unbekannten Fläche den Kurs markieren. Erst durch das Schreiben erlangen für mich die Dinge Wirklichkeit. Sie sind nicht meine Voraussetzung, sondern mein Ziel.«

Das Erschrecken gegenüber derart aufgesuchter und sich wieder entziehender Wirklichkeit wird zum augenblicklichen Schock, der Einsicht, Erkenntnis vermittelt. In

Westwind

Vorhergesagter Wind,
atlantische Störung,
der Schnee herträgt
und das Feuer im Ofen schürt.

Rostfleck
auf der Rüstung des Kreuzfahrers,
Regentropfen, nicht mehr weggewischt,
weil er starb.

Geruch des Hundefells
und verklebtes Haar.
Weich sinken die gespaltenen Hufe
der Zugochsen ein.

Auf der Kapuze
Perlen getauten Schnees,
beleuchtet
vom Schaufenster des Krämers.

Atlantisches Tief.
Morgen sind die Häher
auf den Tannen
voll Einverständnis.

Längen- und Breitengrad,
das Gemeindesiegel,
das den Ort festlegt,
der Regentropfen
auf der Geburtsurkunde.

Das Salz der Weisheit
und die Gräber auf dem Kirchenhügel.
Ich sage dir nicht oft genug,
daß ich dich liebe.

Oben: Das Ehepaar Günter Eich und Ilse Aichinger. – Das Gedicht »Westwind« (rechts in handschriftlicher Fassung) erschien zuerst in dem Band »Botschaften des Regens«, Frankfurt (Suhrkamp Verlag) 1955.

Westwind.

Vorhergesagter Wind,
atlantische Störung,
~~Die~~ Der Schnee verträgt
und das Feuer im Ofen schnurrt,

Rostfleck
auf der Rüstung des Kreuzfahrers,
Regentropfen, nicht mehr weggewischt,
weil er starb.

Geruch des Hundefells
und verklebtes Haar.
Weich sinken die gespaltenen Hufe
der Zugochsen ein.

Auf der Kapuze
Flocken gefallenen Schnees,
beleuchtet
vom Schaufenster des Krämers.

Atlantisches Tief.
Morgen sind die Häher
auf den Tannen
voll Einverständnis.

Längen- und Breitengrad,
das Gemeindesiegel,
das den Ort festlegt,
der Regentropfen
auf der Geburtsurkunde.

Das Salz der Weisheit
und die Gräber auf dem Kirchenhügel.
Ich sage dir wohl oft genug,
dass ich dich liebe,

Günter Eich

der *Untergrundbahn* ist ein Text wie *Betrachtet die Fingerspitzen* ein Beispiel für diese Gefühlslage und ihr Versuch, sie literarisch auszudrücken (»Wer mit dem Entsetzlichen gut Freund ist, kann seinen Besuch in Ruhe erwarten. / Wir richten uns immer wieder auf das Glück ein, / aber es sitzt nicht gern in unseren Sesseln«). Und wenig später liest man: »... es kommt dir überall nach. / In jedem Lande lauert es, das Unsichtbare, das Unerbittliche.« Eich bringt hier die halluzinierte Klapper des Aussätzigen mit einem warmen Sommerabend zusammen. Das ist kennzeichnend für die Verunsicherung der Idylle durch das Aufsuchen des Widrigen und banaler Details, zu denen auch die Schuttablage zwischen Brennesseln gehört.

Was anfangs noch verhältnismäßig stark formuliert wird, gelegentlich aufwendig, zieht sich bereits im dritten Eich-Band *Botschaften des Regens* (1955) zunehmend in eine zurückhaltendere, sprödere Sprechlage zurück. Das Gedicht beginnt, sich zu lakonisieren, freilich Schritt um Schritt. Auch Eich hat – ähnlich wie Huchel – Bedächtigkeit. Seine große Entwicklung, die eine Spanne von über vierzig Jahren umfaßt, kennt keine Sprünge. Der sparsame Gedichtschreiber, mit der Fähigkeit, in Geduld die eigene Arbeit abwarten zu können (eine Gabe, die er wiederum mit Huchel gemeinsam hat), bleibt beharrlich in dem, was sich bald bei ihm zeigte. SUSANNE MÜLLER-HAMPFT hat mit Recht darauf verwiesen, daß der Zweifel lange Hauptantrieb für diese Arbeit bleibt: »Sein Mißtrauen gegenüber dem, was Wirklichkeit sei, bezieht sich jedoch nicht auf die empirische, gesellschaftliche Realität, sondern auf die Summe aller Realitäten, die Wahrheit. Das Gedicht gilt Eich somit als Erkenntnismittel und -möglichkeit für die im Detail aufleuchtende Totalität der Wahrheit. Gleichzeitig errichtet das Gedicht ein objektives Moment von Widerstand gegen alle Herrschaft, gegen Verwaltung, die Eichs Ideologieverdacht trifft.« Die *Botschaften des Regens* werden als »Gedichte der Verweigerung, Mißtrauensanträge auch gegen die ehemaligen Reservate in der Natur« festgestellt.

Durch Mißtrauen, Zweifel, Bedrohung wird die Dinglichkeit in Eichs Gedichten, die allerdings nie in grober Sinnfälligkeit oder Sinnfülle auftritt und beispielsweise gar nichts mit Brittingschem Überschwang und barockem Beschreibungsbedürfnis gemein hat, zunehmend verändert. Die Konsequenz aus solcher Veränderung wäre eine Spiritualisierung der Dingwelt gewesen. Dieser Weg wird nicht beschritten. Die Dinglichkeit wird sozusagen bei ihm nicht um ihr Dasein gebracht. Seine Bemerkung »Ich bin über das Dingwort noch nicht hinaus« belegt das, wie jene Situations-Beschreibung: »Ich befinde mich in der Lage eines Kindes, das Baum, Mond, Berg sagt und sich so orientiert.« Man wird hier für einen Augenblick an Lehmanns frühe Gedichtzeile erinnert: »Ich spreche Mond – da schwebt er, / Glänzt über dem Krähennest.« Anders als bei Huchel ist Geschichte, sofern sie bei Eich in Gedichte eindringt, nicht als – mythisch überhöhter – Prozeß wahrgenommen, vielmehr – wie bei Loerke und bei Lehmann – im Zeit-»Trick«, der Gleichzeitigkeit von Vergangenheit und Zukunft, ermöglicht. Solche Raffung orientiert sich wiederum gegenständlich, wird nicht abstrahiert und entsinnlicht. Während Eich seine Gedichte, in der Büchner-Preis-Rede, als Mittel, Kritik zu üben, verstanden wissen will, als Widerstandleistung und als Gelegenheit, unbequeme Fragen zu stellen, und damit alles herauszufordern, was Macht ausübt, werden diese Verse im nächsten Band, *Zu den Akten* (1964), nochmals vorsichtiger, gedämpfter, karger, konzentrierter und in der Konzentration ironischer, abweisender, gereizter. Das Überflüssige, Unbedachte, das »Schöne« des Poetischen ist fast völlig ausgespart. Was geblieben ist, ist eine Neigung zum chinoisen Schnörkel,

auch zu einer gewissen Wunderlichkeit, einer verkauzten Metapher, die man in ihrem Metaphern-Wesen nur schwer entziffert. Eichs lakonisches, trockenes Phantasieren bringt nun auf einer lyrischen Postkarte (*Alte Postkarten, Neue Postkarten*) eine verborgene Welt unter, in der Ferne und Nähe zusammenfallen wie Vergangenheit und Gegenwart. Die Tiefe der poetischen Notation bekommt am Ende des Gedichtbandes in den *17 Formeln* eine bis dahin noch nicht beobachtete Zuspitzung. Was zustande kommt, ist eine Reihung von Mitteilungen, von denen jede einzelne – in einem einzigen, feststellenden Satz – den Charakter einer Ellipse hat. Das »verkürzte« Sprechen, die literarische Aussparung sind vollkommen. Zugleich mit solcher Vollkommenheit kommt Eich allerdings an die Grenze solcher Sprachübung.
Auch in *Zu den Akten* ist der Autor dort am besten, wo ihm seine »kritischen, bewußten, hellwachen, aktiven Traumbilder« (Höllerer) gelingen, wenn sie ihre Beispiele für Naheliegendes oder Unbedeutendes wählen, das stets etwas Unfehlbares annimmt. Das muß nicht – bis in die Überschrift hinein – wie im Gedicht auf das Segeltuch offenkundig werden, wiewohl gerade in ihm die Aktivität eines Traumbildes überzeugend ist:

Zum Beispiel
Zum Beispiel Segeltuch
Ein Wort in ein Wort übersetzen,
das Salz und Teer einschließt
und aus Leinen ist,
Geruch enthält,
Gelächter und letzten Atem,
rot und weiß und orange,
Zeitkontrollen
und den göttlichen Dulder.

Diese nautische Variation erfüllt genau die Forderung, die Eich an die Sprache des Gedichts stellt, wenn er sagt: »Als die eigentliche Sprache erscheint mir die, in der das Wort und das Ding zusammenfallen. Aus dieser Sprache, die sich rings um uns befindet, zugleich aber nicht vorhanden ist, gilt es zu übersetzen. Die gelungenste Übersetzung kommt diesem Urtext am nächsten und erreicht den höchsten Grad an Wirklichkeit.« Die Umsetzung der Dinglichkeit solcher Beschaffenheit vorzunehmen, die Transportierung zugleich vorhandenen, aber sich entziehenden, weil un-sagbar werdenden, sich widersetzenden »Stoffes« in den Wirklichkeitsstoff des Gedichts, ist Günter Eichs Aufgabe auch im letzten Gedichtband, *Anlässe und Steingärten* (1966), geblieben.
Aus dem früheren Lakonismus wird in ihm Einsilbigkeit und gereizte Kurzangebundenheit, die gelegentlich verdrossen-aggressive Merkmale zeigt. Eine unverhohlene Resignation kommt auf, ein Genughaben von vielem, das bislang noch von einem melancholischen Erinnerungsvermögen gehalten war. Was nun folgt, ist offenbare Abwendung von diesem und jenem, was zuvor in einem Katalog des Gedächtnisses aufbewahrt wurde, einem zunächst behutsam, dann zunehmend bitter erscheinenden Katalog, in dem versteckte Einzelheit bis zur Verschrobenheit registriert ist. Wiederum findet man in *Anlässe und Steingärten* eine Reihe von elliptoiden Formelgedichten. In einem Text von spruchhafter, didaktischer Art liest man nochmals etwas für Eich so Charakteristisches wie: »Das Zeichen suchen / statt der Metapher.« Doch war Eich nie das, was man einen Metaphoriker heißt, auch wenn er Bilder bringt und den

Bildvergleich braucht. Seit langem aber war das so verwendete Bild ohne »Glanzlicht«-Merkmal. Seine rasch zunehmende Wortkargheit, sein völliger Mangel an Pathos (trotz gelegentlich zu bemerkender akklamativer Stellen in früheren Versen und deklamatorischer Interjektionen im Gedichtablauf), die außerordentliche Diskretion des Sprachduktus machen im Eich-Gedicht das Bild durchweg zu einem Mittel flüchtigen literarischen Verbrauchs, zu einem Nutzungsmittel, das nicht weiter ins Gewicht fällt und schon gar nicht auf Attraktion aus ist.
Was Günter Eich nun beabsichtigt, kommt etwa wie folgt zur Sprache: »Die Forderungen der Logik / durch Träume erfüllen.« Das ist für ihn zwar nicht neu, aber es wird fordernder, gereizter, knapper formuliert. An anderer Stelle heißt es: »Die Versteinerungen aus den Vitrinen nehmen, / sie auftauen mit der Wärme des Blutes.« In seinen Versen finden sich fortan petrifizierende Elemente, wie unter einem Überdruck entstandene Inkrustierungen. Eichs literarischer Standort ist im abschließenden Gedicht *Ryonaij* mehrfach mitgeteilt, am deutlichsten, unmißverständlichsten (und das heißt jetzt: am bissigsten, renitentesten) am Schluß der Textur:

Unser Ort ist im freien Fall.
Wir siedeln uns nicht mehr an,
wir lehren unsere Töchter und Söhne die Igelwörter
und halten auf Unordnung,
unseren Freunden mißlingt die Welt.

Dieses stille Ausgesetztsein nimmt manchmal pedantische Züge an. Man bemerkt es überall wie Verdrossenheit und Aufbegehren, am stärksten in dem kurzen Gedicht *Verspätung*, das eine unwillige Tonart anschlägt: »Da bin ich gewesen / und da, / hätte auch / dorthin fahren können / oder zuhaus bleiben.« Das fast programmatische Gedicht (wenn es bei Eich so etwas wie literarisches Programm anstelle von fortwährend versuchter, verzweifelter, immer unsicherer werdender Wirklichkeits-Bewältigung gäbe) setzt sich mit einer sich steigernden Bitterkeit oder Resignation wie folgt fort:

Ohne aus dem Hause zu gehen,
kannst du die Welt erkennen.
Laotse begegnete mir
früher als Marx.
Aber eine
gesellschaftliche Hieroglyphe
erreichte mich im linken Augenblick,
der rechte war schon vorbei.

Das ist ein deutliches Beispiel für literarische, poetische Polemik, die der bisher zurückhaltende Eich hier zum Ausdruck bringt. Solche halb kalauernden, halb pointierten Zeilen werfen ein Schlaglicht auf die noch ausstehenden *Maulwürfe*. Ein momentanes Witzeln kommt auf, etwas Krampfhaftes, Ungeduldiges, das man bei dem bis dahin »Geduldigen«, dem chinesisch »Weisen« oder weise anmutenden, gelernten Sinologen Eich nicht erwarten konnte. In dem Gedicht *Weniger* findet man die Zeilen: »... die realistische Schreibweise / dient der Macht.« Einige sehr kurze Gedichte bezeichnet Eich beziehungsvoll-ironisch (vor dem Hintergrund einer von Höllerer und Krolow geführten Auseinandersetzung über das lange und kurze Gedicht in der Mitte der sechziger Jahre) als »lange« Gedichte. Was er sucht, sind »Weniger Ziele / und kleiner, / reiskorngroß.« Auch solche wie die sich anschließenden Gedichtzeilen haben etwas still Radikalisiertes: »Nicht aufwendig / das meiste in / Meditationen.« Aber es sind weniger meditative Züge, vielmehr kurz reflektierte, zum Reflex zusammengezogene Verhaltensweisen. Der Mißmut bleibt unverkennbar. Aus solchem Mißmut entstehen folgende Zeilen: »Entscheidungen aussprechen / ist Sache der Nilpferde. / Ich ziehe es vor, / Salatblätter auf ein / Sandwich zu legen und / unrecht zu behalten.« In dieser nochmals »chinesischen« Wendung dokumentiert sich die literarische Empfindlichkeit des späten Eich, eine Art Aufsässigkeit unter allen, auch nicht einzusehenden Umständen. Doch geht es Eich weder um Einsicht noch um Entschiedenheit. Es ist vielmehr ausweichendes Manövrieren, das nicht unproblematisch ist. Eichs offensichtlicher Affront gilt den »Realien« und ihrer Robustheit, gilt dem Rechthaben-Wollen und dem Rechtbehalten, etwas, was für ihn zur Wahrheitsfindung belanglos, ja aufreizend ist. Schon früh hat sich Eich – an einer sichtbaren Stelle seines Werkes – für den »Sand im Getriebe der Welt« und gegen das Öl in diesem Getriebe ausgesprochen. Er wiederholt das nun mit anderen Worten in seinen letzten Gedichten heftiger als je zuvor. Doch scheint dies Ausdruck für Ahnungen, für seine ungemeine Witterung für Veränderungen, denen er in Winzigkeiten auf die Spur kommen will. Eich hörte in seinen Versen nun erst recht das Knistern, mit dem sich die Risse in einem längst nicht mehr geheuren (ihm nie geheuer gewesenen) Welt- und Daseinsgebäude erweitern. Die späten Gedichte sind Texturen einer tief beunruhigten Hellhörigkeit, die keine Gelegenheit vorübergehen läßt, um solche Unruhe mitzuteilen.

Mit einer etwas zu ungeduldigen Bewegung, der Geste des Abwinkens laufen die letzten Gedichte in *Anlässe und Steingärten* aus, so im Gedicht *Kunsttheorien*: »Versmaße halten nicht vor. Keine Lust mehr anzustehen / um eine Aufenthaltserlaubnis / für erfundene Länder. / Lieber, laß uns die Einsätze / erhöhen, sicher sind / Kugel und Strick, die vergitterten / Fenster, sicher / die Farbflecken auf Papier / und alten Augen.« In solchen Zeilen hat man so etwas wie ein Eichsches Aprèsludieren, um eine Vorstellung des alternden Benn zu übernehmen. – Zum zunächst rätselhaft erscheinenden Begriff »Steingärten« hat ein Interpret, Horst Ohde, übrigens festgestellt: Das Wort weist »auf die altjapanischen Meditationsstätten, in denen durch ein ausgeklügeltes Arrangement von Steinblöcken in einem Sandgeviert eine künstliche Miniaturlandschaft entsteht«. Man hat damit bis in den Bandtitel der späten Eich-Gedichte einen Wesenszug dieser Gedichte: zunehmende Künstlichkeit, Erstarrung, hilflose Entmutigung, die sich nicht helfen lassen darf. Gerade dies führt die eigentümliche »Größe« der letzten, vor dem Tode geschriebenen Gedichte herbei: Größe des Abwinkens, des Genughabens.

Karl Krolow

Wie Günter Eich ist Karl Krolow (* 1915) bald nach 1945 mit Gedichten hervorgetreten. Im selben Jahr mit dessen beiden ersten Nachkriegsbänden *Abgelegene Gehöfte* und *Untergrundbahn* – 1948 – erscheinen von ihm *Gedichte*, und in Ostberlin, mit einem Vorwort Stephan Hermlins versehen, der Versband *Heimsuchung*. Vorangegangen war ein schmales Bändchen mit wenigen Landschaftsgedichten *Hochgelobtes, gutes Leben* (1943). Wie Lehmann ist Krolow Norddeutscher, und Lehmann ist es gewesen, der ihn anfangs und für einige Zeit am stärksten beeinflußt hat. Krolow hat das mehrfach bekannt. Das gilt noch für die in den fünfziger Jahren erschienenen Bände *Die Zeichen der Welt* (1952) und *Wind und Zeit* (1954), denen 1949 das Gedichtheft *Auf Erden* vorangegangen war.

Während Eichs Anwesenheit in der deutschen Lyrik, wie die Huchels, in den dreißiger

Karl Krolow

Jahren in Umrissen erkennbar ist, tritt Krolow später auf den Plan, wenn er auch wie diese von der Entwicklung geprägt ist, die das neue deutsche Naturgedicht in den für seine Anfänge entscheidenden Jahren genommen hat. Es kulminiert, als Krolow sich mit Anfang der fünfziger Jahre in der eigenen Position durchzusetzen beginnt, die er dann sogleich wieder verlassen wird, um sich anderen, romanischen Einflüssen zu öffnen: dem französischen Surrealismus der zwanziger und dreißiger Jahre und – als erster – den Errungenschaften der Blütezeit spanischer Lyrik in etwa dem gleichen Zeitraum.

Zunächst aber ist Krolow in seinen Gedichten kompakter, eher ein melancholisch-schwerer, »magischer« Natur- und Landschaftslyriker. Das Düstere, stark Metaphorisierte, das Krolow für kurze Zeit auch der Lyrik Elisabeth Langgässers annäherte, hellt sich nach und nach auf, zunächst noch unter Nutzung von Artikulationsmöglichkeiten des Naturgedichts, wie sie in Lehmanns »präziser Zeichenreihe« sichtbar geworden war. Lehmanns ökonomischer Sinn, der bis zur Nüchternheit geht, seine optische Klarheit und Wahrnehmungs-Zartheit, erleichtern ihm den Abbau von natur-»magischen« Einseitigkeiten, wie sie das Langgässer-Gedicht aufweist. Lehmann hat den Reim nicht aufgegeben, und der Reim als Wirkungsmittel, als Reiz-Element, als Faktor sinnlicher Aufladung von Krolows zunächst fast völlig von sinnlicher

Wahrnehmung getragenen Versen ist für ihn lange von Bedeutung geblieben, ehe er allmählich aufgegeben wird, um dann für immer zu verschwinden.
In Hans Benders Sammlung von Lyriker-Stimmen zu ihrer Arbeit *Mein Gedicht ist mein Messer* (1955) hat Krolow relativ zeitig einen literarischen Standpunkt angekündigt und vertreten, der für ihn dann mehr als ein Jahrzehnt wesensbestimmend geworden ist. Er spricht von der intellektuellen Heiterkeit des Gedichts und meint damit, daß die Amplitude, die Schwingungsweite des einzelnen Gedichtes für ihn geistig wie tonal dehnbar geworden ist: eine Feststellung, die gleichzusetzen ist mit der relativ frühen Abwendung von der Gefahr jeder literarischen (zunächst naturlyrischen) Orthodoxie, Abkehr von einseitiger Praktikabilität des Gedichts und damit von der Befangenheit dessen, der es schreibt.
Die fortschreitende Aufhellung, die Krolows Lyrik in den folgenden Jahren durchmacht, das Auftreten des Spielerischen, Leichten, Liquiden, auch Mutwilligen, ist hier schon theoretisch angekündigt und in gewisser Hinsicht vorweggenommen. Ein lyrischer »Fahrplan« (wenn es ihn gäbe) scheint aufgestellt. Auf alle Fälle hat Krolow in den darauf folgenden Gedichtbänden *Tage und Nächte* (1956) und *Fremde Körper* (1959) nach ihm gehandelt. Er plädiert für das »poröse«, das offene, wenn auch noch das vorwiegend metaphorisierte Gedicht, wenn er sagt: »Für mich hat ein Gedicht luft- und lichtdurchlässig zu sein. Es muß in der Lage sein, unaufhörlich an die Außenwelt abzugeben und von ihr aufzunehmen. Es muß in einem unablässigen Austausch mit ihr stehen und alle Gefahren auf sich nehmen, die dadurch auf der Hand liegen.« Dem in sich geschlossenen (hermetischen) Gedicht (es gibt auch einen naturlyrischen »Hermetismus«) wirft er Kontaktschwäche und Beziehungslosigkeit vor. Eine gewisse Polemik gegen das »hochartifizielle« Gedicht kann in Hinblick auf die späte Lyrik Gottfried Benns verstanden werden, mit dessen »Phase 2«, als einem artistisch restaurativen Phänomen nach dem Kriege, er sich mehrfach kritisch auseinandergesetzt hat. Damals bekennt sich Krolow freilich noch ausdrücklich zur Metapher, wenn er sagt: »Ein Gedicht aktiviert sich durch seine Metaphern. In einem gewissen Sinne ›interessiert‹ mich am Gedicht die Metapher am meisten ... Man muß deshalb ein Bild noch nicht als Rauschgift verstehen und die ganze Metaphernsprache der Lyrik damit lediglich reiztherapeutisch zu behandeln suchen.« Es ist charakteristisch, daß bei Krolow Bekenntnis, Empfehlung und Warnung oder doch Einschränkung der poetologischen Empfehlung oft nebeneinander auftreten. Letzten Endes ist es eine Neigung zum Maßhalten, zur Balance, zur ökonomischen Behandlung des Gedichts, das sich – seiner Meinung nach – nicht extremisieren sollte, denn »das ›offene‹ Gedicht ist das experimentelle Gedicht par excellence«. Wie deutlich das Maßhalten von ihm auch in der Metaphorik gefordert wird, läßt seine Bemerkung erkennen: »Eine Metapher entscheidet über die Ökonomie des Einzelgedichts. Sie ist verantwortlich für seinen ›inneren Haushalt‹, für die Gewichtsverteilung ... Metaphern machen ein Gedicht unter Umständen zu einem Monstrum. Sie tragen aber ebenso zur Anämie eines Gedichtes bei.«
Man muß solche eingehende Beschäftigung mit der Bild-Behandlung im Zusammenhang von Krolows eigener Positions-Entwicklung und seinen verschiedenen Begegnungen mit französischer und spanischer Lyrik des Jahrhunderts, überhaupt mit dem poetischen Surrealismus des Westens sehen. Krolow hat – wie man sagt – eine Verbindung zwischen Naturlyrik und Surrealismus herzustellen versucht. Er hat damit gleichzeitig die Entfernung von seinen Anfängen eingeleitet und eine Fortentwicklung

von seiner Ausgangsstellung vollzogen, die mindestens so deutlich wird wie bei dem späteren Eich. Doch während sich Eich inkrustiert und bis zur Einsilbigkeit lakonisiert, dabei eine störrisch-schweigsame Tonart des Abwinkens vollzieht, versucht Krolow dieses »Offenhalten« des Gedichts auf seine Weise beizubehalten. Es wird dadurch in Bewegung gehalten. Die Flexibilität bleibt groß.
Krolow hat sich bei seinem Umgang mit den Franzosen und Spaniern bei diesen jeweils an die Praktiker, die Flexiblen, nicht an die Theoretiker gehalten. Mit anderen Worten: ihn hat nicht so sehr Bretons Erörterung der Methode des Surrealismus als vielmehr die verschiedenen Möglichkeiten seiner Anwendung gefesselt. So jedenfalls ist seine Auseinandersetzung (zum Teil durch Übersetzen der Autoren) mit Erscheinungen wie Apollinaire, Éluard, Supervielle, Michaux oder Jean Follain im Französischen, mit García Lorca, mehr noch mit Rafael Alberti und Jorge Guillén im spanischen Bereich zu verstehen. Er bevorzugt bei solcher Auseinandersetzung die Texte, die seinen Vorstellungen von »intellektueller Heiterkeit«, einer gewissen, klar gruppierten Mathematizität, einer erkennbaren, profilleichten, umrißdurchlässigen »Ordnung« entsprechen, wie man sie besonders bei Gedichten der Spanier Alberti und Guillén findet. Ein Gedicht wie *Orte der Geometrie*, bereits aus dem Jahre 1953, mag das verdeutlichen:

Orte der Geometrie:
Einzelne Pappel, Platane.
Und dahinter die Luft,
Schiffbar mit heiterem Kahne.
....
Alles wird faßlich und Form:
Kurve des Flusses, Konturen
Flüchtender Vögel im Laub,
Diesige Hitze-Spuren,

Mundvoll Wind und Gefühl
Für blaue Blitze, die trafen
Körperschatten, die sanft
Schwankten wie Segel vorm Hafen.

Man mag bei solchen »geometrischen« Orten einen Augenblick an Eichs »Trigonometrischen Punkt« aus seinem Gedicht *Der große Lübbe-See* denken. Doch ist solche punkthafte Fixierung bei Eich als »Abmessung im Nichts« verstanden, als »Beginn der Einsamkeit«, als eher schwermütige Verfestigung einer Orientierung momentanen Charakters »in der unbekannten Fläche der Wirklichkeit« (Otto Knörrich). Krolow befestigt seine eigene literarische Leichtigkeit, das Hell-Maritime, das Nautische, das er eine Zeitlang stofflich wie »gewichtsmäßig« bevorzugt, in dem konturenscharfen Landschaftertum des zitierten frühen Gedichts. Das »Faßliche«, nicht das Rätselhafte wird von ihm aufgesucht und mitgeteilt.
Damit ist möglicherweise frühzeitig ein Weg angedeutet, den seine Lyrik in den sechziger Jahren nimmt, eine Schreibweise, die Hugo Friedrich im Nachwort zu den *Ausgewählten Gedichten* (1963) als eine »Lyrik nicht des Fühlens, sondern des imaginierenden Auges, des kombinierenden Erfindens aus den Einfällen der Sprache« verstanden hat. Friedrich hat auch auf die »strukturelle Faßlichkeit der reinen Formen«

bei ihm verwiesen, wenn er formuliert: »Die Annäherung von poetischem und mathematischem Sehen, die eine alte und mächtige, zeitweise unterbrochene, im neunzehnten Jahrhundert wieder aufgenommene Überlieferung hat, ist ein Symptom modernen Dichtens geblieben. Krolow teilt sie mit Baudelaire, Mallarmé, Guillén.« Der Weg auf das Faßliche hin wird in Krolows späteren Bänden, wenigstens seit den *Alltäglichen Gedichten* (1968) und vollends mit den Bänden *Nichts weiter als Leben* (1970) und *Zeitversehen* (1972), konsequent fortgesetzt. Im Gegensatz zu zwei vorher erschienenen Büchern (*Unsichtbare Hände*, 1962, *Landschaften für mich*, 1966), die nochmals Natur- und Landschaftsstoff in zum Teil ironischer Verschränkung und spielerischer Verfremdung aufgreifen, wird in zunehmendem Maße dieses Faßliche im Alltäglichen, im Banalen, in der Gegenständlichkeit des Privaten, Subjektiven aufgesucht. Krolows Subjektivität gerät damit zunehmend – anders als Eichs Erstarrungs-Prozeß – in einen Gegensatz zu der immer mehr auf »Öffentlichkeit« drängenden, sich rasch und gründlich politisierenden Lyrik der zweiten Hälfte der sechziger und der beginnenden siebziger Jahre. Auch dieses Beharren auf das ihm Verbliebene ist nicht ohne Eigensinn, ohne Verkrampfung. Andererseits ist das »alles möglichst einfach« Gesagte doch, in seiner scheinbaren Subjektivität oder seinem skurrilen und lakonischen Gewährenlassen, etwas anders zu verstehen denn als Indifferenz oder Eskapismus. So hat ein Kritiker vom »unterirdischen Beben der Geschichte im Intimen« sprechen können und davon, daß hier versucht worden sei, »sozusagen den welthistorischen Stand an irgendeinem banalen Mittwoch zu registrieren«.

Das alles geschieht bei »formalem understatement«, das bis zur Vernachlässigung von Form getrieben wird, unter Benutzung eines formelhaften, Redewendungen aufgreifenden, »abgeflachten«, un-lyrischen Vokabulars. Gelegentlich wird aus ihm eine Art Vor-sich-Hinsprechen, das wie mit reduzierter Aufmerksamkeit notiert erscheint:

> Alles ist hinreichend beschrieben –
> wie es anfängt und weitergeht,
> übrig bleibt
> die verbrauchte Landschaft,
> Einverständnis, Empfindungen,
> guter Rat, zu teuer
> für den, der ihn ausführt.
> Alles bleibt genügend bekannt.
> Ein gesundes Bild
> ergibt sich nicht, das man
> aus Papier schneidet
> und an die Wand heftet.

Krolows Versuch, seine eigene literarische Herkunft und sich verfestigende Position dadurch beweglich zu halten, daß er nicht nur das Gedicht als Einzeltext »offen«, durchlässig bleiben läßt, faßlich, schließlich »einfach«, sondern im Laufe der Jahre verschiedene für dieses Gedicht möglich werdende Artikulierungsmöglichkeiten – wie den Surrealismus, die Tendenz zum Lakonischen, schließlich die Tendenz zur wieder größeren Gegenständlichkeit – aufgreift, haben ihn in die Rolle eines Vermittlers gebracht. Man hat davon gesprochen, daß man seine Arbeiten »im Schnittpunkt der Richtungen« (Knörrich) zu sehen habe. Auf diese Weise hat er bei einzelnen, jüngeren Autoren Anregungen hinterlassen, die diese aufgefangen und den eigenen Bemühungen anverwandelt haben. So kann man, wenigstens anfangs, von Krolow-»Varianten« in Gedichten Heinz Pionteks oder von Walter Helmut Fritz reden, um die Namen zweier bekannter und selbständiger Lyriker zu nennen, die man noch in Verbindung mit der weiteren Entwicklung des deutschen Natur- und Landschaftsgedichtes während des ersten Jahrzehnts nach 1945 bringen kann. – Der Einflußbereich, die breite »Streuung« der Wirkungen des Naturgedichts lassen sich in den Anfängen solch unterschiedlicher literarischer Temperamente wie Walter Höllerer und Peter Jokostra, Günter Seuren oder Dieter Hoffmann und Hans Jürgen Heise bemerken. Auch Peter Rühmkorfs aggressiver Bänkelsang hat – noch dort, wo er Naturlyrik parodierend imitiert – deutliche Übernahmen aus dem Sprechbereich dieser Lyrik zu verzeichnen, wie er übrigens – dank seiner bewußt verwendeten imitatorischen Fertigkeit – gleichfalls Gottfried Benns Spätdichtung, vor allem rhythmisch, leicht parodistisch behandelt, in der Art einer Echowirkung und auf dem Glacis der literarischen Persiflage weiterleitet.

Heinz Piontek

Bei Krolow fassen sich die verschiedenen Ausprägungen des Naturgedichts, nach und nach, als Summe zusammen: das Element des Magischen, Mythischen, Chthonischen, aber auch Liquidität, umrißklare Aufhellung, schließlich ironisch-spielerische Pointe, ein Auf-Distanz-Gehen, das nach Entfernung aussieht, ohne solche Entfernungen wirklich zu realisieren. Der bildhaft »aufgeladene« Gedichttext steht neben dem linearen, bildarmen, der Chiffrentext neben der Textur, die mit »Jargon«, mit Redewendungen, einer Art »basic German« arbeitet. Heinz Piontek (* 1925), zehn Jahre jünger als Krolow, ist doch fast gleichzeitig mit ihm seinerzeit bekannt geworden. Der erste Gedichtband *Die Furt* kommt 1952 heraus, 1953 bereits der zweite Band *Die Rauchfahne*. Ein dritter Band, *Wassermarken*, liegt 1957 vor. Mit dem vierten *Mit einer Kranichfeder* (1962) ist die Frühphase der Piontekschen Lyrik (und damit konsequenter Naturlyrik) abgeschlossen.
Karl Alfred Wolken hat in Hinblick auf Pionteks Verse festgestellt: »Früh bekam er zwischen Krolow und Eich seinen eigenen Platz angewiesen und behauptete sich zwischen der graziös ironischen Artistik des einen wie der melancholisch verrätselten, aber sarkastischen Poesie des anderen mit aller Deutlichkeit.« Piontek selber hat seine literarischen Absichten in dem 1959 erschienenen Essayband *Buchstab Zauberstab* bekannt, so etwa, wenn er, wie Krolow, von dem ihm notwendig erscheinenden »offenen, mitteilsamen, durchscheinenden Gedicht« spricht und bemerkt, daß er mehr als Schönheit und Leichtigkeit der Formulierung »die sparsame, unaufdringliche Geste, das Bündige, und das Lakonische, die bildliche Klarheit« schätze. Das geschieht zu einer Zeit, als sich diese Wendung im kompakt gewordenen magischen Naturchiffren-Gedicht als eine Erleichterung abzuzeichnen beginnt. Piontek fügt in solchem Zusammenhang hinzu, daß er »Dunkelheiten« nur einem bestimmten literarischen Typus zubillige (»dem heimgesuchten, geschlagenen Dichter«). Gegenüber der Naturlyrik und damit gegenüber der eigenen, anfangs eingenommenen Position hat er Einschränkungen: »Aber auch die sogenannte Naturlyrik ist, streng genommen, nicht mehr entwicklungsfähig. In dieser Perspektive ist sie zarter und verhaltener Abgesang.«
Die Spannung, in der in Pionteks theoretischen Äußerungen und in seiner literarischen

Praxis vieles belassen ist – eine Grundgegebenheit seines Wesens – kommt im folgenden zum Ausdruck: »Was ich von mir verlange, ist die stabile und unmittelbare Verlautbarung, die gelegentlich selbst vor der Wiederholung alter, verbreiteter Einsichten nicht zurückschreckt. Das Bewußtsein des Menschen drängt ja nicht bloß auf Erweiterung und Bereicherung, es verlangt auch nach Bewahrung, worunter ich

ein unablässiges Aneignen, Wiedererwerben und Verteidigen vorhandener Erkenntnis verstehe: eine streitbare, gegen das Vergessen gerichtete Aktion.« Ohne Zweifel ist in Heinz Pionteks Naturell etwas Konservatives versteckt, das sich merkwürdigerweise eher in der theoretischen Äußerung als in der Praxis zu erkennen gibt. Das »Stabile« ist – von den frühesten Versen abgesehen – in seiner Lyrik keineswegs so selbstverständlich, wie man vermuten könnte. Der verwischte Kontur war *vor* dem Bedürfnis nach Klarheit und Konturenhaftigkeit im Einzelgedicht bei ihm vorhanden, das Etüdenhafte, das Impressionable, wenn schon nicht das Spielerische, das ihm weniger liegt.

Auch als reiner Naturlyriker ist Piontek keiner von denen, die den Menschen im Gedicht aussparen oder gar nicht erst zulassen. Das scheint selbstverständlich bei jemandem, für den das Gedicht ein »Ort der Verständigung« sein soll. Seine »Erzählgedichte« (Piontek hat eine Sammlung deutscher Erzählgedichte herausgegeben) sind seine »Romanzen«, die das erzählerische, ereignishafte Element als Mittel eines lyri-

schen Ablaufs innerhalb eines – unter Umständen knappen – Gedichttextes verwenden. Während in den ersten drei Gedichtbänden – nach Art des naturmagischen Kanons – noch die Naturszenerie mit ihren Einzelheiten als zugleich nah, vertraut und befremdlich, grundunheimlich zur Darstellung kommt, noch Stilisierung als Beschwörung im Sinne des »magischen Realismus der modernen Naturlyrik« (Knörrich) vorgenommen wird, ändert sich das Vorgehen und Darstellen später.
Die folgenden Bücher, *Klartext* (1966) und *Tot oder lebendig* (1971), bringen mehr als die vorangegangenen die »Offenheit« seiner Arbeit für Entwicklung zutage, das von ihm geforderte Bündige, Klare. Eine übertriebene Bildfreudigkeit wird man auch den früheren Gedichten nicht leicht nachsagen können. In Pionteks beiden letzten Versbänden ist jedenfalls jede Bildbehandlung außerordentlich ökonomisiert, ohne daß man das Gefühl von Anstrengung haben müßte, die eine solche Ökonomisierung bewirkte. Es ist vielmehr ein von langer Hand – und zunächst durchaus theoretisch – vorbereiteter literarischer Prozeß, der nun augenfällig geworden ist. *Klartext* – schon der Buchtitel verrät einiges – zeigt, daß sich Gedichte in sich verfestigen, konkurrieren können (es gibt keine »Impressionen« und keine Verwischungen mehr) und dabei immer noch genug Durchlässigkeits-Charakter haben, so daß nichts strapaziert wird. Mit der Zurückdrängung des Bildes setzt sich bei Piontek vielmehr etwas durch, das weniger auf Lakonismus als auf eine leuchtende Einfachheit hinausläuft. Man spürt jedenfalls hier nicht das leicht Mürrische am lyrischen Lakonismus der Gegenwart (wie es besonders bei Eich dazuzugehören scheint). Von derartigem unterschwelligem Mißvergnügen ist bei Piontek nichts wahrzunehmen. Pionteks Einfachheit ist freilich eine reflektierte Einfachheit, sosehr – auf den ersten Blick – Reflektion im Gedicht dieses Autors Sache nicht zu sein scheint (Otto Knörrich hat darauf hingewiesen). Eine Einfachheit, die nichts mit Naivität zu tun hat, weil sie sich stets ihrer bewußt bleibt und dieses Bewußtsein auch ausspricht, wie die von Piontek erwünschte Leichtigkeit. (»Meine Sprache hat keine Balken«, heißt es im Gedicht *Gipfelluft*.)
Diese knappen, federnden, gelösten Verse, die sich gelegentlich zu »Parolen« zusammenziehen, zu poetischen Pointen, sind aufgehellter als früher, wo es solche Aufhellungen gleichfalls gibt, die dann aber durchweg vom Motiv mitbestimmt sind, etwa bei der Wiedergabe südlicher, mediterraner Landschaften. Nun muß der Stoff, der literarische Gegenstand, der Klarheit, der scharfen Fixierung nicht mehr zu Hilfe kommen. Sie wird von sich selber legitimiert, wie beispielsweise in folgenden Zeilen (aus dem Gedicht *Nachschrift*):

Jetzt müssen wir daran glauben:
Neu wird alles durch das Wasser,
das Wort im Wasser.
Die Botschaft und
die Sprache, die ich
in leuchtenden Brocken wiederfinde.

Wiedergefundene, von solcher Helligkeit gewissermaßen erfrischte Sprache ist die Folge, hat Teil an Pionteks Positionsbefestigung, die auch sein letzter Band *Tot oder lebendig* (1971) aufweist. In ihm findet sich das *Riederauer Gedicht* zweifellos als ein Höhepunkt dessen, was für den Autor jetzt ausgedrückt werden kann. Es handelt sich um ein Stück Existenzbefragung, bei der der Ton großer Elegie, altersloser Selbstbefragung aufgenommen ist und doch gleichzeitig – bei diesem existentiellen Fazit-

Ziehen – auf eine ruhige, wenn auch gewiß nicht kühle Weise solcher Vorgang literarisch »registriert« wird. Hier spricht jemand, der sich nichts vormachen möchte, der Erfahrungen hat und sie in die Selbstbefragung einbezieht und dabei seine Möglichkeiten und Kräfte nicht schont:

Ja, wäre ich der, der ich bin.
Doch es wird bei Worten bleiben und dem elenden
Schattenriß, wenn ich mich umdrehe.

Vorläufig muß ich mich auf diese sterblichen Knochen
stützen, die sich immer rascher abnutzen
von der Unruhe,
der Hartnäckigkeit der Unruhe,

weiter ein Stützpunkt sein zwischen Sonne und Mond
für ein kleines Zentrum sterblicher Gedanken

Das ist gewiß nicht tonlos, aber redlich, nüchtern gefragt und festgestellt, was sich »auf dem Boden der Sprache«, des Gedichts noch vollziehen kann: Freispruch und Wendung. Die Formulierung vom Ausspähen zum Schluß der zyklenähnlichen Textur ist weit mehr als eine literarische Geste und schon gar kein ambitiöses »Figur-Machen«. Sie ist Ausdruck für ein In-Unruhe-Gehalten-Werden, das auch für einen Autor wie Piontek Ausdruck für produktive Offenheit ist. Er versteht das Weiterschreiben von Gedichten – während das Gedicht in seiner Entwicklung bei uns, Ende der sechziger Jahre in eine Krise geraten scheint – als fortwährende »Vergewisserung« und als »wieder holen« oder, wie das sehr lineare, einfache, aussparende Gedicht *Schreiben* es formuliert:

Gedachte Linien:
Flugschneisen.

Wörter als Leitton
in der Ohrmuschel.

Möglichkeiten,
die Häfen zu erreichen.

Man setzt sein Leben
aufs Spiel.

Es gehört – schon das frühe poetologische Zitat macht dies deutlich – zum Wesen der Arbeiten dieses Lyrikers, daß sie einbeziehen, wiederholen, aufgreifen, fortführen, variieren, nuancieren, ohne ins Repetieren zu geraten, in die Monotonie solcher Übung. Indem Heinz Pionteks Gedichte so verfahren, stellen sie sich dem literarischen Zusammenhang, der Tradition, ohne »traditionalistisch« zu verfahren. Auch für ihn, der »Bescheid weiß«, heißt es vielmehr: »Wörter. Bis zum Hals in Wörtern.« Und: »Wörter wie Münchhausens Haare.« Es sind Parolen eines »Und doch ... und doch«. Mögliche Notstandsparolen und jedenfalls einer Situation entsprechend, die längst kein Schweigen und Verstummen mehr zuläßt, die vielmehr zum Aussprechen herausfordert, zum unablässigen Aufsuchen und Befragen einer Verbalität, die sich im Gedicht verlautbart. Hartnäckigkeit gehört dazu, und Autoren wie Piontek haben sie bewiesen in ihrer Unbeirrbarkeit, angesichts gewisser Zerfalls-Symptome von Lyrik, von denen noch zu sprechen sein wird.

Daß eine so in sich differenzierte, Schwankungen und Verirrungen ausgesetzte literarische Strömung wie die deutsche Naturlyrik ihre Mitläufer hat, muß nicht erwähnt werden. Die »Second-hand«-Autoren gehören dabei durchaus in den Bereich der Berücksichtigung, auch wenn sie einzeln uninteressant bleiben. Sie sind in jedem Fall ein Stück Literaturphänomenologie, indem sich in ihnen Abarten und Unarten von Tendenzen ausbilden, und zwar derart, daß man sie an ihnen gleichsam ungenierter kennenlernen und ablesen kann. Die Natur- und Landschaftslyrik hat dieses »mittlere Feld« von Begabungen genauso bei sich unterbringen müssen, wie es ein Jahrzehnt später die politisch Engagierten nach Enzensberger mit den vielen Brecht-Imitatoren und »Second-hand«-Schreibern tun müssen. Es sind diejenigen, die den Vertretern absolut genommener Landschaft die Öde, die Verlassenheit solcher autonom vegetativer Szenerie haben zum Bewußtsein bringen müssen, wie den nachfolgenden deutschen Surrealisten ihren Bildermißbrauch. Im Zerrspiegel derer, die in der Literatur auftauchen, um wieder zu verschwinden, ist Literaturgeschichte ebenso ablesbar wie in ihren anerkannten Wortführern.

In der Nähe des frühen Piontek kann man das sehen, was KARL ALFRED WOLKEN (* 1929) mit seinen drei Bänden, *Halblaute Einfahrt* (1960), *Wortwechsel* (1964) und *Klare Verhältnisse* (1968), vorgelegt hat. Eine vitale Handschrift, ein Zupacken und Zur-Sache-Kommen – sonst etwas, das bei der so oft kompliziert angelegten Naturlyrik selten anzutreffen ist – zeichnet seine Verse aus. »Je irdischer desto besser«, heißt eine Zeile dieser immer sinnlich organisierten, reflexhaften, spontanen Gedichte, die sich freilich zuweilen etwas forciert nüchtern geben (»ernüchtert bis in die Knochen, / leiser Bescheid zu wissen« oder »Die Welt ist ein beinharter, steinharter / Abgrund, in dem ich / die Notdurft des Lebens / nüchtern verrichte«). Wolken zielt im Text manchmal auf Anekdote, auf Kürzest-Geschichte, auf Vorgang jedenfalls. Zuweilen steht er in einer Art gereiztem Wortwechsel mit Landschaft und Jahreszeiten (»Ein Geruch von verwilderter Luft / um einen klaren Kopf«). Der forsche, griffige Ton täuscht allerdings nicht über die Empfindlichkeit von Wolkens sinnlichem Wahrnehmungsvermögen hinweg, wenn auch die bloße Schwebung, Grazie (einschließlich der graziösen Verrenkung) nicht Absicht dessen ist, was er im Gedicht vorführen will. Das Hand- und Sinnfeste dominiert, oder, mit dem Autor gesprochen: »Meine Fantasie ist besser / in fast allen Dingen.« Wolkens Phantasie bedarf der Gegenständlichkeit, der Dinge, um sie zu ergänzen, um sie – mittels Imagination – zu eskamotieren. Bei diesem Lyriker wird nichts vorgegaukelt, nichts verflüchtigt oder verwischt, sondern in seinem irdischen Bestand gelassen.

Einer Zwischengeneration von Autoren, die im Umkreis der Naturlyrik, wenigstens partiell, zu suchen sind, gehören Wolfgang Bächler und Peter Jokostra an. Dieser ist älter als Piontek und Wolken, etwa gleichaltrig mit Krolow. WOLFGANG BÄCHLER (* 1925) ist bald nach dem Kriege mit Versen bekannt geworden und hat die Bände *Tangenten am Traumkreis* (1950), *Die Zisterne* (1950) sowie *Lichtwechsel* und *Türklingel* (1962) publiziert. Benn hat ihn gelobt. Eich und Huchel kann man da und dort heraushören. Der dumpfe, magische Ton, ein nominierender, schwelgerischer, zuweilen aufgeblähter Detaillismus macht den Zugang zu seinen Versen nicht immer leicht. Das Deskriptive bleibt vorherrschend, wie man wiederum in dem 1963 erschienenen Band *Türen aus Rauch* feststellen kann. Die etwas verquollene Bildwelt führt gelegentlich zu einer dumpfen Faszination, wie man sie plötzlich in seinem Gedicht *Die treibenden Blätter* empfindet. Es beginnt:

> Wieviele Tote aus wievielen Jahren sind in diesem Baum gewachsen?
> Wessen Leiber gaben ihm die Kraft, seine Kuppel über sie zu wölben?
> dieses Astwerk aufzubauen, in den Himmel zu verzweigen?
> Seine Schatten werfen Barken über unseren Balkon.
> Abends gleiten sie ins Zimmer. Körperlose Arme laden
> dunkle Frachten auf den Boden, streun sie über Tisch und Stühle.
> Hände greifen nach den Resten, die vom Abendmahl geblieben,
> streifen über weißes Brot, tauchen in den roten Wein ...

Was Bächler hier erreicht, ist dumpfe Betroffenheit. Heftiger, tropischer gewissermaßen ist der Effekt, der von der metaphernreichen, Bobrowski verwandten Lyrik PETER JOKOSTRAS (*1912) – *An der besonnten Mauer*, 1958, *Magische Straße*, 1960, *Hinab zu den Sternen*, 1961 – ausgeht. Eine anhaltende Bewegung liegt über seinen Arbeiten, anhaltende Anstrengung des Ausdrucks, Gestik, die auffordert und herausfordert, metaphorische Provokation. Das ist im besonderen Maße für den Band *Die gewendete Haut* (1967) charakteristisch. Die provokante, »stellungnehmende« Metaphorik ist eine Vorform oder doch eine Variante surrealistischer Bildbehandlung. Das Kristalline, das BOBROWSKI in der Bildersprache dieses Lyrikers entdeckt zu haben glaubt, scheint wenig zutreffend. Dazu ist die magische, die mystisch-entrückte Komponente zu stark ausgebildet, das, was das Einzelbild mitreißt und in ein kaleidoskopähnliches Geflimmer stellt. Die starke Landschafts-Intensität darf nicht auf Kosten von etwas anderem gesehen werden: der moralischen Kraft, die Jokostra in seinen Arbeiten aufbietet. Diese Moralität seiner Verse ist es wohl auch, die diese bildprovokant werden läßt.

Randerscheinungen des Natur- und Landschaftsgedichts

Die Grenzen zum Komplex Naturlyrik – in der Überschau zweier Jahrzehnte – sind stark fließend. Das Natur- und Landschaftsgedicht zwischen 1945 und 1955 ufert vielmehr stark aus, erfaßt noch Autoren, die man schwerlich mit ihm auf einen Nenner bringen kann (Höllerer ist dafür ein Beispiel. Allenfalls einzelne brittingnahe Gedichte des Erstlings *Der andere Gast*, 1952, können hier herangezogen werden). In solcher vorbehaltlicher Beziehung stehen Gedichte KARL SCHWEDHELMS (*1915; *Fährte der Fische*, 1955). Die genrebildhafte Zartheit seiner naturmythischen Arbeiten verrät jedenfalls Influenz, andererseits ist ihre große vokabuläre Zurückhaltung so geartet, daß man seine Verse nicht in einer bestimmten Richtung festlegen kann. Sie entziehen sich dem poetischen Koordinatensystem, in dem man sie unterbringen möchte.
Das gilt auch für die Gedichte HANS BENDERS (*1919; *Fremde soll vorüber sein*, 1949; *Lyrische Biographie*, 1957), der in seinen maßvollen, männlich-zarten Strophen stark persönlichen, biographischen Gepräges (Kriegsgefangenschaft, Heimkehr, Fremde, Landschaft der Heimat im Südwesten Deutschlands) die Natureinwirkung auf den Lebens-Zustand des einzelnen nur bedingt erkennen läßt. Die menschliche Beziehung (Freundschaft, Liebe) wird im Grunde bei Bender stärker angesprochen als das Land-

schaftserlebnis, in das derartige Beziehung zuweilen gebettet wird. Ein bekanntes Gedicht dieses Autors (*Gemeinsam*) macht dies deutlich:

Das Messer teilt unser Brot
in gleiche Stücke.
Wo deine Lippen am Glas lagen,
trink ich den zweiten Schluck.
Geh in meinen Schuhen!
Wenn der Winter kommt,
wärmt mich dein Mantel.
Wir weinen aus einem Auge,
schließen am Abend die Tür,
allein zu sein. Im Schlaf
greifen deine Träume in meine.

Bei ALBERT ARNOLD SCHOLL (*1926; *Die gläserne Stadt*, 1952; *Keiner zu Hause*, 1960) ist von vornherein mehr Zivilisationslandschaft, städtische Landschaft samt den zu ihr gehörigen Menschen aufgeboten, als daß man bei ihm von »Natur« im Verstande der neuen Naturlyrik jener Jahre sprechen könnte. – Im Ansatz interessanter ist GÜNTER SEURENS (*1932) zuweilen ironisch überpointierte, schnappschußhaft gesehene lyrische Landschafterei. Er ist jemand, der bereits bewußt mit Landschaft hantiert, der sie für Späße und Einfälle und hintergründige melancholische Komik verwendet, wie das in seinem Band *Winterklavier für Hunde* (1961) geschehen ist. Für Seuren, den späteren Prosaschreiber und Filmemacher, ist das Gedicht freilich lediglich Durchgang gewesen. Aber diese lyrischen »Einblendungen« sind, wenn auch manchmal etwas gefällig-manieriert, doch in ihrem Mutwillen und leicht dekorativen Gehabe auf aparte Weise reizvoll. Seuren sagt: »Zwischen dem, was war, und dem, was ist, liegt der Stoff für Chimärisches, die erkaltete Fabel ebenso wie die Absurdität und die Krise.« Das Absurde, Überspannte, Hanebüchene bleibt dabei dominierend, wie etwa in *lokales*:

Klappern in den Taschen
gemalter Figuren beginnen
zu schlagen, leise huscht
die Dame mit dem rosa Kartenspiel,
die Dame der Vögel vorüber.
Der eiserne General im Park
überhört die Kastanien,
die auf seiner Uniform zerplatzen.
Die alten Käfer sind auf ihre Rücken gefallen.

Vielleicht kann man in die Nähe Seurens einen Lyriker wie DIETER HOFFMANN (*1934) stellen. Seine verschiedenen Gedichtbände, so *Gedichte* (1953), *Eros im Steinlaub* (1961), *Ziselierte Blutbahn* (1964), das von Antes illustrierte *Stierstädter Gartenbuch* (1965) und neuerdings *Veduten* (1969) haben ebenso kapriziös-»ziselierte« Tönung wie malerische Lebhaftigkeit. Hoffmanns Beziehung zur bildenden Kunst wird in seinen vielen genauen Landschaftsgedichten evident. Seine Landschaft ist übrigens stets genau bestimmbare Landschaft, die er vorher aufgesucht, gleichsam besichtigt hat, ehe er sie in seinen Gedichten wiedererscheinen läßt. Er ist nicht für den »erfundenen«, imaginierten Landschafts-Prospekt, sondern für die wiedererkennbare

Szenerie. Hoffmann hat einmal festgestellt: »Gesetze der Malerei lassen sich auch auf die Lyrik anwenden, etwa die Simultanität der Farben und Formen oder das Verhältnis von Intensität und Quantität. Eine reine Entsprechung von Vokal und Farbe gibt es nicht.« Dem Begriff der Vedute als des Bildes einer Stadt oder Landschaft, das die Eigenart der Lokalität möglichst genau wiedergibt, haftet etwas malerisch Altmodisches an. Solche Veduten hat Hoffmann im gleichnamigen Versband ins Gedicht überführt, zuweilen in ironischer Verkleidung, zuweilen in spielerisch anmutender Sorgfalt. Es sind Städte- und Schloßansichten, die man als »veristische Idyllen« klassifiziert hat. Daran ist etwas Richtiges. Denn die gewissermaßen »gestochen scharfe« Nahaufnahme, die Dieter Hoffmann bevorzugt und die bei aller »Wahrheitstreue« doch knapp, witzig, aufleuchtend gefaßt ist, die lyrische Konterfei-Kunst, versteht das notwendig Charakteristische hervorzuheben. Die ornamentale, verschnörkelte, die Gegenstände unmerklich verschiebende Grazie, das Bewegliche und Luftige ist das Element dieses Autors. Auf diese Weise entstehen wunderlich schöne Verbindungen: Keckheit und Sanftmut geben sich in seinen Gedichten ein verschmitztes Stelldichein. Das hört sich wie ein unablässiges Scherzo an. Ein amüsantes Ensemble taucht in Hoffmannschen Zeilen auf: alte Parke, aber auch eine Montgolfiere und Beethovens Speisezettel. Im peniblen Repertoire des »Porträtisten« Hoffmann scheint alles zugelassen, was requisitären Reiz, historisches Naturell hat, das sich in der Gegenwart zierlich restituiert findet. Sein *Empire-Herbst* möge für diese Spielart des Landschaftsgedichtes stehen:

Die Hellebarden der Platanenblätter
schlugen die letzte Sonnenschlacht.
O gelbe Chronos-Grube –
der tiefe Nachmittag:
das Ebenholz
des Herbstes wird versenkt.
Die Chrysanthemenpagen
sind bleich vor Onanie.
Dahlien verkohlen
wie Blut und Papier.
Eros
nistet im Steinlaub.

Das Ausmaß der Wirkung des Natur- und Landschaftsgedichts der ersten zehn Jahre nach 1945 ist heute noch nicht zu erfassen, weil bei vielen Lyrikern das Naturgedicht als Startposition gegeben ist, die rasch wieder verlassen wird. Aber daß das Debüt im Schatten der neuen Naturlyrik stattfand, wird bei vielen nicht zu leugnen sein. Autoren wie CARL GUESMER (* 1929; *Frühling des Augenblicks*, 1954; *Ereignis und Einsamkeit*, 1955; *Alltag in Zirrusschrift*, 1960; *Dächerherbst*, 1970) sind dagegen das geblieben, was sie von Anfang an waren: Landschafts-Idylliker, mit der Mimikry derartiger Idylle, einer Vorliebe für Abseitigkeit, Stille und versponnene Jahreszeit. Sie vermitteln eine etwas vordergründig und pauschal verstandene Natur.

Beweglicher, teilnehmender gegenüber der Landschaft und den Menschen in ihrem Landschaftsmilieu sind viele Gedichte HANS PETER KELLERS (* 1915), der einmal mit einer *Magischen Landschaft* (1944) begann. Später erweitert sich Thematik und Gegenstand, verknappt sich, intensiviert sich damit, hat eine gewisse Sprunghaftigkeit

(*Die wankende Stunde*, *Die nackten Fenster*, 1960; *Auch Gold rostet*, 1962; *Grundwasser*, 1965), ist aber auch von einer hinhaltend schwebenden, verdeckten Trauer erfüllt. Die formelhafte Verkürzung, die schnelle Fixierung eines »angerissenen« Bildes werden in zunehmendem Maße in diesem vielseitigen Naturell nachweislich. Keller hat anläßlich der Interpretation eines eigenen Gedichts (*Aber das Warten* in *Doppelinterpretationen*, 1966) festgestellt, daß Witz »auf seinem schwermütigen Grund« jenes Element bereit halte, »wodurch wir allein zu atmen vermögen: die Illusion«. Und er spricht in solchem Zusammenhang davon, daß »jeder Moment eine Silbe meiner Biographie« setze, ein Spiegellicht für sein Dasein anstecke, ein Dasein, das erst in der Reflexion zu sich komme. Die Feststellung geht hier über den bestimmten Anlaß hinaus und gilt allgemein für das, was Keller mit seinen oft so »momentan« wirkenden Gedichten beabsichtigt.

Die Einwirkungen des Landschaftsgedichts reichen bis in Verse von RUDOLF HARTUNG (*1914; *Vor grünen Kulissen*, 1959) und bis in die bemerkenswerten Versuche eines Außenseiters wie ERICH JANSEN (1897–1968), eines schreibenden Apothekers, der mit den Bänden *Aus den Briefen eines Königs* (1963) und *Die gezeigten Zimmer* (1968) späte Aufmerksamkeit erregt. Jansens Gedichte bringen phantastische Erinnerungslandschaften surreal zur Geltung. Es sind zugleich präzis regionalisierte und entrückte Traumbereiche, die das Gedächtnis reproduziert:

Es ist Mittag,
jemand setzt sich oben im Hause ans Klavier:
Kälteschauer
veilchenfarben,
die fremde Stadt.
Über der Rezeptur
Der trockene Dampf der Magnesia usta.
Es ist Mittag.

Natur – auf eine spröde, sparsame, konzise Weise mitgeteilt – ist schließlich auch in Gedichten MARGOT SCHARPENBERGS (*1924) früh anwesend, ehe sie sich in der Abstraktion, die jüngere Gedichte annehmen, so gut wie völlig aus ihren Arbeiten zurückzieht (*Gefährliche Übung*, 1957; *Spiegelschriften*, 1961).

Hans Jürgen Heise und Walter Helmut Fritz

Man wird den weiten Einflußbereich des Naturgedichts nicht verlassen können, ohne die Namen zweier wichtiger jüngerer Lyriker zu nennen: HANS JÜRGEN HEISE (*1930) und WALTER HELMUT FRITZ (*1929). Es wird ohnehin im Verlauf dieser Darstellung auf die Influenz des sich politisierenden Naturgedichts bei WERNER RIEGEL und PETER RÜHMKORF zurückzukommen sein.

Von HEISE liegen eine Anzahl Bände vor: *Vorboten einer neuen Steppe*, 1961; *Wegloser Traum*, 1964; *Beschlagener Rückspiegel*, 1965; *Worte aus der Zentrifuge*, 1966; dann die entscheidenden späteren Bände *Ein bewohnbares Haus*, 1968, *Küstenwind*, 1969, und schließlich *Uhrenvergleich*, 1971, sowie *Besitzungen in Untersee*, 1973. – Heise hat einmal davon gesprochen, daß es für ihn bei einem neuen Gedicht des notwendigen Stichworts bedürfe. Die Formulierung trifft vorzüglich den Stichwortcharakter, das

Bündige, Einleuchtende seiner fast immer kurzen Texte, die in einer Art Notizenhaftigkeit belassen werden, um desto treffsicherer zu wirken. Das Einzelgedicht erscheint danach wie in einem Atemzug zustande gekommen, wie in einem Zugriff, der freilich so sorgfältig vorbereitet ist, daß aus ihm kein Übergriff wird, dem die für Heise (wie übrigens auch für Fritz) eigentümliche literarische Besonnenheit (die nicht Bedächtigkeit ist) fehlen würde, die ökonomische Anlage und Ausführung, die mit einer Handvoll Wörtern auskommt und nicht eine Vokabel zuviel anbietet.
Heise hat die Absicht ausgesprochen, in seinen Gedichten »die Entwicklung und die Verfeinerung eines kritischen Intensivismus« zu erzielen. Er schreibt dementsprechend: intensiv. Er schreibt nicht: kompakt. Das kristallinisch Klare, Durchscheinende der Erfahrung ist im Brennpunkt des Moments zusammengezogen. Das realisierte Wort blitzt bei ihm gleichsam als Messerklinge. Das Corpus des einzelnen Gedichts ist auf diese Weise zuweilen wie in die Luft gestellt, untergebracht in der ebenso leichten wie nachdrücklichen Sinnhaftigkeit des luftigen Elements. Heises Sensitivität drängt zur poetischen Ellipse. Man darf das nicht als Fragilität mißverstehen. Es kommt vielmehr in vielen Texten zu einer landschaftssinnlichen Konsistenz, einer Haltbarkeit, die das Gegenständliche aufsucht, weil sie seiner bedarf. Die Momentaufnahme als Röntgenbild, das unablässige Abtasten der Möglichkeiten, in Grund und Abgrund des Augenblicks vorzudringen, ist Hans Jürgen Heises literarische Absicht und sein literarisches Thema. Wie bei Fritz besteht seine Aussage zuweilen aus wenigen Worten, ohne daß – wie zuweilen bei Eich – der Eindruck von Unwirschheit, verdrossener Wortkargheit aufkäme. Das elliptoid Pointierte, die Abbreviatur sind seine Stärke, so im Mini-Gedicht *Im Rausch:* »Im Rausch sah er / sein immer noch nüchternes Spiegelbild / Da trank er weiter / trank Wasser.« In solcher Verkürzung wird Illumination am Leben erhalten, mit Hilfe von Kurzformeln poetischer Mitteilung und Verständigung, die Form werden. Solche Bilder stimmen auf schmalem Raum, einem Raum, der vibriert von Intelligenz und Empfindlichkeit, denn Heises Bilder verbrämen nichts, sie decken auf.
Der Titel des Bandes *Uhrenvergleich* (1971) deutet auf Zeitprozeß, Zeitvergang, auf die Arten ihrer Ablesbarkeit hin, auf geschichtliche wie ontologische Zeit, auf das Zusammentreffen der einen mit der anderen, was wiederum jene, gelegentlich mit Paradoxen arbeitenden Verkürzungen hervorruft. Kleine Zeiteinheit als nicht widerrufbare Kürze von Zeitablauf. Von der Zeit als dem »Einfall eines Uhrmachers« ist einmal die Rede, aber auch von den »Echos gewesener Gefühle«, die sich im momentanen Zeit-Erlebnis, das literarisches »Erlebnis« wird, gewissermaßen phänomenologisieren, zu Minuten-Erscheinungen werden, »einen Luftzug lang« (wie eines der Gedichte lautet). Heise hat, wie auch Walter Helmut Fritz, dem Natur- und Situationsgedicht durch seine Kenntnisse außerdeutscher Lyrik (in seinem Falle spanischer, im Fall von Fritz französischer Gegenwartslyrik) neue Kräfte zugeführt. Die Licht-Betroffenheit spanischer Verse (etwa bei Rafael Alberti, bei Jorgen Guillén, auch bei García Lorca), die die Konturen zusammenzieht und sie so überscharf erhält, ist den eigenen Arbeiten zunehmend zugute gekommen. Sie haben nichts vom bloßen Licht-Geflimmer, das zum üblichen impressionistischen Außenwelt-Inventar gehört. Vielmehr festigt sich der elliptoide Charakter durch solche Kenntnis der Spanier und läßt das einzelne, kleine, überaus flüchtig und – wie ich es nannte – echohaft anmutende Gedichtgebilde der letzten Zeit den Reiz des Fast-Nichts auskosten in einer quasi Aufhebung von Reaktion und von Wahrnehmung, so in der kleinen Suite *Er.* Es heißt

in ihr etwa: »Daß aber die Gardine weht ohne eine Spur von Wind / ist die erste der Wahrnehmungen / über die er sich / mit niemandem verständigen kann.«

Die luftige Individualität, die nicht nur in Heises Landschaftsgedichten zum Ausdruck kommt, die faden- und gespinsthafte Verengung des Sprechens im Gedicht, bewegt sich auf einem schmalen Grat zwischen bloß Apartem und Arrangiertem und sehr großer sinnlicher Empfindlichkeit, die sich in kleinsten Vorgängen und Handlungen in Szene setzt. Auch bei Heise kann man – wie bei vielen sich derart zusammendrängenden Gedichten – von einer Lyrik des Reflexes sprechen. Sie ist ebenso bei Fritz, Piontek, gelegentlich bei Eich und bei Krolow zu beobachten. Bereits die Überschriften einzelner Gedichte weisen auf solch Reflexhaftes hin: *Brise*, *Wind*, *Schatten*, *Fast gleichzeitig*, *Echos* usw. Der Reflex, für den die Reflexion noch als Echowirkung vorhanden ist, läßt die typische sparsame Geste zu, wie eine kurze Hantierung, »bricht aus der Rede / einen Schatten heraus« und »Jemand gräbt seinen Schatten um«, wie es im abschließenden Zyklus heißt, der *Uhrenvergleich* den Titel gibt. Der Sinn für »Skizze«, für »Entwurf«, der so stark in dieser hyperlakonischen, dennoch nicht »trocken«, vielmehr plötzlich illuminiert erscheinenden Lyrik ausgebildet ist, ist doch wohl Sinn für etwas, bei dem es nichts mehr durchzuführen und zu Ende zu sagen gibt und bei dem bereits in der Andeutung alles enthalten ist.

In der Nähe solcher Lyrik angesiedelt ist übrigens das in sich gekehrt wirkende, äußerst konzise, sensitiv aufgeladene Werk ANNEMARIE ZORNACKS (* 1932; *mobile*, 1968, *zwei sommer*, 1968, *der steinschläfer*, 1972, und *tagesanfänge*, 1972). Man hat diesen den Gegenständen alle Schwere fortnehmenden Arbeiten eine Konzentration auf die Umwelt nachgesagt, die nie im Privaten steckenbleibe (so HANS DIETER SCHÄFER im Nachwort zu *zwei sommer*) und jenes »Aufleuchten der Verwunderung, die das unaufhörliche Verschwinden der Dinge begleitet« (W. H. Fritz). Einzelnes wirkt bei dieser Lyrikerin (die mit Hans Jürgen Heise verheiratet ist) in seiner Wahrnehmungs-Subtilität fast agraffenhaft.

Recht verstanden, ist auch die Lyrik von WALTER HELMUT FRITZ von jeher »andeutende« Lyrik gewesen. Fritz hat seit dem Erstling des Jahres 1957 (*Achtsam sein*) diese poetische Methode verfolgt, die nicht mit Verschwommenheit verwechselt werden darf, mit Undeutlichkeit, vielmehr etwas mit Diskretion, mit Distanz im literarischen Ausdruck zu tun hat. Der Autor äußert sich selten zu dem, was er schreibt, in Hans Benders Sammlung *Widerspiel* (1962) einmal wie folgt: »Das Gedicht, an das ich denke, wenn ich schreibe: es teilt nicht nur Erfahrung mit, sondern schafft sie vor allem. Es geht einem wie ein Kundschafter auf dem Weg voraus, auf dem man ist. Man kann mit ihm versuchen, ›den Ort und die Formel‹ (ein André-Breton-Zitat) zu finden. Das Gedicht ist karg stilisiert, widerständig, fordert Sparsamkeit im Gebrauch von Metaphern.« Selbst in der poetologischen Formulierung hält sich Fritz außerordentlich zurück. Er sagt fast das Selbstverständliche oder doch das Naheliegende, ehe man merkt, wie sehr es bei ihm an Naturell, an literarisches Temperament, an persönliche Entwicklung gebunden ist und sich primär aus ihr legitimiert in seiner Unauffälligkeit der Diktion.

Walter Helmut Fritz hat in seinen Versen etwas vom antiemotionellen Autor. Er ist einer unserer gelassensten Lyriker überhaupt. Er ist gelassen beteiligt. Von daher kommt die Genauigkeit seiner Anschauungskraft, sein »Aus der Nähe«-Sehen, das Anschauen von Realität, von Wirklichkeit, die sich »desto mehr entzieht, je genauer wir sie beobachten«, wie er festgestellt hat. Ein Interpret hat bei Fritz beobachtet, daß dieser beim »Herausarbeiten des Vordergrundes«, bei der Darstellung von Einzelheit, Gegenstand usw. ein »Wiedergewinnen der Distanz« vollzieht, und Distanz, das heißt eben »Anschaubarkeit« (Wondratschek zu dem Fritz-Gedicht *Früh im Jahr*, in dem Band *Doppelinterpretationen*, 1966). Bedenkt man solchen Befund, bekommt Gelassenheit bei Fritz den Akzent eines Mit-allem-Rechnen-Müssens, einschließlich einer gelassenen Verzweiflung. Nach den Bänden *Bild + Zeichen* (1958), *Veränderte Jahre* (1962) sowie *Treibholz* (1964) kommt 1966 sein prämiierter Band *Die Zuverlässigkeit der Unruhe* heraus, ehe er – mit einem Zwischenraum von sechs Jahren – 1972 *Aus der Nähe* vorlegt. – In der *Zuverlässigkeit der Unruhe* zeigt das überaus karge Titelgedicht die Eigenart dieses Autors, seine Zurückhaltung äußerst weit zu treiben:

Nicht einwilligen
Damit uns Hoffnung bleibt.

Mit den Dämonen
rechnen.

Die Ausdauer bitten,
sie möge mit uns leben.

Die Zuverlässigkeit der Unruhe
nicht vergessen.

Die Bitte um Ausdauer ist charakteristisch für die Wesensart der Fritzschen Lyrik, die in sich viel stille Ausdauer, konsequente Geduld versammelt. Der lakonische Tonfall des zitierten Gedichts darf nicht so verstanden werden, daß hier jemand seinen literarischen Frieden mit dem machen möchte, das ihn möglicherweise erschüttern und widerlegen könnte. Der Lakonismus, der von mir mehrfach zur Sprache gebracht wurde, hat im Gedicht unter anderem eine Kontroll-Aufgabe. Er kontrolliert Lässigkeiten: metaphorische, gedankliche Überreizungen, Exaltationen. Alles hängt miteinander zusammen: das Lakonische mit dem Spröden, dem Kühlen, dem distinguiert Gedanklichen, auch mit einer intellektuellen Zartheit, einer bitteren, fragenden Zartheit, die ihre Fragen gleichsam in die Luft spricht und in der Luft stehenläßt, ihr die Entscheidungen anvertrauend, wie das im Gedicht *Wie ist es möglich zu leben* geschieht:

Wie ist es möglich zu leben
zwischen diesen Gefechten
von Müdigkeit, Aufbegehren und Angst.

Ein Jahr unterhält sich unhörbar
mit dem anderen.

Das Licht bleibt
die verzweifelte Zuversicht des Raums.

Die Lyrik von Walter Helmut Fritz – auch und gerade die Landschafts-, die Naturlyrik, von der er herkommt – ist in ihrer Substanz oft gedanklich vorgefertigte Lyrik. Sie hat zuweilen etwas Unsinnliches oder sinnlich stark Reduziertes. Er hat sich im Landschaftsgedicht von vornherein nie in der Einzelheit verfangen und sein eigenes Gleichgewicht im Gedicht dadurch hergestellt, daß er Naturlyrik (Krolow, Eich) mit französischem Modell (Jean Follain) verband. Die Belastungen, Einseitigkeit der orthodoxen Landschafter (Lehmann, Langgässer) müssen ihm schon deshalb unverständlich gewesen sein, weil sein auf Ausgleich angelegtes Wesen diesem völlig widersprach. So ist das bis in die neuesten Gedichte (*Aus der Nähe*) geblieben: im Liebesgedicht wie im Landschaftstext, in Gedichten, die Menschen und Kunstprodukten, dem mediterranen Süden oder etwa dem Altern, der biologischen Veränderung des Einzelnen gelten. Fritz bleibt damit der Gegen-Typus zu allen Lyrikern, die überreden wollen, die sich – so oder so – programmieren. »Die Menschen sprachen nur wenig. / Ein Schweigen gab das andere.« Das ist für Fritz so kennzeichnend wie eine andere Stelle (*Angelockt*):

Wie die Worte
sinken
langsam
lautlos
weiß
angelockt
von den Dingen
auf denen sie sich
niederlassen,
denen sie ähnlich werden
zum Verwechseln.

Ein Lyriker der wenigen Worte, der sich zudem dieses Wenigen, das er so dringlich darstellen kann, zunächst jedesmal erst zu vergewissern scheint, aus einer Anlage heraus, bei der literarische Zurückhaltung zur Ausdrucksscheu wird.

ZWEITER TEIL

STRUKTURWANDEL – NACH DER NATURLYRIK

Die deutsche Naturlyrik hat sich – wie keine andere Phase der Lyrik während der letzten fünfundzwanzig Jahre – einem sehr langen und langsamen Abbauprozeß unterziehen müssen, weil sie sich – in immer anderen, neuen Autoren – zu regenerieren schien. Doch ist dies ein Trugschluß. Mit den längst heraufgekommenen Auswirkungen des Surrealismus, auch der Welt des Dada nach der Wiederentdeckung HANS ARPS, mit PAUL CELANS *Mohn und Gedächtnis* aus dem Jahre 1952 und INGEBORG BACHMANNS *Gestundeter Zeit* (1953), auch mit den ersten nach 1945 erscheinenden (wiedererscheinenden) Gedichten von ERNST MEISTER, NELLY SACHS und JOHANNES POETHEN, beginnt eine strukturelle Verschiebung innerhalb des Gedichts, die folgenreicher wird als die thematischen Unterschiede zum Naturgedicht.

An derartigen Strukturveränderungen haben österreichische Autoren schon früh Anteil. Sie beeinflussen durch ihr Bekanntwerden (zum Teil auch durch ihre Übersiedlung) den Verlauf der Entwicklung des Gedichts in der Bundesrepublik erkennbar bereits zu Anfang der fünfziger Jahre. Dieser Einfluß wirkt sich – nach und nach – weniger durch Gedichtbücher als durch Einzelveröffentlichungen in österreichischen Lyrik-Zeitschriften aus, meistens ganz kurzfristig erscheinenden Periodica. Man kann auch nicht sagen, daß der sehr frühe CELAN mit seinem Band *Der Sand aus den Urnen* (1948) mehr als einen Hörensagen-Erfolg bei uns (nachträglich) hat. ARTMANNS Erstling gar, die Wiener Mundartgedichte *Med ana schwoazzn Dintn* (1958), bleiben auf lange legendär.

Aber durch Lyriker wie MAX HÖLZER (u. a. *Der Doppelgänger*, 1959, *Gesicht ohne Gesicht*, 1968) gelangt relativ bald surrealistische Sprach-Behandlung in den Bereich der Aufmerksamkeit. Dieser 1915 in Graz geborene, später in die Nähe Frankfurts gezogene Lyriker, Übersetzer und Essayist gibt 1950 und 1952 die *Surrealistischen Publikationen* heraus, die bei uns einen ersten Eindruck von den Absichten des französischen Surrealismus BRETONS und anderer vermitteln. Seine Äußerung »Die gefährlichste Gegnerschaft des Gedichtes bilden logische und funktionale Ideen, die sich einem ›Einfall‹ anschließen« sowie »Die zentrale Aufgabe ist, die Kontinuität der Inspiration zu erhalten« ist ganz im Sinne der theoretischen Überlegungen der Franzosen zu verstehen. In HANS BENDERS Sammlung *Mein Gedicht ist mein Messer* (1955) finden sich Hölzers charakteristische Sätze: »Das automatische Schreiben bei körperlicher Ruhe – ein innerer Schwindel macht oft unbeweglich bis zum Erkalten – erschloß mir erst das ganze Feld ...« Er spricht dann von der »unvorhersehbaren Regie des Gedichts« und davon, daß der »Surrealismus, die Alchimie der Liebe und der Poesie uns die Zukunft offenhalten.« Das »Labor der Träume«, wie es sich JOHANNES POETHEN (* 1928, erster Band *Lorbeer über gestirntem Haupt*, 1952) vorstellte und damals in Benders Anthologie beschrieb, ist in die Nähe der Hölzerschen Absichten gerückt.

INGEBORG BACHMANN

Solcher surrealistische Vortrupp wird indessen durch das Erscheinen der Ingeborg Bachmann (1926–1973) abgedrängt. Die gebürtige Klagenfurterin studierte Jura und Philosophie, promovierte in Wien über Heidegger; nachdem sie mit ihrem ersten Gedichtband, *Gestundete Zeit* (1953), rasch bekannt geworden war, lebte sie abwechselnd in Berlin, Italien und in der Schweiz. Mit ihr und etwa gleichzeitig mit dem sich durchsetzenden Paul Celan (*Mohn und Gedächtnis*, 1952) erreicht der Einfluß österreichischer Lyriker bald einen ersten Höhepunkt, der dann zehn Jahre später durch die bei uns Bedeutung annehmende »Wiener Gruppe« (Rühm und andere), noch später durch Ernst Jandl und Friederike Mayröcker (gleichfalls Wiener) nochmals kulminiert.

Der überraschende Erfolg Ingeborg Bachmanns, der sich mit ihrem zweiten Band, *Anrufung des Großen Bären* (1956), fortsetzte, erklärt sich daraus, daß in ihrer Lyrik – anders als bei den frühen Surrealisten von der Art Hölzers – »im Widerspiel des Unmöglichen mit dem Möglichen« (wie sie einmal formuliert hat) Kräfte des Traditionellen und neue Artikulationsversuche aufeinandertreffen. Ingeborg Bachmanns Literaturbegriff wird von ihr in ihren Frankfurter Poetik-Vorlesungen vom Wintersemester 1959/60 mehrfach und nuanciert definiert, so wenn sie sagt: »So ist die Literatur, obwohl und sogar weil sie immer ein Sammelsurium von Vergangenem und Vorgefundenem ist, immer das Erhoffte, das Erwünschte, das wir ihr ausstatten aus dem Vorrat nach unserem Verlangen – so ist sie ein nach vorn geöffnetes Reich von unbekannten Grenzen. Unser Verlangen macht, daß alles, was sich aus Sprache schon gebildet hat, zugleich teilhat an dem, was noch nicht ausgesprochen ist.« Der »utopische« Reiz des Literarischen, sein Charakter des »Unterwegs« (eine Kennzeichnung, die man auch in Celans Büchnerpreisrede antrifft), so wie ihn Ingeborg Bachmann versteht, kennzeichnet zugleich die eigene Lyrik: die »Ungeschlossenheit«, ihre Offenheit für Aspekte, deren Vielzahl ihr von einigen Kritikern (Holthusen) vorgehalten worden ist.

Die Spannung zwischen Möglichem und Unmöglichem, diese Existenz-Spannung, hat die Lyrik der Bachmann von Anfang an artikulationsfähig erhalten. In derartigem Spannungsfeld lagen die »Möglichkeiten«, an die eigene Grenze zu kommen, Möglichkeiten des Scheiterns und Verstummens, des Abbruchs wenigstens, wie er denn auch verhältnismäßig bald eingetreten ist und zu jenem »Schweigen« der Bachmannschen Lyrik geführt hat, das nicht durch das Schreiben von Prosa, von Hörspiel und Essay widerlegt werden konnte. Die gefährdende existentielle Spannung des Bachmann-Gedichts wird freilich im einzelnen Gedichttext dadurch ausbalanciert, daß sich eine Art Schwebe zwischen artifizieller Distanz und existentiellem Engagement einstellt, ein Ausgleich, an dem ebenso ihre »Affinität zur traditionellen Poesie« (Marcel Reich-Ranicki), ihre artifizielle Musikalität und gelegentliche Süße wie ihre genauso direkt sich ausdrückende Daseins-Sorge und -Bitterkeit beteiligt werden.

Das Vermittelnde also, das von Fall zu Fall ausgleichende, von Gedicht zu Gedicht aufgestellte und in Zweifel gebrachte Kunst-Schöne, ihre Vorstellungen vom Gesetzmäßigen, Folgerichtigen, Ordnungsorientierten wie vom »Offenen« des literarischen Artikulierungs-Vorgangs: diese – überraschende Verbindungen im Einzelgedicht eingehenden – heterogenen Elemente sind es, die zunächst Faszination, später Widerlegung in sich tragen, Ausdruck eines »verzweiflungsvollen Unterwegsseins zur

ERKLÄR MIR, LIEBE

Dein Hut lüftet sich leis, grüßt, schwebt im Wind,
dein unbedeckter Kopf hat's Wolken angetan,
dein Herz hat anderswo zu tun,
dein Mund verleibt sich neue Sprachen ein,
das Zittergras im Land nimmt überhand,
Sternblumen bläst der Sommer an und aus,
von Flocken blind erhebst du dein Gesicht,
du lachst und weinst und gehst an dir zugrund,
was soll dir noch geschehen –

Erklär mir, Liebe!

Der Pfau, in feierlichem Staunen, schlägt sein Rad,
die Taube stellt den Federkragen hoch,
vom Gurren überfüllt, dehnt sich die Luft,
der Entrich schreit, vom wilden Honig nimmt
das ganze Land, auch im gesetzten Park
hat jedes Beet ein goldner Staub umsäumt.

Der Fisch errötet, überholt den Schwarm
und stürzt durch Grotten ins Korallenbett.
Zur Silbersandmusik tanzt scheu der Skorpion.
Der Käfer riecht die Herrlichste von weit;
hätt ich nur seinen Sinn, ich fühlte auch,
daß Flügel unter ihrem Panzer schimmern,
und nähm den Weg zum fernen Erdbeerstrauch!

Erklär mir, Liebe!

Wasser weiß zu reden,
die Welle nimmt die Welle an der Hand,
im Weinberg schwillt die Traube, springt und fäl
So arglos tritt die Schnecke aus dem Haus!

Ein Stein weiß einen andern zu erweichen!

Erklär mir, Liebe, was ich nicht erklären kann:
sollt ich die kurze schauerliche Zeit
nur mit Gedanken Umgang haben und allein
nichts Liebes kennen und nichts Liebes tun?
Muß einer denken? Wird er nicht vermißt?

Du sagst: es zählt ein andrer Geist auf ihn...
Erklär mir nichts. Ich seh den Salamander
durch jedes Feuer gehen.
Kein Schauer jagt ihn, und es schmerzt ihn nicht

Sprache«. Das Existentiell-Utopische – ihr poetologisches Thema – resultiert bei ihr aus ihrer Beschäftigung mit existentieller Philosophie, etwa HEIDEGGERS, aber auch mit den Sprachüberlegungen WITTGENSTEINS aus dessen *Tractatus logico-philosophicus* (1921), seinem denkerischen Frühwerk, das zu später »Popularität« kommen sollte. Es nimmt gelegentlich feierlich-mystische Merkmale an, wie in den folgenden Äußerungen: »Wenn wir die Suchlampen auslöschen und jede Beleuchtung abschalten, gibt die Literatur, im Dunkel und in Ruhe gelassen, wieder ihr eigenes Licht, und ihre wahren Erzeugnisse haben die Emanation, aktuell und erregend. Es sind Erzeugnisse, schimmernd und mit toten Stellen, Stücke der realisierten Hoffnung auf die ganze Sprache ... Was wir das Vollendete in der Kunst nennen, bringt nur von neuem das Unvollendete in Gang.«

Glamour-Vorstellung und Zweifel stehen auf diese Weise bei ihr – nicht nur theoretisch – nebeneinander, bedingen einander. Daß aus solchem Spannungsverhältnis Wirkung zu erzielen ist, zeigt das damalige ungemein rasche Verständnis, das die Bachmannsche Lyrik bei den Zeitgenossen findet. Solche Dialektik ist nicht ohne Eleganz und Charme. Sie hat weniger Radikalität als etwas unbewußt Einschmeichelndes, etwas unterschwellig Zärtliches. CELANS Rigorosität des »Verstummens« wird bei Ingeborg Bachmann nirgends erreicht (»In die Mulde meiner Stummheit / leg ein Wort / und zieh Wälder groß zu beiden Seiten, / daß mein Mund / ganz im Schatten liegt«), eher wird ins zuweilen Aparte ausgewichen, in die schöne Bild- und Vorstellungsformel, in musikalische Süße oder ins deklamativ Angehobene:

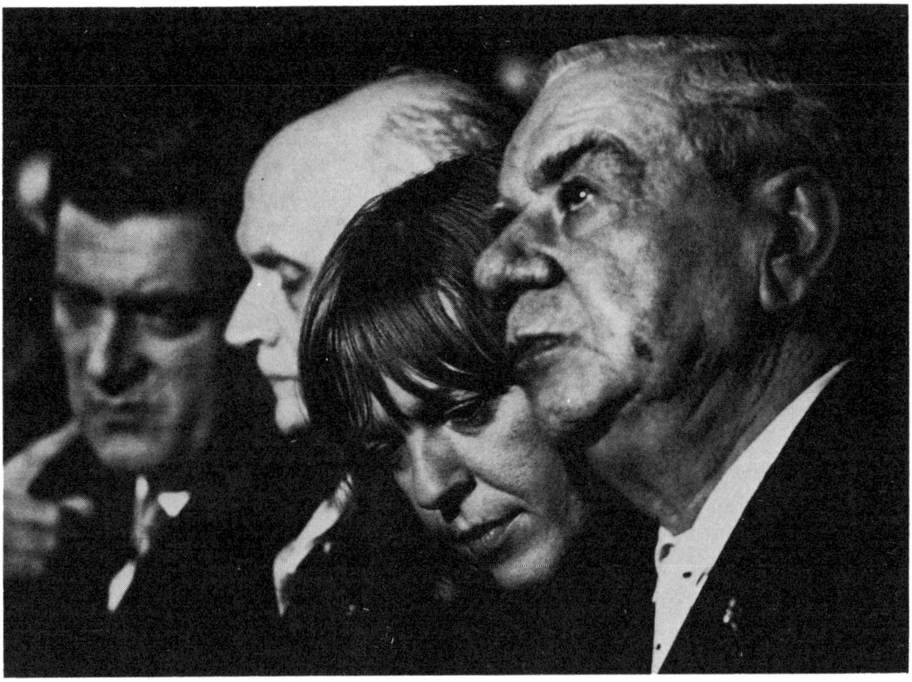

Den Georg-Büchner-Preis für 1964 erhielt Ingeborg Bachmann, hier bei der Preisverleihung zwischen Hanns Wilhelm Eppelsheimer, damals Akademiepräsident (rechts) und dem Literaturwissenschaftler Robert Minder. – Das Gedicht »Erklär mir, Liebe« erschien zuerst in dem Lyrikbuch »Anrufung des Großen Bären«, München (R. Piper Verlag) 1956.

Ihr Worte, auf, mir nach!,
und sind wir auch schon weiter,
zu weit gegangen, geht's noch einmal
weiter, zu keinem Ende geht's.

Man denkt, angesichts solcher Aufforderung, an die Forderung Ingeborg Bachmanns (in Hilde Domins *Doppelinterpretationen*, 1966), daß es darauf ankomme, uns zu orientieren an einem Ziel, »das freilich, wenn wir uns nähern, sich noch einmal entfernt«. (»Das Wort / wird doch nur / andere Worte nach sich ziehn, / Satz den Satz. / So möchte Welt, / endgültig, / sich aufdrängen, / schon gesagt sein. / Sagt sie nicht.«) Widerlegung und Grenze der Wörter durch Wörter – und zugleich eine Einkleidung dieser schneidenden Einsicht durch das schöne, Ordnung schaffende, das solcherart notwendig »verordnete« Wort, bevor es zum Äußersten kommt, der schöne Bild-Vergleich vorm Wort-Verlust: in dieser Situation, die fordernd und zweifelnd aufgesucht wird, verharrt schließlich das Bachmann-Gedicht:

Und nur nicht dies: das Bild
im Staubgespinst, leeres Geroll
von Silben, Sterbenswörter.
Kein Sterbenswort,
Ihr Worte!

Derartige Annäherungs-Versuche sind zugleich – im Effekt – Flucht-Unternehmungen, wenn auch gewiß keine Ausflüchte. Es sind Schattengefechte bestimmter Verbalität, die einen hohen Anspruch und entsprechende Stimmlage nicht aufgeben kann, die über diesen »Schatten« nicht zu springen vermag und auch wohl nicht springen will. Es ist auch in der Annäherung eine Poesie, die sie in der Poetik-Vorlesung fordernd als »scharf von Erkenntnis und bitter von Sehnsucht« dargestellt hat: »Poesie wie Brot? Dieses Brot müßte zwischen den Zähnen knirschen und den Hunger wiedererwecken, ehe es ihn stillt.« Das Rhetorische solchen Forderns und Antwortens wird mit den Jahren – aus der Distanz des damaligen Formulierens und der Entwicklung, die das Gedicht inzwischen nahm – um so evidenter, je mehr die seinerzeit von Ingeborg Bachmann im Gedicht entworfene »gestundete Zeit« mittlerweile sich mit literarischer Realität auffüllte:

Es kommen härtere Tage.
Die auf Widerruf gestundete Zeit
wird sichtbar am Horizont.

Das widerrufbar aufgefaßte Gedicht Ingeborg Bachmanns bleibt auch jetzt noch unwiderrufen schön: Seins- und Daseins-Filter, »metaphysisch« in seinem Sehnsuchtscharakter, seinem An- und Aussprechen von Liebe und Tod, von Wirklichkeitshärte und menschlicher Schuld, entschuldbar noch, wo der »Stich ins Ewige und somit ins Unverbindliche« (Reich-Ranicki) heute, mehr noch als beim Erscheinen der Gedichte, spürbar ist, an Stellen, an denen Existenz zu stark ins Melodische übergeführt wird:

Wir aber wollen über Grenzen sprechen,
und gehn auch Grenzen noch durch jedes Wort:
Wir werden sie vor Heimweh überschreiten
und dann im Einklang stehn mit jedem Wort.

Die vier Textzeilen aus der *Gestundeten Zeit* haben programmatische Bedeutung. Das Traditionsgebundene – lange, kontinuierlich empfundene literarische Herkunft der dichterischen Individualität (eine typische österreichische Situation) – wird gleichwohl einer Grenze entgegengeführt, die – immer wieder aufgesucht – schließlich doch eine Entschiedenheit, eine leidende Schärfe annimmt, die an der Gedichtstruktur zehrt und beispielsweise bei der Bachmann die verschiedenen rhythmischen Spielarten im einzelnen Text hervorruft, das »Umspringen« mit dem Rhythmus, das eine merkwürdige Unruhe und eine gewisse Fahrigkeit erzeugt. Es ist die dieser Lyrikerin gemäße Ausdrucksform von Strukturwandel, so melodisiert er schließlich eingekleidet bleibt. Das Beben der Struktur – diese Witterung für das »Unmögliche« im bisher praktizierten Gedicht – wird in der Bachmannschen Lyrik, bei aller entschiedenen Schönheit, die sie bewahrt, doch in einer bisher nicht ähnlich unablässig sorgenvoll und ahnungsbeschwerten Weise artikuliert. »Wort, sei bei uns / von zärtlicher Geduld / und Ungeduld« – solche Passage aus der *Anrufung des Großen Bären*, die etwas Angestrengtes annimmt, ist doch zugleich Ausdruck für die Widersprüchlichkeit und widersprüchliche verbale Reizbarkeit, aus der Position begreiflich, die das Gedicht Ingeborg Bachmanns in diesem Zeitpunkt einnimmt.
Zum Widerspruch gehört – damals wie heute – die Diskrepanz zwischen Dekor und Ernst, zwischen Sprechanlauf und Sprechvollzug, zwischen emotionaler Erweichung und intellektueller Strenge, Bitterkeit und Kantilene, zwischen »klassischem« Ordnungsbedürfnis und entsprechender Profil-Ausbildung im Einzelgedicht und Auf-

brechen solcher Vorstellungen durch rhythmisch reiche Variabilität. Das »unerreichbare« Gedicht Ingeborg Bachmanns ist unter anderem auch darum unerreichbar, weil es sich nicht »entschieden« hat, auch nicht und nirgends für die surrealistische Praktik ihrer unmittelbaren österreichischen literarischen Umwelt. Sie bleibt unmethodisch gegenüber den anders gearteten, methodischen Wortexperimenten im Sinne BRETONS, der Metaphernbehandlung, wie sie MAX HÖLZER übernahm und wie sie ungefähr gleichzeitig im Autorenkreise der exklusiven Berliner Zeitschrift *Das Lot* des Henssel-Verlages von Nummer zu Nummer des Unternehmens zur Durchführung kommt. Mit dem *Lot* wird man ein für allemal wenigstens zwei Lyriker in Verbindung bringen müssen, die bis heute folgerichtige »Surrealisten« geblieben sind: JOHANNES HÜBNER (* 1921; übersetzte u. a. RENÉ CHAR, APOLLINAIRE; *Spielraum*, 1955; *Führung und Lichtung*, 1959; *Herren der Gezeiten*, 1960; *Stern auf der Schwelle*, 1971, Char gewidmet) und LOTHAR KLÜNNER (* 1922; auch er übersetzte u. a. Char und Apollinaire. Eigene Gedichte u. a. *Wagnis und Passion*, 1960). Im *Lot* wurde auch PAUL CELAN bald beharrlich gedruckt. Man glaubte Gemeinsamkeiten zu entdecken. Indessen war Celan nie das, was man einen doktrinären Lyriker im Sinne der Surrealisten des Berliner Kreises nennen mochte. Doch war Celan lange – von verschiedenen Seiten – solchen Mißdeutungen ausgesetzt, und es ist nicht zu leugnen, daß er – vom Milieu her, aus dem er schrieb, dem Paris der frühen fünfziger Jahre – in solcher täuschenden Richtung untergebracht werden konnte.

PAUL CELAN

PAUL CELAN – hier anders als die auf einer nuancierten, ihm im einzelnen vorübergehend angenäherten »surrealen« Skala unterzubringenden ERNST MEISTER, JOHANNES POETHEN oder auch NELLY SACHS – ist in seinem Erscheinungs- und seinem Entwicklungsbild im Grunde auch einer der Einzelgänger des deutschen Gedichts im zwanzigsten Jahrhundert. Es gibt Verbindungslinien, Anknüpfungsmöglichkeiten (durchweg von Mißverständnissen belastet) zu einzelnen Zeitgenossen auch bei ihm; aber der unzeitgemäße Beziehungspunkt (etwa zur Dichtung der Chassidim, zur mittelhochdeutschen Literatur) dominiert. Dominierend ist, wo eine Dichtung wie die Celans nicht »unterzubringen« ist, dank ihrer abweisenden Intensität, ihrem radikalen Weg in individuelle verbale Wirklichkeit und »Boden-losigkeit«, in individuellen Verbal-Vollzug, der Bezüge durchaus abweist, es sei denn, man gehe auf das Typische, das von Zeitgenossenschaft sogleich wegführt, und nehme einen Lyriker wie Friedrich Hölderlin in den Vergleich auf, um gerade am »Unwiederholbaren« in der Celanschen Dichtung den Vergleich zulässig werden zu lassen.

PAUL CELAN (eig. Paul Antschel) wird 1920 in Czernowitz (Bukowina) geboren, geht 1938 bereits nach Frankreich zum Studium der Medizin in Tours, kehrt 1939 in die Bukowina zurück und wird 1942/43 in das Ghetto von Czernowitz eingewiesen. Die Eltern kommen im KZ um. Nach der Emigration geht Celan 1948 nach Paris, studiert nun Germanistik und Sprachwissenschaft und lebt dort bis zu seinem Freitod Ende April 1970. Er ist zeitweise Deutschlektor an der École Normale Supérieure. – Sein eigentlicher Weg beginnt im Jahr 1952, als der Band *Mohn und Gedächtnis* erscheint. Es folgen die Gedichtbände *Von Schwelle zu Schwelle* (1955), *Sprachgitter* (1959), *Die Niemandsrose* (1963), *Atemwende* (1967), *Fadensonnen* (1968),

Ausgewählte Gedichte (1968), *Lichtzwang* (1970) und aus dem Nachlaß *Schneepart* (1971); eine breiter angelegte Gedichtauswahl *(Ausgewählte Gedichte)* geht 1970 voraus. – Daneben ist ein umfangreiches übersetzerisches Werk aus dem Russischen, vor allem aus dem Französischen publiziert (Jessenin, Aleksandr Blok, Ossip Mandelstam, Rimbaud, Michaux, Char).

Celans Undurchlässigkeit

Wenn man überhaupt den Versuch unternimmt, das Gedicht Paul Celans – von *Mohn und Gedächtnis* bis zu den *Lichtzwang*- und *Schneepart*-Gedichten zuletzt – auf eine Formel zu bringen, so scheint diese Formel Undurchlässigkeit zu heißen. Dies schließt das Persönliche ein, das sich bei ihm von jeher nur in einer äußersten, geisterhaften Verschlüsselung zeigt, wenn auch einige seiner bekanntesten Gedichte, wie die *Todesfuge* (in *Mohn und Gedächtnis*), dem zu widersprechen scheinen. Auch die autobiographischen Elemente des Nachlaßbandes *Lichtzwang*, die zweifellos vorhanden und sogar evident sind, widerlegen nicht, daß die Dichtung Celans, die so stark vom Wesen dessen, der sie geschaffen hat, bestimmt ist, sich in ihrer außerordentlichen Stilisierung von ihrem Autor entfernt, daß sie die größte Distanz legt zwischen dem Schreibenden und dem Produkt seines Schreibens.

So ist – auch unter diesem Aspekt – von vornherein das unverkennbar Einzelgängerische in Celan angelegt. Übrigens hat er sich – wie Eich und Huchel, im Grunde auch Ingeborg Bachmann – wenig theoretisch geäußert. Wenn er dennoch in die Lage versetzt wird, es zu tun – bei Preisverleihungen in Bremen und aus Anlaß der Büchnerpreis-Verleihung –, hat er es rückhaltlos unternommen. In der Büchnerpreis-Rede, unter dem Titel *Der Meridian* 1961 veröffentlicht, hat er 1960 von der »Randexistenz des Gedichts« gesprochen: »Das Gedicht behauptet sich am Rande seiner selbst. Es ruft und holt sich, um bestehen zu können, unausgesetzt aus seinem Schonnicht-mehr in sein Immer-noch zurück.« Wenig später heißt es: »Dieses Immer-noch des Gedichts kann ja wohl nur in dem Gedicht dessen zu finden sein, der nicht vergißt, daß er unter dem Neigungswinkel seines Daseins, dem Neigungswinkel seiner Kreatürlichkeit spricht.«

Solches Schreiben unter dem »Neigungswinkel« individuellen Daseins läßt das einsame Gedicht Celans entstehen, »gestaltgewordene Sprache des Einzelnen – und seinem innersten Wesen nach Gegenwart und Präsenz«. In derartigem Zusammenhang fallen die entscheidenden Sätze: »Das Gedicht ist einsam. Es ist einsam und unterwegs, wer es schreibt, bleibt ihm mitgegeben.« Dies bleibt die kürzeste Beschreibung eigener Positionsbestimmung bei ihm. Solche Position hat Celan dann bis zu seinem Tod gehalten. – Zugleich läßt sich erkennen, daß man versucht ist, diese Position zu mystifizieren. In seiner Darmstädter Rede hat Celan auch vom Gedicht als dem möglichen Ort gesprochen, »wo alle Tropen und Metaphern ad absurdum geführt werden sollen«. Schon eine solche Feststellung trennt ihn von der surrealistischen Ambition wie vom Ambiente des lediglich surrealen Gedichts. In der Tat findet man allenfalls Metaphorik im herkömmlichen Sinne in den frühen Gedichten, bis *Sprachgitter*. Sie werden dann mehr und mehr aufgesogen von der substantiellen Bereitschaft zum Wort, zum einzelnen Wort, das wiederum auch anders aufgefaßt und praktiziert wird, als dies bein der »konkrete Lyrik« der Fall ist. Celan geht es um das

Wort, das nichts anderes mehr in Umsatz bringen will als sich selber, als Daseins- und Aussagegrund und -abgrund. Man hat – je mehr der Prozeß bei ihm zu erkennen war – um so mehr in ihn hineingeheimnist.

Celan bemerkt hierzu: »Es ist heute gang und gäbe, der Dichtung ihre Dunkelheit vorzuwerfen«, und er sieht dieses Dunkle als eine – vielleicht selbstentworfene – »aus

Paul Celan

einer Ferne und Fremde stammende Dunkelheit«. Das reicht an Vorstellungen von der Fremdheit des Selbstverständlichen, von der großen Entfernung der Gegenstände, der Landschaften, der anderen Menschen vom Sprechenden, wie sie beispielsweise Hölderlins Dichtung aufweist: »Fremde als Gehalt, von der Sprachform ausgedrückt«, wie THEODOR W. ADORNO 1963 diesem gegenüber formulierte, eine Fremde, die bei Friedrich Hölderlin blindes Erstaunen und blinde Einsamkeit der Sprechposition nach sich zieht.

Der als dunkel verdächtigte Celan kann in seinen Gedichten einer der »hellsten«, das heißt präzisesten, durchsichtigsten Lyriker sein, freilich in der Art, in der Anton von Weberns serielle Musik strukturell durchsichtig, »erkennbar« ist. Manche Celan-Zeile, bis zuletzt, gibt sozusagen Hinweise auf die eminente strukturelle Organisation des Einzelgedichts, Hinweise, die gleichzeitig jenen »Sichttunneln, in den Sprachnebel geblasen« gleichen, wie es im *Lichtzwang* heißt, Hinweise als »Lesestationen im Spätwort«, wie man es an anderer Stelle formuliert findet. Man kann in solchem Zusammenhang an die Feststellung HARALD WEINRICHS erinnern, wenn er in seinem Celan-Aufsatz (in *Deutsche Literatur seit 1945*, 1970) feststellt: »Viele Gedichte Celans

TODESFUGE

SCHWARZE Milch der Frühe wir trinken sie abends
wir trinken sie mittags und morgens wir trinken sie nachts
wir trinken und trinken
wir schaufeln ein Grab in den Lüften da liegt man nicht eng
Ein Mann wohnt im Haus der spielt mit den Schlangen der schreibt
der schreibt wenn es dunkelt nach Deutschland dein goldenes Haar Margarete
er schreibt es und tritt vor das Haus und es blitzen die Sterne er pfeift seine Rüden herbei
er pfeift seine Juden hervor läßt schaufeln ein Grab in der Erde
er befiehlt uns spielt auf nun zum Tanz

Schwarze Milch der Frühe wir trinken dich nachts
wir trinken dich morgens und mittags wir trinken dich abends
wir trinken und trinken
Ein Mann wohnt im Haus und spielt mit den Schlangen der schreibt
der schreibt wenn es dunkelt nach Deutschland dein goldenes Haar Margarete
Dein aschenes Haar Sulamith wir schaufeln ein Grab in den Lüften da liegt man nicht eng

Er ruft stecht tiefer ins Erdreich ihr einen ihr andern singet und spielt
er greift nach dem Eisen im Gurt er schwingts seine Augen sind blau
stecht tiefer die Spaten ihr einen ihr andern spielt weiter zum Tanz auf

Schwarze Milch der Frühe wir trinken dich nachts
wir trinken dich mittags und morgens wir trinken dich abends
wir trinken und trinken
ein Mann wohnt im Haus dein goldenes Haar Margarete
dein aschenes Haar Sulamith er spielt mit den Schlangen

Er ruft spielt süßer den Tod der Tod ist ein Meister aus Deutschland
er ruft streicht dunkler die Geigen dann steigt ihr als Rauch in die Luft
dann habt ihr ein Grab in den Wolken da liegt man nicht eng

Schwarze Milch der Frühe wir trinken dich nachts
wir trinken dich mittags der Tod ist ein Meister aus Deutschland
wir trinken dich abends und morgens wir trinken und trinken
der Tod ist ein Meister aus Deutschland sein Auge ist blau
er trifft dich mit bleierner Kugel er trifft dich genau
ein Mann wohnt im Haus dein goldenes Haar Margarete
er hetzt seine Rüden auf uns er schenkt uns ein Grab in der Luft
er spielt mit den Schlangen und träumet der Tod ist ein Meister aus Deutschland
dein goldenes Haar Margarete
dein aschenes Haar Sulamith

Das Gedicht »Todesfuge« von Paul Celan erschien zuerst in Celans erstem Gedichtband »Der Sand aus den Urnen«, Wien (A. Sexl Verlag) 1948, dann wieder in »Mohn und Gedächtnis«, Stuttgart (Deutsche Verlags-Anstalt) 1952.

sind so geartet, daß sie Sinn und ästhetischen Wert überhaupt nur dem Leser erschließen, der mit dem Autor die Vorentscheidungen einer im Grund linguistischen Theorie teilt.«
Schließlich gilt nicht nur für bestimmte Partien, sondern für Celans Werk weithin, was Weinrich kritisch beobachtet hat: »Wir befinden uns nicht mehr in der Dimension der planen Sprache (Sprache über Sachen, z. B. über Schnee), sondern der Metasprache (Sprache über Sprache, z. B. das Wort Schnee). Das Gedicht zeigt an sich selber die Unzulänglichkeit seiner eigenen Sprache. Es ist gut, wenn der Leser dieser poetischen Erscheinung nicht ungerüstet entgegentritt, damit er nicht dem Gedicht eine Unzulänglichkeit anlastet, die dem Gedicht nur auf der Ebene seiner Sprache, nicht aber auf der Ebene seiner Metasprache eignet ... Wer ihr die Anerkennung verweigert, muß sich vor Celans Un-Sprache zum Nicht-Leser erklären.«

Das Gedicht als reiner Sprachkörper

Lebensprozeß – anders ausgedrückt als Sprachwerdungs-Prozeß und als Vorgang des Sprache-Verlierens, des Sprache-Verschwindens – ist von früh an das hartnäckig verfolgte Thema der Gedichte dieses Lyrikers. Das gilt auch für die Spätgedichte: »Sprache, Finster-Lisene«, heißt es in ihnen, in denen Sprache schließlich nur noch aus »Hörresten, Sehresten« entwickelt wird. Das Verschwinden hinter der Sprache, das Verstummen mit der Sprache, die von der »reinen« Sprache des absolut sprachkonkreten Gedichts aufgesogene personale Beziehung, der die Beziehung zu Umwelt und Welt folgt, der Vorgang vollkommener Entpersönlichung im Gedicht, der das einzelne Gedicht zum reinen Sprachkörper werden läßt – dies alles gehört zur Phänomenologie des Celanschen Gedichts.
Sprache als einzige Instanz wurde nicht zuletzt durch das Werk Paul Celans in der deutschen Lyrik nach 1945 für eine Weile gefährlich dominierend, als könne man verhältnismäßig schnell in eine solche Situation geraten, was sicherlich unzutreffend ist. Aber der »Verbrauch«, den freigesetzte Sprache an demjenigen vornimmt, der sie freisetzte, dem Autor, ist von einem Risiko, das für manche verheerend wurde und ihre literarische Entwicklung beendete. Die »Aufforderung« als dauernde dichterische Anstrengung, die in der deutschen Literatur zum erstenmal über der Sprache Hölderlins liegt, kam jedenfalls vom Phänomen der Sprache selber, die sich in einer so bisher nicht auftretenden und einer literarischen Individualität zugemuteten Weise von dieser unabhängig erhielt, die ihrer nur von Fall zu Fall zu bedürfen schien.
Sich selbständig machender Sprachkörper. Zu diesem literarischen Prozeß gehört das Widerrufbare in der Lyrik Paul Celans, von diesem freilich ungleich verbal rigoroser verstanden als von Ingeborg Bachmann. Die durch nichts mehr geschützte »Widerrufbarkeit« wird bald schon Hauptgegenstand der literarischen Darstellung bei ihm, die dann jene Selbstdarstellung einsamer Existenz ergibt, dieses »mit der Aschenkelle geschöpft / aus dem Seinstrog«, das Celans Gedichte folgerichtig »schattenhaft« werden läßt, schattenhaft spirituell und »bedeutungs«-verdünnt.
Celan hat das im *Lichtzwang* nochmals zur Sprache gebracht und in seine Sprache transponiert, so in dem kurzen Gedicht:

Schwimmhäute zwischen den Worten,
ihr Zeithof –
ein Tümpel,

Graugrätiges hinter
dem Lichtschopf
Bedeutung.

Und wenig später im Gedicht *mit Traumantrieb*, wenn es heißt:

nachtblind, tagblind
weltblind,

die Mohnkapsel in dir
geht irgendwo nieder,
beschweigt
einen Mitstern,

die schwimmende Trauerdomäne
vermerkt einen weiteren Schatten

Man hat hier in wenigen Zeilen das ganze Celan-Vokabular zusammen, ein über die Jahre durchgehaltenes Vokabular von zwanghafter Intensität und – wie er formuliert – »brunnen- / artig / ins Verwunschne getieft, / mit doppelt gewalmten / Tagträumen drüber«. – Das Wortschachtartige, das entsteht und als schmaler Artikulationsgrat zwischen Mystifikation und Platitüde für ihn begehbar ist, diese Sprach-Lotung bewegt sich in der Celanschen, der kryptischen Dimension, die bei vielen das schwer Zugängliche, ja, das Abweisende bewirkt und tatsächlich das Mißverständnis provoziert, daß hier am »Geheimnisstrumpf« gestrickt werde, während doch nur ein rigoroser literarischer Sprech- und dementsprechend Darstellungsvorgang realisiert wird, eine zugegebenermaßen isoliert, eigenwillig und »einsam« wirkende Sprache der lyrischen Selbstanalyse erreicht wird.

»Die Ewigkeiten – fuhren ihm ins Gesicht und drüber hinaus«: Dies ist Celans alte Situation bis zum letzten Band geblieben. Das Deklamative, das auch bei ihm zuweilen unverkennbar auftaucht, hat gewiß gar nichts mit bloßer Gestikulation zu tun. Celan ist einer unserer gestenärmsten Lyriker gewesen, trotz des starken, überhöht und angestrengt scheinenden Sprechens aus einer geisterhaften Sensitivität heraus. – Beda Allemann hat erkennen wollen, daß im Werk Celans »die Symbiose von Leben und Tod eine der großen Voraussetzungen« sei. Lebensabschied, als Liebesabschied vorbereitet – das liegt oft hinter der Sprachszene seiner späten Gedichte, etwa in den Zeilen:

Ich kann dich noch sehn: ein Echo,
ertastbar mit Fühl-
wörtern, am Abschieds-
grat.

Oder vorher schon:

Etwas
rauscht durch uns beide:
der Welt erste
der letzten
Schwingen.

Celans Lyrik ist – so verstanden – auch »Einverständnis«-Dichtung, die solches Einverständnis in Widersetzlichkeiten, im verbalen Widerstandleisten hinauszögerte. Ein langes, schattenhaftes Abschiednehmen von Sprache, von Lebensgemeinschaft, von Leben überhaupt. Nicht erst sein Tod mit nicht ganz fünfzig Jahren in Paris legt solchen Eindruck nahe.

Das »Über-die-Stunden-Kommen« mit Hilfe der »Wörter«, der »Fühl«wörter und der »Herz«wörter ist für Celan eine Aufgabe gewesen, der er sich immer aufs neue ausgesetzt hat. Es gibt dafür überall Belege. Beleg wird ihm schließlich auch die Liebesbeziehung: »Was uns / zusammenwarf, / schrickt auseinander, / ein Weltstein, sonnenfern, / summt.« An anderer Stelle: »Den Tod, / den du mir schuldig bliebst, ich / trag ihn / aus.« Aus derartiger »sonnenferner« Existenz-Situation ist auch dic Stelle zu verstehen, die dem Band *Lichtzwang* seinen Titel gibt, wieder anläßlich einer erotischen Beziehung ausgedrückt: »Doch konnten wir nicht / hinüberdunkeln zu dir: / es herrschte / Lichtzwang.«

Celans Existenz-Verdünnung

Man könnte davon sprechen, daß oft in Celans Gedichten »Schattenzwang« herrscht, eine zwanghafte Tendenz zur Existenz-Verdünnung, zur gratschmalen »Verdichtung« derartigen Existenzbewußtseins, in gleichem Maße und zur gleichen Zeit. Die Schatten-Ballette von der Art der *Chanson einer Dame im Schatten* aus *Mohn und Gedächtnis* sind später nicht mehr realisierbar in ihrer balletthaften Grazie, die für Ohr und Erinnern so suggestiv wird.

Der Schweizer Kritiker Werner Weber hat anläßlich der Interpretation eines Celan-Gedichtes gefragt: »Ist Celan Artist gewesen? Ein Manierist? Er war beides – aus Todesnähe und in Todesnähe.« Man mag aus solcher, Celan nur zum Teil gerecht werdender Charakterisierung Beispiele noch im weiteren und letzten Nachlaßband *Schneepart* finden, auch dafür, was Weber, fortfahrend, feststellt: »Sein Weggehen hat Entsprechungen in seinen Gedichten, wo das Umgangsreden fortschwinden müßte, damit die Sprache buchstäblich ›zu Wort‹ kommen kann, zum letzten Wort an der Grenze des Verstummens.« Die späten *Schneepart*-Gedichte, 1967 und 1968 geschrieben, fassen nochmals zusammen, was diesen Lyriker zu dem werden ließ, der er von Anfang an war, wiederum in erschreckend gesteigerter Folgerichtigkeit. Sie zeigen das, was sich bei Celan wie wahrscheinlich bei keinem anderen Lyriker der Zeit nach 1945 erkennen, ablesen läßt: das Zu-Ende-Gehen einer Entwicklung: »Wie deinem Einsamkeitssturm / glückt ihm die weit / ausschreitende Stille.« Derartige Stille ist bei ihm wohl das gewesen, was er an anderer Stelle nennen kann: »Kraft und Schmerz / und was mich stieß / und trieb und hielt«, ein Schweigensbereich, in dem sich der Autor ein für allemal auskennt, freilich mit jenem »Reizschutz Bewußtsein« als steter Präsenz, von dem in einer Zeile von *Schneepart* andeutend die Rede ist.

Auch im zweiten Nachlaßband findet man noch Texte, die Spurenelemente von dem in sich tragen, was man konventionell »Liebesgedicht« heißt. Erotischer Bezug jedenfalls, aber umhüllt von dem, was Celan ausdrückt: »du trägst eine Fremdheit zu Lehen.« Es ist nochmals die Einsamkeits-Position, die Gedichtzeilen wie folgende zum Ausdruck bringen:

einer, er war dir der nächste,
geht sich verloren,
einer schmückt dein Geschlecht
mit deinem und meinem Verrat,

vielleicht
war ich jeder.

Deutlicher wird noch diese Verlorenheit im Liebesverhältnis an anderer Stelle, an der es heißt: »über- / sterbens- / groß liegen / wir beieinander, die Zeit- / lose wimmelt / dir unter den atmenden Lidern.« Es ist die Sterbe-Beziehung, die noch in der menschlichsten Beziehung nicht nur zugelassen werden muß, sondern die gleichsam mitspricht, mitfühlt, ohne doch sich geradezu einzumischen. Es ist vielmehr so etwas wie unablässige Gegenwart, die mit solcher zitierten Formulierung zwingend gegenwärtig gemacht ist. Auf solche Weise wird die Liebesbeziehung »etwas Zusammengewehtes / in Kinderfäusten, / etwas aus meinem / und keinerlei Stoff«. Die Schatten-Beziehung wird zum letztenmal hier aufgegriffen: »Verzweiflung hinzugeschippt, / Streugut, / ins Gleis gehoben die volle / Schattenrad-Lore.« So wird noch einmal der alte Celansche Vorgang sichtbar: schattenhaft werden aus dem Schweigen Worte abgelöst, hervorgehoben, markiert, fast ingrimmig einmal, wenn es heißt »die Wortschatten / heraushaun«. Was hinter solchen leidenschaftlichen Ausbrüchen sich abzeichnet, bleibt die »Unlesbarkeit dieser Welt«.

Das ist nicht lediglich Einsicht in das Un-Mögliche, wie man es bei Ingeborg Bachmann ausgedrückt findet. Es ist eine Art Genughaben, das, was Celan so ausdrückt: »es wird einer kopfstehn im Wort Genug.« Ein Genughaben, das nicht mit Resignation zu verwechseln ist. Celan resigniert nirgends: eine Vorstellung, die bei ihm schon deshalb nicht zuzulassen ist, weil er zu sehr auf der Suche nach dem geblieben ist, was Sprache hergibt, indem er sie gebraucht, hergibt an Wahrheitsgehalt, an unmittelbarem Daseins-Ausdruck. Gegenüber solcher offenbaren Sprach-Grenzenlosigkeit und Sprach-Freiheit (und ihrem Gegenteil der Sprach-»Engführung«), die er immer wieder (beide) aufsucht, sind Vorstellungen wie Himmel und Ewigkeit für ihn begrenzt: »Die Ewigkeit hält sich in Grenzen«, beginnt das letzte Gedicht in *Schneepart*. Und was den Himmel anbelangt: »du / sollst nicht / aufsehn zum Himmel, du ließest / ihn denn, wie er dich / im Stich.« – Hans Mayer hat über Celan gesagt: »Celan ging es nicht um den Dichter, sondern das Gedicht. Seine Problematik hatte nichts mit Biologie zu tun, sondern mit Sprache.« Das ist im Vergleich mit dem »Biologen« Benn formuliert.

Weil es um Sprache geht, um nichts anderes mehr, darum findet Celan immer wieder bis zuletzt diese Fähigkeit zur schon erwähnten Artikulierungs-»Freiheit«, die wenige bei ihm erkannt haben, da sie bei ihm zu sehr jenes »Verstummen« erwarteten. Die Freiheit im erwähnten Verstande läßt bei ihm die immer neuen poetischen Sprech-Anläufe zu. Man kann sagen, daß sich solche Sprachverwirklichungs-Möglichkeiten mit Hilfe des Gedichts – als Daseinsverwirklichungen – gesteigert haben, jeweils im einzelnen nur durch Nuancen jener »unendlich geerdeten Schwermut« voneinander geschieden, von der im *Lichtzwang* gleichsam dokumentarisch die Rede ist. – Gegen Ende der Büchnerpreis-Rede äußert sich Celan über die Wege, die man mit Gedichten gehen könne: »Es sind Begegnungen, Wege einer Stimme zu einem wahrnehmenden Du, kreatürliche Wege, Daseinsentwürfe vielleicht, ein Sichvorausschicken zu sich

Zu den beiden folgenden Seiten: Radierung von Gisèle Celan-Lestrange zu einem bibliophilen Druck mit Gedichten von Paul Celan, der unter dem Titel »Atemkristall« 1965 in Paris (bei Brunidor) erschien – darin auch das Gedicht »Fadensonnen«.

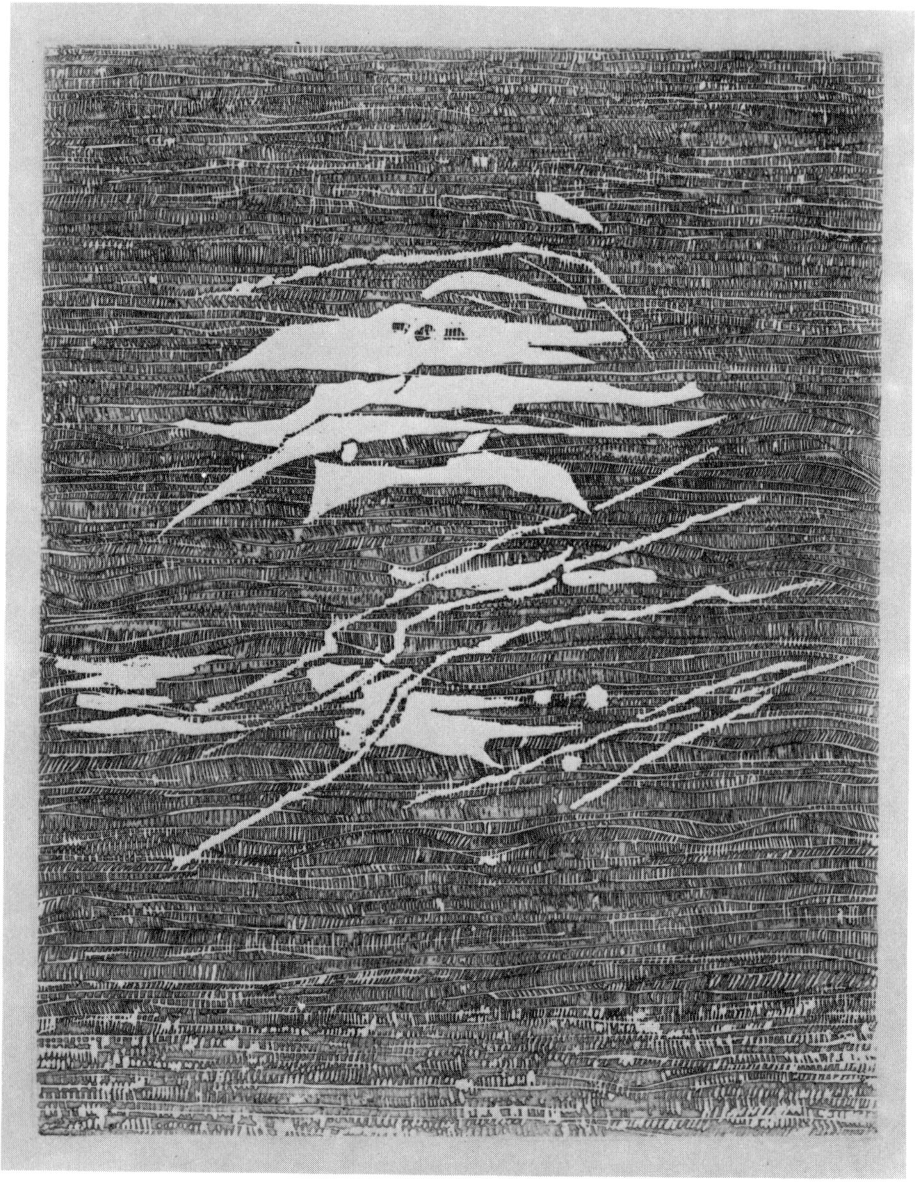

FADENSONNEN
über der grauschwarzen Ödnis.
Ein baum-
hoher Gedanke
greift sich den Lichtton : es sind
noch Lieder zu singen jenseits
der Menschen.

selbst, auf der Suche nach sich selbst ... Eine Art Heimkehr.« Und es ist – wie hinzugefügt werden muß – ein Auf-sich-selbst-Zurückfallen. Beda Allemann hat mit Recht auf die Problematik eines solchen »wahrnehmenden Du« in Celans Lyrik hingewiesen, wenn er feststellt, daß das lyrische Du selbst sich zu einem »Faden« verwandelte: »Als Vorstellungsinhalt genommen, wirkt das grotesk oder traumhaft.

Paul Celan, der 1960 den Georg-Büchner-Preis der Darmstädter Akademie erhielt (auf unserem Bild neben dem Akademiepräsidenten Hermann Kasack), hielt aus diesem Anlaß die als Selbstinterpretation und poetologische Standortbestimmung berühmt gewordene Rede »Der Meridian«.

Jenseits solcher Hilfsvorstellungen zielt es ganz offensichtlich auf den Gewinn eines Gegenüber.«

Celan ist der vorläufig letzte bedeutende Einzelgänger im deutschen Gedicht. Das Einzelgängerische, Kontaktunfähige, das völlig Blinde gegenüber jeglicher Sozietät hat das Gedicht bei ihm zu einem selbstzerstörerischen Mittel werden lassen, zu einem wohl auch unwiederholbaren Mittel. Wie unwiederholbar das Celansche Gedicht bleibt, sieht man an den nicht wenigen »Nachfolge«-Versuchen zu Lebzeiten und nach seinem Tode. Aber das Absinken in bloße Imitation wird an seinem Vorbild, bei seiner Wortbehandlung, besonders eklatant und peinlich. Es kommt meistens zu poetischen Ausflügen in ein surreales Ungefähr, das mit der »konkreten« Verbalität des Celan-Gedichts nichts oder wenig zu tun hat.
Es gibt sympathische Ausnahmen. Solche Ausnahmestellung resultiert aus der relativen Selbständigkeit gegenüber dem »Muster«. Rose Ausländer (*1907; *36 Gerechte*, 1967), wie Celan aus der Bukowina stammend und nach den USA emigriert, ehe sie

in die Bundesrepublik kam, hat in ihren Arbeiten unverkennbaren Einfluß in das eigene Naturell übernommen: »Aus der Wiege fiel mein Augenaufschlag in den Pruth...« Man könnte auch bei ihr, die Gedichte exilierter Existenz schreibt, ebenso an Nelly Sachs denken. Zwischen Celan und Nelly Sachs kann man jedenfalls manche ihrer metaphorisch durchlässigen, zarten Gedichte ansiedeln, Gedichte eines Unterwegsseins, einer Flucht vor Widerfahrung und Nachstellung, wie man sie besonders bei der deutschen Nobelpreisträgerin von 1966 in der schwedischen Emigration, bei Nelly Sachs, findet, so im Gedicht vom Sabbatgast *Le Cháim*:

Willkommen
Wanderer
hereingeweht zu uns
aus der Steppe

In einer Wolke aus Staub
hinter dir
Wölfe

Im gefrorenen Dorf
Hütten ummauert
von Schnee
Weg ohne Atem
Eis dein Ohr

Und du lebst

Sabbatgast
daß du lebst
wir ehren das Wunder

Auf dein Wohl
auf das Wohl
aller Wanderbrüder
Le Cháim
Ahasver.

NELLY SACHS

Nelly Sachs (1891–1970) hat lange gebraucht, ehe sie – in ihrem sechsten, siebten und achten Jahrzehnt – die entscheidenden Gedichte geschrieben hat. Ihr schwedischer Freund Olof Lagercrantz hat von ihr gesagt: »In ihrer Jugend und der frühen Mitte ihres Lebens schrieb sie Gedichte, Prosa, Puppen- und Marionettenspiele. Sie lebte damals noch in einer konventionellen lyrischen Symbolwelt mit regelmäßigen, sich reimenden Versformen. Was sie selbst an Originalität besaß, verdrängte sie.« Erst mit Beginn der sechziger Jahre setzt sich diese Autorin mit Hilfe einiger Fürsprecher und Förderer (u. a. Enzensberger) bei uns durch, obwohl schon eine Reihe von Lyrikbänden vorliegen: *In den Wohnungen des Todes* (1947), *Sternverdunkelung* (1949), *Und niemand weiß weiter* (1957), *Flucht und Verwandlung* (1959). Erst mit

Flucht ins Staublose (1961) kommt rasch die Aufmerksamkeit der literarischen Öffentlichkeit. Ihr folgen *Glühende Rätsel* (1964), *Späte Gedichte* (1965), *Die Suchenden* (1966) bis hin zu dem Nachlaßband *Teile dich Nacht* (1970).
Nelly Sachs, gebürtige Berlinerin aus jüdischer Familie, gelingt mit Hilfe von Selma Lagerlöf noch 1940 die Ausreise nach Stockholm, wo sie in der Emigration bis zu

Nelly Sachs erhielt gemeinsam mit dem israelischen Dichter Samuel Joseph Agnon den Literatur-Nobelpreis für 1966. Auf dem Bild geleitet König Gustaf VI. Adolf von Schweden die Preisträgerin.

ihrem Tode lebt. Der Nobelpreis wird ihr (zur Hälfte) 1966 verliehen. Außer der eigenen Lyrik, Mysterienspielen, übersetzt sie deutsche Lyrik ins Schwedische. Wie bei Celan kommt ihre Lyrik »von weit«, aus heterogenem Bereich, wenn sie auch weniger den Weg ihrer Verwirklichung allein in der Sprache sucht. – Ein Kenner der Autorin, Hellmut Geissner, hat zusammenfassend formuliert: »Die Dichtungen der Nelly Sachs sind ein Höhepunkt metaphysischer Schreibweise, die Konsequenz ihrer sprachmystischen Transmutation.« Er spricht auch vom »ewigen Kreisen, dem großen Triebwerk, der Gleichung Tod-Geburt, Leben-Tod« bei ihr, die weder durch den individuellen Tod noch durch Völkermord widerlegt werde.
Nelly Sachs hat in ihren Gedichten Geschichte und Schicksal ihres Leiden und Tod ausgesetzten jüdischen Volkes noch einmal niedergeschrieben. Für alles, was von

dieser Lyrikerin stammt, die trotz schmerzgezeichneter, qualvoller Erinnerung unfähig zu hassen bleibt, gilt, was man in einer Bemerkung zu ihrem Mysterienspiel *Beryll sieht in der Nacht* (1961) lesen kann. Es heißt dort am Schluß: »Das Alphabet ist das Land, wo der Geist siedelt und der heilige Name blüht. Es ist die verlorene Welt nach jeder Sintflut.« Es ist in solchem Zusammenhang vom »ertrunkenen Wort« die Rede, »Musik und Mimus sollen das nach innen verschwundene Wort aus blutender Stummheit und Schlaf vorleuchten lassen.«

Beda Allemanns Meinung, daß das Gedicht der Nelly Sachs versuche, »die Sprache der Toten zu sprechen« und damit Todesmystik als Wortmystik erscheinen zu lassen, wird durch viele Gedichtbeispiele bestätigt, so wenn (in den *Späten Gedichten*) von dem »Märtyrersterben der Buchstaben / in der Urne des Mundes« gesprochen ist, von der »geistigen Himmelfahrt / aus schneidendem Schmerz«. Noch das luftige Element wird in solcher Dichtung zur »Klagemauer«, die aus einem harten, bitteren Kern besteht, der vom glühenden Ring einer durchdringend poetischen Sprache von visionärer Kraft, einer leidenschaftlichen Prophetie umgeben wird. Gedicht ist bei Nelly Sachs sogleich Beschwörung, Halbschlafrede, Hilferuf. Es ist jene Wort gewordene »blutende Stummheit«, und es ist auch Ausdruck für eine merkwürdige »Verpuppung« von Wirklichkeit, die durch den Kokon, durch das Traumgespinst erkennbar bleibt, aber doch auf deutlicher Flucht vor der Sichtbarkeit, im Sinne des erwähnten »nach innen verschwundenen« Wortes. Es ist diese *Zeit der Verpuppung*, von der eins ihrer späteren Gedichte spricht:

> Zeit der Verpuppung
> Zeit der Vergebung
> Verfallene mit den Gesichtern im Staub
> verspüren schon den Schulterschmerz der Flügel
> Wettlauf der Meridiane auf der Sternenhaut
> Aderlaß der Sehnsucht ins Meer der Verklärung
> Herzklopfen der Gestirne
> an den Türen der Liebenden
> die mit ihrem Rosenkranz ihre Münder fortbeten
> ihre Leiber in die unsichtbaren Landungen
> der Seligkeit.

Die visionäre Bildwelt der Nelly Sachs wirkt oft wie in einem schlaflosen oder doch überwachen Zustand notiert, notiert von jemandem, der gewissermaßen mit dem Wort überlebt hat in einer Welt des Schreckens, in der – wie es in einem anderen Gedicht heißt – der »Tod schneller als der Wind die schwarzen Karten mischt«. In den letzten Lebensjahren, die durch Krankheit verdüstert waren, ist kein weiterer Band der Lyrikerin mehr erschienen. Erst nach dem Tode kommt als Nachlaß der Versband *Teile dich Nacht* (1970) hinzu. Liebe und Tod, auch früher ein immer wieder aufgenommenes und variiertes Thema, kommen nochmals ins poetische Gespräch, in der metaphysischen Chiffrenkunst, die ihr eigen ist. Persönliches (Krankheit) verbindet sich mit dem zeitlosen Blick, dieser Blick-Intensität in das Dunkel von Dasein. Man vernimmt eine gleichsam gedämpftere Stimmhaftigkeit, die gelegentlich repetiert. Es ist eine Art Zurücksinken in die halbe und Viertelstimmlage. Große Beschwörung von einst hat möglicherweise einen stilleren Akkord hinzugewonnen.

»Der Sumpf der Krankheit / zieht nach unten / Irrlichterei sagt nein zum Tag / Nacht gähnt vor Barmherzigkeit / Sterben spielt weit verzweigt.« Mit derartiger Existenz-

Beschreibung endet das Lebenswerk der Nelly Sachs. Lebenslang hat diese Lyrikerin gesehen und gesagt, »was dahinter geschah«, hinter der Geheimnistür in andere Lebensmöglichkeiten. Das »glühende Rätsel« Dasein hat sie bis zum Schluß poetisch aufzuschlüsseln unternommen, mit dem ihr zur Verfügung stehenden Vokabular: »Im schwarzen Wasser Schlaf / es lichtert da und dort / Grabhöhlen ausgehoben / vom Gründer dieses Nachtbezirks / das Spiel der kleinen Tode / mein Tod inmitten sternenklar / gemietet haben sie die Luft / die ich noch atmen soll.« Es bleibt bis zuletzt die typische Nelly-Sachs-Geste angstvoll aufgerissener, schreckhaft geweiteter Augen. – HANS MAGNUS ENZENSBERGER hat (in dem Buch *Nelly Sachs zu Ehren*, 1966) gesagt, daß ihre Gedichte von dem sprächen, was Menschenantlitz hat: »von den Opfern. Das macht ihre rätselhafte Reinheit aus.« Und er faßt zusammen: »Dies ist der Ur- und Quellgrund dessen, was die Dichterin Nelly Sachs vermag: ihr Judentum hat sie nicht nur zum Opfer gemacht, es hat ihr auch die Kraft zugetragen, uns und unserer Sprache dieses Werk zuzuwenden.« Man erinnert, daß KURT PINTHUS seinerzeit sagen konnte, das Werk sei »der vorläufig und wahrscheinlich letzte Ausklang deutscher Sprache in jener dreitausendjährigen Ahnenreihe, die mit dem Psalmisten und Propheten begann«.

GRENZEN DES SURREALISMUS IM DEUTSCHEN GEDICHT

Das alles hat wenig mit literarischen Etiketten zu tun. Der Surrealismus bleibt demgegenüber nichts als ein solches Etikett. Es paßt genausowenig zu den Arbeiten der Nelly Sachs wie zu Celans Gedichten. Vorstellungen dieser Art sind von vornherein durch Programme, durch Poetologie vorbelastet, eingeengt, abgegrenzt. Die verbale »Freiheit« (und zugleich unerhörte Strenge), in die Celan das Wort entläßt, in der – visionärer noch – die Bilderwelt von Nelly Sachs verbleibt, ist schwerlich in Übereinklang mit der surrealistischen Bild-»Automatik« zu bringen. Der Autonomie-Anspruch seiner poetischen Methode war in der literarischen Praxis – von einigen ausgesprochen orthodoxen Wortführern abgesehen – nicht durchzuhalten. Er schabloniert sich rasch und ist jedenfalls außerordentlich abnutzbar. Das Wichtigste an dieser Methodik ist ihre Anregungsfähigkeit, die anderes in Umsatz brachte. »Der Surrealismus in ... engerem Sinn hat das moderne lyrische Sprechen, das in Deutschland nach 1945 zum Durchbruch gelangte, mitgeprägt, für sich genommen, hatte er jedoch keine Chance. Er ging in eine ihn übergreifende Entwicklung ein, und so schien er bald überholt« (Otto Knörrich, *Die deutsche Lyrik der Gegenwart*, 1971). So ist der französische Surrealismus allenfalls ein Nutzungsfaktor im deutschen Nachkriegsgedicht geworden, das er zu spät erreichte und zu einem Zeitpunkt, in dem er schon »in derjenigen Poesie« lebte (von ihr aufgesogen wurde), »die nicht surrealistisch sein will« (Charles Berger, *Bilanz des Surrealismus*, 1951). Während seiner Hauptentfaltungszeit in Westeuropa in den zwanziger und dreißiger Jahren, ist er in der deutschen Lyrik nicht einmal wahrgenommen worden, von Einflüssen zu schweigen. Dennoch gibt es Ausnahmen. Eine solche ist im Werk von ERNST MEISTER immer festzustellen gewesen.

Ernst Meister

Ernst Meister (* 1911) hat innerhalb des Entwicklungsfeldes unserer Lyrik trotz zahlreicher Veröffentlichungen (bereits 1932: *Ausstellung*, dann *Unterm schwarzen Schafspelz*, 1953; *Dem Spiegelkabinett gegenüber*, 1954; *Der Südwind sagte zu mir*, 1955; *Fermate*, 1957; *und Ararat*, 1957; *Pythiusa*, 1958; *Zahlen und Figuren*, 1958; *Lichtes Labyrinth*, 1959; *Die Formel und die Stätte*, 1960; *Flut und Stein*, 1961; *Gedichte 1932–1964*, 1964; *Zeichen um Zeichen*, 1968; *Es kam die Nachricht*, 1970; *Sage vom Ganzen den Satz*, 1972) während eines Vierteljahrhunderts einen hermetisch abgeschiedenen Platz eingenommen, was mit dem »Hermetismus« seiner Arbeiten im Zusammenhang zu sehen ist. – Im Vergleich zu Celan ist er methodologischer geblieben. »Ohne Existenz im Totum hat Dichten keinen Grund.« Die lapidare Äußerung gibt zugleich eine bestimmte Einseitigkeit wieder, die für Meister früher wie heute charakteristisch geblieben ist, eine bestimmte Monomanie, die wenig vergleichbar der Celanschen Freisetzung des Wortes ist, sondern eher verbale Inkrustierungen nach sich zieht.

Die »erstarrte« Haltung, die viele Gedichte Meisters annehmen (um in ihr, wenn auch nicht posenhaft, zu verbleiben), ist die Haltung eines Autors gegenüber einem mehr oder minder als automatisch empfundenen Schreibprozeß (»Wohl dem Autor, der nicht weiß, was Dichten ist, sozusagen schwarz auf weiß«, heißt es in einer poetologischen Notiz Meisters für Hans Benders Anthologie *Widerspiel* aus dem Jahre 1962). Am Anfang einer Selbstinterpretation (in Hilde Domins *Doppelinterpretationen*, 1966) wird der Entstehungsprozeß des fraglichen Gedichts »im Geiste einer sicher unfreiwilligen, das meint entstehungsspontanen Reduktion« verstanden. Es tritt – anders gesagt – das ein, was ein Kritiker, Helmut Lamprecht, folgendermaßen aufgefaßt hat: »Die Sprache provoziert sich, gerät in Eigenbewegung.« Mit dieser Eigenbewegung tritt allerdings bei dem sie dabei fixierenden Autor jene Kontrolle ein, die zur genannten Erstarrung führt, zu einer unverkennbaren Statik, die den Automatisierungsfluß gerinnen läßt.

Daß dies nicht immer eintritt, bezeugt ein anderer Chronist (Walter Jens), der bei den Gedichten des 1961 erschienenen Bandes *Flut und Stein* (die zum erstenmal in der literarischen Öffentlichkeit stärker bemerkt werden) Meister wegen seiner lyrischen Erzählkunst rühmt und ihn »den zartesten Epiker, der sich denken läßt« nennt. Aber der »Schatten des Mysten«, den Jens gleichfalls feststellt, liegt doch ebenso über vielem, was Ernst Meister produziert. Die Entwicklung zu einem kryptischen Lyriker, bei dem sich Liedhaftes und Reflektiertes miteinander verbindet, zeichnet sich schon in Veröffentlichungen zu Beginn der sechziger Jahre ab. Man hat von einer Tendenz zum Chiffren- und Formelhaften gesprochen, die zunehmend dominierend werde. Aber es bleibt bei diesem Lyriker doch immer die singbare Formel, die reflektierte Kantabilität, das, was Lamprecht kennzeichnet: »Singend reflektiert er über Gesang. Aber die Reflektion ist schon Scheitern des reinen Lieds. Die antithetischen Komponenten: Gesang und Reflexion bezeichnen die Pole dieser Lyrik, die im tiefsten Verstande dialektisch ist.«

Daß dieser oft als »unwillkürlich« und dunkel angesehene Lyriker indessen auch wieder des realen Bildes und einer geradezu gelassenen Sprache fähig ist, zeigen Gedichte des Bandes *Es kam die Nachricht* (1970), in dem eine Reihe von Liebesgedichten zusammengefaßt sind, die zu den besten, unmittelbarsten Gedichten zählen, die er geschrieben hat. Die sprachliche Konzentration, die von jeher über den Arbeiten Meisters liegt und gelegentlich das erwähnte Erstarrte und in ihrer Beharrlichkeit Verbissene annimmt, löst sich in diesen neuesten Produktionen, wiewohl das »Seherische«, eine gewisse Kryptomanie überhaupt, wohl weiterhin alles begleitet. Seine scheinbare Unzugänglichkeit ist doch Ausdruck einer in sich verschlossenen Inten-

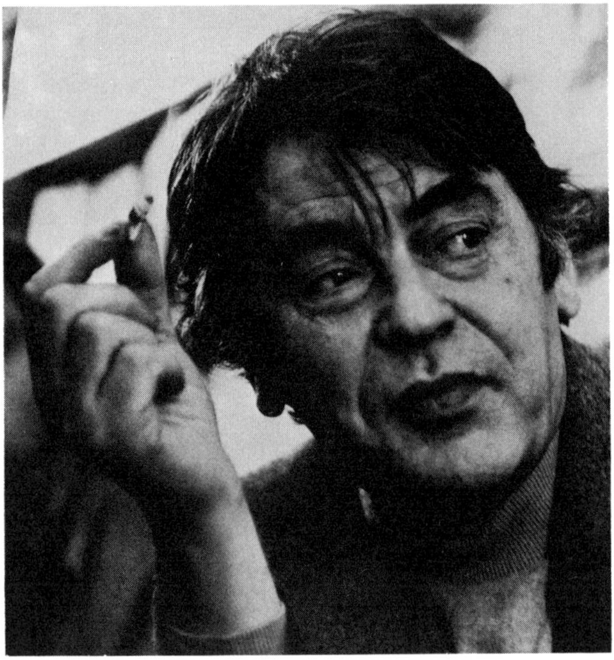

Ernst Meister

sität, Ausdruck dessen, was der Autor einmal in zwei Zeilen konstatiert hat: »Alles beruht auf sich. / Ich beruhe auf mir.« Die Bemerkung mag zutreffen, daß Meister – wenigstens in seinen besten Gedichten – »Abstraktion und Sinnlichkeit in die Anschaulichkeit« übergeführt habe, wiewohl diese Dialektik bei ihm etwas Quälerisches annehmen kann, die Beharrlichkeit etwas vom poetischen Eigensinn oder doch etwas Alternatives, wie es auch in dem Satz zum Ausdruck kommt: »Das Dichten ist ein volles Nichts im Riß der menschlichen Welt.« Der negative Anspruch, der hier formuliert ist, ist typisch für die Absichten, die sich in Meisters Gedichten zu verwirklichen suchen, typisch überhaupt für eine Autorengruppe, die man – mehr oder weniger berechtigt – in der Nähe deutscher Spielart des westlichen Surrealismus verstanden hat und verstehen kann. Meister hat dialektisch gewisse Zwangsläufigkeiten poetischer Automatik zu umgehen oder zu nuancieren versucht. Es ist ihm im zunehmenden Maße gelungen: ein Nebeneinander von Chiffre und Sinnlichkeit, wie sie Schlußzeilen seines Gedichts *Einfache Schöpfung* ausdrücken.

Das bleibt nur übrig:
Haar, das schwebt,
und Chiffren.

Wobei anzufügen bleibt, daß die Suche, das Bedürfnis nach »Chiffren« zu eben jenen kryptischen Vorstellungen führt, die Meisters Dunkelheit und Undurchlässigkeit ausmachen:

Es war
im hohen Mittag.
Verschlossene Tür;
dahinter Hundsgebell,
und worauf stand:
Zur Krypta.

Johannes Poethen

Mediterran-griechische Bilder aus einem jüdischen Lebensbereich tauchen immer wieder auch bei JOHANNES POETHEN (* 1928) auf (u. a. *Lorbeer über gestirntem Haupt*, 1952; *Risse des Himmels*, 1956; *Stille im trockenen Dorn*, 1958; *Ankunft und Echo*, 1961; *Wohnstatt zwischen zwei Atemzügen*, 1966; *Im Namen der Trauer*, 1971; *Gedichte 1946–1971*, 1973). Zivilisationslandschaft und mythische Landschaft als »Heilslandschaft« (Knörrich) sind oft bei ihm konfrontiert oder, wie der Autor sagt: »eine Art südliche Landschaft zunächst, mit den alten Figuren: Säule, Ölbaum, Augenblick, in dem die Zeit aufgehoben ist, eine Landschaft inmitten der Sandwüste. Dann: die nördliche Großstadt mit den neuen Figuren: Straßennetz, Motor, Augenblicke als Einheiten zählbarer Zeit; eine Landschaft inmitten der Steinwüste.« Das hat etwas von einem utopischen Modell. Die »künstliche« Landschaft, in der sich Poethen bewegt, nicht so sehr als »schöne Zuflucht«, vielmehr als Verwirklichung vorgefaßten Entwurfes, modellhafter Vorstellung, wird von ihm weiterhin in seinen Gedichten bevorzugt. Es ist eine poetische »Plan-Landschaft«, wie sie jemand entwirft, der seine Arbeiten »organisieren« möchte im »Labor der Träume«, von dem schon früh (an Benn anklingend) bei ihm die Rede ist (in HANS BENDERS Sammlung *Mein Gedicht ist mein Messer*, 1955): »In einem Labor wird bewußte und möglichst korrekte Arbeit getan. Träume verlaufen unbewußt und nicht korrigierbar. Das Gedicht nimmt an beiden Sphären teil. Es kommt ungerufen, seine Gestalt ist vorbestimmt mit der kaum konstruierbaren ersten Zeile, und doch gelingt es selten ohne Bewußtheit und Korrektur. An der vollendeten Gestalt muß beides gleichermaßen gleichgewichtig ablesbar sein: Traumhaftes und Laborwerk.«

Solche charakteristische Äußerung zeigt ein Dilemma, das in späteren Arbeiten Poethens weit weniger erscheint als in den frühen, unter solcher Dialektik und dem Zugriff derartigen Verfahrens, das zwanghaft wird. Poethen erwehrt sich dem »Zwang des Unbewußten« (durch den er in die Nähe der surrealistischen Praktik gerät) durch einen anderen Zwang: der poetischen Labortätigkeit.

Im labor der träume
wird das lied dieser stunde gehämmert

Stunde des flüchtigen doms

Stunde der zahlenkette
auf die alle sterne
gereiht sind

Einsame stunde der stirn
unter dem nächtlichen messer
das aus den rissen des himmels ragt

im labor der träume
stirbt der tod

(Risse des Himmels)

Die Anstrengung des Bewußtseins, das Gewaltsame des Prozesses, verrät doch nur die Anstrengung der Abkehr des unbewußten poetischen Prozesses, der weiterläuft und lediglich durch Entschluß, durch bewußten Akt korrigierbar, organisierbar erscheint. Das Herrische, das ein Willensakt ausdrückt, findet man auch in manchen der Poethenschen Arbeiten, der Anspruch auf »Form« als dem Primären gegenüber »Inhalt« oder, mit den Worten des Autors: »Die Chance des Gedichts, Zeit zu überdauern, besteht nicht in dem, was man als ›Inhalt‹ darin finden mag – ›Inhalt‹, also Stimmungen, Ideologisches, Wissenswertes, also lauter Persönliches: das ist unverbindlich. Erst die ›Form‹ macht gültig, erst geformt wird der jeweilige ›Inhalt‹ verbindlich.« Das Artifizielle bleibt – wie bei Meister – bis zu einer gewissen (wiederholenden und wiederholbaren) Manier vorherrschend.
Poethen ist in dieser Hinsicht unverändert geblieben, wenn auch das Schroffe seiner Anfänge sich später modifiziert. Geblieben ist die entrückte, mythische, mediterrane Topographie, die jedesmal – von Gedicht zu Gedicht – gleichsam in Besitz genommen werden muß, jenseits der »kahlen figur unsrer täglichen flucht«, wie es im bisher letzten Band, *Im Namen der Trauer*, heißt. Diese Besitzergreifung geschieht aus jener archaisch-mythischen Bewußtseinslage heraus, die bei Poethen unverloren ist und etwa in einem Text wie *Mythologisch 1* artikuliert wird:

In der nährenden Stunde von mund zu mund
spielen gemeinsam sonne und stier
allein in der anfänglichen ebene.

Die Gedichte Johannes Poethens scheinen unablässig auf der Suche nach dieser »Anfänglichkeit« in Landschaften und unter Menschen, die zu Erscheinungen stilisiert sind, zu archetypischen Figuren, die sich eher entziehen, als daß sie sich zu »erkennen« geben. Selbst da, wo der Autor betont einfach sein möchte (»einfache sätze«), werden – vereinfachte – Lineaturen von Schicksal und Widerfahrung gegeben. Poethens archaisierender Ton eines sozusagen seherischen Erkenntnisernstes bekommt zuweilen etwas Schmuckloses, Ernstes, ja Nacktes: »unsere rede geht nackt / auf ihrer fluchtbahn / und gräbt sich mit diamantenem zweifel / in die verschmähten wände des sterns.« Die anspruchsvolle Linearität wird bei ihm noch dadurch verstärkt, daß sie gestenarm bleibt und mehr und mehr bildarm (auch dies ein Entfernungsvorgang von einer möglichen surrealen Ausgangsposition). Bild wird sogleich in Vorgang, in mythischen Prozeß, in mythische Handlung umgesetzt.

AUFFÄCHERUNG SURREALISTISCHER ANSÄTZE

Die weite Auffächerung surrealistischer Ansätze im deutschen Gedicht der fünfziger (und vereinzelt noch der sechziger) Jahre ist ein im ganzen verstecktes, weil außerordentlich indirekt wirksam werdendes Phänomen, das man bei so verschiedenartigen Autoren wie beim »österreichischen«, also frühesten CELAN (*Der Sand aus den Urnen*), bei KARL KROLOW (während der Phase, in der er sich französischen und spanischen Lyrikern nähert), bei ERNST MEISTER wie bei JOHANNES POETHEN, ja, spurenweise anfangs bei HILDE DOMIN beobachten kann.

Hilde Domin

HILDE DOMIN (*1912; *Nur eine Rose als Stütze*, 1959; *Rückkehr der Schiffe*, 1962; *Hier*, 1964; *Ich will dich*, 1970) hat zweifellos einen raschen Entwicklungsweg in ihren Arbeiten durchlaufen. Aber daß Einflüsse (sie kam nach dem Krieg aus der Emigration im spanischen Sprachgebiet zurück) des internationalen (westlichen) Surrealismus – wenn möglicherweise auch nur im Verstande von CHARLES BERGER (*Bilanz des Surrealismus*, 1951), aus einer bestimmten Abwehr- und Überwinder-Haltung heraus – auch bei Hilde Domin vermutet werden können, läßt sich über ihre anfängliche Bild-Behandlung ermitteln. Denn die Metapher – einigermaßen vorherrschend im Gedichtablauf – in ihrer stark assoziativ aufgefaßten, »gleitenden« Anwendung, ihrer schwebenden Unabhängigkeit und Selbständigkeit innerhalb des einzelnen Textes, hat etwas den metaphorischen Vorlieben im französischen oder spanischen Gedicht der zwanziger und dreißiger Jahre Verwandtes.
Doch ist solches Verfahren sicherlich nicht mehr als ein Ansatzpunkt zu anderer Entwicklung, die sich innerhalb eines Jahrzehnts bei Hilde Domin vollzieht: Das Fortkommen vom schwebenden Entzücken des »Ich setzte den Fuß in die Luft, / und sie trug« ist bereits im ersten Band (1959) offensichtlich, so in dem geräumigen Text *Wen es trifft*, den man bald als ein »öffentliches Gedicht« erkannte und mit bedeutenden Beispielen dieses Genres verglich. Die »Vision eines Allgemeinen«, die KURT PINTHUS anläßlich des zweiten Buches, *Rückkehr der Schiffe* (1962), feststellt, ist noch in persönlichen Lebensumständen aufgehoben. Hilde Domin hat das »Unaufhaltsame« des Worts, in seiner Verwendungsmöglichkeit, in der Schnelligkeit seines Umsatzes und seiner Umsatzbedeutung, seiner Gefährdung und seiner Lebens-Chance praktiziert (»Das eigene Wort, / wer holt es zurück, / das lebendige / eben noch unausgesprochene / Wort?«). Das assoziativ verhauchte, das eindrucksfähige und ausdrucksbedürftige, literarisch anwendbare Wort, in seiner momentanen Artikulierungs-Fähigkeit, wird zwar von der Lyrikerin fortan nicht verlassen, aber es wird verändert, gerade dank der Unaufhaltsamkeit, die sich im Gebrauch und Verbrauch der Wörter entdeckt und aufdecken läßt:

Das Wort ist schneller,
das schwarze Wort.
Es kommt immer an,
es hört nicht auf, an-
zukommen.

Lieber ein Messer als ein Wort.
Ein Messer kann stumpf sein.
Ein Messer trifft oft
am Herzen vorbei.
Nicht das Wort.
(Rückkehr der Schiffe)

Mit dem dritten Band, *Hier* (1964), wird Hilde Domin dringlicher: »Was bedeutet es, heute und hier Zeitgenosse zu sein? ... Ich empfinde als das wesentliche Erlebnis unserer Zeit die entblößte Hilflosigkeit, mit der der Einzelne als Einzelner in einen Zusammenhang gestellt ist, den er weder überschauen noch lenken kann, und innerhalb dessen er – und das ist das Ärgste – auf die Tröstungen von Ideologie und Utopie

Hilde Domin

verzichten muß. Durch das Benennen der Erfahrung erlöst uns das Gedicht aus dieser Vereinzelung und hält uns eine neue, prekäre Zugehörigkeit hin: die Zugehörigkeit im Wort: Dies ist unsere Freiheit, die richtigen Namen nennen / furchtlos / mit der kleinen Stimme. – Deswegen ist Lyrik, ist Kunst vor allem Freiheit.«
Solche Sätze haben in ihren Gedichten Folgen. Zwar wird von ihr nicht aufgegeben, was sie »Nichtwort«, Lyrik, nennt, auch nicht strukturell verändert, wohl aber mit anderem Inhalt versehen. Es bleibt für sie: »Lyrik – das Nichtwort / ausgespannt / zwischen / Wort und Wort.« Und man findet immerhin Zeilen wie »Das Gefieder der Sprache streicheln / Worte sind Vögel / mit ihnen / davonfliegen«, andererseits aber auch die Wendung von den »Gedichten des Glücks«, von denen die Autorin sagt, daß sie sie nicht schreiben werde.
Ihr neuester Band, *Ich will dich* (1970), bestätigt solche Unmöglichkeit oder solche Absicht. Das Titelgedicht ist zugleich ein programmatisches Gedicht: »Freiheit / ich will dich / aufrauhen mit Schmirgelpapier« und »Freiheit Wort / das ich aufrauhen will«. Die neuen Arbeiten sind zum erstenmal dabei, etwas bewirken, eingreifen, aufmerksam machen zu wollen, Halt zu gebieten und hinzuweisen, da Gedichte für sie – wie sie sagt – »Erfahrungsmodelle« sind, erfahren mit der »öffentlichen Sache, die die Sache jedes einzelnen ist«. Die aus Angst, aus Depression aggressiven Gedichte von *Ich will dich* (»meine Worte haben Angst / vor Verrat / des Menschen / an dem Men-

schen«) ziehen die Kraft der nun direkt gewordenen, nicht mehr assoziativ angeordneten, vielmehr der gezielten literarischen Aussage aus jenem »Benennen« von Zuständen, die nur auf dem Wege dieses Benennens ihre Sprache finden und in ihr verbleiben, einer Alptraumsprache zuweilen, wie im Gedicht *Angsttraum I*: »ich träume / von einem großen blauen Blutfleck / dem Wortetod / dem Tod / meinem.« Hilde Domin gibt in solchen Zeilen nicht mehr Bilder, vielmehr nackte Faktizität weiter, Fakten, die durch Worte für sie ehestens glaubwürdig werden. Das hat gewiß nichts mit Wort-Vertrauen zu tun, aber doch mit der Vorstellung von literarischer und Lebens-Legitimation mit Hilfe von Worten, Worte, die nicht lediglich Artikulations-, sondern Erfahrungsmittel sind. Von ihnen ist in einem der persönlich gefärbten drei Gedichte *Geburtstage* die Rede:

Ich habe niemand ins Licht gezwängt
nur Worte
Worte drehen nicht den Kopf
sie stehen auf
sofort
und gehn

Man hat in solchen Zeilen die kürzeste Darlegung des Dominschen Wort-»Wesens«, seines Aktivitäts- und Wirkungsbedürfnisses, das zum Wirkungszwang werden kann, jedenfalls zu einer für die Autorin durchaus folgerichtigen Zwangsläufigkeit. Es ist allerdings eine Zwangsläufigkeit, die für sie »das heikle Leben meiner Worte / ihr Dennoch / ein Dennoch jedes Buchstabens« nicht ausschließt, wie man im ersten Gedicht eines Triptychons *Drei Arten Gedichte aufzuschreiben* erfährt. Aber im selben Zyklus ist solches Aktivierungsmoment unverhüllt ausgesprochen:

Ich will einen Streifen Papier
so groß wie ich
ein Meter sechzig
darauf ein Gedicht
das schreit
sowie einer vorübergeht
schreit in schwarzen Buchstaben
das etwas Unmögliches verlangt
Zivilcourage zum Beispiel
diesen Mut den kein Tier hat
Mit-Schmerz zum Beispiel
Solidarität statt Herde
Fremd-Worte
heimisch zu machen im Tun.

Das Sich-Gehör-Verschaffen-Wollen durch das hier zu realisierende Gedicht, »das Unmögliches verlangt / von jedem der vorbeigeht / dringend / unabweisbar«, wie es im Text später heißt, hat bei Hilde Domin etwas Angestrengtes, das um jeden Preis Aufmerksamkeit erregen möchte: eine »unmögliche«, aber eben deshalb notwendige Aktion, die andererseits die Autorin von den »kleinen Buchstaben« sprechen läßt (»damit die Worte leise kommen / damit die Worte sich einschleichen, / damit man hingehen muß / zu den Worten / sie suchen in dem weißen / Papier«). Die Diskrepanz der Vorstellung erzeugt Anspannung, eben jene Zerreißprobe, vor die manche Gedichte bei ihr gestellt sind und die sie auch nicht scheuen, um ihre Existenz berechtigt

zu sehen. Es sind widersetzliche Verse, die auf diese Weise zustande kommen, die aber in ihrer Widersetzlichkeit nicht die Hoffnung aufgeben, etwas zu erreichen, was erreichbar sein müßte: die Aufmerksamkeit der Menschen.
Keiner der Autoren, die sich dem Surrealismus näherten, hat die Konsequenz durchgehalten, das »eingeborene Fließen« (MAX HÖLZER) des Gedichts, seiner Bilder so unablässig zuzulassen, wie es der orthodoxe (frühe) Surrealismus gefordert hat. Der von der Metapher allein beherrschte Text, wird von dem einen früher, von dem anderen später aufgegeben, wenn überhaupt der Metapher diese über alles entscheidende Aufgabe anvertraut wird. Der monotone Ernst der surrealistischen Bildpraktik kommt zwar der vollkommenen Entäußerung des Autors von seiner Autorschaft entgegen (wie es für lange Zeit das wichtigste Merkmal so verschiedenartiger Ausprägungen wie des »spielerischen«, von Dada und Arp herkommenden Gedichts der frühen fünfziger Jahre oder der experimentellen, »konkreten« Lyrik bleibt, um nur zwei besonders markante Entwicklungen zu nennen), gelangt aber gerade im »Fließen« seiner Bild-Welt zu jähen, nicht gleich zu bemerkenden Erstarrungen, wie sie noch im Quasi-Surrealismus mancher Gedichte Ernst Meisters festzustellen sind. Bild-Bewegung wird schließlich durch literarische Methode so verfestigt, daß das Gegenteil derartiger beweglicher Metaphorik erzielt wird: eine Bilder-Statik, die sich in der erwähnten metaphorischen Erstarrungs-Pose zeigt. Das Posenhafte wird gewiß dem Surrealisten nicht bewußt. Es steckt im übrigen schon bei besonderen metaphorischen Vorlieben, so in der Neigung zur Bevorzugung der berüchtigten Genitiv-Metapher, die vorübergehend in der damaligen Diskussion zu Polemiken Anlaß gibt. Eine gewisse gewaltsame Umständlichkeit oder doch anspruchsvolle Schwerfälligkeit im Bild-Gebrauch führt relativ bald zum Verschleiß, zum Abnutzungsprozeß, der schließlich nur noch die Bild-»Hülse« zurückläßt.

VOM SURREALISTISCHEN ZUM SPIELERISCHEN GEDICHT

Die auf solche Weise veränderte fließende Bild-Behandlung läßt das Gegenteil von der beabsichtigten Freisetzung der Einzelmetapher oder des Metaphernschubes eintreten: Bild-Unfreiheit und damit Bild-»Tod«. Demgegenüber hat das spielerische Gedicht, die lyrische Groteske bis zum poetischen Kabarett, aufkommende Einseitigkeit durch seine enorme Beweglichkeit zu überspielen gewußt. Surrealismus und Dada liegen herkunftsmäßig dicht beieinander, bedingen einander bis zu einem gewissen Grade und waren – wenigstens in ihren Anfängen, gleich nach dem Ersten Weltkrieg – zuweilen kaum voneinander zu unterscheiden. Im deutschen Gedicht der Nachkriegszeit ist das späte Eindringen von Dada, durch die Wiederentdeckung HANS ARPS, diesem Gedicht für eine Weile zugute gekommen. Das spielerische Gedicht hat die Konvenienz von Tradition und Naturlyrik, als durchaus »unangepaßte« literarische Praktik, mit beenden helfen. Es hat zu einer bis dahin nicht bekannten Auflockerung geführt. Es hat den Einfall in die Sprache wieder zurückgeleitet und seinen Witz und Aberwitz. Es hat das Momentane bis zum augenblicklichen Salto gesteigert. Es hat freilich auch der Phantasie, der Phantastik des Augenblicks nachgegeben bis zur Selbstwiderlegung. Aber schon daß sich ein derart spielerisch angelegtes Gedicht selbst widerlegen mag, ist ein Zeichen von genutzter artistischer (und schließlich auch moralischer) Freiheit gegenüber der eigenen »Materialität«.

Sicher ist, daß seit Arps Wiedererscheinen mit den Bänden *Behaarte Herzen, Könige vor der Sintflut* (1953) und *Wortträume und schwarze Sterne* (1954) sowohl in der Schweiz wie in der Bundesrepublik, dem deutschen Nachkriegsgedicht nahezu unversehens ein Spiel-Raum geschaffen wird, den es zuvor nicht besitzt. Überhaupt ist in den nun folgenden Jahren im Gedicht bei uns eine Variationsbreite der Praktikabilität erreicht, die noch kurz vorher nicht für möglich gehalten wurde. Surrealismus, Dada-Spieltrieb, das experimentelle Gedicht der »Konkreten«, schließlich die sich abzeichnende, spätestens mit ENZENSBERGER evident werdende Politisierung der Lyrik in der Bundesrepublik treffen bald schon aufeinander und ergeben das neue Ensemble einer Entwicklung von Strukturverschiebungen und inhaltlichen Veränderungen, die bis jetzt folgenreich sind. Das deutsche Gedicht streift zu diesem Zeitpunkt seine nationale Enge, Einseitigkeit, Selbstgefälligkeit und überwiegende Stagnation in einem fast explosiven Akt der Befreiung ab, der ihm die neuen Artikulierungsmöglichkeiten, meistens von außen, zuführt. Soweit heute ersichtlich, ist solch ein plötzliches »Angebot« von Ausdrucksmöglichkeiten weder vorher noch später festzustellen gewesen, denn daß es nicht bei einem Angebot bleibt, zeigen die Veröffentlichungen des »goldenen« Lyrik-Jahrzehnts zwischen 1952 und 1962, einer Blütezeit des deutschsprachigen Gedichts nicht sowohl als vielmehr des Gedichts in Österreich und in der Bundesrepublik. Gleichzeitig setzt allerdings ein sich steigerndes Ausmaß von Abnutzung individueller Begabung ein. Das Kommen und Gehen von Namen häuft sich, mit der Kumulation von Talenten.

Hans Arp

HANS ARP (1887–1966) ist möglicherweise der wichtigste individuelle Auslöser. Denn für das experimentelle Gedicht – bevor es bei uns Einlaß fand – war es durchweg charakteristisch, daß es im halb anonymen Bereich von Autorengruppen entstand. Es profiliert sich nicht in einem Wortführer oder doch in einem einzelnen, dem man Wortführerschaft zubilligen muß. Als EUGEN GOMRINGER es in Ulm – von der Schweiz herüberkommend und an der »Hochschule für Gestaltung« zusammen mit Max Bill arbeitend – zum erstenmal bei uns praktiziert, liegt diese über die internationale Gedicht-Szene verstreute, etwas konventikelhafte Bereitschaft vor. Das experimentelle Gedicht zirkuliert. Das spielerische Gedicht etabliert sich weitgehend in einer ausgeprägten literarischen Individualität wie der Hans Arps.
Arp, eine künstlerische Doppelbegabung und als Lyriker zweisprachig schreibend, ist gebürtiger Straßburger und 1916 Mitbegründer des Dadaismus in Zürich. Er veröffentlicht in den meisten damaligen Experimentalzeitschriften. Seit 1927 findet er in Meudon bei Paris sein Domizil und lebt bis zu seinem Tod in Basel mit Unterbrechungen dort und bei Locarno. Nach seinen beiden Amerikareisen (1950 und 1952) beginnt der internationale Ruhm als Plastiker. Die frühen Gedichtbände vom Beginn der zwanziger Jahre werden sämtlich wieder ans Licht geholt und liegen in der heutigen deutschen und schweizerischen Gesamtausgabe des lyrischen Werkes vor (*Der vogel selbdritt* und *die wolkenpumpe*, 1920; *Der Pyramidenrock*, 1924; *Weißt du schwarzt du*, 1930; *Muscheln und Schirme*, 1939). Neue Versbände erscheinen zwischen 1953 und 1965 (*Auf einem Bein*, 1955; *Worte mit und ohne Anker*, 1957; *Mondsand*, 1960; *Sinnende Flammen*, 1961, und *Logbuch des Traumkapitäns*, 1965). In Zürich erscheinen

Erinnerungen, Dichtungen, Betrachtungen aus den Jahren 1919–1954 unter dem Titel *Unsern täglichen Traum* (1955), während in der Bundesrepublik 1963 die *Gesammelten Gedichte I. 1903–1939* herauskommen.

Fritz Usinger, neben Walter Höllerer derjenige, der sich mit dem Wiederbekanntwerden Arps für diesen kritisch einsetzt, hat zur Charakteristik der Lyrik festgestellt: »Hans Arp verletzt nie die Syntax des Satzes, er verletzt nicht den Satz und wirft nicht die Worte frei in den Raum. Er ist kein Sprachzertrümmerer, sondern ein Sprachzauberer. Er beläßt die Worte in ihren Satzzusammenhängen, in ihren Bindungen, sozusagen ab ihren Fäden. Er zerreißt diese Fäden nicht... Er spielt mit dem Wortsinn, mit den Wort-Sinnen, er wirft sie durcheinander, bindet sie wieder in der unvorhergesehensten Weise.« Usinger hat an anderer Stelle (*Die dichterische Welt Hans Arps*, 1965) auch den Unterschied zum Surrealismus umrissen: »Die Gedichte ... sind keine Traumerlebnisse und meistens auch noch nicht einmal Ergebnisse von Wachträumen. Sie haben mit dem automatischen Surrealismus nichts zu tun. Sein Reichtum stammt nicht aus einem ganzen oder halben Unterbewußtsein, sondern einfach aus der reichen Bildekraft des Künstlers.« Mit anderen Worten: bei Arp liegt nicht das vor, was Usinger die »metaphorische Phantasie« nennt. Das »Wortzaubern« wird von Arp tatsächlich selbst betätigt, wenn es auch ungenügend das Phänomen des Arpschen Gedichtes erläutert. In einem *Wegweiser* zum Band *Wortträume und schwarze Sterne* erinnert sich Arp seines Weges:

Schon zu jener Zeit (im ersten Jahrzehnt des Jahrhunderts, und ehe Dada ins Leben gerufen war) bezauberte mich das Wort. Ich füllte Seite um Seite mit ungewöhnlichen Wortverbindungen und bildete ungebräuchliche Verben aus Substantiven. Ich gestaltete bekannte Verse um und deklamierte sie mit Hingebung und gehobenen Herzen ohne Unterlaß, fort und fort, als sollte es kein Ende nehmen: Sterne sterne manchen Stern, daß zum Zwecke Sterne sternen, walde, walde manchen Wald, daß zum Zwecke Wälder walden, zacke, zacke manchen Zack, daß zum Zwecke Zacken zacken. Der Mißbrauch der Unterlage ahndete sich oft grausam, und es erging mir wie dem Zauberlehrling in Goethes Gedicht. Erst viel später erkannte ich das tiefe Wesen solcher »sinnlosen Späße« und gestaltete dann bewußt solche Erlebnisse. Ich wanderte durch viele Dinge, Geschöpfe, Welten, und die Welt der Erscheinung begann zu gleiten, zu ziehen und sich zu verwandeln wie in den Märchen. Die Zimmer, Wälder, Wolken, Sterne, Hüte waren abwechselnd aus Eis, Nerz, Nebel, Fleisch, Blut gebildet. Die Dinge begannen zu mir zu sprechen mit der lautlosen Stimme der Tiefe und Höhe.

Das ist zu einem Zeitpunkt zur Sprache gebracht als beim alternden Arp gewisse verbale Mystizismen sich innerhalb seines so überaus variablen und geradezu variationssüchtigen Konfigurationsstils durchzusetzen beginnen, und der Wort-Spaß, das Durch-Spielen des Einzelworts und des Satz-Zusammenhangs aus dem schönen oder wortwitzigen Un-Sinn zum späten Tiefsinn wird. Arp hat übrigens im zitierten *Wegweiser*-Text auch kurz den Unterschied zur verwandten automatischen Dichtung des Surrealismus dargestellt. Danach sind seine Texturen »nicht nur automatische Gedichte, sondern schon Vorläufer meiner ›papiers déchirés‹, meiner ›Zerreißbilder‹, in denen die ›Wirklichkeit‹ und der ›Zufall‹ sich ungehemmt entwickeln können«. Arp spricht hier noch nicht vom Gebrauchsgedicht, wie man es heute kennt, von einem literarischen Text, der zum alsbaldigen Verbrauch bestimmt ist. Aber daß es sich um etwas durchaus Ähnliches in diesen Momentan- und in gewissem Sinne »Abfall«-Produkten, diesen »Verzehr«-Gedichten handelt, ist unverkennbar. Gerade ihre Springlebendigkeit, ihr versucherischer Übermut und der dadurch geschaffene Leben-

Der Dichter, Maler und Bildhauer Hans Arp vor eigenen Plastiken.

digkeitsfaktor, der Überschuß an vitaler Leichtigkeit, an grotesker, an unablässiger Sinn-Verschiebung bringt den sofortigen Umsatz, geradezu den »Konsum«-Charakter derartiger Gebilde, in Umlauf.

Während der konsequente Surrealist durch zu strenge Methodologie die zunächst gewonnene metaphorische Freiheit einengt und nur bei Durchbrechung dieser methodischen Schallmauer plötzlich Gewinn an Artikulierungsfreiheit erzielt werden kann (beim sich völlig vom Surrealismus lösenden Celan durch den neuen, unerbittlichen Wortzwang, das Aufsuchen von Wortherkunft, von Wortwurzel, Wortgeschichte – einem Vorgang von »konkretem« Ernst und einer Unausweichlichkeit, die jederzeit in Wort-Tod umschlagen wird), ist die verbale Konfigurations-Freiheit, wie sie Arp in den Gedichttexten der fünfziger Jahre erreicht, die Märchen- und Fabelfreiheit des Worts überhaupt. Sie findet schließlich keinen Widerstand, während der Surrealismus durch Zwang zur Automatik dem Widerstand erliegt, der sich seiner allzu kalkulierbaren (wenn auch zunächst mit dem Unbewußten arbeitenden) Poetologie entgegenstellt.

Aber gerade solches Fehlen von Widerstand labilisiert die Spontaneität, die ursprüngliche Frische, die Unschuld, den Zufall und macht sie unfrisch und nicht selten lediglich läppisch oder läßt sie sich – an dieser Widerstandslosigkeit ermüdet – in ein

•

Wie kämen uns
himmelblaue Seelen
und himmelblaue Lieder gelegen.
Was wären dies für Flügel.
Und ein Engel
sollte die Sternenzügel führen.
Wie sehnen wir uns
nach diesem großen Ausflug.

•

Gedicht und Zeichnung von Hans Arp aus dem Band »Sinnende Flammen«, Zürich 1961 (Verlag der Arche)

deutlich sentimentales Einspinnen verkehren, in eine gespinnsthafte, dekorative Mystik, die auch bei rituell werdender konkreter Lyrik (so in GOMRINGERS *stundenbuch*, 1965) auftritt und lästig wird. Diese »Alterungs«-Vorgänge beim spielerischen Gedicht vom Arpschen Typus, bei der Grotesk- und Unsinn-Lyrik überhaupt, sind von Arp selber, wenn schon nicht eingestanden, so doch beschreibend erkennbar gemacht worden. In seinem Fall kommt persönliche Erschütterung (der Tod der Gefährtin Sophie Taeuber, 1943) hinzu: »Die Gedichtfolgen ›sophie‹ und der ›Vierblättrige Stern‹ sind bezeichnend für diese Zeit. Den zu Tode Getroffenen beschäftigen die Formprobleme nicht mehr. Er will sich dem unkörperlichen Reiche nähern. Er nimmt Abschied in kindlichen Mitteilungen.« Der letzte Satz hat Stichwort-Charakter auch für den späten Arp. Sein Abschiednehmen sieht in der Tat so aus, wie von ihm selbst ausgedrückt. Das mutwillige Gedicht von einst hat sich zunehmend infantilisiert. Der »bewußte« Übermut von einst, wird in einem langen, langsamen Prozeß von einer

LOS LOS MIT DEM KINDERSPIEL

Los los
kommandiert es
brüllt es
los los
mit dem Kinderspiel
und schon sausen
Fetzen von Vaterländern
erstaunte Gebirgsketten
der Niagara in tadellosem Zustand
ferner leicht beschädigt Kap Horn
das jedoch zum Glück
über zahllose
Ersatzhörner verfügt
über unsere Köpfe hinweg.
Die jungen Übermaschinen
jauchzen jauchzen
von hinten nach vorne
von vorne nach hinten
denn der Spaß
findet zu ihrer
Erbauung statt.

Das Gedicht »Los los mit dem Kinderspiel« steht in Hans Arps »Logbuch des Traumkapitäns«, Zürich (Verlag der Arche) 1965.

sanften Verkindung der Artikulation abgelöst. Ein oft zitiertes Gedicht *Mondsand* (1960) kann hierfür ein Beispiel abgeben, wenn es in ihm im Unschuldston und reimbereit heißt:

Der Mond ist eine Blume,
sie wächst in uns hinein.
Zu welchem Heiligtume
macht sie den armen Schrein.

Das hat nichts mit literarischer Betroffenheit, sondern mit literarischer Ermüdung zu tun, einem strapazierten Einfallsreichtum, der ins Lallen kommt. Die Drastik des Unterschieds läßt sich bei einer Gegenüberstellung mit einem Arpschen Konfigurationstext unschwer erkennen. Diese Konfigurationen sind ohne Mystik und ohne Mystifikation. Sie haben nichts von den Absichten, die Arp in Hinblick auf eines seiner Mondgedichte aus späterer Zeit kundtat: »Das Unsichtbare zu gestalten, ist sich der Schöpfung nähern.« Sie sind vielmehr für solchen Arpschen »Weg nach Innen« zu hurtig, zu pfeilschnell, aber auch zu sehr mit ihrer Mutwilligkeit und der Prüfung und Bestätigung des literarischen Perpetuum mobile beschäftigt, beschäftigt mit der Tatsache, daß man spielend auf das literarische Spiel achten muß, das getrieben wird, damit aus dem Spiel nicht unversehens (bitterer, gefährlicher) Ernst werde, die alte Situation des Spielers überhaupt, der darauf zu achten hat, daß ihm nicht unversehens mitgespielt werde.

Das Überlegte, Bedachte des Spielens – von Arp zugegeben – ist von Anfang an seine Problematik. Es ist im Literarischen unter keinen Umständen »absolut frei«, wie es absolute Freiheit der Konstellation, des Arrangements nicht gibt – eben, weil es schließlich Konstellation und Arrangement nicht gibt oder beides doch nur für Momente vorgegeben ist. Das spielerische Gedicht ist das schönste Scheingefecht, das Lyrik sich leistet, von den Purzelbäumen der Groteske bis zum heiteren Tiefsinn des Nonsens, bis zu Protest und Aggression, die in ihm stecken und sich auf diese Weise eher erleichtern als in Rage versetzen lassen wollen. Arp hat in seinen konfigurativen Texten erprobt, zu welcher verbalen Geschwindigkeit ein Gedichttext fähig ist, ohne dieses Sprechtempo – ein Einfalls- und Zufalls-Tempo – mäßigen zu müssen. Denn Mäßigung würde auch hier sogleich zu Verlust führen und hat dies übrigens auch bei Hans Arp getan, dann nämlich, wenn Rasanz in kindliche, puppenhafte Pose umschlägt, in augenblickliche infantile Traurigkeit der Figurine. Auch die Wörter werden dann in ihrem Figurinen-Dasein erkannt und nehmen ein melancholisches Flair an, eine eigentümliche und überraschende verbale Schwermut, die die Schwermut der überführten Leere, der überführten Hilflosigkeit ist, der sie sich ausgesetzt hatten und offenbar auch aussetzen wollten.

Diese Leichtigkeit der verbalen Konfiguration – zugegeben: gelenkt, bewußt gerichtet auf den Vorgang des Abschnurrens – wird das Opfer seiner Anlagen und seiner möglichen Chancen. Arp hat in seinen Überlegungen zur Konzeption des Gedichts gezeigt, wie sehr er zu lenken beabsichtigt: Lenkung hier durchaus als notwendiger Vorgang aufgefaßt, als ein Akt von Abwehr von Schwierigkeiten, die dem Gedicht bestimmten Typs, wie er es praktiziert, drohen. Wir haben von ihm den Hinweis, daß er später »Gedichte mit einer beschränkten Anzahl Wörter, die in verschiedenen Konstellationen auftreten« geschrieben habe. Er stellt fest: »Die Beschränkung in der Zahl der Wörter bedeutet keine Verarmung des Gedichtes, vielmehr wird durch die vereinfachte

Darstellung der unendliche Reichtum in der Verteilung, Stellung, Anordnung sichtbar.« Damit ist wiederum der bewußte Konzeptionsakt zugegeben: die Absicht des erwähnten Arrangements bestimmter Art. Die Absicht wird notwendig, als Ökonomisierungs-Prozeß, um den einzelnen Text in seiner Absicht zu hindern, sich gegenüber seinem Autor selbständig zu machen (wie das in vielen Texturen der experimentellen Lyrik der Fall sein wird) und ihn allenfalls als Auslöser und »Pilot« gelten zu lassen. Arps vokabuläre Beschränkung beabsichtigt, Autorschaft zu erhalten und gegenüber dem »unendlichen Reichtum« des in absoluter Freiheit versetzten Textes zu behaupten.

Die Wortspiel-Worte, bei denen die Bedeutungen nicht zugelassen scheinen, um dann um so überraschender in bestimmter Konfiguration zusammengeführt und beieinander belassen zu werden, sind in einem programmähnlichen Text *Worte* (1960/61) vorführbar gemacht worden. Ihr Vorüberzug erklärt die Arpsche Wortwelt fast panoramatisch:

Worte von Wunderwanderungen,
Worte auf Wanderungen.
Flockenworte.
Lichte Worte entflohener Blumen.
Worte von schwebenden Bergen
oder wenn Sie dies übertrieben finden
Worte von Wolkenbergen.
.
Unverhofft blühen Worte um Worte auf
mit lichten Blumengesichtern.
.
.
Diese mit Kreide
an die Wandtafel geschriebenen Worte
werden ausgewischt
und durch nachfolgende Worte ersetzt:
»Eine fleischgewordene Fahne
mit einem Basiliskenblick.«
Eine Pfeife schreibt still vergnügt
ohne lästigen Raucher
lautlose Rauchworte in die Luft.
Lichtlos lautlose süßduftende Worte
entflohener Blumen
.
Ein Wörterstrauß
der alle seine Blumen
auf einmal sprechen läßt.
.
Worte verwandeln den sprechenden Armen
in einen Wortreichen
der an jedem Arm einen Wortarmen führt.
Worte wittern die falschen und die richtigen Worte.
Oft sind die falschen Worte die richtigen Worte.

»Der Mann, der beliebig Worte erfand«, wie der Schweizer Lyriker HEINZ WEDER es ausgedrückt hat, hat gerade diese Beliebigkeit zu ordnen verstanden, indem er sie in

wechselnde Verbindungen zueinander bringt. Das »Unverhoffte« des Worte-Findens bekommt doch – dank des Beteiligtseins ihres Autors – Eignung für Zusammenhalt, wenn schon nicht für Festigkeit, wie sie inhaltlich nachdrückliche Texte, Texte gleichsam »mit Hand und Fuß« aufweisen. Ihnen gegenüber bleibt das Gedicht Hans Arps ein Gedicht der »Rauchworte«. Es sind nicht zuletzt Gedichte aus Worten mit deutlichem Zusammenhang nach rückwärts, nach verkappter, eigenwilliger, sprunghaft aufgefaßter Tradition, die über Dada hinaus bis zur Romantik und bis zur Mystik reicht. Die Rückbeziehung auf Überlieferung nimmt bei Arp mit den Jahren zu. In *unsern täglichen Traum* hat er, wie vorher auf *Des Knaben Wunderhorn*, auf Chroniken aus dem Mittelalter, Volksbücher und Volkslieder, auf Johannes Tauler (um 1300 bis 1361) verwiesen, wenn er feststellt: »Der strahlende Glanz der mystischen Dichtungen zog uns an, in denen der Mensch von Freuden und Leiden befreit wird. Es war der ›unbekümmerte Grund‹, wie Tauler ihn nannte, nach dem wir uns sehnten.«
Solcher Sehnsuchtskomplex wird angesichts der verbalen Turnkünste der Arpschen Gedichte oft übersehen, gerade deshalb, weil er sich der Sehnsucht phantastisch – im kopfüber, kopfunter – bedient, »unbekümmert«, wie in einem hierfür charakteristischen »Porträt«-Gedicht (*Logbuch des Traumkapitäns*, 1965):

Wer bin ich?
Bin ich ein verschollener Kuckuck
der nur für einen kurzen Augenblick
wieder aus der Unendlichkeit treten muß
um kuckuck zu rufen?
Wer bin ich?
Warum hatte ich noch nie die Gelegenheit
mir einmal herzlich
die Hand drücken zu dürfen?
Wer bin ich?
Bin ich ein greulicher Fetzen
der verfluchten bluttriefenden Vaterländerringelreihn?
Bin ich ein Fetzen zerfratztes Fratzenwasser
zerbalgten Überschallbalges
zerflaggten Undinges?
Wer bin ich?
Nein leider kein Günstling
der Undinen.

In solchen Zeilen wird zugleich ein Stück Phänomenologie des spielerischen Gedichts gegeben, seiner Kindlichkeit, seines Fabelsinns, seiner kaum verhüllten Melancholie, seines traurigen Bescheidwissens, seiner (politischen) Gereiztheit, die noch nicht Aggression ist, seiner verqueren Einsichtsfähigkeit in eigene Un-Möglichkeiten, in eigene »Boden-losigkeit«. Der verbale Scherz, übertriebene, augenblickliche Formulierungsfähigkeit, führt, wenn schon nicht zur Formulierungs-Krise, so doch zur Spiegelung von Schwierigkeit und Grenze und wird dadurch in eine unsicher balancierende Ausdruckshaftigkeit übergeführt, die Leichtigkeit bald nur noch vorgibt und imitiert, indem sie sie wieder und wieder repetiert, ohne freilich Spiel-Raum aufzugeben. Eines der für Arp solchem Dilemma entsprungenen, kennzeichnenden Gedichte ist sein *Hinunter hinunter* aus *worte mit und ohne Anker* (1957). Es entstand 1955/56.

Langsam langsam Federchen.
Langsam kopfüber langsam kopfunter hinunter.
Allzulange Locken sind allerdings hinderlich.
Aber selten reibt sich ein Mensch
schmunzelnd die Hände
beim Niedersteigen in das bodenlose Loch.
Einen Spiegel der nicht spiegelt
nannte ich zuletzt
dieses himmelblaue Loch.
Aber viel Geduld und Pein wurde mir gewährt
und es fängt bei mir ein wenig zu dämmern an.
Die Menschen sind Spiegel
die alles verspiegeln.
Ach ja
schaukelnd drehend
hinunter hinunter Federchen.

Ein kindliches Lamentieren mischt sich ein, eine kasperhafte Hilflosigkeit bleibt zurück. Man denkt wiederum an das Abschiednehmen »in kindlichen Mitteilungen«.

Arps Einfluß

Arps Einfluß ist eine Zeitlang bei ganz unterschiedlichen Autoren über Jahre zu erkennen. GÜNTER GRASS und sein lyrischer Erstling *Die Vorzüge der Windhühner* (1956), PETER HÄRTLINGS *Yamins Stationen* (1955), die »Kasper«-Gedichte HÖLLERERS (*Gaspard* in *Der andere Gast*, 1952), manches von GÜNTER BRUNO FUCHS seit seinem *Brevier eines Degenschluckers* (1960), auch die spielerischen Imitationen RÜHMKORFS aus *Irdisches Vergnügen in g* (1959), seine Bissigkeit, wo sie einen leichten, auch bänkelsängerischen, songähnlichen Ton anschlägt, weniger CHRISTOPH MECKEL in seinen ersten Büchern (*Tarnkappe*, 1956; *Hotel für Schlafwandler*, 1958) oder einzelnes bei ELISABETH BORCHERS und CHRISTA REINIG, noch bei HORST BINGEL (*Kleiner Napoleon*, 1956; *Auf der Ankerwinde zu Gast*, 1960) kann man in Verbindung mit dem »Modell« Arp bringen. Eine ganz bestimmte Sprechlage hält sich – als Strömung – im Gedicht für ein Jahrzehnt wenigstens: Schelmenweisen, Verschmitztes, versteckt Aufsässiges, Akrobatisches, Gnomenhaftes, Skurriles, lyrische Kabarett-Nummern, sanfte Hinterlist, gezielt »Verkorkstes«, entsprechend beabsichtigte Einfalts- und Unschuldstöne, Kinderspielzeug, in Zeilen untergebracht und über sie verstreut, zauberladenhafte Divertimenti, luftige poetische Scharaden.

Peter Härtling

PETER HÄRTLING (* 1933) hat sich später der Prosa zugewendet. Aber zunächst veröffentlicht er vier Gedichtbände (*Poeme und Songs*, 1953; *Yamins Stationen*, 1955; *Unter den Brunnen*, 1958, und *Spielgeist Spiegelgeist*, 1962). Zur Person seiner liebenswürdig-kindlich-träumerischen Erfindung »Yamin« hat er sich später geäußert: »Yamin ist die Lust zur Metamorphose. Er ist kein gewöhnlicher Narr. Er kann nicht nur sein Lächeln lächeln, sein Lachen lachen, sein Weinen weinen. Mit ihm war dem Schreibenden möglich, in die Dinge zu schlüpfen und dem beharrlichen Ich, das nicht aus seinem Zirkel springen kann, den Boden zu entziehen.« Die nachträgliche Reflexion (1961, in der erweiterten Fassung von HANS BENDERS *Mein Gedicht ist mein Messer*) benimmt der spielerisch liquiden und bezaubernd kindlichen Märchen- und Einfaltsgestalt des Yamin nicht ihre Unschuld, ihre poetische Reinheit. Auch Yamin ist ein Vorbote des Härtlingschen »Spielgeist-Spiegelgeist« späterer Jahre. Er hat nicht das Koboldhafte mancher Arpscher Figurinen. Er ist eine schmalgezogene, an Plastiken Lehmbrucks erinnernde, sanft melancholische Jünglingsgestalt, ein Wesen, das weniger »erfunden« wirkt als die quirligen, ver-rückten Dada-Gestalten.

»Yamins Stationen« sind die Lebens-Stationen eines staunend und traurig in die Welt blickenden dichterischen Wesens. KURT LEONHARD hat damals von Yamin sagen können: »Verzweiflung ist nur eine der Stationen Yamins, und er geht durch sie hindurch wie ein chinesischer Weiser durch eine Felsenwand. Dabei ist er weder ein Weiser noch ein Heiliger, sondern einfach ein junger Mensch, der seiner Faszination folgt. Weg, Fahrt, Ferne, Verwandlung, Vergängnis, Verbannung, Verlorenheit – das sind die immer wiederkehrenden Themen ... Ein haardünner Faden ist zwischen dem Unwiederbringlichen und dem Unentrinnbaren über den großen Fluß gespannt. Auf diesem Faden tanzt Yamin.« Die Erfindung Härtlings vom Jahre 1955 ist eine der sympathischsten und heitersten, schwerelosesten Erfindungen des deutschen Nachkriegsgedichts. Eine jugendliche Schwermut einerseits, andererseits die Anmut eines Schubertschen Impromptus (Yamin kennt sich in Schubert aus), chaplinesker Charme und sehr zarter Übermut treffen aufeinander und machen aus ihm mehr als einen Dada-Wechselbalg, der aus der – poetischen – Holzwolle redet. »Yamins einmaleins der hände« und sein »spiel durchs spiel / fließ durch den fluß« drücken das zärtliche Klima des Spiels aus, das angestrebt und erreicht wird.

Es sind spielwerkähnliche Gedichte, wie für sehr ernsthafte Kinder geschrieben, voller Unbegreiflichkeit und voll flüchtigen Zaubers: »Fließ durch den Fluß / verlier die Zeit / Romeo und Julia wohnen in der Nachtigall / auf grünen Kutschen fahren Käfer vorüber / sag nicht aber / spiel durch das Spiel – Yamin lächelt im Esel / saug dich in Yamin...« – Härtling hat solches frühe Spiel so nie wieder »durchgespielt«. Die Bände *Unter den Brunnen* und *Spielgeist – Spiegelgeist* sind keineswegs Fortsetzungen, Erweiterung des lyrischen Erstlings. Es handelt sich in den Gedichten der beiden Bände gelegentlich um Varianten. Die Bevorzugung bestimmter Themen bleibt wohl gewahrt. Es gibt »Kindergedichte«, ein *kinderlied*, ein *Kasper*-Gedicht, einen *seiltänzer*, und *nun gehen alle kinder schlafen*. Spätestens *Spielgeist–Spiegelgeist* wird »erwachsener«. Das Autobiographische spielt hinein. Das Puppenspielerische, Leichte bleibt dabei gewiß unverloren, die Härtlingsche Entfaltung des kindlichen Welt-Blicks, das Hinmurmeln von Umwelt, das Staunen mit großen Augen, hinter dem nochmals das Unbegreifliche und auch schon jenes Unwiederbringliche zählt, das dazu gehört. – Die Arp-Verwandtschaft – zierlich in Reime gebunden, ein Drei-Strophen-Gedicht lang – ist unverkennbar im Porträt dieses »Spielgeistes«:

aufgestöbert und zerbrochen
spielzeug an den kleidern baumeln
liest musik aus seinem taumeln
hat den aberwitz gerochen.

steigt ins lachen taucht ins weinen
sammelt beides streut es aus

schickt den sand ins wetterhaus
hält den andern für den einen.

klingelt kleistert klirrt und klopft
spottet türen reizt die zahlen
jubelt wenn ein knurrhan tropft
und beginnt den laut zu malen.

Das Musikantische des Spiels ist bei Härtling von Anfang an ausgeprägt vorhanden, diese Spielmusik, die dann nicht wieder aufgegeben wird, auch wenn aus dem Spiel Ernst wird und Leben erinnert wird, Schicksal und Zeit, wie in dem bekannt gewordenen Gedicht *Olmütz 1942–1954*, einem Erinnerungspoem an kindliche Tage, das schließt: »wir wollen die puppen in gräber legen / und unsern knochenmann freundlich pflegen – / das kind spielt: ich bin alt.« Hier wird Zukunft, Erwachsensein und damit Ende der kindlichen Spielwelt in Härtlingscher Manier vorbereitet und »durchgespielt«, ernsthaft, ein bißchen unter Tränen, aber gewiß nicht mit dem bitteren Ernst des *Kinderlieds* aus dem Band *Gleisdreieck* (1960) des GÜNTER GRASS: »Wer spielt hier, spielt im Sand? / Wer spielt muß an die Wand, / hat sich beim Spiel die Hand / gründlich verspielt, verbrannt.« Bei Härtling verbrennt man sich nicht im Spiel die Spielhand, wenn es auch bei ihm – in Hinblick auf die *Spielgeist–Spiegelgeist*-Gedichte heißt: »Das Kind weiß nun, wohin es der Zeitstrom geschwemmt hat, und es spielt, blind vom Tränensalz: ›ich bin alt‹. – Das Gedicht will nicht erzählen. Es will zusammenraffen und die Zeit im Brennspiegel bündeln. Diese Zeit hat vielen mitgespielt. Diese Spiele, diese Häuser haben viele verlassen. Das Gedicht soll sein wie ein Wappen, das brennt und aus dem jeder den Umriß jener Zeitspanne lesen kann. Allerdings hat das (Olmütz)Gedicht einer geschrieben, der von seiner Erinnerung heimgesucht und erschreckt wurde und sich von ihr löste und sie bannte, indem er diese Zeilen aufzeichnete.« Das wurde 1960 ausgesprochen. Es zeigt deutlich den ernsthaften Hintergrund des spielerischen Gedichts, zeigt den Spieler, dem mitgespielt wird und der sich wie beim späten Arp in eine etwas larmoyante Mystik, in die romantisierende Mystifikation flüchtet.

Flucht aus dem spielerischen Gedicht

Die Flucht aus dem spielerischen Gedicht ist bei allen Autoren eingetreten, die unter dem Eindruck Arps – mit ihm begonnen haben mögen und die es für lange durchgehalten haben. Es war die Flucht in die kritische Distanz, die das Leichte, Spielerische durchkreuzt, Flucht in die Zumutungen der Zeit, in die gesellschaftlichen Gegebenheiten dieser Zeit, des Zeitaugenblicks, Flucht in Unwillen und Widerstand. Das widerborstige Spiel wird zum rückhaltlos kritischen Prozeß: etwa bei RÜHMKORF, der sich im imitatorischen literarischen Formenspiel versucht hat, bei CHRISTA REINIG, die in die burleske Ballade ausweicht, bei GÜNTER BRUNO FUCHS, dessen alkoholfeuchter Leichtsinn schnell in Abersinn, Bitterkeit, Renitenz und – immer noch deutlich spielerische – politische Aggression übergeht. Auch CHRISTOPH MECKEL kennt – wie die Reinig – die balladeske Burleske, die Ballade als poetische Galoppade, als drastisches Ausweich-Manöver. HORST BINGEL bringt bald das Politische ins Spiel *(Wir suchen Hitler)*, und ELISABETH BORCHERS' Märchen- und Kinderlandschaften werden handfester, sachlicher eingerichtet.

Doch zunächst sind diese Lyriker allesamt diesem spielerischen Milieu verpflichtet. Günter Grass (*1927; *Die Vorzüge der Windhühner*, 1956; *Gleisdreieck*, 1960; *Ausgefragt*, 1967; *Gesammelte Gedichte*, 1971) in seinem ersten Band *(Die Vorzüge der Windhühner)* am unverkennbarsten und zugleich am sonderbarsten. Das Sonderbare liegt bei ihm in jenem versteckten »Verdacht«, der immer mit im Spiel, immer dabei ist, der das Spiel nicht geradezu verhindert, aber der es heikel macht, der es verzögert, verschleppt, der das sorglose Hinspielen (das es ohnehin bei Grass nicht – wie bei Arp, bei Härtling, bei Fuchs – in vergleichbarer Weise gibt) unversehens verschlimmert, der aus dem schönen das schlimme Spielgeschehen, das Un-Geschehen macht. Freilich wird das im lyrischen Erstling noch in allerlei Skurrilität eingekleidet. Man darf nicht vergessen, daß Günter Grass seinerzeit zunächst als jemand, der Gedichte schrieb, da war, daß er sich als Lyriker durchzusetzen beginnt, ehe der Ruhm als Prosaschreiber einsetzt und den Gedichtemacher in den Hintergrund drängt, jedenfalls im Ansehen der literarischen Öffentlichkeit, deren Aufmerksamkeit fast ausschließlich dem Autor der *Blechtrommel* (1959) und der *Hundejahre* (1963) gilt.

Das Erscheinungsjahr der *Vorzüge der Windhühner* – 1956 – ist zugleich das frühe Kulminationsjahr des spielerischen Gedichts. Es fällt – mit anderen Worten – nahezu unmittelbar mit dem Debüt einiger lyrischer »Grotesker« wie Günter Bruno Fuchs (*Nach der Haussuchung*, 1957) und Christoph Meckel (*Tarnkappe*, 1956) zusammen. Aber zunächst dominiert neben Arp und Härtling Günter Grass. Grass selber hat nicht vom spielerischen Gedicht, wohl aber vom »Gelegenheitsgedicht« gesprochen. Jahre später – 1961 – hat er diesen Gedichttypus wie folgt verstanden: »Am Anfang steht immer ein Erlebnis. Es muß kein großes sein. So ging ich zum Schneider, um mir für einen Anzug Maß nehmen zu lassen. Der Schneider nahm Maß und fragte mich: ›Tragen Sie links oder rechts?‹ Ich log und sagte, links. Kaum hatte ich das Schneideratelier verlassen, war ich froh, daß mich der Schneidermeister nicht erwischt hatte, da roch ich es und gestand mir ein: es liegt ein Gedicht, und wenn mich nicht alles täuscht, ein Vierzeiler in der Luft. So ziemlich vier Wochen brauchte es, bis die Wolke sich entlud und der Vierzeiler niederkam.« Die ironisch-schabernackähnliche, jedenfalls listige Befassung mit dem Vorgang des Gedichtemachens ist kennzeichnend für den luftigen, bewußt beiläufigen, lässig verqueren, verspielten Charakter der frühen Grass-Gedichte.

Vorher schon – 1958 – stellt Grass zu seinen Gedichten, wie er sie damals in seinen Anfängen auffaßt, fest: »In meinen Gedichten versuche ich, durch überscharfen Realismus faßbare Gegenstände von aller Ideologie zu befreien, sie auseinander zu nehmen, wieder zusammen zu setzen und in Situationen zu bringen, in denen es schwerfällt, das Gesicht zu bewahren, in denen das Feierliche lachen muß, weil die Leichenträger zu ernste Miene machen, als daß man glauben könnte, sie nehmen Anteil ... Die Aufgabe des Versemachens scheint mir darin zu bestehen, klarzustellen und nicht zu verdunkeln: doch muß man manchmal das Licht ausknipsen, um eine Glühbirne deutlich machen zu können.«

Solche Zeilen ergänzen das Bild des Einzeltextes in den *Vorzügen der Windhühner*. Das Groteske entsteht generell durch Überschärfe und durch Auslassen gewisser Einzelheiten zugunsten anderer, hervorzuhebender. Unterbelichtung wird neben Überbelichtung gesetzt. Was zustande kommt, ist die spezifische Reizung, die Groteske

Die von Günter Grass selbst gezeichneten Umschlagbilder zu seinen Gedichtsammlungen »Die Vorzüge der Windhühner« (1956) und Gleisdreieck (1960).

hervorlockt – Lachreiz oder »Brechreiz« (mit Grass zu sprechen). Das Auseinandernehmen von Sinn- und Satzzusammenhang, Bedeutungszusammenhang, letzten Endes Umwelt- und Weltzusammenhang und das Wiederzusammensetzen, bei Beobachtung bestimmter Veränderungen: dieser Vorgang macht die »groteske« Verschiebung von Sinn und Bedeutung erst möglich. Es ist ein Hantierungs-Prozeß, und die verbale Hantel unterstreicht sozusagen – indem sie benutzt und in der Benutzung absichtsvoll »vorgeführt« wird – das Phänomen: veränderte, gleichsam verwackelte Ding-Festigkeit und Hand-Festigkeit. Der herbeigeführte neue Zustand erlaubt danach den veränderten Umgangston: das Scherzen, die ironische Behandlung, spielerische Überlegenheit, Kalauern, nunmehr »befugtes« Unfugtreiben. Die Überschärfe, die Grass meint und die bei ihm beharrlich hinsichtlich von »Gegenständen« Anwendung findet (etwa in dem programmatisch zu verstehenden Gedicht *Diana – oder die Gegenstände*), treibt die veränderte Nutzung von Bedeutung zwangsläufig hervor. Eine gewisse Automatik wird hier spürbar. Aber sie wird nicht penetrant wie die metaphorischen Automatismen der surrealen Bildbehandlung. Das »Abschnurren« des Spiels, der Groteske, des Unfugs ist aber jedenfalls Ausdruck einer derartigen Automatenhaftigkeit.

Die Bedeutungsverdünnung, wie sie in der dadaistischen Textur bei ARP, TZARA, RAOUL HOUSMANN und anderen von jeher zu beobachten gewesen ist, trifft nur in begrenztem Umfang für das gegenstandsinteressierte Gedicht von Günter Grass zu. Das gilt ebenso für alle anderen Vertreter des »spielerischen« und des grotesken Gedichts. Sie entfernen sich nicht allzuweit vom so oder so verstandenen »Realismus«, der ohnehin nichts mit krudem Naturalismus, mit lyrischer Fotografie zu tun hat. – HEINRICH VORMWEG hat mit Recht, anläßlich seines Vorworts zu den *Gesammelten*

Gedichten (1971), über den »Gedichteschreiber« Grass, gesagt, daß es diesem darum gehe, »das Faktische nicht zu verdrängen, sondern bewußt zu machen.« Die Feststellung ist in bezug auf eine Forderung von Grass getroffen: »Das Ungenaue genau treffen.« Gewiß hat Vormweg 1971 schon retrospektiv formulieren können. Das Gedicht ist bei Günter Grass in den Hintergrund geraten. Ihm ist damit – so scheint

POLNISCHE FAHNE

Viel Kirschen die aus diesem Blut
im Aufbegehren deutlich werden,
das Bett zum roten Inlett überreden.

Der erste Frost zählt Rüben, blinde Teiche,
Kartoffelfeuer überm Horizont,
auch Männer halb im Rauch verwickelt.

Die Tage schrumpfen, Äpfel auf dem Schrank,
die Freiheit fror, jetzt brennt sie in den Öfen,
kocht Kindern Brei und malt die Knöchel rot.

Im Schnee der Kopftücher beim Fest,
Pilsudskis Herz, des Pferdes fünfter Huf,
schlug an die Scheune bis der Starost kam.

Die Fahne blutet musterlos,
so kam der Winter, wird der Schritt
hinter den Wölfen Warschau finden.

»Polnische Fahne«, erschienen 1956 (Luchterhand Verlag, Neuwied/Berlin) im Gedichtband »Die Vorzüge der Windhühner« von Günter Grass.

mir – eine wichtige Kraftquelle seiner literarischen Produktion geschmälert worden. Gewiß hat sich in diesen eineinhalb Jahrzehnten Wesen und Struktur des Grass-Gedichtes verändert. Das Hanebüchene, Mutwillige, Verschmitzte, Indirekte ist Schritt um Schritt an die politisch-gesellschaftlichen Realitäten der sechziger Jahre bei uns herangeführt worden. Das Gedicht hat – als politisches Gedicht, worüber in anderem Zusammenhang noch gesprochen werden wird – in zunehmendem Maße vom Gelegenheitsgedicht zum Einwirkungsgedicht sich fortentwickelt. Es hat die schönen und leichten Verbal-Gefechte des Anfangs fast rigoros verdrängt, ohne sich doch untreu zu werden: seinem Bedürfnis nach Hantieren, und schließlich die Lacher auf seiner Seite zu haben. Es richtet weiter aus, was es sich anfangs vornimmt: »klarzustellen und nicht zu verdunkeln«. Das artistische Spielbedürfnis in den *Vorzügen der*

Windhühner, das ihm Kritiker (JOHANNES BOBROWSKI) damals als kunstgewerbliche Neigung vorgehalten haben, wird auch weiterhin nicht gänzlich aus dem Spiel gelassen. Im Gegensatz zu seinen »Windhühnern«, die »kaum Platz einnehmen auf ihrer Stange aus Zugluft«, nehmen die späteren Gedichte des Autors mehr und mehr solchen Platz ein, werden sie nicht lediglich äußerlich durchschnittlich geräumiger, sondern haben sie auch deutlich mehr Platzbedürfnis für Stoffe, Themen, Stellungnahmen. Das Klarheit-Schaffen-Wollen hat Vormweg zusammenfassend als wichtigstes Moment in der Lyrik von Günter Grass hervorgehoben: »Günter Grass schreibt Gedichte, um den Nebel zu zerstreuen, der das Reale noch immer der Wahrheit entzieht.« – Es verschlägt nichts, daß man hinsichtlich Grass anfangs keineswegs so klar argumentieren konnte, weil der Voltigeur in ihm sich noch tummelte, selbst in ersten »politischen« Erkundungsversuchen *(Polnische Fahne)*.

Das »Mißtrauen und Engagement rütteln Konkretes frei« setzt sich dennoch eher langsam bei ihm durch. Mißtrauen ist und bleibt das Primäre. Das Engagement kommt hinzu. – Zunächst sehen »Wandlungen« bei ihm zögernder aus, abgefeimt versteckter, gewissermaßen hinter der hohlen Hand verlautbart. Es ist wie ein unverkennbares Sich-ins-Fäustchen-Lachen. Das Gedicht *Wandlungen* macht das deutlich:

Plötzlich waren die Kirschen da,
obwohl ich vergessen hatte,
daß es Kirschen gibt
und verkünden ließ: Noch nie gab es Kirschen –
waren sie da, plötzlich und teuer.

Pflaumen fielen und trafen mich.
Doch wer da denkt
ich wandelte mich,
weil etwas fiel und mich traf,
wurde noch nie von fallenden Pflaumen getroffen.

Erst als man Nüsse in meine Schuhe schüttete
und ich laufen mußte,
weil die Kinder die Kerne wollten,
schrie ich nach Kirschen, wollt ich von Pflaumen
getroffen werden – und wandelte mich ein wenig.
(in *Gleisdreieck*, 1960)

Das erinnert noch ein wenig an die Rumpelstilzchen-Situation (»O wie gut, daß niemand weiß...«) in seiner überaus individualistischen Einstellung, die auch noch nicht im weniger bösen als bissigen Bild vom Dichter aufgegeben ist, das man im selben Band findet: *Der Dichter* und seine Beziehung zu einer kindlichen Umwelt. Man fragt sich, wer hier wen hinters Licht führen soll:

Böse,
wie nur eine Sütterlinschrift böse sein kann,
verbreitet er sich auf liniertem Papier.
Alle Kinder können ihn lesen
und laufen davon
und erzählen es den Kaninchen,
und die Kaninchen sterben, sterben aus –
für wen noch Tinte, wenn es keine Kaninchen mehr gibt.

Solche »böse« Kinderidylle hat ein wenig vom Vexierbild. Heinrich Vormweg interpretiert den Text so, daß solche Bosheit nur »als Stimmung, als Gemütszustand, als ein Herausgefordertsein« zu verstehen sei. Ein Modellgedicht für das Böse, Gefährdete, ja, Mörderische der Kinder- und Idyllenwelt als der nur scheinbar »kleinen« Welt (die in Wirklichkeit der »großen« in nichts nachsteht, was Desillusion, Verdacht, Verrat, Verderben angeht) ist einer der bekanntesten Texte des Lyrikers Günter Grass, sein tristes *Kinderlied*:

Wer lacht hier, hat gelacht?
Hier hat sich's ausgelacht.
Wer hier lacht, macht Verdacht,
daß er aus Gründen lacht.

Wer weint hier, hat geweint?
Hier wird nicht mehr geweint.
Wer hier weint, der auch meint,
daß er aus Gründen weint.

Wer spricht hier, spricht und schweigt?
Wer schweigt, wird angezeigt.
Wer hier spricht, hat verschwiegen,
wo seine Gründe liegen.

Wer spielt hier, spielt im Sand.
Wer spielt muß an die Wand,
hat sich beim Spiel die Hand
gründlich verspielt, verbrannt.

Wer stirbt hier, ist gestorben?
Wer stirbt, ist abgeworben.
Wer hier stirbt, unverdorben
ist ohne Grund verstorben.

Das abzählreimähnliche Gedicht führt in seiner abgefeimten Schlichtheit vor einen Abgrund von Spiel: die Verderbnis von Zusammenleben, als Kinderspiel, getarnt. Das sich gegen sich selber kehrende Spiel spielt sich auf diese Weise gründlich aus. Es ist das Ende vom Spiel, wie das Ende vom Kinderlied, das hier imitiert wird.

In seinem dritten Gedichtband, *Ausgefragt* (1967), hat sich Grass von seinen Anfängen am gründlichsten entfernt, nachdem er schon in *Gleisdreieck* immer realistischer, kompakter, handfester geworden ist. Am Schluß des Gedichtes *Schreiben* steht die Zeile: »nicht schmücken – schreiben.« Dieser Grass des *Ausgefragt*-Bandes kann derb und immer noch lustig, aber gewiß ohne jede »schmückende« Dekoration sein. Was nun entsteht, sind Sprech-Gedichte, Gedichte des Stellung-Nehmens. »Alles Schöne ist schief«, heißt es einmal, und »Nicht mehr das Laub, den Verdacht höre ich fallen«. In den immer komplizierter anmutenden späteren Arbeiten, in denen man (im Gedicht *Ja*) die Zeilen findet: »Mein großes Ja / bildet Sätze mit kleinem nein«, trifft man unter anderem auf einen ständig wachen Argwohn gegenüber der literarischen, besonders gegenüber der artistisch-poetischen Ambition, also genau dem gegenüber, dem Grass in den *Vorzügen der Windhühner* anhängt.

Eine vorzügliche Darstellung des Weges, den die Grass'sche Lyrik seit dem ersten Band nimmt, gibt Theodor Wieser in seiner Einleitung zu dem Grass gewidmeten

Band (1968) der Reihe *Porträt & Poesie*: »Im Erstling die wuchernde Fülle der Bilder, zahllose aufgefädelte Einfälle, eine überbordende Kollektion von Material, im zweiten Band die sparsame Auswahl und Zurückdrängung üppiger Assoziationen ... verspielte Stimmungsbilder werden zu ernsten knappen Vorgängen, an die Stelle des Lyrischen tritt die Erzählung, die Ballade von Dingen, den Menschen und den Tieren. Im dritten Band ›Ausgefragt‹ kommt der politische Zeitgenosse zu Wort. Bild und Ballade räumen dem politischen Vokabular Platz ein. Abstrakta, Termini des öffentlichen Lebens, Schlagwörter des Tages ... dringen ein ... Anstelle des Dinggedichts treten zudem Reisebilder aus Deutschland und Amerika.«
Grass wird nun im Gedicht überall ein Mann der Realien, der das Übertriebene scheut und notfalls die »Schweinekopfsülze« und den Gemüsetest den »höheren« Gegenständen vorzieht. Manchmal gerät er ins Schwadronieren, ins Poltern, aber dann zieht er sich wieder listig und wortgewandt aus der Klemme, einfallsfroh, nach Art jener »Gelegenheitslyriker«, wie er sie verstanden wissen will. Hier bleibt Grass von unnachahmlichem Witz, von hinreißender Findigkeit der Sprache. Wo das Räsonnement aufgegeben ist oder doch stark zurücktritt, durchweg in kürzeren Gedichten, ist Grass von einer keineswegs kraftlosen Leichtigkeit des Gelingens, von bemerkenswerter Einfalt des Feststellens und Mitteilens. Die Lyrik ist bei ihm nunmehr eine Lyrik kritischer, Kritik übender poetischer Gesundheit. In dem Gedicht *Irgendwas machen* liest man an einer Stelle:

> Sind Gedichte Atemübungen?
> Wenn sie diesen Zweck erfüllen, und ich frage,
> prosaisch wie mein Großvater, nach dem Zweck,
> – dann ist Lyrik Therapie.

In Hinblick auf Enzensberger und Günter Grass hat PETER RÜHMKORF in einem Aufsatz über nachkriegsdeutsche Lyrik (in dem Band *Bestandsaufnahme*, 1962) gesagt: »Diese Lyrik spielte sich nicht mehr im luft- und leuteleeren Raume ab, sondern bezog sich auf, verhielt sich zu, brach sich an: Gegenstand und Gegenwart.« Wiesers Feststellung, daß Grass in seiner Lyrik »nicht mit großem formalem Ehrgeiz« auftrete (»die Verschwendung im Roman hat ihn davon befreit«), trifft sicherlich für *Gleisdreieck* und *Ausgefragt* weitgehend zu. Es ist aber nicht so, daß Grass hier ehrgeizlos sei. Das Formale ist nie so außer acht gelassen, daß es zu Vernachlässigung kommt oder zu bewußter Vertreibung aus dem Gedichttext. Die möglicherweise oft unwillkürliche, weil »angeborene« formale Leichtigkeit und artifizielle Fähigkeit, die in den *Windhühnern* so evident ist, spricht jedenfalls gegen die Wiesersche These, wenn sie auf die gesamte Grass-Lyrik ausgedehnt wird. Das spielerische Gedicht kommt ohne einen deutlichen »formalen Ehrgeiz« nicht aus. Das gilt auch für die Arbeiten von Grass, solange er spielerisch-grotesk-mutwillig bleibt.
Aber wie im Kinderlied »Abzählreim und Kinderspiel in Exekution an der Mauer verkehrt« werden (Wieser), so ist es bei Grass zunehmend gekommen, daß Lachen im Halse steckenbleibt, Mutwille versteinert und formale Equilibristik einem härteren, und differenzierteren, eindeutigen Ton von Frage und kritischer Forderung weicht. Die »schiefe Schönheit« bleibt und meldet sich noch einmal in einem neuesten Grass-Gedicht zu Wort *(Falsche Schönheit)*, in einer Art verbissener Heiterkeit, die ohne jede Schwebe-Möglichkeit ist, und einer bissigen Freude Platz gemacht hat, die Bescheid weiß, worauf es ankommt:

Diese Stille,
    also der abseits in sich verbissene Verkehr,
        gefällt mir,
und dieses Hammelkotelett,
    wenn es auch kalt mittlerweile und talgig,
        Schmeckt mir,
das Leben,
    ich meine die Spanne seit gestern bis Montagfrüh,
        macht wieder Spaß:
ich lache über Teltower Rübchen,
unser Meerschweinchen erinnert mich rosa,
Heiterkeit will meinen Tisch überschwemmen,
und ein Gedanke,
    immerhin ein Gedanke,
    geht ohne Hefe auf,
    und ich freue mich,
    weil er falsch ist und schön.

In einem solchen Text steckt auch etwas von dem, was PETER HÄRTLING in Hinblick auf *Ausgefragt* auffällig findet: »Neigung zur Wohnküche, zum Bürgerlichen.« Härtling formuliert: »Zwischen Kochtopf und Großvater werden Zeilen gespannt.« Gewiß ist die von Grass dargestellte Alltagswelt, die oft biedere Alltäglichkeit unleugbar, aber in ihr etabliert sich nicht genießerisches Einverständnis, wie Härtling unterstellt, vielmehr kritischer Blick, der bis zum Degout geht, ohne daß doch von den »Gegenständen«, den dingfesten Dingen, den allzu handfesten Banalitäten abgesehen wird. Zu schweigen von Grass' kritischem politischem Realismus, der sich an den Realien und ihren Mängeln entzündet und freilich keinerlei Bedürfnis nach politischer Utopie oder gar Anarchie entwickelt: hier anders angelegt und entwickelt, als das politische Engagement vieler Gleichaltriger, vor allem jüngerer Autoren seit Enzensberger, die in den sechziger Jahren hervortreten, bekannt werden und in einem anderen Zusammenhang zur Darstellung kommen.
Politisch ist Grass noch in der banalen Faktizität mancher späterer Gedichte, in denen nichts mehr vom spielerischen Zuschnitt des frühen Grass der fünfziger Jahre übriggeblieben scheint.

Zunehmende Politisierung des spielerischen Gedichts: Günter Bruno Fuchs

Zunehmende Politisierung des spielerischen Gedichts trifft auch für das zu, was GÜNTER BRUNO FUCHS veröffentlicht hat (*1928; *Nach der Haussuchung*, 1957; *Brevier eines Degenschluckers*, 1960; *Trinkermeditationen*, 1962; *Pennergesang*, 1965; *Blätter eines Hof-Poeten*, 1967). Von Fuchs stammt der Satz: »Ich versuche einen Text aufzuspüren, der sich wehrt, der auf einem Flugblatt stehen kann.« Damit ist der Gebrauchs- und Verbrauchscharakter des so arabeskenhaft angelegten, skurrilen Fuchs-Textes zu verstehen gegeben. Ein Chronist wie OTTO KNÖRRICH hat auf das Politische des Spielerischen bei diesem Autor hingewiesen (*Die deutsche Lyrik der Gegenwart*, 1971) und führt im einzelnen aus: »Da das Spielerische bei ihm derber konstruiert ist als etwa bei Härtling ... mehr handfester Ulk, der leicht zum ›bösen Spiel‹ wird, kann es übergangslos in den Dienst der Satirisierung der schlechten

Wirklichkeit treten. In der Tat stehen bei ihm Märchen und Wirklichkeit einander nicht so schroff gegenüber wie vor allem bei Härtling. Das ›Märchen‹ ist bei ihm bissiger, gleichsam schwarz eingefärbt: von einem schwarzen Humor durchzogen. Seine Lyrik, so könnte man vielleicht sagen, hält die Mitte zwischen ›Märchenausflug‹ und ›bösem Spiel‹.«

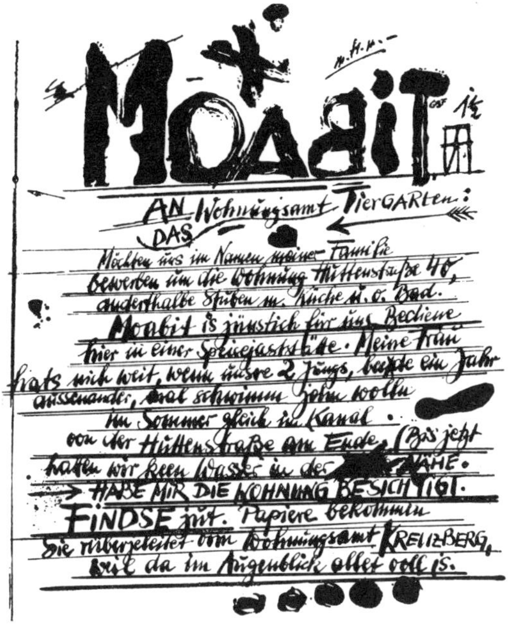

MOABIT

AN DAS Wohnungsamt TIERGARTEN:
Möchten uns im Namen meiner Familie
bewerben um die Wohnung Hüttenstraße 40,
anderthalbe Stuben m. Küche u. o. Bad.
Moabit is jünstich für uns. Bediene
hier in einer Speisegaststätte. Meine Frau
hats nich weit, wenn unsre 2 Jungs, beide ein Jahr
auseinander, mal schwimm john wolln
im Sommer gleich in Kanal
von der Hüttenstraße am Ende. (Bis jetzt
hatten wir keen Wasser in der NÄHE.
HABE MIR DIE WOHNUNG BESICHTIGT.
FINDSE jut. Papiere bekommen
Sie rübergeleitet vom Wohnungsamt KREUZBERG,
weil da im Augenblick allet voll is.

Von Günter Bruno Fuchs (auf dem Foto mit seinem Freund Robert Wolfgang Schnell, rechts) stammt die handschriftliche Seite »Moabit«; sie ist abgedruckt in seinem Gedichtbuch »Blätter eines Hof-Poeten & andere Gedichte«, München (Carl Hanser Verlag) 1967.

Es sind die alkoholdurchfeuchteten Großstadtmärchen aus bestimmten Berliner Stadtbezirken, die Fuchs zum Lieblingsgegenstand seiner Verse, nicht nur in den *Trinkermeditationen* gemacht hat. Die »Brückenschläfer«, die Kanalpenner und Kneipenbewohner sind seine Leute, wie allgemein die »kleinen Leute«, die Benachteiligten, die einfachen, witzigen, schlagfertigen, böszüngigen Naturen. Das alles trifft sich bei ihm in einer burlesken Porträt-Galerie, die heiter-düster anzusehen ist und in der der Autor – unruhig und beunruhigend – von Figur zu Figur einherstreunt: ein dicker Mann mit Herz und Liebhaber von Kinderzeichnungen. Gewiß: »das direkte politische Warngedicht ist nicht seine Sache«, meint Knörrich, und man findet die Aggression fast immer eingekleidet in die märchenhafte, kunterbunte Berliner Milieu-Szene. Er liebt die Clownerie zu sehr, um »direkt« zu werden. Er bleibt immer etwas zu sehr lyrischer Hantler und Parterre-Akrobat, lyrischer Mime und Nonsens-Sprecher, als daß er nachhaltig politisch werden könnte. Sein »Abzählreim« bleibt still vergnügt zwischen Müllabfuhr und Hinterhof-Keller. Und sein poetischer *Hinterhof* sieht leicht lustig verwackelt aus:

Das Kind ruft die Mäuse herbei,
Die Mäuse haben ein ganz großes Fest
Die Mäuse trinken und essen.
Die Mäuse werden langsam besoffen
Mutter,
Mutter,
was will denn die Katze bei uns?
Sei still die Katze
nimmt sich aller Besoffenen an.
(in *Brevier eines Degenschluckers*, 1960)

Dies ist genau der Fuchssche Ton, über den sich der Autor selbst (in dem Band *Doppelinterpretationen*, 1966) mokiert: »Dieses Gedicht wirkt reichlich albern. Ich vermute, es hat einen albernen Menschen zum Verfasser. Oder einen Trinker. Meine Vermutungen können mich und andere täuschen ...« Die burlesken Täuschungsmanöver, das kreuzfidele Voltigieren, das plötzlich freilich ernsthaft ausgeht und mit Fingern auf dies und jenes deutet, das nicht im Lot ist, das verbesserungsbedürftig wirkt, das nicht nur hanebüchen, sondern auch grau und trostlos ausschaut. Die poetischen Adressen des Günter Bruno Fuchs sind an Freunde wie an Gerichtspersonen, an Hasen und an Generale, an Polizisten und auch nur an »Fenster gegenüber« gerichtet. Es sind für fast jedermann bestimmte lyrische Hand- und Wunschzettel, parodistisch und melancholisch in einem, zärtlich und berlinerisch schnoddrig. Ein Gedicht wie *Legitimation* (aus *Pennergesang*) nimmt sich zugleich als Legitimation für das aus, was der Autor in vielen seiner Gedichte beabsichtigt und durchführt:

Ich wohne hinter den Schritten
des Polizisten, der meinen Paß kontrolliert.
Ich wohne im Keller einer mittelgroßen
Ruine, im Altersheim
für den pensionierten Wind.

Ich wohne im pendelnden Käfig
eines Papageis, der alle Gesetzbücher
auswendig lernt.

Meine Behausung
am Platz für öffentliche Unordnung
ist der brennende Zirkus –

meine Grüße
gehen auf Händen zu dir hinüber,
meine Grüße
sind die letzten Akrobaten
unter der brennenden Kuppel.

Menschenfreundlichkeit, Trauer, und tödlicher Ernst können bei Fuchs genauso im Gedicht, dem Spiel-Raum-Gedicht par excellence, zugelassen und untergebracht sein wie luftigste Spiegelungen. Man hat ihn gelegentlich mit dem Franzosen Jacques Prévert verglichen, und er gleicht diesem tatsächlich in seiner populären Ausdrucksleichtigkeit und lyrischen Rede-Geschwindigkeit. Und er hat noch etwas von Ringel-

NATZ und ein wenig von TUCHOLSKY, dann, wenn er karikiert und mit genauer Wortschärfe Hiebe austeilt, wie es sich trifft, ein bißchen zu oft ins Ungefähr einer »bösen Welt« wie sie Kinder und Narren sehen und begreifen.

Peter Rühmkorf

Die Lyrik PETER RÜHMKORFS (* 1929; *Heiße Lyrik*, mit Werner Riegel, 1956; *Irdisches Vergnügen in g*, 1959; *Kunststücke*, 1962) hat zu viele Aspekte, als daß man sie zu sehr aus der Nähe mit Autoren wie Fuchs betrachten könnte, wie das gelegentlich geschehen ist. Der Autor hat seine »paradoxe (poetische) Existenz« in folgenden Sätzen festgehalten: »Wie mache ich Widersprüche dichterisch homogen, ohne die Spannungen zu verschleifen, wie halte ich Heiß und Kalt wie Affekt und Intellekt in der Waage, wie kreuze ich Reflexion und eingeborene Sangeslust, wie vereinige ich den Trieb zu Trällern und den Zwang zum Denken so, daß beide Tendenzen sich voll entfalten können und trotz aller Dissoziation schließlich ein organisches Ganzes entsteht?« Das Dissoziative ist in der Rühmkorfschen Lyrik von Anfang an erkennbar, noch aus der Zeit, in der er zusammen mit dem verstorbenen Freund WERNER RIEGEL (1925 bis 1956) in Hamburg in einer kleinen, hektographierten Zeitschrift, den »Finismus« empfiehlt. Finismus, das war noch stark bennabhängig aufgefaßt. Riegel selber hat hinterlassen: »Die Sippen sterben, aber ein später Tag soll in diesem Gedicht ihren Besitz sehen, den sie vererbten«, eine Formulierung, deren Benn-Nähe augenfällig wird.

Rühmkorf beginnt – zusammen mit Riegel – als Herausgeber der Pamphlet-Zeitschrift *Zwischen den Kriegen – Blätter gegen die Zeit* (1952–1956), in der er unter dem Pseudonym Leslie Meier in der Kolumne »Lyrik-Schlachthof« namhafte Lyriker der fünfziger Jahre scharf attackiert. Kritische Schärfe und kritischer Verstand gesellen sich bei Rühmkorf dann – spätestens seit dem *Irdischen Vergnügen in g* (einer Anspielung auf den Gedichttitel des hamburgischen Barockdichters Brockes *Irdisches Vergnügen in Gott*, 1721–1748, wie auf das physikalische Symbol »g« der Fallbeschleunigung«) – zu einem virtuosen literarischen Spielertum, der Fähigkeit des Imitierens und Parodierens. Allerdings handelt es sich bei ihm nicht um übliche Imitation oder Parodie, eher um so etwas wie einen jeweiligen »Gegen-Gesang«. DIETER E. ZIMMER hat anläßlich der Interpretation eines Rühmkorfschen Gedichtes (in Hilde Domins *Doppelinterpretationen*) davon gesprochen, was unter solchen Begriffen beim Autor zu verstehen sei. Er sagt: »Obwohl er den Begriff Parodie im Hinblick auf diese seine Kontrafakturen selber nicht verschmäht, fehlt ihnen doch das wichtigste Mittel der eigentlichen Parodie: sich im Bezug zu ihrem Objekt zu erschöpfen. Der Zweck richtiger Parodie ist die Polemik: Ein Vorbild soll mit seinen eigenen Mitteln geschlagen werden, und zwar gewöhnlich durch Übertreibung einzelner Züge. Rühmkorfs wahrer Gegenstand dagegen ist nicht ein bestimmtes Gedicht ... es ist das Bewußtsein von Peter Rühmkorf. Indem es sich an dem einen oder anderen Vorbild mißt ... versucht es, sich selbst zu definieren. Sich selbst auszudrücken durch die Feststellung nicht dessen, was man ist, sondern dessen, was man nicht ist, was man nicht mehr sein kann, was man sich zu sein verbieten muß.«

Diese Methode verschärft das Parodistische vom Spielerischen ins Aggressive. Das Widersätzliche ist bei Rühmkorf von vornherein derart ausgebildet, daß es bald vorherrschend wird. Das Gedicht als »Initialzünder und Unruheherd« ist aber zunächst doch spielerischen Vorstellungen angenähert, die seine (imitatorische) Beweglichkeit hervorrufen und garantieren. Leichtigkeit des Formulierens ist gewiß vorhanden und die entsprechende Sprachphantasie, wie sie Fuchs oder Meckel aufweisen; aber es kommt doch etwas hinzu, was nicht nur Vergnügen an der verbalen Ausgelassenheit ist: das Widerstandleisten, das Aufsässige, das Neinsagen, das von vornherein Geschärfte des »kategorischen Konjunktivs«, wie er die Parodie nennt.

Der die Schnauze voll hat, Genossen, ihm geht
der Mund gelegentlich über, auch wenn er sich
eurer Gesichter fast nur noch von ferne erinnert –

Solche Zeilen geben nicht geradezu die Standortbeschreibung eines »spielerischen« Lyrikers. Eher besorgt das schon der Anfang des Sonetts *Verkehrte Welt*:

Gedacht und nicht getan, zum Scherz geschaffen,
luftiges Land mit Freude im Zenit,
wo Lipp und Ohr und Lunge des Schlaraffen,
das Glück in seine Galle einbezieht.

Rühmkorf hat gern und konsequent das Glück seiner Galle einbezogen, doch dann, wenn er von der »besten aller, der verkehrten Welt« geschrieben hat. Dem zweiten und wichtigeren Band, den *Kunststücken* (1962), hat er einige theoretische oder doch lyrikkritische Exkurse angefügt. Es sind sämtlich »Anleitungen zum Widerspruch«, poetologische Überlegungen seiner reizbaren Intelligenz. In ihnen hat er das Gedicht fixiert, wie er es ansieht, als »Zwar und Aber, Ja und nein, sowohl – als auch, Gegengesang und Gegengesang, Nichtmehrgesang und Gesangwiderallebedenken, Vorüberlied und Dennochlied.« Das Gedicht wird solcherart ein Produkt, das zugleich »Erkenntnis und Entmutigung« ausdrückt. Es ist für ihn schließlich Literatur, die »gefeit ist durch Ungläubigkeit«, vielleicht nicht mehr als Gedicht anzusprechen, oder doch noch so etwas wie ein »immerhin-Gedicht«. Es ist – auf die kürzeste Rühmkorf-Formel gebracht: »Gedicht in Parenthese, Parodie: Reinfall des Widerspruchs.«

Dieser damals, als er das schreibt, jedenfalls »dennoch unverzagte« Widersprüchler hat späterhin das Verseschreiben so gut wie eingestellt und sich anderem zugewendet, ehe er die eigene Biographie versucht, die Biographie der Nachkriegsjahre und damit auch die Biographie einer individuell widersprüchlichen, reizbaren »Behandlung« des Gedichts, bei sich und bei anderen. Am Ende kommt man bei Rühmkorf auf sein *Selbstporträt 1958* aus dem *Irdischen Vergnügen in g* zurück, worin er sich einen »wackeren Sohn des Moments« heißt und – nicht ohne kokette Anspielung auf die eigene Bedeutung: »Das Hohelied des Ungehorsams – / gebellt oder verkündet – / aber von keinem bisher so prägnant / als von ihm.« – Diese »im mürben Netz zwischen Hirn und Sympathicus« angesiedelte Lyrik, die mit den Formen zwischen Lied und Hymne, zwischen Klopstock und Benn spielerisch aufsässig (und zärtlich) verfährt, eine schwierige und differenzierte Lyrik, auch wenn sie schnoddrig daherkommt und mit literarischen Umkehrungen arbeitet und »januszüngig« zwischen Frechheit und Andacht« operiert, ohne schließlich frech und andächtig, vielmehr empfindlich zu sein, hat am Ende mehr »desparate Daseinsfreude«, als sie es sich eingesteht, als ihr anzumerken ist.

Im Rahmen der Veranstaltungsreihe »Dichter auf dem Markt« las am 19. 8. 1966 Peter Rühmkorf unter dem Motto »Jazz und Lyrik« auf dem Hamburger Adolphsplatz seine Gedichte.

Das Phantastische als das Selbstverständliche: Christoph Meckel

Rühmkorf ist auch deshalb ein Spieler, weil er auf parodierte literarische Formen angewiesen bleibt, wodurch er erst die eigene Widersetzlichkeit ausweist, indem er sie mit Hilfe seiner Ausflüge in heterogene Formbereiche ermöglicht. Seine Abneigung gegen die »Lochkarten«-Lyrik, die experimentellen Texturen der »konkreten Lyrik«, wie sie bald GOMRINGER, HEISSENBÜTTEL, MON installieren, ist deutlich wie bei GRASS, schließlich wie bei den meisten Vertretern des »spielenden«, die Formen durchspielenden Gedichts. Die flinke Zunge, die ein für allemal zum Lyriker Rühmkorf gehört, ist nicht unbedingt charakteristisch für jemanden, der dem Phantastischen und damit auch dem phantastischen Spiel, der Groteske, dem Un-Glaublichen nahesteht und es in seine Verse einläßt. Jedenfalls wird man von solcher Zungen- und Artikulationsbeweglichkeit im Falle von CHRISTOPH MECKEL kaum reden können. Meckel (*1935; *Tarnkappe*, 1956; *Hotel für Schlafwandler*, 1958; *Wildnisse*, 1962; *Nebelhörner*, 1959; *Gedichtbilderbuch*, 1964; *Bei Lebzeiten zu singen*, 1967, u. a. bis zur *Werkauswahl*, 1971) hat gewiß das Phantastische als das Selbstverständliche genommen und in seinen Gedichten von Anfang an zur Erscheinung kommen lassen. Er hat es episiert und balladisiert und sich selber als Autor in immer andere Gestalten verwandelt, ohne doch in eine vielseitigere Rollenlyrik zu verfallen, wie etwa H. C. ARTMANN.

Der frühe Gedichtbandtitel *Tarnkappe* hat für Meckel geradezu Stichwortcharakter. Er ist in Gestalten wie Christopher Magalan oder Thomas Balkan geschlüpft. Er ist bald schon ins »Land der Umbranauten« – in ein imaginiertes Land – emigriert und ist als derjenige aus ihm zurückgekommen, der er schon vorher war: ein Wortfinder, ohne eigentlich »artistische« Ambition, jemand, der sich die Frage, warum er schreibe, folgendermaßen beantwortet: »Weil mir so lustig ist, wie Mozart schrieb. Weil mir die Haare zu berge stehn und ich sie nicht in Stacheln verwandeln kann ... Weil ich mir einen eigenen Himmel und eine eigene Erde schaffen will. Weil ich meinen Atem kennen lernen möchte, der so tut, als könne er nur mit Windrädern und Pusteblumen spielen. Weil ich meine Stummheit verteidigen will und keinen Stuhl brauche, um mich hinzusetzen, wenn ich nachdenken muß ... Weil mir das Wort GLÜCK im Wege steht, trügerisch schön geschrieben und unverzeihlich ... Weil ich lebe und dies ein für allemal mitzuteilen und glaubwürdig zu machen wünsche.« – Das klingt programmatisch-burschikos und dieses Burschikose findet man bei ihm in Wort und Bild: dieses sozusagen mit aufgekrempelten Hemdsärmeln an die Arbeit gehn, so resolut wie möglich.

So phantasiereich und skurril Meckels Arbeiten sind, so bleiben sie doch stets ding- und sachfest bezogen. Sie haben mit schwebender und schweifender Sensitivität wenig zu tun, wie sie bei FUCHS doch jedenfalls immer wieder zu beobachten ist. Dazu sind sie – noch in ihren Träumen – zu sinnfällig robust und zu einfach. Meckel schreibt einmal: »Der lebendige Vers enthält und vernichtet alle Begründungen und beschämt den, der ihn mit Fußnoten an die Kandare zu legen versucht.« Die etwas pauschale Sicherheit, die sich hier ausdrückt, das Unreflektierte und Unintellektuelle bleibt für diesen Lyriker kennzeichnend. Meckel ist ein lustvoll und barock vergnügter Schreiber, der sich nichts komplizieren lassen möchte und – auch wo er sich politisch engagiert – dies mit erheblichem Vergnügen als einer für ihn primären Lebensregung besorgt. Er ist nie ein Mißvergnügter, lediglich Gereizter gewesen, bei weitem nicht so scharfzüngig wie RÜHMKORF und weniger luftig-unbequem als Günter Bruno Fuchs. – »In bekannten und unbekannten, gesehenen und vorgestellten Landschaften bin ich, täglich und nächtlich, unterwegs. Ich habe Lebewesen in ihnen getroffen, die ich nicht kenne und die ich sogleich einzufangen, das heißt zu zeichnen gezwungen bin.« Das Zeichnerische wie das Erzählende ist in diesen pastosen Texten vorherrschend. Bei Meckel wird sich nirgends um Wort oder Bild gequält, wenn auch Meckel das Wort Glück als Konkurrenz zu seinem eigenen Vermögen, glücklich zu sein, seinen Schreibe-Spaß zu haben, empfinden mag: Konkurrenz bei seiner barocken Chimärenjagd, die ihm nicht den Atem benimmt, wie man in seinem vital gesättigten Gedicht *über das Schreiben von Gedichten* erfahren kann:

Ich machte Wände um den Tisch
und um die Gräte einen Fisch
und einen Himmel um den Wind
und für den Wind die Augen blind
und machte meinem Faß den Wein
und Trauer meinem schwarzen Kleid
und eine Wüste für den Stein
dem Rauch ein langes Feuerscheit
und nahm mein Haben und mein Soll
und warf mein Füllhorn damit voll.

Das Blatt »Leierkastenlied« von Christoph Meckel erschien mit sechs weiteren signierten Offset-Lithographien des Dichters 1969 als Mappenwerk mit dem Titel »You're welcome« im Atelier Friedemann Siebrasse, Berlin.

Christa Reinig, Elisabeth Borchers, Margarete Hannsmann

Zwei Frauen – gleichaltrig – kann man, obwohl sehr verschiedenen literarischen Naturells, zum »Spiel«-Gedicht in Beziehung setzen, wenn sie sich auch diesem Spiel unterschiedlich genug unterziehen: Christa Reinig und Elisabeth Borchers. CHRISTA REINIG (* 1926; *Die Steine von Finisterre*, 1960; *Gedichte*, 1963; *Schwabinger Marterln*, 1968; *Schwalbe von Olevano*, 1969) hat einmal festgestellt: »Armut – Niedriggeborensein – Hang zum Müßiggehen – selbdritt, müßten wohl einen Menschen tief ins Elend verdunkeln, wenn nicht die Sprache ihn erhellte, die Hoheit, Reichtum und schwerelose Bewegung verheißt. Ich kann nicht ein Flugzeug bitten, es möge sich für mich erheben, aber ich kann den Wind anrufen, daß er für mich weht.« Die Lyrikerin ist früh mit einem balladesken Stoff, der sie bekannt gemacht hat, hervorgetreten, mit ihrer *Ballade vom blutigen Bomme* aus den *Steinen von Finisterre*. Diese kräftige und mit Spaß am Kraftvergnügen des Wortes ausgestattete, mit dem Kehrreim und dem Wiederkehr-Spiel der Worte und Vorstellungen arbeitende Textur setzt bereits schaubudenhaft derb und animierend ein:

Hochverehrtes Publikum
werft uns nicht die Bude um
wenn wir Albernes berichten
denn die albernsten Geschichten
macht der liebe Gott persönlich...

Christa Reinig liebt die ingrimmige Situations-Wiedergabe. Das führt sie auch ins politische Spiel, das ein ernstes, eher wortkarges Spiel bei ihr bleibt, wie überhaupt die »holzgeschnittenen«, auch kurzen Gedichttexte – wie etwa die *Marterln* – das versuchte Spiel sogleich in Ernst, Sachlichkeit überführen. Sie hält sich nicht bei für sie wehendem Wind auf. Sie will auch wissen, woher dieser Wind weht und wohin er führt, sozusagen. Sie liebt die Wind- und Wetterfahnen schließlich nicht, dagegen in zunehmendem Maß Landschaft, das Politische, Gegenwart und Traum. Das geht immerhin so weit, daß in einem Gedicht *(Ikarus)* des Bandes *Schwalbe von Olevano* (1969) es unvermittelt und wie in sentimentaler Wallung bei dieser sonst ganz unsentimentalen Autorin heißen kann: »Was uns versagt war, schweige / innen im Gedicht.« Die wortreichen, die balladesken Gedichte, die sie weiterhin pflegt, kommen schnell zur jeweiligen »Sache«. Es gibt bei ihr dabei keine Arabesken, kein Verweilen in der schönen poetischen Spiel-Figur. Selbst der Schwalbenhimmel des italienischen Olevano ist »schwer wie ein Tier, das Pfeilspitzen aushustet.« Es ist ein atemloser Himmel, der keuchend zur Erde fällt, eine benommene, betäubt wirkende Wahrnehmung von Dasein, wie sie sich im »Gesang auf die Benommenheit im Wind« findet. Solche »Gesänge« sind die schwereren Fortsetzungen der einmal leichter aufgefaßten und behandelten Balladen: »Einmal sein, / Einmal nicht nichts sein. / Nicht Papier sein. / Papier ist ungeduldig. / Papier ist nicht Stein / Stein ist Benommenheit.« Zuweilen kommt bei aller Zurückhaltung und Sprödigkeit im Ausdruck etwas Drängendes, Suggestives und Leidenschaftliches auf, eine Heftigkeit des Erleidens und Wahrnehmens, die dann wieder in Sachlichkeit zurückfällt, in die trockene Bitterkeit, bei der jedes Spiel, jedes balladeske Schwelgen in Zuständen und Geschehen ausgespielt scheint, in Hinblick auf harte Alltagssituation, auch der Situation im politischen Alltag. Das beklemmende Spiel wird uns bei Christa Reinig in kurzen, wort-

kargen, mit einem Minimum sprachlichen Aufwands auskommenden Texten gelehrt, die sich vom Ausgangspunkt – etwa jenem »blutigen Bomme« – außerordentlich weit entfernt haben. – OTTO KNÖRRICH hat festgestellt, daß bei dieser Lyrikerin das Märchenhafte und Graziös-Verspielte (wie es beispielsweise im Gedicht *Katzenverfassung* erscheint) mit dem lapidaren, dem kontradiktischen Ton kontrastiere, der sich schließlich durchsetze und Kompromißlosigkeit und Endgültigkeit widerspiegele. Der Kontrast wird noch in Feststellungen wie folgenden spürbar: »Die Berufsliste meiner arbeitenden Menschen war etwas ausgefallen: Henker, Pirat, Selbstmörder, Turmseilläufer usw.« (in Hilde Domin, *Doppelinterpretationen*).
Das Turmseillaufen des spielerischen Gedichts kann jederzeit mit einem Absturz enden oder doch mit radikaler Veränderung. Die Engagierten zeigen nach dem Balanceakt ihr Engagement. Die Nähe zur politischen Äußerung ist überall bei den lyrischen Spielern der jüngeren Generation, von Grass an, latent – selbst wenn man solche Nähe nur mühsam erkennt, wenn sie sich versteckt und märchenhaft verschwommen oder verzerrt zu erkennen gibt wie bei ELISABETH BORCHERS (*1926; *Gedichte*, 1960; *Der Tisch, an dem wir sitzen*, 1967). Die »süße Surrealität« ihrer Anfänge, wie man sie in dem bekannt gewordenen Gedicht *eia wasser regnet schlaf* findet – Gedicht als Traumspiel und Spiel- und Märchenwiese, als elementar aufgefaßte Schwebewelt, als submariner Erfahrungs- und »Wirklichkeits«-Bereich – diese zart motivierte, verwunschene Vorstellungswelt ist bereits im zweiten, entschiedeneren Band *(Der Tisch, an dem wir sitzen)* reduziert, wenn auch keineswegs aufgegeben. An die Stelle des kindlichen Unwirklichkeits-Bedürfnisses ist eine melancholische Repetition dieses Bedürfnisses getreten, in das sich jenes Bescheidwissen mischt, das gleichzeitig mit allem anderen, nur nicht mit der Unschuld des Singens und Sagens rechnet, vielmehr erlebt hat und es ausspricht: *Sie singen um ihr Leben.* – »Der Tisch an dem wir sitzen ist hart gefroren –« Die Kälte der Welt, der menschlichen Beziehungen, ihre Erbarmungswürdigkeit ist längst eingesehen und kann nicht mehr unterdrückt werden, wenn derartige Einsicht noch so leise gesagt wird. Noch die Viertelstimme artikuliert unüberhörbar:

Ich erzähle dir eine Geschichte
von einem Himmel

Der Himmel hat keine Bäume
der Himmel hat keine Vögel
der Himmel ist auch kein Erdbeerfeld

Der Himmel ist ein Kleid
das der Erde zu weit ist

Der Himmel hat morgens
und abends ein rotes Dach

Der Himmel ist ein Bauch
in den wir kriechen

Der Himmel ist nicht so wie du denkst
der Himmel ist blau.

In Zeilen wie diesen spielt der kindliche Unschuldston um seine Unschuld und weiß bereits, wieviel verspielt, vertan worden ist. Das »Mitgespielt«-Werden ist von Elisabeth Borchers stets auf die sanfteste Weise überzeugend gemacht worden. Die »Märchendämmerung« (Knörrich) vollzieht sich immerhin so, daß sie zaghaft einsetzt, unüberbietbar scheu jedenfalls von der Art, wie sie Gert Kalow bei der Interpretation eines Borchers-Gedichts erkannt hat (in Hilde Domin, *Doppelinterpretationen*). Selbst-Entäußerung und Behutsamkeit gehen bei der Autorin eine Kommunikation ein, die märchenhafte Timbrierung noch so lange wie möglich zulassen, artikulieren möchte, obwohl im Artikulieren schon die schöne Täuschung als Enttäuschung gezeigt wird, als beginnende Resignationsfähigkeit, die den Verlust an Empfindlichkeit möglicherweise abfangen möchte, ohne daß man recht an das Gelingen solchen Versuchs glauben kann: »Jemand schweigt / und du glaubst er spricht / und du antwortest / und sprichst gut / und entblößt dich / haut um haut die du nicht / geben kannst du der du sprichst / und es wird kalt und kälter.« Auf der Suche nach »Aufmerksamkeit, Identität, Liebe« ist zweifellos manches der Gedichte von Elisabeth Borchers, wie Kalow interpretierend vermerkt. Diese Suche erhält die Texte an ihrem so rasch zu widerlegenden Leben, erhält sie in ihrer hauchdünnen Existenz und Widerstandsfähigkeit, ihrem Lebens- und Märchenschauder, der ihnen ausgetrieben werden soll. »Die Kraft der Kraftlosigkeit« (Kalow) ist der feine Motor, der die Borchers-Verse von jeher angetrieben hat und ihnen das eigentümliche Aussehen gibt, das empfindliche Märchen-Habit zugleich als Schutzhülle und als Kostüm entlarvender Schönheit, von der die Autorin abkommen will und nicht loskommen kann: eine Art Nessus-Gewand.

»Ich habe eine Frage / wer bist du gewesen / die Welt ist wüst / und die Tiere / die ich pflegte / brennen lichterloh.« So wird von ihr rückblickend »Veränderung« (so der Titel des kurzen Gedichtes) wahrgenommen und hingenommen. Denn eine deutliche Aktivierung gegenüber solchen die zarte Existenz der Borchers-Texte zerstörenden Veränderungen gibt es offenbar nicht. Es ist die Hilflosigkeit des Kindes, dem sich die Spielsachen entfremdeten. Jeder individuelle Abschied – sofern er wirklich an die Person gebunden ist – fällt anders aus. Der Spiel-Abschied der Borchers, am Ende ihrer Märchenspiele und nach dem Entschwinden der verwunschenen Prinzessinnen aus ihren Versen, sieht sich denkbar einfach an, als wäre nichts aufgegeben und als gäbe es nichts mehr zu verlieren. Zugleich wird so etwas im Lied ausgetragen, singbar gemacht, so eingängig und schwermütig wie möglich und wie notwendig:

Der Spielmann spielt
ein Kind singt es ihm nach

Ein Lied das heißt
wie heißt es doch
der Mann im Mond
der sitzt im Mond
sie singen um ihr Leben

Wer jetzt nicht kommt
der kommt zu spät
die beiden ziehn schon weiter

Mit ihrem neuesten Gedichtband (*Das andere Ufer vor Augen*, 1972) hat Margarete Hannsmann (* 1921) den mythischen Griechenland-Raum verlassen, in dem sie so lange schon mit ihren Versen beheimatet war. Sie ist sinnkräftig-nachdrücklich in die Gegenwart eingetreten, die freilich indirekt auch in der griechischen Szenerie zuvor anwesend war (Hermetismus kann man der Autorin nicht vorwerfen). Ihre Reisebilder und Momentaufnahmen aus BRD und DDR haben, wie ein Kritiker vermerkt hat, nichts »Gesamtdeutsches« .Sie sind vielmehr »ohne Sentimentalitäi, scharf beobachtend, prall von sinnlicher Wahrnehmung und doch analytisch reflektierend« (Rolf Michaelis). Landschaften und Erscheinungen, Personen (Walser, Eich, Christa Reinig u. a.) sind so Bild geworden, moralisches und politisches Inbild zugleich. Das Inbildhafte, das früher an den griechischen Gegenden abgenommen war, verstärkt sich in der augenblickshaft wahrgenommenen und zugleich zeitlos intendierten deutschen Gegenwart als einer moralischen und politischen, einer von Menschen getragenen Gegenwart. Und ihr Griechenland-Verhältnis wird nun in Zeilen wie folgenden ausgedrückt: »Weil ich für Griechenland bin / schreibe ich gegen Griechenland / Weil ich gegen Griechenland schreibe / kann ich nicht mehr nach Griechenland.«

Horst Bingel

In die Welt der lyrischen Spieler hat sich früh mit Gedichten auch Horst Bingel (*1933; *Kleiner Napoleon*, 1956; *Auf der Ankerwinde zu Gast*, 1960; *Wir suchen Hitler*, 1965) eingelassen, ehe er sich wieder von ihr entfernte, ihren Rand aufsuchte und sich an ihm zu halten suchte, zugleich entschieden politisierte. Wenn man heute Bingel mit Recht vorwiegend als politischen Lyriker ansieht (er hat – mehrfacher Anthologist – unter anderem eine Sammlung *Zeitgedichte. Deutsche politische Lyrik seit 1945*, 1963, herausgegeben und bei dieser Gelegenheit wiederum seine engagierten politischen Absichten als Poet erkennen lassen), so ist doch ebenso sicher, daß er als Gedichteschreiber der skurrilen, luftigen, »momentanen« Balance, der übermütigen und melancholisch-tiefsinnigen Einfälle debütiert hat.

Eine winzige Welt ist anfangs skizziert und in der eindrucksempfindlichen Skizzierung belassen: aus einem Tapetenfleck wird eine Fata Morgana, eine Insel, groß genug, um sich auf ihr träumend und spielerisch, leichthin ohne Leichtfertigkeit, einzurichten: »Eine kleine Insel / auf der Tapete. / Sie ist so groß, / daß ich dort leben könnte.« Bingel hat von jeher nichts unversucht gelassen, um sich mit seiner spielerisch organisierten Einbildungskraft auf kleinem Raum unterzubringen und alle Anmut zu entwickeln, alle himmlische Heiterkeit, die ihm dann – nach und nach – durch Zeit und Zeitumstände, Gewalt und Gegengewalt, ausgetrieben wird. – Noch im dritten Band mit dem bezeichnenden Titel *Wir suchen Hitler*, der dem Autor erhöhte Aufmerksamkeit der verschreckten Öffentlichkeit zuzieht, sind genügend Beispiele für den leichten Sinn Bingels, für sein unverschrecktes Spielertum zu beobachten. Er erfindet ein poetisches Leitbild wie Härtling vor ihm seinen »Yamin«. Bingel nennt den Wunderlichen Pom, und er bläst ihm sein leichtes Lebenslicht an und läßt ihn sich und andere verspielen, indem er sich unablässig aufs Spiel setzt. Nur so ist – auch für Bingel – Spiel auszuhalten und durchzuhalten.

Und nur unter solchen Bedingungen sind Arbeiten wie die *Widmung für Lerchen*, sind *Raupenstadt* und *Taubengeneral* zustande gekommen, wurde *Strick und Traum*

Horst Bingel (Mitte), Gerhard Zwerenz (rechts), der polnische Autor Witold Wirpsza und der Österreicher Ernst Jandl (links) bestritten am 26. November 1967 gemeinsam eine Dichterlesung in der Werkshalle eines Frankfurter Industriebetriebs – eine von zahlreichen ähnlichen Veranstaltungen anläßlich des »II. Internationalen Forums für Literatur« in Frankfurt a. M.

ermöglicht, schüttet – Felix Lumpach alias Horst Bingel – seine Koffer (in Form von Prosa) aus und wird der Kobold losgelassen:

Die Schaukel vom Wind getragen,
hältst du das Segel,
teilst du mit dem Steuermann.
Nichts, was sich ändert,
werden wir zu spät gewahr,
der Riß im Gebälk
ist zur Täuschung erfunden.

Wenn du das Land umschreitest,
das du bebaust,
um Steine zu zählen:
stoße das Haus um,
du wirst es kennen.

Auch der »politische« Bingel ist eher Anhänger subjektiver Revolte als Austräger bestimmter ideologischer Programme. Er bleibt auch hier zunächst auf sich gestellt und betreibt das »garstige Spiel«, bei Bewußtsein seiner gesellschaftlichen Notwendigkeit und möglichen Wirksamkeit: »Die Politik kann niemals über das Gedicht verfügen, denn das Gedicht steht gegen Prinzipien und Dogmen, aber es ist dem Dichter aufgegeben zu sprechen, wenn Unrecht geschieht, zu entlarven, wenn Unrecht gerechtfertigt werden soll.« Das ist 1963 ausgesprochen. »Seine Revolution ist unabhängig, weil er keinen Rückhalt hat, keine Macht, die ihn unterstützt.« Das ist aus der Frühsituation des politischen Gedichts bei uns zu Beginn der sechziger Jahre formuliert,

Walter Höllerer, gesehen von Renate von Mangoldt ...

als sich dieses Gedicht noch nicht »formiert« hatte. Als es isoliert postulierte. Auch Bingel macht hier keine Ausnahme. Man hat – von ENZENSBERGER bis FRIED, von SABAIS bis WEYRAUCH – unter diesen ersten politisch Interessierten und bald gesellschaftlich entschieden Engagierten – zunächst keine andere Wahl, keine andere Ausdrucksmöglichkeit. Die »abgewanderten« Spieler – Fuchs, die Reinig, Bingel – sehen ihre Politizität im Gedicht zunächst und für einige Zeit wie von Bingel formuliert. Noch sein damals Aufsehen und Diskussionen erregendes *Fragegedicht* (aus *Wir suchen Hitler*, 1965) kommt nicht ganz ohne Arabeske, ohne spielerische Merkmale aus. Es ist eine Textur, an der man die Übereinkünfte zwischen Spiel und Überzeugung durchaus studieren kann. Das ironisch Possenhafte (und beinahe schon wieder Possierliche) ist nicht gänzlich unterdrückt, schleicht sich vielmehr in den Text ein (»Hitler ist eine Erfindung / der bösen der guten der bösen / wer so etwas / wir aber werden / verzeihen / poesie / das hebt / heraus / Hitler ist keine Nationaldichtung / wir waren schon immer / verderbt / durch fremdländisches«).

Walter Höllerer

Das Spielerische im Gedicht hat – dank seiner Beweglichkeit – »frei« gemacht für Verschiedenartiges. Frei auch für das Politische wie für den Salto, für den Unsinn wie für die strukturelle Fluktuation des Gedicht-Gebildes. – Das In-Bewegung-Halten

... und von Henry Meyer-Brockmann

des deutschen Nachkriegs-Gedichts hat erst die Veränderung durch ausländischen Einfluß und eigene Spielraum-Erweiterung ermöglicht, die die festgelegten Strukturen angriff und sie so verfügbar und »gefügig« machte für immer neue artistische Behandlung und inhaltliche Variabilität. Ein Autor, dessen eigene Produktion ein Musterbeispiel für das beschriebene Phänomen abgibt, ist WALTER HÖLLERER (* 1922; *Der andere Gast*, 1952; *Gedichte*, 1964; *Außerhalb der Saison*, 1967; *Neue Gedichte*, 1969). Der Germanist und Literatur-Organisator hat die Bedeutung seines lyrischen Werks im Bewußtsein vieler in den Hintergrund treten lassen. Doch ist das Gedicht wie das Management Ausdruck einer Natur, die von feinster Witterung für die literarischen Möglichkeiten, für Progression wie für Tradition, ausgestattet, in manchem zu einer unserer Schlüsselfiguren geworden ist.
In unserem Zusammenhang kann nur vom Lyriker Höllerer die Rede sein, wobei der Theoretiker und Poetologe jeweils mitzudenken ist, weil beides einander bei ihm bedingt und zuweilen kaum unterscheidbar wird. Denn die Gedichte erscheinen oft als Modelle poetologischer Empfindlichkeit und theoretischen Weiterdenkens. Sie treten manchmal gleichzeitig, oft später als ihre intellektuelle, theoretische Vor-

fertigung auf den Plan. Höllerers Anfänge sind von der damals herrschenden »naturmagischen« Schule Brittingscher Konvenienz mitbestimmt. *Der andere Gast* bleibt für lange die bemerkenswerte Frühleistung einer noch unentschiedenen Begabung, die in den darauf folgenden Jahren die »Skala« solcher individueller Begabung probiert und durchspielt. Das Durchspielen und Probieren, das immer frisch Improvisatorische an Höllerer bleibt für ihn in seiner Produktion und unablässigen produktiven Neugier charakteristisch. Die zahlreichen theoretischen Bekundungen bezeugen den unablässigen Prüfer der eigenen Fähigkeiten. Er hat von List und Ungelegenheit, vom Signalelement und von dem gesprochen, was er immer parat hat: von Aktivität, vom »Aufstehn-aus-dem-gequetschten-Systemkasten«, und vom »das Möglichespielen.« Noch im Hinblick auf die »Systeme« hat man von der »spontanen, gereizten, labilen Aktivität« vernehmen können, die dazugehöre.

Relativ früh liest man zur Gedicht-Praxis bei ihm: »Die Ungelegenheiten, die die Sprache vorfindet, wenn sie wahr bleiben will, sind die Geburtshelfer des Gedichts ... Das Gedicht ist gezwungen, sich an das anzuschleichen, was zu sagen ist. Das Gedicht muß, listig, den jeweils richtigen Ausdruck treffen, um hinter die Fassade zu gelangen, die wir im allgemeinen Sprechen ... aufrichten. Die List des Gedichts besteht darin, daß es sich auf die mannigfaltigen Möglichkeiten der Sprache besinnt, auf das Signalisieren der Sprache durch Syntax, Rhythmus, Wortwahl, Bild, Tonfall.« – Der Bogen spannt sich bei Höllerer in seiner raschen Entwicklung, im quicken Durchlaufen seiner Sprechmöglichkeiten weit: von Naturmagie über Arpsches Konfigurieren bis zu experimentell-»konkretem« Sprach- und Struktur-Ambiente, wobei in bezug auf jede Artikulierungs-Einseitigkeit für ihn die Bemerkung steht: »Ich kann mich ... nicht identifizieren mit dem Versuch, die Sprache auf *eine* ihrer Dimensionen festzulegen. Ich betrachte diese Versuche mit Interesse und werde, wo ich nur kann, für meine Arbeitsweise daraus Gewinn ziehen.«

Walter Höllerer – Herausgeber bzw. Mitherausgeber zweier wichtiger Sammlungen der Nachkriegsjahre (*Transit*, 1956; *Movens*, 1960) – hat stets etwas Anti-Doktrinäres in der eigenen literarischen Praxis bewahrt, eine Verfügungs-»Offenheit«, die ihm, seinem Temperament entsprechend, zu Gebote stand:

Laß uns reden
Die Startbahn hinunter reden
Reden um die Trennung hinauszuzögern reden
Ostern fällt in den März April ist nicht weit es wird
Wärmer – reden und insgeheim daran denken es
Nicht herauslassen ein vom Leben befriedigtes Gesicht
Reden – rot, die grüne
Welle geht langsamer reden wie es
Eben so geht insgeheim daran denken es nicht herauslassen reden
Wenn Regen in Baumkronen im richtigen Moment reden um zu zögern um
Eine Startbahn hinunterzu, schnell.
(Aus *Gedichte*, 1964)

Das Beispiel zeigt Höllerers Bedürfnis nach poetischem Verfahrens-Wechsel, um sich schließlich einer Art »unablässigem Gedicht« zu nähern, das ihm vorschweben könnte. Dies aber ist Spieler-Art, und Walter Höllerers stärkste Bindung ist, innerhalb der Lyrikerproduktion, am Ende das Spielerische, was ihn nicht zur Ruhe kommen, was ihn erfinderisch und listig bleiben läßt.

Titelgraphik der Anthologie »movens«, herausgegeben von Franz Mon, Walter Höllerer und Manfred de la Motte, erschienen 1960 im Limes Verlag, Wiesbaden.

Experimentelle Textherstellung: Herkunft und Entwicklung

Die Geschichte der experimentellen Textherstellung im Gedicht der Nachkriegszeit reicht weit zurück. Sie markiert sich – so wird gesagt – im Jahre 1953, als der Schweizer EUGEN GOMRINGER – damals noch mit MAX BILL, seinem Landsmann, an der Ulmer Hochschule für Gestaltung tätig – seinen Band *Konstellationen* herausgibt. Aber man wird noch weiter zurückgehen müssen, wenn man an die eigentlichen Anfänge dieser Wortbehandlung im Gedicht bei uns kommen will. Während das naturmagische Landschaftsgedicht und die Lyrik GOTTFRIED BENNS auf dem Höhepunkt ihrer Bedeutung und ihrer Wirkung ankommen, erscheint in Freiburg/Breisgau während der Jahre 1948–1954 eine »internationale Revue für moderne Dichtung«. Sie nennt sich *Fragmente*. Ihre Herausgeber sind CLAUS BREMER (* 1924) und RAINER M. GERHARDT (* 1927), der sich 1954 das Leben nimmt. In den *Fragmenten* kommen neben den internationalen Surrealisten und ihren Vorbildern – von JARRY bis POUND, – auch die ersten Versuche einer »konkreten« Poesie zu Wort. Bremer selbst – wie Gerhardt – versucht sich so.
Eine Sammlung »kommentierter Poesie« aus den Jahren 1949–1969 unter dem Titel *Anlässe* (1970) macht erkennbar, wie lange die Entwicklung dieser »Kunststücke«, wie sie Claus Bremer nennt, zu verfolgen ist. Es handelt sich dabei – so Bremer – um »Montagetexte, erste Provokationen zum Auseinandernehmen, zum Entdrehen, Richtigstellen, Akzentsetzen. Einladungen zu sinngebenden Aktivitäten, zu einem Lesen, das nicht nur von mir, sondern auch von Ihnen bestimmt ist«. Was Bremer unternimmt, ist die Sichtbarmachung seines Arbeitsprozesses und die Hineinnahme dieses Prozesses in das Endprodukt, den literarischen Text, das Gedicht. Bremer meint: »Was veränderlich gewesen ist, zeigt sich veränderbar. Was dazu gedient hat, Bewegung zu brechen, zeigt sich beweglich. Was Achtung geboten hat, ist Spielzeug geworden.«
Es ist phänomenologisch nicht ohne Belang, was hier am Anfang der Entwicklung zur experimentellen Textur hin betont wird: diese – gleichsam spielerische – Offenheit, eine Art Überbeweglichkeit, womit die breite Bedeutungs-Streuung zum Ausdruck kommt, die vom spielenden Gedicht Dadas und seines Überlebenden HANS ARP herrührt. Der Hinweis auf die Wichtigkeit der Bewegung, in die der Einzeltext gestellt

wird, erinnert sogleich an die kombinatorische Behandlung, die dem beweglichen Spiel-Gedicht Arps zuteil wird. Bremer stellt fest: »Die Bewegung schält durch die immer neue Kombination die einzelnen Elemente des Textes heraus, seine einzelnen Wörter oder Wortgruppen. Sie zeigt sie nicht nur in bestimmten Zusammenhängen, sondern in allen. So verzerrt sie sie nicht durch einzelne Perspektiven, sondern gibt ihnen alle möglichen. Sie läßt sie dadurch wie sie sind.«

schweigen schweigen schweigen
schweigen schweigen schweigen
schweigen   schweigen
schweigen schweigen schweigen
schweigen schweigen schweigen

Eugen Gomringer und eine »Konstellation« aus seinem Sammelband »worte sind schatten. die konstellationen 1951–1968«, erschienen 1969 (Rowohlt Verlag, Reinbek).

Die Vorstellung von »Konzentration auf Sprache« (Heinrich Vormweg) wird durch solche Bemühungen um kombinatorische Überbeweglichkeit der Behandlung des Einzelwortes oder von Wortgruppen nicht widerlegt. Zum erstenmal jedenfalls ist etwas erreicht, was den syntaktischen Zusammenhang, den Satzzusammenhang, die logische Auffassung von – literarischer – Folgerichtigkeit beiseite schiebt. – Jahre danach, 1960, schreibt einer der – nicht nur theoretischen – Wortführer des experimentellen Gedichts, Bazon Brock, in seinem Beitrag *Zur poetischen Syntax* (in der

Anthologie *movens*) hierzu: »Die heutige Poesie konzentriert Sprache auf das Wort, auf die buchstäbliche Existenz des Wortes, das nicht nur aus einem syntaktischen Bedeutungsgefüge mit anderen lebt, sondern Einzelgänger ist, Einzeller, jedes trägt das Haus seiner Bedeutungen auf seinem eigenen Rücken. Jedes Wort besitzt selbständige Seinsweise von Substanz. Jedes Wort ist Titel ... Jedes Wort bildet sich im freien Raum zum nächstfolgenden noch einmal ab.«

In solchem Zusammenhang kommt man zu Vorstellungen von einer literarischen Sprache, die als »vertikaler Spannungsstoß« verstanden wird, als »Anruf, Kartusche, Raster, Gitter«. Mit dieser schrankenlosen »Er-öffnung« des Einzelwortes wird dieses zugleich sein eigenes Bedeutungsskelett und auf eine Weise asketisiert, wie man dies fortan nebeneinander beobachten kann. Das »bewegliche Textmaterial« (Bremer) sagt »nicht nur an einer bestimmten Stelle des Textes« etwas, sondern »allgemein und überall« etwas. Freilich sind die Realisationen solcher theoretischer Überlegungen (sehr bald wird man – wie bei Franz Mon – keinen Unterschied mehr zwischen theoretischer und praktischer, d. h. vollziehender Wortbehandlung machen) noch etwas ungelenk und erinnern von fern an so »hieratische« verbale Bereiche, wie man sie bei hochkonservativer traditionsgebundener Lyrik (Stefan George) kennt:

am wasser becken die reiher
am wasser becken die reiher
der untätigen herbstbäume
im wasser becken die reiher
der untätigen herbstbäume

ich gehe über die brücke
außerhalb des geländers
damit mich spiegele
die brücke ausserhalb des geländers
ich gehe über die brücke
.....

Die eigentümliche Nähe zur striktesten Dichtung im konventionellen Verstande fällt hier auf und wird von einigen Vertretern insofern auch nicht geleugnet, als sie sich – wie Gomringer – weiter als Dichter verstehen: »Es bleibt dabei, ich betrachte mich selbst als Dichter.« Aber natürlich sieht das experimentelle Gedicht, sehen seine Vertreter ihre Vorläufer anderswo, sie haben das zum Ausdruck gebracht. Gomringer nennt Arno Holz, aber auch den späten Mallarmé und Apollinaire, Heissenbüttel hat auf Arp, Marinetti, Pound und Benn, sowie auf Gomringer als unmittelbaren »Auslöser« für die eigenen experimentellen Anfänge verwiesen. Die »Wiener Gruppe«, mit Rühm und Bayer, bezeichnen Dada, aber auch Hölzers *Surrealistische Manifestationen* als für sie wegweisend. Rühm nennt noch Scheerbart, Carl Einstein, Stramm, Gertrude Stein und sagt in solchem Zusammenhang: »Für uns repräsentierten sie die aufgefundene, eigentliche Tradition, der sich unsere Bestrebungen organisch anschlossen.«

Es ist tatsächlich das »Dichten von der Sprache her« (wie der Romanist Hugo Friedrich in seiner *Struktur der modernen Lyrik*, 1956, formuliert hat), das fortan in den Mittelpunkt von Überlegung und literarischer Praxis rückt, oder, wie Franz Mon es ausdrücken wird: »In der konkreten Poesie ist das Wort als Wort, mit allem, was ihm zustoßen kann, das einzige Ereignis, das zählt.« – Wie der Surrealismus und in manchem das spielerische Gedicht (bei eigener deutscher Tradition durch Autoren wie MORGENSTERN und anderen), ist auch die »konkrete« Lyrik von außen (von der Schweiz durch Bremer und Gomringer oder durch den in der Schweiz lebenden DITER ROT, dann durch internationale Gruppierungen wie die brasilianische »Noigandres«-Gruppe beispielsweise) auf uns gekommen. Helmut Heißenbüttel – wichtigster Repräsentant des frühen »konkreten« Gedichtes – hat seine persönliche Herkunft von Gomringer bekannt: »Was ich las, waren einfach Gedichte, neue Gedichte, Gedichte, die nicht nur zu lesen, sondern auch zu machen einen Reiz hatte ... Die Reizfunktion ging aus gleichsam von Sprache selbst, von Wörtern, die aus der Fähigkeit, Metaphern zu bilden (symbolisch für etwas einzutreten, das sie nicht wortwörtlich sagten), herausgenommen waren. Statt der Metapher wurde etwas sichtbar, was man den Bedeutungshof, den jede Vokabel besitzt, nennen könnte.«

Helmut Heißenbüttel

Der Norddeutsche, 1921 in Wilhelmshaven geborene HELMUT HEISSENBÜTTEL (*Kombinationen*, 1954; *Topographien*, 1956; *Textbücher I–VI*, 1960–1967; *Das Textbuch*, 1970; *Gelegenheitsgedichte und Klappentexte*, 1973) hat nicht die Entwicklung Gomringers genommen, dessen Weg der vokabulären Kombinatorik seinem spielerischen Vermögen, seiner mobilen Heiterkeit gewissermaßen, entspricht. Es ist aufschlußreich, daß in einem Bereich wie dem der konkreten Lyrik, der das Individuelle auszumerzen scheint, doch noch Individualität, Temperament unter bestimmten Voraussetzungen erkennbar bleibt. Die ernste Konsequenz, die man im Werke Heißenbüttels verfolgen kann, hat sich später in den *Textbüchern* allenfalls momentane, ironisch witzige Ausflüge in Bezirke des literarischen Spiels gestattet. Eine Überbeweglichkeit, wie sie der experimentierende Sprachwitz des Wieners ERNST JANDL aufweist, ist bei Heißenbüttel nirgends zustande gekommen und im übrigen auch nicht beabsichtigt.

Es ist für Heißenbüttel gewiß (in dem Aufsatz *So etwas wie eine Selbstinterpretation*, 1964, hat er es formuliert), daß Literatur (oder – wie er sagt – »jedenfalls in jener Zeit, die diesseits der letzten Ausläufer der romantischen, symbolischen Redeweise liegt«), »eher im Exerzitium als im Genuß, in der Erhebung, in der Gemütserhebung, der Wollust, der Illusion, der Bildung, der Rührung, der Belehrung durch Anschauung oder wie immer« zu verwenden sei. Und er hat seit dem Erscheinen jenes ersten Bandes in den frühen fünfziger Jahren immer deutlicher erkennen lassen, wie sehr es ihm um sprachliche, aus der immanenten Logik der literarischen Sprache resultierende Exerzitien zu tun ist. Er hat sie spätestens seit dem Erscheinen von *Textbuch I* (1960) geübt. Heißenbüttel verwendet den poetischen Text im Sinne von MAX BENSES Definition des Begriffs (in dem Band *Programmierung des Schönen*, 1960): »Der Begriff Text reicht auch ästhetisch weiter als der Begriff Literatur. Natürlich ist Literatur immer Text und Text nicht immer Literatur, aber Text liegt tiefer im Horizont des Machens als Literatur, er verwischt nicht so leicht die Spuren der Herstellung, er beweist die vielfältigen Stufen der Übergänge, und genau auf diesem Umstand beruht seine Funktion der Erweiterung des Begriffs Literatur.«

Poetische Textur: Sprache wird aus Sprache entwickelt. Die Heißenbüttelsche poetische Textur ist folgerichtig das, was die Wortführer der konkreten Poesie von Anfang an beabsichtigten, das heißt, in ihr wird Sprache aus Sprache entwickelt (wie der Philosoph LUDWIG WITTGENSTEIN einerseits, die Amerikanerin GERTRUDE STEIN

Sommerporträt: Villa Berg

gegeneinander gestellt einander durchkreu-
zend und aufgebogen im Abend verzogen und
gelb vor nachmittags bald beinah bloß beson-
ders bald bloß besonders beinah und lieber lei-

der oder oft halbwegs und unter teils teilweise
trotzdem tatsächlich Blick blicklehnt lehnt
oben anblickgenährt und unbegreiflich trotz-
dem trotzdem unbegreiflich gebüschelte Blät-

ter gebüschelte Haut ziegelfarbig beschwemmt
im Halbschlaf Vornübergebeugtes zuckend
Schatten Gebüsch Kohlweisling im Steinweiß
Karrees weitausgebreitet die ersten weißen

weitausgebreitet und auseinandergestrebt
selbst die im Kuckloch wiedererscheinend er-
scheinend kopiert eingestanzt ineinander ge-
stanzt fast senkrecht verdoppelt verdoppelte

Horizonte fast senkrecht was rund schwarz duff
flach gespalten querdurch Angst die Todes-
angst das Gesicht das dick undeutlich ziegel-
farbig dahinter Schatten ein Mund halbauf da-

hinter blau gespiegelt zurecht aus Unbekannt-
heit gebastelt der kleine Junge der hoffte wirk-
lich und der vertraute Gebärde daß reden
nichts nützt Sprache garnichts garnichts als

Vorbehalt Vorhalt sogar Geräusch nicht som-
merbewölkt die Wölbung des Sommers selbst
weitausgebreitet ein Vorhang aus einverstan-
den ich habe erklärt nun und bald nicht für lange

Das Gedicht »Sommerporträt: Villa Berg« erschien in Helmut Heißenbüttels »Textbuch 4«, Olten und Freiburg i. B. (Walter-Verlag) 1964.

andererseits das vorbereitet hatten), wird sie »beim Wort genommen«, so daß Sprachvorgang und Denkvorgang identisch sind und Wort und dargestellte »Wirklichkeit« in der Wirklichkeit, der Autonomie des einzelnen Wortes zusammenfallen. Allerdings gibt es in dieses Autors nun seit bald zwei Jahrzehnten zu verfolgender Entwicklung Verhaltens- und dementsprechend Praktizierungs-Schwankungen. Veränderungen

Helmut Heißenbüttel, Träger des Georg-Büchner-Preises 1969, nimmt die Urkunde aus der Hand des Darmstädter Akademiepräsidenten Gerhard Storz entgegen.

haben sich eingestellt. Die Veränderung sieht so aus, daß seit seinem *Textbuch IV* (1964) in den reduzierten Gedicht-Corpus »Stoff«, »Bedeutung« oder wie immer man einen derartigen Auffüllungs-Prozeß nennen will, in den Textablauf zurückkehren. Eine derartige Rückgewinnung vollzieht sich Schritt um Schritt. Die typographischen Merkmale, die bei manchen Texten stark im Vordergrund gestanden hatten (wie bei den anderen »konkreten« Lyrikern), treten zurück. Der einzelne Text nähert sich allmählich einer prosaähnlichen Form und wird gleichzeitig geräumiger. Wenn solche Kategorien überhaupt zu den Gedicht-Texten Heißenbüttels passen, könnte man davon sprechen, daß es sich hier um »lange Gedichte« handele. Doch muß gleich hinzugefügt werden, daß die üblichen »klassischen« Unterscheidungen zwischen lyrischen, essayistischen und Prosatexten fortfallen, wenn auch der Autor in dieser Hinsicht nicht so weit wie Franz Mon *(Texte über Texte)* gegangen ist, der zur völligen kategorialen Aufhebung gelangt.
Jedenfalls wird mit diesem Umfang aber doch »Inhalt« zurückgewonnen, deutlich erkennbarer Stoff. Dies gilt etwa für jeden der insgesamt sieben umfangreichen Texte des letzten *Textbuches VI* (1967), am wenigsten vom letzten Text, der *abc-Ballade*, in der Heißenbüttels noch nicht lange erreichte Fähigkeit zum Witz, zur Ironie, zur

verbalen Skurrilität und damit zu einer Distanz zum eigenen Schreiben, der eigenen kalkulierten literarischen Praxis, aufkommt:

> daß der ist Lachen und Un-
> sinn und die Zeit im Er-
> folg zubringt während die
> wütend kauern auf dem a b
> c d e f g h i j k l m nicht
> Begriffenen um zu verwech-
> seln um zu vermeiden daß
> einer Bacharach Baracken-
> rest der Rhein bei Bingen
> Worms am Rhein spielte
> n o p q r s t u v w x y z
> der Mond vorsichtig mit
> den es kommt schrie sie
> bis er es tiefer aus den
> genauen Ort in der Gegen-
> wart auf den sich a b c d
> e f g h i j k l m unaufge-
> wacht unmittelbar vor dem
> Aufbruch sang Einsicht des
> nicht Begriffenen fahles
> Licht und Zimmer Mond
> aus kommend wenns kommt
> kommend wenn kommt
> den o p q r s t u v w x y z
> genauen Ort in der Gegen-
> wart . . . . . .

Der sonst eher nüchtern zu nennende Logizist, der sich – wie Beda Allemann es genannt hat – auf das »Gesetz der sprachimmanenten Steigerung« verstand, führt hier so etwas wie eine sprachliche Lockerungsübung vor. Interessant sind in den späteren Arbeiten Heißenbüttels übrigens auch die – wie schon in seinen Anfängen – deutlichen autobiographischen Elemente. Immer sind es nur collagenähnliche Einsprengsel, momentane Zitate, momentane Erinnerungsspuren. Um es mit einer Stelle aus dem Text *Quasiautobiographisch* zu belegen:

> Etwas das sich lockert loslöst ablöst abspringt auf-
> leuchtet vergessen an der Grenze des Kalkulierbaren
> geräuscharm wenig drüber hörts auf.

Eine Sprechlage »am Rand des Repetierbaren Überleitung zum nicht rationalisierbaren Rest«. Ein Erinnern, das sich ebenfalls von der Sprachbewegung herausfordern läßt, von der verbalen Reizung und der immanenten Steigerungspraxis, auf die Allemann hingewiesen hat, Erinnern, das einbezogen ist in den Sprachfilm, der abläuft, dieser unablässige Sprachfluß, der die Worte nach sich zieht, der Sprache nach sich zieht, Sprache, die von den Gegenständen der Erinnerung zwar gefüttert wird, aber die Gegenstände aufbraucht, verzehrt, in einem sehr raschen Stoffwechsel sozusagen, einem schnellen Verbrennungsprozeß, der die reine Wort-Gestalt übrig läßt, was schließlich mehr ist als bloßes Wort-Material, etwas, das von sich selber in Gang

gehalten bleibt, in der durchgehenden Bewegung, die über den Textabschluß, der manchmal wie ein Textbuch wirkt, hinausläuft.
Die durchlaufende Sprachbewegung – nicht nur ein Charakteristikum Heißenbüttelscher Texte – hat nichts mit der *poésie ininterrompue* des französischen Surrealismus zu tun, dessen Ununterbrechbarkeit durch unablässig laufende Bild-Produktion zu erregt ist. Dieses Nichts-anderes-als-Sprache-Liefern ist bei Heißenbüttel etwa in einer Textstelle von *über einen satz von Sigmund Freud* im *Textbuch VI* angezeigt. Es handelt sich um eine Stelle, die gleichzeitig die Grenze eines solchen verbalen Lieferungs-Prozesses deutlich macht. Es heißt dort: »die Grenzen meiner Sprache sind die Grenzen meiner Welt.« Gewissermaßen ein Kernsatz der Heißenbüttelschen Poetologie, in dem sich theoretische Äußerung und praktische Verwirklichung decken. Man hat in ihm das eigentlich unablässige Thema des Heißenbüttel-Gedichts: das In-Bewegung-Geraten von Sprache, das Durchhalten und Verschwinden von Sprache, das Kommen und Gehen von literarischer Sprach-Figur, was als Formulierung schon wieder an das Dekorative heranreicht, das hier nicht gemeint ist, nicht einmal Sprach-Duktus, Sprach-Gestus, vielmehr das Für-sich-Sein der Worte (der »Worteinzeller« Bazon Brocks), des einzelnen Wortes neben und nach und um das einzelne Wort, mit seiner verbalen Herkunft, seinen möglichen verbalen Folgen, die ihm innewohnen. Es ist von ihm sozusagen mit seiner ganzen Geschichte, seiner Wortgeschichte ausgestattet worden, einer Geschichte, die sich auf keine Vergleiche, keine Symbole und Bilder mehr einzulassen braucht.
Um nochmals auf das Sich-Erinnern zu kommen, das vom Text- und Wortverlauf des einzelnen Gedichts evoziert wird: ein weiteres Stichwort wird in einer der sieben *Abhandlungen über den menschlichen Verstand* geliefert, als welche der Autor seine sieben Texte des letzten Textbuches verstanden wissen will, im Text »eine fünfundvierzig Jahre alte Engländerin aus Birmingham«:

> Da sein bedeutet nur daß man sich dran erinnern kann daß
> man sich dran erinnern kann bedeutet da sein. –

heißt es dort. – Und das im Sich-Erinnern Benennen zeichnet schließlich das am meisten mit Stoff aufgeladene Textstück *Deutschland 1944* aus. Dieser Text ist zugleich ein Segment Zeit- und Sprach-Phänomenologie, nach einer literarischen Klebe- und Schneidetechnik ineinandergefügt, die man nicht gleich als Collage bezeichnen muß, die vielmehr einen Sprachfilm hervorruft. Und was da entstanden ist – dieser Film – ist nun tatsächlich etwas, das alte literarische Vorstellungen eskamotiert, nämlich Genuß, Erhebung, Illusion, Emotion. Was gezeigt wird, ist vielmehr exakt vorgeführte und durchgeführte literarische »Übung« an einem bestimmten – hier zeit- und sprachgeschichtlichen Gegenstand.
In dem Aufsatz *So etwas wie eine Selbstinterpretation* (1964) hat sich Heißenbüttel mit dem Problem der literarischen Sprachgrenze als einer persönlichen Weltgrenze befaßt. Es heißt dort: »In der Begrenzung, die ein Komplex von Benennungen erfährt, erfahre ich eine Welt. Ich erfahre diese Welt, indem ich die Sprache, durch deren Begrenzung ich sie erfahre, nachspreche. Ich bin, wenn ich das tue, jemand, der dies für sich tut, und zugleich einer von beliebig vielen. Denn wenn ich dies Nachsprechen übe, so kann es auch jemand anders, und wenn es jemand anders kann, so kann es auch ein weiterer und so fort. Die Übung besteht darin, daß der Leser in den Grenzen der Sprache, die er nachübt, die Grenzen einer Welt erfährt.« Sprache als vordring-

liches Problem, in der Theorie wie in der literarischen Praxis, davon hat Heißenbüttel schließlich auch im Herbst 1969 aus Anlaß der Verleihung des Georg-Büchner-Preises an ihn gesprochen: »Wenn Literatur definierbar ist als eine Sonderform der Sprache kann man auch von Sprache allgemein das sagen was Literatur tut: sie bewahrt den Riß auf. Indem ich mich auf das Anonyme und Kollektive verlasse das in der Sprachkompetenz zur Sprache kommt versuche ich zu sprechen als ob ich bereits den Riß (zwischen dem gebildeten und dem ungebildeten Teil der Gesellschaft) überredet hätte. Ich versuche von vorn anzufangen ohne etwas aufzugeben.«

Die »sprachimmanente Steigerung« – schon früh von Heißenbüttel praktiziert – bleibt noch in jüngsten Text-Erzeugnissen literarisches Mittel, um den Versuch zu machen, von vorn anzufangen und zugleich sich mitten in eine Textur einzulassen, in einen Sprachfilm, der bereits läuft und der fortlaufen wird, über den Abbruch hinaus (denn auch »Steigerungen« erreichen eine Grenze, eine Sprachhöhe oder -tiefe, über die es nicht hinausgehen wird). So ist ein Beitrag aus *Textbuch VI* anzusehen, *vokabulär*. Der alte Heißenbüttelsche Sprach-»Einsatz« kommt hier nochmals in Anwendung:

einsetzen Einsatz
Aufsatz Vorsatz
vorsätzlich Satz
der Satz vom
Grunde Grund-
satz grundsätz-
lich Grundsatz-
referat gründlich
grundlegend
Grund gründen
auf begründen
Gründergenera-
tion Gründerzeit
abgründig Ab-
grund grundlos
hintergründig
untergründig
Hintergrund Un-
tergrund Unter-
grundbewegung
....

Die Repetierbarkeit der Methode mindert etwas die »totale Verantwortung für die Sprache«, wie die brasilianischen »Konkreten« sie gefordert haben. Es beginnt eine kalkulierbare Verödung, ein Zirkel setzt ein, eine Monotonie, selbst die spielerischen Momente sterben auf diese Weise ab. Das Doktrinäre gewinnt die Oberhand. Eine unüberhörbare Penetranz des Linguistischen setzt sich durch. Damit könnte zum Verdruß werden, was Harald Weinrich, selber ein führender Linguist, in der konkreten Lyrik zu sehen gemeint hat: daß sie »nichts anderes als linguistische Poesie« sei. Wäre sie das, wäre sie von vornherein ins Einseitige verschoben, in eine Einseitigkeit der Sprachauffassung und Behandlung, die über kurz oder lang einer poetischen Methode zum Schaden gereicht, die in der eigenen Methodologie erstarrt.

Der absolute Text: Mon, Brock

Bei Heißenbüttel ist die Gefahr bis jetzt weniger gering erschienen als etwa bei Franz Mon (* 1926; *artikulationen*, 1959; *protokoll an der kette*, 1960/61; *Lesebuch*, 1968; *Texte über Texte*, 1970). Bei ihm ist Theorie und Praxis vollends nicht mehr voneinander geschieden. Er hat das festgestellt im folgenden Satz: »In der Theorie steckt

Franz Mon

die Tendenz, den absoluten Text zu entwerfen und zu begründen, der von keiner Realisation mehr erreicht wird und erreicht zu werden braucht, weil das Konzept bereits die Mitteilung ist.« Die Rigorosität, mit der der Autor daran geht, Erörterung und »Realisation« ineinander buchstäblich aufgehen zu lassen, hat deutlich literaturutopische Merkmale, Ausdruck einer verbissenen Folgerichtigkeit, die sich von den »Sprachspielen« Dadas abwendet, von ihrer Kombinatorik des Unwahrscheinlichen, auch natürlich von der assoziativen Metaphern-Mystik des orthodox gewordenen Surrealismus, ohne zu beachten, daß hier ein neuer verbaler Mystizismus kreiert wird. Auch für Mon ist »das isolierte Wort«, das »primäre Element der konkreten Texte«. Das »Einzelwort« wird schnell für die konkrete Lyrik vom großen Gegenstand der Auseinandersetzung zum Gegenstand einer Art Behexung, die auch durch Scharfsinn (wie ihn Mon als scharfsinnigster Experimenteller aufweist) und durch Logik nicht gebannt wird.

Ein Beispiel von Franz Mon zum Thema »Visuelle Poesie«, aus der 1965 in London erschienenen Publikation »Between Poetry and Painting«.

Was für Mons Arbeiten gilt, gilt schließlich für Bazon Brock (*1936; *Kotflügel*, 1957; *D. A. S. E. R. S. C. H. R. E. C. K. E. N. A. M. S.*, 1960), auch für Arbeiten Ludwig Harigs, selbst noch für den am meisten »poetischen« Jürgen Becker, den man ohnehin nur bedingt in Zusammenhang mit der konsequent konkreten Lyrik bringen kann. Das sich gewissermaßen selbst überlassene Wort, dem »etwas zustoßen« kann, macht sich von dem, der es in Bewegung setzte, seinem Autor, denkbar weitgehend frei und entwickelt sich zu einem corpus, dem gegenüber der Verfasser allenfalls noch Pilotendienste leistet. Das bedeutungs- und zweckfreie Einzelwort erreicht eine verbale Unabhängigkeit, die freilich in eine sich autonomisierende Freiheit verengt wird. Immerhin gesteht Mon ein, daß sich die Möglichkeiten konkreter Poesie »erschöpft« haben könnten.

Die »Intensität des Einfachen«, die vom literarisch wie beschriebenen Einzelwort ausgeht, unter Verzicht auf die »Krücken der konventionellen Syntax«, wird am Ende einer neuen poetischen Hermetik ähnlich, die seit Mallarmés *un coup de dés* zum Vorschein kommt: ein ganz bestimmter literarischer Paralysierungsprozeß, der nur deshalb nicht in den Bereich der Monschen Vorstellungen tritt, weil er von vornherein das »Transitorische« seiner poetischen Methodik betont. Mit diesem Transitorischen ist so etwas wie eine Barriere gegen den Zerfall des Phänomens errichtet, eine sehr labile Schutzhülle aus Kunststoff, deren vollkommene Künstlichkeit absurderweise den poetischen Prozeß am Leben erhält.

Jürgen Becker

Randfigur der konkreten Lyrik bleibt – wie gesagt – Jürgen Becker (*1932; *Felder*, 1964; *Ränder*, 1968; *Schnee*, 1971). Seine Arbeiten sind ohnehin gattungsmäßig so wenig lokalisierbar wie die von Mon oder etwa Peter Handkes *Die Innenwelt der Außenwelt der Innenwelt* (1969), mit der sie mehr als mit den Arbeiten der älteren Experimental-Lyrik zu tun haben. Becker protokolliert. Er besorgt dies freilich auf eine Art, die Individualität weiterhin beteiligt. Er anonymisiert nicht. Er beläßt es nicht bei Sprachabläufen, vor denen sich der Autor zurückzieht. Frank Trommler (in *Tendenzen der deutschen Literatur seit 1945*, 1971) hat den Vergleich Beckers mit Handke, samt Unterschieden, einleuchtend formuliert: »In seinem Protokoll spezifischer Sprech- als Verhaltensweisen reduzierte Becker zunehmend den individuellen Erfahrungsbereich, um das Zitathafte des gesellschaftlichen Befundes nicht zu beschneiden. Andererseits blieb aber der individuelle Erfahrungsbereich nötig, um das Vorgefundene zu verfremden. Während Handke sich als ein Artist dieser Verfremdung produzierte, hielt sich Becker bei kritischer Bestandaufnahme als Autor zurück, was der konstruktiven Sprach- und Erfahrungserweiterung zugute kam.« Am ehesten als Gedichte eindeutig zu bestimmen sind die »Schneegedichte« aus letzter Zeit. Sie weichen von der bisher von Becker produzierten Methode ab und haben resignative Merkmale. Ein Text wie *Zur Sache* zeigt deutlich die Erweichung einer vom Autor offenbar nicht mehr als praktikabel empfundenen Methode, die ohnehin bei ihm labil (am wenigsten auf Folgerichtigkeit angelegt) aufgefaßt war:

> Blau wird erst der Abend
> wieder,
>   blau, atmosphärisch gesagt, denn

dieser Abend ist sonst eine miese,
wortlose Sache, zäh
wie die Lähmung im Kopf,
seit Tagen, weil, und
das ist fast alles an Grund,
kein Wort fällt: zur Sache, zu
dieser Sache zwischen uns, ich
nenne es Sache, diesen wortlosen,
miesen Kampf, seit Wochen, eine Lösung
vielleicht, weil, zwar
wie oben gesagt, aber
wirklich
    der Abend blau wird.

Becker ist kürzlich dem Buch *Eine Zeit ohne Wörter* (1971) in ein anderes Medium übergewechselt. Seine Fotos sollen freilich »Dokumente eines Bewußtseinsvorgangs, Assoziationen und Erinnerungen« vermitteln, visuelle Reize, die auch in seinen Texten evident sind.

NOCHMALS: DAS EINZELGÄNGERISCHE IM DEUTSCHEN GEDICHT

Die Erfahrung, daß Einzelgänger immer wieder Exponenten des deutschen Gedichtes werden, hat sich auch in der Nachkriegslyrik der BRD bestätigt. Dieses Einzelgängerische – bis zur Selbstzerstörung oder doch bis zur Selbstaufhebung wirksam – ist in Erscheinungen wie Paul Celan schließlich nochmals kraß ans Licht getreten. Auch die »Spieler« – wenn sie ihr poetisches Spiel noch so anonym durchzuführen trachten – lassen, wie wir sahen, Individualität erkennen, Eigenwilligkeit bis zur Verschrobenheit, bis zum poetischen Spleen. Auch in der poetischen »Verrenkung« tritt dieser Einzelne in der Lyrik auf. Er tut dies, indem er sein literarisches Abenteuer überhaupt als exzeptionellen Vorgang zu erkennen gibt. Das Einzelgängerische hat sich – im Laufe der letzten fünfundzwanzig Jahre – mehr und mehr differenziert. Es hat sich stark diskretisiert. Das »genialische Treiben« des Einzelnen im Gedicht hat sich kaum mehr gezeigt. Aber das Private in verschiedener Einfärbung hat sich desto stärker am Leben erhalten. Dies trifft schließlich für einige Vertreter jeder Phase der Nachkriegslyrik bei uns zu, vom naturmagischen Gedicht, wenn es exzessiv (und damit einzelgängerisch) wurde wie bei Elisabeth Langgässer, von den surrealen bis zu den spielerischen und experimentellen Praktiken.
Im ganzen wird man indessen – wie gesagt – zugestehen müssen, daß der Abbau des Einzelgängerischen zu beobachten ist, durch vieles vorbereitet und gefördert, so durch den immer rascher sich vollziehenden »Szenenwechsel« der einzelnen Entwicklungsphasen während des letzten Vierteljahrhunderts. Die Möglichkeiten, den einzelnen, der Gedichte schreibt, voll zur Geltung zu bringen, haben sich bereits seit der Mitte der fünfziger Jahre immer weniger günstig gestaltet. Die sechziger Jahre haben dann diesen alten und beharrlichen und, wie wir sahen, für die Lyrik so oft gefährlichen Typus weiter in den Hintergrund treten lassen. Die »Privatbeschäftigung« mit dem

Gedicht wurde durch solche Tatsachen zunächst weiter nicht berührt, wie es schien. Der Umgang des einzelnen Autors mit seinen höchst individuellen Vorstellungen vom Schreiben und der Nutzung solcher bis zum literarischen Egoismus ausartenden Vorstellungen bleibt zunächst die gewohnte Praktik des Lyrikers.

Das Gedicht der Verweigerung: Frühform des »öffentlichen Gedichts«

Mit dem Privaten erhielt sich das Unbestimmbare, das Unentschiedene, das sogenannte Allgemeine. Die »allgemeinen« Bedürfnisse – Humanität, Wunsch und Forderung nach Frieden – werden dementsprechend formuliert. Sie resultieren fast ausschließlich aus der Privatmentalität des Schreibenden, der »Partisan« bleibt, wie es WOLFGANG WEYRAUCH einmal in jenen frühen Jahren zum Ausdruck gebracht hat. Der literarische Partisan hat auf die Dauer beschränkte Wirkungsmöglichkeit. Seine Standfläche – die seine Sprechebene bleibt – ist denkbar knapp bemessen. Die Bewältigung der allgemeinen, der öffentlichen Bedürfnisse geschieht in der Bundesrepublik mehr als ein Nachkriegsjahrzehnt lang in traditionellen, vorgefertigten Formen, deren man sich bedient. Das Private wird gewissermaßen auf diese Weise ins Öffentliche transportiert, ohne daß es zu Stellungnahmen käme, die das Allgemeine konkretisieren und zum – jeweiligen – »Fall«, zur jeweiligen Sache, zur jeweiligen Aufgabe werden lassen.
Mit anderen Worten: das Politisch-Gesellschaftliche wird für lange – wenn es in den Blick kommt und ausgesprochen wird – von der zugleich individuellen, der privaten und einer unbestimmt »öffentlichen« Position aus avisiert. Das »politische« Gedicht ist außerordentlich person- und temperaments-, damit zufallsbedingt, was sich sogleich in der Art ausdrückt, in der es auftritt: als Protestgedicht oder – noch dezidierter – als Gedicht, das Aufmerksamkeit erregen will, Gedicht der so oder so stilisierten Verweigerung. Es ist damit eher ein apolitisches, wenn schon kein antipolitisches Gedicht, wie man später vermutet hat. Es ist der Text ohne konkreten Auftrag, ohne Propaganda, ohne direkte Aktion, ohne bestimmten »Einsatz«. Die subjektive Emotion trägt das frühe »Partisan«-Gedicht bei uns in einem Bereich ohne jede Tendenz, in den Bereich der Akklamation, der Verwunderung, der Besorgnis, der Warnung, denn »thematische Programmierung ... macht unfrei und ist poesiefeindlich«, wie HILDE DOMIN noch sehr viel später feststellt (*Nachkrieg und Unfrieden*, 1970). Die kritische Reaktion des einzelnen gegenüber den öffentlichen Verhältnissen und allgemeinen (politisch-gesellschaftlich-ökonomischen) Verhältnissen verhält sich demnach ausgesprochen individuell: reizbar, aufmerksam, larmoyant, mit persönlicher Gegenwarts- wie Vergangenheits-»Bewältigung« beschäftigt. Der einzelne als »Sand im Getriebe«, wie ihn etwa EICH sieht (»Tut das Unnütze, singt die Lieder, die man aus eurem Mund nicht erwartet«, heißt es, um einiges mehr sich aktivierend, in seinem Hörspiel *Träume*, 1950), wird bis zur Einflußnahme BERT BRECHTS und bis zum Auftreten ENZENSBERGERS, mit dem ersten Gedichtband *verteidigung der wölfe* (1957), zum Modellträger des politischen Gedichts bei uns. Ein Weg in Richtung »Agitprop«-Gedicht scheint undenkbar. Das politische »Gebrauchs«-Gedicht ist lange in Verruf. Man bleibt demgegenüber literarisch-artifiziell und führt dieser Lage »moralisch-politische Impulse« (Otto Knörrich) zu.

Wolfgang Weyrauch: »Das Thema muß unter die Leute«

Während der Jahre vor dem schnell wachsenden Einfluß Brechts auf das politische Gedicht in der Bundesrepublik ist konsequent politisch-»öffentlich« im Gedicht nur WOLFGANG WEYRAUCH (*1907) wirksam. In rascher Folge erscheinen bald nach Kriegsende seine Gedichtbände: *Von des Glücks Barmherzigkeit*, 1946; *Lerche und*

Im Rowohlt Verlag, Hamburg, erschien 1950 die Gedichtsammlung von Wolfgang Weyrauch, »An die Wand geschrieben«.

Sperber, 1948; *An die Wand geschrieben*, 1950 (ein für den damaligen Zeitpunkt ungemein zukunftsträchtiger Titel); *Gesang um nicht zu sterben*, 1956; *Nie trifft die Finsternis*, 1956; *Die Spur*, 1963. Von ihm stammt der Satz: »Das Thema muß unter die Leute« (in Benders Sammlung *Mein Gedicht ist mein Messer*, 1955, die nach Weyrauchs Beitrag betitelt ist). Bis heute ist dieser Satz Weyrauchs Programm geblieben, wenngleich seither achtzehn Jahre verstrichen sind. Weyrauch ist »Pragmatist der Poesie« seit seinem Anfang. Genau diese Tatsache hat er früh formuliert, wie die Übereinkunft von formalem Experiment und politisch-moralischem Engagement. Angesichts seines Gedichts *Atom und Aloe* hat er, interpretierend, festgestellt: »Ich weiß, daß die zweite Hälfte des Gedichts ... pure Poesie ist ... Es blieb mir nichts anderes übrig. Ich mußte mich ins Gehäuse der Ahnung begeben, zu einer ins Positive umgestülpten Apokalypse ... Aber auch wenn ich versagt habe, ich habe immerhin

ein Steinchen ins Brackwasser geschleudert. Das Steinchen zieht Kreise. Es sinkt auf den Grund. Blasen steigen hoch. Das Brackwasser ist kein Brackwasser mehr. Ich habe eine Unruhe verursacht. Ich habe die Tabus angefochten.«
Weyrauch gibt mit solchen Sätzen die genaue Situation, in der sich das politische, das stellungnehmende, das »Unruhe verursachende« Gedicht des ersten Nachkriegsjahrzehnts bei uns befindet. Das so rasch wie möglich in Umsatz (»unter die Leute«) zu bringende Gedicht – als eine frühe Form des Gebrauchsgedichts in der Bundesrepublik – gibt die artifizielle Herkunft nicht auf, weil sie sie nicht aufgeben kann, das Schöne sowenig wie das Wagnis des Formellen im Gedicht. Es ist dennoch »Gehäuse der Ahnung«. Es hat die Witterung für öffentliche Zusammenhänge und Verhängnisse. Darum warnt es. Darum seine Partisanen-Tätigkeit einerseits, andererseits die Suche nach Partnerschaft, nach Gespräch, nach Dialog. Das ist ein Bedürfnis des einzelnen, der seine Vereinzelung erkennt und an ihr leidet. Weyrauchs Gedichte sind unter anderem die frühesten Versuche des engagierten Gedichts, aus dieser Einzelhaft auszubrechen. Es sind kommunikativ angelegte Texte, die sich noch dialogisieren möchten, wenn sie wie Monologe wirken. – Ein frühes, programmatisches Weyrauch-Gedicht lautet darum bündig:

Ich schreibe ein Gedicht.
Ich veranstalte eine Expedition.
Ich mache mich davon
aus Antwort und Beweis.
Ich trete in den Kreis
der Fragen. Ich bin im Licht,

das auf die Mitte des Dickichts fällt.
Warum und woher?
Ich schlage mich quer
durch Gelee und Asbest.
Die Meridiane sind verwest.
Mein Gedicht ist die Welt

der diagonalen Messer.
Ich bringe das Winzige heim.
Ich gehe dem Ungeheuren nicht auf den Leim.
Ich setze die Ewigkeit fort.
Ich versuche den Mord
an den Rechnungen. Mein Gedicht ist besser.

Ein Autor wie Weyrauch kann – im Hinblick auf die konservierende Ästhetisierung der Literatur in den ersten Nachkriegsjahren – 1949 den berühmt (und wirkungskräftig) gewordenen Begriff »Kahlschlagpoesie« einführen. Der »Pragmatiker« will sich schon damals bei dieser poetischen Restauration nicht aufhalten. Das drängend Progressive dieses unruhigen Naturells erkennt die Notwendigkeit, diese Unruhe in die Sprache zu tragen. Ernst Nef hat vor Jahren charakterisiert: »Diese Sprache ist weder in sich selbst ruhend noch zielstrebig. In ihr herrscht Ruhelosigkeit, welche noch betont wird durch die vielen Fragen, die sich die Figuren jeweils selbst vorwerfen.« Das ist zwar im Blick auf Prosa und Hörspiel festgestellt, trifft aber ebenso für die Gedichte Wolfgang Weyrauchs zu. Die Interjektionen, das Frage- und Antwortspiel geht auch durch sie hindurch – als ständiges Unruhemoment. Unruhe setzt bei diesem Autor stets zweierlei in Bewegung und hält in Atem: artifizielle und politische Progression. Weyrauchs literarische Chronisten-Rolle, sein Beteiligtsein und das Bedürfnis wie die Fähigkeit nach Einwirkung haben ihn zu einem führenden Anthologisten (*Tausend Gramm*, 1949; *Expeditionen*, 1959, u. a.) der Nachkriegsjahre werden lassen. Seine besten Arbeiten bringen jedenfalls alle Voraussetzungen mit für die breiten Entwicklungsmöglichkeiten ins »Konkrete«, die das politische Gedicht der sechziger Jahre – nach der Verarbeitung von BRECHT wie vom noch überaus artifiziell ambitionierten ENZENSBERGER – zu der heutigen Position führen.

SPIELARTEN DES FRÜHEN POLITISCHEN GEDICHTS

Die zögernde, vereinzelte politische Äußerung im Gedicht – Klage, Protest, Resignation, Aufruf, auch Emphase – wird bis in die fünfziger Jahre auch von Autoren geleistet, die im allgemeinen nicht als politische Naturen anzusprechen sind. Es sind im Grunde rare Bekundungen. FRIEDRICH RASCHE (1900–1965), ein der Natur- und Landschaftslyrik sonst nahestehender Autor, hat in dem Nachlaßband *Aus allen vier Winden* (1967) solche Beziehung zum Politischen als einer öffentlichen Sache in einzelnen Gedichten zu erkennen gegeben. – Entschiedener gilt das für HEINZ WINFRIED SABAIS (* 1922; *Looping über dem Abendland*, 1956; *Mitteilungen*, 1971). Seine Disposition für »Öffentlichkeit« in dem hier verwendeten Sinne ist von Anfang an in nicht wenigen seiner Arbeiten zu beobachten. Wenn das Öffentliche hier noch vom Gemeinsamen (»Generation«) mitgeprägt erscheint, so ist es doch in seiner ganzen politisch-gesellschaftlichen, freilich »allgemein« verstandenen, nicht konkret eingebundenen Tragweite zu verstehen. Der Blick für solches Allgemeine bedient sich des Mittels literarischer Vision:

Aber der Wind der Geschichte
Steinschlag der Massen
endloser Blutsturz, Aussaat
der kollektiven Begier
ausgebeutete Tiefsee
verwaltete Monde?
Catch as catch can
und der Cäsar machtvoll
(aus Zeitungspapier)?

Noch ein Text wie *Politische Drucksache* aus späterer Zeit hat diese charakteristische Tendenz für allgemeine Humanität, die freilich von Sabais so präzis wie möglich am Einzelmodell gezeigt wird. »das Gesetz / das die Würde des Menschen neu bestimmt« wird zum politisch-poetischen Bestimmungsort der Verse von Sabais, der im übrigen ein seit langem politischer Praktiker, ein »Pragmatiker« ist, dem das Allgemeine von Berufs wegen zunächst nicht relevant sein kann. Vor dem Hintergrund der Sabaisschen politischen Pragmatik nimmt die »allgemeine« Konzeption seiner politischen Gedichte (die neben seinen Liebes- und Landschaftsgedichten stehen) eine neue Dimension an: die Dimension einer vollkommenen Glaubwürdigkeit auch des stark artistisch Gebundenen.

Die songhafte Schärfe der Gedichte Erich Kästners (1899–1974) aus den zwanziger Jahren entwickelt sich nach dem Kriege eher chansonähnlich, aber auch epigrammatisch fort. Das Aufsehen von damals wiederholt sich nicht. Die heitere Humanität dieses lyrischen Moralisten verbietet die Wiederholung des schockhaften Eindrucks von *Herz auf Taille* (1928) und der folgenden Gedichtbücher des jungen Kästner. Erst mit dem Bekanntwerden Wolf Biermanns (*1936 in Hamburg, 1953 in die DDR übergesiedelt und dort bedeutendster oppositioneller Lyriker neben Günter Kunert), seinem literarischen Debüt von 1965 mit der *Drahtharfe*, kommt der – nun vom jungen Brecht beeinflußte – Song- und Balladenton wieder in das sich sarkastisch und ungestüm politisierende Gedicht zurück, weniger schnoddrig als Kästner, aber Verbrauchsgedicht wie bei diesem, allerdings von ungestümer, villonnaher Moritaten- und Bänkelsang-Volkstümlichkeit. Ein »Liedermacher« im Biermannschen Sinne ist Erich Kästner nicht gewesen. Die spitze Zunge Kästners ist vergleichsweise Intellektuellen-Jargon, demgegenüber der »Volkssänger« Biermann, der einmal Villon seinen großen Bruder und Heine seinen Cousin genannt hat, als unmittelbarer poetischer Zuschlag eines politischen Naturells mit allem wirkt, was er hervorbringt. Doch tritt die Wirksamkeit Biermanns erst spät bei uns ans Licht, in der zweiten Hälfte der sechziger Jahre, nachdem Brecht und Enzensberger ihre Spuren im politischen Gedicht der Bundesrepublik hinterlassen haben.

Brechts Wirkungen in der Bundesrepublik

Bertolt Brecht (1898–1956) beginnt in einem Augenblick auf das Gedicht in unserem Lande Einfluß zu nehmen, in dem dieses durch sich verändernde öffentlich-gesellschaftliche Verhältnisse, wie sie sich bei der schreibenden Intelligenz bereits in den späten fünfziger Jahren mit Enzensberger eklatant abzeichnen, auf derartigen Einfluß vorbereitet ist. Brecht ist bereits tot, ist eine literarhistorische Figur geworden oder doch im Begriff, eine solche zu werden, als er – vom Theater, aber ebensosehr vom Gedicht her, das er schrieb – nachhaltigen Einlaß in die bundesrepublikanische Literatur findet. Es sind ganz bestimmte Seiten des Lyrikers Brecht, der nun in einer spezifischen Sprechart eindringt, nachdem Spuren der Tonlage später Brecht-Gedichte, der *Gedichte im Exil* (1951), der *Buckower Elegien* (1954), bei einzelnen Autoren wie bei Günter Eich schon zeitig wahrnehmbar werden. Es ist Brechts Lakonismus, der sich bei uns durchsetzt und bald danach weit übergreift und nicht nur im politischen Bereich maßgebend wird. Die *Gedichte im Exil*, von Brecht im Jahre 1944 ausgewählt, sind in der Zeit nach 1933 geschrieben. Die *Buckower Elegien* entstehen drei Jahre vor seinem Tod, 1953, und sind nach dem Ort Buckow bei Berlin benannt, wo der Autor ein Haus mit Garten an einem kleinen See gepachtet hatte. Man findet unter diesen späten Texten einige von maßgebender Influenz auf die Installierung und Weiterentwicklung des »lakonischen« politischen Gedichts bei uns, überhaupt die wichtigen Modelle für den lyrischen Lakonismus in der Bundesrepublik, der auf nahezu alle namhaften Lyriker (Ausnahmen wie Celan bestätigen die Regel) seinen Einfluß auszuüben beginnt. Als entscheidende Gedichte können *Gedanken über die Dauer des Exils*, *Der Kirschdieb*, *Die Antwort*, *Hollywood*, *Zeitunglesen bei Theekochen*, dann besonders *Der Radwechsel*, *Die Lösung* (17. Juni 1953), *Böser Morgen*, *Heißer Tag*, *Der Rauch*, *Rudern*, *Gespräche* und *Laute* benannt werden. Dieses Gedicht-Dutzend wird für ein Gedicht-Klima entscheidend, das sich seither erhalten hat.

Mit dem Brechtschen Lakonismus beginnt für das Gedicht (auch und im besonderen für das Gedicht von »öffentlichem« Typus) ein Reinigungs- wie ein Konzentrationsprozeß, der fraglos ist. Es kommen literarische Elemente in dieses Gedicht, das es von nun an weniger anfällig werden läßt vor dem Artifiziellen wie dem Banalen, dem Verstiegenen wie dem Klischee, dem Privaten wie dem Haltlosen, dem schieren Experiment wie der schieren Sensitivität. Die neue Kargheit und Nüchternheit, das gelassene, kontrollierte Sprechen, das nichts auszulassen, alles Notwendige im Gedichtablauf zu bedenken und richtig zu plazieren scheint, diese neue Ökonomie hat nichts mehr mit unsicherem artistischem Balancement zu tun. Eine entsprechende neue Sicherheit des gedrosselten, kontrollierten, mit List und entschiedener Rationalität, mit rationeller Organisierungsfähigkeit produzierten und gesteuerten poetischen Textes entfernt aus diesem, wortlos gewissermaßen, die poetische Phrase wie die verbale Schönheit. Der Lakonismus reinigt von dem, was Brecht »hübsche Bilder und aromatische Wörter« genannt hat, und er besorgt das mit einer Sorgfalt, die aus der Klarheit des Konzepts entspringt.

Der Lakonismus im Brecht-Gedicht klärt mittels Worten über Sachbestände, Gefahren, Verhängnisse auf. Er ist hierzu mit denkbar geringem Stimm- und Sprachaufwand in der Lage, ohne in das Gegenteil des Deklamativen – ins lyrische Säuseln – verfallen zu müssen. Er stellt fest. Er registriert und begnügt sich nicht mit dem Registrieren. Etwas Entscheidendes kommt hinzu: der Lakonismus ist didaktisch. Das Didaktische im lakonischen Gedicht – wenigstens gilt dies für Brecht und seine von ihm beeinflußten (politisch engagierten) Nachfolger – wird zur poetischen Methode wie die Metaphern-Behandlung zur surrealistischen Methodologie, die Konfiguration zur Praxis des »Spiel«-Gedichtes gehören. Durch das Didaktische entsteht Einflußnahme, wie das im Gedicht vorher nicht möglich ist. Seine Wirksamkeit wie seine Anwendbarkeit, sein – unter Umständen sofortiger – Gebrauchswert sind durch dieses Vorgehen gesteigert. Elemente von Parabel und Epigramm, mitsamt der literarischen List, die seit jeher in diesem Genre stecken, Treffsicherheit, schneidende Schärfe und Offenheit, unüberbietbare Klarheit stehen im didaktisch-lakonischen Text gewissermaßen vom ersten Wort an zur Verfügung. Sie bleiben im Einsatz für den Ablauf des jeweiligen Textes und setzen sich – über scinen notwendigen Abschluß – öffentlich, das heißt zum erstenmal »gezielt« politisch, politisch konkret ein. Sie tun das bei Brecht im marxistischen Sinne. Lyrik hat sich nunmehr entschieden, ohne darum das zu werden, wovor den bisherigen Exponenten des politischen Gedichts graute: Klischee-Lyrik. Ein ideologisch schwerlich voreingenommener Gedicht-Kenner wie Otto Knörrich (*Die deutsche Lyrik der Gegenwart*, 1971) hat darum bei der Interpretation zweier später Brecht-Texte feststellen können: »Trotz ihrer ideologischen Implikation lassen sie keinen Augenblick den Gedanken an Ideologie aufkommen. Andererseits wäre aber auch die Auffassung falsch, hier sei Dichtung *trotz* ihres ideologischen Ansatzes entstanden, denn dieser ist für das Ganze konstitutiv. Vielmehr ist es so, daß das dichterische Gelingen, die sprachliche Integrität dieser Lyrik aus dem, was eben noch Ideologie schien, Wahrheit macht. Das freilich kann sie nur, weil in der Ideologie Wahrheit steckt.«

Hans Magnus Enzensberger

Hans Magnus Enzensberger (* 1929; *verteidigung der wölfe*, 1957; *landessprache*, 1960; *blindenschrift*, 1964; *Gedichte 1955–1970*, 1971) nimmt sich angesichts dieser Entwicklung heute als eine notwendige und vorbildhafte Übergangserscheinung aus. Er hat der *landessprache* seinerzeit eine *gebrauchsanweisung* beigefügt, in der es heißt: »diese gedichte sind gebrauchsgegenstände, nicht geschenkartikel im engeren sinne. zur erregung, vervielfältigung und ausbreitung von ärger sind diese texte nicht bestimmt. der leser wird höflich ermahnt zu erwägen, ob er ihnen beipflichten oder widersprechen möchte.« Eine ironisch-artifiziell auszulegende Anweisung geradezu im Vergleich zu manchen seiner Texte, die Alfred Andersch mit Recht – zum erstenmal bei uns – »große politische Gedichte« genannt hat.

Aufschlußreicher als die kurze poetologische Beigabe zu seinem zweiten Gedichtband hat sich Enzensberger bald danach, in der Neuauflage von Hans Benders Sammlung *Mein Gedicht ist mein Messer* (1961), vernehmen lassen. Unter dem Titel *Scherenschleifer und Poeten* erfolgt nicht nur eine polemische Auseinandersetzung mit dem Artisten Benn und seiner Ästhetik, sondern es wird etwas zur eigenen, in rascher Entwicklung befindlichen literarischen Position angefügt, was durchaus als Ausdruck eines damals noch nicht deutlich genug erkennbaren Übergangs von einer an Brentano geschulten, aggressiven, nicht unpathetischen, brillant changierenden Protesthaltung zur sehr viel später – in den letzten Jahren erst – erreichten Annäherung an den sachlichen, distanzierten, lakonischen Brechtton angesehen werden kann. Die neuen, im Sammelband (1971) bekannt gemachten Arbeiten, die zwischen 1965 und 1970 entstanden sind, ermöglichen bei Enzensberger das Gedicht als poetisch-politischen »Ratschlag« im Sinne vieler Brechtscher »Ratschläge«. Die bis zum äußersten aufs Einfache, auf die einfache Mitteilung zurückgenommene literarische Aussage – samt montierter Zitate, ironischer Umkehrungen und Antithesen – machten einen solchen, späten Vergleich geradezu notwendig. Es ist so, als wäre Enzensberger von einer sich immer mehr ausbreitenden, von Brecht entscheidend mit ausgelösten Klimaveränderung, nun erst – in Jahren relativ dürftiger Produktion – eingeholt worden, Jahren, in denen ihn viele schon dem Schweigen anheimfallen wähnten.

In *Scherenschleifer und Poeten* läßt sich das Changieren der Enzensbergerschen Absichten bis in die einzelne Formulierung verfolgen. Einerseits: »Das Material des Gedichteschreibers ist zunächst und zuletzt die Sprache.« Aber »auch der Gegenstand, der vorsintflutliche, längst aus der Mode gekommene Gegenstand, ist ein unentbehrliches Material der Poesie ... Meine Gegenstände, die Gegenstände meines Gedichts, sind heiße Gegenstände – es gibt keine anderen mehr.« Die brillante und brillierende ästhetische Reizung, Enzensbergers Zorn, illuminiert sich in folgenden Passagen: »Ich rede von dem, was zu sagen ist ... wie von Beliebigem, das mich nichts anginge. Ein manipulierter Temperatursturz ist die Folge: Ironie, Mehrdeutigkeit, kalter Humor, kontrollierter Unterdruck sind die poetischen Kühlmittel. Das Produkt wird, sobald es mit der kochenden Realität in Berührung kommt, zischend explodieren ... Die Temperatur der Gegenstände entzieht sich unserer Kontrolle. Was die ›Sprache‹ betrifft ... so schlage ich folgendes Verfahren vor: die Sprache ist durch die ganze Temperaturskala von der äußersten Hitze bis zur extremen Kälte zu jagen, und zwar möglichst mehrfach. Dazu ist ein ständiger Wechsel des Pathos erforderlich. Zwischen Hyperbel und Andeutung, Übertreibung und Understatement, Ausbruch und Ironie,

Raserei und Kristallisation ... Zur Herstellung dieser höchst sinnlichen, keineswegs abstrakten Dialektik sind alle formalen Mittel erlaubt und vonnöten.«
Das umfangreiche Zitat zeigt den ganzen Schatz Enzensbergerscher Artistik, die ohne Nähe zum romantischen Wechselbalg, zur hochartistischen Poesieauffassung Brentanos kaum denkbar ist. Im selben Aufsatz zur Lyrik-Theorie vertritt der Autor den Standpunkt, daß Gedichte nicht Konsumgüter, vielmehr Produktionsmittel seien, »mit deren Hilfe es dem Leser gelingen kann, Wahrheit zu produzieren«. Freilich könnten nur beschränkte Wahrheiten produziert werden. Im späteren Verlauf seiner poetologischen Postulate findet man die Feststellung, daß es Gedichte »ohne Gestus« nicht gebe. Jeder Gestus sei möglich außer dem einen, »Sprache an sich« zu sein. Das ist eine deutliche Abgrenzung gegenüber der linguistischen Tendenz der konkreten Lyrik, die – als Enzensberger dies schrieb – schon in die Entwicklung des deutschen Nachkriegsgedichts eingegriffen hat. Die blendende, durchaus rhetorische Redeweise Enzensbergers, fast könnte man sagen: seine Lyrik-Demagogie, erreicht in einem Satz wie folgendem einen Höhepunkt: »Gedichte können Vorschläge unterbreiten, sie können aufwiegeln, analysieren, schimpfen, drohen, locken, erörtern, jubeln, fragen, verhören, anordnen, forschen, übertreiben, toben, kichern.«
Mit derart bestechender Suada wird das politische Gedicht, wie es Enzensberger versteht, das protestierende, widerständlerische Poem »an sich«, das sich an niemand und alle wendet, als ein großartig abstraktes Modell vorgestellt. Seine Praktikabilität mußte sich erst noch erweisen, hatte sich teilweise schon erwiesen, denn der Autor hatte zwei Gedichtbände bereits herausgebracht, ein dritter stand bevor. Die unnüchterne, erhitzte, illuminierte, überredende (und durch blendende Überredungsgabe überzeugende) Artikulierung und artistische Installierung des »öffentlichen Gedichts« im Sinne von Karl Krolows Beschreibung des politischen Gedichts (Frankfurter Poetik-Vorlesungen 1960/61) kulminiert in den politischen Texten Enzensbergers, der von Anfang an mehr war als unser erster »zorniger junger Mann«: ein Dichter in des Wortes nachhaltiger und zwiespältiger, belasteter Bedeutung.
Die »öffentliche« Wahrheit wird im Gedicht Enzensbergers mit der artistischen ein für allemal zusammengebracht. Diese Tatsache, macht den Anspruch, die literarische Relevanz seiner Arbeiten aus: ein Anspruch, der bloßer Nutzungsfähigkeit widerspricht wie der bloßen (kulinarischen) Konsumierbarkeit. Des Autors Absicht, Gedichtelesen zu einem »schwierigen Vergnügen« werden zu lassen, zeigt noch einmal die Komplikation der Enzensbergerschen Textur: den Anspruch auf Wahrheit wie auf Kunst, die Kunstfertigkeit nicht ausschließt. Virtuosität, ja, lyrischer Glamour, sind besonders in den frühen Gedichten Enzensbergers nicht ausgeschlossen, die bis zur lyrischen Mondänität reichen, bis zum mondänen Totenporträt, dem Porträt des Alkibiades im Gedicht *erinnerung an den tod* (in *verteidigung der wölfe*). Noch das lapidare Gedicht auf *Karl Heinrich Marx*, den »riesigen Großvater«, den »riesigen Hochverräter« ist nicht ohne artistisches Arrangement, nicht ohne das – mit anderen Worten –, was aus einer Maueraufschrift ein Kunstwerk macht. Es endet übrigens mit den für Enzensbergers damalige Position kennzeichnenden Zeilen:

Riesiger Zaddik
ich seh dich verraten
von deinen Anhängern:
nur deine Feinde
sind dir geblieben:

ich seh dein Gesicht
auf dem letzten Bild
vom April zweiundachtzig:
eine eiserne Maske:
die eiserne Maske der Freiheit.

Karl Heinrich Marx

Riesiger Großvater
jahvebärtig
auf braunen Daguerreotypien
ich seh dein Gesicht
in der schlohweißen Aura
selbstherrlich streitbar
und die Papiere im Vertiko:
Metzgersrechnungen
Inauguraladressen
Steckbriefe

Deinen massigen Leib
seh ich im Fahndungsbuch
riesiger Hochverräter
displaced person
in Bratenrock und Plastron
schwindsüchtig schlaflos
die Galle verbrannt
von schweren Zigarren
Salzgurken Laudanum
und Likör

Keine Mitrailleuse
in deiner Prophetenhand:
ich seh sie ruhig
im British Museum
unter der grünen Lampe
mit fürchterlicher Geduld
dein eigenes Haus zerbrechen
riesiger Gründer
andern Häusern zuliebe
in denen du nimmer erwacht bist

Ich sehe dein Haus
in der rue d'Alliance
Dean Street Grafton Terrace
riesiger Bourgeois
Haustyrann
in zerschlißnen Pantoffeln:
Ruß und »ökonomische Scheiß
Pfandleihen »wie gewöhnlich«
Kindersärge
Hintertreppengeschichten

Riesiger Zaddik
ich seh dich verraten
von deinen Anhängern:
nur deine Feinde
sind dir geblieben:
ich seh dein Gesicht
auf dem letzten Bild
vom April zweiundachtzig:
eine eiserne Maske:
die eiserne Maske der Freiheit

Hans Magnus Enzensberger bei einer Lesung in der Kirche der evangelischen Gemeinde Berlin-Weißensee (1965). – Das Gedicht »Karl Heinrich Marx« erschien zuerst in dem Band »blindenschrift«, Frankfurt a. M. (Suhrkamp Verlag) 1964.

Nicht zufällig sind hier zwei lyrische Porträts nebeneinander erwähnt: das des Alkibiades sowohl wie das von Marx. Das Faktum dieses Nebeneinanders läßt die Spannweite und die unerhörte Spannungskraft dieser rasch ihre Aussagehöhe erreichenden Lyrik des vollkommen »öffentlichen« Gedichts erkennen, das es sich leistet, ein persönliches »Makedonien«, eine private Zufluchts-Idylle, aufzubauen, um sie freilich durch den nächsten eingreifenden Text widerlegen zu lassen. Auch solche Gedichte gehören ins Bild Enzensbergers: federleichte, »unentschieden« in sich schwankende, voltigierende Texte von einem Empfindlichkeits-Pegel, der sich – so »offen« dieses Gedicht angelegt ist – mit der Sensibilitätsverfeinerung eines »hermetischen« Gedichts (auch eines der porösen Gedichte der neuen Landschaftslyrik) vergleichen läßt. Das Gedicht nennt sich *windgriff* und findet sich im Band *blindenschrift* (1964):

Manche Wörter
leicht
wie Pappelsamen

steigen
vom Wind gedreht
sinken

schwer zu fangen
tragen weit
wie Pappelsamen

Manche Wörter
lockern die Erde
später vielleicht

werfen sie einen Schatten
einen schmalen Schatten ab
vielleicht auch nicht.

Solche Zeilen haben – in ihrem vollkommen »durchästhetisierten« Verlauf – unter anderm auch etwas Aufreizendes, wenigstens für die Mehrzahl der Enzensberger-Leser, gehabt. Man hat ihm diese und andere, vorzüglich aus der *blindenschrift* vorgehalten, wie Peter Hamm das nur mit teilweiser Berechtigung und bei nicht geringer Voreingenommenheit besorgt hat. Der scheinbare Rückfall des aggressiven, des »schäumenden« Protest-Autors (mit Sinn für melancholische Resignation wie man sie etwa aus Gedichten wie *middle class blues* entnehmen kann) in ein Gedicht von reinem, »ablösbarem« Kunst-Typus und einer Witterung für »Schatten« und für morbidezza, wie man sie von Benn her kennt, hat sich inzwischen als eine Schein-Phase im lyrischen Gesamtwerk Enzensbergers erwiesen. Er ist aus dem »Schattenreich« wieder hervorgetreten (»Die Kriege der Schatten / sind Spiele: / kein Schatten / steht dem andern im Licht. / Wer im Schatten wohnt, / ist schwer zu töten« usw.). »Die überhitzte, provokative Sprache des Ingrimms und der Verzweiflung« (Otto Knörrich) befindet sich vielmehr bereits in der *blindenschrift* in einem Übergangsstadium zur lakonischeren Sprachbehandlung, die dann in den 1971 bekannt gewordenen, weil im Sammelband untergebrachten letzten Arbeiten vollends zum Vorschein kommt und – sehr spät – in Brecht-Nähe gerät.

Hans Magnus Enzensberger, Schriftsteller, Übersetzer, Herausgeber, seit einiger Zeit auch Verleger (der von ihm begründeten und herausgegebenen Zeitschrift »Kursbuch«) – auf dem unteren Bild beim schwedisch-deutschen Autorentreffen am 26. Oktober 1969 im Stockholmer Börsensaal. Erste Reihe v. rechts: Heißenbüttel, Höllerer, Enzensberger, Becker; zweite Reihe v. rechts: Walser (verdeckt durch Heißenbüttel), daneben Mon.

Enzensberger wird – nach drei vorliegenden Bänden – von manchen so angesehen, wie das Knörrich formuliert hat: »ein Spätgeborener der lyrischen Moderne, ihr Nutznießer und raffinierter Verwerter«. Dieser Chronist bemerkt zum Verhältnis der Artistik zur politischen Aufklärung bei diesem Autor: »Die Theorie von der immanenten politischen Natur des Sprachkunstwerks ermöglichte es ihm, zwischen beiden zu vermitteln, und das unbeschadet seiner ursprünglichen Ansicht, daß Artistik und politische Aufklärung einander ausschlössen. Es wurde aber dann ein wesentliches Motiv seiner lyrischen Praxis, der Artistik, die nach der Theorie dazu diente, Sprache hermetisch ... zu machen, zugleich auch didaktische Funktionen zu übertragen.« Enzensberger steht hier – dank seiner immensen artistischen wie politischen Begabung – im Schnittpunkt der Auffassungen, der Auslegungsmöglichkeiten. Das Schillernde, Illuminierte, das Bodenlose und das – bei allem Irrisieren – merkwürdig Vernünftige, Klare, Überlegene, Zielstrebige, das Aufklärerische und Didaktische ist in einem lyrischen Werk hinterlassen, das während eineinhalb Jahrzehnten entstand, zunächst stürmisch, später deutlich – bis zum Verstummen – verlangsamt.
Enzensberger hat nicht geschwiegen. Die mehr als dreißig während der letzten Zeit geschriebenen Arbeiten zeigen ihn so nüchtern und so ernüchtert wie denkbar, so einsichtig und so überlegen-melancholisch, so »absichtsvoll« wie möglich. Ein Text wie *Zwei Fehler* zeigt Enzensbergers heutige poetische Situation:

Ich gebe zu, seinerzeit
habe ich mit Spatzen auf Kanonen geschossen.

Daß das keine Volltreffer gab,
sehe ich ein.
Dagegen habe ich nie behauptet,
nun gelte es zu schweigen.

Schlafen, Luftholen, Dichten:
das ist fast kein Verbrechen.

Ganz zu schweigen
von dem berühmten Gespräch über Bäume.
Kanonen auf Spatzen, das hieße doch
in den umgekehrten Fehler verfallen.

Das ist ein »Lehrgedicht« im Sinne Brechts, ein rationales und ein listiges, ein gelassenes und gelassen resümierendes Gedicht: das Resümee zugleich individueller und überpersönlich-»öffentlicher«-politischer Existenz, poetischer Existenz weiterhin, die ja »fast kein Verbrechen« ist. Ein Gedicht der Anspielung und der Beruhigung, ein klassisches didaktisches Poem, wie man es allerdings erst seit Bertold Brecht formulieren kann. Es wird ergänzt durch das gereizte Gedicht, wiederum ein resümierendes Gedicht und ein Gedicht der Abrechnung (*Der Papier-Truthahn*):

Der ganz echte Revolutionär
ist volltransistorisiert
selbstklebend und pflegeleicht

Der ganz echte Revolutionär
kriegt das Maul nicht zu
Er ist ungeheuer gefährlich

Er ist unser Lieblingsclown.

Nüchtern und ernüchtert: so sieht das aus. Etwas kam ins Alter. Etwas leistet weiter Widerstand. Aber was? Eine poetische Potenz setzt sich zur Wehr. Eine der bedeutendsten, die das Nachkriegsgedicht in der Bundesrepublik aufzuweisen hat, bis heute. Enzensberger – ein Typus dieser Begabung – verschwindet nicht wortlos von der literarischen, poetischen Szene, die er eine Zeitlang virtuos beherrscht, die er belebt wie möglicherweise keine andere Begabung, nicht nur seiner Generation.

Derartig zweiäugig sein
stell ich mir anstrengend vor,

heißt es im Gedicht *Ausgleich* aus letzter Zeit. – Vorher liest man:

Zwischen Schlafmitteln und Weckaminen
all diese Unterschiede
zwischen linken und rechten Huren
überfordern zuweilen
mein Differenzierungsvermögen.

DAS IMMER »ANWENDBARER« WERDENDE POLITISCHE GEDICHT

Enzensbergers große poetische Potenz ist differenzierte Potenz. Im Vergleich zu ihr ist es nicht leicht, die immer »anwendbarer« werdende politische Lyrik der zweiten Hälfte der sechziger und der beginnenden siebziger Jahre bei uns in ihrer Einseitigkeit – ihrer Stärke wie ihrer literarischen Schwäche in einem – zur richtigen Geltung zu bringen. Eigentliche Entwicklungen werden selten. Sieht man von Erich Fried ab und dem volkstümlich-vagantenhaften Wolf Biermann, auch von Horst Bienek, der seinen Weg vom *Traumbuch des Gefangenen* bis zu den *Vorgefundenen Gedichten* nimmt, so sind die neu auftretenden Begabungen noch zu sehr am Anfang ihrer Profilierung, so daß man zwar Positionsbestimmungen geben kann, aber die notwendige Akzentuierung mehr oder minder fehlt. Dies soll nicht heißen, daß es bei immerhin unterschiedlichen Talenten wie Nicolas Born oder Arnfrid Astel, bei Yaak Karsunke oder F. C. Delius und Rolf Haufs – um die wichtigsten Namen zu nennen – an der mangelnden Durchsetzung ihrer literarischen Eigenart fehle. Sie bleiben allesamt – argumentierend und agitierend mit ihren Gedichten – weiterhin literarische Individualitäten, die offenbar (glücklicherweise) nicht auszumerzen sind. Zu schweigen von entschiedeneren Begabungen wie Rolf Dieter Brinkmann und Guntram Vesper.

Erich Fried

Die Begabung eines Lyrikers wie Erich Fried (* 1921 in Wien, in London lebend; *Deutschland*, 1944; *Österreich*, 1945; *Gedichte*, 1958; *Reich der Steine*, 1963; *Warngedichte*, 1964; *Überlegungen*, 1965; *und vietnam und*, 1966; *Anfechtungen*, 1967; *Unter Nebenfeinden*, 1970; *Die Freiheit, den Mund aufzumachen*, 1972) ist weitgehend dialektische Begabung. Dies ist spätestens seit den *Warngedichten* zu erkennen oder doch wenigstens von dem Augenblick an, in dem der Autor die früheren Verse (»Welche Lieder / habe ich gesungen / mich einzuschläfern?«) mit »Gegengedichten« (*Befreiung*

In der Hamburger Veranstaltungsreihe »Dichter auf dem Markt« trat am 30. 5. 1969 auf dem Adolphsplatz der Lyriker Erich Fried mit seinen Gedichten auf.

von der Flucht, 1968) konfrontiert, mit der Absage an das Vorangegangene. Seither hat Fried sich mit konsequenter Schärfe auf das Agitations-Gedicht zubewegt und ist in vielem unter den Älteren der einzige Wortführer von Belang dieser Aktions-Poesie. Damit ist seine Position zugleich intensiviert und eingeengt. Dieser Enge versucht er mit erheblicher Sprachintelligenz beizukommen, die sich allerdings mehr und mehr verselbständigt und damit den Witz um seine Wirkung bringt und das Sprachspiel leerlaufen läßt.

Das stets von der Intelligenz unter Kontrolle gehaltene Gedicht neigt zu einer Abstraktion, die von der Kritik und den Chronisten (HILDE DOMIN) vermerkt wird und jedenfalls nicht wenige Gedichte um die beabsichtigte Wirkung bringt. Eine fühlbare Dürre und Verkümmerung kommt auf, die sich nur vorübergehend durch dialektische Sprachkniffe überspielen läßt, auch wenn solch ein Spiel durch verbale Finessen am Leben gehalten wird. Fried ist – hierin WOLFGANG WEYRAUCH ähnlich – ein ebenso intelligenter wie beharrlicher Frager und Zwischenfrager. Er ist hier bohrend bis zur – beabsichtigten – Querulanz, die sich mit den Antworten nicht zufriedengibt. Zwischen- und Rückfragen gelten genauso ihm selber, der sich mit einer möglicherweise vereinbarten Wahrheit (als einer bequemen gesellschaftlichen Wahrheit) nicht abfinden läßt. Das Frage- und Antwortspiel ist besonders in den *Anfechtungen* auffällig.

Noch direkter, agitatorischer wird Fried in *Unter Nebenfeinden*, aber auch worttrickreicher, so, daß er mit dialektischen Tricks in »Deckung« gehen kann, wie im folgenden Text:

Er versteckte sich hinter seinen Fragen
vor seinen Fragen

Er versteckte sich hinter seiner Antwort
vor seiner Antwort

Er versteckte sich hinter dem Schweigen
vor seinem Schweigen

Er versteckte sich hinter seiner Kritik
vor seiner Kritik

Er versteckte sich hinter seiner Einsicht
vor seiner Einsicht

Er versteckte sich hinter seiner Entscheidung
vor seiner Entscheidung

Er versteckte sich hinter seinem Versagen
vor seinem Versagen

Er versteckte sich hinter seinen Taten
vor seinen Taten

Er versteckte sich hinter seinen Genossen
vor seinen Genossen.

Das ist auf eine vordergründige Weise attraktiv. Aus solcher Gelegenheit zur Attraktion, die sich Fried selten entgehen läßt, nimmt manches Gedicht die beabsichtigte unmittelbare Wirkung, die direkte Aufforderung oder Überredung.

Wolf Biermann

WOLF BIERMANN (* 1936; *Die Drahtharfe*, 1965; *Mit Marx- und Engelszungen*, 1968), der politische Liedersänger mit der Gitarre – der, von Geburt Hamburger, seit 1953 in Ostberlin lebt (vgl. auch Konrad Franke, *Die Literatur der Deutschen Demokratischen Republik*, München/Zürich 1971, S. 258 ff.) –, ist in jeder Hinsicht ein Gegentypus zu Fried. Er hat literarische Spontaneität und eine spontane Unverblümtheit – so verblümt es bei ihm oft notwendigerweise auch zugehen muß – und literarische Glaubwürdigkeit. Er ist lapidar, leidenschaftlich, illusionslos, schnoddrig und gescheit in einem und sagt, was zu sagen ist, mit Sach- und »Kunst«-Verstand. Der »Liedmacher« weiß, wie es gemacht werden muß, um »anzukommen«. Seine fraglose Popularität hat ihn von Anfang an in die denkbar größte Nähe zur »gehobenen« Literatur gerückt, wobei zu sagen ist, daß diese denkbar geschickt aufgezäumte Gebrauchsliteratur die sogenannte gehobene bequem aus dem Felde zu schlagen versteht, was literarische Organisierung des ungeniert einfachen Textes anbelangt. Auch Biermann – wie der späte ENZENSBERGER, wie FRIED, wie fast alle politischen Gedichtschreiber – haben den späten BRECHT genau gelesen und verwertet, noch in Biermanns Vagabundage ist eine Mischung vom frühen »Balladen«- und späten, »lakonischen« Brecht zu erkennen. Der despektierlich-volkstümliche Gitarren-Mann hat sich jedenfalls in Jahren, in denen der Begriff des Literarischen sich unablässig erweitert, in die zeitgenössische Lyrik eingeschrieben, derb, kühl zutreffend, brisant und – wenn es nicht anders geht – sentimental in Pasquill und Moritat, in Lehrgedicht und Ballade. In der *Tischrede des Dichters* heißt es am Schluß:

Oh, laßt mich jener sein, der
Eurem künftigen Übermaß an Glück
den bittren Tropfen gibt
Gewürz-Gurken, Anchovis
daß Euch die Erdenseligkeit

den Gaumen und das Herz nicht stumpf macht!
Genossen!
Kommt an meinen Tisch!
Ihr! Meine Freunde!
Genossen! Vergeßt meine Worte, zunächst, und kommt!
Wir wollen essen und hernach
auch noch ein bißchen singen.
(in *Die Drahtharfe*)

Die Phalanx der Jungen

Die eigentliche Phalanx radikaler poetisch-politischer Begabungen ist durch Astel, F. C. Delius, Karsunke, Haufs, Salvatore, P. G. Hübsch, Steffen, Born, Hannelies Taschau, Helga M. Novak vertreten; sämtlich junge Autoren, die in den letzten Jahren ins Gespräch gekommen sind und sich im Gespräch zu halten verstehen. – ARNFRID ASTEL (* 1933; *Notstand*, 1968; *Kläranlage*, 1970) hat das politische Epigramm erfolgreich (und sensationell) bei uns wieder eingeführt. Das Epigramm ist, seinen rationalen Absichten und entsprechender poetischer Organisierung nach, »direktes« literarisches Mittel, um direkt zu reagieren. Man sieht das an einem Beispiel wie dem folgenden, noch vor dem Attentat auf den seinerzeitigen Berliner Studentenführer Rudi Dutschke geschriebenen Text *Natürlich*:

Der Frühling gibt jedem recht.
Dieser Dutschke, sagt der Schrebergärtner
und betrachtet seinen Kirschbaum.
Dieser Springer, sage ich
und sehe kopfschüttelnd auf die Baumblüte.

Die Brecht-Weise wird uns auch bei anderen begegnen. Man will von diesem Modell und seiner Ergiebigkeit offenbar nicht loskommen. – YAAK KARSUNKE (* 1934; *Kilroy & andere*, 1967; *reden & ausreden*, 1969) und F. C. DELIUS (* 1943; *Kerbholz*, 1965; *Wenn wir, bei Rot*, 1969) sind in ihren Gedichten – verglichen mit Fried – weniger intelligibel-abstrakt, ohne seine dialektische Blässe, vielmehr forsch, agil, sensibel, abwechslungsreich, näher an den Fakten und Sachbeständen. Es sind Gedichte, die sich gebrauchen lassen wollen und über die Ambition hinaus dieses Ziel erreichen. Dem Direkten, der Agitation ist alles andere untergeordnet, auch Kunst und die Ausdrucksspiele der Lyrik. Es spricht für ihrer beider Begabung, daß sie das eine haben – ihre Agitationsmodelle –, ohne das andere zu eskamotieren. Ihre zupackende, rigorose und unmißverständliche Sprache hat bemerkenswerte verbale Empfindlichkeit und damit Ausdrucksbreite, Variationsmöglichkeiten, die weder durch Wiederholungen noch durch monotone Rabulistik geschwächt werden. Beide schreiben leidenschaftlich und doch ökonomisch ihre *gedichte aus gegebenem anlaß*, ihre *auftritte abläufe*, ihre bitterbösen Wohlstandsidyllen, die deutsche Provinz inbegriffen, die deutschen Dörfer à la Delius, *Butzbach*, *zum Exempel* oder *Hessen-Süd*. Hier wird mit wenigen, genau angesetzten und gezielten Worten alles gesagt, vieles aufgedeckt, vieles überführt und bleibt dabei – Literatur, im Direktgang, nicht gereizte und aufgescheuchte Poesie, vielmehr resolute Revolte, ohne jedes pathetische Zubehör, sparsames Vokabular von hoher Wirksamkeit, bei eindeutiger Absicht wie im Kürzest-Gedicht von Delius, das sich *Übrigens* nennt:

Yaak Karsunke
F. C. Delius

Rolf Haufs
Ernst S. Steffen

Nicolas Born
Guntram Vesper

Es gibt
übrigens
in Berlin
Leute,
die gern
einen Kasten Bier
spendieren würden, wenn
durch Kranzlers leere Fensterhöhlen
mal frische Luft reinkommt.

Der Typus des Aktionsgedichts ist gerade von Delius eingeführt und – wie es scheint – durchgesetzt. – Ernst S. Steffen (1936–1970; *Lebenslänglich auf Raten*, 1969) hat in seinem Erstling, der zugleich sein letzter Versband sein sollte, die Erfahrung eines bitteren Lebens in der Haftanstalt ausgedrückt. Dieser Haft-Alltag, seine Einförmigkeit, aber auch die detaillierte, fast übergenaue Bestandsaufnahme, die geboten wird, ist der harte Stoff, aus dem diese Gedichte gemacht sind, referierende Texte, die im Referieren inventarisieren. Träume und Tatsachen stehen nebeneinander, bedingen einander. Es sind Texte, die von ihrer Stofflichkeit gleichsam von selber in Gang gebracht werden und von der knappen Notiz bis zur Moritat reichen, zuweilen wie beinahe stimmlos wirkend, wirksam aber, weil hier jemand die Sprache nimmt, die er zur Verfügung hat, ohne Umstände zu machen.

Rasch Aufmerksamkeit erregt hat Gaston Salvatore (* 1941) mit seinem lyrischen Erstling *Der langwierige Weg in die Wohnung der Natascha Ungeheuer* (1971). Der Buchtitel, eine Anspielung auf Berliner Entfernungs- und Verkehrsverhältnisse, steht zugleich als Ausdruck für den langen Weg, den der Intellektuelle bei seinen Versuchen, gesellschaftliche Ordnung zu verändern, zurückzulegen hat. Dem gebürtigen Chilenen und früheren Berliner Studentenführer sind verbissen-ernste, aber auch melancholisch resignative Gedichte von sensibelster Aufmerksamkeit gelungen und einem leidenden Bewußtsein. Rigorosität der Wahrheitsliebe und verzweifelte Offenheit: das ist die Sprache der Salvatoreschen Texte. Man findet in ihnen Elemente gleichsam gebrochener Rhetorik in der Auseinandersetzung mit der bürgerlichen Welt. Diese Auseinandersetzung wird am Ende auf sich selbst zurückgeworfen, auf einen schmalen, schwierig zu vergewissernden Standort.

Neben den rhetorisch ambitionierten Versen Salvatores wirken die meisten Arbeiten des Hadayat-Ullah (des vom Himmel Geleiteten) Paul Gerhard Hübsch (* 1946; *mach was du willst*, 1969; *ausgeflippt*, 1971) rührend mit eigenen Malaisen beschäftigt. Wenigstens gilt das für den zweiten Band, der eine neue romantizistische Versponnenheit bietet mit stark kontemplativ autobiographischer Komponente. Die Gedichte skizzieren eine typisch zeitgenössisch jugendliche Vita mit ihren Ausbruchsversuchen aus der als Gefängnis empfundenen (Massen) Gesellschaft. Es sind Fluchten und Ausstiegsunternehmen mittels Drogen, überhaupt Rausch in allen Varianten, die religiöse eingeschlossen. Die Gedichte Hübschs erscheinen schließlich als eine Art Fluchtgepäck, auch wenn sie sich revolutionär und anarchisch geben, als Lebenslast und Lebenserleichterung in einem: »laßt uns abstand gewinnen / laßt uns freude bereiten / von der revolution zu schweigen / heißt sie verstehen / revolution zu machen / heißt sich verändern.«

Neue Subjektivität: Renate Rasp, Guntram Vesper

Hart, scharfkantig, gezielt sind die Arbeiten von ROLF HAUFS (* 1935; *Straße nach Kohlhasenbrück*, 1965; *Vorstadtbeichte*, 1967) und HANNELIES TASCHAU (* 1937; *Verworrene Route*, 1959; *Gedichte*, 1969). Man hat von modernen Genrebildern sprechen können, aber auch von der Allergie gegen Konsumgesellschaft und Konsumzwang. Hinter der politischen Aktivität, der Aggressivität gegen die gesellschaftlichen Verhältnisse entwickelt sich – schon bei Hübsch war das erkennbar – eine neue, sehr labile Sensitivität, noch dort, wo sexuelle Aggression Gedicht wird wie bei RENATE RASP (*Eine Rennstrecke*). Eine neue Subjektivität setzt ein, wie bei KATRINE VON HUBEN (* 1944; *Von Kopf bis Fuß*, 1973) und GUNTRAM VESPER (* 1941; *Fahrplan*, 1964; *Gedichte*, 1965). Neben dem kalt und dennoch beteiligt gesehenen politisch-poetischen Schnappschuß steht das schon erwähnte Genrebild, das die scharf, ja, durchdringend gesehene momentane (Gesellschafts-) Idylle nicht scheut. Sogar Landschaft erscheint wieder im Bild, ironisch verändert, eine »hantierte« Landschaft, kaum noch im Sinne einstiger Landschaftslyrik, eher als pervertierte, »angenommene« Bukolik. Auch das Lakonische wird in den Text genommen wie in den *Bekannten Nachrichten*:

Während ich esse
erzählt man
von Krisen.
Wenns nur das ist.
Ich lege verärgert
die Gabel zur Seite:
der Sprecher meint,
das Wetter
werde schlecht.
Das ist es seit
langem.

Rolf Dieter Brinkmann: Das persönliche Datum. – Nicolas Born, Günter Herburger

Die Scheu der Lyriker, von ihrer Subjektivität Gebrauch zu machen, ist, wie gesagt, bei jüngeren und jüngsten Autoren (und den begabtesten unter ihnen) wieder abgebaut. Der Prozeß setzt bei ROLF DIETER BRINKMANN (* 1940; *Was fraglich ist wofür*, 1967; *Die Piloten*, 1968; *Gras*, 1970), der stärksten Begabung unter den etwa Dreißigjährigen heute, schon früh ein. Brinkmann ist ein vehementer Autor. Alltägliche Texte von scheinbarer Unkompliziertheit werden von einer immer wachen und geradezu auflauernden Labilität und Sensitivität der Wahrnehmung kontrolliert. Dieser Autor bringt in seinen Gedichten nur sich selber und seine unmittelbare Umwelt, das heißt großstädtische Zivilisations- und Reklamewelt zur Sprache. Es ist unser gesteuerter Alltag, der zum Gedichtstoff bei ihm wird. Jähe Sentimentalität kommt auf, die sich ungeniert banal gibt (»wenn man sich einmal an das ›Leben‹ erinnert, was fällt uns anderes dazu ein als / hinausgeschobene Selbstmorde«). Das Warten auf Aktion gehört immer noch zu dieser »intimen Biografie«, aber ebenso das Sexualbedürfnis in der Konsumwelt. Andererseits liest man: »Ich selber / kämpfe gegen das lautlose Verschwinden der Zärtlichkeit aus / meinem Körper.« Junge, amerikanische Lyrik (CREELEY, O'HARA) wird – vom Umgangston her, den ihre Gedichte anschlagen – als vorgegebenes Gebrauchsmuster variiert. Brinkmann hat mit wechselndem Glück und

Gelingen bei uns die amerikanische Lyrik der Nach-Beat-Generation vorzustellen unternommen, übersetzend und kommentierend.
Brinkmanns Gedichte zielen auf »persönliches Datum« ab, das gelegentlich bis zur Uhrzeitangabe geht. »Ich blicke mich um und / sehe mich umgeben von Dingen, die behandelt werden möchten.« Seine Ding-»Behandlung« im Gedicht sieht so aus, daß

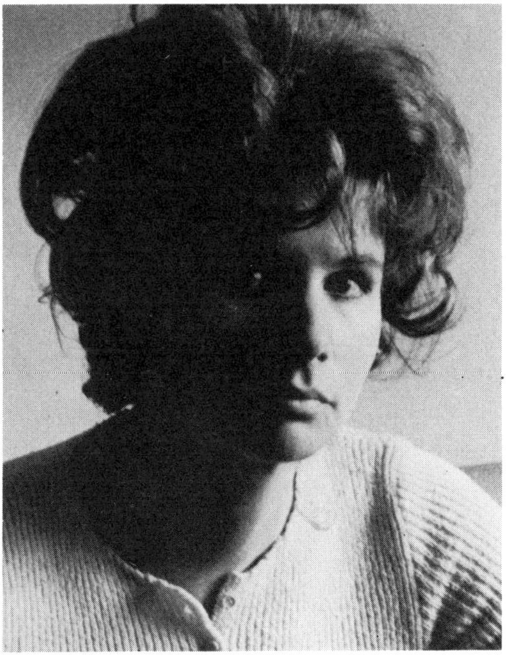

Renate Rasp

alles andere dabei herauskommt als etwa ein objektivierendes Dinggedicht alten (Rilkeschen) Stils. Dieser Autor zieht die Dinge in die jeweilige persönliche, private Situation, in seine Stimmungs-Labilitäten, aber auch in seine momentanen Euphorien. Die »Sachen« um ihn her, die Gebrauchsgegenstände sind derartigen Schwankungen ausgesetzt. Sie sind vollkommen abhängig von den Wahrnehmungs-Möglichkeiten des sie Registrierenden (»es sind gerade die am weitesten von uns entfernten Sachen, / die uns gehören«, oder, im selben Gedicht aus dem Band *Gras*: »man muß ganz leer sein, um das von neuem zu begreifen und schließlich dorthin zu gelangen, wo alles wieder interessant wird«). »Stilleben« werden zu Bestandsaufnahmen, zur Inventur von Inventar. Brinkmanns Sprache ist zweckbestimmte Umgangssprache, was im Deutschen allerdings nicht so leicht realisierbar wird wie im Amerikanischen, dem er diese Präsentation von Idiom im Gedicht abgelauscht hat. Zuweilen läßt er Banalitäten freien (leeren) Lauf. Das Persönliche, Private, Momentane macht dann gleichsam einen Salto und wird dabei ridikül. So findet man auch Texte wie etwa *Der Rest eines Gedichtes von mir*.
Brinkmann kommentiert gern poetologisch das, was er tut oder unterläßt. Auch NICOLAS BORN (* 1937 ; *Marktlage*, 1967; *Wo mir der Kopf steht*, 1970; *Das Auge des*

Entdeckers, 1972) hat das am Schluß seines zweiten Gedichtbandes besorgt: »Ich demonstriere mich als Nachdenker von Vorgedachtem, als Nachsprecher von Vorgesprochenem ... Aber ich verändere Anordnungen, Reihenfolgen, schreibe deutlich Zitate in ungewohnte Zusammenhänge.« – Es scheint, Born trifft das Richtige, wenn er im Zusammenhang mit seinen Gedichten von »Offenheit« redet. Das ist gewiß nichts Neues. Das »offene« Gedicht ist im Ablauf eines Vierteljahrhunderts mehr als einmal gezeigt und praktiziert worden. Gewiß, Born bringt eine offene, differenzierte Realität in seinen Arbeiten unter. Wie Brinkmann setzt er sich mit dem »vorgefundenen« Material täglicher Erfahrungen in der Sozialwelt auseinander. Und wie dieser schwärmt er für das Subjektive. Und also ist eigener Text schließlich doch nicht für diejenigen, die der amerikanische Lyriker CUMMINGS – eines der Vorbilder von Brinkmann und Born – »mostpeople« genannt hat, sondern

Dieses Gedicht ist für mich
(Das ist auch wieder
so ein Eigensinn)
so fängt es an mit nichts
was wichtig wäre
es ist gern geschrieben (ja / doch)
es ist leer
ich kann es vorsprechen es macht
nichts.

Das ist schließlich auch ein schönes Beispiel für lakonische Koketterie, für eigensinnige Grazie, die sich noch ein wenig schwertut mit der Selbstironie. Aber »offen« ist jedenfalls Born in Zeilen wie den folgenden, die schließen: »ich glaube dieses Gedicht ist nicht / zu gebrauchen / ich glaube dieses Gedicht ist wirklich / für mich.«

In diesem Zusammenhang kann man – mit Vorbehalt – auch GÜNTER HERBURGER (*1932; *Ventile*, 1966; *Training*, 1970; *Operette*, 1973) stellen. Seine Lyriktheorien erhellen durchaus auf seine Weise neue Subjektivität und Sensibilität im Gedicht (sogar der Reim wird von ihm wieder neuerdings propagiert): »Wir reden nicht von Sachzwängen, sondern leidenschaftlich über uns, da alle Sachen, die wir nicht bestimmen können, uns ständig zum Verlust von Identität zwingen.« Seine Formel für Gedichte lautet: »Haß und Spaß gleichzeitig«, Engagement, politische Stellungnahme als engagierter Linker und Individualismus sozusagen im gleichen Atemzug, der das Polit-Gedicht durchaus neben das Liebesgedicht zu stellen weiß, Liebe auch zum kleinen Sohn, der in Bett- und Waschgedichten – wie in Herburgers Prosa – auch in Versen aufgenommen ist: »Aber jetzt bin ich verzweifelt und weine wie er, / wie mein lieber, schöner, zärtlicher Sohn, / wir liegen noch im Bett, aber trennen uns schon.« Dies ist nun wieder möglich und artikulierbar – neben scharfen Gedichten, die Stellung gegen politische Verhältnisse, Mißstände, Gewohnheiten nehmen –: die familiäre Zuneigung, Zärtlichkeit. Eine neue momentane Schönheit kommt und wird als solche ausgesprochen, ohne Scheu und jedenfalls zwanglos: »Machen wir Gedichte, die uns hinwegtragen sollen oder durch die wir uns tief und schrecklich wichtig in unsere Kümmernisse verbohren wollen, um festzustellen, zu was wir fähig sind. Dann fühlen wir uns stolz.« Das Selbstvertrauen zur Individualität, das hier erkennbar ist, ist gewiß nicht mit Naivität und naiver Unmittelbarkeit des Aussprechens zu verwechseln. Die wache Intelligenz dieses Autors kontrolliert vielmehr unablässig die Person, den Herburgerschen Individualismus. Der Reim – als subjektivierendes Element – kommt wie folgt zur Sprache: »Wer reimt, muß sich darüber klar sein, was er sagen will, kann nicht mehr in dunstige Varianten ausweichen, muß bekennen.« Der Reim – als Dekorativum verschrien – wird hier zum Bekenntnisfaktor. Das Gedicht sorgt – wie man sieht – durch seine Autoren für immer andere Überraschungen. Und der »Reim als Leim« wird von Herburger keineswegs ironisch verstanden, vielmehr als Kommunikationsmittel, der Bekenntnis unter die Leute bringt, die Forderung unterstützend, sich »frei, schnell, vergnüglich und verständlich« zu äußern. Wieweit hier Illusion im Spiel ist, ist eine andere Sache.

»Vorgefundene Gedichte«: Horst Bienek

Vorgefertigtes Material, vorgefundene Gedichte. Horst Bienek (* 1930; *Traumbuch eines Gefangenen*, 1957; *Was war was ist*, 1966) hat seinem dritten Versband den Titel *Vorgefundene Gedichte* (1969) gegeben, in denen er sich von jeglicher sogenannter

Der Lyriker Horst Bienek mit Hermann Kesten (Mitte) und Joachim Kaiser (Links) bei einer PEN-Tagung in Darmstadt, 18. 4. 1970: Gespräch über »Beckett und Solschenizyn – die Person im Untergang und im Aufstand«.

Originalität befreit hat. Er nimmt sozusagen, was er kriegt. Er besorgt sich seine *poèmes trouvés* von überall her: im Wirtschaftsteil einer Tageszeitung und auf einem APO-Spruchband, im Kursbuch der Bundesbahn und in der Männertoilette der Münchner Universität (unter genauer Angabe des Stockwerks). Was Bienek hier versucht und gefunden hat, ist mehr als die gängige Verbrauchslyrik, mehr als Collage, die doch auch verfremdetes Kunstprodukt und hochstilisiertes Kunst-Mittel ist. Hier ist auf Einfall und Phantasie bewußt Verzicht geleistet worden, nicht dagegen – widerum ein nicht neues Produktionsmittel – auf Kombinatorik, auf »gestellte« Vorführung von Vorhandenem, auf Wirklichkeits-Ausschnitt, gewissermaßen unverschnitten. Das ist von folgerichtigem Reiz und außer von Bienek nur in Peter Handkes *Deutschen Gedichten* (1969) versucht worden.

Das Bieneksche Beispiel – wahrgenommen am Entwicklungsgang und mit den Äußerungsmöglichkeiten eines qualifizierten Gedichtemachers – zeigt am Ende des Berichts die Lage des Gedichts heute. Es ist auf eine Weise verfügbar geworden wie nie zuvor in seiner langen Geschichte. Es ist fast beliebig manipulierbar, wie es scheint. Es hat sich dabei auf das äußerste differenziert. Es ist zugleich handlich geworden und – bei derart vorgefertigter Stofflichkeit, beliebig mit Inhalt oder Spurenelementen von Stoff belieferbar. Das *poème trouvé* ist sowenig aber Endprodukt wie vorher andere lyrische Texturen. Die endelose Wandelbarkeit seiner Struktur erhält es am Ende am Leben. Mit anderen Worten: das Leben des Gedichtes geht – unter allen Umständen – weiter, als öffentliche oder als Geheimsache.

BENUTZTE LITERATUR

Ingeborg Bachmann, *Gedichte, Erzählungen, Hörspiele, Essays,* München 1964.

Hans Bender (Hg.), *Mein Gedicht ist mein Messer. Lyriker zu ihren Gedichten,* München 1961.

Ders., *Widerspiel. Deutsche Lyrik seit 1945,* Darmstadt 1961.

Gottfried Benn, *Gesammelte Werke,* Hg. Dieter Wellershoff, Wiesbaden 1961.

Charles Berger, *Bilanz des Surrealismus,* Coburg 1951.

O. F. Best (Hg.), *Hommage für Peter Huchel,* München 1968.

Hilde Domin (Hg.), *Doppelinterpretationen. Das zeitgenössische deutsche Gedicht zwischen Autor und Leser,* Frankfurt/Bonn 1967.

Hugo Friedrich, *Die Struktur der modernen Lyrik,* Reinbek 1968.

Helmut Heißenbüttel, *Über Literatur,* München 1970.

Ders., *Zur Tradition der Moderne. Aufsätze und Anmerkungen 1964–1971,* Neuwied/Berlin 1972.

B. Holmqvist (Hg.), *Das Buch der Nelly Sachs,* Frankfurt/Main 1968.

Hans Egon Holthusen, *Der unbehauste Mensch. Motive und Probleme der modernen Literatur,* München 1952.

Ders., *Ja und Nein. Neue kritische Versuche,* München 1954.

Otto Knörrich, *Die deutsche Lyrik der Gegenwart 1945–1970,* Stuttgart 1971.

Karl Krolow, *Aspekte zeitgenössischer deutscher Lyrik,* München 1963.

Ders., *Schattengefecht,* Frankfurt/Main, 1964.

Ders., *Ein Gedicht entsteht. Selbstdeutungen, Interpretationen, Aufsätze,* Frankfurt/Main 1973.

Wilhelm Lehmann, *Dichtung als Dasein,* Darmstadt 1956.

Franz Mon (Hg. in Zusammenarbeit mit Walter Höllerer und Manfred de la Motte), *Movens. Dokumente und Analysen zur Dichtung, bildenden Kunst, Musik, Architektur,* Wiesbaden 1960.

Klaus Nonnenmann (Hg.), *Deutsche Literatur, Schriftsteller der Gegenwart. 53 Porträts,* Freiburg/Br. 1963.

Heinz Piontek, *Männer die Gedichte machen. Zur Lyrik heute,* Hamburg 1970.

Uwe Schultz (Hg.), *Fünfzehn Autoren suchen sich selbst. Modell und Provokation,* München 1967.

Über Paul Celan, Hg. Dietlind Meinecke, Frankfurt/Main 1970.

Über Günter Eich, Hg. Susanne Müller-Hanpft, Frankfurt/Main 1970.

Über Karl Krolow, Hg. Walter Helmut Fritz, Frankfurt/Main 1972.

Fritz Usinger, *Die dichterische Welt Hans Arps,* Wiesbaden 1965.
Heinrich Vormweg, *Die Wörter und die Welt. Über neue deutsche Literatur.* Neuwied/Berlin 1968.
Dietrich Weber (Hg.), *Deutsche Literatur seit 1945 in Einzeldarstellungen,* Stuttgart 1970.
Harald Weinrich, *Linguistische Bemerkungen zur modernen Lyrik,* München 1968.
Theodor Wiesner (Hg.), *Günter Grass,* Neuwied/Berlin 1968.

HELLMUTH KARASEK

DRAMATIK IN DER BUNDESREPUBLIK SEIT 1945

NEUANFÄNGE UND GRUNDLAGEN

Der Beginn des Dramas in der Bundesrepublik (genauer: in den Besatzungszonen, die von 1949 an die Bundesrepublik bildeten, und in Berlins westlichen Sektoren) läßt sich mit drei Daten umreißen: Einmal mit der Uraufführung von Carl Zuckmayers *Des Teufels General* in Zürich im Jahr 1946 – die deutsche Erstaufführung fand Ende November 1947 in Frankfurt a. M. statt; zum anderen mit der Uraufführung von Wolfgang Borcherts *Draußen vor der Tür* 1947 in Hamburg; und zum dritten mit der Uraufführung von Günther Weisenborns *Die Illegalen*, dem »Drama aus der deutschen Widerstandsbewegung«, das im März 1946 im Berliner Hebbel-Theater zum ersten Mal gespielt wurde.

Diese drei Daten bedeuteten, daß nach der fast totalen Zerstörung, nach der Zäsur der Nazi-Jahre, ein Neuanfang unternommen wurde, der das, was geschehen war, zu verarbeiten suchte, und der gleichzeitig an das anknüpfte, was durch die Hitler-Herrschaft und dem aus ihr resultierenden Krieg vernichtet, ausgeschaltet, zumindest ins Exil gedrängt worden war.

Die Uraufführung von Zuckmayers *Des Teufels General* fand am 12. Dezember 1946 im Zürcher Schauspielhaus statt, der einzigen wichtigen deutschsprachigen Bühne also, die in den Jahren nach der Annexion Österreichs so etwas wie eine Kontinuität des deutschsprachigen Theaters zu bewahren trachtete. Zuckmayers Stück, das auch eine Art Abrechnungs- und Bilanzversuch der Nazi-Jahre auf dem Theater darstellt, fand eine ungeheure Resonanz. »Die Erschütterung, die durch das Zürcher Publikum ging«, so schrieb damals Egon Vietta, »bewies, daß hier eine wesentliche und notwendige Diskussion entfesselt worden ist. Ein Publikum, das den Sätzen Knuths, der die Hauptfigur spielte, atemlos lauschte. Ein Podium, das von ganz Europa beschickt wird. Eine Regie (Hilpert), die das Grauen aus eigener Anschauung rekonstruierte. Die Resonanz war beispiellos.«

Von Zürich aus trat das Stück dann seinen Siegeszug über die deutschen Bühnen an – soweit sie nicht in Schutt und Trümmern lagen. Und mit *Des Teufels General* hatte das deutsche Theater, hatte das deutsche Drama ein Thema zum ersten Mal artikuliert, das in den folgenden Jahren beherrschend sein sollte: das Thema, das mit dem später zum Schlagwort herabgekommenen Begriff von der »Bewältigung der Vergangenheit« bezeichnet wurde.

Am Totensonntag (21. November) 1947 wurde an den Hamburger Kammerspielen Wolfgang Borcherts *Draußen vor der Tür* uraufgeführt. Der Autor, der nach Kriegsende schwerkrank nach Hamburg zurückgekehrt war, schrieb 1947 in einer Woche diese Klage und Anklage eines Heimkehrers. Das Stück wurde zunächst am 13. Februar vom Norddeutschen Rundfunk als Hörspiel gesendet. Auf das ungeheure Echo, das die Hörspiel-Ausstrahlung fand, folgte die Theateraufführung, die Borchert nicht mehr selbst erleben konnte. Freunde hatten dem Todkranken einen Kuraufenthalt in der Schweiz vermittelt. Er reiste im September in die Schweiz und starb in Basel am 20. November.

Das Stück, Aufschrei einer durch den Krieg um ihr Leben und um ihre Ideale betrogenen Generation, knüpfte, bewußt oder unbewußt, an das expressionistische Heimkehrer-Drama aus der Zeit nach dem Ersten Weltkrieg an. Borcherts Stück, von immenser Wirkung und Ausstrahlung auf die damalige Gegenwart, inaugurierte die sogenannte »Trümmer-Literatur«. In Beckmann porträtierte Borchert gleichzeitig sich selbst und all seine vom Krieg verschlissenen Altersgenossen. Wie PETER RÜHMKORF es charakterisierte: »Man sehe und verstehe: hier hatte ein junger Dichter sein heimliches Konterfei, den Heimkehrer Beckmann aus dem Drama ›Draußen vor der Tür‹, mit so viel allgemeinverbindlichen Zügen ausgestattet, daß er als ›einer aus der großen grauen Zahl‹ von vielen als das eigene Ich erlebt werden konnte. War er als Held des Stücks ein ausgemachter Antiheld, so war doch dieser Typus genau auf die Selbsteinschätzung einer heldenmüden und mythenskeptischen Generation zugeschnitten. War er ein einzelner und Ausgesetzter, so entsprach auch das für kurze Spanne Zeit dem Bild des deutschen Jedermann. War er ein Opfer, so doch gezeichnet und erwählt in einem. Und wenn er Unrecht erlitt, so bestätigte das doch seine Rechtsansprüche. Zwar hatte dieser Beckmann Lösungen nicht zur Hand, aber gerade daß der Tiefverstörte auf jede Lösung eine Frage wußte, entsprach aufs Haar der Disposition der deutschen Jugend. Einer Generation, die geprägt war vornehmlich durch ihre Skrupel und Verluste, und deren Verhältnis zur Welt sich am ehesten in dem Verhältniswort ›Ohne‹ ausdrücken ließ. Borchert hat diese Generation nicht nur beschrieben, er hat sie auch benannt: ›Generation ohne Abschied‹.«[1]

Dieses »Ohne« läßt sich ohne weiteres von Borcherts Generationserfahrungen auf das deutsche Drama nach dem Ende des Zweiten Weltkriegs übertragen. Es war ein Drama (weitgehend) ohne Theater, die ebenso wie die Wohnungen, Fabriken und Büros in Trümmer verwandelt waren. Erst 1972 war der Wiederaufbau, war die deutsche Theater-Restauration mit der Neueröffnung des neuen Darmstädter Theaters beendet. So war das deutsche Theater lange ein Theater der Katakomben, der Keller, der Turnhallen und Säle, der dekorationslosen Improvisation – was WEISENBORN mit seiner von vielen jungen Autoren nachgeahmten »ortlosen Dramaturgie« theoretisch untermauerte. Und – wenn Borcherts *Draußen vor der Tür* zuerst als Hörspiel gesendet wurde, so ist auch dies nicht untypisch für den Neubeginn. Es war zunächst auch ein Theater, das sich (notgedrungen) in der neuen Form des Hörspiels mitteilte und damit dem Rundfunk – dem ersten Mäzen der Nachkriegszeit – ein neues Medium verdankte; dafür zahlte es allerdings auf den Bühnen einen bestimmten Preis: die Reduzierung der Personen auf thesenhafte Stimmenträger, die Aufhebung und Verachtung des fixierten Bühnenraumes, die Hinneigung zur Lyrik, zum Symbol, zum Gleichnis, wobei innere wie äußere Stimmen gleichberechtigt und gleich wesenlos ungebunden sein konnten. Es entstand ein Drama ohne die körperhafte Sinnlichkeit des Theaters.

Das deutsche Drama jener Jahre war ohne Verbindung zu den Entwicklungen, die das Welttheater in den letzten zwölf Jahren genommen hatte. Ob man an GARCÍA LORCA denkt oder an PIRANDELLO, an ANOUILH, GIRAUDOUX, SARTRE, THORNTON WILDER oder TENNESSEE WILLIAMS – von allen diesen Autoren, die das Bild des Theaters der späten dreißiger und vierziger Jahre bestimmt hatten, war das deutsche Theater – und damit das deutsche Drama abgeschnitten gewesen. Vor allem – es war auch, noch viele Jahre nach dem Krieg, eigentlich von BRECHT abgeschnitten, dessen Einfluß es sich lange mit politischen Frontstellungen im kalten Krieg verschloß.

So war es auch ein Theater und ein Drama ohne sofortige Zeitgenossenschaft. Es mußte zunächst die Erfahrungen der anderen nachvollziehen und nachexerzieren. In den späten vierziger Jahren also war die deutsche Theaterszene von dem »Nachholbedarf« bestimmt – daraus erklären sich die ungeheuren Wirkungen und Überschätzungen etwa von WILDERS *Unsere kleine Stadt* oder *Wir sind noch einmal davongekommen*, von ELIOTS Weihespielen, bei Salongeplauder und Cocktail-Plausch, von

ANOUILHS und GIRAUDOUX' modernen Zersetzungen und Paraphrasierungen modisch aufgeglätteter alter Stoffe. Die Bühne als neue Traum- und Experimentierwelt, die Lust am Schein nach soviel erlebter Realität – sie bestimmte hinfort die Spielpläne der deutschen Theater.

Dieser Nachholbedarf betraf auch die eigene Vergangenheit. Autoren, die man 1933 rüde von den deutschen Bühnen verstoßen hatte, wurden erneut auf die Spielpläne geholt. Expressionismus und Neue Sachlichkeit (z. B. Stücke von STERNHEIM, WEDEKIND, TOLLER und GEORG KAISER) kehrten zurück auf die Bühnen, Notwendigkeit und Wiedergutmachung durchkreuzten sich auf oft seltsame Weise.

BRECHT, in Theaterfragen ein ungerührter Beobachter, hat diese Situation in seinem *Arbeitsjournal* notiert und umrissen: »11. 11. 48: es steigt eine merkwürdige aura von harmlosigkeit von der bühne auf allen proben, als hätte hitler auch die bösartigkeit der deutschen verbraucht.« – »23. 10. 48: abends premiere von hays HABEN im DEUTSCHEN THEATER. miserable aufführung, hysterisch verkrampft, völlig unrealistisch.«[2]

Erst allmählich, parallel zum wirtschaftlichen Wiederaufbau, gekoppelt an die politischen Phasen der *re-education*, der Adenauer-Restauration, des kritischen Zerbröckelns des restaurativen Selbstvertrauens, hat sich das deutsche Theater wieder in seine öffentliche Rolle gefunden. In dieser Form, als von den Ländern und Gemeinden subventioniertes, von den Abonnenten als Besuchern getragenes Theater, hat es natürlich auch Rückwirkungen auf die deutsche Dramatik ausgeübt.

Die deutschen Dramatiker schrieben also zunächst vor allem unter der historischen Perspektive, daß Deutschland in einem selbstverschuldeten Krieg sich und die Welt mit einem bis dahin unvorstellbaren Grauen überzogen hatte. Die Auseinandersetzung mit der Vergangenheit, mit deren gesellschaftlichen und politischen Voraussetzungen, der Bruch mit den Handlungen und Verbrechen der Vätergeneration war unausweichlich.

Die Autoren schrieben für Bühnen, die vom Staat, von den Gemeinden dafür unterstützt wurden, daß sie spielten. Sie schrieben also nicht (oder besser: nicht nur) im Hinblick auf die Markt- und Geschmacksgesetze, wie sie etwa ein Boulevard-, ein Verkaufstheater diktiert. Subventionen, das bedeutete und bedeutet auch: dem Theater, dem Dramatiker wird eine edukatorische, eine volksbildende, eine das Gemeinwesen konsolidierende Aufgabe gestellt. Er wird von den Bühnen nicht nur unter den Gesichtspunkten des Publikumsgeschmacks gefordert; das deutsche Drama konnte und mußte nicht die unverbindliche Verbindlichkeit der Konversationsstücke wählen, es war nicht auf die Erfolgsträchtigkeit des Musicals, der Operette angewiesen; da ihm zudem die Hauptstadt, die Metropole fehlte, war es auch nicht gesellschaftlicher Spiegel und kritisches Sprachrohr einer tonangebenden Kulturschicht, wie etwa das Pariser Drama, die englische Komödie, das amerikanische Musical.

So konnte dem Drama lange Jahre hindurch sein »Anliegen«, seine »Botschaft« wichtiger sein als ein erfüllter, mit dem Publikumskonsensus abgestimmter Formenkanon. Die gesellschaftlich polierten Formen, die etwa noch das Drama ELIOTS oder ANOUILHS, MILLERS und ALBEES auszeichnen, konnten ihm daher fehlen. Es war aus diesem Grund eher von provinzieller Eigenbrötelei bedroht als von parfümierter Oberflächeneleganz. Seine Anpassungen waren anderer Art als die an den breiten Konsensus einer kulturbestimmenden großstädtischen Theaterschicht, an die Stelle der Mode trat hier oft die brave Pflichtübung in der gerade erwünschten Aktualität,

die ihrerseits oft eher an der Oberfläche als in der strukturellen Ursache gesucht wurde.
Dem Einfluß der Subventionen auf der einen Seite entsprach auf der anderen Seite der Einfluß des Abonnements. Da dem Theatergänger pro Saison eine bestimmte Anzahl von Aufführungen garantiert werden mußte (zwischen acht und vierzehn), wurde auf Ausgewogenheit des Spielplans geachtet, es wurde ein Gleichgewicht zwischen alt und neu, zwischen traurig und heiter, zwischen kritisch und fromm gesucht und gefunden, das oft genug die Autoren noch einmal der Notwendigkeit enthob, mit dem Publikum allzusehr zu rechnen (statt dessen mußten sie mit Intendanten, Dramaturgen, Stadtvätern rechnen), denn ihr »Durchfall« war aufgehoben in den Fangnetzen der absichernden anderen Aufführungen. Neues Drama fand oft als pure, mechanisch abgeleistete Verpflichtung statt. Nach dem Mißerfolg ließ man die Stücke achselzuckend in der Versenkung verschwinden.
Da zugleich Deutschland in zahllose Theaterprovinzen zerfiel, denen die Magnetausrichtung auf eine ton- und richtungangebende Metropole fehlte, da zudem in einem abgesicherten Spielplan es nicht so entscheidend war, daß das Stück auch nur die dritte Vorstellung überlebte, wollten die Theater mit Uraufführungen das Interesse wenigstens der überregionalen Kritik finden, die oft stärker als das Publikum den Dramenmarkt regulierte – ein Vorgang, wie er am Broadway undenkbar wäre, wo Kritik primär Ausdruck des Publikumswillens ist.

Die deutschen Bühnen

Von den fast zweihundert deutschen Theatern sind im Verlauf des Zweiten Weltkriegs 93 zerstört worden. Inzwischen ist der Wiederaufbau abgeschlossen. Bei rund 140 öffentlich subventionierten Bühnen (hinzu kommen noch etwa 60 Privattheater) sollte die Bundesrepublik eigentlich ein Land der Dramatiker sein. Jedoch war es jahrelang ein beliebtes Kulturgesellschaftsspiel in der Bundesrepublik, verzweifelt nach dem Mann Ausschau zu halten, den Martin Walser den »DDD« nannte, »den deutschen Dramatiker«. Und für die ersten Nachkriegsjahre haben Kurt Lothar Tank und Wilhelm Jacobs die folgende Bilanz gezogen: »Hinter der reichen epischen Literatur, die bereits in den ersten Nachkriegsjahren eine Reihe bleibender Werke hervorbringt, tritt das dramatische Schaffen in dieser Zeit zurück. Neben äußeren Hemmnissen (viele Theater sind zerstört, neue Ensembles werden erst gebildet) ist dabei zu beachten, daß die neuen historischen Fragestellungen für eine gültige dramatische Gestaltung noch nicht ausgereift waren; es gelingt den Dramatikern noch nicht, den zeitgeschichtlichen Stoff überhöhend und verallgemeinernd zu verarbeiten. Dagegen gibt es eine beachtliche Reihe von Filmen (*Die Mörder sind unter uns*, *Ehe im Schatten*, *Die Buntkarierten*, *Der Rat der Götter*), die in Babelsberg entstanden.«[3]
Diese eher triste Retrospektive aus dem Jahre 1964 sollte nicht so bald korrigiert werden. 1965 meinte Hans Daiber in einem polemischen Buch gegen das deutsche Subventionstheater: »In vielen Fällen bleibt dieses neue Stück im Verlauf der Spielzeit aus. In fast allen Fällen enttäuscht es. Denn der Strom der Zeit geht an unseren hochgebauten Spielinseln vorüber. Allenfalls benetzt er ihre Außenanlagen, die abseits gelegenen ›Kammerspiele‹. Der beherzte Griff in die Wirklichkeit, der das Nächstliegende für einen Dramatiker zu sein scheint, ist sehr selten geworden. So entrückt die Bühne ins Unverbindliche. Künstlerischer Ehrgeiz, Vorsicht, Rücksicht und Tradition

ließen die Welt des Theaters vielleicht nicht schrumpfen, doch sie verhinderten, daß die Bühne sich der gesellschaftlichen Entwicklung gemäß erweiterte.«[4]

Der Wiederaufbau der deutschen Theater hatte also nicht unbedingt günstige Rückwirkungen auf die deutsche Dramatik. Denn im Selbstverständnis der deutschen Theater war dem Zeitstück ein schmaler, eher eng abgesteckter Raum zugewiesen. Für die Gestaltung des Spielplans beriefen sich die deutschen Theater mit Vorliebe auf den Malraux-Begriff des *musée imaginaire*, das die Stile und Werke aller Epochen im Nebeneinander zur lebendigen Gegenwart mache. In der Praxis sah (und sieht) das so aus: »Ihrem Charakter als Kulturinstitution entspricht auch der Spielplan der Theater: So wie in den öffentlichen Museen Kunstwerke vieler Epochen und Stile gezeigt werden, so enthält der Theaterspielplan Werke aus vielen Jahrhunderten und verschiedener stilistischer und weltanschaulicher Tendenzen der Gegenwart. Die Spielpläne enthalten etwa ein Drittel klassische Werke (von der antiken Tragödie bis Grillparzer und Hebbel), ein knappes Drittel Werke von Dramatikern der Jahrhundertwende bis zu denen der zwanziger Jahre (von Hauptmann bis Pirandello), ein gutes Drittel Werke aus den dreißiger, vierziger, fünfziger Jahren und der unmittelbaren Gegenwart.« Diese Feststellung, von Siegfried Melchinger und Henning Rischbieter zu Beginn der sechziger Jahre getroffen, gilt eigentlich noch heute.[5] Geändert hat sich, daß die Klassik gegenüber einer Klassik der Moderne inzwischen zurückgedrängt worden ist: statt Goethe und Schiller mehr Kleist und Büchner, Brecht hat in der letzten Spielzeit Shakespeare vom Platz des meistgespielten Dramatikers (vorübergehend?) verdrängt.

Während der ersten Nachkriegsjahre, ja eigentlich schon während der ersten Monate sah es so aus, als ob Berlin wiederum Deutschlands Theaterhauptstadt werden könnte. Kabarett-Truppen spielten bereits im Mai 1945; bald darauf in Sälen und Kinos Theaterensembles. Es ist schwer, das Datum festzulegen, mit dem das Berliner Theater wieder begann. Ein mögliches Datum: der 7. Juli 1945. An diesem Abend öffnete das vom Krieg verschont gebliebene Berliner Renaissancetheater mit Schnitzlers Einakter *Der grüne Kakadu* in der Inszenierung Karlheinz Martins wieder seine Tore. Am 15. August eröffnete Karlheinz Martin das ebenfalls stehengebliebene Hebbel-Theater mit einer Neuinszenierung der *Dreigroschenoper* von Brecht/Weill. Am 26. August eröffnete Victor de Kowa sein Boulevardtheater »Die Tribüne«. Am 7. September wurde Max Reinhardts Deutsches Theater von Gustav von Wangenheim mit Lessings *Nathan* in der Regie von Fritz Wisten mit Paul Wegner und Eduard von Winterstein eröffnet. Am 6. Oktober hatte Jürgen Fehlings Inszenierung von Goethes *Urfaust* Premiere. Ein Jürgen-Fehling-Theater war entstanden. Und am 3. November beginnt Boleslaw Barlog mit *Hokuspokus* von Curt Goetz im Schloßparktheater.

Am 7. Februar 1946 stellte sich Friedrich Luft im Sender Rias seinen Hörern als Theaterkritiker vor. Er sagte zur Berliner Theater-Situation: »Gestern hatte ich Gelegenheit, einmal im Wagen durch die ganze Breite dieser Stadt zu fahren. Es war gespenstisch. Man ist an die Trümmer seiner Umwelt, seines Weges zur Arbeit, seines Bezirkes gewöhnt. Aber da wurde mir einmal bewußt, wie wenig von Berlin noch da ist. Ich fragte mich, ob wir uns nicht eigentlich nur etwas vormachen. Ich fuhr an einer Litfaßsäule vorbei, die beklebt war mit unzähligen Ankündigungen von Theatern, Opern, Konzerten. Ich sah nachher im Inseratenteil der Zeitung: an fast zweihundert Stellen wird Theater gespielt. Tatsächlich. Überall. In allen Bezirken. Zwei Opernhäuser spielen ständig – welche Stadt der Welt hat das noch?«[6]

Einige Zeit später löste die Ankündigung, im Hebbeltheater würde Karl Heinz Stroux THORNTON WILDERS *Wir sind noch einmal davongekommen* inszenieren, eine auf die eigenen Erfahrungen bezogene Erregung und Erwartung vieler Berliner aus. Die Premiere fand am 5. Juli 1946 statt.
Doch die Spaltung und Isolierung Berlins verhinderte in den folgenden Jahren, daß Berlin seine Rolle der Theaterhauptstadt für Deutschland behaupten konnte. Das deutsche Theater hatte sich in die Provinzen verlagert. 1948 schrieb der *Monat* (Heft 7, Seite 91ff) zu dieser Situation: »Bei erhöhten Anforderungen gewinnen die kleineren Provinztheater an Bedeutung. Und so haben sich neben den größeren Theaterzentren wie München, Hamburg, Stuttgart, Düsseldorf, Köln neue Kernpunkte gebildet, die Ansätze zu einer vielversprechenden Entwicklung zeigen. Bühnen wie Wuppertal oder Mönchen-Gladbach-Rheydt im Westen, Wiesbaden und Konstanz im Südwesten. Im ganzen genommen hat der Boykottaufruf und die noch heute nicht abreißende Diskussion in seinem Gefolge nur den Blick für die umstrittene Grenzlage Berlins geschärft. Der Riß, der im Zickzack durch die Asphaltdecke dieser Stadt läuft, ist heute noch deutlicher zu erkennen als zuvor.«[7]
Unmittelbar nach dem Krieg entstanden kurzzeitig neue Theaterzentren da, wo der Krieg die Häuser verschont hatte und wo die landschaftliche Struktur besseren Schutz vor den Entbehrungen der Hungerjahre zu bieten schien. So inszenierte Heinz Hilpert in Konstanz, das in der Nähe von Zürich, also im Einflußbereich des einzig intakt gebliebenen deutschsprachigen Theaters lag, und war später (von 1950 bis 1966) Intendant des Deutschen Theaters in Göttingen, das sich vor allem um das Werk CARL ZUCKMAYERS, aber auch um ÖDÖN VON HORVÁTH Verdienste erwarb.
Zur zentralen deutschsprachigen Bühne (eine Art »Hauptstadt-Ersatz«) entwickelte sich das Deutsche Schauspielhaus in Hamburg, unter der Intendanz von Gustaf Gründgens. Gründgens, der vorher das Düsseldorfer Theater geleitet hatte, übernahm das Hamburger Theater 1955. Er pflegte vor allem das Klassiker-Theater *(Faust, Wallenstein, Don Carlos)*. Deutsche zeitgenössische Autoren wurden hier nur ausnahmsweise gespielt, so ERNST PENZOLDT und, später, DIETER WALDMANN, dessen Komödie *Von Bergamo bis morgen früh* 1960 bei Gründgens uraufgeführt wurde.
In Düsseldorf übernahm Karl Heinz Stroux die Gründgens-Nachfolge. Auch hier stand das deutsche Zeitstück weitgehend im Schatten der großangelegten, hochbesetzten Klassiker-Aufführungen. Einfluß auf die deutsche Dramatik hatte Düsseldorf in der Stroux-Ära vor allem durch die Ionesco-Pflege (die meisten späteren Stücke IONESCOS wurden in Düsseldorf uraufgeführt), dessen absurdes Theater deutsche Aneigner (etwa WOLFGANG HILDESHEIMER und den jungen GÜNTER GRASS) anregte.
In Frankfurt, an den Städtischen Bühnen, arbeitete von 1951 bis 1968 Harry Buckwitz, dem die entscheidende Leistung zukommt, den Brecht-Boykott, den die Reaktion auf den 17. Juni 1953 erzwungen hatte und dem sich die westdeutschen Theater in konformer Gratis-Angst fügten, durchbrochen zu haben. Nach 1955 konnte BRECHT auf diese Weise endlich auch durch seine Theater-Praxis (er arbeitete an Buckwitz' Inszenierung des *Guten Menschen von Sezuan* mit) gewinnen. Buckwitz beschäftigte auch Erwin Piscator als Regisseur. Fritz Kortner inszenierte hier MAX FRISCHS *Graf Oederland.*
Erwin Piscator übernahm seinerseits 1962 die Berliner Freie Volksbühne, die er bis zu seinem Tod (1966) leitete. In diese Zeit fallen die Uraufführungen von ROLF

Hochhuths *Stellvertreter* (1963), von Heinar Kipphardts *In der Sache J. Robert Oppenheimer* (1964) und Peter Weiss' *Ermittlung* (1965). Piscator, der große Experimentator des politisch engagierten Theaters im Berlin der zwanziger und frühen dreißiger Jahre, hat also während seiner Intendanz an der Freien Volksbühne in

Der Zustand der meisten deutschen Theater im Mai 1945 läßt sich mit den Worten kennzeichnen: totaler Krieg – totale Zerstörung. Das Foto zeigt die Theaterkasse des Berliner Schillertheaters nach einem Bombenangriff am 23. November 1943.

Berlin dem »Dokumentartheater« zum Durchbruch verholfen und damit die deutschsprachige Dramatik der sechziger Jahre wesentlich geprägt.

Peter Weiss wurde ebenfalls in Berlin, am Schiller-Theater, das Boleslav Barlog leitete (sein Nachfolger ist Hans Lietzau, der unter Barlog bereits Oberspielleiter in Berlin war), durchgesetzt: hier wurde, in der Inszenierung von Konrad Swinarski, 1964 die Uraufführung des *Marat de Sade* herausgebracht – »ungemein artistisch und ästhetisch balanciert« (Henning Rischbieter). Im allgemeinen galt für das Schiller-Theater (ihm sind das Schloßpark-Theater und die Werkstatt im Schiller-Theater angegliedert), was sich auch für die anderen großen deutschen Bühnen feststellen läßt: an der Entwicklung des Zeitstücks, des deutschsprachigen Zeitstücks, waren sie

kaum beteiligt und kaum interessiert. In der Bemühung um die Wiedererweckung des Theaters der zwanziger und dreißiger Jahre kümmerte sich Barlog vor allem um Ernst Barlach, von dem Hans Lietzau immerhin vier Stück einstudierte – ohne daß sich spürbare Folgen für das deutsche Theater daraus ergeben hätten.
Seit 1968 gibt es in Berlin das erste funktionierende und erfolgreiche Kollektiv-Theater, die Schaubühne am Halleschen Ufer, der Peter Stein als wichtigster Regisseur angehört. Seine richtungweisenden Inszenierungen (Goethes *Tasso*, Ibsens *Peer Gynt*, Kleists *Prinz von Homburg*, Gorkis *Die Mutter*, Wischnewskijs *Optimistische Tragödie*) sind für die stilistische und gesellschaftliche Entwicklung des heutigen Theaters von außerordentlicher Bedeutung. Aber auch hier wird die Zeitgenossenschaft eher in der Neusichtung älterer Stücke gesucht als im Bemühen um die deutsche Gegenwartsdramatik, obwohl hier neben Handke auch Botho Strauss und Hans Magnus Enzensberger *(Verhör in Habana)* aufgeführt wurden.
Die Münchner Kammerspiele, das Theater Otto Falckenbergs, leitete von 1945 bis 1947 Erich Engel, danach Hans Schweikart (bis 1963) und August Everding (bis 1973); seither ist Hans Reinhard Müller Intendant. Die Kammerspiele haben in den ersten Nachkriegsjahren vor allem Brecht gespielt, ferner wurden hier fast alle wichtigen Stücke Dürrenmatts aufgeführt. Hier fand die einzige Begegnung des großen Regisseurs Fritz Kortner mit einem zeitgenössischen deutschen Autor statt; er inszenierte Walsers *Zimmerschlacht*. Heinar Kipphardt, der an den Kammerspielen Dramaturg war, bis er – wegen der Uraufführung des *Dra-Dra* von Wolf Biermann – gehen mußte, hat sich dort um ein neues Volkstheater auf den Spuren Horváths und Karl Valentins sowie um die Weiterentwicklung des sozialen Dokumentarstücks bemüht. Im Werkraumtheater der Kammerspiele inszenierte Peter Stein den *Vietnam-Diskurs* von Weiss als politische Aktion, hier wurde auch Franz Xaver Kroetz erstmalig gespielt.
Das Theater in Darmstadt, erst unter der Intendanz Gustav Rudolf Sellners, dann unter Gerhard F. Hering, bis zur Einweihung des neuen Hauses (1972) in der »Orangerie« untergebracht, wurde zur Pflegestätte des antinaturalistischen Theaters. Das poetische und das absurde Theater wurden hier ausprobiert.
In Ulm und später in Bremen leitete Kurt Hübner ein Theater, das sich mit Peter Zadek, Wilfried Minks, Martin Sperr, Rainer Werner Faßbinder vor allem den Trends der Pop-Kultur, den Schocks der Klassiker-Deformation, des Music-Hall-Theaters öffnete. Zadek leitet inzwischen das Bochumer Theater als Nachfolger von Hans Schalla. Einer seiner Haus-Autoren ist Tankred Dorst, die Zusammenarbeit mit Faßbinder war leider ziemlich rasch beendet.
Ebenfalls in Ulm bei Hübner inszenierte Peter Palitzsch, der nach dem Mauer-Bau als prominentester Brecht-Schüler in Westdeutschland blieb und als Direktor des Stuttgarter Schauspielhauses neben Brecht und Shakespeare auch mit einigen deutschen Autoren, so mit Walser, Kipphardt, Asmodi, Hochhuth und Weiss, sich um ein aktuelles, gesellschaftskritisches deutsches Zeittheater bemühte.
Erwähnt werden sollte noch, daß das Frankfurter Theater am Turm in Claus Peymanns Inszenierungen Peter Handke für die deutschen Bühnen entdeckt hat. Im großen und ganzen läßt sich aber konstatieren, daß die kontinuierliche Zusammenarbeit eines Dramatikers mit einem bestimmten Theater in Deutschland eher die Ausnahme als die Regel ist. Das Zeitstück ist und war bestenfalls ein Teil des umfassenderen Repertoires, niemals Hauptaufgabe eines Theaters.

So sind auch die prominenten Regisseure des deutschen Theaters eigentlich stärker durch ihre Auseinandersetzung mit klassischen Stücken oder zumindest mit Stücken der Vergangenheit profiliert als durch ihre Arbeit mit heutigen Dramatikern. Zwar hat Hans Lietzau GÜNTER GRASS, Erwin Piscator HOCHHUTH und WEISS, Palitzsch WALSER und DORST, Hansgünther Heyme FORTES *Luther*, Hans Hollmann WEISS' *Hölderlin* inszeniert – die Impulse, die sie dem Theater mitgeteilt haben, gingen jedoch von älteren Stücken aus: von Rudolf Noeltes Bemühungen um Sternheim, Strindberg und Tschechow, von Hollmanns Erprobungen Ödön von Horváths, von Fritz Kortners Shakespeare-, Strindberg-, Goethe- oder Lessing-Inszenierungen, von Goethes *Faust*, wie ihn Gustaf Gründgens spielte und inszenierte, von Peter Steins *Peer Gynt*-Wiederbelebung als »Schauspiel aus dem 19. Jahrhundert«.

Wenn beim Theater drei Komponenten unterscheidbar sind, von denen jeweils eine in bestimmten Entwicklungsphasen das ausschlaggebende Übergewicht gewinnt, so ist das deutsche Theater im Nachkrieg und in der Bundesrepublik weder ein Autoren-Theater (wie es etwa das Theater der Antike, des spanischen Barock, des Elisabethanischen England, des Wiener Biedermeier war) noch ein Schauspieler-Theater (wie es etwa das New Yorker Broadway-Theater oder das Theater des Londoner Westend und, in gewisser Weise, das Wiener Burgtheater ist), sondern ein Regie-Theater. Für die Arbeit der Dramatiker hat das auch insofern über ihr Stückeschreiben hinaus Bedeutung, als ein Regie-Theater sie (wenn nicht als Autoren) als Neubearbeiter, Neuübersetzer fordert. Um dafür einige Beispiele zu geben: MARTIN WALSER schrieb für den Regisseur Kortner zu seiner *Zimmerschlacht* einen (für das Stück überflüssigen, für Kortners Inszenierung aber bedeutungsvollen) zweiten Teil hinzu; MARTIN SPERR übersetzte für Peter Zadek Shakespeares *Maß für Maß* neu, für Peter Stein übertrug er die Übersetzung von BONDS *Gerettet* in den Münchner Stadt-Jargon, TANKRED DORST bearbeitete für Zadek FALLADAS Roman *Kleiner Mann – was nun?* für die Bühne, BOTHO STRAUSS übertrug für und mit Peter Stein Ibsens *Peer Gynt*, MATTIAS BRAUN bearbeitete im Auftrag einiger Bühnen antike Stücke, ERICH FRIED übersetzte, ebenfalls im Auftrag eines Theaters, Shakespeare; HANS MAGNUS ENZENSBERGER übertrug die *Beggar's Opera* des John Gay. Daß im Theaterleben Nachkriegsdeutschlands dem Regisseur und dem Regie-Theater ein derart großes Gewicht zuwuchs, liegt einerseits am Einfluß so traditionsbildender Regisseure wie Jürgen Fehling, Erwin Piscator und Fritz Kortner; zum anderen aber spielt auch hier Brecht eine Hauptrolle, der an seinem Theater am Schiffbauerdamm nicht nur eigene Stücke in Modell-Inszenierungen erprobte, sondern später auch Stücke anderer Autoren (Lenz, *Der Hofmeister;* Shakespeare, *Coriolan*) bearbeitete und veränderte. So folgen die Dramatiker als Bearbeiter (etwa KIPPHARDT mit den *Soldaten* nach Lenz) gleichzeitig auch Brechts anregendem Beispiel.

Die Heimkehrer. Zuckmayer – Weisenborn – Borchert

Die Dramatiker der ersten Stunde waren Heimkehrer in ein zerstörtes, am Boden liegendes Deutschland. Sie waren Heimkehrer aus dem Krieg wie WOLFGANG BORCHERT, Heimkehrer aus Illegalität und Gestapohaft wie GÜNTHER WEISENBORN, Heimkehrer aus der Emigration wie CARL ZUCKMAYER.

CARL ZUCKMAYER (*1896) schlägt in seinem Werk wie kein zweiter Dramatiker die

Brücke zwischen den »goldenen« zwanziger Jahren und der Nachkriegszeit. Gleich nach Kriegsende hatte sich der in den USA lebende Dramatiker um eine regierungsamtliche Funktion bemüht, weil er auf diese Weise hoffen konnte, nach Deutschland zu kommen. 1946 in die Auslandsabteilung des Kriegsministeriums übernommen, wird Zuckmayer im Spätherbst nach Deutschland geschickt, um einen Gesamtbericht über das kulturelle Leben und dessen Förderungsmöglichkeiten in Deutschland und Österreich auszuarbeiten. In seinem Gepäck brachte er das Stück *Des Teufels General* mit, das er auf seiner Backwood-Farm 1945 beendet hatte – das erfolgreichste, meistgespielte Schauspiel der ersten Nachkriegsjahre.

Schon einmal, in den zwanziger Jahren, hatte Zuckmayer einen durchschlagenden Erfolg, mit dem *Fröhlichen Weinberg* (1925). Dieses Stück löste den Expressionismus ab, setzte ihn auf der Bühne außer Kraft – den gleichen Expressionismus, dem Zuckmayer noch mit seinem Erstling, dem *Kreuzweg* von 1921, als literarischer Mode gehuldigt hatte.

Zuckmayer wurde am 27. Dezember 1896 in Nackenheim am Rhein geboren. Nach dem Ersten Weltkrieg, in den er als Kriegsfreiwilliger zog, studierte er in Frankfurt und Heidelberg. 1921 wird sein *Kreuzweg* uraufgeführt, verschwindet aber schon nach drei Vorstellungen vom Spielplan. Zuckmayer volontiert an verschiedenen Berliner Theatern, wird 1922 Dramaturg in Kiel, bearbeitet 1923 ein Stück von Terenz, dessen Aufführung wegen lasziver Erotik verboten wird.

1925 wird *Der fröhliche Weinberg* im Theater am Schiffbauerdamm uraufgeführt. Nicht so sehr in der Handlung – sie ist denkbar einfach und unkompliziert und füllt das Stück, wo sie nicht weiterkommt, bedenkenlos mit feucht-fröhlichem Gesang und munteren Raufereien auf – liegt die Stärke dieses Lustspiels, sondern in seiner lebendigen, erdnahen Atmosphäre, die den Alltag eines rheinhessischen Weindorfs zum Hauptakteur macht. Seine Verwicklungen bezieht das dreiaktige Volksstück aus dem Gegensatz zwischen der unverdorbenen Geradlinigkeit der Dorfmenschen und dem phrasendreschenden Bildungsdünkel mickriger Städter: es ist ein deftiger, zuweilen kraftmeierischer Gesang der Lebensfreude, bei dem die Landschaft und der Wein ihre Geschöpfe zur Lebensfreude animieren. »Der fröhliche Weinberg oder der bekehrte Zuckmayer«, schrieb ALFRED KERR, der die expressionistischen Dramen des Autors rundweg abgelehnt hatte. Und sein Kontrahent JHERING verzeichnete: »Beifallsstürme vom Parkett bis zu den Rängen, von den Rängen bis ins Parkett wieder hinunter – so einig sah man das Publikum bei keinem französischen Schwank, bei keinem amerikanischen Melodrama.«

1926 folgte die Ballade vom *Schinderhannes*, ein Stück edler Räuberromantik, auch nach dem Zweiten Weltkrieg von Bühne und Fernsehen gern gespielt, 1928 *Katharina Knie*, ein »Seiltänzerstück«, in dem Zuckmayers Hang zur Romantik in tränenselige »Lache-Bajazzo«-Sentimentalität umschlägt.

Der Hauptmann von Köpenick von 1931 stellt, auf die Dauer gesehen, Zuckmayers geschlossenstes, bühnenwirksamstes Werk dar. Es geht auf die »wahre Geschichte« des Schusters Wilhelm Voigt zurück. Die naheliegende Gefahr der Kolportage hat Zuckmayer durch einen glänzenden Grundeinfall gebannt: Er setzt das Schicksal Voigts und das »Schicksal« der Hauptmanns-Uniform in kontrastierenden Bildern gegeneinander, führt die beiden Elemente in einem logisch-abstrusen Weg zusammen, der konsequent in den Gaunerstreich der »Köpenickiade« führen muß. Die Titelfigur, eine Paraderolle für ältere Schauspieler, wurde in der Uraufführung von Werner

Krauß gespielt; Max Adalbert folgte. In den fünfziger und sechziger Jahren spielten den Schuster Voigt unter anderem Heinz Rühmann (im Film) und Rudolf Platte (im Fernsehen), Günther Lüders und Werner Hinz hatten auf der Bühne als Voigt große Erfolge.

Des Teufels General, Zuckmayers dramatische Auseinandersetzung mit dem Deutsch-

Carl Zuckmayer, Autor von »Des Teufels General«, gezeichnet von Ernst Maria Lang.

land Hitlers (am 12. 12. 1946 in Zürich uraufgeführt), wurde zum dritten Riesenerfolg des Autors. Ebenso wie der *Weinberg* traf das Stück mit der Zeitstimmung, mit der Erwartung, die das Publikum an das Theater knüpfte, haargenau zusammen. Held ist (angeregt durch das Schicksal Udets) der Fliegergeneral Harras, der gleichzeitig Gegner der Nazis und des »Teufels (also Hitlers) General« ist. Aus diesem Zwiespalt entwickelt das Drama seinen Konflikt. Als Harras feststellt, daß seine Freunde und Untergebenen bewußte Sabotage treiben, wählt er den für ihn einzig gangbaren Weg: er besteigt eine der fehlkonstruierten Maschinen und stürzt in den Tod. Ein Drama des deutschen Widerstands also, dessen Gewissenskonflikt (der Kampf gegen Hitler war gleichzeitig der Kampf für die eigene Niederlage) in aller Schärfe (vor allem in der Figur Oderbruchs) herausgearbeitet wird. Das Stück verzichtet, sieht man von dem grell gezeichneten BDM-Mädchen Pützchen ab, das eine allzu chemisch reine Inkarnation der »Herrenmenschen« ist, auf jede Schwarz-Weiß-Malerei. Aber gerade Zuckmayers Objektivität führte dazu, daß *Des Teufels General* nicht frei von einer verherrlichenden Bewunderung für die rauhbeinige Landsknechtskameraderie der Göringschen Luftwaffe ist (Göring etwa bleibt in der Schilderung der volkstümliche und im Grunde nicht bösartige Dickwanst). Der verführerische Glanz militärischer Unerschrockenheit, die weder Tod noch Teufel fürchtet, die aristokratische Großmannssucht werden so ausführlich dargeboten, daß sich darüber die »Moral« (auch die Militärs, die mitmachten, obwohl sie Hitler verabscheuten, werden durch die Un-

»Des Teufels General« auf der Bühne und als Film: In der Uraufführung (Schauspielhaus Zürich, Regie Heinz Hilpert) spielte Gustav Knuth den General Harras; Wilfried Seyferth (rechts) war der SS-Gruppenführer Dr. Schmidt-Lausitz.

Helmut Käutner drehte 1954 den Film »Des Teufels General«, der nicht weniger erfolgreich war als das Stück; Curd Jürgens (unten) war Harras, die Rolle des Oderbruch spielte Karl John (auf dem mittleren Bild an der rechten Tischseite stehend). Das Drehbuch schrieben Käutner und Georg Hurdalek.

Die deutsche Erstaufführung von Zuckmayers »Des Teufels General«, fand Ende November 1947 in Frankfurt/M. statt. Das Bild zeigt den Autor während der Proben im Gespräch mit dem Hauptdarsteller dieser Inszenierung, Martin Held (links); den Oderbruch spielte in Frankfurt Otto Rouvel; Regie: Heinz Hilpert.

menschlichkeiten zu Mitschuldigen) leicht überhören läßt. Das Stück ist, besonders im ersten Akt, zu breit und episodisch, aber es bestätigt Zuckmayers Fähigkeit, Figuren mit unverwüstlichem, um Sentimentalitäten unbekümmertem Leben zu erfüllen und den Situationen eine mitreißende Wirksamkeit abzugewinnen. So ist dieses Stück, dramaturgisch gesehen, im Grunde ein glänzendes Filmdrehbuch, das sich für seine Realisierung die Bühne vorgenommen hat. Über die Distanz von abgebildetem Leben zu dessen Abbildung auf der Bühne macht es sich keine Skrupel.
In seiner Zeitschrift *Dramaturgische Blätter* (Jg. 2, 1948) schrieb Paul Rilla damals eine vielbeachtete Kritik:

Tragisch ist, daß Zuckmayer in einem echten Volksstück wurzelt, aus dem er echte Kraft zieht. Tragisch ist, daß er nicht spürt, wie er durch Krafthuberei die Kraft kompromittiert, die er meint. Und tragisch ist die Konsequenz, womit er, alle geistigen und moralischen Widerstände überrennend, dort anlangt, wo die deutsche Krafthuberei ihre ideale Fratze zeigt: beim Behagen an der gemütlichen Bestialität der Kerls in Uniform. Zuckmayer segnet, wo er fluchen müßte. Er kriegt es mit der deutschen Seele, wo die Scheinheiligkeit der seelenlosen Teufelei blutig zu stigmatisieren wäre. Statt die Wölfe und Hyänen vom Leichenfeld der Menschenwürde zu verjagen, hält er es mit der Menschenwürde von Wölfen und Hyänen. Tragisch ist seine politische Gutgläubigkeit, die weder durch Realitäten noch durch das Erlebnis der Emigration alteriert wurde, wie sie heute weder durch Realitäten noch durch das Erlebnis eines deutschen Diskussionsabends alteriert wird. Tragisch ist, daß »Des Teufels General« das meistgespielte und meistdiskutierte Stück ist. Tragisch ist, daß Zuckmayer diesen Erfolg für das Zeichen einer deutschen Wandlung hält. Tragisch ist, daß er als Lehrer der Demokratie auftritt und eine Jugend, die, wie es in der Zeitung hieß, »den Begriff Demokratie nicht ohne Vorbehalt aufnahm«, zu spontanem Beifall hinriß durch die Formulierung: »Demokratie ist ein Prozeß fortgesetzter Selbstkritik« – worauf »natürlich der neuralgische Punkt des Stückes, die Gestalt des sabotagetreibenden Chefingenieurs Oderbruch berührt« wurde. Tragisch ist, daß 1948 in Deutschland zweihundert Aufsätze über den französischen Existenzialismus erscheinen, jedoch über die Perspektiven des Ereignisses Zuckmayer nur dieser eine.

Das erste Drama, das sich mit der deutschen Vergangenheit auseinandersetzte, war also gleichzeitig auch der Versuch einer Ehrenrettung des anderen, des besseren Deutschland. Schon 1948 schrieb Friedrich Luft über die Gefahren und Mißdeutungen dieses Stücks, das er als »oft beklemmend, mehr als einmal zwiespältig, einmal höchst beteiligend und mitreißend, dann wieder fragwürdig und bedenklich« kennzeichnet: »Zuckmayer wird selbst erfahren haben, wie Mißverständnis und falsche Auslegung heute (noch und wieder) direkt an der nächsten Ecke lauern, um etwas, das eine in einen vollen Typ verliebte dramatische Studie ist, falsch auszumünzen und als dichterische Entlastung aufzufassen.«[8]

Und 1967, zu einer Düsseldorfer Wiederaufführung, meinte Hans Schwab-Felisch, daß die »Motivation des Mitmachens« jetzt, »angesichts einer ›mitmachenden‹ Generalität, deren Selbstverständnis nach zwanzig Jahren Zeitgeschichte ganz anders gelagert ist, noch mehr individualisiert, noch simpler als 1947« erscheine. Und gewiß hat Ingeborg Drewitz recht, wenn sie schreibt, daß Zuckmayer von allem Anfang an kein gesellschaftskritischer Autor gewesen sei: »Selbst der antibürgerliche Affekt seiner frühen Dramen war – so anders als der seines Zeitgenossen Brecht – vor allem unpolitisch.«

Was für den jungen Zuckmayer galt, gilt auch für seine Stücke nach *Des Teufels General*. Es gilt für die am 30. 4. 1949 in Konstanz uraufgeführte *Barbara Blomberg*, ein Stück um die Mutter Don Juan d'Austrias, die aus einfachen Verhältnissen zu Ruhm und Macht emporsteigt, um sich dann in Selbstbescheidung zurückzuziehen, es gilt auch für *Der Gesang im Feuerofen*, ein 1949 verfaßtes Résistance-Drama (Uraufführung: Göttingen, 3. 11. 1950), das beide Seiten, den französischen Widerstand wie die deutschen Okkupanten, in einem postmortalen Requiem zu versöhnen trachtet. In seiner Zuckmayer-Monographie urteilt daher auch Rudolf Lange, daß die »Verschmelzung der beiden Handlungsebenen, der realen und der mythischen ... nicht zwingend« erschienen.[9]

Die darauffolgende *Ulla Winblad* von 1950, in Göttingen am 17. 10. 1953 uraufgeführt, ist lediglich eine Neufassung des *Bellman*-Stückes, das 1938 schon in Zürich gespielt worden war.

Deutlich wird der apolitische Grundzug der Zuckmayer-Dramen jedoch in dem Stück, das Zuckmayer, angeregt durch den Fall des »Atomspions« Klaus Fuchs, schrieb: *Das kalte Licht*, am 3. 9. 1955 in Hamburg uraufgeführt. In dem Nachwort erklärt Zuckmayer, worum es ihm zu tun war: »Das Thema des Stücks ist nicht die Spaltung des Atoms, sondern die Krise des Vertrauens. Weiter gespannt die Denk- und Glaubenskrise der Gegenwart.« Indem Zuckmayer aber das Thema des Verrats aus ideologischer Überzeugung an eine ganz und gar private Liebesgeschichte knüpfte, an Dreiecksverwicklungen und kolportagehafte Zufälle koppelte, entstand bestenfalls ein Zeitstück, aber kein Drama der Zeit. Ein Spionagefall wird bühnenwirksam aufgerollt, der nur »rein zufällig« von der Atombombe handelt. Auch hier hat man den Eindruck eines sehr lebendigen, sehr menschlichen Films. Ein Drama findet nur im zweiten Akt (die Gespräche der drei internierten Emigranten gehören zum Stärksten, was Zuckmayer je geschrieben hat) und in den Szenen der Gewissenserforschung zwischen dem Helden Wolters und dem ihn verhörenden britischen Geheimdienstoffizier statt.

Die Gründe für das Mißlingen sah FRIEDRICH LUFT so: »Vielleicht liegt einer der Gründe ... in dieser Direkt- und Oberflächentechnik, die für ein so vielfach gebrochenes und relativiertes Weltgefühl nicht mehr ausreicht. Die Theatersinnlichkeit des Vorgangs, die Farbigkeit der einzelnen Charaktere teilt sich nicht mehr so mit, wie das vor zwanzig, dreißig Jahren mühelos der Fall gewesen wäre. Es war, als ließe sich mit der vordergründigen Bebilderungstechnik, die Zuckmayer für den heiklen Vorgang gewählt hat, der eigentlich bedrohliche Kontrapunkt der Sache nicht mitspielen. Eine ganze Dimension setzt aus. Mehr Film als Theater. Mehr Reportage als ausleuchtende Bühnendichtung.«[10]

1961 wurde in Wien Zuckmayers »historisches Drama aus der Gegenwart« *Die Uhr schlägt eins* uraufgeführt, der gescheiterte Versuch, möglichst viele Probleme der Gegenwart mit Klischees eines Illustriertenromans wiederzugeben. Auf den Einakter *Kranichtanz*, ein Stück, das eine Dreieckstragödie mit einem Generationskonflikt zwischen schollenverbundenen und haltlosen Menschen darstellt, folgte 1964 das Stück *Das Leben des Horace A. W. Tabor*, ein flüchtig naiver Wildwestbogen, den es aus Versehen von der Leinwand auf die Bühne verschlagen hat. Am besten ist das Stück durch die folgende Inhaltsangabe GEORG HENSELS gekennzeichnet: »Der Postmeister und Kneipenwirt Tabor kauft zwei ausgehungerten Hessen für eine Gallone Whisky zwei Drittel Anteile ihrer Claims ab, wird reich, kujoniert seine Arbeiter in der Silbermine, wird Gouverneur von Colorado, betrügt seine hausmütterliche Frau ›Lady‹ mit ›Baby‹ Doe, verliert an der Börse, kehrt in die Blockhütte seines Anfangs zurück und stirbt, von Lady und Baby, der alten und der neuen Frau, umsorgt: arm, aber glücklich.«[11]

Mit den Problemen seiner Zeit, mit den dramatischen Fragestellungen und dramaturgischen Formen der Gegenwart hatte Zuckmayer nun wirklich jeglichen Konnex eingebüßt; seine Stücke, die thematisch in *Des Teufels General* noch einmal die Gegenwart erreicht hatten, trugen zur zeitgeschichtlichen Entwicklung der dramatischen Mittel und Themen eigentlich nichts mehr bei.

Auch FRITZ VON UNRUH (1885–1970) hatte im Expressionismus begonnen, vor allem mit seinem »dramatischen Gedicht« *Vor der Entscheidung* von 1914, das Stenogramme des Entsetzens festhält und dem Schriftsteller ein Kriegsgerichtsverfahren einbrachte.

Die ungeheure Wirkung, die Unruh, der Sohn eines Generals und Freund des Kronprinzen, der wegen seiner literarischen Neigungen den Dienst quittieren mußte, unmittelbar nach dem Ersten Weltkrieg, ja noch während der letzten Kriegsjahre (sein *Geschlecht* wurde in einer geschlossenen Aufführung vom Verein Frankfurter Kammerspiele noch vor Kriegsende aufgeführt) zeitigte, erklärt sich daraus, daß hier ein Repräsentant der führenden Militärkaste den Weg zum Pazifismus wies. Unruh, als »neuer Kleist« gefeiert, galt als der lang erwartete deutsche Dichter, der die Gegensätze der Nation versöhnen sollte.

1916 folgte der erste Teil einer Trilogie mit dem Titel *Ein Geschlecht* (weitere Teile: *Platz* und *Dietrich*), das die expressionistische Wunschgestalt des »neuen Menschen« ekstatisch feiert. Weitere Dramen: *Rosengarten* (1921), *Stürme* (1922), *Heinrich aus*

Andernach (1925), *Bonaparte* (1926), *Phäa* (1930). Im Exil, in den USA, entstand 1936 *Hauptmann Werner*. Nach dem Krieg schrieb er 1948 die Komödie *Der Befreiungsminister*, 1954 auch ein Stück über den *17. Juni* und schließlich 1955 die Komödie *Bismarck oder Warum steht der Soldat da?* Doch fand Unruh das Echo der Zeit nicht mehr, das er eigentlich schon in den zwanziger und dreißiger Jahren, trotz seiner Erfolge, verloren hatte: »Fritz von Unruh galt manchem als der repräsentative Dramatiker des neuen Deutschland. Er wurde offiziell propagiert. Er mußte von der Staatsbühne, er mußte vom Deutschen Theater gespielt werden. Unruh zu geben, hieß Ehrenpflicht. Genügte allein die Wandlung vom Soldaten zum Pazifisten, um Unruh zu einer weithin sichtbaren, im Ausland bekannten, im Inland begrüßten Persönlichkeit zu machen? Ich fürchte: gerade Unruhs Schwäche war seine Beliebtheit. Seine Thesen waren unfaßbar, allgemein, vieldeutig. Er erging sich in Deklamationen der Menschenliebe, des verschwommenen Gefühls, die von keinem Geist, keiner Anschauung kontrolliert wurde. Unruh schien der letzte Vertreter des deutschen Idealismus zu sein. Schien. Man war zufrieden geworden. Pathos – also ein neuer Schiller. Unruh war Offizier – also ein neuer Kleist. Edelphrasen – also ein Idealist. In Unruh drückt sich die ideologische Unklarheit einer ganzen Epoche aus« (HERBERT JHERING anläßlich einer Kritik der *Phäa*, 1930).[12]

Dieses Urteil umreißt generell, warum es für die Autoren so undankbar und unfruchtbar war, wenn sie versuchten, nach dem Zweiten Weltkrieg an die dramatischen Muster anzuknüpfen, die sie aus dem Ersten Weltkrieg gewonnen und die schon damals in die Irre geführt hatten.

Kamen Zuckmayer und Unruh, um nur sie stellvertretend für den Erfolg und Nichterfolg der rückkehrenden Emigranten zu nennen, aus dem Ausland zurück nach Deutschland, so kam GÜNTHER WEISENBORN (1902–1969) aus der Illegalität, aus den Erfahrungen des Untergrundkampfes gegen die Nazis, aus ihren Gestapo-Kellern und Gefängnissen. Das Stück *Die Illegalen* drückt diese Erfahrungen aus.

Auch Weisenborn war bereits in den zwanziger und dreißiger Jahren ein bekannter Autor, anders als Unruh und Zuckmayer von Anfang an politisch engagiert, mit Piscators Theaterbestrebungen an der Berliner Volksbühne eng verknüpft. Was im Theater nach dem Zweiten Weltkrieg als »Dokumentarstück« wiederkehren sollte, war in den späten zwanziger Jahren die szenische Reportage, wie sie Weisenborn in seinem 1928 geschriebenen *U Boot S 4* vorlegte. Das Stück behandelt die Tragödie von sechs amerikanischen Matrosen, die um Weihnachten 1927 im Torpedoraum ihres U-Boots erstickten, nachdem das Boot von einem anderen Schiff gerammt worden war. Das Stück folgte also unmittelbar als szenische Verarbeitung der Ereignisse – Parallelen zur *Ermittlung* von PETER WEISS, die ja den Auschwitz-Prozeß auch prompt verarbeitete, lassen sich ziehen. Weisenborn war es in seinem Stück darum zu tun, die Verquickung von Hintergrund (Rüstungsindustrie, unverbindliche Friedensresolutionen) mit dem Vordergrund der Opfer (die Matrosen zahlen die Widersprüche mit ihrem Leben) zu verknüpfen: »Ob Günther Weisenborn ein Gestalter ist, bleibt unentschieden. Er ist sprachlich oft schwach und blaß. Aber er ist ein Theatermensch, der mit szenischen Mitteln seinen Stoff arrangieren kann. Ein Gebrauchstalent, deshalb notwendig«, schrieb JHERING nach der Uraufführung im Oktober 1928.[13]

Diesem Bezug zur Aktualität ist Weisenborn auch nach dem Krieg treu geblieben. Seine Bücher waren zu Beginn des Dritten Reichs verboten worden, er veröffentlichte in der Folgezeit unter Pseudonym, wanderte dann nach New York aus und kehrte

1937 nach Berlin zurück, wo er sich 1941 einer Widerstandsgruppe, der gegen den Nationalsozialismus operierenden kommunistischen »Roten Kapelle« anschloß. 1942 wurde er verhaftet, zu Zuchthaus verurteilt, 1945 von den sowjetischen Truppen befreit. Am 24. Oktober 1945 hielt er in Berlin vor Theaterleuten eine Rede über die Erneuerung des Theaters, in der es heißt: »Die wichtigste Funktion der Bühne, neben dem Vergnügen, ist die öffentliche Erschütterung, ist das in Verantwortung orchestrierte Erlebnis eines Dramas. Die Szene soll uns allen helfen, sehen und denken lernen, die Szene soll wieder Meinungen, Bewegung der gehorsam steif gewordenen Gehirne, innere Erregung, Vernunft und damit Impulse geben. Jeder Theaterabend soll wie eine Pflugschar durch die eingefrostete Hirnrinde des Mannes von der Straße gehen. Also ist die Arbeit des Theaters zwangsläufig auch eine politische.«[14]
Weisenborn gründete zusammen mit Karl-Heinz Martin das Hebbel-Theater in Berlin, wo am 21. 3. 1946 sein »Drama aus der deutschen Widerstandsbewegung« *Die Illegalen* uraufgeführt wurde. »Wir Illegalen sind eine leise Gemeinde im Land. Wir sind gekleidet wie alle, wir haben die Gebräuche aller, aber wir leben zwischen Verrat und Grab. Die Welt liebt Opfer, aber die Welt vergißt sie. Die Zukunft ist vergeßlich.« Das Stück handelt, ein realistischer Bilderbogen, von dem Gastwirtssohn Walter, der einen Geheimsender betreibt und sich durch die Kellnerin Lill, die er liebt, für eine Widerstandsgruppe gewinnen läßt. Für diese Gruppe opfert er sich mit belastendem Material, er wird auf der Flucht erschossen. Walter, der Held, ist nur ein Glied einer Gruppe von sieben Widerstandskämpfern, die Nachrichten verbreiten, illegale Plakate kleben, einen geheimen Sender und eine geheime Druckerei in Gang setzen. »Hier ist einer am Werk, der das Gesetz der Bühne im Blut hat«, meinte FRIEDRICH LUFT im RIAS. Und im Berliner *Kurier* war zu lesen: »Es hat sich endlich einmal ein echter Dichter der Tendenz bemächtigt. Tendenz als Anlaß zur Vision.«
1946 schrieb Weisenborn (der übrigens in den dreißiger Jahren Mitarbeiter Brechts bei der Bühnenfassung von Gorkis *Mutter* war) das Stück *Babel*, ein Stück über den Fluch des Kapitalismus, dargestellt am Beispiel zweier amoralischer Finanzherrscher in einem symbolisch verfremdeten Argentinien, von denen der eine »Fleischkönig« ist: ein deutlicher Hinweis auf die thematische Nähe dieses Stückes zu BRECHTS *Heiliger Johanna der Schlachthöfe*. Allerdings suchte Weisenborn eine allegorische Überhöhung des Stoffs und forderte damit den Unmut der Zuschauer heraus.
1949 folgte die *Ballade vom Eulenspiegel, vom Federle und von der dicken Pompanne* – auch dies ein Stück, das in seiner von Balladen unterbrochenen, musikalisch untermalten Handlung aus dem Bauernkrieg an Brecht erinnert, an den Brecht der *Mutter Courage*. In Bänkelsänger-Manier, mit absichtlich grob geschnitzten Figuren, will Weisenborn in der Gestalt des Eulenspiegels stets wiederkehrende Haltungen in Zeiten der Diktatur und des Unrechts widerspiegeln. Daß das Stück zwar erfolgreich war, aber dennoch wenig Wirkung zeitigte, mag einmal an der Zeit der beginnenden westdeutschen Restauration liegen, zum anderen daran, daß auch Weisenborn der Gefahr des gewählten Stoffs (nämlich einer pseudomittelalterlichen Drechsel- und Schnitzsprache) nicht entging. Die *Ballade vom Eulenspiegel* war wegen ihrer gesuchten szenischen Einfachheit (sie spielt auf kargem Brettergerüst) lange Jahre ein beliebtes Stück der Studenten- und Kellerbühnen.
Weisenborn versuchte den Erfolg mit der »Ballade des lachenden Mannes von London« *Lofter oder Das verlorene Gesicht* zu wiederholen (1956). Daneben schrieb er *Die spanische Hochzeit* (1949) und die Komödie *Drei ehrenwerte Herren* (1951); auch

hier suchte er, wie schon im *Eulenspiegel*, eine »ortlose« (und das heißt auch: dekorationslose) Bühne, weil Requisiten und Kulissen seiner Meinung nach die Phantasie nur einengten. In der satirischen Komödie *Zwei Engel steigen aus* (1954) kommen zwei Mädchen per Raumschiff von einem anderen Planeten, der der Erde in der Zivilisation weit, weit voraus ist – ein nicht gerade origineller Einfall.

Für den Stuttgarter SPD-Parteitag schrieb Weisenborn 1958 die *Göttinger Kantate*, ein Oratorium des Protestes gegen die Atombombe: Weisenborn und die restaurative westdeutsche Gesellschaft waren endgültig in Konflikt geraten. Eine Arbeit über den 20. Juli 1944, *Walküre 44*, kam nicht auf die Bühne, als Weisenborn, der das Stück für Piscators Volksbühne geplant hatte, aus der Zeitung erfuhr, daß Piscator bereits einen Vertrag mit Hans Hellmut Kirst über eine Dramatisierung des gleichen Themas abgeschlossen hatte. Statt dessen kam es zu einer »Urlesung«, acht Tage vor der Aufführung von Kirsts Stück, an der Westberliner Akademie der Künste.

Hans José Rehfisch (1891–1960) hatte ebenfalls in der Zeit der Weimarer Republik szenische Reportagen und zeitkritische Komödien verfaßt, vor allem *Die Affaire Dreyfus* (1920, zusammen mit Wilhelm Herzog) und das Stück gegen den Paragraphen 218, *Der Frauenarzt* (1927). Nach dem Zweiten Weltkrieg schrieb er *Quell der Verheißung* (1945), *Hände weg von Helena* (1951), *Der Kassenarzt* (1955) und *Oberst Chabert* (1956), ein historisch verkleidetes Stück über Probleme von Gehorsam und Gewissen.

1946 hatte am Deutschen Theater in Berlin Fred Dengers Stück *Wir heißen euch hoffen* Premiere. Hatte Weisenborn in den *Illegalen* eine Gruppe von jungen Leuten gezeigt, die im Untergrund gegen die Nazis arbeiteten, so stellte Denger sechs junge Leute, die in einem Ruinenunterschlupf hausen, als Vertreter einer verlorenen Nachkriegsgeneration auf die Bühne. Was wie eine Reportage über die Jugendkriminalität als Folge des Krieges beginnt, wird mehr und mehr »vertheatert« und einer bühnenüblichen Lösung zugeführt; die Liebe rettet zwei Jugendliche vor finsteren nihilistischen Praktiken, und auch die Polizei, die schon in Gestalt eines eingeschleusten Spions unter den Jugendlichen lebte, erweist sich als dramaturgischer Freund und Helfer. Fred Denger (*1921) war, als das Stück uraufgeführt wurde, 25 Jahre alt. Es wäre vielleicht überhaupt nicht aufgefallen, wenn nicht im damals wiederbeginnenden Berliner Theater eine Situation vorgeherrscht hätte, die man am besten als »Anästhesie des Vergessens« umschreiben kann. Weisenborn hat diese Theater-Situation so umrissen: »Ja, es ist so: Nach all dem Grauen, mitten unter den Ruinen, bevorzugen die meisten Bühnen die Amüsierroutine, mit der man nicht aneckt, mit der man verdient. Die platte Versandung ist unterwegs! Nach diesen zwölf Jahren haben also die Berliner Bühnen nichts Wichtigeres anzubieten als biedere Nichtigkeiten mit Mottenkugelgeruch, wobei durchaus nichts gegen Vergnügungsstücke gesagt sein soll, die zur Entspannung notwendig sind.«[15]

Das erste Kriegsschauspiel nach Kriegsende schrieb 1946 der Lyriker und Erzähler Horst Lange (1904–1971): *Der Traum von Wassilikowa* handelt von den Kriegserlebnissen an der Ostfront, den Rückzugskämpfen, und kreist um die Frage, welche menschlichen Probleme hinter den aktuellen politischen und militärischen Geschehnissen sichtbar werden. Lange schrieb noch zwei weitere Dramen, das Einpersonenstück *Die Frau, die sich Helena wähnte* (ebenfalls 1946) und das Komödienfragment in Versen *Kephalos und Prokris* (1949).

Man kann heute kaum nachvollziehen, wie in dieser Situation, die im Grunde weder

Oben: Schutzumschlag der ersten westdeutschen Buchausgabe von Weisenborns Drama »Die Illegalen« (R. Piper Verlag, München, 1948) und Szenenbild aus einer Hamburger Aufführung des Stücks (Junge Bühne, Regie: Answald Krüger); die Premiere war am 22. Juni 1946, also unmittelbar nach der Berliner Uraufführung.

Unten: Günther Weisenborn (links) bei einer Probe zur Aufführung seiner Komödie »Drei ehrenwerte Herren«, die er selbst inszenierte, im Februar 1951; am Tisch sitzend Horst Beck, daneben Käthe Ponto und Wolfgang Neuss.

die Kriegserfahrungen auf dem Theater reflektierte noch sich mit den Konsequenzen der materiellen und geistigen Zerstörung auseinandersetzte, WOLFGANG BORCHERTS *Draußen vor der Tür*, gewirkt haben muß. Auch Borchert (1921–1947) war ein Heimkehrer, aber weder aus der Emigration noch aus dem Widerstand (obwohl er zweimal vor einem Kriegsgericht gestanden hatte, einmal freigesprochen, einmal eingekerkert wurde, um dann zur »Feindbewährung« an die Front geschickt zu werden), sondern einer, in dessen Erfahrungen sich das Schicksal von Millionen Generationsgenossen spiegelt. So hat sich in seinem Heimkehrer-Stück – obwohl der Literaturkritiker daran die kühle Feststellung knüpfen kann, daß diese lyrische Gattung von Borchert »nur« wiederbelebt wurde, wiederbelebt aus Stücken, die die Erfahrungen von Autoren im Ersten Weltkrieg reflektierten (UNRUH, TOLLER, GOERING, BRONNEN; BRECHT mit parodistischer Kritik in *Trommeln in der Nacht*) – am stärksten die *lost generation* des deutschen Nachkriegs artikuliert; schon der Titel *Draußen vor der Tür* markierte wie ein Programm die Situation.

Daß der Autor die Uraufführung (21. 11. 1947) nicht erlebte (er starb am 20. 11. 1947), hat diese Wirkung noch verstärkt, sie mit einer tragischen Biographie legitimiert. So konnte sein Werk als letzter »Aufschrei« einer betrogenen Generation gelten: »Schrei«, »Aufschrei« – diese Kennzeichnung, die bei Borchert fast zwangsläufig auftaucht (CHRISTIAN FERBER, 1957, zehn Jahre nach der Premiere von *Draußen vor der Tür:* »Beckmanns Schrei ist nicht mehr unser Schrei«), macht einmal deutlich, wie sehr die Unmittelbarkeit des Werks empfunden wurde; sie macht auch deutlich, daß es sich hier nicht um den Versuch einer Objektivierung handelt, sondern um ein subjektives, fast zwanghaftes Aussprechen dessen, was man zu sagen hat: »Schrei« und »Aufschrei« – das waren auch Vokabeln, die der Expressionismus nach dem Ersten Weltkrieg mit Vorliebe benutzte. Borchert selbst war sich der Subjektivität, der Augenblicksartikulation seines Stücks durchaus bewußt, wenn er, kurz vor seinem Tod, sagte: »Mein Stück ist nur Plakat, morgen sieht es keiner mehr an.«

Gehörte zur Wirkung auch, daß Borchert seiner Generation eine Entlastung anbot, er, der durch sein Leben und Sterben unangreifbar geworden war? REINHARD BAUMGART hat es, 25 Jahre später, so interpretiert: »Ein Rattenfänger, denn jetzt läßt sich als Ideologie greifen, was damals wie Musik nur eingeatmet wurde: Borchert hat seiner Generation, allen im faschistischen Krieg Verbrauchten und Enttäuschten, eine wunderbare, wenn auch uneingelöste Entlastung angeboten. Heimkehrer Beckmann bringt in der Schlüsselszene von ›Draußen vor der Tür‹ seinem Oberst ›die Verantwortung zurück‹, ein Ödipus hinter der Gasmaskenbrille, der den Vater durchaus erkennt, aber nicht erschlägt, dem die Verantwortung auch keineswegs abgenommen wird. Im Stück wie in den Geschichten hat Borchert diese Entnazifizierung nur kraft gerechten Gefühls betrieben, den Schuldberg zurückgewälzt auf die ältere Generation, die für ihn nur doppelt schuldig wird dadurch, daß sie Schuld und Verantwortung durchaus nicht tragen will. An den Unschuldigen frißt das Gewissen, die Schuldigen sind gewissenlos – so streng, doch bloß moralisch, so schwarz wie unerforschliches Schicksal liest sich die erste, diese erfolgreichste ›Bewältigung der Vergangenheit‹.«

Unteroffizier Beckmann, der heimgekehrt ist, um, wie so viele, feststellen zu müssen, daß für ihn kein Platz mehr da ist, will sich in der Elbe das Leben nehmen. Aber der Tod, ebenso wie die Elbe als allegorische Figur auftretend, ist durch den Krieg ein feister Beerdigungsunternehmer geworden; zusammen mit dem »lieben Gott«, der, weil niemand mehr an ihn glaubt, hinfällig und schwächlich geworden ist, sieht er zu, wie die Elbe den Toten wieder ans Land setzt. Jetzt sucht Beckmann (in einer Art Stationendrama) einen neuen Anfang: Er kommt zu dem Mädchen, aber das müßte für ihn einen Einbeinigen wegscheuchen. Der Oberst, dem er die Verantwortung zurückbringen will, hält ihn für verrückt. Der Varieté-Direktor, dem er die Darstellung seines Schicksals anbietet (Borcherts höhnische Klage über das einsetzende Amüsier-

Wolfgang Borchert

Theater), hält Beckmanns Schicksal für wenig erfolgsträchtig, er glaubt, daß das Publikum so etwas nicht sehen will.
Der Autor hat Beckmann eine zweite Figur zur Seite gestellt, eine Art aktiveres, entschiedeneres, entschlosseneres Alter ego. Trotzdem gelingt es Beckmann, der von seinen Ängsten nicht loskommt, nicht, sich in die Welt einzuleben, er bleibt überall »draußen vor der Tür«, zudem auch seine Eltern, kleine Mitläufer, in den Tod gegangen sind und ihr Platz von Frau Kramer, einer egoistischen, herausfordernden, ordinären Person eingenommen wird. Das Stück, ekstatisch in seiner Klage, entläßt seine Hauptfigur, die zu einem Jedermann der Kriegs- und Heimkehrer-Generation

stilisiert ist, die doch gleichzeitig lyrisch subjektiv bleibt, nicht aus dem lebensverbrauchenden Pathos des Leids und Mitleidens.

Friedrich Luft charakterisierte das Stück schon 1948, als es am Hebbel-Theater in Berlin gespielt wurde, so: »Von einer vorrückenden, gedanklich fördernden Handlung ist hier keine Rede. Ein dialogisiertes Klagelied hebt an, ein szenisches Lamento. Wer für den früh verstorbenen Wolfgang Borchert und seine offenbare Begabung ein ehrendes Gedächtnis festigen will, darf dieses klagende Szenarium nicht anrühren. Wenn es schon der Dramatik völlig entbehrt, der junge Verfasser zeigt sich darin noch unfähig, auch nur einen wirklichen Dialog zu gestalten.« Und auf die gesamte damalige Situation der Dramatik gemünzt, schrieb Luft an gleicher Stelle: »Daß Borcherts ichbesessener Versuch tiefehrlich war, daran sei keinen Augenblick Zweifel. Daß diese Form selbstbezogener Besessenheit niemandem forthilft, ist gleichfalls außer Frage. Bleiben kann dergleichen nicht. In einer klugen Besprechung von Wolfgang Staudtes Nachkriegsfilm *Die Mörder sind unter uns* wurde kürzlich von einem Londoner Kritiker bemerkt, daß ein Übermaß von Schicksal dem deutschen Künstler vorerst die klare, gedachte, geformte Aussage unmöglich zu machen scheine. Nur das moderierte Erlebnis könne damit rechnen, gültig umgesetzt zu werden. Ein künstlerisches Dilemma, unter dem wir noch lange werden zu leiden haben. Dieses Stück beweist es. Es kommt vor lauter Selbstgefühl nicht an die Handlung, vor lustbetontem Leiden nicht an die Aktion.«[16]

Das also war die Situation des deutschen Theaters, der deutschen Dramatik in den ersten Jahren nach dem Zweiten Weltkrieg; man sah von der Unmittelbarkeit des Geschehenen entweder weg oder konnte sie nur subjektiv und damit alle Form überwältigend erleiden. Parallel zu dieser Phase erster eruptiver Selbstbesinnungen und erster Verdrängungen ging das deutsche Theater daran, den jahrelangen »Nachholbedarf« an ausländischen Stücken, Stilen und Erfahrungen zu befriedigen. Vor allem die amerikanische Dramatik (und hier in erster Linie Thornton Wilder) und die französische Dramatik (Anouilh, Giraudoux und Sartre) wurden rezipiert.

Unter den Dichtern, die aus dem Expressionismus herkommend, erst verhältnismäßig spät sich wieder in die dramatische Diskussion einzuschalten suchten, ist die herausragende Gestalt der »monolithische« Einzelgänger Hans Henny Jahnn (1894 bis 1959). Er war nach 1933 in die Schweiz und nach Dänemark gegangen und erst 1950 in die Bundesrepublik zurückgekehrt. Für sein Drama *Pastor Ephraim Magnus* (uraufgeführt 1923 durch Brecht und Bronnen) hatte er 1920 von Oskar Loerke den Kleistpreis erhalten. Will man seine Dramen auf einen Nenner bringen, der sie zwangsläufig vereinfacht, dann könnte man sagen, daß sie einen Protest gegen die Einverleibung des Individuums durch die Gemeinschaft darstellen. Dabei war Jahnns Werk zeit seines Lebens zwei Vorwürfen ausgesetzt, einmal dem der Formlosigkeit, zum anderen dem der Verfallenheit an die Sexualität. Auf eine Formel gebracht hat diese Vorwürfe Joachim Kaiser: »Der Konflikt zwischen Jahnns romantischem Biologismus und seiner Formverliebtheit scheint unauflöslich.«

Jahnn, der in der dänischen Emigration das Leben eines Bauern führte (dabei mit Hormonen experimentierend), schrieb 1948 die ins Mystische drängende Bauerntragödie *Armut, Reichtum, Mensch und Tier* (uraufgeführt Hamburg 1948).

Jahnns *Thomas Chatterton*, 1956 am Deutschen Schauspielhaus in Hamburg uraufgeführt, hat das kurze Leben des »Wunderkindes« zum Gegenstand, das aus der gesellschaftlichen Bedrückung in den Selbstmord flieht. Vorher hatte Jahnn *Spur des dunklen*

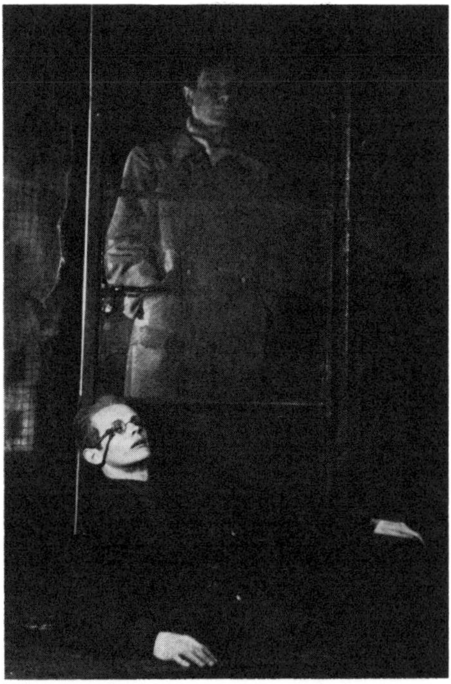

»Draußen vor der Tür«:
Die erste Buchausgabe des Stücks erschien 1947 im Rowohlt Verlag, Stuttgart/Hamburg (oben links); in der Uraufführung der Hamburger Kammerspiele (unten: Plakat zur Ankündigung der ersten Vorstellung) spielte Hans Quest (oben rechts) die Rolle des Beckmann.

Engels (1952) geschrieben, ein Drama, das erst posthum aufgeführt wurde; die das Stück beherrschende homosexuelle Problematik wird an einem biblischen Stoff, an Figuren wie David, Saul und dessen Sohn Jonathan exemplifiziert. Ebenfalls aus dem Nachlaß wurde 1961 *Der staubige Regenbogen* ans Bühnenlicht geholt, ein wüstes Stück über das Thema der Atombombe, die Tragödie eines Atomphysikers, der erfahren muß, daß seine Söhne strahlengeschädigt sind und daß eine Reaktoren-Explosion mehrere tausend Tode gefordert hat, während er in einem von Agenten überwachten »Goldenen Haus« im Land eines Diktators lebte. Das Stück endet mit dem Selbstmord des Physikers, nachdem ein junger Indio, Mitglied eines verschwörerischen Geheimbunds, den Diktator getötet hat, den der Physiker gerade töten wollte. Die Frau des Physikers erwürgt ihr neugeborenes Kind, weil es als fühlloser, strahlengeschädigter Fleischklumpen zur Welt gekommen ist. Während die Staatspolizei die jungen Verschwörer abholt, sagt einer zu der Mutter nach der Tat: »Sie tun das Falsche! Sie hoffen!« In dem Stück manifestiert sich also ein (doch sehr privater) Existentialismus der heroisierten Verzweiflung – trotz Jahnns Einzelgängerei eine Mode des Nachkriegs.

DIE FRÜHEN FÜNFZIGER JAHRE: AUSWEICHEN IN ALLEGORIE UND GLEICHNIS

Von den neuen Stücken junger Autoren, die nach der Währungsreform (1948) bis tief in die fünfziger Jahre hinein geschrieben wurden, hat sich eigentlich kaum eines dem schnellen Verbrauch und dem ebenso raschen Vergessen durch die Theater entziehen können. Es scheint, als seien die Dramatiker nicht in der Lage gewesen, anders als eklektizistisch und epigonal auf die nun nach Deutschland einströmende ausländische Dramatik zu reagieren, als hätten sich ihnen die Fragen und Themen der Gegenwart nicht so konturiert, daß sie sie anders als ephemer ins Drama hätten überführen können.

Joachim Kaiser, der 1960 eine Anthologie *Junges deutsches Theater* einzuleiten hatte, meinte damals: »Wer moderne, noch nicht vom Weltruhm verhüllte oder durch vielfache Gewohnheit stumpf gewordene Dramen vergleicht mit den großen Werken der Gattung, wie sie vom ersten Tragiker Aischylos bis zum vielleicht letzten Tragiker Gerhart Hauptmann niedergelegt wurden, dem drängen sich nur zu leicht Äußerungen der Resignation, des Ungenügens auf die Lippen. Und wenn man dann, tapfer das Faktum der Zeitgenossenschaft auf sich nehmend, nach Möglichkeiten sucht, auch die dramatische Gegenwartsliteratur zu bejahen, so steht diese Bejahung oft genug in einem verräterischen Mißverhältnis zu den Worten und Argumenten, die man zum Preis des traditionellen Schauspiels fand.« Kaiser folgert daraus: »Es ist die kulturkritische Literatur des ›nicht mehr‹.«[17]

Tatsächlich war in den theoretischen und praktischen Überlegungen jener Jahre auch für das Drama oft genug davon die Rede, was man »nicht mehr« könne, also Tragödien schreiben, Pathos riskieren, Stücke auf den Spuren klassischer Konfliktmuster konzipieren, sich den Überblick, die ordnende Weltsicht anmaßen, die doch Voraussetzung des großen historischen Stücks wie der Tragödie ist. Nicht zufällig formulierte Dürrenmatt damals in der Schweiz, daß die Tragödie Schuld, Maß, Verstrickung voraussetze, daß all das für die Wurstelei unseres Jahrhunderts nicht mehr zu haben wäre.

Aber das »nicht mehr«, das man sich bewußt gemacht hatte, entsprach, was man nicht wußte, auch einem »noch nicht«. Denn so radikal man sich gab in der Abkehr vom Klassischen, so wenig setzte man sich den radikalen Neuanfängen aus, die das Theater unseres Jahrhunderts zum Beispiel in der Revolution der Surrealisten, in den Theatererneuerungen ARTAUDS und der Dadaisten erlebt hatte. Noch fehlte der Zugang zu dem Theater WEDEKINDS und BRECHTS, zu STERNHEIM und HORVÁTH.

So beherrschend das Gefühl des »nicht mehr« gewesen sein mag (am einprägsamsten etwa in der von ADORNO geprägten Formel zusammengefaßt, daß Gedichte nach Auschwitz nicht mehr möglich seien) – es gab auch spezifischere deutsche Gründe. HENNING RISCHBIETER führt in seinem Beitrag zu dem Band *Deutsche Dramatik in West und Ost*, den er zusammen mit ERNST WENDT 1965 publizierte, neben den hochgehenden Wellen des Dramen-Angebots des Auslands dafür folgende Gründe an: »Die westdeutsche wirtschaftliche, politische, gesellschaftliche Neukonsolidierung ging mit Windeseile vor sich, wurde überwiegend als bloße Faktizität wahrgenommen, erschien nur als Oberflächenvorgang darstellbar: bot sich fürs Kabarett, nur schwer aber fürs Theater an. Der Dramatiker braucht wohl eine länger etablierte, in Formen und Konventionen ausgeprägtere, solider gegründete Gesellschaft für seine Darstellung – sei sie analytisch oder kritisch – als die hektisch und heftig aufgeschossene bundesdeutsche jener Jahre, die zudem da, wo sie Bewußtsein von sich selber hatte, sich durchaus als provisorisch empfand... Die unklare politische und gesellschaftliche Situation Westdeutschlands – auch die Soziologen hatten kein anderes Bild dieser Gesellschaft anzubieten als ein molluskenhaftes: nivellierte Mittelstandsgesellschaft, allgemein verbürgerlicht, mobil; und die Politiker hielten rhetorisch am vorläufigen Charakter des von ihnen Geschaffenen fest – legte es nahe, in die Verallgemeinerung, die Allegorie oder die Parabel zu flüchten. Dabei ist doch die Allegorie gerade da als Darstellungsmittel nicht tauglich, wo vage, unklare, in Veränderung begriffene Verhältnisse herrschen.«[18]

Vielleicht am bezeichnendsten für diese Situation ist der Erfolg, den STEFAN ANDRES (1906–1970) mit der Dramatisierung seiner Novelle *Wir sind Utopia* (1942) zu der »Tragödie in fünf Akten« *Gottes Utopia* (Uraufführung: Düsseldorf, 16. 9. 1950) hatte. Das Stück spielt in einem Karmeliterkloster zur Zeit des Spanischen Bürgerkriegs und sucht eine gleichnishafte Überhöhung des Themas der Selbstüberwindung: Der ehemalige Mönch Paco gerät mit einer Gruppe Gefangener in die Hände des Leutnants Pedro, der von Erinnerungen an eine Bluttat gequält wird, wenngleich er das Verbrechen in militärischer Pflichterfüllung beging. Er vertraut Paco, dem ehemaligen Mönch, seinem Gefangenen, so sehr, daß dieser durch die Ermordung des Leutnants sich und die Gefangenen retten könnte. Aber Paco verzichtet auf diese Möglichkeit, stirbt statt dessen als Märtyrer, Gottes Utopia im Dulden schon auf der Erde verwirklichend: »Gott liebt die Welt, weil sie unvollkommen ist. Wir sind Gottes Utopia, aber eines im Werden.«

Andres schrieb also ein Drama, das den Spanischen Bürgerkrieg zu nichts anderem benutzt, als daß sich vor dieser Folie ein christliches Gewissen allegorisch und stellvertretend läutert. Ein geschichtsloser christlicher Existentialismus regt Assoziationen zur Zeitgeschichte nur an – der Spanische Bürgerkrieg als Parallele zu Erfahrungen der Deutschen im Krieg wird durch den Konflikt Befehl und Gewissen assoziiert – um sie mit allgemeiner Unverbindlichkeit gleich wieder beiseite zu schieben. Der scheinbare Griff in die Zeitgeschichte dient nur dazu, den Abdruck des Ewig-

Gültigen, Gleichbleibenden festzuhalten. Die Konkretisierung ist also in Wahrheit eine stärker verflüchtigende Abstraktion.
Vorher schon hatte Andres die Dramen *Schwarze Strahlen* (1938), *Ein Herz, wie man's braucht* (1946) und *Tanz durchs Labyrinth* (1948) geschrieben: diese in Blankversen verfaßte »dramatische Dichtung« ist schon in der Handlung als »zeit- und ortlos« gekennzeichnet, spielt also an jenem Ort, wo sich alles mögliche ereignen kann – nur kein Drama. Symbolisch wird in verschiedenen historischen Stationen (von der Antike bis zum Konzentrationslager) stets die Gewalt gestürzt, worauf Unschuldige zum Opfer fallen. Man mag anmerken, daß auch eine solche durchaus ernst und tief gemeinte Darstellung politischer Unrechtstaten als Wiederkehr des Gleichen in der Wirkung den Exkulpations- und Weißwäscherbemühungen nahekommt, die die Literatur damals auch zu veranstalten begann.
Neben einigen Komödien folgte 1958 das Stück *Sperrzonen*, in dem Andres es unternahm, gerade diese (auch literarische) Verdrängung der Vergangenheit in einer Tragödie auf die Bühne zu bringen. »So lange Zeit nach dem Krieg soll man die Vergangenheit doch endlich vergangen sein lassen.« Der Oberstudienrat Kaiser, ein ehrenwerter Mann, der als geachteter Bürger und geliebter Lehrer in seiner Stadt lebt, hat es seinen Schülern untersagt, die Grabanlage zu besuchen, in der mehr als tausend exekutierte KZ-Insassen begraben sind. Nun wird aufgedeckt, daß Kaiser während der Nazijahre die Chance hatte, diesen Massenmord zu verhindern. Er hätte nur seine Frau, die Ärztin war, dazu überreden müssen, den Lagerkommandanten durch eine tödliche Injektion zu beseitigen. Er kann diesen Weg nicht gehen, obwohl er alles andere als ein Nazi ist. Der Schluß, arg konstruiert und auf zwanghafte Weise tragödienhaft: die KZ-Aufseherin taucht wieder, als eine Art Erinnye, auf, Kaiser erkennt, daß sie menschlicher handelte, als er, der makellose Bürger, als sie ihn aufforderte, den Kommandanten zu beseitigen. Sie erschießt den Oberstudiendirektor (danach auch sich): »Nur so werden Gräber geschlossen.« »Nur so?« – mit dieser letzten Frage endet das Stück – und es ist nicht wenig bezeichnend für die restaurative Situation des Jahres 1958, daß nahezu alle Kritiken dem Autor und dem Theater (Oldenburg) »Mut« bescheinigten, ein solches Thema aufzugreifen.
Was man zugunsten dieses Stücks sagen kann und muß: als erstes Drama zeigte es deutlich, wie die Vergangenheit die Bürger nur bei ihrem hemmungslosen Wiederaufstieg »störte«, aber nicht »verstörte«. Denn neben dem analytisch aufgerollten Drama vom Lehrer und seiner Schuld, das den angestrengten Versuch darstellt, das Thema in ein vorhandenes dramatisches Korsett von tragischer Schuld und tragischer Sühne zu zwängen, zeichnet Andres mit ätzender Schärfe die gegenwärtige Situation: Wie Bad Heiligenborn die unangenehmen Gräber loswerden will – sie sollen, zunächst zur »Sperrzone« erklärt, verlegt werden. Dieses Thema taucht später in ähnlicher Form, satirisch und gesellschaftlich zugespitzt, in Martin Walsers *Eiche und Angora* wieder auf.
Während Stefan Andres seinen Stoffen eigentlich immer eine gleichnishafte Überhöhung abnötigen wollte, hat Karl Wittlinger (* 1922) sozusagen das andere mögliche Extrem des gleichnishaften, allegorischen Theaters gewählt: das der boulevardhaften Aufbereitung, wobei das gleichnishafte Kostüm nur über die Banalität der Stoffe und Fragestellungen hinwegtäuschen sollte.
Auch dieser Vorgang bezeichnet einen Trend des deutschen Nachkriegstheaters, der schon früh einsetzte, denkt man an Axel von Ambessers (* 1910) Stück *Das Abgrün-*

dige in Herrn Gerstenberg (1946), wo im Verlauf einer im Grunde äußerst läppischen Boulevard-Handlung ein Spielleiter als Conferencier illusionsbrechend in die Szenen eingreift. So sicherte Ambesser dem Stück durch Übernahme eines wirkungsvollen dramaturgischen Tricks die damals höheren Theaterweihen von THORNTON WILDERS *Unsere kleine Stadt* (deutsche Erstaufführung: Zürich, 9. 3. 1939) und erweckte den Schein, der Autor stehe gottvatergleich distanziert über dem banalen Stoff. *Herrn Gerstenberg* wurden außerdem Verkörperungen des Guten und des Bösen beigegeben.
Wittlingers großes Erfolgsstück von 1956, *Kennen Sie die Milchstraße?*, plündert ebenfalls antiillusionstische Mittel, und es plündert BORCHERTS *Draußen vor der Tür* auf Kosten eines augenzwinkernden Schwanks. Außerdem mixt Wittlinger das Ganze noch mit dem damals gängigen Genre des Irren-Witzes. WALTHER MARIA GUGGENHEIMER hat den Autor anläßlich der Uraufführung der *Kinder des Schattens* (Mannheim 1957) treffend und unübertrefflich so charakterisiert: »Er hat mindestens zwei Literaturpreise und klimpert behende auf den Klaviaturen sämtlicher modischer Theater-Instrumente. Seine Sprache mixt den Slang der Zeit und den Schwulst schmieriger Bedeutsamkeit.«[19]
Kennen Sie die Milchstraße?, eine Zwei-Personen-Komödie (Uraufführung: Köln 1956), war einer der erfolgreichsten Bühnenrenner der fünfziger Jahre. Zunächst gibt es da den Rahmen des Spiels um das Spiel: Ein Patient, von dem offenbleibt, ob er total verrückt oder kerngesund ist (nach dem Motto: Nur Verrückte sind normal), zwingt den Stationsarzt, mit ihm einen Sketch aufzuführen, dessen Inhalt die absurden Stationen seines grotesken Schicksals sein sollen. Er ist Heimkehrer mit falschen Papieren, war im Krieg zur Fremdenlegion übergelaufen, hatte sich die Papiere eines toten Legionärs angeeignet, nicht wissend, daß er dadurch in die Person eines Schwerverbrechers schlüpfte. Er kommt nun in die Heimatstadt, wo er für tot erklärt ist; macht sich mit dem falschen Paß davon und wird verhaftet. Da er sich an nichts erinnern kann, wird er reif für die Irrenanstalt. Als der von allen Gejagte als Todesfahrer auf dem Rummelplatz Unterkunft findet, schnappt er über, will nun, ein Heimkehrer ohne Heimkehr, seine Heimat auf der Milchstraße suchen. Am Schluß des Sketchs besorgt ihm der Irrenarzt, der immer sein feindliches Gegenüber spielte, echte Papiere, erbittet Urlaub und will mit dem Helden ebenfalls zur Milchstraße reisen, die in Wahrheit die Tätigkeit als Lastwagenfahrer mit Milchkannen ist. ALBERT SCHULZE-VELLINGHAUSEN, der das Stück durchaus nicht ohne Wohlwollen rezensierte, meinte: »Das Thema ›Verlust der Person‹ ist für die Tonart zu hoch gegriffen. Oder umgekehrt: die Tonart ist zu alltäglich normal und für solches Thema nicht ›in sich‹ absurd genug.«
In *Zwei rechts, zwei links* (1960) wandelt Wittlinger auf ANOUILHS Spuren: Zwei alte Eheleute (beide sind ehemalige Schauspieler) spielen sich nicht nur das eigene Leben vor, sondern sie lassen es auch von zwei jungen Leuten »nachspielen«: den beiden Jungen wird das Zimmer nacheinander vermietet, sie streiten sich um den Besitz, kriegen sich dann – genauso geschah es vor fünfzig Jahren bei den Alten. Trivialstes (es finden sich zwei) wird also mit dem Anouilh-Einfall »Spiel als Wiederholung« aufgemöbelt. – *Zum Frühstück zwei Männer* (1963) ist pures Salongeplauder von einer Mannequin-Ausbilderin, die den Drang zum Theater hat und mit zwei Verehrern, einem reichen älteren Beau und einem schüchternen amerikanischen Chemiker, zurande und doch wieder nicht zurande kommt.
Wichtiger ist Wittlingers Stück *Seelenwanderung* (1962), das ein preisgekröntes Fernsehspiel wurde. Das Spiel erinnert mit Erfolg an den altbewährten Trost, den Leute

Links: Szene aus dem Fernsehspiel »Seelenwanderung« (1962) mit den beiden Darstellern Hanns Lothar (Axel) und Wolfgang Reichmann (Bum); rechts: Autor Karl Wittlinger.

parat haben, wenn es ihnen nicht so recht gelingen will, erfolgreich zu sein: Sie sind, so sagt man in solchen Fällen, zu gut für diese Welt. Auch Wittlingers Held Bum, einer der Ärmsten der Armen, sinniert in ähnlicher Richtung. Er erklärt sein Elend mit der blütenweißen Reinheit seiner Seele. Darauf schlägt ihm sein Freund Axel vor, die Erfolgshemmende doch einfach wegzuwünschen, sie wird in den Karton gehext und auf die Pfandleihe getragen. Und schon klappt es: der seelenlose Bum ist auf dem Weg zum Erfolg. Wittlinger verspielt diesen hübschen Grundeinfall, indem er in alle Schablonen tappt, die sich in Fernsehen und Theater zum Thema »Wirtschaftswunderbewältigung« angesammelt hatten. Bum ist der seelenlose Wirtschaftskapitän im Wettlauf mit dem Managertod, er frühstückt gut und reichlich und wirft auch noch ein lüsternes Auge aufs Stubenmädchen. Am Ende kommt es, wie es kommen muß: dem armen Reichen fehlt die Seele beim Sterben, sein Freund Axel, arg nach dem Schema »Herz mit Schnauze und dreckigem Kragen« geformt, hilft ihm, und Bum darf auf den Himmel hoffen. Das Stück ist sozusagen das *Jedermann*-Drama des deutschen Wirtschaftswunders, verfertigt mit den Mitteln des Volksschwanks. Für die Bühnenversion hat Wittlinger einen Conferencier hinzuerfunden, der die blasse Geschichte (ähnlich wie auch die Songs) in Brecht-Nähe zu rücken versucht.
1965 folgte dann *Corinne und der Seebär*: Ein kleiner Postangestellter rettet eine Selbstmörderin und spinnt ihr das Seemannsgarn vor, er sei Weltumsegler; so verschafft er ihr in einem festliegenden Schiff eine tröstende Weltreise. Reimar Hollmann schrieb über das Stück: Wittlinger »reiht Sentenzen und Aphorismen aneinander, die Tiefsinn zu Triefsinn gerinnen lassen, und bedient sich, indem er das Publikum direkt anspricht, bewährter Theatertricks, wie sie von Aristophanes über Tieck bis zu Thornton Wilder immer wieder variiert worden sind. Vor allem Wilder, freilich zur Farce denaturiert, scheint durch, wenn die beiden jungen Leute alle Generationen bis zu Tod und Grab durchspielen.« *Tante mit Schuß* (1968) kennzeichnete Friedrich Luft mit der Rezen-

sions-Überschrift *Schwarzer Humor als Rohrkrepierer*: Es geht da um Alten-Tanten-Humor à la *Ladykillers* aus dritter Hand. Auch die Szenenfolge *Warum ist es am Rhein so schön* (1970) war nicht mehr erfolgreich. Das bisher letzte Stück ist der *Nachruf auf Egon Müller* (1970), eine weitere *Jedermann*-Variation, im Jenseits und in Rückblenden spielend, wobei das Stück »zwischen Jüngstem Gericht, Psychiatercouch und Boulevard angesiedelt ist« (Clara Menck) und nicht ohne Ressentiment die Vergangenheitsbewältigung anwitzelt.

Insgesamt kann man sagen, daß Wittlinger seine Stoffe einer kabarettistischen Verflachung der Wirklichkeit auf ihre unverbindlichsten allgemeinen Nenner abgewinnt, wobei er die banale Sentimentalität seiner Fabeln dadurch tarnt, daß er sie zu Gleichnissen und Parabeln aufzublähen sucht. Moderne Mittel, modisch verschnitten, versuchen den billigen Zweck zu heiligen.

RICHARD HEY (* 1926) versuchte, wie sein Stück *Thymian und Drachentod* zeigt, sein Thema, das ohne weiteres der Zeit entnommen ist, dadurch zu »überhöhen«, es zeitloser, gültiger, allgemeiner anwendbar zu machen, daß er es zur Allegorie steigerte, in ein parabolisches Niemandsland verlegte. Hey hatte 1954 mit einer satirischen Farce begonnen, die den Titel *Revolutionäre* trug.

Thymian und Drachentod (1955) ist zweifelsohne durch den Ost-West-Konflikt, genauer: durch die Spaltung Deutschlands angeregt. Ebenso zweifelsfrei ist, daß in dem Stück die damals wirksamen Muster WEISENBORNS (die »ortlose Dramaturgie«) und DÜRRENMATTS (Heys König kann seine Verwandtschaft zu Dürrenmatts *Romulus* nicht verleugnen) durchschlagen. Außerdem folgt es der Tendenz, an die Stelle einzelner Charaktere repräsentative Typen zu setzen: »den König«, »den Premier«, »den Agenten«.

Das Land, in dem Heys Stück spielt, läßt sich unschwer als die Bundesrepublik ausmachen, obwohl es sich um eine Monarchie mit einem schwachen weisen König handelt. In dieses Land kommt ein Flüchtling von jenseits der Grenze (also aus der DDR), Jussam mit Namen, der aus dieser Diktatur fliehen mußte, weil er dort für die Freiheit seiner Freunde gekämpft, einige von ihnen aus dem Gefängnis geholt hatte. In der schwachen Monarchie findet er zwar Asyl, aber man verlangt von ihm, daß er seine Erfahrungen im Kampf gegen das diktatorische Regime in den Dienst seiner neuen Heimat stelle. Jussam lehnt ab, denn er erkennt sehr wohl, daß hier, in seinem Gastland, sich hinter den Kulissen einer Wohlstandsgesellschaft die gleichen Entwicklungen und Tendenzen anbahnen, derentwillen er das andere Land bekämpft hatte und verlassen mußte. Zudem hat die Monarchie dem gegnerischen Regime nicht viel entgegenzusetzen – es gibt, neben der Resignation des Königs und der Bigotterie des Premiers nur eine mechanisch-sterile Anti-Haltung (in der man unschwer eine Anspielung auf den bloß reagierenden Antikommunismus in den ersten Jahren der Bundesrepublik sehen kann) gegen das Regime. Jussam ist also heimatlos, der Geflohene findet in seinem Asyl keine sinnvolle Bleibe. Zwar stirbt er, auf einer aussichtslosen Flucht, durch die Agenten des Regimes, aber er zerbricht eigentlich an der Hohlheit und Ideenlosigkeit des Gastlands.

WILHELM GRASSHOFF bemerkte nach der Uraufführung in der *Frankfurter Allgemeinen Zeitung*: »Richard Hey, Auge in Auge mit den Gefahren der Zeit lebend, sieht Ost und West als die beiden Flügel einer Greifzange, die unserer ohnehin schon stark lädierten Freiheit vollends den Garaus zu machen droht.« Man begriff also sehr wohl die gemeinte Aktualität des Stücks, das in allegorischer Form eine damals verbreitete

Furcht artikulieren wollte; daß der Antikommunismus als Abwehrhaltung gegen den Kommunismus die von ihm beherrschten Bürger genau um die Freiheit zu bringen drohe, für deren Verteidigung er doch angeblich aufgeboten werde. Aber dieVerlegung der Handlung in ein Niemandsland, die Sucht, Figuren zu erfinden, die umgreifend angelegt waren und für diesen wie für alle ähnlichen Konflikte glaubenswürdig hätten

Richard Hey

wirken können – diese überhöhenden Anstrengungen haben die politische Deutlichkeit nicht verstärkt, sondern ausgelaugt: »Heys Allegorie wirkt nicht als Steigerung ins Allgemeingültige, sondern als unbegründete Übertreibung ins nicht mehr Zutreffende. Die Eleganz, der knappe Witz mancher Formulierung bewirkt einen Scheinsieg, der den Leser hinterher reut. Wenn schon der Abstand zur politischen Realität recht groß ist, so hätte doch wenigstens eine reichere, dialektisch bewegte Gedanklichkeit dem Stück notgetan. Die radikale Hoffnungslosigkeit des Werks wird durch seine Dünnigkeit gemindert. Nun ist Hey auch kein Tragiker, er teilt sicher in der Theorie die Dürrenmattschen Auffassungen, daß unserer Zeit nur noch die Tragikomödie beikomme, nur wird er den Forderungen, die gerade diese explosive Mischform stellt, nicht wirklich gerecht« (Henning Rischbieter).[20]

1956 legte Hey die Komödie *Lysiane* vor, die erst 1963 in Kassel uraufgeführt wurde – scheinbar ein Stück, das, trotz der zeitlichen Nähe zu *Thymian und Drachentod*, einen völlig anderen Autor zeigt, einen Autor, der ein heiter kritisches, eher distanziertes modernes Märchen beabsichtigt. Die Erklärung hat Hey selbst gegeben: »Lysiane wurde im Sommer 1955 in Berlin geschrieben, nach einem Schauspiel, in dem ich heiße Eisen angefaßt hatte, und vor einem Hörspiel, in dem ich brennende Probleme behandelt. Eine ›Etude classique‹ zur Kühlung der Fingerspitzen.«

Zum Thema scheint Hey durch Oscar Wildes *Gespenst von Canterville* inspiriert worden zu sein, das, britisch bis in seine verblichenen Knochen, an der Geschäftstüchtigkeit und an dem praktischen Sinn einer amerikanischen Familie zugrunde geht. Hey dreht diesen Stoff um: Sein Schloßgespenst dient dazu, einem schüchternen Mann zu seiner Liebe zu verhelfen und ihm sein Schloß zu bewahren: Lysiane, die gütige Ahnfrau.

Der Einfluß GIRAUDOUX' und ANOUILHS (des Anouilhs der »rosa Stücke«) ist unübersehbar. Eine baufällige und versponnene Romantik vergangener Zeiten wird der schnöden Geschäftstüchtigkeit des Wirtschaftswunderlandes als Kontrast entgegengesetzt. Wenn ein dümmlicher Neureicher auftritt, der das alte Schloß samt Gespenst kaufen will, um es niederwalzen zu lassen, weil er eine Rennpiste für Motorräder bauen möchte, und wenn dieser Geschäftsmann im Verlauf der Handlung mittels Geist besiegt und bekehrt wird – dann ist das Vorbild, nämlich *Die Irre von Chaillot*, nicht allzu weit entfernt. Wie gesagt: das Gespenst schafft nicht nur das, sondern erlöst auch den letzten gräflichen Erben aus seiner Lebensunfähigkeit und seinem Daseinsüberdruß, so daß er eine ihn gefühlvoll liebende Redakteurin heiratet. Die Kino-Sentimentalität dieser Liebesgeschichte wird nur unwesentlich dadurch abgemildert, daß die beiden Liebenden sich nur merkwürdig metaphorisch gehemmt verständigen; er nennt sie seine »Räbin«, sie bezichtigt ihn der »Falschmünzerei« des Gefühls, will »echtes Geld«, sprich: echte Liebe. Eigentlich nicht verwunderlich, daß dieses Stück jahrelang in den Dramaturgien der Theater ungespielt schimmelte und nach der Kasseler Uraufführung auch rasch wieder in Vergessenheit geriet.
Dem *Fisch mit dem goldenen Dolch* (1957), der zu Anfang des Jahres 1958 in Stuttgart uraufgeführt wurde, war kein großer Bühnenerfolg beschieden. CLARA MENCK meinte, daß Hey mit seinem neuen Stück nur sein altes Thema serviere, nämlich den vom goldenen Westen angeekelten Wanderer zwischen beiden Welten, diesmal als »Hors d'œuvre aus ältesten Kabarettsketchs und schlecht verdautem Surrealismus«, und beschrieb die Handlung so: »Sein Ost-West-Flüchtling ... heißt diesmal Sergei Rival und langt auf einem symbolischen Schloß an, das von drei symbolischen Landvermessern abgesteckt wird. (Sie heißen nicht K.: das Kafkasche ist Rival vorbehalten.) Soll das Schloß, in dem eine alte Baronin, Enkelin der ›Irren von Chaillot‹ haust, als Kaserne oder Freilufttheater vermessen werden? Das hätte 1950 für eine Nummer im ›Kom(m)ödchen‹ gereicht. Zwei Politiker bekommen sich in die Haare und wechseln endlich die Partei: das langt gerade noch zur Büttenrede. Polizisten stiefeln martialisch: sie konnten es schon bei Gerhart Hauptmann besser. Nichts mehr von aktueller Satire ...; die Typen sind abgebraucht oder wie der sadistische Agent, der Wasser auf zwei Schultern trägt, falsch gesehen.«
Wirkt das Stück also einmal wie ein verbrauchter Zweitaufguß von *Thymian und Drachentod*, wobei Hey mit seinen Anleihen sogar die eigene, damals noch unbekannte *Lysiane*, wiederum beleiht, so ist der Schluß von Giraudouxschem Optimismus getragen, nicht mehr hoffnungs- und ausweglos: Mit einer Intrige zum Guten wird der Held, den die bösen Behörden nach dem Osten abschieben wollten, gerettet: Menschlichkeit siegt über Paragraphen.
Die Verkleidungs- und Verwechslungskomödie *Margaret oder Das wahre Leben* (1958), ebenfalls in Stuttgart uraufgeführt, ist ein kleiner unerheblicher Einakter. Auf *Jeden Abend Kammermusik* (1959) folgte das 1961 in Hamburg uraufgeführte Stück *Weh dem, der nicht lügt*, die Geschichte eines spinnigen, wahrheitsliebenden Don Quixote, der bei Hey ganz unzeitgemäß Hans Hilarius Edler von Kapoffum heißt und (siehe: *Lysiane*, siehe: *Der Fisch mit dem goldenen Dolch*) sein kleines Häuschen gegen die andrängenden Hochhäuser einer modernen Hochhaus-Gesellschaft verteidigt. Dieser aufrechte und anachronistische Windmühlenkämpfer gerät in die Fänge einer Film-Firma, die seinen Fall, seinen Kampf als Zelluloid-Lüge benutzen möchte. *Ein permanenter Dämmerschoppen* (1969), in Karlsruhe gespielt, heißt im Untertitel *Gerede*,

Szenen, Songs für subventioniertes Theater in zwei Akten. Es macht sich kabarettistisch über die Diskussionsschwätzer unter den studentischen Revolutionären lustig – eher ein hämisch verunglückter Ulk als ein Theaterstück.
1972 wurde in Ulm (nachdem die Proben im Berliner Schiller-Theater abgebrochen worden waren) die *Candide*-Bearbeitung Heys gespielt. *Kandid* führt den Voltaire-Nachweis, daß wir nicht in der besten aller möglichen Welten leben. Die Kritik reagierte zum ersten Mal wieder positiver: »Kandid ist dennoch, wie bisher kaum ein anderes Stück des Autors, aus einem Guß«, meinte die *Neue Zürcher Zeitung*.
Zu KAFKA und SARTRE (*Huis clos*), die beide stark auf die Allegorie- und Gleichnis-Bedürfnisse der damaligen deutschen Dramatik einwirkten, kam bei HERMANN MOERS (*1930) noch BECKETT, wie das 1958 in Bochum gespielte Stück *Zur Zeit der Distelblüte* belegt. Fünf Gefangene sind auf der Bühne, umgeben von Mauern, bewacht von einem Gefängnisaufseher: »Ringsum Gefängnishof, sonst nichts. Irgendwann eine Distelblüte. KZ unseres Lebens, ›geworfene Kreaturen‹ – das entschlüsselt sich nach den ersten paar Worten und ist sogleich kein Geheimnis mehr. Sondern läuft ab als Klischee; Mysterienspiel wie für die Laienbühne« (Albert Schulze-Vellinghausen).[21] HEINZ BECKMANN ordnete das Stück, das damals von nicht wenigen Bühnen nachgespielt wurde, in die zur Abstraktion und unverbindlichen Allegorik neigende Zeitstimmung ein: »Es gehört zu den abstrakten Lageberichten über die Existenz des Menschen im Allgemeinen, ausdrücklich also nicht im Besonderen. Zwar hat Moers eine verschiedene Schattierung der fünf Sträflinge versucht, aber Personen wollte er nicht aus ihnen machen. Sie haben statt Namen nur Nummern... Das mimische Signal, das Hermann Moers von der Bühne winkt, ist als das abstrakte Zeichen von der Ausweglosigkeit der menschlichen Existenz ziemlich abgenutzt.« Moers schrieb 1961 noch die beiden Stücke *Im Haus der Riesen* und die Komödie *Beginn der Badesaison*, ohne an seinen Erfolg von *Zeit der Distelblüte* anknüpfen zu können.
Nicht ganz und gar zufällig erinnert der Titel *Zeit der Distelblüte* (wobei die Distelblüte, die einer der Gefangenen gießt, zu einem absurden Symbol für Hoffnung und Leben wird) an den Titel des erfolgreichsten Stücks aus dem Genre der Symbol- und Allegoriespiele von der eingekerkerten Existenz: an SIEGFRIED LENZ (*1926) und die *Zeit der Schuldlosen*. Das Stück, am 19. 9. 1961 in Hamburg uraufgeführt, ist – auch das will nicht untypisch erscheinen – die Bearbeitung eines erfolgreichen Hörspiels (*Zeit der Schuldlosen – Zeit der Schuldigen*, 1961). Die »Abstraktion«, die Sucht, das Thema frei von Zufällen, »an sich« zu gestalten, hat sicher auch ihren Ursprung in der damaligen Vorherrschaft der Hörspielgattung.
Obwohl das Stück ein sehr großer Erfolg war, von vielen Bühnen sogleich angenommen und nachgespielt wurde, blieben die Hörspiel-Bedenken von Anfang an bestehen; etwa schrieb CHRISTIAN FERBER: »Freilich wird auf der Bühne deutlicher als im Hörspiel, das dieser Arbeit zugrunde liegt, daß die Figuren nicht alle die gleiche mimische Wirklichkeit haben. Eigentlich sind sie alle Träger eines Typus. Sie haben auch keinen Namen, aber manche, wie der Lastwagenfahrer, sind dem Autor nur allzu menschlich geglückt. Das ergibt eine Mischung, die der Verwirklichung auf dem Theater nicht durchweg dienlich ist.« Ferber führte auch die Gründe für den (damaligen) Erfolg an: »Das Theater als moralische Anstalt zeitgenössischer Selbstbesinnung: das macht den Wert dieses Schauspiels aus.«
Merkwürdigerweise ist als Anregung für die erfolgreiche Form der *Zeit der Schuldlosen* auch ein damals dem Film abgewonnenes Diskussions- und ethisches Reißer-

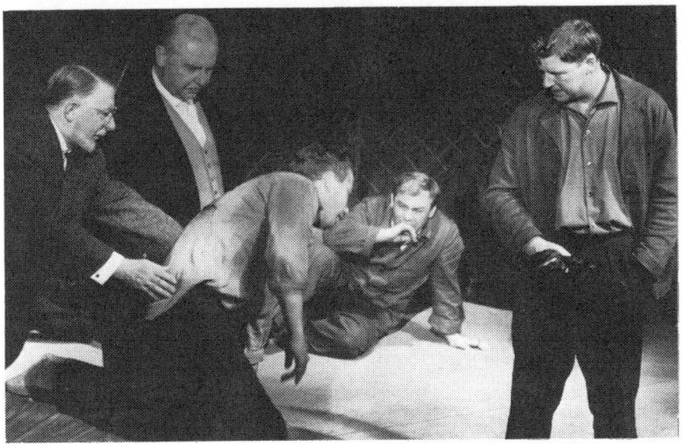

Oben: Szenenbild aus der Hamburger Uraufführung der politischen Allegorie »Das Gesicht« von Siegfried Lenz (Regie: Egon Monk, im Bild unten rechts mit dem Autor bei einer Probe); Bühnenbild: Ekkehard Grübler.
Unten: Auch »Zeit der Schuldlosen«, das ungemein erfolgreiche moralische Parabelstück von Lenz, wurde am Schauspielhaus Hamburg uraufgeführt; Regie führte Peter Gorski, auf dem Szenenfoto v. links: Eduard Marks, Fritz Wagner, Heinz Reincke, Bruno Dallansky, Max Eckard.

stück anzusehen, nämlich *Die zwölf Geschworenen* von Reginald Rose und Horst Budjuhn, das auf vielen Bühnen zu sehen war. Jedenfalls ergibt sich aus der (bühnen) wirksamen Klausur auch der »Einstieg« von Lenz: Ein gescheiterter Attentäter wird, nachdem er gefoltert worden ist, ohne gestanden zu haben, vom Gouverneur zu neun ehrenwerten Bürgern eingeschlossen, er wird also neun »Schuldlosen« ausgeliefert. Die Frage ist, ob sie ihn zum »Singen« bringen, also ein Geständnis herbeiführen können, denn nur dann dürfen sie das Gefängnis verlassen (so wie die zwölf Geschworenen erst den Raum verlassen dürfen, wenn sie ihr einstimmiges Urteil »Schuldig« oder »Nicht schuldig« gefunden haben). Das ist also eine neue perfide Art der Folterung: Der Gefangene wird den Egoismen seiner unschuldigen Mitmenschen ausgesetzt; sein Schweigen schadet Unschuldigen. Die Rechnung des Gouverneurs stimmt auf fürch-

terliche Weise. Seine »neue Methode des Tötens«, eben durch die Schuldlosen, erweist sich als entsetzlich praktikabel. Über den Körper des Erwürgten erreichen die anderen wieder ihre Freiheit.
Im zweiten Teil des Stücks haben Freunde des Ermordeten die Macht im Staat übernommen, die »Schuldlosen« werden nun zum Richter in eigener Sache bestellt, sie sollen aufklären, wer damals, im Dunkel und in der Verwirrung des Kerkers, der Mörder war. Doch in Wahrheit geht es Lenz nicht um eine Aufklärung, nicht um die simple Frage, wer der Mörder gewesen sei. Statt dessen ergeben die Verhöre jedes einzelnen, daß jeder dieser Tat fähig gewesen wäre, daß also jeder der »Schuldlosen« in Wahrheit ein »Schuldiger«, ein Beteiligter war. Obwohl also Lenz das Thema der Mitwirkung jedes einzelnen in der Diktatur abstrahiert, macht seine Parabel zumindest eines deutlich: daß ein rechtloses System die Trennung in Schuldige und Unschuldige nicht mehr duldet, daß alle zu Mittätern, zu Mitläufern werden.
Die überraschende dramaturgische Lösung des Konflikts (»Heute kann man nur unschuldig sein, wenn man eine gewisse Schuld auf sich nimmt«) befreit die Gefangenen zwar aus der Klausur, in der sie zum Selbstgericht eingeschlossen waren. Aber es gilt der Satz: »Die Schuld wird unter uns bleiben.« Das Stück endet offen, mit der Aufforderung an die Eingeschlossenen ins Freie zu gehen, die auch eine Aufforderung an die Zuschauer ist: »Warum zögern Sie? Die Welt steht Ihnen offen!«
Vorher wird in den Verhören durchgespielt, wie die Suche nach dem Täter vor sich geht. Der Bauer, der Naivste unter den Eingeschlossenen, bietet sich als ideales Opfer an. Und der Konsul, ein scheinbar zynischer Außenseiter unter den Gefangenen, erschießt sich, so alle Schuld auf sich nehmend.
Henning Rischbieter, der als Muster dieses politisch-philosophisch debattierenden Zeitstücks *Die Gerechten* von Camus und *Tote ohne Begräbnis* von Sartre anführt, meint zur Analyse der *Zeit der Schuldlosen*: »Aber Lenzens Stück bleibt hinter den Mustern zurück. Warum? Seine Figuren sind von verwaschener Durchschnittlichkeit. Sie bringen eine Berufsbezeichnung, aber kein Schicksal, keine Individualität mit auf die Bühne. Was fürs Hörspiel ausreicht, langt nicht fürs Theater. Hotelier, Bankmann, Ingenieur kann man nicht auseinanderhalten, der Lastwagenfahrer ist nicht viel mehr als ein übler Schläger, der tumbe Bauer eine fatale Märchenfigur. Der Konsul gar steht ganz außerhalb des Stücks, ohne überzeugende geistige Legitimation entläßt er eine billige Spruchweisheit nach der anderen. Und die Gedanklichkeit des Stücks ist unscharf. Der zweite Teil hat die Tendenz, die Schuldfrage vom – sowieso schon recht allgemein gezeichneten – politisch-gesellschaftlichen Bereich in den metaphysischen hinüberzuspielen. Dostojewskihaftes scheint gewollt, die höhere Identität von Richter und Angeklagten wird angedeutet. Was soll dem gegenüber die kriminalistische Aufdeckung, daß fast jeder der Anwesenden persönliche Vorteile zog aus dem eben gestürzten Regime? Und wie unbestimmt und blaß bleibt der jetzt als Untersuchungsrichter amtierende Student. Es fehlt dem Stück an Genauigkeit, an Schärfe, an dialektischer Brillanz.«[22]
Dagegen Klaus Wagner nach der Uraufführung: »Lenz' erstes Bühnenstück, Manifest gegen eine Umwelt der Gleichgültigen, verrät die tiefe Bitterkeit, die alles umfassende Skepsis seiner Generation, die von der Frage nach der Schuld nie mehr loskommen wird. ›Unsere Leiden sind das einzige, was sich nicht in Frage stellen läßt.‹ «
Allegorisch auf die Extremsituationen in Diktaturen zielten auch die beiden weiteren

Stücke von Lenz: *Das Gesicht* (1964) und *Die Augenbinde* (1970). Daß beide Stücke nicht mehr die volle Aufmerksamkeit ihrer Zeit fanden, daß sie also Mißerfolge wurden, mag auch daran liegen, daß sich der Trend der zeitgenössischen Dramatik in der Zwischenzeit von diesem Genre entfernt hatte, während Lenz nach wie vor daran festhielt.

Für *Das Gesicht* (Uraufführung: Hamburg, 18. 9. 1964) gibt es zwei thematische Anregungen. Einmal CHAPLINS unvergleichliche Filmgroteske *Der große Diktator*, wo ja Hinkel, alias Hitler in einem jüdischen Friseur einen Doppelgänger findet, der sein Führer-Amt übernimmt. Und zum anderen jene damals beliebten Geschichten über die Doubles von Stalin, die in zahlreichen Witzen, Anekdoten, Filmen lebten. Der Held von Lenz' Stück ist – so sehr nimmt das Stück das Chaplin-Vorbild als Grundidee – ebenfalls Friseur. In einer nicht näher gekennzeichneten Diktatur gibt es also unter Widerständlern den Friseur Bruno Deutz, der dem Machthaber bis aufs Haar gleicht. Dieser Diktator hat Angst vor einem Attentat und läßt deshalb den Friseur in seiner Uniform die Parade abnehmen. Nun schleicht sich bei Lenz ein neues Thema ein: Der Friseur, sich als Diktator im Spiegel betrachtend, findet Spaß an seiner Rolle; ein Spiel der angemaßten Identität, der Frage nach Rolle und Person, beginnt. Das Stück zeigt in der Figur des ehemaligen Widerständlers die Versuchungen der Macht, die Anfälligkeit für den Rausch von Uniform, Willkür und Selbstüberhebung. Zum Schluß allerdings wird der Friseur vom echten Präsidenten wieder aus der Rolle geschubst, ein »Schuster-bleib-bei-deinem-Leisten«-Ende.

Also geht es Lenz dabei weniger um eine Analyse einer Diktatur, mehr darum, zu zeigen, daß jeder für jede Rolle präpariert werden kann, daß Funktion und Versuchung den Charakter prägen. Die Urteile über das Stück fielen eher negativ aus: »Der Störeffekt unmotivierter Zutaten wird verstärkt durch die schachbrettartige Ordnung, die Durchkonstruktion dieses Denkspiels« (Klaus Wagner). – »Das Thema ist nicht neu. Wir kennen es aus Chaplins Diktator, aus mäßigen Boulevardstücken und von Mutmaßungen über Stalin. Lenz garniert es mit Nebenhandlungen, die nicht viel mehr bewirken als eine Streckung des Spiels auf volle drei Stunden. Der Witz ermüdet, die Spannung läßt nach, die Parabel hat keinen Schwung mehr« (Helmuth de Haas). – »Die geradlinige, einfältige Bruno-Geschichte – ihre Anklänge an Chaplin und Kästner fallen kaum ins Gewicht – ist allein nicht abendfüllend, obwohl Lenz sie durch eine physiognomisch-moralische Idee von Gesicht, Person und Maske überhöht (die aber auch im Programmheft-Essay einleuchtender wirkt als auf der Bühne)« (Urs Jenny). – »Der Haupteinwand: Während und gleich nach dem Krieg war es richtig und nötig, die Ähnlichkeit der totalitären Systeme, der von ganz rechts und der von ganz links, bewußt zu machen. Da hatte die Verallgemeinerung zum überrealen Warnbild eine Funktion. Da standen Einzelheiten – überladene Uniformen, allgegenwärtige Geheimpolizisten, Fahnen, Transparente, Demagogie nach außen, Zynismus nach innen – noch für das Ganze. Aber was soll uns das heute? Da braucht es die diffizilere Darstellung. Totalitäre Tendenzen tauchen an den verschiedensten Stellen auf: in alten Republiken und jungen, nationalistischen ›Demokratien‹ – liberale Tendenzen gibt es bekanntlich seit einiger Zeit auch in totalitären Staaten. Warum sollte die politische Intelligenz der Schriftsteller so hinter der der Historiker, Soziologen, Politiker zurückbleiben? Lenzens Humanität erscheint allzu naiv – als naiv erweist sie sich gerade darin, daß der Autor wie fixiert erscheint von dem starren, schematischen, äußerlichen Bilde des totalitären Systems ›an sich‹« (H. Rischbieter).[23]

Diese Einwände gelten – eigentlich noch in verstärktem Maße – gegenüber dem 1970 in Düsseldorf uraufgeführten Schauspiel *Die Augenbinde*. Die Sucht zur parabolischen Gemeinverbindlichkeit wird schon darin deutlich, daß Lenz hier eine Diktatur vorstellt, die Fremdlinge mit Absicht blind machen will, damit sie nicht sehen sollen, während die Herrscher dieses seltsamen Blindenstaates in Wahrheit sehen, sich nur blind stellen. Es ist leicht zu verstehen, wie die »Verkörperung« einer ursprünglichen Metapher (»die Augen vor der Wahrheit verschließen«) auf der Bühne äußerst problematisch ist, da sie, real dargestellt, mit andauernder Penetranz auf ihre Irrealität hinweist.

Ein Blindenstaat, in den eine Expedition (bestehend aus einem Anthropologieprofessor, seiner Tochter, deren Mann, einem Freund und einem treuen Diener) gerät, wortwörtlich auf die Bühne gebracht, erweist sich als unfreiwillige Groteske – denn so reale Fragen wie diejenige, was ein Diktator mit wahrhaftig erblindeten Untertanen wohl noch bewerkstelligen könne, lassen sich nicht abweisen. Da das Stück aber verzweifelt versucht, die Realität der Eindringlinge, für die das alles eine Extremprobe auf Bewährung von Mut und Offenbarung von Feigheit ist, mit der Allegorienwelt des Blindenstaates zu verbinden, läßt sich die »Botschaft« des Stücks schnell und bequem aus der verqueren Handlung herausschälen: Diktatoren brauchen unwissende (»blinde«) Untertanen. Also auch hier: abstrakte, inzwischen arg verdünnte Weltdeutung »an sich«.

Eine Satire, die parabolisch den Mechanismus von Diktaturen bloßlegen sollte, schrieb ERICH KÄSTNER (1899–1974) mit der am 25. 2. 1957 in München (Kammerspiele) uraufgeführten satirischen Revue *Die Schule der Diktatoren*; WOLFGANG DREWS meinte, »Gesinnung allein ist nicht bühnenwirksam, und ein kabarettistischer Einfall, in einer Sketchserie ausgebreitet, ergibt kein Drama«. Das Stück handelt von einem Professor, dem es gelungen ist, Diktatoren-Doubles zu züchten, Roboter der Macht, die für den Bedarfsfall – etwa nach einem geglückten Attentat auf einen Diktator – voll einsatzfähig sein sollen. Die zwölf genormten Herren lernen das Abc der Diktatoren, wobei sie der Aufsicht des Kriegsministers, des Premierministers und des Leibarztes unterstellt sind. In Wahrheit ist nämlich der Diktator schon Opfer eines Attentats geworden, wovon die Öffentlichkeit aber noch nichts weiß. Unter den Diktatorendoubles, die jetzt für den Ernstfall gebraucht werden, ist ein Verschwörer. Doch seine Befreiungstat wird nur dazu benutzt, daß sich ein neuer Militärdiktator profiliert, der die Verschwörung niederschlägt, sich selbst an die Macht setzend. So fungiert der Verschwörer, der ein »trojanisches Pferd« sein will, als »trojanischer Esel«. Kästner, der in seinem Stück die »chronische Aktualität« des Themas zeigen wollte, hat Illusionsbrüche eines Conferenciers eingebaut, der sich an den Zuschauer, an dessen »Verfettung« wendet.

Für einen Einakterabend schrieb Kästner das (am 14. 11. 1958) ebenfalls an den Münchner Kammerspielen uraufgeführte *Haus Erinnerung*: Eine Abiturientenklasse trifft sich nach fünfundzwanzig Jahren in der alten Schule wieder, wobei die Erinnerung die alten Herren zu einer Wiederholung ihrer ehemaligen Streiche inspiriert. Ein Stück lächelnder Melancholie, von den Einsichten eines freundlichen Moralisten begleitet.

Erich Kästner, Autor der »Schule der Diktatoren«, und einige „Diktatoren", die unter der Regie von Hans Schweikart spielten; v. links: Anton Reimer, Niels Clausnitzer, Richard Beek, Wilhelm Huber, Karl Friedrich Spanner, Kurt Meisel (neben Kästner sitzend).

ZWISCHENBEMERKUNGEN ZUM HÖRSPIEL

Das Hörspiel könnte man als diejenige dramatische Gattung definieren, die – als erste – nicht sich ein Medium geschaffen hat (wie das Drama sich das Theater schuf), sondern die durch ein Medium, durch den Rundfunk, entstand. So wie später das Medium Fernsehen das ihm gemäße originäre Fernsehspiel, den Fernsehfilm hervorbrachte (während umgekehrt der Kino-Film die Kinos entstehen ließ), so entstand aus dem Bedürfnis des Rundfunks nach originären kongruenten dramatischen Beiträgen in den späten zwanziger Jahren die Gattung des Hörspiels. Und läßt sich vom Fernsehspiel der ersten Jahre vergröbert sagen, daß es lange und tastend versuchte, entweder Dramatik relativ ungeprüft und unverändert mit seinen Mitteln zu kopieren, oder daß es die Erfahrungen des Films nur auf seine kleineren Dimensionen reduzierte, so gilt für das Hörspiel eher, daß es sich von Anfang an von der Fessel der Bühnendramatik befreien konnte, weil das sein mußte, und statt dessen in die Gefahr geriet, eher einem »Auftrag«, weniger einem Publikumsbedürfnis zu entsprechen. Später verfiel es in eine esoterische Ersatz- und Komplementär-Funktion zum Fernsehspiel, das inzwischen längst die ihm gemäße Gattung der »Serie« gefunden hatte, den flimmernden Fortsetzungsroman des televisionären Zeitalters, und das dann seine letzten dramatischen Fesseln rasch abstreifte, indem es sich auf seine dokumentarischen Möglichkeiten besann – die zeitgenössische Dramatik am originärsten im Dokumentar-Spiel berührend und ergänzend.

Eines haben die beiden technisch vermittelten Gattungen, also Hörspiel und Fernsehspiel, auf jeden Fall gemeinsam, was sie zugleich vom Drama unterscheidet: sie vereinen ihre Zuschauer (oder Zuhörer) nicht zu einem »Publikum«, sondern belassen sie in ihren häuslichen vier Wänden. HEINZ SCHWITZKE hat, im Zusammenhang mit der Sprache des Hörspiels, die Überlegung angestellt, daß bei zwei möglichen künstlerischen Verhaltensweisen zur Sprache das Hörspiel sich der »magisch-lyrischen« zuordne und nicht, wie das Bühnendrama, der »dramatisch-liturgischen«. Sieht man also von der technischen Vermittlung ab, die Hörspiel und Fernsehspiel ebenfalls gemeinsam haben, so gehört das Hörspiel, wofern es nicht Ersatz für eine nicht vorhandene Theaterbühne schafft, der Lyrik zu. Das Fernsehspiel aber hat, ähnlich wie der Film, seine Mittel mehr und mehr als epische, erzählerische Mittel begriffen: die Hauptgemeinsamkeit mit der erzählenden Literatur ist die Perspektive, die beim Roman der Erzähler, bei Film und Fernsehen die Kamera stiftet und bestimmt. Allerdings gibt es auch eine Übereinstimmung zwischen Fernsehen und Theater, die der Film nicht hat, der wiederum dem Theater in seiner »publikumschaffenden« Funktion gleicht: Fernsehen wie Theater werden im Prinzip durch das hic et nunc, durch die zeitliche Aktualität, die eine momentane und spontane Zeitgenossenschaft begründet, verbunden.

Diese generellen und notwendig undifferenzierten Überlegungen werden dadurch gestört und durchkreuzt, daß sowohl Hörspiel wie Fernsehspiel oft als Ersatzbühne für die Dramatik fungierten – sei es, daß im Nachkriegsdeutschland der Funk als Mäzen für Dramatiker und Schauspieler wirkte, sei es, daß – später – das Fernsehen sich in seinem Stoffhunger der Dramatik annahm und erst allmählich eigene Formen fand.

Jedoch daran ist kein Zweifel: das Hörspiel besitzt bis heute in seinen originärsten Verwirklichungen eine starke lyrische Komponente, ob man das nun mit fremdsprachigen Autoren wie DYLAN THOMAS oder mit deutschen wie GÜNTER EICH beglaubigt.

Und: das Hörspiel hat eine Tendenz (wie auch eine Möglichkeit) zur Abstraktion der Figuren, zu ihrer Komprimierung zur »Stimme«, zum »Ideenträger«, zur Zerlegung der Person in mehrere Stimmen. Da das Hörspiel eine Zeitlang so beherrschend und stark war, hat gerade dies nicht immer vorteilhaft auf die Bühnendramatik zurückgewirkt.

Man kann die frühen fünfziger Jahre als die erste Blütezeit des Nachkriegshörspiels bezeichnen, die Zeit also, als GÜNTER EICH wie ILSE AICHINGER und INGEBORG BACHMANN, WOLFGANG WEYRAUCH wie WOLFGANG HILDESHEIMER Hörspiele schrieben, die großen Widerhall fanden.

GÜNTER EICH (1907–1972) begann schon 1929 für den Rundfunk zu schreiben. Es war sein Hörspiel *Träume* im Jahr 1951, das die Gattung neu aus der Formensprache der Lyrik bestimmte. Die wichtigsten Titel von Eichs Hörspielen: *Geh nicht nach El Kuwehd* (1950), eine lyrisch verdichtete Folge dramatischer Bilder über einen Araber, der unter die Räuber fällt, *Der Tiger Jussuf* (1952, Neufassung 1960), in dem die Seele eines entsprungenen Tigers sich in verschiedenen Menschen einnistet; auf die unter dem Titel *Träume* versammelten Hörspiele folgten die 1958 in dem Sammelband

Stimmen veröffentlichten sieben Spiele. Das erste, *Die andere und ich*, wurde mit dem Hörspielpreis der Kriegsblinden (1952) ausgezeichnet. In ihm nutzt Eich wiederum die Möglichkeit suggestiver Verwandlungen; eine reiche Amerikanerin erlebt das elende Leben einer italienischen Fischersfrau.

1966 veröffentlichte Eich fünfzehn Hörspiele in einem Band. Das 1962 geschriebene Hörspiel *Die Brandung von Setúbal* geht zurück auf Traum-Realität und läßt eine Spanierin auf der Suche nach ihrem Geliebten den toten Dichter Camões treffen, die Pest erleben und schließlich den Tod auf sich nehmen. Eichs letztes Hörspiel, *Man bittet zu läuten*, entstand 1964; es spielt vorwiegend in der Portierloge eines Taubstummenheims. Hier wird noch einmal, in den Sätzen des Portiers, der gleichzeitig lyrische wie absurd-dramatische Antrieb des Eichschen Hörspiels deutlich: »Seitdem rede ich, auch wenn ich allein bin. Immer reden, reden, nur keine Pause, Pausen sind der Anfang und Taubheit kommt allein ... Schweigen ist Dummheit. Oder Atheismus. Die Taubstummen sprechen – gegen Gott, deswegen sind sie stumm.«

Über eine so stückreiche Gattung wie das Hörspiel auch nur annähernd umfassende Auskünfte geben zu wollen würde den Rahmen dieses Beitrags völlig sprengen: die deutschen Rundfunkanstalten regten die Produktion von Hunderten von Hörspielen pro Jahr an.

Ob man an Alfred Andersch, an Ilse Aichinger, an Paul Celan, an Walter Höllerer, an Wolfgang Weyrauch, an Peter Weiss, an Martin Walser denkt – um nur einige Namen zu erwähnen –, sie alle schrieben Hörspiele. Läßt sich das Hörspiel der fünfziger Jahre um Günter Eich gruppieren, gilt seine lyrische Ausprägung der Gattung als das typischste Muster, so folgten spätere Gruppierungen den Anregungen der »Wiener Schule« (Konrad Bayer, Gerhard Rühm, H. C. Artmann), denen man die Hörspiele Peter Handkes, Ernst Jandls und Friederike Mayröckers zuordnen könnte, oder sie entstand in der Nähe zu den Experimentalformen multimedialer Unternehmungen und der modernen Musik (Mauricio Kagel, Kriwet); Günter Herburger hat ebenso Hörspiele geschrieben wie Jürgen Becker, Franz Mon wie Max Bense haben mit dem Hörspiel experimentiert. Das jüngste Hörspiel bevorzugt neben Collagen die »Zitierung« von »O-Tönen«, wobei die Montage die Funktion der kritischen Durchleuchtung hat. In die Nähe des Dokumentartheaters versuchte Ludwig Harig das Hörspiel mit seinem *Blumenstück* zu rücken, das die idyllische Umwelt der Brutalitäten und Aggressionen eines KZ-Lagerleiters aus den Aufzeichnungen des Auschwitz-Kommandanten Höß zu rekonstruieren unternimmt. Harigs 1969 geschriebenes Hörspiel *Staatsbegräbnis* mag als Beispiel für viele stehen: es ist eine Collage, die den offiziösen Sprachverschleiß am Beispiel des Adenauer-Begräbnisses zeigt.

Eine Orientierungshilfe durch die überreiche Hörspiellandschaft des Nachkrieges liefert der seit 1951 verliehene »Hörspielpreis der Kriegsblinden«, der für den Hörfunk und seine Autoren eine ähnlich gewichtige Rolle spielte wie etwa der »Preis der Gruppe 47« für die erzählende Literatur, der »Gerhart-Hauptmann-Preis« für die Nachwuchs-Dramatik oder (später) der »Adolf-Grimme-Preis« für das Fernsehen.

Der erste Preiträger war 1951 Erwin Wickert, der für sein Hörspiel *Darfst die Stunde wissen* ausgezeichnet wurde. 1952 wurde Günter Eichs *Die andere und ich* mit dem Preis bedacht – ein Hörspiel, dem Eich 1958 eine Neuffassung angedeihen ließ, die 1962 urgesendet wurde. Preisträger des Jahres 1953 war Heinz Oskar Wuttig mit seinem Hörspiel *Nachtstreife*, 1954 wurde Hildesheimer für *Prinzessin Turandot* ausgezeichnet, ein Stück, das später auch auf die Bühne kam. Ein Jahr darauf erhielt LEOPOLD AHLSEN für *Philemon und Baukis* den Preis, 1956 DÜRRENMATT für *Die Panne* – drei Preise also für Hörspiele, die auch Theaterstücke wurden; schlüssiger läßt sich der damalige Einfluß des Hörspiels auf das Theater, die mäzenatische Rolle des Hörfunks für Dramatiker, die Gefahr der Hörspieldramaturgie für die Bühnen wohl kaum belegen. 1957 wurde BENNO MEYER-WEHLACK für *Die Versuchung* ausgezeichnet, 1958 INGEBORG BACHMANN für *Der gute Gott von Manhattan.* Bezeichnend für die Hörspiele der Bachmann sind die Möglichkeiten der Grenzaufhebungen von Zeit, Raum und Person, wie sie auch das Hörspiel von Eich kennzeichnen. Mit den Worten der Autorin: »Bei allem, was wir tun, denken und fühlen, möchten wir manchmal zum Äußersten gehen. Der Wunsch wird in uns wach, die Grenzen zu überschreiten, dic uns gesetzt sind. Innerhalb der Grenzen haben wir den Blick gerichtet auf das Vollkommene, das Unmögliche, Unerreichbare, sei es in der Liebe, der Freiheit, der Gerechtigkeit – jeder reinen Größe. Im Widerspiel des Unmöglichen mit dem Möglichen erweitern wie unsere Möglichkeiten.«

Den Preis des Jahres 1959 erhielt FRANZ HIESEL für *Auf dem Maulwurfshügel*, den von 1960 DIETER WELLERSHOFF für *Der Minotaurus.* Wellershoff hat auch fürs Theater geschrieben: das poetisch-allegorische Drama von *Anni Nabels Boxschau*, ein Spiel von einer Art Frau Welt auf dem Jahrmarkt, das 1963 in Darmstadt uraufgeführt wurde.

1961 wurde WOLFGANG WEYRAUCH und sein *Totentanz* ausgezeichnet. Von Weyrauch erschien 1959 das Hörspiel *Anabasis*, 1961 *Die japanischen Fischer.* In den Sammlungen *Dialog mit dem Unsichtbaren* (1962) und *Das grüne Zelt. Die japanischen Fischer* (1963) liegen Weyrauchs Hörspiele, deren lyrische Grundstimmung der Angst auffällt, vor. ERNST NEF meint in seinem Weyrauch-Porträt (1963): »Das Hörspiel mit seinen Möglichkeiten des Einblendens verschiedener Zeiten und des Verzichts auf eine gegenständliche Wirklichkeit als Begegnungsbasis der Figuren – Möglichkeiten, die Weyrauch im Vergleich zu anderen Hörspielautoren besonders ausgiebig einsetzt – kommt der Gestaltung des Bildes eines Menschen entgegen, welcher, obwohl fern von den anderen lebend, mit diesen wenigstens in ein Gespräch aus der Ferne zu kommen sucht. Die Technik hat in diesem Fall den Autor nicht zu seiner besonderen Form genötigt, sondern ihm vielmehr zu einem seiner Welt angemessenen Ausdruck verholfen.«[24]

Preisträger des Jahres 1962: HANS KASPER mit dem Hörspiel *Geh David helfen.* 1963 erhielt die damals neunundzwanzigjährige Autorin MARGARETE JEHN für ihr Hörspiel *Der Bussard über uns* den Preis und »besiegte« damit ROLF SCHROERS mit *Kreuzverhör* und HERMANN MOERS mit *Der Sprachkursus.* In ihrem Hörspiel wird der Krieg aus zwei Perspektiven erlebt, aus der der Mutter und der eines Kindes, die beide im Erlebnisraum des Kindes ineinander verschmelzen; eine eigenwillige Mischung aus Traumwelt und krasser Realität, von liebevoller Verbundenheit und eiskaltem Egoismus kennzeichnet es. Im folgenden Jahr (1964) erhielt RICHARD HEY den Preis. Das preiswürdige Hörspiel *Nachtprogramm* ist eine Umarbeitung seines Schauspiels *Weh dem, der nicht lügt*, wobei Hey die im Theaterstück überwuchernden eigenen Reminiszenzen an seine Film-Volontär-Zeit zurückdrängte, statt dessen das Ganze ironisch durch fingierte Tonbandprotokolle hörspielgerecht brach.

Den Preis für das Jahr 1965 erhielt PETER HIRCHE für sein Hörspiel *Miserere.* Bedieser Preisverleihung war es erstmals in dieser Schärfe zu einer grundsätzlichen Auseinandersetzung um die Gattung gekommen. Man warf dem Hörspiel vor, seine wachsende Neigung zum literarischen Experiment begründe eine wachsende Entfremdung vom Publikum. HANS BENDER vermerkte dazu (in der *Süddeutschen Zeitung* vom 11. 3. 1966):

Die Flut der Hörerpost, die Wolfgang Borcherts *Draußen vor der Tür* auslöste, bekundete Ergriffenheit und Zustimmung. Auf Eichs *Träume* (1951) hagelten vornehmlich Proteste. Er hat sein Hörspiel gegen die Erwartungen der breiten Hörerschicht gesetzt, »aus einer individuellen Opposition heraus«, wie Schwitzke schreibt. Die oft zitierte Zeile – »Seid unbequem, seid Sand, nicht Öl im Getriebe der Welt« – war auch im Hörspiel selber verwirklicht. Hinzu kamen die eigenen Gaben Eichs: seine lyrische Sprache, seine Fähigkeit, Gestalten und Welten zu imaginieren, die man vordem nicht gekannt hatte. Eich gab einen Maßstab, und die Hörspiele aller anderen Autoren wurden an ihm gemessen. Vom »Feature« her war zur gleichen Zeit eine Belebung anderer und ähnlicher Art herübergekommen. Seine Autoren (Ernst Schnabel, Alfred Andersch, Axel Eggebrecht, Hans Werner Richter und andere) trugen eine politische und sozialkritische Aggressivität vor. Sie wollten in die Zeit wirken. Die Techniker unter den Feature-Autoren erweiterten zudem die technischen Mittel des Hörspielstudios. Diese Höhe wurde nicht gehalten. Die Linie fällt. Auch die Liste der Preisträger zeigt es an. Der Wille, Unbequemlichkeit zu demonstrieren, erlahmte. Die Stilmittel wiederholten sich. Die Thematik blieb, mit wenigen Ausnahmen, die gleiche: die »deutsche Vergangenheit«, Krieg und Nachkrieg, Versagen, Verbrechen, Schuld wurden in immer neuen Varianten aus der Erinnerung heraufgeholt. Das Hörspiel wurde routiniert und deshalb steril; es wurde zur Masche, zur Verdienstmöglichkeit des Autors; es wurde zur Zwittergattung, in der lyrische, epische und dramatische Halbheiten mit Hilfe erfahrener Regisseure und schöner, meist viel zu schöner Stimmen prominenter Schauspieler – ja, vor allem prominent und teuer müssen sie sein! – immer noch einen momentanen Eindruck erzielen können. Ist das eben prämierte Hörspiel *Miserere* Peter Hirches bestes Hörspiel? Wahrscheinlich nicht. Es ist kurz, spröd, bitter. Es enthält weder einen Effekt der Form noch einen Effekt der Aussage. Liebe und Haß sind austauschbar: die Beziehungen, wie sie die Bewohner eines Mietshauses halten – ein Student, ein Schürzenjäger, ein Ehepaar, in ständiger Furcht vor der Polizei, eine Greisin, in ihrer Katzenliebe die Umwelt verachtend –, sind lediglich gewohnheitsmäßige Kontakte.

Kein Wunder, daß es bei der Produktion der Hörspiele (die elf deutschen Hörspielabteilungen der Funkhäuser brachten innerhalb eines Jahresprogramms fast zweihundert Hörspiele heraus) zur Krise des Leerlaufs, der Routine und – da das Hörspiel oft eher den Ehrgeiz der Hörspielabteilungen als die Bedürfnisse, gar Wünsche der Hörer respektierte – zur Krise der exklusiven Abgeschlossenheit vom Publikum kam.
Als der Preis für das Jahr 1966 verliehen wurde, hatte sich eine Art Ablösung der Autoren vollzogen: die neuen Namen hießen KAY HOFF, JAN RYS, DIETER MEICHSNER, LOTTE INGRISCH, ERNST MEISTER, CHRISTOPH MECKEL, GÜNTER HERBURGER, GISELA ELSNER, PETER HANDKE, LUDWIG HARIG. Den Preis erhielt ROLF SCHNEIDER für *Zwielicht*. Der DDR-Autor behandelt darin das Schicksal eines Juden in Polen, der zwanzig Jahre nach Kriegsende in seiner Isolation weiterlebt und gelernt hat, in Freiheit zu seinem Schicksal zu stehen, was die Jury in ihrer Begründung ein »Modell der Daseinsverstrickung und Daseinsbewältigung« nannte.
Preisträgerin des Jahres 1967 war CHRISTA REINIG mit ihrem Hörspiel *Aquarium*, das in seiner assoziativen Reihung an das »traditionelle« Hörspiel anknüpft. Ein Aquarium ist der Schauplatz für die spielerische Phantasie zweier kindlicher Engel, die sich weitfliegende Gedanken auf sozusagen engstem Raum über Tod und Zeit, Weite und Nähe machen. Als neue technische Möglichkeit verzeichnet das Hörspiel in diesem

Jahr, in dem 152 Exemplare seiner Gattung zur Sendereife gelangten, die Stereophonie.
Gemeinsam erhielten die beiden österreichischen Autoren ERNST JANDL und FRIEDERIKE MAYRÖCKER 1969 den Preis für das Jahr 1968. Der Titel ihres Hörspiels, das gängige Handlungs- und Sprachmuster mit akustischen, tontechnischen Möglichkeiten manipuliert, um die Lebensstationen eines Normalhelden sichtbar zu machen, heißt *Fünf Mann Menschen.* Im folgenden Jahr erhielt WOLF WONDRATSCHEK den Preis für *Paul oder Die Zerstörung eines Hörbeispiels*, eine Collage aus Sprachstücken, Zitaten, Geräuschen, Musikfetzen, die sich knapp gegen FRANZ MONS *das gras wies wächst* und PETER O. CHOTJEWITZ' *Die Falle oder Die Studenten sind nicht an allem schuld* durchsetzte. Für das Jahr 1970 wurde HELMUT HEISSENBÜTTELS Hörspiel *Zwei oder drei Porträts* ausgezeichnet, das dabei LUDWIG HARIGS *Fuganon in d* »besiegte«. Heißenbüttels Collage ist eine Dekuvrierung des Bildungsgeschwätzes und zeigt die Beliebtheit von üblichen Sprachmustern, die keiner Person mehr eigen sind.
Im folgenden Jahr erhielt PAUL WÜHR und sein Hörspiel *Preislied* die Auszeichnung. Das Hörspiel ist vorwiegend aus Originalton-Aufnahmen, in denen sich ein breites Spektrum von Äußerungen zu Privatleben und Gesellschaft dokumentiert, zusammengeschnitten. Auch für das Jahr 1972 wurde ein Originalton-Hörspiel ausgezeichnet: *Der Tod meines Vaters* von HANS NOEVER. Mit einer gewissen Berechtigung läßt sich sagen, daß das Originaltonhörspiel für den Funk eine Parallel-Entwicklung zum Dokumentarstück des Theaters ist, wobei man in Rechnung setzen muß, daß die authentischen ad-hoc-Reportagen des Hörfunks mit spontanen Interview-Äußerungen zur Entwicklung des Originalton-Hörspiels ebenso beigetragen haben, wie es die Collagen- und Zitat-Techniken der bildenden Künste und der multimedialen Experimente taten.

DIE BEWÄLTIGTE VERGANGENHEIT

Über LEOPOLD AHLSENS Erfolgsstück *Philemon und Baukis* klagte FRIEDRICH LUFT: »Als Dramatiker kann man aber offenbar sein Glück mit der redlichen Wiederholung des formal längst Überholten machen ... Ahlsen komponiert sein Stück so handfest, als hätten alle positiven Stürme der Form nicht stattgefunden.«[25] Diese Klage läßt sich für so gut wie alle Stücke generalisieren, die etwa in dem Jahrzehnt zwischen 1950 und 1960 die Vergangenheit direkt und unverhüllt aufzuarbeiten suchten. Es gilt also für jene erste Flut von Vergangenheitsbewältigungsdramen, die das Fronterlebnis, Krieg und Gefangenschaft, den Völkermord an den Juden, die Verfolgung des deutschen Widerstandes und, später, auch die Erfahrungen mit der deutschen Teilung zum Thema hatten.
Die Absicht all dieser Stücke war redlich, aufklärerisch, ihre Thematik oft unangreifbar. Daß ihre Autoren am Stoff klebten oder ihn nur dadurch bewältigen zu können glaubten, daß sie sich Ibsens Dramaturgie oder die Mittel eines kopierenden und daher illusionistischen Naturalismus zu eigen machten, lag oft daran, daß diese Stoffe noch aus direkter Erfahrung stammten, zu nah lagen, als daß die für das Theater nötige Distanzierungsverfahren hätten gefunden werden können. Aber gerade dadurch entstand auch die Gefahr, daß die Stücke auf reserviertes Wohlwollen stießen, daß sie vom Zuschauer als Pflichtpensum angenommen wurden, daß Kritik schon

deshalb nicht laut wurde, Auseinandersetzung schon deshalb nicht stattfand, weil der Stoff sich schützend vor seine dramatische Durchdringung stellte. Und weil die Zuschauer sich nicht dem Verdacht aussetzen wollten, sie seien gegen solche Themen, seien also nicht »umerzogen«. So war es nicht nur die Eigenart des deutschen Theatersystems, die verhinderte, daß ein »Markt« zwischen Publikumserwartungen und Autorenantworten sich einspielen konnte, sondern auch eine Qualität der gepreßten und unaufrichtigen Form der deutschen Auseinandersetzung mit der Vergangenheit: Öffentliches und privates Denken stimmten nicht überein, man führte sein Leben (in der Perspektive auf die Vergangenheit) in anästhesierter Gleichgültigkeit, die nur durch die offiziell zur Schau getragene Anteilnahme bei Weihe- und Feierstunden unterbrochen war. Und, Pech des Theaters: es fiel ja zwangsläufig in den offiziösen Teil, gehörte also bald zur Maske des erschütterten Wohlverhaltens.

Solche zwangsläufig simplifizierenden Generalisierungen werden hier nur darum riskiert, um zu klären, warum sich eine Reihe von ziemlich unbedarften, kurzlebigen Stücken, hatten sie nur das »richtige Thema«, dennoch auf das Theater wagen konnten, ja vom Theater geradezu provoziert wurden, da es einer Alibi-Funktion rasch und eifrig nachzukommen trachtete. Die Stücke, von denen hier gehandelt wird, sind dabei noch eher die Ausnahme als die Regel, wenngleich auch für sie im Grund das gleiche gilt, was für viele »Eintagsfliegen« der zeitbezogenen Dramatik noch eindeutiger zutrifft.

Keineswegs könnte behauptet werden, den Schriftstellern hätte generell das Bewußtsein für diesen Zustand gefehlt. Aber da, wo sie anfingen, sich gemeinsam in Diskussion, Reflexion und Kritik mit den besonderen deutschen soziologischen Bedingungen auseinanderzusetzen – auch mit dem, was MITSCHERLICH viel später »die Unfähigkeit zu trauern« genannt hat –, war diese Form der literarischen und politischen Debatte, wie sie beispielsweise und vor allem von der »Gruppe 47« geführt wurde, der dramatischen Form nicht günstig. Ganz simpel: Dramenausschnitte eignen sich nicht zum Vorlesen, jedenfalls nicht so, daß danach aus Diskussion und Kritik genügend Anregungen gewonnen werden könnten.

So fehlte es dem Drama des Jahrzehnts zwischen 1950 und 1960 nicht an Themen, die scheinbar auf den Nägeln brannten, zur Auseinandersetzung herausforderten.Nichts wurde (in dieser Hinsicht) ausgespart und verschwiegen, weder die Kriegsverbrechen noch der Verschleiß des »Menschenmaterials« im Kriege, weder die Konzentrationslager noch der 20. Juli 1944, weder die Partisanenkämpfe noch die politische Feigheit und der hemmungslose Opportunismus, der in den Nazijahren vorherrschte. Aber indem man distanzlos am Stoff klebte, nicht bemerkte, daß ihn die »Dramatisierung« zum Konfliktstück, zum Gewissenskampf, zum Leidensoratorium eigentlich »verfälschte«, weil auf gängige Weise lösbar erscheinen ließ, verfehlte man das, was man beschrieb. Man tat so, als handle es sich auch bei den Kriegsereignissen, bei der Auseinandersetzung mit dem totalitären Staat um Marquis Posa- oder Wilhelm-Tell-Fragestellungen, um *Gespenster*-Probleme, um eine Gewissensentscheidung zwischen Neigung und Pflicht.

Eines der ersten Beispiele dieser Stücke, die als krasse unverzagte Reportage die Vergangenheit aufzuarbeiten trachteten, ist das 1949 in Berlin aufgeführte Schauspiel *Die Verschwörung* von WALTER ERICH SCHÄFER (*1901). Schäfer, später einer der erfolgreichsten und geschmackssichersten deutschen Theaterleiter (er war Generalintendant in Stuttgart), läßt sein Stück im Zimmer 11 der Gestapo in Berlin spielen. Vor allem an zwei SS-Führern werden die Ereignisse gespiegelt. Der eine, brutal und naßforsch, erweist sich zunächst als schlotternder Feigling, der in Zivilkleidern untertauchen will, weil er meint, Hitler sei tatsächlich beseitigt. Natürlich wird er später, als die Nazis wieder Oberwasser gewinnen, zum wütend sich Rächenden. Der andere SS-Mann, der auch jahrelang im Blut watete und am Unrecht beteiligt war, geht, gewandelt, mit den Verschwörern zum Galgen. Obwohl derartige Konstellationen sicher tatsächlich existiert haben mögen (Schäfer entnahm die Fakten dem 1946 erschienenen Buch *Bis zum bitteren Ende* von HANS BERND GISEVIUS), wird das Thema also fast zwangsläufig in jenes Schuld- und-Sühne-Schema abgedrängt. So ergibt sich eine Entschuldigungsdramaturgie: »Im Vorwand der krassen Reportage das Spiel mit der Uniform, die Rehabilitierung des am späten Ende erst richtig und gegen Hitler funktionierenden Offiziers« (Friedrich Luft).[26]

Was für Schäfers *Verschwörer* gilt, zumindest der Vorwurf der unreflektierten Reportage, gilt auch für die Stücke von HERMANN ROSSMANN, der 1952 das vielgespielte Kriegsgefangenenstück *Fünf Mann – ein Brot* schrieb und der auch in einem späteren Stück, dem *Testflug B 29* von 1957 die Zeitnähe suchte, diesmal die Auseinandersetzung mit Hiroshima. Und es gilt für STEFAN BARCAVA (* 1911), der 1953 für sein Zeitstück *Die Gefangenen* den Gerhart-Hauptmann-Preis erhielt, und für ROLF HONOLD, der das Kriegserlebnis in dem Stück *Der Stoß nach Ssogrebitsche* (1952) schrieb – ausnahmslos Dramen, die sich bestenfalls im Landser-Jargon und Knobelbecher-Realismus beglaubigten, also eigentlich der *08/15*-Welle zuzurechnen sind.

Auch ULRICH BECHER (* 1910), der aus der brasilianischen und amerikanischen Emigration nach Deutschland zurückkehrte, gehört, mit seinem atmosphärischen Realismus, in die Reihe der Dramatiker, die die Szene mit vergangenem Leben erfüllten.

Zusammen mit PETER PRESES schrieb er die beiden Wiener Possen *Der Bockerer* (1948) und *Der Pfeifer von Wien* (1950); im Auftrag der Wiener Festwochen entstand 1953, unter Mitarbeit von Preses und STOLZ, *Das Spiel vom lieben Augustin*, in dem die legendäre Gestalt aus der Wiener Pestzeit (sicher zum x-tenmal) dramatisiert wird.

Im Jahr 1950 unternahm Becher mit *Samba* den Versuch, die eigenen Erfahrungen in der brasilianischen Emigration dramatisch zu verallgemeinern. In der schmuddeligen Halle eines verkommenen Hotels in den brasilianischen Bergen leben zehn Emigranten und erzählen in bedrückenden Bildern von ihrer Herkunft: Ein Stück, das die Trostlosigkeit der Emigration, die Entwurzelung der Emigranten aufzeichnet, zeigt, wie sie von der Faszination des Bösen, das in ihrer europäischen Heimat herrscht, nicht loskommen. Bechers Stück ist vor allem in der Typenzeichnung gelungen.

Nicht so erfolgreich war Bechers 1953 geschriebene Komödie *Madame Löwenzorn*. Die mit Nestroy-Anklängen angereicherte Zauberposse *Die Großen und die Kleinen* war ein gutgemeinter Appell, daß es im Kampf gegen die Drohungen der Atombombe gerade auf die Entschlossenheit der kleinen Leute ankäme. Das Schauspiel *Der Herr kommt aus Bahia* (1957), vom Autor selbst als »chronisches Chaos« bezeichnet, verdankte seine Uraufführung der Tatsache, daß Hilpert es in Göttingen »blanko« angenommen hatte, und zeigt, wie ein bitterböser Bandit von einem edlen Priester und einem edlen Kommunisten zur Strecke gebracht wird. Für dieses und die folgenden Stücke Bechers gilt das gleiche, was FRIEDRICH TORBERG über das ebenfalls von Hilpert uraufgeführte *Feuerwasser* von 1952 schrieb: »... als Handlung eine halbgegorene Kolportagegeschichte mit Gangstern und Polizei ..., und zwischendurch immer mal wieder ein paar kraftmeierische Gesinnungsbrocken aus der Fortschrittsküche.«[27]

GERT WEYMANN (* 1919) schrieb 1954 die »Tragikomödie in vier Akten« *Genera-*

tionen – eines der damals wirksamsten Stücke der Vergangenheitsbewältigung, die als Konflikt in der Gegenwart ausgetragen wird; also die Auseinandersetzung zwischen denen, die die Vergangenheit begraben sein lassen wollen, und denen, die mit der Schuld nicht leben können. Weymanns Stück, von einem großen und erfrischenden Zorn diktiert, zeigt einen Professor, der zum Stadtschulrat ernannt werden soll, wofür es allerdings ein Hindernis gibt: sein Sohn Rolf ist als Kriegsverbrecher gebrandmarkt. Die ältere Generation in dem Stück ist, was sie schon eh und je war: kompromißbereit. In dem einsetzenden Wiederaufstieg zum »Wirtschaftswunder« ist für die Absicht des Sohns Rolf, seine Taten zu büßen, kein Platz. Der Opportunismus und Pragmatismus der alten Generation siegt. Die Jungen resignieren und wandern aus: »Auf legalem Wege ist dieser Gesellschaft nicht beizukommen. Es gibt hier nur zwei Wege: entweder du kriechst zu Kreuze und wirst von ihnen aufgenommen, oder du bleibst ein armer lächerlicher Narr.« »Im selbstquälerischen Hohn wird die deutsche Wirklichkeit den ewigen Mitläufern überlassen, die bereit sind, jedem Regime als stramme Untertanen zu dienen« (Siegfried Kienzle).[28]
Das Nürnberger Theater spielte 1958 Weymanns Stück *Eh' die Brücken verbrennen*, eine politisch überschattete Liebesgeschichte in einem nahe bei Berlin gelegenen Dorf im August 1944. Das Dritte Reich als Rührromanze: Deutscher Leutnant liebt jüdisches Mädchen vor dem Hintergrund des vom Bombardement Berlins geröteten Himmels. Der Leutnant verbringt den Urlaub auf dem väterlichen Gut und will sich gegen den Willen seines Vaters mit dem auf dem Gut versteckt lebenden jüdischen Mädchen verloben. Eigentlich spricht daraus die Besänftigungsthese (die mit der Realität nicht viel zu schaffen hat), daß die Liebe Brücken über alle Hindernisse und Gegensätze hinweg schlägt. Gekontert hat Weymann die Handlung mit der politischen Groteske vom Wachtmeister Lembke, der in den Zeiten des nahenden »Zusammenbruchs« für die im Ort lebende Naziprominenz geradestehen muß, weil diese, obwohl sie noch mit Hitler Kaffee trinkt, schon dabei ist, sich Alibis für später zu besorgen. Das jüdische Mädchen wird vor allem von einem HJ-Dichter bedroht, der Rassenjustiz üben will. Aber am Ort lebt ein prominenter Dirigent, der den Liebenden Asyl gewährt, was auch deshalb glückt, weil der HJ-Dichter eine innere Umkehr erlebt und sich vom wackeren Dirigenten zurufen läßt: »Dichten Sie fortan demokratisch!« – ein Anruf à la Schiller, dessen unfreiwillige Komik das ganze Genre des realistischen Stücks in faschistischer Umgebung mitsamt dem sich jäh zum Guten wandelnden Gewissen blamiert.
Gerd Oelschlegels (* 1926) ursprünglich als Hörspiel konzipiertes Stück *Romeo und Julia in Berlin* wurde, obwohl 1952 geschrieben, erst 1957 uraufgeführt. Es nimmt die Romeo-und-Julia-Fabel zum Anlaß, um den politischen Bruderhaß und die Feindschaft in der geteilten Stadt Berlin zu fixieren, wozu man bemerken kann, daß es im beginnenden »Kalten Krieg« für Film und Theater ein beliebtes Verfahren war, Romeo-und-Julia-ähnliche Schicksale mit der Trennung in Ost und West und mit dem »Ninotschka«-Rühreffekt zu koppeln. Die Handlung: Der Gastwirt Paul Lünig, überzeugter Kommunist, und sein Verpächter Hans Brink leben in Streit. Natürlich liebt Lünigs Tochter Brinks Sohn; Romeo und Julia also, die hier Karl und Judith heißen. Judith verhilft ihrem Karl zur Flucht in den Westsektor. Aber er will Judith sehen, kehrt zu Besuch zurück, wird vom Vater der Geliebten an den Staatssicherheitsdienst verraten und auf der Flucht erschossen. Die Verlassene darf nicht einmal Karls Leiche sehen, die unerreichbar im Niemandsland auf der anderen Seite liegt. Das Stück,

von peinlich vordergründigem Realismus, verhökert also um des Effekts willen die Shakespeare-Vorlage, ohne auch nur zu merken, daß dieses »Modell« nur äußerlich von der »Feindschaft« angetrieben wurde; denn *Romeo und Julia* ist ja als Tragödie gründlicher motiviert: als unbewußte Todessehnsucht der Liebenden, als überhitzte vorschnelle Jugendlichkeit, die sich nur im Verglühen erfüllen kann – jedenfalls nicht als bloße Variante des Kitsch-Syndroms »Das Wasser war viel zu tief«.

Gerd Oelschlegel

1957 wurde von Oelschlegel am Deutschen Schauspielhaus Hamburg die Komödie *Staub auf dem Paradies* aufgeführt, ursprünglich ebenfalls ein Hörspiel, in dem eine Versicherungsgesellschaft, um ihr Geschäft zu beleben, die Leute in einer ländlichen Idylle verunsichert (um sie als Kunden zu gewinnen), ihnen einredet, das Dorf würde in einen Truppenübungsplatz umgewandelt. Das aus Geschäftsgründen ausgestreute Gerücht zieht die Wirklichkeit nach sich: die Idylle wird wirklich Truppenübungsplatz.

Der aus Schlesien stammende Peter Hirche (* 1923), von 1941 bis 1945 Soldat, nach 1949 als freier Schriftsteller in Berlin lebend, Verfasser zahlreicher Hörspiele, von denen *Die Heimkehr* 1955 den Preis des italienischen Rundfunks erhielt, wurde 1956 für *Triumph in tausend Jahren* mit dem Gerhart-Hauptmann-Preis der Freien Volksbühne ausgezeichnet. Das Stück bedient sich zu Beginn der Dramaturgie des Spiels im Spiel. Ein Conferencier erläutert, was gespielt werden soll: Eine arg dezimierte Kompanie ist während des Zweiten Weltkriegs auf der Krim abgeschnitten. Ein Wettlauf um Leben und Tod mit der Zeit beginnt: Kommen zuerst die sowjetischen Panzer oder die rettenden deutschen Boote? »Die Besonderheit des Stücks: der Krieg hat sich ganz dicht undurchdringlich um die Soldaten geschlossen. Sie leben in ihm wie der Taucher, der weiß, daß ihn das Wasser für immer umschlossen hat, und der sich bewußt ist, daß es mit der Sauerstoff-Flasche jeden Moment am Ende sein kann« (Henning Rischbieter).[29] Der letzte Satz des Stücks: »Wir sind verflucht.« Vorher allerdings geraten im Verlauf der illusionistisch ausgespielten Situation des Eingeschlossenseins die anfangs verwendeten antiillusionistischen Mittel weitgehend in Vergessenheit,

Peter Hirche

und es entfaltet sich mehr und mehr jener fatalistisch deftige Landser-Humor, der, als Gegensatz gegen das offizielle Nazi-Pathos, sicher vorhanden war, in der Nachbildung aber leicht eine verharmlosende Versöhnlichkeit um sich verbreitete.

Die Söhne des Herrn Proteus, die die Stuttgarter Uraufführung von 1962 nicht überlebten, eine moderne Anleihe bei der antiken Mythologie, einen Gott vorführend, der mit seinen Söhnen ein rätselvolles Spiel treibt, eine Menschheit, die immer wieder in sintflutartige Katastrophen schlittert. Ein dauernder Kostümwechsel der fünf Personen findet in den fünf Akten statt, um die zeitlose Anwendbarkeit dieser verworrenen Parabel zu demonstrieren.

Claus Hubalek (* 1926) zeigt in seinem 1954 in Berlin uraufgeführten Stück *Der Hauptmann und sein Held* deutlich den Einfluß Brechts, an dessen Theater der spätere Dramaturg, Fernsehspiel-Autor und Stückeschreiber einige Zeit hospitierte – ein Einfluß, der sich vor allem in der Sprache manifestiert, weniger in der Handlung seines Stückes, mit der Hubalek »letzten Endes im Bereich der geschlossenen Dramaturgie« (Rischbieter)[30] bleibt. Der »Anti-Held« des Stückes, Rekrut Kellermann, ein schlechter Soldat, Opfer des Sadismus seiner Ausbilder, findet bei einem Luftangriff das Blanko-Formular für ein Eisernes Kreuz. Nun muß er, zögernd zwar, zum Orden eine Helden-

Leopold Ahlsen
Claus Hubalek

Erwin Sylvanus
Dieter Meichsner

tat hinzuerfinden. Sein Hauptmann, Eisenblätter mit Namen, brauchte schon lange einen heldenhaften Soldaten – schon weil er befördert werden will. Er präsentiert also seinen Helden dem General und kann es bald nur schwer verwinden, typischer Kommißkopf der er ist, daß Kellermanns Heldentum nur erlogen ist. In den ersten Maitagen 1945 trifft der inzwischen zum Regimentskommandanten avancierte Eisenblätter seinen Helden wieder, nach dem gescheiterten Versuch, zu den Amerikanern überzulaufen. Obwohl eigentlich schon in Gefangenschaft, nutzt Eisenblätter die kurze Abwesenheit seiner Bewacher, um noch ein reguläres Kriegsgerichtsverfahren gegen den Deserteur einzuleiten. Doch die Amerikaner verhindern das grausige Spiel. (In Wahrheit verhinderte es Oscar Fritz Schuh, der dem Autor die vollzogene Hinrichtung für die Berliner Uraufführung ausredete.) Beide marschieren am Ende getrennt in die Gefangenschaft. Bei der Kellermann-Figur tauchen zum ersten Mal im westdeutschen Drama die Züge auf, die auf eine Verwandtschaft mit Brechts *Schweyk im Zweiten Weltkrieg* hindeuten. Aber auch der Gegenspieler, der Offizier, ist weder Knallcharge noch Karikatur, sondern wird in seinem »Unrecht« als gläubiger, befehlstreuer, daher beschränkter Militär motiviert. Friedrich Luft vermerkte nach der Berliner Uraufführung: »Aber das vorliegende Stück ist schon deshalb ein Fortschritt, weil hier zum ersten Mal das leidige Kriegs- und Fronterlebnis aus dem Bereich der direkten, der bitteren, der aufschreienden Anklage herausgerät. Jetzt ist Distanz gewonnen. Die Wirkung kann endlich satirisch gespiegelt werden.«[31] Von Hubaleks Stück ließe sich also, ohne große Mühe, eine direkte Linie zu KIPPHARDTS *Hund des Generals* wie auch zu WALSERS *Eiche und Angora* ziehen. Hier lag zum ersten Mal ein Stück vor, das auf dem Umweg über die Erfahrungen bei Brecht – distanzierende Mittel für seine Kriegsthematik gewinnen konnte.

Ebenfalls zu einer Schwejkiade formte Hubalek den Ost-West-Konflikt in seinem 1957 in Frankfurt uraufgeführten Stück *Keine Fallen für die Füchse*. Der Autor wollte den Überlebensmut der Berliner in einer schwankhaften Eulenspiegelei abbilden: Eine harmlose Couch wird in der durch Sektorengrenzen geteilten Stadt zum Stein des Anstoßes. Der Margarinekaufmann will das Möbel mit seiner Westmark billig beim Möbelhändler Klawitter im Osten erstehen. Die beiden »Schmuggler« werden ertappt und landen, weil sie sich bei ihren Ausreden immer mehr in Widersprüche verwickeln, im Volkspolizei-Gefängnis. Die Couch bleibt im Niemandsland zurück, eine Leiche erscheint unvermittelt auf der Bildfläche, die Couch wird zersägt, also »geteilt« wie die Stadt. Als die beiden Ost-West-Händler wieder frei sind, schicken sie sich an, das nächste Möbelgeschäft abzuwickeln: »Wie sollen wir kleinen Leute heute unschuldig bleiben, wo die Großen die Welt so schuldig eingerichtet haben?« Ein unverwechselbar BRECHT nachempfundener Ton.

Die 1955 spielende Kleinbürger-Klamotte wurde durch die politischen Ereignisse rasch überholt. Nach der Uraufführung meinte HANS SCHWAB-FELISCH: »... was Hubalek mit seiner Komödie bietet, ist ein Muster, dem das Schielen nach dem Erfolg allzu deutlich anzumerken ist. Das Ding ist getüftelt, hingebaut, ausgebufft, hat Routine.« Und die *Welt* kritisierte mit Berlin-Pathos: »Das Schicksal einer geteilten Millionenstadt und das einer von Füchsen verschobenen Couch stehen in keinem Verhältnis zueinander.«

Die Festung (1958) zeigt das Verhalten eines Generals in Konfliktsituationen: am 30. Juni 1934, am 20. Juli 1944 und Ende April 1945, als der General in der »Festung« Königsberg, mit der Sinnlosigkeit von Durchhaltebefehlen konfrontiert, wiederum blind gehorchen will. Das Stück, das FRIEDRICH LUFT als ein Drama »penibler Seelenerkundung«, als eine »Reportage über einen verkorksten Ehrbegriff und die Windungen eines falsch eingeschraubten Gewissens« charakterisierte[32], hatte keinen großen Erfolg. Das Thema diente Hubalek sicher auch als Anregung für seine zusammen mit EGON MONK für das Deutsche Schauspielhaus in Hamburg verfaßte Revue *Über den Gehorsam* (1968), die als hölzerne, didaktische Zitatenmontage zu einem Mißerfolg wurde.

1963 wurde in Köln Hubaleks *Stalingrad* uraufgeführt, ein Stück, das der Norddeutsche Rundfunk als Fernsehspiel in Auftrag gegeben hatte. Aus dem gleichnamigen Roman (1945) von PLIEVIER versuchte Hubalek sechzehn Bilder für die Bühne zu filtern, die alle den Wahnwitz von Hitlers Durchhaltebefehl bei einer verlorenen, sinnlos geopferten Armee demonstrieren sollten: eine neue, auf der Bühne scheiternde Variante des Hubalek-Themas vom blinden Gehorsam.

Bereits 1961 hatte Hubalek eine Variation des Antigone-Stoffs geschrieben, auch dies also ein Stück der Gehorsamsverletzung. Seine *Stunde der Antigone* spielt während der letzten Tage des Dritten Reichs.

Den auffälligsten, durchschlagendsten Erfolg des Genres der vergangenheitsbezogenen, vergangenheitsbewältigenden Stücke hatte LEOPOLD AHLSEN (*1927) mit *Philemon und Baukis*. Der in München geborene Ahlsen, heute vor allem ein erfolgreicher Handwerker für Fernseh-Bearbeitungen und Fernsehspiele (*Trenck*, 1972) erlebte die

letzten Kriegsjahre als Luftwaffenhelfer und Soldat, studierte anschließend bis 1948 Germanistik, Psychologie und Theaterwissenschaften an der Universität München, war nebenbei Stipendiat der Deutschen Schauspielschule und von 1947 bis 1949 Schauspieler und Regisseur an süddeutschen Stadttheatern. Von 1949 bis 1960 war er Lektor der Hörspielabteilung des Bayerischen Rundfunks. Vor *Philemon und Baukis*, wofür er 1955 mit dem Gerhart-Hauptmann-Preis ausgezeichnet wurde, schrieb er die Schauspiele *Pflicht zur Sünde* (1952) und *Wolfszeit* (1954). *Philemon und Baukis* war, bevor es auf die Theater kam, ein Hörspiel und wurde ein erfolgreiches Fernsehspiel. Ahlsen wurde 1955 mit dem Hörspielpreis der Kriegsblinden und 1957 mit dem Schiller-Förderungspreis ausgezeichnet.
Das »Schauspiel in vier Akten« *Philemon und Baukis* aus dem Jahr 1955, das auch den Titel *Die Bäume stehen draußen* trug (Uraufführung: 9. 1. 1956, Kammerspiele München), sucht bewußt die Parallele zu dem antiken Mythos von dem die Götter freundlich aufnehmenden und bewirtenden Paar, dem dafür der Wunsch des gemeinsamen Sterbens erfüllt wird. Ahlsen erfand eine Parallel-Geschichte im Jahr 1944 in einer Bauernhütte in Griechenland, also während des grausamen Partisanenkriegs. »Held« ist das Ehepaar Nikolaos und Marulja, die das schwere Leben armer Kleinbauern führen, sich dabei fluchend und trinkend kräftig in die Haare geraten, durchaus also kein idyllisches Musterpaar darstellen sollen. Die anderen Dorfbewohner sind beim Nahen der deutschen Armee als Partisanen in die Wälder gegangen. Sie besuchen den Alten und seinen Weinkeller oft, da Alka, die Braut seines gefallenen Sohns, inzwischen mit einem Widerstandskämpfer verlobt ist. Trotzdem nimmt der Alte, dem die Gastfreundschaft heilig ist, auch einen sterbenden deutschen Soldaten bei sich auf und leugnet die Tat vor dem Partisanenführer Petros. Als er schließlich eine Geiselerschießung verhindern will, wird er durchschaut und soll von seinen Landsleuten hingerichtet werden. Seine Frau besteht darauf, mit ihm zusammen zu sterben. Gemeinsam, wie ihre mythologischen Vorläufer, gehen die beiden in den Tod.
Angesichts des ungewöhnlichen Erfolgs dieses ganz und gar nicht ungewöhnlichen Stückes, das in breiter, nicht selten (trotz ihrer Deftigkeit) romantisch verklärter Folklore vom einfachen Leben schwelgt, gelangt man nur zu leicht zu der Feststellung, daß es sich für die Zuschauer eben vor allem dadurch von den anderen Vergangenheitsbewältigungsdramen unterschied, daß es sein Thema nach dem Balkan verlagerte, zwar die Nazis nicht verharmlosend zeichnete, aber dennoch das Paar eben Opfer der Partisanen werden ließ. Mit dem ungebrochenen Gesetz der Gastfreundschaft »egalisiert« Ahlsen das angesprochene Thema der Schuld zwischen beiden Fronten. Wenn man so will, machte der Erfolg Ahlsens eigentlich das verklemmte Verhältnis des Publikums zum Thema »Auseinandersetzung mit der eigenen Vergangenheit« schlagartig deutlich und sichtbar.
Ahlsens nächstes Stück, zuerst für das Fernsehen konzipiert, war *Raskolnikoff* (1960). Mit seinen beiden folgenden Stücken, die Ahlsen auf dem Weg zum historischen Drama zeigten, hatte der Autor insofern Pech, als sie in den Windschatten ausländischer Stücke gerieten. Sein Stück *Sie werden sterben, Sire* (1964, auch als Hörspiel unter dem Titel *Tod eines Königs* gesendet) versucht, die Grenzsituation der Todesangst mit dem plötzlich unwichtig werdenden königlichen Pomp und der weltlichen Macht zu konfrontieren – von ähnlicher Thematik wie IONESCOS damaliger Bühnenerfolg *Der König stirbt* (deutsche Erstaufführung: Düsseldorf 1963). So auch Ahlsens *Der arme Mann Luther* (1965): OSBORNES Luther-Stück ging ihm vorweg.

Der Zweite Weltkrieg auf der Bühne:
Oben links: »Stalingrad« von Claus Hubalek, eine Dramatisierung des berühmten Dokumentar-Romans von Plievier, wurde 1962 in Köln uraufgeführt (Regie: Oscar Fritz Schuh, im Bild: Bernhard Minetti als General Thomas). – Rechts: Schon Anfang 1954 fand die Uraufführung von Hubaleks erstem Stück mit zeitgeschichtlicher Thematik statt: Oscar Fritz Schuh inszenierte im Theater am Kurfürstendamm »Der Hauptmann und sein Held« (mit Jo Herbst und Walter Süßenguth).

Unten links: Das »Gegenwartsstück« »Die Bäume stehen draußen (Philemon und Baukis)« von Leopold Ahlsen wurde in der Regie von Dietrich Haugk Anfang 1956 in München uraufgeführt; es spielten u.a. (v. links) Arno Assmann, Peter Arens, Robert Graf, Carl Wery und (nicht im Bild) Annie Rosar. – Rechts: Nach dem Theaterstück von Johannes Mario Simmel drehte Robert Siodmak 1960 den Film »Mein Schulfreund« (Drehbuch: Simmel und R.A. Stemmle): die Rolle des Geldbriefträgers Fuchs, dessen Schulfreund Hermann Göring war, spielte Heinz Rühmann.

Den Gerhart-Hauptmann-Preis des Jahres 1957 erhielt THEODOR SCHÜBEL (*1925) für sein Erstlingswerk *Der Kürassier Sebastian und sein Sohn*, das 1958 in Berlin zum ersten Mal gespielt wurde. Schübel hat sich für seine kohlhaasartige Figur sicher durch BRECHTS *Mutter Courage* anregen lassen. Sein Stück vom Dank des Vaterlands spielt daher auch im Dreißigjährigen Krieg (der nicht nur Brechts wegen eine beliebte Parabel-Parallele zu den Erfahrungen der Verwüstungen des Zweiten Weltkriegs abgab). Vor der Eroberung Regensburgs hatte der Feldhauptmann demjenigen den »Dank des Kaisers« versprochen, der zuerst seinen Fuß auf die Mauer der Festung setze. Der Kürassier Sebastian vollbringt die mutige Tat, verliert aber einen Fuß dabei. Von Dank ist nicht die Rede. Statt dessen heimst der Feldhauptmann bei Kriegsende fünf Planwagen voll Beute ein. Sebastian, um den Lohn des Kaisers betrogen, zieht fordernd von Amt zu Amt, trifft seinen Sohn Lorenz, der zu Hause für die Rückkehr des Vaters eine Sau gemästet hatte, die von einem requirierenden Leutnant gestohlen worden ist. Auch der Sohn verlangt von den Ämtern sein Recht, jedoch werden die beiden überall verjagt. So überfallen sie schließlich eines Nachts die Planwagen des Feldhauptmanns und wollen gerecht teilen. Aber sie werden bald verhaftet. Sebastians Sohn wird erschossen. Sebastian kehrt nach Hause zurück, aber nur, um alsbald nach Wien fortzuhumpeln, um sich den Dank des Kaisers dort abzuholen. Er wird ihn nicht bekommen.

Schübel ist in seiner klaren Anti-Kriegsparabel, die zeigt, daß der »kleine Mann« nur die Rechnung zu bezahlen hat, ohne daß ihm Recht wird, trotz der holzschnittartigen Sprache (eine stets drohende Gefahr für Stücke, die historisierend die einfachen Menschen früherer Jahrhunderte zu Wort kommen lassen wollen) und trotz des »leider nur flächigen Schwarz-Weiß-Spiels« (Heinz Beckmann) ein aufführbares Stück über den Krieg gelungen, wenn er auch nicht mehr als eine »Binsenweisheit« (Friedrich Luft) dramatisierte. Gefahr des Stücks: seine szenische, bilderbogenhafte Oberflächigkeit, seine widerspruchslose Dramaturgie.

Schübels 1964 geschriebenes, 1965 zuerst in Lübeck gezeigtes Stück *Wo liegt Jena?* hat die deutsche Teilung zum Thema: Im Laufe der Jahre wird eine Familie mehr und mehr auseinandergerissen. Ihre Kinder im Westen sind oberflächlich, egozentrisch und taktlos gönnerhaft, die Angehörigen im Osten verschüchtert und voller Ressentiments und Komplexe. Das kommt zum Vorschein, als alle in einem bayerischen Dorf nahe der Zonengrenze anläßlich der Beerdigung ihrer Mutter zusammenkommen. Ernüchtert fährt das drüben lebende Ehepaar in die DDR zurück. 1964 findet erneut eine Beerdigung statt: ein Sohn wurde beim illegalen Grenzübertritt erschossen. Nach diesem Besuch streben die inzwischen in der Großstadt lebenden Kinder nervös und hastig wieder fort von ihrem ursprünglichen Zuhause. Der alte Gastwirt bleibt verwaist und ohne Trost auf seinem Gasthof zurück. Schübels Fernseherfahrungen schlagen sich in der routinierten Realistik der Szenen nieder, bestimmen aber auch den geringen Tiefgang des Stücks: »Literarisch betrachtet bietet Schübel dialogisiert Reportage in perfektem Naturalismus« (Johannes Jacobi).

Der Wohltäter, 1968 in Münster uraufgeführt, war in dem langen Zeitraum von neun Jahren erarbeitet und umgearbeitet worden: Das Stück, in dem ein Großunternehmer das Christentum so ernst nimmt, daß er sein gesamtes Vermögen der Kirche vermacht und daher von seiner Familie ins Irrenhaus gebracht wird, fand kaum noch Resonanz.

Auch einen Gerhart-Hauptmann-Preis erhielt WOLFGANG ALTENDORF (*1921) für

sein ebenfalls die deutsche Teilung zum Anlaß nehmendes Drama *Die Schleuse* (1957). Die Fabel spielt im Niemandsland an der Grenze, wo ein Schleusenwärter auch Flüchtlinge »durchschleust«. Einer der Flüchtlinge erschießt ihn. Nun tritt ein geheimnisvoller »Herr« auf: »Du hast dir eine Pistole besorgt, und solange du sie in der Tasche hast, wirst du schießen, immer. Die sechs Patronen im Magazin sind eine Versuchung.« Ein überhöht parabolisches Spiel also, das nun von neuem beginnt. Wieder ist der Alte gutwilliger Helfer, wieder kommt der Junge, wenn auch nicht als politischer Flüchtling, sondern als Krimineller. Dennoch will ihn der Schleusenwärter unterstützen – bis er merkt, daß der Junge seine Nichte um ihr Erbe betrügen will. Am Ende wird also wieder geschossen: der Alte ist zum zweiten Mal tot. *Das Dunkel* (1956) zeigt drei Kumpels in einem verschütteten Schacht, um zu beweisen, daß der Mensch in der äußersten Gefahr in sich geht. Eine »Szenenpredigt« (Friedrich Luft) also.
Thomas Adamson (ebenfalls 1956) handelt von einem jüdischen Jungen, der, um eine Anstalt, die ihn im Jahr 1933 nicht verstoßen will, zu retten, einen Diebstahl begeht und sich umbringt. Nun wird die Anstalt gerade deswegen geschlossen. Auch dies also eine angestrengte moralische Parabel.
Mit der deutschen Teilung beschäftigt sich auch Dieter Meichsners *Besuch aus der Zone* (1958 in Saarbrücken uraufgeführt): Eine mitteldeutsche Fabrikantenfamilie reist nach dem Westen zum früher geflüchteten Kompagnon, um nach den Gründen zu forschen, warum die Handelsbeziehungen plötzlich abgebrochen wurden. Die DDR-Besucher werden als arm, ehrlich, anständig und stolz, ihre westlichen Partner als reich, mit schlechtem Gewissen und einer zu großzügigen Geschäftsmoral ausgestattet, geschildert. Man sieht: in den deutschen Teilungs-Dramen beginnt das schlechte Gewissen über den wirtschaftlichen Boom und die Erfahrungen mit den hemdsärmeligen Praktiken des Kapitalismus der Restauration sich zu regen. Die westdeutschen Kompagnons haben ihre ostdeutschen Partner, wie sich herausstellt, um ein ungeschütztes Patent betrogen. Der Besuch aus der DDR fährt still und ernüchtert, ohne dramatische Anklage, wieder ab. Das Stück ist dokumentarisch handfest, von einem genauen Oberflächenrealismus – wie viele Stücke jener Zeit eher dem Fernsehen als dem Theater zugehörig.
Das schwierigste Thema innerhalb der »vergangenheitsbewältigenden Stücke« bildete der Völkermord an den Juden. Hier konnte so schnell Distanz nicht entstehen, hier war zum einen die Betroffenheit in der Tat am größten, die Mitschuld am verzweigtesten. Zum anderen: das Drama kann mit einer Bedingung besonders schlecht auf dem Theater leben, nämlich wenn es wegen seiner Themenwahl der kritischen Distanzierung entzogen und entrückt wird, wenn es sich selbst den Zwangscharakter von Weihestunden auferlegt. Dieser Bann war eigentlich erst mit Max Frischs *Andorra* gebrochen, wo das Thema in die weitestmögliche Parabelform gebracht worden war. Am anderen Ende stand die Entwicklung zum Dokumentartheater, also zur *Ermittlung* von Peter Weiss, weil dem Autor klar geworden war, daß szenische Erfindung niemals kongruent Auschwitz »erfassen« könnte. Vielleicht am deutlichsten werden die Schwierigkeiten und Fragestellungen dieses Themas bei dem 1957 aufgeführten Stück von Erwin Sylvanus *Korczak und die Kinder*, das damals (als erstes Stück nach dem dramatisierten *Tagebuch der Anne Frank*) ebenso große Bewegung und Rührung wie Heuchelei ans Rampenlicht brachte.
In der Besprechung von Albert Schulze-Vellinghausen wird die damalige Problematik in all ihren Nuancierungen spürbar:

Dieses Spiel vom Schicksal jüdischer Kinder in einem Warschauer Waisenhaus ist zugleich gutgemeintes Lied vom braven Mann und Waisenhausvater, der seine Schützlinge nicht im Stich ließ und mit ihnen freiwillig nach Maidanek ging. Spiel mithin vom äußersten Horror aberwitzigsten Rassenwahns, vom Verfasser in zweifellos bester Absicht ausgedacht als eine Art »Memento«. Memento durchaus in sauberer, schlichter, vergleichsweise würdig um Anstand bemühter Sprache naiven Laienspiels. Das Werk, weniger Handlung als vielmehr Bericht und Betrachtung im Stile der szenischen Epik Bert Brechts, soll die Lauen rühren und gegen unser aller schamvoll-schamlose Vergeßlichkeit kämpfen.
Die Schlichtheit der Sprache wird öfters durchbrochen von anspruchsvoll dramaturgischen Tricks. Bühnengerede über die »Rolle«, Rollenzuweisung, Rollentausch – das spielt sich, ersonnen als Distanzierung, nachgerade selbsttätig aus. Was bei Wilder, Claudel, Pirandello als geistreiches Mittel am Platze ist, wirkt hier plötzlich erschreckend taktlos. Nicht im Gefolge von böser Absicht, sondern als Folge von Naivität. Ein so wahrhaft eschatologisches Thema verbietet alle geistreichen Mittel. Der Weg zur selbsterkennenden Sühne geht über Sparsamkeit und Verzicht – nicht über Zurüstung. Da helfen auch keine Bibelzitate, die Wirkung ist äußerlich oratorisch.
Das Ganze stellt eine strenge Frage: die nach der menschlichen Selbsteinschätzung. Wer von uns könnte denn in der Tat nach diesem äußersten Thema greifen? Aischylos, Dante, Calderon, Shakespeare. Vielleicht Büchner. Von den Lebenden – vielleicht – Camus. Schönberg hat es heroisch versucht, in seinen »Überlebenden von Warschau«. Seinem Versuch kam Musik zur Hilfe. Unsereinem steht die verzweifelte Andeutung zu.
Und dann: Wer soll so etwas aufführen dürfen? Eine Frage, die sich schon bei »Anne Frank« gestellt ... wenn etwa man beobachten muß, wie der oder jener Provinzroutinier, der oder jener Ex-Intendant keinen Anstand nahm, Regie zu führen – weil aus dem höllisch belastenden Thema nun ein verbürgter Erfolg geworden. Was das Spiel von Sylvanus betrifft: es wäre vielleicht von Studenten und Schülern, von Kolpingsöhnen aufzuführen. Aber nicht von unseren Berufsinstituten, die alle – zumindest als Institution – der Trillerpfeife gehorchen müssen.
Die Krefelder Bühne hatte das Spiel – im »studio« von Mönchen-Gladbach – auf den Vorabend von Allerseelen gesetzt. So war es wenigstens richtig placiert. Aber die geistige Dissonanz – wacker bestrebte Berufsschauspieler an einem »Stoff«, der sich ihnen entzieht – war gleichwohl geradezu gespenstisch. Wir wollen uns nicht vor dem Thema drücken und müssen durchs Purgatorium gehen. Aber es muß uns in höherer, in denkbar hoher Form »gedichtet« begegnen, das wirkliche Memento. Pegasus ist – was man gerne vergißt – dem Rumpf der schrecklichen Gorgo entsprungen. Diese Herkunft verpflichtet. Man darf sich nicht am Entsetzen vergreifen.

Diese Kritik drückt eigentlich in jeder Zeile, in jeder Formulierung aus, wie der Zustand der damaligen öffentlichen Meinung die Darstellung der Millionenmorde an den Juden dem Theater entzog. Das wird noch in den (verständlichen) Widersprüchen der Rezension in jedem Satz symptomatisch, wenn fast in einem Atemzug »höchste Kunst« und völlige Abwesenheit von Kunst (also betroffenes Laienspiel von Kolpingsöhnen) für dieses Thema gefordert wird. Die Unfreiheit gegenüber einem Gegenstand kann sich nur dann nutzbar für die Bühne artikulieren, wenn das Objekt noch angreifbar vorhanden ist – nicht aber, wenn Geschehenes gleichzeitig nicht mehr ungeschehen zu machen, also zu verändern ist und die Beschäftigung mit ihm die Autoren sozusagen unangreifbar macht.
Das Theater mußte, zwangsläufig, einen unguten Verhaltenskodex entwickeln – gewissen Beerdigungsbräuchen nicht unähnlich. Man verließ *Korczak und die Kinder*, wie es in Rezensionen hieß, »ohne Beifallskundgebungen«. Unvorstellbar, daß man

etwa einen Schauspieler in einer solchen Rolle hätte anbuhen können. Und immer wieder hieß es, daß der Autor die ehrenvolle Aufgabe übernommen habe, die Erinnerung an schmachvolles Unrecht wachzuhalten. Es war dies eine seltsam unreflektierte Rolle, die unser Subventionstheater als eine Art Sühnestätte (auch mangels spontaner, »unsubventionierter« Sühne) zu übernehmen hatte.

Die weiteren Stücke von Sylvanus: *Zwei Worte töten* (1959), eine szenische Reportage von der Affekthandlung eines Negersoldaten, der die Beleidigung seiner Verlobten, einer Deutschen, durch einen tödlichen Messerstich vergolten hat und dafür mit fünf Jahren Gefängnis bestraft wird. 1960 folgte das Stück *Unter dem Sternbild der Waage*, in dem ein General, ein Handelsvertreter, ein algerischer Student, ein Dramatiker, eine Tänzerin, ein Intendant und weiteres Personal in einem Pensionszimmer zwecks Dramatik versammelt sind. Auch dieses Stück wurde, wie *Zwei Worte töten*, ein Mißerfolg. 1973 wagte sich Sylvanus wieder an ein heikles Thema und verunglückte mit dem in Hamburg uraufgeführten *Jan Palach*-Stück – eine Art Heiligenlegende, in der die Titelfigur nur aus der Erinnerung anderer Personen entstehen soll.

Bleibt nachzutragen, daß es, neben *Korczak und den Kindern*, in den späten fünfziger Jahren eine ganze Reihe von Stücken gab, die sich ein ähnliches Thema gewählt hatten: zum Beispiel wollte Thomas Harlan 1959 unter dem Titel *Ich selbst und kein Engel* dem unbekannten Helden des Warschauer Ghettos ein Denkmal setzen; oder Hans Breinlingers *Konzert an der Memel* (1957), das – eng an das Thema der *Winterschlacht* von Johannes R. Becher angelehnt – schildert, wie ein deutscher Soldat sich lieber töten läßt, als sich an der Ermordung jüdischer Sowjetbürger zu beteiligen.

Daneben gibt es Stücke, die als realistische Bilderbogen zu zeigen trachten, wie die Schuld an jüdischen Mitbürgern auch in der westdeutschen Restauration ungesühnt bleibt. Joachim Wichmanns *Keine Zeit für Heilige* (1958) handelt von zwei Brüdern, von denen der eine sich in der Nazizeit widerrechtlich jüdischen Besitz aneignete, während der andere schuldlos blieb. Der Karrierist macht auch jetzt Karriere, wird Bundestagsabgeordneter.

Johannes Mario Simmel (* 1924), damals noch nicht Verfasser geplanter Bestseller, in denen politische Verstrickungen als Nervenkitzel wirken und moralische Kategorien scheinbar dazu herhalten müssen, den Lesern ihr schlechtes Gewissen für die seichte Spannung abzunehmen, landete damals den Coup des erfolgreichen *Schulfreunds*, der 1959 am Mannheimer Nationaltheater uraufgeführt wurde (um später auch auf den Film zu kommen). Über dem scheinpolitischen Thema übersah man damals, daß es Simmel auch hier schon um den Hintergrund einer effektsicheren Reportage ging. Die Handlung: Der Geldbriefträger Fuchs, kleiner Mitläufer als PG, versteckt einen halbwüchsigen Juden vor den Deportationskommandos der Nazis auf dem Dachboden. Da Fuchs zusammen mit Göring in der Schule war, schreibt er erbittert einen Brief an den ehemaligen Schulfreund, in der Annahme, der Reichsmarschall wisse sicher nichts von diesen Bluttaten (eine satirische Variante der »Wenn das der Führer wüßte!«-Haltung vieler Deutscher). Er bittet Göring um Abhilfe. Göring verschont zwar seinen Schulfreund Fuchs, aber er wird für verrückt erklärt und zwangspensioniert. Nach Kriegsende kämpft Fuchs kohlhaasisch um die Wiederattestierung seiner Zurechnungsfähigkeit. Er erhält sie erst, nachdem man ihm wegen Behördenbeleidigung eine Gefängnisstrafe aufgebrummt hat.

Bei diesen Klischees und Schnittmustern also war die Vergangenheitsbewältigung inzwischen erfolgsträchtig angekommen. Ein gemüthafter Volksstück-Ton (im Grunde zutiefst verlogen) versöhnte das Publikum mit dem pseudopolitischen Thema, das in Wahrheit nur die verbrauchten Ressentiments gegen den wiehernden Amtsschimmel, vom ewigen Undank der Welt und von der rührenden Ohnmacht des »kleinen Mannes« mit neuen Kostümen (also mit Nazi-Uniformen) drapierte.

ABSURDES UND POETISCHES THEATER

Das absurde Drama

Das absurde (wie auch das poetische Drama) sind im Nachkriegsdeutschland »importierte«, bestenfalls in Heimarbeit weiterverarbeitete Formen – die ersten, mit denen das deutsche Drama sich wieder an internationale Entwicklungen anschloß, an ihnen teilnahm. Gewiß waren auch schon die Stücke der Vergangenheitsbewältigung in der Auseinandersetzung mit den antiillusionistischen Mitteln von PIRANDELLO bis WILDER entstanden, aber oft wirkten die Mittel nur wie eine äußere, zusätzliche Kostümierung von Themen, deren Autoren nur schamhaft und nicht immer geschickt ihren naiv-illusionistischen Impetus verhängen und verbergen wollten.
Als solches »Kostüm« taugte das absurde Theater weniger, weil es eine Form aus einem Inhalt war, weil sich hier in den Äußerungen notwendig auch eine Welthaltung widerspiegelte, weil »Absurdität« eine Zeitstimmung war, genährt aus der existentialistischen Philosophie (wenn man an die Sisyphos-Interpretation von CAMUS denkt), resultierend aus der politischen Ohnmacht angesichts der damals überdeutlich empfundenen Drohung der Atombombe, die wie ein Menetekel des Weltuntergangs auf die Zeitgenossen wirkte, und angesichts der überdeutlich werdenden Zerrungen zwischen scheinstabilen, restaurativen bürgerlichen Formen und gesellschaftlichen Inhalten, die durch sie nicht mehr gedeckt wurden.
All das mag die Zeitstimmung dazu bewogen haben, eine allgemeine Heillosigkeit nicht mehr »logisch«, nicht mehr »zwingend«, nicht mehr in einem Heilsplan inbegriffen, also nicht mehr eschatologisch deuten zu wollen, sondern dem Wirrwarr durch den Wirrwarr zu begegnen, über das Entsetzen zu kichern (jene Zeit war ja auch die Blütezeit des sogenannten »Schwarzen Humors«) und die Widersprüche und Risse nicht deutend zu glätten.
Auch das ist ja »absurd« am »absurden Theater«, daß es nämlich, indem es vorgibt, keine Antworten auf die Fragen der Welt anzuvisieren, doch Parabeln schafft. Oder, wie WOLFGANG HILDESHEIMER es in seiner *Erlanger Rede über das absurde Theater* (1960) gesagt hat: »Jedes absurde Theaterstück ist eine Parabel ... das absurde Theaterstück (wird) eben durch das absichtliche Fehlen jeglicher Aussage zu einer Parabel des Lebens.« Und an anderer Stelle: »... das absurde Theater stellt nichts dar, was sich im logischen Ablauf einer Handlung offenbaren könnte: es identifiziert sich vielmehr mit dem Objekt – dem Absurden – in seiner ganzen, großartigen Unlogik, indem es in Form von Darstellungen bestimmter absurder Zustände, vor allem aber durch sein eigenes absurdes Gebaren Einzelblicke auf die Situation des Menschen freigibt.«[33]
Hildesheimer lehnt für die absurden Parabeln die doch der Parabel eigentlich wesentlich zugehörige Qualität des Analogieschlusses auf die Wirklichkeit ab. Sieht man

sich jedoch eines der erfolgreichsten Werke von IONESCO, *Die Nashörner* (Uraufführung: Düsseldorf, 31. 10. 1959), an, so fällt sofort auf, wie sehr diese Parabel zum Analogieschluß auf die Wirklichkeit drängt – weshalb sie auch von Hildesheimer gründlich verachtet wurde. Daß BECKETTS »Endspiele« auf gewaltige ontologische Analogien angelegt sind (was nicht heißt, daß sie, wie einfache Allegorien, Zug um

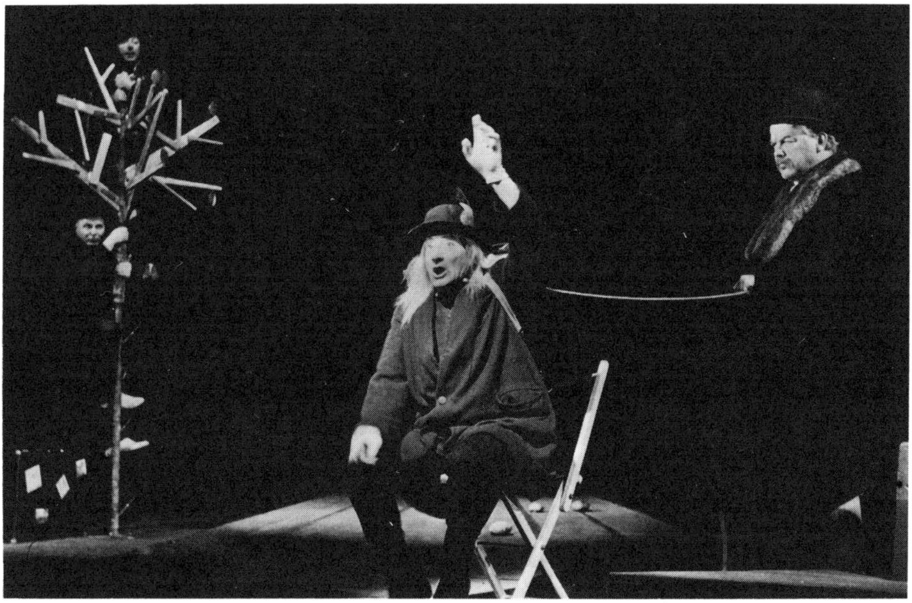

In einer berühmt gewordenen Inszenierung brachte Fritz Kortner am 27. 3. 1954 an den Münchener Kammerspielen das klassische Werk des »absurden Theaters« heraus: »Warten auf Godot« von Samuel Beckett, dessen deutsche Erstaufführung im September 1953 im Schloßparktheater in Berlin stattgefunden hatte. In der Münchener Inszenierung spielten Ernst Schroeder (Wladimir, links, unter dem Baum stehend), Heinz Rühmann (Estragon, auf dem Baum sitzend), Rudolf Vogel (Lucky) und Friedrich Domin (Pozzo).

Zug simpel »übersetzbar« wären), mag mit einem einfachen Hinweis auf die bis zum Hals in einem Haufen vergrabene Winnie in Becketts Stück *Glückliche Tage* (deutsche Erstaufführung: 30. 9. 1961, Berlin) hinreichend belegt sein: gerade Reduktion drängt ja zu vielfacher analogischer Auflösung und Anwendung.

Mit anderen Worten: das deutsche absurde Theater hat, anders als das französische, sich jede Nutzanwendung verbeten. Es genügte ihm, auf eine absurde Welt absurd zu reagieren, während doch Ionescos Pessimismus und (spätere) Todes-Allgegenwart sich mindestens als anwendbare Warnung vor den Ideologen (sprich: vor BRECHT oder SARTRE) verstanden wissen wollte.

Sieht man über die westliche Grenze Deutschlands hinaus, also nach Frankreich, wo neben Beckett und Ionesco Autoren wie TARDIEU, ADAMOV, AUDIBERTI, ARRABAL, um nur sie zu nennen, absurde Stücke geschrieben haben, und sieht man andererseits nach dem Osten, also nach Polen, wo das absurde Theater die ganz andere Funktion hatte, den Schrecken vor dem politischen Überdruck listig zu artikulieren, gleichzeitig den verordneten Optimismus kritisierend (MROZEK), wobei auf eine reiche eigene

Tradition (z. B. WITKIEWICZ) zurückgegriffen werden konnte – dann erst wird in dieser vergleichenden Sicht klar, eine wie geringe Rolle das »absurde Theater« für die deutsche Szene spielte.

Gewiß – Elemente des Absurden wurden (ähnlich wie von Mrozek) etwa von WALSER in seinem *Abstecher* verwendet, die frühen Stücke von PETER WEISS (etwa die *Versicherung*, aber auch *Nacht mit Gästen* kennen und verwerten sie, wobei Weiss auch auf die verschüttete deutsche Tradition (YVAN GOLL) zurückgreift. DÜRRENMATTS Dramatik kennt die absurde Pointe als Baustein seiner vorgeblich nihilistischen, in Wahrheit verkappt moralisch-theologischen Parabeln. Und das deutsche Drama der zwanziger Jahre hatte durchaus seine absurden Vorläufer, zum Beispiel KARL VALENTIN. Aber im Grunde blieb das absurde Theater hierzulande ein mehr oder minder modisches Zwischenspiel.

WOLFGANG HILDESHEIMERS (*1916) erstes Theaterstück, *Der Drachenthron* (am 23. 4. 1955 im Düsseldorfer Schauspielhaus uraufgeführt, also an dem Theater, das sich am nachdrücklichsten für das Spätwerk Ionescos einsetzte), ist eine Variation der Turandot-Fabel, die zuerst von Carlo Gozzi dramatisiert (*Turandot*, 1762) und danach unter anderem von Schiller und Brecht paraphrasiert wurde. Hildesheimers Stück ist absichtlich leichtgewichtig und elegant – Eigenschaften, die ihn auch als Erzähler auszeichnen. Der Prinz, der kommt, um die Rätsel zu lösen, ist hier ein falscher Prinz, ein verkappter Abenteurer, Herzensbrecher und skeptischer Intellektueller. Der Schluß existiert in zwei Fassungen. In der Fassung von 1955 bleibt der falsche Prinz abseits von der Macht, die deswegen der echte astrachanische Prinz samt Prinzessin an sich reißt: »Das Stück möchte ein Appell an die Intellektuellen sein, die Machtübernahme im Staat nicht allein den Technikern der Macht zu überlassen«, meint MARIANNE KESTING, womit Hildesheimer doch eine Parabel der übersetzbaren Analogien geschrieben hätte.[34] Im Schluß von 1959 dagegen – das Stück heißt jetzt *Die Eroberung der Prinzessin Turandot* – gewinnt der echte Prinz zwar auch den Thron nebst der Prinzessin, aber der falsche Prinz bleibt sowohl der Turandot wie dem Staat erhalten, als Ratgeber und Einflüsterer im Hintergrund. So kann er das Gute stiften und beeinflussen, der Prinz wird dennoch den Ruhm dafür einheimsen – an eine Analogie Kissinger-Nixon war damals gewiß noch nicht gedacht. Obwohl der Dialog von Shawschem Witz ist, meinte FRIEDRICH TORBERG, daß Hildesheimers satirische Begabung »sich in einer fremden Gegend verläuft und nicht ankommt«.[35] Mit absurdem Theater hat die *Turandot* (noch) kaum etwas zu tun – eher etwas mit DÜRRENMATTS spöttischen Kabarett-Aperçus zur Weltgeschichte und großen Politik, wie sie im *Romulus* untergebracht wurden.

Die folgenden Stücke faßte Hildesheimer 1958 in dem Band *Spiele, in denen es dunkel wird* zusammen. Das erste, *Pastorale oder Die Zeit für Kakao*, kennzeichnet Marianne Kesting als »wildgewordenes Kabarett, durchtränkt mit Anspielungen auf bundesrepublikanische politische Gepflogenheiten«. In der Tat sind Hildesheimers Stücke oft von der Gefahr bedroht, daß sie nicht immer sicher zwischen absurden und bloß oberflächlich und momentan zeitkritischen Einfällen unterscheiden können. Trotzdem lassen sich in *Pastorale* ein paar wirksame Vorlieben und Abneigungen Hildesheimers, die für seine Stücke und Bücher zum bleibenden Inventar wurden, an vergnüglichen Szenen ablesen: der Hohn über die vereinsmeiernde teutonische Sangeslust, die Freude an deutschen Namen, die an sich schon spaßig-satirisch sind (Bergassessor Asbach) und die geschickt entlarvende Zitierung von Bildungsfloskeln.

Das zweite Stück: *Landschaft mit Figuren*, dessen Dialoge »vorsätzlich Quatsch mit Poesie mischen« (Friedrich Luft)[36] und das »eine Aneinanderreihung von Lustspielklischees aus der Mottenkiste der Salonstücke ist« (Marianne Kesting). Wolfgang Ebert hat das positiver so ausgedrückt: »Hildesheimers Ansatzpunkt ist die aus-

Wolfgang Hildesheimer im Düsseldorfer Schauspielhaus: »Der Drachenthron« (links) wurde 1955 von Gustaf Gründgens inszeniert (mit Paula Denk und Max Eckard); »Mary Stuart« (rechts) wurde Ende 1970 mit Maria Becker und Dom de Beern (als Henker) uraufgeführt (Regie: Konrad Swinarski).

geplünderte, aufgewärmte, ausgehöhlte Sprache unserer Epoche, die nicht mehr als Mittel der Verständigung, sondern der Verschleierung und Lüge dient, weil sie ihren Bezug zur Wirklichkeit verloren hat und zur abgegriffenen Münze wurde.«[37] Die Handlung: Ein Maler im Atelier empfängt mehrere Figuren, die dem Fin de siècle entstammen. Währenddessen setzt ein Glaser die Scheiben ein, so daß es »immer dunkler« wird: »Die Welt verfinstert sich, der Glaser, eine Schlüsselfigur Hildesheimers, setzt schwarze Scheiben ein« (Karl Markus Michel).[38]

Auch im dritten Stück, *Die Uhren*, erscheint der gleiche Glaser zwecks Verdunklung, Uhren gehen durcheinander, strickende Ehefrauen (sehr direkt von Ionesco abstammend) füllen die Szene.

In *Der schiefe Turm von Pisa* (am 18. 4. 1959 in Celle uraufgeführt) gibt es dagegen so etwas wie eine Handlung: Ein deutscher Unternehmer führt seine Frau in eine hochfeine Ferienwohnung mit Ausblick (oder besser: unzähligen Ausblicken) auf den schiefen Turm. »Das banausenhafte Fremdenführer-Wissen dieser Neureichen wird ebenso verspottet wie das örtliche Fremdenverkehrsgewerbe« (Johannes Jacobi).[39] Als der Turm am Schluß einstürzt, brechen auch alle Konventionen sowie die Ehe der Reisenden auseinander. Die Kritik war fast einmütig der Meinung, daß es sich um ein hübsches, wenn auch dünnes Werkchen handle.

Die Verspätung (am 14. 9. 1961 an den Düsseldorfer Kammerspielen uraufgeführt) spielt in einem verfallenden, verlassenen Dorf, dessen übriggebliebene Einwohner sich in der Dorfschenke zusammenfinden. Zu ihnen kommt ein Ornithologe, auf der Suche nach einem seltenen Vogel. Während auf den ersten Blick alles ganz alltäglich wirkt, wird es nach und nach immer unheimlicher. Die Dorfbewohner werden zu Schreckfiguren, die den Gelehrten mehr und mehr einschüchtern. Doch plötzlich

stellt sich heraus, daß es der Professor ist, der auf bürokratischem Weg die Verwüstung des Ortes veranlaßt hat. Am Schluß wartet der Professor allein mit einem schlafenden Sargtischler auf den Vogel, den es, wie sich herausstellt, gar nicht gibt: denn statt des erwarteten Vogels Guricht kommt eine simple Gans. Der Professor, der erkennt, daß er noch nicht einmal sich selbst überzeugen konnte, kippt vom Stuhl: »Eine Parodie auf die Illusionskünste des Gehirns« (Günther Rühle).[40]
Der Einakter *Nachtstück*, ebenfalls an den Düsseldorfer Kammerspielen erstmals vorgestellt (am 28. 2. 1963), ist thematisch eng mit Hildesheimers geglücktem Roman *Tynset* verwandt. Held ist also auch hier ein Mann, der schlaflos ist, einschlafen will und daher abstruse Schlafvorbereitungen genau nach Plan trifft. Vier Schockerlebnisse der Vergangenheit werden beschworen, während der Mann seine Arzneiflaschen durchstöbert, um das stärkste Schlafmittel zu finden, sich dabei die chemisch-komplizierten Verbindungen schon beim Sprechen genüßlich auf der Zunge zergehen lassend: er erinnert sich an vier sich steigernde Traumata, an Sängerknaben, an eine Prozession der Kardinäle in Rom, an Generalswitwen in Paris und schließlich – furchtbarster Alptraum – an ein Treffen ordensgeschmückter Ministerialräte auf einer deutschen Burg, wobei am Ende alle in den Schlußchor von Beethovens Neunter ausbrechen. Schließlich kriecht ein Einbrecher unter dem Bett hervor, auf den der Schlafsuchende schon immer gewartet hat: er gibt Botschaften (Zahlenkombinationen) durchs Telefon, die darauf hindeuten, daß der Schlafsuchende dem letzten, stärksten Schlafmittel erlegen ist.
Nachtstück und *Die Verspätung* sind Hildesheimers überzeugendste Dramen, wenn auch im *Nachtstück* die bedrängende Beckett-Situation durch die eigentlich nur zeitsatirischen Einfälle der Bedrohungen und Alpdrücke abgeschwächt wird.
Am 15. Dezember 1970, zur Eröffnung des neuen Düsseldorfer Schauspielhauses, wurde auf dessen kleiner Bühne Hildesheimers bisher letztes Stück uraufgeführt, *Mary Stuart*, der Versuch, eine absurde Weltsicht auf die Historie anzuwenden (ähnlich wie es ja auch Ionesco mit *Der König stirbt* und mit *Macbett* versuchte). Vorgeführt wird das Sterben einer Königin, die ausgeplündert und ausstaffiert zugleich wird – bis die Sterbe-Puppe an der Stelle der Person steht.
Auch die frühen Stücke von Günter Grass (* 1927) gehören dem absurden Theater zu: »Sie bedienen sich der von den französischen Absurdisten angewandten Mittel nicht zur sozialen Analyse, sondern treiben damit ein mehr oder weniger amüsantes Spiel; sie operieren mit blanken szenischen Einfällen, mit überraschenden Bildwirkungen auf der Bühne, die aber nicht viel besagen und offenbar auch nicht viel besagen sollen. Die ganze Welt erscheint ihnen absurd, und sie lassen das Publikum darüber im unklaren, welche Welt absurd und wieso sie absurd sei« (Marianne Kesting).[41]
Das »Stück in zwei Akten« *Hochwasser* (1957) ist die Darstellung einer Naturkatastrophe auf der Bühne, wobei die Folgen beabsichtigt banal bleiben. *Die bösen Köche* (1961) ist äußerlich ein durchaus sich altmodisch gebendes Fünf-Akte-Drama, in dem Köche, aus entfesselter Bühnenphantasie geboren, das Rezept der »grauen Suppe« von einer Autorenfigur, dem »falschen Grafen«, zu bekommen trachten, ihn zu einer Liebesschnulzen-Idylle verfolgen, wo er sich und seine Geliebte erschießt. Nun glaubt ein Koch, das Suppenrezept zu besitzen, worauf ihn die anderen jagen. *Noch zehn Minuten bis Buffalo* (1959), »ein so hübsch schwereloser, surrealistischer Scherzartikel für kleine Bühnen« (Friedrich Luft)[42], lebt von den auf die Bühne gebrachten optischen, also »malerischen« Einfällen, die es unverbunden in naiver Manier

reiht: unter Kühen malt ein Maler Segelschiffe, auf rostiger Lok enteilt der Kuhhirte der Idylle. *Onkel, Onkel* (1958) stülpt die Erwartungsvorstellungen vom Kinderverführer um, indem es diesen zum lieben, gütigen, harmlosen Menschen macht. Ein Pendant zu den *Bösen Köchen*, wo – umgekehrt – die harmlos-liebenswerte Klischeefigur des Kochs zum enthemmten Verfolger wurde.

Hans Günter Michelsen

Wenn hier der aus Hamburg stammende HANS GÜNTER MICHELSEN (* 1920), der erst 1949 aus Kriegsgefangenschaft zurückkehrte, zu den Autoren des »absurden Theaters« gerechnet wird, dann gewiß auf andere Art und Weise als Grass oder Hildesheimer. Wollte man Michelsens spezifische Qualität auf eine Formel bringen, so könnte sie lauten: Der Autor versuchte, das Kriegs- und Heimkehrer-Erlebnis (also das Thema WOLFGANG BORCHERTS) auf Beckettsche Parabeln zu reduzieren.
Jedenfalls gilt dies für sein erstes Stück, *Stienz* (1963). Ein ehemaliger Major hat sich in einer Bruchbude eingeschlossen, versucht, sich von seiner Vergangenheit freizuschreiben, indem er (vergeblich) die Taten seines Regiments festhalten will. Er lebt dafür mit seiner Tochter eingeschlossen in dem mehr und mehr vom Verfall bedrohten Haus, bewacht von den Stiefeltritten des Stienz, seines ehemaligen Hauptfeldwebels, der unten auf und ab marschiert, eine verwilderte Bestie des Gehorsams, die nur noch »Jawohemajo« (Jawohl Herr Major) stammeln kann. Im monotonen Kreisen und im Stillstand wird aus dem Diener und Bewacher der Kerkermeister, bis der Major ihn panisch zusammenschießt, damit seine Tochter tötend. Das Stück endet, wie es beginnt: ein neuer Stienz bewacht den memoirenschreibenden Eingeschlossenen. Spröde Insistenz zeichnet das Stück aus.

Lappschies (Uraufführung: Frankfurt, 23. 11. 1964) zeigt ebenfalls einen existentiellen Kreislauf einer gefangennehmenden Vergangenheit. In einem abbruchreifen Treppenhaus treffen sich ein Mädchen und ein Landstreicher, von denen offenbleibt, ob sie Vater und Tochter sind. Sie sind beide Verlassene, die einander mehrmals begegnen und doch nicht begegnen.

Feierabend 1 und *Feierabend 2* (1963) könnten, was ihre Fabeln anlangt, Polizeiberichten entnommen sein: »Frauenmörder findet sein zweites Opfer« und »Sohn ermordet Mutter«. Vergangenheit ist auch hier eine Zwangsvorstellung: In *Feierabend 1* stirbt Lucie, weil sie die »Rolle« der ermordeten Martha gegenüber dem Mörder in einem Kreislauf spielt und spielen muß. Im zweiten Stück sucht Eduard durch den Mord an seiner Mutter genau dem banalen Leben zu entkommen, das er seiner Familie bereitet, auf die er sie und sich also abgerichtet hat, um es in der Mutter hinzurichten. Zwei Stücke, die, sieht man von der Michelsenschen Kreisform ab, auf KROETZ' Dramen vorausweisen.

Für das Stück *Helm* (Uraufführung: Frankfurt, 17. 9. 1965) erhielt Michelsen 1967 den Bremer Literaturpreis. Es ist dasjenige seiner Stücke, in das die meisten »Realitätspartikel« eingegangen sind. Fünf Herren, ehemalige Kriegskameraden und Offiziere, treffen sich des Morgens zu einer ungewöhnlichen Verabredung auf einer Waldlichtung. Sie hatten vorher in einem neuen Stammlokal, das Oberst a. D. Kenkmann der Skat-Runde vorschlug, unerwartet den ehemaligen Küchenunteroffizier getroffen, der dank Kenkmanns Denunziation in ein Strafbataillon versetzt wurde und als Krüppel heimkehrte. Man hat Versöhnung gefeiert, angenommen, daß Helm vergeben habe, daher ist man jetzt seiner Einladung zur Waldlichtung gefolgt. Nun aber fallen Schüsse, und mit der Zeit verschwindet einer der Herren nach dem andern, um nach Helm zu suchen, der sich offensichtlich – so hoffen die Herren – einen Scherz erlaubt. So lassen sie, nie zurückkehrend, Kenkmann schließlich allein auf der Szene zurück; ob sie tot sind, weiß man nicht; Kenkmann wartet in steigender Nervosität und Verzweiflung auf die Rückkehr seines letzten Kameraden. Eine Handlung, bei der man nicht weiß, ob es sich um Halluzinationen aus der Nervosität des schlechten Gewissens handelt, führt fünf Leute vor, die als lebende Leichname aus der Vergangenheit auf die Bühne beschworen werden.

Nicht so geglückt sind Michelsens *Drei Akte* (1966), in denen es um verpfuschte Existenzen, um vertanes Leben geht: Im ersten Akt flieht ein Sechziger vor seinem Geburtstag in den Keller, im zweiten irren die künftigen Schwiegereltern der Tochter dieses im Keller gestorbenen Mannes hilflos durch den Wald, im dritten reden die beiden Verlobten aneinander vorbei.

Frau L schließlich (am 7. 6. 1967 im Rahmen der Frankfurter »Experimenta« uraufgeführt) zeigt Michelsens Kreislauf mit der Vergangenheit als Leerlauf. Die ältliche Frau L. nimmt einen Landstreicher auf. Während er schläft, ahnt sie voraus, daß eine jüngere Frau, blond, wie sie selbst einst war, ihr den Landstreicher wegnehmen würde. Und so kommt es dann auch. Frau L. bleibt trist zurück. Trick des Stücks: Frau L. ahnt das, was geschieht, in der Vergangenheitsform voraus, so den Kreis zum eigenen Erlebnis und zur endgültigen Vergangenheit schließend, durch die sie jetzt selbst ausgeschlossen wird.

Als zager Gegenschlag des Pendels, das in den Dramen der Vergangenheitsbewältigung heftig nach der Seite eines ungehemmten Illusionismus und naiven Realismus, mit eindeutiger Prädominanz der politischen Stoffe, ausgeschlagen war, als ein solch sanfter Gegenschlag läßt sich das poetische Drama in Deutschland betrachten. Stimuliert war es durch den Blick über die Grenzen und den Blick zurück in die Theatergeschichte. Es speiste sich aus der (durch GIORGIO STREHLER und sein »Piccolo Teatro di Milano«, aber auch durch das französische Theater) wiederentdeckten Commedia dell'arte, wobei freilich vergessen und übersehen wurde, daß bestimmte historische Bedingungen damals eine Spielart des Volkstheaters begünstigen konnten, die heute bestenfalls geschicktes Kunstgewerbe, herbeizitierte Patina wäre. Es speiste sich auch aus der Musikalität TSCHECHOWS, wobei die Tatsache unerkannt blieb, daß Tschechows »Poesie« Ausdruck einer bestimmten sozialen Situation war, in der eine zum Untergang verurteilte Lebensweise und Lebensauffassung in diesem Abtreten noch einmal neben ihrer existentiellen Nichtigkeit die betörende (auch törichte) Schönheit des von den Zwecken Entbundenwerdens zeigte, wie etwa im *Kirschgarten*. Es übernahm auch die anregenden Muster GIRAUDOUX' und ANOUILHS, dabei außer acht lassend, daß hier »Poesie« einmal auch notwendige Tarnung der Politik war, zum anderen die Form des Konversationsstücks erweitern konnte, weil die Abweichungen vom Muster dem ans Boulevard-Theater gewöhnten Publikum stark und eindrucksvoll als Kontrast auffallen mußten. Es ließ sich schließlich von CHRISTOPHER FRY oder T. S. ELIOT anregen, ohne vor Augen zu haben, daß Frys Poesie sich durch die vorgebliche Shakespeare-Nähe der Sprache von der üblichen »Realistik« des englischen Theaters ebenso wirksam absetzte wie Eliots mit Weihwasser verdünnter Whisky sich eben durch das Weihwasser vom Whisky des üblichen Salonstücks abhob. Und man verkannte die Unübertragbarkeit der Poesie GARCÍA LORCAS, die an spanische Verhältnisse und Traditionen gebunden ist wie KARL VALENTIN an das Münchner Idiom.

Kurz: das poetische Theater in Deutschland war eine Leihgabe der Mißverständnisse, eine rasche, folgenlose, blaßblütige Erscheinung. Autoren wie TANKRED DORST haben es auch als flüchtiges Durchgangsstadium (*Gesellschaft im Herbst*, 1960) schnell wieder verlassen, Autoren wie DIETER WALDMANN haben zu ihrem eigentlichen Thema erst gefunden, nachdem sie im Fernsehen realistische Gebrauchsdramatik über soziale Themenstellungen verfaßten. Gehalten hat sich jedenfalls nichts, weder sind die Autoren dem poetischen Theater (was auch immer sich unter dem vieldeutig verschwimmenden Begriff zu tarnen suchte) treu geblieben, noch hat das Theater davon bleibende, heute noch wirksame Impulse empfangen.

Dabei meinten nicht wenige, als zu Weihnachten 1960 im Hamburger Deutschen Schauspielhaus DIETER WALDMANNS *Von Bergamo bis morgen früh* uraufgeführt wurde, von hier und heute würde eine neue Theaterepoche ausgehen. In einer Boulevard-Zeitung war der »Grundgedanke« des Werks so ausgedrückt: »Er will uns bewußt machen, daß unser Leben unfrei und unsinnig in vielen Dingen geworden ist, und das eben sollen uns seine Gestalten aus der alten ›Commedia dell'Arte‹ vor Augen führen.« So war es dann auch: Harlekin und Pierrot kommen in die heutige »entmenschte« Welt der grauen seelenlosen Roboter mit einem Korb voller Commedia-dell'arte-Kostüme. Und so machen sie aus verrosteten Herzen »bis morgen früh« Pantalone und Colombina; wie es eben in Komödien so geht: das Töchterchen heiratet dann nicht mehr den Bankier, sondern nimmt ihren Maler Leandro, ein Verkehrspolizist regelt nicht mehr »stur« den Verkehr, sondern treibt Spaß – das Theater bleibt so unverbindlich, daß man sich nicht auszumalen wagt, wie die Zuschauer auf den gleichen Spaß in ihrem Auto während der Hauptverkehrszeit reagiert

Dieter Waldmann

hätten. Ein unverbindliches und flaches Vergnügen also, das Gustaf Gründgens seinem Publikum als Weihnachtsmärchen für Erwachsene servierte und das wohl auch so etwas wie seine Verachtung für das sonstige deutsche Gegenwartstheater, dessen eindimensional-formlose zeitkritische Bezogenheit ausdrückte.

Im Jahr zuvor, 1959, hatte Waldmann den *Blauen Elefanten* im Hamburger »theater 53« zur Uraufführung untergebracht, ein Rührdrama von einer alten Frau, die lieb zu einem Findelkind ist, weshalb sie beide von der bösen Außenwelt in verschiedene Heime gesteckt werden sollen. Denn die dummen und gleichgültigen Leute denken, daß das Kind taubstumm sei, während es in Wahrheit nur nicht sprechen will: Wenn es allein ist mit der Ziehmutter, sprechen sich beide hinein in eine Märchenwelt, in der es auch Elefanten gibt, die blau sind. Während die beiden also träumen, marschiert die bürokratische Verständnislosigkeit immer bedrohlicher auf ihre Idylle zu. Am Schluß ist sie da, aber die Alte ist tot, und das Kind ruft: »Elefant«: Giraudoux' Thema von den Unangepaßten in verdünntem Aufguß.

Atlantis (1963) variiert Waldmanns Thema von der schnöden Welt und dem schönen Traum ein weiteres Mal: Eine verarmte Prinzessin wartet auf ihr Wunder, auf Wesen

Hinreißender Theaterabend im Deutschen Schauspielhaus

„Von Bergamo bis morgen früh"

Ovationen für den jungen deutschen Dichter Dieter Waldmann, Gustaf Gründgens und das Ensemble — Silvesterstimmung von der ersten Szene an

Die Jugend stürmte nach vorn, Sprechchöre riefen nach Waldmann, Publikum und Schauspieler lieferten sich kleine Ballonschlachten, die Theaterluft schmeckte nach Sekt: Silvesterstimmung im Deutschen Schauspielhaus Es gab etwas zu feiern: die Geburt einer Komödie aus dem Geist der Komödie, Dieter Waldmanns „Von Bergamo bis morgen früh". In dem Glücksfall einer überschäumenden und nahezu perfekten Gründgens-Inszenierung zeigte es sich, daß geschliffene Zeitsatire im Gewand des poetischen, des heimlich romantischen Theaters der verborgenen Sehnsucht unserer Zeit entspricht.

Das deutsche Theater ist um eine Komödie, vor allem um einen Komödienautor, reicher. Freilich: Der junge Aut-
muß sich bei Gründgens und d-
bedanken. Das hingeri-
machte es ihm v-

Im V-

Die Th- …ichte kennt sie, wir
k- …ie sind — trotz der
…lich; die italienische
… in diesen fest-
…in für allemal die
…iefe Weisheit! —
…stauschbaren und
…von heute, von
…pfen lassen, um
…Typik zu kon-
…kverwandlung
…zu befreien:
…r Zeit, vom
…rierten Men-

…am Ende
…igen zehn
…n beiden
…ls in die

Überfrachtung mit derlei Abstraktionen — andere sind sinnfälliger: die Herren unisono auf Kinderrollern, die Damen in der modischen Gleichschaltung der brandroten und giftgrünen Perücken — sind Stolperdrähte im ohnehin nur mager ausgestatteten Handlungsgelände, in dem sogar die Liebe eher nach Formeln als nach Küssen schmeckt. Das sind Einwände, die man im Namen des Fußvolks der Theaterbesucher nicht ganz unterdrükken kann. Aber auch sie werden spüren, daß man dem hochbegabten jungen Autor einige Schwierigkeitsgrade zugutehalten muß: nicht nur dieses Stück, sondern auch der Mann hat zweifellos Zukunft.

Einen großen Teil seiner Zukunft hat er fraglos dieser brillanten, komödiantischen, großartig beschwingten, dazu auch noch klugen Gründgens-Inszenierung zu verdanken, die die Schwierigkeiten des Textes glatt überspielt und überall am Wege sorgfältig angelegte kleine Feuerwerke entzündet. Mit solchen Schauspielern — was zu bedenken ist — wie Reinckes losgelassenem, in der Wollust des Spaßes sich auch überschlagende Harlekin, Münchs betriebspsychologischem Dottore, Ullrich Haupts ›müdem Scheckbuch‹ Goldner, Eduard

Ein so vielbejubelter wie kurzlebiger Erfolg war Gustaf Gründgens' Inszenierung der Uraufführung von Dieter Waldmanns Komödie »Von Bergamo bis morgen früh« am 22. 12. 1960 im Hamburger Schauspielhaus. Die Hoffnung, von diesem Stück werde eine neue Epoche der deutschen Komödie ausgehen, hat sich nicht erfüllt, wenngleich die Premierenberichte vieler Zeitungen (oben: »Hamburger Abendblatt«) Erwartungen dieser Art nahelegten. Einhellig war der Enthusiasmus indessen angesichts des Ensembles unter Meister Gründgens: Heinz Reincke (Harlekin), Bruno Dallansky (Pierrot), Eduard Marks (Scharmützel-Scaramuzza), Elisabeth Goebel (Donna Lucia), Solveig Thomas (Colombina) – auf unseren Bildern v.links n.rechts.

aus Atlantis, also aus einer anderen Welt; die aber kommen, sind ganz gewöhnliche Einbrecher und Schnapphähne. Sie besteht eigenwillig auf ihrer »Lüge«, und der Räuberhauptmann hält seine Bande an, ihr Gäste aus Atlantis vorzuspielen. Doch die »Realität« ist stärker, das Diebsgesindel wird gefangen, Prinzessin Fenice sinkt zurück in ihre Träume und verscheidet vor Weh. Clara Menck rügte, »daß die Sprache neben manchem Poetischem soviel knisterndes Papier enthält«, am meisten schadet, »daß Waldmann sich zu keiner Lösung innerhalb der schwebenden Scheinwirklichkeit des romantischen Märchens entschließt«. Eine schwebende Scheinwirklichkeit, die nicht mehr mit der Realität korrespondiert, sondern nur mit anderen Theaterformen, die sie unverbindlich heranzitiert – das ist die entscheidende Crux des »poetischen« Theaters.

Mit *Die Schwätzer* (1965) hatte sich Waldmann bereits vom poetischen Drama abgewandt und versuchte sich in einer kritischen Komödie: Junge Leute, auf dem Gut einer französischen Dame, schwätzen von den Ideen der Revolution, bis durch ihr Geschwätz ein Aufstand im Dorf entsteht. Als die Rebellion das Schloß erreicht hat, laufen alle die mutigen Schwätzer einfach weg, nur die Dame, vorher schon totgesagt, stellt sich den Revolutionären: »Ich lasse bitten.« In dem Stück reicht es weder zu einer Intellektuellen-Komödie noch zu einer Farce. Also gilt, was Joachim Kaiser für *Atlantis* konstatierte, daß es »leer, szenisch flott, aber ohne Essenz« sei. Erst das Fernsehen brachte Waldmann die Möglichkeiten, sich, wenn auch immer noch an der Oberfläche, mit der Zeit und ihren Themen einzulassen.

Der 1928 in Zwickau geborene Konrad Wünsche ist durch seine »stupende und zugleich zarte Einfühlungsfähigkeit in gewesene Zeiten« (Rischbieter) zu einer sehr spezifischen Form des »poetischen Theaters« gekommen. Er begann mit zwei Einaktern *Über den Gartenzaun* und *Vor der Klagemauer* (1962), die mir damals sehr von García Lorcas Beispiel zu leben schienen, *Über den Gartenzaun* wirkte wie eine Variation zu Lorcas *In seinem Garten liebt Don Perlimplin Belisa.* Bei Wünsche wird ein Augenblick fixiert: der des Umschlags einer künstlich aufrechterhaltenen Kindlichkeit (eines alternden Mädchens) in die Angst der drohenden Altjüngferlichkeit. *Über den Gartenzaun* spiegelt die Sehnsüchte eines angejahrten Mädchens, die aus ihrer »Umzäunung« ausbrechen möchte. Leider ist die Sprache verunglückt. Wenn der Vetter beim Abschied sagt: »Welche Lippen, oh, welche verlaß ich, schon gehören sie nicht mehr dem Munde an, den ich einst betrat in meiner Jugend«, so ist das schlechter Rilke, und das Bild wirkt noch dazu unfreiwillig komisch obszön.

Vor der Klagemauer zeigt Menschen angesichts einer Katastrophe. »Man ahnt, daß das Chaos des Kriegsendes und der Vertreibung 1945 den Stachel abgegeben hat, der Wünsches Imagination zu einem poetisch vertieften Schreckensbild reizte« (Henning Rischbieter).[43]

Der Unbelehrbare (1963), ein fünfaktiges Stück, läßt sich als eine Art *Hamlet*-Travestie deuten und bezieht seine Stärke daraus, daß es die Hintertreppe des 19. Jahrhunderts wirksam als geheime Wunsch- und Bestimmungswelt einer bürgerlichen Gesellschaft definiert: In einer Familie ist ein Mord geschehen. Die Frau hat ihren Mann, einen bekannten Gelehrten, aus Eifersucht umgebracht (oder auch: sie hat die Eifersucht nur als Vorwand benutzt). Nun wird sie erpreßt von der ebenfalls verwitweten Kommerzienrätin, die den in Italien auf Bildungsreise befindlichen Sohn einst als Pennäler verführte und nun geil und gierig auf seine Rückkehr wartet. Der Sohn kommt zurück in diese Schlangen- und Mördergrube, möchte naiv, unbelehrbar bleiben, obwohl ihn das Dienstmädchen aufklärt über die Verbrechen im Hause. Er wehrt sich auch nicht gegen die »Braut«. Am Weihnachtsabend erscheint der Vater als Geist, um – hier die deutliche Hamlet-Anspielung – den Jungen zur Rache zu ermahnen. Prompt bringt das Dienstmädchen das Gift: da aber Paul es nicht der Mutter reichen will, muß er es selbst schlucken – »Wer nicht hören will, muß fühlen«.

Konrad Wünsche

Les Adieux oder Die Schlacht bei Stötteritz (1964) ist »ein Capriccio, eine mit scharfem Stift gezeichnete Schreckensvision« (Henning Rischbieter)[44], »ein Genrebild aus der Völkerschlacht bei Leipzig, das sich in einer Art Salto mortale in reine Lyrik auflöste« (Marianne Kesting).[45] Im ersten Bild erlebt man die Völkerschlacht bei Leipzig aus der Perspektive der im Keller versteckten Opfer, gleichzeitig wird gegen die Ohnmacht und Unzerstörbarkeit bürgerlichen Bildungsguts gehöhnt: denn zu den im Keller Versteckten kommt beispielsweise die Klavierlehrerin; man erlebt, wie sie an die Gitterstäbe gekrallt, außen von Soldaten vergewaltigt wird. Als sich kurz darauf ein verwundeter Fähnrich in den Keller schleppt, wird er aus Rache getötet. Die zweite Szene, zeitlich vor der ersten spielend, zeigt die operettenhafte Vorbereitung dieses realistischen Grauens. »Märchenhaft bereitet sich die Zukunft vor, die der Zuschauer kennt, die aber der Fähnrich so nicht kennenlernen will. Er wird sie ja erleben...« (Joachim Kaiser).

Über *Jerusalem, Jerusalem* (1966) meinte WALTER MARIA GUGGENHEIMER: »Konrad Wünsche, der Hintersinnige, ist unter die Tiefsinnigen gegangen; der Intime unter die Großspurigen.« Das Stück unternimmt eine (doch wohl arg späte, durch die Ost-West-Konflikt-Assoziation kaum zu rettende) Revision der Kreuzzüge in einem szenischen Oratorium, das auf Tassos *Befreites Jerusalem* (1580) antworten will und mit dieser Antwort bei der Uraufführung in Wiesbaden auf der Strecke blieb.

Noch einmal regte sich Wünsche für das Theater, als zur »experimenta 4« 1971 seine *Szenischen Kommandos* gespielt wurden, die auf der Bühne eine Reflexion über das Zustandekommen von Theater demonstrieren, zuerst die Hermetik von Literatur ironisierend, dann in einer gespielten Publikumsbeteiligung deren Zerstörung und schließlich die Re-Theatralisierung der Wirklichkeit vorführend.

SATIREN UND PARABELN DER DEUTSCHEN RESTAURATION

In der zweiten Hälfte der fünfziger Jahre meldete sich das deutschsprachige Drama mit zwei nachhaltigen Erfolgen zu Wort, die auch auf die Dramatiker der Bundesrepublik als starke Anregung wirkten: Am 29. Januar 1956 wurde in Zürich FRIEDRICH DÜRRENMATTS *Der Besuch der alten Dame* uraufgeführt; am 29. März 1958 wurde am gleichen Ort und im gleichen Theater zum ersten Mal MAX FRISCHS »Lehrstück ohne Lehre«, *Biedermann und die Brandstifter* gespielt. Was diese beiden Stücke der deutschen Theaterszene an Impulsen mitteilten, muß kurz umrissen werden. Zuerst: beide Stücke sind ohne die Auseinandersetzung mit BRECHT und mit der Form der Brechtschen Parabel nicht denkbar. Das heißt: beide Stücke benützen eine der Bühne gemäße stellvertretende Bildhaftigkeit zur Darstellung der Realität, beide abstrahieren von der Wirklichkeit und konkretisieren zur Modellhaftigkeit. Sie stellen mit Bühnenfiguren bestimmte Typisierungen, mit Bühnenkonstellationen bestimmte Grundrißverläufe dar. *Der Besuch der alten Dame* zeigt am Modell einer Kommune namens »Güllen« die Korrumpierbarkeit durch den Wohlstand, die Ersetzung der Moral durch den Konsum; *Biedermann und die Brandstifter* zeigt die Anfälligkeit, Feigheit und Schwäche einer wohlgeordneten Bürgerwelt gegenüber einer staatsstreichähnlichen Gewalt.

Doch nicht nur der Parabelcharakter dieser Stücke zeitigte Wirkungen. In beiden Stücken treffen wir auch auf einen (ebenfalls an Brecht geschulten) Umgang mit der Sprache. Auch hier tritt an die Stelle der realistischen, der illusionistischen »Kopie« vorgeblich alltäglicher, psychologisch motivierter Dialoge eine beispielhaft präzisierte und verknappte Sprache, die die Handlungen nicht mehr motiviert und ausdrückt, sondern, im Gegenteil, zu verbergen und zu tarnen sucht. An der Sprache, mit der sich Frischs und Dürrenmatts Personen undurchschaubar zu machen suchen, sollen sie für die Zuschauer durchschaubar werden. Was die Gestalten reden, verrät dadurch, daß es nicht ist, was die Figuren denken, gerade das, was sie wirklich meinen. Beide Stücke zeigen also – wie es die Stücke WEDEKINDS, STERNHEIMS und BRECHTS taten –, daß innerhalb der bürgerlichen Welt zwischen Anschein und Sein, zwischen Anspruch und Wirklichkeit ein Bruch klafft, der für die Bühne verschärft wird: beide Stücke arbeiten also mit satirischen und grotesken Mitteln, um die Realität durchschaubar zu machen.

Es wäre übertrieben, wollte man die Hinneigung der deutschen Dramatik zur Satire und Groteske, zur Parabel mit antibürgerlicher Entlarvungsabsicht nur auf die Wirkung von Frisch und Dürrenmatt zurückführen. Denn dazu kamen andere Elemente, wie beispielsweise die Wiederentdeckung Wedekinds und Sternheims, die gründlich verarbeitende Kenntnisnahme Brechts.

Ohne Zweifel hat Dürrenmatt stark anregend auf die Dramen von HERBERT ASMODI (*1923) gewirkt. Ebenso kann kein Zweifel darüber bestehen, daß Wedekinds Stücke, Sternheims Komödien »aus dem bürgerlichen Heldenleben« Asmodi herausgefordert haben. Doch mußte der Autor, damit die von Sternheim entwickelte Bürgersatire auch formal wirksam bleiben konnte, oft genug auf im Grunde abseitiges Weiterleben von schon Vergangenem zurückgreifen: »Asmodis Skeptizismus entstammt wie die Formen, in die er ihn kleidet, der Jahrhundertwende. Er bedient sich mit einem erstaunlichen, zuweilen verblüffenden Geschick des Boulevardreißers, des Gesellschaftsstücks, der Kriminalkomödie, deren vorgeprägte Formen er bis in jedes Detail genau zu imitieren vermag ... Das ergibt Dramen von formaler Vollkommenheit, die jedoch,

Zwei bedeutungsvolle und folgenreiche Uraufführungen fanden 1956 und 1958 in Zürich statt. Dürrenmatts »Besuch der alten Dame« (links, mit Gustav Knuth und Therese Giese) und Frischs »Herr Biedermann und die Brandstifter« (rechts, mit Ernst Schroeder, Gustav Knuth und Boy Gobert); Oskar Wälterlin war beide Male der Regisseur.

aus ihrem eigentlichen Zeit- und Lebenselement gerissen, Kälte und Leere ausstrahlen. Der gesellschaftliche Hintergrund, der Tschechows und Wedekinds Dramen beherrscht, ist geschwunden« (Marianne Kesting[46]). – »So übt sich Asmodi an den Relikten früherer Gesellschaft, an der funktionslos gewordenen Aristokratie. Er sucht die Schlösser, die Gutshäuser, die Clubs und die Salons auf« (Henning Rischbieter).[47] – »Asmodi benutzt das europäische Intrigenstück als Steinbruch, aus dem sich Elemente für zügige, spannende, von Umschlag zu Umschlag eilende Handlungen holen lassen. Ob im Salon, in feudaler Umgebung oder im Luxusmilieu der Neureichen, überall wird das Ränkespiel vom blanken Geschäftsinteresse diktiert« (Walter Hinck).[48]
Asmodis erstes Stück, *Jenseits vom Paradies* (1955 in Göttingen uraufgeführt), ist eine Familientragödie um einen verlorenen Sohn und durchaus noch frei von der höhnischen Ironie und der satirischen Entlarvung, die er später seinen Figuren angedeihen ließ. Hier, in der Geschichte von der aus Pommern nach Süddeutschland verschlagenen Witwe, die zwei Söhne hat, einen guten und einen Tunichtgut, ist das anregende Muster eher in Sudermann, bestenfalls in Gerhart Hauptmann zu erblicken. Der flatterhafte, in Verbrechen verwickelte Sohn verläßt das Haus, hinterläßt der Mutter einen Brief an die Tochter eines Fabrikanten, die er liebt und deren Liebe ihn bekehrt hat: er bereut und verspricht, sich der Polizei zu stellen. Doch die Mutter, deren hilfreicher Hausfreund der Vater des Mädchens ist, ein hartleibiger Unternehmer, sorgt dafür, daß der Brief unterschlagen wird. Als sich daher das Mädchen erschießt, ist das ältliche Paar, das sich schon in den Armen lag, entsetzt, stürzt von dannen, während das ahnungslose Dienstmädchen verkündet, daß das Essen angerichtet sei ... Das Ganze spielt also in einem künstlich bewahrten alten Salon; in Asmodis Kritik an den Konventionen wird seine Sehnsucht nach festen Umrissen, nach leider abgelebten Übereinkünften deutlich.

Das zweite Stück, *Pardon wird nicht gegeben* (Uraufführung: Kammerspiele München, 30. 7. 1958), ist in der Hauptfigur des schillernden, hochstaplerischen dekadenten Adligen Schawaloff, der Kunsthändler ist, mit WEDEKINDS *Marquis von Keith* entfernt verwandt. Auch Asmodis Stück will das skrupellose Geschäftemachen, die Verrenkungen um das liebe Geld aufs Korn nehmen. Dem Schluß hat der Autor eine Brechtsche »Moral« angeklebt, indem er die beiden Protagonisten Knittelverse ins Publikum singen läßt. Das dünne Thema der Praktiken des Kunsthandels wird klamottig und mit allerlei zeitsatirischen Anspielungen aufgeputzt.
Tigerjagd (1958), in exotischem Milieu spielend, ist nicht mehr als eine Etüde »schwarzen Humors«, die Kriminalklamotte *Die Menschenfresser* (am 31. 12. 1961 in Bochum uraufgeführt) »Asmodis schwächstes Stück« (Marianne Kesting)[49], schwankt zwischen Ladykiller-Humor und Moritat à la Dreigroschenoper. Eine Mordserie wird dadurch aufgeklärt, daß der Held seine Braut mit dem Mörder verlobt, auf diese Weise seine Schwiegermutter in spe loswerdend. Ein weiterer Clou des Stücks: der Mörder wird für den einzigen Toten hingerichtet, an dessen Tod er unschuldig war.
Nachsaison (1959) ist Asmodis erfolgreichstes und geglücktestes Werk. »Hinter einer Courths-Mahler-Story im feudalen Milieu enthüllt sich der erbitterte und intrigenreiche Tanz um das goldene Kalb, der in ironischem Gegensatz zu dem kitschigen, in österreichischem Dialekt vorgetragenen Seelenbrei der Hauptfiguren steht« (Marianne Kesting).[50] Die Gräfin Adele Schönfeld wartet als ewige Braut auf Franz Ferdinand Baron von Lohenstein. Er hatte sie vor dreißig Jahren nach einer Ballnacht verführt, war dann verschwunden, einen diplomatischen Geheimauftrag vorschützend. Ihr Trost während der Wartezeit war seit 25 Jahren ihr Kammerdiener Joseph, außerdem illegitimer Halbbruder des Barons. Dieser Diener und Liebhaber (unverkennbar auch ein pervertierter Nachkomme von HOFMANNSTHALS Theodor, dem »Unbestechlichen«) begaunert seine Herrin scheinbar skrupellos, in Wirklichkeit zu ihrem Vorteil. Weil die Gräfin wartet, weigert sie sich auch, ihr Schloß an eine reiche amerikanische Firma zu verkaufen. Doch der Unterhändler der Firma gibt sich als der verschwundene Baron zu erkennen. Weil er gefeuert wurde und mittellos ist, will er die Gräfin als seine dritte Ehefrau samt ihrem Vermögen in Kauf nehmen. Doch sein Halbbruder, in Angst um seine Pfründe, verrät der Gräfin, daß der Baron schon zweimal verheiratet, mehrfacher Vater ist und ein Hallodri dazu. Mit dem gleichen Mittel erledigt den in Gnade Aufgenommenen jetzt seinerseits der Bruder, indem er dessen Flirt mit dem Stubenmädchen verrät. Die Gräfin, ganz romantische Seele, will vor weiteren Enttäuschungen ins Kloster fliehen, doch ganz praktische Frau, nimmt sie dann doch den Baron als kleineres Übel und eröffnet mit ihm ein Hotel. MARIANNE KESTING sieht in der Komödie »des deutschen Nachkriegstheaters funkelndstes und bösestes Stück«.[51]
Mit *Mohrenwäsche* (1963) hatte Asmodi auf dem Theater Pech, obwohl diese Komödie der deutschen Gegenwart am dichtesten auf den Pelz rückte. Auch hier geht es wieder um Geld und Gefühl, variiert angewandt auf die rassistischen Vorurteile, die nicht so stark sind wie das Geschäftsinteresse. Das Töchterchen von Neureichs hat sich in einen Farbigen verliebt, was die Eltern mit allen Mitteln hintertreiben wollen, bis sich herausstellt, daß er ein Prinz ist und daß sein Vater, der Präsident des heimischen Landes, einer der Hauptabnehmer der Bagger ist, denen die Familie ihren Wohlstand verdankt. Nun gibt man sich tolerant, arrangiert die Verlobung, doch der Vater des schwarzen Ingenieurs entpuppt sich nun seinerseits als Rassist, die Gegensätze

brechen so stark auf, daß sich die beiden verhinderten Schwiegerväter waffenstarrend und zähnefletschend gegenüberstehen. Es ist Weihnachten, und so hat Asmodi sich einen ironischen Tannenbaum-Schluß ausgedacht. Der Weihnachtsmann schwebt in die Szene und verkündet »Friede auf Erden«. Dieser Schluß will auf die vorangegangene bittere Satire nicht recht passen, wie auch schon der zähnefletschende zweite Teil

Herbert Asmodi im Kreis seiner Familie

nicht die bruchlose Fortsetzung der als Bürgersatire und Wirtschaftswunder-Parodie beginnenden Komödie ist.

Dem neudeutschen Spießer wollte Asmodi auch mit seinem bisher letzten Stück *Stirb & Werde* (1967) auf der Spur bleiben (schon das Goethe-Zitat des Titels wird wie ein Firmenname geschrieben): Der Held, Herr Xanter, möchte nach Bonn. Zuerst trennt er sich mittels eines gemieteten Studenten von seiner ersten Gattin: der Student muß die gewünschte In-flagranti-Situation schaffen. Die neue Gattin benutzt er als »Lockvogel« für seine neuen einflußreichen politischen Freunde von der CSU, für die er auch ganz schön in bajuwarischer Folklore macht. Auch beschließt er, zum Schein zu sterben, weil Naziverbrechen, an denen er beteiligt war, ans Tageslicht gekommen sind. Dieses Emporhangeln, im rigorosen Machtantrieb des Spießers durchaus STERNHEIMS Maske-Figuren nachempfunden, überanstrengt den Helden so, daß er in den Armen seiner zweiten Gattin stirbt. Sosehr das Stück gegen politisches Spezitum in Bayern, wirtschaftlich-politische Vetternwirtschaft, kalte Gattinnen mit heißer

Geldgier, gleichgültige, beatversessene Wohlstandskinder der Neureichen ankämpft – es bringt sich durch grelle Überzeichnung und ziellose Übertreibung um seine satirische Wirkung. Der verunglückten Stuttgarter Uraufführung folgte jedenfalls keine weitere Erprobung des Stücks.

Martin Walser (* 1927) ist der westdeutsche Dramatiker, der sich am entschiedensten mit der Herausforderung durch das Theater Brechts auseinandergesetzt hat; Brechts Methode anwendend, ohne dessen Lösungen zu kopieren, seine Fabeln aus der neuen deutschen Wirklichkeit gewinnend, ohne dieser die optimistisch zuversichtlichen Hoffnungen auf Veränderung, wie sie Brechts Stücke ausdrücken, aufzuzwingen. Sosehr Walser mit Brecht den Blick auf die Gesellschaft, auf die ökonomischen Bedingtheiten gemeinsam hat, sowenig teilt er mit Brechts Parabeln das Ausschließen aller psychologischen »Privatheiten«, weil bei ihm zur gesellschaftlichen Auseinandersetzung auf Brechts Spuren der Geschlechterkampf in der Strindberg-Nachfolge tritt, wobei ihn von beiden unterscheidet, daß seine Dramen nicht Entscheidungen und Veränderungen anbieten, sondern den Stillstand, die Bewegungslosigkeit, die Unveränderlichkeit des zu Verändernden aufzeichnen. Hierin spiegelt Walsers Drama, traurig und höhnisch zugleich, des Autors Erfahrungen mit der westdeutschen Restauration, die alles Gestorbene als quicklebendig auszuweisen schien, die sich an der Vergangenheit nicht veränderte, sondern über die Vergangenheit Gras wachsen ließ, wobei der Kapitalismus, obwohl durchschaut und überlebt, sich als lebenstrotzender, allmächtiger Anachronismus erwies. Als weitere Erfahrung kommt für Walser hinzu, daß die Dramatik (wie alle Literatur) an diesem Zustand nichts ändere, im Gegenteil, ihn bestätige: »Stolz auf ihre Genießbarkeit, ist Literatur nicht mehr voraus. Oder doch nur so wie die Galionsfigur dem Schiff. Als Galionsavantgarde schmückt sie, was ihr nachfolgt. Sie dient der Bestätigung. Sie glaubt vor allem an sich selbst. Ihr Publikum glaubt an sie und damit auch an sich selbst. Diese Literatur bestätigt: alles ist gut, solange alles beim alten bleibt. Dazu gehört der gewährte Spielraum, die genau garantierte Narrenfreiheit, die kühn aufgemachten Sprachexpeditionen in elegante oder attraktiv üble Sackgassen, das erwünschte Quantum prickelnder Negation, der willkommene Anlaß zur Gänsehaut, die arg befriedigende Beschädigung des Anstandsgefühls, von dem man sich jetzt sowieso bald trennen möchte.«[52]

Klaus Pezold hat in seiner Dissertation über das literarische Schaffen Martin Walsers drei zentrale Motive des *Abstechers* herausgearbeitet, die die drei Hauptmotive von Walsers Stücken überhaupt sind. Als erstes Motiv nennt Pezold das Problem der Ehe und die Beziehung zwischen Bindung und sexueller Freizügigkeit, als zweites das Verhalten der »Sozialpartner« zueinander, die verschleierte Herrschaft der einen und der Opportunismus der anderen. Als drittes Motiv führt er die Tatsache an, daß *Der Abstecher* scheinbar auf eine unausweichliche Konfrontation angelegt sei (»ein schrecklicher Ausgang scheint unvermeidlich zu sein«), der dann aber farcenhaft verbrüdernd ausgewichen werde.[53]

Alle Stücke Walsers (mit Ausnahme des *Schwarzen Schwans*) steuern auf Katastrophen zu, die nicht eintreten: Daß sich verbrüdert, was sich eigentlich schon aus »angeborener Feindschaft« (Nestroy) nicht verbrüdern dürfte, daß vermieden wird, was eigentlich unvermeidlich wäre, kennzeichnet Walsers Dramen. Der Autor setzt sich immer wieder mit dem auseinander, was geändert werden müßte und gerade deshalb unverändert bleibt.

Das gilt schon für Walsers erstes Stück, *Der Abstecher* (Uraufführung: München,

28. 11. 1961, Kammerspiele), in dessen Handlung man durchaus Spuren und Anklänge an das absurde Theater finden kann, wenn das besuchte Ehepaar für den ungebetenen Gast aus Gründen der Rache eine Art »elektrischen Stuhl« konstruiert. Andererseits aber beginnt das Stück in der Brecht-Nachfolge. Wenn sich hier der Direktor mit seinem Chauffeur unterhält, dann erinnert das an die Gespräche zwischen Puntila und

seinem Knecht Matti. Der Direktor, der gerade mit seinem Mercedes an Ulm vorbeifährt, will plötzlich für eine Nacht einen Abstecher zu seiner ehemaligen Freundin machen, die er vor Jahren einfach sitzengelassen hat. Sie hat inzwischen einen Arbeiter geheiratet, den sie dazu bringt, sich mit ihr gemeinsam an dem Besucher zu rächen: für die Ehe, die der Vorgänger ihm verpfuscht hat, indem er Frieda verpfuschte. Anfangs treffen die beiden Vorbereitungen zum Mord, einer Art Strafgericht an dem Besucher. Doch dann siegt die männliche Solidarität. Die beiden Rivalen ziehen gemeinsam auf eine nächtliche Verbrüderungs- und Sauftour. Ihr männlicher Egoismus ist verbindender und stärker als die Rivalität und auch stärker als das soziale Gefälle, das sich zumindest in Saufnächten kurzzeitig überbrücken läßt, wenn es gemeinsam gegen die Frau geht. »Bei Martin Walser halten die Männer Gerichtstag über ihr eigenes Ich, doch weil sie nicht nur Männer sind, sondern zugleich auch noch Mitglie-

Anläßlich der Berliner Festwochen 1962 inszenierte Helmut Käutner die Uraufführung von Martin Walsers zeitkritischem Stück »Eiche und Angora. Eine deutsche Chronik«; in der Hauptrolle des Alois Grübel: Horst Bollmann (rechts).

der einer Interessengemeinschaft, einer erotischen Gewerkschaft, gehen sie mit heiler Haut, nur eben ein wenig erschreckt, aus dem Verfahren hervor«, schrieb nach der Münchner Uraufführung Joachim Kaiser.[54]

Auf das schmale, vorgeblich enge Thema folgte als zweites Stück *Eiche und Angora* (Uraufführung: Berlin, 23. 9. 1962, Schiller-Theater), das sich nicht nur dem Thema der deutschen Vergangenheitsbewältigung zuwandte, sondern auch als erstes Stück die »Theatralisierung« dieser deutschen Pflichtübung seinerseits satirisch darstellte. Walser baut scheinbar eine Idylle deutscher Gemütlichkeit auf, bei der Waldesrauschen und Sängerblick sich auf das friedlichste mit Judenverfolgung und Mordjustiz

»im Namen des Volkes« vertragen. Das »Dritte Reich« ereignet sich hier nicht mehr als Naturkatastrophe, sondern alles fügt sich auf dem Wege des geringsten Widerstandes in ein ewiges Krähwinkel.

Held des Stücks ist Aloys, eine Art Schweyk und Woyzeck in einem. Während der Nazizeit wurde mit ihm »experimentiert«, als er im KZ war. Dabei hat er seine Mannbarkeit verloren. Das Stück beginnt in den letzten Kriegstagen, wo die Bürger, eben noch Nazis, zwischen Waffen-SS und den Amerikanern im Niemandsland, einerseits letzten Widerstandswillen, andererseits bedingungslose Kapitulation einüben – je nachdem, wer die Oberhand hat. Aloys »übergibt« die Stadt dem Feind und soll hingerichtet werden. Aber nachdem klar ist, daß die Amerikaner schneller sind als die SS, schlüpft die Nazi-Prominenz rasch aus der Uniform. Drunter trägt man vorsorglich schon Zivil. Aloys, der brav und willfährig alle Wendungen und »Umfälle« seiner Mitbürger mitmachen will, bleibt stets das Opfer. Er fällt zurück in den Nazismus, als alle in demokratischen Pazifismus »machen«. Und er ist der überzeugte Pazifist, als man längst Wiederaufrüstung betreibt. Sein Nachhinken, seine »Rückfälle« machen die dauernde rückhaltlose Mitläuferei satirisch sichtbar. Der Unangepaßte, der zum falschen Zeitpunkt Sich-Anpassen-Wollende, enthüllt die bequemen Anpassungen der anderen. Sie stört auch, daß Aloys durch seinen schönen Tenor, den er der Entmannung im KZ verdankt, an die Nazizeit erinnert und so den ewigwährenden Sangesfrieden verletzt. So bleibt Aloys immer wieder auf der Strecke. Das Stück führt neben den mit der ständigen Floskel »so oder so« sich opportunistisch Anschmiegenden Opfer vor, an denen es nichts mehr wiedergutzumachen gibt: Anna, der man den Mann geraubt, den Juden Woizele, der, wahnsinnig geworden, seinen ermordeten Kindern nachirrt, und Alois, dessen »Einverständnis« die Zeche bezahlt.

So glänzend die Grundstruktur der »Rückfälle« (1945, 1950, 1960) für den Bau des Stückes ist – sie vermag das Drama nicht zusammenzuhalten. Es schießt erzählerisch ins Kraut, überanstrengt seine Einfälle (etwa den von den Kaninchen des Aloys, denen er jüdische Namen gibt) symbolisch. Über die Weiterentwicklung der Brechtschen Satire urteilte Ernst Schumacher: »Der Schweyk-Ton von Aloys selbst und des Kellners Maschnik ist unüberhörbar. Aus dem Vergleich der Haltungen, mit denen Brecht und Walser durch ihre Figuren an die Welt herantreten, wird deutlich, wie sehr die Satire bei Brecht eine echte Not-Wendigkeit ist, während sie bei Walser mehr als Not-Wehr erscheint. Man könnte auch von bezwingender und erzwungener Satire reden. Bei Brecht ist die Satire ein Streiten um Deutschland, bei Walser ein Leiden an Deutschland ... Das Bild, das Walser von der restaurierten Gesellschaft der Bundesrepublik entwirft, ist von einer bösen Wahrhaftigkeit.«[55]

Geht es in *Eiche und Angora* um die westdeutsche Restauration, so handelt es sich in dem »Requiem für einen Unsterblichen« *Überlebensgroß Herr Krott* (Uraufführung: Stuttgart, 30. 11. 1963) um eine Parabel von der ewigen Restauration des Kapitalismus, der stark ist, weil er altersschwach erscheint, und der quicklebendig ist, weil er scheinbar kurz vor dem Tode dahinsiecht. Dabei bezieht das Stück sich selbst in die vorausgesetzte Unveränderbarkeit ein, indem es die »Beschimpfung« des Kapitalisten Krott durch seinen Diener, den Kellner Ludwig, zur allabendlichen »Theatervorstellung« macht. Walser hatte über Brecht geschrieben: »Die ›Courage‹ könnte man schließlich auf jeder ›Villa Hügel‹ dieser Welt en suite spielen, und es würde sich nichts ändern.« Im *Krott* geht er noch einen Schritt weiter: nichts wird sich infolge dieses Stücks ändern, und der konsumierende Zuschauer, der doch zur Veränderung aufgefordert werden soll, wird zudem noch auf seinen kulinarischen Genuß des Un- und Anti-Kulinarischen hingewiesen. Krott sagt: »Schau die Sonne stolpert schon über die Gipfel. Es wird Zeit für die Beschimpfung. Elfchen, Mafalda, ein Abendgesicht, bitte. Seid aufgeschlossen und gebildet. Bringt den Augen das gewisse kluge Blitzen bei, wenn ein Wort fällt, das ihr besonders begreift. Unser Akteur steht schon ganz scharf. Der Vorhang hebt sich. Die Beschimpfung.«

Wenn *Krott* jenes Stück Walsers ist, das die größte Brecht-Nähe besitzt, wenn es also am stärksten zur gesellschaftlichen Parabel tendiert, die die Verhältnisse der kapitalistischen Welt beispielhaft wiedergeben will, dann auch deshalb, weil es mit der Theatralisierung seiner Problematik auch die Problematik seiner Theatralisierung offenbaren wollte. Daneben nimmt es das Herr-Knecht-, das Puntila-Matti-Verhältnis in der Beziehung zwischen Krott und dem Kellner Ludwig auf, spitzt es dialektisch zu: Der Diener ist es, der Krott durch dauernden »service« am Leben erhält, der Kellner, der Angst vor dem Besitz hat, an den er dienend gefesselt ist. Und weiter: Krott ist auch eine Weiterentwicklung der Mauler-Figur aus Brechts *Heiliger Johanna der Schlachthöfe*, wobei das Weiterdenken der Klassengegensätze bis zum Stillstand eingefrorener Partnerschaft gediehen ist.

Auf der Veranda eines Berghotels liegt in einem Liegestuhl Krott, der wehleidig sein Ende herbeisehnt, sich als Anachronismus, als überlebendes Relikt einer anderen, größeren Zeit empfindet. Um ihn lagern seine beiden sich eifersüchtig bekriegenden Frauen, Elfchen und Mafalda, Ehefrau und Schwägerin. Ihrer aller Beziehungen existieren überhaupt nur noch im Streit, in der Hysterie. Krott führt ein Leben der Ersatzhandlungen, sogar zum Frühstück ist er unfähig, so daß ihm der Kellner die Genüsse voressen muß, auf die er zugunsten eines Mohrrübensaftes verzichtet. Jeder »Genuß« ist also zu einer Art Voyeurtum abgesunken. Krott wartet auf sein Ende. Aber, während er sich Gefahren vorgaukelt, Bergsteiger für sich abstürzen läßt, in der Pediküre sich an die Sexualität erinnern läßt, will niemand ihn umbringen, stürzen. Seine wilden, absurden Geschäfte (den Eskimos Kühlschränke zu verkaufen), scheinbar zur Selbstzerstörung geplant, gedeihen ihm zu Riesenerfolgen. Seine schnöde entlassenen Angestellten töten nicht ihn, sondern sich, und die Vertreter der Arbeiter – Walser hat hier einen besonders perfid auf das System eingehenden, katzbuckelnden Gewerkschaftler gezeichnet – lassen sich von Krott nicht zur Revolution aufstacheln, obwohl er ihnen beibringt, daß er ihnen sogar die Luft wegatmet. So ist er zum ewigen Leben verdammt. Walsers Parabel, die ihre Einfälle bis zu kabarettistischen Gags treibt (statt einen Raubvogel abzuschießen, putzt Krott mit seinen schlechten Schießkünsten eine Wäscherin weg), drückt aus, daß der Autor in der weltweiten Nachkriegserstarrung des Kapitalismus einen absurden Vorgang sieht: etwas, das immer anachronistischer wirkt, immer unsinniger produziert, immer stärker das eigene ursprünglich unangekränkelte Selbstvertrauen verloren hat, entfaltet sich zur aus allen Nähten platzenden Kraft.

Die Einwände gegen dieses Stück hat Jörg Wehmeier so formuliert: »Krott, so genau diese Figur in ihren Details von Walser beobachtet worden ist, bleibt eine konstruierte Figur. Wenn sie auch eine ganze Reihe von realistischen Merkmalen aufweist, so ist sie doch eine Abstraktion, eine überzogene Figur, deren karikaturistische und kabarettistische Züge, deren absurde und groteske Äußerungen und Handlungen ihr die Glaubwürdigkeit entziehen ... Das Zuviel an Einfällen macht den Grundeinfall zunichte. Das Einfließen von Elementen des absurden und grotesken Theaters nimmt der realistischen Fabel die Schlagkraft.«[56] Was man damals wohl noch übersah: Walsers Krott-Parabel belebt auch eine verschüttete deutsche Dramentradition, wie sie sich etwa in Yvan Golls *Methusalem*, in gewisser Weise auch in Tollers *Entfesseltem Wotan*, während der zwanziger Jahre artikuliert hat. Werner Mittenzwei hat in der DDR-Zeitschrift *Sinn und Form* auf die Beziehung zu Yvan Goll zuerst hingewiesen: »In beiden Werken geht es um einen hassenswerten Unsterblichen.« In der Tat sind schon die Untertitel der beiden Stücke frappant ähnlich: »Requiem für einen Unsterblichen« heißt es bei Walser, vom »ewigen Bürger« sprach Goll.

Auch für *Der schwarze Schwan* (Uraufführung: Stuttgart, 16. 10. 1964), den Walser mit dem Essay *Hamlet als Autor* begleitete, gilt eine Grundkonstellation, die das Verhältnis zwischen Zuschauer und Spiel in die Bühnenreflexion einbezieht: Walser stellt sich vor, wie im Parkett die Leute *Hamlet*, das Stück vom aufgedeckten Mord, applaudierend begleiten und dabei keineswegs dazu herausgefordert werden, sich an ihre eigene Schuld, an ihre Morde während der Nazizeit zu erinnern. So wird das Stück einmal ein Stück von der Verdrängungskraft, von der »Schwäche« der Erinnerung. Walser zeigt, daß Bewußtsein mit Schuld nicht leben kann, daß es also, weil es unverändert leben will, ein Ritual wohltuender Amnesien erfunden hat, während es die Erinnerung in Feiertags-Gedenkminuten abgedrängt hat. Der Held Rudi ist der Mensch, der diese Absprache, dieses stillschweigende »Arrangement« nicht einhalten will. Das Stück führt vor, daß wirkliches gegenwärtiges Schuldbewußtsein tödlich wäre. Es zeigt damit auch, daß die »Bewältigung der Vergangenheit« mit Recht so genannt wird: sie verdient keinen besseren Namen. Zum anderen demonstriert das Stück, wie Bewußtsein zur Theatralisierung führen und verkommen muß. Rudis moralische Empfindsamkeit, die zu einer Hamlet abgelauschten Wahnsinnsmaske führt, wird von seinem Vater ganz anders gedeutet. Er meint, Rudi renne herum und spiele eine fürchterliche »SS-Charge«. Wer sich erregt, wird als dem Theater zugehörig betrachtet.

Und wiederum theatralisiert das Thema sich selbst. In einer (der Mausefallen-Szene aus *Hamlet* nachempfundenen) Szene läßt Rudi – der von seinem Vater zu einem Freund in eine Irrenanstalt gebracht wurde, weil er, nachdem er die Beteiligung seines Vaters an Hitlers Euthanasie-Morden entdeckte, wie Hamlet den Wahnsinnigen zu spielen begann, um seinen Vater zu einem Schuldgeständnis zu bringen – in dieser Szene also läßt Rudi seinem Vater und dem Dr. Liberé von den Irren vorspielen, was die beiden mit ihrer Schuld angefangen haben: sie haben sie als gut geölten Motor für das Wirtschaftswunder eingesetzt. Nur: im Unterschied zur »Mausefalle« im *Hamlet* bewirkt die Szene gar nichts. Und Irm, die Tochter Liberés, will, obwohl auch sie von der Schuld der Väter überzeugt ist, das »Gras« sein, das über die Vergangenheit wächst. So bindet das Stück mehrere Formen von Vergangenheitsbewältigung zusammen, verwebt sie zu einem poetisch dichten Geflecht, einem Spiel der Erinnerungen. Dem robusten, in die Aktivität geflüchteten Vater Rudis, einem »Tatmenschen« ohne Gewissen, steht Dr. Liberé gegenüber, der sich eine selbstauferlegte Büßerrolle zudiktiert, unter der vor allem seine von der Welt abgeschnittene Frau leidet. Ihr künftiger Schwiegersohn hat die übliche banale Faktenerinnerung, er weiß, wo ihm in Rußland das Kölnisch-Wasser ausging. Rudi, der einzige, der sich der Vergangenheit stellt, kann nicht weiterleben: er tötet sich. Mit Walsers Worten: »Dieses Stück, das auch ›Gedächtnisse‹ heißen könnte, zeigt ein paar Arten von Gedächtnis.«

Scheinbar die Abkehr von der Politik und die Rückkehr zum »Privaten« markiert das 1967 erschienene (aber schon 1963 geschriebene) Stück *Die Zimmerschlacht* (Urauf-

führung: München, 7. 12. 1967, Kammerspiele). Das »Übungsstück für Ehepaare« sollte zu Walsers erfolgreichstem Bühnenwerk werden. Und was die Rückkehr zum Privaten betrifft: Walsers Stücke überführen allgemeine Soziologie immer in ihre Auswirkungen in vorgeblich »private« Psychologie, eine Psychologie, die parabolisch verallgemeinert, beispielhaft zugespitzt wird. *Die Zimmerschlacht* »handelt« von der Verurteilung zweier Menschen zueinander. Das Delikt heißt Ehe, das Urteil lautet auf lebenslänglich. Der Erdkundelehrer, der da mit gibbrigem Neid nach einem Freund schielt, weil sich dieser eine jüngere (zweite) Frau eingetan hat, führt mitsamt seiner Gattin kein Programm für eine bessere Ehemoral, für eine bessere Ehegesetzgebung, für ein aufgeklärtes Schlafzimmer vor; mit ihm demonstriert Walser vielmehr, was Ehe ist. Das Problem, dem Walser sein Ehepaar aussetzt, ist läppisch. Und es macht sicherlich seine Qualität aus, daß der Autor für die Katastrophen seiner Personen kein großes Schicksal über sie verhängen muß, daß er keine schweren Nora-Konflikte braucht. *Die Zimmerschlacht* zeigt, wieviel Heldenmut auf Alltäglichkeiten verschwendet werden muß; schon der Titel drückt aus, daß die eigentlichen Schlachtfelder nicht dort zu suchen sind, wo sie die großen Dramen gern ansiedeln, daß ein häuslicher Abend, an dem nichts, buchstäblich nichts passiert, die gleiche »Größe« und Energie verbrauchen kann, wie sie sonst auf der Bühne nur einem flammenden Marquis Posa zugebilligt wird, ein Zug, der Walser gewiß auch mit Sternheims Dramen verbindet.
Energien, die hier auf das verzweifelte Aufrechterhalten des häuslichen Gleichgewichts gewendet werden: der Erdkundelehrer, der beschließt, einfach daheim zu bleiben, weil Freund Benno ihm und seinen anderen Freunden triumphierend seine junge neue Frau vorstellen will, dieser Erdkundelehrer bekämpft mit seiner schäbigen Intrige nur sich selbst. Wenn er die Freunde am Telefon konspirativ auffordert, Bennos Fest fernzubleiben, wenn er und seine Frau mit komischer Verzweiflung versuchen, einen Abend zu zweit zu verbringen, dann läßt Walser die beiden heroisch und komisch das Banner der Ehe hochhalten. Das Stück, das mit der miesen und kleinlichen Kapitulation endet – die beiden gehen gedemütigt doch noch verspätet zur Party, obwohl ihre »Konspiration« aufgeflogen ist –, wirkt nirgends als hochfahrende Satire; die Komik, die es offenbart, ist die des Einverständnisses. Walser verbraucht den Alltag, um zu zeigen, wie uns der Alltag verbraucht. Den auf Wunsch Fritz Kortners dazugeschriebenen – überflüssigen – zweiten Akt, der den weiteren Verlauf der Eheschlacht ins Alter fortsetzt, hat Walser für spätere Aufführungen wieder gestrichen.
Wenig erfolgreich war Walser mit seinem (bisher) letzten Stück, *Ein Kinderspiel* (1970). In diesem »Stück in zwei Akten« spielen sich Sohn und Tochter im ersten Akt das Verhalten ihres Vaters vor. Sie wollen sich dabei klar darüber werden, daß dieser getötet werden muß, denn er ist für die Repression und ihre Verkorkstheit verantwortlich. Der zweite Akt handelt dann davon, wie der Vater den Mordplan der Kinder in Kunst verwandelt, wie er daraus einen Film gemacht haben möchte. Er meint, dramatisch verbessernd, zu dem bald nur noch als Filmplot existierenden Mordplan: »Ich würde das Ganze sowieso nicht in einem Zimmer spielen lassen. Ein Schuttablageplatz mit Ratten, Katzen, Würmern, Käfern, da laß ihn liegen, im Müll, und zeige, wie er gefressen wird, ganz konkret, in langen, nicht enden wollenden Einstellungen... Ich mache jede Wette, das ist ein nachhaltigerer Schock als jeder Kannibalismus. Kannibalismus ist sentimental. Das ist Robinson. Idylle. Kurzum kulinarisch. Aber die Ratten, die dem Alten die Augen ausschmatzen, Asti, das ist dein Film. Verstehst du. Verstehen wir uns da?«

»Die Zimmerschlacht. Übungsstück für ein Ehepaar« wurde unter der Regie von Fritz Kortner (oben, mit dem Autor) Ende 1967 in München uraufgeführt; Walser hatte, dem Zuspruch Kortners folgend, dem ursprünglich als Einakter konzipierten Stück noch einen zweiten Akt hinzugefügt. Unten: Zwei Szenenbilder mit den beiden Darstellern Werner Hinz und Hortense Raky.

Abgesehen also von der Parodie GODARDS und der Persiflage EDWARD BONDS (*Early morning*) will dieses Stück an einem Beispiel zeigen, wie die revolutionären Impulse der Studenten, wie die Ansätze des Jahres 1968 in »Kunst« übergeführt und damit entschärft wurden – Walsers altes Thema also, zugespitzt auf die aktuelle Situation.

Jochen Ziem

Leider auch das »gedachteste« Stück des Autors, das vor lauter »Stellvertretung« den Figuren kaum ein anderes als ein gedachtes Eigenleben zubilligt.

JOCHEN ZIEM (* 1932), der, in Magdeburg geboren, seit 1966 als freier Schriftsteller in Berlin lebt, hat als seine Vorbilder einmal ALBEES *Wer hat Angst vor Virginia Woolf?* und die Stücke PINTERS genannt. Gleichzeitig hat Ziem, bei dem die suprarealen Übersteigerungen Pinters und die Mystifikationen Albees nicht vorkommen, sich zu einem bestimmten neuen Naturalismus bekannt: »Der Theaterautor sollte den Dialogen seiner Gestalten mit einer gewissen Fassungslosigkeit folgen, nachgeben, es gestatten, wenn die gespeicherten Klischees wie ein Rülpsen hochkommen.« Von hier aus und von den späteren Absichten Ziems, seine Stücke mit dem Tonband zu erstellen, »dem Zeitgenossen selbst die Mühe überlassen, sich darzustellen«, könnte man Ziem auch zu den jüngeren Autoren des neubelebten Volksstücks, also zu SPERR, KROETZ, oder zu den Dokumentaristen wie ERIKA RUNGE gesellen. Doch will mir scheinen, daß sein ursprünglicher Impetus auch der des Satirikers der westdeutschen Gesellschaft war.

Sein erstes Stück, *Die Einladung* (1967), spiegelt die Entfremdungen zwischen Deutschen aus Ost und West, zeigt Ziem also auf den Spuren des Zeitstücks, wie es MEICHSNER schrieb, wobei er allerdings die Handlung unter dem Einfluß von Albee psychologisch zu vertiefen sucht, die Personen einer entlarvenden Selbstzersetzung in den langen Palavern einer Nacht aussetzt. Mehr als rüde Denunziationen kommen dabei nicht heraus. Die Handlung: Franz und Hilde, zwei Ostberliner, fast schon im Rentenalter, werden eingeladen, zu Tochter und Schwiegersohn nach Düsseldorf auszureisen. Doch ist die Einladung, wie sich beim Besuch der Kinder in Ost-Berlin zeigt, halbherzig ausgesprochen, nicht recht ernst gemeint. In den drei Ehen, die das Stück während der nächtlichen Debatten vorführt, klaffen bald Risse: Politische Apathie wird sichtbar, der in der DDR lebende Sohn Achim witzelt angetrunken über seinen Arbeiter- und Bauernstaat, der Düsseldorfer Schwiegersohn will ihm westliche Weltläufigkeit, seinen Wohlstand angeberisch entgegensetzen; der ehemalige Soziologiestudent ist jetzt Reiseleiter. Ziem entlarvt die Spießer in beiden Deutschlands an ihrer Sprache: »Aber so treffend ihm diese quasselnde Umgangssprache der von ihm bösartig gemeinten Nichtigkeiten auch gelungen ist – mehr als treffend im Sinne des früheren Naturalismus eben nicht. Der heimlich-unheimliche Unterboden fehlt; er entwickelt nur eine ziemlich präzise Studie über eine neudeutsche Alltagsfamilie in Ost und West« (Karena Niehoff).

Auf *Die Einladung* folgte *Die Versöhnung* (1971), eine Fortsetzung der Familienszenen aus Deutschland. Jetzt ist die Familie, fünf Jahre später, in Düsseldorf zum siebzigsten Geburtstag des Vaters versammelt. Ziem selbst über das Stück: »Der Handlungsverlauf entspricht nicht mehr einer geraden Linie, sondern hat Beulen und Dellen, bläht sich hier völlig nutzlos, schrumpft dort, wo Sprachlosigkeit angebracht scheint: ein säurehaltiger Brei, der über die Rampe quellen und denen an die Eingeweide gehen soll, die gefesselt sind an ihre Schulddramaturgie.« In dieses »Quellen« hat Ziem drei Themen verpackt: den Konflikt zwischen Ost und West, zwischen Alt und Jung und zwischen Mann und Frau. »In der ›Versöhnung‹ wird Geschwätz auf niedrigem Niveau attackiert: eben durch Geschwätz – so, als ergäbe Häufung allein schon Evidenz« (Benjamin Henrichs).

Zwischen den zusammengehörigen Stücken *Einladung* und *Versöhnung* schrieb der Autor die Szenenfolge *Nachrichten aus der Provinz* (1967), die BRECHTS Szenenfolge *Furcht und Elend des Dritten Reiches* auf die neue westdeutsche Wirklichkeit »übertragen« wollte, kleine Kabarettnummern über neudeutsches Leben, neudeutsche Feigheit, neudeutsche Spießigkeit, beispielsweise deutsche Urlauber, einen angesäuselten Arbeiter, der einen Neger mit einem Mädchen scheinbar gutmütig, in Wahrheit aber böse und rassistisch anquasselt. Die Szenen bleiben alle platt, oberflächlich, selbst Vorurteile über Vorurteile, Klischees über Klischees produzierend. Inzwischen hat Ziem mehrere erfolgreiche Fernsehspiele geschrieben, offenbar ist dieses Medium geeigneter für seine Oberflächenbefunde.

Ganz offenkundig unter dem Einfluß von FRISCHS *Biedermann und die Brandstifter* steht der dramatische Erstling von GERT HOFMANN (* 1931), *Der Bürgermeister* (1963). Wie die beiden Brandstifter Schmitz und Eisenring bei Biedermann, so dringt hier der Gangster Nachtigall in Molls gute Stube ein: also ebenfalls eine »Machtergreifungsparabel«, wobei Hofmanns einzig eigenständiger »Einfall« gegenüber dem Vorbild darin besteht, daß bei ihm der Bürger Moll nicht aus Ängstlichkeit allein vor dem Gangster kuscht, sondern ihn – mittels Anbiederung – besiegt. Am Schluß des Stücks liegen der Gangster und Molls Ehefrau vor dem sich im Machtrausch entpuppenden Moll auf den Knien: in ihm, dem Bürger, steckte der eigentliche Ganove. In der Sprache kopiert Hofmann Sternheims verknappt witzige Diktion.

Auch Hofmanns zweites Stück, *Der Sohn* (1965), ist eine Parabel, deren Nutzanwendung, vereinfacht ausgedrückt, der Warencharakter der menschlichen Gefühle und Empfindungen sein soll. Eine Mutter, die sieben Jahre lang auf ihren in Rußland vermißten Sohn gewartet hat, schließt – als sie (nach tagelangem sinnlosem Warten in der Bahnhofshalle) des Harrens müde – eine Art Vertrag mit einem im Bahnhofsrestaurant herumlungernden jungen Mann: sie verspricht ihm alles mögliche, wenn er sich bereit erklärt, ihr Sohn zu sein. Der falsche Sohn geht darauf ein, nützt die Mutter weidlich aus. Jedoch brechen beide Partner bald den Kontrakt: die Mutter, indem sie in Wirklichkeit zu arm ist, sich einen Sohn leisten zu können, der Sohn, indem er als »Versager« immer nur »nehmen« will und nichts zu »geben« hat. Das Stück endet damit, daß der falsche Sohn die völlig ausgeplünderte, auch in ihren Muttergefühlen aufgebrauchte Frau verläßt und sie ihren richtigen Sohn nicht mehr akzeptieren kann: Ihre »Ware« ist verbraucht, ihre Mutterliebe verschleudert, ausverkauft. Jedoch hat Hofmann dieses Thema leider nur als einen sentimentalen Schmachtfetzen verwirklichen können, der vom ärmlichen reinlichen Mütterchen und vom Tunichtgut als Sohn in arger Schwarzweißmanier handelt.

Für das Fernsehen schrieb Hofmann sein überzeugendstes Stück, die *Hochzeitsnacht* (1967). In eine ganz normale Hochzeit platzt ein Besucher, Kriegskamerad des Brautvaters: in die Hochzeitsseligkeit und Langeweile ein leicht verfetteter Herrenmensch, der mittels Alkohol und Autorität aus den Männern eine einzige zungenschnalzende und genüßlich schmatzende Gemeinschaft der Erinnerung an die herrlichen Kriegsjahre macht. So schlüpft nach und nach der einst schikanöse, herablassend joviale Offizier aus dem heutigen Textilvertreter, der die anderen beherrscht und kommandiert. Am Schluß bricht er krachend volltrunken zusammen: Der Spuk hat den Mechanismus sichtbar gemacht: wie das damals funktionierte in der Herrengesellschaft der faschistischen Übermenschen, wie es heute wieder funktionieren könnte.

Der Brecht-Satire wie dem Kabarett-Sketch verpflichtet sind die beiden Theaterstücke des Hamburger Schriftstellers und Lyrikers PETER RÜHMKORF. In dem 1973 in Düsseldorf uraufgeführten *Was heißt hier Volsinii?* wird am Schicksal einer Etruskerstadt parabolisch belegt, daß Klassengegensätze stärker als nationale Gegensätze sind: Die Oberschicht der Stadt läßt diese lieber von den Römern erobern, als daß sie eine Volksherrschaft nach einer Volksbewaffnung in Kauf nähme. – *Lombard gibt den Letzten* zeigt (absurden) wirtschaftlichen Konkurrenzkampf auf Gastwirtsebene und will, als »kapitalistsches Spektakel«, als »Operette aus dem wilden Westen« ein Gleichnis über den »absterbenden Mittelstand« sein. Uraufgeführt wurde das Stück 1972 in Düsseldorf.

DAS DOKUMENTARTHEATER I

Rolf Hochhuth und das herausgeforderte Christentum

Mitte der sechziger Jahre machte sich eine neue dramatische Form nachhaltig und effektvoll bemerkbar: das Dokumentartheater. Drei Jahreszahlen markieren seine Durchsetzung auf den Bühnen: die Uraufführung von ROLF HOCHHUTHS *Stellvertreter* (1963), die von HEINAR KIPPHARDTS *In der Sache J. Robert Oppenheimer* (1964) und die der *Ermittlung* (1965) von PETER WEISS.

Für das Dokumentartheater, so verschieden es sich auch in so extrem entgegengesetzten Stücken wie *Oppenheimer* und *Der Stellvertreter* manifestiert, für seine Tendenzen gibt es in der Dramengeschichte der Bundesrepublik mehrere Ursachen. Die erste läßt sich wiederum mit zwei Daten umreißen: im November 1961 wurde in Zürich *Andorra* uraufgeführt, im Februar 1962 spielte Zürich *Die Physiker*. Sowohl das Stück FRISCHS wie das Stück DÜRRENMATTS markieren einen Gipfel- und Wendepunkt in der Wirksamkeit des parabolischen Theaters. Beide Stücke waren alsbald Welterfolge, aber an beide schloß sich gerade deshalb rasch die zweifelnde Fragestellung an, ob die Möglichkeiten dieser Theaterform nicht ausgeschöpft seien, ob ihre mahnende, aufrüttelnde Wirkung nicht in der allzu bereiten Aufnahme untergehe, überspült werde vom Erfolg.

Frischs *Andorra* hatte aus dem Rassenthema ein Bühnengleichnis geformt, das aussagte, nicht das Anderssein provoziere in einer Gemeinschaft Haß und Vorurteil, Verfolgung und Vernichtung, sondern die Projektion der vielen auf den Außenseiter machten ihn erst anders. Frisch warnte davor, sich ein fixiertes Bild vom Nächsten zu machen. Gleichzeitig drückte die Parabel aus, daß die antisemitischen Exzesse beim Vorhandensein von Vorurteilen durchaus »exportierbar« wären, von den »Schwarzen« jenseits der Grenze zu dem kleinen selbstgefälligen Land der »Andorraner«. Wieso, fragte man bald, hat Frisch nicht die Schweiz Schweiz genannt und Deutschland nicht Deutschland und die SS nicht die SS? Man begann zu befürchten, daß die Parabel, die eine Gegenbewegung gegen das platt illusionistische Zeitstück gewesen war, ihrerseits zu bequem würde, gerade dadurch, daß sie Namen vermeide, ins Allgemeine und Beispielhafte stilisiere.

Ähnliches gilt für die *Physiker*. Während doch Dürrenmatt das mögliche Grauen eines Weltuntergangs durch die Atombombe an die Wand malen wollte, konsumierte man das Stück (auch) als schwarze Kriminalgroteske, ja als Weltuntergangs-Operette. Mit einer gewissen Berechtigung läßt sich also sagen, daß die *Ermittlung* eine Antwort auf *Andorra* darstellt, *Oppenheimer* eine Antwort auf die *Physiker* – sofern man diese Zusammenhänge nicht zur puren Kausalität überzieht, sondern sie, in ihrer Wirkung, als Ausdruck einer wechselnden Zeitstimmung und veränderten Theatererwartung nimmt.

Abgesehen von dieser Abwendung von der perfektionierten Parabel drückt sich im aufkommenden Dokumentartheater eine zweite, allgemeinere Zeiterscheinung aus. In jenen Jahren erreichten die NS-Prozesse ihren Höhepunkt; man konnte also auf einmal die vielen Fiktionen mit den in Gerichtsverfahren aufgedeckten Realitäten vergleichen, sich klarmachen, wie selten die Fiktionen deckungsgleich zu den ans Tageslicht dringenden Realitäten paßten. Oder auch, allgemeiner gesprochen: wie wenig sich die Wirklichkeit als »Drama« abgespielt hatte.

Und ein drittes Moment verdient Beachtung: das Fernsehen entfaltete seine Breitenwirkung vor allem auch in der Aufarbeitung der Vergangenheit. Auf zahlreiche Dokumentarserien über das Dritte Reich folgten Mischformen, in denen Szenen gestellt und gespielt wurden, für die kein dokumentarisches Filmmaterial zur Verfügung stand. Man konnte am Fernsehen die enorme Wirkung des Faktischen ablesen, versuchte sie also auch ins Theater, ins Drama hereinzuholen.
Dabei war sicher ein wichtiger Gesichtspunkt, daß man nun namentlich dingfest machen wollte, wer namentlich auch beteiligt gewesen war. Man wollte keine Teufel mehr als Stellvertreter für die Bogers, Kaduks, Eichmanns, man wollte keine parabolische Überhöhung mehr für die real und persönlich gemachten Erfahrungen der Physiker mit ihrer Verantwortung für den Weltfrieden. Nachdem aus BRECHTS *Galilei* im Schritt einer skeptischen »Zurücknahme« (Hans Mayer) der Verantwortung die *Physiker* geworden waren, wollte KIPPHARDT wieder einen Schritt nach vorn tun, indem er an einem Fall die persönliche Haftung, Bedrohung und Möglichkeit »dokumentarisch« belegte.
Doch so leicht es sich anbietet, Zeitstimmungen für das mitverantwortlich zu machen, was sich auf dem Theater ändert, so wenig sollte man übersehen, daß das Dokumentartheater auch ausgelöst wurde durch das verbohrte Einzelwerk eines Autors, nämlich durch ROLF HOCHHUTHS Schauspiel *Der Stellvertreter*, das, genaugenommen, weder ein Dokumentarstück noch ein Stück in einer bestimmten Zeittradition überhaupt ist, das aber doch durch den unerwarteten, immensen, die Theaterabgeschiedenheit überbordenden Erfolg, durch seine provozierende und aufrüttelnde Wirkung all das in Gang setzte, was sich später Dokumentartheater nannte, besser: vereinfacht »Dokumentartheater« genannt wurde.
Eine solche Wirkung hatte bisher nach dem Krieg kein anderes Stück gezeitigt: auf einmal und im Moment schienen alle skeptischen Zweifel an der Wirksamkeit politischen Theaters weggefegt. Zweifel, wie sie vor allem MARTIN WALSER geäußert und behandelt hatte. Er schrieb daher auch zum *Stellvertreter* begeistert an Hochhuths Verlag: »Geschichte sollte man von jetzt an füglich Hochhuth überlassen ... Endlich wieder ein Autor, der bester Rowohlt ist, ein legitimer Sproß der längst fälligen Sartre-Brecht-Ehe.«[57] Man darf heute zweifeln, ob es sich wirklich um eine Sartre-Brecht-Ehe und nicht vielmehr um eine Schiller-Hintertreppen-Verbindung gehandelt habe, über die nur Hochhuths moralischer Impuls und seine unerwartete Wirkung hinwegsehen ließen – fest steht, daß um dieses Stück alsbald ein Wirbel entstand, der das Theater wieder mitten ins Zeitgeschehen zu stellen schien, als Diskussionsforum, auf dem die Gegenwart sich ein Tribunal schafft.
Den Ärger hatte Rolf Hochhuth (*1931) schon vor der Uraufführung. Der Verlag, der sein Werk zuerst drucken sollte, stoppte den Druck, Hochhuth zog mit dem Stück zu Rowohlt; hier wurde es angenommen; nun begeisterte sich Erwin Piscator für den Text und führte ihn am 20. Februar 1963 an der Freien Volksbühne in Berlin auf. Das Stück zeitigte rasch Folgen, Proteste auf der einen Seite, bei der katholischen Kirche, Begeisterung auf der anderen. Der Präsident des Zentralkomitees der deutschen Katholiken erklärte offiziös schon Anfang März: »Die deutschen Katholiken können nur traurig und beschämt davon Kenntnis nehmen, daß im freien West-Berlin ein Theaterstück ›Der Stellvertreter‹ aufgeführt wird, in dem das Andenken Papst Pius' XII., dessen wir in größter Liebe und Verehrung gedenken, auf das häßlichste verunglimpft wird. Unter dem Vorwand historischer Untersuchung darüber, ob der

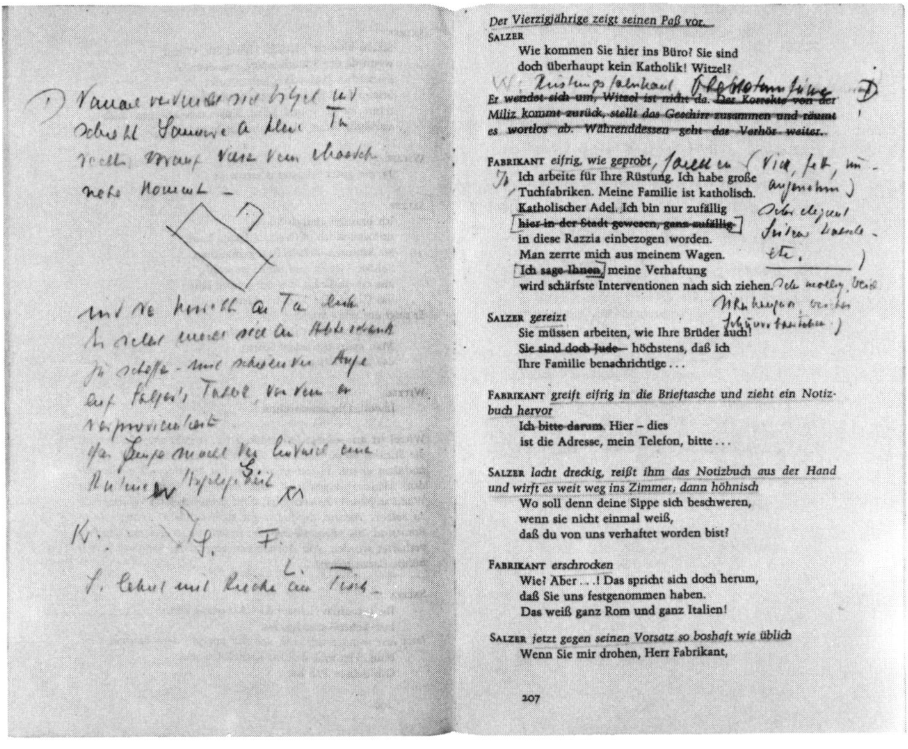

Der Vierzigjährige zeigt seinen Paß vor.

SALZER

Wie kommen Sie hier ins Büro? Sie sind
doch überhaupt kein Katholik! Witzel?

~~*Er wendet sich um, Witzel ist nicht da. Der Korrekte von der Miliz kommt zurück, stellt das Geschirr zusammen und räumt es wortlos ab. Währenddessen geht das Verhör weiter.*~~

FABRIKANT *eifrig, wie geprobt*

Ich arbeite für Ihre Rüstung. Ich habe große
Tuchfabriken. Meine Familie ist katholisch.
Katholischer Adel. Ich bin nur zufällig
~~hier in der Stadt gewesen, ganz zufällig~~
in diese Razzia einbezogen worden.
Man zerrte mich aus meinem Wagen.
~~Ich sage Ihnen,~~ meine Verhaftung
wird schärfste Interventionen nach sich ziehen.

SALZER *gereizt*

Sie müssen arbeiten, wie Ihre Brüder auch!
~~Sie sind doch Jude~~ höchstens, daß ich
Ihre Familie benachrichtige ...

FABRIKANT *greift eifrig in die Brieftasche und zieht ein Notizbuch hervor*

~~Ich bitte darum~~. Hier – dies
ist die Adresse, mein Telefon, bitte ...

SALZER *lacht dreckig, reißt ihm das Notizbuch aus der Hand und wirft es weit weg ins Zimmer; dann höhnisch*

Wo soll denn deine Sippe sich beschweren,
wenn sie nicht einmal weiß,
daß du von uns verhaftet worden bist?

FABRIKANT *erschrocken*

Wie? Aber ...! Das spricht sich doch herum,
daß Sie uns festgenommen haben.
Das weiß ganz Rom und ganz Italien!

SALZER *jetzt gegen seinen Vorsatz so boshaft wie üblich*

Wenn Sie mir drohen, Herr Fabrikant,

207

Rolf Hochhuth (oben rechts) mit Erwin Piscator, dem Regisseur der Uraufführung seines Schauspiels »Der Stellvertreter« (Berlin 1963). Die Realisierung einer Aufführung des Stücks wurde nur möglich, weil Piscator – wie übrigens alle nachfolgenden Regisseure – aus der gewaltigen Textmasse einen Teil herauslöste. Unten: Das Regiebuch des »Stellvertreters« mit Streichungen und Regienotizen Piscators.

Die entscheidende historische These Hochhuths, die er mit dem Stück »Der Stellvertreter« vorgetragen hat, lautet: Papst Pius XII. habe vom Mord der Nationalsozialisten an den Juden gewußt, seine unbedingte Pflicht wäre es gewesen, dagegen in jeder Weise tätig zu werden, da er dies nicht getan habe, sei er an den Verbrechen im moralischen Sinne mitschuldig geworden. – Die Berliner Uraufführung löste eine Flut von Protesten und Diskussionen aus, ebenso die Aufführungen des Stückes im Ausland.

Oben: Diskussion in Berlin am 27. 3. 1963 im Studentenhaus am Steinplatz; am Tisch hinter den Mikrophonen v. links: der Berliner Probst Heinrich Grüber, selbst entschlossener Gegner des Dritten Reichs, der Hochhuths Partei nahm, neben ihm der Autor und Erwin Piscator; Bild rechts: Rolf Hochhuth.

Unten: Protestdemonstration in Basel anläßlich einer Aufführung des »Stellvertreters« im September 1963; die Versammlung, von einer »Aktion junger Christen für den konfessionellen Frieden« veranstaltet und von einigen Tausend Sympathisanten unterstützt, verzögerte den Beginn der Vorstellung im Stadttheater nur um einige Minuten. – Rechts: Protestdemonstrationen gab es auch in New York, wo das Stück (engl.: »The Deputy«) am 26. 2. 1964 Premiere hatte; Kardinal Spellman nannte es »eine verleumderische, abscheuliche Schändung der Ehre eines großen und gütigen Menschen«.

Unberührt von allen Kontroversen bleibt die Tatsache, daß Hochhuths »Stellvertreter« einer der größten Theatererfolge der letzten Jahrzehnte war, ein »Ereignis des Welttheaters«: Bis August 1972 wurde das Stück, außerhalb der Bundesrepublik, von mehr als 60 Bühnen in 26 Ländern gespielt, darunter (links oben) das Nationaltheater Warschau (1966) und (links unten) das Théâtre de l'Athenée in Paris (1963), sowie (rechts, v. oben n. unten) das Teatro Universal in Montevideo (1965), das Deutsche Theater in Ost-Berlin (1966) und das Akademietheater in Athen (1964).

päpstliche Stuhl während des Krieges noch mehr gegen die deutschen Greueltaten am europäischen Judentum hätte unternehmen können, ohne erst recht die radikalen Maßnahmen auszulösen, wird mit allen Mitteln der Bühnentechnik die Person und der Charakter dieses Papstes verzerrt und verleumdet, bis aus schwarz weiß wird! So soll einer der edelsten Männer, den unsere Generation hervorgebracht hat, zum Schuldigen gestempelt werden für das, was Deutsche getan und woran wir – leider mit Recht – immer wieder erinnert werden. Das ist keine Bewältigung der politischen Vergangenheit! ... Wenn wir als Deutsche uns so ein Theater gefallen lassen, ohne es erbittert abzulehnen, machen wir uns wieder einmal anstößig vor aller Welt«.[58]

Von nun an verstummte die Debatte lange nicht: es gab Demonstrationen, Bücher, Pamphlete, die Aufführung wurde zur politischen Mutprobe für Theaterleiter – in Deutschland hätte man nach den Aufführungsorten eine Konfessionskarte von Deutschland zeichnen können: die Theater-Städte, die weiß blieben, waren (mit einer Ausnahme) katholisch.

Wie kam es zu dieser enormen, zu dieser außerordentlichen Wirkung? Es ist eine Binsenweisheit, daß der Effekt, den ein Stück macht, nicht zwangsläufig mit seiner literarischen und sonstigen Qualität zusammenhängen muß, daß vielmehr andere Motive, die an unbewußt vorhandene Erwartungen in der Zeit, an zu lange gehütete Tabus rühren, eine Rolle spielen, kurz: daß ein Konglomerat von Zufällen und akuten Bedürfnissen einem Stück eine unerwartete Sprengkraft verleihen kann. Vergleiche zu den Filmwirkungen von Ingmar Bergmans *Schweigen* und Bernardo Bertoluccis *Letztem Tango in Paris* bieten sich an: auch hier ist es ja eine (in beiden Fällen sexuelle) Tabuverletzung, die in der Kombination, daß man das so endlich Gezeigte gleich auch noch in der nötigen symbolistisch-verklärten Form serviert bekommt, den Erfolg bedingt. Ähnlich ist es mit Albees Welterfolg *Wer hat Angst vor Virginia Woolf?* – hier wurden Geschichten von Ehe und Promiskuität ausgepackt, gleichzeitig war auch die nötige symbolische, ja transzendente Überhöhung garantiert, die dem Publikum sein schlechtes Gewissen darüber abnahm, es wohne angst- und lustvoll Obszönem, Tabuisiertem bei.

Versucht man, diese Erfolgsmischung aus dem *Stellvertreter* herauszulesen, dann kommt man, meiner Meinung nach, auf folgenden Sachverhalt: Die Vergangenheitsbewältigung auf dem deutschen Theater stieß beim Publikum auf Halbherzigkeit, sowohl aus guten wie aus üblen Gründen; aus guten Gründen, weil viele kritische Zeitgenossen bemerkten, wie hier etwas offiziell unterstützt und toleriert wurde, was nur rückwärtsgewandt nach »Schuld« suchte; aus schlechten Gründen, weil viele Leute meinten, es sei nun hinreichend das eigene Nest beschmutzt. Mit beiden Gründen traf Hochhuths Thema erfolgreich zusammen: Er lieferte für diejenigen, die von der deutschen Schuld abgelenkt wissen wollten, ein Alibi, indem er die höchste katholische Instanz in die Schuldfrage einbezog – sicher aus lauteren, aus redlichen Motiven. Und er lieferte denjenigen, die von der Heuchelei angewidert waren, mit der da unangefochten Pflichtübungen bewältigender Art »außer obligo« absolviert wurden, endlich den Stachel gegen den allgemeinen Konsensus. *Der Stellvertreter* zeigte, durch die Beteiligung des Papstes, daß der Nazismus und seine Judenvernichtung kein Ereignis waren, das ohne Zusammenhänge in der Welt stattgefunden hatte – als düsteres Unglück aus heiterem deutschen Himmel. Das Stück verletzte – mit anderen Worten – ein Tabu, das sich die deutsche Restauration in der Ära der CDU-Herrschaft aufgebaut hatte: die Kirche blieb als Institution außerhalb der Diskussion. Sie galt

als Bewahrerin der Werte während der Nazijahre, sollte deshalb auch jetzt vor jedem Angriff bewahrt bleiben.
Hätte das allein ausgereicht, Hochhuth zu seinem außergewöhnlichen Erfolg zu verhelfen? Etwas anderes, weiteres mußte noch hinzukommen: die im Grunde einsichtige, simple, ja altmodische »Dramaturgie« des Stücks, das – so modern es durch seinen Appell, durch seine thematische Tabuverletzung war – im Grunde unbeholfen und hölzern das alte Schema des Schillerschen Gewissensdramas in versimpelter, einfacher Form wiederbelebte. Was gesprochen wird – in übrigens unendlich holprigen Versen und freien Rhythmen – klingt, als hätte es die Erfahrung mit der verdorbenen Sprache im modernen Drama nie gegeben. Die Figuren sind intakte Gehäuse für ein Gewissen, das sich so oder so entscheiden kann, zum Guten wie zum Bösen; es gibt weder Außenlenkung noch Bewußtsein als Ausdruck sozialer und politischer Verstrickungen; es gibt Recht und Unrecht, frei von den herrschenden Zeitströmungen, die das Denken vergiftet und geprägt hatten. Und es gibt auch keine Diplomatie: die Kirche wird als reine Lehre genommen, nicht als weltlich verstrickte Institution.
Vor allem gegen das vereinfachte Menschenbild, das Hochhuth zeichnete, Menschen schlicht in Böcke und Schafe sondernd, die alle voll haftbar und allein verantwortlich sind, für das, was sie tun, dagegen wandte sich vor allem THEODOR W. ADORNO. Aber im Grunde war es schwer, dem Stück seine Schwächen vorzurechnen, ohne sich dem Verdacht aussetzen zu wollen, man mache sich zum Verbündeten derjenigen, die die politischen Wirkungen fürchteten und bestimmte Themen dem Theater entrückt wissen wollten.
Ein merkwürdiges Werk: Hochhuths *Stellvertreter* ist ein Stück, das historische Dokumente wörtlich zu verarbeiten sucht – und das in Versen tut; das ein Trauerspiel und gleichzeitig eine szenische Reportage sein will; in dem Pius XII., Kurt Gerstein, Adolf Eichmann auftreten – und gleichzeitig ein Doktor, der nicht viel weniger ist als der Teufel höchstselbst; ein Drama schließlich, das sich den Schillerschen Konflikt von Schuld und Freiheit ausleiht – und dessen Autor im Nachwort zu erkennen gibt, daß die Frage der Verantwortlichkeit »im Zeitalter des Neutrums« das Drama selbst »möglicherweise als nicht mehr zeitgemäß verwerfen muß«. Es mischen sich in diesem Werk, das in voller Länge nicht aufgeführt werden kann, sondern nur in kleinen Ausschnitten, dessen wuchernde Szenenanweisungen zu historischen Essays ausufern, es mischen sich darin die redliche Empörung eines Idealisten mit brutalen Kolportage-Effekten, kluge differenzierte Argumente mit Hau-Ruck-Thesen, ein wacher illusionsloser Blick mit sentimentalen Rühr-Effekten. Auf der Suche nach einem Schuldigen verliert das Stück die Geschichte zugunsten von Enthüllungen und Dämonisierungen. Und in der Tat landet es, das in der verunglückten Auschwitz-Szene den Teufel am Werk sein läßt, bei Gemeinplätzen, wenn ein Kirchenmann z. B. entsetzt fragt, wie die »Deutschen, das Volk Goethes, Mozarts und Menzels, so verrohen konnten«.
Die Handlung: Der Idealist und Märtyrer Riccardo Fontana (eine erfundene Gestalt) hat von Kurt Gerstein von der »Endlösung« erfahren. Nun dringt er immer höher in der Kirchenhierarchie mit seinem bohrenden Appell vor, die Kirche müsse etwas unternehmen, und überall stößt er auf Feigheit und Ablehnung, auf Bedenken und Rücksichten. Für die Papstszene hat Hochhuth sich eine Handwaschung einfallen lassen, die gleichzeitig das Pilatus-Motiv und Brechts Einkleidungsszene aus dem *Galilei* als Anregungen verwendet. Der Papst sieht dann tatenlos zu, wie gewisserma-

ßen unter seinen Augen die Juden Roms verhaftet und deportiert werden. Fontana schließt sich ihnen als freiwilliger Märtyrer an, um die Kirche von ihrer Mitschuld reinzuwaschen. Dazwischen gibt es Szenen, in denen es sich die Nazis bei einem Kegelabend dröhnend gemütlich sein lassen (die am stärksten literarischen, dem Zeittheater verhafteten Augenblicke) und eine peinlich überhöhte Auschwitz-Szene, die eine Mischung aus Dämonie und textschwachem Oratorium ist.
Es ließen sich viele widersprechende Urteile über das Stück zitieren, das, so HENNING RISCHBIETER, von »unsicherem Schwanken zwischen Dokumentation und Dichtung«[59] gekennzeichnet ist, das »bis zum Bersten voll« ist von »der Aggressivität eines eifernden Moralisten« (DIETER HILDEBRANDT)[60], das »bewiesen« hat, »daß die Dialektik der Verantwortlichkeit über die Bühnenwirksamkeit hinaus Aufsehen zu erregen vermag« (SIEGFRIED MELCHINGER).[61] Auf eine Formel gebracht hat CHRISTIAN SCHÜTZE die Wirkung: »Hochhuths Stück hat gezeigt, daß das Theater imstande ist, in einen metapolitischen Raum vorzustoßen, der früher dem Pamphlet vorbehalten war.«[62]
Das sichere Gespür des eifernden Pamphleten für die Herausforderung seiner Zeitgenossen hat Hochhuth auch im zweiten Stück, *Soldaten* (am 9. Oktober 1967 abermals an der Freien Volksbühne, Berlin, uraufgeführt), nicht verlassen. Auf dem Höhepunkt des amerikanischen Bombardements in Vietnam hat er das Thema des Luftkrieges gegen Zivilisten aufgegriffen, eine neue Konvention gefordert (*Nekrolog auf Genf* heißt die »Tragödie« im Untertitel). Das Flächenbombardement im Zweiten Weltkrieg (in Hochhuths Stück: der Großangriff auf Hamburg) liefert die anklagende These. Angeklagt ist kein anderer als Winston Churchill, der englische Kriegspremier; also war das Stück wieder der Gefahr ausgesetzt, in Deutschland als Exkulpationsdrama mißverstanden zu werden, das Auschwitz und Stalingrad gegen Dresden und Hiroshima »aufrechnet«. Um dieser Gefahr zu begegnen, hat Hochhuth ein Rahmenspiel erfunden, das in Coventry beginnt, dort also, wo Hitler seine Pläne von der »Ausradierung« der englischen Städte zu verwirklichen begann – ein verunglückter *Jedermann*-Spiel-Rahmen für ein Zeitkolportagedrama.
Bald verwirrt sich Hochhuths Thesenstück gegen den Bombenkrieg – Churchills moralischer Gegenspieler ist der Bischof von Chichester – mit einer Illustrierten-Kolportage, einer Geheimdienst-Klamotte über die Ermordung des polnischen Exil-Premiers Sikorski, den Churchill angeblich auf Betreiben Stalins beseitigen ließ: also eine unbelegbare »Enthüllungsdramatik« anstelle des geplanten moralischen Spiels. Hochhuth, der die Wahrheit über den Tod Sikorskis in einem Schweizer Safe deponiert haben will, ist inzwischen von einem englischen Gericht zu Schadenersatz an dem Piloten der Maschine verurteilt worden, die Sikorski angeblich mit Vorsatz in den Tod flog: so kann sich »Dokumentartheater« in Illustriertenmanier mit der Wirklichkeit und deren Persönlichkeitsrechten ungut verquicken.
Im Unterschied zum *Stellvertreter* hat Hochhuth hier versucht, die Hauptfigur, eben Churchill, reicher und lebendiger, weniger thesenhaft blaß auszustatten. Leider kommt nur eine personifizierte Klein-Moritz-Vorstellung von Politik heraus, wenn sich Staatsmänner Zitate wie die folgenden in schönster Büchmann-Manier an den Kopf knallen: »Politik ist, worüber man nicht spricht«, »Geschichte ist, was mißglückt.« Und Churchill spricht: »Mit Flugzeugen und dem Kreml soll sich nur einlassen, wer muß.«
Für das Drama hat Hochhuth sich noch – in *Wallenstein*-Anlehnung – ein Max-Thekla-Paar ausgedacht: In Churchills weibliche Adjutantin verliebt sich ein pol-

nischer Exil-Offizier. Und Churchill selbst wird unter anderem dadurch gezeichnet, daß er Wuttränen über den Tod seines Schwans vergießt, während er ungerührt Tausende von Menschen der Air-Force »opfert«.

Nachdem es in Deutschland schien, als seien Hochhuths *Soldaten* schon durchgefallen, erhielt das Stück durch die englische Premiere, die im Nationaltheater London als öffentliche Vorführung verboten wurde, den gleichen Auftrieb wie der *Stellvertreter* – nur daß eben diesmal das moralische Thema gleich zugunsten der Enthüllungs- und Denunziations-Story am englischen Premier fallengelassen wurde. MARIANNE KESTING schrieb im Zusammenhang damit, daß Hochhuth die Privatheit seiner Figuren mit der technisierten Mordmaschinerie der Luftwaffe koppeln wolle: »Schlimm ist, daß Hochhuth dergleichen entsetzliche Fakten zu Sentimentalitäten und zu reißerischen Effekten nutzt...« Die angelsächsische Kritik dagegen äußerte sich positiver: CLIVE BARNES in der *New York Times* nannte die *Soldaten* »ein faires Stück«, JACK KROLL in *Newsweek* bezeichnete das Werk als das »bei weitem packendste und wichtigste Theaterereignis des Jahres«, den Autor gar »füglich als den bedeutendsten Dramatiker der Welt«.

Das erste fast rein fiktive Schauspiel schrieb Hochhuth mit *Guerillas*. Anläßlich der Stuttgarter Uraufführung (15. 5. 1970) klagte IVAN NAGEL in der Rezension der *Süddeutschen Zeitung*:

Was hätte doch aus Hochhuth alles werden können: ein musterhafter Pfarrer, ein überzeugter Geschichts- und Deutschlehrer, ein wachsamer Provinzredakteur. Doch er verleugnete diese Gaben oder seinen Daimon (wie es wohl in seiner gewählten Sprache hieß) und wurde, wozu er das Zeug nicht hat, ein Dramatiker. Seine Dialoge wirken wie aus einem älteren Stilwörterbuch, seine Rollen tragen Ansichten statt Gesichter, seine Handlungen wuchern unkontrollierbar ins Kolportagehafte. Über die Beliebigkeiten der »Fassungen«, in denen seine Stücke aufgeführt wurden, hat man zuviel geredet; »fassen« ließe sich nur, was zumindest ein Rudiment eigener, innerer Form hat. Hochhuths end- und gestaltlose Stücke werden von ihren Regisseuren vielmehr verschrottet; jeder montiert ab und nimmt mit, was er brauchen kann.

Aber schon *Der Stellvertreter*, dann *Soldaten*, jetzt *Guerillas* wurden zu publizistischen Sensationen. Gewiß, erst die Reaktionen der unsinnig beleidigten Kirche, des aufgeschreckten englischen Nationalbewußtseins erregten das maßlose Aufsehen. Diesem aber entspricht irgend etwas in den Stücken selbst: nicht nur, was man ein brisantes Thema nennt. Gerade nach der Stuttgarter Uraufführung des dritten Hochhuth-Stückes, bei der das Mißverhältnis zwischen geschriebener und spielbarer Substanz einerseits, verlegerischer Geheimnistuerei und Propaganda andererseits in Lächerlichkeit zu wachsen drohte, ist es an der Zeit, das Element des Aktuellen und Wirkungsvollen in Hochhuths Produktion zu erkunden. Welterfolg in einem Beruf, in dem man ein Stümper ist, kommt nicht oft vor und braucht deshalb Erklärung.

Hochhuth läßt die unbefriedigten Energien des Pfarrers, des Geschichtslehrers und des Journalisten, der er nicht geworden ist, in seine Dramen einfließen; und diese Triebe korrespondieren (kurios aber nicht zufällig) mit einigen unbefriedigten Bedürfnissen der Allgemeinheit. Die Religionen sind heute in einem so desolaten Zustand, um den moralischen Eifer eines Mannes ganz binden und beschäftigen zu können. Hochhuths eifernde protestantische Besessenheit, Schuld aufzuspüren und anzuprangern, ersetzt ihm das pastorale Amt, seinem Publikum den offenbar fehlenden glaubwürdigen Aufruf zu Besinnung und Besserung. Ähnlich wird das natürliche Verlangen der Menschen, große und schreckliche Ereignisse der Weltgeschichte mit Hilfe von einleuchtenden Gründen und Gesetzen zu verstehen, so aus Vergangenem zu lernen, durch universitär zaghafte Detailkrämerei allzuoft enttäuscht. Hochhuths Melodramatisierung der Vergangenheit schafft auch hier Ersatz.

Den journalistischen Nerv schließlich, dem Hochhuth sein Papst- und sein Churchill-Stück verdankt, haben die konservativ-liberalen westdeutschen Zeitungen in ihren Schreibern abgetötet oder zumindest betäubt. Die unvollständige, begriffslose, geschönte Information, die sie uns zumeist zukommen lassen, ruft geradezu nach Ergänzung: nach einer politischen Wahrsagerinnenkunst erhitzter Dilettanten und Halbgebildeter, welche endlich die »wahren Zusammenhänge« und die »wirklichen Drahtzieher« einer staunenden Öffentlichkeit vorstellen. Als sektiererischer Prediger, als gymnasiallehrerhafter Entdecker und Entlarver großer Männer und Taten, als von Argwohn gehetzter Reporter (der allerdings nicht die Tatorte nach Indizien, sondern die Sekundärliteratur nach Zitaten durchsucht) gibt Hochhuth, was ein guter Dramatiker nie geben könnte.
Guerillas, eine Tragödie genannt, handelt von der Lage der Vereinigten Staaten. Die anarchischen Wirrungen, welche in der explosiven Freisetzung menschlicher Erfindungskraft und wirtschaftlicher Produktionskraft entstanden (und auf die ein Residuum an kleinbürgerlich-puritanischer Ideologie mit blutrünstiger Panik reagiert), die immensen Gegensätze von Reichtum und Elend, von Macht und Ausgeliefertsein – Hochhuth betrachtet sie mit der entsetzt-empörten Urteilsstrenge eines kleinstädtischen deutschen Kulturtouristen. (Er hat in jenem Land dreimal zwei Wochen verbracht.) Doch der Tourist hat seinen Che gelesen (dessen Partisanentod zu den unzähligen Motiven des Stückes *Guerillas* gehört). So kann er den ratlosen Amerikanern eine Lösung empfehlen, auch wenn deren beide Teile schwerlich gut zusammengehen: den Aufstand von Stadtguerillas in den Slums und von Staatsstreichlern in den höchsten Regierungsämtern.

Wenn hier Ivan Nagels Rezension so ausführlich zitiert wurde, dann deshalb, weil sie, meiner Meinung nach, das Wichtigste zum »Phänomen« Hochhuth summiert und zusammenfaßt und weil sie die nach Fassung ringende Reaktion derjenigen widerspiegelt, die Hochhuth nicht aus blinder konservativer Empörung ablehnten.
Zu *Guerillas* bleibt zu sagen: Held ist ein unendlich reicher Senator (eine den Kennedys idealisch nachempfundene Lichtgestalt), die den Staatsstreich plant und sich zu diesem Zweck mit den Slum-Guerillas und den revolutionären Kräften in Lateinamerika verbindet. Das Drama (wiederum mit Anmerkungen überfrachtet, wiederum in einer Sprache verfaßt, die hölzern, gespreizt, hilflos ist, zur Figurenzeichnung ganz und gar unfähig) vollzieht sich teils als Geheimdienst-Indianerspiel, wobei Hochhuth eine Art 20. Juli für Amerika vorsieht, teils als Rührschnulze von Neigung und Pflicht: denn des Senators Frau, ganz Liebende, hilft ihm bei der Nachrichtenübermittlung und wird vom CIA prompt gefoltert und gekillt; dem Helden läßt man am Schluß den »Selbstmord« als letzten Ausweg.
Daß das Stück nicht ähnlich »hochging« wie die beiden vorhergehenden Dramen, lag an seinem vorwiegend fiktiven Charakter: niemand mußte sich hier beleidigt vor einen illustren Toten stellen. Dabei, nebenbei sei es vermerkt, enthielten auch die *Guerillas* einen Sprengsatz, indem sie, zumindest in einer Anmerkung, eine Verbindung zwischen Präsident Nixon und Kennedys Ermordung suggerierten, mit dem Bemerken, daß Nixon damals zufällig in Dallas geweilt habe. Doch dieser »Zeitzünder« à la Hochhuth ging nicht hoch, weil er sich einfach in den gespielten (notwendigen) Kurzfassungen nicht bemerkbar machte.
Auf *Guerillas* folgte Hochhuths erste »Komödie«, die *Hebamme*, die im Mai 1972 uraufgeführt wurde. Eine Komödie? Ein neuer Hochhuth also? »*Die Hebamme*, der neue Hochhuth, ist wieder einmal ganz der alte Hochhuth: das Stück eines eifernden, mitunter auch geifernden Amateurs« (Benjamin Henrichs). »Jetzt stehen also unsere gestandenen Protagonistinnen im besseren Alter nach dieser Bombenrolle der Ver-

logenheit Schlange« (Friedrich Luft). Die Kritik kapitulierte also erneut mit hohnvoller Verzweiflung vor diesem Publikumsknüller, der – ebenfalls laut Luft – »bitte nicht« ins Staatstheater gehöre, »sondern auf Tournee und zu halben Preisen«. Das brisante, im Grunde notwendige Thema, das Hochhuth diesmal aufgriff, war die Wohnungsnot der zum Baracken- und Asyl-Leben Ausgeschlossenen des Wirtschaftswunders. Als eine Art Engel der Baracken wirkt die Heldin, indem sie mit viel List und Tücke einen Baracken-Slum von den Bewohnern abbrennen läßt, so daß die Stadtväter sie notgedrungen in Neubauten, die für die Bundeswehr bestimmt waren, einweisen muß. Auch hier klappern die Verse, wuchern die Anmerkungen. Will man in dem Un-Stück eine Dramenkonstruktion erblicken, so verbirgt sich am ehesten hinter den hohlen Worten ein billiger Millowitsch-Schwank mit wohlfeil verhöhnten Spießern, einer resolut die Ärmel aufkrempelnden älteren Dame als Heldin, mit einer Gerichtsszene, in der »Volkesstimme« sich drastisch über die lebensfremden Paragraphen hinwegsetzt. Die Komik entsteht, indem Hochhuth seinen Figuren unter anderem komische Namen antut: Traugott Senkblei heißt ein Kommißtyp; indem er deutsche Dialekte in großer Zahl so falsch und oberflächlich in das Stück zitiert, wie das manche Witze über die Sachsen oder Bayern tun. Wie es sich für ein (wenn auch komisches) Rührstück gehört, stirbt Hochhuths Hebamme am Schluß den Heldentod, nachdem sie ihr Lebensziel erreicht hat.

Trotzdem (oder gerade deshalb?) war das Stück ein Schlager der Saison, von vielen Bühnen gespielt, unter lebhafter Anteilnahme eines jubelnden, juchzenden Publikums. Das Triviale, leicht Verdauliche, mit seinem unerschütterlichen Köhlerglauben an die Persönlichkeit war in die Subventionstheater eingezogen, ohne daß die meinten, ein schlechtes Gewissen haben zu müssen: denn auch die *Hebamme* gab vor, ein brennendes politisches Problem zu behandeln oder (wie es im neudeutschen Jargon immer wieder bewundernd hieß) »ein heißes Eisen anzufassen«.

Was *Der Stellvertreter* für Deutschlands Katholiken leistete (nämlich sie zu provozieren), das versuchte der Erstling des Werbefachmanns und Hörspielautors Dieter Forte (*1935) für die Protestanten 1970 nachzuholen, indem er Luther von seinem Podest zu stürzen suchte. Das Stück *Martin Luther & Thomas Münzer oder Die Einführung der Buchhaltung* wiederholte daher mit stark abgeschwächter Wirkung die Stellvertreter-Erregung. Mit Hochhuth hat dieses Stück die überbordende Länge gemeinsam: ungekürzt hätte das *Luther*-Drama eine neunstündige Spieldauer. Sonst jedoch geht Forte von einer moderneren Entlarvungsdramaturgie aus, von jenem von Dürrenmatt oder (stärker) von Peter Hacks stammenden Verfahren, historische Größen und Konstellationen einer praktischen Banalität auszusetzen, die »Idee« sich am »Interesse«, an der Wirtschaft blamieren zu lassen. Das Stück, ein wenig dünn in seiner Personenzeichnung und allzu bemüht witzig in seiner Sprache, zeigt Luther einmal als Werkzeug der Fürsten, die Reformation als vorgeschobenen Vorgang, der einen wichtigeren verschleiern soll: nämlich die Geburt des Frühkapitalismus – das, was der Titel *Die Einführung der Buchhaltung* nennt. Zum andern wird Luther mit Thomas Münzer konfrontiert, jener Gestalt also, die sich als historische Identifikationsfigur während der Studentenrevolten großer Sympathie erfreute, weil in ihr, anders als bei Luther, reformatorischer und gesellschaftsverändernder Impuls zusammenfielen. Das Stück lebt effektvoll von starken Kontrasten und einem oft allzu verkürzten, kurzschlüssigen Witz. Zu Hochhuths idealischer Dramaturgie ist es ein fast bewußtes Kontrastprogramm.

Die vorgeblich antikirchlichen Stücke Hochhuths und Fortes legen die Frage nahe, ob es in Deutschland denn nach 1945 die Tradition des christlichen Dramas gar nicht gegeben hätte, wie es sich so mächtig in Frankreich (BERNANOS, CLAUDEL), aber auch in England und Amerika (ELIOT,FRY, WILDER, in gewisser Weise auch ALBEE) artikulierte. Sieht man von so plattem Gebrauchstheater ab, wie es REINHARD RAFFALT, gleichsam als Anti-*Stellvertreter* in seinem *Nachfolger* (1962) schrieb, der eine Papstwahl gewissermaßen durchs Schlüsselloch zeigt, wobei der Gewählte als eindringlich ringendes Gewissen, als skrupelvolle Bescheidenheit vorgeführt wird, dann muß man bis zu REINHOLD SCHNEIDER und zu seiner christlichen »Entscheidungsdramatik« zurückgehen, in der WALTER HINCK ohnehin das anregende Beispiel für Hochhuths Thesenstück vom *Stellvertreter* sehen will.

Man könnte in Schneiders Drama *Der große Verzicht* (das, 1950 geschrieben, erst 1958 in Bregenz uraufgeführt wurde) tatsächlich so etwas wie einen historischen Vorläufer des *Stellvertreters* sehen. Denn Schneider stellte in den Mittelpunkt seines Schauspiels den Papst Cölestin V., das Stück spielt also im 13. Jahrhundert. Cölestin verschließt sich der weltlichen Gewalt, indem er sich beispielsweise weigert, die Kriegsflotte König Karls zu segnen. Zur Abdankung gezwungen, geht seine friedliche Saat erst nach seinem Märtyrertod auf. Ludwig, Karls Sohn, verzichtet auf die Krone, geht in ein Kloster. Und Cölestins Nachfolge-Papst bekennt sich auf dem Totenbett zur Sanftmut und unbeirrten Friedlichkeit seines Vorgängers. Das Stück leidet an der Überfülle historischer Kolossalgemälde: neununddreißig Bilder, fünfundfünfzig Personen, seitenlange Monologe, könnte also Hochhuth zumindest seine Maße und Dimensionen mitgeteilt haben.

Als der Hegner-Verlag 1962 eine Anthologie *Homo viator. Modernes christliches Theater* herausbrachte, da nahm er für den deutschsprachigen Teil auch HEINRICH BÖLLS Stück *Ein Schluck Erde* auf, das 1961 in Düsseldorf uraufgeführt wurde. Ist das Stück, das zum Genre der Katastrophen-Utopien gehört, ein christliches Drama? – Gewiß, wenn man auf die »Kraft der Liebe« schaut, die es besingt. Nach einer Art Sintflut hat sich auf der Erde ein neuer ameisenähnlicher Staat etabliert, genau in Kasten eingeteilt, die von den rechtlosen »Kresten« auf der untersten bis zu dem »Kenner« an der Spitze reichen. Zwei höhergestellte Mädchen verlieben sich in zwei »Kresten«, erdulden deshalb selbstlos die Kasten-Degradierung und bilden, obwohl geächtet, zusammen mit ihren Männern eine Insel der reinen Menschlichkeit. Das Stück ist in einer sperrigen Kunst- und Zukunftssprache verfaßt, die nicht selten wie eine unfreiwillige Wagner-Parodie wirkt. So heißt »lieben« bei Böll »loten der Möge«, Erinnerung heißt »Mahne« – man mag sich unschwer vorstellen, wie kompliziert es für Schauspieler ist, mit solchen Formeln den nötigen Ernst des Themas zu bewahren. Am besten wirken noch die satirischen Anspielungen auf die Vergangenheit (also unsere Gegenwart), wenn Taucher Reklameschilder, politische Botschaften und ähnliches aus dem Meer fischen.

1970 wurde in Aachen Bölls Stück *Aussatz* uraufgeführt. Hierin geht es um die Auseinandersetzung um einen toten Priester, der in einem Hotelzimmer Selbstmord verübte. Der junge Mann war Findling gewesen, hatte unter dem Namen Bonifazius Christ in einem Heim gelegt. Der Polizeibeamte, der seinen Tod aufklären will, stößt überall auf eine Mauer des Schweigens und Vertuschens. Weder der Freund, der wohl mit einem östlichen Geheimdienstauftrag in der CDU Karriere macht, noch die Seelenfreundin, mit der Bonifazius vom Bischof »überrascht« wurde (was dieser prompt mißdeutete) noch der Tauf-Pater des Toten, ein lebensfroher Kleriker, wollen ihn identifizieren. Allmählich stellt sich heraus, daß der Tote seinen Glauben so ernst nahm, daß er sich nicht mit dem notwendigen Taktieren der Kirche in einer widersprüchlichen Welt abfinden wollte, er war also von »anstößiger Unschuld«. In diese Geschichte hinein spielt, daß der Tote wahrscheinlich »Aussatz« hatte. Der *Aussatz* wird von Böll symbolisch als (ansteckende) Reinheit der Unreinen gedeutet. Das Stück wurde bei der Aachener Uraufführung überaus freundlich und erleichtert aufgenommen; der »Durchfall« von *Ein Schluck Erde* hatte sich also nicht wiederholt.

DAS DOKUMENTARTHEATER II

Heinar Kipphardt, Peter Weiss und die Folgen

Während bei Hochhuths Dramen das »Dokumentarische« nicht in den Dialogen und Aktionen zu suchen ist, vielmehr die erfundenen Texte und Situationen im Anhang, in essayistischen Szenenanweisungen, in eingestreutem, für die Aufführung nur indirekt nutzbar zu machendem Quellenmaterial »belegt« und unterstützt (also etwa im gleichen Verhältnis zu den Stücken steht wie Schillers historische Studien über den Dreißigjährigen Krieg oder den Abfall der Niederlande zu *Wallenstein* und *Don Carlos*), haben Heinar Kipphardt und Peter Weiss in ihren Dokumentarstücken ihre Personen direkt aus den Quellen sprechen lassen: *Oppenheimer* verwendet in fast wörtlicher Anlehnung die Protokolle vor dem amerikanischen Sicherheitsausschuß; *Die Ermittlung* stützt sich in stilistischer Konzentration auf die Zeugenaussagen im Frankfurter Auschwitzprozeß.

Das Verfahren ist nur in dieser radikalen Anwendung, das heißt: im fast völligen Verzicht auf den Eingriff des Schreibenden, neu. Denn Büchner hat beispielsweise für seinen *Danton* durchaus auch auf wörtliche Aufzeichnungen aus dem Konvent zurückgegriffen und im *Woyzeck* ein gerichtsmedizinisches Gutachten verarbeitet, dem auch manche wörtlichen Zitate entnommen sind. Neu ist, wie gesagt, der vorgeblich totale Verzicht des Autors auf Eingriffe in seinen Stoff, was einerseits eine Illusion ist, denn auch das Arrangieren, Zusammenstellen, das Auslassen und Pointieren »verdichtet«, verändert die Wirklichkeit. So kam es, daß Oppenheimer gegen die szenische Interpretation seiner Dokumente protestiert hat, Beweggründe und Fakten in Kipphardts szenischer Aufbereitung verfälscht sah.

Andererseits bleibt zu fragen (eine Frage, wie sie Wolfgang Harich in *Sinn und Form* an Enzensberger und Erika Runge stellte), ob für die Kompilation von Quellen überhaupt noch der Begriff eines »Autors«, eines »Verfassers« herhalten müsse, ob nicht sachdienlicher von einem »Herausgeber« zu sprechen wäre. Harich jedenfalls hat sich mit überzeugendem Spott über Enzensbergers »Roman« *Der kurze Sommer der Anarchie* hergemacht, der für ihn nur eine Sammlung von Dokumenten ist, und ironisch die Autorenschaft von Erika Runge in Zweifel gezogen, weil diese eigentlich nur darin bestünde, Leuten ein Mikrophon zwischen die Zähne zu halten.

In der Tat: Erika Runges Fernseh-Dokumentarspiel *Warum ist Frau B. glücklich?* oder Enzensbergers *Verhör in Habana* stellen ebenso wie Kipphardts *Oppenheimer* und wie *Die Ermittlung* von Peter Weiss Extremfälle des Dokumentartheaters dar, bei dem der Autor eher ein »Einrichter« ist, der mit Schere und Kleistertopf arbeitet.

Schon daraus erklärt sich allein, daß das »Dokumentartheater« keine Stilrichtung ist, die ihre Vertreter ständig an sich gebunden hätte. Der sich bescheidende Rückgriff auf vorhandenes »Material« war ein kurzzeitig vorexerziertes Extrem, das auf das problematische Verhältnis von Fiktion und Wirklichkeit hinweisen wollte, das in besonderen Fällen demonstrieren wollte, daß die »Erfindung« vor der Wirklichkeit manchmal zu kapitulieren habe, wie es Peter Weiss mit Auschwitz demonstrierte.

Weder Kipphardt noch Weiss haben als »Dokumentaristen« begonnen, beide waren schon erfolgreiche Dramatiker mit einem großen Echo, als sie sich der Dokumentarform zuwandten. Bei Kipphardt war sie zudem noch nicht für das Theater, sondern ursprünglich für das Fernsehen entwickelt, das ja viel ungezwungener mit Tonbändern, historischen Fotos, mit vorhandenem Wochenschau- und Filmmaterial arbeiten kann, wo vermittelte dokumentarische Realität ohnehin in der unmittelbaren Nachbarschaft steht, wenn das »Fernsehspiel« in einem Programm etwa zwischen der »dokumentarischen« Nachrichtensendung und einem ebenso dokumentarisch belegten Feature oder einer Reportage steht. Denn daraus hat sich im Fernsehen das Dokumentarspiel entwickelt: daß es der Gegenwartsreportage die »Reportage« aus der Vergangenheit zugesellte.

Noch ein Weiteres muß erwähnt werden: Das Dokumentartheater war der Versuch, die Bühnen aus der sie vom Tagesgeschehen abriegelnden »Autonomie« der Kunst zu reißen, sie hineinzuziehen und zu verwickeln in die politischen Debatten und Auseinandersetzungen. Dokumentartheater war also in seiner Absicht politisches Theater. Man kann sich diese Verwicklung vor Augen führen, indem man sich daran erinnert, wie sowohl Kipphardt als auch Weiss in die Münchner Theaterkrise involviert waren, wie sie durch ihr »Dokumentartheater« ausgelöst wurde. Weiss durch seinen *Vietnam-Diskurs*: Bei der Münchner Aufführung von 1968 wollte sich der Regisseur nicht damit begnügen, das anklagende Stück gegen die USA nur zu spielen, sondern man wollte auch für den Vietkong, für den das Stück Partei ergriff, nach jeder Vorstellung sammeln. Als das die Theaterleitung der Kammerspiele untersagte, kam es zum »Streik«, zu einer Verweigerung der Aufführung. Peter Stein verließ die Kammerspiele. Und als Heinar Kipphardt, damals Chefdramaturg der Kammerspiele, 1971 für das Programmheft von Wolf Biermanns *Dra Dra* eine »Dokumentation« mit Köpfen aus Politik und Wirtschaft nicht selbst unterdrückte, sondern die Entscheidung dem Intendanten überließ, da mußte er die Kammerspiele »als Opfer einer reichlich grotesken Münchner Lokalintrige, die aus der hysterischen Angst örtlicher SPD-Bonzen vor ›linken Unterwanderern‹ nur halb zu verstehen ist« (Urs Jenny)[63] verlassen.

Heinar Kipphardt (* 1922), der als Arzt von Düsseldorf an die Ostberliner Charité ging, seit 1950 dort Dramaturg am Deutschen Theater war, bis er 1960 nach München übersiedelte, begann als Dramatiker 1952 mit der Komödie *Shakespeare dringend gesucht*, einem wirksicher geschriebenen Stück über die bürokratische Handhabung bei der Suche nach proletarischen Talenten an einem DDR-Theater, mit vielen sarkastischen Seitenhieben auf die offiziöse Kulturpolitik. 1956 folgte *Der Aufstieg des Alois Piontek*, 1958 *Die Stühle des Herrn Szmil*, eine Dramatisierung des sowjetischen satirischen Romans *Zwölf Stühle* (1928) von Ilja Ilf und Evgenij Petrow. Noch in der DDR war ebenfalls *Der Hund des Generals* entstanden (1957), das Stück wurde aber erst 1962 an den Münchner Kammerspielen uraufgeführt. Danach war es rasch ein von vielen Bühnen gespieltes Stück. Mit einem Mal war Kipphardt einer der Autoren im Brennpunkt des Interesses: »Einmal befand er sich ganz oben auf einer

›Welle‹: Mitte der sechziger Jahre, als dem deutschen Theater das Gefühl der eigenen Irrealität zu dämmern begann und es sich noch eine Weile über diese Erkenntnis hinwegschwindelte, indem es zu Sujets griff, deren äußerliche Aktualität für Resonanz sorgte; Mitte der sechziger Jahre, als die Gesellschaft noch einmal versuchte, sich der eine Adenauer-Ära lang verdrängten faschistischen Vergangenheit zu stellen. Das

Heinar Kipphardt.
Das Bild zeigt Kipphardt bei einer Pressekonferenz in München am 14. 5. 1971; sie fand statt, weil Kipphardts Anstellungsvertrag als Chefdramaturg der Münchener Kammerspiele vom städtischen Kulturausschuß aus politischen Gründen nicht verlängert wurde, obwohl der Intendant Kipphardts Weiterbeschäftigung befürwortet hatte.

war Kipphardts Stunde, denn sein Thema war und ist: die Psychologie des faschistischen Menschen, oder allgemeiner: das Problem der verinnerlichten Autorität« (Urs Jenny).[64]

Der Hund des Generals (1962), auf den ersten Blick ein Stück, das vom Krieg handelt, also zu den szenischen Reportagen und Verarbeitungen des »Fronterlebnisses« gehören könnte, ist in Wahrheit ein Gegenwartsstück, denn es reflektiert die Vergangenheit (das Jahr 1943 in Rußland, eine Front-»Episode«) aus der Vorbereitung zu einem heute geführten Kriegsverbrecherprozeß, zeigt, wie sich die Vergangenheit gegen ihre juristische Bewältigung sperrt.

Der General Rampf wird durch die Anzeige seines ehemaligen Soldaten Pfeiffer aus seiner ruhigen Memoirenschreibertätigkeit aufgescheucht. Pfeiffer, ein unbedarfter Tolpatsch in Uniform, hatte im Herbst 1943 einen ihn anfallenden Schäferhund erschossen. Sein Pech: es war der Lieblingshund des Generals. Zwar war er durch einen Befehl gedeckt, der das Töten von streunenden Hunden ausdrücklich befahl. Sein Kamerad Czymek, eine Art Schweyk-Figur, begegnet den Drohungen des

»Der Hund des Generals«, von Heinar Kipphardt wurde 1962 an den Münchener Kammerspielen uraufgeführt; Regie: August Everding; den General Rampf spielte Paul Hoffmann (rechts).

Divisionsgenerals mit höhnischer Ergebenheit. Aus Wut schickt der General alle sechzig Mann der Kompanie auf ein »Himmelfahrtskommando«: eine militärisch bedeutungslose Holzbrücke soll von Panzern besetzt werden. Außer Pfeiffer sterben alle. Pfeiffer bezichtigt deshalb den General des Mordes. Bei einem Hearing vor dem Prozeß stellt sich noch heraus, daß General Rampf, der zunächst mit den Verschwörern des 20. Juli sympathisiert hatte, um seinen Kopf zu retten, alles, was er wußte, der Gestapo verraten hat. Pfeiffer selbst wird als Zeuge gar nicht gehört, da der General die Vorwürfe einfach als »absurd« abstreiten kann und aus jenem Angriff ein wichtiges Unternehmen macht, was ein einfacher Soldat einfach nicht beurteilen könne. Die Untersuchung endet mit einem Freispruch, genauer: ein Verfahren gegen den General wird »mangels Beweisen« nicht eingeleitet.
Ein Stück also, das die Ohnmacht der Vergangenheitsbewältigung zum Thema hat. Vor allem mit der Figur Czymeks, der mit oberschlesischem Akzent spricht, dabei den listigen Prager Tonfall Schweyks anwendet, ist das Stück in der Brecht-Nachfolge angesiedelt. Doch hat Kipphardt sich durch Brecht nicht nur anregen lassen, sondern versucht eine Auseinandersetzung mit Brechts *Schweyk im Zweiten Weltkrieg*, weil er den Brechtschen Optimismus, der da glaubt, daß List, »scheinbares Einverständnis«, auch noch im Zweiten Weltkrieg eine Überlebenschance geboten hätte, nicht teilt: Kipphardts Czymek wird wie alle anderen verheizt, obwohl er theoretisch sehr pfiffig darüber reflektieren kann, was zum Überleben notwendig ist: »Ein feiger Mensch fällt am ersten Tag fürs Vaterland. Warum? Er geht als erster aus seinem

»In der Sache J. Robert Oppenheimer«: Plakat zu einer Aufführung des Berliner Ensembles im Theater am Schiffbauerdamm; die Rolle des Oppenheimer spielte Ekkehard Schall (auf dem Stuhl sitzend). Premiere: 12. 5. 1965.

Loch, wenn seine Stellung angegriffen wird. – Ein tapferer Mensch fällt am zweiten Tag fürs Vaterland. Warum? Er geht als erster aus seinem Loch, wenn wir eine Stellung angreifen. Alle beide sind sich insofern ähnlich, als sie sich von Gefühlen hinreißen lassen. Ein Soldat mit einem Gefühl ist aber ein toter Soldat.« HAŠEKS Pfiffikus, von der Vernunft der vorgeblichen Dummheit lebend, wirkt hier also nach. Gleichzeitig wird gezeigt, daß seine Haltung im »totalen Krieg« Hitlers auch nur noch eine Arabeske, jedenfalls kein wirksamer Widerstand mehr war.

Schon im *Hund des Generals* verwendet Kipphardt in dem Vorprozeß, der vor einer deutschen Kommission zur Untersuchung von Kriegsverbrechen (also in einer Art vorprozessualem Hearing) stattfindet, eingeblendetes Dokumentarmaterial, Wochenschauen. Kipphardt hat damit ein Verfahren, das für das Dokumentartheater wichtig wurde, aus den zwanziger Jahren wiederbelebt: das Verfahren der Piscator-Bühne, die ja damals auch eine Schweyk-Version, an der Brecht mitgearbeitet hatte, auf diese Weise in Szene setzte.

Kipphardts Stück war wirksam vor allem durch die bühnengerechte Charakterisierung der Personen: eines Generals, für den ein winziges militärisches Detail war, was Pfeiffer als unmenschliche Schikane erschien; eines Soldaten, dessen militärische Hilflosigkeit und Unbedarftheit sich besonders in der ihn in Obhut nehmenden Freundschaft des gerissenen, mit allen Wassern gewaschenen Czymek offenbart.

In der Sache J. Robert Oppenheimer (1964) erwies sich durch die Fernsehaufführung und durch Theateraufführungen als folgenreiches »Dokumentarstück«. Kipphardt vermerkt dazu: »*In der Sache J. Robert Oppenheimer* ist ein Theaterstück, keine Montage von dokumentarischem Material. Der Verfasser sieht sich jedoch ausdrücklich an die Tatsachen gebunden, die aus den Dokumenten und Berichten zur Sache hervorgehen.«

Wie schon im *Hund des Generals* verwendet Kipphardt auch hier die Form des Hearings, der Gerichtsszene. Diese Form sollte zur beherrschenden Form des Dokumentartheaters werden: sowohl *Die Ermittlung* wie auch ENZENSBERGERS *Verhör in Habana* machen sich die Oberflächen-Dialektik dieser Methode zunutze, wobei Belastung und Entlastung dem Prozeß einer Wahrheitsfindung dienen. Das Dokumentartheater konnte sich dabei auch auf BRECHT berufen, der sich gern der prozessualen Wahrheitsfindung in seinen Stücken bediente (*Die Maßnahme* hat diese Form, im *Guten Menschen von Sezuan* werden die Götter als ohnmächtige Richter am Schluß bemüht, im *Kaukasischen Kreidekreis* fällt die Entscheidung in einer Gerichtsszene). Allerdings ist die Prozeßform, so antiillusionistisch sie sich in dem scheinbar offenen Ausgang gibt, der durch das Abwägen von widersprüchlichen Argumenten zustande kommt, in Wahrheit eine besonders illusionistische Form, weil sie dem Zuschauer seine Beteiligung vorgaukelt, ein abgekartetes, längst entschiedenes Verfahren als unentschieden ausgibt. Das erklärt, warum der Kriminalfilm sich dieser Form mit Vorliebe bedient (HITCHCOCK, BILLY WILDER).

Als Quelle für *Oppenheimer* benutzte Kipphardt also »das 3000 Maschinenseiten umfassende Protokoll des Untersuchungsverfahrens gegen Oppenheimer, das von der Atomenergiekommission der Vereinigten Staaten im Mai 1954 veröffentlicht wurde«. Über seine Arbeit an dem Protokoll bemerkte Kipphardt: »Die Freiheiten des Verfassers liegen in der Auswahl, in der Anordnung, in der Formulierung und in der Konzentration des Stoffes.« Und, zum Prinzip: »Wenn die Wahrheit von einer Wirkung bedroht schien, opferte er die Wirkung.« Zu Kipphardts Arbeit gehörte, daß er

vierzig Zeugen zu sechs konzentrierte, daß er seinen Figuren Monologe zwischen den einzelnen Hearing-Szenen gab, daß er Oppenheimer ein »Schlußwort« schrieb.
Was Kipphardt mit dieser Dokumentation »belegen« wollte, ist eine zuspitzende Anwendung der These der dritten Fassung von Brechts *Galilei*. Denn Oppenheimer war vor den Untersuchungsausschuß zitiert worden, weil er, einmal, als »Sympathisant«, als »fellow traveller« der Kommunisten während des Zweiten Weltkriegs galt und weil er, zum anderen, angeblich den Bau der Wasserstoffbombe verzögert habe. Dieser zweite Vorwurf, die Skrupel des Naturwissenschaftlers betreffend, interessiert Kipphardt vor allem; sein Oppenheimer äußert sich ähnlich wie Galilei, als dieser die Naturwissenschaftler als versklavte Handlanger der Mächtigen in einer düsteren Zukunftsvision sah. Bei Kipphardts Oppenheimer heißt es ähnlich, daß die Menschen die Entdeckungen der Naturwissenschaftler »mit Schrecken« studierten, daß neue Entdeckungen »Todesängste« bei ihnen hervorriefen. So beschließt Kipphardts Oppenheimer, künftig nicht an Kriegsobjekten mitarbeiten zu wollen. Man könnte sagen, daß Kipphardt Brechts *Galilei*-Thesen mit dem akuten Fall Oppenheimers szenisch noch einmal belegt hat. In dem Stück wirkt noch die Angst vor den Zeiten des »Kalten Krieges« nach, und so gesehen gehört es in eine ganze Reihe von Dramen, die die Angst vor der Atomtoddrohung festhielten.
Auch Kipphardts *Joel Brand* (1965) war zuerst ein Fernseh-Dokumentar-Spiel, bevor das Stück auf die Bühne kam. Sein Thema ist ein irrwitziges »Detail« innerhalb des Völkermordes an den Juden, innerhalb der »Endlösung«. Ähnlich wie Weiss in der *Ermittlung* geht es auch Kipphardt dabei um einen Beleg der These, daß die Judenausrottung nicht nur die gräßliche Wahnidee völkischer Rasse-Ideologen war, also eine isolierte Hitler-Vorstellung, sondern daß sich in ihr durchaus »kapitalistische Züge« des Faschismus artikulierten, daß sie an ihr beteiligt waren. Kipphardt schildert in seinem Stück ein solches »Geschäft«: Im Auftrag Himmlers planten Eichmann und Becher 1944, daß sie den Alliierten das Leben von einer Million Juden als »Ware« anbieten wollten, um dafür 10000 Lastwagen einzuhandeln. Man war geschäftlich »kulant«, sprach von Vorauszahlungen, Lieferbedingungen und Terminen, versicherte dem möglichen westlichen Geschäftspartner, daß die Lastwagen nur an der Ostfront eingesetzt würden.
So schickte die SS Joel Brand und Bandi Grosz nach Istanbul, um mit den jüdischen Organisationen und den westlichen Alliierten Kontakt aufzunehmen. Währenddessen wurde den Juden in Ungarn eine vierzehntägige Schonfrist vor der Deportation nach Auschwitz eingeräumt. Den Zeitraum dieser Frist umfaßt Kipphardts Schauspiel: Es zeigt Joel Brand, der mit einem anomalen Vorschlag in eine normale Welt kommt, in der die Wirklichkeit, die in Budapest unter der SS herrscht, sich wahnwitzig irreal ausnimmt. Seine Vorschläge sind also im wahrsten Sinn des Wortes nicht faßbar. Das Stück offenbart die Hilflosigkeit, mit der eine eingefahrene Diplomatie auf die wahnwitzige Offerte reagiert. Kipphardt zeigt, daß eine Million Menschen nicht gerettet wurden, weil ihre Rettung nicht in das Vorstellungsvermögen von Leuten paßte, die nicht unter dem Terror der Nazis lebten. Das Stück handelt also von der Unvereinbarkeit der Legalität mit dem Verbrechen. In Eichmann suchte Kipphardt die pervertierte Anständigkeit eines pflichterfüllenden Beamten darzustellen; Becher trennt bei seiner »Arbeit« seinen Antisemitismus vom »Geschäft«: zwei Figuren, an denen Kipphardt der Psychologie des Faschismus nachging, deren »Normalität« – dem, was Hannah Arendt die »Banalität des Bösen« genannt hat.

Gefahr des Stücks ist, daß es, mit kontrastreichen Bildern zwischen Budapest und Istanbul wechselnd, zum spannend reißerischen Wettlauf mit der Zeit wird, daß also die »filmische story« die episierenden Distanzierungsmittel (Eichmann und Becher sprechen an manchen Stellen in versifizierter Edel-Prosa, die an Brechts *Arturo Ui* erinnert) einfach überspült.

Eine rein fiktive Parabel über das geheime Triebleben des Kleinbürgers ist das 1967 in Stuttgart uraufgeführte Stück *Die Nacht, in der der Chef geschlachtet wurde.* Kipphardt macht da in den Träumen eines Angestellten dessen Pressionen sichtbar, die sich zu Blut-, Macht- und Sexrausch steigern. Auch dies also ein Stück vom Faschismus, der hier jedoch in die »Träume« verdrängt ist. Kipphardt bearbeitete 1968 die *Soldaten* von Lenz und schrieb 1970 die szenische Collage *Sedanfeier*, in der er das säbelrasselnde Wilhelminische Deutschland in Selbstzeugnissen in einer Revue darstellt.

Peter Weiss, 1916 bei Berlin geboren, 1934 mit den Eltern nach England emigriert, emigrierte wiederum 1938 aus Prag in die Schweiz und lebt seit 1939 in Schweden. Er begann als Theaterautor mit dem 1948 in Schweden aufgeführten Stück *Turm*, das aus einem Hörspiel entstanden ist: ein Entfesselungskünstler, der sein Leben lang an seine Kindheit gefesselt bleibt, erst sterbend aus dem »Turm« kommt.

1952 schrieb Weiss die Spießersatire *Die Versicherung*, die eine gewisse Nähe zu Yvan Goll und zu den Werken der französischen Surrealisten aufweist. Im ersten Bild zeigt Weiss den entfesselten Taumel einer bürgerlichen Gesellschaft, die sich zum fressenden und kopulierenden Knäuel verschlingt. Inmitten dieser Raserei will der Polizeipräsident eine »Versicherung« abschließen. Im zweiten Bild befindet man sich in der Privatklinik Doktor Kübels, der »alle Arten von Heilverfahren« anwendet. Alle Leiden und Laster, gegen die Versicherungen nötig sind, werden aufgezählt: die Welt als dauernd drohende Katastrophe. Später verwandelt sich die Klinik in eine Folterkammer. Kübels Wohnung wird als kleinbürgerliche Hölle vorgeführt. In dauernden Verwandlungen zeigt das Stück fortgesetzte Katastrophen, Kopulationen, Freßorgien – wilde Bilder einer Anarchie, mit Elementen des Surrealismus, der frühen Filme von Luis Buñuel angereichert. Anklänge an Strindberg und Kafka, Canetti und Karl Kraus erweisen *Die Versicherung* als eklektizistisches Werk.

Eine kleine Moritat im Bänkelsängerstil ist *Nacht mit Gästen* (1963) – eine Schauergeschichte: Ein Räuber dringt bei einer Familie ein, schickt den Vater fort, das vergrabene Gold zu holen, legt sich die Mutter ins Bett. Ein Warner und Aufpasser kommt, ersticht aber unglückseligerweise den heimkehrenden Vater, worauf die Mutter vom Räuber getötet wird. Zweikampf zwischen Räuber und Warner; die Kinder, die seltsam ungerührt das Schicksal ihrer Eltern beobachtet haben, schleichen sich davon, wollen aus der Kiste Gold mitnehmen; da finden sie aber nur Runkelrüben. In Versen, die absichtlich holpern, mit einer Handlung, die bewußt hanebüchen einfach ist, hat Weiss hier eine Etüde gegen das psychologische Theater geschrieben, ein Spiel kasperlehafter Bewegungen und Motivationen, mit Elementen des chinesischen Theaters versetzt.

Das nächste Stück, *Die Verfolgung und Ermordung Jean Paul Marats, dargestellt durch die Schauspieltruppe des Hospizes zu Charenton unter Anleitung des Herrn de Sade* (erste Fassung 1964, Uraufführung: Berlin, 29. 4. 1964, Schiller-Theater), ein Stück, das man nach dem englischen Titel verkürzt *Marat/Sade* zu nennen sich angewöhnt hat, sollte zum ersten großen Welterfolg des deutschen nachbrechtischen

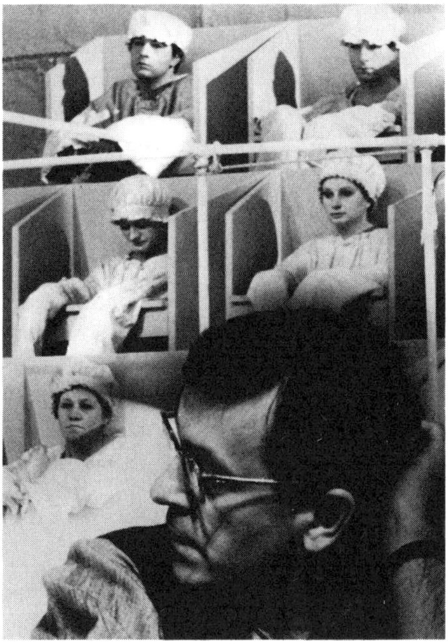

Peter Weiss (oben rechts in der Berliner Bühnendekoration des Hospizes zu Charenton) errang mit seinem »Marat/Sade« den ersten unbestrittenen Welterfolg des deutschen Theaters nach Brecht. Die Bilder oben links und unten zeigen Szenen aus der verfilmten Produktion des Londoner Aldwych-Theaters (Regie: Peter Brook), die im August 1964 zum ersten Mal gespielt wurde und den großen internationalen Ruhm des Stücks initiierte. Oben links die Darsteller der Hauptrollen: Ian Richardson (Marat), Glenda Jackson (Charlotte Corday) und Patrick Magee (de Sade); der Film entstand 1966.

Theaters werden. Dieser Erfolg läßt sich nicht erklären, wenn man den Text des Stücks nur literarisch betrachtet: denn da erweist sich der Plot als eine dünne thesenhafte Auseinandersetzung zwischen dem hemmungslosen Individualismus de Sades und dem revolutionären Willen Marats. Wichtig sind für das Thema die vielen Brechungen: Das Stück wird in einer Irrenanstalt aufgeführt, mit de Sade als Spielleiter. Hierdurch erhält es die erste verzerrte Perspektive. Und es wird aufgeführt vor dem Direktor des Irrenhauses und seiner Familie, also vor einem bürgerlich-restaurativen Publikum, was eine weitere Brechung, auch zu seinem realen Publikum hin, bedeutet.

Aus diesen verzwickt-einfachen Perspektiven, aus dem Wechsel simpelster Mittel des »armen Theaters« (begründet durch das Spiel von Anstaltgefangenen in einer Anstalt, denen man keine »gefährlichen« Requisiten in die Hand geben darf) mit den entfesselten Ausbrüchen eines die Rolle überspülenden Identifikationstheaters (die Irren, die sich bei dem Spiel »vergessen«), gelang Weiss die erste entscheidende Wiederbelebung des von ANTONIN ARTAUD begründeten »Theaters der Grausamkeit«, eines Theaters, das in seiner Begrenzung total und in seiner Entfesselung auf seine »Armut« begrenzt ist.

»Seine Originalität liegt in seiner paradoxen Spannweite: es ist simpel und raffiniert, einfach und komplex zugleich. Es konfrontiert zwei Menschen, zwei Auffassungen (das ist simpel), aber es umspielt diese beiden Hauptpositionen mit vielen Nebenpositionen (das macht die Sache differenziert): Es läßt Gedanklichkeit (politisch-philosophische Debatten) und Sinnlichkeit (Krankheit, Irrsinn, Rausch, Raserei, Blutgeruch, Auspeitschung, Masochismus, Mord) einander durchdringen. Es hat (darin liegt wieder Simplizität) einen Schauplatz, den Badesaal im Hospiz zu Charenton. Gespielte Zeit (Vorstellung in Charenton) und Zeit der jeweiligen Aufführung sind gleich lang. Aber es hat (darin liegt Komplexität und Raffinesse) mehrere im Spiel, in der Pantomime oder der erinnernden Rede aufgesuchte Schauplätze (Marats Wohnung, Straßen in Paris, Nationalversammlung, Marats Kindheit und Jugend, Hinrichtung des Damiens, Zelle in der Bastille) und mindestens drei Zeitebenen: 1793 – Ermordung Marats; Gegenwart – angesprochen durch Bemerkungen des Ausrufers, Sades, Marats, Roux', und – aus der Vielfalt auf die Einheit von Ort und Zeit zurückführend – 1808, Zeitpunkt der Aufführung im Hospiz zu Charenton« (Henning Rischbieter).[65]

Aus diesem Reichtum ergeben sich auch die Gefahren des Stücks, die PETER SCHNEIDER so formuliert hat: »Der Gefahr, daß bei so vielfacher Spiegelung das, was eigentlich gespiegelt werden soll, verloren geht, ist Peter Weiss nicht entgangen.«[66]

Doch in dem entfesselten Spiel, das Weiss der Bühne bietet und das in der Inszenierung Peter Brooks zum programmatischen Durchbruch des wiederbelebten »Theaters der Grausamkeit« wurde (eines Theaters, das nicht vor der Alternative Illusionismus/Antiillusionismus steht, weil es seine »Illusionen« mit den einfachsten Mitteln eines sich auf sich selbst besinnenden Theaters erstellt), in diesem Spiel wurde selbst die entscheidende Schwäche des Autors zum Vorzug: seine ungenaue Sprache, die sich durch die von ihm bevorzugten hölzernen Knittelverse ihrer Selbstbescheidung bewußt wird. Zitieren wir zwei Beispiele, die auch RISCHBIETER in seiner Weiss-Monographie gibt. »Ernenne gewisse Dinge für falsch«, sagt Marat, wobei sich sagen läßt, daß Dinge nicht »ernannt« werden, sondern benannt, und daß es falsch ist, »Dinge« als »falsch« zu benennen. Und von den Patienten heißt es, »sie darben unter Gewalt«. Darbt man unter Gewalt? Man darbt vielleicht in ihr, aber man leidet unter ihr. Was hier durch

Plakat zur Uraufführung von Wolfgang Hildesheimers Stück »Die Verspätung«. Entwurf: Heinz Edelmann.

Wohnungen

ann und Frau: (leise) Was will der Mann in unserm Haus / wir haben ihn nie
sehen / er macht ganz leis die Türe auf / er kommt herein auf Zehen *Kinder:*
ıe mene mink mank / pink pank pink pank / ene mene eia weia / acke wacke
ck *Mann und Frau: (leise)* Kann das der Peter Kruse sein / der so spät noch
mmt herein / stumm da steht mit seinem Bart / und mit seinen Augen starrt
nder: Ist das der Peter Kruse mit der roten Bluse *Gast:* Ich bin der Kaspar
osenrot / mit meinem Messer stech ich euch tot / husch flusch Pustekuchen /
mmt der Kaspar euch besuchen *Kinder:* Ach lieber Kaspar Rosenrot / laß
s am Leben mach uns nicht tot *Mann und Frau: (leise)* Da steht er jetzt in un-
rm Haus / die Tür hat er geschlossen / und bald ist es mit uns wohl aus / und
ser Blut geflossen *(laut)* Komm lieber Kaspar Rosenrot / und teil mit uns das
endbrot *Gast:* Das Abendbrot das mag ich nicht / ich esse selbst viel besser /
t ihr es auf dort unterm Licht / ich schärf dieweil mein Messer *Mann und Frau:*
h komm zu uns und bleib bei uns / du kannst hier bei uns leben / mit deinem
ommen freust du uns / wir wolln dir alles geben *Gast:* Macht euch nur keine
rgen / was ihr habt hab ich auch / ganz weit bin ich schon morgen / mit allem
s ich brauch *Mann und Frau: (leise)* Wie können wir denn essen hier / wenn
dort steht an unsrer Tür / der Fisch das Bier uns gar nicht schmeckt / wenn
ich sein Messer in uns steckt *Kinder:* Ene mene mink mank / pink pank pink
nk / ene mene eia weia / acke wacke weck *Gast: (schleift sein Messer)* Schliff
liff schleif / das Messer ist hart die Haut ist weich *Mann und Frau:* Ach lieber
aspar bleib doch hier / alles was wir haben geben wir dir / wenn wir tot sind
nnen wir dir nicht sagen / was wir alles haben *Gast:* Was habt ihr denn ihr
eben / außer dem Huhn und den Ziegen *Mann, Frau und Kinder:* Wir haben
inen Kamm / wir haben keinen Schwamm / wir haben keine Seife / doch
ıe rosa Schleife / wir haben eine Schüssel / wir haben einen Schlüssel / wir
ben ein paar Betten / und darauf ein paar Decken / wir haben vier Stühle und
ıen Tisch / darauf etwas Bier und einen Fisch / ach wir sind arme Leute / du
ıchst hier keine Beute *Gast:* Was lügt ihr da ich werds euch zeigen / mit dem
esser bring ich euch zum Schweigen *Mann:* Ach lieber guter Herr Rosenrot /
r leben hier in großer Not / wir gäbens schon auf wenn ich nicht wüßte / von
ıer goldgefüllten Kiste *Gast:* Und wo ist diese Kiste hin / mit dem besagten
old dadrin *Mann:* Sie liegt am Teich im Schilfe / ihr findet sie nicht ohne Hilfe
st: Schliff schliff schleif / das Messer ist hart die Haut ist weich / zuerst deine
nder dann deine Frau / nehm ich mir her du weißts genau *Mann:* Ach lieber

Farblinolschnitt von Günther Stiller und erste Textseite aus der Moritat »Nacht mit Gästen« von Peter Weiss; diese bibliophile Ausgabe erschien 1966 im Verlag der Offizin Parvus, Wiesbaden.

Zwei Bühnenbildentwürfe von Hein Heckroth zu einer Inszenierung des »Marat/Sade« von Peter Weiss am Westfälischen Landestheater Castrop-Rauxel 1970 (Regie: Hans Dieter Schwarze).

den Theaterfuror noch zugedeckt wurde, im Munde der Irren sich denkbar ausnahm, das wurde für Weiss' *Hölderlin* grotesk und tödlich: ein Stück über den wortmächtigsten deutschen Dichter in der gleichen sprachlichen Dürftigkeit und Ohnmacht.
Von *Marat/Sade* gibt es nicht weniger als fünf Fassungen, die aber alle so tun, als ginge es in dem Stück um klar sichtbar werdende Positionen und nicht vielmehr um ein Spiel, das sich in der Freisetzung von Theaterinstinkten, in der Stimulierung von ekstatischen Stimmungen, somnambulen Aktionen, körperlicher Enthemmung und ähnlichem offenbart. Weiss war während der Arbeit in einem Entwicklungsprozeß zum Sozialismus, und so wurde ihm im Verlauf seiner Beschäftigung mit dem Stück die Position des Marat immer wichtiger. So mußte sich das Stück von Fassung zu Fassung gegen seine ursprüngliche »Perspektive« – diejenige de Sades nämlich – mehr und mehr auflehnen. Auch dies war ein Prozeß, der der gedanklichen Klarheit des Stücks nicht zugute kam, vielmehr das Spiel noch mehr gegen die Intentionen seines »Spielleiters« mobilisierte.
1964, im Juli-Heft der Zeitschrift *Merkur*, erschien von Peter Weiss ein *Gespräch über Dante*, in dem sich andeutete, daß Weiss daran dachte, über den Auschwitz-Prozeß ein Stück in der Form des Danteschen Infernos zu schreiben. Diese »Literarisierung« der schrecklichsten menschlichen Erfindung der Neuzeit hat Weiss dann aufgegeben. Übriggeblieben von dem ursprünglichen Plan ist nur, daß *Die Ermittlung* als »Oratorium in elf Gesängen« (Uraufführung: in Ost- und West-Berlin und 15 weiteren Städten der Bundesrepublik und der DDR am 19. 10. 1965) erschien. Weiss, der dem Auschwitz-Prozeß als Beobachter selbst beiwohnte, der Auschwitz besuchte, stützt sich für sein Stück vor allem auf die Berichterstattung, mit der Bernd Naumann in der *Frankfurter Allgemeinen Zeitung* ausführlich den Prozeß im Frankfurter Schwurgericht verfolgte, der vom 20. Dezember 1963 bis zum 19. August 1965 dauerte und den Deutschen den bisher gründlichsten und grauenhaftesten Einblick in das düsterste Kapitel ihrer Vergangenheit gab.
Nachdem Weiss vom ursprünglichen Plan der Poetisierung à la Dante abgerückt war, fand er ein Verfahren, das dem Kipphardts sehr ähnlich ist: »Das dokumentarische Theater enthält sich jeder Erfindung, es übernimmt authentisches Material und gibt dies, im Inhalt unverändert, in der Form bearbeitet, von der Bühne aus wieder. Im Unterschied zum ungeordneten Charakter des Nachrichtenmaterials, das täglich von allen Seiten auf uns eindringt, wird auf der Bühne eine Auswahl gezeigt, die sich auf ein bestimmtes, zumeist soziales oder politisches Thema konzentriert« *(Das Material und die Modelle)*. Weiss ist sich sehr wohl bewußt, daß auch auf diese Weise »Fiktion« entsteht: »Selbst wenn es (das dokumentarische Theater) versucht, sich von dem Rahmen zu befreien, der es als künstlerisches Medium festlegt, selbst wenn es sich lossagt von ästhetischen Kategorien, wenn es nichts Fertiges sein will, sondern nur Stellungnahme und Kampfhandlung, so wird es doch zum Kunstprodukt, und es muß zum Kunstprodukt werden, wenn es Berechtigung haben will.«
Weiss hat das Material des Auschwitz-Prozesses konzentriert und streng formalisiert: drei Richter, neun Zeugen, achtzehn Angeklagte. Er hat die »Kampfsituation« im Prozeß durchaus verstärkt, indem er unter den Richtern oft den Nebenkläger Kaul aus der DDR zu Wort kommen läßt, indem er bei den Verteidigern die restaurativen bis NPD-nahen Zungenschläge durchaus verstärkt herausholte. Er versuchte, die Verbindung zwischen der Todesfabrik und der deutschen Großindustrie herauszuarbeiten, aber es blieb doch bei Hinweisen. Was das Stück am stärksten mitteilt, ist die Verwick-

lung der Opfer in die Henkermaschinerie. So ist der vierte Gesang derjenige, der am eindringlichsten deutlich macht, wie es nur an der »Rollenverteilung« lag, ob man »Henker« oder »Opfer« wurde. Den Widerspruch zwischen Recht und Gerechtigkeit, der doch nur die prozessuale Form begründet hätte (und wie er Kipphardt im *Hund des Generals* beschäftigte), konnte das Stück kaum darstellbar machen. Statt dessen löste es eine gründliche Debatte darüber aus, was auf dem Theater darstellbar, was ihm verschlossen bleiben müsse.

Mit dem nächsten Stück, *Gesang vom Lusitanischen Popanz* (1967), löste Weiss sogar diplomatische Verwicklungen zwischen Schweden, dem Uraufführungsland, und Portugal aus. Wenn Weiss von einer »Kampfhandlung« als Aufgabe des dokumentarischen Theaters gesprochen hatte – hier war sie ihm geglückt. In Deutschland traute sich lange keine Bühne an den Text – als nach der schwedischen Uraufführung wilde Leitartikel-Kampagnen in den portugiesischen Zeitungen stattgefunden hatten. Als schwedisches Gastspiel bei der »experimenta 2« (1967) lernte das deutsche Publikum das politische Pamphlet zum ersten Mal auf der Bühne kennen.

Weiss hat die portugiesische Kolonialherrschaft als »Popanz« aufgebaut, als hohlhäßliches Gerüst, gegen das der Text einen Abend lang zähneknirschend seine Vorwürfe herausschleudert. Was die Gesänge und Pamphlete zum Ärgernis machte, war nicht nur die Tatsache, daß hier die kolonialistische Ausbeutung in einer Mischung aus ungeschminkten Fakten und wirksamer propagandistischer, »parteinehmender« Vereinfachung dargeboten wird, sondern auch, daß immer wieder die wohlwollende Kameraderie der europäischen Industrie-Nationen mit den Lusitanischen Kolonialpraktiken schonungslos betont wird. Der Zuschauer wird also durch den Text als Nutznießer der Zustände in Angola dargestellt und herausgefordert. »Mit Peter Weissens Text haben wir einen Ansatz für eine politische Revue. Diese Form des politischen Theaters ist vielleicht ehrlicher und den Stoffen gemäßer als die des geschlossenen Stücks, das Dokumentarisches verwendet (*Stellvertreter* von Hochhuth, *Oppenheimer* von Kipphardt) und dessen ästhetische Bedenklichkeiten oft genug in letzter Zeit beredet worden sind« (Rischbieter).[67]

So wiegt es nicht so viel (jedenfalls bei der selbstauferlegten Beschränkung, beim geplanten Verzicht auf »Kunst«), daß man das Stück mit Recht als holprig, ungeschlacht, grobgeschnitzt bezeichnen kann.

Das eben Gesagte gilt auch für den *Vietnam-Diskurs*, dessen vollständiger Titel lautet: *Diskurs über die Vorgeschichte und den Verlauf des langandauernden Befreiungskrieges in Viet Nam als Beispiel für die Notwendigkeit des bewaffneten Kampfes der Unterdrückten gegen ihre Unterdrücker sowie über die Versuche der Vereinigten Staaten von Amerika die Grundlagen der Revolution zu vernichten.* Die Uraufführung in Frankfurt, die der scheidende Generalintendant Buckwitz als Abschiedsvorstellung riskierte, fand unter starkem Polizeiaufgebot statt: man schrieb das Jahr 1968, die Studenten-Unruhen waren auf ihrem Höhepunkt.

Weiss hatte seine Überzeugung so formuliert: »Es genügt nicht, über meinen persönlichen Kram zu schreiben. Ich meine, man sollte gar nicht anders schreiben als mit der Absicht, die Gesellschaft zu beeinflussen oder zu ändern.« Sieht man den *Vietnam-Diskurs* von seiner Wirkung, dann wird man dem Stück nicht unrecht tun, wenn man die Dürftigkeit seiner theatralischen Verwirklichung anmerkt. Das Stück besteht aus zwei Teilen: Im ersten Teil wird die Geschichte Vietnams als eine unablässige Folge von Befreiungen und Unterdrückungen geschildert. Der zweite Teil besteht vorwie-

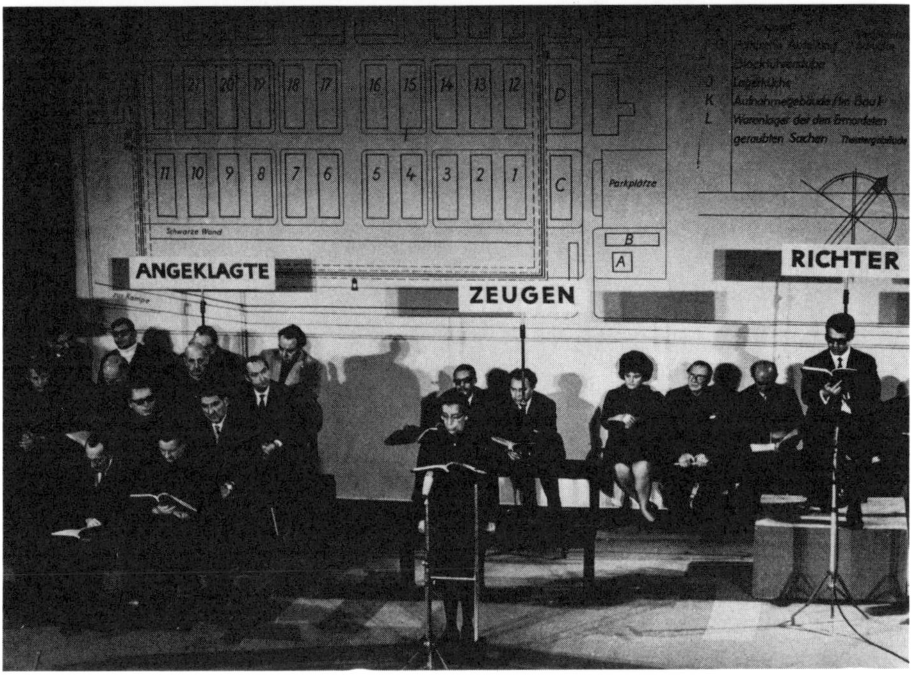

»Die Ermittlung« von Peter Weiss in West- und in Ost-Berlin; oben: die Aufführung in der Freien Volksbühne; unten: als szenische Lesung wurde »Die Ermittlung« in der Ost-Berliner Volkskammer aufgeführt (Mitte: Helene Weigel als Zeugin), an beiden Schauplätzen und in 15 weiteren deutschen Städten am 19. 10. 1965.

gend aus Zitat-Montagen, in denen amerikanische Politiker von Eisenhower bis Johnson über die wahren Ziele und kolonialistischen Hintergründe der Befriedung Vietnams sprechen. Weiss selbst hat in einem *Spiegel*-Interview gesagt, daß er dabei zur Verdeutlichung von Parteilichkeit und Objektivität manipuliert habe. Das hilft der Tendenz, da diese aber ohnehin offen zutage tritt, befördert es wohl die Aufklärung nur wenig, wenn die amerikanischen Politiker zu kapitalistischen Dämonen werden. Denn das ist das Problem: Die pamphletartigen Mittel, die hier eingesetzt werden, sind dem Straßentheater abgelauscht, das mit einem spezifisch unerfahrenen, theater-

ungewohnten Publikum rechnen muß. Weiss' Stück aber verpflanzte diese Mittel zwangsläufig in unsere Subventionsbühnen, wo sie offenbar die falschen Mittel sind.
Zur weiteren Entwicklung von Weiss meinte Klaus Völker: »Im Gegensatz zu Brecht brachte für Peter Weiss jedoch der Marxismus keine Bereicherung der Arbeitsmethoden und künstlerischen Mittel, sondern nur eine Verarmung seiner poetischen

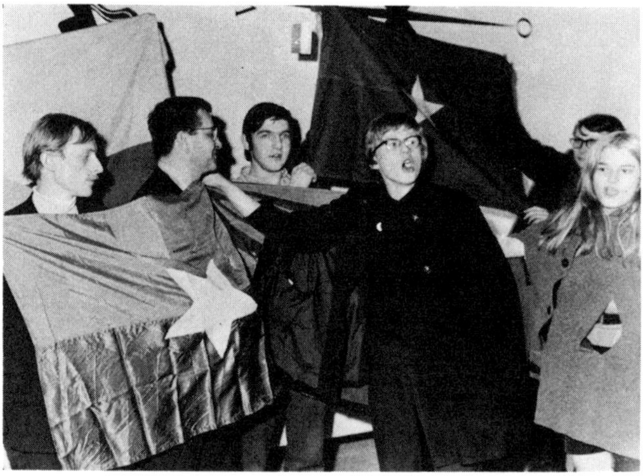

Mit dem »Vietnam-Diskurs« versuchte Peter Weiss, sein politisches Wirkungsbedürfnis in klassenkämpferisches Agitationstheater umzusetzen. Nach der Uraufführung (20. 3. 1968, Regie: Harry Buckwitz) kamen Schüler und Studenten auf die Bühne, wo sich Weiss mit einer Vietcong-Fahne drapieren ließ (2. v. links).

Fähigkeiten. Weiss machte Politik zu Theater, der Klassenkampf und der Freiheitskampf in Angola und Vietnam wurden nur lyrisch und theatralisch aufgearbeitet.«[68]
Diese Verarmung, nicht mehr durch agitatorische, pamphletistische Absichten gerechtfertigt und gedeckt, machte sich in dem 1969 in Düsseldorf aufgeführten Stück *Trotzki im Exil* bemerkbar. In einem naiv-oberflächlichen Bilderbogen werden die Stationen von Trotzkis Leben aneinandergereiht. Und als ob Weiss diese naive Reihung eines Bilderbuch- und Schulfunktheaters verbergen wollte, fungiert als einzige dramaturgische »Überraschung«, daß die einzelnen Szenen durcheinandergewirbelt sind, daß also fortgesetzt Zeitsprünge stattfinden. Was das Stück zudem noch besonders naiv macht: es pocht in seinen einzelnen Szenen auf die historische Bedeutsamkeit, läßt die Beteiligten also renommierend-vorausahnend sagen, daß wieder ein historisch wichtiges Datum stattfinde.
Hölderlin (Uraufführung: Stuttgart, 18. 9. 1971), wegen des Themas bald von vielen Bühnen gespielt, ließe sich als eine Art historisierender Selbstdarstellung, als ein Spiel von der Rolle des Dichters in der Gesellschaft deuten. Weiss fußt dabei auf den Thesen des französischen Germanisten Pierre Bertaux, der in Hölderlin einen »Jakobiner« sehen möchte, die späten Gedichte als codeartig verschlüsselte politische Botschaften interpretiert und im Wahnsinn zumindest teilweise auch eine Flucht vor der politischen Bedrohung erkennt. Läßt man einmal dahingestellt, wie verwegen, ja absurd die These von den »verschlüsselten« späten Gedichten als politischen Geheimtexten ist – so

blieb für Weiss die Anregung: Hölderlin hat es sich mit der Welt, mit der Gesellschaft nicht einrichten können wie etwa seine erfolgreichen Kollegen Goethe und Schiller, wie seine Freunde Schelling und Hegel. Diese »Reinheit« mußte in der politischen Ohnmacht zum Wahnsinn führen.

Weiss zeigt Hölderlin zuerst im Tübinger Stift, wo man sich an den Ideen der Französischen Revolution berauscht, vom Herzog besucht und kontrolliert wird. Hölderlin, der als Hauslehrer scheitert, in der Seele seines Schülers freiheitliche Empfindungen entfachen möchte; Hölderlin, der von Goethe und Schiller zum dichterischen »Maßhalten« überredet werden soll – Weiss führt Hölderlins Leben in Stationen vor, wobei die Gegenspieler, ob sie nun Goethe oder Hegel heißen, als Anpasser an Großbürgertum und Nationalismus dargestellt werden.

Die beiden wichtigsten Erfindungen von Weiss: Hölderlin, der seinen Freunden aus dem *Empedokles* vorliest – die Szene wird zum Theater auf dem Theater –, schreibt bei Weiss eine Art Ché-Guevara-Drama. Und: den kranken Hölderlin in seinem Turm am Neckar besucht Karl Marx, um ihn als Vorkämpfer zu segnen und an die Brust zu drücken. Das Stück offenbart in seiner anrührenden Naivität eine der Hauptrolle zugute kommende Sympathie für eine rührend weltfremde Gestalt. Sprachlich ist es durch seine Knittelvers-Reimlust dem Gegenstand eher unangemessen, in seinen Thesen über die Rolle des Dichters in der Gesellschaft ist es undialektisch: »Hier geht das Theater weit zurück. Hinter Piscator, Brecht, den Naturalismus und noch hinter Büchner. Diese anachronistische Dramaturgie verstellt nicht nur die Absichten des Entwurfs, sondern widerspricht ihnen auch. Die Knittelverse, die oft törichte Reimerei, der sonderbare poetische Flaum, mit dem Weiss die Sprache oft überzieht – das ist mit den Bewegungen der Spieler und mit denen des Stoffs nicht zusammenzubringen ... diese Bilder, in denen die Zerstörung Hölderlins sich vollzieht, sind alle in eine Kolportage-Dramaturgie eingebunden, die an dem großen Widerspruch eines Schicksals die Widersprüchlichkeiten eines Lebens ganz unterschlägt« (Peter Iden). REINHARD BAUMGART deutete die Schwächen des Stücks als Schwächen der Zeit, *Hölderlin* als einen Nachruf auf die antiautoritäre Bewegung: »Auch wer die Stücke des Stücks, das gedankenarme Pochen auf den Antithesen von Feigheit und Mut, Anpassung und Reinheit, verlogener Affirmation und ehrlichem Wahnsinn, gerade als Schwäche durchschaut, kann auch diese Schwäche ernst nehmen, nicht als Zufall, Laune eines leider begabten Autors, sondern als Zeichen einer bestimmten historischen Situation.«

Weiss' *Hölderlin* ist nur ein Exempel dafür, daß das Dokumentartheater in einem seiner Zweige sich der dramatisierten Künstler-Biographie zuwandte, daß es in Gestalt historischer Schriftsteller-Figuren Überlegungen über das Verhältnis von Dichter und Gesellschaft, von Dichtung und Politik anstellte. Die historischen Vorwürfe konnten dabei sowohl Identifikations- wie Ablehnungsmuster sein: die »Biographie« von Dichtern sollte und mußte zur »Dokumentation« der eigenen Fragestellungen herhalten. Man schloß sich also an das an, knüpfte Fäden zu dem, was in der dramatischen Tradition »Künstlerdrama« geheißen hatte. Es ist sicher kein Zufall, daß eine der folgenreichsten Inszenierungen dieser Zeit Peter Steins *Tasso* in Bremen war, ebensowenig wie es als Zufall scheinen will, daß Stein auch im *Peer Gynt* (in Berlin) ein Künstlerdrama in Hinblick auf die Perspektiven Ibsens im ausgehenden 19. Jahrhundert inszenierte, ja daß er 1972 den *Prinzen von Homburg* als einen Kleistschen Selbstverwirklichungstraum in Berlin auf die Bühne brachte.

Selbstreflexion, transponiert in literarische Figuren der Vergangenheit – unter diesem

Nenner ließen sich Stücke, die im weitesten Sinn des Begriffs zum »Dokumentartheater« gehören, zusammenfassen: *Die Plebejer proben den Aufstand* von Günter Grass (ein Stück über Brecht), Tankred Dorsts *Toller* und *Eiszeit* (für dessen Problematik Knut Hamsun die Anregung lieferte), Gaston Salvatores *Büchners Tod.*
1966 kam im Berliner Schiller-Theater das Brecht-Drama von Günter Grass *Die*

Die bürgerkriegsähnliche Situation am 17. Juni 1953 in Ost-Berlin und die Haltung Brechts zum Aufstand (links: sowjetische Panzer in der Leipziger Straße) brachte Günter Grass mit seinem Stück »Die Plebejer proben den Aufstand« auf die Bühne (rechts): Streikende und demonstrierende Arbeiter dringen während einer Probe ins Theater ein und wollen den »Chef« (rechts: Rolf Henniger) sprechen. Gemeint war Brecht und die Proben zu seiner »Coriolan«-Bearbeitung. – Regisseur der Uraufführung des Grass-Stücks am Berliner Schillertheater (15. 1. 1966) war Hans-Jörg Utzerath.

Plebejer proben den Aufstand heraus: Der »Chef«, Held des »deutschen Trauerspiels«, kennt seinen Brecht. Er zitiert die Silberpappel der Buckower Elegien, er weiß, »daß wir Shakespeare ändern können, wenn wir ihn ändern können«. Er schreibt an Ulbricht jene doppeldeutige Ergebenheitsadresse, die in der Auseinandersetzung um den 17. Juni 1953 eine so große Rolle spielte. So ist das Thema kein anderes als Brechts Verhalten am Tag des Arbeiteraufstandes, wo der Stückeschreiber der Arbeiter – laut Grass – die Arbeiter im Stich gelassen hat.
Grass zerrt einen Dramatiker vor ein szenisches Tribunal: Nicht aus Feigheit verschließt sich Brecht den Bitten der Arbeiter, sondern aus ästhetischem und künstlerischem Egoismus. Anstatt den Streikenden zu helfen, die von ihm fordern, sie mit seiner Formulierungskunst und seinem großen Namen zu unterstützen, läßt er sich zynisch von ihnen helfen, mißbraucht er ihre Revolution für seine Probenarbeit des römischen Plebejeraufstands. Sosehr Grass Brecht »denunziatorisch« angreift – die bitteren Zukunftsvisionen des Chefs im vierten Akt, der westdeutsche Feiertag mit Ausflug ins Grüne am 17. Juni, der ostdeutsche Alltag, der zehn, zwölf Jahre später die »Wrackteile dieses Aufstandes« die Zuchthäuser wird ausspeien lassen, das gleicht fast wörtlich manchen Passagen des Wahlkampfredners Grass.

Das Stück, mit dem Grass auszieht, Brechts Verhalten als Unmoral eines Nur-Ästheten, eines zynischen Taktierers zu demonstrieren, endet merkwürdig versöhnlich und einverständlich mit Brecht. Der Vorwurf, der noch in Grassens Shakespeare-Rede ungebrochen und empört höhnte: »Was immer passiert, alles wird ihm zur Szene; Parolen, Sprechchöre, ob in Zehner- oder Zwölferkolonnen marschiert wird, alles wird ihm zur ästhetischen Frage: eine ungetrübte Theaternatur« – dieser Vorwurf stumpft sich im Stück mehr und mehr ab, das Trauerspiel leiht dem Angeklagten für seine Untätigkeit die Argumente eines Hamlet, gibt ihm dessen prophetisches Gemüt, läßt ihn, da er nichts für die Arbeiter tut, das Schicksal der Erhebung haarscharf voraus diagnostizieren.

Wir wissen inzwischen, nach Veröffentlichung des Brechtschen *Arbeitsjournals*, besser, daß Brechts Verhalten am 17. Juni von ganz anderen Motivationen geleitet war, als es die sind, die ihm Grass unterschiebt. Aber ist das so entscheidend, wenn man sich vor Augen hält, daß das Stück vielleicht eine selbstaufmunternde Studie für Grass war, der damals an der für ihn wichtigen Wegmarke stand, sich der aktuellen Politik zu verschreiben oder weiter purer Ästhet, purer Literat zu bleiben?

In dem Stück hält der glänzende Grundeinfall (einer probt Revolution auf der Bühne, um sein Publikum für Revolutionen zu schulen, und schult im Ernstfall, als ihm eine wirkliche Revolution in die Proben platzt, nur sein Theater an der Realität) seiner eigenen Exposition nicht stand: es ergibt sich nur reihende Wiederholung, Stillstand.

Welche Herausforderung das Stück von Grass für seine Schriftsteller-Kollegen darstellte, geht aus den »Elf Anmerkungen« am deutlichsten hervor, die Gerhard Zwerenz zum Thema *Brecht, Grass und der 17. Juni* machte:[69]

1. Die These, Brecht habe sich zu revolutionären Ereignissen ästhetisch verhalten, ist falsch, weil unvollständig. Außerdem waren jene Ereignisse so revolutionäre nicht ... 9. Grass schwankt fortwährend zwischen zwei verschiedenen Möglichkeiten, dem Drama »Brecht am 17. Juni 1953« und dem Drama »Der Intellektuelle zwischen Ästhetentum und Engagement«. Zu diesen Fehlern treten folgende andere: Kosanke zum Beispiel, der einen ebenso verdümmlichten Kuba abgibt wie der »Chef« einen verdümmlichten Brecht. So sagt der Chef: »Soll ich jetzt taktisch handeln, das heißt lügen?« – eine plumpe Ineinssetzung von Taktik und Lüge, die Brecht niemals vorgenommen hätte, die die schlichte antikommunistische Propaganda aber nur zu gern behauptet. Aber an all diesen Simplifizierungen ist Grass schon beinahe unschuldig. Er wurde ein Opfer des allgemeinen Zustandes, der die intellektuelle Klärung von Sachverhalten durch deren ideologische Verdunkelung ersetzt. In der Politik kann man damit eine ganze Weile durchkommen. Auf der Bühne rächt sich die bloße Karikierung des Gegners. Es sei denn, der Bühnenautor wäre ein großer Satiriker ... 10. Grass schrieb das Stück nicht als Dramatiker, sondern als Ideologe. Der 17. Juni war anders als er ihn darstellt. Brecht verhielt sich anders, als Grass ihn sich verhalten läßt. Sollte Brecht aber zum Modellfall typisiert werden, durfte man ihn nicht zum infantilen Viertel-Hamlet degenerieren lassen; und sollte er einen dramaturgisch tauglichen und politisch relevanten Gegenspieler erhalten, durfte man ihm keinen Kosanke entgegenstellen... 11. Die Genre-Kennzeichnung des Stücks als Trauerspiel ist falsch. Sie hat einen lediglich politischen, keinen ästhetischen und dramaturgischen Sinn. Da der 17. Juni unter Blutopfern genau das Gegenteil dessen bewirkte, was er bewirken sollte, rechtfertigt er eher den Begriff der Tragödie. Davon wie von den eigentlich tragischen Aspekten im Leben Brechts ist in dem Stück nichts enthalten.

Zwei Aspekte verdienen es, festgehalten zu werden: einmal der, daß in der Tat seit Hochhuths *Stellvertreter* im politischen und polemischen, pamphletartigen Dokumentartheater der Begriff »Trauerspiel« nicht mehr gattungsgeschichtlich, sondern propagandistisch verwendet wurde (»ein christliches Trauerspiel«; *Soldaten*, »eine Tragödie«; »ein deutsches Trauerspiel«). Und zum zweiten, daß das Dokumentartheater in seinen Fragestellungen leicht zwischen zwei Stühle geriet: denn es mußte sich sowohl an der verarbeiteten Wirklichkeit messen lassen (»Durfte der Papst schweigen«, »Hat Churchill gelogen?« »War Brecht opportunistisch?«), was mit seinen verallgemeinernden Absichten nicht übereinstimmte. Und es mußte sich die verfehlte Beispielhaftigkeit ankreiden lassen, die durch das vordergründig biographische Fakteninteresse gestört wurde.

Auch das nächste Stück von Grass, *Davor* (1969), eine dramatische Parallel-Version zu dem gleichzeitig geschriebenen Roman *Örtlich betäubt*, will von der deutschen Revolution handeln, will in einem – fiktiven – Beispiel zumindest die Studentenrevolte einfangen. Die Konstellation: ein Schüler und eine Schülerin, die aus Protest gegen Vietnam einen Dackel vor den kuchenfressenden Tanten im Café Kranzler verbrennen wollen; ein Lehrer, aus Verständnis und Resignation zusammengesetzt; sein Zahnarzt, der mit ihm über historische Erfahrungen plaudert, und eine Lehrerin, leicht verzickt und aus schlechtem Gewissen über die Nazijahre schnell für aufmüpfige Schüler verzückt. Für die Bühne gibt das eine seltsam undramatische und kleinliche, müde räsonierende Parabel ab: »Das Stück versteht sich als politische Äußerung«, die szenische Qualität »hält sich in den Grenzen eines gescheiten Parlandos, in dem die fünf Personen nur als Haken für ein gedankliches, politisch sein wollendes, im Grunde unpolitisches Assoziationsnetz fungieren« (Gunter Schäble). »Im ganzen: ein ehrliches Spiel, aber auch redselig. Die entscheidenden Fragen stellt Grass nicht so, daß Energien überspringen. Das Stück leistet auf der Bühne fast nichts, weil es kritische Erkenntnis kaum fördert, bekannte Thesen nur hin- und herschiebt« (Rolf Michaelis). »Hier wurde Nichthandeln durch Nichtszenen vorgeführt« (Joachim Kaiser). »Man ärgert sich dauernd ... Mehr als die Oberfläche wird da wohl kaum berührt« (Friedrich Luft).

Mit seinen (bisher) beiden letzten Stücken, *Toller* und *Eiszeit* ist TANKRED DORST (* 1925) in den Umkreis des dokumentarischen Theaters geraten, obwohl er selbst für beide Stücke das Dokumentarische nur als Ausgangspunkt für eine im übrigen »freie«, »autonome« Dramatik gelten läßt. Der in Sonnenberg in Thüringen geborene Autor, der nach der Rückkehr aus der Kriegsgefangenschaft in München Germanistik, Theaterwissenschaft und Kunstgeschichte studierte, am Münchner Marionettentheater mitarbeitete (was für seine frühe schriftstellerische Phase nicht ohne Bedeutung war), gilt vielen Beobachtern der dramatischen Szene als die proteushafte, sich chamäleonartig angleichende Figur, als Autor, der sich mit allen Zeitströmungen berührte, mit seinen Stücken alle Moden durchlief. MARIANNE KESTING registriert, daß jedes Drama Dorsts einen Versuch in einer anderen Richtung darstelle, daß seine Theaterstücke »ein merkwürdiges stilistisches und thematisches Kunterbunt«[70] bilden, HENNING RISCHBIETER konstatierte immer wieder das Vage, Schwankende, ja Unentschiedene an den Stücken Dorsts[71], und HORST LAUBE gelangt zu der Charakterisierung, daß Dorst, »behutsamer, bescheidener und skeptischer«, das Verhältnis zwischen Realität und Fiktion stärker als bewußte Schwierigkeit vor Augen habe als die meisten seiner Kollegen.[72] In der Tat lassen sich die stilistischen Wandlungen Dorsts auch daraus erklären, daß er sich den Anforderungen der Bühne, der Theaterpraxis gegenüber immer als »Stoff-Lieferant« verstand: »Der Autor hat Einfälle, er liefert Dialoge, Konstellationen, szenische Anlässe, Rohstoff. Erst auf der Bühne wird das Ganze endgültig fixiert, montiert, in Theater verwandelt.«[73] Es mag sein, daß sich in solchen Überlegungen Dorsts Erfahrungen mit zwei so starken, prägenden Regisseuren wie Peter Palitzsch und Peter Zadek niederschlugen, jedenfalls schreibt er, im Zusammenhang mit seiner *Pott*-Version für Zadek (Dorsts Bearbeitung des *Preispokals* von SEAN O'CASEY): »Vielleicht ist das neue Theater, das Theater der nächsten Jahre, kein

Tankred Dorst

Theater der Autoren – jedenfalls nicht ausschließlich.« Das formulierte der Autor, der dem Theater einige der robustesten, erfolgreichsten, aber auch für die Regie »offensten« Stücke geschrieben hat.
Dorst begann mit *Gesellschaft im Herbst* (1959), ein Stück, das von HEY hätte sein können und unter deutlichem Einfluß GIRAUDOUX' stand, dem sich Dorst durch die Einbeziehung seiner Marionetten-Erfahrungen zu entziehen suchte. Ein Schloß soll verkauft werden. Aber der Archivar entdeckt kurz zuvor Pläne über einen vergrabenen Schatz, was der gräflichen Familie, die bankrott ist, eine neue Hoffnung gibt. Doch die erpresserische Baugesellschaft, Finanziers und Hintermänner aller Art bemächtigen

sich der Sache und ruinieren die Familie völlig. Es stellte sich zum Schluß auch noch heraus, daß der Schatz überhaupt nicht existiert hatte, nur zwecks Manipulation vom Großfinanzier Martinez erfunden wurde. Dorst benutzt sein Thema, um einen traumhaften Tanz der Vergangenheit, ein letztes Aufblühen in der Hoffnung, mit ungedeckten Schecks auf die Zukunft und Roben der Vergangenheit in Szene zu setzen: ANOUILH winkt von Ferne. Namen werden symbolisch überhöht: »Poisenet« heißt der Journalist, der das Gift der Unwahrheit in die Ohren der Betroffenen träufelt. Alter Stil und neue Habgier werden konfrontiert, und Gräfin Athalie hat gewiß die irre Gräfin von Chaillot zur Vorfahrin.

1960, in der Farce *Die Kurve*, tritt uns ein Dorst entgegen, der sich völlig dem absurden Drama verschrieben hat. Jedenfalls erinnert das Stück von den zwei Brüdern, die an einer Todeskurve leben, deren Verkehrsunfälle zur Zwangsvorstellung ihres Lebens geworden sind (der eine Bruder macht die Autos wieder fahrtüchtig, der andere verfaßt kunstvolle Nachrufe für die Verunglückten; hinter ihrem Haus haben sie einen Friedhof für die Verunglückten angelegt), deutlich an IONESCOS *Unterrichtsstunde*. Pointe des Stücks: Die Brüder, die ihr Gewissen damit beruhigen, daß sie beim Ministerium Eingaben über die Todeskurve machen, bekommen als Jubiläumsopfer den Ministerialdirigenten Kriegsbaum ins Haus, der nach einem Unfall mit dem Schrecken davongekommen ist und Abhilfe verspricht: einen Ausbau der Kurve. Aber die Brüder wollen ihre Todeskurve, ihren Lebensinhalt und -unterhalt behalten. Sie veranstalten dem Lebenden eine ergreifende Totenfeier und holen nach, was die Kurve diesmal versäumte.

Dorsts Vorliebe für die Illusionsbrechungen der »romantischen Ironie« offenbart seine Tieck-Bearbeitung des *Gestiefelten Katers*, die, zuerst für die Marionettenbühne geschrieben, 1964 am Hamburger Deutschen Schauspielhaus aufgeführt wurde *(Der gestiefelte Kater oder Wie man das Spiel spielt)*, wobei die »Übersetzung« von Tiecks ironischen Brechungen und zeitkritischen Volten nur matte Gegenwartsanspielungen, harmlos und nett, ergab.

Freiheit für Clemens (1961) ist ein Stück, das BECKETTS Thema der eingeschlossenen Existenz dadurch aufs Spiel setzt, daß Dorsts Gefangener, der sich durch Klopfzeichen mit »Niemandem« verständigt, eine Marionette ist.

Die große Schmährede an der Stadtmauer (1961) zeigt Dorst auf den Spuren der Chinoiserien BRECHTS. Spiel im Spiel: Eine junge Frau und ein Soldat müssen zwei mißtrauischen Offizieren vorspielen, daß sie viele Jahre lang verheiratet gewesen seien. Im Spiel wählt der Soldat schließlich die »Freiheit« und damit den Tod als Deserteur, weil er durch die eheliche Inanspruchnahme der Frau irritiert wird. Daraufhin schreit die Frau die Stadtmauer an, als Verkörperung des Männlichen, Kriegerischen. Eigentlich ist selbst der Einfall vom Spiel im Spiel, das den Ernst erweist, ziemlich direkt von Brecht übernommen, der ja ähnliche Probeszenen im *Puntila* und im *Kaukasischen Kreidekreis* veranstaltete.

In *Die Mohrin* (1964) bearbeitete Dorst die alte provenzalische Liebesgeschichte von *Aucassin und Nicolette*. Will man auch hier eine Verwandtschaft suchen, so könnte PETER HACKS und sein *Volksbuch vom Herzog Ernst* die Anregung für das zierlich-gescheite Spiel ironisch gebrochener Märchenelemente geliefert haben; Thematik des Stücks: die Unmöglichkeit der dauerhaften Liebe, die sich, nach der Erfüllung im Augenblick, zur Darstellung ihrer selbst verwandelt und damit ihre Ansprüche über ihre mögliche Wirklichkeit stellt.

Nach Thomas Dekker bearbeitete Dorst 1964 den *Richter von London*; 1966 nach Diderot *Rameaus Neffe*, wobei die Dekker-Bearbeitung ähnlich in Brecht-Manier verfaßt ist wie etwa Hacks' *Polly*.

Graf Grün (1965) ist eine spielzeughaft putzige Satire auf das Leben eines edlen Räuberhauptmanns wider Willen, nebst dessen Tod, den er nicht um der Gerechtigkeit willen erleidet, sondern aus Eifersucht, weil sich das Mädchen Erna romantisch seufzend in den schrecklichen Räuberhauptmann verliebt hat und ihr wohlhabend hausbackener Bräutigam ihn deshalb in die Falle lockt. Das Stück verbindet sehr geschickt banale Zufälle mit romantischen Ansprüchen, menschliche Eitelkeiten und Nichtigkeit mit revolutionärem Elan – ein eher drolliges Entlarvungstheater im Märchenstil.

In dem Stück *Wittek geht um* (1967) versuchte Dorst sich in dem Groteskstil DÜRRENMATTS, indem er in einem Bilderbogen mit Moritaten-Anklängen die Faszination einer Gesellschaft durch einen Mörder zeigte. Die schaurige Anziehungskraft des Blutrünstigen, Mörderischen auf die biedermeierlichen Bürger Augsburgs – zur Parabel auf Hitler, als was es wohl (in seinen Anklängen an Frischs *Oederland*) gedacht war, will dieses harmlos eklektizistische Stück nicht taugen.

Dorsts *Toller* (1968) fiel mit seiner szenischen, »revuehaften« Gestaltung der Münchner Räterepublik zeitlich exakt mit der in der Studentenschaft und der neuen Linken heftig geführten Diskussion über das »Rätesystem« zusammen. Das gab dem Stück eine politische Aktualität, die es eigentlich in dem Ausmaß gar nicht anstrebte. Zweierlei jedoch zeichnet das Stück aus: Einmal demonstriert es ohne thesenhafte Vereinfachung am Beispiel des Dichters Ernst Toller (1893–1939) die Problematik der Verquickung von Literatur und Politik. Und es tut dies, indem es die Stilmittel der Zeit, also auch Tollers dramatische Mittel (aus *Masse Mensch*) als den die Wirklichkeit deutenden Schleier über die damaligen Vorgänge breitet, sie so gleichzeitig enthüllend und verhüllend. Zum zweiten zeigt das Stück Dorsts Fähigkeit, historische Figuren (vor allem im Porträt des Gelehrten Gustav Landauer, der von den Nazis bestialisch zu Tode gefoltert wurde) in knappen Szenen auf der Bühne lebendig, vieldimensional werden zu lassen. Für die »Auseinandersetzung«, die am ehesten dem üblichen Dokumentartheater nachempfunden ist, hat Dorst seinen Toller mit dem entschiedenen Kommunistenführer Eugen Léviné konfrontiert, jedoch bleibt Dorst in der Verteilung von Kritik und Sympathie (im Unterschied zu Weiss oder Kipphardt) von einer die Konflikte nivellierenden, sie jedenfalls nicht auf der Bühne entscheidenden »Objektivität«. So fallen Vorteil und Schwäche in eins: Dorsts Stück hat viele, dauernd wechselnde Perspektiven, es peilt Wirklichkeit bald aus der realistischen Anekdote, bald aus dem historischen Rückblick der Vogelschau an; es stilisiert Szenen zu zeitkritischen Bildern, bald in Horváth-Nähe, bald mit expressionistischem Bruckner-Zugriff, und es läßt sie gleichfalls gelegentlich zu breiter behäbiger folkloristischer Realistik kommen.

Eiszeit (1973) will am Beispiel einer nur leicht verfremdeten Knut-Hamsun-Biographie der Spielzeit des Dichters die Unmöglichkeit von »Vergangenheitsbewältigung« vorführen, ist jedoch in Wahrheit eher ein elegisches Stück über entrücktes Altern, über die Übermacht eines großen Mannes, der beispielsweise das Leben seiner Familie aufgesogen und verbraucht hat; und ein Stück über die Unmöglichkeit eines Dialogs zwischen den Generationen. Der »Alte« ist in einem Altersheim in Schutzhaft, wo er von einer Kommission wegen seiner Kollaboration mit den Nazis während der

Besetzung Norwegens verhört wird. Diese Verhöre zeigen nur eines: daß ein knorriges fortgeschrittenes Greisenalter aus Schwäche, die Kraft und List wird, und aus Zeitlosigkeit gegen Vorwürfe und Beschuldigungen hilflos unangreifbar geworden ist. Dorst hat dem Stück einen Zusatzkonflikt eingefügt: Ein junger Mann, Oswald, der als Partisan den Alten einst töten wollte, findet sich mit seiner Anklagehaltung in der wieder friedlich werdenden Welt nicht zurecht. Nachdem er dem Alten mehr und mehr Sympathie entgegenbringt, sich an dessen Kraft und Ohnmacht zerreibt, begeht er Selbstmord – eine etwas theaterhaft aufgesetzte Lösung. *Eiszeit* zeigt Dorsts Fähigkeit einer ruhigen, für Schauspieler dankbaren Figurenzeichnung. Es zeigt auch, daß Dorst den wohl zur Zeit schmiegsamsten, differenziertesten Dialog des deutschen Gegenwartstheaters zu schreiben versteht. Gleichzeitig macht das Stück deutlich, daß seine politischen Implikationen sich in vage Unverbindlichkeit auflösen.
Zur Eröffnung des wiederaufgebauten Darmstädter Theaters steuerte der junge Chilene GASTON SALVATORE (*1941) sein Stück *Büchners Tod* (1972) bei, das auch des Autors resignative Erfahrungen mit der linken Studentenbewegung zum Inhalt hat. Büchner auf dem Sterbebett: umgeben von Ärzten, Freunden, seiner Braut Minna, halluziniert der Dichter noch einmal seine Flucht aus Hessen, wo seine Freunde und Mitrevolutionäre zurückblieben, Folterungen ausgesetzt wurden. Die um das Lager Versammelten vollziehen während dieser Träume einen »Rollenwechsel«, werden zu Büchners erträumten Gestalten. Außerdem riskiert Salvatore in dem Stück auch noch ein besonders gewagtes Stück »Theater auf dem Theater«: eine Szene aus Büchners verschollenem »Aretino«-Drama erscheint vor den Augen des Sterbenden und damit auch vor den Zuschauern: da zeigt es sich, daß Büchner (falls man Salvatore glaubt) eine Art unbeholfenes Agitationstheater im Stil von Peter Weiss und im Kostüm der Renaissance geschrieben hat. In die Büchner auferlegten Schuld- und Resignationsgefühle hat Salvatore versucht, die »Danach«-Stimmung der Studentenbewegung einzufangen.
Läßt sich hier als mögliches Vorbild der *Hölderlin* von PETER WEISS vermuten, so erinnert *Das Verhör von Habana* von HANS MAGNUS ENZENSBERGER direkter an das Verfahren der *Ermittlung*. Grundlage ist hier ein öffentliches Hearing, das in Kuba mit Gefangenen nach der gescheiterten, vom amerikanischen CIA geplanten Invasion in der Schweinebucht veranstaltet wurde. Laut Enzensberger haben die damals in der Schweinebucht gefangenen Bankrotteure »ein Selbstbildnis der Konterrevolution« bei ihren Verhören geliefert. Zehn davon hat Enzensberger beispielhaft für die Bühne aufbereitet: »Sie reden das kläglich pathetische Mischmasch aller besiegten Ideologen, eine Argumentation der besten Absichten und konkretesten Ausreden, die Redeweise des Kaisers ohne Kleider, bekannt seit mindestens der Französischen Revolution, von der aus sich dies defensive Lamento fortpflanzte bis zum Nürnberger Prozeß und allen seinen Ablegern – so neu, wie er sie verkaufen möchte, sind Enzensbergers Entdekkungen nicht«, meinte REINHARD BAUMGART. WERNER DOLPH dagegen bemerkte zu diesen »Denkstrukturen«, daß in ihnen ein System selbst dann überlebe, wenn es die Notwendigkeit seiner Abschaffung intellektuell und moralisch erkannt habe.
Aber die »Vertheaterung« eines »Live«-Vorgangs aus dem Kuba des April 1961 legt zumindest die Frage nahe, ob denn diese Strukturen, die Enzensberger in einem brillanten Vorwort (das nur leider von Invektiven gegen ohnehin Besiegte nur so wimmelt) und in eingängigen Überschriften zu den einzelnen Verhören beschrieben hat, nicht besser sichtbar würden, wenn man auf das Fernsehmaterial im Original zurück-

griffe, statt Schauspielern irdendeine »Einfühlung« in Rollen zuzumuten, die ohnehin nur dem Pranger zugedacht sind.

Mit dem Fernsehspiel *Die rote Rosa* (1967), die vor einem Tribunal im Jenseits die Ereignisse der Ermordung Rosa Luxemburgs wieder aufrollt, gehört WALTER JENS zum Dokumentartheater. Auch *Die Verschwörung* von 1969 berührt sich mit den Ambitionen und Trends des Dokumentarstücks: Jens hat hier die Ermordung Caesars als eine Art geplante Selbstvernichtung, als politisch inszenierten Selbstmord gedeutet. Eine Theaterfassung des Fernsehspiels wurde 1973 in Baden-Baden uraufgeführt.

In der Hochflut der Dokumentarstücke fiel eines auch dadurch auf, daß es eine Bühne zunächst überhaupt nicht erreichen konnte: nämlich *Die Verschwörer* von WOLFGANG GRAETZ (*1926), die erst 1968 in Ludwigshafen eine Bühne fanden, weil man vorher meinte, Graetz wolle die Widerstandskämpfer des 20. Juli »verunglimpfen«. Graetz selbst meinte dazu: »Ich will gar nicht die Männer des 20. Juli angreifen, sondern einfach mit der Widerstandslegende aufräumen.« Er sei in seinem Stück zu der Auffassung gekommen, daß die Rebellion gegen Hitler habe scheitern müssen, weil »man nicht gegen etwas rebellieren kann, mit dem man selbst identisch ist. Niemandem dämmert offenbar die Idee, daß nicht ein etwaiger Verrat an Hitlers Deutschland vorwerfbar wäre, sondern daß den Verschwörern gerade das Gegenteil als Mangel angekreidet werden muß: daß sie sich nicht zu eindeutiger und radikaler Abkehr von Hitler haben entschließen können.« Später verschärfte Graetz seine Argumente, indem er meinte, es sei Zeit, Schluß mit der Heuchelei zu machen, daß ein halbes Dutzend Verschwörer ein nationales Alibi für alle schaffe, noch dazu, da ausschließlich solche Gegner des Dritten Reiches popularisiert würden, die »aller Wahrscheinlichkeit nach auch zu den Gegnern unserer heutigen staatlichen Ordnung zählen würden«.

Soweit die Absicht. Das Stück selbst erstickt in einer vordergründig-zackigen Reportage mit vielen militärischen Einzelheiten. Die »Entlarvung« besteht darin, daß Graetz einige Zauderer gegen Hitler von diesem immer noch als vom »Führer« sprechen läßt und daß er preußischen Gehorsam ad absurdum führt. Gisevius, erbost, im Stück: »Haben Sie erwartet, Keitel werde Sie zum Putschen autorisieren?« Tendenz des Stücks: es führt den Mißerfolg des Attentats und die Zerschlagung der Verschwörung stärker auf die Halbherzigkeit mancher Beteiligter und auf weltanschauliche Divergenzen innerhalb der Widerstandsbewegung zurück. Als Stück unterscheidet es sich eigentlich nicht von der oberflächlichen Fotokopie der Ereignisse, wie sie HANS HELLMUT KIRST schon ohne Erfolg dem Theater zugemutet hatte.

HARTMUT LANGE (* 1937), der 1965 von Ost-Berlin nach West-Berlin »übersiedelte«, hat für das Dokumentartheater ein Trotzki-Stück geschrieben. Alle seine früheren Stücke zeigen ihn als Brecht-Epigonen, und sie zeigen ihn in der Nähe von PETER HACKS.

An den *Senftenberger Erzählungen* (1960) wie an *Marski* (1962) läßt sich zeigen, wie stark und tragend das Korsett der an BRECHT geschulten Dramaturgie, seine vorgeblich offene Dialektik sein konnte. Beide Stücke sind jedenfalls ebenso talentiert wie unselbständig: die *Senftenberger Erzählungen* handeln davon, wie sich in den Nachkriegsjahren erst allmählich proletarisches Interesse wecken ließ, der *Marski* ist eine *Puntila*-Variation aus der Zeit der DDR-Bodenreform, wegen seiner gedrechselten Sprache und seiner parodierenden Anlehnung an klassische Szenen lange in allzu großer Nähe zu Peter Hacks gesehen. »Die beiden hauptsächlichen Gegenstände seiner Dramatik sind: der Untergang herrschender Klassen und die Methoden revolutionärer politischer Auseinandersetzung; genauer: das Ende des preußischen Feudalismus *(Die Gräfin von Rathenow* und *Marski)* und die Geschichte der KPdSU *(Hundsprozeß, Herakles, Trotzki in Coyoacan, Aias)*. Lange dramatisiert, unaufhörlich und in durchaus wechselnden Formen – mal als molierische Komödie *(Marski)*, mal als Satyrspiel *(Herakles)*, mal als Horror-Drama *(Trotzki)* und mal als ›griechische Tragödie‹

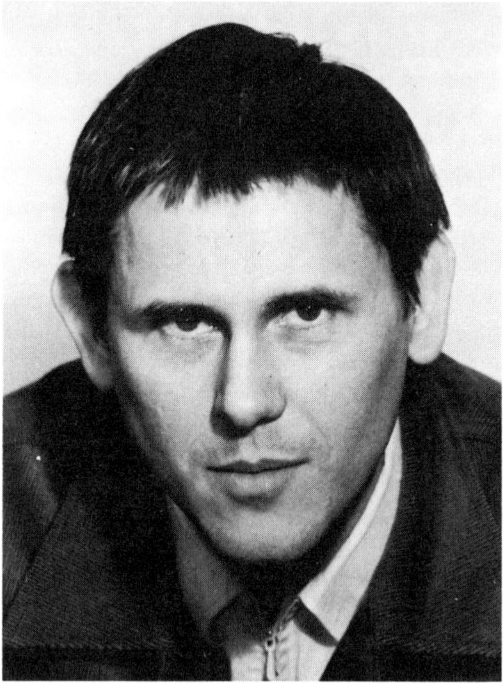

Hartmut Lange

(Aias) – die politischen Erfahrungen eines in seiner Generation in der DDR Aufgewachsenen; sein ›Avantgardismus‹ besteht darin, daß er sicher ist (und aus dieser Sicherheit heraus schreibt), es handle sich dabei um Erfahrungen, die im anderen deutschen Staat notwendig und nachzuholen sind. Dieser Erkenntnisvorsprung, der sich auf irritierende Weise in überlieferten ästhetischen Formen ausdrückt, macht Hartmut Langes Stücke im Literaturbetrieb der BRD fremd und schwer verdaubar« (Ernst Wendt).[74] Als schwer verdaubar erwies sich schon *Marski* (1966 in Frankfurt uraufgeführt), den Lange in seinem Gepäck aus der DDR mitbrachte. GÜNTHER RÜHLE sah in dem Stück, dessen Held, ein Gutsbesitzer, erst seine Freunde verliert, weil sie sich nicht mehr von ihm ausnützen lassen und in die LPG eintreten, um dann selbst auch einzutreten, ein »sozialistisches Bekehrungsdrama«, ein »Missionsstück«. Marski, eine Mischung aus Gargantua und Puntila wird – das ist der Trick der Komödie – nicht durch Argumente, sondern durch die Freßlust und Freundessucht für den Sozialismus überzeugt.

In den beiden Einaktern *Hundsprozeß* und *Herakles*, die 1968 in Berlin uraufgeführt wurden, geht es um Stalin auf der Bühne; im ersten ist er Mörder, im zweiten Held und Retter. Tierfabel und Religionssatire liefern die Elemente für den *Hundsprozeß*, der eine dramatische Abrechnung mit den Stalinschen Schauprozessen sein will. Das zweite Stück ist ein bildungsträchtiges Gleichnis, das mit Stalin-Herakles zeigen will, daß große Taten auch von einem Geist ausgeführt werden, der Späne produziert, wo er hobelt.

Die Gräfin von Rathenow (1969) ist die Dramatisierung der Kleist-Novelle *Die Marquise von O.*, von Italien nach Preußen verlegt. Die hier in der Ohnmacht von einem französischen Besatzer Geschwängerte, lebt, in Verdacht geraten, zunächst mit einem Knecht ungeniert und deftig zusammen, akzeptiert den französischen Offizier, der sich nach ihr verzehrt, bis zum Schluß nicht, worauf derselbe sich (in der zweiten Fassung) eine Kugel durch den Kopf schießt. Ein Bilderbogen, mit nachbrechtscher Herr-Knecht-Motorik versetzt, nach Langes Willen auch eine Allegorie darauf, daß Preußen die Ideen der Französischen Revolution nur in einer Ohnmacht empfangen konnte.

Die Ermordung Trotzkis ist das Thema des 1972 aufgeführten Stücks *Trotzki in Coyoacan*, das eigentlich wieder eher eine Auseinandersetzung mit Stalin ist, dem – das wird an dem kümmernd und leicht lächerlich dahinlebenden Trotzki und seinem unbedarft rührenden Tod vorgeführt – der Erfolg rechtgibt.

Neben dem Versdrama *Die Ermordung des Aias oder Ein Diskurs über das Holzhacken* liegt, noch ungespielt, das Stück *Staschek oder Das Leben des Ovid* vor, in dem sich ein Republikflüchtling aus der DDR in die Antike verläuft, um da auf Dichterfürsten zu treffen, die es sich mit den Regimen wohlig und zu ihrem finanziellen Vorteil einrichten: wollte Lange hier seine Erfahrungen mit westdeutschen Kollegen »parabolisieren«?

Mit seinem Stück *Kupfer* (1968) gehört GERHARD ZWERENZ (* 1925) nur insofern zum Dokumentartheater, als die vorkommenden Geschäftsmanipulationen vom Autor einem *Spiegel*-Bericht entnommen sind. Zwerenz hatte eine Satire vom »Sterben des reichen Mannes« im Sinn, ein Spiel auf den Spuren von WALSERS *Krott*: In einem Krankenzimmer einer Klinik liegt der reiche Maximus und bereitet den Coup seines Lebens vor. Doch legt man ihm einen Kassenpatienten, arm und Minimus genannt, ins Zimmer. Maximus, der dauernd Sekt säuft, sich Playboy-Häschen zu Tanzvorführungen kommen läßt, stirbt an der Vorfreude, während Minimus sich zusehends erholt, vor allem, nachdem er das Notizbuch des Maximus in Händen hat und so dessen Jahrhundertgeschäft beerben kann. Mann ist Mann: Minimus übernimmt, nach dem Besuch der Witwe, des schwarzen Dieners und des chinesischen Kochs, die kapitalistische Herrschaft. Ein Stück, das an seinen Anlehnungen an BRECHT, WALSER, DÜRRENMATT und an seiner naiven Bilderbuchdramaturgie und -dekuvrierung noch schneller dahinsiechte als sein sterbender Maximus: es überlebte die Uraufführung im Tübinger Zimmertheater nicht.

Mit dem Stück *Doppelkopf* debütierte 1968 die Berlinerin GERLIND REINSHAGEN (* 1926). Mittels eines Betriebsfestes auf der Bühne, das in der Alkoholseligkeit die Klassen- und Interessengegensätze zudecken soll, werden diese Antinomien von der Autorin sichtbar und deutlich gemacht. Hinter der vertraglich garantierten Heiterkeit und Ausgelassenheit findet der Macht- und Interessenkampf statt. »Doppelkopf« heißt das Spiel auch, weil der Held des Stücks, auf dem wohlwollend das Auge der Betriebsleitung ruht, ein adretter und alerter, hoffnungsvoller Angestellter, nach beiden Seiten spielen muß. Er verläßt seine Doppelkopf-Runde als Aufsteiger, gerät aber immer hoffnungsloser zwischen alle Stühle. Im zweiten Teil läßt die Autorin in einem

Spiel im Spiel die Arbeiter ihre Lage selbst darstellen – und verschenkt so zugunsten plakativer Protestformulierungen die satirischen und kritischen Ansätze des ersten Teils.
In dem Stück *Leben und Tod der Marilyn Monroe* (1971) wollte Gerlind Reinshagen die Struktur des Aufbaus und Abbaus eines Sex-Stars am Beispiel der Monroe paradigmatisch verdeutlichen – ein Gegenverfahren gegen Legendenbildung und Personenkult, das den Zusammenhang zwischen Mythenbildung und Bewußtseinsverlust belegen will.

DIE ERNEUERUNG DES VOLKSSTÜCKS

Auf den Spuren Marieluise Fleißers und Ödön von Horváths

In dem Gattungsbegriff »Volksstück« mischen sich im Deutschen zweierlei Bedeutungen. Die eine zielt auf die Sprache. Wo es die Hochsprache gibt, die auch zur Sprache der Literatur wurde, da wird auf der Bühne anders gesprochen als »im Leben«. In der Sprache der Klassiker ausgedrückt heißt das, wer ein Schicksal hat, wer erhaben genug ist, Tragik zu erleiden, der führt auch Blankverse im Munde. Sprachalltag und dramatische Erhabenheit vertragen sich nicht miteinander. Bei Shakespeare hat der Pöbel keine Verse, wenn er es dennoch versucht, dann kommt dabei die Handwerkerei des *Sommernachtstraums* heraus. So läßt sich ein »Abstieg« des Dramas von Königsthronen zu Köhlerhütten auch am Abstieg in den Dialekt ablesen: das Schlesische GERHART HAUPTMANNS ist da ebenso Programm wie das Österreich-Bajuwarische ANZENGRUBERS.
Daneben aber passiert mit der Sprache etwas anderes, was sich im Beispiel des *Sommernachtstraums* schon andeutet. Wenn der sprachliche »Abstieg« von der Hochsprache zum Dialekt auch die Abwärtsbewegung auf der sozialen Stufenleiter bedeutet, dann kann der Versuch, nicht mehr so zu sprechen, wie einem das Maul gewachsen ist, den Versuch einer gesellschaftlichen Mimikry bedeuten. Die Handwerker im *Sommernachtstraum* wollen mehr gelten. Sie wissen, daß man nur etwas ist, wenn man sich auf die literarische Sprache einläßt. In ihrem verzweifelten Versuch, sich die ungemäße Verssprache des Dramas und der hohen mythologischen Figuren anzueignen, blamieren sie zunächst sich selber. Aber sie blamieren zum anderen auch die hohe Sprache, die bestimmte Sachverhalte nicht ausdrücken, sondern nur verfälschen, verschleiern, tarnen kann.
NESTROY, der Ladenschwengel sich in barocke Wortkaskaden verlaufen ließ, damit sie glauben sollten, sich in »Hochgeborenheit« verstecken zu können, und er sie dann um so deutlicher überführen könne, ist dafür das illustreste Beispiel.
Auf ganz andere Weise hat, um ein extremes Gegenbeispiel zu geben, STERNHEIM den sprachlichen Fehlgriff ins Erhabene als Mittel der Dekuvrierung eingesetzt. Spießer, die mit großen, hochfahrenden Vergleichen um sich werfen, um ihre miese Existenz zu tarnen, benutzen die hochgelegenen Schlupfwinkel der klassischen Dramatik, um aus ihrem Krähwinkel ein Walhall zu machen.
Wenn schließlich BRECHT ökonomische Vorgänge im klassischen Versmaß deklamieren läßt, während erhabene Gefühle und große Aufschwünge in den Worten des

Marktes, des Kaufens und Verkaufens zur Sprache gebracht werden, dann wird in dieser »Umkehrung« die befremdende Verfremdung deutlich, die das, was die Gewohnheit sorgfältig scheidet, paradox umkehrt und damit als zwei Seiten ein und derselben Medaille sichtbar macht.

Aber an das Volksstück führt nicht nur die Sprache heran. Ganz simpel bedeutet der Begriff auch, daß Drama jetzt unter Leuten stattfinden könne, die keine Krone auf dem Haupt tragen, die nicht Capulet und Montague heißen, sondern schlicht Resi und Peppi. Im Verlauf dieser Entwicklung jedoch schlich sich auf Umwegen der Kitsch ins Volksstück, indem nämlich zur gleichen Zeit, da das Drama löblicherweise herabstieg, eine Ideologie sich etablierte, die das angeblich unverbildete Naturleben einfacher Leute dem bösen Asphalttreiben der Städter entgegensetzte. Anstatt das wahre Leben des Volkes zu zeigen, wurde das Volksstück zum tröstlichen Beleg des Sprichworts, nach dem es auf der Alm keine Sünde gibt.

Damit drohte auch die Sprache zu verkommen. Sie wurde zum Jargon naiver Eigentlichkeit, jedes verschluckte Endungs-e eines Alpenländers galt schon als Nachweis äußerster Ehrlichkeit und Unverbildetheit. Es ist Ödön von Horváths (1901–1938) großes Verdienst, diese Gleichung außer Kraft gesetzt zu haben. Nicht weil er das Volk herunterzerren wollte, wie ihm seine Gegner gern vorwarfen, sondern weil er in dieser kitschigen Verklärung den inhumanen Schleier sah, die Rechtfertigung, die verbildete Leute nach der unverbildeten Volksnatur seufzen ließ – auch um die angeblich so Unverbildeten in diesem Zustand des »Arm, aber proper« mit gutem Gewissen und möglichst lang zu halten.

Horváths Stücke zeigen Gemüt als verzweifelten und untauglichen Versuch, einer ungemütlichen Welt Herr zu werden. Sie zeigen Sprache, die, der direkten Mitteilung unfähig, verzweifelt für das geborgt wird, was nichts zu sagen hat. Der Ausgangspunkt ist der gleiche wie bei Brecht. Nur suchte Brecht in der Sprache wieder einen »Stellvertretungswert«: auch sein Dialektholzschnitt spricht eines Tages, wie einst der Blankvers der Schillerschen Helden, für die Richtigkeit einer ganzen Weltordnung: zwar heuchelt sein kleiner Mann das Pathos der ökonomisch Großen und politisch Mächtigen zugrunde, aber er weiß, was er tut, wenn er in die »Sklavensprache« (Hans Mayer) schlüpft – der Weltgeist, das historische Gesetz ist auf seiner Seite.

Horváths Figuren haben das Bewußtsein davon nicht, daß sie Proben aufs Exempel, also Figuren einer Parabel sind, in der eine Weltordnung, wenn auch eine verkehrte, sichtbar wird. Während bei Brecht Herrschaft immer als etwas äußerlich Verhängtes vorgeführt wird (Matti weiß, was er von Puntila zu halten hat), das nur so lange anhalten wird, wie die äußere Herrschaft Bestand hat, sind Horváths Figuren auch in dem, was sie denken und sagen, unfrei.

Das, was linke Theorie (Adorno, Herbert Marcuse, Wilhelm Reich) in ihrer Analyse von der verinnerlichten Herrschaft, die der äußeren Gewalt gar nicht mehr bedarf, ermittelt haben, die Versklavung durch die Bewußtseins-Industrie, die ständigen Verstöße der Ausgebeuteten gegen ihre eigenen Interessen, die sie unter anderem für so viele Spielarten des Faschismus präformieren – das alles ist in Horváths Volksstücken dramatische und szenische Wirklichkeit.

Als Deutschlands junge Dramatiker sich dieser »Klassenlage«, dieser verinnerlichten Form von Unterdrückung annahmen, da war es kein Zufall, daß sie sich zum Vorbild Horváths hingezogen fühlten. Als Peter Handke meinte, Brecht habe ihm nichts zu sagen, als er gegen Brecht die vom Autor scheinbar nicht willkürlich manipulierte

Sprache von Horváths Gestalten anführte, da interessierten ihn die linguistischen und gestischen Fallstricke, in denen Horváths Menschen zappelten wie Fische in einem Netz.

In der zweiten Hälfte der sechziger Jahre setzte also eine Horváth-Renaissance ein: Ödön von Horváth wurde zum vielgespielten Dramatiker, seine Stücke, die genauesten

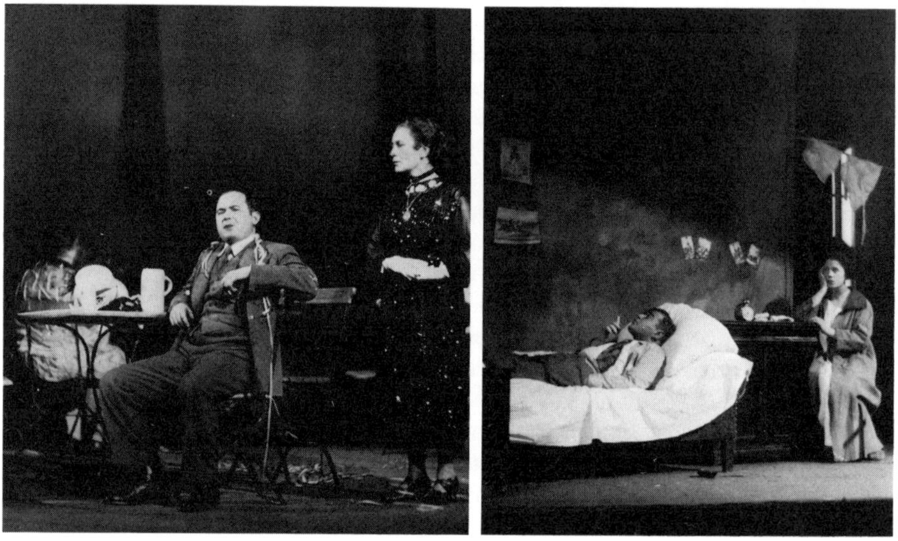

Zwei Dokumente zur Tradition der Moderne: 1931 fanden in Berlin die Uraufführungen zweier Stücke von Ödön von Horváth statt; im Theater am Schiffbauerdamm »Italienische Nacht« (links, mit Oskar Sima und Elsa Wagner), im Deutschen Theater »Geschichten aus dem Wiener Wald« (rechts, mit Peter Lorre und Carola Neher).

Befunde über die verstörten Kleinbürger, die Arbeitslosen und massenhaften outcasts der zu Ende gehenden Weimarer Republik, wurden zum Muster für viele Dramatiker. Vor allem die um 1931/32 entstandenen (und damals schon gespielten) Stücke *Italienische Nacht*, *Geschichten aus dem Wiener Wald*, *Kasimir und Karoline* und *Glaube Liebe Hoffnung* waren die Werke, die das zeitgenössische Theater wesentlich beeinflußten.

Italienische Nacht (Uraufführung: Berlin, 20. 3. 1931, Theater am Schiffbauerdamm) handelt von einer Feier der Sozialdemokraten, die die Nazis sprengen wollen. Horváth zeigt vor allem, wie die »Hüter« der Republik in einer süddeutschen Kleinstadt in Vereinsmeierei und einem kleinbürgerlichen Pantoffelsozialismus verstrickt sind, sich in Streitereien und Rivalitäten zerreiben – kurz: daß die Republik gegen die Nazis keine Widerstandskraft mehr aufzubringen in der Lage ist.

Geschichten aus dem Wiener Wald (Uraufführung: Berlin, 2. 11. 1931, Deutsches Theater) zeigt, wie ein Wiener Mädchen unter die Räder der sogenannten Gemütlichkeit gerät, die in Wahrheit nur Tarnung von Depravierten, von aus der Bahn Geworfenen ist, deren hilflos brutaler Egoismus sich in einer vorgeschützten Welt aus Phrase und Familiensinn gleichzeitig tarnt und enthüllt.

Kasimir und Karoline (Uraufführung: Leipzig, 18. 11. 1932) spielt auf dem Münchener Oktoberfest, zur Zeit der Weltwirtschaftskrise: die Flucht in die Betäubung und das

Vergnügen wird zur unbewußten großen Demaskierung, bei der die Beziehung zwischen Kasimir und Karoline die Tatsache nicht überleben kann, daß er arbeitslos ist. *Glaube Liebe Hoffnung* (Uraufführung: Wien, 13. 11. 1936, Theater am Schottentor) schließlich zeigt, wie es die kleinen Vergehen sind, die ein Mädchen, das sich in dieser kalten Welt zurechtfinden will, in einen Höllenkreis bringen, aus dem es kein Entrinnen gibt. In allen Stücken führt Horváth eine »Demaskierung des Unbewußten« der kollektiven Ängste, Hoffnungen vor, zeigt er, wie das verkorkste, aus der Bahn geworfene, verstörte Sein nach dem Ersten Weltkrieg durch sein vorgeschütztes Bewußtsein nicht mehr zu decken war.

Ebenso stark wie auf Horváth berufen die Autoren des wiederbelebten Volksstücks sich auf Marieluise Fleisser (1901–1974), deren Stück *Pioniere in Ingolstadt* (Uraufführung: Dresden, 25. 3. 1928) in der zu Ende gehenden Weimarer Republik zum Skandal wurde – vor allem bei der Berliner Premiere im Theater am Schiffbauerdamm am 30. 3. 1929 –, weil das neue »völkische Bewußtsein«, das sich im Volksstück gespiegelt sehen wollte, sich durch die wahrheitsgemäße Darstellung von Episoden zwischen Pionieren und den Dienstmädchen und Bürgern einer Kleinstadt provoziert fühlte. In den Kritiken, die auf die Premiere folgten, kündete sich erstmals der drohende Ton an, der später zur Gleichschaltung der Kultur führte. Marieluise Fleißer, die mit diesem Stück in den anregenden Bannkreis des jungen Brecht geraten war, hat hier, ähnlich wie Horváth, Hilflosigkeit geschildert, die sich in Brutalität und Gleichgültigkeit entlädt. Ebenfalls wie bei Horváth sind die Mädchen die Opfer von Männern (Soldaten), die ihre Pressionen wenigstens noch in der Verachtung der Frau kompensieren wollen. Auch hier offenbart die Sprache die Artikulationsunfähigkeit der Menschen, die in Phrasen und Redensarten flüchten, um sich vor den anderen und vor sich selbst zu verstecken.

Auch das Erstlingsdrama der Fleißer, *Fegefeuer in Ingolstadt* (Uraufführung: Berlin, 25. 4. 1926, Junge Bühne des Deutschen Theaters), erlebte in den letzten Jahren ein folgenträchtiges Comeback: Menschen, die im Netz provinzieller Enge zappeln, die aggressiv und hilflos die Dumpfheit der Wirklichkeit in ihren Verhältnissen aufeinander loslassen, schildert dieses Stück.

Autoren wie Kroetz, Fassbinder und Sperr haben sich ausdrücklich auf Marieluise Fleißer berufen: »Ich habe von der Fleißer viel gelernt, ohne das Bedürfnis zu haben, sie zu kopieren ... Ich hoffe, die Tradition des realistischen Volksstücks im Sinne derer, auf der auch sie fußt, weiterzuführen ... Die Fleißer-Renaissance kam spät, doch sie kam ... Ich glaube nicht, daß der Fleißer-Boom das Bekanntwerden jüngerer Autoren nach sich zog. Die Ursache ist wohl, daß realistische Volksstücke breiteren Raum in den Spielplänen der Bühnen einnehmen« (Martin Sperr).[75] »Ich hätte nicht zu schreiben angefangen, wenn ich nicht die ›Pioniere‹ gesehen hätte ... Ich glaube, daß der Fleißer-Boom ohne Sperr und mich – und unser Erfolg ohne die Wiederentdeckung der Fleißer wahrscheinlich nicht möglich gewesen wären« (Rainer Werner Faßbinder).[76] »Als Fleißer-Schüler würde ich mich in gewissem Sinne schon bezeichnen, aber auch als Horváth-Schüler« (Franz Xaver Kroetz).[77]

Kroetz hat auch in einem Aufsatz das für ihn Entscheidende an den Stücken der Fleißer beschrieben: »Das Wichtigste der Fleißerschen Stücke ist das Verständnis für die, ›auf die es ankommt‹ (Horváth). Die Masse der Unterprivilegierten. Gerade das Theater muß deren Möglichkeiten des Sprechens verfolgen, und die Fleißer hat das als erste praktiziert. Die Figuren ihrer Stücke sprechen eine Sprache, die sie nicht

Zur Uraufführung von Marieluise Fleißers »Fegefeuer in Ingolstadt« (Berlin, 25. 4. 1926) schrieb Herbert Jhering im »Berliner Börsen-Courier«, 26. 4. 1926, folgende Premieren-Kritik:

Marieluise Fleißer, aus Ingolstadt in Bayern, ist so begabt, daß es bisher weder gelang, einen Verleger noch einen literarischen Preisrichter für sie zu interessieren. Ihre Prosastücke, die hier erscheinen: »Der Apfel«, »Stunde der Magd«, »Zwischen Schlaf und Schlaf« offenbarten eine epische Kraft, die weit über novellistische Reize hinausging. Marieluise Fleißer schreibt sachliche, scheinbar trockene Berichte. Aber von ihrer Berichterstattung geht eine seltsame Suggestion aus. Das Wort ist wieder Bild geworden. Die Darstellung Gleichnis. Marieluise Fleißer hat die entscheidende Begabung der dichterischen Erzählerin: die Mitteilung sofort als Ausdruck zu geben. Dieses ursprüngliche Material- und Werkgefühl bleibt das Wesen ihrer Begabung.

Marieluise Fleißer ist schöpferische Gestalterin, seit Else Lasker-Schüler die erste wieder in der deutschen Dichtung. Und seltsam: Else Lasker-Schüler schreibt das (zu Unrecht vergessene) Drama »Die Wupper«, in dem eine Landschaft, ein Menschenschlag naturwandlerisch sicher in dramatischen Gestalten und szenischer Bewegung gefaßt wird. Marieluise Fleißer schreibt das Schauspiel »Fegefeuer in Ingolstadt«, das ihre Heimat in einer Fülle von intuitiv geschauten Figuren dramatisch bannt. Eine Atmosphäre, allein erzeugt durch die Menschen, ein Milieu, allein sichtbar an der Farbe der Personen. Der junge Roelle – von einer Meisterin geformt. Dieser hysterisch Gequälte und hysterisch Quälende, von Sexualfoltern Geschüttelte, von religiösen Verzückungen Emporgerissene, dieser religiöse Heuchler und wahrhaftig Bußfertige, Komödiant und Wahnwitzige, dieser wollüstig Beichtende, dieser Flagellant - wie leicht hätte er zu ekstatischen Deklamationen verführt. Bei Marieluise Fleißer ist er gesehen und gestaltet, wie der kleinste Ministrant gesehen und gestaltet ist. Gleichzeitig tragisch und humoristisch, erdig und phantastisch, bäurisch und priesterlich.

Hier horchen die Menschen aufeinander, keiner entrinnt dem Nachbar; äußerste Brutalität steht neben äußerster Schüchternheit. Hysterischer Ausbruch neben finsterer Verschlossenheit. Eifersüchtig ist man noch auf die Leiden des anderen. Das Entscheidende des Stückes ist aber immer noch nicht diese Dichtigkeit der Gestalten und der Atmosphäre, das Entscheidende ist, daß hier noch in der Bigotterie die Wurzeln tiefster Frömmigkeit, im Drang zur Lüge der Drang zur Wahrheit liegt, daß hinter diesen gebundenen Menschen eine seelische Kraft der schöpferischen Befreiung aufleuchtet. Alle bekämpfen sich, schlagen sich und die anderen. Trotzdem ist ein Glanz der Freiheit über dem stickigen Brodem. Was diese Menschen beengt, was sie einschnürt, was sie beschränkt macht, ist zugleich auch eine unbewußte Ahnung des Schöpferischen. Ein Licht wandelt über sie hin. »Fegefeuer in Ingolstadt« ist ein katholisches Stück, ein bayerisches Stück. Man versteht Hitler und Kahr. Man versteht aber auch die gläubige Stille und Frömmigkeit. Diese triebhaften, süchtigen, ausbrechenden, in sich zurücksinkenden Menschen stoßen oft an die Grenze, wo sie beinahe Künstler werden. Ihre Phantasie beschäftigt sie ständig. Sie alle sind gebundene Schöpfer, Flagellanten, weil sie sich nicht gestalten können, getrieben von dem Drang, auf sich, auf andere einzuwirken. Bayern, der Urboden großer schauspielerischer Begabungen.

Das alles ist von Marieluise Fleißer noch nicht immer szenisch bewegt, noch nicht zur letzten Straffheit geführt; das leidet noch an Motivwiederholungen und Kreuzungen. Aber der Kern ist unangreifbar. Eine wesentliche Begabung. Das ist das Entscheidende. Die Sprache ist so einfach, so bildhaft (ohne viele Vergleiche nötig zu haben), bildhaft im Wort, daß es stilistische Unterschiede zwischen tragischen und humoristischen Szenen nicht gibt.

Fabelhaft war Erwin Faber als Ministrant, platzend von komödiantischer Lust. Sein großer Münchener Erfolg als Grabbes Teufel wurde wieder lebendig. (Neben ihm gut Rudolf Fernau). Leo Reuß gab den Crusius (der noch Gymnasiast ist, wie das ganze Stück aus dem Gymnasiastenmilieu hinaufgespielt worden ist), mit sanfter Drastik, aber auch isoliert. Walter Franck als Vater wundervoll, wenn er nicht manchmal gezogen hätte. Maria Koppenhöfer, knapp, sachlich, fast referierend, den Ton des Stückes genau treffend als Olga. Helene Weigel als eifersüchtige, beiseite gestellte Schwester, eindrucksvoll, nur etwas zu nachdrücklich.

Es fehlte dieser hervorragenden Leistung der »Jungen Bühne«, diesem begeisterten Werk der Schauspieler und ihres Regisseurs Paul Bildt nur eines: die letzten ruhigen Proben des Zusammenfassens (und Streichens). Die Schauspieler entfalteten sich herrlich. Die Zurückführung auf den Vorgang, die Entwicklung der Akte fehlte noch. Wenn das möglich gewesen wäre, dann wäre Mathias Wiemann als Roelle vollkommen geworden. Er ermattete zuletzt etwas. Wer aber seinen ersten Akt sah, diese Mischung aus Verbohrtheit und hochfahrendem Zynismus, aus Bigotterie und echter Angst, aus Hohn und Qual, wer diesen fast leichten Ton hörte, mit dem er das Schwerste nahm, der weiß, wieviel reicher Wiemann auch schauspielerisch geworden ist, wie das Ganze noch gewonnen hätte, wenn von hier aus weitergespielt und entwickelt worden wäre.

sprechen können, und – was wichtiger ist – sie sind so weit beschädigt, daß sie die Sprache, die sie sprechen könnten, nicht mehr sprechen wollen, weil sie eben teilhaben wollen am ›Fortschritt‹ – und sei es nur, indem sie blöde Floskeln unverstanden nachplappern ... Dies führt zum Kern der Fleißerschen Dramatik: der Aufzeichnung der Strukturen der sogenannten Dummheit. Die Fleißer hat uns gezeigt, daß es Dumm-

Die »Erneuerer des Volksstücks« in der westdeutschen Dramenliteratur fanden in Marieluise Fleißer, deren in den zwanziger Jahren entstandene Stücke sie erst wiederentdeckten, den entscheidenden literarischen Bezugspunkt. – Das Bild zeigt die Autorin inmitten des Ensembles der Schaubühne am Halleschen Ufer (Berlin), wo ihr Stück »Fegefeuer in Ingolstadt« am 19. 12. 1972 neu aufgeführt wurde links neben Marieluise Fleißer: der Regisseur Peter Stein.

heit als allgemeine menschliche Schwäche gar nicht gibt, daß vielmehr ein von Macht- und Profitstreben gelenkter gesellschaftlicher Prozeß die einen ›dumm‹ und die anderen ›gescheit‹ braucht, und sie also werden läßt, rücksichtslos und verbrecherisch.«[78]
Wenn man sagt, daß die Hinwendung zu Horváth und zu Marieluise Fleißer eine Abwendung von BRECHT war, so ist das nur zum Teil richtig. Die Brecht-Rezeption durchlief in der Geschichte des Nachkriegsdramas, vereinfacht ausgedrückt und leicht schematisiert, drei Phasen. In der ersten, der unmittelbaren Nachkriegsphase, bezog man sich vor allem auf den Brecht der *Mutter Courage*, sah darin weniger das Vorbild epischen Theaters als das zum Beispiel geweitete Antikriegsstück; ebenso griff man nach seinem am stärksten »realistischen« großen Drama, dem *Galilei*: auch hierbei waltete ein »stoffliches« Interesse vor, das Interesse gegenüber der Thematik des Anti-Atombombenstücks, des Konfliktstücks um den Naturwissenschaftler.
Die zweite Phase rezipierte vor allem den Lehrstück-Schreiber und den Paraboliker Brecht. Nach dem Muster seines *Arturo Ui* und seines *Schweyk* suchte das zeitgenössische Drama die beispielhafte »Verfremdung« von Gegenwartsstoffen in die Typologie der Parabel.
Jetzt, in der dritten Phase, erschloß man vor allem das Jugend- und Frühwerk Brechts. Man suchte den Volksstückautor der *Kleinbürgerhochzeit*, man achtete auf die Verarbeitung und Weiterentwicklung der Karl-Valentin-Eigenarten durch Brecht, man suchte den noch nicht beispielhaft artikulierten Ausdruck der Artikulationslosigkeit

der Ausgestoßenen, der Asozialen, wie sie sich im *Baal* und noch *Im Dickicht der Städte* niedergeschlagen hatten. Es war also wiederum auch eine Auseinandersetzung mit Brecht, die im neubelebten Volksstück stattfand.

Von NESTROY und ANZENGRUBER war schon die Rede, von KARL VALENTIN und seinem explosiv anarchischen Zuendedenken der Sprache ebenfalls. Die gleiche Ohnmacht, die Horváth mit sozialen Gründen im Selbstverständnis des »ewigen Spießers« aufgedeckt hatte, fand man auch in BÜCHNERS *Woyzeck*, der ebenfalls wieder ein Schlüssel-Stück für eine ganze Generation von Dramatikern wurde.

Solche *Woyzeck*-Anklänge finden sich deutlich im Erstling des 1944 in Steinberg in Niederbayern geborenen MARTIN SPERR, den *Jagdszenen aus Niederbayern.* »Es ist schwierig, bei diesem Erstling nicht an Büchners ›Woyzeck‹ zu denken«, meinte GEORG HENSEL, »doch ist Sperr zu seinem Stück nicht über die Lektüre, sondern spürbar über die Beobachtung gekommen.«

Jagdszenen aus Niederbayern (am 27. 5. 1966 in Bremen uraufgeführt – eine Bühne südlich des Mains traute sich damals offenkundig noch nicht an die »Nestbeschmutzung« heran) zeigen die Treibjagd eines Dorfs, dessen Bewohner sich selbstgefällig viel auf ihre Biederkeit zugute halten, auf Außenseiter. Der am meisten Gejagte ist ein homosexueller Halbwüchsiger, als »schwule Drecksau« verschrien. In Szenen, die die Selbstgefälligkeit und Grausamkeit der Dorfbewohner Schlag auf Schlag dekuvrieren, wird das »Opfer« so lange direkt und indirekt »getrieben«, bis es vor Haß zurückschlägt – natürlich nach der falschen, der noch schwächeren Seite. Der Gejagte ermordet mit rasenden Stichen die von ihm geschwängerte Magd – eine Szene, die Sperrs deutlichste *Woyzeck*-Anleihen enthält. Das Dorf registriert am Ende selbstzufrieden, daß man wieder »unter sich« sei.

Offenbar war Sperrs »Realistik« so ungewohnt, daß die Kritik anfangs nur verlegenabwehrend auf die »Deftigkeiten« dieses Stücks reagierte. Immerhin schrieb KLAUS WAGNER: »Die Stärken dieses Vital-Talents: grausam intime Milieu-Kenntnis, sein Raubvogelblick für menschliche Niedertracht, was den seelisch Verwundeten kennzeichnet, und eine bajuwarisch saftige Ausdrucksweise, die sich mitunter zu bauernschlauer Logik zuspitzt...« Daß Sperr trotz der scheinbar distanzlosen Realistik in seinem Stück dargelegt hatte, wie gesellschaftliche und seelische Mechanismen bei so einer Treibjagd auf einen Außenseiter funktionieren, machte sich erst später bemerkbar, schien anfangs durch die rüde Vorherrschaft eines als »Primitivismus« verschrienen Realismus verdeckt. *Die Jagdszenen* zeigten, wie sehr das Anknüpfen an eine verschüttete Volksstücktradition als pure Herausforderung eines an ästhetische Schleier gewöhnten Publikums wirkte.

Durch die Heuhaufen auf der Bühne, durch eine Vergewaltigungsszene, die ein Knecht an der Magd verübt, durch einen Mord und einen Selbstmord sahen sich die Zuschauer der Bremer Aufführung fast zu einem Skandal herausgefordert. Dabei neigten sie dazu, zu übersehen, wie das Stück es versteht, in scheinbar beiläufigen Mosaikszenen das Verderben von drei Außenseitern zu zeigen: von Abram, dem Homosexuellen, von Rovo, dem Dorftrottel, der von allen verlacht, seine Liebe zunächst auf eine kleine Katze, dann auf Abram überträgt und – als er mit dem Homosexuellen »ertappt« wird, sich wegen der Schande erhängt. Schließlich ist auch der Mord an dem Mädchen Tonka in einer Mischung aus Wut, Panik und Verzweiflung motiviert: denn Abram hatte es mit dem Mädchen versucht, um dem Vorwurf der »Abartigkeit« zu entgehen. Trotzdem wird man konstatieren dürfen, daß Sperr seinem ersten Volks-

stück auch stilistische Elemente der englischen Schauerdramatik, die mit kruden Effekten arbeitet, einfügte, daß sich in der grausamen Jagd die sich ängstlich verbergende »Anarchie« von Dorfbewohnern offenbart.
Die *Jagdszenen aus Niederbayern* sollten der erste Teil einer bayerischen Trilogie sein, die vom archaischen Dorf über die kleinbürgerliche Provinzstadt bis nach München

Martin Sperr

und die dortigen Verwicklungen zwischen Kapitalismus und Politik reichen sollte. Als zweites Stück folgten die *Landshuter Erzählungen* (am 4. 10. 1967 an den Kammerspielen München uraufgeführt), der Konkurrenzkampf zweier bayerischer Bauunternehmer, gleichzeitig die böse Pervertierung einer Romeo- und Julia-Variante der sich liebenden Kinder feindlicher Väter. Der Bauunternehmer Laiper, der mit dem Bauunternehmer Grötzinger in ein bitteres geschäftliches Fingerhakeln verwickelt ist, bei dem man sich gegenseitig verleumdet, Arbeiter abspenstig macht, für Aufträge Bestechungen anbringt, will nicht, daß sein Sohn die Tochter Grötzingers heiratet. Der hingegen will schon: weil dann des Laipers Firma in der seinen aufgeht. Grausiger Höhepunkt des Stücks: Der Sohn Laiper hilft beim Tod seines Vaters ein bißchen sehr nach, worauf die Mutter, bis dahin ganz des Vaters Echo, sofort auf des Sohnes

Seite umschwenkt: er ist der neue Herr im Haus, mit ihm muß man sich's richten. Sperr hat diese Geschichte einer Firmenfusion mittels einer Liebe, die nicht mehr als gewohnheitsmäßig absolvierter Beischlaf mit dauernden Konto-Berechnungen ist, mit lebenswahren Genrebildern aus »seinem Landshut« versetzt: mit Leuten, die hinter vorgehaltener Hand noch immer antisemitisch sind, die Geschichte von den Vergasungen für eine Erfindung der Amerikaner halten; mit einem zweiten Laiper-Sohn, der der »Intellektuelle« und daher Unterdrückte in der Familie ist, der dann aber auch ganz wacker reüssiert; mit einem Romeo, der sich immer deutlicher zum Großunternehmer der nächsten Generation mausert; und mit Arbeitern, die dumpf auf dem Kampfbrett der beiden vorgeblich bayerisch »volkstümlichen«, in Wahrheit zielstrebig die Konzentration vorantreibenden »Kampfhähne« hin und her geschoben werden; mit der Nuancierung des störrischeren Laiper und des biegsameren Unternehmertyps Grötzinger. Kurz: mit einem Stück, das Figuren als kompliziert, zusammengesetzt, von vielen Motiven bewegt zeigt – und sie doch auf den großen Generalnenner des brutalen Egoismus und der in die Biographie der Hauptbeteiligten immer stärker eingreifenden Verkümmerung, Anpassung und aggressiven Verkrüppelung bringt.

In den Münchner Kammerspielen kam es bei der Uraufführung zu tumultartigen Unruhen – Sperr wiederholte die Erfahrungen mit dem gekränkten Selbstverständnis seiner Landsleute, die der Fleißer einst das Leben in Ingolstadt verbitterten: Stadtpatrioten schlugen damals in ihrem Elternhaus die Fenster ein, um zu beweisen, daß es in Ingolstadt nicht roh-bösartig zugehe, wie die Fleißer es vorspiele.

Georg Hensel über das Stück: »Was da 1958 in der Kleinstadt beim Kampf zweier Baugeschäftsführer mit umgerührt wird, Meineid und Antisemitismus, neonazistische Hetze, Leichenrede mit Bratensoße und Kalkulationen im Paarungsbett, das ist deutscher Bodensatz und doch nicht nur Modell landläufiger Gesellschaftskritik: Es raufen sich eben nicht nur Konkurrenten, bloße Funktionäre ihrer Geschäfte, auseinander und zusammen, sondern handfeste Dickköpfe, deren Geschäftstricks nur Waffen sind in einem nicht ganz durchschaubaren Charakterdrama.«[79]

Als die Trilogie in ihrem dritten Stück in München, also in der Hauptstadt angekommen war, konnte die Aufführung (aus Angst vor einem erneuten Skandal?) nicht am Ort der Handlung stattfinden: die Uraufführung der *Münchner Freiheit* fand am 20. 2. 1971 in Düsseldorf statt.

Die schmuddelige Verwicklung von Geschäft und Politik wird hier an einem Stadtsanierungsplan vorexerziert. Damit verquickt ist ein satirischer Abgesang auf die APO. Einmal also beschreibt das Stück die Ausschaltung eines liberalen Brauereibesitzers durch seine geschäftstüchtige und liebeshungrige Gattin: Ihn drängt es zur Diskussion mit den jungen Leuten, sie hat den EWG-Biermarkt und die Neubebauung eines Wohnviertels mit lukrativen Geschäfts- und Bürobauten im Sinn. Da auf diese Weise kleine Leute ihre Wohnungen verlieren, kann Sperr hieran seine APO-Handlung in Gang setzen. Die Studenten demonstrieren gegen den Sanierungsplan, das Brauerstöchterchen geht ins linke Lager über, macht frustrierende Erfahrungen mit dem wirren Egoismus, den Zersplitterungstendenzen der jungen Linken und kehrt, besänftigende Phrasen als Schonbezüge über die revolutionäre Vergangenheit ziehend, in den Reichtum zurück. Sie wird nicht anders als ihre Mutter werden. Linkssein war für sie nur ein modischer und romantisch-kitschiger Ausflug, mondäne Variation dessen, was früher Jugendbohème hieß.

Zwei Szenenfotos aus der Filmfassung von Martin Sperrs »Jagdszenen aus Niederbayern« (1968/69, Regie: Peter Fleischmann). Unten: Martin Sperr in der Rolle des Abram (Mitte).

Inzwischen hat auch ihre Mutter den Vater durch ihr ausschweifendes Liebes- und Geschäftsleben in einen Badewannenselbstmord getrieben: am anderen Ende der Sperrschen Gesellschaftssatire droht das Melodram. Zwischendurch gibt es noch Szenen bei den von der »Sanierung« Betroffenen. Die vielleicht stärkste, Horváth nächste Szene des Stücks: In einer Küche besäuft sich eine gekündigte Witwe mit ihrem Untermieter; dabei plappert die Verzweiflung das aus, was von ihr erwartet wird: der Haß, der sich hier elend erzeugt, richtet sich nicht gegen die Schuldigen, sondern wird im Vorurteil sozial verfügbar und verwendbar.

Noch vor diesem dritten Teil seiner Trilogie schrieb Martin Sperr sein wahrscheinlich überzeugendstes, geglücktestes, scharfsinnigstes und zugleich menschlichstes Stück, *Koralle Maier* (am 7. 2. 1970 in Stuttgart uraufgeführt).

Am Schluß des Stücks, eine grausig wahre Szene, sitzt in einem nicht mehr ganz traulichen Kaffeekränzchen (man ist mitten im Zweiten Weltkrieg) der an der Ostfront blindgeschossene Bäckermeisterssohn mit einem riesigen Kopfverband im Hausvorgarten und freut sich, daß die Nazis die ehemalige Nachbarin, die Hure Koralle Maier, im KZ beseitigt haben. Daß er selber im gleichen mörderischen Nazikrieg endgültig blind geworden ist, weiß er noch nicht.

Das Stück führt auf diese Weise vor, wie die Opfer der Hitler-Zeit füreinander sich durchaus zu Henkern eigneten. Damit weist das Stück aus, wie ländlich-kleinstädtische Bosheiten, Vorurteile, wie Mißgunst und Enge zu dem werden, dessen sich der Faschismus bedienen kann, um zu sich selber zu kommen.

Koralle Maier beginnt mit einem durchaus üblichen Thema: daß eine Hure bei ihren Nachbarn aneckt, weil sie sich anständig machen will, für ihr Erspartes ins Geschäftsleben einkaufen möchte. Sie stößt dabei auf die Vorurteile ihrer Umwelt, man bekämpft sich. Durchaus das »Normale« also. Nur: der kleinstädtische Kampf findet während der Nazizeit statt, wird also mit den »modischen« Mitteln, also auch mit Antisemitismus, mit Denunziation und Verhaftung geführt.

Das zeichnet den Stoff und das Stück aus: daß Sperr mit sicherem Gespür entdeckte, wie das boshafte Übliche in die unerwartete Tödlichkeit umschlägt, die in totalitären Staaten mit solch spießigen Reibereien verbunden ist. Da Koralle es sich einst mit dem Bürgermeister verdorben hat, als dieser nicht zu geben bereit war, was Koralle zu nehmen gezwungen war, wird eine politische Äußerung von ihr zur bequem gefährlichen Waffe in seiner Hand. Da ihre Nachbarn, ehrbare Bäckersleute, sich teils an ihrem Gewerbe stören, teils fürchten, daß sie als Gemüsefrau, die auch Brötchen verkaufen will, zur Konkurrenz werden könnte, wird die Tatsache, daß sie es auch mit einem Juden hat, zu einem Mittel, sie ins KZ transportieren zu lassen. Sperr zeigt schön und perfide, wie die Leute gar nicht kapieren, daß ihr altes Spiel von Tratsch und Anschwärzung durch die Tatsache, daß Hitler an der Macht ist, zu jenem Terror geworden ist, für den der Faschismus genau auf das bürgerliche Nachbarschaftsverhalten zurückgreifen konnte.

Wenn Koralle Maier, das erste Mal dem KZ noch mit heiler Haut entronnen, nun ihrerseits aus Rache den Bürgermeister ans braune Messer zu liefern hofft, nachdem sie feststellt, daß dessen Sekretärin und Bettgeherin auch nicht nur arisches Blut in den Adern hat, dann begeht auch sie keine politische Tat, sondern handelt nach der Devise der Gewohnheit: nennst du mich eine Hure, nenn ich dich einen Hurenbock.

Das Stück also zeigt, daß der Faschismus gerade durch das apolitische Verhalten seiner Opfer und Handlanger in einem ermöglicht wird, die einfach nicht begriffen haben, daß Worte inzwischen Totschläger geworden, daß Fortkommen inzwischen mit »um die Ecke gebracht werden« zu übersetzen ist. Eine Bäckersfrau, die altgewohnt für ihren Sohn das Beste will (daß er es weiter bringen soll), überredet ihn deshalb zum Frontdienst, wo man ja schneller weiterkommen kann (als man will); ein Lagerkommandant will Baracken- und Zubringerprobleme fachlich-sachlich auf das reibungsloseste regeln, und es dringt ihm nicht zu Bewußtsein, daß es sich ja

nicht um ein Fließband handelt, das Autos ausstößt, sondern das im Endeffekt Leichen produziert.
Störend an diesem in seiner Figurenzeichnung und seiner Themenklarheit faszinierend gescheiten Stück ist nur, daß es für die KZ-Szenen aus der Koralle Maier in Brecht-Anleihen auch noch eine Shen Te (aus *Der gute Mensch von Sezuan*) machen will und daß es manchmal in seiner Spießercharakterisierung auf abgenutzte Mittel zurückgreift: man singt also beim Aushecken von Schändlichkeiten rührende Volksweisen.
Sperr hat für die Bühne auch einige Bearbeitungen geschrieben: so Shakespeares *Maß für Maß* für Zadeks berühmte Inszenierung in Bremen, so die bayerische Fassung von Edward Bonds *Gerettet* für Peter Stein und, zuletzt, *Die Kunst der Zähmung* nach *Der Widerspenstigen Zähmung*, die bei Sperr auf eine erbarmungslose Dressur durch das Geld und die Macht der Männer gebracht ist.
Zu den jüngeren Vertretern eines erneuerten realistischen Volksstücks gehören eine ganze Reihe österreichischer Autoren, die hier nur erwähnt werden können: Wolfgang Bauer, der in seinen Stücken die über sie verhängten Klischeevorstellungen zum Bewußtsein seiner Figuren werden läßt *(Magic Afternoon; Party for six; Change; Film und Frau; Sylvester oder Das Massaker im Hotel Sacher)*, Harald Sommer, dessen *Ein unheimlich starker Abgang* ebenso wie Buchriesers *Promotion* den Dialekt zu scheinbar naiver Abbildung eines unnaiven Milieus benutzen, Turrinis *Rozznjogd* und *Sauschlachten*, vorwiegend Antikonsum-Allegorien, und Herwig Seeböcks *Der Haushalt der Sandhasen*. Auch Peter Handkes Stücke, zumindest seit *Kaspar*, lassen sich in diesen Zusammenhang bringen: sie zeigen Dressur durch Sprache *(Kaspar)* oder durch vorgegebene Gestik, wo die stumm-ländliche Idylle zur Abrichte-Anstalt wird *(Das Mündel will Vormund sein)*, sie zeigen auch Figuren im Korsett von Verhaltensklischees, die durch das Theater und den Film eingeübt wurden *(Ritt über den Bodensee)*.
Hat Martin Sperr seine realistischen Volksstücke auf das Thema abgestellt, die unheimliche Gleichung zwischen folkloristischer Enge und faschistischer Prädisposition sichtbar zu machen, so wird das bewußt verengte, auf den kleinsten Raum zusammengezogene Volksstück bei Franz Xaver Kroetz (* 1946) zum Mittel, Menschen vorzuführen, die man total um ihre Ausdrucksmöglichkeit gebracht hat, bei denen die Asozialität bis ins Bewußtsein hineinreicht.
Fast alle Figuren von Kroetz gehören den untersten sozialen Schichten an – seine Dramatik ist also nicht »stellvertretend« in dem Sinne, daß er allgemeine Fälle vorführt, sondern eher in dem, daß er an den Rändern die Mitte verdeutlichen will, in den kriminellen Explosionen den allgemeinen Zustand, eben nur auf die extremste Spitze getrieben. Wenn also bei Horváth und bei der Fleisser im Bildungsjargon das verstörte und zerstörte Bewußtsein des Kleinbürgers, in dem Auseinanderklaffen zwischen Anspruch und Wirklichkeit dessen Anfälligkeit und Trägerfunktion für den Nazismus porträtiert wurde, so zeigt Kroetz zwar Ähnliches, aber er verkleinert seine Perspektive gegenüber den Vorbildern radikal. Nicht mehr das Totalgemälde einer Gesellschaft (und sei es auch nur einer Kleinstadt) wird riskiert; Kroetzens Dramen ziehen sich auf die ausgefransten Ränder unseres Sozialgebildes zurück, die uns nur durch die Schlagzeilen der Boulevard-Zeitungen vermittelt werden: outcasts, die uns nach ihrer sonstigen Unauffälligkeit durch ihre Straffälligkeit auffallen. Und an die Stelle des »Jargons der Uneigentlichkeit«, wie Dieter Hildebrandt die Sprache der Horváth-Figuren charakterisierte, tritt bei Kroetz die Sprachlosigkeit. Er führt die Gewalt

als die letzte ohnmächtige Artikulation der Sprachlosen vor. Mit seinen Worten: »Würden die Figuren so viel sprechen, wie es ein konventionelles Stück verlangt, würden sie, da sie nicht dumm sind, irgendwann auf ihr Problem stoßen. Wenn sie der Sprache mächtig wären, würden sie es aufdecken.«

Kann man also für Horváths Dramen konstatieren, daß in ihnen Menschen vorgeführt werden, die sich nach einer Sprache recken, die ihre Probleme verdecken soll, sie aber gerade dadurch verrät, so können die Figuren von Kroetz nicht einmal diesen verzweifelten Versuch riskieren. Kroetz: »Es gibt Menschen, die immer reden, obwohl sie nichts zu sagen oder auszudrücken haben. Das ist Geschwätzigkeit. Aber es gibt auch Verhalten, das außer der Geschwätzigkeit steht. Im Schweigen. Die Sprache funktioniert bei meinen Figuren nicht. Sie haben auch keinen guten Willen. Ihre Probleme liegen so weit zurück und sind so weit fortgeschritten, daß sie nicht mehr in der Lage sind, sie wörtlich auszudrücken. Sie sind introvertiert. Daran ist zum großen Teil die Gesellschaft schuld, die auf sie keine Rücksicht nimmt und sie in ihrem Schweigen verharren läßt.«

Aus dieser Lage gibt es für Kroetzens Figuren nur zwei Auswege: in die Apathie und ins Verbrechen. Meist sind beide »Auswege« ein und derselbe Ausdruck der gleichen ausweglosen Situation. Die Stücke spielen allesamt unter Beschädigten unserer Gesellschaft, sie haben alle eine absurd zwangsläufige Dramaturgie: sie führen Zwänge vor, die sich dann am scheußlichsten manifestieren, wenn der blutige Versuch unternommen wird, sie aufzuheben. Sosehr dabei das Verbrechen als die Ausnahme gezeigt wird, die die gesellschaftliche Regel bestätigt – Kroetz zeigt auch, wie viele unterbliebene Verbrechen das prägen, was wir »normalen Verlauf« nennen, so daß in seinen Stücken die anomalen Explosionen, die Katastrophen schlüssiger, ja weniger abscheulich wirken als das »Normale«, das das unterbliebene, unterdrückte Verbrechen ist.

Wildwechsel (am 3. 6. 1971 in Dortmund uraufgeführt) handelt von der Affäre einer Minderjährigen mit einem Halbstarken, den der Vater des Mädchens ins Gefängnis bringen läßt. Nach seiner Freilassung fängt die Geschichte heimlich wieder an; als das Mädchen schwanger ist, beschließt sie zusammen mit ihrem Freund, den Vater »aus dem Weg zu räumen«. Am Schluß – das Kind des Kindes war eine Fehlgeburt – stehen sich die beiden ebenso kalt-wortlos gegenüber wie dem Mord: ein zäher, meist wortlos geführter Familienstreit hatte scheinbar nur den Ausweg der Katastrophe offengelassen. So plappern die beiden am Schluß. Sie: »Aus ist es. Das war keine richtige Liebe. Das war nur körperlich mit uns.« Er: »Richtige Liebe hat uns nie verbunden, das sag ich auch.« Und dann fällt ihnen noch ein, daß das Kind, falls es lebend zur Welt gekommen wäre, Michael hätte heißen sollen. Also eine Katastrophe, der Alltäglichkeit entwachsen, einer Wirklichkeit aus regelmäßigen Mahlzeiten und Vorurteilen, aus Alltag und Angst vor den Nachbarn, deren mühsames Gleichgewicht von jeder Belastung, von jeder Normabweichung zur Schauertragödie umgeformt wird.

Hartnäckig (zusammen mit *Heimarbeit* am 3. 4. 1971 in den Münchner Kammerspielen uraufgeführt, wobei organisierte Störer von Rechts die Vorstellungen mehrmals mit Stinkbomben unterbrachen, nachdem vorher ein CSU-Bürgermeister-Kandidat empört die Absetzung des Stücks verlangt hatte) handelt davon, wie ein als Krüppel von der Bundeswehr heimgekehrter junger Mann seine Braut und sein Erbe verliert, weil er mit nur einem Bein für seine Umwelt kein Mann mehr ist. Für seine Freundin, der er ein Kind macht, wäre er eine Schande, also räumt sie das Kind fort. Für seinen Vater ist er nicht mehr in der Lage, eine Gastwirtschaft zu übernehmen, also versucht der Amputierte, seinen kleinen Bruder aus dem Weg zu räumen, der nun zum Erben avanciert ist. Eine Szenenfolge über »gesundes Volksempfinden« von frappierender Genauigkeit des Ausdrucks der Ausdruckslosigkeit.

Heimarbeit beschreibt einen Familienkäfig kleiner Leute, die mit den Folgen kleiner Ursachen nicht fertig werden. Weil der Mann besoffen auf dem Moped gefahren war,

Franz Xaver Kroetz

landete er im Krankenhaus. Währenddessen schwängerte ein anderer Mann seine Frau. Das sind die Prämissen: Er kann nach dem Unfall nur noch zu Hause arbeiten, füllt Tüten mit Blumensamen; sie erzählt ihm von ihrer Schwangerschaft. Man unternimmt einen schäbig-kläglichen Abtreibungsversuch, dessen einzige Folge ein kränkelndes Kind ist, das dritte in der Familie, dessen Geplärr den Mann entnervt, dessen Existenz zum ständigen Zankapfel wird, bis die Frau einfach das Haus verläßt. Mit den drei Kindern allein, stürzt sich der Mann verbissen in seine Heimarbeit, er onaniert auch mal, auf ein schäbiges Pin-up-Bild in einer Regenbogen-Zeitung schauend, das Kofferradio neben sich. Bringt das plärrende Kind um und kann seine Frau zurückholen – jetzt, da alles wieder »in Ordnung« ist. Schon allein die Säuberung der Familie in einer badezimmerlosen Wohnung – ein Detail – wird zum Ausdruck des Sozialklimas, das zu den Verstörungen führt, die die Hindernisse und Katastrophen produzieren, welche man dann buchstäblich nur aus der Welt schaffen kann.

Männersache (am 15. 1. 1972 in Darmstadt uraufgeführt): Die Kuttlerin Martha und der Arbeiter Otto reiben sich aneinander wegen des Hundes der Frau, mit dem sie es angeblich getrieben hat. Am Schluß schießen sich die beiden gegenseitig in »einem Metsch«, weil sie zufällig ein Gewehr haben, blutig zusammen.

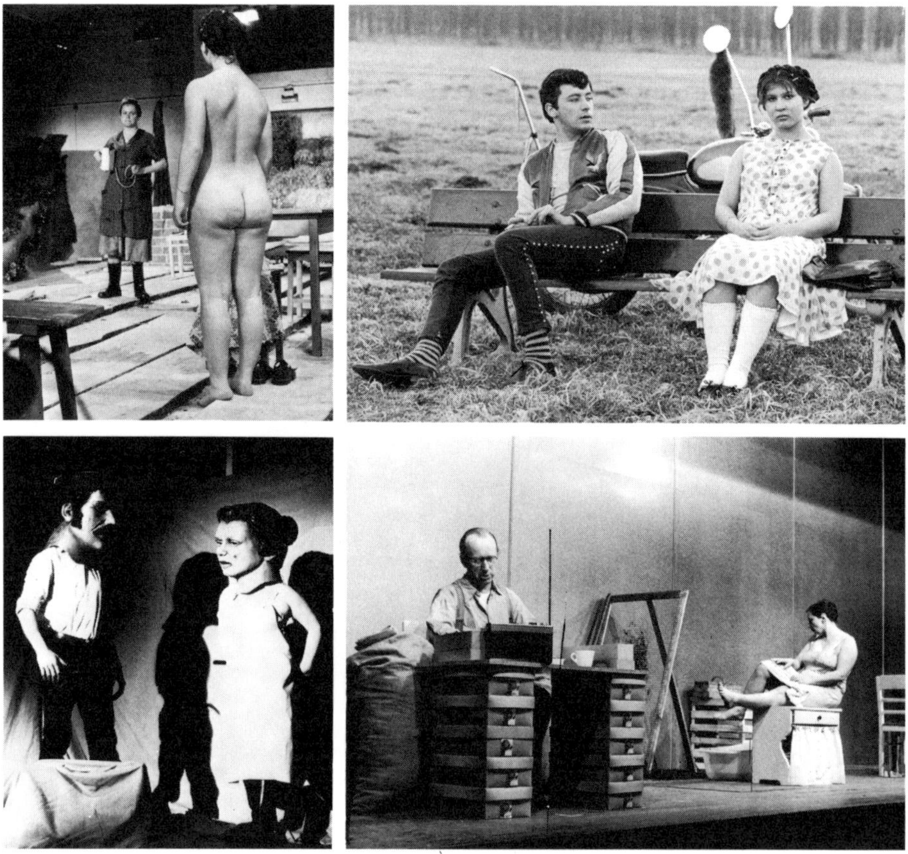

Vier Szenen aus vier Stücken von Franz Xaver Kroetz: »Stallerhof« (Malersaal des Hamburger Schauspielhauses 1972, mit Eva Mattes; oben links); »Wildwechsel« (Fernsehinszenierung von Rainer Werner Faßbinder 1972, mit Harry Baer und Eva Mattes; oben rechts). »Männersache« (Landestheater Darmstadt 1972, mit Hans Brenner und Ruth Drexel; unten links); »Heimarbeit« (Werkraumtheater der Münchener Kammerspiele 1971, mit Walter Schmidinger und Ruth Drexel; unten rechts).

Stallerhof (am 24. 6. 1972 in Hamburg uraufgeführt) schildert eine sperrige, dennoch rührende Liebesbeziehung zwischen einem alternden Knecht und der debilen Tochter der Bauersleute, bei denen er arbeitet. Das hin und her geschubste kurzsichtige Mädchen und der vereinsamte Knecht – das ergibt eine Schwangerschaft bei dem Mädchen. Ihr Vater vergiftet aus »Rache« den Hund des Knechts, der der einzige Besitz des Gelegenheitsarbeiters ist. Ebenso wichtig wie das, was geschieht, ist das, was nicht geschieht: wie das Bauernpaar vergeblich und letztlich doch nicht willentlich versucht, das Kind mit dem Kind und das Kind im Kind wegen der Schande aus der Welt zu schaffen, das macht diese Tendenz deutlich.

Geisterbahn ist die Fortsetzung von *Stallerhof*: die Debile, die mit ihrem Kind in die Stadt kommt, um es dort schließlich, auch wegen der Wohnverhältnisse, zu töten.

Lieber Fritz, in einer Gärtnerei spielend, ist ebenfalls eine »unterdrückte Liebesbeziehung« zweier Einsamer: Fritz, der Schwager, kommt aus dem Gefängnis zu der

Familie seiner Schwester; er hat wegen Sittlichkeitsdelikten gesessen. Jetzt, da er sich mit der neununddreißigjährigen Angestellten befreunden will, muß er die Familie wieder verlassen. (»Die Mitzi gehört zu meim Betrieb, und da brauch ich sie, und mit so einem laß ich sie schon gleich gar nicht weg. So einer wie der Fritz hat eine Ruh zu gebn und sich zu fügn, aber nicht über anderer Leut Kopf weg eigene Weg zu gehn.«)
Wunschkonzert ist ein Stück ganz ohne Sprache und zeigt die stummen Vorbereitungen einer Frau, die Selbstmord begeht, die aber vorher noch (so abgerichtet ist sie auf Ordnung und Sparsamkeit) ihr Zimmer, ihre Sachen wie jeden Abend gründlich in Ordnung bringt. Das stumme Stück (1973 in Stuttgart gespielt) kontrastiert die Alleinstehende mit der Rundfunksendung eines »Wunschkonzertes«.
Weitere Stücke von Kroetz: *Dolomitenstadt Lienz*, *Oberösterreich*, das an einem Ehepaar, das mühsam mit jedem Pfennig rechnet, vorführt, wie eine Schwangerschaft alle Finanzpläne über den Haufen wirft, der Mann deshalb abtreiben will, die Frau auf ihrem Kind besteht. Am Ende hat er seine Arbeit gegen eine schlechtere eintauschen müssen, weil er seinen Führerschein verloren hat. Die beiden, die meinen, es werde schon irgendwie weitergehen, müssen jetzt zu dritt an der Kette sinnloser Ratenzahlungen mit noch weniger Geld leben – ein Stück auch über den sogenannten Konsumterror. *Globales Interesse*, zur Olympiade in München aufgeführt, erwies sich als ein Ausrutscher des Autors in die harmlose Nähe zu Ludwig Thomas hier nur repetierten Spießer-Satiren. Es geht um einen Behördenskandal im Zusammenhang mit dem Wohnungsbau während der Vorbereitung zur Münchner Olympiade.
Im Mai 1973 wurde in Heidelberg eine Auftragsarbeit, die Bearbeitung von Hebbels *Maria Magdalene* von Kroetz mit mäßigem Erfolg uraufgeführt. Der Versuch, Hebbels Figuren mit Kroetzscher Sprachungelenkigkeit zu belasten, schlug fehl.
Vor der Produktivität Rainer Werner Fassbinders (* 1946), der zuerst mit dem von ihm gegründeten Münchner »antitheater« bekannt wurde – einer Produktivität, die sich aufs Spielen, Schreiben wie aufs Inszenieren und Filmemachen gleichermaßen einläßt –, kapitulierten die Kritiker oft mit einem Stoßseufzer: von dem »produktiven, vielleicht allzu produktiven« Dramatiker und Filmautor spricht Walter Hinck. »Es gibt Sorgenkinder«, so beginnt Marieluise Fleisser in ihrem Aufsatz *Alle meine Söhne* das Kapitel über Faßbinder, und sie vermerkt bewundernd ironisch über seinen Aufstieg: »Und dann plötzlich war er im Lift und stieg über alle Köpfe hinauf, es war verblüffend, wie er das machte, der Faßbinder hatte eine ausgesprochene Begabung dafür.«[80]
Und Benjamin Henrichs beginnt sein Kurzporträt Faßbinders mit der Feststellung[81]: »Es gibt viermal R. W. Faßbinder: den Schauspieler, den Theaterregisseur, den Dramatiker, den Filmemacher; und es ist kaum noch überschaubar, das gewaltige Œuvre, das die vier fleißigen Faßbinders in knapp fünf Jahren (inzwischen sind es sechs) produzierten.« Aus dieser vielseitig gestreuten Produktivität gewinnt Henrichs dann ein Charakteristikum: »Präzise auszumachen ist da nur noch eine einzige Konstante: was immer Faßbinder auf die Welt gebracht hat, es waren Bastarde. Bastarde der Form: Kreuzungen aus Theater und Kino. Da gibt es das Kino mit Theaterdramaturgien... Das umgekehrte Verfahren: Theaterstücke, die Kinoeffekte, Kinostimmung verarbeiten... Aber noch mehr als nur Theater und Kino werden miteinander gekreuzt. Faßbinder verarbeitet zwei höchst heterogene Traditionen, eine bajuwarische und eine amerikanische. Die *Pioniere in Ingolstadt*, das Kleinstadtsoziogramm der Marieluise Fleißer, sind das eine große Vorbild für Faßbinder – die Hollywood-Melo-

dramen von Douglas Sirk sind das andere. Die kleinen Leute und das große Kino, der Hinterhof und Hollywood: das sind die Erfahrungswelten des Rainer Werner Faßbinder – und natürlich ist dies keine bloß willkürliche Kombination. Denn die großen Illusionen des großen Kinos sind Flucht- und Traumwelt für die kleinen Leute. Michel und Günter, Fliesenleger beide, träumen davon, in Peru auf Schatzsuche zu gehen (*Rio das mortes*): das ist die archetypische Faßbinder-Story.«[82]

Rainer Werner Faßbinder

Die Vermählung von Film und Volksstück, von Pop und Folklore (wobei sich beide bedingen, indem sie einander nötig machen, und zugleich ausschließen, indem sie Traumkorrelationen über die Wirklichkeit legen) ist nicht nur eine Faßbinder-Eigenart; sie ist bei Peter Handke und vor allem bei Wolfgang Bauer (*Film und Frau*, in der Fernseh-Parodie *Die Eddeger-Familie*) auch anzutreffen. Aber sie ist bei keinem Autor so von der Möglichkeit, die sie bietet, zu der Gefahr, die sie bedeuten kann, umgekippt: als Faßbinder für den Westdeutschen Rundfunk (Fernsehen) die »Familienserie« *Acht Stunden sind kein Tag* (1972) produzierte, ist ihm endgültig die analytische und kritische Verwendung der Kinoträume abhanden gekommen zugunsten des Miterzeugens von beruhigenden Klischees und Träumen. Obwohl sozialkritisch angelegt, verbreitete die Serie eine Traumwelt vor allem dadurch, daß sie ihren Serienhelden ein ungetrübt klares, kritisches Bewußtsein mitteilte: Helden aus dem Musterkoffer, wobei es dann eben nur eine neue »Lüge« war, daß sie dem Arbeitermilieu entnommen waren.
Allein eine Aufzählung dessen, was Faßbinder produziert hat, macht die überbor-

Plakat zur Uraufführung des Stücks »Die Kunst der Zähmung« von Martin Sperr, einer Bearbeitung der Shakespeareschen Komödie »Der Widerspenstigen Zähmung«. Entwurf: Burkhard Mauer und Robert Wirth.

Filmplakat zu Fassbinders Spielfilm »Die bitteren Tränen der Petra von Kant« mit den beiden Hauptdarstellerinnen Margit Carstensen und Hanna Schygulla.

Drei Beispiele aus Faßbinders Film- und Theaterproduktion:

»Katzelmacher«, Faßbinders zweiter langer Spielfilm, entstand 1968 (Drehzeit: 3 Tage); rechts: der Autor und Regisseur in der Rolle eines griechischen Gastarbeiters, neben ihm Hanna Schygulla.

»Bremer Freiheit«, ein eigenes Stück, inszenierte Faßbinder in Bremen Ende 1971; Mitte: Margit Carstensen in der Hauptrolle der Giftmörderin Geesche Gottfried.

»8 Stunden sind kein Tag«, eine 1972 von Faßbinder produzierte und auf acht Folgen konzipierte Familienserie für den Westdeutschen Rundfunk (Fernsehen) wurde nach fünf Folgen abgebrochen; im Bild: die Hauptdarsteller Gottfried John und Hanna Schygulla.

dende Produktionsfülle deutlich: 1968: *Katzelmacher; Der amerikanische Soldat;* – 1969: *Preparadise sorry now; Anarchie in Bayern;* – 1970: *Der Werwolf;* – 1971: *Bremer Freiheit; Blut am Halse der Katze; Die bitteren Tränen der Petra von Kant.*
Bearbeitungen: Goldoni, *Das Kaffeehaus;* Goethe, *Iphigenie;* Sophokles, *Aias;* Gay, *Bettleroper;* Lope de Vega, *Fuente ovejuna* (*Das brennende Dorf*)*;* Bruckner, *Die Verbrecher;* Fleißer, *Zum Beispiel Ingolstadt;* Jarry, *Orgie Ubu.*
Filme: *Liebe ist kälter als der Tod; Katzelmacher; Götter der Pest; Der Händler der vier Jahreszeiten; Die bitteren Tränen der Petra von Kant; Der Stadtstreicher; Das kleine Chaos; Warum läuft Herr R Amok; Rio das Mortes; Whity; die niklashauser fart; Der amerikanische Soldat; Warnung vor einer heiligen Nutte; Pioniere in Ingolstadt.*
Fernsehen: Kroetz, *Wildwechsel* (1972); Serie, *Acht Stunden sind kein Tag* (1972).
Über das Stück *Katzelmacher* hat Faßbinder, der es Marieluise Fleißer widmete, die Bemerkung gesetzt: »Eigentlich hätte dies ein Stück über ältere Leute werden müssen. Aber es sollte am ›antitheater‹ realisiert werden. Jetzt sind sie alle jung.« Ältere Leute hätten es deshalb werden sollen, weil dies ein Stück über den Mechanismus von Vorurteilen ist: es führt vor, wie eine Gruppe von jugendlichen Arbeitern ihre Repressionen als Aggressionen gegen einen Außenseiter richtet, gegen den griechischen Gastarbeiter Jorgos.
Das Thema der Brutalisierung ist auch in dem Stück *Preparadise sorry now* (im Titel eine ironische Anspielung auf die Living-Theatre-Utopie *Paradise now*) beherrschend: der Alltag kleiner Gewalttätigkeiten spiegelt und erläutert die Aktionen eines Kindsmörderpaares.
Blut am Hals der Katze, die Sprache reduziert auf die Phrase, Beschönigung und Ausrede, handelt davon, wie Phoebe Zeitgeist (eine Comic-Heldin) als Besucherin von einem anderen Stern auf die Erde kommt, wo sie die Menschen nicht verstehen kann, weil diese sich in ihrer Redeweise nur tarnen und verbergen. Nachdem sie auf einer Party die Sprache der Menschengesellschaft lange genug gehört hat, erwacht sie aus ihrem Stummsein mit dem Versuch, die Wörter und Sprüche, die sie gehört hat, anzuwenden, wobei das falsch und sinnlos geschieht. Am Schluß verwandelt sie sich deshalb in einen blutsaugenden Vampir, beißt alle in den Hals, saugt ihnen das Blut aus, bis die Gesellschaft in blutleerer Sprachlosigkeit versinkt.
Ernst Wendt, der Faßbinder in diesem Stück als modischen Kopisten von Handkes *Quodlibet* und *Ritt über den Bodensee* sieht, meint: »Faßbinder gelingt, auf diesem Muster reitend, nicht mehr, als den eigenen und den Bewußtseinsstand seines Ensembles zu theatralisieren. Die Schickeria aus dem Untergrund führt unter dem Vorwand von Systemkritik sich selber vor; Aufklärung ist zur theatralischen Gebärde heruntergekommen.«
Das erfolgreichste aller Faßbinder-Stücke war bisher *Bremer Freiheit* (Uraufführung: Bremen, 10. 12. 1971), worin das Leben der Bremer Giftmischerin Gesche Gottfried vorgeführt wird, die, nachdem sie fünfzehn Personen (darunter alle nahen Verwandten: Eltern, Kinder, Männer und Verlobte vor allem) ins Jenseits befördert hatte, 1831 unter lebhafter Anteilnahme der Bevölkerung hingerichtet wurde. Faßbinder nimmt diesen Mengenmord zum Thema, um zu zeigen, welcher verbrecherischer Anstrengungen es damals bedurfte, um wenigstens ein Stück weiblicher Emanzipation zu verwirklichen. Nicht also der Kriminalfall interessiert ihn, nicht die Kluft zwischen bürgerlichem Ansehen und der sich hinter diesem Ansehen tarnenden Mordlust,

sondern er will die Frau vorführen, die ein Leben verbringen will, das sie nicht zum Haustier des Mannes macht. Das kann sie nur, indem sie die Widerstände ihrer Zeit durch Mord aus dem Weg räumt. Faßbinder hat das Unabhängigkeitsstreben einer Frau, die zu sich selbst kommen will, mit dem Fall der Gesche in eine Zeit zurückprojiziert, in der das Dilemma so deutlich und offenkundig wird, daß es nur die Alternative Unterwerfung oder Freiheit plus Verbrechen kennt. Daher der (ironische) Titel *Bremer Freiheit.*

Das Stück, das auf den ersten Blick eine knappe rohe Moritat ist, macht von Giftfall zu Giftfall sichtbar, wie weit und kompliziert der Weg zur Freiheit ist. Es genügt da nicht, zuerst den Gatten, dann die bigotte Mutter, dann die Kinder, schließlich den Liebhaber zu beseitigen, weil immer neue Männer auftauchen, die ihr männliches Selbstbewußtsein dem wachsenden, weil immer teurer bezahlten Freiheitsstreben der Gesche entgegenstellen.

Außerdem hat Faßbinder in der vordergründigen Reihung der Morde eine zwangsläufige Entwicklung bloßgelegt. Bis zum Tod des heiratsunwilligen, mittels Gift auf dem Totenbett heiratswillig gemachten zweiten Gatten mordet Gesche für die Liebe, die sie ermorden muß, um sie zu behaupten. Anschließend mordet sie für die Freiheit: nachdem sie die Unmöglichkeit von Liebe mit dem Verbrechen bezahlt hat, will sie die Möglichkeit der Freiheit, die ihr auf diese Weise zugefallen ist, gegen Vater, Bruder und Gläubiger verteidigen. Schließlich, am Ende, mordet sie aus purem Selbstzweck: nachdem sie gemerkt hat, wie zuverlässig und gefahrlos ihr dieses Mittel zur Verfügung steht, bringt sie beispielsweise eine Nachbarin um, weil sie deren trauriges Ehelos beenden will.

Hatte das positive, das affirmative Volksstück zum Dialekt gegriffen, um zu zeigen, hier rede das Volk noch, »wie ihm der Schnabel gewachsen« sei, so gehen die Volksstücke in der Horváth-Nachfolge eher von einer gegenteiligen Erfahrung aus: daß in dem Konglomerat aus verhängter und bewahrter Sprache, in der Mischung von Jargon und Bildungssprache sich zeigen lasse, wie Bewußtlosigkeit über Schichten verhängt wird, denen nicht einmal die Möglichkeit ihrer Artikulation gegeben ist.

Das gilt auch für die Stücke von WOLFGANG DEICHSEL (* 1939), der in Frankfurt einer der beiden Leiter des TAT, des Theaters am Turm ist. GEORG HENSEL hat Deichsels Sprache so gekennzeichnet: »Er hat sich einen hessischen städtischen Jargon zurechtgemacht, den man in Hessen mit Vergnügen und in ganz Süddeutschland mit geringer Mühe versteht. Dabei nutzt er Ausbrüche ins Hochdeutsche als komische Effekte. Hochdeutsche Brocken kommen immer dann, wenn eine Person nicht mehr ganz bei sich selber ist: wenn sie Angelesenes, das ihr fremd geblieben ist, zitiert, oder wenn sie sich über sich selbst und ihre Dialekt-Umwelt erheben will, um zu prahlen oder zu drohen. Der Aufstieg ins Hochdeutsche zeigt immer einen Abstieg an: Hochdeutsch spricht man nur, wenn man lügt oder wenigstens unsicher ist. Diese Selbstentlarvung durch Sprache wird noch verschärft durch den Vers: *Was* da Personen reden und *wie* sie es in fünffüßigen Jamben hessisch aussprechen, das denunziert sich wechselseitig – der Inhalt macht die Form so lächerlich wie die Form den Inhalt«.[83]

Auch hier wird eine verschüttete Tradition belebt und weiterentwickelt: ist es für die bayerischen und österreichischen Volksstück-Autoren die Tradition NESTROYS, der auch die Banalität sich in barock überanstrengte Wortkaskaden verlaufen ließ, um sie zu denunzieren, so ist es für Deichsel sicher das Vorbild von NIEBERGALLS *Datterich* (1841; zuerst aufgeführt 1862 in Darmstadt). Daß das Hessische (wie das Bayerisch-

KRIEG
IST
SCHÖN

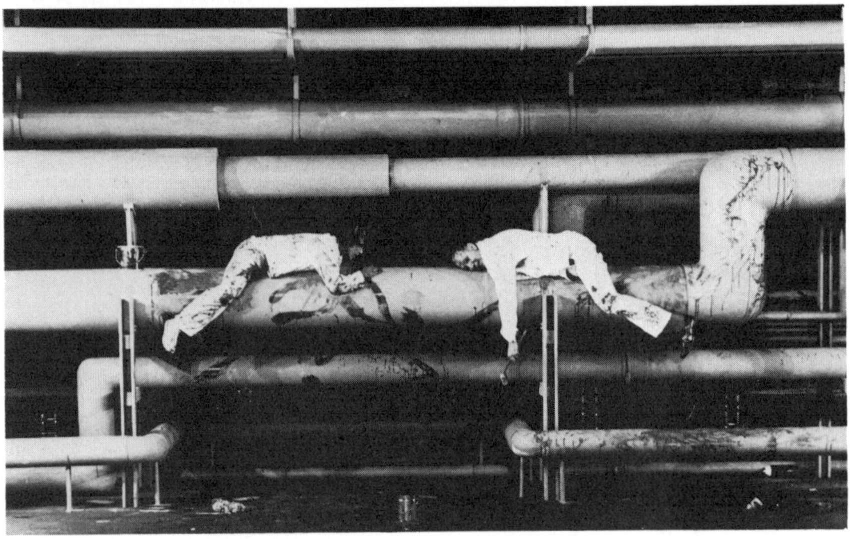

»Großer Wolf« von Harald Mueller wurde im März 1970 an den Müchener Kammerspielen uraufgeführt. Regisseur war Claus Peymann (auf dem nebenstehenden Bild links mit Autor Mueller und Intendant August Everding).

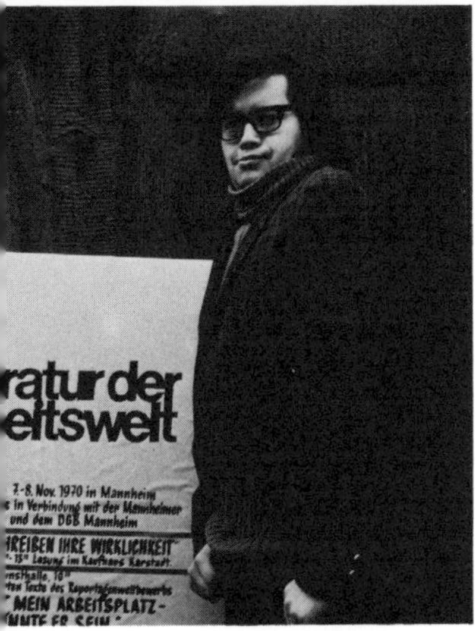

»Eisenwichser« von Heinrich Henkel: Uraufführung in Basel, September 1970; links Szenenbild mit Fred Tanner und Wolfram Berger. Rechts: Heinrich Henkel.

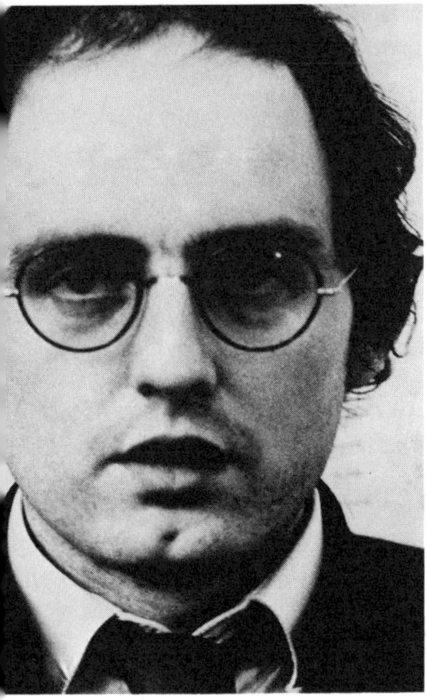

»Bleiwe losse«, ein Dialektstück in hessischer Mundart von Wolfgang Deichsel, wurde im Oktober 1971 am Landestheater Darmstadt uraufgeführt. Rechts: Wolfgang Deichsel.

Österreichische) eine der Enklaven einer lebendigen Dialektstück-Tradition ist, läßt sich mit dem *Datterich* wie mit BÜCHNERS *Woyzeck* und ZUCKMAYERS *Fröhlichem Weinberg* belegen.
Bleiwe losse (Bleiben lassen), fünf Szenen aus dem Jahr 1965 (am 24. 10. 1971 in Darmstadt uraufgeführt), ist ein Stück, das von alten Leuten handelt, sie vorführt als gleichzeitig boshaft agile und eingeschlafene Hirne, als Beispiele der Verwüstungen die ein Leben an ihnen angerichtet hat.
Auch die beiden Possen, die Deichsel unter dem Titel *Agent Bernd Etzel* zusammenfaßte – sie wurden 1968 in Göttingen uraufgeführt – bringen Valentinaden eines wild vor sich hinbrabbelnden Bewußtseins auf die Bühne.
1970 wurde *Frankenstein* in Zürich uraufgeführt – auch hier wieder die dem neuen Volksstück eigene Hinwendung zu modernen Trivialmythen, den Hollywood-Klischees und den Comic-Motiven – etwas, was sich als literarische Variante zur Pop-Kunst der Malerei deuten und beschreiben ließe. *Frankenstein 1* und *Frankenstein 2* zeigen in Miniszenen aus dem sogenannten Alltag (auf dem Kriminalkommisariat, auf der Straße an einer Verkehrsampel, beim Arzt), wie das sogenannte Normale umkippt in Absurdität, wie die Menschen in diesen Bühnen-»Cartoons« als ferngesteuerte hilflos sich ausplappernde Puppen der gesellschaftlichen Zwänge auftreten.
Frankenstein 2 (am 30. 10. 1971 im Frankfurter Theater am Turm uraufgeführt) verarbeitet Mary Shelleys Horror-Roman *Frankenstein* (1818) ebenso wie dessen diverse Verfilmungen. Die Schauder einer wildgewordenen, allmächtigen Medizin, die sich ein Ungeheuer zusammenbasteln kann, werden bei Deichsel mit den moderneren Schrekkensvorstellungen von Organverpflanzungen und der sich daraus ergebenden »Privilegierung« gekoppelt. Künstlich gezüchtete Menschen dienen als »Ersatzteillager« für absterbende oder kranke Organe ihrer Herren; sie werden als Sklaven gehalten. »Deichsel will darüber belehren, daß Ausbeuter und Ausgebeutete ursprünglich Fleisch vom gleichen Fleische waren, und er will die Ausgebeuteten zum Aufstand ermutigen – diese Moral freilich dürfte als Bestandteil eines perfekten parodistischen Juxes kaum ernst genommen werden« (Georg Hensel).[84]
Deichsel hat auch als Übersetzer für das Landestheater Darmstadt mit dem Experiment begonnen, Molière ins Hessische zu übertragen. Es liegen vor: *Die Schule der Frauen* (1970), *Tartüff* (1971) und *Der Misanthrop* (1972).
Das Volksstück in der Horváth-Nachfolge setzt sein Personal nicht – wie das herkömmliche Volksstück – aus ungetrübten Landmenschen oder unverbildeten Städtern zusammen, sondern sucht und spürt es da auf, wo die soziale Landschaft in ihren Rändern und Bruchstellen ihre Widersprüche und Aporien offenbart. Die Figuren von KROETZ, die mit aller Mühe an jenem Abgrund leben, wo die Sozial-Zähmung in die Asozialen-Gefährdung umschlägt, sind hierfür ein Beispiel. Es sind Stücke von Depravierten, von Entwurzelten, die sich nur noch im Gewaltakt gegen diese Entwurzelung wehren können. Man könnte Ähnliches auch von den beiden Stücken HARALD MUELLERS (* 1934) sagen, der als Bergmann, Hafenarbeiter, Hotelboy, Dolmetscher und Messevertreter arbeitete, ehe er, von 1957 bis 1960, die Schauspielschule in München besuchte. Seit 1972 ist Mueller Dramaturg am Schiller-Theater in Berlin.
»Mueller, für den Pinter erklärtes Vorbild ist, hat auch Pintersche Techniken übernommen. In beiden Stücken wird auf Motivationen fast vollständig verzichtet – Muellers (wie Pinters) Figuren haben keine Biographie, keine Psychologie, keine Soziologie. Doch die Schauplätze bei Mueller sind düsterer: Nicht in bürgerlichen

Räumen (im Zimmer oder im Salon) vollzieht sich das Drama, sondern in außenbürgerlichen: in der Trümmerlandschaft eines Krieges *(Großer Wolf)*, im tristen Schlafsaal eines Obdachlosenasyls. Soziale Randexistenzen, herumstreunende Kinder, Landstreicher, Penner, Obdach- und Heimatlose sind Muellers Spielfiguren« (Benjamin Henrichs).[85]

Der große Wolf (Uraufführung: 7. 3. 1970 an den Münchner Kammerspielen), handelt in zwölf Szenen von »verwahrlosten« Jugendlichen, die sich »Wölfe« nennen und im Niemandsland eines nicht näher historisch fixierten Krieges mit allen Mitteln das Überleben versuchen und üben. Sie reproduzieren die Erfahrung, daß der Mensch nur als des Menschen Wolf überleben kann, sie sind vor allem insofern Kriegsopfer, da sie, die Fünfzehn- bis Siebzehnjährigen, verkrüppelt, siech, verkommen, fasziniert sind vom Krieg der Großen, ihn in ihren ritualisierten Spielen, in ihren Messerstechereien, im Protzen mit ihren vereiterten Verletzungen, in grausigen Folterungen, imitieren und kopieren. Anregung für Muellers Stück war ein Zeitungsbericht über 200000 vagabundierende Kinder, die, in Banden und Gruppen organisiert, in den Bergen Südvietnams den endlosen Krieg zu überstehen suchten: Jugendliche also, die nie erfahren haben, was Frieden ist. »Ich stelle mir vor, Kinder in einer Mondlandschaft, sprachlos, heulend wie Wölfe« (Harald Mueller). Und: »Mich interessieren die Spannungen zwischen Kind und Killer.«

Eine andere Form von Gruppenterror zeigt das Stück *Halbdeutsch* (am 7. 10. 1970 ebenfalls an den Kammerspielen in München uraufgeführt): In einem Obdachlosenasyl wird ein DDR-Flüchtling, der sächsisch spricht, also »halbdeutsch«, von den anderen Insassen als »Kommunist« und »Schwächling« bis zu Tode drangsaliert. Außenseiter, die sich also wieder einen Außenseiter schaffen, Zuunterst-Gekommene, die noch jemanden brauchen, über den sie sich überheben können. »*Halbdeutsch* demonstriert das (Hackordnung, Recht des Stärkeren) am Modell einer Zimmerbelegschaft in einem Asyl, wo der soziale Müll einer robusten, reichen Gesellschaft seine Frustrationen tagtäglich übersetzt in Quälereien des jeweils Hilflosesten« (Reinhard Baumgart). Dieses rüde Modell funktioniert durch die Sprache: denn die drei Arbeitslosen, die einen vierten aufgenommen haben, nehmen ihm vor allem übel, daß er »sächsisch« (also die Sprache der »Kommunisten drüben«) spricht und daß er nicht willens und in der Lage ist, sich wie sie in einem forschen »Mir-kann-Keiner«-Jargon zu tarnen.

»Definiert werden Muellers Figuren allein durch Sprache: durch eine reduzierte, zu Formeln und Stereotypen verkürzte, eine verstümmelte, eine zerstörte Sprache, die im *Großen Wolf* Kinderdeutsch und Landserjargon, in *Halbdeutsch* die deutschen Dialekte zu Chiffren und Kürzeln stilisiert... In *Halbdeutsch* lügt jeder den anderen, um sich vor ihnen zu behaupten, eine glanzvolle Lebensgeschichte vor: Krüppel, die grotesk miteinander fechten – und ihre Schwerter sind verkrüppelte Sätze« (Benjamin Henrichs).[86]

Seine Erfahrungen aus der Arbeitswelt – er war Maler – hat HEINRICH HENKEL (* 1937), der als »Hausautor« durch ein Arbeitsstipendium an das Basler Theater gebunden ist, in sein vielgespieltes Stück *Eisenwichser* (Uraufführung: Basel, 23. 9. 1970) eingebracht. Es war das erste Stück des deutschen Nachkriegstheaters, das die Monotonie der Arbeitswelt direkt auf die Bühne brachte – ein Verfahren, das das englische zeitgenössische Theater etwa in ARNOLD WESKERS *Küche* vorexerziert hat. Zwei Maler, Eisenwichser, arbeiten an Rohren in einem Keller. Der erste Akt zeigt, wie der

Ältere schon besser und endgültiger »abgerichtet« ist, wie er die Spuren von Anarchie und Freiheit, die der Junge noch hat, aggressiv ablehnt, also auch wieder den lebenslangen Druck, der auf ihm lastet, weiterzugeben trachtet. Im zweiten Teil geraten die beiden in einen fröhlichen und fast wilden Rausch von Übermut, Ungezwungenheit und Freiheit – sie scheinen alle Zwänge von sich gestreift zu haben. Grausig zynische Pointe des Stücks: es enthüllt, daß diese Augenblicke des scheinbaren Zu-sich-selbst-Kommens in Wahrheit die Symptome einer Vergiftung waren: die Ventilation war ausgefallen, so daß sie berauschende Farbdämpfe eingeatmet hatten. Ein Stück also, das die »Entfremdung« des Menschen in der Arbeitswelt zum Thema hat und daß sich die Aufhebung der Entfremdung nur als Panne, als Vergiftung, als gefährlichen Rausch und Trip auszumalen wagt.

Für einen Einakterabend (»Biertischgespräche«) in Basel steuerte Henkel die *Frühstückspause* (Uraufführung: Basel, 17. 4. 1971) bei. Maler, Installateure, Plattenleger machen während der Renovierung einer Wohnung Pause, wobei die Gespräche ihre Probleme, Aversionen, Ängste, Feindschaften und Vertrautheiten sichtbar machen. »Dieses kurze, dramatische Pausengespräch ist vielleicht einer der wichtigsten Einakter der letzten Jahre. Hier hat Henkel eine Zeit und eine Situation für seine Arbeitswelt gefunden« (Hugo Leber).

Weniger ergiebig sind die *Spiele ums Geld* (am 20. 9. 1971 ebenfalls in Basel uraufgeführt). Henkel strebte in der Darstellung eines Spielsalons, in dem »Bayerisch Ramso« gespielt wird, eine Parabel auf die Glückserwartungen der auf Kauf und Verkauf eingerichteten Gesellschaft an, schaffte es aber nur, ein paar Banal- und Trivialschicksale nach dem Modell »So schreibt das Leben« aus Anlaß des Spielabends im Casino vorzuführen.

Gerhard Kelling (* 1942), der in Frankfurt Soziologie und Politologie studierte, später Regieassistent bei Peter Palitzsch und Egon Monk war, hat in seinen Stücken die Einblicke in die Arbeitswelt »dokumentarisch« zugespitzt und das Thema soziologisch und politisch erweitert. Das erste Stück, *Arbeitgeber* (Uraufführung: Castrop-Rauxel 1969), will vorführen, wie das Zugeständnis der Mitbestimmung durch die Unternehmer das Klassenkampfdenken schwächen und die Eigentumsverhältnisse stabilisieren soll. Kelling arbeitet mit ähnlichen Methoden, wie sie Günter Wallraff in seinen Industrie-Reportagen anwendet. Das Stück, das die Rampe zu den Zuschauern niederreißen will, sie zu Mithandelnden, zu Zeugen macht, gibt Einblicke in die Usancen eines versierten, rücksichtslosen Industrie-Managements. Es kritisiert die Haltung der Gewerkschaften, will seine Zuschauer zum Kritiküben erziehen, wenn es die gesellschaftspolitischen Versäumnisse und Zurückhaltungen der Gewerkschaften vorführt.

Dieses Thema wird in dem Stück *Die Auseinandersetzung* (Uraufführung: Berlin 1970; die Schaubühne am Halleschen Ufer spielte es unter anderem vor Lehrlingen, was zu Auseinandersetzungen mit Gewerkschaftsfunktionären führte) fortgesetzt. Es zeigt einen direkten Konflikt zwischen Arbeitern und Gewerkschaften an einem authentischen Fall: In der Klöcknerhütte in Bremen wurde der stellvertretende Betriebsratsvorsitzende trotz gewonnener Wahl von der Betriebsleitung gefeuert und fristlos aus der IG-Metall ausgeschlossen, weil er eine kommunistische Politisierung der Arbeiter betrieb.

Die Massen von Hsunhi (1971) wollen den Lernprozeß von drei gesellschaftlichen Gruppen während der Kulturrevolution in China demonstrieren: die Gruppe leitender

Funktionäre, die Gruppe der Studenten und die Gruppe der armen und unteren Mittelbauern. Kelling schrieb außerdem noch das Kinderstück *Der Bär geht auf den Försterball* (1972).

Was sich unter dem etwas verschwimmenden Begriff des neuen Volksstücks bündeln läßt – Dramen also, die am ehesten gemeinsam haben, daß ihre Sprache die Entfremdung und Uneigentlichkeit der Existenz annonciert und daß ihr Personal nicht der Bürgerwelt, sondern den Randgruppen oder dem Arbeitermilieu unserer Gesellschaft entnommen ist –, wäre auch noch unter einer anderen Tendenz des zeitgenössischen Theaters der sechziger und siebziger Jahre zu beschreiben: der Tendenz, Erwartungshaltungen zu unterlaufen, zu zerstören – das also, was unter dem Begriff »Off-Theater« oder »Anti-Theater« zu subsumieren wäre. Zu dieser Zerstörung und Verstörung des Erwarteten gehört einmal schon der Affront gegen das vorwiegend bürgerliche Publikum des Theaters. Ein Affront, der auch dadurch geleistet wird, daß man sich auf einmal von literarischen Traditionen abwendet, sich außer- und aliterarischen Traditionen zuwendet. Das neue Volkstheater ist also auch durch seine Vorliebe für die Aussage- und Denunziationskraft des Trivialen, der Surrogate, der Filmklischees, der Comic-Muster, der Schundroman-Träume gekennzeichnet.

Durchsetzen auf dem deutschen Theater konnten sich diese Stücke im Grunde nur (oder besser: zuerst nur) auf den Studio- und Werkraumbühnen, die den Großen Häusern bald als Experimentierstätten, auch als Alibi-Stätten angegliedert wurden. Hier versuchte das deutsche Theater die Strömungen, die es als Subventions- und Abonnenten-Theater nicht von sich aus entwickeln konnte, für sich zu kanalisieren, es versuchte, an ihnen zu partizipieren: es waren die Off-Broadway, die Straßentheater-Bewegungen vor allem des angelsächsischen Theaters. Wie problematisch diese an sich nützliche Errichtung von »Spielwiesen« für die »Außenseiter« ist, läßt sich vor allem daran ablesen, daß diese kleinen, verbilligten Dependancen dem Autor nicht ermöglichen, von seinen Tantiemen zu leben.

Die Anti-Haltung des neuen Volksstücks läßt sich noch an einer weiteren Tatsache begründen. Es ist ohne die Folie des alten Volksstücks, das im Fernsehen am Wochenende bald aus Hamburg, bald aus München oder Wien auf die Zuschauer hereinbricht, wohl nicht zu denken. Das heißt: es beruht auch darauf, daß es die Folie vom verkitschten verniedlichten »Volk« braucht, um sich von ihr abheben zu können. Das schränkt seine Eigenständigkeit nicht unbedingt ein, wie das Beispiel von Horváths *Geschichten aus dem Wiener Wald* belegt, die ja zunächst auch als Klischee jenes Bild vom singenden, walzertanzenden, heurigenseligen Wien zumindest als im Bewußtsein der Zuschauer vorhandene Folie brauchten – und die doch zu einem der wichtigsten selbständigen dramatischen Werke des 20. Jahrhunderts geworden sind.

Eine solche »Folie« bilden zum Beispiel die »Familienserien« im Fernsehen, die so etwas wie eine mondäne Weiterentwicklung des trivialen Volksstücks zum Konsum-Schwank darstellen – meist ein Hohelied auf die Lebenskraft einer Familie, in der Vater oder Mutter die Besten sind und sich nicht unterkriegen lassen. Auch für das Theater gab und gibt es Ähnliches. Am erfolgreichsten vielleicht die Stücke der beiden Berliner Horst Pillau und Curth Flatow, die gemeinsam das vielgespielte *Fenster zum Flur* schrieben, das 1959 herauskam, zweimal verfilmt wurde und von dem es unter anderem sogar eine türkische und eine plattdeutsche Übersetzung gibt. Curth Flatow (* 1920) schrieb dreißig Filme, viele Fernsehrollen für Inge Meysel, sowie die Stücke *Vater einer Tochter* (das auf die Rühreffekte einer Verkörperung solcher Väterrollen durch Georg Thomalla oder Heinz Rühmann spekuliert) und *Das Geld liegt auf der Bank*. Der in Wien geborene, seit 1934 in Berlin lebende Horst Pillau (*1932) hatte seinen größten Erfolg mit dem *Kaiser vom Alexanderplatz*, der allein über vierhundert Mal en suite in Berlin gespielt wurde.

Das Fenster zum Flur ist ein Familienstück, in der die Heldin eine Berliner Portiersfrau ist, die sich nicht unterkriegen läßt. Sie möchte aus ihren Kindern etwas Besseres machen, sie sollen es weiter bringen als sie, deshalb spielt sie fortgesetzt Schicksal für sie. Sprachlich lebt es von jener vielbemühten Berliner Schnoddrigkeit, jener Klischee-Charakterisierung von »Herz mit Schnauze«. Und es lebt davon, daß es – auch dies ist absolut gattungskonform – Einblicke in die sogenannten großen und kleinen Sorgen einer Familie gibt – Sorgen, bei denen es nie eine Verbindung von deren Äußerlichkeit zu dem inneren Zustand der Figuren gibt. Diese totale Veräußerung der Probleme – alles ist gut, wenn die erwünschte Verlobung zustande kommt, die Ratenzahlung doch noch pünktlich erledigt wird, et cetera – ist letzter Banal-Ausfluß einer Schicksalsdramaturgie, die Glück und Unglück über die Menschen verhängt, wie es im Märchen gute und böse Feen tun. Im *Fenster zum Flur* wird eine Familie auf Bescheidenheit eingeübt. Der Mutter Wienser werden die Flausen, die sie mit ihren Kindern im Kopf hat, ausgetrieben, sie erfährt, daß »man vom Schicksal nicht mit Schokolade begossen« wird. Nach dieser Einpassungsübung erfolgt dann prompt das allgemeine Happy-End – nur eben alles ein paar Schuhnummern kleiner, als es sich die resolute Muttergestalt (Inge Meysel spielte von diesem Stereotyp in zahllosen Serien zahllose Variationen), deren Lebensmut nicht zu brechen ist und die schließlich unter Tränen lächeln darf, sich anfangs in ihrem »komischen« Ehrgeiz erträumt hatte.

OFFENE DRAMATURGIEN – MULTIMEDIA-VERSUCHE – MITSPIEL-THEATER

1966 schrieb Peter Handke seine *Publikumsbeschimpfung* (Uraufführung: Frankfurt, 8. 6. 1966, Theater am Turm) – jenes Stück, das literarisch eine außer- und antiliterarische Bestrebung des zeitgenössischen Theaters beglaubigte. Was sich hier annoncierte, war der Versuch der Emanzipation des theatralischen Vorgangs, also des Vorgangs zwischen Bühne und Zuschauer, von der bisherigen (scheinbar) abgekapselten Bühnenhandlung. Es handelt sich also um ein Theater, das sich nachträglich nicht mehr in Stück, Realisation des Stücks in der Inszenierung und Wirkung auf das Publikum auseinanderdividieren läßt, sondern um ein Theater, daß sich nur im Moment seiner Realisation ereignet, weil es versucht, Publikumsreaktionen zum Bestandteil – und zwar zum notwendigen Bestandteil – des Bühnengeschehens zu machen.

Natürlich ist auch die offene, die sich zum Publikum hin öffnende Dramaturgie keine absolut neue Erfindung. Wie die Commedia dell'arte die Wendung an das Publikum, die Improvisation auf das Publikum hin kannte und nutzte, so kannte und nutzte das Theater der Romantik die »romantische Ironie« zur unvermuteten Störung der beim Publikum entstehenden Illusionen. Dieses Element der Provokation, der Verstörung der Publikumshaltungen und Erwartungen hat Brecht aufgenommen, etwa in seinem Stück *Trommeln in der Nacht*, in dem Walter Hinck mit guten Gründen eine Vorwegnahme gewisser Elemente der *Publikumsbeschimpfung* sieht: »Glotzt nicht so romantisch! Ihr Wucherer! ... Ihr Halsabschneider!« Hinck vermerkt zu dieser neuen, offenen Dramaturgie: »Was in der geschlossenen Dramaturgie der Klassik und des bürgerlichen Realismus ins Bild der dramatischen Welt überhaupt nicht mit aufgenommen war: der Fiktions- und Illusionscharakter der gespielten Wirklichkeit, das Vorhandensein von Schauspielern und Zuschauern, also die Bedingungen der Produktion und der Aufnahme – das ist in der *Publikumsbeschimpfung* selbst thematisch. Aber alles, was geschieht, dreht sich letztlich um den Adressaten. In der nicht abreißenden Verunglimpfung des Publikums bekundet sich dessen Totalität.«[88]

Enttheatralisierung des Theaters, Theatralisierung der Wirklichkeit – auch so ließe sich dieser Zug des zeitgenössischen Theaters, das auf der Straße Theater machen will, um das Theater der Wirklichkeit zu dekuvrieren, beschreiben. Der österreichische Autor Gerhard Rühm hat das in der *Parade* so beschrieben: »möglichst viele exemplare von menschen mit jeweils einem gemeinsamen merkmal ziehen in angemessenem abstand reihenweise vorbei. (z. b.:) brillenträger, kotelettenträger, schnurrbärte, vollbärte, blonde, schwarz-, rot- und weißhaarige, gelockte, glattgeschniegelte, halbglatzen, glatzköpfige, hutträger, henkelohren, fliehkinne, zahnlose (lächeln!), pickelgesichter, stupsnasen...«[89]

Die Bewegungen, die das Theater relativierten, um es zu totalisieren, lassen sich in einer Dramengeschichte naturgemäß nur in Andeutungen umreißen. Andeutungen, zu denen gehören muß, daß sich in diesen Bestrebungen auch die Einsicht spiegelt, wie sehr etwa der Faschismus die Wirklichkeit zu einer Theaterszene verwandelte (Nürnberger Reichsparteitage als eine Art Wagner-Inszenierung) oder – um eine extreme Antwort auf diese ästhetisierte Politik zu zitieren – daß dazu auch gehört, wie etwa Fritz Teufel versuchte, die Gerichtssaal-Szenerie in Theater, in ein Happening überzuführen.

Diesen Zusammenhang von Politik und Theater suchte am deutlichsten das »Straßentheater« zu zeigen, wie es 1968 auch in Deutschland sichtbar wurde. Agnes Hüfner führt dazu in ihrem Aufsatz *Straßentheater* aus: »Notstand oder Das Straßentheater kommt – der Titel von Max von der Grüns Bühnenstück, das 1968 geschrieben und vom westfälischen Landestheater uraufgeführt wurde, weist auf den politischen Zusammenhang hin. Vorwurf der auf der Bühne als Spiel im Spiel agierenden Straßentheatergruppen sind die Notstandsgesetze. Am 11. Mai 1968, beim Sternmarsch der Notstandsgegner auf Bonn, traten das Frankfurter und das Westberliner Sozialistische Straßentheater in Aktion. Andere Gruppen gingen zur gleichen Zeit im Rahmen der Anti-Notstandskampagne in Hamburg, Köln und München auf die Straße.«[90]

Diese Theaterbewegung, mit agitatorischen Zwecken ausgerüstet, geht sowohl auf Bestrebungen des zeitgenössischen amerikanischen Theaters (etwa des »living theatre«) wie auf das politisch agitatorische Theater Piscators in den beginnenden dreißiger Jahren zurück. Ästhetik dient der politischen, der revolutionären Aktion. »Wir begreifen uns«, so führte Luis Valdez vom Kölner Studententheater in einem Gespräch mit der Zeitschrift *Theater heute* aus, »als ein Medium, um eine Art Gegenöffentlichkeit zu schaffen«, als »politisches Agitationsinstrument«, als »Spektakel zur Unter stützung von Flugblattaktionen«. Dabei gehe es um eine »populäre Verbreitung von Wissen über gesellschaftliche Zusammenhänge«[91].

Naturgemäß (und das ist ohne Vorwurf konstatiert) haben die bewußt vereinfachten Szenen für das Straßentheater ihre aktuellen politischen Anlässe nicht überlebt. Das gilt für Max von der Grüns *Notstand oder Das Straßentheater kommt* ebenso wie für

das Stück des (damaligen) Ulmer Dramaturgen Michael Hatry, die *Notstandsübung* – um wenigstens zwei Titel hier zu erwähnen.
Nehmen wir *Notstandsübung* als Beispiel: Hatry versuchte in ihr, für einen akuten Anlaß, die Vorgänge um die Erschießung des Studenten Benno Ohnesorg durch den Polizeibeamten Heinz Kurras zu einer aufklärerischen Agitationsrevue zu dramatisieren, die vor allem die Rolle der Springer-Zeitungen darzustellen suchte. Dabei kommen keine »Rollen« mehr vor, an die Stelle von Figuren treten – ähnlich wie im *Vietnam-Diskurs* von Peter Weiss – Zitatensprecher. Was zitiert wird, wird bewußt als Wortblase zitiert. Auch »Objektivität« wird nicht angestrebt. Hatry erklärte, daß sein Stück »seiner polemischen Absicht gemäß selbstverständlich tendenziös« zitiere und montiere. Es strebt eine satirische Gegenüberstellung von Volksmeinung und Entwicklung an den Berliner Hochschulen an, also von dem, was fast zwangsläufig zu den Vorgängen vor der Berliner Oper führte.
Straßentheater, die in Deutschland, wohl bedingt durch die Existenz der vielen Subventionsbühnen, eher ein ephemeres, episodisches Dasein führten (wenn man im Vergleich an die USA oder an England, auch an die lateinamerikanischen Länder denkt), waren die politische Seite der Bemühungen, das Theater aus seiner Autarkie, aus seinem vermuteten Abseits zu lösen. Die Happenings, die Multimedia-Veranstaltungen waren ein anderer Versuch, dessen Anfänge sich in den Dadaismus der zwanziger Jahre zurückverfolgen lassen und dessen Höhepunkt mit dem Totalitätsanspruch der alles zur »Kunst« verfremdenden und isolierenden Pop-Kultur zusammenfiel.
Auch hier müssen einige wenige Hinweise genügen, soll der Rahmen einer literarischen Darstellung nicht allzusehr gesprengt werden. Ein paar Grundsätze lassen sich umreißen. Zunächst die Tendenz, die Grenzen zwischen den einzelnen konventionellen Kunstgattungen aufzuheben: Ausstellungen bildender Kunst dramatisierten sich im Happening; auf der anderen Seite gerannen Theaterszenerien zu »Bildern einer Ausstellung«, zu »Collagen« zwischen Menschen und Menschen ebenso wie zwischen Menschen und Material. Bewegte optische Signale wurden einbezogen: so wie Pop-Konzerte gleichzeitig theatralische Veranstaltungen waren, so wurden Theaterveranstaltungen zu zitierenden »Kopien« von Show und Revue, von Beatkonzert und Folklore-Abend.
Doch dabei wurden nicht nur die Grenzen zwischen den Künsten aufgegeben (die Dominanz der bildenden Kunst mit ihren Chiffren, »ambientes« und »environments« wirkte auch nachhaltig auf die Bühnenbildnerei des »Normaltheaters« zurück, etwa in den Bühnenräumen von Wilfried Minks und Karl Ernst Hermann, wobei die imaginäre vierte Wand, die Trennung zwischen »Spielern« und »Bespielten« aufgehoben wurde), sondern auch die Grenzen zwischen Kunst und Nichtkunst, indem Kunst zum Alltag verfremdet und Alltag zur Kunst isoliert, stilisiert wurde. Für das *Orgien Mysterien Theater* (seit 1957) des Österreichers Hermann Nitsch hat Oswald Wiener diese Aufgabe von Kunst als Programm so umschrieben: »Die kultur scheint uns den blick auf die sinnliche wirklichkeit zu verstellen. die form verhindere die erfahrung. Unsere empfindungen verliefen bloß auf den bahnen der grammatik. wir müßten außerhalb der sprache operieren, um die menschliche kommunikation durch die mit der eigentlichen wirklichkeit zu ersetzen, ›zu den dingen selbst!‹ Die wirklichkeit begänne, wo die sprache zu ende ist. Symbole einer seinsmystik erst bahnten den weg dorthin; die aufschaukelung der sensibilität – ekstase, exzess, raserei als prozeduren zur herstellung der empfindlichkeit, synaesthesie als synthese –, das gesamt-

kunstwerk als archetypisches ritual erziele den heiligen zustand, der, jenseits des institutionalen welches für ihn nicht mehr als den anlauf bedeute, jenseits eines jeden synkretismus der dialektiken, pure empfindlichung ist: die unio mystica von reiz und reaktion.«

Wiener, der dieses Programm eher höhnisch zitiert, als einen Irrtum der bloß den

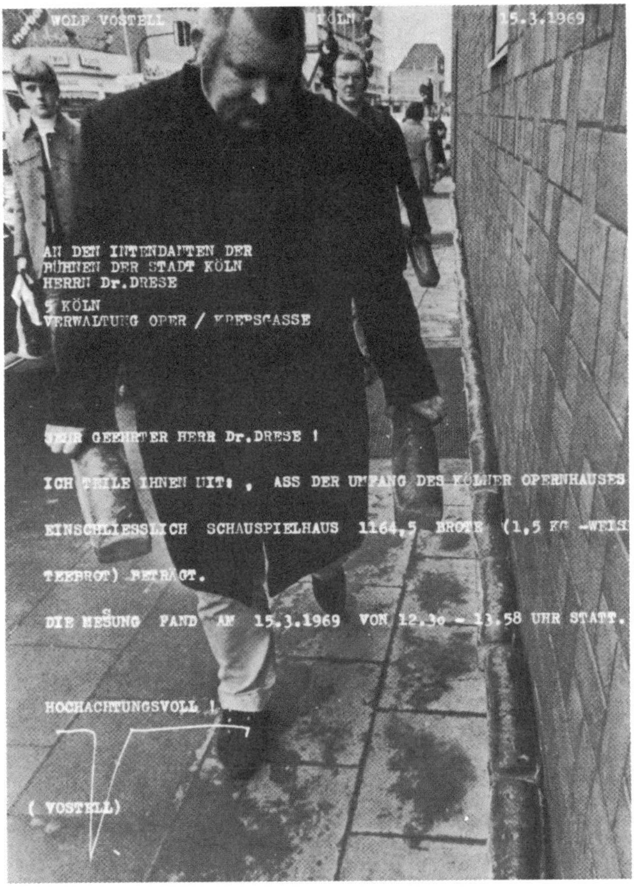

BROT = EIN INSTANT-HAPPENING EREIGNETE SICH AM 15. 3. 1969 VON 12.35 UHR – 13.58 UHR IN KÖLN. MIT 40 BROTEN WURDE DER UMFANG DER STÄDT. BÜHNEN GEMESSEN (VOSTELL – HEUBACH – ZUFALLSPUBLIKUM)

DER UMFANG DES KÖLNER OPERNHAUSES EINSCHLIESSLICH SCHAUSPIELHAUS BETRÄGT: 1164,5 BROTE, 1,5 kg, 50 cm lang, WEISS, TEEBROT

Aus Vostell, »Happening und Leben«, Neuwied/Berlin (Luchterhand Verlag) 1970 – worin Wolf Vostell die von ihm veranstalteten oder konzipierten Aktionen dokumentiert.

»Behaviorismus« begründe, kommt dann doch zu der Folgerung, daß er und Nitsch »parteifreunde« seien: »wir treiben die selbe ›politik der erfahrung‹, wir fordern aus verschiedenen gründen dieselben maßnahmen. Wenn die kultur die wirklichkeit verhindert, so muß sie selbst verhindert werden; wenn sie die wirklichkeit erzeugt, muß man sie zerschlagen: kultur und wirklichkeit sind die pole eines unmündigen bewußtseins.«[92]

Generalisieren läßt sich an solchen Programmen der dauernd zu zerstörenden Programmatik, daß in den Reaktionen, in den Beteiligungen des »mitspielenden« Publikums »Freiheit« doch nur wieder gegängelt, programmiert provoziert existiert, also in Wahrheit nur so lange vorhanden ist, solange solche Veranstaltungen nicht zum erwarteten »Repertoire« des Publikums gehören, weil sie nur vorher noch durch Verstörungen Momente spontaner Irritation erzeugen.

In Deutschland hat vor allem Wolf Vostell (* 1932) solche »Happenings« veranstaltet. Eine Zeitlang war das Ulmer Theater, unter seinem Dramaturgen Claus Bremer, die Nahtstelle zwischen dem deutschen Subventionstheater und diesen Veranstaltungen, die ebenso auf die bildenden Künste (Hundertwasser, Yves Klein, Tinguely, Joseph Boys) wie auf die Musik (John Cage, Mauricio Kagel) übergriffen. 1958 veranstaltete Vostell in Paris *Das Theater ist das Ereignis auf der Straße*, ein Happening, bei dem das Publikum mit mehreren Ereignissen unerwartet konfrontiert wurde. Vorausgegangen war im gleichen Jahr das New Yorker Happening von Allan Kaprow.

Ziel dieser Happening-Veranstaltung war – auf einen Nenner gebracht – die Aktivierung des Publikums. Oder, wie Jean-Jacques Lebel es in seinem theoretischen Essay erklärt hatte: »Jeder, der einem Happening begegnet, spielt mit. Es gibt kein Publikum mehr, keine Schauspieler, keine Exhibitionisten, keine Zuschauer, jeder kann sein Verhalten nach Belieben wechseln. Jedem Einzelnen sind seine Grenzen und seine Verwandlungen überantwortet. Niemand wird mehr zum Nichts reduziert wie beim Theater. Es gibt keine ›Funktion des Zuschauers‹ mehr, auch keine wilden Tiere hinter Gittern wie im Zoo. Keine Bühne, keine Dichterworte, keinen Beifall.«

Jürgen Becker, der sich zu Vostells Happenings in einem einleitenden Essay geäußert hat, führt, ähnlich wie Oswald Wiener, die von den verschiedenen Künsten dieses Jahrhunderts betriebene Auflösung der ästhetischen Bereiche an, um daraus zu folgern, daß auf diese Weise die Distanz des »Zuschauers« liquidiert werde. Doch dann schränkt Becker ein:

Dennoch mischt sich ein fatales Moment in Vostells Absichten, wenn zum Beispiel er vorträgt: »Meine Happenings sind Ideen, die vom Publikum gelebt werden müssen.« Eben das, was dem Happening-Teilnehmer an Freiheit des Verhaltens zugebilligt sein soll, wird ihm vorbehalten durch eine übergeordnete *Idee*, nach der er sich zu verhalten, die er zu *leben* hat. Es waren auch politische Ideen, die Staatsherren von ihren Untertanen gelebt haben wollten; und so gesehen, erfüllte ein Vostell-Happening, das subjektiv die äußerste Gesellschaftskritik meint, seine Intentionen am ehesten, wenn seine Teilnehmer das strikte Gegenteil dessen ausführten, was seine Idee von ihnen erwartet. Offensichtlich gesteht Vostell seinen Mitspielern diese Möglichkeit auch zu, denn: »Jedes Happening ist die Summe von Ja-Nein-Entscheidungen.« In jedem Fall wird sein Happening zum Test, indem es die Teilnehmer provoziert; und wenn es dabei in ihnen Reaktionen löst, die eine verdrängte SA-Mentalität verraten, so demonstriert das Happening hier an seinen eigenen Teilnehmern die Abwesenheit von Vernunft, das unaufgeklärte Bewußtsein gewisser Zeitgenossen. Vor allem in Deutschland, dem Land der Saalschlachten und Massenaufmärsche, haben die Künste wenig Licht verbreitet, das ins politische

Bewußtsein geleuchtet hätte, und so wenig ein Happening imstande ist, die politische Gestalt dieses Landes aufzuklären, es macht doch, so sagt es Claus Bremer, »Dinge kontrollierbar, denen wir früher zum Opfer fallen mußten«.[93]

Becker macht dann auch darauf aufmerksam, daß anders als beim amerikanischen Happening, das Anfang der sechziger Jahre (im Unterschied zu später) höhnisch vor allem auf den Konsum-Fetischismus hinzielte, Vostell und Bazon Brock ihre Aktionen auf politische Phänomene der Massensuggestionen der Vergangenheit gründeten.
Der Grenzüberschreitungen wegen sei angeführt, daß die Aufhebung zwischen Kunst und Leben zu dem Programm von Timm Ulrichs geführt hat, der sich selbst auf der documenta als »Gesamtkunstwerk« ausstellte. Doch in den Aktionen von Ulrich und Beuys, wie sie auf der »documenta« und Frankfurter »experimenta« zu sehen waren, in den Veranstaltungen Mauricio Kagels (*Staatstheater*, 1972, in der Hamburger Staatsoper) hat das Happening die Grenzen gesprengt und aufgehoben, die einer Darstellung der dramatischen Literatur dennoch gesetzt bleiben.
Das gilt im Grunde auch für den »Beweger« Bazon Brock (*1936), der 1959 zusammen mit Hundertwasser das Projekt der »Hamburger Linie« an der Hamburger Hochschule für Bildende Künste ausarbeitete und für die Experimenta I in Frankfurt sein *Theater der Position* schrieb. Diese »dramatisierte Illustrierte« von 1966, die hier als Beispiel für zahlreiche Brock-Happenings und -Aktionen genommen wird (etwa auch für die Bloomszeitung von 1963, die »Bild« in eine »Aktion« auf den Bloomsday umzufunktionieren suchte), ist eine Anwendung der Pop-art, weil es die Warenwelt einzubeziehen sucht in das Theater oder richtiger: das Theater als einen integrierten Bestandteil der Warenwelt ausweist.
Claus Bremer vermerkte dazu: »Bazon Brock will mit seinem Theater nicht nur sagen, ›Ihr seid frei‹, er will auch Freiheit bewirken. Was er zu diesem Zweck einsetzt, ist das, was uns unfrei macht. Er setzt es derart zusammen, daß es uns befreit ... Seine Ausdrucksmittel setzen nichts voraus, er nimmt sie aus der Welt der Illustrierten, er verwendet sie ohne jedes Getue als ob. Er betrügt nicht. Er arbeitet mit echten Mannequins, echten Fotografen, einem echten Arzt, einer echten Fürsorgerin, echten Waren und Materialien, wie wir sie kreuz und quer durch alle Abteilungen aus den modernen Kaufhäusern kennen, bewußt filmischen Filmen, Zuschauerporträtfotos und echten Schauspielanfängern, die ihre Texte derart aufsagen, daß man erfährt: es ist Theater.«[94]
Natürlich beginnt sich auf diese Weise ein Mißverständnis in das »Theater der Positionen« einzuschleichen. »Echte Fürsorger« in ein noch so frei arrangiertes Spiel gebracht, sind eben nicht mehr »echt«, sondern – man kann dies an jedem heiteren Berufsraten im Fernsehen studieren – nur noch die Akteure ihrer selbst: die Warenwelt wird also nicht zum freien Umgang in das Theater eingeführt, sondern Brock versucht, das Theater als einen Bestandteil der Warenwelt zu zeigen, indem er den Warencharakter der Wirklichkeit isoliert, fremd macht, in ungewöhnte Zusammenhänge bringt. Die Absicht der Isolierung geht aus den Brockschen »Strukturenprinzipien« hervor. Sie ähneln in gewisser Weise der Brechtschen Verfremdung, geben aber das Drama, das Stück, die Parabel überhaupt auf. Die Schwierigkeit dieses Versuchs, das Theater aus seiner literarischen Lethargie aufzurütteln, besteht darin, daß er die Beliebigkeit statuieren muß und doch auf Einsehbarkeit, wenn auch nur auf die der »Wahrheit des Scheins«, aus ist. Aber vielleicht ist dieser Hase-und-Igel-Wettlauf zwischen Freiheit und Fixierung schon dadurch, daß er absurd ausgehen muß, bei dem Zweck seiner Vorführung angelangt.

Eine Art Kompromiß zwischen Happening-Theater und Autoren-Theater versuchte Paul Pörtner (* 1925) in seinen »Mitspielen« zu schaffen. Es sind Stücke, deren Anfang und Handlungsgerüst zwar festgelegt ist, deren Ausgang und endgültiger Verlauf jedoch vom Publikum bestimmt werden können. Pörtner nennt sein Theater »Theater der Spontaneität«. Für dieses Programm schrieb er, im Auftrag des Ulmer Theaters und in Zusammenarbeit mit Claus Bremer 1962 die Improvisationsetüde *Drei*, 1964 das Kriminalstück *Scherenschnitt* und 1965 das Mitspiel *Entscheiden Sie sich.*

Im *Scherenschnitt* geht es um einen Mord und vier Verdächtige. Der verhörende Kommissar nimmt nun die Zuschauer als Zeugen bei der Rekonstruktion der Tat. Schlußpointe: Der Kommissar klärt das Publikum darüber auf, daß sie den »Schuldigen« nur aufgrund von Emotionen überführten: Pörtner hat nämlich für jeden der vier Verdächtigen ein Geständnis geschrieben, das logisch, plausibel, psychologisch überzeugend klingt. Im Unterschied also zu der verwandten Fernsehserie von Jürgen Roland *Dem Täter auf der Spur* wird das Publikum nicht nur scheinbar befreit und in Wahrheit an der Nase geführt, sondern es kann an Pörtners Spiel zumindest »lernen«, wie sich auch in Beweisketten aus Indizien Vorurteile und Gefühlsladungen, auf dem Theater von den jeweiligen Darstellern mitabhängig, niederschlagen.

Der Münchner Autor Alfred Poss (* 1936) strebt in seinem Erstling *Zwei Hühner werden geschlachtet* (1968) ebenfalls einen Kompromiß zwischen Nitschs und Otto Muehls realen Aktionen (etwa dem Schlachten von Tieren) und einem Handlungsstück an: das Stück konnte wegen den Tierschutzvorschriften bisher nicht auf die Bühne gelangen. In dem Stück, in dem sieben Spielerinnen und Spieler viel trinken, essen sowie mögliche Aktionen bereden (zum Beispiel wird der »berühmte Herr Grzimek« erwartet), geht ein Herr »mal pissen«, legt eine Dame die Kleidung ab, sitzen die zur realen Schlachtung in dem fiktiven Geschehen vorgesehenen Hühner laut Willen des Autors mit »seelenvollem Blick« in einem Käfig und harren ihres Todes, der das Publikum schockieren soll.

Das zweite Stück von Poss, *Wie ein Auto funktioniert* (1972), ist eine in an Handke erinnernden formelhaften Wendungen und Wiederholungen veranstaltete Endzeitvision, bei der fünf Überlebende (zwei Frauen, vier Männer) sich daran erinnern, wie das Auto, das in einer an Godards *Weekend* anklingender Version die Welt hat absterben, an der Umweltverschmutzung eingehen lassen, einst funktionierte. Die technische Erinnerung bändigt das Chaos kurzzeitig, das sich sonst auch noch in kitschige Erinnerungen verliert. Aber am Ende fallen alle übereinander her: die Aggressionen, die durch das Auto erst gefesselt, dann freigesetzt werden, sind so stark, daß sie noch in der beschworenen Erinnerung zum gegenseitigen Vernichten führen. »Auto = Materialismus = Kapitalismus = Zerstörung. So sieht Alf Poss die Dinge, und sein Sehen gründet sich auf einen Glauben, der da sagt, daß alles Funktionieren, so es den kapitalistischen Produktionsverhältnissen entspringt, den Keim der Selbstzerstörung in sich trage und somit eines Tages nicht mehr funktionieren werde. ›Wie ein Auto funktioniert‹, das zweite Stück von Poss, gründet auf solcher Meinung, begründet sie aber nicht«, schrieb Gerd Jäger nach der Ulmer Uraufführung (*Theater heute*, August 1972).

1971 gastierte die »Gruppe Hamburg« mit Christoph von Derschaus (* 1936) *So ein Theater* auf der Frankfurter »experimenta«. Etwas gespenstisch Komisches geschah: Nachdem in Derschaus »spielerischer Diskussion« Schauspieler vorführten, was so üblicherweise an Phrasen und Redensarten vorkommt in einer der zahllosen Theater(krisen)diskussionen, wie sie allerorten in den letzten Jahren veranstaltet wurden, nahm das Publikum diese Fiktion für bare Münze, für Realität – und griff in die Diskussion mit Fragen und Einwänden ein. Ein knappes Jahr später, in Berlin, widerfuhr das gleiche sogar einer Kritik: sie rezensierte das Spiel als reale Diskussion. Derschaus Satire auf den Theaterbetrieb, der sich gern in Geschwätz als offen und diskussionsfreudig in Frage stellt, ohne sich dabei zu verändern, hatte also als »Mitspiel« bewirkt, daß man der vorgeführten Scheinhaftigkeit der Realität aufsaß; er hatte vorgeführt, welchen Fiktions- und Spielcharakter die Argumente, die sich Theaterleute und Theaterinteressierte zwecks Beweis der Diskussionsfreude darreichen, inzwischen selbst angenommen haben.

Ähnliche Infragestellungen der Realität durch die Fiktion hatte für das Fernsehen auch Wolfgang Menge (* 1924) gebraucht, wenn er (auf den Spuren von Orson Welles, der in seinem berühmten New Yorker Hörspiel mit der Fiktion einer Mars-Landung die Zuhörer in sehr reale Alarmstimmung versetzt hatte) in seinem *Millionenspiel* (1971) eine fiktive totale Fernseh-Unterhaltung veranstaltete, bei der es nicht um Raten, Hüpfen, nicht um Quiz-Beteiligung von Ehepaaren ging, sondern um eine Menschenjagd. Im *Millionenspiel* ist der totale Freizeitkitzel durch das Fernsehen ausgebrochen: es führt seinen Zuschauern vor, wie für eine Million ein Mann sich von ebenfalls aus Zuschauerkreisen geheuerten Killern jagen läßt. Ein Spiel um buchstäblich höchsten Einsatz, um das Leben. Auch hier geschah etwas gespenstisch Merkwürdiges. Obwohl das *Millionenspiel* hinreichend als bloßes Spiel angekündigt worden war, meldeten sich an den folgenden Tagen nicht nur entrüstete Zuschauer beim WDR, die das Spiel für Wirklichkeit genommen hatten, sondern auch solche Leute, die sich sowohl für die Rolle der Jägers als auch für die Rolle des Gejagten zur Verfügung stellen wollten.

Somit also war Menge gleich zweierlei gelungen. Er hatte einmal einen Beweis dafür geliefert, wie das Fernsehen, das dauernd genötigt ist, Realität in fiktiven Bildern vorzuführen, dadurch auch in die Gefahr gerät, daß man seine fiktiven Fiktionen für Realität nimmt. Aus dem unverbundenen Nebeneinander von Spiel und Information, von Fiktion und gefilmter Realität im Programm entstehen diese Gefahren. Außerdem hatte Menge mit dem *Millionenspiel* auch noch demonstriert, wie der Anspruch des Fernsehens auf Freizeitgestaltung und Freizeitvernichtung sich so zu verabsolutieren droht, daß der »König Kunde«, der »König Zuschauer« für sein Geld jeden Einsatz verlangen zu können glaubt, also auch im Grenzfall bereit ist, mit dem Leben anderer zu spielen, spielen zu lassen.

Auch in dem Fernsehspiel *Smog* (1973), das sich an ein ähnliches Fernsehspiel Englands anlehnen konnte, in dem der Atomalarm als fiktiver Ernstfall geprobt wurde, nutzte Menge vor allem die Austausch-Möglichkeiten von Realität und Fiktion, indem er Magazin-Sendungen, Diskussionen, Nachrichten-Sendungen mit »echter« Besetzung seinem geprobten Smog-Alarm im Ruhrgebiet eingliederte – so sehr, daß die Verantwortlichen der betroffenen Gebiete meinten, der Freizeit- und Wohnwert ihres Gebietes sei durch diese Sendung, die vor der sich zuspitzenden Umweltverschmutzung in Form der Luft-Vergiftung warnen wollte, empfindlich herabgesetzt worden.

Diese Ausnutzung der McLuhanschen These, nach der das Medium die Botschaft ist, brachte dem Autor seine größten Wirkungserfolge, der von 1962 bis 1968 an der *Stahlnetz*-Serie als Drehbuchautor mitgearbeitet hatte und dessen Fernsehspiel *Zeit-*

vertreib (1964) auch erfolgreich von Bühnen aufgeführt wurde. Neben den vielen Arbeiten für das Fernsehen, unter anderem für die Kriminalserie *Tatort*, hat Menge an dem Zadek-Film *Ich bin ein Elefant, Madame* mitgearbeitet, der auf dem Theaterstück von THOMAS VALENTIN, *Die Unberatenen* (1965), fußt, das in Bremen uraufgeführt wurde und Autoritätsprobleme zwischen Schülern und Lehrern zum Thema hat.

Eine ähnliche Aufhebung zwischen Fiktion und Realität, wie sie Derschau für das Theater, Menge für das Fernsehen kritisch und satirisch erprobt haben, schwebt auch GÜNTER HERBURGER (*1932) als Zukunftsvision in seinem Roman *Jesus in Osaka* (1970) vor. In seinen Filmen, Stücken, Hörspielen und Fernsehspielen hat dieser Autor sich besonders deutlich den Herausforderungen einer filmischen, sich in optischen Chiffren entwickelnden Realisation gestellt – der Einfluß der »nouvelle vague«, der Pop-art, des deutschen Jungfilms (Schaaf, Lilienthal) sind unverkennbar. Mit Peter Lilienthal machte er den Fernsehfilm *Der Beginn* (1966), in dem der erste Schritt ins Berufsleben einer Beat-Generation in Deutschland geschildert wird. Weitere Fernsehfilme: *Abschied* (1966) mit Lilienthal, *Das Bild* (1967) mit Volker Vogeler, *Söhne* (1968). Der Spielfilm *Tätowierung* (1967), den Johannes Schaaf drehte, behandelt ebenfalls einen Generationskonflikt, der sich in filmischen Sequenzen eher artikuliert als in Dialog-Konflikten, die zugunsten einer wortlosen, tödlichen Verständnislosigkeit ausbleiben. Herburgers Schauspiel *Tanker* (1965), ein zeitkritisches Stück, in dem Geschäftsinteressen Gefühlsbindungen okkupieren, ist bis heute noch nicht aufgeführt worden.

BENUTZTE LITERATUR

soweit in den Anmerkungen verzeichnet.

»Als der Krieg zu Ende war«. Literarisch-politische Publizistik 1945–1950, Ausstellungskatalog zur Ausstellung des Deutschen Literaturarchivs im Schiller-Nationalmuseum Marbach a. N., München 1973.

Claus Bremer, Theater ohne Vorhang, St. Gallen 1962.

Hans Daiber, *Theater, eine Bilanz,* München/Wien 1965.

Deutsches Theater der Gegenwart, Hg. Karlheinz Braun, 2 Bde., Frankfurt 1967.

Geschichte der deutschen Literatur aus Methoden – Westdeutsche Literatur von 1945 bis 1971, Hg. Heinz Ludwig Arnold, 3 Bde., Frankfurt 1972.

Walter Maria Guggenheimer, *Alles Theater. Ausgewählte Kritiken 1947–1965,* Frankfurt 1966 (ed. suhrkamp, 150).

Happenings, Fluxus, Pop Art, Nouveau Réalisme. Eine Dokumentation, Hg. Jürgen Becker und Wolf Vostell, Reinbek 1965.

Georg Hensel, *Theater der Zeitgenossen. Stücke und Autoren,* Frankfurt/Berlin/Wien 1972.

Walter Hinck, *Das moderne Drama in Deutschland,* Göttingen 1973.

Herbert Jhering, *Von Reinhardt bis Brecht. Vier Jahrzehnte Theater und Film,* 3 Bde., Berlin (DDR) 1961.

Junges deutsches Theater, Hg. Joachim Schondorff, München o. J.

Marianne Kesting, *Panorama des zeitgenössischen Theaters. 58 literarische Porträts,* München ²1969.

Siegfried Kienzle, *Modernes Welttheater, ein Führer durch das internationale Schauspiel der Nachkriegszeit in 755 Einzelinterpretationen,* Stuttgart 1966.

Hans Knudsen, *Deutsche Theatergeschichte,* Stuttgart 1970.

Rudolf Lenge, *Carl Zuckmayer,* Velber 1969 (Friedrichs Dramatiker des Welttheaters, 33).

Franz Lennartz, *Deutsche Dichter und Schriftsteller unserer Zeit,* Stuttgart ¹⁰1969.

Friedrich Luft, *Berliner Theater seit 1945,* Velber ³1965.
Materialien zum Leben und Schreiben der Marieluise Fleißer, Hg. Günther Rühle, Frankfurt 1973 (ed. suhrkamp, 594).
Siegfried Melchinger, *Drama zwischen Shaw und Brecht,* Bremen ⁴1961.
Siegfried Melchinger, *Rolf Hochhuth,* Velber 1967 *(Friedrichs Dramatiker des Welttheaters,* 44).
Hermann Nitsch, *Orgien Mysterien Theater,* Darmstadt 1969.
Klaus Pezold, *Martin Walser,* Berlin (DDR) 1971.
Henning Rischbieter, *Peter Weiss,* Velber 1967 (Friedrichs Dramatiker des Welttheaters, 45).
Henning Rischbieter und Ernst Wendt, *Deutsche Dramatik in West und Ost,* Velber 1965.
Günther Rühle, *Theater für die Republik. 1917–1933,* Frankfurt 1967.
Schriftsteller der Gegenwart, Deutsche Literatur. 53 Porträts, Hg. Klaus Nonnenmann, Olten/Freiburg 1963.
Albert Schulze Vellinghausen, *Theaterkritik 1952–1960,* Velber 1961.
Wilhelm Johannes Schwarz, *Der Erzähler Martin Walser. Mit einem Beitrag »Der Dramatiker Martin Walser« von Hellmuth Karasek,* Bern 1971.
Spectaculum 6, Moderne Theaterstücke, Frankfurt 1963.
Spielplatz 1, Jahrbuch für Theater 71/72, Hg. Karlheinz Braun und Klaus Völker, Berlin 1972.
Straßentheater, Hg. Agnes Hüfner, Frankfurt 1970 (ed. suhrkamp, 424).
Summa iniuria oder Durfte der Papst schweigen? Hochhuths Stellvertreter in der öffentlichen Kritik, Hg. Fritz J. Raddatz, Reinbek 1963 (rororo-aktuell, 591).
Theater heute, Heft 1, Sept. 1970 und die folgenden Jahrgänge.
Friedrich Torberg, *Das fünfte Rad am Thespiskarren. Theaterkritiken,* 2 Bde., München/Wien 1966.
Über Wolfgang Hildesheimer, Hg. Dierk Rodewald, Frankfurt 1971 (ed. suhrkamp, 488).
Über Martin Walser, Hg. Thomas Beckermann, Frankfurt 1970 (ed. suhrkamp, 407).
Von Buch zu Buch. Günter Grass in der Kritik, Hg. Gert Loschütz, Neuwied/Berlin 1968.
Welttheater. Bühnen, Autoren, Inszenierungen, Hg. Siegfried Melchinger und Henning Rischbieter, Braunschweig ²1962.

ANMERKUNGEN

1) Peter Rühmkorf, *Wolfgang Borchert* in *Geschichte der deutschen Literatur aus Methoden,* Bd. 1, S. 186/187.
2) Brecht, *Arbeitsjournal,* S. 859 und S. 848.
3) *Die literarische Entwicklung von der Befreiung Deutschlands vom Faschismus bis zur Bildung der beiden deutschen Staaten* in *Geschichte der deutschen Literatur aus Methoden,* Bd. 1, S. 60.
4) Hans Daiber, *Theater. Eine Bilanz,* S. 81.
5) *Welttheater,* S. 9.
6) Friedrich Luft, *Berliner Theater 1945–1961,* ²1962, S. 9 f.
7) *Der Monat,* Jg. 1, 1948/49, H. 7, S. 91.
8) Friedrich Luft, *Berliner Theater 1945–1961,* S. 63 f.
9) Rudolf Lange, *Carl Zuckmayer,* S. 77.
10) Friedrich Luft, *Berliner Theater 1945–1961,* S. 213.
11) Georg Hensel, *Theater der Zeitgenossen,* S. 242.
12) Herbert Jhering, *Von Reinhardt bis Brecht,* Bd. 3, S. 67/68.
13) ebd., Bd. 2, S. 360.
14) Günther Weisenborn, *Theater,* Bd. 4, S. 184.
15) ebd., S. 185.
16) Friedrich Luft, *Berliner Theater 1945–1961,* S. 27.
17) Joachim Kaiser in *Junges Deutsches Theater von heute,* S. 9.
18) Henning Rischbieter, *Deutsche Dramatik in West und Ost,* S. 47.

19) Walter Maria Guggenheimer, *Alles Theater,* S. 53.
20) Henning Rischbieter, *Deutsche Dramatik in West und Ost,* S. 49.
21) Albert Schulze Vellinghausen, *Theaterkritik 1952–1960,* S. 228.
22) Henning Rischbieter, *Deutsche Dramatik in West und Ost,* S. 63.
23) ebd., S. 63/64.
24) Ernst Nef in *Deutsche Literatur der Gegenwart,* S. 319 f.
25) Friedrich Luft, *Berliner Theater,* S. 214.
26) ebd., S. 66.
27) Friedrich Torberg, *Das fünfte Rad am Thespiskarren,* S. 120.
28) Siegfried Kienzle, *Modernes Welttheater,* S. 549.
29) Henning Rischbieter, *Deutsche Dramatik in West und Ost,* S. 58.
30) ebd., S. 57.
31) Friedrich Luft, *Berliner Theater,* S. 162.
32) ebd., S. 269.
33) Wolfgang Hildesheimer, *Erlanger Rede über das absurde Theater* in *Spectaculum 6,* S. 337 f.
34) Marianne Kesting, *Zeitgenössisches Theater,* S. 308.
35) Friedrich Torberg, *Das fünfte Rad am Thespiskarren,* S. 123.
36) Friedrich Luft, *Berliner Theater,* S. 299.
37) Wolfgang Ebert in *Über Wolfgang Hildesheimer,* S. 94.
38) Karl Markus Michel in W. Hildesheimer, *Nachtstück,* Frankfurt 1963, S. 94.
39) Johannes Jacobi in *Über Wolfgang Hildesheimer,* S. 98.
40) Günther Rühle in *Über Wolfgang Hildesheimer,* S. 107.
41) Marianne Kesting, *Zeitgenössisches Theater,* S. 301.
42) Friedrich Luft, *Berliner Theater,* S. 299.
43) Henning Rischbieter, *Deutsche Dramatik in West und Ost,* S. 70.
44) ebd., S. 71.
45) Marianne Kesting, *Zeitgenössisches Theater,* S. 330.
46) ebd., S. 290/291.
47) Henning Rischbieter, *Deutsche Dramatik in West und Ost,* S. 68/69.
48) Walter Hinck, *Das moderne Drama in Deutschland,* S. 197.
49) Marianne Kesting, *Zeitgenössisches Theater,* S. 292.
50) ebd., S. 292.
51) ebd., S. 292.
52) Martin Walser, *Erfahrungen,* S. 95.
53) Klaus Pezold, *Martin Walser,* S. 187 ff.
54) Joachim Kaiser in *Über Martin Walser,* S. 89.
55) Ernst Schumacher in *Über Martin Walser,* S. 106.
56) Jörg Wehreiner in *Über Martin Walser,* S. 113.
57) Zitiert nach *Summa iniuria oder Durfte der Papst schweigen?,* S. 47.
58) Zitiert nach *Summa iniuria,* S. 67.
59) Henning Rischbieter, *Deutsche Dramatik in West und Ost,* S. 10.
60) Dieter Hildebrandt in *Summa iniuria,* S. 20.
61) Siegfried Melchinger, *Rolf Hochhuth,* S. 22.
62) Christian Schütze in *Theater heute,* Juni 1964.
63) Urs Jenny in *Theater heute,* Jahressonderheft 1972.
64) a.a.O.
65) Henning Rischbieter, *Peter Weiss,* S. 44.
66) Peter Scheider in *Neue Rundschau,* Heft 4/1964.
67) Henning Rischbieter, *Peter Weiss,* S. 81.
68) *Theater heute,* Jahressonderheft 1972.
69) Gerhard Zwerenz in *Theater heute,* März 1966.
70) Marianne Kesting, *Zeitgenössisches Theater,* S. 294.
71) Henning Rischbieter, *Deutsche Dramatik in West und Ost,* S. 65 ff.
72) Horst Leube in *Theater heute,* Jahressonderheft 1972,
73) a.a.O.
74) Ernst Wendt in *Theater heute,* Jahressonderheft 1972.

75) *Materialien zum Leben und Schreiben der Marieluise Fleißer,* S. 403.
76) ebd., S. 404.
77) ebd., S. 405.
78) ebd., S. 383/384.
79) Georg Hensel in *Theater heute,* Jahressonderheft 1972.
80) *Materialien zum Leben und Schreiben der Marieluise Fleißer,* S. 406.
81) Benjamin Henrichs in *Theater heute,* Jahressonderheft 1972.
82) a.a.O.
83) Georg Hensel in *Theater heute,* Jahressonderheft 1972.
84) a.a.O.
85) Benjamin Henrichs in *Theater heute,* Jahressonderheft 1972.
86) a.a.O.
87) Hugo Leber in *Theater heute,* Jahressonderheft 1972.
88) Walter Hinck *Das moderne Drama in Deutschland,* S. 215.
89) Gerhard Rühm in *Spielplatz 1, Jahrbuch für Theater,* S. 6.
90) Agnes Hüfner in *Straßentheater,* S. 7.
91) Luis Valdez, Interview in *Theater heute,* Heft 4, 1968.
92) Hermann Nitsch, *Orgien Mysterien Theater* (ohne Seitenangaben).
93) Jürgen Becker/Wolf Vostell, *Happenings,* S. 14/15.
94) Zitiert nach *Deutsches Theater der Gegenwart,* Bd. 2, S. 583.

Außerdem wurde aus Rezensionen der Ur- und Erstaufführungen in Tages- und Wochenzeitungen zitiert, die unmittelbar nach den Premieren erschienen.

ANHANG

Die auf den folgenden Seiten versammelten Namen sollen nochmals daran erinnern, wie sich die Zerstörung der deutschen Literatur durch den Nationalsozialismus konkret ausgewirkt hat. Die Listen machen nicht den Anspruch, vollständig zu sein. Autoren österreichischer Herkunft blieben im Hinblick auf den geplanten Band über die zeitgenössische Literatur Österreichs hier unberücksichtigt, ebenso diejenigen Autoren, die nach 1945 in die DDR zurückkehrten — sie sind in dem bereits erschienenen Band von Konrad Franke, Die Literatur der Deutschen Demokratischen Republik, *dargestellt.*

DEUTSCHE SCHRIFTSTELLER, GELEHRTE UND PUBLIZISTEN, DIE EMIGRATION UND EXIL NICHT ÜBERLEBTEN

WALTER BENJAMIN
Geb. 15. 7. 1892 Berlin
Selbstmord 26. 9. 1940 Port Bou (Spanien)

GEORG BERNHARD
Geb. 20. 10. 1875 Berlin
Gest. 10. 2. 1944 New York

RUDOLF BORCHARDT
Geb. 9. 6. 1877 Königsberg
Gest. 10. 1. 1945 Trins (Tirol)

ERNST CASSIRER
Geb. 28. 7. 1874 Breslau
Gest. 13. 5. 1945 Princeton (USA)

BRUNO FRANK
Geb. 13. 6. 1887 Stuttgart
Gest. 20. 6. 1945 Beverly Hills (USA)

HELLMUTH VON GERLACH
Geb. 2. 2. 1866 Mönchmotschelnitz (Schlesien)
Gest. 1. 8. 1935 Paris

WALTER HASENCLEVER
Geb. 8. 7. 1890 Aachen
Selbstmord 21. 6. 1940 Les Milles bei Aix-en-Provence (Frankreich)

MAX HERRMANN-NEISSE
Geb. 23. 5. 1886 Neisse
Gest. 8. 4. 1941 London

ALBERT HOTOPP
Geb. 20. 9. 1886 Berlin
Gest. Mai 1941 UdSSR (verschollen)

GEORG KAISER
Geb. 25. 11. 1878 Magdeburg
Gest. 4. 6. 1945 Ascona

HARRY GRAF KESSLER
Geb. 23. 5. 1868 Paris
Gest. 4. 12. 1937 Lyon

ELSE LASKER-SCHÜLER
Geb. 11. 2. 1876 Elberfeld
Gest. 22. 1. 1945 Jerusalem

ALFRED MOMBERT
Geb. 6. 2. 1872 Karlsruhe
Gest. 8. 4. 1942 Winterthur (nach KZ-Haft in Frankreich)

WILLI MÜNZENBERG
Geb. 14. 8. 1889 Erfurt
Gest. 1940 (im November 1940 bei Grenoble tot aufgefunden)

RUDOLF OLDEN
Geb. 14. 1. 1885 Stettin
Gest. 17. 9. 1940 (bei der Überfahrt in die USA ertrunken)

ERNST OTTWALD
Geb. 13. 11. 1901 Zippnow (Pommern)
Gest. 24. 8. 1943 UdSSR (im Lager)

RENÉ SCHICKELE
Geb. 4. 8. 1883 Oberehnheim (Elsaß)
Gest. 31. 1. 1940 Vence bei Nizza

CARL STERNHEIM
Geb. 1. 4. 1878 Leipzig
Gest. 3. 11. 1942 Brüssel

ERNST TOLLER
Geb. 1. 12. 1893 Samotschin (Posen)
Selbstmord 22. 5. 1939 New York

KURT TUCHOLSKY
Geb. 9. 1. 1890 Berlin
Selbstmord 1. 12. 1935 Hindås (Schweden)

HERWARTH WALDEN
Geb. 16. 9. 1878 Berlin
Gest. 31. 10. 1941 Saratow (UdSSR)

ALFRED WOLFENSTEIN
Geb. 18. 12. 1888 Halle
Gest. 22. 1. 1945 Paris

SCHRIFTSTELLER UND PUBLIZISTEN, DIE WÄHREND DES DRITTEN REICHS IN DEUTSCHLAND UMGEKOMMEN SIND ODER ERMORDET WURDEN

Dietrich Bonhoeffer
Geb. 4. 2. 1906 Breslau
Hingerichtet 9. 4. 1945 im KZ Flossenbürg

Theodor Haubach
Geb. 15. 9. 1896 Frankfurt/M.
Hingerichtet 23. 1. 1945 in Berlin-Plötzensee

Albrecht Haushofer
Geb. 7. 1. 1903 München
Ermordet 23. 4. 1945 in Berlin-Moabit

Berthold Jacob
Geb. 12. 12. 1898 Berlin
Gest. 26. 2. 1944 im Gestapo-Gefängnis Berlin

Jochen Klepper
Geb. 22. 3. 1903 Beuthen
Selbstmord 11. 12. 1942 Berlin (gemeinsam mit seiner Frau und seiner Tochter)

Helmut Klotz
Geb. 30. 10. 1894 Freiburg i. B.
Hingerichtet 3. 2. 1943 in Berlin-Plötzensee

Gertrud Kolmar
Geb. 10. 12. 1894 Berlin
Verschleppt 1943 (verschollen)

Adam Kuckhoff
Geb. 30. 7. 1887 Aachen
Hingerichtet 5. 8. 1943 in Berlin-Plötzensee

Theodor Lessing
Geb. 8. 2. 1872 Hannover
Ermordet 31. 8. 1933 in Marienbad

Carlo Mierendorff
Geb. 24. 3. 1897 Großenhain
Gest. 4. 12. 1943 Leipzig
(bei einem Luftangriff)

Erich Mühsam
Geb. 6. 4. 1878 Berlin
Ermordet 10. 7. 1934 im KZ Oranienburg

Carl von Ossietzky
Geb. 3. 10. 1889 Hamburg
Gest. 4. 5. 1938 Berlin (nach KZ-Haft)

Friedrich P. Reck-Malleczewen
Geb. 11. 8. 1884 Malleczewen (Ostpr.)
Gest. 16. 2. 1945 im KZ Dachau

Adolf Reichwein
Geb. 3. 10. 1898 Bad Ems
Hingerichtet 20. 10. 1944 in Berlin-Plötzensee

Max Sievers
Geb. 11. 7. 1887 Berlin
Hingerichtet 17. 1. 1944 im Zuchthaus Brandenburg

Eugen Gottlob Winkler
Geb. 1. 5. 1912 Zürich
Selbstmord 28. 10. 1936 München

Theodor Wolff
Geb. 2. 8. 1868 Berlin
Gest. 23. 9. 1943 Berlin (nach Haft im KZ Sachsenhausen)

DEUTSCHE LITERATUR IM EXIL

Schriftsteller, Gelehrte und Publizisten, die nach der nationalsozialistischen Machtergreifung Deutschland verließen. Nur einige von ihnen kehrten nach 1945 nach Westdeutschland zurück.

THEODOR W. ADORNO
Geb. 11. 9. 1903 Frankfurt/M.
Gest. 6. 8. 1969 Brig/Wallis

GÜNTHER ANDERS
Geb. 12. 7. 1902 Breslau
Lebt in Wien

HANNAH ARENDT
Geb. 14. 10. 1906 Hannover
Lebt in Princeton (USA)

ERICH AUERBACH
Geb. 9. 11. 1892 Berlin
Gest. 13. 10. 1957 New Haven (USA)

JULIUS BAB
Geb. 11. 12. 1880 Berlin
Gest. 12. 2. 1955 New York

FRITZ BAUER
Geb. 16. 7. 1903 Stuttgart
Gest. 29. 6. 1968 Frankfurt/M.

ULRICH BECHER
Geb. 2. 1. 1910 Berlin
Lebt in Basel

MARTIN BEHEIM-SCHWARZBACH
Geb. 27. 4. 1900 London
Lebt in Hamburg

WALTER A. BERENDSOHN
Geb. 10. 9. 1884 Hamburg
Lebt in Stockholm

WERNER BOCK
Geb. 14. 10. 1893 Gießen
Gest. 3. 2. 1962 Zürich

WILLY BRANDT
Geb. 18. 12. 1913 Lübeck
Lebt in Bonn

ARNOLD BRECHT
Geb. 26. 1. 1884 Lübeck
Lebt in New York

JOSEPH BREITBACH
Geb. 20. 9. 1903 Koblenz
Lebt in Paris

CARL BRINITZER
Geb. 30. 1. 1907 Riga
Lebt in England

WERNER BUKOFZER
Geb. 22. 4. 1903 Berlin
Lebt in Tel Aviv

FRIEDRICH BURSCHELL
Geb. 9. 8. 1889 Ludwigshafen
Gest. 19. 4. 1970 München

WOLFGANG CORDAN
Geb. 3. 6. 1909 Berlin
Gest. 29. 1. 1966 Guatemala

ALFRED DÖBLIN
Geb. 10. 8. 1878 Stettin
Gest. 28. 6. 1957 Emmendingen

HILDE DOMIN
Geb. 27. 7. 1912 Köln
Lebt in Heidelberg

WOLFGANG VON EINSIEDEL
Geb. 29. 3. 1903 Dresden
Gest. 16. 12. 1967 München

ALFRED EINSTEIN
Geb. 30. 12. 1880 München
Gest. 17. 2. 1952 El Cerito (USA)

ALICE EKERT-ROTHOLZ
Geb. 5. 9. 1900 Hamburg
Lebt in London

RUTH FEINER
Geb. 30. 7. 1909 Stettin
Gest. 30. 7. 1954 Visp (Schweiz)

ERNST FRAENKEL
Geb. 26. 12. 1898 Köln
Lebt in West-Berlin

HEINRICH FRAENKEL
Geb. 28. 9. 1897 Lissa (Posen)
Lebt in England

LEONHARD FRANK
Geb. 4. 9. 1882 Würzburg
Gest. 18. 8. 1961 München

RICHARD FRIEDENTHAL
Geb. 9. 6. 1896 München
Lebt in London

Otto Friedländer
Geb. 5. 5. 1897 Berlin
Gest. 3. 2. 1954 Stockholm

Peter Gan (eig. Richard Moering)
Geb. 4. 2. 1894 Hamburg
Gest. 6. 3. 1974 Hamburg

Theodor Geiger
Geb. 9. 11. 1891 München
Gest. 16. 6. 1952 während einer Schiffsreise

Manfred George
Geb. 22. 10. 1893 Berlin
Gest. 31. 12. 1965 New York

Karl Gerold
Geb. 29. 8. 1906 Giengen/Brenz
Gest. 28. 2. 1973 Frankfurt/M.

Curt Goetz
Geb. 17. 11. 1888 Mainz
Gest. 12. 9. 1960 Grabs (Schweiz)

Oskar Maria Graf
Geb. 22. 7. 1894 Berg a. Starnberger See
Gest. 28. 6. 1967 New York

Kurt R. Grossmann
Geb. 21. 5. 1897 Berlin
Gest. 2. 3. 1972 New York

Walter Maria Guggenheimer
Geb. 8. 1. 1903 München
Gest. 16. 6. 1967 München

Martin Gumpert
Geb. 13. 11. 1897 Berlin
Gest. 18. 4. 1955 New York

Waldemar Gurian
Geb. 13. 2. 1902 St. Petersburg
Gest. 26. 5. 1954 South Haven (USA)

Sebastian Haffner (eig. Raimund Pretzel)
Geb. 16. 12. 1907 Berlin
Lebt in Berlin

George W. F. Hallgarten
Geb. 3. 1. 1901 München
Lebt in Washington

Käte Hamburger
Geb. 21. 9. 1896 Hamburg
Lebt in Stuttgart

Ferdinand Hardekopf
Geb. 15. 12. 1876 Varel (Oldenburg)
Gest. 26. 3. 1954 Zürich

Konrad Heiden
Geb. 7. 8. 1901 München
Gest. 18. 7. 1966 New York

Fritz Heine
Geb. 6. 12. 1904 Hannover
Lebt in Scheuren über Rheinbach

Thomas Theodor Heine
Geb. 28. 2. 1867 Leipzig
Gest. 26. 1. 1948 Stockholm

Wilhelm Herzog
Geb. 12. 1. 1884 Berlin
Gest. 18. 4. 1960 München

Wolfgang Hildesheimer
Geb. 9. 12. 1916 Hamburg
Lebt im Wallis

Kurt Hiller
Geb. 17. 8. 1885 Berlin
Gest. 1. 10. 1972 Hamburg

Max Horkheimer
Geb. 14. 2. 1895 Stuttgart
Gest. 7. 7. 1973 Montagnola

Richard Huelsenbeck
Geb. 23. 4. 1892 Frankenau (Hessen)
Gest. 20. 4. 1974 Minusio-Locarno

Heinrich Eduard Jacob
Geb. 7. 10. 1889 Berlin
Gest. 25. 10. 1967 Salzburg

Monty Jacobs
Geb. 5. 1. 1875 Stettin
Gest. 29. 12. 1945 London

Hans Jaeger
Geb. 10. 2. 1899 Berlin
Lebt in England

Hans Henny Jahnn
Geb. 17. 12. 1894 Hamburg
Gest. 29. 11. 1959 Hamburg

Egon Jameson (eig. E. Jacobsohn)
Geb. 2. 10. 1905 Berlin
Gest. 23. 12. 1969 London

JOACHIM JOESTEN
Geb. 29. 6. 1907 Köln
Lebt in New York

ROBERT JUNGK
Geb. 11. 5. 1913 Berlin
Lebt in Salzburg

ALFRED KANTOROWICZ
Geb. 12. 8. 1899 Berlin
Lebt in Hamburg

RUDOLF KAYSER
Geb. 18. 11. 1889
Lebt in New York

ALFRED KERR
Geb. 25. 12. 1867 Breslau
Gest. 12. 10. 1948 Hamburg

HERMANN KESTEN
Geb. 28. 1. 1900 Nürnberg
Lebt in Rom

IRMGARD KEUN
Geb. 6. 2. 1910 Berlin
Lebt in Köln

KURT KLAEBER
Geb. 4. 11. 1897 Jena
Gest. 19. 12. 1959 Lugano

ANNETTE KOLB
Geb. 2. 2. 1875 München
Gest. 3. 12. 1967 München

WALTER KOLBENHOFF (eig. W. Hoffmann)
Geb. 20. 5. 1908 Berlin
Lebt in München

SIEGFRIED KRACAUER
Geb. 8. 2. 1889 Frankfurt/M.
Gest. 26. 11. 1966 New York

WERNER KRAFT
Geb. 4. 5. 1896 Braunschweig
Lebt in Jerusalem

LEO LANIA
Geb. 13. 8. 1896 Charkow
Gest. 9. 11. 1961 München

EGON LARSEN
Geb. 13. 7. 1904 München
Lebt in London

OTTO LEHMANN-RUSSBÜLDT
Geb. 1. 1. 1873 Berlin
Gest. 7. 10. 1964 Berlin

HEINZ LIEPMAN
Geb. 27. 8. 1905 Osnabrück
Gest. 6. 6. 1966 Agarone (Schweiz)

FERDINAND LION
Geb. 11. 6. 1883 Mühlhausen
Gest. 21. 1. 1965 Kilchberg (Schweiz)

HUBERTUS PRINZ ZU LÖWENSTEIN
Geb. 14. 10. 1906 Schloß Schönwörth
Lebt in Bad Godesberg

RICHARD LOEWENTHAL
Geb. 15. 4. 1908 Berlin
Lebt in West-Berlin

EMIL LUDWIG
Geb. 25. 1. 1881 Breslau
Gest. 17. 9. 1948 Moscia (Ascona)

EDGAR MAASS
Geb. 4. 10. 1896 Hamburg
Gest. 6. 1. 1964 Paterson (USA)

JOACHIM MAASS
Geb. 11. 9. 1901 Hamburg
Gest. 15. 10. 1972 New York

GOLO MANN
Geb. 27. 3. 1909 München
Lebt in Kilchberg b. Zürich

KLAUS MANN
Geb. 18. 11. 1906 München
Selbstmord 22. 5. 1949 Cannes

THOMAS MANN
Geb. 6. 6. 1875 Lübeck
Gest. 12. 8. 1955 Zürich

ALFRED MARCHIONINI
Geb. 12. 1. 1899 Königsberg
Gest. 6. 4. 1965 München

HERBERT MARCUSE
Geb. 19. 7. 1898 Berlin
Lebt in Kalifornien

LUDWIG MARCUSE
Geb. 8. 2. 1894 Berlin
Gest. 2. 8. 1971 Bad Wiessee

Walter Mehring
Geb. 29. 4. 1896 Berlin
Lebt in Losone (Tessin)

Peter de Mendelssohn
Geb. 1. 6. 1908 München
Lebt in München

Alfred Neumann
Geb. 15. 10. 1895 Lautenburg (Westpr.)
Gest. 3. 10. 1952 Lugano

Ernst Erich Noth
Geb. 25. 2. 1909 Berlin
Lebt in Oklahoma (USA)

Karl Otten
Geb. 29. 7. 1889 Oberkrüchten b. Aachen
Gest. 20. 3. 1963 Locarno

Rudolf Pannwitz
Geb. 27. 5. 1881 Crossen (Oder)
Gest. 23. 3. 1969 Astano b. Lugano

Franz Pfemfert
Geb. 20. 11. 1879 Lötzen (Westpr.)
Gest. 25. 5. 1954 Mexico City

Theodor Plievier
Geb. 12. 2. 1892 Berlin
Gest. 12. 3. 1955 Avegno (Schweiz)

Heinz Pol
Geb. 6. 1. 1901 Berlin
Lebt in New York

Hermann Rauschning
Geb. 7. 8. 1887 Thorn (Westpr.)
Lebt in Portland (Oregon)

Gustav Regler
Geb. 25. 5. 1898 Merzig (Saar)
Gest. 14. 1. 1963 Neu-Delhi

Hans José Rehfisch
Geb. 10. 4. 1891 Berlin
Gest. 9. 6. 1960 Schuls (Engadin)

Erich Maria Remarque
Geb. 22. 6. 1898 Osnabrück
Gest. 25. 9. 1970 Locarno

Curt Riess
Geb. 21. 6. 1902 Würzburg
Lebt in Küsnacht (Schweiz)

Hans Rothfels
Geb. 12. 4. 1891 Kassel
Lebt in Tübingen

Nelly Sachs
Geb. 10. 12. 1891 Berlin
Gest. 12. 5. 1970 Stockholm

Hans Sahl
Geb. 20. 5. 1902 Dresden
Lebt in New York

Albrecht Schaeffer
Geb. 6. 12. 1885 Elbing
Gest. 4. 12. 1950 München

Franz Schoenberner
Geb. 18. 12. 1892 Berlin
Gest. 11. 4. 1970 Teaneck (New Jersey)

Leopold Schwarzschild
Geb. 7. 12. 1891 Frankfurt/M.
Gest. 2. 10. 1950 Sta. Margherita (Italien)

Kurt Schwitters
Geb. 20. 6. 1887 Hannover
Gest. 8. 1. 1948 Ambleside (Westmoreland)

Gerhart Seger
Geb. 16. 11. 1896 Leipzig
Gest. 21. 1. 1967 New York

Ludwig Strauss
Geb. 28. 10. 1892 Aachen
Gest. 11. 8. 1953 Jerusalem

Max Tau
Geb. 19. 1. 1897 Beuthen
Lebt in Oslo

Gabriele Tergit
Geb. 4. 3. 1894 Berlin
Lebt in London

Paul Tillich
Geb. 20. 8. 1886 Starzeddel b. Guben/Neiße
Gest. 22. 10. 1965 Chicago

Alfred H. Unger
Geb. 20. 10. 1902 Hohensalza
Lebt in London

Fritz von Unruh
Geb. 10. 5. 1885 Koblenz
Gest. 28. 11. 1970 Diez/Lahn

VEIT VALENTIN
Geb. 25. 3. 1885 Frankfurt/M.
Gest. 12. 1. 1947 Washington

LUTZ WELTMANN
Geb. 15. 2. 1901 Elbing
Gest. 6. 11. 1967 London

PAUL WESTHEIM
Geb. 7. 8. 1886 Eschwege
Gest. 21. 12. 1963 Berlin

KARL WOLFSKEHL
Geb. 17. 9. 1869 Darmstadt
Gest. 30. 6. 1948 Neuseeland

PAUL ZECH
Geb. 19. 2. 1881 Briesen (Westpr.)
Gest. 7. 9. 1946 Buenos Aires

CARL ZUCKMAYER
Geb. 27. 12. 1896 Nackenheim/Rhein
Lebt in Saas Fee (Wallis)

DEUTSCHE SCHRIFTSTELLER UND PUBLIZISTEN, DIE DER SOGENANNTEN »INNEREN EMIGRATION« ZUGERECHNET WERDEN

Stefan Andres
Geb. 26. 6. 1906 Breitwies
Gest. 29. 6. 1970 Rom

Emil Belzner
Geb. 13. 6. 1901 Bruchsal
Lebt in Heidelberg

Gottfried Benn
Geb. 2. 5. 1886 Mansfeld
Gest. 7. 7. 1956 Berlin

Werner Bergengruen
Geb. 16. 9. 1892 Riga
Gest. 4. 9. 1964 Baden-Baden

Günther Birkenfeld
Geb. 9. 3. 1901 Kottbus
Gest. 22. 8. 1962 Berlin

Friedrich Bischoff
Geb. 26. 1. 1896 Neumarkt (Schlesien)
Lebt in Steinebach/Wörthsee

Kasimir Edschmid
Geb. 5. 10. 1890 Darmstadt
Gest. 31. 8. 1966 Vulpera (Schweiz)

Axel Eggebrecht
Geb. 10. 1. 1899 Leipzig
Lebt in Hamburg

Werner Fiedler
Geb. 2. 4. 1899 Berlin
Lebt in Berlin

Otto Flake
Geb. 29. 10. 1882 Metz
Gest. 10. 11. 1963 Baden-Baden

Marieluise Fleisser
Geb. 23. 11. 1901 Ingolstadt
Gest. 2. 2. 1974 Ingolstadt

Wolfgang Goetz
Geb. 10. 11. 1885 Leipzig
Gest. 3. 11. 1955 Berlin

Gerhard Grindel
Geb. 8. 12. 1902 Berlin
Gest. 7. 8. 1965 Berlin

Theodor Haecker
Geb. 4. 6. 1879 Eberbach (Württemberg)
Gest. 9. 4. 1945 Ustersbach b. Augsburg

Wilhelm Hausenstein
Geb. 17. 6. 1882 Hornberg (Baden)
Gest. 3. 6. 1957 München

Gerhard F. Hering
Geb. 28. 10. 1908 Rogasen (Posen)
Lebt in Darmstadt

Theodor Heuss
Geb. 31. 1. 1884 Brackenheim
Gest. 12. 12. 1963 Stuttgart

Ricarda Huch
Geb. 18. 7. 1864 Braunschweig
Gest. 17. 11. 1947 Schönberg

Herbert Jhering
Geb. 29. 2. 1888 Springe
Lebt in Berlin

Erich Kästner
Geb. 23. 2. 1899 Dresden
Gest. 29. 7. 1974 München

Walther Karsch
Geb. 11. 10. 1906 Berlin
Lebt in Berlin

Hermann Kasack
Geb. 24. 7. 1896 Potsdam
Gest. 10. 1. 1966 Stuttgart

Ernst Kreuder
Geb. 29. 8. 1903 Zeitz b. Halle
Gest. 24. 12. 1972 Darmstadt

Elisabeth Langgässer
Geb. 23. 2. 1899 Alzey
Gest. 25. 7. 1950 Rheinzabern

Gertrud von Le Fort
Geb. 11. 10. 1876 Minden
Gest. 1. 11. 1971 Oberstdorf (Allgäu)

Wilhelm Lehmann
Geb. 4. 5. 1882 Venezuela
Gest. 17. 11. 1968 Eckernförde

OSKAR LOERKE
Geb. 13. 3. 1884 Jungen (Westpr.)
Gest. 24. 2. 1941 Berlin

FRIEDRICH LUFT
Geb. 24. 8. 1911 Berlin
Lebt in Berlin

HANS ERICH NOSSACK
Geb. 30. 1. 1901 Hamburg
Lebt in Hamburg

RUDOLF PECHEL
Geb. 30. 10. 1882 Güstrow
Gest. 28. 12. 1961 Zweisimmen (Schweiz)

ERNST PENZOLDT
Geb. 14. 6. 1892 Erlangen
Gest. 27. 1. 1955 München

ERIK REGER
Geb. 8. 9. 1893 Bendorf/Rhein
Gest. 10. 5. 1954 Wien

BENNO REIFENBERG
Geb. 16. 7. 1892 Oberkassel b. Bonn
Gest. 9. 2. 1970 Kronberg (Taunus)

LUISE RINSER
Geb. 30. 4. 1911 Pitzling (Obb.)
Lebt in Rom

REINHOLD SCHNEIDER
Geb. 13. 5. 1903 Baden-Baden
Gest. 6. 4. 1958 Freiburg i. B.

RUDOLF ALEXANDER SCHRÖDER
Geb. 26. 1. 1878 Bremen
Gest. 22. 8. 1962 Bad Wiessee

FRANK THIESS
Geb. 13. 3. 1890 Uexküll/Livland
Lebt in Darmstadt

GÜNTHER WEISENBORN
Geb. 10. 7. 1902 Velbert (Rheinl.)
Gest. 26. 3. 1969 Berlin

BRUNO E. WERNER
Geb. 5. 9. 1896 Leipzig
Gest. 21. 1. 1964 Davos

ERNST WIECHERT
Geb. 18. 5. 1887 Kleinort (Ostpr.)
Gest. 24. 8. 1950 Uerikon (Schweiz)

PAUL WIEGLER
Geb. 25. 9. 1878 Frankfurt/M.
Gest. 23. 8. 1949 Berlin

KURZBIOGRAPHIEN

ACHTERNBUSCH, HERBERT. – Geb. 23. 11. 1938 in München; acht Jahre Volksschule in Mietraching im Bayerischen Wald; 1954 beginnt er eine Schreinerlehre, die er jedoch schon 1955 wieder abbricht, um nach München zu gehen, wo er zwei Jahre lebt; ab 1957 studiert er sechs Semester Malerei in Nürnberg; danach einige Semester an der Akademie der bildenden Künste in München; Reisen nach Griechenland (1962) und den USA (1964/65); eineinhalb Jahre Glasbläserlehre, die er aus Mangel an künstlerischer Entfaltungsmöglichkeit nicht beendet; 1964 wird er zum ersten Mal in der Zeitschrift *Akzente* mit Gedichten vorgestellt; 1965 beginnt er, Erzählungen und Romane zu schreiben; 1974 Drehbuch zu dem Film *Das Andechser Gefühl*, den er in eigener Regie in diesem Jahr drehen will; Achternbusch ist PEN-Mitglied und wohnt in München.

ADORNO, THEODOR W. (früher: T. Wiesengrund-Adorno). – Geb. 11. 9. 1903 in Frankfurt/M. – gest. 6. 8. 1969 in Brig/Wallis; Sohn eines Kaufmanns und einer Sängerin; Studium der Philosophie, Musik und Sozialwissenschaft in Frankfurt; 1924 promovierte er mit einer Dissertation über Husserl; 1925 Kompositionsschüler von Alban Berg in Wien; in den zwanziger Jahren trat er mit musikkritischen Arbeiten und eigenen Kompositionen an die Öffentlichkeit; 1930 Mitarbeiter des von Max Horkheimer geleiteten Instituts für Sozialforschung an der Universität Frankfurt; 1934 Emigration nach den USA, wo er seit 1938 an dem nach New York verlegten Institut lehrte; Rückkehr aus dem amerikanischen Exil 1947; seit 1950 wieder in Frankfurt als Direktor des dort wiedereröffneten Instituts; Adorno entwickelte gemeinsam mit Horkheimer die sogenannte »Kritische Theorie«, eine neue Aufklärung zwischen Positivismus und Ontologie in ständiger philosophischer Auseinandersetzung mit der gesellschaftlichen Situation; Adorno war PEN-Mitglied seit 1952; er erhielt den Deutschen Kritikerpreis für Literatur 1958/59. – *Gesammelte Schriften*, 1970ff.

AHLSEN, LEOPOLD (eig. Helmut Alzmann). – Geb. 12. 1. 1927 in München; Soldat 1943–1945; nach Kriegsende Studium der Germanistik, Philosophie und Theaterwissenschaft in München; gleichzeitig Besuch der »Deutschen Schauspielschule«; 1947–1949 Engagements als Schauspieler und Regisseur an süddeutschen Stadttheatern und Tourneebühnen; 1949–1960 Hörspiellektor des Bayerischen Rundfunks; lebt seit 1960 als freier Schriftsteller in München; Ahlsen schreibt Schauspiele, Hör- und Fernsehspiele; 1955 erhielt er den Gerhart-Hauptmann-Preis und den Hörspiel-Preis der Kriegsblinden, 1957 den Schiller-Förderungspreis, 1969 Goldener Bildschirm 1968 der Fernsehkritik für das Fernsehspiel »Berliner Antigone«, 1969 Ehrende Anerkennung beim Adolf-Grimme-Preis 1968, PEN-Mitglied seit 1971.

AICHINGER, ILSE. – Geb. 1. 11. 1921 in Wien; verbrachte ihre Kindheit in Linz; besuchte ein Gymnasium in Wien; Abitur 1939; nach der Okkupation Österreichs wurde sie mit ihrer Familie verfolgt; nach 1945 studierte sie fünf Semester Medizin; seit 1949 Lektorin in Wien, später in Frankfurt/M.; Mitarbeiterin an der Ulmer Hochschule für Gestaltung; 1953 heiratete sie den Schriftsteller Günter Eich; Mitglied der Gruppe 47; 1956 wurde sie in die Westberliner Akademie der Künste gewählt; seit 1957 PEN-Mitglied; mehrere Literaturpreise: 1952 Förderungspreis des Österr. Staatspreises und Preis der Gruppe 47, 1955 Literaturpreis der Freien Hansestadt Bremen, 1957 Immermann-Preis der Stadt Düsseldorf für 1955, 1961 Literaturpreis der Bayerischen Akademie der Schönen Künste, 1971 Nelly-Sachs-Preis; Ilse Aichinger schreibt neben erzählender Prosa szenische Skizzen und Hörspiele. (Siehe auch den Band *Die zeitgenössische Literatur Österreichs.*)

ALTENDORF, WOLFGANG. – Geb. 23. 3. 1921 in Mainz; Sohn eines Rechtsanwalts; mit 19 Jahren Soldat in Rußland, dort mehrfach verwundet; nach dem Krieg Journalist, Versicherungsagent, Laienspielverleger, seit 1950 freier Schriftsteller; Lyriker, Erzähler, Essayist, Dramatiker; zahlreiche Hörspiele, Fernsehspiele; 1950 Hörspielpreis des Bayer. Rundfunks München; 1951 Erzählerpreis des Schutzverbandes Deutscher Autoren Hannover; 1952 Förderungspreis des Kultusministeriums von Rheinland-Pfalz; 1954 Sonderpreis der Vereinigung junger Autoren Göttingen; 1957 Gerhart-Hauptmann-Preis der Freien Volksbühne Berlin (zusammen mit Theodor Schübel) für die ersten neun seiner Bühnenwerke; Übersetzungen seiner Werke in 16 Sprachen; Altendorf ist ebenfalls Maler und Zeichner; 1970 begründete er den nach ihm benannten »Linearen Realismus«; 1973 erhielt er das Verdienstkreuz am Band des Verdienstordens der Bundesrepublik Deutschland.

ALVERDES, PAUL. – Geb. 6. 5. 1897 in Straßburg; Sohn eines pommerschen Offiziers; Kriegsfreiwilliger im Ersten Weltkrieg; schwer verwundet; frühes Mitglied der Jugendbewegung; Studium der Germanistik, Kunstgeschichte und Philosophie in München; promovierte 1921 mit der Dissertation *Der mystische Eros in der geistlichen Lyrik des Pietismus* zum Dr. phil.; ließ sich 1922 als freier Schriftsteller in München nieder; 1934–1943 redigierte er mit Karl Benno von Mechow die Zeitschrift *Das Innere Reich*; er schrieb Erzählungen, Gedichte, Essays, Dramen, Märchen, Aufzeichnungen, Drehbücher für den Film, vor allem für »Die Nachtwache«; ferner verfaßte er Kinderbücher und über 300 Hörspiele; 1961 erhielt Alverdes den Sonderpreis des Deutschen Jugendbuch-Preises; 1963 war er Ehrengast der Villa Massimo in Rom; seit 1963 Mitglied der Bayerischen Akademie der Schönen Künste; Alverdes arbeitete auch als Übersetzer, Film- und Rundfunkautor.

ANDERSCH, ALFRED. – Geb. 4. 2. 1914 in München; Gymnasium und Buchhändlerlehre; mit 18 Jahren Organisationsleiter des Kommunistischen Jugendverbandes von Südbayern; 1933 als kommunistischer Jugendleiter im KZ Dachau inhaftiert; in den folgenden Jahren arbeitete er als kaufmännischer Angestellter; in dieser Zeit löste er sich von der KPD; Wehrdienst bis zur Desertion im Juni 1944 an der Italienfront; Kriegsgefangenschaft in den USA; 1945/46 Redaktionsassistent bei der *Neuen Zeitung*; 1946/47 Herausgeber der politisch-kulturellen Zeitung *Der Ruf* zusammen mit H. W. Richter; 1948 Gründer des *Abendstudios* beim Sender Frankfurt/M.; 1951/53 Mitarbeiter beim Funk und bei Zeitschriften; 1952/53 Herausgeber der Reihe *studio frankfurt*; 1955/57 Herausgeber von *Texte und Zeichen*; 1955/58 Gründer und Leiter von *radio-essai* des Senders Stuttgart; Mitglied der Gruppe 47, des PEN-Zentrums 1967, der Bayerischen Akademie der Schönen Künste 1968, der Deutschen Akademie für Sprache und Dichtung 1970; 1958 erhielt er den Förderungspreis des Immermann-Preises für seinen Roman *Sansibar oder Der letzte Grund*; den Deutschen Kritikerpreis; einen Teil des Veillon-Preises; 1967 Nelly-Sachs-Preis für sein literarisches Gesamtwerk und nunmehr den vollen Charles-Veillon-Preis (für seinen Roman *Efraim*). Andersch schreibt Romane, Erzählungen, Reisebücher, Essays und Fernseh- und Hörspiele; er lebt heute als freier Schriftsteller in Berzano bei Locarno.

ANDRES, STEFAN. – Geb. 26. 6. 1906 in Breitwies – gest. 29. 6. 1970 in Rom; Andres, der als neuntes Kind einer Müller-Familie geboren wurde, besuchte zunächst die Klosterschule und bereitete sich auf den Priesterstand vor, war dann Krankenpflegerkandidat in Klöstern und studierte schließlich Theologie, Kunstgeschichte, Philosophie und Germanistik in Köln, Jena und Berlin. Es folgten Reisen nach Italien, Ägypten, Griechenland; Andres ließ sich 1937 in Positano bei Salerno nieder; 1950 kehrte er nach Deutschland zurück; lebte mehrere Jahre in Unkel am Rhein, bis er 1961 erneut nach Italien ging; er lebte bis zu seinem Tod in Rom. Andres schrieb hauptsächlich Romane und Erzählungen, aber auch Dramen und Gedichte; seit 1949 PEN-Mitglied; 1932 Abraham-Lincoln-Stiftung, 1949 Rheinischer Literaturpreis,

1952 Literaturpreis von Rheinland-Pfalz, 1954 Großer Kunstpreis des Landes Nordrhein-Westfalen, 1956 Komturkreuz des Verdienstordens der italienischen Republik, 1957 Dramatikerpreis der Stadt Oldenburg, 1959 Großes Bundesverdienstkreuz der BRD; Mitglied der Deutschen Akademie für Sprache und Dichtung, Darmstadt.

ARP, HANS. – Geb. 16. 9. 1887 in Straßburg – gest. 7. 6. 1966 in Basel; als Bildhauer, Maler und Graphiker ein Wegbereiter der modernen Kunst; 1904 Kunstgewerbeschule in Straßburg; 1905–1907 Studium an der Kunstschule zu Weimar; 1908 an der Académie Julian in Paris; 1909 Übersiedlung nach Weggis (Schweiz); 1911 Mitbegründer des Malerkreises »Der moderne Bund«; 1912 Anschluß an den »Blauen Reiter«; 1913 Mitarbeit an der Zeitschrift *Der Sturm* (Herwarth Walden); 1915 ließ sich Arp in Zürich nieder; 1916–1919 Mitbegründer der Dada-Bewegung (Cabaret Voltaire); 1925–1929 gehörte er der Surrealisten-Bewegung an; 1926 Begegnung mit Kurt Schwitters in Hannover; Mitarbeiter der Zeitschrift *Transition*; zahlreiche internationale Ausstellungen; 1926 Übersiedlung nach Meudon bei Paris; 1940/41 Flucht nach Grasse in Südfrankreich, 1942 in die Schweiz; 1946 kehrte er nach Meudon zurück. Seit 1904 veröffentlichte Arp Gedichte, später auch Prosadichtungen und Essays; er war zugleich der bedeutendste Dichter des Dadaismus; zahlreiche internationale Preise, u. a. 1964 Kunstpreis des Landes Nordrhein-Westfalen, 1965 Hansischer Goethepreis; seit 1957 war Arp korrespondierendes Mitglied der Deutschen Akademie für Sprache und Dichtung in Darmstadt, seit 1958 der West-Berliner Akademie der Künste; 1960 Ritter der Ehrenlegion; seit 1962 korrespondierendes Mitglied der Hamburger Freien Akademie der Künste.

ASMODI, HERBERT. – Geb. 30. 3. 1923 in Heilbronn; 1942–1945 Soldat; bis 1947 Kriegsgefangenschaft; 1947–1952 Studium der Germanistik, Kunstgeschichte und Philosophie in Heidelberg; lebt seit 1952 als freier Schriftsteller in München; 1954 erhielt Asmodi, der vorwiegend zeitkritisch-satirische Stücke für Bühne und Fernsehen schreibt, den Gerhart-Hauptmann-Preis der Freien Volksbühne Berlin; 1971 den Tukan-Preis der Stadt München; außerdem Theaterkritiker und Mitarbeiter an Kunstbüchern (u. a. über Picasso, Daumier, Toulouse-Lautrec, Gustave Doré); seit 1971 PEN-Mitglied.

ASTEL, ARNFRID. – Geb. 9. 7. 1933 in München; Studium der Biologie und Literatur in Freiburg i. Br. und Heidelberg; Hauslehrer in Heidelberg, dann Verlagslektor in Köln; Herausgeber der Zeitschrift für Gedichte *Literarische Hefte*; Mitherausgeber der *Briefe aus Litzmannstadt*; Herausgeber und Mitübersetzer von Ho Tschi Minhs *Gefängnistagebuch* (1970); Astel hat Epigramme und Gedichte veröffentlicht; seit 1967 Leiter der Literaturabteilung am Saarländischen Rundfunk; am 21. 6. 1971 wurde Astel wegen eines politischen Gedichts fristlos gekündigt (der »Fall Astel«); nach einem Arbeitsgerichtsprozeß mußte die Kündigung zurückgenommen werden. Astel lebt heute in Saarbrücken; PEN-Mitglied.

AUGUSTIN, ERNST. – Geb. 31. 10. 1927 in Hirschberg (Riesengebirge); Dr. med.; Medizinstudium in Berlin, später Arzt an der Charité in Berlin, ferner in Pakistan und Afghanistan; Reisen nach Indien, Rußland und in die Türkei; lebt gegenwärtig in München; Augustin erregte 1961 mit seinem phantastischen Romanerstling *Der Kopf* Aufsehen, für den er 1962 den Hermann-Hesse-Preis erhielt.

AUSLÄNDER, ROSE (eig. Rose Scherzer-Ausländer). – Geb. 11. 5. 1907 Czernowitz; lebte bis 1946 in Czernowitz, danach bis 1964 als Übersetzerin in New York, seit 1965 wohnt die Lyrikerin in Düsseldorf; 1966 Silberner Heine-Taler, 1967 Droste-Preis; Mitglied des PEN-Zentrums der Bundesrepublik.

Bachér, Ingrid (eig. I. Erben). – Geb. 24. 9. 1930 in Rostock; nach journalistischer Tätigkeit 1958 erste Buchveröffentlichung; 1960 Stipendiatin der Villa Massimo, Rom; anschließend sechs Jahre in Rom geblieben; 1961 Förderungspreis der Stadt Düsseldorf; Erzählung, Reisebericht, Kinderbuch, Hörspiel, Fernsehspiel; lebt mit ihrem Mann, dem Maler Ulrich Erben, in Goch am Niederrhein; sie ist Mitglied der Gruppe 47.

Bachmann, Ingeborg. – Geb. 25. 6. 1926 in Klagenfurt – gest. 17. 10. 1973 in Rom; wuchs in Kärnten auf; 1945–1950 Studium der Philosophie in Innsbruck, Graz und Wien; promovierte 1950 mit der Dissertation *Die kritische Aufnahme der Existenzphilosophie Martin Heideggers* zum Dr. phil.; 1950 Aufenthalt in Paris; 1952 trat sie zum ersten Mal mit einer Lesung hervor; 1953 erschien ihr erster Gedichtband; 1951–1953 Redakteurin der Sendergruppe Rot-Weiß-Rot in Wien; seit 1953 freie Schriftstellerin; Mitglied der Gruppe 47; lebte 1953–1957 in Italien; Studienreise nach Amerika, später Aufenthalte in Berlin, München, Rom und Zürich; 1959/60 erste Dozentin auf dem neuen Lehrstuhl für Poetik in Frankfurt; 1953 erhielt sie den Literaturpreis der Gruppe 47; 1955 den Literaturpreis des Kulturkreises der Deutschen Industrie; 1957 den halben Literaturpreis der Hansestadt Bremen, 1958 den Hörspielpreis der Kriegsblinden, 1961 den Kritikerpreis; 1964 den Georg-Büchner-Preis der Deutschen Akademie für Sprache und Dichtung, deren korrespondierendes Mitglied sie 1957 wurde; 1968 den Großen Österreichischen Staatspreis für Literatur; 1972 den Anton-Wildgans-Preis; ab 1961 war sie außerordentliches Mitglied der Akademie der Künste, West-Berlin. Ingeborg Bachmann schrieb Gedichte, Prosa, Essays, Libretti und Hörspiele; Übersetzungen aus dem Italienischen. 1965 wurde sie zusammen mit H. M. Enzensberger in den Vorstand des Europäischen Schriftstellerverbandes gewählt. (Siehe auch den Band *Die zeitgenössische Literatur Österreichs.*)

Bächler, Wolfgang. – Geb. 22. 3. 1925 in Augsburg; Sohn eines Staatsanwalts; Grundschule in Bamberg und München, Gymnasium in Memmingen; 1943 als Rekrut nach Frankreich; 1944 im Partisanenkampf schwer verwundet und vom Maquis gefangengenommen, später wieder freigelassen; nach dem Krieg Studium der Literatur- und Kunstgeschichte, Psychologie und Theaterwissenschaft in München bis 1948; Reisen in West- und Osteuropa; 1956–1966 Aufenthalt in Frankreich; seit 1967 lebt er in München; Mitarbeiter bei Presse, Rundfunk und Verlagen; Bächler arbeitet auch als Übersetzer; Mitbegründer und Mitglied der Gruppe 47; PEN-Mitglied; er schreibt erzählende Prosa, Lyrik, Essays und Kritiken.

Bamm, Peter (eig. Curt Emmerich). – Geb. 20. 10. 1897 in Hochneukirch/Sachsen; nach dem Besuch des Gymnasiums meldete er sich 1914 als Kriegsfreiwilliger; nach dem Krieg Studium der Medizin und Sinologie in Göttingen, Freiburg und Frankfurt a. M.; 1923 Promotion zum Dr. med.; als Schiffsarzt bereiste er China, Südamerika, Mexiko und Westafrika; 1923–1933 freier Mitarbeiter bei der *Deutschen Allgemeinen Zeitung*, 1934–1940 bei der *Deutschen Zukunft* (über Jahre hinweg schrieb er für diese Zeitungen seine heiter-ironischen Feuilletons); 1936 Facharzt für Chirurgie; 1938–1940 chirurgische Praxis in Berlin; im Zweiten Weltkrieg war er von 1941–1945 Chirurg im russischen Feldzug; seit 1946 ist er freier Schriftsteller, er lebt heute in Zollikon bei Zürich. Bamm ist Ritter des Militär-St.-Heinrichsordens und Inhaber der Paracelsusmedaille (1960); er ist Mitglied der Deutschen Akademie für Sprache und Dichtung und des PEN-Zentrums der BRD.

Bäumer, Gertrud. – Geb. 12. 9. 1873 in Hohenlimburg/Westfalen – gest. 25. 3. 1954 in Bethel bei Bielefeld; Vater Theologe; Schule in Halle und Magdeburg; Volksschullehrerin; dann Studium der Germanistik, Philosophie und Sozialwissenschaft in Berlin, Dr. phil. 1904; mit Helene Lange führend in der Frauenbewegung; gab mit ihr und später allein die Zeitschrift

Die Frau (1893–1944) und das *Handbuch der Frauenbewegung* (1901–1906) heraus; 1915–1940 Mitarbeiterin der von F. Naumann und Th. Heuss herausgegebenen Zeitschrift *Die Hilfe*; 1910 Vorsitzende des Bundes deutscher Frauenvereine; im Ersten Weltkrieg Begründerin des »Nationalen Frauendienstes«; 1916–1920 Leiterin des Sozialpädagogischen Instituts Hamburg; 1919–1933 Abgeordnete der Demokratischen Partei, Mitglied des Reichstags; 1920–1933 Ministerialrätin im Reichsministerium des Innern; 1933 wurde sie ihrer Ämter enthoben. Seit 1927 (*Die Frauengestalt der deutschen Frühe*) war Gertrud Bäumer Schriftstellerin; sie schrieb historische Romane, sozial- und kulturpolitische Schriften im Dienste der Frauenbewegung, Biographien und Essays.

BARTH, EMIL. – Geb. 6. 7. 1900 in Haan (Rheinland) – gest. 14. 7. 1958 in Düsseldorf; Sohn eines schlesischen Buchbinders aus alter Handwerkerfamilie; arbeitete zunächst als Buchdrucker und Verlagsangestellter; seit 1924 freier Schriftsteller; wohnte zehn Jahre lang in München, ab 1932 in Düsseldorf und Xanten, ab 1943 in Haan und 1955 in Düsseldorf; starb nach seiner Rückkehr aus einem Sanatorium der USA in Düsseldorf; Barth war Lyriker, Erzähler und Essayist. – *Gesammelte Werke*, Hg. N. Mennemeier, 2 Bde., 1960.

BAUER, JOSEPH MARTIN. – Geb. 11. 3. 1901 in Taufkirchen (Vils) – gest. 16. 3. 1970 in Dorfen; Bäckerssohn; Lateinschule in Scheyern, Gymnasium in Freising; Abitur 1920; Priesterseminar, dann Gelegenheitsarbeiter, Büroangestellter und ab 1930 Redakteur der Lokalzeitung in Dorfen/Obb.; seit 1935 freier Schriftsteller; im Zweiten Weltkrieg Soldat; Autor von Romanen, Erzählungen und Hörspielen; Bauer erhielt 1930 den Jugendpreis deutscher Erzähler; für seinen bedeutenden Beitrag zur Entwicklung des Hörspiels als Dichtungsform wurde ihm 1965 die Goldene Medaille des Bayerischen Rundfunks zugesprochen.

BAUM, VICKI. – Geb. 24. 1. 1888 in Wien – gest. 29. 8. 1960 in Hollywood; stammte aus einer Beamtenfamilie; besuchte das Konservatorium in Wien und wurde als Harfenistin vom Großherzog von Hessen vor dem Ersten Weltkrieg nach Darmstadt berufen. 1926 begann sie als Redakteurin im Berliner Ullstein-Verlag zu arbeiten und ging 1931 nach Hollywood, als dort ihr erfolgreicher Roman *Menschen im Hotel* verfilmt wurde; sie blieb in den USA und wurde 1938 Amerikanerin, schrieb seither auch in englischer Sprache. Ihre Bücher, während des Dritten Reichs in Deutschland verboten, waren weltweit verbreitete und übersetzte Bestseller.

BAUMGART, REINHARD. – Geb. 7. 7. 1929 in Breslau; Sohn eines Arztes, flüchtete 1945 ins bayerische Allgäu; arbeitete in der Landwirtschaft und in einer Fabrik; 1947 Abitur in Mindelheim; Verlagsvolontär in München; ab 1948 Studium der deutschen und englischen Literatur und Geschichte in München, Freiburg i. Br. und Glasgow; 1953 Promotion zum Dr. phil. mit der Dissertation *Das Ironische und die Ironie in den Werken von Thomas Mann*; 1953/54 Lektor an der Universität Manchester; 1955–1962 Lektor eines Münchner Verlags; 1961 erschien sein erster Roman; PEN-Mitglied seit 1966. Baumgart lebt heute als freier Schriftsteller und Kritiker in München; er schreibt neben erzählender Prosa Literatur- und Theaterkritiken sowie literaturwissenschaftliche Essays.

BECHER, ULRICH. – Geb. 2. 1. 1910 in Berlin; Sohn eines Berliner Anwalts und einer Schweizer Pianistin; Besuch eines Berliner Gymnasiums; Graphikschüler bei George Grosz; Studium der Jurisprudenz in Genf und Berlin; sein erstes Buch (*Männer machen Fehler*) wurde 1933 als »entartet« verbrannt; 23jährig zog Becher nach Wien, wo er die Tochter des Satirikers Roda Roda heiratete; 1938 Emigration nach Genf, 1941 nach Brasilien, wo er in Rio de Janeiro und auf einer Urwaldfarm lebte; 1944–1948 Aufenthalt in New York; 1948 Rückkehr nach Europa; Becher lebt heute in Basel; er schreibt Dramen, Lyrik, Romane und Novellen, außerdem publizistische Beiträge für Exilzeitschriften und Schweizer Zeitungen; er erhielt 1955 den Dramatikerpreis der deutschen Bühnenvereine.

BECKER, JÜRGEN. – Geb. 10. 7. 1932 in Köln; nach dem Abitur 1953 und einem abgebrochenen Studium erste schriftstellerische Versuche; zwei Jahre Verlagslektor in Hamburg; 1965/67 zwei Jahre Stipendiat der Villa Massimo in Rom; 1964 erhielt er den Niedersächsischen Förderungspreis, 1967 den Preis der Gruppe 47, 1968 den Literaturpreis der Stadt Köln; Becker lebt als freier Schriftsteller in Köln; er ist PEN-Mitglied; Prosa, Gedicht, Hörspiel, Fernsehfilm.

BECKER, ROLF. – Geb. 14. 1. 1928 in Essen; Journalist und Schriftsteller; Romane, Erzählungen, Hörspiele.

BEHEIM-SCHWARZBACH, MARTIN. – Geb. 27. 4. 1900 in London; wuchs als Sohn eines Schiffsarztes in Hamburg auf; 1918 Soldat, nach dem Krieg Abitur; später Kaufmann, Filmjournalist und Schriftsteller; 1939 Emigration nach London, wo er bis 1946 als Fabrikarbeiter und Mitarbeiter am Rundfunk arbeitete; seit Kriegsende lebt Beheim-Schwarzbach als Kaufmann, Journalist, Vertreter, Redakteur und Schauspieler, dann als freier Schriftsteller (Erzähler, Übersetzer und Lyriker) wieder in Hamburg; PEN-Mitglied; 1964 Alexander-Zinn-Preis für literarische Verdienste; Mitglied der Deutschen Akademie für Sprache und Dichtung, Darmstadt, und der Freien Akademie der Künste, Hamburg.

BEHRENS, ALFRED. – Geb. 30. 6. 1944 in Hamburg; arbeitete zunächst als Werbetexter, Übersetzer und Nachrichtensprecher; lebt gegenwärtig als freier Autor in Berlin; Prosa, Lyrik, Hörspiel, Film. 1973 erhielt Behrens den Hörspielpreis der Kriegsblinden für *Das große Identifikationsspiel.*

BELZNER, EMIL. – Geb. 13. 6. 1901 in Bruchsal/Baden; entstammt einer schwäbischen Weinbauern- und Handwerkerfamilie; begann schon als Gymnasiast mit ersten schriftstellerischen Versuchen; Studium der Naturwissenschaften, Geschichte und Philosophie; seit 1924 Journalist: Zeitfragen, politische Kommentare, Literaturkritik; 1946–1969 Chefredakteur der *Rhein-Neckar-Zeitung* in Heidelberg; Mitglied des PEN-Clubs. Belzner ist mit Vers-Epen bekannt geworden, daneben schrieb er Lyrik und eine Reihe von Romanen; nach 1933 kamen Belzners Werke auf den Index der in Deutschland verbotenen Bücher; er ist Mitglied der Mainzer Akademie der Wissenschaften und der Literatur. 1949 erhielt er für sein erzählerisches Werk den damals noch gesamtdeutschen Heinrich-Heine-Preis west- und ostdeutscher Verleger.

BENDER, HANS. – Geb. 1. 7. 1919 in Mühlhausen, Kreis Heidelberg; Internatsschüler im Schwarzwald; 1939 Abitur; Studium der Germanistik, Kunstgeschichte und Publizistik in Erlangen und Heidelberg; fünf Jahre Soldat; 1949 Rückkehr aus sowjetischer Kriegsgefangenschaft; Fortsetzung des Studiums; Feuilletonredakteur der *Deutschen Zeitung*, Chefredakteur von *magnum*; Herausgeber der Zeitschrift *Konturen. Blätter für junge Dichtung* (1952–1954), der seit 1956 mehrfach erschienenen Sammlung *Junge Lyrik*, der Anthologien *Mein Gedicht ist mein Messer* (1955), *Widerspiel. Deutsche Lyrik seit 1945* (1961) und *Klassiker des Feuilletons* (1965); seit 1965 Lektor im Carl Hanser Verlag; Gastprofessor an der University of

Texas, Austin; Vortragsreisen im Ausland; seit 1968 Alleinherausgeber der Zeitschrift *Akzente*, die er 1954 gemeinsam mit W. Höllerer begründete. Bender schreibt Lyrik und Prosa; er ist Mitglied des deutschen PEN-Zentrums, der Deutschen Akademie für Sprache und Dichtung, Darmstadt, und der Akademie der Wissenschaften und der Literatur, Mainz; er lebt als freier Schriftsteller in Köln.

BENJAMIN, WALTER. – Geb. 15. 7. 1892 in Berlin – gest. 26. 9. 1940 in Port Bou (Spanien); entstammte einer bürgerlichen Familie – der Vater war Bankmann, später Antiquar und Kunsthändler –, schloß sich aber bald der antibürgerlichen Jugendbewegung an; Besuch des Friedrich-Wilhelm-Gymnasiums in Berlin; 1912 Studium der Philosophie in Berlin, ein Jahr später in Freiburg; trat der Freien Studentenschaft bei, einer Gemeinschaftsbewegung, die gegen den Korpsgeist an den Universitäten Front machte; im Ersten Weltkrieg Übersiedlung in die Schweiz; nach seiner Heirat mit Dora Pollack Fortsetzung seiner Studien in Bern, wo er Ernst Bloch kennenlernt; 1919 Promotion mit der Arbeit *Der Begriff der Kunstkritik in der deutschen Romantik*; 1920 Rückkehr nach Berlin; die 1923–1925 entstandene Habilitationsschrift *Ursprung des deutschen Trauerspiels* wurde von der Universität Frankfurt zurückgewiesen: damit zerschlägt sich die Hoffnung auf eine Dozentur; danach arbeitete Benjamin als freier Schriftsteller, Kritiker und Übersetzer; seit 1924 eindringliche Beschäftigung mit dem Marxismus; Winter 1926/27 Aufenthalt in Moskau; 1925/26 Übersetzung von Prousts *Auf der Suche nach der verlorenen Zeit* (zusammen mit Franz Hessel); 1930 Scheidung, in demselben Jahr Tod seiner Eltern; nach 1933 Emigration nach Paris, längere Aufenthalte auf Ibiza und (mit Brecht) in Dänemark; 1940 besorgte ihm Max Horkheimer ein Visum für die USA; als Benjamin mit einer Gruppe Emigranten die spanische Grenze überschreiten wollte und der Alkalde von Port Bou in erpresserischer Absicht drohte, die Flüchtlinge an die Gestapo auszuliefern, vergiftete er sich in der Nacht vom 26. 9. 1940 in Port Bou, wo er auch begraben liegt. Er schrieb nach seiner Habilitationsschrift kürzere und längere Essays, auch aphoristische Texte, aber keine umfangreicheren Arbeiten mehr; Benjamins Denken ist hauptsächlich durch ästhetische und geschichtsphilosophische Interessen gekennzeichnet, ferner durch die 1924 erfolgte Hinwendung zum dialektischen Materialismus; seit 1930 trat Benjamins Geschichtsrealismus immer deutlicher hervor. – *Gesammelte Schriften*, Hg. R. Tiedemann, H. Schweppenhäuser u. a., 1971 ff.

BENN, GOTTFRIED. – Geb. 2. 5. 1886 in Mansfeld (Westprignitz) – gest. 7. 7. 1956 in Berlin; Sohn eines protestantischen Pfarrers; seine Mutter stammte aus der französischen Schweiz; Besuch des humanistischen Gymnasiums und auf Wunsch des Vaters Studium der Theologie und Philologie in Marburg und Berlin; seit 1905 Medizinstudium in Berlin als Angehöriger der Kaiser-Wilhelm-Akademie für das militärärztliche Bildungswesen; 1912 Promotion, danach Militärarzt; gegen Ende der Studienzeit veröffentlichte Benn seinen ersten Gedichtband (*Morgue und andere Gedichte*); aus gesundheitlichen Gründen schied er aus dem militärischen Dienst aus und arbeitete bis 1914 als Privatarzt in Berlin sowie in mehreren Krankenhäusern; 1912/13 Freundschaft mit Else Lasker-Schüler; während des Ersten Weltkriegs Militärarzt in Brüssel; 1917 eröffnete Benn in Berlin als Facharzt für Haut- und Geschlechtskrankheiten eine Praxis, die er bis 1935 führte; 1914–1916 entstehen seine Rönne-Novellen; seit 1932 Mitglied der Sektion für Dichtkunst der Preußischen Akademie der Künste; Benn trug durch seine zustimmende Haltung zum Nationalsozialismus wesentlich zur geistigen Legitimierung der Nazi-Herrschaft bei; 1935 ließ er sich, inzwischen längst von seinem verhängnisvollen Fehlurteil abgerückt, als Militärarzt reaktivieren und wurde einer Dienststelle in Hannover zugewiesen; 1937 Versetzung nach Berlin, wo er 1938 Herta von Wedemeyer heiratet, im selben Jahr Ausschluß aus der Reichsschrifttumskammer und Schreibverbot. Seit 1943 war seine Dienststelle in Landsberg an der Warthe; 1945 kehrte Benn nach Berlin zurück und eröffnete wieder seine Praxis; 1946 heiratete er Ilse Kaul, nachdem seine zweite Frau 1945 gestorben war; 1951 Verleihung des Büchner-Preises und wachsende Anerkennung. – *Gesammelte Werke*, Hg. D. Wellershoff, 4 Bde., 1958–1961; ern. 8 Bde., 1968.

Benrath, Henry (eig. Albert H. Rausch). – Geb. 5. 5. 1882 in Friedberg/Hessen – gest. 11. 10. 1949 in Magreglio/Comer See; Sohn eines Großkaufmanns; Studium der Germanistik, Romanistik und Geschichte an den Universitäten Genf, Berlin, Paris und Gießen; zahlreiche Reisen nach Frankreich und Italien; seit 1932 schrieb er unter seinem Pseudonym Henry Benrath Gedichte und erzählende Prosa; lebte die letzten eineinhalb Jahrzehnte seines Lebens völlig zurückgezogen in Oberitalien; Benrath ist aus dem George-Kreis hervorgegangen; 1932 erhielt er den Georg-Büchner-Preis.

Bense, Max. – Geb. 7. 2. 1910 in Straßburg; Studium der Physik, Mathematik und Philosophie in Bonn, Köln und Basel; mehrere Jahre als Mathematiker und Physiker in der Industrie tätig; 1946 wurde er Professor und Kurator der Universität Jena; seit 1949 Professor für Philosophie und Wissenschaftstheorie an der Universität Stuttgart, Hauptgebiete: Informationsästhetik und Semiotik; von 1953–1958 Gastprofessor an der Hochschule für Gestaltung in Ulm; seit 1965 Gastprofessor an der Hochschule für bildende Künste in Hamburg; Gastvorlesungen in Rio de Janeiro und Japan; Bense veröffentlicht neben Lyrik- und Prosatexten, Montagen und Mischtexten ästhetische, semiotische und texttheoretische Schriften; er hat ein umfangreiches philosophisch-geisteswissenschaftliches Werk geschaffen.

Bergengruen, Werner. – Geb. 16. 9. 1892 in Riga – gest. 4. 9. 1964 in Baden-Baden; entstammte einer baltendeutschen Familie schwedischen Ursprungs; der Vater war Arzt; Bergengruen wurde noch im russischen Kaiserreich geboren, er besuchte in Lübeck das Katharinäum; Studium in Marburg, München und Berlin, zunächst Theologie, dann Germanistik und Kunstgeschichte; 1914 Kriegsfreiwilliger in der deutschen Armee, später Kornett in der baltischen Landeswehr; 1920–1922 leitete er die Zeitschrift *Ost-Information*, 1925 wurde er Hauptschriftleiter der *Baltischen Blätter*; 1927–1936 lebte er in Berlin; 1937 aus der Reichsschrifttumskammer ausgeschlossen; längere Aufenthalte in Italien, das ihm zur zweiten Heimat wurde; 1936 konvertierte Bergengruen zum Katholizismus; lebte als Schriftsteller in Berlin, in Solln bei München, seit 1942 in Tirol, von 1946–1958 in Zürich, 1948/49 in Rom; 1958 Übersiedlung nach Baden-Baden. Bergengruen war Lyriker, Erzähler und Übersetzer aus dem Russischen; seine Bedeutung liegt vor allem in der Novellistik; 1948 erhielt er für sein Gesamtwerk den Wilhelm-Raabe-Preis; Mitglied des PEN-Zentrums, der Bayerischen Akademie der Schönen Künste, der Deutschen Akademie für Sprache und Dichtung, Darmstadt, der Akademie der Wissenschaften und der Literatur, Mainz, und der Westberliner Akademie der Künste. 1957 erhielt er das große Verdienstkreuz der BRD, 1958 Dr. h. c. der Universität München; Mitglied des Ordens pour le mérite; 1962 Schiller-Gedächtnis-Preis des Landes Baden-Württemberg.

Bieler, Manfred. – Geb. 3. 7. 1934 in Zerbst (Anhalt); Vater Baumeister, Mutter Stenotypistin; Besuch der Oberschule in Dessau und Asch (ČSSR); 1952 Abitur; 1952–1956 Studium der Germanistik in Ost-Berlin; Reisen nach Österreich, in die Schweiz, nach Italien, in die ČSSR, nach Ungarn und Bulgarien; 1960 auf einem Fischdampfer nach Kanada. Bieler trat zuerst während der Tauwetter-Periode 1956 literarisch hervor; seit 1957 freier Schriftsteller; 1965 wurde er von der SED wegen eines Romanmanuskripts angegriffen; er lebte mehrere Jahre in Prag, bevor er 1967 Staatsbürger der Tschechoslowakei wurde; 1968 Übersiedlung nach München, wo er seitdem wohnt; 1964–1967 war Bieler Mitglied des PEN-Zentrums der DDR, 1968 des Tschechoslowakischen Schriftstellerverbandes (bis zu dessen Auflösung 1968); 1965 erhielt er den Internationalen Hörspielpreis Warschau, 1969 den Andreas-Gryphius-Preis, 1971 den Förderungspreis für junge Künstler und Schriftsteller des Landes Bayern; er ist Mitglied der Bayerischen Akademie der Schönen Künste; Roman, Lyrik, Parodie, Kurzprosa, Hörspiel, Fernsehspiel. (Siehe auch den Band *Die Literatur der Deutschen Demokratischen Republik.*)

Bienek, Horst. – Geb. 7. 5. 1930 in Gleiwitz; nach dem Krieg kurze Zeit Schüler von Brecht in Ostberlin; mit 19 Jahren veröffentlichte er seine ersten Gedichte, u.a. in Huchels Zeitschrift *Sinn und Form*; 1951 in Potsdam aus politischen Gründen verhaftet und zu 25 Jahren Zwangsarbeit verurteilt; Gefängnis in Moskau und Nowosibirsk; nach vier Jahren kehrte er aus dem Straflager Workuta/Sibirien zurück; 1956 übersiedelte er in die Bundesrepublik; 1957 Rundfunkredakteur in Frankfurt/M.; seit 1961 Lektor in München; zusammen mit H. Platschek war er Herausgeber der Zeitschrift *Blätter und Bilder* (1958–1962). Bienek ist Lyriker, Erzähler, Kritiker und Hörspielautor; 1962 erschienen seine *Werkstattgespräche mit Schriftstellern*; 1960 erhielt er das Villa-Massimo-Stipendium; 1967 den Förderungspreis für Literatur (Bayern), die Ehrengabe des Andreas-Gryphius-Preises, den Hugo-Jacobi-Preis Zürich; 1969 den Literaturpreis der Freien Hansestadt Bremen; 1971 den Bundesfilmpreis in Gold für die Verfilmung seines Romans *Die Zelle*; er ist Mitglied der Bayerischen Akademie der Schönen Künste, der Deutschen Akademie für Sprache und Dichtung und des PEN-Zentrums der Bundesrepublik Deutschland; Bienek lebt in München.

Biermann, Wolf. – Geb. 15. 11. 1936 in Hamburg; Vater Jude und Kommunist, kam in Auschwitz um; 1953 Übersiedlung in die DDR; Studium der Philosophie, Ökonomik und Mathematik in Berlin; lehrte als Dozent kommissarisch Ästhetik; anschließend Regieassistent beim Berliner Ensemble; Kandidat der SED bis zur Streichung aus der Liste; 1962 Vortragsverbot, 1963 Aufhebung des Verbots; 1964 Besuch der BRD; Ende 1965 Anti-Biermann-Kampagne im *Neuen Deutschland*; erneutes Auftrittsverbot; lebt in Ostberlin. (Siehe auch den Band *Die Literatur der Deutschen Demokratischen Republik.*)

Billinger, Richard. – Geb. 20. 7. 1893 im österreichischen St. Marienkirchen bei Schärding (Innviertel) – gest. 7. 6. 1965 in Linz/Donau; Sohn eines Bauern, zum Priester bestimmt; Studium der Literatur und Philosophie in Innsbruck, Kiel und Wien; nach dem Abbruch seiner Studien versuchte er sich in Kiel als Seemann; in Wien entdeckte die Tänzerin Grete Wiesenthal sein dichterisches Talent und machte ihn mit Hugo von Hofmannsthal bekannt, der ihn förderte; er lebte in Berlin, München und Starnberg-Niederpöcking; 1924 erhielt er den Dichterpreis der Stadt Wien, 1932 für sein Drama *Rauhnacht* den Kleist-Preis, 1941 den Raimund-Preis der Stadt Wien, 1943 den Literaturpreis der Stadt München, 1962 den Grillparzer-Preis der österreichischen Akademie der Wissenschaften; 1960 wurde er außerordentliches Mitglied der Bayerischen Akademie der Schönen Künste; außer seinen Dramen schrieb Billinger Gedichte und eine Autobiographie. – *Gesammelte Werke*, Hg. H. Gerstinger, 6 Bde., 1955–1960. (Siehe auch den Band *Die zeitgenössische Literatur Österreichs.*)

Bingel, Horst. – Geb. 6. 10. 1933 in Korbach/Hessen; verbrachte seine Kindheit in Westfalen und Thüringen; Gymnasium und Buchhandelslehre; 1948 übersiedelte er nach Hessen; er arbeitete als Buchhändler, studierte dann Malerei und Bildhauerei; 1956/57 war er Redakteur des *Deutschen Büchermarkts*; 1956–1969 Herausgeber der *Streit-Zeit-Schrift* (1968/69 *Streit-Zeit-Bücher*, *Streit-Zeit-Bilder*).Bingel lebt als freier Schriftsteller in Frankfurt/M.; er schreibt Lyrik, Essays und Prosa und trat besonders als Herausgeber hervor (*Junge Schweizer*

Lyrik, 1958; *Deutsche Lyrik, Gedichte seit 1945*, 1961; *Zeitgedichte, Deutsche politische Lyrik seit 1945*, 1963; *Deutsche Prosa, Erzählungen seit 1945*, 1963); 1965 gründete Bingel das »Frankfurter Forum für Literatur«; seit 1966 ist er Vorsitzender des Verbandes Deutscher Schriftsteller in Hessen, Mitglied des PEN-Zentrums der Bundesrepublik Deutschland und des Internationalen Schriftstellerverbandes, Zürich.

BISCHOFF, FRIEDRICH. – Geb. 26. 1. 1896 in Neumarkt/Schlesien; 1914–1918 Soldat; nach der Rückkehr aus dem Ersten Weltkrieg Studium der Kunstgeschichte, Germanistik und Philosophie in Breslau; 1923–1925 Chefdramaturg der Vereinigten Theater in Breslau; 1925–1928 künstlerischer Leiter der »Schlesischen Funkstunde« in Breslau, wo er maßgeblich an der Entwicklung von Wortsendungen beteiligt war; 1929–1933 Intendant des Breslauer Senders; 1933 wurde er aus politischen Gründen seines Amtes enthoben und von der Gestapo verhaftet, 1934 freigesprochen; bis 1942 literarischer Berater des Propyläen-Verlages in Berlin; 1946–1965 war Bischoff bis zu seiner Pensionierung Intendant des Südwestfunks in Baden-Baden. Bischoff ist Lyriker, Erzähler und Hörspielautor, Mitglied des PEN, der Deutschen Akademie für Sprache und Dichtung, Darmstadt, und der Akademie der Wissenschaften und der Literatur, Mainz; 1954 erhielt er das Große Verdienstkreuz des Verdienstordens der BRD, 1965 den Stern zum Großen Verdienstkreuz. Bischoff ist Ehrensenator der Universitäten Mainz und Freiburg i. Br., er lebt in Steinebach am Wörthsee.

BLÖCKER, GÜNTER. – Geb. 13. 5. 1913 in Hamburg; ab 1933 Regiestudium an der Schauspielschule des Deutschen Theaters Berlin (Max-Reinhardt-Schule); bis 1945 Regisseur und Dramaturg in Hannover, Potsdam, Berlin; nach dem Krieg Journalismus mit Schwerpunkt auf der Literaturkritik: *Tagesspiegel*, Berlin, *Frankfurter Allgemeine Zeitung*, *Süddeutsche Zeitung*, *Merkur*; Mitarbeiter am Rundfunk und an Zeitschriften; Übersetzungen aus dem Englischen; Blöcker erhielt 1958 den Fontane-Preis der Stadt Berlin und 1964 den Johann-Heinrich-Merck-Preis für literarische Kritik, Darmstadt; Mitglied des PEN-Zentrums und der Deutschen Akademie für Sprache und Dichtung, Darmstadt; er ist mit der Schauspielerin Maria Krasna verheiratet; Wohnsitz in Berlin und Wuppertal.

BOEHLICH, WALTER. – Geb. 16. 9. 1921 in Breslau; Studium der Germanistik; Universitätslektor, dann Verlagslektor, Literaturkritiker und Übersetzer in Frankfurt.

BÖLL, HEINRICH. – Geb. 21. 12. 1917 in Köln; Sohn eines Bildhauers und Schreinermeisters; nach dem Abitur Buchhandelslehre; Arbeitsdienst; 1939–1945 Soldat, dann Gefangenschaft; nach dem Krieg Studium der Germanistik in Köln, gleichzeitig arbeitete er in der Schreinerei seines Bruders, später Behördenangestellter; seit 1951 freier Schriftsteller in Köln; von 1947 an erschienen seine Kurzgeschichten in verschiedenen Zeitungen; 1955 Irlandaufenthalt; 1962 Rußlandreise; 1951 Preis der Gruppe 47, der er angehörte; 1953 Literaturpreis des Bundesverbandes der Deutschen Industrie und des Verbandes der Deutschen Kritiker; 1955 Preis der französischen Verleger für den besten ausländischen Roman, 1958 Eduard-von-der-Heydt-Kulturpreis der Stadt Wuppertal für sein Gesamtwerk, 1959 Großer Kunstpreis des Landes Nordrhein-Westfalen, 1960 Prix Veillon, 1961 Literaturpreis der Stadt Köln, 1965 Premio d'Isola d'Elba, 1966 Premio Calabria, 1967 Büchner-Preis; 1972 Nobelpreis für Literatur; 1974 Carl-von-Ossietzky-Medaille, verliehen von der Internationalen Liga für Menschenrechte, Sektion Berlin. Böll ist Mitglied der Deutschen Akademie für Sprache und Dichtung und der Bayerischen Akademie der Schönen Künste, ferner korrespondierendes Mitglied der Akademie der Wissenschaften und der Literatur, Mainz; 1970 Präsident des PEN-Zentrums der Bundesrepublik Deutschland; 1971–1974 Präsident des internationalen PEN-Clubs. Er schreibt Romane, Erzählungen, Hörspiele, Satiren, Essays und übersetzt aus dem Englischen.

Bongs, Rolf. – Geb. 5. 6. 1907 in Düsseldorf; Studium der Germanistik, Kunstgeschichte, Philosophie, Theater- und Zeitungswissenschaft in München, Berlin und Marburg; promovierte 1934 über Kleist zum Dr. phil.; er war Archivar, Bibliothekar, im Zweiten Weltkrieg Soldat und Kriegsberichterstatter, dann Journalist sowie Kunst- und Literaturkritiker; seit 1945 freier Schriftsteller; ein Gedichtband wurde auf die NS-Verbotslisten gesetzt. Bongs veröffentlichte Romane, Erzählungen, Schauspiele, Essays und Lyrik; Übersetzungen seiner Bücher erschienen in Holland, Frankreich und in den USA; er ist auch als Übersetzer und Nachdichter tätig; 1954 erhielt er den Filmpreis für junge Autoren, 1956 den Droste-Literaturpreis (Förderungspreis), 1957 die Hermann-Hesse-Stiftung, 1958 die Rudolf-Alexander-Schröder-Stiftung, 1966 die Pirkheimer-Medaille. 1972 und 1973 Vorlesungsreisen durch die USA; 1971 Gastprofessor in Amherst/Mass.; er lebt in Düsseldorf.

Borchers, Elisabeth. – Geb. 27. 2. 1926 in Homberg/Niederrhein; wuchs im Elsaß auf; lebte längere Zeit in Frankreich und den USA; 1959 Mitarbeiterin von Inge Aicher-Scholl an der Ulmer Volkshochschule; 1960–1971 Lektorin des Luchterhand Verlages; Lyrik, Kinderbuch, Funkerzählung, Hörspiel und Übersetzung; 1965 Funkerzählungspreis des Süddeutschen Rundfunks; 1967 Kulturpreis der Deutschen Industrie; Mitglied des PEN-Zentrums und der Akademie der Wissenschaften und der Literatur, Mainz; sie lebt in Frankfurt am Main.

Borchert, Wolfgang. – Geb. 20. 5. 1921 in Hamburg – gest. 20. 11. 1947 in Basel; sein Vater war Lehrer, seine Mutter Schriftstellerin; besuchte die Oberrealschule in Hamburg-Eppendorf, dann Buchhändlerlehre; kurzzeitig Schauspieler in Lüneburg; kam 1941 als Soldat an die Ostfront; 1942 schwer verwundet; 1942 und 1944 wegen »Wehrkraftzersetzung« zu Haftstrafen verurteilt (zum Tode verurteilt, doch zur »Frontbewährung« begnadigt, 1943 wird er todkrank entlassen, 1944 erneut verhaftet), 1945 kehrt er schwerkrank nach Hause zurück; vorübergehend Regieassistent und Kabarettist; starb während eines Kuraufenthalts in der Schweiz einen Tag vor der Uraufführung seines einzigen Dramas, *Draußen vor der Tür*; Borchert hat auch Erzählungen und Gedichte geschrieben. – *Das Gesamtwerk*, 1949.

Born, Nicolas. – Geb. 31. 12. 1937 in Duisburg; aufgewachsen im deutsch-holländischen Grenzgebiet bei Emmerich; ab 1950 lebte er in Essen, wo er als Chemigraph arbeitete; 1957 mehrmonatige Balkanreise; 1958 Reisen nach Griechenland und in die Türkei; steht der »Kölner Schule« Dieter Wellershoffs nahe. Born schreibt Lyrik, Prosa, Hörspiele; Veröffentlichungen in Zeitschriften (u. a. *Akzente*, *Neue Wege*), Zeitungen und Rundfunk; er war an dem von Walter Höllerer veranstalteten Gemeinschaftsroman *Das Gästehaus* beteiligt; 1963/64 Gast des literarischen Colloquiums Berlin, 1969/70 der University of Iowa, 1972/73 der Villa Massimo in Rom; 1965 Förderungspreis des Landes Nordrhein-Westfalen für junge Künstler. Born ist PEN-Mitglied und lebt in Berlin.

Brandner, Uwe. – Geb. 23. 5. 1941 in Reichenberg/Böhmen; nach dem Abitur Berichterstatter einer Zeitung und Jazzmusiker; Studium der Theatergeschichte und Philosophie in München; schrieb Filmmusiken und Prosa; gegenwärtig dreht Brandner Kurz- und Dokumentarfilme; er ist PEN-Mitglied und lebt in München.

Brecht, Bertolt. – Geb. 10. 2. 1898 in Augsburg – gest. 14. 8. 1956 in Berlin; Vater Fabrikdirektor; ab 1917 Studium der Literatur, Philosophie und Medizin in München; 1918 Soldat, Krankenwärter in einem Militärlazarett, Mitglied des Augsburger Soldatenrats; nach dem Krieg Fortsetzung des Studiums und Dramaturg an den Münchener Kammerspielen; schon

1914/15 schrieb er Verse und Prosa für die *Augsburger Neuesten Nachrichten*, 1919/1920 Theaterkritiken für die Augsburger Zeitung der USPD (*Volkswille*); 1922 Kleist-Preis für seine ersten drei Bühnenwerke; danach widmete er sich ganz seiner schriftstellerischen Arbeit; 1924 ging er nach Berlin, wo er zeitweilig bis 1926 Dramaturg bei Max Reinhardt am Deutschen Theater war; 1926/27 Beginn des Studiums des Marxismus; seit 1928 mit Helene Weigel verheiratet; 1933 Emigration über Österreich und die Schweiz nach Dänemark, später nach Schweden, Finnland und 1941 über Wladiwostock nach Kalifornien; ab 1936 Herausgeber der Zeitschrift *Das Wort* in Moskau; 1947 Rückkehr nach Europa; zuerst in die Schweiz, 1948 nach Ost-Berlin; 1949 Gründung des »Berliner Ensembles«; Mitglied der Deutschen Akademie der Künste zu Berlin und Präsident des deutschen PEN-Zentrums Ost und West; 1951 Nationalpreis der DDR; 1954 Internationaler Lenin-Friedenspreis. (Siehe auch den Band *Die Literatur der Deutschen Demokratischen Republik.*) – *Gesammelte Werke*, 8 Bde., 1967; desgl. Ausgabe in 20 Bdn., 1968.

Breinlinger, Hans. – Geb. 24. 2. 1912 in Sonthofen im Allgäu; Studium der Germanistik, Theater- und Musikwissenschaft in München; bis zum Krieg Kapellmeister und Komponist; Breinlinger war zunächst Musikkritiker und schrieb später Essays, Features und Hörspiele für den Rundfunk, daneben auch zeitkritische Theaterstücke, Roman und Landschaftsbeschreibung; Autor und Regisseur von Kurz- und Kulturfilmen; er lebt abwechselnd in München und Bordighera/Italien.

Breitbach, Joseph (Pseud. Jean Charlot Saleck). – Geb. 20. 9. 1903 in Koblenz; väterlicherseits lothringischer, mütterlicherseits Tiroler Herkunft; wuchs zweisprachig im Rheinland auf und hat einen großen Teil seiner Werke in deutscher wie in französischer Sprache geschrieben; seit 1921 Kontakt zur *Nouvelle Revue Française*; frühe Hinwendung zum Kommunismus, 1929 Bruch mit der Partei und endgültige Übersiedlung von Toulon nach Paris; bis zum 60. Lebensjahr gleichzeitig in der Wirtschaft, literarisch und publizistisch tätig. Sein Roman *Die Wandlung der Susanne Dasseldorf*, Verlag G. Kiepenheuer, Berlin, 1932, wurde wenige Wochen nach Erscheinen von den Nazis verboten und dessen französische Version von den deutschen Besatzungsbehörden 1940 in Paris; 1934–1960 zusammen mit Jean Schlumberger Mitarbeit beim *Figaro*; 1937 Mitbegründer von Thomas Manns Zeitschrift *Maß und Wert*; 1940 beschlagnahmte die Gestapo in Paris seine 23 Jahre lang geführten Tagebücher (ein *Versuch über Kierkegaard*) und den Roman *Clemens*; – alle Werke blieben verschollen; 1948–1952 Pariser Korrespondent der *Zeit*; 1960 Uraufführung der Komödie *La Jubilaire* im Théâtre Hébertot in Paris. Von 1968–1971 erschienen die deutschsprachigen Ausgaben seiner sämtlichen Stücke: *Die Jubilarin, Genosse Veygond, Requiem für die Kirche*, die 1972 in überarbeiteter Neuauflage als Sammelband herauskamen; 1962 erschien der Roman *Bericht über Bruno* in deutscher Sprache, 1965 erhielt die französische Fassung dieses Romans den Prix Combat; 1973 erschien der Erzählband *Die Rabenschlacht*. Breitbach ist Ritter der Ehrenlegion und erhielt 1962 das Bundesverdienstkreuz 1. Klasse, 1969 das Große Bundesverdienstkreuz; er ist Mitglied der Société des Gens de Lettres, der Société des Auteurs Dramatiques, der Deutschen Akademie für Sprache und Dichtung und der Bayerischen Akademie der Schönen Künste; er lebt in Paris.

Bremer, Claus. – Geb. 11. 7. 1924 in Hamburg; 1943–1945 Marinesoldat; nach dem Kriege Studium der Philosophie, Kunst- und Literaturgeschichte in Hamburg und Freiburg i. Br.; 1947–1949 Ausbildung zum Schauspieler; 1949–1954 Regieassistent in Freiburg und Darmstadt; 1951/52 Mitherausgeber der Zeitschrift *Fragmente*, dann Chefdramaturg und Regisseur in Darmstadt (1954–1961), Bern (1961/62) und Ulm (1962–1966), zur gleichen Zeit Dozent an der Ulmer Hochschule für Gestaltung, Engagements an den Theatern von Kassel, Bremen, Mannheim, Düsseldorf und Zürich (1966–1975). Bremer schrieb neben seinen Essays über

Theater, bildende Kunst und Poesie mehrere Gedichtbände, die ihn als Repräsentanten der »konkreten Poesie« ausweisen; in zahlreichen Aufsätzen zu Fragen des modernen Theaters tritt Bremer für ein antiillusionäres Theater ein. Übersetzer, u. a. von Ionescu, Gatti, Audiberti, Sophokles und Aristophanes, Librettist u. a. der Heinrich-Heine-Revue *Dichter unbekannt* (Zürich 1972) und der Georg-Weerth-Szenenfolge *Hier wird Geld verdient* (Zürich 1973); Bremer ist Mitglied der Dramatiker-Union.

BRENNER HANS GEORG (eig. Reinhold Th. Grabe). – Geb. 13. 2. 1903 in Barranowen/Ostpreußen – gest. 10. 8. 1961 in Hamburg; Pfarrerssohn; nach dem Besuch des Gymnasiums Studium der Philosophie, Literatur- und Theatergeschichte; lebte bis 1943 in Berlin; 1945 aus der Gefangenschaft entlassen, ließ sich Brenner in Rottach-Egern/Oberbayern nieder; 1952 Chefredakteur in Stuttgart, seit 1953 Lektor, Schriftsteller und Übersetzer in Hamburg; Lyrik, Roman, Drama.

BRINKMANN, ROLF DIETER. – Geb. 16. 4. 1940 in Vechta (Oldenburg); Gymnasium, dann Buchhandelslehre 1959–1962; 1963–1967 Studium der Pädagogik; lebt seit 1962 in Köln; Brinkmann entwickelte den Realismus der »Kölner Schule«, deren Initiator Dieter Wellershoff war, in seinen Romanen und Erzählungen in eigener Manier weiter; neben seiner Prosa Lyrik in der Form von Pop-Art und Comics; Lyrikübersetzungen aus dem Amerikanischen; seit 1968 Film- und Fotoarbeit; 1964 Förderungspreis des Landes Nordrhein-Westfalen für *Die Bootsfahrt*; 1972/73 Stipendiat der Villa Massimo, Rom; 1974 Gastdozent an der University of Texas, Austin.

BRITTING, GEORG. – Geb. 17. 2. 1891 in Regensburg – gest. 27. 4. 1964 in München; zog 1914 von der Hochschule aus in den Krieg, aus dem er schwerverwundet zurückkehrte; seit 1920 lebte er in München als freier Schriftsteller, wo er zusammen mit J. Achmann die Zeitschrift *Die Sichel* herausgab (1919–1921); Reisen durch europäische Länder und nach Afrika; er gehörte der Bayerischen Akademie der Schönen Künste und der Berliner Akademie der Künste an. Britting schrieb erzählende Prosa, Lyrik und Dramen; er erhielt 1953 den Immermann-Preis, 1961 den Großen Kunstpreis von Nordrhein-Westfalen; 1959 wurde er mit dem Großen Verdienstkreuz des Bundesverdienstordens der BRD ausgezeichnet. – *Gesamtausgabe*, 6 Bde., 1957–1961.

BROCH, HERMANN. – Geb. 1. 11. 1886 in Wien – gest. 30. 5. 1951 in New Haven/Conn. (USA); entstammte einer jüdischen Textilfabrikantenfamilie; absolvierte auf Wunsch des Vaters eine technische Ausbildung; 1906 schloß er die Textilfachschule in Mühlhausen/Elsaß als Textilingenieur ab; 1908 trat er in die väterliche Firma ein, die er von 1916–1927 leitete; Vorstandsmitglied des Österr. Industriellenverbandes; seit 1908 erste schriftstellerische Arbeiten; 1912 führte ihn Franz Blei in das literarische Wien ein; Kontakte zu Polgar, Musil, Werfel, Gütersloh; im Ersten Weltkrieg leitete Broch ein Garnisonsspital; nach Kriegsende zunehmende wirtschaftliche Schwierigkeiten in den väterlichen Fabriken; 1927 Verkauf der Firma; 1928 bis 1931 Studium der Mathematik, Philosophie und Psychologie an der Universität Wien; ab 1935 lebte er zurückgezogen als Schriftsteller in Tirol; 1938 bei der Besetzung Österreichs aus politischen Gründen in Alt-Aussee als Jude inhaftiert; danach floh Broch nach England und emigrierte durch Intervention ausländischer Freunde (J. Joyce) im Oktober 1938 in die USA; mit Unterstützung mehrerer amerikanischer Stipendien verbrachte Broch seine letzten Lebensjahre überwiegend in New Haven, nachdem er bis 1940 auf Einladung seines Freundes Erich von Kahler in Princeton gelebt hatte; 1949 Professor für deutsche Literatur an der Yale-Universität, New Haven. Broch war ein bedeutender Erzähler, Kulturphilosoph und Essayist; daneben umfangreiche Studien über Massenpsychologie. – *Gesammelte Werke*, 10 Bde., 1952–1961. (Siehe auch den Band *Die zeitgenössische Literatur Österreichs*.)

Brock, Bazon. – Geb. 1936 in Stolp/Pommern; Studium der Philosophie, Literaturwissenschaft und Politik in Hamburg, Zürich und Frankfurt/M.; in den Jahren 1958/59 Hospitant bei Claus Bremer am Landestheater Darmstadt; 1960 Chefdramaturg bei Horst Gnekow (Luzern). Brock ist seit 1965 Dozent für nichtinformative Ästhetik an der Hamburger Kunstakademie; konkrete Lyrik, Happenings, Dokumentationen, Agit-Pop, experimentelles Theater.

Brod, Max. – Geb. 27. 5. 1884 in Prag – gest. 20. 12. 1968 in Tel Aviv; Studium der Jurisprudenz und Promotion zum Dr. jur. in Prag; zeitweise Beamter, dann Theater- und Musikkritiker am *Prager Tagblatt*; 1939 Emigration nach Palästina, wo er als freier Schriftsteller und Dramaturg des »Habimah«-Theaters Tel Aviv lebte; schon 1913 hatte sich Brod dem Zionismus zugewandt; neben eigenen, vor allem epischen Werken ist er als Nachlaßverwalter, Biograph und Interpret Kafkas bekannt geworden, der zu seinem Prager Freundeskreis gehört hatte; er erhielt 1930 den tschechischen Staatspreis, 1948 den Bialik-Preis (Tel Aviv), 1964 das österreichische Ehrenzeichen I. Klasse und 1965 die Heine-Plakette der Stadt Düsseldorf; seit 1964 war er außerordentliches Mitglied der Akademie der Künste in (West-)Berlin, ferner Mitglied der Freien Akademie der Künste, Hamburg; Brod gehörte in seinen Anfängen zu den Dichtern der sog. »Prager Schule«.

Buch, Hans Christoph. – Geb. 13. 4. 1944 in Wetzlar/Lahn; lebte in Wiesbaden und Bonn, dann zwei Jahre in Marseille; 1963 Abitur in Bonn; Studium der Germanistik und Slawistik in Bonn und Berlin; 1963/64 Stipendiat des literarischen Colloquiums Berlin; 1967/68 Gast des International Writer's Workshop der University of Iowa; 1972 Promotion in der Literaturwissenschaft; Veröffentlichungen in *Vorzeichen 2* (1963) und in *Akzente*, außerdem in kleineren literarischen Zeitschriften; er lebt als Verlagslektor in Berlin, schreibt Erzählungen, Essays und Kritiken.

Canetti, Elias. – Geb. 25. 7. 1905 in Rustschuk/Bulgarien; Sohn jüdisch-spanischer Eltern; wuchs in England, der Schweiz, Deutschland und Österreich auf; Studium der Naturwissenschaften in Wien bis 1929; Promotion zum Doktor der Chemie; 1938 Emigration nach England; er lebt in London als deutschsprachiger Schriftsteller. Canetti schrieb einen Roman, Essays und Dramen; 1949 erhielt er den Grand Prix International du Club Français du Livre, 1966 den Preis der Stadt Wien und den Kritikerpreis vom Verband der deutschen Kritiker; 1967 den Großen Österreichischen Staatspreis für Literatur; 1969 den Literaturpreis der Bayerischen Akademie der Schönen Künste; 1971 den Literaturpreis des Kulturkreises im Bundesverband der deutschen Industrie; 1972 den Georg-Büchner-Preis der Deutschen Akademie für Sprache und Dichtung, Darmstadt. Canetti ist Mitglied des PEN-Clubs und korrespondierendes Mitglied der Berliner Akademie der Künste und der Bayerischen Akademie der Schönen Künste. (Siehe auch den Band *Die zeitgenössische Literatur Österreichs.*)

Carossa, Hans. – Geb. 15. 12. 1878 in Bad Tölz (Oberbayern) – gest. 12. 9. 1956 in Rittsteig b. Passau; Sohn eines aus Italien stammenden Landarztes; Studium der Medizin in München, Würzburg und Leipzig; Dr. med., praktischer Arzt in Passau, später in Nürnberg, ab 1914 in München; im Ersten Weltkrieg freiwilliger Militärarzt an der Front; seit 1929 lebte er als freier Schriftsteller bei Passau; er schrieb Lyrik, Prosa und autobiographische Aufzeichnungen; wird der sogenannten »inneren Emigration« zugerechnet; 1941 wider Willen Präsident des Europäischen Schriftstellerverbandes.

CELAN, PAUL (eig. Paul Antschel). – Geb. 23. 11. 1920 in Czernowitz/Bukowina – gest. Ende April 1970 in Paris (Selbstmord); entstammte einer deutschsprachigen Familie aus chassidischem Umkreis; sein 1938 in Tours begonnenes Medizinstudium mußte er nach Ausbruch des Zweiten Weltkriegs abbrechen; während des Kriegs Studien in Czernowitz; nach der Besetzung Arbeitslager in Rumänien; 1943 Rückkehr nach Czernowitz und Wiederaufnahme seines Studiums; 1945 Ausreise aus der sowjetisch gewordenen Bukowina; Lektor und Übersetzer in Bukarest; 1947 erste Gedichtveröffentlichungen; Emigration nach Wien; 1948 reiste Celan nach Paris, wo er Germanistik und Sprachwissenschaft studierte; seit 1950 freier Schriftsteller, Übersetzer und Dozent an der École Normale Supérieure in Paris. Celan erhielt 1957 den Bremer Literaturpreis, 1960 den Büchner-Preis; er war einer der bedeutendsten Lyriker der Nachkriegszeit; 1970 Freitod in der Seine. (Siehe auch den Band *Die zeitgenössische Literatur Österreichs*.)

CERAM, C. W. (eig. Kurt W. Marek). – Geb. 20. 1. 1915 in Berlin – gest. 12. 4. 1972 in Hamburg. Ceram lernte Buchhändler, war vor dem Krieg als Literatur- und Filmkritiker tätig, seit 1938 Soldat und wurde 1946 Cheflektor des Rowohlt Verlags (bis 1952). Mit dem Welterfolg *Götter, Gräber und Gelehrte* (1949) wurde er zu einem der Begründer des modernen Sachbuchs.

CHOTJEWITZ, PETER O. – Geb. 14. 6. 1934 in Berlin; nach einer Malerlehre Abitur an einem Abendgymnasium in Kassel (1955); drei Semester an der Musikakademie in Kassel, 1955–1565 Studium der Zeitungswissenschaft, Geschichte, Philosophie und Jurisprudenz in Marburg, Frankfurt/M., München und Berlin; schloß das juristische Studium mit beiden Staatsexamina ab; 1964 Stipendiat des Dramatikerkollegs von Walter Höllerers »Literarischem Colloquium« in Berlin; Lesungen bei der Gruppe 47 in Berlin und Princeton; 1968/69 Stipendiat der Villa Massimo in Rom. Chotjewitz schreibt Lyrik, erzählende Prosa und Drehbücher, ferner Hörspiele; er ist Mitglied des PEN-Clubs.

CLAES, ASTRID (eig. A. Gehlhoff-Claes). – Geb. 6. 1. 1928 in Leverkusen; Lyrik, Drama, Essay; Übersetzungen aus dem Englischen: W. H. Auden, James Joyce, Henry James u.a.; erhielt 1962 den Förderungspreis zum Gerhart-Hauptmann-Preis der Freien Volksbühne Berlin, 1964 den Förderungspreis der Stadt Köln für Literatur und 1965 den Förderungspreis zum Immermann-Preis der Stadt Düsseldorf.

CRAMER, HEINZ VON. – Geb. 12. 7. 1924 in Stettin; wuchs als Sohn baltischer Eltern in Potsdam und Strausberg bei Berlin auf; ab 1936 Studium der Musik bei Boris Blacher in Berlin; 1943 Abitur und Einberufung zur Wehrmacht; 1944 desertierte er; danach vielerlei Tätigkeiten (Verwaltung, Journalismus, Theater, Rundfunk); 1947–1952 Regisseur beim Sender RIAS Berlin; seit 1953 freier Schriftsteller und Regisseur; er lebt auf der Insel Procida im Golf von Neapel; er schreibt Romane, Erzählungen, Hörspiele und Drehbücher, Übersetzungen; 1959 erhielt er den Preis »Junge Generation« der Stadt Berlin, 1964 den Georg-Mackensen-Literaturpreis.

CURTIUS, ERNST ROBERT. – Geb. 14. 4. 1886 in Thann/Elsaß – gest. 19. 4. 1956 in Rom; Enkel des Archäologen, Historikers und Philologen Ernst Curtius; Studium der Romanistik; 1919 a.o. Professor in Bonn, 1920 o. Professor in Marburg, 1924 in Heidelberg; 1929 übernahm er den Lehrstuhl in Bonn, den er bis zu seiner Emeritierung (1951) innehatte. Curtius war ein bedeutender Literaturkritiker und Schriftsteller europäischen Geistes mit weitreichender Wirkung.

DEICHSEL, WOLFGANG. – Geb. 20. 3. 1939 in Wiesbaden; Studium der Germanistik in Mainz, Wien und Marburg; er lebt in Frankfurt, wo er einer der Leiter des TAT (Theater am Turm) ist; er schreibt Theaterstücke, Fernseh- und Hörspiele, Handpuppenspiele, übersetzt und bearbeitet Dramen (u. a. von Molière).

DELIUS, FRIEDRICH CHRISTIAN. – Geb. 13. 2. 1943 in Rom; wuchs in Hessen auf; Studium der Literaturwissenschaft in Berlin; 1970 Promotion; 1971/72 Stipendium der Villa Massimo, Rom; PEN-Mitglied; er lebt heute als Teilzeit-Lektor, Lyriker, Erzähler und Essayist in Berlin.

DESCHNER, KARLHEINZ. – Geb. 23. 5. 1924 in Bamberg; Sohn eines Försters; im Zweiten Weltkrieg Soldat in Frankreich, Holland, Italien, nach dem Krieg zunächst Studium der Forstwissenschaft und Jurisprudenz, dann der Philosophie und Literaturgeschichte; 1951 Dr. phil.; Roman, Erzählung, Essay, Literaturkritik; Deschner ist PEN-Mitglied und lebt als freier Schriftsteller in Franken. Seine Bücher wurden in mehrere Sprachen übersetzt.

DIETTRICH, FRITZ. – Geb. 28. 1. 1902 in Dresden – gest. 20. 3. 1964 in Kassel; Sohn eines Kaufmanns; Studium der Theaterwissenschaft, Germanistik und Philosophie; Reisen nach Frankreich, Italien, Ungarn und in die Schweiz; 1941 Sanitäter; 1945–1947 russische Kriegsgefangenschaft; lebte nach dem Krieg als Lyriker, Dramatiker, Essayist, Erzähler und Übersetzer in Kassel; 1929 erhielt er eine Ehrengabe der Johannes-Fastenrath-Stiftung.

DÖBLER HANNSFERDINAND (eig. Peter Baraban). – Geb. 29. 6. 1919 in Berlin; Diplom-Volksbibliothekar; Romane und Erzählungen.

DÖBLIN, ALFRED. – Geb. 10. 8. 1878 in Stettin – gest. 28. 6. 1957 in Emmendingen bei Freiburg i. Br.; entstammte einer jüdischen Kaufmannsfamilie; ein prägendes Kindheitserlebnis war die Flucht des Vaters nach Nordamerika; 1888 zog er mit der Mutter in den Berliner Osten; Besuch des humanistischen Gymnasiums; ab 1902 Studium der Neurologie und Psychiatrie in Berlin und Freiburg i. Br.; 1905 Promotion zum Dr. med.; seit 1911 Nervenspezialist und Kassenarzt in Berlin; 1910 Mitbegründer und Mitarbeiter der führenden expressionistischen Zeitschrift *Der Sturm*; Ende 1914 Militärarzt; bis 1931 Kassenpraxis in Lichtenberg, bis 1933 Privatpraxis im Berliner Westen; 1933 Flucht über Zürich nach Paris; 1928 wurde er in die Sektion Dichtkunst der Preußischen Akademie der Künste gewählt, 1933 trat er wieder aus; am 10. 5. 1933 verboten und verbrannten die Nationalsozialisten Döblins Werke; als Emigrant trat Döblin in die zionistische »Freilandbewegung« ein; 1936 erhielt er die französische Staatsbürgerschaft; 1939/40 arbeitete er im französischen Innenministerium an antifaschistischer Propaganda; 1940 floh er vor den deutschen Truppen über Portugal in die USA, wo er in New York, Los Angeles und Hollywood lebte; 1941 Übertritt zum Katholizismus; bereits im November 1945 kehrte er nach Deutschland zurück, wo er als kulturpolitischer Mitarbeiter der französischen Militärregierung arbeitete; er gab in Baden-Baden die Zeitschrift *Das Goldene Tor* heraus (1946–1951); Mitbegründer und Vizepräsident der Akademie der Wissenschaften und der Literatur in Mainz; 1953–1956 lebte er in Paris, 1956/57 kehrte er als Schwerkranker zurück. Döblin war Mitglied des deutschen PEN-Zentrums; 1915 erhielt er den Fontane- und den Kleist-Preis; 1954 zeichnete ihn die Akademie der Wissenschaften und der Literatur mit ihrem Literaturpreis aus; Döblin schrieb Romane, Erzählungen, Essays und Dramen. – *Ausgewählte Werke*, Hg. W. Muschg (ab Bd. 12 weitergeführt von H. Graber), 12 Bde., 1960–1968.

Domin, Hilde. – Geb. 27. 7. 1912 in Köln; Tochter eines jüdischen Rechtsanwalts; Studium der Jurisprudenz, Nationalökonomie, Soziologie und Philosophie in Heidelberg, schloß ihr Studium in der italienischen Emigration in Florenz ab; Dissertation über Staatstheorien der Renaissance; Sprachlehrerin in Rom bis 1939, an einem englischen College 1939/40; dann in ihrem lateinamerikanischen Exil Lektorin an der Universität von Santo Domingo; 1954 Rückkehr nach Deutschland, wo sie seit 1961 in Heidelberg lebt; sie ist mit dem Kunsthistoriker Erwin W. Palm verheiratet; Mitglied des PEN-Clubs; 1968 erhielt sie für ihre Lyrik den Ida-Dehmel-Preis, 1971 den Droste-Hülshoff-Preis, 1972 die Heinrich-Heine-Ehrenplakette; sie schreibt Gedichte, Prosa, Lyriktheorie, Literatursoziologie und Kritik.

Dorst, Tankred. – Geb. 19. 12. 1925 in Sonneberg/Thüringen; besuchte das Gymnasium und wurde 1944 eingezogen; Kriegsgefangenschaft in Belgien, England und Amerika bis 1947; 1950 Abitur; ab 1952 Studium der Germanistik, Theater- und Kunstgeschichte in München; er gründete in München das Marionettentheater »Das kleine Spiel«; nach Abbruch seiner Studien Verlagslektor in München; 1960 debütierte Dorst mit mehreren Einaktern; er schreibt Essays, Dramen, Fernsehspiele und Opernlibretti; 1959 erhielt er für den Entwurf seines ersten Bühnenstücks den Preis des Autoren-Wettbewerbs vom Mannheimer Nationaltheater, 1960 ein Stipendium des Gerhart-Hauptmann-Preises, 1962 das Stipendium der Villa Massimo in Rom, 1964 den Förderungspreis der Stadt München und den Gerhart-Hauptmann-Preis für sein Gesamtwerk, 1969 den Tukan-Preis der Stadt München; Dorst ist Mitglied der Bayerischen Akademie der Schönen Künste, der Frankfurter Akademie der Darstellenden Künste und des PEN-Clubs.

Doutiné, Heike. – Geb. 3. 8. 1945 in Zeulenroda/Thüringen; Studium der Geschichte in Hamburg, 1971 Staatsexamen, Doktorandin; 1970 erhielt sie den Literaturpreis der Neuen Literarischen Gesellschaft Hamburg für den »Ersten Roman«: *Wanke nicht, mein Vaterland*, der bisher in französischer, polnischer und englischer Sprache erschien; 1972/73 Stipendium der Villa Massimo, Rom; Frühjahr 1973 Vorlesungen innerhalb des »German Semester« der University of Southern California, Los Angeles; Heike Doutiné ist ständige Mitarbeiterin des *Corriere della Sera*.

Drewitz, Ingeborg. – Geb. 10. 1. 1923 in Berlin; Schule, Fabrik und Studium; Dr. phil.; schreibt seit 1945 und lebt als freie Schriftstellerin in West-Berlin; Mitglied des Gründungsvorstands des Verbands Deutscher Schriftsteller (VS), Mitglied des PEN; schreibt Dramen, Romane und Erzählungen; 1969 erschien ihre Biographie *Bettine von Arnim. Romantik, Revolution, Utopie*; leitete eine Zeitlang eine kleine Theatergruppe; 1950 erhielt sie den Preis der Wolfgang-Borchert-Bühne, Berlin, 1963 den Ernst-Reuter-Preis, 1970 den Georg-Mackensen-Literaturpreis.

Dwinger, Edwin Erich. – Geb. 23. 4. 1898 in Kiel; Sohn eines holsteinischen Seeoffiziers und einer Russin; Oberrealschule in Kiel; 1914 Kriegsfreiwilliger, geriet 1915 schwerverwundet in russische Kriegsgefangenschaft, floh 1918 und wurde bei seiner Flucht in die Revolutionskämpfe verwickelt; kämpfte in der Armee Koltschaks gegen die Rotarmisten und kehrte 1921 nach erneuter Gefangenschaft schwerkrank nach Deutschland zurück; Teilnahme am Spanischen Bürgerkrieg auf der Seite Francos; vorübergehend Reichskultursenator im Dritten Reich; Kriegsberichterstatter einer Panzerdivision im Zweiten Weltkrieg; nach dem Krieg Guts- und Reitschulbesitzer in Hedwigsdorf b. Seeg/Allgäu. Reportagehafte Zeitromane, Dramen, Lyrik; Chronist mit deutscher Zwei-Millionen-Auflage; in zwölf Sprachen übersetzt.

Edschmid, Kasimir (eig. Eduard Schmid). – Geb. 5. 10. 1890 in Darmstadt – gest. 31. 8. 1966 in Vulpera/Engadin; Studium der Romanistik in München, Genf, Gießen, Paris und Straßburg; Reisen nach Italien und in andere Mittelmeerländer; seit 1913 literarischer Referent der *Frankfurter Zeitung* und Mitarbeiter ausländischer Zeitungen; 1918–1922 Herausgeber der *Tribüne für Kunst und Zeit*; Reisen nach Afrika, Südamerika, Kleinasien und Skandinavien; 1933 Rede- und Rundfunkverbot; 1941 Schreibverbot; lebte seit 1933 meist in Italien, nach dem Krieg in Darmstadt; 1950–1957 Generalsekretär, dann Vizepräsident des PEN-Zentrums der Bundesrepublik und der Deutschen Akademie für Sprache und Dichtung; Edschmid war einer der literarischen Initiatoren und Programmatiker des deutschen Expressionismus; er schrieb Romane, Novellen, Essays und Reisebücher; seine Werke sind in viele Sprachen übersetzt worden; er erhielt 1927 den Büchner-Preis, 1928 eine Medaille für Literatur, 1955 das Große Verdienstkreuz der BRD, das Komturkreuz der Republik Italien, die Goethe-Plakette der Stadt Frankfurt, die Goethe-Medaille des Landes Hessen, 1956 den I. internationalen Preis der Stadt Palermo; seit 1960 Ehrenpräsident des PEN-Zentrums (BRD) und der Deutschen Akademie für Sprache und Dichtung; Mitglied der Akademie der Wissenschaften und der Literatur, Mainz, der West-Berliner Akademie der Künste, der deutschen UNESCO-Kommission.

Eich, Günter. – Geb. 1. 2. 1907 in Lebus a.d. Oder – gest. 20. 12. 1972; verbrachte seine Jugend in Brandenburg; Schulbesuch in Finsterwalde, Berlin und Leipzig; studierte Jura und Sinologie in Berlin, Leipzig und Paris; nach 1932 lebte er als freier Schriftsteller meist in Berlin; 1939–1945 Soldat und amerikanischer Kriegsgefangener; nach seiner Entlassung 1946 siedelte Eich sich in Oberbayern an; 1953 heiratete er die Schriftstellerin Ilse Aichinger. Eich schrieb vor allem Gedichte und Hörspiele; 1950 erhielt er den Preis der Gruppe 47, deren Mitglied er war, 1951 den Literaturpreis der Bayerischen Akademie der Schönen Künste, 1954 den Literaturpreis des Kulturkreises im Bundesverband der Deutschen Industrie, 1959 den Georg-Büchner-Preis der Deutschen Akademie für Sprache und Dichtung, der er seit 1960 angehörte, 1965 den Förderungspreis der Stadt München, 1968 den Schiller-Gedächtnispreis des Landes Baden-Württemberg; seine Hörspiele wurden 1952 mit dem Hörspielpreis der Kriegsblinden ausgezeichnet.

Elsner, Gisela. – Geb. 2. 5. 1937 in Nürnberg; 1956 Abitur; Studium der Philosophie, Germanistik und Theaterwissenschaft in Wien; 1963–1964 Aufenthalt in Rom, 1964–1970 in London; zur Zeit lebt die Autorin in Hamburg; sie ist PEN-Mitglied; Erzählungen und Romane; 1964 Prix Formentor; 1964 Hoffmann-und-Campe-Stipendium.

Enzensberger, Christian. – Geb. 24. 12. 1931 in Nürnberg; Übersetzer (Lewis Carrol, G. Seferis) und Essayist; lebt als Universitäts-Dozent (Anglistik) in München.

Enzensberger, Hans Magnus. – Geb. 11. 11. 1929 in Kaufbeuren/Allgäu; wuchs in Nürnberg auf; im letzten Kriegswinter 1944/45 zum Volkssturm eingezogen; Abitur und Studium der Philologie, Literaturwissenschaft und Philosophie 1949–1954 in Erlangen, Hamburg, Freiburg i.Br. und an der Sorbonne; 1955 Promotion zum Dr. phil. mit einer Dissertation über Clemens Brentanos Poetik; Theaterarbeit, Reisen nach Amerika und Norwegen; 1957 Rundfunkredakteur am Südfunk Stuttgart in der Abteilung Radio-Essay; Gastdozent an der Ulmer Hochschule für Gestaltung; 1960/61 Verlagslektor in Frankfurt; 1959/60 lebte er in Rom, anfangs als Villa-Massimo-Stipendiat; 1961 ließ er sich auf der Insel Tjöme (Oslofjord) nieder. Enzensberger war Mitglied der Gruppe 47, deren Literaturpreis er 1956 erhielt; er erhielt ferner 1956 den Hugo-Jacobi-Preis, 1962 den Literaturpreis des Verbandes der Deutschen Kritiker, 1963 den Büchner-Preis der Deutschen Akademie für Sprache und Dichtung; 1967 den

Kulturpreis der Stadt Nürnberg; 1964/65 war er Gastdozent für Poetik in Frankfurt; 1965 hielt er sich in Südamerika, 1966 in Nordamerika auf; 1967 heiratete er in Moskau eine Russin. Er schreibt Gedichte, Prosa, Hörspiele, Essays; seit 1964 Wendung zum radikalen politischen Engagement; Herausgeber der Zeitschrift *Kursbuch*; ferner Übersetzungen und Mitarbeit an zahlreichen Zeitschriften.

EVERWYN, KLAS EWERT. – Geb. 10. 3. 1930 in Köln; Sohn eines Bäckers und späteren Polizeibeamten; besuchte die Oberschule; 1944/45 Fronthelfer; 1945/46 Hilfsarbeiter und Arbeit in der Landwirtschaft, wo er starke Eindrücke aufnahm, die sich in seinem Werk widerspiegeln; seit 1949 in der öffentlichen Verwaltung tätig; wohnt in Düsseldorf; Romane, Erzählungen, Hörspiele; 1966 erhielt Everwyn den Förderungspreis des Landes Nordrhein-Westfalen für Literatur; Mitglied der Gruppe 61.

FALLADA, HANS (eig. Rudolf Ditzen). – Geb. 21. 7. 1893 in Greifswald – gest. 5. 2. 1947 in Berlin; Sohn eines Reichsgerichtsrats; Studium der Landwirtschaft, zeitweise Wirtschaftsinspektor; übte dann verschiedene Berufe aus; schließlich Journalist und Schriftsteller in Berlin; seit 1933 Landwirt in Carwitz/Mecklenburg; 1943 Sonderführer des Reichsarbeitsdienstes in Frankreich und mit einem Propagandaauftrag im Sudetenland, den er jedoch nicht ausführte; zum »unerwünschten« Autor erklärt; 1945 Rückkehr nach Berlin; Mitarbeit an der Ost-Berliner *Täglichen Rundschau*; starb durch ein Übermaß von Betäubungsmitteln nach schwerer Krankheit. Fallada schrieb vor allem reportagehafte, politisch-soziale Zeitromane, die einen Riesenerfolg hatten; er gilt als Vertreter der Neuen Sachlichkeit. (Siehe auch den Band *Die Literatur der Deutschen Demokratischen Republik*.)

FASSBINDER, RAINER WERNER. – Geb. 31. 5. 1946 in Bad Wörishofen; Vater Arzt, Mutter Übersetzerin; Rudolf-Steiner-Schule und humanistisches Gymnasium; 1964–1966 Besuch der Schauspielschule in München, danach arbeitete er am Aktionstheater München; Autor, Regisseur und Schauspieler; Leiter der Münchner Theater-Kommune »antiteater«; schreibt Stücke und Hörspiele; zahlreiche Bearbeitungen und Filme, die zum großen Teil im Fernsehen ausgestrahlt wurden; Fernseh-Inszenierung von Brechts *Baal*; viele Film- und Fernsehpreise. Faßbinder ist PEN-Mitglied und seit 1973 Leiter des Frankfurter *Theater am Turm*.

FICHTE, HUBERT. – Geb. 21. 3. 1935 in Perleberg/Westprignitz; wuchs in Hamburg auf; dort Besuch der Oberschule bis 1951, dann Ausbildung als Schauspieler; Studium der französischen Sprache; 1952, 1953, 1954 Frankreichaufenthalte; arbeitete als Schafhirte, Lagerleiter, Landwirtschaftslehrling und -praktikant in Frankreich, Holstein, Niedersachsen und Schweden; seit 1963 lebt er als freier Schriftsteller in Hamburg, anfangs Journalist und Kunstkritiker; 1964 nahm er am Literarischen Colloquium an der Technischen Universität in Berlin teil; 1967/68 war er Stipendiat der Villa Massimo in Rom; für seinen ersten Erzählband erhielt er das Julius-Campe-Stipendium, sein erster Roman wurde 1965 mit dem Hermann-Hesse-Preis ausgezeichnet. Fichte war Mitglied der Gruppe 47; er ist heute Mitglied des PEN-Clubs; neben erzählender Prosa schreibt er Rundfunk-Features und Fernsehfilme.

FLAKE, OTTO (Pseud. Leo F. Kotta). – Geb. 29. 10. 1882 in Metz – gest. 10. 11. 1963 in Baden-Baden; nach dem Besuch des Gymnasiums in Colmar Studium der Germanistik, Philosophie und Kunstgeschichte in Straßburg; unternahm Reisen nach Rußland, England und Frankreich; 1903 gab er mit seinen Landsleuten René Schickele und Ernst Stadler die Kulturzeitschrift *Stürmer* heraus; 1906 Hauslehrer in Petersburg; 1912/13 Korrespondent der *Neuen*

Rundschau in Konstantinopel; während des Ersten Weltkriegs arbeitete er in der politischen Abteilung des Heeres in Brüssel; 1918 setzte er sich nach Zürich ab; lebte die meiste Zeit in Berlin und Bozen; wurde 1927 auf Befehl Mussolinis ausgewiesen; ließ sich 1928 in Baden-Baden nieder; 1948 Dr. med. h. c. Flake schrieb zahlreiche Gesellschafts- und Zeitromane, Erzählungen, Essays und Aufsätze; 1960 erschien seine Autobiographie; 1954 erhielt er den Hebel-Preis, 1955 das Große Verdienstkreuz der BRD, 1960 den Literaturpreis der Bayerischen Akademie der Schönen Künste und den Heimatpreis von Baden-Baden; neben novellistischen, essayistischen, biographischen, historischen, kulturkritischen Werken schrieb Flake auch Theaterstücke, Kinderbücher, Reiseskizzen und Märchen.

Flatow, Curth. – Geb. 9. 1. 1920 in Berlin; Theaterstücke, Kabarett-Texte, Hörspiele, Fernsehspiele, zahlreiche Filmdrehbücher und Unterhaltungsromane.

Fleisser, Marieluise (eig. M. Haindl.) – Geb. 23. 11. 1901 in Ingolstadt – gest. 2. 2. 1974 in Ingolstadt; Studium der Germanistik und Theaterwissenschaft in Berlin; 1923 literarisches Debüt in Stefan Großmanns Zeitschrift *Das Tagebuch*, danach weitere Veröffentlichungen in Zeitungen; lebte bis 1933 in Berlin, gefördert von Lion Feuchtwanger und Bertolt Brecht; im Dritten Reich unerwünscht, zog sie sich nach Ingolstadt zurück; erst nach Kriegsende trat sie wieder mit literarischen Arbeiten hervor; sie schrieb Dramen, Romane und Erzählungen; ab 1957 war sie Mitglied der Bayerischen Akademie der Schönen Künste; 1951 erhielt sie den Erzählerpreis des Süddeutschen Rundfunks, 1953 den Literaturpreis der Bayerischen Akademie der Schönen Künste, 1961 den Kunstpreis der Stadt Ingolstadt, 1965 die Ehrengabe des Kulturkreises im Bundesverband der Deutschen Industrie.

Forte, Dieter. – Geb. 14. 6. 1935 in Düsseldorf; er lebt in Basel; sein Theaterstück *Martin Luther & Thomas Münzer oder Die Einführung der Buchhaltung* (uraufgeführt am Basler Theater 1970) war ein großer Bühnenerfolg; weitere Theaterstücke: *Weiße Teufel* (Uraufführung 1972 am Basler Theater) und *Cenodoxus* (1972 bei den Salzburger Festspielen uraufgeführt); außerdem schreibt Forte Hör- und Fernsehspiele.

Frank, Leonhard. – Geb. 4. 9. 1882 in Würzburg – gest. 18. 8. 1961 in München; viertes Kind einer Arbeiterfamilie; Mechanikerlehre, dann verschiedene Beschäftigungen, mit dem Geld, das er dabei verdiente, begann er 1904 in München Malerei zu studieren; 1910 zog er nach Berlin, wo er anfing zu schreiben; während des Ersten Weltkriegs lebte der überzeugte Pazifist in der Schweiz; 1918 kehrte er nach Deutschland zurück; 1927 wurde er in die Sektion für Dichtkunst der Preußischen Akademie der Künste gewählt; 1933 wurden einige seiner Bücher verbrannt; Frank emigrierte wiederum in die Schweiz, 1937 nach Frankreich, wo er mehrmals interniert wurde, und 1940 über Portugal in die USA; bis 1945 lebte er in Hollywood, dann in New York; 1950 Rückkehr nach München; 1955 Reise in die Sowjetunion; er war Mitglied der Bayerischen Akademie der Schönen Künste und der Deutschen Akademie der Künste (DDR); 1914 erhielt er für seinen ersten Roman den Fontane-Preis, 1920 für ein Novellenbuch den Kleist-Preis, 1955 den Nationalpreis I. Klasse für Kunst und Literatur der DDR, 1957 das Große Verdienstkreuz der BRD für sein dichterisches Schaffen, 1960 die Tolstoi-Medaille der Sowjetunion; er war Dr. phil. h. c. der Ost-Berliner Humboldt-Universität. – *Gesammelte Werke*, 6 Bde., 1957.

Franke, Manfred. – Geb. 23. 4. 1930 in Haan/Rheinland; Studium der Germanistik, Volkskunde, Theaterwissenschaft und Neueren Geschichte in Marburg und Frankfurt;

1957 Promotion zum Dr. phil.; zunächst am Süddeutschen Rundfunk in Stuttgart tätig, seit 1963 am Deutschlandfunk in Köln; 1969 Leiter der Abteilung »Wissenschaft und Bildung« im Deutschlandfunk. Franke schreibt Romane, Rezensionen, Features und Hörspiele für verschiedene Sender; Herausgeber zweier Anthologien; 1962 erhielt er den Feature Preis von Radio Bremen.

FRIED, ERICH. – Geb. 6. 5. 1921 in Wien; emigrierte 1938 nach London, wo er als Fabrikarbeiter, Milchchemiker, Bibliothekar, Redakteur und seit 1952 BBC-Kommentator arbeitete und wo er seitdem lebt; seit 1946 freier Schriftsteller; Lyrik, erzählende Prosa, Hörspiele und Übersetzungen; 1950 Redakteur der Zeitschrift *Blick in die Welt*; 1963 las er zum erstenmal in der Gruppe 47; 1968 schied er aus politischen Gründen aus der deutschen Abteilung der BBC aus; 1965 erhielt er für seine Dichtungen und Übersetzungen die Förderungsgabe des Schiller-Gedächtnis-Preises des Landes Baden-Württemberg; Fried ist Mitglied des PEN-Clubs. (Siehe auch den Band *Die zeitgenössische Literatur Österreichs.*)

FRIEDENTHAL, RICHARD. – Geb. 9. 6. 1896 in München; besuchte das Gymnasium in Berlin, Soldat im Ersten Weltkrieg, danach Studium der Literatur- und Kunstgeschichte und der Philosophie in Berlin, Jena und München; Dr. phil.; seit 1923 freier Schriftsteller und Herausgeber, zeitweilig Verlagsleiter; 1933 erhielt Friedenthal Schreibverbot. Seit 1938 lebt Friedenthal in England. Ehrenpräsident des PEN-Zentrums der Bundesrepublik und Mitglied der Deutschen Akademie für Sprache und Dichtung.

FRIES, FRITZ RUDOLF. – Geb. 19. 5. 1935 in Bilbao/Spanien; lebt seit 1942 in Deutschland; nach dem Abitur Studium der Anglistik, Germanistik, Romanistik und Hispanistik in Leipzig; arbeitete zwei Jahre lang als Übersetzer, zuerst in Leipzig, dann in Berlin; Assistent an der Deutschen Akademie der Wissenschaften in Ost-Berlin; nach vier Jahren wurde er wegen seines in Westdeutschland erschienenen Romans *Oobliadooh* entlassen; Fries, seit 1966 freischaffender Schriftsteller, lebt in Petershagen bei Berlin. (Siehe auch den Band *Die Literatur der Deutschen Demokratischen Republik.*)

FRITZ, WALTER HELMUT. – Geb. 26. 8. 1929 in Karlsruhe; studierte Literatur und Philosophie in Heidelberg; einige Jahre Gymnasiallehrer, zwei Jahre Lektor; Reisen vor allem in die Mittelmeerländer; lebt heute als freier Schriftsteller in Karlsruhe; er schreibt Gedichte, Romane Erzählungen und Kurzprosa und übersetzt französische Lyrik; Fritz ist PEN-Mitglied, er gehört der Akademie der Wissenschaften und der Literatur in Mainz und der Bayerischen Akademie der Schönen Künste an; 1963/64 war er Stipendiat der Villa Massimo in Rom; 1957 und 1960 erhielt er den Literaturpreis der Stadt Karlsruhe, 1963 den Förderungspreis der Bayerischen Akademie der Schönen Künste, 1966 den Heine-Taler und den Lyrikpreis des Hoffmann und Campe Verlages; 1964 Berlin-Stipendium.

FRÖHLICH, HANS JÜRGEN. – Geb. 4. 8. 1932 in Hannover; besuchte ein humanistisches Gymnasium und studierte anschließend Musik bei Wolfgang Fortner; arbeitete dann im Buchhandel, Antiquariat und Verlag, zuletzt als Lektor bei Claassen; Fröhlich schrieb Klavierwerke und Streichquartette in serieller Technik; er verfaßte Romane, Novellen, Hörspiele, Essays, Dramen und übersetzte aus dem Ungarischen; nach Aufenthalten in Hamburg, Stuttgart, Wien und Rom (Villa Massimo) lebt er heute als freier Schriftsteller am Gardasee.

FUCHS, GÜNTER BRUNO. – Geb. 3. 7. 1928 in Berlin; besuchte die Mittelschule; 1942 Luftwaffenhelfer; 1943 Arbeitsdienst an der Weichsel; vor Kriegsende geriet er in belgische Gefangenschaft; 1945 nach Berlin entlassen; versuchte sich dort als Maurerumschüler, Hilfsarbeiter,

Clown bei einem Wanderzirkus; dann Student an der Berliner Hochschule für Bildende Künste und der Graphischen Meisterschule; er verließ Ost-Berlin 1950, wurde freier Mitarbeiter der *Westdeutschen Allgemeinen* in Herne, Zechenarbeiter, 1952 Mitarbeiter beim Südwestfunk-Studio, Mitherausgeber der literarischen Zeitschriften *Visum* und *telegramme*; 1958 Rückkehr nach West-Berlin; 1958 gründete er die Galerie im Hinterhof »zinke« (bis 1962); seit 1960 gab er das literarische Flugblatt *zinke* heraus; 1963 gründete er die Werkstatt »Rixdorfer Drucke«; er schreibt Prosa, Lyrik, Hörspiele und Kinderbücher; 1957 erhielt er den Kunstpreis der Jugend für Grahpik.

Gaiser, Gerd. – Geb. 15. 9. 1908 in Oberriexingen/Württemberg; Pfarrerssohn, Besuch der theologischen Seminare in Schöntal und Urach; dann Studium an der Kunstakademie in Stuttgart und Königsberg und an den Hochschulen in Dresden und Tübingen; promovierte 1934 über spanische Barockplastik zum Dr. phil., 1935 als Kunsterzieher im Schuldienst; 1939–1945 Offizier der Jagdfliegertruppe, zuletzt in englischer Kriegsgefangenschaft in Italien; danach einige Zeit Maler; 1949–1962 Studienrat in Reutlingen, dann Professor für Kunsterziehung an der Pädagogischen Hochschule; seit 1956 Mitglied der West-Berliner Akademie der Künste; nach dem Zweiten Weltkrieg wurde Gaiser als Erzähler bekannt; er erhielt 1951 den West-Berliner Fontane-Preis, 1955 den Literaturpreis der Bayerischen Akademie der Schönen Künste, 1959 den Immermann-Literatur-Preis der Stadt Düsseldorf, 1960 den Wilhelm-Raabe-Preis der Stadt Braunschweig.

Gan, Peter (eig. Richard Moering). – Geb. 4. 2. 1894 in Hamburg – gest. 6. 3. 1974 in Hamburg; Sohn eines deutschen Rechtsanwalts und einer Holländerin; studierte in Hamburg und Oxford Jura; Offizier im Ersten Weltkrieg; 1919 setzte er sein Jura-Studium in Marburg, Bonn und Hamburg fort, promovierte 1924 zum Dr. jur.; danach Studium der Philosophie und Anglistik; 1927–1929 freier Schriftsteller in Paris, dann Verlagslektor in Berlin; 1938 Emigration nach Paris; 1942–1946 lebte er in Madrid, dann in Paris, ab 1958 wieder in Hamburg. Gan war Lyriker, Essayist und Übersetzer; Mitglied der Deutschen Akademie für Sprache und Dichtung und des PEN-Clubs; 1953 erhielt er den Literaturpreis des Kulturkreises im Bundesverband der Deutschen Industrie, 1956 die Ehrengabe der Bayerischen Akademie der Schönen Künste, 1967 den Alexander-Zinn-Preis (Hamburg).

Geissler, Christian. – Geb. 25. 12. 1928 in Hamburg; 1944/45 Flakhelfer; nach Kriegsende kaufmännische Lehre und Studium der evangelischen Theologie, der Philosophie und Psychologie; nebenher arbeitete er in mehreren Berufen, zeitweilig auch in England; erhielt 1964 für seinen Roman *Anfrage* den Sonderpreis des Premio Libera Letterario Stampa der Mailänder Zeitschrift *Questo et Altro*; 1960–1964 Redaktionsmitglied der *Werkhefte katholischer Laien*, München; 1965 hat er zusammen mit Friedrich Hitzer, Yaak Karsunke, Hannes Stütz und Manfred Vosz die Zeitschrift für Literatur, Politik und Kritik *kürbiskern* begründet und gehörte zu den Herausgebern (1965–1968). Geißler, der als freier Schriftsteller in Hamburg lebt, schreibt Funkerzählungen, Fernseh- und Hörspiele und erzählende Prosa.

Glaeser, Ernst. – Geb. 29. 7. 1902 in Butzbach – gest. 8. 2. 1963 in Mainz; Sohn eines Amtsrichters; besuchte ein humanistisches Gymnasium in Darmstadt, studierte in Freiburg und München; dann Dramaturg am Neuen Theater in Frankfurt, literarischer Mitarbeiter der *Frankfurter Zeitung*, später des Südwestdeutschen Rundfunks; 1933 wurden seine Werke verboten und verbrannt; Emigration nach Locarno, später nach Zürich; 1939 kehrte er nach Deutschland zurück, wurde Soldat und 1941 Schriftleiter der Frontzeitung *Adler im Süden* in Sizilien; er lebte zuletzt in Wiesbaden. Glaeser schrieb Romane, Erzählungen, Essays und Hörspiele.

GLUCHOWSKI, BRUNO (Pseud. Robert Paulsen). – Geb. 17. 2. 1900 in Berlin; Handwerker; im Ersten Weltkrieg Soldat; seit 1920 Bergmann; an der Niederschlagung des Kapp-Putsches beteiligt; Gluchowski schreibt seit 1930; im Dritten Reich stand er unter Schreibverbot; nach Kriegsende wieder im Bergbau; seit 1962 ist er Pensionär; Mitglied der Gruppe 61; Romane, Erzählungen, Schauspiel, Hörspiel.

GOES, ALBRECHT. – Geb. 22. 3. 1908 in Langenbeutingen/Württemberg; entstammt einer alten württembergischen Pfarrersfamilie; Seminare Schöntal und Urach; Studium der Theologie in Tübingen (Tübinger Stift) und Berlin; 1933 Pfarrer in Unterbalzheim/Württemberg; 1938 Pfarrer in Gebersheim bei Stuttgart; 1940–1945 Soldat; 1942–1945 Lazarettpfarrer an der Ostfront; 1953 auf eigenen Wunsch aus dem Amt entlassen, doch weiter zu einem regelmäßigen Predigtdienst verpflichtet; seit 1974 Dr. theol. h. c. (Mainz). Goes, der in Stuttgart-Rohr lebt, schreibt Gedichte, Erzählungen, Essays, Laienspiele, Predigten; er erhielt 1953 den Lessing-Preis der Stadt Hamburg, 1959 das Große Bundesverdienstkreuz der BRD, 1962 den Heinrich-Stahl-Preis; Goes gehört dem PEN-Zentrum der Bundesrepublik, der Deutschen Akademie für Sprache und Dichtung, Darmstadt, und der (West)-Berliner Akademie der Künste an.

GRAETZ, WOLFGANG. – Geb. 7. 1. 1926 in Berlin; Internatszögling; 1941 und 1943 Anklage wegen Spionageverdachts; lebte nach seiner Entlassung aus amerikanischer Gefangenschaft hauptsächlich vom Schwarzhandel; 1947 Einweisung in eine Münchner Erziehungsanstalt; wegen verschiedener Betrugs- und Diebstahlsdelikte verbrachte er die folgenden 18 Jahre zum großen Teil in Gefängnissen; Graetz lebt als freier Schriftsteller in Berlin; er schrieb zahlreiche Hörspiele, in denen er sich mit der psychologischen Situation des Strafgefangenen in seiner Beziehung zur bürgerlichen Umwelt auseinandersetzte; sein Theaterstück *Die Verschwörer* (mit der Thematik »20. Juli 1944«) löste 1965 einen Skandal aus, als sich mehrere deutsche Theaterintendanten weigerten, das provokante Stück aufzuführen.

GRAF, OSKAR MARIA. – Geb. 22. 7. 1894 in Berg am Starnberger See – gest. 28. 6. 1967 in New York; Sohn eines Bäckers und einer Bauerntochter; Bäckerlehre, aus der er 1911 nach München floh, wo er viele Berufe ausübte; 1915 entzog er sich dem Kriegsdienst, kam in ein Irrenhaus und wurde 1917 entlassen; nach dem Umsturz schloß er sich den revolutionären Kreisen um Eisner, Landauer und Mühsam an; nahm an der Novemberrevolution und der Bayerischen Räterepublik teil; Dramaturg der Münchner Arbeiterbühne; 1933 Emigration über Wien, die Tschechoslowakei, Rußland nach den USA, wo er seit 1938 bis zu seinem Tode in New York lebte. Graf schrieb Romane, Erzählungen, Gedichte und autobiographische Werke, die ihn als bedeutenden bayerischen Volksschriftsteller auszeichnen; er gehörte der West-Berliner Akademie der Künste an; 1960 Dr. h.c. der Wayne State University/Detroit; 1962 erhielt er die Ehrengabe der Stadt München.

GRASS, GÜNTER. – Geb. 16. 10. 1927 in Danzig; Sohn polnisch-deutscher Eltern; 1944 Luftwaffenhelfer und Soldat; 1945 bei Kottbus verwundet; in Bayern geriet er in amerikanische Gefangenschaft, aus der er 1946 zurückkehrte; nach der Entlassung Landarbeiter, Bergmann, Jazzmusiker; 1947 begann er eine Steinmetz- und Steinbildhau-Lehre in Düsseldorf; 1949–1952 Studium bei Mages und Pankok an der Kunstakademie Düsseldorf, 1953 bei Karl Hartung an der Hochschule für Bildende Künste in Berlin; 1956–1960 lebte er mit seiner Familie in Paris, seit 1960 wieder in Berlin; zwischendurch Reisen nach Italien, Frankreich, Spanien, England, Skandinavien, Israel. Grass zeichnet, schreibt Gedichte, Romane, Theaterstücke; ferner Reden, Aufsätze, Kommentare; er erhielt 1958 den Preis der Gruppe 47, deren Mitglied er war, 1959/60 den Berliner Kritikerpreis, 1958 den Literaturpreis des Kulturkreises der Deutschen Industrie, 1962 den Französischen Literaturpreis für das beste ausländische Buch, 1965 den Georg-Büchner-Preis der Deutschen Akademie für Sprache und Dichtung, 1968 den Berliner Kunstpreis (Fontane-Preis für Literatur) und die Carl-von-Ossietzky-Medaille, 1969 den Theodor-Heuss-Preis; seit 1963 ist Grass Mitglied der Akademie der Künste in Berlin, ferner ist er PEN-Mitglied.

GREGOR, MANFRED. – Geb. 7. 3. 1929 in Tailfingen/Württemberg; er lebt als Verlagsredakteur in Bad Tölz/Bayern; Gregor schreibt zeitkritische Romane mit großer Breitenwirkung, sein Buch *Die Brücke* wurde verfilmt und war einer der erfolgreichsten Nachkriegsfilme.

GREGOR-DELLIN, MARTIN. – Geb. 3. 6. 1926 in Naumburg/Saale; 1944/45 als Abiturient eingezogen, bis 1946 Kriegsgefangenschaft in den USA; 1951–1958 Verlagslektor in Halle an der Saale; ging 1958 in die Bundesrepublik; 1958–1961 freier Schriftsteller und Kritiker in Bayreuth, 1961/62 literarischer Redakteur des Hessischen Rundfunks; seit 1962 Verlagslektor in München; lebt seit 1966 als freier Schriftsteller in Gröbenzell/Oberbayern; er schreibt Romane, Erzählungen, Hörspiele und Essays; außerdem arbeitet er als Herausgeber und Kritiker; 1963 erhielt er den Preis des Kulturkreises im Bundesverband der Deutschen Industrie, 1967 den Stereo-Hörspiel-Preis, 1971 den Tukan-Preis, 1972 den Kritikerpreis »Die Goldene Feder«; er ist Mitglied des PEN-Zentrums der Bundesrepublik Deutschland.

GRIESE, FRIEDRICH. – Geb. 2. 10. 1890 in Lehsten bei Waren/Mecklenburg; Sohn eines Kleinbauern; Lehrerseminar in Lübtheen; 1911 Hauslehrer auf einem Gut; 1913–1926 Volksschullehrer in Stralendorf; 1915/16 Kriegsfreiwilliger, wegen eines Gehörleidens entlassen; 1931 Rektor in Kiel; von 1935 bis 1945 wieder in Mecklenburg, wo er auf seinem Hof Rethus als freier Schriftsteller lebte; 1945 interniert, 1946 wieder freigelassen; 1947 Flucht nach Velgen bei Uelzen; lebte seit 1955 in Lübeck, heute in Hannover. Griese schrieb hauptsächlich Romane, Erzählungen und Novellen, aber auch Dramen; 1928 erhielt er den Literaturpreis des Preußischen Kultusministeriums, 1932 den Preis des Bühnenvolksbundes, 1935 den Lessing-Preis der Stadt Hamburg, 1938 den Mecklenburgischen Schrifttumspreis, 1940 den Preis der Stadt Berlin und die Goethe-Medaille für Kunst und Wissenschaft, 1944 den Literaturpreis des Landwirtschaftsministeriums; nach dem Krieg wurde er 1964 mit dem Kulturpreis der Landsmannschaft Mecklenburg ausgezeichnet.

GROTE, CHRISTIAN. – Geb. 12. 10. 1931 in Dessau; von 1937–1942 lebte er in der Schweiz, seit 1942 in München; nach dem Abitur Studium der Kunstgeschichte, der amerikanischen und englischen Literatur in den USA 1952/53; danach Kunstgeschichte, Archäologie, Philosophie, Anglistik und Germanistik an der Universität München; 1960 Promotion mit einer Dissertation über Georg Heym; 1961–1969 Verlagslektor; 1969–1972 Redakteur beim Bayerischen Rundfunk; Erzählung, Hörspiel, Kinderbuch, Übersetzung.

GRÜN, MAX VON DER. – Geb. 25. 5. 1926 in Bayreuth; Volksschule und Handelsschule; Soldat im Zweiten Weltkrieg, Kriegsgefangener in den USA; nach einer Maurerlehre war er vier Jahre in der Bauwirtschaft tätig; von 1951–1963 Bergmann unter Tage im Ruhrgebiet; seit 1953 Gedichte, Essays und literaturkritische Beiträge, seit 1963 freier Schriftsteller; Romane, Erzählungen, Dramen, Funk- und Fernsehspiele, ferner zahlreiche Beiträge in Zeitschriften und Anthologien; Mitbegründer der »Dortmunder Gruppe 61«; er ist Mitglied des PEN-Zentrums der Bundesrepublik Deutschland.

GUESMER, CARL. – Geb. 14. 5. 1929 in Kirch Grambow/Mecklenburg; seine Jugend verbrachte er in Parchim/Mecklenburg; seit 1951 lebt er als Bibliothekar in Marburg/Lahn; seine ersten Gedichte veröffentlichte er in Alfred Döblins Zeitschrift *Das Goldene Tor* (1949); 1974 erschien sein Gedichtband *Abziehendes Tief*; er schreibt Lyrik und Prosaskizzen; 1962 erhielt er eine der beiden Fördergaben des Lessing-Preises.

HAAS, HELMUTH DE. – Geb. 2. 9. 1928 in Mehring/Mosel – gest. 23. 10. 1970 in Oberhausen; Studium in Bonn und München; Promotion mit einer Arbeit über Hofmannsthal und Calderon; seit 1955 als Journalist tätig, vor allem bei der Tageszeitung *Die Welt*. De Haas schrieb Gedichte, Novellen und Essays; Übersetzungen aus dem Englischen und Französischen (u. a. *Im Räderwerk* von Jean-Paul Sartre).

HÄRTLING, PETER. – Geb. 13. 11. 1933 in Chemnitz; kam 1942 nach Olmütz, geriet 1945 in die Kriegswirren und entkam nach Niederösterreich; Ende 1945 ging er mit einem Flüchtlingstransport nach Nürtingen; bis 1951 Gymnasiast, dann Schauspieler; 1952 Redaktionsvolontär, 1956–1962 Redakteur der *Deutschen Zeitung* in Köln, danach von 1962–1970 Mitherausgeber der Zeitschrift *Der Monat*; zur Zeit Verlagsleiter bei S. Fischer, Frankfurt. Härtling, der Lyrik, Romane und Essays schreibt, gehört seit 1967 der Akademie der Wissenschaften und der Literatur, Mainz, an und seit 1968 der Akademie der Künste, Berlin, ferner ist er PEN-Mitglied; 1964 erhielt er den Literaturpreis des Verbandes der Deutschen Kritiker, 1965 den Literatur-Förderungspreis des Landes Niedersachsen, die Ehrengabe des Kulturkreises im Bundesverband der Deutschen Industrie, 1967 den Französischen Literaturpreis für das beste ausländische Buch, 1971 den Gerhart-Hauptmann-Preis der Freien Volksbühne Berlin.

HAGELSTANGE, RUDOLF. – Geb. 14. 1. 1912 in Nordhausen/Harz; Besuch des humanistischen Gymnasiums, 1931–1933 Studium der deutschen Philologie in Berlin; bis 1936 Balkanreisen; ab 1936 redaktionelle Ausbildung in Nordhausen; 1939 Feuilletonredakteur der *Nordhäuser Zeitung*; 1940–1945 Soldat in Italien und Frankreich; 1945 kehrte er aus amerikanischer Kriegsgefangenschaft heim; danach als freier Schriftsteller in Nordhausen, Westfalen, Bodensee, jetzt im Odenwald. Sein literarisches Schaffen umfaßt Lyrik, Prosa, Feuilletons, Essays und Reisebücher; 1942 erhielt er den Lyrikpreis der *Dame*, 1950 den Lyrikpreis des Südverlages, 1952 den Literaturpreis des Verbandes der Deutschen Kritiker, 1955 eine Ehrengabe der Deutschen Schiller-Stiftung, 1958 den Campe-Preis und 1959 das Große Bundesverdienstkreuz; er ist Mitglied des PEN-Clubs, der Deutschen Akademie für Sprache und Dichtung, Darmstadt, und der Bayerischen Akademie der Schönen Künste.

HARIG, LUDWIG. – Geb. 18. 7. 1927 in Sulzbach/Saar; Besuch der Volksschule und des Lehrerseminars; 1949/50 Assistent für deutsche Sprache in Lyon; Harig lebt seit 1950 als Volksschullehrer in Dudweiler/Saarland; 1971 veröffentlichte er nach vielen kurzen Texten, Essays und Hörspielen seinen ersten Roman; außerdem Übersetzungen von Queneau und Proust. Harig erhielt 1966 den Kunstpreis des Saarlandes; er ist PEN-Mitglied.

HARTLAUB, FELIX. – Geb. 17. 6. 1913 in Bremen – gest. April 1945; Sohn des Kunsthistorikers Gustav Hartlaub; besuchte die Odenwaldschule und studierte 1934–1939 Romanistik und neuere Geschichte in Heidelberg und Berlin; 1939 Promotion zum Dr. phil.; 1939 eingezogen, 1941 Archivar in Paris, von 1942 an als Obergefreiter im Führerhauptquartier, Abteilung Kriegstagebuch; bei den Kämpfen um Berlin 1945 verschollen; 1955 erschien *Das Gesamtwerk*, das erzählende Prosa, Aufzeichnungen, Tagebücher und Dramenentwürfe enthält.

HARTUNG, HUGO. – Geb. 17. 9. 1902 in Netzschkau/Kreis Merseburg – gest. 2. 5. 1972 in München; studierte ab 1922 Theaterwissenschaft, Kunst- und Literaturgeschichte in Leipzig, Wien und München; von besonderer Bedeutung war sein Freund und Lehrer Artur Kutscher; 1928 Promotion zum Dr. phil. mit einer Dissertation über Friedrich Huchs epischen Stil; danach Schauspieler und Dramaturg an der Bayerischen Landesbühne, mit der er herumreiste; 1931 bis 1936 freier Schriftsteller in München; nach dem Schreibverbot war er von 1936–1940 Chefdramaturg in Oldenburg, von 1940–1944 Dramaturg in Breslau; nach dem Kriege als freier Schriftsteller in Westberlin und bis zu seinem Tode in München; er schrieb Novellen, Dramen, Film-, Fernseh- und Hörspiel; in den fünfziger Jahren errang er mit den Büchern *Ich denke oft an Piroschka* (1954) und *Wir Wunderkinder* (1957) zwei große Bestseller-Erfolge.

HARTUNG, RUDOLF. – Geb. 9. 12. 1914 in München; Dr. phil.; Mitglied des Verbandes deutscher Kritiker und des PEN-Clubs; Chefredakteur und Mitherausgeber der *Neuen Rundschau*; Lyrik und Essay; erhielt 1961 den Literaturpreis »Junge Generation« der Stadt Berlin.

HAUFS, ROLF. – Geb. 31. 12. 1935 in Düsseldorf; aufgewachsen in Rheydt; 1953–1956 Kaufmannslehre, 1956–1960 Exportkaufmann, seit 1960 freier Schriftsteller; 1970/71 lebte er als Stipendiat in der Villa Massimo in Rom; veröffentlichte mehrere Gedichtbände und Erzählungen, daneben Hörspiele; wohnt seit 1960 in Berlin.

HAUSHOFER, ALBRECHT. – Geb. 7. 1. 1903 in München – gest. 23. 4. 1945 in Berlin-Moabit; Sohn des Geopolitikers Karl Haushofer; Studium der Geschichte und Geographie in München; nach der Habilitation (1933) leitete er das geopolitische Seminar der Berliner Hochschule für Politik; Berater des »Führerstellvertreters« Rudolf Heß und Mitarbeiter des Auswärtigen Amtes; seit 1940 unterhielt er Beziehungen zur Widerstandsbewegung; Verhaftung, Amtsentlassung und Redeverbot; wegen Teilnahme an der Verschwörung vom 20. Juli 1944 wurde er erneut verhaftet und kurz vor Kriegsende von der SS ermordet; Haushofer war eines der letzten Opfer des Naziregimes; er war Lyriker und Dramatiker; seine *Moabiter Sonette* entstanden im Gefängnis.

HAUSMANN, MANFRED. – Geb. 10. 9. 1898 in Kassel; Sohn eines Fabrikanten; 1916 Kriegsteilnehmer, 1918 verwundet, dann Studium der Philologie, Philosophie und Kunstgeschichte in Göttingen und München; 1922 Promotion zum Dr. phil.; 1923 Kaufmannslehre in Bremen; 1924 Feuilletonredakteur der *Weserzeitung* in Bremen; seit 1927 freier Schriftsteller; 1939/40 Soldat; 1945–1952 Schriftleiter am *Weser-Kurier* in Bremen; lebt als freier Schriftsteller in Bremen-Rönnebeck; er ist Mitglied der Akademie der Wissenschaften und der Literatur, der Westberliner Akademie der Künste und der Academy of Human Rights; 1955 erhielt er den Soester Literaturpreis, 1958 den Dichterpreis der Stadt Minden (Kogge-Ring), 1959 das Große Bundesverdienstkreuz und 1963 die Bremer Medaille für Kunst und Wissenschaft für sein aus Romanen, Erzählungen und Lyrik bestehendes Werk.

HECKMANN, HERBERT. – Geb. 25. 9. 1930 in Frankfurt/M.; besuchte das Gymnasium in Gelnhausen und studierte 1951–1957 Literatur und Philosophie in Frankfurt; 1957 promovierte er mit einer Arbeit über Elemente des barocken Trauerspiels zum Dr. phil.; er war wissenschaftlicher Assistent an den Deutschen Seminaren der Universitäten Münster und Heidelberg und Gastdozent für deutsche Literatur in Evanston/Illinois; seit 1963 ist er Mitherausgeber der *Neuen Rundschau*; er schreibt neben erzählender Prosa und Lyrik auch Kinderbücher; 1958 erhielt er das Villa-Massimo-Stipendium in Rom, 1959 den Förderungspreis des Kulturkreises im Bundesverband der Deutschen Industrie; für seinen ersten Roman wurde ihm 1962 der Bremer Literaturpreis verliehen.

HEINRICH, WILLI. – Geb. 9. 8. 1920 in Heidelberg; Sohn eines Kaufmanns; arbeitete mehrere Jahre lang als kaufmännischer Angestellter in der Lebensmittelbranche; 1939 kam er zum Arbeitsdienst, seit 1940 Infanterist im Osten; nach Kriegsende war er wieder Angestellter, begann 1950 zu schreiben und erzielte bereits mit seinem ersten Roman einen so großen Erfolg, daß er sich für den Beruf des freien Schriftstellers entschied; Heinrich schreibt vornehmlich kritische Zeit- und Gesellschaftsromane, in wachsendem Maße populäre Unterhaltungsromane, die in viele Sprachen übersetzt worden sind.

HEISE, HANS-JÜRGEN. – Geb. 6. 7. 1930 in Bublitz, Pommern; 1949 brach er in Ostberlin eine Ausbildung für den gehobenen Postdienst ab, um in die Redaktion der Zeitschrift *Sonntag* einzutreten; 1950 Flucht nach Westberlin; seit 1958 Archivlektor am Institut für Weltwirtschaft in Kiel; Lyrik, Kurzprosa, Essay, Literaturkritik, Übersetzungen; 1973 erhielt Heise die Ehrengabe des Andreas-Gryphius-Preises, 1974 den Kieler Kulturpreis, er ist PEN-Mitglied.

HEISELER, BERNT VON. – Geb. 14. 6. 1907 in Brannenburg/Inn – gest. 24. 8. 1969 in Brannenburg; Sohn des Dramatikers und Puschkin-Übersetzers Henry von Heiseler; besuchte das Gymnasium in Rosenheim, studierte in München und Tübingen und lebte dann als freier Schriftsteller in Brannenburg; er schrieb Gedichte, Romane, Erzählungen, Biographien und Dramen; Heiseler war seit 1956 Mitglied der Westberliner Akademie der Künste; aus der Deutschen Akademie für Sprache und Dichtung trat er 1954 wieder aus.

HEISSENBÜTTEL, HELMUT. – Geb. 21. 6. 1921 in Wilhelmshaven; als Soldat im Zweiten Weltkrieg schwer verwundet; 1942–1954 Studium der Architektur, Kunstgeschichte und Germanistik in Dresden und Leipzig, nach dem Krieg in Hamburg; 1955–1957 Lektor und Werbeleiter in Hamburg; 1957 Redakteur des »Radio-Essay« beim Süddeutschen Rundfunk Stuttgart; außerdem Mitherausgeber der *Luchterhand-Drucke*; Heißenbüttel schreibt Lyrik, Textbücher, Hörspiele, Funkfeatures, Essays und Rezensionen; seit 1967 ist er Mitglied der Westberliner Akademie der Künste; 1956 erhielt er ein Stipendium aus dem Lessing-Preis der Hansestadt Hamburg, 1962 einen Förderungspreis des Landes Niedersachsen, 1960 den Hugo-Jacobi-Preis; 1969 erhielt er den Georg-Büchner-Preis, 1971 den Hörspielpreis der Kriegsblinden; er ist PEN-Mitglied der BRD.

HELWIG, WERNER (Pseud. Einar Halvid). – Geb. 14. 1. 1905 in Berlin; gehörte der Jugendbewegung an und studierte, nach einer landwirtschaftlichen Lehre, in Hamburg und Frankfurt/M. Ethnologie; anschließend unternahm er eine Reihe von Weltreisen; nach 1933 lebte Helwig unter Bauern und Fischern in Griechenland, Italien und Afrika; während des Zweiten Weltkriegs ließ er sich als freier Schriftsteller in Genf nieder. Helwig schreibt Lyrik, Romane, Erzählungen, Reisebücher, Novellen, Hörspiele, Spruchdichtungen und Nachdichtungen japanischer und chinesischer Texte; er ist PEN-Mitglied und Träger des Großen Akademiepreises der Stadt Mainz 1950.

HENKEL, HEINRICH. – Geb. 12. 4. 1937 in Koblenz; gelernter Maler; lebt in Basel als Hausautor des Basler Theaters; 1970 erschien sein erstes Stück (*Eisenwichser*), das am Basler Theater uraufgeführt wurde; im selben Jahr erhielt er den Gerhart-Hauptmann-Förderpreis, 1971 die Fördergabe des Schiller-Gedächtnispreises.

HENNECKE, HANS. – Geb. 30. 3. 1897 in Betheln/Hannover; Studium der Geisteswissenschaften und der deutschen, englischen sowie französischen Literatur; freier Schriftsteller und Verlagslektor; 1946–1948 Schriftleiter der *Fähre* (später *Literarische Revue*); 1962–1968 Gastprofessor für Deutsche und Vergleichende Literaturgeschichte an den Universitäten Indiana, Illinois, Kansas, Texas, Michigan/USA sowie Waterloo, Ontario/Canada; PEN-Mitglied seit 1949; Kritiker, Essayist, Herausgeber (u.a. Stephen Crane, Herman Melville, T. S. Eliot, R. W. Emerson, Henry James, Nathaniel Hawthorne, E. M. Forster); Mitherausgeber des Bandes *Lyrik des Abendlandes* (1949) und Mitarbeiter an H. Kunischs *Handbuch der deutschen Gegenwartsliteratur* (1965); Hennecke hat sich vor allem als Übersetzer aus dem Englischen und Französischen einen Namen gemacht; er erhielt 1950 den Großen Literaturpreis der Akademie der Wissenschaft und der Literatur, Mainz, 1956 den Literaturpreis des Kulturkreises im Bundesverband der Deutschen Industrie; seit 1952 ist Hennecke auch Mitglied der Deutschen Akademie für Sprache und Dichtung, Darmstadt.

Herburger, Günter. – Geb. 6. 4. 1932 in Isny/Allgäu; studierte Philosophie und Sanskrit in München und Paris; anschließend arbeitete er in Frankreich, Spanien, Nordafrika und Italien in verschiedenen Berufen; nach seiner Rückkehr in die Bundesrepublik Fernsehredakteur des Süddeutschen Rundfunks und Schriftsteller; 1964 las er zum erstenmal bei der Gruppe 47; seine erste Erzählung erschien 1962 in dem von Wellershoff herausgegebenen Sammelband *Ein Tag in der Stadt*; neben Lyrik, Drama, Romanen und Erzählungen schreibt er Funk- und Fernsehspiele, Filmdrehbücher und Kinderbücher; Übersetzung aus dem Französischen (Édouard Dujardin); 1965 erhielt Herburger den Berliner Fontane-Preis (»Literaturpreis der Jungen Generation«), 1973 den Literaturpreis der Freien Hansestadt Bremen; sein Fernsehfilm *Der Beginn* wurde mit dem Fernsehpreis der Deutschen Angestelltengewerkschaft und dem Adolf-Grimme-Preis ausgezeichnet. Herburger ist Mitglied der Krakauer Utopistenschule LEM (Long Emphazised Memory) und des Radar Space Control System Sidney.

Herhaus, Ernst. – Geb. 6. 2. 1932 in Ründeroth bei Köln; nach längeren Auslandsaufenthalten in Paris, Wien und Zürich arbeitete er in verschiedenen deutschen Verlagen; seit 1965 lebt er als freier Schriftsteller in Frankfurt; Herhaus hat Romane und Kinderbücher veröffentlicht.

Hesse, Hermann. – Geb. 2. 7. 1877 in Calw/Schwarzwald – gest. 9. 8. 1962 in Montagnola/Tessin; Sohn eines pietistischen Missionspfarrers; besuchte das Maulbronner Seminar, entfloh als Fünfzehnjähriger aus dem evangelisch-theologischen Seminar, arbeitete in verschiedenen Berufen und wurde schließlich Buchhändler in Basel und Tübingen; 1904–1912 lebte er als freier Schriftsteller in Gaienhofen am Bodensee; 1905 gründete er zusammen mit Ludwig Thoma die oppositionelle, antikaiserliche Zeitschrift *März*; 1911 reiste er nach Indien; während des Ersten Weltkriegs redigierte er in der Schweiz die *Deutsche Internierten-Zeitung*; 1919 übersiedelte er von Bern nach Montagnola im Tessin, wo er bis zu seinem Tode lebte; seit 1923 Schweizer Staatsbürger; wegen seiner Literaturkritiken in *Bonniers Literära Magasin* bezichtigten ihn die Nazis, die deutsche Dichtung an das Judentum verraten zu haben; 1926 wurde er in die Sektion für Dichtkunst der Preußischen Akademie der Künste berufen, aus der er 1931 wieder austrat. Hesse erfuhr zeit seines Lebens zahlreiche Ehrungen: 1905 erhielt er den Bauernfeld-Preis, 1919 den Fontane-Preis, 1937 den Gottfried-Keller-Preis, 1946 den Frankfurter Goethe-Preis und den Nobelpreis für Literatur, 1947 den Dr. phil. h. c. der Universität Bern; 1950 den Wilhelm-Raabe-Preis, 1954 den Orden pour le mérite (Friedensklasse), 1955 den Friedenspreis des Deutschen Buchhandels; seine Werke, die Gedichte, Märchen, Romane, Erzählungen, Essays und Briefe umfassen, erlebten in den letzten Jahren eine unerwartete Renaissance. – Hesses Bücher sind in den USA in einer Gesamtauflage von über 6, in Japan von über 4 Millionen Exemplaren verbreitet; sie sind in mehr als 35 Sprachen und 12 indische Dialekte übersetzt. – *Gesammelte Werke*, 22 Bde., 1956–1967. – *Gesammelte Schriften*, 7 Bde., 1957. – *Gesammelte Werke*, 12 Bde., 1970.

1955 den Friedenspreis des Deutschen Buchhandels; 1946 wurde er mit dem Nobelpreis für Literatur ausgezeichnet; seine Werke, die Gedichte, Märchen, Romane, Erzählungen, Essays und Briefe umfassen, erlebten in den letzten Jahren eine unerwartete Renaissance. – Hesses Bücher sind in den USA in einer Gesamtauflage von über 6, in Japan von über 4 Millionen Exemplaren verbreitet; sie sind in mehr als 35 Sprachen und 12 indische Dialekte übersetzt. – *Gesammelte Werke*, 22 Bde., 1956–1967. – *Gesammelte Schriften*, 7 Bde., 1957. – *Gesammelte Werke*, 12 Bde., 1970.

Hey, Richard. – Geb. 15. 5. 1926 in Bonn; wuchs in Greifswald und Frankfurt a.M. auf; lebt in Berlin; Autor und Regisseur von Radiostücken, Fernsehfilmen, Schauspielen; seit 1972 Mitherausgeber der Autoren Edition (bei C. Bertelsmann), seit 1973 auch Romanautor; Hey ist Mitglied des PEN-Zentrums der BRD; 1955 erhielt er die Fördergabe des Schiller-Gedächtnis-Preises, Stuttgart, 1960 den Gerhart-Hauptmann-Preis, Berlin, 1965 den Hörspielpreis der Kriegsblinden, Bonn.

Hildesheimer, Wolfgang. – Geb. 9. 12. 1916 in Hamburg; Besuch des humanistischen Gymnasiums in Mannheim und der Frensham-Heights-School in England; 1933 Emigration nach Palästina, wo er als Möbeltischler und Innenarchitekt arbeitete; er nahm an einem Bühnenbildnerkurs in Salzburg teil und studierte 1937–1939 Malerei und Graphik in London; 1940 ging er als englischer Informationsoffizier für fünf Jahre erneut nach Palästina; Simultandolmetscher beim Nürnberger Kriegsverbrecherprozeß, dann Graphiker; erste schriftstellerische Versuche; 1950 entschied er sich endgültig für die Literatur; er lebt als freier Schriftsteller in Poschiavo in der Schweiz. Er schreibt neben erzählender Prosa Dramen, Hör- und Fernsehspiele und Essays; 1965 erhielt er den Literaturpreis der Freien Hansestadt Bremen, 1966 den Georg-Büchner-Preis; er gehörte seit 1952 der Gruppe 47 an; seit 1955 Mitglied des bundesrepublikanischen PEN-Zentrums; 1967/68 Dozent für Poetik in Frankfurt/M.; seit 1957 Mitglied der Deutschen Akademie für Sprache und Dichtung, Darmstadt, seit 1973 der Berliner Akademie der Künste; für seine Hörspiele wurde Hildesheimer 1954 mit dem Preis der Kriegsblinden ausgezeichnet.

Hillard, Gustav (eig. Gustav Steinbömer). – Geb. 24. 2. 1881 in Rotterdam – gest. 3. 7. 1972 in Lübeck; Besuch eines holländischen Progymnasiums in Rotterdam und des Katharineums in Lübeck; von 1896 bis 1900 war er einer der drei Mitschüler des deutschen Kronprinzen an der Prinzenschule in Plön, wo er 1900 sein Abitur machte; Offizierslaufbahn, 1913–1918 Generalstabsoffizier; 1918–1922 Dramaturg und Direktionsstellvertreter bei Max Reinhardt am Deutschen Theater in Berlin; Studium der Germanistik, Philosophie, Kunstgeschichte und Archäologie in Berlin; 1924 Promotion zum Dr. phil.; danach Reisen durch Europa und Dozentur an der Schauspielschule des Deutschen Theaters und an der Lessing-Hochschule in Berlin. Hillard schrieb Essays, Memoiren, Romane und Erzählungen; 1941 erhielt er Rundfunkverbot, 1944 siedelte er nach Lübeck über, wo er auch starb; er erhielt 1956 das Verdienstkreuz der BRD, 1961 den Literaturpreis des Kulturkreises im Bundesverband der Deutschen Industrie und die Senatsplakette der Hansestadt Lübeck; er war Mitglied der Deutschen Akademie für Sprache und Dichtung, Darmstadt.

Himmel, Gustav Adolf. – Geb. 9. 8. 1928 in Moers; Dr. phil.; schreibt Romane und Kinderbücher; Übersetzungen aus dem Englischen und Amerikanischen.

Hirche, Peter. – Geb. 2. 6. 1923 in Görlitz/Schlesien; 1941 Abitur; 1941–1945 Soldat; nach Kriegsende Bauhilfsarbeiter, Kabarettist und Nachtwächter; lebt seit 1949 als freier Schriftsteller in West-Berlin; schreibt hauptsächlich für Theater und Funk; für seine Schauspiele erhielt er 1956 den Gerhart-Hauptmann-Preis; Hirche gilt als einer der bedeutendsten deutschen Hörspielautoren; 1955 erhielt er den Hörspielpreis des italienischen Rundfunks, 1966 den Hörspielpreis der Kriegsblinden für das Jahr 1965 für seinen Beitrag zu der Entwicklung des Hörspiels seit 1953; 1967 wurde ihm der Internationale Hörspielpreis des tschechoslowakischen Rundfunks verliehen; Hirche hat an verschiedenen Hörspiel-Editionen mitgearbeitet.

HOCHHUTH, ROLF. – Geb. 1.4.1931 in Eschwege/Nordhessen; verließ nach der mittleren Reife das Realgymnasium und absolvierte eine Buchhändlerlehre; Buchhändler in Marburg, Kassel und München; 1955–1963 Verlagslektor in Gütersloh; er lebt seit 1963 als freier Schriftsteller bei Basel; mit seinem ersten Stück, *Der Stellvertreter*, dem weitere Dramen und politische Komödien folgten, wurde Hochhuth weltbekannt; außer für die Bühne schreibt er Erzählungen, Essays und sozialpolitische Analysen; sein erstes Stück ist in 26 Ländern aufgeführt worden; er wurde zum Initiator des sogenannten Dokumentartheaters. Hochhuth ist Mitglied des PEN-Zentrums der BRD.

HÖLLERER, WALTER. – Geb. 19. 12. 1922 in Sulzbach-Rosenberg/Oberpfalz; nach seiner Teilnahme am Zweiten Weltkrieg Studium der Philosophie (bei Nicolai Hartmann), Theologie, Germanistik, Geschichte und vergleichenden Literaturwissenschaft in Erlangen, Göttingen und Heidelberg; Promotion zum Dr. phil.; habilitierte sich 1956 an der Universität Frankfurt/M., lehrte in Münster und an amerikanischen Universitäten und ist seit 1959 Professor für Literaturwissenschaft an der Technischen Universität Berlin. Höllerer veröffentlichte Gedichte, Prosatexte, Essays, literaturwissenschaftliche Aufsätze und 1973 einen Roman (*Die Elephantenuhr*); 1954–1967 gab er mit Hans Bender die Zeitschrift für Dichtung *Akzente* heraus, seit 1961 ist er Herausgeber der Zeitschrift *Sprache im technischen Zeitalter*; er ist Mitbegründer der Schriftenreihe *Literatur und Kunst*; 1963 gründete er mit Unterstützung der Ford Foundation das »Literarische Colloquium« in West-Berlin, dessen geschäftsführender Direktor er ist; er gehörte als Autor und Kritiker der Gruppe 47 an, außerdem ist er Mitglied des PEN-Zentrums der BRD, der Akademie der Künste (seit 1961) und der Deutschen Akademie für Sprache und Dichtung; seit 1965 leitet Höllerer das Institut für Sprache im technischen Zeitalter; 1966 erhielt er den Berliner Kunstpreis für Literatur (Fontane-Preis).

HÖLZER, MAX. – Geb. 8. 9. 1915 in Graz; Dr. jur.; Lyriker und Essayist; veröffentlichte mehrere Sammlungen von Gedichten und Prosagedichten; Mitarbeiter des Bandes *Mein Gedicht ist mein Messer*; Übersetzer und Herausgeber von Appollinaire, Audiberti, Bataille, Nathalie Sarraute, Montherlant, Breton u. a.; gab 1950–1952 die *Surrealistischen Publikationen* heraus sowie einen Band französischer Lyrik nach dem Symbolismus: *Im Labyrinth*, ferner *Panorama des Surrealismus*; lebt in Hofheim/Taunus. 1969 erhielt Hölzer die Ehrengabe der Bayerischen Akademie der Schönen Künste, 1970 den Georg-Trakl-Preis. (Siehe auch den Band *Die zeitgenössische Literatur Österreichs.*)

HOFF, KAY (eig. Adolf Max Hoff). – Geb. 15. 8. 1924 in Neustadt/Holstein; nach 1945 Studium der Geisteswissenschaften; 1949 Promotion in Kiel; 1950–1969 im Rheinland Bibliothekar, Zeitschriften-Redakteur, Verleger, Schriftsteller; 1970–1973 Leiter des deutschen Kulturzentrums in Tel Aviv; er schreibt Gedichte, Romane, Erzählungen und Hörspiele; 1952 erhielt er den Lyrikpreis im »Wettbewerb junger Autoren« des Landes Schleswig-Holstein, 1957 den Preis im Funkerzähler-Wettbewerb des Süddeutschen Rundfunks, 1960 den Förderungspreis zum Großen Kunstpreis des Landes Nordrhein-Westfalen und 1965 den Hörspielpreis des Ministeriums für gesamtdeutsche Fragen (Ernst-Reuter-Preis). Hoff ist Mitglied des PEN-Zentrums der BRD.

HOFFMANN, DIETER. – Geb. 2. 8. 1934 in Dresden; besuchte dort eine Kunstschule; später war er Feuilletonredakteur in Dresden; übersiedelte 1957 nach Süddeutschland; lebte drei Jahre als Schriftsteller in Karlsruhe; dann Feuilletonredakteur bei der Wochenzeitung *Christ und Welt* in Stuttgart; erste Gedichte in dem Privatdruck *Aufzücke deine Sternenhände* 1953, im Frühjahr 1961 erschien sein Gedichtband *Eros im Steinlaub*; Hoffmann arbeitet auch als Essayist, Anthologist und Herausgeber; 1971 erschien *Lebende Bilder, Gedichte aus einem Jahrzehnt*; 1963 war er Stipendiat der Deutschen Akademie Villa Massimo in Rom; 1969 erhielt er den Andreas-Gryphius-Förderpreis; er ist Mitglied der Akademie der Wissenschaften und der Literatur, Mainz.

HOFFMANN, GERD E. – Geb. 6. 6. 1932 in Deutsch-Eylau/Westpreußen; drei Jahre Redakteurlehre, dann Ausbildung zum Warenhaus-Verkaufsassistenten, lebt als freiberuflicher Autor in Köln; er ist PEN-Mitglied; Buchveröffentlichungen seit 1967, moderne Märchen für Kinder, Hörspiele, Mehrmediales; 1969/70 Aufenthalt in Rom als Stipendiat der Villa Massimo.

HOFMANN, GERT. – Geb. 29. 1. 1931 in Limbach; Studium und Promotion zum Dr. phil.; Dramatiker sowie Fernseh- und Hörspielautor, Essayist.

HOHOFF, CURT. – Geb. 18. 3. 1913 in Emden/Ostfriesland; studierte zunächst Medizin, dann deutsche und englische Philologie, Geschichte und Philosophie in Münster, Berlin, München und Cambridge; 1936 promovierte er mit der Dissertation *Komik und Humor bei Heinrich von Kleist*; 1939–1945 Soldat; 1948–1949 Feuilletonchef des *Rheinischen Merkur* und 1949 am Literaturblatt der *Süddeutschen Zeitung*; er lebt seit 1950 als freier Schriftsteller in München. Hohoff ist Erzähler, Essayist und Kritiker; 1954 erhielt er einen Preis der »Stiftung zur Förderung des Schrifttums«; seit 1956 ist er Mitglied der Westberliner Akademie der Künste, seit 1958 der Bayerischen Akademie der Schönen Künste; Hohoff ist auch als Übersetzer und Herausgeber tätig geworden.

HOLTHUSEN, HANS EGON. – Geb. 15. 4. 1913 in Rendsburg/Schleswig-Holstein; Sohn eines Pfarrers; Gymnasium in Hildesheim; Studium der deutschen Philologie, Geschichte und Philosophie in Tübingen, Berlin und München; Promotion 1937 mit einer Arbeit über Rilkes *Sonette an Orpheus*; 1939–1944 Soldat in Polen, Frankreich, Rußland, Rumänien und Ungarn; nach 1945 lebte er als freier Schriftsteller in München; Vortragsreisen durch europäische Länder und Amerika; 1961–1964 Programmdirektor des Goethe-Hauses in New York; im Sommer 1963 hielt er das Poetik-Kolleg an der Universität München; war von 1968–1974 Präsident der Bayerischen Akademie der Schönen Künste; seit 1968 ist er Professor für deutsche Literatur an der Northwestern University in Evanston/Illinois, USA. Holthusen ist Lyriker, Essayist und Erzähler; 1953 erhielt er den Literaturpreis des Kulturkreises im Bundesverband der Deutschen Industrie, 1956 den Kulturpreis der Stadt Kiel; er ist seit 1956 auch Mitglied der Westberliner Akademie der Künste.

HORBACH, MICHAEL (Pseud. Michael Donrath). – Geb. 13. 12. 1924 in Aachen; schreibt Filmskripte und Fernsehspiele; für seine Romane und Kurzgeschichten erhielt der gelernte Journalist den Erzählerpreis der Zeitschrift *Stern*.

HORST, KARL AUGUST. – Geb. 10. 8. 1913 in Darmstadt – gest. 30. 12. 1973 in Ried bei Benediktbeuren; Studium der Germanistik und Romanistik in München, Berlin, Göttingen und Bonn; 1940–1945 Soldat; 1945–1948 Schüler und Assistent von Ernst Robert Curtius am Seminar für Romanische Philologie in Bonn; promovierte 1948 mit der Dissertation *Die Metapher in der westlichen Comedia Calderons* zum Dr. phil.; er übersiedelte nach München, wo er seit 1949 als freier Schriftsteller lebte, bis er sich in Ried bei Benediktbeuren niederließ. Horst schrieb literarhistorische Arbeiten, Essays und Kritiken; 1952 erhielt er den Förderungspreis des Kulturkreises im Bundesverband der Deutschen Industrie; er war Mitglied des PEN-Zentrums der BRD und der Akademie der Wissenschaften und der Literatur, Mainz.

HORVATH, ÖDÖN VON. – Geb. 9. 12. 1901 in Fiume – gest. 1. 6. 1938 in Paris; Sohn eines Diplomaten aus ungarischem Kleinadel; aufgewachsen in Belgrad, Budapest, München, Preßburg und Wien; Studium der Germanistik und Philosophie in München; er lebte seit 1924 abwechselnd in Berlin, Murnau, Salzburg und Wien; 1938 Emigration in die Schweiz; bei einem Aufenthalt in Paris wurde er während eines Gewitters von einem herabstürzenden Ast erschlagen; Horváth schrieb Dramen und Romane; *Gesammelte Werke.* – Hg. T. Krischke 4 Bde., 1970–1972. (Siehe auch den Band *Die zeitgenössische Literatur Österreichs.*)

HUBALEK, CLAUS. – Geb. 18. 3. 1926 in Berlin; Soldat und Kriegsgefangenschaft; war zunächst als Lehrer tätig, dann von 1949–1952 Redakteur und Dramaturg bei Brecht; seit 1952 lebt er als freier Schriftsteller in Berlin; Hubalek ist Dramatiker sowie Hörspiel- und Fernsehspielautor; 1953 erhielt er den Gerhart-Hauptmann-Preis, 1955 den Deutschen Dramatikerpreis; Hubalek trat auch als Drehbuchautor hervor (für die Spielfilme *Der Hauptmann und sein Held*; *Kirmes*).

HUCHEL, PETER. – Geb. 3. 4. 1903 in Lichterfelde bei Berlin; wuchs in Alt-Langerwisch in der Mark Brandenburg auf; studierte in Berlin, Freiburg i. Br. und Wien Philosophie und Literatur; 1924/25 erste Gedichtveröffentlichung in Paul Westheims *Kunstblättern*; 1930–1933 Mitarbeiter der Zeitschrift *Die literarische Welt*; 1940–1945 Soldat, dann sowjetische Kriegsgefangenschaft; 1945–1948 künstlerischer Direktor des Ost-Berliner Rundfunks; 1949–1962 Chefredakteur der Literaturzeitschrift *Sinn und Form*; 1962 von der SED zum Rücktritt gezwungen; 1971 Übersiedlung in die Bundesrepublik; er erhielt 1932 den Lyrikpreis der Zeitschrift *Kolonne*, 1951 den Nationalpreis der DDR, 1955 den Fontane-Preis und 1959 die Plakette der Freien Akademie der Künste zu Hamburg. 1963 erhielt er für sein gesamtes lyrisches Schaffen den West-Berliner Kunstpreis für Literatur; 1965 den Preis der jungen Generation, 1968 den Großen Kunstpreis des Landes Nordrhein-Westfalen, 1971 den Johann-Heinrich-Merck-Preis für Literarische Kritik der Deutschen Akademie für Sprache und Dichtung, 1972 den Österreichischen Staatspreis für europäische Literatur, 1974 den Literaturpreis Deutscher Freimaurer und den Andreas-Gryphius-Preis. Huchel ist Mitglied der Deutschen Akademie der Künste Berlin, der Freien Akademie der Künste Hamburg, der Bayerischen Akademie der Schönen Künste, der Deutschen Akademie für Sprache und Dichtung, Darmstadt, des PEN-Zentrums der BRD und der Société Européenne de Culture. (Siehe auch den Band *Die Literatur der Deutschen Demokratischen Republik.*)

HÜBNER, JOHANNES. – Geb. 27. 9. 1921 in Berlin; veröffentlichte mehrere Gedichtbände und übersetzte aus dem Französischen Dichtungen von René Char (zusammen mit Lothar Klünner); Hübner gab 1962 einen Gedichtband Christian Hofmann von Hofmannswaldaus und 1963 ausgewählte Gedichte von Paul Éluard heraus.

HÜBSCH, PAUL GERHARD. – Geb. 8. 1. 1946 in Chemnitz; lebt in Frankfurt/M.; Ersatzdienst als Kriegsdienstverweigerer in der Blindenanstalt Marburg; gab die Zeitschrift *Törn* heraus; er schreibt Gedichte und verfaßte den Hörroman *Keine Zeit für Trips*, für den er 1973 den Kurt-Magnus-Preis der ARD erhielt; seit 1974 Herausgeber der Zeitschrift *Sadid*, eine Zeitschrift der Worte des Neuen Menschen; 1969 Übertritt zum Islam; seit 1970 führt Hübsch den Namen Hadayat Ullah.

JAEGER, HENRY (eig. Karl-Heinz Jäger). – Geb. 29. 6. 1927 in Frankfurt/M.; als Fünfzehnjähriger wurde Jaeger eingezogen und geriet in Kriegsgefangenschaft; danach arbeitete er in verschiedenen Berufen und gründete, nachdem seine Versuche, im bürgerlichen Leben Fuß zu fassen, gescheitert waren, eine Gangsterbande, die eine Serie von Raubüberfällen verübte. Die Bande wurde 1955 gefaßt, Jaeger zu 12 Jahren Zuchthaus verurteilt. Im Zuchthaus begann er zu schreiben. Der Erfolg seines Romanerstlings *Die Festung*, den er aus der Strafanstalt herausschmuggelte, führte dazu, daß Jaeger 1963 zur Bewährung entlassen wurde. Er wurde Journalist und Zeitungsredakteur; heute lebt Jaeger in Ascona; er schreibt sozialkritische Romane und Erzählungen; sein Erstlingsroman ist 1964 unter dem Titel *Verdammt zur Sünde* verfilmt worden.

JÄGERSBERG, OTTO. – Geb. 19. 5. 1942 in Hiltrup/Westfalen; absolvierte 1957–1959 eine Buchhändlerlehre und arbeitete bis 1965 in diesem Beruf; lebte in Berlin, München und Zürich; 1965–1968 war er beim Westdeutschen Rundfunk tätig; er ist PEN-Mitglied und lebt heute als Schriftsteller in Baden-Baden; er schreibt Romane und arbeitet für Rundfunk und Fernsehen.

JAHNN, HANS HENNY. – Geb. 17.12.1894 in Hamburg – gest. 29.11.1959 in Hamburg; entstammte einer alten Schiff- und Instrumentenbauerfamilie; er absolvierte die Oberrealschule und lebte als überzeugter Pazifist 1915–1918 in Norwegen; 1921 gründete er den Ugrino-Musikverlag in Hamburg; er selbst schrieb anerkannte musiktheoretische Werke; als ein Orgelbauer von Weltruf verfaßte er zahlreiche Abhandlungen über Orgelbau; nach dem Verbot seiner Bücher emigrierte er 1933 zunächst in die Schweiz, dann nach Bornholm; bis 1945 war er Pferdezüchter und Hormonforscher auf eigenem Hof; 1950 kehrte er nach Hamburg zurück, wo er Präsident der dortigen Freien Akademie der Künste wurde. Jahnn schrieb Dramen, Romane und Essays; 1920 erhielt er den Kleist-Preis, 1954 den Niedersächsischen Literaturpreis, 1956 den Lessing-Preis der Freien Hansestadt Hamburg; er war Mitglied der Akademie der Wissenschaften und der Literatur, Mainz, sowie korrespondierendes Mitglied der (Ostberliner) Deutschen Akademie der Künste. – *Dramen*, Hg. W. Muschg, 2 Bde., 1963–1965.

JANKER, JOSEF W. – Geb. 7. 8. 1922 in Wolfegg bei Ravensburg; gelernter Zimmermann; Soldat im Zweiten Weltkrieg in Rußland; schwerkrank kehrte er zurück und konnte nur noch gelegentlich arbeiten; er lebt als Schwerkriegsbeschädigter in Ravensburg; seit 1960 erscheinen seine Romane und Erzählungen; Mitarbeiter an Zeitschriften und Anthologien (*Jahresring; Tuchfühlung*); 1961 erhielt Janker den Ostdeutschen Literaturpreis; 1968/69 Stipendium der Villa Massimo, Rom, ferner Stipendien für Finnland, Berlin, London, Ostafrika; Janker ist Mitglied des PEN-Zentrums der BRD.

JANSEN, ERICH. – Geb. 31. 10. 1897 in Stadtlohn/Westfalen – gest. 28. 8. 1968 in Stadtlohn; er verdiente seinen Lebensunterhalt als Apotheker; für seine Lyrik erhielt Jansen 1965 die Ehrengabe der Bayerischen Akademie der Schönen Künste; er war Mitautor der Anthologie *Neue deutsche Erzählgedichte* (1964).

JENS, WALTER. – Geb. 8. 3. 1923 in Hamburg; besuchte 1933–1941 die Gelehrtenschule des Johanneums und studierte in seiner Vaterstadt und in Freiburg i. Br. von 1941–1945 klassische Philologie und Germanistik; 1944 promovierte er in Freiburg mit einer Dissertation über den Dialog bei Sophokles; nach dem Krieg Assistent an der Universität Hamburg; 1949 Habilitation in Tübingen; seit 1950 Dozent, seit 1956 Professor für klassische Philologie an der Universität Tübingen, wo er seit 1963 den Lehrstuhl für Allgemeine Rhetorik innehat. Jens ist mit Erzählungen, Romanen, Übersetzungen, Hör- und Fernsehspielen sowie als Literaturkritiker hervorgetreten, vor allem in der Gruppe 47, deren Mitglied er war; seit vielen Jahren ist er Fernsehkritiker der Wochenzeitung *Die Zeit*; seit 1961 ist Jens PEN-Mitglied, seit 1961 auch Mitglied der Berliner Akademie der Künste und seit 1962 der Deutschen Akademie für Sprache und Dichtung, Darmstadt; 1959 erhielt er den Kulturpreis im Bundesverband der Deutschen Industrie, 1964 den Kulturpreis der Schwedisch-Deutschen Gesellschaft, 1968 den Hamburger Lessing-Preis.

JOHNSON, UWE. – Geb. 20. 7. 1934 in Kammin/Pommern; entstammt einer alten schwedisch-deutschen Bauernfamilie; bis 1945 Schüler in einem NS-Internat in Posen; 1945 Flucht nach Recknitz in Mecklenburg; sein Germanistik-Studium in Rostock und Leipzig schloß er 1956 mit dem Staatsexamen ab; 1959 zog er von Mitteldeutschland nach Westberlin, wo er 1959 seinen ersten Roman veröffentlichte; nach Aufenthalten in Italien und den USA (1961, 1966 bis 1968) lebt er heute als freier Schriftsteller in Westberlin; Johnson war 1962 Stipendiat der Villa Massimo in Rom; 1960 erhielt er den Westberliner Fontane-Preis, 1962 den Internationalen Verlegerpreis Formentor, 1971 den Büchner-Preis; er ist Mitglied der Westberliner Akademie der Künste und des PEN-Zentrums der BRD. (Siehe auch den Band *Die Literatur der Deutschen Demokratischen Republik*.)

JOKOSTRA, PETER. – Geb. 5. 5. 1912 in Dresden; wuchs in der sorbischen Lausitz auf; Studium der Philosophie, Psychologie und Soziologie in Frankfurt/M., München und Berlin; nach dem Abbruch seiner Studien 1933 lebte er als Fischer, Jäger, Landarbeiter und Bauer in Masuren, Mecklenburg und Frankreich; er desertierte aus der Wehrmacht und nahm aktiv am Widerstand gegen das NS-Regime teil; nach dem Krieg Kreisschulrat und Verlagslektor in der DDR; 1958 Flucht in die Provence, seit 1960 in der Bundesrepublik; zunächst Kritiker und Verlagslektor; er lebt jetzt als freier Schriftsteller am Rhein; Jokostra veröffentlichte Lyrik, Prosa, Tagebücher und Reiseberichte; er trat auch als Herausgeber hervor (*Keine Zeit für Liebe? Deutsche Liebeslyrik von heute*, 1964; *Tuchfühlung. Neue deutsche Prosa*, 1965); 1965 erhielt er den Andreas-Gryphius-Preis der Künstlergilde Eßlingen; er ist Mitglied des PEN-Zentrums der BRD.

JÜNGER, ERNST. – Geb. 29. 3. 1895 in Heidelberg; Bruder Friedrich Georg Jüngers; Sohn eines Apothekers; ließ sich als Gymnasiast zur Fremdenlegion in Afrika anwerben, von wo ihn sein Vater wieder zurückholte; 1914 meldete er sich als Kriegsfreiwilliger und wurde mehrmals schwer verwundet; ausgezeichnet mit dem Orden pour le mérite; 1919–1923 Reichswehr, danach Studium der Zoologie und Philosophie in Leipzig und Neapel; seit 1925 freier Schriftsteller; im Zweiten Weltkrieg war er in Frankreich, seit 1941 im Stab des deutschen Militärbefehlshabers in Paris; 1944 Entlassung wegen »Wehrunwürdigkeit«; nach dem Krieg erhielt Jünger ein kurzfristiges Publikationsverbot. Er veröffentlichte Romane, Erzählungen, Tagebücher, Essays und Reden; daneben Mitherausgeber mehrerer nationalistischer Zeitschriften und Herausgeber von Sammelwerken; er erhielt 1955 den Kulturpreis der Stadt Goslar, 1956 den Literaturpreis der Stadt Bremen, 1960 den Literaturpreis des Kulturkreises im Bundesverband der Deutschen Industrie, 1965 den Immermann-Preis der Stadt Düsseldorf und 1974 den Schiller-Gedächtnispreis des Landes Baden-Württemberg. – *Werke*, 10 Bde., 1960–1963.

JÜNGER, FRIEDRICH GEORG. – Geb. 1. 9. 1898 in Hannover; Bruder Ernst Jüngers; Lyriker, Erzähler und Essayist; aktiver Offizier im Ersten Weltkrieg, aus dem er schwerverwundet heimkehrte; Studium der Rechtswissenschaft in Leipzig und Halle; Promotion zum Dr. jur.; er übte nur kurze Zeit seinen juristischen Beruf aus und ließ sich 1926 als freier Schriftsteller in Berlin nieder; er war ein Gesinnungs- und Kampfgenosse seines Bruders und stand 1928 bis 1935 dem Widerstandskreis um Ernst Niekisch nahe; seit 1937 lebt er in Überlingen. Er hat Lyrik, Romane, Erzählungen, Essays, Aphorismen und Autobiographisches veröffentlicht; 1950 erhielt er den Literaturpreis der Bayerischen Akademie der Schönen Künste, 1952 den Immermann-Preis, 1955 den Bodensee-Literaturpreis, 1956 den Literaturpreis des Kulturkreises im Bundesverband der Deutschen Industrie, 1957 den Wilhelm-Raabe-Preis und 1960 den Großen Kunstpreis des Landes Nordrhein-Westfalen; 1958 verlieh ihm die Universität Freiburg die Ehrendoktor-Würde.

JUNG, FRANZ. – Geb. 26. 11. 1888 in Neisse/Schlesien – gest. 21. 1. 1963 in Stuttgart; Sohn eines Uhrmachers, 1907–1911 studierte er Jura und Volkswirtschaft in Breslau, Jena und München; seit 1912 freier Schriftsteller in Berlin; Mitarbeiter an Franz Pfemferts Zeitschrift *Die Aktion*; Kriegsteilnehmer, 1915 desertiert; Teilnahme an der Revolution 1918 und den folgenden Kämpfen; seit 1920 mehrere Rußlandreisen; Haft in Hamburg, Cuxhaven, Fuhlsbüttel bis 1921; Teilnahme am mitteldeutschen Aufstand und Flucht nach Holland; Verhaftung und Ausweisung in die Sowjetunion, wo er bis 1923 blieb; Rückkehr nach Berlin; er war u. a. Dramaturg bei Piscator in Berlin und Herausgeber der Zeitschrift *Der Gegner*; in der NS-Zeit bekam er Schreibverbot, blieb aber bis 1937 in Berlin, wo er im Widerstand tätig war und 1936 verhaftet wurde; 1938 Flucht über Prag, Wien, Ungarn, wo er die politische Widerstandsarbeit fortsetzte und Anfang 1945 zum Tode verurteilt, aber von den Amerikanern befreit wurde; 1945–1948 in Italien, 1948 Übersiedlung in die USA, 1960 Rückkehr nach Europa; seine letzten Lebensjahre verbrachte er in Paris und in der Bundesrepublik; Jung trat als expressionistischer Erzähler und Dramatiker hervor; neben Romanen, Erzählungen und Dramen schrieb er Essays und eine Autobiographie.

JUNGK, ROBERT. – Geb. 11. 5. 1913 in Berlin; emigrierte 1933 nach Frankreich, später in die Tschechoslowakei, dann in die Schweiz und nach England; Studium in Berlin, Paris und Zürich, 1945 Promotion; nach 1945 lebte Jungk in den USA, seit 1948 wieder in Europa; Autor und Mitregisseur von Kulturfilmen; Journalist und Auslandskorrespondent für Schweizer Zeitungen und Zeitschriften, Mitarbeiter der Zeitung *Observer*, London; *Die Zukunft hat schon begonnen*, erschienen 1952, wurde der erste durchschlagende Erfolg eines Sachbuchs über Zukunftsentwicklungen; seit 1968 Lehrbeauftragter und Honorarprofessor für Futurologie an der TU Berlin; Jungk ist Gründer und Kuratoriumsmitglied des Instituts für Zukunftsforschung. (Siehe auch den Band *Die zeitgenössische Literatur Österreichs.*)

KÄSTNER, ERHART. – Geb. 13. 3. 1904 in Augsburg – gest. 3. 2. 1974 in Wolfenbüttel; besuchte das Gymnasium in Augsburg, an dem sein Vater Oberstudienrat war; Studium in Freiburg und Leipzig; Promotion zum Dr. phil.; 1930 Bibliothekar an der Staatsbibliothek Dresden; 1936–1938 Sekretär Gerhart Hauptmanns; als Soldat in Griechenland und auf Kreta; zwei Jahre Kriegsgefangenschaft in Afrika; nach dem Krieg Journalist, 1950–1968 war er Direktor der Herzog-August-Bibliothek in Wolfenbüttel. Kästner veröffentlichte Berichte, Erinnerungen und Tagebücher; für seine essayistischen Hellasbücher erhielt er 1955 den Förderungspreis zum Immermann-Preis der Stadt Düsseldorf und 1957 den Literaturpreis der Stadt Köln; Stipendium des Bundesverbandes der Deutschen Industrie 1953; er war Mitglied der Bayerischen Akademie der Schönen Künste und der Westberliner Akademie der Künste.

KÄSTNER, ERICH. – Geb. 23. 2. 1899 in Dresden – gest. 29. 7. 1974 in München; Sohn eines Sattlermeisters; besuchte erst die Bürgerschule, dann das Lehrerseminar; der Erste Weltkrieg unterbrach seine Ausbildung zum Volksschullehrer, Kästner wurde Soldat; nach dem Krieg Bankbeamter und Redakteur der *Neuen Leipziger Zeitung*; gleichzeitig Studium der Germanistik, Philosophie und Geschichte in Leipzig, Rostock und Berlin; 1925 Promotion zum Dr.

phil.; seit 1927 freier Schriftsteller in Berlin; 1933 Verbot und Verbrennung seiner Bücher; 1945–1947 Feuilletonredakteur der *Neuen Zeitung* in München; 1946 Gründer und Herausgeber der Jugendzeitschrift *Pinguin*; Initiator und Textautor am Münchner Kabarett *Die Schaubude*; 1951–1962 Präsident des Deutschen PEN-Zentrums (BRD). Kästner schrieb Gedichte, Romane, eine Komödie und Kinderbücher; 1956 erhielt er den Literaturpreis der Stadt München, 1957 den Georg-Büchner-Preis der Deutschen Akademie für Sprache und Dichtung, 1966 den 1. Preis des internationalen bulgarischen Wettbewerbs von 130 Humoristen aus elf Ländern, 1968 den Literaturpreis der deutschen Freimaurer; Kästner war Mitglied des PEN-Clubs, der Deutschen Akademie für Sprache und Dichtung, Darmstadt, der Akademie der Wissenschaften und der Literatur, Mainz, und der Bayerischen Akademie der Schönen Künste; 1960 erhielt er für seine Jugendbiographie *Als ich ein kleiner Junge war* die Hans-Christian-Andersen-Medaille des Internationalen Kuratoriums für das Jugendbuch; 1959 wurde er mit dem Großen Bundesverdienstkreuz der BRD ausgezeichnet.

Kaiser, Joachim. – Geb. 18. 12. 1928 in Milken/Ostpreußen; Studium der Musikwissenschaft und der Literaturwissenschaft in Göttingen und Tübingen, dort Promotion mit einer Untersuchung von Grillparzers dramatischem Stil; seither als Literatur-, Theater- und Musikkritiker tätig, vor allem für die *Frankfurter Hefte*, später und bis heute bei der *Süddeutschen Zeitung*. Mitglied des PEN-Zentrums der Bundesrepublik, 1973 mit dem Kritik-Preis der Salzburger Festspiele ausgezeichnet.

Karsunke, Yaak. – Geb. 4. 6. 1934 in Berlin; studierte einige Semester Jura, besuchte 1955–1957 die Max-Reinhardt-Schule in Berlin und schlug sich dann sieben Jahre lang als Hilfs- und Gelegenheitsarbeiter durch; Karsunke ist Mitbegründer der literarisch-politischen Zeitschrift *Kürbiskern*, deren Chefredakteur er 1965–1968 war. 1968 trat er als Sprecher der »Kampagne für Demokratie und Abrüstung« hervor; er veröffentlichte bis jetzt zwei Lyrikbände; zahlreiche Arbeiten für Zeitungen, Zeitschriften, Funk, Fernsehen; Beiträge für Anthologien; größere Beiträge in *kürbiskern* und *Kursbuch*; seit 1970 lebt er als Schriftsteller in Berlin.

Kasack, Hermann. – Geb. 24. 7. 1896 in Potsdam – gest. 10. 1. 1966 in Stuttgart; Sohn eines Arztes; Studium der Germanistik und Philosophie in Berlin und München; während des Krieges Ersatzdienst; 1920–1925 Verlagslektor bei Kiepenheuer, 1926/27 bei S. Fischer, seit 1941 als Nachfolger Oskar Loerkes beim Suhrkamp-Verlag; 1948 war er Mitbegründer des Deutschen PEN-Zentrums; 1949 Übersiedlung nach Stuttgart, wo er bis zu seinem Tod als freier Schriftsteller lebte. 1953–1963 war Kasack Präsident der Deutschen Akademie für Sprache und Dichtung, Darmstadt, daneben Mitglied der Akademie der Wissenschaften und der Literatur, Mainz, 1949 erhielt er für seinen Roman *Die Stadt hinter dem Strom* den Fontane-Preis, 1956 die Goethe-Plakette und den Professorentitel.

Kaschnitz, Marie Luise (eig. Freifrau von Kaschnitz-Weinberg). – Geb. 31. 1. 1901 in Karlsruhe; sie entstammt dem elsässischen Adel und wuchs als Tochter eines Offiziers in Potsdam und Berlin auf; nach dem Besuch des Lyzeums Buchhändlerin in Weimar und München und Rom; 1925 heiratete sie den Wiener Archäologen Guido von Kaschnitz-Weinberg; sie lebte in Königsberg, Marburg, Frankfurt und dann in Rom; seit 1958, nach dem Tode ihres Mannes, wieder in Frankfurt am Main. Gedichte, Romane, Erzählungen, Autobiographisches und zahlreiche Hörspiele; 1960 hielt sie in Frankfurt Vorlesungen zur Poetik; 1955 erhielt sie den Georg-Büchner-Preis, 1957 den Düsseldorfer Immermann-Preis für ihr lyrisches, episches und essayistisches Werk, 1964 den Literaturpreis des Kulturkreises im Bundesverband der Deutschen Industrie sowie den Georg-Mackensen-Literaturpreis, 1966 die Goethe-

Plakette der Stadt Frankfurt am Main, 1970 den Johann-Peter-Hebel-Gedenkpreis; 1961 war sie Stipendiatin der Villa Massimo in Rom; 1967 wurde sie Mitglied der Friedensklasse des Ordens pour le mérite, 1968 verlieh ihr die Universität Frankfurt die Ehrendoktorwürde; die Dichterin gehört dem PEN-Zentrum der Bundesrepublik an und ist Mitglied der Deutschen Akademie für Sprache und Dichtung, Darmstadt, sowie der Akademie der Wissenschaften und der Literatur, Mainz.

KELLER, HANS PETER. – Geb. 11. 3. 1915 in Rosellerheide bei Neuß; Studium der Philosophie in Löwen und Köln; im Krieg an der Westfront und in Rußland; nach 1945 Aufenthalt in Paris, Stromboli, Palermo; dann Verlagslektor in Basel und Thun; seit 1955 lehrt Keller in Buchhandelsfachklassen Literatur; er lebt in Büttgen bei Neuß; für seine eigenwillige Lyrik erhielt Keller 1955 die Ehrengabe der Thomas-Mann-Stiftung, 1956 den Droste-Förderungspreis, 1965 den Förderungspreis zum Immermann-Preis der Stadt Düsseldorf und den Kogge-Literaturpreis der Stadt Minden; seit 1966 ist er PEN-Mitglied; neben seinen Gedichten veröffentlichte er Essays und Aphorismen; außerdem Übersetzungen aus dem Französischen.

KELLING, GERHARD. – Geb. 1942; Studium der Soziologie und Politologie in Frankfurt/M.; Schauspielschüler am Mozarteum in Salzburg; Regieassistent bei Peter Palitzsch in Stuttgart und bei Egon Monk in Hamburg. Kelling lebt als freier Schriftsteller in Hamburg; 1969 wurde sein erstes Theaterstück, *Arbeitgeber*, in Castrop-Rauxel uraufgeführt; 1972 erschien ein Kinderstück.

KEMPOWSKI, WALTER. – Geb. 29. 4. 1929 in Rostock; Sohn eines Rostocker Reeders; Luftwaffenhelfer; Lehrling in einer Druckerei; 1948 wegen angeblicher Spionage in Rostock vom sowjetischen Geheimdienst verhaftet und zu 25 Jahren Zwangsarbeit verurteilt; nach acht Jahren Haft wurde er entlassen, machte 1956 das Abitur und studierte Pädagogik in Göttingen; seit 1960 lebt er als Lehrer in Norddeutschland; Kempowski ist Mitglied des PEN-Zentrums der BRD; 1971 erhielt er den Förderpreis des Lessingpreises der Stadt Hamburg; Roman, Erzählung, Kinderbuch, Hörspiel.

KESSEL, MARTIN. – Geb. 14. 4. 1901 in Plauen; Studium der Germanistik, Philosophie, Musik- und Kunstwissenschaft in Berlin, München und Frankfurt/M.; promovierte mit einer Arbeit über Thomas Mann zum Dr. phil.; seit 1923 lebt er als freier Schriftsteller in Berlin-Wilmersdorf. Kessel hat Romane, Erzählungen, Gedichte, Essays und mehrere Bände Aphorismen veröffentlicht; von 1949–1967 PEN-Mitglied; 1951 erhielt er den Literaturpreis des Verbandes Deutscher Kritiker, 1954 den Georg-Büchner-Preis, 1961 den Westberliner Fontane-Preis, 1962 den Literaturpreis der Bayerischen Akademie der Schönen Künste; er gehört der Akademie der Wissenschaften und der Literatur, Mainz, der Deutschen Akademie für Sprache und Dichtung, Darmstadt, sowie der Westberliner Akademie der Künste an; 1961 wurde er mit dem Großen Verdienstkreuz der Bundesrepublik ausgezeichnet.

KESTEN, HERMANN. – Geb. 28. 1. 1900 in Nürnberg; Sohn eines ostjüdischen Kaufmanns; Jura- und Volkswirtschafts-Studium, dann Geschichte, Germanistik und Philosophie in Erlangen und Frankfurt; er promovierte mit einer Arbeit über Heinrich Mann; Reisen durch Europa und Afrika; 1927–1933 war er literarischer Leiter des Kiepenheuer-Verlages in Berlin; seit 1933 Exil in Paris, Brüssel, Nizza, London und Amsterdam; 1933–1940 Leiter des ersten deutschen Exilverlages, Allert de Lange in Amsterdam; seit 1940 lebte Kesten in New York und wurde amerikanischer Staatsbürger; nach dem Krieg lebte er in Rom, New York und

München, zur Zeit wohnt er wieder in Rom; er ist Mitglied und seit 1972 Präsident des deutschen PEN-Zentrums der Bundesrepublik. Neben umfangreicher Herausgebertätigkeit schreibt Kesten Romane, Erzählungen, Dramen, Gedichte und Essays; 1954 erhielt er den Literaturpreis der Stadt Nürnberg, 1968 den Premio di Calabria, 1974 den Georg-Büchner-Preis; schon für seinen ersten Roman *Josef sucht die Freiheit* war ihm der Kleist-Preis zugesprochen worden; Kesten ist Mitglied der Akademie der Wissenschaften und der Literatur in Mainz sowie der Deutschen Akademie für Sprache und Dichtung, Darmstadt.

KESTING, MARIANNE.– Geb. 16. 3. 1930 in Bochum; Studium der Musik in Freiburg, dann der Literatur- und Theaterwissenschaft in München; 1957 Promotion, seither Literatur- und Theaterkritikerin vor allem für die Wochenzeitung *Die Zeit* und für die *Frankfurter Allgemeine Zeitung*; 1971 Habilitation; Mitglied des PEN-Zentrums der Bundesrepublik.

KIESERITZKY, INGOMAR VON. – Geb. 21. 2. 1944 in Dresden; gelernter Buchhändler, lebt in Göttingen; erhielt 1970 den Niedersächsischen Förderungspreis für junge Künstler.

KIPPHARDT, HEINAR. – Geb. 8. 3. 1922 in Heidersdorf/Schlesien; studierte Medizin, nahm als Soldat an den Rückzügen aus Rußland teil; ärztliche Approbation und Promotion in Düsseldorf nach Kriegsende, arbeitete als Arzt in verschiedenen Kliniken, zuletzt an der Universitäts-Nervenklinik der Charité in Berlin; ging 1951 an das Deutsche Theater in Berlin und war dessen Chefdramaturg bis 1959; übersiedelte 1959 nach Düsseldorf, 1960 nach München und lebt dort als freier Schriftsteller; 1970/71 war Kipphardt Chefdramaturg der Kammerspiele in München. Kipphardt, der Dramen, Fernsehspiele und Prosa schreibt, ist ein Exponent des dokumentarischen Theaters; 1953 erhielt er den Nationalpreis III. Klasse der DDR, 1962 die Fördergabe des Schiller-Gedächtnis-Preises, 1964 den Gerhart-Hauptmann-Preis sowie den Fernsehpreis der Akademie der Darstellenden Künste, 1965 den Adolf-Grimme-Preis und den DAG-Fernsehpreis. Kipphardt ist Mitglied des PEN-Clubs. (Siehe auch den Band *Die Literatur der Deutschen Demokratischen Republik.*)

KIRST, HANS HELLMUT. – Geb. 5. 12. 1914 in Osterode/Ostpreußen; Berufssoldat von 1933 bis 1945; nach dem Krieg arbeitete er als Straßenarbeiter, Gärtner, Landwirt, Filmkritiker, dann als freier Schriftsteller; Reisen durch Europa und Afrika; er lebt in München und ist PEN-Mitglied; Autor zahlreicher spannender, zeitkritisch akzentuierter Romane mit hohen Auflagen; Kirst versuchte sich auch als Dramatiker; ferner zeithistorische, biographische und filmgeschichtliche Reports.

KLÜNNER, LOTHAR. – Geb. 3. 4. 1922 in Berlin; trat als Lyriker, Novellist und Essayist hervor; Klünner wurde als Übersetzer von Yvan Goll, Jacques Dupin, Paul Éluard, Gilles d'Aurigny u.a. bekannt; zusammen mit Johannes Hübner übersetzte er Dichtungen von René Char ins Deutsche.

KLUGE, ALEXANDER. – Geb. 14. 2. 1932 in Halberstadt; Gymnasium und Abitur in Berlin; Studium der Rechtswissenschaft und Geschichte in Marburg und Frankfurt/M.; 1956 promovierte er in Marburg zum Dr. jur. und war anschließend Mitarbeiter des Präsidenten des Deutschen Volkshochschulverbandes, Hellmuth Becker; er war Produzent und Regisseur bei mehreren Kurzfilmen; 1962 baute er mit Edgar Reitz in Ulm die Abteilung Film an der Hochschule für Gestaltung auf, heute ist er dort Dozent für Filmgestaltung; Sprecher der Oberhausener Jungfilmer-Gruppe; er schreibt neben Filmskripts auch Romane; kulturpolitische Publikationen; sein Roman *Schlachtbeschreibung* ist mit dem Premio d'Isola Elba ausgezeichnet worden; 1964 erhielt er den »Kunstpreis der jungen Generation«, ferner den Bayerischen Förderungspreis für Literatur; Mitglied des PEN-Clubs; seit 1966 dreht er Spielfilme, einige Filme wurden mehrmals ausgezeichnet.

König, Barbara. – Geb. 9. 10. 1925 in Reichenberg/Nordböhmen; 1944 kam sie kurz nach dem Abitur in »Schutzhaft« der Gestapo; 1945 wurde sie entlassen und floh nach Selb; sie arbeitete zunächst als Journalistin, ging 1950 für ein Jahr in die Vereinigten Staaten und lebt seit 1958 als freie Schriftstellerin in München und in Dießen am Ammersee; sie schreibt Romane und Erzählungen; sie erhielt 1962 den Literaturpreis des Kulturkreises im Bundesverband der Deutschen Industrie, 1965 den Charles-Veillon-Preis, 1966 den Förderungspreis für Literatur der Stadt München, 1970 die Ehrengabe des Andreas-Gryphius-Preises; sie ist Mitglied der Gruppe 47 und des PEN-Clubs.

Koeppen, Wolfgang. – Geb. 23. 6. 1906 in Greifswald; wuchs in Ostpreußen auf; Studium der Theaterwissenschaft und Germanistik in Greifswald, Hamburg, Berlin und Würzburg; arbeitete als Dramaturg und Journalist, dann als Redakteur am Berliner *Börsen-Courir*; ausgedehnte Reisen durch Europa, in die USA, in die UdSSR; er lebte längere Zeit in den Niederlanden; wohnt heute in München. Koeppen schreibt Romane und Reisebücher; er ist Mitglied des PEN-Zentrums der Bundesrepublik, der Deutschen Akademie für Sprache und Dichtung und der Westberliner Akademie der Künste; für sein Gesamtwerk erhielt er 1962 den Georg-Büchner-Preis, 1965 den Literaturpreis der Bayerischen Akademie der Schönen Künste, 1967 den Immermann-Preis der Stadt Düsseldorf und den Preis der Stiftung zur Förderung des Schrifttums in München.

Körner, Wolfgang.– Geb. 26. 10. 1937 in Breslau; Geschäftsführer der Volkshochschule Dortmund; freier Mitarbeiter zahlreicher Zeitschriften (u. a. Buchmarkt) und bei Funk und Fernsehen; Drehbuch zu den Fernsehfilmen *Versetzung* und *Ich gehe nach München*; 1967 erhielt er den Förderungspreis für Literatur zum Großen Kunstpreis des Landes Nordrhein-Westfalen, 1973 den Förderpreis des Droste-Hülshoff-Preises; Körner ist Mitglied der Gruppe 61 und lebt in Dortmund.

Kolb, Annette (eig. Anne Mathilde Kolb). – Geb. 2. 2. 1875 in München – gest. 3. 12. 1967 in München; Tochter des königlich bayerischen Gartenbauarchitekten am Botanischen Garten und einer französischen Pianistin; wuchs in München auf; trat während des Ersten Weltkriegs von der Schweiz aus aktiv für den Frieden ein; 1933 Emigration nach Frankreich, 1940 in die USA; 1945 kehrte sie nach Europa zurück, wo sie im Winter in Paris, im Sommer in Badenweiler lebte. Annette Kolb, die Essays, Romane, Erzählungen, Tagebücher, Erinnerungen und Biographien veröffentlichte, war Mitglied der Akademie der Wissenschaften und der Literatur, Mainz, der Bayerischen Akademie der Schönen Künste, der Société des Gens de Lettres sowie korrespondierendes Mitglied der Deutschen Akademie für Sprache und Dichtung, Darmstadt; sie erhielt 1913 den Fontane-Preis, 1932 den Gerhart-Hauptmann-Preis für ihr Gesamtwerk, 1951 den Literaturpreis der Stadt München und 1955 den Frankfurter Goethe-Preis.

Kolbenheyer, Erwin Guido. – Geb. 30. 12. 1878 in Budapest – gest. 12. 4. 1962 in München; Sohn eines ungardeutschen Architekten; Studium der Philosophie, Psychologie und Naturwissenschaften in Wien; 1905 Dr. phil.; 1926 Dr. med. h. c.; nach großen literarischen Anfangserfolgen gab er den Plan, Hochschullehrer zu werden, auf; lebte seit 1919 als freier

Schriftsteller in Tübingen, ab 1932 in München-Solln; seit 1926 Mitglied der Sektion für Dichtkunst der Preußischen Akademie der Künste; wegen seiner engen Kontakte zum Nationalsozialismus erhielt er nach dem Krieg fünf Jahre Berufsverbot; 1948 als »Belasteter« eingestuft, jedoch 1950 zum »Minderbelasteten« erklärt. Kolbenheyer hat hauptsächlich historische Dramen und Romane geschrieben, aber auch Gedichte, Essays und autobiographische Schriften. – *Gesammelte Werke*, 8 Bde., 1939–1941. – Eine Gesamtausgabe in 14 Bänden erschien 1957ff.

Kolbenhoff, Walter (eig. Walter Hoffmann). – Geb. 20. 5. 1908 in Berlin; Arbeitersohn; nach Abschluß der Volksschule 1922 Fabrikarbeiter; mit 17 Jahren verließ er Berlin und zog seit 1925 als Straßensänger durch Europa, Nordafrika und Kleinasien; Maler und Gelegenheitsarbeiter; 1930 Journalist in Berlin; erste schriftstellerische Versuche; 1933 Emigration über Holland nach Dänemark; verließ Dänemark nach der Besetzung 1940 und wurde Soldat der deutschen Wehrmacht; 1944 amerikanische Gefangenschaft; 1946–1949 Redakteur der *Neuen Zeitung* in München; Mitbegründer der »Gruppe 47«; er lebt als freier Schriftsteller, der mit zeitkritischen Romanen und Hörspielen hervorgetreten ist, in Germering bei München; Kolbenhoff erhielt 1946 den Literaturpreis der Zeitschrift *Der Ruf* und 1953 den Hörspiel-Förderungspreis des Bayerischen Rundfunks.

Kolmar, Gertrud (eig. Gertrud Chodziesner). – Geb. 10. 12. 1894 in Berlin – gest. 1943 (?); Tochter eines jüdischen Rechtsanwalts aus Kolmar bei Posen; studierte Sprachen und legte das Examen als Sprachlehrerin für Französisch und Russisch ab; Lehrerin in Dijon; zeitweilig Erzieherin für taubstumme Kinder; lebte in Berlin; 1943 wurde sie in ein Vernichtungslager verschleppt und ist seither verschollen; Gertrud Kolmars schmales literarisches Werk umfaßt Lyrik, Dramen und erzählende Prosa.

Konsalik, Heinz G. (eig. Heinz Günther, weitere Pseud. Benno von Marroth, Günther Hein). – Geb. 28. 5. 1921 in Köln; nach dem Studium der Theater-, Kunst-, Literatur- und Zeitungswissenschaft Soldat in Frankreich und Rußland; als Kriegsberichterstatter in Rußland schwer verwundet; nach Kriegsende Chefredakteur einer Illustrierten; später übernahm er die Theaterabteilung eines Verlages; seine Romane sind durchweg Bestseller und liegen in zahlreichen Auslandsausgaben vor.

Krämer-Badoni, Rudolf. – Geb. 22. 12. 1913 in Rüdesheim; besuchte das Realgymnasium, Abitur 1933; war anderthalb Jahre lang Postbeamter und studierte dann bis 1937 Literatur, Geschichte und Philosophie in Frankfurt; Promotion zum Dr. phil.; ab 1939 im Krieg Sanitätsfeldwebel in Frankreich und Rußland; danach Redakteur bei Zeitungen und Zeitschriften; seit 1948 freier Schriftsteller; er ist als Romancier, Essayist, Kritiker und konservativer Publizist bekannt geworden; von 1962 bis 1964 Generalsekretär des PEN-Zentrums der Bundesrepublik.

Kreuder, Ernst. – Geb. 29. 8. 1903 Zeitz/Bezirk Halle – gest. 24. 12. 1972 in Darmstadt; verbrachte seine Kindheit und Jugend in Offenbach am Main; Oberrealschule und Banklehre; Studium der Philosophie, Literaturgeschichte und Kriminalogie in Frankfurt/M.; 1926/27 bereiste er den Balkan; 1933 Redakteur des *Simplicissimus* in München; im Zweiten Weltkrieg diente er bei der Flakartillerie im Ruhrgebiet; lebte nach dem Krieg als freier Schriftsteller in Darmstadt; er wurde 1949 ordentliches Mitglied der Akademie der Wissenschaften und der Literatur, Mainz, 1951 des PEN-Clubs und 1954 der Deutschen Akademie für Sprache und Dichtung, Darmstadt; für sein literarisches Werk (Lyrik, Roman, Erzählung, Essay) erhielt er 1953 den Georg-Büchner-Preis.

Krieger, Arnold. – Geb. 1. 12. 1904 in Dirschau/Weichsel – gest. 9. 8. 1965 in Frankfurt/M.; Sohn eines Mittelschuldirektors; verbrachte seine Jugend in Thorn; Studium der Philologie in Greifswald, Göttingen und Berlin; 1927 Uraufführung seines ersten Schauspiels; während der NS-Zeit waren einige seiner Werke verboten. Nach dem Zweiten Weltkrieg lebte Krieger in der Schweiz und in Afrika; in Zürich gründete und redigierte er die Zeitschrift *Das eigentliche Leben*; später folgten einige Hefte seiner Zeitschrift *Das freie Leben*; in Darmstadt gründete er das Verlagsunternehmen »Studio Schaffen und Forschen«; neben seinem umfangreichen lyrischen Werk schrieb Krieger vor allem Dramen und auflagenstarke Romane.

Kroetz, Franz Xaver. – Geb. 25. 2. 1946 in München; Kindheit in Simbach am Inn, Schule in München; Ausbildung als Schauspieler; Gelegenheitsarbeiter in mehreren Berufen; kleinere Engagements an Münchner Kellertheatern, dann Bauerntheater; lebt heute in München als vielgespielter Bühnenautor und als Regisseur von Fernseh- und Hörspielen; er ist PEN-Mitglied; 1971 erhielt er die Ludwig-Thoma-Medaille, 1972 den Fontane-Preis der Stadt Berlin, 1973 den Kritikerpreis des Verbandes der deutschen Kritiker.

Krolow, Karl. – Geb. 11. 3. 1915 in Hannover; Studium der Germanistik, Romanistik, Philosophie und Kunstgeschichte in Göttingen und Breslau; seit 1942 lebte er als freier Schriftsteller in Göttingen und Hannover, seit 1956 in Darmstadt. Krolow ist ein bedeutender Lyriker der zweiten Nachkriegsgeneration; er ist Mitglied der Akademie der Wissenschaften und der Literatur, der Akademie für Sprache und Dichtung, (der er seit 1954 angehört, seit 1966 als Präsident), der Bayerischen Akademie der Schönen Künste (1960) sowie seit 1951 des PEN-Clubs; 1956 erhielt er für sein dichterisches Werk den Georg-Büchner-Preis sowie den Preis des Kulturkreises im Bundesverband der Deutschen Industrie, 1965 den Großen Niedersächsischen Kunstpreis für sein Gesamtwerk; 1960/61 war er Gastdozent für Poetik an der Universität Frankfurt.

Kroneberg, Eckart. – Geb. 10. 6. 1930 in Stünzhain/Thüringen; Theologe und Philosoph; Romane, Essay, Pädagogische Texte zur Erwachsenenbildung.

Krüger, Horst. – Geb. 17. 9. 1919 in Magdeburg; verlebte die Jugendzeit in Berlin; Studium der Philosophie und Literaturwissenschaft in Berlin und Freiburg, Kriegsdienst seit 1942. Nach 1945 lebte Krüger als Literaturkritiker in Freiburg, dann war er seit 1952 Redakteur des Nachtprogramms im Südwestfunk Baden-Baden (bis 1967). Er wohnt heute als freier Schriftsteller in Frankfurt; 1970 erhielt Krüger den Thomas-Dehler-Literaturpreis. Er ist Mitglied des PEN-Zentrums der Bundesrepublik.

Kühn, Dieter. – Geb. 1. 2. 1935 in Köln; Studium der Literaturwissenschaft und Promotion über Robert Musil; 1972 erhielt er den Förderungspreis des Landes Nordrhein-Westfalen für junge Künstler; Kühn lebt in Düren; er schreibt Erzählungen, Romane, Essays, Hörspiele.

Kusenberg, Kurt (Pseud. Hans Ohl und Simplex). – Geb. 24. 6. 1904 in Göteborg/Schweden; Sohn eines deutschen Ingenieurs; verbrachte seine Jugend 1906–1914 in Lissabon, später in Deutschland (Wiesbaden und Bühl); Studium der Kunstgeschichte in München, Berlin und Freiburg i. Br.; Promotion zum Dr. phil.; Kunstkritiker der *Weltkunst* und der *Vossischen Zeitung* in Berlin, dann stellvertretender Chefredakteur der illustrierten Zeitschrift *Koralle* in Berlin; 1943–1945 Soldat; nach der Rückkehr aus der Kriegsgefangenschaft 1947 ließ er sich in Hamburg nieder, wo er als Schriftsteller, Lektor und Herausgeber der »rowohlt monographien« lebt; er schreibt Essays, Erzählungen, Hörspiele, Feuilletons und übersetzt aus dem Englischen und Französischen; er ist Mitglied des Deutschen PEN-Zentrums (BRD) und der Société Européenne de Culture; Kusenberg hat sich auch als Kunstschriftsteller einen Namen gemacht.

LANGE, HARTMUT. – Geb. 31. 3. 1937 in Berlin; Vater Fleischer, Mutter Verkäuferin; von 1939–1945 in Polen, 1946–1965 in Ostberlin; Oberschule bis zur 11. Klasse, dann Gelegenheitsarbeiter; 1957–1960 Studium an der Hochschule für Filmkunst in Babelsberg; 1961–1964 Dramaturg am Deutschen Theater Berlin (Ost), wo ursprünglich sein Stück *Tod und Leben des Herrn Marski* uraufgeführt werden sollte; im Sommer 1965 ging Lange nach West-Berlin, wo er seitdem lebt; für sein dramatisches Werk erhielt Lange 1966 den Förderungspreis der Niedersächsischen Landesregierung, 1968 den Gerhart-Hauptmann-Preis; er ist Mitglied des PEN-Zentrums der BRD; neben eigenen Dramen dramatische Bearbeitungen, außerdem Essays und Übersetzungen aus dem Schwedischen und Französischen. (Siehe auch den Band *Die Literatur der Deutschen Demokratischen Republik.*)

LANGE, HORST. – Geb. 6. 10. 1904 in Liegnitz/Niederschlesien – gest. 6. 7. 1971 in München; wollte ursprünglich Maler werden und besuchte das Weimarer Bauhaus; studierte dann Kunstgeschichte und Germanistik in Berlin und Breslau; Journalist und freier Schriftsteller; 1931 kehrte er nach Berlin zurück, wo er dem Kreis der literarischen Zeitschrift *Die Kolonne* angehörte; 1933 heiratete er die Lyrikerin Oda Schaefer; im Krieg war er Pionier und wurde vor Moskau schwer verwundet; 1945 kam er nach Mittenwald, 1950 nach München; 1946 Präsident der Kulturliga in München. Lange, der hauptsächlich Lyrik, Romane und Erzählungen schrieb, erhielt 1932 den Lyrikerpreis der Zeitschrift *Die Kolonne*, 1956 den Preis des Kulturkreises im Bundesverband der Deutschen Industrie, 1958 eine Ehrengabe der Bayerischen Akademie der Schönen Künste, 1960 den ostdeutschen Literaturpreis und 1963 den Literaturpreis der Bayerischen Akademie der Schönen Künste, der er seit 1963 angehörte; außerdem war er Mitglied des Deutschen PEN-Zentrum (BRD), der Deutschen Akademie für Sprache und Dichtung, Darmstadt, und der Akademie der Wissenschaften und der Literatur, Mainz.

LANGEWIESCHE, MARIANNE. – Geb. 16. 11. 1908 in Irschenhausen/Bayern; Tochter des Verlegers Wilhelm Langewiesche-Brandt; nach dem Besuch der Höheren Schule wurde sie zuerst Fürsorgerin, dann Journalistin; sie ist mit dem Dramaturgen und Bühnenautor Heinz Coubier verheiratet und lebt als Schriftstellerin in Ebenhausen bei München; Marianne Langewiesche, die Romane, Erzählungen und kulturhistorische Bücher schreibt, ist Mitglied des PEN-Zentrums der Bundesrepublik.

LANGGÄSSER, ELISABETH. – Geb. 23. 2. 1899 in Alzey/Rheinhessen – gest. 25. 7. 1950 in Rheinzabern; Tochter eines Architekten; besuchte in Alzey und Darmstadt die Schule und war nach einer pädagogischen Ausbildung fünf Jahre lang Lehrerin in Hessen; 1929/30 Dozentin der Pädagogik und Methodik an der Sozialen Frauenschule in Berlin; sie stand dem Kreis um die literarische Zeitschrift *Die Kolonne* nahe; 1935 heiratete sie in Berlin den Philosophen Wilhelm Hoffmann; als Halbjüdin erhielt sie 1936 Berufsverbot; trotz multipler Sklerose 1944 dienstverpflichtet; 1948 zog sie von Berlin nach Rheinzabern, wo sie bis zu ihrem Tode lebte; sie schrieb Gedichte, Romane und Erzählungen; 1932 erhielt sie den Literaturpreis der deutschen Staatsbürgerinnen, in ihrem Todesjahr 1950 wurde die Dichterin mit dem Georg-Büchner-Preis ausgezeichnet. – *Gesammelte Werke*, 5 Bde., 1959ff.

LANGNER, ILSE (eig. Ilse Siebert). – Geb. 21. 5. 1899 in Breslau; Tochter eines Oberstudiendirektors; mit 14 Jahren veröffentlichte sie ihren ersten Gedichtband; 1928 Aufenthalt in der UdSSR, der Türkei und Frankreich; später führten sie noch mehrere große Reisen nach Asien, durch die USA und Europa; 1967 unternimmt sie einen »Weltrundflug«, um Vorlesungen an Goethe-Instituten zu halten. Ilse Langner schrieb Dramen, Gedichte, Romane, Erzählungen und Reiseberichte; aus ihren sozialkritischen Werken spricht die Pazifistin, die für Menschlichkeit und gegen Vorurteile kämpft, die sich besonders für die Rechte der Frau einsetzt und auf die Stärke der Frau hofft. 1960 wurde sie mit der Willibald-Pirckheimer-Medaille ausgezeichnet, ferner mit dem Bundesverdienstkreuz 1. Klasse; sie ist Mitglied der Deutschen Akademie für Sprache und Dichtung, Darmstadt, und des PEN-Clubs.

LATTMANN, DIETER. – Geb. 15. 2. 1926 in Potsdam; gelernter Verlagsbuchhändler; arbeitete 1947–1960 in mehreren Verlagen, zuletzt als Lektor in München; lebt als freier Schriftsteller, Rundfunkautor und literarischer Berater ausländischer Verlage in München. Lattmann wurde im April 1968 Präsident der Bundesvereinigung Deutscher Schriftsteller; im Juni regte er die Umwandlung dieser Organisation in den Verband Deutscher Schriftsteller (VS) an, dessen Vorsitzender er ist; seit 1972 als SPD-Abgeordneter Mitglied des Deutschen Bundestages; Mitglied des PEN-Clubs; er veröffentlichte Essays, Erzählungen, Romane, Reisetagebücher, Literaturkritiken; Hörspiele, Funkfeatures, Fernsehdokumentationen; Mitarbeiter der Anthologien *Europa heute* (1963) und *Tuchfühlung* (1965); Träger des Münchener Förderungspreises für Literatur 1968.

LEDIG, GERT. – Geb. 4. 11. 1921 in Leipzig; wuchs in Wien und Leipzig auf; arbeitete zunächst als Hilfsarbeiter, absolvierte dann eine elektrotechnische Lehre und meldete sich 1939 als Kriegsfreiwilliger; Offiziersanwärter, nach einer schweren Verwundung 1942 Schiffsbauingenieur; 1945–1950 Arbeiter, Kaufmann und Kunstgewerbler in München; 1950 Dolmetscher im amerikanischen Hauptquartier in Österreich; 1953 Ingenieur in Salzburg; seit 1957 freier Schriftsteller in München; nachdem er seine literarische Tätigkeit aufgegeben hat, unterhält er in München ein Ingenieur-Büro; schrieb Erzählungen, Romane, Dramen und Hörspiele.

LE FORT, GERTRUD VON. – Geb. 11. 10. 1876 in Minden/Westfalen – gest. 1. 11. 1971 in Oberstdorf/Allgäu; entstammte einer alten Hugenottenfamilie; ihre Jugend verbrachte sie zum großen Teil auf dem Familiengut Bök/Mecklenburg; Studium der Theologie, Geschichte und Philosophie in Heidelberg, Marburg und Berlin; Schülerin des Religionsphilosophen Ernst Troeltsch; 1926 konvertierte sie zum Katholizismus; von 1918 bis 1939 lebte sie in Baierbrunn bei München, dann in der Schweiz; 1956 wurde sie von der Universität München mit der Würde eines Dr. theol. h. c. ausgezeichnet; für ihr umfangreiches dichterisches Werk erhielt sie zahlreiche Literaturpreise: 1947 den Münchener Literaturpreis, 1948 den Badischen Staatspreis, 1952 den Schweizer Gottfried-Keller-Preis, 1953 das Große Verdienstkreuz der Bundesrepublik Deutschland, 1955 den Großen Kunstpreis des Landes Nordrhein-Westfalen, 1959 den Bayerischen Staatspreis, 1967 das Große Bundesverdienstkreuz mit Stern, 1969 den Kulturellen Ehrenpreis der Stadt München; sie war Mitglied der Bayerischen Akademie der Schönen Künste, der Westberliner Akademie der Künste und außerordentliches Mitglied der Deutschen Akademie für Sprache und Dichtung, Darmstadt. Ab 1949 lebte sie bis zu ihrem Tode in Oberstdorf im Allgäu.

LEHMANN, WILHELM. – Geb. 4. 5. 1882 in Puerto Cabello/Venezuela – gest. 17. 11. 1968 in Eckernförde/Schleswig-Holstein; er wuchs in einem Hamburger Vorort auf; Studium der Philosophie, Germanistik und Anglistik in Tübingen, Straßburg und Berlin; 1905 Promotion zum Dr. phil. in Kiel; nach dem Staatsexamen für das höhere Lehrfach war er Erzieher und Studienrat in Kiel, Neumünster, Wickersdorf, Holzminden und Eckernförde bis 1947; während des Ersten Weltkriegs geriet er jahrelang in englische Kriegsgefangenschaft; ausgedehnte Reisen in Europa; befreundet mit Oskar Loerke und Moritz Heimann. Lehmann schrieb Romane, Erzählungen, Gedichte, Essays und autobiographische Schriften; Alfred Döblin erkannte ihm 1923 den Kleist-Preis zu (zusammen mit Musil); 1952 erhielt er den Kunstpreis des Landes Schleswig-Holstein und 1953 den Lessing-Preis der Stadt Hamburg; 1959 den Schiller-Gedächtnis-Preis des Landes Baden-Württemberg sowie 1963 den Kulturpreis der Stadt Kiel; er war Mitglied der Akademie der Wissenschaften und der Literatur, Mainz, der Bayerischen Akademie der Schönen Künste, der Deutschen Akademie für Sprache und Dichtung, Darmstadt, der Hamburger Freien Akademie der Künste und des Deutschen PEN-Zentrums (BRD); 1957 verlieh ihm die Bundesrepublik das Große Verdienstkreuz. – *Sämtliche Werke*, 3 Bde., 1962.

LENZ, HERMANN. – Geb. 26. 2. 1913 in Stuttgart; Studium der Germanistik, Archäologie und Kunstgeschichte in München und Heidelberg; seit 1940 Soldat; 1946 kehrte er aus amerikanischer Kriegsgefangenschaft zurück; von 1949–1957 Sekretär eines Kulturvereins, von 1951 bis 1971 Sekretär eines Schriftstellerverbandes; er schreibt Lyrik und erzählende Prosa; 1962 erhielt er den Förderungspreis des Ostdeutschen Literaturpreises; seit 1964 Mitglied des PEN-Clubs.

LENZ, SIEGFRIED. – Geb. 17. 3. 1926 in Lyck/Ostpreußen; wuchs in Masuren auf; nach dem Besuch des Gymnasiums und einem Notabitur wurde er kurz vor Kriegsende zur Marine eingezogen; nach dem Krieg studierte er in Hamburg Anglistik; Philosophie und Literaturgeschichte; 1950 Feuilletonredakteur der Zeitung *Die Welt*, seit 1951 freier Schriftsteller in Hamburg; er schreibt Romane, Erzählungen, Dramen und Essays sowie für den Rundfunk Hörspiele, Hörbilder und Funkfeatures; 1952 erhielt er für seinen ersten Roman eine Réne-Schickele-Ehrung und ein Stipendium des Hamburger Lessing-Preises, 1961 für sein Drama *Zeit der Schuldlosen* den Gerhart-Hauptmann-Preis der Freien Volksbühne Berlin, 1962 den Bremer Literaturpreis und den Mackensen-Literaturpreis und 1966 den Großen Kunstpreis des Landes Nordrhein-Westfalen; Lenz gehörte der Gruppe 47 an, ist Mitglied der Freien Akademie der Künste in Hamburg und des PEN-Clubs.

LETTAU, REINHARD. – Geb. 10. 9. 1929 in Erfurt; Studium der Germanistik, Philosophie und amerikanischen Literatur in Heidelberg und Harvard; 1960 promovierte er mit der Dissertation *Utopie und Roman* zum Dr. phil.; seit 1957 Dozent am Smith-College in Northampton, Massachusetts; 1965–1967 lebte er als freier Schriftsteller in Berlin; 1967 nahm er einen Ruf als Professor für deutsche Literatur an die University of California in San Diego an; Lettau, der hauptsächlich erzählende Prosa schreibt, ist Mitglied der Gruppe 47 und des PEN-Clubs; 1963 erhielt er ein Berliner Förderungsstipendium.

LIPINSKY-GOTTERSDORF, HANS. – Geb. 5. 2. 1920 in Leschnitz/Oberschlesien; zunächst Landwirt, dann Soldat; geriet verwundet in Gefangenschaft; nach dem Krieg Fabrikarbeiter; lebt jetzt als freier Schriftsteller in Köln-Höhenberg; für sein Prosawerk, das Romane und Erzählungen umfaßt, erhielt Lipinsky-Gottersdorf 1964 die Ehrengabe der Bayerischen Akademie der Schönen Künste; 1970 den Eichendorff-Literaturpreis; Herausgeber von *Das Wort der Brüderlichkeit* (1958); Mitherausgeber der *Deutschen Stimmen* (1956).

LOERKE, OSKAR. – Geb. 13. 3. 1884 in Jungen/Westpreußen – gest. 24. 2. 1941 in Berlin; entstammte einer westpreußischen Bauernfamilie; besuchte das Gymnasium in Graudenz und absolvierte dann eine Forst- und Landwirtschaftslehre; 1903–1907 Studium der deutschen Philologie, Geschichte, Philosophie und Musik in Berlin; lebte bis 1914 als freier Schriftsteller in Berlin; vom Oktober 1917 bis zu seinem Lebensende Lektor im S. Fischer Verlag, wo er 1925 Nachfolger Moritz Heimanns wurde; Mitarbeiter der *Neuen Rundschau* und am *Berliner Börsen-Courir*; 1926 wurde er in die Preußische Akademie der Künste gewählt, 1933 aus dem Amt des Sekretärs der Sektion für Dichtkunst entlassen. Loerke war ein bedeutender Lyriker, Kritiker und Essayist; seine *Tagebücher 1903–1939* sind eine wichtige Quelle für das Verständnis der literaturpolitischen Vorgänge um 1933; 1913 wurde Loerke mit dem Kleist-Preis ausgezeichnet.

MAASS, EDGAR. – Geb. 4. 10. 1896 in Hamburg – gest. 6. 1. 1964 in Paterson/New Jersey; Bruder des Schriftstellers Joachim Maaß; er nahm an den Vernichtungsschlachten des Ersten Weltkriegs teil; studierte Chemie (Dr. rer. nat.) in Hannover und München und lebte als Chemiker und Schriftsteller in München und Leipzig; seit 1926 Fabrikleiter in den USA; 1933 wurde er amerikanischer Staatsbürger; 1934–1938 kehrte er nach Hamburg zurück, danach USA; Edgar Maaß ist durch Romane und Erzählungen vorwiegend biographisch-historischen Inhalts bekannt geworden.

MAASS, JOACHIM. – Geb. 11. 9. 1901 in Hamburg – gest. 15. 10. 1972 in New York; jüngerer Bruder des Schriftstellers Edgar Maaß; nach dem Abitur an der Gelehrtenschule des Johanneum und einer kaufmännischen Lehre war er Redakteur bei der *Vossischen Zeitung* in Berlin, seit 1924 lebte er als freier Schriftsteller in Altona; im Dritten Reich emigrierte er in die USA, wo er 1939 Lektor und später Professor für deutsche Literatur in South Hadley/Massachusetts und Pennsylvania wurde; 1951 kehrte er nach Deutschland zurück; 1945–1950 Redakteur der *Neuen Rundschau*; Joachim Maaß war vornehmlich Romancier, aber er hat auch Lyrik, Essays und dramatische Arbeiten verfaßt; 1961 erhielt er den Literaturpreis der Bayerischen Akademie der Schönen Künste; er war PEN-Mitglied und gehörte der Freien Akademie der Künste in Hamburg an; außerdem war er korrespondierendes Mitglied der Deutschen Akademie für Sprache und Dichtung, Darmstadt.

MADER, HELMUT. – Geb. 13. 5. 1932 in Oderberg/ČSSR; studierte Jura, Philosophie, Literaturwissenschaft und Politik; veröffentlichte zunächst Lyrik, später Kritiken, Essays und Agitationstexte; Übersetzungen des türkischen Dichters Orhan Veli Kanik; Mader, der Mitglied des PEN-Clubs ist, wohnt in Waiblingen bei Stuttgart; 1970/71 war er Stipendiat der Villa Massimo in Rom.

MANN, HEINRICH. – Geb. 27. 3. 1871 in Lübeck – gest. 12. 3. 1950 in Santa Monica/Kalifornien; Bruder von Thomas Mann; Sohn eines hanseatischen Großkaufmanns und einer Deutsch-Brasilianerin; wuchs im Patriziermilieu Lübecks auf; nach dem Abgang vom Gymnasium Buchhandelslehre in Dresden; 1890–1892 volontierte er beim S. Fischer Verlag in Berlin und hörte Vorlesungen an der Berliner Universität; 1893–1898 lebte er vorwiegend in Italien, dann ließ er sich in München nieder; 1931 wurde er Präsident der Sektion für Dichtkunst in der Preußischen Akademie der Kunst; nach seinem erzwungenen Rücktritt 1933 floh er nach Prag, am 21. 2. 1933 nach Frankreich (Nizza) und 1940 über Spanien und Portugal in die USA; seit Gründung der Deutschen Volksfront 1935 war er deren Präsident; 1947 Ehrenvorsitzender des Schutzverbandes deutscher Autoren; 1947 wurden ihm die philosophische Ehrendoktorwürde der Ostberliner Humboldt-Universität und 1949 der Nationalpreis

I. Klasse für Kunst und Literatur verliehen; er starb im gleichen Jahr, als er zurückkehren und die Präsidentschaft der (Ostberliner) Deutschen Akademie der Künste übernehmen wollte. Heinrich Mann hat ein umfangreiches Werk geschaffen, das Romane, Novellen, Schauspiele und Essays umfaßt; die Deutsche Akademie der Künste zu Berlin gibt seine *Gesammelten Werke* heraus, bisher 9 Bände (1965–1970).

MANN, THOMAS. – Geb. 6. 6. 1875 in Lübeck – gest. 12. 8. 1955 in Zürich; Bruder von Heinrich Mann; bereits als Schüler schrieb er Prosaskizzen und Aufsätze für eine Zeitschrift, die er mit herausgab; Abgang vom Gymnasium aus der Obersekunda 1893 und Übersiedlung nach München; 1894 Volontär einer Feuerversicherungsgesellschaft; 1895/96 Studium an der Technischen Hochschule München; 1896–1898 hielt er sich mit seinem Bruder in Rom und Palestrina auf; 1898/99 Redakteur des *Simplicissimus*; 1900 Militärdienst; 1905 Heirat mit Katja Pringsheim; 1919 verlieh ihm die Universität Bonn die Ehrendoktorwürde; 1926 Professorentitel durch den Lübecker Senat; seit 1926 gehörte er der Sektion für Dichtkunst der Preußischen Akademie der Künste an; 1929 Nobelpreis für Literatur; 1932 war Thomas Mann der offizielle Festredner der Goethe-Feiern in Weimar und Berlin; 1933 Emigration, zuerst Sanary-sur-Mer, dann Küsnacht bei Zürich; 1936 Aberkennung der deutschen Staatsbürgerschaft; tschechischer Staatsbürger; 1938 Übersiedlung in die USA; Gastprofessur an der Universität Princeton; 1940 Umzug nach Kalifornien; 1942–1952 wohnte er in seinem eigenen Haus in Pacific Palisades; 1944 amerikanischer Staatsbürger; 1947 erste Europareise; 1949 erster Besuch Deutschlands nach dem Krieg, Freitod seines Sohnes Klaus; 1952 Rückkehr nach Europa; er lebte zunächst in Erlenbach bei Zürich; 1954 erwarb er ein Haus in Kilchberg am Zürichsee; 1955 Ehrenbürger der Stadt Lübeck; 1949 erhielt er für sein erzählerisches Werk die Goethe-Preise der Städte Frankfurt/M. und Weimar; er war Ehrenmitglied der Deutschen Akademie für Sprache und Dichtung in Darmstadt; die Universität Jena und die Eidgenössische Technische Hochschule Zürich verliehen ihm Ehrendoktorate; zwei Tage vor seinem Tod wurde er in die Friedensklasse des Ordens pour le mérite aufgenommen. – Gesamtausgaben: *Gesammelte Werke*, 1922–1937, *Gesammelte Werke*, 10 Bde., 1925, *Stockholmer Gesamtausgabe* 1938ff, *Gesammelte Werke*, 12 Bde., 1955, *Gesammelte Werke*, 12 Bde., 1960.

MASCHMANN, MELITA. – Geb. 10. 1. 1918 in Berlin; nach dem Studium der Philosophie Journalistin; lebt heute in Darmstadt; schrieb unter dem Einfluß Thornton Wilders didaktisch-kritische Zeitromane; 1963/64 erschien ihre politische Autobiographie.

MAYER, HANS. – Geb. 19. 3. 1907 in Köln; studierte in Köln, Bonn und Berlin Jura, Geschichte und Philosophie; 1935–1945 Exil in Frankreich und in der Schweiz; 1946/47 Chefredakteur von Radio Frankfurt/M.; 1948–1963 Dozent für Literaturgeschichte in Leipzig; seit 1965 Professor für deutsche Sprache und Literatur in Hannover; neben seiner wissenschaftlichen Lehrtätigkeit Literaturkritiker, Essayist, Herausgeber und Übersetzer; als Kritiker und Lehrer hat er einen großen Einfluß auf viele junge Autoren in der DDR und im Westen ausgeübt. Hans Mayer ist seit 1948 PEN-Mitglied; 1955 erhielt er den Nationalpreis der DDR, 1966 den Literaturpreis des Verbandes der deutschen Kritiker; 1969 Dr. h.c. der Universität Brüssel; 1972 Dr. h.c. der University of Wisconsin, USA; 1974 wurde er mit der Medaille des Collège de France ausgezeichnet; er ist seit 1952 Vorstandsmitglied der Deutschen Goethe-Gesellschaft, seit 1954 der Deutschen Schiller-Gesellschaft, seit 1955 der Schiller-Stiftung und seit 1971 Direktor der Abteilung Literatur der Akademie der Künste in Berlin. (Siehe auch den Band *Die Literatur der Deutschen Demokratischen Republik.*)

MECHTEL, ANGELIKA (eig. Angelika Eilers). – Geb. 26. 8. 1943 in Dresden; 1961–1965 Mitarbeiterin der Literatur-Zeitschrift *Relief*, 1965–1967 des *Simplicissimus*; seit 1966 Redakteurin der Zeitschrift *Aspekte/Impulse*; seit 1972 Mitherausgeberin von *Publikation;* sie trat mit Lyrik, erzählender Prosa und Hörspielen sowie einer Dokumentation über die wirtschaftliche Lage alter Schriftsteller in der Bundesrepublik hervor; 1968 erschien ihr erster Erzählungsband, 1970 ihr erster Roman; Mitglied der Gruppe 61 und des PEN-Clubs; sie ist mit dem Journalisten Wolfhart Eilers verheiratet und wohnt in Einsbach in Bayern. 1970 erhielt sie den Förderpreis für Literatur der Stadt Nürnberg, 1971 den Förderpreis für Literatur des Kulturkreises im Bundesverband der deutschen Industrie sowie den Tukan-Preis der Stadt München.

MECKAUER, WALTER. – Geb. 13. 4. 1889 in Breslau – gest. 6. 2. 1966 in München; arbeitete zunächst als Bankangestellter, u. a. 1910/11 in Peking, studierte dann in Breslau und promovierte zum Dr. phil.; danach war er als Bibliothekar, Redakteur und Dramaturg tätig; 1933 emigrierte er nach Italien, später nach Frankreich und in die Schweiz; ab 1947 lebte er in New York; 1952 kehrte er nach Deutschland zurück; seitdem lebte er als freier Schriftsteller in München. Meckauer schrieb Erzählungen, Romane, Essays, Dramen, Lyrik; seine bekanntesten Romane spielen in China, mit dessen Geschichte und Kultur er sich intensiv befaßt hatte. Auszeichnungen: 1928 Jugendpreis deutscher Erzähler des Preußischen Kultusministeriums, 1949 Certificate of Merit, Ohio, 1952 Langen-Müller-Literaturpreis, 1955 Bundesverdienstkreuz; Meckauer war Mitglied des PEN-Clubs, des Schutzverbandes deutscher Schriftsteller und der Authors' League of America.

MECKEL, CHRISTOPH. – Geb. 12. 6. 1935 in Berlin; Sohn des Lyrikers, Erzählers und Schriftleiters Eberhard Meckel; nach dem Gymnasium studierte er mehrere Semester Graphik in Freiburg i. Br. und München; längere Aufenthalte in Südeuropa und Afrika; Meckel lebt heute in Berlin und Südfrankreich; er veröffentlichte rund zwanzig Bücher (Lyrik, Erzählungen, ein Roman), ferner graphische Zyklen, Kinderbücher, Illustrationen zu Voltaire, Brecht und zur *Allgemeinen Erklärung der Menschenrechte*; er ist Mitglied des PEN-Clubs und der Akademie der Wissenschaften und der Literatur, Mainz; 1959 erhielt er einen Förderpreis zum Immermann-Preis, 1961 zum Campe-Preis sowie 1962 den Niedersächsischen Kulturpreis und 1966 den »Preis der jungen Generation«; 1962 war er Stipendiat der Villa Massimo in Rom.

MEICHSNER, DIETER. – Geb. 14. 2. 1928 in Berlin; Besuch eines Berliner Gymnasiums; 1944 als 17jähriger Oberschüler zum Wehrdienst eingezogen; Studium der Geschichte und Anglistik an der Humboldt-Universität in Ost-Berlin und an der Freien Universität Berlin; seit 1955 freier Schriftsteller, seit 1966 Chefdramaturg beim NDR, seit 1968 Leiter der Hauptabteilung Fernsehspiel beim NDR; Meichsner hat neben bekenntnishaft-zeitkritischen Romanen zahlreiche Funkfeatures, Hör- und Fernsehspiele und Drehbücher geschrieben; 1954 wurde ihm der 3. Erzählerpreis des Ministeriums für Kultur der DDR verliehen; 1959 erhielt er (neben Benno Meyer-Wehlack) eine Fördergabe des Schiller-Gedächtnispreises; später mehrere Preise und Auszeichnungen für seine Hör- und Fernsehspiele, darunter 1966 und 1968 den Jakob-Kaiser-Preis und 1967 den Adolf-Grimme-Preis in Silber, 1970 den Alexander-Zinn-Preis der Stadt Hamburg. Meichsner ist PEN-Mitglied und wohnt in Hamburg.

MEISTER, ERNST. – Geb. 3. 9. 1911 in Haspe/Westfalen; studierte erst Theologie, dann Philosophie, Germanistik und Kunstgeschichte; Soldat im Zweiten Weltkrieg; 1939–1960 kaufmännischer Angestellter in der Fabrik seines Vaters; seitdem arbeitet er als freier Schriftsteller; er ist Lyriker, hat aber auch Erzählungen und ein Drama geschrieben; 1957 erhielt er den Annette-von-Droste-Hülshoff-Preis, 1961 die Kogge-Spende, 1962 den Literaturpreis der Stadt Hagen und 1963 den Großen Kunstpreis des Landes Nordrhein-Westfalen; seit 1964 ist er PEN-Mitglied.

Mendelssohn, Peter de. – Geb. 1. 6. 1908 in München; wuchs in der Künstlersiedlung Hellerau bei Dresden auf, besuchte ein Internat in Strausberg bei Berlin; begann als Achtzehnjähriger beim *Berliner Tageblatt*; veröffentlichte 1930 sein erstes Buch; erfolgreiche Romane; 1933 Emigration nach England, politischer Journalist und Übersetzer; während des Krieges im britischen Staatsdienst; nach 1945 Presseberater der Britischen Kontrollkommission in Deutschland; 1950–1970 Londoner Korrespondent des Bayerischen Rundfunks; 1970 Übersiedlung nach München; als Romancier und Essayist schrieb er sowohl in englischer als auch in deutscher Sprache; zahlreiche Übersetzungen aus dem Englischen, Amerikanischen und Französischen; Monographien und Biographien (Mendelssohn arbeitet zur Zeit an einer Thomas-Mann-Biographie); 1958 erhielt er das Bundesverdienstkreuz I. Klasse; Vizepräsident des PEN-Zentrums der BRD, stellvertretender Vorsitzender des Verbandes deutscher Schriftsteller in Bayern, Mitglied der Bayerischen Akademie der Schönen Künste und der Deutschen Akademie für Sprache und Dichtung.

Michelsen, Hans Günther. – Geb. 21. 9. 1920 in Hamburg; Sohn eines Offiziers; Kriegsdienst und sowjetische Kriegsgefangenschaft bis 1949; danach arbeitete er beim Theater und Rundfunk; 1952/53 Dramaturg am Theater in Trier, dann Mitarbeiter des Bayerischen Rundfunks in München; 1960–1962 Leiter der Pressestelle des Schiller-Theaters Berlin. Michelsen lebt heute in Frankfurt; seine Dramen wurden auf vielen deutschen Bühnen aufgeführt, daneben schrieb er auch Fernsehspiele; 1963 erhielt er den Förderungspreis des Gerhart-Hauptmann-Preises und des Großen Niedersächsischen Kunstpreises, 1965 den Gerhart-Hauptmann-Preis, 1967 den Literaturpreis der Stadt Bremen.

Miegel, Agnes. – Geb. 9. 3. 1879 in Königsberg – gest. 26. 10. 1964 in Bad Salzuflen; 1894 bis 1896 wurde sie in einem Pensionat in Weimar erzogen, später in einem englischen Internat; seit 1917 freie Schriftstellerin in Königsberg; 1920 bis 1926 Redakteurin an der *Ostpreußischen Zeitung*; nach dem Zweiten Weltkrieg lebte sie bis Ende 1946 in einem dänischen Flüchtlingslager, dann in Niedersachsen, von 1948 an in Bad Nenndorf; Agnes Miegel war seit der Droste-Hülshoff wohl die bedeutendste deutsche Balladendichterin; sie erhielt 1913 den Kleist-Preis, 1924 den Ehrendoktortitel der Universität Königsberg, 1936 den Herder-Preis, 1940 den Goethe-Preis der Stadt Frankfurt, 1957 die Ehrenplakette des Ostdeutschen Kulturrats, 1959 den Literaturpreis der Bayerischen Akademie der Schönen Künste und 1962 den westpreußischen Kulturpreis; neben Balladen hat sie auch dramatische Dichtungen, Erzählungen und autobiographische Schriften verfaßt. – *Gesammelte Werke*, 6 Bde., 1952–1955.

Minder, Robert. – Geb. 23. 8. 1902 in Wasselonne (Bas-Rhin); er studierte Literatur und Philosophie in Straßburg und Paris, besuchte die École Normale Supérieure und schloß mit germanistischen Examina ab; 1936 erhielt er eine Professur in Nancy; später in Grenoble und Paris. Minder lehrt seit 1957 am Collège de France in Paris; er hat als einer der bedeutendsten Germanisten Frankreichs auch auf die deutsche Germanistik großen Einfluß genommen.

Mönnich, Horst. – Geb. 8. 11. 1918 in Senftenberg/Lausitz; studierte in Berlin und nahm am Zweiten Weltkrieg teil; bei Kriegsende Flucht aus Kurland und Internierung in Holstein; Landarbeiter, seit 1948 Feuilletonredakteur; seit 1952 lebt er als Erzähler, Hörspielautor und Reiseschriftsteller in Breitbrunn/Chiemsee; war Mitglied der Gruppe 47; ist heute Mitglied des PEN-Zentrums der BRD; Hörspielpreis des Norddeutschen Rundfunks, 1970 Ernst-Reuter-Preis (Gesamtdeutscher Hörspielpreis); Mönnich hat sich in letzter Zeit mehr dem Fernsehspiel zugewandt.

MOERS, HERMANN. – Geb. 31. 1. 1930 in Köln; absolvierte eine kaufmännische Lehre; arbeitete erst als Postbeamter, später in verschiedenen anderen Berufen; Dramatiker und Hörspielautor; erhielt 1959 den Förderungspreis für Literatur des Landes Nordrhein-Westfalen, 1960 den Gerhart-Hauptmann-Preis; Moers ist auch als Romanautor hervorgetreten.

MOLO, WALTER VON. – Geb. 14. 6. 1880 in Sternberg/Mähren – gest. 27. 10. 1958 in Hechendorf bei Murnau; entstammte altem schwäbischem Ritteradel; Studium des Maschinenbaus und der Elektrotechnik in Wien und München; Dr. ing. h. c.; arbeitete als Diplomingenieur, bevor er sich in Berlin 1913 als freier Schriftsteller niederließ; 1928–1930 war er Präsident der Sektion für Dichtkunst bei der Preußischen Akademie der Künste; seit 1933 lebte er auf einem Hof in Oberbayern; er war Mitbegründer des Deutschen PEN-Clubs und Präsident des Schutzverbandes Deutscher Schriftsteller; sein erzählerisches Werk besteht zum großen Teil aus historischen Romanen und Erzählungen.

MON, FRANZ (eig. Franz Löffelholz). – Geb. 6. 5. 1926 in Frankfurt/M.; Studium der Germanistik, Geschichte und Philosophie; Promotion zum Dr. phil.; lebt als Verlagslektor und freier Schriftsteller in Frankfurt; Mitarbeiter an Zeitschriften für experimentelle Dichtung wie *Meta, Akzente* und *nota*; Herausgeber der Sammlung *movens. Dokumente und Analysen zur Dichtung, bildenden Kunst, Musik, Architektur* 1960 (zusammen mit Walter Höllerer und Manfred de la Motte); Mon hat hauptsächlich experimentelle, konkrete Lyrik, aber auch Dramen, Essays und Hörspieltexte geschrieben.

MUELLER, HARALD. – Geb. 18. 5. 1934 in Memel; Arbeit als Bergmann, Hafenarbeiter, Hotelboy, Dolmetscher, Herrgottschnitzer, Messevertreter; 1957–1960 Besuch einer Schauspielschule und Studium der Germanistik und der Theaterwissenschaft in München; längerer Aufenthalt in Kanada und den USA; 1962 erste Schreibversuche; 1972–1974 Dramaturg am Schiller-Theater Berlin; seine Stücke *Großer Wolf* und *Halbdeutsch* wurden 1970 an den Münchner Kammerspielen, *Stille Nacht* und *Strandgut* 1974 am Schiller-Theater Berlin uraufgeführt. 1969 erhielt Mueller für *Halbdeutsch* den Gerhart-Hauptmann-Förderpreis, 1969/70 das Suhrkamp-Dramatiker-Stipendium.

MÜLLER, RICHARD MATTHIAS. – Geb. 6. 11. 1926 in Mödrath als Sohn eines Volksschullehrers; bis 1967 Oberstudienrat in Köln; seither ordentlicher Professor für Didaktik der englischen Sprache an der Pädagogischen Hochschule Rheinland in Aachen.

MUSIL, ROBERT. – Geb. 6. 11. 1880 in Klagenfurt – gest. 15. 4. 1942 in Genf; entstammte einer altösterreichischen Beamten-, und Offiziersfamilie; studierte an der Technischen Militärakademie in Wien, brach aber die Ausbildung zum Offizier ab und wurde Maschinenbauingenieur; 1901 Ingenieur-Staatsprüfung an der Technischen Hochschule Brünn; 1902/03 Assistent an der Technischen Hochschule Stuttgart; danach Studium der Philosophie, Psychologie, Mathematik und Physik 1903–1908 in Berlin; Promotion zum Dr. phil. mit einer erkenntnistheoretischen Arbeit über Ernst Mach; er verzichtete auf die Universitätslaufbahn, um freier Schriftsteller zu werden; 1911–1914 Praktikant und Bibliothekar an der Technischen Hochschule Wien; 1914 Redakteur der Zeitschrift *Neue Rundschau*; 1914–1918 Offizier; 1920–1922 Fachbeirat im Bundesministerium für Heereswesen; danach freier Schriftsteller, Kritiker und Essayist in Wien und Berlin; nach dem Anschluß Emigration nach Zürich; die letzten Lebensjahre verbrachte er fast mittellos in Genf. – *Gesammelte Werke*, Hg. A. Frisé, 3 Bde., Hamburg 1952ff. (Siehe auch den Band *Die zeitgenössische Literatur Österreichs.*)

NEUMANN, ALFRED. – Geb. 15. 10. 1895 in Lautenburg/Westpreußen – gest. 3. 10. 1952 in Lugano; Sohn eines Holzindustriellen; verbrachte seine Jugend in Berlin, Rostock und der französischen Schweiz; ab 1913 Studium der Kunstgeschichte in München und Promotion zum Dr. phil.; arbeitete zunächst in München als Verlagslektor, 1918–20 als Dramaturg der Kammerspiele, dann freier Schriftsteller; im Dritten Reich waren seine Bücher verboten; 1933 Emigration; er lebte bis 1938 in Fiesole, dann in Nizza und ab 1941 in Los Angeles; US-Staatsbürger; 1949 Rückkehr nach Florenz, zuletzt lebte er in Lugano; Erzähler, Dramatiker, Lyriker und Übersetzer; galt neben Lion Feuchtwanger als Meister des historisch-psychologischen Romans; 1926 hatte er für seinen Roman *Der Teufel* den Kleist-Preis erhalten.

NEUMANN, ROBERT. – Geb. 22. 5. 1897 in Wien; Sohn eines Mathematik-Professors, Bankiers und Gründungsmitglieds der Sozialdemokratischen Partei Österreichs; Studium der Medizin, Chemie und Germanistik in Wien; danach Buchhalter, Bankbeamter, Devisenhändler, Fabrikdirektor und Seniorchef einer Kommanditgesellschaft; geschäftlicher Ruin durch die Inflation; Matrose auf einem holländischen Tanker; 1933 wurden seine Bücher von den Nazis verbrannt; 1934 Emigration nach England; 1938 britischer Staatsbürger; lebte als Schriftsteller in Cranbrook/Kent, heute in Locarno-Monti; seit 1961 Vizepräsident des Internationalen PEN-Clubs. Neumann wurde zuerst als Stilparodist bekannt, dann als Novellist, Romancier, Bühnen-, Film- und Fernseh-Autor, dessen Werke in 26 Sprachen übersetzt sind; er ist Ehrenpräsident des Österreichischen PEN-Clubs, Mitglied der Deutschen Akademie für Sprache und Dichtung, Darmstadt, der Freien Akademie der Künste, Hamburg, des Schweizerischen Schriftstellerverbandes und anderer Vereinigungen; ihm wurde das Ehrenkreuz 1. Klasse von Österreich verliehen; neben anderen Auszeichnungen erhielt er das Große Ehrenzeichen in Gold der Stadt Wien. (Siehe auch den Band *Die zeitgenössische Literatur Österreichs*.)

NICK, DAGMAR (eig. Dagmar Schnorr). – Geb. 30. 5. 1926 in Breslau, Tochter des Komponisten Edmund Nick; lebte ab 1933 in Berlin, nach Kriegsende in München, wo sie Graphologie und Psychologie studierte; vierjähriger Israelaufenthalt; Lyrikerin und Hörspielautorin; erhielt 1948 den Liliencron-Preis der Stadt Hamburg; Übersetzung von Gedichten des amerikanischen Lyrikers Robert Frost; sie lebt in Karlsbad/Baden als freie Schriftstellerin.

NIEBELSCHÜTZ, WOLF VON. – Geb. 24. 1. 1913 in Berlin – gest. 22. 7. 1960 in Düsseldorf; Offizierssohn aus altem schlesischem Adel; aufgewachsen in Magdeburg; besuchte das Humanistische Gymnasium in Schulpforta; Studium der Geschichte und Kunstgeschichte in Wien und München; bis 1937 Literatur-, Theater- und Kunstkritiker der *Magdeburger Zeitung*, 1937–1940 der *Rheinisch-Westfälischen Zeitung* in Essen; 1940–1945 Soldat; nach dem Krieg freier Schriftsteller. Er trat zunächst als Lyriker, später als Erzähler hervor; 1942 erhielt er mit den Lyrikpreis der *Dame*, 1944 wurde er mit dem Schrifttums-Förderungspreis der Stadt Essen ausgezeichnet; 1951 erhielt er den Immermann-Literaturpreis der Stadt Düsseldorf; er war Mitglied des PEN-Zentrums der Bundesrepublik.

NONNENMANN, KLAUS. – Geb. 9. 8. 1922 in Pforzheim; Gymnasium, dann Kriegsteilnahme; nach der Entlassung aus der Gefangenschaft Studium der Romanistik in Hamburg, Heidelberg, Frankfurt/M.; dann freier Schriftsteller; PEN-Mitglied der BRD; schreibt Romane, Erzählungen, Essays und Hörspiele; Herausgeber der Essaysammlung *Schriftsteller der Gegenwart* (1963).

NOSSACK, HANS ERICH. – Geb. 30. 1. 1901 in Hamburg; Sohn eines hanseatischen Kaufmanns; besuchte ein Gymnasium in Hamburg und studierte bis 1922 Philologie und Jura in Jena; danach Fabrikarbeiter, Bankbeamter, kaufmännischer Angestellter; er schloß sich zweimal der KPD an; 1933–1956 selbständiger Kaufmann in der väterlichen Firma; seit frühester Jugend schriftstellerische Versuche, vor allem Dramen, die im Dritten Reich nicht veröffentlicht werden durften; beim Bombardement Hamburgs 1943 verbrannten seine sämtlichen Manuskripte; seit 1956 freier Schriftsteller in Augsburg, Darmstadt, Frankfurt, heute in Hamburg. Nossack schreibt Lyrik, erzählende Prosa und Essays; 1958 erhielt er den Förderungspreis des Kulturkreises im Bundesverband der Deutschen Industrie, 1961 den Georg-Büchner-Preis, 1963 den Wilhelm-Raabe-Preis; er ist PEN-Mitglied und gehört der Akademie der Wissenschaften und der Literatur, Mainz, der Hamburger Freien Akademie der Künste sowie der Deutschen Akademie für Sprache und Dichtung, Darmstadt, an; 1967 war Nossack Ehrengast der Villa Massimo in Rom, 1967/68 Gastdozent für Poetik in Frankfurt/M.

NOVAK, HELGA M. (eig. Maria Karlsdottir). – Geb. 8. 9. 1935 in Berlin; Studium der Philosophie und Publizistik in Leipzig, danach Monteurin, Laborantin und Buchhändlerin; 1961 heiratete sie nach Island; seit 1968 lebt sie in Frankfurt/M.; PEN-Mitglied; 1966 las sie Gedichte bei der Gruppe 47 in Princeton/USA; 1968 erhielt sie für ihre Lyrik den Bremer Literaturpreis; sie schreibt auch Kurzprosa. (Siehe auch den Band *Die Literatur der Deutschen Demokratischen Republik.*)

OELSCHLEGEL, GERD. – Geb. 28. 10. 1926 in Leipzig; Soldat im Zweiten Weltkrieg; Student der Kunstakademie Leipzig; nach seiner Übersiedelung in die BRD (1948) studierte er bei Gerhard Marcks Bildhauerei an der Landeskunstschule Hamburg, später freier Schriftsteller; Oelschlegel schrieb zunächst Dramen und Hörspiele, dann hauptsächlich Fernsehspiele.

OTT, WOLFGANG. – Geb. 23. 6. 1923 in Pforzheim; ging mit 17 Jahren zur Marine; nach dem Kriege arbeitete er als Holzfäller und lebt heute als Journalist und freier Schriftsteller in Stuttgart; von seinen Romanen ist *Haie und kleine Fische* erfolgreich verfilmt worden.

PAUSEWANG, GUDRUN. – Geb. 3. 3. 1928 in Wichstadtl/Ostböhmen; nach dem Studium der Pädagogik in Wiesbaden ging Gudrun Pausewang als Lehrerin nach Chile (1956–1964), seit 1968 ist sie in Kolumbien tätig. Romane mit Stoffen aus ihrer südamerikanischen Umwelt.

PENZOLDT, ERNST. – Geb. 14. 6. 1892 in Erlangen – gest. 27. 1. 1955 in München; Sohn eines bedeutenden Internisten und Universitätsprofessors; Studium an den Kunstakademien von Weimar und Kassel; er lebte danach bis zu seinem Tode in München-Schwabing; war zeitweise Lektor im S. Fischer Verlag und in seinen letzten Lebensjahren dramaturgischer Berater am Bayerischen Staatsschauspiel; Penzoldt trat zuerst als Bildhauer, Graphiker und Illustrator hervor, er wurde aber hauptsächlich als Dramatiker, Erzähler und Essayist bekannt. – *Gesammelte Schriften,* 4 Bde., Frankfurt/M. 1949–1962.

PILLAU, HORST. – Geb. 21. 7. 1932 in Wien; schreibt Theaterstücke, Hör- und Fernsehspiele; für *Dr. Reuter reist nach Rom* erhielt er 1963 eine Bundesfilmprämie; 1967 wurde er mit dem Film- und Fernsehpreis des Hartmannbundes ausgezeichnet.

PIONTEK HEINZ. – Geb. 15. 11. 1925 in Kreuzburg/Oberschlesien; 1943 Soldat; nach seiner Entlassung aus amerikanischer Kriegsgefangenschaft holte er das Abitur nach und studierte Germanistik; seit 1948 freier Schriftsteller; er lebt heute in München. Piontek ist Lyriker, Erzähler, Kritiker, Essayist, Herausgeber, Übersetzer und Hörspielautor; 1957 erhielt er den Berliner Literaturpreis »Junge Generation« und den Ostdeutschen Literaturpreis Eßlingen (Andreas-Gryphius-Preis), 1960 das Stipendium der Villa Massimo in Rom und 1967 von der Stadt München den Preis zur Förderung der Literatur, 1971 den Eichendorff-Literaturpreis; er ist Mitglied des PEN-Zentrums, der Bayerischen Akademie der Schönen Künste und der Deutschen Akademie für Sprache und Dichtung.

PIWITT, HERMANN PETER. – Geb. 28. 1. 1935 in Hamburg; Studium der Soziologie und Philosophie, unter anderem bei Theodor W. Adorno; 1963/64 nahm er am Literarischen Colloquium in Berlin teil; 1968 erhielt er in Berlin den »Preis der jungen Generation«, 1971 das Stipendium der Villa Massimo Rom. Piwitt lebt heute als freier Schriftsteller in Hamburg; er schreibt Lyrik, Prosa, Essays und Kritiken; Übersetzungen aus dem Serbokroatischen (u.a. Bulatovic, Desnica); Herausgeber einer Anthologie jugoslawischer Erzähler (1962).

PLIEVIER, THEODOR (urspr. Pseud. Plivier). – Geb. 12. 2. 1892 in Berlin – gest. 12. 3. 1955 in Avegno bei Locarno; Arbeitersohn aus kinderreicher Familie; vagabundierte durch Europa, diente 1914–1918 in der Kriegsmarine und nahm am Matrosenaufstand in Wilhelmshaven teil; gehörte der Rätebewegung an und arbeitete anschließend in vielen Berufen; 1933 Emigration über Prag, die Schweiz, Paris und Schweden nach Moskau; Angehöriger des Nationalkomitees »Freies Deutschland«; 1945 kehrte er mit der Roten Armee nach Deutschland zurück; in Weimar Vorsitzender des »Kulturbunds zur demokratischen Erneuerung Deutschlands«; Lizenzträger des Kiepenheuer-Verlags; 1947 Übersiedlung an den Bodensee, dann in die Schweiz. Seine Romantrilogie über Hitlers Feldzug im Osten *(Stalingrad–Moskau–Berlin)* wurde in alle Kultursprachen übersetzt.

PÖRTNER, PAUL. – Geb. 25. 1. 1925 in Wuppertal-Elberfeld; kam als Germanistikstudent an die Westfront und wurde verwundet; Theaterarbeit nach dem Krieg in Wuppertal und Remscheid; 1951–1958 Studium der Germanistik, Romanistik und Philosophie; arbeitete gleichzeitig in verschiedenen Berufen; Regisseur und Leiter einer Schauspielbühne; seit 1959 lebt er als freier Schriftsteller in der Schweiz. Neben Lyrik und erzählender Prosa schreibt Pörtner vor allem experimentelle Dramen (*Mitspiele*) und Hörspiele; arbeitet auch als Übersetzer und Herausgeber; 1967 erhielt er den Eduard-von-der-Heydt-Preis der Stadt Wuppertal, 1972 die Literaturgabe »Das Werkjahr« der Stadt Zürich; er ist Mitglied des PEN-Clubs.

PÖRTNER, RUDOLF. – Geb. 30. 4. 1912 in Bad Oeynhausen; lebt in Bad Godesberg. Sachbücher.

POETHEN, JOHANNES. – Geb. 13. 9. 1928 in Wickrath/Niederrhein; er verbrachte seine Schulzeit in Köln, Schwaben und Bayern; im Zweiten Weltkrieg Luftwaffenhelfer, danach studierte er in Tübingen Germanistik; er lebt in Stuttgart als Rundfunkredakteur. Poethen veröffentlichte mehrere Gedichtbände; für seine Lyrik wurde er 1959 mit dem Hugo-Jacobi-Preis, 1962 mit dem Förderungspreis der Stadt Köln und 1967 mit dem Förderungspreis zum Immermann-Preis der Stadt Düsseldorf ausgezeichnet; der Dichter ist Mitglied des PEN-Clubs.

PUMP, HANS W. – Geb. 9. 3. 1915 in Tantow bei Stettin – gest. 7. 7. 1957 in Esmarkholm bei Schleswig; Pump, der als Angestellter in Hamburg arbeitete, schrieb gesellschaftskritische Erzählungen und Romane mit stilistischen Anklängen an William Faulkner.

RADDATZ, FRITZ J. – Geb. 3. 9. 1931 in Berlin; Abitur 1949; Studium der Germanistik, Theaterwissenschaft, Amerikanistik und Kunstgeschichte in Berlin 1949–1953; Dr. phil. 1955; Literaturkritiker und Verlagslektor in Ost-Berlin; seit 1958 in der Bundesrepublik; Herausgeber der *Gesammelten Werke* und einer Bildbiographie Kurt Tucholskys; Literaturkritiker, Essayist, Übersetzer; 1958–1960 Verlagsleiter im Kindler Verlag München; 1960–1970 Verlagsleiter im Rowohlt Verlag Reinbek; 1970–1971 Leiter des *Spiegel*-Instituts; 1971 Habilitation und Privatdozent an der TU Hannover.

RADECKI, SIGISMUND VON. – Geb. 19. 11. 1891 in Riga – gest. 13. 3. 1970 in Gladbeck/Westfalen; Mittelschule in St. Petersburg; Studium an der Bergakademie Freiberg/Sachsen; 1914 Bewässerungsingenieur in Turkestan; nach dem Ersten Weltkrieg Elektroingenieur in Berlin; mehrere Jahre Schauspieler und Zeichner; 1931 Konversion zum Katholizismus; seit 1946 freier Schriftsteller in Zürich. Radecki, Feuilletonist und Essayist, war ein Meister der kleinen Form; 1953 wurde er mit einer Ehrengabe der Stadt Zürich ausgezeichnet, 1957 erhielt er einen Literaturpreis der Bayerischen Akademie der Schönen Künste, 1962 den Immermann-Preis (Düsseldorf) und 1964 den Ostdeutschen Literaturpreis.

RAEBER, KUNO. – Geb. 20. 5. 1922 in Klingnau/Schweiz; wuchs in Luzern auf; Studium der Philosophie, Geschichte und Literatur in Zürich, Genf, Basel und Paris; 1950 in Basel Promotion zum Dr. phil. mit einer Arbeit über die Geschichtsbibel Sebastian Francks; 1951 Direktor der Schweizer Schule in Rom; 1952 Assistent am Leibniz-Kolleg Tübingen; 1955 stellvertretender Protektor am Europa-Kolleg in Hamburg; lebt seit 1959 als freier Schriftsteller in München. Raeber ist Erzähler, Lyriker, Essayist und Reiseschriftsteller; er schreibt für Film und Funk; Mitarbeiter verschiedener Lyrik- und Prosa-Anthologien: *Jahresring* (1956/57/58, 59), *Transit* (1956), *Lyrische Expeditionen* (1960), *Lyrik aus dieser Zeit* (1961), *Besondere Kennzeichen. Selbstporträts zeitgenössischer Autoren* (Hg. K. Ude, 1964), *Prosa junger Schweizer Autoren* (Hg. Hugo Leber, 1964), außerdem zahlreicher Lyrik-Anthologien. 1963 erhielt er den Kulturpreis des Bayerischen Rundfunks und den Tukan-Preis für Literatur der Stadt München, 1968 die Ehrengabe der Bayerischen Akademie der Schönen Künste. (Siehe auch den Band *Die zeitgenössischen Literaturen der Schweiz.*)

RAFFALT, REINHARD. – Geb. 15. 5. 1923 in Passau; Besuch des Humanistischen Gymnasiums in Passau; dann staatliche Hochschule für Musik in Leipzig; nach dem Krieg Studium der Geschichte und mittelalterlichen Philosophie an der Philosophisch-Theologischen Hochschule in Passau; später Studium der Philosophie und Musikwissenschaft an der Universität Tübingen; 1949 Promotion zum Dr. phil.; er lebt seit 1951 in Rom; 1955–1960 Direktor der Biblioteca Germanica und Präsident der Römischen Bachgesellschaft; 1960–1962 Sonderbeauftragter des Auswärtigen Amtes für die deutschen Kulturinstitute in Asien und Afrika; seit 1948 freier Mitarbeiter des Bayerischen Rundfunks in Hörfunk und Fernsehen. Raffalt schreibt Reise- und Kulturessays, Theaterstücke sowie Hör- und Fernsehspiele.

RASP, RENATE (eig. R. Rasp-Budzinski). – Geb. 3. 1. 1935; nach einer Schauspielausbildung bei Marlise Ludwig in Berlin und dem Besuch der Kunstakademien von Berlin und München arbeitete sie als Graphikerin bei Siemens und beim Bayerischen Fernsehen; 1965 begann sie zu schreiben; 1967 trat sie erstmals mit einem Prosatext in der von Dieter Wellershoff herausgegebenen Anthologie *Wochenende* an die Öffentlichkeit; im gleichen Jahr erschien ihr erster Roman; sie schreibt neben erzählender Prosa auch Gedichte. Renate Rasp gehört seit 1971 dem PEN-Zentrum der BRD an.

Reding, Josef. – Geb. 20. 3. 1929 in Castrop-Rauxel; Kindheit im Ruhrgebiet, Jugend in den Evakuierungs- und Wehrertüchtigungslagern des Dritten Reichs; nach dem Abitur zwei Jahre Betonarbeiter; dann Studium der Psychologie, Kunstgeschichte und Anglistik an deutschen und amerikanischen Universitäten; in den USA nahm er an den Bürgerrechtsbewegungen Martin Luther Kings teil; langjährige Aufenthalte in den Aussätzigengebieten Asiens, Afrikas und Lateinamerikas; lebt heute im Ruhrgebiet; neben Romanen, Kurzgeschichten und Chroniken schrieb Reding auch Jugendbücher und Hörspiele; außerdem übersetzte er aus dem Englischen. Er erhielt 1958 den Förderungspreis des Landes Nordrhein-Westfalen und 1969 den Kogge-Literaturpreis der Stadt Minden und den Annette-von-Droste-Hülshoff-Preis; 1961 war Reding Stipendiat der Villa Massimo in Rom; er ist Mitglied der Dortmunder Gruppe 61 und des PEN-Clubs.

Rehfisch, Hans José. – Geb. 10. 4. 1891 in Berlin – gest. 9. 6. 1960 in Schuls/Schweiz; studierte Jura, Philosophie und Staatswissenschaft in Berlin, Heidelberg und Grenoble; Dr. jur. et rer. pol.; Richter, Rechtsanwalt und Syndikus einer Filmgesellschaft in Berlin; ab 1923 leitete er mit Piscator das Berliner »Zentraltheater«; 1931–1933 und 1951–1953 war er Vorsitzender des Verbands Deutscher Bühnenschriftsteller und Komponisten; 1936 Emigration nach Wien, 1938 nach London; während des Zweiten Weltkriegs Dozent für Soziologie in New York; 1950 kehrte er nach Deutschland zurück; vor 1933 war Rehfisch einer der am meisten gespielten Bühnenautoren in Deutschland; außerdem schrieb er Hörspiele und zwei Romane.

Rehmann-Schonauer, Ruth. – Geb. 1. 6. 1922 in Siegburg/Bonn; stammt aus einer Pastorenfamilie; sie besuchte eine Dolmetscherschule in Hamburg und studierte dann Kunstgeschichte und Musik in Bonn, Marburg, Berlin, Köln und Düsseldorf; Reisen in Frankreich, Afrika, Italien und Griechenland; Ruth Rehmann debütierte 1959 mit dem Roman *Illusionen*; 1968 erhielt sie den 1. Preis in dem Wettbewerb »Der Bauer in der Industriegesellschaft«, das Manuskript erschien als Roman unter dem Titel *Die Leute im Tal.* Mitglied der Gruppe 47 und des PEN-Clubs; Prosa- und Hörspielautorin.

Rehn, Jens (eig. Otto Jens Luther). – Geb. 18. 9. 1918 in Flensburg; besuchte bis 1936 das Konservatorium, bis 1943 U-Boot-Offizier; 1943–1947 in Kriegsgefangenschaft; nach 1946 freier Schriftsteller und Komponist; seit 1950 Programmleiter und Redakteur der Literaturabteilung beim Sender RIAS Berlin; 1954–1958 Studium der Philosophie, Anglistik und Musikwissenschaft an der FU Berlin; er hat Romane, Erzählungen, Hörspiele und Funkerzählungen geschrieben; ausgezeichnet mit dem Berliner Kunstpreis »Junge Generation« 1956.

Reich-Ranicki, Marcel. – Geb. 2. 6. 1920 in Wloclawek/Polen; lebte seit 1929 in Berlin; 1938 wurde er nach Polen deportiert und war von 1940 an im Warschauer Ghetto, aus dem er 1943 flüchten konnte; nach dem Krieg Kritiker, Verlagslektor und freier Schriftsteller in Warschau; 1958 Übersiedelung in die Bundesrepublik; 1959–1973 in Hamburg; 1960–1973 Literaturkritiker der *Zeit*; seit 1974 lebt er in Frankfurt als Redakteur der Abteilung Literatur und literarisches Leben der FAZ; 1968/69 Gastprofessuren an amerikanischen Universitäten; ab 1971 ständiger Gastprofessor der Universitäten Stockholm und Uppsala. Reich-Ranicki ist seit 1964 Mitglied des PEN-Zentrums der BRD; als Kritiker und Essayist hat Reich-Ranicki einen bedeutenden Einfluß auf die Entwicklung der deutschen Nachkriegsliteratur genommen.

Reinig, Christa. – Geb. 6. 8. 1926 in Berlin; im Zweiten Weltkrieg Fabrikarbeiterin; Abendabitur, seit 1953 Studium der Kunstgeschichte und der christlichen Archäologie an der Humboldt-Universität in Ost-Berlin; arbeitete als Kunsthistorikerin und Archivarin im Märkischen Museum in Ost-Berlin; veröffentlichte nach 1951 Lyrik und Prosa ausschließlich in Westdeutschland; 1964 blieb sie in der BRD, nachdem sie den Bremer Literaturpreis erhalten hatte; 1965/66 Stipendium der Villa Massimo Rom, 1968 Hörspielpreis der Kriegsblinden, 1969 den Tukan-Preis der Stadt München; sie ist Mitglied des PEN-Clubs und wohnt in München. (Siehe auch den Band *Die Literatur der Deutschen Demokratischen Republik*.)

Reinshagen, Gerlind. – Geb. 4. 5. 1926 in Königsberg/Ostpreußen; lebte in Halle, Kiel, Halberstadt, Braunschweig und Berlin; studierte Pharmazie und arbeitete in verschiedenen Apotheken; seit 1954 schreibt sie Hörspiele, seit 1964 Theaterstücke, ferner Jugendbücher; PEN-Mitglied.

Reisner, Stefan. – Geb. 20. 1. 1942 in Berlin; Lektor in Berlin; schreibt Lyrik, Prosa (Erzählungen, Roman) und Hörspiele.

Remarque, Erich Maria (eig. Erich Paul Remark). – Geb. 22. 6. 1898 in Osnabrück – gest. 25. 9. 1970 in Locarno; Sohn eines Buchbinders; besuchte das Lehrerseminar in Osnabrück; kam 1916 von der Schulbank weg an die Front, wo er mehrmals verwundet wurde; nach dem Krieg in vielen Berufen tätig, u. a. als Junglehrer, Kaufmann, Journalist und Herausgeber einer Sportzeitschrift; 1929 wurde er mit seinem Roman *Im Westen nichts Neues* über Nacht weltberühmt (ca. 20–30 Millionen Gesamtauflage; in 45–50 Sprachen übersetzt); danach lebte er meist im Ausland, erst in Frankreich, seit 1931 in Ascona/Schweiz; 1933 wurden seine Bücher in Deutschland verbrannt; 1938 erkannten ihm die Nazis die deutsche Staatsbürgerschaft ab; 1939 ging er nach New York, seit 1947 amerikanischer Staatsbürger; nach 1948 lebte Remarque abwechselnd bei Ascona und in New York; 1963 erhielt er die Justus-Möser-Medaille der Stadt Osnabrück, 1967 das Große Bundesverdienstkreuz der Bundesrepublik Deutschland für sein literarisches Werk und seine menschlich-politische Haltung. Remarque war einer der erfolgreichsten und meistgelesenen Schriftsteller der Gegenwart.

Richter, Hans Werner. – Geb. 12. 11. 1908 in Bansin auf der Insel Usedom; Sohn eines Fischers; Buchhändler in Swinemünde und Berlin; lebte 1933/34 in Paris; 1934 Rückkehr nach Berlin, zuerst als Tankwart und Chauffeur, seit 1936 wieder Buchhändler; 1940–1943 Soldat in Polen, Frankreich und Italien; 1943–1945 amerikanische Kriegsgefangenschaft; seit 1946 freier Schriftsteller; 1946 gab er zusammen mit Alfred Andersch die Zeitschrift *Der Ruf* heraus, die 1947 von den Besatzungsmächten verboten wurde; 1947 Initiator und Mitbegründer der Gruppe 47; seit 1952 Schriftleiter der Zeitschrift *Die Literatur*, 1956 Gründer des »Grünwalder Kreises«; er ist PEN-Mitglied; Richter erhielt 1951 für seinen ersten Roman den Fontane-Preis, für seinen zweiten Roman 1952 den René-Schickele-Preis; neben erzählender Prosa schrieb er Reiseberichte, Hörspiele und gab 1962 den *Almanach der Gruppe 47* heraus.

Riegel, Werner. – Geb. 19. 1. 1925 in Danzig – gest. 11. 7. 1956 in Hamburg; 1943 nach seinem Schulabgang eingezogen und an der Front mehrfach verwundet; gemeinsam mit Peter Rühmkorf gab er von Ende 1951 bis 1956 die hektographiert erscheinende Zeitschrift *Zwischen den Kriegen. Blätter gegen die Zeit* heraus; 1956 erschienen seine ersten Gedichte unter dem Titel *Heiße Lyrik*.

Rinser, Luise. – Geb. 30. 4. 1911 in Pitzling/Oberbayern; Studium der Psychologie und Pädagogik in München; 1934–1939 Lehrerin; im Dritten Reich erhielt sie wegen »Wehrkraftzersetzung« Publikationsverbot; 1944/45 Gefängnis wegen Widerstands gegen das Nazi-Regime (das vom Volksgerichtshof Berlin gefällte Todesurteil wurde nicht mehr ausgeführt); 1945–1953 Literaturkritikerin der *Neuen Zeitung* in München; 1953 heiratete sie den Komponisten Carl Orff, von dem sie 1959 geschieden wurde; seitdem lebt sie als freie Schriftstellerin in München und Rom. Luise Rinser schreibt Romane, Erzählungen, autobiographische Schriften, Essays und Hörspiele; für ihren Roman *Mitte des Lebens* erhielt sie 1952 eine René-Schickele-Preis-Ehrung; sie ist Mitglied der Westberliner Akademie der Künste und des PEN-Clubs.

Risse, Heinz. – Geb. 30. 3. 1898 in Düsseldorf; 1915–1918 Soldat, anschließend Studium der Nationalökonomie und Philosophie in Marburg, Frankfurt und Heidelberg; er promovierte bei Alfred Weber zum Dr. phil.; seit 1921 arbeitete Risse in der Wirtschaft, seit 1932 Wirtschaftsprüfer in Solingen, wo er heute lebt; verbrachte lange Zeit im Ausland. Risse ist erst 1948 schriftstellerisch hervorgetreten, hauptsächlich mit erzählender Prosa, Hörspielen und Essays; er wurde 1950 mit einer Schickele-Preis-Ehrung ausgezeichnet; 1956 erhielt er den Immermann-Literaturpreis der Stadt Düsseldorf; er ist PEN-Mitglied.

Roehler, Klaus. – Geb. 25. 10. 1929 in Königssee/Thüringen; übersiedelte 1947 in die Bundesrepublik; 1954–1957 studierte er Geschichte in Erlangen; freier Schriftsteller und Kritiker; schreibt Prosa und Dramen, Hörspiele und Filmdrehbücher.

Roggenbuck, Rolf. – Geb. 8. 10. 1934 in Hamburg; nach dem Besuch der Hochschule für Bildende Künste in Hamburg war er Graphiker und Jazzmusiker; er schreibt erzählende Prosa und veröffentlichte bisher zwei Romane.

Rombach, Otto. – Geb. 22. 7. 1904 in Heilbronn; Studium der Pädagogik, danach Magistratsbeamter in Frankfurt/M. und Mitarbeiter der *Frankfurter Zeitung*; später Redakteur und freier Schriftsteller in Berlin; seit 1945 lebt er in Bietigheim in Württemberg. Rombach hat Romane mit kulturgeschichtlichem Hintergrund, Gedichte, Dramen, Reiseberichte und Hörspiele geschrieben; er ist Mitglied des Deutschen PEN-Zentrums und der Deutschen Akademie für Sprache und Dichtung, Darmstadt, sowie seit 1965 Ehrenmitglied der Académie Berrichonne in Bourges; er begründete 1951 zusammen mit Rudolf Pechel und Hermann Kasack den Süddeutschen Schriftstellerverband; 1964 erhielt er für seine literarischen Verdienste das Große Bundesverdienstkreuz und wurde Ehrenbürger der Stadt Bietigheim; 1969 wurde ihm durch den Ministerpräsidenten des Landes Baden-Württemberg der Professorentitel verliehen.

Rühmkorf, Peter. – Geb. 25. 10. 1929 in Dortmund; er wuchs in Niedersachsen auf und besuchte die Oberschule in Stade; 1951–1958 arbeitete er in verschiedenen Berufen; daneben Studium der Germanistik und Psychologie in Hamburg; 1951 gründete er mit Werner Riegel die Zeitschrift *Zwischen den Kriegen*; seit 1953 Mitredakteur und Kritiker des *Studenten-Kuriers* (später *konkret*); 1956 Reise nach Polen und China; 1958–1964 Lektor des Rowohlt-Verlages; 1963/64 Tutor am »Literarischen Colloquium Berlin«; 1964/65 Stipendiat der Villa Massimo in Rom; seither freier Schriftsteller in Hamburg; Mitglied der Gruppe 47 und des PEN-Clubs; 1958 erhielt er den Hugo-Jacobi-Preis; er schreibt Lyrik und Essays.

RUNGE, ERIKA. – Geb. 22. 1. 1939 in Halle/Saale; nach dem Studium der Literaturwissenschaft in Berlin, Paris und München Promotion, seither politisch-publizistische Arbeit (Film, Fernsehen, literarische Publikationen) aus einer sozialistisch akzentuierten Position; Mitglied des PEN-Zentrums der Bundesrepublik, der Dortmunder Gruppe 61 und der Akademie der darstellenden Künste in Frankfurt/Main.

SAALFELD, MARTHA (eig. Martha vom Scheidt). – Geb. 15. 1. 1898 in Landau/Pfalz; Studium der Philosophie und Kunstgeschichte in Heidelberg; heiratete 1928 den Graphiker Werner vom Scheidt; 1933–1945 erhielt sie Schreibverbot und arbeitete als Apothekerin (1934 pharmazeutisches Vorexamen); ihre Gedichte wurden im Lyrikwettbewerb des S. Fischer Verlages 1927 ausgezeichnet; 1934 Mitarbeiterin der *Neuen Rundschau*; sie erhielt 1950 den Literaturpreis von Rheinland-Pfalz, 1955 den Literaturpreis der Bayerischen Akademie der Schönen Künste und 1963 den Staatspreis des Landes Rheinland-Pfalz; sie gehört dem bundesdeutschen PEN-Zentrum und der Deutschen Akademie für Sprache und Dichtung, Darmstadt, an.

SABAIS, HEINZ WINFRIED. – Geb. 1. 4. 1922 in Breslau; nach der Kriegszeit wissenschaftlicher Mitarbeiter am Goethe- und Schiller-Archiv in Weimar, 1950 aus politischen Gründen in den Westen geflohen, 1951–1953 Redakteur der *Neuen Literarischen Welt*, seit 1954 im Dienst der Stadt Darmstadt, 1971 zum Oberbürgermeister gewählt. Mitglied des PEN-Zentrums der Bundesrepublik, 1967 mit dem Ehrenring der Ruhrfestspiele (Otto-Burrmeister-Ring) ausgezeichnet.

SACHS, NELLY.– Geb. 10. 12. 1891 in Berlin – gest. 12. 5. 1970 in Stockholm; entstammte einem jüdischen Haus; wollte ursprünglich Tänzerin werden, fing aber bereits mit 17 Jahren an, Gedichte zu schreiben; 1940 ermöglichte es die schwedische Dichterin Selma Lagerlöf, daß Nelly Sachs aus Deutschland entfliehen konnte; zusammen mit ihrer Mutter fand sie Zuflucht in Stockholm, wo sie bis zu ihrem Tod lebte. Nelly Sachs schrieb neben ihrem lyrischen Hauptwerk auch Prosa und Dramen; sie erhielt 1958 den Literaturpreis des Verbandes der schwedischen Lyriker, 1959 den Literaturpreis des Kulturkreises im Bundesverband der Deutschen Industrie, 1960 den Droste-Preis für Dichterinnen, 1961 den von der Stadt Dortmund gestifteten Nelly-Sachs-Preis und 1965 den Friedenspreis des Deutschen Buchhandels; 1966 wurde sie (gemeinsam mit dem israelischen Dichter S. J. Agnon) mit dem Nobelpreis für Literatur ausgezeichnet; sie war Mitglied der Bayerischen Akademie der Schönen Künste, der Deutschen Akademie für Sprache und Dichtung, Darmstadt, und der Hamburger Freien Akademie der Künste; 1967 wurde sie Ehrenbürgerin von Westberlin; sie war Mitglied des PEN-Zentrums deutschsprachiger Autoren im Ausland (London).

SALOMON, ERNST VON. – Geb. 25. 9. 1902 in Kiel – gest. 9. 8. 1972 in Stöckte; entstammte einer Hugenottenfamilie; nach Absolvierung der Kadettenanstalt kämpfte er als Freiwilliger im Freikorps in Oberschlesien und im Baltikum; Angehöriger des Kreises um Kapitän Erhardt; 1922 wegen Beihilfe an der Ermordung Rathenaus zu fünf Jahren Zuchthaus verurteilt; er war am Kapp-Putsch und bei den schleswig-holsteinischen Bauernaufständen beteiligt; bis 1933 bewegte er sich politisch ein wenig »zwischen links und rechts«, NS-Zustimmungserklärungen pflegte er zu ignorieren, hielt sich in der Zeit des Nationalsozialismus bewußt von jeder Politik fern; er gehörte weder der NSDAP noch einer Widerstandsgruppe an; 1945/46, nach der alliierten Besatzung, wurde er von den Amerikanern »aus Versehen« interniert; nach der Entnazifizierung lebte er auf Sylt; sein autobiographischer Roman *Der Fragebogen* beschreibt sarkastisch in genauer Beantwortung des Denazifizierungs-Fragebogens von Salomons Weg von 1919 bis 1945; die meisten seiner zeitkritischen Romane schildern die militante Welt des Rechtsradikalismus zur Zeit der Weimarer Republik, die ihn geprägt hatte; neben seinen zeitdokumentarischen Romanen schrieb Ernst von Salomon auch Drehbücher.

SALVATORE, GASTON. – Geb. 1941 in Valparaiso/Chile; Jurastudium in Santiago de Chile; 1965–1969 Studium der Soziologie an der Freien Universität Berlin; 1969/70 Assistent des Filmregisseurs Michelangelo Antonioni in Rom; seit Herbst 1970 lebt Salvatore wieder in Berlin.

SCHAEFER, ODA (eig. Oda Lange, geb. Kraus). – Geb. 21. 12. 1900 in Berlin; nach dem Studium der Musik, Graphik und des Kunstgewerbes wandte sie sich dem Journalismus und der Schriftstellerei zu; 1928 erschienen ihre ersten Veröffentlichungen in schlesischen Zeitungen; 1926–1931 lebte sie in Liegnitz, wo sie ihren zweiten Mann, den Schriftsteller Horst Lange, kennenlernte, mit dem sie nach Berlin zurückkehrte; sie gehörte dem Kreis um die Literaturzeitschrift *Die Kolonne* an; seit 1945 lebte sie in Mittenwald, seit 1950 in München. Oda Schaefer hat Gedichte, Erzählungen und Hörspiele geschrieben sowie Anthologien herausgegeben; sie ist Mitglied des PEN-Zentrums der Bundesrepublik und der Deutschen Akademie für Sprache und Dichtung, Darmstadt; 1951 erhielt sie den Lyrikpreis der Mainzer Akademie der Wissenschaften und der Literatur, 1952 die Ehrengabe der Bayerischen Akademie der Schönen Künste, 1955 den Preis der Gesellschaft zur Förderung des deutschen Schrifttums, 1959 den Förderungspreis der Stadt München, 1964 das Bundesverdienstkreuz 1. Klasse, 1968 eine Ehrengabe des Gryphius-Preises und 1973 den Schwabinger Kunstpreis für Literatur.

SCHÄFER, WILHELM. – Geb. 20. 1. 1868 in Ottrau/Hessen – gest. 19. 1. 1952 in Überlingen am Bodensee; Volksschullehrer im Rheinland, dann Kunstschriftsteller und Herausgeber der Kulturzeitschrift *Die Rheinlande* (1900–1922); 1918 ließ er sich am Bodensee nieder; er schrieb Romane, Erzählungen, Dramen und eine Autobiographie, gilt aber vor allem als Meister der pointierten erzählerischen Kleinform; seine historischen Anekdoten gehören zu den Höhepunkten dieses Genres. Schäfer, der sich stets als ein konservativ-völkischer Dichter verstand, verließ Anfang 1931 gemeinsam mit E. G. Kolbenheyer und Emil Strauß die Sektion für Dichtkunst der Preußischen Akademie der Künste, als der Versuch mißlang, die Preußische-Akademie-Sektion in eine deutsche »Dichterakademie« mit deutsch-völkischem Akzent umzuwandeln. Schäfer hat sich später im Dritten Reich in recht eindeutiger Weise kompromittiert; 1941 erhielt er den Goethe-Preis der Stadt Frankfurt.

SCHALLÜCK, PAUL. – Geb. 17. 6. 1922 in Warendorf/Westfalen; stammt aus einer deutsch-russischen Familie; im Krieg erlitt er schwere Verwundungen; nach dem Krieg Studium der Germanistik, Geschichte, Philosophie und Theaterwissenschaften in Münster und Köln; 1949–1952 Theaterkritiker; Mitbegründer der deutsch-jüdischen Bibliothek »Germania Judaica« in Köln, wo er als Journalist und freier Schriftsteller lebt. Er schreibt Romane, Erzählungen, Hörspiele und Essays und gehörte seit 1954 der Gruppe 47 an; 1953 erhielt er einen Preis der Zuckmayer-Stiftung, 1955 den Annette-von-Droste-Hülshoff-Preis, 1962 den Literaturpreis der Stadt Hagen, 1973 den Nelly-Sachs-Preis; er ist Mitglied des PEN-Clubs und der Deutschen Akademie für Sprache und Dichtung.

SCHAPER, EDZARD. – Geb. 30. 9. 1908 in Ostrowo/Provinz Posen; nach dem Schulbesuch in Glogau und Hannover Musikstudium, dann Regieassistent und Schauspieler in Herford, München und Stuttgart; 1927/28 lebte er auf einer dänischen Ostsee-Insel; danach arbeitete er ein Jahr auf einem Fischdampfer; 1930–1940 freier Schriftsteller und Korrespondent in Estland; 1940 Flucht nach Finnland, seit 1944 finnischer Staatsbürger; nach dem Waffenstillstand zwischen Finnland und der Sowjetunion 1944 Flucht nach Schweden, 1947 Übersiedlung in die Schweiz; 1951 tritt der Schriftsteller zur katholischen Kirche über. Schaper, einer der führenden christlichen Epiker der Gegenwart, erhielt 1953 den Westberliner Fontane-Preis, 1958 den Ostdeutschen Schrifttumspreis, 1962 den Charles-Veillon-Preis, 1967 den Gottfried-Keller-Preis der Martin-Bodmer-Stiftung und die Goldene Medaille der Humboldt-Gesellschaft in Mannheim; 1961 Dr. phil. h. c. der Universität Freiburg/Schweiz; er ist Mitglied des PEN-Zentrums und korrespondierendes Mitglied der Deutschen Akademie für Sprache und Dichtung, Darmstadt.

SCHARPENBERG, MARGOT (eig. Margot Wellmann). – Geb. 18. 10. 1924 in Köln; Diplom-Bibliothekarin; lebt seit 1962 in New York; schreibt vor allem Gedichte und Kurzgeschichten; 1968 erhielt sie den Georg-Mackensen-Literaturpreis.

SCHAUMANN, RUTH. – Geb. 24. 8. 1899 in Hamburg; Tochter eines Offiziers; nach dem Besuch der Kunstgewerbeschule in München arbeitete sie als Malerin, Graphikerin und Bildhauerin; schon mit 15 Jahren veröffentlichte sie ihre ersten Gedichte; 1924 Konversion zum Katholizismus; sie schreibt Gedichte, Romane, Erzählungen, Märchen und Jugendbücher; 1931 erhielt sie den Dichterpreis der Stadt München, 1959 das Bundesverdienstkreuz und 1960 den Goldenen Kogge-Ring der Stadt Minden; Ruth Schaumann ist PEN-Mitglied; 1964 wurde sie mit dem Bayerischen Verdienstorden ausgezeichnet.

SCHIRMBECK, HEINRICH. – Geb. 23. 2. 1915 in Recklinghausen; nach dem Abitur 1934 Buchhändlerlehre; Reisen durch Nordfrankreich, Belgien, Wales; Mitarbeiter verschiedener Zeitungen; politische Verfolgung in der NS-Zeit; Verbot des Studiums; 1941–1945 Soldat; amerikanische Kriegsgefangenschaft; nach dem Krieg Redakteur, Journalist, Werbeleiter und Runkfunk-Essayist; Schirmbeck hat Erzählungen, Romane und Essays veröffentlicht; 1950 erhielt er einen Teil des Großen Literaturpreises der Akademie der Wissenschaften und der Literatur, Mainz, 1961 den Förderungspreis zum Immermann-Preis; seit 1959 ist er Mitglied des PEN-Zentrums, seit 1962 der Deutschen Akademie für Sprache und Dichtung, Darmstadt, seit 1964 der Akademie der Wissenschaften und der Literatur, Mainz.

SCHMIDT, ARNO. – Geb. 18. 1. 1914 in Hamburg; nach dem Tod des Vaters Umzug nach Schlesien, wo er Schulen in Lauban und Görlitz besuchte; 1933 Abitur; Studium der Mathematik und Astronomie in Breslau; 1934–1939 kaufmännischer Angestellter in Greiffenberg; seit 1940 Soldat bei der Artillerie und der Landesvermessung; britische Kriegsgefangenschaft; bis 1946 arbeitete er als Dolmetscher in der Polizeischule Benefeld/Hannover; seit 1947 freier Schriftsteller: 1946–1950 in Cordingen/Lüneburger Heide, 1950/51 in Gau-Bickelheim, 1951–1955 in Kastel/Saar, 1955–1958 Darmstadt; seitdem lebt er im Heidedorf Bargfeld/Kreis Celle. Arno Schmidt ist einer der umstrittensten literarischen Avantgardisten, ein kompromißloser Neuerer, dessen Bücher zunächst nur geringe Verbreitung fanden; er veröffentlichte Romane, Erzählungen, literarhistorische Aufsätze und Funk-Essays, außerdem Übersetzungen; 1950 erhielt er den Großen Literaturpreis der Akademie der Wissenschaften und der Literatur, Mainz, 1964 den Berliner Fontane-Preis und 1965 die Große Ehrengabe für Literatur des Kulturkreises im Bundesverband der Deutschen Industrie; 1973 wurde Arno Schmidt für sein Gesamtwerk der Goethe-Preis der Stadt Frankfurt verliehen.

SCHNABEL, ERNST. – Geb. 26. 9. 1913 in Zittau; mit 17 Jahren verließ er das Gymnasium und fuhr zur See; insgesamt 12 Jahre lang befuhr er alle Weltmeere und reiste in allen Kontinenten; 1937/38 war er Dramaturg, im Zweiten Weltkrieg Marineoffizier; 1946–1949 war Schnabel Chefdramaturg und 1951–1955 Intendant des Nordwestdeutschen Rundfunks; 1962–1965 Leiter des Dritten Programms (Norddeutscher Rundfunk und Sender Freies Berlin); seitdem freier Schriftsteller. Schnabel hat Romane, Erzählungen, Berichte, Hörspiele, Funkfeatures, Fernsehfilme und ein Libretto geschrieben; 1957 erhielt er den Fontane-Preis und 1959 den Heinrich-Stahl-Preis der jüdischen Gemeinde Berlin; er war seit 1954 Mitglied der Deutschen Akademie für Sprache und Dichtung, Darmstadt, aus der er 1958 wieder austrat; 1955 wurde er Mitglied der Freien Akademie der Künste in Hamburg.

SCHNACK, FRIEDRICH. – Geb. 5. 3. 1888 in Rieneck/Mainfranken; besuchte die Oberrealschule in Würzburg, Hörer an der dortigen Universität; Bankbeamter, Direktionssekretär im Genossenschaftswesen, dann Angestellter in der Elektroindustrie; im Ersten Weltkrieg Soldat im Vorderen Orient; 1923–1926 Journalist und Chefredakteur in Dresden und Mannheim; 1930 reiste er zu naturwissenschaftlichen Studien nach Madagaskar; er lebte in Hellerau, in Süddeutschland und der Schweiz, heute in München. Sein Werk (mehr als hundert Bücher) umfaßt Lyrik, erzählende Prosa, Legenden, Märchen, Jugend- und poetische Sachbücher, Essays; er war viele Jahre Mitarbeiter des Rundfunks; 1929 erhielt er den Lessing-Preis des Sächsischen Staates, 1930 den Großen Preis der Preußischen Akademie, 1956 den Adalbert-Stifter-Preis, 1965 den Kulturpreis der Stadt Würzburg und den Bayerischen Verdienstorden; Schnack ist Mitgründer der Deutschen Akademie für Sprache und Dichtung, Darmstadt, er ist Mitglied der Akademie der Wissenschaften und der Literatur, Mainz, und der Bayerischen Akademie der Schönen Künste.

SCHNEIDER, GEORG (Pseud. Erno R. Scheidegg). – Geb. 15. 4. 1902 in Coburg – gest. 23. 11. 1972 in München; Bürgerschule, Seminar, ab 1922 Lehrer in Coburg; 1933 Schreibverbot; 1939–1944 Kriegsdienst in Frankreich; amerikanische Kriegsgefangenschaft; er war Mitglied der Verfassunggebenden Versammlung in München und der FDP-Fraktion des ersten Bayerischen Landtags; Rektor einer Volksschule. Er ist vor allem als Lyriker, aber auch als Erzähler, Essayist und Hörspielautor hervorgetreten; 1965 wurde er mit der Max-Dauthendey-Medaille ausgezeichnet.

SCHNEIDER, PETER. – Geb. 1940 in Lübeck; aufgewachsen in Grainau und Freiburg i. Br.; lebt seit 1961 in West-Berlin. Prosa, Kritiken, Gedichte.

SCHNEIDER, REINHOLD. – Geb. 13. 5. 1903 in Baden-Baden – gest. 6. 4. 1958 in Freiburg i. Br.; Sohn eines protestantischen Hotelbesitzers, aber katholisch erzogen; nach dem Abitur Landwirtschafts-Eleve, dann kaufmännischer Angestellter in Dresden; 1928/29 Reisen nach Portugal, Italien, Spanien, Frankreich, England und Skandinavien; 1933–1937 freier Schriftsteller in Potsdam, seit 1938 in Freiburg; im Dritten Reich Schreibverbot, publizierte danach illegal; kurz vor Kriegsende wegen Hochverrats angeklagt; Dr. h. c. der Universitäten Freiburg und Münster. Schneiders umfangreiches Werk besteht aus Lyrik, Romanen, Erzählungen, autobiographischen Schriften und Essays; 1956 erhielt er den Friedenspreis des Deutschen Buchhandels, 1948 den Droste-Preis sowie den Longfellow-Preis; 1952 wurde er in die Friedensklasse des Ordens pour le mérite gewählt; Schneider war Mitglied der Deutschen Akademie für Sprache und Dichtung, Darmstadt, der Freien Akademie der Künste, Hamburg, der Deutschen Akademie der Wissenschaften und der Literatur, Mainz, der Bayerischen Akademie der Schönen Künste und des PEN-Zentrums.

Schnell, Robert Wolfgang. – Geb. 8. 3. 1916 in Barmen; wurde als Maler nicht in die »Reichskammer der Bildenden Künste« aufgenommen; Hilfsarbeiter, Laborant, Regisseur, Theaterdirektor, kurzer Kriegsdienst, Desertion; gründete 1945 mit Willy Wenderoth die Ruhrkammerspiele in Witten; bis 1951 Regisseur am Deutschen Theater in Berlin; seit 1951 selbständig als Schriftsteller, Schauspieler und Maler tätig. Schnell schreibt Romane, Erzählungen und Gedichte; er arbeitet für Rundfunk und Fernsehen und lebt in West-Berlin; PEN-Mitglied; 1970 erhielt er den Von-der-Heydt-Preis der Stadt Wuppertal.

Schnurre, Wolfdietrich. – Geb. 22. 8. 1920 in Frankfurt/M.; Sohn eines Bibliothekars; 1939–1945 Soldat; lebt in Berlin; seit 1950 freier Schriftsteller; neben erzählender Prosa hat er Gedichte, Essays, Kinderbücher, Hör- und Fernsehspiele geschrieben; 1958 erhielt er den Westberliner Fontane-Preis (»Junge Generation«), 1959 den Immermann-Preis der Stadt Düsseldorf, 1962 den Georg-Mackensen-Erzählerpreis; er ist Mitglied der Deutschen Akademie für Sprache und Dichtung, Darmstadt.

Scholtis, August (Pseud. Alexander Bogen). – Geb. 7. 8. 1901 in Bolatitz/Oberschlesien – gest. 26. 4. 1969 in Berlin; arbeitete in verschiedensten Berufen; sieben Jahre Kanzleischreiber des Fürsten Lichnowsky; seit 1928 lebte er als Journalist und Schriftsteller in Berlin; er hat Romane, Erzählungen und seine Autobiographie veröffentlicht; 1932 erhielt er den Preis der Julius-Reich-Stiftung, 1937 und 1938 den Erzählerpreis der Zeitschrift *Neue Linie*, 1949 den Preis des Westermann Verlages und 1959 den Ostdeutschen Literaturpreis; er war 1961 Stipendiat der Berliner Akademie der Künste in der Villa Serpendana (Rom); Mitglied der Deutschen Akademie für Sprache und Dichtung, Darmstadt, und der Westberliner Akademie der Künste sowie des PEN-Zentrums der Bundesrepublik.

Scholz, Hans. – Geb. 20. 2. 1911 in Berlin; Sohn eines Rechtsanwalts; Abitur 1930; Studium der Kunstgeschichte und Malerei in Berlin; 1934 Studienjahr in Frankreich; 1939 Meisterschüler der Preußischen Akademie der Künste; Kriegsdienst und Gefangenschaft; freier Maler, Lehrer an privater Kunstschule, Dozent für Kunstgeschichte an der Volkshochschule; heute lebt er als Schriftsteller und Feuilleton-Redakteur (seit 1963) in Berlin. Scholz begann mit Essays, erzielte aber einen weit größeren Erfolg mit seinen Romanen über Berlin; er schreibt auch Drehbücher und Fernseh- und Hörspiele; PEN-Mitglied seit 1961; seit 1963 gehört er der Akademie der Künste in Berlin an, seit 1968 der Deutschen Akademie für Sprache und Dichtung, Darmstadt; 1956 erhielt er den Fontane-Preis, 1960 den Heinrich-Stahl-Preis.

Schonauer, Franz. – Geb. 19. 2. 1920 in Hahnenhardt; aufgewachsen in Bonn und Köln; 1939 Abitur; Studium der deutschen Literaturwissenschaft, Philosophie und Soziologie in Bonn, Marburg und Köln; 1931–1933 in der bündischen, dann in der Hitler-Jugend; 1937 Austritt aus der HJ, in illegalen Jugendgruppen tätig; 1940–1945 Soldat; 1947 Promotion zum Dr. phil., dann Lehrer und Journalist; seit 1951 in mehreren Verlagen in leitender Stellung tätig; kritische und essayistische Arbeiten in verschiedenen deutschen Literaturzeitschriften, am Rundfunk und in Tageszeitungen; veröffentlichte eine polemisch-didaktische Darstellung über die *Deutsche Literatur im Dritten Reich* (1961), ferner eine Monographie über Stefan George.

Schröder, Rudolf Alexander. – Geb. 26. 1. 1878 in Bremen – gest. 22. 8. 1962 in Bad Wiessee/Oberbayern; entstammte einer Bremer Kaufmannsfamilie; 1887–1897 Besuch des Gymnasiums, dann Weggang nach München; mit A.W. Heymel und O. J. Bierbaum Gründung der Zeitschrift *Die Insel*, 1902 des Insel-Verlags; 1905–1908 in Berlin, dann Innenarchitekt, Graphiker und Landschaftsmaler in Bremen; 1913 gründete er mit Hugo von

Hofmannsthal und Rudolf Borchardt die *Bremer Presse*; seit 1935 lebte Schröder in Bergen im Chiemgau; 1942 Lektor der Evangelischen Landeskirche in Bayern; seit 1946 Mitglied der Landessynode; Präsident der Deutschen Bibliophilengesellschaft und der Deutschen Shakespeare-Gesellschaft. Neben seinem bedeutenden lyrischen Werk veröffentlichte Schröder Prosa, Essays und Nachdichtungen; er war Dr. phil. h. c. mehrerer Universitäten, Träger der Goldenen Medaille von Brüssel 1910, des Grand Prix von Gent 1913, des Lessing-Preises der Stadt Hamburg 1947, des Ordens pour le mérite 1952, der Goethe-Plakette der Stadt Frankfurt 1954, des Großen Bundesverdienstkreuzes 1954, Träger des Bremer Literaturpreises 1959, daneben zahlreiche andere Ehrungen; Mitglied des Deutschen PEN-Zentrums der Bundesrepublik, der Deutschen Akademie für Sprache und Dichtung, Darmstadt, deren Ehrenpräsident er war, der Bayerischen Akademie der Schönen Künste und der Akademie der Wissenschaften und der Literatur, Mainz. – *Gesammelte Werke*, 8 Bde., 1952–1963.

Schroers, Rolf. – Geb. 10. 10. 1919 in Neuß/Rhein; nahm am Zweiten Weltkrieg als Oberleutnant teil; nach dem Krieg Studium der Philologie; dann Mitarbeiter von Presse und Rundfunk; 1955–1957 Verlagslektor in Köln; 1965 übernahm er die Redaktion der Zeitschrift *liberal*. Schroers, der dem PEN-Club angehört, veröffentlichte Essays, Romane, Erzählungen und Reiseberichte; er schrieb ferner zahlreiche Hörspiele; 1955 erhielt er den Förderungspreis zum Immermann-Preis der Stadt Düsseldorf, 1957 das Villa-Massimo-Stipendium, 1959 den Literaturpreis der Hansestadt Bremen.

Schübel, Theodor. – Geb. 18. 6. 1925 in Schwarzenbach; schrieb zuerst Dramen, dann überwiegend Hör- und Fernsehspiele; 1957 erhielt Schübel den Gerhart-Hauptmann-Preis (zusammen mit Wolfgang Altendorf); Übersetzungen aus dem Französischen (Balzac, Molière).

Schwab-Felisch, Hans. – Geb. am 2. 11. 1918 in Dresden; Besuch des Französischen Gymnasiums in Berlin, danach kaufmännische Lehre, Militärdienst, nach dem Krieg Studium der Soziologie, Geschichte und Philosophie in Berlin und Tübingen. Redakteur beim *Tagesspiegel*, bei der *Neuen Zeitung* und bei der *Frankfurter Allgemeinen*; Lektor des Suhrkamp Verlags; seit 1961 Leiter des Studios Düsseldorf des Westdeutschen Rundfunks; Mitglied des PEN-Zentrums der Bundesrepublik.

Schwedhelm, Karl. – Geb. 14. 8. 1915 in Berlin; Studium der Germanistik in Berlin; 1941–1945 Soldat; seit 1947 Lektor, seit 1955 Leiter der Abteilung Literatur am Süddeutschen Rundfunk in Stuttgart; trat zunächst als Übersetzer und Lyriker hervor; Schwedhelm gehört seit 1958 dem PEN-Zentrum der Bundesrepublik an.

Seidel, Ina. – Geb. 15. 9. 1885 in Halle/Saale – gest. 2. 10. 1974 in Ebenhausen bei München; 1896 Übersiedlung nach Marburg und ein Jahr später nach München; 1908 trug sie als Folge einer Kindbettinfektion eine schwere Gehbehinderung auf Lebenszeit davon; verheiratet mit ihrem Vetter, dem Schriftsteller und Pfarrer Heinrich Wolfgang Seidel; 1914–1923 lebte sie in Eberswalde, bis 1934 in Berlin, seit 1934 am Starnberger See. Als bedeutende evangelische Lyrikerin und Erzählerin wurde sie 1932 in die Sektion für Dichtkunst der Preußischen Akademie der Künste berufen, 1948 in die Bayerische Akademie der Schönen Künste und 1955 in die (West-)Berliner Akademie der Künste; sie erhielt 1932 die Goethemedaille, 1941 den Grillparzer-Preis der Stadt Wien, 1948 den Wilhelm-Raabe-Preis der Stadt Braunschweig, 1958 den Großen Kunstpreis des Landes Nordrhein-Westfalen; 1966 wurde sie mit dem Großen Bundesverdienstkreuz ausgezeichnet.

Seuren, Günter. – Geb. 18. 6. 1932 in Wickrath/Niederrhein; Sohn eines Handwerkers; 1953 Abitur in Rheydt, danach Journalist in einer Tageszeitung; seit 1955 lebt er in Düsseldorf als freier Schriftsteller, Journalist, Rezensent und Filmkritiker; seine Gedichte erschienen zuerst in Hans Benders Anthologie *Junge Lyrik (1958)*; 1961 gab er seinen ersten Gedichtband (*Winterklavier für Hunde*) heraus. Seuren steht dem »Kölner Kreis« um Dieter Wellershoff nahe (Mitarbeit am Sammelband *Ein Tag in der Stadt*); er schreibt Romane, Erzählungen, Gedichte, ferner Hör- und Fernsehspiele; 1963 erhielt er einen Förderungspreis des Landes Nordrhein-Westfalen; für sein Drehbuch *Schonzeit für Füchse* die Bundes-Drehbuch-Prämie 1966.

Sieburg, Friedrich. – Geb. 18. 5. 1893 in Altena/Westfalen – gest. 19. 7. 1964 in Gärtringen/Württemberg; nach dem Besuch des Gymnasiums in Düsseldorf Studium der Philosophie, Geschichte und Literaturwissenschaft in Heidelberg, München, Freiburg i. Br. und Münster; im Ersten Weltkrieg Fliegeroffizier; 1919 promovierte Sieburg zum Dr. phil.; 1923–1942 war er Korrespondent der *Frankfurter Zeitung* in Kopenhagen, Paris, London, Afrika und dem Fernen Osten; 1939–1941 arbeitete er im Auswärtigen Amt; 1948–1955 Mitherausgeber der Zeitschrift *Die Gegenwart*; seit 1956 Leiter des Literaturblatts der *Frankfurter Allgemeinen Zeitung*. Sieburg veröffentlichte neben seinem lyrischen und erzählerischen Werk historische und zeitkritische Essays, Biographien, Reisebücher sowie kultur- und literaturkritische Aufsätze und Sammlungen seiner Rezensionen; 1953 wurde er Prof. h. c.; seit 1956 war Sieburg Mitglied der Westberliner Akademie der Künste; 1959 erhielt er das Große Bundesverdienstkreuz, 1963 den Droste-Hülshoff-Preis.

Simmel, Johannes Mario. – Geb. 7. 4. 1924 in Wien; studierte in Wien Chemie und arbeitete nach Kriegsende als Dolmetscher, Journalist und Redakteur, später als Drehbuchautor und freier Schriftsteller; Simmel ist Erzähler, Dramatiker und Jugendbuchautor; bereits 1946 erschien sein erster Novellenband; 1948 eröffnete sein Roman *Mich wundert, daß ich so fröhlich bin* die Reihe seiner Erfolgsromane; 1958 erhielt er für sein Schauspiel *Der Schulfreund* den Preis des Nationaltheaters Mannheim; viele seiner Romane sind verfilmt worden. (Siehe auch den Band *Die zeitgenössische Literatur Österreichs*.)

Sommer, Siegfried. – Geb. 23. 8. 1914 in München; schon vor dem Krieg als freier Schriftsteller tätig, wurde Sommer nach 1945 Journalist bei der *Süddeutschen Zeitung*; vor allem seine Lokalglossen unter dem Pseudonym »Blasius« errangen über Jahre hinweg große Beliebtheit.

Sperr, Martin. – Geb. 14. 9. 1944 in Steinberg/Niederbayern; absolvierte eine Lehre als Industriekaufmann in München; zwei Jahre Schauspielunterricht am Max-Reinhardt-Seminar in Wien, danach Engagements als Schauspieler und Regieassistent in Wiesbaden, Bremen, Berlin und München. Sperr, der in der Nähe Münchens lebt, ist mit Dramen, Schauspielbearbeitungen und Fernsehspielen bekannt geworden; 1965 erhielt er den Förderungspreis des Gerhart-Hauptmann-Preises, 1969 den Förderungspreis für Literatur der Stadt München.

Stahl, Hermann. – Geb. 14. 4. 1908 in Dillenburg; er besuchte die Volksschule und ein humanistisches Gymnasium; Studium der Malerei und Graphik in Kassel u. a.; ab 1929 Bühnenbildstudium bei Emil Preetorius an der Staatshochschule für angewandte Kunst, München, und Kunstgeschichte an der Universität München; ab 1929 ordentliches Mitglied der »Münchner Juryfreien«, Ausstellungen im Glaspalast u. a. bis März 1933, danach als »entartet« nicht mehr zugelassen; er lebte bis 1935 als Gebrauchsgraphiker in München-Schwabing, nach der ersten Verhaftung 1935 im Westerwald, heute in Dießen am Ammersee. Erste literarische Veröffentlichungen 1931 bei Rudolf Geck in der *Frankfurter Zeitung* und im *Simplicissimus* (bis Anfang 1933). Stahl schreibt Romane, Erzählungen, Lyrik, Hörspiele, Literaturkritiken für den Rundfunk; er ist Gründungsmitglied der Deutschen Akademie für Sprache und Dichtung, Darmstadt; 1937 erhielt er den Immermann-Preis, Düsseldorf, 1943 den Literaturpreis Hessen-Nassau, 1968 den Preis für Epik der Stiftung zur Förderung des Schrifttums, München. Seit geraumer Zeit arbeitet Stahl an einem mehrbändigen Roman: *Asche und Fleisch.*

Steffen, Ernst S. – Geb. 1936 in Heilbronn – gest. 1. 12. 1970; er verbrachte mehrere Jahre in der Strafanstalt Bruchsal, aus der er jedoch vorzeitig entlassen wurde; seit 1967 schrieb er Gedichte; 1971 erschienen seine Aufzeichnungen aus dem Zuchthaus: *Rattenjagd.*

Steffens, Günter. – Geb. 10. 8. 1922 in Köln; Erzähler, Dramatiker und Kunstmaler. Steffens lebt in Frankfurt/M.

Stiller, Klaus. – Geb. 15. 4. 1941 in Augsburg; besuchte nach der Volksschule das Bertolt-Brecht-Gymnasium in Augsburg, wo er auch das Abitur ablegte; Studium der Germanistik und Romanistik in München und Grenoble; lebt in West-Berlin.

Strauss, Emil. – Geb. 31. 1. 1866 in Pforzheim – gest. 10. 8. 1960 in Freiburg i. Br.; Sohn eines Schmuckwarenfabrikanten; Gymnasium Pforzheim, Mannheim, Karlsruhe und Köln; 1886–1890 Studium der Kunstgeschichte, Philosophie, Geschichte und Nationalökonomie in Freiburg, Lausanne und Berlin; 1890–1892 landwirtschaftliche Tätigkeit mit Emil Gött bei Schaffhausen und Breisach; er schloß sich dem Friedrichhagener Dichterkreis an und war mit Max Halbe, Richard Dehmel und Gerhart Hauptmann befreundet; 1892 Auswanderung nach Brasilien, wo er bis 1894 als Landwirt und Lehrer lebte; eine schwere Erkrankung zwang ihn zur Rückkehr nach Europa; am Bodensee begann er zu schreiben. 1899 erschien sein erstes Buch, ein Erzählungsband; 1911–1915 ließ er sich in Hellerau bei Dresden nieder; danach lebte er meist in Südwestdeutschland; 1926 wurde Strauß, der ein umfangreiches erzählerisches Werk, Dramen und autobiographische Schriften hinterlassen hat, mit der Ehrendoktorwürde der Universität Freiburg ausgezeichnet.

Stromberg-Drescher, Kyra. – Geb. 16. 1. 1916 in Moskau; Studium der Sprachen und Geschichte in Berlin und Wien; seit 1945 journalistisch tätig; seit 1952 auch als Romanautorin; 1953 erhielt Kyra Stromberg den Literaturpreis des Kulturkreises im Bundesverband der Deutschen Industrie.

Süskind, W. E. (Wilhelm Emanuel). – Geb. 10. 6. 1901 in Weilheim – gest. 17. 4. 1970 in Tutzing; das Studium der Jurisprudenz und Geschichte in München brach er ab, um freier Schriftsteller zu werden; 1928 Lektor der Deutschen Verlagsanstalt; 1933–1942 gab er die Zeitschrift *Die Literatur* heraus; danach Redakteur der *Frankfurter Zeitung*; seit 1949 war er einer der leitenden kulturpolitischen Redakteure der *Süddeutschen Zeitung*. Süskind war Erzähler, Lyriker, Essayist, Kritiker, Übersetzer und Herausgeber; 1939 erhielt er den Lyrikpreis der Zeitschrift *Die Dame*; er gehörte der Deutschen Akademie für Sprache und Dichtung, Darmstadt, an.

Sylvanus, Erwin. – Geb. 3. 10. 1917 in Soest/Westfalen; besuchte das Gymnasium in Soest und lebt seit 1954 als freier Schriftsteller in Möhnesee-Völlinghausen; fing als Lyriker und Erzähler an, schrieb dann mehrere Laienspiele und wandte sich schließlich ganz dem Drama zu; neben Monographien umfaßt sein Werk eine Reihe von Hör- und Fernsehspielen. 1959 erhielt Sylvanus den Leo-Baeck-Preis für seinen dramatischen Erstling *Korczak und die Kinder*; 1960 folgte die Jochen-Klepper-Medaille und 1961 die Joseph-Winkler-Stiftung.

Taschau, Hannelies. – Geb. 26. 4. 1937 in Hamburg; sie lebte längere Zeit im Ruhrgebiet und ging 1962–1964 nach Paris; heute lebt sie in Oelde/Westfalen; schreibt Lyrik, Prosa und Hörspiele; 1967 erschien ihr erster Roman *Die Taube auf dem Dach*; 1968 erhielt sie den Förderungspreis des Landes Nordrhein-Westfalen für junge Künstler (weitere Arbeits- und Reisestipendien des Kultusministers von NRW); 1969 *Gedichte*, 1974 *Strip und andere Erzählungen*; Hannelies Taschau ist Mitbegründerin der Autoren Edition (im C. Bertelsmann Verlag, München).

Tau, Max. – Geb. 19. 1. 1897 in Beuthen/Oberschlesien; Studium der Philologie in Hamburg, Berlin und Kiel; Promotion zum Dr. phil.; Verlagslektor in Trier und bei Bruno Cassirer in Berlin; 1938 Emigration nach Norwegen; 1942 Flucht nach Schweden; seit 1945 Cheflektor in Oslo. Tau trat als Erzähler und Essayist hervor; 1956 gründete er »Die Friedensbücherei«; 1950 war Tau erster Träger des Friedenspreises des Deutschen Buchhandels, 1965 erhielt er den Nelly-Sachs-Preis der Stadt Dortmund und den Schlesierschild; für seine Bemühungen um Frieden und Versöhnung wurde er 1970 mit dem dänischen Sonning-Preis ausgezeichnet; er gehört der Deutschen Akademie für Sprache und Dichtung, Darmstadt, an; 1965 Verdienstkreuz mit Stern des Bundesverdienstordens; seit 1965 war Tau Ehrenbürger der Christian-Albrechts-Universität Kiel.

Taube, Otto Freiherr von. – Geb. 21. 6. 1879 in Reval – gest. 30. 6. 1973 in München; entstammte altem baltischem Adel; seine Jugend verbrachte er auf Gut Jewarkant/Estland; 1892 zog er mit seinen Eltern nach Kassel, 1895 nach Weimar; nach dem Abitur 1898 Studium der Jurisprudenz und der Kunstgeschichte; Dr. jur. 1902 et phil. 1910; Reisen durch Europa, Afrika und Rußland; Regierungsreferendar in Schlesien; später war er im Goethe-Nationalmuseum in Weimar tätig; ab 1912 freier Schriftsteller in München; im Dritten Reich war von Taube Lektor der Evangelischen Landeskirche; 1949 Dr. theol. h. c.; 1959 erschien eine Auswahl aus seinem lyrischen, erzählerischen, kulturhistorischen und essayistischen Gesamtwerk; außerdem arbeitete er als Übersetzer und Herausgeber; er war Mitglied der Bayerischen Akademie der Schönen Künste; 1965 erhielt er den Münchener Tukanpreis; 1958 wurde er mit dem Komturkreuz des Verdienstordens der Republik Italien ausgezeichnet, 1959 mit dem Großen Bundesverdienstkreuz und 1961 mit dem Bayerischen Verdienstorden.

Thelen, Albert Vigoleis. – Geb. 28. 9. 1903 in Süchteln/Niederrhein; Erzähler, Lyriker und Übersetzer; nach dem Besuch des Gymnasiums in Viersen Studium in Köln und Münster; 1931–1936 lebte er auf Mallorca; nach Kriegsausbruch flüchtete er nach Portugal, wo er sieben Jahre als Übersetzer des Dichters und Mystikers Joaquim Teixeira de Pascoaes (1877–1952) auf dessen Schloß wohnte; 1947 kehrte er nach Holland zurück; seit 1954 lebt er in Ascona; 1954 erhielt er den Berliner Kunstpreis (Fontane-Preis).

Thiess, Frank. – Geb. 13. 3. 1890 in Eluisenstein bei Uexküll/Livland; 1893 emigrierten seine Eltern nach Deutschland; Gymnasium in Berlin und Aschersleben; Studium der Germanistik, Philosophie und Geschichte in Berlin und Tübingen; 1913 Promotion zum Dr.

phil.; im Ersten Weltkrieg Soldat; 1915–1919 außenpolitischer Redakteur am *Berliner Tageblatt*; 1920/21 Dramaturg und Regisseur der Volksbühne Stuttgart; 1921–1923 Theaterkritiker in Hannover; seit 1923 freier Schriftsteller; 1933 wurden seine bekanntesten Romane in Berlin verboten und verbrannt; er ging daraufhin über Wien nach Rom, dann ganz nach Wien; 1952–1954 Herausgeber der Zeitschrift *Neue Literarische Welt;* Thieß trat als Roman- und Bühnendichter, Novellist, Essayist und Kulturphilosoph hervor; er lebt in Darmstadt und ist Vizepräsident der Deutschen Akademie der Wissenschaften und der Literatur, Mainz, sowie Mitglied der Academy of Human Rights und des Deutschen PEN-Zentrums (BRD); Träger zahlreicher Preise und Ehrungen.

UNRUH, FRITZ von. – Geb. 10. 5. 1885 in Koblenz – gest. 28. 11. 1970 in Diez/Lahn; der Sohn eines Generals wurde auf der Kadettenschule Plön gemeinsam mit den Hohenzollernprinzen erzogen; bis zum Beginn des Ersten Weltkriegs aktiver Offizier, dann Hinwendung zum Pazifismus; 1924 Reichstagskandidat; Studium in Berlin; seit 1928 gehörte er der Sektion für Dichtkunst der Preußischen Akademie der Künste an, aus der er von den Nazis im Mai 1933 ausgestoßen wurde; 1932 Emigration nach Frankreich; 1940 interniert; floh vor dem deutschen Einmarsch in die USA und lebte dort als Schriftsteller und Maler; 1952 Rückkehr nach Diez, zog sich 1955 aber wieder in die USA zurück, wo er 1962 bei einer Flutkatastrophe seinen gesamten Besitz verlor; bis zu seinem Tode lebte er dann wieder in Diez. Von Unruh hat hauptsächlich Dramen, Romane und Erzählungen geschrieben; schon seine frühen Werke wurden mit bedeutenden Preisen ausgezeichnet: 1915 Kleist-Preis, 1917 Bodmer-Preis, 1922 Grillparzer-Preis, 1926 Schiller-Preis, 1947 Raabe-Preis, 1948 Goethe-Preis, 1955 Goethe-Plakette und Großes Bundesverdienstkreuz, 1963 Kogge-Literaturpreis und 1966 Ossietzky-Medaille; 1967 wurde er Ehrenmitglied der Deutschen Akademie für Sprache und Dichtung, Darmstadt; 1953 Gründung der Fritz-von-Unruh-Gesellschaft, die das Gedankengut des Dichters pflegt. – *Sämtliche Werke*, Hg. H. M. Elster, 1970 ff.

USINGER, FRITZ. – Geb. 5. 3. 1895 in Friedberg/Hessen; Abitur 1913; im Ersten Weltkrieg als Soldat in Serbien verwundet; Reisen nach Frankreich, Belgien, in die Schweiz und nach Italien; Studium der Germanistik, Romanistik und Philosophie in München, Heidelberg und Gießen; 1921 Staats- und Doktorexamen, danach Studienrat im hessischen Schuldienst; 1949 ließ er sich in den Ruhestand versetzen und lebt in seiner Heimatstadt. Usinger ist Lyriker und Essayist; 1946 erhielt er den Georg-Büchner-Preis, 1960 die Goetheplakette und das Große Bundesverdienstkreuz; er ist Mitglied des Deutschen PEN-Zentrums (BRD), der Deutschen Akademie für Sprache und Dichtung, Darmstadt, der Akademie der Wissenschaften und der Literatur, Mainz, sowie korrespondierendes Mitglied der Goethe-Akademie in Sao Paulo (Brasilien).

VEGESACK, SIEGFRIED VON. – Geb. 20. 3. 1888 auf Blumbergshof/Livland – gest. 26. 1. 1974 auf der Burg Weißenstein bei Regen; Sohn eines Gutsbesitzers; Gymnasium in Riga; Studium der Geschichte in Dorpat, Heidelberg, Berlin und München; im Ersten Weltkrieg Journalist in Schweden und Berlin; seit 1919 lebte er als freier Schriftsteller auf der Raubritterburg Weißenstein bei Regen/Bayerischer Wald; 1933 Schutzhaft; Emigration nach Schweden bis 1934; 1936–1938 Südamerika; 1938 Rückkehr nach Deutschland; 1941–1944 Wehrmachtsdolmetscher in Rußland; danach lebte er wieder in Weißenstein. Von Vegesack begann als Feuilletonist, Übersetzer, Unterhaltungsschriftsteller und Bühnenautor, gewann dann aber als Lyriker und Erzähler Ansehen; 1961 erhielt er den Literaturpreis der Stiftung zur Förderung des Schrifttums, 1963 den Ostdeutschen Literaturpreis.

Vesper, Guntram. – Geb. 28. 5. 1941 in Frohburg/Sachsen; 1957 Übersiedlung nach Westdeutschland; Industrie-, Land- und Bauarbeiter; Studium der Medizin in Göttingen, wo er auch wohnt; sein erster Gedichtband (*Fahrplan*) erschien 1964; daneben Prosa und Hörspiele.

Vring, Georg von der. – Geb. 30. 12. 1889 in Brake/Unterweser – gest. 29. 2. 1968 in München; Lehrerseminar Oldenburg; danach Lehrer in Horumersiel in Ostfriesland; 1912–1914 Besuch der Königlichen Kunstschule in Berlin; im Ersten Weltkrieg Offizier; 1918/19 amerikanische Kriegsgefangenschaft in Südfrankreich; 1919–1928 Zeichenlehrer in Jever/Oldenburg; nach ersten literarischen Erfolgen freier Schriftsteller, seit 1930 in Stuttgart; 1940 eingezogen, 1943 als Hauptmann entlassen; lebte seit 1951 in München. Von der Vring hat erzählende Prosa und Lyrik veröffentlicht; daneben Übersetzungen, Dramen und Hörspiele; 1954 erhielt er zusammen mit H. H. Jahnn den Literaturpreis des Landes Niedersachsen, 1958 den Förderungspreis für Literatur der Stadt München, 1962 eine Ehrengabe des Kulturpreises im Bundesverband der Deutschen Industrie; er war Mitglied der Bayerischen Akademie der Schönen Künste, der Deutschen Akademie für Sprache und Dichtung, Darmstadt, und Ehrenbürger der Stadt Brake; 1959 erhielt er das Große Bundesverdienstkreuz, 1965 den Bayerischen Verdienstorden.

Waldmann, Dieter. – Geb. 20. 5. 1926 in Greifswald – gest. 4. 12. 1971 in Bühlertal/Baden; nach dem Studium war Waldmann viele Jahre lang in Südamerika: Schauspieler, Bühnenbildner, Handwerker, Redaktionssekretär. 1958 nach Deutschland zurückgekehrt, schrieb Waldmann ausschließlich dramatische Arbeiten, zunächst noch in spanischer Sprache; nach einigen Komödien folgten in den letzten Jahren vor allem Fernsehspiele; Waldmann war Chefdramaturg beim Südwestfunk Baden-Baden; 1962 erhielt er den Förderungspreis des Schiller-Gedächtnispreises in Baden-Württemberg.

Wallraff, Günter. – Geb. 1. 10. 1942 in Burscheid bei Köln; nach dem Besuch des Gymnasiums machte er eine Buchhändlerlehre; von 1957–1961 war er Buchhändler, 1963–1966 Fabrikarbeiter, 1966/67 Redakteur; seitdem lebt er als freier Schriftsteller in Köln-Weidenpesch; Wallraff ist Mitglied der Dortmunder Gruppe 61, des PEN-Zentrums der BRD, er ist Mitbegründer des Kölner »Werkkreises Literatur der Arbeitswelt«; über seine Tätigkeit als Akkordarbeiter, Werftarbeiter und Hüttenarbeiter schrieb er sozial engagierte Reportagen, die 1966 erstmals erschienen; unter dem Titel *Unerwünschte Reportagen* erschien 1970 seine zweite Reportagensammlung.

Walser, Martin. – Geb. 24. 3. 1927 in Wasserburg/Bodensee; Sohn eines Gastwirts; 1944/45 Soldat; 1946–1951 Studium der Literaturwissenschaft, Philologie und Geschichte an der Philosophisch-Theologischen Hochschule Regensburg und an der Universität Tübingen; 1951 Promotion bei Friedrich Beißner zum Dr. phil. mit einer Dissertation über Kafka; 1950–1957 Regisseur beim Süddeutschen Rundfunk in Stuttgart (Funk und Fernsehen); seit 1957 freier Schriftsteller in Friedrichshafen; seit 1968 in Nußdorf am Bodensee; Walser ist als Erzähler und Dramatiker bekannt geworden; er gehörte der Gruppe 47 an; Vorstandsmitglied des Deutschen PEN-Clubs; 1955 erhielt er den Preis der Gruppe 47, 1957 den Hermann-Hesse-Preis, 1962 den Gerhart-Hauptmann-Preis, 1965 die Ehrengabe des Schiller-Gedächtnispreises und 1967 den Bodensee-Literaturpreis der Stadt Überlingen; Mitglied der Deutschen Akademie für Sprache und Dichtung, Darmstadt.

Warsinsky, Werner. – Geb. 6. 8. 1910 in Barlo-Bocholt/Westfalen; Bibliothekar; schrieb Dramen, Lyrik, Romane, Essays; erhielt den Europäischen Literaturpreis 1953.

WEISENBORN, GÜNTHER. – Geb. 10. 7. 1902 in Velbert/Rheinland – gest. 26. 3. 1969 in Berlin; Studium der Medizin und Philologie in Köln und Bonn; ging 1928 nach Berlin, 1930 als Farmer und Postreiter nach Argentinien; nach dem Verbot seiner Werke 1933 schrieb er unter Pseudonymen weiter; dann Emigration in die USA; Journalist in New York; er schloß sich, 1937 nach Berlin zurückgekehrt, der Widerstandsgruppe der »Roten Kapelle« an; 1942 verhaftet und zu Zuchthaus verurteilt; 1945 von den Russen befreit und als Bürgermeister von Luckau eingesetzt; er gründete nach dem Krieg in Berlin mit K. H. Martin das Hebbel-Theater, arbeitete 1951 als Chef-Dramaturg der Hamburger Kammerspiele, wo er das »Dramaturgische Kollegium« gründete; Mitbegründer der Deutschen Akademie der darstellenden Künste; 1956 Chinareise; zeitweilig Herausgeber der satirischen Zeitschrift *Ulenspiegel*. Weisenborn hat Dramen, Romane, Erinnerungen und Berichte veröffentlicht; ferner schrieb er Hörspiele und Filmdrehbücher; 1956 Bundesfilmpreis; er war Mitglied der Freien Akademie der Künste in Hamburg, des PEN-Zentrums Deutschland der DDR, korrespondierendes Mitglied der Ostberliner Deutschen Akademie der Künste sowie Vizepräsident der Vereinigung Deutscher Schriftstellerverbände. (Siehe auch den Band *Die Literatur der Deutschen Demokratischen Republik*.)

WEISS, PETER. – Geb. 8. 11. 1916 in Nowawes bei Berlin; Sohn eines Textilfabrikanten; wuchs in Bremen und Berlin auf; 1934 emigrierte er mit seiner Familie über England nach Prag, wo er 1936–1938 die Kunstakademie besuchte; 1939 kam er über die Schweiz nach Schweden; seit 1945 schwedischer Staatsbürger. Weiß begann als Maler und Graphiker, dann drehte er Experimental- und Dokumentarfilme; seine ersten literarischen Arbeiten erschienen in schwedischer Sprache; seit 1960 freier Schriftsteller; er ist mit Gedichten, Romanen, Essays, vor allem aber mit seinen Dramen bekannt geworden; 1963 erhielt er den Charles-Veillon-Preis, 1965 den Lessing-Preis und den Literaturpreis der schwedischen Arbeiterbildungsbewegung, 1966 den Heinrich-Mann-Preis der Ostberliner Deutschen Akademie der Künste und den Literaturpreis der schwedischen Arbeiterbildungsbewegung, 1967 den Carl-Albert-Anderson-Preis; Weiß ist mit der schwedischen Bühnenbildnerin Gunilla Palmstierna verheiratet und lebt in Stockholm.

WELLERSHOFF, DIETER. – Geb. 3. 11. 1925 in Neuß/Niederrhein; Studium der Germanistik, Philosophie und Kunstgeschichte in Bonn; 1952 promovierte er mit einer Dissertation über Gottfried Benn zum Dr. phil.; danach Redakteur und seit 1959 Verlagslektor; er lebt in Köln; las 1960 zum erstenmal in der Gruppe 47; Wellershoff ist der Initiator der »Kölner Schule«, er begann zunächst mit Hörspielen und Funkfeatures; 1960 erhielt er für sein Hörspiel *Der Minotaurus* den Hörspielpreis der Kriegsblinden; 1966 erschien sein erster Roman, *Ein schöner Tag*; er schrieb Dramen, literaturtheoretische Schriften und Essays (u.a. über Gottfried Benn, dessen *Gesammelte Werke* er herausgab, Hemingway, Camus, Beckett). Wellershoff hielt 1962/63 Vorlesungen über Literatur der Gegenwart im Rahmen des Lektorats für Gegenwartsschrifttum und Literaturkritik an der Universität München; 1962 erhielt er den Förderpreis des Landes Nordrhein-Westfalen, 1969 den Kritikerpreis für Literatur; seit 1968 ist er Mitglied der Akademie der Wissenschaften und der Literatur, Mainz.

WERFEL, FRANZ. – Geb. 10. 9. 1890 in Prag – gest. 26. 8. 1945 in Beverly Hills/Kalifornien; Sohn eines reichen jüdischen Kaufmanns; Studium in Prag, wo er mit Kafka und Brod befreundet war, ferner in Hamburg und Leipzig; danach kurzes Volontariat in einer Speditionsfirma; 1911–1914 Lektor des Verlages Kurt Wolff in Leipzig und München; er begründete mit Walter Hasenclever und Kurt Pinthus die Sammlung »Der jüngste Tag« (1913–1921); 1915–1917 Soldat; seit 1917 freier Schriftsteller in Wien, wo er Alma Mahler heiratete; Reisen nach Italien, Ägypten (1925) und Palästina (1929); 1933 Ausschluß aus der Sektion für Dichtkunst der Preußischen Akademie der Künste; 1938 Emigration nach Frankreich, dann Flucht vor den deutschen Invasionstruppen nach Spanien; 1940 floh er von Portugal in die USA, wo er bis zu seinem Tod in Kalifornien lebte. Werfel hinterließ ein umfangreiches dichterisches Werk: Romane, Erzählungen, Novellen, Skizzen, Lyrik, Essays, Dramen und Szenenfragmente. (Siehe auch den Band *Die zeitgenössische Literatur Österreichs.*)

WERNER, BRUNO E. – Geb. 5. 9. 1896 in Leipzig – gest. 21. 1. 1964 in Davos; nach dem Ersten Weltkrieg, den er als Soldat mitgemacht hatte, studierte Werner in München und Berlin Literatur- und Kunstgeschichte; Promotion zum Dr. phil. mit einer Arbeit über *Die deutschen Übertragungen von Paul Verlaine*; er war zunächst Übersetzer, Lexikonredakteur, Antiquar und Kritiker; 1926–1938 gehörte er der Feuilletonredaktion der *Deutschen Allgemeinen Zeitung* an; seit 1929 gab er die von ihm mitbegründete Frauenzeitschrift *Die Neue Linie* heraus; 1945/46 leitete er die Kulturabteilung des NWDR, dann das Feuilleton der *Neuen Zeitung*; 1954–1961 Kulturattaché der Bundesrepublik in Washington; Werner war Mitglied der Deutschen Akademie für Sprache und Dichtung, Darmstadt, und seit 1962 Präsident des Deutschen PEN-Zentrums.

WEYMANN, GERT. – Geb. 31. 3. 1919 in Berlin; Sohn eines Buchhändlers; 1937–1945 Wehrdienst; studierte während eines Lazarettaufenthalts 1943/44 in Berlin Theaterwissenschaft, Germanistik und Kunstgeschichte; Theaterarbeit als Regieassistent bei Gustaf Gründgens und ab 1945 bei Barlog; 1947–1952 Spielleiter der Städtischen Bühnen Nürnberg, gleichzeitig Gastregisseur in Halle, Bamberg und Berlin; 1963 Gastregisseur in New York und Gastlektor für Theaterwissenschaft an mehreren amerikanischen Universitäten; 1965 Hörspielregisseur in Berlin; 1966 Gastprofessor an der Universität von Iowa/USA und Gastinszenierungen in den USA; er ist Mitglied der Société des auteurs et compositeurs dramatiques in Paris; 1954 wurde er mit dem Gerhart-Hauptmann-Preis ausgezeichnet. Weymann ist Dramatiker und Autor von Hör- und Fernsehspielen.

WEYRAUCH, WOLFGANG. – Geb. 15. 10. 1907 in Königsberg; Besuch des Gymnasiums und einer Schauspielschule in Frankfurt am Main; eine Zeitlang war er Schauspieler in Münster und Bochum; dann Studium der Germanistik, Romanistik und Geschichte; 1929 ehrende Erwähnung beim Kleist-Preis; seit 1933 Lektor und Journalist in Berlin; 1940–1945 Soldat; 1950–1958 Lektor in Hamburg; seit 1959 freier Schriftsteller; Weyrauch lebt heute in Darmstadt; er hat erzählende Prosa, Lyrik und zahlreiche Hörspiele geschrieben; Herausgeber von Anthologien und Lyrik-Jahrbüchern; er gehörte der Gruppe 47 an; er ist Mitglied des Deutschen PEN-Zentrums und der Deutschen Akademie für Sprache und Dichtung, Darmstadt; 1962 erhielt er den Hörspielpreis der Kriegsblinden, 1967 den Stereo-Hörspielpreis der Radio-Industrie und der ARD, 1972 die Johann-Heinrich-Merck-Ehrung der Stadt Darmstadt, 1973 den Andreas-Gryphius-Preis; seit 1968 vergibt er den Leonce-und-Lena-Preis für neueste deutsche Lyrik.

WICKERT, ERWIN. – Geb. 7. 1. 1915 in Bralitz/Brandenburg; besuchte ein Gymnasium in Carlisle/USA, studierte Volkswirtschaft und Kunstgeschichte und promovierte 1939 zum Dr. phil.; im Krieg als Diplomat im Auswärtigen Dienst in Berlin, Schanghai und Tokio, seit 1955 in Paris, Bonn und London; heute ist er Botschafter der BRD in Rumänien. Wickert war von 1947–1954 freier Schriftsteller; er schrieb historisch-dokumentarische Romane, Erzählungen und zahlreiche Hörspiele; Wickert ist PEN-Mitglied und erhielt 1952 den Hörspielpreis der Kriegsblinden.

WIECHERT, ERNST. – Geb. 18. 5. 1887 in Kleinort/Ostpreußen – gest. 24. 8. 1950 in Uerikon/Zürichsee; Studium der Philologie und anschließend Studienrat in Königsberg; Soldat und Offizier im Ersten Weltkrieg; 1933 verließ er das Lehramt und wurde freier Schriftsteller; Übersiedlung nach Oberbayern; Gegner des Nationalsozialismus; 1938 KZ Buchenwald, nach der Entlassung Gestapoaufsicht und Schreibverbot; nach dem Krieg Vortragsreisen in die USA; 1948 Emigration in die Schweiz; Wiechert war vor allem Erzähler und Essayist. – *Sämtliche Werke*, 10 Bde., 1957.

WIEGENSTEIN, ROLAND H. – Geb. 1926 in Bochum; nach dem Krieg Studium der Philosophie, Germanistik, Theologie und Soziologie in Regensburg und Frankfurt; seit 1953 Regisseur und Kritiker beim Südwestfunk, seit 1956 Redakteur beim Westdeutschen Rundfunk.

WITTLINGER, KARL. – Geb. 17. 5. 1922 in Karlsruhe; Sohn eines Schreiners; Gymnasium, dann Soldat; studierte nach seiner Entlassung aus französischer Kriegsgefangenschaft ab 1946 Literaturwissenschaften, Anglistik und Archäologie in Freiburg i. Br. und promovierte 1950 zum Dr. phil.; er arbeitete u. a. als Regisseur und Dramaturg; heute lebt Wittlinger als freier Schriftsteller in Berlin. Er ist Autor erfolgreicher, bühnenwirksamer Komödien und Lustspiele, ferner von Hör- und Fernsehspielen; 1955 erhielt der Dramatiker den Anerkennungspreis des Gerhart-Hauptmann-Preises, 1957 den Förderungspreis des Schiller-Gedächtnis-Preises des Landes Baden-Württemberg und 1962 für die Fernsehspiel-Bearbeitung des Stücks *Seelenwanderung* den Prix Italia; seit 1972 ist er PEN-Mitglied.

WOHMANN, GABRIELE. – Geb. 21. 5. 1932 in Darmstadt; Tochter eines Pfarrers; Studium der neueren Sprachen und Musikwissenschaft 1951–1953 in Frankfurt/M.; zeitweilig Schauspielunterricht; 1953–1956 Lehrerin in Langeoog und Darmstadt. Sie schreibt Prosa, Lyrik, Hörspiele und Fernsehfilme; zählt zur Gruppe 47 und gehört dem PEN-Club an; 1965 erhielt sie den Funkerzählerpreis des Süddeutschen Rundfunks und den Georg-Mackensen-Literaturpreis für die beste deutsche Kurzgeschichte; 1967/68 war sie Stipendiatin der Villa Massimo in Rom; 1969 verlieh ihr die Stadt Neheim-Hüsten ihren Kurzgeschichten-Preis; Bremer Literaturpreis 1971.

WOLF, ROR. – Geb. 29. 6. 1932 in Saalfeld/Saale; nach dem Abitur zwei Jahre Bauarbeiter in der DDR, die er 1953 verließ; Hilfsarbeiter in Stuttgart, dann 1954–1961 Studium der Literaturwissenschaft, Philosophie und Soziologie in Frankfurt/M. und Hamburg; erste Publikationen 1957 in der Frankfurter Studentenzeitung *Diskus*, deren Feuilleton er leitete; zwei Jahre Redakteur am Hessischen Rundfunk; 1964 erschien sein erstes Buch; er schreibt Prosa und Hörspiele; Ror Wolf ist PEN-Mitglied und lebt als freier Schriftsteller in Mainz.

WOLKEN, KARL ALFRED. – Geb. 26. 8. 1929 in Wangeroog; kam 1945 nach kurzer Kriegsgefangenschaft nach Süddeutschland und legte 1949 das Abitur ab; bis 1959 Lehre und Arbeit als Tischler; 1960 erschien sein erster Gedichtband; seitdem ist er als Schriftsteller, Übersetzer und Literaturkritiker tätig; er schreibt Romane, Erzählungen und Lyrik; 1960 erhielt er den Preis des Förderkreises im Bundesverband der Deutschen Industrie für seinen ersten Gedichtband; 1962 Stipendiat der Villa Massimo in Rom; 1963 Förderungspreis der Bayerischen Akademie der Schönen Künste; von 1962–1964 war er Lektor; 1964/65 Aufenthalt in Berlin; seit 1965 lebt er in Rom; er ist Mitglied des PEN-Zentrums der BRD.

WONDRATSCHEK, WOLF. – Geb. 14. 8. 1943 in Rudolstadt/Thüringen; Studium der Germanistik und Philosophie in Heidelberg, Göttingen und Frankfurt/M., wo er heute als freier Schriftsteller lebt; für sein Gedicht *Als Alfred Jarry merkte* ... erhielt er 1968 den Leonce-und-Lena-Preis; 1969 erschien sein erstes Prosabuch; 1970 erhielt er den Hörspielpreis der Kriegsblinden; er lebt zur Zeit in London.

WÜNSCHE, KONRAD. – Geb. 25. 2. 1928 in Zwickau/Sachsen; kam als Sechzehnjähriger an die Front, nach dem Krieg Studium der Archäologie, Kunstgeschichte und Philosophie in Leipzig, Tübingen und Bonn; Volontariat in einem Museum, dann Lehrberuf; Wünsche lebt in der Nähe von Köln; er schreibt hauptsächlich Stücke, Hörspiele und Gedichte; sein literarisches Debüt gab Wünsche 1962 mit zwei Einaktern.

ZIEM, JOCHEN. – Geb. 5. 4. 1932 in Magdeburg; Studium der Germanistik in Halle und Leipzig, dann Reporter und Journalist; Theaterpraktikant in Greiz und beim »Berliner Ensemble«; seit 1956 DDR-Bürger im Ausland; arbeitete in verschiedenen Berufen; ein Jahr lang an der Zeitschrift *DM*; seit 1966 arbeitet Ziem als freier Schriftsteller; er schreibt Prosa, Szenenfolgen, Lyrik sowie Hör- und Fernsehspiele; er lebt gegenwärtig in Berlin.

ZIMMER, DIETER E. – Geb. 1934 in Berlin; Studium der Germanistik und Anglistik in Berlin, Münster und in den USA; längere Studienaufenthalte in Frankreich und in der Schweiz; seit 1959 Feuilleton-Redakteur der Wochenzeitschrift *Die Zeit;* außerdem literarischer Übersetzer und Literaturkritiker.

ZORNACK (-HEISE), ANNEMARIE. – Geb. 12. 3. 1932 in Aschersleben/Harz; lebt in Kiel; Lyrik, Kurzprosa.

ZUCKMAYER, CARL. – Geb. 27. 12. 1896 in Nackenheim/Rhein; Sohn eines Fabrikanten; Soldat im Ersten Weltkrieg; studierte seit 1918 u. a. Jura, Nationalökonomie, Literatur- und Kunstgeschichte, Biologie und Zoologie in Frankfurt und Heidelberg; 1920 in Berlin als Dramaturg und Regieassistent an verschiedenen Theatern, seit 1924 an Max Reinhardts Deutschem Theater; 1926–1928 lebte er in Salzburg; 1933 Aufführungsverbot seiner Stücke; nach dem Anschluß Österreichs Flucht in die Schweiz, dann Emigration über Kuba in die USA, wo er als Drehbuchautor und Dozent arbeitete; danach Pächter einer Farm; 1945 Rückkehr nach Deutschland als Zivilbeauftragter der amerikanischen Regierung für Kulturfragen; 1958 übersiedelte er endgültig in die Schweiz; er lebt heute in Saas-Fee. Zuckmayer ist der erfolgreichste lebende deutsche Dramatiker; 1925 erhielt er den Kleist-Preis, 1929 den Georg-Büchner-Preis und den Heidelberger Festspielpreis, 1948 die Gutenberg-Plakette, 1952 den Goethe-Preis der Stadt Frankfurt für sein Gesamtschaffen, das auch Romane, Erzählungen, Essays, Lyrik und autobiographische Schriften umfaßt; 1957 Literaturpreis des Landes Rheinland-Pfalz und Dr. phil. h. c. der Universität Bonn; 1955 Großes Bundesverdienstkreuz; 1960 erhielt er den Großen Österreichischen Staatspreis für sein Gesamtwerk, 1967 wurde er mit dem Orden pour le mérite für Wissenschaft und Künste ausgezeichnet, 1972 erhielt er den Heinrich-Heine-Preis der Stadt Düsseldorf. Zuckmayer ist Mitglied des PEN-Clubs, der Deutschen Akademie für Sprache und Dichtung, der Akademie der Künste, Berlin, der Bayerischen Akademie der Künste und der Akademie der Wissenschaften und der Literatur.

ZWERENZ, GERHARD. – Geb. 3. 6. 1925 in Gablenz/Vogtland; gelernter Kupferschmied; seit 1942 Soldat, 1948 aus russischer Kriegsgefangenschaft entlassen; Volkspolizist in Zwickau; 1952 begann er bei Ernst Bloch in Leipzig Philosophie zu studieren; er gehörte der antistalinistischen Opposition um Wolfgang Harich an; 1957 Flucht nach Westberlin; verbrachte mehrere Jahre in Kasbach am Rhein sowie in Köln und München und lebt heute als freier Schriftsteller in Nieder-Roden; PEN-Mitglied; Zwerenz hat Romane, Erzählungen, Stücke, Lyrik, ein Tagebuch und Essays veröffentlicht.

REGISTER

QUELLENVERZEICHNIS DER ABBILDUNGEN

Argon Verlag, Berlin (S. 267/3). Baumann, Bad Reichenhall (S. 228 links). Bavaria Fernsehproduktion, München-Geiselgasteig (S. 564 links). Bayerische Staatsbibliothek, München (S. 14 oben, 22, 35 oben, 40/41, 75 oben links). Klaus Behr, Hamburg (S. 287 Mitte, 323). Marianne Belzner, Heidelberg (S. 243 rechts). Lore Bermbach, Düsseldorf (S. 595 rechts). Bertelsmann Verlagsgruppe, München (S. 287 links). Bettina Böhmer, München (S. 607). Josef Büscher, Gelsenkirchen (S. 121 oben). Bundesarchiv, Koblenz (S. 54 oben links). Andreas Buttmann, Bremen (S. 679 Mitte). Claassen Verlag, Hamburg (S. 79/2). Rosemarie Clausen, Hamburg (S. 158 rechts, 267/9, 366, 422, 557, 559 oben rechts, 569, 600, 601, 639 oben rechts, 653, 658, 674 oben links). Conti-Press, Hamburg (S. 523). Harry Croner, Berlin (S. 587 oben rechts, 610, 647 oben). Deutsches Institut für Filmkunde, Wiesbaden-Biebrich (S. 200, 230 linke Reihe, 249, 587 unten rechts, 679 oben / Houwer Film, S. 669 / Real/ Europa-Film / Gabriele Horn S. 548 Mitte, unten / United Artists, S. 639 oben links, unten). Deutsche Schillergesellschaft, Schiller Nationalmuseum, Marbach a.N. (S. 23 unten, 35 rechts, 51 oben, unten links, 56, 57 oben, unten rechts, 58 unten, 59, 79/5, 89, 151, 158 links, 163, 169, 187, 193 links, 203 rechts, 373, 408, 511, 543, 555 oben, 559 oben links / Hesse-Archiv S. 178). dpa (S. 14, 21, 35 links, 79/6, 79/12, 267/1, 287 rechts, 622 oben links, 622 unten links, 650 links / Dena-Bild S. 43 / Fred Stein, New York S. 359 linke Reihe, 3. Bild). Walter Dick, Köln (S. 299 3. Bild). Dumont-Lindemann-Archiv Düsseldorf (S. 595 links). Heinz Edelmann, Den Haag (S. 641). Filmverlag der Autoren, München (S. 678). S. Fischer Bildarchiv, Frankfurt a. M. (S. 79/1). Freies Deutsches Hochstift, Goethemuseum, Frankfurt a. M. / Hanna Rapp (S. 16). Brigitte Friedrich, Köln (S. 203 unten, 215, 224, 252 rechts, 263, 290 oben links, 310, 312 oben, 326, 330 rechte Reihe 1. und 2. Bild, 359 rechte Reihe 4. Bild, 456, 498, 526 oben rechts, unten, 566, 584 unten links, 603, 676). Robert Göllner, Frankfurt a.M. (S. 75 unten). Goethe -Institut, München (S. 202, 520 unten). Anke Grundmann, Hamburg (S. 359 rechte Reihe, 3. Bild, 584 oben rechts). Hans Habe, Ascona (S. 48). Anders Holmquist, Stockholm (S. 299 2. Bild). Wolf Huber, München (S. 674 oben rechts). Hanns Hubmann, Ambach (S. 53 unten, 549). Institut für Theaterwissenschaft der Universität Köln (S. 644). Max Jacoby, Berlin (S. 299 4. Bild). Kammerspiele, Bremen (S. 677). Kammerspiele, Hamburg (S. 559 unten). Marie Luise Kaschnitz, Frankfurt a.M. (S. 367). Keystone (S. 79/10, 294 oben rechts, 352, 386, 441 / Heinrich Pöllot, Köln S. 160, 294 unten). Pressebilderdienst Kindermann, Berlin (S. 221). Archiv Kindler Verlag (S. 267/5). Willi Klar, Frankfurt a.M. (S. 67). Barbara Klemm, Frankfurt a.M. (S. 137 oben links, unten). Helga Kneidl, Berlin (S. 665). Heinz Köster Erben, Berlin (S. 621 oben). Elisabeth Kreher, Frankfurt a.M. (S. 597). Life, New York (S. 622 unten rechts). Erica Loos, Pforzheim (S. 35 Mitte, 92 oben, 164, 197 links, Mitte, 236, 243 links, Mitte, 267/2, 6, 10, 11, 290 Mitte rechts, unten links, 312 unten links, 359 linke Reihe 1. und 2. Bild, rechte Reihe 2. Bild, 526 oben links, 564 rechts). Luchterhand Bildarchiv, Darmstadt (S. 79/7). Gerhard Ludwig, Köln (Seite 245). Pit Ludwig, Darmstadt (S. 137 oben rechts, 299 1. Bild, 437, 450, 622 oben rechts, 674 unten links, 682 unten). Renate von Mangoldt, Berlin (S. 92 Mitte, unten, 94 oben, 494). Jörg Peter Maucher, Stuttgart (S. 128). Roger Melis, Ost-Berlin (S. 481 links, 518). Stefan Moses, München (S. 79/4, 189, 267/12, 290 Mitte links, 312 unten rechts, 356, 394, 584 oben links, 609, 667). Bernhard Obrecht, Zürich (S. 605 rechts). Horst Ohde, Hamburg (S. 411). Osswald & Rühle, Berlin (S. 616). Erwin-Piscator-Center bei der Akademie der Künste, Berlin/Hilde Zenker (S. 621 unten). Wolf P. Prange, Köln (S. 126). Gerd Preser, Köln (S. 587 oben links). Privatbesitz (S. 48). Hans Rama, Berlin (S. 294 oben links). Hertha Ramme, Zürich (S. 605 links). Rhein-Neckar-Zeitung, Heidelberg / Dagmar Linke (S. 54 oben rechts, unten). Toni Richter, München (S. 91, 94 unten, 193 rechts). Rowohlt-Theater-Verlag, Hamburg (S. 623). Willi Saeger, Berlin (S. 647 unten, 650 rechts, 662 links). Sallstedt Studio, Stockholm (S. 121 unten). Sven Simon, München (S. 290 unten links). Spiegel-Archiv, Hamburg (S. 271). Staatsbibliothek Bildarchiv, Berlin / Martin Hesse (S. 177 / Wilhelm Papst S. 228 rechts). Stadtarchiv, Freiburg i. Br. (S. 13). Stadtarchiv, München (S. 53 oben). Hildegard Steinmetz, Gräfelfing bei München (S. 573, 587 unten links, 593, 615, 634, 674 unten rechts, 682 oben, 683 oben). Peter Stöckli, Basel (S. 682 Mitte). Bilderdienst Süddeutscher Verlag, München (S. 15, 359 rechte Reihe 1. Bild, 397 / Arens S. 465 / Associated Press S. 300, 301 unten, 633, 648 / dpa S. 79/8, 108, 294 Mitte, 301 oben, 375, 493, 502, 583 / Fritz Eschen, Berlin S. 359 linke Reihe, 4. Bild / Heinz Hering, München S. 150 / Leonore Mau, Hamburg S. 305 / Nöhbauer S. 460 / Heinz Röhnert, Berlin S. 57 unten links / Gerd Sander S. 529 / Walter Schallies, Karlsruhe S. 79 / 11 / Georg Schödl S. 399 / August Sycholt, Bochum S. 197 rechts / UPI S. 354, 452, 485). Thomas Thieringer, München (S. 673). Thomas Mann Archiv, Zürich (S. 38, 39, 181). Felicitas Timpe, München (S. 79/9, 582). Ullstein, Berlin (S. 23 oben, 51 unten rechts, 662 rechts / Rudolf Dietrich, München S. 304 / dpa S. 58 / Heinz Röhnert, Berlin S. 258, 584 unten rechts). Karin Voigt, Mannheim (S. 131, 228 Mitte 267/7, 8, 290 oben rechts, 320, 330 linke Reihe, rechte Reihe 3. und 4. Bild, 364, 403, 417, 506, 520 oben, 526 Mitte links, rechts, 531, 683 Mitte). Wolf Voigt, Frankfurt a.M. (S. 75 oben rechts), Joy Weisenborn, Agarone, Tessin (S. 170, 171, 555 unten). Inge Werth, Frankfurt a.M. (S. 683 unten). Westdeutscher Rundfunk, Köln (S. 679 unten). Michael Wolgensinger, Zürich (S. 412). Johanna Zeitler, München (S. 392). Hilde Zemann, München (S. 79/3, 410), Peter Zimmermann, Zürich (S. 548 oben). Peter Zollna, Frankfurt a.M. (S. 267/4).

DIE GROSSEN
der Weltgeschichte

Eine Enzyklopädie
in 12 Bänden

Herausgegeben von Kurt Fassmann unter Mitwirkung von
Max Bill, Hoimar von Ditfurth, Hanno Helbling,
Walter Jens, Robert Jungk und Eugen Kogon.

BAND I
IMHOTEP BIS CICERO

BAND II
CÄSAR BIS KARL DER GROSSE

BAND III
HARUN AR-RASCHID BIS PETRARCA

BAND IV
BOCCACCIO BIS PALLADIO

BAND V
CALVIN BIS HUYGENS

BAND VI
SPINOZA BIS LAPLACE

BAND VII
GOETHE BIS LINCOLN

BAND VIII
DARWIN BIS NIETZSCHE

BAND IX
RÖNTGEN BIS CHURCHILL

BAND X
MANN BIS HEISENBERG

BAND XI
PINCUS BIS MÖSSBAUER

BAND XII
REGISTER MIT 6000 NAMEN

Über 10 000 Textseiten mit zahlreichen Farbreproduktionen
(Portraits und Dokumente der Welt- und Zeitgeschichte).

Kindlers Kulturgeschichte des Abendlandes

IN 22 BÄNDEN

Herausgegeben von Friedrich Heer

1. VORGESCHICHTE EUROPAS
   von Stuart Piggott
2. GRIECHENLAND
   von C. M. Bowra
3. HELLENISMUS
   von M. Avi-Yonah
4. ROM
   von Michael Grant
5. DIE SPÄTANTIKE
   von Joseph Vogt
6. DIE KELTEN
   von Myles Dillon und Nora Chadwick
7. DIE GERMANEN
   von Emil Nack
8. BYZANZ
   von Steven Runciman
9. FRÜHES MITTELALTER
   von Friedrich Heer
10. HOCH- UND SPÄTMITTELALTER
    von Friedrich Heer
11. RENAISSANCE
    von S. Harrison Thomson
12. DAS ZEITALTER DER ENTDECKUNGEN
    von John H. Parry
13. BAROCK
    von Maurice Ashley
14. DAS 18. JAHRHUNDERT
    von George Rudé
15. EUROPÄISCHE REVOLUTIONEN
    von Eric Hobsbawm
16. EUROPÄISCHE KOLONIALREICHE
    von John H. Parry
17. DAS BRITISCHE COMMONWEALTH
    von Nicholas Mansergh
18. GESCHICHTE DER ZIVILISATION
    von Fernand Braudel
19. DAS 19. JAHRHUNDERT
    von Robert Schnerb
20. DIE SLAWEN
    von Roger Portal
21. DAS 20. JAHRHUNDERT
    von George Lichtheim
22. REGISTERBAND

Jeder Band mit ca. 624 Seiten und 32 Bildseiten, davon 8 Farbtafeln.

Kindler Verlag Zürich und München

7-2-8-11-4

Verlag Herder KG

Hoffmann und Campe
Verlag

Alfred Kröner Verlag

Albert Langen - Georg Müller
Verlag GmbH

Limes Verlag
Max Niedermayer

Verlag Günther Neske
Pfullingen

Nymphenburger Verlags-
handlung GmbH

Franz Schneekluth
Verlag KG

Springer-Verlag, Berlin - Heidel-
berg - New York

Stahlberg Verlag
GmbH